KB160921

2020年度版

税法原論

리걸플러스+153

2020年度版

稅法原論

吳 允 著

머리말

2019년 말에도 예년처럼 많은 세법이 개정되었다. 『세법원론』 2020년판은 개정된 세법을 반영했다. 법제처 홈페이지의 국가법령정보센터는 연말·연초 시기에 세법개정 내용을 신구조문을 대비하여 찾아볼 수 있도록 정보를 제공하고 있어서 필자가 개정판에 개정세법의 내용을 빠짐없이 반영할 수 있었다. 이 개정판을 탈고하기까지 세법 시행령은 개정되지 않았다. 간혹 법률 못지않게 중요한 내용을 담고 있는 시행령 규정의 곧 있을 개정사항을 반영하지 못하는 아쉬움이 있다.

2019년 말 세법개정 내용 중 조세체계를 변경하는 중요한 사항은 없다. '가산금'을 폐지하고 '가산세'에 흡수하는 개정이 눈에 띄는 정도이다. 2020년 개정판은 2019년 중 공간된 대법원의 판례를 반영하였다. 판례의 변경에 해당하는 것은 발견할 수 없다.

조세의 경제·사회정책 수단으로서의 역할은 지속적으로 강화되고 있다. 복잡한 세법이 납세자인 국민에게 가혹한 부담을 지우는 경우가 종종 발생하고 있다. 명의신탁증여의제규정을 적용하는 경우처럼 사안에 따라 법원이 취지해석을 통해 부담을 합리적으로 완화하는 판결을 내놓기도 한다. 성립한 조세채무를 신고·납부하는 의무를 이행하지 않는 경우뿐 아니라 그와 관련되어 세법이 보조적인 의무를 부과하는 경우에 불과한데도 그 불이행에 대해 획일적으로 제재를 가하는 사례가 있다. 세법에 관한 연구가 이러한 분야에까지 그 영역을 넓혀 합리적인 조세제도가 되도록 하여야 할 것이다.

조세와 더불어 기업에는 여러 준조세가 부과되고 있다. 준조세는 그 부과와 징수업무가 여러 국가기관에 흩어져 있어서 입법과 행정 과정에서 헌법상 보장되는 국민의 권익을 침해하는 현상이 나타나도 과학적 연구와 비판의 대상이 되지 않은 채 그대로 유지되기 쉽다. 세법의 연구가 역시 이런 분야에까지 확대되어야 할 것이다.

올해도 변함없이 이 책의 출간을 허용해주신 한국학술정보(주)의 채종준 대표님과 신수빈 님께 감사드린다. 필자의 아내와 가족에게도 감사한다.

2020년 경자년 설날을 앞두고
오 윤

목차

제2편 소득세법

제3편 법인세법

제4편　상속세 및 증여세법

제5편 　부가가치세법

제6편　국제조세법

제1편 세법총론

제1장 조세

세금은 생활의 한 부분이다. 우리는 마트에서 물건을 살 때 부가가치세가 포함된 대가를 지불한다. 급여를 받는 회사원은 소득세와 건강보험료를 차감한 금액만을 수령한다. 국민생활의 한 부분이 되어 있는 세금은 정부의 가장 중요한 정책수단이 되어 있다. 부자증세를 위해 세율을 올리자는 주장과 부의 대물림을 막기 위한 과세를 강화해야 한다는 요청이 낯설지 않다. 경제대국들이 세율을 낮추는데 우리나라만 올려서는 안 된다는 주장도 나온다.

영어로는 "tax"에 해당하는 우리 말 "세금"을 헌법과 세법에서는 "조세"라고 부른다(헌법 제59조, 국세기본법 제2조 제1호). "조세"는 국회가 만드는 법률이 창설한 살아 있는 제도이다. 일상생활에서 세금이라는 말은 조세보다 더 넓은 의미로 사용되곤 한다. 전기세나 수도세라고 할 때 "세"는 세금을 의미하는 것일 텐데 그것들은 제공받은 용역에 대해 지급하는 요금이지 조세라고 할 수는 없다. 나라에 따라 조세의 범주가 다를 수도 있다. 미국에서 사회보장세라고 하는 것을 우리나라에서는 조세로 보지 않는다(미국의 social security and medicare tax, Internal Revenue Code(내국세입법) 제3101조 ~ 제3128조).

제1절 의의

조세(tax, Steuer)는 국가 또는 지방자치단체가 그 재정에 충당할 목적으로 특정한 반대급부 없이 그 단체의 구성원에게 법률의 규정에 의해 강제적으로 부과하는 금전적 부담을 말한다. 조세는 현대 민주국가에서 공통적으로 사용되고 있는 재정조달 수단이다. 특정한 과제의 수행을 위하여 이와 관련이 있는 사람에게 부과하는 부담금과 구별된다.[1]

세금은 오래 된 역사를 가지고 있다. 세금은 인류가 원시공동체사회시대를 벗어나면서부터 부과된 것이다. 기원전 3천년경 고대 메소포타미아 문명을 이룬 수메르왕국에서 세금이 부과된 사실을 기록한 점토판 유적이 발견되었다. 미국의 Benjamin Franklin은 1789년 친구인 프랑스 물리학자 Jean-Baptiste Leroy에게 보내는 편지에서 이제 미국 독립헌법이 제정되었으며 그것이 오래갈 것이라고 하면서도 그에 덧붙여 "이 세상에서 죽음과 세금 이외에 아무것도 확실한 것은 없다(In this world nothing is certain but death and taxes.)."라고 하고 이듬해 83세를 일기로 사망하였다. 당시에는 관세와 개별소비세가 주된 조세이었다.

정부가 조세를 부과하는 일차적 목적은 재정수요의 충족이다. 세금 뿐 아니라 전매사업 또는 독점기업경영으로 재원을 조달하여 오던 정치권력은 18세기 이후 시장의 자유화가 빠르게 진

---

1) 독일의 조세기본법(Abgabenordnung) 제3조 제1항은 조세(Steuer)에 대해 "대응하는 개별적인 반대급부가 없으며, 공법적인 공동체가 수입의 조달을 위하여 지급채무를 부여하는 법률상 요건을 충족하는 모두에게 부과하는 금전 채무이다. 수입의 조달은 부수적인 목적이 될 수 있다"고 규정하고 있다. 공적 부과금(Abgaben)은 조세 이외에 공공요금(Gebühren), 분담금(Beiträge) 및 개별부과금(Sonderabgaben)을 포함한다.

전되면서 세금에 대한 의존을 증대시켜 왔다. 독일의 법학자 Paul Kirchhof의 말처럼 근대국가에서의 세금은 "자유의 대가(Preis der Freiheit)"라고 볼 수 있는 것이다.

과도하거나 불평등한 세금에는 국민의 저항이 뒤따른다. 정부가 일방적으로 책정한 과도한 재정지출수요를 충족시키기 위한 세금은 오래갈 수 없다. 국민적 공감대가 형성되어야 세금의 부과가 지속될 수 있는 것이다. 18세기 말 영국에서 프랑스와의 전쟁재원조달을 위하여 소득세가 창안되었다. 소득세가 19세기 미국에서 소득세가 도입된 것도 전쟁재원의 조달을 위한 것이었다.

정부는 경제와 사회를 바람직한 방향으로 형성하기 위해서도 조세를 부과한다. 납세자는 조세의 부담이 따르는 활동을 축소하는 성향이 있으므로 새로이 조세의 부과대상이 된 것은 종전보다 그 규모가 줄어들 개연성이 있다. 독일 조세기본법(Abgabenordnung) 제3조 제1항은 조세부과에 의한 "수입의 조달은 부수적인 목적이 될 수 있다."고 규정하고 있다. 미국 연방대법원은 1930년대부터 조세의 부과는 연방의회에 부여된 다른 권한을 행사하기 위한 수단이 될 수 있다는 입장을 갖고 있다. 사회유도적인 기능을 하는 조세(Lenkungssteuer)로는 환경을 보전하기 위한 교통에너지환경세 및 건강을 지키기 위한 담배세 등이 있다.

국민들은 공동체 재원마련의 필요에 공감하기 때문에 대가 없이 세금을 납부하게 된다. 국민들은 세금 부과기준의 합리성과 세금 부과과정의 예측가능성을 기대한다. 불평등하거나 자의적인 세금의 부과는 한 나라의 멸망을 재촉하기도 한다. 조선 정조의 대동법은 조(調)의 제도를 개혁하기 위하여 시행한 것이었는데 왕실재정조달에 치우친 나머지 조선후기 민란의 발생원인의 하나가 되었다. 당나라 말기 조용조도 부족하여 소금전매제도가 실시되었는데, 소금에 종래의 4배에 달하는 조세를 부과하자 이에 불만을 품은 농민들이 소금밀매상인 황소(黃巢)가 일으킨 난에 동조하게 되었으며 이는 당나라를 멸망시킨 한 계기가 되었다. 미국독립전쟁은 당시 영국의 식민지였던 미국에 수입되는 차에 영국 정부가 과도한 세금을 부과한데서 촉발된 것이었다. 오늘날에도 서민생활에 직접적 영향을 주는 부가가치세의 도입 또는 그 세율 인상이 정권의 존립을 위태롭게 한 역사적 실례를 찾아볼 수 있다.

각국의 헌법은 국민의 경제활동의 자유를 보호하며 재산권을 보장하고 있다. 경제활동의 자유를 제한하고 재산권을 침해하는 속성을 지닌 조세에 관해서는 국민 스스로가 민주적인 의회입법을 통해서만 그것을 부과할 수 있다는 "조세법률주의(taxation by statutory act)" 원칙을 수립하고 있다.

의회입법을 통해 조세를 부과할 때에는 재원조달과 사회유도의 목적을 "효과적(effectiveness)"으로 달성하면서도 조세부과의 "평등성(equality)" 및 "효율성(efficiency)"의 가치를 동시에 추구하여야 한다.

조세부과의 평등원칙은 헌법 제11조 제1항상 "모든 국민은 법 앞에 평등하다."는 규범에 근거한다. 이를 "조세평등주의(equality in taxation)"라고 부를 수 있다. 동일한 과세대상에 대해서는 동일한 세금이 매겨져야 하며, 상이한 과세대상에 대해서는 그 차이에 걸맞게 다른 세금이 매겨져야 한다. 차등은 합리적 이유에 근거하여 허용되어야 한다. 과세대상이 동일한지를 판단할 때에는 해당 과세대상의 존재를 근거로 조세를 부과받는 납세자의 주관적 또는 객관적 담세능력(ability to pay)이나 그 납세자가 해당 과세대상을 갖게 된 과정에서 국가사회로부터 받은 혜택(benefit)을 고려하여야 한다. 이와 같은 비례적 평등(proportional equality)은 형평 (equity)을 의미한다.

조세제도는 경제사회의 효율성(efficiency)에 대한 침해를 최소화하는 방향으로 작동하는 것이 바람직하다. 효율성은 완전자유시장경제에서 그 구성원들의 효용은 시장을 통한 가격기능에 의존할 때 극대화할 수 있다는 후생이론의 개념이다. 정부가 시장에서 이루어지는 의사결정에 대한 간여를 줄일수록 사회후생의 크기는 증가할 수 있다.

헌법은 자유와 분배를 존중한다고 규정함으로써 분배를 위한 시장개입을 조건으로 시장에서의 자유를 보장하고 있다(헌법 제119조). 이는 정부가 조세제도를 운영할 때에도 조세가 형평성 제고를 위한 수단으로서의 기능하도록 함과 동시에 시장의 자유로운 가격기능에 대한 개입을 최소화하여야 한다는 것이다.

제2절 체계

오늘날 각국의 조세제도가 서로 많은 공통점을 지니고 있음에도 불구하고 구체적인 과세대상의 선정에는 적지 않은 차이점을 보이고 있다. 한 나라 안에서도 그때그때 시대적인 여건에 따라 상이한 과세대상이 선정되어 왔다. 오늘날 우리가 보는 조세제도는 매우 짧은 역사를 지니고 있다. 조세제도가 법적인 근거를 제대로 갖추기 시작한 것은 소유권제도가 뿌리내리기 시작한 근대국가에서의 일이다. 소유권의 개념이 정착되지 않던 시절에는 조세의 개념도 애매한 것이었다. 실제 아직도 사회주의 체제가 유지되고 있으며 사적 소유권이 제한된 북한에 있어서는 그 경제적 실질에도 불구하고 자본주의 사회에서 일컫는 조세라는 것은 찾아볼 수 없는 것이다. 현재 우리나라에는 국세 14개, 지방세 11개 총 25개 세목의 조세가 있다.[2]

우리나라는 국가단위에서 주권을 확립하고 지방자치단체를 만들어 가면서 그 주권의 일부분을 공유하는 방식으로 정부를 구성하고 있다. 미국과 같은 연방제의 국가에서는 연방을 구성하는 각 주가 원래부터 가지고 있는 권력을 연방정부를 구성하면서 일부씩 염출하여 통일된 연방정부를 구성한 역사를 가지고 있다. 민족국가의 개념이 여전한 현대사회에서도 그 민족국가의 안에 여러 레벨의 정치체가 있으며 그 각각의 정부 운영을 위한 재원을 주로 조세에 의존하고 있다. 연방국가의 한 주에 속한 납세자는 연방과 주 모두에게 납세할 의무가 있으며, 연방과 주 간에는 재정적으로 상호협력하게 되는 방법으로 한 국가 안에서는 재정조달과 지출이 유기적으로 움직인다.

미국이 연방을 구성할 때 그간 각 주가 가지고 있던 재정권한을 바로 연방에 무제한 넘겨준

---

2) 2007년 7월 부당이득세가 폐지되었다. 이에 따라 부당한 이득의 취득행위는 물가안정법상 '과징금' 부과로 살아남게 됐다. 과징금은 부담금이 아니며 행정벌 중의 하나이다. 부당이득세는 납세의무의 성립요건상 일정한 수준 이상의 폭리를 '부당'하다고 보고 부과되는 조세이지만 과징금은 위법행위에 대한 사회적 제재로서 행정벌이다.

것은 아니었다. 각 주에 사는 시민의 각각의 지역연고에 의한 이해가 컸기 때문이다. 특히 조세는 대가 없이 납부하는 한편 그것의 쓰임은 한 재정에 통합되어 전혀 다른 논리에 의해 지출되므로 더욱 그러하다.

EU가 경제통합을 해 가는 과정에서 일부 구성국 간 통화통합은 이루었는데 그 구성국 간 재정통합은 이루어지지 않고 있다. 국가의 경제정책수단으로서 통화정책수단과 재정정책수단(조세재정지출)은 유기적인 연관을 가지고 있다. 본원통화발행은 보이지 않는 세금이다. 조세와 재정지출은 실물수요와 공급을 결정하는 역할을 하며 이는 다시 통화수요에 영향을 주며 결국 물가에 반영된다. 여러 정치체가 각자 독립된 재정정책을 수행해 가는 과정에서 재정적자나 혹자가 발생할 수 있는데 재정적자는 국채발행을 통해 지출수요를 충족시킨 결과물이다. 발행된 국채의 최종적인 지급은 국가정부가 책임져야 할 것인데 조세수입으로 부족하면 결국 다시 돈을 빌리되, 빌릴 곳이 없으면 각국의 중앙은행이나 국책은행 등에 의존하게 된다. 이러한 역할을 하는 각국의 중앙은행기능이 EU 단위로 통합되어 있는 상황에서 각국의 재정적자만 늘어나고 있다. 유럽중앙은행은 각국 정부의 재정적자가 일정 규모 이하인 경우에만 그 정부가 변제능력이 있을 것이라는 기준을 제시하면서 채무인수 또는 보증에 한도를 긋고 있다. 유럽중앙은행은 각국 공동 자금으로 운용되는데 먼저 재정이 구멍 나는 국가가 공동의 자금을 소진할 경우 도덕적 해이가 만연하여 공동통화체제가 무너질 것이기 때문이다. 통화통합의 구성국들은 유럽중앙은행의 금융안정기금을 늘려 현재 재정위기를 겪고 있는 국가들을 도울 수 있는 여력을 늘려 가고 있다. 이는 재정적으로 상대적으로 건전한 국가들의 국민이 납부한 조세수입을 무상이전하는 격이 된다. 정치적으로 통합되지 않은 다른 정치체를 위한 이와 같은 재정지원이 정서적으로 용납될 수 있을까? 미국이 연방을 구성하는 과정에서와 같이 국가통합을 하는 데에 EU의 통화통합국가국민들 간 유대감이 있는가가 바로미터가 될 것이다. 내가 번 돈을 나누어 가질 수 있는 동반자가 될 수 있는가이다.

우리나라의 경우 재산세만으로는 지역 간 재정적 불균형을 시정할 수 없다는 점이 고려되어 종합부동산세가 시행되고 있다. 연방제인 미국의 경우 재산세는 시세로 남아 있다. EU 통화통합국가 간에 세원을 배분하는 과정으로까지 나가지 않으면 통화통합이 길게 가지 못할 수도 있다. 공동통화안정을 위한 재정기금을 조달하기 위한 재원은 무엇으로 하는 것이 좋을까? 미국의 연방조세제도의 사례를 본다면 직접세는 각국이 갖고 간접세 중 적절한 세수를 가져올 만한 것을 EU단위의 세금으로 선택하는 것을 생각해 볼 수 있다. 직접세는 지역과의 연관이 큰 반면 간접세는 전 세계를 대상으로 하는 거래에 대한 것이기 때문이다. 거래세로서 VAT의 세수의 일부를 유럽금융안정기금(European Financial Stability Fund)의 재원으로 할당하는 것이다. 우리나라와 일본의 부가가치세의 사례를 참고할 수 있다.

제3절 기능

제1항 국민경제와 조세

25개에 이르는 조세 중 세수비중이 상대적으로 큰 세목으로는 소득세·법인세, 부가가치세, 상속세·증여세, 재산세·종합부동산세를 들 수 있다. 소득세 및 법인세는 내국세로서 소득에 대한 조세이다. 소득세는 개인에게 귀속하는 소득을 과세대상으로 하고, 법인세는 법인에 귀속하는 소득을 과세대상으로 한다. 부가가치세는 우리나라 안에서 재화 또는 용역을 공급하는 것과 우리나라로 재화를 수입하는 것을 과세대상으로 한다. 상속세와 증여세는 상속 또는 증여를 원인으로 하는 부의 무상이전을 과세대상으로 한다. 재산세와 종합부동산세는 부동산과 같은 재산의 보유사실을 과세대상으로 한다.

각 세목상 과세대상을 국민소득의 생성과 그 분배의 과정을 통해 이해할 수 있다. 외국과의 경제적 교류가 없는 폐쇄경제를 상정한다면 각 생산단계에서 부가가치가 창출되며 그것의 가액은 시장에서 소비와 투자로 지출되는 것의 합과 일치한다. 소비와 투자는 지출로서 인적 자산 내지 물적 자산의 가치를 유지 또는 발전시킨다는 점에서 동일한 기능을 한다. 지출의 효용이 지속되는 기간에 차이가 있을 뿐이다. 소비는 인적 자산의 능력을 유지 또는 발전시킨다. 투자는 기업의 생산능력을 제고한다. 분배된 국민소득은 소비 또는 저축으로 처분된다. 소비와 저축의 합계액은 소비와 투자의 합계액과 균형을 이루게 된다. 저축은 자본을 형성한다. 저축된 자본은 화폐의 형태로 남아 있거나 인적 자산[3] 또는 물적 자산을 구입하는 데 사용된다. 어떤 형태의 자산으로 존재하는가에 따라 국민총생산 중 분배받을 것이 정해진다.

자본은 화폐시장경제에서 화폐 또는 화폐등가물을 이용하여 평가된다. 자본은 자본가로 하여금 인적 자산 또는 물적 자산을 보유할 수 있게 한다. 인적 자산은 사람으로서 노동력을 창출한다. 물적 자산은 재산적 가치가 있는 모든 자산이다. 그중 자본이득을 창출할 수 있는 자산을 자본자산이라고 한다. 자본자산이 낳는 자본이득은 국민총생산 또는 분배소득에 반영되지는 않는다. 자본자산의 가치는 미래현금흐름을 현가화하여 산정할 수 있으므로 자본자산 중 일부는 향후 현금을 창출하는 과정에서 국민소득을 증가시키는 데 기여할 것이며 기여한 정도에 따라 분배를 받게 될 것이다. 자본자산 중에는 국민소득의 창출에 전혀 기여함이 없어(시장화되지 않는다는 전제하에) 순수하게 자본이득을 창출하는 것이 있다. 갤러리에 한 번 걸리지도 않고 호사가들의 손을 옮겨 다니는 서화가 그 한 예라 할 것이다. 인적 자산은 자본이득을 창출하지 않는다. 스타선수들이 구단을 옮겨 갈 때 전 소속구단에 자본이득을 가져오기는 한다. 이는 스타선수 자신보다는 스타선수와의 계약의 가치가 상승한 데에 기인한다. 인적 자산의 자본이득이라고 보기는 어렵다.

국가는 위와 같은 경제의 흐름에 조세와 재정지출을 수단으로 영향을 미치게 된다. 국가는 인적 자산과 물적 자산의 보유 그 자체 또는 활용 결과 분배받은 소득에 대해 과세한다. 인적 자산 그 자체에 대해 과세하는 경우 그것은 인두세가 된다. 물적 자산 그 자체에 대해 과

---

3) 인적 용역을 제공하는 자와 용역공급계약을 체결한다는 의미이다.

세하는 것에는 재산세·종합부동산세와 같은 부동산보유세 등이 있다. 인적 자산과 물적 자산을 소유할 수 있는 잠재력에 대해 과세한다면 그것은 부유세가 될 것이다. 인적 자산과 물적 자산의 운용결과에 대한 세금은 생산국민소득과 분배국민소득의 형성과정에 붙게 된다. 생산국민소득은 각 생산단계의 부가가치의 합이다. 그에 대해서는 부가가치세를 부과한다.[4]

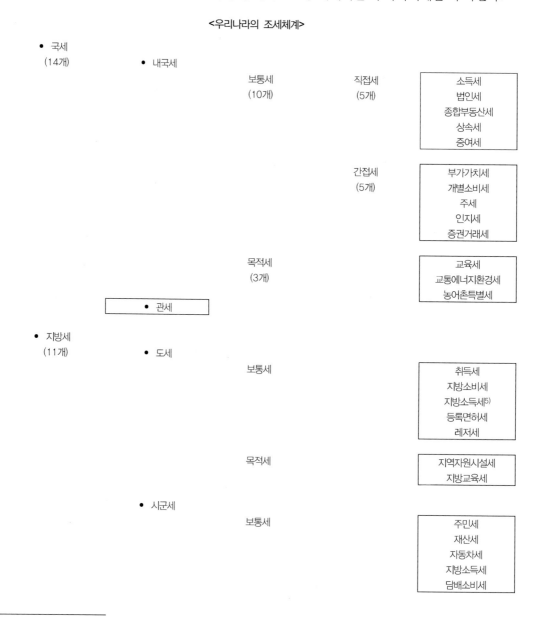

<우리나라의 조세체계>

- 국세 v. 지방세: 과세 주체에 따른 구분이다.
- 내국세 v. 관세: 과세대상에 따른 구분 중의 하나이다.
- 국내조세 v. 국세조세: 단일의 과세관할권 내에서의 조세문제와 복수의 과세관할권에 걸친 조세문제를 구분하기 위한 것이다.
- 보통세 v. 목적세: 세수의 사용 용도에 따른 구분이다.
- 직접세 v. 간접세: 납세의무자와 실질적인 담세자의 일치 여부에 따른 구분이다.[6]

우리나라 및 EU 국가들은 소비형 부가가치세제도를 도입하였는데 투자지출에 대해서는 과세하지 않고 소비지출에 대해서만 과세한다. 시장에서 재화나 용역을 판매한 후 얻게 되는 총이윤은 그 생산과정에 기여한 각 생산요소, 즉 자산의 기여도에 따라 배분된다.[8] 여기서 자본은 주식이나 채권과 같은 자산의 형태로 생산에 기여하고 이자나 배당을 받아 가게 된다. 부동산과 같은 다른 물적 자산에 대해서는 임대료가 지급된다. 인적 자산에 대해서는 급여가 지급된다. 이들 이자, 배당, 임대료 및 급여에 대해서 소득세가 부과된다. 자본이 주식, 채권 및 부동산과 같이 생산에 기여하는 자산으로 전환되지 않고 장롱 속의 현금으로 남아 있을 수 있다. 이 경우 생산에 기여한 바는 없으므로 분배에 참여할 수는 없을 것이다. 그러나 현금도 자본이득은 창출할 수 있다. 그 나라의 화폐가치가 상승하면 전 세계적인 관점에서 볼 때 자신이 자본이득을 얻게 되는 것이다.[9] 여기서는 폐쇄경제를 상정하고 있으므로 그에 관한 논의는 적절하지 않다.

제2항 재정조달의 기능

조세의 가장 기본적인 기능은 국가나 지방자치단체와 같은 정치체의 재정조달이다. 조세가 재원 조달 이외의 목적을 부대하여 가지는 경우를 상정할 수 있다. 사회적으로 바람직하지 않은 행동을 규제하거나 법집행의 확보를 위해 부과하는 조세는 조세 본래의 속성에 부합하지

---

6) 세금을 납부할 의무가 누구에게 발생하는 것을 조세채무의 귀속(attribution)이라고 하고, 국고에 들어가는 세금이 누구에게 경제적 부담이 되는 것을 조세부담의 귀착(incidence)이라고 한다. 귀속자와 귀착자가 동일한 경우를 직접세, 다른 경우를 간접세라고 할 수 있다.

8) 분배국민소득의 합은 총부가가치와 동일한 금액이 될 것이다. 각 사업자의 부가가치세를 계산할 때 자기가 분배한 소득을 합하여 계산하고 그에 세율을 적용하는 방법이 있을 수 있다. 이러한 방법을 가산법이라고 하며 이러한 부가가치세제를 소득형 부가가치세제라고 한다. EU 국가들은 전단계매입세액공제방법을 활용하는 소비형 부가가치세제를 도입하고 있다. 전단계 매입세액공제방법을 적용하기 위해서는 세금계산서의 교부가 의무화되어야 한다. 이에 대칭되는 것으로서 전단계거래금액공제 방법이 있는데 이는 사업자의 장부에서 [(매출액) − (매입액)]의 금액을 계산하여 그에 세율을 곱하는 방법이다.

9) 우리나라 국민 갑이 국내에서 보유하고 있는 외화자산의 가치가 상승할 경우 그 상승분은 해당 외화자산의 외화표시 가격의 상승분(①)과 해당 국가 화폐의 우리나라 화폐에 대한 가치 상승분(②)으로 분해할 수 있다. 따라서 ①이 00라 하더라도 ②가 정(+)의 수치가 되면 갑에게는 자본이득이 발생한다. 한편 우리나라 국민 갑이 국외에 나가 체류하는 중에는 우리나라 화폐의 체류국가 화폐에 대한 가치가 상승하면 우리나라에 보유하고 있는 자신의 자산의 가치가 증가(③)하여 경제적 지위가 개선되는 효과를 보게 된다. 앞의 ②는 우리나라 화폐단위로 평가하여 그 이득을 계산할 수 있지만 우리 소득세법상 이와 같은 이득이 개인에게 귀속할 때에는 과세되지 않는다. 법인세법상 이와 같은 이득이 법인에게 귀속할 때에 과세된다. ③에 대해서는 우리나라 화폐단위로 평가한 자산의 가액에는 변화가 없으므로 우리나라 화폐단위로 계산한 자본이득은 없을 것이다.

않는 것이다.[10] 증여세는 재산의 무상이전에 의해 국가재정부담능력이 증가한 자에 대해 부과하는 것이다. 시장을 불공정하게 지배하는 자에게 그것을 이유로 증여세를 부과하는 것보다는 과징금을 부과하는 것이 타당하다.[11]

1. 조세수입

오늘날 대부분의 국가는 조세를 정부재정의 주된 수입원으로 하고 있다. 정부는 조세 수입 이외에 보유재산의 매각, 국공채 발행, 각종 수수료 등을 수입으로 한다. 정부는 국방, 외교 및 치안 등 국가 유지를 위한 기본적인 분야뿐 아니라 경제개발, 사회복지, 교육 및 과학기술 등 국가 발전을 뒷받침하는 분야에 재원을 배분한다.

2015년 국세의 세입은 218조 원이며 그중 내국세 세입은 182조 원이다. 2014년의 재정지출 실적으로 볼 때 중앙정부와 지방정부 지출의 합을 100으로 할 경우 중앙정부 지출이 37이며 지방정부의 지출은 63이다. 중앙정부는 그 세입의 상당 부분을 지방에 이전[12]하고 있음을 알 수 있다.[13]

2. 조세부담률

조세부담률이란 조세(국세와 지방세)를 경상 GDP로 나눈 것이다. 2016년 조세수입은 318.1 조 원이었으며, 경상 GDP는 1,637조 원이었으므로 조세부담률은 19.4%이다. 우리나라의 조세부담률은 2000년 이후 18~19% 내외 수준을 유지해오고 있다.

국민부담률은 조세와 사회보장기여금[14]의 합계액을 경상 GDP로 나눈 것이다. 국민부담률은 실질적인 국민부담 수준을 나타내는 지표라고 할 수 있다. 2016년 우리나라 국민부담률은 26.3% 이다.

지하경제의 존재를 인정한다면 국민의 실질적인 조세부담률은 17~18% 수준으로 낮아질 것이다. 지하경제는 여러 가지 방식으로 정의될 수 있지만 조세의 관점에서 보면 세금을 내지 않는 거래가 이루어지는 시장을 의미한다. 지하경제의 참가자들이 거두는 소득, 즉 세금을 내지 않는 국민생산(부가가치)은 다양한 방식으로 그 규모가 추산된다. 2009년 국회예산정책처의 보고에 의하면 우리나라의 지하경제의 규모는 국내총생산의 28%에 이른다고 한다.[15] 2008

---

10) 독일 조세기본법 제3조 제1항 제2문에서 재정조달이 조세의 부수적 목적에 그칠 수 있음을 규정하고 있기는 하다.

11) 어떤 계기가 불공정한지와 일응 무관하게 그 계기 자체에 의해 재산의 무상이전이 이루어지는 경우라면 그것을 과세사건으로 할지는 입법재량에 속한다. 이와 같이 증여세를 과세하는 것이라면 그 과세의 효과는 이후의 과세처분상으로도 인정해 주어야 한다(보유자산가액의 증액 등).

12) 2014년 예산기준으로 중앙정부의 지방정부에 대한 이전재원은 114.9조 원에 이른다. 지방세 세입은 54.5조 원이었다.

13) 기획재정부, 조세개요, 2016.7. 참조.

14) 사회보장기여금은 연금(국민연금, 공무원연금, 사학연금, 군인연금, 보훈기금), 건강보험, 산재보험 및 고용보험의 합계액이다. 부담금관리기본법상 부담금은 국민부담률 계산에 포함되지 않는다.

15) 예산정책처(대한민국국회), 지하경제 개념·현황 및 축소방안, 2009.9.

년 국내총생산이 1,023조 원에 이르므로 약 286조 원이 세금 없는 소득이 된다는 얘기이다. 조세부담률 수준인 22%를 적정세율로 전제하면 2008년 중 약 63조 원의 세금이 제대로 거두어지지 못하였다는 것이 된다. 이와 같이 제대로 걷히지 않은 세금을 이른바 조세갭(Tax Gap)이라고 한다.

한편, 납세자가 세법상 의무이행절차를 밟는 과정에서 부담하게 되는 경제적인 비용[16]을 납세협력비용이라고 한다. 한 연구에 의하면 2007년 우리나라 국민의 납세협력비용은 GDP의 0.78%(2007년)에 이른다고 한다.[17]

제3항 경제정책적 기능

1. 경제성장

우리나라의 경제발전 과정에서 조세수입의 증가를 통한 재정의 확대는 경제성장과 그 역사를 같이하여 왔다. 전통적인 형태의 세금은 그 자체가 경제성장을 위해 부과되지는 않는다. 다만, 조세가 부과될 경우 그렇지 않은 경우에 비해 부수적으로 경제성장에 '＋효과'와 '－효과'를 주게 된다.

조세의 부과를 통해 조달한 재정지출이 성장을 촉진하는 역할을 한다. 여기에 재정지출의 '승수효과(multiplier effect)'[18]가 작용하게 된다. 재정지출은 소득을 증가시키고 그것은 다시 소비지출을 증가시킨다. 재정지출의 증가로 이자율이 상승하고 그에 따라 민간의 투자지출이 줄어드는 '밀어내기 효과(crowding－out effect)'가 나타나기도 한다.

정부가 세금을 인하하면 가계의 가처분소득이 증가하여 총수요도 증가하게 된다. 가처분소득의 증가로 소비지출이 촉진되어 소득과 이윤이 증가하고 이는 다시 소비지출을 더욱 확대하는 일종의 세금인하의 승수효과가 작용한다고 할 수 있다. 한편, 소득이 증가하면 화폐수요가 증가하여 이자율이 상승하고 그만큼 밀어내기 효과가 뒤따른다.

경제성장과 관련하여 조세를 고찰하는 데에는 조세지원을 고려하지 않을 수 없다. 이때 조세지원은 부과할 조세를 감면하는 방법으로 성장을 지원한다. 중소기업, 고도기술수반사업, 낙후지역 및 외국인투자사업에 대해 특별히 세제지원을 하는 방법으로 전략적인 부분의 성장을 중점적으로 지원한다. 조세지원은 주로 조세특례제한법에서 규정한다.

---

16) 증빙수수 및 보관, 장부작성, 신고서 작성·제출 세무조사 등 세금을 신고·납부하는 과정에서 납세자가 부담하는 세금 이외의 경제적·시간적 제반 비용.

17) 박명호, 「납세협력비용」, 『재정포럼』, 한국조세연구원, 2009.9, p.144.

18) 1/(1 － 한계소비성향).

2. 경제안정

조세는 경기후퇴를 완화하고 과열을 억제하는 역할을 한다. 개인소득세는 가계소득에 대해 부과되는데 경기침체기에는 소득이 하락하므로 정부의 조세부과액이 줄어들어 그만큼 가계의 가처분소득이 증가하여 경기변동폭이 작아지게 된다. 경기침체기에 정부가 별도의 조치를 취하지 않아도 총수요가 증가하도록 하는 역할을 하는 것이다. 자본이득(capital gain)에 대한 조세를 예로 들면, 부동산양도손실에 대해 그것을 소득금액에 반영해 주는 제도는 부동산경기침체기에 부동산거래 규모가 그나마 유지되도록 하는 기능을 수행할 것이다.[19] 반대로 부동산경기가 활성화되어 부동산의 매매가 늘어날 때 세금부담이 누진적으로 증가하므로 부동산 매매의 유인은 그만큼 줄어들게 된다. 이를 두고 조세가 '자동안정화장치(built-in stabilizer)'의 기능을 수행한다고 한다.

3. 재분배

조세는 소득과 부의 재분배를 통해 사회의 평등을 제고하는 기능을 수행한다. 우리나라에서 조세는 헌법상 실질적 법치주의의 이념에 따라 실질적 평등을 추구하도록 되어 있다. 조세제도 상 평등의 개념에는 수평적 평등(horizontal equity) 및 수직적 평등(vertical equity)이 있다. 전자는 동일한 경제적 능력을 갖춘 자는 동일한 세금을 부담하여야 한다는 원칙이다. 후자는 더 큰 경제적 능력을 갖춘 사람일수록 더 많은 세금을 내도록 해야 한다는 원칙이다. 경제적 능력을 평가하는 것은 용이한 일이 아니다. 일정한 차이에 대해 어느 정도의 추가부담을 지게 할 것인가에 관해 다양한 견해가 있을 수 있다.

직접세 비중[20]이 높아지거나 직접세의 세율이 높아지면 전체적인 조세구조가 더 누진적으로 된다. 세율의 누진도가 높을수록 더 큰 재분배효과가 나타나게 된다. 이에 대해서는 회의적인 시각도 있다. 부유층은 조세회피(tax avoidance)[21] 방법을 잘 활용하는 한편, 저소득층은 그렇지 않기 때문이라고 한다.[22]

---

19) 2009년부터 2년간 정부는 동 기간 중 신규취득주택에 대해서는 영구히 1세대 2주택 중과를 면제하고 동 기간 중 처분주택에 대해서도 동일한 면제혜택을 주기로 한 바 있다. 이는 부동산경기활성화를 위한 고육지책이다(오윤, 「경기부양을 위한 양도소득 세액감면제도에 관한 연구」, 한국세법학회 제98차 정기학술회의, 2009.6.11. 참조).

20) 2016 현재 국세 중 직접세비중은 55.3%에 이른다. 과세기술상으로는 직접세를 통해서만 재분배정책을 도모할 수 있는 것은 아니다. 일반적인 소비세로서 부가가치세상으로도 영세율 및 면세와 같이 특정한 정책목표를 추진하기 위하여 세제지원을 하는 방법이 있다. 소득세법상으로는 근로지원세제와 같은 세금환급프로그램을 운영하고 있듯이 부가가치세법상으로도 일정한 경우 세무서에 세금계산서나 세금영수증을 신고하면 자신이 시장 거래과정에서 부담한 세금을 돌려받을 수 있도록 제도를 설계할 수 있다. 2009년 집권한 일본의 민주당은 일본 소비세법상 환급가능세액공제제도의 도입을 추진하고 있다.

21) 제1편 제3장 제3절 제3항 3. 다. 참조.

22) 이준구, 『재정학』, 다산출판사, 2002, p.218.

제4항 사회정책적 기능

　시장은 가격기능을 통해 자원을 배분하며, 배분된 자원은 생산, 투자 및 소비를 통해 사회후생의 양과 질을 결정하게 된다. 조세가 가격에 완전중립적일 수는 없으며, 가격기능에 직간접적으로 개입하게 됨에 따라 사회후생에 영향을 미치게 된다.

　시장에서 가격이 수요와 공급을 결정할 때 사회후생을 완전하게 반영하지 못한다면 시장은 사회후생을 극대화하는 상태에 도달하지 못하게 한다. 이러한 현상을 '시장의 실패(market failure)'라고 한다. 정부가 시장의 실패를 보완하기 위해 조세를 통해 가격에 영향을 주는 방법으로 시장에 개입할 수 있다. '외부불경제(external diseconomy)'가 나타날 때에는 소비자에 대한 공급가격을 높이는 방향으로 개입하고, '외부경제(external economy)'가 나타날 때에는 소비자에 대한 공급가격을 낮추는 방향으로 개입한다.

1. 외부불경제

　외부불경제(external diseconomy)는 사회적 비용이 시장의 가격결정과정에 제대로 반영되지 않는 현상을 말한다. 외부불경제의 대표적인 예로서 자동차주행에 따른 사회적인 비용이 자동차의 가격이나 유류의 가격에 제대로 반영되지 않는 현상을 들 수 있다.[23] 유류에 대한 개별소비세 또는 교통에너지환경세는 이러한 외부불경제현상을 완화하기 위해 도입된 세금이다.

　사회적으로 부당한 현상을 규제하기 위한 목적으로 정부가 과중한 세금을 부담시키는 경우가 있다.[24] 예를 들면, 과세소득금액 계산상 임원에 대한 과다한 인건비나 거래처를 위한 과다한 접대비를 비용으로 인정하지 않는 것을 들 수 있다. 이들은 실질적 평등을 추구하는 조세의 기본원리에 의하면 당연히 기업의 비용으로 인정받아야 할 사항이지만 일정 한도를 넘어서는 것은 비용으로 인정받지 못하게 되는데 그 결과 지출규모가 감소하게 된다. 위법한 것을 규제하기 위한 목적으로 세금부담을 늘리는 경우도 있다. 세금을 내지 않아 문 가산세는 비용으로 공제하지 않는다. 일반적으로 규제법의 위반으로 물게 된 벌과금은 비용으로 인정하지 않는 것이 원칙이지만 업무와의 관련성 등 개별적인 사정을 감안하여 달리 볼 수도 있기 때문에 종종 법적인 다툼의 대상이 된다.[25]

---

23) 2010년 10월 루마니아 정부가 발표한 Junk Food Tax를 참고할 수 있다.

24) 이를 외부불경제현상이라는 이름을 붙이는 데에는 다른 의견이 있을 수도 있겠다.

25) 사회적 후생을 제고하기 위해 정부가 의도적으로 도입한 조세로서 일종의 Pigouvian tax에 해당한다. 이에 비해 단일세율매상세(flat sales tax)는 시장에 중립적이 될 것이며 이를 두고 Ramsey tax라고 한다. 러시아의 표트르(Pyotr) 대제는 긴 수염을 깎도록 하는 칙령을 내렸으나 사람들이 잘 따르지 않았다고 한다. 그래서 수염을 기르는 사람에 대해 세금을 부과하자, 그토록 반발하던 사람들이 세금을 아끼기 위해 너도나도 수염을 깎기 시작했다고 한다.

2. 외부경제

외부경제는 사회적 편익이 시장의 가격결정과정에 제대로 반영되지 않는 현상을 말한다. 이러한 경우에는 직간접적으로 해당 재화나 용역의 공급을 받을 수 있는 지위에 있거나 공급할 지위에 있는 자의 공급에 관련된 세금을 줄임으로써 사회후생의 증대를 도모할 수 있다. 예를 들면, 과세소득금액을 계산할 때 공익법인에 대한 기부금을 공제해 주면 기부의 규모가 증대한다. 기부를 받는 공익법인이 증여세를 부담하지 않도록 하면 그의 재화나 용역의 공급량이 증가한다. 최종적으로는 공익법인이 제공하는 재화나 용역이 소비자의 부담을 줄이고 소비의 양을 늘리는 효과가 나타난다.

조세특례에 의한 외부경제창출행위의 조장은 일관된 원칙에 입각하여 이루어져야 한다. 公益(public interest)과 共益(common interest)의 엄격한 구분이 필요하다.[26] 법인세법상 비영리법인에 대한 조세특례는 비영리성이 자동적으로 공익을 내포한다는 전제를 하고 있다. 법인세법과 소득세법상 기부금 관련세제는 공익개념의 확립 없이 정책당국에 의한 개별적 공익성 판단에 기초하고 있다. 각 세법에 흩어져 있는 공익성 활동에 대한 조세특례는 일관된 공익성의 개념에 따라 체계적으로 관리되어야 할 것이다.

제5항 조세의 역할과 그 한계

정부가 경제성장을 위해 특정 산업분야를 지원하고 경제민주화를 위해 특정 지역이나 계층에 조세혜택을 부여하는 것은 사회적 시장경제질서를 규정한 우리 헌법의 정신에 부합한다. 조세는 헌법 제23조의 국민의 재산권 보장과 그것 행사의 공공복리 적합성 한계의 큰 원칙에 부합하게 기능하여야 한다. 조세가 어떤 공공목적을 달성하기 위해 사용되는 경우에도 조세라는 방법이 적절하고, 그에 의한 국민의 피해가 최소화되며, 성취되는 공익과 침해되는 사익 간의 비교형량상 공익이 분명히 큰 경우에만 그 사용이 허용되어야 한다. 이러한 정신에 입각하여 조세특례제한법이 제정되었다.

조세특례제한법은 조세특례조항들로 구성되어 있다. 재정지출로도 동일한 목적을 달성할 수 있는 것을 조세특례의 방법으로 달성하고자 하는 것이므로 조세지출이라고도 하여, 국회에 매년 조세지출예산으로 보고하고 있다.[27] 조세지출은 재정지출과 비교할 때 불특정 다수를 대상으로 하는 특징을 가진다. 그리고 대개 일정한 경제활동을 하여 세금을 내야 될 이유가 있는 자들을 대상으로 한다. 상대적으로 경제력이 있는 계층을 대상으로 하는 것이다. 조세지출은 정부의 실질적인 재정규모를 늘리는 효과가 있다. 겉으로 보아 200조 원의 나라살림이라고 하는 경우라도 그에 조세지출이 20조 원 부수한다면 정부는 220조 원을 지출하는 것과 동일한 효과를 도모할 수 있다. 정부의 민간에 대한 간여의 외연을 그만큼 넓히는

---

26) 독일조세기본법 제52조 제1항은 사람, 직역 또는 지역이 제한된 범위에 국한된 경우 公益(public interest)의 범주에서 제외하고 있다.

27) 국가재정법 및 조세특례제한법 참조.

결과가 된다.

조세특례제한법은 과세의 공평을 기하고 조세정책을 효율적으로 수행할 것을 목적으로 한다고 규정하고 있다(동법 제1조). 조세평등을 저해하는 방법으로 경제사회목적을 달성하고자 하는 조세특례를 제한하는 것이므로 조세평등을 기할 수 있다는 것이다. 조세는 정책적으로 다른 정책목표를 달성하는 데 사용될 수 있는데 과세의 공평을 저해하지 않는 범위 안에서 그렇게 할 수 있다는 것이다. 조세특례제한법은 실제 조세특례들로 가득 차 있고, 조세공평은 체감하기 어려운 선언적 문구에 그치고 있다. 결국 위 제1조의 문구는 조세특례는 정부정책 추진을 위해 제한 없이 사용할 수 있다는 의미만 남기게 된다. 조세특례는 국민의 재산권에 대한 과잉한 침해를 축소하기 위해 제한되어야 한다. 조세특례가 많아질수록 일반적인 국민에 대한 세율은 증가하게 되어 있다.

조세특례제한법의 본래의 의미를 살리기 위한 한 방안으로 2014년에는 조세지출 연장, 폐지 및 신설시 객관적인 성과평가결과를 뒷받침하기 위해 조세지출 성과평가를 의무화하는 제도가 도입되었다(조특법 제142조).

사회의 복잡다단한 목적을 위해 조세를 활용하는 것은 자제되어야 한다. 헌법 제119조 제2항과 조세특례제한법 제1조의 규정에 따르자면 시장의 지배와 경제력의 남용을 방지하기 위해 조세를 활용할 수 있다고 볼 수도 있다. 일감 몰아주기를 규제하는 증여세 과세가 그런 예가 될 수 있다(상증세법 제45조의 3). 몰아준 일감이 몰아 받은 자에게 무상의 경제적 이익이 되므로 증여로 보아 과세한다는 것이다. 이는 과세의 공평을 도모하거나 시장의 효율성을 도모하기보다는 중소기업의 일감을 뺏어가는 대기업의 행태를 규제하기 위한 것이다. 실제 그 규제가 정당한 것인지에 대한 논의와는 별론으로 증여세의 수단을 통해 그것을 막겠다고 하는 것은 헌법의 정신에 비추어 볼 때 부적절한 것이다. 방법이 효과적이지 않으면서 뜻하지 않은 피해를 주는 제도이다. 구체적인 증여의 액을 수학의 공식처럼 계산해 낼 수 있지만 그것은 존재하지 않는 개념을 구상화하기 위한 것으로서 의제 위에 의제를 쌓는 격이 될 것이다.

아예 정부가 정의하는 불공정행위를 하는 자에게 일정 금액의 벌과금을 부과하는 것이 정도일 것이다. 공정사회를 추구하는 사회적 합의에 어긋나게 행동하는 구성원에 대해서는 그것에 대한 제재를 가함으로써 다시 하지 않도록 예방하는 것이 최선일 것이다. 일감 몰아주기 과세에서 '증여재산가액'은 주식의 가치증분으로 계산되는데 해당 주식을 추후 양도할 경우에는 과세된 증여가액만큼은 공제해 준다고 한다. 이는 증여로 과세되는 한 증여과세와 양도소득과세의 원리상 인정하지 않을 수 없는 조치이다. 사회적 제재로서의 기능을 수행하는 것이라고 보기 어려운 부분이다.

제2장 세법

조세를 이해하려면 세법을 알아야 한다. 조세는 법으로 창조되는 것이기 때문이다. 헌법은 법률에 의해서만 조세의 종목과 세율을 정할 수 있다고 규정하고 있다. 이 때 법률은 세법을 말한다. 조세는 세법 없이는 존재할 수 없고 일반국민은 세법에 따라 납세의무를 이행한다. 세법은 납세자로부터 신고를 받고 조세를 부과하는 조세행정을 규율하는 것을 그 주된 내용으로 한다. 또한 세법은 조세행정에 의하여 형성된 국가와 국민간의 권리의무관계를 규율한다. 우리나라에서 세법은 원칙적으로 세목별로 입법되는데 각 세법이 설정한 과세대상은 직간접적으로 민사상 권리의무관계와 관련되어 있다. 과세대상의 이해에는 민사법의 지식을 필요로 한다. 조세를 종합적으로 이해하는 데에는 회계학 및 경제학 지식도 도움이 된다.

제1절 의의

제1항 개념 및 성격

1. 개념

세법 또는 조세법이란 조세의 부과 및 징수에 관한 모든 법규를 말한다. 조세법의 주된 존재 형식으로는 법률과 그의 하위규범인 시행령(대통령령)과 시행규칙(부령) 및 다른 국가와 체결한 조세조약이 있다. 우리나라에서는 '1세목 1법률의 원칙'에 따라 조세법체계가 형성되어 있다. 다만, 상속세와 증여세는 상속세 및 증여세법(「상증세법」) 하나로 통합되어 있다. 그리고 지방세들은 모두 지방세법[28]에 통합되어 있다. 이 외에 각 세목에 대한 세법에 두루 적용되는 사항을 규정하고 있는 법률로서 국세기본법, 국세징수법, 조세범처벌법, 조세범처벌절차법, 조세특례제한법(「조특법」) 및 국제조세조정에 관한 법률(「국조법」)이 있다.

조세제도는 성문법규에 의하여 운영된다. 성문법 이외의 실질적 의미의 조세법은 찾아보기 어렵다. 다만, 헌법규정에서 파생되는 조세부과의 원칙, 판례로 구체화된 세법적용원칙 및 국제적으로 용인된 조세부과의 원칙[29]이 실질적 의미의 조세법의 범주에 포함될 것이다.

---

28) 지방세기본법 및 지방세특례제한법은 지방세법에서 규정하는 세목들에 공통적으로 적용되는 원칙과 절차를 규정하고 있다.

29) 예: OECD 모델조세조약 주석서상 기술된 조세부과원칙.

2. 성격

조세의 부과징수에 관한 법규는 다음과 같은 성격을 지니고 있다.

- 공법

세법은 권력체가 조세를 부과하기 위한(납세자가 조세를 납부하기 위한) 공법적 법률관계를 규율하기 때문에 공법이라고 할 수 있다. 그런데 조세법률관계가 확정되면 조세채권자와 조세채무자 간에는 적지 않게 민사법적 규율이 준용되며, 권리구제상으로도 당사자 소송 내지 민사소송의 방법이 열려 있다. 조세법률관계가 항상 공법적인 원칙의 적용을 받는 것은 아니다.

- 실체법·절차법

세법은 조세법률관계의 성립, 확정 및 소멸의 요건 및 효과에 관해 규정하고 있는 점에서 실체법이다. 아울러 조세법률관계의 확정·소멸 및 납세자권리구제의 절차에 관해 규정하고 있으므로 절차법이기도 하다.

- 침익법

세법은 직접적인 대가 없이 국민의 재산권을 침해하는 것에 관한 법규이다. 재산권을 침해하는 성격의 법규이므로 소급적용은 엄격히 제한된다. 그리고 그 해석은 문리에 충실하게 하여야 한다는 요청이 설득력을 갖는다. 세법은 복잡다단한 경제현상을 다루는 법규이기 때문에 경제적 실질을 제대로 파악하여 실질에 부합하게 과세하기 위해서는 목적론적 해석이 필요하다는 주장도 가능하다.

- 재정법

세법은 권력체를 유지하기 위한 정부의 활동에 소요되는 재원을 조달하는 것을 주된 목적으로 하는 재정법이다. 조세의 부과징수는 정부활동에 소요되는 재원 이상으로 과다하게 하여서는 곤란하다. 정부재정지출은 필요최소한으로 하며 조세의 부과가 과잉한 정도에 이르러서는 안 된다. 조세의 부과징수는 국민경제에 여러 가지 부수적인 결과를 초래하는데 최근에는 그러한 경제적 기능을 감안하여 조세를 부과징수하는 경우도 늘고 있다.

제2항 세법의 이념

세법은 법이 추구하는 "정의", "법적 안정성" 및 "합목적성"의 이념 위에 형성된다. 이들 이념은 세법의 해석상으로도 존중된다.

1. 정의

헌법 제11조는 모든 국민은 법 앞에 평등하며, 누구든지 성별·종교 또는 사회적 신분에 의하여 정치적·경제적·사회적·문화적 생활의 모든 영역에 있어서 차별을 받지 아니한다고 규정하고 있다. 모든 국민은 세법 앞에 평등하며 신분으로 인해 과세상 차별받지 않는다. 세법은 이러한 원칙에 따라 입법되고 집행되어야 한다.

헌법 제11조는 법의 이념으로서 "정의(justice)"를 우리 헌법이 수용한 것이기도 하다. 헌법상 정의는 자유, 행복 및 민주적 가치의 추구 등을 포괄한다. 세법이 추구하는 과세상 평등추구 또는 조세에 의한 평등추구의 내용은 민주적으로 결정되어야 한다. 절대군주가 제정한 세법에 의한 조세의 부과는 법적 안정성을 보장할 수 있을 수 있지만 평등과 합리적 이유에 의한 차별의 내용을 납세의무자 스스로 결정하는 절차적 정의를 얻을 수 있게 하는 것은 아니다.

가. 분배적 정의

세법상 정의는 주로 "분배적 정의(distributive justice)" 차원에서 논의된다. 부담능력을 기준으로 한 과세는 여러 인격들에 대한 비례적 평등으로서 분배적 정의의 대표적인 예가 될 수 있다. 각자의 능력이나 지위에 따라 차별대우하는 것이다.

납세의무의 분배상 평등은 "과세상 평등추구(equality in taxation)"를 의미한다. 조세의 부과상 평등하여야 한다는 것이다. 차별은 합리적 이유가 있을 경우 허용된다. 납세의무는 담세능력(ability to pay) 또는 향유 편익(benefit)에 따라 비례적, 누진적 또는 역진적으로 이루어질 수 있다. 담세능력은 소득세에서는 소득금액, 재산세에서는 재산금액, 소비세에서는 소비지출액을 말한다. 외국인에 대해서는 합리적인 이유에서라면 차별적 과세가 허용될 수도 있다. 외국인은 자기가 거주인인 국가와 우리나라가 체결한 조세조약상 무차별과세조항(non-discrimination provision)을 적용받을 수 있다. 각자의 처지를 고려하여 차등을 두는 것은 단순한 평등보다는 비례적 평등 즉 형평(equity) 또는 공정(fairness)의 관념에 부합하는 것이다.

나. 재분배의 요청

세법이 정부재정조달을 위한 부담의 합리적 분배를 넘어선 사회적 신분체계의 변경을 위한 재분배(redistribution)를 추구할 수 있는가? 자본주의 심화로 나타나는 사회적 병리 해소를 위해 조세는 재분배의 수단이 되어야 한다. "조세에 의한 평등추구(equality by taxation)"이다.

헌법 제119조 제2항은 국가는 균형 있는 국민경제의 성장 및 안정과 적정한 소득의 분배를 유지하여야 한다고 규정하고 있다. 재분배는 경제 전체에서 조세가 차지하는 비중이 늘어남으로써 활성화될 수 있는 것이다. 그리고 동일한 조세부담이라면 직접세의 방식으로 부과됨으로써 더 큰 효과를 거둘 수 있다.

조세에 의한 평등추구에는 조세의 강제적 부과로 소득이나 재산의 규모를 줄이는 방법과 스스로 소득이나 재산의 규모를 줄이는 자에게 오히려 과세상 혜택을 주는 방법이 있다. 기부금의 일정액을 소득세를 계산할 때 공제를 해주는 것이 그 예가 된다. 통상적으로 전자의 방법에 의한다.

조세를 통한 부의 재분배에는 한계가 있다. 헌법 제23조는 모든 국민의 재산권은 보장되며, 공공필요에 의한 재산권의 수용에 대해서는 정당한 보상이 주어진다고 규정하고 있다. 재산의 원본을 잠식하는 정부의 조치는 수용에 해당하며 이는 과세라는 이름으로 용인될 수 없다.

다. 정의로운 조세

세법상 조세가 창설되기 위한 4가지 구성요소는 납세의무자, 과세대상, 과세표준 및 세율이다. 정의로운 조세가 되기 위해서는 그 구성요소가 어떻게 되어야 할까? 우리 헌법은 과세상 평등추구 뿐 아니라 조세에 의한 평등추구도 허용하고 있다.

(1) 납세의무자

납세의무자는 자연인 또는 법인을 상정할 수 있다. 자연인에 대한 과세는 최종적인 담세능력을 고려한 것이라는 점에서 법인에 대한 과세보다 정의로운 조세라고 볼 수 있다. "법인"은 현행법이 인정한 하나의 법적 주체로서 최종적인 향유의 주체가 될 수 없다. 간접세 과세상 법인은 경제활동의 과정에서의 역할을 고려하여 행정적인 납세의무를 부담하고 있지만 최종적인 경제적인 부담은 자연인이 하게 된다. 법인에 대한 직접세는 자연인에 대해서와 달리 그에 대해 과세하지 않을 경우 법인의 형태를 이용한 조세회피가 심화되는 것을 막기 위한 것이 과세의 주된 동기이다. 법인이 개인보다 더 강력한 경제주체로서의 역할을 하고 있기 때문에 그에 대해 개인과 동일하거나 그 이상의 과세를 하여야 한다는 관념은 법인세의 최종적인 귀착은 개인에게 돌아가는 점을 경시한 것이다. 우리나라 뿐 아니라 주요 외국에서도 법인세율은 개인 소득세율에 비해 낮은 수준으로 되어 있으며 특히 큰 전쟁에 의한 긴급한 재정수요가 없는 오늘날 법인세율이 꾸준히 낮아지고 있는 현실은 법인세의 이러한 특징을 말해주고 있다.

(2) 과세대상

우리 헌법상 "조세법률주의"의 관념에 의하면 국회는 거의 모든 경제적 사실을 과세대상으로 선택할 입법재량을 가지고 있다.

소득, 소비, 재산 중 어느 것이 더 정의로운 과세대상이라고 볼 수 있을까? 소득은 무상소득 즉 상속이나 증여에 의한 재산의 증가를 포함하는 것으로 상정해보자. 한 자연인의 생애를 과세대상과 관련하여 풀어본다면 수입하고 지출하는 과정으로 볼 수 있다. 수입하지 않은 자원은 지출할 수 없을 것이다. 지출액에는 자신을 위한 직접적인 소비지출액과 무상지출액이 포함될 것이다. 수입하고 아직 지출하지 않은 것은 재산액이 된다. 결국 누군가의 삶에서 총수입액과 총지출액은 동일하게 될 것이다. 재산액에 과세하는 것은 수입액에 대한 과세와 중첩되는 성격이 있을 것이며 무상지출은 무상수입인 소득에 대한 과세와 중첩되므로 이들을 배제하고 생각한다면, 결국 과세는 크게 보아 수입 또는 소득에 대한 과세와 지출 또는 소비에 대한 과세로 축약할 수 있다.

한 인간의 삶의 가치를 수량적으로 파악해보자면 수입 또는 소득의 양 뿐 아니라 지출 또는 소비의 양도 그 가치를 적절하게 표현하고 있다. 한 인간의 생애상 향유한 것만큼 과세하는 것은 정의로운 것이다. 우리나라와 일본은 부가가치세율이 10% 이하로 낮게 설정되어 있지만, 유럽국가는 15~20%를 유지하고 있다. 일반소비세의 세율을 높이면 조세의 역진성이 증가하여 평등의 추구에 반하며 그에 따라 조세가 덜 정의롭게 된다고 단정할 수 없다. 부가가치세와 같은 일반소비세는 민간 경제에 대한 정부의 간섭을 축소하여 사회구성원이 자유롭게 생각하고 생활할 수 있도록 하는 것, 경제의 효율성을 제고하고 해당 정치체의 구성원이 향유할 수 있는 복지의 총량을 증대하는 것의 가치도 추구할 수 있게 한다.

앞에서 상속 또는 증여를 이전을 받은 자의 무상소득으로 전제하였다. 부의 무상이전에 대한 세금을 무상이전을 받은 자의 경제적 부담능력의 증가로 보고 그에 상응하는 세금을 부과하여야 한다는 관점에 의한 논리적 결과이다. 오늘날 무상이전에 대한 세금을 무상이전을 하는 자에 대한 세금으로 보는 국가들도 있다. 고대와 중세국가에서의 상속세는 주로 상속에 따른 재산권의 이전을 인정해주는 정부의 서비스에 대한 대가로서의 성격을 가졌다. 인지세(stamp duty)의 역할을 하는 것이었다. 부의 무상이전에 대한 과세를 응능부담원칙(ability to pay principle, Leistungsfähigkeitsprinzip)에 따라 이전받는 자에 대한 세금으로 이해할 것인가, 아니면 응익부담원칙(benefit principle, Äquivalenzprinzip)에 따라 이전하는 자에 대한 세금으로 이해할 것인가? 무상지출도 일종의 지출라고 보아 일반소비세의 영역에 넣어 지출세(expenditure tax)를 부과하는 것이 바람직할까?

2. 법적 안정성

법은 행위의 효과를 미리 알고 그 행위의 실행 여부를 결정할 수 있게 한다. 세법은 조세를 거두기 위한 강행법규이다. 올바른 세법은 납세자가 자신의 행위에 의한 조세효과를 사전에 예측할 수 있게 한다. 조세부과의 예측가능성은 이상적인 조세가 갖추어야 할 가치의 하나인 "효율성"의 확보에 긴요한 것이다.

세법은 사적 법률관계를 인정하는 범위 안에서 적용되는 것을 원칙으로 한다. 세법이 독자적인 영역을 구축하고 있지만 전체 법체계 안에서 유기적으로 작동하여야 한다.

세법이 사적 법률관계를 부인하는 내용을 갖는다면 사법이 추구하는 법적 안정성의 가치가 감소할 수 있을 것이지만, 그러한 부인의 내용을 미리 고시하여 납세자가 알 수 있도록 한다면 법적 안정성의 가치는 유지할 수 있을 것이다. 조세효과를 예측할 수 없으면 사적 법률관계의 형성 여부를 소신 있게 결정하기 어렵다. 갑이 을로부터 5년 전에 빌린 돈을 갚는 대신 을에게 부동산을 양도하였다. 부동산의 매매라는 당사자간 의사의 합치에 불구하고 과세관청이 5년 전에 갑이 을로부터 현금을 증여받았으며, 현재는 갑이 을에게 부동산을 증여한 것으로 볼 수 있는가?

적법하게 부과된 조세가 사후 제정된 법규에 의해 소급하여 증액되어서는 안 된다. 세금부담을 증액하는 세법의 소급적용은 금지된다. 사후적으로만 효력이 발생하는 조세법규를 제정할 때에도 형평을 고려할 필요가 있다. 특정 계층에게만 적용되는 일회성의 조세는 계층간 또는 행위시기간 차별이 문제될 수 있다. 일정 시점에 세금을 폐지하는 세법이라고 하여 문제가 발생하지 않는 것은 아니다. 그 시점 이전에 세금을 납부한 자가 불형평의 이의를 할 수 있다. 조세를 둘러싼 정부와 납세자들의 관계는 제로섬게임을 하는 플레이어들간의 관계와도 같은 것이다.

절대군주들도 조세를 효과적으로 거두기 위해 미리 법규를 제정하였다. 문제는 전근대국가에서 일반 백성들은 절대군주가 내린 명령의 내용을 알기 어려웠다는 점이다. 오늘날 세무서장은 조세를 부과하면서 세법을 해석 적용한다. 세법의 해석 적용의 영역에서 개별 납세자는 개별 세무서장과 대등한 위치에서 올바른 세법의 해석과 적용을 위해 다투어야 할 위치에 있다. 권리구제를 위한 소송절차상 당사자대등주의의 정신을 존중하고자 한다면 세법은 알기 쉽게 만들어져야 한다. 일반 국민이 쉽게 알 수 있게 하려면 그들에게 친숙한 용어를 사용하여야 한다. 일상적 민사법률용어를 최대한 활용하여야 하고, 그 뜻풀이도 민사관계에서의 의미를 존중하여야 한다.

세법은 통상적으로 이해되는 문언의 의미대로 집행되어야 한다. 절대군주시대에는 세법의 내용을 잘 아는 지방관리의 자의적 집행을 통제하기 어려웠다. 과세관청의 자의적 집행을 통제하기 위해서는 과세관청의 행위에 대해 다툴 수 있는 쟁송의 수단이 발달하여야 한다. 오늘날 조세행정처분에 대한 행정구제 및 사법재판은 과세상 법적 안정성의 제고에 기여하고 있다.

3. 합목적성

법의 내용이 아무리 정의롭고 규정상 명확하게 되어 있다 하더라도 실제 사회에서 적용되지 않고 있다면 공허한 것이 된다. 법은 개별 상황에 적합한 합리적인 방안을 도출하는 것이어야 한다. 법이 살아 숨 쉬면서 사회가 추구하는 가치를 달성하는 데에 기여하여야 한다는 것이다. 이러한 가치에 대한 요청을 합목적성이라고 한다.

세법 입법의 가장 중요한 목적은 정부재정조달이므로 세법은 실제 경제상황에 가장 적합한 방법으로 정부재정을 조달하도록 구성되어야 할 것이다.

세법은 조세가 국가사회의 경제·사회적 정책 목표 달성에 기여하도록 하여야 한다. 다만, 조세는 경제·사회적 목표의 달성을 위한 보충적인 수단이다. 조세의 정책수단으로서의 기능은 사회적 시장경제를 지향하는 헌법 제119조에 의해 그 한계가 지워진다.

세법 조항은 해당 조항의 도입취지를 충분히 고려하여 해석되어야 한다. 세법은 재정조달을 일차적인 목표로 하는 법이기 때문에 모든 조항이 조세를 많기 걷는 쪽으로 해석되어야 하는 것은 아니다. 모든 세법조항은 고루 형평성과 효율성을 기본적인 가치로 전제하는 위에 개별적인 정책목표나 세법고유의 논리에 입각하여 마련된 것이다. 조세를 더 걷고자 한다면 세법을 개정하여 과세대상을 늘리거나 세율을 올리는 입법적인 조치를 하면 되도록 되어 있다. 개별

세법조항이 추구하는 하나하나의 정책목표에 항상 증세라는 취지가 깔려 있는 것이 아님은 재론의 여지가 없다.

제2항 법원

● 헌법

우리 헌법은 조세에 관해 규정하고 있다. 헌법 제59조는 "조세의 종목과 세율은 법률로 정한다"라고 하여 조세법률주의의 원칙을 규정하고 있다. 그리고 헌법 제38조는 "모든 국민은 법률이 정하는 바에 의하여 납세의 의무를 진다"라고 하여 국민의 납세의무에 대해 규정하고 있다.

조세법은 헌법 제11조상 평등의 원칙에 부합하여야 한다. 그리고 조세법은 헌법 제23조상 국민의 재산권보장에 관한 규정 및 헌법 제119조상 대한민국의 경제질서에 관한 규정에 부합하여야 한다.

● 법률

조세의 종목과 세율을 정하는 법률에는 소득세법, 법인세법, 부가가치세법 및 개별소비세법 등이 있다. 이들 세법에 공통적으로 적용되는 법원칙과 절차에 대해 규정하고 있는 법으로서는 국세기본법, 국세징수법, 조세범처벌법, 조세범처벌절차법, 조특법 및 국조법이 있다. 조특법은 소득세법 등 종목과 세율을 정하고 있는 세법상 납세의무에 대한 조세특례를 규정하고 있다.

● 행정입법

각 세법별로 법률에 의한 개별적인 위임사항을 규정하거나 법률의 집행을 위하여 필요한 사항을 규정하기 위하여 대통령령인 시행령이 마련되어 있다. 시행령은 다시 기획재정부장관령인 시행규칙에 과세의 세부기준과 절차에 관해 위임할 수 있다.[30] 시행령 및 시행규칙은 법규명령(Rechtsverordnung)으로서 법규성(Rechtsnorm)을 지닌다.

● 자치법규

자치법규로서 조례와 규칙이 있다. 헌법 제117조 제1항에 의하여 자치입법권을 부여받고 있는 지방자치단체도 법령의 범위 안에서 지방세에 관한 자치입법권을 행사할 수 있다. 지방자치법 제126조에 지방자치단체는 법률이 정하는 바에 의하여 지방세를 부과·징수할 수 있다고 규정하고 있다. 지방세기본법 제4조는 지방자치단체는 지방세기본법 또는 지방세관계법에서 정하는 바에 따라 지방세의 과세권을 가진다고 규정하고 있다. 동법 제5조 제1항은 지방자치단체는 지방세의 세목, 과세대상, 과세표준, 세율, 그밖에 부과·징수에 필요한 사항을 정할 때에는 지

---

30) 시행령은 대통령령이고 시행규칙은 부령이다. 국회는 하위규범의 제정에 간여하지 않는다. 법률의 하위규범의 제정을 행정부에 위임하였다고 하여 이론상 입법부가 그것의 제정에 간여할 수 없는 것은 아니다. 영국에서는 의회가 부령을 심사하도록 되어 있다. 우리나라에서는 국회의 상임위원회가 대통령령등에 대하여 법률에의 위반여부등을 검토하여 당해 대통령령등이 법률의 취지 또는 내용에 합치되지 아니하다고 판단되는 경우에는 소관중앙행정기관의 장에게 그 내용을 통보할 수 있다(국회법 제98조의 2 제3항).

방세기본법 또는 지방세관계법에서 정하는 범위에서 지방의회의 조례로 정하여야 한다고 규정하고 있다. 그리고 동 조 제2항에서는 지방자치단체의 장은 조례의 시행에 따르는 절차와 그밖에 그 시행에 필요한 사항을 규칙으로 정할 수 있다고 규정하고 있다. 지방자치단체의 과세권을 확인하고 조세법률주의를 구체화한 내용이다.

지방자치의 제도적 목적은 각 지방자치단체의 실정을 잘 파악하고 있는 주민이 직접 또는 그 대표자로 하여금 그러한 사정에 맞는 정책을 자치적으로 결정하고 실현함으로써 민주주의적 이념을 구현하는 데 있다. 이러한 관점에서 지방세의 부과와 징수에 관하여 필요한 사항은 지방자치단체가 '조례'로써 정하도록 하고 있다(지방자치법 제126조와 지방세기본법 제5조). 지방세기본법이 지방세의 부과와 징수에 관하여 필요한 사항을 조례로 정할 수 있도록 한 것은 지방세 관련법이 그 규율대상의 성질상 어느 정도 요강적 성격을 띨 수밖에 없기 때문이다.

주민의 재산권에 중대한 영향을 미치는 지방세에 관한 것이라 하더라도 중앙정부가 모든 것을 획일적으로 확정할 경우 지방자치제도의 본래의 취지를 살릴 수 없다. 지방세부과에 관한 조례의 제정은 주민의 대표로 구성되는 지방의회의 의결을 거치도록 되어 있다. 국회는 조례로써 과세요건 등을 확정할 수 있도록 조세입법권을 부분적으로 지방자치단체에 위임할 수 있을 것이다. 그러나 이로써 조세법률주의의 바탕이 되고 있는, "대표 없이는 조세 없다."는 사상에 반하게 되는 것은 아니다.

헌법재판소는 "조례의 제정권자인 지방의회는 선거를 통해서 그 지역적인 민주적 정당성을 지니고 있는 주민의 대표기관이고, 헌법이 지방자치단체에 대해 포괄적인 자치권을 보장하고 있는 취지로 볼 때… 조례에 대한 법률의 위임은 법규명령에 대한 법률의 위임과 같이 반드시 구체적으로 범위를 정하여 할 필요가 없으며 포괄적인 것으로 족하다고 할 것이다."라고 하고 있다(헌재 1995.4.20, 92헌마264[31] 등).

헌법재판소는 강남구 등과 국회 간의 권한쟁의사건에서 각급 지방자치단체의 자치재정권과 관련해서는 서울시의 강남구·서초구 및 중구의 3개 자치구가 거둔 재산세 중 일부를 떼어내 다른 구에 지원하는 이른바 '공동재산세'에 대해 "재산세를 반드시 기초자치단체(구)에 귀속시켜야 할 헌법적 근거가 없으므로, 세금을 징수할 권한을 구와 시에 공동으로 주는 쪽으로 변경하는 것도 입법자(국회)의 권한"이라며 "강남구 등이 수입 감소로 자치재정권에 제한을 받았다고 해도, 지나치지 않는 한 문제가 되지 않는다."라고 결정한 바 있다(헌재 2010.10.28, 2007헌라4).[32]

재정자치의 관점에서 볼 때 조례에의 포괄위임이 허용되고 있는 데에 그치고 있는 우리나라에서와는 달리 일본에서는 조례에 의한 세목의 신설이 가능하도록 자치의 인정범위가 넓게 설정되어 있다. 강학상 이를 '지방세조례주의'라고 한다.[33] 세목의 신설 과정에서 중앙정부가 참여한다.[34]

---

31) 부천시 담배자판기설치금지조례 제4조 등 위헌 확인에 관한 것이다.

32) 헌법재판소는 또 "재산세 수입이 과거 대비 50% 감소하긴 하지만 서울시가 거둔 재산세가 다시 자치구들에 배분되기 때문에 실질적 감소율은 50% 미만일 것"이라고 덧붙였다. 각 구의 2007년도 대비 2008년도 재산세 수입액 실질 감소율(시 보전금 추가분)이 △중구 9.8%(3.9%) △서초구 28.8%(11.5%) △강남구 31.6%(12.7%) 정도인데 2007년도 기준재정수요 충족도는 △중구 120.8% △서초구 124.2% △강남구 197.9% 등이라 재산세 수입이 다소 감소하더라도 100%를 상회하는 기준재정수요 충족도를 유지할 수 있다고 판단했다.

33) 金子宏, 『租税法』(제10판), 弘文堂, 2005.3, p.97.

참고로 2010년 개정된 지방세특례제한법은 지방자치단체의 장이 지방세 특례를 정할 경우 공익성, 국가의 사회경제정책 등 감면의 목적과 조세형평성, 감면대상자의 조세부담능력 및 지방자치단체의 재정여건 등을 종합적으로 고려하도록 하였다(지방세특례제한법 제2조의 2). 그리고 자율제정되는 감면조례로 감면할 수 있는 대상과 그것에서 제외되는 대상을 보다 구체적으로 규정하고 있다(동법 제4조 제1항, 제2항). 지방자치단체가 일정 규모 이상의 감면을 신설하거나 폐지 또는 축소 등 감면을 정비할 때에는 감면의 필요성 및 성과분석 등을 위하여 조세전문기관에 분석·평가를 의뢰하도록 하고 있다(동법 제4조 제3항).

- 조세조약

조세조약(조세협약)은 하나의 과세대상에 대해 두 국가의 과세관할권이 중첩적으로 적용되는 경우 서로 과세권을 양보하는 것에 관해 규정한 조약이다. 이는 각국의 국내세법상 설정된 과세권을 양보하기 위한 것이기 때문에 내용상 국내세법에 대해 특별규범적인 성격을 지닌다. 국내법과의 관계에서 조약에 부여하는 효력은 나라마다 다르게 설정되어 있다. 조약법에 관한 비엔나협약이 발효 중인 나라에서는 조약에 국내법에 우선하는 효력이 부여되어 있다. 이에 따라 조약규정에 배치되는 국내신법이 도입되는 경우에도 조약의 효력은 존중된다. 이러한 원칙은 조세법 분야에도 그대로 적용된다. 대한민국헌법이 비록 "헌법에 의하여 체결·공포된 조약은 국내법과 같은 효력을 가진다."라고 규정하고 있지만(헌법 제6조 제1항), 우리나라는 조약법에 관한 비엔나협약의 당사국이므로 조세조약에는 사실상 국내세법에 우선하는 효력이 부여된다.

- 예규·통칙 및 질의회신

행정 내부의 행정규칙(Verwaltungsvorschrift)은 법규의 범주에서 배제된다. 예규·통칙 및 질의회신은 행정 내부적인 효력만 있을 뿐 대국민적인 구속력은 부여되어 있지 않으며 법규로 분류될 수 없다.

예규·통칙은 국세행정을 총괄하는 국세청장이 개별 세법에 의한 부과징수권을 행사하는 세무서장에게 과세의 기본적인 방침에 관해 내리는 명령이다. 질의회신은 개별 국민의 질의에 대해 국세청장이 작성한 세법의 해석 및 적용에 관한 의견이다. 행정 내부적으로는 국세청장의 의견으로 통보된 것을 하급기관인 세무서장이 따르지 않을 수 없어 사실상 구속력을 갖는다.

제3항 정부의 작용

1. 입법부

국회는 조세법의 입법을 담당한다. 조세법은 일반 법률처럼 국회의원(10인 이상)의 발의 혹은 대통령의 발의로 상정된다. 대통령이 발의할 때에는 기획재정부장관이 법안을 작성한다. 이

---

34) 총무대신의 동의를 얻어야 한다(일본 지방세법 제259조 및 261조 등 참조).

후 법안은 부처 간 협의, 법제처 심사 및 국무회의 심의를 거쳐 대통령의 재가를 얻은 후 국회에 상정된다. 국회에서는 소관 상임위원회 및 법제사법위원회 심의와 본회의 심의·표결을 거쳐 통과 여부가 결정된다. 상임위원회에서는 세법소위가 개별 세법조문에 대한 심층적인 심의를 한다. 국회 사무처에는 전문위원이 소속되어 있는데 세법안 심사를 담당하는 전문위원이 있어 심사결과를 소관 상임위에 보고한다.

조세입법은 전문적인 사항을 규정하기 때문에 국회가 조세입법을 하는 데에는 전문성을 지닌 정부위원뿐 아니라 국회 내 소속기관의 도움을 받는다.

오늘날 조세의 경제 및 사회정책적인 수단성이 강조되어 수많은 조세입법이 국회의 심의를 받고 있다.35) 이는 조세국가의 본질을 훼손할 우려가 있다. 조세가 재정조달 이외의 목적을 위한 수단으로 활용되면 될수록 법적 안정성 및 형평의 가치가 쉽게 훼손될 수 있다. 국회는 입법으로 정하기만 하면 어떤 세목이든지 어떤 세율로든 과세할 수 있는 것이 아니다. 재정지출을 절약함으로써 납세자의 재산권을 최대한 보호하는 전제하에 납세자에 세금을 부과하는 입법을 하여야 한다.

국회는 경제정책목표의 달성수단으로 조세를 이용하는 것을 최소화하여야 한다. 조세지원은 특정 경제활동을 영위하는 자의 세후순소득을 늘림으로써 그 활동의 양을 늘리고자 하는 데에 목적을 둔다. 해당 경제활동을 하는 주체는 그 늘어난 순소득을 그 경제활동을 확대하는 데 둔다는 보장이 없다. 효과성을 담보할 수 없다. 조세지원을 받기 위한 이익집단 간 경쟁은 사회의 불공정과 불만의 요인이 될 수 있다.36) 조세지원은 세법체계를 무척 복잡하게 한다. 국민은 세법을 단순하게 하면서도 재정상 필요하다면 세율을 조정할 수 있는 정치적 역량을 발휘할 것을 기대한다. 정치권과 사회의 요구를 매년 수용하는 과정에서 복잡다단한 법령을 만드는 것은 차선의 선택의 악순환을 반복하게 할 우려가 있다.

입법부는 납세자의 권익을 보호하는 절차를 확립하는 데에 노력하여야 한다. 납세자의 권익을 침해하는 위임입법이나 행정을 감시·감독하는 기능을 수행하여야 한다.

우리나라 헌법 제59조는 국회의 권한을 규정하면서 조세입법권을 포함시키고 있다. 각 부 간 견제와 균형을 성문헌법이 설정한 권한의 한계를 엄격히 준수하도록 하는 방법으로 달성하고 그에 따라 재산권 등 국민의 기본권을 정부권력으로부터 지키고자 하는 법원칙을 수립하고 있다.

미국에서도 헌법상 성문법에 의한 조세부과징수원칙이 규정되어 있다. 미국에서는 각 부 간 견제와 균형은 자율적인 권한의 이양을 통해 비교적 느슨한 형태로 이루어지는 한편, 개별 사안에 따라 합리적인 결론을 도출하는 것이 중시된다. 조세입법권이 입법부에 있지만 입법부는 행

---

35) 독일에서는 너무 많은 조세입법이 이루어지고 있어서 입법을 담당하는 정부기관에서조차 현재 효력을 갖는 조세법규가 어떤 것인지를 쉽게 파악하기 어렵게 되어 있다는 지적이 있다. 2002년 연방재무장관조차도 현재 발효 중인 조세법률이 211개인지 218개인지 제대로 파악하지 못하고 있었다는 것이다(Paul Kirchhof, Der Weg zu einem neuen Steuerrecht, Deutscher Taschenbuch Verlag GmbH&Co. KG, 2005, p.4).

36) Eike Alexander Senger, Die Reform der Finanzverwaltung in der Bundesrepublik Deutschland, VS Verlag für Sozialwissenschaft, 2009, p.201; 우리나라 국가재정법은 총국세감면액의 비율한도를 직전 3개 연간 평균감면비율 + 0.5%p로 설정하고 있다. 2011년 현재 국세감면율은 15%를 전후한 수준이다.

정부에 위임입법권[37] 및 협의과세권[38]을 부여함으로써 자신의 권한이나 법원의 권한의 일부를 양허하고 있다.

연방의회가 조세입법권을 가지고 있지만 연방의회 스스로 행정부로 하여금 조세법을 집행할 때 재량껏 적용할 수 있는 길을 열어 놓고 있다.[39] 예를 들어, 미국 내국세입법(Internal Revenue Code) 제7121조는 종결합의(closing agreement)에 대해 규정하고 있다. 행정부에 조사단계에서 납세자와 협의과세를 할 수 있는 권한을 폭넓게 인정하고 있는 것이다. 소송단계에서도 납세자와 합의가 가능하다. 법원은 금반언원칙(equitable estoppel)에 따라 종결합의에 사기나 부정한 행위가 없다는 조건으로 이를 존중한다.[40] 법원은 제3자의 이해관계를 감안하여 소송단계의 합의내용의 수용 여부를 결정한다.

법원은 성문 조세법을 목적론적으로 해석함으로써 사실상 상당 부분 조세법 형성의 기능을 수행하고 있다. 한편, 법원은 조세입법의 위헌 여부를 판단함에 있어서는 다른 분야의 법에 대한 위헌 여부 심사에 비해 상대적으로 입법부의 권한을 존중하고 있다.

2. 행정부

기획재정부장관은 효율적인 조세정책의 수립과 조세부담의 형평성 제고를 위하여 매년 해당 연도부터 5개 연도 이상의 기간에 대한 중장기 조세정책운용계획을 수립하여야 한다. 중장기 조세정책운용계획은 국가재정법상 국가재정운용계획과 연계되어야 한다. 기획재정부장관은 수립한 중장기 조세정책운용계획을 국회 소관 상임위원회에 보고하여야 한다(국세기본법 제20조의 2).

행정부 내에서 세법의 해석을 담당하는 기관은 기획재정부장관이다. 이를 위해 기획재정부 내에는 국세예규심사위원회가 구성되어 있다(국세기본법시행령 제9조의 3). 세법의 최종적인 해석은 법원이 하게 되지만 그것은 해당 조문에 관한 개별 사건이 법원에 제소되는 경우에 한정된다. 국세청장은 세법을 적용하기 위해 개별 세법 조문을 해석하게 된다. 국세청장이 내린 해석에 대해 기획재정부장관이 다른 의견을 가진 경우 그는 자신의 의견을 국세청장에게 하달함으로써 국세청장의 세법 적용이 위법하다는 것을 확인시킨다. 이 경우 국세청장은 자신의 결정을 철회하여야 한다. 이러한 사실은 해당 납세자에게는 경정의 형태로 통보된다.[41] 국세청장은 기존의 세법해석을 변경할 필요가 있다고 인정하는 경우에는 기획재정부장관에게 의견을 첨부하여 해석을 요청하고 그 회신에 따라 처리하여야 한다(국세기본법시행령 제10조 제3항). 국세청장의 해석이 국세기본법상 비과세의 관행으로 굳어졌든가 행정법상 신뢰보호를 할 필요가

---

37) 내국세입법(Internal Revenue Code) 제7805조 제1항.

38) 내국세입법 제7121조 및 제7122조.

39) 개별 사안에 있어 행정부에 부여된 협의과세권과 법원의 창의적인 해석관행은 연방의회에 부여된 조세입법권을 사실상 나누 어 가지는 측면이 있다고도 볼 수 있을 것이다.

40) Leandra Lederman, et. al., *Tax Controversies: Practice and Procedure*, Lexis Publishing, 2000, pp.186~189.

41) 경정은 확정된 것을 바로잡는 행정처분이다. 조세채무가 확정되는 방식은 자동확정 신고에 의한 확정 및 결정에 의한 확정으로 구분할 수 있다. 위 세 가지 경로 중 하나의 방법으로 확정된 조세채무의 내용을 정정하는 결정을 경정이라고 한다. 경정은 결정 의 하나로서 그 역시 조세채무를 확정하는 효력이 있으므로 경정도 다시 경정할 수 있다. 이를 재경정 또는 재결정이라고 한다.

있을 정도에 이른 경우에는 새로운 해석을 소급하여 적용하지는 못한다.[42]

납세자는 국세청장뿐 아니라 기획재정부장관에게도 세법의 해석과 적용에 관한 의견을 조회할 수 있다. 기획재정부장관에게 질의가 먼저 접수되는 경우 기획재정부장관은 통상 국세청장에게 동 질의를 이첩하여 스스로 답을 주도록 하고 있다(국세기본법시행령 제10조 제5항). 국세청장의 회신에 이의가 있는 납세자는 기획재정부장관에게 질의할 수 있다. 기획재정부장관의 회신에 이의가 있는 납세자는 법제처장에게 다시 질의할 수 있다.

기획재정부장관과 법제처장은 개별 사안에 대한 세법의 적용은 할 수 없고 세법조문의 해석에 관한 의견만 내릴 뿐이다. 따라서 사실관계의 확정에 관한 판단은 하지 않게 된다(국세기본법시행령 제10조 제2항 단서). 납세자의 질문은 대개 세법의 적용과정에서 나타나게 되며 세법의 적용에는 사실관계의 확정이 필요하다. 특정한 사안이 질의된 경우 문제되는 조문의 해석이 필요한지를 결정하는 과정에서 사실관계에 관해서도 판단하게 되어 있다. 실제 기획재정부장관이 사실관계의 판단을 포함하는 세법적용에 관한 사안도 다루는 경우가 종종 있다.

행정부는 세법을 중립적으로 적용하여야 한다. 지하경제의 규모를 줄임으로써 과세기반을 넓히고 그만큼 세율을 인하함으로써 실질적 평등을 제고하는 가운데 재정조달의 목표를 효과적으로 달성해 주는 것이다. 세무조사는 지하경제[다른 말로 하면 조세갭(Tax Gap)]의 규모를 줄이기 위해 있는 것이다. 국세청장은 취임하면서 조세갭을 진단하고 조세갭을 어떻게 줄일 것인가 하는 계획을 수립하도록 하여야 한다. 조세행정비용과 납세협력비용[43]을 절약하는 노력을 동시에 경주하도록 하여야 한다. 국회 앞에 약속하고 그 임무를 수행하도록 하여야 한다. 세무조사는 그러한 목적 안에서 중립적으로 기능하여야 한다. 다른 한편으로는 납세자의 권익보호를 위해 노력하도록 하여야 한다. 과세관청과 납세자와의 불협화음이 최대한 줄어들 수 있도록 납세자를 지원하는 노력을 아끼지 말아야 한다. 정부권력은 이 과정에서 공정한 납세를 위한 목적만으로 행사되어야 한다. 조세의 부과징수가 사회정의의 확보수단은 아니다. 사회정의를 위해 세법을 적용하는 것이 아니라 세법을 중립적으로 적용함으로써 공정한 납세가 되도록 하여야 한다. 조세가 공정하게 부과징수되지 않으면 정의롭지 않은 결과가 되는 것이다. 공정한 과세를 위해 국세청 안에 계약직의 변호사들로 하여금 법률자문을 하게 할 필요가 있다.

3. 사법부

법원은 법규의 최종적인 해석기관이다. 법원은 세법을 해석하고 사실관계를 판단함으로써 세법을 적용한다. 다만, 법원의 세법 해석은 관련 사항에 대해 소송이 제기된 경우에 한하여 있

---

42) 후임자가 전임자의 세법 해석이 잘못되었음을 발견한 경우 후임자의 세법해석은 전임자의 재임 시절 잘못된 세법해석에 입각한 과세처분에 대해서도 동일하게 적용되어야 한다. 따라서 전임자의 처분은 경정되어야 할 것이다. 그렇게 되어야 조세법이 합법적으로 적용되는 것이며, 납세자 간 형평성을 유지할 수 있을 것이다. 그러나 전임자의 과세처분에 대한 납세자의 신뢰가 보호할 가치가 큰 경우에는 이러한 합법성 및 형평성의 가치와 절충할 수 있다는 것이다.

43) 신고대리 또는 세법자문을 위해 소요되는 비용은 소득금액 계산 시 필요경비로 인정해 주어야 할 것이다. 독일의 경우 세무사, 회계사 및 변호사 등에게 지불하는 비용이 520유로에 미치지 않을 때에는 세무서가 이의를 제기하지 않는다(소득세법 제10조 제1항 제6호).

게 된다. 법원이 세법 적용에 관한 사안을 사건으로 받아들이기 위해서는 해당 사건이 국세기본법상의 절차에 따라 먼저 심의되어야 한다. 세무서장의 과세처분에 대해 납세자는 그 세무서장을 상대로 이의신청을 제기할 수 있다. 납세자가 법원에서 과세처분의 위법을 다투기 위해 반드시 이의신청을 제기하여야 하는 것은 아니다. 그러나 그 다음 단계인 국세심판은 처분취소소송을 제기하기 전에 반드시 거쳐야 한다. 즉 전치주의가 적용된다. 국세심판 대신 국세청의 심사청구 혹은 감사원의 심사청구 과정을 거쳐도 된다. 국세심판에서 납세자의 주장이 인용되면 관할 세무서장은 그에 대해 이의를 제기하지 못한다. 납세자는 조세의 부과처분 이전에 과세전적부심사를 청구하여 자신의 의견을 주장할 수 있다.

법원은 납세자의 권익구제를 위한 최종적인 보루이다. 복잡다단한 이해관계와 거대한 관료제의 틈바구니에서 소홀해지기 쉬운 개별 납세자의 권익을 보호해 주는 역할을 하는 것이다. 납세자는 법원이 접근이 용이하고, 신속하게 내실 있는 전문적인 답을 해주도록 노력할 것을 기대하고 있다. 빈발하는 조세쟁송의 사정상 심판전치주의를 적용하고 있지만 그것의 적용에 대한 예외를 폭넓게 인정할 필요가 있다. 늘어난 부과제척기간 등의 이유로 증거확보가 어려운 경우가 많으므로 조정[44] 등 대체적인 분쟁해결방법이 활용될 수 있도록 할 필요가 있다. 신속성과 전문성을 제고하기 위해 조세법원을 창설할 필요가 있다. 조세법원은 행정의 자기시정에 해당하지 않으므로 과세관청이 패소할 경우 상급심에 항소할 수 있도록 하여야 할 것이지만 과세관청에 의한 대법원에의 상고는 엄격히 제한할 필요가 있다.[45]

법원의 조세법 형성의 기능 수행의 한계에 대해 헌법상 기관들간 견해의 대립을 보여주는 대표적인 사례로 구 조세감면규제법('조감법') 전부개정 부칙조항과 관련된 사건이 있다. 대법원은 1994년 전부 개정된 조세감면규제법이, 종전의 법률 부칙의 경과규정을 계속 적용한다는 별도의 규정을 두지 않았다고 하더라도 종전의 경과규정이 계속 적용된다고 볼 사정이 있는 경우[46]에는 전부개정되기 전 법률 부칙의 경과규정이 실효되지 않으며(대법원 2002.7.26. 선고 2001두11168 판결 등 참조), 그와 같은 사정이 있는지는 종전 경과규정의 입법 경위와 취지, 전부 개정된 법령의 입법취지 및 전반적 체계, 종전의 경과규정이 실효된다고 볼 경우 법률상 공백상태가 발생하는지 등의 여러 사정을 종합하여 판단하여야 한다고 보았다(대법원 2008.12.11. 2006두17550[47]), 대법원 2008.11.27. 선고 2006두19419). 결과적으로 동 사건에서 개정된 후 법률에서 규정되지 않은 종전 법률상 부칙이 여전히 효력이 있다고 보아, 그 부칙상 규정에 따른 과세처분이 적법하다고 본 것이다.[48]

---

44) 최근 법원은 '분쟁의 신속한 해결을 위한 조정권고'의 제하에 당사자 사이의 분쟁을 신속·원만하게 해결하기 위하여 피고 세무서장에게는 ○○○ 부분의 취소를 하고, 원고에게는 피고가 그렇게 하면 이 사건 소를 취하하도록 하며, 소송비용은 각자가 부담하는 것을 내용으로 하는 조정을 권고하고 그 권고안을 각 당사자가 수용할 경우 소송이 종결되도록 하는 방법을 사용하기도 한다.

45) 조세법원의 창설과 조세심판원의 존립이 병행될 수 있다. 조세심판원에서는 납세자의 청구가 인용되면 확정되어 과세관청을 기속하도록 되어 있으므로 신속한 납세자 권익구제가 가능하다.

46) 특별한 사정이 없는 한 종전의 부칙은 모두 소멸하는 것으로 본다(대법원 2004.6.24. 선고 2002두10780 판결).

47) ○○칼텍스

48) 당시 조감법상 본문은 특례재평가 요건 충족시 재평가차익이 비록 미실현이득이지만 저율과세로 그 부분에 대한 과세가 종료되도록 하면서 고율의 법인세율에 의한 감가상각은 허용하는 내용이었다. 이 특례에 대한 조건은 조감법 부칙에서 규정하고 있었는데 그것은 다시 조감법시행령 부칙이 구체적으로 규정한 시기까지 해당 특례를 받은 법인이 거래소에 주식을 상장

2011년 법원은 동일한 종전 법률상 부칙을 근거로 한 과세처분을 다툰 다른 사건에 있어서는 다시 다음의 같은 논지로 납세자의 주장을 기각하는 판결을 하였다. 부칙의 입법취지는 주식시장의 활성화를 위하여 주식의 상장을 전제로 자산재평가를 한 법인에 대해서는 자산재평가법상의 재평가요건을 갖추지 못하였더라도 그 재평가차액을 법인세의 과세대상에서 제외함으로써 주식의 상장을 유도하되, 사후 당해 법인이 주식의 상장을 게을리하는 경우에는 이러한 과세특례를 박탈함으로써 이를 악용하는 것을 방지하고자 하는 데 있다. 법원은 주식 미상장의 원인이 당해 법인에게 책임을 돌릴 수 없는 '정당한 사유'에서 비롯된 경우에는 그 재평가차액에 대하여 법인세를 과세할 수 없지만 당해 사건에서는 그러한 정당한 사유를 발견할 수 없다고 하여 원고의 주장을 기각하고 과세처분이 적법하다는 판결을 하였다[대법원 2009두3842(2011.4.18)[49]]. 이는 헌법상 '자기책임의 원리'에 의해 이해할 수도 있겠다(헌법재판소 2004.6.24., 2002헌가27).

2013년에는 일부 기업들이 대법원으로부터 '정당한 사유'를 인정받아 과세처분이 취소되었다.[50]

2011년의 대법원의 판결상 인용받지 못한 기업들 중 일부는 헌재에 폐지된 부칙조항의 위헌성 여부에 관한 위헌법률심판청구를 하였다. 이에 대해 2012년 헌재는 "종전의 경과규정이 계속 적용된다고 볼 사정이 있는 경우"의 논리로써 입법의 흠결을 치유한다고 해석하는 것은 법률해석을 통하여 창설해 내는 일종의 '입법행위'로서 헌법상의 권력분립원칙, 죄형법정주의, 조세법률주의의 원칙에 반한다고 보았다. 이에 따라 이 사건 전부개정법의 시행에도 불구하고 이 사건 부칙조항(종전의 경과규정)이 실효되지 않은 것으로 해석하는 것은 위헌이라는 결정을 받았다(2012.5.31., 2009헌바123·126(병합), 2012.07.26., 2009헌바35, 82[51]).

2012년 해당기업들 중 일부는 이 헌재의 결정을 근거로 대법원에 재심을 청구하였지만 대법원은 2013.3.28. 헌법재판소의 "한정위헌결정에 헌법재판소법 제47조가 규정하는 위헌결정의 효력을 부여할 수 없고, 한정위헌결정이 재심사유가 될 수 없다."고 하여 기각하였다(대법원 2013.3.28. 선고 2012재두299 판결, 대법원2013두14665, 2013.11.15. 등[52]). 대법원은 헌재가 한정위헌 또는 한정합헌의 변형결정을 하는 것은 역시 권력분립원칙에 따른 법원의 고유한 법령해석권한을 침해하는 것이라는 입장을 가지고 있는 것이다.

법원에 의해 납세자의 재심청구가 기각되어 과세처분의 적법성은 확정되었다.[53]

하는 것으로 되어 있었다. 만약 해당 조건을 정해진 기한까지 충족하지 못하는 경우에는 해당 재평가는 법인세 과세상 익금으로 인식할 수 없는 임의평가증이 되어 과거 세무처리를 모두 소급하여 효력이 없는 것으로 보게 되는 것이었다. 재평가차익에 대한 법인세는 돌려받지만 감가상각에 따라 감액된 법인세는 추징당하는 결과가 된다. 이후 조감법시행령 부칙은 상장시한을 누차에 걸쳐 연장하여 오다가, 1994년 조감법과 조감법시행령이 전부개정되게 되었다. 전부개정된 새 법률에는 부칙조항이 다시 규정되지 못하고 시행령에만 규정되게 되었다. 결함있는 전부개정에도 불구하고 이후 조감법시행령은 계속 부칙상 시한을 연장하여 오다가 이 사건이 문제된 시점에 갑자기 연장하지 않게 되자 이 사건 부과처분이 행해지게 된 것이다.

49) ○○○해운

50) 대법원 2013.02.28. 선고 2011두32416 판결 참조. ○○생명. **생명

51) ○○칼텍스, ○○리테일, ○○○해운, **생명

52) ○○○해운, ○○ 칼텍스, ○○리테일

53) 2020년 1월 현재 납세자가 헌법재판소법 제47조 및 제68조 제1항의 규정에 근거하여 납세자가 법원의 결정의 위헌여부

제2절 제정

제1항 조세법률주의

1. 의의 및 역사

가. 의의

조세법은 다른 법률과 마찬가지로 헌법상 입법부에 주어진 권한의 범위 안에서 헌법상 가치를 수호하고 그것을 달성하기 위해 제정되어야 한다. 헌법 제59조는 "조세의 종목과 세율은 법률로 정한다."라고 규정하고 있다. 이는 조세법률주의를 의미하는 것으로 이해되고 있다. 통상 조세법률주의의 하위원칙으로서 과세요건법정주의, 과세요건명확주의, 소급과세금지원칙, 엄격해석원칙 및 합법성의 원칙의 다섯 가지를 든다.[54] 앞의 세 원칙은 입법상 원칙이고 뒤의 두 원칙은 집행상 원칙이다. 소급과세금지원칙은 집행상 원칙으로서의 의미도 가지고 있다.

조세법률주의는 법치주의원칙이 조세의 부과에도 적용된다는 것을 선언적으로 규정한 것으로 보아야 한다. 조세로 분류되기 곤란한 부담금에 대해서도 헌법재판소는 그것의 부과에는 법률에 구체적인 근거조항이 있어야 한다고 한다. 그 이유로서 부담금이 국민의 재산을 침해하는 성격이 있으므로 법치행정의 원칙에 입각할 때 법률에 구체적인 근거조항이 있어야 한다는 점을 지적하고 있다.[55]

1948년 제헌헌법 제29조는 "모든 국민은 법률의 정하는 바에 의하여 납세의 의무를 진다." 라고 규정하고 제7장 재정 중 제90조는 "조세의 종목과 세율은 법률로써 정한다."고 규정하고 있었다. 1988년 개정된 현행 헌법 제38조는 "모든 국민은 법률이 정하는 바에 의하여 납세의 의무를 진다."고 규정하고 있다. 그리고 국회의 권한에 관한 제3장 제1절 중 제59조는 "조세의 종목과 세율은 법률로 정한다."고 규정하고 있다. 제59조가 재정에 관한 장으로부터 국회의 권한에 관한 제3장으로 옮긴 것은 1963년 헌법 개정에 의해서이다.

한국에서는 아래 언급하는 일본 헌법과의 유사성에서도 알 수 있듯이 '조세법률주의'의 개념이 널리 사용되고 있으며 그 구체적인 내용상으로도 '과세요건법정주의' 및 '과세요건명확주의'를 주된 요체로 하는 것으로 논의되고 있다.[56] 조세법률주의라는 것은 실상 조세법상 법치주의원칙

를 헌법재판소에서 다투고 있는지는 헌법재판소의 공표된 자료로는 확인할 수 없다.

54) 임승순, 『조세법』, 박영사, 2008, p.32; 이창희 교수는 조세법률주의 개념을 부정하고 조세법상 형식적 법치주의 및 실질적 법치주의의 개념을 활용하고 있다. 형식적 법치주의는 조세법률주의의 개념에 그리고 실질적 법치주의는 조세평등주의의 개념에 근사한 것으로 보인다(이창희, 『세법강의』, 박영사, 2007, pp.16~65).

55) 일본의 일부 학자는 조세법률주의 원칙상 '조세'의 개념에 '수익자부담금'이 포함된다고 보기도 한다(北野弘久, 『税法問題事例研究』, 勁草書房, 2005.7, pp.34~35). 2006년 3월 1일 일본 최고재판소 판결에 의하면 지방자치단체가 국민건강보험료를 징수하는 방식에 있어서 가입이 강제되고 강제징수되어 부과징수상 강제성의 정도가 조세에 유사한 성질을 가지고 있으므로 조세법률주의의 취지가 미치는 것으로 보아야 한다고 하였다[平成 12년(2000년) (行ツ) 제62호 국민건강보험료부과처분취소등청구사건].

56) 이태로 교수는 조세법률주의의 내용으로서 과세요건법정주의, 과세요건명확주의, 과세불소급원칙 및 엄격해석의 원칙을

을 달리 표현한 것에 불과하다는 점에서 그 용어의 사용을 배제하여야 한다는 주장도 있다.[57]

나. 역사

(1) 영국

조세법률주의는 영국의 권리장전(Magna Carta)[58]에서 그 맹아를 찾을 수 있다. 조세부과에 관한 법규는 고대사회부터 있었지만 그것은 절대권력자의 독자적 결정에 의해 마련된 것이었다. 영국의 권리장전에 와서야 비로소 피통치자가 만든 법률의 형태로 조세부과법규가 제정되어야 한다는 원칙이 싹트기에 이른 것이다. 이후 1628년의 권리청원(Petition of Rights) 및 1689년의 권리헌장(Bill of Rights)에 의해 이 원칙이 보다 구체화되었다.[59]

(2) 미국

1776년 미국의 독립선언과 1787년 독립 헌법 제1조 제8항 제1호(연방의회의 조세입법권한)에 성문법에 의한 조세부과의 원칙이 반영되어 있다.[60] 미국 연방헌법에서는 이 이외에도 적법절차원칙 및 연방과 주간 권한배분에 관한 규정들을 찾아볼 수 있다.

(3) 독일

'조세법률주의'의 정신이 '과세의 법률적합성원칙(Grundsatz der Gesetzmäßigkeit des Besteuerung)'의 개념으로 표현되고 있다. 이는 삼권분립에 의한 법치주의에서 파생하는 것으로 인식되고 있다. 삼권분립은 몽테스키외가 1748년 '법의 정신'에서 논의한 이래 발전하여 왔으며 독일의 연방과 각 란트에서 조세제도 정립을 위한 원칙이 되어 왔다. 1차 대전 후 바이마르공화국 당시에는 조세법상 형식적 법치주의의 개념이 지배하고 있었으며, 2차 대전 후 실질적 법치주의의 개념이 도입되었다.[61]

(가) 형식적 법치주의

형식적 법치주의원칙은 법적 안정성(Rechtssicherheit) 제고를 주된 목적으로 한다. 조세법상으로는 '과세의 법률적합성원칙'이 된다. 이는 달리 표현하여 '조세법상 합법성의 원칙(steuerrechtlichen

---

들고 있다(이태로・한만수, 『조세법강의』, 박영사, 2009, pp.20~24). 임승순 변호사는 조세법률주의의 내용으로서 과세요건법정주의, 과세요건명확주의, 조세법령불소급원칙 및 합법성 원칙을 들고 있다(임승순, 『조세법』, 박영사, 2009, pp.27~39). 최명근 교수는 조세법률주의를 입법・해석상 원칙과 집행상 원칙으로 구분하고 전자에는 과세요건법정주의, 과세요건명확주의, 소급과세금지원칙을 들고 후자에는 합법성의 원칙을 들고 있다. 그리고 실질적 조세법률주의의 개념을 제시하고 있다(최명근, 『세법학총론』, 세경사, 2005, pp.91~106). 한편, 이창희 교수는 조세법률주의의 용어의 사용을 배제하면서 조세법상 형식적 법치주의와 실질적 법치주의 개념을 사용하여야 한다고 한다. 실질적 법치주의의 내용으로서 세법은 경제적인 논리와 헌법상의 요청에 부응하여야 한다는 점을 강조하고 있다(이창희, 『세법강의』, 박영사, 2008, pp.16~30).

57) 이창희, 『세법강의』, 박영사, 2008.

58) 12. No scutage or aid shall be imposed in our realm unless by the common counsel of our realm(이하 생략).

59) Frans Vanistendael, Legal Framework for Taxation, *Tax Law Design and Drafting*, International Monetary Fund, 1996, p.2.

60) The Congress shall have power to lay and collect taxes, duties, imposts and excises.

61) Tipke/Lang, 전게서, pp.73~74.

Legalitätsprinzip)'이라고도 한다.62) 학설에 의하면 그 하위원칙으로서 조세법 입법상 '법률의 유보(Vorbehalt des Gesetzes)', '조세법명확(der Bestimmtheit von Steuergesetzen)' 및 '소급입법의 금지(das Verbot rückwirkender Steuergesetze)'가 거론된다. 조세법 적용상으로는 '법률의 우위(Vorrang des Gesetzes)', '납세자신뢰보호(Vertrauen in behördliches Verhalten)', '흠결보충 또는 유추적용의 금지(Lückenausfüllungs – oder Analogieverbot)' 및 '조세부과의 과세요건적합성(Tatbestandmäßigkeit der Besteuerung)'이 거론된다. 독일기본법은 조세법상 법률의 유보에 관한 직접적인 조항을 두고 있지 않다. 독일기본법상 삼권분립(기본법 제20조 제3항), 경제행위의 자유(기본법 제2조 제1항), 사소유권의 내용·한계(기본법 제14조 제1항 및 제3항)가 조세법상 원칙의 근거가 되고 있다.63) 정치체 혹은 기관 간 권한배분에 관한 사항으로는 연방법제정권한이 연방하원(Bundestag)에 있다는 것(기본법 제77조)과 연방세에 관한 법의 제정권이 연방에 있다는 것(기본법 제105조)을 들 수 있다.64)

(나) 실질적 법치주의

실질적 법치주의원칙은 조세정의(Steuergerechtigkeit)의 추구를 목적으로 한다. 조세정의는 '과세의 평등원칙(Gleichmäßigkeit)'65) 및 '법률적합성의 원칙(Gesetzmäßigkeit des Besteuerung)'에 의해 구체화된다. 이 외에 헌법이 추구하는 사회국가원칙 및 간편성의 원칙도 거론된다.

실질적 법치주의원칙은 평등을 추구한다는 점에서 형식적 법치주의 원칙과 구별된다. 실질적 법치주의 원칙은 독일기본법 제3조 제1항상 일반적인 평등원칙66)을 구체화하는 것이다. 조세법 입법뿐 아니라 그것의 적용 및 집행상 평등하여야 한다는 것을 의미한다. 조세법상 평등원칙은 응능부담의 원칙(Leistungsfähigkeitsprinzip)을 의미한다. 경제적 실질에 대해 과세하고 조세회피를 방지하여야 한다는 원칙으로 구체화되고 있다.67)

(4) 일본

근대적 형태의 조세에 관한 법적 근거는 1890년의 명치헌법에서 그 뿌리를 찾아볼 수 있다. 명치헌법 제21조는 "일본 신민은 법률이 정하는 바에 따라 납세의무를 부담한다."고 규정하고 동 제62조 제1항은 "새로운 조세를 부과하거나 세율을 변경하는 경우에는 법률에 의한다."고 규정하고 있다. 오늘날 일본헌법도 이와 거의 동일한 내용으로 규정하고 있다. 일본헌법 제30조는 "국민은

---

62) 독일 조세기본법(Abgabenordnung) § 3(1) 참조.

63) Tipke/Lang, 전게서, pp.72~77.

64) Ax/Gro β e/Melchoir, *Abgabenordnung und Finanzgerichtsordnung*, Schäffer – Poeschel Vertrag Stuttgart, 2007, pp.13~15.

65) 평등원칙은 능력에 부합하는 과세 또는 이익에 부합하는 과세를 통해 실현된다. 여기서 능력은 부담능력으로서 경제적 능력을 말한다. 경제적 능력은 사실에 부합하게 파악하여야 하며(Sachgerechtigkeit), 평가요소는 사회적 전체 법질서에 부합하는 것을 선정하여야 하며(Systemgerechtigkeit), 비교할 때에는 전체 조세부담의 관점에서 하여야 하며, 한 번 선택된 요소는 해당 세목에서 일관되게 유지되어야 한다(Folgerichtigkeit). 수익적 평등의 확보를 위한 차등의 설정에는 자의의 금지 또는 비례의 원칙이 적용될 수 있다(방승주, 「헌법과 조세정의」, 『헌법학연구』 제15권 제4호, 2009.12; Paul Kirchhof, Staatliche Einnahmen, in HStR IV, 2. Aufl. 1999 § 88 참조).

66) 모든 인간은 법률 앞에 평등하다(Alle Menschen sind vor dem Gesetz gleich).

67) Tipke/Lang, 전게서, pp.74~75.

법률이 정하는 바에 따라 납세의무를 부담한다."고 규정하고 있다. 그리고 재정에 관한 제7장 중 제84조는 "새로운 조세를 부과하거나 현행의 조세를 변경하는 때에는 법률 또는 법률이 정하는 조건에 따라야 한다."고 규정하고 있다. 제84조는 재정에 관한 조세국가체제(Steuerstaat)를 천명하는 것이다. 일본 헌법 제84조는 조세법률주의 원칙의 근거가 되는 조항이다.[68]

명치헌법과 일본헌법을 비교한다면 전자는 입헌군주의 명령에 근거를 둔 것인 반면, 후자는 국민의 수권에 근거를 둔 것이다. 이와 함께 전자는 형식적 법치주의 정신에 입각한 것인 반면 후자는 실질적 법치주의 정신에 입각한 것이라는 논의도 있다.[69]

역사적으로 보면 명치헌법은 서구국가들의 삼권분립의 정신을 구현한 것이라고 볼 수 있는 반면, 일본헌법은 20세기의 새로운 사조와 미국의 영향력이 작용한 것이라고 볼 수 있을 것이다. 굳이 따진다면 전자는 전통적인 독일법계의 영향을 상대적으로 더 많이 받은 것이다. 일본 조세법학계가 조세법상 형식적 법치주의의 원칙이 지배하여야 하는 것으로 하여 오다가 이후에는 실질적 법치주의의 개념을 수용하기 시작한 것으로도 이해할 수 있는 부분이다.

실질적 법치주의 하에서는 행정권의 남용을 억제함으로써 납세자의 권익을 제고하여야 한다는 점과 응능부담의 원칙에 충실하여야 한다는 점이 강조된다. 이는 조세법률주의가 실질적인 법치주의의 개념과 결합하여 조세법의 또 다른 원칙 중 하나인 조세평등주의를 추구하는 양면성을 가지고 있음을 알게 해 주는 부분이다. 조세평등주의는 일본헌법 제14조에 그 근거를 둔다.

일본에서는 조세법상 독일법계의 영향에도 불구하고 명치헌법 이래 독일기본법에서는 찾아볼 수 없는 헌법상 조항(일본헌법 제84조)에 따라 '조세법률주의'라는 독특한 개념이 형성되었다. 일본에서 조세법률주의는 '과세요건법정주의', '과세요건명확주의', '합법성의 원칙' 및 '절차적 보장원칙'을 그 주된 내용으로 하고 있다. 그 이외에 '소급입법의 금지' 및 '납세자의 권익보호'가 포함된다.[70]

2. 과세요건법정주의

가. 개념

과세요건법정주의란 과세요건은 법률로 규정하여야 한다는 것을 의미한다. 헌법상 조세의 종목과 세율을 법률로 규정하라고 되어 있지만 법률로 규정하여야 하는 것은 비단 조세의 종목과 세율에 그치지 않는다. 그 밖의 과세요건과 부과·징수절차도 법률로 정해야 한다. 조세법은 과세요건과 그 효과의 실체적 내용과 그 실체적 내용을 구현하기 위한 절차를 규정하고 있다. 조세의 종목과 세율을 법률로 정하도록 하는 헌법의 취지상 과세권의 행사는 국가권력에 의한 국민의 재산권 침해에 해당하므로 그것의 실질적인 내용을 결정하는 것에 대해서는 입법부의 통제가 필요하기 때문이다.

---

68) 金子宏, 전게서, p.79.
69) 北野弘久, 전게서, pp.9~46.
70) 金子宏, 전게서, pp.77~87.

헌법 제59조는 조세의 종목과 세율은 법률로 정한다고 규정하고 있으므로 과세요건의 핵심적 요소인 과세대상은 국회에서 결정하면 되는 일이며 어떤 것을 특별히 과세대상에서 배제하여야 하는 절대불변의 논리가 있는 것은 아니다. 시대에 따라 창문세나 수염세와 같은 것도 존재하지 않았는가? 다만, 오늘날은 자유를 존중하는 근대헌법의 원칙이 지배하고 있으므로 그것에 의해 어느 정도 한계가 지어질 수 있을 것이다.

헌법재판소는 과세대상인 자본이득(양도소득)의 범위를 실현된 소득에 국한할 것인가 혹은 미실현이득도 포함할 것인가는, 과세목적·과세소득의 특성·과세기술상의 문제 등을 고려하여 판단할 입법정책의 문제일 뿐, 헌법상의 조세개념에 저촉되거나 그와 양립할 수 없는 모순이 있는 것으로는 볼 수 없다고 하여 이러한 원칙을 확인하고 있다.[71]

나. 위임입법의 허용과 그 한계

과세요건법정주의에도 불구하고 실제 과세요건에 관한 구체적 사항을 모두 국회가 마련하는 법률로 규정할 수는 없다. 구체적 사항에 관해서는 행정부가 정하도록 위임을 하게 된다. 이 경우에도 행정부가 실질적으로 국민의 권리와 의무에 영향을 주는 사항(법규적 사항)을 국회의 위임 없이 규정하지 않도록 하여야 한다(헌법 제75조).[72] 이를 위해 개별적·구체적 위임만 허용하고 포괄적·백지적 위임을 금지한다. 포괄위임을 하는 법률규정과 그에 의한 시행령은 위헌적인 규범이 된다. 실제 어떤 시행령 조항이 포괄위임에 의한 것인지를 가리는 것은 용이한 일이 아니다.

포괄위임금지원칙은 독일 행정법상 '본질사항[73]유보설(Wesentlichkeitstheorie)'로 설명할 수 있다.[74] 우리 법원은 포괄위임 여부를 판단함에 있어(우리 헌법재판소가 원용하는 대로) 법률상 예측 가능한 범주가 존재하는지, 하위 법령이 그의 한계를 벗어났는지(독일기본법 제80조 제1항상 '예측 가능성')[75]의 기준에 따르고 있다.

---

71) 헌법재판소 1994.7.29, 92헌바49, 52

72) 법률의 시행령은 법률에 의한 위임이 없으면 개인의 권리·의무에 관한 내용을 변경·보충하거나 법률에 규정되지 아니한 새로운 내용을 정할 수는 없지만, 시행령의 내용이 모법의 입법 취지와 관련 조항 전체를 유기적·체계적으로 살펴보아 모법의 해석상 가능한 것을 명시한 것에 지나지 아니하거나 모법 조항의 취지에 근거하여 이를 구체화하기 위한 것인 때에는 모법의 규율 범위를 벗어난 것으로 볼 수 없으므로, 모법에 이에 관하여 직접 위임하는 규정을 두지 않았다고 하더라도 이를 무효라고 볼 수 없다(대법원 2016. 12. 1. 선고 2014두8650 판결).

73) 법인세, 종합소득세와 같이 납세의무자에게 조세의 납부의무뿐만 아니라 스스로 과세표준과 세액을 계산하여 신고하여야 하는 의무까지 부과하는 경우에는 신고의무 이행에 필요한 기본적인 사항과 신고의무불이행 시 납세의무자가 입게 될 불이익 등은 납세의무를 구성하는 기본적, 본질적 내용으로서 법률로 정하여야 한다(대법원 2015. 8. 20. 선고 2012두23808 전원합의체 판결).

74) 김성수, 『세법』, 법문사, 2003.9, p.111.

75) 대통령령에 규정될 내용의 대강을 예측할 수 있다면…하위법령의 규정에서 …이 법률조항이 규정한 부동산에 해당한다고 볼 수 없는 부동산까지 규율하고 있다 하더라도, 이는 그 하위규범이 위임입법의 한계를 일탈한 흠으로 될 수는 있을지언정 그로 인해 이 사건 법률조항이 위헌으로 되는 것은 아니다. 이는 기본적으로 시행령이나 시행규칙의 위헌문제에 해당하는 것으로 당해 시행령 또는 시행규칙을 대상으로 직접 그 위헌성을 다투어야 할 것이다(2001헌바11, 2001.9.27). 어느 시행령의 규정이 모법의 위임범위를 벗어난 것인지를 판단함에 있어서 중요한 기준 중 하나는 예측 가능성인바, 이는 당해 시행령의 내용이 이미 모법에서 구체적으로 위임하고 있는 사항을 규정한 것으로서 누구라도 모법 자체로부터 그 위임된 내용의 대강을 예측할 수 있는 범위 내에 속한 것이어야 함을 의미한다. 이러한 예측 가능성의 유무는 당해 특정조항 하나만을 가지고 판단할 것은 아니고 법률의 입법취지 등을 고려하여 관련 법조항 전체를 유기적·체계적으로 종합하여 판단하여야 한다(대법원 2008.11.27. 선고 2006두19570 판결).

(1) 과세대상

소득세법은 소득세 과세대상을 직접 규정하고 있다. 소득세법상 종합소득에 속하는 각 종류의 소득이 소득세법의 규정에 의하여 열거되어 있는 것과 같은 이치이다. 이는 납세의무의 성립에 관한 사항은 가급적 법률로 규정되어야 한다는 관점에 입각한 것이다.[76]

법인의 익금에 산입한 금액이 궁극적으로 사외로 유출하여 개인 누군가에게 귀속되었다면 그에게 어떤 소득이 될 것인가는 소득세법으로 규정하여야 할 것이다. 현행 법인세법 제67조는 다음과 같이 소득처분에 대해 보다 구체적인 내용을 규정하고 상세한 내용을 하위 규정에 위임하는 형식을 취하고 있다.

> 법인세법 제67조 (소득처분) 제60조의 규정에 의하여 각 사업연도의 소득에 대한 법인세의 과세표준을 신고하거나 제66조 또는 제69조의 규정에 의하여 법인세의 과세표준을 결정 또는 경정함에 있어서 익금에 산입한 금액은 그 귀속자 등에게[77] 상여[78]·배당·기타 사외유출·사내유보 등 대통령령이 정하는 바에 따라 처분한다.

현행 소득세법 제17조 제1항 제4호는 '배당으로 처분된 금액'을 배당소득의 하나로 보고, 동법 제20조 제1항 제1호 다목은 '법인세법에 의하여 상여로 처분된 금액'을 근로소득의 하나로 규정하고 있다. 이 조항들은 그 구체적 내용이 하위 규정에서 규정되는 형식을 취하고 있다.

1994년 12월 22일 개정 전 법인세법 제32조 제5항[79]에 대한 헌법소원심판청구사건[80]에서 헌법재판소는 구 법인세법 제32조 제5항은 위임입법의 주제에 관하여 '익금에 산입한 금액의 처분'이라는 점만을 제시하고 있을 뿐, 위임입법의 수임자가 따라야 할 기준인 소득의 성격과 내용 및 그 귀속자 등 납세의무의 성부 및 범위와 직접 관계있는 소득처분의 과세요건에 관해 아무런 기준을 제시함이 없이 대통령령에 포괄적으로 위임하였으므로 조세법률주의와 위임입법의 한

---

76) 납세의무의 확정에 관한 절차적 사항은 위임의 한계가 보다 넓게 설정될 수 있을 것이다.

77) 2007년 개정 전에는 "…그 귀속자에 따라…"로 표현되어 있었다. 이에 대해 법원은 "구 법인세법 제67조가 '…익금에 산입한 금액은 그 귀속자에 따라… 처분한다.'고 규정하여 '그 귀속자에 따라'라는 문언을 사용하였다고 하더라도, 위 법조가 대통령령에 위임하고 있는 소득처분의 종류와 내용에는 사외유출된 익금산입액의 귀속이 불분명한 경우를 포함하고 있다고 봄이 상당하다."고 한 바 있다(대법원 2008.9.18. 선고 2006다49789전원합의체판결, 대법원 2007두11382, 2010.4.29).

78) 헌법재판소는 상여처분의 귀속자에 관련된 과세요건을 대통령령에 위임하고 있는 구 법인세법(1998.12.28. 법률 제5581호로 개정되고, 2007.12.31. 법률 제8831호로 개정되기 전의 것) 제67조 중 '상여' 부분(이하 '이 사건 법률조항'이라 한다)이 포괄위임금지원칙에 위반되지 않는다고 보고 있다(헌법재판소 2009헌바107, 2010.11.25). 현행 법인세법 제67조와 거의 동일한 내용을 규정한 구 법인세법 제32조 제5항에 대해 헌법재판소는 동항이 상여처분의 귀속자를 규정하지 않고 시행령에서 규정하고 있으나 임직원에게 귀속된 사외유출금이 상여처분 될 것임은 쉽게 예측가능하여 포괄위임금지 원칙에 위배되지 않고, 소득세법상 상여처분금액을 근로소득으로 의제하는 것은 충분한 합리성이 있으므로 실질과세의 원칙에 위배되지 아니한다고 보았다(2006헌바65, 2009.02.26).

79) 구 법인세법 제32조 (결정과 경정) ⑤ 제26조의 규정에 의하여 법인세의 과세표준을 신고하거나 제1항 내지 제4항의 규정에 의하여 법인세의 과세표준을 결정 또는 경정함에 있어서 익금에 산입한 금액의 처분은 대통령령이 정하는 바에 의한다. 〈개정 1980.12.13.〉

80) 헌법재판소 1995.11.30., 93헌바32. 부산진세무서장은 청구인(회사)의 전 대표이사가 횡령한 회사재산 및 증빙이 없이 사용한 경비를 익금 산입하는 동시에 동 대표이사에 대한 상여로 처분하고 청구인에 대해 근로소득세의 원천징수의무를 과하는 처분을 하였다. 이에 청구인은 부산고등법원에 행정소송을 제기하는 동시에 동 처분의 근거가 된 1994년 12월 22일 개정 전 법인세법 제32조 제5항 및 소득세법 제150조 제4항에 대한 위헌심판제청신청을 하였으나 기각되어 이 사건 헌법소원심판청구를 하였다.

계를 위반하였다고 판단하였다.

소득세법 제17조 제1항 제4호와 동법 제20조 제1항 제1호 다목은 위 헌법재판이 이루어지던 당시에도 존재하고 있었다.[81] 그렇다면 비록 법인세법이 소득처분의 구체적 내용으로 상여나 배당과 같은 소득의 종류를 규정하고 있지 않았지만 소득세법의 규정에 의해 그와 같이 소득처분을 할 수 있었을 것인데,[82] 헌법재판소가 구 법인세법 제32조 제5항이 위임입법의 한계를 넘어선 것으로 본 이유는 무엇일까? 이는 (1) 익금에 산입한 금액의 귀속을 논리적으로 구분해 본다면 기타 사외유출 및 사내유보와 같은 처분도 가능할 것인데 당시 소득세법과 법인세법 어떤 것도 그에 대해 규정하고 있지 않았던 점, 그리고 (2) 소득처분은 그 '귀속'에 따라야 한다는 원칙이 명기되지 않았던 점 때문으로 이해할 수 있겠다.

헌법재판소는 위임받은 하위규범에 정할 것의 본질적인 사항이 위임하는 법률에서 예측 가능하여야 한다는 점을 강조하고 있다. 이는 독일기본법에서 발달한 이론을 수용한 것이다. 독일기본법(Grundgesetz) 제80조 제1항은 위임입법의 한계에 대해 "위임한 입법사항의 내용, 목적 및 범위(Inhalt, Zweck und Ausmaß)가 법률에 명시되어야 한다."고 규정하고 있다. 이를 독일기본법상의 본질성이론이라고 한다. 현재 독일연방헌법재판소는 본질성이론을 이해함에 있어 "본질적인 사항이 반드시 법률에 명문으로 구체화되어야 함을 뜻하는 것은 아니고, 일반적인 해석법칙에 따라, 규정의 목적과 체계상의 관련성을 통해 인식할 수 있으면 족하다."고 보고 있다. 본질적인 사항은 세법의 다른 조항에 의해 유보되어 있어 어떻게 처분할 것인지, 충분히 예측 가능한 것은 아니었는지 검토할 필요가 있다.[83]

당시에도 국세기본법상 실질귀속원칙은 존재하고 있었으며 그 원칙에 따르자면 주주나 종업원에게 실질적으로 귀속되지 않은 금원은 기타 사외유출 및 사내유보로 볼 수밖에 없었을 것이었다. 이에 불구하고[84] 구 법인세법 제32조 제5항이 위임입법의 한계를 일탈한 것으로 본 헌법재판소의 결정은 당시 세법의 적용으로 위헌적인 결과가 초래될 것을 우려한 것이라기보다는 형식적인 법원칙에 따른 것으로 보아야 할 것이다.

대법원은 우여곡절 끝에 마련된 현행의 법인세법시행령 제106조 제1항 단서가 "귀속이 불분명한 경우에는 대표자에게 귀속된 것으로 본다."고 규정하고 있는 것이 모법의 위임입법의 한계를 넘어선 것은 아니라는 입장이다.[85]

아울러 본 사건과 다른 사건에 대한 판결이지만 위헌으로 결정된 위 법인세법 제32조 제5항의 규정에 근거한 소득처분에 따른 원천징수처분을 국세심판소가 취소하자 과세관청이 현실귀속소득 등으로 보고 다시 갑종근로소득세 원천징수처분을 한 것은 적법하다고 판단한 대법원 판례를 참고할 수 있다(대법원 2001.9.14. 선고 99두3324 판결[86]), 대법원 1997.12.26. 선고 97누4456

---

81) 1975년 전면개정 시행된 소득세법 제18조 제1항 제5호(법인세법에 의해 배당으로 처분된 금액) 제21조 제1항 제1호 다목(법인세법에 의해 상여로 처분된 금액).

82) 관련 법조항 전체를 보아 예측가능성을 판단하여야 한다는 2008.11.27. 선고 2006두19570 판결 참조.

83) 2000헌바14(2002.10.31), 2003헌가23(2005.4.28) 등

84) 실제 당시 법인세법시행령은 기타 사외유출 및 사내유보에 대해 규정하고 있었다.

85) 대법원 2008.6.24. 선고 2006두187판결

86) 이 사건은 당시 국세심판소가 위헌으로 결정된 구 법인세법 제32조 제5항에 근거한 것이라는 이유로 원천징수처분취소결정을

판결 , 대법원 1999.12.24. 선고 98두16347판결 참조).

같은 헌법소원심판청구사건에 대한 결정에서 헌법재판소가 구 소득세법 제150조 제4항이 원천징수에 관한 절차적 사항에 대해서만 규정하고 있다는 전제하에 하위 법규에의 위임에 대한 심사에 완화된 기준을 적용할 수 있다고 한 판단은 동 항이 원천징수되는 조세의 납세의무의 성립에 관한 사항도 동시에 규율하고 있다는 점에서 실체적 내용도 규정하는 성격이 있는 점을 간과한 것이라고 보아야 한다.

(2) 과세표준

과세표준은 납세의무의 성립 및 성립된 납세의무의 크기를 결정한다. 과세대상과 함께 개별조세의 주요 구성요소이다. 따라서 이에 관한 규정은 그 대강이라도 법률에서 직접 규정하여야 하며, 전적으로 하위 법규에 위임하는 것은 허용되지 않는다.

헌법재판소는 토지초과이득에 대해 세금을 부과하던 토지초과이득세의 부과에 관한 토지초과이득세법('토초세법')상 기준시가는 국민의 납세의무의 성부 및 범위와 직접적인 관계를 가지고 있는 중요한 사항이므로 이를 하위법규에 백지위임 하지 아니하고 그 대강이라도 토초세법 자체에서 직접 규정해 두어야만 함에도 불구하고, 토초세법 제11조 제2항[87]이 그 기준시가를 전적으로 대통령령에 맡겨 두고 있는 것은 헌법상의 조세법률주의 혹은 위임입법의 범위를 구체적으로 정하도록 한 헌법 제75조의 취지에 위반되나, 위 조항에 대해서는 위헌선언을 하는 대신 이를 조속히 개정하도록 촉구하기로 한다는 결정을 하였다.[88]

당시 토초세와 같이 지가를 기준으로 조세의 존부·범위가 정하여지는 대부분 세법규정이 법 자체에서 지가산정에 대한 구체적인 기준이나 방법 등에 관한 대강을 두지 아니한 채 단순히 이를 시행령에 위임해 두고, 그 시행령에서 규정한 토지평가법을 지가산정의 기준으로 채택하는 방식을 취하고 있었다(지방세법 제234조의 15, 제111조, 제80조의 2, 소득세법 제60조, 같은 법시행령 제115조, 법인세법 제59조의 2 제3항, 같은 법시행령 제124조의 2 제8항, 상속세법 제9조 제1항, 같은 법시행령 제5조 참조). 이에 대해 헌법재판소는 그것이 우리의 오래된 입법관례로까지 굳어져 왔으므로, 이러한 상황에서 성급하게 헌법상의 원칙론만을 내세워 해당 조문을 무효화할 경우 세정 전반에 관한 일대 혼란이 일어날 것이고, 이는 결코 국민의 기본권 보장을 기본적인 사명으로 하고 있는 헌법재판소가 기대하는 바람직한 결과라고는 볼 수 없다고 하면서, 해당 조항에 대하여 그 위헌적 요소에도 불구하고 바로 위헌선언결정을 하는 대신,

---

하자, 다시 피고 마산세무서장이 구 소득세법 제21조 제1항 제1호 가목을 근거로 한 원천징수처분에 관한 것이다. 대법원은 해당 처분이 국세심판소의 재결의 취지에 따라 그 재결에 적시된 위법사유를 시정·보완하여 한 새로운 부과처분으로 재결의 기속력에 반하지 아니한다고 하였다. '기속력'이란 심판결정이 처분청과 신청인 등의 관계인을 구속하는 효력을 말한다.

87) 토초세법 제11조 (과세표준) ① 토지초과이득세의 과세표준은 과세기간 종료일의 지가에서 그 과세기간 개시일의 지가를 공제한 금액(이하 '지가상승액'이라 한다)에서 다시 다음 각 호의 금액을 공제한 금액으로 한다.
　　1. 당해 과세기간의 정상지가상승분
　　2. 유휴토지 등에 대한 대통령령이 정하는 개량비와 자본적 지출액(이하 '개량비 등'이라 한다)
　　② 제1항의 규정에 의한 과세기간 종료일의 지가와 과세기간 개시일의 지가는 대통령령이 정하는 기준시가(이하 '기준시가'라 한다)에 의한다.

88) 헌법재판소 1994.7.29, 92헌바49, 52병합

헌법에 합치되지 아니하는 조항을 조속히 개정하도록 입법부에 촉구하기로 한다고 결정하였다.

한편, 본 사건과 무관한 사안이지만 본 사건 당시인 1991년 소득세법상 토지의 양도소득금액 산정은 원칙적으로 기준시가로 하도록 되어 있었는데, 기준시가에 관한 당시 소득세법 제60조[89]도 헌법불합치 결정[90]을 받아 1994년 개정되었다.[91]

(3) 내재적 한계

대법원 2003.10.16. 선고 2001두5682 판결사건에서 법원은 토지무상사용이익을 증여재산으로 본다는 내용만 상증세법에서 규정하였는데 상증세법시행령이 그 이익산정방법을 지나치게 가혹하게 규정한 것이라고 하여 위임입법의 내재적 한계를 일탈하였다고 보았다. 여기서 내재적 한계는 위임형식상 본질성, 예측가능성의 충족문제라기 보다는 위임규정의 목적에 비추어 볼 때 헌법상 허용할 수 있는 한계를 의미한다.

다. 법규보충적 행정규칙의 법규성

과세요건법정주의에 의하면 과세요건에 관한 사항으로서 대국민적 구속력을 갖춘 규범은 국민에 공포하는 절차를 갖춘 법률, 대통령령 및 부령의 형식으로 존재하여야 한다. 국민에 공포하는 절차를 갖추지 않은 행정부 기관 간 내부명령에 불과한 국세청 훈령은 행정규칙이며, 법규성이 없다.

국세청훈령이 내용상 대통령령의 위임에 따라 그 규정의 내용을 보충하는 기능을 가진다면[92] 해당 행정규칙은 수임근거규정인 법령과 결합하여 대외적 구속력을 가질 수도 있다. 이와 같은 요건을 갖춘 내부훈령을 법규보충적 행정규칙이라고 한다.[93] 국세청의 재산제세사무처리 규정 중 일부 조항이 그 예이다.

대법원 1987.9.29선고 86누484 판결에서 법원은 구 소득세법 제23조 제2항 단서, 제45조 제1항 단서,[94] 그 시행령 제170조 제4항 제2호[95])에 근거한 구 재산제세사무처리규정 제72조 제3

---

89) 제60조 (기준시가의 결정) 제23조 제4항과 제45조 제1항 제1호의 규정하는 기준시가의 결정은 대통령령이 정하는 바에 의한다. 〈개정 1978.12.5.〉

90) 91헌바1・2・3・4, 92헌바17・37, 94헌바34・44・45・48, 95헌바12・17(병합), 1995.11.30.

91) 1994.12.22, 법률 제4803호로 개정되었다.
제99조 (기준시가의 산정)
① 제96조와 제97조 제1항 제1호 및 제100조에 규정하는 기준시가는 다음 각 호에서 정하는 바에 의한다.
1. 제94조 제1호의 자산
가. 토지지가공시 및 토지 등의 평가에 관한 법률의 규정에 의한 공시지가 및 시장・군수・구청장(자치구의 구청장을 말한다)이 동법 제10조의 규정에 의하여 공시지가를 기준으로 하여 산정한 개별필지에 대한 지가(이하 '개별공시지가'라 한다). (이하 생략)

92) 대통령령은 해당 훈령을 공포하도록 하는 방법으로 대국민구속력을 인정할 수 있는 여건을 마련한다.

93) 이동식, 재산제세사무처리규정(국세청훈령)의 법규성. 조세판례백선. 한국세법학회, 2005, pp.9~15. 실제 이와 같이 법령보충적인 기능을 수행하는 행정규칙이 다수 존재하는 것은 아니다.

94) 구 소득세법 제45조 (양도소득의 필요경비계산) ① 거주자의 양도차익은 계산에 있어서 양도가액에서 공제할 필요경비는 다음 각 호에 게기하는 것으로 한다.
1. 당해 자산의 취득 당시의 기준시가에 의한 금액 다만, 대통령령이 정할 경우에는 그 자산의 취득에 소요된 실지거래가액(이하 생략)

95) 구 소득세법시행령 제170조 (양도소득금액의 조사결정) ① 법 제23조 제2항에 규정하는 양도차익을 결정함에 있어서 양도가액

항[96]) 제5호가 투기거래를 규정하고 그에 따라 결과적으로 실지거래가액에 의해 양도소득금액을 계산하도록 되어 있는 것에 대해, 법령의 규정이 특별행정기관에게 그 법령내용의 구체적 사항을 정할 수 있는 권한을 부여하면서 그 권한행사의 절차나 방법을 특정하지 아니한 관계로 수임행정기관이 행정규칙의 형식으로 그 법령의 내용이 될 사항을 구체적으로 정하고 있다면 그와 같은 행정규칙·규정은 위에서 본 행정규칙이 갖는 일반적 효력으로서가 아니라, 행정기관에 법령의 구체적 내용을 보충할 권한을 부여한 법령규정의 효력에 의하여 그 내용을 보충하는 기능을 갖게 된다 할 것이고, 따라서 이와 같은 행정규칙·규정은 당해 법령의 위임한계를 벗어나지 아니하는 한 그것들과 결합하여 대외적인 구속력이 있는 법규명령으로서의 효력을 갖게 된다고 보았다.[97]

재산제세사무처리규정이 국세청장의 훈령형식으로 되어 있다 하더라도 이에 의한 거래지정은 소득세법시행령의 위임에 따라 그 규정의 내용을 보충하는 기능을 가지면서 그와 결합하여 대외적 효력을 발생하게 된다 할 것이고 그 보충규정의 내용이 위 법령의 위임한계를 벗어났다는 등 특별한 사정이 없는 한 양도소득세의 실지거래가액에 의한 과세의 법령상 근거가 된다고 할 것이다. 내부훈령이 법규보충적인 성격을 지니고 있으며 그것이 법령의 위임에 의한 것이고 그 위임의 한계를 준수하는 것이라면 법규성을 가질 수 있는 것이다.

실제 이러한 법규보충적인 내부훈령은 그 사례가 많지 않다. 위 판결에서도 법원이 재산제세사무처리규정상의 모든 조항이 법규성을 가진다고 보고 있는 것도 아니다. 이를 폭넓게 인정할 경우 행정내부훈령으로 법규를 제정하는 현상이 확산되는 부작용을 초래하게 되며 이는 권력분립의 원칙에 어긋날 가능성이 있다.

한편, 내부훈령이 어떤 경로를 통해 법규성을 가지게 되는가와는 별개로 법령이 행정기관에 법령의 구체적 내용을 보충할 권한을 부여하면서 내부훈령으로 보충하게 하는 경우에도 법령의 위임은 구체적이어야 하며, 본질적인 사항은 여전히 법령에서 규정하여야 할 것이다. 위 판결에서 법원은 구 소득세법시행령 제170조 제4항 제2호가 국세청 훈령에 한계를 넘는 포괄위임을 한 것인지에 대해서는 본질사항은 유보하고 있으므로 그렇지 않다는 판단을 한 것으로 볼 수 있다(본질사항유보설적인 입장). 본 사안에서 본질적인 사항으로는 '지역', '토지의 규모', '부동산투기' 및 '실지거래가액의 확인 가능성' 등을 들 수 있는데 이 모두 위 시행령조항

또는 취득가액 중 어느 하나를 실지거래가액에 의하여 결정할 때에는 다른 하나도 실지 거래가액에 의하여 결정하고, 어느 하나를 기준시가에 의하여 결정할 때에는 다른 하나로 기준시가에 의하여 결정하여야 한다. (중간 생략)

④ 법 제23조 제4항 단서 및 법 제45조 제1항 제1호 단서에서 '대통령령이 정하는 경우'라 함은 다음 각 호의 1에 해당하는 경우를 말한다.〈개정 1982.12.31.〉

1. 국가 지방자치단체 기타 법인과의 거래에 있어서 양도 또는 취득 당시의 실지거래가액이 확인된 경우

2. 국세청장이 지역에 따라 정하는 일정규모 이상의 거래 기타 부동산투기의 억제를 위하여 필요하다고 인정되어 국세청장이 지정하는 거래에 있어서 양도 또는 취득 당시의 실지거래가액을 확인할 수 있는 경우

3. 양도자가 법 제95조 또는 법 제100조의 규정에 의한 신고 시 제출한 증빙서류에 의하여 취득 및 양도 당시의 실지거래가액을 확인할 수 있는 경우

96) 투기거래의 유형으로서 1. 미등기 단기전매, 2. 위장 가공인의 거래개입, 3. 실수요자 위장거래, 4. 위 1, 2, 3의 거래유형에 준하는 거래, 5. 위 1, 2, 3, 4의 거래유형에 준하는 거래를 규정하고 있었다.

97) 내부훈령이 법규성을 가질 수 있는가와는 별개로 동 규정이 위임의 범주를 초월한 것인가에 대해서는 본질사항은 유보된 것으로 보아야 한다는 법원의 판단이 있었던 것으로 볼 수 있다(본질사항유보설적인 입장).

에서 규정하고 있다.[98]

3. 과세요건명확주의

과세요건명확주의는 조세의 과세요건을 규정한 법령의 내용은 명확하여야 한다는 것이다. 법령상 명확하여야 하는 사항에는 비단 과세요건뿐 아니라 과세효과 및 조세의 부과·징수절차에 관한 사항도 포함된다. 불확정개념(unbestimmter Rechtsbegriff)의 사용은 제한된다. 조세법상 개별적인 불확정개념은 행정법상 일반적인 논의에서처럼 원래의 내용이 추상적이고 다의적인 경우와 취지나 목적에 비추어 보면 명확해지는 것으로 양분할 수 있다. 세법상 불확정한 것으로 보이는 개념이 둘 중 어느 것에 해당하는지 만약 그 어느 하나에 해당한다면 다른 하나에 해당하는 경우와 어떻게 다른 것인지에 대한 법원의 해석례가 충분하지는 않다.

실제 세법규정에는 수많은 불확정개념이 존재한다. 세법이 세상의 모든 경제거래나 사실을 적용대상으로 하고 있으며 그것들은 시간 및 장소마다 다른 양태로 나타나고 있기 때문이다. 불확정개념의 법적 안정성 저해 문제와 그러한 조항을 두지 않을 수 없는 합목적성의 가치를 비교하여 적절한 중용을 취하도록 하는 것은 용이한 일이 아니다. 법률상 불확정개념이 법적 안정성을 심각하게 저해하여 무효에 이르는 정도인지에 대한 판단은 헌법재판소가 하게 된다.[99] 헌법재판소는 불확정개념이 법적 안정성을 심각하게 훼손하여 위헌의 정도에 이르지는 않는 경우라도 어떤 방향으로는 해석되어야 한다는 결정을 내릴 수 있다. 이때 해당 불확정개념에 관한 법규는 한정적 합헌으로 결정되었다고 한다. 법원이 헌법재판소가 가리킨 내용대로 해석하지 않은 것에 이의를 가진 납세자는 법원의 재판의 취소를 헌법재판소에 구할 수 있다.

헌법재판소는 지방세법이 중과세 대상을 규정하면서 '고급오락장용 건축물'과 '기타 사치성 재산으로 사용되는 토지'라고만 하고 그의 구체적 의미에 관한 상세한 규정을 두고 있지 않은 것을 과세요건명확주의에 위배된 것으로 보아 위헌 결정한 사례가 있다.[100] 이에 대해서는 조세법과 같은 행정법의 영역에서는 불확정개념은 일종의 필요악이기 때문에 당해 조항이 '정당한 공익목적'을 가지는 경우에는 위헌결정을 삼가야 한다는 지적이 있다.[101]

---

98) 구 재산제세조사사무처리규정 제72조 제3항 제5호에 해당하는 투기거래로 인정되어 과세된 사건에서 대법원에 상고하였으나 (94누4509) 상고기각되자 1994.11.18. 위 규정의 위헌확인을 구하여 제기한 헌법소원심판청구사건이 청구제기기간 도과로 각하된 바 있다(1994.12.14. 94헌마243).

99) 심판대상조항 자체의 불명확성을 다투는 것으로 이해되는 경우에는 헌법재판소법 제68조 제2항의 심판대상이 된다(98헌바7, 18[병합], 2000.3.30.). 과거 헌법재판소는 법률조항 자체의 위헌판단을 구하는 것이 아니라 법률조항을 '…하는 것으로 해석·적용하는 한 위헌'이라는 판단을 구하는 청구는 헌법재판소법 제68조 제2항이 심판대상을 법률에 한정하고 있으므로 위 조문상의 청구로서 적절하지 않다(92헌바40 헌재, 1995.7.21.)고 하였으나, 1995.10.26. 94헌바12사건에서 보듯이 법률의 해석방향을 제시하는 한정위헌 및 한정합헌의 변형결정을 해오고 있다. 1997.12.24. 96헌마172에서는 "헌법재판소법 제68조 제1항의 '법원의 결정'에 헌법재판소가 위헌으로 결정한 법령을 적용함으로써 국민의 기본권을 침해한 재판도 포함되는 것으로 해석하는 한도 내에서 헌법재판소법 제68조 제1항은 헌법에 위반된다"는 판단을 하기에 이른다.
제41조 제1항의 규정에 의한 법률의 위헌여부심판의 제청신청이 기각된 때에는 그 신청을 한 당사자는 헌법재판소에 헌법소원심판을 청구할 수 있다(헌법재판소법 제68조 제2항 제1문).

100) 헌재결정 1999.3.25. 98헌가11, 14, 15, 18(병합).

101) 김성수, 전게서, 2003, pp.113~118.

가. 부당성

세법상 "부당"과 "부정"의 개념이 빈번하게 사용되고 있다. "부당성"은 납세자가 영위한 거래가 과세목적상 부당할 경우 그 거래의 사법적 효력을 무시하고 과세관청이 세법의 규정에 따라 판단한 별개의 거래를 설정하고 그에 대해 세법을 적용하기 위한 수단개념이다. 한편, "부정성"은 "사기 그 밖의 부정한 행위"를 말하는 것으로서, 위변조·은폐 등의 방법으로 세무공무원이 납세의무의 성립 사실을 알지 못하도록 하는 고의적 행위를 의미한다. 부정한 행위에 대해서는 조세포탈범으로 처벌하는 등의 제재가 가해진다.

우리 법원은 "부당성"의 개념은 취지나 목적에 비추어 보면 명확해지는 것으로 이해하고 있다. "부당성"의 개념을 사용하는 대표적인 세법규정이 부당행위계산부인규정이다. 부당행위계산부인 규정은 조세를 부당하게 감소시키기 위한 행위에 대해 그 사법적 효과를 부인하고 세법이 규정하는 바에 따라 거래내용을 재구성하고 과세하는 조세회피방지규정의 하나이다. 강학상 조세회피방지규정은 '일반적 조세회피방지규정(general anti-avoidance rule)'과 '개별적 조세회피방지규정(specific anti-avoidance rule)'으로 구분할 수 있다. 전자는 특정한 유형의 조세회피행위를 규정하지 않고 일반적으로 어떠한 행위이든 조세를 부당하게 감소시키는 경우라고 세무서장이 판단하는 때에는 세무서장이 직권으로 해당 규정이 정하는 바에 따라 경제적 실질 등을 감안하여 거래를 재구성할 수 있도록 하는 규정이다. 우리나라 세법상 일반적 조세회피방지규정은 없다.[102] 후자의 대표적인 예가 부당행위계산부인규정이다. 이는 소득세법상 종합소득(중 일부 종류의 소득)(소득세법 제41조) 및 양도소득에 대한 소득세법 제101조 및 법인세법 제52조상 법인세의 부담을 부당하게 감소시키기 위한 행위로서 각 시행령이 정하는 유형의 행위에 대해서는 세무서장이 거래 가격을 재설정하거나 거래를 재구성할 수 있도록 하는 규정이다. 부당행위계산부인규정을 적용할 때에는 대부분의 경우 거래가격을 시가에 맞추어 재계산하게 되지만 거래를 재구성하기도 한다. 국세기본법 제14조 제3항의 단계거래원칙에 관한 규정도 거래를 재구성하는 방식의 조세회피방지규정의 하나이다.

소득세법 제41조는 종합소득에 관한 부당행위계산부인규정이다. 동 조에서는 "조세의 부담을 부당하게 감소시킨 것으로 인정되는 때"의 의미를 소득세법시행령 제98조 제2항 본문이 열거적으로 정의하고 있다. 소득세법시행령 제98조 제4항이 규정하는 행위 유형에 관한 마지막 호인 제5호에서 "기타 특수관계있는 자와의 거래로 인하여 당해 연도의 총수입금액 또는 필요경비의 계산에 있어서 조세의 부담을 부당하게 감소시킨 것으로 인정되는 때"를 규정함으로써 제1호 내지 제4호에서 열거된 구체적 유형 이외의 거래를 세무서장이 '조세의 부담을 부당하게 감소시킨 것으로 인정'할 기회를 주고 있다. 법원은 제5호를 적용하는 데 신중한 입장을 취하고 있다.

소득세법 제41조 중 '부당하게'의 문구는 독자적인 의미를 갖는다. 법원은 대체로 경제적 합리성이 있다면 정당한 것으로 보는 입장을 가지고 있다.[103] 소득세법시행령 제98조 제4항 제1

---

102) 다만, 국세기본법 제14조 제3항의 단계거래원칙에 관한 조항은 미국의 판례법상 조세회피방지원칙인 step transaction doctrine처럼 일반적 조세회피방지규정으로 기능할 수 있는 가능성이 있다.

103) 대법원 2006.11.10, 2006두125판결

호 내지 제4호의 행위 유형에 해당하더라도 정당한 사업목적(business purpose)이 있는 경우에는 부당행위계산부인규정을 적용하지 않은 사례가 발견된다. 정당한 사업목적을 인정받는 것이 용이한 일은 아니다.[104]

소득세법 제101조는 개인의 양도소득에 대한 부당행위계산부인규정이다. 그 제2항은 2009년 개정전 "양도소득에 대한 소득세를 부당하게 감소시키기 위하여" 특수관계자에게 자산을 증여(배우자 및 직계존비속의 경우 제외)한 후 그 자산을 증여받은 자가 그 증여일부터 5년 이내에 다시 이를 타인에게 양도(제1호)한 경우에는 증여자가 그 자산을 직접 양도(제2호)한 것으로 본다는 규정을 두고 있을 뿐, "부당하게 감소"의 문구의 의미가 구체화되지 않았다. 2009년 개정된 제2항은 "제1호에 따른 세액이 제2호에 따른 세액보다 적은 경우에는 증여자가 그 자산을 직접 양도한 것으로 본다."고 규정하여 제1호의 행위가 경제적 합리성이나 사업목적이 있다는 이유로 제2호의 행위로 의제되지 않을 기회를 부여하고 있지 않다.

나. 포괄주의와 유형화

(1) 포괄주의

과세대상을 규정하는 방식으로 열거된 것만 과세하도록 하는 것과 과세대상을 추상적인 용어를 빌려 포괄적으로 규정하는 것이 있다. 후자의 방식은 정의 조항의 해석과 관련하여 불명확성이 나타나는 문제가 있지만, 미처 열거되지 않았지만 경제적으로 보아 과세대상으로 삼아야 형평에 부합할 대상을 놓치지 않게 하는 장점이 있다. 그만큼 입법부가 행정부와 사법부의 힘을 빌리는 결과가 된다. 세법상 포괄적 개념으로는 상증세법상 '증여' 및 '상속재산', 부가가치세법상 '재화' 및 '용역', 법인세법상 '익금' 및 '손금' 등이 있다.

포괄적 개념은 세법을 구성할 때 고유개념으로서 요긴한 역할을 하지만 최대한 구체적인 표현을 사용하는 것이 필요하다. 현행 상증세법상 '증여' 개념은 '상속' 개념과는 다른 관점에서 설정되어 있다. 상증세법은 '상속'의 개념을 민법에서 차용하면서, 피상속인에 귀속하는 모든 물건과 권리를 '상속재산'으로 하여 과세대상을 규정하고 있다. '증여'에 대해서는 이와 같은 접근방법을 사용할 수는 없다. 만약 증여자가 어느 시점에 수증자에게 자신에게 귀속하는 모든 물건과 권리를 증여한다고 하였다면, 민법상 증여의 개념을 매개로 과세대상을 설정할 수 있었을 것이지만, 현실을 그렇지 않은 경우가 대부분이다. 현행 상증세법은 상속의 경우 포괄적으로 과세하면서, 증여의 경우에는 그렇게 과세하지 않는 것을 바로 잡기 위해, '증여' 개념을 포괄적으로 확대하게 되었다. 2004년 도입될 당시 소위 '완전포괄증여'의 개념에 따른 '증여재산'

---

104) 대법원 2009.9.10. 2009두7462 판결[종합소득세부과처분취소].
　　[1] 구 소득세법(2006.12.30. 법률 제8144호로 개정되기 전의 것) 제41조의 부당행위계산부인 규정은 거주자의 행위 또는 계산이 객관적인 사실에 합치되고 법률상 유효·적법한 것이라 하더라도 그 행위나 계산이 구 소득세법시행령(1999.12.31. 대통령령 제16664호로 개정되기 전의 것) 제98조에서 정한 특수관계자 사이의 조세의 부담을 부당하게 감소시키는 거래유형에 해당하는 경우에는 과세권자가 객관적으로 타당하다고 인정되는 소득이 있었던 것으로 의제하여 과세함으로써 실질과세원칙을 보충하여 공평과세를 실현하고자 하는 것이므로, 부당행위계산은 일정한 특수관계자 사이의 일정한 거래가 사회통념이나 관습에 비추어 볼 때 합리적인 경제인이 취할 정상적인 거래로 볼 수 없어 조세의 부담을 부당하게 감소시킨 것으로 인정되면 족한 것이지 당사자에게 조세회피의 목적이 있거나 경제적 손실이 있어야 하는 것은 아니다.

은 증여자로부터 수증자에게 무상으로 이전되는 '모든 물건과 권리'로 정의되어 있었다. 2013년 개정된 상증세법은 '증여재산'을 '모든 물건과 권리와 경제적 이익'으로 확대하였다. 완전포괄 '증여' 중 '기여에 의하여 타인의 재산가치를 증가시키는 것'에 대응하도록 '증여재산'을 확대한 것이었다. '경제적 이익'은 이전되었는가? 무형의 '기여'만 제공된 것이다. '기여'의 가치를 계산할 수 있는가? 이는 일종의 무상의 용역의 제공으로서 그 제공된 용역의 시장가격을 산정하여 과세하는 것이 정도일 것이다. 상증세법 제42조 제1항 제2호가 타인에게 시가보다 낮은 대가를 지급하거나 무상으로 용역을 제공받아 얻은 이익(시가와 실제 지급한 대가의 차액)을 증여재산가액으로 보아 증여세를 과세하도록 하고 있는 데에 따라야 한다.

헌법재판소가 '기여에 의한 타인의 재산가치 증가'를 증여로 보는 당시 상증세법 규정에 대해 판단한 사례는 아직 찾을 수 없다. 다만, 최근 법원 하급심의 판결들은 "타인의 기여에 의한 증여는 그 태양이 매우 다양하고 정형화되어 있지 아니하여 보다 제한적으로 해석할 필요성"[105]이 있다고 보거나 "증여재산가액을 계산한 것이 객관적이고 합리적인 방법에 의한 것으로 볼 수 없다"[106]고 보는 것들이 주류를 이루고 있다.

(2) 유형화

소득세법상 과세대상 소득을 열거하는 데서 나타날 수 있는 과세의 공백을 막기 위한 방안으로 이자소득, 배당소득 및 사업소득에는 "~ 제△호까지의 소득과 유사한 소득으로서 ○○의 성격이 있는 것" 또는 "~ 제△호까지의 소득과 유사한 소득으로서 ○○을 통하여 얻는 소득"을 해당 소득의 하나로 규정하고 있다. 이는 유형별 포괄주의 규정이라고 볼 수 있다. "~ 제△호까지의 소득과 유사한 소득"의 부분은 하나의 유형을 설정한 부분이며, "○○의 성격이 있는 것" 또는 "○○을 통하여 얻는 소득"의 부분은 포괄적인 개념정의를 한 부분이다. 이러한 방식의 규정은 앞선 포괄주의적 규정의 문제를 유형화로써 보완한 것이다. 여기서 '유사한'의 개념은 여전히 불명확한 부분은 있지만, 법해석상 그것의 독자적 의미가 인정된다면, 순수하게 포괄적으로 정의하는 방식보다는 과세대상 설정의 명확성을 제고하는 역할을 기대할 수 있다.

소득세법상 근로소득은 "○○함으로써 받는 △과 이와 유사한 성질의 급여"를 근로소득의 하나로 규정하고 있다. 이는 "○○함으로써 받는 △"와 "○○함으로써 받는 △과 유사한 성질의 급여"의 두 부분으로 구성되어 있으며, 후자는 위의 이자소득 등의 유형별 포괄주의적인 성격을 지니고 있다. 이 부분에서 '유사한'의 용어에 대해 헌법재판소는 "예시적 입법형식을 따른 위 법률조항의 경우에 규율대상의 대전제인 일반조항에 해당하는 '이와 유사한 성질의 급여' 부분은 그 의의를 명확하게 하는 것이 곤란하거나 주관적인 판단에 의하여 기준이 달라질 수 있는 추상적·포괄적 개념이라고 할 수 없고 불확정개념에도 해당하지 않는다."는 판단을 하였다(2002. 9. 19. 2001헌바74 전원재판부). 그 이유로 "위 법률조항은 과세대상으로 삼고자 하는 급여의 범위를 근로의 제공으로 인하여 받는 것에 한정하여 일정한 범위로 제한하면서 동시에 그 대표적이고 전형적인 사례로 근로의 제공으로 인하여 받는 봉급 등 몇 가지를 열거

---

105) 서울행정법원2011구합28240(2012.08.17) 등
106) 서울행정법원2012구합4784, 2013.05.24. 등

하고 있어 '이와 유사한 성질의 급여' 부분의 의미가 명확하다." 이 역시 포괄적인 개념정의를 한 부분이 '유사한'의 의미를 한정하고 있으므로 '유사한'의 의미는 명확하다고 본 것이다. 만약 그 논리라면, "○○함으로써 받는 △과 유사한 성질의 급여"는 "○○함으로써 받는 급여"라고 단순히 포괄적으로 정의하여도 무방하다는 것이 된다. 중간의 "△"의 부분은 단순히 예시로 보기 때문이다. 이는 다른 말로 하면, "○○함으로써 받는 급여"는 모두 근로소득으로 보는 것이라는 결론을 도출하게 한다. '유사한'의 독자적인 의미가 거의 없다는 것이 된다.[107]

엔화스왑예금사건에 대한 판단에서 대법원은 '유사한'의 개념이 포괄적인 개념정의를 제한하는 것으로 전제하고 있다. 법원은 엔화스왑거래에서 고객들의 이익에 대해 선물환거래로 인한 차익은 예금의 이자 또는 이에 유사한 것으로 보기 어려울 뿐 아니라 채권 또는 증권의 환매조건부 매매차익 또는 이에 유사한 것으로 볼 수도 없다고 하면서 비록 자금사용의 대가의 성격이라는 포괄적 개념정의에 해당하는 것이라고 하더라도 앞의 것들과 유사하지 않으면 이자소득으로 볼 수 없다는 판단을 하였다(대법원 2011.4.28. 선고 2010두3961 판결). 그런데 유사성의 의미에 대해서는 의미있는 가이드라인을 제시하지 않고 있다. 유사성 여부를 판단하는데 포괄적 개념정의 부분을 참조하였을 뿐이다.

4. 조세법령불소급의 원칙

가. 개념 및 근거

소급입법으로 조세를 부과하여서는 안 된다는 원칙이다. 우리 헌법 제13조 제2항은 "모든 국민은 소급입법에 의하여 재산권을 박탈당하지 않는다."고 규정하고 있다. 소급입법이더라도 권익을 증진시키는 경우에는 형평의 관점에서 큰 문제가 없으면 허용할 수 있을 것이지만 재산권을 박탈하는 경우에는 허용할 수 없다. 조세부담을 늘리는 세법 조항은 국민의 재산권을 침해하는 성격을 지니는 것이므로 소급입법을 할 수 없다. 그러나 세제지원을 하는 것과 같이 세금부담을 줄이는 세법 조항은 소급입법이 가능하다. 이 경우에도 형평의 관점에서 문제를 제기할 수 있다.

국세기본법 제18조 제2항은 다음과 같이 규정하고 있다.

> ② 국세를 납부할 의무(세법에 징수의무자가 따로 규정되어 있는 국세의 경우에는 이를 징수하여 납부할 의무. 이하 같다)가 성립한 소득·수익·재산·행위 또는 거래에 대해서는 그 성립 후의 새로운 세법에 의하여 소급하여 과세하지 아니한다. 〈신설 1984.8.7.〉

---

107) 그렇다면 유형별 포괄주의 규정은 "그 밖에 ○○의 성격이 있는 소득", "그 밖에 ○○을 통하여 얻는 소득" 또는 "그 밖에 ○○함으로써 받는 급여"와 같이 규정하는 것이 타당하였을 것이다. 참고로 일본 소득세법 제28조(급여소득) 제1항은 "급여소득은, 봉급, 급료, 임금, 세비 및 상여와 그와 유사한 성질을 갖는 급여에 관계되는 소득을 말한다."고 규정하고 있어서, 유사성의 독자적 의미가 살아나도록 되어 있다. 일본 소득세법은 개별 유형의 소득에 포괄적인 개념의 사용을 자제하면서, 다음과 같이 포괄규정(catch all clause)적인 성격의 제35조를 두고 있다. 아래에서 '소득'의 의미는 미국에서처럼 포괄적인 개념으로 해석한다. 제35조 (잡소득) 잡소득은 이자소득, 배당소득, 부동산소득, 사업소득, 급여소득, 퇴직소득, 산림소득, 양도소득 및 일시소득의 어느 것에도 해당하지 않는 소득을 말한다.

세의무는 세법상 정해진 과세요건이 되는 사실이 발생함으로써 자동적으로 성립하고 그것에 근거한 신고 또는 결정의 행위에 의해 확정된다. 소급입법에 의한 과세라 함은 납세의무가 성립한 후에 발효하는 세법으로 납세의무의 내용을 바꾸는 것을 의미한다. 이는 어떤 과세요건 사실이 발생하여 납세의무가 성립한 이후의 법령을 그 과세요건사실에 적용하는 것을 말하며, 어떤 과세요건 사실이 발생하여 납세의무가 확정된 경우 그 과세요건 사실에 적용하는 것에 한정하지는 않는다.

국세기본법 제18조 제2항은 헌법 제13조 제2항상 "모든 국민은 소급입법에 의하여… 재산권을 박탈당하지 않는다."고 하는 소급입법에 의한 재산권침해 금지의 원칙을 확인하는 규정이다. 소급입법은 진정소급입법과 부진정소급입법으로 구분된다. 납세의무가 이미 성립한 것에 대해 새로운 세법을 적용하는 것을 '진정소급'이라고 한다. 법인세·소득세 및 부가가치세 등과 같이 과세기간별로 과세하는 국세의 경우 해당 과세기간에 대한 납세의무는 해당 과세기간이 종료하는 시점에 성립하게 된다. 그런데 하나의 과세기간에 다수의 행위와 사실이 일어나고 상당수의 것들은 이미 그 법적 효과가 발생한다. 이 경우 해당 과세기간이 종료하기 전에 세법을 개정하여 과세기간 개시일로 소급하여 적용하는 것을 '부진정소급'이라고 한다. 이미 종료된 사실관계에 새로운 입법을 적용하는 진정소급입법은 특단의 사정이 있는 경우에만 예외적으로 허용될 수 있지만, 현재 진행 중인 사실관계에 적용하는 부진정소급입법은 소급입법을 요구하는 공익상의 사유와 신뢰보호의 요청과의 교량과정에서 신뢰보호의 관점이 입법자의 형성권에 제한을 가하는 이외에는 원칙적으로 허용된다.[108] 그런데 앞에서 '현재 진행 중인 사실관계'에서 '사실'은 시간을 의미한다. 그 안에는 이미 완료된 개별적인 행위나 사실이 존재하기 때문에 기간과세세목인 법인세·소득세 및 부가가치세 등 과세기간이 종료하기 전에 개정된 세법을 과세기간 개시일로 소급하여 적용하는 것에도 진정소급적인 성격이 내재되어 있다.

세목에 따라 납세의무의 성립시기가 다르므로, 같은 시점에 관련 세법이 개정되어도 그 소급 여부에 대한 판단은 개별 세목별로 달라질 수 있다. 갑이 2007년에 취득한 부동산을 2010년에 매도하는 과정에서 법령이 발효한 시점과 개별 납세자의 재산권 취득, 보유 및 처분의 시점과의 관계를 살펴보자. 이때 생각할 수 있는 조세로서 취득시점에 부과되는 취득세, 보유 중 부과되는 재산세 그리고 매도시점에 부과되는 양도소득세가 있다. 2007년 부동산을 취득할 당시의 세법에 의하면 취득세율은 가격의 1%, 재산세율은 가격의 0.1%, 그리고 양도소득세율은 10%이었는데 2008년에 세법이 개정되어 각각 세율이 두 배로 인상되었다고 하자.

- 2008년 인상된 세율에 따라 2007년 취득세를 부과한다면 이미 과세요건이 성립한 이후에 발효한 세법에 의해 세액을 결정한 것이 되어 소급입법에 의한 과세가 된다.
- 2008년 인상된 세율에 따라 2008년 재산세를 부과한다면(2008년 세법개정은 2008년분 재산세 납세의무가 성립하는 2008년 6월 1일 이전에 이루어졌다고 가정하자), 과세요건이 성립하기 전에 발효한 세법에 따라 세액을 결정한 것이 되어 소급입법이라고 볼 수 없다.[109]

---

108) 대법원 1998.12.23, 97누7476, 헌법재판소 1998.11.26, 97헌바58.

109) 소급과세금지의 원칙은 조세법령의 제정 또는 개정이나 과세관청의 법령에 대한 해석 또는 처리지침 등의 변경이 있는 경우 그 효력발생 전에 종결한 과세요건사실에 대하여 당해 법령 등을 적용할 수 없다는 것이지, 그 이전부터 계속되어 온 사

- 2008년 인상된 세율에 따라 2010년 매도에 따른 양도차익에 대해 세금을 부과한다 해도 역시 과세요건 (부동산의 매도)이 성립하기 전에 이미 발효한 세법에 따라 세액을 결정한 것이 되어 소급입법이라고 볼 수 없을 것이다. 그런데 이 경우 양도차익은 2007년부터 2010년의 기간 중 지속적으로 축적되어 온 것이 마지막 매도를 통해 실현된 것이다. 2008년 세법이 개정되기 이전에 형성되어 오던 가치증분에 대해서도 인상된 세율이 적용되는 것인데 이는 그 기간 중 납세자가 가지고 있던 기대를 소급하여 무시하는 것이라고 볼 수 있다. 그 부분에 대해서는 납세자가 2008년 세법 개정 이전에 매도하였다면 부담했을 세액보다 더 많은 세금을 부담하게 된 것이다. 이와 같이 과세요건이 되는 사실이 진행되고 있는 과정에서 개정된 법률이 적용되는 경우를 부진정소급과세라고 한다. 양도소득세와 같이 일회의 행위를 과세요건으로 하는 세목에서 매도로 납세의무가 성립하기 전에 개정된 조세법을 적용하는 것은 부진정소급과세에 해당하지 않는다는 견해가 있을 수 있다. 우리 법원은 부진정소급과세입법은 허용된다는 입장을 가지고 있으므로 굳이 부진정소급과세입법인지를 가릴 필요는 없다.[110]

참고로 1960년 이래 독일연방헌법재판소는 진정(echter/retroaktiver) 소급입법과 부진정(unechter/ retrospektiver) 소급입법의 개념을 구분하여 왔다. 부진정소급과세법령이 위헌이라는 결정을 내린 바는 없다. 진정소급과세입법에 대해서도 다음의 4가지 경우에는 합헌으로 보고 있다.

- 납세자가 새로운 입법이 발효하는 시점에 그 새로운 입법에 의한 계산에 따라야 할 법률상황에 처해 있을 때
- 현행의 법규가 불명확하고 혼란스러울 때
- 납세자가 무효인 규범에 의해 창출된 법적 외관을 신뢰할 수 없을 때
- 법적 안정성의 이익을 초월하는 공동체의 이익에 대한 강력한 요청이 있을 때

1983년부터는 진정소급입법 및 부진정소급입법의 개념 대신 '법률효과의 소급적용(Rückbewirkung von Rechtsfolgen)'[111]과 '법률요건의 소급연관(tatbestandlichen Rückanknüpfung)'[112]으로 구분해 오고 있다. 전자는 해당 법률의 발효 시기 이전의 시점으로 그 적용범위를 확대하는 것에 한정하는 개념으로 인식하고 있다.

실이나 그 이후에 발생한 과세요건사실에 대하여 새로운 법령 등을 적용하는 것을 제한하는 것은 아니다(대법원 97누6476, 1998.12.23). 법인이 종전부터 보유하고 있던 부동산이 법률의 개정으로 인하여 차입금 지급이자의 손금불산입의 요건이 되는 자산에 해당되는 것은 그 법조항의 시행 이후에 개시되는 사업연도에 대하여만 적용될 뿐이므로 이를 소급입법이라고 할 수 없는바 헌법에 반하지 아니하는 것이다(99헌바4, 2002.2.28).

110) 상장주식의 양도차익을 양도소득세의 과세대상으로 규정한 소득세법 제94조 제3호는 이 법률조항의 시행 후에 양도된 주식에 대하여 적용되는 것이므로 소급입법에 의한 재산권 박탈을 금지한 것이 아니므로 헌법에 위배되지 아니한다(2002헌바9, 2003.4.24). 법인의 부동산 양도차익에 대해 법인세에 추가하여 과세되는 특별부가세를 면제하던 조항이 개정되어 50%의 감면만 허용하게 된 경우에 대해 대법원은 "조세법령이 납세의무자에게 불리하게 개정된 경우에 있어서… 납세의무가 성립하기 전의 원인행위 시에 유효하였던 종전 규정에서 이미 장래의 한정된 기간 동안 그 원인행위에 기초한 과세요건의 충족이 있는 경우에도 특별히 비과세 내지 면제한다거나 과세를 유예한다는 내용을 명시적으로 규정하고 있지 않는 한 설사 납세의무자가 종전 규정에 의한 조세감면 등을 신뢰하였다 하더라도 이는 단순한 기대에 불과할 뿐 기득권에 갈음하는 것으로써 마땅히 보호되어야 할 정도의 것으로 볼 수는 없다."고 하였다(대법원 98두13713, 2001.5.29.).

111) 예전 규정에 따른 법률요건을 충족하는 사실이 이미 완성되어 성립 또는 확정된 법률효과를 부인하고 대신 새로운 규정에 따른 법률효과를 부여하는 것을 말한다.

112) 어떤 법률효과가 주어지기 위한 법률요건을 충족하는 사실이 아직 완성되지 않은 시점에 해당 법률효과를 가져오는 법률요건을 변경함으로써 진행 중이던 사실의 의미를 변경하는 것을 말한다.

연방헌법재판소는 소득세와 같은 기간과세세목의 경우 해당 기간이 종료하기 전에 발효한 입법이 그 과세기간에 적용되는 것은 부진정소급입법 또는 법률요건소급연관에 해당하여 합헌이라는 입장을 취하고 있다.[113]

양도소득과 관련하여 당초 해당 재산을 취득할 당시 납세자가 수립한 계획의 근거가 된 법령에 대한 신뢰이익을 보호하여야 한다는 주장이 다수 제기되고 있다.[114]

나. 소급입법의 한계

조세법 중 권익을 증대시키는 내용을 지니는 것에 대해서는 그 소급효를 인정할 수 있다. 한 예로서 세제지원을 하는 것과 같이 세금부담을 줄이는 세법 조항은 소급입법이 가능하다. 다른 예로서 특정 조세의 과세요건 중 일부가 헌법에 불합치한다는 헌재의 결정이 있을 경우 그것의 효력은 원칙적으로 장래에만 있어서 헌재결정시점에서 쟁송 중인 경우가 아니라면 이미 부과된 조세를 환급해 줄 수는 없지만, 이 경우에도 이미 부과된 조세에 대해서는 별도의 소급입법을 통해 환급해 줄 수 있다.[115]

기간과세세목의 과세기간 진행 중에 개정한 법률을 과세기간 개시일부터 소급 적용할 경우 그것은 부진정소급과세입법에 해당한다. 이는 소급과세금지의 원칙에 위배되지 않는다. 법원은 부진정소급과세입법이 헌법상 소급입법에 의한 재산권박탈금지의 원칙에 위배되지는 않는다고 하면서도 그중 신뢰보호원칙에 위배되는 결과를 가져오는 것, 즉 침해받은 이익과 공익적 목적 간의 형량의 결과 침해받는 이익이 더 중대할 경우에는 헌법에 위반된다는 논리를 펴기도 한다.[116] 이와 반대로 헌법재판소의 결정에는 진정소급과세의 경우라 하더라도 실질적으로 신뢰보호원칙에 위배되지 않을 경우에는 허용된다는 점을 시사하고 있는 것도 있다.[117]

(1) 무효인 진정소급입법

헌법재판소가 진정소급과세입법의 효력을 부인한 최근의 사례로는 2012헌바105사건(헌법재판소 2014.07.24., 2012헌바105)을 들 수 있다. 헌법재판소는 2008년 12월 26일 결손금소급공제에 의한 환급을 위한 중소기업의 요건을 충족하지 못하는 법인이 환급을 받을 경우 환급세액을 추징하도록 하는 조항(법인세법 제72조 제5항 제2호[118])이 신설될 때, 그 개정조항은 그

---

113) 1991.6.24. 입법된 통일세(Soidaritätszuschlag)는 소득세 및 법인세에 대한 부가세 방식으로 부과되는 것으로서 1991년과 1992년분에 대해 적용되도록 되어 있었다. 1991.1.30. 자신의 사업을 처분한 자에게 1월 한 달간의 소득에 대해 통일세를 부과하도록 한 통일세법 조항이 위헌이라는 주장에 대해 독일연방헌법재판소는 부진정소급에 불과하다는 이유로 합헌의 결정을 하였다(BFH BStBl. 1992. 702. 703).

114) Tipke/Lang, 전게서, pp.109~112. 같은 취지, 김완석, 「부진정소급과세의 위헌성」, 『조세판례백선』, 박영사, 2005. pp.16~22. 반면 양도소득세도 기간과세적인 성격이 있으므로 이미 신고로 확정된 양도소득세의 내용을 바꾸는 입법도 부진정소급입법인 경우가 있을 수 있다는 반론이 가능하다.

115) 쟁송 중인 경우라 하더라도 헌재결정에 잠정적용의 문구가 있으면 법원은 취소 또는 환급이라는 결정을 하지 않을 수 있다.

116) 헌법재판소 1995.10.26, 94헌마12 및 김완석 「부진정소급과세의 위헌성」, 『조세판례백선』, 박영사, 2005.7, pp.16~22 참조.

117) 헌법재판소 1999.7.22, 97헌바76(수산업법상 어업권에 관한 결정), 1998.9.30, 97헌바58(농어촌특별세법 부칙 제3조 제9항의 부진정소급입법에 관한 결정. 위 결정들의 함의에 대해서는 본문과 다른 견해를 가질 수도 있을 것이다.

118) ⑤ 납세지 관할세무서장은 다음 각 호의 어느 하나에 해당하는 경우에는 환급세액(제1호의 경우에는 감소된 결손금에 상당하

시행 후 최초로 환급세액을 징수하는 분부터 적용한다고 한 부칙 제9조의 규정(심판대상조항)은 "개정 후 법인세법의 시행 이전에 결손금 소급공제 대상 중소기업이 아닌 법인이 결손금 소급공제로 법인세를 환급받은 경우에도 이 사건 개정조항을 적용할 수 있도록 규정하고 있으므로, 이는 이미 종결한 과세요건사실에 소급하여 적용할 수 있도록 하는 것이다. 따라서 심판대상조항은 청구인이 이 사건 개정조항이 시행되기 전 환급세액을 수령한 부분까지 사후적으로 소급하여 적용되는 것으로서 헌법 제13조 제2항에 따라 원칙적으로 금지되는 이미 완성된 사실·법률관계를 규율하는 진정소급입법에 해당한다."고 보았다.

헌법재판소는 소급공제할 결손금이 발생한 법인은 법인세법 제72조[119]의 규정에 의해 법인세를 환급받을 권리를 가지게 되는 것이며, 법인세의 경정청구권을 가지는 것은 아니라고 보고 있다. 환급받을 권리가 없는 법인이 환급을 받은 경우 국가는 그 법인에 대해 부당이득반환을 청구할 민사적인 권리를 갖게 된다. 이 권리는 법인세법 제72조 제5항의 규정이 존재하지 않는 경우에도 발생하는 것이다. 동항은 종래의 부당이득반환의 방법으로 회수할 수 있는 것을 결손금이 발생한 사업연도의 법인세로서 새로이 징수할 수 있도록 하는 근거규정이다.[120] 법인세법 제72조 제5항에 의한 법인세의 납세의무가 성립하는 시기는 결손금이 발생한 사업연도이며, 이 사건 개정조항이 발효한 때에는 이미 그 사업연도는 종료하여 납세의무가 성립되었는데, 성립일 이후 발효한 개정조항을 소급하여 적용하는 것은 위헌이라는 것이다. 헌법재판소는 법인세법 제72조 제5항의 규정에 의한 법인세의 납세의무의 성립시기를 잘못 판단한 것으로 보인다.

해당 사업연도의 통상적인 법인세의 납세의무는 해당 사업연도의 종료로 성립한다. 그러나 법인세법 제72조 제5항의 규정에 의한 법인세의 납세의무는 환급받을 권리가 없는 법인이 환급을 받음으로써 성립한다. 이미 환급을 받은 이후에 그 환급받은 사실을 과세요건으로 하는 새로운 법인세 납세의무조항을 신설한 경우, 그 신설조항은 그 환급행위에 따르는 법률효과를 새로이 창설하는 것이므로 법률효과의 소급적용 즉 진정소급입법에 해당한다.

(2) 부진정소급입법이 위헌으로 판단되는 경우

부진정소급입법이더라도 신뢰보호원칙에 위배되는 결과를 가져오는 것, 즉 침해받은 이익과 공익적 목적 간의 형량의 결과 침해받는 이익이 더 중대할 경우에는 헌법에 위반되는 것으로 보게 된다. 이와 관련한 헌법재판소의 입장을 살펴볼 수 있는 사건으로는 헌법재판소 1995.10.26.

　는 환급세액)에 대통령령으로 정하는 바에 따라 계산한 이자상당액을 가산한 금액을 해당 결손금이 발생한 사업연도의 법인세로서 징수한다. 〈개정 2008.12.26.〉(중략)
　2. 제25조제1항제1호의 중소기업에 해당하지 아니하는 법인이 법인세를 환급받은 경우

119) 제72조 【결손금 소급공제에 의한 환급】
　①제25조제1항제1호의 규정에 의한 중소기업은 각 사업연도에 제14조제2항의 규정에 의한 결손금이 발생한 경우 그 결손금에 대하여 직전 사업연도의 소득에 대하여 과세된 법인세액(대통령령이 정하는 법인세액을 말한다)을 한도로 대통령령이 정하는 바에 따라 계산한 금액을 환급신청할 수 있다. 이 경우 당해 결손금에 대하여는 제13조제1호의 규정을 적용함에 있어서 이를 공제받은 금액으로 본다.(이하 생략)

120) 법인세법 제72조의 규정은 결손금이 발생한 사업연도나 그 직전사업연도의 과세표준을 경정하는 것에 관한 규정이 아니라는 점을 인식할 필요가 있다.

94헌바12(全員裁判部)이 있다.

이 사건에서 청구인은 1988년 1월 25일에 금 5억 원을,[121] 같은 해 3월 9일에 금 45억 원을[122] 각 증자하고 각 그달에 자본금 변경등기를 경료하였다. 청구인의 매기 사업연도는 6월 말로 종료하였다. 청구인은 1990사업연도 도중인 1990년 12월 31일 조세감면규제법[123]이 개정되어 청구인의 1990사업연도 전부에 걸쳐 적용되게 되었는데 청구인은 위 각 증자에 따른 증자소득공제액을 1990년 7월 1일부터 같은 해 12월 31일까지(①기간)는 구조세감면규제법[124] 제7조의 2 제5항을 적용하고, 1991년 1월 1일부터 6월 30일까지(②기간)는 새로운 조세감면규제법 제55조[125]를 적용하여야 한다고 주장한 반면, 영도세무서장은 ①기간 즉 1990년 7월 1일부터 신법인 조세감면규제법 제55조에 따라야 한다고 과세하였다. 청구인은 영도세무서장의 부과처분에 대한 취소청구의 소를 제기하는 한편, 신법인 조세감면규제법 부칙 제13조[126] 및 제21조[127]에 대한 위헌법률제청신청을 하였으나 부산고등법원이 기각하자 이 사건 헌법소원심판을 청구하였다.

이에 대해 헌법재판소는 "이 사건에서 문제된 규정과 같이 세법에 있어 과세연도 도중에 세법이 개정된 경우 이를 부진정소급입법으로 나누는 척도가 개념상으로는 쉽게 구분되나 사실상 질적 구분이 아닌 양적 구분으로, 단순히 법기술적 차원으로 이루어질 가능성이 있으나 현재로서는 이를 대체할 새로운 대안을 찾기 어려우므로 종전의 구분을 유지하도록 한다. 다만, 부진정소급입법의 경우, 일반적으로 과세에 시작된 구성요건사항에 대한 신뢰는 더 보호될 가치가 있는 것이므로, 신뢰보호의 원칙에 대한 심사는 장래 입법의 경우보다 일반적으로 더 강화되어야 한다. 신뢰보호원칙의 위배 여부는 한편으로는 침해받는 이익의 보호가치, 침해의 중한 정도, 신뢰가 손상된 정도, 신뢰침해의 방법 등과 다른 한편으로는 새 입법을 통해 실현하고자 하는 공익적 목적을 종합적으로 비교·형량하여 판단하여야 하는데, 이 사건의 경우 투자

---

121) 1991년 1월까지 증자소득공제를 받게 되어 있다.
122) 1991년 3월까지 증자소득공제를 받게 되어 있다.
123) 개정법률은 청구인에 적용되는 공제율로 보면 그 율을 18~20%에서 12~17%로 인하하는 내용을 담고 있었다.
124) 현재는 조세특례제한법으로 그 이름이 바뀌었다.
125) 조세감면규제법(법률 제4285호) 제55조 (증자소득공제) ① 내국법인(영리법인에 한한다)이 법인 외의 자, 외국법인 또는 대통령령이 정하는 기관투자자로부터 대통령령이 정하는 기간 내에 금전출자를 받아 자본을 증가하고 자본에 관한 변경등기를 한 경우에는 그 변경등기를 한 날이 속하는 달의 다음 달부터 36개월간 다음 산식에 의하여 계산한 금액을 각 사업연도의 소득금액에서 공제한다.
　공제금액=증가된 자본금액×당해 사업연도 중 자본변경 등기 후의 월수/12×금융기관의 이자율을 참작하여 대통령령이 정하는 공제율
126) 조세감면규제법(법률 제4285호) 부칙 제1조 (시행일) 이 법은 1991년 1월 1일부터 시행한다.(중략)
　제13조 (증자소득공제에 관한 적용례) 제55조의 개정규정은 이 법 시행 후 최초로 종료하는 사업연도분부터 적용한다. 이 경우 제55조 제4항 및 제5항의 개정규정은 이 법 시행 후 법인세법 제18조의 3 제1항 제1호의 규정에 해당하는 부동산을 취득하거나 취득하기 위하여 지출한 분부터 적용한다.
127) 조세감면규제법(법률 제4285호) 부칙 제21조 (증자소득공제에 관한 경과조치) 이 법 시행 당시 종전의 제7조의 2 제5항 및 종전의 법인세법 제10조의 3의 규정의 적용대상이 되던 자본증가액이 있는 경우 이 법 시행일 이후(즉 ②의 기간)의 당해 자본증가액의 잔존증자소득공제기간에 대해서는 제55조의 개정규정의 적용대상이 되는 자본증가액으로 보아 제55조의 개정규정을 적용한다(94헌바12 1995.10.26, 조세감면규제법(1990.12.31. 개정 법률 제4285호) 부칙 제13조 및 제21조는 법인의 사업연도 중 이 법 시행일 이전의 당해 자본증가액의 잔존증자소득공제기간에 대하여 적용하는 한 헌법에 위반된다).

유인이라는 입법목적을 감안하더라도 그로 인한 공익의 필요성이 구법에 대한 신뢰보호보다 간절한 것이라고 보이지 아니한다. 그러므로 조세감면규제법 부칙 제13조 및 제21조는 법인의 사업연도 중 이 법 시행일 이전(즉 ①기간)의 당해 자본증가액의 잔존증자소득공제기간에 대하여 적용하는 한 헌법에 위반된다.”는 한정위헌결정을 내렸다.

원래 증자소득공제는 외부차입보다는 증자에 의한 자기자본의 조달을 통한 법인의 재무구조 건전화를 유도하기 위한 조세특례이다. 이는 법인세법상 일반적으로 외부차입은 이자비용을 초래하고 법인세의 절약요인이 되는 반면 자기자본은 그렇지 않아 절세의 관점에서 보면 외부차입이 더 유리하여 재무구조는 날로 더 악화되도록 유도할 수 있는 구조가 내재하고 있는 점을 시정하고자 하는 뜻도 내포되어 있는 제도이다.

조세특례를 감안하여 증자를 결정하는 법인이 기대하는 것은 36개월간의 증자소득공제이다. 공제율은 증자시점에 법정되어 있지만 정부는 경기상황 등을 반영하여 이를 자주 개정하여 왔다. 본 사건에서는 36개월 중 잔존공제기간이 있는 상황에서 공제율이 개정된다면 남은 기간 동안 새로운 율을 적용하여야 하는가 아니면 기존의 율을 적용하여야 하는가가 문제되었다. 본 사건에서 법이 3년차 사업연도 중 개정되어 헌법재판소는 부칙 제21조의 규정에 따라 개정법 발효 시기 이전의 잔존증자소득공제기간에는 이전의 율을 적용하고 이후 기간에는 새로운 율을 적용하여야 할 것인가, 아니면 부칙 제13조의 규정의 문면에 따라 동 개정 후 최초로 종료하는 3차년도의 개시시점까지 소급하여 새로운 율을 적용할 것인가를 결정하여야 하였다. 개정법 부칙 제13조의 문면상으로는 일응 후자와 같이 규정되어 있었는데 헌법재판소는 이 법 시행일 이전의 당해 자본증자액의 잔존증자소득공제기간에 대해 새로운 율이 적용되는 것으로 해석하는 한 동 개정법 부칙은 위헌이라는 한정위헌의 결정을 내린 것이다. 부진정소급입법이 신뢰를 저버리게 되어 문제 되지만 그 문제는 다른 법익과 비교·형량하여 용인될 수 있는 것인지 판단하여야 한다는 원칙에 따라 헌법재판소는 납세자의 주장을 수용하였다.

만약 본 사건에서와 달리 공제율을 올렸는데 개정법 부칙이 본 사건 조세감면규제법 부칙 제21조와 달리 시행일 전 잔존증자소득공제기간에 대해 인상된 율을 적용하지 않는다는 경과조치를 둔 경우라면 납세자는 어떤 논리로써 인상된 새로운 율의 적용을 주장할 수 있을까? 헌법상 실질적 형평의 원칙을 내세울 수 있을지 모르나 그것이 받아들여지기는 곤란하다. 시기적으로 세부담이나 조세혜택의 수준이 달라지는 것은 입법재량에 속하는 사안으로 판단될 것이다. 결국 기대된 수준의 이익의 보장이라는 관점에서 보면 두 경우 동일한 결과를 가져오는 것이지만 공제율을 올린 경우에 대해서는 신뢰보호만으로 설명이 곤란할 것이다. 신뢰가 손상됨으로써 피해가 생기는 구조는 아니기(오히려 이득이 생기기) 때문이다.

제2항 헌법적 가치의 존중

세법은 다른 분야의 법률에서와 다를 바 없이 헌법이 추구하고자 하는 가치에 부합하게 제정되어야 한다. 헌법이 설정하고 있는 입법의 한계를 준수하여야 한다.

1. 조세평등주의

가. 헌법적 근거

헌법적 가치와의 관계에서 중점적으로 논의되는 부분은 조세평등주의이다. 조세평등주의는 헌법 제11조 제1항에 근거하고 있다.[128] 헌법재판소 결정을 보면, "헌법 제11조 제1항은 모든 국민은 법 앞에 평등하고 누구든지 합리적 이유 없이는 생활의 모든 영역에 있어서 차별을 받지 아니한다는 평등의 원칙을 선언하고 있다. 이와 같은 평등의 원칙이 세법영역에서 구현된 것이 조세평등주의로서 조세의 부과와 징수에 있어서 합리적인 이유 없이 특정의 납세의무자를 불리하게 차별하거나 우대하는 것은 헌법상 허용되지 아니한다."[129]고 판시하여 헌법 제11조 제1항이 조세평등주의의 근거규정임을 밝히고 있다.

조세평등주의는 모든 국민이 세법 앞에 평등하여야 한다는 원칙이다. 세금을 부담하는 데 있어서 평등하여야 한다는 것을 의미할 뿐, 이것에서 일반 경제사회 영역에서 평등을 제고하기 위한 수단으로 조세가 이용되어야 한다는 당위가 바로 도출되는 것은 아니다.

조세평등주의는 조세법률주의와 함께 조세법의 기본원칙의 하나로 인정되고 있지만, 조세법률주의와 서로 어긋날 수 있어 융화할 필요가 있다. 조세법률주의는 그것을 너무 강조하다 보면 바뀌는 경제상황에 합당한 공평과세의 목적을 달성하지 못하게 하는 문제가 나타난다. 조세평등주의는 거래나 행위의 실질에 대해 세법을 적용하여야 한다는 실질과세원칙과 궤를 같이 하게 된다. 실질과세원칙을 강조하다 보면 법문의 문리적 의미에 한정되지 않고 해당 법문의 취지나 목적을 강조하게 되어 조세법률주의와 충돌하기도 한다.

조세법률주의와 조세평등주의의 조화를 위해서는 납세의무의 중요한 사항 내지 본질적인 내용에 관련된 것이라고 하더라도 그중 경제현실의 변화나 전문적인 기술의 발달 등에 곧바로 대응하여야 하는 세부적인 사항에 관해서는 국회 제정의 형식적 법률보다 더 탄력성이 있는 대통령령 등 하위법규에 이를 위임할 필요가 있다.[130]

나. '평등'의 의미

조세평등주의는 조세의 부담이 공평하게 국민 사이에 분배되도록 세법을 제정하여야 한다는 것을 의미한다. 조세의 합형평성의 원칙이라고도 한다.[131]

(1) 분배요소가 동일한 것은 동일하게-수평적 평등

수평적 평등은 동일한 경제적 능력을 갖는 자는 동일한 세금을 부담하여야 한다는 원칙이다. 조세평등주의를 논할 때 '평등'은 형식적 평등이 아니라 각인이 가지고 있는 능력(ability to

---

128) 헌재 1997.12.24, 96헌가19등
129) 헌재 2000.2.24, 98헌바94등, 헌재 2005.10.27, 2004헌가21.
130) 헌재 1995.11.30, 94헌바40 등.
131) 헌재 1992.12.24, 90헌바21.

pay rule)이나 사회로부터 받은 이익(benefit rule)에 부합하는 방법으로 과세가 이루어져야 한다는 점에서 실질적 평등이다. 아울러 평등의 개념에는 수평적 평등 및 수직적 평등의 구분이 있다.

조세는 각인의 능력이나 이익에 부합하게 과세하여야 한다. 실질적 평등은 각인에게 동일한 액수의 세금을 부과하면 그만이라는 식의 형식적 평등이 아닌 세금을 부과하는 관계의 특성상 그 세금을 부과할 이유와 명분에 부합하는 방법으로 공정하게 세금을 부과하여야 한다는 것을 의미한다. 이것이 "조세정의(Steuergerechtigkeit)"의 핵심을 이룬다.

사회 구성원 개개인이 누리는 이익의 규모나 미래 그 이익을 누릴 수 있는 수단의 규모는 경제적 실질을 가장 잘 표현하는 것이다. 조세는 각 구성원의 이익 즉 행복을 지켜 주는 역할을 수임한 정부의 운영재원을 마련하는 데에 그 존립 목적이 있다. 실제 누리는 이익은 지출로 표현된다. 그 이익을 누릴 수 있는 수단의 규모는 재산으로 표현된다. 순재산의 증분은 소득이라고 볼 수 있다. 재산세에 치중하는가 소득세에 치중하는가는 상대적일 뿐이다. 소득세를 충분히 부과하였는데 재산세를 또 부과한다면 이중적인 과세가 될 수도 있다. 논의를 단순하게 하여 재산세만을 부과한다고 해 보자. 재산은 궁극적으로 지출된다. 유상지출되거나 무상지출된다. 시장경제에서 지출은 행복을 주는 것이다. 조세의 본래 목적에 부합하게 과세하고자 하는 것이라면 국가는 유상지출로서의 소비와 무상지출로서의 상속 및 증여에 대해 과세하면 된다. 재산이나 소득에 대해 과세하는 것은 본질적으로 이중적인 과세에 해당한다. 생애 전체로 보아 지출의 양은 재산132)의 양과 동일할 것이기 때문에 지출에 대해서 20%의 세율로 과세하는 것은 지출단계에서 10%의 세율로 과세하고 재산에 대해 일생에 걸쳐 10% 과세하도록 하는 것과 그 효과 면에서 다를 바 없다. 정부재정의 운영상 이 관념을 그대로 유지하면서 제도를 수정할 수도 있겠다. 재산에 대해 일생에 걸쳐 10% 과세하는 대신 순재산의 증분 즉 소득에 대해 10%씩 과세할 수도 있을 것이다. 이 경우 상속이나 증여로 증가한 순재산의 증분도 소득이 되어 10% 세율로 과세되어야 할 것이다. 재산에 대해 일생에 걸쳐 10%로 과세할 것을 재산에 대해 일생에 걸쳐 2%로 과세하고 나머지 8%는 순재산의 증분에 대해 그때그때 소득으로 과세할 수 있을 것이다. 지출에 의해 얻는 행복이 경제적 실질이다.

시장경제에서 행복을 누리기 위한 지출은 지출수단의 확보 또는 그것을 위한 능력 없이는 불가능하다. 생애에 걸쳐 볼 때, 이익에 대해 과세하는 것은 능력에 대해 과세하는 것과 다를 바 없다. 지출은 지출수단의 확보를 의미하고 그것은 바로 능력이며 이 또한 경제적 실질이다.

결론적으로 지출(자유시장경제의 적법한 지출)에 대해 과세하는 것이 실질적 평등 즉 정의의 관념에 부합하는 것이다. 실질적 평등을 보장하기 위해서는 항상 높은 누진세율에 의한 수직적 평등이 보장되어야 한다는 것은 아니다. 우리 사회가 자연인에게는 지출할 수 있는 적정의 총량이 있다는 식으로 행복의 양을 통제하기로 합의하였다면 높은 누진세율이 타당할 것이다.

실질적 평등을 위해 각 인의 능력이나 이익에 부합하게 과세하여야 한다는 것에서 바로 각인의 능력이나 이익을 측정할 때 사인이 추구하는 개별적인 경제행위의 이면에 있는 '경제적 실질'을 찾아 그것에 부합하게 하여야 한다는 주장이 가능하게 되는 것은 아니다. 정부가 국세

---

132) 한순간이라도 자신의 재산으로 있었던 것은 모두 재산으로 보자.

기본법상 실질과세원칙이나 소득세법 및 법인세법상 부당행위계산부인규정을 적용하면서 조세정의 혹은 실질적 평등을 추구하기 위해서라는 기치를 내거는 것은 적절하지 않다. 과세대상의 사실관계확정상 진실한 증빙에 의한 주장에 대해 당장의 세금을 적게 내는 쪽이라는 이유로 정의롭지 못한 조세회피라고 하면서 제재하는 것은 삼가야 할 일이다.[133]

헌법재판소가 동일한 것을 다르게 취급한 조세입법이 헌법에 위반된다고 판단한 대표적인 사례로는 자산소득부부합산과세제도와 종합부동산세 과세대상 부동산가액을 부부합산하여 계산하도록 한 규정이 있다.

(가) 자산소득부부합산과세

현행 소득세법은 한 개인의 이자소득 및 배당소득의 연간 합계금액이 2천만원 이상인 경우에는 다른 종합소득과 합산하여 과세하도록 하고 있다. 2013년 개정전까지는 4천만원으로 되어 있었다. 2002년 헌법재판소 2002.8.29. 2001헌바82결정 이전까지는 부부합산하여 4천만원 상회여부를 판단하도록 되어 있었다. 구 소득세법 제61조 제1항[134]은 이와 같은 과세의 근거규정이 되었다.

헌법 제36조 제1항은 "혼인과 가족생활은 개인의 존엄과 양성의 평등을 기초로 성립되고 유지되어야 하며, 국가는 이를 보장한다."고 규정하고 있다. 헌법 제36조 제1항은 혼인과 가족생활을 스스로 결정하고 형성할 수 있는 자유를 기본권으로서 보장하고, 혼인과 가족에 대한 제도를 보장한다. 헌법 제36조 제1항은 혼인과 가족에 관련되는 공법 및 사법의 모든 영역에 영향을 미치는 헌법원리 내지 원칙규범으로서의 성격도 가지는데, 이는 적극적으로는 적절한 조치를 통해서 혼인과 가족을 지원하고 제3자에 의한 침해 앞에서 혼인과 가족을 보호해야 할 국가의 과제를 포함하며, 소극적으로는 불이익을 야기하는 제한조치를 통해서 혼인과 가족을 차별하는 것을 금지해야 할 국가의 의무를 포함한다. 이러한 헌법원리로부터 도출되는 차별금지명령은 헌법 제11조 제1항에서 보장되는 평등원칙을 혼인과 가족생활 영역에서 더욱더 구체화함으로써 혼인과 가족을 부당한 차별로부터 특별히 더 보호하려는 목적을 가진다. 이때 특정한 법률조항이 혼인한 자를 불리하게 하는 차별취급은 중대한 합리적 근거가 존재하여 헌법상 정당화되는 경우에만 헌법 제36조 제1항에 위배되지 아니한다. 2001헌바82결정에 의하면, 부부 간의 인위적인 자산명의의 분산과 같은 가장행위 등은 상속세 및 증여세법상 증여의제규정 등을 통해서 방지할 수 있고, 부부의 공동생활에서 얻어지는 절약가능성을 담세력과 결부시켜 조세의 차이를 두는 것은 타당하지 않으며, 자산소득이 있는 모든 납세의무자 중에서 혼인한 부부가 혼인하였다는 이유만으로 혼인하지 않은 자산소득자보다 더 많은 조세부담을 하여 소득을 재분배하도록 강요받는 것은 부당하며, 부부 자산소득합산과세를 통해서 혼인한 부부에게 가하는 조세부담의 증가라는 불이익이 자산소득합산과세를 통하여 달성하는 사회적 공익보다

---

133) 소득과세상 법적 형식에 따라 과세되어 100을 벌었다고 보아 10의 세금을 낸 경우와 경제적 실질에 따라 과세되어 200을 벌었다고 20을 낸 경우, 전자의 경우에는 소득에 대해 적게 세금을 내는 만큼 지출단계에서 더 많은 세금을 내게 된다. 생애 전체를 걸쳐 볼 때 세금은 공평하게 부과되도록 되어 있다. 실제 중요한 것은 해당 납세자가 지출수단을 얼마나 더 확보하였는가이다. 이런 점에서 지출수단의 이동에 대해 과세하는 것이 현금흐름세(cash flow tax)이다.

134) 제61조 【자산소득합산과세】 ①거주자 또는 그 배우자가 이자소득·배당소득 또는 부동산임대소득(이하 '자산소득'이라 한다)이 있는 경우에는 당해 거주자와 그 배우자중 대통령령이 정하는 주된 소득자(이하 '주된 소득자'라 한다)에게 그 배우자(이하 '자산합산대상배우자'라 한다)의 자산소득이 있는 것으로 보고 이를 주된 소득자의 종합소득에 합산하여 세액을 계산한다.

크다고 할 것이므로, 소득세법 제61조 제1항이 자산소득합산과세의 대상이 되는 혼인한 부부를 혼인하지 않은 부부나 독신자에 비하여 차별취급하는 것은 헌법상 정당화되지 아니하기 때문에 헌법 제36조 제1항에 위반되는 것이다(위헌결정).

(나) 종합부동산세

헌법재판소는 구종합부동산세법 제5조 등 위헌소원 등 사건[(2008.11.13, 2006헌바112, 2007헌바71·88·94, 2008헌바3·62, 2008헌가12(병합) 전원재판부]에서, 종합부동산세의 과세방법을 '인별 합산'이 아니라 '세대별 합산'으로 규정한 세대별 합산규정이 헌법 제36조 제1항에 위반되는 것이라고 판단하였다. 이 규정은 혼인한 자 또는 가족과 함께 세대를 구성한 자를 비례의 원칙에 반하여 개인별로 과세되는 독신자, 사실혼 관계의 부부, 세대원이 아닌 주택 등의 소유자 등에 비하여 불리하게 차별하여 취급하고 있으므로, 헌법 제36조 제1항에 위반된다는 것이다(위헌결정).

더 나아가 동 결정에서는 주택분 종합부동산세 부과규정 중 주거 목적의 1주택 장기보유자 및 장기보유자가 아니더라도 별다른 재산이 없거나 수입이 없는 자에 대한 일률적 과세에 관한 부분이 납세의무자의 재산권을 침해한다고 보았다. 그 입법목적의 달성에 필요한 정책수단의 범위를 넘어 과도하게 주택 보유자의 재산권을 제한하는 것으로서 피해의 최소성 및 법익 균형성의 원칙에 어긋난다고 보지 않을 수 없다고 한 것이었다. 다만, 이 주택분 종합부동산세 부과규정에 대해서는 헌법불합치 결정을 선고하되, 입법자의 개선입법이 있을 때까지 계속 적용을 명하였다(잠정 적용). 2009년 말 시한으로 개정 시까지 잠정 적용하고, 2010년 1월 1일부터 효력이 상실하게 되었다.

(2) 분배요소가 다른 것은 다르게

조세평등주의 원칙에도 불구하고 과세상 차별에 합리적 근거가 있는 경우에는 차별이 인정될 수 있다.[135] 오늘날 조세입법자는 재정수입의 확보라는 목적 이외에 국민경제적, 재정정책적 및 사회정책적 목적의 달성을 위하여 여러 가지 관점을 고려하기 때문에 그에게 세법의 내용을 어떻게 정할 것인가에 관해 광범위한 형성의 자유가 인정되어야 한다.[136]

(가) 분배요소의 성질이 다를 때

① 적합한 과세방법이 다를 때

소득세법상 거주자와 비거주자 간에는 과세소득의 범주에 차등을 두고 있다. 이러한 차등을 둔 것은 경제적 합리성 및 과세의 현실적 가능성을 고려한 것이다. 조세조약 및 통상협정상으로는 과세대상이 발생한 원천지국가가 외국인에 대한 징세행정상 편의를 위해 내국인과 달리

---

135) 주택시장이 과열되거나 주택이 투기수단으로 전락하는 것을 방지하기 위하여 감면대상이 되는 신축주택 취득기간과 규모를 제한하고, 주택시장의 실수요자인 거주자로 한정하고 있으므로 자금동원 능력 및 주택에 대한 실수요의 측면에서 거주자와 성격이 다른 법인을 포함하지 아니한 것은 조세평등주의에 위배되지 않는다(헌법재판소 2010헌바430, 2011.6.30).

136) 헌재 2002.10.31, 2002헌바43(판례집 14-2, 538쪽).

납세협력비용이 다소 많이 소요되는 절차를 두는 것은 무차별원칙을 위배하는 것은 아니라고 한다.[137)

소득세법상 소득종류별로 실효세율 및 과세방법에 차등을 두는 경우가 있다. 사업소득자와 근로소득자에게는 공제제도의 내용과 납세의무의 이행방법이 달리 설정되어 있다. 근로소득은 노동을 요소로 창출된다. 근로자는 인적 자산인 자신의 체력과 지력 등을 활용하여 급여를 받게 된다. 한편 사업소득은 노동과 자본을 요소로 한다. 무릇 과세소득은 수익금액에서 그에 대응하는 경비를 차감하여 계산한 순소득으로 하는 것이 타당하다. 수익에 대응하는 경비는 매기 발생하는 것도 있고 한 번의 지출과 그에 뒤이은 장기간의 사용으로 발생하기도 한다. 유형자산의 취득 또는 개량을 위해서는 일시적으로 큰 돈이 지출되지만 매기 그것의 일부분이 감가상각되는 방법으로 경비화된다. 인적 자산을 생산요소로 하여 얻는 근로소득에 있어서 이와 같은 유형자산의 역할을 하는 것은 바로 사람이다. 사람이 태어나게 하고 그의 능력을 제고하는 장기적인 투자비용(예를 들면, 출산비, 교육비 등)뿐 아니라 매기 그 인적 자산이 제대로 가동할 수 있게 하는 데 드는 비용(예를 들면, 식비, 주거비, 피복비, 여가비 등)은 해당 수익에 대응하는 경비로서의 특성을 지니고 있다. 기업에 그 종업원을 위해 지출하는 경비를 비용으로 인정받을 수 있는 것처럼 급여를 받는 근로자도 동일한 성격의 경비라면 비용으로 인정받는 것이 경제적으로 타당하다.

조세제도는 세무행정상 집행 가능하여야 하며, 동일한 조건이라면 징세비용과 납세협력비용[138)을 최소화할 수 있어야 한다. 급여소득자인 근로자에 대해서 일반 기업과 같이 복식부기를 의무화할 수는 없다. 수익에 대응하는 비용을 필요경비로 인정받기 위해서는 납세자가 '관련성'을 입증하여야 하는데 근로자가 지출하는 경비 하나하나에 대해 모두 관련성을 따지는 것은 불가능에 가깝다. 실제 근로자가 취하는 휴식 중 오히려 근로의 생산성을 저하하는 것도 있을 수 있지 않은가? 이러한 사정을 감안하여 세법은 근로자의 생산능력의 제고에 기여하는 지출 판정에 대해서는 획일적인 기준을 제시하고 그에 따라 비용을 인정하는 시스템을 도입하고 있다. 이것이 바로 근로소득자에게 인정되는 각종 공제이다. 이와 같은 관념에 입각하여 만들어진 공제제도는 개별적인 근로자의 사정을 충분히 고려하기 어려운 측면이 있으며 그 점에서 근로자 간 형평을 잃게 한다. 유사한 소득을 사업소득으로 가득하는 자와 근로소득으로 가득하는 자 간의 과세상 평등도 문제된다. 이러한 차등과 불평등은 행정의 집행 가능성 및 효율성의 제고라는 공익적 가치와 균형을 이루는 범위 안에서 용인될 수 있을 것이다.

용인의 한계 설정은 해당 비용의 성격과 사안의 개별적 특성에 따라 이루어질 수밖에 없다.

---

137) 구 법인세법 시행령 제56조 제1항이 주무관청에 등록되지 않은 종교단체를 고유목적사업준비금의 손금산입이 허용되는 법인으로 보는 단체의 범위에 포함하지 아니한 것이 헌법상 평등원칙이나 종교의 자유조항 등을 위반하는 것은 아니다(대법원 2012. 5. 24. 선고 2010두17984,17991 판결). 주무관청의 관리감독을 받는 단체와 그렇지 않은 단체는 사회적 기능이나 수익금의 지출용도에 대한 사후관리의 용이성 등에서 차이가 있을 수 있다.

138) 2009년 8월 국세청이 발표한 바에 따르면 OECD표준원가모형을 토대로 우리 실정에 맞는 '납세협력비용측정모형'에 의할 때 2007년 우리나라 기업들의 납세협력비용은 GDP(901조 원) 대비 약 0.78% 수준인 7조 140억 원이라고 한다. 이는 근로자와 같이 사업과 관련되지 않은 자의 납세협력비용은 산입하지 않은 수치이다. 한편, 징세비용은 2007년 세수 100원당 0.71원이라고 하므로 GDP 대비로는 0.16% 수준이다. 두 수치를 합하고 그에 산입되지 않은 부분을 고려한다면 GDP의 1% 내외의 부담이 될 것이다.

② 발생원천이 다를 때

소득세법상 이자소득과 배당소득은 14%의 세율로 원천징수하여 납부(원천징수 분리과세)하여 납세의무를 소멸하게 하는 것을 원칙으로 하는 반면, 다른 종류의 소득은 원칙적으로 누진구조의 기본세율로 인별 종합하여 신고납부하도록 하고 있다. 이자소득 및 배당소득과 같은 금융소득이 연간 2천만 원 이상인 자는 그 소득을 다른 종류의 소득금액과 합산한 종합소득금액에 대해 누진구조의 기본세율로 과세된다. 연간 2천만 원 미만인 금융소득은 동일 금액의 다른 종류의 소득에 비해 실질적으로 높은 세율로 과세될 수도 있다.[139]

북구국가들을 비롯하여 서구의 몇 국가에서는 자본소득과 노무소득을 과세상 차등하는 제도인 이원적 소득세제를 두고 있다. 이원적 소득세제는 자본소득(또는 금융소득)에 대해서는 금액의 다과에 관계없이 누진구조의 기본세율 중 가장 낮은 세율을 적용하고 노무소득(근로소득과 사업소득 중 일부)에 대해서는 기본세율을 그대로 적용하는 것이다. 비록 소득종류 간 차등을 두는 것이지만, 자본소득의 이전을 통한 조세회피의 방지(그를 통한 재정조달의 원활화) 및 자본의 국제적 거래에 대한 경제적 중립성 확보라는 것을 이유로 일부 국가가 이를 제도화하고 있는 것이다. 자본소득을 경과세하는 데에는 자본은 노무를 통해 번 소득을 바로 지출하지 않고 미래소비를 위해 저축한 결과물이어서 그에 대해 과세하는 것은 이미 노무를 통해 번 소득에 대한 과세에 이어 또 과세하여 미래소비에 불리한 결과가 된다는 관점도 깔려 있다. 당기 100을 번 자가 10%의 소득세를 내고 남은 90을 모두 소비지출할 경우에는 소비세 10%인 8.2의 세금을 내고 81.8을 실제 소비하게 된다. 그러나 90을 모두 저축하여 1년의 기간 동안 저축을 하여 10%의 이자를 벌어들인 후 소비하는 경우를 상정해보면, 9에 대해 소득세 0.9를 납부하고 남는 8.1과 원본 90을 합한 98.1을 지출할 때 소비세 9.8을 부담하고 실제 88.3을 소비하게 될 것이다. 그런데 당기소비 81.8의 효용은 차기소비 90의 효용과 동일한데(차기소비효용은 당기소비효용의 이자율만큼 할인되는 것이라는 전제), 차기소비를 하는 자는 그에 미치지 못하는 88.3에 불과한 소비를 하게 되므로, 자본소득에 대한 과세는 미래소비에 대해 차별적인 과세제도라고 볼 수 있게 된다.

스웨덴 등 발트 3국에서는 1980년대에 이를 도입하였다. 독일에서는 조세평등을 강조하는 정서상 도입되지 않고 있다가 2009년 1월 Abgeltungssteuer라는 이름으로 부분적으로 도입되었다.[140] 우리의 자본소득(또는 금융소득)에 관련된 세제는 이원적 소득세제(dual income taxation)에 가까운 모습을 가지고 있지만, 이 세제를 전면 도입하기는 쉽지 않을 것이다.[141]

분배요소가 다른 것을 다르게 취급하여야 한다는 논의는 과연 달리 취급할 정도로 다른 것

---

139) 예를 들면, 연간 급여가 1.5천만 원인 자의 경우 각종 공제를 받아 가장 낮은 세율인 6%의 세율을 적용받을 수 있는 반면, 연간 금융소득이 1.5천만 원인 자는 14%의 세율을 적용받는다.

140) Tipke/Lang, 전게서, pp.199~205. 금융소득에 대한 원천징수의 세율은 소득의 종류 등에 따라 달리 설정되어 있었다(Kapitalertragsteuer). 금융소득은 종합하여 신고할 수 있었다. 이때 금융소득의 창출에 소요되는 필요경비를 공제받을 수 있었다(이에는 차입이자가 포함된다). Abgeltungssteuer는 단일의 25% 세율에 의한 원천징수의 방법에 의해 징수되지만, 합산신고를 선택할 수 있다. 이 경우에도 필요경비공제는 인정되지 않는다. 자신의 한계세율이 25% 아래인 자가 선택하게 된다. 이때 일괄금융소득공제(1인당 연 801유로)가 인정된다. 주식양도손실은 주식양도차익을 한도로 공제된 후 금융기관에서 확인한 후 다른 금융소득과 상계된다. 신청할 경우 당년도의 금융소득과 상계될 수 있다.

141) 오윤·박훈·최원석, 「금융·자본소득세제의 중장기 개편방안」, 『세무와 회계저널』, 2006.9, 한국세무학회 참조.

인가에 대한 논의가 주를 이룬다. 한편, 분배요소가 다른 것임은 분명한데 동일하게 취급해도 되는 것인가에 대해 숙고해보아야 할 영역도 존재한다. 현행 상증세법상 이혼시 재산분할은 배우자간 증여로 보지 않는다.142) 그런데 구 상속세법상으로는 이혼 시 재산분할을 청구하여 상속세 인적공제액을 초과하는 재산을 취득한 경우 그 초과 부분에 대하여 증여세를 부과하도록 규정하고 있었다[구 상속세법(1990.12.31, 법률 제4283호로 개정되어 1994.12.22, 법률 제4805호로 개정되기 전의 것) 제29조의 2 제1항 제1호].143) 이에 대해 헌법재판소는 배우자상속과 이혼 시 재산분할의 재산관계의 본질적이고도 다양한 차이점을 무시하고 이를 동일하게 다루었다는 점에서 자신의 실질적 공유재산을 청산받는 혼인당사자를 합리적 이유 없이 불리하게 차별하였다고 보아 조세평등주의에 위배된다고 보았다(헌재 1997.10.30., 96헌바14). 다른 것을 같게 본 것이 차별이라고 하였다는 점에 이 결정의 특징이 있다. 결정례 중 중요부분을 인용하면 다음과 같다. "이혼 시의 재산분할청구로 취득한 재산에 대하여 증여세를 부과하는 주된 입법목적은, 배우자의 사망으로 상속받는 재산에 대하여 상속세를 부과하는 것과 과세상 형평을 유지한다는 데 있다고 하나, 이혼과 배우자의 사망은 비록 혼인관계의 종료를 가져온다는 점에서 공통점이 있다 하더라도 그로 인한 재산관계, 신분관계는 여러 가지 면에서 차이가 있다. 그러므로 증여세의 상속세 보완세적 기능을 관철하는 데에만 집착한 나머지 배우자상속과 이혼 시 재산분할의 재산관계의 본질적이고도 다양한 차이점을 무시하고 이를 동일하게 다루는 것은, 본질적으로 다른 것을 같게 다룸으로써 자신의 실질적 공유재산을 청산받는 혼인당사자를 합리적 이유 없이 불리하게 차별하는 것이므로 조세평등주의에 위배된다."

(나) 분배요소의 규모가 다를 때-수직적 평등

'수직적 평등'은 더 큰 경제적 능력을 가진 사람일수록 더 많은 세금을 내도록 해야 한다는 원칙이다. 수평적 평등이 논리적으로 반드시 수직적 평등을 보장하지는 않는다. 모든 자에게 동일한 세금을 부과할 경우 수평적 평등은 이루게 되지만 수직적 평등은 기대할 수 없기 때문이다. 통상 수평적 평등을 보장하기 위한 비례세율(예를 들어, 이자 등 금융소득에 대한 원천징수세율 14%)은 동일한 이자소득을 얻은 자에게 동일한 세금을 매김과 동시에 상대적으로 많은 이자소득을 얻은 자에게 더 많은 세금을 매기는 역할을 한다. 그 점에서 비례세율은 수직적 평등을 가져오는 제도이기도 하다. 오늘날 수직적 평등에 대한 논의는 그와 같이 부담하는 세금의 총액상 차등을 두는 데에서 더 나아가 적용되는 세율의 차등을 두는 것으로 진전되어 왔다. 연간 금융소득이 2천만 원을 넘는 자에 대해서는 14%의 세율만으로는 부족하고 그 이상의 세율로 부담을

---

142) 이혼하는 부부의 일방은 상대방에 대해 '혼인 중 취득한' 공동재산의 분할을 청구할 수 있다. '혼인 중 취득한' 재산은 부부의 협력으로 이루어진 실질적인 공유재산이기 때문이다. 이혼 시 처의 가사노동이나 협력을 정당하게 평가하고 이혼 후 처의 경제적 능력을 지탱함으로써 실질적인 이혼의 자유를 보장하고자 함이다. 특유재산은 원칙적으로 분할의 대상이 될 수 없다. 분할청구의 대상이 되는 재산은 '부부 쌍방의 노력으로 형성된 재산'이다. 실질적 공유재산이면 된다. 부부 쌍방의 협력이란 육아 및 가사노동을 포함한다. 등기원인을 '재산분할청구에 의한 소유권이전'으로 하는 경우, 즉 민법 제839조의 2에서 규정하는 재산분할청구로 인하여 부동산의 소유권이 이전되는 경우에는 부부 공동의 노력으로 이룩한 공동재산을 이혼으로 인하여 이혼자 일방이 당초 취득 시부터 자기지분인 재산을 환원받는 것으로 보기 때문에 양도 및 증여로 보지 아니한다. 따라서 등기원인을 위와 같이 하면 양도소득세 및 증여세를 부담하지 않고 소유권을 이전할 수 있다.

143) 현행 세법상으로는 상속세 인적공제액은 5억 원과 배우자 (법정 한도 내) 실제 상속분 중 큰 금액, 부부간 증여공제액은 6억 원이다.

하여야 하기 때문에 종합합산과세로써 누진세율을 적용받도록 하는 것이 그 예이다.144)

보다 많은 소득을 올린 자에게 더 높은 세율을 적용하여야 한다는 수직적 평등의 관념을 방향을 선회하여 저소득층에 적용한 결과 도입된 제도가 근로장려세제(Earned Income Tax Credit)이다(조특법 제100조의 3). 근로장려세제란 일정금액 이하145)의 저소득 근로자 가구에 대하여 근로소득 금액에 따라 산정된 근로장려금을 지급함으로써146) 빈곤층의 근로유인을 제고하고 생계를 지원하기 위한 근로연계형 소득지원 제도를 말한다.147) 조세평등주의가 일반 경제사회 영역에서 평등을 제고하기 위한 수단으로 조세가 이용되어야 한다는 것을 의미하지는 않는다고 하였다. 근로장려세제는 조세평등주의의 원칙 위에 있는 제도라기보다는 조세가 평등을 제고하기 위한 수단으로 기능한 결과물이다.148)

근로장려세제는 환급가능 세액공제(refundable tax credit) 방식으로 되어 있다. 재정학 이론상 소득공제(deduction)보다는 세액공제(credit) 방식이 재분배효과가 큰 것으로 알려져 있다. 누진세율체계상 소득공제는 동일한 공제액에 대해 원래의 소득금액이 많을수록 그 혜택이 크게 되어 있다. 그 만큼 세액공제에 비해 역진적인 성격을 지니고 있는 것이다.

근로장려세제는 세액계산방식을 통해 사실상 최저생활을 보장하는 기능을 수행하고 있다. 다만, 정부가 최저생계비 수준으로 얼마를 설정하고 있는가를 추론해 낼 수는 없다.

2015년부터 지급되기 시작한 자녀근로세제가 있다. 이는 저소득근로가구의 자녀양육비지원을 위해 환급방식으로 도입된 세액공제제도이다(조특법 제100조의 27부터 제100조의 31). 부양자녀가 있고 거주자(배우자 포함)의 연간 총소득 합계액이 4천만원 미만인 가구에 대해 자녀 1인당 최대 70만원 지급한다(자녀수 제한 없음) 자녀장려금 신청일이 속하는 연도의 3월 1일부터 3월 31일까지의 기간 중 국민기초생활보장법에 따른 생계급여를 받은 자는 신청할 수 없다.

근로장려세제 이외에도 세법은 우선 과세대상이 일정 금액 이하인 경우에 대해서는 세금을 부과하지 않는 과세최저한에 관한 규정으로 부분적으로 최저생활의 기반을 보호하고 있다. 소득세법상으로는 기타소득의 경우 매 건 5만 원 미만인 때 소득세를 과세하지 않는다(소득세법 제84조 제3호). 원천징수세액이 1천 원 미만일 경우에는 소득세를 징수하지 않는다(소

---

144) 은행에 금융자산을 보유하고 있는 예금주들이 금융실명거래 및 비밀보장에 관한 법률 부칙 제12조가 종래 부분적으로 실시되던 금융소득종합과세제도를 폐지하고 금융소득에 대한 분리과세제도를 도입하면서 세율을 15%에서 20%로 상향조정하자, 소득계층에 관계없이 일률적으로 동일한 세율을 적용함으로써 조세의 형평을 저해하여 위헌이라는 확인을 구하는 헌법소원 심판청구를 제기한 데 대해 헌재는 입법자는 IMF라는 절박한 경제위기를 극복하여야 한다는 국민경제적 관점에서 금융소득에 대한 분리과세를 시행하기로 정책적 결단을 내린 것이고 이 결정이 명백히 잘못되었다고 볼 수 없으므로, 금융소득의 비중이 많은 납세자가 상대적으로 불이익을 받게 된다 하더라도 이를 정당화하는 합리적인 이유가 있다고 판단하였다(98헌마55, 1999.11.25). 이울러 헌재는 원천징수세율에 관한 조항은 행정관청의 처분 없이 직접 원천납세의무자의 권익에 영향을 주며, 달리 효과적인 구제수단이 없다는 이유로 그것의 위헌확인은 헌법소원의 대상이 될 수 있다고 판단하였다.

145) 2019년 이후 신청하는 분부터는 단독가구(2,000만원), 홀벌이가족가구(3,000만원), 맞벌이가족가구(3,600만원)

146) 수혜자의 도덕적 해이(moral hazard)를 방지하기 위함이다.

147) 2012년부터는 보험모집인과 방문판매원에게도 적용되었다. 2014년부터는 고소득전문직 업종사업자, 해당 과세기간의 수입금액이 일정 규모 이상인 사업자(복식부기의무사업자)를 제외한 모든 사업자로 확대되었다. 근로장려금을 신청한 경우 종합소득세 신고한 것으로 간주한다.

148) 주요 도입국가 : 미국(1975), 캐나다(1998), 호주(2001), 프랑스(2002), 벨기에(2002), 영국(2003), 뉴질랜드(2003)

득세법 제86조). 상증세법상으로는 과세표준이 50만 원 미만인 경우 과세하지 않는다(상증세법 제25조 제2항).

2. 재산권 보장 및 과잉금지원칙

가. 재산권 보장

헌법 제23조는 국민의 재산권 보장에 대해 다음과 같이 규정하고 있다.

① 모든 국민의 재산권은 보장된다. 그 내용과 한계는 법률로 정한다.
② 재산권의 행사는 공공복리에 적합하도록 하여야 한다.
③ 공공필요에 의한 재산권의 수용·사용 또는 제한 및 그에 대한 보상은 법률로써 하되, 정당한 보상을 지급하여야 한다.

(1) 소유권

(가) 수익권

재산권은 재산의 사용, 수익 및 처분권을 그 내용으로 한다. 헌법 제23조 제1항의 규정에 의한다면 재산의 수익에 대한 세금을 부과하는 데에는 어느 정도의 세율까지 허용되는가?

조세의 종목과 세율은 법률로 정하도록 하는 헌법 규정의 문언에 의한다면 어떤 종류의 세목을 만들든지 그 세목상 세율을 어떻게 설정하든지 입법기관을 통한 국민적 합의가 존재하면 헌법에 부합하는 것일까? 조세의 종목 즉 과세대상의 설정에 대해서는 비록 미실현이득이라 하더라도 과세대상으로 할 수 있는 입법재량이 국회에 있다는 것이 헌법재판소의 판단이며 이 사안에 대해서는 다른 나라의 경우를 보아도 넓은 입법재량이 허용되고 있음을 알 수 있다.

세율은 어떤가? 기본권의 제한을 필요최소한으로 하여야 한다는 원칙에 비추어 볼 때 세금 부담이 사유재산권의 본질적 부분을 침해하는 정도에 이르게 하는 세율이라면 헌법에 위반하는 것이 될 수 있다.

세계의 역사를 보면 소득이나 재산에 대한 세율이 전쟁의 수행과 같은 일시적인 수요가 있을 때 80%까지 올라간 사례도 있다. 우리나라의 경우 비실명금융자산으로부터의 이자에 대해서는 99%의 세율이 적용된다(지방소득세 포함). 이와 같은 특별한 이유가 없는 경우에는 가령 국회가 한국의 모든 개인 거주자의 소비수준의 상한이 월 1천만 원이라는 내부적인 기준을 설정하고 모든 개인의 소득 중 1천만 원을 초과하는 부분을 세금을 징수함으로써 가처분소득의 상한을 설정하는 입법을 하거나 모든 개인 거주자의 재산수준의 상한을 설정하는 입법을 한다면, 생활의 자유 및 재산권보장이 사회적 필요에 의해 제한된다 하더라도 그것의 본질적인 부분이 침해되어서는 안 된다는 헌법적 요청에 반하는 것이 될 것이다.

소득을 창출하는 자원인 인적·물적 자산은 존재하고 이용됨으로써 사회의 도움을 받아 소득을 올린다. 우리 사회에서 인적·물적 자산은 존속하고 성장할 수 있는 기회를 부여받고 있다. 특정인에게 귀속하는 자산으로부터의 소득은 해당 자산의 존속을 보장하고, 해당 소득 귀속인의 생활수요는 충족하는 범위 안에서 과세되어야 한다.

재산은 소비하고 남은 소득이 축적된 것이기 때문에 그 원본이 유지될 수 있도록 재산으로부터의 소득에 대해 과세되고 남은 금액에서 세금을 낼 수 있는 정도로 재산세가 부과되어야 한다. 물적 자산에 대한 재산세는 소득세와 더불어 고려할 때 그 자산의 미래 생산능력이 현재보다 줄어들지 않도록 하는 범위 안에서 과세되어야 한다. 시장에서 소득을 창출하지 못하는 자산에 대해서는 그것이 갖는 잠재적인 소득창출능력(이른바 간주소득)이 실현되었을 경우를 가정하고 역시 그 자산의 미래 생산능력이 현재보다 줄어들지 않도록 하는 범위 안에서 과세되어야 한다.

1994년의 헌법재판소의 토지초과이득세에 대한 헌법불합치결정은 고율의 세율이 위헌적인 것이 될 수 있는 요인으로 '원본잠식'을 제시하고 있다(헌재 1994.7.29, 92헌바49). 헌법재판소는 토지초과이득세('토초세')는 그 계측의 객관성 보장이 심히 어려운 미실현이득을 과세대상으로 삼고 있는 관계로 토초세 세율을 … 고율(50%)로 하는 경우에는 자칫 가공이득에 대한 과세가 되어 원본잠식으로 인한 재산권침해의 우려가 있다는 판단을 하였다(헌법재판소 1994.7.29, 92헌바49, 52). 토초세는 미실현자본이득을 과세대상으로 하는 것이므로 해당 자본이득이 실현될 때 다시 과세한다면 결과적으로 이중과세가 된다. 이러한 이중과세는 재산권 보장 및 형평성 측면에서 헌법의 정신에 위배된다. 이에 따라 토초세로 과세된 세액은 이후 실제 양도할 때 세액공제를 해 주도록 하고 있지만 이는 불완전한 형태로 구성되어 있었다. 일정 기간 이후의 경우에는 세액공제를 부분적으로 해 주거나 그것을 배제하고 있었기 때문이다. 그리고 토초세는 50%의 단일세율로 되어 있는데 양도소득세는 그보다 낮은 세율을 포함하는 누진세율로 되어 있어서 완전하게 세액공제를 해 줄 수 없는 구조로 되어 있었기도 하다. 이와 같은 이중과세적인 부분이 재산권을 침해하는 성격이 있음에도 불구하고 토초세가 헌법적으로 타당성을 지니기 위해서는 부동산투기억제와 같이 다른 공익의 성취 정도가 매우 커야 하는데 이에 관한 구체적인 입증은 충분하지 않았다. 이를 종합하여 헌법재판소는 당시 토초세법상 세율조항이 헌법상의 재산권 보장규정과 평등조항에 위배된다고 본 것이다.

위 결정은 일종의 소득으로서 토지초과이득에 대한 50% 세율 자체의 위헌성에 대해 논하고 있지는 않다. 소득의 50% 이상을 과세하는 소득세라면 그것은 재산권의 본질적 부분을 침해할 소지가 있다. 사회와 개인의 관계에서 개인이 다른 구성원을 위해 자기가 가득한 소득의 50% 이상을 사용하도록 한다면, 해당 소득의 창출에 대한 자신의 기여에 대해 사회가 준 보상이 무의미해지는 것이 되며[149], 아울러 개인이 사회를 위해 존재하는 것으로 볼 수 있게 한다.[150]

---

149) 사회공동체가 50% 이상을 세금으로 징수하려 했다면 사회공동체가 애초 소득을 지급하지 않았어야 한다는 것이다.

150) Paul Kirchhof, Der Weg zu einem neuen Steuerrecht, Deutschen Taschenbuch Verlag, Oktober, 2005, pp.- 32~35; Barbara Dehne, Ober-und Untergrenzen der Steuerbelastung in europäischer Sicht, Erich Schmidt Verlag, 2003, pp.22~23 참조. 이 논의에서 소득에 대한 과세는 소득세 명목의 세금뿐 아니라 부가가치세 명목의 세금도 포함한다. Paul Kirchhof의 "반액과세원칙(Halbteilungsgrundsatz)"이 논해지던 때가 있었다. 독일 연방헌법재판소가 1995.6.22 재산세(Vermögensteuer) 판결에 반영하였다(BVerfGE 93, 121 ff.). 반액 50%라는 과세의 헌법적 상한선에 대해 연방헌법재판소는 연방헌법 제14조 제2항의 "zugleich"라는 단어를 "zu gleichen Teilen"으로 해석할 수 있다고 보았다(Prof. Dr. Joachim Wieland, LL.M. Institut für Steuerrecht Johann Wolfgang Goethe-Universität Frankfurt

법인세법은 소득처분에 대해 규정하고 있다. 예를 들면, 법인이 매출누락한 금액이 100일 때, 이를 발견해낸 세무서장은 그에 대해 20의 세금을 부과한다. 100이 대표에게 귀속한 것으로 밝혀지면 그 대표에게 최고세율 38%로 과세한다. 이는 법인과 개인에 대해 부과되는 가산세를 고려하지 않은 것이다. 58%의 세율로 과세되는 셈이다. 법인으로서는 법인세 20을 공제한 80만 대표에게 준 것으로 보거나(①), 법인에 대해서는 100의 비용공제를 인정하였어야 한다는(②) 주장이 가능하다. ①의 경우 대표는 30.4의 세금을 부담하게 된다. 약 50에 근사한 수치이다. 경제적으로만 보면, ②가 타당하다. 이때에는 법인에게는 과세하지 않게 되므로 개인에게 38의 세금만 부과하게 된다. 대표개인의 위법행위로 매출누락이 있었다고 하지만, 법인이 대표에게 급여를 지급하는 사실은 위법하지 않다. 이를 감안한다면, ②의 해법이 바람직하다. ②에 대해, 법인의 매출누락 100이 대표의 횡령에 의해 사외유출된 것이라면 법인으로서는 회수권리가 있으므로, 비용공제할 것이 없다는 반론이 가능하다. 그러한 반론에 따른다면, 그 반대쪽에 있는 대표에게는 소득이 없다는 것이된다. 현행 세법은 법인이 번 소득 100에 대해 매출누락의 사실이 있다고 하여 58의 세금을 걷는 구조로 되어 있다. 위헌 소지가 있는 부분이다(법인세법 시행령 제106조 제1항 제1호 나목).

법원은 "법인세법 시행령 제106조 제1항 제1호 나목은 대표이사가 법인의 자금을 횡령한 경우에 그 횡령금을 대표이사에 대한 상여로 소득처분하여 횡령 범죄의 피해자인 법인에 대하여 위 횡령금에 대한 소득세의 원천징수의무를 부과하도록 규정하고 있어서, … 조세평등주의, 비례의 원칙, 재산권 보장 등 헌법상 원칙에도 위배된다."는 주장을 수용하지 않고 있다.[151] 헌법재판소는 "…실제로 법인에게 애당초 회수의사가 있다고 보기 어려운 경우의 대표이사 횡령금 등은 명목 여하를 불문하고 은폐된 상여금(정규 급여와 별도로 지급되는 근로대가)일 가능성이 높다는 점 등을 종합하면, 법인세법에 의하여 상여로 처분된 금액에 대한 소득세를 원천징수의 대상으로 삼더라도 최소침해의 원칙에 반한 것으로는 보이지 않는다."는 입장을 취함으로써 원천납세의무의 존재가 재산권보장원칙에 반하지 않음을 간접적으로 시사하고 있다.[152]

am Main November, Rechtliche Rahmenbedingungen für eine Wiedereinführung der Vermögensteuer, November 2003, pp.48~).

(1) Das Eigentum und das Erbrecht werden gewährleistet. Inhalt und Schranken werden durch die Gesetzebestimmt.
(2) Eigentum verpflichtet. Sein Gebrauch soll zugleich dem Wohle der Allgemeinheit dienen.(이하 생략) 2006년 판결에서 연방헌법재판소는 소득세·영업세부과행위는 연방헌법 제14조 제1항이 규정하는 납세자의 재산권에 대한 내용과 한계를 규정한 문제로 이해하였는데 이러한 재산권의 내용과 한계는 일반적으로 비례원칙(Verhältnis-mäßigkeitsgrundsatz) 심사를 통해 정당화 될 수 있으며 해당 사건의 경우에는 그에 따라 정당성이 인정되는 경우라고 판시하였다. 그리고 1995년 판결 당시에 재판부가 연방헌법 제14조 제2항의 "zugleich"라는 단어로부터 50%라는 구체적인 상한선을 도출한 것에 대해서는 그 단어의 해석을 통해서는 그러한 절대적인 상한선을 도출할 수는 없다고 하여 1995년 판결과는 다른 입장을 취하였다(BVerfGE, 2 BvR 2194/99 vom 18.1.2006, Absatz-Nr. 41; 이동식(Dong Sik Lee), 독일 세법상 소위 '반액과세원칙'에 대한 검토 Zum Halbteilungsgrundsatz im deutschen Steuerrecht, 租稅法硏究 第15輯 第1號, 2009.4 참조).

151) 대법원2009두6223, 2009.07.23.
152) 헌재 2009. 2. 26. 2006헌바65 전원재판부, 헌재 2014. 3. 27. 2012헌바290

(나) 처분권

가치가 증가한 재산을 양도하면 양도소득이 발생하고 이에 대해서는 정당한 세금을 내야 하지만, 세금의 부담이 과중할 경우 양도를 주저하게 되어, 결국 세금 때문에 사실상 처분을 제약받는 현상을 봉쇄효과(lock-in effect)라고 하며, 이는 자본이득에 대한 과세의 기본적인 속성으로 인식되고 있다.

재산을 대가 없이 증여하는 것도 해당 재산의 처분에 해당하는데, 증여를 받는 자에게 부과되는 증여세는 증여를 봉쇄하는 효과가 있으며, 이도 증여과세의 기본적인 속성으로 인식되고 있다.

재산의 양도에 따른 소득세나 증여세는 사실상 해당 재산의 처분을 제약하는 것이므로 그 재산의 소유자의 처분권을 제약한다는 의미에서 헌법 제23조 제1항의 재산권보장의 원칙에 어긋나는 것인가?

헌법재판소는 납세의무자의 사유재산에 관한 이용, 수익 및 처분권의 중대한 제한은 재산권의 침해가 될 수 있다고 하면서 구 상속세법 제9조 제1항[153] 중 "상속재산에 가산할 증여의 가액은… 상속개시 당시의 현황에 의한다."는 부분이 상속개시 전 일정 기간의 증여의 효력을 실질적으로 부인하여 증여에 의한 재산처분행위가 없었던 것으로 보고 증여의 가액을 상속 당시의 현황에 의하여 평가하여 상속세를 부과한다는 것이므로 결과적으로 피상속인의 사유재산에 관한 처분권에 대하여 중대한 제한을 하는 것으로서 재산권에 관한 입법형성권의 한계를 일탈하는 것이라는 판단을 하였다(헌법재판소 1997.12.24, 96헌가19, 96헌바72(병합)). 또한, 누진세율에 의한 상속세회피행위를 방지하고 조세의 형평을 기하려는 입법목적은 상속개시 전 일정 기간의 증여재산가액을 증여 당시의 가액으로 평가하여 상속재산에 가산하는 것만으로 충분히 달성될 수 있으므로 위 법률조항이 상속재산에 가산할 증여가액을 증여 당시의 가액에 의하지 않고 상속 당시의 현황에 의하도록 한 것은 과잉입법금지원칙에 위반된다고도 하였다.

상속재산가액에 상속일로부터 가까운 시점에 이루어진 피상속인의 증여재산가액을 가산하도록 하는 제도는 증여세의 부담이 상속세의 부담보다 적은 상황이 있을 수 있는데 그러한 기회를 이용하여 상속세의 부담을 회피하려는 행위를 방지하기 위함이다. 이는 일종의 조세회피방지규정이라고 볼 수 있다. 조세회피방지규정은 통상, 조세의 부담을 부당하게 감소시키는 것을 요건으로 하는데 구 상속세법 제9조는 그것을 요건으로 하지 않고 일률적으로 일정 기간 내의 증여에 의한 재산가액이라면 상속재산가액에 가산하도록 하고 있었다.

위 조항은 헌법재판소의 판단과 달리 증여행위가 없었던 것으로 간주하는 것을 논리적 전제로 하는 것은 아니다. 기술적으로 합산하도록 하고 과거에 과세되었던 것은 세액공제를 해 주는

---

153) 구 상속세법(1993년 12월 31일 법률 제4662호로 개정되기 전의 것) 제9조 (상속재산의 가액평가) ① 상속재산의 가액, 상속재산의 가액에 가산할 증여의 가액 및 상속재산의 가액 중에서 공제할 공과 또는 채무는 상속개시 당시의 현황에 의한다. 다만, 실종선고 당시의 현황에 의한다. ②~⑤ 생략
　　제18조 (상속세납부의무) ③ 제4조의 규정에 의하여 상속재산에 가산한 증여재산에 대한 증여세액(증여 당시의 당해 증여재산에 대한 증여세산출세액 상당액을 말한다)은 상속세 산출세액에서 공제한다. 다만, 그 증여재산의 수증자가 제1항에 규정한 상속인 또는 수유자일 경우에는 각자가 납부할 상속세액에서 공제한다(96헌가19·96헌바72(병합) 1997.12.24. 구 상속세법 제9조 제1항(1993.12.31. 법률 제4662호로 개정되기 전의 것) 중 "상속재산의 가액에 가산할 증여의 가액은… 상속개시 당시의 현황에 의한다"라는 부분은 헌법에 위반된다).

방식을 취하고 있다. 이는 마치 예납적 원천징수 경우의 원천징수 또는 동일인으로부터 수차례 받은 증여의 합산과세(상증세법 제47조 제2항)에서와 다를 바 없다. 반드시 상속한 것으로 의제하는 것과 동일하다고 볼 일은 아니다. 위 조항이 재산권 처분을 제한하는 성격을 가진 것으로 볼 수는 없다.

상속전 증여재산을 상속재산에 합산할 때에 증여당시의 가액으로 하는 것이 반드시 조세절감을 초래하는 것은 아니다. 재산가액은 줄어들 수도 있는 것이다. 위 법률조항의 입법당시 부동산가격의 지속적인 상승현상을 전제로 할 경우에나 위 조항을 조세회피방지조항으로 볼 수 있는 것이다.

오히려 위 조항은 소득과세와 결합하여 볼 때 과세상 중립성을 저해하는 문제가 있다. 수증자가 보유하던 기간의 자본이득을 상속을 계기로 실현한 것으로 보는 효과를 인정할 것인가 아니면 수증자가 독자적으로 처분할 때에야 인식하게 할 것인가의 문제이다. 수증한 재산을 상속 이전에 처분한 경우와 비교할 때 형평을 유지해야 한다는 관점에서 볼 때 증여 당시의 재산가액으로 가산하여야 한다. 상증세법 제47조 제2항의 규정에 의한 증여합산의 경우와 비교하여 보아도 균형을 이루게 하는 것이다.[154] 참고로 미국은 증여세와 상속세를 통합적으로 보는 통합이전세의 제도를 구축하고 있다. 이때 한번 증여받은 재산이 상속시점에 당시의 시가로 가액이 수정되는 것은 아니다.

위 조항이 과잉금지의 원칙에 위배되는지에 대해서는 더 논의가 필요하다. 상속세는 상속인 간 연대납세의무를 지도록 되어 있다. 그들 중 증여를 받은 자는 자신이 증여받은 재산과 상속받은 재산의 합계가액의 범위 안에서 연대납세의무를 지므로 설사 증여재산가액이 다시 평가되어 상속세가 부과되더라도 그 부담이 과중하다고 단정 지을 일은 아니다. 과거 증여받은 사실이 없는 상속인의 경우 다른 상속인의 과거 증여사실 때문에 자기의 연대납세의무에 의한 조세채무액이 늘어나게 되어 있다.[155] 자신이 상속받은 재산 전부를 바쳐야 할 상황도 벌어질 수 있다. 상속재산가액에 가산하는 증여재산가액은 가급적 줄이는 방향으로 제도를 설계하고 해당 증여재산에 귀속하는 이익에 대한 조세는 그것을 증여받은 자의 단독채무로 처리되도록 하는 것이 바람직할 것이다.

(2) 담보권과 당해세

(가) 담보권

현행 국세기본법에 의하면 국세 및 체납처분비는 납세자의 모든 재산에 대한 강제집행절차에서 다른 공과금 기타 채권에 우선하여 징수한다(국세기본법 제35조 제1항). '법정기일' 전에 설정한 전세권·질권 또는 저당권의 피담보채권은 국세에 우선한다(국세기본법 제35조 제1항 제3호). '법정기일'[156]이란 국세채권과 저당권 등에 의하여 담보된 채권 간의 우선 여부를 결정하는 기준일을 말한다.[157] 이때 법정기일은 신고납세하는 세목은 신고일, 부과과세하는 세목은

---

154) 상증세법기본통칙 47－0…2 법 제47조 제2항에 따라 재차증여재산의 합산과세 시 증여재산의 가액은 각 증여일 현재의 재산가액에 따른다.

155) 현행 상증세법시행령상 연대납세의무대상에 포함되고 있다(상증세법시행령 제2조의 2 제1항).

156) 구 국세기본법 제35조은 '납부기한'의 개념을 사용하고 있었다.

납세고지서의 발송일, 원천징수하는 세목은 납세의무의 확정일, 제2차 납세의무·물적 납세의무는 납부통지서의 발송일, 그리고 압류와 관련하여 확정된 세액은 그 압류등기일 또는 등록일이다. 해당 조세채무가 확정되는 날(또는 그에 준하는 날)을 기준으로 하는 것이다.[158]

구 국세기본법 제35조 제1항 제3호는 '법정기일'이 아닌 '납부기한으로부터 1년 전'의 기준일을 설정하고 있었다.[159] 이러한 규정이 담보물권을 유명무실하게 하고 사유재산제도의 본질적 내용의 침해하는 것인지가 문제되었다. 이에 대해 헌법재판소는, 재산권의 본질적인 내용이라는 것은 재산권의 핵이 되는 실질적 요소 내지 근본적 요소를 뜻하며, 재산권의 본질적인 내용을 침해하는 경우라고 하는 것은 그 침해로 인하여 사유재산권이 유명무실해지거나 형해화되어 헌법이 재산권을 보장하는 궁극적인 목적을 달성할 수 없게 되는 지경에 이르는 경우라고 할 것이라고 하면서(헌법재판소. 1989.12.23, 88헌가13 참조), 먼저 성립하고 공시를 갖춘 담보물권이 후에 발생하고 공시를 전혀 갖추고 있지 않은 조세채권에 의하여 그 우선순위를 추월당함으로써, 담보물권이 합리적인 사유 없이 담보기능을 수행하지 못하여 담보채권의 실현에 전혀 기여하지 못하고 있다면 그것은 담보물권은 물론 나아가 사유재산제도의 본질적 내용의 침해가 있는 것이라고 보지 않을 수 없다고 판단하였다(헌법재판소 1990.9.3., 89헌가95).

신고납세세목의 경우 납세자가 신고기한에 임박하여 아직 신고하지 않고 있는 시점에서 제3의 채권자로 하여금 자신의 재산에 담보권을 설정하도록 유도하는 경우가 나타날 수도 있겠다. 국세기본법은 통정 허위의 담보권 설정계약에 대해서는 관할 세무서장이 법원에 그 취소를 청구할 수 있도록 하고 있다(국세기본법 제35조 제4항). 이때 법정기일 전 1년 내에 특수관계인에게 저당권을 설정한 경우에는 통정한 허위계약으로 추정한다.

허위의 담보권 계약이 아니고 다만 납세자가 자신의 채권자에게 국세에 우선하는 효력을 부여하고자 하는 의도에서 이루어진 담보권 설정이라면 세무공무원(국가)은 어떻게 대응할 수 있을까? 해당 납세자가 국세채권의 담보가 부족하게 된다는 소극적 인식만 있었던 경우였으며 아직 해당 국세채권이 성립하지 않았다 하더라도(기간과세세목의 경우 사업연도종료일 이전)

---

157) 국세기본법기본통칙 35-0…3.

158) 2005헌바60(2007.5.31) 참조.

159) 구 국세기본법 제35조 (국세의 우선) ① 국세·가산금 또는 체납처분비는 다른 공과금 기타의 채권에 우선하여 징수한다. 다만, 다음 각 호의 1에 해당하는 공과금 기타의 채권에 대해서는 그러하지 아니하다. 〈개정 1984.8.7.〉
(중간 생략)
3. 국세의 납부기한으로부터 1년 전에 전세권·질권 또는 저당권의 설정을 등기 또는 등록한 사실이 대통령령이 정하는 바에 의하여 증명되는 재산의 매각에 있어서 그 매각금액 중에서 국세 또는 가산금(그 재산에 대하여 부과된 국세와 가산금을 제외한다)을 징수하는 경우의 그 전세권·질권 또는 저당권에 의하여 담보된 채권
(이하 생략)
[89헌가95, 1990.9.3, 국세기본법(1974.12.21, 법률 제2679호) 제35조 제1항 제3호 중 '…으로부터 1년'이라는 부분은 헌법에 위반된다.][92헌가5, 1993.9.27, 구 국세기본법(1990.12.31, 법률 제4277호로 개정되기 전의 것) 제35조 제2항 중 '…으로부터 1년'이라는 부분 및 1990.12.31, 법률 제4277호 국세기본법 중 개정법률 부칙 제5조 중 '제35조 제1항 제3호, 제2항' 부분은 각 헌법에 위반된다.]
1990년 12월 31일 개정된 법률 제4277호 부칙 제5조는 개정된 제35조의 규정에 관한 경과조치를 동 개정법률이 시행되기 전에 제35조 제1항 제3호 각 목의 개정규정에 해당하는 기일이 도래한 국세 또는 가산금에 대해서는 종전의 규정에 의한다고 규정하고 있었다. 다시 1993년 9월 27일의 92헌가5의 결정에 따라 이 경과규정은 1993년 12월 31일 개정되어 현재의 89헌가95 결정이 있던 1990년 9월 3일 전에 해당 기일이 도래한 것에 대해서만 종전의 규정에 의하도록 되었다.

이후 해당 세금이 체납이 된 경우에는 이를 사해행위로 해서 법원에 그 취소를 청구할 수 있다(국세기본법 제35조 제4항, 국세징수법 제30조). 일반적으로 체납세금에 대한 사해행위의 취소를 위해서는 사해행위 이전에 해당 세금에 대한 조세채무가 성립하여야 할 것이므로 법원으로부터 사해행위로 인정받기 위해서는 사해행위의 시점에 최소한 해당 조세채무가 성립할 고도의 개연성이 인정되는 상황이 되어야 할 것이다.[160]

(나) 당해세

현행 국세기본법 제35조 제1항 제3호는 법정기일 전에 등기된 저당권에 의하여 담보된 채권이라고 하더라도 해당 저당 부동산에 대해 부과된 국세채권에 우선하지는 않는다고 규정하고 있다. 해당 부동산에 대해 부과된 국세를 '당해세'라고 하고, 이를 '당해세 우선에 관한 특례'라고 한다.[161]

1997년과 1998년에 이 특례제도가 헌법상 보장된 재산권을 침해한다는 헌법소원청구들이 제기되었다. 청구인들은 근저당권에 기하여 임의경매신청을 하였는데 각 배당법원이 청구인들의 채권을 당해 재산에 대하여 부과된 토지초과이득세 및 증여세보다 후순위로 배당을 하자 후순위 배당을 받은 청구인이 배당 이의의 소를 제기하였다. 위의 소송이 계속 중 청구인들은 구 국세기본법 제35조 제1항 제3호 중 "그 재산에 대하여 부과된 국세와 가산금을 제외한다."라는 부분이 재판의 전제가 된다고 주장하면서 위헌심판제청신청을 했다가 헌법소원심판청구를 하기에 이르렀다(헌법재판소 1999.5.27, 97헌바8・89, 98헌바90(병합)[162]).[163]

이 청구에 대해 헌법재판소는, 국세기본법 제35조 제1항 제3호 중 "그 재산에 대하여 부과된 국세와 가산금을 제외한다."는 부분 중 당해 재산의 소유 그 자체를 과세대상으로 하는 강학상의 재산세는 담보권자의 예측 가능성을 해하지 않으며(과세요건명확주의에 부합), 위와 같은 기준은 당해세의 우선징수권을 확보하면서도(조세징수의 확보) 담보물권자의 우선변제청구권을 실질적으로 보장하는(사법질서의 존중) 두 공익 목적의 합리적인 조정결과라고 판시하면서, 당해세 중 우선징수권이 인정되는 조세를 "당해 재산의 소유 그 자체를 과세의 대상으로 하여 부과하는 국세와 가산금"으로 한정하여 해석하는 한 합헌이라고 보았다(헌법재판소 1994. 8. 31. 91헌가1 참조).

아울러 어떤 국세가 우선징수권이 인정되는 '그 재산에 대하여 부과된 국세와 가산금'에 해당하는지에 관한 구체적이고 세부적인 판단은 개별 법령의 해석과 적용에 관한 권한을 가진 법원의 영역에 속하기 때문에 헌법재판소가 가려서 답변할 성질의 것이 아니라는 판단을 하였다.

---

160) 대법원 2001.3.23, 2000다37821 참조.

161) 이 특례는 1949년 국세징수법 당시부터 존재하던 제도이다(구 국세징수법(법률 제82호, 1949.12.20, 제정) 제5조. 일본의 현행 국세징수법상 당해세 규정은 존재하지 않는다. 독일 세법상 토지소유자는 토지에 대한 공적인 부담금인 토지세(§ 12 토지세법)의 체납에 대한 강제집행을 수인하여야 한다(독일 조세기본법 제77조 제2항). 토지의 매수자는 매수 직전 연도의 토지세에 대한 보충적 납세의무를 진다(§ 11 토지세법).

162) 97헌바8 사건은 토초세 부과와 관련된 것이다. 대법원 96다23184, 1999.3.18. 선고사건에서 법원은 구 국세기본법시행령 제18조 제1항 중 토초세에 관한 부분은 무효라는 판단을 한 바 있다. 97헌바89 사건의 증여세는 명의신탁증여의제로 과세한 것이다. 97헌바89와 98헌바90 사건의 쟁점사실은 거의 동일하다. 기타 저가양도 증여의제에 의한 증여세는 당해세가 아니라는 대법원 2000다49534 사건을 참고할 수 있다.

163) 현행 국세기본법 제35조 제1항 제3호도 이 사건이 문제될 당시의 조문과 완전히 동일하다.

2003년에 국회는 당해세의 범주를 상속세 및 증여세로 특정하였다.[165] 2005년 1월에는 종합부동산세를 추가하였다.[166] 지방세에 대해서는 1996년 말 지방세법시행령을 통해 재산세 등으로 규정해 오고 있다.[167] 이와 관련 지방세법은 지방세법시행령에 구체적인 세목의 지정을 위임하지 않고 있다. 이들은 당해세의 구체적 범주의 설정에 관해 사법부, 국회 및 행정부가 각각 최종적으로 결정한 사례들로 볼 수 있다.

국가입장에서 상속세 및 증여세는 당해세로서 확보되어야만 하는 조세인가? 원래 당해세는 해당 세금이 대물세로서 그 물건에 내재된 속성에 대해 부과되는 조세인데 그 물건의 소유자가 바뀌게 될 때에는 전 소유자도 현 소유자도 그간 체납세액에 대해 책임을 질 수 없는 상황이 되기 쉬운 점과 해당 세금이 대물세로서 해당 물건에는 그런 세금이 붙어 왔을 것이라는 일반의 기대가 있음을 감안하여 설정한 개념이다. 예를 들어, 재산세는 한 재산의 전체 가액(담보권가액 등을 차감하지 않은 상태)을 기준으로 부과하게 되는데 그 재산의 전체 가액 중 일부는 항상 조세를 부담할 내재적 능력을 갖추고 있다고 볼 수 있다.

증여세는 어떠한가? 증여세는 증여재산에 대해 부과된다. 증여세의 과세대상이 되는 증여재산으로는 현금 등 동산과 여러 종류의 경제적 이익이 포함될 것이지만 논의를 단순화하기 위해 여기서는 부동산의 증여가 있었던 경우를 상정해 보자. 누군가에게 빌려 준 돈의 상환을 담보받기 위해 그 자의 부동산에 저당권을 설정한 자의 입장에서 해당 부동산에 증여세가 부과될 수 있다는 기대를 할 수 있을까? 해당 부동산이 증여되는 경우 증여세는 바로 그 부동산에 대해 붙이는 것은 아니며 증여를 받는 자에게 붙이는 것이다. 증여세는 일응 증여소득에 대한 조세라는 점을 감안한다면 당해세로 분류하는 것은 적절하지 않다. 상속세는 상속재산에 대해 부과되며 위 증여세에 대한 논의가 거의 동일하게 타당성을 가질 것이다.

이런 점을 감안하여 국세기본법기본통칙은 국세기본법 제35조상 당해세 우선에 관한 규정의 적용을 매우 완화하는 내용을 규정하고 있다. 증여세나 상속세는 수증인 및 상속인이 설정한 저당권 등에 의해 담보된 채권보다는 법정기일에 관계없이 우선한다고 하면서도,[168] 증여인 또는 피상속인이 조세의 체납이 없이 설정한 저당권 등에 의해 담보된 채권보다는 우선하지 않는다고 규정하고 있다(국세기본법기본통칙 35 − 18…1). 채권자가 채무자가 조세의 체납이 있는지의 여부를 조사한 경우라면 '당해세 우선에 관한 특례' 때문에 불의의 피해를 보지 않도록 하기 위함이다. 국세기본법기본통칙이 상속세와 증여세를 당해세로 보는 것은 피상속인에 귀속하는 소득세와 같은 다른 조세의 회피를 위해 저당권을 설정하는 것을 규제하기 위한 것으로 보는 관점에 입각한 것이다.[169] 채무자인 자의 소득세와 같은 다른 조세의 회피를 막기 위한

---

165) 국세기본법 제35조 ⑤ 제1항 제3호 각 목 외의 부분 및 제2항 단서에서 '그 재산에 대하여 부과된 국세'라 함은 국세 중 상속세 및 증여세를 말한다. 〈신설 2003.12.30.〉

166) 종합부동산세가 과세될 경우 과세대상이 되는 여러 재산 중 해당 재산에 귀속하는 세액만큼만 해당 재산에 대한 저당권에 우선하도록 제한하고 있다.

167) 지방세법시행령 제14조의 4(지방세의 우선) 법 제31조 제2항 제3호에 규정된 재산에 대하여 부과된 지방세는 재산세·자동차세·도시계획세·공동시설세 및 지방교육세(재산세와 자동차세분에 한한다)로 한다. 〈개정 1999.12.31, 2005.1.5.〉[본 조 신설 1996.12.31.]

168) 사건은 (증여 또는 상속)→(저당권설정)→(증여세 또는 상속세 부과)의 순으로 이어져 왔을 것이다. 저당권자는 등기부 열람 시 증여 또는 상속의 사실을 알 수 있을 것이다.

것이라면 사해행위취소청구에 의해 대응할 수 있을 것인데 굳이 일반채권자에게 채무자의 세금체납여부에 대해서까지 조사하도록 하는 것은 과잉한 것이다.[170)]

무상이전에 대해 무상이전을 받은 자에 부과되는 증여세를 당해세로 보는 논리라면 유상이전에 대해 유상이전을 한 자에 부과되는 양도소득세를 당해세로 보지 않을 이유가 없다. 현행 국세기본법이 "그 재산에 대하여 부과된 국세와 가산금을 제외한다."라는 표현을 사용하고 있는데 증여세는 증여재산에 부과되고 양도소득세는 소득자의 양도소득에 부과된다는 형식적인 차이 때문에 양도소득세를 당해세로 보지 않는 것은 당해세 제도의 취지에 부합하지 않는다. 양도소득세를 국세기본법상 당해세로 추가한다 하더라도 그것은 양도인이 증여세의 경우와 동일하게 조세의 체납 없이 설정한 저당권 등에 의해 담보된 채권보다는 우선하지 않는다고 하여야 할 것이다. 이를 수용하면서 양도소득세를 당해세로 본다면 그것은 결국 이미 체납상태에 있는 다른 조세에 대한 체납처분을 회피하기 위하여 재산을 양도하는 것을 규제하는 역할을 하게 될 것이다. 이러한 규제는 사해행위취소소송에 의해서도 그 목적을 달성할 수 있을 것이다.

증여나 상속 시 수증인 또는 피상속인에 귀속하는 재산이 증여재산 또는 상속재산에 포함되는데 그에 대한 증여세 및 상속세부담을 모두 저당권자에게 지울 것인가? 국세기본법기본통칙은 증여세나 상속세가 과세될 경우 과세대상이 되는 여러 재산 중 해당 재산에 귀속하는 세액만큼만 해당 재산에 대한 저당권에 우선하도록 제한하고 있다(국세기본법기본통칙 35 - 18…1).[171)] 이도 사해행위취소청구에 의해 증여세 및 상속세부담을 저당권자에게 지울 수 있을 사안이다.

결론적으로 현행의 국세기본법상 증여세와 상속세를 당해세로 보는 규정은 사해행위취소소송으로도 그 목적을 달성할 수 있다는 점에서 과잉금지원칙에 위배되므로 폐지하는 것이 타당하다. 단순한 재산의 보유 사실만을 과세대상으로 하는 세금만 당해세로 보아야 할 것이다.

(3) 수용과 차별적 과세

사인 재산의 국가권력에 의한 수용은 보상 없이 이루어질 수 없다.

'사실상 수용'의 개념을 생각할 수 있다. 조세입법권의 행사가 사실상 수용에 근접할 때에는 정당한 보상이 주어져야 하는가? 해당 자산의 존재를 부정하는 정도의 고세율에 의한 과세는

---

169) 실제 동 당해세 규정을 적용하더라도 소득세 징수상 실익은 없을 것이다.

170) 자신에게 부과될 소득세에 대한 체납처분을 회피하기 위해 부동산을 자식에게 증여하고 증여받은 자식은 바로 저당권을 설정한 경우를 상정해 보자. 그 시점에서 소득세는 이미 부과되어 있고 증여세는 저당권이 설정된 이후 부과될 것이다. 체납처분을 회피하기 위해 한 증여는 사해행위취소청구를 통해 제재할 수 있다. 자식의 저당권설정행위에 대해서도 마찬가지다.

171) 취득자금 증여추정과 관련하여 "국세기본법상의 법정기일 전에 설정된 근저당권에 의하여 담보된 채권보다 우선하는, 그 매각재산에 대하여 부과된 국세, 가산금은 근저당권이 설정된 재산 자체에 대하여 부과된 국세, 가산금이어야" 한다고 전제하면서, 구 상속세법(1990.12.31. 법률 제4283호로 개정되어 1996.12.30. 법률 제5193호로 전문 개정되기 전의 것) 제34조의 6에 의하여 부과된 증여세는 "재산의 취득자금을 증여받은 것으로 추정하여 그 재산의 취득자금에 대하여 부과하는 것이어서 국세기본법상의 그 매각재산 자체에 대하여 부과된 국세, 가산금이라고 할 수 없으므로 위 법정기일 전에 설정된 근저당권에 의하여 담보된 채권에 우선하지 못한다"(대법원 1996.3.12. 00다00000 공 0000상, 0000)라고 하였다.

사실상 수용이라고 보아야 하는가? 헌재는 사유재산제도를 유명무실하게 하는 정도라면 재산권의 본질을 해치는 것이라는 입장을 취하고 있지만 실제 어느 정도의 조세입법권의 행사가 이에 이르는지는 판단이 어려운 부분이다. 사실상 수용은 과세관청에 의해서도 이루어질 수 있다. 쉬운 예로는 법원의 확정판결에 의해 국가가 세금을 원인 없이 받아놓고 있는 것이 되어 있지만, 과세당국은 납세자의 환급청구를 무시하여 다시 법원이 환급을 명하였음에도 행정부가 이에 따르지 않을 경우 이는 사실상 수용이라고 볼 수 있을 것이다.

국가권력의 자의적이고 차별적인 행사에 의해 사인이 재산상 피해를 본 경우라면 배상이 이루어져야 한다. 자의적이고 차별적인 과세에 이르렀고, 그에 따라 해당 납세자가 세금 이외의 다른 피해를 본 경우라면, 국가는 그 손해를 배상하여야 하는가? 자의적이고 차별적인 과세가 법원으로부터 위법하다는 판결에 따라 취소되어 국가가 해당 세금을 이미 환급한 경우라도, 해당 과세처분에 의해 납세자가 회복하기 어려운 사업상 손실을 본 것이라면, 해당 과세가 고의나 과실에 의하여 이루어졌을 경우 불법행위가 되고 그에 따라 납세자가 입은 손해를 배상하여야 할 것이다.

북미자유무역협정 적용 사안이므로 우리의 국내세법의 적용에는 단지 시사점만을 던져주는 것이지만, 차별적인 과세는 그 자체가 위법 무효이므로 국가가 받아 놓은 세금을 돌려주어야 한다는 주장이 받아들여진 사례를 소개한다. 사건을 간추리면 아래와 같다.[172] 미국인이 투자한 멕시코회사 A가 멕시코에서 담배수출판매업을 영위하였다. 멕시코 국내세법상 제조수출사는 간접세의 영세율환급을 받을 수 있는 반면, 도매수출사는 그 적용이 배제된다. A는 멕시코 대법원에 제소하였다. 제조수출사에 대해서만 인정하는 것은 과세상 형평원칙과 무차별원칙에 어긋난다는 주장이었다. 그 결과 영세율환급을 하라는 판결을 받았음에도 불구하고 멕시코 정부는 환급을 거부하고 판결 후 판매분에 대해서도 환급을 거부하였다. 이에 대해 A는 직접 중재를 신청하였다. NAFTA 제2103조 제6항에서는 수용 및 보상에 대한 조항이 과세조치에도 적용된다고 규정하고 있다. A는 NAFTA가 규정하는 사실상 '수용(expropriation)'의 부분이 있었다고 주장하였다(NAFTA 제1110조, 제1105조 제1항). 미국 정부와 멕시코 정부는 A가 주장하는 대상 중 일부에 대해 수용으로 보지 않기로 합의하였다. 세계은행 산하 ICSID(International Center for Settlement of Investment Disputes, World bank Group)가 지정한 중재단은 잔여 부분에 대한 A의 '수용'이라는 주장을 심리하고 그 주장을 기각하였다. '징발적 과세(confiscatory taxation)'가 있었음을 확인하면서, 그것이 종래의 '수용'을 의미하는 것으로 받아들였지만, 그것이 NAFTA를 적용할 때에도 '수용'을 의미하는 것으로 보아야 할지 단언할 수는 없다고 하였다. 다만, A의 국적에 따른 차별이 있었다는 주장에 대해서는 NAFTA §1102의 '내국민대우(national treatment)'의 원칙을 위반한 것이라고 결정하였다. 중재단은 멕시코 정부는 법원의 판결에 의하여 환급하도록 한 금액의 환급을 명하였다(금액 일부 조정).

---

172) 2002.12.16, Marvin Roy Feldman Karpa(CEMSA) v. United Mexican State
   (http://www.state.gov/s/l/c3751.htm)

나. 과잉금지원칙

국가권력에 의한 재산권 침해의 과잉은 권력의 남용에 해당한다. 법을 둘러싼 이해당사자들 간에는 합의의 존중이라는 기본적인 원칙이 적용된다. 그러나 그러한 합의가 공정하지 못한 내용을 담고 있거나 합의의 도출절차가 공정하지 못할 경우 그 합의를 존중할 것인가 의문을 제기할 수 있다. 사회구성원은 사적 자치의 원칙에 따라 법률관계를 자유로이 구성할 권리를 가진다. 당사자들 간 합의가 서로 간 공정하지 못한 내용을 담고 있거나 합의의 도출절차가 공정하지 못할 경우 그 합의는 무효가 되거나 취소할 수 있게 된다. 합의에 의한 권리를 과잉한 정도로 행사하면 남용으로서 그 효력이 부인되고 손해배상의 원인이 되기도 한다.

세법을 만들거나 집행하는 국가권력이 자연법이나 헌법적 한계를 넘어서는 경우에는 국가권력의 남용에 해당한다. 세법상 의무를 이행하여야 하는 국민이 세법의 적용을 회피하기 위해 경제활동을 영위하는 경우에는 그것은 사적 자치의 남용에 해당한다. 납세자의 사적 자치의 남용에 대해서는 그것을 조세회피라고 하면서 규제하는 장치가 정부 주도로 많이 개발되어 오고 있다. 국가권력의 남용에 대해서는 어떠한 제도적 방지장치가 마련되어 있는가? 조세입법상 과잉금지원칙은 어느 정도 구체화되어 있는지, 조세행정상 납세자권익침해는 어느 정도 실효성이 있는지 등의 문제가 있다.

헌법상 권력의 과잉금지원칙(비례원칙)은 국가가 국민의 기본권을 제한하는 내용의 입법 등 권력작용을 함에 있어서 준수하여야 할 기본원칙 내지 활동의 한계를 설정한다.

입법작용상으로는 국민의 기본권을 제한하려는 입법의 목적이 헌법 및 법률의 체제상 그 정당성이 인정되어야 하고(목적의 정당성), 그 목적의 달성을 위하여 방법이 효과적이고 적절하여야 하며(방법의 적절성), 입법권자가 선택한 기본권 제한의 조치가 입법목적 달성을 위하여 설사 적절하다 할지라도 보다 완화된 형태나 방법을 모색함으로써 기본권의 제한은 필요한 최소한도에 그치도록 하여야 하며(피해의 최소성), 그 입법에 의하여 보호하려는 공익과 침해되는 사익을 비교 형량할 때 보호되는 공익이 더 커야 한다(법익의 균형성)는 헌법상의 원칙이다. 원칙적으로 위 4가지를 모두 충족하여야 한다.

(1) 방법의 적절성

구 지방세법 제112조 제2항 제4호[173] 위헌소원심판(헌재 2009.9.24, 2007헌바87 전원재판부)

---

173) 구 지방세법(2005. 1. 5. 법률 제7332호로 개정되고, 2005. 12. 31. 법률 제7843호로 개정되기 전의 것) 제112조 (세율) ① 생략 ② 다음 각 호의 1에 해당하는 부동산 등을 취득하는 경우(별장 등을 구분하여 그 일부를 취득하는 경우를 포함한다)의 취득세율은 제1항의 세율의 100분의 500으로 한다. 이 경우 골프장은 그 시설을 갖추어 체육시설의설치·이용에관한법률의 규정에 의하여 체육시설업의 등록(시설을 증설하여 변경등록하는 경우를 포함한다. 이하 이 항에서 같다)을 하는 경우뿐만 아니라 등록을 하지 아니하더라도 사실상 골프장으로 사용하는 경우에도 적용하며, 별장·고급오락장에 부속된 토지의 경계가 명확하지 아니한 때에는 그 건축물 바닥면적의 10배에 해당하는 토지를 그 부속토지로 본다.
  1.–3. 생략
  4. 고급오락장 : 도박장·유흥주점영업장·특수목욕장 기타 이와 유사한 용도에 사용되는 건축물 중 대통령령이 정하는 건축물과 그 부속토지
  5. 생략

에서 헌법재판소는 고급오락장으로 사용할 목적이 없는 고급오락장의 취득에 대해서까지 취득세 중과세를 부과하는 것은 '방법의 적절성'을 인정하기 어렵다고 보았다.

(2) 침해의 최소성

(가) 중과세

역시 헌재 2009.9.24, 2007헌바87 전원재판부사건에서 헌법재판소는 '고급오락장'을 취득한 후 이를 헐어내고 '주택'을 건설할 목적으로 고급오락장을 취득하는 경우라면 이는 이 사건 법률조항이 추구하는 목적에 배치되는 행위가 아닌데도, 이러한 경우에까지 취득세 중과세를 하는 것은 입법목적의 달성과 전혀 무관한 내용에 대해 제한을 가하는 셈이 된다는 것이다. 설령 방법의 적절성이 인정된다고 가정하더라도, 고급오락장으로 사용할 목적 없이 이를 취득한 사람들의 피해를 줄일 수 있는 방법이 있는데도 이러한 방법을 취하지 아니한 채 취득목적을 불문하고 예외 없이 모든 고급오락장 취득행위를 취득세 중과세 대상으로 삼는 것은 '침해의 최소성' 요건을 충족하였다고 보기 어렵다고 보았다. 지방세법 제112조 제2항 제4호는 2008년 9월 26일 개정되어 고급오락장용 건축물을 취득한 날부터 30일 이내에 고급오락장이 아닌 용도로 사용하거나 고급오락장이 아닌 용도로 사용하기 위하여 용도변경공사를 착공하는 경우에는 중과세율이 적용되지 않는 것으로 되었다.

(나) 납세협력

① 계산서의 교부

법원과 헌법재판소는 납세협력의무의 부과와 그 미이행에 따른 가산세의 부과와 관련하여 침해의 최소성기준에 관한 다수의 판단을 남기고 있다.

재화나 용역을 제공하는 자는 대금을 받으면서 청구서(invoice) 즉 계산서를 보내고 대금을 받으면 영수증을 주는 것이 상관행이다. 세법은 이에 더하여 해당 거래의 당사자 쌍방이 거래의 사실을 증빙으로 남기고 장부에 기장하도록 법정의 양식을 사용하고 보고하거나 그 양식의 사용내역을 보고하도록 하고 있다. 신고납세를 기본으로 하는 조세에서 과세표준과 세액은 납세자가 스스로 계산하여 신고하는 것이지만, 세법은 추후 과세관청의 조사의 편의를 도모하기 위해 위와 같은 양식의 사용과 관련보고의무를 부여하고 있는 것이다.

우리나라의 부가가치세법은 법정의 세금계산서의 수수를 의무화하고 미소한 사실의 차이에도 사실과 다른 세금계산서라고 하여 세액계산상 불이익을 주거나 가산세를 부과하고 있다. 이와 같은 방식에 따라 거래질서를 과세목적으로 엄정하게 관리하는 국가는 유례를 찾기 힘들다. 아래의 사건은 부가가치세 면세대상 품목의 거래에 관한 것이다. 소득세법과 법인세법은 명세대상 품목의 거래에 대해서도 소득과세의 목적으로 법정의 계산서를 주고받는 의무를 부과하고 미이행에 대해서는 가산세를 부과하고 있다. 법원은 그 가산세 부과제도 자체에 대해 판단하면서, 달리 해당 거래 사실을 정부가 용이하게 알 수 있는 경우에 대해서까지 계산서 수수와 보고의무를 부과하는 것은 침해의 최소성에 어긋난다는 판단을 하고 있다(대법원 2006.10.13.,

2003두12820). 판결의 요지는 다음과 같다. "구 법인세법 제76조 제9항 제1호, 제2호의 규정174)···은 ···계산서교부 등의 의무의 부과와 그 불이행에 대한 제재는 필요한 최소한도에 그쳐야 할 것인바, 법인이 세법상 '재화' 중 토지 또는 건축물을 공급하는 경우에는 과세관청은 부동산등기법이나 부동산등기특별조치법에 의하여 등기소나 검인관청으로부터 거래자료를 송부받아 그 거래내용을 파악하고 관리할 수 있는 방도를 법적으로 확보하고 있고,175) 따라서 토지 또는 건축물에 대해서는 법인이 따로 계산서를 교부하지 아니하더라도 이미 과세행정의 메커니즘에 의하여 거래자료가 전부 수집되고 있어 법인으로 하여금 계산서 등을 교부하거나 매출처별 합계표를 제출하도록 강제할 필요는 없음에도 불구하고, 그 불이행에 대한 가산세의 제재를 가하는 것은 과잉금지의 원칙에 위배되어 허용될 수 없다(헌법재판소 2006.6.29. 선고 2002헌바80 등 결정 참조). 그러므로 위 각 구 법인세법이 규정하는 '재화'에 토지 또는 건축물은 포함되지 않는 것으로 봄이 상당하다.176)"

토지의 매매는 부가가치세 과세대상 거래가 아니다. 본 사건이 발생한 1999년 당시 법상으로는 토지 매매를 업으로 하는 자가 토지를 매도할 때에는 (세금계산서가 아닌) 계산서를 교부하여야 했다(법인세법 제121조). 이후 2001년 12월 31일에는 법인세법이 개정되어 토지 및 건축물을 공급하는 경우 계산서 작성·교부의무에 관한 조항이 삭제되었다(법인세법 제121조 제4항 및 동법 시행령 제164조 제3항). 이에 따라 2002년부터는 계산서미교부가산세도 부과할 수 없게 되었다.

본 사건은 동법 개정 이전의 사안에 관한 것이다. 대법원의 판단은 그 판단 이전에 이미 내려진 헌법재판소의 구 법인세법 제76조 제9항 제1호, 제2호의 규정에 대한 위헌결정을 근거로 하고 있다(헌법재판소 2006.6.29, 선고 2002헌바80 등).177) 헌법재판소는 동 규정상의 가산세 제도가 목적의 정당성 및 방법의 적절성 면에서는 문제가 없지만 다음과 같은 이유로 침해의 최소성의 원칙에 부합하지 않는다고 보았다. 즉 부동산에 대해서는 납세의무자가 따로 계산서를 교부하고, 그 합계표를 과세관청에 제출하지 아니하더라도 이미 과세행정의 메커니즘에 의하여 거래 자료가 전부 수집되고 있기 때문에 이 사건 규정과 같이 법인으로 하여금 부동산의 공급에 대해 계산서를 교부하게 하고, 합계표를 제출하도록 의무지울 필요성이 없거나 크지 아니하다고 본 것이다.

법인이 부가가치세가 과세되는 상업용 건물을 매도하는 경우에는 세금계산서를 교부하도록

---

174) 구 법인세법 제76조 ⑨ 납세지 관할 세무서장은 법인(대통령령이 정하는 법인을 제외한다)이 다음 각 호의 1에 해당할 경우에는 그 공급가액의 100분의 1에 상당하는 금액을 가산한 금액을 법인세로서 징수하여야 한다. 이 경우 산출세액이 없는 경우에도 가산세는 징수하고, 제2호의 규정이 적용되는 부분에 대해서는 제1호의 규정을 적용하지 아니하며, 부가가치세법 제22조 제2항 내지 제4항의 규정에 의하여 가산세가 부과되는 부분을 제외한다.
1. 제121조 제1항 또는 제2항의 규정에 의하여 계산서를 교부하지 아니한 경우 또는 교부한 분에 대한 계산서에 대통령령이 정하는 기재하여야 할 사항의 전부 또는 일부가 기재되지 아니하거나 사실과 다르게 기재된 경우.
175) 1999년 제정된 과세자료의 제출 및 관리에 관한 법률 제5조 참조.
176) 원심 파기 환송되었지만 2008년 12월 현재 종국판결이 아직 내려지지 않았다.
177) 대법원은 2002헌바80 사건에서는 위헌제청신청을 기각한 바 있지만, 동일한 쟁점에 관한 2003헌가22 사건에서는 위헌제청을 하였다. 헌법재판소는 "···중 토지 또는 건축물의 공급에 관련된 부분은 헌법에 위반된다"고 결정하였다. 반면, 대법원은 쟁점 조항을 목적론적으로 해석할 때 합헌이라는 판단을 하였다.

할 필요가 있는가? 침해최소성의 원칙에 의한다면 과세관청은 법인이 세금계산서를 교부하게 하고 세금계산서합계표를 제출하게 하지 않아도 되지 않을까? 반드시 그렇다고만 할 수는 없을 것이다. 왜냐하면 세금계산서는 공급자로 하여금 부가가치세를 거래징수하도록 하는 기능을 함과 동시에 공급받는 자로 하여금 교부받은 세금계산서로 납부세액을 제대로 계산할 수 있도록 하기 때문이다.

② 계산서의 수취

반면, 헌법재판소는 법인이 재화 또는 용역을 공급받고 신용카드매출전표, 세금계산서, 계산서 등의 일정한 증빙서류를 수취하지 아니한 경우 그 수취하지 아니한 금액의 100분의 10에 상당하는 금액을 가산세로 징수하도록 규정한 구 법인세법(1998. 12. 28. 법률 제5581호로 전문 개정된 후 2001. 12. 31. 법률 제6558호로 개정되기 전의 것) 제76조 제5항이 헌법상 비례의 원칙에 위반되지 않는다고 하였다(헌재 2005.11.24, 2004헌가7). 특히, 이 사건 법률조항의 입법취지와 입법배경을 감안할 때 위와 같은 세율의 설정은 법제정 시의 상황 및 국민의식에 비추어 필요한 최소한의 것이라고 평가된다고 하면서, 이 사건 법률조항은 '침해의 최소성' 요건을 충족시키고 있다고 하였다.

③ 사업용 계좌

소득과세상 소득금액 계산의 정확성을 담보하기 위해 2007년부터 개인사업자 중 복식부기의무자는 사업용 계좌(business account)를 개설하고 사용하도록 하고 있다(소득세법 제160조의 5). 이에 따라 매출·매입 대금과 더불어 인건비 등 경비도 이를 통해 지급하여야 한다. 불이행할 때에는 가산세가 부과된다. 가산세의 부과에 대해서는 저항이 적지 않았으므로 시행을 유보하여 오다가 2009년에 와서야 적용하게 되었다. 가산세율은 처음 입법 당시보다 낮아졌다.[178]

어느 변호사가 각자의 법률사무소 운영상황에 맞추어 개별적 법률서비스 거래에 따라 금융거래 계좌를 자유롭게 선택함으로써 거래내역 노출의 염려 없이 영업활동을 할 자유가 있는데, 법률사무소의 규모나 운영방식에 상관없이 과세당국에 사전 신고한 사업용계좌만으로 모든 업무 관련 금융거래를 하도록 강제하는 규정이 과잉금지의 원칙에 위배하여 직업수행의 자유(영업의 자유)를 침해하고 있다고 주장하였다. 이에 대해 헌법재판소는 직업수행의 자유를 제한함에 있어서는 입법자의 재량의 여지가 많으므로 그 제한을 규정하는 법령에 대한 위헌 여부를 심사할 때 좁은 의미의 직업선택의 자유에 비하여 상대적으로 폭넓은 법률상의 규제가 가능한 것으로 보아 다소 완화된 심사기준을 적용할 수 있다고 하면서, 이 사건 법률조항들은 복식부기의무자에게 사업상 거래에 사업용계좌를 사용하도록 하고 있을 뿐 다른 특별한 부담을 지우지 않고 있으며, 복식부기의무자가 사업용계좌를 개설하여 그 계좌번호를 과세당국에 신고한

---

178) 2006.12.30. 법률 제8144호 부칙 제13조 제5항에 의하면 소득세법 제81조 제9항 사용업계좌미사용가산세와 미개설가산세에 관한 규정은 2008년 1월 1일 이후 최초로 개시하는 과세기간분부터 적용하도록 되어 있었다. 2007년 말 법개정 부칙도 동일한 취지로 규정하고 있다. 2008년 법개정안에서는 가산세율을 0.5%에서 0.2%로 인하하되, 2009년 1월 1일 최초 신고분부터 적용하도록 하고 있다.

것만으로 과세당국이나 금융기관을 통하여 계좌정보나 소득과 재산에 관한 개인정보가 외부에 공개될 우려가 있다고 보기 어렵고, 이 사건 법률조항들을 위반한 경우에 사업용계좌미사용가산세를 부과하는 것도 과도한 제재조치라고는 보이지 아니한다고 하여 피해의 최소성 원칙에 위배되지 아니하므로, 과잉금지원칙에 위배하여 청구인들의 직업수행의 자유를 침해한다고 할 수 없다고 하였다(헌재 2010.3.25., 2007헌마1191).

(3) 법익의 균형성

헌재 2005.11.24., 2004헌가7는 '법익의 균형성'에 대해서 판단하고 있다. "법인에 있어서 상업장부와 영업에 관한 중요서류의 보존의무는 상법상 인정되는 기본적인 의무로서 상인이라면 당연히 이행하여야 할 의무이다. 따라서 경비지출의 투명성 제고와 거래상대방 사업자의 과표 양성화를 위해 특별히 중요하다고 인정되는 지출증빙서류에 대하여 법인에게 그 수취의무를 부과하고 그 의무의 해태에 대하여 제재를 가한다 하더라도 그로 인해 법인이 입는 불이익이 심각할 정도에 이른다고 보기는 어렵다. 이에 반해 과세표준을 양성화하여 탈세를 방지하고 혼탁한 세정현실을 바로잡고자 하는 것은 국가가 추구하여야 할 중대한 공익이라고 아니할 수 없다. 그러므로 이 사건 법률조항은 보호되는 공익과 제한되는 기본권 사이의 '법익균형성' 요건도 충족하고 있다."

3. 기타

가. 사회적 시장경제

조세입법권의 행사는 헌법 제119조상 우리나라 경제질서에 부합하게 이루어져야 한다. 동 조는 우리나라 경제질서의 기본원칙에 대해 다음과 같이 규정하고 있다.

> 제119조
> ① 대한민국의 경제질서는 개인과 기업의 경제상의 자유와 창의를 존중함을 기본으로 한다.
> ② 국가는 균형 있는 국민경제의 성장 및 안정과 적정한 소득의 분배를 유지하고, 시장의 지배와 경제력의 남용을 방지하며, 경제 주체 간의 조화를 통한 경제의 민주화를 위하여 경제에 관한 규제와 조정을 할 수 있다.

위 제119조는 사회적 시장경제질서에 대해 규정하고 있다. 제1항의 규정에 의하면 조세는 사인의 경제활동에 최대한 중립적인 성격을 가져야 한다. 제2항의 규정에 의하면 조세는 경제의 성장과 안정 그리고 적정한 소득의 분배를 유지하는 데 기여하여야 한다.

제1항의 규정에 따라 조세가 경제활동에 중립적(neutral)이기 위해서는 거시적으로는 조세부담률이 최소화되어야 하며, 미시적으로는 시장의 가격기능에 대한 개입을 최소화하여야 한다. 이론상 조세가 시장의 가격기능에 중립적일수록 시장의 자원배분기능이 효율적으로 이루어져 그 경제의 생산과 후생의 총량이 증대한다. 조세가 아무리 개별 시장의 가격기능에 중립적으로 부

과된다 하더라도(예를 들어, 모든 재화나 용역의 공급에 **20%**의 부가가치세를 예외 없이 부과하고 다른 조세를 전혀 부과하지 않는 경우를 상정해 보자) 조세의 부담은 시장 참여자의 행동에 영향을 미치게 되므로 그만큼 비중립적으로 될 수밖에 없다. 조세가 정부의 존재에 따른 불가피한 것이기는 하지만 경제 전체에서 조세가 차지하는 비중을 줄임과 동시에 일반소비세의 비중은 늘려야 한다.

한편 헌법 제119조 제2항은 제1항과는 사뭇 다른 방향을 제시하고 있다. 성장과 안정 및 재분배를 다른 목표로 제시하고 있다. 여기서 특히 재분배는 경제 전체에서 조세가 차지하는 비중이 늘어남으로써 활성화될 수 있는 것이다. 그리고 동일한 조세부담이라면 직접세의 방식으로 부과됨으로써 더 큰 효과를 거둘 수 있다.

헌법 제119조 제1항과 제2항은 조세입법상 상충하는 요청을 하고 있으며 그만큼 현명한 비교형량을 필요로 하고 있다.

나. 사생활보장

과세관청이 올바로 세법을 적용하기 위해서는 납세자의 경제생활에 대한 정보를 수집하여야 한다. 이러한 목적으로 세법에서는 세무공무원에게 질문조사권을 부여하고 있다. 아울러 납세자로 하여금 과세표준을 신고하게 하면서 각종 증거서류도 첨부하도록 하고 있다. 세법 이외에도 과세자료의 제출 및 관리에 관한 법률, 금융실명거래 및 비밀보장에 관한 법률 및 특정금융거래정보의 보고 및 이용 등에 관한 법률에서 과세자료의 수집이 가능하도록 하고 있다.

세법상 세무조사는 납세자의 협력을 필요로 한다. 그것은 과세관청에 의한 일방적인 사실행위[179]이며 그것에 납세자의 동의를 요구하는 것은 아니다. 납세자는 적법하고 정당한 세무조사를 수인하여야 한다. 따라서 납세자가 스스로 자신의 신고가 완벽하다고 믿었다는 사실만으로 세무조사를 거부할 수는 없으며, 거부하고자 할 때에는 해당 세무조사가 적법하고 정당한 것이 아님을 이유로 제시하여야 한다. 국세기본법은 납세자의 성실성을 추정하고 있지만 그것 때문에 세무조사를 할 수 없다고 볼 수는 없다.

국세기본법은 세무공무원이 납세자가 세법이 정한 납세의무를 이행하기 위하여 제출한 자료나 국세의 부과 또는 징수를 목적으로 업무상 취득한 과세정보를 타인에게 제공 또는 누설하거나 목적 외의 용도로 사용할 수 없다고 규정하고 있다(국세기본법 제81조의 10 제1항).[180]

---

179) 최근 법원은 세무조사통지의 처분성을 인정하는 판결을 내놓고 있다(대법원 2009두23617, 2011.3.10.).

180) 피고(서울지방국세청장)가 제1차 언론사 세무조사결과에 대한 정보의 비공개결정(1994.7.15.자로 원고에 통지)을 취소한다는 원고('바른 언론을 위한 시민연합' 정책실 감사)의 청구에 대해, 법원은 일반 국민은 문서의 보관자인 행정기관을 상대로 그 행정기관이 보관하고 있는 세무조사 자료의 공개를 요구할 권리가 있다고 하면서도, 피고의 세무조사 결과가 공개되는 것은 국민의 알 권리 충족이라는 이익보다 사생활의 비밀침해라는 인격권을 침해하는 결과를 초래하는 점에서 불가능하다고 보지 아니할 수 없으니, 피고가 지침에 의하여 세무조사 결과의 공개가 납세자 본인은 물론 기업경영의 기밀이 유출되어 납세자의 경영활동에 미치는 영향이 크고 조사과정에서 당국을 믿고 조사에 협조한 납세자와의 신뢰관계가 무너지게 되어 원활한 세정운영에 저해를 받을 염려가 있다는 이유로 한 거부처분은 적법하다고 판단한 바 있다(서울고법 1995.8.24. 선고 94구39262 판결: 확정). 피고는 이 사건 본안전항변으로서, 원고가 이 사건 소로써 피고의 위 세무조사결과가 공개됨으로써 세무조사 권한에 대한 비판과 검증이 가능하게 되고 세무조사 권한이 언론 길들이기용으로 사용되고 있다는 의혹과

국세기본법은 세무공무원이 과세정보를 타인에게 제공 또는 누설하거나 목적 외의 용도로 사용하는 것을 금지하면서도 그에 대한 예외를 6가지 들고 있다. 그 마지막에는 '다른 법률의 규정에 따라 과세정보를 요구하는 경우'가 있다(국세기본법 제81조의 10 제1항 제6호). 국조법은 국세청장에게 외국 과세당국이 요구하는 조세정보를 제공할 수 있는 권한을 부여하고 있다(국조법 제31조). 금융정보의 경우 비거주자나 외국법인의 경우에만 제공하도록 하고 있던 것을 2009년 국조법 개정을 통해 거주자나 내국법인의 경우에도 제공할 수 있도록 제도를 변경하였다. 체약상대국과의 교환 대상 정보와 관련된 납세의무자는 조세정보 또는 금융정보의 교환을 부당하게 방해하거나 지연시켜서는 안 된다(국조법 제31조 제3항). 이 제도가 우리 헌법상 사생활의 자유와 비밀보호의 정신에 부합하는 것일까(헌법 제17조)? 국민의 자유와 권리는 국가안전보장·질서유지 또는 공공복리를 위하여 필요한 경우에 한하여 법률로써 제한할 수 있으며, 제한하는 경우에도 그의 본질적인 내용을 침해할 수 없다는 한계를 준수하여야 할 것이다(헌법 제37조 제2항).[181]

제3절 해석·적용

제1항 방법론

1. 해석

법규범(Rechtsnorm, legal norm)은 추상적인 용어로 구성되어 있기 때문에 이를 '사실관계(Sachverhalt, fact)'에 적용하기 위해서는 '해석(Auslegung, interpretation)'이 필요하다. 실체적인 조세채무에 관한 조세법규는 '과세요건(Steuertatbestand, tax requirement)'과 '과세효과(Steuerrechtsfolge, tax effect)'로 구성된다. 과세요건과 과세효과에 관한 규범을 해석하기 위한 방법으로서는 문리적 해석, 체계적 해석, 역사적 해석 및 목적론적 해석의 방법이 거론된다. 이 외에도 헌법합치적 해석 및 결과지향적 해석 등이 있다.

비판을 불식시키기 위하여 이 사건 소를 제기한다고 주장하는바, 이러한 원고의 이익은 단지 사실상 또는 간접적인 것에 지나지 아니하므로 원고는 이 사건 처분의 취소를 구할 법률상 이익이 있는 자에 해당하지 아니하므로 이 사건 소는 부적법하다고 주장한 데 대해, 법원은 원고로서는 문서의 보관자인 피고를 상대로 피고가 보관하고 있는 세무조사 자료의 공개를 요구할 권리가 있다고 할 것이니(대법원 1989.10.24. 선고 88누9312 판결 참조) 위 본안전항변의 주장은 이유 없다고 하였다.

181) 독일 조세기본법 제30a조 참조.

2. 적용

법학연구방법론상 '법적 사실(Rechtssachverhalt, legal fact)', 즉 법적 사실관계를 추상적인 법률규범에 포함시키는 것을 '포섭(Subsumtion)'이라고 한다. 여기서 법률규범의 의미를 다른 개념을 통해 보다 쉽게 설명하고 그 의미를 확정하는 것을 '해석(Auslegung, interpretation)'이라고 한다. 포섭 단계 이전에 해석이 이루어지고, 그 이후 구체적인 법적 사실을 확정하고 후자를 전자에 포섭하는 과정을 법적 삼단논법(legal syllogism) 혹은 법의 적용(Rechtsanwendung, application)이라고 한다. '법적 사실의 확정(Sachverhaltsermittlung, fact determination)'과 '법률규범의 해석'은 상호 순환적인 성격이 있기 때문에 이를 '사실과 규범의 해석학적 순환'이라고도 한다.

조세법의 적용대상이 되는 사실관계는 비법률적인 사실과 법률적인 사실로 구성되어 있다. 그리고 법률적인 사실은 다시 비법률적인 사실을 대상으로 법을 적용한 결과로서의 법률관계를 의미하므로 조세법의 적용은 비법률적인 사실의 확정, 그에 대한 조세법 이외의 법의 적용, 그리고 조세법의 적용의 단계를 밟게 된다. 단계가 하나 더 추가된 것이므로 각 단계 간에 이른바 '사실과 규범의 해석학적 순환'의 과정은 더 복잡해진다.

세법의 적용대상이 되는 법률적인 사실은 주로 민법과 상법의 규율을 받는다. 세법의 적용과정은 어떤 행위의 민사법적 효력을 살펴 본 후 어디까지 인정하여 개별 세법규정을 적용할 것인지를 판단하는 과정이기도 하다. 아래 사례 하나를 소개한다.

상고인 X 등 형제 3명은 은행으로부터 각각 5천만 원씩을 차입하여 1987년 10월 31일에 조부로부터 본건 토지건물을 총액 1억 8,470만 원에 매입하여 공유하고 있었다. 그들은 1988년 10월 27일에 소외 유한회사의 설립 시 본건 토지건물을 1억 8,300만 원으로 평가하고 전기 차입금을 전액 동사에 채무 인수시키고 본건 토지건물을 현물출자하였다. 소외 유한회사는 자산으로 토지 1억 8,300만 원, 부채로 1억 5천만 원 그리고 자본으로 3,300만 원을 계상하였다. X 등은 1988년분의 소득세의 확정신고 시에 본건 현물출자에 따라 생기는 양도소득은 없는 것으로 판단하고 그 신고를 하지 않았는데, 1990년 10월경 세무서의 담당관으로부터 본건 현물출자에 대해 양도소득세의 신고누락을 지적받게 되자 소외 회사의 사원총회를 개최하여 본건 현물출자는 착오에 의한 무효로 보면서 그것을 합의해제하고 금전출자로 바꾸는 취지의 결의를 하였다. 이에 대해 피상고인 Y세무서장은 그것을 인정하지 않고 X 등에 대해 1988년분 소득세를 경정하고 가산세부과결정을 했다.[182]

---

182) 1998.1.27. 일본최고재판소 판결(日本稅務研究센터, 「最新租稅基本判例80」, 『JTRI稅研』, 2002.11.) 참조. 당시 최고재판소는 부득이한 사유로 합의해제한 경우를 경정청구의 사유로 인정할 수 있다고 하면서도 본 사건상 부득이한 사유의 존재가 인정되지 않으므로 과세처분은 적법하다는 판단을 하였다. 우리 법원의 소득세법 적용에 의하면, 양도자가 양도대금을 받아 양도소득 납세의무가 성립하고 그에 이어 이미 신고 또는 부과에 의해 확정된 경우에는 합의해제에도 불구하고 경정청구를 인정하지 않는다. 만약 납세의무가 확정되지 않은 경우라면, 물권의 변동과 양도대금의 지급이 모두 이루어지지는 않은 시점에서 합의해제되었으면 양도소득세 납세의무가 성립된 것으로 보지 않는다.

가. 실체적 조항

소득세 납세의무의 성립을 위한 과세요건사실에 관한 규정이다. 위 사실관계에 적용할 세법 조문은 실체적인 것과 절차적인 것으로 나누어 볼 수 있다. 실체적인 것은 형제들의 소득세 납세의무의 성립에 관한 규정이다.

우선 실체적인 조항의 적용을 위한 법적 사실을 살펴본다. 위 사안에서 세법 적용의 유의미한 법적 사태는 X 등 형제 3명이 영위한 행위이다. 현물출자행위의 합의해제이다. 세법의 적용상 법원은 기본적으로 민사법의 적용결과를 존중한다.

현물출자는 소득세법상 자산의 양도소득에 대한 소득세 조세채무를 성립시키는 '양도'에 해당한다(소득세법 제88조 제1항). 현물출자에 의해 주식을 취득하는 자는 보유하던 자산을 이전하는 대가로 주식을 취득한다. 경제적으로 보면 자산의 교환에 해당한다. 소득세법상 현물출자는 자산의 처분으로서 양도소득과세대상이 된다.[183]

본 사건 사실관계상 현물출자약정은 당초 유효한 것이었으며 그에 따라 현물출자의 이행이 있었다. 현물출자행위가 유효한 법률행위에 따라 실제 이행된 경우라면 양도가 있었음에 대해 이견이 있을 수 없다. 대법원 판례에 의하면 법률행위가 유효하지 않더라도 소득 취득의 원인이 되는 경제적으로 보아 현실적으로 이득을 지배, 관리하면서 이를 향유하고 있으면 그 소득은 과세대상이 되는 것으로 보고 있다.[184] 다만, 법원은 개인의 양도소득세의 조세채무의 성립 요건으로는 양수자에 대한 물권의 이전이 있었을 것을 추가적으로 요구하고 있다. 본 사건 사실관계상 1988년 10월 27일 X 등 형제 3명의 양도소득세 납세의무는 성립하였다.

문제는 과연 얼마만큼의 양도소득이 있는가이다. 본 건 거래에서는 유한회사의 설립자인 형제들은 조부로부터 부동산을 매입하여 그것을 현물 출자하였다. 만약 본 사안과 동일한 거래구조에서 부동산의 매도자가 제3자였다면 현물출자를 양도로 보아 과세하는 것의 실익이 거의 없었을 것이다. 취득가액은 1억 8,470만 원인데 처분가액은 1억 8,300만 원으로 오히려 양도손실이 발생한 셈이다. X 등 형제 3명은 거래의 외형에 따라 이와 같이 보았지만 형제들이 현물출자 하여 설립한 유한회사의 지분 값은 해당 부동산의 시가(예를 들어, 3억 원)에 이를 것이기 때문에(약 1억 1,530만 원의) 양도차익이 발생한 것으로 보았다. 과세관청은 조부가 형제들에게 해당 부동산을 저가에 양도한 것으로 본 것이었다.

본 사건의 중심이 되는 쟁점은 관할 세무서장의 지적에 뒤이은 형제들의 행위가 세법상 어떤 의미를 갖는가이다. 형제들이 그 지적을 내심 받아들였는지는 쟁점이 아니다.

형제들은 각자와 회사와의 현물출자약정을 착오에 의한 무효로 보고 싶었다. 현물출자는 회사법적인 행위로서 민법의 관점에서 보면 합동행위이다. 현물출자는 유상·쌍무의 단체법적 법

---

183) 통상의 경제관계에서 보면 교환하는 두 자산의 시장가치는 동일하게 될 것이다. 주관적인 사용가치가 다를 수 있지만 이는 본 논의와 관련이 없다. 세법은 자산별로 그 가치를 평가하는 기준을 설정하고 있다. 보유하던 자산의 소유권을 넘기는 대가로 주식을 취득하는 경우 넘기는 자산의 가액은 해당 주식의 액면가액으로 하여야 하는가 아니면 해당 주식의 시가로 하여야 하는가? 세법은 경제적 내용을 중시하여 시가로 하도록 하고 있다. 시가를 구할 수 없는 경우에는 상증세법상 보충적 평가방법에 의하여 산정한다.

184) 대법원 1995.11.10, 95누7758 참조.

률행위이다. 매매·교환과 동일하게 볼 수는 없다. 법인설립행위를 계약으로 보는 이론이 없는 것은 아니지만 합동행위로 보는 것이 통설이다. 합동행위는 제3자 보호 차원에서 그 합의해제가 자유롭지 않다. 현물출자를 약속한 자가 이행을 지체하는 경우 그 약정을 해제할 수 있는지에 대해 논의가 많다. 민법에 의하면 중요 부분의 착오가 있을 경우 당사자는 당해 법률행위를 취소할 수 있다. 이 경우에도 취소로 선의의 제3자에게 대항할 수 없다. 본 건에서 당사자들의 세법에 대한 무지 때문에 문제가 발생한 것이 인정된다 하더라도 민사관계상 법률의 무지는 착오의 사유로 인정받지 못하기 때문에 취소할 수 없게 된다.[185] 결국 형제들의 주장은 설득력이 없다.

이어 형제들은 현물출자약정을 합의해제하였다고 한다. 설립 중인 법인과 각 형제 간 약정을 법인 설립 후 합의해제한 것이다. 법원은 합의해제되어 매도자가 해당 물건의 대가에 대해 지배, 관리하지 못하고 있다면 과세대상인 소득이 있다고 할 수 없다고 한다. 양도소득과세상으로는 매매계약이 합의해제된 경우 매수인에게 이전되었던 소유권은 당연히 매도인에게 복귀하는 것이므로 설사 부동산등기가 경료된 경우라 하더라도 양도대가를 실질적으로 지배·관리 및 처분하는 지위가 없는 한 그것을 양도로 보아 조세를 부과하지 않는다고 하는 것이 법원의 입장이다.[186] 다만, 법원은 신고 또는 부과에 의해 조세채무가 확정된 이후라면 양도로 볼 수밖에 없다는 입장을 취하고 있다.[187] 형제들이 현물출자의 대가를 지배, 관리 및 처분할 수 있는 지위를 갖지 않는 시점에서 합의해제한 때는 현물출자에 의한 양도소득에 대한 조세채무가 성립하였지만 아직 확정되지 않은 시점이므로 그 합의해제는 수용될 수 있을 것이다.[188] 설사 회사법상 현물출자약정의 합의해제가 인정되지 않는다 하더라도 세법적용상 매매약정의 유효한 합의해제의 효력을 인정하는 법원의 태도에 비추어 보면, 형제들이 현물출자가 없었던 것처럼 원상을 회복하였으므로 유효한 합의해제와 동일하게 취급하여 세법을 적용할 수 있을 것이다.

첨언하여 위 사례와 다른 다음과 같은 경우를 상정할 수 있을 것이다. 우선, 위 유한회사가 현물출자 받은 토지건물을 제3자에게 매각한 경우라면 그 유한회사는 합의해제에 응하지 않았을 것이다. 결과적으로 형제들은 자신의 현물출자행위를 취소할 수 없는 입장이므로 본건이 문제 되지 않았을 것이다. 다음, 현물출자행위가 중요한 착오로 인해 취소되었는데 그 제3자가 선의였다면 그는 적법하게 소유권을 취득하게 된다. 유한회사는 형제들에게 지분을 반환받으면서 대가를 지급하여야 한다. 그 경우 형제들은 사실상 자산을 유상으로 처분하는 것이 되어 양도소득세를 과세받게 된다.

나. 절차적 조항

직접 납세의무의 확정에 대해 규정하는 조항들 또는 그것에 간접적으로 연관을 갖는 조항들

---

185) 대법원 2005.7.29. 선고 2003두13465

186) 대법원 1990.7.13. 90누1991.

187) 증여계약의 합의해제에 대해서는 상증세법상으로는 증여의 법정신고 기한 내의 합의해제만을 허용하는 규정이 있다(상증세법 제31조 제4항).

188) 위 사실관계에 비추어 보면 이 결론은 국세기본법상 조사를 인지하고 한 수정신고에 대해서는 가산세를 감면하지 않는 점과 비교할 때 형평을 잃는 측면이 있다.

이다. 납세의무자의 신고 및 과세관청의 부과에 관한 것들이 그 주된 내용을 이룬다. 신고 또는 부과에 의하여 확정된 납세의무가 적법한 것이 아니라면 그것을 시정하는 경정, 경정청구 및 쟁송절차에 관한 규정이다.

확정될 납세의무는 성립되어 있어야 한다. 성립되어 있지 않은 것에 대해 확정의 행위가 행해질 수 있다. 이는 하자 있는 행위가 되며, 취소되거나 무효로 판정되게 된다. 성립되어 있지만 확정할 수 있는 부과제척기간을 도과한 경우에는 확정대상이 되는 납세의무가 이미 소멸한 것이 된다. 그 경우 납세의무는 성립하였지만 확정되지 못하고 소멸하는 것이 된다.

성립된 대로 확정되지 않을 수 있다. 부정확한 것이기 때문에 경정(correction)하여야 한다. 납세의무자의 신고에 의하여 확정된 것은 납세의무자가 경정할 수 없다. 과세관청으로 하여금 경정하도록 신고기한으로부터 5년 이내에 청구할 수 있다. 과세관청은 부과제척기간 이내라면 확정된 납세의무를 경정할 수 있는 권한을 가지고 있다.

위 사실관계에서 형제들은 납세의무를 확정하기 위한 아무런 행위도 하지 않았다. 과세관청은 두 가지의 행위를 하였다. 먼저 양도소득세의 신고누락을 지적하였다. 이는 단순한 행정지도에 불과할 뿐 납세의무를 확정하는 효과가 없다. 형제들의 합의해제에 불구하고 과세관청은 양도소득세의 부과처분을 하였다. 이에 의하여 형제들의 양도소득세 납세의무는 확정되었다. 형제들은 동 납세의무는 성립하였다가 확정되기 전 소멸한 납세의무를 확정한 것이므로 위법한 것이라고 보고 있다. 형제들이 자신들의 주장을 관철하기 위한 수단은 경정청구와 쟁송의 제기 두 가지이다.

국세기본법은 경정청구에 관한 규정을 두고 있는데, 신고한 자가 신고기한 후 5년 이내에 제기할 수 있는 '통상적 경정청구'와 특별한 사유가 확정 후에 발생할 경우 인정하는 '후발적 경정청구'가 있다(국세기본법 제45조의 2 제1항 및 제2항). 후자는 신고하지 않은 자에게도 그에게 경정이 있었다면 해당 경정에 대한 쟁송제기기한 내에 허용되는 것이다. 형제들은 후발적 경정청구를 활용할 수 없다. 형제들이 주장하는 후발적 사유는 합의해제이다. 국세기본법상 합의해제는 부득이한 사유에 의한 것이 아니면 인정되지 않는다. 아울러 후발적 사유는 이미 납세의무가 확정된 이후에 발생한 것이어야 하는데 본 사실관계에서 합의해제는 아무런 확정도 없을 때 있었던 것이다.

형제들이 이에 불구하고 경정청구를 한다면 과세관청은 다음과 같이 처리할 것이다. 통상적 경정청구를 한 경우라면 양도소득세의 신고를 하지 않아 경정청구의 형식적 요건을 갖추지 않았으므로 각하하게 될 것이다. 후발적 경정청구를 한다면, 과세관청은 해당 경정 이후에 발생한 사유가 없어서 해당 "사유가 발생한 것을 안 날부터 2개월(현행법상 3개월) 이내"에 청구하라는 형식적 요건을 충족하지 못하였다는 이유로 각하하게 될 것이다(국세기본법 제45조의 2 제2항).

형제들에게 남은 마지막 방법은 과세관청의 처분에 대해 이의신청, 행정심판 및 소송의 제기의 순으로 쟁송에 들어가는 것이다.

과세관청의 경정처분의 취소를 구하는 것이라면 법원에 제소하기 전에 반드시 행정심판(심사청구, 심판청구 및 감사원심사청구 중 하나를 선택)을 거쳐야 한다. 그 쟁송의 제기는 처분통지서를 받은 날부터 90일 이내에 하여야 한다(국세기본법 제61조).

무효확인을 구하는 것이라면 바로 법원에 갈 수 있으며 제소기일의 제한도 없다. 형제들이 제소기간이 지나도록 아무런 조치를 취하지 않고 있다가 추후 법원을 통해 부과처분의 시정을 구하고자 할 경우도 상정할 수 있다. 부과처분의 무효 주장이 뒤따라야 하는데, 형제들이 세금을 납부한 경우와 그렇지 않은 경우로 나누어 볼 수 있다.

세금을 납부한 경우에는 형제들은 국가가 부당이득을 취하고 있다고 하여 민사소송을 통해 그 반환을 청구할 수 있다.[189] 부당이득반환청구소송(조세환급청구소송)에서는 과세관청의 부과처분이 무효임을 입증하여야 할 것이다. 부과처분이 무효이므로 국가는 원인 없이 형제들로부터 세금을 받아 놓은 것이라는 주장이 설득력을 가져야 한다. 세금을 납부한 경우라 하더라도 부과처분무효확인을 구할 수 있다.[190]

세금을 납부하지 않은 경우에는 항고소송으로서 부과처분무효확인소송 또는 당사자소송으로서 조세채무부존재확인소송을 제기할 수 있을 것이다.

제2항 해석의 원칙

국세기본법 제18조는 '세법해석의 기준, 소급과세의 금지'의 제목 하에 다음과 같은 규정을 두고 있다.

> ① 세법의 해석·적용에 있어서는 과세의 형평과 당해 조항의 합목적성에 비추어 납세자의 재산권이 부당히 침해되지 아니하도록 하여야 한다.

이 규정은 세법의 해석과 적용상 공통적으로 준수하여야 할 원칙으로 다음 세 가지를 제시하고 있다.

먼저, 과세의 형평을 고려하여야 한다는 것이다. 여기서 '형평'은 절대적인 평등이 아닌 상대적인 평등으로서 실질적인 경제적 부담능력에 부합하는 과세가 이루어지도록 세법을 해석하고 적용하라는 원칙으로 볼 수 있다.[191]

다음, 당해 조항의 합목적성에 부합하여야 한다는 것이다. 세법상 개별 조항은 동 조항이 도입된 목적이나 취지에 부합하게 해석하여야 한다는 것이다.[192] 그러한 목적이나 취지는 통상 해당 조항의 입법과정에서 동 조항의 입안부서의 의견 그리고 그것을 심리한 국회의 의사록

---

189) 세금을 납부한 경우도 부과처분시 바로 납부한 경우와 이후 새로운 독촉을 받고 납부한 경우로 나누어 볼 수 있는데, 후자의 경우 해당 징수처분은 당초의 부과처분상 존재할 수 있는 하자를 승계하지 않으므로 그것에 대해 부과처분상 하자를 다툴 수 없다.

190) 민사적인 해결책이 없을 경우 행정소송을 제기하여야 한다는 보충성의 원칙에 따라, 세금을 납부한 경우에는 부당이득반환청구를 통해 민사적인 방법으로 해결할 수 있으므로 부과처분의 무효확인을 구할 수 없다는 입장은 대법원에 의하여 더 이상 채택되지 않고 있다.

191) 대법원 2016. 12. 29. 선고 2010두3138 판결(국세기본법 제18조 제1항의 직접적인 재판규범성을 최초로 인정한 판결 (곽태훈, 국세기본법 제18조 제1항의 재판규범성. 조세법연구, 25(1), 2019.4)).

192) 법 이론상 법의 이념으로 정의, 법적 안정성 및 합목적성을 들 수 있다. 이때 합목적성은 법이 개별 상황에 적합한 합리적인 방안을 도출할 수 있어야 한다는 것이 된다. 본서에서 국세기본법 제18조 제1항상의 합목적성은 반드시 그것을 의미하는 것이라기보다는 개별 조항의 도입취지에 부합하여야 한다는 것으로 이해된다. 즉 목적론적으로 해석하여야 한다는 것이 된다.

등을 통해 역사적으로 확인된 목적이나 취지만을 볼 것인지 아니면 해당 조항을 적용할 시점에서 객관적이고 합리적인 관점에서 재조명한 해당 조항의 목적이나 취지도 포함하는 것으로 할 것인지에 대해서는 견해가 나뉠 수 있다.

마지막으로, 납세자의 재산권이 부당히 침해되지 않도록 해야 한다는 것이다. 헌법상 국민에게 납세의무가 부과되어 있지만 납세의무의 부과는 국민의 재산권 보장에 관한 규정에 따라 필요 최소한으로 그쳐야 하며 공정한 방법과 절차에 따라야 한다는 것이다.

1. 엄격해석의 원칙

세법 해석은 문언에 충실하고 엄격하게 하여야 한다는 원칙이다.[193] 명령, 규칙 등 행정입법으로 법률에 규정된 내용을 함부로 확대하는 내용의 해석규정을 마련할 수도 없다. 우리 헌법상 엄격해석원칙이 도출된다고 주장하는 학자들은 그것이 조세법률주의의 하위 원칙이라고 본다.[194] 그러나 세법 해석방법에 대해 규정하고 있는 국세기본법 제18조 제1항은 "세법 해석·적용은 과세의 형평과 당해 조항의 합목적성에 비추어 납세자의 재산권이 부당히 침해되지 아니하도록 하여야 한다."라고 규정하고 있어 세법의 해석에 소위 엄격해석의 원칙이 지배하는 것인지에 대해 의문이다.

세법의 엄격해석원칙은 세법해석에 문리해석 방법을 근간으로 하라는 것이다. 문리해석만으로는 법의 합목적성을 달성할 수 없기 때문에 목적론적인 해석을 하지 않을 수 없는 경우가 자주 발생한다. 대법원은 세법상 확장해석이나 유추적용을 금하는 판결을 여럿 내놓고 있어서 그 내용을 보면 엄격해석과 목적론적 해석과의 한계를 희미하게나마 설정할 수 있을 뿐이다. 확장해석이라 함은 법문의 의미를 입법자의 의사보다 확대하여 해석하는 것을 의미한다. 유추적용은 해당 사안과 유사한 사안을 찾아내어 유사한 사안을 규율하는 법규범을 문제 된 해당 사안에도 확대, 적용하는 방식으로 이루어진다.[195]

법원은 불확정개념을 규정하는 조항이 과세요건명확주의에 위배되므로 그것에 근거한 과세처분을 무효로 판단하기도 하고, 불확정개념을 규정하는 조항에서 해당 불확정개념이 아예 규정되어 있지 않은 것처럼 보아 해당 조항을 적용하기도 한다. 소득세법 제41조 및 법인세법 제52조상 부당행위계산부인규정의 적용요건 중 '조세를 부당하게 감소시킨 것으로 인정되는 때'는 시행령에서 그 개념을 정의하고 있다. 시행령은 구체적 예시를 하면서도 마지막 호로 포괄적 규정을 두고 있다. 판례 중에는 포괄적 규정의 독자적 의의를 인정하지 않는 것들이 있다.[196] 이 판례들에서 법원이 취한 태도대로라면 부당행위계산부인규정의 적용 영역을 축소함으로써 납세자측으로서는 자신이 영위한 거래의 효과를 인정받는 결과가 되므로, 엄격해석원칙이 지향하는 법

---

193) 99두4860, 98두1369, 2000두7131 등 참조.

194) 최명근, 『세법학총론』, 세경사, 2005.3, p.198. 임승순, 『조세법』, 박영사, 2008, p.49 등.

195) 흑자법인에 대한 증여를 그 법인의 주주에 대한 증여로 보아 과세하면서 그 과세가액의 계산의 근거로 적자법인에 대한 증여의 증여세과세가액 계산규정을 활용한 것을 그 예로 들 수 있다.

196) 대법원 1997.5.28, 95누18697, 2003.12.12, 2002두9955 등.

적 안정성에 부합하는 것으로 이해할 수 있다.

법인세법 제26조는 인건비 중 대통령령으로 정하는 바에 따라 과다하거나 부당하다고 인정하는 금액은 법인의 각사업연도의 소득금액을 계산할 때 손금에 산입하지 않는다고 규정하고 있다. 손금에 산입하지 않는 인건비의 요건에 관한 규정은 "대통령령으로 정하는 바"와 "과다하거나 부당하다고 인정"의 두 의미단락으로 구성된다.

다음의 사례에서 법문에 사용되는 '과다한' 또는 '부당한'의 개념의 의미를 어떻게 해석하는지에 대해 논해 본다.

X회사는 인쇄제본업을 영위하는 주식회사인데 창업 이래 대표이사를 하고 있는 A가 2004년 6월 15일 사망함에 따라 같은 해 6월 28일 임시주총을 열어 A에 대한 이사퇴직급여액을 3억 원으로 결정하고 그것을 같은 해 9월 중에 지급하고 손금에 산입하였으며, 동기분 법인세의 확정신고를 하였다. X회사는 본건 퇴직금의 지급 당시 종업원 수 200명, 총자산 100억 원에 이르렀다. A는 1955년경 X회사의 전신인 인쇄업을 개업하여 1963년경 그것을 법인으로 전환하고 이후 2004년 사망하기까지 약 41년간 대표이사를 역임하였다. 최종 보수월액은 200만 원이었다. 여기서 X회사는 A의 생전 A를 피보험자로 하는 여러 생명보험계약들을 체결하고 A의 사망에 따라 총액 3억 원의 보험금을 지불받았으며 그 금액을 A의 퇴직금에 충당하였다.[197]

우선 퇴직금은 인건비에 해당하므로 동 퇴직금은 법인세법 제26조의 규정상 "대통령령으로 정하는 바에 따라 과다하거나 부당하다고 인정"될 경우 손금으로 인정받을 수 없다.

법인세법시행령 제44조 제1항은 법인이 임원에게 지급하는 「근로자퇴직급여보장법」 제2조 제5호에 따른 퇴직급여는 손금에 산입한다고 규정하고 있다. 그리고 그 제4항은 그 제1호에서 정관(또는 그 위임에 의한 다른 회사규정)에 정해진 금액을 초과한 금액은 손금에 산입하지 않는다고 규정하고 있다. 그 제2호는 정관에 정해진 것이 없을 경우 퇴직하는 날부터 소급하여 1년 동안 당해 임원에게 지급한 총급여액의 10분의 1에 상당하는 금액에 근속연수를 곱한 금액만을 손금으로 인정하고 있다. 동시행령 제44조의 2는 법인이 퇴직급여를 지급하기 위하여 불입하는 보험료는 「근로자퇴직급여보장법」에 따른 퇴직연금 법인부담금에 한해 손금으로 인정한다. 법인의 임원에 대한 부담금은 원칙적으로 손금으로 인정하지 않는다.

현행 법인세법은 과다하거나 부당한 경우 손금으로 인정할 수 없다는 원칙을 천명하고 과다하거나 부당한 것을 판별할 수 있는 기준의 구체적인 내용을 시행령이 정하도록 하고 있는데, 시행령은 먼저 손금이 부인되는 경우를 규정하고 마치 그것이 과다하거나 부당한 모든 경우를 의미하는 것으로 단정하듯이 규정하고 있는 것이다. 결국 법인세법 제26조와 법인세법시행령 제44조의 해석상 "과다하거나 부당한"의 독자적인 의미를 주장하여 법인이 임원에게 지급한 퇴직급여가 적정하고 정당하므로 손금으로 인정받아야 한다는 기회를 원천적으로 봉쇄하고 있는 것이다. 법원이 두 규정을 합리적으로 해석하려 한다면, 하위규정에 얽매이지 않고 상위 규정상 "과다하거나 부당한"의 독자적 의미를 찾아야 할 것이다.

위 사실관계에서 망인 A는 X회사의 대표이사로 41년간 재직하였으며, 최종월급여는 2백만 원이었다. 손금으로 인정받을 수 있는 금액은 [(2백만원*12)/10]*41년=98.4백만 원에 불과하다.

---

197) 山田二郎, 전게서, pp.138～162.

나머지 2억여 원은 손금으로 인정받을 수 있는 방법은 없는가? 위에서 논한 것처럼 법원이 "과다하거나 부당한"에 독자적 의미를 부여하고 위 사실관계에서 2억여 원이 "적정하고 정당한" 것임을 설명할 수 있지 않는 한 인정받기 어려울 것이다.

위 사실관계에서 X회사는 A의 생전 A를 피보험자로 하는 여러 생명보험계약들을 체결하고 보험료를 불입하여 왔다. 보험료를 불입하여 온 기간 동안 동 보험료는 X회사의 손금으로 인정받을 수 있었을까? 현행 법인세법상 「근로자퇴직급여보장법」이 인정하지 않는 A를 위한 보험상품에의 불입금은 손금으로 인정받지 못한다. 불입금은 손금으로 인정받지 못하고, 보험금 중 약 2억원여 원은 인건비로 인정받지 못하는 결과가 된다.

만약 A를 위한 보험상품이 A를 수익자로 하는 것이었다면 X회사가 A를 위해 41년간 지불한 보험료는 A의 급여소득에 포함되어 신고되었어야 한다. 해당 보험료는 X회사의 인건비로서 손금산입되었을 것이다. A는 연말정산을 통해 종합소득세 신고를 하여온 것이므로 신고자로서 사망 전 5년의 기간 동안의 급여소득에 대해 과세되어야 할 것이다. A가 사망으로 받은 보험금은 A에게 귀속하는 것이 되고, 그것의 보험차익 상당액은 10년 이상 장기보험상품에 의하여 발생한 것이므로 비과세된다.

위에서는 과다경비의 손금불산입규정에서 '부당'의 독자적 의미가 인정받기 어려운 구조로 되어 있음을 지적하였다. 그 하위 규정인 시행령에서 '부당'의 의미를 한정하는 방식으로 규정하고 있기 때문이며, 이는 위임의 한계를 실질적으로 벗어난 것으로 보아야 한다는 점을 지적하였다.

그 구체적인 사항을 전혀 하위규정에 위임을 하지 않은 채로 법률에서만 '부당'을 해당 조항의 적용요건으로 설정한 경우 해당 조항의 의의를 살리기 위해서는 불확정개념인 '부당'의 의미를 문리적으로만 해석할 수는 없을 것이다. 세법상 '부당'의 개념은 공동체의 다른 구성원들이 통상적으로 사용하지 않는 방법으로 조세의 혜택을 보는 경우를 지칭하기 위하여 사용된다. 즉 조세회피를 방지하기 위한 목적으로 사용된다. 그렇다면 이 개념은 해당 개념의 목적에 부합하게 조세회피방지규정으로서의 의의를 살릴 수 있도록 탄력적으로 해석되어야 할 것이다. 이는 법적 안정성의 가치를 희생해가면서 실질적 평등을 도모하기 위한 절충이라고 보아야 한다. 이와 같은 규정방식의 대표적인 예가 국세기본법 제14조 제3항이다. 목적론적 해석의 방법이 필요하다. 이런 요청에 불구하고 유독 조세회피를 방지하기 위한 조항에서만 그 '부당'의 의미를 강조하는 것은 균형을 잃는 것이 될 수 있다. 국세기본법에는 여러 번 '부당'의 용어가 사용되고 있지만 그것의 독자적 의의를 제대로 인정받는 경우를 찾기 어려운 것으로 보인다. 이런 탓인지 국세기본법 제14조 제3항에 근거하여 이루어진 과세처분은 찾기 쉽지 않다. '부당'의 의미를 보다 명확히 하는 입법이 요청된다. 이에 대해서는 실질과세원칙에 대해 논하면서 상술한다.

2. 목적론적 해석의 허용

헌법상 조세법률주의에 따라 세법은 엄격하게 해석하여야만 하는가? 조세법률주의는 그것의 명칭상 다소 차이가 있지만 지구상 거의 모든 나라에서 관철되고 있는 원칙이 되고 있다. 세법 해석에 관해 엄격한 문리해석이 강조되는 국가에서든, 탄력적인 목적론적 해석이 허용되는 국가에서든 공통된 현상이다. 이는 조세법률주의의 당연한 귀결로서 엄격해석원칙을 도출해 내는 것은 논리적인 모순이 있음을 알게 해 주는 부분이다.

우리나라 세법을 해석함에 있어서는 국세기본법 제18조에서 명문으로 규정한 바에 따르는 것이 타당하다. 돌이켜 보면 국세기본법 제18조 제1항은 1974년 국세기본법이 제정될 당시부터 있던 것이다. 1977년 독일 조세기본법(Abgabenordnung)으로 통합되기 전의 독일조세규율법(Steueranpassungsgesetz, 1934[198]) 제1조 제2항에는 다음과 같은 규정이 있었다.

> 조세법률의 해석에 있어서는 국민사상, 조세법률의 목적, 경제적 의의 및 제 관계의 발전을 고려하지 않으면 안 된다.

이 규정은 이른바 '경제적 관찰방법(wirtschaftliche Betrachtungsweise)'에 관한 규정이라고 한다. 조세법이 경제적인 사건과 연관되어 있으므로 조세법상 개념은 전통적인 방법(특히 목적론적인 해석방법)에 의해 해석하되, 경제적인 개념은 경제적으로 해석하여야 한다는 것을 의미한다. 이 점에서 경제적 관찰방법은 독자적인 해석방법이라고 볼 수는 없다.[199] 경제적 관찰방법은 실제 법해석의 방법으로서뿐 아니라 법적용을 위한 사실확정에 관한 원칙으로서도 기능하여 왔다. 독일조세기본법상 경제적 관찰방법의 한 표현으로 인정되는 경제재의 귀속에 관한 제39조의 규정이 그 예이다.[200] 동 규정은 법적인 외관(rechtlichen Schein)이 아니라 경제적 내용(wirtschaftlichen Gehalt)에 따라 경제재의 귀속을 판단하여야 한다는 것이다.[201] 이는 우리 국세기본법 제14조 제1항의 실질귀속원칙과 궤를 같이하는 것으로서 우리 국세기본법상 실질귀속원칙도 그것이 엄밀하게 사실관계확정에 관한 원칙에 국한된 것이라고 단언하기 곤란하다는 점을 시사한다.

이후 독일 조세규율법 제1조 제2항은 동 법이 조세기본법으로 통합되면서 삭제되었는데 현재도 판례법의 형태로 해석원칙이 되어 있다. 당시 동 조항은 과세관청에 의한 자의적 해석의 문제점 때문에 삭제되었다고 하지만[202] 현재에도 해석의 기준으로 중요한 역할을 하고 있는 것이다.[203] 오늘날 독일에서는 조세법도 목적론적 해석의 대상이 되며 경제적 관찰방법은 목적론적 해석방법과 다를 바 없다고 보고 있다.[204] 1977년 독일 조세기본법에는 법형성가능성남용(Miβ brauch von rechtlichen Gestaltungsmöglichkeiten)이라는 조세회피방지규정이 도입되었다(동법 제42조).

---

198) 1919년 제국조세기본법(Reichsabgabenordnung)을 이어받은 것이다.

199) Rolf Ax, Thomas Groβe & Jürgen Melchior, *Abgabenordnung und Finanzgerichtsordnung*, Schäffer-Poeschel Verlag Stuttgart, 2007, p.25.

200) 상게서, p.119.

201) 등기부등본상 명의변경일 이후에야 지배관리처분권이 이전된 경우에는 지배관리처분권이 이전된 시점에 경제적 소유권이 넘어간 것으로 보아야 한다(상게서, p.121).

202) 金子宏, 『租税法』(제10판), 2005, 弘文堂, p.120.

203) 독일 조세기본법 제41조의 무효인 법률행위에 대한 규정 및 제40조의 위법행위에 관한 규정 모두 해당 행위들이 경제적인 측면에서 과세요건을 충족하는 한 과세대상이 될 수 있다는 내용을 담고 있으며, 이 규정들은 이 점에서 경제적 관찰방법의 하나로 여겨지고 있다(Tipke/Lang, 전게서, pp.151~155).

204) Tipke/Lang, 전게서, p.149.

일본 국세통칙법상 이와 같은 취지의 세법해석원칙에 관한 규정은 존재하지 않는다. 이는 동법이 1961년 제정되었으며 제정 당시 1950년대 이후 독일에서 경제적 관찰방법에 관한 규정이 가진 문제점이 집중 부각되는 점이 반영된 것이다.

우리나라, 일본, 그리고 독일의 조세법의 해석원칙에 관한 법제의 발달사를 본다면 조세법의 엄격해석원칙이라는 것이 대륙법계의 전통을 이어받은 우리 법체계에서 반드시 필연적인 것은 아니라는 점을 발견할 수 있다. 오히려 우리의 국세기본법 제18조 제1항의 규정의 문면을 본다면 독일의 예전 경제적 관찰방법에 가까운 해석이 가능하다.

한편, 미국에서는 19세기까지 법원이 세법 해석상 엄격해석만 가능하다고 보았지만 오늘날에는 다른 법률의 해석에서와 마찬가지로 세법의 해석상 확대해석을 허용하는 경향이 두드러지고 있다.205) 미국이 보통법(common law)국가라고 하여 성문법의 해석에 있어 법관에 많은 재량을 부여하고 있는 것은 아니다. 같은 보통법국가인 영국에서는 실정 조세법의 해석은 엄격하게 하여야 하는 것으로 이해되고 있으며 최근에야 취지해석을 적극적으로 허용하는 사례들이 하나둘 나타나고 있다.206) 미국에서 세법의 해석상 목적론적인 방법을 적극적으로 활용하고 있는 것은 성문법이 급변하는 경제현상을 따라가는 데에는 한계가 있는 점을 법원이 인정하고 있기 때문이다. 이러한 현실을 인정하고 목적론적 해석을 확대하거나 일반적 조세회피방지규정을 도입하는 것은 오늘날 선진 각국의 조세제도에서 공통적인 현상으로 보인다.

OECD 회원국들은 대체로 일반적 조세회피방지규정이 비록 불확실성을 야기하지만 조세제도의 완결성을 유지하기 위해 필요한 대가라는 데 동의하고 있다. 우리나라 국세기본법상 실질과세원칙은 조세회피방지목적의 달성 그리고 법적 안정성 측면에서 볼 때 부족한 점이 많다. 몇 개의 세법에 도입되어 있는 개별적인 조세회피방지규정들만으로는 변화무쌍한 조세회피사례에 효과적으로 대응하기 곤란하다.

3. 차용개념의 해석

가. 비세법(non-tax law)

우리 세법은 세법의 해석과 적용상 다른 법과의 관계에 대해 일반적인 규정을 두고 있지는 않다. 세법의 해석상 다른 법과의 관계에서 문제되는 것은 차용개념의 해석이다. 다른 법에서 제정된 용어인데 세법이 사용하고 있는 것을 세법상 '차용(借用)개념'이라고 한다. 세법에서 차용개념을 해석할 때에는 원칙적으로 해당 비세법에서의 정의나 해석관행을 존중하여야 하지만, 해당 세법 조항의 목적을 고려하여 독자적으로 해석할 여지는 있다.207) 개별적인 차용개념의

---

205) 이창희, 「조세법연구방법론」, 『서울대학교 법학』 제46권 제2호, 2005.6, p.10.

206) Frederik Zimmer, General Report, *Form and Substance*, Cahiers Volume 87a, International Fiscal Association, 2002, pp.19~67 참조.

207) 세법상 차용개념이 다른 법령 등과 동일한 용어임에도 해석이 달라질 수 있고 문리해석이나 목적론적 해석 어느 하나로 일관되게 적용되는 것은 아니라는 연구결과는 박훈, 판례에 나타난 세법상 차용개념의 해석론, 법조, 2019, vol.68, no.3, 통권 735호 pp. 511-552, 법조협회 참조

해석에는 자주 이와 같이 대립되는 관점이 존재하므로 특별히 법적 안정성을 부여해야 할 필요가 있는 용어는 세법상 독자적으로 정의되고 있다.

세법에서 가장 많은 개념을 차용하는 법은 민법이라고 할 수 있다. 민법상 인, 부동산, 기간, 주소 등 민법총칙뿐 아니라 물권법 및 채권법에서 수많은 용어들을 빌려와 세법을 구성하고 있다.

법원은 차용개념을 해석할 때 세법 고유의 논리에 따라 해석하여야 할 필요성이 명확한 경우가 아닌 한 빌려준 법에서의 해석을 존중하는 해석관행을 가지고 있다.

법원의 판례상 법인세법상 외국단체가 '외국법인'에 해당하는지를 판단하기 위한 '법인' 개념의 해석이 문제된다. 민법상 인은 자연인과 법인으로 양분할 수 있으며, 소득세법은 자연인이 가득한 소득에 대해 과세하는 법인 반면, 법인세법은 법인이 가득한 소득에 대해 과세하는 법이다. 민법, 상법 및 국제사법은 외국법인 또는 외국회사의 개념을 정의하고 있다. 세법은 외국에 소재하는 인의 단체(association)가 단순한 인의 집합에 불과한 것인지, 하나의 법인에 해당하는 것인지에 대한 판단에 대해 명시적인 규정을 두고 있지 않았다. 법원은 우리 민법의 개념을 최대한 원용하여 판단하였다. 2013년 개정된 법인세법시행령은 '외국법인'의 개념에서 '법인'의 의미를 정의하는 규정을 두고 있다(법인세법시행령 제1조 제2항).

한편, 주소는 민법상 용어이며, 외견상 소득세법이 해당 용어를 단순하게 빌려온 것으로 보이지만, 소득세법은 주소의 개념을 독자적으로 정의하고 있다.

세법은 스스로가 차용개념을 빌려준 곳에서의 해석한다고 밝히는 경우가 있다. 현행 세법상 업종의 분류가 대표적인 예이다. 업종의 분류에 따라 세금부담이 달라지도록 하는 세법규정이 여럿 있다. 특히 업종에 따라 외부효과의 존부 및 규모가 달라지는 경우 그렇게 할 정책적 당위성을 찾을 수 있다. 과세기술상으로도 업종에 따라 절차상 다른 취급을 할 수도 있다.

부가가치세는 모든 재화와 용역의 거래에 대해 보편적으로 부과되는 소비세이지만, 거래 중 제공되는 용역을 구별해내기 어려운 경우에는 면세로 하는 제도를 두고 있다.[208] 은행이 예금을 받고 대출을 하는 과정에서 부가가치를 창출하는 것은 분명하지만 예금거래와 대출거래의 과정에서 부가가치를 구분해내기는 어렵다. 이에 따라 은행업을 위시한 금융업 중 많은 업종에 대해서는 부가가치세를 면세하고 있다. 이 점은 보험업에 대해서도 동일하다.

오늘날 금융업이나 보험업의 영위방식이 다양해지고 그 분야의 사업자가 영위하는 사업의 종류도 다양해지고 있다. 아래 사건에서 원고인 **생명서비스 주식회사가 1990년 말경부터 소외 **생명보험 주식회사의 보험에 관한 업무 중 피보험자 선택을 위한 보험계약 조사 및 보험금 지급을 위한 보험사고 조사의 용역('이 사건 보험조사용역')을 제공하였는데, 피고 남대문세

---

208) 부가가치세법상 재화나 용역을 공급하는 자는 공급가액의 10%에 해당하는 세금을 거래징수하여야 한다. 우리의 부가가치세제는 국민총부가가치 중 소비지출에 상응하는 부가가치에 대해서만 과세하는 체제를 갖추고 있다. 대표적인 금융거래유형으로서 대차거래의 경우 그에 따른 자금사용의 대가인 이자는 위에서 말하는 부가가치로 보기는 어렵다. 생산요소의 사용에 대한 대가이며 이에 대해서는 부가가치세를 과세하지 않는다. 이러한 연유로 금융업 및 보험업에 대해서는 그것을 영위하는 사업자가 지급받는 대가에 대해 부가가치세를 거래징수하지 않도록 하고 있다. 실제 금융보험용역은 분명 부가가치를 창출하고 있지만 당사자들의 대차거래관계상 부가가치에 해당하는 부분만을 가려내어 세금을 거래징수하도록 하는 것이 곤란하기 때문이다.
이때 그 사업자가 제공하는 용역은 부가가치세가 면세되는 것이다. 부가가치세법상 그 사업자가 영위하는 금융업이나 보험업에 필수적으로 부수하는 것도 면세의 범주에 포함된다. 다른 사업자가 영위하는 경우라면 과세될 것인 경우라 하더라도 금융업자나 보험업자의 사업에 필수적으로 부수하는 것이라면 그렇게 보는 것이다.

무서장은 이 사건 보험조사용역이 부가가치세의 부과대상이 된다고 보고 원고에게 1991년 제1기분부터 1994년 제2기분까지 보험조사용역 매출액에 대한 부가가치세를 부과하고, 1991사업연도 귀속분부터 1993사업연도 귀속분까지의 법인세를 산정함에 있어 손금으로 산입되었던 보험조사용역 관련 부가가치세의 매입세액을 익금으로 산입함에 따라 늘어난 법인세를 추가로 부과하였다(대법원 2000.12.26., 98두1192).

사건 당시 부가가치세법시행령은 면세사업으로 단순하게 '보험업'을 영위하는 자가 제공하는 금융보험용역은 면세된다고 규정하고 있었다. 현행 세법상으로는 업종을 분류할 때 한국표준산업분류에 따른다[209]는 입장을 명기하고 있는 경우가 있지만,[210] 당시에는 보험업의 개념을 해석함에 있어서 세법 독자적으로 하여야 할지 그것을 빌려준 한국표준산업분류에 의존할지 명시적인 규정이 없었다. 통계청은 표준산업분류는 통계의 목적으로 존재하는 분류체계에 불과한 것이고 과세목적상 경제적 실질에 부합하게 과세하기 위한 목적으로 만들어진 것은 아니기 때문이다.

이 사건에서 법원은 면세대상 사업의 범위를 정한 부가가치세법시행령 제33조 제1항 제10호의 보험업을 명문의 근거도 없이 부가가치세의 과세대상이 되는 보험용역의 범위를 정한 동법 시행령 제2조 제1항 제4호,[211] 제2항 소정의 보험업과 같이 넓게 해석할 수는 없고, 보험의 본질적 요소가 포함된 본래의 의미의 보험업(한국표준산업 분류표상의 중분류 항목)만을 지칭하는 것으로 해석하여야 할 것인바, '보험업'의 관련 업무에 불과한 조사업무를 주된 사업으로 하는 자를 같은 법 시행령 제33조 제1항 제10호에 규정한 '보험업'을 하는 자에 해당한다고 볼 수는 없고, 한편 '보험업'의 본질적인 부분이 포함되지 아니한 부수적인 업무는 이를 '보험업'을 하는 자가 하는 경우에는 필수적인 부수성의 법리에 따라 면세되지만(부가가치세법 제12조 제3항), 부수적인 업무를 제3자가 독립적으로 영위하는 경우에는 면세대상인 보험용역에 포함되지 아니하므로, '보험업'의 부수적인 용역에 불과한 보험조사용역을 주된 사업으로 하는 사업자는 부가가치세법시행령 제33조 제2항[212]의 면세대상에도 해당하지 않는다고 보았다.

한편, 헌법재판소는 구 부가가치세법 제12조 제1항 제10호 중 "보험용역으로서 대통령령이 정하는 것" 부분에서 부가가치세 면제대상인 '보험용역'의 의미가 불명확하여 과세요건명확주의에 위반되지 않으며, 보험회사와는 별도의 법인이 보험조사용역을 수행하는 경우에는 부가가치세 부과대상이 되는 반면에 동일한 보험조사용역을 보험회사가 직접 수행하는 경우에는 부가가치세 면제대상이 되도록 하는 것이 조세평등주의에 위배되지 않는다고 판단하였다(구 부가

---

209) 전체 업종의 세부적인 분류에 요구되는 전문적·기술적 지식과 식견의 필요성 소요되는 시간과 인력의 양, 그리고 한국표준산업분류가 유엔이 제정한 국제표준산업분류를 기초로 한 것으로서 국내외에 걸쳐 가장 공신력 있는 업종분류결과로서 받아들여지고 있는 사정 등에 비추어, 개별 법령에서 직접 업종을 분류하는 것보다는 통계청장이 기존에 고시한 한국표준산업분류에 따르는 것이 더 합리적이고 효율적이라고 판단한 데 따른 것으로 볼 수 있다(대법원 2013.02.28. 선고 2010두29192 판결).

210) 조세특례제한법 제2조 제3항 및 소득세법시행령 제29조 참조.

211) 과세대상으로서의 용역의 범위: 부가가치세법시행령 제2조 (용역의 범위) ① 법 제1조 제3항에 규정하는 용역은 다음 각 호의 사업에 해당하는 모든 역무 및 그 밖의 행위로 한다.
   5. 금융 및 보험업

212) 부가가치세법시행령 제33조 (금융·보험용역의 범위).
   ② 제1항 각 호의 사업 이외의 사업을 하는 자가 주된 사업에 부수하여 동 항의 금융·보험용역과 동일 또는 유사한 용역을 제공하는 경우에도 법 제12조 제1항 제10호의 금융·보험용역에 포함되는 것으로 본다.

가치세법 제12조 제1항 제10호 위헌소원 2002.4.25. 2001헌바66, 85(병합) 전원재판부).

　현행 부가가치세법시행령은 본 사건에서 문제된 보험조사용역을 면세대상용역으로 명기하고 있다. 당시의 법과 산업분류의 체계 하에서 면세대상으로 명시되지 않았던 보험조사용역을 주된 업무로 하는 자가 해당 용역도 면세라는 주장을 하기 위해서는 어떤 논리를 펴야 했을까? 부가가치세법상 '보험업'은 보험업의 경제적 실질을 갖춘 것이면 되므로 그것은 표준산업분류상 '보험 관련 서비스'도 포함하는 것으로 보아야 하고, '보험 관련 서비스'에는 '손해사정업'도 포함된다는 주장을 하였다면 어떤 결과를 얻었을까?

나. 기업회계기준

　국세기본법 제20조는 기업회계의 존중에 관해 아래와 같은 규정을 두고 있다. 소득세법 및 법인세법도 동일한 취지의 규정을 두고 있다(소득세법 제39조 제3항 및 법인세법 제43조).

> 국세의 과세표준을 조사·결정함에 있어서 당해 납세의무자가 계속하여 적용하고 있는 기업회계의 기준 또는 관행으로서 일반적으로 공정·타당하다고 인정되는 것은 이를 존중하여야 한다. 다만, 세법에 특별한 규정이 있는 것은 그러하지 아니하다.

　위 규정은 해당 납세의무자가 실제 계속하여 적용하고 있는 기업회계의 기준 또는 관행이 일반적으로 공정·타당하다고 인정되는 것이라면 그것을 존중하여야 한다는 것이다. 이는 세법상 개념정의나 기준이 흠결할 경우 해당 납세자의 선택과 일반적 거래관행을 존중하라는 것으로 보아야 할 것이다.

　기업회계의 기준 또는 관행은 그것들이 창설한 개념과 차용한 개념으로 구성되어 있다. 기업회계상으로 차용한 개념은 원칙적으로 그 차용한 비회계규범의 의미를 존중한다. 한편, 세법의 해석을 위해서는 기업회계를 존중하라는 것이므로 세법이 다른 법령이나 규범으로부터 개념을 차용하여 규정하고 있는 경우 해당 법령이나 규범상의 의미를 존중하여야 한다는 것을 의미한다고 볼 수 있다.

　기업회계는 형식보다 실질을 존중하는 원칙을 수립하고 있다. 예를 들어, '자산'의 개념을 정의하면서 법률적인 소유권의 형식성에 관계없이 미래효익의 존재 여부에 따르고 있다. 그리고 '수익'은 판매라는 형식보다는 실질적인 수익의 발생을 보아 인식 여부를 결정한다. 이는 경제적 실질을 존중하는 원칙으로서 회계규범을 해석할 때 차용개념이라 하더라도 회계목적을 위해 독자적인 의미를 부여할 수 있다는 것을 의미하기도 한다. 세법이 이런 특성을 지닌 기업회계를 존중한다 하였으므로 세법의 해석상으로도 차용개념을 해당 세법 조항의 도입 목적이나 취지에 따라 독자적으로 해석할 수 있음을 의미한다.

　차용개념은 원칙적으로 빌려 온 규범의 의미대로 해석하여야 할 것이지만 세법의 목적상 독자적인 의미를 부여할 수 있는 것이다. 이 경우에는 납세자의 재산권이 부당히 침해되지 않도록 주의하여야 할 것이다.

제3항 적용의 원칙

1. 규범 간의 관계

세법적용과 관련해서는 여러 규정의 내용이 충돌할 때 무엇에 따라야 하는가가 주된 논의 대상이다. 한 규범의 개정전후 규정 간 관계와 복수의 규범 간 관계의 문제가 있다.

가. 개정 전후 규정 간 관계

개정된 세법령은 그 부칙에서 시행일과 적용례를 두고 필요할 경우에는 경과규정을 두기도 한다. 통상 시행일은 "○○○○년 ○○월 ○○일부터 시행한다." 또는 "공포한 날부터 시행한다." 는 방식으로 규정한다.

적용례는 적용의 대상(사실관계)을 특정하기 위한 규정이다. 일반적 적용례와 개별적 적용례 가 있다. 일반적 적용례는 "이 법은 이 법 시행 후 최초로 발생하는 소득분부터 적용한다."와 같이 표현된다. 개별적 적용례는 "이 법 시행 후 최초로 과세표준을 신고하거나 경정·결정하 는 분부터 적용한다."와 같이 주로 조세부담을 완화하는 개정조항의 적용대상을 사실상 소급하 여 설정하는 효과가 나타나게 할 필요가 있는 경우 사용된다.[213]

개정조항이 의무를 강화하는 내용을 담고 있을 때에는 그 적용을 일부 배제하는 경과규정 또 는 경과조치조항을 두기도 한다. 예를 들면, 가산세율을 인상하는 개정을 하면서 "이 법 시행 전에 양도하여 종전의 규정에 의하여 부과하였거나 부과하여야 할 양도소득세에 대한 가산세에 관해서는 개정규정에 불구하고 종전의 규정에 따른다."는 경과조치조항을 둘 수 있다. 가산세 부과는 무신고 등 납세의무의 불이행을 그 부과요건으로 하는 것이므로 납세의무가 이미 성립 된 경우라 하더라도 적용될 수 있는 것이지만 그 적용을 미루는 효과를 도모하는 내용이다.

개정 법률이 전부개정인 경우에는 종전의 본칙은 물론 부칙과 그 경과 규정도 모두 폐지되 는 것이 원칙이다. 이 경우에도 그와 다른 규정을 두거나 그와 같이 볼 '특별한 사정'이 있는 경우에는 그 효력이 상실되지 않는 것 아닌가의 문제가 남는다.[214]

법률의 일부 개정 시에는 종전 법률의 부칙에 있던 경과규정은 이를 개정하거나 삭제한다는 별도의 규정이 없는 한 개정 법령에 다시 경과규정을 두지 않았다고 하여 기존 법령 부칙의 경과규정이 당연히 실효되는 것은 아니다.[215]

---

213) 법인세법시행령이 종전의 규정과 다른 내용의 손익의 귀속시기를 정한 개정 규정의 일반적 적용례는 두었지만 개별적 적용례를 두지 않은 경우라면 비록 일반적 적용례가 공포 이후의 사업연도에 대해 적용하도록 하고 있다 하더라도 개별적 적용례를 두지 않은 취지를 감안하여 그 구체적 적용대상기간을 판단할 수 있다. 법원은 2012. 2. 2. 개정된 개정 법인세법 시행령 제69조 제3항에 대한 부칙 제2조는 일반적 적용례로 "이 영은 2012. 1. 1. 이후 최초로 개시하는 사업연도 분부터 적용한다."라고 규 정하고 있을 뿐, 개정조항에 관한 개별적 적용례를 별도로 규정하고 있지 않았다. 개정 조항은 2012. 1. 1. 이후부터 개시하는 사업연도 분의 과세에 대한 후발적 경정청구에 적용되며, 그 전의 사업연도 분의 과세에 대하여는 비록 그 이후에 후발적 경정 청구 사유가 발생하였다 하더라도 적용되지 않는다는 판단을 하였다(대법원 2017. 9. 21. 선고 2016두60201 판결).

214) 대법원 2002.7.26. 선고 2001두11168 판결 등 참조.

215) 대법원 2014.04.30. 선고 2011두18229 판결

나. 세법과 비세법 간의 관계

세법을 적용할 때에는 먼저 사실관계를 확정하여야 한다. 사실관계 확정을 위해서는 비세법을 적용하여야 하는 경우가 많다. 세법의 적용이 되는 사실관계는 비법률적 행위 또는 사실뿐 아니라 법률적인 행위 또는 사실로 구성되어 있기 때문이다. 이에 따라 논리적으로 보면 세법을 적용하기 전에 비세법을 적용하게 된다.

세법이 다른 규범에 대한 특례규정을 두고 있을 때에는 그에 따라야 한다. 다음의 예를 들 수 있다. 기간의 계산, 국세징수권의 소멸시효, 국세환급금의 소멸시효에 관하여 국세기본법 또는 세법에 특별한 규정이 있는 경우를 제외하고는 민법에 의하도록 하고 있다(국세기본법 제4조, 제27조 제2항 및 제54조 제2항). 또한 연대납세의무에 대해서는 민법의 연대채무에 관한 규정을 준용하도록 하고 있다(국세기본법 제25조의 2). 민법 등의 사법이 규율하는 법률관계에 있어서는 채권자평등주의를 채택하고 있는 것과 달리 세법이 규율하고 있는 조세법률관계에서는 채권자평등주의를 따르지 않고 조세채권에 우선징수권을 부여하고 있다(국세기본법 제35조).

(1) 법률관계

(가) 민사법률관계의 생애

법에 의하여 규율되는 인간의 생활관계를 법률관계라고 한다. 법률관계상 당사자 간 도모하는 법률효과는 법에 의하여 보장된다. 법은 당사자 간 권리와 의무가 실현되도록 한다. 대등한 관계의 사인 간의 법률관계를 민사법률관계라고 할 수 있다.

권리 의무의 발생, 변경 및 소멸을 내용으로 하는 법률관계의 변동이 일어나려면 일정 요건이 충족되어야 하는데 이를 법률요건이라고 한다. 법률요건이 갖추어지면 그것의 효과로서 법률관계가 변동하게 된다.

법률관계의 변동을 일으키는 법률요건 중 가장 중요한 것이 법률행위이다. 이는 사인이 일정한 법률효과에 구속받겠다는 의사를 표시하는 행위이다. 법률은 이에 대해 그 자가 원하는 대로 권리 의무를 발생시키는 것이다.

사인 간의 관계에서는 그가 원하는 대로 하여 준다는 사적 자치의 원칙이 지배한다. 그리고 계약은 지켜져야 한다는 원칙이 지배한다. 각자는 자기의 법률관계를 자기의 의사에 따라 자율적으로 처리하며, 자기의 의사활동의 결과에 대해 책임을 진다. 다른 한편으로 권리의 행사와 의무의 이행은 신의에 좇아 성실히 하여야 한다. 권리의 행사가 신의성실원칙에 어긋날 때에는 권리남용이 된다(민법 제2조 제1항 및 동 조 제2항).

① 법률관계의 성립

▶법률요건(법률행위, 법적 사실)

법률행위는 행위자가 원한 바대로 법률효과를 발생시키는 사법상의 법률요건이다. 법률행위는 의사표시를 불가결의 요소로 한다. 법률행위에는 계약, 단독행위 및 합동행위가 있다.

법적 사실도 법률요건이 될 수 있다. 타인에게 손해를 입히는 위법행위는 불법행위가 되며 이는 채권의 발생 원인이 된다.

▶법률효과

법률요건이 충족되면 법률효과가 발생한다. 계약이 유효하게 성립하면 그 계약의 내용대로 법률효과가 발생하는 것이다. 매매계약이 유효하게 성립하면 매수자에게는 매도자에 대한 소유권이전청구권이 발생하고 매도자는 매수자에 대한 대금지급청구권이 발생한다.

소유권과 같은 물권의 매매계약을 통한 이전의 효과가 발생하는 데에는 법률행위의 하나로서 물권행위와 더불어 공시가 필요하다.

법률효과가 발생하기 위해서는 법률요건이 완전하여야 하는데 이에 흠이 있게 되면 당해 법률관계가 무효로 되거나 취소할 수 있는 경우가 된다.

② 법률관계의 소멸

법률관계는 의무의 이행에 의해 소멸한다. 이 이외에도 소멸시효, 계약의 해제·해지 등에 의해 소멸한다. 채무를 불이행하는 경우에는 일정한 요건 하에 강제이행되며, 손해배상책임도 발생한다.

(나) 조세법률관계의 생애

조세법률관계란 국가 및 지방자치단체 등 조세의 부과권자와 국민 간 구체적인 조세채무에 관한 권리의무관계를 말한다.[216] 개별적인 조세법률관계는 조세채무의 성립, 확정 및 소멸의 과정을 거치게 된다.

조세법률관계상 나타나는 법적 주제들을 보면 조세채무의 확정단계까지는 행정행위의 개념을 매개로 하는 행정법적인 사항들이 주를 이루며, 확정된 조세채무의 이행단계부터는 채무의 이행 등에 관한 민사법적인 사항들이 주를 이룬다.[217]

① 조세채무의 성립

사법상의 채무는 원칙적으로 대등한 관계에 있는 당사자 간 의사의 합치에 의해 성립하지만, 조세채무는 세법에 규정한 과세요건이 충족되면 법률상 당연히 성립한다(국세기본법 제21조 제1항). 이와 같이 조세채무의 성립에 필요한 법률상의 요건을 과세요건이라고 한다. 과세요건은 납세의무자(Steuersubjekt), 과세물건(Steuerobjekt), 과세표준(Bemessungsgrundlage) 및 세율(Steuersatz) 4가지로 구분한다. 납세의무는 특정 납세의무자에게 과세물건이 귀속되고 이에 대한 과세표준을 산정하여 세율을 적용함으로써 세액을 산출할 수 있는 상태에 이르면 당연히 성립한다.

성립한 조세채무는 누군가의 정신작용과 그것의 표시행위를 통해 구체적인 세액을 확정하는

---

216) 이하 특별한 언급이 없는 한 논의는 내국세를 중심으로 진행한다. 그리고 본문 중 국세는 내국세를 의미하는 것으로 한다.

217) 1926년 W. Merk가 조세법률관계의 공법적 성격에 대해 논의하기 시작하였다. 이전에는 민사법학자 출신으로서 1919년 Reichsabgabenordnung을 기안한 Enno Becker의 영향으로 조세법률관계가 민사법률관계와 다를 바 없다는 인식이 지배하였다. 1926년 당시에는 W. Merk에게조차 조세채무의 '성립'과 '확정'의 개념 구분은 없었다((Klaus Tipke/Joachim Lang, 전게서, pp.24~25). '확정'의 개념은 납세자가 이의를 제기할 대상으로서 '처분'을 특정함으로써 권익구제의 효과성을 제고하는 데 기여하게 되었다.

절차를 거쳐야 이행할 수 있는 상태에 이르게 된다. 그러한 절차를 조세채무의 확정이라고 한다. 이를 대비하여 추상적 조세채무의 성립 및 구체적 조세채무의 확정이라고 부른다.

국세기본법 제14조 제1항은 과세물건이 사실상 귀속되는 자를 납세의무자로 하여 세법을 적용한다고 하고 그 제2항은 과세표준은 실질내용에 따라 계산한다고 하여 납세의무 성립(사실관계 확정)상 실질과세원칙을 규정하고 있다. 국세기본법 제14조 제1항과 제2항을 적용하는 과정에서 '존재하는 실질'로서 법적 실질과 경제적 실질 중 어느 것에 대해 세법을 적용하여야 하는가에 대해 논란이 있다. 소송상 '존재하는 실질'에 대한 입증책임은 실질을 주장하는 자에게 주어진다.

② 조세채무의 확정

조세법률관계상 법률의 규정에 의하여 성립한 조세채무는 법률의 규정(또는 그에 따른 절차)에 의하여 확정하게 된다. 민사법상 계약에 의한 법률관계는 당사자 간 합의에 의하여 권리의무관계가 형성되는 것과 대조를 이룬다. 조세법률관계에 대해서는 일반 민사법상 법률관계에서와는 달리 세법이 그 확정의 절차와 방법을 규정하고 있다. 납세자 또는 관할세무서장이 법으로 규정된 바에 따라 조세채무를 확정하는 행위를 하게 된다. 납세자가 하는 행위는 사인의 공법행위이며 관할세무서장이 하는 행위는 행정행위이다. 이들 행위에 대해서는 일반 민사법상의 행위와는 다른 공법상 원칙이 적용된다.

민사상 법률행위는 효과의사에 따라 법률효과가 주어지지만 조세채무의 확정을 위한 납세자의 신고행위나 세무서장의 처분(행위)은 그것의 내용에 효력을 부여하는 법률규정에 따라 효과가 발생한다. 납세자의 신고행위는 일종의 의사 통지[218]이고 세무서장의 행위는 관념의 통지이며[219] 그것들은 준법률행위에 해당한다. 그것들은 효과의사를 요소로 하지 않기 때문에 착오에 의한 취소 등 민법상 법률행위에 적용되는 규정들이 당연히 적용되는 것은 아니다. 예를 들면, 납세자의 신고행위는 착오가 있었다 하더라도 그 착오가 중대·명백한 것이 아닌 한 효과가 인정된다. 납세자의 신고는 자기가 한 행위임에도 불구하고, 행정행위의 경우 행위의 대상에게 공정력이 발생하는 것에 준해서, 신고행위에 대해서도 자기가 신고행위의 대상인 것과 다를 바 없게 스스로 취소하는 것이 불가능해지는 효력이 부여된다. 한편, 과세관청의 행정행위는 관청이 스스로 취소할 수는 있지만[220] 납세자가 상대방으로서 그 효력을 부인할 수는 없다. 납세자가 경정청구를 통해 효력의 부인을 도모할 수는 있다. 납세자는 청구기간이 도과하면 그것의 효력을 다툴 수 없다.

국세기본법상 세무서장은 조세채무를 확정할 때 (납세자의 행위가 조세회피행위에 해당한다고 판단하는 때에는) 납세자의 행위에 따라 성립할 조세채무를 확정시키지 않고 '실질'에 따라 조세

---

218) 독일에서는 기본적으로 관념의 통지(Wissenserklärung)로 파악하고 있다. 이는 독일의 세제가 부과과세제도에 입각하고 있는 데에 기인한다. 신고상 특정 과세조항을 선택하는 내용이 포함되어 있을 경우 이를 의사의 통지 (Willenserklärung)로 본다.

219) 이미 성립한 조세채무를 확인하여 그것을 구체화하는 효과를 가진다.

220) 행정행위가 재결인 경우에는 일반적으로 재결관청도 취소·변경할 수 없는 불가변력(실질적 확정력)이 인정된다. 결정에 오기· 계산착오 기타 이와 비슷한 잘못이 있는 것이 명백한 경우에는 국세기본법 제65조의 2의 규정에 의한 경정을 할 수 있다.

채무를 확정시킬 수 있다. 국세기본법 제14조 제3항의 규정에 의한 단계거래원칙에 따른 부과처분이 그러한 예라 할 것이다. 이 경우 만약 납세자가 자신이 영위한 거래에 따라 성립한 조세채무를 신고를 통해 확정시킨 것이 있다면 관할세무서장은 그에 따라 납세자가 납부한 세액은 환급해 주어야 한다. 위에서 '실질'은 세법이 직접 규정하기도 한다. 예를 들면, 소득세법 및 법인세법상 부당행위계산부인규정이 그러한 경제적 실질을 규정하고 있다.[221] 단계거래원칙에 관한 규정과 부당행위계산부인규정은 조세회피방지규정으로서 세법의 적용단계에 활용되는 것이다.

③ 조세채무의 소멸

적법하고 유효하게 확정된 조세채무를 둘러싼 권리의무의 효력에 대해서는 일반 민사법적인 원칙이 적용된다. 그러나 적지 않은 영역에서 예외가 존재한다. 소멸시효, 우선순위, 이행청구 및 강제집행상 국세기본법 및 국세징수법에 민사법에 대한 예외조항들이 다수 규정되어 있다. 그 과정에서 국가의 권리를 행사하는 관할세무서장이 하는 행위는 행정행위로서 공법상 원칙의 적용을 받는다.

(2) 민사법률관계에 대한 세법의 태도

(가) 민사법률관계에 따라 사실확정

조세법규는 민사법 등 비세법상의 개념을 차용하고 자신의 고유개념을 창설하여 과세요건을 규정하고 있다. 민사법은 사적 자치의 원칙에 의해 지배되며 당사자 상호간의 약속은 그것에 따른 법률적 효과로서 그 약속의 이행을 의무화하고 있다. 세법은 그 이행에 따른 당사자들의 주관적인 만족 또는 경제적 파급효과와는 별개로 객관적으로 인식할 수 있는 법률효과가 과세요건에 부합할 경우 그에 따른 과세효과, 즉 조세채무가 성립하도록 규정하고 있다. 다른 한편, 세법은 스스로 고유개념을 창설하여 과세요건을 규정하기도 하는데 이 경우 비세법상의 법률관계는 그와 같이 규정된 과세요건에 정확하게 들어맞는지는 별도의 해석이 필요하다. 아울러 세법이 비세법상의 개념을 차용하여 과세요건을 규정한 경우에도 그 비세법이 세법에 옮겨오면서 변질되었다고 볼 수도 있는 일이다.

세법이 민사상 법률관계를 과세요건으로 규정한 경우에는 당사자들이 설정한 법률관계를 과세요건사실로 인정하여 세법을 적용하는 것이 세법의 원칙적인 적용방법이다.

(나) 민사법률관계와 다른 내용으로 사실확정

세법이 비록 차용개념으로 과세요건을 규정하고 있는 경우라 하더라도 사법상의 법률관계를 그대로 인정하는 것이 조세법의 부과원칙에 부합하는지에 대해 의문을 제기할 수 있는 영역이 존재한다. 현대사회에서 사적 자치의 원칙은 법질서 및 다른 사람의 자유나 권리와 조화되어야 한다. 재산권의 행사는 공공복리에 적합하여야 한다. 이에 따라 경제적 약자를 보호하고 무과실책임을 인정하는 것이 현대 사회의 법원칙이다.

---

221) 이것의 본질은 경제적 실질이기보다는 의제된 경제적 실질에 불과하다고 볼 일이다.

조세의 종목과 세율은 법률로 규정한다고 하는 조세법률주의의 정신에 못지않게 중요한 헌법적 원칙으로서 평등주의가 절충하여 국세부과의 원칙으로서 국세기본법에 규정되어 있는 것이 실질과세원칙이다. 이는 재산권에 대한 침해를 규정하고 있는 세법은 재산권적 실질에 부합하게 과세되어야 한다는 것을 내용으로 하는 원칙이다. 외형이나 형식과 다른 사실이나 실질이 존재하는 경우 조세채무는 그러한 사실이나 실질에 의하여 성립한다는 내용이다.

세무서장이 조세채무를 확정할 때 납세자가 부당하게 조세를 감소시키는 방법으로 사법상의 법률관계를 구성한 경우 세무서장은 그러한 법률관계를 존중하지 않고 정당하게 세금을 내는 결과를 가져오는 관계를 스스로 상정하여 그에 대해 세법을 적용할 수 있게 하는 조세회피방지규정이 있다.

(3) 주요 사례

(가) 시효취득에 의한 경제적 이득에 대해 과세할 수 있는지

세법이 창설한 고유개념은 세법적 논리에 따라 적용할 수 있을 것이지만, 그 개념이 민사상 개념을 차용하여 구성된 경우에는 당해 차용개념의 민사적 의미에 따라 고유개념을 해석하는 것이 타당하다.

아래의 사례에서 X1이 토지의 소유권을 취득할 때에 소득세 또는 증여세를 과세할 수 있는지를 판단하여 보기로 하자. 소득세법은 과세대상소득을 열거적으로 규정하고 있다. 아래 사례에서 검토할 수 있는 소득은 '기타소득'이다. 상증세법은 '증여'개념을 완전포괄적으로 창설하고 있는데, 그 개념은 재산의 직간접적 이전 또는 기여(또는 재산가치의 증가)를 증여로 보는 것이다.

X1은 25년 전 숙부 A로부터 결혼을 축하하여 토지를 증여한다는 구두의 의사표시를 받았다. 이후 당해 토지의 명의는 A인 채로 있다가 X1은 그 토지 위에 자기 명의의 집을 건축하여 기거하였으며, 토지의 재산세도 부담하였는데, A의 사망 후 그 사정을 알지 못한 상속인 B로부터 그 토지의 반환청구를 받았다. 그때에 X1은 제소하여 본건 토지의 증여를 받았다고 주장함과 함께 예비적으로 20년 이상 동안 당해 토지를 평온하게 점유를 계속하여 왔음을 근거로 취득시효를 원용하여 B에 대해 소유권이전등기절차를 요구하고 취득시효에 의한 승소의 확정판결을 받았다.[222]

X1은 A의 증여의 의사표시와 그에 이은 사용허여를 계기로 토지를 사용하게 되었으며, 최종적으로는 재판을 통해 취득시효를 인정받음으로써 해당 토지의 명의를 취득하게 되었다. 법률적으로 보면 소유권의 취득원인은 취득시효이며 승소판결에 따라 소유권이전등기를 한 때에 소유권을 취득하게 되었다(민법 제245조). 그런데 그에 의한 소유권취득의 효력은 점유를 개시한 때인 25년 전으로 소급한다(민법 제247조 제1항). 본건 거래의 경제적 실질은 A의 증여의 의사표시와 그에 이은 사용허여에 의해 소유권을 취득하게 된 것이고 25년 전에 그 가액대로

---

222) 岩崎政明, 『ハイポセテイカル・スタデイ租税法』(제2판), 2007, 弘文堂, pp.1~2 참조. 부동산물권변동상 의사주의를 취하고 있는 일본과 달리 형식주의를 취하고 있는 우리나라에서도 20년의 부동산취득시효(민법 제245조)를 인정하고 있다(참고 일본민법 제162조, 독일 BGB § 900).

증여받은 것으로 볼 수 있다.

X1이 얻은 경제적 이득에 대해 과세상 상정할 수 있는 세목은 소득세, 증여세 또는 상속세이다. 소득세와 증여세/상속세를 동시에 부과할 수 있는 경우에는 소득세를 부과하도록 되어 있으므로 논의의 편의상 소득세의 과세 여부에 대해 먼저 살펴보자(상증세법 제4조의 2 제2항).

소득세법 제21조 제1항 제13호는 무주물의 점유로 소유권을 취득하는 자산을 '기타소득'으로 보도록 하고 있다. '기타소득'은 소득세법이 창설한 개념인데, 그것의 구성요소 중 하나는 '무주물 점유'인데, 무주물 및 점유의 의미를 이해할 때에는 민사법적인 해석에 따라야 한다. 본 사건 X1은 별도의 소유권자가 있던 자산의 소유권을 취득한 것으로 제13호의 소득을 얻은 것은 아니다. 동 항 제14호는 거주자와 특수관계에 있는 자가 특수관계로 인하여 당해 거주자로부터 받는 경제적 이익을 기타소득으로 과세하도록 하고 있다. 여기서 특수관계에는 친족관계도 포함된다(소득세법시행령 제98조 제1항 제1호). 그런데 동 항 제14호에서 '경제적 이익'은 법인세법에 의한 소득처분의 결과물만을 의미한다(소득세법시행령 제41조 제9항). 따라서 본 사건에서 X1이 얻은 소득은 '기타소득'으로 과세할 수 없다.

다음으로 증여세의 과세 가능성에 대해서 보자. X1이 본 사건 토지를 취득하게 된 것은 숙부로부터의 증여의 의사표시와 그것의 사용을 묵인한 숙부의 행위로 인한 것이다. '완전포괄증여'에 의하면 '재산의 직접 또는 간접적 이전'이 무상으로 일어나면 증여로 보게 되었다. 숙부 A의 행위에는 재산의 직접 또는 간접적 이전이 없었다. 재산의 이전의 부분을 해석하는 데에는 '이전'이 민사법적으로 재산권의 이전을 의미하는 것으로 보아야 할 것이다.[223) 따라서 완전포괄증여의 개념에 포섭할 수 없다.[224)

보론으로, 만약 완전포괄증여로 볼 수 있다고 가정한다면, 증여의 시점은 부동산점유개시일이 될 것이다. 세법상 증여세 납세의무는 증여에 의하여 재산을 취득하는 때 성립한다(국세기본법 제21조 제1항 제3호). 증여재산의 취득 시기는 부동산의 경우 부동산등기일(소유권이전등기신청서 접수일)이다. 상증세법상 등기를 요하지 않는 부동산 취득의 경우에는 실제로 부동산 소유권을 취득한 날을 증여재산의 취득 시기로 본다(상증세법 제23조 제1항 제1호 단서). 세법상 취득시효에 의한 취득의 경우 당해 부동산 점유개시일을 취득 시기로 본다.[225)

시각을 달리하여, X1이 A로부터 사인증여에 의한 상속을 받은 것으로 볼 수 없을까? 법원

---

223) 국세청 심사증여 2006 – 0007(2006.3.17)은 피상속인의 사망 후의 소송상 주위적 청구를 증여로 예비적 청구를 취득시효로 한 사건에서 법원으로부터 주위적 청구가 받아들여져 증여로 등기되었지만 내용상 취득시효에도 해당한다고 보아 상속세과세대상으로 판단하였다. 상속시점에 여전히 피상속인의 소유이었던 점을 인정한 것이다. 상속 개시 전 취득시효의 요건이 충족된 경우라면 상속재산에서도 제외될 것이다. 상속 개시 후 소송에 의해 취득시효가 인정되어 소유권의 변경이 있게 된 경우에는 후발적 경정청구가 가능할 것이다(국세기본법 제45조의 2 제2항 제1호).

224) 부동산에 관하여 증여를 원인으로 하는 소유권이전등기가 적법하게 마쳐졌다면 그 등기를 한 때에 수증자의 증여세 납부의무는 적법하게 성립하는 것이고 그 후 등기의 원인무효를 이유로 한 말소등기절차의 이행을 명하는 판결이 확정되었다는 사유만으로 과세관청이 한 증여세 부과처분에 아무런 영향을 미칠 수 없음(당원 1992.5.12. 선고 91누12158 판결. 1993.8.24. 선고 93누760 판결 등 참조)은 원심이 판시한 바와 같으나, 이는 어디까지나 적법한 증여행위가 있고, 이러한 증여를 원인으로 하는 적법한 소유권이전등기가 경료되어 있음을 전제로 하는 것이고, 당사자 사이에 아무런 증여행위가 없었는데도 마치 증여가 있었던 것처럼 증여를 원인으로 하는 소유권이전등기가 경료되어 있는 경우는 원인무효의 등기에 불과한 것이므로, 당초 증여세를 부과할 수 없는 것이다(대법원 95누10006. 1995.11.24).

225) 소득세법기본통칙 98 – 7.

의 판례상 증여 후에 증여자가 사망하였는데 사망 전 증여로 인한 부동산등기가 경료되지 않은 경우에 대해서는 상속재산에 포함하도록 되어 있다. 그것을 사인증여 받은 것으로 본다면 X1은 상속인 중의 하나가 되어 상속세를 부담하게 된다. A가 증여의 약속을 미처 완전하게 이행하지 않은 한편 그 완전한 이행이 사망을 계기로 이루어져야 한다는 의사표시를 한 것도 아닌 점에 비추어 보면 사인증여로 보기에도 무리가 있다.

결론적으로, 본건에서 X1은 A의 증여의사의 불완전한 이행으로 증여를 원인으로 재산을 취득할 수 없었으며 취득시효에 의해 취득하게 되었다. 경제적으로 보면 X1의 증여의사와 사용수익의 허여에 의해 A가 무상으로 재산을 취득한 점은 인정되지만 증여세를 과세하기에는 적절하지 않다. 외형상 상속재산으로 되어 있었지만 추후 상속재산에서 차감할 이유가 발생하였으므로 상속세를 부과할 수도 없다. 소득세의 과세항목으로 되어 있지도 않아 소득세를 부과할 수도 없다.

본 사건에서 X1은 취득시효로 토지의 소유권을 취득하면서 소득세도 증여세도 부과받지 않는다면 X1에게는 그가 얻은 이득에 대해 영원히 과세할 수 없는 것일까? 그렇지는 않다. X1이 해당 토지를 양도할 경우 양도소득금액을 계산할 때 취득원가가 0이 된다(소득세법 제97조 제1항 제1호 가목). 결과적으로 X1은 자신이 숙부로부터 얻은 경제적 이득을 자신이 토지를 매도할 때 양도소득으로 과세받게 된다.

별론으로, 본 사건 사실관계상 X1은 A의 의사에 따라 20년간 토지를 무상 사용하여 왔다. 그것에 대해서는 상증세법상 토지의 무상사용에 따른 증여로 보아 과세할 수 있을 것이다.

(나) 자산양도계약을 합의해제한 경우

민법상 해제의 합의에 의해 바로 계약관계가 소멸한다. 해제계약이 가능하기 위해서는 당초의 계약이 유효하게 존속하고 있어야 한다. 매매계약의 경우 합의해제된다면 매수인에게 이전되었던 소유권은 당연히 매도인에게 복귀하는 것이다.[226]

한편 세법상 과세요건은 유효한 계약을 이행한 결과가 나타나면 바로 충족된다. 설사 무효인 계약에 의한 경우라 하더라도 실질적으로 동일한 결과가 나타난다면 과세요건이 충족된 것으로 본다. 납세의무는 과세요건사실의 충족에 의해 성립하고 납세자의 신고(예: 소득세, 법인세) 또는 세무서장의 부과처분(예: 상속세, 증여세)에 의해 확정된다. 원칙적으로 납세의무가 성립하면 법률의 규정에 의해 납세자 또는 세무서장은 확정의 절차를 밟아야 하는 의무를 지게 된다.

① 양도소득세를 과세할 수 있는지

소득세법상 양도소득은 자산을 유상으로 양도함에 따라 얻는 소득이며, 여기서 '양도'라 함은 매도·교환 및 현물출자 등으로 인하여 그 자산이 유상으로 사실상 이전되는 것을 말한다(소

---

226) 합의해제에 따른 매도인의 원상회복청구권은 소유권에 기한 물권적 청구권이다(대법원 1982.7.27, 80다2968). 판례는 물권행위에 유인성을 인정하고 있으며 이에 따라 매매계약을 해제할 경우 물권행위는 소급하여 효력을 잃게 된다. 아울러 물권행위 자체도 합의해제가 가능하다. 이때에는 설사 적법한 물권행위에 의해 소유권변동의 효과가 이미 발생한 경우라도 소유권은 그 합의해제에 의해 원래의 소유주에게로 돌아온다. 이때 등기상 내용은 실제 소유권의 상황을 제대로 반영하지 못하고 있는 것이다(등기에 공신력이 없음).

득세법 제88조 제1항 본문). '양도'의 요건사실은 물권취득(매수자)과 양도대가의 실질적 지배관리처분권 획득(매도자)에 의하여 충족된다.227)

소득세법상 자산의 양도시기는 당해 자산의 대금을 청산한 날로 되어 있고, 대금청산일이 분명하지 않은 경우에는 등기부 등에 등기된 날로 한다(소득세법시행령 제162조 제1항 제1호). 대금을 청산하기 전에 소유권이전등기 등을 한 경우에는 등기접수일로 한다(동항 제2호). 토지 등을 양도한 경우에는 그 양도일이 속하는 달의 말일부터 2월 이내에 납세지관할세무서장에게 예정신고를 하여야 한다(소득세법 제105조). 예정신고하는 양도소득세의 납세의무의 성립일은 양도일이 속하는 달의 말일이다(국세기본법 제21조 제2항 제2호).

(1) 잔금의 청산 또는 등기권리증 인도 등 계약의 이행이 없는 시점에 계약이 합의해제된 경우

매도인에 대한 잔금청산이 이루어지지 않은 경우라면 자산의 유상 양도가 있었다고 볼 수 없을 것이다. 매수인이 잔대금을 지급하지 않자(등기의 경료도 없었음) 매도인이 매매계약(1)을 해제(법정해제)하였는데, 매수인이 그 해제의 효력에 대해 소를 제기하면서, 매도인이 제3자와 체결한 동 물건의 매매계약(2)을 합의해제한 사안에서, 매매계약(2)의 효력이 상실되어 양도가 이루어지지 않은 것이 되므로 양도소득세의 과세요건인 자산의 양도가 있다고 볼 수 없다고 한다.228)

잔금청산은 있었지만 등기접수가 없다면 매수자의 물권취득 없었으므로 양도소득세 납세의무는 성립하지 않은 것일까? 양도대금을 모두 지급받았다고 하더라도 매수자의 물권취득 이전에 매매계약의 이행과 관련한 분쟁으로 인하여 매매계약이 합의해제되었다면 양도소득세의 납세의무는 성립하지 않은 것으로 본다.229) 매수인이 등기권리증을 교부받아 언제든지 등기할 수 있는 상황이라면 잔금청산일에 양도가 있었던 것으로 보아야 할 것이다.230)

---

227) 대법원 1992.12.22. 92누9944. 이 사건에서 원고는 토지를 매도하기로 하는 매매계약을 체결하고, 그에 따라 대금 전액을 수령하였고, 그 직후 이 사건 토지를 이전 등기할 수 없다는 사정을 알고 소외인들과 매매계약을 해제하기로 합의하고, 대금을 되돌려 줌과 동시에 원고가 매매대금을 수령할 당시 소유권이전등기를 할 수 있을 때까지 그 대금반환채권을 담보하기 위하여 이 사건 토지 위에 소외인들 앞으로 마쳐 두었던 근저당권설정등기를 말소함으로써, 매매계약 해제에 따른 청산까지 마쳤다. 이에 원고는 양도소득이 발생할 여지가 없게 되었으므로, 이 사건 양도소득세의 과세처분은 위법하다고 주장하였다. 대법원은 양도소득세는 자산의 양도와 그에 따른 소득이 있음을 전제로 하여 과세하는 것으로서, 그 매매계약이 합의해제되었다면 매매계약의 효력은 상실되어 자산의 양도가 이루어지지 않는 것이 되므로 양도소득세의 과세요건인 자산의 양도가 있었다고 볼 수 없다고 하였다.

228) 대법원 1990.7.13. 90누1991. 또한 대법원 96누13941를 참고할 수 있다. 사실관계는 다음과 같다. 이 사건 건물 중 그 판시 5개 호실을 제외한 나머지 부분(이하 이 사건 건물 부분이라 한다)에 관한 분양약이 합의해제되고, 그 부분에 관한 계약금 및 중도금이 모두 반환되었다. 조세소송에 있어서 부과처분의 위법성에 대한 판단의 기준시기는 그 처분 당시라 할 것인 바, 재화의 공급이 있었으나 납세의무자가 그에 대한 부가가치세 신고를 하지 아니한 경우, 과세관청이 부가가치세의 부과처분을 하기 전에 재화공급계약이 합의해제되고, 그 공급대가까지 모두 반환되었다면 재화공급계약의 효력은 소급적으로 소멸되어 재화의 공급은 처음부터 없었던 것으로 보아야 하므로, 이를 과세원인으로 하는 부가가치세의 부과처분은 할 수 없다고 하였다.

229) 대법원 2002. 9. 27. 선고 2001두5972 판결, 대법원 2015. 2. 26. 선고 2014두44076 판결

230) 법원은 매매계약의 한 방향으로 양도대가가 실효적으로 이전되었다고 하더라도 그것의 반대방향에 있는 소유권의 이전이 실효적으로 이루어지지 않은 경우라면 진정한 소득이 있다고 볼 수 없다고 한다. "토지에 대한 거래허가를 받지 아니하여 무효의 상태에 있다면 단지 그 매매대금이 먼저 지급되어 양도인인 원고가 이를 보관하고 있다 하여 이를 두고 양도소득의 과세대상인 자산의 양도에 해당한다거나 자산의 양도로 인한 소득이 있었다고 단정할 수는 없다. 소득세법 제4조 제3항에 의하면, 양도소득에 있어 자산의 양도라 함은 그 자산이 유상으로 사실상 이전되는 것을 말한다고 규정하고 있는바, 경제적인 측면에서만 양도소득을 파악하여 이득의 지배관리나 향수를 하고 있는 지위에 있는 것만으로 양도소득이 있다고 판단하여서는 안 될 것이다"고 하면서 "국토이용관리법상의 토지거래허가지역 내에서의 매매계약 등 거래계약은 관할관청의 허가를 받아야만 그 효력이 발생하며, 허가를 받기 전에는 물권적 효력은 물론 채권적 효력도 발생하지 아니하여 무효"이므로 양도소

물권취득이 양도대가의 지급보다 뒤늦게 이루어진 경우, 양도의 시기는 앞선 양도대가의 지급시가 된다. 이 때에는 부과제척기간은 대금청산일 이후 기산할 것이다.

소득세법은 토지거래허가구역의 토지의 이전에 따른 양도소득신고에 대해서는 특례규정을 두고 있다. 토지거래계약허가를 받기 전에 대금을 청산하고 그 후에 허가를 받은 경우 당해 토지의 양도시기는 대금을 청산한 날이 되지만, 양도소득과세표준 예정신고 신고기한은 2000년 12월 29일 개정된 소득세법 제105조 제1항 제1호 단서에 따라 토지거래계약의 허가일이 속하는 달의 말일부터 2개월이 된다(「국토의 계획 및 이용에 관한 법률」 제117조 제1항에 따른 토지거래계약에 관한 허가구역에 있는 토지를 양도할 때 토지거래계약허가를 받기 전에 대금을 청산한 경우에는 그 허가일이 속하는 달의 말일부터 2개월로 한다). 부과제척기간도 등기를 하여 물권을 이전한 날 이후 기산한다고 보아야 할 것이다.[231]

(2) 납세의무가 성립하고 확정되기 전 합의해제된 경우

▶ 대금은 지급되고 등기접수가 이루어지기 전 합의해제된 경우

잔금이 청산되고 등기권리증이 인도되었지만 등기가 아직 접수되지 않은 시점에서 양자간 매매계약을 합의해제한 경우를 상정할 수 있다. 매수인이 언제든 등기를 할 수 있는 처지에 있었다면 매도인의 진정한 양도가 있었다고 볼 일이며, 양도소득세 납세의무는 성립한 것이 된다.

합의해제가 국세기본법시행령상 '당해 계약의 성립 후 발생한 부득이한 사유' 또는 '그것에 준하는 사유'에 해당하여 후발적 사유로 인정받지 않는 한 경정청구가 허용되지 않을 것이다. 실무적으로는 합의해제를 하지 말고 일방이 해제를 하고 타방이 그것의 효력에 대한 소송을 제기한 후 화해를 하는 방법을 사용할 경우 후발적 사유에 해당할 수도 있겠다(국세기본법 제45조의 2 제1항 제1호 및 제2항 제5호 동법시행령 제25조의 2 제2호).

▶ 대금이 지급되고 등기가 이전된 후 합의해제된 경우

부동산등기가 경료된 경우라면 양도자가 양도대금을 실질적으로 지배, 관리 처분할 수 있는 지위에 있지 않은 경우가 아니라면 양도로 보아 조세를 부과하여야 한다.[232]

득세를 부과할 수 없다고 하고 있다. 이 사안에서 당사자들은 허가를 받지 못하게 되자 계약을 합의해제하였다(대법원 1993.1.15. 선고 92누8361 참조).

231) 수원지법 2001.5.9, 2000구2518. 국토이용관리법상 토지거래허가구역 내에 위치한 토지에 대한 매매계약이 토지거래허가를 받지 아니하여 유동적 무효의 상태에 있는 경우에는 단지 매매대금이 먼저 지급되어 양도인이 이를 보관하고 있다 하여도 양도소득세의 과세대상인 자산의 양도에 해당한다거나 자산의 양도로 인한 소득이 있었다고 할 수 없어 양도소득세의 과세대상으로 할 수 없으므로 거래 허가를 받기 전까지는 양도소득세의 부과권은 발생하지 않는다고 할 것이고, 토지거래허가를 받은 때에 비로소 양도소득세의 과세대상으로 되어 양도소득세를 부과할 수 있는 것이므로, 설사 토지거래허가 전에 매매대금이 모두 청산되었더라도 토지거래허가 이후에 양도소득세 부과권의 제척기간이 진행된다고 봄이 상당하다(대법원 2001두9776(2003.7.8) 참조). 민법상으로는 허가를 받으면 매매계약은 소급하여 유효한 계약이 된다.

232) 대법원 95누7758, 1995.11.10. 참조.

(3) 납세의무가 적법하게 확정된 후 합의해제된 경우

합의해제 자체가 부득이한 후발적 경정청구사유에 해당하지는 않는다(국세기본법 제45조의 2).[233] 양도로 세금이 나오지 않을 줄 알았는데 추후 세무조사의 과정에서 세금이 나오게 됨을 알게 되어 매매계약의 동기상 착오가 있었다는 이유로 당사자 간 그 계약을 합의해제하는 경우에는 후발적 사유에 해당하지 않을 것이다.

잔금의 청산은 있어서 양도소득세가 부과된 이후 토지거래신고 지역으로서 등기가 곤란한 상황에서 한[234] 합의해제는 과세상 인정된다.

② 취득세를 과세할 수 있는지

부동산이 유상으로 양도되면 양도자가 양도소득세를 내고 취득자는 취득세를 낸다. 부동산이 무상으로 이전되면 무상 이전받은 자는 증여세와 취득세를 낸다.

양도소득세는 양도의 결과 양도대금이 지급되며, 소유권이 이전되었더라도, 조세채무 확정 전, 원상회복되면 양도소득이 없었던 것으로 보아 과세되지 않는다.

지방세법상 취득세의 경우에는 소유권이 한번 적법하게 이전되면 취득의 사실이 존재하는 것이 되며, 취득세 조세채무가 확정되기 전이라 하더라도, 원상회복 여부와 관계없이 취득세가 과세된다. 취득세는 부동산 소유권의 이전이라는 사실 자체에 대하여 부과되는 유통세의 일종으로서 부동산을 사용, 수익, 처분함으로써 얻게 될 경제적 이익에 대하여 부과되는 것이 아니므로 구 지방세법 제105조 제1항(현행 지방세법 제6조 제1호)의 '부동산의 취득'이란 법적인 관점에서의 실질적인 소유권의 취득 여부에 관계없이 소유권 이전의 형식으로 이루어지는 부동산 취득의 모든 경우[235]를 말하기 때문에 "사실상 취득"이 없는 경우까지 포섭하는 개념이다.[236] 한편 지방세법 제7조 제2항은 취득세의 납세의무자를 규정하면서 등기·등록을 하지 아니한 경우라도 "사실상 취득"하면 취득세를 과세한다고 규정하고 있다. 이 때 "사실상 취득"의 개념은 과세대상이 되기 위한 요건이라기보다는 "형식상 취득"에 대한 과세를 회피하는 행위를 방지하기 위한 조세회피방지규정적인 성격을 가진 것이다.

당초 정당하게 이전한 것을 추후 합의해제한다면 합의해제에 의하여 소유권을 회복하는 것에 대해서는 취득세를 부과하지 않는다. 소유권 이전등기를 말소하는 원상회복 조치의 결과로 그 소유권을 취득한 것은 "소유권 이전"으로 볼 수 없기 때문이다.

원고가 그 처인 소외 최○옥으로부터 간통죄로 고소되고 이혼소송도 제기당하여 그 위자료

---

233) 서울고등법원2013누46114, 2013.12.12., 서울행정법원2006구합43986, 2007.08.16 등 참조

234) 이 사건 토지는 토지 등의 거래계약신고구역 안에 있는 농지로서 매매대금의 지급만 있었을 뿐 그 매매계약의 이행이 완결되지 아니한 상태에서 이 사건 과세처분이나 계약의 합의해제가 있었고, …(출처: 대법원 1992.12.22. 선고 92누9944 판결【양도소득세부과처분취소】 [공 1993.2.15.(938), 642]).

235) 한편 조세법률주의의 원칙상 조세법규는 과세요건이거나 비과세요건을 가리지 아니하고 특별한 사정이 없는 한 법률의 문언대로 해석하여야 하고 합리적 이유 없이 확장 해석하거나 유추 해석하는 것은 허용되지 아니하므로 민법 제839조의 2의 재산분할에 따른 부동산 소유권의 이전은 취득세의 비과세대상을 한정적으로 규정한 지방세법 제110조 제4호의 '공유권의 분할로 인한 취득'에 해당하지 아니한다(출처: 대법원 2003.8.19. 선고 2003두4331 판결【지방세환급】 [공 2003.9.15. (186), 1889]).

236) 대법원 2018. 3. 22. 선고 2014두43110 전원합의체 판결. "취득"의 문구를 문리적으로 해석하는 결과 민사상 실질적인 소유권 취득이 없더라도 형식적인 소유권 이전이 있었다면 지방세법상 "취득"의 사실이 있었던 것으로 보는 반면, 그 "취득" 사실의 귀속자를 밝힘에 있어서는 실질귀속원칙이 적용된다.

조로 원고 소유인 이 사건 부동산을 소외인에게 양도하기로 약정함으로써 1990년 10월 8일 그 약정에 따라 소외인 앞으로 소유권이전등기를 경료하여 주었는데, 이후 원고가 소외인을 상대로 이 사건 부동산에 관한 위 소유권이전등기의 말소소송을 제기하여 그 소송이 제1심에 계속 중인 한편, 소외인이 원고를 상대로 제기한 이혼소송이 항소심에 계속 중인 1991년 11월 27일 원고와 소외인은 상호 화해하기로 하여 원고는 위 민사소송인 소유권이전등기말소의 소 및 위 이혼소송의 항소를 취하하기로 하되 소외인은 그 앞으로 경료된 이 사건 부동산을 원고에게 넘겨주기로 합의 약정하였고, 같은 해 12월 4일 위 합의약정에 따라 이 사건 부동산에 관하여 경료된 소외인 앞으로의 소유권이전등기가 말소된 사건에서(대법원 1993.9.14, 93누11319(서울고등법원 92구30902)), 법원은 당초의 소유권 이전에 대해서는 취득세가 부과되지만 원상회복하기 위한 소유권 이전에 대해서는 취득세가 부과되지 않는다는 판단을 하였다.

소외인인 부인에게 이혼을 이유로 소유권을 넘겨줄 때 등기원인을 본 사건에서처럼 '이혼위자료 지급'으로 하였다면 세법상 '양도'로 보게 된다. 이 경우 부인은 취득세를 부담하여야 한다. 이를 합의해제하여 소유권을 원상회복하는 경우에는 당초의 양도에 대한 양도소득세를 매기지 않고 소유권의 회복에 대한 취득세를 부과하지 않는다. 그러나 당초의 이전에 대한 취득세는 여전히 부과하는 것이다.

등기원인을 '재산분할청구에 의한 소유권이전'으로 하는 경우에는 양도 또는 증여로 보지 않는다. 이 경우에도 부인은 취득세를 부담한다.

(다) 유동적 무효인 상태에서 양도로 볼 수 있는지

① 토지거래허가를 받지 않은 경우

일반적으로 '유동적 무효'인 법률행위란 법률행위가 처음부터 무효이지만 나중에 추인에 의하여 유효하게 될 수 있는 경우를 말하고, '유동적 유효'란 그 법률행위가 처음에는 유효이지만 취소에 의하여 무효가 될 수 있는 경우를 말한다. '유동적 무효'의 사례로는 국토이용관리법 위반행위 및 무권대리행위를 들 수 있다. 국토이용관리법(이후에는 '국토의 계획 및 이용에 관한 법률')은 위 허가를 받지 않고 체결한 토지거래계약은 그 효력이 발생하지 않는다고 규정하고 있다. 토지거래의 허가는 계약의 당사자가 공동으로 신청하도록 되어 있다. 여기서 토지거래계약은 채권행위로서 매매계약에 해당한다. 당사자가 매매계약의 이행을 위해 중도금을 지급하거나 토지를 명도하는 경우라 하더라도 매매계약 자체가 무효이므로 그에 따른 물권적 합의(물권행위)가 역시 무효로 되어(법원의 입장-물권행위의 유인성) 해당 토지의 소유권이전의 요건을 충족하지 못하게 된다. 이는 설사 등기가 되는 경우라 하더라도 그러하다고 보아야 할 일이지만, 등기소는 토지거래허가서를 요청하므로 실제 등기가 되는 일은 없다.

소득세법상 부동산의 양도를 어떻게 보아야 할 것인지에 대해서는 법원은 매도자의 입장에서 매도목적물에 대한 대가를 획득함과 동시에 매수자의 입장에서 소유권을 획득하는 것을 필요로 한다고 하고 있다. 매매계약에 대해 토지거래허가를 받지 않은 경우에는 매수자의 입장에서 소유권의 획득이 불가능하므로 원천적으로 양도가 있다고 볼 수 없게 된다. 당사자가 해당 매매계약을 합의해제하는 것은 양도가 있었는지를 판단하는 데 결정적인 요소가 되지는 못한다.

아래의 사건은 토지매매거래허가를 받지 않은 부동산매매계약의 합의해제에 관한 사례이다 (대법원 2000.10.27, 98두13492(서울고등법원 97구26335)).[237]

원고와 국명근(아래에서는 '원고 등'이라 한다)이 1989년 10월 26일 대한주택공사로부터 이 사건 토지를 1,434,000,000원에 분양받아 계약금만 지급하고 중도금과 잔금을 지급하지 아니한 상태에서, 1990년 10월 17일 이 사건 토지를 정일석 외 3인(아래에서는 '정일석 등'이라 한다)에게 2,263,200,000원에 매도한다는 계약(아래에서는 '제1차 계약'이라 한다)을 체결하면서 대금 중 1,116,000,000원은 1990년 11월 29일까지 지급받기로 하고 나머지 대금에 관해서는 정일석 등이 대한주택공사에 같은 금액 상당의 원고 등의 미납입 분양대금을 직접 납입하기로 약정한 후 정일석 등으로부터 1,116,000,000원을 지급받았고, 정일석 등은 1990년 12월 19일까지 대한주택공사에 원고 등의 미납입 분양대금 및 연체료를 모두 납입하였다.

그 뒤 1993년 8월경 이 사건 토지의 환지가 확정되었는데, 1993년 9월경 주식회사 유통종합상가가 위 정일석 등은 자신의 대리인으로서 원고 등과 제1차 계약을 체결한 것이라고 주장하면서 원고 등 및 대한주택공사를 상대로 순차 소유권이전등기를 구하는 소송을 제기하자, 원고 등은 1년 이상 위 소송에서 다투다가 1994년 11월 10일에 이르러 정일석 등과 제1차 계약을 합의해제하고, 1994년 11월 11일 구영희 외 229명(주식회사 유통종합상가의 설립에 관여한 구성원들)에게 이 사건 토지를 동일한 대금인 2,263,200,000원에 매도하는 계약(아래에서는 '제2차 계약'이라 한다)을 체결하면서 그 대금은 1차 계약에 따라 지급된 대금으로 대체하기로 약정하였다.

한편 1990년 6월 15일 이 사건 토지 일대는 토지거래계약허가를 받아야 하는 규제구역으로 지정되었는데, 원고 등이 제1차 계약에 관해서는 토지거래계약허가를 받은 바가 없었고, 1994년 12월 31일 이 사건 토지에 관하여 원고 등 명의로 소유권이전등기를 경료한 후 제2차 계약에 관한 토지거래계약허가를 받아 1995년 10월 11일부터 1995년 10월 18일까지 사이에 구영희 외 229명에게 이 사건 토지의 각 230분의 1지분씩에 관하여 소유권이전등기를 경료해 주었다.

과세관청은 제1차 계약에서 원고가 이른바 대리인인 정일석 등에게 미등기인 채로 부동산을 매도한 것으로 보아 높은 세율을 적용하였다.

원심[238]은 제1차 계약에서 원고가 '부동산을 취득할 수 있는 권리'를 양도한 것으로 보았다 (부동산을 취득할 수 있는 권리의 양도에 관한 계약은 허가의 대상이 아니라고 볼 수 있다는 전제에 입각한 것임). 토지거래계약에 대한 허가를 받지 않았기 때문에 그것 자체는 무효이지만 본 사건 사실관계상 원고는 대한주택공사로부터 분양받은 토지(아직 환지확정되지 않아 등

---

237) 1989.10.26. 주공의 원고에 대한 분양계약 체결; 계약금 지급
　　　1990.6.15. 토지거래허가구역 지정
　　　1990.10.17. 원고, 정일석 등과 1차계약
　　　1990.12.19. 정일석 등 잔금지급 완료
　　　1993.8. 토지환지확정
　　　1993.9 유통종합상가(구영희 등) 소유권 이전소송 제기
　　　1994.11.10. 1차 계약 합의해제
　　　1994.11.11. 원고, 구영희 등과 2차계약(1차계약과 대금 동일)
　　　1994.12.31. 토지 원고 명의로 이전
　　　1995.10. 원고, 토지 명의 구영희 등에 이전
238) 서울고등법원 1998.7.8. 선고 97구26335.

기를 할 수 없었음)를 취득할 수 있는 권리를 대리인인 정일석 등에게 매도한 것으로 본 것이다. 이렇게 본다면 정일석 등은 제2차 계약상 매수자 즉 이른바 자신들을 대리인으로 지명한 본인인 구영희 외 229명에게 부동산을 취득할 수 있는 권리를 전매하였거나 해당 부동산을 미등기양도한 것으로 볼 수 있다. 그들이 대리인으로서 무엇인가 받은 금원이 있다면 그것은 그러한 양도에 따른 차익이 된다고 볼 수 있을 것이었다.

대법원은 '부동산을 취득할 수 있는 권리'가 이 사실관계에서 존재한다 하더라도 그것을 이전할 수 있게 하는 제1차 매매계약 자체가 유동적 무효이고 결과적으로 확정적으로 무효가 되었으므로 정일석 등에게 이전된 것은 아무것도 없다고 본 것이다. 더욱이 구영희 외 229명이 자신 등을 상대로 소유권이전등기를 구하는 소송을 하자 원고는 정일석 등과 계약을 합의해제 하였으므로 이전의 목적물을 무엇으로 보든 이 이전을 가능하게 하는 계약이 소급하여 효력을 상실하게 된 점도 고려한 것이다.

국토이용관리법상 토지거래허가를 받아야 하는 토지에 대한 제1차 매매계약이 거래허가를 받지 아니하여 유동적 무효인 상태에서 위 계약을 합의해제하고 제2차 매매계약을 체결하여 토지거래허가를 받은 경우, 부동산에 대한 매매계약이 합의해제로 효력이 상실되어 양도소득세의 과세대상이 되는 양도는 처음부터 없었던 것으로 보아야 하므로 제2차 계약에 관하여 토지거래허가를 받은 것만으로 제1차 계약이 유효하다고 보아 그에 따른 양도를 양도소득세의 과세대상으로 삼을 수 없다고 한 사례이다.

만약 원고 등이 원고 등 명의로 소유권이전등기를 경료하지 않고, 토지거래계약허가도 대한주택공사로부터 구영희 외 229명이 직접 매수하는 형태의 계약으로 하여 받은 것이었다면, 원고 등에게 '부동산을 취득할 수 있는 권리'의 양도가 있었던 것으로 볼 수 있었을 것이다.[239) 토지거래허가를 받지 않을 경우 해당 토지 자체는 양도할 수 없지만, 토지를 취득할 수 있는 권리는 양도할 수 있는 것이다.

이처럼 '부동산을 취득할 수 있는 권리'의 양도로도 볼 수 없는 경우에는 토지매매계약이 무효인 이상 그 매매대금이 양도인에게 지급되었다 하여도 양도소득세 부과대상인 자산의 양도에 해당한다거나 자산의 양도로 인한 소득이 있었다 할 수 없으므로 양도소득세 부과대상이 아니며, 또한 증여받은 것이 아니므로 증여세 부과처분도 위법하다는 것이 대법원의 입장이다(대법원 1997.3.20. 선고 95누18383 전원합의체 판결).

그런데 대법원은 대법원 2011.7.21. 선고 2010두23644 전원합의체 판결로, 부동산을 전매한 자가 이득을 본 사안에서, 매매 등 계약이 처음부터 국토의 계획 및 이용에 관한 법률에서 정한 토지거래허가를 배제하거나 잠탈할 목적으로 이루어진 경우와 같이, 위법 내지 탈법적인 것이어

---

239) 피고인이 갑 주식회사로부터 토지거래허가구역 내 토지를 매수하면서 전매차익을 얻을 목적으로 계약금만 지급한 상태에서 토지를 취득할 수 있는 권리를 을, 병에게 양도하고 양도대금을 지급받은 다음 을, 병이 토지를 갑 회사로부터 직접 매수하는 형식의 매매계약서를 작성하고 관할 관청의 토지거래허가를 받아 직접 소유권이전등기를 마침으로써 부정한 방법으로 양도소득세를 포탈하였다고 하여 구 특정범죄 가중처벌 등에 관한 법률(2010.1.1. 법률 제9919호로 개정되기 전의 것) 위반(조세)으로 기소되었다. 갑 회사와 피고인의 매매계약 및 피고인과 을, 병의 양도계약은 모두 확정적으로 무효이나, 갑 회사로부터 을, 병 앞으로 마쳐진 소유권이전등기가 말소되지 않은 채 남아 있고, 피고인은 을, 병에게서 받은 양도대금을 반환하지 않은 채 그대로 보유하고 있으므로, 피고인에게는 토지를 취득할 수 있는 권리의 양도로 인한 소득이 있고, 그것이 양도소득세 과세대상이 된다(대법원 2012.2.23. 선고 2007도9143 판결).

서 무효임에도 당사자 사이에서는 매매 등 계약이 유효한 것으로 취급되어 매도인 등이 매매 등 계약의 이행으로 매매대금 등을 수수하여 그대로 보유하고 있는 경우에는 종국적으로 경제적 이익이 매도인 등에게 귀속되고, 그럼에도 매매 등 계약이 법률상 무효라는 이유로 매도인 등이 그로 말미암아 얻은 양도차익에 대하여 양도소득세를 과세할 수 없다고 보는 것은 매도인 등으로 하여금 과세 없는 양도차익을 향유하게 하는 결과로 되어 조세정의와 형평에 심히 어긋난다고 하여 '자산의 사실상 이전'이 있었던 것으로 보아 과세하는 예외적인 경우를 인정하고 있다(다수의견). 소득세법상 '양도'라 함은 자산에 대한 등기 또는 등록에 관계없이 매도 교환 법인에 대한 현물출자 등으로 인하여 그 자산이 유상으로 사실상 이전되는 것을 말한다고 규정하고 있을 뿐 자산이 유상으로 이전된 원인인 매매 등 계약이 법률상 유효할 것까지를 요구하고 있지는 않다는 이유에서이다.

② 무권대리에 의한 매매계약에 불과한 경우

민법상 무권대리의 경우에는 본인이 그 계약을 추인하지 않으면 본인에 대해 효력이 없다. 이와 같은 무권대리행위에 의한 법률관계는 유동적 무효의 상태에 있다. 가족이 자신 모르게 부동산을 처분한 다음의 사례를 보자.

X2는 서울에서 사업을 영위하고 가족이 같이 거주하고 있었는데 직장일로 부산에 가 있던 기간에 서울에 남은 23세인 아들 C가 X2의 실제 인감과 권리증을 악용하여 경기도에 있는 토지·건물을 D에게 매도하였다. 그 매각 후 2년 정도 지나 X2는 세무서로부터 갑자기 양도소득에 따른 소득세의 경정처분 및 과소신고가산세의 부과결정처분을 받았을 때에야 그 매각의 사실을 알게 되었다. 그러나 이미 그때에는 그 토지 위에 D의 호텔이 건립되어 있었으며 이제 매각대금도 아들 C가 소비하였기 때문에 원상회복은 사실상 거의 곤란하였다. 그리고 소득세법의 개정에 따라 적용되는 소득세율은 2년 전에 비해서 현재의 것이 더 낮아지게 되었다.

적용해야 할 세법은 소득세법이다. 소득세법상 양도소득이 발생한 것인지, 그것의 귀속자는 누구인지, 그리고 귀속시점은 언제인지가 쟁점이 된다.

이 사건에서 X2와 동거하고 있는 성인이 된 아들 C가 X2의 인감과 권리증을 훔쳐 부동산을 D에게 매도하였다. 이때 C는 D에게 자신이 X2의 위임을 받았음을 표시하였을 것이다. C의 법률행위는 무권대리행위이다. X2의 추인이 없는 한 D의 소유권취득은 효력이 없는 것이다. 추인을 할 경우에는 계약 시에 소급하여 그 효력이 발생한다. X2는 D에게 소유권이전등기 말소청구를 할 수 있다. 그 경우 C는 D에게 손해배상을 하여야 할 것이다.

X2가 추인하지 않을 경우에는 토지의 양도는 무효이기 때문에 양도소득세의 납세의무는 발생하지 않는다. 과세관청의 부과처분 후 X2가 유동적 무효인 상태의 계약을 무효로 확정지었는데, 과세관청의 처분은 그 처분 당시는 적법한 것이었는가? 처분의 하자가 중대 명백한 것이었는지에 따라 판단하여야 한다. 과세관청의 입장에서는 명백한 하자로 볼 수 없을 것이다. 그렇다면 이는 취소할 수 있는 하자에 불과하다고 보아야 할 일이다. 상태의 토지매매거래허가를 받기 전이어서 유동적 무효인 상태로 있지만 잔금을 다 받았다고 하여 과세처분을 한 경우라면 그 처분은 등기 전의 처분이며, 과세관청으로서는 유동적 무효의 상태를 명백히 알았을 것이므로, 무효인 처분이라고 볼 일이다.

X2는 추인하는 것을 선택할 수도 있다. 해당 토지 위에 D의 호텔이 건립되어 C의 손해배상 액은 매우 클 것이었다. 또한 C는 토지매각대금을 소비해 버렸다. 이러한 사정을 감안하여 X2가 C의 무권대리행위를 추인한다면 추인의 효력은 계약 시에 소급하여 발생한다. 이 경우 당해 부동산양도소득의 귀속자는 X2가 될 것이다. X2가 보유하고 있던 기간 중 생성된 자본이득의 귀속자는 일응 X2가 되어야 하며 해당 부동산의 매각대금이 어떻게 되었는지는 그 판단에 영향을 주지 않는다. 당해 양도소득에 대한 납세의무는 언제 성립한 것인가? 법적인 측면만 보면 X2의 추인에 의해 당해 계약은 소급하여 유효해진 것이기 때문에 그때 X2의 양도소득에 대한 납세의무는 성립하고 그 때의 소득세율에 의해 과세되어야 한다.[240]

다. 국세기본법과 다른 세법과의 관계

(1) 국세기본법 제3조 제1항

2020년 개정 전 국세기본법은 동법이 다른 세법에 우선하여 적용되지만 국세기본법 제3조 제1항 단서에서 특별히 규정한 조항에 대해서 각 세법에 특례규정을 두고 있는 경우에는 그 세법이 정하는 바에 의한다고 규정하고 있었다(구 국세기본법 제3조 제1항).

2020년 개정 후 국세기본법은 단순히 국세에 관하여 세법에 별도의 규정이 있는 경우를 제외하고는 이 법에서 정하는 바에 따른다(국세기본법 제3조 제1항).

국세기본법은 국세에 관한 기본적인 사항 및 공통적인 사항을 규정함으로써 국세에 관한 법률관계를 확실하게 하기 위한 법률이다(Mantelgesetz). 따라서 각 세법에 고루 적용되는 기본원칙을 천명하는 것을 기본적인 목적으로 하지만 각 세법에 고유한 사정이 있어 특례를 인정하여야 할 경우에는 그 특례가 국세기본법이 설정한 원칙에 우선하여 적용되도록 하고 있다.

각 세법상 어떤 조항이 그에 대한 특례규정인지에 대해 국세기본법이나 다른 세법조문상 확인할 방법이 없다. 소득세법에 '국세기본법'이라는 말이 모두 13번 나옴에 불구하고 '국세기본법 …에 불구하고'라는 말은 역시 찾아볼 수 없다. 우리 세법상 국세기본법과 다른 세법 간의 내용상 충돌이 있을 때 무엇을 우선하여야 하는지에 대해 알기 매우 어려운 구조로 되어 있다는 것을 알 수 있다.[242]

(2) 국세기본법 제3조 제2항

국세기본법은 관세법에서 세관장이 부과·징수하는 국세에 관하여 국세기본법에 대한 특례규정을 두고 있는 경우에는 관세법이 정하는 바에 의한다고 규정하고 있다(국세기본법 제3조 제2항).

국세징수법은 국세의 징수에 관해 필요한 사항을 규정한다고 하면서 동법에 규정한 사항으로서 국세기본법 또는 다른 세법에 특별한 규정이 있는 것에 관해서는 그 법률이 정하는 바에

---

240) 서울고등법원 2009.6.3, 2008누31569 참조.

242) 상증세법 제45조의 2의 규정은 '실제소유자와 명의자가 다른 경우에는 「국세기본법」 제14조에도 불구하고'의 표현을 사용하고 있다.

의한다고 하고 있다. 동법은 '국세'를 정의하지 않고 있다. 한편, 관세법은 "국세징수의 예에 의하여 관세를 징수하는 경우… 관세의 우선순위는 국세기본법에 의한 국세와 동일한 순위로 한다"라고 규정하고 있다(관세법 제3조 제2항). 그리고 지방세기본법은 "지방세의 부과와 징수 에 관하여 이 법 및 지방세관계법에서 규정한 것을 제외하고는 국세기본법과 국세징수법을 준 용한다"라고 규정하고 있다(지방세기본법 제147조). 이 외에도 관세법과 지방세 관계법은 매우 많은 조항에서 국세기본법과 국세징수법의 규정을 준용하고 있다.

이와 같이 국세기본법, 국세징수법, 관세법 및 지방세 관계법은 상호 공통적인 사항을 규정 하면서 국세징수법은 국세기본법을, 그리고 관세법과 지방세 관계법은 국세기본법 및 국세징수 법을 준용하고 있다. 국세기본법은 국세징수법을 '세법'의 하나로 보고 그에 특례규정이 있으 면 그것을 우선하는 규정을 두고 있다. 반면 국세징수법은 국세기본법에 특별한 규정이 있으면 그것이 우선한다고 한다. 여기서 무엇을 우선하라는 것인가 하는 의문이 제기될 수 있다. 예를 들어, 사해행위취소에 관한 것은 국세기본법(제35조 제4항)과 국세징수법(제30조)에 모두 규정 되어 있다. 내용상 국세기본법상 사해행위취소에 관한 규정이 우선하여야 할 것이다. 국세기본 법 제3조 제1항은 동법 국세기본법 제35조가 속한 제4장 제1절이 다른 세법에 우선하여 적용 된다고 규정하고 있다(국세기본법 제3조 제1항 본문 및 단서 참조). 각 법을 뒤져 찾아보아야 알 수 있는 것으로서 세법 적용상 매우 많은 수고를 필요로 하는 부분이다.

라. 국조법과 다른 세법과의 관계

국조법 제3조 제1항은 "이 법은 국세 및 지방세에 관하여 정하고 있는 다른 법률에 우선하여 적용한다."고 규정하고 있다. 여기서 '국세에 관하여 정하고 있는 다른 법률'에는 국세기본법이 포함된다. 한편, 국세기본법은 스스로가 다른 세법에 우선한다고 규정하면서 '세법'의 범주에 국 조법을 포함시키고 있다.

국조법은 지방세 관계법에 우선한다고 한다. 우리나라가 체결한 조세조약은 소득할 주민세 (이제는 '지방소득세')를 대상 조세에 포함시키고 있다. 따라서 조세조약은 지방세를 부과할 때 에도 적용된다. 국조법은 조세조약의 적용에 관해 규정하고 있으므로 국조법이 동 사안에 대해 지방세 관계법에 우선하여 적용될 필요가 있다. 그러나 실제 지방세 관계법의 어떤 규정이 국 조법 규정과 충돌하는지는 알 수 없다. 막연히 지방소득세에도 조세조약이 적용된다는 이유 때 문이라면 굳이 둘 필요는 없다. 지방소득세는 국세인 소득세에 대한 부가세로서 부과에 관한 실체적 요건 규정이 달리 존재하지 않기 때문이다. 국조법의 규정상 다른 세법에 비해 우선하 여 적용할 규정이 있다면 해당 조항에서 규정하면 될 일이다.

다른 세법의 규정을 인용하면 그 세법에서 갖는 의미에 따라 해석하여야 한다.[243]

---

243) 법인세법 제39조 제1항에는 "소득세법 제142조 제1항 제1호 및 제5호에 게기한 이자소득금액 또는 기타소득금액"을 내국 법인에게 지급하는 자가 그 금액을 지급하는 때에는 그 지급하는 금액에 법인세를 원천징수하여 납부하도록 규정되어 있다. 소득세법에 의하면 이자소득이 금융업을 영위하는 내국법인의 금융업에서 발생하는 소득에 해당할 경우에는 '이자소득'이 아닌 '사업소득'에 해당되는 것이라고 보아야 할 것이다. 원고가 금융업을 영위하는 내국법인인 소외 금융기관들에게 지급한 이 사건 양도성예금증서의 이자는 소득세법 제142조 제1항 제1호에 게기하는 '이자소득금액'에 해당되지 않는다고 보아야 하

(1) 이전가격과세규정이 적용되면 부당행위계산부인규정의 적용이 배제되는지

국조법 제3조 제2항은 국제거래에 대해서는 소득세법 및 법인세법상 부당행위계산부인규정은 적용하지 않는다고 규정하고 있다. 그 국제거래가 국외특수관계인과의 거래인 경우 이전가격과세제도가 적용된다.

2010년 1월 1일 개정된 국조법은 '국제거래'란 거래 당사자의 어느 한 쪽이나 양쪽이 비거주자 또는 외국법인(비거주자 또는 외국법인의 국내사업장은 제외한다)인 거래라고 규정하고 있다(국조법 제2조 제1항 제1호). 2010년 1월 1일 개정전 국조법은 국제거래는 "거래당사자의 일방 또는 쌍방이 비거주자 또는 외국법인인 거래"라고만 규정하고 있었다(구 국조법 제2조 제1항 제1호).

2010년 1월 1일 당시 '국외 특수관계자'는 "거주자·내국법인 또는 국내사업장과 특수관계에 있는 비거주자·외국법인 또는 이들의 국외사업장"이었다(국조법 제2조 제1항 제9호). 국조법 제2항 제1항 제9호는 1996년 국조법이 제정될 당시 '비거주자 또는 외국법인'으로 되어 있던 국조법 제2조 제1항 제9호는 2006년 5월 24일 '비거주자 또는 외국법인(국내사업장을 포함한다)'으로 개정되었고,[244] 다시 2008년말 '비거주자 또는 외국법인'으로 개정되었다.[245] 2010년 12월 27일에는 '비거주자 또는 외국법인(비거주자 또는 외국법인의 국내사업장은 제외한다)'으로 개정되었다.

2010년 1월 1일 당시라면 비거주자 또는 외국법인의 국내자회사와 그 비거주자 또는 외국법인의 국내사업장간의 거래에 대해서는 부당행위계산부인규정을 적용하여야 하는가, 이전가격과세제도를 적용하여야 하는가?

두 제도가 납세자와 과세관청 간에 어떠한 이해득실을 가져오는가? 일반적으로 부당행위계산부인규정에 의하면 과세관청은 납세자가 특수관계자와 영위한 거래에 따른 소득금액을 거래가격과 시가를 비교하여 재산정하고 이전가격과세규정에 의하면 거래가격과 정상가격을 비교하여 재산정한다. 전자의 경우에는 시가에 관해 상증세법상 상세한 규정이 있는 만큼 그 적용요건도 까다로워 과세관청이 적절한 시가를 제시하여 과세하기가 용이하지 않다. 그러나 후자에 의하면 정상가격의 산정은 그것을 규정하고 있는 국조법이 국제적인 기준에 따라 탄력적으로 해석될 수 있어서 과세관청이 상당한 재량을 가지고 있다. 그러한 재량은 상대방국가 과세관청의 그에 준하는 재량과 충돌할 수 있는데 이는 상호합의의 방법으로 조정된다. 외국법인의 국내사업장의 그 법인의 국내 자회사와의 거래가 이전가격과세 될 때 외국정부가 그것을 상호합의의 대상으로 할 수 있을까? OECD모델조세조약[246]상으로 외국법인의 국내사

므로, 원고는 법인세법 제39조 제1항에 따라 그 소득에 대한 법인세를 원천징수하여 정부에 납부하여야 할 의무가 없다(대법원 1991.12.24. 선고 91누384 전원합의체 판결).

244) 2006년 5월 정부는 당시 이 주제가 논란의 대상이 되어 있었기 때문에 이전가격과세제도가 적용됨을 명확히 하기 위하여 그와 같이 개정한다고 하면서 2006년 5월 24일이 속하는 과세연도부터 적용한다고 하였다(국세청, 『개정세법해설』, 2007, p.250.).

245) 2008년 개정을 하면서 정부는 이전가격과세제는 국경 간 거래에 대한 자국의 과세권 보호를 위한 것이며 내국법인과 국내사업장 간 거래는 국내과세권이 미치는 국내거래이므로 부당행위계산부인규정이 적용되도록 한다고 밝히고 있다(국세청, 『개정세법해설』, 2009, p.338.).

246) OECD, *Model Tax Convention on Income and on Capital*, 15 July 2005.

업장의 소득금액산정에는 독립기업가격원칙이 적용된다. 여기서 독립기업가격은 정상가격이 된다. 동 조약상 이전가격과세를 위해서도 정상가격이 적용된다. 국내사업장의 소득금액 계산 및 이전가격과세 모두 상호합의의 대상이 된다. 이들을 감안한다면 본 사안에서 국내사업장의 소득금액 계산에 관한 사항도 상호합의의 대상이 되므로 그것을 위해 이전가격과세제도를 적용하여도 된다는 얘기가 된다. 과세관청이 국내사업장의 가격결정을 위하여 이전가격과세제도를 적용하기로 한 경우라면 제대로 된 정상가격을 찾아 적용한 것인지가 협의의 대상이 될 것이다.

여러 국가에서 부당행위계산부인규정은 이전가격과세제도의 국내판이다. 따라서 우리와 달리 시가의 개념이 별도로 없으며 소득금액 계산은 정상가격에 의하게 된다. 국내사업장의 소득금액 계산상 정상가격으로 하는 것이 통상적인 것이다. 우리나라에서와 같이 국내 특수관계기업 간의 거래에 대해서는 시가를 적용하고 외국법인의 국내사업장에 대해서는 정상가격을 적용하는 것이 해당국의 국내세법상의 고유성에 속하는 사항이기 때문에 문제 될 것이 전혀 없는 것일까? OECD 모델조세조약은 국내사업장의 소득금액은 독립기업가격원칙에 따라 산정하여야 한다고 규정하고 있다(OECD 모델조세조약 제7조 제2항). 동시에 동 조약은 일방국 기업의 타방국에서의 국내사업장(고정사업장)에 대한 동 타방국의 과세는 그 사업장이 영위하는 사업활동을 영위하는 그 타방국의 기업에 대한 과세와 비교하여 차별적(less favorably)이어서는 안 된다고 규정(이른바 '무차별조항(non-discrimination provision)'이라고 한다)하고 있다(OECD 모델조세조약 제24조 제3항). 이러한 취지의 규정은 우리나라가 체결하고 있는 거의 모든 조세조약에 삽입되어 있다. 위 3년의 기간에 대해 이전가격과세한다면 그 과세는 위 무차별조항에 위배되는 것은 아닐까? 우리나라에서 조세조약은 국내세법에 대해 특별법적인 지위가 인정될 수 있으므로 위 3년의 기간에도 부당행위계산부인규정이 적용되어야 하는 것은 아닐까? 이와 관련하여 독일의 Saint-Gobain 사건에 대한 유럽사법재판소의 판결을 참고할 수 있다.[247]

(2) 국조법에서 과세대상소득을 규정할 수 있는지

국조법과 소득세법의 관계에 대해 살펴보자. 국조법은 세법에 대해 특별법적인 지위에 있다. 국조법 제3조 제1항에서 "이 법은 국세…에 관하여 정하고 있는 다른 법률에 우선하여 적용한다."고 규정하고 있기 때문이다.

국조법에서는 특정한 경제적 이익을 소득으로 과세하라고 규정하고 있는데 소득세법은 그에 대해서 전혀 규정하고 있지 않다면 어느 법을 따라야 하는가? (1) 국조법만으로도 과세할 수

---

247) ECJ(유럽사법재판소)의 21 September 1999, Case C-307/97(Compagnie de Saint-Gobain v. Finanzamt Aachen-Innenstadt) 참조. 위 판결은 아래와 같이 결정하고 있다. 독일 이외의 다른 EC회원국에 본점을 둔 독일 내 지점은 독일에 본점을 둔 독일법인과 비교하여 다음의 독일세법 및 조세조약 규정의 적용상 동일하게 취급되어야 한다.
  1. EC비회원국에 설립된 법인으로부터 받는 배당에 대해 독일세법상 과세를 면제받는 규정.
  2. 외국납부세액공제에 관한 규정.
  3. EC비회원국의 법인에 대한 지분에 대한 자본세면제에 관한 규정. 이러한 판단을 가능하게 하는 EC조약(EC Treaty)상의 규정은 제43조(freedom of establishment)이다.

있다는 입장과 (2) 소득세법에서 규정하여야 한다는 입장이 대립할 수 있다.

(1)의 입장의 주된 논거는 국조법 제3조 제1항이다.

(2)의 입장은 소득세법은 열거주의 과세방식을 취하고 있으므로 동법에서 열거된 대상만 소득으로 과세할 수 있다는 것이다.

(가) 특정외국법인세제-거주자·내국법인

대법원 2008.10.09.선고 2008두13415판결은 (2)의 입장에 서고 있다. 이는 국조법 제17조에 의한 내국인(거주자 및 내국법인)의 간주배당소득과세규정이 있지만 소득세법에서 동 규정에 의한 간주배당소득을 배당소득의 하나로 규정하고 있지 않을 경우 국조법 제17조의 규정만으로 거주자에게 과세할 수 있는가가 쟁점이 되었다. 법원은 국조법 규정만으로는 과세할 수 없다는 판단을 하고 있다.

사실관계는 아래와 같다. 한국과 중국 사이에 직항로가 개설되기 이전에는 상호 물자교류가 홍콩을 경유하여 이루어져 왔으므로, 이로 인한 경제적·시간적 손실을 줄이기 위하여 한국과 중국은 1989년 3월경 부산과 상해 사이에 컨테이너 직항로개설을 승인하였고, 이를 담당할 해운사업체인 ○○유한공사(○○ 有限公司, Sinokor Company Ltd., 이하 '이 사건 법인'이라고 한다)는 1989년 4월 11일 중국의 대외무역운수총공사와 한국의 ○○해운 주식회사가 각 지분율 50%로 합작 투자하여 홍콩에 설립되었다. (중간 생략)

원고는 1995년경 ○○해운 주식회사로부터 이 사건 법인 주식 50%를, 대외무역운수총공사로부터 주식 40%를 각 양수하여 위 법인의 대주주가 되었고, 1999년부터 2004년까지 원고의 주식보유비율은 다음과 같다. (중간 생략)

서울지방국세청은 2005년 9월 15일부터 2005년 11월 4일까지 ○○상선 주식회사에 대하여 법인세 정기세무조사를 시행하다가 원고가 이 사건 법인에 출자한 사실을 확인하고, 이 사건 법인이 홍콩에서 위 소득과 관련하여 부담한 세액이 전혀 없기 때문에 국조법 제17조 제1항 제1호 소정의 조세피난처에 해당하고 이 사건 법인은 원고의 국외 특수관계자에 해당한다고 판단하여,[248] 2006년 5월 2일 이 사건 법인의 사업연도 말 배당 가능 유보소득 중 원고에게 귀속될 금액을 배당소득으로 보아 간주 배당하여 피고에게 과세자료를 통보하였다.

피고는 위 통보자료에 의하여 종합소득세 신고 시 간주배당소득을 합산하여 신고하지 아니하였다고 보아 원고의 종합소득에 합산하여, 2006년 8월 16일 2001~2004년 귀속 종합소득세 합계 2,801,004,400원을 경정·고지하였다('이 사건 처분').

---

248) 일반적으로 조세피난처란 기업에 대하여 소득에 관한 조세가 없거나 저율의 조세 및 기타 특수한 혜택이 제공되기 때문에 다국적기업에 의하여 조세회피 및 조세절약 수단으로 이용되는 국가 또는 지역을 의미하고, 조세피난처의 유형으로는 무세국(소득세, 상속세, 증여세 등이 전혀 존재하지 않는 국가), 저세율국(소득 또는 자본에 대한 세율이 낮고, 비교적 많은 국가와 조세조약을 체결하고 있는 국가), 국외소득면세국(해외의 원천소득에 대해서는 과세하지 않고, 국내의 원천소득에 대해서만 과세하는 나라), 특정형태 회사나 사업에 특혜를 주는 국가 등이 있다. 우리나라는 국내 기업의 해외진출 확대와 더불어 조세피난처를 통한 탈세목적의 해외자본도피나 국외원천소득의 신고누락을 통한 조세회피가 늘어남에 따라 1995.12. 국조법을 제정하면서 조세피난처 세제를 도입하게 되었다(국조법 제17조). 국조법 제17조가 적용되는 특정외국법인의 특수관계자(특정외국법인의 각 사업연도 말 현재 발행주식의 총수 또는 출자금액의 100분의 20 이상을 직접 또는 간접으로 보유하고 있는 자)는 그 법인의 각 사업연도 말 현재 배당 가능한 유보소득 중 자기에게 귀속될 금액은 배당받은 것으로 간주한다.

① 거주자(개인)의 경우

▶ (1)의 입장

(1)의 입장에 선다면 국조법 제3조 제1항의 규정을 그 논거로 들 수 있을 것이다.

피고 과세관청은 유형별 포괄주의 규정의 적용을 주장하지 않고 단지 구 소득세법 제17조 제1항 제6호[249])의 적용을 주장하였다.[250]) 법원은 이에 대해 판단하면서 동 호의 규정은 실제 배당이 이루어진 경우에 한정하는 것으로 해석하여야 한다고 판단하였다. 동 호에 대한 타당한 문리적 해석이다.

만약 피고인 과세관청이 유형별 포괄주의 규정의 적용을 주장하였다면 어떤 결과가 도출되었을까? 소득세법은 배당소득에 대해 열거주의적인 방식으로 과세대상을 설정하면서도 유형별 포괄주의 조항을 두고 있다(소득세법 제17조 제1항 제7호).[251]) 동 조항은 2002년 시행되었는데 본 사건에서는 2001년부터 2004년 귀속분 소득세 부과의 적법 여부가 다투어졌다.

동 규정에 의하면 배당소득이 되기 위해서는 지급될 것까지는 없고 단지 '소득'이면 되었을 것이다. 우리 세법상 미실현소득이라 하더라도 과세대상이 될 수 있다.[252]) 소득세법은 유형별 포괄주의 규정에 의한 배당소득의 인식시기에 관해 '지급을 받은 날'로 하고 있다(소득세법시행령 제46조 제3호의 2). 지급받은 사실이 없는 소득은 유형별 포괄주의 규정으로 과세될 수 없다는 얘기가 된다. 세법은 필요할 경우 지급을 의제하는데 이에 관해서는 의제된 지급시기도 없다.

▶ (2)의 입장

법원은 국조법에 의한 배당간주금액에 대하여 소득세가 국조법 제17조 제1항 소정의 내국인이 개인인 경우에는 소득세법에 따라 소득세납부의무를 부담하는데, 소득세법은 법에서 과세대상으로 규정하는 모든 소득에 대해서만 과세하고 과세대상으로 규정되지 않는 소득에 대해서는 과세하지 아니하는 방식을 취하고 있으므로(소득세법 제3조, 제4조), 소득세법에 간주배당금액을 과세소득으로 하는 명문의 규정이 없는 한 국조법상의 배당간주 규정만으로는 소득세를 부과할 수 없다고 보았다.

② 법인의 경우

소득세법은 2005년말 개정되어 국조법 제17조의 규정에 의한 간주배당소득을 과세대상으로 열거하였다.

법인세법은 어떠한가? 국조법 제17조의 규정에 의한 간주배당소득을 과세하는 아무런 규정을 두지 않고 있다. 법인세법은 소득세법과 달리 열거주의 과세방식이 아닌 포괄주의 과세방식을 채택하고 있다. 그러나 법인세법은 투자주식의 가치증분에 대해서는 과세하지 않는다(법인세법 제18조). 아직 실현된 소득이 아니기 때문이다. 법인세법은 미실현이득을 익금으로 보는

---

249) 외국법인으로부터 받는 이익이나 잉여금의 배당 또는 분배금

250) 법원이 유형별 포괄주의에 대해 간략히 언급하고 있기는 하다.

251) 제1호 내지 제6호의 소득과 유사한 소득으로서 수익분배의 성격이 있는 것

252) 토초세에 대한 헌법재판소의 결정(1994.7.29, 92헌바49, 52) 참조

데에는 간주규정을 두고 있으므로(법인세법 제15조 제2항 제1호), 그러한 간주규정이 없을 경우 법인세법상 과세대상 익금이 되지 않는다. 그렇다면 법인세법상 과세원칙만으로는 본 사건에서 문제 된 경제적 이득이 내국법인에 발생한 경우 과세할 수 없다는 결론을 얻게 된다. 법인세법은 배당 분배를 실제 받지 않은 경우 분배를 의제하는 시기에 관해 규정하고 있지만(법인세법시행령 제13조), 국조법 제17조의 규정에 의한 간주배당소득에 대해서는 아무런 규정을 두고 있지 않다.

(나) 과소자본세제-비거주자·외국법인

국조법 제14조의 과소자본세제는 비거주자 및 외국법인의 국내원천 배당소득에 대해 규정하고 있다.

대법원 2012.9.113. 선고 2012구11737에서는 외국법인 소득 과세에 대한 법인세법의 규정은 개인에 대한 소득과세상 소득세법의 태도처럼 열거주의 과세방식을 채택하고 있는데, 국조법 제14조의 규정에 의해 외국법인에게 배당으로 처분된 금액에 대해 법인세법에 그것을 과세대상으로 하는 별도의 규정이 없을 경우, 국조법 제14조의 규정만으로 외국법인에게 과세할 수 있는가가 쟁점이었다. 비거주자 국내원천소득 과세에 관한 소득세법 제119조 제2호 및 법인세법 제93조 제2호에서 이들 규정에 의한 배당소득은 과세대상으로 규정되어 있다. 국조법 제9조상 소득처분에 의한 배당소득은 2001년말 소득세법 및 법인세법 개정에 의해 과세대상으로 규정하였으며, 국조법 제14조상 소득처분에 의한 배당소득은 2005년말 소득세법 및 법인세법 개정으로 과세대상으로 규정되었다. 법원은 국조법 제14조상 소득처분에 의한 배당소득은 2005년말 법인세법 개정에 의해 과세대상으로 규정되었으므로, 그 이전의 것은 배당소득으로 과세할 수 없다는 판단을 하였다.

(다) 이전가격세제-거주자·내국법인

국조법 제9조의 이전가격과세는 비거주자 및 외국법인의 국내원천 배당소득에 대해 규정하고 있다. 아울러 거주자 및 내국법인의 소득에 대해서도 규정하고 있다.

국조법은 거주자 및 내국법인이 국외특수관계자에게 무상으로 자금을 대여하거나 지급보증을 하는 경우에 국조법 제9조의 규정에 따라 정상이자 및 정상지급보증료를 과세하도록 하고 있다.

소득세법은 이러한 경우 거주자의 이자소득 및 지급보증수수료를 과세할 수 있는 근거를 두고 있는가? 실제로 지급받지 않은 정상이자에 대한 과세근거규정을 찾을 수 없다.[253] 다만, 비영업대금의 이익은 약정에 의한 이자지급일에 이자를 인식하도록 하는 규정이 있지만 그것은 약정된 것을 내용으로 하는 것이다(소득세법시행령 제45조 제9호의2).

이자와 지급보증수수료를 사업소득으로 볼 경우를 상정해본다. 소득세법상 사업소득금액의 계산에 관한 규정은 이에 관해 아무런 규정을 두고 있지 않다. 국조법 제3조 제1항은 "국제거래에 대해서는 「소득세법」 제41조와 「법인세법」 제52조를 적용하지 아니한다."고 못 박고 있

---

[253] 소득세법 제21조 제1항 제13호는 "거주자·비거주자 또는 법인의 대통령령으로 정하는 특수관계인이 그 특수관계로 인하여 그 거주자·비거주자 또는 법인으로부터 받는 경제적 이익으로서 급여·배당 또는 증여로 보지 아니하는 금품"을 기타소득으로 규정하고 있지만, 본 사안에서는 '금품'이 없다.

다. 부당행위계산부인규정을 적용할 수도 없다. 과세표준계산에 관한 국세기본법 제14조 제2항의 실질과세원칙조항을 적용할 수 없다. 이전가격세제와 부당행위계산부인규정은 실질과세원칙에 대한 예외규정이다. 두 규정 모두 실제 존재하는 사실을 부인하는 것이다. 실질과세원칙규정에 의하면, 거주자는 이자나 보증수수료를 받지 않은 대로 과세하여야 한다. 이에 불구하고, 소득세법은 영업적 대금 및 지급보증은 사업소득의 하나로 규정하고 있어서 본 사안상 이득은 과세대상이 되는 것이며, 소득세법에 그것의 금액계산에 관한 규정이 없고, 국조법상 이전가격세제 규정의 적용을 받는 것이 될 뿐이다. 이는 허용되는 것이다. 법인세법도 마찬가지이다. 거주자와 내국법인의 소득은 이 경우 새로운 소득항목의 존재를 결정하는 소득처분(secondary adjustment)이 아니라, 존재하는 소득의 규모를 결정하는 금액계산(primary adjustment)에 그치는 것이기 때문이다.

마. 국내세법과 조세조약의 관계

(1) 실체법적 측면

헌법은 "헌법에 의하여 체결·공포된 조약과 일반적으로 승인된 국제법규는 국내법과 같은 효력을 가진다."고 규정하고 있다(헌법 제6조 제1항). 헌법에 의하여 체결·공포된 조약과 일반적으로 승인된 국제법규는 특별한 국내입법절차 없이도 국내적인 효력이 인정된다. 한편, 그간 법원은 헌법과 국제법의 관계에 대해서는 헌법이 우위에 있는 것으로 보고 있지만 법률과 국제법의 관계에 대해서는 사안마다 신법우선의 원칙 또는 특별법우선의 원칙 중 하나를 적용하여 왔다. 후자를 적용할 때에는 해당 조약 조항이 국내법에 특별법적 지위에 있다고 본다.

헌법상 조세조약은 국내법과 동등한 지위를 지닌다. 그 논리대로라면 규범 상호간의 관계에 관한 신법우선 내지 특별법우선의 원칙이 적용된다. 그러나 우리나라는 조약에 관한 비엔나협약의 당사국으로서 조약상 의무를 준수하여야 한다. 결과적으로 조세조약은 국내세법에 우선하여 적용되고 있다.

조세조약은 국내세법을 적용하여 우리나라 과세권을 발동할 경우 상대방국가에 그것의 발동을 일부 또는 전부 제한하겠다고 한 약속을 규정한 것이다. 우리나라는 그 약속을 지켜야 할 국제법적 의무를 부담하는 것이다. 한편, 과세권의 발동은 국내세법 규정에 의하여 판단할 일이다. 국내세법 규정에는 국세기본법 및 다른 세법상 실질과세원칙 및 논란의 여지는 있지만 그와 유사한 조세회피방지규정들이 있다. 그러한 규정들도 모두 적용한 결과 우리나라에 과세권이 발동되어야 할 경우 비로소 조세조약의 적용 여부를 판단하게 되는 것이다.

국내세법과 조세조약 간의 관계에 관한 이러한 원칙을 부분적이나마 반영하고 있는 규정이 국조법 제2조의 2의 국제거래에 관한 실질과세 규정이다. 동 규정은 동법상 '국제거래'에 대해서 실질과세원칙을 적용하는 것으로 규정하고 있다. 한편, 동법은 국세에 관해 규정하고 있는 다른 법률에 우선하여 적용된다고 규정하고 있다(국조법 제3조 제1항). 동법 제2조의 2는 불필요한 규정이다. 조세조약을 적용할 때 그것도 국제거래에 대해서만 실질과세원칙이 적용된다는 것으로 오인하기 쉬운 방식으로 규정하는 것은 적절하지 않다.

아울러 국조법 제28조 조세조약상 소득구분의 우선적용에 관한 규정도 불필요하다. 조세조약상 소득구분에 관한 규정만 국내 소득세법 및 법인세법에 우선하는 것으로 오인하기 쉬운 방식의 규정이다. 동 조항은 2018년말 삭제되었다.

국조법은 조세조약의 시행에 관해 필요한 사항은 대통령령으로 정하도록 하고 있다(국조법 제33조). 조세조약이 법률과 동등한 효력을 지니는 것임을 인정하는 규정으로서 우리나라 국제법체계에 부합하는 규정이다. 조세조약상 규정에 합치하는 방향으로 그것을 집행하기 위한 사항을 규정하는 것은 필요하다.

상호합의절차가 종결된 후에 법원의 확정판결이 있은 경우로서 그 확정판결 내용이 당해 상호합의 결과와 다른 경우에는 그 상호합의는 처음부터 없는 것으로 한다(국조법 제27조 제4항). 상호합의는 조세조약 체결당사국의 행정관청 간의 합의에 불과한 것이다. 조세조약과 그것의 적용 전제가 되는 국내세법의 적용에 관한 최종적인 판단권한은 법원에 있음을 확인하는 규정이다. 외국 행정당국과의 상호합의는 그 합의와 다른 내용의 법원 판결이 없음을 조건으로 효력을 발생하는 합의라고 보아야 할 것이다.[254]

(2) 절차법적 측면

현행 국내세법상 조세조약을 적용하기 위한 절차에 관하여 제정된 시행령과 시행규칙은 존재하지 않는다. 국조법 및 법인세법에 관련 조항이 몇 개 규정되어 있을 뿐이다. 예로서 국조법 제6장 상호합의 절차, 법인세법 제98조 내지 제98조의 5 및 제99조의 규정을 들 수 있다. 이들 규정에 대해서는 아래 사건에서의 대법원판결에서와 같은 원칙이 적용될 것이다.

(가) 상호합의절차

대법원 1997.11.14., 96누2927의 사건은 조세조약을 집행하기 위한 절차를 규정한 국내법규의 성격에 관한 것이다. 조세조약에서 상호합의를 할 수 있도록 하는 규정을 집행하기 위한 절차를 규정한 국내세법규정은 예시적인 것에 불과하다는 것이다.

구 한일조세협약은 양국의 거주자가 되는 경우에는 양국의 과세당국(권한 있는 당국자, competent authority) 간의 상호합의(mutual agreement procedure)에 의해 어느 일방국의 거주자로 보자는 결정을 받도록 하는 절차를 두고 있었다.

소득에 관한 조세의 이중과세회피 및 탈세방지를 위한 대한민국과 일본국 간의 협약 제3조[255]
① 본 협약의 적용상, '일방 체약국의 거주자'라 함은 그 체약국의 과세상 그 체약국의 거주자인 개인을 말한다.
② 본 협약의 적용상 '일방체약국의 법인'이라 함은 그 체약국내에 본점 또는 주된 사무소를 가지고 있는 법인을 말한다.
③ 본 조의 ①항의 규정으로 말미암아 개인이 양 체약국의 거주자로 되는 경우에는, 양 체약국의 권한

---

254) OECD, OECD Model Tax Convention on Income and on Capital, 15 July 2005, 제25조에 대한 주석 제24항 및 제31항 참조.
255) 동 조세협약은 1999년 11월 16일 조약 제1496호로 개정되었으며, 이하 같다.

있는 당국은 상호의 합의에 의하여 그 개인이 본 협약의 적용상 거주자로 간주되는 체약국을 결정하는 것으로 한다.

당시 재무부장관령이었던 구 한일조세협약 시행규칙 제1조[256]는 동 협약 제3조 제1항에 의하여 협약의 적용상 거주자로 보는 협약국의 결정을 받고자 하는 자는 소정의 사항을 기재한 신청서를 소득세 납세지를 관할하는 세무서장을 거쳐 국세청장에게 제출하여야 한다고 규정하고 있었다.

이 사건에서 원고 회사는 1992사업연도 이익잉여금의 처분에 의한 배당금으로 주주들에게 1993년 3월 6일자로 금 77,467,500원씩을 배당하고, 소외인들을 일본국의 거주자로 보아 구 한일조세협약 제9조 제1항, 구 한일조세협약시행령(1970.11.17, 대통령령 제5383호) 제3조에 의한 세율 12%를 적용하여 배당소득세를 원천징수·납부하였다. 이에 과세관청은 소외인들을 일본국 거주자가 아닌 국내거주자로 인정하여 위 협약에 의한 세율의 적용을 배제하고 구 소득세법(1994.12.22, 법률 제4804호 개정 이전) 제144조 제1항 제2호 (아)목 소정의 25%의 세율을 적용하여 원천징수하여야 할 배당소득세 및 가산세를 결정하고 기납부세액을 공제하여 1994년 12월 16일자로 원고에게 소외인들에 대한 배당소득세 금 22,155,700원의 납부를 명하는 징수처분을 하였다. 원고는 이 징수처분의 위법성을 다투었다.

이에 대해 대법원은 우리나라의 거주자가 동시에 일본국의 거주자로 되는 경우 협약에 따라 당국의 상호합의 절차를 개시하기 위한 요건으로 개인의 신청서 제출을 의무화한 협약시행규칙상 규정이 법률의 효력을 가진 위 협약 자체의 규정 해석상 당연한 내용을 정하고 있다거나 모법인 협약의 직접적인 위임에 의하여 규정된 것도 아니므로, 신청서의 제출을 협약 제9조 제1항에 의한 제한세율을 적용받을 수 있는 필요적 요건으로 볼 수는 없고, 위 규정은 협약 제3조에 따른 상호 협약에 나아가기 위한 절차의 하나를 예시적으로 규정해 놓은 데 불과하므로, 사실심 변론종결 시까지 소외인들이 위와 같은 이중거주자에 해당된다는 사실이 밝혀진다면, 위 시행규칙 제1조 소정의 신청서를 제출하지 아니하였다고 하여 곧바로 국내거주자로 간주할 수 있는 것도 아님에도 불구하고, 원심은 … 소외인들이 국내거주자인 동시에 일본국 거주자에 해당하더라도 협약 제3조 제3항에 의한 거주지국 결정을 받지 아니하여 소득세법 소정의 원천징수세율인 100분의 25의 세율을 적용하는 것이 적법하다고 판단한 것은 잘못이라고 하였다.

조세조약은 두 국가가 체결하게 되는데 이는 양국에 걸쳐 경제활동을 영위하는 자가 두 나라 모두에서 각국의 국내세법에 의한 과세를 받게 됨에 따른 이중과세를 방지하는 것을 주된

---

256) 구 한일조세협약시행령 제2조 (이중거주자에 대한 취급) 소득세법 제1조에 규정하는 거주자로서 협약 제3조 제3항의 규정에 의하여 협약의 적용상 일본국의 거주자로 간주되는 개인은 소득세법 및 이 영의 적용상 우리나라의 거주자로 보지 아니한다.
소득에 관한 조세의 이중과세회피 및 탈세방지를 위한 대한민국과 일본국 간의 협약시행규칙 제1조 (이중거주자에 관한 협약국 결정의 신청) 소득세법 제1조에 규정하는 거주자로서 소득에 관한 조세의 이중과세회피 및 탈세방지를 위한 대한민국과 일본국 간의 협약(이하 '협약'이라 한다) 제3조 제1항의 규정에 의하여 협약의 적용상 거주자로 보는 협약국의 결정을 받고자 하는 자는 다음 각 호의 사항을 기재한 신청서를 그의 소득세 납세지를 관할하는 세무서장을 거쳐 국세청장에게 제출하여야 한다.
1. 성명
2. 우리나라의 주소 또는 거소 일본국 내의 주소 또는 거소
3. 항구적 주거지 인적 및 경제적 생활의 중심지 통상의 체재지 및 국적
4. 우리나라 및 일본국에서 과세되었거나 과세될 사실
5. 기타 참고사항

목적으로 한다. 예를 들어, 일본의 거주자가 한국법인의 주식을 취득하여 배당소득을 얻은 경우 한국에서 25%의 세율을 적용받고 일본에서도 25%의 세율을 적용받도록 되어 있는데, 조세조약에 한국은 12%로 과세하고 일본에 배당을 보내면 일본은 나머지 13%를 과세하자는 식의 장치를 두는 것이다.

이때 한국 과세관청 입장에서는 한국법인의 주주가 조세조약을 체결한 일본의 거주자이어서 한일 간 조세조약을 적용해야 할 사람인지 판단하여야 한다. 그런데 배당소득은 지급하는 자가 원천징수하여야 하기 때문에 순서상으로는 지급하는 자가, 지급받는 자가 일본의 거주자인지를 먼저 판단하여야 한다. 본 사건에서 지급자인 원고회사는 해당 주주를 무심코 일본 거주자로 보아 12%의 세율로 원천징수하였는데, 원고회사의 관할 세무서장은 동 주주가 한국 거주자라고 보아 25%의 세율로 원천징수를 하였어야 한다고 하여 부족하게 원천징수한 세액을 원고회사에게 징수처분을 하였다. 원고회사는 이 처분에 대해 소송을 제기한 것이다.

한국의 세법은 그러한 양국의 합의를 구체화하는 절차에 관한 규칙을 두고 있었다. 원고회사가 원천징수할 때에나 과세관청이 징수처분을 할 때 각자는 이중거주자라는 전제에 입각하지 않았다. 따라서 소송과정에서 이중거주자인 점이 밝혀지면서 그제야 상호합의 절차에 관한 규정에 따라 일방국의 거주자로 간주하는 절차에 들어가야 한다는 것을 알게 되었다.

원심은 이러한 사정에도 불구하고 원고회사가 협약시행령상의 절차를 개시하지 않았기 때문에 당연히 한국의 거주자로 보아야 한다고 판단하였다.

이에 대해 대법원은 사실심 변론종결 시까지 이중거주자(dual resident)에 해당된다는 사실이 밝혀진다면 상호합의 절차를 밟을 기회를 주지 않고 우리나라의 거주자로 보는 것은 위법하다고 판단한 것이다. 이는 구 한일조세협약이 이중거주자에 대한 상호합의를 한다고만 규정할 뿐 그것이 납세자의 신청에 의해 개시되어야 한다고 규정하지 않고 있는 점에 근거한다. 납세자가 신청하라고 한 것은 한국의 일방적인 행정절차에 불과한 것일 뿐 그것이 이중거주자가 되는 자의 실체적인 법적 지위를 결정하는 요소가 될 수 없다는 것이다.[257] 따라서 설사 납세자가 신청하지 않았다 하더라도 한국의 과세당국은 이중거주자에 해당하는 자에 대해서는 직권으로 상호합의를 개시하여야 한다는 것이 된다. 조세협약을 집행하기 위한 절차에 관한 국내세법규정이 설정한 요건은 조세조약상 혜택을 받기 위한 필수적 요건이 될 수 없음을 확인한 판결이다.

(나) 원천징수를 위한 조세조약의 적용

법인세법 제98조의4, 제98조의 5 및 제98조의 6의 규정은 비거주자나 외국법인이 자기 거주지국과 우리나라와의 조세조약을 적용받기 위한 절차에 대해 규정하고 있다. 조세조약은 국내세법상 과세권을 양허하는 내용을 받고 있으므로, 해당 납세자에게 유리한 국내세법 일반규정에 대한 특칙에 해당하고 이의 적용을 받기 위해서는 해당 납세자가 관련 조세조약 규정의 적용요건을 충족하는 사실을 입증할 책임이 있다. 우리나라로서는 이러한 입증이 충분히 이루어지는 가운데 조세조약이 적용되도록, 먼저 입증하고 조세조약을 적용하든가(relief at source), 국내세법에 따라 과세받고 추후 입증하여 조세를 환급(refund)받는 절차규정을 두고 있다. 이 절차규정은

---

257) 법무법인 율촌 조세판례연구회, 『조세판례연구Ⅰ』, 세경사, 2009, pp.164~167 참조.

국내의 원천징수의무자에게도 동일한 원칙에 따라 적용된다. 만약 위 규정들을 적용하는 과정에서 조세조약의 규정에 부합하는 사실관계가 있음에도 불구하고 결과적으로 해당 조세조약규정을 적용받지 못하는 비거주자나 외국법인이 발생한 경우, 그 비거주자나 외국법인은 과세관청의 처분의 위법성을 다툴 수 있을 것이다. 위법한 처분이 있을 수 있다고 하여 위 법인세법 규정들이 조세조약의 국내법적 효력을 사실상 부인(treaty override)하는 성격을 지닌 것으로 볼 수 없을 것이다.

바. 법률과 시행령 간의 관계

법률의 위임근거가 없는 시행령 규정은 원칙적으로 효력이 없다.[258]

시행령의 적용시기 이후에 법률이 적용되기 시작하였다면 해당 법률 개정 이후의 사안에 대해서만 시행령을 적용할 수 있을 것이다.

법률의 내용을 구체화하는 시행령의 적용시기가 법률의 적용시기보다 뒤에 오는 경우 해당 시행령의 적용시기를 법률의 적용시기로 앞당겨 해석할 여지가 없는 것은 아니다. 그러나 법률에서 시행령에 구체적 과세요건을 위임하고 있는 경우라면, 구체적 과세요건을 규정하는 시행령이 효력이 발생하기 전에 발생한 사실에 대해서는 해당 법률에 의한 과세를 할 수 없다.[259]

2. 합법성의 원칙

합법성의 원칙이란 세법상 과세요건이 충족되면 납세의무가 성립하므로 과세관청은 법률이 정한 대로 조세를 부과·징수하여야 한다는 것이다. 조세법률주의의 원칙을 조세법 집행에 적용한 것으로서 구체적·개별적 사정을 중시하는 합목적성의 요청과의 조화가 필요한 원칙이다.

합목적성의 관점에서 국세기본법이 명시적으로 규정하고 있는 원칙으로는 실질과세원칙 및 신의성실원칙이 있다.

구체적 수치를 들어 논하기 곤란한 사항이지만 우리나라 법원의 판례를 보면 합법성에 상대적으로 더 큰 비중이 두어지고 있는 것으로 보인다. 합법성의 원칙은 과세관청의 재량에 의한 과세의 여지를 축소하는 작용을 하게 된다. 세무서장이 납세자의 자력을 감안하여 세액을 줄여주는 제도 또는 납세자가 자료제출을 할 수 없는 경우 납세자와 협의하여 과세하는 제도가 도

---

258) 구 조세감면규제법(1990. 12. 31. 법률 제4285호) 부칙 제23조는 과세근거조항이자 주식상장기한을 대통령령에 위임하는 근거조항이므로 이 사건 전문개정법의 시행에도 불구하고 존속하려면 반드시 위 전문개정법에 그 적용이나 시행의 유예에 관한 명문의 근거가 있었어야 할 것이나, 입법자의 실수 기타의 이유로 이 사건 부칙조항이 이 사건 전문개정법에 반영되지 못한 이상, 위 전문개정법 시행 이후에는 전문개정법률의 일반적 효력에 의하여 더 이상 유효하지 않게 된 것으로 보아야 한다. 비록 이 사건 전문개정법이 시행된 1994. 1. 1. 이후 제정된 조세감면규제법(조세특례제한법) 시행령들에서 이 사건 부칙조항을 위임근거로 명시한 후 주식상장기한을 연장해 왔고, 조세특례제한법 중 개정법률(2002. 12. 11. 법률 제6762호로 개정된 것)에서 이 사건 부칙조항의 문구를 변경하는 입법을 한 사실이 있으나, 이는 이미 실효된 이 사건 부칙조항을 위임의 근거 또는 변경대상으로 한 것으로서 아무런 의미가 없을 뿐만 아니라, 이 사건 부칙조항과 같은 내용의 과세근거조항을 재입법한 것으로 볼 수도 없다(2012. 5. 31. 2009헌바123·126(병합)).

259) 대법원 1996.7.9. 선고 95누13067 판결, 대법원 2011.09.02. 선고 2008두17363 전원합의체 판결, 대법원 1979.3.27. 선고 79누24 판결

입되어 있지 않은 것은 이러한 관점에서 이해할 수 있다.[260]

가. 실체적 합법성

(1) 근거과세

조세법률주의를 엄격하게 적용하자면 어떤 사실관계가 과세요건에 부합할 경우 어김없이 조세를 부과·징수하여야 한다. 이 원칙은 세법의 해석상 엄격하여야 한다는 것뿐 아니라 사실관계를 판단함에 있어서도 엄정하여야 한다는 것을 의미하게 된다. 주관적이고 자의적인 판단을 배제하고 명확한 근거에 입각하여야 한다는 것이 된다. 그리고 해당 요건이 충족되면 과세관청은 달리 재량을 발휘하지 말고 과세하여야 하며 해당 요건의 충족 결과 주어지는 법적 효과의 범위만큼 과세하여야 한다는 것이 된다.

근거과세는 합법성의 원칙이 사실관계 확정상 지켜지도록 하기 위한 것이다. 과세할 수 없는데 과세하는 것은 위법하다는 관념에 입각한 것이다. 과세요건충족에 관한 사실뿐 아니라 과세표준계산에 관한 사실도 실제에 입각하여야 한다. 즉 '실액과세'하여야 한다.[261]

근거과세에 관한 규정은 과세관청으로 하여금 근거 없이 과세할 수 없도록 할 뿐 아니라 납세자에게도 과세관청이 근거를 가질 수 있게 장부와 서류를 준비하도록 하는 의무를 부과하고 있다(국세기본법 제16조).[262]

국세기본법상 근거과세원칙이 이론적으로 매우 타당한 것은 분명하지만 그 원칙이 항상 적용될 수 있는 것은 아니다. 과세관청이나 납세자가 세법이 규정하는 대로 오차 없이 과세표준을 조사하는 것이 현실적으로 매우 어렵게 되는 상황은 적지 않게 존재한다. 납세자가 소득금액을 얼마로 신고하고 그것에 관한 근거로서 장부와 서류를 제공하였지만 그 모든 것이 허위인 것은 분명한데 실제 정확한 소득금액이 얼마인지에 대한 근거는 세상에 존재하지 않으며 납세자도 과거의 거래에 대한 상세한 기억을 갖고 있지 않은 경우라면 소득금액을 어떻게 결정하여야 하는가?[263] 세법은 근거과세의 원칙을 어느 정도 완화하는 규정을 두지 않을 수 없게 된다.

---

260) 추계과세에 관한 규정들은 도입되어 있다.

261) 구 소득세법(1994.12.22. 법률 제4803호로 전문 개정되기 전의 것) 제119조 제1항상 서면조사결정방법은 서면조사결정 대상자와 세무사 등을 신뢰하여, 세무사 등에게 과세표준조사서와 소득금액 계산서에 의하여 과세표준확정신고서의 기재내용이 정확하다는 것을 확인한 조정계산서를 작성·제출케 함으로써 정부가 하여야 할 실지조사를 대행하게 한 것으로서, 징세행정의 능률을 올리는 한편 납세의무자의 편의를 도모하려는 데에 그 의의가 있으므로, 조정계산서가 증빙서류 등의 근거 없이 전혀 허위·가공으로 작성되었음이 명백하거나, 수입금액이 전혀 신고내용에 포함되지 아니하고 처음부터 탈루되었음이 명백한 경우 및 수입금액이 신고되었으나 그 신고내용 자체에 의하여 탈루 또는 오류를 범한 것임이 객관적으로 명백한 경우 등과 같이 과세표준과 세액을 서면조사만으로 결정하도록 하는 것이 부당하다고 인정되는 경우에는 서면조사로 결정하지 아니하고 실지조사 또는 추계조사로 결정하거나, 서면조사결정 후에라도 실지조사 등을 통하여 과세표준과 세액을 경정할 수 있다(대법원 2000.7.6. 선고 98두10615 판결).

262) 국세기본법 제81조의 3의 성실성의 추정에 관한 규정 참조.

263) 중부지방국세청장이 1995년 1월경 이 사건 일식집에 원고가 비치, 기장한 장부를 조사한 결과 납세의무자의 주류매출액 누락분을 밝혀내고, 조사공무원이 이에 기초하여 기장된 음식물 총판매수입금액과 주류 총판매수입금액의 비율에 따라 월별로 기장 누락된 수입금액을 산출하여 제시하자, 이에 납세의무자가 확인서와 매출누락명세서로써 그 월별 수입금액을 확인해 주었으며, …, 관할세무서장은… 구 소득세법 제118조 소정의 실지조사방법에 의하였다 할 것인데, 원심이 이와는 달리 피고들이 추계조사방법에 의하여 기장 누락된 수입금액을 산정하였다고 인정하고 그 추계방법이 위법하다는 이유로 이 사건 각

(2) 추계과세

조세법률주의를 엄격하게 적용하자면 과세관청은 세법상 과세요건이 충족될 경우 과세하지 않으면 안 되고 해당 요건의 결과 주어지는 법적 효과의 범위만큼 과세하여야 한다.

국세기본법은 '근거과세'를 하기 곤란한 경우에 세무공무원이 따라야 할 큰 원칙을 설정해 놓고 있지만 그것의 구체적인 절차에 대해서는 침묵하고 있다. 과세요건충족사실이 존재하는 것은 분명한데 과세표준계산의 근거사실을 찾을 수 없어 '실액과세'를 할 수 없을 때이다.

과세관청은 납세자의 장부나 서류가 불비하다고 하여 과세를 하지 않을 수는 없다. 개별 세법은 납세자에게 소득이나 기타의 경제적 거래가 있다고 볼 객관적 사정이 명백하다면 과세관청은 가능한 한 자료를 구하여 이를 근거로 삼아 추계하여 과세하도록 하고 있다. 이러한 방법을 '추계과세'라고 한다.

(가) 추계과세의 요건과 방법

추계과세는 과세표준결정의 최후의 수단으로서 엄격한 요건 하에서만 허용되고 그 방법이 합리성에 의해 뒷받침되지 않으면 안 된다. 소득세법이나 법인세법과 같은 개별 세법이 추계과세의 요건과 방법에 관해 규정하고 있다(소득세법 제80조 제3항). 근거과세를 할 수 없는 충분한 이유가 존재하여 추계과세를 하더라도 추계과세액은 가급적 최대한 실액과세액과 근사치가 되어야 한다. 추계과세사건에 대해 소송이 진행될 경우 해당 과세관청은 추계과세요건의 충족, 추계의 기초가 된 사실관계의 정확성 및 추계방법의 합리성·타당성을 입증해야 할 책임을 진다.[264]

실존하는 사실관계에 대해 조세부과처분이 이루어졌음에 대한 입증책임은 원칙적으로 과세관청에 있다. 과세관청이 사실관계를 확정할 수 있게 기록과 장부를 유지할 책임은 납세자에게 있다. 추계과세에 관한 규정은 납세자가 그 책임을 다하지 못했을 때 추계하여 사실관계를 확정하도록 절충하는 성격이 있다. 이는 법관이 사실관계가 불명확할 때 입증책임을 배분하면서 입증필요를 완화하거나 전환하는 판단을 하게 되는데 이러한 것과 같은 작용을 법규상 미리 취해 놓은 것으로 비유해 볼 수 있다.

(나) 장부가 있을 때 추계조사

장부가 있을 때에도 추계조사할 수 있는가? 대법원 1988.10.11. 87누537판결은 납세자가 장부를 비치기장하고 있을 때 과세관청이 추계과세할 수 있는 요건과 절차에 대해 판단하고 있다. 이 사건에서 원고는 세법이 요구하는 제반 장부 및 증빙서류를 비치·기장하면서 피고 세

과세처분을 취소한 조치에는 판결 결과에 영향을 미친 채증법칙 위배로 인한 사실오인의 위법이 있거나 추계과세에 관한 법리오해의 위법이 있다고 할 것이다(대법원 2000.12.22. 선고 98두1581 판결).

264) 매출액 추계의 기준이 되는 업종별 매매총이익률에 의하면, 개인사업자인 석유류 도소매업자에 대한 당해 과세기간의 매매총이익률은 9.31%인 한편, 납세의무자인 당해인이 석유류 도소매업을 영위하면서 취한 거래방식은 이른바 오더거래방식에 의한 매출이 대부분이었는데, 이와 같은 오더거래방식에 의한 매출의 경우 거래량은 대규모이나 이익률은 국세청장이 정한 매매총이익률인 9.31%에 훨씬 미치지 못하는 2% 정도에 불과하였다면, 위 매매총이익률 9.31%는 국세청장이 조사한 자료를 기초로 업종별로 정한 평균적 이익률로서 법령에서 정한 추계방법의 하나이기는 하나, 이를 적용하여 당해인의 매출액을 추계한다면 불합리하게 된다고 볼 만한 특수한 사정이 있다고 봄이 상당하므로, 이와 같은 특수한 사정이 있음을 고려하지 아니하고 위 매매총이익률을 적용하여 행하여진 과세처분은 그 추계방법과 내용에 있어 합리성과 타당성을 인정할 수 없다(대법원 1998.5.12. 선고 96누5346 판결).

무서장으로부터 3년간 실지조사결정을 받아 왔다. 1983년도에도 장부와 증빙을 비치·기장하고 해당 연도분 소득세과세표준 및 세액을 확정신고하였다. 그런데 피고의 직원들은 해당 연도 신고분에 대해 실지조사를 한 결과 일부 수입금액을 기장 누락하였다고 하여 구 소득세법시행령 제169조 제1항 제1호의 장부·증빙서류의 '중요한 부분이 미비 또는 허위인 때'에 해당한다고 하여 추계과세를 하였는데 원고는 그 과세처분의 적법성에 대해 다투었다. 대법원은 소득세법 제120조의 규정[265]에 의한 추계과세는 실지조사결정을 할 수 없는 경우에 예외적으로 인정하는 과세방법이라고 할 것이므로 납세의무자가 비치·기장한 각종 장부 및 제반 증빙서류에 부당성이 있으면 이를 지적하고 새로운 자료의 제시를 받아 이를 조사하고, 그 자료에 의하더라도 과세표준과 세액을 결정할 수 없을 때에 한하여 비로소 동법 시행령 제169조 제1항 제1호[266]에 해당되어 추계조사결정을 할 수 있다. 그러나 원고가 비치 기장한 장부 및 증빙서류에 의해 필요경비를 계산해 보지도 않고 추계 과세한 것은 부적법하다.[267]

본건에서 관할 세무서장은 원고의 장부와 서류가 거의 동일한 상태로 있던 지난 3년간에 대한 세무조사 시에는 실지조사를 결정하여 오다가 해당 연도의 소득세 조사 시에는 일부 수입금액의 누락사실이 발견되었다 하여 추계조사를 한 것이다.

본건에서 실지조사를 받아 온 것에 대한 납세자의 신뢰를 보호하여야 할 것인가? 설사 법상 추계과세요건의 적용에 관한 일정한 관행이 성립되었다 하더라도 그것으로 본건과 같이 새로운 불성실신고의 증거가 노출될 때까지 그러한 관행이 유지되리라는 정도의 기대는 주지 않은 것으로 보아야 할 것이다.

납세자로서는 비록 일부 수입금액의 누락 사실이 발견되어 수입금액은 추계하지 않을 수 없는 사정에 이르렀다 하더라도 소득금액은 실지 조사하여야 한다는 항변이 가능하였을 것이다. 과세관청은 이러한 납세자의 항변과 그것을 뒷받침하는 모든 증거자료를 성실하게 분석한 후에도 그것의 진실성에 확신을 가질 수 없거나 그것만으로는 해당 과세연도의 소득금액을 합리적으로 계산할 수 없다는 점을 확인한 후에야 추계과세를 할 수 있다.

(다) 장부가 없을 때 추계조사

위 사건에서 납세자는 비치·기장한 각종 장부 및 제반 증빙서류의 진실성을 주장하였다. 장부가 없을 때에는 추계조사를 하여야 하는가? 이 때에도 실지조사를 할 수 있는가? 위 사건에서와 달리 납세자로서는 추계조사결정이 더 유리하다고 하여 그것을 주장할 수도 있을 것이다. 대법원은 양도소득금액을 기준시가에 의하여 계산하는 원칙이 확립되어 있던 시절 실지거래가액에 의한 양도소득금액 결정은 납세자에게 유리한 경우에만 할 수 있다는 입장을 가지고 있었다.

---

265) 구 소득세법 제120조 (추계조사결정) ① 정부는 대통령령이 정하는 명백한 객관적 사유로 인하여 제117조 내지 제119조의 규정에 의하여 결정을 할 수 없는 때에 한하여 과세표준과 세액을 업종별 소득표준율에 의하여 조사결정한다.
② 업종별 소득표준율에 의한 과세표준과 세액의 결정을 '추계조사결정'이라 한다.

266) 구 소득세법시행령 제169조 (추계조사결정) ① 법 제120조 제1항에서 '대통령령이 정하는 명백한 객관적 사유'라 함은 다음 각 호에 게기하는 것을 말한다. 〈개정 1978.12.30.〉
1. 과세표준을 계산함에 있어서 필요한 장부와 증빙서류가 없거나 중요한 부분이 미비 또는 허위인 때. 다만, 제164조 제4항 및 제166조 제1항 제2호의 경우를 제외한다.

267) 우리 법원은 부분 추계가 불가능하다는 입장을 취하고 있다.

소득금액을 실액으로 과세하는 원칙이 정립된 오늘날 세법에 납세자의 추계과세를 받을 수 있는 권리를 인정하는 명문의 규정은 없다. 납세자가 비치기장한 장부에 의해 과세금액을 확인할 방법이 없을 때 과세관청이 수집한 과세정보만을 근거로 입증책임이 납세자에게 있는 필요경비의 입증을 강요하는 방식으로 실지조사결정하는 경우가 발생할 수 있다.[268] 복식부기의무자가 장부를 작성하지 않아 수익금액과 필요경비 모두에 대한 정확한 정보를 가지고 있지 않은 상황에서 조사관청이 예금계좌상 입금액을 모두 수익금액을 보아 과세하려 하지만[269] 납세자는 그에 대해 마땅한 필요경비 입증수단을 가지고 있지 않을 경우를 상정해볼 수 있다. 우선 납세자는 예금계좌상 출금액을 중심으로 필요경비의 존재를 최대한 입증하도록 노력하여야 할 것이다.[270] 그것도 여의치 않을 경우에는 추계과세를 주장할 수도 있을 것이다. 필요경비의 입증책임이 납세자에게 있다고 하여 객관적으로 입증하지 못할 것으로 보이는 상황에서 추계과세요건이 충족되지 않은 것으로 볼 수는 없다. 복식부기의무자가 추계과세를 받을 수 있도록 하는 현행제도는 복식부기의무자가 필요경비를 충분히 입증할 수 없는 경우에도 추계과세하는 전제 위에 설계된 것이다.[271]

(라) 조세범처벌과의 관계

2010년 전부개정된 조세범처벌법상 "고의적으로 장부를 작성하지 아니하거나 비치하지 아니하는 행위"는 "사기나 그 밖의 부정한 행위"의 하나로서 그로써 조세를 포탈하거나 조세의 환급·공제를 받은 자는 조세포탈범으로 처벌받는다(조세범처벌법 제3조).

2010년 소득세법개정에 의해 복식부기의무자의 추계과세 시 적용될 기준경비율[272]이 인하되었다. 기준경비율대상사업자가 기장하지 않은 경우 주요 경비(매출원가, 임대료 및 인건비 등)는 증빙서류로, 기타 경비는 국세청장이 정하는 기준경비율로 필요경비를 인정하는 기준경비율제도의 운영상 향후 그 기준경비율을 낮춤으로써 기장을 유도한다는 것이다.

복식부기의무자(소득세법 제160조 제1항 및 제3항)가 고의로 기장을 하지 않은 경우 세법상 무기장가산세(소득세법 제81조 제3항)와 최소 산출세액의 20%에 달하는 신고불성실가산세를 부담하면서[273] 기준경비율에 의하여 소득금액을 계산하게 된다.[274]

---

268) 이 견해에 대해서는 2010년 개정된 조세범처벌법상 "고의적으로 장부를 작성하지 아니하거나 비치하지 아니하는 행위"의 문구가 형해화된다는 지적이 가능할 것이다.

269) 납세의무자의 금융기관 계좌에 입금된 금액이 매출이나 수입에 해당한다는 것은 구체적인 소송과정에서 경험칙에 비추어 이를 추정할 수 있는 사실을 밝히거나 이를 인정할 만한 간접적인 사실을 밝히는 방법으로도 증명할 수 있다(대법원 2017. 6. 29. 선고 2016두1035 판결).

270) 사업소득자의 당해연도 소득금액을 산정할 때에 공제하여야 할 필요경비의 구체적인 항목에 대한 증명에 관하여 그 증명의 난이라든가 당사자의 형평 등을 고려하여 납세의무자에게 그 증명의 필요를 돌리는 경우가 있으나, 그와 같은 경우란 과세관청에 의하여 납세의무자가 신고한 어느 비용의 용도와 그 지급의 상대방이 허위임이 상당한 정도로 증명된 경우 등을 가리키는 것으로서, 그러한 증명이 전혀 없는 경우에까지 납세의무자에게 곧바로 필요경비에 대한 증명의 필요를 돌릴 수는 없으므로(대법원 1999. 1. 15. 선고 97누15463 판결 등 참조), 과세관청이 그러한 증명을 하지 못한 경우에는 납세의무자가 신고한 비용을 함부로 부인할 수 없다(대법원 2015. 6. 23. 선고 2012두7776 판결).

271) 복식부기의무자가 추계신고를 하면 무신고가산세와 무기장가산세 중 더 큰 금액의 가산세를 부담하게 된다.

272) 영세사업자에 대한 추계과세시 적용되는 단순경비율보다 낮은 수준에서 설정된다.

273) 복식부기의무자가 재무상태표, 손익계산서, 합계잔액시산표, 조정계산서 등을 제출하지 않는 경우 무신고로 본다(소득세법 제70조 제4항). 사기 그 밖의 부정한 행위가 있어서 높은 가산세율을 적용받는 경우에 해당하지는 않는다(국세기본법시행

조세범처벌법상 고의적으로 장부를 작성하지 않는 것은 부정한 행위로 본다. 이는 장부를 작성할 의무가 있는 자에게 해당하는 것이다. 복식부기의무자는 기장을 하지 않으면 기준경비율에 의해 소득금액을 계산하게 되므로 그렇게 과세되기 위해 고의적으로 장부를 작성하지 않은 경우에도 조세범처벌법상 부정한 행위를 한 것이 된다(조세범처벌법 제3조 제6항 제5호). 기준경비율 적용상 필요한 주요 비용항목에 대한 증빙을 갖춘 경우에는 장부를 작성하지 않더라도 경비 인정을 받을 수 있을 것이다. 그 자가 기준경비율에 따라 과세받은 것이라면 포탈세액이 없을 것이므로 조세포탈범으로 처벌받지 않을 것이다. 그러나 기준경비율에 따라 과세받은 후 과세관청이 달리 파악한 수익금액에 대한 증빙[275]을 이용하여 실지조사방식으로 소득금액을 증액 계산하게 될 경우 결과적으로 당초 신고 시 조세포탈이 있었음이 밝혀지게 되는 것이므로 조세포탈범으로 처벌받게 된다.[276] 그 자는 추가로 밝혀진 수익금액에 대응하는 비용을 입증하여야만 한다.

대법원은 하나의 과세기간 중 동일한 사업장에 대해 일부 비용에 대해서는 실지조사하고 나머지 비용에 대해서는 추계조사하는 것은 허용하지 않고 있다.[277] 누락된 수익금액이 발견되었다고 하여 이미 신고된 부분까지 합산한 전체수익금액에 대해 객관적 필요경비 입증에 대해 납세자와 과세관청 모두 곤란을 겪고 있을 때 필요경비 입증책임을 모두 납세자에게 떠넘긴 채로 모두 실지조사결정하는 것은 타당하지 않을 것이다. 결국 과세관청은 전체 수익금액에 대해 객관적으로 합리적인 필요경비 입증을 한 경우에만 실지조사결정할 수 있으며, 그에 따라 조세포탈행위여부 판단을 할 수 있다고 보아야 할 것이다.

(3) 세무공무원의 재량의 한계 – 협의과세

세무공무원은 세법에 따라 그 직무를 수행하여야 하므로 원칙적으로 그 직무상 재량이 있을 수 없다. 과세할 수 있는데 과세하지 않는 것은 위법하다는 관념에 입각한 것이다. 반면 입법기술상 세법이 모든 사항에 대해 구체적으로 규정할 수 없으므로 조세의 부과·징수 및 감면의 과정에서 재량을 행사하지 않으면 안 될 경우가 발생한다. 국세기본법은 재량의 행사와 그 한계에 대해 규정하고 있다(국세기본법 제19조).

> 세무공무원이 그 재량에 의하여 직무를 수행함에 있어서는 과세의 형평과 당해 세법의 목적에 비추어 일반적으로 적당하다고 인정되는 한계를 엄수하여야 한다.

위 규정은 (1) 세무공무원이 재량을 행사할 여지가 있음을 인정하고, (2) 재량을 행사할 때에는 과세상 실질적 형평을 추구하면서 세법의 합목적성에 따르도록 하고 있다. 이 중 (2)의

령 제27조 제2항).

274) 2011년 귀속분부터 복식부기의무자의 과세표준 양성화를 위해 복식부기의무자의 추계소득금액 계산시 기타경비에 대해 기준경비율의 1/2을 적용하여 필요경비를 계산한다(소득세법시행령 제143조 제3항 1호 다목 단서).

275) 예금계좌추적을 통해 해당 계좌의 입금액을 수익금액으로 보는 방식이 자주 사용된다.

276) 대법원 1996.11.12. 선고 95누17779 판결 참조.

277) 대법원 2003.11.27. 선고 2002두2673 판결

부분은 국세기본법 제18조 제1항의 세법해석의 기준과 동일한 내용을 담고 있다.

세무공무원이 그 직무를 수행함에 있어서 재량을 그르친 행위는 위법한 처분으로 조세쟁송의 대상이 된다.

실액과세의 근거를 찾을 수 없을 때 추계과세를 하게 된다. 추계과세를 위한 사실관계의 확정 그리고 합리적이고 타당한 추계방법의 물색은 과세관청에게도 역시 어려운 일이 된다. 과세관청과 납세자가 협상에 의해 적절하고 합리적인 수준에서 세액을 결정하게 한다면 이와 같은 어려움을 극복하는 한편, 부수적으로는 사실관계의 확정을 위한 비용 및 사실관계의 부실한 확정을 둘러싼 분쟁을 줄이는 긍정적인 점을 기대할 수도 있을 것이다.

우리나라에는 협의과세제도가 도입되어 있지 않다. 이는 비록 사전에 규정된 성문법을 적용하여야 할 뿐 그것을 벗어나는 것을 엄격히 제한하는 법전통을 가지고 있는 대륙법계국가에 속하지만 세법집행의 현실을 인정하여 협의과세를 허용하는 프랑스 그리고 다소 불완전한 형태이기는 하지만 이를 허용하는 독일 및 일본의 경우에 비추어 볼 때 우리 국회의 조심스러운 입법태도를 발견할 수 있는 부분이다. 독일에서는 법원이 과세관청과 납세자 간의 '사실확정에 관한 합의(tatsächlichen Verständigung)'를 허용하고 있다. 납세자와 과세관청이 합의하여 합리적으로 확정한 사실은 신뢰보호의 원칙상 인정되어야 한다는 것이다. 조세법이 실체적으로 납세의무의 성립요건에 대해 규정하고 있을 뿐 사실관계 확정에 관한 절차에 대해서는 명문으로 금하고 있는 것은 없기 때문이라고 한다.[278] 실제 우리나라에서 세법이 집행되는 현실을 보면 협의과세와 같은 방식으로 운영되는 사례를 적지 않게 발견할 수 있다. 법제와 법집행의 괴리는 납세자의 권익보호에 미진한 결과를 가져올 수 있는 한편, 법집행상 부정과 오류를 초래할 가능성도 가져오게 마련이다.[279]

(4) 추정과 반증

세법은 과세관청이 기본적인 사실관계만 입증하면 제2차적인 사실관계를 추정하도록 하는 규정을 두기도 한다(법률상 추정). 이와 같은 규정이 적용될 때에는 추정된 사실관계에 반대되는 사실에 대한 입증책임을 납세자가 부담하게 된다. 세무공무원은 실제 세무조사단계에서 납세자가 법원에 가면 부담하게 될 입증책임을 어느 정도 완수할 수 있을 것인가에 대해 납세자로부터 정보와 자료를 수집하여 추정된 사실관계와 반대되는 사실관계가 존재한다고 판단할수도 있다. 추정조항은 과세관청보다는 납세자가 과세요건의 충족 여부 및 과세효과의 결정에 관한 판단에 필요한 사실관계에 관한 정보와 자료를 더 많이 가지고 있는 점 그리고 조세의 부당한 회피를 방지함으로써 과세의 형평성을 제고하여야 한다는 점을 고려한 것이다. 근거과세의 요청과 납세자로부터 자료를 확보하기 어려운 현실을 절충하는 성격을 가지고 있다.[280]

---

278) Tipke/Lang, 전게서, pp.105~107.

279) 조세소송상으로도 화해·조정의 길은 열려 있지 않다. 다만, 법관이 판결문에 당사자들 간 조정결과를 밝히고 이를 수용하는 결정을 내리는 방법으로 사실상 조정을 인정하는 사례가 발견된다. 이때 조정결과는 조정조서에 해당하는 내용을 담는다.

280) 법원은 입증도 완화를 위해 "일응의 입증(prima-facie-Beweis, Anscheinbeweis)" 개념을 자주 활용한다. 그리고 간접사실이 존재하면 해당 사실이 존재한다는 경험칙을 받아들이기도 한다. 이를 "사실상 추정(법관에 의한 추정, Indizienbeweis)"이라고 한다.

나. 절차적 합법성

합법성의 원칙은 실체적 측면과 절차적 측면에서 고루 적용될 수 있다. 절차상 수색 및 압수 등 조세형벌에 관한 사항은 별도의 조세범처벌절차법에 의해 규율되고 있지만 1950년대에 제정된 법규정들이 시대의 변화에 불구하고 이전 조문을 그대로 유지하고 있다.

(1) 세무조사과정에서의 납세자보호

세무조사는 납세자에게는 실제 많은 비용과 정신적 스트레스를 초래할 뿐 아니라 그것의 관리가 잘못될 경우에는 자칫 납세자에게 회복할 수 없는 피해를 초래할 수 있다.

세무조사에 임하는 공무원이 복잡다단한 사회현상과 일반법 및 세법의 구조를 납세자보다 늘 더 이해하고 있다고 보기 어렵다. 납세자가 영위한 개별적인 거래를 제대로 이해하고 그것의 경제적 실질을 찾아 사실관계를 확정하기란 용이한 일이 아니다. 납세자와 조사공무원이 협력하여 타당한 법적용을 모색하여야 한다. 실제는 납세자의 이기적인 태도와 조사공무원의 권한남용으로 원만한 법적용에 이르지 못하는 경우가 많다. 현행 세법을 보면 납세자의 이기적인 태도에 대해서는 그 제재수단이 많은 반면, 조사공무원의 권한남용에 대해서는 그 구제수단이 빈약한 실정이다.

조사공무원이 사실을 예단하고 자신이 예단하지 않은 사실이 존재함을 입증하지 않으면 자신의 주장이 옳다는 주장을 굽히지 않는 일이 발생한다. 과세당국은 정보화 사회에서 금융정보 등 다양한 정보를 축적하고 있다. 과세당국은 개별 납세자별로 집약된 정보를 토대로 사실을 추정하고 납세자에게는 그 추정된 사실이 진실이 아님을 입증하지 않으면 그 추정된 사실이 진실인 것으로 하여 과세하겠다는 조사기법을 개발해 오고 있다.[281] 국세기본법상으로는 납세자가 신고한 내용은 진실한 것으로 추정하라고 되어 있다.

사실관계에 관한 납세자와 조사공무원 간의 의견 불일치는 대개 납세자의 불이익으로 돌아간다. 조사공무원은 과세전적부심사와 그 이후의 쟁송수단이 있으니 그에 하소연하여 보라고 한다. 본인이 주장하는 사실을 인정받지 못하는 것은 세금의 다과를 떠나 매우 큰 정신적인 스트레스를 초래한다. 납세자 고충을 해소하기 위해 지방국세청에는 과세쟁점자문위원회가 설치되어 있지만, 납세자의 주장을 제3자적인 관점에서 들어줄 위원으로 구성되어 있지 않다. 실제 운영상으로도 납세자의 주장이 받아들여지는 경우는 드물다.

사실관계를 확정하는 과정은 장부와 서류를 조사하는 과정이다. 그것들과 더불어 증언을 듣고 확인서를 작성하며, 기타 사실관계를 입증할 수 있는 서류에 준하는 수단(이메일 등)을 확보하는 과정이기도 하다. 사실관계를 확정하는 것은 해당 조사가 범칙조사로 전환될 수 있는가 하는 점이 늘 시험받는 과정이 된다. 사기적 수단 즉 사실과 다른 점을 나타내는 서류 또는 증언이 납세자의 경제활동의 일상에서 사용되어 왔다면 조세범칙사건이 될 수 있다. 조사공무원이 스스로 객관적 진실과 다른 '사실'을 주장하면서 납세자의 진실에 부합하는 서류의 내용이

---

281) 납세자의 거래통장을 찾아낸 조사공무원이 입금된 것은 수익금액이라는 추정을 하면서 그것이 수입금액이 아니라는 확증을 제시하지 않으면 수익금액으로 보는 한편, 출금된 것은 비용이 아니라는 추정을 하면서 그것이 비용이라는 확증을 제시하지 않으면 비용으로 보지 않는 방식의 과세를 하는 것이 그 예라 할 것이다.

'사실'과 다른 것을 '거짓'이라고 주장할 수 있다. 실제 조사하는 과정에서는 범칙조사전환의 가능성에 대한 암시는 납세자에게 고통을 준다. 범칙조사의 개시 여부가 공정하게 판단될 수 있도록 지방국세청 내에 조세범칙조사심의위원회가 설치되어 범칙조사전환 여부를 판단하도록 하고 있다(조세범처벌절차법 제5조 제1항). 실제 조세범칙조사심의위원회가 범칙조사로의 전환을 부결한 사례는 찾기 어렵다.

조사과정에서 궁박한 처지에 있는 납세자는 스스로의 사생활보호의 가치를 훼손당하기 쉽다. 임의제출의 요구(국세기본법 제80조의 10 제1항 단서, 국세청 조사사무처리규정 제40조 제1항)가 문제이다. 세무공무원은 세무조사의 목적으로 납세자의 장부 등을 세무관서에 임의로 보관할 수 없지만, 납세자의 동의가 있는 경우에는 일시 보관할 수 있다. 이는 범칙조사로 전환할 수 있는 사안이지만 전환하지 않을 수 있는 방법으로서 임의제출의 방법이 있음을 알리면서 사실상 범칙조사(경우에 따라서는 그보다 더한 정도로)의 효과를 올리는 데 이용될 수 있다.

현장에서의 세무조사가 종료하면 조사공무원은 납세자에게 과세예고통지를 한다. 과세예고통지에는 과세처분의 내역과 그 사유가 분명하게 기재되어야 할 것이지만 실제 기재되는 것은 포괄적인 것에 그친다. 납세자는 세무공무원의 구두 설명에 의존하여 그 처분사유를 이해할 수 있을 뿐이다. 과세전적부심을 신청하여 외부위원에게 설명하고 그 의견을 받을 수 있게 되는 시점까지도 조사공무원은 그 처분사유를 수정할 기회를 가진다.

세무조사과정은 외부에 공개하지 말아야 한다. 실제 조사과정 중에 정보가 유출되는 경우가 많다. 노출된 세무조사에 임해서는 조사공무원이 공정하게 판단을 내리기 어렵다. 세무조사가 진실보다는 여론상 추정된 사실에 영향을 받게 된다.[282]

세무조사의 과정에서 납세자가 통상적으로 부담하는 경제적 손실과 기회비용은 조세채무에 부수하는 납세의무로서 사회적으로 수용되어야 할 부분이다. 그러나 조사공무원이나 그를 지휘하는 감독관청의 업무상 고의나 과실에 의한 불법행위에 의한 손해는 배상을 받도록 하여야 한다. 위법부당한 과세로 인해 사업이 망한 납세자가 수년간의 고생 끝에 법원에서 다시 세금을 돌려받는다 하더라도 망한 사업에 따른 손해를 보상받을 길은 없다. 추후 위법부당한 과세로 판단되는 과정에서 성실하게 조사하였음에도 밝혀지지 않았던 사실에 의한 것이라거나 통상적인 조사공무원의 주의력에 의해서라면 알 수 없었던 세법해석에 관한 사항에 의한 부실과세가 아니었다면 그에 따른 부실한 과세에 대한 손해는 배상해 주어야 할 것이다. 개별 조사공무원으로서는 조사과정에서 본인이 기울여야 할 주의의무와 그에 적합한 업무처리요령을 숙지토록 하여 safe harbor를 만들어 주고, 국세청 차원에서는 부실과세에 따른 손해배상에 대응하기 위해 별도의 예산으로 기금을 구성할 필요가 있다. 부실과세를 방지하기 위해 국세청에 legal counsel을 다수 확충하는 것도 방법이다.

납세자의 탈세나 조세회피를 적발하여 올바로 세금을 매기는 일은 매우 중요하다. 그러나 세무조사의 실적이 다다익선이기만 한 것은 아니다. 국세청의 세무조사는 납세자의 신고성실도 제고를 궁극적인 목적으로 하여야 한다. 그 목적을 효과적으로 달성할 수 있는 정도가 무엇인지를 찾아내고, 그에 부합하게 세무조사행정을 관리하여야 한다. 이것이 납세자권익을 보호하

---

282) 독일에서는 납세자 비밀보호규정을 위반하는 공무원에 대해 민법상 불법행위책임을 묻는다(독일민법 제839조).

면서도 성실신고를 유도하는 길이다. 엄정하게 수행된 세무조사의 실적이 적다는 것은 역설적으로 그간 세무행정이 효과적으로 수행된 것이었음을 입증한다고도 볼 수 있다. 납세자의 신고 성실도 또는 지하경제 규모(Tax Gap)를 과학적이고 객관적으로 일관된 방법으로 측정하는 것이 중요하다.

(2) 세무조사절차법규

세무조사는 권력적 행정작용의 하나이기 때문에 국민의 권익을 보호하기 위한 목적으로 수립된 행정법적인 원칙들을 준수하는 방법으로 이루어져야 한다. 법치행정 및 합법성의 원칙이 준수되어야 한다. 합법성은 실체적인 측면뿐 아니라 절차적인 측면에서도 지켜져야 한다. 추상적으로 성립한 조세채무가 얼마인지의 진실을 확인하기 위한 것이기 때문에 납세자는 언제든지 객관적인 조사가 가능하도록 준비하고 있어야 한다는 식의 접근방법은 허용되지 않는다. 국세기본법은 그 구체적인 요건, 방법 및 절차에 대해 규정하고 있다.

세무조사 시 질문조사권은 인정된다. 이에 대해서는 각 세법이 규정하고 있다. 예를 들어, 소득세법 제170조는 질문조사에 관해 규정하고 있다. 이와 같이 개별 세법이 정한 질문·조사권이 국세기본법이 정한 요건과 한계 내에서만 허용된다. 국세기본법은 세무조사대상자 선정에 대해 규정하고 있다(국세기본법 제81조의5). 국세기본법이 정한 세무조사대상 선정사유가 없음에도 세무조사대상으로 선정하여 과세자료를 수집하고 과세처분을 하는 것은 원칙적으로 위법하다.[283]

1996년 국세기본법에 세무조사에 대한 규정이 도입되기 전까지는 국세청은 정부조직법상 부여된 세무조사 권한을 일반 행정법적 규율 이외에 특별한 법규적[284] 제약을 받지 않고 행사하여 왔다. 행정법체계하에서 일반적으로 기대되는 행정행위의 원칙을 준수하면 되는 것으로 인식되어 왔다. 세무조사의 공권력적 성격 때문에 그것의 자의적 행사가 국민의 권익에 주는 침해를 규제하는 법규 도입의 필요성이 지속적으로 제기되어 왔다.

정부가 1996년 국세기본법을 개정하여 제7장의 2에서 '납세자의 권리'라는 이름으로 세무조사과정에서의 납세자 권익보호를 위해 도입한 절차적 합법성에 관한 규정들은 다음과 같다.

① 납세자 권리헌장의 교부
  - 법인세 조사 등 실지조사를 하는 경우
  - 조세범칙사건에 대해 조사를 하는 경우
② 중복조사의 금지
  - 원칙적으로 같은 세목, 같은 과세기간에 대해 재경정하거나 재조사하는 것을 금지
③ 세무조사에 있어 조력을 받을 권리
  - 납세자의 성실성 추정 등
  - 세무공무원은 원칙적으로 납세자가 신고한 내용은 진실한 것으로 추정하여야 함
  - 납세자의 성실성 추정에 관한 규정은 세무공무원이 납세자가 제출한 신고서 등의 내용에 관하여

---

283) 대법원 2014. 6. 26. 선고 2012두911 판결

284) 1989년 제정된 조사사무처리규정은 대법원에 의해 그 법규정이 인정되고 있어, 일견 국세청은 세무조사의 과정에서 조사사무처리규정이라는 법규의 제약을 받아 왔다고 말할 수도 있을지 모른다. 그러나 동 규정은 비공개되는 내부 훈령으로 운영되어 온 점을 감안하면 일부 중요한 사항에 있어 자기 구속 정도의 제약에 불과하였다.

질문을 하거나 무작위추출에 의한 표본세무조사 등 대통령령이 정하는 세무조사를 하는 것을 제한하지는 않음
- 대통령령에서는 장기(3년) 미조사자에 대한 조사를 규정
④ 세무조사의 사전 통지와 연기신청
⑤ 세무조사에 있어 결과통지
⑥ 세무조사에 있어 비밀유지
⑦ 정보의 제공
⑧ 장부 등의 비치 및 보존

사전통지절차 없는 세무조사에 의한 부과처분은 원칙적으로 위법하다.[285] 다만, 만일 세무조사 실시 전에 사전 통지를 한다면 조사목적을 달성할 수 없는 것과 같은 합리적인 이유가 있는 경우에는 그것을 생략할 수 있다(국세기본법 제81조의 7 제1항 단서).[286]

정부는 1999년 국세기본법을 개정하여 세무조사과정에서 납세자가 자신의 의견을 개진할 수 있는 기회를 부여하는 사전 청문(hearing)제도를 도입하여야 한다는 요청에 따라 국세청 내·외부 인사로 구성된 과세전적부심사제도를 도입하였다. 이는 집행상 합법성을 보장하는 절차적 규정 중의 하나이다(국세기본법 제81조의 15).

2002년에는 공청회 등을 거쳐 납세자의 권익보호에 관한 제도를 보완하였다.

- 세무조사권 남용금지
- 중복조사의 금지[287]
- 세무조사요건을 법률로 구체화
- 불성실납세자·무작위추출방식에 의한 표본조사 등 세무조사사유를 시행령에서 법률로 이전하면서 요건을 보다 구체화(예: 장기미조사요건을 3년에서 4년으로 늘림)

(가) 납세자권리헌장

1996년 국세기본법에 납세자권리헌장에 관한 규정을 두게 되었다. 프랑스(1974년), 영국(1986년) 및 미국(1988년) 등에서 납세자권리헌장 내지 납세자보호규정을 제정해 오고 있는 점을 고려한 것이다.

세무공무원은 조사 등을 하는 경우에 납세자권리헌장의 내용이 수록된 문서를 납세자에게 교부하여야 한다(국세기본법 제81조의 2 제2항).

헌장에 수록될 사항은 납세자의 성실성 추정, 세무조사권의 남용금지, 세무조사에 있어서의 조력을 받을 권리, 세무조사대상자 선정, 세무조사의 사전 통지와 연기신청, 세무조사 기간, 세무조사에 있어서의 결과 통지, 비밀유지 및 정보의 제공 기타 납세자 권리보호에 관한 사항 등이다(국세기본법 제81조의 2 제1항).

---

285) 세무조사기간의 연장에도 당초 세무조사기간 종료 전 사전통지가 있어야 한다고 보게 된다.

286) 대법원 2004두12070, 2006.6.2, 대법원 2004두11718, 2006.5.25, 수원지방법원 2006구합3736, 2007.4.25, 참조.

287) 재조사가 예외적으로 허용되는 경우의 하나로 규정하고 있는 '조세탈루의 혐의를 인정할 만한 명백한 자료가 있는 경우'라 함은 조세의 탈루사실에 대한 개연성이 객관성과 합리성 있는 자료에 의하여 상당한 정도로 인정되는 경우로 한정되어야 하며 이러한 자료에는 종전 세무조사에서 이미 조사된 자료는 포함되지 않는다(대법원 2011.1.27. 선고 2010두6083 판결).

(나) 납세자의 성실성 추정

국세기본법상 성실성 추정에 관한 규정은 세무공무원이 납세자가 제출한 신고서 등을 진실한 것으로 추정하도록 하고 있다. 납세자에게 납세협력의무를 이행하지 않는 등의 사유가 있을 때에는 성실성 추정을 배제한다(국세기본법 제81조의 3). 이는 납세자가 제출한 서류의 진실성에 대한 법상 추정력을 주는 규정은 아니다. 소송에서 납세자는 자신이 세무공무원에게 제출한 신고서 등은 그 진실성을 자동적으로 추정받기 때문에 과세관청이 자기가 제출한 해당 서류의 진실성에 대해 이의를 제기하지 않는 한 바로 그것의 진실성에 대한 입증을 하지 않아도 된다는 것은 아니다.

(다) 조사권의 남용금지

① 세무조사권의 조세부과 이외의 목적의 사용제한

세무공무원은 다른 목적 등을 위하여 조사권을 남용해서는 안 된다(국세기본법 제81조의 4 제1항 단서).[288]

다음 사례는 질문조사권을 본래의 목적 이외의 목적으로 이용할 경우에는 직권남용으로서 국가배상책임이 발생할 수 있음을 알 수 있게 한다.[289]

이 사례에서, 소득세 과세처분의 위법 등을 이유로 하는 별건 국가배상청구소송에 있어서 A 국세법무관 및 B사무관은 피고인 국가의 지정대리인이다. 별건 국가배상청구소송의 과정에서 A 및 B는 1993년 9월 27일 X가 건물신축공사 하청을 준 E사의 F지점에 가서 X의 소득세에 관한 조사를 하면서 관계서류를 수집하였다. 이어서 A와 B는 별건 국가배상청구소송의 1993년 10월 19일의 구두변론을 위해 이 관계서류를 서증으로 제출하였다. X는 Y에 대해서 A 및 B가 질문검사권을 행사하여 민사소송에 있어서 증거를 수집하는 것은 위법하다고 하면서 그 위법한 행위 등에 따라 경제적인 손실 및 정신적 고통을 입었다고 본건 국가배상청구소송을 제기하였다. 피고는 소송담당직원의 자료 수집행위는 강제적인 방법으로 행해지거나 위법한 것으로 인정되지 않고, 민사사건 재판에서 과세관청의 소송담당직원이 소득세법에 따른 질문검사권을 증거수집의 목적으로 행사하는 것 자체는 어떠한 문제도 야기하지 않는다고 한다.

이 사례에서 세무공무원은 국가가 상대방이 된 손해배상청구소송의 대리인으로 있으면서 청구인에 대항하는 입증자료를 수집하기 위해 청구인의 거래상대방을 방문하여 질문조사를 하였다.[290] 질문조사에 관한 소득세법의 규정(소득세법 제170조)은 그 권한행사의 요건으로서 '소득세에 관한… 직무수행상 필요한 때'라고만 규정하고 있으며 조사의 종류, 목적, 시기 등에 대해 어떠한 제한도 두고 있지 않다. 이것과 더불어 이 질문조사는 신고납세제도에서 소득세를 적정하고

---

288) 대법원 2016.12.15. 선고 2016두47659판결

289) 日本稅務硏究센터, 「最新租稅基本判例80」, 『JTRI稅硏』, 2002.11. pp.201~203 참조.

290) 여기서 질문조사는 세무조사와 구별된다. 세무조사는 피조사자가 특정한 세목의 조세채무액을 적정하게 산정하기 위한 조사인데 반하며 질문조사는 피조사자의 조세채무액과는 일응 관련이 없다 하더라도 조사하는 공무원의 세법상 업무수행에 필요한 범위 안에서 인정되는 것이다. 세무조사에 있어서는 중복조사가 금지되는데 질문조사에 대해서는 중복조사금지의 원칙이 적용되지 않는다.

공평하게 부과·징수하는 것을 목적으로 하여 인정되고 있는 것이라는 점에 비추어 본다면 질문조사권의 행사가 가능한 조사는 원처분청이 행한 과세처분의 전제로서의 조사를 중핵으로 하는 것은 말할 필요도 없다. 더 나아가 위 조항의 문언상 과세처분에 대한 행정상의 불복제기 혹은 과세처분의 취소소송뿐 아니라 과세처분의 위법을 이유로 하여 제기되는 국가배상청구소송 등의 수행 등에 관해 필요한 조사도 질문조사권을 행사할 수 있는 소득세에 관한 조사의 범위에 포함되는 것으로 해석하는 것이 타당하다. 참고로 과세처분의 적법 여부를 심사하는 국세심판에 관한 국세기본법 제76조는 국세심판상 질문조사에 관해 규정하고 있다.

소득세법상 질문조사에 나서는 공무원은 세무서장으로부터 검사원증을 받아 피조사자에게 제출하여야 한다. 그리고 법상 피조사자에게 질문하고 필요한 자료의 제출을 명할 수 있다. 이때 피조사자가 되는 자는 이에 협력하여야 할 것이다. 이에 불응하는 자에게는 어떠한 제재를 할 수 있는지에 대한 구체적인 법규정은 없다.

② 통합조사의 원칙 및 중복조사의 금지

세무조사는 특정한 세목만을 조사할 필요가 있는 등 대통령령으로 정하는 경우를 제외하고는 납세자의 사업과 관련하여 세법에 따라 신고·납부의무가 있는 세목을 통합하여 실시하는 것을 원칙으로 한다(국세기본법 제81조의 4 및 동법 제81조의 11).

국세기본법은 중복조사금지에 대해 조세탈루의 혐의를 인정할 만한 명백한 자료가 있는 경우, 거래상대방에 대한 조사가 필요한 경우 및 2개 이상의 과세기간과 관련하여 잘못이 있는 경우 등의 예외를 인정하고 있다(국세기본법 제81조의 4).291) 부동산투기방지 등을 위한 일제조사나 각종 과세자료처리를 위한 재조사292)도 제외하고 있다(국세기본법시행령 제63조의 2). 부분조사를 실시한 후 해당 조사에 포함되지 아니한 부분에 대하여 조사하는 경우도 예외를 인정하고 있다(국세기본법 제81조의 4 제2항 제6호). 부분조사 중 거래상대방에 대한 세무조사

---

291) 당초의 세무조사가 다른 세목이나 다른 과세기간에 대한 세무조사 도중에 해당 세목이나 과세기간에도 동일한 잘못이나 세금탈루 혐의가 있다고 인정되어 관련 항목에 대하여 세무조사 범위가 확대됨에 따라 부분적으로만 이루어진 경우와 같이 당초 세무조사 당시 모든 항목에 걸쳐 세무조사를 하는 것이 무리였다는 등의 특별한 사정이 있는 경우에는 당초 세무조사를 한 항목을 제외한 나머지 항목에 대하여 향후 다시 세무조사를 하는 것은 구 국세기본법 제81조의4 제2항에서 금지하는 재조사에 해당하지 아니한다(대법원 2015.02.26. 선고 2014두12062 판결). 그러나 세무공무원이 어느 세목의 특정 과세기간에 대하여 모든 항목에 걸쳐 세무조사를 한 경우는 물론 그 과세기간의 특정 항목에 대하여만 세무조사를 한 경우에도 다시 그 세목의 같은 과세기간에 대하여 세무조사를 하는 것은 구 국세기본법 제81조의3 제2항에서 금지하는 재조사에 해당한다(대법원 2015. 9. 10. 선고 2013두6206 판결).

292) '각종 과세자료의 처리를 위한 재조사'에서의 '각종 과세자료'란 과세관청 외의 기관이 직무상 목적을 위하여 작성하거나 취득하여 과세관청에 제공한 자료를 의미하고, 이러한 자료에는 과세관청이 종전 세무조사에서 작성하거나 취득한 과세자료는 포함되지 아니한다(대법원 2015.05.28. 선고 2014두43257 판결). 대법원 2017. 4. 13. 선고 2016두64043 판결에서는 ① 피고 법인세과 신고 담당 공무원은 중부지방국세청장의 피고에 대한 정기종합감사 과정에서 원고의 법인세 신고내용이 복잡하다는 이유로 원고에게 감사담당 공무원 앞에서 이를 대신 설명하여 달라고 요청한 점 ② 이에 원고 회계팀장과 세무자문 회계사는 피고 담당 공무원을 대신하여 감사담당 공무원에게 당초 법인세 신고 당시에 원고가 제출한 자료를 중심으로 약 30분 내지 1시간 동안 그 계산근거 등에 대하여 단순한 설명을 진행한 점 등은 재조사가 금지되는 세무조사에 해당한다고 보기 어렵다는 판단을 하고 있다. 한편 대법원 2017. 3. 16. 선고 2014두8360 판결에서는 세무공무원의 조사행위가 실질적으로 납세자 등으로 하여금 질문에 대답하고 검사를 수인하도록 함으로써 납세자의 영업의 자유 등에 영향을 미치는 경우에는 국세청 훈령인 조사사무처리규정에서 정한 '현지확인'의 절차에 따른 것이라고 하더라도 그것은 재조사가 금지되는 '세무조사'에 해당한다고 보아야 한다고 판단하고 있다.

중에 거래 일부의 확인이 필요한 경우 등과 같은 일부 유형의 조사는 3회 이상 실시할 수는 없다(국세기본법 제81조의 11 제4항).

1996년 국세기본법 제81조의 3은 단순 '재경정'도 금지하는 내용으로 되어 있었다. 2004년 동 규정은 개정되어, '재조사'만을 금지하는 내용으로 변경되었다.[293] 단순 재경정은 허용하면서도, 각종 과세자료처리를 위해 납세자와 접촉하는 것을 단순 재경정으로 보지 않고, 조사의 범주에 포함시킨 것이다. 2014년에는 재조사를 할 수 있는 예외적 사유로 "조세범칙행위의 혐의를 인정할 만한 명백한 자료가 있는 경우"를 추가하였다. 다만, 당초 세무조사 시 조세범칙 조사심의위원회가 조세범칙행위의 혐의가 없다고 의결한 자료는 제외된다.

2011년 대법원은 과세관청이 중복세무조사라는 납세자의 항변을 묵살하자 납세자보호관에게 하소연하였지만 여전히 진행되고 있는 세무조사에 대해 법원에 집행정지신청을 한 사건에서 세무조사결정이 처분성[294]이 있으므로 법원이 그것의 집행정지신청을 심리할 수 있다고 하면서 실제 해당 사건에서 과세관청의 조사가 중복세무조사라는 판단을 한 바 있다(대법원 2009 두23617, 2011.3.10.).

납세자는 위에서와 같이 조사의 개시단계에서 중복조사라고 이의를 제기함으로써 개인제세 전반에 관한 특별조사 자체를 중지할 수 있을 것이다.[295]

한편 아래 건에서 납세자는 중복조사를 다 받고 그 결과에 대해 이의를 제기하고 있다.

대법원 2006.6.2, 2004두 12070사건에서 피고 남인천세무서장은 1998년 11월경 원고의 부동산 임대사업과 관련한 부가가치세의 탈루 여부에 대하여 세무조사를 벌인 결과, 임대수입을 일부 누락한 사실 등을 밝혀내고 그 세무조사결과에 따라 같은 해 12월경 부가가치세 증액경정 처분을 하였다. 그런데 서울지방국세청장은 1999년 11월경 원고의 개인제세 전반에 관하여 특별세무조사를 한다는 명목으로 이미 부가가치세 경정조사가 이루어진 과세기간에 대하여 다시 임대수입의 누락 여부, 매입세액의 부당공제 여부 등에 관하여 조사를 하였고, 피고는 그 세무조사결과에 따라 부가가치세액을 증액하는 이 사건 재경정처분을 하였다. 이 사건 재경정처분은 중복조사금지에 관한 국세기본법 규정을 위반하여 취소되어야 한다는 원고의 주장에 대해 법원은, 서울지방국세청장이 국세기본법 제81조의 3[296]의 규정에 의하여 원고에게 부가가치세를 탈루한 혐의가 있다고 인정할 만한 명백한 자료에 기초하여[297] 이 사건 세무조사를 하였다

---

293) 동 개정에 대해 국세청의 개정세법해설은 "중복조사가 없는 단순 재경정까지 금지하는 것으로 오해할 수 있으므로 이를 명확히 함"을 개정의 이유로 설명하고 있다.

294) 독일조세기본법 제196조 및 제356조 참조. 독일에서는 세무조사의 통지가 행정강제에 의해 납세자의 의사에 반하여 실시될 수 있다는 점이 강조되고 있다. 행정벌이나 행정상 직접강제가 활용될 수 있다(동법 제328조, 제329조 및 제338조).

295) 국세청은 납세자보호관(옴부즈맨)제도를 두고 이러한 납세자의 주장을 듣고 처리하는 기능을 수행하고 있다.

296) 구 국세기본법 제81조의 3(중복조사의 금지) 세무공무원은 조세탈루의 혐의를 인정할 만한 명백한 자료가 있는 경우, 거래상대방에 대한 조사가 필요한 경우, 2 이상의 사업연도와 관련하여 잘못이 있는 경우 기타 이와 유사한 경우로서 대통령령이 정하는 경우를 제외하고는 같은 세목 및 같은 과세기간에 대하여 재경정·재조사를 할 수 없다.
당시 국세기본법 제81조의 3은 단순 "재경정"도 금지하는 내용으로 되어 있었다. 2004년 동 규정은 개정되어, "재조사" 만을 금지하는 내용으로 변경되었다. 동 개정에 대해 국세청의 개정세법해설은 "중복조사가 없는 단순 재경정까지 금지하는 것으로 오해할 수 있으므로 이를 명확히 함"을 개정의 이유로 설명하고 있다.

297) '조세탈루의 혐의를 인정할 만한 명백한 자료가 있는 경우'라 함은 조세의 탈루사실이 확인될 상당한 정도의 개연성이 객관성과 합리성이 뒷받침되는 자료에 의하여 인정되는 경우로 엄격히 제한되어야 한다. 따라서 객관성과 합리성이 뒷받침되지 않는

거나 또는 2 이상의 사업연도와 관련하여 잘못이 있다고 보고 이 사건 세무조사에 착수한 것으로 인정할 수는 없으므로, 이 사건 재경정처분은 이미 피고가 1998년 11월경에 한 세무조사(부가가치세 경정조사)와 같은 세목 및 같은 과세기간에 대하여 중복하여 실시한 서울지방국세청장의 위법한 중복조사에 기초하여 이루어진 것이므로 위법하다고 판단하였다.

본건 원고는 서울에 살면서 인천에 소재하는 부동산의 임대업을 하는 자이었다. 인천 소재 부동산의 임대업에 관련된 부가가치세는 해당 부동산 소재지 관할 남인천세무서장이 신고를 받고 필요할 경우 경정을 하게 된다. 해당 과세기간분 부가가치세에 대해서 남인천세무서장이 조사를 하고 경정을 하였는데 서울지방국세청장이 다시 조사하여 처분을 한 것이다. 본건 서울지방국세청장의 조사는 중복조사에 해당하였으므로 당시 국세기본법상 서울지방국세청장은 탈루의 명백한 자료를 제시함으로써 중복조사금지의 예외요건을 충족하였음을 입증하였어야 했다. 이번 조사가 당초 조사와 달리 부가가치세의 매입세액공제에 국한된 것이라거나 조사관청이 다른 과세관청이라고 하는 사실로 본건 조사가 중복조사가 아닌 것으로 될 일은 아니었다. 서울지방국세청장이 행한 개인제세특별조사는 한 개인을 중심으로 그에게 귀속하는 모든 납세의무를 종합적으로 조사한다는 것으로서 이와 같은 예외요건의 성립 여부와도 무관한 것이었다.

현행 국세기본법상 중복조사의 의미에 대해 법원은 본건과 같이 부가가치세 조사 후 개인제세 전반에 관한 특별조사에서 부가가치세가 아닌 종합소득세의 부과처분을 한 경우 그 처분은 중복조사금지규정에 위반한 것은 아니라고 한다.[298]

(라) 세무조사시 조력을 받을 권리

납세자는 세무조사를 받는 경우에 변호사, 공인회계사, 세무사로 하여금 조사에 참여하게 하거나 의견을 진술하게 할 수 있다(국세기본법 제81조의 5).

국세기본법상 세무공무원은 법원의 제출명령 또는 법관이 발부한 영장에 의하여 과세정보를 요구하는 경우에는 제공하도록 되어 있다. 예를 들어, 위법행위에 의한 소득을 신고하면서, 위법행위임을 노출하였는데, 법원이 해당 위법행위에 대해 죄형을 결정하면서, 세무공무원에게 신고내역에 관한 자료의 제출을 명하는 경우가 있을 수 있다. 이 점에 대해 의존할 만한 세법상 명문의 준거는 존재하지 않는다. 실제 위법소득을 있는 그대로 신고하는 경우는 거의 없을 것이다. 다만, 세무조사과정에서 위법소득임을 알게 되고 그것에 대해 과세할 때 세무공무원은 알게 된 정보를 사법당국에 이첩하게 될 것이다. 세무공무원이 그와 같이 정보를 이첩하여 사법처리의 대상이 될 것이기 때문에 납세자가 소득발생원인이 되는 행위에 대한 정보를 진술하지 않는 것이 허용되는가? 납세자는 세무조사과정에서 형사소추 시 불리한 자백이 될 진술을 피할 수 있는 권리가 있다.

미국의 제5수정헌법에 의하면 형사소송절차에 Miranda 원칙이 적용된다. 증인은 자기 자신에게 불이익하게 증언하지 않은 데 대해 불이익을 받지 않는다. 이 원칙은 제5수정헌법상 적법절차에 관한 원칙이 반영된 것이다. Miranda 원칙은 대면세무조사과정에도 적용된다. 추후 형사소

한 탈세제보가 구체적이라는 사정만으로는 여기에 해당한다고 보기 어렵다(대법원 2010.12.23. 선고 2008두10461 판결).
298) 2006.5.25. 선고 2004두11718 판결[종합소득세부과처분취소].

송과정에서 불이익한 증거가 될 수 있는 사항에 대해 대면세무조사과정에서 자백하지 않았다고 하여 형사소송상 불이익을 받지 않는 것이다. 아울러 대면세무조사과정에서의 진술이 추후 조세범칙의 형사사건에 불이익한 증거로 활용될 수 있으므로 묵비권을 행사할 수 있음을 고지하지 않은 채 받은 진술은 증거능력이 없다.[299] 납세자가 세금신고서에 **Miranda** 원칙의 적용을 주장하지 않고 스스로 신고한 사항이라면, 일종의 자백에 해당하기 때문에, 그것은 추후 형사소송과정에서 강요된 불이익 증언으로 볼 수 없다.[300] 그러한 정보가 나중에 형사소송과정에서 자신에게 불이익한 증거로 제출될 경우 **Miranda** 원칙의 적용을 주장할 수 없다.[301]

독일에서는 납세협력의무에 의해 조사공무원이 알게 된 범죄사실은 수사기관에 전달하지 않도록 되어 있다.[302]

(마) 세무조사대상자 선정

세무조사대상자 선정기준은 국세기본법이 규정하고 있다. 세무조사에는 정기조사와 수시조사가 있다. 정기조사는 개별기업성실도, 업종별 조사필요성 및 표본추출방식에 따라 그 대상을 선정한다. 2014년에는 업종별 조사필요성 판정에 '업종', '규모' 뿐 아니라 '경제력 집중[303]'도 감안하도록 바뀌었다(국세기본법 제81조의 6 제2항).

국세기본법이 정한 세무조사대상 선정사유가 없음에도 세무조사대상으로 선정하여 과세자료를 수집하고 그에 기하여 과세처분을 하는 것은 적법절차의 원칙을 위반한 것으로서 특별한 사정이 없는 한 과세처분은 위법하다.[304]

국세기본법에 세무조사의 사전 통지·연기신청에 관한 조항과 세무조사 기간에 관한 조항이 규정되어 있다.

(바) 세무조사의 사전통지

세무공무원은 세무조사(조세범칙조사는 제외)를 하는 경우에는 조사를 받을 납세자에게 조사를 시작하기 15일 전에 조사대상 세목, 조사기간 및 조사 사유 등의 사항을 통지하여야 한다(국세기본법 제81조의 7).

(사) 세무조사기간 제한

조사대상 세목·업종·규모, 조사난이도 등을 고려하여 세무조사기간이 최소한이 되도록 하여야 하고, 특히 연간 수입금액(양도가액) 100억원 미만의 납세자에 대하여는 조사기간을 원칙적으

---

299) Mathis v. United States, 391 U.S. 1(1968)

300) 단순히 얼마의 소득이 있음을 신고하면 세법상 신고의무를 이행한 것으로 본다. 세무서장이 그것의 원천이 무엇이며, 과연 신고한 금액이 정확한 것인지에 대해 의문이 있는 경우 스스로 조사하여 찾아내야 한다.

301) Garner v. United States, 424 U.S. 648(1976).

302) 독일 조세기본법 제30조 제4항 제4호 a) 단서.

303) 세무행정에 있어서까지 재정조달 이외의 목적이 반영된 사례이다. 굳이 이를 법률에 반영한 것은 헌법상 "경제민주화"를 위한 것이라고 이해할 수 있는 부분이다. 정부 스스로가 세무조사가 엄정 중립적으로 이루어지고 있지 않음을 자인한 것이다.

304) 대법원 2014.06.26., 2012두911

로 20일 이내로 제한하며, 연장시에도 연장기간을 1회당 20일 이내로 제한한다. 다만, 아래의 경우에는 예외로 한다(국세기본법 제81조의 8).

　　㉠ 무자료·위장·가공거래 등으로 실제 거래 내용에 대한 조사 필요시
　　㉡ 국제거래를 이용한 세금탈루, 국내탈루소득의 해외 변칙유출 혐의로 조사시
　　㉢ 명의위장, 이중장부 작성, 차명계좌 이용, 현금거래의 누락 등의 방법을 통하여 세금을 탈루한 혐의로 조사시
　　㉣ 거짓계약서 작성, 미등기양도 등을 이용한 부동산 투기 등을 통하여 세금을 탈루한 혐의로 조사시
　　㉤ 상속세·증여세 조사, 주식변동 조사, 범칙사건 조사 및 출자 거래관계에 있는 관련자에 대하여 동시조사를 하는 경우

세무공무원은 납세자가 자료의 제출을 지연하는 등의 사유로 세무조사를 진행하기 어려운 경우에는 세무조사를 중지할 수 있다. 세무조사의 중지기간 중에는 질문을 하거나 장부·서류 등의 제출을 요구할 수 없다.

(아) 세무조사범위의 확대의 제한

세무공무원은 구체적인 세금탈루 혐의가 여러 과세기간 또는 다른 세목까지 관련되는 것으로 확인되는 경우 등305)을 제외하고는 조사진행 중 세무조사의 범위를 확대할 수 없다(국세기본법 제81조의 9). 세무공무원은 세무조사의 범위를 확대하는 경우에는 그 사유와 범위를 납세자에게 문서로 통지하여야 한다.

(자) 장부·서류의 보관금지

세무공무원은 세무조사의 목적으로 납세자의 장부 또는 서류 등을 세무관서에 임의로 보관할 수 없다(국세기본법 제81조의 10). 다만, 납세자의 성실성 추정이 배제되는 사유에 해당하는 경우로서 납세자가 임의로 제출한 장부·서류 등에 대해서만 납세자의 동의를 얻어 세무관서에 장부·서류 등을 일시 보관할 수는 있다. 일시 보관한 장부·서류 등은 원칙적으로 납세자가 요청한 날부터 14일 이내에는 반환하여야 한다.

(차) 세무조사 결과 등의 통보

세무공무원이 세무조사를 마쳤을 때에는 그 조사 결과를 서면으로 납세자에게 통지하여야 한다(국세기본법 제81조의 12). 세무조사 결과에 따라 부족세액을 과세하는 경우 뿐 아니라 국세청 내 업무감사 결과(현지에서 시정조치하는 경우를 포함한다)에 따른 과세 등을 하기 위해서도 과세예고 통지를 하여야 한다(국세기본법 제81조의 15).306) 과세관청이 과세예고 통지를 하지 아니함으로써 납세자에게 과세전적부심사의 기회를 부여하지 아니한 채 한 과세처분은

---

305) 구체적 세금탈루 증거자료가 발견되거나, 조사과정에서 조세범칙조사로 전환하는 경우 또는 특정항목이 다른 과세기간에도 존재하거나 조사대상 과세기간과 동일·유사한 세금탈루 혐의 등이 합리적으로 의심되는 경우

306) 세무조사에서 확인된 해당 납세자외의 자에 대한 과세자료를 처리하여 과세하는 경우와 납세고지하려는 세액이 1백만원 이상인 경우(다만, 감사원 시정요구에 따라 과세하는 경우로서 소명안내를 받은 경우 제외)에도 과세예고통지를 하여야 한다.

위법하다.[307]

(카) 과세정보의 비밀유지

세무공무원이 납세자가 세법이 정한 납세의무를 이행하기 위하여 제출한 자료나 국세의 부과 또는 징수를 목적으로 업무상 취득한 과세정보를 타인에게 제공 또는 누설하거나 목적 외의 용도로 사용할 수 없다(국세기본법 제81조의 13 제1항). 다만, 다음 중 하나에 해당하는 경우에는 그 사용 목적에 맞는 범위 안에서 납세자의 과세정보를 제공할 수 있다.[308]

- 지방자치단체 등이 법률이 정하는 조세의 부과 또는 징수의 목적 등에 사용하기 위하여 과세정보를 요구하는 경우
- 국가기관이 조세쟁송 또는 조세범의 소추목적을 위하여 과세정보를 요구하는 경우
- 법원의 제출명령 또는 법관이 발부한 영장에 의하여 과세정보를 요구하는 경우
- 세무공무원 상호간에 국세의 부과·징수 또는 질문·검사상의 필요에 의하여 과세정보를 요구하는 경우
- 다른 법률의 규정에 따라 과세정보를 요구하는 경우

국세청 관할 쟁송 및 심판청구의 내용은 이름(성은 표기), 주소 및 관할 세무서 이외의 모든 사항이 공개된다. 이는 법원의 판결문상 일반에 공개되는 것과 같은 수준이다.

국세기본법 제81조의 13 제5항은 동 조에 따라 과세정보를 제공받아 알게 된 사람 중 공무원이 아닌 사람은 형법[309]이나 그 밖의 법률에 따른 벌칙을 적용할 때에는 공무원으로 본다고 규정하고 있다. 다음의 사례에서 해당 동조 제1항의 위반이 있을 경우 납세자는 어떤 구제를 받을 수 있을까? 어느 중소기업 A에 대한 세무조사를 하는 과정에서 조사관 갑은 대표이사 겸 최대주주인 을의 완강한 부인에도 불구하고 그가 회사자금 1억 원을 횡령하였다고 믿고, 그에 따라 법인세를 부과하고 소득금액변동통지를 하였다. 이 통지를 받은 회사 A의 경리담당직원 병이 을이 어떻게 횡령하였는지에 대해 조사관 갑에게 물어보자, 갑은 병에게 자신이 조사한 바에 따라 소상히 알려 주었다. 병은 자신이 알게 된 을의 비리를 A의 노조원들과의 대화를 통해 발설하게 되었다. 이 사실을 접한 노조원들은 대표이사 을의 퇴진을 요구하다가 파업까지 하게 되고 그 결과 회사 A는 경영부실에 빠져 도산하게 되었다. 회사 A와 을은 을이 결코 A의 자금을 횡령한 사실은 없다고 주장하였으나 그 사실은 세금부과를 받은 지 3년이 지난 시점에 법원에서 밝혀지게 되었다. 납부한 세금을 돌려받을 수 있게 되었지만, 회사 A는 도산하여 회사 A의 주주 및 종업원 그리고 그의 거래선은 큰 피해를 보게 되었다.

이 사안에서 조사관 갑은 A와 을에 대한 세금부과에 관한 정보를 A의 종업원인 병에게 제공

---

307) 대법원 2016. 4. 15. 선고 2015두52326 판결

308) 국세정보공개심의위원회가 운영되고 있다(국기법시행령 제66조).

309) 형법 제127조는 공무원 또는 공무원이었던 자가 법령에 의한 직무상 비밀을 누설한 때에는 2년 이하의 징역이나 금고 또는 5년 이하의 자격정지에 처한다고 규정하고 있다. 아울러 제126조는 검찰, 경찰 기타 범죄수사에 관한 직무를 행하는 자 또는 이를 감독하거나 보조하는 자가 그 직무를 행함에 당하여 지득한 피의사실을 공판청구전에 공표한 때에는 3년 이하의 징역 또는 5년 이하의 자격정지에 처한다고 규정하고 있다.

하였다. 병은 A의 경리담당직원으로서 세무조사의 과정상 조사관을 도왔으므로 비교적 상세한 사실을 갑의 도움 없이도 알고 있었을 수 있다. 만약 갑이 병이 알 수 없는 다른 경로를 통해 알게 된 사실을 병에게 알려 주었다면 갑은 국세기본법 제81조의 13의 규정에 의한 의무를 위반한 것이 된다. 갑의 의무위반에 따른 손해에 대해 회사 A와 을은 어떻게 구제받을 수 있을까? 대법원 1979.4.10. 선고 79다262 판결(공1979, p.11932, 대법원 1991.1.25. 선고 87다카2569 판결(공 1991, p.841)에서 법원은 초과징수한 세액을 손해배상액으로 산정한 바 있다.

(타) 납세자보호위원회

2014년에는 납세자보호위원회의 설치에 관한 근거조항이 국세기본법에 신설되었다. 세무서, 지방국세청 및 국세청에 납세자보호위원회를 두고 있다. 납세자보호위원회는 납세자보호담당관을 포함한 공무원과 외부위원으로 구성된다. 위원회의 의결로 세무조사기간의 연장 여부를 심의하고, 세무조사의 일시중지 및 중지를 세무공무원에게 요구할 수 있다.[310] 위원장은 민간위원이 하게 된다(국세기본법 제81조의 18).

납세자는 위법·부당한 세무조사 일시중지 및 중지 요청 등을 납세자보호위원회에 심의 요청할 수 있다. 납세자보호위원회의 결정 통지는 심의요청받은 날부터 20일이내에 하여야 한다(국세기본법 제81조의 19).

(3) 절차규정 위반의 효과

조세특례에 관한 법률의 명시적 위임 없이 대통령령이 납세의무자에게 밟도록 한 절차를 납세자가 밟지 않은 경우 해당 조세특례의 적용이 배제되는가?[311] 법률 혹은 그것과 동등한 효력이 있는 법규가 과세 또는 감면의 요건 및 절차에 대해 규정하고 있고 그것의 하위규정이 다시 그것의 세부적인 절차를 규정하고 있을 때 그 하위규정에 따르지 않았다고 하여 과세 또는 감면을 배제할 수 있는가? 여기서 하위규정은 단순한 '절차규정'에 불과하기 때문에 그것이 반드시 과세 또는 감면의 요건에 해당한다고 볼 수 없다.

조세조약을 적용받기 위해서는 해당 납세자가 두 나라 중 어느 한 나라의 거주자로 되어야만 한다는 조건이 붙어 있다. 과세관청이 과세처분을 함에 있어서는 상위법규인 조세조약상 절차를 성실하게 준수하여야 할 것이다. 납세자가 하위법규인 시행령상 절차를 준수하지 않았다고 하여 과세관청이 상위법규를 따르지 않은 경우라면 그것에 대한 합리적인 이유가 있어야 할 것이다. 그 합리적인 이유가 설명되는 한도 안에서는 당해 행정처분은 하자가 없는 것이 된다.

법률 혹은 그것과 동등한 효력이 있는 법규가 과세 또는 감면의 요건에 대해 규정하고 있고 그것의 하위규정이 다시 그것의 세부적인 절차를 규정하고 있을 때 납세자가 그 하위규정에 따르지 않았다고 하여 과세 또는 감면을 배제할 수는 없다. 예를 들어, 조세특례제한법상 중소기업세액감면의 경우에는 비록 감면신청을 하지 않은 경우라 하더라도 당연히 세액감면을 하

---

310) 국세청의 세무조사중단 요청 수용비율은 2014년 27.5%(11건)에서 2015.10말 현재 51.2%(22건)에 이른다고 한다. '사기 그 밖의 부정한 행위'로 보아 10년의 부과제척기간으로 조사하는 것에 대한 이의를 받아들인 사례도 있다(국세청 보도자료, 납세자 권리침해 시, 「권리보호요청」을 하세요. 2015년 10월 30일 참조).

311) 대법원 2003.5.16. 선고 2001두3006판결

여야 한다. 이에 따라 세무서장이 경정을 할 때에는 중소기업세액감면요건 충족 여부를 심리하여야 하며, 그에 따라 경정하지 않은 때에는 납세자가 경정청구할 수 있다.[312]

법률이 절차에 관한 사항이 일정한 법률효과의 필수적 요건으로 규정된 '효력규정'인 경우도 있다. 당해 연도에 결손금이 있는 중소기업법인이 그것을 소급하여 상계하고자 할 때에는 관할 세무서장에게 법인세 신고기한 내에 세액의 환급을 신청하여야 한다. 이와 동시에 해당 법인은 당해 연도 및 소급하고자 하는 사업연도의 법인세신고를 하여야 한다(법인세법 제72조). 당초 신고 시에는 당해 사업연도의 결손금에 대해 소급공제를 신청하지 않고 있다가 추후 소급공제에 대한 환급을 신청하는 방법으로 경정청구를 하는 것은 허용되지 않는다.[313] 법인이 당해 사업연도의 법인세를 신고납부하였는데, 관할 세무서장이 경정을 하면서 직전 사업연도의 법인세액을 증액하고 당해 연도는 결손이 발생한 것으로 결정한 경우 해당 법인은 환급을 신청할 수 없다.[314] 여기서 신청은 법인세 신고기한 이내에 하여야 하는 것이기 때문이다. '선택'의 의사의 통지가 법률효과를 부여하는 데 필수적 요건으로 되어 있다.[315]

3. 실질과세원칙

가. 기본원칙

실질과세원칙은 세법의 적용대상이 되는 사실관계를 확정함에 있어 납세자가 형성한 명의, 명칭 또는 형식에 불구하고 그 사실 또는 실질에 대해 세법을 적용하여야 한다는 원칙이다. 전자보다는 후자에 따라 과세하는 것이 헌법상 실질적 평등의 요청에 부합한다.

이러한 실질과세원칙과 더불어 논의되는 것으로서는 통모에 의한 허위표시라고 할 수 있는 가장행위에 대해 세법을 적용할 것인지, 조세회피행위의 경우 그것을 인정하고 그에 대해 세법을 적용할 것인지, 그리고 위법한 행위로서 다른 법률의 규제대상이 되는 행위에 따른 경제적 손익을 과세에 반영할 것인지가 있다.

(1) 국세기본법 제14조 제1항과 제2항

실질과세원칙을 규정하고 있는 국세기본법 제14조는 제1항에서 귀속에 관한 실질과세를 규정하고, 제2항에서 계산에 관한 실질과세를 규정하고 있다. 제3항은 단계거래원칙에 대해 규정

---

312) 대법원 2004.11.12. 선고 2003두773 판결(중소제조업 등에 대한 특별세액감면에 관하여 규정한 구 조세감면규제법… 제7조 제1항 소정의 소득세 또는 법인세의 감면은 그 감면요건이 충족되면 당연히 감면되고 감면신청이 있어야만 감면되는 것은 아니라고 할 것이고, 그 감면신청에 관한 규정…은 납세의무자로 하여금 과세표준 및 세액의 결정에 필요한 서류를 정부에 제출하도록 협력의무를 부과한 것에 불과하므로 감면신청서의 제출이 없다고 하더라도 구 조감법 제7조 제1항 소정의 감면요건에 해당되는 경우에는 법인세 등을 감면하여야 하고…).

313) 같은 취지 법인세법기본통칙 72-110…2 및 서삼 46019-11199, 2002.7.23.

314) 국심 2000광170, 2000.7.14 참조.

315) 2009.7.23. 선고 2007두1170 판결[관세경정청구거부처분취소] "외국인투자기업이 위 구 조세특례제한법 제121조의 3 규정에 의하여 관세 등을 면제받기 위해서는 수입신고수리 전에 세관장에게 면제신청을 하여야만 하고, 수입신고수리 후에 경정청구를 통하여 면제신청을 한 때에는 관세 등을 면제받을 수 없다."

하고 있으며 2007년 도입된 것이다.

실질과세원칙의 본질은 제1항과 제2항에서 발견될 수 있는 것이므로 우선 그 두 가지에 대해 살펴본다.

① 과세의 대상이 되는 소득·수익·재산·행위 또는 거래의 귀속이 명의일 뿐이고 사실상 귀속되는 자가 따로 있는 때에는 사실상 귀속되는 자를 납세의무자로 하여 세법을 적용한다.

② 세법 중 과세표준의 계산에 관한 규정은 소득·수익·재산·행위 또는 거래의 명칭이나 형식에 불구하고 그 실질내용에 따라 적용한다.

제14조 제1항은 납세의무의 귀속에 관한 것이다. 소득과세를 예로 들자면, 과세의 대상이 되는 소득이 사실상 귀속되는 자를 납세의무자로 하여 소득과세규범을 적용하게 된다. 소득을 발생시키는 거래 또는 사실이 사실상 귀속되는 자를 납세의무자로 하여 소득과세규범을 적용하게 된다.[316] 동 항은 거래의 귀속에 대해 규정하고 있지만 이는 납세의무자에 귀속하는 거래에 한정되는 것이다. 소득과세를 예로 들자면, 제2항은 소득금액이 결정되는 방식에 대해 규정하고 있다. 제2항은 제1항에서와는 다른 대상에 대해 규정하고 있다. 따라서 논리적으로는 제1항에서의 실질과세의 의미가 항상 제2항에서의 그것의 의미와 동일하여야 할 필요는 없다.[317] 일본 소득세법과 법인세법이 소득금액의 계산에 관한 실질과세원칙을 규정하지 않는 반면 실질소득자과세원칙을 규정하고 있으며, 독일 조세기본법 제39조가 경제재의 귀속에 있어 경제적 실질에 입각하고 있는 한편, 소득금액 계산에 관해서는 별도의 규정을 두지 않고 있는 점이 참고가 된다.

신탁법상 부동산의 신탁에 있어서 수탁자 앞으로 소유권이전등기를 마치게 되면 대내외적으로 소유권이 수탁자에게 완전히 이전된다(신탁법 제3조). 위탁자와의 내부관계에 있어서 소유권이 위탁자에게 유보되어 있는 것은 아니다.

소득세법 및 법인세법상 신탁약정에 의해 재산을 소유한 수탁자에 귀속하는 수익에 대한 납세의무는 수익자(또는 위탁자)에게 귀속한다(소득세법 제2조의 2 제6항, 법인세법 제5조 제1항).[318]

부가가치세법상 공급되는 재화가 신탁재산일 경우 해당 공급거래에 대한 납세의무자는 위탁자이다(부가가치세법 제10조 제8항 본문). 수탁자는 물적 납세의무를 부담한다(부가가치세법 제3조의 2). 다만, 담보부신탁된 재산이 위탁자의 채무이행을 위하여 처분되는 경우 납세의무자는 수탁자이다(부가가치세법 제10조 제8항 단서).

상증세법에 의하면 신탁에 의한 수익의 이익을 받을 권리를 가진 수익자가 수익을 받을 경우에는 그 수익을 증여재산으로 하여 증여세를 부과한다(상증세법 제33조 제1항 제2호). 상증세법은 소득세가 과세될 경우 증여세를 부과하지 않는 특칙을 두고 있으므로 이 경우 소득세만 과세될 것인

---

316) 이창희 교수는 법인세법상 익금 또는 손금 및 소득세법상 수입금액 및 필요경비를 법적으로 분석하기 위해서는 그러한 요소들에 영향을 미치는 거래를 평가단위로 하여 분석하여야 한다고 한다(이창희, 『법인세와 회계』, 박영사, 2000, p.48).

317) 실질에 따라 사실관계를 확정하고자 하는 정신은 다를 바 없을 것이다. ① 기업의 수익이 발생하게 하는 자산의 귀속과 ② 비용이 발생하게 하는 자산의 귀속상 ①은 국세기본법 제14조 제1항과 제2항에 모두 관련되지만 ②는 국세기본법 제14조 제2항에만 관련된다. 경제재의 귀속은 과세대상뿐 아니라 과세표준의 계산을 좌우하는 것이다. 독일조세기본법 제39조의 규정을 참조할 수 있다. '경제재'는 세법 고유개념이다(Tipke/Lang, 전게서, p.151).

318) 독일조세기본법 제39조 제2항 제1호 제2문 참조. 독일 세법상 신탁된 재산은 위탁자에게 귀속하는 것으로 본다.

지의 문제가 있는데 실무상 소득세가 과세되고 증여세도 과세된다(상증세법 제4조의 2 제2항).319)

지방세법상 신탁법에 의한 신탁으로써 신탁등기가 병행되는 경우에 위탁자로부터 수탁자에게로의 재산이전 및 수탁자로부터 위탁자에게로의 재산이전 등을 비과세 한다고 규정하고 있다(지방세법 제110조 제1호). 수탁자의 부동산 취득으로 수탁자가 취득세 납세의무자가 되며, 그것으로 위탁자의 사실상 취득이 인정되지는 않는다.320)

지방세법상 재산세는 해당 재산을 "사실상 소유"하는 자에게 부과한다(지방세법 제107조 제1항). 판례에 의하면 여기서 "사실상 소유"는 경제적 소유를 의미한다.321) 재산에 대한 실질적 담세력이 있는 자를 납세의무자로 규정하기 위함이다. 2014. 1. 1. 개정된 지방세법은 종전과는 달리 수탁자를 신탁재산의 재산세 납세의무자로 규정하고 있다. 한편 재산세 납세의무자는 종합부동산세 납세의무도 부담한다. 판례에 의하면 수탁자는 위탁자별로 신탁재산을 구분·합산하여 각각 종합부동산세를 산정해야 한다.322)

실질귀속원칙은 이미 납부한 세액의 공제의 경우에도 적용될 수 있으므로 명의상 귀속자의 이름으로 납부한 세액은 실질귀속자의 산출세액에서 공제할 수 있다.323) 외국법인에 투자한 자가 자신의 이름으로 세금을 납부하였지만 소득은 자신의 명의로 되어 있지 않은 경우가 있을 수 있다. 이는 해당 외국법인이 소재지국에서 과세실체로 취급받지 않은 경우이다. 세법은 이러한 경우에도 국내의 납세자가 외국납부세액공제를 받을 수 있도록 허용하고 있다(소득세법 제57조 제4항 및 법인세법 제57조 제6항).

실질귀속원칙은 조세조약의 해석과 적용에도 그대로 적용할 수 있다.324) 실질귀속원칙은 지방세법에 의한 취득세 납세의무자의 판단에도 적용된다.325)

(가) '실질'의 의미

① 입법 연혁

실질과세원칙상 '실질'의 의미와 성격에 대해 학설이 대립하고 판례의 입장도 명쾌하지 않다. 그 의미를 올바로 이해하기 위해서는 그것에 관한 조항의 입법연혁에 대해 살펴볼 필요가 있다.

---

319) 신탁을 통한 증여에 특혜적인 효과가 발생하게 한다. 재산 소유자가 그 재산으로부터의 수익을 타인에게 증여하고자 할 경우에는 일단 자신의 이름으로 해당 수익에 대한 소득세를 납부하고 남는 것을 증여하게 한다. 신탁을 이용할 경우 자신에 대한 세금 없이 타인에게 증여할 수 있다는 것이 된다(한원식, 신탁세제에 관한 연구, 서울시립대학교 세무학박사학위논문, 2013.2, p. 152). 반대로 증여세도 과세된다는 취지의 국세청의 질의회신(재산세과 836, 2010.11.10., 재심46014-2023, 1995.08.08.)이 있다. 실무상 소득세를 차감하지 않은 채로 미래 이익을 현가로 계산하여 증여세를 부과한다.

320) 대법원 2018. 2. 28. 선고 2017두64897 판결

321) 대법원 2017. 3. 9. 선고 2016두56790 판결

322) 대법원 2014. 11. 27. 선고 2012 두 26852 판결.

323) 서울고법 2002.9.13. 선고 2002노1097 참조.

324) 대법원 2012.4.26. 선고 2010두11948 판결 참조.

325) 모회사 갑 외국법인이 100% 지분을 소유하고 있는 자회사들인 을 외국법인과 병 외국법인이 정 내국법인의 지분 50%씩을 취득하고, 을 회사가 75% 지분을 소유하고 있는 무 내국법인의 나머지 지분 25%를 병 회사가 취득하자, 관할 행정청이 갑 회사가 정 및 무 회사의 과점주주라고 보고 갑 회사에 대하여 한 구 지방세법 제105조 제6항에 따라 취득세 등 부과처분은 적법하다(대법원 2012.1.19. 선고 2008두8499 전원합의체 판결).

▶ 우리나라

우리 세법상 실질과세원칙은 국세기본법 및 법인세법에서 규정하고 있다. 법인소득과세상 실질과세원칙을 규정하고 있는 현행 법인세법 제4조는 국세기본법 제14조보다 앞선 1967년 11월 29일 법률 제1964호에 의해 법인세법 제3조로 도입되었다. 국세기본법 제14조는 1974년 국세기본법이 제정되면서 도입되었다.

> 법인세법 제4조 (실질과세) ① 자산 또는 사업에서 생기는 수입의 전부 또는 일부가 법률상 귀속되는 법인과 실질상 귀속되는 법인이 서로 다른 경우에는 그 수입이 실질상 귀속되는 법인에 대하여 이 법을 적용한다.
> ② 법인세의 과세소득이 되는 금액의 계산에 관한 규정은 소득·수익 등의 명칭이나 형식에 불구하고 그 실질내용에 따라 이를 적용한다.

구 소득세법상 실질과세원칙에 관한 조항은 1967년 11월 29일 법률 제1966호로 다음과 같이 도입되었다.[326)]

> 제2조 (실질과세) 소득의 귀속이 명목뿐이고 사실상 그 소득을 얻는 자가 따로 있는 경우에는 사실상 그 소득을 얻는 자에게 이 법을 적용하여 소득세를 부과한다. 다만, 대통령령이 정하는 사업의 소득에 대해서는 예외로 한다.

이후 위 규정은 1974년 국세기본법에 실질과세원칙 조항이 도입된 이래 아래와 같이 개정되었는데 1994년 12월 소득세법이 전면 개정되면서 규정체계상 불필요한 점 때문에 삭제되었다.

> 제7조 (실질과세) ① 소득의 귀속이 명목뿐이고 사실상 그 소득을 얻은 자가 따로 있는 경우에는 국세기본법 제14조 제1항에 의하여 사실상 그 소득을 얻은 자에게 이 법을 적용하여 소득세를 부과한다. 다만, 대통령령[327)]이 정하는 사업에서 발생하는 소득에 관해서는 그러하지 아니하다.

▶ 일본

일본 소득세법상 실질소득자과세원칙은 1965년 규정 도입 이래 아래와 같이 되어 있다.

> 제12조 (실질소득자 과세의 원칙) 자산 또는 사업으로부터 생기는 수익이 법률상 귀속한다고 보이는 자가 단순한 명의인이고 그 수익을 향수하지 않고 그 자 이외의 자가 그 수익을 향수한 경우 그 수익은 이것을 향수한 자에게 귀속한 것으로 하고 이 법률의 규정을 적용한다.[328)]

---

326) 당시 소득금액 계산에 관해서는 실질과세원칙에 관한 규정이 없었다. 이후 1973년 2월 16일 법률 제2522호로 도입되었다.

327) 제21조 (명의자 과세) 법 제7조 제1항 단서에서 '대통령령이 정하는 사업'이라 함은 다음 각 호의 1에 해당하는 사업을 말한다.
   1. 건설업법에 의한 면허를 받은 자가 경영하는 건설업.
   2. 대외무역법에 의한 허가를 받은 자가 경영하는 수입업. 다만, 수입대행의 사실이 확인되는 경우는 제외한다.
   3. 제1호 및 제2호 이외에 국가 또는 지방자치단체로부터 허가·인가·면허·특허 등을 받아 경영하는 사업. 다만, 사실상의 사업자가 따로 있는 것이 확인되어 사실상의 사업자에게 과세할 수 있는 때를 제외한다.

328) 경제적 실질설을 취하는 학자들은 동 조의 '법률상' 및 '수익을 향수'의 개념에 의존하고 있다.

가장행위는 법률행위로서는 무효이다(민법 제94조). 채무자가 채권의 강제집행을 면하기 위해 부동산의 양도의 의사 없이 제3자와 통모하여 부동산등기를 제3자 명의로 이전하는 경우에는 양도소득이 발생하지 않고 취득세도 과세되지 않는다.[329) 사실행위로서는 실체가 없는 것이어서, 그 "가장(veil)"을 걷고 진실을 인정하는 것이 당연하다.

가장행위는 조세회피행위와는 다르며 그 진실에 대해 과세하게 된다. 이를 위해 세법에 별도의 규정이 필요하지는 않다. 당사자가 진심으로는 매매행위를 하고 있음에도 불구하고 증여행위를 하는 것으로 계약서를 작성한 경우, 과세관청은 증여행위를 무시하고 매매행위로 보아 과세하여야 한다.

반면 조세회피행위는 그 자체로서는 사법상 유효한 행위이기 때문에 그것의 효력을 부인하고 다른 것에 대해 과세하기 위해서는 세법상 별도의 규정이 필요하다.[330)

세법이 사법상의 법률관계 자체를 과세대상으로 설정하지 않고 그에 따라 발생하는 경제적 성과를 과세대상으로 설정한 경우에는 해당 사법상의 행위가 하자가 있더라도 경제적 성과가 발생한 한도 안에서는 과세대상이 성립한 것이다.[331)

실질소득자 과세원칙은 조세회피방지규정과는 구별되는 것이지만 그렇게 이해하는 판례가 있으며, 그에 의하면 "세법상 소득을 판정하는 것은, 단순히 당사자에 의하여 선정된 법률형식에 불구하고, 그 경제적 실질을 판정하여야 하며, 당사자에 의하여 선정된 법률적 형식이 경제적 실질로 볼 때 통상 채택되어야 할 법률적 형식과는 일치하지 않고 이상한 것이며 그러한 법률적 형식을 선택한 것에 대해 그것을 정당화하는 특단의 사정이 없는 한, 조세부담의 공평의 견지에서 볼 때, 당사자에 의하여 선택된 법률적 형식에 구속되지 않는다고 보는 것이 타당하다(神戶地裁, 1970. 7.7 판결)."는 것이다.[332)

▶ 독일

1977년 독일조세기본법[333)으로 통합되기 전의 1934년 독일조세규율법(Steueranpassungsgesetz) 제1조 제2항에는 '경제적 관찰방법(wirtschaftliche Betrachtungsweise)'에 관한 규정이 있었다. 이후 독일조세규율법이 폐지되면서 독일조세기본법에서는 규정되지 않았다. 대신 독일조세기본법 제41조 제1항[334)이 신설되었다. 이때에는 경제적 관찰방법에 관한 원칙이 법원판례의 기본적 입장으로 굳어져 있었다.

조세기본법(Abgabenordnung, AO) 제39조 제1항은 경제재는 소유자에게 귀속한다고 규정하고 있다. 여기서 "소유"는 물권법상의 소유권을 의미한다. "경제재"는 물권법상 물건으로 규정

---

329) 金子 宏, 『租稅法』(제10판), 弘文堂, 2005, pp.140～141

330) 北野弘久, 稅法問題事例研究, 勁草書房, 2005, p.75

331) 金子 宏, 『租稅法』(제10판), 弘文堂, 2005, pp.123～126

332) 八ッ尾順一, 租稅回避の事例研究, 淸文社, 2005.5, p.22

333) 독일조세기본법은 독일 기본법(Grundgesetz) 제108조 제5항에 근거하여 입법되었다(연방과세관청이 적용할 절차는 연방법이 규율한다. 란트과세관청이 적용할 절차와 이 조 제4항 제2문의 규정에 의해 지방자치단체(지방자치단체조합)가 적용할 절차는 연방상원의 동의에 의해 제정된 연방법률로 규율한다).

334) 법률행위가 무효이거나 취소된다 하더라도 당사자가 그 법률행위의 경제적 결과를 수용하는 경우에는 그 경제적 결과에 따라 과세한다. 개별적인 세법이 달리 규정하고 있는 경우에는 그렇지 아니하다.

하지 않은 것도 포함할 수는 있겠다. 동조 제2항은 제1항에도 불구하고, 해당 경제재의 소유자가 아닌 자가 해당 경제재의 통상적인 사용기간 동안 경제적인 측면에서 소유자가 해당 경제재에 대한 영향력을 행사할 수 없도록 배제하는 방식으로 해당 경제재를 실제적으로 지배하고 있다면 해당 경제재는 그 자에게 귀속하는 것으로 본다고 규정하고 있다. 제2항은 법적인 외관(rechtlichen Schein)이 아니라 경제적 내용(wirtschaftlichen Gehalt)에 따라 경제재의 귀속을 판단하여야 한다고 규정하고 있는 것이다.335) 신탁관계에서는 경제재는 위탁자에게 귀속하며, 담보목적으로 소유권이 이전된 경우에는 담보제공자에게 소유권이 귀속하며, 자주점유의 경우에는 자주점유자에게 소유권이 귀속된다.336)

조세기본법 제40조에 의하면 세법상 과세대상이 사회법규에 위반하거나 공서양속에 배치되더라도 여전히 세법을 적용한다. 과세는 가치중립적으로 이루어지며 사실에만 의존한다. 위법한 행동이 적법한 행동에 비해 과세상 유리한 대우를 받도록 하지는 않는다. 조세특례가 공서양속에 어긋나거나 가벌적인 행동에 대해 주어지지는 않는다. 위법한 건축활동에 대해서는 조세특례가 주어지지 않는다.

조세기본법 제41조는 경제적인 행위와 법률적인 관계가 상위할 경우의 세법 적용에 관해 규정하고 있다.

제1항은 무효인 법률행위라 하더라도 행위당사자가 해당 법률행위의 경제적 결과가 발생하고 유지되는 것을 인정하는 한 과세대상이 될 수 있다고 규정하고 있다. 이미 이행된 계약을 소급하여 취소하는 것을 세법적용상 인정하기 위해서는 개별세법에 별도의 규정을 두어야 한다(예, 부가가치세법 제17조).340)

제1항은 과세대상을 판정할 때 경제적 실질에 따라서 하라는 것으로 이해할 수 있다. 이는 각 세법상 규정된 과세대상에 부합하는 사실이 존재하는지를 판단할 때에 납세의무자가 영위한 법률관계에 제약받지 말고 경제적인 결과에 착안하여 판단하라는 것을 의미한다. 소득과세상 과세대상의 규정은 "소득원천설"341)과 "순자산증가설"342)이 병합된 형태로 구성되어 있는데,343) 조세기본법 제41조 제1항은 이를 보완하는 기능을 수행한다.

제2항은 가장행위는 세법의 적용대상이 아니라고 규정하면서, 가장행위가 다른 행위를 은닉하고 있을 때에는 그 은닉행위에 대해 세법이 적용된다고 규정하고 있다. 예를 들어, 부부간의

---

335) 등기부등본상 명의변경일 이후에야 지배관리처분권이 이전된 경우에는 지배관리처분권이 이전된 시점에 경제적 소유권이 넘어간 것으로 보아야 한다(Rolf Ax, Thomas Groshe & Juergen Melchior, *Abgabenordnung und Finanzgerichtsordnung*, Schaeffer-Poeschel Verlag Stuttgart, 2007, p.121).

336) 조세기본법집행지침(AEAO)은 리스계약에 따른 소득과세를 위해 연방재정법원의 판결을 빌려 경제재를 정의하고 있다. 소작인은 기본적으로 경제재의 소유자로 취급되지 않는다(AEAO § 39 Abs. 2 Nr. 1 Satz 1 definiert den Begriff des wirtschaftlichen Eigentums i.S.d. Rechtsprechung des BFH (z.B. BFH-Urteile vom 12.9.1991 – III R 233/90 – BStBl 1992 II, S. 182, und vom 11.6.1997 – XI R 77/96 – BStBl II, S. 774), insbesondere zur ertragsteuerlichen Behandlung von Leasing-Verträgen. Beispiele für die Anwendung des Grundsatzes des § 39 Abs. 2 Nr. 1 Satz 1 enthält Satz 2. Der landwirtschaftliche Pächter ist grundsätzlich nicht als wirtschaftlicher Eigentümer zu behandeln.).

340) AEAO § 41.

341) 세법상 열거된 소득만 과세한다는 것이다(열거주의적 입장).

342) 세법상 과세대상 소득을 포괄적으로 정의하게 되는데 그 한 방법으로 일정 기간 증가한 순자산의 규모로 측정한다(포괄주의적 입장).

343) Klaus Tipke/Joachim Lang, *Steuerrecht*, Verlag Dr. Otto Schmidt Köln, 2010, p.246.

가장근로계약이나 가장된 주소는 과세상 존중되지 않는다.[344]

숨은 이익처분(verdeckte Gewinnausschüttung) 금액을 추후에 반환한 경우에는 각각의 행위가 과세상 의미를 갖는다. 세법상 숨은 이익처분을 하는 행위는 민사상 유효한 행위를 통해 이루어졌기 때문이다. 반환으로 원래부터 숨은 이익처분이 없었던 것으로 보지는 않는다.[345] 반환은 자본금의 납입으로 보게 된다.[346]

처음에는 유효하였던 매매행위가 추후 무효로 되는 경우(미성년자의 구매행위에 대해 부모가 추인하지 않는 경우) 매도자의 매도차익은 처음에는 과세대상이 되었다가 추후 경정하게 된다. 약정해제조건부 행위에 약정된 사항이 발생하면 처음부터 과세대상 행위가 존재하지 않았던 것으로 본다.

독일 조세기본법 제40조 및 제41조의 규정 모두 해당 행위들이 경제적인 측면에서 과세요건을 충족하는 한 과세대상이 될 수 있다는 내용을 담고 있으며, 이 규정들은 이 점에서 경제적 관찰방법의 하나로 여겨지고 있다.[347]

② 합리적 해석의 모색

세법은 과세대상을 설정하고 그에 대해 세금을 부과하고 징수하기 위한 법이다. 세법은 국민이 자신의 의무를 경제활동을 하기 전에 충분히 예측할 수 있는 정도로 구체화되어 있어야 한다(조세법률주의). 한편, 세법은 정의로운 것이어야 할 것이다. 실질적인 평등을 보장하는 것이어야 한다(조세평등주의).

세법을 적용할 때 과세대상의 존부를 판단하거나 과세대상의 귀속을 판단하고 과세대상의 크기인 과세표준을 계산하는 과정에서 위의 법적인 결과물과 실제 경제적 현상이 서로 다를 경우 둘 중 무엇을 기초로 납세의무의 성립 여부를 판단해야 하는지의 문제가 나타난다. 법적인 결과물은 '법적 실질'로 표현하고, 실제 경제적 현상은 '경제적 실질'로 표현할 수 있을 것이다.

세법 적용을 위한 인식의 과정을 보면 먼저 '법적 실질'을 찾게 되어 있다. 대부분의 실제 거래에서는 '법적 실질'과 '경제적 실질'은 동일한 내용으로 나타날 것이다. 그런데 만약 '법적 실질'은 존재하지 않지만 '경제적 실질'만 있는 경우라면 납세의무는 성립하지 않는 것인가? 존재하는 '법적 실질'과 '경제적 실질'이 서로 상이한 내용을 갖고 있는 경우 납세의무는 둘 중 무엇에 따라 성립하는가? 그 판단에 조세회피의 요소를 개입시킬 것인가의 문제도 부수한다.

조세 부과의 가장 중요한 요소인 과세대상의 존부판단, 과세대상의 납세의무자에의 귀속 및 과세대상의 크기 판단상 '법적 실질'을 존중하는 것은 세법이 민사법적인 용어를 많이 차용하여 법규를 구성한 것인 점을 고려하여 법적 안정성을 도모하기 위한 것이다. 이는 3국간 비교에서 알 수 있듯이 각국에서의 세법해석 및 적용의 기본적인 원칙이라고 할 수 있다.

'법적 실질'이 없는 상황은 주로 과세대상의 존부판단에 관련되어 나타난다. 특정 사인간의 거래가 법적으로 무효인데 그들 간에 비법적이지만 경제적인 변화가 발생하고 있을 때 그것을 과

---

344) AEAO(Anwendungserlass zur Abgabenordnung) § 41

345) 은닉된 행위의 표면에 항상 가정행위만 존재하는 것은 아니다. 독일세법상 은닉된 사실을 발견하여 과세하는 데에 관한 것으로서 은닉된 수익배분(독일 법인세법 제8조 제3항 제2문)의 개념이 있다.

346) Lüdtke-Handjery, Steuerrecht, Erich Schmidt Verlag, 2005, pp.49~50.

347) Tipke/Lang, 전게서, p.149.

세대상으로 인식할 것인가의 문제이다. 독일에서는 무효인 법률행위라도 행위당사자가 해당 법률행위의 경제적 결과가 발생하고 유지되는 것을 인정하는 한 과세대상이 될 수 있다(조세기본법 제41조 제1항). 일본은 3국중 유일하게 '포괄적 소득' 개념을 받아들이고 있다. 그리고 과세대상 소득 조항의 해석상 '경제적 실질'을 존중하고 있다.

존재하는 '법적 실질'과 '경제적 실질'이 서로 상이한 내용을 갖고 있는 경우에 대해 한국에서는 국세기본법 제14조의 실질과세원칙조항이 있다. 과세대상의 존부판단상 '법적 실질'과 '경제적 실질'이 충돌할 때 '법적 실질'을 존중하는 법해석관행이 자리잡고 있다. 최근 법원은 과세대상의 납세의무자에의 귀속판단에는 오로지 조세회피 목적을 위해 구성한 거래일 경우 그것의 '법적 실질'을 거부하고 '경제적 실질'에 따르는 것으로 해석하는 판결들을 남기고 있다. 과세표준의 계산과 관련해서는 아직 양자의 충돌에 대한 명확한 해석지침이 있다고 보기 어렵다. "세법의 혜택을 부당하게 받기 위한 것"의 의미의 해석상 논란의 여지가 많다. 납세자의 항변의 기회를 명확히 부여하고 있지 않다.

독일에서는 조세기본법에 실질과세에 관한 조항들이 다수 규정되어 있다. 세법의 해석상 목적론적 해석이 상당한 지지를 받고 있으며, 과세대상의 존부 판단, 납세의무자에의 귀속 판단 및 과세표준의 계산상 '경제적 실질'을 중시하고 있다. '경제적 실질'에 의한 과세와 법적 안정성 확보의 균형을 도모하기 위해 법형성가능성남용방지규정을 두고 있으며, 최근의 개정에서는 "비조세적인 합리적 이유"가 있는 경우에는 '법적 실질'을 존중한다는 규정이 도입되었다.

일본에서는 소득세법과 법인세법에 실질소득자과세원칙이 규정되어 있다. 그러나 세법의 해석상 문리적 해석이 상당한 지지를 받고 있으며, 소득 이외의 과세대상의 존부 판단, 납세의무자에의 귀속 판단 및 과세표준의 계산상 "법적 실질"을 중시하고 있다. 다양한 유형의 조세회피행위에 두루 대응할 수 있는 조세회피방지규정이 아직 도입되지 않고 있다.

각국의 세법의 입법과 그 해석은 위와 같은 실질적 평등과 법적 안정성간의 충돌과 조화의 관계를 잘 보여주고 있다. 역사적으로 보아 일본과 한국의 세법의 형성에 큰 기반이 되어준 독일의 경우 일찍부터 "경제적 실질"을 과세대상으로 하는 입법과 해석론이 발달하였다. 일본에서는 "경제적 실질"을 찾아 과세하는 분명한 세법조항을 발견하기 곤란하다. 한국에서는 일본의 실질소득자과세원칙조항을 전 세목에 대한 규정으로 확대하고, 과세표준의 계산에까지 실질과세원칙을 적용하도록 하는 규정을 국세기본법 제14조로 도입하고 있지만 '실질'개념의 해석은 주로 '법적 실질'에 그치고 있었다.

2012.1.19. 선고 2008두8499전원합의체판결(로담코·칠봉사건)에서 대법원은 과세대상의 귀속 판단상 '경제적 실질'을 중시하는 판결을 내놓았다. 이 판결도 "오로지 조세회피를 목적으로 하는 경우"에 한해 '경제적 실질'을 찾아 과세하도록 한다는 취지로 이해될 수 있는 여지를 남기고 있다.[350] 이는 실질과세원칙이 조세회피를 그 적용요건으로 하는 규정이 아님에도 불구하고 조세회피방지규정으로 활용하는 입장으로 이해될 수 있다는 점에서 실질과세원칙조항의 목적론적 해석이

---

350) 이 판결은 원심이 인정한 사실관계를 인용하면서 "이러한 점 등으로 미루어 보면, 이 사건 주식 등을 원고가 직접 취득하지 않고 이 사건 자회사들 명의로 분산하여 취득하면서 이 사건 주식 등의 취득 자체로는 과점주주 요건에 미달하도록 구성한 것은 *오로지 구 지방세법 제105조 제6항에 의한 취득세 납세의무를 회피하기 위한 것*이라고 보기에 충분하다."고 언급하고 있다.

라고 이해할 수 있다. 실질적 평등과 법적 안정성을 조화롭게 도모하고자 하는 해석론적 노력이다.

(나) 사실상 귀속

조세채무의 성립요건을 충족하는 과세요건사실이 발생한 경우 그 사실이 누구에게 귀속한 것으로 보아 조세채무자로 할 것인가에 관해서는 명의나 외형에 불구하고 사실이나 실질을 보아 판단하여야 한다는 것이다.

① 적극적 소득(active income)

소득과세상 소득귀속의 명의자와 다른 실질적인 귀속자에 관한 사례들은 종래 사업소득과 관련하여 많이 발견되었다. 개인이 사업을 영위하는 경우에는 부가가치세법상 사업자 등록을 하여야 한다. 사업자 등록을 하지 않고 사업을 하는 경우에는 세무조사를 받아 부가가치세와 소득세를 추징당하게 된다. 누가 사업을 한다는 것은 자신의 계산과 책임 하에 해당 사업을 영위한다는 것이다. 친족의 도움을 받든 제3자를 고용하든 타인이 근로를 제공하더라도 자신의 계산과 책임 하에 사업을 영위할 경우에는 자신의 사업이 된다. 그런 경우에는 자신의 명의로 사업자 등록을 하고 영업거래 및 금융거래를 자신의 이름으로 하여야 한다. 만약 채권자와의 관계에서 유리한 지위를 확보하기 위하여서 또는 금융 기타의 관련 법령의 제한을 회피하기 위해 타인의 명의로 사업자 등록을 하고 거래를 영위한다면 해당 사업에 연원하는 납세의무의 귀속 주체는 누구로 할 것인가? 국가 입장에서 보아 성립하는 납세의무의 내용이나 그것의 집행에 아무런 차이를 발생시키지 않는다 하더라도 사업의 명의자 대신 실질적인 사업의 영위자에게 해당 납세의무를 귀속시켜야 한다. 타인에게 납세의무를 귀속시킬 때 부담세액이 줄어들거나 그러한 세액의 감소가 고의에 의한 것이었는지는 납세의무의 귀속 주체를 판단함에 있어 고려할 요소가 아니다.

법원은 대법원 1987.5.12., 86누602판결에서 사업소득의 귀속자 판단에는 사업경영상 '책임과 계산'을 주요한 판단의 근거로 하고 있다. 이 판결 사건에서 원고는 서울 마포구 마포동 33－9에 실비집이라는 상호 아래 로스구이 집을 경영하다 그 이웃인 같은 구 도화 2동 48－5에 자신의 동생인 소외 ○○의 명의를 빌려 역시 로스구이집을 개점하여 원고의 책임과 계산 아래 두 음식점을 경영하여 왔다. 피고 세무서장은 원고가 동생의 사업자 등록명의로 하는 식당은 원고가 소득을 분산하여 세금을 줄이기 위하여 동생의 사업자 명의를 빌려 위장 경영한 것으로 보고 실질과세원칙을 근거로 동생명의로 되어 있는 식당 경영과 관련된 소득세 및 부가가치세를 원고의 매출액에 합산하여 소득세와 부가가치세를 부과하였다. 이에 대해 법원은 실질과세의 원칙상 과세의 대상이 되는 소득, 수익, 재산, 행위 또는 거래의 귀속이 명의일 뿐이고 사실상 귀속되는 자가 따로 있을 때에는 사실상 귀속되는 자를 납세의무자로 보아야 할 것이라고 하면서, 원심이 거시 증거에 의하여 원고가 서울 마포구 마포동 33－9에 실비집이라는 상호 아래 로스구이 집을 경영하다 그 이웃인 같은 구 도화 2동 48－5에 자신의 동생인 소외 ○○의 명의를 빌려 역시 로스구이집을 개점하여 그 판시와 같은 경위로 원고의 책임과 계산 아래 두 음식점을 경영하여 온 사실을 확정하고 원고의 주장을 배척한 것에 수긍이 가고 거기에 채증법칙을 어겨 사실오인을 하거나 실질과세원칙의 법리를 위반한 위법이 있다고 볼 수 없다고 보았다. 본 사건은 무엇을 토대로 실질을 판정할 것인가에 관한 사건이다. 당사자들 간에 명의를 대여한다는 합의가 있었고 그에 따라 계산과 책임의 귀속도 분명한 경우 명의를 차용한 자에게 납세의무가 귀속되는 것으로 보아야 한다. 실제 납세의무의 귀속을 판정할 때 실질적인 계산과 책임의 귀속 주체가 분명하지 않은 경우도 많이 있다. 이 경우 입증책임은 명의와 다른 사실관계를 주장하는 자에게 있다. 실질적인 귀속을 밝힘에 있어서는 거래상대방에 대한 조사를 통해 거래의 본질적인 내용을 누가 결정하였는지와 거래의 결과 채권 채무의 이행과정에서 자금의 원천과 이동이 누구에게 귀속하는지가 결정적인 증거로 작용하게 된다.

② 수동소득(passive income)

사업소득은 위의 사건에서처럼 자본 이외에 노무의 실질적인 투입이 필요한 경우가 대부분이므로, 해당 사업소득의 창출에 결정적인 기여를 한 자를 소득의 실질적인 귀속자라고 보는 것이 합리적이다. 그러나 이자소득이나 배당소득처럼 소득창출에 단순한 자본의 제공만 필요하고 별도의 소득창출활동을 필요로 하지 않는 경우 소득의 실질적인 귀속자를 어떻게 판별하여야 하는가?

대법원에 의하면 재산의 귀속명의자는 이를 지배·관리할 능력이 없고, 그 명의자에 대한 지배권 등을 통하여 실질적으로 이를 지배·관리하는 자가 따로 있으며, 그와 같은 명의와 실질의 괴리가 조세를 회피할 목적에서 비롯된 경우에는, 그 재산에 관한 소득은 그 재산을 실질적으로 지배·관리하는 자에게 귀속된 것으로 보아 그를 납세의무자로 삼아야 할 것이나, 그러한 명의와 실질의 괴리가 없는 경우에는 소득의 귀속명의자에게 그 소득이 귀속된 것으로 보아야 할 것이라고 한다.

대법원2009두19564, 2010.11.25.판결 사건에서는 대상소득을 실질적으로 지배, 관리, 처분할 수 있는 지위에 있는 자가 소득의 귀속자가 된다는 판단을 하고 있다. 경매절차에서 매수대금을 부담한 사람이 다른 사람 명의로 매각허가결정을 받은 후에 자신의 의사에 따라 부동산을 제3자에게 양도하여 그 양도대금을 모두 수령하고 명의인은 매수대금을 부담한 사람에게 부동산을 반환하기로 한 약정의 이행으로서 직접 제3자에게 소유권이전등기를 경료해 준 경우 매수대금을 부담한 사람이 납세의무자가 된다고 보았다. 법원은 실질귀속원칙을 적용하면서 명시적으로 조세회피 목적 유무에 대해 판단하지 않은 것이다. 그 매수대금을 부담한 사람이 양도소득을 사실상 지배·관리·처분할 수 있는 지위에 있다고 본 것이다.

대법원 2014.7.10. 선고 2012두16466 판결에 의하면, 아울러 소득을 발생시키는 법률행위에 이르는 과정에서 의사결정에 영향력을 행사하는 자는 그 법률행위의 효과 및 소득의 귀속자를 제3자로 결정할 수 있는 것이고, 그와 같은 영향력의 행사에 따라 소득의 귀속자가 결정되면 그 법률행위의 효과와 소득은 당초부터 제3자에게 귀속되어 그 소득에 대한 지배·관리·처분권을 제3자가 갖게 되는 것이지 의사결정에 영향력을 행사한 자를 소득의 귀속자로 볼 수는 없다고 한다.

다만, 최근 대법원이 여러 판결들[351]을 통해 실질에 따른 과세를 위해 "명의와 실질의 괴리가 조세를 회피할 목적에서 비롯된 경우"의 요건을 명시적으로 거론하고 있다. 이는 전술한 실질과세원칙의 본질과는 무관한 것이라고 보아야 할 것이다.

대법원의 2012.1.19. 선고 2008두8499전원합의체판결이 그 예이다. 이 사건에서 2003. 5.

---

351) 대법원 2012. 1. 19. 선고 2008두8499 전원합의체 판결, 대법원2010두25466 , 2012.10.25 등 참조

15. 네덜란드 법인인 원고는 100% 출자한 국내 자회사 甲법인(로담코 사우스 코리아 비브이)과 乙법인(종로 비브이)을 통하여 국내 법인인 칠봉산업과 아이엔지 코리아를 100% 취득하였다. 또한, 甲과 乙 두 자회사는 주소 및 전화번호와 대표이사가 서로 같고 그 외 직원은 전혀 없으며 지분의 취득이나 매도 등을 할 때에도 모두 동일인으로 계약을 하였고 기타 사원총회 등에서도 위임을 받은 대리인 한 사람이 단독 출석하여 회의에 관여하였다. 더욱이 자회사들은 이를 보유하다가 그 중 일부를 처분하였을 뿐 그 외 별다른 사업실적이 없으며, 자회사로서의 물적 시설도 갖추고 있지도 않고, 그 지분의 취득자금도 모두 원고가 제공하고, 그 취득과 보유 및 처분도 모두 원고가 관장하였다. 이러한 사안에서 칠봉산업과 아이엔지코리아의 지분을 직접 취득하지 아니한 원고를 구 지방세법 제22조 제2호가 규정한 '과점 주주'로 보아 원고에게 간주취득세를 부과할 수 있는지가 문제되었다. 이 사건 대법원 다수의견에 의하면, 실질과세의 원칙은 헌법상의 기본이념인 평등의 원칙을 조세법률관계에 구현하기 위한 실천적인 원리로서, 조세의 부담을 회피할 목적으로 과세요건사실에 관하여 실질과 괴리되는 비합리적인 형식이나 외관을 취하는 경우에 그 형식이나 외관에 불구하고 그 실질에 따라 담세력이 있는 곳에 과세함으로서 부당한 조세회피행위를 규제하고 과세의 형평을 제고하여 조세정의를 실현하고자 하는데 그 목적이 있으므로, 당해 주식이나 지분의 귀속명의자는 이를 지배할 능력이 없고 그 명의자에 대한 지배권을 통하여 실질적으로 이를 지배, 관리하는 자가 따로 있으며, 그와 같은 명의와 실질의 괴리가 위 규정의 적용을 회피할 목적에서 비롯된 경우에는 당해 주식이나 지분은 실질적으로 이를 지배, 관리하는 자에게 귀속되는 것으로 보아 그를 납세의무자로 삼는 것이 타당하다고 한다. 다수의견에 대한 반대의견(대법관 전수안, 대법관 이상훈)에 의하면, 실질과세원칙은…과세권의 남용을 정당화하는 도구가 되어 납세자의 재산권을 침해함으로써 과세요건 법정주의와 명확주의를 핵심으로 하는 조세법률주의와 충돌할 염려가 있다. … 납세의무자로서는 조세법률주의의 토대 위에서 조세의 부담을 제거하거나 완화하는 거래방법을 선택할 수 있으며, 그것이 가장행위나 위법한 거래로 평가되지 않는 한 납세의무자의 권리로서 존중되어야 한다는 것이다.

대법원은 2012년 1월 전원합의체 판결을 통해 법률관계의 형성이 오로지 조세회피의 목적으로 이루어진 경우에는 비록 그것이 사법적으로 효력이 있다고 하더라도 그것에 대해 세법을 적용하지 않고 경제적 실질에 대해 세법을 적용한다는 것이다. 판결문상 '경제적 실질'의 개념이 사용되고 있지 않지만 이는 '경제적 실질설'을 수용한 것으로 평가된다.[352] '가장행위'라는 매개개념을 사용하지 않고 있다. 이 사건에서 법원이 국세기본법 제14조 제3항상 단계거래원칙규정을 적용하는 것이 더 바람직하지 않았을까? 실질귀속 및 실질계산에 관한 규정은 문면상 조세회피를 그 적용요건으로 하지 않는 규정이므로 단지 실질에 대해 과세하는 원칙을 규정한 것으로 이해하고, 조세회피에 대해서는 단계거래원칙규정을 적용하는 것이 조세법률주의와 조세형평주의를 조화할 수 있는 방안이 아닐까?

③ 합의에 의한 명의의 차용

실질귀속원칙은 명의에 불구하고 그와 다른 실질이 입증될 경우 그 실질에 따라 과세한다는

---

352) 대법원 2015.7.23. 선고 2013두21373 판결 참조

원칙이다. 당사자간 명의만을 빌려주기로 약정한 사실이 객관적으로 입증된 경우353)에는 자연스럽게 실질귀속원칙에 따라 과세하면 될 일이다. 일방이 타방의 명의를 도용한 것이 입증되는 경우에도 다를 것이 없겠다. 타인이름으로 보유할 수 있는 주된 자산으로는, 사업체, 예금, 부동산 및 주식을 들 수 있다.

명의를 빌린 자는 해당 자산이나 그 자산으로부터의 소득에 대한 납세의무를 부담하여야 한다.354) 다만, 명의신탁자가 진정으로 해당 과세대상을 지배, 관리 및 처분할 수 있는 지위에 있을 경우에만 납세의무를 부담하게 된다.

예를 들면, 3자 간 등기명의신탁관계에서는 제3의 매도자 즉 원소유자가 명의신탁자로부터 매매대금을 모두 받았으며 명의신탁자가 대상 주택을 지배·관리하면서 사실상 이를 처분할 수 있는 지위에 있다면 향후 그 처분에 따른 소득의 귀속주체가 된다는 점에서 명의신탁자가 대상 주택을 소유하는 것으로 본다.355)

한편, 법원은 명의수탁자가 명의신탁자의 위임이나 승낙 없이 임의로 명의신탁 재산을 양도하였다면 그 양도 주체는 수탁자이지 신탁자가 아니고, 양도소득이 신탁자에게 환원되지 않는 한 신탁자가 양도소득을 사실상 지배, 관리, 처분할 수 있는 지위에 있지도 아니하므로 '사실상 소득을 얻은 자'로서 양도소득세의 납세의무자가 된다고 할 수 없다고 한다.356) 명의수탁자가 명의신탁자의 위임이나 승낙 없이 임의로 처분한 명의신탁재산으로부터 얻은 양도소득을 명의신탁자에게 환원하였다고 하기 위해서는, 명의수탁자가 양도대가를 수령하는 즉시 그 전액을 자발적으로 명의신탁자에게 이전하는 등 사실상 위임사무를 처리한 것과 같이 명의신탁자가 양도소득을 실질적으로 지배, 관리, 처분할 수 있는 지위에 있어 명의신탁자를 양도의 주체로 볼 수 있는 경우라야 한다.357)

---

353) 3자간등기명의신탁(중간생략형 또는 계약형 등기명의신탁)에서 제3의 매도자와의 계약에서 명의상 당사자가 되는 명의수탁자가 진정한 명의수탁자인지의 여부에 대해 다툼이 있을 수 있다. 법원은 원고의 자회사인 해운대개발 주식회사(이하 '해운대개발'이라 함)가 한일합성 주식회사로부터 이 사건 주식을 매수함에 있어 자신의 명의로 기업어음을 발행하고 할인받아 스스로 취득자금을 조달하고, 그 어음할인채무에서 발생하는 이자까지 부담한 이상 이 사건 주식의 소유권은 해운대개발에게 귀속되는 것으로 보아야 하고, 원고가 해운대개발로부터 이 사건 주식을 매수할 때도 별도의 가격산정 과정 및 대금정산을 거친 매매거래로서의 실질을 갖추고 있어 이를 단순한 명의신탁의 해지로 볼 수는 없다는 결정을 하였다(대법원 2002.8.27. 선고 2002두2581 판결).

354) 부동산 명의신탁약정은 무효이다. 명의수탁자의 명의취득행위는 명의신탁의 형태에 따라 그 효력이 달라진다.
    명의신탁자로부터 명의를 취득하는 경우 즉 이전형 명의신탁에서는 해당 명의신탁재산은 여전히 명의신탁자의 소유로 남아 있게 된다.
    원소유자인 제3자로부터 명의를 취득하는 경우(3자간 등기명의신탁)는 명의수탁자가 채권행위를 한 경우와 명의신탁자가 채권행위를 한 경우로 나누어볼 수 있다.
    명의수탁자가 채권행위를 한 경우 즉 계약등기명의신탁의 경우에는 원소유자가 선의인 경우에는 해당 명의신탁재산은 명의수탁자 소유가 된다(명의자=소유자). 그러나 원소유자가 악의인 경우에는 원소유자 소유로 남아 있게 된다.
    명의수탁자가 채권행위를 하지 않고 명의신탁자가 채권행위를 한 경우 즉 중간생략등기명의신탁의 경우에는 원소유자 소유로 남아 있게 된다. 그러나 원소유자와 명의신탁자와의 매매계약은 여전히 유효하게 남아 있게 된다. 이에 따라 명의신탁자는 원소유자에 대하여 매매계약에 기한 소유권이전등기를 청구할 수 있고, 그 소유권이전등기청구권을 보전하기 위하여 원소유자를 대위하여 명의수탁자에게 무효인 그 명의 등기의 말소를 구할 수도 있다(대법원 2002. 3. 15. 2001다 61654 판결).
    명의수탁자의 명의처분행위를 할 때에는 어떤 경우이든 명의를 취득하게 되는 제3자의 선의・악의 불문하고 그 자가 소유권을 취득하게 된다.

355) 대법원 2016. 10. 27. 선고 2016두43091 판결; 대법원 2018. 11. 9 선고 2015두41630 판결

356) 대법원 1999.11.26. 선고 98두7084 판결

명의를 빌려준 자에 대한 현행법상 효과는 자산에 따라 각양각색이다. 명의대여의 사실에 대해 다툼이 없다면, 사업체에 명의를 빌려 준 자에 대해서는 과세상 아무런 제재가 없다. 예금도 마찬가지이다. 다만, 해당 예금은 명의자 소유로 법상 추정된다(금융실명거래및비밀보장에관한법률 제3조 제5항). 타인의 명의로 예금거래를 한 명의신탁자는 형벌로써 처벌받는다(동법 제3조 제3항, 제6조 제1항). 부동산을 명의신탁하는 약정은 원칙적으로 무효이다. 명의신탁이란 자산의 소유권을 실질적인 소유자와 타인 간 합의하여 그 타인의 명의로 하기로 하는 약정이다. 이러한 명의신탁의 내용은 외부에 공표되지 않는다. 명의수탁자는 명의상 부동산의 소유자로 되어 있지만 아무런 권리를 취득하지 않는다. 명의신탁자와 수탁자는 범죄행위를 저지른 것으로 처벌받는다. 주식의 명의신탁약정은 유효하다. 유효한 명의신탁약정에 불구하고 명의자는 주식에 대해 아무런 권리를 취득하지 않는다. 주식의 명의신탁이 조세회피를 목적으로 한 경우에는 명의수탁자는 증여를 받은 것으로 의제되며, 명의신탁자는 연대납세의무를 진다.

자산 보유를 위해 타인의 명의를 이용하는 것에 대한 과세상 제재는 모든 종류의 자산에 걸쳐 동일한 방법으로 이루어질 필요가 있다. 타인의 명의를 이용하여 조세를 포탈한 경우에는 조세범으로 처벌하고, 장기부과제척기간을 적용하고, 부정가산세를 부과하여야 할 것이다. 이는 결과적으로 실제 포탈한 세액이 있을 경우에만 해당되는 것이다. 현행 상증세법상 명의신탁증여의제규정처럼 사전에 조세회피목적이 있었는지의 여부를 요건으로 하는 것은 과도한 제재이며 법적 안정성을 저해한다. 타인의 명의를 이용하는 사실 그 자체만으로 반사회질서행위에 해당한다고 단언할 수는 없을 것이다. 명의자의 재산으로 보는 법상 추정조항을 두는 것도 과도한 사회방호수단이라고 할 것이다. 서로 약조한 대로 책임을 지게하고 다툼이 일어나면 민사적으로 해결하게 하는 것이 정도일 것이다.

법원은 대법원 1997.10.10., 96누6387판결에서 타인 명의로 보유하던 부동산을 처분하여 발생한 양도소득에 대한 납세의무의 귀속자는 명의신탁자이며, 명의수탁자의 명의로 납부한 세금은 명의신탁자에 대한 과세시 공제해주어서는 안된다는 판단을 하고 있다. 이 사건에서 원고는 1983년 6월 27일 강서구 화곡동 대지의 2/3 지분을 취득하여 1/3 지분은 원고명의로, 나머지 1/3 지분은 소외 ○○의 명의로 이전 등기하여 명의신탁하였다. 1992년 11월 30일 위 2/3 지분을 양도하고 원고와 위 ○○이 각각 1/3씩 양도한 것으로 신고하였다. 피고세무서장이 이 사실을 인지하고 원고에게 ○○의 지분양도차익도 귀속하는 것으로 보아 경정처분하였다. 동 경정처분에서는 ○○의 명의로 납부한 세액은 공제하여 주지 않았다. 법원은 부동산을 제3자에게 명의신탁한 경우 명의신탁자가 부동산을 양도하여 그 양도로 인한 소득이 명의신탁자에게 귀속하였다면 실질과세의 원칙상 당해 양도소득세의 납세의무자는 양도의 주체인 명의신탁자이며, 명의신탁된 부동산의 양도로 인한 자산양도차익 예정신고·납부를 해야 하는 자는 양도의 주체인 명의신탁자라고 할 것이므로 명의수탁자의 명의로 신고·납부한 것은 납세의무자의 적법한 신고·납부로 볼 수 없다 하여 명의수탁자 명의의 신고 부분에 대한 예정신고납부세액공제를 배제하고 신고·납부불성실가산세를 부과한 처분은 적법하다고 판단하였다.

명의신탁된 재산으로부터의 소득은 명의신탁자가 지배하고 관리하게 되어 있다. 세법도 그러한

---

357) 대법원2012두10710 , 2014.09.04

실질을 인정하여 명의신탁자의 소득으로 과세한다. 이는 보유 기간 중의 이자나 배당과 같은 소득뿐 아니라 처분 시의 양도소득 모두에 해당된다. 이러한 원칙은 신탁의 뜻을 외부에 공시한 신탁재산에 귀속하는 자산에서 발생하는 소득에 대해서도 동일하게 적용된다(소득세법 제2조 및 법인세법 제5조).358) 이 경우에는 신탁의 뜻을 외부에 공시하였기 때문에 제3자 보호는 큰 문제가 되지 않는다.

본 사건에서 명의수탁자는 자기의 이름으로 부동산양도차익예정신고납부를 하였다. 관할 세무서장은 명의수탁자 명의의 신고는 적법한 것이 아니었으므로 예정신고납부세액공제를 부인하고 명의신탁자의 적법한 확정신고가 없었다는 이유로 신고납부불성실가산세까지 부과한 것이다.

본 사건상 소송당사자 간에 실질귀속자가 누구인지에 대해 이견이 있었던 것은 아니다. 세액공제를 받기 위해서는 납부한 세액이 적법한 신고납부에 의한 것이어야만 하는가? 명의신탁재산으로부터의 소득에 대한 과세상 적용되는 실질과세원칙은 응능부담원칙에 충실하기 위함이다. 명의수탁자 명의의 신고납부과정에서 명의신탁자가 실제 세금을 부담하였고 명의수탁자 명의의 신고납부로 인해 현실적으로 국고에 손실이 발생하지 않았다. 예정신고납부세액공제를 배제하고 가산세를 부과하는 것은 국가권력의 과잉한 행사라고 볼 수 있다.

헌법재판소는 필자와 다른 입장을 취하고 있다. 헌재는 2010.7.29., 2008헌바149결정에서, 구 소득세법(2000.12.29. 법률 제6292호로 개정되고, 2009.12.31. 법률 제9897호로 개정되기 전의 것) 제108조(예정신고납부세액공제) 제1항 "예정신고와 함께 자진납부를 하는 때에는 그 산출세액에서 납부할 세액의 100분의 10에 상당하는 금액을 공제한다."의 문언 자체를 보더라도 동 조항에 의해 세액공제 혜택이 부여되는 경우란 납세의무자가 자기 명의로 예정신고납부를 모두 이행한 경우임이 명백하므로, 이 사건 법률조항은 과세요건 명확주의에 반한다고 볼 수 없으며, 양도소득세의 납세의무자를 명의신탁자 본인의 명의로 신고하는 경우와 명의수탁자의 명의로 신고하는 경우는 세법상 중요한 차이점이 생기므로 불합리한 차별이라거나 조세평등주의에 위반된다고 볼 수 없다고 하였다.

④ 자산의 '소유'

국세기본법 제14조 제1항은 과세대상의 실질귀속을 규정하고 있다. 과세대상 중에는 '재산'이 있다. 이 규정은 문면상 '재산'의 귀속은 '실질'에 의한다는 것인데, 이는 과세대상을 재산으로 하고 있는 세목에 한해서만 유효한 규정인가? 취득세는 '재산의 취득'의 형식을 과세대상으로 하는 세금이다. 로담코칠봉사건에서 법원은 취득세 과세요건의 충족 여부는 형식을 보아 판단하였지만, 해당 납세의무의 귀속에 대해서는 재산에 대한 실질적인 지배 여부에 의해 판단한 것이다. 이 사건에서 과세대상은 부동산으로 간주되는 주식의 취득이었다. 로담코칠봉사건과 같은 구도 하에서 취득하는 재산이 재산세 과세대상 부동산이었다면 그 재산세에 대한 납세의무자는

---

358) 소득세법 제2조 (납세의무의 범위) ⑥ 신탁재산에 귀속되는 소득은 그 신탁의 수익자(수익자가 특정되지 아니하거나 존재하지 아니하는 경우에는 신탁의 위탁자 또는 그 상속인)에게 해당 소득이 귀속되는 것으로 본다. 〈신설 2007.12.31.〉
법인세법 제5조 (신탁소득) ① 신탁재산에 귀속되는 소득은 그 신탁의 이익을 받을 수익자(수익자가 특정되지 아니하거나 존재하지 아니하는 경우에는 그 신탁의 위탁자 또는 그 상속인)가 그 신탁재산을 가진 것으로 보고 이 법을 적용한다.
② 「신탁업법」 및 「간접투자자산 운용업법」의 적용을 받는 법인의 신탁재산(동법 제135조의 규정에 의한 보험회사의 특별계정을 제외한다. 이하 같다)에 귀속되는 수입과 지출은 그 법인에 귀속되는 수입과 지출로 보지 아니한다. 〈개정 2003.12.30, 2006.12.30.〉

누구로 보아야 하였을까? 지방세법상 재산세의 납세의무자는 해당 재산을 사실상 소유하는 자가 된다. 법원은 여기서 "사실상 소유"를 경제적 소유로 해석하고 있다. 국세기본법상 실질과세원칙에 관한 조항을 원용하지 않더라도 네덜란드법인을 납세의무자로 판단할 수 있었을 것이다.

'소득'을 과세대상으로 하는 소득세나 법인세에 관한 법규를 적용할 때, 재산의 소유를 '실질'에 따라 판단하여, 해당 조문상 과세효과를 판정할 수 있는가 하는 문제가 있다. 소득세법과 법인세법은 비거주자 또는 외국법인이 국내상장법인 주식의 25% 이상 보유할 경우 국내원천양도소득에 대해 과세하는 규정을 두고 있다.[359] 이 규정은 특수관계인이 보유한 것까지 포함하여 25% 이상 여부를 판단하도록 하고 있다. 이 규정은 주식의 실질소유의 개념을 전제로 하지 않은 것이다.

한편, 대법원 2013.05.24. 선고 2012두24573 판결은 한일조세조약상 '소유'의 개념을 해석함에 있어, 다음과 같이 '간접소유'의 개념을 인정하고 있다.

> 한·일 조세조약 제10조 제2항 (가)목에서 배당의 수익적 소유자가 배당을 지급하는 법인이 발행한 주식을 '소유'하고 있을 것을 요건으로 하고 있을 뿐 수익적 소유자가 '직접' 소유할 것을 명시적으로 규정하고 있지 않은 이상 위 조항의 '소유'의 의미를 '직접 소유'만으로 축소하여 해석할 수 없다...

위 판결은 배당소득의 수익적 소유만을 규정하고 있는 조세조약을 해석할 때에 그 배당소득을 창출하는 원천인 주식의 수익적 소유도 개념적으로 전제한다는 관념에 의해 논리를 전개하고 있다. '소유'를 '직접소유'만으로 해석할 경우 축소해석을 하는 것이라고 설시하고 있다.

각 세법은 과세대상으로서 행위 또는 재산을 규정하면서 경제적 실질을 어느 정도 고려할지에 대한 각자의 독자적 입장을 정립하고 있다. 국세기본법은 과세대상의 귀속에 대해 실질을 중시하도록 규정하고 있다. 법원의 판례상 국세기본법상 실질과세원칙조항을 해석함에 있어 경제적 실질 개념이 형성되어 가고 있다. 과세대상이 아닌 단순한 자산의 소유에 관한 규정을 해석 적용함에 있어서는 소유의 의미를 법적인 것으로 한정하여야 할지 경제적인 개념으로 해석하여야 할지의 문제는 남아 있다. 독일 조세기본법은 경제재의 경제적 소유의 개념을 규정함으로써 입법적으로 해결하고 있다. 한편, OECD모델조세조약에 대한 2014년 개정 주석은 수익적 소유의 개념을 예전보다 넓게 확장하면서 과세상 소득의 수익적 소유는 (예를 들면, 배당소득을 창출하는) 주식의 소유와는 다를 수도 있다는 점을 기술하고 있다.[360]

(다) 실질내용

과세요건사실이 존재하고 그것이 특정인에게 귀속하는 것으로 판정된 경우 과세요건사실을 어떻게 이해하여 과세표준을 산정하여야 할 것인가에 있어, 명의나 외형에 불구하고 사실이나 실질에 입각하여 판단하여야 한다는 것이다.

① 과세표준의 계산

소득세법상 양도소득금액은 양도가액에서 필요경비를 차감하여 계산한다. 매매에 의한 양도

---

359) 예, 소득세법시행령 제179조 제11항 제1호 단서
360) OECD모델조세조약 제10조에 대한 주석 paragraph12.4

가액은 실지거래가액으로 하도록 되어 있다.361) 한편, 교환의 경우에는 기준시가362)로 하든가 실지거래가액으로 하도록 되어 있다.363) 논리적으로 본다면 교환의 경우 일응 실지거래가액이 존재하지 않을 것이므로 기준시가로 하여야 한다고 할 수 있지만 교환되는 물건 어느 하나에 대해서라도 소득세법상 요건을 갖춘 감정을 한 경우라면 그것을 실지거래가액으로 볼 수 있다고 규정하고 있다.364) 교환에 의하여 처분한 자산의 가액은 이와 같이 실지거래가액으로 할 수 있는 것이다.365)

다음과 같은 사례를 상정해보자. 납세자와 부동산업자가 부동산을 상호 양도하는 2개의 부동산 매매계약을 체결하고 매매대금을 상계했다. 부동산업자가 납세자의 토지를 획득하기 위해 동일한 도로에 면한 유사한 부동산(납세자의 토지와 거의 등가)을 염두에 두고 납세자와 양자를 상호 매매하는 계약을 체결했다(납세자의 매도가격은 7억 원, 부동산회사의 매도가격은 4억 원, 차액 3억 원을 납세자가 수표로 수령). 납세자는 그 거래를 2개의 매매계약(계약서상 금액 7억 원을 총수입금액으로 산입)이라고 주장하는 데 대해, 과세관청은 '차액결제를 전제로 한 부동산의 교환계약(취득부동산의 시가 7억 원과 수표 3억 원의 합계액을 총수입금액에 산입)'으로 주장하였다.366)

위 사례상 상호 매매는 그 거래의 경제적 실질을 감안한다면 교환에 해당한다고 볼 수 있다. 이와 같이 본다면 기준시가 또는 감정가액 중 더 많은 가격에 의하여 과세하는 것이 타당하다. 그런데 본건의 경우 둘 중 어느 하나도 제시되어 있지 않다. 만약 납세자가 거래상대방과 자의

---

361) 자산의 교환으로 발생하는 수익으로서 익금에 산입하여야 할 '자산의 양도금액'은 특별한 사정이 없는 한 교환으로 취득하는 자산의 취득 당시의 시가에 의하고, 그 대가의 일부로 현금을 수령한 경우에는 이를 합산하여야 할 것이다(대법원 2010.3.25. 선고 2007두18017 판결, 대법원 2013.06.14. 선고 2011두29250 판결, 대법원 2011. 7. 28. 선고 2008두5650 판결, 대법원 2016. 3. 10. 선고 2015두3577 판결 등). 교환거래의 경우에는 그 실지거래가액을 확인할 수 없으나, 그 교환이 교환대상 목적물에 대한 시가감정을 하여 그 감정가액의 차액에 대한 정산절차를 수반하는 등 목적물의 금전가치를 표준으로 하는 가치적 교환인 경우에는 실지거래가액을 확인할 수 있는 경우에 해당하고, 이 경우 교환으로 취득하는 목적물의 금전가치와 지급받은 현금 등이 교환으로 양도되는 목적물의 실지양도가액이 된다(대법원 2016. 3. 10. 선고 2015두3577 판결, 대법원 2011. 2. 10. 선고 2009두19465 판결 등 참조). 한편, 교환으로 인한 자산의 양도시기는 교환으로 취득하는 자산에 대한 실질적인 처분권을 취득한 때로 볼 수 있다(대법원 1996.1.23. 선고 95누7475 판결 참조).

362) 교환에 의한 토지의 양도에 대하여 기준시가에 의하여 양도가액을 산출하는 경우 그 기준시가는 교환에 의하여 양도되는 당해 부동산의 기준시가에 의하여야 한다(대법원 96누860, 1997.2.11).

363) 소득세법기본통칙 97 - 1.

364) 감정을 통해 추계된 실지거래가액도 실지거래가액으로 본다(소득세법 제100조 제1항, 제114조 제7항). 거래가 교환인 경우에는 그것이 특히 목적물의 금전가치를 표준으로 하는 가치적 교환으로서 교환대상 목적물에 대한 시가감정을 하여 그 감정가액의 차액에 대한 정산절차를 수반하는 등의 경우에는 실지양도가액을 확인할 수 있다고 하겠지만, 그렇지 아니한 단순한 교환인 경우에는 실지양도가액을 확인할 수 없다고 해야 할 것이다(대법원 98두19841, 1999.11.26). 법인 간 주식 포괄적 교환계약이 있는 경우 개인 주주는 주식교환계약의 직접적인 당사자가 아니라 하더라도 법인 간 주식 포괄교환가액(회계법인에 의뢰하여 산정하고 법인 간 합의한 가격)이 개인 주주의 실지거래가액이 될 수 있다(대법원 2009두19465, 2011.2.10). 한편, 법인세법상으로는 교환으로 취득하는 자산의 시가로 한다(구 법인세법 시행령 제72조 제1항은 매입한 자산, 자기가 제조·생산·건설한 자산, 현물출자 등에 의하여 취득한 자산·주식 등의 취득가액 산정방법을 그 제1호 내지 제4호에서 규정한 다음, 제5호에서 "제1호 내지 제4호 외의 방법으로 취득한 자산의 취득가액은 취득 당시의 시가로 한다"고 규정하고 있다). 자산의 교환으로 발생하는 수익으로서 익금에 산입하여야 할 금액은 특별한 사정이 없는 한 교환으로 취득하는 자산의 취득 당시 시가에 의하여야 하고, 여기서 '시가'라 함은 일반적이고 정상적인 거래에 의하여 형성된 객관적 교환가치를 의미하므로 교환에 의하여 경영권 프리미엄이 수반되는 대량의 주식을 취득하는 경우에도 그것이 일반적이고 정상적인 방법에 의하여 이루어지고 그 주식의 약정가격이 당시의 객관적인 교환가치를 적정하게 반영하고 있다면 이를 그 주식의 시가로 볼 수 있다(대법원 2011.7.28. 선고 2008두21614 판결, 대법원 2011.7.28. 선고 2008두9874 판결).

365) 국심 2006중2541, 2006.11.16.

366) 납세자가 처분한 토지의 평가액은 10억 원이라는 전제에 입각해 있다.

적으로 설정한 가격을 인정한다면 적정한 과세가 이루어지기 곤란할 것이다. 당사자 간에는 두 물건의 가액상 차이가 3억 원인 것(실제가 그러하고)에 대해서만 합의가 된다면 나머지 부분에 대한 가액을 계약서에 어떻게 설정하든 무방할 것이기 때문이다. 위 사례의 거래를 단순한 매매로 보게 될 경우 실지거래가액으로 과세하여야 하는데 실지거래가액은 위와 같이 조작할 우려가 많으므로 과세관청이 이를 매매로 보지 않고 교환으로 보는 데에는 나름대로 합당한 이유가 있다고 볼 수 있다.

거래의 법적 실질은 두 개의 매매이고 단순히 그 대가의 지급상 대금지급청구권을 상계하기로 한 것이지만, 국세기본법 제14조 제3항의 단계거래원칙에 의해 본건 거래를 하나의 교환거래로 볼 수 있을 것이다. 반면, 국세기본법 제14조 제2항을 단순하게 적용한다면 두 개의 매매거래로 볼 가능성은 여전히 남아 있다(법적 실질). 다만, 그간 우리 법원의 국세기본법 제14조 제2항의 적용관행상 조세회피의 소지가 많은 경우 국고에 유리하게 적용하여 온 점을 감안한다면 그 반대의 경우도 상정해 볼 수는 있겠다(경제적 실질).

두 개의 매매거래를 그대로 인정하더라도 매매계약서상의 실지거래가액을 인정할 수 없는 경우에 해당한다고 관할 세무서장이 판단하는 경우에는 감정에 의한 가액대로 과세할 수 있다(소득세법 제114조 제7항 및 동법 시행령 제176조의 2 제1항 제2호). 다만, 이를 위해서는 관할 세무서장이 동 매매계약서가 매매사례가액 및 감정가액 등에 비추어 허위임이 명백하다는 입증을 하여야 할 것이다.

② 과세대상의 판단

국세기본법 제14조 제2항은 과세표준의 계산에 관한 조항이므로 과세대상의 존부 및 종류 판단에는 적용할 수 없다.[367] 소득세법은 열거한 과세대상만 과세하도록 하고 있으며, 과세대상은 종류별로 규정하고 있는데, 예를 들어, 양도에 의한 소득의 형태를 지니는 것이 열거된 과세대상 양도소득 및 열거된 과세대상 이자소득 어디에도 해당하지 않음에도 실질을 보아야 한다는 이유로 이자소득으로 보는 것은 허용되지 않는다. 이는 '소득'의 개념을 경제적인 측면에서 세법고유의 개념으로서 포괄적으로 정의하고 그에 포섭되는 것은 모두 과세하는 방식 대신 열거된 대상만 소득으로 과세하는 현행 세법의 원칙에 부합하지 않는 것이다. 다만, 열거된 소득항목에 관한 규정을 해당 항목의 도입 취지에 부합하게 목적론적으로 해석할 수는 있을 것이다.

과세대상의 설정에 관한 조문은 목적론적 해석을 할 수 있을 뿐, 해당 조문을 적용하기 위한 사실판단상 '실질'에 따를 것을 예정하고 있는 것은 아니다. 양도소득세 과세대상은 '양도'된 무엇으로부터의 소득을 과세대상으로 하고, 취득세의 과세대상은 무엇의 '취득'을 과세대상으로 한다. 양도는 자산의 사실상 유상의 이전으로 정의되어 탄력적으로 해석되는 한편, 취득은 실질적 지배권의 확보 대신 형식적인 소유권 취득을 요건으로 하여 엄격해석된다. 취득세의 과

---

367) 과세표준의 계산에 관한 실질과세원칙이 소득의 종류 판단에도 적용된다고 본 판례로서는 아래를 들 수 있다. 외국은행 국내지점이 계약일 또는 이자지급 약정일에 변동금리에 해당하는 이자금액과 고정금리에 해당하는 이자금액을 서로 주고받지 아니하고 변동금리에 해당하는 이자상당액을 국내고객에게 선지급하고 만기에 고정금리에 해당하는 이자상당액을 후취하고 있는 형태의 스압거래를 행하고 다시 외국에 있는 본점이나 다른 외국지점과 국내 스압거래로부터 입을 수 있는 손실에 대비하기 위한 커버거래를 하였다면, 그 국내 스압거래는 일종의 스압거래에 해당하기는 하지만 실질에 있어서는 이자율 차액에 해당하는 금액의 외화대부에 해당한다고밖에 할 수 없을 것이다(대법원 95누15476, 1997.6.13).

세대상의 과세표준 계산상 실질과세원칙이 적용될 수 있을 것이다.

부동산취득세는 재화의 이전이라는 사실 자체를 포착하여 거기에 담세력을 인정하고 부과하는 유통세의 일종으로서 부동산의 취득자가 그 부동산을 사용·수익·처분함으로써 얻어질 이익을 포착하여 부과하는 것이 아니므로, 지방세법 제105조 제1항의 '부동산취득'이란 부동산 취득자가 실질적으로 완전한 내용의 소유권을 취득하는지와 관계없이 소유권이전의 형식에 의한 부동산취득의 모든 경우를 포함하는 것으로 해석된다.

대법원 2007.4.12, 선고 2005두9491 판결사건에서는 A가 사망(2000.5.18.)하자 공동상속인 중 X를 제외한 자가 모두 상속포기를 하고 X가 A의 상속재산을 단순 승인하여 상속하였는데, 그 후 X는 상속포기를 신청(2002.1.15.)하여 한정승인심리(2002.4.26.)[368]를 받았고 채무상환을 위해 상속부동산에 대한 경매를 신청하였다. 이후 X는 상속 부동산에 대해 상속을 원인으로 하는 부동산등기를 경료(2003.1.23.)하였다(민법 제1037조). 이에 관할 구청장 Y는 원고 X에 대해 취득세를 부과한 사안에서, 지방세법상 '형식적인 소유권 취득 등에 대한 취득세의 비과세'를 규정한 구 지방세법 제110조(2001.1.16, 개정되기 전의 것)[369]를 준용하여 취득세를 부과(비과세)할 것인지가 다투어졌다. 이에 대해 법원은 원고는 그 한정승인의 효과로서 위 부동산을 상속에 의하여 취득하였고 위 부동산이 취득세 비과세대상을 한정적으로 규정한 지방세법 제110조 제3호 소정의 비과세대상으로서 '1가구 1주택' 또는 '자경농지'에 해당하지 아니함이 분명하므로 원고에게 위 부동산에 관한 취득세 납부의무가 있다고 보았다.

본 판례는 취득세는 형식적인 명의의 이전에 대해 부과하는 유통세이므로 실질적으로 권리를 행사할 수 없는 상태에서 명의만을 이전받은 경우라 하더라도 과세된다고 판단한 것이다. 본 판례는 민법상으로 한정 승인한 상태로 부동산의 소유권을 이전받은 경우라 하더라도 형식적으로 소유권의 명의는 갖게 된다는 민법상의 효과를 존중한 것이다.

또한 본 판례는 조세의 감면에 관한 규정은 준용될 수는 없으며 엄격 해석하여야 한다는 원칙에 입각한 것으로 판단된다.

본 사건상 다투어지지 않은 것이지만 본 사건상 사실관계라면 X의 상속세는 어떻게 될까? 상속세에 관해서 X는 부동산의 명의이전과는 무관하게 상속개시일인 사망일로부터 6개월 이내에 신고하여야 한다. X가 2002년 1월 15일 상속포기를 신청하기 전인 2001년 중 상속세 신고를 하였으며 이후 바로 관할 세무서장의 부과처분이 있었다고 가정해 보자.

상속의 한정승인은 채무의 존재를 한정하는 것이 아니라 단순히 그 책임의 범위를 한정하는

---

368) 민법 제1019조 (승인, 포기의 기간) ① 상속인은 상속개시 있음을 안 날로부터 3개월 내에 단순승인이나 한정승인 또는 포기를 할 수 있다. 그러나 그 기간은 이해관계인 또는 검사의 청구에 의하여 가정법원이 이를 연장할 수 있다. (중간 생략)
③ 제1항의 규정에도 불구하고 상속인은 상속채무가 상속재산을 초과하는 사실을 중대한 과실 없이 제1항의 기간 내에 알지 못하고 단순승인(제1026조 제1호 및 제2호의 규정에 의하여 단순 승인한 것으로 보는 경우를 포함한다)을 한 경우에는 그 사실을 안 날부터 3개월 내에 한정승인을 할 수 있다.
제1028조 (한정승인의 효과) 상속인은 상속으로 인하여 취득할 재산의 한도에서 피상속인의 채무와 유증을 변제할 것을 조건으로 상속을 승인할 수 있다.
369) 제110조 [형식적인 소유권의 취득 등에 대한 비과세] 다음 각 호의 1에 해당하는 것에 대해서는 취득세를 부과하지 아니한다.
3. 상속으로 인한 취득 중 다음 각 목의 1에 해당하는 취득
가. 대통령령이 정하는 1가구 1주택 및 그 부속토지의 취득
나. 제261조 제1항의 규정에 의하여 취득세와 등록세의 감면대상이 되는 농지의 취득

것에 불과할 뿐이고,[370] 상속세부과처분은 상속 당시 적극재산에서 소극재산을 공제한 상속재산에 대해서만 행해지는 것이므로, 위와 같이 상속의 한정승인이 있다 하더라도 단지 이를 이유로 상속세의 부과처분이 위법하게 되는 것은 아니다.[371]

만약 원고 X가 채무액을 과소하게 공제하여 신고하였다면 신고기한부터 5년 이내에 경정을 청구할 수 있다(국세기본법 제45조의 2 제1항). 상속재산을 경매하였는데 그 가액이 당초 신고가액보다 낮은 경우에는 그 경매가 신고일부터 1년 이내의 것이라면 경정청구를 인정한다(상증세법 제79조).

(라) 실질과세원칙의 성격

실질과세원칙은 세법 규정을 적용하는 과정에서 작용하는 원칙이지 해석상의 원칙은 아니다. 국세기본법상 실질과세원칙은 국세부과원칙의 하나로 규정되어 있다(국세기본법 제14조). 국세기본법은 실질과세원칙을 세법을 '적용'하는 데 활용되는 원칙으로 규정하고 있다. 따라서 실질과세원칙은 세법 적용대상이 되는 사실관계를 확정하는 데 있어 명의, 명칭 또는 형식에 불구하고 사실 또는 실질에 따라 확정하도록 하는 역할을 한다. 각 세법은 실질과세원칙에 의해 확정된 사실관계에 대해 적용하여야 한다. 법의 적용은 해석과 순환적인 관계에 있으며 법해석상 실질을 감안하여 법문구를 탄력적으로 해석한다면 법적용상 실질을 감안한 것과 동일한 결과를 초래할 수도 있다. 이러한 관점에서는 국세기본법상 실질과세원칙은 세법을 '해석'하는 데 활용되는 원칙으로 이해할 수도 있다.

실질과세원칙은 사실관계확정상 입증에 관한 원칙은 아니다. 실질과세원칙은 확인된 사실관계가 법적인 형식과 '경제적 실질'(또는 '법적 실질')로 양분될 때 어느 것에 대해 세법을 적용하여야 하는가에 관한 것이지 법적인 형식이 무엇인지 또는 경제적 실질(또는 법적 실질)이 무엇인지 알 수 없을 때 사실을 어떻게 확정하여야 할지에 관해 규정하는 것은 아니다. 법관으로서는 형식이 실질과 동일한 것으로 추정하게 되는데 이는 실질과세원칙과는 무관한 것이다. 조세법의 적용상 '의심스러울 때에는 국고의 이익을 위하여(in dubio pro fisco)'와 같은 격언이 있지만 그 격언을 따라야 할지와 별론으로 그것은 실질과세원칙과는 무관한 것이다.[372]

실질과세원칙은 조세회피방지규정이 아니다. 실질과세원칙은 실존하는 것에 대해 과세하여야 한다는 것이므로, 경제적 실질이든 법적 실질이든, 이루어진 거래의 당사자들 간에 존재하는 것을 밝혀 과세하는 방법에 의하여 관철된다. 조세회피방지규정은 당사자들 간 법적으로 실존하는 것을 인정하여 과세할 경우 부당한 조세회피를 인정하는 셈이 된다는 이유로, 그와 다른 경제적 실질에 부합하는 사실관계를 의제하거나(국세기본법 제14조 제3항, 소득세법 제101조 제2항), 경제적 실질과 동떨어진 새로운 사실관계를 의제하고(소득세법 제101조 제1항), 의제된 사실관계에 대해 세법을 적용하는 방식에 의한다. 실질과세원칙은 법적 실질 또는 경제적 실질을 찾아 과세한다. 조세회피방지규정이 경제적 실질을 찾아 과세하기도 하지만, 경제적 실질과 동떨어진

---

370) 대법원 2003.11.14. 선고 2003다30968 판결 참조.

371) 부산고법 2005.5.13. 선고 2003누3369 판결: 확정[상속세부과처분취소].

372) 같은 취지, 金子宏, 전게서, p.120. 명의와 다른 실질을 주장하는 자에게 실질에 대한 입증책임이 있다.

새로운 사실관계를 의제하기도 한다. 조세회피방지규정은 조세의 부당한 경감을 그 적용요건으로 하는 반면, 실질과세원칙은 그것을 적용요건으로 하지 않는다는 점에서 차이가 있다.

(2) 국세기본법 제14조의 적용 배제

국세기본법 제3조 제1항은 각 세법이 국세기본법 제14조에 대한 특례규정을 두고 있을 경우 그에 따른다고 한다.

법인세법상의 소득처분[373](법인세법 제67조, 법인세법시행령 제106조 제1항) 및 상증세법상 명의신탁재산의 증여의제(상증세법 제45조의 2)의 규정은 국세기본법상의 실질과세원칙에 관한 제14조의 규정에 우선한다.

법인세법상 소득처분규정은 법인의 익금으로 산입된 금액 또는 손금 불산입된 금액이 최종적으로 누구에게 귀속하는가를 밝혀 소득과세를 하도록 한다는 점에서 실질과세원칙에 부합한다. 예를 들어, 법인세법상 법인세과세표준과 세액을 경정할 때 익금산입 또는 손금불산입된 금액 중 그 소득이 귀속된 주주가 임원 또는 사용인인 경우에는 귀속된 소득을 상여로 본다(법인세법시행령 제106조 제1항 제1호 나목). 이를 '인정상여'라고 한다.

사외에 유출된 것이 분명하지만 그 귀속이 불분명한 경우에는 대표자에 대한 상여로 처분하는데 그것도 인정상여라고 한다(동 호 단서). 이때의 대표자 상여처분은 국세기본법상 실질귀속원칙에 위배되는 것인가? 대표자 인정 상여처분에 관한 규정은 원천징수의무자나 납세의무자가 달리 소득의 귀속에 관해 입증하지 못하는 경우 대표자에 실질적으로 귀속했던 것으로 추정하는 법상 추정에 관한 조항이다.[374] 따라서 실질귀속원칙을 부인하는 것이라기보다는 동 원칙을 운영하기 위한 것이라고 보아야 할 것이다. 원래 실질귀속은 그것을 주장하는 자에게 입증책임이 있는데 본 사안의 경우 과세관청이 사외 유출된 것과 그 귀속이 불분명하다는 점을 입증하면 대표자에 귀속하는 것으로 보는 '사실상의 추정력'을 주는 법규정인 것이다. 법인으로부터 사외유출된 소득의 귀속자가 분명하게 밝혀지지 아니한 경우 그것이 대표이사 등에게 현실적으로 귀속되었다고 추정할 수는 없다고 보는 것이 타당할 것이다.[375] 대법원 2005.5.12. 선고 2003두15300사건에서 과세관청은 소득처분 규정이 의제규정이므로 과세상 대표이사에게 귀속된 것으로 보아야 한다고 주장하다가, 소득의 현실적 귀속이 대표이사에게 있었다고 주장하였지만, 법원은 과세관청이 소득의 실질귀속을 근거로 과세하려고 할 때 법인으로부터 사외유출된 소득의 귀속자가 분명하게 밝혀지지 아니함에도 그것이 대표이사 등에게 현실적으로 귀속되었다고 추정하여 과세할 수는 없다고 하였다. 또한, 대법원 1988.9.27. 선고 87누519 판결은 민사상 법인과 대표자 개인 간의 내부관계에 있어서는 법인이 이를 대표자로부터 징수함이 없이 대납하였다 하더라도 상여로 인정된 소득이 실제로 대표자에게 귀속되었던 것이 아니라면 법인은 대표자에 대하여 구상권을 행사할 수 없다고 하였다.[376] 이 판결은 대법원 2008.9.18. 선고 2006다49789 전원합의

---

373) 귀속 불분명 시 대표이사 상여로 처분하는 규정을 실질과세원칙의 예외로 단정하기는 곤란하다.

374) 민법상 인정사망의 제도가 사망 추정의 내용을 갖는 것을 참조.

375) 대법원 2005.5.12. 선고 2003두15300, 대법원 1999.12.24. 선고 98두16347, 대법원 1988.9.27. 선고 87누519 판결

376) 소득금액변동통지에 따라 원천징수세액을 납부한 법인이 구상권을 행사하고자 하는 경우에도 마찬가지로 원천징수의무자인 법인은 원천징수세액을 납부한 사실뿐만 아니라 원천납세의무자인 대표자의 납세의무가 존재한 사실을 증명할 책임이 있다

체 판결에 의하여 변경되었다. 이 판결은 결과적으로 과세에 관한 대법원 2003두15300의 판결도 변경한 것으로 이해할 수 있는지에 대해서는 의견이 갈릴 수 있을 것이다.

만약 이때의 대표자 인정상여규정을 의제규정으로 본다면, 이는 실질과세원칙에 대한 예외가 될 것이다. 과세실무상 대표자가 자신에게 귀속하지 않았음을 입증하기만 하면 추정이 번복되는 것은 아니다. 다른 누군가에게 귀속하였음을 구체적으로 입증하여야 한다. 추정규정이었다면 추정의 내용은 대표자에 대한 소득의 귀속일 것이며, 대표자가 자신에게 귀속하지 않았음을 입증한 경우에는 그 추정이 번복되어야 할 것인데 그렇게 보지 않는다면, 동 규정이 의제규정이라는 것을 의미하게 되는 것이다.[377]

소득세법상 양도의 의제(소득세법 제88조 제1항 후단)[378]규정은 부담부 증여에 있어서 증여자의 채무를 수증자가 인수하는 경우에는 증여가액 중 그 채무액에 상당하는 부분은 그 자산이 유상으로 사실상 이전되는 것으로 본다고 규정하고 있다. 이는 실질과세원칙에 대한 예외규정이라기보다는 과세대상인 양도소득의 개념을 구성하는 주요 요소인 '양도' 개념의 설정에 관한 규정이다. 상증세법 제47조 제1항은 증여세 과세가액은 증여재산가액에서 그 증여재산에 담보된 채무와 증여자가 해당 재산을 타인에게 임대한 경우의 해당 임대보증금채무로서 수증자가 인수한 금액을 뺀 금액으로 한다고 규정하고 있다. 동항은 증여세과세가액을 계산할 때 국세기본법 제14조 제2항의 규정을 적용한 것과 동일한 내용을 명문으로 규정하고 있다.

나. 가장행위

(1) 가장행위·은닉행위

'가장행위(sham transaction, Scheingeschäft)'는 밖으로 표시된 행위 자체가 당해 납세자의 진의에 기하지 않은 경우를 말한다. 민법 제108조에 의한 통정허위표시가 그 대표적인 예이다. 가장행위는 무효이므로 과세상 아무런 의미를 갖지 않는다.

가장행위의 개념은 다음과 같이 실질과세원칙을 적용하기 어려운 구조에서 과세관청에 의하여 빈번히 원용된다.

우선, 피고 과세관청이 갑을 사채의 실질적인 채무자로 보았으나 원고 갑은 실제로 사채발행으로 인한 자금의 사용자는 을이고 을이 사채발행 과정의 전면에 나서서 사채발행을 실질적으로 주도하였으므로 을이 실질적인 채무자라고 주장한 사안에서, 법원은 주식회사의 사채 모집에는 이사회의 결의를 요하고(상법 제469조), 채권의 발행이 전제되어 있고(같은 법 제478조), 사채권자집회는 사채를 발행한 회사가 소집하도록 되어 있는(같은 법 제491조) 등 사채의 발행에는 단순한 금

(대법원 2016. 6. 9. 선고 2014다82491 판결).

377) 실질과세의 원칙은, …때로는 형식상의 외관이나 명목에 치중하여 과세하는 것이 오히려 공평한 과세를 통한 조세정의의 실현에 부합되는 경우도 있기 때문에, 위 원칙에 대하여는 조세회피의 방지 또는 조세정의의 실현을 위하여 합리적 이유가 있는 경우에 그 예외를 둘 수 있다. …이 사건 법률조항이 소득의 귀속을 의제하는 것에는 충분히 합리성이 있다고 할 것이고, 나아가 이 사건 법률조항에 의하여 귀속불명의 익금이 대표자의 근로소득으로 간주된다 하더라도 그것이 과잉금지원칙에 위배하여 대표자인 청구인의 재산권을 침해하는 것이라고 볼 수도 없다(2005헌바107, 2009.3.26).

378) 증여할 때의 재산가액 중 수증자가 부담하는 채무에 해당하는 부분(부담부 증여)에 상응하는 자본이득에 해당하는 부분에 대해서는 증여자가 양도한 것으로 보게 된다.

전채무 부담의 의사표시 외에도 일정한 절차적 요건이 요구되고, 사채발행회사는 금전채무의 채무자 이상의 일정한 회사법상 지위를 차지하게 되며, 사채는 채권의 형태로 거래계에 유통될 것이 예정되어 있으므로, 실질과세원칙의 적용에 있어서도 갑에 의하여 이루어진 사채발행행위의 사법상의 효과를 무시하고 을을 사채의 실질적 채무자로 볼 수는 없다 고 한 사례가 있다.[379]

최근의 사례로는 역외펀드회사의 실질적인 운용·관리 주체가 조세피난처에 설립한 서류상회사(paper company)와 외국법인 간의 금전차입계약은 '가장행위'이고, 실질적인 운용·관리 주체가 주 채무자라고 본 판결이 있다.[380] 법원은 거래의 상대방인 채권자가 원고를 이 사건 모든 법률행위의 당사자로 인정하고 있었다고 하는 이유를 설시하고 있다. 소득의 귀속자가 아닌 비용의 귀속자 여부를 판단할 때에는 '법적 실질설'에 입각하여 본다는 점을 추론할 수 있게 하는 부분이다. 이는 결국 실질내용에 관한 판단에서는 경제적 실질에 입각해서는 논리적 일관성을 유지하기 어렵다는 점을 시사하는 것이기도 하다.

가장행위는 조세회피행위와는 구별되는 개념이다. 조세회피행위 여부는 사법적으로는 유효한 경제적 거래행위에 대해 논해진다. 가장행위에 대해서는 증거법칙에 따라 사실관계를 결정하면 되는 것이지만 조세회피행위에 대해서는 세법이 규정한 조세회피행위 요건에 부합하는지를 판단하여야 한다. 양자는 법 이론적으로는 이처럼 분명하게 구별되는 개념이지만 실제 우리 대법원은 양자를 적지 않은 사례에서 혼용하고 있다. 이는 통상 가장행위를 하는 이면에는 당사자들이 의도하는 '은닉행위(verdeckte Geschäft)'[381]가 존재하는데 법원은 가장행위와 은닉행위를 뭉뚱그려 하나의 조세회피행위로 인식하고 은닉행위에 대해서만 세법을 적용하는 판단을 하는 가운데 가장행위도 조세회피행위의 범주에 포함시키기 때문인 것으로 보인다.

(2) 민법상 가장행위

조세회피행위방지와 관련하여 각국 세법이 '가장행위' 개념에 얼마나 의존하는지는 그 나라에 조세회피방지규정이 있는지에 따라 달라진다.[382] 우리 법원은 가장행위 개념을 중요시하고 있다. 가장된 법률형식은 과세목적상 유효한 법률행위로 인정받지 못한다.[383]

법원이 '가장행위'로 보아 납세자의 행위를 세법 적용상 고려하지 않는 것은 그 행위가 민사상 효력이 없는 경우로 한정한다는 원칙은 대법원 2005.1.27., 2004두2332판결에서도 알 수 있다.

이 사건에서 원고인 주식회사 공영사는 신동아건설 주식회사('신동아건설')가 전액 출자한 법인으로서, 대한생명보험 주식회사('대한생명')로부터 1998년 6월 1,750억 원을 차입하여 이를

---

379) 대법원 2000.9.29. 선고 97누18462 판결

380) 2009.3.12. 선고 2006두7904 판결[법인세부과처분취소].

381) 은닉된 행위의 표면에 항상 가장행위만 존재하는 것은 아니다. 독일세법상 은닉된 사실을 발견하여 과세하는 데에 관한 것으로서 '숨은 이익처분(verdeckte Gewinnausschüttung, 독일 법인세법 제8조 제3항 제2문)'의 개념이 있다.

382) 핀란드, 덴마크, 이탈리아 등에서는 상당히 광범위한 조세회피부인규정이 도입됨으로써 가장행위라는 개념이 중요하지 않은 반면, 콜롬비아, 멕시코에서는 가장행위개념이 과세당국의 일반적 방어수단이 되고 있다. Frederik Zimmer, 전게논문. pp.30~31.

383) 1991.05.14. 선고 대법원 90누3027판결은 납세자가 영위한 거래를 부인하기 위한 요건으로 '가장행위'를 전제하고 있다(구욱서, 「구 소득세법시행령 제170조 제4항 제1호 소정의 '법인과의 거래'인지 여부의 판단기준」, 『대법원판례해설』 제16호(1992.10), 676~677면).

같은 날 신동아건설에 대여한 것으로 회계 처리하였다.

그런데 금융감독원이 1999년 2~3월 실시한 대한생명에 대한 검사 결과, 대한생명은 신동아건설에 대한 동일인 대출한도 초과를 은폐하여 대출하기 위해 1998년 6월 대출금 1,750억 원을 원고에게 우회 대출하고, 다시 원고가 위 각 금액을 신동아건설에 대여한 것으로 회계 처리한 사실이 지적되었다. 금융감독원은 1999년 4월 22일경 대한생명에 대하여 위와 같은 부당한 대출과 관련하여 적절한 조치를 취한 다음 그 결과를 소정기일까지 보고할 것을 요구하였다.

이에 원고와 신동아건설 및 대한생명 등 3개 회사는, 2000년 4월 30일 삼자 간 합의서를 작성하였는데, 위 합의서에 의하면, 위장대출금으로 3사의 회계처리가 모두 왜곡되어 있고 법인세 등의 신고·납부에 있어서 위법한 수입금액 계상, 비정상적인 비용처리 등이 계속되어 이를 실질에 부합하도록 대한생명과 신동아건설 사이의 채권채무관계로 양성화시키는 것으로 되어 있다. 원고는 같은 날 위 합의에 따라 종전의 우회대출로 인한 종전의 회계처리를 수정하는 한편, 2000년 5월 23일 이사회를 개최하여 위 합의서 추인을 의결하였다. 그 후 원고는 2000년 7월 14일 피고에게 위 회계처리 원상회복에 따른 원금 및 이자계상 무효를 이유로 1999사업연도 법인세액을 감액하여 달라는 내용의 과세표준 및 세액의 경정청구서를 제출하였다.

피고는 2000년 10월 14일 원고에게 "귀사가 제출한 1999사업연도 법인세 경정청구내용을 검토한바, 귀사가 실질적인 차용인에 해당되어 경정할 이유가 없다"는 내용의 이 사건 경정청구거부처분을 하였다.

법원은 이에 대해, 비록 원고와 대한생명 및 신동아건설 사이에 대한생명이 사실상 신동아건설에 금전대출을 하기로 하되 동일인에 대한 대출한도 초과를 은폐하기 위하여 원고를 거쳐 신동아건설에 대출을 하는 이른바 우회대출의 방법으로 이 사건 거래가 이루어졌다고 하더라도, 당사자 사이의 위와 같은 의사는 이 사건 거래에 따른 경제적 효과를 최종적으로 신동아건설에 귀속시키려고 하는 의사에 불과한 것일 뿐, 그 각 법률상의 효과까지도 원고를 배제한 채 오로지 대한생명과 신동아건설 사이에서만 직접 귀속시키려는 의사가 있었다고는 볼 수 없고, 따라서 원고와 대한생명 및 신동아건설 사이의 이 사건 거래는 그 진의와 표시가 불일치하는 통정허위표시로서 가장행위에 해당한다거나 또는 단지 원고가 신동아건설의 대한생명으로부터의 금원차용에 그 명의만을 대여한 거래라고는 할 수 없다고 하면서, 이 사건 거래가 모두 이행된 이후에 당사자 사이에 이루어진 위와 같은 합의는 부당한 이 사건 거래를 시정하도록 하는 금융감독원의 조치요구에 따라 원고를 비롯한 당사자들이 기존의 대출관계를 해소한 다음 이를 당초의 대출의도에 따라 대한생명과 신동아건설 사이의 직접적인 대차거래관계라는 새로운 거래관계로 변경하기로 하고 그에 맞추어 그동안의 채권채무관계를 정산하는 방법으로 회계처리를 수정하기로 하는 내용의 새로운 약정을 한 것으로 볼 것이므로, 이는 당사자 사이에 장래에 향하여 그 효력이 발생함은 별론으로 하고, 위와 같은 합의의 효력이 당연히 이 사건 거래 시로 소급하는 것은 아니라고 하였다. 그리고 이미 과세요건이 충족되어 유효하게 성립한 조세법률관계를 당사자의 사후약정에 의해 자의적으로 변경함으로써 법인세 과세를 면할 수 있는 조세회피행위를 용인하는 결과가 되어 부당하다고 할 것인 점에 비추어 보면(특히, 원고를 제외한 대한생명이나 신동아건설은 모두 누적결손이 매우 큰 법인으로서 이 사건 합의의 소급효를 인정할 경우 원고에게 발생한 과세권은 상실되는 한편, 대한생명이나 신동아건설에 대해서는 실질적으로 위 합의에 따른 과세가 어렵다는 점을 고려하면 더욱 그러하다), 원고가 주장하는 바의 이 사건 합의는 원고가 이미 신고하여 납부한 이 사건 1999사업연도의 법인세 납세의무에 아무런 영향을 미칠 수 없다고 보았다.

본 사건은 실질과세원칙상 '실질'의 의미를 어떻게 볼 것인가에 관해 시사점을 주고 있다. 우리 법원은 세법을 적용할 때 원칙적으로 사법상 법률관계를 존중한다. 즉 '법적 실질'을 중시하는 경향을 보이고 있다. 본 사건과 관련하여 당사자들이 금융감독원의 요구에 따라서 추후에 한 행위가 세법상 어떤 효과를 인정받을 수 있는 것인지에 대해 살펴보자. 당사자들은 2000년 4월 30일 각 사의 회계처리상 우회대출거래를 직접대출거래로 소급하여 수정하기로 합의하고 이를 시행하였다. 회계 수정하기로 합의한 것인데 그것에 따라 각 사 간의 권리의무관계까지 직접대출관계로 전환된 것으로 볼 수 있는지에 대해 법적인 판단을 받아 보아야 하는 상황에서 우회차입 받아 대출해 준 원고가 자신의 법인세의 경정청구를 하였다. 이에 대해 법원은 당사자들 간의 원래의 우회대출거래가 통정허위표시(즉 가장행위)인 것은 아니며 따라서 무효인 것도 아니라고 보았다. 그리고 당초의 행위는 원고가 다른 두 당사자에게 명의를 단순히 대여해준 거래는 아니며 어디까지나 원고가 자기가 행한 법률행위의 효과에 따르고자 한 법률상 효과의사가 있었던 점에 주목하고 있다. 그리고 법원은 본 사건에서 당사자들의 합의(2000.4.30.)가 합의해제가 아닌 기존 조건의 변경에 관한 합의이며 장래적 효력만 가진 것이라고 판단한 것이다. 이때 회계처리를 수정한 것, 즉 소급하여 처리한 것은 장래하여야 할 사항 중의 하나에 불과하다고 본 것이 된다.384)

법원이 이 사건에서 단순히 '법적 실질'을 중시한 것만은 아니라고 보아야 한다. 실질을 법적 실질로만 한정할 때 부당한 결과를 초래할 경우라면 '경제적 실질'에 따라 과세하여야 한다는 관점이 깔린 것이다. 즉 법원은 만약 원고의 주장을 인용할 경우 조세회피행위를 용인하는 결과가 되어 부당하다고 판단하고 있다. 본 사건에 대한 세법적용을 위해 조세회피 내지 부당을 판단의 요소로 보아야 할는지에 대해서는 의문이다. 우리 법원의 세법적용의 관행을 보면 조세회피를 문제 삼을 때에는 대체로 실질과세원칙에 입각한 것으로 되어 있다. 본 사건에서 실질은 무엇인가? 굳이 구분한다면 법적 실질은 우회대출거래이고 경제적 실질은 직접대출거래이다. 본 사건에서 법적 실질은 법적 형식과 동일한 내용으로 되어 있다. 그렇다면 법원은 실질과세원칙을 적용하는 차원에서 조세회피의 소지를 언급한 것일까 하는 의문을 갖게 한다. 그리고 법원이 법적 실질설에 입각하고 있는 것인지에 대해서도 의문이다.

다음 '부당성'과 관련하여 살펴본다. 본 사건에서 당사자들은 금융감독원이 부당하다고 본 상태를 시정하기 위해 새로운 합의를 하였다. 그러한 새로운 합의의 결과를 세법 적용상 수용하는 것이 부당하다는 것인가? 하나은행 역합병 사건에서는 비록 그것이 쟁송으로까지 가지는 않았지만 정부(정부기능대행기관)의 지휘를 받아 수행한 당사자들의 행위는 세법상 부당한 것으로 취급되지 않는다는 전제하에 과세가 이루어졌다.385)

---

384) 법원의 판단과는 별론으로 본 사건상 추후의 합의를 당초 거래의 합의해제로 볼 수도 있을 것이지만(이러한 합의의 효력이 민사상 당사자들 간의 관계에서는 인정될 수 있을지 몰라도(법원의 이에 대한 분명한 언급은 없다)) 법원은 그렇다 하더라도 세법 적용상 수용되는 것은 아니라고 본 것이다.

시각을 바꾸어 만약 이 사건 당초 우회대출거래에 대해 규제당국이 아무런 조치를 취하지 않는 상황에서 과세관청이 당초 거래가 조세회피거래(그런 상황을 전제해 보자)이며 거래의 실질은 그와 다르기 때문에 부인되어야 하고 그에 따라 직접대출거래로 보아 세법을 적용하여야 한다고 주장한다면 그러한 주장이 법원에서 수용될 수 있을 것인가? 국세기본법상 실질과세원칙에 관한 국세기본법 제14조의 세 개 항 각각을 적용하여 논리 구성을 시도해 볼 수 있다. 최종적인 자금의 사용자인 신동아건설로부터 지급받은 이자의 귀속자를 중간에 있던 원고로 볼 것인가 아니면 대한생명으로 볼 것인가의 문제로 본다면 국세기본법 제14조 제1항의 적용사건이 된다. 당사자들이 구성한 거래의 내용이 우회대출거래인지 직접대출거래인지에 관한 것이라면 국세기본법 제14조 제2항의 적용사건이 된다.[386] 보다 구체적으로 2단계의 거래를 한 단계의 거래로 볼 것인지에 관한 것이라면 국세기본법 제14조 제3항의 적용사건이 된다. 본 사건이 문제될 때 국세기본법 제14조에는 제1항과 제2항만 규정되어 있을 뿐이었다. 당시 법원 판례의 대체적 경향을 보면 제1항의 적용상 실질귀속의 의미는 과세대상을 '실질적으로 지배, 관리 및 처분'하는 자에게 납세의무가 귀속된다는 입장(경제적 실질)을 취하고 있었으며, 제2항의 적용상 실질내용은 당사자들의 법률적 효과의사(법적 실질)를 기초로 판단하여야 한다는 입장을 취하고 있었다.[387] 제1항에 의한다면 직접대출거래로 재구성하고 제2항에 의한다면 우회대출거래를 그대로 인정한 채 세법을 적용하였을 것이다. 본 사건은 당사자들이 알아서 수정한 거래를 법원이 인정하지 않은 것이니 제2항의 시각을 원용한 것으로 볼 수 있다. 만약 당시 국세기본법 제14조 제3항과 같은 규정이 있었다면 제1항을 적용한 것과 동일한 결론을 도출하였을 것이다. 제1항과 제3항의 적용에는 미묘한 차이가 있을 수 있다. 제1항의 적용에는 부당한 조세회피를 요건으로 하지 않는 반면 제3항의 적용에는 그것을 요건으로 한다. 제3항을 적용할 때 조세의 부당한 감소를 그 적용요건으로 하고 있는데 본 사건에서와 같이 금융규제를 우회하기 위한 목적이었다는 사실은 조세의 부당한 감소를 목적으로 하지 않았다는 주장이 설득력을 갖게 한다.[388] 제3항이 적용된다면 당사자들이 거래를 수정하고자 하였는지와 무관하게 과세관청은 직접대출거래로 볼 수 있었을 것이다.

한편 이 사건 법원의 판결에는 이 사건 합의가 후발적 경정청구 사유 중의 하나인 '당해 계약의 성립 후 부득이한 사유로 인하여 해제된 때'에 해당한다는 원고의 주장을 배척하는 취지도 포함되어 있다.

국세청장은 해외에서의 석유탐사사업에 기존의 사업자 지분을 인수하여 공동으로 참여하는 경우로서 현지의 법률규정에 따라 직접투자를 할 수 없어 불가피하게 실질적인 경제 주체가 아닌

---

385) 오윤, 『자본과세론』, 한국학술정보(주), 2008.12. pp.253~254.

386) 세법 중 과세표준의 계산에 관한 규정은 소득·수익·재산·행위 또는 거래의 명칭이나 형식에 불구하고 그 실질내용에 따라 적용한다는 국세기본법 제14조 제2항은 이미 특정인에게 귀속하는 과세대상의 규모가 얼마인지를 계산하는 단계에서 적용되는 원칙이다. 따라서 엄밀히 보자면 국세기본법 제14조 제2항은 본 사안에서 적용되기 곤란하다. 이에 불구하고 과세관청 및 법원의 관행상 납세자의 거래를 재구성하기 위해 국세기본법 제14조 제2항을 적용해 오고 있다.

387) 오윤, 『외국펀드와 조세회피』, 한국학술정보(주), 2008.4. pp.199~213.

388) 법문상 '조세를 부당하게 감소시키기 위하여'의 의미가 반드시 그것을 목적으로 하여야 한다는 것인지에 대한 논의는 별론으로 한다.

명목상의 회사(paper company)를 설립하여 참여할 경우 법인이 직접 투자한 것으로 보아 세무처리를 하여야 한다는 답변을 하고 있다.389) 공영사사건(대법원 2005.1.27, 2004두2332)에서 대법원은 납세자가 규제의 회피를 위하여 형성한 거래가 거래의 실질에 부합하지 않으므로 그 실질에 부합하게 사실관계를 확정하고 그에 대해 세법을 적용하여야 한다는 주장을 한 데 대해 납세자가 거래를 형성할 당시 해당 법률행위는 법률적으로 구속력을 가지고 만약 실질과세원칙의 적용을 인정할 경우에는 관련 당사자들의 세금이 감소하는 결과가 되므로 인용할 수 없다는 입장을 밝히고 있다. 법원이 실질과세원칙을 적용하면서 세부담에 대해 언급한 때에는 실제 구성한 거래의 결과 세부담이 줄어드는 것을 용인할 수 없다는 이유를 설시하는 것이 통상적인데 위 건의 경우에 있어서는 오히려 실질에 부합하게 과세할 경우 세금이 줄어든다는 논리에 입각한 것이다. 이와 더불어 규제법을 우회하기 위한 목적이었다는 동기의 요소는 중시하지 않고 있다.

반면 본건에서 국세청장은 해당 거래의 법률적 효과나, 형식 또는 실질 중 어느 것을 인정하는가에 따른 세금부담의 차이를 언급하지 않은 채 해당 거래를 형성한 '동기'(현지규제를 우회하기 위한 불가피한 사정)를 중시하고 있다. 이러한 입장은 국세기본법 제14조 제1항에 의해 설명될 수 있다. 그러나 동 조 제3항에 의해서는 설명될 수 없다. 동 조 제3항은 세법의 혜택을 부당하게 받기 위한 것으로 인정되는 것을 그 적용요건으로 하고 있는데 본건의 사실관계는 그것과 관련이 없기 때문이다.

(3) 세법상 가장행위

법원은 토지 매매계약서상의 매수인 명의를 실질적 매수인인 법인 대신에 그 대표이사 개인으로 하고 개인 앞으로 소유권이전등기를 경료한 것은 매도인이 양도소득세의 중과를 피한 가장행위라고 보았다.390) 반면, 법원은 갑과 을이 서로의 토지를 교환하고 각자 교환 취득한 토지를 다시 병 은행에 양도한 것은 가장행위가 아니라고 하였다.391)

두 사례를 비교하면 조세회피행위와 가장행위의 개념을 혼용하고 있음을 알 수 있다. 첫 번째 사례와 두 번째 사례에서 납세자가 형성한 거래를 모두 조세회피행위로 볼 수 있다. 그런데 법원은 전자의 경우에는 가장행위이므로 조세회피행위가 된다고 하여 납세자의 주장을 기각한 반면, 후자의 경우에는 가장행위가 아니므로 조세회피행위가 되지 않는다고 보아 납세자의 주장을 인용한 것이다. 비록 소수의 사례에 그치는 것이기는 하지만 대법원이 민법상 가장행위에는 이르

---

389) 서면2팀-386, 2006.2.21.

390) 대법원 1991.12.13, 91누7170. 이 사건은 매도인이 건설회사가 아파트 건축을 위하여 토지를 매수한다는 사실을 알면서도 법인 앞으로 양도하게 되면 실지거래가액에 따른 양도소득세를 부담하게 된다는 이유로 회사의 대표이사 개인 명의로의 양도를 고집하여 그와 같은 내용의 계약서를 작성하고 대표이사 개인 앞으로 소유권이전등기를 경료하였다가 후에 회사 앞으로 소유권이전등기를 경료한 경우이다. 이 사건은 실질귀속이나 실질계산 원칙이 바로 적용되는 것으로 보기 어려운 사실관계를 가지고 있다.

391) 대법원 1991.5.14, 90누3027. 관할 세무서장은 이 사건 토지의 교환은 각자 소유의 토지를 위 은행에 양도함에 있어 그 각 양도소득세의 상당 부분을 포탈하기 위하여 중간에 개인 간의 거래를 개입시킨 형식적인 것에 불과하다 하여 부인하였다. 법원은 "과중한 양도소득세의 부담을 회피하기 위한 행위라 해도 위와 같은 토지 교환행위는 가장행위에 해당한다는 등 특별한 사정이 없는 이상 유효하다고 보아야 할 것이므로 이를 부인하기 위해서는 권력의 자의로부터 납세자를 보호하기 위한 조세법률주의의 법적 안정성 또는 예측 가능성의 요청에 비추어 법률상 구체적인 근거가 필요하다"고 하여 가장행위가 아니기 때문에 세법상으로도 그대로 인정된다고 판시하였다.

지 않는 것을 가장행위라고 부르는 것은 세법상 별도의 가장행위의 개념을 인정하기 때문이라고 추론해볼 수 있는 부분이다.

다. 위법소득

위법소득에 대하여 과세할 수 있는가? 위법소득에 대한 과세문제를 실질과세원칙의 적용사안으로 볼 수는 없다. 위법소득이 소득과세법상 과세대상에 해당하는지 여부에 대한 판단은 그것이 소득과세법 본래의 목적에 비추어 합당한 과세대상이 되는가에 의하여 이루어지는 것이다.

(1) 일반원칙

대법원 판례는 소득을 취득한 법률행위가 사법상 유효한지에 관계없이 경제적으로 보아 현실적으로 이득을 지배, 관리하면서 이를 향유하고 있으면 그 소득은 과세대상이 되는 것으로 보고 있다. 예를 들어, 처분권한이 없는 자가 회사차량을 처분하는 행위는 위법·무효이지만 회사가 현실적으로 위 매매대금을 지배·관리하면서 그 이득을 향수하고 있다면 그 처분대금은 회사의 익금에 포함시켜야 한다는 것이다.[392] 이러한 입장은 매매계약의 합의해제에 의해 매도인이 매도대금을 실질적으로 지배·관리하지 않게 되었다면 양도소득세를 부과할 수 없다는 것과 일맥상통한다.

현행 세법상 도박소득[393], 뇌물 및 알선수재·배임수재에 의하여 받는 금품은 기타소득으로서 소득세 과세대상이다(소득세법 제21조 제1항). 정치인이 직무와 관련하여 부정한 보수나 부당한 이익, 직무에 속한 사항을 알선하고 받은 금품은 소득세법상 뇌물 또는 알선수재금품으로서 기타소득으로 과세된다(소득세법 제21조 제1항 제23호 및 제24호, 2005.5.31. 신설).[394] 위와 같이 받은 금품으로서 형벌에 의해 몰수되는 것은 과세대상에서 제외된다.[395]

본인이 현실적으로 지배·관리하고 있다 하더라도 해당 거래가 무효라는 이유로 거래상대방이 반환을 청구한다면 과세할 수 있을까? 과세관청은 법률적으로 그것이 무효인지를 판단하는

---

[392] 대법원 1995.11.10, 95누7758. 본건에서 고등법원은 다음과 같이 판단하였다. 원고가 유상 양도한 35대의 차량 중 소외 전위우와 소외 임경춘 등 6인 사이에 체결된 판시 7대의 차량에 대한 매매계약에 대해 …무효라고 보았다. …매매대금은 원고의 익금으로 처리할 수 없다고 판단하였다. 반면 대법원은 다음과 같이 판단하였다. 어떤 소득이 부과소득이 되는지는 이를 경제적인 측면에서 보아 현실로 이득을 지배 관리하면서 이를 향수하고 있고 담세력이 있는 것으로 판단되면 족하고 그 소득을 얻게 된 원인관계에 대한 법률적 평가는 반드시 적법·유효한 것이어야 하는 것은 아니라 할 것이므로(대법원 1994.12.27, 94누5823, 동 1991.12.10, 91누5303 등 참조). 원심이 위 4대의 차량에 대한 매매대금을 원고의 익금으로 산입할 것인가를 판단하기 위해서는 위 4대에 대한 매매계약의 유무만 따질 것이 아니라 원고가 현실적으로 위 매매대금을 지배·관리하면서 그 이득을 향수하고 있는지도 따졌어야 한다.

[393] 도박손실은 소득금액 산정에 고려하지 않는다.

[394] 우리 법원은 과세소득은 이를 경제적 측면에서 보아 현실로 이득을 지배·관리하면서 이를 향수하고 있어서 담세력이 있는 것으로 판단되면 족하고 그 소득을 얻게 된 원인관계에 대한 법률적 평가가 반드시 적법하고 유효한 것이어야 하는 것은 아니므로, 범죄행위로 인한 위법소득이더라도 귀속자에게 환원조치가 취해지지 않은 한 이는 과세소득에 해당된다고 보는 입장을 가지고 있다(대법원 2002.5.10. 선고 2002두431 판결 등 참조). 형벌로서 몰수 및 추징(형법 제48조)은 환원조치에 해당하지 않으므로 이와 조세의 부과는 상호 배타적인 것으로 볼 수 없다고 한다. 정치인이 정치자금에 관한 법률상 정치자금 외의 정치자금(정치자금으로 사용된 것에 한정된다)을 받은 때에는 상속 또는 증여받은 것으로 본다.

[395] 대법원 2015.7.16. 선고 2014두5514 전원합의체 판결, 대법원 2015.7.23. 2012두8885

권한을 가지고 있지 않다. 현실적으로 지배·관리하고 있으면 과세하여야 할 것이다.[396] 추후 법원의 판결에 의하여 실제 반환이 이루어진다면 그 때 가서는 지배·관리하고 있지 않게 되는 것이므로 경정을 해 주어야 할 것이다. 과세관청이 법원의 판단을 미루어 짐작할 필요는 없다. 마약 및 밀수와 같이 민법상 불법원인급여(민법 제746조)에 해당하는 사안의 경우에는 반환의무가 없다는 판결이 주어질 것이다.

위법소득을 가득하기 위한 비용은 원칙적으로 손금산입한다.[397] 그러나 벌금·과료(통고처분에 의한 벌금 또는 과료에 상당하는 금액을 포함한다)와 과태료는 필요경비에 산입하지 않는다(소득세법 제33조 제1항 제2호). 한편 뇌물공여자의 비용은 업무무관지출 또는 사회질서에 위반하여 지출된 것으로 보아 필요경비에 산입하지 않는다(소득세법 제33조 제1항 제13호).[398]

(2) 위법무효인 거래로부터의 소득

효력규정[399]을 위반하여 무효인 거래로부터의 소득이라 하더라도 그것을 '수입'하여 지배, 관리 및 처분할 수 있는 지위에 있을 때에는 과세할 수 있다. 대법원 1984.3.13., 83누720판결에서 법원은 이러한 원칙을 확인하면서도, 동 판결 사실관계상 당사자간 약정상으로 지급하기로 되어 있지만 아직 '수입하지 않은' 금액은 당시 효력규정에 위반한 것이므로 '수입할' 금액이라고 보아 과세할 수는 없다는 판단을 하고 있다. 이 사건의 사실관계는 다음과 같다.

원고가 1977년 9월 21일 소외 남궁달에게 금 32,000,000원을 대여하고 그 이자조로 같은 해 12월 31일까지 금 425,000원을 1978년 1월 1일부터 같은 해 8월 1일까지 금 7,238,130원을 수령하였다. 원고는 소외 곽응종에 대한 금 72,000,000원의 대여금 채권에 관련하여 1979년 5월 17일부터 같은 해 7월 16일까지의 2개월분의 이자 금 4,500,000원 이외에는 그 원금이나 이자를 변제받지 못하였고 그 후 위 곽응종은 사업의 실패로 인하여 많은 부채만을 남긴 채 도산하였고 위 채권담보를 위하여 설정한 근저당권은 선순위권리자의 채권액이 피담보물의 평가액을 훨씬 초과하여 원고의 위 채권회수에는 아무런 도움이 되지 아니하였다. 피고는 위 곽응종에 대한 이자를 과세소득으로 보고 과세하였다.

이에 대해 법원은 권리확정주의는 소득의 원인이 되는 권리의 확정 시기와 소득의 실현 시기 사이에 시간적 간격이 있을 때 과세상 소득이 실현된 때가 아닌 권리가 발생된 때를 기준으로 하여 그때 소득이 있는 것으로 보고 당해 연도의 소득을 산정하는 방식으로서 실질적으로는 불확실한 소득에 대하여 장래 그것이 실현될 것을 전제로 하여 미리 과세하는 것을 허용한 것이라 할 것이다. 그러므로 소득의 원인이 되는 채권이 발생된 때라 하더라도 그 과세대상이 되는 채권이 채무자의 도산으로 인하여 회수 불능이 되어 장래 그 소득이 실현될 가능성이 전혀 없게 된 것이 객관적으로 명백한 때에는 경제적 이득을 대상으로 하는 소득세의 과세는

---

396) 소득세법기본통칙 94-2[기타 자산에 해당하는 영업권의 범위] 영 제158조 제1항 제3호에서 규정하는 영업권에 포함되는 "행정관청으로부터 받은 인·허가를 받음으로써 얻은 경제적 이익"인 영업권을 양도함으로 발생하는 소득에는 당해 인·허가가 법규상 이전의 금지 여부와는 관계없이 사실상 이전되므로 발생하는 소득을 포함한다. 〈개정 1997.4.8.〉

397) 대법원 2009.6.23. 선고 2008두7779 참조.

398) 대법원 2015.01.15. 선고 2012두7608판결

399) 효력규정은 해당 법규가 규정하는 일정한 위법사항이 발생하면 해당 법규가 적용되는 거래의 효력을 소멸시키는 규정이다.

그 전제를 잃게 되고 따라서 이러한 경우에 그 소득을 과세소득으로 하여 소득세를 부과할 수는 없다 할 것이라고 하면서, (중간 생략), 이자제한법 소정의 제한이율을 초과하는 부분의 이자, 손해금에 관한 약정은 무효이므로[400] 그 약정에 의하여 이자손해금은 발생할 여지가 없고 따라서 미지급된 제한 초과의 이자, 손해금은 가령 약정의 이행기가 도래하였다 하더라도 그 권리가 확정된 것이라고 할 수 없을 것이므로 미지급된 제한 초과의 이자, 손해금은 소득세법 제28조 제1항에서 말하는 '수입할 금액'[401]에 해당하지 아니한다 할 것이고, 1980년 1월 12일 이자제한법 제1조 제1항의 최고이율에 관한 규정의 개정[402]으로 최고이율이 연 4할로 변경되었다 하더라도 이자에 관하여 새로운 약정을 하는 등 특별한 사정이 없는 한 무효였던 종전의 연 2할 5푼을 초과하는 부분이 연 4할까지 되살아나 유효화될 수 없을 것이라고 보았다.[403]

본 사건에서 원고는 자금을 대여하면서 이자제한법을 초과하여 이자를 받기로 하였는데 차용인의 도산으로 이자제한 한도를 밑도는 일부의 이자만 받고 나머지는 받을 수 없었다.

과세관청은 이자제한법의 규정에 불구하고 이자의 지급 시기가 도래한 부분에 대해서는 소득세법상 권리의무확정주의에 따라 지급하기로 약정한 날에 과세하여야 한다고 본 것이다. 이자제한법상 한도를 초과하는 이자에 관한 부분은 무효로 취급된다. 사법상 무효로 된 부분에 대해 과세하는가?

법원은 기본적으로 사법상의 효력에도 불구하고 경제적으로 보아 현실적으로 이득을 지배, 관리하면서 이를 향유하고 있으면 과세되어야 한다는 입장이다. 지급받은 것은 '수입한' 것이 되므로 과세하여야 하고 지급받지 못한 것은 '수입할'에 해당하지 않는 한 과세되지 않는다는 것이다. 법원은 본건의 초과 부분은 무효이며 현실적인 지배, 관리의 사실도 없으므로 과세할 수 없다는 것이다. 그렇다면 이자제한법의 범위 안에 있어 유효하지만 실제 받지 못한 부분에 대해서는 과세되어야 하는가? 소득세법상 총수입금액 계산에 관한 규정 및 소득의 인식 시기에 관한 규정에 의하면 '수입할' 금액이 될 것이다.

결론적으로 우리 세법은 사법상 유효한 거래에 의한 소득을 과세한다는 원칙에 입각해 있으며 사법상 무효인 거래에 의한 경제적 이득이라 하더라도 실질적으로 지배, 관리하고 있는 경우라면 소득으로 과세한다는 예외를 두고 있는 것으로 보아야 할 것이다. 거래가 무효임에도 불구하고 일방이 실질적으로 지배, 관리하고 있다면 거래의 상대방이 그 일방에 대해 증여를 한 것으로 보아야 하며 그에 따라 증여과세를 하여야 하는데 대신 소득과세를 하는 것을 허용

---

400) 당시 이자제한법은 1998년 1월 폐지되었다. 이후 2007년 거의 동일한 내용으로 동법이 부활되었다. 현행 이자제한법 제2조 (이자의 최고한도) ① 금전대차에 관한 계약상의 최고이자율은 연 40퍼센트를 초과하지 아니하는 범위 안에서 대통령령으로 정한다.
② 제1항에 따른 최고이자율은 약정한 때의 이자율을 말한다.
③ 계약상의 이자로서 제1항에서 정한 최고이자율을 초과하는 부분은 무효로 한다.
대부업 등의 등록 및 금융이용자 보호에 관한 법률상 금전의 대부에 대한 이자율은 44%(연 44%의 단리)까지 허용된다.

401) 제28조 (총수입금액의 계산) ① 거주자의 각 소득에 대한 총수입금액의 계산은 당해 연도에 수입하였거나 수입할 금액의 합계액에 의한다.

402) 1980년 이전에는 연리 2할 5푼이던 것이 대통령령 개정으로 연리 4할로 상향조정되었다. 참고로 현행 「이자제한법 제2조 제1항의 최고이자율에 관한 규정」은 "「이자제한법」 제2조 제1항에 따른 금전대차에 관한 계약상의 최고이자율은 연 30퍼센트로 한다"로 규정하고 있다.

403) 대법원 1973.1.16, 72다1131 및 동일한 취지의 일본 판결, 최고재판소 1971.11.9, 제3소법정, 참조.

하는 것으로 이해할 수도 있을 것이다. 예를 들어, 기타소득 중 뇌물의 경우 뇌물의 수수 자체는 사법적으로 무효가 될 것이지만 실제 수입한 경우(즉 지급받은 때)에는 소득으로 과세될 것이다.404) 참고로 기타소득은 일부 예외를 제외하고는 실제 지급받은 때에야 과세한다(소득세법 시행령 제50조 제1항).

생각의 범위를 넓혀 이자제한법 초과이자를 지급한 사업자는 그 초과 부분을 비용으로 인정받을 수 있을까? 소득세법상 수입금액 창출에 관련성이 있으면서 통상적인 비용은 필요경비로 인정받을 수 있다. 그런데 일반적인 사회질서에 심히 반하는 행위에 관련된 경우에는 통상성을 인정받을 수 없다. 이자제한법은 '국민경제생활의 안정과 경제정의 실현'을 목적으로 하고 있는데(이자제한법 제1조) 동법에 의해 효력이 부인되는 거래와 관련하여 발생한 비용은 필요경비로 인정할 정도의 통상성을 가지고 있지 못하다고 보아야 할까? 이자제한법상 효력규정에 반함에 따라 지급의무가 없는 초과이자를 실제 지급한 것은 필요경비로 인정하지 말고 증여405)한 것으로 보아야 하지 않을까? 초과이자를 지급하는 자는 원천징수를 하여야 하는가? 실무상 원천징수의무를 부과하고 필요경비로도 인정한다.406)

(3) 단순위법인 거래·행위로부터의 소득·비용

위법무효인 거래로부터의 소득이라 하더라도 그것을 실질적으로 지배, 관리 및 처분할 수 있는 지위에 있을 때에는 과세하여야 한다. 단속규정407)을 위반한 단순위법한 거래·행위로부터의 소득도 동일한 관점에서 과세된다. 단속규정을 위반한 거래·행위에 따른 비용은 과세소득금액 계산상 공제할 수 있는가?

법원은 과세소득금액을 창출하기 위한 비용은 그것이 통상적이라면 공제하여야 한다고 하면서 단속규정을 위반한 거래 또는 행위가 통상적인 것을 벗어난 것인지에 대해 판단한 사례들을 남기고 있다. 대법원 1998.5.8., 96누6158판결에서 법원은 법인세법은 … 일반적으로 위법소득을 얻기 위하여 지출한 비용이나 지출 자체에 위법성이 있는 비용의 손금산입을 부인하는 내용의 규정이 없을 뿐만 아니라, 법인세는 원칙적으로 다른 법률에 의한 금지의 유무에 관계없이 담세력에 따라 과세되어야 하고 순소득이 과세대상으로 되어야 하는 점 등을 종합하여 보면, 위와 같은 비용에 대해서도 그 손금산입을 인정하는 것이 사회질서에 심히 반하는 등의 특별한 사정이 없는 한 손금으로 산입함이 타당하다 할 것이라고 하고 있다. 이 사건에서 폐기물처리업 허가를 받아 폐기물처리업을 영위하는 원고 회사는 1991년 4월 27일부터 같은 해 12월 10일까지 사이에 특정산업폐기물의 경우 소각로에서 소각 후 그 잔재물을 매립하는 등 법령에 정한 처리기준 및 방법에 따라 처리하여야 함에도 불구하고, 소각로에 넣어 약간 그을린 후 일반폐

---

404) 서울고법 2006누26020, 2007.6.26, 참조.

405) 상증세법상 '증여'는 타인에게 경제적 재산을 타인에게 대가 없이 또는 낮은 대가로 이전하는 것을 의미한다. 이에 따라 법률상 원인 없이 지급한 것은 증여가 아닌지 검토할 필요가 있다.

406) 국심 1999서1158(20000721) 참조. 만약 증여로 보았다면 원천징수의무가 부과되지 않는 한편, 필요경비로도 인정되지 않을 것이다.

407) 단속규정은 해당 법규가 규정하는 일정한 위법사항이 발생하면 해당 법규가 적용되는 거래나 행위의 효력을 소멸시키지는 않고 벌과금 등 제재를 과하는 규정이다.

기물의 소각잔재물과 혼합하여 난지도 쓰레기종합처리장으로 운반한 다음 그곳에서 폐기물처리업 허가 없이 불법으로 폐기물처리업을 하던 소외 ○○ 등에게 매립을 위탁하고 그 대가로 합계 금 125,000,000원을 지급하였다.[408] 법원은 원고가 위와 같이 특정산업폐기물을 처리함에 있어서의 주된 위법성은 특정산업폐기물을 중간 처리함에 있어 완전소각 등을 하지 아니한 채 일반폐기물의 소각잔재물과 혼합하여 처리하는 과정에 있는 것으로 그와 같이 처리된 것을 위 종합처리장에서 최종적으로 매립하는 일을 소외 ○○ 등에게 위탁한 데에 있다고 보기 어렵고, 무허가로 폐기물처리업을 영위하고 있던 소외 ○○ 등으로 하여금 특정산업폐기물을 매립하게 한 점만으로는 그 지출한 대가를 법인세법상 손금에 산입하는 것이 사회질서에 심히 반하는 것이라고 볼 수도 없다고 하였다.[409]

법인세법은 포괄주의적인 과세방법을 채택하고 있으므로 법인세법상 소득금액을 산정할 때에는 법인의 순자산을 감소시키는 거래라면 그것의 발생원인이 되는 거래가 위법성을 지니는지에 불구하고 손금으로 인정하여야 할 것인가? 법인세법은 순자산을 감소시키는 거래라 하여 모두 손금으로 인정하는 것은 아니다. 법인의 업무와 관련되어 통상적이고(일반적으로 용인되는 통상적인 것), 필요한(수익과 직접 관련되는) 것만 손금으로 인정한다(법인세법 제19조 제2항). 더 나아가 일부 항목에 대해서는 그러한 기본적인 요건을 갖춘 경우라 하더라도 정책적인 목적에 의해 손금산입을 부인하고 있다(예: 접대비).

위법한 행위를 하기 위해 지출한 비용은 통상적이고 필요한 것인가? 폐기물처리업을 하는 자가 하청을 주는 것은 폐기물처리업의 영위에 필요한 것이다. 그렇다면 무허가 폐기물처리업자에게 하청을 주는 것을 통상적이라고 볼 수 있을 것인가? 여기서 통상성은 일반적인 사회질서에의 부합 여부에 따라 판단할 일이다. 일반적인 사회질서에 심히 반하는 경우에는 통상적이라고 보기 어려울 것이며 그렇다면 손금산입을 부인하는 것이 타당할 것이다.[410] 본 사건에서 법원은 원고의 행위가 일반적인 사회질서에 심히 반하는 것은 아니라고 본 것이다. 그런데 판결문은 그 손금산입을 '인정하는 것'이 사회질서에 심히 반하는 등의 특별한 사정이 있는지를 보아야 한다고 하여 논리적으로 다소 비약한 것이다. 손금산입을 인정하는지는 법인세법 제19조 제2항에 의해 판단하면 될 일이다.

4. 조세회피방지

가. 조세회피

사적 자치의 원칙은 신의성실 및 권리남용금지의 원칙에 의하여 그 한계가 지어진다. 세법은 납세자 및 과세관청이 그 법을 준수하는 데 있어 신의성실의 원칙에 따르도록 하고 있다(국세

---

408) ○○ 등은 지급받은 수수료를 소득으로 신고하였다.

409) 담합과징금은 손금으로 인정받을 수 없다(국세청 심사-법인-2015-0016, 2015.06.09 참조).

410) 의약품 도매상이 약국 등 개설자에게 의약품 판매촉진의 목적으로 이른바 '리베이트'라고 불리는 금전을 지급하는 것은 약사법 등 관계 법령이 이를 명시적으로 금지하고 있지 않더라도 사회질서에 위반하여 지출된 것에 해당하여 그 비용은 손금에 산입할 수 없다고 보아야 한다(대법원 2015.01.15. 선고 2012두7608 판결).

기본법 제15조). 이는 납세자든 과세관청이든 자신이 가진 권리를 남용하지 말라는 원칙을 내포한다. 납세자의 입장에서는 사적 자치 원칙에 따라 계약 등을 통해 법률관계를 자유로이 형성할 권리가 보장되는 것이지만 그러한 권리는 남용되어서는 안 되는 것이다. 만약 납세자가 세법상 조세채무를 부당한 방법으로 회피하는 경우에는 자신에게 주어진 권리를 남용하는 것이 된다는 원리에 따라 도입된 규정이 조세회피방지규정이다. 나라에 따라서는 성문 세법상 조세회피방지규정이 도입되어 있는지에 관계없이 법원의 판례에 의하여 그러한 원칙이 실제 적용되는 경우도 있다.

강학상 '조세회피(tax avoidance, Steuerumgehung)'는 납세자가 경제인의 합리적인 거래형식에 의하지 않고 우회행위, 다단계적 행위 기타 비정상적인 거래형식을 취함으로써 통상적인 행위형식에 의한 것과 동일한 경제적 목적을 달성하면서 조세의 부담을 부당하게 감소시키는 행위를 의미한다. 세법상 '조세회피'라는 말은 거의 찾아볼 수 없다. 상증세법은 명의신탁증여의제의 배제요건 중 '조세회피의 목적 없이…'를 규정하고 있으며(상증세법 제45조의 2), 조세범처벌법은 명의대여에 대한 처벌에 관해 규정하면서 '조세의 회피'의 개념을 사용하고 있다(조세범처벌법 제11조).

(1) 절세와의 구별[411]

강학상 '절세(tax saving, Steuervermeidung)'는 조세법규가 예정한 바에 따라 합법적 수단으로 조세부담의 감소를 도모하는 행위이다. 극단적인 예로는 소비세 지출을 피하기 위해 어떤 물품의 소비를 억제한다든가 조세부과대상인 소득을 적게 하기 위해 일부러 일을 느리게 하는 예를 들 수 있다.[412] 이에 반하여 조세회피란 세법이 규율하고자 한 영역인데 세법에 사용된 개념의 불완전성 등으로 인해 생긴 법의 흠결을 이용하여 납세자가 조세부담을 경감시키는 것을 말한다.[413]

(2) 탈세와의 구별

강학상 '탈세(tax evasion, Steuerhinterziehung)'는 과세요건사실이 존재하여 조세채무가 성립한 것임에도 불구하고 국가가 조세채권을 행사하지 못하도록 불법적인 방법을 사용하는 행위이다. 반면 조세회피는 조세법규가 예정하지 않은 비정상적 행위를 합법적으로 함으로써 조세채무가 성립하지 않도록 하는 행위이다. 탈세와 조세회피의 중요한 개념적 차이를 보자면 탈세는 명문의 세법규정에 반하는 것이고, 조세회피는 명문의 세법규정에 반하지 않는 것이라는 점

---

411) 안경봉, 「조세회피에 관한 연구」, 서울대학교 법학박사 학위논문, 1993, pp.11~14, 참조.

412) V. Uckmar, General Report, *Tax avoidance/Tax evasion*, Cahier V. LXVIIIa, International Fiscal Association, 1983; 과세요건에 해당되는 행위를 하지 않는 것에 관한 동기는 다양할 수 있겠다. 특정인이 소비를 하는 동기가 10퍼센트의 부가가치세를 절감하기 위한 것일 수 있겠다. 그러나 그러한 동기는 주관적인 것으로서 그러한 동기에 근거하여 소비를 절약한 것을 절세라 하는 데에는 무리가 따른다. 17세기 영국 왕 윌리엄 3세는 벽난로가 있는 주택을 호화주택으로 보아 세금을 부과하였다. 그런데 집에 벽난로가 있는지를 정부가 일일이 조사하기란 불가능했다. 집 외부에서도 쉽게 판단할 수 있는 과세기준을 찾다가 창문의 수를 기준으로 세금을 부과하게 되었다. 이에 사람들이 창문을 폐쇄하는 일이 생겼다. 이는 정부의 실패에 해당한다. deadweight loss(시장에 대한 정부의 간섭에 의한 사회적 잉여의 감소분)가 확대되었다고 볼 일이다.

413) 이태로·이철송, 『세법상 실질과세에 관한 연구─조세회피의 규율방안을 중심으로─』, 한국경제연구원, 1985, 16~17면.

및 탈세행위가 있다고 해서 납세의무 자체가 소멸하는 것은 아닌 데 반하여 조세회피가 있으면 그로 인해 납세의무 자체가 성립하지 않거나, 양적으로 경감되거나 또는 납세의무의 성립시기가 미루어진다는 점을 들 수 있다.414)

각국은 '탈세'의 범주나 그 구성요소에 대해 서로 다르게 규정하고 있지만 다음의 점에서 공통점을 보이고 있다. 우선 탈세의 범주에 부작위에 의한 행위(소득세신고서 미제출415) 등의 inaction)와 적극적 행위(부정한 계산서의 제출, 가공의 손금산입 청구, 비용과 소득의 부당한 분류 등의 action)를 포함시키고 있다. 그리고 탈세의 주관적 구성요소로서 악의(bad faith), 고의(willfulness) 또는 조세포탈의도(intent to evade tax)를 규정하고 있다. 고의에 의한 탈세는 일반적인 탈세(tax evasion)와 구분하여 특히 조세사기(tax fraud)416)라고 하기도 한다. 고의에 의하지 않은 포탈에 대해서는 가산세 등의 행정상의 제재에 그치는 수가 많다.

탈세와 조세회피의 경계구분이 애매한 것은 여러 나라에 공통된 것으로 보인다. 영국의 재무부장관(1974~1979)이던 Denis Healy는 탈세와 조세회피의 차이는 감옥 벽의 두께 정도에 불과하다고 표현하기도 하였다.417)

몇몇 국가에서는 기본적으로 다음과 같은 두 가지 이유에서 '회피'라는 용어에 대해 독자적인 의미를 부여하지 않는다. (1) 직접적인 세법의 침해만이 처벌되는 법제 하에서는 세법규정의 간접적인 침해는 완전히 적법하고, '회피'라는 용어는 법적으로 중요하지 않다. (2) 세법의 간접적인 침해가 처벌될 수 있는 나라에서는, '회피(avoidance)'는 세법의 간접적인 침해로서 '탈세'에 포함될 수 있다. 예컨대 세법이 부동산처분으로 인한 자본이득을 과세대상으로 하고 있는 경우, 납세의무자가 부동산회사의 주식을 매도함으로써 자본이득이 과세되지 않는 경우를 생각해 보면 (1)의 법역에서는 행위의 경로가 적법하므로 '회피'라는 용어가 의미가 없고, (2)의 법역에서는 '탈세'로 분류될 수도 있다.418)

나. 조세회피방지규정

(1) 의의·입법례

조세회피방지규정은 실질과세원칙이 추구하는 조세평등주의에 그 근거를 찾을 수 있다. 이는 헌법상 비례의 원칙이나 자기책임원칙에 위배되는 것은 아니다.419)

---

414) 법인세법상 부당행위계산 부인으로 인한 세무조정금액 등 세무회계와 기업회계의 차이로 생긴 금액은 특별한 사정이 없는 한 …사기 기타 부정한 행위로 얻은 소득금액으로 볼 수 없으나, 법인세법상 부당행위계산에 해당하는 거래임을 은폐하여 세무조정금액이 발생하지 않게 하기 위하여 부당행위계산의 대상이 되지 않는 자의 명의로 거래를 하고 나아가 그 사실이 발각되지 않도록 허위 매매계약서의 작성과 대금의 허위지급 등과 같이 적극적으로 서류를 조작하고 장부상 허위기재를 하는 경우에는 그것이 세무회계와 기업회계의 차이로 생긴 금액이라 하더라도 이는 사기 기타 부정한 행위로써 국세를 포탈한 경우에 해당…대(대법원 2013.12.12. 선고 2013두7667 판결).

415) 우리의 조세범처벌법상 조세포탈의 개념에 포함되지는 않는다.

416) 우리의 조세범처벌법상 조세포탈의 개념에 해당하는 것이다.

417) "the difference between tax avoidance and tax evasion is the thickness of a prison wall"

418) V. Uckmar, 전게서, paragraph 37.

419) 부당행위계산을 하였다가 과세관청에 의하여 부인당한 자에 대하여 부가가치세법 및 소득세법상의 가산세 조항에 따라 신

조세회피방지규정은 '일반적 조세회피방지규정(general anti-avoidance rule)'과 '개별적 조세회피방지규정(specific anti-avoidance rule)'으로 구분할 수 있다. 전자는 특정한 유형의 행위를 규정하지 않고 일반적으로 어떠한 행위이든 조세를 부당하게 감소시키는 경우라고 세무서장이 판단하는 경우에는 세무서장이 직권으로 해당 규정이 정하는 바에 따라 경제적 실질 등을 감안하여 거래를 재구성하는 규정이다.

(가) 우리나라

일반적 조세회피방지규정의 예는 우리나라 세법상 존재한다고 보기 어렵지만 국세기본법 제14조 제3항이 이에 준하는 기능을 수행할 수 있을 것이다. 개별적 조세회피방지규정의 대표적인 예가 부당행위계산부인규정이다. 이는 소득세법상 종합소득(중 일부 종류의 소득) 및 양도소득에 대한 소득세 및 법인세법상 법인세의 부담을 부당하게 감소시키기 위한 행위로서 각 시행령이 정하는 유형의 행위에 거래 가격을 재설정하거나 거래를 재구성한다.[420] 대부분의 경우 거래가격을 시가에 맞추어 재계산하게 되지만 거래를 재구성하기도 한다. 국세기본법 제14조 제3항의 단계거래원칙에 관한 규정도 거래를 재구성하는 근거가 된다.[421]

조세회피방지규정의 적용을 위해 항상 '조세회피의 목적'의 존재가 입증되어야만 하는 것은 아니다. 부당행위계산부인규정의 적용에는 이것이 필요하지 않은 반면,[422] 명의신탁증여의제규정의 적용에는 필요하다(상증세법 제45조의 2 제1항 제1호).

(나) 미국

2010년 3월 30일 개정된 미국 내국세입법 제7701조에 경제적 실질 과세원칙(economic substance doctrine)의 제하에 (o)항이 신설되었다. 이 원칙은 어떤 거래(또는 일련의 거래들)에 소득세과세규정 적용상 나타나는 조세상 혜택(tax benefits)은 해당 거래가 경제적 실질(economic substance)을 가지고 있지 않거나 사업목적(business purpose)이 없는 경우에는 허용되지 않는다는 보통법(common law)상 원칙이라고 규정하고 있다(§7701(o)(5)(A)). 조세를 제외하고는 납세자의 경제적 지위를 (거의) 변경시키지 않는 거래 – 즉 경제적 실질이 없는 거래 – 에 대해서는 조세혜택이 배제될 수 있다는 이론이다. 세법 적용상 '가장행위'로 본다는 의미이다. 우리 국세기본법상 실질의 의미에 관한 경제적 실질의 개념과는 다른 것이다. '세법상 가장행위(sham transaction

---

고・납부불성실 가산세를 부담시키는 것이 비례의 원칙에 위반하여 납세자의 재산권을 부당하게 침해하는 것이 아니며, 부당행위계산의 부인으로 인하여 과소신고・납부하게 된 세액에 대하여 가산세의 부담을 물리는 것이 자기책임의 원리에 반하는 것이 아니다(헌재 2006.4.27, 2005헌바54).

420) 소득세나 법인세에 대한 부당행위계산부인규정의 적용 결과 간접세인 부가가치세에도 매출세액을 조정하여야 하는 경우가 발생한다(부가가치세법 제13조 제1항 제3호, 제4호 및 동법시행령 제52조 제1항).

421) 대법원은 각자의 직계후손에게 직접 증여하기보다는 서로의 후손에게 교차하여 증여하는 경우 조세부담이 경감된다는 세무사의 조언에 따라 증여세를 줄이기 위한 목적으로 일정 주식을 상대방의 직계후손에게 상호 교차 증여하기로 약정하고 이행한 사안에 대해 국세기본법 제14조 제3항에 근거하여 교차증여의 사실은 배제한 채 이루어진 과세가 적법하다고 판단함(대법원 2017.02.15. 선고 2515두46963 판결).

422) "법인의 소득에 대한 조세의 부담을 부당히 감소시킨 것으로 인정되는 경우"라 함은 당해 법인이 행한 거래형태가 객관적으로 보아 경제적 합리성을 무시한 비정상적인 것이어서 조세법적인 측면에서 부당한 것이라고 인정되는 경우를 뜻한다고 할 것이므로, 반드시 조세부담을 회피하거나 경감시킬 의도가 있어야만 부당행위계산에 해당하는 것은 아니다(대법원 1996.7.12. 선고 95누7260 판결, 대법원 2000.2.11. 선고 97누13184 판결 등).

in tax law)' 개념의 창설에 관한 규정이라고도 볼 수 있다.

Commissioner v. UPS(254 F. 3d 1014, 11th Cir. 2001) 사건은 법원이 보는 '경제적 실질'이 있는 행위로서 과세상 인정받을 수 있는 행위의 범주를 짐작하게 한다. 이 사건에서 미국 법인 UPS는 버뮤다에 자신의 배송사고에 대한 보험을 재보험하는 사업을 하는 자회사를 설립하였다. UPS는 버뮤다 자회사가 미국세법상 외국법인이었으며 ECI 소득[423]이 없었기 때문에 미국에서 과세되지 않는 것으로 취급하였다. 버뮤다 자회사의 지분은 상당히 분산되어 있어 미국세법상 양자가 특수관계에 해당하지는 않게 되어 있었다. 미국 국세청은 버뮤다 자회사에 귀속하는 소득을 UPS에 귀속하는 것으로 경정하였다. 조세법원은 과세관청의 입장을 수용하였다. 항소법원은 조세법원이 근거로 하고 있는 법적 원칙이 불분명하다고 하면서 그것을 '소득이전의 금지이론(assignment of income)',[424] '실체적 가장행위이론(substantive sham doctrine)' 또는 '경제적 실질이론(economic substance doctrine)'의 기이한 결합이라고 하면서 결정을 뒤집었다. 항소법원은 납세자가 설정한 거래가 조세혜택(tax benefit) 이외의 다른 경제적 효과가 없을 때 경제적 실질이론에 따라 거래를 부인할 수 있는데 본 사건의 사실관계상 다른 경제적 효과가 있음을 부인할 수 없다고 하였다. 그리고 버뮤다 자회사의 위험 인수를 '가장행위(sham transaction)'로 볼 수는 없다는 결론을 내렸다.

소득의 귀속에 대해 바로 다룬 UPS 사건은 현재 미국의 판례법의 입장에 관한 대표적 사례이다. 항소법원은 경제적 실질이론 또는 사업목적이론(어떤 거래가 조세혜택을 보게 되어 있는 경우에는 납세자가 그러한 거래가 경제적인 실질과 사업목적이 있다는 것을 입증하는 경우에만 그러한 혜택을 받을 수 있다는 원칙)의 적용 한계를 보여준 것이다. 법원이 이와 같은 판단을 하게 된 데에는 특수관계자 간이라면 내국세입법 제482조와 같은 장치에 의하여 조세회피 행위를 규제할 수 있으며 특수관계자 간도 아닌데 굳이 경제적 실질이론을 적용할 필요는 없다는 현실적인 판단도 한 몫을 한다.[425] 이러한 논리는 Rubin v. Commissioner[426]에서 채택된 논리이기도 한다.

우리 세법상 실질귀속원칙에 의하더라도 본건 UPS와 그 버뮤다 자회사 간 재보험약정이 실질을 가지고 있는 한 재보험료수입이 UPS에 귀속된다고 볼 수 없을 것이다. 만약 그렇게 볼 경우 재보험약정이 존재하지 않는다는 결론에 도달하게 될 터인데 이는 당사자 간 재보험의 약정은 엄연히 효력을 발휘하고 있는 것과 배치될 것이다.

버뮤다는 우리 국조법상 조세피난처이다. 따라서 국내의 법인과 그 버뮤다 자회사 간에 특수

---

423) 미국의 사업활동과 실질적으로 관련이 있는(effectively connected with U.S. trade or business) 소득을 말한다. 이 소득을 얻는 자는 미국에서 관련 소득을 신고 납부하여야 한다.

424) 미국법원이 판례를 통해 확립한 원칙이다. Gilbert Law Dictionary에 의하면 '이전(assignment)'은 권리나 재산적 이해를 타인에게 이전(transfer)하는 것을 의미한다. 한편 '소득의 이전(assignment of income)'은 자신이 가득한(earned) 소득을 타인에게 이전(transfer)함으로써 그 타인이 과세되도록 하는 것을 말한다고 한다. 동 원칙에 의하면 어떤 용역을 제공한 자가 자신의 용역에 대한 급여를 제3자에게 이전한 경우에는 여전히 그 용역을 제공한 자에게 급여에 대한 소득세가 과세된다. 어떤 자산을 소유한 자가 해당 자산으로부터 발생하는 소득을 이전한 경우에는 여전히 그 자산의 소유자에게 해당 소득에 대한 소득세가 과세된다. 자산을 양도할 경우에는 해당 자산으로부터의 소득은 자산의 양수인에 귀속한다.

425) William P. Streng and Lowell D. Yoder, US, *Substance over Form*, Cahiers, 2002, p.611.

426) 429 F. 2d 650(2d Cir. 1970).

관계가 있으며 국내의 법인이 그 자회사의 지분을 20% 이상 소유하고 있을 경우 조세피난처 세제에 따라 간주배당과세가 가능할 것이다(국조법 제17조). 본 사건에서 그러한 특수관계의 요건을 충족하지 못할 것으로 보이므로 동 제도의 적용을 받지 않을 것이다.

(다) 영국

영국의 GAAR(일반적 조세회피방지규정) 도입을 위한 전문가그룹의 검토보고서에서는 GAAR 이 내포해야 하는 다음과 같은 4가지 요소를 들고 있다.[427]

> ① 거래를 단계별로 구분해서(step by step) 검토하는 것이 아니고 전체로서(as a whole) 파악하는 원칙 ② 이 원칙을 실제로 존재하지 않고 단순히 계획되고 기대된 행위에도 적용함.
> ③ 거래의 상업적 실질(commercial substance)에 기초하여 행위를 재구성함.
> ④ 세법의 목적을 고려함.

영국은 2013년 재정법(the Finance Act 2013) 제5편(part5)에서 GAAR을 성문규정으로 도입하고 있다.[428] 남용적인 조세거래에 대한 조세혜택을 부인하는 내용이다.

(라) 독일

2007년 12월 30일 개정된 독일 조세기본법 제42조의 규정은 다음과 같다.

> ① 조세회피를 위해 법형성가능성을 남용함으로써 조세법령을 우회하는 것은 허용되지 않는다. 개별세법 조항의 조세회피방지조항 적용 요건이 충족되는 경우에는 해당 조항에 따른다. 기타 제2항에서 규정하는 '남용'이 있는 경우에는 관련된 경제적 거래에 부합하는 법형성에 따르는 방법으로 과세하여야 한다.
> ② 적절한 법형성과 비교하여 해당 납세자나 제3자에게 법이 의도하지 않은 조세혜택을 부여하는 법형성이 선택된 경우에는 남용이 있었던 것으로 추정된다. 사실을 종합하여 볼 때 선택된 법형성에 대한 비조세적인 합리적인 이유를 납세자가 증거로서 제시하는 경우에는 이를 적용하지 않는다.

---

427) Tax Law Review Committee, A General Anti-Avoidance Rule for Direct Taxes, 1999.2
428) 2013년 재정법 제207조
제1항 모든 상황을 고려할 때에 해당 거래의 주된 목적 또는 주된 목적 중의 하나가 조세혜택을 보기 위한 것이라고 결론 짓는 것이 합리적인 경우 해당 거래는 "조세거래"이다.
제2항 해당 조세거래를 체결하거나 실행하는 것이 관련되는 세법조항과 관련하여 다음을 포함하는 모든 상황을 고려하여 합리적인 관점에서 볼 때에 합리적인 행위 경로라고 인정될 수 없는 경우에는 "남용적"이다.
(a) 해당 거래의 실질적인 결과가 해당 조문이 기초하고 있는 (명시적 또는 암묵적) 원칙 및 해당 조문의 정책적 목표와 일관되는지
(b) 그러한 결과를 얻기 위한 수단이 하나 또는 그 이상의 부자연스럽거나 비정상적인 단계를 포함하고 있는지,
그리고 (c) 해당 거래가 해당 조항의 단점을 활용하고자 하는 의도에 의한 것인지
(중략)
제4항 다음의 각각은 해당 조세거래가 남용적인 점을 가리키는 요소의 사례이다.
(a) 해당 거래가 그 경제적 목적에 의한 금액보다 현저히 적은 과세상 소득, 이윤 또는 이득의 금액을 초래하는 경우
(b) 해당 거래가 그 경제적 목적에 의한 금액보다 현저히 많은 과세상 공제 또는 손실의 금액을 초래하는 경우
(c) 해당 거래가 납부되지 않았으며 납부될 것 같지 않은 세액(외국세액을 포함)의 환급 또는 세액공제에 대한 권리를 부여하게 되는 경우

2008년 7월 17일 독일 재무부는 개정 조세기본법집행지침(AEAO)을 공표하였다. 이에 의하면 유의미한 비조세적인 이유를 제시하지 못하는 납세자에게는 조세혜택을 가져오는 부적절한 법적 구조에 대해 조세기본법 제42조가 적용된다. 조세기본법과 집행지침은 "부적절한"의 명확한 정의를 제시하지 않고 있다. 집행기준은 법적 구조의 의도된 조세효과가 무엇이든 그것이 비경제적이거나, 길게 형성되어 있거나, 복잡하거나, 조야하거나, 인위적이거나, 과잉하거나, 비효과적이거나 이상한 것으로 보이면, 특히 그 법적 구조가 적절한 것인지를 판단하기 위해 그것을 조사하여야 한다고 규정하고 있다. 부적절한 법적 구조를 나타내는 지표에는 다음과 같은 것들이 있다.

- 해당 구조의 경제적인 사실과 효과를 고려할 때 제3자라면 생성된 조세혜택이 없었다면 동일한 법적 구조를 선택하지 않았을 경우
- 오로지 조세목적만을 위해 친척이나 다른 가까운 관련인을 중간에 개입시킨 경우 또는
- 오로지 조세목적만을 위해 소득 또는 자본자산을 다른 법적 실체에게 이전하는 경우

독일법원에 의하면 아버지가 자녀에게 최종적으로 무엇을 증여하기 위한 목적으로 부인에게 증여하면서 부부재산증여공제를 이용하고 부인에게는 이를 다시 자녀에게 증여하도록 하는 경우(연쇄증여, Kettenschenkung)는 법형성가능성을 남용하는 것으로 본다. 독일 세법상 배우자로부터의 증여에 대해서는 10년간 5십만 유로, 부모로부터의 증여에 대해서는 10년간 4십만 유로의 인적 공제가 허용된다. 아버지가 아들에게 8십만 유로를 증여할 것을 그중 4십만 유로를 처에게 증여한 후 그 처가 아들에게 증여하도록 할 경우 아들에게 증여세 없이 증여할 수 있게 된다. 이는 대표적인 조세회피사례로서 제42조의 적용대상이 된다. 최근 연방재정법원은 18.7.2013 (Aktenzeichen II R 37/11) 처가 남편으로부터 증여받을 때에 아들에게 다시 증여할 의무를 부담하지 않는 경우라면 제42조가 적용되지 않는다는 판결을 하고 있다. 또한 부모가 자식에게 토지를 매각함과 동시에 그에게 그 매각대가를 증여한다고 할 경우 부모의 토지대금청구권과 자식의 증여채무이행청구권의 상계를 인정하지 않는다. 즉 부모의 양도소득과세 시 시가로 과세하고 시가에 해당하는 금원을 증여한 것으로 본다(독일재정법원 10.10.1991 BStBl II 1992, 239). 반면, 저세율국가에 소재하는 법인의 개입에 경제적이거나 다른 중요한 근거가 있으며, 그 법인이 경제적인 행동을 하고 있고, 그 주소 및 법규의 선택이 단순히 조세의 절약을 위한 것이 아님이 밝혀질 경우에는 법형성가능성의 남용으로 보지 않는다(연방법원 30.5.1990 HFR 91.367).

(2) 단계거래원칙조항

(가) 개념

국세기본법 제14조 제3항은 '단계거래원칙(step transaction doctrine)'에 대해 규정하고 있다. 세법을 적용할 때 형식상 여러 단계이지만 그 거래는 조세를 부당하게 감소하기 위하여 형성한 것이며 과세상 각 거래를 통합하는 것이 기저에 있는 실질관계를 보다 정확히 반영한다고 인정되는 경우에는 그들을 하나의 거래로 취급할 수 있다는 원칙이다.

③ 제3자를 통한 간접적인 방법이나 2 이상의 행위 또는 거래를 거치는 방법으로 이 법 또는 세법의 혜택을 부당하게 받기 위한 것으로 인정되는 경우에는 그 경제적 실질 내용에 따라 당사자가 직접 거래를 한 것으로 보거나 연속된 하나의 행위 또는 거래를 한 것으로 보아 이 법 또는 세법을 적용한다. 〈신설 2007.12.31.〉

역사적으로 볼 때 국세기본법 제14조 제3항은 상증세법 제2조 제4항 및 국조법 제2조의 2 제3항에서 유래한다.

(나) 특성
국세기본법 제14조 제3항은 '국세기본법 또는 세법의 혜택을 부당하게 받기 위한 것으로 인정되는 경우'를 그 적용요건의 하나로 설정하고, 그것의 적용효과로서 '경제적 실질'에 대한 과세를 규정하고 있다.

① 세법의 부당한 혜택
국세기본법 제14조 제3항이 적용되려면 여러 단계를 거치거나 또는 여러 당사자를 통한 거래를 영위하는 것만으로는 안되며, 세법의 부당한 혜택을 받기 위한 것으로 인정되어야 한다.[429]

국세기본법 제14조 제3항은 조세회피방지규정이며 납세자가 조세를 부당하게 감소한 경우에만 적용되며, 결과적으로 납세자에게 불리한 결과만 추구한다는 점에서 국세기본법 제14조 제1항 및 제2항과 차이가 있다. 국세기본법 제14조 제1항 및 제2항과 동조 제3항의 본질적 차이에 불구하고, 최근 대법원의 다수 판례는 국세기본법 제14조 제1항의 적용상 납세자가 형성한 거래가 오로지 조세회피목적에 의한 것일 경우에는 그 경제적 실질에 따라 과세대상의 귀속을 판정할 수 있다고 하여 동항이 조세회피방지의 목적에 활용될 수 있음을 인정하고 있다. 이 판례들에 의하면, 국세기본법 제14조 제1항의 조세회피방지규정적인 역할은 "오로지 조세회피목적만으로" 구성된 거래의 경우에 한정된다고 볼 수 있다(single purpose).[430]

single purpose doctrine에 따르자면, 조세회피목적뿐 아니라 다른 주된 목적(major purpose)에 의해 형성된 거래에 대해서는 명시적인 조세회피방지규정이 있어야 그 내용을 부인할 수 있을 것이다. 법원은 상증세법상 조세회피방지규정을 적용할 때에 다른 주된 목적과 아울러 조세회피의 의도도 있었다고 인정되면[431] 조세회피목적이 없다고 할 수 없다고 한다.[432] 이러한 법원의 입장에 따르자면 구 상증세법 제2조 제4항의 '상속세 또는 증여세를 부당하게 감소시

---

429) 납세의무자는 경제활동을 할 때 동일한 경제적 목적을 달성하기 위하여 여러 가지의 법률관계 중의 하나를 선택할 수 있고 과세관청으로서는 특별한 사정이 없는 한 당사자들이 선택한 법률관계를 존중하여야 하며, 또한 여러 단계의 거래를 거친 후의 결과에는 손실 등의 위험 부담에 대한 보상뿐 아니라 외부적인 요인이나 행위 등이 개입되어 있을 수 있으므로, 여러 단계의 거래를 거친 후의 결과만을 가지고 실질이 증여 행위라고 쉽게 단정하여 증여세의 과세대상으로 삼아서는 아니 된다(대법원 2017. 1. 25. 선고 2015두3270 판결).

430) "오로지 조세회피목적"에 의한 경우에만 명의자에의 실질귀속을 부인하는 입장은 대법원 전원합의체 2008두8499판결(2012.1.19.)에서 첫선을 보였다. 이후 많은 대법원 판결이 이를 따르고 있다.

431) 객관적인 관점에서 볼 때 그러한 의도가 있었을 것으로 추론될 수 있으면 된다.

432) 2009.4.9. 선고 2007두19331 판결 [증여세부과처분취소] 문제 되는 거래를 영위한 주된 목적이 다수이며 그중 하나의 주된 목적으로 조세혜택의 향유가 있을 때에도 해당 거래를 조세회피행위로 본다는 의미이다(major purpose). 나라에 따라서는 주된 목적은 없이 오로지 조세혜택의 향유만을 주된 목적으로 하는 경우에만 해당 거래를 조세회피행위로 본다는 입장을 취하는 경우도 있다(sole purpose).

킨 것으로 인정되는 경우'는 다른 주된 목적과 더불어 조세회피의 의도도 있었던 경우를 포섭할 것이다. 이는 우리 법원이 조세회피방지규정의 적용에 관한 '사업목적이론(business purpose doctrine)'을 이해함에 있어 제한적인 입장을 취하고 있음을 알게 하는 부분이다.433)

② 경제적 실질

국세기본법 제14조 제3항은 경제적 실질에 부합하는 사실관계를 의제하는 성격을 지니고 있다.434) 개인이 보유하는 부동산을 법인에게 양도하면 실지거래가액에 의해 과세하고 개인에게 양도하면 기준시가에 의해 과세하던 시절, 법인에게 양도하고자 하면서 세금을 절약하기 위해 중간에 법인의 임직원을 끼워 두 단계의 거래를 통해 법인에 양도한 경우 법원은 두 거래 모두 가장행위이며, 개인 양도자가 법인에게 직접 양도한 것으로 보아야 한다는 판단을 하였다. 실제 두 거래는 법적으로 유효한 것이므로, 이를 민사상 가장행위로 볼 수 없을 것이었으며, 법원이 '가장행위'라고 한 것은 '과세상 가장행위'였다. 이는 국세기본법 제14조 제3항이 적용되기 적절한 조세회피행위유형에 해당할 것이다. 법적으로는 존재하지 않는 것을 경제적 실질에 따라 마치 존재하는 것으로 보아 세법을 적용하는 것이다. 국세기본법 제14조 제3항은 법적 실질에 부합하는 과세를 접어두면서, 개인 양도자가 취한 과세상 이득이 조세정의 측면에서 보아 용납하기 어렵다는 이유로, 그 법적 실질과 다른 경제적 실질에 부합하는 거래를 영위한 것으로 간주하여 추가적인 세금을 부담하게 하는 성격을 지니고 있는 것이다.435)

국세기본법 제14조 제3항은 미국 내국세입법상 substance over form doctrine의 하위 원칙으로 step transaction doctrine이 있는 점에 영향을 받은 것이다. 미국에서 step transaction doctrine은 "형식상 여러 개의 단계이지만 과세상 각 거래를 통합하는 것이 기저에 있는 실질관계를 보다 정확히 반영하는 경우에는 그들을 하나의 거래로 간주할 수 있다."는 판례법상 원칙으로 이해되고 있다.436) 경제적으로는 실존하는 것을 찾아 과세하고자 하는 것이다.

국세기본법 제14조 제3항상 단계거래원칙은 경제적 실질에 부합하는 과세를 도모한다는 점에서, 소득세법 제101조 제1항과 차이가 있는 반면, 소득세법 제101조 제2항과 공통점을 가지고 있다.

---

433) 유동성 공급자인 외국증권업자 갑이 유동성 공급계약을 맺은 주식워런트증권(ELW) 발행사로부터 주식워런트증권을 발행가격에 인수하여 투자자들에게 매도하고 발행사에 증권과 동일한 내용의 장외파생상품을 매도하는 거래를 하면서 투자자에게 최초로 시가로 매도한 사업연도에는 발행사로부터 인수한 증권의 인수가격과 매도가격의 차액을 해당 사업연도의 손금으로 산입하자, 과세관청이 최초 매도 당시 갑이 인식한 손실 중 만기가 해당 사업연도에 도래하지 않는 증권을 인수하여 매도함으로써 인식한 손실을 손금산입하지 않아야 한다며 국세기본법 제14조 제2항, 제3항 등을 근거로 갑에게 법인세 부과처분을 한 사안에서, 대법원은 갑이 대규모의 손실을 조기에 인식하여 조세의 부담을 회피할 목적으로 과세요건사실에 관하여 실질과 괴리되는 비합리적인 형식이나 외관을 취하였다고 볼 수 없다고 보았다(대법원 2017. 3. 22. 선고 2016두51511 판결). 김수성·이세우, 신종금융상품 거래에 따른 과세 이슈에 관한 연구－주식워런트증권(ELW)을 중심으로－, 세무와회계저널 제17권 제1호 2016년 2월 pp.35~60, 한국세무학회 참조

434) 대법원 2018. 7. 20. 선고 2015두39842 판결 [경정청구거부처분취소] 참조

435) 납세의무자는 경제활동을 할 때에 동일한 경제적 목적을 달성하기 위하여 여러 가지의 법률관계 중의 하나를 선택할 수 있고 과세관청으로서는 특별한 사정이 없는 한 당사자들이 선택한 법률관계를 존중하여야 하며, 또한 여러 단계의 거래를 거친 후의 결과에는 손실 등의 위험 부담에 대한 보상뿐 아니라 외부적인 요인이나 행위 등이 개입되어 있을 수 있으므로, 여러 단계의 거래를 거친 후의 결과만을 가지고 그 실질이 하나의 행위 또는 거래라고 쉽게 단정하여 과세대상으로 삼아서는 아니 된다(대법원 2017. 12. 22. 선고 2017두57516 판결).

436) Department of the Treasury, The Problem of Corporate Tax Shelters, 1999.7.

• 소득세법 제101조 제1항과의 비교

소득세법 제101조 제1항은 현실적으로는 실제의 양도가액이 아닌 양도 당시의 시가를 기준으로 양도차액을 산정하도록 함으로써 납세의무자가 실제 취득한 양도차익을 초과하는 양도소득을 양도소득세 과세의 기초로 삼게 되기 때문에 납세의무자의 실제 경제적 담세력을 초과하는 과세로서 경제적 실질에 부합되지 않는 측면이 존재한다는 헌재의 판단을 참고할 수 있다.437)

• 소득세법 제101조 제2항과의 비교

소득세법 제101조 제2항은 실제 증여하여 대가를 전혀 받지 않은 자가 양도하여 마치 대가를 받은 것으로 보아 과세하는 것이라는 점에서는 경제적 실질과 유리된 조문처럼 보인다. 거주자가 특수관계인(배우자 및 직계존비속의 경우는 제외)에게 자산을 증여한 후 그 자산을 증여받은 자가 그 증여일로부터 5년 이내에 다시 타인에게 양도하고 그 증여와 양도에 의한 세액이 직접 양도한 경우의 세액보다 적은 경우에는 증여자가 그 자산을 직접 양도한 것으로 본다는 내용이다. 만약 증여자가 실질적으로 양도대금을 받은 것이라면 이는 "사기 그 밖의 부정한 행위"에 해당하게 될 것이다.

소득세법 제101조 제2항 본문 단서는 "양도소득이 해당 수증자에게 실질적으로 귀속된 경우에는 그러하지 아니하다"고 규정하여, 양도소득이 증여자에게 귀속된 경우에만 본문의 규정에 따라 증여자가 양도한 것으로 본다고 규정하고 있다. 본문의 규정이 적용되기 위해서는, 증여와 양도에 의한 세액이 직접 양도한 경우의 세액보다 적어야 한다고 규정하고 있다. 즉 세금의 감소가 있어야 증여자가 양도한 것으로 본다고 하는 것이다.

소득세법 제101조 제2항은 양도자가 양도대금을 지배하며, 증여행위를 끼워서 세금을 절약한 사실이 있을 때에야 양도자가 직접 양도한 것으로 본다는 것이다. 경제적 실질을 중시하면서 조세회피를 그 적용요건으로 하는 것이다. 문제는 제101조 제2항이 조세포탈로 처벌하여야 할 사항을 조세회피로 규율하고 있다는 점이다. 사안에서 증여자는 스스로가 양도소득세 전체를 포탈한 것이 되며, 이는 고의에 의한 것일 것이므로, 조세포탈범으로 처벌하여야 한다.

소득세법 제101조 제2항이 조세회피방지규정이 되기 위해서는, 양도대금의 실질적 귀속이 여전히 수증자에게 있다 하더라도, 증여와 양도의 연이은 거래에 의한 세액의 합계액과 양도 및 현금증여의 연이은 거래에 의한 세액의 합계액을 비교하여 후자가 더 많은 경우에는 부당한 세금의 감소로 보아, 경제적 실질에 불구하고 증여자가 양도한 것으로 보아 과세하여야 할 것이다.

국세기본법 제14조 제3항은 "경제적 실질"을 중시하도록 하고 있어 그것의 적용범위가 제한될 것으로 보인다. 법인에게 양도하면 실지거래가액으로 양도소득을 과세하던 시절 개인을 중간에 개입시킨 거래에 대해서는 단계거래를 축소하고 경제적 실질에 따라 실지거래가액으로 과세하는 것이 국세기본법 제14조 제3항의 취지에 부합하는 것이 된다. 그러나 소득세법 제101조 제2항을 위에서처럼 양도소득이 여전히 수증자에게 있는 경우라 하더라도 적용하는 방식으로 개정한다면, 경제적 실질로 볼 때 소득세법 제101조 제2항에서처럼 증여자에게 과세할 수는 없을 것이다. 이 때에 소득세법 제101조 제2항은 국세기본법 제14조 제3항의 특칙이 될 것이다.

---

437) 헌재 2006.6.29., 2004헌바76

결국 조세회피방지규정을 조세포탈죄 규정과 병행하여 고찰한다면, 그것은 경제적 실질에 부합하게 과세하는 것을 주된 목적으로 하는 것이라기보다는 통상적인 사업적 합리성으로 설명할 수 없는 방식의 거래로 조세를 감소한 경우 법으로 실제와 다른 사실을 의제하여 그에 대해 과세하는 것을 목적으로 하는 것으로 이해하여야 한다.

③ 관련되는 경제활동 전반을 고려

소득세법 제101조 제2항은 증여와 양도 두 거래를 종합적으로 보아 조세를 부당하게 감소하였는지를 판단하고자 하는 점에서는 조세회피방지규정으로서의 적절한 구성을 가지고 있다. 영국의 GAAR(일반적 조세회피방지규정) 도입을 위한 전문가그룹의 검토보고서상 조세회피방지규정은 거래를 단계별로 구분해서(step by step) 검토하는 것이 아니고 전체로서(as a whole) 파악하는 원칙위에 수립되어 있다. 미국의 단계거래원칙도 이와 같은 원칙을 수용하고 있다.

국세기본법 제14조 제3항도 동일한 원칙 위에 관련 거래를 전체적으로 보는 관점 위에 있다. 소득세법 제101조 제2항도 일견 그런 것처럼 보이지만, 조세포탈죄로 제재할 사항을 규정하고 있어 타당한 입법이라고 할 수 없다. 조세회피방지규정이라면 증여자가 절약한 세금의 일부를 수증자로부터 돌려받는 정도의 일탈을 규제하는 것을 목적으로 하는 것이다.

소득세법 제101조 제1항은 조세의 부당한 감소 또는 세법의 부당한 혜택인지를 편면적으로만 판단하고 있어 역시 타당한 입법이라고 볼 수 없다. 정부가 사인의 경제활동이 나라 전체 질서를 그르친다는 관점에서 제재하기 위해서는 관련되는 경제활동 전반을 고려하는 것이 타당할 것이다. 소득세법 제101조 제1항에서 규율하는 것 중 하나인 저가양도를 예로 들어 본다. 저가양도자에게 시가에 의해 과세할 이유는 무엇인가? 저가양수자는 저가양수한 만큼 증여과세를 받는다. 증여과세받은 만큼 자신의 취득원가는 증액된다. 국가 입장에서는 시가로 양도한 것으로 보든, 실지거래가액(저가)으로 양도한 것으로 보든, 양도자와 양수자 전체에 걸쳐 볼 때 동일한 세금을 걷게 되어 있다. 소득세법 제101조 제1항은 시장에 시가에 팔아 세금을 충분히 내고 남은 현금 중 실제거래가액(저가)과 시가와의 차이에 해당하는 부분만큼의 것을 문제되는 실제 거래에서와는 달리 현금으로 직접 증여하는 거래를 한 자와의 형평을 추구하는 것인가?

(다) 적용 가능 사례

① 상호매매

소득세법상 양도소득금액은 양도가액에서 필요경비를 차감하여 계산한다. 매매에 의한 양도가액은 실지거래가액으로 하도록 되어 있다. 한편, 교환의 경우에는 기준시가로 하든가 실지거래가액으로 하도록 되어 있다. 논리적으로 본다면 교환의 경우 일응 실지거래가액이 존재하지 않을 것이므로 기준시가로 하여야 한다고 할 수 있지만 교환되는 물건 어느 하나에 대해서라도 소득세법상 요건을 갖춘 감정을 한 경우라면 그것을 실지거래가액으로 볼 수 있다고 규정하고 있다. 교환에 의하여 처분한 자산의 가액은 이와 같이 실지거래가액으로 할 수 있는 것이다.

다음과 같은 사례를 상정해보자. 납세자와 부동산업자가 부동산을 상호 양도하는 2개의 부동산매매계약을 체결하고 매매대금을 상계했다. 부동산업자가 납세자의 토지를 획득하기 위해 동일한 도로에 면한 유사한 부동산(납세자의 토지와 거의 등가)을 염두에 두고 납세자와 양자를 상호 매매하는 계약을 체결했다(납세자의 매도가격은 7억 원, 부동산회사의 매도가격은 4억 원, 차액 3억 원을 납세자가 수표로 수령). 납세자는 그 거래를 2개의 매매계약(계약서상 금액 7억 원을 총수입금액으로 산입)이라고 주장하는 데 대해, 과세관청은 '차액결제를 전제로 한 부동산의 교환계약(취득부동산의 시가 7억 원과 수표 3억 원의 합계액을 총수입금액에 산입)' 으로 주장하였다. 납세자가 처분한 토지의 평가액은 10억 원이라는 전제에 입각해 있다.

위 사례상 상호 매매는 그 거래의 경제적 실질을 감안한다면 교환에 해당한다고 볼 수 있다. 이와 같이 본다면 기준시가 또는 감정가액 중 더 많은 가격에 의하여 과세하는 것이 타당하다. 그런데 본건의 경우 둘 중 어느 하나도 제시되어 있지 않다. 만약 납세자가 거래상대방과 자의적으로 설정한 가격을 인정한다면 적정한 과세가 이루어지기 곤란할 것이다. 당사자 간에는 두 물건의 가액상 차이가 3억 원인 것(실제가 그러하고)에 대해서만 합의가 된다면 나머지 부분에 대한 가액을 계약서에 어떻게 설정하든 무방할 것이기 때문이다. 위 사례의 거래를 단순한 매매로 보게 될 경우 실지거래가액으로 과세하여야 하는데 실지거래가액은 위와 같이 조작할 우려가 많으므로 과세관청이 이를 매매로 보지 않고 교환으로 보는 데에는 나름대로 합당한 이유가 있다고 볼 수 있다.

두 개의 매매거래로 볼 것인지 아니면 하나의 교환거래로 볼 것인지는 과세표준의 계산에 관한 사항이면서도 과세대상의 존부에 관한 사항이라고 볼 수 있다. 국세기본법 제14조 제2항을 단순하게 적용한다면 본 사안이 과세대상의 존부에 관한 것이라는 이유로 두 개의 매매거래로 보게 된다(법적 실질). 그간 우리 법원의 국세기본법 제14조 제2항의 적용관행상 조세회피의 소지가 많은 경우 국고에 유리하게 적용하여 온 점을 감안한다면 그 반대의 경우도 상정해 볼 수는 있겠다(경제적 실질). 국세기본법 제14조 제3항을 적용한다면 본건 거래를 하나의 교환거래로 볼 수 있을 것이다.[438]

② 상호증여

갑은 배우자 을에게 자기가 가진 부동산을 증여하고, 을은 배우자 갑에게 자기가 가진 부동산을 증여한 후 5년이 경과한 다음 각자가 소유한 부동산을 처분하는 경우를 상정해보자. 각자의 본래의 취득가액은 2억원이었다고 가정한다.

부부재산증여공제액은 10년간 6억원까지 허용한다. 배우자로부터 증여받은 후 5년 이내에 양도할 경우 증여받은 배우자의 양도소득 계산시 취득가액은 증여한 배우자의 취득가액을 가져와 계산한다(소득세법 제97조의 2 제1항). 5년이 지나면서부터는 취득가액은 증여 당시의 시가로 한다. 각자에게 증여한 가액은 6억원이라고 한다면, 증여할 시점에 각 배우자는 증여세 부담을 하지 않게 된다. 5년이 지난 후 양도할 시점에 각 배우자는 각자의 양도소득금액 계산

---

438) 甲이 토지 1/2 지분 및 지상 건물의 일부를 소유하고 甲의 아버지인 乙이 토지 1/2 지분과 지상 건물의 나머지 부분을 소유하고 있었는데, 甲과 乙이 같은날 丙등에게 자신이 소유하고 있는 부동산을 각 양도하였고, 그 후 甲이 자신의 양도가액에 해당하는 부분에 대하여 양도소득세를 신고·납부하였으나, 과세관청이 甲과 乙이 토지와 건물 전체를 일괄하여 양도하였다고 보아 안분계산방식으로 양도가액을 산정하여 甲에게 양도소득세를 경정·고지한 사안에서, 제반 사정에 비추어 甲과 乙은 자신의 부동산을 각각 별도로 丙등에게 양도하였다고 봄이 타당하다는 판례가 있다(대법원 2019. 1. 31 선고 2018두57452 판결).

시 양도가액에서 6억원을 차감하게 된다. 갑과 을은 조세회피방지규정인 소득세법 제97조의 2 제1항이 명문으로 설정한 제재의 요건을 충족하지 않았으므로 그에 따라 과세할 수는 없다. 각 자가 원래 소유하던 부동산을 양도하면 될 것을 그에 따른 양도소득세 부담을 완화하기 위해 5년의 기간에 걸쳐 갑과 을은 단계거래를 한 것이므로 경제적 실질인 자기 고유의 부동산의 양도로 보아 과세할 수 있는가? 이를 위해서는 갑은 을에게 양도하고 난 후 5년이 지난 시점 에 제3자에게 양도한 것으로 보고, 을은 갑에게 양도하고 난 후 5년이 지난 시점에 제3자에게 양도한 것으로 보아야 할 것이다. 먼저 상호증여를 교환으로 보아야 할 것인데 각자의 상대방 재산의 취득은 무상이 아닌 유상이라는 점이 입증되어야 할 것이다. 만약 그 유상성이 입증되 지 않는다면 본 건에서의 단계거래를 연속된 하나의 행위로 보아야 할 것인데 5년의 장기간에 걸친 행위들을 그렇게 보기는 용이하지 않을 것이다.

③ 주식의 양도 후 소각

국세기본법 제14조 제3항이 적용될 수 있는 다른 사례를 소개한다. 네덜란드법인 갑은 한국 법인 을의 주식을 취득한다. 갑은 동 주식을 한국의 은행 병에게 매각한다. 병은 갑으로부터 주식을 취득하는 매매계약에서 환매조건을 부여해 일정 기간 이내에는 환매도할 수 있는 권한 을 획득한다. 수개월 후 을은 병으로부터 해당 주식을 매입해 소각한다. 거래의 외형을 보면 네덜란드법인 갑은 주식양도차익을 얻었으며 한국과 네덜란드와의 조세조약에 따라 원천지국 인 우리나라에서는 과세되지 않는다. 병에게는 감자에 의한 의제배당소득이 발생한다. 본건 주 식의 유상소각은 을 법인이 불특정 다수의 주주로부터 취득한 자기주식을 자본감소 이외의 방 법으로 이익을 재원으로 소각한 경우에 해당하지 않기 때문에 주식양도차익으로 보지는 않게 되어 있다. 네덜란드 법인 갑은 매도차익을 실현한 것으로 되어 한국과 네덜란드 간 조세조약 에 따라 네덜란드에 과세권이 주어지게 되어 있었다. 한편 네덜란드에서 5% 이상의 해외지분 에서의 소득은 경영참여소득면제제도에 따라 네덜란드에서 과세하지 않도록 되어 있었으므로 해당 지분의 매도차익은 네덜란드에서도 과세되지 않았다.

본 사건에서 시중은행 병이 3개월의 기간 동안 주식의 실질적인 소유자인지, 네덜란드법인 갑이 실현한 주식양도차익을 경제적 실질에 따라 의제배당소득으로 재구성할 수 있는지가 문 제되었다. 국세기본법 제14조 제2항만으로는 재구성을 설명할 수 없겠지만 제3항으로는 가능 하였을 것이다.

국세기본법 제14조 제3항은 동조 제2항상 실질내용원칙의 한계를 극복하는 성격을 지니고 있다. 동조 제1항상 실질귀속원칙은 제3항의 규정이 없어도 경제적 실질에 따라 귀속판단을 가 능하게 하는 것이었던 것과 대비된다.

5. 신의성실원칙

국세기본법은 "납세자가 그 의무를 이행함에 있어서는 신의에 좇아 성실히 하여야 한다. 세 무공무원이 그 직무를 수행함에 있어서도 또한 같다."고 규정하고 있다(국세기본법 제15조). 이는 납세자와 세무공무원에게 동일하게 신의와 성실(Treu und Glauben, good faith and trust)

에 따르도록 하고 있다. 실제 납세자에 대해서는 원칙적으로 선언적인 규정으로서의 의미를 갖는 데 그친다. 세무공무원에게는 아래에서와 같은 판례법상 신뢰보호원칙을 실정법에 의해 다시 확인하는 의미를 갖는다. 민법은 "권리의 행사와 의무의 이행은 신의에 좇아 성실히 하여야 한다."고 규정하고 있다(민법 제2조 제1항).439)

독일법상 신의성실원칙은 원래 민사법상 원칙이지만 공법관계에도 적용된다. 공법관계에서는 신뢰보호원칙(Grundsatz des Vertrauensschutzes)과 모순행위의 금지(Verbot widersprüchlichen Verhaltens)/권리남용의 금지(Verbot des Rechtsmissbrauchs)로 구체화된다. 권리남용의 금지는 공무원 뿐 아니라 일반 국민에게도 요청되는 것이다.

일반국민에게 요청되는 신의칙의 규정을 조세회피의 사례에 적용하여 합법성의 원칙을 희생할 수 있는가에 대해서는 논란이 있다.440)

가. 신뢰보호원칙

학설 및 판례에 의하여 일반적으로 인정되는 이론에 따르면 과세관청의 행위에 대해 신의칙이 적용되는 요건으로는 다음과 같은 것이 있다.441) 신뢰보호원칙은(합법성의 원칙을 관철하는 경우에는 그 적용이 매우 제약될 것이지만442)) 비록 법규에 위반된 상태가 발생하였다고 하더라도 기존의 법률관계를 그대로 존중하여 납세자의 신뢰를 보호하자는 것이다. 신의칙에 반하는 과세처분은 실정법상으로는 외관상 적법한 행위로서 그 하자가 중대하고 명백한 것으로 볼 수 없으므로 취소할 수 있는 처분이라고 함이 통설, 판례이다.

(1) 과세관청이 납세자에게 공적인 견해표명을 하였을 것

신뢰의 대상은 과세관청의 공적인 견해의 표시이므로 사적인 것은 제외된다.443) 공적인 견해의 표시는 일정한 책임 있는 지위에 있는 자가 공적으로 표명한 견해를 말한다. 과세관청의 보조기관인 공무원이 논문이나 저서 등에 발표한 개인적인 견해는 사적인 것에 불과하다. 공적인 견해는 사실인정에 관한 것뿐 아니라 법령의 해석에 관한 것도 포함한다.444) 견해표명의 대상

---

439) '성실(Treu)'은 성실하고, 정직한 행동(faithful act)을 말하며, '신의(Glauben)'는 그러한 행동을 신뢰(Vertrauen)하는 것을 의미한다.

440) 금지금 사건에 관한 대법원 2011. 1. 20. 선고 2009두13474 전원합의체 판결(윤철홍, 신의성실원칙의 적용 영역 확장에 따른 위험성에 관한 소고, 법학연구 30(1), 2019.2, 충남대학교 법학연구소 참조)

441) 대법원 1985.04.23. 선고 84누593판결

442) 과세상 신뢰보호원칙은 법규상 다른 조항에 의한 문제 해결을 시도하는 것이 더 어려운 상황에서 허용되는 보완적인 수단으로 보아야 할 것이다(Rolf Ax, et. al, 전게서, p.31 참조).

443) 원고는 위와 같이 판매한 물돛(Sea Anchor)을 연근해 어선 및 원양 어선에 판매하고도 부가가치세의 환급신청을 하였는 바, …피고는 원고가 원양 어선에 물돛을 공급한 것으로 보고… 부가가치세 영세율 환급을… 착오에 의한 환급사실만으로는 연근해 어선에 판매된 물돛에 대하여도 부가가치세법에 의한 영세율을 적용하겠다 …는 과세관청의 공식적인 견해의 표명이 있었다 할 수 없다 할 것이다(춘천지법 2001.7.26. 선고 2000구274 판결).

444) 부가가치세법상의 사업자등록은 과세관청으로 하여금 부가가치세의 납세의무자를 파악하고 그 과세자료를 확보케 하려는 데 입법취지가 있는 것으로서, 이는 단순한 사업사실의 신고로서 사업자가 소관 세무서장에게 소정의 사업자등록신청서를 제출함으로써 성립되는 것이고, 사업자등록증의 교부는 이와 같은 등록사실을 증명하는 증서의 교부행위에 불과한 것으로 과세관청이 납세의무자에게 면세사업자등록증을 교부하고 수년간 면세사업자로서 한 부가가치세 예정신고 및 확정신고를

은 일반 대중이든 개별 납세자든 모두 해당된다.

(2) 납세자가 그 견해표명이 정당하다고 신뢰함에 있어 귀책사유가 없을 것

납세자가 과세관청의 견해표시(언동)를 신뢰하고 납세자의 귀책사유(배신행위 등)가 없어야 한다. 과세관청의 잘못된 견해표시가 납세자의 사실 은폐나 허위사실의 고지 등에 기하여 이루어진 것인 경우에는 납세자의 신뢰를 보호할 가치가 없다. 또한 잘못된 견해표시임을 쉽게 알 수 있음에도 납세자가 과실로 인하여 이를 알지 못한 때에는 신뢰의 정당성이 없다.445)

(3) 납세자가 신뢰에 기해 어떤 행위를 했을 것

납세자가 과세관청의 견해를 신뢰한 것만으로는 부족하고 그 신뢰에 기하여 세법 적용상 유의미한 행위를 하여야 한다. 또한 납세자의 신뢰와 세법상 행위와의 사이에 상당한 인과관계가 있어야 한다.

(4) 과세관청이 위 견해표명에 반하는 처분을 하여 납세자의 이익이 침해되었을 것

과세관청의 위 견해표명에 반하는 처분이 있어야 한다. 과세관청의 처분은 형식상 적법한 것이어야 한다. 그 처분 자체에 하자가 있어 위법한 경우에는 그 처분의 효력을 다투기 위하여 굳이 신의칙을 원용할 필요가 없기 때문이다. 당초 견해표명에 반하는 처분을 함으로써 납세자의 이익이 침해되는 결과가 초래되어야 한다. 납세자에게 불이익이 없다면 신의성실의 원칙을 주장할 필요가 없다. 경제적 불이익이란 새로운 조세부담이나 조세부담의 증가 혹은 환급의 거부, 징수유예의 취소 등 납세자에게 불이익한 것 모두가 포함된다.

나. 비과세관행 – 소급과세금지

국세기본법은 다음과 같이 규정하고 있다(국세기본법 제18조 제3항).

> 세법의 해석 또는 국세행정의 관행이 일반적으로 납세자에게 받아들여진 후에는 그 해석 또는 관행에 의한 행위 또는 계산을 정당한 것으로 보며 새로운 해석 또는 관행에 의하여 소급하여 과세되지 아니한다.

원래 신뢰보호원칙은 구체적 사안에 대한 개별적 판단을 필요로 하는 것이지만 위 규정은 비과세관행이라는 객관적인 상황을 설정하고 그에 대한 납세자의 신뢰를 입법을 통해 일반적으로

받은 행위만으로는 과세관청이 납세의무자에게 그가 영위하는 사업에 관하여 부가가치세를 과세하지 아니함을 시사하는 언동이나 공적인 견해를 표명한 것이라 할 수 없다(대법원 2002.9.4. 선고 2001두9370 판결).

445) 재정경제부는 보도자료를 통해 "시행규칙을 개정하여 법제처의 심의를 거쳐 6월 말경 공포·시행할 예정"이라고 밝힌 것에 불과하여, 그러한 점만으로는 개정된 시행규칙을 시기적으로 반드시 6월 말경까지 공포·시행하겠다는 내용의 공적 견해를 표명한 것으로 보기 어려울뿐더러, 기록에 따르면, 신문 등 언론매체는 재정경제부가 배포한 보도자료 중 일부 내용만을 발췌하여 보도한 사실을 알 수 있으니, 그와 같이 재정경제부의 견해가 표명된 방식이나 내용 등에 비추어 이 사건 토지가 비업무용 부동산에 해당하게 되는 불이익을 입지 않으려면, 적어도 그 양도 이전에 시행규칙의 관계 규정이 실제 공포·시행되고 있는지를 확인하여야 한다고 봄이 상당하므로, 이러한 주의의무를 게을리한 원고에게 과세관청의 견해표명을 신뢰한 데 귀책사유가 없다고 볼 수 없다(대법원 2002.11.26. 선고 2001두9103 판결).

보호하려는 것이다. 따라서 이는 국세기본법 제15조상 신의칙 규정의 특별규정으로 이해된다.

비과세관행이 성립한 이후에 그 비과세관행에 반하여 소급 과세하는 것은 신의칙에 어긋나는 처분으로서 위법한 처분이 된다. 비과세관행이 성립하려면 다음의 요건이 충족되어야 한다. 이는 신뢰보호원칙의 적용을 위한 첫 번째 요건인 '과세관청이 납세자에게 공적인 견해표명을 하였을 것'에 해당한다.

- 상당한 기간에 걸쳐 과세를 하지 아니한 객관적 사실이 존재할 뿐만 아니라(상당한 기간에 걸친 비과세사실의 존재),446)
- 과세관청 자신이 그 사항에 관하여 과세할 수 있음을 알면서도 어떤 특별한 사정 때문에 과세하지 않는다는 의사표시가 있어야 하며(과세관청의 인식),447)
- 위와 같은 의사는 명시적 또는 묵시적으로 표시되어야 하지만(과세관청의 언동), 묵시적 표시가 있다고 하기 위해서는 단순한 과세누락과는 달리 과세관청이 상당 기간의 비과세상태에 대해 과세하지 않겠다는 견해표시를 한 것으로 볼 수 있는 사정이 있어야 한다.

국세기본법 제18조 제3항은 세법의 해석 또는 국세행정의 관행이 일반적으로 납세자에게 받아들여진 후에는 그 해석 또는 관행에 의한 행위 또는 계산은 정당한 것으로 보며 새로운 해석 또는 관행에 의하여 소급하여 과세되지 아니한다고 규정하고 있다. 이는 판례상 신뢰보호원칙에 대한 특칙이 된다. 납세자의 귀책사유 및 손해발생(이익침해) 여부를 따지지 않기 때문이다. 합법성의 원칙에 의한다면 납세자는 아무리 소급하여 과세된다 하더라도 적법한 과세에 의해 이익이 침해된 것으로 볼 수는 없다. 따라서 단순히 신뢰보호원칙에만 의존할 경우에는 본 사안과 같은 경우 적법한 과세처분이 된다. 이에 대해 국세기본법은 비과세의 관행이 수립된 경우에는 그 관행을 바꾸는 행정청의 공표 이전으로 소급하여 과세할 수 없다는 원칙을 규정한 것이다.

여기서 행정청의 공표는 '새로운 해석 또는 관행'의 형태가 된다. '해석'은 예규나 기본통칙의 형식을 띠게 될 것이다. 새로운 해석의 성격을 갖는 예규나 기본통칙은 그 적용례와 경과조치를 규정하게 된다. 이때에는 비과세관행의 존중이라는 국세기본법의 취지에 부합하는 방법으로 규정되어야 할 것이다. 소득세나 법인세와 같은 기간(과세)세목에 관한 예규나 기본통칙의 경우 그것을 발한 시점 이후에 개시하는 과세연도부터 적용한다고 하는 것이 소급과세 논란을 피할 수 있는 가장 좋은 방법이 될 것이다. 법이론상으로는 예규나 기본통칙을 발한 시점 이후 최초로 종료하는 과세연도부터 적용한다고 할 경우 부진정소급과세가 될 것인데 그것 자체가 위법한 것은 아니다.

대법원 1980.6.10., 80누6사건에서 원고는 1973년 10월 1일부터 1977년 9월 20일까지 관세법상 4,799건의 보세운송면허를 받은 사실이 있으나 그에 대한 면허세를 납부한 사실이 없다. 해당 보세운송면허는 당시 시행 중이던 지방세법시행령 제124조 제1항 별표 제5종 제41호의 4에 과세대상 면허로 규정되어 있었기 때문에 얼마든지 면허세를 부과할 수 있었다. 1977년 9월 20일 동 규정은 삭제되었다. 동 규정이 폐지된 지 1년 3개월이 지난 1978년 12월 16일에 가서야 과세관청인 용산구청장은 지난 4년간의 보세운송면허 전부에 대해 48,168,800원의 면허세를

---

446) 발코니는 전용면적에 포함되지 않는다는 비과세관행의 존재를 인정한 대법원 2010.9.9. 선고 2009두12303판결이 있다.
447) 대법원 2016. 10. 13.선고 2016두43077 판결

일시에 부과하였다. 법원(다수의견)은 국세기본법 제18조 제3항의 규정에 의하면 국세행정의 관행이 일반적으로 납세자에게 받아들여진 후에는 그것에 위반하여 과세를 할 수 없게 되어 있는바, 4년 동안 그 면허세를 부과할 수 있는 점을 알면서도 피고가 수출확대라는 공익상의 필요에서 한 건도 이를 부과한 일이 없었다면 납세자인 원고로서도 그것을 믿을 수밖에 없고 그로써 비과세의 관행이 이루어졌다고 보아도 무방하다 할 것으로 판단하였다. 이에 대해 소수 의견은 합법성의 원칙은 납세자의 신뢰보호라는 법적 안정성 원칙에 우월한 것이라고 할 것이 니 일정 기간에 긍한 과세누락이나 이에 준할 비과세의 사실이 있었다는 사실만으로써는 국세 기본법 제18조 제3항 소정의 일반적으로 납세자에게 받아들여진 국세행정의 관행이 있는 것으로 볼 수 없고 과세관청이 납세자에 대하여 비과세를 시사하는 무엇인가의 명시적인 언동이 있고 일정 기간에 걸쳐 과세하지 아니함으로써 납세자가 그것을 신뢰하는 것이 무리가 아니라 고 인정할 만한 사정이 있는 경우라야만 위 법조문에서 말하는 일반적으로 납세자에게 받아들 여진 국세행정의 관행이 있는 것으로 보아야 할 것인바, 본건의 경우는 단순한 과세누락의 경 우에 해당하는 것으로 볼 수밖에 없으니 이로써 소정의 비과세의 관행, 즉 일반적으로 납세자 에게 받아들여진 국세행정의 관행이 있는 것으로 볼 수는 없다고 하여 비과세관행 성립에 대 한 판단이 단순한 것이 아니라는 점을 상기시키고 있다.

아래 사건들(대법원 2007.6.14, 2005두12718; 대법원 2010.4.15. 선고 2007두19294)에서는 비 록 국세청장이 기본통칙으로 공표하여 오랜 동안 영세율 적용방법으로 비과세하여 온 것에 대 해 법원에서 우여곡절 끝에 그 관행의 성립을 인정받았다. 대법원 2007.6.14, 2005두12718 사건 에서 원고와 오라클 코퍼레이션(Oracle Corporation, 이하 '미국 오라클'이라 한다) 사이에는 미 국 오라클이 원고에게 오라클 프로그램에 관한 판매, 배부, 재라이선스할 수 있는 권한을 부여 하는 공급계약(Distributorship Agreement)이 체결되어 있었다. 미국 오라클은 독일에 본사를, 미 국에 주소를 둔 머크(Merck & Co. Inc., 이하 '미국 머크'라 한다)와 사이에 미국 오라클이 미 국 머크에 오라클 라이선스에 관한 영속적이고, 비독점적이며, 전 세계적인 권한을 부여하기로 하는 것을 골자로 한 소프트웨어 라이선스 계약을 체결한 사실, 미국 오라클은 미국 머크와의 위 라이선스 계약에 따라 원고로 하여금 미국 머크의 계열회사로서 한국에 있는 머크 주식회사 (이하 '한국 머크'라 한다)에 오라클 서비스를 제공하도록 지시하고, 원고는 미국 오라클과의 위 공급계약에 따라 1996년 2기부터 2001년 1기까지 사이에 한국 머크에 오라클 서비스를 제공한 다음 미국 오라클의 중앙결제계정(clearing bank account)을 통하여 미국 오라클에 지급할 금액 과 차감·정산하는 방법으로 미국 오라클로부터 위 서비스제공의 대가를 받았다. 이에 대해 원 고는 영세율 조항의 적용을 주장하고 관할 세무서장은 그 주장을 수용하지 않은 것이다.

이에 대해 대법원은 부가가치세법 기본통칙의 법규성 유무에 대해 부가가치세법 기본통칙은 과세관청 내부에 있어서 세법의 해석기준 및 집행기준을 시달한 행정규칙에 불과하고 법원이나 국민을 기속하는 효력이 있는 법규가 아니라고 할 것이고, 오랫동안 시행되어 왔다는 사정만으 로 법규적 효력을 인정할 수도 없다고 보았다. 부가가치세법 기본통칙 11-26-4가 구부가가 치세법시행령 제26조 제1항 제1호[448]에 대한 올바른 해석이라 할 수 있는지에 대해 비거주자

---

448) 구부가가치세법시행령 제26조 (기타 외화획득재화 및 용역 등의 범위)

또는 외국법인에 재화 또는 용역을 공급하고 그 대가를 당해 비거주자 또는 외국법인에 지급할 금액에서 차감하는 경우에 영세율이 적용된다고 규정하고 있는 부가가치세법 기본통칙 11-26-4[449]는, 과세관청의 국세관행이 될 수 있는지는 별론으로 하고 외국환은행을 통한 대금결제절차를 밟을 것을 영세율의 적용요건으로 정하고 있는 구부가가치세법시행령(2000년 12월 29일 대통령령 제17041호로 개정되기 전의 것 및 2001년 12월 31일 대통령령 제17460호로 개정되기 전의 것) 제26조 제1항 제1호 규정에 대한 해석으로서는 온당하다 할 수 없다고 보았다.

이 사건에서 원고('한국 오라클')는 다음과 같이 주장하였다. 원고의 계약 상대방인 국내사업장이 없는 외국법인[450]인 미국 오라클과의 계약에 따라 미국 오라클이 지정한 한국 머크에게 오라클 서비스를 제공하고, 그 대가를 미국 오라클과의 거래과정에서 발생한 대금을 상계, 차감하는 방법으로 받아 온 것으로, 이는 부가가치세법 제26조 제1항 제1호, 부가가치세법 기본통칙 11-26-3 및 부가가치세법 기본통칙 11-26-4에서 영세율의 적용대상으로 정하고 있는 것에 해당한다. 그런데 부가가치세법기본통칙 11-26-4 제2호의 규정상 원고의 주장이 수용되기 위해서는 한국 머크를 미국 머크 내지는 머크 본사의 국내사업장으로 파악하고, 원고가 위 조항에 따라 미국 머크 내지는 머크 본사와 직접계약을 체결하였어야 할 일이다. 그러나 원고는 미국 오라클로부터 라이선스공급을 받기로 하고 그 허여에 대한 대가를 지불하면서 본건 원고가 한국 머크에게 제공한 대가를 한국 머크가 아닌 미국 머크로부터 미국 오라클을 통해 받도록 되어 있었으며, 이를 미국 오라클에게 지급할 대가와 상계하는 방식을 취한 것이다. 따라서 원고의 거래는 부가가치세법기본통칙 11-26-4 제2호의 규정에 정확히 부합하는 것은 아니다. 관할 세무서장은 기본통칙의 법규성을 부인하는 취지의 주장을 한 것은 아니며 다만 사실관계가 기본통칙의 영세율 적용요건에 부합하지 않는다고 본 것이다.

원심은 부가가치세법기본통칙 11-26-4 제2호가 '대가를 당해 비거주자 또는 외국법인에 지급할 금액에서 차감'하는 것은 구부가가치세법시행령 제26조 제1항 제1호 본문의 '대금을 외국환은행에서 원화로 받는 것'의 의미가 '비거주자 또는 외국법인에 지급할 금액에서 차감'하는 것도 포함하는 것으로 본다는 국세청의 해석지침이므로 그에 따라 영세율을 적용하여야 한다고 봄과 동시에, 본 사건상 사실관계가 그에 포섭된다고 보았다.[451] 고등법원[452]도 원심의

---

① 법 제11조 제1항 제4호에 규정하는 외화를 획득하는 재화 또는 용역은 다음 각 호에 규정하는 것으로 한다.
1. 국내에서 국내사업장이 없는 비거주자 또는 외국법인에 공급되는 용역으로서 그 대금을 외국환은행에서 원화로 받는 것. 다만, 다음 각 목의 1에 해당하는 용역을 제외한다.
가. 부동산임대용역
나. 음식·숙박용역
다. 제74조 제2항 제7호에 규정하는 사업(동 사업과 유사한 용역을 제공하는 자문업을 포함한다)을 하는 자 또는 행정사법에 의한 행정사가 공급하는 용역. 다만, 당해 국가에서 대한민국의 거주자 또는 내국법인에 우리나라의 부가가치세 또는 이와 유사한 조세를 부과하는 경우에 한한다.

449) 부가가치세법 기본통칙 11-26-4 [대가의 지급방법에 따른 영세율 적용범위] 국내사업장이 없는 비거주자 또는 외국법인에 재화 또는 용역을 공급하고 그 대가를 다음과 같은 방법으로 받는 때에는 영의 세율을 적용한다. 〈개정 1998.8.1.〉
1. 국외의 비거주자 또는 외국법인으로부터 직접 송금받아 외국환은행에 매각하는 경우. 〈개정 1998.8.1.〉
2. 국내사업장이 없는 비거주자 또는 외국법인에 재화를 공급하거나 용역을 제공하고 그 대가를 당해 비거주자 또는 외국법인에 지급할 금액에서 차감하는 경우. 〈개정 1998.8.1.〉

450) 미국 오라클은 한국에 자회사인 한국 오라클(주)을 두고 있으며 미국 오라클의 국내사업장은 두고 있지 않다.

451) 서울행정법원 2004.8.17. 선고 2003구합36512 판결.

판단을 수용하였다. 그러나 대법원은 (1) 영세율에 관한 부가가치세법시행령 규정은 엄격하게 해석하여야 하며, (2) 부가가치세법 기본통칙은 법규성이 없기 때문에 그것이 시행령의 규정을 해석하고 있다 하더라도 그것의 구속력을 인정할 수 없다고 본 것이다.

대법원은 원심의 판단은 영세율 적용대상에 관한 위 각 구 부가가치세법 시행령 규정의 해석적용에 관한 법리오해로 판결에 영향을 미친 위법이 있고, 이 점을 다투는 피고의 상고이유의 주장은 이유 있다고 하면서, 원심 판단의 이 사건 과세기간 당시 시행되던 구 부가가치세법 시행령도 잘못 적용된 것임을 아울러 지적하였다. 이에 따라 원심판결을 파기하고, 사건을 다시 심리·판단하게 하기 위하여 원심법원으로 환송하였다.

원심법원은 위 대법원의 환송판결(대법원 2007.6.14., 2005두12718)에도 불구하고 피고의 항소를 기각하였다.453) 그간 국세청의 과세관행으로 보아 비과세의 관행이 확립되었기 때문이라는 것이다. 이 판결에 대한 상고심에서 대법원(대법원 2010.4.15. 선고 2007두19294)은 세무서장의 상고를 기각하고 원심의 새로운 판단을 수용하였다.

다. 납세자의 신의성실

국세기본법 제15조의 규정은 납세자와 세무공무원에게 동일하게 신의와 성실에 따르도록 하고 있다. 법원은 납세자에 대해서는 자산을 과대 계상하는 분식회계에 의해 과다 납부한 법인세에 대해 취소소송을 제기하는 것이 신의성실의 원칙에 위배되었다고 할 정도로 배신행위를 한 것은 아니라고 보고 있다.454)

납세자가 세액을 과소하게 신고한 경우에는 수정신고를 할 수 있게 하고, 과다하게 신고한 경우에는 경정청구를 할 수 있도록 하고 있다. 수정신고를 하는 경우에는 가산세를 경감한다.

경정청구를 하여 환급을 받을 때에는 환급가산금을 지급받는다. 납세자는 자신의 과거 행위에 불구하고 합법성의 원칙을 관철할 수 있는 것이다.

납세자는 자신이 고의로 과다신고한 과세표준과 세액에 대해서도 경정청구할 수 있는가?

(1) 탈세와 연관된 경우

(가) 다른 세목의 탈세를 위해 과소계상했던 비용의 공제를 청구하는 경우

대법원 1993.9.24., 93누6232판결사건에서 병원을 경영하는 원고는 의사를 고용하면서 의사들이 내야 할 갑종근로소득세를 대신 부담하기로 약정했다. 원고는 의사들에게 약정한 급여를 전부 지급하면서 그로 인한 갑종근로소득세의 부담을 경감시킬 의도로 장부상 급여액을 과소 계상하고, 1988년 및 1989년 소득세신고 시에 병원수입금액을 일부 누락하여 신고했다. 세무조사 결과 이러한 사실을 인지하게 된 피고 세무서장은 누락된 수입금액을 소득금액에 가산하여 고지하였다. 원고는 의사 등에게 장부 외로 지급한 급여 등을 필요경비로 공제하고 소득금액을 계

---

452) 서울고등법원 2005.9.9. 선고 2004누18940 판결.
453) 서울고등법원 2007.8.28. 선고 2007누15799 판결.
454) 대법원 2006.1.26. 2005두6300 참조.

산하여야 한다고 주장하였다. 이에 대해 원심은 전에 스스로 한 행위와 모순되는 것으로서 신의성실원칙이나 금반언의 원칙에 위배되므로 허용될 수 없다고 하였다. 반면 대법원은 납세의무자가 장부를 허위 기장하고 원천징수하여야 할 갑종근로소득세를 적게 징수 납부하였다고 하더라도 장부상 지급금액 이외에 추가로 지급한 급여 등은 필요경비로서 소득금액 계산에서 공제되어야 한다고 주장하는 것이 신의성실원칙이나 금반언의 원칙에 위배되지 않는다고 보았다.[455]

납세자가 신고서상 수입금액을 누락하였을 때 그에 대응하는 비용을 신고서상 공제한 경우와 공제하지 않은 경우 두 가지 상황이 있을 수 있다. 적지 않은 개인사업자들은 전자와 같은 방법으로 세액을 축소 신고하고 있다. 그에 대해서 과세관청이 세무조사를 한 결과 추징할 때에는 단순히 수입금액만 증액시킨다. 후자의 경우에는 과세관청은 수입금액을 증액하면서 그에 대응하는 것으로 확인된 비용을 공제한다. 이때 대응하는 비용인지에 대해서는 납세자가 입증책임을 부담한다.

수입금액을 누락한 납세자는 국세기본법상 신의성실원칙을 위반한 것이다. 그와 같은 신의칙 위반의 세법상 효과로 누락세액에 대한 결정고지로 이어진다(물론 가산세가 부가될 것이다). 수입금액을 누락하면서 그에 대응하는 비용을 공제하지 않은 것은 신의칙 위반인가 아니면 오히려 부분적으로나마 신의를 지킨 것으로 보아야 하는가? 단정적으로 답하기 곤란한 사항이다.[456] 다만, 설사 포괄적인 신의칙 위반으로 본다 하더라도 그것을 이유로 비용공제를 부인할 수는 없을 것이다. 위법비용의 경우에도 그 비용을 발생시킨 행위의 위법성이 사회질서에 심히 반하는 경우가 아니라면, 단순히 세무상 신고하지 않은 것을 이유로 비용공제를 부인할 수는 없을 것이다.[457]

(나) 탈세행위를 도왔지만 국가재정에 직접적인 피해를 주지 않은 경우

경제적 실질이 없는 금지금거래 행위를 작출하여 국고로부터 부가가치세를 빼돌리는 행위가 만연한 시절이 있었다.

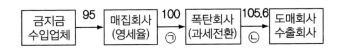

㉠ 거래에서는 매집회사(A)가 구매확인서를 제시한 폭탄회사(B)에 영세율로 공급(100)하였는데, ㉡ 거래에서는 폭탄회사가 과세거래로 전환시키면서 도매회사로부터 부가가치세를 거래징수한 것처럼 세금계산서를 교부하였다. 도매회사(D)는 다시 수출거래로 전환하고 해당 세금계산서를 활용하여 영세율 적용을 받았다. B는 부가가치세를 납부하지 않았다.[458]

---

455) 원천징수세액의 포탈범은 되었을 것이다(대법원 1998.5.8. 97도2429 참조).

456) 납세자가 과세관청의 행위에 대해 신뢰보호원칙을 근거로 그 위법성을 주장하기 위한 요건 중에는 과세관청의 반언에 의한 납세자의 손해가 있어야 할 것이 포함되어 있다. 납세자가 적법하게 공제받아야 할 비용을 신고시 공제하지 않은 것에 의하여 국가에 세수상 손해가 발생하지는 않았다. 그렇다면 국가가 납세자에게 신뢰보호를 주장할 수 없는 것 아닌가?

457) 2009.6.23. 선고 2008두7779 판결 [법인세부과처분취소] 일반적으로 위법소득을 얻기 위하여 지출한 비용이나 지출 자체에 위법성이 있는 비용의 손금산입을 부인하는 내용의 규정이 없을 뿐만 아니라, 법인세는 원칙적으로 다른 법률에 의한 금지의 유무에 관계없이 담세력에 따라 과세되어야 하고 순소득이 과세대상으로 되어야 하는 점 등을 종합하여 보면, 위법소득을 얻기 위하여 지출한 비용이나 지출 자체에 위법성이 있는 비용에 대해서도 그 손금산입을 인정하는 것이 사회질서에 심히 반하는 등의 특별한 사정이 없는 한 손금으로 산입함이 타당하다.

D가 수출할 금지금을 금지금수입업체나 매집회사(A)로부터 직접 사면 될 것을 공연히 폭탄회사(B)와 짜고 저렴하게 매입하는 것이었다. 부가가치세를 B와 D가 나누어 국고로부터 빼돌리는 구조이다. 공모하기에 따라서는 금지금수입업체와 매집회사(A)도 부가가치세의 일부를 이익으로 편취할 수 있을 것이다.

이 연속되는 일련의 거래과정에서 D에게 신의성실원칙이 적용된 아래 기술하는 2011년 판결들 이전의 판결들에서 법원은 단순히 매입세액공제부인을 위한 요건으로 해당 세금계산서가 '사실과 다른 세금계산서'인지 여부만 판단하였다(대법원 2008.12.11. 선고 2008두9737 판결). D는 수출한 것은 분명하므로 영세율 적용을 배제할 수는 없었으므로 영세율 매입세액공제를 위한 세금계산서가 사실과 다른 세금계산서인지가 쟁점이 되었다. 이 사건 판결에서 법원은 D의 금지금 매입 과정에서 교부받은 세금계산서는 매입세액의 공제가 부인되는 '사실과 다른 세금계산서'에 해당하지는 않는다는 이유를 제시하고 있다.

A는 영세율 매입세액공제를 받았던 것인데 과세관청이 그것을 부인하기 위해 D에서와 같이 '사실과 다른 세금계산서'의 이유를 제시할 수는 없다. 금지금수입업체로부터의 매입은 분명한 것이었기 때문이다. 다만, A가 영세율 적용을 받기 위해서는 구매확인서에 의한 내국수출의 요건을 갖추어야 하는데, 과연 적법한 구매확인서를 토대로 내국수출한 것인지가 쟁점이 되었다(대법원 2008.9.11. 선고 2007두13715판결). 이 때 B는 허위의 수출계약서에 의해 구매승인서를 발급받았다. 구매확인서가 허위 수출계약서에 근거하여 발급되었다고 하더라도 그것이 당연 무효가 된다고는 볼 수 없다. 법원은 A가 구매확인서 발급절차상 하자를 인지하고 있지 않았다면 영세율 적용을 부인할 수 없다는 판단을 하면서 A의 영세율 적용을 인정하였다.

2011년에는 신의성실원칙을 들어 D 및 A의 매입세액공제를 부인한 판결들이 나타나고 있다(대법원 2011.6.30. 선고 2010두7758 판결, 대법원 2011.1.20. 선고 2009두13474 전원합의체 판결). D와 A에게 신의성실원칙을 적용하기 위해서는 그들이 B의 불법행위를 인지하고 자신들의 행위에 의해 B의 불법행위가 가능하게 된다는 사실을 인지하고 있거나 인지를 하지 못한데 대해 중대한 과실이 있어야 한다. 한편, D의 매입세액공제를 부인한 판결들에서도 그러한 목적의 과세관청의 처분의 부과제척기간을 판단할 때, D 스스로는 부정한 행위를 한 것은 아니라는 이유로 장기부과제척기간을 적용하지 않은 판결이 있다(대법원 2013.1.16. 선고 2012두19977 판결).

만약 A와 D 모두에게 매입세액공제를 부인한다면, 국가는 B로부터 징수하지 못한 세금을 두 번 징수하는 효과가 나타나게 된다. 매입세액공제부인은 일종의 징벌적인 성격도 아울러 가지고 있음을 부인할 수 없지만 B이외에 일련의 거래에서 B와 공모한 것으로 의심되는 모든 사업자에게 매입세액공제를 부인한다면 결과적으로 국가는 부당한 이득을 취하는 것이 될 수 있다.

법원판결 중에는 B와 D 사이에 국내 과세업자(C)가 개입하여 B로부터 매입하여 D에게 매출한 경우 C는 국고에 직접적으로 침해를 끼치지 않았다는 이유로 그에게 신의성실원칙을 적용할 수 없다는 판단을 한 사례가 있다(대법원 2011.2.24. 선고 2009두22317 판결). C는 일련

---

458) 매집회사는 영세율을 적용받아 9.5만큼의 세금을 환급받았다. 도매회사(D)는 9.6의 세금을 다시 영세율로 환급받았다. 이중으로 영세율 환급을 받은 셈이다. 폭탄회사(B)는 부가가치세를 포함하여 시세보다 낮은 단가에 공급(105.6 = 96 + 9.6)하였다. 폭탄회사(B)는 부가가치세를 납부하지 아니하므로 시세와의 차액인 5.6의 이득을 취하게 되고, 96에 매입한 도매회사(D) 또한 시세보다 4 저렴하게 매입하였으므로 이익을 남기게 되었다(해당 이익의 합계가 부가가치세 탈세액임).

의 변칙적 금지금거래459)에서 자신이 그 전체거래의 성사를 도와주는 역할을 하고 있음을 인지하고 있어서 국가에 대해 신의·성실한 태도를 갖지 않았음을 부인할 수는 없다. 다만, 법원은 C는 일련의 변칙적 금지금거래에 있어서 필수적인 존재가 아닐 뿐만 아니라 B와 D 사이의 도관 역할만 할 뿐이어서 그의 매입세액 공제를 인정하더라도 매출세액과 매입세액의 차액이 국가에 납부되므로 국고에 직접적 손실이 발생하지 않으며, 또한 전단계세액공제 제도의 근간을 유지하는 데에는 최종단계에 있는 수출업자의 매입세액 공제·환급을 제한하는 것으로 족하고 더 나아가 그 중간의 과세사업자의 매입세액 공제마저 부인하는 것은 국가가 부당한 이득을 취하는 결과에 이르게 된다는 점에 비추어 보면, 위와 같은 신의성실의 원칙은 수출에 대한 영세율 적용에 의하여 매입세액을 공제·환급받는 경우에 대해서만 적용되고 국내의 과세거래에 관련된 매입세액의 공제·환급에 대해서는 적용될 수 없다는 점을 들고 있다.

(2) 세금과 무관한 사정이 있는 경우

(가) 세금과 무관한 이유로 과다계상했던 수익금액의 감액을 청구하는 경우

대법원 2006.1.26, 2005두6300판결사건에서 원고는 1999년 8월 26일 대우계열 12개 사 채권금융기관협의회에서 기업개선작업(워크아웃)기업으로 지정되었는데, 기업개선작업 과정에서 실시된 회계감사 결과 분식결산사실이 처음으로 지적되었다. 재고자산, 매출채권, 유형자산, 장단기대여금은 과대 계상하고, 어음차입금, 대손충당금, 퇴직급여충당금 등은 과소 계상하였다. 원고는 1996년도부터 1998년도까지 당초 법인세 신고 당시 자산을 과대 계상하거나 부채를 과소 계상하는 등의 방법으로 분식결산을 하여 왔는데, 실질과세의 원칙상 위 분식금액도 해당 사업연도 법인세 과세표준 산정 시 반영되어야 함에도 불구하고, 이 사건 각 부과처분에는 위와 같이 과소 계상된 비용을 손금산입하지 아니한 위법이 있다고 주장하였다.

이에 대해 대법원은 납세의무자에게 신의성실의 원칙을 적용하기 위해서는 객관적으로 모순되는 행태가 존재하고, 그 행태가 납세의무자의 심한 배신행위에 기인하였으며, 그에 기하여 야기된 과세관청의 신뢰가 보호받을 가치가 있는 것이어야 할 것인바, 조세법률주의에 의하여 합법성이 강하게 작용하는 조세 실체법에 대한 신의성실의 원칙 적용은 합법성을 희생하여서라도 구체적 신뢰보호의 필요성이 인정되는 경우에 한하여 허용된다고 할 것이고, 과세관청은 실지조사권을 가지고 있을 뿐만 아니라 경우에 따라서 그 실질을 조사하여 과세하여야 할 의무가 있으며, 과세처분의 적법성에 대한 증명책임도 부담하고 있는 점 등에 비추어 보면, 납세의무자가 자산을 과대 계상하거나 부채를 과소 계상하는 등의 방법으로 분식결산을 하고 이에 따라 과다하게 법인세를 신고, 납부하였다가 그 과다 납부한 세액에 대하여 취소소송을 제기하여 다툰다는 사정만으로 신의성실의 원칙에 위반될 정도로 심한 배신행위를 하였다고 볼 수는 없는 것이고, 과세관청이 분식결산에 따른 법인세 신고를 그대로 믿고 과세하였다고 하더라도 이를 보호받을 가치가 있는 신뢰라고 할 수도 없다는 이유로, 위 납세의무자에게 신의성실의 원칙을 적용할 수 없다고 판결하였다.

---

459) C는 과세거래로 매입 후 과세거래로 매출

본 판결은 납세자에게 신의성실원칙을 요구하는 것은 과세관청이 갖는 신뢰를 보호받게 할 필요성에 부응하기 위한 것으로 전제하고 있다.

민법상 신의성실은 권리남용의 금지법리에 연원하는 것으로서 상대방과의 관계에서 그 상대방의 권익을 보호하기 위해 일방의 자유와 권리를 제약하는 성격을 가지는 것이므로 어느 선에서 한계를 설정할 것인가에 관해 균형 잡힌 판단이 필요하다.

공법관계상 신의성실원칙은 합법성 원칙과의 조화가 필요한 원칙이다. 합법성 원칙을 희생하더라도 지켜야 할 원칙이라면 그 원칙의 준수에 대한 사회적인 이익이 그만큼 절실한 것이 되어야 할 것이다. 본 사건과 같은 사안에서는 그 사회적인 이익을 과세관청의 신뢰이익으로 보면 될 것이다.

본 판결에서 법원은 납세자의 허위기장 자체만으로는 합법성의 원칙을 포기할 정도로 과세관청의 신뢰이익이 크지 않다는 점을 지적하고 있다. 이와 함께 과세관청으로서도 납세자의 허위기장과 추후 그것을 부인하는 배신행위의 과정에서 독자적으로도 납세자의 허위기장을 밝혀낼 수 있는 잠재적인 능력을 가지고 있음에도 그것을 밝혀내지 못했다는 점에서 일종의 과실상계적인 논리를 적용하였다.

본 사건에서 과세관청은 허위기장의 사실이 있는 사업연도에 대한 법인세 부과처분을 하면서 진실대로 과세하지 않았다. 납세자는 그 과세처분이 적법하지 않음을 주장하였다. 사안을 조금 수정하여, 만약 과세관청이 해당 연도에 대해 전혀 과세처분을 하지 않아 결과적으로 진실에 부합하지 않는 세액이 확정된 채로 방치되고 있는 상황이라면 납세자는 어떤 조치를 취할 수 있을까?

우선 납세자는 과세관청에게 경정청구를 할 수 있을 것이다. 경정을 거부하는 경우에는 거부처분취소소송을 제기할 수 있다. 경정청구에 전혀 응하지 않을 경우에는[460] 부작위위법확인소송을 제기할 수 있다. 통상적 경정청구는 신고기한부터 3년 이내에 제기하여야 한다.

만약 3년을 도과한 시점이라면 경정청구가 가능할까? 확정판결과 같은 후발적 경정청구사유가 없는 경우라도 경정청구가 인정될 수 있을까? 이는 조리상 경정청구에 관한 논의가 된다. 헌법재판소가 국세기본법상 후발적 경정청구제도가 도입되기 이전 조리상 경정청구권을 인정한 사례가 있지만(헌법재판소 2000년 2월 24일 97헌마13·245(병합)), 대법원은 최근 조리상 경정청구권을 부인하고 있다(대법원 2006.5.11., 2004두7993). 이 문제에 대해 대법원은 납세자에게 통상적 경정청구권은 인정될 수 있을지라도, 후발적 경정청구사유는 인정되지 않는다는 판단을 하고 있다.[461]

만약 조리상 경정청구권도 인정되지 않는다면 국가를 상대로 한 부당이득반환청구의 소를 제기할 수도 있겠다. 부당이득이 되기 위해서는 납세자의 신고행위가 무효인 정도에 이르러 국가가 유효한 채권 없이 금원을 지급받은 것이라는 주장이 가능하여야 하는데 본건과 같이 허위기장에 의한 사실대로 신고한 것의 하자가 신고행위를 무효로 할 정도로 중대하고 명백한

---

460) 관할 세무서장은 2개월 내에 가부의 통지를 하여야 한다(국세기본법 제45조의 2 제3항).

461) 법인이 특정 사업연도에 고의로 수익을 과다계상하거나 손비를 과소계상하는 방법으로 사실과 다른 분식결산을 하고 법인세를 과다신고하였다가, 위와 같은 분식결산의 효과를 상쇄시키기 위하여 그 차기 사업연도 이후부터 수익을 과소계상하거나 손비를 과다계상하는 방법으로 분식결산을 하고 법인세를 과소신고한 경우에 과세관청이 그 차기 사업연도 이후 과소계상한 수익을 익금산입하거나 과다계상한 손비를 손금불산입하고 법인세를 증액경정함으로써 그 특정 사업연도에서 이루어진 분식결산의 효과를 상쇄시키지 못하게 되었다 하더라도, 그러한 사정만으로 과세관청의 조치로 인하여 그 특정 사업연도에 신고한 과세표준 및 세액의 산정기초에 후발적인 변동이 생겨 그 과세표준 및 세액이 세법에 의하여 신고하여야 할 과세표준 및 세액을 초과하게 된 때에 해당한다고 할 수 없다(대법원 2013.07.11. 선고 2011두16971 판결).

것인지는 별도로 살펴보아야 한다.

(나) 세금과 무관한 이유로 만들어진 대상이 사후에 과세상 무효였음을 주장하는 경우

대법원 2009.4.23, 선고 2006두14865판결사건에서 ○○기업 주식회사의 최대주주 겸 대표이사로서 ○○전기 주식회사 등을 사실상 지배하여 온 성○수는 ○○기업 주식회사 등에 대하여 1998년 8월경 화의절차개시결정이 이루어지자, 강제집행을 면할 목적으로 2001년 11월 처남인 원고에게 ○○기업 주식회사 등 소유의 이 사건 부동산을 명의신탁하였다.

명의수탁자인 원고는 2001년 10월 피고에게 사업장 소재지를 이 사건 부동산의 하나로, 사업장 구분을 '자가'로 하여 부동산임대업 등을 목적으로 한 사업자 등록을 신청하고, 같은 해 11월 ○○기업 주식회사 등과 이 사건 부동산에 관하여 임대차계약을 체결한 것처럼 가장한 다음 2001년 제2기 부가가치세 확정신고를 하면서 이 사건 부동산 중 건물 등의 취득가액에 대한 매입세액 가운데 236,180,440원을 환급받았다.

원고는 그 이후 계속하여 부가가치세를 자진 신고·납부하여 오다가 2004년 제1기 부가가치세는 신고한 세액 중 일부를 납부하지 않았다.

피고 세무서장은 2004년 9월 6일 원고에 대하여 그 미납된 부가가치세(가산세 포함)의 징수를 위한 납부고지를 하는 한편, 원고가 이 사건 부동산임대업에 대한 폐업신고를 하였음을 이유로 2004년 12월 10일 원고에 대하여 폐업 시의 잔존재화 자가공급 의제규정에 따라 이 사건 부동산 중 건물 등의 잔존 시가에 대한 부가가치세 113,196,030원(이하 '이 사건 2004년 제2기분 부가가치세'라 한다)[462]을 부과·고지하였다.

이에 대해 대법원은 ① 조세법률주의에 의하여 합법성의 원칙이 강하게 작용하는 조세실체법과 관련한 신의성실의 원칙은 합법성을 희생해서라도 구체적 신뢰를 보호할 필요성이 있다고 인정되는 경우에 한하여 비로소 적용된다고 할 것인바, 납세의무자에게 신의성실의 원칙을 적용하기 위해서는 객관적으로 모순되는 행태가 존재하고, 그 행태가 납세의무자의 심한 배신행위에 기인하였으며, 그에 기하여 야기된 과세관청의 신뢰가 보호받을 가치가 있는 것이어야 할 것이라고 하면서, ② 강제집행을 면할 목적으로 매매를 원인으로 부동산 소유권을 이전받아 납세의무자가 그렇게 명의신탁 받은 부동산을 신탁자 등에게 임대한 것처럼 가장하여 사업자 등록을 마치고 그중 건물 등의 취득가액에 대한 매입세액까지 환급받은 다음, 임대사업의 폐업신고 후 잔존재화의 자가공급 의제규정에 따른 부가가치세 부과처분 등에 대하여 그 부동산은 명의신탁된 것이므로 임대차계약이 통정허위표시로서 무효라고 주장하는 것은 신의성실의 원칙에 위배된다고 보았다.

원고가 명의수탁자로서 체결한 계약의 효력은 세법상 누구에게 귀속하는가? 실질과세원칙에 의하면 그 계약의 효력은 명의신탁자에 귀속한다. 그런데 본 사건 임대차계약에서 임차인은 바로 명의신탁자이므로 세법 적용상 임대인과 임차인이 동일하여 지위의 혼동으로 임대차계약에 관련된 채권은 소멸한다(민법 제507조).[463] 임대차계약상 당사자 간 임대차에 대한 진정한 의사가 없었으므로 통모

---

462) 원고 폐업 시 잔존재화인 이 사건 각 부동산의 장부가액(시가에서 감가상각분을 차감)만큼을 원고 자신에게 공급한 것으로 본 것이다. 그 공급가액에 대한 부가가치세 101,685,268원 및 그에 대한 신고불성실 가산세 10,168,526원, 납부불성실 가산세 1,342,245원 등 합계 113,196,030원이다.

463) 제507조(혼동의 요건, 효과) 채권과 채무가 동일한 주체에 귀속할 때에 채권은 소멸한다. 그러나 그 채권이 제3자의 권리

허위표시로서 무효이기도 하다. 그리고 부동산실명법상 명의신탁약정은 무효이다(동법 제4조). 여러 모로 보아 본 사건 부동산의 매매계약 및 임대차계약은 부가가치세 과세대상거래가 아니었다.

그런데 원고는 스스로 무효인 매매계약을 근거로 부가가치세 환급을 받았다. 그리고 소멸된 임대인의 지위에도 불구하고 부가가치세를 거래징수하고 신고납부하여 왔다. 채권자들이 명의신탁자의 채무면탈행위에 대해 소송을 제기하면서 명의신탁관계가 드러나게 되자 원고는 임대업을 폐업하게 되었는데 피고는 이에 대해 그간 원고가 신고해 온 것의 연장선에서 개업 시 원고가 환급받은 부가가치세액을 돌려받기 위한 목적으로 폐업 시 잔존재화에 대해 부가가치세를 부과한 것이다. 이에 대해 원고는 부과를 받는 시점에 와서야 자신이 명의신탁자와 한 거래는 모두 무효이고 그것에 대한 세법의 적용도 모두 원인이 없는 것이므로 잔존재화에 대한 부과처분은 취소되어야 한다고 주장한 것이다.

원고가 주장한 사실관계에 따르자면 명의신탁자는 스스로 자신의 부동산을 사용한 것이므로 그것에 대해서는 부가가치세를 부과할 수 없다. 그런데 그간 거래 외양에 따라 ① 명의신탁자가 부동산매도에 대해 부가가치세를 거래징수하고 신고납부하였으며, ② 명의수탁자가 부동산매입에 대해 거래징수당한 부가가치세를 환급받았으며, ③ 임대 기간 명의수탁자가 명의신탁자에게 부동산을 임대한 것에 대해 부가가치세를 거래징수하고 신고납부하였으며, ④ 명의신탁자는 거래징수당한 부가가치세를 매입세액공제하였다. 명의신탁자와 명의수탁자는 그간 둘의 순부가가치세부담액은 0이었다. 이에 대해서는 아무 말이 없다가 이제 폐업하자 ⑤ 피고가 폐업 시 잔존재화로 과세하는 것에 대해 소를 제기한 것이다. 원고는 위 ①부터 ④까지의 거래가 실질이 없는 거래라고 하여 모두 부인되어야 하는 것이라고 한 것이다. 그런데 ①부터 ④까지의 거래로부터는 국가나 원고·명의신탁자 모두 득실이 없으므로 이의를 제기하지 않고 ⑤의 과세처분만을 취소 청구한 것이다. 만약 그 재화를 명의신탁자에게 다시 매도하는 것으로 보아 명의신탁자가 매입세액공제받는 것으로 할 수 있다면 둘의 순부가가치세부담액이 여전히 0일 텐데 그렇게 하지 못하게 된 것에 불만을 갖게 된 것이다.

원고가 과세관청에게 준 신뢰의 내용은 외관이다. 과세관청이 끝까지 외관대로 과세하였다면 그 신뢰를 보호받은 것으로 보아야 할 것이다. 본 사건상 원고는 명의신탁자에게 다시 매도하는 외관을 만들어 내지 못하였다. 여러 소송을 통해 위법적인 명의신탁관계가 드러나게 되자 명의신탁자에게 명의를 돌려주는 계약을 체결할 필요가 없었으며 실제 그렇게 할 수도 없게 된 것이다. 외관을 여전히 신뢰한 과세관청은 원고의 부동산매도거래가 없는 가운데 폐업한 것이므로 폐업 시 잔존재화로 보아 과세한 것이다.

본건에서 원고의 배신행위가 과연 과세상 불이익을 받을 정도로 심한 것인지에 대한 논의는 별론으로 하고, 원고의 배신행위로 인하여 국가가 손해를 보았는가? 과세관청의 신뢰는 그것을 지켜 주지 않으면 크게 행정비용을 늘리는 등 실질적인 피해가 있을 것이므로 보호받을 가치가 있는가? 행정비용을 늘리는 정도의 피해라면 별도의 벌칙으로서 제재하고 조세의 부과는 하지 않는 것이 타당하지 않을까? 조세법은 가급적 비조세법과는 독립하여 독자적인 논리에 따라 중립적으로 적용되는 것이 타당할 것이다.

의 목적일 때에는 그러하지 아니하다.

라. 질의회신

국세청장은 세법의 집행을 담당하는 개별 과세관청인 세무서장을 지휘·통솔하는 기관으로서 일반 국민으로부터 세법의 해석에 관한 질의를 받아 회신하고 있다(국세기본법시행령 제10조). 회신은 여러 가지 형식으로 이루어지며 회신의 결과 중요한 사항은 기본통칙의 형식으로 공표하고 있다. 회신은 단순히 세법의 해석에 관한 사항도 있지만 개별적인 사실관계에 관한 세법의 적용에 해당하는 내용을 담고 있는 경우도 있다.

국세청장은 세무서장의 세법해석에 관한 질의에 회신을 하는 과세기준자문제도[464]를 두고 있다. 그 회신은 내부훈령적인 성격을 지닌다. 국세청장의 보조기관인 징세법무국장은 납세자와 국세공무원이 세법령을 보다 쉽게 이해할 수 있도록 세법해석 사례와 법원의 판결·심판청구 결정 등을 종합하여 세법집행기준을 마련할 수 있다.[465]

기획재정부장관은 세법령의 입안을 담당하는 기관으로서 행정부 내에서 세법령의 해석에 관한 최종적인 권한을 가지고 있다.[466] 국세청장과 기획재정부장관의 유권해석이 과세관청에는 사실상 내부훈령과 같은 효력을 갖고 있지만 납세자에 대해서는 법적인 구속력이 없다.[467] 유권해석에 대해 이의가 있는 납세자는 법원에 소송을 제기하여 다른 해석을 얻을 수도 있기 때문이다.

통상 세법의 적용기관은 개별적인 관할 세무서장이므로 그가 과세사건이 발생하고 납세의무가 성립하면 세법을 적용하여 결정 또는 경정을 하게 된다. 이러한 세법의 사후적용에 대해 납세자가 이의를 가질 경우 법원에 제소할 수 있다. 한편, 국세청장은 과세사실이 발생하기 전에 그 과세사실에 세법을 적용한 결과에 관해 공식적인 견해를 회신하는 절차를 두고 있다.

(1) 세법해석 사전답변

(가) 사전 회신(advance ruling)

일어날 가능성이 매우 높은 단계에까지 이른 과세요건사실이 있는 경우 그것에 대한 세법적용의 결과가 어떨 것인지에 대해 납세자가 과세관청에 미리 질의하고 그 결과를 얻을 경우 과세관청은 실제 그 사실이 발생한 다음 그 결과와 다른 세법적용을 할 수 없도록 하는 회신제도를 외국에서는 일반적으로 사전 회신(advance ruling)이라고 한다. 이는 개별적인 사실관계를 가진 특정한 납세자에게 과세관청이 미리 의견을 주는 것이기 때문에 '사적 회신(private letter ruling)'이라고도 한다. 그 법적인 성격상 과세관청이 조세채무를 사전적으로 확정하는 것과 다를 바 없으므로 사전 결정(advance determination)이라고 할 수 있다.[468] 우리나라에서는 '세법

---

464) '과세기준자문'이란 지방국세청장 또는 세무서장이 납세자와 이견이 있거나 단독으로 판단하기 곤란한 세법해석 사항에 대하여 과세 전에 국세청장에게 자문을 받는 것을 말한다(국세청법령사무처리규정 제2조 제11호).

465) 국세청법령사무처리규정 제38조.

466) 일반 국민이 세법의 해석에 관한 기획재정부의 회신에 대해 다시 확인하고자 하는 경우에는 법제처에 질의할 수 있고 그 경우 법제처의 회신이 우선한다는 점에서는 법제처가 행정부 내에서 최종적인 유권해석기관이라고 할 수도 있겠다.

467) 대법원 2009.4.23. 선고 2007두3107 판결 [종합소득세 등 부과처분취소]. 납세의무자가 인터넷 국세종합상담센터의 답변에 따라 세액을 과소 신고·납부한 경우, 납세의무자에게 신고·납부의무의 위반을 탓할 수 없는 정당한 사유가 있다고 보기 어렵다.

468) 신청하고자 하는 당해 세목(소득세·부가가치세 등)의 법정신고기한까지 신청할 수 있게 되어 있다. 실제 납세의무를 성립

해석 사전답변'이라는 이름으로 시행 중이다. '세법해석 사전답변'이란 민원인이 특정한 거래에 관한 세법해석과 관련하여 실명과 구체적인 사실관계 등을 기재한 신청서를 제출하는 경우 국세청장이 명확히 답변하는 것을 말한다.[469] 2008년 10월 이후 국세청장 훈령에 의하여 시행 중이다. 세법해석 사전답변 내용은 국세청 홈페이지 국세법령정보에서 공개하고 있다. 납세자가 답변의 내용을 정당하게 신뢰하고 답변의 전제사실대로 특정한 거래 등을 이행한 경우 과세관청은 당해 거래에 대하여 경정 등을 할 때에 사전답변을 받은 납세자의 신뢰가 침해되지 않도록 보호한다는 의미에서 행정 내부에서 구속력을 가지고 있다.

이러한 제도는 납세자로 하여금 난해한 세법의 적용결과에 대해 미리 알 수 있도록 한다는 점에서 행정의 예측 가능성을 높이고 법적 안정성을 제고하는 제도로서 기능할 수 있다.

동 제도는 조세법률주의와 그에 따른 합법성의 원칙을 추구해 가는 조세법 적용절차를 확립한다는 원칙에서 보면 다음과 같은 문제가 있다. 합법성의 원칙은 과세관청이 세법이 정해진 요건을 충족하는 사실관계에 대해서는 바로 세법에 규정된 대로만 과세를 하라는 것이며 그것이 제대로 이행되고 있는지에 대해서는 최종적으로 법원에서 판정할 수 있게 함으로써 합법성을 보장받는다. 그런데 세법해석 사전답변은 한 번 회신한 것에 대해서 납세자는 법원에 제소할 수 있는 반면 과세관청이나 국세청은 그것을 변경할 수 없다. 이에 따라 개별적인 세법적용에 대해 법원이 판단할 수 있는 기회가 부분적으로밖에 허여되지 않은 불완전한 형태로 합법성을 보장받는다.

입법부가 그것을 사전에 충분히 인지하고 다른 법익과 형량을 하여 도입하여 법률에 그 근거를 둔 것이어야만 견제와 균형을 통한 법치주의 보장을 추구하는 우리 헌법상의 원칙에 부합하는 정당성을 인정받을 수 있을 것이다.

현행 세법상으로도 법규화되어 있는 것이 있다. 국조법상 원천징수의무자는 기획재정부장관이 고시하는 국가 또는 지역에 소재하는 외국법인에 대해 일정한 유형의 소득을 지급하는 경우 조세조약에서의 비과세·면제 또는 제한세율 규정에 불구하고 국내세법상 세율을 우선 적용하여 원천징수하여야 한다. 다만, 조세조약에서의 비과세·면제 또는 제한세율을 적용받을 수 있음을 국세청장이 사전 승인한 경우에는 예외를 인정받을 수 있다(법인세법 제98조의 5 제1항 단서).

이전가격과세상 정상가격 '사전승인'도 일종의 사실관계의 사전결정에 해당한다고 볼 수 있을 것이다(국조법 제6조).

(나) 신뢰보호원칙과의 관계

세법해석 사전답변은 신뢰보호원칙과 비교하면 납세자가 과세관청의 과거의 언동을 신뢰할 경우 그것을 보호하는 기능을 수행한다. 합법성의 추구라는 가치는 어느 정도 희생하는 가운데 납세자의 권익을 보호하고자 한다는 점에서 공통적이다.

한편, 신뢰보호원칙은 위에서 언급한 바와 같이 판례법상 까다로운 적용요건이 확립되어 있고 개별적인 사안에서 실제 신뢰보호원칙의 적용을 받을 수 있는지 불확실하기 때문에 예측 가능성이 매우 떨어지는 문제가 있다. 반면 세법해석 사전답변제도상으로는 과세관청이 해당

하게 하는 과세요건사실이 이미 발생한 이후에도 답변을 청구할 수 있도록 되어 있으므로 엄격한 의미의 advance ruling 이라고 보기에는 부족함이 있다.

[469] 국세청법령사무처리규정 제2조 제10호.

납세자 자신이 제시한 사실관계에 대해 구체적으로 답을 해 주게 되며 그것을 신뢰하는 것을 보호하기 때문에 예측 가능성을 확보한다는 측면에서 효과적인 제도이다.

(2) 예규・기본통칙

예규470)・기본통칙은 행정부 내 유권해석기관이 세법해석에 관한 자신의 견해를 미리 국민들에게 널리 알린 것으로서 '공적 회신(public ruling)'이라고 한다. 공적 회신은 그 법적인 효력만으로 보면 행정부 내 상급기관이 하급기관에 대한 내부훈령 또는 행정이 스스로 그렇게 해석하겠다는 자기구속의 한 형태이기 때문에 추후 그 해석을 변경할 수도 있는 것이다.471) 국민에 대해서는 구속력을 갖지 않는 것으로서 법규성이 없다.

여러 가지 형태로 존재하는 공적 회신 중 기본통칙은 법문형태에 가장 가깝게 만들어진다. '기본통칙'이란 각 세법의 해석 및 집행기준을 법조문형식으로 체계화하여 기획재정부장관의 승인을 얻은 것을 말한다.472) 기본통칙은 세법 해석의 중요한 사항에 한정하여 작성되며 제정의 절차상으로도 국세청장이 기획재정부장관과 협의하기 때문에 실제 법규적 효력에 버금가는 의미를 가지고 있다. 기본통칙 이외에도 국세청장은 민원인이 접수하는 각종 질의에 대해 개별적인 사실관계를 축약하여 해석에 도움이 되는 형태로 공개하고 있다.473) 영향력에 있어서는 기본통칙에 미치지 못하지만 행정실무상 기본통칙과 다를 바 없이 적용되고 있다.

마. 자문

세무서장은 소득세에 관한 신고・결정・경정 또는 조사에 있어서 필요한 때에는 사업자로 조직된 동업조합과 이에 준하는 단체 또는 당해 사업에 관한 사정에 정통한 자에 대하여 소득세에 관한 사항을 자문할 수 있다(소득세법 제171조).

제3장 조세법률관계

제1절 서론

'조세법률관계(Steuerrechtsverhältnis)'란 국가 및 지방자치단체 등 조세의 부과권자(Steuerberechtigten)와 국민인 납세자(Steuerpflichtiger) 간 구체적인 조세채무에 관한 권리의무관계를 말한다.474) 조

---

470) 개정 국세청법령사무처리규정(국세청장 훈령, 2009.12.)상 '예규'의 명칭은 폐지되고 대신 '세법해석 사례'라는 개념이 사용된다. 기획재정부 내에 예규심사위원회는 존속한다.

471) 새로운 해석의 적용 시기와 관련해서는 신뢰보호의 요청과 조화를 이루어야 할 것이다.

472) 국세청법령사무처리규정(국세청장 훈령, 2009.12.) 제2조 제8호.

473) 2009년까지는 광역전화상담센터장(고객만족센터장)이 질의를 접수하였지만 2010년부터는 국세청의 각 주무국장도 접수한다(국세청법령사무처리규정 제14조 및 제15조).

세법률관계는 조세의 부과권자와 납세의무자(Steuerschuldner) 간의 관계뿐 아니라 조세의 부과권자와 원천징수의무자(Steuerentrichtungspflichtiger) 간의 관계도 포섭하는 개념이다. 통상 조세법률관계는 조세의 부과권자와 납세의무자 간의 '조세채권채무관계(Steuerschuldverhältnis)'를 의미한다.

조세법률관계상 나타나는 법적 주제들을 보면 조세채무의 확정단계까지는 행정행위의 개념을 매개로 하는 행정법적인 사항들이 주를 이루며, 확정된 조세채무의 이행단계부터는 채무의 이행 등에 관한 민사법적인 사항들이 주를 이룬다.

조세법률관계상 법률의 규정에 의하여 성립한 조세채무는 법률의 규정(또는 그에 따른 절차)에 의하여 확정하게 된다. 민사법상 계약에 의한 법률관계는 당사자 간 합의에 의하여 권리의무관계가 형성되는 것과 대조를 이룬다. 조세법률관계에 대해서는 일반 민사법상 법률관계에서와는 달리 세법이 그 확정의 절차와 방법을 규정하고 있다. 납세자 또는 관할 세무서장이 법으로 규정된 바에 따라 조세채무를 확정하는 행위를 하게 된다. 납세자가 하는 행위는 사인의 공법행위이며 관할 세무서장이 하는 행위는 행정행위이다. 이들 행위에 대해서는 일반 민사법상의 행위에 대해서와는 다른 공법상 원칙이 적용된다.

적법하고 유효하게 확정된 조세채무를 둘러싼 권리의무의 효력에 대해서는 일반 민사법적인 원칙이 적용된다. 예를 들면, 연대납세의무자에 대한 이행청구에 절대적 효력이 부여된다(국세기본법 제25조의 2). 압류 후 환가한 대금의 배분에도 민법의 원칙이 부분적으로 준용된다(국세징수법 제81조 제4항). 그러나 적지 않은 영역에서 예외가 존재한다. 소멸시효, 우선순위, 이행청구 및 강제집행상 국세기본법 및 국세징수법에 민사법에 대한 예외조항들이 다수 규정되어 있다. 그 과정에서 국가의 권리를 행사하는 관할 세무서장이 하는 행위는 행정행위로서 공법상 원칙의 적용을 받는다.

일반적으로 조세채무와 동의어로 사용되는 용어로 납세의무가 있다. 엄밀히 본다면 납세의무는 조세채무와는 구별되는 개념이다. 전자는 공법적인 관계를 염두에 둔 것이고 후자는 사법적인 개념을 차용하여 만든 것이다.

납세의무는 국민이 세법의 규정에 의하여 부담하는 일체의 의무를 의미한다. 세금을 납부할 의무뿐 아니라 정부가 세금을 제대로 거둘 수 있도록 협력하는 의무도 포함한다. 원천징수의무는 세법상 납세의무와는 구별되는 것이지만 정부가 제대로 세금을 거둘 수 있도록 협력하여야 할 의무이기 때문에 납세의무의 하나로 이해할 수 있다.

조세채무는 조세의 부과권자에게 세금이라는 금전을 지급하여야 할 채무이다. 따라서 납세의무의 핵심적인 내용을 구성하지만 그것보다는 좁은 것을 의미한다.

본서에서는 납세의무와 조세채무를 구별하지 않고 사용한다. 다만, 조세채무는 금전지급채무로 한정된 의미를 갖는 것으로 한다. 납세의무는 금전지급채무를 포괄하는 개념이므로(조세채무가 더 적확한 표현이 되는 문장에서도) 종종 그것을 대신하여 사용한다. 이는 이 책이 각종 문헌을 이용하고 그것과 조화를 이루면서 논리를 전개해 나가야 하는 점을 감안한 것이다.

---

474) 이하 특별한 언급이 없는 한 논의는 내국세를 중심으로 진행한다. 그리고 본문 중 국세는 내국세를 의미하는 것으로 한다.

제1항 총칙법

1. 국세기본법

국세기본법은 국세에 관한 기본적·공통적 사항과 위법·부당한 국세부과에 대한 불복절차를 규정한 내국세에 관한 기본법이다(Mantelgesetz). 국세기본법은 스스로 '국세'의 부과·징수에 관한 기본원칙을 규정하고 있다고 하지만, 내용상으로는 '내국세'에 관한 것만 규정하고 있다(국세기본법 제1조).[475]

국세기본법은 1974년 12월 21일 법률 제2679호로 제정·공포되어 1975년 1월 1일부터 시행된 법률이다. 이는 당시 단행법으로 존재하던 국세심사청구법에 각 세법에 규정되어 있던 국세에 관한 기본적·공통적 사항을 통합한 법이다.

국세기본법은 모든 세법의 총칙법적인 성격을 가지고 있다. 여기서 세법은 국세기본법 이외에 내국세의 부과·징수에 대해 규정하는 법을 말한다. 국세기본법은 다른 세법에 우선하여 적용된다. 다만, 세법이 특례규정을 두고 있는 경우에는 그 세법이 정하는 바에 의한다. 국세기본법 또는 세법에 의한 처분으로서 위법 또는 부당한 처분을 받거나 필요한 처분을 받지 못함으로써 권리 또는 이익의 침해를 받은 자는 (행정심판법이 아닌) 국세기본법이 정한 절차에 따라 그 처분의 취소 또는 변경이나 필요한 처분을 청구할 수 있다. 국세기본법은 납세자의 신고사항이 성실하다고 추정하며, 납세자가 세무조사를 받을 때 조력을 받을 권리가 있음을 명시하여 세법이나 세무행정으로 납세자의 재산이나 권리가 부당하게 침해되지 않도록 함과 동시에 이를 위해 과세관청이 실천해야 할 사항을 명시하고 있다.

2. 국세징수법

국세징수법은 국세 전반에 관하여 체납처분절차를 중심으로 한 광의의 징수처분을 규율하는 법률이다. 국세징수법은 각 세법에 따라 확정된 국세채무의 임의적 이행을 청구하는 고지·독촉절차와 그 조세채무의 불이행으로 발생한 체납액에 대한 강제적 징수절차인 체납처분절차로 구성되어 있다. 제1장 총칙, 제2장 징수 및 제3장 체납처분으로 구성되어 있다. 다른 법률이 '국세징수의 예에 의한다'고 할 경우 체납처분에 관한 제3장 이외에 징수의 순위에 관한 제4조(제1장), 독촉절차에 관한 제23조 등(제2장)이 모두 준용된다. '국세체납의 예에 의한다'라고 할 경우 대부분 그 법 자체에서 고지, 납부 또는 독촉에 관한 조항을 따로 두고 있기 때문에 국세징수법 중 제3장(체납처분) 이외에 다른 징수절차에 관한 규정들이 준용될 여지는 별로 없다.

---

475) 이하 별도의 언급이 없는 한 '국세'는 내국세를 의미하는 것으로 한다.

제2항 서류의 송달

납세의 고지·독촉·체납처분 등 조세의 부과 및 징수처분, 이의신청·심사청구 및 심판청구에 대한 결정의 통지, 기타 세법에 의한 정부의 명령은 서류에 의해 행해진다. 세법상 서류의 송달이란 세법에 의한 행정처분의 내용을 그 상대방과 이해관계인에게 알리기 위하여 그 처분의 내용을 기록한 서류를 법에 정한 절차에 따라서 송부·전달하는 관계 행정기관의 행위를 말한다.[476]

세법상 서류의 송달은 국세기본법 등 세법에 의하여 그 방법, 절차 및 효력이 규율된다. 그러나 조세소송에 관련한 서류의 송달은 행정소송법 제8조 제2항의 규정에 의하여 민사소송법상의 송달에 관한 규정이 준용된다.

1. 송달장소

송달은 법에 규정된 송달장소에서 송달을 받을 자격이 있는 자에게 하여야 한다. 즉 장소적 요소와 인적 요소가 모두 충족되어야 하고 그 어느 하나라도 결여되어 있으면 원칙적으로 그 송달은 부적법하게 된다.

국세기본법 제8조 제1항에 서류는 '그 명의인의 주소·거소·영업소 또는 사무소'에 송달한다고 규정하고 있다. 주민등록지는 주소로 인정될 수 있는 중요한 자료가 되고 반증이 없는 한 주소로 추정된다.[477]

송달을 받아야 할 자는 당해 서류에 수신으로 되어 있는 자, 즉 명의인이다. 송달을 받아야 할 자는 해당 납세의무자뿐 아니라 그로부터 수령권한을 명시적 또는 묵시적으로 위임받은 자도 포함한다. 송달을 받아야 할 자가 무능력자인 경우에는 그 법정대리인의 주소 또는 영업소에 송달한다.[478]

연대납세의무자에게 서류를 송달하고자 할 때에는 그 대표자를 명의인으로 하며, 대표자가 없을 때에는 연대납세의무자 중 국세징수상 유리한 자를 명의인으로 한다. 다만, 납세의 고지와 독촉[479]에 관한 서류는 연대납세의무자 모두에게 각각 송달하여야 한다(국세기본법 제8조 제2항). 연대납세의무자 1인에 대한 이행청구는 절대적 효력이 있어서 이행청구에 해당하는 징수처분에 대해서까지 연대납세의무자 모두에게 송달하여야 하는 규정이 효력규정으로서 역할을 한다

---

476) 사법연수원, 『조세법총론』, 2008, p.166 참조.

477) 국세기본법상 "주소"는 소득세법상 "주소"와는 다른 기능을 수행하는 개념이다. 전자는 과세관할을 설정하고 납세자의 신고 및 관할관청의 납세자에의 처분의 장소를 특정하기 위한 목적을 수행한다. 반면 후자는 소득세법상 납세의무의 범위를 설정하기 위한 개념으로서 주소가 국내에 있는 개인은 거주자가 되고, 국내원천소득 뿐 아니라 국외원천소득에 대해서도 납세의무를 지게 된다. 전자의 "주소"는 민법상의 주소와 동일한 것으로서 객관주의를 따르게 된다. 후자의 "주소"는 생활관계의 객관적 사실에 따라 판단한다는 점에서 전자의 "주소"와 구별된다. 민법은 주소를 "의사"가 아닌 객관적 사실을 토대로 결정하는 반면, 소득세법은 법형식적 사실, 즉 주민등록지, 국적 및 영주권 등에 불구하고 국내에 계속하여 183일 이상 거주할 것으로 인정될 수 있는 실질을 갖고 있는지에 따른다.

478) 국세기본법기본통칙 8-0-4.

479) 국세징수법기본통칙 23-0…3 【연대납세의무자에 대한 독촉】 연대납세의무자에 대하여는 각인별로 독촉장을 발부하여야 하고, 양도담보권자인 물적 납세의무자에 대하여는 독촉장을 발부하지 아니한다.

고 볼 수 없을 것이다. 공동상속인간 연대납세의무를 진다. 상속세의 부과통지도 상속인 모두에게 하여야 한다(상증세법 제77조).

징수처분의 성격을 갖는 납세의 고지도 실무상 연대납세의무자 각자에게 모두 고지서를 발부한다.[480]

2. 송달방법

세법상 서류의 송달방법에는 교부송달, 우편송달, 전자송달 및 공시송달의 방법이 있다.

교부송달이나 우편송달의 경우 과세처분의 상대방인 납세의무자 등 서류의 송달을 받을 자가 다른 사람에게 우편물 기타 서류의 수령권한을 명시적 또는 묵시적으로 위임한 경우, 그 수임자가 해당 서류를 수령하면 위임인에게 적법하게 송달된 것으로 보게 되며 이 경우 수령권한을 위임받은 자는 위임인의 종업원 또는 동거인일 필요는 없다.[481] 아파트 경비원은 특별한 사정이 없는 한 납세고지서 등의 등기우편물을 수령할 수 있는 권한을 묵시적으로 위임을 받은 것으로 보며, 아파트 경비원이 우편집배원으로부터 납세고지서를 수령한 날이 처분의 통지를 받은 날에 해당한다고 본다.[482] 한편, 주소 또는 영업소를 이전한 때에는 주민등록표 등에 의하여 이를 확인하고 그 이전한 장소에 송달하여야 한다(국세기본법 제10조 제5항).

교부송달과 우편송달[483]을 하는 경우 일정한 요건 하에 보충송달과 유치송달의 방법을 사용할 수 있다. 보충송달이라 함은 국세기본법상 송달할 장소에서 서류를 송달받아야 할 자를 만나지 못한 때 그 사용인 기타 종업원 또는 동거인으로서 사리를 판별할 수 있는 자에게 서류를 송달할 수 있도록 하는 것을 말한다(국세기본법 제10조 제4항 전단). 납세의무자가 수령권한을 위임한 경우 납세의무자를 만나지 못하였다고 하여 보충송달하는 것은 아니다. 유치송달이라 함은 서류의 송달을 받아야 할 자 또는 보충송달을 받을 수 있는 자가 정당한 사유 없이 서류의 수령을 거부한 때 송달한 장소에 서류를 둘 수 있는데 그것을 말한다(국세기본법 제10조 제4항 후단).

공시송달이라 함은 서류의 송달을 받아야 할 자에게 정상적인 방법으로 송달할 수 없는 일정한 사유(수취인 부재 등)가 있는 경우 서류의 요지를 공고함으로써 서류가 송달된 것과 동일한 효과를 발생시키는 제도이다. 공시송달이 적법한지에 대한 입증책임은 원칙적으로 과세관청에 있다(국세기본법 제11조).

대법원 2000.10.6., 98두18916판결사건에서 법원은 공시송달사유로 법령에 규정된 '수취인 부재'의 의미에 대해 판단하고 있다. 이 사건에서 피고가 1997년 1월 21일 이 사건 처분의 납

---

480) 국세징수법기본통칙 9-0…1.

481) 대법원 2000.7.4, 2000두1164.

482) 평소 경비실에서 모두 우편물을 수령하여 각 세대별로 전달하여 왔으며, 이사한 후에도 일요일이면 위 아파트의 경비실에 들러 자신에게 온 우편물을 찾아가곤 한 점 등에 비추어 원고는 위 아파트의 경비원에게 심사결정서의 수령권한을 위임한 것이라고 보아 경비원에 대한 송달이 적법하다(대법원 1992.9.1, 92누7443, 대법원 2000.1.14. 선고 99두9346 판결).

483) 우편송달의 경우 납세의 고지, 독촉, 체납처분 또는 세법에 의한 정부의 명령에 관계되는 서류의 송달은 등기우편에 의하여야 한다. 중간예납세액의 고지 등은 일반우편으로 송달할 수 있다.

세고지서(납기 1997년 1월 31일)를 등기우편으로 원고의 주소지로 발송하였는데 이는 1997년 1월 27일경 원고의 부재 등으로 반송되었고, 이에 피고 소속 공무원은 위 납세고지서를 납기까지 송달하기 어렵다고 판단하고 직접 송달하고자 위 신주소지로 방문하였으나 원고를 만나지 못하여 납기를 1997년 2월 10일로 연장하여 위 납세고지서를 공시송달하였다.

법원은 공시송달의 사유를 규정한 구 국세기본법 제11조 제1항 제3호 및 구 국세기본법시행령 제7조의 2 제1호, 제2호의 '수취인 부재'의 의미에 대해 구 국세기본법(1998년 12월 28일 법률 제5579호로 개정되기 전의 것) 제11조 제1항 제3호는 1996년 12월 30일 법률 제5189호로 개정되면서 공시송달사유를 종전의 규정보다 확대함으로써[484] 납세의무자가 책임질 수 없는 사유로 인하여 불복 기간이 경과된 경우에도 과세처분에 대하여 불복할 기회를 상실하게 되는 등으로 헌법 제27조 제1항이 정한 재판을 받을 권리를 과도하게 침해할 가능성을 안고 있으므로, 같은 법 및 같은 법 시행령(1999년 12월 28일 대통령령 제16622호로 개정되기 전의 것) 제7조의 2 제1호, 제2호에서 '수취인의 부재'라 함은 납세의무자가 기존의 송달할 장소로부터 장기간 이탈한 경우로서 과세권 행사에 장애가 있는 경우로 한정 해석함[485]이 상당하다고 판단하였다.

민법상 표의자의 과실 없이 의사표시 상대방을 알지 못하는 경우 또는 의사표시 상대방의 주소를 알지 못하는 경우에는 민사소송법의 공시송달의 방법에 의하여 의사표시를 도달할 수 있게 하고 있다(민법 제113조). 한편 국세기본법은 서류의 송달을 받아야 할 자에게 교부나 우편에 의한 정상적인 방법으로 서류를 송달할 수 없는 일정한 사유(수취인 부재 등)가 있는 경우 서류의 요지를 공고함으로써 서류가 송달된 것과 동일한 효과를 발생시킬 수 있도록 하고 있다(국세기본법 제11조). 본 사건은 국세기본법의 공시송달의 요건에 관한 규정 중 '수취인 부재'의 의미를 구체화하는 데 의의가 있다.

법원이 본 사건에서와 같이 수취인 부재의 의미를 좁게 보는 것은 실제 공시송달을 위해 일간지에 공시하는 방법이 주로 사용되는데 우편배달부 및 세무공무원의 과실 또는 우연에 의해 부재로 판명된 자가 공시송달의 내용을 인지하지 못하여 적기에 대응하지 못함으로써 예기치 않은 손해를 보는 일을 줄이고자 함이다.

세무공무원은 우체국 직원의 조사에 의해 수취인 부재로 판단되고 이후 자신의 직접 방문에 의해서도 여전히 만나지 못했다고 하는 사실만으로 공시송달해서는 안 되며 해당 납세자가 장기간 부재하고 그 소재지를 알 수 없음을 확인하여야 한다. 세무공무원은 공시송달의 위법성이 쟁송의 대상이 된 경우 요건 충족의 사실을 입증하여야 할 것이다.

3. 송달의 효력 발생

과세관청의 서류의 송달은 그 송달을 받아야 할 자에게 도달한 때로부터 효력이 발생한다. 다만, 전자송달의 경우에는 송달받을 자가 지정한 전자우편주소에 입력된 때 그 송달을 받아야 할 자에게 도달된 것으로 본다. '도달'이라 함은 송달받을 사람의 지배권 내에 들어가 사회

---

484) "수신 명의인이 송달할 장소에 없는 경우로서 등기우편으로 송달하였으나 수취인 부재로 반송되는 경우 등"의 사유가 추가되었다.
485) 원심은 단순히 외출 등의 사유로 일시 부재중인 경우를 포함하는 것으로 해석하였다.

통념상 일반적으로 알 수 있는 상태에 있는 때를 말한다. 예를 들어, 우편이 수신함에 투입된 때 또는 동거하는 가족·친족이나 고용인이 수령한 때를 들 수 있다.[486] 여기서 "수신함"은 사서함을 의미하며, 공동주택의 메일박스는 이에 해당하지 않는 것으로 보는 것이 타당할 것이다.[487]

한편, 납세자의 세금신고는 발송주의에 의한다. 우편 신고할 때에는 우편법상 통신일부인이 찍힌 날 신고한 것으로 본다(국세기본법 제5조의 2 제1항). 과세표준신고서 등의 전자신고의 신고시기는 국세청장에게 전송된 때이다.

참고로 담보부 민사채권과 국세채권 간의 우선순위를 판단하기 위한 국세채권의 '법정기일'은 신고납세세목의 경우 신고일, 즉 신고서 발송일, 부과 결정하는 세목의 경우 납세고지서의 발송일로 한다.

대법원 1992.10.13., 92누725판결은 '지배권 내에 도달'한 것인지 여부는 개별적인 사정을 고려하여 판단하여야 한다는 원칙을 확인하고 있다. 이 사건에서 원고에 대한 부과처분의 납세고지서는 등기우편으로 발송되어 1989년 9월 19일 원고의 주소지에서 원고의 아들인 갑이 수령하였다. 갑은 1989년 4월경 혼인하여 원고의 주소지와 다른 곳에 거주하고 있었다. 곧 미국으로 출국하게 되어 있어 인사차 원고의 집에 들렀다가 위 납세고지서를 수령하여 별다른 생각 없이 자신의 호주머니에 넣었지만 원고에게 전달해 주지 못한 채 1989년 9월 21일 미국으로 출국하게 되었으며 이틀 후인 9월 23일 미국에서 귀국하여 원고에게 전달하였다. 원고는 1989년 11월 22일 이 사건 부과처분에 대한 심사청구를 제기하였다. 위 심사청구는 심사청구 기간이 도과되었음을 이유로 각하되었다. 원고는 심판청구를 거쳐 이 소에 이르게 되었는데 피고는 위 심사청구 기간 도과의 본안전항변을 하였다.

원심은 갑은 원고와 동거하는 가족 또는 친족이 아니므로 위 납세고지서를 수령한 1989년 9월 19일에 원고에게 위 납세고지서가 도달되었다고 보기 어렵고 원고에 대한 위 납세고지서의 송달의 효력은 원고가 이를 갑으로부터 실제로 전달받은 1989년 9월 23일경에 발생하였다는 이유로 본안전항변을 배척하였다. 대법원은 혼인하여 별도의 주소지에서 생활하면서 일시 송달명의인의 주소지를 방문한 송달명의인의 아들에게 납세고지서를 수교한 것만으로는 그 납세고지서가 송달을 받아야 할 자에게 도달하였다고 볼 수 없다고 하였다.[488]

국세기본법상 납세자는 심사청구와 심판청구를 선택적으로 제기할 수 있다. 심사청구는 국세청장이 국세심사위원회의 심의를 통해 인용 여부를 판단하며, 심판청구는 조세심판원(당시는 국세심판원) 안의 심판부가 심의 의결한다. 본건에서 납세자는 심사청구에서 청구기일 도과로 각하되었다. 그런데 심판청구에서는 기일 도과되지 않은 것으로 보아 심리는 받았지만 기각 결정되었다. 당시에는 심판청구는 심사청구 후 제기할 수 있었다.[489] 납세자가 법원

---

486) 국세기본법기본통칙 12–0…1

487) 세무서 소속공무원이 납세자와 그 가족들이 부재중임을 알면서도 아파트 문틈으로 납세고지서를 투입하는 방식으로 송달하였다면 이 사건 부과처분에 관한 납세고지서의 송달은 부적법한 것으로서 효력이 발생하지 아니한 것임(국세청 심사 기타 2000–0026, 2000.05.12.).

488) 원심에서 본안전항변을 통해서 원고의 청구에 대해서 각하판결을 구하는 피고세무서장의 주장이 받아들여지지 않게 되자, 피고세무서장은 상고이유를 원심의 본안전항변 배척 결정에 대한 이의로 한정하였다.

으로 가자 피고 세무서장은 심판청구 기일 도과의 사실을 적시하면서 본안전항변[490]을 한 것이다.

고지서의 효력 발생 시기는 납세자에게 도달한 시점이 될 텐데 본 사건에서 납세자에게 도달한 날을 1989년 9월 19일로 보게 되면 소제기 기간인 60일을 도과한 것이 되고 9월 23일로 보게 되면 소제기 기간 안이 된다.

언제 도달한 것으로 볼 것인가에 있어 법원은 민법상 서류의 송달에 관한 기본원칙에 충실하고 있다.[491] 동거가족에게 전달된 경우에는 도달한 것으로 보지만,[492] 비록 송달 당시 우연히 납세자의 집 안에 있었지만 이미 출가하여 따로 거주하고 있던 아들에게 전달된 경우에는 해당 납세자에게 도달한 것으로 볼 수 없다는 판단을 한 것이다. 실제 서류를 송달하는 과정에서 우체부가 일일이 그러한 사정을 확인할 수 없어서 이러한 법원의 입장이 유지된다면 행정상 어려움이 예상됨에도 납세자의 권익보호 차원에서 납세자가 실제로 인지할 수 있는 시점을 기준으로 판단한 것이다.

참고로 본인이 설치한 사서함에 투입한 경우나 본인 아파트의 수위에게 전달한 경우에는 도달한 것으로 보게 된다.[493]

사안의 내용을 조금 바꾸어 과세처분된 내용에 위법부당성이 없다면, 납세자가 조세심판원에서 송달상 하자에 대해 다투더라도, 조세심판원은 송달상 하자를 인정하는 한편 재조사결정을 하고, 관할세무서장은 그 재조사결정에 따라 다시 처분하면서 앞의 송달상 하자가 다시 발생하지 않도록 할 것이기 때문에 납세자로서는 다툼의 실익이 없게 된다.[494]

제2절 조세채무의 성립

사법상의 채무는 원칙적으로 대등한 관계에 있는 당사자 간 의사의 합치에 의해 성립하지만, 조세채무는 세법에 규정한 과세요건이 충족되면 법률상 당연히 성립(Entstehung)한다(국세기본법 제21조 제1항). '조세채무의 성립'에 필요한 법률상의 요건을 과세요건이라고 한다. 과세요건은 '납세의무자(Steuersubjekt)', '과세물건(Steuerobjekt)', '과세표준(Steuerbemessungsgrundlage)' 및 '세율(Steuersatz)'의 4가지로 구분한다.

개별 세목을 규정하는 세법이 위 4대 요소를 모두 규정하고 있지 않다면 설사 특정 납세의무자에게 해당 과세물건이 귀속하는 사실이 있게 되더라도 해당 납세의무자에게 해당 세목의 조

---

489) 1999년 8월 31일 신설된 국세기본법 제55조 제9항은 중복제기를 금지하고 있다.

490) 본안전항변이란 원고가 제기한 소에 소송요건의 흠결이 있어서 소가 부적법하다는 피고의 주장을 말한다.

491) 상대방 영역에의 진입 이외에 상대방이 요지할 수 있는 상태에 있을 것을 필요로 한다.

492) 수령인이 납세자와 공동생활을 하면 되고 생계를 같이할 필요는 없다(국심 2006서1612, 2006.6.27).

493) 이은영, 『민법총칙』, 박영사, 2005, pp.556~559.

494) 국세심판에서의 재조사결정을 피하기 위해 국세심판에서는 과세내용상의 위법성만 주장하다가 법원에 가서야 송달상의 하자를 주장하는 경우를 생각해 보자. 국세심판 단계에서 주장하지 않은 위법사항이라 하더라도 사실심 변론종결 시까지 새로이 주장할 수 있다.

세채무가 성립하지 않는다. 가령 해당 세법에서 규정하는 과세물건이 특정인에게 귀속되는 사실이 있게 되더라도 해당 과세물건의 크기인 과세표준에 관한 규정을 찾을 수 없을 때에는 조세채무가 성립하지 않는다.[495] 더 나아가 해당 과세표준에 관한 규정이 있다 하더라도 해당 과세표준에 관한 규정을 적용할 수 있는 사실의 입증이 없는 상태에서 취해진 과세처분은 위법하다.

납세의무는 특정 납세의무자에게 과세물건이 귀속되고 이에 대한 과세표준을 산정하여 세율을 적용함으로써 세액을 산출할 수 있는 상태에 이르면 당연히 성립한다.

성립한 조세채무는 누군가의 정신작용과 그것의 표시행위를 통해 구체적인 세액을 확정하는 절차를 거쳐야 이행할 수 있는 상태에 이르게 된다. 그러한 절차를 '조세채무의 확정(Festsetzung)'이라고 한다.

이를 대비하여 '추상적 조세채무의 성립' 및 '구체적 조세채무의 확정'이라고 부른다.

제1항 조세채무의 성립요건

각 세법이 정하는 과세요건의 충족, 즉 특정의 시기에 특정 사실 또는 상태가 존재함으로써 과세대상(물건 또는 행위)이 납세의무자에게 귀속되면 세법이 정하는 바에 따라 개별적 납세의무[496]로서 조세채무가 성립(Entstehung der Steuerschuld)한다.

1. 납세의무자

모든 국민은 헌법에 의해 납세의무를 부담하게 되므로 일반 국민을 납세자라고 할 수 있다. 일반 국민은 개별적인 조세법률관계에서 의무를 부담하는 납세의무자가 되거나 기타 징수의무, 납세협력의무를 부담하게 된다. 국세기본법 제2조는 납세자와 납세의무자를 보다 구체적으로 다음과 같이 정의하고 있다. '납세자(Steuerpflichtiger)'는 납세의무자(연대납세의무자와 납세자[497]에 갈음하여 납부할 의무가 생긴 경우의 제2차 납세의무자 및 보증인(Steuerhaftender)을 포함한다)와 세법에 의하여 국세를 징수하여 납부할 의무를 지는 자를 말한다. '납세의무자(Steuerschuldner)'는 세법에 의하여 국세를 납부할 의무(국세를 징수하여 납부할 의무(Steuerentrichtungspflichtiger)를 제외한다)가 있는 자를 말한다.

가. '인'의 요건

납세자가 되기 위해서는 법률상 '인'의 요건을 충족하여야 한다. '인'은 자연인과 법인으로 구분된다. 세법상으로도 사법상의 자연인과 법인의 구분을 원용한다. 세법상 좀 더 고찰이 필

---

495) 대법원 2015. 10. 15. 선고 2013두13266 판결, 대법원 2015.12.23. 선고 2014두40722판결, 대법원 2017. 3. 30. 선고 2016두55926 판결 참조
496) 헌법상 국민의 납세의무는 일반적 납세의무라고 할 것이다.
497) '연대납세의무자와 납세자'의 부분은 단순히 '납세의무자'라고 표기하는 것이 바람직하다.

요한 것은 '법인격 없는 단체'와 '조합'이다.

(1) 민법상 '법인격 없는 단체'

사단이나 재단이 법인격을 취득하기 위해서는 민법의 규정에 따라 '주무관청의 허가'와 '설립등기'를 하여야 한다. 관청의 허가 및 설립등기를 하지 아니함으로 인해 법인격을 취득하지 못한 사단·재단[498]에 대해 민법은 "법인이 아닌 사단의 사원이 집합체로서 물건을 소유할 때 총유로 한다(민법 제275조 제1항)."[499]라고 규정하고 있을 뿐인데 이들을 세법상 어떻게 취급하여야 하는가에 대해 국세기본법은 다음과 같이 규정하고 있다.

(가) 세법상 당연히 '법인으로 보는 단체'

다음 중 어느 하나에 해당하는 경우로서 수익을 구성원에게 분배하지 아니하는 법인격 없는 단체는 법인으로 보아 법인세법을 적용하되 비영리법인으로 본다(국세기본법 제13조 제1항, 법인세법 제1조 제1호 다목). 여기서 '법인'은 법인세법 제2조제1호의 내국법인과 제3호의 외국법인을 말한다.

- 주무관청의 허가 또는 인가를 받아 설립되거나 법령에 의하여 주무관청에 등록한 사단·재단 기타 단체로서 등기되지 아니한 것
- 공익을 목적으로 출연된 기본재산이 있는 재단으로 등기되지 아니한 것

(나) 세법상 신청과 승인에 의하여 '법인으로 보는 단체'

당연히 법인으로 보는 단체 이외 법인격 없는 단체 중 다음의 요건을 모두 갖춘 것으로서 그 대표자 또는 관리인이 관할 세무서장에게 신청하여 승인을 얻은 것에 대하여 법인으로 본다. 이에 대해서는 단체의 계속성 및 동질성이 유지되는 것으로 보아 법인세법을 적용하되 비영리법인으로 본다(국세기본법 제13조 제2항, 법인세법 제1조 제1호 다목).

- 사단·재단, 기타 단체의 조직과 운영에 관한 규정을 가지고 대표자 또는 관리인을 선임하고 있을 것
- 사단·재단, 기타 단체 자신의 계산과 명의로 수익과 재산을 독립적으로 소유·관리할 것
- 사단·재단, 기타 단체의 수익을 구성원에게 분배하지 아니할 것

(다) 세법상 '법인으로 보는 단체' 외의 법인격 없는 사단·재단 기타 법인격 없는 단체

(가)와 (나)에 의해 '법인으로 보는 단체' 외의 사단·재단 기타 법인격 없는 단체는 이를 거주자 또는 비거주자로 보아 소득세법을 적용한다(소득세법 제2조 제3항).[500]

---

498) 법인으로서의 실질을 가지는 것을 말한다. 사단의 경우 대체로 해당 단체에 공동의 목적을 가진 다수의 구성원이 있으며, 단체의 명칭이 있고 그 명의로 활동하고, 단체가 정관 및 기관과 조직을 가지고 있어야 한다.

499) 종중은 그 명의로 등기를 할 수 있다. 단순히 '○○리'와 같이 관행상 명칭을 사용하여 등기할 수도 있다.

500) 종중의 명의로 되어 있는 임야를 양도한 경우 양도소득세 등을 과세단위인 종중에 대하여 과세하지 않고 그 대표자인 원고 개인에게 대하여 부과한 과세처분은 위법하다(대법원 1984.5.22. 선고 83누497 판결). 명의신탁된 종중소유의 토지를 양도한 경우 명의수탁자에 대한 양도소득세 부과처분은 위법하다(대법원 1983.4.12. 선고 82누444 판결). 부락주민 150여 세대로 구성된 산림계의 재산을 동 부락의 이장 및 새마을지도자 등 앞으로 명의신탁해 두었다가 양도한 경우 위 산림계에 대표

구성원 간 이익의 분배비율이 정하여져 있고 해당 구성원별로 이익의 분배비율이 확인되는 경우 또는 구성원 간 이익의 분배비율이 정하여져 있지 아니하나 사실상 구성원별로 이익이 분배되는 것으로 확인되는 경우에는 소득구분에 따라 해당 단체의 각 구성원별로 소득세 또는 법인세를 납부할 의무를 진다. 구성원의 일부만 확인되는 경우에는 확인되는 부분만 구성원별로 과세한다. 국외투자기구를 국내원천소득의 실질귀속자로 보는 경우 그 국외투자기구는 1비거주자로서 소득세를 납부할 의무를 진다.

(2) 조합·익명조합

민법상 조합과 상법상 익명조합은 계약의 하나로서 법적인 실체가 아니기 때문에 민법상 '법인격 없는 단체'로 보지는 않는다.

(가) 조합

조합에 의한 자산의 소유는 합유로 한다. 익명조합에 의한 자산의 소유는 현명조합원의 명의로 하도록 되어 있는데[502] 과세상 이러한 관계를 명의신탁에 의한 증여의제[503]의 과세대상으로 하지는 않는다.

<조합 및 익명조합>

	조합(Gesellschaft)	익명조합(stille Gesellschaft)
근거법률	민법 제703조	상법 제78조
법인격	×	×
구성원	2인 이상의 조합원	영업자, 익명조합원
출자의무자	조합원 전원	익명조합원
출자형태	금전, 노무, 상호, 신용 등	금전(재산)
영업형태	조합원 공동사업(Mitunternehmerschaft)	영업자 개인사업
재산의 소유	조합원 합유	영업자 단독소유
손실의 분배	무한책임	영업자: 무한책임, 익명조합원: 유한책임

소득세법은 민법상 조합에 대해서는 이를 공동사업으로 보아 조합에 귀속하는 소득을 각 조합원의 지분에 따라 배분하여 각 조합원의 소득으로 보아 과세하도록 하고 있다.

현행 세법은 조합과 후술하는 동업기업(partnership company)의 경우 배분은 매년 이루어지는 것으로 본다(소득세법 제43조 제2항, 소득세법시행령 제50조의 2).[504] 여기서 '배분(allocation)'은 모임에 귀속하는 소득을 그 구성원 각각에게 계산상 얼마씩 돌리는 것을 말한다. 반면 '분배(distribution)'는 실제 그 구성원에게 금원을 나누어 주는 것을 말한다. 잘 돌아가는 모임이라

자가 선임되어 있다면, 위 산림계는 거주자에 해당된다(대법원 1986.9.23. 선고 85누573 판결).

502) 익명조합원이 출자한 금전 기타의 재산은 영업자의 재산으로 본다(상법 제79조). 따라서 민법상 합유에 관한 규정이 적용되지 않는다.

503) 상증세법 제45조의 2.

504) 동업기업과세에 관한 소득세법시행령 제50조의 2는 배분의 개념을 사용하고 있지만 공동사업과세에 관한 소득세법 제43조는 배분의 개념 대신 "약정된 손익분배비율에 의하여 분배되었거나 분배될 소득금액에 따라… 분배한다."라고 하고 있다.

면 배분한 대로 분배될 것이다. 그러나 배분과 분배의 시점이 항상 같지만은 않다. 분배는 모임이 스스로 자율적으로 결정할 일이다.505)

소득세법은 민법상 조합원 지위의 양도에 따른 소득은 과세대상으로 보고 있지 않다.506) 소득이 조합에 귀속되는 시점에 이미 과세되었기 때문이다. 조합원의 지위를 이전할 때 자기지분의 장부가액을 초과하는 대가를 받은 경우라면 그것을 과세할 수 있는 방법이 없을까? 공동사업을 목적으로 한 조합체가 조합재산인 부동산을 양도함으로써 얻는 소득은, 그것이 사업용 재고자산이라면 사업소득이 되며, 사업용 유형자산으로서 양도소득세 과세대상이라면 양도소득이 된다. 탈퇴한 조합원이 다른 조합원들에게 잔존 조합재산에 관한 자신의 지분을 양도하고 일부 조합재산을 받음으로써 얻는 소득의 성질도 이와 다르지 않으므로, 탈퇴 당시 조합재산의 구성내역에 따라 탈퇴한 조합원의 사업소득 또는 양도소득 등이 된다.507)

(나) 익명조합

상법상 익명조합에 대해서는 2007년 출자공동사업자제도가 도입되어 운영 중이다. 자본만 출자한 조합원을 출자공동사업자라고 하여 그가 배분받은 소득금액을 배당소득으로 보는 특례를 규정하고 있다(소득세법 제17조 제1항 제8호 및 소득세법 제43조). 상법상 익명조합원은 바로 출자공동사업자가 된다. 소득세법은 사업소득이 발생하는 사업을 공동으로 경영하고 그 손익을 분배하는 공동사업을 영위함에 있어서 공동사업의 경영에 참여하지 아니하고 출자만 하는 자로서 공동사업에 성명 또는 상호를 사용하게 하거나 공동사업에서 발생한 채무에 대하여 무한책임을 부담하기로 약정하지 않은 자를 출자공동사업자로 정의하고 있다(소득세법 제43조 제1항, 소득세법시행령 제100조 제1항). 출자공동사업자가 수령하는 분배금 또는 분배될 금액은 배당소득이 된다. 출자공동사업자의 이익분배분에 대해서는 배당소득으로 보아 25% 세율로 원천징수한다(항상 종합 과세하되 14%의 세율에 의한 원천징수세액과 비교과세). 수동적인(passive) 지위에 있는 투자자에 대한 배당소득과세라는 공통점에도 불구하고 출자공동사업자에 대해서는 일반 배당소득과세와 다른 제도를 두고 있다. 일반배당소득은 14%로 과세하는데 출자공동사업자에 대해서는 25% 세율로 원천징수하고 두 경우 모두 합산신고하면 14%의 세율과 비교 과세한다. 참고로 출자공동사업자제도가 익명조합의 과세실체성을 인정하는 것은 아니다.

(다) 비교

조합방식과 익명조합방식의 차이는 아래의 사례를 통해 설명할 수 있다. 2007년 1월 1일 갑과

---

505) 어떤 사업모임이 2009년 중 100을 벌었는데 세법은 그 구성원 갑과 을 각각에게 지분에 따라 50씩 배분하는 것으로 보아 각 구성원의 소득으로 과세하였지만, 100은 여전히 그 모임에 예금의 형태로 남아 2010년 중 10의 이자소득을 발생시킨 경우라면 그 10은 2010년 중 다시 지분비율에 따라 갑과 을에 각각 5씩 배분된다. 갑과 을은 2009년 1월 각각 200씩 출자하여 자본 400의 모임을 만들었는데 2009년 중 그 모임이 100을 벌어 갑은 50의 소득에 대해 과세를 당했지만 50의 분배를 받지 않은 상황에서 2010년 6월 갑이 자기의 지분을 병에게 이전한 경우 갑의 지분의 가치는 250에 이르고 병으로부터 그만큼 받았다. 갑은 지분의 취득원가 200, 처분가액 250이지만 이미 50에 대해 소득(income)으로 과세를 받았다. 이 경우에는 장부가액을 250으로 상향조정하여 자본이득(capital gain)을 계산하게 된다. 즉 아직 분배받지 않았지만 이미 배분된 소득금액은 자기지분의 취득원가(acquisition basis)에 가산된 채로 장부가액(adjusted basis)이 되는 것이다.

506) 조합에 가입하면서 출자를 위해 조합에 자신이 보유하던 양도소득과세대상 자산의 명의를 이전하는 경우에는 과세대상으로 본다.

507) 대법원 2015. 12. 23. 선고 2012두8977 판결, 대법원 2015. 12. 23. 선고 2013두21038 판결

을은 공동사업에 관한 약정을 맺고 사업을 영위하였다. 갑과 을의 출자지분비율은 50:50이었다. 2007 과세연도 중 소득금액은 1억 원이었다. 소득세법상 공동사업장은 1거주자로 보아 소득금액을 결정하고 이를 배분비율로 나누어 개별 공동사업자에게 귀속시킨다(소득세법 제43조 제1항).

만약 갑과 을이 민법상 조합계약을 체결하여 공동사업을 영위하되 양자가 합의하여 갑을 대표공동사업자로 사업자 등록을 하였는데 별도의 손익배분비율을 정하지 않았다면 그 손익배분비율에 의하여 분배되었거나 분배될 소득금액에 따라 거주자별로 소득금액을 계산한다. 그리고 그 소득금액을 각 공동사업자의 사업소득으로 하게 되므로 갑과 을은 그 소득금액에 다른 소득금액들을 합산하여 종합소득금액을 산정한다.

본 사안에서는 갑과 을의 손익배분비율이 정해져 있지 않으므로 지분비율에 따라 소득금액을 배분하여야 하므로 갑과 을은 각각 사업소득금액 5천만 원에 대한 납세의무를 부담하게 된다.[508]

만약 갑과 을은 출자지분비율에 불구하고 2007 과세연도에는 갑:을의 손익배분비율을 100:0으로 하고 2008 과세연도 중에는 갑:을의 손익배분비율을 0:100으로 한 경우를 상정해 보자. 소득세법은 공동사업과세를 인정함에 있어 손익배분비율이 출자비율과 동일하여야 한다거나 손익배분비율이 일정하여야 한다는 요건을 설정하고 있지 않다. 따라서 외견상 본 사례에서의 손익배분비율이 바로 부인되지는 않는다. 다만, 소득세법 제43조 제3항은 공동사업 합산과세에 대해 규정하고 있는데 본 사례가 그 규정에 해당될 가능성을 부인할 수는 없다.

동 항에 의하면 거주자 1인과 그와 생계를 같이하는 동거가족으로서 일정한 특수관계에 있는 자가 공동사업을 할 때 사업의 종류 등이 사실과 현저하게 다르거나 조세를 회피하기 위하여 공동으로 사업을 경영하는 것이 확인되는 경우에는 당해 특수관계자의 소득금액을 주된 공동사업자의 소득금액으로 보게 된다.

공동사업합산과세의 요건을 충족한 경우 주된 공동사업자 외의 특수관계자는 합산과세되는 소득세에 대하여 자기 손익배분비율에 해당하는 소득금액을 한도로 하여 주된 공동사업자와 연대납세의무를 진다.

본 사례에서 공동사업자가 생계를 같이하는 동거가족으로서 법상 특수관계에 있으며 위와 같이 손익배분비율을 설정한 것이 조세회피를 초래하는 것으로 인정된다면 공동사업의 소득금액 1억 원은 갑과 을 중 다른 종합소득금액이 많은 등 대통령령이 정하는 요건에 해당하는 자(예: 갑)의 소득금액이 될 것이다. 그리고 그 이외의 자인 을은 자신의 출자비율에 상응하는 소득금액에 대한 세액에 대해 갑과 연대납세의무를 부담하게 될 것이다.[509]

만약 갑과 을은 상법상 익명조합계약을 체결하였으며, 동 계약에 의해 갑은 현명조합원이 되고 을은 익명조합원이 되었고, 자본은 을이 출자하였으며 공동사업을 위한 모든 거래는 갑의 명의로 진행하였는데, 갑과 을은 손익배분비율을 50:50으로 하기로 하되 을은 손실을 부담하지 않기로 약정한 경우라면[510] 갑과 을은 공동사업을 하고 있으므로 소득금액을 정해진 손익배분비율에 따라 각각 5천만 원씩 배분한다. 다만, 본 사례에서 갑과 을은 익명조합을 구성하고 출

---

508) 소득세법 제43조 참조.

509) 소득세법 제43조 제3항, 소득세법시행령 제100조 참조.

510) 사실관계에 따라서는 대차관계로 볼 여지가 있다.

자공동사업자에 관한 조항이 적용된다. 공동사업의 경영에 참여하지 아니하고 출자만 하는 자라고 할지라도 공동사업에 성명 또는 상호를 사용하게 한 자와 공동사업에서 발생한 채무에 대하여 무한책임을 부담하기로 약정한 자는 출자공동사업자로 보지 않게 되지만 본 사례에서 을은 그러한 요건에 해당하지 않아 출자공동사업자로 보아야 한다.

갑은 영업자로서 배분된 소득금액을 사업소득으로 구분하게 되지만 을은 출자공동사업자로서 배당소득으로 구분하여야 한다. 영업자인 갑이 을에게 5천만 원을 지급하면서 25%의 세율로 원천징수한다. 을은 5천만 원이 배당소득으로 당연종합과세대상이므로 종합소득으로 신고하면서 14%의 세율에 의한 세액과 비교하여 더 적은 세액을 부담하게 되면 14%의 세율에 의한 세액만큼 세금을 부담하게 된다.[511]

(3) 특별법상 조합법인

명칭은 조합으로 되어 있지만 특별법에 의하여 설립된 것에는 법인으로 취급되는 것이 있으며, 이에 대해 세법을 적용할 때 개인으로 볼 것인지 법인으로 볼 것인지의 문제가 발생한다.

도시및주거환경정비법상 정비사업조합은 법인이며, 세법은 이를 법인으로 보는 명문의 규정을 두고 있다. 정비사업조합은 그간 주택건설촉진법에 의한 재건축조합 및 도시재개발법에 의한 재개발조합을 2003년 7월 시행된 도시및주거환경정비법으로 통합한 것이다. 동법은 정비사업조합을 법인으로 규정하고 있다(제18조 제1항). 재건축조합과 재개발조합은 비영리법인과세를 받았다.[512]

현행 세법상 정비사업조합은 비영리 내국법인으로 본다.[513] 조합원분양분은 비수익사업으로 보아 법인세가 비과세되지만, 일반분양분은 수익사업으로 보아 법인세가 과세된다(조특법 제104조의 7 제2항). 일반 분양을 통해 얻은 소득은 조합원들이 조합원 분양분 아파트를 취득하기 전에는 조합원들에게 유출되었다고 볼 수 없다.[514]

조합원이 조합에 토지 등을 제공하는 것과 조합이 조합원에게 종전건물에 상응하는 건물을 분양하는 것은 양도소득세 과세대상이 아니다. 다만, 당초 관리처분계획과 다르게 조합원과 조합 사이의 계약에 의해 분양받을 주택이 변경되는 경우에는 서로의 자산이 교환되는 것으로 보아 양도소득세를 과세한다. 자기지분 초과분에 대해 조합이 조합원으로부터 별도로 받은 대금은 과세대상이다.[515]

정비사업조합원이 가진 지위는 '부동산을 취득할 수 있는 권리'로 보게 되며 이를 제3자에게 양도할 경우에는 양도소득세의 과세대상이 된다(소득세법 제94조 제1항 제2호 가목). 정비사업조합은 비영리법인이기 때문에 그 구성원의 지위 이전을 바로 과세대상으로 규정하는 방식을 채택하지 않고 있다.

---

511) 소득세법 제87조, 소득세법 제43조, 소득세법 제17조, 소득세법시행령 제100조 제1항, 소득세법 제129조 제1항 제2호, 소득세법 제14조 제5항 참조.

512) 대법원 2005.6.10. 선고 2003두2656

513) 2003년 7월 1일 이전 설립인가를 받은 재건축조합도 정비사업조합이지만 소득세법상 공동사업자에 해당하는 것으로 보아 사업소득에 대한 소득세를 과세한다(조특법 제104의 7 제1항).

514) 대법원 2011.7.14. 선고 2008두17479 판결.

515) 국세청 법인-669, 2009.2.18.

(4) 동업기업

동업기업과세제도란 일정한 요건을 갖춘 법인을 마치 민법상 조합과 같이 과세하는 제도이다.516) 소위 '파트너십과세제도(partnership taxation)'라고 한다. 현행 세법상 동업기업과세제도는 조특법에서 규정하고 있다(조특법 제10절의 3).

(5) 집합투자기구

자본시장과 금융투자업에 관한 법률(「자본시장법」)상 집합투자기구(collective investment vehicle)는 자본을 가진 자들의 공동의 투자수단이다. 법적 형태에는 법인, 조합 및 투자신탁의 세 가지가 있다.

집합투자기구가 법인인 경우에는 법인세 납세의무를 부담하게 되지만 일정한 요건에 따라 발생한 수익을 분배할 경우에는 분배금을 손금으로 인정하는 방법('지급배당공제') 또는 해당 법인을 신탁으로 보는 방법517)으로 사실상 도관으로 취급된다(법인세법 제51조의 2). 조합은 공동사업으로 과세될 수 있다. 자본시장법상 투자조합, 투자익명조합에 대해서는 동업기업과세제도의 적용이 배제된다(조특법 제100조의 15 제1항 제3호 괄호 안).

투자신탁은 과세실체가 아니기 때문에 별도의 납세의무를 지지 않는다.

투자자들이 집합투자기구로부터 받는 분배금은 배당소득으로 과세되는 것이 원칙(적격집합투자기구)인데 일정한 경우에는 집합투자기구에 귀속되는 소득의 종류가 그대로 유지되는 채로 투자자에게 과세되기도 한다(소득세법시행령 제26조의2 제3항 및 제8항). 사모집합투자기구(private equity fund)518)는 일정 요건을 충족할 경우519) 신탁으로 보는 방법으로 도관으로 취급한다(소득세법시행령 제26조의2 제8항). 사모투자전문회사(구성원 50인 이하)는 동업기업이 될 수 있다(자본시장법 제269조). 투자목적회사는 지급배당공제가 적용되는 방법으로 사실상 과세되지 않는다(자본시장법 제271조). 사모투자전문회사와 기업인수목적회사에는 지급배당공제가 적용되지 않는다(자본시장법시행령 제6조 제4항 제14호).

나. 납세의무자의 분류

납세의무자란 세법상 권리·의무관계에 있어 그 의무자를 말한다. 납세의무자는 세법에 의하여 국세를 납부할 의무가 있는 자로서 그에는 고유의 납세의무자, 연대납세의무자, 제2차 납세의무자, 물적 납세의무자 및 납세보증인이 포함된다.

(1) 고유의 납세의무자

고유의 납세의무자는 개별 세법에서 자신의 행위 또는 소득 등으로 인하여 납세의무를 지는 자를 말한다.

---

516) 제3편 제5장 참조.

517) 소득세법시행령 제23조 제8항의 규정에 의한 사모집합투자기구(private equity fund).

518) 집합투자증권을 사모로만 발행하는 집합투자기구로서 투자자의 총수가 49인 이하인 것.

519) 자본시장법 제9조 제19항의 요건에 다음의 요건이 추가된다. 투자자는 거주자 1인과 그와 특수관계 있는 자로 한정될 것, 투자자가 사실상 자산운용의 의사결정을 할 것.

(2) 연대납세의무자

연대납세의무란 납세자가 자신의 고유의 납세의무를 다른 누구와 연대하여 납부할 책임을 부담하는 경우 그 의무(고유의 납세의무)를 말한다.

민법상 연대채무란 2인 이상의 채무자가 연대하여 각 채무자의 분담 부분의 합계액에 해당하는 채무를 부담하고 1인의 채무자가 그 급부의무를 이행하면 다른 채무자도 공동 면책되는 것을 말한다.[520] 국세기본법 제25조의 2는 연대채무에 관한 민법조항 중 연대납세의무에 준용되는 것을 규정하고 있다.

민사상 연대채무자가 고유채무를 초과하여 지급한 부분에 대해 다른 연대채무자에 대해 구상권을 행사할 수 있도록 되어 있다. 구상권을 포기받은 연대채무자에게는 그것이 채무면제이익이 되어 결손금과 상계되지 않는 한 과세된다. 구상권[521]을 임의로 행사하지 않은 연대채무자(보증채무자의 경우도 해당됨)의 손실에 대해서는 부당행위부인계산을 한다.[522]

세법상 연대납세의무에는 국세기본법에서 규정하는 것과 개별 세법에서 규정하는 것이 있다.

(가) 국세기본법

국세기본법은 공유물,[523] 공동사업[524] 또는 당해 공동사업[525]에 속하는 재산에 관계되는 세금에 대한 연대납세의무를 규정하고 있다(국세기본법 제25조 제1항).

공동사업자의 연대납세의무에 관해서는 소득세법에 특칙이 있다. 국세기본법 규정에 불구하고 소득세법상 공동사업자는 연대납세의무를 지지 않는다. 공동사업자 각각에게 공동사업에서 발생한 소득 중 자기의 지분에 해당하는 소득이 귀속되며 이를 자신의 다른 소득과 합산하여 신고하게 된다. 다른 공동사업자의 지분에 상응하는 소득에 대한 소득세에 대해 연대하여 납세의무를 지지는 않는다. 다만, 특수관계가 있는 공동사업자 간에는 일정한 요건 하에 연대납세의무를 진다(소득세법 제2조의 2 제1항, 제43조 제3항 및 국세기본법 제3조 제1항). 소득세법에만 국세기본법에 대한 예외규정이 있으므로 법인세법상 공동사업자는 연대납세의무를 진다는 것이 된다. 그리고 부가가치세법상 공동사업을 영위하는 개인들은 연대납세의무를 진다.[526] 부가가치세의 경우 연대납세의무자 각각에게 연대책임을 지는 조세채무액 전액을 고지하면서 공동사업자별 지분명세서를 첨부한다. 이때 각자에게 통지하는 산출근거 및 고지세액은 동일하다.

---

520) 이은영, 『채권총론』, 박영사, 2006.7, p.501.

521) 민사상 출재채무자에게는 구상권이 있다.

522) 대법원 2004두5904(2006.1.26).

523) 민법상 물건을 지분에 의하여 수인이 소유하는 것을 공유라 하며, 이와 같이 2인 이상이 공동으로 소유하는 물건을 공유물이라고 한다.

524) 공동사업이라 함은 그 사업이 당사자 전원의 공동의 것으로서, 공동으로 경영되고 따라서 당사자 전원이 그 사업의 성공 여부에 대하여 이해관계를 가지는 사업을 말한다(국세기본법기본통칙 25 - 0…2).

525) 대법원 등기예규 제11호(합유등기사무처리)상 '합유등기'의 사유에 해당하지 않는다.

526) 국세기본법제25조 제1항 중 "공동사업에 관계되는 국세는 공동사업자가 연대하여 납부할 의무를 진다"는 부분으로서 부가가치세와 관련된 부분이 평등권 및 조세평등주의에 위배되지 않는다. 부가가치세는 사람이 재화 또는 용역을 구입·소비하는 사실에 담세력을 인정하는 소비세의 일종으로서 '부가가치를 창출·지배하는 사업자'가 그 납세의무자인 반면, 소득세는 사람의 수입 사실에 착안한 수득세(收得稅)의 일종으로서 '소득을 얻은 개인'이 납세의무자가 되므로, 소득세의 납세의무자와 부가가치세의 납세의무자를 본질적으로 동일한 두 개의 비교집단이라고 볼 수 없다(헌재 2006.7.27, 2004헌바70).

1998년 국세기본법 개정으로 연대납세의무의 범위가 확대되어 법인이 분할되거나 분할합병하는 경우 분할 또는 분할합병 이전에 분할되는 법인에 납세의무가 성립한 세금은 분할되는 법인과 분할 또는 분할합병으로 설립되는 법인 그리고 분할합병할 때 존속하는 상대방법인[527]이 연대납세의무를 부담하게 되었다(국세기본법 제25조 제2항). 법인이 분할 또는 분할합병으로 해산하는 경우 해산하는 법인에 부과되거나 그 법인이 납부할 세금은 승계되며, 분할 또는 분할합병으로 설립되는 법인과 분할합병할 때 존속하는 상대방법인이 연대하여 납부할 책임을 진다(국세기본법 제25조 제3항). 이들 연대납세의무는 분할로 승계된 재산가액을 한도로 한다.

법인이 채무자회생 및 파산에 관한 법률 제215조[528]에 따라 신회사를 설립하는 경우 기존의 법인에 대하여 부과되거나 납세의무가 성립한 국세 및 체납처분비는 신회사가 연대하여 납부할 책임을 진다(국세기본법 제25조 제4항).

(나) 개별세법

개별세법상 연대납세의무에는 상증세법상 공동상속인의 연대납세의무(상증세법 제3조의 2 제3항), 증여자의 연대납세의무(상증세법 제4조의 2 제5항 및 국세징수법 제9조) 및 법인세법상 연결납세신고를 하는 연결법인 간의 연대납세의무(법인세법 제2조 제4항)가 있다.

(다) 통지의 효력발생

① 부과통지의 상대적 효력

일반의 연대납세의무(예: 국세기본법 제25조 제1항의 공유자 또는 공동사업자의 연대납세의무)는 자신에 대한 부과처분통지로서의 납세고지에 의하여 구체적으로 확정된다.

연대납세의무자의 상호 연대관계는 이미 확정된 조세채무의 이행에 관한 것이지 조세채무 자체의 확정에 관한 것은 아니므로, 연대납세의무자라 할지라도 각자의 구체적 납세의무는 개별적으로 확정함을 요하는 것이어서 연대납세의무자 각자에게 개별적으로 구체적 납세의무 확정의 효력 발생요건인 부과처분의 통지가 있어야 한다. 이와 같이 연대납세의무자 1인에 대한 과세처분의 통지는 상대적 효력을 가진다. 따라서 그 하자도 상대적 효력만을 가진다(민법 제415조). 연대납세의무자 1인에 대한 처분의 무효 또는 취소의 원인이 있어도 다른 연대납세의무자의 납세의무의 효력에는 영향이 없다(상대적 효력).

② 징수고지의 절대적 효력

연대납세의무자 1인에 대한 이행청구의 효력은 다른 연대납세의무자에게도 미친다(절대적 효력, 민법 제416조). 이 이행청구를 위한 고지서에는 다른 연대납세의무자의 이름을 기재할 필요가 없다.

---

527) 분할되는 법인의 일부가 다른 법인과 합병하여 그 다른 법인이 존속하는 경우 그 다른 법인.

528) 제215조 (주식회사 또는 유한회사의 신회사 설립) ① 회생채권자·회생담보권자·주주·지분권자에 대하여 새로 납입 또는 현물출자를 하지 아니하고 주식 또는 출자지분을 인수하게 함으로써 신회사(주식회사 또는 유한회사에 한한다. 이하 이 조에서 같다)를 설립하는 때에는 회생계획에 다음 각 호의 사항을 정하여야 한다.
(중간 생략)
② 제1항에 규정된 경우를 제외하고 주식의 포괄적 이전·합병·분할 또는 분할합병에 의하지 아니하고 신회사를 설립하는 때에는 회생계획에 다음 각 호의 사항을 정하여야 한다. (이하 생략)

세무서장은 어느 연대납세의무자 1인에 대하여 또는 동시, 순차로 모든 연대납세의무자에 대하여 납부할 국세의 전부 또는 일부를 납부할 것을 청구(납세의 고지·독촉)할 수 있다(민법 제414조).

이행청구의 절대적 효력에 따라 납부의무의 이행, 독촉 및 면제 또는 시효의 완성도 어느 연대납세의무자 1인에 대하여 효력이 발생한 경우 나머지 연대납세의무자 전원에 대하여 그 효력이 미친다.

실무상 연대납세의무자 각자에게 모두 고지서를 발부한다.529)

(라) 연대납세의무자가 납부한 세금의 성격

연대납세의무자가 내는 세금은 다른 연대납세의무자에 대한 증여로 볼 수 있는 것 아닌가? 증여자가 세법상 증여세의 연대납세의무에 의해 부담하는 증여세는 증여재산으로 보지 않는다. 예를 들어, 거주자나 비거주자에게 증여하는 경우 증여자는 연대납세의무가 있는데 증여자가 연대납세의무자로서 증여세를 대신 납부하는 경우에는 재차증여에 해당하지 않는다.530) 그러나 증여자가 대신 내는 증여세는 증여재산에 해당한다.

증여세를 납부한 것이 연대납세의무에 의한 것인가 아예 처음부터 증여를 하고자 했던 것인가 개별적인 사실관계를 잘 살펴보아야 한다. 후자의 경우에는 증여세를 부과한다. 다른 세목상 연대납세의무자 간의 관계에서도 동일하다.531)

상증세법령상 절차에 의해 증여자에게 증여세를 직접 납부할 책임이 인정되는 경우를 제외하고는 증여자가 수증자에게 부과된 증여세를 대신 납부하는 것은 자신의 증여세 납부책임을 이행한 것이 아니라 수증자가 납부하여야 할 증여세 상당금액을 다시 증여한 것으로서 재차 증여세를 과세할 수 있는 대상이 된다.532)

증여자가 대신 내는 증여세는 증여재산에 해당한다면, 그것은 마치 급여의 지급자가 대신 지급하는 세금은 근로소득에 포함되는 것과 같다.533) 이와 관련된 미국의 사례 Old Colony Trust Co. v. Commissioner(279 U.S. 716, 1929)를 참고할 수 있다. 이는 1913년 오늘날과 같은 소득세제도가 도입된 지 얼마 안 되어 발생한 사건이다. American Woolen Company의 이사회는 사장인 Wood를 포함한 몇몇 이사의 개인소득에 대한 연방소득세를 회사가 지불하기로 의결하였다. Wood의 1918년과 1919년의 세금은 1백만 달러를 약간 넘는 것이었다. 원고인 국세청장은 누가 대신 내준 세금은 소득에 해당한다고 주장하면서 조세심판원(The Board of Tax Appeals)에

---

529) 국세징수법기본통칙 9-0···1.

530) 서면인터넷방문상담4팀-1130, 2007.4.6. 참조.

531) 서면인터넷방문상담4팀-2005, 2004.12.9. 참조. 다만, 재산세과-2387(2008.8.22.)은 각자가 받았거나 받을 상속재산을 초과하여 대신 납부한 상속세액에 대해서는 다른 상속인에게 증여한 것으로 보아 증여세가 과세되는 것으로 보고 있다. 각 상속인 등의 자금형편상 특정상속인이 연대납세의무자로서 자기지분을 초과하여 상속세를 납부한 후 다른 상속인으로부터 이를 변제받은 경우에는 증여세과세문제가 발생하지 않는다고 한다.

532) 대법원 1997.9.5. 선고 97누7493 판결. 증여받은 재산에 대한 증여세액을 직계존속으로부터 다시 증여받은 것으로 본 증여세부과처분에 대하여 위 증여세액을 자신의 결혼축의금으로 충당하였음을 내세워 위 처분이 위법하다고 다툰 사안에서 위 증여세액을 결혼축의금으로 충당하였다는 증거가 없을뿐더러 결혼축의금은 특별한 사정이 없는 한 혼주인 부모에게 귀속한다는 이유로 위 증여세부과처분이 적법하다고 본 사례가 있다(서울행법 1999.10.1. 선고 99구928 판결: 확정).

533) 소득세법기본통칙 20-7.

제소하였다. 본 사건상 피고는 **Old Colony Trust Co.**이었다. 조세심판원은 국세청장의 주장을 받아들였다. **Old Colony Trust Co.**는 대법원에 상고하였다. 대법원(**Taft, C. J.**)은 그것이 과세소득에 포함된다는 결정을 하였다. 이유는 다음과 같다. 그 세금은 종업원이 자기의 근로용역을 제공한 것에 대한 대가에 해당한다. 대가를 지급받는 형식은 중요하지 않다. 제3자가 자기의 채무를 면제해 준 경우 그것 역시 과세된다. 본 사건상 대신 지급된 세금은 증여에 해당하지는 않는다. 회사가 자발적으로 지급한 것이라 하더라도 보수로서의 성격이 사라지는 것은 아니다.

다. 보충적 납세의무자

(1) 제2차 납세의무자

국세기본법은 청산인 등 출자자, 법인 및 사업양수인을 제2차 납세의무자로 규정하고 있다.[534)]
제2차 납세의무란 조세징수의 확보를 위하여 원래의 납세의무자(주된 납세의무자)의 재산에 대하여 체납처분을 하여도 징수하여야 할 조세에 부족이 있다고 인정되는 경우에 그 원래의 납세의무자와 특수관계에 있는 제3자에 대하여 원래의 납세의무자로부터 징수할 수 없는 액을 한도로 보충적으로 납세의무를 부담하게 하는 경우 그 의무를 말한다(국세기본법 제38조부터 제41조).

제2차 납세의무는 조세채권의 확보를 위해 국가가 마련한 안전장치인 한편, 법인의 형식을 빌려 실질적인 경제력을 행사하는 자가 조세채무를 회피하는 것과 같은 조세회피를 방지하기 위한 규정으로서의 성격도 지니고 있다. 개별적인 조세회피방지규정은 그 취지에 부합하게 목적론적으로 해석할 수 있을 것이지만 제한 없이 유추적용할 수는 없다. 제2차납세의무자의 제2차납세의무자는 원래의 조세채무자에 대한 제2차납세의무자가 될 수는 없다고 보아야 할 것이다.[535)]

제2차 납세의무는 납세보증인의 납세보증채무 및 양도담보권자의 물적 납세의무와 함께 보충적인 납세의무에 속한다. 제2차 납세의무는 조세채권을 확보하기 위한 책임재산의 범위를 제2차 납세의무자의 일반재산에까지 확대함으로써 인적 담보의 기능을 수행한다. 이 점에서 양도담보권자의 물적 납세의무와 구별된다. 그리고 제2차 납세의무는 본인의 의사와 관계없이 법률의 규정에 의해 지게 된다는 점에서 동일한 인적 담보기능을 수행하는 납세보증과는 구분된다.

제2차 납세의무는 주된 납세의무자의 체납과 그의 무자력, 즉 징수부족액의 발생을 요건으로 하여 성립한다. 제2차 납세의무는 제2차 납세의무자에 대한 납부통지에 의해 확정된다(국세징수법 제12조).[536)] 징수부족액이 발생하면 제2차 납세의무가 성립한다. 징수부족액 판정은 과세

---

534) 독일에서는 납세의무자의 사무를 관리하는 자(법정대리인, 법인의 대표 등)가 조세관련 사무를 고의 또는 중과실로 잘못 관리하여 납세의무자가 세법상 의무를 이행하지 않게 되면 그에 따른 국가의 손해를 배상하도록 하고 있다. 법인의 대표자, 재산관리인 및 재산처분수탁인 등이 이에 해당한다. 기장의무, 신고의무, 근로소득세원천징수의무 및 부가가치세거래징수신고납부의무 등이 그 예이다. 법인의 대표자는 위의 요건이 충족될 경우 해당 법인의 관련세금에 대해 보증채무를 지는 것과 동일한 부담을 진다(독일 조세기본법 제69조).

535) 대법원 2019. 5. 16 선고 2018두36110 판결

536) 납부통지서는 1998.2.10. 체납법인에게 발송된 후 1998.2.12. 반송되었고 청구인에게 납부통지서 등을 재차 발송한 내용은 특수우편물수령대장상에 나타나지 아니하는 것을 알 수 있고(처분청 회신공문번호: 납세자보호담당관-1499, 2005.8.12), 청구인이 체납법인의 쟁점체납액에 대하여 제2차 납세의무의 이행을 최고하는 납부최고서를 수령하였다고는 하나, 그로 인해 제2차 납세의무지정 및 납부통지에 대한 처분의 하자가 치유되는 것으로는 볼 수 없으므로 청구인에 대한 제2차 납세의무지정 및 납부통지 처분은 부존재하는 것이고(국심 1994중4049, 1994.11.22. 같은 뜻). 따라서 이에 터 잡아 이루어진 채권압

관청의 실무상 제2차 납세의무자에 대한 납부통지서의 발부 당시를 기준으로 하고 있다.

제2차 납세의무자는 자신에 대한 부과처분이 적법한지에 대한 다툼에 있어 주된 납세의무자에 대한 부과처분의 내용(부종성, Grundsatz der Akzessorietät)과 주된 납세자에 대한 체납처분의 집행(보충성, Grundsatz der Subsidiarität)에 대해 다툴 수 있다. 제2차 납세의무는 주된 납세의무의 존재를 전제로 하여[537] 성립하고 주된 납세의무에 관하여 생긴 사유는 제2차 납세의무에도 그 효력이 있으며 이러한 성질을 '부종성'[538]이라고 한다. 제2차 납세의무자는 주된 납세자의 재산에 대하여 체납처분을 집행하여도 징수할 금액이 부족한 경우에 한하여 그 부족액에 대해 납부책임을 진다는 점에서 제2차 납세의무에 '보충성'[539]이 있다고 한다.

(가) 출자자 등

무한책임사원은 법인의 채무 일반에 대해 무한책임을 지게 되므로 법인의 조세채무에 대해 책임을 지는 것은 당연하다. 국세기본법은 무한책임사원이 법인의 조세채무에 대해 제2차 납세의무를 진다고 규정하고 있다.

과점주주 등에 해당하는 경우에도 법인의 조세채무에 대해 제2차 납세의무를 진다고 규정하고 있다(국세기본법 제39조 제2호). 국세기본법은 법인의 재산으로 그 법인에 부과되거나 그 법인이 납부할 세금에 충당하여도 부족한 경우에는 그 세금의 납세의무 성립일 현재 과점주주 중 법으로 정하는 자가 그 부족액에 대하여 제2차 납세의무를 진다고 규정하고 있다. 과점주주의 제2차 납세의무는 위 부족액을 그 법인의 발행주식 총수 또는 출자 총액으로 나눈 금액에 과점주주의 소유주식 수 또는 출자액을 곱하여 산출한 금액을 한도로 한다.[540]

국세기본법상 과점주주등의 제2차 납세의무에 관한 규정은 법인의 형식을 빌려 법인의 유한책임성을 이용하는 방법으로 조세채무를 면탈하고자 하는 행위를 규제하기 위한 규정이다. 일반적인 법인격부인의 법리에 의하여 동일한 목적을 달성할 수 없는 것은 아니지만 조세법률관계를 명확하게 하기 위하여 법상 주주의 책임을 묻는 요건을 분명히 하고 있는 것이다. 이 규

류처분은 부적법한 처분에 해당한다(국심 2005광0208(2006.1.19)).

[537] 갑 회사의 부가가치세 예정신고(2007.10.24.)로 부가가치세 납세의무가 확정되었고 이후 사업 양수(2007.11.15.)가 있었으므로 을은 '부가가치세'에 대해서는 제2차 납세의무를 부담한다. 사업양수일 이후의 사유에 의한 가산세(2007.12.5. 납부불성실 가산세 고지) 및 가산금에 대해서는 제2차 납세의무를 부담하지 않는다(대법원 2011.12.8. 선고 2010두3428 판결).

[538] 민법 제430조 참조. 대법원 1989.7.11. 선고 87누415 판결.

[539] 민법 제437조 참조.

[540] 2007년 개정전 국세기본법 제39조 제1항 제2호 다목에 의하면 과점주주에는 50%를 초과하는 지분을 가지고 있는 자 및 법인의 경영을 사실상 지배하는 자 및 앞의 두 경우의 자의 배우자, 사실상 혼인관계에 있는 자 및 생계를 같이하는 직계존비속(실질적으로 경영에 참여할 필요가 없다. 대법원 2004.7.9. 선고 2003두1615판결)이 포함된다. 지분 비율은 1998년 12월 28일 현재지적(현재 1997.6.26, 93헌바49)에 따라 이 한도 도입 당시 51%였지만 2006년 12월 30일 법개정으로 50% 초과로 확대되었다. 그렇다면 50%의 지분을 가지고 있는 자는 어떻게 할 것인가? 만약 갑이 을(50%)과 병(50%)을 통해 대상법인의 경영을 사실상 지배하고 있을 때에는 그를 제2차 납세의무자로 볼 수 있다. 과점주주인 제2차 납세의무자는 징수부족액 중 출자액 비율에 상당하는 금액으로 한정된다. 위에서 갑은 자기 이름으로 보유하고 있는 지분이 없으므로 실질적으로 제2차 납세의무를 지는 금액은 0인가? 그렇지 않다. 출자액 비율을 산정할 때 대상이 되는 출자액은 갑이 실질적으로 권리를 행사하는 주식가액을 의미하는 것이므로 100%가 될 수 있다. 이와 같이 배후에 있는 갑에게 제2차 납세의무를 모두 지울 수 있다면 '50% 초과'는 '51% 이상'과 구별되는 의미를 갖기 어려운 것 아닌가? 이는 갑이 을과 병을 모두 지배할 수 없지만 을(50.01%)−병(49.99%)이 아닌−을 통해 대상법인에 대한 지배권을 갑이 행사할 수 있도록 설계한 구조에서는 의미를 갖게 된다. 갑이 지배하는 을이 대상법인의 조세채무에 대한 제2차 납세의무를 지게 된다.

정은 조세법 적용을 위해 법인격부인의 법리를 사용하는 것은 엄격하게 제한하여야 한다는 주장과 보조를 같이한다.[541]

이들은 해당지분에 관한 권리를 실질적으로 행사하는 자들이어야 한다.[542] 과점주주의 제2차 납세의무는 법인을 사실상 지배하는 자가 법인에 귀속하는 경제적 이득을 향유하면서도 조세채무에 대한 책임을 회피하는 것을 방지하기 위해 세법상 부과하는 의무이다. 이는 일종의 조세회피방지규정과 같은 성격을 지니고 있다. 따라서 과점주주에게 단순히 그 법인의 과점주주라는 사실만으로 제2차 납세의무를 부담시키는 것은 제도 도입 본래의 취지에 부합하지 않으며, 그 법인을 실질적으로 지배하는 주주 또는 그럴 개연성이 높은 주주에게 부담시켜야 한다.

헌법재판소는 1998.5.28., 97헌가13 결정에서 구 국세기본법 제39조 제1항 제2호 가목이 '주식을 가장 많이 소유한 자'라는 형식적인 기준만으로 제2차 납세의무를 지우는 것은 위헌의 소지가 있으며, 당해 법인의 발행주식 총액의 100분의 51 이상의 주식에 관한 권리를 실질적으로 행사하는 자가 아닌 과점주주에게 제2차 납세의무를 부담하게 하는 것은 실질적 조세법률주의에 위배되고 과점주주의 재산권을 침해하여 헌법에 위배된다고 보았다.[543] 구 국세기본법 제39조 제1항 제2호 다목은 과점주주 자신이 법인의 경영을 사실상 지배하거나 당해 법인의 발행주식 총액의 100분의 51 이상의 주식에 관한 권리를 실질적으로 행사하는지에 관계없이 과점주주 중 주식을 가장 많이 소유한 자와 서로 도와서 일상생활비를 공통으로 부담한다는 이유만으로 책임의 범위와 한도조차 뚜렷이 정하지 않은 채 법인의 체납세액에 대해 일률적으로 제2차 납세의무를 지우는 것은 조세평등주의와 실질적 조세법률주의에 위반되고 과점주주의 재산권을 침해한다고도 보았다. 아울러 구 국세기본법 제39조 제1항 제2호 라목은 제2차 납세의무를 부담하는 과점주주인 임원의 범위를 구체적인 기준도 없이 이를 모두 대통령령에 포괄적으로 위임하여 위임입법의 한계를 일탈한 것으로 판단하였다.

이 결정은 다음의 사건을 전제로 하는 것이었다. 전자기기제작·설치업 등을 목적으로 하는 주식회사 ○○(이하 '이 회사'라 한다)는 주식이 한국증권거래소에 상장되지 아니한 법인으로 1988년 1월 19일 제청신청인의 동생인 망 남○식의 주도로 설립되었다. 법인등기부상의 이사인 제청신청인은 1994년 12월 현재 이 회사의 주식이동상황명세서상 발행주식 총 74,000주 가운데 12,000주, 남현식은 17,000주, 남○식의 처인 이○숙은 14,000주의 주식을 각 소유하고 있는 것으로 등재되어 있다. 제청신청인은 이 회사 설립 당시 발기인이고 이사로 등재되어 있다. 위 남○식에게 단지 명의만 빌려 주었을 뿐 실질적으로 주식을 인수하거나 회사 경영에 참여한 사실이 없다. 제청신청인은 국세기본법 제39조 제1항 제2호[544] 소정의 과점주주 및 이사

---

541) 동일한 취지, 일본고베 地裁 1996.2.21. 판결 참조. 상사판례상 법인격부인은 1인 주주 회사에 한정된다. 법인격이 부인될 경우 고유한 납세의무의 귀속이 해당 주주에게 있게 된다.

542) 제2차 납세의무의 부과를 정당화시키는 실질적인 요소에 대하여는 고려함이 없이, 소정 과점주주 전원에 대하여 일률적으로 법인의 체납액 전부에 대한 무제한의 납세의무를 인정… 조세평등주의에도 위반된다. …입법목적에 비추어 이를 주식회사를 실질적으로 운영하면서 이를 조세회피의 수단으로 이용할 수 있는 지위에 있는 자, 즉 법인의 경영을 사실상 지배하거나 과점주주로서의 요건, 즉 당해 법인의 발행주식 총액의 100분의 51 이상의 주식에 관한 권리를 실질적으로 행사하는 자로 제한함이 상당하다 할 것이다(헌재 1997.6.26, 93헌바49).

543) 주주 유한책임원칙에 위배된다는 것이다.

544) 구 국세기본법 제39조 (출자자의 제2차 납세의무) ① 법인(주식을 한국증권거래소에 상장한 법인을 제외한다)의 재산으로 그

가 아니라는 이유를 들어 서울고등법원에 위 과세처분의 취소를 구하는 행정소송을 제기하였다(96구27317). 그 소송계속 중에 위 과세처분의 근거가 된 위 법률조항에 대한 위헌여부심판제청신청을 하였고(96부1518), 위 법원은 1997년 9월 20일 신청을 받아들여 위 법률조항 중 가목·다목·라목에 대한 위헌심판제청결정을 하였다.

위의 헌법재판소 위헌결정에 따라 국세기본법이 개정되어, 과점주주는 50%[545]를 초과하는 지분을 실질적으로 행사하는 자[546] 및 법인의 경영을 사실상 지배하는 자와 그 배우자 및 그와 생계를 같이하는 직계존비속으로 한정되고 있다(현행 국세기본법 제39조 제1항).

위 사건에서 원고는 당시 주주명부상 과점주주로 되어 있었지만 자기는 명의만 빌려 주었을 뿐 실질적인 지분권자가 아님을 주장하였다. 관련 국세기본법 조항이 헌법에 위배되는지에 대한 판단과는 별론으로 법원은 이 사건 사실관계상 원고가 주식의 실질적인 소유권을 가지고 있는지에 관심을 가졌다면 어떤 결과가 주어졌을까? 제2차 납세의무의 귀속에도 실질귀속원칙이 적용될 수 있다고 본다면, 주식에 대해 실질적인 소유권을 지니고 있지 않은 경우에는 제2차납세의무를 지지 않는 것으로 판단할 수 있었을 것이다.

한편, 당시 및 현행 세법상 제청신청인은 실질적인 지분권자가 아니므로 주식의 명의수탁자로서 증여의제과세받을 수 있다. 증여의제과세를 하는 것은 명의신탁자의 조세회피를 방지하기 위함이다. 명의신탁자인 실질적인 지분권자에 대해서는 제2차납세의무를 지울 수 있다. 명의에 관계 없이 사실상 지분권을 가진 자를 지분권자로 보기 때문이다.[547] 명의신탁증여의제과세는 그만큼 존재 의의가 미약해진 것이라고 볼 일이다.

국세기본법 제39조의 규정에 의하면, 법인의 주식에 대한 권리를 실질적으로 행사하는 과점주주는 법인이 체납한 세액 중 동 규정에 따라 자신이 2차적으로 부담해야할 세액은 자신의 출자액으로

법인에 부과되거나 그 법인이 납부할 국세·가산금과 체납처분비에 충당하여도 부족한 경우에는 그 국세의 납세의무의 성립일 현재 다음 각 호의 1에 해당하는 자는 그 부족액에 대하여 제2차 납세의무를 진다. 〈개정 1993.12.31.〉

1. 무한책임사원
2. 과점주주 중 다음 각 목의 1에 해당하는 자
가. 주식을 가장 많이 소유하거나 출자를 가장 많이 한 자
나. 법인의 경영을 사실상 지배하는 자
다. 가목 및 나목에 규정하는 자와 생계를 함께하는 자
라. 대통령령이 정하는 임원
② 제1항 제2호에서 '과점주주'라 함은 주주 또는 유한책임사원 1인과 그와 대통령령이 정하는 친족 기타 특수관계에 있는 자로서 그들의 소유주식의 합계 또는 출자액의 합계가 당해 법인의 발행주식 총액 또는 출자 총액의 100분의 51 이상인 자들을 말한다. 〈신설 1993.12.31.〉
[93헌바49, 94헌바38, 41, 95헌바64(병합) 1997.6.26.(1993.12.31. 법 4672)](97헌가13 1998.5.28.)
1. 국세기본법 제39조 제1항 제2호 '가목' 중 주주에 관한 부분은 "당해 법인의 발행주식 총액의 100분의 51 이상의 주식에 관한 권리를 실질적으로 행사하는 자" 이외의 과점주주에 대하여 제2차 납세의무를 부담하게 하는 범위 내에서 헌법에 위반된다.
2. 국세기본법 제39조 제1항 제2호 '다목과 라목' 중 주주에 관한 부분은 모두 헌법에 위반된다.
위 괄호 안의 헌법재판소 결정에 따라 이후 법원의 판결은 가. 목의 해석을 51%의 주식에 관한 권리를 실질적으로 행사하는 자로 한정하고 있다(대법원 2000.1.14. 선고 99두9346 등). 이후 국세기본법은 1998년 12월 28일 동일한 취지로 개정되었다.

545) 지분율 51%는 2006년 말부터는 50%로 하향 조정되었다.
546) 1998.12.28. 개정
547) 국세기본법기본통칙 39-0…1

한정되지 않는다. 상법상 주주의 유한책임원칙에만 의존한다면, 법인이 세금을 체납할 때 과세관청은 주주가 납입한 주금으로 취득한 자산을 압류하고 환가하여 조세채권의 만족을 추구하는 데에 그쳐야 할 것이었다. 국세기본법상 특별 규정에 의해 어떤 주주가 법인의 실질자산에 대해 갖는 지분권을 초과하여 해당 주주에게 2차적인 책임을 묻는다면, 그것을 해당 주주의 출자액을 한도로 할 당위성은 없는 것이다.

(나) 법인의 제2차 납세의무

법인은 그것의 구성원의 채무와는 무관한 별개의 실체이다. 그것의 구성원이 무슨 경제활동을 하든 그 경제활동이 자신과 관련이 없다면 법적 책임을 지게 할 수 없다. 그런데 우리 국세기본법은 법인이 자신의 구성원이 조세채무를 이행하지 않을 경우 사실상 그 구성원의 지분매수를 강제 받는 것과 같은 정도의 부담을 지우고 있다. 즉 법인의 순자산가액 중 해당 구성원의 지분에 상응하는 가액을 한도로 그 구성원의 조세채무에 대해 제2차 납세의무를 지도록하고 있다. 이러한 의무규정이 적용되기 위해서는 그 구성원이 무한책임사원이든가 과점주주이어야 한다. 그리고 정부가 해당 구성원의 지분을 처분하려 하여도 그것이 불가능한 경우이어야한다(국세기본법 제40조 제1항).

(다) 기타의 경우

정비사업조합은 법인이기 때문에 조합원을 출자자로 보아야 하는데 출자자인 조합원은 법인의 조세에 대한 제2차 납세의무를 진다. 이때 그가 분배 또는 인도받은 잔여재산에 한하여 제2차 납세의무를 부담한다(조특법 제104조의 17 제4항).

사업양수인은 양수한 재산의 가액을 한도로 제2차 납세의무를 진다(국세기본법 제41조 제1항).[548] 사업양수인은 사업에 관한 권리·의무를 포괄적으로 승계한 자 중 양도인과 특수관계인및 양도인의 조세회피를 목적으로 사업을 양수한 자를 말한다(국세기본법시행령 제22조).

(2) 양도담보권자의 물적 납세의무

국세기본법은 조세의 징수를 확보하기 위한 방안의 하나로서 조세의 징수를 회피하기 위한목적으로 활용되기 쉬운 양도담보의 조세법상 성격을 분명히 하고 국세와 피담보채권과의 우선순위에 관한 규정을 두고 있다. 국세기본법은 본래의 납세의무자가 세금을 체납하고 그 납세자의 다른 재산에 대하여 체납처분을 하여도 부족액이 발생하는 경우 그 체납세금의 법정기일 후에 설정된 양도담보재산으로부터 그 부족액을 징수하도록 하고 있다(국세기본법 제42조 제1항).

이 제도는 피담보채권과 국세와의 경합을 조정하고 있고, 담보의 설정 시기에 따라 조정내용을 달리하는 점에서는 국세우선의 원칙(국세기본법 제35조 제1항 제1호)과 유사하다. 그러나납세자의 다른 재산으로 징수하고 부족할 경우에 한해 양도담보재산으로 징수한다는 점에서

---

548) 양도인과의 별도 양도계약에 의하여 연달아 취득하는 등으로 양도인의 사업을 포괄적으로 승계한 것으로 인정되더라도, 그 사업의 경제적 가치에 대한 일괄적인 평가가 결여되어 있으므로, 특별한 사정이 없는 한 개별 자산의 양도계약에서 정해진 각각의 양도대금으로 '양수한 재산의 가액'을 계산하되, 양수한 사업의 경제적 가치를 정확하게 반영하기 위해서는 경매 등으로 양수한 가액 중에서 사업양수인의 채무변제에 충당된 부분, 즉 경매로 인하여 소멸한 사업양도인의 채무도 사업양수인이 양수한 부채로 보아 공제하여 산정하여야 한다(대법원 2009.12.10. 선고 2009두11058 판결).

국세우선의 원칙과 다르고 제2차 납세의무와 유사하다.

국세기본법은 양도담보재산은 계약에 의해 납세자가 그 재산을 양도한 때에 실질적으로 양도인에 대한 채권담보의 목적이 된 재산을 말한다고 한다(국세기본법 제42조 제2항).[549]

양도담보권자의 물적 납세의무는 납부의 고지(납부통지서)[550]를 받는 시점에 확정된다(국세징수법 제13조). 이에 따라 납부의 고지를 받기 전에 양도담보권을 실행하여 소유권을 취득하고 양도담보권자의 양도대금채무와 양도담보설정자의 피담보채무를 상계하였으면 양도담보권은 이미 소멸한 것이므로 물적 납세의무를 지울 수 없다.[551]

한편 양도담보의 대상이 된 재산을 양도담보의 제공자의 재산으로 보아 체납처분할 수는 없다.

(3) 수탁자

(가) 지방세

지방세기본법은 수탁자가 위탁자의 지방세채무에 대해 수탁재산 가액의 범위 안에서 제2차 납세의무를 지도록 하고 있다(지방세기본법 제49조의 2). 이는 재산을 신탁할 경우, 소유권이 수탁자로 이전되는 점을 악용하는 신탁의 설정을 방지하기 위한 것이다.

(나) 부가가치세

부가가치세법은 강제집행 시 명의존중의 원칙에 대한 예외로서 부가가치세를 체납한 납세의무자에게 신탁재산이 있는 경우로서 그 납세의무자의 다른 재산에 대하여 체납처분을 집행하여도 징수할 금액에 미치지 못하는 경우에는 그 신탁재산의 수탁자가 체납액을 납부할 의무가 있다고 하여 수탁자의 보충적 물적 납세의무를 규정하고 있다(부가가치세법 제3조의2). 수탁자에 대한 납부통지서의 고지가 있은 후에는 납세의무자가 신탁의 이익을 받을 권리를 포기 또는 이전하거나 다시 양도하는 등의 경우에도 그 납세의무에는 영향을 주지 않는다(부가가치세법 제52조의 2).

---

549) 국세기본법기본통칙은 양도담보는 다음과 같은 것이 일반적이라고 규정하고 있다.
　　(1) 협의의 양도담보: 채권의 담보목적을 위하여 담보의 목적물을 채권자에게 양도하고, 그 담보된 채무를 이행하는 경우에는 채권자로부터 그 목적물을 반환받고 불이행하는 경우에는 채권자가 그 재산을 매각하여 우선변제를 받거나 그 재산을 확정적으로 취득한다는 취지의 양도담보설정계약
　　(2) 매도담보: 담보를 위한 권리이전을 매매형식에 의하고 매도인이 약정 기간 내에 매매대가를 반환하면 매수인으로부터 목적물을 되돌려 받을 수 있는 권리를 유보한 매매(환매약관부매매)[1]의 형식을 취한 양도담보설정계약 또는 매도한 목적물에 대하여 매도인이 장래 재매매의 예약완결권을 행사함으로써 재차 매매계약이 성립하여 목적물을 다시 매도인에게 돌려준다는 취지의 예약(재매매의 예약)의 형식을 취한 양도담보설정계약(국세기본법기본통칙 42 - 0…1)
550) 제2차 납세의무자에 대한 납부통지서와 동일한 양식이다.
551) 국세기본법기본통칙 42 - 0…5. 국세기본법 제42조가 양도담보권지의 물적 납세의무에 관해 우선순위를 규정하고 있는 것은 아니다. 따라서 양도담보권이 존재하지 않는다면 물적 납세의무도 없다. 국세기본법 제35조 제1항 제3호 마목의 규정상 "양도담보재산에서 국세를 징수하는 경우에는 「국세징수법」 제13조에 따른 납부통지서의 발송일"이다. 이 규정은 양도담보권자가 양도담보재산에 대해 전세권 등을 설정한 경우에 그 양도담보재산에 대한 물적 납세의무와 전세권 등이 담보하는 채권과의 우선순위를 가릴 때의 물적 납세의무의 법정기일이다. 다음 사례처럼 단순한 양도담보약정만 있었고, 전세권 등이 설정되지 않았다면 적용되지 않는다. 갑은 을에 대하여 200의 채무를 지고 있고, 국가는 갑에 대하여 100의 조세채권을 가지고 있다. 갑은 250 가치의 부동산 A를 가지고 있다. 갑과 을은 A에 대해 양도담보약정을 하고 1월 2일에 등기하였다. 국가는 1월 1일 을에 대하여 양도담보에 기한 물적 납세의무 납부통지서를 발송하였다. 을은 1월 15일 양도담보권에 기해 A를 매각하여 갑과의 채권채무관계를 소멸시켰다. 납부통지서는 2월 1일 을에게 도달하였다. 을의 물적 납세의무는 2월 1일 확정되는데, 그전 1월 15일 양도담보권이 소멸하였으므로 물적 납세의무는 존재하지 않는다.

(4) 납세보증인

조세의 징수를 확보하기 위한 세법상 담보에는 물적 담보 및 인적 담보가 있다(국세기본법 제29조). 담보는 채권자의 요구에 의해 채무자가 제공하는 것이 원칙이다. 납세의무자가 납세담보를 제공할 수 있는 경우는 국세징수법[552) 및 개별세법[553)에 규정되어 있다. 세무서장이 담보의 제공을 요구하는 것에는 조세징수를 완화하는 대신 담보를 요구하기 위한 경우 및 단순히 징수의 확보를 위한 경우 등이 있다.

인적 담보의 하나인 납세보증의 경우 보증채무는 세법의 규정에 의해 체결하는 보증계약으로 성립하는 공법상의 채무이다. 국세기본법 제29조에 의하면 납세보증으로는 납세보증보험증권 및 세무서장이 확실하다고 인정하는 보증인[554)의 납세보증서가 제공될 수 있다. 국세기본법 기본통칙은 '세무서장이 확실하다고 인정하는 보증인'을 규정하고 있다.

세법상의 납세보증을 제공한 경우 과세관청은 보증채무자에 대해 자력집행권을 행사할 수 있다. 세법에 근거를 두지 않은 보증계약은 인정되지 않는다. 예를 들어, 개인 간 계약에 의한 납세보증(제3자에게 부과되는 모든 국세에 대하여 납부할 것을 보증한다는 내용)은 세법상 무효이다.[555) 따라서 그것을 근거로 국가가 위 보증을 한 자에게 보증채무의 이행을 청구하는 민사소송을 제기할 수 없다.

라. 원천징수의무자

국세기본법은 '국세를 징수하여 납부할 의무를 지는 자'를 납세자의 범주에 포함시키는 한편, 납세의무자의 범주에서는 제외시키고 있다(국세기본법 제2조 제9호 및 제10호). '국세를 징수하여 납부할 의무를 지는 자'는 원천징수의무자를 의미한다. 이때 원천징수를 수인하여야 할 납세자를 원천납세의무자라고 한다.

소득세법과 법인세법은 원천징수의무자에 대해 규정하고 있다. 소득세법을 예로 들면, 거주자 등에게 원천징수한 소득세를 납부할 의무를 부과하고 있다(소득세법 제1조 제2항 및 소득세법 제127조 제5항). 소득세법은 제127조 이하에서 원천징수의무의 내용에 대해 상세히 규정하고 있다.

마. 납세협력의무자

납세의무는 일정 세액을 납부하여야 할 채무를 부담하는 것 이외에 절차적 의무를 이행하여야 할 것을 포함하는 포괄적인 것이다. 법상 명확히 정의된 용어는 아니지만 강학상 이와 같은 의무를 '납세협력의무'라고 한다(국세기본법 제81조의 6 제2항 제1호)[556). 세액

---

552) 징수유예(국세징수법 제18조), 체납처분유예(국세징수법 제85조의 2).

553) 상속세연부연납허가(상증세법 제71조 제1항).

554) 은행법의 규정에 의한 금융기관, 신용보증기금법의 규정에 의한 신용보증기금 및 보증채무를 이행할 수 있는 자력이 충분하다고 세무서장이 인정하는 자(국세기본법기본통칙 29 - 0…2).

555) 대법원 1986.12.31, 83누715.

556) 우선조사대상자 선정에 관한 조항이다.

의 확정이 조세채무의 성립과 동시에 자동적으로 된다면 그러한 절차 이행을 위한 의무를 부담할 이유가 없다. 세액이 확정되도록 신고를 하는 것은 납세의무에 내재된 납세협력의무라고 할 수 있다. 납세협력의무는 좀 더 넓게 보면 세액을 확정하고 조세를 징수하기 위해 과세관청 이외의 일반 국민이 의무적으로 하도록 하는 여러 가지 행위를 포함한다. 예를 들면, 장부의 비치기장의무(국세기본법 제85조의 3) 및 세금계산서의 작성 교부의무 등이 그러한 것들이다.

2. 과세물건

과세물건은 담세능력을 표창하는 것으로서 조세법이 과세의 목적물로 정하고 있는 것을 말한다. 개별세법에서 정하는 과세물건은 크게 소득, 수익, 재산, 행위 또는 거래로 나눌 수 있다(국세기본법 제14조 제1항). 소득 또는 수익에 대해서는 소득세나 법인세가 부과된다. 금융기관의 금융업수익에 대해서 교육세가 부과된다. 재산에 관해서는 그 보유를 과세물건으로 하여 재산세나 종합부동산세가 부과되고 그 취득을 과세물건으로 해서 취득세와 등록세가 부과된다. 일정한 행위에 대해서는 증권거래세 또는 개별소비세가 부과된다. 일반적으로 경제거래에 대해서는 부가가치세가 부과된다. 상속세나 증여세와 같이 부의 무상이전거래에 대해 과세하는 조세에서 과세물건은 소득과 동일하게 보기도 하고 거래로 보기도 한다. 우리나라에서 상속세는 상속을 거래와 유사하게 보고 증여세는 증여재산을 소득과 동일한 관점을 가지고 법제가 설계되었다.

과세물건의 귀속은 납세의무의 귀속을 의미하게 된다. 과세물건과 납세의무자와의 결합관계를 과세물건의 귀속이라고 한다. 국세기본법에 따르면 납세의무, 즉 과세물건은 '사실상 귀속'되는 자에게 귀속되는 것으로 하여야 한다(국세기본법 제14조 제1항).

3. 과세표준

과세물건을 일정한 척도에 의하여 측정하여 금액화한 것을 과세표준이라고 한다. 과세표준은 그것에 바로 세율을 곱하여 세액을 산출하도록 되어 있기 때문에 세법상 각종 공제가 반영된 후의 수치이다. 소득세를 예로 들면, 수입금액에서 필요경비를 공제하면 소득금액이 될 것이지만 그것이 바로 소득세과세표준이 되지는 않고 그것에서 다시 소득세법이 인정하는 각종 공제액을 차감하여야 한다.

4. 세율

세율(tax rate)은 세액산출을 위하여 과세표준에 곱할 율을 말한다. 강학상 세율은 단일세율과 차등세율로 구분할 수 있다. 단일세율은 과세표준의 대소에 불구하고 단일의 세율을 적용하기 때문에 비례세율이 된다. 차등세율은 일반적으로 과세표준이 증가하면 더 높은 세율을 적용하기 때문에 누진세율을 의미한다. 차등하기 위해 인위적으로 과세표준 구간을 설정하게 되는데 그것을 과세표준구간(tax bracket)이라고 한다. 낮은 과세표준구간에 해당하는 금액에 대해서는 낮은 세율을 적용하고 높은 과세표준구간에 해당하는 금액에 대해서는 높은 세율을 적용하는 방식을 초과누진세율이라고 한다. 우리나라 세법상 누진세율은 초과누진세율방식으로 되어 있다.[557]

제2항 조세채무의 성립시기

조세채무는 세법이 정하고 있는 과세요건이 충족됨으로써 성립(Entstehung)한다. 성립한 조세채무는 4가지의 주요 과세요건에 따라 결정된 세액에 해당하는 채무를 부담하는 것을 그 내용으로 한다.

조세채무는 대체로 그 기초가 되는 과세요건 중 과세물건인 소득 또는 수익의 발생, 재산의 보유 및 행위 또는 거래의 완성 시점에 성립한다. 기간과세세목(Anlagungssteuer, periodische Steuern)[558]인 소득세, 법인세 및 부가가치세에 대해서는 기간의 경과시점에, 그리고 재산의 보유에 대해 과세하는 재산세에 대해서는 일정 시점(매년 6월 1일)에 조세채무가 성립한다 (Stichtagssteuer, nichtperiodische Steuern,특정일과세세목). 국세기본법 제21조는 조세채무의 성립 시기를 규정하고 있다.[559]

조세채무의 성립은 그것을 확정하고 이행하는 절차와 무관하게 이루어진다. 소득처분에 따른 소득의 귀속자의 원천납세의무는 법인에 대한 소득금액변동통지와 상관없이 당해 소득이 귀속된 과세기간의 종료시에 성립한다.[560]

납세의무자는 그렇게 성립한 조세채무의 이행을 위해 절차적 의무를 이행하여야 한다. 신고납세방식의 조세에서는 신고기한 내에 신고하고 세액을 확정시켜야 하며, 부과과세방식의 조세에서도 신고기한 내에 신고함으로써 과세관청이 세액을 확정할 수 있도록 도와주어야 한다. 이러한 절차적 의무를 해태할 경우 제재가 따르게 된다. 납세의무는 일정 세액을 납부하여야 할 조세채무를 부담하는 것 이외에 절차적 의무를 이행하여야 할 것을 포함하는 포괄적인 것이다.

---

557) 초과누진세율은 누구에게든 일정 구간의 소득금액에 대한 담세능력은 동일하다는 전제 위에 있는 것이다.

558) 기간과세이론(Periodizitätprinzip)은 순자산증가설(Reinvermögenszugangstheorie)에 근거하고 있다. 이것이 과세대상의 설정상 해당 국가가 바로 포괄주의적 규정방식을 취하게 하는 것은 아니다.

559) 기간과세의 원칙은 과세의 편의 및 기술적 필요뿐만 아니라 납세의무의 성립시기를 명확히 함과 아울러 납세의무자 간의 평등대우를 목적으로 하는 제도로…과세표준 및 납부세액 산정방법에 비추어 볼 때 실질적인 거래 시를 납세의무 성립시기로 하는 것은 과세기술상 거의 불가능할 뿐 아니라, …일반적인 납세의무의 성립시기의 문제와 수시부과제도는 그 취지를 서로 달리하는 것이기 때문에 어떠한 경우에 수시부과제도를 인정할 것인가는 조세정책과 관련하여 입법자의 입법형성의 자유영역이지 회사정리절차에 이와 같은 제도에 관한 입법을 하지 아니하였다고 하여 그것이 곧바로 평등권의 침해라고 할 수는 없다(헌재 2004.7.15, 2003헌바45).

560) 대법원 2013.04.26. 선고 2012두27954 판결, 대법원 2014.04.10. 선고 2013두22109 판결(소득처분금액 이외에 다른 종합소득이 없었다면, 소득처분에 따라 귀속되는 소득은 신고를 기대할 수 없는 것이므로 신고하지 않았다고 하여 해당 소득을 무신고한 것으로 보아 7년의 부과제척기간을 적용할 것이 아니라 5년의 부과제척기간을 적용하여야 한다)

< 조세채무의 성립시기 >

구분		조세채무의 성립시기

기간과세세목	① 소득세
	② 법인세
	③ 부가가치세
		· 과세기간이 끝나는 때
		  * 청산소득에 대한 법인세 : 해당 법인이 해산하는 때
		  * 수입재화에 대한 부가가치세 : 세관장에게 수입신고하는 때

특정일과세세목	①상속세	· 상속이 개시되는 때
	②증여세	· 증여에 의하여 재산을 취득하는 때
	③종합부동산세	· 과세기준일(매년 6월 1일)
	④ 개별소비세, 주세 및 교통· 에너지·환경세	· 과세물품을 제조장으로부터 반출하거나 판매장에서 판매하는 때 또는 과세장소에 입장하 거나 과세유흥장소에서 유흥음식행위를 한 때 또는 과세영업장소에서 영업행위를 한 때 * 수입물품의 경우에는 세관장에게 수입신고를 하는 때 · 과세문서를 작성한 때 · 해당 매매거래가 확정되는 때
	⑤인지세	· 과세문서를 작성하는 때
	⑥증권거래세	· 해당 매매거래가 확정되는 때
기타	①교육세	· 국세에 부과되는 교육세 : 해당 국세의 납세의무가 성립하는 때 · 금융·보험업자의 수익금액에 부과되는 교육세 : 과세기간이 끝나는 때
	②농어촌특별세	· 본세의 납세의무가 성립하는 때
가산세		· 가산할 국세의 납세의무가 성립하는 때

종래 가산할 국세의 조세채무가 성립하는 때에 성립하던 가산세 조세채무는 2020년부터 그 성립시기가 아래와 같다(국세기본법 제21조 제1항 제11호).

- 무신고가산세 및 과소신고·초과환급신고가산세: 법정신고기한이 경과하는 때
- 지연이자 성격의 납부지연가산세 및 원천징수납부 등 불성실가산세(일할 0.025%): 법정납부기한 경과 후 1일마다 그 날이 경과하는 때
- 체납사실로 1회 부과하는 납부지연가산세(3%): 납세고지서에 따른 납부기한이 경과하는 때
- 원천징수납부 등 불성실가산세: 법정납부기한이 경과하는 때
- 그 밖의 가산세: 가산할 국세의 납세의무가 성립하는 때

제3절 조세채무의 확정

조세채무의 확정(Festsetzung der Steuerschuld)이란 추상적으로 성립된 조세채무의 내용을 구체적으로 확정하는 것을 의미한다. 조세채무를 확정하는 데에는 신고납세, 부과결정 (Steuerbescheid) 및 자동확정의 세 가지 방식이 있다.

1920년대 독일에서 사용되기 시작한 조세채무 "확정(Festsetzung)"의 개념은 납세자가 이의를 제기할 대상으로서 "처분"을 특정함으로써 권익구제의 효과성을 제고하는 데 기여하는 것이었다. 조세채권채무관계를 단순히 민사적인 채권채무관계로 본다면 세법에 정한 요건 사실이

존재하면 조세채권채무관계가 성립하는 것으로 하였으므로 과세관청은 상대방인 납세의무자에 대한 부과통지 없이 바로 자신이 적법하다고 믿고 있는 세액의 이행청구를 할 수 있게 된다. 이에 이의를 갖는 납세의무자는 과세관청의 처분을 다투지 못하고 자신에게 해당 세액에 대한 채무가 존재하지 않음을 입증하여야 하는 지위에 처하게 된다. 마치 오늘날 자동확정방식에 의한 조세의 경우 납세의무자 또는 과세관청의 세법상 행위를 매개로 하지 않고 조세채무가 바로 확정되도록 되어 있어 발생하는 문제와 유사한 상황이 된다. 부과처분에 의한 확정이 있어야만 과세관청이 이행청구할 수 있도록 하는 제도 하에서 납세의무자는 부과처분 자체의 위법성을 다툼으로써 효과적으로 자신의 권익을 지킬 수 있게 되었다.

20세기 후반 다수 국가로 확산된 신고납세제도는 과세관청의 부담을 덜 수 있는 계기를 마련해주었다. 과세요건사실에 관한 사항은 납세의무자가 그에 대해 보다 많은 정보를 가지고 있으므로 납세의무자가 스스로 조세채무를 확정하고 책임을 지게 한다는 것이다.

우리나라에서는 종래 법인세와 부가가치세를 제외하고는 조세채무가 과세관청의 부과통지에 의해 확정되는 부과과세제도를 기본으로 하였다. 1996년에는 종합소득세 조세채무가 신고에 의해 확정되는 제도적 전환이 있었다. 상속세와 증여세는 여전히 부과과세제도를 유지하고 있다(국세기본법 제22조 제2항, 제3항 및 제4항).

신고납세제도는 납세자의 책임과 자발적인 성실납세를 근간으로 한다. 국세기본법은 세무공무원은 납세자가 성실하며 납세자가 제출한 신고서 등이 진실한 것으로 추정하여야 한다고 규정하고 있다(국세기본법 제81조의 3). 신고내용의 적법성에 대한 입증책임은 납세자에게 있는 것이지만, 실제 쟁송과정에서 납세자에게 입증책임을 묻는 영역은 많이 축소되어 있다. 과세관청이 행한 부과처분의 적법성에 대한 입증책임은 과세관청에게 있다. 새로운 처분의 적법성에 대해서는 과세관청이 입증책임을 지게 됨에 따라 납세의무자는 간접적으로 자신의 당초 신고의 적법성에 대한 입증책임까지 면하게 되는 결과가 된다. 신고납세제도하에서도 과세관청은 부과과세제도하에서처럼 확정된 조세채무의 적법성에 대한 입증책임을 지고 있는 것이다.

성립된 조세채무는 납세의무자의 과세관청에 대한 신고 또는 과세관청의 납세의무자에 대한 부과와 같은 상대방에 대한 통지행위에 의해 비로소 확정되는 경우와 조세채무가 성립되면서 바로 자동확정되는 경우로 구분할 수 있다.

조세채무는 법률이 정하는 요건의 발생에 의하여 성립한다. 납세자가 스스로 계산하여 납부하는 경우이든 과세관청이 행정력을 활용하여 계산하고 고지하든 구체적인 조세채무의 액은 인간의 계산을 내용으로 하는 인지활동을 매개로 확정(Festsetzung)되는 것이 원칙이다. 이에는 자동확정의 예외가 설정되어 있기는 하다.

인지과정을 통해 상대방에게 무언가 그러한 인지가 있었음을 통지하는 행위에 의해 납세의무는 확정된다. 인지의 내용대로 조세채무가 확정되지만 인지내용의 통지는 법률관계를 형성하고자 하는 의사의 표시는 아니다. 납세자가 통지한 경우 그것이 법률효과가 주어지는 의사표시는 아니지만 의사가 개입한 것이므로 '의사의 통지'로서 준법률행위가 되며, 과세관청이 통지한 경우에는 의사까지 개입한 것으로 볼 수 없는 '확인행위'로서 역시 준법률행위로 보게 된다. 채권이 확정된 후에 과세관청이 채권자인 국가를 위해서 고지서를 발부하는 징수처분은 일종의 이행의 청구가 된다.

민사상 법률행위에 의하여 형성되는 법률관계에서는 당사자의 의사표시에 의하여 채권과 채무가 성립한다. 채권·채무의 내용은 채권·채무가 성립할 때 구체적으로 확정되어 있기 때문에 별도의 확정절차가 불필요하다. 채권자는 확정된 채권의 이행을 청구하고 채무자는 이행하게 된다. 채무자는 동시이행의 항변권을 가진다.

조세채무는 세법상 납세자의 신고서 제출 또는 과세관청의 부과고지에 의해 확정된다. 부과결정에 의하여 조세채권이 확정되도록 되어 있는 조세에서 과세관청의 부과고지에 의해 조세채권이 확정되는 것은 민사법상 부당이득이나 불법행위에 따른 청구권이 일정한 요건사실의 충족에 의하여 성립하지만 그것의 구체적인 액수는 청구권자의 이행의 청구에 의해 확정되는 것과 유사하다. 과세관청의 부과고지는 통상 부과처분과 징수처분(이행의 청구) 두 가지 성격을 고루 가지고 있다. 조세채무가 성립과 동시에 자동 확정되는 경우도 있다.

부과과세제도와 신고납세제도에는 조사대상의 범위 및 국세의 우선권 등에서 차이가 있다.

우선 조사대상의 범위상으로 부과과세세목은 정부가 결정하여야 하며 이를 위해서는 모든 신고에 대해 조사의 과정을 거쳐야 한다. 조사의 방법은 여러 가지가 있을 수 있다. 반면 신고납세세목은 납세자의 성실성을 조사하기 위한 목적으로 조사를 하게 되므로 모든 신고에 대해 조사하지는 않는다. 논리적으로는 후자의 방법이 보다 선진적인 방법이 될 것이다. 실제 부과과세세목의 경우에도 신고납세세목에 대한 세무조사와 같은 내용의 조사는 한정된 범위 내에서만 실시된다.

국세의 우선권 측면에서는 부과과세세목의 경우 납세의무의 확정일 및 법정기일이 늦추어진다. 법정기일은 신고납세세목은 신고일 그리고 부과과세세목은 납세고지서의 발송일이다(국세기본법 제35조 제1항). 국가의 조세채권의 법정기일 전에 설정된 제3자의 담보채권이 우선하는 효과가 인정된다. 조세채무자가 담보의 대상이 될 만한 물건을 소유하고 있는데 신고 또는 부과를 통해 조세채무를 부담하게 된 경우 채권자가 담보를 설정할 수 있는 시간적 여유 측면에서 부과과세세목이 채권자에게 더 유리하다. 그러나 부과과세세목의 대표 격인 상속세와 증여세는 당해세이다.[561] 당해 재산에 대한 상속세나 증여세는 당해세로서 그것은 그것의 법정기일 전에 설정된 담보에 의한 채권에 대해서도 우선하는 효력이 인정된다(국세기본법 제35조 제5항). 따라서 납세의무의 확정 시기가 늦어져 제3의 채권자에게 유리한 점도 없게 된다.[562]

헌법재판상 신고납세의 법령과 부과과세의 법령에 모두 기본권침해의 직접성이 인정되지는 않는다.[563]

본서는 "처분(Verfügung)" 또는 "행위(Akt)"의 개념을 사용한다. 두 용어 모두 일반 행정법

---

561) 조세채권과 전세권·질권 또는 저당권의 피담보채권 사이의 우열은 담보물권이 조세의 법정기일 전에 설정된 것인지에 따라 결정되는 것이 원칙이나, 전세권·질권 또는 저당권의 목적인 재산에 대하여 부과된 국세나 지방세(이른바 당해세)는 비록 그 담보권이 '법정기일' 전에 설정된 경우라도 그 전세권·질권 또는 저당권의 피담보채권에 우선한다. 이를 당해세 우선에 관한 특례라고 한다.

562) 상속세나 증여세가 당해세가 되는 요건은 별도로 정해져 있다. 이러한 요건을 충족하지 못하는 경우에는 본문에서와 달리 제3의 채권자에게 유리한 점이 생기게 된다.

563) 헌재 2001.1.18, 2000헌마80. 이 결정에는 신고납세방식에 의한 조세의 경우 납세의무자는 스스로 과세표준을 확인하고, 세율을 적용, 세액을 산출하여 신고하고 납부할 의무를 부담하며, 이를 해태하면 가산세를 부담하게 되므로 과세법령 그 자체로서 납세의무자에게 직접 법적 부담을 가한다고 보아야 한다는 반대의견이 있었다. 헌재 2009.10.29, 2007헌마1423 및 헌재 2009.4.30, 2006헌마1261 참조.

상 의미를 갖는다. 이에 따르자면 행정관청의 작용으로서 국민의 권리의무에 영향을 주는 것을 의미한다. 세법에 의한 행정관청의 작용은 국민의 재산권에 영향을 주는 것이므로 처분 또는 행위가 되는 것이다. 그것을 세법에서는 부과처분, 징수처분 및 체납처분이라고 하며, 부과행위 또는 징수행위라고는 하지 않는다. 이는 단순히 용어의 선택의 문제이며, 법률적 효과측면에서 특별한 의미를 갖는 것은 아니다. 행정심판법 및 행정소송법에서 사용되는"처분"의 용어가 세법에서도 사용되고 있는 것이다. 세법에서 "처분"의 용어는 "소득처분"에서처럼 반드시 행정작용이라고 보기 어려운 대상에 대해서도 사용된다.

제1항 신고납세

1. 신고

'신고납세'라 함은 납세의무자가 스스로 조세채무 성립요건의 충족을 조사 확인하고 그것에 대해 세법을 적용하여 정해진 기한 내에 과세표준과 세액을 신고함으로써 조세채무를 확정 짓는 방식을 말한다. 소득세, 법인세, 부가가치세, 개별소비세, 주세, 증권거래세, 교육세, 교통세, 농어촌특별세, 취득세, 등록세 및 관세 등이 이 방식을 채택하고 있다(국세기본법시행령 제10조의 2 제1호). 상속세와 증여세 같은 '부과과세' 방식의 조세에서 신고는 조세채무를 확정하는 효력이 없다.[564]

가. 신고행위

(1) 성격

신고납세방식의 조세에 있어서 신고행위는 조세채권채무관계를 성립시키는 것이다. 이는 사인의 공법행위로서 통지행위로 본다.[565] 법률행위에 미치지 못하는 준법률행위이므로 민법상 법률행위에 관한 규정 중 의사표시의 존재를 규정 적용의 요건으로 하는 착오, 표현대리 및 비진의표시에 관한 규정은 적용이 배제된다.[566]

(2) 효과

신고납세방식의 조세에서는 원칙적으로 납세의무자가 당해 국세의 과세표준과 세액을 신고

---

564) 대법원 1991.9.10. 선고 91다16952 판결.

565) 납세자 자신이 조세채무의 내용을 구체적으로 확정하여 이를 과세관청에 통지하는 행위라는 통지행위설이 일반적인 견해이다. 여기서 통지는 관념의 통지가 아닌 의사의 통지로 본다.

566) 중요한 부분의 착오의 경우 의사표시를 취소할 수 있도록 하는 민법 제109조 제1항이 적용되지 않아 신고내용상 착오가 있더라도 취소가 허용되지 않는다. 표현대리에 관한 민법 규정이 적용되지는 않지만 신고행위가 무권대리인에 의해 행해진 경우 그 신고는 무효가 된다. 자신의 의사표시가 비진의임을 상대방이 알면 해당 의사표시를 무효로 하는 민법 제107조 제1항이 적용되지 않아 자신의 신고의사통지가 비진의라 할지라도 신고행위에는 효력이 인정된다. 다만, 자신이 신고하는지 모르고 한 신고행위는 무효이다(日本税務研究센타, 『JTRI税研』, 2009.11, p.199 참조).

하는 때에 조세채무가 확정된다. 신고가 없거나 신고내용에 오류·탈루가 있어 정부가 결정 또는 경정결정을 할 경우에는 그 결정하는 때에 확정된다.

이러한 확정절차 없이는 개별적인 조세채권이 발생하지 않으므로 국가는 해당 납세자에게 조세채무의 이행을 청구할 수 없다. 과세표준과 세액을 자진 신고하였다면 이로써 그의 납세의무가 확정되는 것이므로 그 뒤 무납부로 인한 납세고지서는 이미 확정된 조세채무의 이행을 명하는 징수처분에 지나지 않는다.[567]

(3) 하자

신고납세방식의 조세에 있어서 착오로 신고납부한 경우 그 신고행위를 취소할 수 있는가에 대해 판례는 부정적인 입장을 취하고 있다. 다만, 신고행위에 무효의 관념을 인정하여 신고행위의 하자가 중대·명백하여 당연무효인 경우에 한해 민사상 부당이득반환청구로 납부한 세액의 반환을 청구할 수 있다고 한다. 신고행위의 하자가 중대하고 명백하여 당연무효에 해당하는지에 대해서는[568] 신고행위의 근거가 되는 법규의 목적, 의미, 기능 및 하자 있는 신고행위에 대한 법적 구제수단 등을 목적론적으로 고찰함과 동시에 신고행위에 이르게 된 구체적 사정을 개별적으로 파악하여 합리적으로 판단하여야 한다.[569] 다만, 과세요건 등에 관한 중대한 하자가 있고 그 법적 구제수단이 미비하여 위법한 결과를 시정하지 않고 납세의무자에게 그 신고행위로 인한 불이익을 감수시키는 것이 현저하게 부당하다고 볼 만한 특별한 사정이 있는 때에는 예외적으로 명백성을 인정할 수 있다.[570]

신고상 하자를 시정하기 위한 수단으로 국세기본법상 수정신고 및 경정청구의 제도가 운영되고 있다. 신고상 하자를 시정하기 위한 수단으로 신고를 처분과 동일한 것으로 보는 방식은 존재하지 않는다.[571]

아래 사안에서 X의 양도소득세 신고행위상 하자는 무효인 사유에 이르지 않은 것으로 볼 수 있다.[572] 망부 A는 배우자·장남(X)·양자가 있다. 1996년 7월 17일 A의 소유이었던 산림을 X가 X만을 매도자로 하여 대금 5.1억 원으로 양도하고 그 대금도 X가 모두 수령하였다. X는

---

567) 대법원 1995.2.3. 94누910. 대법원 2004.9.3. 선고 2003두8180 판결.

568) 대법원 2013.1.24. 선고 2012두21536 판결.

569) 2006.6.2. 선고 2006두644 판결[취득세부과처분취소]

570) 대법원 2009.2.12. 선고 2008두11716판결

571) 구 지방세법 제72조 제1항은 이의신청의 청구대상에 대해 "이 법에 의한 처분(신고납부 또는 수정신고납부를 한 경우에는 그 신고납부를 한 때에 처분이 있었던 것으로 본다. 이하 이 절에서 같다)으로서 위법 또는 부당한 처분을 받았거나 필요한 처분을 받지 못함으로써 권리 또는 이익의 침해를 당한 자는 이 절의 규정에 의한 이의신청 및 심사청구를 할 수 있다."고 규정하고 있었다.
독일에서 세금의 신고는 "사후조사조건부 부과처분(Steuerfestsetzung unter Vorbehalt der Nachprüfung)"과 같이 취급된다. 이에 따라 세금신고에 대해 이의신청(Einspruch)이 인정된다(독일 조세기본법 제168조 제1항, 제347조 제1항 제1호). 이의신청은 신고 이후 1월 이내에 하여야 한다. 이의신청은 조세소송을 위한 의무적 전치절차이다(독일 재정법원법 제44조 제1항).
사후조사조건부 부과처분은 최종세무조사를 통해 확정되기 전까지는 취소 또는 경정될 수 있다(독일조세기본법 제164조 제1항). 부과제척기간 이내에 최종세무조사를 하지 않을 수도 있다. 세금신고가 징수된 세금의 감소나 조세특례를 내용으로 할 경우에는 그 확정에 관할관청의 승인이 필요하다. 이때 신고는 확정의 신청에 해당한다.

572) 山田二郎, 전게서, pp.173~181 참조.

1997년 3월 12일에 과세소득금액을 약 3억 원, 산출세액을 약 9,400만 원으로 하여 96년 귀속 소득세확정신고서를 Y세무서장에게 제출하였는데 세금의 일부는 미납하였다. 이에 따라 1998년에 체납처분의 일환으로 그의 재산이 압류되었다. X는 상속분이 6분의 1에 지나지 않았음에도 호주상속에 따라 그 모두를 상속할 것이라고 오신하고 상기 확정신고에 이른 것이므로 동 신고는 요소의 착오[573]에 의해 무효가 되는 것으로 하여 이미 분납했던 금액은 국가가 부당이득을 취한 것이라고 주장하면서 Y세무서장에 대해 압류처분의 무효확인을 구하는 소송을 제기하고 국가에 대해서는 상기 분납한 금원의 지불을 구하는 소송을 제기하였다.

본 사건에서 X는 아직 상속분[574]이 확정되지 않은 시점에 망부 A의 이름으로 되어 있는 부동산을 자신이 모두 상속한다고 오신하여 자신을 단일의 매도자로 한 부동산양도계약을 체결한 것이다. X가 다른 상속인과 분할에 관한 협의를 충분히 하지 않고 자신의 명의로 매도하였다.

우리 세법상 신고행위를 일반적으로 취소 가능한 행위로 보지 않고 있다.[575] 납세자는 신고행위가 당연무효인 경우에만 국가에 부당이득의 반환을 청구할 수 있다(당연무효설). 일반적으로 소득금액을 과다신고한 것은 중대한 것으로 보지는 않는다. 아울러 본인의 착오가 일반인이라도 그 오류를 명확하게 알 수 있는 정도에 이를 경우 명백한 것으로 볼 수 있을 것이지만 본 사안에서 X의 착오는 그 정도에는 이르지 않는 것이다. 이 사건 신고행위를 당연무효로 인정받을 수 없을 것이다.

민법상 다른 상속인이 상속회복청구의 소[576]를 제기할 경우 제척기간 내라면 X가 제3자에게 이미 매도한 산림의 소유권을 회복할 수는 있다. 이 경우 X의 양도는 무효가 될 것이며 후발적 경정청구사유가 될 수 있다. 국세기본법상 확정판결은 후발적 경정청구사유가 되므로 그것이 있음을 안 날부터 3개월 이내에 경정을 청구할 수 있을 것인데(국세기본법 제45조의 2 제2항 제1호), 상증세법은 상속회복청구소송의 경우 경정청구 기간을 6개월로 연장하고 있다(상증세법 제79조 제1항 제1호).

(가) 취소사유에 이른 하자

납세자 자신이 한 신고에 대해서는 그것의 하자가 무효의 사유에 이르지 않은 경우 스스로 하자를 시정할 수 있는 기회가 한정되어 있다.

과소신고한 것에 대해서는 기한 제한 없이(과세관청의 부과처분 전까지라면) 수정신고하도록 하고 있던 것을 2011년 부과제척기간 이내의 수정신고에만 조세채무 확정의 효력을 부여하도록 개정되었다(국세기본법 제45조 제1항).

과다신고한 경우에는 경정청구만 허용되고 있다. 경정청구는 통상적인 법정신고기한으로부터

---

573) 납세의무자, 즉 소득의 귀속자의 착오.

574) 상속의 경우 상속의 사실에 의해 물권변동이 있게 된다. 물권변동에 부동산등기를 요하지 않는다.

575) 세법상 신고행위는 사인의 공법행위이다. 일반적으로 의사의 통지로서 준법률행위에 해당한다고 본다. 따라서 민법상 착오에 관한 규정이 적용되지 않는다. 의사행위설에 의한다면 착오에 관한 규정이 적용된다. 그 경우 중요한 부분에 관한 착오로서 중대·명백한 하자로 인정될 수 있다면 취소할 수 있는 행위가 된다.

576) 상속회복청구권은 진정한 상속인이 참칭상속인을 상대로 상속재산의 반환을 청구할 수 있는 권리이다. 상속권이 참칭상속권자로 인하여 침해되었을 때에는 상속권자 또는 그 법정대리인은 상속회복의 소를 제기할 수 있다(민법 제999조 제1항). 상속회복청구권은 그 침해를 안 날부터 3년, 침해행위가 있은 날부터 10년을 경과하면 소멸된다.

5년 이내로 한정되어 있다. 경정청구기한을 도과하면 납세자로서는 달리 시정할 기회가 없어지게 된다.

반면 과세관청은 부과제척기간 이내라면 직권으로 경정할 수 있다. 경정청구기간이 도과한 경우라도 과세관청이 납세자의 신고상 하자에 의한 과다신고한 부분을 스스로 경정해 줄 수 있다. 실무상 이런 직권경정을 받기 위해서는 납세자고충처리 등의 특단의 방법에 의존하지 않을 수 없다.

(나) 무효사유에 이른 하자

하자가 무효의 사유에 이른 경우라면 달리 기한 제한 없이 법원에 소를 제기할 수 있다. 무효의 사유에 이른 신고에 의해 납부를 한 경우라면 부당이득반환청구소송(민사소송)을 제기할 수 있다.577)

신고의 무효와 부존재는 구분하여야 한다.578) 신고납세방식의 조세에서 부과제척기간을 도과하여 한 수정신고는 무효이다. 또한, 심한 강박에 의한 신고는 무효로 볼 수 있다.579)

무효인 신고에 따라 납부를 청구하는 고지서는 과세관청의 징수처분으로서 당연히 무효가 되어야 할 것이다. 징수처분이 무효인 것을 확인하기 위해서는 신고가 무효인지를 먼저 결정하여야 한다. 이 경우에는 납부를 하지 않았기 때문에 부당이득반환청구를 할 수는 없다. 징수처분의 무효확인을 구하는 소송을 제기하면서 그 이유로서 신고의 무효를 주장하여야 한다.580)

(다) 과세관청의 처분 대신 행정지도가 있었던 경우581)

납세자가 한 신고에 대해 과세관청의 처분이 있는 경우에는 불복청구기간인 90일 이내에 경정을 청구할 수 있도록 되어 있다. 통상적 경정청구기간인 법정신고기한으로부터 5년의 기간을 도과한 경우라도 시정할 기회가 있는 것이다. 그런데 과세관청이 스스로 처분을 하지 않고 납세자의 수정신고를 안내하고 그에 따라 수정신고를 한 경우로서 위 5년의 기간을 도과한 경우

---

577) 무효의 사유에 이른 신고에 대해 과세관청의 추가적인 처분이 없는 경우에는 마땅히 다툴 처분이 없어 항고소송을 제기할 수 없다. 당연히 환급하여야 할 세금을 정부가 환급하지 않고 있다는 의미에서 정부가 부작위하고 있는 것이라는 이유로 부작위위법확인소송(행정소송)을 제기할 수 있는지에 대해서는 부작위하고 있는 것이 이른바 '처분'이어야 하는데 '환급'은 '처분'에 이르지 않는 행위라고 하는 판례의 입장 때문에 부작위위법확인소송도 제기할 수 없다.

578) 법인이 당해 사업연도에 자산의 양도가 있어 특별부가세의 납세의무가 성립하였음에도 '법인세 과세표준 및 세액신고서'에 특별부가세 과세표준 및 산출세액 등을 '0'이라고 기재한 다음, 함께 제출된 '특별부가세 과세표준 및 세액계산서'에 자산의 양도 및 세액 계산에 관련된 해당 항목을 모두 공란으로 남겨 두었다면 이 경우에는 특별부가세의 과세표준과 세액을 신고하지 아니한 것으로 봄이 상당하다(2005.11.10. 선고 2003두681 판결[법인세부과처분취소]). 미국 내국세입법상으로는 과태료가 부과된다(Internal Revenue Code(26 U.S. Code) § 6702 – Frivolous tax submissions 참조).

579) 납세사유가 없음에도 과세관청의 형사고발 및 과세 전 통지를 받고 불이익을 피하기 위해 불가피하게 신고행위(수정신고)를 하고 각종 구제절차에서 수정신고의 하자를 적극적으로 주장하였고 수정신고의 하자에 관하여 다른 구제수단이 없는 경우라면 그 수정신고는 당연무효라고 볼 수 있다(대법원 2009.9.10. 선고 2009다11808 판결).

580) 신고납세방식 조세에서 과세표준 등의 신고행위가 납세의무를 부담할 법령상 근거가 없이 이루어진 경우와 같이 객관적으로 타당한 법적 근거와 합리성이 없는 때에는 그 하자는 중대할 뿐 아니라 명백하다고 보아야 한다. 따라서 그 신고행위는 당연무효라 할 것이므로, 그로써 확정된 조세채무가 존재함을 전제로 하는 과세관청의 징수처분 및 가산세 부과처분은 위법하다 할 것이다(대법원 2014.02.13. 선고 2013두19066 판결).

581) 이러한 경우 행정지도에 대해 그 성격을 규정하고 잘못된 행정지도에 따른 납세자의 권익을 보호할 필요성에 대해서는 일본세리사연합회(2010.3.18)의 '납세환경정비에 관계된 세제개정 건의 등' 참조.

에는 그러한 과세관청의 처분이 없어 불복도 못 하고 경정청구도 할 수 없게 된다.582) 이에 대해서는 현행 세법상으로는 과세관청의 직권경정 또는 고충처리의 방법 이외에 수정신고 자체가 무효임을 확인받는 소를 제기할 수 있다.583)

나. 예정신고 · 중간예납

(1) 예정신고

양도소득세와 부가가치세에 대해서는 예정신고제도가 있다. 예정신고 납부하는 소득에 대한 소득세의 납세의무는 그 과세표준이 되는 금액이 발생한 달의 말일 성립한다. 예정신고 기간에 대한 부가가치세는 예정신고 기간이 종료하는 때에 납세의무가 성립한다(국세기본법 제21조 제2항).

예정신고의 대상이 되는 조세채무는 예정신고에 의해 확정된다.584) 예정신고에 의한 조세채무의 이행의 효과는 아래 중간예납의 경우와 동일하다. 그간 예정신고납부를 하지 않은 경우 가산세는 부과하지 않았다. 2009년 국세기본법 개정에 의해 예정신고납부 불이행에 대한 가산세585)가 규정되기에 이르렀다(국세기본법 제47조의 2 제6항).586) 이와 더불어 양도소득세 예정신고납부세액공제제도는 폐지되었다(소득세법 제69조 및 제108조).587)

납세자가 예정신고를 한 후 그와 다른 내용으로 확정신고를 한 경우에는 그 예정신고에 의하여 잠정적으로 확정된 과세표준과 세액은 확정신고에 의하여 확정된 과세표준과 세액에 흡수되어 소멸한다. 이에 따라 예정신고를 기초로 이루어진 징수처분 역시 효력을 상실한다.588) 부가가치세를 예로 들면, 제1기 예정신고 기간에 교부받은 매입세금계산서를 제1기 예정신고에도 누락하였고, 같은 해 제1기 확정신고 시에도 누락한 사실을 제1기 확정신고 이후에 발견한 경우 매입세금계산서의 누락분에 대하여 제1기 예정신고에 대한 경정청구가 아닌 제1기 확정신고에 대한 경정청구로 할 수 있다.589)

양도소득에 대한 소득세는 기간과세적인 측면을 일부 가지고 있다. 예정신고를 하지만 확정신고를 하여야 할 경우도 있다. 종합소득에 대한 소득세의 경우 확정신고를 하여야 하지만 예정신고를 하는 경우도 있다. 위 두 종류의 소득과세상 예정 신고한 세금을 납부하지 않을 경우 세무

---

582) 납세의무자가 당초 신고를 한 데 대하여 이후 과세관청이 증액하여 신고하도록 안내를 함에 따라 수정신고를 하였다고 하더라도, 그 증액신고된 부분에 대한 납세고지는 단순한 징수처분에 불과하며, 증액 경정 취지의 조세 부과처분이 되는 것은 아니다(대법원 2014.02.13. 선고 2013두19066 판결).

583) 신고 또는 수정신고 자체가 무효임을 확인받는 소송을 제기할 수는 없으므로 무납부시 관청의 징수처분에 대해 무효임을 확인받는 형식을 취하게 된다. 납부한 경우에는 부당이득반환청구소송을 제기할 수도 있다. 납부한 경우에는 소의 이익이 없으므로 징수처분무효확인의 소를 제기할 수 없다던 법원의 입장은, 대법원 2008.03.20. 선고 2007두6342 전원합의체 판결 [하수도원인자부담금부과처분취소]로 변경되었다.

584) 대법원 2011.12.8. 선고 2010두3428판결

585) 양도소득 및 부동산매매차익에 대한 소득세 및 부가가치세의 예정신고에 해당한다. 종합소득세의 경우 중간예납을 하게 된다.

586) 2018년부터는 예정신고를 하지 않았지만 확정신고를 한 경우에는 무신고가산세의 50%를 감면한다(국세기본법 제48조제2항제3호).

587) 정부는 근로소득자와 사업소득자에 대해서는 이러한 종류의 세액공제제도가 없는 반면 부동산양도소득에 대해서는 있었던 점에서 형평성을 잃고 있었던 세제를 개선한다는 취지를 밝히고 있다.

588) 대법원 2011.9.29. 선고 2009두22850 판결, 대법원 2008.5.29. 선고 2006두1609 판결.

589) 서면인터넷방문상담1팀 - 260, 2005.2.25.

서장은 고지할 수 있다. 그런데 예정신고에 의하여 확정된 조세채무(1)가 확정신고에 의해 다시 확정될 경우(2), (1)이 소멸하는 것으로 보아야 할 것인가? 대법원 2008.5.29. 선고 2006두1609 판결에서 법원은 납세자가 양도소득세의 예정신고를 한 후[590] 그와 다른 내용으로 확정신고를 한 경우에는[591] 그 예정신고에 의하여 잠정적으로 확정된 과세표준과 세액은 확정신고에 의하여 확정된 과세표준과 세액에 흡수되어 소멸한다고 보아야 하고, 이에 따라 예정신고를 기초로 이루어진 징수처분 역시 효력을 상실한다고 보아야 한다는 판단을 내렸다.[592] 양도소득세는 기간과세의 원칙이 적용되어 당해 과세기간에 발생한 양도소득을 모두 합산하여 그 과세표준과 세액을 산출하여 총괄적으로 신고함으로써 구체적 납세의무가 확정되며[593], 예정신고를 이행한 경우에도 소득세법 제110조 제4항 단서, 소득세법시행령 제173조 제4항 제1호 내지 제3호에 해당하는 때에는 반드시 확정신고를 하여야 하고, 그밖에 예정신고납부의 예납적 성격, 예정신고 및 자진납부의 불이행에 대하여 가산세가 부과되지 않는 점[594] 등을 종합하여 보아야 한다는 것이다.

이 사안은 당초처분과 경정처분과의 관계에 관한 논의와 국세기본법 제22조의 3 규정을 떠올리게 한다. 동 조 제1항은 증액경정의 경우 병존설, 감액경정의 경우 일부 취소설에 입각하고 있다.[595] 이 논의를 예정신고와 확정신고에 대입하면 어떻게 될까? 확정신고의 결과 증액된 경우라면 예정신고에 대한 징수처분은 효력을 유지하는 것으로 보아야 하지 않을까? 법원이 예정신고에 따라 확정된 조세채무가 확정신고에 따라 확정된 조세채무에 단순히 흡수 소멸된 것으로 보는 것은 국세기본법 제22조의 3의 규정이 도입되기 전에 당초처분과 경정처분 간의 관계에 대해 증액 시 흡수설을, 감액 시 일부 취소설을 취하고 있던 당시의 논리를 그대로 이어 가는 것은 아닌가? 국세기본법 제22조의 3의 규정을 감안한다면 (흡수)병존설적인 입장을 취하는 것이 타당한 것으로 보인다(참조 대법원 2011.9.29. 선고 2009두22850 판결, 대법원 2011.12.8. 선고 2010두3428 판결).

(2) 중간예납

(가) 조세채무의 확정
중간예납하는 소득세·법인세는 중간예납 기간이 종료하는 때에 납세의무가 성립한다(국세기본법 제21조 제2항).

중간예납하는 소득세의 경우 납세자가 직접 계산하여 납부하는 대신 관할 세무서장이 계산

---

590) 예정신고는 하였지만 납부는 하지 않았다.

591) 확정신고 시 결손이 있는 것으로 신고하였다.

592) 부과처분과 징수처분은 크게 보아 하나의 목적을 달성하기 위한 것이기 때문에 부과처분이 소멸하면 징수처분도 당연히 소멸하는 것으로 보아야 한다. 부과처분은 조세채무를 확정하는 행위로서 납세자의 신고에 의하여 조세채무를 확정하는 것과 동일한 효력을 가진다. 납세자의 신고에 의해 확정된 조세채무가 소멸한 때에는 징수처분도 효력을 상실하는 것으로 보아야 할 것이다.

593) 과세기간이 끝나는 때에 납세의무가 성립하는 양도소득세는 특별한 사정이 없는 한 과세기간이 끝나는 매년 12월 31일 당시 시행되는 법령이 적용된다(대법원 2013.02.15. 선고 2012두7400 판결).

594) 2010년부터는 가산세가 부과된다.

595) 본 절 제3항 참조.

하여 고지함으로써 납부하게 되어 있다(소득세법 제65조). 이 경우 중간예납세액은 부과결정으로 확정된다.

법인은 해당 사업연도 개시일부터 6월의 기간을 중간예납 기간으로 하여 중간예납세액을 직접 계산하여 납부한다(법인세법 제63조). 중간예납세액은 직전 사업연도 납부세액의 2분의 1에 해당하는 금액이 된다. 법인은 당해 중간예납 기간을 1사업연도로 보아 계산한 과세표준에 세율을 적용하여 계산한 세액을 납부할 수도 있다(법인세법 제63조 제5항). 이때 중간예납세액에 대한 조세채무는 자동 확정된다. 다만, 정부가 조사·결정하는 경우는 그 결정으로서 확정된다(국세기본법 제22조 제2항 및 법인세법 제63조).

(나) 조세채무의 이행

중간예납에 관한 조세채무는 납부로써 소멸하지만, 이로써 중간예납대상 기간에 대한 조세채무가 완전히 소멸하는 것은 아니다. 잔여기간에 대한 조세채무부분과 더불어 확정신고에 의하여 해당 과세기간에 대한 소득세 또는 법인세 조세채무가 최종적으로 확정되고 그에 의하여 가감된 세액을 납부하여야 조세채무가 소멸한다.

중간예납세액에 대한 조세채무가 확정되어 있는데 그것을 납부하지 않을 경우 과세관청은 그것의 납부를 청구하게 된다. 즉 고지서를 발부하는 징수처분을 하게 된다. 중간예납고지세액의 납부기한을 경과하여 납부하는 경우 납부지연가산세를 부과한다.

2. 수정신고

가. 요건과 방법

수정신고라 함은 과세표준신고서를 법정 기한 내에 제출한 자 또는 기한 후 신고를 한 자가 누락, 오류 등 법정 사항이 있는 경우 과세관청이 각 세법의 규정에 의해 당해 국세의 과세표준과 세액을 결정 또는 경정하여 통지하기 전까지 수정·보완한 과세표준수정신고서를 제출할 수 있도록 하는 제도를 말한다(국세기본법 제45조).

수정신고를 할 수 있는 자는 신고납세방식의 세목이든 부과결정방식의 세목이든 법정 신고기한 내에 과세표준신고서를 제출한 납세의무자이다.

수정신고는 (1) 과세표준신고서에 기재된 과세표준 및 세액이 세법에 의하여 신고하여야 할 과세표준 및 세액에 미달한 때, (2) 과세표준신고서에 기재된 결손금액 또는 환급세액을 초과하는 때, (3) 원천징수의무자의 정산 과정에서의 누락, 세무조정과정에서의 누락 등 대통령령이 정하는 사유로 인하여 불완전한 신고를 한 때(국세기본법 제45조의 2의 규정에 의하여 경정 등의 청구를 할 수 있는 경우를 제외한다)에 할 수 있다.

국세기본법시행령은 다시 국세기본법 제45조 제1항 제3호에서 "원천징수의무자의 정산 과정에서의 누락, 세무조정 과정에서의 누락 등 대통령령으로 정하는 사유"를 1. 원천징수의무자가 정산 과정에서 소득을 누락한 것, 2. 세무조정 과정에서 국고보조금등과 공사부담금에 상당하는 금액을 익금과 손금에 동시에 산입하지 아니한 것 및 3. 제2호와 유사한 사유로서 기획재정부령으로 정하는 것으로 규정하고 있다(국세기본법시행령 제25조 제2항).

국세기본법시행규칙은 정당한 사유 없이 조세특례를 신청하지 아니 한 경우 수정신고를 할 수 없다는 취지의 규정을 두고 있다(국세기본법시행규칙 제12조).

수정신고는 국세의 세목에 관계없이 관할 세무서장이 당해 국세에 대한 과세표준과 세액을 결정 또는 경정하여 통지를 하기 전까지 할 수 있다. 수정신고는 부과제척기간을 경과하여 할 수는 없다(국세기본법 제45조 제1항).

국세와는 달리 지방세에 대해서는 경정청구제도가 도입되지 않은 채 증액수정신고와 감액수정신고가 허용되고 있었는데, 2011년부터는 법정신고기한 경과 후 5년 이내 경정청구가 허용된다(지방세기본법 제51조).

나. 효과

납세의무자의 신고에 의하여 납세의무가 확정되는 국세에 있어서는 당초의 신고가 조세채무를 확정하는 효과를 가지고 있으며, 이는 수정신고에도 동일하다(국세기본법 제22조의 2 제1항). 수정신고에 의해 증액된 조세채무는 당초 신고에 따라 확정된 조세채무와는 병존적인 것이다(국세기본법 제22조의 2 제2항).

정부의 조사·결정에 의하여 납세의무가 확정되는 국세에 있어 수정신고는 납세의무를 확정하는 효과는 없다.

법정 신고기한이 지난 후 6개월 이내에 수정 신고한 경우에는 과소신고가산세의 100분의 50, 법정 신고기한이 지난 후 6개월 초과 1년 이내에 수정 신고한 경우에는 100분의 20, 법정 신고기한이 지난 후 1년 초과 2년 이내에 수정 신고한 경우에는 100분의 10에 상당하는 금액을 감면한다. 다만, 경정이 있을 것을 미리 알고 제출한 경우에는 경감하지 않는다(국세기본법 제48조).[597]

3. 기한 후 신고

신고기한 내에 신고한 자에 대해서는 수정신고와 소득세의 경우 추가신고자진납부가 허용된다. 수정신고는 신고기한 내에 신고한 자로 하여금 신고상의 오류를 수정·보완할 수 있도록 하는 제도이다(국세기본법 제45조). 신고납세세목에 있어서는 수정신고가 조세채무를 확정하는 효력이 있다. 일정 요건하에 가산세의 50%까지 감면한다(국세기본법 제48조 제2항 제1호). 소득세의 추가신고자진납부는 원칙적으로 종합소득세 및 양도소득세 신고기한 내에 신고를 한 자가 자신의 귀책사유에 의하지 않은 사유로 인하여 추가 신고하여야 할 사항이 발생한 경우 신고하면 기한 내 신고한 것으로 보는 제도이다(소득세법시행령 제134조[598] 및 제173조).

---

597) 세무조사의 통지를 받고 경정결정이 있기 전에 수정신고를 하면 세액감면을 배제당하지 않을 것이라는 점에 대한 선처가 헌법 제23조가 보장하는 재산권에 해당하지는 않는다(헌재 2008.5.29. 2006헌바99).

598) 소득금액변동통지의 경우 등.

기한 후 신고에는 조세채무를 확정하는 효력이 인정되지 않는다(국세기본법 제45조의 3). 세무서장은 신고 후 3개월 이내에 과세표준과 세액을 결정하고 통지하여야 한다(국세기본법 제45조의 3 제3항). 법정 신고기한 내에 신고서를 제출한 경우는 아니므로 수정신고 및 경정청구가 허용되지 않는다. 기한 후 신고에 대해서는 조특법상 일부 감면조항은 적용되지 않는다(조특법 제128조 제2항).599) 법정 신고기한 경과 후 1개월 내 신고한 경우 무신고가산세의 50%를 감면한다(국세기본법 제48조 제2항 제2호).

4. 자진신고(국조법)

기획재정부장관은 국세기본법과 세법에도 불구하고 국세청장의 요청에 따라 1회의 특정 기간을 정하여 국제거래 및 국외에서 발생한 소득과 세법상 신고의무가 있는 국외재산(상속·증여 재산 포함)으로서 법정 신고기한 내에 신고하지 아니하거나 과소하게 신고한 소득과 재산이 있는 내국인600)에게 해당 소득과 재산을 신고하고 세법에 따라 납부하여야 할 세액을 납부하게 할 수 있다. 이 때의 신고를 "자진신고(Voluntary Filing under the Tax Amnesty Procedure)"라고 한다(국조법 제38조).

자진신고한 자에 대해서는 신고한 소득과 재산에 대하여 국세기본법, 세법 또는 외국환거래법상 부과되는 가산세601) 및 과태료를 감면할 수 있고 명단공개를 면제할 수 있다.

제2항 부과결정

과세관청의 부과처분에 의해 조세채무를 확정하는 방식으로서 과세관청이 과세표준과 세액을 결정하는 때에 조세채무가 확정된다. 상속세, 증여세, 재산세 및 종합부동산세 등은 부과과세 세목들이다(국세기본법시행령 제10조의 2 제2호 및 제3호).

1. 부과처분

'부과처분(Steuerbescheid)'이라 함은 정부가 개별 납세자의 조세채무를 확정하는 행정처분이다. 추상적으로 성립한 납세의무의 내용을 구체적으로 확정하는 절차이다.602)

부과처분은 주로 부과과세방식의 조세에서 조세채무를 확정하기 위하여 행해지지만, 신고납세방식의 조세에 있어서도 납세의무자가 신고하지 않거나 신고 내용에 오류, 탈루 등이 있을 때에 행해진다.

---

599) 조특법상 중소기업세액감면과 같이 별도의 신고를 하지 않아도 해당 규정이 적용되도록 되어 있는 경우에는 해당되지 않는다.

600) 관련 세무조사 또는 수사가 진행 중인 자 등 대통령령으로 정하는 자는 제외한다.

601) 국세기본법상 납부불성실가산세를 제외한다.

602) 사법연수원, 전게서, pp.117~119 참조.

조세채무의 확정을 위한 부과결정, 즉 부과처분은 행정법상 확인행위[603]에 해당한다. 이에 반하여 징수처분은 통지행위[604]에 해당한다. 두 가지 모두 준법률행위적 행정행위로 분류된다. 행정처분으로서 부과처분에는 다음과 같은 효력이 있다.

- 공정력(Bindungswirkung): 행정행위가 흠이 있는 경우에도 그 흠이 중대하고 명백하여 당연무효가 아닌 한 그 흠을 이유로 취소할 권한이 있는 자가 취소할 때까지는 그 효력이 있다(wirksam).[605] 공정력으로부터 집행부정지원칙이 파생된다(국세기본법 제57조[606]). 그러나 이의신청·심사청구 또는 심판청구 절차가 진행 중이거나 행정소송이 계속 중에 있는 국세의 체납으로 인하여 압류한 재산은 그 신청 또는 청구에 대한 결정이나 소에 대한 판결이 확정되기 전에는 공매할 수 없다(국세징수법 제61조 제4항). 이의신청, 심사청구 또는 심판청구는 세법에 특별한 규정이 있는 것을 제외하고는 해당 처분의 집행에 효력을 미치지 아니하지만, 해당 재결청(裁決廳)이 처분의 집행 또는 절차의 속행 때문에 이의신청인, 심사청구인 또는 심판청구인에게 중대한 손해가 생기는 것을 예방할 필요성이 긴급하다고 인정할 때에는 처분의 집행 또는 절차 속행의 전부 또는 일부의 정지를 결정할 수 있다(국세기본법 제57조 제1항).
- 집행력(Vollziehbarkeit): 행정기관은 법원의 도움을 빌리지 않고 체납처분과 같은 강제집행을 스스로 할 수 있다.
- 불가쟁력: 불복청구 기간이 경과하면 행정처분의 효력을 더 이상 다툴 수 없다(형식적 확정력, formelle Bestandskraft).

가. 결정의 개념

세법상 '결정(Bescheid)'은 납세자에의 통지로써 발효하는 부과처분을 의미한다. 이는 단순한 관청 내부의 결정을 의미하는 것은 아니다. 이에는 (1) 신고납세방식의 세목에 있어서 과세표준 등을 신고하여야 할 자가 신고하지 아니한 때 정부가 결정하는 것과 (2) 부과결정방식[607]의 세목에 있어서 당해 납세의무자의 과세표준과 세액을 정부가 결정하는 것이 있다.

'경정(Korrekturbescheid)'[608]이란 경정결정을 말하는 것으로서 이에는 (1) 납세의무자가 신

---

603) 일정한 사실이나 법률관계의 존재나 정당성을 공적으로 판단하여 확인하는 행정행위이다.

604) 의사의 통지에 해당한다.

605) 납세자는 법원에서 부과처분의 위법성에 대해 다투면서 본안에 대한 해당 법원의 판결확정까지 해당 부과처분의 효력정지를 법원에 신청할 수 있다. 법원은 처분의 효력이 발생할 경우 납세자에게 발생할 손해의 정도와 납세자 승소 시 손해의 회복가능성 등과 효력을 정지할 경우 공공복리에 미치는 영향의 중대성을 비교하여 신청의 수용 여부를 판단한다. 행정소송법 제23조 제2항에서 정하고 있는 효력정지 요건인 '회복하기 어려운 손해'란, 특별한 사정이 없는 한 금전으로 보상할 수 없는 손해로서 금전보상이 불가능한 경우 내지는 금전보상으로는 사회관념상 행정처분을 받은 당사자가 참고 견딜 수 없거나 참고 견디기가 현저히 곤란한 경우의 유형, 무형의 손해를 일컫는다. 그리고 '처분 등이나 그 집행 또는 절차의 속행으로 인하여 생길 회복하기 어려운 손해를 예방하기 위하여 긴급한 필요'가 있는지는 처분의 성질과 태양 및 내용, 처분상대방이 입는 손해의 성질·내용 및 정도, 원상회복·금전배상의 방법 및 난이 등은 물론 본안청구의 승소가능성 정도 등을 종합적으로 고려하여 구체적·개별적으로 판단하여야 한다(대법원 2011.4.21. 2010무111 전원합의체 결정).
독일 조세기본법상 처분관청에 대한 이의신청(Einspruch)에 대해 처분관청은 중대한 의심의 여지가 있고 납세자 측에 상당한 고통이 수반되는 경우에는 집행의 정지를 결정할 수 있다(조세기본법 제361조). 해당 관청은 효력정지결정과 별개로 이의신청 사항에 대해 심리한다. 이의신청결정에서는 불이익변경(Verböserung)금지원칙이 적용되지 않는다. 이러한 사실은 이의신청의 신청인에게 미리 알려 주어야 한다.

606) 이의신청·심사청구 또는 심판청구는 세법에 특별한 규정이 있는 것을 제외하고는 당해 처분의 집행에 효력을 미치지 아니한다.

607) 이는 부과과세방식 및 정부결정방식과 동일한 의미를 가지는 용어이다.

고하였지만 신고내용에 오류 또는 탈루가 있거나, 지급조서 등을 제출하지 않아 정부가 경정하는 것과 (2) 정부가 한 결정에 탈루 또는 오류가 발견되는 경우 그것을 정정하는 것이 있다.

경정 후에도 오류 등이 발견되었을 때에는 다시 그것을 경정할 수 있으며 이를 '재경정'이라고 한다. 이것은 넓은 의미에서의 경정이다.

경정은 조세채무의 금액을 결정하는 과세표준과 세액을 변경하는 것을 내용으로 하는 것이어야 한다. 이미 확정적으로 변경된 조세채무액의 이행청구 또는 조세환급액의 지급 결정은 경정이 아니며, 부과처분으로 볼 수 없다.

세무서장은 세법에 의하여 환급하여야 할 환급세액이 있을 때에는 즉시 그 환급세액을 국세환급금으로 결정하여야 한다(국세기본법 제51조 제1항).[609] 이와 같이 결정한 국세환급금은 충당 후 잔여금 지급의 절차를 밟게 된다. 국세기본법상 국세환급금결정은(학설상 이론이 있지만) 판례상으로는 행정 내부행위로서 처분성이 인정되지 않는다.

법인세법 제72조 제3항의 규정에 의한 환급세액의 결정은 국세기본법 제51조 제1항의 규정에 의한 국세환급금결정과는 다른 부과처분의 일종이다. 법인세법에 의하면 일정 요건을 충족하는 중소기업은 당년도 결손금이 발생한 경우 그 결손금을 직전 사업연도로 소급하여 그 과세표준을 재계산하여 산출한 법인세액과 실제 납부한 세액과의 차이에 해당하는 세액의 환급을 신청할 수 있다(법인세법 제72조 제1항). 관할 세무서장은 신청을 받으면 지체 없이 환급세액을 결정하여 국세기본법 제51조의 규정에 의하여 환급하여야 한다(법인세법 제72조 제3항).

대법원 2007.4.26., 2005두13506판결 사건에서, 원고는 1999년 3월 31일 1998사업연도의 법인세 과세표준 및 세액을 신고함에 있어 113,218,431원의 결손금이 발생하였다고 하면서 구 법인세법(1998년 12월 28일 법률 제5581호로 개정되기 전의 것, 이하 같다) 제38조의 2 및 구 법인세법시행령(1998년 12월 31일 대통령령 제15970호로 개정되기 전의 것) 제100조의 2 제3항의 규정에 따라 1998사업연도에 발생한 결손금에 대한 '소급공제법인세액환급신청서'를 제출하여 1999년 4월 13일 위 결손금에 대하여 직전 사업연도인 1997년의 소득에 부과된 법인세액 11,621,099원을 환급받았다.

그 후 피고는 원고가 결손금 소급공제가 가능한 중소기업에 해당하지 않는다고 보아 2003년 9월 19일 법인세법 제72조 제5항 및 구 법인세법시행령(2002년 12월 30일 대통령령 제17826호로 개정되기 전의 것) 제110조 제5항의 규정에 따라 원고가 환급받았던 법인세 11,621,099원 및 이에 대한 환급결정 통지일 다음 날인 1999년 4월 14일부터 이 사건 납세고지일인 2003년 9월 19일까지의 기간에 대한 이자상당액 7,456,097원을 가산하여 1998사업연도 법인세 19,077,190원을 부과·고지하였다(아래에서는 '이 사건 부과처분'이라고 한다).

이 사건 부과처분이 법적 근거가 없어 위법이라는 원고의 주장에 대해 대법원은 이 사건 부과처분은 법인세법 제72조 제5항의 규정에 근거한 것이 아니어서 위법하다는 판단을 하였다.

---

608) 강학상 '경정'이란 취소(Rücknahme), 변경(Änderung), 철회(Widerruf) 및 정정(Berichtigung) 등을 포함한다. 실무상 경정처분은 변경처분으로 자주 사용된다.

609) 국세환급금의 소멸시효에 관하여는 원칙적으로 민법에 따른다. 국세환급금과 국세환급가산금을 과세처분의 취소 또는 무효확인청구의 소 등 행정소송으로 청구한 경우 시효의 중단에 관하여 민법 제168조제1호에 따른 청구를 한 것으로 본다(국세기본법 제54조).

그 논거는 다음과 같다. 결손금 소급공제에 의하여 법인세를 환급받은 법인이 후에 결손금 소급공제 대상 법인이 아닌 것으로 밝혀졌다 하더라도, 그 같은 경우가 법인세법 제72조 제5항[610]의 "결손금이 발생한 사업연도에 대한 법인세의 과세표준과 세액을 경정함으로써 결손금이 감소된 경우"에 해당하지 않음은 규정의 문언상 명백하므로, 그에 해당하는 경우의 환급세액 징수와 계산에 관한 시행령 제110조 제5항의 규정이 적용될 여지는 없으며, 결손금 소급공제 시점의 환급세액의 계산에 관한 시행령 제110조 제2항의 규정에 의하면, '직전 사업연도의 과세표준'이란 소급공제 결손금액을 차감하기 전의 과세표준을 말하므로, 결손금 소급공제를 받은 후 결손금 소급공제 대상 법인이 아닌 것으로 밝혀진 경우가 위에서 본 법인세법시행령 제110조 제6항이 위 제5항을 준용하여 징수할 수 있도록 한 경우인 '직전 사업연도의 법인세액 또는 과세표준 금액이 달라진 경우'에 해당하지 않음도 또한 분명하다는 것이다.

이 사건 당시 법인세법에 의하면 법인세를 환급한 후 '결손금이 발생한 사업연도에 대한 법인세의 과세표준과 세액을 경정함으로써 결손금이 감소된 경우에는' 환급세액 중 그 감소된 결손금에 상당하는 세액에 이자상당액을 가산한 금액을 당해 결손금이 발생한 사업연도의 법인세로 징수하도록 되어 있었다(법인세법 제72조 제5항). 그런데 동 조 제5항은 법상 요건을 충족하는 중소기업이 아닌데도 그런 줄 알고 법인세를 환급하여 준 경우에 대한 징수에 관한 사항은 명문으로 두고 있지 않았다. 본 사건은 바로 이러한 경우에 대한 것이다. 이 경우 결손금이 발생한 당해 연도의 법인세로 징수할 수 있는 것일까?

생각건대 납세자가 원인이 없이 환급을 받았으므로 부당이득을 취한 것은 분명하다. 그렇다면 부당이득의 반환을 청구받든 법인세법의 규정에 의해 징수를 당하든 별 차이가 없을 것인데 굳이 소송을 제기한 것은 전자의 경우에는 국세기본법상 이자상당액을 가산하여 납부하여야 하지만(국세기본법 제52조) 후자의 경우에는 법인세법상 이자상당액을 가산하여 납부하여야 하는 차이가 있으며 금액상으로는 후자의 경우가 더 많아져 있는 한편, 후자의 규정을 살펴보면 본 사건에서와 같은 경우에 대한 규정이 없음에도 불구하고 후자의 규정을 본 사건에 유추적용하는 것은 위법하다는 이유에서이다(법인세법시행령 제110조 제5항 및 제6항). 법원은 이에 대해 이 사건에서 법인세법 제72조 제5항의 유추적용은 허용되지 말아야 한다고 판단한 것이다. 법인세법 제72조 제5항은 이러한 법원의 판결에 대응하여 그 제2호에 '…중소기업에 해당하지 아니하는 법인이 법인세를 환급받은 경우'도 포괄하도록 개정되었다(2008.12.26. 개정).

'이 사건 부과처분'은 징수처분인가 부과처분인가? 판례상 환급금결정은 내부행위로서 처분성이 인정되지 않는다. 따라서 환급거부결정에 대해서는 항고소송으로 다툴 수 없으며 부당이득반환청구를 하면 된다는 입장이다. 환급청구권은 이미 법률의 규정에 의하여 발생한 것으로 보는 것이다(법인세법 제72조 제1항). 그렇다면 환급금결정에 따른 환급에 오류가 있었다고 하여 징수하는 행위는 처분성이 있는가? 결론부터 보자면 이 사건 판결에서도 알 수 있지만 법원은 처분성이 있는 것으로 보고 있다. 그리고 이를 법문의 표현을 빌리자면 '징수처분'으로

---

610) 법인세법 제72조 ⑤ 납세지 관할 세무서장은 제3항의 규정에 의하여 법인세를 환급한 후 결손금이 발생한 사업연도에 대한 법인세의 과세표준과 세액을 경정함으로써 결손금이 감소된 경우에는 환급세액 중 그 감소된 결손금에 상당하는 세액에 대통령령이 정하는 바에 따라 계산한 이자상당액을 가산한 금액을 당해 결손금이 발생한 사업연도의 법인세로서 징수한다.

보아야 할 것이지만, 이 사건 판결은 '부과처분'으로 표현하고 있다.

원래 부과처분은 조세채무를 확정하는 효력이 있는 것인데, '이 사건 부과처분'이 원고의 법인세 조세채무를 확정한 것인가? 법인세법 제72조의 규정은 단순히 가액이 확정된 금원을 돌려주는 것에 관한 규정이 아니다. 결손금을 어느 사업연도의 과세표준에 반영하여 세액을 계산할 것인가에 따라 그 결손금에 대응하는 세액, 즉 조세채무의 내용도 달라지는 것이다. 법인세법 제72조가 결손금을 소급하여 활용할 수 있도록 한 결과 직전 사업연도의 조세채무의 내용이 달라지는 것이다. 그렇다면 법인세법 제72조 제3항에 의한 환급금결정은 처분성을 지닌 것으로 보아야 하고 법인세법 제72조 제5항의 규정에 의한 '이 사건 부과처분'은 결손금이 발생한 연도의 직전사업연도의 과세표준과 세액을 원상복귀 증가시키는 한편 그에 따라 납부할 법인세액을 결손금이 발생한 연도로 이월하여 결손금이 발생한 연도의 조세채무를 확정하는 효과가 있으므로 '부과처분'으로 보아야 할 것이다. 법원은 '이 사건 부과처분'이 위법하다는 판단을 한 것이다.

나. 하자

(1) 하자의 구분

행정행위가 적법하게 성립하고 효력을 발생하기 위해서는 법규가 정하는 요건을 갖추어야 한다. 이러한 요건을 갖추지 못한 행정행위는 하자 있는 위법한 행정행위가 된다. 행정행위의 하자란 그것이 갖는 위법성[611]을 의미한다.

(가) 무효·부존재

조세행정처분상 형식과 내용상 하자가 존재할 수 있다. 일반적으로 행정처분의 하자가 중대하고 명백하면 그것은 무효가 된다.

처분의 무효과 구별되는 것으로서 처분의 부존재는 당해 처분의 존재 자체가 인정되지 아니하는 경우이다. 예컨대 과세관청이 내부적으로 부과결정을 하였으나 아직 그 통지절차에 나아가지 아니한 경우를 들 수 있다.

행정처분이 당연무효가 되기 위해서는 그 하자가 법규의 중요한 부분을 위반한 중대한 것으로서 객관적으로 명백한 것이어야 하며, 하자가 중대하고 명백한 것인지를 판별함에 있어서는 그 법규의 목적, 의미, 기능 등을 목적론적으로 고찰함과 동시에 구체적 사안 자체의 특수성에 관하여도 합리적으로 고찰하여야 할 것이다.[612] 중대하다는 것은 인용할 수 없는 법의 위반이나 권리의 침해를 의미한다. 명백하다는 것은 조세전문가가 아닌 주의 깊고 이해력 있는 시민이라면 인식할 수 있는 정도를 의미한다. 과세대상이 되지 아니하는 어떤 법률관계나 사실관계에 대하여 이를 과세대상이 되는 것으로 오인할 만한 객관적인 사정이 있는 경우에 그것이 과세대상이 되는지가 그 사실관계를

---

611) 납세자가 납세고지서에 기재된 세율이 명백히 잘못된 오기임을 알 수 있고 납세자의 불복 여부의 결정이나 불복신청에 지장을 초래하지 않을 정도인 경우, 납세고지서의 세율이 잘못 기재되었다는 사정만으로 그에 관한 징수처분을 위법하다고 볼 수 없다(대법원 2019. 7. 4 선고 2017두38645 판결).

612) 대법원 2001.6.1. 선고 99다1260 판결, 대법원 1995.7.11. 선고 94누4615 판결.

정확히 조사하여야 비로소 밝혀질 수 있는 경우라면 그 하자가 중대한 경우라도 외관상 명백하다고 할 수 없어 그와 같이 과세 요건사실을 오인한 위법의 과세처분을 당연무효라고 볼 수 없다.[613]

처분을 취한 통지에서, 법정 양식을 사용해야 하는 통지에서 그렇게 하지 않은 경우, 납세의 무자를 특정하지 않은 경우, 세금의 종류와 세액을 기표하지 않은 경우 및 관할관청을 기록하지 않은 경우 등(Muss-Inhalte)의 경우에는 무효로 보게 된다. 무효인 체납처분의 사례로서는 저당권설정자의 상속인에 대하여 부과한 상속세를 당해세로 보아 국세 등에 우선하는 저당채권보다 우선 배분한 공매대금배분처분이 채권자의 배분 부족분에 있어서는 당연무효라는 판례가 있다.[614] 과세관청이 소득금액변동통지서에 소득의 귀속자나 소득의 귀속자별 소득금액을 특정하여 기재하지 아니한 채 소득금액변동통지를 하였다면 특별한 사정이 없는 한 그 소득금액변동통지는 위법하다.[615]

과세처분의 근거가 상태성을 결여할 경우 그 처분은 무효로 보게 된다.

대법원 1985.11.12., 84누250판결 사건에서 원고는 1972년부터 1976년까지의 과세연도 기간 중 한국중등교과서주식회사, 고등교과서주식회사, 한국검정실업교과서주식회사 및 한국교과서주식회사의 주주 겸 임원으로 있었다. 1977년 2월경 위 4개 회사의 위 과세연도 기간 중 법인세 등 포탈사실이 적발되자 국세청은 연합조사반을 편성하여 위 4개 회사의 매출누락액을 조사한 결과 8,711,942,531원을 매출누락으로 인정하여 이를 익금에 가산하고 위 익금 가산한 전 금액을 주식 수에 비례하여 모든 주주에 대한 배당 및 주주 겸 임원에 대한 상여로 처분하여 배당 또는 소득을 귀속시킨 결과, 원고에게는 1972년도에 금 44,688,952원, 1973년도에 금 60,517,831원, 1974년도에 금 161,333,892원, 1975년도에 금 214,129,627원, 1976년도에 금 152,156,096원의 상여처분 및 배당처분에 의한 소득이 있는 것으로 인정되었다. 그 후 국세청 연합조사반은 주주별 소득내용을 확정한 연도별, 주주별, 소득별 원천징수액 내용표를 작성하여 주주들에게 제시하고 그 내용대로 종합소득세 과세표준확정신고를 하고 자진 납부토록 종용하면서 이에 응하지 않는 경우에는 주주들을 형사 입건하거나 세무사찰을 하겠다고 위협하였다.

같은 해 6월 30일경 원고를 포함한 위 4개 교과서주식회사의 모든 주주는 할 수 없이 국세청의 위와 같은 요구에 따라 위 귀속액에다가 이미 각 과세연도에 자진 신고·납부한 소득을 합쳐 위 주주별 소득액표대로 종합소득세에 대한 소득금액신고 및 자진납부계산서를 작성 제출하였다.

피고는 위 신고내용에 따라 원고를 포함한 위 4개 회사의 전 주주들의 1972년부터 1976년까지의 과세연도의 종합소득금액에 대한 과세표준을 경정결정하여 그 세액을 산출한 후 여기에서 기납부세액과 주주들이 위 4개 회사에 원천징수당할 원천징수세액을 공제한 나머지 세액에 대하여 이 건 부과처분을 하였다.

위 부과처분이 근거과세원칙을 벗어나 무효라는 원고의 주장에 대해 대법원은 과세관청이 사실관계를 오인하여 과세처분을 한 경우 그 사실관계의 오인 근거가 된 과세자료가 과세관청

---

613) 대법원 2002.9.4. 선고 2001두7268 판결
614) 대법원 1997.5.9. 선고 96다55204 판결
615) 대법원 2013.09.26. 선고 2011두12917 판결

내지 그 상급관청의 일방적이고 억압적인 강요로 말미암아 작성자의 자유로운 의사에 반하여 별다른 합리적이고 타당한 근거도 없이 작성·제출된 것이라면 이러한 자료들은 그 작성경위에 비추어 성립과 내용이 진정한 과세자료라고 볼 수 없으므로, 그 과세자료에 터 잡은 과세처분은 그 하자가 중대함은 물론 위와 같은 과세자료의 성립과정에 직접 관여하여 그 경위를 잘 아는 과세관청에 대한 관계에 있어서 객관적으로 명백하여 당연무효의 처분이라고 판단하였다.

본건 과세처분은 연합조사반의 조사결과와 그에 부합하는 납세자의 신고를 토대로 이루어졌다. 연합조사반의 조사결과 적출사항은 납세자의 신고 이외의 사항에 의해 합리적으로 입증되지 않는다. 그리고 납세자의 신고는 조사반의 강압에 의해 이루어진 것으로 밝혀졌다. 이 경우 본건 과세처분의 근거는 상태성[616]을 결여한 것으로 보아 과세처분의 하자가 중대·명백한 것으로 된다. 사실관계 주장의 근거가 된 과세자료가 외형상 상태성을 결여하거나 객관적으로 그 성립 여부 및 내용의 진정성을 인정할 수 없음이 명백한 경우에는 이러한 과세자료만을 근거로 과세소득을 인정하여 행한 과세처분은 그 하자가 중대할 뿐 아니라 객관적으로도 명백하여[617] 무효인 것이다.

세무조사과정에서의 확인서는 재판상 자백으로 보지는 않는다. 그러나 다른 증거자료가 없고 해당 확인서의 작성내용이 전후관계가 분명하고 작성과정상 하자가 없으면 증거자료로 활용될 수 있다.

당시 소득세 과세는 부과결정제도를 채택하고 있었는데, 본건 원고는 과세관청이 조사한 바에 따라 신고하도록 강요받고 과세관청은 신고받은 대로 과세하는 형식을 취한 것이다. 여기서 원고의 신고는 수정신고였는데 그 신고는 당시 세법상 수정신고조항에도 위배되는 것이었다. 세법상 수정신고는 신고기한으로부터 30일의 짧은 기간만 허용하고 있었는데 실제는 기한을 훨씬 넘긴 시점에 수정신고가 있었다.

(나) 취소사유

하자가 중대하고 명백한 정도에 이르지 않을 경우에는 취소할 수 있는 하자에 그치게 되어 적법한 절차에 의한 취소가 이루어지기 전까지 해당 행정처분의 효력은 유지된다. 취소되면 그것은 소급하여 실효하게 된다. 세액의 산출근거[618] 및 권리구제방법 등을 기술하지 않은 경우 등(Soll-Inhalte)의 경우의 하자는 취소사유에 그친다.[619] 일반적으로 법률이 헌법에 위반된다는 사정은 헌법재판소의 위헌결정이 있기 전에는 객관적으로 명백한 것이라고 할 수 없으므로 그 법률에 근거한 처분이 갖는 하자는 취소사유에 해당한다.[620] 이 이론에 의하면 추후 위헌으

---

616) 대법원 1997.1.20. 선고 96누11204 판결 등 참조.

617) 서울행정법원 2007구단3957, 2008.8.20. 과세처분에 사실관계를 오인한 중대한 하자가 있는 경우라도 그 하자가 객관적으로 명백하지 않다면 그 처분은 당연무효라고 할 수 없는바, 명의수탁자인 원고에 대한 처분 당시 원고가 등기부상 소유자로 등재되어 있었고, 명의신탁관계는 약 2년 뒤 수사결과가 나온 뒤에야 명확하게 판명되었으며, 원고는 부동산실명법위반으로 처벌받지도 않은 점 등으로 보아 하자가 명백한 것으로 볼 수 없음.

618) 가산세를 부과할 때에도 납세고지서에 산출근거를 기재하지 않으면 취소사유에 해당한다(대법원 2012.10.18. 선고 2010두12347 전원합의체판결).

619) 대법원 1999.11.26. 선고 98두17968 판결은 관할 없는 과세관청의 상속세 부과처분의 위법성을 확인하였다. 대법원 2001.6.1. 선고 99다1260 판결은 관할 없는 세무서장의 소득세부과징수처분은 위법하지만 당연무효는 아니라고 보았다 (대법원 2003.1.10. 선고 2002다61897 판결 참조).

620) 대법원 1994. 10. 28. 선고 92누9463 판결, 1995. 3. 3. 선고 92다55770 판결, 1996. 6. 11. 선고 96누1689 판결 등 참조

로 판정된 법률규정에 의한 처분이 불가쟁력이 발생한 경우 그에 따라 납부한 세액의 뒤늦은 환급청구는 허용되지 않는다. 추후 위헌으로 판정된 법률규정에 의한 신고에 대한 경정청구기한이 도과한 경우 그에 따라 납부한 세액의 환급청구는 허용되지 않는다.

대법원 2012.02.16. 선고 2010두10907전원합의체판결은 과세처분 이후 조세 부과의 근거가 되었던 법률규정에 대하여 위헌결정이 내려진 경우 그 조세채권의 집행을 위한 체납처분이 당연무효라는 판단을 하고 있다. 위헌결정 전에 이미 형성된 법률관계에 기한 후속처분이라 하더라도 그것이 새로운 위헌적 법률관계를 생성·확대하는 경우라면 이를 허용할 수 없다는 것이다. 결국 추후 위헌으로 결정된 법률조항에 근거하여 과거 확정되었던 조세를 납부한 경우에는 통상의 절차에 의한 경정청구나 쟁송의 수단을 다하였다면 더 이상 환급 등의 구제가 인정되지 않지만, 해당 조세를 납부하지 않아 과세관청이 위헌결정 후 압류 등 강제집행을 위한 처분을 새로이 하는 것은 허용되지 않는다는 것이다. 위 전원합의체판결은 납세자의 권익을 최대한 보장하기 위한 목적으로 추후 위헌결정이 난 법률에 근거한 처분이 갖는 하자는 취소사유에 그친다는 원칙을 유지하면서도 그 법률조항에 근거한 정부의 처분을 더 이상 허용하지 않는다는 절충적인 결론을 도모한 것이다.

(2) 하자의 치유·시정

부과처분의 하자(취소사유)를 치유할 수 없는 것은 아니다. 부과처분에 앞서 보낸 과세예고통지서에 납세고지서의 필요적 기재사항이 제대로 기재되어 있다면 납세의무자로서는 과세처분에 대한 불복 여부의 결정 및 불복신청에 전혀 지장을 받지 않았음이 명백하므로 비록 납세고지서에 그 기재사항의 일부가 누락되었더라도 이로써 납세고지서의 흠결이 보완되거나 하자가 치유될 수 있다.[621] 소득세법시행령 제192조 제1항 단서의 규정[622]에 의해 소득처분된 소득의 귀속자에게 소득자통지용 소득금액변동통지서[623]를 송달한 것은 원천징수의무자에 대한 소득금액변동통지를 대신하거나 미송달의 하자를 치유하는 것은 아니며 원천납세의무자인 소득자에게 종합소득세 과세표준의 추가신고 자진납부의 기회를 주는 것에 불과하므로, 원천징수의무자가 소득자통지용 소득금액변동통지서의 송달을 자신에 대한 처분으로 보아 다툴 수는 없다.[624]

당초 처분에 취소사유의 하자가 있는 경우 그 처분은 취소되어야 한다. 당초처분에 취소사유인 하자가 있는 경우 그것이 처분 전체에 영향을 미치는 절차상 사유에 해당하는 등의 사정이 없는 한 당초처분 자체를 취소하고 새로운 과세처분을 하는 대신 하자가 있는 해당부분 세액을 감액하는 경정처분에 의해 당초처분의 하자를 시정할 수 있다.[625] 감액경정처분은 당초처분의 일부 취소로서의 성질을 가지고 있기 때문이다.

---

621) 서울행법 2002.8.22. 선고 2002구합14461 판결.

622) 소득처분을 받은 거주자에게 소득세법시행령 제134조 제1항에 따른 종합소득 과세표준의 추가신고 및 자진납부의 기회를 주기 위하여 마련한 특칙이다.

623) 제192조 【소득처분에 따른 소득금액변동통지서의 통지】 ① (중략) 다만, 당해 법인의 소재지가 분명하지 아니하거나 그 통지서를 송달할 수 없는 경우에는 당해 주주 및 당해 상여나 기타소득의 처분을 받은 거주자에게 통지하여야 한다.

624) 대법원 2013.09.26. 선고 2010두24579 판결

625) 대법원2003두2861, 2006.03.09

당초 처분이 무효인 경우 부과제척기간 내라면 재처분을 할 수 있지만 재조사를 할 수는 없다(국세기본법 제81조의 4 제2항). 법원의 판결에 의하여 취소결정되거나 무효확인된 처분의 경우 특례부과제척기간이 인정될 수 있으며, "판결…에 따라 경정결정이나 그 밖에 필요한 처분"으로서 그 기간 내의 재처분을 할 수 있다. 판결에서 재조사를 명한 것으로 볼 수 있는가? 심판결정에는 재조사결정이 인정되고 있다. 이는 국세기본법이 허용하는 필요한 처분의 명령으로 볼 수 있다. 취소소송 또는 무효확인소송의 소송물은 해당 처분의 위법성 여부일 뿐 처분의 대상이 되는 과세대상단위에 대한 올바른 세법적용 일반은 아니다. 법원이 재판으로 필요한 처분 또는 그에 준하는 재조사의 명령은 할 수 없다고 보아야 한다. 다만, 국세기본법상 특례부과제척기간의 규정은 관할세무서장은 해당 특례부과제척기간 내라면 "판결…에 따라 경정결정이나 그 밖에 필요한 처분을 할 수 있다."고 규정하고 있어서, 재조사금지규정에 불구하고 재조사할 수 있는지가 문제된다(국세기본법 제81조의 4 제2항). 재조사금지규정에서 명시적으로 인정한 예외가 아니므로 허용되지 않는다고 보아야 한다.

(3) 하자의 승계

두 개 이상의 행정처분이 연속적으로 행하여지는 경우 선행처분과 후행처분이 서로 결합하여 1개의 법률효과를 완성하는 때에는 선행처분에 하자가 있으면 그 하자는 후행처분에 승계되므로 선행처분이 불가쟁력이 발생하여 그 효력을 다툴 수 없게 된 경우에도 선행처분의 하자를 이유로 후행처분의 효력을 다툴 수 있다.

선행처분과 후행처분이 서로 독립하여 별개의 법률효과를 목적으로 하는 때에는 선행처분에 불가쟁력이 생겨 그 효력을 다툴 수 없는 경우에는 선행처분의 하자가 중대하고 명백하여 당연무효인 경우를 제외하고는 선행처분의 하자를 이유로 후행처분의 효력을 다툴 수 없는 것이 원칙이다. 다만, 이에 대한 예외로서 선행처분의 불가쟁력이나 구속력이 그로 인하여 불이익을 입게 되는 자에게 수인한도를 넘는 가혹함을 가져오며, 그 결과가 당사자에게 예측 가능한 것이 아닌 때에는 선행처분의 후행처분에 대한 구속력은 인정되지 않는다.

조세의 부과처분과 징수처분은 별개의 효과를 목적으로 하는 독립된 처분으로서 선행행위인 부과처분이 당연무효가 아닌 한 그 하자가 후행행위인 징수처분에 승계되지 않는 것이 행정법상의 기본원칙이다.626) 광의의 징수처분 중 체납처분에 대해 하자의 승계를 부인하는 다수의 법원의 판례가 있다.627)

종래 법원은 원천징수의무자에게는 불복수단을 마련하여 준다는 취지에서 그 원칙을 변경하여 소득금액변동통지에 따른 원천징수의무자에 대한 징수처분에 관한 취소소송에서 원천징수의무의 성립 여부나 그 범위에 관하여 다툴 수 있는 예외를 인정하여 왔다. 이 점에서 부과처분(소득금액변동통지)상 하자는 징수처분(협의의 징수처분인 최초의 독립된 이행청구)에 승계된다고 볼 수도 있었다. 이제는 법원이 소득금액변동통지에 대해 그 처분성을 인정하면서부터는

---

626) 수원지법 2000.11.29. 선고 99구5610 판결. 부과처분상 하자의 징수처분에의 승계를 인정할 경우 부과처분의 취소소송 제기일을 실질적으로 연장하는 효과가 발생한다.

627) 대법원 1989.7.11. 선고 88누12110 판결(부과처분과의 관계), 대법원 2006.9.8. 선고 2005두14394 판결(신고에 의한 조세채무의 확정과의 관계), 대법원 1961.10.26. 선고 4292행상73 판결.

소득금액변동통지에 뒤이은 징수처분에 대한 항고소송에서 징수처분 고유의 하자가 아닌 소득세 납세의무 자체에 대해 다툴 수 없도록 하고 있다.628)

대법원 1994.1.25., 93누8542판결에서는 조세소송에서 개별 공시지가의 위법성을 다툴 수 없게 한다면 당사자에게 수인한도를 넘는 가혹함이 있다는 판단을 하고 있다. 이 사건에서, 원고가 1986년 1월 21일경 하남시 풍산동 37의 7(행정구역 변경 전에는 경기 동부읍 풍산리 37의 7) 전 885㎡(이하 이 사건 토지라고 한다) 중 265/315 지분을 소외 최병량으로부터 매수하여 취득하였다가 1990년 7월 10일 그 지분 중 9/315를 소외 김용기에게 증여하고 나머지 256/315 지분(이하 이 사건 지분이라고 한다)을 같은 해 10월 8일경 소외 김상현에게 매도하고 같은 달 10일 소유권이전등기를 경료하여 주었다.

이에 피고는 원고가 이 사건 지분을 1986년 1월 21일 취득하여 1990년 10월 10일 양도한 것으로 보고 1991년 8월 15일자로 원고에 대하여, 위 양도 당시의 기준시가로서 이 건 토지의 개별공시 지가인 ㎡당 금 220,000원에 이 사건 지분에 해당하는 면적을 곱한 금 158,180,000원을 양도가액으로, 소득세법시행령 부칙(1990.5.1. 대통령령 제12994호) 제3항에 의하여 환산한 금액인 금 59,674,404원을 취득가액으로 하여 산출한 양도소득세 금 50,764,260원 및 방위세 금 10,140,850원을 부과고지하였다.

이에 대해 대법원은, 선행처분과 후행처분이 서로 독립하여 별개의 효과를 목적으로 하는 경우에도 선행처분의 불가쟁력이나 구속력이 그로 인하여 불이익을 입게 되는 자에게 수인한도를 넘는 가혹함을 가져오며, 그 결과가 당사자에게 예측 가능한 것이 아닌 때에는 국민의 재판받을 권리를 보장하고 있는 헌법의 이념에 비추어 선행처분의 후행처분에 대한 구속력은 인정될 수 없다고 하면서, 개별공시지가의 결정은 이를 기초로 한 과세처분 등과는 별개의 독립된 처분으로서 서로 독립하여 별개의 법률효과를 목적으로 하는 것이나 과세처분의 취소를 구하는 소송에서도 선행처분인 개별공시지가결정의 위법을 독립된 위법사유로 주장할 수 있다고 판단하였다.

현행 소득세법상으로는 부동산 양도차익은 실지거래가액을 기준으로 계산하도록 되어 있다. 기준시가는 예외적인 경우에 사용하도록 되어 있다. 본 사건이 문제 될 당시에는 부동산 양도차익은 기준시가를 기준으로 계산하는 것을 원칙으로 하였다. 실지거래가액은 납세자가 원하는 경우 또는 투기거래인 경우 적용하도록 되어 있어서 거의 대부분 기준시가에 의해 세액이 결정되었다.

토지에 대해서는 공시지가가 기준시가가 된다. 공시지가가 적정하게 결정되지 않으면 바로 세금을 과다하게 부과받게 되어 있었다. 공시지가의 결정과정을 보면 표준공시지가가 먼저 결정되고 그에 개별 토지의 특성이 반영되어 개별공시지가가 결정된다. 개별공시지가는 토지의 소유자가 토지를 양도하는 때에는 이미 굳어져 있어 그것의 부당성 또는 위법성을 따지려 하여도 다툴 기한을 도과해 버린 경우가 대부분이다. 공시지가의 결정도 행정처분의 하나로서 쟁송기한이 도과하면 불가쟁력이 발생하기 때문이다. 그런데 관할 세무서장이 이미 굳어져 버린 공시지가를 적용하는 처분을 한다면 그 처분 자체로서는 적법하게 되어 납세자는 하소연할 기회가 상실된다.

---

628) 대법원 2011.4.14. 선고 2010두28908 판결. 대법원 2012.1.26. 선고 2009두14439 판결.

과세처분과 공시지가의 결정은 각각 상이한 목적을 가진 독립한 처분들이다. 이런 처분 간에는 선행처분에 하자가 있더라도 그것은 후행처분에 승계되지 않는다.

법원은 본 사건에서 개별공시지가결정처분의 하자가 중대·명백하거나 그 처분의 불가쟁력이나 구속력이 그로 인하여 불이익을 입게 되는 자에게 수인한도를 넘는 가혹함을 가져오고 그 결과가 예측 가능한 것이 아닌 때에는 과세처분의 위법을 구하는 소송에서도 개별공시지가결정의 위법성을 다툴 수 있다고 한 것이다.

다. 당초처분과 경정처분

조세채무를 확정하는 부과처분이 추후 경정될 때 원래의 처분을 당초처분이라고 하고 뒤이은 처분을 경정처분이라고 한다. '경정'이라는 말은 이미 확정된 조세채무를 바로잡는다는 의미이므로 어떤 경위로 확정되었던 다시 확정하는 것을 모두 일컫는 말이다. 신고납세세목의 경우 납세자의 수정신고에 조세채무를 확정하는 효과가 부여되므로 그것도 일종의 경정이라고 할 수 있을 것이지만 통상 '경정'은 '경정처분'을 의미한다. 이때 경정처분은 납세자의 신고 또는 과세관청의 처분에 의해 확정된 조세채무를 과세관청이 경정하는 처분을 말한다. '당초처분'과 '경정처분'을 대비할 때에 경정처분은 과세관청이 당초처분에 의하여 확정한 조세채무를 경정하는 처분을 의미한다.

당초처분과 경정처분은 형식적으로 보면 별개의 행위이지만 실질적으로 1개의 추상적 납세의무의 내용을 구체화하기 위한 일련의 행위이다.[629] 당초처분이 있은 후에 경정처분이 있게 된 경우 세금의 징수와 조세쟁송상 다음의 세 가지의 이슈가 발생한다.

> 1) 두 처분의 소멸시효가 개별적으로 진행되는가
> 2) 두 처분 간 체납처분절차가 개별적으로 진행될 수 있는가
> 3) 각 처분이 쟁송상 상호 독립된 처분인가

(1) 종래 법원의 태도

종래 이에 대해 병존설 및 흡수설의 견해 대립이 있었다. '병존설'이란 경정의 효력은 당해 처분으로 인하여 증감된 세액 부분에만 미치며, 경정은 당초결정과 서로 독립하여 별개의 과세처분으로 병존한다는 것이다. 징수권의 소멸시효도 각 처분에 의하여 정해진 납기일을 기산일로 하여 별개로 진행하게 되며, 증액경정처분이 있더라도 당초처분에 기한 세액의 납부, 독촉, 압류 기타 체납처분 등은 그대로 효력이 유지된다. '흡수설'은 당초결정은 경정에 흡수되어 소멸하고 경정의 효력은 당초결정에 의하여 확정된 과세표준 및 세액을 포함하여 다시 고쳐 확정한 과세표준 및 세액의 전체에 미친다고 하는 것이다. 이 외에 흡수병존설, 역흡수설 및 역흡수병존설의 논의가 있었다.

증액 경정된 경우를 상정하고 각 설의 입장을 분석하면 아래와 같다. 당초처분 결정세액 100, 경정처분 결정세액 110인 상황을 설정한다.

---

629) 이에 따라 법원은 당초처분에 대한 전치절차를 거친 경우에는 그에 대한 변경처분의 위법사유가 동일하다면 그 변경처분에 대한 전치절차를 생략하도록 허용하고 있다. 그러나 이것이 당초처분의 하자가 경정처분에 승계되는 것을 의미하지는 않는다.

- 병존설: 제1처분(100)과 제2처분(10)이 병존한다.
- 흡수설: 제1처분은 사라지고 제2처분(110)만 남게 된다.
- 흡수병존설: 징수·체납처분절차 및 쟁송절차상 제1처분은 병존하는 것으로 본다. 그러나 쟁송절차 상 제2처분을 110으로 보아 새로운 소송을 제기할 수도 있다.
- 역흡수설: 제1처분이 110이 된다.
- 역흡수병존설: 제1처분이 110이 되지만 제2처분(10)에 해당하는 부분에 대해서는 징수·체납처분 절차상 새로운 절차를 개시할 수 있다. 그러나 소송절차는 제1처분상의 일정을 따른다. 따라서 제2처분이 있다고 하여 새로 불변 기간이 개시되지 않는다.

대법원 판례는 증액경정의 경우 '흡수설',[630] 감액경정의 경우는 당초처분의 '일부취소(역흡수설)'라는 견해를 취하고 있었다.

대법원 1987.12.22., 85누599판결은 이러한 법원의 입장을 대변하고 있다. 이 사건에서 피고 세무서장은 원고의 1977년 8월 1일부터 1980년 7월 31까지의 각 사업연도 법인세에 대해 실지조사를 함에 있어서 원고가 응하지 못하므로 과세표준을 추계조사의 방법으로 결정하고 부과처분을 하였다(당초처분). 다시 원고가 실질조사를 요청하여 실지조사를 하였는데 그 결과 추가경정결정(경정결정)을 하였다. 경정결정에 의하면 78년분 및 79년분은 증액 경정되었으며 80년분은 감액 경정되었다. 원고는 경정처분 전체에 대해 처분의 취소를 구하였다. 원고는 당초처분에 대해 적법한 전심절차를 거치지 않았다.

이에 대해 대법원은 증액경정일 때에는 처음의 과세표준과 세액을 포함하여 전체로서 증액된 과세표준과 세액을 다시 결정하는 것이므로 처음의 과세처분은 위의 경정처분의 일부로 흡수되어 독립된 존재가치를 상실하고 오직 경정처분만 쟁송의 대상이 된다고 한다. 이에 따라 처음의 과세처분이 확정된 뒤에도 당사자는 경정처분에 대한 소송절차에서 처음의 과세처분에 의하여 결정된 과세표준과 세액의 위법 여부를 다툴 수 있다고 하면서(흡수설), 감액 경정한 경우에는 처음의 과세처분에서 결정된 과세표준과 세액의 일부를 취소하는 데 지나지 아니하므로 처음의 과세처분이 감액된 범위 내에서 존속하게 되므로 당초처분만 쟁송대상이 된다. 본건 1980년 귀속분과 같이 당초처분에 대해 적법한 전심절차를 거치지 아니한 경우에는 부과처분 취소를 구하는 소는 부적법하며 각하되어야 한다고 하였다(역흡수설).

본 사건에서 납세자가 추계조사결정을 받은 후 추계조사요건이 충족되지 않으므로 실지조사를 하여야 한다고 요청하자 세무서장이 이를 수용하여 다시 조사하였다. 법인세법상 세무서장은 그 결정에 오류가 있는 것을 발견한 때에는 즉시 이를 다시 경정하여야 한다는 규정에 의할 때 이러한 재조사가 금지되는 것은 아니다(이 사건 당시의 국세기본법은 오늘날 국세기본법 제81조의 4와 같은 재조사금지규정이 없었으므로 금지된 재조사였는지는 쟁점이 될 수 없었다).

(2) 국세기본법 제22조의 3

2002년 12월 국세기본법은 당초처분과 경정처분의 관계에 대해 다음과 같은 규정을 신설하였다(국세기본법 제22조의 3).

---

630) 참조 독일재정법원법 제68조.

① 세법의 규정에 의하여 당초 확정된 세액을 증가시키는 경정은 당초 확정된 세액에 관한 이 법 또는 세법에서 규정하는 권리·의무관계에 영향을 미치지 아니한다.

② 세법의 규정에 의하여 당초 확정된 세액을 감소시키는 경정은 그 경정에 의하여 감소되는 세액 외의 세액에 관한 이 법 또는 세법에서 규정하는 권리·의무관계에 영향을 미치지 아니한다. [본조 신설 2002.12.18.]

'증액경정처분'의 경우에는 '병존설'적인 입장을 그리고 '감액경정처분'의 경우에는 '일부 취소설'의 입장으로 이해할 수 있다. 법원은 증액경정처분에 대해 흡수병존설적인 입장으로 해석하고 있다. 당초처분과 경정처분은 서로 다른 법률효과를 추구하는 독립한 처분으로서 당초처분의 하자가 경정처분에 승계되지는 않는다.[631]

국세청장은 세무서장으로 하여금 당초처분을 취소한 경우(그 취소처분의 위법이 중대하고 명백하여 무효선언으로서 취소와 행정쟁송절차에 의한 취소의 경우를 제외하고는) 그 취소처분 자체의 위법을 이유로 다시 그 취소처분을 취소함으로써 시초의 행정처분의 효력을 회복시키지 못하도록 하고 있다.[632] 원칙적으로 부과제척기간 내라면 세무서장은 이미 한 취소처분을 직권으로 다시 취소할 수 있다. 그러나 이로써 원처분의 효력이 소생하는지에 대해서는 학설상 통설은 긍정설이지만[633] 대법원은 별개의 행정행위에 의하여 이루어져야 한다는 입장이다. 국세청장은 대법원의 입장을 수용한 것이다.[634]

하나의 과세물건에 다수의 처분이 행해진 경우 ① 당초처분, ② 경정처분 및 ③ 재경정처분으로 이어지는 아래 표에서와 같은 7개의 시나리오를 상정해볼 수 있다.

당초처분과 경정처분이 독립한 것인지 어느 하나가 소멸하는 것인지의 문제는 주로 경정처분 시 이미 당초처분의 소제기의 불변기일이 지나 다툴 수 없음에도 당초처분이 경정처분에 흡수되어 심리대상이 될 수 있는가 하는 관점에서 논의되어 왔다. 이를 허용할 경우 납세자의 권익보호에 도움이 될 것이었다. 생각건대 개별 조세소송상 법원의 심리의 한계를 획정함에 있어서는 하나의 과세단위에 대한 처분에 의한 세액에 관한 것이라면 원고가 당초 제기한 쟁점 이외의 사항에 대해서도 심리할 수 있다는 총액주의에 입각하여 설정되어 있다.

이의 연장선에서 보면 대법원 85누599판결 사건에서 증액경정 시 법원이 취한 흡수설적인 입장은 타당한 측면이 있다.

한편 감액경정에 대한 역흡수설적인 입장은 과연 타당한가? 아래 표에 비추어보면 Ⅳ~Ⅶ의 경우가 이에 해당하는데, 당초 100을 결정(a)하였는데 경정 시 80으로 결정(b)하였다면 당초처분은 80으로 남게 된다는 것이다. 이에 의하면 납세자는 80으로 남기는 결정이 적법한 것인지에 대해 그것이 80이 아니라 70이라는 주장을 하려 하여도 이미 당초처분에 대한 소제기일이 지나 주장할 수 없는 경우가 발생한다.[635] 경정처분은 그 자체가 독자적인 행정처분이기 때문

---

631) 공동상속인이 있는 경우 상속세경정처분이 증액경정처분인지, 감액경정처분인지는 각 공동상속인에 대하여 납부하도록 고지된 개별적인 세액을 기준으로 할 것이지 공동상속 전체에 대한 총 상속세액을 기준으로 판단할 것은 아니다(대법원 2006.2.9. 선고 2005두1688 판결).

632) 국세기본법기본통칙 18-0…3.

633) 김성수, 『일반행정법』, 법문사, 2007.3, p.327.

634) 대법원 77누61, 1979.5.8.

에 그것의 적법성에 대해 납세자가 다툴 수 있어야 하는데 그렇지 못하게 되는 경우가 발생하는 것이다. 따라서 감액경정의 경우도 역시 쟁송절차상으로는 흡수설적인 입장에 서는 것이 타당하였을 것이다.[636]

<당초처분, 경정처분 및 재경정처분의 관계>

시나리오	(a) 당초처분	(b) 경정처분		(c) 재경정처분	
		처분액	효과	처분액	효과
I	100	110	병존설	120	병존설 ① 100, ② 10, ③ 10
II			① 100,	105	병존설 ① 100, (역)흡수설 ② 5
III			② 10	80	(역)흡수설 ① 80
IV		80	(역)흡수설	120	병존설 ① 80, ③ 40
V			① 80	105	병존설 ① 80, ③ 25
VI				90	병존설 ① 80, ③ 10
VII				70	(역)흡수설 ① 70

위 각각의 시나리오에 대해 국세기본법 제22조의 3의 규정을 문언 그대로 적용해 보면 위 표에서 "효과"에 해당하는 결과를 인정할 수 있을 것이다.[637] 그러나 쟁송절차상으로는 위에서와 같은 병존설 또는 (역)흡수설보다는 흡수병존설적인 것으로 해석하는 것이 타당할 것으로 보인다.

현행 국세기본법 제22조의 3 제1항은 증액경정처분의 경우 "당초 확정된 세액을 증가시키는

---

635) 감액경정처분 자체는 "소의 이익"이 없어 다툴 수 없다(대법원 2014. 3. 13. 선고 2012두7370 판결).

636) 국세기본법 제22조의 3 제2항이 "당초 확정된 세액을 감소시키는 경정" 자체의 쟁송상 지위에 대해서는 아무런 규정을 두고 있지 않다. 예를 들어, 당초 처분이 증액경정이었는데 납세자가 그것의 감액경정을 청구한 것에 대해 감액경정하는 처분이 과소한 감액이라고 주장하면서 그 위법성을 다툴 경우, 설사 당초 처분에 대해 쟁송상 다투지 않았다 하더라도 감액경정처분에 대해 다툴 수 있도록 하여야 할 것이다. 국세기본법은 신고한 경우이지만 과세관청이 당초처분을 한 데 대해 경정을 청구할 수 있다고 하면서, 그것의 경정청구사유로 당초처분에 대한 것만으로 한정하지 않고 있다. 이 청구가 기각되는 의미에서 감액경정처분을 할 경우, 납세자는 그 감액경정처분에 대해 다툴 수 있어야 하며, 그 다툼의 쟁점이나 금액은 감액경정처분에 의한 것에 한정되지 않는다(국세기본법 제45조의 2 제1항).
동항이 그간 대법원의 일부취소설의 입장을 확인한 것이라는 관점을 취할 경우 다른 견해를 가질 수 있을 것이다. 대법원은 여전히 국세기본법 제22조의 3 제2항의 규정에 따라 감액경정처분 자체에 대해서는 처분의 취소를 구할 이익이 없다는 입장을 취하고 있는 것으로 보인다(대법원 2012.4.13. 선고 2009두5510 판결 참조. 법인이 법인세의 과세표준을 신고하면서 배당, 상여 또는 기타소득으로 소득처분한 금액은 당해 법인이 신고기일에 소득처분의 상대방에게 지급한 것으로 의제되어 그때 원천징수하는 소득세의 납세의무가 성립·확정되며, 그 후 과세관청이 직권으로 상대방에 대한 소득처분을 경정하면서 일부 항목에 대한 증액과 다른 항목에 대한 감액을 동시에 한 결과 전체로서 소득처분금액이 감소된 경우에는 그에 따른 소득금액변동통지가 납세자인 당해 법인에 불이익을 미치는 처분이 아니므로 당해 법인은 그 소득금액변동통지의 취소를 구할 이익이 없다). 저자의 주장처럼 흡수설적인 입장을 취할 경우, 국세기본법 제22조의 3 제2항상 "그 경정에 의하여 감소되는 세액 외의 세액에 관한 이 법 또는 세법에서 규정하는 권리·의무관계에 영향을 미치는" 결과가 발생하게 된다. 따라서 저자의 주장처럼 해석하기 위해서는, 쟁송을 통해 "그 경정에 의하여 감소되는 세액 외의 세액"에 관해 다투는 것은 당해 세액에 관한 이 법 또는 세법에서 규정하는 권리·의무관계에 영향을 미치지 않는 것으로 보는 관점이 필요하다.
이러한 관점을 증액경정처분에 대해서까지 연장하여 본다면, 대법원이 2009.5.14, 2006두17390 판결(및 대법원 2013.10.31. 선고 2010두4599 판결)을 통해 밝힌 소위 "흡수적 병존설"과는 달리, "흡수병존설"의 입장을 취하는 것이 된다. 이러한 흡수병존설이 감액경정처분의 경우에도 적용되어야 한다는 것이다. 이는 공연히 경정처분을 하게 하여 이미 불가쟁력이 발생한 당초처분에 대해 실질적으로 다투는 기회를 주게 된다는 점에서, 국세기본법 제22조의 3의 도입취지와는 부합하지 않는 면이 있기는 하다.

637) 표를 이해함에 있어서는 직전 단계와의 관계를 고려하면 된다.

경정은 당초 확정된 세액에 관한 이 법 또는 세법에서 규정하는 권리·의무관계에 영향을 미치지 않는다"고 규정하고 있다. 앞 쪽의 표에 비추어보면 Ⅰ~Ⅲ의 경우가 이에 해당하는데, 당초 100을 신고[638] 또는 결정(a)하였는데 경정 시 110으로 결정(b)하였다면 납세자가 추가된 10의 부분에 대해 다툴 때 당초 100의 부분에 대해 다툴 수 없는가? 예를 들어, 납세자가 추가된 10의 결정이 타당하지 않다는 주장을 하는 과정에서 10이 추가된 것은 과세관청이 경정과정에서 추가된 10뿐 아니라 감액분 2를 발견하여(즉 당초처분 100 부분을 98로 감액하고) 전체적으로 8만 추가하였어야 하는데 그렇게 하지 않은 결과라는 주장을 하지 못하게 하는 것이 타당한가? 원래 과세관청이 경정처분의 과정에서 당초처분의 내용에 대한 실질적인 조사를 거쳐 판단하게 되는데 당시 당초처분에 대해 내린 판단의 적법성을 쟁송의 대상에서 배제하는 것으로 해석하는 것은 타당하지 않다. 즉 쟁송절차상으로는 흡수설적인 입장에서 이해하여야 한다. 강학상의 흡수병존설에 따라야 한다.[639] 여기서 더 나아가 과세관청이 110으로 증액경정(b)하였는데, 이어 재경정처분(c)을 하면서 세액을 105 또는 80으로 감액한 경우에는, (b)가 당초처분이 되고 (c)가 경정처분이 되어, (b)의 처분이 일부취소되는 것이 된다. 역으로 단계적으로 취소하는 것으로 보는 것인데, 앞의 표 <당초처분, 경정처분 및 재경정처분의 관계>는 이러한 입장에서 작성된 것이다. 그런데, 이 때 납세자가 (b)의 적법성에 대해 이미 법원에서 다투고 있었다면, 10의 범위 안에서 경정하여 달라는 주장을 할 수 있었을 터인데, 이미 그 금액은 소진된 것이므로 더 이상 다툴 수 없는 것 아닌가 하는 문제를 제기할 수 있다. 납세자는 여전히 (b)의 적법성에 대해 다투면서 (a)와 (b)에서의 쟁점에 대해 10의 범위 안에서 다툴 수 있는지에 대해, 대법원은 감액경정처분(c)의 처분사유가 당초처분(a)과 증액경정처분(b) 중 어느 것과 관련이 있는지를 따져야 하고, 이에 따라 증액경정처분 취소소송에서의 심판 범위를 정하여야 한다고 결론짓고 있다(대법원 2011.4.14.선고 2010두9808판결). (a)와 (b)가 하나가 되어 (c)가 그에 대해 경정하는 것으로 보지 않고, (c)는 (a) 및 (b)각각에 대해 쟁점별로 경정하는 것으로 보는 관점이다.[640]

　국세기본법 제22조의 3 제2항은 감액경정처분의 경우 "당초 확정된 세액을 감소시키는 경정은 그 경정에 의하여 감소되는 세액 외의 세액에 관한 이 법 또는 세법에서 규정하는 권리·

---

638) 납세의무자는 증액경정처분의 취소를 구하는 항고소송에서 과세관청의 증액경정사유뿐만 아니라 당초신고에 관한 과다신고사유도 함께 주장하여 다툴 수 있다(대법원 2013.04.18, 2010두11733전원합의체판결).

639) 대법원에 의하면 "국세기본법 제22조의 3의 시행 이후에도 증액경정처분이 있는 경우 당초 신고나 결정은 증액경정처분에 흡수됨으로써 독립된 존재가치를 잃게 된다고 보아야 할 것이므로, 원칙적으로는 당초 신고나 결정에 대한 불복 기간의 경과 여부 등에 관계없이 증액경정처분만이 항고소송의 심판대상이 되고, 납세의무자는 그 항고소송에서 당초 신고나 결정에 대한 위법사유도 함께 주장할 수 있다고 해석함이 타당하다."고 한다(대법원 2009.5.14, 2006두17390 판결). 이 판결은 원칙적으로 흡수설적인 입장을 취하고 있지만 취소할 수 있는 세액의 범위를 (사례에 비추어 볼 때) 10으로 한정하고 있다.
　　대법원은 여기서 더 나아가 증액경정처분(10)에 대한 쟁송 중 납세자가 당초 신고한 부분에 대한 위법성을 주장함에 따라 관할과세관청이 해당 부분을 직권감액경정(2)한 경우 납세자는 여전히 8의 한도 안에서 증액경정처분의 위법성을 다툴 수 있다고 판단하였다(대법원 2011.04.14. 선고 2010두9808판결).
　　통상적 경정청구기간이 경과하기 전 증액경정처분이 있었다면, 증액경정처분에 의해 증액된 세액 뿐 아니라 당초 신고한 세액도 취소를 구할 수 있다(대법원 2011.06.30. 선고 2010두20843판결, 대법원 2012.3.29. 선고 2011두4855판결).

640) 감액경정처분(c)의 처분사유가 (b)에 대한 쟁송 절차에서 납세자가 이미 제시한 주장을 (c)처분사유로 삼은 경우에는, (c)는 항상 증액경정처분(b)만을 '일부 취소'한다고 보아야 한다는 견해가 있다(윤지현, 증액경정처분과 감액경정처분을 차례로 받은 납세자가 증액경정처분의 취소소송에서 취소를 구할 수 있는 범위에 관한 고찰, 租稅法研究 第18輯 第2號, 2012.8, pp.198~228).

의무관계에 영향을 미치지 아니한다."고 규정하고 있다. 이 규정은 일응 역흡수설 또는 일부 취소설의 입장을 취하고 있는 것이지만 증액경정에서와 동일한 이유로 경정처분 당시 당초처분에 대해 내린 판단의 적법성을 쟁송의 대상에서 배제하는 것으로 해석하는 것은 타당하지 않다. 즉 쟁송절차상으로는 흡수설적인 입장에서 이해하여야 한다.[641]

결론적으로 증액경정이든 감액경정이든 쟁송절차상 흡수설적인 입장을 취하여야 한다. 이는 과세관청이 경정처분을 함에 있어서 해당 과세대상에 대해 전체적으로 다시 본다는 현실적인 측면과 함께 소송심리대상이 총액주의에 의하여 넓게 인정되는 측면을 고려할 때 타당한 것이다.[642] 이 경우 법문상 당초처분에 의한 세액(증액경정의 경우) 또는 감액되는 세액 외의 세액(감액경정의 경우)에 관한 세법상 권리의무관계는 조세채무의 승계, 소멸, 확보, 이행청구 및 실현에 관한 사항으로서 그것들은 그대로 진행되어야 한다.

따라서 위에서 증액경정과 관련한 앞의 예를 빌려 설명한다면 100에 대해서는 이미 체납처분절차가 완료되었다 하더라도 10의 증액경정처분에 대해 다투면서 당초처분상 100 중 2는 감액하여야 한다는 주장을 할 수 있다. 그리고 이에 더 나아가 경정처분상 10에 대한 취소 주장과 함께 당초처분상 100 중 가령 60을 감액하여야 한다는 주장을 할 수도 있는데 경정처분 10에 대한 취소주장이 받아들여지지 않고 당초처분상 60 감액의 주장이 받아들여질 경우 경정처분상 고지된 10을 납부하지 않을 뿐 아니라 이미 체납처분이 진행되어 충당된 100 중 50은 돌려받을 수 있을 것이다.[643]

(3) 공동상속인이 있는 경우 상속세경정처분

공동상속인이 있는 경우 상속세경정처분이 증액경정처분인지 감액경정처분인지는 각 공동상속인에 대하여 납부하도록 고지된 개별적인 세액을 기준으로 하며, 공동상속인 전체에 대한 총 상속세액을 기준으로 판단하지 않는다.[644]

2. 세무조사[645]

가. 세무조사행정의 조직구성

"세무조사"란 국세의 과세표준과 세액을 결정 또는 경정하기 위하여 질문을 하거나 해당 장부 등을 검사·조사하거나 그 제출을 명하는 활동을 말한다(국세기본법 제2조 제21호). 세무조

---

641) 대법원 2009.5.14선고 2006두17390 참조.

642) 납세자가 감액경정청구 거부처분에 대한 취소소송을 제기한 후 증액경정처분이 이루어져서 그 증액경정처분에 대해서도 취소소송을 제기한 경우에는 특별한 사정이 없는 한 동일한 납세의무의 확정에 관한 심리의 중복과 판단의 저촉을 피하기 위하여 감액경정청구 거부처분의 취소를 구하는 소는 그 취소를 구할 이익이나 필요가 없어 부적법하다(2005.10.14. 선고 2004두8972 판결[법인세부과처분취소]).

643) 이는 대법원 2009.5.14. 2006두17390 판결의 입장보다 더 완전한 형태의 흡수설적인 입장이다.

644) 대법원 2004.2.13., 2002두9971, 대법원 2005.10.7, 2003두14604

645) 오윤·박명호, 『세무조사제도개혁방안』, 한국조세연구원, 2007.9. 참조.

사는 세무서장[646](또는 지방국세청장)이 지니고 있는 내국세의 부과 또는 결정권한을 행사하는 데 있어 국세청장, 지방청장 및 세무서장이 지휘·감독을 통해 일체가 되어 수행하는 행정활동의 하나이다.

정부조직법은 국세청장을 기획재정부장관 소속기관으로 규정하고 있다.

한편 내국세의 부과에 대해서는 국세기본법 제44조에서 "국세의 과세표준과 세액의 결정 또는 경정결정은 그 처분 당시 당해 국세의 납세지를 관할하는 세무서장이 행한다"라고 규정하고 있다.

형식상 국세청 내부훈령이지만 국민의 권리의무에 직접적인 영향을 미치는 효력을 가지고 있기 때문에 법원에서 법규성이 있는 행정규칙으로 인정되고 있는 것으로서 조사사무처리규정(전부개정 2009.8.24, 국세청훈령 제1765호)이 있다. 그중 조사와 관련된 조직의 구성을 살펴보면 아래와 같다. 우선 국세청 본청에서는 조사정책 수립은 조사국에서 담당하고, 조사와 관련된 기능을 대상자선정, 조사집행 및 납세자 권익보호 3가지로 구분하여, 대상자 선정은 개인납세국과 법인납세국에서, 조사집행은 지방청 및 세무서에서 그리고 납세자 권익보호는 납세자 보호관이 담당하도록 하고 있다.

조세범칙조사를 위해서는 2003년 7월부터 국세청·검찰청 공조협의체를 운영하고 있다. 내용으로는 국세청 조사국장과 대검찰청 중앙수사부장을 공동단장으로 하는 '중앙협의회'를 설치하여, 중요 탈세정보에 대한 합동분석, 상호정보교환, 합리적인 고발기준 마련 및 조세범처벌법 등 관계법령의 개선을 협의하고, 각 지방청 조사국과 지방검찰청 특수부 간에 '지방협의회'를 운영한다. 더불어 '조세범칙정보합동분석지원반'을 운영하고, 조세범칙조사 운영과정에서 상호 협조하며, 세무조사과정에서 부정행위 발견 시 원칙적으로 범칙조사로 전환한 바 있다.

납세자 보호관은 세법대로 정확하게 부과되었는지 알아보고 과세가 잘못되었으면 취소해 주고, 체납처분 절차가 위법한 경우 바로잡아 주며, 기타 세무관서의 처분이나 미처분으로 불이익을 입은 경우 사실관계를 확인하여 필요한 조치를 해 주도록 되어 있다.

나. 세무조사행정의 운영지원 법제

(1) 과세자료 수집을 지원하는 법령

과세자료의 제출 및 관리에 관한 법률, 금융실명거래 및 비밀보장에 관한 법률, 특정금융거래정보의 보고 및 이용 등에 관한 법률 및 출국금지업무처리규칙 등이 있다.

탈세제보나 체납자은닉재산 신고를 하는 자에게는 징수한 금액에 따라 5%까지의 포상금이 지급된다. 1억 원이던 포상금의 한도는 2013년 5억 원, 2014년 20억원, 2018년 40억원으로 상향조정되었다. 2014년에는 현금영수증 의무발급 위반에 대한 신고포상금제도를 영구화하였다(국세기본법 제84조의2).

(2) 과세표준 양성화를 유도하는 장치

세무조사가 공평과세를 확보하는 데 있어 갖는 중요성이 매우 큰 것이기 때문에 세무조사의

---

646) 2013년 현재 전국에 111개의 세무서가 설치되어 있다.

인프라를 구축하는 데 정부기관뿐 아니라 일반 국민이 협력하여야 할 사항도 적지 않아 그에 관한 사항을 법제화하여 세무조사의 효율성[647]을 높일 필요성이 자주 제기되어 왔다. 납세자의 협력을 이끌어 내는 데에는 직접적으로 자료제출을 의무화하는 방안도 있지만 아래와 같이 간접적으로 납세자 스스로 과세표준을 양성화하거나 그를 돕는 효과가 나타나는 행위를 하는 방법으로도 가능하다.

- 가산세

2006년 국세기본법 개정에 의하여 그간 각 개별세법에 규정되어 있던 신고불성실가산세[648]를 국세기본법에 일괄적으로 규정하되, 신고불성실을 부정한 경우와 일반적인 경우로 나누어 부정한 경우에 대해서는 40%, 일반적인 경우에는 10~20%로 하여 부정한 신고불성실에 대해서는 특별히 과중한 조세부담을 하도록 하게 되었다. 부정한 방법에 의해 신고의무를 위반한 경우를 국세기본법과 동시행령에 명시하게 되었다.[649]

- 신용카드소득공제 등(조특법 제126조의 2)

이 제도는 1999년 8월 도입된 것으로서 공제대상 카드로는 신용카드, 직불카드, 기명식 선불카드 등이 포함된다.

- 부가가치세 세액공제(부가가치세법 제32조의 2)

1993년 말 도입된 제도로서 사업자가 신용카드 가맹점으로 가입할 경우 세금계산서 발행금액의 1%[650]를 부가가치세 납부세액에서 공제한다.

- 현금영수증 소득공제(조특법 제126조의 5) 및 현금영수증 부가가치세세액공제(조특법 제126조의 3)

2005년부터 시행되는 제도이다. 2006년 말 조특법 개정으로 현금거래 후 사업자로부터 현금영수증을 발급받지 못한 소비자가 현금거래 사실을 신고하여 인증받는 경우 소득공제대상 현금영수증 사용금액으로 인정받을 수 있게 되었다(조특법 제126조의 5). 신용카드 등에 대한 소득공제의 혜택이 현금영수증의 경우에 대해서도 동일하게 적용된다. 부가가치세세액공제는 시행령에서 구체적인 기준에 따라 국세청장이 설정한다.

---

647) 세무조사의 효과성이라는 개념은 세무조사를 통해 직간접적으로 늘어나는 세수를 의미하는 반면, 효율성이라 함은 그것을 분자로 하고 세무행정비용을 분모로 하는 수치를 의미한다.

648) 납세의무자가 각 과세표준에 세율을 곱한 '산출세액'을 정당하게 신고한 이상 감면세액에 관한 판단을 그르쳐 최종적으로 납부하여야 할 세액을 잘못 신고하였다고 하더라도 취득세와 등록세의 각 신고불성실가산세를 부과할 수 없다(대법원 2015.05.28. 선고 2014두12505 판결).

649) 이중장부의 작성, 허위기록 및 허위증빙과 허위문서 작성 등 8가지이다.

650) 1999년까지 1%의 공제율이 적용되었지만, 세금탈루를 방지하고 과세표준의 양성화로 세수확보와 조세정의를 실현한다는 명분으로 2000년부터 공제율이 2%로 상향조정되었다가 다시 1%로 하향조정되었다. 음식점업 또는 숙박업 등을 하는 개인사업자가 재화 또는 용역을 공급하고 신용카드 등으로 결제받는 경우 2012년 12월 31일까지 세액공제율을 2.6%로 우대하여 적용하고 있다(부가가치세법 제32조의 2).

● 성실신고확인제도

2011년 8월부터 성실신고확인제도가 실시되고 있다. 성실신고확인대상사업자[651]는 종합소득 과세표준 확정신고를 할 때에 사업소득금액의 적정성에 대해 세무사 등이 조사하고 작성한 성실신고확인서를 납세지 관할 세무서장에게 제출하여야 한다(소득세법 제70조의 2).

2018년부터는 부동산임대업을 주된 사업으로 하는 내국법인 등에게도 이 제도가 적용되고 있다(법인세법 제60조의 2).

개인사업자가 성실신고확인서를 제출하지 아니한 경우에는 사업소득금액이 종합소득금액에서 차지하는 비율(해당 비율이 1보다 큰 경우에는 1로, 0보다 작은 경우에는 0으로 한다)을 종합소득산출세액에 곱하여 계산한 금액의 100분의 5에 해당하는 금액을 결정세액에 더한다(소득세법 제81조 제13항). 확인받은 사업자에 대해 확인비용의 60%를 세액공제(연간 100만 원 한도)해 준다. 2021년말까지 성실사업자에 준하여 교육비 및 의료비의 공제를 허용한다. 결손사업자에게는 세액공제액의 이월공제를 허용해 준다.

행정적으로 미확인자는 우선적 세무조사 대상으로 선정하고, 세무조사 시 성실신고 확인내용을 점검하며, 세무조사 대상 선정을 위한 서면분석 시 세무사가 제시한 성실신고 확인서를 분석 자료로 활용한다고 한다.

이렇게 하는 것은 자영업자들이 소득 탈루 시 가장 보편적으로 활용·계상하는 가공경비·업무무관경비 등을 세무사 등이 전문가적인 시각에서 사전에 중점적으로 확인하기 위함이라고 한다.

제도도입 논의과정에서 특정 업종에 한정된 세무검증에서 전체 업종에 걸친 성실신고확인으로 범위가 확대되었다.

과세관청의 업무를 위해 납세자의 재무회계에 관한 사항을 세무사에게 의무적으로 검증받도록 하는 것은 회계사와의 업무영역 간 중첩의 소지가 있는 한편, 과도한 납세협력을 강요하는 성격이 있다.[652]

일정한 규모 이상의 개인사업자에 대해서는 외부세무조정을 강제하고 있는 조정반제도[653]를

---

651) 수입금액기준: (농림어업, 광업, 도·소매업 등) 15억원, (제조업, 숙박·음식점업, 건설업,운수업 등) 7.5억원, (부동산임대업, 기타 개인 서비스업, 전문직 사업자 등) 5억원

652) 이는 세무사에 의한 세무조정을 의무화하는 것과는 다른 것이다. 세무조정은 납세자가 비치 기장한 재무회계의 사항에 대해 세법을 적용하는 것이다. 이를 외부 세무사에게 의무적으로 조정하도록 하는 것은 납세자가 스스로 세법을 연구하여 적용할 수 있는 자유를 배제하는 측면이 있다.

653) 3명의 세무사 등록을 한 변호사가 소속된 갑 법무법인이 지방국세청장에게 세무조정계산서를 작성할 수 있는 조정반으로 지정해 줄 것을 신청하였으나 지방국세청장이 "법무법인은 법인세법 시행규칙 제50조의 3 제2항, 소득세법 시행규칙 제65조의 3 제2항에 규정된 조정반 지정대상에 포함되지 않는다."는 이유로 조정반 지정거부처분을 한 사안에서, 대법원은 2015년 8월 20일 전원합의체판결(2012두23808)에서 소득세나 법인세의 신고시 첨부하도록 되어 있는 세무조정계산서를 외부에서 강제적으로 작성하도록 하는 현행 외부세무조정 '세무사강제주의'의 근거법규가 무효라는 판단을 하였다. 세금신고는 납세자 스스로 할 수 있는 제도 하에서 신고서첨부서류를 누가 작성할 것인가는 납세의무 이행의 본질적 사항에 관한 것이므로, 외부작성을 강제하려면 법에서 직접 규정하든가 법이 하위 규정에 그 내용이 예측가능하도록 위임근거를 두었어야 하는데, 현행 하위규정 관련조항은 모법의 근거규정 없이 규정하고 있어서 무효라는 것이다. 법인세법시행규칙 제50조의 3 제2항은 "제1항에서 '조정반'은 2명 이상의 세무사, 세무법인 또는 회계법인으로 하되, 조정반에는 대표자를 두어야 한다. 이 경우 세무사는 2개 이상의 조정반에 소속될 수 없다."고 규정하고 있다. 외부세무조정 세무사강제주의는 개인사업자에게는 2011년 8월 도입된 성실신고확인제도와 더불어 중첩적인 부담이 되고 있다. 외부세무조정계산서를 첨부하지 않으면 신고하지 않은 것으로 보고, 성실신고확인을 받지 않으면 가산세를 부담하여야 하니 모두 다 하여야 한다. 세무사가 조사 확인하는 사항은 두 제도에 걸쳐 본질적으로 동일한 것이다.

존치하면서 성실신고확인을 받도록 하는 것은 중첩적인 규제장치라는 비판을 면하기 어렵다.

● 국제거래에 대한 과세자료의 제출의무 불이행에 대한 제재

국제거래에 대한 과세자료의 제출을 요구받은 자가 정당한 사유 없이 자료를 기한 내에 제출하지 아니하거나 허위의 자료를 제출하는 경우에는 3천만 원 이하의 과태료에 처한다(국조법 제12조).

3. 가산세

가산세는 세법에 규정하는 의무의 성실한 이행을 확보하기 위하여 그 세법에 의하여 산출된 세액에 가산하여 징수하는 금액이다. 가산세는 세법에 규정된 각종 의무의 불이행에 대한 일종의 행정벌로서 당해 세법이 정하는 국세의 세목으로 징수한다.

조세의 형식으로 부과되는 금전적 제재인 가산세는 의무위반의 정도에 비례하는 결과를 이끌어내는 비율에 의하여 산출되어야 하고, 그렇지 못한 경우에는 비례의 원칙에 어긋나서 재산권에 대한 침해가 될 수 있다.[654] 동일한 의무위반행위에 대해서라도 합리적 이유가 있다면 차별적인 가산세를 부과할 수 있다.[655]

가산세는 과세권의 행사와 조세채권의 실현을 용이하게 하기 위하여 세법에 규정된 의무를 정당한 이유 없이 위반한 납세자에게 부과하는 일종의 행정상 제재이므로, 징수절차의 편의상 당해 세법이 정하는 국세의 세목으로 하여 그 세법에 의하여 산출한 본세의 세액에 가산하여 함께 징수하는 것일 뿐, 세법이 정하는 바에 의하여 성립 확정되는 국세와 본질적으로 그 성질이 다른 것이므로, 가산세의 부과처분은 본세의 부과처분과 별개의 과세처분이다.[656]

가. 가산세의 종류

(1) 무신고가산세

(가) 일반무신고가산세

납세자가 법정 신고기한 내에 세법에 따른 과세표준신고서를 제출하지 아니한 경우에는 세

2015년말 법인세법 제60조 제9항이 신설되었다. 조정반 설치의 근거규정을 법률에 두게 된 것이며, 세무사등록부에 등록한 변호사도 조정반에 소속할 수 있도록 하는 것이었다. 2명의 이상의 변호사도 조정반을 구성할 수 있다.

654) 2005.2.24. 2004헌바26 전원재판부.

655) 부가가치세법 제22조 제2항이 사업자가 법인인 경우에 개인에 비하여 더 많은 가산세를 부담하도록 규정하였다고 하더라도, 이는 법인이 개인에 비하여 상대적으로 사업조직이나 활동에서 우월하여 보다 무거운 사회적 책임을 부담하고 있다는 실제적 차이점을 고려하여, 법인이 세금계산서 수수의 선도적 역할을 수행하여야 하며, 회계업무상의 투명성을 더욱 강하게 유지하여야 한다는 입법적 판단에 따른 합리적 차등으로서 조세평등주의에 위반한다고 볼 수 없다(헌재 1996.8.29. 92헌바46).

656) 2005.9.30. 선고 2004두2356 판결. 본세의 산출세액이 없는 경우에는 가산세도 부과·징수하지 아니한다는 등의 특별한 규정이 없는 한, 본세의 산출세액이 없다 하더라도 가산세만 독립하여 부과·징수할 수 있다(대법원 2007.3.15. 선고 2005두12725 판결).

법에 따른 산출세액의 **20%**에 상당하는 금액(일반무신고가산세액)을 납부할 세액에 가산하거나 환급받을 세액에서 공제한다.[657]

무신고가산세가 부과되기 위해서는 납세자의 신고행위가 중대·명백한 하자에 의해 무효인 정도에 이르러야 한다. 과세표준 금액에는 하자가 없지만 그 내역에 대한 신고가 사실과 다른 경우 무효인 정도에 이른 것으로 보지는 않는다. 예를 들어, 증여세 신고를 하면서 증여자를 사실과 다른 자로 신고한 경우 또는 소득의 종류를 달리 하여 신고한 경우가 이에 해당된다. 소득의 종류 구분에 대해 논란이 있는 경우에는 그 하자가 명백하다고 할 수 없다.[658]

(나) 부정무신고가산세

부정한 방법으로 무신고한 과세표준이 있는 경우 가산세율은 세액의 **40%**이다.[659] '부정한 방법'이라 함은 납세자가 과세표준 또는 세액계산의 기초가 되는 사실의 전부 또는 일부를 은폐하거나 가장하는 것에 기초하여 국세의 과세표준 또는 세액의 신고의무를 위반한 것을 말한다(국세기본법 제47조의 2 제2항). 여기에는 다음의 방법이 포함된다(국세기본법시행령 제27조 제2항). 국제거래에서 발생한 부정행위로 국세의 과세표준 신고를 하지 아니한 경우에는 세액의 **60%**이다.

- 이중장부의 작성 등 장부의 허위기장
- 허위증빙 또는 허위문서의 작성
- 허위증빙 또는 허위문서의 수취(허위임을 알고 수취한 경우에 한한다)
- 장부와 기록의 파기
- 재산을 은닉하거나 소득·수익·행위·거래의 조작 또는 은폐
- 그 밖에 국세를 포탈하거나 환급·공제받기 위한 사기 그 밖에 부정한 행위

하나의 세법상의 의무위반 또는 의무불이행이 조세범의 구성요건과 가산세의 과징요건을 경합적으로 충족하는 경우가 있을 수 있다. 예컨대, 고의로 허위신고한 경우에는 부정과소신고가산세의 과세요건과 허위신고범(조세범처벌법 제13조 제2호)의 객관적 구성요건을 동시에 충족시킨다. 대법원은 '부당한(부정한) 방법으로 한 과세표준의 과소신고'란 부정한 적극적인 행위에 의하여 과세표준을 과소신고하는 경우로서 조세포탈의 목적에서 비롯된 것을 의미한다고 보아 고의성이 입증되어야 부정가산세를 부과할 수 있다고 판단한 사례가 있다.[660]

---

657) 종합소득과세표준의 과소신고에 대하여 20%의 가산세를 부과하도록 하는 것은 헌법상 비례의 원칙에 부합한다(헌재 2005.2.24. 2004헌바26).

658) 대법원 2019. 5. 16 선고 2018두34848 판결

659) 이 경우를 '부정무신고가산세'라고 부른다.

660) 대법원2013두12362, 2013.11.28. 대법원 2015.1.15. 선고 2014두11618 판결(납세자에게 사실과 다른 세금계산서에 의하여 매입세액의 공제 또는 환급을 받는다는 인식 외에, 사실과 다른 세금계산서를 발급한 자가 그 세금계산서상의 매출세액을 제외하고 부가가치세의 과세표준 및 납부세액을 신고·납부하거나 또는 그 세금계산서상의 매출세액 전부를 신고·납부한 후 경정청구를 하여 이를 환급받는 등의 방법으로 그 세금계산서상의 부가가치세 납부의무를 면탈함으로써 납세자가 그 매입세액의 공제를 받는 것이 결과적으로 국가의 조세수입 감소를 가져오게 될 것이라는 점에 대한 인식이 있어야 한다.) 대법원 2017. 4. 13. 선고 2015두44158 판결(납세자가 명의를 위장하여 소득을 얻더라도, 명의위장이 조세포탈의 목적에서 비롯되고 나아가 여기에 허위 계약서의 작성과 대금의 허위지급, 과세관청에 대한 허위의 조세 신고, 허위의 등기·등록, 허위의 회계장부 작성·비치 등과 같은 적극적인 행위까지 부가되는 등의 특별한 사정이 없는 한, 명의위장 사실만으로 구 국세기본법

(2) 과소신고가산세 및 초과환급신고가산세

무신고의 경우와 같은 방식이 적용된다.

(3) 납부지연가산세

납세자가 납부기한 내에 국세를 납부하지 아니하거나 납부한 세액이 납부하여야 할 세액에 미달한 경우에는 다음 산식을 적용하여 계산한 금액을 납부할 세액에 가산하거나 환급받을 세액에서 공제한다.

납세의무자가 법정납부기한까지 국세를 무납부(중간예납·예정신고납부·중간신고납부를 포함한다), 과소납부하거나 초과환급받은 경우에는 다음 두 가지의 납부지연가산세를 부과한다(국세기본법 제47조의 4).

- (납부하지 아니한 세액 또는 과소납부분세액(이자상당가산액을 더함)) × (법정납부기한[661] 다음 날부터 납부일까지의 기간(납세고지일부터 고지서상 납부기한까지의 기간은 제외)[663]) × (금융회사 등 연체대출금에 대해 적용하는 이자율 등을 고려하여 대통령령이 정하는 이자율)[664]

- (법정납부기한까지 납부하여야 할 세액(이자상당가산액을 더함) 중 납세고지서에 따른 납부기한까지 납부하지 아니한 세액 또는 과소납부분 세액) × 100분의 3(국세를 납세고지서에 따른 납부기한까지 완납하지 아니한 경우에 한정)

나. 가산세의 감면과 한도

(1) 감면

가산세를 부과하는 경우 그 부과의 원인이 되는 사유가 기한연장의 사유[665]가 되거나 납세자가 의무를 불이행한 것에 대해 '정당한 사유'가 있을 때에는 해당 가산세를 부과하지 않는다(국세기본법 제48조 제1항).

2009년부터 다음의 경우에는 상속세·증여세 과소신고가산세 적용대상에서 제외된다. 상속세·증여세는 정부부과세목으로서 시가적용 차이 등으로 정확한 신고가 어려운 점을 감안한 것이다(국세기본법 제47조의 3).

- 매매사례가액 및 보충적 평가방법을 잘못 적용한 경우
- 배우자 공제 등 상속·증여공제를 잘못 적용하여 신고한 경우
- 소유권에 대한 소송 등의 사유로 상속재산으로 확정되지 않은 경우

시행령 제27조 제2항 제6호에서 정한 '사기, 그 밖의 부정한 행위'에 해당한다고 볼 수 없다.)

661) 종합소득세의 경우 종합소득 확정신고 자진납부기한인 5월 31일을 의미한다(소득세법 제76조 제1항).

663) 납부불성실가산세는 미납세액과 미납기간을 고려하여야 헌법상 비례의 원칙 및 평등의 원칙에 부합한다(헌재 2005.10.27. 2004헌가21).

664) 1일 1만분의 2.5.

665) 국세기본법 제6조 제1항 참조.

2010년부터는 양도소득세, 상속세·증여세에 대한 결정·경정 시 가산세액을 제외한 추가 납부세액이 없는 경우에는 무신고·과소신고 가산세 부과대상에서 제외함으로써 납부할 세액이 없는 경우 신고하지 않은 납세자들의 가산세 부담을 완화하고 있다. 이는 세액공제·감면 등으로 납부할 세액이 없는 경우 신고에 소극적인 일반 개인 납세자들의 관행을 고려한 것이다.

과세표준수정신고를 법정 신고기한 경과 후 6개월 이내에 한 경우, 과세전적부심사 결정·통지 기간 이내에 그 결과를 통지하지 아니한 경우, 세법에 의한 제출·신고 등의 기한이 경과한 후 1개월 이내에 해당 세법에 따른 제출 등의 의무를 이행하는 경우에는 가산세액의 50%를 감면한다(국세기본법 제48조 제2항).

2010년부터는 법정 신고기한 경과 후 기한후신고를 하는 경우를 기존 법정신고기한 후 1개월 이내 신고한 경우 50%를 감면하는 현행 규정을 유지하면서 신고·납부에서 6개월까지로 확대하고, 기간별로 가산세 감면비율을 차등화하고 있다. 다만, 세무공무원이 조사에 착수한 것을 알고 신고한 경우는 제외한다.

(2) 정당한 사유

가산세를 감면하는 '정당한 사유'는 종래 대법원 판례에 의해 인정되던 가산세가 부과되지 않는 '정당한 사유'가 국세기본법에 규정된 것이다. 가산세를 면제하는 정당한 사유란 세법상 협력의무를 불이행 또는 해태한 것에 불가피한 사정이 있어서[666] 결과적으로 그 의무해태자에게 가산세를 부과하는 것이 가혹한 것이 되는 경우에 해당하는 것을 말한다. 주장 및 입증책임은 납세자가 부담하게 된다.[667]

국세기본법은 정당한 사유에 대해 더 자세한 규정을 두지 않고 있어서 그 개념의 해석은 그간 법원의 판례상 축적된 해석관행에 의존하게 되어 있다.

(가) 세법해석상 견해대립이 '정당한 사유'가 되지 않는 원칙에 대한 예외

대법원 1992.10.23., 92누2936판결 사건에서 건설업 법인인 원고는 1986~1988년 3개 사업연도에 걸쳐 분양수입을 얻었다. 이에 대한 법인세를 신고하면서 원고는 공사진행기준[668]에 따라 익금을 인식하였다. 이때 특히 아파트 부지매입대금 전액을 1986사업연도의 비용으로 계상하였다. 결과적으로 1986사업연도에 인식한 익금이 커지게 되었다. 피고 세무서장은 토지는 3개 사업연도에 걸쳐 비용으로 인식하여야 한다는 입장을 취하였다. 그에 따라 피고 세무서장은 1986년분에 대해서는 감액경정, 1988년분에 대해서는 증액 경정하였다. 납세자는 과소신고가산세에 대해 다투었다.

---

666) 상속세 신고 당시 납세의무자들에게 유언집행자들의 상속재산에 대한 관리처분권을 배제시키고 망인의 유언취지에 반하여 장학기금으로 출연하려는 재산도 자신들이 상속받는 것을 전제로 하여 이를 상속세과세가액에 포함시켜 상속세를 신고·납부할 것을 기대하는 것은 무리가 있으므로 상속세 납세의무자들에게 상속세 과소신고·납부를 탓할 수 없는 정당한 사유가 있다(대법원 2005.11.25. 선고 2004두930 판결).

667) 가산세의 부과처분은 정당한 사유가 없다는 판단을 전제로 하며, 정당한 사유의 판단에는 재량적인 요소가 개입되어 있다는 점에서 가산세의 부과처분은 일종의 재량행위라고 볼 수 있다(참조 독일조세기본법 제152조).

668) 공사비용발생기준으로 계산한다.

이에 대해 법원은 피고 세무서장의 비용배분은 타당하지만, 가산세는 납세의무자가 그 의무를 알지 못하는 것이 무리가 아니었다고 할 수 있어서 그를 정당시할 수 있는 사정이 있을 때 또는 그 의무의 이행을 그 당사자에게 기대하는 것이 무리라고 하는 사정이 있을 때 등 그 의무해태를 탓할 수 없는 정당한 사유가 있는 경우에는 이를 가할 수 없다고 하면서, 본건에서 원고와 피고 간에는 기업회계기준상의 공사진행기준에 대한 견해의 대립에 기인한 것이며 이는 단순한 법률상의 부지나 오해의 범위를 넘어 세법 해석상 의의로 인한 견해의 대립이 생길 수 있다 할 것이고 이 경우 납세의무자가 정부의 견해와 다른 견해를 취하였다고 하여 가산세의 부과요건에 해당한다고 본다면 납세의무자에게 너무 가혹하기 때문에 그 의무해태를 탓할 수 없는 정당한 사유가 있다고 봄이 상당하므로 과소신고가산세에 관한 부분의 과세처분은 취소되어야 한다고 판단하였다.

본 사건은 판결문에서 표현된 바와는 달리 납세자가 과세관청과 견해의 대립이 있었다기보다는 그가 복잡하고 불명확한 세법규정을 오해하고 있었던 것으로 보아야 할 사안이다.[669] 본 사건 판결문에서와 같이 가산세를 부과함에 있어 '법률의 부지 또는 오해'와 '법률해석상 이견'을 달리 취급할 필요가 있을까? 납세자가 입법자의 의도에 대해 충분한 주의를 기울이지 않아 발생한 '법률의 부지 또는 오해'는 정당한 사유로 인정받지 못한다. 특정 조항의 의미에 대해 과세관청과 납세자 간의 견해가 달랐지만 결과적으로 법원이 과세관청의 입장이 올바른 것으로 판단하였다면 납세자 측에서 '법률의 오해'가 있었던 경우로 보아야 하지 않을까? 이 경우 납세자는 과세관청의 견해를 따르지 않은 것에 대한 위험을 스스로 부담한 것이다. 납세자의 지력이 상당하고 스스로 찾아낸 결론이 많이 노력한 결과라 하더라도 과세관청의 판단대로 신고한 후 쟁송으로 다투지 않은 것에 따른 위험은 스스로 진 것으로 보아야 할 것이다.

참고로 일본최고재판소의 한 판례에 의하면, 세무당국이 상담을 행한 결과 비과세라고 결론을 내린 경우에는 정당한 사유가 인정된다.[670] 일본 국세청은 이에 관한 사무운영규정을 두고 있다.[671] 우리나라 조세심판원은 과세관청의 당초처분상 비과세결정이 된 사안에 대한 경정처

---

669) 유사한 사안에서 법원은 "…단순한 법률의 부지나 오해의 범위를 넘어 세법해석상 의의로 인한 견해의 대립이 있는 등으로 인해 납세의무자가 그 의무를 알지 못하는 것이 무리가 아니었다고 할 수 있어서 그를 정당시할 수 있는 사정이 있을 때…, 부칙의 경과규정의 해석과 관련하여 토지의 양도차익이 종전과 마찬가지로 비과세 소득인 것으로 이해할 여지가 상당하였던 점이나 그 해석과 관련하여 전문가로부터 자문과 세무조정을 받아 비과세로 신고한 점, 과세관청 역시 관계 규정의 해석에 있어서 확실한 견해를 가지지 못하였던 점, 부과경위에 비추어 가산세를 부과하는 것이 가혹하다고 인정되는 점 등 여러 사정을 종합하면, 관계 세법규정에 대한 해석상 의의로 인해 납세의무자에게 그 의무를 게을리한 점을 탓할 수 없는 정당한 사유가 있어 가산세를 부과할 수 없다"고 한 바 있다(대법원 2002.8.23. 선고 2002두66 판결).

670) 최고재 2004.7.20, 제3소법정 판결.

671) 신고소득세의 과소신고가산세 및 무신고가산세의 취급에 대해(사무운영지침) 2000.7.3. 과소 4－16. 제1조 과소신고가산세의 취급(과소신고의 경우에 있어서 정당한 이유가 있는 것으로 인정되는 사실).
    1. 국세통칙법 제65조의 규정의 적용상 예를 들면, 납세자의 귀책사유가 없는 다음과 같은 사실은 동 조 제4항에 규정하는 정당한 이유가 있는 것으로 인정되는 사실로 취급한다.
    (1) 세법의 해석에 관해 신고서 제출 후 새로운 법령해석이 명확화되어 그 법령해석과 납세자의 해석이 다른 것이 된 경우 그 납세자의 해석에 대해 상당한 이유가 있는 것으로 인정될 것. (주) 세법의 부지·오해 또는 사실 오인에 기한 것은 해당되지 않는다.
    (2) 소득세확정신고서에 기재한 세액(이하 '신고세액')에 대해 국세통칙법 제24조의 규정에 의하여 감액경정(국세통칙법 제23조의 규정에 따라 경정청구에 기하여 된 것을 제외한다)이 있었던 경우 그 후 수정신고 또는 국세통칙법 제26조의 규정에 따라 재경정에 의한 세액이 신고세액에 미치지 않을 것. (주) 당해 수정신고 또는 재경정에 의한 세액이 신고세액을 초

분에 의해 납부해야 할 세금에 대해서는 납부불성실가산세를 부과하지 않는 해석 관행을 가지고 있다.

(나) 가액평가상 이견
해당 사건의 사실관계는 다음과 같다.

① 원고는 채권금융기관으로서 채권출자전환에 따라 상장주식을 취득하였는데 그 주식은 출자전환 시 약정에 따라 출자기업 매각 시까지 주식처분이 제한되었다.
② 본 사건과 관련된 채권금융기관 중 일부는 위 주식의 취득가액을 회계상 평가액으로 계상하였으나, 다른 일부는 거래소 종가로, 그리고 나머지는 주식액면가액(5천 원)으로 계상하였다.
③ 주식의 취득 당시 '시가'의 산정방법에 대해 국세청에 몇 차례 법령해석을 구하는 질의를 하였으나 법인세 신고한 전까지 국세청으로부터 명확한 답변을 받지 못하였다.
④ 결국 원고는 관련 법령과 기업회계기준, 금융감독원 질의회신 등을 감안하여 자체적으로 평가한 가액을 '시가'로 산정하여 세무신고를 이행하게 되었다.
⑤ 이후 과세관청이 이와 다르게 평가한 가액(한국증권거래소의 최종시세가액)으로 신고내용을 경정하였다.
⑥ 원고는 최종적으로는 관련 주식을 처분하였으므로 길게 보면 원래 가지고 있던 채무의 대손과 관련 주식 처분손익은 출자전환 시 주식의 평가액을 어떻게 보는가에 관계없이 동일하다. 다만, 과세관청의 결정에 의하면 손익 귀속 기간이 원고의 신고와 다를 뿐이었다.

이때 채권금융기관인 원고가 해당 주식의 '시가' 산정방법에 대해 명백한 법령이나 법령해석이 존재하지 않는 것으로 보아 자체적으로 평가한 가액으로 세무 신고하였으나 이후 과세관청이 이와 다르게 평가한 가액으로 신고내용을 경정하는 경우 가산세를 감면받을 수 있는 '정당한 사유'에 해당할 수 있을까? 이때 과소신고가산세는 부과하지 않더라도 납부불성실가산세는 부과하는 것이 타당한가? 이 쟁점과 관련된 법규는 아래와 같다.

① 채권출자전환으로 취득한 주식은 그 '시가'를 취득가액으로 한다(법인세법시행령 제72조 제1항).
② '시가'란 건전한 사회통념 및 상관행과 특수관계자가 아닌 자 간의 정상적인 거래에서 적용되거나 적용될 것으로 판단되는 가격이며(법인세법 제52조 제2항), 해당 거래와 유사한 상황에서 불특정 다수인과 계속적으로 거래한 가격 또는 제3자 간에 일반적으로 거래된 가격이 있는 경우 그 가격을 시가로 본다(법인세법시행령 제89조 제1항).
③ 본 사건이 발생한 이후 법인세법시행령이 개정되어 상장주식의 '시가'는 거래소 종가로 한다는 규정이 도입되었다. 이전에는 거래소 종가로 평가한다는 행정해석이 많았으나[672] 경우에 따라서는 상증세법상 비상장주식으로 평가할 수 있다고 본 사례[673]도 있었다.

과하는 경우에도 당해 수정신고 또는 재경정에 의해 납부할 세액 중 신고세액 범위 안의 세액은 이 (2)의 사실에 기한 것과 같이 취급한다. (중간 생략)
(3) 확정신고의 납세상담 등에 있어서 납세자로부터 충분한 자료의 제출 등이 있었음에도 세무직원 등이 납세자에 대해 잘못된 지도를 행하고 납세자가 그 지도에 따라 과소신고를 한 경우 납세자가 그 지도를 신뢰하는 데 어쩔 수 없는 사정이 있었다고 인정될 것.

672) 기획재정부 법인 46012-110, 2001.6.5.
673) 증권거래소에 상장된 우선주 전량을 예금보험공사가 소유하고 있어 거래된 사실이 없고 보통주로의 전환이 불가능한 주식

④ 상속재산 또는 증여재산에 대하여 구 상속세 및 증여세법(2006.12.30. 법률 제8139호로 개정되기 전의 것) 제78조 제1항 각호의 평가가액의 차이 또는 공제적용의 착오로 인하여 신고하여야 할 과세표준에 미달하게 신고한 때에는 국세기본법 제48조 제1항에 규정한 납세자가 신고의무를 불이행한 것에 대하여 '정당한 사유'가 있는 때에 해당하므로 신고불성실가산세가 부과되지 아니한다. 다만, 납부하지 아니한 세액 또는 미달한 세액에 대한 납부불성실가산세는 납부할 세액에 가산한다(기획재정부 조세정책과 -1386, 2007.12.6.).[674]

관련 법규에 대한 법원의 해석 중 중요한 것은 다음과 같다.

① 법원은 취득한 주식의 처분을 제한하는 약정이 있다 하더라도 주식 취득 당시를 기준으로 가액을 평가하는 것이 타당하다고 보고 있다(2008.9.25. 선고 2006두3711 판결[법인세부과처분취소]).
② 법원은 시가의 입증책임은 일관되게 과세관청에게 있다고 보고 있다(대법원 2004두2271, 2004.5.13, 대법원 2005두3066, 2005.6.23. 외 다수 같은 뜻).

(다) 선택의 변경

당해 연도 금융소득이 이자소득 2천만 원, 배당소득이 3천만 원에 이른 갑은 종합소득세 확정신고를 할 때 배당소득에 대한 세금을 계산하면서 배당세액공제를 받을 수 있음을 미처 알지 못하고 세금을 신고하였다. 다음 해 세액이 과다 산정되었음을 알게 된 갑은 국세기본법 제45조의 2의 규정에 의해 경정을 청구하였다. 관할 세무서장은 갑의 청구에 따라 경정을 하면서 배당세액공제를 위해서는 소득금액에 그로스업금액을 가산하여야 하는데 당초 신고서상 그와 같이 가산하지 않아 과세표준을 과소 신고한 것이라고 하여 과소신고가산세를 부과하였다(소득세법 제17조 제3항 단서, 국세기본법 제47조의 3).

갑은 정당한 사유임을 들어 가산세의 감면을 받을 수 있을까(국세기본법 제48조 제1항)? 본 사안에서 갑이 배당세액공제를 받지 않은 것이 법률의 부지 또는 착오에 의한 것이라고 주장하는 경우와 단순한 부주의에 의한 것이라고 주장하는 경우의 효과상 차이가 있는가?

일반적으로 법률행위에 있어 착오에 의해 의사표시를 한 경우 그것의 취소가 가능하다. 그러나 소득세의 신고행위는 사인의 공법행위이지만 취소할 수 있는 행위는 아니라는 것이 법원의 입장이다. 그리고 일반 사법상으로도 법률의 부지 또는 착오는 정당한 사유에 해당하지 않아 취소사유가 되지 않는다. 가산세의 감면사유인 정당한 사유에 해당하지 않을 것이다. 단순한 부주의도 정당한 사유에 해당하지 않는다.

경정청구제도상 신고를 한 납세자가 세액의 감소를 위한 경정을 청구한 경우에 당초 세액을 과다하게 산정한 사유가 무엇이든지 경정청구가 가능하다. 경정청구에 따라 경정을 하는 세무서장은 과소신고소득금액에 대해 가산세를 부과할 수 있을 것이지만 이는 당시 반드시 '신고하여야 할 과세표준금액'을 과소하게 신고한 것을 의미한다고 보아야 한다. 본건과 같이 납세자가 신고하지 않을 수도 있었던 것을 추후 신고하는 부분에 대해서까지 신고하지 않았다 하여

의 가액은 시가에 의하여 평가하는 것이나, 시가산정이 어려운 경우에는 상증세법상 비상장주식으로 평가할 수 있음[기획재정부 재산 46014-235(2000.8.10)].

674) 상증세법 제78조, 국세기본법시행령 제27조의 2 참조

가산세를 부과하는 것은 '세법에 따라 신고하여야 할' 과세표준에 미달할 때 가산세를 부과하도록 한 국세기본법의 취지에 어긋난다고 보아야 한다(국세기본법 제47조의 3 제1항).

우리 대법원은 이와 다른 입장을 취하고 있다. '신고하여야 할 과세표준금액'이라 함은 과세관청이 납세의무자가 신고한 과세표준금액을 기초로 관련 법령이 정하는 바에 따라 가산하여야 할 금액을 가산하고 공제하여야 할 금액을 공제한 다음 최종적으로 산정된 정당한 과세표준금액을 가리키는 것인데 납세의무자가 처음에 과세표준을 신고하면서 이러한 세액의 공제와 이를 위한 소득금액의 가산을 하지 않았기 때문에 그 신고과세표준금액이 위와 같이 정당하게 계산된 과세표준금액에 미달하였다면 그 미달금액은 과소신고가산세의 부과대상이 된다고 한다. 법령의 부지 등은 그 의무위반을 탓할 수 없는 정당한 사유에 해당하지 않는다는 입장이다.[675]

(3) 한도

고의성 없는 단순협력의무[676] 위반에 대해서는 그 의무위반의 종류별로 각각 1억 원을 한도로 하여 가산세가 부과된다. 해당 의무를 고의적으로 위반한 경우에는 가산세의 한도를 적용하지 아니한다.

제3항 자동확정

1. 개요

세법상 특별한 절차 없이 조세채무가 세법의 규정에 의해 성립함과 동시에 확정되는 방식이다. 이 방식을 채택하고 있는 세목은 인지세, 원천징수하는 소득세·법인세, 납세조합이 징수하는 소득세, 중간 예납하는 법인세(정부가 조사·결정하는 경우는 제외한다) 및 납부지연가산세 등이다(국세기본법 제22조 제4항).

가. 원천납세의무의 성립·확정

소득세의 원천납세의무는 원천징수의무에 대칭되는 개념이다. 원천납세의무의 내용은 소득세 납세의무이다. 종합소득에 대한 소득세납세의무는 해당 소득이 발생한 과세연도의 종료로 성립한다. 따라서 원천납세의무는 원천징수의 대상이 되는 소득이 발생한 연도말에 성립되어 있어야 한다. 원천징수의무는 지급과 동시에 성립한다.

---

675) 대법원 2004.2.26. 2002두10643. 간접외국납부세액공제에 관한 사건이다. 간접외국납부세액공제신청을 할 경우 그 세액을 익금에 가산하도록 되어 있는데, 당초 신고시 해당 신청을 하지 않으면서 익금에도 산입하지 않았지만, 추후 납세자가 간접외국납부세액공제제도가 있음을 알고 그것의 적용을 하는 경정청구를 한 것에 대해, 관할세무서장이 경정을 하면서 당초 신고상 익금이 과소하게 신고되었다고 가산세를 부과한 사안이다.

676) 지급조서 제출, 계산서교부, 주식변동상황명세서 제출.

(1) '지급'의 의미

원천납세의무와 그에 대응하는 원천징수의무가 성립하는 '지급'이 있었다고 보기 위해서는 그 지급을 받을 권리가 충분히 성숙, 확정[677]되어 있는 상태에서 지급이 이루어져야 한다.[678] 대법원 1988.9.27., 87누407판결에서 법원은 금전지급채무가 아직 확정되지 않았음에도 지급한 경우(가집행선고부 판결에 의한 지급의 경우) 원천징수의무가 성립하는지에 대해 판단하고 있다. 동판결 사건에서 소외 이은복이 피고법인의 전신이던 재단법인 한국생산성 본부의 상근 이사 장으로 근무하다가 1984년 2월 27일 퇴직하였으나 위 재단법인과의 사이에 임원퇴직금 산정에 관한 퇴직금지급규정의 해석을 둘러싸고 분쟁이 생겨 퇴직금 등을 전혀 지급받지 못한 채 서울 민사지방법원에 퇴직금 등 청구소송을 제기하여 1985년 4월 4일 가집행선고부 일부 승소판결을 선고받았다. 위 재단법인은 위와 같이 자기에게 일부 패소판결이 선고되자 이에 불복하여 항소 를 제기하는 한편 같은 달 10일 위 판결에서 지급을 명한 금액을 전액 위 소외인에게 지급하였 다. 위 판결은 항소심에서 일부 감축 변경되었다. 한편 피고는 위 재단법인이 앞서와 같이 제1 심판결에서 지급을 명한 금액을 전액 위 소외인에게 지급하였으면서도 해당소득세를 원천징수하 여 납부하지 아니하였다는 이유로 같은 해 10월 5일 이 사건 원천소득세 등 부과처분을 하였다.

이에 대해 법원은 소득의 지급자와 수급자 사이에 채권의 존부 또는 그 범위에 관하여 다툼 이 있어 소송으로 나아간 경우에 그와 같은 분쟁이 사안의 성질상 명백히 부당하다고 할 수 없 는 경우라면 수익이 확정[679]되었다고 할 수 없을 것이고, 또 그 소송에서 가집행선고부의 수급 자 승소판결이 선고되어 지급자가 불복상소한 후에 지급된 금원은 그것이 전적으로 임의변제라 고 인정할 만한 특별한 사정이 없는 한 민사소송법 제201조 제2항의 '가집행선고로 인한 지급 물'에 해당한다고 해석해야 할 것이므로 그 금원 지급은 확정적인 것이 아니고, 상소심에서 그 가집행선고 또는 본안 판결이 취소되는 것을 해제조건으로 하는 잠정적인 것에 지나지 아니하 므로 이를 원천징수의무가 발생하는 소득금액의 지급이라 할 수 없는 것이다. 위 소외인이 퇴직 할 당시에는 아직 퇴직급여 등의 권리가 그 실현 가능성에 있어 상당히 높은 정도로 성숙, 확정 되었다고 보기 어렵고 또 그 후 원고가 가집행선고부 판결에 기하여 해당금원을 위 소외인에게 지급하기는 하였으나 이는 가집행의 모면을 위하여 지급된 것으로 원천징수의무가 있는 퇴직급 여 등의 지급으로 볼 수 없다고 보았다.

판결에 의하면 물리적으로 지급되었지만 그것의 지급이 잠정적인 것에 불과할 경우에는 원 천징수의무 및 원천납세의무를 성립시키는 원인이 되는 '지급'의 사실이 없었던 것으로 보아야 한다는 것이다. 여기서 '지급'은 원천징수의 대상이 되는 조세채무의 성립 및 확정의 계기가 되는 것이다. '지급'을 원인으로 하여 성립하는 원천징수의무는 그 사실만으로 자동적으로 확 정된다는 것인데 경우에 따라서는 물리적인 '지급'의 사실만으로는 부족하고 지급원인에 관한 채무가 최종적으로 확정된 경우에야 조세채무가 확정되는 것으로 보아야 한다는 것이다. 예를 들면, 이미 지급한 금액에 대해 소송이 진행 중인 경우에는 그 소송에 따른 확정판결에 의해

---

677) 대법원 1977.12.27. 76누25.

678) 대법원 2010.5.13. 선고 2009두23875판결

679) 대법원 83누720 참조.

채무가 확정된 시점에서 원천징수의무가 발생한다는 것이다. 이를 세법상 권리의무확정주의와 조화를 이루면서 해석한다면 '지급'은 지급할 법적인 의무가 어느 정도 확정되고 난 이후 지급한 경우에만 원천징수에 따른 납세의무를 확정하게 한다고 이해할 수 있다.

본 사건은 '지급'의 의미를 해석함에 있어 그 시기를 어떻게 설정할 것인가에 관한 시사점을 주고 있다. 미국 법원의 사례이지만 Aiken Industries 사건[680]은 '지급'의 의미를 해석함에 있어 해당 지급금의 귀속자를 누구로 보아야 할 것인가에 대해 시사점을 주고 있다. 위 사건에서 미국법원은 물리적으로 보아 해당 지급금의 수령인으로 보일지 몰라도 그가 수령하자마자 다른 제3자에게 이전하여야 할 구조에 처해 있는 경우라면 해당 '지급'은 없었던 것이며 그것은 그 제3자에 대한 '지급'으로 보아야 한다는 취지의 판단을 하였다. 위 사건이 한국에서 발생하였으며 지급자가 물리적인 수령자로부터 원천징수를 하여 관할 세무서장에게 납부하였다면 물리적인 수령자는 법적인 원인이 없이 원천징수를 당한 것이므로 관할 세무서장에게 환급을 청구할 수 있을까? 세무서장은 원천징수의무자로부터 원천징수의 상황을 보고받고 그것이 적법하게 이루어지지 않은 경우에는 환급하여야 할 것이다. 그런데 관할 세무서장은 동일한 액수의 세액을 위 제3자로부터 징수하였어야 할 것인데 미처 하지 않은 것이므로 물리적인 수령자로부터 원천징수하여 납부한 세액을 미처 징수하여 납부하지 않은 세액과 충당하게 될 것이다(국세기본법 제51조 제4항). 결국 물리적인 수령자는 자신이 원인 없이 원천징수를 당했다는 이유로 원천징수의무자에게 반환을 청구하여야 할 것이다.

(2) 소득세납세의무 성립시기와의 관계

소득의 발생시기보다 먼저 지급이 이루어짐으로써 원천징수의무와 원천납세의무가 소득세 납세의무보다 먼저 성립하는 경우는 없는가? 반대로 늦게 성립하는 경우는 없는가?

이자소득의 경우 소득세납세의무의 성립일을 약정일 또는 지급일 중 먼저 오는 날로 하고 있어서 위와 같은 상황은 발생하지 않는다.

배당소득의 경우 법인세법에 의하여 처분[681]된 배당은 당해 법인의 당해 사업연도의 결산확정일이 속하는 과세연도말에 소득세 납세의무는 성립한다(소득세법시행령 제46조 제6호). 내용상 결산확정일 전에 지급된 것일 경우가 많겠는데 그 '지급'의 사실을 법인이 알기 어려워, 지급시기를 결산확정일로 의제하며 그 때 원천징수의무가 성립한다(소득세법시행령 제191조 제4호).

잉여금처분에 의한 상여는 당해 법인의 잉여금처분결의일이 속하는 과세연도말에 소득세 납세의무가 성립한다. 당해 사업연도의 소득금액을 법인이 신고하거나 세무서장이 결정·경정함에 있어서 발생한 그 법인의 임원 또는 주주·사원 기타 출자자에 대한 상여는 근로를 제공한 날이 속하는 과세연도말에 소득세 납세의무가 성립한다(소득세법시행령 제49조 제1항). 그런데 원천징수의무의 성립에 관해서는, 2010년말 개정전 소득세법시행령에는 법인세법시행령 제106조에 따라 처분되는 배당·상여 및 기타소득은 해당 법인이 법인세 과세표준 및 세액의 신고기일 또는 수정신고일에 지급한 것으로 본다는 규정을 두고 있었으며 그 날에 원천징수의무가

---

680) Aiken Industries, Inc. v. Commissioner, 56 TC 925(1971).

681) 법인세법 제67조

발생하도록 되어 있었다(소득세법시행령 제192조 제3항). 소득세납세의무의 성립일이 원천징수의무 성립일보다 앞서게 되어 있었다.

개정 전 소득세법시행령 제192조 제3항의 규정은 2012년 말 개정된 소득세법으로 상향규정되어 다음과 같이 되어 있다.

> ③ 법인이 이익 또는 잉여금의 처분에 따라 지급하여야 할 상여를 그 처분을 결정한 날부터 3개월이 되는 날까지 지급하지 아니한 경우에는 그 3개월이 되는 날에 그 상여를 지급한 것으로 보아 소득세를 원천징수한다. (중략)
> ④ 「법인세법」 제67조에 따라 처분되는 상여에 대한 소득세의 원천징수시기에 관하여는 제131조제2항을 준용한다.

소득세법 제131조 제2항은 다음과 같이 규정하고 있다.

> ② 「법인세법」 제67조에 따라 처분되는 배당에 대하여는 다음 각 호의 어느 하나에 해당하는 날에 그 배당소득을 지급한 것으로 보아 소득세를 원천징수한다.
> 1. 법인세 과세표준을 결정 또는 경정하는 경우: 대통령령으로 정하는 소득금액변동통지서를 받은 날
> 2. 법인세 과세표준을 신고하는 경우: 그 신고일 또는 수정신고일

결국 현행 소득세법은 소득처분규정인 법인세법 제67조에 따라 처분된 소득은 법인세 과세표준을 결정하는 날 소득세 원천징수의무가 성립하도록 하고 있는 것이다. 소득세 납세의무는 결산확정일 또는 근로제공일이 속하는 과세연도의 말로 하여야 할 것이다. 이 문제에 대해 대법원 2010. 4. 29. 선고 2007두11382 판결은, 소득금액변동통지서를 받은 법인의 원천징수의무가 성립하려면 그 성립시기인 소득금액변동통지서를 받은 때에 소득금액을 지급받은 것으로 보아야 할 원천납세의무자의 소득세 납세의무가 성립되어 있어야 하며, 원천납세의무자의 소득세 납세의무가 그 소득세에 대한 부과제척기간의 도과 등으로 이미 소멸하였다면 법인의 원천징수의무도 성립할 수 없으므로, 그 후에 이루어진 소득금액변동통지는 위법하다고 하고 있다. 소득세납세의무는 이미 성립되어 있었다는 것이다. 그 의무가 부과제척기간이 도과하여 소멸한 경우라면, 소멸한 소득세납세의무에 근거해 원천징수를 명하는 소득금액변동통지도 무효라는 것이다.

무릇 개인의 소득발생경로는 다양한데 법인을 통해 얻는 것에 대해서만 실제 소득이 발생한 시점을 인위적으로 늦추어 볼 수는 없는 것이다. 비록 법인에 대한 세무조사와 그에 따른 소득금액변동통지에 의해 원천징수의무가 발생하게 됨으로써 소득의 존재사실이 외부적으로 명확해지게 되었다고 하더라도 이 사실은 무시할 수는 없을 것이다. 이 경우 소득의 귀속자는 소득을 신고하지 않았기 때문에 무신고자에 대한 비교적 장기의 7년의 부과제척기간을 적용해야 하는 것 아닌가? 법원에 의하면 소득금액변동통지에 따라 처분된 소득의 귀속자에게는 원래의 종합소득 확정신고기한 내에 신고하지 않더라도 5년의 국세의 부과제척기간이 적용된다.[682] 소득처분에 따른 소득은 소득금액변동통지가 오는 시점까지 종합소득세 신고·납부의무는 유예

---

682) 대법원 2014.04.10. 선고 2013두22109 판결

되므로, 당초 신고기한에 신고할 수 없어서 무신고라고 볼 수 없다는 것이다. 소득세납세의무가 성립한 것은 귀속자 본인도 알고 있었을 것을 전제로 하여야 한다. 성립한 납세의무임에도 신고의무를 유예할 당위성은 없다고 보아야 한다.

대법원2014두37870, 2014.10.15판결에 의하면 법인의 판매대금을 횡령하여 개인적인 용도로 사용한 임원에 대한 소득금액변동통지가 있었던 사건에서 소득의 귀속자는 자신의 소득세 납세의무가 확정되지 못하도록 하는 부정한 행위를 하지 않았으므로 그에 대해서는 10년의 장기부과제척기간이 적용될 수 없다고 한다. 그 이유로는 법인세를 포탈하려는 고의가 있었음은 별론으로 하더라도 자신들의 횡령금에 대하여 향후 횡령사실 내지 매출 누락사실 등이 밝혀지게 됨에 따라 과세관청의 소득처분이 이루어질 것까지 예상하여 자신들에게 귀속될 상여에 대한 종합소득세를 포탈하기 위한 것으로 보기는 어렵다고 봄이 상당하기 때문에 통상적인 5년의 부과제척기간이 적용되어야 한다는 것이다. 이 논리는 횡령한 소득은 오로지 소득처분만을 통해 확정된다는 전제에 입각한 것이다. 개인의 신고를 기대할 수 없다는 것이다. 그렇다면 조세채무를 확정할 수 있을 때 기산하도록 하는 부과제척기간도 소득금액변동통지일에 기산하도록 하는 것이 타당하지 않을까?

그런데 법원은 소득금액변동통지에 의한 원천납세의무자의 소득세 납세의무의 부과제척기간의 기산일은 해당 소득의 귀속연도의 과세표준신고기한의 다음 날이며, 소득금액변동통지일과는 무관하다는 판단을 하고 있다(대법원 2010.4.29. 선고 2007두11382).

나. 확정이 실제 자동적으로 이루어지는지

조세채무가 성립함과 동시에 자동 확정되는 경우로서 조세채무가 일정한 사실(지급)을 이유로 성립되는 다음과 같은 원천징수의 상황을 상정해 보자. 갑과 을 간에 얼마가 지급되었는가에 대해 대개는 갑이 송금자료 등을 제시할 경우 그 사실에 대해 이의를 다는 사람이 많지는 않을 것이다. 그러나 만약 지급된 금액에 대해 누군가 의문을 갖게 되는 경우에는 관련 당사자들의 조세채무액 확정을 위한 인지의 과정은 신고납부 혹은 부과결정과 다를 바 없는 정도로 복잡해진다. 갑이 을에게 100을 지급할 경우 갑은 국가에 100의 10%에 해당하는 세금을 원천징수할 의무를 부담하게 된다고 하자. 갑은 같은 시점에 을이 국가에 10에 해당하는 조세채무가 성립하고 확정되었다는 전제하에 국가에 대해 원천징수의무를 이행하는 것이다. 갑이 10을 원천징수하였음에도 갑의 관할 세무서장 병이 150을 지급하였다고 판단하고,[683] 갑에게 5의 세금을 추가적으로 징수처분하고 이에 대해 갑이 쟁송을 제기한 경우라고 하자. 관할 세무서장 병은 150이 지급되었음을 입증하여야 한다. 만약 병이 이 사실을 일응 입증[684]한 경우라면 입증의 필요는 갑에게 넘어가게 된다. 이때 갑이 자신이 100을 지급하였으며 50은 지급한 사실이 없음을 입증할 경우에는 150을 지급하지 않았음을 사실상 추정[685]하게 된다. 갑은 이러한 미래의 상황까지도 고려하여 스스로의 원

---

683) 세무서장이 갑이 을에게 간접적인 방법으로 대가를 지급하였으며 이에 대해서는 국세기본법 제14조 제3항의 규정상 단계거래원칙을 적용하여야 한다는 판단을 한 경우가 이에 해당할 것이다.

684) 정황으로 보아 설득력이 있는 경우를 말한다.

685) 사리상 A이면 B인데 A를 입증한 경우 B가 사실상 추정된다.

천징수의무를 구체적으로 확정하는 인지의 과정을 거치는 수고를 하여야 한다. 결코 자동확정이라 할 수 없을 실질을 가지고 있는 것이다. 자동확정이라는 말은 원천징수를 위해서는 사전에 확정된 조세채무가 있어야 한다는 형식논리에 의해 형성된 것임을 알 수 있게 하는 부분이다.

이러한 상황은 실질과세원칙을 적용하여 원천징수를 하였어야 할 것이라는 과세관청의 주장이 대두될 때 자주 발생한다. 판례에 의하면 실질과세의 원칙은 원천징수에도 그대로 적용되므로, 소득을 지급하는 자는 그 소득에 관하여 귀속 명의와 달리 실질적으로 귀속되는 자가 따로 있는지를 조사하여 실질적인 귀속자를 기준으로 원천징수할 의무가 있다고 한다. 다만, 거래 또는 소득금액의 지급과정에서 성실하게 조사하여 확보한 자료 등을 통해서도 그 소득의 실질적인 귀속자가 따로 있다는 사실을 알 수 없었던 경우까지 실질적인 귀속자를 기준으로 원천징수할 의무가 있다고 볼 수는 없다고 한다.686)

2. 원천징수의 법률관계

가. 원천징수의무자와 국가

원천징수의무자의 원천납부의무는 그 대상금액의 지급과 동시에 확정된다.

(1) 원천징수납부에 부족함이 있는 경우

원천징수의무자에게 세금을 징수하는 때 납세고지는 이미 자동적으로 확정되어 구체적으로 존재하고 있는 세액에 대한 이행청구로서 징수처분에 해당한다.

원천징수의무자가 원천징수를 하지 아니한 경우로서 납세의무자가 당해 법인세액을 이미 납부한 때에는 원천징수의무자에게 그 가산세만을 징수한다(법인세법 제71조 제3항 단서).

(2) 원천징수납부를 과다하게 한 경우

원천징수상 과오 납부된 세액은 원천징수의무자에게 환급한다.687) 예를 들면, 내국법인이 국내에 사업장이 없는 외국법인(부동산 소득이 있는 외국법인을 제외한다)에 대하여 착오로 법인세를 원천징수 납부함으로써 과오 납부된 금액은 원천징수의무자의 관할 세무서장이 그 원천징수 법인에 환급한다.688)

원천징수 납부된 세액에 대해 관할 세무서장이 환급(국세기본법 제51조)을 거부한 경우 그 거부는 행정처분으로 보지 않는다. 그러나 그것은 국세심사청구 및 국세심판청구의 대상이 된다.689) 국세기본법상 국세심사청구 및 국세심판청구는 납세자가 관할 세무서장으로부터 필요한 처분을 받지 못하는 경우에도 제기할 수 있도록 되어 있기 때문이다(국세기본법 제55조 제1항).690) 조세심판원

---

686) 대법원 2013.04.11. 선고 2011두3159 판결, 대법원 2016. 11. 9. 선고 2013두23317 판결
687) 대법원 2001두8780, 2002.11.8.
688) 국세기본법기본통칙 51-0…11.
689) 국이 46523-63, 1994.2.1.
690) 국세기본법기본통칙 55-0…3 참조

은 원천징수분 근로소득세 납세고지서에 대한 심판청구를 본안심리의 대상으로 인정하고 있다.[691]

국세심사청구 또는 국세심판청구에서 청구가 기각된다면 항고소송 및 민사소송 중 어떤 소송을 제기하여야 하는가? 그간 법원의 입장은 이는 민사소송상 이행소송이라 할 조세환급청구소송의 방식으로 해결하여야 한다는 것이었다.[692] 국가의 부당이득으로 반환을 청구할 수 있는 것이다.[693]

원천징수의무자가 원천징수하여 납부한 세액에서 환급받을 세액이 있는 경우 그 환급액은 당해 원천징수의무자가 원천징수하여 납부하여야 할 세액에 충당하고 잔여금을 환급한다.[694]

2003년부터는 과다원천징수납부한 것에 대해서는 일정한 요건 하에 경정청구가 허용되고 있다. 경정청구를 거부하는 경우에는 취소소송을 제기할 수 있다(국세기본법 제45조의 2 제4항).

원천징수의무자가 소득처분을 위한 소득금액변동통지를 받은 경우에는 원천징수의무자가 소득세 원천징수·납부를 불이행함에 따라 원천징수 관할 세무서장이 원천징수의무자에게 고지·징수할 경우 그 징수처분에 대해 취소소송을 제기하면서 소득금액변동통지의 내용상 하자를 주장할 수 있었다.[695] 이제는 법인세 경정처분 후 해당 법인의 원천징수사항을 통지하는 소득금액변동통지는 바로 해당 법인에 의한 항고소송의 대상이 되는 행정처분으로 인정받고 있다. 다만, 소득의 귀속자에 대한 소득금액변동통지[696]가 항고소송의 대상이 되는 행정처분에 해당하지는 않는다.[697] 이처럼 대법원 판례상 소득금액변동통지의 처분성이 인정되면서부터는 그 징수처분에 대해 다툴 수 없도록 하고 있다.[698] 부과처분(소득금액변동통지)의 하자는 징수처분에 하자가 승계되지 않는다는 논리에 의한 것이다.

나. 원천납세의무자와 국가

(1) 원천징수

(가) 원천징수납부에 부족함이 있는 경우

원천징수를 수인하여야 할 납세자를 원천납세의무자라고 한다. 원천징수의무자는 원천징수할 세액에 대한 납부의무를 자신이 지게 되며 세무서장은 원칙적으로 원천납세의무자(소득을 지급받는 자)에게 직접 세금을 부과고지할 수 없다.[699]

---

691) 조심2011서1003, 2011.11.18. 합동회의

692) 소순무, 전게서, pp.102~109, 549; 대법원 1989.6.15, 88누6436.

693) 대법원 2001두8780, 2002.11.8.

694) 서삼 46019-10547, 2003.4.3. 및 서면2팀 2336, 2006.11.14. 참조.

695) 소득세법기본통칙 85-2.

696) 당해 법인의 소재지가 분명하지 아니하거나 그 통지서를 송달할 수 없는 경우에는 당해 주주 및 당해 상여나 기타소득의 처분을 받은 거주자에게 통지한다(소득세법시행령 제192조 제1항 단서). 이 통지에 의해 원천납세의무자에게 의무가 발생하는 것은 아니다. 원천납세의무자인 소득자에게 종합소득세 과세표준의 추가신고 자진납부의 기회를 주는 것에 불과하다(대법원2010두24579, 2013.09.26). 구 소득세법 시행령 제192조 제1항 단서에 따른 소득의 귀속자에게 소득금액변동통지가 없거나 그것이 적법하지 아니한 경우에는 원천납세의무자인 소득의 귀속자는 과세처분취소소송 등에서 그 흠을 주장하여 다툴 수 있다(대법원 2015.01.29. 선고 2013두4118 판결).

697) 대법원 2015.03.26. 선고 2013두9267 판결, 대법원 2014. 7. 24. 선고 2011두14227 판결

698) 대법원 2006.5.11, 2004두7993, 대법원 2006.4.20, 2002두1878, 대법원 2012.1.26. 선고 2009두14439.

원천징수의무자가 실제 지급할 때에는 물리적으로 소득을 지급받는 자가 거부하여 원천징수를 할 수 없는 상황은 상정하기 어렵다.[700] 원천징수의무자의 주머니에서 돈이 나가게 되기 때문이다.

예납적 원천징수에 해당하는 경우에는 원천납세의무자가 추후 신고납부하여야 하기 때문에 세무서장은 신고납부가 제대로 되지 않을 때에는 직접 세금을 부과고지할 수 있다. 그 경우 정부로서는 원천징수의무자에 세금을 징수할 수도 있고 원천납세의무자에게 부과할 수도 있다.

(나) 국가가 과다하게 납부받은 경우

원천납세의무자가 자신이 직접 세금을 다 납부하고 원천징수의무자도 원천징수납부를 한 경우 원천납세의무자가 국가에 대해 부당이득의 반환을 청구할 수 있다. 원천징수의무자와 국가와의 법률관계는 원천납세의무자와 국가와의 법률관계와는 분리된 것이다. 원천징수의무자가 원천납세의무자에게 상환을 청구하는 것은 당사자 간의 약정에 의하여 해결할 일이다.

원천징수의무자가 원천징수를 하지 아니하여 원천납세의무자가 직접 세액을 납부하였는데, 원천징수의무자가 또다시 국가로부터 원천세액을 강제징수당한 경우 원천납세의무자가 반환을 청구할 수 있다.

(2) 신고와 부과

(가) 원천납세의무자의 신고

현행 소득세법 제2조의 2 제5항은 원천징수되는 소득으로서 소득세법 제14조 제3항의 규정에 의해 종합소득과세표준에 합산되지 아니하는 소득이 있는 자는 그 원천징수되는 소득에 대해 납세의무가 있다고 규정하고 있다. 소득세법 제14조 제3항은 이자소득과 배당소득의 합계금액이 연간 2천만 원 이하인 경우로서 원천징수되는 것은 종합소득과세표준에 합산되지 않는다고 규정하고 있다. 반면 동 항은 근로소득금액이 종합소득세과세표준에 합산되지 않는다는 규정을 두고 있지 않다.

소득세법 제70조는 당해 연도의 종합소득금액이 있는 거주자는 그 종합소득과세표준을 신고하여야 한다고 규정하고 있다. 이자소득의 경우 합산과세기준금액을 초과하지 않을 경우 종합소득과세표준계산에서 배제되지만 근로소득금액은 금액 불문하고 합산되어야 한다. 그리고 근로소득자는 종합소득과세표준이 있으므로 신고(확정신고)를 하여야 한다. 다만, 소득세법 제73조는 근로소득만 있는 자는 과세표준확정신고를 하지 않을 수 있다고 규정하고 있다(소득세법 제73조 제1항 제1호). 이 경우에도 원천징수의무자가 연말정산에 의하여 소득세를 납부하지 않은 때에는 신고를 하여야 한다고 규정하고 있다(소득세법 제73조 제4항).[701]

---

699) 원천징수의무자가 원천납세의무자로부터 원천징수를 하였으나 과세관청에 납부하지 않은 경우 과세관청은 원칙적으로 원천납세의무자에게 부과처분할 수 없다. 소득금액변동통지를 한 경우 부과처분할 수 있다. 한편, 국내사업장이 없는 비거주자가 내국법인이 발행한 주식을 양도함으로써 발생하는 소득에 대하여 원천징수의무자가 소득세를 원천징수하지 아니한 경우, 과세관청이 원천납세의무자인 비거주자에게 소득세를 부과할 수 없다(대법원 2016. 1. 28. 선고 2015두52050 판결).

700) 협박 등을 당하는 경우가 있을 수는 있겠다.

701) 종합소득 과세표준 확정신고기한이 경과한 후에 소득처분에 의하여 소득금액에 변동이 발생하여 원천납세의무자가 소득세법 시행령 제134조 제1항에 따라 종합소득 과세표준 및 세액을 추가신고한 경우 원천납세의무자는 그가 실제로 납부한 세

(나) 과세관청의 부과

원천징수되지 않고 신고도 없었던 이자소득과 근로소득을 상정해 보자.

소득세법 제80조는 관할 세무서장의 결정 및 경정에 대해 규정하고 있는데 그것은 신고를 하여야 할 자를 대상으로 한다. 신고할 과세표준이 없는 자는 신고를 하여야 할 자의 범주에 들지 않는다. 이자소득자의 경우 범주에서 제외되지만 근로소득자는 여전히 포함된다. 따라서 근로소득자에 대해서는 관할 세무서장이 부과처분을 할 수 있지만 이자소득자에 대해서는 할 수 없다.[702]

소득세법 제85조 제3항이 원천징수되지 않은 경우 처분에 대해 규정하고 있는데 그것은 원천징수의무자에 대한 징수처분이다. 이자소득자의 당해 연도 금융소득이 2천만 원을 넘는 경우에는 관할 세무서장이 부과고지할 수 있을 것이다.

근로소득만 있는 자의 연말정산에 의한 납부가 있게 되면[703] 납세의무가 소멸된다. 근로소득자가 제대로 연말정산을 하였다면 신고할 의무가 없으며 관할 세무서장으로부터 고지받을 일도 없다. 만약 연말정산을 부실하게 하여 추후 추가 고지할 사항이 발견될 경우 관할 세무서장은 원천징수의무자에게만 고지하여야 하는가, 아니면 원천납세의무자에게도 고지할 수 있는가? 이 경우 세무서장이 근로소득자에 대해 직접 조세를 부과고지할 수 있는가에 대해 종래 긍정설과 부정설의 대립이 있어 왔다. 대법원은 1981년 9월 22일 79누347에 의해 그간의 부정설에서 긍정설로 전환한 바 있다.[704] 그 논거로서는 결국 원고의 위 소득이 원천세를 징수할 소득이라 하더라도 그 소득이 동법 소정의 종합소득과세표준에 합산하여 신고하여야 할 소득으로서 그 원천징수가 누락되었다면 그 소득자인 원고에 대해서도 위와 같이 종합소득세로서 이를 부과할 수 있기 때문이라고 한다. 다만, 자신은 사용주에게 연말정산으로 원천징수를 당했는데 사용주가 납부하지 않은 경우 판례는 그 원천징수한 세액의 범위 내에서 원천납세의무자는 면책된다고 하면서 원천납세의무자에게 다시 부과할 수 없다고 한다.[705]

법원은 관할 세무서장은 둘 중 누구에게도 고지할 수 있다고 판단하고 있는 것이다. 이 경우 고지는 부과처분의 성격을 가지고 있을 것이다. 과세관청은 근로소득의 원천징수의무자 또는 원천납세의무자가 제대로 의무를 이행하지 않은 경우 어떤 조치를 취할 수 있는가를 이자소득과 비교하여 보면 다음과 같다.

액의 한도 내에서가 아니라 추가신고의 대상이 된 과세표준과 세액 전부에 대하여 구 국세기본법 제45조의2 제1항 제1호에 따른 경정청구권을 행사할 수 있다고 보아야 한다. 이 경우에도 원천납세의무자는 자신 명의로 납부된 세액에 관하여만 환급청구권자가 될 수 있을 뿐이고 원천징수의무자 명의로 납부된 세액에 관하여는 원천징수의무자가 그 환급청구권자가 된다(대법원 2016.07.14.선고, 2014두45246 판결).

702) 현행 소득세법상 통상의 이자소득은 다른 금융소득(이자소득 및 배당소득)과 합산하여 인별로 연간 2천만 원을 초과하지 않을 경우 원천징수로서 납세의무가 소멸된다. 이를 조건부종합이자소득이라고 한다. 이 경우 어떤 납세자가 연간 금융소득이 2천만 원을 초과하지 않았는데 해당 이자소득을 비과세대상이라고 하여 원천징수의무자가 원천징수를 하지 않더라도 관할 세무서장은 원천납세의무자인 갑에게 직접 부과처분하거나 징수처분을 할 수 없다.

703) 근로소득만 있는 자의 사용자가 연말정산을 한 경우 해당 근로소득자는 종합소득 과세표준 확정신고를 하지 아니할 수 있다(소득세법 제73조 제1항).

704) 김완석, 『소득세법론』, 광교이택스, 2007, p.761. 대법원 2001.12.27. 선고 2000두10649 판결.

705) 대법원 1984.4.10, 83누540, 대법원 1981.10.13, 80누288.

구분	근로소득			이자소득		
처분상대방	예납적 원천징수	연말정산	신고납부	예납적 원천징수	완납적 원천징수	신고납부
원천징수의무자	징수처분	징수처분	처분불가	징수처분	징수처분	처분불가
원천납세의무자	처분불가	부과처분	부과처분	처분불가	처분불가	부과처분

2006년 소득세법이 개정되어 제80조 제2항에 제1호의 2가 신설되었다(소득세법 제80조 제2항).

> ② 납세지 관할 세무서장 또는 지방국세청장은 제70조·제71조 및 제74조의 규정에 따른 과세표준 확정신고를 한 자(제1호의 2의 경우에는 제73조의 규정에 따라 과세표준확정신고를 하지 아니한 자를 포함한다)가 다음 각 호의 어느 하나에 해당하는 경우에는 당해 연도의 과세표준과 세액을 경정한다. (중간 생략)
> 1의 2. …연말정산 내용에 탈루 또는 오류가 있는 경우로서 원천징수의무자의 폐업·행방불명 등으로 원천징수의무자로부터 징수하기 어렵거나 근로소득자의 퇴사로 원천징수의무자의 원천징수 이행이 어렵다고 인정되는 때

신설한 제1호의 2에 대해 정부는 원천징수의무자가 원천징수의무를 이행하기 어려운 경우에는 연말정산에 의하여 소득세를 납부한 자에 대해 직접 경정할 수 있도록 허용하기 위함이라는 개정취지를 붙이고 있다.[706] 그리고 2007년에는 제80조 제2항에 제1호의 3을 신설하였다.

> 1의 3. …근로소득자소득공제신고서를 제출한 자가 사실과 다르게 기재된 영수증을 수취하는 등 대통령령으로 정하는 부당한 방법으로[707] 종합소득공제를 받은 경우로서 원천징수의무자가 부당공제 여부를 확인하기 어렵다고 인정되는 때

신설한 제1호의 3에 대해 정부는 "근로소득만 있는 자가 연말정산을 한 경우 확정신고를 한 것으로 보도록 근거규정을 신설"하였다고 하면서도 여전히 연말정산을 통해 세금을 납부한 근로자에 대한 경정처분은 원천징수의무자에게 하는 것이 원칙이지만 허위기부금공제자에 대해서는 과세관청에서 직접 경정처분하는 것을 허용하는 예외를 인정하기 위함이라고 그 개정취지를 설명하고 있다. 소득세법상 근로소득자에 대한 조세의 부과고지는 마치 위와 같이 예외적인 상황에서만 허용되는 것처럼 규정되어 있다. 그러나 제80조 제2항 제1호의 2 및 제1호의 3은 그간 판례의 입장을 확인하는 확인적 규정이라고 보아야 할 것이다.

근로소득만 있는 자가 연말정산을 한 경우 확정신고를 한 것과 동일한가? 소득세 신고를 한 자에 대해서는 5년의 부과제척기간이 적용되는 반면, 무신고한 자에 대해서는 7년의 부과제척기간이 적용된다. 현행 실무상으로는 연말정산내용에 대해 탈루 오류가 있을 경우 5년의 부과제척기간이 적용된다.[708]

---

706) 국세청, 「개정세법해설」, 2007, p.148.

707) 소득세법시행령 제142조 ③ 법 제80조 제2항 제1호의 3에서 '대통령령으로 정하는 부당한 방법'이란 다음 각 호의 어느 하나에 해당하는 경우를 말한다. 〈신설 2008.2.22.〉
  1. 허위증거자료 또는 허위문서의 작성 및 제출
  2. 허위증거자료 또는 허위문서의 수취(허위임을 알고 받는 경우에 한한다) 및 제출

다. 원천징수의무자와 원천납세의무자

원천납세의무자는 원천징수와 관련하여 원천징수를 수인할 의무가 있다.[709] 소득세법과 법인세법상 원천납세의무자의 의무를 직접적으로 규정하고 있는 조항은 없다. 민사상 원천징수의무자에게 구상권이 있기 때문이다.[710]

원천징수의무자가 착오에 의해 세금을 원천징수하지 않았는데 세무서장이 세금을 징수한 경우 원천징수의무자는 원천납세의무자로부터 구상받을 수 있는가? 당사자 간 약정에 의해 풀어야 할 사항이다.[711] 원천징수의무자가 원천납세의무자로부터 세법의 규정에 의한 원천징수세액 이상을 징수한 경우 또는 원천징수세액 상당액을 원천징수의무자가 부담하기로 하였는데 그렇게 하지 않은 경우 등에는 원천납세의무자가 원천징수의무자의 자신에 대한 거래대금지급채무에 관한 사항으로서 민사소송의 대상이 된다.[712]

조세범처벌법상 원천징수를 수인하지 않는 것이 범죄로서 처벌되지 않는다. 다만, 원천징수 의무를 이행하지 못하도록 함으로써 결과적으로 원천징수의무자가 원천징수불이행범이 될 경우 원천납세의무자는 원천징수불이행범의 공범 또는 교사범이 된다(조세범처벌법 제13조).[713]

3. 과다하게 납부한 경우의 경정청구

원천징수법률관계상 국가는 조세채무를 확정하기 위해 아무런 행위를 취하지 않았기 때문에 그것을 경정한다는 것은 개념적으로 성립하지 않는다. 그럼에도 불구하고 2003년 국세기본법에 비록 신고나 부과와 같은 과정을 거쳐 확정된 조세채무가 아니지만 세무서장이 경정을 통해 다시 확정하고 그에 따라 환급하여 달라는 것을 청구할 수 있는 절차를 도입하였다. 이는 기존 제도상 신고나 부과와 같은 과정을 거친 경우에 인정되던 경정청구를 원천징수의 경우에도 부분적으로 허용한 것이다. 원천징수관계에서 국가의 부당이득에 대해 원천납세의무자 또는 원천징수의무자가 소송상 환급청구가 가능하도록 되어 있지만 소송을 통하는 경우에는 납세자에게 적지 않은 불편과 비용을 초래하는 점을 감안한 것이다.

근로소득만 있는 자, 퇴직소득만 있는 자, 연금소득만 있는 자, 원천징수되는 사업소득만 있는 자, 퇴직소득과 근로소득만 있는 자, 퇴직소득과 연금소득만 있는 자 및 퇴직소득과 원천징

---

708) 조심 2011서0254(2011.3.25.).

709) 징세 46101 - 1704, 1995.6.22. 참조.

710) 대법원 2011.11.24. 선고 2009다16889 판결.

711) 국제거래에서는 면책조항(indemnification clause)이 통용된다. 이 조항에 의하면 별도의 규정이 없는 한 지급자가 세금납부책임을 진다. 이와 같이 지급자가 부담하게 되는 세금을 지급자책임세금(indemnifiable tax)이라고 한다.

712) 구상권 행사의 허용 범위에 관해서는 대법원 2006다49789 사건 참조["대표자는 익금산입액의 귀속이 불분명하다는 사유로 상여처분된 소득금액에 대해서는 특별한 사정이 없는 한 그 금액이 현실적으로 자신에게 귀속되었는지에 관계없이 원천징수의무자인 법인이 납부한 갑종근로소득세액 상당을 당해 법인에게 지급할 의무가 있고(대법원 1988.11.8. 선고 85다카 1548 판결 참조), 이 경우 법인의 구상금청구를 거절하기 위해서는 법인의 업무를 집행하여 옴으로써 그 내부사정을 누구보다도 잘 알 수 있는 대표자가 인정상여로 처분된 소득금액이 자신에게 귀속되지 않았을 뿐만 아니라 귀속자가 따로 있음을 밝히는 방법으로 그 귀속이 분명하다는 점을 증명하여야 한다."]

713) 대법원 1998.5.8, 97도2429 참조. 이 사건은 원천징수의무자가 원천납세의무자의 조세포탈범의 공범이 되는 경우였다.

수되는 사업소득만 있는 자에 있어서 원천징수의무자가 연말정산에 의해 소득세를 납부하고 지급조서를 제출한 경우(근로소득 등) 또는 원천징수의무자가 원천징수한 소득세(퇴직소득 및 비거주자의 소득)나 법인세를 납부하고 지급조서를 제출한 경우에는 원천징수의무자와 원천납세의무자(원천징수대상자)에게도 납부기한 경과 후 5년 이내 경정청구를 허용한다(국세기본법 제45조의 2 제4항).714) 2020년부터는 거주자의 분리과세되는 이자·배당·연금·기타소득에 대해서도 원천징수의무자 및 원천징수대상자의 경정청구를 허용하고 있다.

비거주자나 외국법인의 국내원천소득 중 사업소득, 인적용역소득, 근로소득, 퇴직소득, 사용료소득 및 유가증권양도소득이 있는 경우에 대해서도 원천징수의무자와 원천납세의무자에게 경정청구가 허용된다.

후발적 사유가 발생한 경우에는 그 사유의 발생을 안 후 3개월 내에 경정을 청구할 수 있다. 경정의 청구를 받은 세무서장은 그 청구를 받을 날부터 2개월 이내에 그 결과를 통보하여야 한다.

원천징수의무자 또는 원천납세의무자의 경정청구를 관할 세무서장이 거부한 때에는 취소소송을 제기할 수 있다.

위와 같은 경정청구제도는 독일의 제도에 비하면 개선의 여지가 아직 많이 있다고 볼 일이다. 독일에서는 급여를 지급하거나 금융소득(이자, 배당 등)을 지급하는 자는 해당 소득의 수령자의 소득세(Abgeltungssteuer)를 원천징수하여야 한다. 세법상 지급자는 수령자의 소득세 납세의무에 대한 보증채무를 지게 된다. 수령자가 지급자가 납부한 세금을 부담하지 않은 때에는 지급자에게 구상권이 발생함이 세법상 규정되어 있다. 한편, 지급자가 수령자로부터 자신이 원천납부한 세금을 구상할 수 없을 것 같은 상황인 경우 이를 자신의 관할세무서장에게 신고하면 관할세무서장은 해당 세금을 수령자에게 직접 청구한다(독일 소득세법 제38조, 제42d조 제6항, 제44조 제5항). 원천징수납부는 재조사조건부부과처분과 같이 취급되며, 그에 대해 심사청구가 인정된다(독일 조세기본법 제168조, 소득세법 제41a조 제1항). 재조사조건부부과처분은 최종세무조사를 통해 확정되기 전까지는 취소 또는 경정될 수 있다(독일조세기본법 제164조 제1항).

제4항 경정청구

경정청구라 함은 이미 신고·결정 또는 경정결정된 과세표준 및 세액이 세법에 의하여 신고하여야 할 과세표준 및 세액을 초과하는 경우에 납세의무자가 과세관청으로 하여금 이를 정정하여 결정 또는 경정하여 줄 것을 청구하는 것을 말한다.

---

714) 이자소득에 대한 원천징수에 경정청구가 허용되지 않음에 따라 (1) 원천징수의무자는 부당이득반환청구소송이라는 민사소송에 의한 구제를 받을 수밖에 없게 되므로 입증책임 및 인지첩부액 등에 있어 엄청난 불이익을 감수하여야 하고, 행정사건 전담 재판부를 통하여 전문화된 법관으로부터 재판받을 기회를 봉쇄하므로 재판청구권을 침해하며, (2) 과세표준신고서 제출의무가 없는 납세자인 원천징수의무자를 자의적으로 차별함으로써 청구인의 평등권을 침해한다는 청구주장에 대해 헌재는 (1) 원천징수의무자에게 인정되는 민사소송인 부당이득반환청구소송이 항고소송에 비하여 납세자의 권리구제를 형해화시킬 정도로 비효율적인 권리구제수단이라 할 수 없으므로 원천징수의무자에게 경정청구권을 인정하지 않은 이 사건 법률조항은 입법재량권의 한계를 벗어났다고 단정할 수 없으므로 이 사건 법률조항은 국민의 재판을 받을 권리를 침해하지 않는다고 하면서, (2) 효율적인 권리구제, 납세의무가 그 성립과 동시에 특별한 절차 없이 확정된다는 원천징수제도의 본질을 반영하여 원천징수의무자에게 경정청구권을 인정하지 않은 것이므로 평등권을 침해하지 않는다는 판단을 하였다(헌재 2009.5.28. 2006헌바104).

경정청구제도는 1994년 국세기본법 개정으로 도입되었다. 그 이전에는 납세의무자가 세액의 감액을 청구하여야 하는 경우에도 수정신고제도를 이용하여야 하였다. 수정신고는 증액수정신고와 감액수정신고 모두 가능하였는데 수정 신고기한이 짧아 감액을 청구하여야 하는 납세의무자의 입장에서 볼 때 권리구제의 길이 좁았다. 당시 수정 신고기한을 넘긴 경우에는 신고행위가 당연무효인 경우에 한하여 민사상 부당이득반환청구의 방법으로 납부한 세액의 반환을 받을 수 있을 뿐이었다.

현행 국세기본법상 경정청구에는 과세표준신고서에 기재된 과세표준 또는 세액 등에 잘못이 있기 때문에 경정을 청구하는 경우(국세기본법 제45조의 2 제1항)와 후발적 사유에 의하여 과세표준 또는 세액 등의 계산의 기초에 변동이 생겼기 때문에 하는 경정을 청구하는 경우(국세기본법 제45조의 2 제2항)가 있다. 전자를 '감액경정청구' 또는 '통상적 경정청구'라고 하고, 후자를 '후발적 사유에 의한 경정청구'라고 한다.

경정청구는 그 청구의 내용대로 과세표준 및 세액을 감액시키는 효력은 없다. 경정의 청구를 받은 세무서장은 그 청구를 받은 날부터 2개월 이내에 과세표준과 세액을 결정 또는 경정하거나 그 이유가 없다는 뜻을 청구인에게 통지하여야 한다. 다만, 청구를 한 자가 2개월 이내에 아무런 통지를 받지 못한 경우에는 통지를 받기 전이라도 그 2개월이 되는 날의 다음 날부터 불복청구를 할 수 있다(국세기본법 제45조의 2 제3항).

경정청구에 대해 과세관청이 필요한 처분을 하지 아니하거나 처분을 하여도 납세의무자가 그 처분에 만족하지 않는 경우에는 그에 대해 불복청구를 할 수 있다.

경정청구를 하여 환급을 받을 때에는 환급가산금[715]을 지급받는다.

1. 제도의 필요성

1994년 이전에는 신고납세방식의 세목이든 부과결정방식의 세목이든 세무서장에게 경정을 청구하는 것은 세법으로 정해진 절차는 아니었는데 그것을 거부하는 결정이 독립한 항고소송의 대상이 될 수 있는지에 대해 많이 다투어졌다. 이에 대해 법원은 어떤 경우이든 법령으로 결과통지의무가 규정되어 있지 않은 경우에는 독립한 항고소송의 대상이 될 수 없다고 하였다.[716]

가. 헌법상 재산권보장

헌법재판소는 다음과 같은 경우에는 '조리상 경정청구권'이 인정된다고 보았다(헌법재판소 2000년 2월 24일 97헌마13·245(병합)). 즉 후발적 사유에 의한 납세자의 경정청구권은 조리상 당연히 인정된다고 하고 그 청구권자, 사유 및 행사시기 등에 관해서는 사안마다 합리적으로 결정할 수밖에 없다고 하면서 그 기준으로 경정청구에 관한 현행의 국세기본법 제45조의 2의 내

---

715) 국세환급금의 환수제도가 국세의 징수에 부수하는 절차로서 국세채권의 만족을 위한 것이며, 국세의 징수에 관한 규정이 그대로 준용되는 이상, 그 환수금을 재환급하는 경우에도 국세환급금에 대한 환급가산금에 관한 규정을 유추적용하여 환급가산금을 가산하는 것이 타당하다. 그리고 이러한 법리는 환급가산금의 환수에 따른 재환급의 경우에도 마찬가지로 적용된다(대법원 2013.10.31. 선고 2012다200769 판결).

716) 법령상 납세자의 청구에 대한 결과통지의무가 규정되어 있는 경우 관청이 청구를 인용하지 않으면 거부처분취소소송으로 법원에 제소하고 결과를 통지하지 않으면 부작위위법확인소송으로 법원에 제소할 수 있다.

용(당시로서는 신설된 지 얼마 안 된)을 하나의 중요한 준거로 삼을 수 있다고 하였다.717)

오늘날 경정청구제도가 도입된 이후에는 조리상 경정청구권은 인정되지 않고 있다.

헌법재판소 2000.2.24., 97헌마13결정사건은 조세채무 확정 후 발생한 사유에 따라 경정을 할 필요성이 있는 경우를 잘 설명하고 있다. 과세요건을 구성한 행위·사실이 과세 후 소송으로 무효가 된 경우 소득의 발생 자체가 소급하여 없었던 것으로 보아야 할 것인데, 원래 과세처분은 적법한 것이었으므로 과세관청이 스스로 처분을 취소하기를 기대하기는 곤란하였다.

이 사건에서 청구 외 문○봉은 1987년 4월 15일 사망하여 청구 외 문○관 등 6명이 그 공동상속인이 되었고, 위 문○관은 1990년 4월 28일 사망하여 청구인 등 3명이 그 공동상속인이 되었다. 위 문○봉은 상속개시일 전 1년 이내인 1987년 4월 10일경 부산 북구 명지동 ○○ 내지 5 토지(이하 '이 사건 토지'라 한다)를 청구 외 유○두에게 금 199,000,000원에 양도하였는데, 피청구인은 1988년 5월 2일 위 양도대금의 용도가 객관적으로 명백하지 아니하다는 이유로 위 양도대금을 과세가액에 포함하여 위 문○봉의 상속인들에게 상속세 189,969,449원, 방위세 36,388,839원 합계 226,358,288원을 부과하였고(이하 '이 사건 제1과세처분'이라 한다), 위 상속인들은 그 무렵 위 세금을 납부하였다.

청구 외 윤○주는 1987년 6월 11일 이 사건 토지를 위 유○두로부터 양수한 후 이 사건 토지 위에 건물을 소유하고 있던 청구 외 홍○근 등 5명을 상대로 건물철거 등을 구하는 소송을 제기하였다. 그런데 1995년 10월 5일 그 항소심에서 이 사건 토지가 1958년경 해면 아래로 포락되어 그 무렵 위 문○봉의 소유권이 상실되었다는 이유로 위 윤○주의 패소판결(부산고등법원 94나10092)이 선고되었고, 이 판결은 1996년 1월 30일 대법원의 상고기각판결(95다49479)로 확정되었다.

위 윤○주는 위 유○두를 대위하여 청구인 등 위 문○봉의 상속인들에 대한 손해배상청구권을 보전하기 위하여 부산지방법원에 가압류를 신청하였고, 위 법원은 1996년 6월 8일 청구인 등이 소유하는 부동산에 대한 가압류결정을 하였다. 청구인 등은 같은 달 26일 위 윤○주에게 손해배상금을 지급하였다.

청구인은 1996년 8월 13일 피청구인에게 이 사건 토지에 대한 매매대금 상당액을 위 상속세의 과세표준액에서 공제하여 상속세를 경정하여 달라고 청구하였다. 피청구인은 같은 해 11월 13일 청구인에게 상속세 부과의 제척기간이 만료된 후 제3자의 민사소송 제기로 당초 상속세 과세가액에 포함된 재산의 소유권이 상속일 이전에 소급하여 상실됨에 따라 이미 납부한 세액의 환급을 구하는 경정청구의 경우, 1994년 12월 31일 이전에 개시된 과세기간분에 대해서는 신설된 국세기본법 제45조의 2를 적용할 수 없다는 이유로 이를 거부하면서, 경정청구서를 청구인에게 반려하였다(이하 '이 사건 제1거부처분'이라 한다).

청구인은 1996년 11월 16일경 위 반려공문을 송달받은 후 1997년 1월 13일 주위적으로 이 사건 제1거부처분이 자신의 재산권 등을 침해하였다며 그 취소를 구하고, 예비적으로 구 국세기본법(1994년 12월 22일 법률 제4810호로 개정되기 전의 것)에 후발적 사유에 의한 조세경정청구권을 규정하지 아니한 입법부작위가 헌법에 위반된다는 확인을 구하여 이 사건 헌법소원을 청구하였다.

이에 대해 헌법재판소는 실질적 조세법률주의의 정신에 비추어 보거나 납세자주권의 관점에

---

717) 헌법재판소 결정 당시에는 국세기본법 제45조의 2가 도입되어 있었다.

서 볼 때 조세채무가 확정되어 납세자가 세액을 납부하였다 하더라도 후발적 사유의 발생으로 과세의 기초가 해소되거나 감축되었다면 결과적으로 조세채무의 전부 또는 일부가 실체적으로 존재하지 않는 것으로 되고 이미 납부된 세액은 아무런 근거 없는 것이 되므로 국가는 그 납부세액을 납세자에게 반환할 의무가 있고 납세자는 그 납부세액의 반환을 청구할 권리가 있으며, 이러한 후발적 사유에 의한 경정청구권은 법률상 명문의 규정이 있는지에 따라 좌우되는 것이 아니라 조세법률주의 및 재산권을 보장하고 있는 헌법의 정신에 비추어 볼 때 조리상 당연히 인정된다고 하였다. 아울러 이 사건 헌법소원이 보충성의 요건을 충족하지 않아 헌법소원의 요건을 충족하지 않았는가의 쟁점에 대해서는, 세법상의 명문 규정이 있는 외에는 조리상의 경정청구권을 인정할 수 없으며 개별세법에 근거하지 아니한 납세의무자의 경정청구를 거절하였다 하여 이를 두고 항고소송의 대상이 되는 거부처분이라 할 수 없다는 것이 법원의 일관된 판례인 이상, 후발적 사유에 의한 조리상 경정청구권이 인정되는 경우라도 그 거부처분에 대해서는 행정쟁송을 통한 구제의 길이 없고 달리 다른 법률에 구제절차가 있는 것도 아니며, 한편 헌법재판소법 제68조 제1항 단서의 다른 법률에 의한 구제절차란 헌법소원의 목적물인 공권력의 행사 또는 불행사를 직접 대상으로 하여 그 효력을 다툴 수 있는 절차를 의미하는 것이지 최종목적을 달성하기 위하여 취할 수 있는 모든 우회적인 구제절차를 의미하는 것이 아니므로 설사 위의 경우 국가를 상대로 부당이득반환청구소송을 제기할 수 있다 하더라도 그에 대하여 바로 헌법소원을 청구하였다고 하여 보충성의 요건에 반한다고 할 수 없다고 하였다.

피상속인이 상속 전 1년 또는 2년 이내에 처분한 재산은 상속재산으로 추정한다(상증세법 제15조 제1항 제1호). 용도가 객관적으로 명백한 경우에는 상속재산으로 보지 않는다(상증세법 시행령 제11조 제2항). 피상속인이 상속 전 1년 이내에 처분하여 상속재산으로 보아 과세하였지만 이후 소송으로 피상속인에게 소유권이 없었던 것으로 확정되고 그에 따라 상속인이 피상속인으로부터 양수한 자(또는 그로부터 전득한 자)에게 손해배상금을 지급한 경우 상속세를 돌려받을 수 있어야 할 것이다. 그런데 당시 국세기본법에 의하면 경정청구에 관한 규정이 없었으며(당시 수정신고에 관한 규정718)이 있었다), 해당 상속세의 부과제척기간(부과할 수 있는 날로부터 5년간)도 지나 직권경정도 불가능하였다. 이에 납세자가 한 경정청구에 대한 세무서장의 거부처분이 납세자의 재산권을 침해하였다는 헌법소원(주위적 청구)에 대해 헌법재판소는 헌법의 정신에 비추어 조리상 경정청구권이 인정되어야 한다고 하면서 납세자의 주장을 인용하였다.

이 판단을 하면서 납세자가 국가에 대해 부당이득반환청구를 하는 것과 같이 헌법소원 이외의 방법으로 권리구제가 가능하였을 것이기 때문에 헌법재판을 위한 보충성의 요건을 충족하지 못한 것이라는 주장에 대해서는 보충성의 요건을 충족시키기 위해 모든 우회적인 수단을 경료해야만 하는 것은 아니라는 다소 유연한 입장을 취하고 있다.

---

718) 제45조 (과세표준수정신고) ① 과세표준신고서를 법정 신고기한 내에 제출한 자는 그 기재사항에 누락, 오류가 있을 때에는 다음 각 호에 게기하는 기한 내에 과세표준수정신고서를 제출할 수 있다. 〈개정 1984.8.7.〉
   1. 법인세 및 부가가치세의 경우에는 법정 신고기한 경과 후 6개월(예정신고의 경우에는 예정신고기한 경과 후 3개월) 내.
   2. 제1호 이외의 국세의 경우에는 법정 신고기한 경과 후 1개월 내.
   ② 과세표준수정신고서의 기재사항 중 대통령령이 정하는 국세에 관하여 당초에 신고한 과세표준 또는 납부세액을 감소시키거나 환급세액을 증가시키는 사항이 있는 경우에는 정부는 이를 조사하여 그 결과를 당해 수정신고서를 받은 날로부터 60일 내에 신고인에게 통지하는 동시에 경정할 사항은 경정하여야 한다. (이하 생략)

본 사건에서 주위적 청구를 인용하였기 때문에 예비적 청구에 대한 심리를 하지 않았다. 그러나 헌법재판소는 유사한 사건(97헌마245)에 대한 결정에서 경정청구가 오랜 기간이 흐른 뒤에 있어서 그것을 받아 주기 어렵다는 이유로 주위적 청구를 기각하고 예비적 청구에 대해 심리하면서 해당 사건에 관한 입법부작위는 부진정입법부작위[719]에 해당하므로 위헌으로 볼 수 없다는 판단을 하였다.

나. 보완적 수단

국세기본법상 경정청구제도가 도입된 이후에는 법원은 해당 경정청구제도상 요건을 충족하지 못하는 경정청구를 조리상 경정청구로 인정하지 않고 있다. 달리 구제수단이 있으므로 조리상 경정청구까지 인정할 필요는 없다는 이유도 제시하고 있다.

대법원 2006.5.11., 2004두7993판결사건에서는 소득금액변동통지에 의해 원천징수의무가 발생한 지급자에게 조리상 경정청구권이 있는지가 다투어졌다.

이 사건에서 피고 서초세무서장은 2001년 11월 12일 1996~2000년 기간 중 이 사건 사택보조금 명목의 무상대여를 부당행위계산부인의 대상으로 보아 원고인 롯데칠성음료 주식회사의 법인세를 인정이자 상당액만큼을 익금 산입하는 경정결정을 하는 한편, 지점장 등에게 그 금액만큼을 상여로 소득 처분하여 원고에게 소득금액변동통지를 하였다. 원고가 이 사건 지점장 등에게 사택보조금을 지급한 것은 부당행위계산 부인의 적용대상에서 제외되는 사택의 제공에 갈음하여 행하여진 것이었다. 이에 원고는 2002년 1월 10일 국세심판원에 심판청구를 하였고, 국세심판원은 2002년 9월 25일 원고의 청구를 일부 인용[720]하는 결정을 하였다. 원고는 2001년 12월 10일 피고에게 피고의 2001년 11월 12일자 소득금액변동통지의 취지에 따라 산정한 원천징수 근로소득세 합계 114,150,910원을 납부하였다가, 2002년 11월 28일 피고에게 이 사건 사택보조금의 인정이자 상당액이 이 사건 지점장 등에게 귀속된 것으로 보아 상여로 소득 처분한 것은 부당하다는 이유로 원천징수 근로소득세의 경정청구 및 환급신청을 하였으나, 피고는 같은 달 30일 원고에게 위 소득금액변동통지가 정당하므로 위 경정청구 및 환급신청을 받아들일 수 없다고 통보하였다. 그리고 피고는 고법에서 이 사건에 대해 다투면서 본안전항변으로 이 사건 거부통보는 항고소송의 대상이 되는 거부처분이 아니므로 이 소를 부적법하다고 주장하였다.

고등법원[721]에서는 ① 법인세액 계산 시 인정이자 상당액을 익금 산입한 것은 위법하며, ② 이 사건 거부통보도 위법하다고 판단하였다. 그러나 대법원은 쟁점 ②에 대해, 국세기본법 또는 개별 세법에 경정청구권을 인정하는 명문의 규정이 없는 이상, 조리에 의한 경정청구권을 인정할 수는 없는 것이고, 이와 같이 세법에 근거하지 아니한 납세의무자의 경정청구에 대하여 과세관청이 이를 거부하는 회신을 하였다고 하더라도 이를 가리켜 항고소송의 대상이 되는 거

---

719) 입법부작위를 대상으로 하는 헌법소원은 입법자가 헌법상 입법의무가 있는 어떤 사항에 관하여 전혀 입법을 하지 아니한 이른바 '진정입법부작위'의 경우에만 허용되고, 입법은 하였으나 그 입법의 내용·범위·절차 등을 불완전, 불충분하게 규율함으로써 입법행위에 결함이 있는 이른바 '부진정입법부작위'의 경우에는 허용되지 아니한다는 것이 헌법재판소의 입장이다(헌재 1989.7.28, 89헌가1, 판례집 1, 157, 163-164; 1993.3.11, 89헌마79, 판례집 5-1, 92, 101~102; 1996.10.31, 94헌마108, 판례집 8-2, 480, 489~490).

720) 차입이자의 손금 부인 부분에 대한 납세자의 주장을 인용한 것이다.

721) 서울고법 2004.6.25, 2003누12389.

부처분으로 볼 수 없다고 할 것이라고 판단하였다. 더욱이 대법원 2006년 4월 20일 2002두 1878에 의하여 소득금액변동통지가 항고소송의 대상이 되는 조세행정처분으로 인정되어 그에 따라 원천징수세액을 자진 납부한 원천징수의무자도 권리구제를 받을 수 있는 수단이 갖추어 졌으므로 별도로 조리상의 경정청구권을 인정할 실익도 없다고 하였다.

본 사건에서 과세관청의 소득금액변동통지에 의해 원천징수의무자는 원천징수근로소득세를 납부 하였다가 그 소득금액변동통지 내역에 오류가 있으므로 납부한 세액을 환급받아야 한다는 주장을 하였다. 본 사건 당시 법원은 소득금액변동통지를 처분으로 보지 않고 있었으므로 원천징수의무자 가 소송상 그것의 취소를 구할 수 없었다. 이런 사정으로 원천징수의무자는 경정청구의 방도를 강 구하고자 하였다. 국세기본법이 원천징수의무자에게 경정청구를 인정하는 규정을 두고 있지 않았음 에도 불구하고 원천징수의무자는 피고 세무서장에게 직권에 의한 경정을 해 주도록 요청하였다. 세 무서장은 직권경정을 거부하였다. 이에 대해 대법원은 이러한 거부처분은 항고소송의 대상이 되는 거부처분이 될 수 없으므로 각하되어야 한다고 본 것이다. 대법원은 특히 이와 같이 판단을 하면서 소득금액변동통지가 처분으로 인정되기 시작하였으므로 조리상 경정청구권을 인정할 실익이 없다 고 하고 있다. 만약 원고가 근로소득세 원천징수 세액을 납부하지 않았다면 피고는 징수처분을 하 였을 것인데, 원고는 그것이 위법한 처분이라고 하여 항고소송을 제기할 수 있었을 것이었다.

한편, 이 사건이 현행 세법규정이 적용될 수 있는 시점에 발생하였다 하더라도 그 규정에는 포섭되지 못할 것이다(국세기본법 제45조의 2 제4항 제1호, 2003.12.30. 개정). 현행 규정은 근 로소득만 있는 자에 대해 원천징수의무자가 연말정산을 하고 지급조서를 제출한 경우 등에는 원천징수의무자와 원천납세의무자에게도 경정청구를 허용하고 있을 뿐, 이 사건처럼 소득금액변 동통지에 의한 원천징수에 대해서는 적용되지 않는다.

2006년 4월 20일 이후, 대법원은 소득금액변동통지를 '결정'으로 보고 있으므로(대법원 2006년 4 월 20일 2002두1878) 원고는 통상적 경정청구를 할 수 있다(국세기본법 제45조의 2 제1항 본문 괄 호 안). 그런데 소득금액변동통지는 2001년 11월 12일에 있었으며 그것을 결정으로 보는 판결 은 2006년 4월 20일에 있었다. 통상적 경정청구는 일반적으로 법정 신고기한 후 3년 이내에 제출하여야 하며, 근로소득세 원천징수의 경우 연말정산세액 납부 후 3년 이내에 제출하여야 한다. 이 경우 2006년 4월 20일 대법원 2002두1878 판결이 후발적 사유의 하나로 인정될 수 있을까? 법원 판결 중 법규의 해석에 관한 것은 후발적 사유가 되기 곤란하다고 보아야 한다.

원고로서는 국가를 상대로 하는 부당이득반환청구소송을 제기할 수 있을 것이다. 원천징수의 원인이 되는 사실이 존재하지 않아 원천징수 납부한 세액은 오납금에 해당하기 때문이다.

2. 통상적 경정청구

가. 요건

통상적 경정청구는 법정 신고기한 내에 과세표준신고서를 제출한 납세의무자 또는 기한후 신고를 한 납세의무자가 청구할 수 있다. 납세의무자가 스스로의 신고에 의해 확정된 세액에 대해 과세관청의 경정을 청구하는 것이다. 납세의무자의 신고에 대해 과세관청의 처분이 있는 경우에는 당해 처분 후의 과세표준 및 세액에 대해 경정을 청구할 수 있다.

경정청구는 대상 국세의 법정 신고기한으로부터 5년 이내에 하여야 한다(국세기본법 제45조의 2 제1항). 신고납세방식의 세목이든 부과과세방식의 세목이든 감액경정청구가 가능하다. 법정 신고기한의 경과 후 5년 이내에 경정청구를 하여야 한다.

통상적 경정청구를 할 수 있는 경우는 다음과 같다(국세기본법 제45조의 2 제1항).

- 과세표준신고서에 기재된 과세표준 및 세액(각 세법의 규정에 의하여 결정 또는 경정이 있는 경우 당해 결정 또는 경정 후의 과세표준 및 세액을 말한다)이 세법에 의하여 신고하여야 할 과세표준 및 세액을 초과하는 때
- 과세표준신고서에 기재된 결손금액 또는 환급세액(각 세법의 규정에 의하여 결정 또는 경정이 있는 경우 당해 결정 또는 경정 후의 결손금액 또는 환급세액을 말한다)이 세법에 의하여 신고하여야 할 결손금액 또는 환급세액에 미달하는 때[722]

납세의무자의 신고에 대해 과세관청의 처분이 있는 경우에는 당해 처분 후의 과세표준 및 세액에 대해 경정을 청구할 수 있다. 이 경우 불복청구 기간이 경과된 과세처분 또는 쟁송을 통해 확정된 과세처분에 대해서는 경정청구가 허용되지 않는다. 국세기본법에서 위법 또는 부당한 처분을 받은 납세자는 90일 이내 불복 청구하도록 규정하고 있고, 동 기간 경과 시점에 과세처분이 확정된다. 불복 기간(90일)은 불변기간으로 기간이 도과하는 시점에 불가쟁력이 발생한다(국세기본법 제55조). 그런데 당시 국세기본법 제45조의 2의 규정상 법정 신고기한 내에 신고한 자는 법정 신고기한 경과 후 3년 이내 경정청구가 가능하도록 규정하고 있어 양 규정 간에 상호 모순이 발생하였다. 이를 바로잡기 위해 2007년 말 국세기본법이 개정되어 불복청구 기간이 경과한 과세처분에 대해서는 경정청구가 허용되지 않게 되었다(국세기본법 제45조의 2 제1항 본문 괄호).[723]

이 경우에도 납세자 자신의 신고로 확정된 세액에 대한 경정청구는 법정 신고기한 경과 후 5년 이내라면 허용된다고 보아야 한다. 이는 납세자 자신의 신고와 과세관청의 증액경정처분은 병존한다는 국세기본법 제22조의 3 제1항의 규정과 일관성을 갖는 것이다.[724] 2010년말 개정된 현행 국세기본법 제45조의 2 제1항 본문 단서는 "결정 또는 경정으로 인하여 증가된 과세표준 및 세액"에 대해서만 "90일 이내"의 기한 제한이 있음을 명확히 하고 있다.

나. 경정청구기한

경정청구는 대상 국세의 법정 신고기한으로부터 5년 이내에 하여야 한다. 소득금액변동통지에 따

---

722) 세무서장이 납세자의 결손금액증액경정청구에 대하여 그 전부나 일부를 거부한 경우에는 납세자로서는 그 거부처분의 취소를 구하는 항고소송을 제기할 수 있다(대법원 2009.7.9. 선고 2007두1781 판결).

723) 2007년의 국세기본법 제45조의 2 제1항의 개정은 구 규정에 의한 서울고등법원이 2006누22301 사건에 대한 판결에서 "그 증액경정처분에 대한 불복청구기간이 경과하였는지와 상관없이 법정신고기한 경과 후 2년 이내에는 감액경정청구할 수 있다"는 결정을 내린 데 대한 대응으로서 이루어진 것이었다. 위 사건에 대법원은 2009.10.29. 2007두10792 사건에서 원심의 판단을 수용하는 결정을 하였다.

724) 대법원 2014.06.26. 선고 2012두12822 판결, 대법원 2013. 4. 18. 선고 2010두11733 전원합의체 판결, 대법원 2013.05.09. 선고 2010두24449 판결. 대법원 2013. 4. 18. 선고 2010두11733 전원합의체 판결은 대법원 2005.11.10. 선고 2004두9197판결을 변경하는 것이다.

라 추가신고·자진납부하는 경우 경정청구의 기산일은 추가신고·자진납부기한의 다음 날로 한다.[725] 이 경우 부과제척기간은 원래 소득의 귀속연도 신고기한 다음 날 기산하는 것과 대비된다.[726]

경정청구는 납세자의 권리구제수단의 하나이다. 경정청구는 자신의 신고행위가 잘못되었을 때 납세자는 자기시정을 하지 못하므로 법원에 시정해 주도록 소를 제기하거나 과세관청의 자발적인 조치를 사정하지 않으면 안 되던 옛 제도를 고쳐 과세관청에게 조치를 요청할 수 있도록 법적인 근거를 부여하는 권리구제제도인 것이다.

부과제척기간은 5년, 7년, 10년, 15년 및 무기한으로 상대적으로 길게 설정되어 있다. 이 기간 안에는 과세관청은 자신이 한 처분이 잘못된 경우 그것을 시정할 수 있다. 물론 납세자가 한 신고가 잘못되거나 신고를 아예 하지 않은 경우에도 새로이 부과할 수 있다. 납세자는 5년으로 제한을 받고 있다.

근대사회에서 세금은 납세자가 시민사회에서 국가권력의 제약을 받지 않고 경제활동을 할 수 있는 자유를 얻은 데에 대한 대가로서 납부하게 된 것이다.[727] 세법은 개개의 국민이 국가와의 관계에서 사회적 합의를 통해 납부하기로 한 세금을 납부하게 하기 위한 수단적 규범이다. 내야 될 세금을 제대로 납부하도록 시정하는 것은 사회 전체의 법적 안정성이나 정부의 재정운영을 심각하게 저해하지 않는 것이라면 다소의 행정비용을 감수하면서라도 그 행위의 주체가 누가 되었든 시정할 수 있는 기회를 열어 놓아야 한다.[728]

국가에 허용된 시정기회에 비해 국민 개개인에게 허용된 기회에 심한 부족함이 있는 조세제도는 부당하게 재산권을 침해하는 것이다. 우리 헌법이 지향하는 사회적 시장경제의 원리가 납세자의 재산권에 대한 과세권의 과잉한 행사에 기초하는 것은 아니다.[729]

3. 후발적 사유에 의한 경정청구

후발적 사유에 의한 경정청구는 과세표준신고서를 법정 신고기한 내에 제출한 자 또는 국세의 과세표준 및 세액의 결정을 받은 자가 그 이후에 발생한 후발적 사유를 이유로 결정 또는 경정을 청구할 수 있도록 하는 제도이다. 따라서 신고납세방식의 세목이든 부과결정방식의 세목이든 허용된다. '후발적 사유'는 당해 경정청구의 대상이 되는 과세표준과 세액이 확정된 후

---

725) 대법원 2011.11.24. 선고 2009두20274 판결. 소득세법시행령 제134조 제1항 참조

726) 대법원 2006.7.27. 선고 2004두9944 판결. 대법원 2006.7.13. 선고 2004두4604 판결. 대법원 2010.1.28. 선고 2007두20959 참조.

727) Paul Kirchhof, *Das Maß der Gerechtigkeit*, 2009, Droemer Verlag, pp.168~194 참조.

728) 독일에서는 이의신청기간이 종료된 이후에는 비공식적 경정청구(Antrag auf Änderung)가 인정되며, 그것에 대한 거부처분이 있을 때에 그에 대해 이의신청(Einspruch)을 제기할 수 있다(독일조세기본법 제164조 제2항).

729) 헌재는 다음과 같은 다소 다른 견해를 밝히고 있다. "…경정청구기간을 일정하게 제한하는 것은 납세의무자에 대하여 그 기한 내에 자신의 과세표준 및 세액에 대한 계산을 충분히 검토하도록 하여 기한 내 신고의 적정화를 기함과 함께 조세법률관계의 조기안정. 세무행정의 능률적 운용 등 제반 요청을 만족시키기 위하여 권리로서 경정을 청구할 수 있는 기한을 정하는 한편, 당해 기한 내에 청구가 없는 경우에도 관할 세무서장은 직권조사에 의하여 신고한 세액이 과다하다고 인정하는 때에는 적극적으로 감액경정을 함으로써 납세자의 정당한 권리는 보호될 수 있다고 본 취지를 반영한 것이다. 나아가, …1년의 기간은 납세자로 하여금 자신이 신고한 것에 대해 재고를 할 수 있는 충분한 기간이 될 수 있다고 할 것이다. 따라서 …납세의무자의 재판청구권을 침해하는 것이라고는 볼 수 없다."(헌재 2004.12.16, 2003헌바78)

에 발생한 사유를 의미한다.[730] 당초의 신고 또는 결정에 의한 과세표준과 세액의 확정에 하자가 있어야 하는 것은 아니다.

경정청구는 그 사유가 발생한 것을 안 날부터 3개월 이내에 하여야 한다. 후발적 사유에 의한 경정청구에 있어 부과제척기간이 경과한 후에도 후발적 사유가 발생한 것을 안 날로부터 3개월 이내에는 경정청구를 할 수 있다.[731]

후발적 사유에 의한 경정청구를 할 수 있는 경우는 다음과 같다(국세기본법 제45조의 2 제2항).

1. 최초의 신고·결정 또는 경정에 있어서 과세표준 및 세액의 계산근거가 된 거래 또는 행위 등이 그에 관한 소송에 대한 판결(판결과 동일한 효력을 가지는 화해 기타 행위를 포함한다)에 의하여 다른 것으로 확정된 때[732]
2. 소득 기타 과세물건의 귀속을 제3자에게로 변경시키는 결정 또는 경정이 있은 때[733]
3. 조세조약의 규정에 의한 상호합의가 최초의 신고·결정 또는 경정의 내용과 다르게 이루어진 때
4. 결정 또는 경정으로 인하여 당해 결정 또는 경정의 대상이 되는 과세기간 외의 과세기간에 대하여 최초에 신고한 국세의 과세표준 및 세액이 세법에 의하여 신고하여야 할 과세표준 및 세액을 초과한 때
5. 제1호부터 제4호까지와 유사한 사유로서 대통령령이 정하는 사유가 당해 국세의 법정 신고기한 경과 후에 발생한 때

위 제1호에서 판결의 의미는 재판에 의해 그 거래행위의 효력이 실질적으로 다른 것으로 확정되는 것을 뜻한다. 예를 들면, 증여세 과세대상이 되는 재산이 취득원인무효의 판결에 의하여 그 재산상의 권리가 말소되는 때에는 증여세를 과세하지 않지만, 형식적인 재판절차만 거친 사실이 확인된 경우에는 그렇지 않다.[734] 상속재산가액 산정 시 고려하지 않았던 피상속인의 보증채무에 대한 민사소송의 결과 보증채무의 이행을 한 경우(이어 구상권조차 행사할 수 없게 된 경우)를 포함한다.[735]

국세기본법시행령은 위 제5호의 규정에서 '대통령령이 정하는 사유가 당해 국세의 법정 신고기한 후에 발생한 때'라 함은 다음 각 호의 1에 해당하는 때를 말한다고 규정하고 있다(국세기본법시행령 제25조의 2).

---

730) 추상적 조세채무가 성립되고 신고에 의해 확정되기 전 발생한 사유에 의해 당초 성립한 추상적 조세채무의 내용이 소급하여 변경되었지만 이를 신고 시점에 반영하지 못한 것을 후발적 경정청구사유로 특별히 인정할 필요는 없다. 통상적 경정청구에 의하면 될 것이기 때문이다.

731) 대법원 2006.1.26, 2005두7006.

732) 법인세 신고 당시 사실관계에 대해 그 손금귀속시기만을 달리 보아 과세한 처분에 대해 그 과세처분이 위법하다는 법원의 확정판결은 이에 해당하지 않는다(대법원 2008.7.24. 선고 2006두10023판결).

733) 대법원 2005.1.27, 2004두2332 및 동 1998.3.10, 96누13941 참조할 수 있다. 대법원 96누13941상 사실관계는 다음과 같다. 이 사건 건물 중 그 판시 5개 호실을 제외한 나머지 부분(이하 이 사건 건물 부분이라 한다)에 관한 분양계약이 합의해제되고, 그 부분에 관한 계약금 및 중도금이 모두 반환되었다. 이에 대해 대법원은… 조세소송에 있어서 부과처분의 위법성에 대한 판단의 기준 시기는 그 처분 당시라 할 것인바, 재화의 공급이 있었으나 납세의무자가 그에 대한 부가가치세 신고를 하지 아니한 경우, 과세관청이 부가가치세의 부과처분을 하기 전에 재화공급계약이 합의해제되고, 그 공급대가까지 모두 반환되었다면 재화공급계약의 효력은 소급적으로 소멸되어 재화의 공급은 처음부터 없었던 것으로 보아야 하므로, 이를 과세원인으로 하는 부가가치세의 부과처분은 할 수 없다고 하였다.

734) 상증세법기본통칙 31-0…4.

735) 대법원 2010.12.9, 2008두10133.

1. 최초의 신고·결정 또는 경정에 있어서 과세표준 및 세액의 계산근거가 된 거래 또는 행위 등의 효력에 관계되는 관청의 허가 기타의 처분이 취소된 때
2. 최초의 신고·결정 또는 경정에 있어서 과세표준 및 세액의 계산근거가 된 거래 또는 행위 등의 효력에 관계되는 계약이 해제권의 행사에 의하여 해제되거나 당해 계약의 성립 후 발생한 부득이 한 사유로 인하여 해제되거나 취소된 때
3. 최초의 신고·결정 또는 경정에 있어서 장부 및 증빙서류의 압수 기타 부득이한 사유로 인하여 과 세표준 및 세액을 계산할 수 없었으나 그 후 당해 사유가 소멸한 때
4. 기타 제1호 내지 제3호에 준하는 사유에 해당하는 때

위 제2호의 경우 '해제권의 행사에 의하여 해제'되는 경우에는 합의해제(해제계약)에 의한 해제는 포함되지 않는다. 그리고 '당해 계약의 성립 후 발생한 부득이한 사유로 인하여 해제되 거나 취소'되는 것이라 함은 문면상 합의해제되는 것을 배제하는 것은 아니지만 사정변경에 의 하여 계약내용에 구속력을 인정하는 것이 부당하거나 그 외 이와 유사한 객관적 사유가 있는 때 합의해제되는 것을 의미한다고 보아야 한다.736) 세법의 오해 또는 부지를 이유로 합의해제 하는 경우와 같은 주관적 사유에 의한 것은 해당되지 않는다. 계약의 중요 부분에 착오가 있었 음을 들어 계약을 취소할 수 있는 경우 민법상 취소권을 행사하면 해당 법률행위는 소급하여 무효가 된다. 취소하기 전까지 해당 법률행위는 유동적 유효의 상태에 있게 된다. 따라서 해당 법률행위에 의해 당사자의 조세채무는 일단 성립하게 된다. 법률행위가 효력을 발휘하는 때로 부터 부과권의 제척기간은 기산된다.

한편, 국세기본법시행령 제25조의 2 제2호는 "…거래 또는 행위 등의 효력에 관계되는 계약 이… 당해 계약의 성립 후 발생한 부득이한 사유로 인하여… 취소된 때"에는 후발적 경정청구 를 인정하고 있다. 일방 당사자가 계약의 중요한 부분에 대해 착오가 있었던 경우 그는 동 계 약을 취소할 수 있으며 이에 따라 그 또는 그의 상대방은 경정청구를 할 수 있다. 여기서 계약 의 취소사유는 당해 계약의 성립과정에서 발생하는 것이기 때문에 위 국세기본법시행령 제25 조의 2 제2호상 '당해 계약의 성립 후'의 요건에 부합하는지에 대해서는 의문을 제기해 볼 수 있다. 현행 민법상 당해 계약의 성립 후 발생한 사유로 어느 일방에 취소권을 부여하는 경우는 없으므로 제25조의 2 제2호의 요건을 논리적으로 민법상 계약의 중요 부분의 착오와 같은 법 정 취소사유가 발생하는 경우를 의미하는 것으로 보는 것이 합리적일 것이다. 여기서 경정청구 는 통상적인 경정청구 기간 및 부과권의 제척기간에 관한 규정에 불구하고 취소를 한 날부터 기산하여 2개월간 허용된다. 민법상 취소권은 추인할 수 있는 날부터 3년, 법률행위를 한 날부 터 10년의 제척기간이 적용된다.

---

736) 법인세법이나 관련 규정에서 일정한 계약의 해제에 대하여 그로 말미암아 실현되지 아니한 소득금액을 그 해제일이 속하는 사업연도의 소득금액에 대한 차감사유 등으로 별도로 규정하고 있거나 경상적·반복적으로 발생하는 상품판매계약 등의 해 제에 대하여 납세의무자가 기업회계의 기준이나 관행에 따라 그 해제일이 속한 사업연도의 소득금액을 차감하는 방식으로 법인세를 신고하여 왔다는 등의 특별한 사정이 있는 경우에는 그러한 계약의 해제는 당초 성립하였던 납세의무에 영향을 미칠 수 없으므로 후발적 경정청구사유가 될 수 없다(대법원 2014.03.13. 선고 2012두10611 판결).

위 제4호의 "…에 준하는 사유에 해당하는 때"임을 인정한 대법원 2014.01.29. 선고 2013두 18810 판결에서는, 납세의무의 성립 후 소득의 원인이 된 채권이 채무자의 도산 등으로 인하여 회수불능이 되어 장래 그 소득이 실현될 가능성이 전혀 없게 된 것이 객관적으로 명백하게 되었다면, 이는 국세기본법 시행령 제25조의2 제2호에 준하는 사유로서 특별한 사정이 없는 한 국세기본법 시행령 제25조의2 제4호가 규정한 후발적 경정청구사유에 해당한다고 봄이 타당하다고 판시하였다.

비영업대금이익의 경우 해당 과세기간에 발생한 비영업대금 이익에 대하여 과세표준확정신고 전에 회수불능 사유가 발생한 경우 원금을 먼저 차감한다는 특칙을 두고 있는 것을 볼 때 아무런 명시적 규정이 없는 경우에 대한 이례적인 판단이라고 볼 수 있다(소득세법시행령 제51조 제7항). 대손금과 같이 법인세법이나 관련 법령에서 특정한 후발적 사유의 발생으로 말미암아 실현되지 아니한 소득금액을 그 후발적 사유가 발생한 사업연도의 소득금액에 대한 차감사유 등으로 별도로 규정하고 있거나, 경상적·반복적으로 발생하는 매출에누리나 매출환입과 같은 후발적 사유에 대하여 납세의무자가 기업회계의 기준이나 관행에 따라 그러한 사유가 발생한 사업연도의 소득금액을 차감하는 방식으로 법인세를 신고해 왔다는 등의 특별한 사정이 있는 경우에는, 그러한 후발적 사유의 발생은 당초 성립하였던 납세의무에 영향을 미칠 수 없는 것이다.[737]

아래 사건에서는 이미 부과제척기간도 도과한 시점에서 경정청구가 인정될 수 있는가가 다투어졌다. 납세자의 경정청구는 과세관청의 경정을 청구하는 것인데, 과세관청으로서는 부과제척기간 안에만 경정할 수 있다는 원칙에 따르자면, 납세자의 청구를 수용하고자 하여도 법상 제약이 있는 것 아닌가 하는 점이다.

대법원 2006.1.26., 2005두7006판결사건에서, 피고 마포세무서장은 2000년 8월 10일 원고에게, 원고가 1996년 10월 30일 의약품 및 의료용품 판매업 등을 영위하는 소외 주식회사 알티에스코리아에 환자관리 및 의료보험청구업무에 관한 컴퓨터 프로그램의 저작권을 양도한 것 등과 관련하여 1996년도 귀속 종합소득세를 결정, 고지하였다. 그런데 위 저작권 양도계약이 원고와 위 소외 회사 사이의 대법원 2003년 4월 22일, 2003다2390, 2406(병합) 손해배상청구 사건의 판결에서 무효임이 확인되었다. 이에 원고는 2003년 6월 3일 피고에게 국세기본법 제45조의 2 제2항 제1호에 근거하여 위 종합소득세 부과를 취소하여야 한다는 취지의 경정청구를 구하였는데, 피고는 2003년 8월 3일 위 종합소득세 부과권의 제척기간이 2002년 5월 31일 경과하였기 때문에 비록 원고의 경정청구가 위 법령에 따른 후발적 경정청구사유에 해당하더라도 경정결정을 할 수 없다는 이유로 이를 거부하는 이 사건 처분을 하였다.

이에 대해 대법원은 국세기본법 제26조의 2 제1항은, "국세는 위 조항 소정의 국세를 부과할 수 있는 기간이 만료된 날 후에는 부과할 수 없다"라고 규정하고 있는바, 위 조항의 문언 및 국민의 재산권 보호라는 조세법률주의의 이념에 비추어 볼 때, 위 규정은 국세의 과세표준과 세액을 확정할 수 있는 과세권자의 권한, 즉 국세부과권의 존속기간을 정한 것으로서 국세의 부과처분 또는 기존의 국세부과처분에 대한 증액경정처분 등 납세자에게 불리하게 국세를 부과할 권한의 존속기간을 정한 것에 그칠 뿐, 납세자에게 유리하게 기존의 국세부과처분의 전부 또는 일

---

737) 대법원2011두1245, 2013.12.26

부를 실질적으로 취소하는 의미가 있는 감액경정처분의 권한까지 위 존속기간으로 제한한 취지라고는 보이지 아니하므로, 과세관청이 국세기본법 제45조의 2의 규정에 따른 상대방의 경정청구를 받고서 정당한 세액으로 감액경정처분을 하거나 또는 경정청구와 무관하게 스스로 잘못을 시정하여 정당한 세액으로 감액경정처분을 하는 것은 위 법 제26조의 2에서 규정한 기간의 제한을 받지 아니하고 언제든지 가능하다고 보아야 할 것이기 때문에, 비록 원고의 이 사건 경정청구가 위 종합소득세에 대한 국세부과권의 제척기간이 경과한 후에 이루어졌다고 하더라도 적법하므로, 피고로서는 그 경정청구에 따른 적정성을 판단하여 감액경정을 할 것인지를 결정하여야 할 것인데 그러하지 아니하고 이를 거부한 것은 위법하다고 판단하였다.

절차적 요건에 부합하는 납세자의 경정청구가 있었으며 경정의 실체적 요건도 갖추어 경정을 해 주려 하여도 당해 조세의 부과 제척기간이 경료하였다면 과세관청으로서도 경정을 할 수 없는가? 이에 대한 판단은 국세부과 제척기간의 의미를 어떻게 이해하는가에 달려 있다. 만약 국세부과제척기간에 관한 국세기본법 제26조의 2의 규정상 '부과'가 증액경정만을 의미한다고 본다면 경정이 가능하다. 무릇 과세관청의 결정 또는 경정은 조세채무를 확정하는 효력이 있다. 국세부과의 제척기간을 둔 것은 구체적 조세채권채무관계를 일정한 기간 안에 확정함으로써 법적 안정성을 도모하고자 함이다. 그런 이유라면 결정 또는 경정은 그것이 감액이든 증액이든 해당 부과 제척기간을 벗어난 경우에는 허용할 수 없는 것으로 이해하여야 할 것이다. 한편 국세기본법은 납세자의 권익보호를 위해 경정청구에 관한 규정을 두고 있지만 국세부과의 제척기간과의 관계에 대해 분명한 규정을 두고 있지 않다. 이에 대해 법원은 과세관청이 국세기본법 제45조의 2의 규정에 따른 상대방의 경정청구를 받고서 정당한 세액으로 감액경정처분을 하거나 또는 경정청구와 무관하게 스스로 잘못을 시정하여 정당한 세액으로 감액경정처분을 하는 것은 국세부과제척기간의 제한을 받지 아니하고 언제든지 가능하다는 판단을 하고 있다.

4. 개별세법상 경정청구에 관한 규정

국세기본법상 경정청구에 관한 조항은 그 내용이 포괄적이어서 개별사안에 있어서 세무서장이 경정청구에 응해야 하는지에 대한 판단기준을 제공하지 못하는 경우가 있다.

가. 법인세법

납세자가 신고한 소득금액의 내용이 허위였음을 스스로 주장하면서 경정을 청구할 때 받아주어야 하는 것인지에 대해 판단하여야 하는 경우가 그러하다. 법원은 납세자에게 요구되는 신의성실이나 과세관청의 신뢰보호가 납세자가 분식결산에 의하여 과다 납부한 세액을 돌려주지 않을 정도에 이르지는 않는다는 입장을 갖고 있다. 현행 행정해석에 의하면 세무서장은 법인이 신고한 소득금액의 내용이 허위 또는 착오인 것이 객관적으로 명백하여 경정하는 경우를 제외하고는 그 세액을 환급할 수 없다.[738]

법인세법은 대법원의 판례를 보다 구체적으로 수용하여 다음과 같은 규정을 두고 있다. 내국법인이 감사보고서를 제출함에 있어서 수익 또는 자산을 과다 계상하거나 손비 또는 부채를 과소 계상하는 등 사실과 다른 회계처리를 함으로 인하여 해당 내국법인·그 감사인 또는 그에 소속된 공인회계사가 경고·주의 등의 조치를 받은 경우로서 과세표준 및 세액을 과다하게 계상하여 경정을 청구한 때 국세기본법 제45조의 2의 규정에 따라 세무서장은 경정을 하여야 한다(법인세법 제66조 제2항 제4호). 이때 세무서장은 당해 경정일이 속하는 사업연도의 개시일로부터 5년 이내에 종료하는 각 사업연도의 법인세액에서 과다 납부한 세액을 순차적으로 공제하여야 한다(법인세법 제58조의 3 제1항). 그리고 세액을 공제하고 남은 금액이 있는 때에야 환급금을 지급하도록 하고 있다(법인세법 제72조의 2).

나. 상증세법

상속세의 납세의무자는 상속재산에 대한 상속회복청구소송 등의 사유로 인하여 상속개시일 현재 상속인 간 상속재산가액의 변동이 있거나, 상속개시 후 1년이 되는 날까지 상속재산의 수용 등의 사유로 인하여 상속재산의 가액이 현저히 하락한 경우에는 그 사유가 발생한 날부터 6개월 이내에 경정을 청구할 수 있다(상증세법 제79조).

다. 국조법

이전가격거래와 관련하여 납세의무자가 소득세 또는 법인세 신고를 한 후 세관장이 경정처분을 하여 관세의 과세가격과 소득세 또는 법인세 신고서상 거래가격 간에 차이가 발생한 경우 납세의무자는 그 경정처분이 있음을 안 날부터 2개월 내에 경정을 청구할 수 있다(국조법 제10조의 2).

이전가격과세상 국세의 정상가격 산출방법에 대하여 사전승인(Advance Pricing Agreement)을 신청하는 거주자는 관세법상 관세 과세가격 사전심사(Advance Customs Valuation Arrangement)를 국세청장에게 동시에 신청할 수 있다. 국세청장은 관세청장과 협의하여 국세의 정상가격과 관세의 과세가격을 사전조정한다. 국세의 정상가격 산출방법과 관세의 과세가격 결정방법이 유사한 경우이어야 한다. 사전조정을 하는 국세청장은 사전조정의 결과를 사전조정을 신청한 자와 기획재정부장관에게 통보한다(국조법 제6조의 3).

라. 지방세법

지방세법상으로는 경정청구제도가 존재하지 않고 대신 수정신고제도가 그 기능을 수행하고 있었다. 1997년 수정신고제도가 지방세법에 도입될 때부터 감액수정신고도 가능하도록 되어 있었다(지방세법시행령 제37조 제3항). 다만, 감액수정신고는 사실상 후발적 사유가 있는 경우에 한정되도록 규정되어 있었다. 따라서 자신의 착오로 과다 신고납부한 경우에 대해서는 감액

---

738) 법인세법기본통칙 66 - 0…1.

수정신고가 불가능하였다. 그런데 납세자의 신고를 마치 관청의 처분과 같이 보아 그에 대한 이의신청이 가능하도록 길이 열려 있었다(구 지방세법 제72조 제1항 괄호 안).[739]

2010년 지방세기본법 제정 시 경정청구제도가 도입되었다(지방세기본법 제51조). 국세기본법상 경정청구제도의 내용을 원용한 것이다.

제4절 조세채무의 승계

조세채무의 승계, 즉 납세의무의 승계란 원래의 납세의무자 이외의 자에게 납세의무가 이전하는 것을 말한다. 납세의무의 이전은 사인 상호간의 계약에 의해 자유롭게 이루어질 수 없으며 세법이 정한 바에 따라 이루어지게 된다. 세법은 법인의 합병으로 인한 승계 및 상속으로 인한 승계를 규정하고 있다.

승계되는 납세의무에는 추상적으로 성립하고 있는 것과 이미 성립하여 확정된 것이 모두 포함된다. 그리고 고유의 납세의무 외에 제2차 납세의무, 물적 납세의무 및 징수납부의무도 물론 승계한다. 그리고 포괄승계의 법리상 승계된 납세의무에 부수되는 신고의무, 지급조서 제출의무, 세금계산서 제출의무 및 질문검사권의 수인의무 등 세법상 각종 협력의무도 부담한다.

납세의무의 승계는 법률의 규정에 의한 사실의 발생으로 이루어지게 되며 별도의 지정절차를 필요로 하지 않는다.

제1항 법인의 합병·분할로 인한 승계

법인이 합병한 때에 합병 후 존속하는 법인 또는 합병으로 인하여 설립된 법인은 합병으로 인하여 소멸된 법인에 합병 후 부과되었어야 하거나 그 법인이 합병 후 납부하였어야 할 국세와 체납처분비를 납부할 의무를 진다(국세기본법 제23조). 합병 후 신설법인 또는 존속법인은 소멸법인의 납세의무를 합병 시점의 상태 그대로 포괄적으로 승계한다. 합병 전에 소멸법인이 행한 세법상의 절차[740]나 과세관청이 소멸법인에 행한 처분 등[741]은 그 납세의무를 승계한 존속법인 또는 신설법인에 대해서도 그 효력을 가진다.

분할신설법인은 분할법인의 조세채무에 대해 연대책임을 진다(국세기본법 제25조 제2항). 분할합병법인 및 분할합병의 상대방법인의 경우로서, 분할법인이 존속하는 경우에는 분할합병법인 및 분할합병의 상대방법인[742]이 분할법인의 조세채무에 대해 연대책임을 지며(국세기본법 제25조 제2항), 분할법인이 해산하는 경우에는 분할합병법인 및 분할합병의 상대방법인[743]이

---

739) 독일에서 세금의 신고는 부과처분과 같이 취급하고 있는 것과 유사한 측면이다.

740) 납기연장의 신청, 징수유예의 신청.

741) 납기연장, 징수 또는 체납처분의 유예.

742) 개념상 존속하는 경우에 한정된다.

분할법인의 조세채무를 연대하여 승계한다(국세기본법 제25조 제3항).

제2항 상속으로 인한 승계

상속이 개시된 때에 그 상속인(수유자 포함) 또는 상속재산관리인은 피상속인에게 부과되거나 그 피상속인이 납부할 국세와 체납처분비를 상속으로 받은 재산의 한도에서 납부할 의무를 진다(국세기본법 제24조 제1항).

소득세법상 거주자가 사망한 때에는 사망일이 속하는 연도의 1월 1일부터 사망일까지의 기간에 귀속하는 소득에 대해 소득세를 과세한다(소득세법 제5조 제2항). 사망한 자는 소득세를 납부할 수 없으므로 상속인이나 상속재산관리인이 납부한다.

1. 승계자

가. 상속인(수유자)·상속재산관리인

상속이 개시된 때에는 그 상속인(수유자 포함) 및 상속재산관리인(민법 제1053조)은 피상속인에게 부과되거나 그 피상속인이 납부할 세금을 승계한다. 수유자라 함은 유언에 의하여 유증받을 자로 정하여진 자를 말한다. 수유자에는 증여자의 사망으로 인하여 효력을 발생하는 사인증여를 받는 자가 포함된다.[744] 상증세법 제13조 제1항 제2호의 규정에 의해 상속일부터 5년 이내 그 증여받은 재산이 상속세과세가액에 가산되는 자는 상속인이나 수유자가 아니다. 그는 상속세납세의무가 없으며 피상속인의 납세의무를 승계하지 않는다. 상속인이나 수유자가 그자 몫의 상속세에 대해 연대납세의무를 부담한다.

나. 공동상속인인 경우

공동상속인은 상속세를 연대하여 납부할 책임을 진다(상증세법 제3조의 2 제3항). 이때 공동상속인은 각자가 받았거나 받을 재산을 한도로 하여 연대납세의무를 진다. 공동상속인은 피상속인의 세금을 승계할 때 연대하여 납부할 책임을 진다(국세기본법 제24조 제2항). 이때에도 상속으로 인하여 얻은 재산을 한도로 하여 연대하여 납부할 의무를 부담한다. 이는 일견 앞에서 분할법인이 해산하는 경우에는 분할합병법인 및 분할합병의 상대방법인이 분할법인의 납세의무를 연대하여 승계하는 것과 같은 이치에 입각한 것으로 보이지만 상속에 의한 경우 한도가 지어져 있다는 점에서 차이가 있다(국세기본법 제25조 제3항). 상속인이 승계하는 세금은 상속재산과세가액 산정 시 차감한다(상증세법시행령 제9조). 이 경우 승계하는 세금을 차감하면서도 신고납부하지 않는다면 과세관청은 부과통지를 할 것이다. 이때 부과통지에 대해서는 일반연대납세의무자에 대한 부과통

---

743) 개념상 존속하는 경우에 한정된다.

744) 국세기본법기본통칙 24－0…3.

지와 달리 공동상속인이 연대납세의무를 지는 상속세의 부과통지에 대한 법리가 적용되어야 할 것이다.

다. 상속포기자의 경우

'상속포기자'가 상속인의 조세채무승계에 관한 국세기본법 제24조 제1항의 규정상 '상속인'에 해당한다고 볼 수 있는가(민법 제1019조제1항)? 1998년 상증세법이 개정되어 상속포기자도 상속세 납세의무를 지게 되었다(구 상증세법 제3조 제1항). 상속포기는 민법상의 개념이다. 구 상증세법 제3조 제1항은 생전증여를 받고 상속 포기하는 방식의 상속세 회피를 방지하기 위한 규정이다. 이에 따라 상속인이 상속개시 10년 이내 증여를 받은 재산과 비상속인이 상속개시 5년 이내 증여를 받은 재산은 상속세과세가액에 가산한다(상증세법 제13조).745)

대법원 2013.05.23. 선고 2013두1041 판결은 적법하게 상속을 포기한 자는 국세기본법 제24조 제1항이 피상속인의 국세 등 납세의무를 승계하는 자로 규정하고 있는 '상속인'에는 포함되지 않는다고 보아야 한다고 판시하였다. 상속포기자가 피상속인의 조세채무를 승계하는지에 대해 비록 상증세법은 '상속인'의 개념에 상속을 포기한 자를 포함한다고 규정하고 있지만(구 상증세법 제3조 제1항), 그것은 이는 사전증여를 받은 자가 상속을 포기함으로써 상속세 납세의무를 면하는 것을 방지하기 위한 것이기 때문이라고 한다. 그러나 국세기본법이 상증세법상의 용어를 원용한 것으로 본다면 상증세법 제13조의 규정을 적용받는 상속을 포기한 자(즉 상속으로부터 10년 이내에 증여를 받은 상속포기자로서 상증세법상 '상속인'으로 취급받는 자)는 포함한다고 보아야 할 것이다. 국세기본법이 특정 세법과 관련하여 규정하고 있다면 국세기본법은 해당 세법의 용어를 원용하고 있는 것으로 전제하는 것이 타당하다(국세기본법 제1조).746)

납세의무 승계를 피하면서 재산을 상속받기 위하여 피상속인이 상속인을 수익자로 하는 보험계약을 체결하고 상속인은 상속을 포기한 것으로 인정되는 경우로서 상속포기자가 피상속인의 사망으로 인하여 보험금을 받는 때에는 상속포기자를 상속인으로 보고, 보험금을 상속받은 재산으로 본다(국세기본법 제24조 제2항).

2. 승계대상·한도

'피상속인에게 부과되거나 그 피상속인이 납부할' 세금은 다음과 같다(국세기본법 제24조 제1항).

우선 피상속인 사망 직전까지의 기간에 대한 소득세이다. 소득세의 납세의무는 과세기간이 종료하는 때에 성립한다(국세기본법 제21조 제1항 제1호). 거주자가 사망한 경우에는 그날이 속하는 연도의 1월 1일부터 사망일까지를 하나의 과세기간으로 한다(소득세법 제5조 제2항). 따라서 망인의 마지막 소득세 납세의무는 사망일에 성립하게 된다.

---

745) '상속'은 수유의 개념을 포함한다(상증세법 제2조). '상속인'의 개념에 상속을 포기한 자가 포함되지만, 원칙적으로 '수유자' 는 포함되지 않는다(상증세법 제2조).

746) 국세기본법기본통칙 1-0…1.

국세기본법 제24조의 규정에 의한 '피상속인에게 부과'될 세금에는 위의 소득세가 포함된다. 따라서 상속인이나 상속재산관리인은 그 소득세액을 납부할 의무를 부담한다. 상속인은 상속일부터 6월이 되는 날까지 망인의 소득세를 신고하여야 한다(소득세법 제74조 제1항). 상속인이 2명 이상 있을 때에는 상속지분에 따라 안분 계산한 세액을 기재한 서류도 제출하여야 한다(소득세법시행규칙 제66조의 2).

참고로 미국에서는 피상속인이 소득의 인식 시기상 현금주의를 선택하였는데 사망 전까지 대금을 지급받지 않아 피상속인의 납세의무가 아직 성립하지 않았던 소득이 이제 지급이 될 경우 상속재단(estate) 또는 상속인의 소득(income in respect of decedent)으로 신고하도록 되어 있다(내국세입법 제691조). 이미 부과된 조세는 상속재단의 순자산액 계산 시 차감하여야 할 것이다.

다음, 피상속인의 제2차 납세의무도 승계한다. 상속인은 피상속인이 사망하기 전까지의 지위로 인하여 부담하게 되는 제2차 납세의무도 승계한다. 이때 피상속인 생전에 제2차 납세의무에 대한 납부통지(국세징수법 제12조)가 있어야 하는 것은 아니며 체납국세의 납세의무가 성립하고 있으면 된다.[747]

상속인이 승계하는 납세의무는 상속으로 인하여 얻은 재산가액, 즉 상속으로 얻은 자산총액에서 부채총액과 상속으로 인하여 부과되거나 납부할 상속세를 공제한 가액을 한도로 한다.

제5절 조세채무의 소멸

제1항 소멸사유

국세기본법 제26조는 조세채무, 즉 세금납부의무의 소멸사유를 다음과 같이 규정하고 있다.

1. 납부·충당 또는 부과의 취소가 있은 때
2. 국세를 부과할 수 있는 기간 내에 국세가 부과되지 아니하고 그 기간이 만료된 때
3. 국세징수권의 소멸시효가 완성한 때

조세채무는 납부에 의하여 소멸한다. 조세를 납부기한까지 납부하지 않을 때에는 일종의 연체이자성격으로 국세징수법에 따라 고지세액에 가산하여 납부지연가산세를 부과한다. 납세고지서상 납부기한까지 완납하지 아니한 때 체납국세의 3%를 부과하며, 체납된 국세가 100만원 이상인 경우 납부기한이 지난 날로부터 매 1월이 지날 때마다(최대 60월) 체납된 국세의 0.75%를 추가로 가산하여 부과한다.[748]

---

747) 국세기본법기본통칙 24-0···1, 심사 기타 2005-0084, 2005.12.29.

부과의 취소란 일단 유효하게 이루어진 부과처분에 대하여 그 성립에 흠(하자)이 있음을 이유로 하여 그 부과처분의 효력을 소급하여 소멸시키는 것을 말한다. 부과의 취소는 과세관청의 직권이나 납세의무자의 불복청구에 대한 결정 또는 판결에 의하여 행해진다.

부과의 취소는 부과의 철회와는 구분된다. 세무서장은 납세자의 주소·영업소의 불명으로 인해 납세고지서를 송달할 수 없을 때에는 징수유예를 할 수 있고, 징수유예를 한 국세의 징수를 확보할 수 없다고 인정할 때에는 부과를 철회할 수 있다. 부과철회 후 납세자의 행방 또는 재산을 발견한 때에는 지체 없이 부과 또는 징수의 절차를 밟아야 한다.

부과권의 제척기간은 납세의무가 성립된 상태에서 부과권을 대상으로 하고 징수권의 소멸시효는 조세채무가 확정된 상태에서 징수권을 대상으로 한다.

제2항 부과권의 제척기간

1. 개념

개별 세법상 과세요건이 충족되어 성립된 조세채무[749]도 국세기본법이 정하는 부과권의 제척기간이 지나기 전에 확정되지 않으면 소멸한다. 부과권의 제척기간은 권리관계를 조속히 확정시키려는 것이므로 법에서 정한 기간이 경과하면 정부의 부과권이 소멸되어 과세표준이나 세액을 변경하는 어떤 결정(경정)도 할 수 없다.[750] 자동확정방식에 의해 확정되는 세목의 경우 그 기간이 경과하면 이미 확정되어 있는 조세채무를 변경하는 결정을 할 수 없게 된다.[751] 부과권의 제척기간은 징수권의 소멸시효의 완성 여부와 관계없이 진행한다.[752]

제2차 납세의무에 대해서도 주된 납세의무와는 별도로 그 부과의 제척기간이 진행하고, 그 부과 제척기간은 특별한 사정이 없는 한 이를 부과할 수 있는 날인 제2차 납세의무가 성립한 날로부터 5년간이다.[753]

부과제척기간을 연장하는 입법이 있어 연장된 부과제척기간을 적용하여 과세하는 것은 소급과세에 해당하지 않는다.[754]

부과제척기간을 경과하여 한 처분은 당연무효이다. 추상적으로 성립한 납세의무에 대하여 부과제척기간 내에 부과권이 행사되지 않은 경우 납세의무는 확정되지도 않은 채 소멸하게 된다.

---

748) 2020년분부터는 납부불성실가산세와 가산금이 납부지연가산세로 통합되며, 이에 따라 1일 1만분의 2.5의 율로 가산세가 계산된다.

749) 중간예납세액에 대한 부과제척기간은 별도로 진행되지 않는다.

750) 추상적 조세채무가 소멸하므로 구체적으로 확정할 대상이 없게 되는 것이다. 부과제척기간 이후의 신고 및 부과는 무효가 된다. 이미 확정되어 있는 구체적 조세채무의 효력에는 영향을 미치지 않는다.

751) 국세기본법기본통칙 26의 2-0…1.

752) 대법원 2006.8.24. 선고 2004두3625 판결.

753) 2008.10.23. 선고 2006두11750 판결[제2차 납세의무자지정처분취소].

754) 이 사건 부동산의 증여로 인한 증여세를 부과할 수 있는 기간은 1991.4.24.까지로서 국세기본법이 개정되어 시행되던 1991.1.1. 당시 이미 종료된 것이 아니라 계속 진행 중이었음이 역수상 명백하므로 개정된 법률을 적용하는 것이 헌법에서 금지하는 소급입법이라 할 수는 없다(서울행법 98구15060, 1999.3.11).

납세의무자가 원용하지 않더라도 당연히 권리소멸의 효과가 발생하므로 법원은 부과제척기간의 만료 여부를 직권으로 조사하여야 한다.

2. 기간

부과권의 제척기간(부과제척기간)은 일반적인 경우에는 5년, 무신고한 경우에는 7년, 사기 그 밖의 부정한 행위가 있는 경우에는 10년 그리고 역외거래에서 발생한 부정행위로 국세를 포탈하거나 환급·공제받은 경우에는 15년간으로 규정되어 있다.[755] 역외거래란 국조법상 국제거래 및 거래 당사자 양쪽이 거주자인 거래로서 국외에 있는 자산의 매매·임대차, 국외에서 제공하는 용역과 관련된 거래를 말한다. 사기 그 밖의 부정한 행위 이외의 역외거래에 대해서는 10년(과소신고 7년)으로 되어 있다(국세기본법 제26조의 2).

일반적 부과제척기간이 도과한 시점에 해당 경정을 하는 경우에는 그 경정의 당시 납세자에게 불리한 내용으로 경정할 수는 없다.

<국세부과제척기간>

	구 분	제척기간
(1) 일반적인 세목	① 납세자가 사기나 그밖의 부정한 행위로 국세를 포탈하거나 환급·공제받은 경우(법인세법에 따라 소득처분된 금액에 대한 소득·법인세 포함) ② 납세자가 부정행위로 세금계산서·계산서 미발급 등에 대한 가산세 부과대상이 되는 경우 해당 가산세	10년
	③ 납세자가 법정신고기한까지 과세표준신고서를 제출하지 아니한 경우	7년
	④ ①, ②, ③에 해당하지 아니하는 경우	5년
(2) 상속세와 증여세 (부담부증여 시 양도소득세)	① 납세자가 사기나 그밖의 부정한 행위로 상속세·증여세를 포탈하거나 환급·공제받은 경우 ② 법정신고기한까지 과세표준신고서를 제출하지 않은 경우 ③ 법정신고기한까지 과세표준신고서를 제출한 자가 거짓 신고 또는 누락신고(주4)를 한 경우(그 거짓신고 또는 누락 신고를 한 부분만 해당)	15년
	④ ①, ②, ③에 해당하지 아니하는 경우	10년

가. 무신고에 대한 장기부과제척기간

근로소득만 있는 거주자가 연말정산에 의하여 소득세를 납부한 경우에는 연말정산에서 누락된 다른 근로소득이 있다고 하더라도 신고가 있었던 것으로 본다(대법원 2013.07.11. 선고 2013두5555 판결). 과소신고와 마찬가지로 취급하는 것이 소득세 납부의 간이화와 과세의 편의를 도모하기 위하여 연말정산을 한 자에 대해 과세표준확정신고를 하지 않을 수 있는 예외

---

755) 독일에서는 부과제척기간 안에 세무조사가 개시된 경우 부과제척기간은 세무조사가 종결되어 그에 대한 부과통지가 나오기까지 종료하지 않는 특례가 인정된다(독일 조세기본법 제171조 제4항). 부과제척기간이 종료되므로 일단 과세하고 보자는 관행이 나오지 않도록 하는 제도이다.

를 규정한 소득세법 제70조(종합소득과세표준 확정신고) 제1항의 취지에 부합한다.

부당행위계산부인규정의 적용 결과 과세된 소득세는 납세자가 해당 연도분의 과세표준을 신고하지 않았으면 '무신고'에 해당한다(대법원 2010.9.30. 선고 2008두12160 판결). 부당행위계산부인규정에 의한 과세소득은 실존하지 않는 의제된 소득임에도 그것을 당초 신고하지 않은 것을 무신고로 보는 것이다. 존재하지 않은 것을 신고하지 않았다고 벌칙을 주는 것은 불합리하다.

소득금액변동통지에 따라 처분된 소득의 귀속자에게는 원래의 종합소득 확정신고기한 내에 신고하지 않더라도 5년의 원칙적인 국세의 부과제척기간이 적용된다(대법원 2014.04.10. 선고 2013두22109 판결). 소득처분에 따른 소득은 소득금액변동통지가 오는 시점까지 종합소득세 신고·납부의무는 유예되므로, 당초 신고기한에 신고할 수 없어서 무신고라고 볼 수 없다는 것이다. 당해 소득에 대한 부과제척기간은 당초 신고기한이 지나면서 기산한다. 만약 법인이 법인세 과세표준의 무신고로 7년의 부과제척기간이 적용되는 상황에서, 관할 과세관청이 6년이 지난 시점에 법인세 과세표준을 경정하면서 소득금액변동통지를 한 경우에는, 해당 소득의 귀속자에 대한 종합소득세 납세의무는 소멸한 것이므로, 소득금액변동통지(부과처분)의 효력도 없는 것이 된다. 납세자는 확정할 수 없다고 하여 무신고로 보지 않으면서 과세관청은 확정할 수 있다고 하여 부과제척기간이 개시하도록 하는 것은 균형을 잃은 판단이다.

나. 부정한 행위에 대한 장기부과제척기간

국세기본법 제26조의 2 제1항 제1호 및 제4호 그리고 동 조 제4항은 다음과 같다.

① (중간 생략)
1. 납세자가 대통령령으로 정하는 사기 그 밖의 부정한 행위로써 국세를 포탈하거나 환급·공제[756]받는 경우에는 당해 국세를 부과할 수 있는 날부터 10년간(국조법상 국제거래에서 발생한 부정행위로 국세를 포탈하거나 환급·공제받은 경우에는 15년간)(중간 생략)
4. 상속세·증여세는 제1호부터 제3호까지의 규정에 불구하고 이를 부과할 수 있는 날부터 10년간. 다만, 다음 각 목의 1에 해당하는 경우에는 이를 부과할 수 있는 날부터 15년간으로 한다.[757]
가. 납세자가 사기 그 밖의 부정한 행위로써 상속세·증여세를 포탈하거나 환급·공제받는 경우
(중간 생략)
④ 납세자가 사기 그 밖의 부정한 행위로 상속세·증여세를 포탈하는 경우로서 다음 각 호의 1에 해

---

756) 가공매출금액과 가공매입금액이 동일한 경우 부가가치세 과세상 납부세액 자체에는 변화가 없을 것이다. 한편 가공매출금액에 대해서는 추상적 조세채무가 성립하지 않으므로 그에 대해서는 부과제척기간을 논할 수 없다. 혹시 가공매입금액이 가공매출금액을 초과한다면 그 부분에 대해서는 장기부과제척기간이 적용된다. 두 금액이 동일하다 하더라도, 세금계산서합계표 불성실 가산세는 장기부과제척기간이 적용된다(대법원 2009.12.24. 선고 2007두16974판결).

757) 증여세과세가액 신고서를 제출하지 아니한 경우에는 그 제척기간이 10년으로 연장된다고 규정하고… 장기간의 제척기간을 규정한 것은 그 신고 실적이 매우 저조하여 과세관청이 호적부나 등기부 등을 통한 사망사실 확인 및 이전등기사실 확인에 터 잡아 실지조사를 하여 증여세를 부과하는 현실에서 그 신고를 해태하거나 등기를 하지 않은 채 제척기간이 도과되는 것을 방지하고자 함에 그 취지가 있다고 할 것인데, 이러한 입법취지와 공평과세의 이념 등에 비추어 위 제척기간이 입법자의 합리적 재량의 범위를 일탈하였다고 볼 수 없어 그로써 국민의 재산권이 과도하게 침해되었다고는 할 수 없다(대법원 2002.3.29. 선고 2001두9431 판결).

당하는 경우에는 제1항 제4호의 규정에 불구하고 당해 재산의 상속 또는 증여가 있음을 안 날부터 1년 이내에 상속세 및 증여세를 부과할 수 있다.

1. 제3자의 명의로 되어 있는 피상속인 또는 증여자의 재산(50억 원 초과)을 상속인 또는 수증자가 보유하고 있거나 그자의 명의로 실명전환을 한 경우 또는 수증자의 명의로 되어 있는 증여자의 금융자산(50억 원 초과)을 수증자가 사용·수익한 경우(이하 생략)

위 제1항 제1호 및 제4호와 제4항에 공통된 '사기 그 밖의 부정한 행위'는 조세범처벌법상 표현과 동일하다. 조세범처벌법상 그 표현의 의미는 판례에 의하면 조세포탈의 의도를 가지고 그 수단으로서 조세의 부과·징수를 불능 또는 현저하게 곤란하게 하는 위계 기타 부정한 적극적인 행위가 있음을 의미한다. 2009년 조세범처벌법 개정에 의해 그에 해당하는 행위의 유형이 규정되었다(조세범처벌법 제3조).

장기부과제척기간에 관한 규정상 '사기 기타 부정한 행위'가 조세범처벌법상 '사기 기타 부정한 행위'와 동일한 의미를 갖는다.[758] 실무상 장기부과제척기간이 적용되기 위하여 반드시 조세범칙조사가 병행되어야 하는 것은 아니다.[759] 조세범처벌절차법상 조세포탈혐의금액, 혐의수익금액비율 및 혐의세액이 동법시행령이 정하는 기준에 미달할 때에는 조세범칙조사를 하지 않을 수 있다(조세범처벌절차법 제7조, 동법시행령 제6조). '부정한 행위'에는 납세의무자 본인의 부정한 행위뿐만 아니라, 납세의무자가 스스로 관련 업무의 처리를 위탁함으로써 행위영역 확장의 이익을 얻게 되는 납세의무자의 대리인이나 이행보조자 등의 부정한 행위도 다른 특별한 사정이 없는 한 포함된다.[760]

법정신고기한 내에 과세표준신고서를 제출한 납세자가 사기 기타 부정한 행위를 하였더라도 그로 인하여 국세를 포탈하거나 환급·공제받지 않은 경우에는 장기부과제척기간이 적용되지 않는다.[761]

부정행위 등에 의하여 장기부과제척기간이 적용되는 세액의 범위에 대해서는 부정행위 등에 의해 포탈된 세액에 한한다는 주장과 해당 과세기간 전체의 세액에 미친다는 주장의 대립이 있을 수 있다. 2010년 개정 국세기본법은 사기나 그 밖의 부정한 행위로 부가가치세법에 따른 세금계산서교부불성실가산세 등이 부과되는 경우에는 본세액의 포탈이 없더라도 10년의 국세 부과제척기간이 적용되도록 함으로써 가산세에 관한 한 이 문제를 입법적으로 해결하였다(국세기본법 제26조의 2 제1항 제1호의 2).[762]

---

758) 대법원 2013.11.14. 산고 2013두12362판결 참조. 같은 취지 대법원 2013.10.11. 선고 2013두10519 판결. 적법한 상속인이 아닌 자를 상속인에 포함하여 신고를 하였다는 사정은… 상속세 부과제척기간의 연장사유가 될 수 없다(대법원 2006.2.9. 선고 2005두1688 판결). 국세기본법 제26조의 2 제1항 제1호의 '사기 기타 부정한 행위'는 조세범처벌법 제9조의 '사기 기타 부정한 행위'와 동일한 의미로 해석할 수 있다(서울행정법원 2006구합11750, 2007.10.24.).

759) 징세-2185, 2004.7.2.

760) 대법원 2015.09.10. 선고 2010두1385 판결

761) 대법원 2009.12.24. 선고 2007두16974 판결. 당해 납세자가 다른 납세자의 조세포탈 등에 가담하였더라도 자신의 포탈세액 등이 없는 이상 장기부과제척기간이 적용되는 것은 아니다.

762) 개정 전 국세기본법 제26조의 2 제1항 제1호를 적용한 대법원 판결에 의하면 "납세자가 사기 기타 부정한 행위를 하였다고 하더라도 그로 인하여 국세를 포탈하거나 환급·공제받지 아니하는 경우에는 원칙으로 돌아가 그 부과제척기간은 5년이 되고, 이는 당해 납세자가 다른 납세자의 조세포탈 등에 가담하였더라도 자신의 포탈세액 등이 없는 이상 달리 볼 것은 아

원천징수의무자인 법인이 조세포탈의 행위로 장기부과제척기간을 적용받을 때 그 조세포탈에 대한 과세와 관련하여 인정상여처분을 받은 법인의 대표자의 소득세 과세상 그 대표자도 조세포탈을 한 것이라는 이유로 장기부과제척기간이 적용되는 것으로 볼 수 없다는 것이 법원의 판단이었다.[763] 2011년에는 이와 같은 경우 대표자도 장기부과제척기간을 적용받도록 국세기본법이 개정되었다(국세기본법 제26조의2 제1항 제1호 후문).

납세자가 부정행위로 상속세·증여세를 포탈하면서 제3자의 명의로 되어 있는 피상속인 또는 증여자의 재산을 상속인이나 수증자가 취득하는 등의 행위를 하는 경우에는 과세관청은 해당 재산의 상속 또는 증여가 있음을 안 날부터 1년 이내에 상속세 및 증여세를 부과할 수 있다. 명의신탁증여의제는 비록 부정행위에 의한 증여세의 포탈은 아니지만 동일한 규정이 적용된다. 명의신탁과 관련된 국세에 대해서도 동일하다(국세기본법 제26조의 2 제5항).

다. 확정판결에 따른 특례부과제척기간

국세기본법상 부과제척기간에 관한 조항은 조세의 부과처분에 대한 쟁송상 결정이 확정된 이후 그 결정에 따른 경정이나 필요한 처분을 위한 시간을 할애하고 있다(국세기본법 제26조의 2 제2항 제1호).

가령 부과처분 취소소송의 확정판결이 있을 경우[764] 그 판결일부터 1년간 부과권이 존속한다. '판결'은 그 판결에 따라 경정결정 기타 필요한 처분을 행하지 않으면 안되는 판결, 즉 조세의 부과처분이나 경정거부처분에 대한 취소판결 등을 의미한다.[765] 이 경우 판결에 따른 경정결정이나 그 밖에 필요한 처분[766]만 할 수 있을 뿐 새로운 결정이나 증액경정결정을 할 수 있는 것은 아니다. 해당 경정결정을 위해 재조사가 허용되는 것은 아니다.

국세기본법 제26조의 2 제2항의 규정에 의해 허용되는 확정판결에 따른 처분에는 동일한 과세대상 단위[767] 내이면서 기초적 사실관계 동일성의 범위 안에서 재처분이 이루어지는 경우[768]

니다"라고 하면서 "신고납세방식의 국세에 있어서 당해 국세의 포탈이나 부정 환급·공제가 있었는지는 가산세를 제외한 본 세액을 기준으로 판단하여야 한다"고 하여 5년의 부과제척기간의 적용을 인정하였다(대법원 2009.12.24. 선고 2007두16974 판결).

763) 대법원 2010.04.29. 선고 2007두11382판결

764) 납세자가 항고소송 등 불복절차를 통하여 당초의 과세처분을 다투고 있는 경우에 과세관청이 납세자의 불복내용의 전부 또는 일부를 받아들여 당초의 과세처분을 감액경정하거나 취소하는 것은 그 불복절차의 계속 중 언제든지 가능하다(대법원 2002.9.24. 선고 2000두6657 판결).

765) 대법원 2005.2.25. 선고 2004두11459판결('판결'이란 그 판결에 따라 경정결정 기타 필요한 처분을 행하지 않으면 안 되는 판결, 즉 조세부과처분이나 경정거부처분에 대한 취소판결 등을 의미하는 것이고, 원고의 청구를 기각하는 판결이나 소를 각하하는 판결은 여기에 해당하지 않는다.)

766) 대법원 2010.6.24. 2007두16493. 과세처분 취소소송의 인용판결은 형성력이 있기 때문에 확정판결에 의해 해당 처분의 취소 또는 변경의 효력이 발생하는 것이 원칙이지만(대법원 2012다15596, 2012.10.11), 해당 판결의 내용을 집행하기 위한 처분이 이루어지기도 한다.

767) 조세채무의 확정에 있어서 종목과 과세기간, 과세대상에 따라 다른 것과 구분되는 기본적 단위. 익금의 산입시기가 잘못되었다는 판결에 따라 이미 부과제척기간이 지난 사업연도에 익금을 귀속시킬 수는 없다(대법원 2004.1.27. 선고 2002두11011판결). 대법원 2012.10.11. 선고 2012두6636판결

768) 대법원 2002.7.23. 선고 2000두6237 판결은 과세대상 소득이 부동산임대소득이 아니라 이자소득이라는 이유로 종합소득세

가 포함된다. 선행처분의 과세대상 단위 밖에서 이루어지는 재처분은 포함되지 않는다.[769] 과세단위 내이지만 기초적 사실관계 동일성의 범위 밖[770]에서 재처분이 이루어지는 경우에 대해서는 재처분이 불가하다.[771] 기초적 사실관계가 동일한 범위 내라면 확정판결에서 지적된 위법한 처분사유와 다른 처분사유를 들어 재처분을 하는 것은 확정판결의 기속력 또는 기판력에 배치되지 않는다.[772]

처분대상이 되는 납세의무자의 명의는 기초적 사실관계에 관한 사항이므로 처분 대상 납세의무자가 달라지는 새로운 처분은 확정판결에 따른 처분이라도 허용되지 않는 것이 타당하다. 부과제척기간 경과후에 불복절차에서 명의대여자로 결정·판결된 경우 실사업자에게 과세할 수 없었다. 2008년 개정된 국세기본법은 해당 판결에서 명의대여사실이 밝혀진 경우 1년 내에 명의대여자에 대한 부과처분을 취소하고 실제로 사업을 경영한 자에게 경정결정이나 필요한 처분을 할 수 있다는 특례규정을 두고 있다(국세기본법 제26조의 2 제3항).

납세자에게 후발적 경정청구사유가 발생하여 그에 따라 조치를 위하여야 필요가 있는 경우에는 부과제척기간이 연장된다. 이 과정에서 납세자에게 불리한 조치를 취할 수는 없다.[773]

쟁송상 결정이 확정된 이후 그 결정의 대상이 된 과세표준 또는 세액과 연동된 다른 과세기간의 세액 등의 조정이 필요한 경우, 해당 결정 또는 판결이 확정된 날부터 1년이 지나기 전까지는 다른 과세기간의 세액 등에 대하여 경정결정이나 그 밖의 필요한 처분을 할 수 있다(국세기본법 제26조의 제2항 제1호의2).

등 부과처분이 확정판결에 의하여 전부 취소된 경우, 과세관청이 그 소득을 이자소득으로 보고 종전처분의 부과세액을 한도로 하여 다시 종합소득세 등 부과처분을 한 것이다. 대법원 2002.5.31 선고, 2000두4408 판결은 어떤 재산이 원고의 형들로부터 원고에게 이전된 것을 두고, 과세관청이 처음에는 무상양도로서 증여라고 보아 증여세를 과세하였다가, 선행판결에서 이 선행처분이 취소되자 이번에는 저가양도로서 증여로 의제되는 경우라고 하여 재처분을 한 경우에 관한 것이다. 이외에도 대법원94다3667, 2010.06.24, 대법원94누15189, 1995.05.23, 대법원2007두16493, 2010.06.24 참조

769) 대법원 2002.7.23. 선고 2000두6237판결; 대법원 2002.5.31. 선고 2000두4408판결; 대법원 2004.6.10 선고, 2003두1752 판결; 대법원 2006.2.9 선고, 2005두1688 판결 등. 부담부증여를 인정하여 당초 증여세부과처분의 과세표준과 세액을 경정하라는 국세심판원의 심판결정이 확정한 날로부터 1년이 경과하기 전에 과세관청이 위 심판결정에서 인용된 부담부증여에 대하여 양도소득세부과처분을 한 경우, 양도소득세부과처분은 당해 결정인 증여세에 대한 심판결정과는 그 대상 조세의 세목이 달라 '새로운 결정'이라고 봄이 상당한 점, 조세법률주의의 한 원칙인 엄격해석의 원칙 및 특례제척기간의 인정취지 등에 비추어 특례제척기간의 적용을 받는 객관적 범위는 심판결정에 따른 증여세부과처분이나 그에 부수되는 처분에 한정된다고 할 것이어서, 양도소득세부과처분이 위 특례제척기간의 객관적 범위에 속한다고는 할 수 없다고 한 법원판례가 있다(대구지법 2003.10.28. 선고 2003가합1087 판결).

770) 예, 당초 처분대상이 된 것과 다른 탈루소득

771) 동일한 취지, 윤지현, 이른 바 '특례제척기간'을 통한 과세관청의 '재처분'은 어느 범위에서 허용되는가? 租稅法研究 [XV-3], 2009.12

772) 이에 대해서는 '쟁점주의적' 소송구조 하에서는 과세관청이 여러 가지의 과세가능성 중에서 가장 적정하다고(또는 가장 많은 세금을 거둬들일 수 있다고) 판단하는 쪽을 선택하여 과세의 근거로 삼게 될 것이고, 일단 수소법원이 선행소송에서 이러한 과세의 근거가 잘못 선택된 것이라고 판단한다면 과세관청은 그 다음 과세가능성을 선택하여 재처분을 할 수 있는 기회가 보장되어 있는 반면, '총액주의적' 소송구조 하에서는 한 소송에서 적어도 기초적 사실관계 동일성 범위 내에서는 모든 가능한 처분사유를 한꺼번에 내어 놓고 주장·입증을 하여야 하고, 그 사실관계에 대한 재처분이 불가능하므로 그 소송에서의 판결 후 새로운 처분사유를 주장할 수 있는 가능성은 차단된다는 점을 근거로 기초적 사실관계 동일성의 범위 안에서 선행소송에서 위법하다고 결정된 사유 이외의 사유로 재처분이 이루어지는 것을 허용하는 것은 타당하지 않다고 보아야 한다는 이견이 있다(윤지현, 과세처분을 취소하는 확정판결이 있은 후 과세관청의 '재처분'이 가능한 범위, 한국세법학회, 조세법연구, 제15권 제2호 2009.8, page(s): 65-113).

773) 독일조세기본법 제171조 제3항 비교

한편, 어떤 국세의 부과에 관한 소송에서 당초 부과내용과 다른 내용의 종국판결이 내려진 경우에 대한 부과제척기간의 연장에 관한 규정은 있지만 과세대상거래에 관한 소송을 이유로 하는 부과제척기간의 연장에 관한 규정은 없었다(국세기본법 제26조의 2 제2항). 과세대상거래에 관한 소송을 이유로 한 경정청구기한의 연장에 관한 규정은 있다(국세기본법 제45조의 제2항 제1호). 이 점에서 볼 때 국세기본법은 납세자에게 유리하게 구성되어 있었다. 2017년 개정된 국세기본법은 최초의 신고·결정 또는 경정에서 과세표준 및 세액의 계산 근거가 된 거래 또는 행위 등이 그 거래·행위 등과 관련된 소송에 대한 판결 등에 의하여 다른 것으로 확정된 경우 판결 등이 확정된 날부터 1년의 특례부과제척기간을 부여하고 있다(국세기본법 제26조의 2 제2항 제5호).

2018년 개정된 국세기본법은 이의신청, 심판청구, 행정소송 등에 대한 결정이나 판결에서 국내원천소득의 실질귀속자가 확인되는 경우에는 그 결정 또는 판결이 확정된 날부터 1년 이내에 국내원천소득의 실질귀속자 또는 원천징수의무자에게 새로운 부과처분을 할 수 있도록 하고 있다(국세기본법 제26조의 2 제5항).

라. 경정청구에 따른 특례부과제척기간

경정청구기간 내의 적법한 통상적 경정청구 또는 적법한 후발적 경정청구를 한 경우에는 그것을 반영하기 위한 경정에는 경정청구일부터 2개월의 특례부과제척기간이 주어진다. 이는 국조법에 따른 국세의 정상가격과 관세의 과세가격 간 조정을 위한 경정청구 또는 조정권고 및 특정외국법인으로부터의 간주배당에 대한 과세 후 실제 받은 배당이 있을 경우의 경정청구에도 해당된다(국세기본법 제26조의 2 제2항 제3호). 또한 앞의 제3호에 따른 경정청구 또는 조정권고가 있는 경우 그 경정청구 또는 조정권고의 대상이 된 과세표준 또는 세액과 연동된 다른 과세기간의 과세표준 또는 세액의 조정이 필요한 경우에는 제3호에 따른 경정청구일 또는 조정권고일부터 2개월의 특례부과제척기간이 주어진다(국세기본법 제26조의 2 제2항 제4호).

3. 기산점

부과제척기간의 기산일은 원칙적으로 국세를 부과할 수 있는 날 기산한다(국세기본법시행령 제12조의 3). 신고의무가 부과되어 있는 경우에는 과세표준신고기한의 다음 날이다.[774] 원천징수의 경우 법정 납부기한의 다음 날이다(국세기본법시행령 제12조의 3 제2항 제1호).

법인이 소득금액변동통지를 받은 경우 그 받은 날에 소득금액을 지급한 것으로 의제되고 원천징수의무가 발생하는데,[775] 그 소득금액의 귀속과세연도소득에 대한 부과제척기간이 만료되면 원천

---

774) 당초 세금계산서상 공급가액이 감소함에 따라 수정세금계산서를 교부받은 경우 매입세액공제액 감소로 인하여 발생한 부가가치세 증가분에 관한 부과제척기간 기산일은 수정세금계산서 교부일이 속하는 과세기간의 과세표준신고기한 다음 날이다(대법원 2011.7.28. 선고 2009두19984 판결).

775) 소득금액변동통지에 의한 원천납세의무자의 소득세 납세의무의 부과제척기간의 기산일은 해당 소득의 귀속연도의 과세표준신고기한의 다음 날이며, 소득금액변동통지일과는 무관하다(대법원 2010.4.29. 선고 2007두11382). 원천납세의무자의 납세의무가 부과제척기간의 경과로 소멸한 경우에는 원천징수의무자에게도 징수처분을 할 수 없다.

징수의무도 소멸한다.776) 이 경우 부과제척기간은 신고납부기한의 다음 날 기산된다.777) 법인의 조세포탈행위가 있었다 하더라도 그에 이은 소득금액변동통지에 따라 종합소득세 납세의무가 발생한 자에 대한 부과제척기간은 5년으로 볼 수도 있다.778) 전술한 것처럼 납세자는 확정할 수 없었다고 하여 무신고로 보지 않고 5년의 부과제척기간을 적용하면서, 과세관청은 확정할 수 있었다고 하여 당초 신고납부기한의 다음 날 부과제척기간이 개시하도록 하는 것은 균형을 잃은 판단이다.

제3항 징수권의 소멸시효

1. 개념

시효라 함은 일정한 사실상태가 장기간 계속되는 경우 진실한 권리관계인지에 관계없이 그 사실상태를 그대로 존중하여 정당한 권리관계로 인정하는 제도이다. 소멸시효는 권리의 불행사라고 하는 사실상태가 일정 기간 계속되는 경우 그 권리를 소멸하게 하는 제도이다. 국세의 징수를 목적으로 하는 권리, 즉 국세징수권도 일정 기간 그 권리를 행사하지 않으면 소멸하고 그로 인해 납부의무도 소멸한다.

국세의 징수권은 그 권리를 행사할 수 있는 때로부터 5년간 행사하지 않으면 시효로 인하여 소멸한다(국세기본법 제27조). 5억 원 이상의 국세채권의 소멸시효기간은 10년이다. 이 경우 국세의 금액은 가산세를 제외한 금액으로 한다.

소멸시효에 관해 세법에 다른 규정이 없으면 민법의 규정에 의한다. 기산일은 신고납세 세목의 세금을 신고한 경우 신고납부기한의 다음 날, 그리고 부과결정한 세금의 경우 납세고지에 의한 납부기한의 다음 날이 된다. 그리고 자동확정세목의 경우에는 당해 세액의 법정납부기한의 다음 날이 된다.

소멸시효가 완성되면 국세징수권이 기산일에 소급하여 소멸되고 납부의무가 소멸한다. 국세의 소멸시효가 완성된 때에는 그 국세의 납부지연가산세·체납처분비 및 이자상당세액에도 그 효력을 미치며, 주된 납세자의 국세가 소멸시효의 완성에 의하여 소멸한 때에는 제2차 납세의무자·납세보증인과 물적 납세의무자에도 그 효력이 미친다.779) 과세관청이 부과처분을 한 후 다시 경정처분을 한 경우 징수권의 소멸시효는 감액경정처분에 대해서는 당초 부과처분의 소멸시효는 영향을 받지 않지만, 증액경정처분에 대해서는 당초처분과 증액경정처분 각 납부기일의 다음 날부터 별개로 진행된다. 처분의 동일성을 유지하면서 처분사유만 변경할 경우 당초처분 시점을 기준으로 시효가 진행되는 것으로 보아야 한다. 소멸시효가 완성하면 이를 원용하지 않더라도 조세채권은 당연히 소멸한다. 판례는 소송기록상 시효의 중단사유가 현출되어 있는

---

776) 국세기본법기본통칙 26의 2-0…2.
777) 대법원 2010.1.28. 선고 2007두20959 참조.
778) 대법원 2010.12.23. 선고 2008두10522 판결.
779) 국세기본법기본통칙 27-0…2.

경우에는 당사자가 시효중단에 관하여 명시적으로 항변하지 않더라도 법원은 직권으로 이를 심리 판단하여야 한다고 한다.

2. 중단

시효의 중단이란 시효의 진행 중에 시효의 기초가 된 사실상태와 다른 일정한 사유의 발생으로 인하여 이미 경과한 시효기간의 효력이 상실되는 것을 말한다. 중단사유가 종료[780]하는 때로부터 시효가 새로 진행된다.

국세기본법은 납세고지, 독촉·납부최고, 압류·교부청구를 시효중단사유로 규정하고 있다.

5억 원 이상의 고액 체납자의 경우 소멸시효의 완성 전 독촉장을 재발급하게 된다. 그간 최초 독촉에 대해서만 소멸시효 중단의 효과가 발생하도록 되어 있었는데,[781] 2013년 법개정을 통해 재독촉한 경우에도 소멸시효 중단의 효과가 발생하게 되었다.

청구가 소멸시효의 중단사유에 해당한다는 민법 제168조의 규정(청구, 압류 또는 가압류, 가처분 및 승인)이 준용됨에 따라 과세관청의 응소행위도 시효중단의 효력이 있는 재판상의 청구에 해당한다. 승인이 소멸시효의 중단사유에 해당한다는 민법상 규정이 준용됨에 따라 세법상의 징수유예신청, 세금의 일부 납부, 물납 또는 분할납부의 신청, 기한 후의 과세표준신고나 수정신고, 납세연기원 또는 납세서약서의 제출 등의 승인에는 시효중단의 효력이 인정된다.

한편, 납세자의 과오납금반환청구권의 소멸시효에 관해 부당이득반환청구소송을 제기하기에 앞서 취소소송이나 무효확인소송을 제기한 경우 그것은 소멸시효의 중단사유인 재판상의 청구가 된다. 이는 대법원 1992.3.31., 91다32053판결에서 확인되고 있다. 이 판결사건에서 원고는 1990년 7월 27일 과세관청의 부과처분에 대해 취소판결[782]을 받은 다음 1990년 9월 1일 이 사건 민사소송[783]으로 국가를 상대로 세금의 반환을 청구하였는데 국가는 이 소송을 통한 환급청구가 국세납부일인 1984년 6월 15일부터 5년의 시효기간이 경과한 후에 이루어졌음을 이유로 원고의 환급청구권이 소멸하였다고 항변하였다. 이에 대해 대법원은 본건 과세처분의 취소소송은 조세환급을 구하는 부당이득반환청구권의 소멸시효중단사유인 재판상 청구에 해당한다고 보았다. 일반적으로 위법한 행정처분의 취소를 구하는 행정소송은 사권에 대한 시효중단사유가 되지 못하지만, 오납한 조세[784]에 대한 부당이득반환청구권을 실현하기 위한 수단이 되고 그 소송물이 객관적인 조세채무의 존부확인이고, 과세처분의 유효 여부는 그 과세처분으로

---

780) 시효가 중단된 때에는 중단까지에 경과한 시효기간은 이를 산입하지 아니하고 중단사유가 종료한 때로부터 새로이 진행하는데(국세기본법 제28조 제2항, 민법 제178조 제1항), 소멸시효의 중단사유 중 '압류'에 의한 시효중단의 효력은 압류가 해제되거나 집행절차가 종료될 때 중단사유가 종료한 것으로 볼 수 있다(대법원 2017. 4. 28. 선고 2016다239840 판결).

781) 민법상으로 재독촉은 최고에 불과하여 6개월 이내에 압류 등이 없으면 소멸시효를 중단시키는 효과가 인정되지 않는다.

782) 원고는 1985년 소를 제기하였다.

783) 민사소송의 제기에 의해 중단된 시효는 확정 판결하는 시점에 다시 개시된다. 행정처분에 대한 취소소송은 시효의 중단사유가 아니다.

784) 부과처분에 따라 납부한 세액이 추후 해당 부과처분이 무효로 밝혀질 경우에는 오납한 세금으로 보며, 해당 처분이 취소되는 경우에는 과납한 것으로 본다.

납부한 조세에 대한 환급청구권의 존부와 표리관계에 있기 때문에 실질적으로 동일 당사자인 조세부과권자와 납세의무자 사이의 양면적 법률관계라고 볼 수 있다는 이유를 설시하였다.

원심은 이 사건 소제기일인 1990년 9월 1일을 소멸시효의 기산점으로 보았다. 대법원은 국세납부일인 1984년 6월 15일을 시효의 기산점으로 보았다. 그리고 취소소송의 제기에 의해 시효가 중단되었다고 본 것이다. 원래 취소소송의 제기는 시효의 중단사유로 보지 않는 것에 대한 예외를 인정한 것이었다.

3. 정지

시효의 정지란 징수권을 행사할 수 없는 일정한 사유로 인하여 시효의 진행이 일시적으로 멈추는 것을 말한다. 시효의 정지에 있어서는 이미 경과한 시효기간이 그대로 효력을 가지며, 정지사유가 종료하는 때 다시 시효기간이 진행한다. 소멸시효는 세법에 의한 분납 기간·징수유예기간·체납처분유예기간·연부연납 기간·사해행위취소소송진행 기간 및 채권자대위소송진행 기간에는 진행하지 않는다(국세기본법 제28조 제3항). 다만, 소송이 각하·기각 또는 취하된 경우에는 효력이 없다. 체납자가 국외에 6개월 이상 계속 체류하는 경우 해당 국외 체류기간을 국세징수권 소멸시효 정지기간으로 한다.

제6절 조세채권의 확보

제1항 조세의 우선

조세의 우선권 또는 우선징수권이라 함은 납세자의 재산이 강제집행·경매·체납처분 등의 절차에서 강제환가되고 그 환가대금이 경합하는 공과금 기타의 채권의 변제에 충당되는 경우 각 채권 성립의 전후에 관계없이 조세채권자가 공과금 기타 채권자에 우선하여 변제받을 수 있는 것을 의미한다. 조세의 우선권은 권리의 강제실현절차에서 문제 되는 것일 뿐 납세자의 임의의 변제순서까지 강제하는 것은 아니다.

1. 조세우선권의 내용

국세기본법에 의하면 국세 및 체납처분비는 납세자의 모든 재산에 대한 강제집행절차에서 다른 공과금 기타 채권에 우선하여 징수한다(국세기본법 제35조 제1항).[785] 조세의 우선권은 납세자의 재산에 대한 배당에 있어서의 우선순위를 인정한 것이다. 즉 납세자의 재산을 강제매

---

785) 독일은 일반적으로 조세우선권을 인정하지 않는다. 일본에서는 우리나라와 유사하게 조세우선권을 인정한다.

각절차에 의하여 매각하거나 추심하는 경우에 그 매각대금 또는 추심금액 중에서 국세를 우선하여 징수하는 것을 말한다.[786] 국세 및 체납처분비 상호간의 징수순위는 (1) 체납처분비, (2) 국세(가산세 제외), (3) 가산세의 순이다(국세징수법 제4조).

여기서 납세자에는 본래의 납세의무자 이외에 연대납세의무자, 제2차 납세의무자, 납세보증인 및 원천징수의무자가 포함된다.

납세자의 재산에 대하여 강제환가절차가 행해진 경우 조세의 우선권을 주장하기 위하여 어느 시점까지 교부청구를 해야 하는가? 민사집행법이 시행된 이후에는 배당요구의 종기가 첫 매각기일 이전으로서 집행법원이 정하여 공고한 날로 앞당겨졌고 민법, 상법, 기타 법률[787]에 의하여 우선변제권이 있는 채권자는 그때까지 배당요구를 하여야 한다(민사집행법 제84조 및 제88조). 배당요구 종기일 이후 배당할 때까지 사이에 비로소 교부청구된 세액은 그 국세가 다른 채권에 우선한다고 하여도 배당할 수 없다.

2. 조세우선권의 제한

가. 체납처분비

국세와 지방세는 순위 부여상 차등이 없으며, 그 우선순위는 압류[788]의 선후에 의하여 결정된다(국세징수법 제81조 제1항). 이를 '압류선착수주의'라고 한다. 법정기일이 앞서더라도 압류에 뒤쳐지면 순위에서 밀리는 것이다.[789]

국세의 체납처분에 있어서 그 체납처분금액 중에서 지방세징수금을 징수하는 경우 그 국세의 체납처분비는 지방세 징수금보다 우선한다(지방세기본법 제99조 제1항 제1호).

지방세의 체납처분에 있어서 국세의 교부청구가 있는 경우 지방세와 그 지방세의 체납처분비는 국세 또는 그 체납처분비보다 우선 징수한다.

공과금의 체납처분에 있어서 국세의 교부청구가 있는 경우 공과금의 체납처분비는 국세와 그 각 가산금 및 체납처분비에 우선한다(국세기본법 제35조 제1항 제1호).[790] 공과금의 체납처분에 있어서 그 체납처분금액 중에서 지방세징수금을 징수하는 경우 그 공과금의 가산금 또는 체납처분비는 지방세 징수금보다 우선한다(지방세기본법 제99조 제1항 제1호).

---

786) 국세기본법기본통칙 35－0…1.

787) 세법을 포함한다.

788) 압류는 등기 또는 등록이 완료되면 효력을 발휘하며 그에 의해 처분금지의 효력이 주어진다.

789) 대법원 2005.11.24. 선고 2005두9088판결

790) 2010년 국세기본법 개정으로 지방세나 공과금에 의하여 체납처분을 할 때, 그 체납처분 금액 중에서 국세·가산금 또는 체납처분비를 징수하는 경우 그 지방세나 공과금의 체납처분비만이 국세·가산금 또는 체납처분비보다 우선 징수될 수 있도록 한 것이다. 이는 국세우선원칙에 따라 국세는 항상 공과금보다 우선하는데, 종래 규정상 공과금보다도 충당순서가 뒤처진 공과금의 가산금이 국세보다 우선하는 불합리가 발생하고 있던 점을 시정한 것이다.

나. 공익비용

강제집행, 경매 또는 파산절차에 의한 재산의 매각에 있어서 그 매각금액 중에서 국세·가산금 또는 체납처분비를 징수하는 경우 그 강제집행, 경매 또는 파산절차에 소요된 비용은 모든 채권자의 공동이익을 위하여 지출된 공익비용이므로 공익비용우선의 원칙에 따라 최우선적으로 징수한다(국세기본법 제35조 제1항 제2호). 국세징수법도 '공익비용 최우선원칙'에 따라 체납처분비, 국세, 그리고 가산금의 순으로 징수하도록 하고 있다(국세징수법 제4조).

다. 주택·상가건물임대차보호법상 소액임차보증금채권

체납자에 대한 소액임차보증금채권[791]은 국세보다 우선 징수된다(국세징수법 제35조 제1항 제4호). 소액임차보증금채권에 해당되지 않는 일반 임대차보증금채권과 조세의 우선순위에 대해서는 (1) 조세가 항상 우선한다는 견해와 (2) 당해세가 아닌 조세와는 임차인이 대항요건과 확정일자[792]를 갖춘 최종시점과 조세의 '법정기일'의 선후에 따라 우선순위가 결정된다는 견해가 대립하고 있다. 조세 등과 일반 임대차보증금의 우선순위는 임차인이 대항요건과 확정일자를 갖춘 최종시점과 조세의 '법정기일'의 선후에 의하여 정하는 것이 타당하다. 2017년 국세기본법이 개정되어 「주택임대차보호법」 및 「상가건물 임대차보호법」에 따른 대항요건과 임대차계약증서 또는 임대차계약서상의 확정일자를 갖춘 사실이 증명되는 보증금 채권은 조세의 '법정기일'보다 앞선 확정일자를 갖출 경우 조세에 우선한다는 규정이 도입되었다(국세기본법 제35조 제1항 제3호).

주택임대차보호법상 주거용 건물 또는 상가건물임대차보호법상 상가건물[793]을 임차하여 사용하고자 하는 자는 당해 건물에 대한 임대차계약을 하기 전에 임대인의 동의를 얻어 임대인이 납부하지 아니한 국세의 열람을 임차할 건물 소재지의 관할 세무서장에게 신청할 수 있다(국세징수법 제6조의 2 제1항).

라. 임금 등 채권

체납자에 대한 최종 3월분의 임금[794], 최종 3년간의 퇴직금 및 재해보상금의 채권은 국세채

---

791) 주택임대차보호법 제8조 또는 상가건물임대차보호법 제14조가 적용되는 임대차관계에 있는 주택 또는 건물을 매각함에 있어서 그 매각금액 중에서 국세나 지방세 또는 그 가산금을 징수하는 경우 임대차에 관한 보증금 중 일정액으로서 동 조의 규정에 의하여 임차인이 우선하여 변제받을 수 있는 금액을 말한다. 공매 공고 이전 대항력을 갖추어야 보호된다. 대항력은 인도와 전입신고로써 갖추게 된다. 주민등록은 전입신고와 동일한 효력을 인정받는다.

792) 확정일자를 갖춘 보증금채권은 우선순위상 전세권과 동일한 효력을 인정받는다.

793) 상가건물(제3조 제1항에 따른 사업자 등록의 대상이 되는 건물을 말한다)의 임대차(임대차 목적물의 주된 부분을 영업용으로 사용하는 경우를 포함한다)에 대하여 적용한다. 다만, 대통령령으로 정하는 보증금액을 초과하는 임대차에 대해서는 그러하지 아니하다.

794) 기타의 임금채권도 담보부 채권에 우선하는 조세채권 이외의 조세채권에 우선하는 효력을 인정받는다(근로기준법 제38조 제1항).

권에 우선한다(국세기본법 제35조 제1항 단서 제5호). 국세가 당해세인 경우에도 우선한다.

마. 전세권·질권·저당권의 피담보채권

(1) 일반적인 경우

국세기본법은 '법정기일' 전에 설정한 전세권·질권 또는 저당권의 목적인 재산의 매각금액 중에서 국세를 징수하는 경우 그 전세권·질권 또는 저당권의 피담보채권은 국세에 우선하여 징수한다고 규정하고 있다(국세기본법 제35조 제1항 단서 제3호). '법정기일'이란 국세채권과 저당권 등에 의하여 담보된 채권 간의 우선 여부를 결정하는 기준일을 말한다.[795] 이때 법정기일은 신고납부하는 세목은 신고일, 부과결정하는 세목은 납세고지서의 발송일,[796] 원천징수하는 세목은 납세의무의 확정일, 제2차 납세의무, 물적 납세의무의 경우는 납부통지서의 발송일 및 압류와 관련하여 확정된 세액은 그 압류등기일 또는 등록일이다(국세기본법 제35조 제1항). 부과과세세목을 제외하고는 해당 조세채무가 확정되는 날을 기준으로 하는 것이다.

법정기일로 조세채권과 담보권 사이의 우선순위를 가리는 것은 조세우선권을 인정하는 공익목적과 담보권의 보호 사이에 조화를 이루는 시점을 설정하고자 한 것이다.

조세채권에 우선하는 피담보채권은 법정기일 전에 전세권, 질권 또는 저당권[797]이 등기 또는 등록된 사실이 대통령령이 정하는 바에 의하여 증명되어야 한다(국세기본법 제35조 제1항 단서 제3호).

(2) 당해세

조세채권과 전세권·질권 또는 저당권의 피담보채권 사이의 우열은 담보물권이 조세의 법정기일 전에 설정된 것인지에 따라 결정되는 것이 원칙이나, 전세권·질권 또는 저당권의 목적인 재산에 대하여 부과된 국세나 지방세('당해세')는 비록 그 담보권이 '법정기일' 전에 설정된 경우라도 그 전세권·질권 또는 저당권의 피담보채권에 우선한다.

당해세는 담보물권의 목적물인 당해 재산 자체를 과세대상으로 하는 조세로서 국세를 예로 들면 상속세, 증여세 및 종합부동산세가 된다(국세기본법 제35조 제5항). 당해 재산에 대해 부과된 상속세·증여세 및 종합부동산세는 전세권·질권·저당권의 설정을 등기 또는 등록한 일자에 관계없이 동 전세권 등에 의하여 담보된 채권에 항상 우선한다. 당해세는 담보물권의 기능을 저해할 우려가 크므로 그 범위는 엄격하게 해석하여야 한다.

---

795) 국세기본법기본통칙 35-0…3.

796) 조세채권과 피담보채권의 우열기준으로 납세고지서 발송일을 정하고 있는데, 납세고지서 발송일에는 이미 조세채권의 가액 및 납부기한 등이 구체적으로 확정되어 있고 납세의무의 존부 및 범위가 과세관청 등에 의하여 임의로 변경될 수 없는 시기이다. 그리고 담보권을 취득하려고 하는 자로서는 납세의무자에게 납세증명서 등 발급을 요청하거나, 납세의무자로부터 발급 위임을 받아 조세채무의 존부와 범위를 확인할 수 있고, 전세권 또는 임차권을 설정하려고 하는 자는 국세징수법 제6조의 2 규정에 의한 미납국세열람제도를 활용할 수 있으므로, 담보권자의 예측가능성은 어느 정도 보장되고 있다. 그렇다면 이 사건 법률조항은 담보권자의 예측가능성을 해하지 아니하고 과세관청의 자의가 개재될 소지를 허용하지 아니하므로, 입법재량을 일탈하여 담보권자인 청구인의 재산권을 침해한다고 보기 어렵다(헌재 2012.8.23. 2011헌바97).

797) 근저당권을 포함한다(국세기본법기본통칙 35-0…9①). 근저당권이 설정된 경우 등기된 채권최고액의 범위 내에서 우선순위를 인정받는다(국세기본법기본통칙 35-0…12).

당해세 우선권은 다음과 같이 한계가 설정된다.

① 체납자의 당해 재산 중 일부를 매각하는 경우 우선 징수하는 금액은 (상속세·증여세)에 (총재산가액 중 매각재산가액이 차지하는 비율)을 곱하여 산출한 금액으로 한다.[798]
② 상속세·증여세는 피상속인 및 증여자가 조세의 체납이 없는 상태에서 설정한 저당권 등에 의하여 담보된 채권보다 우선하지는 않는다.[799]
③ 저당부동산이 저당권설정자로부터 제3자에게 양도되고 위 설정자에게 저당권에 우선하여 징수당할 아무런 조세의 체납이 없었다면 양수인인 제3자에 대하여 부과한 국세 또는 지방세를 법정기일이 앞선다거나 당해세라 하여 우선 징수할 수 없다.[800]

대법원 2005.3.10., 2004다51153판결은 위 ③의 당해세우선의 한계를 설시하고 있다. 이 사건에서, 주식회사 한국주택은행(원고에 합병되었으므로 이하 '원고'라고 한다)은 2000년 10월 30일 소외 박정숙과 사이에 박정숙 소유였던 이 사건 부동산에 관하여 채무자 박정숙, 근저당권자 원고, 채권최고액 4억 1,860만 원의 근저당권설정계약을 체결하고 같은 날 근저당권설정등기를 마쳤다. 박정숙은 2000년 11월 27일 이창선에게 이 사건 부동산을 매도하고 다음 날 이창선 앞으로 소유권이전등기를 마쳤다. 박정숙과 이창선 및 원고는 2001년 2월 2일 위 근저당권설정계약의 채무자의 지위를 이창선이 인수하고 박정숙은 위 근저당권설정계약의 계약관계에서 탈퇴하며, 이창선은 위 근저당권설정계약에 기한 박정숙의 원고에 대한 모든 채무를 인수하고 위 근저당권설정계약의 내용에 따라 채무자로서 원고와 거래를 계속하며, 이창선의 이러한 인수채무와 향후의 거래상 채무를 위 근저당권설정계약에 따라 담보하기로 하는 내용의 계약인수 약정을 체결하고 2001년 2월 10일 위 근저당권설정등기의 채무자를 이창선으로 변경하는 등기를 마쳤다. 그 후 원고가 이 사건 부동산에 관하여 임의경매를 신청함에 따라 경매절차가 진행된 결과 경매법원은 2003년 5월 28일 피고 마산시의 이창선[801]에 대한 조세 중 당해세에 해당하는 금 2,711,968원과 피고 양주시 대한민국의 이창선에 대한 각 조세 중 법정기일이 위 근저당권설정등기일보다 빠른 피고 양주시의 조세 금 246,402원, 피고 대한민국의 조세 금 59,200,952원을 원고의 근저당부채권보다 우선하여 배당하고 나머지 금액을 원고에게 배당하는 내용의 배당표를 작성하였다.

원고는 이 사건 배당이의의 소를 제기하였다. 법원은 이에 대해, 국세기본법 제35조 제1항 제3호의 규정 또는 지방세법 제31조 제2항 제3호의 규정에 의하여 국세나 지방세에 대하여 우선적으로 보호되는 저당권부 채권은 당해 저당권 설정 당시의 저당권자와 설정자와의 관계를 기본으로 하여 그 설정자의 납세의무를 기준으로 한 취지라고 해석되고, 이러한 국세나 지방세 등의 우선징수로부터 배제되는 저당권부 채권은 설정자가 저당부동산을 제3자에게 양도하고 그

---

798) 국세기본법기본통칙 35 - 18…1.

799) 국세기본법기본통칙 35 - 18…1. 국세에 대하여 우선적으로 보호되는 저당권으로 담보되는 채권이라 함은 원래 저당권 설정 당시의 저당권자와 저당권 설정자와의 관계를 기본으로 하여 그 설정자의 납세의무를 기준으로 한 것이라고 해석되므로, 저당권 설정자가 그 피담보채권에 우선하여 징수당할 조세의 체납이 없는 상태에서 사망한 경우에 그 상속인에 대하여 부과된 국세인 상속세는 이를 당해세라 하여 우선 징수할 수 없다(대법원 1997.5.9. 선고 96다55204 판결).

800) 대법원 2005.3.10, 2004다51153.

801) 해당 부동산을 양수하면서 근저당설정계약상 채무도 인수하였다.

양수인에게 국세나 지방세의 체납이 있었다고 하더라도 특별규정이 없는 현행법하에서는 그 보호의 적격이 상실되는 것은 아니라고 할 것이므로, 저당부동산이 저당권설정자로부터 제3자에게 양도되고 위 설정자에게 저당권에 우선하여 징수당할 아무런 조세의 체납이 없었다면 양수인인 제3자에 대하여 부과한 국세 또는 지방세를 법정기일이 앞선다거나 당해세라 하여 우선 징수할 수 없다고 할 것이고(대법원 1991년 9월 24일 88다카8385,[802] 동 1994년 3월 22일 93다49581 등 참조), 이러한 법리는 저당부동산의 양도와 함께 설정자인 양도인, 양수인 및 저당권자 등 3자의 합의에 의하여 저당권자와 양도인 사이에 체결되었던 저당권설정계약상의 양도인이 가지는 계약상의 채무자 및 설정자로서의 지위를 양수인이 승계하기로 하는 내용의 계약인수가 이루어진 경우라고 하여 달리 볼 것이 아니라고 판단하였다.

국세기본법 및 지방세법 관련 조항의 문리적 해석에 의하면 당해세는 해당 과세대상 물건에 대한 조세이기 때문에 해당 물건의 소유권이 이전되더라도 그 물건에 귀속하는 것으로 보아 그 물건에 대한 저당권자가 언제 저당권을 설정하든(누가 소유권자일 때 저당권을 설정하든) 그 저당권부 채권에 우선한다는 개념이다. 재산세를 예로 들어 볼 때 저당권을 설정할 당시의 해당 재산의 소유자가 그 소유를 지속하면서 부담한 재산세이든 그 자가 소유권을 제3자에게 이전하여 그 제3자가 부담하게 된 재산세이든 그것이 당해세이기 때문에 앞서 설정된 담보권부 채권보다 우선하여야 한다는 것이 된다.

그런데 본 사건 판결에 의하면 그 제3자가 보유하고 있던 기간 중의 재산세는 비록 그것이 당해세라 하더라도 저당권자의 채권에 우선하지 않는다는 것이 된다. 이는 양수인이 양도인의 지위(저당권설정계약상 지위)를 승계하기로 하는 경우에도 다르지 않다고 한다.

관련 판례들[803]도 이러한 입장을 설시하고 있지만 뚜렷한 논리적 근거보다는 상충하는 법익 간의 적절한 조화를 고려함 때문으로 보인다.

바. 가등기담보재산의 압류와 조세우선권

법정기일 전에 납세의무자를 등기의무자로 하고 채무불이행을 정지조건으로 하는 대물변제(代物辨濟)의 예약에 따라 채권 담보의 목적으로 가등기(가등록을 포함한다. 이하 같다)를 마친 가등기 담보권이 설정된 재산을 매각하여 그 매각금액에서 국세를 징수하는 경우 그 권리에 의하여 담보된 채권은 국세 및 체납처분비에 우선한다(국세기본법 제35조 제1항 제3호). 가등기담보 등에 관한 법률은 담보가등기권리는 세법상 담보권으로 본다고 규정하고 있다(동법 제17조 제3항).

'정지조건부 대물변제예약'이라 함은 소비대차의 당사자 간에서 채무자가 기한 내 변제를 하지 않으면 채권담보의 목적물의 소유권이 당연히 채권자에게 이전된다고 미리 약정하는 것을 말한다.[804]

---

802) 당해 저당권 설정 당시의 저당권자와 설정자의 관계를 기본으로 하여 그 설정자의 납세의무를 기준으로 한 취지라고 해석되고….
803) 대법원 1989.9.26. 선고 87다카2515 판결 등.
804) 국세기본법기본통칙 35 - 0…17.

가등기권리의 조세에 대한 우선권이 인정되는 것은 채권담보목적의 가등기에 한하고 소유권이전청구권보전을 위한 가등기에는 해당되지 않는다. 후자의 경우에는 가등기에 의한 채권이 조세에 우선하려면 체납처분에 대한 압류 이전에 본등기가 이루어져야 한다.

가등기일(a), 본등기일(b), 법정기일(c) 및 압류일(d)의 관계는 다음과 같다.

채권담보목적의 가등기의 경우 (c) → (a) → (d) → (b)의 순을 밟는다면 가등기권리자는 체납처분에 대해 가등기에 의한 권리를 주장할 수 없다. 그러나 (a) → (c) → (d) → (b)의 순을 밟는다면 주장할 수 있다.

소유권이전청구권의 순위보전목적의 가등기라면 (a) → (c) → (d) → (b)의 순을 밟아도 체납처분에 대해 권리를 주장할 수 없다. (b) → (d)의 경우에만 권리를 인정받을 수 있을 것이다. 소유권이전등기가 완료된 경우 국가가 새로운 소유자의 재산을 압류할 수 없을 것이다.

3. 조세 상호간의 우선권 조정

국세 상호간, 국세와 지방세 상호간에는 원칙적으로 그 순위가 동등하다. 압류선착수주의 및 담보국세우선원칙이 적용된다.

국세의 체납처분에 의하여 체납자의 재산을 압류한 다음 교부청구가 있는 경우에는 해당 국세는 교부청구한 다른 국세 등에 우선하여 징수한다(국세기본법 제36조 제1항). 지방세와의 관계에서도 마찬가지다.

납세담보로 제공된 재산에 대해서는 압류선착수주의에 불구하고 그 담보권에 의하여 담보에 관련된 조세가 우선권을 가진다. 따라서 압류·담보 또는 교부청구에 관련된 국세에 있어서는 (1) 담보 설정한 국세, (2) 압류에 관계된 국세 및 (3) 교부청구·참가 압류한 국세의 순으로 징수한다.

제2항 납세담보

납세담보란 국가가 조세채권을 보전하기 위하여 납세자 등으로부터 제공받는 인적·물적 담보를 말한다. 과세관청은 세법이 정하는 일정한 경우에 한하여 세법이 정하는 절차에 따라 세법이 정하는 종류의 납세담보를 제공하도록 요구하여야 하며 세법의 근거 없이 제공한 것은 납세담보로서의 효력이 없다. 납세의무자가 납세담보를 제공할 수 있는 경우는 국세징수법 및 개별세법에 규정되어 있다. 납부의 기한을 연장하는 경우 및 징수유예를 할 때 등이다.

조세의 징수를 확보하기 위한 세법상 담보에는 물적 담보 및 인적 담보가 있다(국세기본법 제29조). 인적 납세담보는 세무서장이 확실하다고 인정하는 보증인의 납세보증서에 의한 납세담보로서 납세보증인의 재산상태 및 신용을 조세채권의 담보로 이용하는 것이다(국세기본법 제29조 제5호). 물적 납세담보는 납세자 또는 제3자가 제공하는 특정 재산의 교환가치에 의하여 조세채권을 확보하는 제도이다.

국세기본법이 규정하고 있는 납세담보에는 금전, 국채·지방채, 세무서장이 확실하다고 인정하는 유가증권, 납세보증보험증권, 세무서장이 확실하다고 인정하는 보증인의 보증서, 토지 및 보험에 든 등기·등록된 건물 등이 있다. 금전 또는 유가증권을 납세담보로 제공하고자 하는 자는 이를 공탁하고 그 공탁수령증을 세무서장에게 제출하여야 한다. 토지·건물 등의 부동산을 납세담보로 제공하고자 하는 자는 그 등기필증 또는 등록필증을 세무서장에게 제공하여야 한다. 세무서장은 이에 의하여 저당권의 설정을 위한 등기 또는 등록절차를 밟게 된다(국세기본법 제31조 제3항).

납세담보의 제공금액은 담보할 국세의 100분의 120(현금·납세보증보험증권은 100분의 110 이상) 이상의 가액에 상당하여야 한다. 세무서장은 납세담보로 제공을 받은 국세 등이 담보 기간 내에 납부되지 아니한 때에는 담보로써 국세 등을 징수한다. 세무서장은 납세담보의 제공을 받은 국세 등이 납부된 때에는 지체 없이 납세담보를 해제하여야 한다.

제3항 조세채권보전조치

국세징수법 제14조의 규정에 의한 납기 전 징수는 이미 납부할 세액이 확정된 조세에 대하여 납세자의 신용 실추 및 자력 상실 등 일정한 사정이 발생한 경우에 조세의 징수 확보를 목적으로 본래 납세자가 가지는 납부의 기한의 이익을 상실시켜 바로 이행을 청구하고 체납처분에 들어갈 수 있도록 하는 징수처분이다(국세징수법 제14조).

국세징수법 제24조의 규정에 의한 확정전보전압류는 국세의 확정 후에는 당해 국세를 징수할 수 없다고 인정되는 경우 국세로 확정되리라고 추정되는 금액의 한도 안에서 납세자의 재산을 세무서장이 압류할 수 있도록 하는 제도이다(국세징수법 제24조). 민사집행법상 가압류와 유사한 제도이다.

제4항 통정허위의 담보권 설정계약의 취소청구

국세기본법은 관할 세무서장은 통정허위의 담보권설정계약에 대해 다음과 같이 취소할 수 있다고 규정하고 있다(국세기본법 제35조 제4항).

④ 세무서장은 납세자가 제3자와 짜고 거짓으로 재산에 다음 각 호의 어느 하나에 해당하는 계약을 하고 그 등기 또는 등록을 하거나 「주택임대차보호법」 제3조의2제2항 또는 「상가건물 임대차보호법」 제5조제2항에 따른 대항요건과 확정일자를 갖춘 임대차 계약을 체결함으로써 그 재산의 매각금액으로 국세를 징수하기가 곤란하다고 인정할 때에는 그 행위의 취소를 법원에 청구할 수 있다. 이 경우 납세자가 국세의 법정기일 전 1년 내에 특수관계인 중 대통령령으로 정하는 자와 전세권·질권 또는 저당권 설정계약, 임대차 계약, 가등기 설정계약 또는 양도담보 설정계약을 한 경우에는 짜고 한 거짓 계약으로 추정한다. 〈개정 2011.12.31, 2018.12.31〉
1. 제1항제3호에 따른 전세권·질권 또는 저당권의 설정계약 및 임대차 계약
2. 제2항에 따른 가등기 설정계약
3. 제42조제2항에 따른 양도담보 설정계약

세무서장은 납세자가 제3자와 통정하여 허위로 그 재산에 전세권·질권 및 임대차계약 또는 저당권의 설정계약, 가등기설정계약 또는 양도담보설정계약을 하고 그 등기·등록을 함으로써 당해 재산의 매각금액으로 국세를 징수하기가 곤란하다고 인정하는 때에는 당해 행위의 취소를 법원에 청구할 수 있다(국세기본법 제35조 제4항 상단). 국세기본법상 통정허위의 담보권 설정계약의 취소는 통정허위표시에 의한 행위 중 담보권설정행위만을 대상으로 한다는 점에서 특징이 있지만 국세징수법상 사해행위취소와 그 성질은 같다.

세무서장은 국세기본법상의 요건이 충족되면 당해 통정허위의 담보권설정계약의 취소를 법원에 청구할 수 있다. 이때 과세관청은 통정허위의 계약이라는 사실을 입증하여야 한다. 납세자가 국세의 법정기일 전 1년 내에 국세기본법시행령 제20조의 규정상 친족 기타 특수관계인과 계약을 한 경우에는 통정한 허위계약으로 추정한다(국세기본법 제35조 제4항 후단, 국세기본법시행령 제18조의 2).

위 국세기본법 제35조 제4항이 없었던 시절이라면 세무서장은 이러한 사해행위에 대해 어떻게 대응할 수 있었을까? 국가는 민법의 규정에 의하여 법원에 위 행위가 통정 허위로서 무효임을 주장하는 소를 제기할 수 있었을 것이다. 민법의 규정에 의하여 대응할 수 있음에도 굳이 위 제4항의 규정을 신설한 것은 동 항 후단의 법상 추정조항이 필요하였기 때문이다.

한편, 민법에 의하여 채권자취소권의 대상이 되는 행위는 항상 통정 허위로서 무효일 필요는 없으며 채무자가 채권자를 해함을 알고 재산권을 목적으로 한 법률행위를 한 경우이면 된다(민법 제406조). 위 제4항의 통정허위의 행위는 무효이지만 판례는 무효인 법률행위도 취소청구의 대상이 될 수 있다고 보고 있으며 이 점에서 위 조항은 논리적으로 타당한 구성을 가지고 있다.[805]

제7절 조세채무의 이행청구와 독촉

조세채무의 이행청구와 독촉 및 체납처분절차는 국세징수법이 규율한다. 국세징수법에 규정된 국세의 징수절차는 다음과 같다.

① 임의적 징수절차 : 각 세법에 의하여 확정된 조세채권에 대하여 자발적인 납부를 권하는 납세고지 및 독촉에 의한 징수절차
② 강제적 징수절차 : 납세고지 및 독촉에 의하여도 조세를 납부하지 아니한 경우 「재산의 압류 → 압류재산의 매각 → 청산」의 과정을 통하여 강제적으로 조세채권을 실현하는 절차(체납처분절차)

국제징수법상 과세관청이 체납자의 재산에 대하여 압류 등 강제적 징수절차를 집행하기 전에 납세자로 하여금 자발적으로 국세를 납부하도록 하는 임의적 징수절차의 내용은 다음과 같다.

---

805) 대법원 1998.2.27, 97다50985.

- 납세고지(납부통지) : 납세자가 납부기한 내에 자진납부하도록 하는 청구
- 독촉·최고 : 납부기한 내에 납부하지 아니한 경우 재차 자진납부하도록 권하는 청구
- 납기전 징수 : 특정한 사유가 있을 때 기한의 이익을 박탈하고 납기전에 징수하는 제도
- 징수유예 : 국세를 납부할 수 없는 사유가 있을 때 그 납부기한을 일정기간 연장하는 제도

고지 또는 독촉에 의한 납부기한까지 납세자가 조세를 납부하지 아니한 경우 과세관청이 조세채권확보를 위하여 강제적으로 납세자의 재산을 압류하고 압류한 재산을 환가하여 체납액에 충당하는 강제적 징수절차가 있다.

제1항 납세고지

납세고지에 대해서는 국세징수법이 규정하고 있다.

1. 통상적인 경우

가. 납세고지의 개념·성격

납세고지는 세무서장이 국세를 징수하고자 할 때 과세연도·세목·세액 및 그 산출근거·납부기한과 납부장소 등을 납세자에게 알려서 납세의무의 이행을 청구하는 것을 말한다. 납세고지는 징수절차의 첫 단계로서 특정 국세의 징수에 관한 과세관청의 내부적인 의사결정, 즉 징수결정을 한 후 이를 외부에 표시하는 행정처분이다.

납부지연가산세 및 원천징수납부 등 불성실가산세 중 납세고지서에 따른 납부기한이 지난 후의 가산세를 징수하는 경우에는 납세고지서를 발급하지 않을 수 있다(국세징수법 제9조 제1항).

부과처분 또는 징수처분이란 상대방 있는 행정행위이므로 납세고지와 같은 외부표시가 없는 경우는 처분이 부존재하는 것으로 보아야 한다. 이는 외형상 처분이 존재하지만 그 하자가 중대하고 명백한 무효의 경우와는 구별된다.[806]

납세고지는 통상 부과처분으로서의 성질과 징수처분으로서의 성질을 같이 가지게 된다.[807] 부과처분으로서의 납세고지의 경우 그것은 부과처분의 효력 발생요건 또는 대외적 성립요건이 된다. 납세고지에 의해 국세의 이행청구의 효력이 주어지는데 이는 납세자에게 도달함으로써 효력이 발생한다(국세기본법 제12조). 납세고지에 관한 규정들은 처분청의 자의를 배제하고 납세의무자에게 상세하게 알려 불복의 기회를 주고자 하는 취지에서 나온 규정이므로 강행규정

---

806) 대법원 1999.5.28. 97누16329.

807) 대법원 1985.10.22. 선고 85누81 판결. 신고납세방식의 조세는…과세관청이 신고된 세액에 납부불성실가산세를 더하여 납세고지를 하였더라도, 이는 신고에 의하여 확정된 조세채무의 이행을 명하는 징수처분과 그에 대한 가산세의 부과처분 및 그 징수처분이 혼합된 처분일 뿐이다(대법원 1992. 4. 28. 선고 91누13113 판결, 대법원 1995. 2. 3. 선고 94누 910 판결 참조).

이다.[808]

나. 납세고지서의 기재사항

국세징수법은 납세고지서에 과세연도·세목·세액 및 그 산출근거·납부기한과 납부장소를 명기할 것을 규정하고, 그 시행규칙은 납세고지서의 서식을 규정하고 있다(국세징수법 제9조).

납세고지서의 기재사항과 관련하여 소송상 취소청구의 주된 사유는 세액의 산출근거에 관한 것이다.[809] 이는 당해 조세별로 그 세목의 성격, 조세행정의 공정성을 확립해야 하고 부과처분의 내용을 납세의무자에게 상세히 알린다는 입법취지, 조세행정의 수준 및 징세비용, 개별 세법의 규정취지 등을 고려하여 개별적, 구체적으로 결정하게 된다.

하나의 납세고지서에 의하여 복수의 과세처분을 함께 하는 경우에는 과세처분별로 그 세액과 산출근거 등을 구분하여 기재함으로써 납세의무자가 각 과세처분의 내용을 알 수 있도록 해야 한다. 본세의 부과처분과 가산세의 부과처분은 각 별개의 과세처분이므로[810], 하나의 납세고지서에 의하여 본세와 가산세를 함께 부과할 때에는 납세고지서에 본세와 가산세 각각의 세액과 산출근거 등을 구분하여 기재해야 하고, 또 여러 종류의 가산세를 함께 부과하는 경우에는 그 가산세 상호간에도 구분기재하여야 한다.[811]

연대납세의무자에게 납세의무를 고지하는 때에는 연대납세의무자 전원을 납세고지서에 기재하고 각자에게 송달하여야 한다(국세기본법 제8조 제2항 단서). 이 경우 고지는 연대납세의무의 단순한 이행의 청구가 아니고 그에 선행하는 행정처분이므로 개별적으로 부과·고지하여야 한다.

> ② 연대납세의무자에게 서류를 송달하고자 할 때에는 그 대표자를 명의인으로 하며, 대표자가 없는 때에는 연대납세의무자 중 국세징수상 유리한 자를 명의인으로 한다. 다만, 납세의 고지[812]와 독촉에 관한 서류는 연대납세의무자 모두에게 각각 송달하여야 한다.〈개정 1996.12.30.〉

공동상속인간 연대납세의무를 진다. 상속세의 부과통지도 상속인 모두에게 하여야 한다(상증세법 제77조). 상속인별로 고유의 납세의무가 인정되므로 공동상속인에 대한 상속세부과처분을 함에 있어서는 납세고지서에 납세의무자인 공동상속인들의 성명은 물론 공동상속인별로 상속분에 상응하여 세분된 세액으로 부과세액을 특정함과 아울러 반드시 산출근거 내지 계산명세서를 기재하거나 첨부하여야 한다.

제2차 납세의무자에 대한 납부통지의 경우 납부통지서에 납세고지서를 첨부하여야 하는 규정은 2006년 국세징수법시행규칙의 개정에 의해 삭제되었다. 이에 따라 납세고지서의 첨부는

---

808) 대법원 1997.8.22, 96누14272.

809) 대법원 1989. 11. 10. 선고 88누7996 판결, 대법원 2002. 11. 13. 선고 2001두1543 판결 등 참조

810) 대법원 2005. 9. 30. 선고 2004두2356 판결 등 참조

811) 대법원 2012.10.18. 선고 2010두12347 전원합의체 판결, 대법원 2002. 11. 13. 선고 2001두1543 판결 등 참조

812) 부과처분으로서의 고지인지 징수처분으로서의 고지인지를 불문한다.

필요 없게 되었다(국세징수법시행규칙 제9조). 물적 납세의무를 지는 양도담보권자에 대한 징수절차도 동일하다.

다. 납세고지서의 하자와 그 치유

필요적 기재사항 중 내용이 간단하고 일의적인 세목, 과세연도, 세액, 납부기한 및 납부장소 등은 그 기재의 하자가 착오임이 명백하여 납세자의 불복신청에 장애를 주는 것이 아니라면 위법하다고 보기 어렵다. 납세의무자의 표시가 전혀 없거나 동일성을 식별할 수 없는 경우 등 하자가 중대하고 명백한 경우는 무효가 되는 하자라고 할 수 있다.

필요적 기재사항 중 세액산출근거는 납세고지의 핵심을 이루고 납세의무자의 불복 여부 판단의 기초적인 자료가 되므로 그 기재의 누락은 물론 산출근거를 가늠할 수 있는 기재의 미비나 오류는 과세처분의 위법사유가 된다.[813] 세액산출의 근거가 누락된 경우 등은 취소사유에 불과하다고 보는 것이 판례의 태도이다.[814]

행정처분으로서 과세처분의 하자의 치유에 있어서는 무효사유인 경우에는 치유가 허용되지 않는다는 것이 통설, 판례의 입장이다. 하자를 치유하기 위해서는 서면에 의한 보정이 있어야 하며 그것은 납세고지서의 기재사항에 갈음할 수 있는 정도의 내용을 포함하는 것이어야 한다. 하자치유에 적합한 것으로 인정된 예로서는 과세예고통지서 및 과세안내서 등이 있다. 그리고 하자의 치유는 늦어도 과세처분에 대한 불복 여부의 결정과 불복신청에 지장이 없는 상당한 기간 이내이어야 한다.

대법원 1993.12.31., 93누10316 전원합의체 판결에서 대법원은 비록 납세고지서상 공동상속인간 세액을 구분특정하지 않았지만 그것과 동시에 교부된 명세서에 그와 같은 구분특정이 있었다면 그 납세고지행위는 적법하다는 판단을 하고 있다. 납세자로서 불복청구를 할 수 있는 기회를 원천적으로 부여하지 않고 있는 고지라면 무효로 보아야 하고, 자신이 납부할 세액산출의 근거를 알 수 없게 할 경우에는 취소사유에 그친다고 본 것이다. 세액산출의 근거가 제시되지 않았다면 그것을 이유로 처분을 다툴 수 있을 것이다. 이 사건에서, 소외 망인이 1990년 7월 5일 사망하고 원고들이 망인의 재산을 공동으로 상속함에 따라 과세관청은 1991년 12월 1일 원고들에 대해 상속세를 결정한 후 납세고지서의 납세의무자란에 각 원고 '갑 외 5', '을 외 5'[815] 등으로, 납부기한에 따라 납부하여야 할 고지세액을 총세액으로, 산출근거란에 총 과세표준과 세율, 세액을 기재하는 한편, 상속인들 각자의 지분에 따라 산출한 상속세 및 방위세의 내역을 기재한 연대납세의무자별 고지세액 명세서를 첨부한 납세고지서를 상속인별로 송달하였다.[816] 원고들은 이 사건 부과고지가 상속인별로 납부할 세액 등이 구분·특정되

---

813) 판례는 설령 부가가치세법과 같이 개별 세법에서 납세고지에 관한 별도의 규정을 두지 않은 경우라 하더라도 해당 본세의 납세고지서에 국세징수법 제9조 제1항이 규정한 것과 같은 세액의 산출근거 등이 기재되어 있지 않다면 그 과세처분은 적법하지 않다고 한다(대법원 1988. 2. 9. 선고 83누404 판결, 대법원 1992. 10. 13. 선고 91누12806 판결 등 참조).

814) 독일조세기본법 제126조 제1항 제2호 참조.

815) 원심이 문제로 지적한 부분이다.

지 않아 위법하다고 주장하였다. 이에 대해 원심은 원고들의 주장을 받아들여 이 사건 부과처분을 위법하다고 판단하고 전부 취소하였다. 반면, 대법원은 공동상속인에 대하여 각자의 납세의무를 구체적으로 확정하는 효력을 지니는 납세고지는 공동상속인별로 각자에게 개별적으로 납부하여야 할 세액을 구분·특정하여서 하여야 할 것이지만, 각 공동상속인에 대해 확정된 조세채무의 이행을 청구하는 효력을 지니는 징수고지는 연대납세의무가 있는 상속세 전부에 대해 할 수 있다고 하면서, 본건 납세고지서에 납부할 총세액을 기재한 것은 상속세법 제18조 제1항에 따라 공동상속인이 연대하여 납부할 의무가 있는 총세액을 징수고지액으로 표시한 것이고, 공동상속인 각자가 납부하여야 할 세액은 납세고지서에 첨부되어 교부된 연대납세의무자별 고지세액명세서에 의하여 개별적으로 부과고지되었다고 봄이 상당하므로, 위와 같은 방식에 따라서 공동상속인에 대하여 한 납세고지는 적법한 부과고지와 징수고지로서의 효력을 아울러 가진다고 보았다. 이 사건에서의 법원의 판단은 설령 과세관청이 납세고지서에 납세의무자별 세액구분계산서를 첨부하였더라도 이로써 각자가 부담할 세액을 개별적으로 특정 고지한 것으로 볼 수는 없다는 대법원 1990.02.27. 선고 89누6280 판결을 사실상 폐기하는 것이었다.

공동상속인에 대한 납세고지는 구분특정하지 않을 경우 취소되어야 한다는 법원의 입장은 대법원 96누4749, 1997.3.25.에서도 확인된다. 이 사건에서 대법원은, 구 상속세법(1993.12.31, 법률 제4662호로 개정되기 전의 것) 제18조 제1항은 상속인은 상속재산 중 각자가 받았거나 받을 재산의 점유비율에 따라 상속세를 납부할 의무가 있다고 규정하고 있으므로, 공동상속인에 대하여 각자의 납세의무를 구체적으로 확정시키는 효력을 지니는 납세고지는 공동상속인별로 각자에게 개별적으로 납부하여야 할 세액을 구분, 특정하여야 하고 상속세 총액을 상속인들에게 일괄 부과하여 한 것은 위법하다 함이 당원의 일관된 견해라고 하면서(대법원 1993.12.21. 선고 93누10316 전원합의체 판결, 1993.5.27, 선고 93누3387 판결, 1987.5.26, 선고 86누673 판결, 1987.2.24, 선고 86누415 판결 등 참조), 그 사건에서 납세고지서에 공동상속인들인 원고들이 부담하여야 할 세액과 그 계산명세를 기재하지 아니한 채 납세의무자를 황○○ 외 4라고만 표시하고 상속세 총액과 그 산출근거만을 기재하여 고지한 이 사건 처분은 비록 공동상속인 각자에게 고지되었다 하여도 그 부과, 고지 방식에 하자가 있어 전부 위법하다고 한 원심의 판단은 옳고, 거기에 공동상속인에 대한 납세고지 방식에 관한 법리오해의 위법은 없다고 보았다.

2. 제2차 납세의무자에 대한 납부통지

세무서장은 납세자의 국세 등을 제2차 납세의무자로부터 징수하고자 할 때에는 그에 대해 징수하고자 하는 국세 등을 납부통지서에 의해 고지하여야 한다. 세무서장은 제2차 납세의무자에게 납부통지를 하는 경우에는 주된 납세자에게 문서로써 그 뜻을 통지하여야 한다.

---

816) 모두 6건을 송달한 것이다. 납세고지서에는 총 세액만 기재되어 있었다. 이때 각 명세서상 세액합계액은 총 상속세액이었다.

납부통지서에 의한 고지의 법적 성질은 납세의 고지와 같다. 따라서 납부통지서가 적법하게 상대방에게 도달함으로써 제2차 납세의무에 관한 국세의 납부의무가 확정된다(국세징수법 제12조).

제2차 납세의무자에 대한 납부통지는 형식적으로는 독립된 부과처분이지만 실질적으로는 구체적으로 확정된 주된 납세의무에 대한 징수절차상 처분으로서의 성격을 가진다고 할 것이므로 선행요건으로서 주된 납세의무자에 대한 구체적인 납세의무확정의 절차를 거치지 아니하고 제2차 납세의무자에 대하여 한 납부통지는 무효이다.[817]

3. 양도담보권자로부터의 징수

양도담보권자로부터 납세자의 국세 등을 징수하고자 할 때에는 납부통지서에 의해 납부의 고지를 하여야 한다(국세징수법 제13조 제1항). 양도담보권자에 대한 납부통지는 양도담보권자의 물적 납세의무를 구체적으로 확정하고 이행을 청구한다는 점에서 제2차 납세의무에 대한 납부통지와 법적 성격이 같다. 양도담보권자의 경우에는 납부책임이 양도담보재산에 한정되며 아울러 양도담보재산에 대한 체납처분집행의 예고로서의 성격도 포함하고 있다. 이에 따라 양도담보재산의 압류에는 독촉이 불필요하다고 해석된다.[818]

한편, 양도담보재산이 양도담보권자로부터 다시 제3자에게 양도된 경우에는 납부통지 후 양도가 된 경우에도 압류가 되기 전에 양도된 때에는 물적 납세의무는 소멸한다.[819]

제2항 독촉과 최고

독촉은 납세의무자가 납세고지서에 지정된 납부기한까지 당해 국세를 완납하지 아니하는 경우에 납세자의 임의납부를 촉구하는 절차이다. 이는 체납처분집행의 예고로서의 성격을 가진다(국세징수법 제23조 제1항). 한편, 납부의 최고는 제2차 납세의무자 또는 납세보증인이 체납액을 납부통지서상의 납부기한까지 완납하지 아니하는 경우에 임의납부를 촉구하는 절차이다(국세징수법 제23조 제2항).

독촉 또는 납부최고에 의하여 국세징수권의 소멸시효가 중단된다(국세기본법 제28조). 2013년 법개정으로 재독촉도 징수권의 소멸시효가 중단되는 효력이 있게 되었다.[820]

일반적으로 납세자가 독촉장 또는 납부최고서를 받고 지정된 기한까지 국세를 완납하지 아

---

817) 대법원 1990.4.13. 89누1414.

818) 국세징수법기본통칙 23-0…3.

819) 국세징수법기본통칙 13-0…1.

820) 납부의 최초 독촉은 징수처분으로서 항고소송의 대상이 되는 행정처분이 될 수 있다. 그 후에 한 동일한 내용의 독촉은 체납처분의 전제요건인 징수처분으로서 소멸시효 중단사유가 되는 독촉이 아니라 민법상의 단순한 최고에 불과하여 국민의 권리의무나 법률상의 지위에 직접적으로 영향을 미치는 것이 아니므로 항고소송의 대상이 되는 행정처분이라 할 수 없다(대법원 2009.12.24. 선고 2009두14507 판결, 대법원 1999.7.13. 선고 97누119 판결).

니한 때에는 납세자의 재산을 압류한다(국세징수법 제24조). 독촉의 절차는 압류의 필요적 요건이다.

제3항 납기 전 징수

납기 전 징수란 납부기한까지 기다려서는 국세를 징수할 수 없다고 인정되는 특별한 사유가 있는 때에 납세자로부터 기한의 이익을 박탈하여 납기 전에 징수하고 독촉 없이 체납처분을 할 수 있는 징수상의 특별규정이다. 여기서 '납기 전'이라 함은 납세고지서나 납부통지서에 지정된 납부기한과 신고납부기한 및 원천징수세액의 납부기한 등 법정납부기한 전을 말한다.821)

납기 전 징수의 사유로는 여럿 규정되어 있는데822) 그중 '국세를 포탈하고자 하는 행위가 있다고 인정되는 때'의 의미에 대해 국세징수법기본통칙은 "사기 그 밖의 부정한 방법으로 국세를 면하거나 면하고자 하는 행위, 국세의 환급·공제를 받거나, 받고자 하는 행위823) 또는 국세의 체납처분의 집행을 면하고자 하는 행위"824)를 말한다고 규정하고 있다.825)

세무서장은 납기 전에 징수하고자 할 때에는 납부기한을 정하여 고지를 하여야 하고 그 이유를 부기하여야 한다.

납기 전 징수에 의하여 납부기한이 단축된다. 납세자는 기한의 이익을 상실하고 세무서장은 본래의 납부기한 전에 국세를 징수할 수 있다. 지정된 납부기한까지 납기 전 징수의 처분을 받은 국세를 완납하지 아니한 때에는 독촉(최고)의 절차 없이 체납처분을 할 수 있다(국세징수법 제23조 제1항 및 제24조 제1항).

제4항 징수유예

징수유예란 납세자가 일정한 사유로 국세를 (납부기한 내에) 납부할 수 없다고 인정되는 경우에 납세고지의 유예 또는 세액의 분할고지를 하거나 납부기한을 다시 정함으로써 납세자에게 기한의 이익을 부여하는 제도이다. 징수유예는 납세자에게 기한의 이익을 부여하는 징수의 완화조치라는 점에서 기한의 이익을 박탈하는 납기 전 징수와 다르며, 국세의 이행청구를 유예한다는 점에서 강제징수절차인 재산의 압류·매각을 유예하는 체납처분유예와도 다르다.

---

821) 국세징수법기본통칙 14-0…1.

822) 국세징수법 제14조 제1항 참조.

823) 조세범처벌법상 규정과 비교해 볼 수 있다. 포탈범은 결과범이므로 면하거나 받은 경우만 포섭한다.

824) 이것만으로 바로 조세범처벌법상 체납범에 해당하지는 않는다.

825) 국세징수법기본통칙 14-0…5.

국세징수법은 징수유예사유를 여럿 규정하고 있는데 그중 '사업에 현저한 손실을 받은 때' 및 '사업이 중대한 위기에 처한 때'의 의미에 대해서 국세징수법기본통칙은 아래와 같이 규정하고 있다.

'사업에 현저한 손실'이라 함은 납세자가 경영하는 사업에 관하여 현저한 결손을 받은 것을 말하며, 그 손실에는 사업에 관하여 생긴 손실 이외의 사유로 인한 손실은 포함하지 아니한다.826)

'사업의 중대한 위기'라 함은 판매의 급격한 감소, 재고의 누적, 매출채권의 회수곤란, 노동쟁의로 인한 조업중단 기타 사정에 의한 자금경색으로 부도발생 또는 기업도산의 우려가 있는 경우 등을 말한다.827)

징수유예는 세무서장이 직권으로 하거나 납세자가 세무서장에게 신청할 수도 있다. 세무서장은 징수유예를 할 때에 그 유예에 관계되는 금액에 상당하는 납세담보의 제공을 요구할 수 있다(국세징수법 제18조).

세무서장은 주소 또는 영업소의 불명으로 인하여 납세고지서를 송달할 수 없을 때에는 징수를 유예할 수 있다. 납세고지서가 납세의무자에게 도달하지 않으면 징수처분의 효력이 발생하지 않는다. 주소 또는 영업소의 불명으로 인하여 납세고지서를 송달할 수 없을 경우 세무서장은 공시송달의 방법으로 조세채무를 확정시킬 수 있다. 그 경우에는 징수권의 소멸시효가 기산한다. 이후 징수유예를 한다면 그 기간은 소멸시효가 정지된다(국세기본법 제28조 제3항).

세무서장은 징수를 유예한 국세의 징수를 확보할 수 없다고 인정할 때에는 그 부과의 결정828)을 철회할 수 있다. 부과철회의 경우에는 고지의 효력이 발생하지 않는다. 즉 조세채무가 확정되는 효력이 주어지지 않는다.829) 부과철회로 부과제척 기간이 연장되지는 않는다. 다만, 장기 부과제척 기간의 요건이 충족될 수는 있겠다(국세기본법 제26조의 2 제1항 제1호 및 제2호).

세무서장은 징수를 유예하거나 부과의 결정을 철회한 후 납세자의 행방 또는 재산을 발견한 때에는 지체 없이 부과 또는 징수의 절차를 밟아야 한다(국세징수법 제16조).

고지된 국세의 납부기한이 도래하기 전에 국세를 징수 유예한 경우에는 그 유예기간이 지날 때까지 그 국세에 대한 납부지연가산세를 징수하지 않는다. 납부기한이 지난 후 독촉 기간에 체납액을 징수 유예한 경우에는 그 징수유예기간을 납부지연가산세의 계산 기간에 산입하지 아니한다. 체납액을 징수 유예한 경우에 그 체납액에 대한 체납처분을 할 수 없다. 그러나 교부청구는 할 수 있다. 징수유예기간 중에는 시효가 정지된다.

---

826) 국세징수법기본통칙 15 - 0…7.

827) 국세징수법기본통칙 15 - 0…8.

828) 이는 행정관청 내부행위에 불과하다. 세무서장이 납세고지서를 송달할 수 없을 때 공시송달한다면 그 공시송달에 의해 부과처분의 효력이 발생한다. 이때 세무서장이 징수를 유예하는 것을 상정하기는 어렵다. 만약 그와 같이 유예를 하고 부과결정을 철회한다면 그때 '부과결정'은 행정처분이 될 것이다.

829) 국세징수법기본통칙 16 - 0…3.

제8절 조세채권의 실현 - 조세체납처분

제1항 개요

1. 국세징수법상 절차

체납처분절차에 대해서는 국세징수법이 규정하고 있다.

체납이라 함은 납세자가 국세를 납부기한까지 납부하지 아니한 채 납부기한이 도과한 것을 의미한다(국세징수법 제3조 제1항). 납부기한은 세무서장이 징수결정에 의하여 국세의 납세·납부 또는 납입을 명하는 납세고지서 또는 납부통지서를 통하여 지정한 국세 납부의 시한을 의미한다.[830]

체납처분은 조세채권의 강제적인 실현을 위한 절차로서 강제징수라고도 한다. 확정된 조세채권을 납세자가 임의이행을 하지 않을 경우 과세관청은 자력집행권에 의해 그 조세채권의 실현을 위한 체납처분절차에 들어간다. 그 내용은 과세관청이 납세자의 재산을 압류한 후 이를 매각하여 그 대금을 조세에 배분·충당하는 것이 된다.

체납처분은 압류·매각·청산(배분)이라는 일련의 독립된 행정처분으로 구성되어 있다. 개별처분은 각각 법적 효과가 인정되며 쟁송의 대상이 된다. 압류·매각·청산은 각각 개별적인 법률효과를 도모하는 것이기는 하지만 국세채권의 강제징수라는 동일한 목적을 위한 일련의 행정처분이므로 선행처분인 압류처분이 위법한 경우 후행처분인 공매처분 등도 위법하게 된다.[831]

체납처분은 조세채권의 실현을 목적으로 하는 행정처분이므로 유효하게 확정된 조세채권을 전제로 한다. 따라서 과세처분이 무효 또는 부존재인 경우 이를 실현하기 위한 체납처분도 당연무효이다. 그러나 과세처분에 위법한 하자가 있는 경우라도 그 하자가 취소사유에 그칠 때 그 하자는 체납처분에 승계되지 않는다. 체납처분 내의 선행처분에 위법이 있을 때에는 이에 기한 후행처분도 위법하게 된다. 따라서 법원의 집행정지명령과 같은 특별한 사유가 없는 한 부과처분에 비록 취소사유가 되는 하자가 있더라도 부과처분이 실제로 취소되기 전에는 후행행위로서 체납처분은 유효하게 집행될 수 있다.[832]

한편, 국세채권에 대하여 납세담보가 있는 경우 그 담보물의 처분은 압류재산의 매각절차, 즉 체납처분의 예에 의하여 처리하게 되어 있으나 그 실질은 저당권 등의 공법상 담보권의 실행이며 강제집행절차로서 체납처분과는 구별된다.

---

830) 원천징수의무자가 소정의 법인세를 원천징수하여 그 징수일이 속하는 달의 다음 달 10일까지 이를 납세지 관할세무서장에게 납부하지 않은 채 그 기한을 도과하였다고 하더라도 가산세를 부과할 수 있음은 별론으로 하고 이를 체납이라고 할 수는 없으며, 이 경우 관할세무서장은 국세징수법의 절차에 정한 징수결정에 의하여 원천징수의무자에게 납부기한을 정한 납부고지서를 발송하고, 원천징수의무자가 그 납부고지서상의 납부기한 내에 납부고지서상의 법인세(가산세 포함)를 납부하지 않은 채 납부기한을 도과하면 그때에 비로소 법인세를 체납하였다고 말할 수 있다(대법원 2001.10.30. 선고 2001다21120 판결).

831) 대법원, 1991.6.25. 89다카28133.

832) 무효인 부과처분의 경우에 대해서는 대법원 2002.11.22. 2002다46102 참조.

그리고 강제집행과 체납처분은 채권의 강제실현절차라는 점에서 동일하지만 전자는 법원과 집행관이 행하지만 후자는 과세관청의 자력집행력에 의하는 것이라는 차이점이 있다. 후자는 전자에 비해 신속하고 간명하다는 특징이 있다.

국세징수법 이외의 세법도 조세채무 이행 확보수단으로 다음과 같은 것들을 두고 있다.

● 고액·상습체납자 등의 명단 공개

국세청장은 체납발생일부터 1년이 지난 국세(결손 처분한 국세로서 징수권 소멸시효가 완성되지 아니한 것을 포함한다)가 2억원 이상인 체납자의 인적 사항·체납액 등을 공개할 수 있다. 그리고 불성실기부금수령단체의 인적 사항·국세추징명세 등도 공개할 수 있다. 조세포탈범으로 유죄판결이 확정된 자로서 포탈세액 등이 연간 2억원 이상인 자에 관한 사항도 공개할 수 있다(국세기본법 제85조의 5).

● 외국기관에 대한 징수의 위탁

납세지 관할 세무서장은 국내에서 납부할 조세의 징수가 곤란하여 체약상대국에서 징수하는 것이 불가피하다고 판단되는 경우에는 국세청장에게 체약상대국에 대하여 조세의 징수를 위하여 필요한 조치를 하도록 요청할 수 있다. 국세청장은 이 경우 체약상대국의 권한 있는 당국에게 그 조세를 징수해 주도록 위탁할 수 있다(국조법 제30조).

2. 국세청의 실무

체납세금이 발생하면 독촉장을 발부하게 된다. 납부기한이 경과하면 15일 이내에 납부를 독촉하는 독촉장이 발부되며, 독촉기한까지도 납부하지 않으면 재산조사 등의 절차가 진행된다.

체납자의 재산에 대해서는 부동산, 동산, 골프회원권 등의 각종 권리, 매출채권, 금융자산 등 체납자가 보유하는 모든 소유재산뿐만 아니라 근로소득, 사업소득 등 발생소득에 대하여 국세통합전산망 및 체납정리를 위하여 구축된 각종 인프라를 활용하여 파악하게 된다. 또한 체납자의 예금 등 금융자산을 파악하기 위하여 금융기관 본점에 대한 일괄조회,[833] 이자·배당소득자료 활용[834] 등 다양한 체납 정리 인프라를 구축하고 있다. 제3자 명의로 재산을 은닉하는 행위에 대해서는 '체납추적조사 전담팀'이 추적한다.[835]

재산조사에 의하여 확인된 재산·소득에 대해서는 금전으로 환가할 수 있도록 압류를 하게 되는데 압류로 인하여 납세자는 당해 자산에 대한 매각 등 재산권 행사를 할 수 없도록 제한

---

833) 금융기관 본점 일괄조회: 체납액이 1천만 원 이상인 체납자에 대하여 금융자산 유무를 금융기관 본점에 한꺼번에 조회하여 예금·주식압류 등 체납정리에 활용.

834) 이자·배당 소득자료 활용: 금융기관이 제출하는 이자·배당 소득자료에 의하여 금융자산을 확인하여 예금·주식 압류 등 체납정리에 활용.

835) 국세청에 의하면 2005년 중에는 체납처분 회피혐의자 1,046명에 대한 추적조사를 통해 2,666억 원 상당의 체납세금을 징수하거나 채권을 확보하였다. 또한 '은닉재산 신고센터'를 설치·운영하고, 2006년 4월부터는 체납자 은닉재산 신고자에 대하여 최대 1억 원까지 포상금을 지급하고 있다(국세청, 『세금에 대한 오해 그리고 진실』, 2007, 정화인쇄창, p.228).

된다. 압류 이후에도 체납국세를 납부하지 않으면 금융자산, 매출채권 등에 대해서는 추심하여 체납국세에 충당하고, 부동산 등에 대해서는 공매를 통한 매각절차를 집행하게 된다. 최근에는 공매업무의 효율화를 위하여 한국자산관리공사에 의뢰하여 집행하고 있다.

체납국세에 충당할 재산이 없는 무재산자에 대해서는 체납관리의 효율화를 위하여 결손처분을 하게 된다. 하지만 결손처분 후에도 사후관리를 한다.

결손처분이란 체납액에 충당된 배분금액이 그 체납액이 부족한 때 등 세무서장이 더 이상 징수할 가망이 없다고 인정하는 때에 체납처분의 절차를 중단하는 관청 내부의 행위이다(구 국세징수법 제86조).[836] 결손처분은 국세채권의 충당이 불가능한 경우 행하는 과세관청의 내부적 결정이므로 징수권 소멸시효의 진행에는 영향이 없다. 그에 관한 국세징수법 규정이 2011년 삭제되었다.

2018년부터는 영세개인사업자의 재기를 지원하기 위하여 영세 사업자가 폐업한 후 사업을 다시 시작하거나 취업하여 3개월 이상 근무하는 경우에는 징수가 곤란한 종합소득세 및 부가가치세 체납액에 대하여 1인당 3천만원을 한도로 납부의무를 소멸시킬 수 있도록 하고 있다(조특법 제99조의 5).

2013년부터는 한국자산관리공사가 체납자의 재산 조사, 체납액 납부 요청(우편, 전화, 방문 등) 업무를 국가로부터 위탁받아 수행할 수 있다. 위탁체납액의 범위는 국세청장이 정한다(국세징수법 제23조의2).

제2항 체납자의 재산보전 – 채권자대위권 · 채권자취소권

1. 채권자대위권

세법에는 민법 제404조의 채권자대위권에 관해 구체적 규정이 없다.

채권자대위권은 채권자가 자신의 채권을 보전하기 위하여 채무자의 권리를 대신 행사할 수 있는 권리, 즉 납세자가 자신의 책임재산이 감소하는 것을 방치하고 있을 때에 채권자인 국가가 채무자인 납세자를 대신하여 권리를 행사함으로써 부당한 재산의 감소를 방지하는 것이다. 민법의 채권자대위권에 관한 규정이 국세징수절차에도 일반적으로 적용된다. 조세채권자인 국가는 납세의무자가 채무를 변제할 충분한 자력을 가지고 있지 아니함에도 불구하고 스스로 제3자에 대한 권리를 실현하지 않는 경우에 납세의무자의 일반 재산을 확보 · 보전하기 위하여 채권자대위권을 행사할 수 있다고 보아야 한다.

채권자대위권은 국세의 납부기한이 도래하여야 행사할 수 있다(민법 제404조 제2항). 그리고 채권자대위권은 국세채권을 보전하기 위하여 필요한 경우에 행사할 수 있으므로 납세자가 무자력 상태에 있어야만 행사할 수 있다. 또한 납세자가 자신의 권리를 행사하지 아니하는 경우에만

---

836) 독일에서는 채무초과이거나 지급불능의 상태에 있는 납세자에 대해 세무서장은 조세채무를 면제할 수 있도록 하는 제도가 마련되어 있다(독일조세기본법 제227조). 실무상 납부불성실가산세의 50%까지 감면해 준다. 주 조세채무도 면제되거나 그 가산세 증가가 정지되기도 한다(Rolf Ax, et. al., 전게서, pp.451~452).

국가가 채권자대위권을 행사할 수 있다. 채권자대위권은 국가가 납세자의 권리를 행사하는 것이므로 납세자의 일신에 전속하는 권리나 압류를 금지한 권리와 같이 제3자가 대신 행사할 수 없거나 납세자의 책임재산이 될 수 없는 권리는 대위행사의 대상이 되지 못한다.

채권자대위권은 채권자인 국가가 대위원인을 증명하고 (납세자의 대리인으로서가 아닌) 자신의 명의로 납세자의 권리를 대위 행사하는 것으로 채권자취소권과 달리 반드시 재판상으로 행사하여야 하는 것은 아니다.

국가가 납세자의 권리를 대위 행사한 경우에 그 효과는 직접 납세자에게 귀속한다. 대위권 행사 후 체납자가 임의로 납부하지 않을 경우 국가는 압류 등 다시 체납처분절차를 밟아야 한다. 대위권의 행사로 우선변제권을 취득하는 것은 아니며 다른 채권자와 평등하게 배당을 받을 수 있을 뿐이다.

2. 채권자취소권 – 사해행위의 취소

국세징수법은 사해행위의 취소에 대해 다음과 같이 규정하고 있다(국세징수법 제30조).

> 세무공무원은 체납처분을 집행함에 있어서 체납자가 국세의 징수를 면탈하려고 재산권을 목적으로 한 법률행위를 한 경우에는 「민법」 제406조 및 407조의 규정을 준용[837]하여 사해행위의 취소를 법원에 청구할 수 있다.

세법은 통정허위표시에 의한 담보권설정계약의 취소권(국세기본법 제35조 제4항)과 일반 사해행위 취소권(국세징수법 제30조)을 각각 규정하고 있다. 이들은 모두 민법 제406조가 인정하는 사해행위취소의 일종이다.

민법상 채권자취소권에 관한 규정은 사해행위의 취소 및 원상회복은 법원에 청구하여야 한다고 규정하고 있다. 세법상으로도 "법원에 청구할 수 있다"고 규정하고 있으므로 법원에 소송을 제기하는 방법만이 허용되는 것으로 보아야 할 것이다.

국세징수법은 소송을 세무서장 또는 세무공무원이 제기하여야 한다고 하여 마치 행정관청이 원고가 되어 소를 제기하는 것처럼 규정하고 있다. 그러나 국가가 소송의 원고가 된다. 한편, 취소소송의 상대방은 언제나 이익반환 청구의 상대방, 즉 수익자 또는 전득자이어야 한다.

세무서장은 사해행위의 취소를 구함과 동시에 조세범처벌법상 체납처분면탈범으로 통고처분 또는 고발할 수 있을 것이다(동법 제7조).

가. 취소권 발생의 요건

세법상 사해행위취소의 요건은 민법상 사해행위취소권과 마찬가지로 (1) 조세채권의 존재, (2) 체납자의 고의(악의), (3) 양수인(수익자) 또는 전득자의 고의(악의) 및 (4) 체납자의 사해행

---

837) 국세징수법 제30조의 규정을 적용하기 위해 국세기본법에서처럼 반드시 통정허위일 것을 요건으로 하지는 않는다. 이에 따라 소액임대차보증금으로서 우선순위를 인정받을 수 있는 자에게 임차권을 설정하여 주는 경우도 포함된다.

위(재산권을 목적으로 한 법률행위)를 요구하고 있다.

(1) 조세채권의 존재

국가의 조세채권은 금전채권으로서 채권자취소권의 피보전채권이 될 수 있다. 민법상 피보전채권이 되기 위해서 조세채권은 성립되어 있어야 한다. 채권자취소권에 의하여 보호될 수 있는 국세채권은 원칙적으로 사해행위 이전에 성립되어 있어야 한다. 그런데 소득세와 같은 기간과세의 세목에서 그 기간 도중 사해행위의 대상이 되는 부동산 양도행위 등이 있는 경우 그 양도행위가 과세기간 개시일 이후에 있은 이상 이미 조세채권 발생의 기초는 존재하는 것이다. 판례상 민법상의 채권자취소권의 대상이 되는 채권은 실제로 가까운 장래에 그 개연성이 현실화되어 채권이 성립된 경우에는 그 채권도 채권자취소권의 피보전채권이 될 수 있다고 보는 점에 비추어 보면[838] 기간과세세목의 경우 기간의 종료에 의해 조세채권이 성립하기 전이라 하더라도 피보전채권으로 인정할 수 있을 것이다.[839]

헌법재판소는, 조세채권이 법적으로 성립하기 이전이라도 당사자가 이미 당해 조세채권의 성립을 확정적으로 예견할 수 있고, 이러한 경우 조세채권이 사해행위 당시 성립하지 않았다고 해서 사해행위 취소권을 행사할 수 없다고 하면 형평에 부합되지 않고, 또한 국세징수법 제30조는 법관의 법보충적 해석을 통해 그 의미가 충분히 구체화될 수 있다고 보고 있다.[840]

(2) 사해행위

무자력인 체납자의 특수관계인에 대한 증여나 시세보다 낮은 가격의 매매 등은 전형적인 사해행위에 해당한다. 채무자가 유일한 부동산을 매각하여 소비하기 쉬운 부동산으로 바꾸는 행위, 채무초과상태의 채무자가 유일한 부동산을 특정 채권자에게 대물변제하는 행위, 상당한 정도를 초과하는 이혼에 의한 재산분할, 과도한 상속재산의 분할 등이 사해행위에 해당한다.

체납자가 사해행위 당시에 압류를 면하는 등 국세징수권을 해함을 알면서 법률행위를 하여야 한다. 이때 사해의사는 국세채권을 해하고자 하는 적극적 의욕이 아니라 국세채권의 담보가 부족하게 된다는 소극적 인식으로도 충분하다. 체납자의 사해행위로 이익을 받은 자나 그로부터 전득한 자도 사해행위 또는 전득할 당시에 그로 인하여 국세징수권이 침해됨을 알고 있어야 한다. 판례상 채권자취소권의 행사에 있어서 체납자의 사해의사가 증명된다면 수익자 내지 전득자의 악의는 일응 추정되며 이에 대한 반증의 책임은 수익자에게 있다고 한다.

---

838) 대법원 2001.3.23. 2000다37821 참조. …도봉세무서장이 1997년 6월경 박창석에게 소득금액변동통지를 한 후에 1997년 6월 30일 1994년도 귀속 종합소득세, 1997년 12월 8일 1993년도 귀속 종합소득세, 1998년 6월 8일 1995년도 귀속 종합소득세에 대한 각 부과처분을 하였다. 박창석은 이 사건 부동산에 대해 일부 1996년 10월 30일경 매매예약, 일부 1996년 11월 15일 채권최고액 150,000,000원의 근저당권을 설정토록 하였다. 위 박창석이 실질적 대표자로 있는 소외 회사에서 가공원가를 계상한 1993년도, 1994년도, 1995년도에 이미 이 사건 조세채권 발생의 기초적 법률관계가 발생하였다 할 것이고, 소외 회사에 대한 법인세 조사결과 밝혀진 위 가공원가에 따라 소득처분 등의 일련의 절차를 거쳐 이 사건 조세채권이 성립한 점에 비추어 가까운 장래에 위 법률관계에 터 잡아 이 사건 조세채권이 성립되리라는 점에 대한 고도의 개연성이 있었을 뿐만 아니라 실제로 가까운 장래에 그 개연성이 현실화되어 이 사건 조세채권이 성립하였다 할 것이므로, 이 사건 조세채권은 채권자취소권의 피보전채권이 될 수 있다 할 것이다.

839) 같은 취지의 일본 요코하마地裁 오다와라(小田原)지부 1995.9.26. 판결 참조.

840) 헌법재판소 2013.11.28., 2012헌바22

다음 사례는 기간과세세목인 법인세의 납세의무는 사업연도의 종료일에 성립하는데 법인이 사업연도 중 부동산을 양도하여 그 대금을 처분할 경우에 관한 것이다.[841] 1997년 1월에 설립된 소외 체납회사는 설립 당초부터의 영업부진에 의해 1년 정도 사실상 폐업하였는데 부채정리의 목적으로 2001년 7월 10일에 그 소유하는 토지를 소외 A에 약 4억 2천만 원에 매각했다. 그 매각대금을 일반채권자에게 순차적으로 지불한 후 7월 21일 나머지 약 1억 1천만 원을 모회사인 Y에의 채무의 변제에 충당하고 그 결과로서 무자력이 되었다. 그 후 체납회사는 2001년 11월 20일에 해산하였다. 그 해산에 의한 사업연도의 종료와 함께 소외 체납회사는 2002년 1월 20일에 본건 토지의 양도에 관계되는 법인세의 확정신고서를 제출하였으며 그 세액을 납부하지 않았다. 그것에 대해 X(국가)는 당해 신고에 의해 확정된 조세채권을 징수하기 위해 본건 Y에의 변제를 본건 조세채권의 범위 내에 있어 취소 등을 구하는 취지의 사해행위취소청구소송을 제기했다. 이 청구는 인용되어야 하는가? 조세채권 성립 전에 하여진 변제를 사해행위로 볼 수 있는가이다. 변제는 취소가 가능한 법률행위는 아니다.

각 사업연도소득에 대한 법인세의 납세의무는 당해 사업연도가 종료할 때 성립한다. 해산을 진행 중인 법인의 사업연도는 해산등기를 한 날까지 되고 해산등기 후 청산등기까지의 기간이 하나의 사업연도가 된다. 본 사건에서 소외 체납회사는 해산등기 이전에 해산을 염두에 두고 자산을 매각하고 그 대금을 그 회사의 모회사인 Y(이 사건에서 피고)에 대한 채무의 변제에 사용하였다.

국세징수법상 국가가 채권자취소권을 행사하기 위해서는 국세채권이 존재하여야 하지만 가까운 장래에 해당 법률관계에 터 잡아 조세채권이 성립하리라는 점에 대한 고도의 개연성이 있었을 뿐 아니라 실제로 가까운 장래에 그 개연성이 현실화되어 해당 조세채권이 성립한 경우에는 국세채권이 존재하는 것과 같이 본다. 법인세와 같은 기간과세세목에서 그 기간 도중 사해행위의 대상이 되는 부동산양도행위가 있는 경우가 그에 해당할 것이다.

본 사건에서 부동산 양도행위는 통상의 과정이 아닌 청산 중에 행해졌다. 문제 되는 세금은 바로 그 부동산양도에 따른 소득에 대한 세금이다. 그리고 사해행위취소청구의 상대방은 부동산의 양수인인 소외 A가 아니고 채권자인 Y로서 변제행위의 상대방이다. 취소청구의 액은 이 사건 부동산의 양도차익에 대한 세금의 범위로 한정하고 있다. 국가가 부동산을 양도한 것에 대한 세금[842]을 체납한 것에 대해 강제징수업무를 진행하는 과정에서 부동산 양도 자체를 사해행위로 지목할 수는 없다. 채권의 발생원인이 되는 행위를 취소하여 달라는 청구를 하는 것은 논리에 어긋나는 것이다. 다만, 그 행위를 할 경우 얻게 되는 금원은 세금납부에 먼저 쓰고 다음 일반 민사채권자에 대한 변제에 사용되어야 하는데 그렇게 하지 않은 것이 조세채권자인 국가의 이익을 침해한 것이므로 채권자취소권을 발동한 것이다.

국세징수법은 '재산권을 목적으로 한 법률행위'로 규정하고 있다.[843] 판례상 양도소득세 채

---

841) 日本稅務研究센터, 전게서, p.38.

842) 양도소득세는 해당 부동산에 대한 당해세에 해당하지 않는다.

843) 참고로 일본 국세통칙법은 "민법 제423조(채권자대위권) 및 제424조(사해행위취소권)의 규정은 국세의 징수에 관해 준용한다"라고 규정하고 있다[동법 제42조(채권자대위권 및 사해행위취소권)]. 일본 민법 제424조는 사해행위가 되는 행위를 '법률행위'로 규정하고 있다.

권이 발생할 고도의 개연성이 있었고 부동산의 양도대금 이외에 별다른 재산이 없는 상태에서 자신의 유일한 재산인 양도대금 중 기존 대출금 채무 등을 변제한 나머지 금원 대부분을 아버지인 피고에게 증여한 것은, 특별한 사정이 없는 한 채권자인 원고를 해하게 됨을 알고 한 사해행위에 해당된다고 한다.[844] 단순한 변제행위가 그에 해당하는 것을 전제로 한 헌법재판소의 결정이 있다.[845]

나. 취소권의 행사방법

채권자인 국가는 사해행위취소의 요건이 충족되는 경우에 민법과 민사소송법의 규정을 준용하여 사해행위의 취소를 법원에 청구할 수 있다. 이때 취소의 대상은 체납자의 행위이며 수익자나 전득자의 행위가 아니다.

사해행위취소소송은 세무공무원이 체납처분을 집행함에 있어서 제기하여야 한다. 따라서 국세징수법에 의한 소정의 독촉장에 지정된 납부기한이 경과한 후 제기하여야 한다.[846] 사해행위취소소송은 국가가 취소원인을 안 날로부터 1년과 법률행위가 있은 날로부터 5년 이내 중 먼저 도래하는 기간 내에 제기하여야 한다(민법 제406조 제2항 참조).

사해행위취소의 소를 제기한 때에 사해행위 대상 재산을 방치하면 장래에 국가가 승소하더라도 체납처분이 불가능하게 되거나 곤란하게 될 우려가 있기 때문에 소제기 전 또는 소제기와 동시에 피고(수익자 또는 전득자)의 재산에 대한 집행 보전을 위한 가압류나 가처분의 신청을 통해 채권의 보전조치를 하여야 한다.

위에서 '국가가 취소원인을 안 날'은 소유권이전청구권 가등기 원인행위인 매매예약을 사해행위로 본 경우라면 그 매매예약이 사해행위임을 안 때이다. 대법원 2006.12.21, 선고 2004다24960 판결사건에서, 피고[847]가 주식회사 우신개발 소유의 판시 각 부동산에 관하여 2001년 9월 25일 같은 일자 매매예약을 원인으로 한 각 소유권이전청구권 가등기[848]를 마치고 그중 일부 부동산에 관하여 2001년 11월 1일 및 2002년 4월 16일 각 가등기에 기한 본등기를 마쳤다. 원고는 2002년 6월 3일 위 각 가등기의 원인행위에 대한 사해행위 취소 등 소를 제기한 다음 2003년 5월 14일 청구취지변경[849] 신청서로서 위 각 본등기의 원인행위에 대한 사해행위 취소청구를 하였다. 법원은 이 청구에 대해, 가등기의 등기원인인 법률행위와 본등기의 등기원인인 법률행위가 명백히 다른 것이 아닌 한, 가등기 및 본등기의 원인행위에 대한 사해행위 취소 등 청구의 제척기간의 기산일[850]은 가등기의 원인행위가 사해행위임을 안 때라고 할 것인바, 채권자

---

844) 수원지방법원 2008가합27274, 2009.5.26.

845) 헌법재판소 2013.11.28., 2012헌바22

846) 국세징수법기본통칙 30－0…3.

847) 본 사건 피고는 제3채무자이고 원고는 국가이다. 피고에 대한 제3채권자가 국세의 채무자로서 국가 입장에서는 채무자가 된다. 국가는 그 자에 대한 채권자로서 대위권을 행사하는 과정에서 채권자취소권을 행사하고자 한 것이다.

848) 소유권이전청구권의 순위 보전적 효력(본등기 순위 보전 효력)이 발생한다.

849) 청구취지를 변경한 경우 제척기간의 기산일은 새로이 청구된 사안에 대한 제척기간의 기산일로 하여야 하는가가 쟁점이 된다.

850) 민법 제406조 제1항의 규정에 의하면 사해행위가 있음을 안 날부터 1년이 되는 날 또는 당해 사해행위가 있던 날부터 5년

가 가등기의 원인행위가 사해행위임을 안 때부터 1년 내에 가등기의 원인행위에 대하여 취소의 소를 제기하였다면 본등기의 원인행위에 대한 취소 청구는 그 원인행위에 대한 제척기간이 경과한 후 제기하더라도 적법하다고 판단하였다.[851]

다. 취소권 행사의 효과

사해행위취소권의 행사로 국가가 승소한 때 그 취소판결의 효력은 소송에 참가한 당사자인 국가와 수익자 또는 전득자 사이에서만 발생하는 상대적 효력이 인정된다. 즉 소유명의는 형식상 체납자에게로 회복되지만 체납처분의 결과로 국세에 충당 후 잔여가 있는 경우에는 그 잔여분을 체납자에게 주지 아니하고 수익자 또는 전득자에게 반환한다.[852]

사해행위취소소송에서 국가의 승소만으로 국세징수가 확보되는 것은 아니며 체납자가 임의로 납부하지 않을 경우에는 복귀된 재산에 대하여 압류 등 체납처분의 절차를 밟아야 한다. 모든 채권자의 이익을 위하여 그 효력이 있기 때문에(민법 제407조) 조세채권자인 국가는 채권보전을 위한 조치를 취할 필요가 있게 된다.

제3항 압류

압류는 체납처분의 제1단계 절차로서 조세채권의 내용을 실현하고 그 만족을 얻기 위하여 납세자의 재산을 강제적으로 확보하는 행위이다. 압류가 되면 체납자에 대하여 처분금지의 효력이 생긴다.

1. 요건

압류는 납세자가 독촉장 또는 납부최고서를 송달받고 그 지정된 기한까지 조세를 완납하지 아니한 때에 하게 된다. 독촉은 이행지체에 빠져 있는 조세채무의 이행을 촉구하는 징수처분이다. 독촉은 조세의 임의적 납부를 촉구함과 동시에 체납처분의 개시를 예고한다.

압류대상 재산은 (1) 체납자에 귀속하는 재산으로서 (2) 금전적 가치를 가지고 양도성을 가져야 하며, (3) 압류금지대상재산이 아니어야 한다.

국세징수법상 압류의 대상이 되는 재산은 압류 당시에 그 소유권이 체납자에게 귀속되고 있는 것이어야 한다. 압류대상이 된 재산이 부동산인 경우에 그 재산이 납세자의 소유에 속하는

이 되는 날 중 먼저 오는 날이 청구의 제척기간이 된다.

851) 매매예약과 물권행위는 별개 행위로서 각각 취소대상이 된다. 그런데 청구취지 변경 시 물권행위의 제척기간은 매매예약의 제척기간과 동일하다고 할 수 있다. 한편 매매예약을 취소청구하면 물권행위도 취소청구한 것으로 본다. 이 둘은 일관된 행동이기 때문이다. 고등법원은 매매예약에 대한 취소청구는 기각하고(매매예약에 조세채무자의 동의가 있었음), 물권행위에 대한 취소청구는 각하하였다(제척기간 도과). 대법원은 물권행위에 대한 취소청구에 대해 심리를 하였으며 그 결과 인용한 것이다(매매예약에 조세채무자의 동의가 있었음에도 불구하고 국가는 사해행위취소청구가 가능함).

852) 국세징수법기본통칙 30 - 0…5.

지는 등기의 효력에 의하여 판단하여야 한다.

- 압류 당시 명의신탁재산이라도 그 소유권은 대외적으로 명의자에게 귀속되므로 특별한 사정이 없는 한 그 명의자의 체납된 국세의 체납처분으로서 이루어진 압류처분은 유효하다.[853] 반면 명의신탁자의 체납세금의 징수를 위해서는 압류할 수 없다.[854]
- 실무상으로는 세법에 의하여 이미 양도된 것으로 보아 과세처분의 대상이 된 부동산에 대해서는 당해 국세의 체납액을 징수하기 위하여 압류할 수 없다.[855]
- 양도담보의 경우에도 양도담보물건을 제공한 실소유자의 체납세금의 징수를 위해 압류할 수 없다. 다만, 국세기본법은 양도담보권자에게 물적 납세의무를 부과하고 있다. 환매조건부 매매의 경우에도 원매도인의 재산으로 보아 압류할 수 없다.

가등기된 재산에 대해서는 원소유주인 등기 명의인의 재산으로 압류는 할 수 있으나 압류 후 가등기에 기한 본등기가 되는 때에는 그 본등기의 순위가 가등기의 순위에 따르므로[856] 그 본등기가 압류의 대상인 권리를 이전하는 것인 경우에는 압류의 효력이 상실된다.

다만, 담보목적의 가등기를 한 재산으로서 그 재산에 부과된 상속세, 증여세의 체납처분을 위하여 압류한 경우와 담보목적의 가등기를 한 재산을 그 가등기일 전에 법정기일이 도래한 국세의 체납처분을 위하여 압류한 경우에는 그러하지 아니하다(국세기본법 제35조 제2항).[857]

2. 방법

가. 일반적인 경우

(1) 요건·절차

세무공무원(세무서장 및 지방국세청장)은 다음의 하나에 해당하는 경우 체납자의 재산을 압류할 수 있다.

- 납세자가 독촉장(납부최고서)을 받고 지정된 기한까지 국세를 완납하지 아니한 때
- 납기 전 징수 규정에 의하여 납세자가 납기 전에 납부의 고지를 받고 지정된 기한까지 완납하지 아니한 때
- 납세자가 납기 전 징수 사유에 해당하여 국세의 확정 후에는 당해 국세를 징수할 수 없다고 인정하

---

853) 대법원 1992.5.26. 92누39.

854) 대법원 1996.10.15. 선고 96다17424 판결. 징세 43101-3212, 1998.11.20. 참조. 납세자가 아닌 제3자의 재산을 대상으로 한 압류처분은 그 처분의 내용이 법률상 실현될 수 없는 것이어서 당연무효이다. 명의신탁재산에 대한 압류는 명의자(수탁자)에게만 가능하다. 명의신탁이 무효이더라도 체납처분을 하려면 우선 그 재산에 대하여 가압류를 하고, 진정명의회복을 위한 소유권이전등기청구를 해서 명의신탁자에게 소유권을 이전시킨 후, 가압류에 근거한 압류를 하여야 한다.

855) 재무부 세조 22601-1328, 1990.12.29; 국세징수법기본통칙 24-0…2.

856) 부동산등기법 제6조 참조.

857) 국세징수법기본통칙 24-0…17.

는 때. 이때에는 국세로 확정되리라고 추정되는 금액의 한도 내에서 납세자의 재산을 압류할 수 있으며 이를 확정전보전압류라고 한다. 확정전보전압류는 납기 전 징수제도와 더불어 기업의 도산·재산도피 등으로 자력과 신용상실이 우려될 때 신속하고 능률적으로 조세채권을 사전에 확보하기 위한 제도이다.

납세자의 재산을 압류할 때에는 압류조서를 작성하고 압류재산이 동산 또는 유가증권, 채권 및 무체재산권 등인 경우에는 그 압류조서 등본을 체납자에게 교부하여야 한다(국세징수법 제29조). 동산과 유가증권의 압류는 세무공무원이 이를 점유한 때 효력이 발생한다. 채권의 압류는 채무자에게 채권압류의 뜻을 통지하여야 하고, 체납자에게도 그 뜻을 통지하여야 한다(국세징수법 제41조 제1항 및 제3항). 압류의 효력은 압류통지서가 채무자에게 송달된 때에 발생한다(국세징수법 제42조). 채권에 관해서는 초과압류가 허용된다(국세징수법 제43조). 채권압류에 의하여 보전되는 국세는 압류의 효력범위가 확장되는 부동산 등의 압류에서와는 달리 압류의 원인이 된 체납국세로서 채무자에게 통지된 당해 국세에 한정된다. 채권을 압류한 경우 피압류채권의 부존재를 주장하는 제3채무자는 스스로 국가를 상대로 채무부존재확인소송을 제기하여 해결하는 방법 등이 열려 있으므로 피압류채권의 부존재를 이유로 채권압류처분의 취소를 구할 법률상 이익을 가지지 않는다. 부동산 등을 압류할 때에는 압류등기 또는 등록을 하여야 한다.

(2) 효력

압류는 체납자의 특정 재산에 관하여 법률상 또는 사실상의 처분을 금지하는 효력이 있다. 이에 반한 체납자에 의한 채무의 변제, 채권의 양도, 권리의 설정 등과 같은 압류채권자에 불리한 처분은 압류채권자에게 대항할 수 없다. 그러나 제3채무자는 그 압류통지의 송달 이전에 채무자에 대한 상계적상에 있었던 반대채권을 가지고 그 압류 송달 이후에도 상계로써 대항할 수 있다. 급료·임금 기타 이와 유사한 채권의 압류의 효력은 국세 및 체납처분비를 한도로 하여 압류 후에 수입할 금액에 미친다(국세징수법 제44조).

압류에는 이외에도 다음과 같은 효력이 있다.

- 압류는 압류에 관계되는 국세채권의 징수권의 시효를 중단시키는 효력이 있다.[858] 압류에 의해 중단된 시효는 압류해제 시점부터 새로 진행한다(시효중단의 효력).
- 압류에 관계되는 국세 등은 참가압류 또는 교부청구한 다른 국세 등과 지방세에 우선하여 징수한다(우선징수의 효력).
- 민법상 종물은 주물의 처분에 따르게 되어 있으므로 주물을 압류했을 때 그 압류의 효력은 종물에도 미친다(종물에 대한 효력).[859]
- 압류의 효력은 압류 이후에 압류재산으로부터 생기는 천연과실 또는 법정과실에도 원칙적으로 미친다(과실에 대한 효력).[860]

---

858) 한 번 압류등기를 하고 나면 동일한 자에 대한 압류등기 이후에 발생한 체납세액에 대하여도 새로운 압류등기를 거칠 필요 없이 당연히 압류의 효력이 미친다(대법원 2007.12.14. 선고 2005다11848 판결).

859) 민법 제100조.

국세징수법 제35조는 "체납처분은 재판상의 가압류 또는 가처분으로 인하여 그 집행에 영향을 받지 아니한다"라고 규정하고 있다. 가압류된 재산에 대해서는 민사집행법상으로도 다른 채권자가 강제집행을 할 수 있듯이 체납처분에 의한 압류를 집행할 수 있다. 가처분의 피보전권리는 금전적 채권이 아니므로 금전채권인 조세채권과 우선관계는 발생하지 않는다. 그러나 가처분과 체납처분에 의한 압류가 경합되는 경우가 있다. 가처분이 체납처분보다 선행된 경우에는 체납처분우위설과 가처분우위설이 대립한다. 판례는 "국세징수법 제35조는 선행의 가압류 또는 가처분이 있다고 하더라도 체납처분의 진행에 영향을 미치지 않는다는 취지의 절차진행에 관한 규정일 뿐이고 체납처분의 효력이 가압류, 가처분의 효력에 우선한다는 취지의 규정은 아니므로, 부동산에 관하여 처분금지가처분의 등기가 된 후에 가처분권자가 본안소송에서 승소판결을 받아 확정되면 피보전권리의 범위 내에서 가처분 위반행위의 내용을 부인할 수 있고, 이와 같은 가처분의 우선적 효력은 그 위반행위가 체납처분에 기한 것이라 하여 달리 볼 수 없다"라고 판시한 바 있다.[861]

(3) 해제

압류의 해제는 압류의 효력을 장래에 향하여 소멸시키는 행정처분이다. 해제할 때까지 이루어진 압류처분의 효과(시효의 중단, 과실의 수취 등)에는 영향을 미치지 않는다. 이에 반하여 압류의 취소는 압류의 효력을 당초로 소급하여 소멸시키는 것이다. 압류의 실효는 압류의 목적물이 멸실된 경우 등과 같이 압류의 효력을 소멸시키는 특별한 행위 없이 압류의 효력이 상실되는 것을 말한다. 국세징수법 제53조는 압류해제의 요건을 설정하고 있다. 한편, 압류재산이 제3자에게 속하는 경우에는 그 제3자가 압류해제를 신청할 수 있고, 압류집행 후 소유권을 취득한 제3자는 일정한 경우[862] 압류해제의 신청권이 있다.[863]

압류한 재산에 대하여 소유권을 주장하고 반환을 청구하고자 하는 제3자는 매각 5일 전까지 소유자로 확인할 만한 증거서류를 세무서장에게 제출하여야 한다(국세징수법 제50조).[864] 이때 제3자는 압류재산이 압류 당시에 이미 그에게 귀속되어 압류권자에 대한 우선적 지위가 있음을 세무서장에게 주장하여야 한다.[865]

나. 교부청구

(1) 요건

교부청구는 납세자가 (1) 국세 등의 체납으로 체납처분을 받은 때, (2) 강제집행을 받을 때,

---

860) 환매조건부 매매에 대한 과세상 종물이나 과실은 매도자에게 귀속하는 것으로 보지만 체납처분상으로는 매수자에게 귀속하는 것으로 본다.

861) 대법원 1993.2.19, 92마903.

862) 다른 재산의 제공 등으로 충당된 경우.

863) 사법연수원, 전게서, pp.256~258 참조.

864) 과세관청이 압류한 재산이 제3자의 소유에 속하는 것으로 판명되는 경우, 그 제3자가 증거서류를 따로 제출하지 아니하더라도 세무서장은 압류를 해제하여야 한다(대법원 2002.3.29. 선고 2000두6084 판결).

865) 국세징수법기본통칙 50-0…1.

(3) 파산선고를 받을 때, (4) 경매가 개시된 때 및 (5) 법인이 해산한 때 등의 경우에 세무서장이 스스로 압류하지 않고 당해 관서·공공단체·집행법원 등에 대하여 국세 등의 교부를 청구하여 체납조세의 만족을 받는 절차를 말한다(국세징수법 제56조). 교부청구는 과세관청이 이미 진행 중인 강제환가절차에 가입하여 체납된 조세의 배당을 구하는 것으로서 강제집행에서의 배당요구와 같은 성질을 가진다. 교부청구하는 조세는 그 납부기한이 도래하여 있어야 하고 그 시기도 배당요구의 시기와 같다.

(2) 효과

교부청구는 강제환가를 진행하는 행정기관에 대하여 국세채권을 환가대금 중에서 배당하여 줄 것을 요구하는 것이므로 민사집행에서의 배당요구와 같은 효력이 있다. 따라서 집행의 목적재산이 관계집행기관에서 압류한 후에 권리의 이전이 되어 있더라도 그 교부청구에 의한 배당요구의 효력은 상실되지 아니하며 그 재산의 매각대금 중에서 배당을 받을 수 있다.

교부청구는 이외에도 타 기관의 환가절차에 참가하여 국세징수권을 행사하는 것이므로 관계된 국세채권의 시효중단의 효력이 있다.

다. 참가압류

(1) 요건

참가압류란 압류하고자 하는 재산이 이미 다른 기관에서 압류하고 있는 재산인 때에 교부청구에 갈음하여 참가압류통지서를 그 재산을 이미 압류한 기관에 송달함으로써 그 압류에 참가하는 강제징수절차를 말한다.

세무서장은 압류하고자 하는 재산을 이미 다른 기관에서 압류하고 있는 때에는 교부청구에 갈음하여 참가압류통지서를 기압류기관에 송달함으로써 그 압류에 참가할 수 있다(국세징수법 제57조). 교부청구는 선행의 집행절차가 해제되거나 취소되는 경우에는 그 효력을 상실하므로 이를 보완하기 위한 제도이다. 참가압류는 선행의 압류가 해제되거나 취소되는 경우에 압류로 전환된다.

(2) 효과

참가압류는 기압류기관에 대해 교부청구의 효력이 있다. 즉 배당요구와 시효중단의 효력이 있다. 그리고 참가압류기관은 기압류기관에 대해 채권의 우선순위를 주장할 수 없다.[866]

참가압류를 한 후에 기압류기관이 그 재산에 대한 압류를 해제·취소한 때에 그 참가압류는 소급하여 압류의 효력이 생긴다.

압류에 참가한 세무서장으로부터 매각 최고를 받은 선행 압류기관이 공매착수를 지연하는 경우(매각최고를 받고 3개월 이내 매각에 착수하지 않는 경우) 해당 압류에 참가한 세무서장이 공매를 할 수 있다.

---

866) 국세기본법기본통칙 36-0…1.

제4항 환가

1. 환가의 의의와 방법

압류한 재산을 매각하여 금전으로 바꾸는 것을 '환가'라고 한다. 환가는 체납자의 권리를 상실하게 하는 중요한 처분이기 때문에 그 방법과 절차를 법에서 엄격히 정하고 있다. 특히 매각절차상의 공정성을 확보하기 위하여 체납자 또는 세무공무원은 매수인이 되지 못하도록 하고, 공매실시의 방해자를 배제하는 등의 제한을 두고 있다. 환가의 방법에는 공매와 수의계약이 있다.

공매란 불특정다수인의 매수희망자 중 자유경쟁에 의한 최고가격 제시자를 매수인으로 결정하는 매각방법이다. 세무서장은 한국자산관리공사에 공매를 대행시킬 수 있다.

국세기본법에 의한 이의신청·심사청구·심판청구 또는 행정소송의 계류 중에는 공매할 수 없다(국세징수법 제61조 제4항).[867]

세무서장은 공매개시결정을 한 경우에는 관계 관서에 압류물건에 대한 공매개시결정의 등기 또는 등록을 촉탁한다. 세무서장은 체납자 등에 대해 공매통지를 하여야 하며, 체납자 등에게 공매통지를 하지 않았거나 적법하지 않은 공매통지를 한 경우 그 공매처분이 위법하게 된다.[868]

체납자와 세무공무원은 매각재산의 매수인이 되지 못한다. 체납자 또는 제3자가 체납액을 공매개시 전에 납부하거나 일부의 공매대금으로 체납액에 충당될 경우에는 공매를 중지하여야 한다. 공매절차가 개시되어 매각결정이 있은 후 매수인이 매수대금을 납부하기 전에 체납자가 체납국세 등을 완납한 경우에는 매각결정을 취소하여야 한다.[869]

납세담보물을 처분하는 경우에는 압류재산의 매각례에 따라 처분하게 된다.

2. 매각의 효과

매각처분에 따라 국가·매수인·체납자와의 상호간에는 다음과 같은 관계가 생긴다.

국가와 체납자의 관계상으로는 국가가 행한 매각처분은 체납자의 재산을 매각한 것과 동일한 효과가 발생하고 매각재산에 대한 체납자의 권리는 직접 매수인에게 이전한다. 국가는 환가대금으로 체납자의 체납액에 직접 충당한다.

국가와 매수인 간의 관계상으로는 매수인은 국가에 대하여 환가대금의 지급의무를 부담한다. 또 국가는 체납자로 하여금 권리이전절차를 밟게 하거나 체납자에 대위하여 그 절차를 밟는다. 그리고 매수인은 권리이전에 필요한 제 비용을 부담한다.

체납자와 매수인 간의 관계상으로는 체납자는 매수인에 대하여 권리이전의무를 지는 외에

---

867) 2008년까지는 행정소송 계류 중에는 공매가 가능하였다. 당시에는 법원에서 공매처분의 집행정지결정을 하여 공매를 정지시킬 수 있었다.

868) 대법원 2008.11.20. 선고 2007두18154 전원합의체 판결.

869) 대법원 2001.11.27. 선고 2001두6746 판결.

그 재산에 대한 담보책임을 진다(민법 제578조). 그리고 매수인은 체납자로부터 매각재산을 승계취득한다.

체납자의 재산이 매각되고 체납자에게 양도소득이 발생할 경우 그 소득에 대한 세금이 부과된다. 그 세금은 당해세는 아니며 배당의 우선순위상 특별한 지위가 인정되지 않는다.

제5항 청산(배분)

청산이란 압류, 매각 등에 의하여 취득한 금전을 국세채권과 기타 채권에 배분하는 체납처분의 종결처분이다.

청산절차에서 배당(배분)을 실시하는 기관은 과세관청이고 배당절차에 참가할 수 있는 채권자는 압류 재산상 전세권, 질권 또는 저당권자 및 기타 조세에 우선하는 특정 채권자에 한한다. 청산의 대상이 되는 금전은 (1) 압류한 금전, (2) 채권·유가증권·무체재산권 등의 압류로 인하여 체납자 또는 제3채무자로부터 받은 금전, (3) 압류재산의 매각대금, (4) 교부청구에 의하여 받은 금전이다(국세징수법 제80조 제1항).

세무서장이 작성한 배분계산서에 대하여 이의가 있는 경우 세무서장에게 이의 신청을 할 수 있다.

청산은 배분계산서 작성으로 종결되며 배분잔액은 원칙적으로 체납자에게 지급한다. 매각대금 배분대상자는 배분계산서 작성 전까지 배당요구를 하여야 한다. 체납자 또는 채권자가 수령하지 않은 금전은 한국은행에 예탁하여야 하고 이를 통지하여야 한다.

국세·체납처분비는 다른 공과금 기타 채권에 우선하여 징수하는 것이 원칙이다(국세기본법 제35조). 그러나 이러한 국세우선원칙에 대하여 사법질서 존중 등의 이유로 다음의 것은 당해 국세채권에 우선하는 예외를 인정한다. 아래의 여러 권리 간 배분의 우선순위는 별도의 논의가 필요하다.

- 선집행 지방세 또는 공과금의 가산금·체납처분비
- 공익비용
- 일정한 요건을 충족하는 채권[870]
  - ▶주택 및 상가건물 임차보증금 중 일정 금액, 최종 3월분의 임금과 최종 3년간의 퇴직금 및 재해보상금
  - ▶법정기일 전에 설정된 전세권·질권·저당권 등에 의하여 담보된 채권[871]
  - ▶최종 3월분 이외의 임금 및 기타 근로관계로 인한 채권
- 당해세(당해 재산에 부과된 상속세·증여세 및 종합부동산세)
- 납세담보가 있는 국세
- 우선 압류한 국세·지방세[872]

---

870) 국세기본법기본통칙 35 - 0···16.

871) 국세징수법 제81조 제1항 제3호는 "압류재산에 관계되는 ···질권···에 의하여 담보된 채권"은 공매 후 배분금전을 배분받는다고 규정하고 있다. 이때 제3자에 대한 대항요건을 갖추지 못한 채권질권은 이에 해당하지 않는다고 보아야 한다(대법원 2010.11.25. 선고 2009두18639 판결).

872) 1개 부동산에 대하여 체납처분의 일환으로 압류가 행하여졌을 때 그 압류에 관계되는 조세는 국세나 지방세를 막론하고 교

현행 국세징수법 제81조는 공매대금의 배분방법에 대해 규정하면서, 그 배분대상을 예시하고 있다. 대법원 2002.3.26., 2000두7971판결은 동조상의 배분대상을 규정한 것은 예시에 해당한다는 점을 분명히 하고 있다. 이 판결사건에서 원고와 피고는 이 사건 부동산에 관하여 1995년 3월 10일 원고를 권리자로 한 가압류기입등기가 마친 사실, 피고는 소외 이두희에 대한 체납세액을 징수하기 위하여 1995년 6월 22일 이 사건 부동산을 압류한 뒤 공매절차를 진행하여 1996년 8월 5일 이 사건 부동산을 금 53,060,000원에 매각한 사실, 원고는 1996년 9월 23일 피고에게 공매대금 배분신청을 하였으나, 피고는 매각대금을 제1순위로 체납처분비, 제2순위로 각 소액임차인, 제3순위로 선순위 근저당권자, 제4순위로 체납처분권자, 제5순위로 원고의 가압류기입등기 이후에 설정등기가 경료된 근저당권자인 소외 김병열에게 각 배분하는 계산서를 작성한 사실을 인정하였다. 원고는 압류재산에 관계되는 가압류채권자임에도 불구하고 피고가 매각대금 배분에서 제외한 처분이 위법하다는 취지의 취소소송을 제기하였다.

이에 대해 원심은 국세체납처분에 따른 공매대금 분배에 있어서는 공매대금 등을 관계국세 및 저당권 등 담보부 채권에 분배한 뒤 나머지가 있을 때에는 체납자에게 반환하면 되는 것이고, 체납처분 된 재산 위에 이미 가압류채권자가 있다고 하더라도 체납처분 담당공무원이 그 돈을 가압류채권자에게 배분하거나 이를 법원에 공탁하여야 하는 것은 아니라는 이유로 피고가 이 사건 공매대금 배분에 있어서 가압류채권자인 원고를 제외시킨 것은 적법하다고 판단하였다. 그러나, 대법원은 국세징수법 제81조[873] 제1항 제3호의 규정은 체납처분 절차에서 압류재산에 관계되는 담보권의 우선변제권을 보호하기 위하여 그 절차를 행하는 세무서장에 대하여 압류재산의 매각대금을 압류 전후를 불문하고 위 법 소정의 담보권자에게 우선순위에 따라 배분할 공법상의 의무를 부과한 것이고, 압류재산의 매각대금을 배분받을 수 있는 채권을 예시한 것에 불과할 뿐 이를 한정적으로 열거한 것이 아니라고 할 것이므로,[874] 국세체납처분에 의

부청구한 다른 조세보다 우선하고 이는 선행압류 조세와 후행압류 조세 사이에도 적용되지만(압류선착주의 원칙), 이러한 압류선착주의 원칙은 공매대상 부동산 자체에 대하여 부과된 조세와 가산금(당해세)에 대해서는 적용되지 않는다(2007.5.10 선고 2007두2197 판결[공매의매각불허결정취소]).

873) 현행 국세징수법 제81조 【배분 방법】
① 제80조제1항제2호 및 제3호의 금전은 다음 각 호의 체납액과 채권에 배분한다. 다만, 제68조의2제1항 및 제2항에 따라 배분요구의 종기까지 배분요구를 하여야 하는 채권의 경우에는 배분요구를 한 채권에 대하여만 배분한다.
　1. 압류재산에 관계되는 체납액
　2. 교부청구를 받은 체납액·지방세 또는 공과금
　3. 압류재산에 관계되는 전세권·질권 또는 저당권에 의하여 담보된 채권
　4. 「주택임대차보호법」 또는 「상가건물 임대차보호법」에 따라 우선변제권이 있는 임차보증금 반환채권
　5. 「근로기준법」 또는 「근로자퇴직급여 보장법」에 따라 우선변제권이 있는 임금, 퇴직금, 재해보상금 및 그 밖에 근로관계로 인한 채권
　6. 압류재산에 관계되는 가압류채권
　7. 집행력 있는 정본에 의한 채권
② 제80조제1항제1호 및 제4호의 금전은 각각 그 압류 또는 교부청구에 관계되는 체납액에 충당한다.
③ 제1항과 제2항에 따라 금전을 배분하거나 충당하고 남은 금액이 있을 때에는 체납자에게 지급하여야 한다.
④ 세무서장은 매각대금이 제1항 각 호의 체납액과 채권의 총액보다 적을 때에는 「민법」이나 그 밖의 법령에 따라 배분할 순위와 금액을 정하여 배분하여야 한다.
⑤ 세무서장은 제1항에 따른 배분이나 제2항에 따른 충당에 있어서 국세에 우선하는 채권이 있음에도 불구하고 배분 순위의 착오나 부당한 교부청구 또는 그 밖에 이에 준하는 사유로 체납액에 먼저 배분하거나 충당한 경우에는 그 배분하거나 충당한 금액을 국세에 우선하는 채권자에게 국세환급금 환급의 예에 따라 지급한다.

874) 대법원 2000.6.9 선고 2000다15869 판결 참조.

한 매각대금의 배분대상에는 같은 법 제81조 제1항 제3호에 규정된 담보권뿐만 아니라 법령의 규정이나 법리해석상 그 담보권보다 선순위 또는 동 순위에 있는 채권도 포함된다고 봄이 상당하다고 할 것인바, 이러한 채권이 가압류채권인 관계로 그 채권액이 아직 확정되지 아니한 경우에는 같은 법 제84조 제1항에 의하여 그에게 배분할 금액을 한국은행(국고대리점 포함)에 예탁할 수도 있을 것이다. 그럼에도 불구하고 원심이 근저당권자에 앞서 기입등기가 경료된 가압류채권은 매각대금을 배분받을 채권이 아니라는 전제에서 매각대금의 배분에 있어서 원고를 제외한 이 사건 처분을 적법하다고 판단한 데에는 공매대금의 배분대상 채권에 관한 법리를 오해한 위법이 있다고 할 것이라고 하였다.

본 사건 당시 국세징수법기본통칙은 세무서장이 체납자의 재산 중 가압류받은 재산을 압류하여 공매처분하고 그 매각대금으로 국세에 충당한 후 잔액이 남는 경우 그 잔액은 체납자에게 지급한다고 규정하고 있었다(국세징수법기본통칙 81-0…5, 2004.2.19. 개정).

가압류란 금전 또는 금전으로 환산할 수 있는 청구권을 그대로 두면 장래 강제집행이 불가능하게 되거나 곤란하게 될 경우에 미리 일반담보가 되는 채무자의 재산을 압류하여 현상을 보전하고, 그 변경을 금지하여 장래의 강제집행을 보전하는 절차를 말한다. 가압류 채권자는 채권자평등의 원칙에 따라서 우선변제권이 없고 다른 다수의 채권자가 존재를 하는 경우에 함께 배당을 받아야 한다. 일반적인 가압류는 그 대상이 금전채권이므로 경매 시에는 자기 지위에 맞게 배당받고 배당받으면 자기 채권의 전액 회수 여부를 불문하고 소멸한다. 가압류권자에의 배당금액은 배당기일에 배당되는 것이 아니고 공탁되며, 가압류권자가 나중에 본안소송을 제기하여 승소할 경우 판결문으로 공탁된 배당금을 회수한다.

세무서장은 국세채권이 아닌 채권이라 하더라도 공매된 재산에 설정된 담보물권에 의하여 담보된 채권에 대해서는 배분하여야 한다(국세징수법 제81조 제1항 제3호). 국세기본법은 국세의 우선에 관해 규정하면서 가등기된 채권이 국세에 우선하는 것에 관해서는 규정하고 있지만 가압류된 채권에 대해서는 규정을 두고 있지 않다(국세기본법 제35조 제2항). 체납자의 재산을 공매한 세무서장은 가압류된 채권에 대해서는 배분을 하지 않아도 되는가? 본 사건에서 법원은 그 경우에도 일반적인 공매에 있어 가압류채권에 대한 처리와 동일하게 하여야 한다는 원칙을 분명히 하고 있다.

체납처분은 재판상의 가압류에 의하여 그 집행에 영향을 받지 않는다는 국세징수법상의 규정에 부합하는 범위 안에서 법원의 입장을 따르는 것이 타당하다(국세징수법 제35조). 국세징수법기본통칙 81-0…5는 이 판결에 의해 사실상 실효한 것으로 보아야 할 것이다.

2011년 4월 4일 개정된 국세징수법 제81조 제1항에 신설된 제4호부터 제7호까지에서 제6호로 '압류재산에 관계되는 가압류채권'을 규정하고 있다.

2010년 개정된 국세기본법은 다소 다른 측면에서 압류채권자의 지위를 인정하는 전제하에 그와 같이 지위가 인정되는 것에 따라 국세채권이 우선권을 상실하게 되는 경우를 축소하는 조항을 신설하였다. 국세환급금으로 체납된 국세 및 체납처분비를 충당할 경우 충당결정은 체납된 국세의 법정납부기한과 국세환급금발생시점 중 늦은 시점으로 소급하여 그 효력이 발생할 수 있도록 하였다(국세기본법 제51조 제3항). 이는 국세환급금 충당결정이 장래효만을 가지고 있어 체납국세가 있음에도 국세환급금에 대하여 제3자가 압류를 하는 경우에는 국가의 징수노력에도 불구하고 압

류선착수주의에 따라 제3자가 우선 만족을 얻고 있는 점을 시정하기 위한 것이다.[875]

제6항 체납처분유예

1. 요건

체납처분유예란 세무서장이 재산의 압류 또는 매각과 같은 체납처분절차를 유예하는 제도이다(국세징수법 제85조의 2). 체납자가 국세청장이 성실납세자로 인정하는 기준에 부합하거나 유예를 함으로써 정상적으로 사업을 운영하여 체납액의 징수가 가능하다고 인정되는 때 체납처분을 유예해 줄 수 있다. 체납처분의 유예는 체납자의 신청에 의하여 할 수도 있고 세무서장이 직권으로 할 수도 있다. 그리고 유예할 경우에는 납세담보를 요구할 수 있으며 유예의 기간은 1년 이내로 한다.

2. 효과

세무서장은 체납국세에 대해 체납처분 유예일로부터 1년 이내에 재산의 압류나 압류재산의 매각을 유예할 수 있으며, 필요하다고 인정하는 때에는 압류를 해제할 수 있다(국세징수법 제85조의 2 제1항 및 제2항).

체납처분 유예기간 중에는 국세징수권을 행사하지 못하므로 소멸시효가 정지된다. 그리고 납세자는 이 기간에 납세증명서를 발급받을 수도 있다.

제4장 권리구제

납세자의 권리를 구제하는 제도에는 사전적인 구제와 사후적인 구제가 있다. 부과처분 시점 전의 사전적인 구제로는 과세전적부심사제도가 있다. 이는 비교적 최근 도입된 것으로 조세부과 전 납세자의 의견을 반영함으로써 조세부과의 적정성을 도모하고자 하는 것이다. 사후적인 구제제도에는 직권구제와 쟁송구제가 있다. 직권구제는 납세자의 이의제기 없이 과세관청의 자발적 판단에 의하여 직권 시정하는 것이며,[876] 쟁송구제는 납세자의 이의를 기초로 이를 국가기관이

---

875) 대법원 2008.7.24. 선고 2008다19843판결. 대법원 1993.2.19., 92마903. 국세징수법 제35조에서 "체납처분은 재판상의 가압류 또는 가처분으로 인하여 그 집행에 영향을 받지 아니한다"고 규정하고 있으나, 이는 선행의 가압류 또는 가처분이 있다고 하더라도 체납처분의 진행에는 영향을 받지 않는다는 취지의 절차진행에 관한 규정일 뿐이고, 체납처분의 효력이 가압류, 가처분의 효력에 우선한다는 취지의 규정은 아니다.

876) 납세자의 경정청구를 수용하는 것을 직권구제라고 할 수 있을 것이다.

판단하여 권리구제 여부를 결정하는 제도이다. 이는 행정청을 통하는 경우와 사법부를 통하는 경우로 나누어 볼 수 있다. 행정청을 통하는 경우는 세무서, 지방청, 국세청 등 처분을 한 기관 또는 이의 상급기관이 스스로 자기시정을 하도록 하는 절차와 감사원 및 조세심판원과 같은 제3의 기관이 과세의 적정성을 심사 또는 심판하도록 하는 제도가 있다. 사법부를 통하는 경우는 행정법원[877]을 통한 행정소송과 일반법원을 통한 민사소송이 있다. 행정소송에서 법원은 행정처분의 위법성을 판단한다. 민사소송에는 과세의 위법무효를 선결문제로 하는 부당이득반환청구소송과 세무공무원의 위법한 공권력의 행사로 인한 손해의 배상청구소송 등이 있다.

제1절 사전구제

국세기본법은 과세전적부심사에 대해 규정하고 있다(국세기본법 제81조의 10). 관할 세무서장이 세무조사를 한 경우에는 그 결과를 '세무조사결과통지서'에 의해 통지하여야 한다. 통지서에는 결정할 내용 및 예상총고지세액을 기록한다. 이에 이의가 있는 납세자는 당해 세무서장 또는 지방국세청장에게 20일 내에 과세전적부심사를 청구할 수 있다. 이 절차는 세무관서의 부과처분 전 해당 세무관서의 장, 관리자 및 외부인사로 구성된 조세전문가 앞에서 납세자가 자신의 의견을 개진할 수 있는 공식적인 절차이다. 이는 사후구제제도가 납세자의 권리를 신속히 구제하는 데 미흡한 점이 있다고 보아 도입된 제도이다. 1996년 4월 과세적부심사사무처리규정이 신설되어 '과세적부심사제도'가 도입되었으며, 1999년 8월 국세기본법에 명문화되었다(구국세기본법 제81조의 10).

납세자는 다음의 경우에는 세무서장이나 지방국세청장이 아닌 국세청장에게 직접 과세전적부심사를 청구할 수 있다.

(1) 법령과 관련하여 국세청장의 유권해석을 변경하여야 하거나 새로운 해석이 필요한 경우
(2) 국세청장의 훈령·예규·고시 등과 관련하여 새로운 해석이 필요한 경우
(3) 세무서장 또는 지방국세청장에 대한 국세청장의 업무 감사결과에 따라 세무서장이나 지방국세청장이 행하는 과세예고통지에 관한 것
(4) 심사청구금액이 10억 원 이상인 것

원래 위 (1)의 사안의 최종적인 해석권한은 기획재정부장관에게 있으므로 국세청장이 기획재정부장관에게 해석에 관한 승인을 받아야 할 필요가 있는 사안도 나타나게 된다. 2009년부터는 납세자가 과세전적부심사청구를 원하지 않는 경우, 통지내용대로 즉시 결정해 줄 것을 신청할 수 있게 함으로써 바로 사후구제로 갈 수 있도록 하고 있다(국세기본법 제81조의 15).

과세전적부심사의 청구를 받은 세무서장, 지방국세청장 또는 국세청장은 과세전적부심사위원회의 심사를 거쳐 결정한다.

---

877) 서울지역에는 행정법원이 설치되어 있지만 기타 지역에서는 일반법원에서 담당한다.

청구인은 청구의 기초에 변경이 없는 범위 안에서 청구의 취지 또는 이유를 변경할 수 있다. 과세전적부심사위원회는 청구의 변경이 이유 없다고 인정할 때에는 신청 또는 직권에 의하여 결정으로써 그 변경을 허가하지 아니할 수 있다(국세기본법 제81조의 15 제6항, 행정심판법 제20조).

위원회는 필요하다고 인정할 때에는 당사자가 주장하지 아니한 사실에 대해서도 심리할 수 있다(직권심리). 과세전적부심사시 행정심판법상 증거조사 규정 및 이해관계인 등의 취하규정이 준용된다(국세기본법 제81조의 15). 심리는 구술심리 또는 서면심리로 한다. 다만, 당사자가 구술심리를 신청한 때에는 서면심리만으로 결정할 수 있다고 인정되는 경우 외에는 구술심리를 하여야 한다(행정심판법 제26조).

과세전적부심사의 결정에는 채택, 불채택 그리고 기각 세 가지 유형이 있다. 과세전적부심사 청구에 대해 재조사를 결정할 수 있다(국세기본법 제81조의15제4항제2호). 이 때 재조사는 국세기본법상 재조사금지대상은 아니다(국세기본법 제81조의 4 제2항 제4호).

과세관청이 과세예고 통지 후 과세전적부심사 청구나 그에 대한 결정이 있기 전에 과세처분을 한 경우, 절차상 하자가 중대·명백하여 그 과세처분은 원칙적으로 무효이다.[878]

과세전적부심사제도는 국세부과단계에서 과세관청이 신중하게 판단하도록 하기 위한 목적으로 도입한 것이다. 그 과정에서 납세자는 청문의 기회를 갖게 된다. 과세전적부심사는 세무서장이 부과처분 전에 스스로가 외부위원들과의 위원회에서 납세자의 의견을 다시 들어 보는 과정이다. 실제 세무조사는 세무서장 소속의 세무공무원이 하게 되지만 역시 그 공무원들은 세무서장의 지휘를 받게 되므로 세무서장은 스스로 결정한 사항을 다시 심사하는 기회를 갖게 되는 것이다. 과세상 내실을 기하는 긍정적인 효과가 기대되는 제도이다. 이런 점에서 과세전적부심사는 단순한 심의기관으로 두는 것이 타당하다. 위원회가 결정권한을 가지게 되면 관할 관청인 세무서장은 최종적인 부과권한을 행사할 수 없는 것이 되기 때문이다. 과세전적부심사가 비록 과세 전 납세자에게 청문의 기회를 부여하기 위한 것이기는 하지만 다른 한편 과세관청으로 하여금 보다 신중하게 처리하도록 하기 위한 것에 그치는 것이라는 점은 과세 여부에 관한 실질적인 판단을 과세관청이 아닌 다른 기관이 하는 경우에는 과세전적부심사를 청구하지 못하도록 하는 규정에서도 알 수 있다. 예를 들면, 조세범칙사건의 경우에는 과세전적부심이 허용되지 않는다(국세기본법 제81조의 15 제2항 제2호). 관세의 경우 감사원지적사항은 과세전적부심사가 허용되지 않는다. 따라서 과세전적부심사의 청구는 과세를 관할하는 세무서장에게 하도록 하는 것이 타당하다.

그런데 납세자는 전술한 일정한 경우에는 국세청장에게 직접 과세전적부심사를 청구할 수 있다. 위 (1) 및 (2)의 경우에는 국세청장의 내부훈령에 따라야 하는 세무서장은 국세청장의 기존 해석과 다른 판단을 할 입장이 되지 못하므로 납세자가 아예 국세청장에게 청구를 하라는 것이다. 이는 과세전적부심사의 내용 중 사실판단에 관한 부분에 대해 세무서장의 고유한 역할을 배제하는 부작용을 초래한다. 실제 쟁송 중 심리과정에서 가장 핵심적인 쟁점이 되는 것은 법의 해석에 관한 사항이 아니라 사실관계의 확정에 관한 것임을 상기한다면 국세청장에게 과도한 권한을 부여하는 결과가 된다. 세무서장이 판단하여 새로운 해석을 필요로 할 경우에는 세무서장이 과세기준에 대해 국세청장에게 자문을 구하여 처리하는 것이 타당하다.

---

878) 대법원 2016. 12. 27. 선고 2016두49228 판결

위 (3)에서 국세청장의 업무감사결과에 따라 세무서장이 처분을 한다고 하여 납세자가 직접 국세청장에게 과세전적부심사를 청구하도록 할 필요는 없다. 국세청장의 업무감사결과 세법의 해석에 관해 세무서장의 판단이 잘못되었음을 지적한 사항은 세무서장과 국세청장 간 내부적으로 처리하여야 한다. 세무서장에게 과세전적부심사를 청구하고 세무서장이 판단하게 하면 될 일이다. 그리고 사실관계 확정에 관한 사항은 세무서장의 고유한 사항이므로 이 역시 세무서장이 판단하도록 하여야 한다.

위 (4)에서 청구금액이 10억 원 이상인 경우 국세청장에게 과세전적부심사를 청구하도록 하고 있다. 이는 그와 같이 고액사건의 최종적인 부과처분권한을 국세청장이 실질적으로 행사하는 결과를 초래한다.

국세청장은 과세전적부심사를 담당하기보다는 과세기준자문을 통해 세법의 해석기준을 제시하는 등의 방법으로 세무서장을 도와주는 데 그치도록 하는 것이 타당하다. 국세청장은 인사, 업무위임 및 감독을 통해 세무서장 및 지방국세청장을 지휘·감독한다. 세무서장은 부과관청이므로 실제 개별 사건에 대한 조사를 담당한다. 그리고 국세청 내 주요 조사사건은 지방국세청장이 담당하며 지방국세청장은 국세청장의 지휘를 받는다. 관할 세무서장이 부과관청으로 되어 있지만 실질적인 내용은 국세청장의 직접적인 지휘를 받는 지방국세청장이 하게 되는 것이다. 국세청장에게 보고되는 주요 사건에 있어 국세청장은 세무서장이나 지방국세청장으로 하여금 일단 과세를 하게 하고 국세청장이 개별적인 사실관계에 대해 판단하는 것은 자제하는 것이 타당하다.

제2절 사후구제 – 행정구제

사후구제로서 행정구제에는 처분관청에 대한 이의신청과 처분관청의 상급관청에 대한 행정심판(국세심판청구, 국세심사청구 및 감사원심사청구)이 있다. 국세기본법은 이들 사후행정구제를 '불복'으로 표기하고 있다.

국세기본법 또는 세법에 따른 처분으로서 위법 또는 부당한 처분을 받거나 필요한 처분을 받지 못함으로 인하여 권리나 이익을 침해당한 자는 그 처분의 취소 또는 변경을 청구하거나 필요한 처분을 청구하는 불복을 진행할 수 있다. 다만, 「조세범 처벌절차법」에 따른 통고처분, 「감사원법」에 따라 심사청구를 한 처분이나 그 심사청구에 대한 처분 및 국세기본법 및 세법에 따른 과태료 부과처분에 대해서는 불복할 수 없다. 과태료 부촤처분에 대해서는 질서위반행위규제법에 따라 처분관청에 이의를 제기하면 처분관청이 관할법원에 통보하여 재판이 진행된다.

처분관청의 상급관청에 대한 행정심판은 헌법 제107조 제3항의 행정심판에 해당한다. 헌법 제107조 제3항은 "재판의 전심절차로서 행정심판을 할 수 있다. 행정심판의 절차는 법률로 정하되, 사법절차가 준용되어야 한다"고 규정하고 있다. 입법자가 행정심판을 전심절차가 아니라 종심절차로 규정함으로써 정식재판의 기회를 배제하거나, 어떤 행정심판을 필요적 전심절차로 규정하면서도 그 절차에 사법절차가 준용되지 않는다면 이는 위 헌법조항, 나아가 재판청구권을 보장하고 있는 헌법 제27조에도 위반된다. 아울러 헌법 제107조 제3항은 사법절차가 '준용'될 것만을 요구하고 있지만 판단기관의 독립성과 공정성, 대심적 심리구조, 당사자의 절차적 권리보장 등 면에서 사법절차의 본질적 요소를 현저히 결여하고 있다면 '준용'의 요청에마저 위반된다고 보아야 한다.[879]

납세자는 과세관청의 처분에 대해 국세심사청구, 국세심판청구 및 감사원심사청구 중 하나를 선택할 수 있다. 동일한 쟁점에 관한 것이지만 별개의 과세처분이 복수로 존재할 때에는 동시에 다른 곳에 각각 청구할 수 있다.

이의신청인, 심사청구인 또는 심판청구인은 변호사, 세무사 또는 세무사법에 따라 등록한 공인회계사를 국선대리인으로 선정하여 줄 것을 신청할 수 있다(국세기본법 제59조의 2).

이의신청·심사청구 또는 심판청구 절차가 진행 중이거나 행정소송이 계속 중에 있는 국세의 체납으로 인하여 압류한 재산은 그 신청 또는 청구에 대한 결정이나 소에 대한 판결이 확정되기 전에는 공매할 수 없다. 다만, 그 재산이 부패·변질 또는 감량되기 쉬운 재산으로서 속히 매각하지 아니하면 그 재산가액이 감손될 우려가 있는 때에는 예외로 한다(국세징수법 제61조 제4항). 이는 이의신청·심사청구 또는 심판청구는 세법에 특별한 규정이 있는 것을 제외하고는 당해 처분의 집행에 효력을 미치지 아니하는 처분의 공정력[880]에 대한 예외이다(국세기본법 제57조).

제1항 이의신청

납세자로서의 권리 또는 이익의 침해를 당한 자는 심판청구 또는 심사청구를 제기하기 전에 당해 처분을 하거나 했어야 할 세무서장이나 소관 지방국세청장에게 이의신청할 수 있다. 이의신청은 납세자가 심판청구 또는 심사청구를 제기하기 전에 선택적으로 할 수 있는 제도이며 이를 거치지 아니하고 바로 심판청구를 하거나 심사청구를 하는 것도 가능하다. 이의신청을 받은 세무서장 또는 지방국세청장은 이의신청을 받은 날부터 30일 이내에 결정하여야 한다. 다만, 이의신청인이 과세관청의 의견서에 대하여 30일 내에 항변하는 경우에는 이의신청을 받은 날부터 60일 이내에 하여야 한다(국세기본법 제66조 제1항).

30일 내에 결정을 통보받지 못하는 경우에는 심판청구를 제기할 수 있다(국세기본법 제61조 제2항). 이 경우 동일한 사건에 대해 과세관청에 대한 이의신청과 조세심판원에 의한 국세심판이 동시에 진행된다. 각 기관에서의 심리는 독립적으로 진행되는데 청구인이 이의신청을 취하할 수도 있다. 다만, 여기에서 이의신청을 취하하는 경우에는 소급하여 이의신청이 없었던 것으로 보게 되므로 처분의 통보를 받은 후 90일이 되는 날 이의신청하고 그날로부터 31일이 되는 날 심판청구를 제기한 경우였다면 심판청구가 처분통보일로부터 121일째 제기되는 것이 되고 그 결과 이미 심판청구 법정기간인 90일을 도과하여 이미 제기된 심판청구가 기일 도과하여 제기된 것이 되므로 각하결정된다는 점을 주의하여야 한다. 이와 같이 동일한 사건이 두 개의 기관에서 심리되는 상황은 조세심판원에 대한 심판청구에 대해 90일 이내에 결정의 통지를 받지 못한 경우 법원에 소를 제기할 수 있는 규정에 의해서도 나타날 수 있다(국세기본법 제56조 제3항 단서).

---

879) 헌재 2001.6.28. 2000헌바30.

880) 비록 행정행위에 하자가 있더라도 그것이 중대하고 명백하여 당연무효가 아닌 경우에는 권한 있는 기관에 의하여 취소될 때까지 유효한 것으로 추정되어 누구든지 그 효력을 부인할 수 없는 힘을 말한다.

제2항 국세심사청구

권리 또는 이익의 침해를 당한 납세자가 국세청장에게 제기하는 불복절차로서 당해 처분이 있는 것을 안 날(처분의 통지를 받은 때에는 그 받은 날)부터 90일 이내에 제기하며, 이의신청을 거친 후 심사청구를 할 때에는 이의신청에 대한 결정의 통지를 받은 날(이의신청결정 기간인 30일 내에 결정의 통지를 받지 못한 경우에는 그 결정 기간이 경과한 날)부터 90일 이내에 심사청구를 할 수 있다(국세기본법 제62조 제1항).

심사청구는 해당 처분을 하였거나 하였어야 할 세무서장을 거쳐 국세청장에게 하여야 한다. 국세청장은 심사청구를 받은 날부터 90일 이내에 결정하여야 한다(국세기본법 제65조 제2항). 해당 청구서를 받은 세무서장은 이를 받은 날부터 7일 이내에 그 청구서에 처분의 근거·이유, 처분의 이유가 된 사실 등이 구체적으로 기재된 의견서를 첨부하여 국세청장에게 송부하여야 한다. 의견서가 제출되면 국세청장은 지체 없이 해당 의견서를 심사청구인에게 송부하여야 한다(국세기본법 제62조 제4항).

청구에 대한 결정의 통지를 받은 날부터 90일 이내에 관할 행정법원에 소송을 제기할 수 있다. 심사청구가 있은 날로부터 90일이 지나도 결정이 없는 때에는 바로 소송을 제기할 수 있다. 심사청구를 제기한 납세자는 심판청구 또는 감사원심사청구를 제기할 수 없다.

국세청장은 국세심사청구가 제기되면 그 사안에 대해 판단한다. 국세심사위원회의 위원장인 국세청차장은 국세청장의 보조기관이다. 국세청장은 그에 소속된 국세심사위원회의 심의를 거쳐 국세심사청구에 대한 결정을 하게 된다. 국세부과단계에서 과세관청은 신중하게 생각하여야 하며, 일단 결정한 것에 대해서는 독립적인 위원회에서 납세자가 과세관청과 대등한 관계에서 다툴 수 있도록 하는 것이 바람직할 것이다. 이런 점에서 현행의 국세기본법상 과세전적부심사나 이의신청의 결정을 최종적으로 과세관청이 하도록 하는 점은 타당하다. 그러나 일단 과세관청의 상급관청의 심사 또는 독립적인 심판기관의 심판에 있어서는 관청이 아닌 독립된 위원회가 결정하도록 하여야 할 것이다.

국세청장이 세무서장이나 지방국세청장의 조사단계에서 개별적인 판단에 대해 지휘 감독하는 방법으로 실질적인 내용을 결정하고, 주요 사건에 대해 과세전적부심사를 관할함으로써 역시 실질적인 내용을 결정하며, 다음 국세심사청구가 제기되면 그 역시 결정하는 권한을 갖는 방식은 국세청장에게 과중한 업무 부담을 안겨 줌과 동시에 과도한 권한을 행사하도록 하는 방식인 것이다.

국세심사청구에 대한 결정을 독립된 위원회가 하도록 할 때에는 조세심판원과 같이 위원회 내지 심사부가 결정권한을 가지도록 할 필요가 있다. 이런 관점에서 현행 제도상 국세청 본청에 설치된 국세심사위원회는 단순한 심의를 하는 데 그치고 최종적인 결정은 국세청장이 하도록 되어 있는 점은 개선이 필요하다. 국세심사위원회가 결정권한을 가지도록 관련법을 개정함과 동시에 실제 그 운영상 위원회의 권한을 국세청장이 침해하지 않도록 유의하여야 한다. 위원회의 심사의 결과를 관청이 실질적으로 개변하는 방식으로 운영하여서는 곤란하다. 위원회를 구성하는 개별 위원의 심사가 내실을 기하지 못할 구조적인 사정이 있는 경우에는 그것을 제도적으로 보완하면 된다.

2020년 국세기본법이 개정되어 국세청장은 심사청구를 받으면 국세심사위원회의 의결에 따라 결정을 하여야 하도록 제도가 변경되었다(국세기본법 제64조 제1항).

제3항 감사원심사청구

감사원의 감사를 받는 자(피감사기관)의 직무에 관한 처분, 기타 행위에 관하여 이해관계 있는 자는 감사원에 대하여 그 처분이나 행위에 대한 심사청구를 할 수 있다. 국세청은 감사원의 피감사기관에 해당되기 때문에 국세청의 처분이 위법하거나 부당한 경우에는 감사원법 규정에 의하여 심사청구를 할 수 있다. 과세처분이 있는 것을 안 날부터 90일 이내에 당해 처분을 하거나 하여야 할 세무서장을 거쳐 이를 제출하여야 한다. 감사원의 심사청구를 거친 사건에 대해서는 조세심판원의 심판청구 또는 국세청의 심사청구를 거치지 아니하고 결정의 통지를 받은 날부터 90일 이내에 행정 소송을 제기할 수 있다.

제4항 국세심판청구

국세심판[881]은 행정심판절차의 하나이다. 행정심판법에 대한 특별법인 국세기본법이 적용된다.

행정심판법은 행정청의 모든 처분 또는 부작위를 행정심판의 대상으로 함으로써 개괄주의를 채택하고 있다. 행정청의 위법 또는 부당한 공권력의 행사 등으로 권익을 침해당한 자가 그 취소 또는 변경을 구하는 취소청구가 주를 이룬다. 무효등 확인심판 및 의무이행심판도 있다.

행정심판은 임의적 전치주의를 채택하고 있다. 행정소송에 비해 보다 넓은 범위의 권익 침해에 대해 간편하고 신속하게 구제받을 수 있으며, 비용이 없다는 장점이 있다. 행정심판 중 행정처분의 취소 청구에 관한 취소심판은 처분이 있음을 안 날부터 90일 이내 또는 처분이 있은 날로부터 180일 이내에 제기하여야 하며, 정당한 사유 없이 위의 기간 중 하나라도 경과하여 행정심판을 청구하면 부적법한 청구가 된다. 단, 처분청이 심판청구기간을 알리지 아니한 때에는 처분이 있은 날로부터 180일 이내에 청구할 수 있다. 취소소송은 처분 등이 있음을 안 날부터 90일 이내에 제기하여야 하지만, 취소소송에 대해 필요적 전치주의를 두고 있는 경우와 그 밖에 행정심판청구를 할 수 있는 경우 또는 행정청이 행정심판청구를 할 수 있다고 잘못 알린 경우에 행정심판청구가 있은 때의 기간은 재결서의 정본을 송달받은 날부터 기산한다.

행정심판의 재결은 피청구인인 행정청과 그 밖의 관계행정청을 기속한다. 피청구인인 행정청은 재결에 대하여 다른 방법으로 다시 다툴 수 없게 된다(행정심판법 제37조제1항). 기각 판결이나 기각 재결은 행정청을 기속하지 아니하므로, 기각 판결이나 재결이 있더라도 처분 행정청은 직권으로 당해 처분을 취소·변경할 수 있다.

2008년 개정된 행정심판법은 행정심판에 있어 심리·의결기관과 재결기관으로 이원화되었던 구법과 달리, 심리·의결권 및 재결권을 중앙행정심판위원회에 통합하고 있다.

---

881) 국세심판원이 정부조직개편으로 지방세심사업무를 부분적으로 흡수하면서 조세심판원이 되었지만, 국세에 관한 심판청구는 여전히 국세심판으로 부를 수 있을 것이다. 납세자는 지방세부과처분에 대해 심사청구를 하거나 심판청구를 할 수 있다(지방세기본법 제119조).

국세심판을 담당하는 조세심판원은 행정심판법상 특별행정심판기관이다. 국세심판은 권리 또는 이익의 침해를 당한 납세자가 국세청장과 독립된 조세심판원에 제기하는 불복절차이다. 취소소송에 앞서 필요적 전치주의를 채택하고 있다. 이의신청, 심사청구에서와는 달리 심판결정에는 심판관의 독립성 보장, 준사법적 기능부여 등 납세자의 권리구제를 위하여 여러 가지 제도적 장치가 마련되어 있다.

특별행정심판으로 특허심판, 국세심사, 국세심판, 지방세심사, 해양안전심판, 공무원징계에 대한 소청심사, 교원소청심사 등이 있다. 국세기본법과 지방세기본법은 국세 또는 지방세 행정심판을 위해 각각 조세심판원에 심판청구를 하거나 국세청장 또는 시도지사에게 심사청구를 할 수 있도록 하고 있다. 국세심사를 위한 심사위원회는 심의기관이고, 지방세심사를 위한 심사위원회는 의결기관이다. 국세 행정심판에는 필요적 전치주의가 적용되지만 지방세 행정심판에는 적용되지 않는다. 특별행정심판은 전문성을 고려하여 행정심판위원회의 일반행정심판과는 다른 기관에서 담당하도록 하고 있다. 조세행정심판을 위한 특별행정심판을 이원적으로(감사원심사청구까지 고려하면 3원적으로) 구성할 이유가 명확한 것은 아니다. 심판기관은 그것이 어디에 있든 전문성을 갖춘 자로 구성하여 독립적인 의결기능을 가지도록 하면 될 것이다. 아울러 행정의 자기시정의 의미를 갖도록 하고자 한다면 당해 행정관청 또는 행정관청의 감독기관도 참여하는 방식이 되어야 할 것이다. 중앙행정심판위원회 및 조세심판원에 의한 행정심판은 독립성은 강하지만 행정의 자기시정의 의미는 작다.

국세심판은 권리 또는 이익의 침해를 당한 납세자가 국세청장과 독립된 조세심판원에 제기하는 불복절차이다. 이의신청, 심사청구와는 달리 심판결정에는 심판관의 독립성 보장,[882] 준사법적 기능부여 등 납세자의 권리구제를 위하여 여러 가지 제도적 장치를 마련하고 있는 것이 특징이다.

심판청구서는 그 처분을 하였거나 하였어야 할 세무서장 또는 조세심판원장에게 제출하여야 한다. 심판청구는 당해 처분이 있는 것을 안 날(처분의 통지를 받은 때에는 그 받은 날)부터 90일 이내에 제기하며, 이의신청을 거친 후 심판청구를 할 때에는 이의신청에 대한 결정의 통지를 받은 날로부터 90일 이내에 하여야 한다.[883] 다만, 이의신청 결정 기간인 30일 내에 결정의 통지를 받지 못한 경우에는 그 결정 기간이 경과한 날부터 심판청구를 할 수 있다. 심판청구는 그 처분을 하거나 했어야 할 세무서장을 거쳐 조세심판원장에게 하거나 세무서장을 거치지 않고 직접 조세심판원장에게 할 수 있으며(우편으로도 가능), 조세심판원장은 심판청구를 받은 날로부터 90일 이내에 결정하여야 한다(국세기본법 제69조 제1항).

청구인은 심판청구에 대한 결정이 있을 때까지 서면으로 심판청구를 취하할 수 있다.

해당 심판청구서를 받은 세무서장은 이를 지체 없이 조세심판원장에게 송부하여야 한다. 관할세무서장은 청구서가 접수된 때로부터 10일 이내에 답변서를 첨부하여 조세심판원장에게 송부하여야 한다. 답변서가 제출되면 조세심판원장은 지체 없이 그 부본(副本)을 해당 심판청구인에게 송부하여야 한다(국세기본법 제69조). 세무서장이 답변서를 제출하지 않을 경우 조세심

---

882) 국세기본법 제73조(국세심판관의 제척과 회피) 및 제74조(담당조세심판관의 기피) 참조.

883) 독일에서는 납세자가 자신의 귀책사유 없이 기일을 지키지 못한 때에는 그 지키지 못한 사유가 소멸한 후 1개월간 해당 기일이 연장될 수 있다(독일조세기본법 제110조).

판원장은 답변서 제출을 최고하며 최고에도 응하지 않을 경우 심리 의결 절차를 진행한다.

심판청구인은 그 신청 또는 청구에 관계되는 서류를 열람할 수 있으며 해당 재결청에 의견을 진술할 수 있다. 이의신청과 심사청구에도 마찬가지이다. 심판청구의 경우 처분청도 서류열람 및 의견진술권을 갖는다(국세기본법 제58조).

1. 불복청구의 대상

국세기본법 또는 개별세법에 의한 처분으로서 위법 또는 부당한 처분을 받았거나 필요한 처분을 받지 못한 경우가 대상이 된다. 청구의 대상으로서 부당한 처분을 받은 경우도 포함된다는 점에서 조세소송과 다르다. 부당한 처분이란 과세의 형평에 어긋나거나 합목적성에 위배되어 공익 또는 행정목적에 반하거나 재량을 그르친 처분을 말한다. 감사원장의 감사결과 시정요구에 따라 행한 처분도 대상이 된다.

'위법 또는 부당한 처분'에서의 '처분'은 행정법상 '처분성'이 있는 것으로 한정되지만 '필요한 처분'에서의 '처분'은 '처분성'을 갖추지 못한 세무서장의 사실행위도 포함하는 것이다. 이와 같이 심판청구의 대상을 넓게 설정한 것을 개괄주의라고 한다.

부과처분에 대해서는 해당 처분에 의한 조세채무의 확정의 위법성 여부를 다툴 수 있다. 징수처분에 대해서는 원칙적으로 해당 징수의 원인이 되는 조세채무의 확정의 위법성 여부를 다툴 수 없으며, 해당 징수처분의 절차상 하자에 대해 다툴 수 있을 뿐이다. 다만, 원천징수의무자에 대한 징수처분의 경우는 징수처분상 세액 그 자체의 적법성 여부에 대해 다툴 수 있다.

세무서장에게 환급청구를 하였지만 이를 거부당한 경우 거부처분이 위법하거나 부당하다고 다툴 수는 없다. 세무서장의 환급의 결정은 국가가 납세자에게 지고 있는 채무를 이행하는 성격을 지니고 있기 때문에 환급을 거부하는 것에 대해서는 민사소송으로 다루어야 하기 때문이다. 따라서 항고소송으로 다룰 수 없음에도 불구하고 국세심판단계에서는 필요한 처분을 받지 못한 것으로 보아 청구를 제기할 수 있다.[884] 다만, 이 경우에도 납부할 당시 조세채무가 존재하지 않았던 오납액인 경우에는 심판청구를 허용하지만 납부할 당시 비록 하자 있는 행위에 의하여 확정된 것이지만 조세채무가 유효하게 존재하였던 과납액인 경우에는 과납의 원인이 되는 신고행위 또는 부과처분을 경정하는 등의 과정이 전제되지 않은 것이라면 심판청구를 받아들일 수 없다(대법원 1997.10.10. 선고 97다26432 판결).[885]

부과처분 또는 징수처분의 무효확인에는 행정심판전치주의가 적용되지 않으며, 소제기에 불변기간도 없다. 이 경우 소제기에 앞서 국세심판청구를 할 수 있는가? 국세심판청구는 하자 있는 처분을 받았거나 필요한 처분을 받지 못한 경우에 제기할 수 있다. 이때 처분은 구속력 있는 행위에 한정되는 것이 아니라 행정관청이 수행할 수 있는 각종 행위를 포괄하는 개괄주의적인 입

---

884) 징세−2803, 2004.8.25. 조심2010광0349 , 2010.12.24., 조심2009서1825 , 2009.08.04

885) 2003년 12월 30일 법률 제7008호로 국세기본법 제51조 제1항 후단으로 "착오납부・이중납부로 인한 환급청구는 대통령령으로 정하는 바에 따른다." 는 내용이 신설되어 환급청구권이 명시적으로 보장된 이후에는 환급청구의 거부는 처분으로 보아야 할 것이라는 이유로 과납액의 환급거부에 대해서도 심판청구는 물론 취소소송을 제기할 수 있다는 견해가 있다(김영우, 착오납부・이중납부로 인한 국세환급청구권에 관한 연구, 『인권과 정의』 , 2013년 2월).

장에서 폭넓게 인정하여야 한다. 부과처분과 징수처분은 모두 심판청구의 대상으로 인정된다.[886]

심판청구에 대한 처분 즉 심판결정은 심판청구의 대상이 되는 '처분'에 해당하지 않는다(국세기본법 제55조 제5항).[887]

당초 처분의 적법성에 관하여 재조사하여 그 결과에 따라 과세표준과 세액을 경정하거나 당초 처분을 유지하는 등의 처분을 하도록 하는 조세심판원의 결정에 따른 처분은 심판청구에 대한 처분에 포함되며, 이는 심판청구의 대상이 되지 않는 것으로 보았다(국세기본법 제55조 제5항 제1호). 2016년 개정된 국세기본법은 재조사 결정에 따른 처분청의 처분에 대해서는 해당 재조사 결정을 한 재결청에 대하여 심사청구 또는 심판청구를 제기할 수 있도록 하는 한편, 이를 거치지 아니하고도 행정소송을 제기할 수 있도록 하고 있다(국세기본법 제55조 제5항 단서). 재조사 결정에 따른 처분청의 처분에 대해서는 이의신청을 할 수 없다(국세기본법 제55조 제6항).

심사청구의 결정에 대해 국세청장은 직권 또는 심사청구인의 신청에 의하여 이를 경정할 수 있다(국세기본법 제65조의 2). 결정의 경정은 심판청구에 대한 결정에도 허용된다(국세기본법 제81조).

2. 심리원칙 · 결정절차

심리의 대상을 판단함에 있어서는 총액주의에 의한다. 심리에는 불이익변경금지(Verbot der Verböserung), 불고불리 및 자유심증주의의 원칙이 적용된다.

불이익변경금지의 원칙에 의하면 심판결정을 함에 있어서 심판청구를 한 처분보다 청구인에게 불이익이 되는 결정은 하지 못한다. 따라서 청구인은 과세표준의 증가, 세액의 증가, 이월결손금의 감소 및 환급세액의 감소 등과 같은 불이익을 받지 아니한다.[888] 이 원칙은 납세자가 안심하고 불복절차를 제기할 수 있도록 불복청구권을 보장하기 위한 것이다.[889] 다만, 불복과정에서 과세관청이 알게 된 새로운 정보가 있을 경우 과세관청은 그에 의해 새로운 부과처분을 할 수 있을 것이다.[890]

---

886) 국세청징세-2803, 2004.8.25. 참조. "위법 또는 부당한 '처분'을 받거나 필요한 '처분'을 받지 못함으로써 권리 또는 이익의 침해를 당한 자는 국세기본법 제55조 제1항의 규정에 의하여 심사청구 또는 심판청구를 할 수 있는바, 과세관청의 '처분'에는 납세고지는 물론 환급통보도 포함되는 것이다."
반대의 입장을 취하고 있는 조세심판원의 결정례가 있다. "신고로 확정된 세액의 무납부에 따라 과세관청이 징수처분을 취할 경우 행정소송의 대상이 되는 처분이 존재하는 것으로 보지는 않음(조심 2009서0541, 2009.4.03)."
그러나 수정신고가 당연무효가 되어 세액이 확정되지 않은 경우는 다르다. 징수처분의 사유가 존재하지 않은 상태에서 취한 징수처분은 당연무효이다. 법원에서 처분의 무효확인을 구하거나 무효확인을 구하는 의미에서의 처분의 취소청구는 받아들여지고 있다.

887) 행정심판법상으로도 심판청구에 대한 결정이 있으면 그 결정 및 같은 처분 또는 부작위에 대하여 다시 심판청구할 수 없도록 규정되어 있다(행정심판법 제51조).

888) 특정 비용의 손금산입에 관해 해당 법인의 신고, 과세관청의 처분 및 국세심판원의 결정을 비교할 때 해당 연도의 그 비용의 손금산입액에 관한 심판원의 결정이 과세관청의 처분상 금액보다 적을 때에는 불이익변경금지원칙에 저촉될 수 있다. 심판원의 결정은 장기간에 걸쳐 상각될 비용을 손금으로 인정하는 것에 관한 결정을 하면서 부과제척기간이 경과한 기간분에 대해서는 납세자의 신고내역을 인정하고 이후분에 대해서만 바로잡으면서 결과적으로 해당 연도의 손금산입액을 감소시키는 결정을 한 것은 부과제척기간의 법리에도 어긋난다(대법원 2004.12.9. 선고 2003두278).

889) 국세기본법 제79조 제2항에 의하면 조세심판관회의 및 조세심판관합동회의는 심판청구를 한 처분보다 청구인에게 불이익이 되는 결정을 하지 못한다.

890) 불이익변경금지는 심사결정의 주문 내용이 심사청구 대상인 과세처분보다 청구인에게 불이익한 경우에 적용되고, 과세관청이 심사결정의 이유에서 밝혀진 내용에 근거하여 탈루 또는 오류가 있는 과세표준이나 세액을 경정결정하는 경우에는 적용되지 아니한다(대법원 2007.11.16. 선고 2005두10675 판결).

불고불리의 원칙에 의하면 심판결정을 함에 있어서 심판청구를 한 처분 이외의 처분에 대해서는 그 처분의 전부 또는 일부를 취소 또는 변경하거나 새로운 처분을 하는 결정을 하지 못한다. 이는 심판의 범위를 규정하는 것이며 그 범위는 불복의 대상이 된 처분에 국한하고 그 이외의 처분에 대해서는 심판할 수 없다. 그러나 당사자가 주장하지 않은 사실에 대해서도 심리할 수 있다.[891] 직권 또는 심판청구인의 신청에 의해 심판청구인 등 관계인에게 질문하거나 장부 등 증거서류의 제출을 요구할 수 있다(국세기본법 제76조 제1항).

심판청구인은 과세관청의 답변서에 대하여 항변하기 위하여 조세심판원장에게 증거서류나 증거물을 제출할 수 있다(국세기본법 제71조 제1항).

자유심증주의에 의하면 심판관은 심판청구에 대한 조사 및 심리의 결과와 과세의 형평을 참작하여 자유심증으로 사실을 판단한다. 이는 본래 소송법에서 발달된 증거법원칙으로서 재판관이 증거자료에 의하여 사실을 인정할 때 증거의 범위나 그 신빙성의 정도를 검토하고 인정함에 있어서 법률상 아무런 구속이나 제한도 받지 않고 자유로이 판단함을 뜻한다.[892] 이는 심사청구와는 달리 심판청구의 심리절차에서만 명문으로 규정하고 있다. 심판청구에서 심판관의 독립성을 보장하여 권리구제의 범위를 확대시키기 위한 것이다.

조세심판원장이 심판청구를 받았을 때에는 조세심판관회의가 심리를 거쳐 결정한다.

조세심판원장과 상임조세심판관 모두로 구성된 회의가 조세심판관회의의 의결이 다음 각 호의 어느 하나에 해당한다고 의결하는 경우에는 조세심판관합동회의가 심리를 거쳐 결정한다(국세기본법 제78조).

1. 해당 심판청구사건에 관하여 세법의 해석이 쟁점이 되는 경우로서 이에 관하여 종전의 조세심판원 결정이 없는 경우
2. 종전에 조세심판원에서 한 세법의 해석·적용을 변경하는 경우
3. 조세심판관회의 간에 결정의 일관성을 유지하기 위한 경우
4. 그 밖에 국세행정이나 납세자의 권리·의무에 중대한 영향을 미칠 것으로 예상되는 등 대통령령으로 정하는 경우[893]

3. 심판결정

가. 종류

심판청구에 대한 결정은 그 결정된 내용에 따라 다음과 같이 각하, 기각 및 인용(취소, 경정 또는 필요한 처분) 등으로 분류된다.

---

891) 이의신청 또는 심사청구에 있어서는 청구인이 주장하지 아니한 내용에 대해서도 불이익한 변경이 아닌 한도 내에서 심리·결정할 수 있다(국세기본법기본통칙 제55-0…12). 이는 심판청구에도 준용된다고 보아야 한다.

892) 심판청구에 대해서는 독립의 심판부가 결정하는 한편 심사청구에 대해서는 국세청장이 결정하는 점을 상기할 필요가 있다.

893) 국세행정에 중대한 영향이 예상되어 국세청장이 요청한 경우가 포함된다. 이 경우 국세청장은 세무서장이 심판청구서를 받은 날부터 25일 이내에 요청서를 제출하여야 한다. 조세심판원장은 국세청장의 요청 사실을 지체 없이 심판청구인에게 통지하여야 하며, 국세청장은 그 요청을 철회할 수 없다.

각하결정은 요건심리를 한 결과 청구요건이 불비한 경우에 청구인이 주장한 이유 등 내용을 심리하지 않고 신청 자체를 배척하는 결정이다. 즉 본안심리를 하지 않고 신청 자체가 부적법하다고 판단하는 결정이다.[894] 예를 들어, 심판청구 기간의 경과, 청구적격 없는 자의 청구, 불복대상이 된 처분의 부존재, 불복대상이 되지 못하는 사항에 대한 청구 등의 이유가 있다.

기각결정은 청구요건을 구비하였으므로 본안심리에 의하여 청구 주장의 내용 및 이유 등을 검토·심리하고 그 불복의 내용이 이유 없다고 판단하는 결정으로 청구인의 불복을 받아들이지 아니하고 처분청의 처분 등을 정당하다고 인정하여 청구의 대상이 된 처분을 유지시키는 결정이다.

인용결정은 내용심리의 결과 불복의 내용이 이유 있다고 판단하는 결정이다. 청구인의 불복을 받아들여 처분청의 처분을 전부 취소, 일부 취소(경정) 및 필요한 처분의 결정 중 어느 하나에 해당하는 결정을 한다. 또한 본안심리를 한 결과 청구의 대상이 된 처분에 대하여 처분청으로 하여금 다시 조사시킬 필요가 있을 때 내리는 재조사결정도 필요한 처분의 결정에 포함된다. 취소·경정 또는 필요한 처분을 하기 위하여 사실관계 확인 등 추가적으로 조사가 필요한 경우에는 처분청으로 하여금 이를 재조사하여 그 결과에 따라 취소·경정하거나 필요한 처분을 하도록 하는 재조사 결정을 할 수 있다(국세기본법 제65조 제1항 제3호 단서).[895]

심판청구에 대한 결정에 오기·계산착오 기타 이와 비슷한 잘못이 있는 것이 명백한 때에는 국세청장은 직권 또는 심사청구인의 신청에 의하여 이를 경정할 수 있다(국세기본법 제65조의 2). 결정의 경정은 심판청구에 대한 결정에도 허용된다(국세기본법 제81조). 그러나 감사원심사청구에 대해서는 일사부재리의 원칙을 이유로 결정의 경정이 허용되지 않는다(감사원법 제48조).

재조사결정 시 과세관청은 재조사를 하고 다시 결정하게 된다.

재조사 결정이 있는 경우 처분청은 재조사 결정일로부터 60일 이내에 결정서 주문에 기재된 범위에 한하여 조사하고, 그 결과에 따라 취소·경정하거나 필요한 처분을 하여야 한다(국세기본법 제65조 제5항). 재조사 결과는 지체 없이 청구인에게 서면통지하여야 한다. 이때의 통지는 세무조사 결과 통지의 범주에 포함되지 않으며 이에 따라 과세전적부심사의 대상이 되지 않는다(국세기본법시행령 제52조의 2).

납세자로서는 재조사결정도 심판결정의 하나이기 때문에 그 심판결정의 통보를 받은 날부터 90일 이내에 소송을 제기하여야 하는가(불변기간, Ausschlussfristen)가 문제 된다. 법원은 이에 대해 "재조사결정은 처분청의 후속처분에 의하여 그 내용이 보완됨으로써 이의신청 등에 대한 결정으로서의 효력이 발생한다고 할 것이므로 재조사결정에 따른 심사청구 기간이나 심판청구기

---

894) 국세기본법기본통칙 65-0…1.

895) 재조사절차에 의해 증액결정을 위한 과세자료가 추가적으로 나오는 경우 불이익변경금지원칙에 위배되는 것인지의 문제가 야기된다. 이에 대해 법원은 다음과 같은 판단을 하고 있다. 국세기본법 제79조 제2항은 과세처분에 불복하는 심판청구에 대한 결정을 함에 있어서 심판청구를 한 처분보다 청구인에게 불이익이 되는 결정을 하지 못한다고 규정하고 있고, 위 조항은 국세기본법상 심사청구에 대한 결정에도 준용되는바, 이러한 불이익변경금지는 심사결정의 주문 내용이 심사청구 대상인 과세처분보다 청구인에게 불이익한 경우에 적용되고, 과세관청이 심사결정의 이유에서 밝혀진 내용에 근거하여 탈루 또는 오류가 있는 과세표준이나 세액을 경정결정하는 경우에는 적용되지 아니한다(대법원 2007.11.16. 선고 2005두10675 판결[법인세부과처분취소]). 재조사결정에 따른 후속처분이 불이익한 것인지는 재조사결정의 대상이 된 모든 과세단위별로 판단하여야 한다(대법원 2016. 9. 28. 2016두39382 판결).

간 또는 행정소송의 제소 기간은 이의신청인 등이 후속처분의 통지를 받은 날부터 기산된다."라
는 판단을 한 바 있다.[896] 2016년 국세기본법 개정으로 재조사결정에 따른 과세관청의 처분에
대해서도 심판청구를 할 수 있게 되었지만 이를 거치지 않는 경우라면 재조사결정에 따른 후속
처분의 통지를 받은 날부터 90일 내에 소송을 제기하여야 할 것이다.

재조사결정에 따른 재조사는 국세기본법상 재조사금지대상은 아니다(국세기본법 제81조의 4
제2항 제4호). 국세기본법은 간접적으로 "재조사결정"의 법적 근거를 제공하고 있는 것이다. 재
조사를 결정할 때 재조사의 방향에 대해 명시할 수 있다. 조세심판원이 재조사결정을 하면, 그에
따라 과세관청은 재조사를 하고 당초심판의 대상이 되었던 처분을 유지하든가 경정처분을 할
수 있게 된다. 경정처분은 감액경정처분이 되거나 증액경정처분이 될 것이다. 당초 처분에 대한
조세심판원의 재조사결정은 재조사에 의한 경정처분과 일체인 것으로 본다면[897], 조세심판원의
재조사결정에 따른 증액경정처분은 조세심판결정이 불이익변경금지원칙을 우회적으로 어긴 결과
가 될 것이지만, 실무적으로는 재조사결정에 따른 증액경정이 이루어지고 있다.[898] 이는 그간
재조사결정과 경정처분은 별개의 것으로 보는 대법원의 해석관행에도 일부 연원한다.[899]

2017년 대법원은 처분청은 재조사 결정의 취지에 따라 재조사를 한 후 그 내용을 보완하는
후속 처분만을 할 수 있으므로(불이익변경금지원칙) 처분청이 재조사 결정의 주문 및 그 전제
가 된 요건사실의 인정과 판단, 즉 처분의 구체적 위법사유에 관한 판단에 반하여 당초 처분을
그대로 유지하는 것은 재조사 결정의 기속력에 저촉된다는 판단을 하였다.[900]

2016년 개정된 국세기본법은 재조사결정에 따른 재조사에 대해서는 중복조사금지규정에 대
한 예외를 인정하는 조문에 이 경우 재조사는 결정서 주문에 기재된 범위의 조사에 한정한다
고 명시하고 있다(국세기본법 제81조의 4 제2항 제4호).

나. 효력

심판결정은 행정처분의 일종이므로(국세기본법 제55조 제5항 제1호), 일반 행정처분에 인정
되는 효력인 공정력·불가쟁력이 있고 그것은 쟁송절차를 거쳐서 된 심판행위이므로 재결의

---

896) 이는 재조사결정은 처분청의 후속 처분에 의하여 그 내용이 보완됨으로써 이의신청 등에 대한 결정으로서의 효력이 발생한
다고 보는 관점이다. 재조사결정은 당해 결정에서 지적된 사항에 관해서는 처분청의 재조사결과를 기다려 그에 따른 후속
처분의 내용을 이의신청 등에 대한 결정의 일부분으로 삼겠다는 의사가 내포된 변형결정에 해당한다고 보는 것이다(대법원
2007두12514전원합의체판결, 2010.6.25., 대법원 2010.6.25. 선고 2007두17373판결).

897) 대법원은 재조사결정과 경정처분을 일체로 보고 있다. 재조사결정은 처분청의 후속처분에 의하여 그 내용이 보완됨으로써
이의신청 등에 대한 결정으로서의 효력이 발생한다고 할 것이므로 재조사결정에 따른 심사청구 기간이나 심판청구기간 또
는 행정소송의 제소기간은 이의신청인 등이 후속처분의 통지를 받은 날부터 기산된다고 한다(대법원 2007두12514 전원
합의체 판결, 2010.6.25., 대법원 2010.6.25. 선고 2007두17373판결). 이에 따라 경정처분에도 만족하지 못하는 납세자
는 경정처분의 통보를 받은 날부터 90일 이내 소송을 제기하여야 한다.

898) "재조사"는 외견상 "중복조사"에 해당한다. 세법은 중복조사를 원칙적으로 금지하고, 세법의 집행상 세수의 일실을 없애기
위해 합리적으로 필요한 범위 안에서만 예외적으로 허용하는 경우를 열거하고 있다. 재조사는 납세자의 입장에서는 세무조
사이기 때문에 부담이 되지만 당초의 조사가 잘못 되어 있는 점을 시정할 수 있는 기회를 제공하는 역할을 하는 것이다.

899) 대법원 1997.10.24. 선고 96누10768, 대법원 2009.05.28. 선고 2006두16403

900) 대법원 2017. 5. 11. 선고 2015두37549 판결

효력으로서 불가변력, 구속력 및 형성력이 있다.

불가변력은 일단 결정되면 그 재결에 어떤 하자(취소사유에 해당하는 하자)가 있더라도 재결청 자신도 이를 취소·변경할 수 없는 내용적 확정력으로서 실질적 확정력(materielle Bestandskraft)이라고도 한다. 이는 법률생활의 안정을 도모하면서 행정권의 자율성을 제한함을 목적으로 한다.

구속력(기속력)이라 함은 처분청은 물론 신청인 기타 관계인을 구속하는 효력이 있음을 말한다.[901]

형성력은 취소판결의 취지에 따라 종전의 처분에 의하여 형성된 기존의 법률관계 또는 법률상태에 변동을 가져오는 효력을 말한다. 심판결정에 대해서는 법원의 판결에 대해서처럼 바로 형성력이 인정되는 것은 아니다. 결정문에서 바로 취소·경정한다고 하면 형성력이 있는 것이 되지만 단순하게 취소·경정의 기준만 제시한 경우에는 그렇지 않다.[902]

처분청은 심판결정에 불복하여 행정소송 등 쟁송을 제기할 수 없다. 조세심판원장으로부터 심판결정의 통지를 받은 관계 행정기관의 장은 그 받은 날로부터 14일 이내 그 처리전말을 조세심판원장에게 보고하여야 한다.

제3절 사후구제 – 조세소송

제1항 조세소송의 종류

조세소송이라 함은 세법상 법률관계에 관련된 구제절차로서 행정소송 및 민사소송 등 모든 조세 관련 소송을 말한다. 통상적으로는 과세관청의 위법한 처분으로 인하여 권리를 침해당한 납세자가 제기하는 행정소송법상 주관적 소송인 항고소송과 당사자 소송, 객관적 소송인 민중소송과 기관소송을 말한다. 협의로는 조세법률관계에 관한 행정소송 중 행정소송법의 적용을 받는 주관적 소송으로서 항고소송과 당사자 소송을 지칭한다. 행정소송법은 구체적 소송유형으로서 행정청의 처분 등이나 부작위에 대하여 제기하는 '항고소송', 행정청의 처분 등을 원인으로 하는 법률관계에 관한 소송, 그밖에 공법상의 법률관계에 관한 소송으로서 그 법률관계의 한쪽 당사자를 피고로 하는 소송인 '당사자 소송' 등을 열거하고 있다(행정소송법 제3조). 나아가 행정소송법은 항고소송을 다시 행정청의 위법한 처분 등을 취소 또는 변경하는 '취소소송

---

901) 과세관청의 처분에 대한 이의신청과정에서 과세관청이 직권으로 해당 처분을 취소하자 이의신청위원회가 이의신청의 대상이 존재하지 않는다는 이유로 각하결정을 한 경우, 원래 '각하' 결정에는 구속력이 인정되지 않지만, 과세관청의 직권취소와 각하의 결정을 종합하여 볼 때 해당 조치들은 '인용' 결정에 준하는 것이므로, 그에 대해 구속력을 인정할 수 있다. 추후 감사원의 지적에 따라 해당 과세관청이 종전처분과 동일한 내용의 처분을 한 것은 위 구속력에 위배되는 것으로 위법하다고 보아야 한다(대법원 2010.6.24. 2007두18161, 비슷한 취지 대법원 2010.9.30. 2009두1020).
대법원 2016. 10. 27. 선고 2016두42999 판결(상증세법 제42조에 의한 처분이 위법하며 동법 제35조를 근거로 과세하여야 한다는 심판원 결정에 따라 과세관청이 동법 제35조를 근거로 과세한 처분에 대해 법원은 다시 동법 제35조를 근거로 한 처분은 위법하며 동법 제42조를 근거로 과세하여야 한다는 판단을 하자 다시 과세관청이 동법 제42조를 근거로 내린 처분은 당초 심판원결정의 기속력에 반함)
대법원 2019. 1. 31 선고 2017두75873 판결 참조
902) 소순무, 『조세소송』, 영화조세통람, 2008, pp.177~178.

(Anfechtungslkage)', 행정청의 처분 등의 효력 유무 또는 존재 여부를 확인하는 '무효 등 확인 소송(Fesstellungsklage)', 행정청의 부작위가 위법하다는 것을 확인하는 '부작위위법확인소송(Verpflichtungsklage)'으로 구분하고 있다(행정소송법 제4조).[903]

납세자가 조세채무의 존부를 다투기 위하여 가장 빈번하게 제기하는 소송은 행정소송의 전형적인 형태인 취소소송이다. 위 취소소송 중에는 과세관청의 부과처분 및 그 경정결정에 위법이 있다는 사유를 내세워 처분의 취소를 구하는 것이 대종을 이룬다. 조세행정소송의 주류를 이루는 취소소송에는 반드시 전심절차로서 행정심판절차를 거치도록 규정하고 있어 처분무효확인소송이나 당사자 소송 특히 조세 관련 민사소송과 이 점에 있어 다르다고 할 수 있다. 한편, 조세민사소송은 위법한 행정의 시정을 목적으로 하는 것이 아니고 납세자와 과세 주체(국가 또는 지방자치단체) 사이의 대등한 관계에서 납세자 개인의 권리구제를 목적으로 하는 사법상의 법률관계에 대한 소송이라는 점에서 조세행정소송과 구별된다. 조세환급청구소송, 국가배상청구소송, 조세채무부존재확인소송,[904] 사해행위취소소송, 채권자대위소송, 압류채권지급청구소송, 압류등기말소소송 및 배당이의소송 등이 조세민사소송의 예이다. 또한 조세행정소송은 적용 법률의 위헌성을 다투는 조세위헌법률심판,[905] 헌법소원 등 조세헌법소송과도 그 대상에 차이가 있다.

1. 조세행정소송

조세행정소송은 행정소송법에 따라 진행된다. 국세기본법은 그에 대한 특별규정을 몇 개 두고 있다. 행정소송법은 원칙적으로 행정심판전치주의를 채택하고 있지 않으며, 다른 법률에 의하여 행정심판전치주의가 적용되는 경우에도 일정한 때에는 행정심판의 제기 또는 재결을 거치지 않고 취소소송을 제기할 수 있도록 하고 있다(행정소송법 제20조). 취소소송은 행정처분이 있음을 안 날(행정심판을 거친 경우에는 재결서의 정본을 송달받은 날)로부터 90일 이내에 제기하여야 한다고 규정하고 있다(행정소송법 제20조). 이에 반해 국세기본법은 위법한 국세처분에 대해 행정소송을 제기하기 위해서는 반드시 국세기본법에 규정된 심사청구나 심판청구를 거치도록 하고 있다. 결정의 통지를 받은 날로부터 종전에는 60일 이내에 행정소송을 제기하도록 하였지만 1998년 12월 28일 개정(법률 제5579호)으로 90일 이내에 제기하도록 하고 있다(국세기본법 제56조 제3항).

가. 항고소송

항고소송은 '행정청의 처분 등이나 부작위에 대하여 제기하는 소송'이다. 즉 행정청의 위법

---

903) 독일법상 급부소송(Leistungsklage)의 대상이 되는 행정청의 위법한 부작위에는 행정처분만 포함하는 것으로 보지 않는다 (독일 재정법원법(Finanzgerichtsordnung) 제40조 제1항). 다만, 위법한 과세처분이 취소되지 않아 효력을 유지하고 있는 경우에는 바로 급부소송을 제기할 수는 없다. 이 경우 과세처분의 취소에 의해 환급청구권이 발생한 경우 급부소송에 의해 그것에 기한 환급의 청구를 할 수 있다.

904) 공법상 법률관계에 관한 것이라는 이유로 당사자소송으로 분류되기도 한다.

905) 법원은 '합리적인 위헌의 의심이 있는 때' 위헌법률심판의 제청을 하게 된다.

한 공권력의 행사 또는 불행사로 인하여 권리, 이익이 침해된 경우에, 그 위법상태를 배제하여 권익구제를 받기 위하여 제기하는 소송이다. 행정소송법은 항고소송으로 취소소송, 무효 등 확인소송, 부작위위법확인소송 세 가지 유형을 규정하고 있다.

(1) 취소소송

취소소송은 과세관청의 위법한 부과처분이나 징수처분의 취소나 변경을 구하는 소송으로서 처분청을 상대로 제기되는 조세행정소송의 전형이다. 취소소송은 행정청의 처분의 전부 또는 일부의 취소나 변경을 구하는 것을 원칙으로 하며, 국세심판청구에 대한 결정과 같은 재결의 취소나 변경은 당해 재결 자체에 고유한 위법이 있음을 이유로 하는 경우에만 허용된다(행정소송법 제19조 단서).

조세에 관한 취소소송에는 행정심판전치주의가 적용되고 제소 기간의 제한이 있다. 다만, 종전에는 지방세 부과에 대해 불복할 경우 행정소송을 제기하기 위해서는 지방세법에 의한 행정심행정심(이의신청, 심사청구, 감사원심사청구 또는 심판청구)을 반드시 거쳐야 하는 필요적 전심제도로 되어 있었으나 현재에는 행정심을 거친 후에 행정소송을 제기할 수도 있고, 행정심을 생략하고 바로 행정소송을 제기할 수도 있는 임의적 전심제도로 변경되었다(2001.12.29. 지방세법 제81조 삭제).

취소소송은 취소사유가 되는 하자가 있는 처분을 대상으로 하는 것이 일반이나 취소소송의 요건을 갖추고서도 처음부터 처분이 무효인 것을 주장하여 청구하는 것도 가능하다. 법원은 이에 대해 취소결정을 할 수 있다.

조세환급청구의 요건을 충족시키기 위한 이른바 전제소송으로서 처분취소소송은 실무상 주종이 되는 조세행정소송의 형태이다. 그 소송대상처분에 따라 부과처분취소소송, 징수처분취소소송과 거부처분취소소송으로 나눌 수 있다.

부과처분취소소송은 과세관청의 과세표준과 세액에 관한 결정(부과방식의 조세) 및 경정(최초의 결정에 대한 경정, 신고납세방식의 조세에 있어서는 신고내용의 경정)에 대하여 직접 그 처분의 취소를 구하는 것으로 조세소송의 주류적인 것이다.

징수처분취소소송은 과세관청의 징수절차상의 위법에 대하여 그 취소를 구하는 것이다. 처분의 취소가 확정되면 당해 처분의 효력은 소급적으로 소멸하게 된다.[906]

거부처분취소소송은 과세관청이 납세자의 일정한 신청에 대하여 그에 따른 청구를 거부한 경우에 제기하는 것으로서 국세기본법 제45조의 2에 기한 납세자의 경정청구에 대하여 이를 받아들이지 아니하는 경우에 그 처분청을 상대로 제기하는 거부처분취소소송이 대표적인 예이다.[907]

---

906) 양도소득세 납세의무자가 과세표준과 세액의 신고만 하고 세액을 납부하지 아니하여 과세관청이 신고한 사항에 대하여 아무런 경정 없이 신고내용과 동일한 세액을 납부하도록 고지한 경우, 그 납세고지는 징수처분이다. 소의 적법 여부는 소송요건으로서 당사자의 주장이 없더라도 법원이 직권으로 이를 조사할 수 있는 것이므로 피고나 국세심판원이 당초 이 사건 납세고지를 과세처분이라고 하였다가 소송과정에서 징수처분이라고 주장하였다고 하여 신의칙이나 금반언의 원칙에 반한다고 할 것은 아니다(대법원 2004.9.3. 선고 2003두8180 판결).

907) 세법에 근거한 경정청구에 대해 거부한 것에 한한다. 국세기본법 또는 개별 세법에 경정청구권을 인정하는 명문의 규정이 없는 이상 조리에 의한 경정청구권을 인정할 수 없으므로, 납부의무자의 세법에 근거하지 아니한 경정청구에 대하여 과세관청이 이를 거부하는 회신을 하였다고 하더라도 이를 가리켜 항고소송의 대상이 되는 거부처분으로 볼 수 없다(대법원

거부처분취소소송이 확정되면 거부처분의 위법이 확인되고 과세관청으로서는 신청에 따른 처분을 하여야 할 의무를 부담하게 된다.

취소소송의 성질에 관해서는 학설상 형성소송설, 확인소송설 및 구제소송설 등으로 나누어져 있다. 이 중 형성소송설이 통설과 판례의 입장이다.

(2) 무효 등 확인소송

과세관청이 한 처분의 효력 유무 또는 존재 여부의 확인을 구하는 소송으로 부과처분무효확인소송 및 부과처분부존재확인소송이 그 예이다.

무효 등 확인소송은 제소 기간의 제한이나 행정심판전치주의가 적용되지 아니한다. 또한 법률상의 이익이 인정되는 자는 납세자가 아니더라도 그 소송을 제기할 수 있다.

(3) 부작위위법확인소송

납세자의 신청에 따라 과세관청이 상당한 기간 내에 일정한 처분, 즉 인용하는 적극적 처분이나 각하하는 등의 소극적 처분을 하여야 할 법률상 의무가 있음에도 불구하고 아무런 조치도 하지 아니하는 경우 그 부작위가 위법하다는 것의 확인을 구하는 소송이다.

판례는 부작위위법확인소송을 과세관청이 위와 같은 응답의무를 이행하지 아니하는 경우 그 부작위가 위법하다는 것을 확인함으로써 소극적 위법상태를 제거하는 것을 목적으로 하는 소송으로 보고 있다.[908] 소송의 대상은 '부작위'이다. '거부'는 '부작위'에는 해당하지 않는다. 거부처분취소소송과의 차이는 과세관청의 '작위(거부)'를 문제로 삼느냐 혹은 부작위를 문제로 삼느냐에 있다. 행정법상 부작위위법확인소송의 대상이 되는 '부작위'란 행정관청이 어떤 처분을 하여야 하는 법률상 의무가 있음에도 불구하고 하지 않는 것을 말한다(행정소송법 제2조 제1항 제2호). 여기서 '처분'은 행정관청의 대외적 구속력이 있는 행위를 말한다. 판례는 납세자의 환급신청에 대하여 국세기본법 제51조에 따른 환급결정을 하지 않고 있는 부작위에 대한 위법확인소송은 부적법하다고 보고 있다.

대법원 1989.7.11., 87누415판결사건에서는, 피고가 1983년 3월 24일 원고를 소외 화신산업 주식회사(이 뒤에는 '소외 회사'라고 한다)의 국세기본법 제39조에 의한 제2차 납세의무자로 지정하여 소외 회사의 국세 등 체납액 합계 금 1,010,545,134원을 세액납부통지서에 의하여 납부 고지(이 뒤에는 '당초납부고지처분'이라고 한다)하였다가, 그 세액납부통지서에 세액산출근거를 명시하지 않았음을 발견하고 1984년 3월 24일 다시 원고를 소외 회사의 제2차 납세의무자로 지정하여 소외 회사의 국세 등 체납액 합계 금 1,166,049,777원(당초 납부고지처분에 비하여 가산금이 증액되고, 당초납부고지처분 이후에 생긴 국세 등 체납액이 추가되었다)의 산출근거를 명시한 세액납부통지서에 의하여 납부 고지(이 뒤에는 '이 사건 납부고지처분'이라고 한다)하는 한편, 1984년 4월 9일 당초 납부고지처분을 하자가 있는 처분이라는 이유로 취소하였다. 피고가 이 사건 납부고지처분을 할 당시 소외 회사의 재산에 대하여 체납처분을 하더라

2010.2.25. 선고 2007두18284 판결).

908) 대법원 1992.6.9. 91누11278.

도 징수할 국세, 가산금과 체납처분비에 충당하기에도 부족하였다. 피고는 1983년 6월 1일 당초 납부고지처분에 기한 체납세액을 징수하기 위하여 원고의 소외 주식회사 한일은행(남대문지점)에 대한 정기예금 89,530,000원의 반환청구채권을 압류한 뒤 6월 30일 그중 83,499,832원을 위 체납세액에 충당하였다. 원고는 피고가 국세환급금결정을 하지 않는 것이 위법한 부작위라고 하여 위법확인을 구하는 소송을 제기하였다. 이에 대해 대법원은, 과세관청이 당초 납부고지처분에 기한 체납세액을 징수하기 위하여 납세의무자의 정기예금반환채권을 압류하고 제3채무자로부터 받은 금전을 국세징수법 제81조 소정의 배분방법에 따라 배분하였다면 그 후 당초 납부고지처분이 취소되었더라도 이로 말미암아 과세관청이 국세기본법 제51조, 제52조에 따라서 환급금결정을 하여야 하는지는 별론으로 하고, 그 배분 당시에는 국세환급금결정이나 다른 국세 등에의 충당 등의 문제는 생길 여지가 없으므로 그 배분을 바로 국세환급금결정을 하지 않고 있는 부작위라고 보아 그 위법확인을 구하는 소송은 그 소송의 대상인 위법한 부작위가 존재하지 않는 것이어서 부적법하다고 판시하였다. 국세환급금결정은 항고소송의 대상이 되는 행정처분이 아니므로 국세환급금결정이 행정처분임을 전제로 그 결정을 하지 않고 있는 부작위의 위법확인을 구하는 소송은 부적법하다고 본 것이다.

본 사건에서 원고가 구한 위법의 확인 대상이 되는 국세환급금결정은 과세관청 내부의 행위이므로 처분으로 볼 수 없으며 그에 따라 부작위위법확인소송의 대상이 될 수 없다.[909] 설사 그 처분성을 인정한다 하더라도 본 사건에서 원고가 1983년 6월 30일 당시의 배분을(환급을 하지 않았다 하여) 위법한 부작위로 지적한 것은 적절하지 않다. 그 당시에는 당초납부고지처분은 비록 하자가 있었지만 그것이 중대·명백하여 당연무효가 아닌 한 그 효력이 있으며 집행 가능한 것이기 때문에 그에 근거한 압류, 환가 및 배분은 적법한 것이었다. 이러한 법원의 판단이 예상됨에도 불구하고 원고가 1983년 6월 30일 당시의 배분을 부작위라 주장하고, 1984년 4월 9일 당초 납부고지처분의 취소가 있은 이후 국세환급금 결정을 하지 않은 것을 부작위라고 주장하지 않은 이유는 그 시점에는 이미(1984년 3월 24일) 이 사건 납부고지처분을 하였으므로 국세환급금결정을 하더라도 이 사건 납부고지처분에 의한 세액에 충당하여야 할 것이었기 때문인 것으로 보인다(국세기본법 제51조).

나. 당사자 소송

당사자 소송은 행정청의 처분 등을 원인으로 하는 법률관계에 관한 소송, 그밖에 공법상의 법률관계에 관한 소송으로서 그 법률관계의 한쪽 당사자를 피고로 하는 소송이다. 실무상 당사자 소송은 아주 제한된 범위 내에서만 인정되고 있다. 당사자 소송은 대등한 당사자의 소송유형으로서 다만, 그 소송물이 공법상의 법률관계인 점에서 조세민사소송과 다르다고 할 수 있다.

조세소송으로서의 당사자 소송은 과세 주체와 납세자 사이의 법률관계에 관한 소송으로서 피고는 처분청이 아니라 과세 주체인 국가나 지방자치단체이다.

---

909) 이에 대해서는 그의 처분성을 인정하는 견해도 있다(법원 1989.6.15. 88누6436 참조).

당사자 소송의 예로서 부가가치세환급세액지급청구소송이 있다.910) 또한 부과처분의 무효를 전제로 한 조세채무부존재확인소송 및 환급청구권존재확인소송이 있다. 후자는 전자와 표리관계에 있는 것으로 실무상 그 예를 찾기 어렵다. 전자에 대해서는 부정설과 긍정설이 있으나 이미 조세를 납부한 경우에는 조세환급청구소송이라는 다른 소송방법이 있으므로 그 실제적인 유용성은 적다. 다만, 신고가 무효인 경우로서 아직 세액이 납부되고 있지 아니한 정도가 실익이 있을 것이다.

다. 민중소송·기관소송

민중소송은 국가 또는 공공단체의 기관이 법률에 위반되는 행위를 하는 경우에 국민이 직접 자기의 법률상 이익과는 관계없이 그 시정을 구하기 위하여 제기하는 소송이다. 조세소송으로서의 민중소송은 종래 지방자치단체의 지방세 관련 조례에 관하여 위헌, 위법을 이유로 대법원에 그 취소를 청구하는 주민소송을 들 수 있었으나 현행 지방자치법은 이를 인정하지 않고 있다.

기관소송은 국가 또는 지방단체의 기관 상호간에 있어서 권한의 존부 또는 그 행사에 다툼이 있는 때에 제기하는 소송이다. 조세소송으로서의 기관소송은 지방의회의 조세조례에 관한 재의결에 대하여 지방자치단체의 장이 대법원에 제기하는 경우를 들 수 있다. 그러나 이 소송은 조세조례의 성립을 둘러싼 기관 간의 분쟁으로 납세자의 권리구제와는 직접 관련이 없다.

민중소송과 기관소송은 모두 객관적 소송에 속하며 법률의 규정이 있는 경우에 한하여 인정된다. 소송의 성격상 납세자의 권리구제수단으로서의 기능은 떨어진다.

2. 조세민사소송

가. 조세환급청구소송

조세법률관계에서 납세자가 과세관청에 납부한 세액이 법률상의 근거를 결여함으로써 발생하는 권리가 조세환급청구권이다.

국세환급청구권은 납세의무자가 부당이득의 반환을 청구하는 것이다.

무효 또는 부존재인 행정처분을 근거로 납부한 것과 같은 오납액은 처음부터 법률상 원인이 없으므로 국세환급청구권은 납부 또는 징수 시에 이미 확정되어 있는 것이다.911)

취소할 수 있는 하자에 불과한 행정처분을 근거로 납부한 것과 같은 과납액은 신고 또는 부

---

910) 납세의무자에 대한 국가의 부가가치세 환급세액 지급의무는 그 납세의무자로부터 어느 과세기간에 과다하게 거래징수된 세액 상당을 국가가 실제로 납부받았는지와 관계없이 부가가치세법령의 규정에 의하여 직접 발생하는 것으로서, 그 법적 성질은 정의와 공평의 관념에서 수익자와 손실자 사이의 재산상태 조정을 위해 인정되는 부당이득 반환의무가 아니라 부가가치세법령에 의하여 그 존부나 범위가 구체적으로 확정되고 조세 정책적 관점에서 특별히 인정되는 공법상 의무라고 봄이 타당하다. 그렇다면 납세의무자에 대한 국가의 부가가치세 환급세액 지급의무에 대응하는 국가에 대한 납세의무자의 부가가치세 환급세액 지급청구는 민사소송이 아니라 행정소송법 제3조 제2호에 규정된 당사자소송의 절차에 따라야 한다(대법원 2013.03.21. 선고 2011다95564 전원합의체 판결).

911) 신고 또는 처분의 무효확인소송이 전제소송으로서 반드시 필요한 것은 아니다.

과처분의 취소 또는 경정에 의하여 조세채무의 전부 또는 일부가 소멸한 때에 국세환급청구권이 확정된다.912) 각 개별세법의 규정에 따라 국세환급청구권이 확정되는 것이다.913) 항고소송으로 관할 과세관청의 처분이 위법함을 밝혀 그것의 효력을 판결에 의해 소급하여 소멸시키면 국가가 원인 없이 세금을 받아 놓는 것이 된다. 이에 따라 납세자는 국가에 대해 환급청구권을 갖게 되고 이러한 청구권에 의해 세금의 환급을 청구하게 되는데, 관할 과세관청이 환급을 거부하면 국세환급청구소송을 제기하게 된다.

국세환급청구권의 법적 성질에 관하여 판례는 사법상의 부당이득의 일종으로서 사법상의 청구권으로 보고 그에 관해서는 민사소송절차에 따라 반환을 청구하여야 한다고 본다. 부당이득의 반환을 청구하는 소송에 있어서는 이를 당사자 소송으로 제기할 수 있다고 보든, 판례와 같이 민사소송으로 제기하여야 한다고 보든 그 실질에는 차이가 없다. 당해 세금을 납부한 납세자가 원고가 될 수 있다.914)

대법원 1995.2.28., 94다31419판결사건에서 대법원은 신고납세방식의 조세에서 오납액에 대한 부당이득반환청구권의 성립요건에 대해 설시하고 있다. 이 사건에서 원고는 피고 산하 마포구청장에게 관련 조례규정을 들어 1993년 7월 16일 취득세 및 등록세 면제확인신청을 하였지만 거부당하고 그것을 수용할 생각은 없었지만 가산세부과를 피하기 위해 1993년 7월 19일 이 사건 건물에 대한 취득세 및 등록세를 마포구청에 자진 신고·납부하였다. 원고는 그 직후 피고가 원고로부터 납부받은 세액 상당액을 부당이득 하고 있는 것이라고 주장하면서 그 반환을 청구하는 소를 제기하였다. 법원은, 신고납세방식인 취득세 및 등록세에서 납부행위는 신고에 의해 구체적으로 확정된 납세의무의 이행에 해당하는 것이며 국가나 지방자치단체는 그렇게 확정된 조세채무에 따라 납부된 세액을 보유하고 있는 것이므로 납세의무자의 신고행위가 중대하고 명백한 하자로 인하여 당연무효가 되지 않는 한 그것이 바로 부당이득에 해당하지는 않는다고 하면서, 신고행위의 하자가 중대하고 명백하여 당연무효에 해당하는지에 대해서는 관련 법규를 목적론적으로 고찰함과 동시에 구체적 사정을 개별적으로 파악하여 합리적으로 판단하여야 하는데 본건 자진납부를 하지 아니하면 안 될 특별한 사정이 인정되므로 당연무효라고 보아야 한다고 하고 국세환급청구권을 인정하였다.

본건과 같이 신고납부를 조세채무의 확정요건으로 하는 세목상 지방자치단체가 부당이득을 취하고 있어 납세자가 그의 반환을 구할 수 있으려면 납세자는 해당 지방자치단체가 합법적인 원인 없이 해당 세금에 상응하는 금원을 차지하고 있음을 소명하여야 한다. 신고납부에 의해 확정된 법률관계가 효력이 없음을 밝혀야 하는데 이를 위해서는 이미 확정된 법률관계가 원래부터 무효이든가 아니면 취소되어 소급적으로 효력이 없는 것이 되어야 한다. 법원에 의하면 조세채무의 확정을 위한 납세자의 행위는 그것이 신고이든 신고납부이든 취소할 수 있는 것은 아니라고 한다. 따라서 신고납부가 당초부터 무효인 점을 밝혀야만 부당이득의 반환을 청구할 수 있게 된다.

---

912) 신고행위는 납세자가 취소할 수 없으므로 관청에의 경정청구를 통해 취소되어야 한다. 부과처분은 공정력이 있으므로 취소할 수 있는 하자가 있을 경우 취소처분이 있어야 한다.

913) 대법원 1997.10.10. 선고 97다26432 판결.

914) 대개는 환급청구소송과 동시에 처분취소소송 또는 처분무효확인소송을 제기한다.

부과결정방식의 조세의 경우에는 과세관청이 취소한 이후에도 환급해 주지 않는다면 부당이 득이 될 것이다.

1994년 국세기본법이 개정되어 국세의 경우 납세자가 과세관청에게 경정을 청구할 수 있게 되었다. 특히 신고납세세목의 경우 자신이 신고납부한 것에 대해 스스로 취소할 수 없었던 문 제점이 동 제도에 의하여 보완되었다.

국세의 경우 경정청구제도가 있기는 하지만 어떤 경위를 통해서건 소급하여 무효로 되거나 감액된 조세채무에 대해 이미 납부한 세액을 돌려받을 필요는 생길 것이기 때문에 부당이득반 환을 위한 조세환급청구소송은 필요할 것이다.

당시 지방세법상으로는 이와 같은 경정청구제도가 없어 납세자의 권익보호가 미흡하였다. 이 에 따라 납세자의 권익보호를 위한 측면에서는 납세자의 신고납부행위의 하자의 중대·명백성의 요건을 최대한 완화하여 적용할 필요가 있게 된 것이다.915)

참고로 이 사건 당시의 지방세법상으로는 취득세와 등록세는 납세자가 신고·납부하는 때에 납세의무가 확정되도록 되어 있었으며 신고만 하고 납부하지 않은 때에는 납세의무가 확정되 지 않는 것이었다(당시 지방세법 제30조 제1항). 2003년 12월 30일 위 규정이 개정되어 이제 는 신고만 해도 확정된다. 이 사건에서 납세자가 신고만 하고 납부를 하지 않았다면 산출세액 의 20%를 가산세로 부담하도록 되어 있었다(당시 지방세법 제121조 제1항). 이제는 신고를 하 지 않은 데 대해서는 산출세액의 20%, 납부를 하지 않은 데 대해서는 납부지연일 1일에 대해 10,000분의 3의 가산율을 적용한 가산세를 부과한다.

나. 국가배상청구소송

국가 또는 지방자치단체는 공무원이 그 직무를 집행함에 당하여 고의 또는 과실로 법령에 위반하여 납세자에게 손해를 가한 때에는 이를 배상하여야 할 책임이 있는바, 납세자가 세무공 무원의 고의 또는 과실로 인한 위법한 과세처분 등으로 인하여 세액을 납부함으로써 입은 손 해는 국가배상법에 의한 배상청구에 의하여서도 권리구제가 가능하다. 국가배상으로서 세액상 당의 손해를 청구하는 경우에는 실질적으로는 부과처분취소소송과 같은 효과를 얻을 수 있을 지 모르나 법리상 납부한 세액의 반환이 아니라 그 세액 상당의 손해배상을 구하는 것이므로 법적 성질을 달리한다.

대법원 1991.1.25, 87다카 2569판결사건에서 납세자는 부당이득반환청구 및 국가배상을 청구하는 민사소송을 제기하였는데 이는 이와 별개로 제기된 부과처분의 취소소송과 병행하는 것이었다. 이 사건에서, 1981년 12월 17일 소외 망인의 사망 후 상속인은 1982년 1월경 1980년 4월 9일자

---

915) 대법원 2009.2.12. 선고 2008두11716 판결 및 대법원 2006.1.13. 선고 2004다64340 판결 참조. 취득세 신고행위는 납 세의무자와 과세관청 사이에 이루어지는 것으로서 취득세 신고행위의 존재를 신뢰하는 제3자의 보호가 특별히 문제 되지 않아 그 신고행위를 당연무효로 보더라도 법적 안정성이 크게 저해되지 않는 반면, 과세요건 등에 관한 중대한 하자가 있고 그 법적 구제수단이 국세에 비하여 상대적으로 미비함에도 위법한 결과를 시정하지 않고 납세의무자에게 그 신고행위로 인한 불이익을 감수시키는 것이 과세행정의 안정과 그 원활한 운영의 요청을 참작하더라도 납세의무자의 권리구제 등의 측면에서 현저하게 부 당하다고 볼 만한 특별한 사정이 있는 때에는 예외적으로 이와 같은 하자 있는 신고행위가 당연무효라고 함이 타당하다.

감정가격을 기초로 상속세 신고를 했다. 강남세무서장은 1982년 2월 20일 한국감정원의 평가 결과를 통보받아 1982년 10월 14일 상속재산 가액의 결정통지를 하였다. 1982년 11월 23일 한국감정원은 해당 감정이 부실감정임을 밝히고 동년 11년 29일 다시 감정하여 1983년 1월 20일 국세청에 통보하였다. 원고들은 1983년 12월 28일 강남세무서장을 피고로 하여 상속세과 세가액 산정처분을 다투는 취소소송을 제기하였다. 1985년 10월 강남세무서장은 1982년 10월 14일 상속재산가액결정을 토대로 납세고지를 했다. 원고들은 이러한 납세고지가 있기 전인 1982년 11월 12일 강남세무서장에게 분할납부신청을 하여 허가를 받고 납부하여 왔다. 원고들은 위 취소소송과 별개로 국가를 상대로 부당이득반환 및 국가배상을 청구하는 민사소송을 제기했다. 이 민사소송이 당해 소송이다.

이에 대해 대법원은 다음과 같은 판단을 하였다.

(1) 세무서장이 상속세 과세가액을 결정하고 납세의무자로부터 연부연납허가 신청을 받아 이를 허가한 것만으로 상속세 부과처분이 있다고 볼 수 없다.

(2) 부과납세 방식의 조세에 있어서 그 부과처분이 있기 전에 납세의무자가 자진하여 세금을 과다 납부하였다면 부당이득의 성립을 인정하여야 할 것이며, 납세의무자가 세무서장의 인정가액에 따른 세금을 과세고지가 있기 전에 자진 납부하였다 하여 비채변제의 법리가 적용된다고 할 수 없다. 그리고 원고의 이 사건 부당이득금반환청구를 신의칙에 반한다고 할 수도 없다.

(3) 강남세무서장은 늦어도 1983년 12월 27일에는 한국감정원의 1982년 2월 20일자 감정이 부실감정임을 알 수 있었다. 그렇다면 강남세무서장 등 담당공무원들이 그 직무를 집행함에 당하여 고의 또는 과실로 부실감정에 기초한 상속재산평가액에 따라 상속세납세고지를 함으로써 원고들에게 손해를 가한 것이 인정된다. 이에 따라 정당한 결과를 기초로 계산되는 세금을 초과하는 차액 상당의 금액을 원고들에게 배상하여야 한다. 즉 조세부과처분 자체가 불법행위를 구성하는 경우 부과처분 취소소송 이외에 국가배상소송이 가능하다.

본 사건에서 상속세과세가액 산정처분이 취소소송의 대상이 되는 처분인가? 현행 상증세법 상으로는 내부행위에 불과한 것으로 보아야 하지만 당시, 즉 1981년 상속세법은 관할 세무서 장은 상속세과세가액을 결정한 경우에는 이를 납세의무자에게 통지하도록 하고 있었으며 이에 따라 그 적법성을 다툴 수 있었다.[916] 이후 개정되어 1983년 시행된 상속세법은 상속세과세가 액결정처분이라는 개념 대신 상속세액의 결정처분 개념을 사용하게 되었다.[917] 이때 개정부칙 상 제25조의 2의 개정규정은 동법 시행 후 과세표준과 세액을 최초로 결정하는 분부터 적용한 다고 규정하고 있었는데 본 사건 과세표준과 세액의 결정은 1985년 10월에 있었으므로 동 개 정규정에 따라 원고에게 통지를 한 것이다.[918] 이 역시 행정처분으로서 다툴 수 있는 대상이었

---

916) 제25조 ① 상속세의 과세가액은 제20조 제1항의 규정에 의한 신고에 의하여 결정한다. 다만, 신고가 없거나 신고내용이 부당하다고 인정되는 때에는 정부가 과세가액을 결정한다. 〈개정 1967.11.29.〉
② 과세가격을 결정하였을 때에는 정부는 납세의무자에게 통지하여야 한다. (이하 생략)

917) 제25조 (상속세액의 결정·경정) ① 상속세의 과세표준과 세액은 제20조 제1항의 규정에 의한 신고에 의하여 결정한다. 다만, 신고가 없거나 신고내용이 부당하다고 인정될 때에는 정부가 과세표준과 세액을 결정한다.
제25조의 2 (과세표준과 세액의 결정통지) 정부는 제25조의 규정에 의하여 과세표준과 세액을 결정 또는 경정한 때에는 이를 상속인 또는 수유자에게 통지하여야 한다.

을 것이다. 그런데 원고는 1985년 이전에 이미 세액을 분할 납부하여 왔다. 당시 상속세법상으로는 부과결정처분이 아직 없는 시점이라도 과세가액산정통지를 받으면 납세자는 연부연납을 신청[919]할 수 있도록 규정되어 있었다.[920] 원고는 관할 세무서장의 최초의 과세가액산정통지를 받고 그것이 맞는 줄 알고 그에 따라 상속세 연부연납 신청을 하여 납부해 온 것이다. 그러다가 그 통지가 부적법하다는 소식을 접하게 되자 그에 대해 취소소송을 제기하고 그 통지에 기하여 납부한 세액을 받은 국가에 대해 부당이득반환청구를 한 것이다.

본 사건에서 납세자는 상속세과세가액산정취소소송을 제기하는 데 그치고 상속세부과처분취소소송을 제기하지 않았다. 전자의 소송에서 납부한 세액을 돌려받을 수 있는지 명확하지 않은 상황에서 부당이득반환 및 손해배상청구소송을 제기한 것이다. 부당이득이 되기 위해서는 상속세 부과처분이 있었다면 그 부과처분이 무효로 판단되거나 취소되어야 하는 것이 원칙이지만 본 사건에서 법원은 그 부과처분이 있기 전에 납세의무자가 자진하여 세금을 과다 납부한 경우에도 부당이득의 성립을 인정하였다.[921]

법원은 여기에서 더 나아가 부실감정임을 알면서도 고지처분을 한 것을 불법행위로 보고 그 불법행위에 의한 손해가 있었으며 이를 배상하여야 한다는 판단을 한 것이다. 이때 손해배상액은 과다하게 납부한 세액이었다.[922] 한편, 국가배상법상 국가는 공무원에게 구상권을 갖는다. 납세자가 직접 세무공무원에게 배상을 청구할 수 있는지에 대해서는 판례상 공무원의 경과실일 경우에는 청구권을 부정하고 고의나 중과실일 경우에는 선택적으로 국가나 당해 공무원에게 배상을 청구할 수 있도록 하고 있다.

다. 기타

그 밖에 조세민사소송에 속하는 것은 과세 주체가 제기하는 사해행위취소청구소송(국세기본법 제35조 제4항, 국세징수법 제30조)이 있다. 이는 민법상의 사해행위취소의 소송구조와 동일한 법리를 가진다. 또한 조세채권의 우선권 등을 둘러싼 배당이의소송, 제3채무자를 상대로 한 압류채권지급청구소송, 원인무효 등의 압류등기말소를 구하는 압류등기말소소송이 있다. 기타 원천징수의무자가 원천납세의무자로부터 정당한 원천세액을 초과하여 징수한 경우의 부당이득반환 내지는 불법행위로 인한 손해배상을 청구하는 경우가 이에 해당한다.

---

918) 부칙 〈제3578호, 1982.12.21.〉
　　① (시행일) 이 법은 1983년 1월 1일부터 시행한다. (중간 생략)
　　④ (결정 등의 적용례) 제25조 및 제25조의 2의 개정규정은 이 법 시행 후 과세표준과 세액을 최초로 결정·경정하는 분부터 적용한다.

919) 제28조 (상속세 납부 〈신설 1981.12.31.〉) (중간 생략) ② 납세의무자 제1항의 규정에 의하여 연부연납을 청구하고자 할 때에는 제25조 제2항의 통지를 받은 날로부터 30일 이내에 정부에 신청하여야 한다.

920) 제20조의 2 (신고납부 및 공제 〈신설 1981.12.31.〉) 제20조 제1항의 규정에 의하여 신고기한 내에 신고서를 제출하는 자는 그 신고과세가액에 대하여 제14조의 규정에 의한 세율을 적용하여 계산한 금액(신고상당세액)에서 그 금액의 10분의 1에 상당하는 금액을 공제한 금액(신고납부세액)을 대통령령이 정하는 바에 의하여 정부에 납부(신고납부)할 수 있다. 〈개정 1978.12.5.〉[본 조 신설 1967.11.29.]

921) 부실한 감정에 의한 상속세 부과처분의 하자가 취소할 수 있는 정도에 그치는 것인지 무효의 원인이 되는 것인지는 별론이다.

922) 손해배상청구권과 부당이득반환청구권과의 관계에 대해서는 이은영, 『채권총론』, 박영사, 2006, pp.376~395 참조.

제2항 조세항고소송의 주요 요소

1. 당사자 능력

일반적으로 소송당사자가 될 수 있는 소송법상의 권리능력을 당사자 능력이라고 한다. 당사자 능력이 없는 자가 제기한 소나 당사자 능력이 없는 자를 상대로 한 소는 부적법하다.

일반 행정소송에 있어서는 민사소송법상 당사자 능력을 갖춘 자만이 항고소송의 원고가 될 수 있다. 조세소송의 당사자 능력에 관해서는 행정소송법이나 국세기본법 기타 세법 등에 특별한 규정이 있는 외에는 민사소송법의 당사자 능력에 관한 규정이 준용된다(행정소송법 제8조 제2항).

항고소송에 있어서는 민사소송의 경우와는 달리 실체법상의 권리능력이 없는 행정청이 피고로 된다는 특색이 있다(행정소송법 제13조). 조세 당사자 소송에서는 민사소송과 마찬가지로 그 피고는 처분청이 아니라 권리의무의 귀속 주체인 국가나 지방자치단체가 된다.

조세소송에서도 당사자는 소송대리인을 선임할 수 있다. 이 경우 민사소송법상 소송대리인에 관한 규정이 준용된다(행정소송법 제8조 제2항). 조세소송의 피고인 과세관청의 장은 그 소속 직원 또는 상급행정청의 직원을 지정하여 행정소송을 수행하게 하거나 변호사를 소송대리인으로 선임할 수 있다(국가를 당사자로 하는 소송에 관한 법률 제5조). 이와 같이 지정된 소송수행자는 대리인의 선임 외의 모든 재판상의 행위를 할 수 있다.

2. 소송요건

가. 개요

조세항고소송을 적법하게 제기하기 위해서는 (1) 그 과세처분이 항고소송의 대상으로서 적격성(처분성)이 있어야 하고, (2) 당해 소송에 있어서의 권리 또는 법률상 이익을 구할 자격(원고적격)이 있는 자가 당해 행정청(피고적격)을 상대로 제기하여야 하며, (3) 법원이 본안 판결을 할 정도의 구체적 이익(소의 이익)이 있어야 하고, (4) 소정의 전심절차를 밟고 제소 기간을 준수하여 제기하여야 한다. 이와 같은 요건을 구비하지 못한 소송은 부적법하여 각하된다. 일반적으로 소의 이익을 넓은 의미로 이해할 때에는 위 (1) 내지 (3)의 세 가지 측면을 모두 가리킨다.[923]

나. 처분성

(1) 개념 및 요건

항고소송의 대상으로 되는 행위는 행정처분이다. 처분이라 함은 구체적 사실에 관한 행정청의 법집행으로서 공권력의 행사 또는 그 거부와 그밖에 이에 준하는 행정작용을 말한다(행정소

---

923) 사법연수원, 『조세소송연구』, 2008, pp.14~24 참조.

송법 제2조 제1항 제1호).

행정청의 행위라도 구체적으로 권리를 설정하거나 의무를 명하는 것이 아니라 청원에 대한 회신, 관세율표의 품목분류에 대한 질의회신, 세무당국이 주류회사에 대해 특정인과의 거래를 일정 기간 중지할 것을 요구한 행위, 단순한 사실행위, 신고납세방식의 조세에서 납부기한 내에 자진 신고·납부하는 과정에서 과세관청이 자진신고납부서나 자납용 고지서를 교부하는 행위, 신고납세방식 조세에서 신고에 따른 조세수납행위, 원천징수의무자인 행정청의 원천징수행위, 과세관청의 원천징수금 수납행위 등과 같은 단순한 사무적 행위는 공권력의 행사가 아니므로 행정처분이 아니다.

과세처분의 선행적 절차로서 행정청의 내부적 의사결정일 뿐 납세의무를 생기게 하지 않는 것은 처분성이 없다. 예를 들면, 세무서장의 익금가산결정, 법인세과세소득결정, 제2차 납세의무지정통지924) 및 국세환급금결정 등은 그로써 아직 납세의무가 발생하는 것은 아니므로 처분성이 없다. 다만, 법인세법에 의한 인정상여결정과 그에 따른 소득금액변동통지는 처분성을 인정하는 쪽으로 판례가 변경되었다.925)

중간처분이라도 그로써 국민의 권리가 제한되거나 의무가 발생하면 항고소송의 대상이 될 수 있다. 표준지공시지가나 개별공시지가는 국민의 권리의무에 직접적으로 관계되므로 행정청이 행하는 구체적 사실에 관한 법집행인 공권력행사로서 행정처분에 해당한다. 이에 따라 원칙적으로 공시지가 결정단계에서 그 위법성을 다투지 않다가 과세처분이 이루어진 후 개별공시지가의 위법성을 다툴 수는 없다.926)

조세 관련 행위에 있어서도 거부처분이 항고소송의 대상이 되기 위해서는 우선 그것이 신청인의 권리의무에 직접 관계가 있는 공권력의 행사의 거부이어야 한다. 그리고 국민에게 그러한 신청을 할 법규상 또는 조리상 권리가 있어야 한다. 국세기본법 제45조의 2의 경정청구를 거부하는 것은 취소소송의 대상이 된다.

부작위위법확인소송은 행정청이 응답의무를 이행하지 않는 경우 그 부작위가 위법하다는 것을 확인함으로써 소극적 위법상태를 제거하는 것을 목적으로 하는 소송이다. 부작위는 소극적 처분으로서 행정청의 거부처분이 명시적 거부인 점과 다를 뿐이다. 부작위가 위법임을 판단하기 위해서는 그 신청에 따른 행정행위를 해 줄 것을 요구할 법규 또는 조리상 권리가 있는 것을 전제로 한다.

국세기본법 제51조의 국세환급금결정이나 환급거부결정은 항고소송의 대상이 되는 행정처분은 아니다.927) 이미 존재와 범위가 확정되어 있는 과오납금액이나 환급세액에 대해 국가는 납세의무자의 환급청구를 기다릴 것 없이 부당이득으로 반환하여야 하기 때문이다. 국세기본법 제51조 제2항에 의한 국세환급금의 충당도 소멸대상인 조세채권이 존재하지 않거나 당연무효

---

924) 납부통지와는 일응 구분된다(국세징수법시행규칙 제9조).

925) 대법원 2006.4.20, 2002두1878.

926) 다만, 개별공시지가결정처분의 하자가 중대·명백하거나 그 처분의 불가쟁력이나 구속력이 그로 인하여 불이익을 입게 되는 자에게 수인한도를 넘는 가혹함을 가져오고 그 결과가 예측 가능한 것이 아닌 때에는 과세처분의 위법을 구하는 소송에서도 개별공시지가결정의 위법성을 다툴 수 있다.

927) 이의신청, 심사청구 및 심판청구는 가능하다.

또는 취소될 경우 충당이 효력이 없고 납세자는 이를 내세워 언제든지 민사소송으로 국세환급금의 반환을 청구할 수 있으므로 그 처분성이 인정되지 않는다.

국세기본법 제51조는 세무서장에게 과오납금 등을 국세환급금으로 결정하여 납세자에게 지급할 것을 규정하고 있으나, 판례에 의하면 위 규정에 따른 국세환급거부결정은 행정처분이 아니라고 보고 있다. 대법원 1989.6.15., 88누6436판결에서 다수의견은 국세환급금 결정에 의하여 비로소 환급청구권이 확정되는 것은 아니므로 국세환급금 결정이나 이 결정을 구하는 신청에 대한 환급거부결정은 납세의무자가 갖는 환급청구권의 존부나 범위에 구체적이고 직접적인 영향을 미치는 처분이 아니어서 항고소송의 대상이 되는 처분이라고 볼 수 없다. 국세기본법 제51조 내지 제52조의 국세환급금 및 국세가산금 결정에 관한 규정은 이미 납세의무자의 환급청구권이 확정된 경우 그것에 대한 내부적 사무처리절차에 불과하다고 보았다. 그러나, 납세자의 신청에 대한 세무서장의 환급거부결정이 직접 환급청구권을 발생하게 하는 형성적 효과가 있는 것이 아니고 확인적 의미밖에 없다고 하더라도 국세기본법 제51조의 규정을 위반하여 납세자에게 환급할 돈을 환급하지 아니하므로 손해를 끼치고 있는 것이라면 납세자가 행정소송으로 그 결정이 부당하다는 것을 다툴 수 있다고 보아야 한다는 소수의견도 있었다. 환급청구소송은 민사소송이다. 본 사건에서 원고는 이미 확정된 청구권에 의해 자신에게 환급하여 줄 것을 세무서장에게 청구하였다. 국세기본법 제51조는 납세자의 환급청구권에 관해 규정하지 않고 있으며 세무서장은 납세자의 과오납금이 있거나 세법에 의하여 환급할 세액이 있는 경우에는 즉시 국세환급금으로 결정하여야 한다고 규정하고 있을 뿐이다. 확정된 청구권에 따른 이행청구를 국가가 따르지 않을 때에는 납세자는 그 이행판결을 통해 청구권을 행사할 수 있게 된다.

(2) 부과처분과 징수처분

세법상 처분은 부과처분, 징수처분 및 기타의 처분들로 구분할 수 있다. 부과처분과 징수처분은 동시에 하나의 납세고지서에 의해 이루어지곤 한다.

부과처분은 납세자의 구체적인 조세채무를 확정하는 효력이 있다. 신고납세세목의 경우 납세자의 신고에 의해 조세채무가 확정되지만 그것에 결함이 있을 경우 과세관청의 부과처분이 뒤따르게 된다. 이때 부과처분은 조세채무를 다시 확정하는 효력이 있다. 부과과세세목의 경우 과세관청의 부과처분에 의해 비로소 조세채무가 확정된다. 과세관청의 부과처분은 부과제척 기간 안에 이루어져야 한다. 그 기간을 도과하면 추상적으로 성립한 조세채무가 구체적으로 확정되지 못하고 소멸한다. 납세자의 신고에 의하여 조세채무가 구체적으로 확정된 경우에는 그 확정된 대로 굳어지게 된다.

제2차 납세의무자에 대한 납부통지는 그 명칭과는 달리 부과처분에 해당한다. 그에 의하여 제2차 납세의무자가 납세의무를 지는 내용이 구체적으로 확정될 수 있기 때문이다.[928]

연대납세의무자에 대한 부과처분은 각자 고유의 납세의무와 함께 연대납세의무를 부담한다는 취지를 담은 고지서에 의해 이루어진다. 연대납세의무에 따른 이행청구인 납부통지는 이미 이루어진 부과처분에 따른 징수처분이다. 다만, 증여자에게 연대납세의무에 의해 증여세를 납부하게

---

928) 대법원 2006두11750, 2008.10.23. 참조.

할 경우에는 국세징수법 제9조의 규정에 의한 납세고지를 하지 않는 한 연대납세의무가 발생하지 않는다. 이는 연대납세의무를 확정하게 하는 일종의 부과처분이다. 상증세법상 증여자에 대한 연대납세의무발생 사유의 통지는 부과처분이라고 볼 수 없다(상증세법 제4조 제6항).

징수처분은 임의적 이행의 청구를 위한 고지 및 독촉이다. 신고납세세목에서 납세의무자가 과세표준과 세액의 신고만 하고 세액을 납부하지 아니하여 과세관청이 신고한 사항에 대하여 아무런 경정 없이 신고내용과 동일한 세액을 납부하도록 고지한 것은 확정된 조세의 징수를 위한 징수처분이다. 이는 취소소송의 대상이 되는 과세처분으로 볼 수는 없다.[929] 다만, 징수절차상 위법에 대해서는 징수처분취소소송을 통해 다툴 수 있다.

조세채무가 확정되면 납세자는 국가에 대해 일정한 액수의 조세채무를 일정 기한까지 납부하여야 할 구체적인 의무를 지게 되며, 국가는 반대로 납세자가 해당 액수의 세금을 그때까지 납부하지 않을 경우에는 이행을 청구하고 독촉할 수 있게 된다. 징수권은 소멸시효기간 안에 행사되어야 한다. 그 기간을 도과하게 되면 구체적으로 확정된 조세채무의 이행청구를 할 수 없게 된다. 조세채무가 소멸하기 때문이다.

이행을 청구하여도 지체할 때에는 강제집행을 하게 되는데 그것을 체납처분이라고 한다.

(3) 원천징수의 경우

원천징수의무자의 원천징수행위는 행정소송의 대상이 되는 부과처분은 아니다.[930]

과세관청이 원천징수의무자에게 징수할 세액을 정하여 그 납입을 고지하면 그 고지는 징수처분에 해당되어 원천징수의무자는 행정소송을 제기할 수 있다. 이 경우 징수처분에 고유한 사항에 대해서만 다툴 수 있으며 자동확정된 세액 자체[931]에 대해서는 다툴 수 없는 것이 원칙이다.[932] 그러나 이에 대한 예외가 없는 것은 아니었다.[933]

대법원 2006.4.20., 2002두1878판결에 의해 소득금액변동통지[934]를 처분으로 보아 그 통지를

---

929) 대법원 2004.9.3. 선고 2003두8180 판결.

930) 원천징수의무자가 원천납세의무자로부터 세법의 규정에 의한 원천징수세액 이상을 징수한 경우 또는 원천징수세액 상당액을 원천징수의무자가 부담하기로 하였는데 그렇게 하지 않은 경우 등에는 원천납세의무자가 원천징수의무자 자신에 대한 거래대금지급채무에 관한 사항으로서 민사소송의 대상이 된다.

931) 대법원 1974.10.8. 선고 74다1254 판결에서는 "자동확정방식에 의하여 그 납입할 세액이 자동적으로 확정된다손 치더라도 피고들이 원고에게 위의 원천징수할 세액을 정하여 그 납입을 고지한 이상 세무관청의 의견이 이때에 비로소 대외적으로 공식화되는 터이므로 그 고지내용과 견해를 달리하는 원천징수의무자로서는 그 고지된 세액으로 인한 징수를 방지하기 위하여 전심절차와 행정소송을 함으로써 구제를 받을 수 있다 할 것이다."라고 판시하여 원천징수세액 자체에 대해 다툴 수 있다는 예외적 판단을 하고 있다.

932) 원천징수의무자에 대하여 납세의무의 단위를 달리하여 순차 이루어진 2개의 징수처분은 별개의 처분으로서 당초 처분과 증액경정처분에 관한 법리가 적용되지 아니하므로, 당초 처분이 후행 처분에 흡수되어 독립한 존재가치를 잃는다고 볼 수 없고, 후행 처분만이 항고소송의 대상이 되는 것이 아니다(대법원2011두7311, 2013.07.11.).

933) 대법원 1997. 11. 14. 선고 96누2927판결

934) 소득금액변동통지란 과세관청이 어떤 법인의 소득금액이 과소 신고된 것을 조사를 통해 밝혀내고 법인세를 추징하는 경우에 과소 신고된 법인소득금액이 사내에 유보되어 남아 있지 않다면 그것은 외부에 유출되어 누군가의 지배·관리하에 있다는 점까지 밝혀내어 그자에게 과세하여야 하는데 그러한 사실이 있음을 법인에게 알려 법인으로 하여금 원천징수의무를 다하게 하는 수단이 되는 법인에 대한 통지를 의미한다. 정상적인 원천징수(Abzug)는 누군가가 다른 이에게 금원을 지급할 때에 하도록 되어 있다. 소득금액변동통지를 받은 법인은 이미 다른 이에게 지급하였든가 다른 이가 법인의 자금을 위법하게 횡령하여 간 다음에 소득금액변동통지를 받게 되므로 정상적인 과정을 통해 원천징수를 하는 것은 불가능하다. 이에 세법은 법인이

받은 원천징수의무자가 해당 통지 처분의 위법성을 다툴 수 있도록 허용하기 전까지는 소득금액변동통지에도 불구하고 원천징수납부하지 않는 원천징수의무자가 해당 징수처분의 위법성에 대해 다툴 때 자동확정된 것으로 보는 세액 자체에 대해서도 다툴 수 있도록 하였다. 이 판결에 의해 원천징수의무자가 소득금액변동통지에 대해 항고소송을 제기할 수 있게 된 후부터는 원천징수의무자는 징수처분의 위법성을 다투면서 자동확정된 세액 자체에 대해서는 다툴 수 없도록 하고 있다.

대법원 2006.4.20., 2002두1878판결사건에서 원고는 보험업을 영위하는 법인으로 1993사업연도(1993.4.~1994.3.)부터 1997사업연도(1997.4.~1998.4.)까지의 기간 중 합계 4,077,542,958원을 계약추진비로 회계장부에 기록하였다. 피고는 위 금액 중 교통비 253,216,760원, 카드사용분 801,352,167원을 제외한 나머지 3,022,974,031원은 그 지출이 확인되지 않는다고 하여 이를 익금에 산입하고, 그중 부과제척기간이 지나지 않은 1995~1997사업연도의 해당금액 2,316,344,926원('이 사건 계약추진비')은 사외로 유출된 것이 분명하나 그 귀속이 불분명한 경우에 해당된다고 하여, 구 법인세법(1998년 12월 28일 법률 제5581호로 전문 개정되기 전의 것) 제32조 제5항, 구 법인세법 시행령(1998년 12월 31일 대통령령 제15970호로 전문 개정되기 전의 것) 제94조의 2 제1항 제1호 단서 나목에 따라 대표이사에게 귀속된 상여로 보고서, 1999년 5월 19일 피고에게 소득금액변동통지서에 의하여 그 내용을 통지하였다('이 사건 소득금액변동통지'). 원고는 이 사건 소득금액변동통지서에 따라 당시 대표이사였던 송길헌, 유성근 등에 대한 인정상여금에 관하여 소득세 927,988,930원을 원천징수하여 1999년 6월 10일 피고에게 자진 납부하였다. 한편, 원고는 이 사건 소득금액변동통지에 불복하여 1999년 8월 13일 피고에게 심사청구서를 제출하였고, 피고는 1999년 8월 17일 국세청장에게 그 청구서를 송부하였으며, 국세청장은 1999년 10월 18일 소득금액변동통지는 불복의 대상이 아니라고 하여 이를 각하하였다. 원고는 다시 국세심판청구를 하였고, 국세심판원은 2000년 7월 20일 인정상여처분 및 소득금액변동통지가 실질적으로는 원천징수하는 소득세의 납세의무를 법률의 규정에 의하여 직접 확정하는 처분이라고 하여 본안 심리를 한 후 대표자에 대한 위 상여처분이 정당하다는 이유로 이를 기각하였다.

이에 대해 대법원의 다수의견은, 과세관청의 소득처분과 그에 따른 소득금액변동통지가 있는 경우 원천징수의무자인 법인은 소득금액변동통지서를 받은 날에 그 통지서에 기재된 소득의 귀속자에게 당해 소득금액을 지급한 것으로 의제되어 그때 원천징수하는 소득세의 납세의무가 성립함과 동시에 확정되고, 원천징수의무자인 법인으로서는 소득금액변동통지서에 기재된 소득처분의 내용에 따라 원천징수세액을 그다음 달 10일까지 관할 세무서장 등에게 납부하여야 할 의무를 부담하며, 만일 이를 이행하지 아니하는 경우에는 가산세의 제재를 받게 됨은 물론이고 형사처벌까지 받도록 규정되어 있는 점에 비추어 보면, 소득금액변동통지는 원천징수의무자인 법인의 납세의무에 직접 영향을 미치는 과세관청의 행위로서, 항고소송의 대상이 되는 조세행정처분이라고 봄이 상당하다고 보았다. 다수의견에 대한 대법관 이강국, 고현철의 보충의견에

소득금액변동통지를 받는 시점을 마치 '지급'하는 시점과 같이 보도록 의제함으로써 그때에 원천징수대상소득에 대한 원천징수의무가 확정되게 하고 있다. 원천징수의무는 비록 납세의무는 아니지만 원천징수의무자에게 매우 큰 의무의 하나인데 소득금액변동통지가 혹시 하자가 있음에도 그것을 다툴 수 없도록 할 경우 그의 권익침해가 문제 될 것이다.

의하면, 소득금액변동통지는 원천징수의무자인 법인의 납세의무에 직접 영향을 미치는 과세관청의 행위로서 항고소송의 대상이 되는 조세행정처분이라고 볼 이론적 근거가 충분하고, 또 종전의 판례하에서 소득금액변동통지를 받은 원천징수의무자는 그 원천징수의무의 성립 여부나 범위에 관하여 다투기 위해서는 당해 원천세액을 자진 납부하지 아니하고 납부불성실가산세의 제재를 받으면서 징수처분이 있기를 기다렸다가 그 징수처분에 대한 취소소송으로 다툴 수밖에 없었는데,935) 이는 납세자의 권리보호에 미흡하고 형평에도 맞지 않는다고 할 것이므로 소득금액변동통지 자체를 항고소송의 대상으로 삼아 불복청구를 할 수 있도록 보장하여 주는 것이 진정으로 납세자의 권리보호와 조세정의에 부합한다고 한다. (반대의견 인용 생략)

세법상 원천징수와 관련해서는 과세관청과 직접적인 관계가 없이 당사자 간 이루어지는 행위에 따른 조세채무를 확정하는 효력을 부여하기 위한 목적으로(당사자 간 관념과 인지의 작용이 개입함에도 과세관청이 그것들의 적정성을 심사하기 어렵다는 사정을 감안하여) 조세채무가 자동 확정되는 것으로 보도록 하고 있다. 당사자 간 관념과 인지의 작용 과정에서는 당연히 법의 적용이 필요한데 그때 사실관계의 확정, 세법의 해석 및 포섭이 자동적으로 이루어진다는 의제를 하는 것이다. 자동적으로 이루어진다면 누가 보아도 답은 하나이어야 할 것인데 현실은 그렇지 못하다. 그와 같이 의제하는 것은 실제 과세관청의 조사 및 심리를 통한 결과물을 마치 하나의 지급과 동일시하는 경우에도 유지된다. 그 결과 과세관청의 조사 및 심리의 과정이 과연 적법한지에 대해 다툴 수 없도록 하는 문제가 발생한다. 실질적인 행정처분이 이루어지고 그것에 의해 관련자의 권익이 영향을 받고 있는데 그에 대해 다툴 수 없도록 하는 것은 바람직하지 않다. 대법원은 이러한 문제를 본 사건에 대한 판결을 통해 시정한 것이다.936)

원천징수의무자가 원천징수를 할 때 그는 기계에서 자동으로 도출되는 명령대로 실행하면 되는 것은 아니다. 오히려 자신은 직접적인 납세의무자가 아님에도 불구하고 다른 어떤 납세의무자의 신고와 부과결정의 두 과정을 혼자서 다 처리하여야 한다. 납세의무자가 신고상 오류가 있으면 경정청구나 수정신고를 할 수 있도록 하고 있다. 과세관청의 결정에 잘못이 있으면 경정할 수 있도록 하고 있다. 원천징수의무자의 원천징수에 오류가 있으면 이를 수정하고 경정할 수 있도록 하는 것은 논리적으로 당연하다. 그런데 그간 원천징수세액과 관련한 조세채무는 자동 확정된다는 논리로써 경정청구를 인정하지 않고 있던 것을 2003년부터는 부분적으로 허용해 오고 있다.

---

935) 납부한 경우에는 부당이득 반환청구소송을 통해 다툴 수 있다(2001두8780, 2002다68294). 부당이득반환청구소송에서 법원은 소득금액변동통지의 위법성을 판단한 다음, 부당이득반환청구권 인정 여부를 결정하게 된다. 법원은 대법원 2009.12.24. 선고 2007다25377 판결에서 소득금액변동통지를 행정처분으로 본 대법원 전원합의체판결 선고 이전에 이루어진 위법한 소득금액변동통지에 의하여 근로소득세 원천징수분을 자진납부한 원천징수의무자가 부당이득반환청구의 소를 제기할 경우, 항고소송을 통한 권리구제수단이 봉쇄되어 있다는 점 등을 이유로, 원천징수의무자가 자진납부한 근로소득세 원천징수분 가운데 원천징수대상이 되는 소득에 대한 것이 아닌 것으로 밝혀진 부분에 대하여 국가가 이를 납부받는 순간 법률상 원인 없이 보유하는 부당이득이 된다고 보았다.

936) 姜錫勳(Seok Hoon Kang), 소득처분과 소득금액변동통지에 관하여 A Study on the Disposition of Income and Alteration of Income Amount Notice, 조세법연구, Vol.12 No.2 [2006], 한국세법학회 참조

다. 원고적격·소의 이익

(1) 원고적격

행정소송법은 소를 구할 법률상 이익이 있는 자937)만이 소를 제기할 수 있다고 규정하고 있다.938) 처분의 직접 상대방이 아닌 제3자의 원고적격에 관하여 판례는 이를 매우 엄격하게 해석하고 있다. 연대납세의무가 문제 되는 동업자 1인이 다른 동업자에 대한 과세처분의 취소를 구하는 소송,939) 증여자가 수증자에 대한 증여세 과세처분의 취소를 구하는 소송940) 등은 모두 사실상 간접적인 이해관계를 가진 자가 제기한 것으로서 당사자 적격이 없어 부적격하다고 하고 있다. 이러한 입장은 국세행정심판의 경우에도 동일하게 유지되고 있다.

국세심사청구 및 국세심판청구에 관한 국세기본법 제55조 제2항은 청구인의 적격요건에 관해 직접적으로 권리 또는 이익의 침해를 받은 자 이외에 다음과 같이 규정하고 있다(국세기본법 제55조 제2항).

> 이 법 또는 세법에 의한 처분에 의하여 권리 또는 이익의 침해를 받게 될 이해관계인으로서 다음 각 호의 어느 하나에 해당하는 자(이하 '이해관계인'이라 한다)는 위법 또는 부당한 처분을 받은 자의 처분에 대하여 이 장의 규정에 의한 심사청구 또는 심판청구를 하여 그 처분의 취소 또는 변경이나 기타 필요한 처분을 청구할 수 있다. 〈신설 1996.12.30, 1999.8.31, 2006.4.28.〉
> 1. 제2차 납세의무자로서 납부통지서를 받은 자
> 2. 제42조의 규정에 따라 물적 납세의무를 지는 자로서 납부통지서를 받은 자
> 3. 보증인
> 4. 그밖에 대통령령이 정하는 자

납부통지서를 받은 제2차 납세의무자 등은 원납세의무자에 대한 과세처분에 대하여 심사청

---

937) 과세관청이 원천징수과정에서 원천납세의무자로 취급된 외국법인은 도관에 불과하고, 그 상위 투자자인 다른 외국법인이 실질과세원칙상 납세의무자로서 국내 고정사업장을 갖고 있다고 보아, 그를 상대로 법인세 과세표준과 세액을 결정하는 과정에서, 당초 원천징수된 세액의 환급금을 상위 투자자 외국법인의 결정세액에서 공제하거나 충당하면서 과세연도와 세액 및 산출근거 등이 기재된 결정결의서를 교부하는 등의 방법으로 결정의 내용을 자세하게 고지하였다면, 상위 투자자인 외국법인은 그러한 내용의 과세처분이 이루어진 것으로 보아 그 취소를 구하는 항고소송을 제기할 수 있다고 보아야 한다(대법원 2017. 10. 12. 선고 2014두3044, 3051 판결).

938) 해당 연도에 이미 납부한 세액을 공제해 주는 처분이라 하더라도 그 해당 연도의 과세표준을 증액하는 내용을 담고 있는 경우 비록 원래의 처분상 세액보다 결정세액이 줄어들었지만 해당 과세표준 증액을 다툴 수 있는 소의 이익이 있다고 보아야 한다.

939) 같은 연대납세의무에 관한 사항이지만 공동상속인 간 연대납세의무의 경우에는 연대납세의무자 1인이 다른 연대납세의무자에 대한 부과처분의 위법성을 다툴 수 있도록 하고 있다. 공동상속인들 중 1인이 지게 되는 다른 공동상속인들의 상속세에 대한 연대납세의무는 다른 공동상속인들 각각의 고유의 상속세 납세의무가 그들 각자에 대한 과세처분에 의하여 확정되면 당연히 확정되는 것이어서 과세관청은 별도의 확정절차 없이 바로 그 연대납세의무자에 대해 징수절차를 개시할 수 있다. 일반의 연대납세의무(예: 국세기본법 제25조 제1항의 공유자 또는 공동사업자의 연대납세의무)는 자신에 대한 부과처분통지로서의 납세고지에 의하여 구체적으로 확정되지만 공동상속인의 연대납세의무는 다른 공동상속인 각각에 대한 부과처분에 의하여 법률상 당연히 확정된다. 따라서 연대납세의무를 지는 공동상속인은 다른 공동상속인들에 대한 과세처분 자체의 취소를 구할 법률상 직접적이고 구체적인 이익을 가진다. 이는 일반의 연대납세의무를 지는 자의 경우 다른 연대납세의무자에 대한 과세처분에 대해 사실상의 간접적인 이해관계를 가질 뿐 원고적격은 없다는 것과 법리를 달리한다(대법원 2001.11.27. 98두9530).

940) 구 상증세법 제4조 제6항의 규정에 의한 납부통지를 받아 연대납세의무를 이행하게 된 증여자는 수증자에 대한 증여세 과세처분의 취소를 구할 수 있도록 하여야 할 것이다(반대되는 취지, 대법원 1990.4.24. 선고 89누4277 판결).

구 또는 심판청구절차를 거쳐 그 취소를 구하는 행정소송을 제기할 수 있다.[941]

원래 제2차 납세의무자에 대한 납부통지와 원래의 납세의무자에 대한 부과고지는 별개의 행정처분이어서 법논리적으로만 보면 제2차납세의무자가 원래의 납세의무자에 대한 부과고지에 대해 다툴 수 없다고 보아야 한다.[942] 이유는 다음과 같다. 제2차 납세의무자에 대한 납부통지는 부과처분의 성격과 징수처분의 성격을 동시에 가진다.[943] 제2차 납세의무자에 대한 납부통지가 비록 부종성[944]과 보충성의 성격을 지니고 있지만 주된 납세의무자에 대한 처분이 부존재, 무효 또는 취소된 경우가 아니고서는 주된 납세의무자에 대한 부과처분의 위법성이 그것에 승계되지는 않는다. 주된 납세의무자에 대한 부과처분의 취소의 원인이 되는 하자가 있음을 이유로 제2차 납세의무자가 자신에 대한 납부통지의 하자를 다툴 수는 없다.[945] 주된 납세자에 대한 부과처분에 하자가 있었으며 그것이 취소사유에 그쳤는데 실제 취소되지 않고 제소 기간이 도과된 경우에는 불가쟁력이 발생한다. 부과처분에 따른 체납처분에 대해서는 그 부과처분상의 하자가 승계되지 않는다. 부과처분에 대해 불가쟁력이 발생한 경우에는 부과처분의 하자를 이유로 체납처분의 취소를 청구할 수 없다. 제2차 납세의무자에 대한 납부통지는 주된 납세의무자의 조세채무에 대한 체납처분업무의 일환이다. 하자의 승계상 주된 납세의무자에 대한 부과처분과 그에 대한 체납처분의 관계에서의 논리가 주된 납세의무자에 대한 부과처분과 제2차 납세의무자에 대한 납부통지의 관계에도 동일하게 유지되는 것이다.[946] 결과적으로 제2차 납세의무자의 권리구제가 현저히 곤란하게 된다는 비판이 있을 수 있다.

1996년말 개정된 국세기본법 제55조 제2항에 의하면, 제2차 납세의무의 납부통지에 대한 취소소송에서 제2차 납세의무자가 본래의 납세의무의 존부 혹은 액수를 다투는 것이 가능하다. 이는 그 이전에 국세기본법통칙 7-1-06…55(제2차납세의무자의 불복)으로 인정하던 것을 법제화한 것이다.

---

941) 이때는 제2차 납세의무자가 제2차 납세의무에 의한 납부통지를 받은 후일 것이며, 그에 따라 통상의 경우라면 주된 납세의무자에 대한 과세처분을 다툴 수 있는 기간이 지난 시점일 것이다. 그에 불구하고 주된 납세의무자도 아닌 제2차 납세의무자가 주된 납세의무자에 대한 과세처분의 취소를 구하도록 하는 데 있어서 심판청구의 제기일자는 제2차 납세의무 납부통지를 받은 시점에 기산하여야 할 것이다.

942) 제2차 납세의무자에 대한 납부고지는 형식적으로는 독립된 부과처분이라고 할 것이고… 피고가 위 회사에 대하여… 그 납세고지서에 그 세액산출근거를 명시하지 아니하고 이를 발부 통지하였다고 할지라도 그 부과처분이 무효이거나 취소되지 아니한 이상 원고에 대하여 이 사건 납부통지를 하면서 그 과세표준과 세액의 계산명세서를 기재한 서류를 첨부하였다면 피고의 원고에 대한 이 사건 부과처분은 적법하다(대법원 1985년 3월 26일 83누689).

943) 제2차 납세의무자에 대한 납부통지는 제2차 납세의무 지정통지와는 구분된다. 2차 납세의무지정통지는 과세처분의 선행적 절차로서 행정청의 내부적 의사결정일 뿐 납세의무를 생기게 하지 않아 처분성이 없다(국세징수법시행규칙 제9조 참조).

944) 주된 납세의무자에 대한 납세의무확정절차를 거치지 않은 경우에 제2차 납세의무자에 대한 납부통지는 무효이다.

945) 대법원 1994.1.25. 93누854 참조.

946) 소외 A주식회사는 ○○년분의 법인세 경정처분을 받았는데 당시 그 소유자산의 전부를 타사에 양도하고 해산하는 과정에 있으면서 경정에 관계된 세액을 체납하였다. 그때에 Y는 소외 A사의 대표이사인 X를 국세기본법 소정의 제2차 납세의무자로 하여 체납세액에 관계된 납부통지를 하였다. 그것에 대해 X는 A사에는 사업소득이 없었다는 것 등을 이유로 해서 그 취소를 구하는 소송을 한 사건에서 일본 법원은 다음과 같은 판단을 하였다. ① 제2차 납세의무에 관계된 납부통지는 주된 납세의무자에 대한 과세처분의 징수절차상 하나의 처분에 불과하다. ② 양자는 성질이 다른 별개의 독립된 처분이고 원칙적으로 위법성의 승계는 인정되지 않는다. 따라서 ③ 주된 과세처분에는 공정력이 있으므로 취소원인이 되는 하자가 있었다 하더라도 출소 기간 내에 다투지 않게 되어 불가쟁력이 발생한 경우에는 그 불가쟁력이 제2차 납세의무자에게도 미치는 것이 된다는 것이다(日本稅務硏究센터, 전게서, p.24 참조).

국세기본법 제55조 제2항이 동업자 1인이 다른 동업자에 대한 과세처분의 취소를 구할 수 있다거나 증여자가 수증자에 대한 증여세 과세처분의 취소를 구할 수 있다고 규정하고 있지는 않다.

원천징수의무자에 대한 징수처분에 대해 원천납세의무자는 소의 이익이 없다. 원천징수의무자에 대한 소득금액변동통지는 부과처분으로 인정되고 있다. 법원은 원천납세의무자는 원천징수의무자에 대한 소득금액변동통지의 취소를 구할 법률상 실익이 없는 것으로 보고 있다.[947]

(2) 소의 이익

부과처분상 과세표준이나 세액의 증액이 없을 경우 그것에 대한 소의 이익은 없다. 예를 들면, 감액경정처분은 그것 자체에 대해 다투지 않고 당초처분에 대해 다투어야 하는 것이다(당초처분과 감액경정처분 간의 관계).[948]

과세처분에 따라 세금을 납부한 후에는 과세처분의 무효확인소송이나 부존재확인소송을 제기할 이익이 없다는 것이 판례의 태도이었다. 이에는 보충성의 원칙이 적용된다는 것이었다. 이미 세금을 납부하였다면 그 전제가 된 과세처분의 흠이 당연무효사유에 해당하더라도 무효선언을 구하는 의미에서의 항고소송은 현재의 법률관계에 대해 부당이득반환청구의 소에 의하여 목적을 달성할 수 있다고 보는 것이다. 이러한 입장은 대법원 2008.3.20., 2007두6342판결에 의해 변경되었다.[949]

이 사건에서, 원고는 1998년 5월 16일 한국토지공사로부터 동 공사가 택지개발촉진법 등에 의해 택지개발사업으로 조성한 수원시 영통구 영통동 대 239㎡를 매수하여 피고(수원시장)로부터 건축허가를 받아 건물을 신축하였다. 그런데 피고는 위 건축허가 당시, "건물의 완공 이전까지 하수도 시설 원인자부담금을 납부하고, 사용승인 신청할 때 그 납부영수증 사본을 제출하라"는 허가조건을 부가하였고, 원고가 위 건물에 대한 사용승인을 신청하자 피고는 2004년 5월 13일 원고에게 하수도 원인자부담금을 납부하라는 고지서를 발부하였다. 그런데 한국토지공사는 위 고지서 발부 전인 1992년 12월 28일 피고와 사업비분담 등을 정하기 위한 수원시 하수처리장 건설비용분담협약을 체결하였고 이에 따라 1995년 12월 22일 위 분담금을 모두 납부한 바 있다. 따라서 원고는 수원시 조례에 따른 타 행위자인 한국토지공사로부터 토지를 매수하여 건물을 신축하였고, 한국토지공사가 협약에 따라 하수도 원인자부담금을 모두 납부하였으므로 원고에 대한 원인자부담금의 부과사유는 소멸하였다고 주장하였다. 즉 2005년 3월 31일 법률 제7460호로 개정되기 전 구하수도법 제32조 제2항, 제4항, 수원시 하수도 사용조례 제17조 제2항, 제2호 나목 (1), 제4호 등에 의하면 당해 조항들이 택지개발촉진법 등에 의한 도시

---

947) 대법원2012두27954, 2013.04.26

948) 법인이 법인세의 과세표준을 신고함에 있어서 배당, 상여 또는 기타소득으로 소득처분한 금액은 당해 법인이 그 신고기일에 소득처분의 상대방에게 지급한 것으로 의제되어 그때 원천징수하는 소득세의 납세의무가 성립·확정되며, 그 후 과세관청이 직권으로 그 상대방에 대한 소득처분을 경정하면서 일부 항목에 대한 증액과 다른 항목에 대한 감액을 동시에 한 결과 전체로서 소득처분금액이 감소된 경우에는 그에 따른 소득금액변동통지가 납세자인 당해 법인에 불이익을 미치는 처분이 아니므로 당해 법인은 그 소득금액변동통지의 취소를 구할 이익이 없다(대법원 2012.4.13. 선고 2009두5510 판결). 대법원 2014. 3. 13. 선고 2012두7370 판결 참조

949) 자세한 논의는 신만중(Man Joong Sin), 과세처분 무효확인소송과 무효확인을 구할 법률상 이익, 한국세법학회, 조세법연구, 제14권 제3호 2008.12, page(s): 356-396 참조

의 개발사업을 타 행위로 열거하고 있고, 타 행위로 인하여 필요하게 된 공공하수도에 관한 공사에 요하는 비용의 전부를 그 원인을 조성한 타 행위자인 사업시행자로 하여금 부담시키려는 취지이므로, 이에 따라 사업시행자가 부담하는 공공하수도 공사비용에 대해서는, 그 외의 자에게 별도로 원인자 부담금을 부과할 수 없다. 따라서 이를 타 행위자도 아닌 원고에게 부담시키는 것은 그 하자가 중대하고 명백한 당연무효인 처분이라는 주장이다. 이에 따라 원고는 한국토지공사가 이미 납부한 원인자부담금을 다시 원고에게 부과하는 것은 이중부과에 해당한다는 이유로 주위적으로 하수도 원인자부담금 부과처분취소를, 예비적으로 피고의 부담금처분의 하자가 중대하고 명백하다는 이유로 무효확인을 구하는 소송을 제기하였다. 이에 1심은 원고의 주위적 청구를 제소 기간 도과로 각하한 후 예비적 부분만을 인용하였고, 항소심은 1심을 유지한 채 항소를 기각하였으며, 다시 피고의 상고에 의하여 대법원에 계류된 상태에서 이미 부담금 등을 완납한 경우 그 무효를 구할 이익이 있는지가 쟁점화되었다.

이 사건에 대한 대법원판결에서 다수의견으로서 이홍훈 대법관을 제외한 대법관들은 모두 (과세처분)무효 등 확인소송에서는 더 이상 '보충성(subsidiär)의 원칙'을 필요로 하지 않는다고 다음과 같이 설시하였다. "행정소송은 행정청의 위법한 처분 등을 취소, 변경하거나 그 효력 유무 또는 존재 여부를 확인함으로써 국민의 권리 또는 이익의 침해를 구제하고, 공법상의 권리관계 또는 법적용에 관한 다툼을 적정하게 해결함을 목적으로 하는 것이므로, 대등한 주체 사이의 사법상 생활관계에 관한 분쟁을 심판대상으로 하는 민사소송과는 그 목적, 취지 및 기능 등을 달리한다. 또한 행정소송법 제4조에서는 무효확인소송을 항고소송의 일종으로 규정하고 있고, 행정소송법 제38조 제1항에서는 처분 등을 취소하는 확정판결의 기속력 및 행정청의 재처분 의무에 관한 행정소송법 제30조를 무효확인소송에도 준용하고 있으므로 무효확인 판결 자체만으로도 실효성을 확보할 수 있다. 그리고 무효확인소송의 보충성을 규정하고 있는 외국의 일부 입법례와는 달리 우리나라 행정소송법에는 명문의 규정이 없어 이로 인한 명시적인 제한이 존재하지 않는다.950) …중략… 따라서 행정처분의 무효를 전제로 한 이행소송 등과 같은 직접적인 구제수단이 있는지를 따질 필요도 없다고 해석함이 타당하다." 즉 원인자부담금을 모두 납부하였고, 또 제소 기간을 도과하였다 하더라도 당해 처분의 무효확인을 구할 확인이 있다고 하여 무효확인소송에 있어서 기존에 요구하였던 보충성의 원칙을 요구할 필요성이 없음을 명백히 하였다.

또한 행정소송법상 무효확인의 소송에 관해 보충성을 요구하는지는 입법정책상의 문제인바 우리 행정소송법에는 이를 요구한다는 특별한 제한규정이 없고, 민사소송과 행정소송은 그 성격과 기능이 상이함에도 민사소송상의 확인소송에서나 요구되는 보충성을 행정소송상의 무효확인소송에도 요구하는 것은 옳지 않다는 것이다. 이는 그동안 수많은 학자가 보충성을 요구해 온 기존 판례 등에 관한 비판을 수용한 것으로 볼 수 있다.

이홍훈 대법관은 다음과 같은 보충의견을 제시하였다.

1) 행정소송의 특수성과 행정소송법의 개정연혁 등을 고려 시 소의 이익문제는 그 소송제도

---

950) 독일의 조세소송상 확인소송은 취소소송이나 급부소송을 통해 권리를 구제받을 수 있거나 그럴 수 있었으면 인정되지 않는다. 그러나 부과처분의 무효확인을 구하는 데에는 보충성의 원칙이 적용되지 않는다(독일 재정법원법 제41조 제2항).

를 마련한 취지 등에 따라 입법정책적으로 결정될 성질의 것으로, 일본과 달리 명시적 제한 규정이 없는 우리나라에서는 무효확인소송의 보충성을 요구할 필요가 없다.

2) 행정법원에 제기되는 과세처분 무효확인소송은 항고소송의 일종이며, 당해 무효확인 판결 자체만으로도 판결의 기속력 등에 따른 원상회복이나 결과 제거조치에 의하여 그 실효성 확보가 가능하다.

3) 무효확인소송의 보충성을 요구하지 않는다 하여 남소 가능성이 커진다고 단정하기 어렵고 과세처분 등에 의하여 불이익을 받은 납세자 등에게 소송형태에 관한 선택권을 부여하는 것이 국민의 권익구제 면에서 타당하다.

라. 피고적격

취소소송, 무효 등 확인소송 및 부작위위법확인소송은 다른 법률에 특별한 규정이 없는 한 당해 처분 등을 행한 행정청을 피고로 하여 제기한다. 조세당사자 소송의 경우에는 권리 주체인 국가 또는 지방자치단체가 피고로 된다.

마. 당사자 변경

세법상 자연인의 사망, 법인의 합병·분할로 인한 소멸과 같이 포괄승계가 이루어지는 경우에 한하여 조세채무의 승계가 인정되므로 소송승계도 그러한 경우에 한정된다. 소송승계사유가 소송계속 도중에 발생하면 소송대리인이 있는 경우를 제외하고는 소송절차가 중단되므로 승계자가 소송수계신청을 하여야 한다. 한편, 원고의 경정은 동일성이 유지되는 범위 내에서 단순히 표시를 정정하는 것은 허용된다.

바. 소의 변경 및 병합심리

소의 변경에는 소의 종류의 변경과 처분변경으로 인한 소의 변경이 있다.

행정소송에서 허용되는 소의 종류의 변경에는 (1) 항고소송과 당사자 소송 간의 변경, (2) 동일한 항고소송 내에서 취소소송, 무효 등 확인소송 및 부작위위법확인소송 간의 변경이 있다(행정소송법 제22조).

행정소송법은 처분변경으로 인한 소의 변경을 허용하고 있다. 행정소송법 제22조에 의하면 법원은 원고의 신청에 의하여 소의 변경을 허가하게 된다.

처분변경에는 (1) 당초처분은 취소하지 않으면서 경정처분하는 경우와 (2) 당초처분의 절차상 하자[951]로 그것을 취소하고 다시 동일한 내용의 과세처분을 하는 경우가 포함된다.[952] 소송

---

[951] 예를 들어, 상속세 부과처분 시 고지서를 상속인 각자에게 송달하지 않고 상속인 중 1인에게만 송달한 하자가 있다는 이유로 전액을 취소결정한 뒤 다시 같은 해… 원고들의 법정상속분에 따라 구분하여 합계 …원을 개별적으로 부과고지한 경우라면 소의 변경이 허용되며, 전치주의에 대한 예외가 인정될 수 있다(대법원 2000.9.26. 선고 99두1557 판결).

[952] 납세의무 귀속연도의 오류는 내용상 하자에 해당하며, 이에 따라 당초 처분을 취소하고 귀속연도를 바로잡아 과세처분을

계속 중 처분사유를 변경함으로써 처분세액이 변경되는 경우에는 소의 변경을 가져오게 된다.

(1)의 경우에는 당초처분과 비교하여 (1-1)증액하는 경우와 (1-2)감액하는 경우가 있다. 국세기본법 제22조의 2의 규정에 의하면 증액하는 경우 당초처분과 경정처분은 별개의 처분으로서 상호 효력에 영향을 주지 않는 것으로 보는 반면 감액하는 경우에는 당초처분이 감액된 범위 내에서 일부 취소된 것으로 보게 된다.[953] (1-1)증액경정하는 경우 법원의 허가를 얻어야 하지만 허가의 신청 시기 및 전심절차의 경료 여부에 대해서는 기존의 흡수설에 따라 허가는 제소 기간의 준수 여부를 따질 필요 없이 할 수 있으며 전심절차도 거칠 필요가 없다고 할 것인지 이제 병존설적인 규정이 들어왔으므로 소의 변경신청을 경정처분의 제소 기간 내에 하여야 하고 전심절차도 거쳐야 하는 것으로 봄이 타당한지가 문제될 수 있다.[954] (1-2)과세처분의 일부 취소는 청구취지의 감축으로 족하고 법원의 허가 등을 요할 이유가 없으므로 행정소송법상 처분의 변경으로 보지 않는 것이 타당하다.[955]

(2)의 경우는 조세부과처분취소소송의 계속 중 과세관청이 종전 처분에 내재하는 법적인 흠을 이유로 이를 취소하고 그 흠을 보완하여 실질적으로 종전 처분과 동일한 내용의 처분을 다시 하는 것인데 이도 처분변경에 해당한다.

처분취소소송과 환급청구소송은 병합하여 심리할 수 있다. 법원에 의하면 "취소소송에 병합할 수 있는 당해 처분과 관련되는 부당이득반환소송에는 당해 처분의 취소를 선결문제로 하는 부당이득반환청구가 포함되고, 이러한 부당이득반환청구가 인용되기 위해서는 그 소송절차에서 판결에 의해 당해 처분이 취소되면 충분하고 그 처분의 취소가 확정되어야 하는 것은 아니라고 보아야 한다"고 한다.[956]

한 경우에는 소의 변경이 인정될 수 없다. 한편, 처분변경을 한 경우라면, 단순한 처분사유의 변경으로 볼 수는 없다. 대법원 2005.5.12. 선고 2003두15300판결 사건에서 법원은 소득처분이 소득귀속이 불분명하다는 이유로 대표이사에게 소득처분한 것이 송달하자로 위법하다는 원고측 주장이 있자 피고가 소득귀속이 대표이사에게 분명하다고 보아 과세한다고 하는 것으로 한 것에 대해 이를 적법한 처분사유의 변경으로 보았지만, 당초 처분에 절차상 하자가 있었다면 새로운 처분을 하여 소를 변경하는 것이 타당했을 것이다.

953) 증액경정처분에 관한 국세기본법 제22조의 3 제1항과 관련된 법원의 판례로서 대법원 2009.5.14, 2006두17390을 들수 있다. "국세기본법 제22조의 3의 시행 이후에도 증액경정처분이 있는 경우 당초 신고나 결정은 증액경정처분에 흡수됨으로써 독립된 존재가치를 잃게 된다고 보아야 할 것이므로, 원칙적으로는 당초 신고나 결정에 대한 불복 기간의 경과 여부 등에 관계없이 증액경정처분만이 항고소송의 심판대상이 되고, 납세의무자는 그 항고소송에서 당초 신고나 결정에 대한 위법사유도 함께 주장할 수 있다고 해석함이 타당하다."
감액경정처분에 관한 국세기본법 제22조의 3 제1항과 관련된 법원의 판례로서 대법원 2009.5.28, 2006두16403을 들수 있다. "재조사결정에 따른 감액경정처분은 당초의 부과처분과 별개 독립의 과세처분이 아니라 그 실질이 당초의 부과처분의 변경이므로 적법한 전심절차를 거쳤는지도 당초처분을 기준으로 판단하여야 한다."

954) 대법원 2009.5.14, 2006두17390 판결. 위법사유가 공통된다면 전심절차를 거치지 않도록 할 것이다. ; 동일한 취지 대법원 2013.02.14. 선고 2011두25005 판결. 납세자가 이와 같은 과정을 거쳐 행정소송을 제기하면서 당초의 과세처분의 취소를 구하는 것으로 청구취지를 기재하였다 하더라도, 이는 잘못된 판단에 따라 소송의 대상에 관한 청구취지를 잘못 기재한 것이라 할 것이고, …납세자의 진정한 의사는 증액경정처분에 흡수됨으로써 이미 독립된 존재가치를 상실한 당초의 과세처분이 아니라 증액경정처분 자체의 취소를 구하는 데에 있다고 보아야 할 것이다. 따라서 납세자는 그 소송계속 중에 청구취지를 변경하는 형식으로 증액경정처분의 취소를 구하는 것으로 청구취지를 바로잡을 수 있는 것이고, 이때 제소기간의 준수 여부는 형식적인 청구취지의 변경 시가 아니라 증액경정처분에 대한 불복의 의사가 담긴 당초의 소 제기 시를 기준으로 판단하여야 한다.

955) 소순무, 전게서, pp.273~274.

956) 대법원 2009.4.9, 2008두23153.

3. 전치주의

행정소송법상 필요적 전치주의는 서울행정법원이 설립된 1998년 3월 임의적 전치주의로 전환하였다. 그러나 조세소송에서는 국세기본법이 행정소송법 제18조에 대한 예외규정을 두어 필요적 전치주의가 유지되고 있다(국세기본법 제56조 제2항).

행정행위의 특수성, 전문성 등에 비추어 궁극적으로는 법원의 재판에 의한 구제절차를 보장하면서 전심절차로 행정기관에 의한 행정심판의 절차를 거치도록 함으로써 행정청으로 하여금 행정처분이 적법한 것인지를 심리하여 스스로 재고·시정할 수 있는 기회를 부여함과 아울러 소송비용과 시간 등을 절감시켜 국민에게 편의를 주려는 행정심판전치주의의 근본취지와, 특히 조세법률관계를 규제하는 법률이 극히 전문적·기술적이고 복잡하여 이를 정확하게 이해하기 위해서는 전문적·기술적인 지식을 필요로 할 뿐만 아니라, 조세법률관계가 극히 대량적·주기적으로 반복하여 성립되는 점 등 조세관계사건의 특수성에 비추어 전심절차를 거칠 것을 요구하고 있다.[957]

전치주의는 항고소송 중 과세처분취소소송(무효선언을 구하는 의미의 취소소송을 포함[958])과 부작위위법확인소송에는 적용되지만,[959] 항고소송 중 무효 등 확인소송과 당사자 소송에는 적용되지 않는다. 내국세와 관세는 필요적 전치주의를 취하고 있지만 지방세의 경우 임의적 전치주의로 되어 있다(지방세기본법 제127조). 전심의 대상은 과세처분의 위법 여부이고 위법사유 각각은 아니다. 따라서 전심절차에서 주장하지 않은 사항도 행정소송에서는 새로이 주장할 수 있다.

행정소송법은 다른 법률의 규정에 의하여 필요적 전치절차를 거쳐야 하는 경우에도 일정 사유가 있을 때에는 행정심판을 제기함이 없이 또는 행정심판의 재결을 거치지 않고 행정소송을 제기할 수 있도록 하고 있다(행정소송법 제18조 제2항 및 제3항). 조세소송에 대해서는 행정소송법 제18조 제2항 및 제3항의 적용이 명문으로 배제되어 있다(국세기본법 제56조 제2항). 대신 국세기본법은 법정기간 내에 결정의 통지를 받지 못한 경우 전치주의에 대한 예외를 인정하는 규정을 두고 있다. 그리고 판례는 이와 별개로 다음과 같은 경우 해석상 전치절차를 거칠 필요가 없다고 보고 있다.[960]

① 동일한 행정처분에 의하여 납세의무를 부담한 수인 중 1인이 전치절차를 거친 경우
② 관련 처분 중 하나에 대하여 전치절차를 거친 경우[961]
③ 당초처분과 그에 대한 변경처분의 위법사유가 공통한 경우[962]

---

957) 대법원 1987.7.7, 85누393 판결.

958) 납세자 주장 인용 시 해당 처분의 취소결정을 하게 된다.

959) 독일에서도 취소소송과 부작위위법확인소송에는 이의신청을 전치하도록 하고 있다. 이의신청 절차에서 각하결정이 내려진 경우도 이 절차적 요건을 충족한 것으로 본다(Rolf Ax, et. al., 전게서, p.816).

960) 독일 재정법원법은 과세관청이 동의하면 전치주의를 생략할 수 있는 규정을 두고 있다(독일재정법원법 제45조).

961) 대법원 2000.9.26. 선고 99두1557 판결(…와 같이, 국세청장과 국세심판소로 하여금 기본적 사실관계와 법률문제에 대하여 다시 판단할 수 있는 기회를 부여하였을뿐더러 납세의무자로 하여금 굳이 또 전심절차를 거치게 하는 것이 가혹하다고 보이는 등 정당한 사유가 있을 때), 대법원 1987.7.7, 85누393 판결.

다음의 사건은 위에서 ① 또는 ②가 적용될 수 있는지 여부의 사안에 대한 것이다. 대법원 1989.11.10., 88누7996판결 사건에서, 1980년 12월 31일 당시 소외 명보실업주식회사의 주식 1,494,000주를 소유하고 있던 소외 망 오범석이 1981년 3월 9일 사망하여 원고 오직택, 김형숙, 오영순, 오영진, 오영제 등 5인이 위 망인의 유산을 상속하였다.

위 주식 1,494,000주 중, 177,920주가 1981년 1월 6일에 위 망인의 큰 사위인 원고 원정희에게, 83,000주가 1981년 2월 14일에 위 망인의 작은 사위인 원고 윤의영에게, 222,400주가 원고 원정희의 형인 원고 원철희에게 각기 명의개서가 마쳐진 것으로 위 소외 회사의 주권대장에 기재되어 있다.

위 망인의 재산상속인인 원고 오직택 등 5인이 1981년 6월 8일 소관세무서장인 피고 용산세무서장에게 상속세법 제20조 제1항의 규정에 의한 신고서를 제출함에 있어서, 원고 원정희, 윤의영, 원철희 등 3인에게 명의개서가 되어 있는 위 주식 합계 483,320주를 상속재산에서 제외시켰다.

위 피고가 1986년 5월 29일에 위 주식 483,320주(평가액 금 252,776,360원)도 상속재산에 포함되는 것인데, 상속인들이 상속세액을 줄이기 위하여 위 망인이 생전에 양도한 것처럼, 위 망인이 사망한 뒤에 관계서류를 꾸며 상속재산에서 제외시켰을 뿐만 아니라, 또 상속인들이 1981년 11월 5일 성라자로마을에 금 40,000,000원을 직접 증여하였음에도 불구하고, 위 망인이 1981년 1월 31일 소외 이근 후에 대한 금 40,000,000원의 채권을 성라자로마을에 양도하기로 증여한 데 따른 채무를 이행한 것처럼 관계서류를 꾸며 상속재산에서 제외시킨 것으로 보아, 합계 금 292,776,360원을 과세표준에 산입하여 산출된 상속세 금 233,515,620원과 방위세 금 46,703,120원을 부과하였다. 그런데 피고가 위 각 세금에 관하여 납세의 고지를 함에 있어서 납세의무자를 '오직택 외 4인'으로 표시하였을 뿐 '4인'의 성명을 구체적으로 특정하지 않았을 뿐만 아니라, 상속세액의 총액과 그 산출근거만을 기재하였을 뿐 상속인들 5인 각자가 납부할 세액과 그 계산의 명세를 기재하지 않은 내용의 납세고지서를 작성하여 원고 오직택 1인에게만 송달하였다.

피고들은 원고 원정희, 윤의영, 원철희 등에게 명의개서가 되어 있는 위 주식들에 관하여 상속인들이 위 각 원고에게 명의신탁한 것으로 보고[963] 그 당시 시행되던 상속세법 제32조의 2(1981년 12월 31일 법률 제3474호로 개정되기 전의 것[964])를 적용하여 피고 용산세무서장은 1986년 5월 29일 원고 윤의영에게 증여세 금 24,461,120원과 방위세 금 4,892,220원을, 피고 도

---

[962] 국세기본법 제22조의 3의 규정과 같이 병존설이 적용된다 하더라도 당초처분과 경정처분 사이에 위법사유가 공통되고 당초처분에 대하여 적법한 전심절차를 거친 경우에는 경정처분에 대해 전심절차를 요구하지 않는다고 보는 것이 타당하다.

[963] 참고로 해당 법원은 이를 명의신탁으로서 당시 상속세법 제32조의 2의 규정에 따라 증여로 볼 사안은 아니라고 다음과 같이 판단하고 있다.
"소유권명의만을 신탁하는 이른바 명의신탁은 신탁법 제1조 제2항에 규정된 신탁이라고 볼 수 없으므로 같은 법 제3조의 규정에 따라 명의신탁재산인 사실을 등기, 등록, 표시 또는 기재하지 않았더라도, 신탁재산의 증여의제를 규정한 1981년 12월 31일 법률 제3474호로 개정되기 전의 상속세법 제32조의 2에 따라서 명의신탁자가 그 재산을 명의수탁자에게 증여한 것으로 볼 수는 없다."

[964] 제32조의 2 재산에 대하여 신탁을 설정한 경우에 신탁법 제3조의 규정에 의하여 신탁재산인 사실을 등기 또는 등록하지 아니하거나 증권에 표시하지 아니하거나 주권과 사채권에 관해서는 또한 주주명부 또는 사채원부에 기재하지 아니하고 수탁자의 명의로 등기·등록·표시 또는 기재된 신탁재산은 당해 등기·등록·표시 또는 기재를 한 날에 위탁자가 그 신탁재산을 수탁자에게 증여한 것으로 본다[본 조 신설 1974.12.21].

봉세무서장은 1986년 6월 7일 원고 원정희에게 증여세 금 58,885,420원과 방위세 금 11,771,080원을, 피고 동래세무서장은 1986년 6월 13일 원고 원철희에게 증여세 금 23,409,290원과 방위세 금 4,681,830원을 각 부과고지하였다.

그 후 원고 오직택이 위의 상속세와 방위세에 관하여 한 심판청구에 대한 국세심판소장의 결정의 취지에 따라, 피고 용산세무서장이 상속세와 방위세의 세액을 감액경정하고 이를 고지함에 있어서 상속인들 5인 각자별로 감액되는 세액을 기재하지 않은 채 '오직택 외 4인' 앞으로 상속세 금 37,497,910원과 방위세 금 7,499,580원을 감액한다는 취지만을 고지하였다

이에 대해 대법원은, 원고 원철희와 원고 윤의영 및 원정희에 대한 이 사건 각 과세처분은 과세관청이 각기 다름은 물론 납세의무자·처분일·처분내용 등도 모두 다를뿐더러, 위 원고들 3인에게 주식을 증여한 것이라는 점이 공통될 뿐 위 망인의 상속인들이 위 원고들 3인에게 개별적으로 각기 별개의 주식을 증여한 것이 과세원인이 된 것이어서, 위 원고들 3인에 대한 이 사건 각 과세처분은 각기 독립된 별개의 처분이라고 볼 수밖에 없을 뿐만 아니라, 원고 원철희가 전심절차를 거침으로써 국세청장과 국세심판소로 하여금 원고 윤의영 및 원정희에 대한 이 사건 각 과세처분에 관한 사실관계와 법률문제에 대해서도 판단할 수 있는 기회를 부여하였다고 볼 수 없음은 물론, 원고 윤의영 및 원정희로 하여금 별도로 전심절차를 거치게 하는 것이 가혹하여 위 원고들이 전심절차를 거치지 아니하고도 이 사건 각 과세처분의 취소를 청구하는 행정소송을 제기할 수 있는 것으로 보아야 할 만한 정당한 사유가 있다고도 볼 수 없다. 따라서 결국 원고 원철희가 전심절차를 거쳤기 때문에 원고 윤의영 및 원정희는 전심절차를 거치지 아니하고도 이 사건 각 과세처분의 취소를 청구하는 소송을 제기할 수 없다.

오범석이 사망하자 5인의 상속인은 상속세를 절감하기 위해 망인 오범석 소유의 주식 일부 (약 3분의 1 상당)를 망인이 상속인들의 특수관계자들(3인)에게 사망 전 양도한 것으로 꾸몄다고 각 관할 세무서장은 판단하였다. 그리고 각 상속인이 그들의 특수관계자들 3인에게 명의를 이전한 것을 명의신탁으로 보고 그 3인들에게 세법상 명의신탁에 의한 증여의제과세를 한 것이다. 이 과세에 대해 3인 중 1인은 전심절차를 거쳤지만 나머지 2인은 거치지 않았는데 그 2인이 거치지 않았음에도 소송을 받아줄 수 있는가가 본 사건의 주된 쟁점이다.

3인 각각에 대한 증여과세는 별개의 처분이지만 3개가 서로 관련되는 처분이라고 볼 수 있다면 전치절차를 거친 것으로 볼 수 있을 것이다. 여기서 관련성이 있는지에 대해 긍정적 답을 내리기 위해서는 쟁점이 동일하거나 유사한 것만으로는 부족하고 심판기관이 각각의 건에 대해 사실관계와 법률문제를 다시 판단할 수 있는 기회를 가졌는지에 따라 결정된다. 그리고 나머지 2인들로 하여금 굳이 전심절차를 거치도록 하는 것이 가혹할 정도에 이르러야 한다. 가혹한 것의 의미가 무엇인지에 대해서는 관련 판례상 분명하지 않지만 전심절차를 거치려 하여도 할 수 없었던 사정이 있는 등 합리적인 이유가 있어야 할 것이다. 본 사건에서는 그러한 이유를 찾을 수 없다는 것이 법원의 판단이다. 즉 각각의 과세처분별로 전심절차를 거쳐야 한다는 것이다. 이는 피고 세무서장들이 위 원고 3인에 대한 명의이전이 각각 서류의 조작에 의한 명의신탁이라고 하지만 실제 망인이 사망 전 각각에 대해 양도한 것일 수 있는데 그러한 사실관계는 행정심판을 담당하는 기관이 각각의 개별적인 사실관계를 보고 판단하였어야 한다는 이유에서이다.

다음의 사건은 위에서 ②가 적용될 수 있는지 여부의 사안에 대한 것이다. 대법원 1990.4.13, 89누1414 판결에서 법원은 세무소송에는… 전심절차를 거치지 아니하면 행정소송을 제기할 수 없다고 보아야 할 것인바, 과세관청인 피고가 1986년 6월 23일 원고들을 갑회사의 제2차 납세의무자로 지정하여 한 85년도 제2기분 및 86년도 제1기분 부가가치세과세처분에 관해서는 원고들이 전심절차를 거쳤지만, 피고가 1986년 11월 20일 원고들에 대하여 한 이 사건 과세처분이 86년도 귀속 갑종근로소득세, 법인세, 85년도 제1기분 부가가치세법에 관한 것이라면, 비록 원고들이 갑회사에 대한 과세처분 자체를 다투지 않기 때문에 양처분에서 우연히 원고들이 갑회사의 제2차 납세의무자인지가 동일한 쟁점으로 되었더라도, 양 처분은 별개의 처분일 뿐만 아니라 과세표준의 발생원인, 발생연도, 세목이 달라 추상적으로 볼 때 처분에 대한 다툼의 내용도 서로 다를 가능성이 있으므로 이 사건 과세처분에 대하여 다시 전심절차를 거쳐야 할 것이라고 판단하였다.

다음의 사례는 위에서 ②의 경우에 해당한다. 법원은 계류 중인 소송에서의 동일한 사실관계에서 동일한 쟁점이 행정심판기관의 심리를 거친 경우에는 설사 해당 소송 자체의 전심으로서 심리를 거치지 않은 경우라도 전심절차를 거친 것으로 보고 있다. 대법원 1993.1.19., 92누8293판결 사건에서, 피고 세무서장은 원고 법인에 대한 세무조사에서 매출누락액을 적출하여 1989년 6월 30일 법인세와 방위세를 부과하였다. 그리고 피고는 원고의 대표이사인 소외 갑에 대한 상여로 처분하여 1989년 7월 4일 원고에게 소득금액변동통지를 하고, 갑이 원천징수납부를 하지 않자 1990년 4월 16일 위 갑으로부터 원천징수하였어야 할 이 사건 갑종근로소득세 및 그 방위세를 원고에게 부과하였다. 원고는 1989년 8월 29일 감사원에 위 법인세와 방위세 부과처분에 대한 심사청구를 제기하면서 아직 고지받지 않은 갑의 세금에 대한 심사청구의 취지도 추가하였다. 감사원은 1990년 3월 위 심사청구를 기각하였는데 위에 언급한 바와 같이 다만, 감사원심사청구 결정문은 갑 앞으로 상여 처분하는 처분이 정당하다는 언급을 하였다. 그때까지 피고는 아직 원고에 대해 갑의 세금을 고지하지 않았다. 원고는 1990년 5월 3일 본 사건 법인세 및 소득세 전부에 대해 이 사건 행정소송을 제기하였다. 원고법인은 원고법인의 법인세에 대해서는 행정심판을 거쳤지만, 갑의 세금에 대한 원천징수처분에 대해서는 행정심판을 거치지 않았다. 법원은 이에 대해, 법인세법상 인정상여처분이나 소득금액변동통지 자체는 독립하여 항고소송의 대상이 되는 처분이라고 볼 수는 없지만, 납세자가 소득금액변동통지가 있었던 후에 이에 불복하여 심사청구를 한 경우에는 특별한 사정이 없는 한 필연적으로 뒤따를 것으로 예견되는 부과처분의 취소를 구하는 취지가 포함되어 있다고 보아야 하므로, 심사관청이 위 심사청구에 따라 부과처분의 근거가 되는 납세의무의 존부, 즉 인정상여처분의 당부에 대해 심리 판단한 이상 그 심사결정이 있는 뒤에 부과처분이 되었다고 하더라도 위 심사청구로 위 부과처분에 대한 불복전치절차를 거친 것으로 보는 것이 타당하다고 하였다.

원래 법인세와 종합소득세는 세목뿐만 아니라 과세관청과 납세의무자도 전혀 다르고, 손금불산입으로 법인소득이 발생하였다 하더라도 그와 같은 소득의 귀속은 법인에 유보되거나 사외유출되더라도 실제 귀속자에 따라 달라 반드시 그 소득이 대표자에게만 귀속된다고는 볼 수 없는 등 각기 독립한 별개의 처분이므로, 법인이 법인세 부과처분 및 인정상여처분을 대상으로 전심절차를 거쳤다 하더라도, 당연히 그 인정상여의 귀속자에 대한 종합소득세 부과처분 취소 소송의 전심절차를 거친 것으로 볼 수는 없고, 또한 중복하여 전심절차를 거칠 필요가 없는 경우에도 해당하지 않는다.[965]

그런데 본 사건에서는 이러한 원칙에 대한 예외를 인정할 특별한 이유를 찾아볼 수 있다. 원고가 1989년 6월 30일 법인세 고지서를 받고 1주일도 안 되어 소득금액변동통지(상여처분)를 받았다. 원고는 법인세의 부과가 적법하지 않다고 생각하였기 때문에 소득금액변동통지도 적법하지 않다고 보고 있었을 것이다. 원고는 행정심판단계에서 선택할 수 있는 국세청심사청구, 감사원심사청구 및 국세심판청구 중 감사원심사청구를 선택하였다. 국세청이나 국세심판원은 소득금액변동통지의 위법성에 대해서는 본안심리도 하지 않을 것이었으므로 납세자는 감사원을 선택하고 법인세부과처분과 함께 소득금액변동통지의 위법성을 주장하고 그에 대한 감사원의 판단결과를 받아 보았다. 이는 그 다음 해 3월이었는데 원고가 소득금액변동통지에 따른 원천징수세액을 납부하지 않자 4월 16일 관할 세무서는 징수처분을 하였다. 원고는 5월 3일 두 건을 모아 행정소송을 제기한 것이다. 원고로서는 4월 16일 징수처분에 대해 별도로 행정심판을 받아 볼 수 있었을 텐데 이를 생략하였다. 소송과정에서 과세관청은 이것의 문제점, 즉 행정심판을 거치지 않았다는 문제점을 지적하였다. 이에 대해 법원은 비록 소득금액변동통지에 대한 감사원심리가 4월 16일 징수처분에 대한 완전한 행정심판은 아닐지 모르지만 그 후에 필연적으로 뒤따를 것으로 예견되는 징수처분의 취소를 구하는 취지가 포함되어 있다고 보아야 한다고 하면서 전치주의의 요건을 충족한 것으로 판단한 것이다.

그렇다면 본건과 같은 상황이지만 만약 납세자가 상여처분 자체의 위법성에 대한 심사의 청구를 구하는 취지를 감사원심사청구서에 추가하지 않은 경우에도 전치주의의 요건을 충족한 것으로 볼 것인가? 재결기관이 소득금액변동통지를 처분으로 보지 않아 각하할 것이기 때문에 아예 청구취지에 포함시키지 않은 경우에는 어떻게 보아야 할까? 법인세의 부과취소를 구하는 과정에서 부과 취소된다면 소득금액변동통지를 할 금액이 존재하지 않을 것이기 때문에 당연히 그러한 취지도 뒤따르는 것으로 보아야 할 것인가? 그렇게 보기는 어렵다. 통상 법인세부과처분 취소의 청구가 인용되면 그에 따른 소득금액변동통지는 관할 세무서장에 의해 철회된다. 그러나 실제 소득금액변동통지만 따로 문제 되는 경우도 있다. 법인세부과처분은 적법한데 소득의 귀속은 과세관청과 달리 보아야 할 경우가 그 예이다. 이 경우에는 필요적 전치주의 원칙에 입각할 때 소득금액변동통지에 대해 전심과정에서 아무런 심리를 받지 않고 있다가 소송단계에서 법인세부과처분에 대해 다투면서 소득금액변동통지상 소득의 귀속에 대해 다툴 수는 없을 것이다.

최근까지만 해도 국세청은 소득금액변동통지가 처분성이 없다 하여 심리를 하지 않았다. 따라서 납세자로서는 본건과 같은 사건에 있어서는 국세심판원에서 심리를 받으면서 소득금액변동통지에 대해 아울러 판단을 받아 놓을 필요가 있었다(국세심판원은 각하하지 않는 관행을 가지고 있었다). 이제는 소득금액변동통지 자체의 처분성이 인정되게 되었으므로 이러한 문제는 발생하지 않을 것이다.

---

965) 2006.12.7. 선고 2005두4106 판결. [종합소득세부과처분취소]

4. 심리

가. 심리의 대상

(1) 과세처분 취소소송

(가) 소송물

일반적으로 행정처분의 취소소송은 처분의 위법을 이유로 하여 그 취소를 구하는 것이므로 그 심판의 대상, 즉 소송물은 처분에 대한 취소사유의 존부, 즉 위법성 일반이다. 여기에서 위법성은 실체적 위법성과 절차적 위법성을 모두 포함한다.[966]

판례는 소득의 종류별로 소송물도 달라지는 것으로 보고 있다. 따라서 원칙적으로는 종합소득을 구성하는 각각의 소득별로 소송물이 나뉘게 된다. 다만, 법원은 과세방식이 동일하거나 유사한 소득 간에는 하나의 소송물이 될 수 있다고 한다.

국세기본법 제22조의 2는 증액경정처분에 대해서는 병존설의 입장을 취하고 감액경정처분에 대해서는 일부 취소설의 입장을 취하고 있다(국세기본법 제22조의 3). 증액경정처분에 대해서는 당초처분[967]과 경정처분 모두 소송의 대상이 될 수 있다.

개별 소송상 소송물의 대상 설정에는 '처분권주의'가 적용된다. 처분권주의란 소송의 개시, 심판의 대상과 범위의 결정 및 소송의 종결에 대하여 당사자에게 주도권을 인정하고 그의 처분에 맡기는 원칙을 말한다. 처분권주의는 행정소송에도 유효한 원칙이 된다. 대법원 1987.11.10., 86누491판결 사건에서, 원고의 자산 양도차익예정신고에 대해 피고세무서장은 원고가 토지와 미완성 건물을 양도한 것은 소득세법이 정한 부동산매매업을 한 것이므로 그로 인한 소득은 양도소득세가 아닌 종합소득세의 과세요건에 해당한다는 이유로 1982년 7월 15일 원고에게 종합소득세 등을 부과하였다. 원고는 동 종합소득세 부과처분의 취소를 구하는 소송을 제기하였다. 원심은 종합소득세의 부과처분의 취소를 인정하면서도 양도소득의 과세표준과 양도소득세액을 산출하고 종합소득세 과세처분 중 위와 같이 산출한 양도소득세액의 범위 내의 것은 적법하다고 판시하였다. 이에 대해 대법원은 본건 원심이 당사자가 구하지도 않은 양도소득의 과세표준과 세액을 산출하고 피고 세무서장이 부과한 종합소득세액이 양도소득세액 범위 내의 것은 적법하다고 판시한 것은 처분권주의에 위배된다고 판시하였다.

(나) 심리의 범위

과세처분의 취소소송에 있어서는 납세자의 실제의 과세표준이나 세액 자체는 심리의 대상이 아니며, 해당 소송물인 과세관청에 의하여 인정된 조세채무인 과세표준 및 세액의 객관적 존부가 심리의 대상이 되는 것이다.

심리범위에 있어서는 '총액주의'에 의한다. 과세처분취소소송의 '소송물(Streitgegenstand)' 심

---

966) 사법연수원, 전게서, p.67 참조.
967) 당초처분에는 경정청구거부처분도 포함되는 것으로 보는 것이 타당하다.

리범위와 관련하여 판례는 '총액주의(Saldierungstheorie)'의 입장을 취하고 있다.[968] 총액주의란 법원이 과세관청의 부과처분에 의한 세액 전체에 대해 심리한다는 의미이다. 심판의 범위는 과세처분에 의하여 인정된 총 세액에 미치게 된다. 여기서 "세액 전체"란 한 단위의 과세대상에 대한 처분에 의한 세액이며 실제 해당 과세단위의 적법한 세액 자체에 관한 것은 아니다. 이에 반해 '쟁점주의(Individualisierungstheorie)'란 법원이 원고가 당초 제기한 쟁점에 관련되는 세액만 심리한다는 의미이다.

당사자는 처분 당시에 객관적으로 존재한 사실상태를 기준으로 삼아 이를 사실심 변론종결 당시까지 입증할 수 있고, 법원도 그 변론종결 시점까지 제출된 모든 자료를 종합하여 처분 당시 객관적으로 존재한 사실상태를 확정하고 그 사실에 기초하여 처분의 위법 여부를 판단해야 한다.

원고는 전심절차에서 주장하지 아니한 공격방어방법(예: 부과처분상 절차상 하자)을 소송절차에서 주장할 수 있다. 감액경정청구 시 주장하지 않았던 사유도 거부처분취소소송에서 다툴 수 있다(대법원 2004.8.16., 2002두9261). 납세의무자는 증액경정처분의 취소를 구하는 항고소송에서 과세관청의 증액경정사유뿐만 아니라 당초신고에 관한 과다신고사유도 함께 주장하여 다툴 수 있다(대법원 2013.04.18. 선고 2010두11733 전원합의체 판결). 이 판결에서 법원은 증액경정처분에 대한 항고소송에서 당초처분의 위법사유를 주장하더라도 당초 신고에 대한 통상적 경정청구기간이 도과하여 제기한 소송에서라면 증액경정처분에 의한 세액의 범위 안에서만 받아들일 수 있다고 판단하고 있다.[969] 통상적 경정청구기간 이내에 소송이 제기되었다면 당초신고세액 모두에 대해서도 다툴 수 있게 된다.

과세관청은 처분의 동일성을 해하지 않는 범위 내에서 사실심 변론종결 시점까지 당해 처분에서 인정한 과세표준 또는 세액의 정당성을 뒷받침하기 위하여 부과처분 당시의 처분사유뿐만 아니라 그 처분사유로 되지 아니한 사실도 주장할 수 있으며, 처분사유를 교환·변경할 수 있고 추가적인 주장과 자료를 제출할 수 있다.[970] 처분사유는 공격방어방법에 불과하다. 당초의 처분

---

968) 참조 독일재정법원법 제100조 제1항.

969) 대법원 2009.5.14. 2006두17390 판결 및 대법원 2013.10.31. 선고 2010두4599 판결을 통해 밝힌 소위 "흡수적 병존설"적 입장 참조

970) ① …구 법인세법 제32조 제5항에 대한 헌법재판소의 위헌결정이 있었음을 이유로 그 처분사유를 변경하면서(의제근로소득에서 실제근로소득으로 변경), 과세단위가 단일한 종합소득세의 세목 아래에서 같은 금액의 소득이 현실적으로 귀속되었음을 이유로 들어 과세근거 규정을 달리 주장하는 것은 처분의 동일성이 유지되는 범위 내의 처분사유 변경에 해당하므로 허용되는 것이며, 합산과세되는 종합소득의 범위 내에서 특정의 과세기간 내에 생긴 소득에 관하여 그 소득의 원천만을 달리 주장하는 것도 마찬가지로 허용된다(대법원 98두7350, 1999.12.24., 대법원 2000.3.28. 선고 98두16682 판결).
② 과세관청이 과세대상 소득에 대하여 이자소득이 아니라 대금업에 의한 사업소득에 해당한다고 처분사유를 변경한 것은 처분의 동일성이 유지되는 범위 내에서의 처분사유 변경에 해당하여 허용된다(대법원 2002.3.12. 선고 2000두2181 판결).
③ 과세관청이 당초 처분사유로 양도 건물의 주택용도 이외 부분의 면적이 주택용도 부분의 면적보다 크다는 사유를 내세워 양도소득세가 비과세되는… '1세대 1주택'의 요건을 갖추지 못하였다고 주장하다가 소송 중 양도인이 위 건물의 양도 당시 다른 주택 1채를 더 소유하고 있어 위 요건을 갖추지 못하였다고 주장하는 것은 처분의 동일성이 유지되는 범위 내의 것이다(대법원 2002.10.11. 선고 2001두1994 판결).
④ 과세관청이 당초처분의 취소를 구하는 소송계속 중 법인세 면제세액의 계산에 관한 납세의무자의 신고내용의 오류를 시정하여 정당한 면제세액을 다시 계산하여 당초의 결정세액을 일부 감액하는 감액경정처분을 한 것은 당초처분의 동일성이 유지되는 범위 내에서 그 처분사유를 교환·변경한 것이므로 적법하다(대법원 2000두6657, 2002.9.24).
⑤ 경정청구가 이유 없다고 내세우는 개개의 거부처분사유는 과세표준신고서에 기재된 과세표준 및 세액이 세법에 의하여 신고하여야 할 객관적으로 정당한 과세표준 및 세액을 초과하는 것이 아니라고 주장하는 공격방어방법에 불과한 것이다. 따라서 과세

사유와 기본적 사실관계가 동일한 한도 내에서 새로운 처분사유를 추가하거나 변경할 수 있다.

과세처분취소소송에서 처분사유 변경의 한계 및 처분의 동일성이 유지되는 범위 내에서 처분사유를 변경할 경우 국세부과의 제척기간 경과 여부의 판단 기준시점은 당초 처분시이다.

(2) 과세처분 무효확인소송

과세처분의 무효확인소송의 소송물은 권리 또는 법률관계의 존부확인이며, 당사자가 청구원인에서 무효사유로 내세운 개개의 주장은 공격방어방법에 불과하다. 사실심 변론종결 시점을 기준으로 그때까지 제출하지 않은 공격방어방법은 그 뒤 다시 동일한 소송을 제기하여 이를 주장할 수 없다.[971]

당사자가 무효확인소송을 제기하였는데 법원이 심리한 결과 취소사유만 인정되는 경우 법원은 특별한 사정이 없는 한 그 처분의 취소를 구하는 취지까지도 포함되어 있다고 보아 취소판결이 가능하다고 보고 있다. 그 반대의 경우는 인정되지 않는다.[972]

나. 변론주의와 직권탐지심리주의

행정소송법 제26조는 "법원은 필요하다고 인정할 때에는 직권으로 증거조사를 할 수 있고, 당사자가 주장하지 아니한 사실에 대해서도 판단할 수 있다"라고 규정하고 있다. 동조의 문언에 의한다면 법원은 당사자가 주장한 쟁점 즉 원고의 청구 범위에 관한 것이지만 아직 주장하지 않은 사실에 대해 판단할 수 있다는 것이다. 행정소송에 있어서 원고의 청구범위를 초월하여 그 이상의 청구를 인용할 수 있다는 의미가 아니라 원고의 청구범위를 유지하면서 그 범위 내에서 필요에 따라 주장 외의 사실에 관하여 판단할 수 있다는 뜻이다.

행정소송법 제26조의 성격에 대해 직권탐지심리주의를 규정한 것으로 보는 견해와 변론주의를 보충하는 것이라고 보는 견해가 대립한다.

이에 대해 대법원은 기본적으로 민사소송에서와 같이 변론주의[973]를 그 근간으로 하면서 약

관청은 당초 내세웠던 거부처분사유 이외의 사유도 그 거부처분 취소소송에서 새로이 주장할 수 있다(대법원 2008.12.24. 선고 2006두13497 판결).

⑥ 갑이 자신의 아버지가 출자에 의하여 지배하고 있는 법인의 감사로서 특수관계인 을로부터 비상장주식을 저가로 양수하였다고 보고 증여세 부과처분을 하였다가, 후에 위 주식의 실질적인 보유자는 갑의 부이고 을은 명의수탁자에 불과하므로 갑이 특수관계인인 부로부터 주식을 저가로 양수하였다는 처분사유를 예비적으로 추가한 것은, 처분의 동일성이 유지되는 범위 내에서의 처분사유의 변경으로써 허용된다(대법원 2011.1.27. 선고 2009두1617 판결).

⑦ 갑이 자기 명의의 예금을 인출하여 타인에게 증여하였음을 과세원인으로 하는 증여세 부과처분이 있은 후 위 예금의 실권리자가 을이고 갑은 그의 처로서 그 자금관리자에 불과하며 증여자도 그 실권리자인 을인 사실이 밝혀졌다 하더라도 처분의 동일성이 유지되어 당초의 과세처분이 적법하다(대법원 1997.2.11. 선고 96누3272 판결).

⑧ 증여추정에 의한 당초 과세처분을 명의신탁에 따른 증여의제로 처분사유를 추가한 것은 명의개서가 이루어진 하나의 객관적 사실관계에 관하여 과세요건의 구성과 법적 평가만을 달리할 뿐 과세원인이 되는 기초사실을 달리하는 것은 아니므로 처분의 동일성이 유지되는 범위 내에서 이루어진 처분사유의 추가·변경에 해당하여 허용된다(대법원2010두7277. 2012.05.24.).

971) 사법연수원. 전게서. pp.75~76 참조.

972) 대법원 2006두1609 참조.

973) 변론주의는 소송자료, 즉 사실과 증거의 수립 및 제출의 책임을 당사자에게 맡기고 당사자가 수집하여 변론에서 제출한 소송자료만을 재판의 기초로 삼아야 한다는 심리원칙을 말한다.

간의 직권주의적 태도를 가미한 것으로 보는 '변론주의보충설'을 취하고 있다. 행정소송법 제26조는 소송자료의 수집에 관해 규정한 것에 불과하고 당사자가 주장하지 않은 사항까지 심판하는 것을 허용하는 것은 아니라는 것이다.[974] 직권조사사항을 제외하고는 그 취소를 구하는 자가 위법사유에 해당하는 구체적 사실을 먼저 주장하여야 한다.[975] 즉 실제 일건 기록에 현출되어 있는 사항에 관하여서만 직권으로 증거조사를 하고 이를 기초로 하여 판단할 수 있을 따름이고, 그것도 법원이 필요하다고 인정할 때에 한하여 청구의 범위 내에서 증거조사를 하고 판단할 수 있을 뿐인 것이 된다.[976]

법원이 원고의 청구범위 이외의 것에 대해서는 심리하지 않는다는 변론주의의 개념이 잘 반영된 사례로는 대법원 2001.10.23., 99두3423판결 사건이 있다. 이 사건에서, 원고는 1989사업연도 및 1991사업연도 귀속분 법인세 등 부과처분의 취소를 구하는 이 사건 소송을 제기하였고, 원심에서 원고의 지급 사용료율은 팬아시아 및 킹비디오의 사용료율이나 위 감정결과에 나타난 정상가격의 범위에 비추어 적정한 것이어서 부당행위계산 부인대상이 되지 아니한다고 다투었을 뿐, 위 2개 사업연도의 소득금액 계산에서 공제되어야 할 해당 사업연도의 각 이월결손금과 그것이 도출되는 원천이 되는 1988사업연도 및 1990사업연도의 결손금에 관해서는 다툰 바 없음이 분명하였다.

이에 대해 대법원은, 행정소송에 있어서 특별한 사정이 있는 경우를 제외하면 당해 행정처분의 적법성에 관해서는 행정청이 이를 주장·입증하여야 할 것이나 행정소송에 있어서 직권주의[977]가 가미되어 있다고 하더라도 여전히 변론주의를 기본구조로 하는 이상 행정처분의 위법을 들어 그 취소를 청구함에 있어서는 직권조사사항을 제외하고는 그 취소를 구하는 자가 위법사유에 해당하는 구체적 사실을 먼저 주장하여야 하고,[978] 법원의 석명권 행사는 당사자의 주장에 모순된 점이 있거나 불완전·불명료한 점이 있을 때에 이를 지적하여 정정·보충할 수 있는 기회를 주고, 계쟁사실에 대한 증거의 제출을 촉구하는 것을 그 내용으로 하는 것이며, 당사자가 주장하지도 아니한 법률효과에 관한 요건사실이나 독립된 공격방어방법을 시사하여 그 제출을 권유함과 같은 행위를 하는 것은 변론주의의 원칙에 위배되는 것으로 석명권 행사의 한계를 일탈하는 것이 되므로(대법원 2000년 3월 23일 선고 98두2768 판결[979] 참조), 상고

---

974) 변론주의는 당사자의 소송자료에 대한 수집책임을 뜻하는 개념이므로 당사자의 소송물에 대한 처분자유를 뜻하는 처분권주의와는 별개의 개념이다(구욱서, 「조세소송의 심리대상」, 『조세판례백선』, 한국세법학회, 박영사, 2005).

975) 대법원 98두2768, 2000.3.22. 참조.

976) 대법원 1994.10.11. 선고 94누4820 판결. 상속세 등 부과처분취소소송에서 당사자들이 다투지는 아니하였지만 기록에 현출된 자료에 의하여 상속세 신고세액 공제액에 관하여 법원이 심리·판단하는 것은 정당하고, 거기에 변론주의를 위반한 위법이 있다고 할 수 없다(대법원 1997.10.28. 선고 96누14425 판결).

977) 행정소송법 제26조.

978) 대법원 1994.11.25. 선고 94누9047 판결.

979) 원심판결 이유를 기록에 비추어 살펴보면, 원심은 이 사건 도시계획결정이 그 입안과정에서의 기초조사의 흠결로 위법하다고 판단하고 있으나, 원고는 원심 변론절차에서 그러한 기초조사의 흠결에 관하여 아무런 주장을 하지 아니하였음에도 원심이 직권으로 피고에 대하여 그에 대한 자료 제출을 명하였다가 그 자료 제출이 없다는 이유로 위와 같은 판단을 하고 있음을 알 수 있으므로, 원심의 위와 같은 조치는 결국 원고가 아무런 주장을 하지 아니한 처분의 위법사유에 관하여 석명을 구한 후 그에 대한 판단을 하기에 이른 것이어서 앞서 본 법리에 비추어 볼 때 변론주의의 원칙에 위배되고 석명권 행사의 한계를 일탈한 것이라고 아니 할 수 없다(출처: 대법원 2000.3.23, 98두2768 【도시계획결정취소】 [공 2000.5.15(106), 1067]).

이유에서 주장하는 바와 같이 원심이 1988년 7월 1일부터 1989년 6월 30일까지의 사업연도 및 1990년 7월 1일부터 1990년 12월 31일까지의 사업연도의 각 소득금액 계산과 위 각 이월결손금 등에 대하여 심리하지 아니하였다거나 이에 대하여 석명하지 아니하였다고 하여 판단유탈 또는 석명의무위반에 따른 심리미진 등의 위법이 있다고 할 수 없다고 하였다.

부과처분의 위법을 다투는 취소소송에서 원고인 납세자와 피고인 관할세무서장은 사실심의 최종심인 고등법원에서까지는 총액주의 원칙에 따라 대상사업연도 과세표준 및 세액에 영향을 미치는 새로운 사항을 주장할 수 있다. 관할세무서장이 새로 주장하는 사실이 세액을 증액시키는 것인 때에는 법원의 허가를 받아야 한다.

그런데 납세자가 세액을 경감시키는 어떤 항목에 대해 고등법원까지 주장하지 않고 있다가 대법원에서 주장하면서 고등법원이 그것을 심리하지 않았던 것에 심리미진 등의 위법이 있었다고 주장할 수 있을까? 행정소송에서 법원은 직권주의에 의해 일반 민사소송의 경우보다 석명권의 범위가 넓게 인정되지만 기본적으로 변론주의에 따른다. 이에 따라 당사자가 주장하지도 않은 사실이나 공격방법을 시사할 수는 없다. 대법원은 납세자가 이월결손금의 주장을 대법원에 와서야 하게 된 것은 수용할 수 없다는 입장인 것이다.

본 사건(대법원 99두3423)은 다음과 같은 구조를 가지고 있었다.

<연도별 사용료율 및 신고 결정>

기간			'89.6.30.980)	'90.6.30.	'90.12.31.981)	'91.12.31.
사업연도	2003두4522 사건에서			1989	1990	1991
	(99두3423 사건에서)			(1990)		(1991)
요율(%)	신고			69.47		59.92
(영화)	결정			51.91		49.82
	법원인정	(홍콩사례)		62.28		57
법인세	신고	당기소득	-260	-1172	-645	37
(백만 원)		이월결손		-260	-1432	-2077
		과세표준	0	0	0	0
	결정	당기소득	-49	531	-183	2,322
		이월결손		-49	0	-183
		과세표준		482	-183	2,139
	원심	당기소득	-49	-599	-183	1584
	(최종심)	이월결손		-49	-648	-831
		과세표준		0	0	753

관할세무서장은 원고의 1989년 및 1991년982) 귀속 소득금액 계산상 손금으로 계상한 사용

---

980) 원고가 1988사업연도분으로 신고한 결손금 260백만원 중 과세관청이 1989사업연도 과세표준을 결정할 때 인정받은 49백만원을 초과하는 211백만원은 과세관청의 1988사업연도 과세표준에 관한 별도의 처분이 없었으므로 여전히 인정받아야 하는 것이었다.

981) 원고가 1990사업연도분으로 신고한 결손금 645백만원 중 과세관청이 1991사업연도 과세표준을 결정할 때 인정받은 183백만원을 초과하는 462백만원은 과세관청의 1988사업연도 과세표준에 관한 별도의 처분이 없었으므로 여전히 인정받아야 하는 것이었다.

료율이 국외특수관계인에게 지급한 것으로서 과다계상된 것이기 때문에 거래상대방이 비교가능 제3자였다면 어느 정도의 요율로 지급했겠는가를 자체적으로 조사하여 원고가 신고한 것보다는 현저히 낮은 요율(51.91, 49.82)이 타당하다고 하여 원고의 손금 중 상당 부분을 부인한 결과 소득금액이 원고가 신고한 것보다 훨씬 많아져야 한다고 보고 그 결과대로 두 개 연도 법인세에 대한 부과처분을 하였다. 그 부과처분은 1994년에 행해졌다.

원고는 본 사건에서 양 연도의 소득금액 계산상 손금으로 인정되어야 할 정당한 사용료가 얼마인지를 다투었다. 이를 위해 홍콩의 비교가능거래를 찾아 그 거래에서 사용된 율(62.28, 57)이 원고가 신고한 것(69.47, 59.92)과 크게 다를 바 없으므로 원고의 당초 신고가 정당하다는 주장을 하였는데 법원이 그 부분을 일부 인용하였다. 그런데 법원의 판결에 의해 1991년분 법인세 계산상 당년도 소득금액은 어느 정도 복원되었지만 과세표준은 복원되지 않았다. 과세표준은 당년도 소득금액에서 이월결손금을 공제하여 계산하는데 원고가 고등법원 단계까지 이와 같이 공제할 이월결손금에 관해서 다투지 않았기 때문이다. 본 사건에서 원고는 1989년 사업연도의 결손금의 규모를 다투었으며 그 규모를 늘리는 데 성공하였으므로 그 부분에 대해서는 1991년도로의 이월결손금의 규모가 논리적으로 당연히 확대되어야 한다는(그 점에 대해 구체적으로 다투지는 않았지만) 주장이 내포되어 있다고도 볼 수 있다.

그런데 대법원은 납세자가 사실심 단계에서 그 부분에 대해 전혀 언급한 바가 없다가 대법원에 와서야 주장한다면 그것을 받아 줄 수 없다고 하였다. 대법원이 그것이 논리적으로 당연히 내포된 주장이었다고 보지도 않았음을 의미하기도 하는 것이다.[983]

납세자가 1989년 및 1991년의 부과처분의 취소를 구하는 소송을 제기하였기 때문에 해당 연도의 과세표준과 세액에 관련된 사항이라면 모두 쟁점으로 다툴 수 있었을 것이지만 그것은 고등법원 심리 시까지 하였어야 하며, 논리적으로 당연히 문제 될 수 있는 사안이라 하여 지방법원, 고등법원이 스스로 나서서 심리할 필요까지는 없다는 점을 분명히 한 것이다.

소송의 결과 원고는 소득금액 계산상으로는 승소하고도 1991년분 과세표준 계산상 673백만 원의 이월결손금을 인정받지 못하여 그만큼 법인세 부담을 줄이지 못하게 되었다.[984]

그렇다면 이후 연도 예를 들면 1994년의 과세표준 계산상 위의 673백만 원의 이월결손금 부분은 인정받을 수 있었던 것일까? 관할세무서장이 이를 인정하지 않자 새로운 소송이 제기되었다(대법원 2004.6.11. 선고 2003두4522). 쟁점은 이월결손금을 1991년 최종 확정된 조세채무 산정과정상(즉 대법원의 판결에서) 공제하지 못하였다면 그것이 이월되는 것으로 볼 것인가 하는 점이다. 또는 반대로 과세관청의 주장과 같이 1988년과 1990년의 결손금이 관할세무서의 결정분보다 많아 1991년으로 이월된 결손금이 1991년 공제받을 수 있었던 소득금액이 있었으면 반드시 공제받아야 하고 실제 공제받지 않은 경우라 하더라도 마치 공제받은 것처럼 처리하여야 하는가이다. 이에 대해 대법원은 2003두4522 판결에서 이월결손금은 순차공제[985]되어야 하

---

982) 2003두4522 판결상 표현을 사용한 것이다.

983) 이러한 대법원의 논리는 1988년분에 대해서도 일관되게 유지되었다. 1988년분은 211백만 원, 1990년분은 462백만 원으로 총 673백만 원에 이른다.

984) 1988년 결손금 중 211백만원과 1990년 결손금 중 462백만원의 합계액

기 때문에 과세관청의 주장과 같이 보아야 한다는 최종판단을 하였다. 이는 어느 사업연도에 공제할 것인가를 납세자의 선택에 맡길 경우 소득발생 여부에 따라 자의적으로 각 사업연도의 과세표준 및 세액을 왜곡시킬 가능성이 있기 때문이라는 것이다. 그러나 본 사건에서처럼 세무조사의 과정에서 납세자의 중대한 귀책사유 없이 이월결손금을 활용하지 못하게 된 경우까지 자의적인 의도에 의해 공제하지 않은 것으로 보아 마치 이미 공제한 것과 같이 의제하는 것은 부당한 측면이 있다.

<연도별 이월결손금(2003두4522 사건)>

			1988	1989	1990	1991	1992	1993	1994
				'89.6.30.	'90.6.30.	'90.12.31.	'91.12.31.		
법인세 신고 (백만 원)		당기소득	-260	-1,172	-645	37	-1,133	866	2,389
		이월결손		-260	-1,432	-2,077	-2,040	-3,173	-2,307
		과세표준	0	0	0	0	0	0	82
결정 (99두3423 판결동일)		당기소득	-49	-599	-183	1,584	-1,133	866	2,389
		이월결손		-49	-648	-831			
		과세표준	0	0	753				
원심		소득금액				1,584	-1,133	866	2,389
		이월결손				-1,505	-673	-1,806	-940
		과세표준				753	0	0	1,448
	잔여이월결손금					-673[986]			
최종심		소득금액				1,584	-1,133	866	2,389
		이월결손				-831	0	-1,133	-266
		과세표준				753	0	0	2,122
	잔여이월결손금					0			

　대법원 2004.6.11. 선고 2003두4522의 판결상 대법원은 이월결손금은 과세관청의 조사나 납세자의 신고와는 무관하게 객관적으로 존재하는 금액을 찾아 그것이 순차적으로 공제 가능하도록 하여야 한다고 보았다.

　그런데 1994년의 과세표준을 산정함에 있어 고려할 이월결손금의 규모에 1988년의 결손금도 영향을 주게 되어 있다. 결손금은 5년의 기간 동안 사용할 수 있다. 만약 1988년의 결손금이 260백만 원이 아니고 300백만 원이었다면 비록 그 자체의 사용시한은 1993년으로 종료할 것이지만 1993년 이전 연도들에 발생한 결손금의 사용액을 줄이고 그에 따라 그 연도들의 결손금으로서 미사용액을 늘리는 과정을 통해 1994년에 활용할 이월결손금의 규모를 좌우할 것이기 때문이다. 이런 이유로 1994년의 과세표준을 계산하기 위해 이월결손금의 규모를 확정하는 과정에서 이미 사용시한이 지난 1988년의 결손금의 규모를 바로잡을 필요가 있다.

　한편, 대법원은 1988년 결손금이 비록 1994년 과세표준에 간접적으로 영향을 미칠 수 있도

---

985) 서면1팀-447, 2005.4.27. 참조.
986) 1988년 결손금 중 211백만원과 1990년 결손금 중 462백만원의 합계액

록 되어 있지만 그것이 1993년까지 직접적으로 사용되지 않은 경우라면(이후 재조정된 부분 등이라는 이유로) 1994년 이후에는 사용될 수 없다는 입장을 분명히 한 것이다.

1994년 세무조사를 할 당시 과세관청이 1988년 결손금 규모를 직권으로 조정할 수 있는가? 1994년 3월 이후에는 이미 1988년 귀속 법인세의 부과제척기간이 도과하여 경정을 할 수 없게 되어 있다. 그러나 이에 대해 정부는 실무상 경정할 수 있다고 보는 입장이다.[987]

과세관청이 직권경정하지 않을 경우 납세자가 경정을 청구할 수 있는가? 경정청구기간의 도과로 불가하다고 보아야 할 것이다.

다. 입증책임

(1) 입증책임의 개념

(가) 주장책임 · 입증책임

소송절차에 있어 법원이 소송상의 청구의 당부에 관하여 판단하기 위해서는 일정한 요건사실의 확정이 선행되어야 하는데 이러한 요건사실의 확정에 있어, 당사자는 스스로 주요 사실을 주장하지 않으면 자기에게 유리한 법률효과를 인정받을 수 없다. 이와 같이 변론에서 주요 사실을 주장하지 아니함으로써 일방의 당사자가 부담하게 되는 위험 내지 불이익을 주장책임[988]이라 한다. 법원의 석명권 행사는 이러한 당사자의 주장책임을 침해하지 않는 범위에서 이루어져야 한다. 법원은 당사자의 주장에 모순된 점이 있거나 불완전 · 불명료한 점이 있을 때에 이를 지적하여 정정 · 보충할 수 있는 기회를 주고, 계쟁사실에 대한 증거의 제출을 촉구할 수 있다. 당사자가 주장하지도 아니한 법률효과에 관한 요건사실이나 독립된 공격방어방법을 시사하여 그 제출을 권유함과 같은 행위를 하는 것은 변론주의의 원칙에 위배되는 것으로 석명권 행사의 한계를 일탈하는 것이 된다.[989]

입증책임은 소송에 있어 어느 요건사실의 존부에 관하여 증명이 없는 경우, 즉 진위가 불명확할 경우 당해 사실이 존재하지 않는 것으로 취급되어 법률판단을 받게 되는 결과 일방 당사자가 최종적으로 받게 되는 위험 또는 불이익을 말한다.

입증책임의 문제는 요건사실의 존부불명에 따라 나타나는 것이므로 변론주의에서만 문제 되는 것이 아니라 직권탐지주의 소송구조하에서도 문제 된다. 입증책임은 법적용의 요건사실이 불확정될 경우 그에 따른 불이익을 당사자 중 누구에게 부담시킬 것인가에 관한 개념이다. 그에 따라 요건사실이 불확정한 경우에도 재판이 가능하게 하는 기능을 하게 된다. 즉 당사자가 제출한 모든 증거를 조사하고 경우에 따라서는 직권으로 증거를 조사 탐지하는 절차를 취하여 심리를 다하여 보아도 끝내 재판의 기초가 되는 증거를 필요로 하는 사실의 존부가 불확정한

---

987) 국심 2007서3165(2008.3.20). 이는 대법원의 입장과 상치되는 것이다. 납세자에게 불리하게 결정하면 법원에서 다툴 수 있을 것이다.

988) 이를 주관적 입증책임(subjektive Beweislast, Beweisführungslast)이라 하고 아래의 입증책임을 객관적 입증책임(objektive Beweislast, Feststellungslast)이라 하기도 한다.

989) 대법원 2001.10.23, 99두3423.

경우에 필요로 하는 개념이다.

(나) 조세소송상 입증책임

우리의 행정소송절차는 민사소송과 마찬가지로 변론주의를 근간으로 하고 있으므로 입증책임과 별개로 주장책임이 문제 된다. 행정소송에 있어 행정처분이 위법함을 내세워 그 취소를 구하는 원고로서는 비록 행정소송에 직권주의[990]가 가미되어 있다고 하더라도 변론주의 및 당사자주의를 그 기본구조로 하고 있으므로 직권조사사항을 제외하고는 먼저 그 위법한 구체적 사실을 주장하여야 한다. 행정소송에서도 민사소송에서와 같이 주장책임은 입증책임의 분배와 일치한다고 보는 것이 일반적인 견해이다.

조세행정소송에 있어 입증책임은 일반행정소송의 그것과 기본적으로 같다고 볼 수 있다. 그에 따라 입증책임의 분배도 일반행정소송에서와 같이 법률요건분류설이 적용되어 왔다. 법률요건분류설은 행정행위의 공정력이론에 근거하여 위법사유에 대한 입증책임이 납세자에게 있다는 공정력추정설에 대항한 것이다.

조세행정소송은 다음과 같은 점에서 일반행정소송과 다른 제도적 여건을 가지고 있다.

조세행정소송에 있어 피고 측인 과세관청은 많은 전문인력과 광범위한 실지조사권에 기초하여 소송자료를 용이하게 수집할 수 있으며 법률전문가인 검사가 과세관청의 소송수행자를 지휘, 감독하므로 입증의 측면에서 원고 측인 납세의무자에 비하여 우월한 지위에 있다. 특히 「과세자료의 제출 및 관리에 관한 법률」상 과세관청의 자료 수집 확대, 금융거래 정보취득의 간편화와 과세자료의 전국적 전산화에 의하여 과세관청이 납세자나 그 거래상대방보다 더욱 광범위하고 정확한 과세정보를 보유하게 되었다. 이러한 측면에서 볼 때 입증책임의 법리의 적용상 과세관청에 보다 큰 책임을 지울 필요가 있다. 한편, 종래의 소송에 있어서 납세자(특히 대기업) 측은 법리와 소송절차에 밝은 변호사가 당사자를 대리하여 적극적으로 과세관청의 위법을 지적하여 입증활동을 하고, 과세자료들이 대부분 지배하고 있어 과세관청의 입증자료의 수집이 결코 용이하지 않았다. 이 점 때문에 과세사실의 존재를 과세관청이 입증하도록 하는 현행 대법원 판례의 입장은 부당하다는 지적도 있어 왔다.[991]

(다) 조세소송상 입증책임에 관한 규정

조세소송에서 일반적으로 입증책임이 누구에게 있는가에 대하여 세법상 명문의 규정은 존재하지 않는다. 판례와 학설상 조세소송의 입증책임은 원칙적으로 과세관청이 부담한다.

세법에 법률상 추정 규정이 있는 경우 전제사실의 증명에 의하여 다른 사실이 존재하는 것으로 추정된다. 추정 사실을 부정하려는 상대방, 즉 납세자는 추정사실의 부존재에 대하여 입

---

990) 우리 대법원 판례는 "…행정소송에 있어서 법원이 필요하다고 인정할 때에는 당사자의 명백한 주장이 없는 사실에 관해서도 일건 기록에 나타나 사실을 기초로 하여 직권으로 판단할 수 있다"(대판 1989.8.8, 88누3604 등)라고 판시하고 있다. 판례의 주류적 입장은 '일건 기록에 나타난 사실'에 관해서만 예외적으로 직권으로 당사자가 주장하지 아니한 사실에 대해서도 법원이 이를 직권으로 탐지하여 판단의 자료로 삼을 수 있다.

991) 독일에서는 법률요건분류설에 입각하고 있지만 그에 대한 예외로 증거의 필요가 있는 사실이 일방의 책임영역 내에 존재하면 그에게 입증책임이 있는 것으로 본다(Rolf Ax, et.al., 전게서, p.234).

증할 책임을 부담한다(입증책임의 전환).

이에 반하여 법률상 의제 규정이 있는 경우 일정한 전제사실이 있는 경우에 다른 사실이 존재하는 것으로 간주된다. 법률상의 추정이 당사자의 반대사실의 증명에 의하여 추정을 번복할 수 있음에 반하여 의제의 경우에는 그 번복이 허용되지 않는 점에서 다르다.

(2) 입증책임의 분배

(가) 과세처분 취소소송의 입증책임

① 실체적 적법요건에 관한 입증책임

대법원은 과세처분에 대한 행정소송에 있어 "과세원인 및 과세표준금액 등 과세요건이 되는 사실에 관해서는 다른 특별한 사정이 없는 한 과세관청에 그 입증책임이 있다"[992]고 판시한 이래 일관되게 원칙적으로 피고인 과세관청에 입증책임이 있음을 명백히 하여 왔다.

이러한 대법원 판례가 위 학설 중 어떤 입장을 취하고 있는가는 명확하지 않으나 학설은 대체적으로 법률요건분류설의 입장이라고 해석하고 있다.

일반적으로 조세소송에 있어서 과세요건사실에 관한 입증책임은 과세권자에게 있다.

구체적인 소송과정에서 경험칙에 비추어 과세요건사실이 추정되는 사실이 밝혀지면 상대방이 문제로 된 당해 사실이 경험칙 적용의 대상적격이 못되는 사정을 입증하지 않는 한 당해 세금부과처분을 과세요건을 충족시키지 못한 위법한 처분이라고 단정할 수는 없다.[993] 이 경우 납세의무자가 문제된 사실이 경험칙을 적용하기에 적절하지 아니하다거나 해당 사건에서 그와 같은 경험칙의 적용을 배제하여야 할 만한 특별한 사정이 있다는 점 등을 증명하여야 한다.[994] 그러나 여러 사정들을 종합한 결과 납세의무자의 금융기관 계좌의 개별적인 입금이나 일정한 유형의 입금이 일자, 액수, 거래 상대방 및 경위 등과 아울러 경험칙에 비추어 이미 신고한 매출이나 수입과 중복되는 거래이거나 매출이나 수입과 무관한 개인적인 거래로 인정될 수 있는 특별한 사정이 있는 경우에는, 이를 신고가 누락된 매출이나 수입에 해당한다고 쉽게 단정할 수는 없다.[995]

② 필요경비의 입증책임의 배분

조세부과처분취소소송상 과세관청이 당해 부과처분의 대상이 되는 사실관계의 존재에 관해 입증하여야 한다. 상속세를 예로 들면 상속의 사실이 있고 그 상속재산에는 무엇이 있으며 재산

---

992) 대법원 1981.5.26, 80누521.

993) 대법원 2002.11.13. 선고 2002두6392 판결, 대법원 2009.8.20. 선고 2007두1439 판결, 대법원 1997.10.24. 선고 97누2429 판결.

994) 부부 사이에서 일방 배우자 명의의 예금이 인출되어 타방 배우자 명의의 예금계좌로 입금되는 경우에는 증여 외에도 단순한 공동생활의 편의, 일방 배우자 자금의 위탁 관리, 가족을 위한 생활비 지급 등 여러 원인이 있을 수 있으므로, 그와 같은 예금의 인출 및 입금 사실이 밝혀졌다는 사정만으로는 경험칙에 비추어 해당 예금이 타방 배우자에게 증여되었다는 과세요건사실이 추정된다고 할 수 없다(대법원 2015.09.10. 선고 2015두41937 판결).

995) 대법원 2015.06.23. 선고 2012두7776 판결

가액을 어떻게 평가하여야 한다는 것에 관한 것이다. 부가가치세의 경우 과세대상 거래가 존재하였으며 그 거래상 대가가 얼마였는가 하는 점이다. 소득세나 법인세와 같은 소득과세세목에 이러한 논리를 연장하면 과세관청이 소득금액의 존재를 입증하여야 한다는 것이 된다. 그런데 여기서 소득금액은 하나의 과세기간에 발생한 여러 거래의 축적물이다. 거래는 소득금액을 증액시키는 것과 감액시키는 것이 있는데 증액시키는 것은 과세관청이 주장하려 할 것이며 감액시키는 것은 납세자가 주장하려 할 것이다. 과세관청이 양자의 혼합된 결과물인 소득금액을 입증하려 할 때 반대쪽에 선 납세자가 자신만이 알고 있는 소득금액의 감액요인을 주장하는 경우 과세관청은 어떠한 입증책임을 부담하여야 하는가? 위의 논리를 연장하면 과세관청은 납세자가 주장하는 감액요인에 관련된 사실이 존재하지 않음을 입증하여야 한다. 무릇 입증에 있어서 존재하는 것의 입증과 존재하지 않은 것의 입증은 그 난이도상 비교할 수 없을 정도 차이가 있다. 설사 과세관청이 납세자의 특정한 주장이 사실관계와 부합하지 않음을 입증하였다 하더라도 달리 소득금액 감액요인이 되는 사실관계는 납세자가 사실심 종료 시까지 언제든지 주장할 수 있다. 이러한 사정에도 불구하고 과세관청에게 소득금액의 감액요인이 존재하지 않는다는 사실의 입증책임을 부담하도록 하는 것은 균형을 잃은 것이다. 이에 따라 법원은 필요경비의 존재, 조세감면사유의 존재 등 납세자의 과세상 유리한 사항에 해당하는 것에 관한 입증책임은 납세자에게 분배하고 있다.

조세소송상 어느 일방이 어느 정도 법관을 설득할 수 있게 입증하는 경우에는 그와 반대되는 사실을 주장하는 타방이 그 어느 일방의 주장을 압도할 정도의 입증을 하여야 한다. 법관이 누구의 주장을 수용할 것인가 판단하는 일은 매우 미묘한 것이어서 누구에게 꼭 입증책임을 부여한다고 단정 짓기 곤란한 경우가 많다. 법관은 종국적으로 상대적으로 설득력이 있는 당사자의 주장을 채택하게 되어 있다. 따라서 어느 일방이 자신에게 주어진 여건 하에서 가장 성실하고 합리적인 거증을 하는 경우에는 그 일방이 자신에게 주어진 입증책임을 다한 것으로 보게 되는 것이다. 만약 그러한 입증책임을 다하지 못한 경우에는 그 자가 주장하는 것과 반대되는 사실이 존재하는 것으로 보게 된다. 즉 납세자가 필요경비항목이 존재하거나 얼마임을 주장하다가 그것을 입증하지 못할 경우에는 필요경비항목이 존재하지 않거나 금액이 그것과 다른 것으로 보게 된다. 그렇더라도 과세관청에 의하여 납세의무자가 신고한 어느 비용의 용도와 지급의 상대방이 허위임이 상당한 정도로 증명된 경우 등을 가리키는 것으로서, 그러한 증명이 전혀 없는 경우에까지 납세의무자에게 곧바로 필요경비에 대한 증명의 필요를 돌릴 수는 없으므로, 과세관청이 그러한 증명을 하지 못한 경우에는 납세의무자가 신고한 비용을 함부로 부인할 수 없다.[996]

대법원 1992.7.28., 91누10909판결사건에서 법원은 이러한 점에서 비록 필요경비에 관한 사항이라 할지라도 납세자가 충분히 합리적으로 그 존재를 입증한 경우에는 그것을 부인하고자 하는 측이 있다면 그 부인하는 사실의 주장은 부인하는 측에 입증책임이 있다고 한다.

이 사건에서, 원고 회사 테크니까즈는 이 사건 과세사업연도이자 위 평택 액화천연가스 인수기지개발공사가 아직 완료되지도 않은 1984년 6월경 경영악화로 인하여 불란서국 법원의 관리감독하에 청산절차가 개시, 진행되게 됨으로써 법인회계정리에 많은 어려움을 겪던 중, 1985년 3

---

996) 대법원 2015.06.23. 선고 2012두7776 판결

월 15일 앞서 본 바와 같이 피고 용산세무서장에게 원고 회사의 1984사업연도 법인세과세표준 및 세액을 신고하면서 국세청 고시에 따라 계산된 본점의 한국지점 관련 배부경비를 계상하였으나, 불란서국에서는 청산절차가 진행되고 있는 법인의 회계관계서류에 대한 공인회계사의 확인을 받을 수 없는 관계상 배부대상 관련 점 경비명세와 전 세계 관련 점 수입금액명세에 대한 공인회계사의 확인을 받지 못하고 대신 원고가 불란서국 베르사이유세무서에 신고한 세무자료의 내용에 대하여 위 세무서의 확인을 받아 이를 위 피고에 대한 세무신고와 함께 제출하였고, 원고 회사의 재무상태표, 손익계산서 등 각종 회계장부에 의하면 불란서국 조세법령상 비용으로 공제되는 것으로서 최종 결산을 통하여 밝혀진 1984사업연도 원고 본점의 배부대상경비와 같은 사업연도 한국지점의 수입금액, 전 세계 관련 점 수입금액을 각 확인하여, 결국 위 배부대상경비 중 국세청 고시 소정의 계산방법에 따라 산출된 한국지점 관련 배부경비를 최종 확정하였다.

이에 대해 법원은, 과세처분의 적법성에 대한 입증책임은 과세관청에 있으므로 과세소득확정의 기초가 되는 필요경비도 원칙적으로 과세관청이 그 입증책임을 부담하나, 필요경비의 공제는 납세의무자에게 유리한 것일 뿐 아니라 필요경비의 기초가 되는 사실관계는 대부분 납세의무자의 지배영역 안에 있는 것이어서 과세관청으로서는 그 입증이 곤란한 경우가 있으므로 그 입증의 곤란이나 당사자 사이의 형평을 고려하여 납세의무자로 하여금 입증케 하는 것이 합리적인 경우에는 입증의 필요를 납세의무자에게 돌려야 한다고 하면서도, 경험칙상 필요경비의 발생이 명백한 경우에 있어서는 납세의무자의 입증이 없거나 불충실하다 하여 필요경비를 영으로 보는 것은 경험칙에 반하므로, 과세관청이 실지조사가 불가능한 경우에 시행하는 추계조사의 방법에 의하여 산정이 가능한 범위 내에서는 과세관청이 그 금액을 입증하여야 하고 납세의무자가 이보다 많은 필요경비를 주장하는 경우에는 납세의무자에게 그 입증의 필요가 돌아간다고 하였다. 그리고 비록 국세청 고시가 요구하는 본점 소재국 공인회계사의 확인이 있는 자료에 의한 것은 아니라 할지라도 위 배부대상 경비 중 한국지점 관련 배부경비는 원고 회사의 회계장부 등에 의하여 밝혀지는 위 국세청 고시 소정의 수치, 즉 배부대상경비와 국내지점의 수입금액 및 전 세계 관련 점 수입금액을 기초로 하여 위 고시에서 한불조세협약 제7조 제3항 및 법인세법시행령 제121조 제1항 제1호의 각 취지에 따른 본점 경비의 한국지점에 대한 가장 합리적인 배분방법이라 하여 규정한 계산방법에 따라 산출된 것으로 보아야 할 것이므로, 위 원고의 세액을 결정함에 있어 이를 손금산입하여야 할 것임에도 불구하고 단지 위 공인회계사의 확인이 없다는 이유만으로 이를 부인하는 처분은 위법하여 취소되어야 한다고 하였다.

본 사건에서 법관은 사건 당시 국세청 고시상 '배부대상 관련점 경비명세서', '전 세계 관련 점 수입금액명세서'에 대해서는 본점 소재지국 공인회계사의 확인을 요구하고 있었다. 과세관청은 이와 같은 확인이 없었음을 이유로 원고의 배분배상경비 계산을 수용할 수 없다고 한 데 대해 대법원은 동 고시상 공인회계사의 확인을 요구하는 것은 납세자의 입증의 한 방법에 불과할 뿐 그것이 필수적인 것은 아니라는 전제하에 본 사건에서 원고가 충분한 입증을 한 것으로 본 것이다. 참고로 현행 고시는 공인회계사의 확인을 요구하는 대신 '경비배분기준의 합리성 및 경비배분계산이 적정함을 입증'할 것을 요구하고 있을 뿐이다.[997]

---

997) 「외국기업 본점 등의 공통경비 배분방법 및 제출서류」에 관한 고시(2001.2.27, 국세청 고시 제2001-10호)

③ 입증의 정도

입증은 합리적인 수준에서의 설득력을 가지면 된다. 예를 들면, 부부 사이에서 일방 배우자 명의의 예금이 인출되어 타방 배우자 명의의 예금계좌로 입금되는 경우에는 증여 외에도 단순한 공동생활의 편의, 일방 배우자 자금의 위탁 관리, 가족을 위한 생활비 지급 등 여러 원인이 있을 수 있으므로, 그와 같은 예금의 인출 및 입금 사실이 밝혀졌다는 사정만으로는 경험칙에 비추어 해당 예금이 타방 배우자에게 증여되었고 추정할 수는 없다.998)

대법원 1992.7.28., 91누10909판결사건에서는 필요경비의 입증책임은 먼저 납세의무자에게 있지만, 합리적인 수준에서 입증이 이루어진 경우임에도 과세관청이 그것에 대한 반대주장을 한다면 그 주장에 대한 입증책임은 과세관청에게 돌아간다는 점을 알려주고 있다. 이 때 입증의 정도는 개별적인 사안에 특수한 상황을 고려하여 법관이 판단하게 된다.

대법원 1995.6.13., 95누23판결은 입증의 정도에 대해 시사점을 준다. 이 판결 사건에서 1990년 11월 29일 재산을 상속한 원고들에게 피고 세무서장은 1992년 4월 16일 이 사건 토지를 개별공시지가에 의해 평가하여 상속세를 부과하였다. 원고들은 이 사건 토지의 평가방법의 적용에 잘못이 있다는 이유로 소송을 제기하였다. 원심은 구 상속세법시행령 제5조 제1항 소정의 '시가를 산정하기 어려운 때'999)에 해당하므로 피고가 이 사건 토지를 보충적 평가방법에 의해 평가할 수 있다고 하면서 원고들의 청구를 기각하였다. 이에 원고들은 피고가 이 사건 토지에 관한 부과처분이 '시가를 산정하기 어려운 때'에 해당한다는 사실을 입증하여야 하는데 이 사건 피고의 거증만으로는 부족하다고 하면서 상고하였다.

이에 대해 법원은 상속세법시행령 제5조 제2항 내지 제5항에 규정하는 방법에 의한 상속재산의 평가는 상속개시 당시의 시가를 산정하기 어려운 때에 한하여 비로소 택할 수 있는 보충적인 평가방법이고, 시가를 산정하기 어려워서 보충적인 평가방법을 택할 수밖에 없었다는 점에 관한 입증책임은 과세관청에 있는데, 본 사건 토지는 매매나 토지수용 등의 흔적이 없어 ① 상속개시일 전후의 거래가액이나, ② 공신력 있는 감정기관의 감정가액을 찾아볼 수 없을 뿐 아니라, ③ 그밖에 위 각 토지와 개별 요인에 있어 차이가 없는 인근 토지의 매매사례에 관한 자료도 찾아볼 수 없는 사실이 인정되며, 그와 같은 사유는 상속세법시행령 제5조 제1항 소정의 '시가를 산정하기 어려운 때'에 해당한다고 보았다.

---

5. 첨부서류 제출 및 입증

가. (중간 생략)

나. 지방국세청장 또는 세무서장이 외국기업 국내사업장의 소득금액을 계산하는 때에 손금에 산입한 공통경비배분액과 관련하여 그 국내사업장에 필요한 증빙서류의 제출을 요구하거나 경비배분기준의 합리성 및 경비배분계산이 적정함을 입증할 것을 요구하는 경우에는 그 국내사업장은 증빙서류를 제출하거나 경비배분기준의 합리성 및 경비배분계산이 적정함을 입증하여야 한다.

다. 국내사업장이 정당한 사유 없이 위 '가' 및 '나'의 규정에 의한 서류를 제출하지 않거나 경비배분기준의 합리성 및 경비배분계산이 적정함을 입증하지 않은 경우에는 제출하지 않거나 입증하지 않은 공통경비배분액은 당해 서류를 제출하거나 입증할 때까지 그 외국기업 국내사업장의 소득금액을 결정 또는 경정함에 있어서 손금에 산입하지 아니한다.

998) 대법원 2015. 9. 10. 선고 2015두41937 판결

999) 구 상속세법시행령 제5조 (상속재산의 평가방법) ① 법 제9조에 규정한 상속개시 당시의 현황에 의한 가액 또는 상속세 부과 당시의 가액은 각각 그 당시의 시가에 의하되 시가를 산정하기 어려울 때에는 제2항 내지 제5항에 규정하는 방법에 의한다. 〈개정 1981.12.31.〉

조세의 부과대상으로 법정되어 있는 것의 가액은 실질적인 거래나 상태를 반영하는 가액으로 하는 것이 실질적 법치주의의 원칙에 부합한다. 이에 따라 양도소득에 대한 소득세나 상속재산에 대한 상속세는 실질적으로 양도하는 가액 및 상속재산의 실질적인 가치에 대해 과세하도록 되어 있는 것이다. 그런데 그러한 실질적인 가액대로 과세하기 어려운 경우에는 법으로써 그것을 대체하는 가액의 산정방법을 규정하고 그에 따르도록 하지 않을 수 없다. 이때의 가액 산정방법은 보충적인 방법이라 할 것이다. 상속세 과세상으로는 위의 실질적인 가액은 논리적으로 실제 거래된 가액이 될 수 없다. 상속으로 인한 재산명의의 이전 시 실제 무슨 가액을 설정하지 않을 것이기 때문이다. 이 경우 상증세법상 '시가'의 개념을 활용한다. 매매사례가액 및 감정가액을 말한다. 이러한 가액도 찾기 곤란한 경우에는 보충적인 방법을 사용하지 않을 수 없다. 이는 마치 사업소득금액을 계산할 때 실지 조사된 금액으로 하여야 하지만 실지 조사된 금액을 확정할 수 없을 때에는 추계 조사하여 산정할 수밖에 없는 경우와 다를 바 없는 것이다.

상속세 과세상으로 시가를 산정할 수 없는 경우임은 과세관청이 입증하여야 한다. 상속세는 부과과세세목으로서 과세관청의 부과처분에 의해 조세채무가 확정된다. 조세채무의 액에 대한 정당성의 입증은 과세관청이 하여야 한다. 시가에 의한 결정이면 그 시가가 사실에 부합하는 것임을 입증하여야 하고 보충적인 방법에 의한 것이면 보충적인 방법을 사용하지 않으면 안 될 사정이 있었으며 실제 그 방법을 적절하게 사용하였음을 입증하여야 한다. 본 사건에서 법원은 관할 세무서장이 이를 충분히 입증하였다고 판단한 것이다.

④ 법상 추정

개별 세법 조항의 적용에 관해 누구에게 어느 정도 입증책임을 분배할 것인가는 법관이 판단할 사항이지만 반복되는 사항이거나 정책적인 측면에서 일방 당사자에게 책임을 지울 필요가 있는 경우에 대해서는 법으로 입증책임을 분배해 놓는 경우가 있다. 이는 법률상 추정조항을 두는 방식에 의한다. 일정한 상황에서는 그에 따라 어떤 실체적인 내용이 존재하리라고 추정하고 그와 반대되는 사실을 주장하는 자로 하여금 반증하도록 하는 방법으로 바로 그자에게 입증책임을 부여하는 방식이다.

대법원 1995.6.13., 95누23판결은 다음과 같은 법상 추정조항과 관련된 쟁점도 있었는데, 법원은, 구 상속세법(1990년 12월 31일 법률 제4283호로 개정되기 전의 것) 제7조의 2의 규정1000)은 피상속인이 상속개시일 전 1년 이내에 처분한 상속재산의 처분가액이 50,000,000원 이상인 경우에는 실질적인 입증책임을 전환하여 과세관청이 그중 용도가 객관적으로 명백하지 아니한 금액이 있음을 입증한 때에는 납세자가 그 처분가액의 용도를 입증하지 못하는 한 그 금액이 현금 상속된 사실을 입증하지 않더라도 상속세 과세가액에 산입할 수 있다는 취지라고 보는 전제 위에(대법원 1989.12.12, 89누1490, 동 1992.9.25, 92누4413 등 참조), 이와 달리 상

1000) 구 상속세법 제7조의 2 (상속세과세가액산입) ① 상속개시일 전 1년 이내에 피상속인이 상속재산을 처분한 경우 그 금액이 재산종류별로 계산하여 5천만 원 이상이거나 채무를 부담한 경우 그 금액의 합계액이 5천만 원 이상으로서 용도가 객관적으로 명백하지 아니한 것 중 대통령령이 정하는 경우에는 이를 제4조의 과세가액에 산입한다.
② 제1항에서 재산종류별이라 함은 부동산·동산·유가증권·무체재산권(어업권·광업권·채석허가에 따르는 권리 기타 이에 준하는 권리를 포함한다)·채권·기타 재산을 말한다. [본 조 신설 1981.12.31.]

속재산의 처분가액이 50,000,000원 이상으로서 그 용도가 객관적으로 명백하지 아니한 가액 중 납세자가 그 용도를 입증하지 못한 가액이 50,000,000원 미만인 경우에는 입증책임의 전환에 관한 위 상속세법의 규정이 적용되지 아니하며, 일반원칙으로 돌아가 과세관청이 그 가액상당이 현금으로 상속인들에게 상속되었다는 사실을 입증하여야 비로소 이를 상속세 과세가액에 산입할 수 있다는 논지는 받아들일 수 없다고 판단하였다.

구상속세법상 (1) 피상속인이 상속개시일 전 1년 이내에 처분한 상속재산의 처분가액이 5천만 원을 초과하고, (2) 그 처분자금의 용도가 객관적으로 명백하지 않은 경우에는 이를 상속받은 것으로 추정한다. 즉 상속인이 대가 없이 받은 것으로 추정한다. 이 법률상 추정조항은 사전 상속을 통한 상속세 회피행위를 규제하기 위함이다. 이 조항에 따라 사실상 입증책임이 과세관청에서 납세자로 넘어가게 되어 있다. 그런데 5천만 원의 하한을 두어 소액까지도 그와 같이 추정함에 따라 나타나는 행정적인 비용 증가 또는 납세자 권익의 과다한 침해를 막고자 하고 있다.

본 사건은 이러한 법률상의 추정조항의 적용요건 중 (2)에서 객관적으로 그 용도가 명백하지 않은 부분의 금액이 5천만 원을 초과하여야 하는 것인지가 쟁점이 될 것이다. 법원은 이에 대해 처분재산가액이 5천만 원을 초과한다면 그 모든 금액의 용도가 객관적으로 명백하지 않은 한 상속재산으로 추정하여야 한다는 판단을 한 것이다.

⑤ 절차적 적법요건에 관한 입증책임

대법원은 "과세처분의 취소를 구하는 항고소송에서 과세관청은 실체법상의 과세요건뿐만 아니라 과세처분상의 절차상 적법요건에 대하여서도 이를 구비하였음을 입증할 책임이 있다"[1001]라고 판시하여 과세절차상 적법요건의 구비에 대한 입증책임도 과세관청에 있다고 보고 있다.

대법원은 "1996년 12월 30일 법률 제5189호로 개정되기 전의 국세기본법 제26조 제1호에서 납세의무의 소멸사유 중 하나로 규정하고 있던 '결손처분'이 개정 법률에서는 납세의무의 소멸사유에서 제외되었음에도 불구하고, '결손처분 당시 다른 압류할 수 있는 재산이 있었던 것을 발견한 때'에는 지체 없이 그 처분을 취소하고 체납처분을 하여야 한다고 규정한 구국세징수법(1999년 12월 28일 법률 제6053호로 개정되기 전의 것) 제86조 제2항은 그대로 존치되어 오다가, 국세징수법이 개정되면서 결손처분의 취소사유가 개정 국세기본법의 취지에 맞추어 '압류할 수 있는 다른 재산을 발견한 때'로 확대되었는바, 국세기본법이 개정된 후 국세징수법이 위와 같이 개정되기까지의 기간에 행해진 결손처분의 경우에는 그 결손처분으로 인하여 납부의무가 소멸되지는 않는다 하더라도, 그 취소와 관련하여서는 구 국세징수법의 규정에 따라 결손처분 당시 다른 압류할 수 있는 재산이 있었던 것을 발견한 때에 한하여 결손처분을 취소하고 체납처분을 다시 할 수 있을 뿐이므로, 이 경우의 결손처분 취소는 여전히 국민의 권리와 의무에 영향을 미치는 행정처분으로서 그 취소처분의 취소[1002]를 구할 소의 이익이 있는 것이며, 위 결손처분 취소의 고지절차에 대해서는 법령상 아무런 규정을 두고 있지 아니하지만 조세법률주의의 원칙에 비추어 조세행정의 명확성과 납세자의 법적 안정성 및 예측 가능성을 보장하

1001) 대법원 1986.10.14, 86누134.
1002) 우리 대법원은 취소처분의 취소로 원래 처분의 효력을 소생시키지 못하는 것으로 보고 있다(대법원 77누61, 1979.5.8).

기 위하여 결손처분의 취소는 납세고지절차 혹은 징수유예의 취소절차에 준하여 적어도 그 취소의 사유와 범위를 구체적으로 특정한 서면에 의하여 납세자에게 통지함으로써 그 효력이 발생하는 것이므로 그 통지사실에 대한 입증책임은 과세관청에 있다"[1003]라고 판시하였다.

(나) 과세처분 무효확인소송의 입증책임

과세처분에 중대하고도 명백한 하자가 있다는 이유로 그 당연무효를 주장하는 자는 이에 대한 입증책임을 부담한다[1004]는 입장을 견지하고 있다. 원고귀속설의 입장이다.

(3) 증거방법들

증거가치란 증거자료가 요증사실의 인정에 기여하는 정도를 의미하는데 실질적 증거력과 형식적 증거력으로 나뉜다.[1005] 증거가치는 기본적으로 법관의 자유심증에 의하므로 증거의 증거가치나 증명력을 유형화시키고 특정한 기준을 세워 일의적으로 판단하는 것은 그 자체로 자유심증주의에 반하는 시도가 될 수 있다. 그러나 판례의 사안에 나타난 여러 증거방법들의 증거가치들을 살펴봄으로써 조세소송과정에서 과세관청과 납세자가 제출한 증거로 과세요건 사실의 존재 또는 부존재가 입증된 것인지 사전에 어느 정도 예상할 수 있을 것이다. 입증책임과는 별개의 문제이지만, 증거방법에 법원이 어떠한 증거가치를 부여하느냐에 따라서 일응의 입증 또는 사실상의 추정이 성공하여 실질적으로는 입증의 필요가 전환되거나 추정이 복멸될 수 있게 된다. 형식적 증거력에 관하여 조세소송에서 특별한 내용이 없다.[1006]

(가) 재판상 자백

행정소송은 민사소송의 절차를 준용하고 있다. 민사소송법상 자백법칙은 변론주의하에서 재판상 자백(소송당사자가 변론 또는 준비절차에서 자기에게 불리한 사실을 인정하는 진술)은 증명을 요하지 않는다는 원칙이다(민사소송법 제288조). 따라서 자백한 사실에 관하여 증명책임을 부담하는 자는 증명의 필요에서 해방되고 법원은 이를 그대로 판결의 기초로 하지 않으면 안 되며, 자백한 자도 이에 구속되어 자백내용과 모순되는 다른 사실을 주장할 수 없는 구속력이 생긴다.[1007]

자백법칙이 행정소송에도 적용되는지에 대해서는 적용설이 다수설이다. 판례는 본안의 주요 사실에 관해서는 적용설을 취하고 있다.[1008] 즉 증여세 부과처분에 있어서 증여사실의 존부나 증여재산의 평가가액, 법인세나 소득세부과처분에 있어서 추계사유의 존부, 주식양도 당시의

1003) 대법원 2005.2.17, 2003두12363.

1004) 대법원 1992.3.10, 91누6030.

1005) 이시윤, 『신민사소송법』, 박영사(2002), p.382.

1006) 행정소송에서 문서에 날인된 인영이 작성명의인의 인장에 의하여 현출된 인영임이 인정되는 경우에는 특단의 사정이 없는 한 그 인영의 성립, 즉 날인 행위가 작성명의인의 의사에 기하여 진정하게 이루어진 것으로 추정되고 인영의 진정성립이 추정되면 그 문서 전체의 진정성립이 추정되는 것이므로 그 문서가 강박의 정도가 극심하여 의사표시자의 의사결정의 자유가 완전히 박탈된 상태에서 작성된 것임을 주장하는 자가 이를 입증하여야 할 것이다(대법원 1991.1.11, 90누6408 판결).

1007) 소순무, 전게서, p.396.

1008) 행정소송법 제8조 제2항에 의하면 민사소송법 제261조의 자백에 관한 법칙도 공공의 복지를 유지하기 위하여 필요한 직권조사사항 등 외에는 행정소송에도 적용되어 당사자의 소송상의 자백을 배제하지 못한다고 할 것인바, 주식양도 당시의 주식회사의 자산총액의 시가도 자백의 대상이 된다(대법원 1991.5.28. 선고 90누1854 판결).

주식회사의 자산총액의 시가 및 필요경비의 발생사실과 그 금액 등에 관하여 모두 자백의 성립을 긍정하고 있다. 한편, 소송요건은 직권조사사항이므로 자백법칙이 적용되지 않는다.

참고로 형사소송법은 자백법칙으로서 제309조에서 임의성 없는 자백배제의 법칙을 규정하고 제310조에서는 자백의 보강증거법칙[1009]을 규정하고 있다. 법원은 자백의 신빙성이라는 독특한 이론을 자백법칙의 하나로 개발하고 있다. 형사소송법상 자백이 증거로 채택되기 위해 요구되는 요건은 크게 임의성, 진실성(자백의 보강증거법칙 포함) 및 신빙성 세 가지라고 볼 수 있다.[1010]

(나) 세무조사과정에서 작성한 확인서

세무조사과정에서 작성한 확인서는 재판상 자백에 해당하지는 않는다. 따라서 자백법칙의 대상이 되지 않는다.[1011]

① 확인서의 증거가치를 인정한 경우

과세관청이 세무조사를 받는 과정에서 납세의무자로부터 일정한 부분의 거래가 가공거래임을 자인하는 내용의 확인서를 작성하여 받았다면 그 확인서가 작성자의 의사에 반하여 강제로 작성되었거나 혹은 그 내용의 미비 등으로 인하여 구체적인 사실에 대한 입증자료로 삼기 어렵다는 등의 특별한 사정이 없는 한 그 확인서의 증거가치는 쉽게 부인할 수 없다.[1012]

② 확인서의 증거가치를 부정한 경우

법인의 소득금액을 결정함에 있어 익금에 산입할 수익이 있었는지나 그 수익금액이 얼마인지에 대한 입증책임은 원칙적으로 과세관청에 있는 것이고, 또 일반적으로 납세의무자의 신고내용에 오류 또는 탈루가 있어 이를 경정함에 있어서는 장부나 증빙에 의함이 원칙이라고 하겠으나, 진정성립과 내용의 합리성이 인정되는 다른 자료에 의하여 그 신고내용에 오류 또는 탈루가 있음이 인정되고 실지조사가 가능한 때에는 그 다른 자료에 의하여서도 이를 경정할 수 있지만, 납세의무자가 제출한 매출누락사실을 자인하는 확인서에 매출사실의 구체적 내용이 들어 있지 않아 그 증거가치를 쉽게 부인할 수 없을 정도의 신빙성이 인정되지 아니한다면, 비록 납세의무자의 확인서라고 하더라도, 이는 실지조사의 근거로 될 수 있는 장부 또는 증빙서류에 갈음하는 다른 자료에 해당되지 아니한다.[1013] 또한 대법원은 납세의무자가 제출한 가공거래임을 자인하는 확인서에 가

1009) 제310조 (불이익한 자백의 증거능력) 피고인의 자백이 그 피고인에게 불이익한 유일의 증거인 때에는 이를 유죄의 증거로 하지 못한다.

1010) 자백에 대한 보강증거는 범죄사실의 전부 또는 중요부분을 인정할 수 있는 정도가 되지 아니하더라도 피고인의 자백이 가공적인 것이 아니고 진실한 것이라고 인정할 수 있는 정도이면 충분하다(대법원 1995.2.24. 선고 94도252 판결【조세범처벌법위반】).

1011) 독일에서 세무조사관은 피조사자 이외의 자에 대해 선서를 통한 조사를 할 필요가 있다고 판단한 때에는 법원에 그 조사의 승인을 받아 선서를 통한 조사를 할 수 있다(독일 조세기본법 제94조). 조사관은 피조사자로부터 (법원에서의) 선서를 대신하는 확인을 받아 이를 증거로 활용할 수 있다(독일 조세기본법 제95조). 확인서는 달리 사실을 확인할 수 없는 경우에만 작성될 수 있다. 확인서는 강압에 의해 작성되어서는 안 된다. 그러나 중요한 사실에 대한 확인서의 작성을 거부할 경우에는 추계조사로 이어질 수 있다. 확인서 작성 시 피조사자는 거짓의 진술을 할 경우 형사처벌받을 수 있음을 고지받아야 하며, 이런 사실은 확인서에 기입되어야 한다. 3년 이하의 징역이나 벌금형에 처한다(독일 형법 제156조). 부당한 확인서 작성의 요구에 대해서는 이의신청으로써 그 중지를 도모할 수 있다(Rolf Ax, et.al., 전게서, p.212).

1012) 대법원 2002.12.6, 2001두2560.

1013) 대법원 2003.6.24, 2001두7770.

공거래의 구체적 내용이 들어 있지 않은 경우에도 확인서의 증거가치를 부인하고 있다.[1014]

대법원 1998.7.10, 96누14227판결에서는, 아파트를 임대하거나 분양하는 사업을 영위하는 원고가 제출한 1991년도 및 1992년도 종합소득에 대한 신고서 및 신고서 부속서류에 의하면 어떤 비용들이 얼마나 소요되었는지에 관해 아무런 기재가 없었으며, 이 사건 분양원가에 관한 장부와 증빙서류는 멸실되었는데, 원고는 세무조사과정에서 분양원가계정금액과 임대아파트계정 감소액과 차액 전액이 가공의 필요경비라는 확인서를 제출하였다. 조사공무원은 이 확인서에 근거하여 실지조사결정을 하였으며, 원고는 그 결정의 적법성에 대해 다투었다.

이에 대해 법원은, 일반적으로 납세의무자의 신고내용에 오류 또는 탈루가 있어 이를 경정함에 있어서는 장부나 증빙에 의함이 원칙이며, 진정 성립이나 내용의 합리성이 인정되는 다른 자료에 의하여 그 신고내용에 오류 또는 탈루가 있음이 인정되고 실지조사가 가능한 때에는 그 다른 자료에 의해서도 이를 경정할 수 있다고 하면서, 납세의무자가 제출한 가공거래임을 자인하는 확인서에 가공거래의 구체적 내용이 들어 있지 않아 그 증거가치를 쉽게 부인할 수 없을 정도의 신빙성이 인정되지 아니한다면, 비록 납세의무자의 확인서라고 하더라도, 이는 실지조사의 근거로 될 수 있는 장부 또는 증빙서류에 갈음하는 다른 자료에 해당되지 아니하므로, 이 사건의 경우 소득세법 제120조[1015] 및 동법 시행령 제169조 제1항 제1호 소정의 "과세표준 또는 총수익금액을 계산함에 있어서 필요한 장부와 증빙서류가 없거나 중요한 부분이 미비 또는 허위인 때"에 해당하는 것으로서 합리성과 타당성이 있는 추계조사의 방법에 의해 결정하여야 한다고 판단하였다.

본 사건에서 납세자가 제출한 확인서가 증거능력을 갖는 것이라면 그것은 장부나 증빙서류가 없음에도 불구하고 그것을 대체하는 것으로 인정받을 수 있다는 것이며 그 결과 본 사건 조사는 실지조사에 의한 방법으로 소득금액을 결정하는 것이 된다. 확인서가 증거능력을 갖지 못한 때에는 본 사건상 장부나 증빙서류도 없기 때문에 어쩔 수 없이 추계조사의 방법을 택하지 않을 수 없다.

세무소송상 자백법칙은 적용되지만 세무조사 과정에서 작성한 확인서는 재판상 자백으로서 증거능력을 갖지는 않는다. 다만, 자백을 기록한 확인서가 임의성, 신빙성 및 진실성이 인정되는 경우에는 그것의 증거능력을 인정할 수 있다. 이때 확인서는 강압에 의하여 작성한 것이 아니며, 내용상 그 안에 구체적인 사실이 상호 논리적인 연관성을 가지고 있어야 하며, 확인서 외의 방법으로 확인된 다른 상충하는 사실이 없어야 할 것이다.

본 사건에서 납세자가 작성한 확인서는 그 내용이 너무 추상적이었다. 법원은 "위 확인서는 그와 같은 차액이 가공의 필요경비라고 하는 결론적 문서에 불과하고, 거기에 그 기재 내용을 뒷받침하는 증빙서류 또는 가공경비를 계상한 구체적 거래에 대하여 아무런 내용이 없으며, 오히려, 위 확인서에서 가공경비라고 표시된 금액 중 일부는 그 금액의 다과에 불구하고 이 사건

1014) 대법원 1998.7.10, 96누14227.

1015) 구 소득세법 제120조 (추계조사결정) ① 정부는 대통령령이 정하는 명백한 객관적 사유로 인하여 제117조 내지 제119조의 규정에 의하여 결정을 할 수 없는 때에 한하여 과세표준과 세액을 업종별 소득표준율에 의하여 조사결정한다.
② 업종별 소득표준율에 의한 과세표준과 세액의 결정을 '추계조사결정'이라 한다.
구 소득세법시행령 제169조 (추계조사결정) ① 법 제120조 제1항에서 '대통령령이 정하는 명백한 객관적 사유'라 함은 다음 각 호에 게기하는 것을 말한다. 〈개정 1978.12.30.〉
1. 과세표준을 계산함에 있어서 필요한 장부와 증빙서류가 없거나 중요한 부분이 미비 또는 허위인 때. 다만, 제164조 제4항 및 제166조 제1항 제2호의 경우를 제외한다.

임대아파트의 분양원가에 포함되는 것이어서 위 확인서의 기재 내용은 객관적 진실에도 반하는 것이라고 할 것이므로” 증거로서 받아들일 수 없으며 그에 따라 본 사건 실지조사는 위법하므로 추계조사를 하였어야 한다는 결론을 내린 것이다.

(다) 납세자가 제출한 신고서와 장부

① 형사상 또는 세무처리상의 불이익이 두려워서 한 소득액 신고

납세의무자가 과세관청이 주장하는 소득액을 시인하는 취지의 각서나 신고서를 작성·제출하였다 하더라도 그것이 합리적이고 타당한 사실에 근거를 둔 것이 아니라 그 소득사실을 부인하는 경우 형사상 또는 세무처리상 불이익이 있을 것을 두려워하여 과세관청의 일방적이고 억압적인 강요로 인하여 자유로운 의사에 반하여 시인한 것에 지나지 않는다면 이러한 각서나 신고서는 그 작성경위에 비추어 성립과 내용이 진정한 과세자료라고 볼 수 없으므로 과세처분의 적법성을 뒷받침하는 자료가 될 수 없다.[1016]

② 부가가치세확정신고서의 소득세과세표준결정에 대한 증거가치

부가가치세확정신고의 내용은 특단의 사정이 없는 한 소득세의 과세표준을 결정함에 있어서도 유력한 과세자료로 받아들여져야 하지만, 부가가치세 확정신고서가 납세자의 대리인이 그 신고방식을 몰라 납세자의 도장만 날인하여 교부한 신고서 용지에 세무서직원이 그 내용을 일방적으로 기재함으로써 작성되었다면 이는 소득세의 과세자료로 삼을 수 없다.[1017]

③ 공급자 측 세무자료와 공급받은 자 측 세무자료가 상이한 경우

부가가치세액을 산출함에 있어서 공급자 측의 장부 등 세무자료에 대한 세무공무원의 조사결과와 공급받은 자 측의 장부 등 세무자료의 내용이 서로 일치하지 않은 경우에 공급자 측 장부 등 세무자료에 대한 세무조사결과가 과연 정확한 것인지를 검토해 보지 않고서 일방적으로 공급자 측의 조사결과만을 가지고 공급받는 자의 장부 등 세무자료의 신빙성을 배척할 수 없다.[1018]

(라) 수사기관 작성서류

① 수사자료가 과세자료가 되기 위한 요건

수사기관이 수사과정에서 작성하는 서류는 수사자료로 사용하기 위한 것이고 과세자료의 수집을 목적으로 한 것이 아닐 뿐 아니라 강제수사에 있어서는 일방적이고 억압적인 수사방법으로 당사자나 관계인의 자유로운 의사에 반하는 진술을 강요하는 경우가 있어 형사소송법에서도 수사과정에서 작성된 증거의 증거능력에 관하여 여러 가지 제한규정을 두고 있는 것이므로, 수사과정에서 작성된 자료들은 그 작성의 경위와 그 내용을 검토하여 당사자나 관계인의 자유

1016) 대법원 1986.3.11, 85누867.
1017) 대법원 1987.3.10, 85누859.
1018) 대법원 1984.2.14, 83누626.

로운 의사에 반하여 작성된 것이 아니고 그 내용 또한 과세자료로서 합리적이어서 진실성이 있다고 인정되는 경우에 한하여 과세자료로 삼을 수 있는 것이고,[1019] 수사자료에 과세의 근거가 될 수 있는 사유가 기재되어 있다고 하여 바로 과세자료로 삼을 수는 없다.[1020]

② 장부 기타 증빙서류가 포함된 경우

수사기관이 세무관청에 보낸 조세포탈자료통보서는 합리적인 자료에 의하여 조세포탈사실이 증명되지 않는 한 그 자체만으로서는 수사기관의 판단문서에 불과하기 때문에 과세처분의 적법성을 뒷받침하는 자료가 될 수 없다 할 것이나 그 통보자료 중에 과세처분의 적법성을 뒷받침할 수 있는 장부 기타 증빙서류 등 자료가 포함되어 있는 경우에는 이들 자료들과 함께 위 통보서도 실지조사의 자료 중의 하나로 삼을 수 있다.[1021]

(마) 세무공무원 작성의 조사서

조세범칙조사를 행한 세무공무원의 조사결과를 기재한 결론적 문서들과 이를 바탕으로 한 검사의 자금추적조사서, 그리고 조사반원 중 한 사람의 증인신문조서 등은 그 조서가 자료 수집과 방법에 있어서 객관적으로 공정, 타당하고 그 결론 도출이 부기회계상의 관행과 정확한 세법 지식에 바탕을 두어 그 자료에 접한 사람으로 하여금 어렵지 않게 수긍할 수 있는 정도가 아니라면 증명에 적합한 자료라고 보기 어렵다.

소송상 국세청장과 조세심판원장의 각 심사결정과 심판결정에 관한 문서는 그 사건의 당부를 판단함에 있어서 증거가 될 수 없다.[1022]

(4) 뒤늦게 제출한 증거들에 대한 법원의 입장

(가) 세무조사 이후에야 정비된 자료를 조세소송에서 제출한 경우

원고명의의 소유권이전등기 경료가 명의신탁에 의한 것인가가 다투어져 과세관청은 원고가 소속된 회사로부터 명의신탁 받은 것이라고 주장하고 원고는 그 회사로부터 금원을 차용하였다고 주장한 사안에서 대법원은 "원고는 그럴듯한 이유도 없이 원고 주장의 대여금 채권의 확보 수단과 이행의 독촉 등을 하고 있지 않다가 이 사건 세금부과를 위한 세무조사 이후부터 원고가 이 사건에 제출 원용하고 있는 자료들을 정비한 것으로 여겨지는데 여기에 위에서 본 원심 인정의 사정을 종합해 보면 오히려 위와 같은 사정에도 불구하고 명의신탁이 아니라고 하는 원고의 주장이 시인될 수 있는 특별한 사정을 원고가 입증할 필요가 있다"고 판시하여[1023] 세무조사 이후에 정비한 자료들이 있는 경우 입증의 필요를 전환하는 근거로 삼고 있다.

1019) 법인세 등의 부과처분 취소를 구하는 행정사건에 관한 재판에서 과세절차상의 위법으로 인하여 그 부과처분이 유지될 수 없게 되거나 판결이유에 모순이 있는 등의 특별한 사정이 있는 때에는 반드시 관련 형사판결의 사실인정에 기속되어야 하는 것은 아니다(대법원 1996.11.12. 선고 95누17779 판결).

1020) 대법원 1991.12.10. 91누4997.

1021) 대법원 1986.12.9. 85누881.

1022) 대법원 1989.10.24. 87누285.

1023) 대법원 1987.12.22. 87누811.

(나) 세무조사단계에서 작성한 확인서에 반하는 주장을 할 경우

세무조사단계에서 작성한 확인서 또는 경위서와 다른 주장을 하는 것 자체는 허용된다. 납세의무자에 대한 신의성실의 원칙의 적용은 극히 제한적으로 인정하여야 하고 이를 확대해석하여서는 안 되며 따라서 세무조사를 받는 과정에서 증여사실을 확인하는 내용의 경위서를 작성하여 제출한 바 있다고 하더라도 소송에서 위 소유권 이전등기가 명의신탁에 기한 등기였다고 주장하더라도 신의성실의 원칙이나 금반언의 원칙에 위반된다고 할 수 없다고 한다.[1024]

다만, 판례는 피고의 세무조사 당시 원고회사가 자신의 장부에 계상된 금액에 대하여 그 근거와 증빙을 제시하지 못하였을 뿐만 아니라 변태 기장한 것이라고 원고 주식회사의 부사장이 피고에게 확인서를 제출하고 세무공무원에 대하여 그와 같은 전말을 진술한 사실이 있다면 부과처분의 위법사유에 관해서는 원고에게 주장 입증할 책임이 돌아간다고 한다.[1025]

(다) 조세소송에서야 비로소 제출된 증거의 증거가치

법원은 소송단계에 이르러서야 비로소 제출된 증거의 증거가치를 인정하고 있다. 대법원은 과세처분의 위법을 다투는 행정소송에 있어서 당사자는 소송변론 종결 시점까지 객관적인 조세채무액을 뒷받침하는 주장과 증거를 제출할 수 있으므로 양도소득세의 부과처분을 다투는 항고소송에 있어서도 원고는 실지거래가액을 증명하는 증거를 변론종결 시점까지 제출할 수 있다고 보아야 할 것이므로 원고가 제출한 취득 당시의 실지거래가액에 관한 증거인 매매계약서의 증거능력과 증거가치를 판단하지 않은 위법이 있다고 판시하고 있다.[1026]

대법원 1988.9.13., 85누988판결에서 법원은 추계과세처분이 있고 그 취소소송의 심리 도중 법인의 장부·증빙서류가 현존함이 밝혀질 경우의 그것의 증거가치를 인정할 수도 있다는 판단을 하고 있다. 이 사건에서, 소외 세무서장은 1980년 10월 13일경과 같은 해 12월 11일경 소외 법인에 각 사업연도소득금액 계산에 필요한 장부 기타 증빙서류를 지참하여 출석하라고 통지하였지만 6월이 넘도록 제출이 없자 총수입금액에 소득표준율을 곱하는 방법으로 소득금액을 산정하여 추계 결정하고 당시의 대표이사이던 원고에게 재직 기간에 따라 안분된 금액을 인정상여로 소득 처분하여 피고 세무서장에게 통보하자 피고 세무서장은 원고에게 소득세를 부과처분하였다. 원고는 수소문하여 뒤늦게나마 위 장부 기타 증빙서류를 찾았으므로 그에 의하여 소득금액을 계산하여야 한다고 하면서 위 피고세무서장의 부과처분의 위법성을 주장하였다. 이에 대해 법원은, 추계의 방법으로 소득금액을 결정하는 경우 그 과세의 적법성에 관한 입증책임은 과세관청에 있는데, 과세처분의 위법을 다투는 소송에서 당사자가 당해 소송의 변론종결 시까지 객관적인 조세채무액을 뒷받침하는 주장과 증거를 제출할 수 있으므로, 뒤늦게 제출된 장부와 증빙서류가 있을 경우 과세관청은 그 장부와 증빙서류에 의하더라도 실지소득금액을 계산할 수 없음을 입증하여야 한다고 하였다. 이 사건에서 법원은 내용상 국세심판 등에 있어서 재조사의 결정과 다를 바 없는 판단을 한 것이다. 이 판결에 의해 과세관청은 당초

1024) 대법원 2004.5.14, 2003두3468.

1025) 대법원 1984.7.24, 84누124.

1026) 대법원 1984.10.23, 84누394.

의 처분을 취소하고 새로운 처분을 하여야 할 것이다. 국세심판이든 조세소송이든 결정 또는 판결이 있고 그에 따라 부과를 하여야 할 경우에는 당해 결정이나 판결이 있는 날부터 1년 이내만큼은 부과할 수 있도록 부과제척기간이 연장된다(국세기본법 제26조의 2 제2항).

5. 판결의 효력

항고소송에서 법원은 취소소송의 경우 취소 여부, 무효·부존재확인소송의 경우 무효 또는 부존재의 확인, 부작위위법확인소송의 경우도 역시 부작위의 위법 여부를 판단하게 된다. 법원은 소송의 대상이 되는 과세관청 결정세액 이상의 세액을 부과할 것을 명하는 결정을 할 수 없다. 소송의 진행과정에서 추가 고지하여야 할 사항이 발견되면 과세관청은 증액 경정하는 조치를 취해야 한다. 원고가 증액경정처분에 대해 다투고자 할 경우에는 해당 처분에 대해 별도의 소송을 진행하든가 원래의 소송에 대해 소의 변경을 신청하는 방법이 있다.[1027]

가. 기판력

기판력이라 함은 취소판결이 확정되면 다음 소에서 당사자는 동일 사항에 대하여 확정판결의 판단내용과 모순되는 주장을 할 수 없고[1028], 법원도 동일 사항에 대하여 확정판결의 판단내용과 모순되는 판단을 할 수 없다는 개념이다.[1029] 과세처분취소소송에서 청구 기각된 확정판결의 기판력은 다시 그 처분의 무효확인을 구하는 소송에도 미친다.

나. 구속력(기속력)

행정소송법 제30조 제1항은 "처분 등을 취소하는 확정판결은 그 사건에 관하여 당사자인 행정청과 그 밖의 관계행정청을 기속한다."라고 규정하고 있다.

취소판결이 확정되면 당사자인 행정청과 그 밖의 관계행정청은 동일한 사실관계 아래 동일당사자에 대해 확정판결의 사실심 변론종결 이전의 사유를 내세워 다시 확정판결에 저촉되는 새로운 행정처분을 할 수 없다. 과세처분을 취소하는 확정판결의 기판력은 확정판결에 나온 위법사유에 대하여만 미치므로 과세처분권자가 확정판결에 나온 위법사유를 보완하여 한 새로운 과세처분[1030]은 확정판결에 의하여 취소된 종전의 과세처분과는 별개의 처분으로서 확정판결의

1027) 사법연수원, 전게서, pp.137~143 참조.

1028) 행정청을 피고로 하는 취소소송에서 판결의 기판력은 당해 처분이 귀속하는 권리 주체인 국가 등에 미친다.

1029) 당초처분에 대한 취소소송에서 청구기각판결이 확정된 경우에는 당초처분은 그 적법성이 확정되어 그대로 효력을 유지하게 되고, 그 후 과세관청이 납세자의 탈루소득이나 재산누락을 발견하였음을 이유로 당초처분에서 인정된 과세표준과 세액을 포함하여 전체의 과세표준과 세액을 결정한 다음 당초처분의 세액을 공제한 나머지를 추가로 고지하는 내용의 재처분을 하였을 때에는 당초처분과 재처분은 서로 독립한 처분으로서 별개로 존재하고, 재처분의 효력은 추가된 과세표준과 세액 부분에만 미친다고 보아야 한다(서울행법 1999.12.24. 선고 99구12860 판결, 대법원 2004.12.9. 선고 2003두4034판결).

1030) 과세대상 소득이 부동산임대소득이 아니라 이자소득이라는 이유로 종합소득세 등 부과처분이 확정판결에 의하여 전부 취소된 경우, 과세관청이 그 소득을 이자소득으로 보고 종전처분의 부과세액을 한도로 하여 다시 종합소득세 등 부과처분을

구속력에 저촉되지 않는다.[1031] 취소판결이 확정되면 당해 처분의 위법성 일반이 확정되므로 허용되는 재처분의 범주가 어디까지인가가 문제된다.

　조세부과처분의 취소판결이 확정되면 이에 의하여 확정된 과세처분 그 자체의 위법 여부 및 부과금액이 다른 민형사사건의 선결문제로 된 사건을 재판하는 법원도 위 취소판결에 따라야 한다.

다. 형성력

　판결의 형성력은 취소판결의 취지에 따라 기존의 법률관계 혹은 법률상태에 변동을 가져오는 효력을 말한다. 취소판결이 확정되면 그 취소판결의 형성력에 의해 당해 행정처분의 취소나 취소통지 등 별도의 절차를 요하지 아니하고 당연히 취소·변경의 효과가 발생한다. 종래 확인판결은 일반적으로 판결의 효력이 제3자에게 미치지 않음이 원칙이었지만 현행의 행정소송법은 취소판결의 대세효에 관한 규정을 무효 등 확인판결에 준용하고 있다.

제4절 헌법재판

　세법의 적용과 관련된 헌법재판에는 위헌법률심판과 헌법소원심판이 있다. 법원의 재판을 받고 있는 도중에 재판의 전제가 된 법률의 위헌성을 다투고자 할 때, 재판받는 법원에 위헌법률심판제청을 하여 재판중인 법원이 이를 받아들여 헌법재판소에 제청하는 경우의 위헌법률심판 사건을 '헌가사건'이라고 한다. 재판부에 대한 위헌법률심판제청 신청이 기각된 때에 헌법소원(위헌법률심사형 헌법소원)을 할 경우 '헌바사건', 그 외에 공권력의 행사 또는 불행사로 인한 헌법소원(권리구제형 헌법소원)은 '헌마사건'으로 구분한다.

제1항 위헌법률심판(헌가사건)

　위헌법률심판은 재판전제성과 법원의 제청을 요건으로 한다(헌법재판소법 제41조). 법원이 제청하지 않아 청구인이 위헌심사형 헌법소원심판을 하는 경우에는 재판전제성이 그 요건이 될 것이다.

1. 재판전제성

　헌바사건에서도 '재판의 전제성'이 필요한데, 구 법인세법 제67조 등 위헌소원(2009.10.29. 2008헌바78 전원재판부)사건에서 헌법재판소는 재판에서 다투어지는 행정처분들의 취소를 명

한 것은 확정판결의 기속력 내지 기판력에 반하지 아니한다(대법원 2002.7.23. 선고 2000두6237 판결).

1031) 대법원 1986.11.11. 선고 85누231판결, 대법원 1992.05.26.선고 91누5242, 부산고등법원 2000.06.23. 선고 99누2284판결 참조

하는 판결이 확정된 것이라면 그 처분의 근거법률의 위헌을 다툴 실익이 없어져 재판의 전제성이 충족되지 않는다는 이유로 소원청구를 각하하였다. 결정의 주요 내용은 다음과 같다.

> 과세관청의 처분의 취소를 구할 때 구 법인세법(1998.12.28. 법률 제5581호로 개정되고 2007.12.31. 법률 제8831호로 개정되기 전의 것) 제67조 중 '상여' 부분의 위헌까지 주장하면서 법원에 대해 한 위헌법률심판제청1032)이 기각되자 헌법재판소에 제기한 위 조항의 위헌결정을 구하는 헌법소원에서… 당해 사건 재판에서 청구인에 대한 행정처분들의 취소를 명하는 판결이 확정1033)된 이상 그 행정처분들의 근거법률에 대하여 위헌결정이 선고되더라도 청구인은 당해 사건 판결에 대하여 재심을 청구할 법률상 이익이 없고, 따라서 그 행정처분들의 근거법률에 대하여 위헌결정을 선고하더라도 당해 사건 판결의 주문이 달라지거나 재판의 내용과 효력에 관한 법률적 의미가 달라지는 경우에 해당한다고 볼 수 없으므로 재판의 전제성이 인정되지 않는다.

헌바사건에서 '재판의 전제성'이 부인된 다른 사례로서 부가가치세법 제12조 제1항1034) 위헌소원 2010.6.24. 2009헌바147결정을 들 수 있다. 변호사를 대리인으로 선임한 청구인은 이 규정이, 변호사의 인적 용역…에 대하여 부가가치세가 면제된다는 규정을 두고 있지 아니한 것은 이는 청구인의 재판을 받을 권리와 변호인의 조력을 받을 권리를 침해하고, 재산권 및 행복추구권 등의 기본권을 침해함은 물론, 공공적 성격이 강한 인적 용역에 대하여 부가가치세를 면제하는 부가가치세 면세제도의 취지에 비추어 조세평등주의에도 반하므로 헌법에 위반된다는 주장을 하였다. 헌법재판소는, 부가가치세 신고행위가 무효임을 전제로 하여 국가를 상대로 부당이득반환청구를 할 수 있는 자는 부가가치세를 신고·납부한 납세의무자라 할 것이고, 청구인과 같이 납세의무자로부터 용역을 공급받은 자로서는 국가를 피고로 하여 직접 과오납된 부가가치세 상당액의 부당이득반환청구를 할 수 없다 할 것이…므로, 이 사건 법률조항의 위헌 여부에 따라 당해 사건 재판의 주문이 달라지거나 재판의 내용과 효력에 관한 법률적 의미가 달라질 수 없게 되었으므로, 결국 이 사건 헌법소원심판청구는 재판의 전제성 요건을 갖추지 못하였다고 판단하였다.1035)

1032) 근로소득은 '근로에 대한 대가성' 및 '사용인의 의사에 의한 지급'이라는 개념요소를 충족하여야 하는데 법인의 임직원이 횡령행위를 통하여 일방적으로 획득한 법인자산은 근로의 대가로 볼 수 없고, 사용자와 피용자간에 지급과 수령의 의사도 결여되어 있어 근로소득의 개념요소를 충족하지 못함에도 법인 대표이사의 횡령금을 상여로 소득처분하고 이를 대표이사에 대한 근로소득으로 확장해석을 한다면 이는 과세관청의 자의를 허용하게 되므로 엄격해석금지의 원칙에 반하고 이러한 자의적 확장해석을 가능하게 하는 이 사건 심판대상규정들은(구법인세법 제67조 [소득처분] 등)은 법적 안정성과 국민의 예측가능성을 보장하기 위하여 과세요건이 명확하게 규정될 것을 요구하는 과세요건명확주의에 위배된다는 것이 주된 제청 이유였다.

1033) 청구인은 2008. 7. 9. 서울고등법원에 2008누20378호로 항소를 제기하였고 서울고등법원은 이 사건 횡령금의 사외유출 사실이 인정되지 않는다는 이유로 이 사건 소득금액변동통지처분 및 원천징수근로소득세부과처분을 각 취소하는 판결을 선고하였는데 이에 대한 이천세무서장의 상고가 2009. 7. 23. 기각됨으로써(대법원 2009두6223) 위 취소판결이 확정되었다.

1034) 구 부가가치세법(2006. 12. 30. 법률 제8142호로 개정되고, 2010. 1. 1. 법률 제9915호로 개정되기 전의 것) 제12조(면세) ① 다음 각호의 재화 또는 용역의 공급에 대하여는 부가가치세를 면제한다.
1. 가공되지 아니한 식료품(식용에 공하는 농산물·축산물·수산물과 임산물을 포함한다) 및 우리 나라에서 생산된 식용에 공하지 아니하는 농산물·축산물·수산물과 임산물로서 대통령령이 정하는 것(이하 생략)

1035) 부가가치세법 제36조 등 위헌소원(1998.6.25. 95헌바24 전원재판부) 참조.

2. 위헌법률심판결정의 효력

헌재결정은 '합헌(한정합헌 포함)', '위헌(한정위헌 포함)', '헌법불합치/잠정적용' 및 '헌법불합치/적용중지' 등의 유형으로 구분할 수 있다.

가. 위헌결정

위헌결정 난 법률의 규정을 근거로 한 과거 과세처분이 무효가 되지는 않는다. 일반적으로 법률이 헌법에 위반된다는 사정은 헌법재판소의 위헌결정이 있기 전에는 객관적으로 명백한 것이라고 할 수 없으므로 특별한 사정이 없는 한 이러한 하자는 당초 행정처분의 취소사유에 해당할 뿐 당연무효 사유는 아니다(대법원 1994. 10. 28. 선고 92누9463 판결, 1995. 3. 3. 선고 92다55770 판결, 1996. 6. 11. 선고 96누1689 판결 등 참조).

헌재의 위헌결정은 장래효만 갖는 것이 원칙이지만(헌법재판소법 제47조), 법원은 소급효 인정을 통한 권리구제를 확대하는 추세에 있다. 대법원은 위헌결정 후 같은 이유로 제소된 일반사건[1036)에 대해 원칙적으로 소급효 인정하고 있다(대법 92다12377 외 다수). 대법원 1994년 10월 25일 93다42740은 그러한 일반적 원칙에는 특별한 사유에 의해 예외가 있을 수 있음을 인정하고는 있다.[1037)

(1) 경정청구

무신고자로서 불복 기간(처분일로부터 90일)을 경과하였다면, 불복을 통한 권리구제가 불가능하다.

신고자가 국세기본법 제45조의 2를 근거로 통상적 경정청구를 할 수 있는지에 대해서는 서울고법은 자산소득합산과세 위헌결정 이후 제기된 경정거부처분 취소소송에서 헌재의 위헌결정을 국세기본법 제45조의 2 제1항의 경정사유로 인정한 바 있다.[1038) 조세심판원도 서울고법과 동일한 취지의 결정을 한 바 있다.[1039)

신고자가 후발적 경정청구를 할 수 있는지에 대한 법원의 판단은 찾기 곤란하다. 정부에서 국세기본법 제45조의 2 제2항을 넓게 해석하여 경정청구를 인용하더라도 장래효를 규정한 헌법재판소법 제47조에 배치되는 것은 아니라고 볼 일이다. 국세기본법시행령 제25조의 2 제4호가 '기타 제1호 내지 제3호에 준하는 사유에 해당하는 때'를 후발적 경정청구사유로 열거하고 있으며, 그것의 모태가 되는 국세기본법 제45조의 2 제2항 제1호는 '최초의 신고… 거래 또는 행위 등이 그에 관한 소송에 대한 판결 …에 의하여 다른 것으로 확정된 때'를 열거하고 있다. 비록 세법의 위헌결정과 세법의 적용대상이 되는 행위에 대한 법원의 판결은 다르지만 신고 여부는

1036) 소제기의 형식적 요건을 충족하여 심리 중인 사건

1037) 동 판결은 법적 안정성의 유지나 당사자의 신뢰보호를 위하여 불가피한 경우에 위헌결정의 소급효를 제한하는 것이 법치주의의 원칙상 요청된다고 하고 있다.

1038) 서울고법 2003누18769.

1039) 국심 2002서2270.

세법과 세법의 적용대상인 행위를 모두 고려하여 해야 할 것인데 후발적인 사법기관의 판단에 의하여 신고하지 않아야 할 것을 했다는 것을 알게 하는 데 있어서의 효과는 다를 바 없다고 본다면, 후발적 경정사유에 해당할 수도 있을 것이다.

(2) 직권경정

더 나아가 무신고자에 대해서까지 구제의 수단을 제공할 수 있는지에 대해, 헌재결정을 근거로 소급하여 직권 경정할 권한이 과세관청에 있는지에 대해 세법상 명문으로 규정하고 있는 바는 없지만, 법원은 아래 사건에서처럼 과세관청이 취소처분, 즉 경정처분을 할 수 있다고 보고 있으므로 직권경정 자체가 불가능하다고 볼 일은 아니다.

직권경정의 사례로는 다음과 같은 것이 있다. 자산소득부부합산과세에 관한 소득세법 조항의 위헌에 대해 판단한 2002년 8월 29일 2001헌바82의 위헌결정에 따라 정부는 2002년 12월 18일 제61조를 삭제하는 소득세법 개정을 하였다. 동 개정의 효력은 2002년 귀속분 종합소득세부터 적용되도록 되어 있었다.

2002년 8월 29일 2001헌바82의 위헌결정 후인 2002년 10월 7일에 중부산세무서장이 감액경정처분을 통해 당초처분(1998년의 처분으로서 원고의 1988년 내지 1990년도 귀속분 종합소득세 부과처분)의 과세대상인 가족합산을 한 금액에서 처의 부동산소득금액을 제외한 원고의 소득만을 기준으로 재산정한 과세표준에 따라 세액을 결정하였다. 경정처분은 이미 통상적 부과제척기간이 도과하였지만, 당초처분에 대한 절차상 하자가 위법하므로 취소되고 새로운 처분을 하여야 한다는 대법원의 다른 판단(대법원2000두6237, 2002.07.23.)에 따라 중부산세무서장은 경정처분을 하게 된 것이다. 대법원의 판단에 의하면 새로운 처분을 하라는 것이었는데 경정처분을 한 것이 위법이라는 것이 본 사건의 원고의 상고이유이었다.

당초 처분은 비록 처분 후의 헌재의 판단에 의한 것이지만 위헌인 근거규정에 의한 것이기 때문에 취소할 수 있는 하자있는 처분이 된다. 이에 대해 법원은 중부산세무서장이 당초처분의 과세대상 소득에서 하자의 원인이 된 처의 부동산소득금액 자체를 제외하여 과세표준을 재산정한 후 세액을 감액하는 경정처분을 함으로써 당초처분의 하자를 시정할 수 있다고 판결하였다(2006. 3. 9. 2003두2861 사건).

직권경정이 실행된 다른 사례가 있다. 정부는 구종합부동산세법 제5조 등 위헌소원 등 사건 [(2008.11.13, 2006헌바112, 2007헌바71·88·94, 2008헌바3·62, 2008헌가12(병합) 전원재판부] 에서 헌법재판소의 위헌결정에 따라 2006~2007년 종합부동산세 신고자 중 세대별 합산과세된 자는 국세기본법 제45조의 2(경정청구)에 따라 경정청구를 통해 환급하였다. 국세기본법상 경정청구는 신고자에 한해 적용되므로 무신고자는 세대합산과세에 의한 과세분을 경정청구에 의해 환급하여 줄 수는 없었다. 이에 정부는 직권으로 감액 경정하는 결정을 하게 되었다.[1040]

1040) 이러한 조치를 하게 된 것에 대해 정부는 다음과 같은 이유를 제시하고 있다. "종합부동산세 무신고납부자에 대해서도 신고납부자와의 형평을 고려하여 헌재의 세대별 합산과세 위헌결정에 따른 환급을 정부에 촉구한 국회 세법소위원회의 심사보고 및 기획재정위원회 전체회의 의결사항('08.12.5.) 등 특수한 사정을 종합적으로 고려하여 종합부동산세를 무신고 납부한 경우도 국세청이 직권 경정하여 환급한다." (기획재정부 보도참고자료, 2008.12.22.)

(3) 부과처분의 근거법령 위헌판단 후의 집행력과 구제방법

(가) 위헌법률

헌법재판소에 의해 어떤 법률조항이 위헌으로 결정되면 그 법률조항은 결정일로부터 효력을 상실하게 된다. 당해 법률조항에 의해 결정일 전 부과된 조세가 납부된 경우에는 납부로 납세의무가 소멸한 것으로 보며 다시 이를 소급하여 무효로 하고 환급하지는 않는다. 만약 해당 조세가 납부되지 않고 체납처분절차가 진행 중이었다면 해당 체납처분절차는 무효인 법률조항에 연원한 것이기 때문에 중단되어야 한다.

현재는 이러한 원칙이 대법원에 의해 확립되어 있지만[1041] 아래 사건이 문제 될 당시에는 그러한 체납처분절차를 중지시켜야 하는지에 대해 확립된 입장이 없었다. 대법원 2002.11.22., 2002다46102사건에서, 서울특별시 강동구청장은 원고에게 부과한 1994년분 택지초과소유부담금의 체납으로 원소유토지를 압류하고 1998년 6월 29일 한국자산관리공사에 공매 의뢰하였다. 1999년 4월 29일 택지소유상한에 관한 법률에 대한 위헌결정이 선고되자 원고는 1999년 5월 19일 한국자산관리공사에 공매중지를 요청했으나 2000년 1월 24일 매각이 이루어지고 2000년 5월 30일 소유권이전등기도 경료하였다. 이후 강동세무서장은 원고의 위와 같은 매각에 따른 양도소득세 납부안내문을 발송하자 원고는 가산세 부담 회피를 위해 일단 2000년 11월경 양도소득세를 자진 신고·납부하였다. 그리고 2001년 4월경 위 공매처분과 소유권이전등기 및 양도소득세 신고납부행위가 모두 무효임을 주장하며 소유권이전등기의 말소 및 납부세액의 반환을 청구하는 이 사건 소송을 제기했다.

이에 대해 대법원은 1999년 4월 29일 택지소유상한에 관한 법률 전부에 대한 위헌결정으로 체납택지초과소유부담금의 강제징수에 관한 동법 제30조의 규정 역시 그날로 효력을 상실하게 되었으며 그 위헌결정 이후에는 별도의 행정처분인 공매처분 등 후속 체납처분을 진행할 수 없으므로, 만일 그 절차를 진행하였다면 그것은 법률의 근거 없이 이루어진 것으로 그 하자가 중대하고 명백하여 당연무효라고 할 것이며, 그 공매처분에 의하여 이루어진 소유권이전등기 역시 원인무효의 등기일텐데, 강동세무서장은 위와 같은 사정을 알 수 있고서도 자진 신고·납부하게 하였다는 특별한 사정이 있지 않은 한 신고납부행위에 중대하고도 명백한 하자가 있었다고 볼 수는 없다고 보았다.

이 사건에서 납세자는 체납처분(그중 한 절차로서의 압류 부동산의 매각)이 유효한 것인지에 대한 확신이 없었지만 가산세의 부담을 피하기 위해[1042] 본 사건 양도소득세를 납부한 것이다.

1041) 구 헌법재판소법(2011.4.5. 법률 제10546호로 개정되기 전의 것 이하 '구 헌법재판소법'이라고 한다) 제47조 제1항은 "법률의 위헌결정은 법원 기타 국가기관 및 지방자치단체를 기속한다"고 규정하고 있는데, 이러한 위헌결정의 기속력과 헌법을 최고규범으로 하는 법질서의 체계적 요청에 비추어 국가기관 및 지방자치단체는 위헌으로 선언된 법률규정에 근거하여 새로운 행정처분을 할 수 없음은 물론이고, 위헌결정 전에 이미 형성된 법률관계에 기한 후속처분이라도 그것이 새로운 위헌적 법률관계를 생성·확대하는 경우라면 이를 허용할 수 없다고 봄이 타당하다. 따라서 조세 부과의 근거가 되었던 법률규정이 위헌으로 선언된 경우, 비록 그에 기한 과세처분이 위헌결정 전에 이루어졌고, 그 과세처분에 대한 제소기간이 이미 경과하여 조세채권이 확정되었으며, 그 조세채권의 집행을 위한 체납처분의 근거규정 자체에 대하여는 따로 위헌결정이 내려진 바 없다고 하더라도, 위와 같은 위헌결정 이후에 조세채권의 집행을 위한 새로운 체납처분에 착수하거나 이를 속행하는 것은 더 이상 허용되지 않고, 나아가 이러한 위헌결정의 효력에 위배하여 이루어진 체납처분은 그 사유만으로 하자가 중대하고 객관적으로 명백하여 당연무효라고 보아야 한다(대법원 2012.2.16. 선고 2010두10907 전원합의체 판결).

납세자의 신고납부행위에 대해서는 당해 신고납부행위가 중대하고 명백한 하자가 있는 경우 무효로 되고 그에 따라 부당이득반환청구를 할 수 있을 뿐 하자가 그러한 정도에 이르지 않은 경우에는 취소할 수 없다고 하는 것이 우리 법원의 입장이다(당연무효설).

본 사건에 대해 대법원이 판단할 시점에서는 위헌결정 이후 공매처분은 진행할 수 없으며 만일 그와 같이 진행하였다면 그것은 무효라고 하는 대법원의 판결[1043]이 이미 나와 있었다. 그런데 대법원은 납세자는 본 사건 신고납부행위가 있던 당시에는 그와 같이 공매가 무효로 된다는 사실을 알 수 없었으며 그러한 상태에서 한 납세자의 신고납부행위가 중대하고 명백하게 하자가 있었다고 보기 어렵다고 판단한 것이다.

먼저 공매처분이 무효임을 소송상 확인하고, 그것에 근거하여 경정청구를 할 수 있었을 것으로 생각된다. 실제 이 사건에서 법원은 공매처분이 무효임을 확인하고 있다.

(나) 위헌시행령

대법원에 위헌으로 판단된 시행령을 근거로 과세한 처분은 위법한 것이 된다. 위임의 근거가 된 법률규정은 합헌 유효인 채로 남아 있지만, 하위 시행령 규정은 위헌인 것이 되어, 실질적으로 해당 법률규정이 적용하기 곤란한 상태로 있는 것을 시정하기 위해, 과세요건 사실이 발생한 이후에 개정한 해당 시행령규정을 적용하는 것은, 납세자의 이익에 부합하게 적용하는 한, 적법한 것이다.

대법원 2008.02.01. 선고 2004두1834 판결사건에서, 원고 1, 원고 2가 1998. 9.경 아버지 소외인과 어머니 원고 4가 지분을 소유하고 있는 이 사건 제1, 2 토지 위에 건물을 신축하여 그 무렵부터 위 토지를 사용하였다. 피고 세무서장들은 2000년12월~2001년9월에 걸쳐 증여세 부과처분을 하였다. 해당 부과처분의 위법성을 다툰 소송에서 대법원은 원고 1, 원고 2가 특수관계에 있는 자의 토지를 사용할 당시 구 상속세 및 증여세법 제37조가 특수관계인의 토지무상사용이익에 대한 증여세 부과의 근거법률로서 존재하고 있었고, 단지 위 법률조항의 위임에 따라 1998.12.31. 개정되기 전의 시행령 제27조 제5항에서 정한 토지무상사용이익의 구체적 계산방법에 위헌 또는 위법의 요소가 있어 위 시행령 규정을 적용할 수 없는 상태에 있었을 뿐인데, 그 후 2003.12.30. 개정된 시행령 부칙 제14조는 위 시행령 규정에 대하여 대법원 2003.10.16. 선고 2001두5682 전원합의체 판결에서 위헌 또는 위법한 것으로 지적된 요소를 제거하기 위하여 2001.12.31. 개정된 시행령 제27조 제5항을 적용하도록 규정한 것이므로, 이 사건 부과처분의 적법 여부는 '납세의무자에게 불리하게 적용되지 아니하는 한' 2001.12.31. 개정된 시행령 제27조 제5항을 적용하여 판단하여야 한다고 보았다.

1042) 택지초과소유부담금은 납부하지 않았지만 양도소득세는 납부한 것이다. 택지초과소유부담금은 납부하지 않고 헌법재판소의 결과를 기다린 것인 반면 당해 부담금의 체납으로 진행된 체납처분절차상의 부동산의 양도에 따른 양도소득세는 납부하고 납부로부터 약 5개월 후 본 사건 소송을 개시한 것이다.

1043) 대법원 2002.8.23. 선고 2001두2959 판결【압류해제신청거부처분취소】.

나. 변형결정

변형결정에는 한정합헌, 한정위헌, 헌법불합치 결정 등이 있다.

한정합헌은 해당 법률조항에 대해 헌법재판소가 가리키는 해석을 하는 한 합헌이라는 것이고, 한정위헌은 해당 법률조항에 대해 헌법재판소가 가리키는 해석을 하는 한 위헌이라는 결정이다.

헌법불합치결정은 위헌으로 결정된 법률조항의 잠정적용 및 적용중지 등의 변형결정을 하는 것이다. 이들 결정 이후에 과세관청의 처분이 해당 법률조항을 근거로 하여 어떤 처분을 할 수 있는지, 특히 납세자가 경정청구를 할 경우 그것을 받아들일 것인지가 문제된다.

헌법불합치 결정의 경우 불합치결정 전에 접수된 것이든 후에 접수된 것이든 경정청구를 수용하는 것의 적법성에 대한 법원 또는 헌법재판소의 판단사례는 없다

헌법불합치결정/잠정적용 결정에 대해서는 결정 전에 접수한 것이든 후에 접수한 것이든 경정청구를 수용할 수는 없는 것이다. 헌재의 결정이 후발적 경정청구사유에 해당한다고 볼 수 없을 것이다.

헌법불합치결정/적용중지 결정은 헌법불합치 결정의 효력이 소급적으로 미치게 되는 모든 사건이나 앞으로 위 법률조항들을 적용하여 행할 부과처분에 대하여는 법리상 헌법불합치 결정 이후 입법자에 의하여 위헌성이 제거된 새로운 법률조항을 적용하여야 하는 것이다. 경정청구에 대한 처분에 있어서도 동일한 논리가 적용되어야 할 것이다. 헌법재판소는 적용중지 결정이 있을 경우 법원의 재판도 그에 구속되어야 한다는 입장을 가지고 있다. 그러나 헌재의 결정이 후발적 경정청구사유에 해당하는지에 대해서는 판단하기 곤란하다.

법인세법 제59조의 2 제1항 등 위헌소원에 관한 2000.1.27. 96헌바95, 97헌바1·36·64 (병합) 전원재판부결정에서, 헌법재판소는 구 법인세법(1990.12.31. 법률 제4282호로 개정되기 전의 것) 제59조의 2 제1항과 구 법인세법(1998.12.28. 법률 제5581호로 전문개정되기 전의 것) 제59조의 2 제1항은 헌법에 위반되므로 원칙으로 위헌결정을 하여야 할 것이나, 이에 대하여 단순위헌결정을 선고하여 당장 그 효력을 상실시킬 경우에는 위 법률조항들에 의한 특별부가세를 부과할 수 없게 되는 법적 공백상태가 되고, 이에 따라 조세수입을 감소시켜 국가재정에 막대한 영향을 줄 뿐 아니라, 이미 위 법률조항들에 따른 특별부가세를 납부한 납세의무자들과 사이에 형평에 어긋나는 결과를 초래하는데다가, 위 법률조항들의 위헌성은 국회에서 법률로 제정하지 아니한 입법형식의 잘못에 기인하는 것이므로, 우리 재판소는 단순위헌결정을 하지 아니하고 헌법불합치 결정을 하면서 법원 기타 국가기관 및 지방자치단체에 대하여 위 법률조항들의 적용중지를 명한다고 하면서, 헌법재판소가 헌법불합치라는 변형결정주문을 선택하여 위헌적 요소가 있는 조항들을 합헌적으로 개정 혹은 폐지하는 임무를 입법자의 형성재량에 맡긴 경우에는, 헌법불합치 결정의 효력이 소급적으로 미치게 되는 모든 사건이나 앞으로 위 법률조항들을 적용하여 행할 부과처분에 대하여는 법리상 헌법불합치 결정 이후 입법자에 의하여 위헌성이 제거된 새로운 법률조항을 적용하여야 한다고 하였다.

제2항 헌법소원심판(헌마사건, 헌바사건)

헌법소원심판은 권리구제형 헌법소원심판(헌법재판소법 제68조 제1항)과 위헌심사형 헌법소원심판(헌법재판소법 제68조 제2항)으로 구분할 수 있다. 권리구제형 헌법소원심판을 청구하기 위해서는, 청구인 적격, 기본권 침해, 자기관련성·직접성·현재성의 요건이 충족된 상태에서 다른 법률에 정해진 구제절차를 모두 거친 후이어야 한다(헌마사건). 위헌심사형 헌법소원심판을 청구하기 위해서는 위헌법률심판제청신청을 먼저 거쳐야 한다(헌바사건).

1. 기본권침해의 직접성

법률 또는 법률조항 자체가 헌법소원의 대상이 될 수 있으려면 그 법률 또는 법률조항에 의하여 구체적인 집행행위를 기다리지 아니하고 직접, 현재 자기의 기본권을 침해받아야 하는바, 여기서 말하는 기본권침해의 직접성이란 집행행위에 의하지 아니하고 법률 그 자체에 의하여 자유의 제한, 의무의 부과, 권리 또는 법적 지위의 박탈이 생긴 경우를 말하므로, 당해 법령에 근거한 구체적인 집행행위를 통하여 비로소 기본권침해의 법률효과가 발생하는 경우에는 직접성의 요건이 결여된다. 조세특례제한법 제91조의2 제2항 등 위헌확인(2009.10.29. 2008헌마239·368·434(병합) 전원재판부) 사건에서, 청구인들은 투자회사 또는 투자신탁을 통하지 않고 직접 매수한 국외상장주식을 양도하여 양도차익이 발생하는 경우 소득세법에 의하여 양도소득세를 납부할 의무를 부담하게 되는바, 조세특례제한법 제91조의2 제2항과 같은 법 시행령 제92조의2 제1항이 신설되면서 간접투자한 거주자들에 비하여 조세부담에 불합리한 차별을 받게 되었다고 주장하면서, 청구인 …은 …각 헌법재판소법 제68조 제1항에 의한 이 사건 헌법소원심판을 청구하였다. 헌법재판소는, …양도소득세는 신고납부 형식에 의한 조세인바(소득세법 제118조의8, 제110조 제1항), 신고납부 형식에 의한 조세의 경우에도 신고납부를 하지 아니하거나 신고납부세액이 세법에 의하여 신고납부하여야 할 세액에 미달될 때에는 부과징수의 방법에 의하여 징수하도록 되어 있으므로(소득세법 제118조의8, 제114조), 신고납부의 형식에 의한 조세의 경우에도 부과징수의 형식에 의한 조세의 경우와 같이 종국적으로 과세처분이라는 집행행위를 통하여 기본권 침해가 현실화되는 것이고, 이 사건 법률 및 시행령 조항에 의하여 직접 기본권을 침해받는 것이라고는 볼 수 없다. 그렇다면 이 사건 심판청구는 기본권침해의 직접성이 없는 법령조항을 그 대상으로 한 것이어서 부적법하다 할 것이라고 판단하였다.

헌법재판소는 위 사건에서는 부당한 과세규정이라 하더라도 그것만으로는 국민의 기본권을 직접 침해하지 않으므로 최소한 과세당국의 처분이 존재하여야 기본권침해의 직접성 요건이 충족된다고 결정하였지만, 아래 사건에서는 법률에 근거한 구체적인 집행행위가 존재하지 아니하지만, 설사 집행행위가 존재한다 하더라도 그 집행행위를 대상으로 하는 구제절차가 없거나 구제절차가 있다고 하더라도 권리구제의 기대가능성이 없고 다만 기본권침해를 당한 자에게 불필요한 우회절차를 강요하는 것밖에 되지 않는 경우에 해당한다면, 해당 법률을 직접 헌법소원의 대상으로 삼을 수 있다고 보았다.

금융실명거래 및 비밀보장에 관한 법률 부칙 제12조 위헌확인을 위한 헌재 1999.11.25. 98 헌마55 전원재판부사건에서 청구인들은 은행에 금융자산을 보유하고 있는 예금주들인데 금융실명거래 및 비밀보장에 관한 법률 부칙 제12조가 종래 부분적으로 실시되던 금융소득종합과세제도를 폐지하고 금융소득에 대한 분리과세제도를 도입하면서 세율을 15%에서 20%로 상향조정하자, 저소득층과 중산층의 금융소득에 대한 세부담이 증가함으로써 자신들의 기본권이 침해되었다고 주장하면서 위 법률조항의 위헌확인을 구하여 1998.2.28. 헌법소원심판을 청구하였다.

헌법재판소는 그 청구인들의 기본권이 해당 규정에 의해 직접적으로 침해되었는가 하는 쟁점을 먼저 판단하면서, 법률에 근거한 구체적인 집행행위가 존재하지 아니하지만, 설사 집행행위가 존재한다 하더라도 그 집행행위를 대상으로 하는 구제절차가 없거나 구제절차가 있다고 하더라도 권리구제의 기대가능성이 없고 다만 기본권침해를 당한 자에게 불필요한 우회절차를 강요하는 것밖에 되지 않는 경우에 해당하므로(헌재 1992.4.14. 90헌마82, 판례집 4, 194, 202), 해당 법률조항을 직접 헌법소원의 대상으로 삼을 수 있다고 판단하였다.

2. 자기관련성

2012.5.31. 2010헌마631사건에서 헌법소원심판청구인은 소비자로서, 부가가치세법상 간이과세를 적용받는 개인사업자(이하 '간이과세자'라 한다)로부터도 일반과세자와 마찬가지로 10%의 부가가치세를 거래징수 당하는데, 간이과세자의 납부세액은 공급대가에 각 업종별 부가가치율을 기준으로 결정되어 간이과세자는 소비자로부터 징수한 부가가치세와 간이과세 납부세액의 차액만큼 부당한 이익을 취하게 되고 반대로 간이과세자로부터 부가가치세를 징수당한 소비자는 그 차액만큼의 재산상 손해를 입게 되므로, 간이과세에 대하여 규정하고 있는 부가가치세법 제25조 내지 제30조가 청구인의 평등권, 행복추구권, 재산권 등을 침해한다고 주장하며 2010. 10. 8. 헌법소원심판을 청구하였다. 이에 대해 헌법재판소는, 부가가치세법상 부가가치세 납부의무자는 사업상 독립적으로 재화 또는 용역을 공급하는 자이므로, 청구인과 같이 재화 또는 용역을 공급받는 소비자는 재정학상 사실상의 담세자로서의 지위를 가지고 있을 뿐 조세법상의 납세의무자로서의 지위에 있지 않아 이 사건 법률조항들의 직접적인 수규자가 아닌 제3자에 불과한데, 간이과세에 관하여 규정한 부가가치세법(2010.1.1. 법률 제9915호로 개정된 것) 제25조 내지 제30조는 직전 연도의 공급대가가 일정한 범위 내인 간이과세자에 대한 부가가치세를 부과·징수함을 규율하는 것으로서 소비자인 청구인의 자기관련성을 인정할 만한 특별한 사정이 있다고 할 수 없고, 가사 청구인이 부가가치세의 전가로 경제적 부담이 증가된다고 하더라도 이는 간접적, 사실적 또는 경제적인 이해관계에 불과할 뿐 법적인 불이익이라고 할 수 없으므로 기본권 침해의 자기관련성이 인정되지 아니하여 해당 심판청구는 부적법하다고 판단하였다. 헌바사건이었다면 재판의 전제성이 문제되었을 것이다.

3. 변형결정에 배치되는 재판의 기본권침해성

가. 한정위헌결정에 배치되는 재판이 기본권을 침해한 것으로 본 경우

헌법재판소 1997.12.24, 96헌마172 등 결정에 의하면, 헌법재판소법 제68조 제1항의 '법원의 재판'에 헌법재판소가 위헌으로 결정한 법령을 적용함으로써 국민의 기본권을 침해한 재판도 포함되는 것으로 해석하는 한도 내에서 헌법재판소법 제68조 제1항은 헌법에 위반된다. 이 사건에서, 청구인이 이 사건 과세처분(1992년 6월 16일 동작세무서장의 부과처분이다. 실지거래가액에 의한 세액이 기준시가에 의한 세액을 초과하는데도 실지거래가액에 의하여 산정한 양도소득세를 부과하였다)의 취소를 구하는 소송을 제기하고 있던 중 1995년 11월 30일 헌법재판소는 이 사건 과세처분의 근거가 된 구 소득세법 제23조 제4항 단서, 제45조 제1항 제1호 단서[1044]에 대해 다른 사건을 통해 위헌결정(한정위헌결정)[1045]을 하였다. 대법원은 1996년 4월 9일 위 헌재의 결정에도 불구하고 위 구 소득세법 조항들이 합헌이라고 하면서[1046] 이 사건 과세처분의 취소를 구하는 청구인의 상고를 기각하는 이 사건 대법원 1996년 4월 9일 95누11405를 선고하였다. 이에 청구인은 이 사건 과세처분, 이 사건 대법원 판결 및 헌법소원의 대상에서 법원의 재판을 제외하고 있는 헌법재판소법 제68조 제1항 본문이 자신의 평등권과 재산권을 침해하였다고 주장하면서 이 사건 헌법소원심판을 제기하였다. 이에 헌법재판소는 헌법

1044) 구 소득세법 제23조 (양도소득) ④ 양도가액은 그 자산의 양도 당시의 기준시가에 의한다. 다만, 대통령령이 정하는 경우에는 그 자산의 실지거래가액에 의한다. 〈개정 1982.12.21.〉
구 소득세법 제45조 (양도소득의 필요경비계산) ① 거주자의 양도차익은 계산에 있어서 양도가액에서 공제할 필요경비는 다음 각 호에 게기하는 것으로 한다.
1. 당해 자산의 취득 당시의 기준시가에 의한 금액. 다만, 대통령령이 정하는 경우에는 그 자산의 취득에 소요된 실지거래가액
구 소득세법시행령 제170조 (양도소득금액의 조사결정) ④ 법 제23조 제4항 단서 및 법 제45조 제1항 제1호 단서에서 '대통령령이 정하는 경우'라 함은 다음 각 호의 1에 해당하는 경우를 말한다.
2. 다음 각 목의 1에 해당하는 거래에 있어서 양도 또는 취득 당시의 실지거래가액이 확인되는 경우. 다만, 부동산의 취득 양도경위와 이용실태 등에 비추어 투기성이 없는 것으로 인정되는 경우에는 제9항의 규정에 의한 자문을 거쳐 실지거래가액의 적용대상에서 제외할 수 있다. (중간 생략)
마. 국세청장이 정한 일정규모 이상의 부동산을 취득 또는 양도함에 있어서 다른 사람 명의의 사용, 허위계약서의 작성, 주민등록의 허위이전 등 부정한 방법에 의하거나 관계법령에 위반한 경우
바. 기타 부동산의 거래로서 부동산의 보유 기간 거래규모 및 거래방법 등에 비추어 부동산의 투기를 목적으로 하는 것이라고 인정하여 재무부령이 정하는 기준에 해당하는 경우
3. 양도자가 법 제95조 또는 법 제100조의 규정에 의한 신고 시 제출한 증빙서류에 의하여 취득 및 양도 당시의 실지거래가액을 확인할 수 있는 경우

1045) 구 소득세법 제23조 제4항 단서, 제45조 제1항 제1호 단서가 조세법률주의 및 포괄위임금지의 원칙에 반하는지에 있어서 실지거래가액에 의할 경우를 그 실지거래가액에 의한 세액이 그 본문의 기준시가에 의한 세액을 초과하는 경우까지를 포함하여 대통령령에 위임한 것으로 해석하는 한 헌법에 위반된다고 결정하였다.

1046) 한정위헌 결정의 경우에는 헌법재판소의 결정에도 불구하고 법률이나 법률조항은 그 문언이 전혀 달라지지 않은 채 그냥 존속하고 있는 것이므로 이와 같이 법률이나 법률조항의 문언이 변경되지 아니한 이상 이러한 한정위헌 결정은 법률 또는 법률조항의 의미, 내용과 그 적용범위를 정하는 법률해석이라고 이해하지 않을 수 없다.
그런데 구체적 사건에 있어서 당해 법률 또는 법률조항의 의미·내용과 적용범위가 어떠한 것인지를 정하는 권한 곧 법령의 해석·적용 권한은 바로 사법권의 본질적 내용을 이루는 것으로서, 전적으로 대법원을 최고법원으로 하는 법원에 전속한다. …한정위헌 결정에 표현되어 있는 헌법재판소의 법률해석에 관한 견해는 법률의 의미·내용과 그 적용범위에 관한 헌법재판소의 견해를 일응 표명한 데 불과하여 이와 같이 법원에 전속되어 있는 법령의 해석·적용 권한에 대하여 어떠한 영향을 미치거나 기속력도 가질 수 없다(출처: 대법원 1996.4.9, 95누11405【증여세 등 부과처분취소】).

재판소법 제68조 제1항의 한정위헌결정을 하면서, 대법원 1996년 4월 9일 95누11405는 청구인의 재산권을 침해한 것이므로 이를 취소하고, 피청구인 동작세무서장이 1992년 6월 16일 청구인에게 양도소득세를 부과한 처분은 청구인의 재산권을 침해한 것이므로 이를 취소한다는 결정을 하였다.

나. 헌법불합치결정(적용중지)에 배치되는 재판이 기본권을 침해하지 않은 것으로 본 경우

위 결정의 2년 뒤에 있었던 다음의 사건에 대한 결정에서 헌법재판소는 위헌으로 결정난 법률조항을 적용한 재판 자체만으로는 헌법소원대상이 될 수 없고, 위헌으로 결정난 법률조항을 적용하여 국민의 기본권을 침해한 재판이 되어야만 헌법소원대상이 될 수 있다는 결정을 하였다.

헌법재판소 1999.10.21, 97헌마301 등 결정사건에서, 청구인들은 1990년 9월 1일 전에 토지를 취득하여 이후 이를 양도하였다. 지가공시 및 토지 등의 평가에 관한 법률은 1990년 9월 1일 시행되었다. 과세관청은 구 소득세법 제60조[1047]를 적용하여 기준시가에 의해 양도소득세를 부과하였다. 청구인들은 위 양도소득세 부과처분 취소의 소를 제기한 후 구 소득세법 제60조에 대해 위헌제청신청을 한 후 헌법소원을 청구하게 되었다. 위 부과처분취소의 소는 법원에 의해 기각 확정되었다(1992.10.9). 그런데 헌법재판소가 1995년 11월 30일 위 조항에 대해 헌법불합치결정(91헌바1 등[1048])을 하자 청구인들은 고등법원에 위 확정판결에 대해 재심의 소를 제기했다. 고등법원은 기각하고 대법원도 상고를 기각했다. 이에 청구인들은 위 부과처분과 대법원의 판결 각각의 취소를 구하는 헌법소원을 제기하였다.

이에 대해 헌법재판소는, 법원이 공시지가제도가 시행된 1990년 9월 1일 이후에 양도한 토지에 대한 양도소득세부과처분취소사건에서 구 소득세법 제60조를 적용하여 그 부과처분의 적법 여부를 판단한 것은 위 헌법불합치결정의 기속력에 어긋나는 것이기는 하지만[1049] 그로 말미암아 기본권의 침해가 있다고 볼 수 없으므로 '위헌으로 결정한 법령을 적용함으로써 국민의 기본권을 침해한 재판'에 해당하지 아니하여 헌법소원심판의 대상이 될 수 없다고 하면서, 원처분을 심판의 대상으로 삼았던 법원의 재판이 헌법재판소에 의해 취소되지 아니하는 경우에

1047) [관련 조문] 구 소득세법 제60조 (기준시가의 결정) 제23조 제4항과 제45조 제1항 제1호의 규정하는 기준시가의 결정은 대통령령이 정하는 바에 의한다. 〈개정 1978.12.5.〉

1048) 구 소득세법 제60조가 조세법률주의 및 위임입법의 한계를 규정한 헌법의 취지에 반하는지에 대해 (1) …. (2) 이 사건 위임조항에서는 기준시가의 내용 자체에 관한 기준이나 한계는 물론 내용 결정을 위한 절차조차도 규정함이 없이 기준시가의 내용 및 그 결정절차를 전적으로 대통령령이 정하는 바에 의하도록 하였다. 이는… 조세법률주의 및 위임입법의 한계를 규정한 헌법의 취지에 반한다고 하지 않을 수 없다고 하였다. 그리고 이 사건 위임조항은 헌법에 위반되므로 원칙으로 위헌결정을 하여야 할 것이나 이에 대하여 단순위헌결정을 선고하여 당장 그 효력을 상실시킬 경우에는… 법적 공백상태를 야기하게 되고… 더욱이 이 사건의 경우에는 1994년 12월 22일 법률 제4803호로 헌법에 합치하는 내용의 개정입법이 이미 행하여져 위헌조항이 합헌적으로 개정되어 시행되고 있으므로 당 재판소는 단순위헌결정을 하지 아니하고 이 사건 위임조항을 적용하여 행한 양도소득세 부과처분 중 확정되지 아니한 모든 사건과 앞으로 향할 양도소득세 부과처분 모두에 대하여 위 개정법률을 적용할 것을 내용으로 하는 헌법불합치결정을 하기로 결정하였다(1999.10.21).

1049) 법원은 이에 대해 "헌법재판소 1995.11.30. 선고 91헌바1 결정에서 구 소득세법(1994.12.22. 법률 제4803호로 전문개정되기 전의 것) 제60조에 대하여 헌법불합치결정을 한 것은 그 위헌성이 제거된 개정 법률이 시행되기 전까지는 구 소득세법 제60조를 그대로 잠정 적용하는 것을 허용하는 취지라고 보아야 한다"고 한 바 있다(대법원 2000.2.8. 선고 98두1123 판결).

는 확정판결의 기판력으로 인해 원처분은 헌법소원심판의 대상이 되지 아니하므로 원처분에 대해 헌법소원심판청구를 받아들여 취소할 수는 없다고 결정하였다.

제3항 권한쟁의

국가기관 상호간, 국가기관과 지방자치단체 상호간, 지방자치단체 상호간에 권한의 존부나 범위에 관한 다툼이 생길 수 있다. 국가정부와 지방자치단체정부간 과세권의 배분과 관련한 권한쟁의의 예로서, 강남구 등과 국회 간의 권한쟁의 사건 2010.10.28. 2007헌라4이 있다. 이 사건에서 헌법재판소는 다음과 같이 판단하고 있다.

> 특별시의 관할구역 안에 있는 구(區)의 재산세를 '특별시 및 구세'로 하여 특별시와 자치구가 100분의 50씩 공동과세하도록 하는 지방세법(2007.7.20. 법률 제8540호로 신설된 것) 제6조의 2와 특별시분 재산세 전액을 관할구역 안의 자치구에 교부하도록 하는 같은 법 제6조의 3(이하, '이 사건 법률조항들'이라 한다)은 종래 구세였던 재산세를 구와 특별시의 공동세로 변경하였는데, 재산세를 반드시 기초자치단체에 귀속시켜야 할 헌법적 근거나 논리적 당위성이 있다고 할 수 없다. 그리고 이 사건 법률조항들로 인해 구의 재산세 수입이 종전보다 50% 감소하게 되지만 이 사건 법률조항들 및 서울특별시세조례에 의하여 특별시분 재산세가 각 자치구에 배분되므로 이를 감안하면 종전에 비하여 실질적으로 감소되는 청구인들의 재산세 수입 비율은 50% 미만이 될 것이다. 이 사건 법률조항들로 인하여 청구인들의 자치재정권이 유명무실하게 될 정도로 지나치게 침해되었다고는 할 수 없다. 따라서 피청구인 국회가 이 사건 법률조항들을 제정한 행위는 헌법상 보장된 청구인들의 지방자치권의 본질적 내용을 침해하였다고 할 수 없다.

제5장 조세범

국가는 조세포탈행위와 세법상 일정한 의무위반행위를 범죄로 규정하여 형사적 제재를 하고 있다. 내국세의 조세범에 관한 일반적인 법률에는 조세범처벌법과 그 특별법인 특정범죄가중처벌 등에 관한 법률(「특가법」)이 있다. 그리고 그 처벌절차에 관하여 조세범처벌절차법이 있다.

조세범처벌법은 형법에 대한 특별법에 해당하므로 형법에 우선하여 적용하되, 조세범처벌법에 정하지 않은 것은 형법총칙을 적용한다. 책임능력·위법성 착오·종범경감 등 형법총칙 규정은 조세범처벌법에도 동일하게 적용된다.

조세범처벌법과 개별세법의 관계는 형법총칙과 각칙의 관계와 같다. 조세범처벌법의 적용은 세법의 해석으로부터 출발한다고 보아야 한다. 조세범처벌법상 범칙행위 유형은 크게 포탈범과 위해범으로 구분할 수 있다. '포탈범'은 국가의 세금징수권을 직접 침해하여 세수감소를 초래하거나 이를 기도하는 행위를 저지른 경우를 말하며, '위해범'은 세수감소를 직접 초래하지는 않으나, 세법상 각종 의무규정을 위반해 국가과징권의 적정행사를 저해하는 행위를 저지른 경우를 말한다. 장부의 소각·파기 등(제8조), 납세증명표지의 불법사용(제12조) 및 명령위반질서범(제17조) 등은 위해범에 속한다. 위해범 중 명령사항 위반을 요건으로 하는 질서범 등에 대해서는 과태료가 부과된다.

국가는 납세의무의 이행을 게을리하는 납세자에게는 부과처분과 징수처분으로서 국가재정 수입을 확보한다. 납세의무의 존재 또는 재산의 존재를 은폐하여 과세관청이 부과처분이나 징수처분을 할 수 없게 하는 고의적인 행동에 대해서는 그것을 조세포탈범죄로 규정하고 벌과금 또는 징역을 부과한다. 조세포탈범으로 기소되어 형사소송이 진행되는 때에는 통상 포탈세액에 대한 부과처분의 적법성 여부에 대한 행정소송도 진행된다. 은폐 등 부정한 행위를 하였더라도 포탈한 세액이 없으면 조세포탈범죄는 성립하지 않는다. 포탈세액의 존부에 관한 사항은 두 소송의 핵심 쟁점이 된다. 실제 소송에서는 형사소송이 먼저 진행되고 포탈세액의 존부가 가려지는 경우가 많다.

영국에서 조세포탈은 Taxes Management Act 1970 Section 106, Value Added Tax Act 1994 Section 72 및 Customs and Excise Management Act 1979 Section 170 등으로 개별법에 의해 규율되고 있다. 소득세 포탈범에 관한 Taxes Management Act 1970 Section 106에서는 고의로 본인 또는 타인의 소득세의 사기적 포탈에 관여한 자는 포탈범죄를 저지른 것이 되는데, 그에 대해 약식기소된 경우에는 1년 미만의 징역 또는/그리고 법정 한도 미만의 벌금에 처하고, 정식기소된 경우에는 7년 미만의 징역 또는/그리고 벌금에 처한다고 규정하고 있다. 개별세법상 이와 같은 성문규정이 없더라도 조세포탈행위는 Perjury Act 1911 Section 5 또는 Regina v Hudson (1956) 36 Tax Case 561의 판례법에 의해 기소될 수 있다. Hudson은 보통법상 국가에 대한 사기 혐의로 기소되었다. 동 사건에서 법원은 개인의 국가에 대한 사기행위는 비록 동일한 행위가 다른 개인에게 행해질 경우 사기행위로 기소되지 않은 경우라 하더라도 범죄가 될 수 있다는 입장을 취하였다. 세무당국에 대해 거짓의 신고를 하거나 증빙을 제출한 경우에는 범죄를 구성하는 것이 된다.

미국에서 조세포탈범은 내국세입법(Internal Revenue Code) 제7201조에 규정되어 있다. Revenue Act of 1913은 소득세의 부과를 피하기 위해 사기적인 신고 또는 진술을 하는 자(who makes any false or fraudulent return or statement)는 경범죄(misdemeanor)를 짓는 것이므로 2천불 이하의 벌금 또는/그리고 1년 미만의 징역에 처하는 규정을 두었다. 1913년 소득세가 도입된 이후 사회적으로 조세저항의 분위기가 일면서 조세포탈도 횡행하였다. 1918년 이후 조세포탈로 고소되는 자가 현저히 증가하였다. Revenue Act of 1921에서는 벌금상한이 1만불로 증액되었다(Section 253). 마피아 갱 두목 알 카포네는 조세포탈죄로 1932년부터 7년간 복역하였다.

오늘날의 내국세입법 제7201조 규정과 동일한 내용의 규정은 the Revenue Act of 1936 Section 145(b)에 처음 도입되었다. 이후 Internal Revenue Code of 1939 Section 145에도 동일하게 규정되었다. 현행의 제7201조는 1954년 Internal Revenue Code부터 규정된 것이다.

내국세입법 제7201조상 조세포탈범은 중범죄(felony)가 되며 10만불 이하의 벌금 또는 5년 이하의 징역에 처하게 되어 있다. 우리나라 조세범처벌법에서와는 달리 결과범이 아니라 거동범으로 규정되어 있다. 조세포탈은 과세요건사실을 은닉하거나 허위의 사실을 보고하는 것을 구성요건으로 한다는 점에서 조세회피와 구분된다. 예를 들면, 진정한 파트너쉽을 구성하여 파트너들이 직접 과세받도록 하는 것은 조세회피가 될 수 있을지언정 조세포탈은 되지 않는다. 그러나 납세자들이 파트너쉽을 구성하였다고 주장하지만 실제 조사결과 그 파트너쉽은 구성되지 않았으며 파트너 중 일부가 은밀히 자신에게 배분된 소득을 그 사업체의 실제 소유자에게 돌려주었으며 그 실제 소유자가 그렇게 받은 소득을 신고하지 않은 경우 조세포탈이 된다.

독일에서 조세형법규정은 관세법과 같은 개별 세법에서 규정되기 시작하였다. 여러 세법에 흩어져 있던 규정들이 통합된 것은 1919년 제국조세기본법(Reichsabgabenordnung, RAO)에 기원한다. RAO 제359조는 "세수를 감소시키는 원인(Bewirken, dass Steuereinnahmen verkürzt werden)"은 형벌로 다스린다고 규정하고 있었다. "원인"은 "유발(Verursachen)"로 해석되어 조세포탈의 구성요건은 입법자에 의해 의도되지 않은 정도의 범위까지 포괄하기에 이르게 되었다. 1926년 제국법원은 비록 명문으로는 규정되어 있지 않았지만 "사기적인 즉, 조세에 반하는 진실하지 못한 행태(fraudulöses, d. h. unehrliches, steuerwidriges Verhalten)"를 구성요건의 하나로 인정하게 되었다.

2차대전 전 일본에서는 조세형법상 재산형만 규정되어 있었다. 포탈세액의 배수로 규정되어 있어서 재판관의 양형재량이 없었다. 범인의 주관적 사정 및 범죄의 객관적 상황을 고려하지 않아 통상적인 형벌과는 현저히 다른 것이었다. 1945년에는 간접세 영역에서 재산형주의가 폐지되고 자유형이 채택되면서 재판관의 양형상 재량도 인정되게 된다. 1948년에는 직접세에도 동일한 변화가 있었다.

제1절 조세포탈범

조세채무는 법률의 규정에 의해 성립하고 납세자나 과세관청의 행위에 의해 확정되며, 납세자의 자발적 이행에 의해 소멸하는데 그러한 이행이 없는 경우 징수절차에 들어가게 된다.

원래 조세는 납세자에게 부담이 되는 것이며 인간은 자연스럽게 부담이 되는 것은 피하고자 하는 본성이 있다. 세법을 제정할 때 인간의 이러한 속성을 감안하여 회피하고자 하는 행위를 예측하여 그러한 쪽의 행위가 경제에 부담이 안 되도록 고려한다. 정부가 어느 정도 예측 가능한 범주 안에서 납세자가 세금을 절약하는 행태를 보일 때 그것을 절세라 하고 예측하기 곤란한 방법으로 당초 도입조항의 목적에 위배되는 방향으로 세금을 절약할 때에는 조세회피라고 한다.

'조세회피'는 해당 경제행위의 실질대로라면 성립되었을 조세채무가 성립되지 않도록 하는 방법으로 이루어진다. 조세채무는 일정한 행위나 사실이 있으면 자동적으로 성립하도록 되어 있는데 납세자가 자신이 영위한 행위나 사실이 그러한 요건을 충족하지 못하도록 거래를 설계하는 것이다.

'조세포탈'[1050]이란 자신이 영위한 행위나 사실로 이미 성립한 조세채무가 그대로 확정되지 않도록 하는 것이다. 자신이 직접 신고하여야 하는 세목의 경우 신고하지 않는 방법으로 그리고 정부가 부과 결정하여야 하는 세목의 경우 고지에 응하지 않는 방법을 사용한다. 물론 두

1050) 조세범처벌법상 조세포탈을 의미하는 것으로 한다.

경우 모두 납세자가 사기 그 밖의 부정한 방법을 사용하고 또 그것의 사용과 효과에 대해 인지하고 있어야 탈세가 된다.

제1항 조세범처벌법상 처벌

1. 조세포탈범의 개념

조세범처벌법은 조세포탈의 죄에 관한 조세포탈범에 대해 다음과 같이 규정하고 있다(조세범처벌법 제3조 제1항). 이 경우 '조세포탈'은 협의의 개념이다.

'조세포탈'은 세법에 의해 발생한 납세의무에 대해 납세자가 납세의무를 이행하지 아니할 때 성립한다. 조세포탈은 세법이 정한 과세요건이 충족되어 조세채권이 성립하여야 인정된다.[1051]

> ① 사기나 그 밖의 부정한 행위로써 조세를 포탈하거나 조세의 환급·공제를 받은 자는 2년 이하의 징역 또는 포탈세액, 환급·공제받은 세액(이하 '포탈세액 등'이라 한다)의 2배 이하에 상당하는 벌금에 처한다. (이하 생략)

상습범의 경우에는 위 제1항의 규정에 의한 형의 1/2을 가중처벌한다.

조세범처벌법 제13조는 원천징수불이행죄에 대해 규정하고 있다. 원천징수의무자가 정당한 이유 없이 납세의무자로부터 원천징수세액을 징수하지 아니하거나 또는 그 징수한 세액을 납부하지 아니하는 행위 자체가 처벌대상으로 되는 원천징수불이행죄는 조세범처벌법 제3조가 규정하는 이른바 협의의 조세포탈범과는 명백히 구분되는 것이다.

형법 제8조[1052]의 규정에 따라 조세범에도 원칙적으로 형법총칙이 적용된다. 구조세범처벌법상 형법총칙의 형사미성년자·심신미약자·농아자 불처벌 규정, 법률의 착오 불벌규정 및 종범에 대한 형 감경규정의 적용을 배제하여 오던 규정이 삭제되었다. 다만, 형법총칙상 벌금경합에 관한 제한가중규정[1053]의 적용을 배제하는 규정은 남아 있다(조세범처벌법 제20조).

2. 조세포탈의 주체

가. 납세의무자 등

조세포탈은 납세의무자와 법정의 행위자만이 그 주체가 될 수 있다(신분범).[1054]

1051) 대법원 1989.9.29, 89도1356.
1052) 제8조 (총칙의 적용) 본법 총칙은 타 법령에 정한 죄에 적용한다. 단 그 법령에 특별한 규정이 있는 때에는 예외로 한다.
1053) 제38조 (경합범과 처벌례) ① 경합범을 동시에 판결할 때에는 다음의 구별에 의하여 처벌한다.
　　2. 각 죄에 정한 형이 사형 또는 무기징역이나 무기금고 이외의 동종의 형인 때에는 가장 중한 죄에 정한 장기 또는 다액에 그 2분의 1까지 가중하되 각 죄에 정한 형의 장기 또는 다액을 합산한 형기 또는 액수를 초과할 수 없다. 단 과료와 과료, 몰수와 몰수는 병과할 수 있다.

조세포탈의 주체로서의 납세의무자는 세법에 의해 국세를 납부할 의무가 있는 자이어야 한다.[1055] 이에는 연대납세의무자가 원칙적으로 포함되지만 제2차 납세의무자는 포함되지 않는다. 원천징수방식의 조세에서 원천납세의무자는 공범으로 처벌이 가능하다.[1056] 간접세의 실질적인 담세자인 소비자는 납세의무자가 아니므로 조세포탈의 주체가 될 수는 없다. 그에 대해 별도의 추징규정이 있는 경우라 하더라도 조세포탈의 주체가 될 수 없다.[1057] 그러나 담세자인 소비자가 고의 없는 납세의무자를 이용할 때에는 조세포탈죄의 성립을 인정한 경우가 있다.[1058]

세법상 실질과세원칙에 따라 납세의무의 실질귀속자를 납세의무자로 보게 되므로 조세포탈에서도 납세의무의 실질귀속자를 조세포탈범으로 보게 된다.[1059] 그리고 조세범처벌법 제3조의 법인의 대표자에는 실질상의 경영인도 포함된다.[1060]

나. 양벌책임

행위자가 아닌 법인 또는 개인은 행위자가 범칙행위를 한 때에 양벌규정인 다음과 같은 조세범처벌법 제18조의 규정에 의해 소정의 벌금형을 과한다.

> 법인(「국세기본법」 제13조에 따른 법인으로 보는 단체를 포함한다. 이하 같다)의 대표자, 법인 또는 개인의 대리인, 사용인, 그 밖의 종업원이 그 법인 또는 개인의 업무 또는 재산에 관하여 이 법에 규정하는 범칙행위를 하면 행위자를 벌할 뿐만 아니라 그 법인 또는 개인에게도 해당 조문의 벌금형을 과한다. 다만, 법인 또는 개인이 그 위반행위를 방지하기 위하여 해당 업무에 관하여 상당한 주의와 감독을 게을리하지 아니한 경우에는 그러하지 아니하다.[1061]

동 조는 양벌책임을 규정하는 외에 납세의무자가 아닌 법인의 대표자 등 동 조에서 열거하는 자가 행위자로서 조세포탈의 주체가 될 수 있다는 것을 명시하고 있다.[1062] 납세의무자인 법인 또는 개인은 그 행위자의 포탈행위가 있을 때 동 조의 규정에 의해 업무주로서 양벌책임을 진다. 법인 또는 개인이 행위자의 조세범칙행위를 방지하기 위해 해당 업무에 관하여 상당한 주의와 감독을 한 경우에는 면책된다(조세범처벌법 제18조). 그 행위자에게 특가법이 적용

1054) 대법원 1992.8.14, 92도299.
1055) 대법원 2000.2.8, 99도5191.
1056) 대법원 1998.5.8, 97도2429.
1057) 대법원 2000.2.8, 99도5191, 대법원 2001.4.10, 99도873.
1058) 대법원 2003.6.27, 2002도6088.
1059) 대법원 2002.4.9, 99도2165.
1060) 대법원 1997.6.13, 96도1703.
1061) 법인이 고용한 법인의 대리인, 사용인, 기타의 종업인(이하 '종업원 등'이라 한다)의 일정한 범죄행위에 대하여 곧바로 법인을 종업원 등과 같이 처벌하도록 하고 있는 구 조세범처벌법(2004.12.31. 법률 제7321호로 개정되고, 2010.1.1. 법률 제9919호로 개정되기 전의 것) 제3조 본문 중 "법인의 대리인, 사용인, 기타의 종업인이 그 법인의 업무 또는 재산에 관하여 제11조의 2 제1항 제2호에 규정하는 범칙행위를 한 때에는 그 법인에 대하여서도 본 조의 벌금형에 처한다."는 부분은 책임주의원칙에 반한다(구 조세범처벌법 제3조 위헌제청 2011.10.25. 2010헌가80).
1062) 대법원 1997.6.13, 97도534.

되는 경우에도 업무주인 법인 또는 개인에게는 양벌규정이 적용된다.[1063] 이때 업무주에게는 조세범처벌법 위반 여부만 묻게 된다. 특가법 적용대상인 범죄의 경우 법인의 양벌규정에 의한 처벌은 그 공소시효가 7년에서 10년으로 연장된다(조세범처벌법 제22조 단서). 현실적으로 탈세행위를 한 하수인이 특가법상 10년의 공소시효가 적용되는 것과 균형을 맞추기 위함이다.

다. 공범

신분범인 조세포탈범에도 공범은 인정된다. 범행에 가담하지 않고 공모만 하더라도 공동정범으로 인정될 수 있으며 묵시적·순차적 공모도 인정된다.[1064] 자료상이 허위세금계산서를 발급하는 경우, 종교단체가 허위기부금 증명서를 발급하는 경우, 토지의 매수인이 매도인과 공모하여 허위매매계약서를 작성하는 경우, 사업자 등록명의를 대여하여 조세포탈이 가능하게 하는 경우, 세무사·회계사·변호사 등이 포탈방법을 조언하는 등 적극 가담하는 경우 등이 공모의 예이다.

원천징수의무자가 원천징수하지 않기 위해 거래를 부당하게 원천징수의무가 성립하지 않도록 구성한 경우라면, 원천징수의무자와 원천납세의무자 모두에게 조세회피의 추궁이 이루어질 수 있다.

원천징수의무자가 실제 발생한 지급을 마치 발생하지 않은 것처럼 사기적인 방법으로 은폐한 경우 그것은 원천납세의무를 면탈하기 위한 것이라는 점에서 원천납세의무자의 조세포탈이 될 수 있고 그에 따라 원천징수의무자는 원천납세의무자의 조세포탈을 방조한 공범이 될 것이다.

원천징수하는 조세는 납세자의 신고나 과세관청의 결정을 기다리지 않고 조세채무가 성립하면서 바로 확정된다. 그렇다면 원천징수하는 조세에 대해서는 조세포탈범의 개념이 적용되지 않는가?

원천징수의무자가 원천징수를 하지 않고 그 과정에서 원천납세의무자가 사기 그 밖의 부정한 행위를 한 경우[1065] 납부기한이 지나면 원천납세의무자는 조세포탈범이 될 수 있다.[1066]

원천징수의무자는 원천납세의무자가 납부하지 않은 데 대해 공범으로 처벌받을 수 있다.

원천징수의무자가 자신의 원천징수의무를 면탈하기 위하여 그와 같은 행위를 한 것이라면 원천징수의무를 사기적인 방법으로 은폐한 것이니 그것도 범죄로 취급하여야 하지 않을까? 원천징수의무자는 정당한 사유 없이 세금을 징수하지 않거나 납부하지 않은 경우 원천징수불이행범으로 별도로 처벌을 받는다(조세범처벌법 제13조).

대법원 1998.5.8., 97도2429판결사건에서, 피고인이 1992년도에 '용등사해' 및 '동방불패'라는 영화를 홍콩 소재 영화수출회사로부터 수입하였으나 피고인이 그들 수출회사와 공모하여 국내원천소득에 대한 법인세를 포탈하였다. 피고가 여러 명의 납세의무자와 공모하여 조세를 포탈하도록 도와주었는데, 연간 포탈세액이 일정액 이상에 달하는 경우를 구성요건으로 하고 있는 특정

1063) 대법원 1973.8.21, 73도1148.

1064) 대법원 1987.12.22, 87도84.

1065) 원천징수의무자인 원고는 영화수출회사와 공모하여 사용료대금을 실제 금액보다 낮게 기재한 허위계약서 등을 이용하여 수입 및 통관절차를 밟음으로써 위 각 영화수출회사들의 국내원천소득에 대한 원천징수 법인세 일부를 사기 또는 부정한 방법으로 포탈하였다.

1066) 완납적 원천징수의 경우 국가는 원천납세의무자에게 직접 고지할 수 없음과 대조를 이룬다.

범죄가중처벌 등에 관한 법률(이하 「특가법」이라고 한다) 제8조[1067]의 적용에 있어서 피고가 각 납세의무자와 공모한 각각의 행위들이 포괄1죄를 구성하는지가 쟁점이 되었다. 대법원은 그 적용 대상이 되는지는 납세의무자별로 연간 포탈세액을 각각 나누어 판단하여야 하고, 각 포탈세액을 모두 합산하여 그 적용 여부를 판단할 것은 아니라고 판단하였다. 피고인이 영화를 수입한 각 회사가 서로 달라 피고인이 그들 회사와 공모하여 한 국내원천소득에 대한 법인세 포탈은 회사별로 각각 1죄가 성립하고, 그 각 포탈세액이 특가법 제8조 제1항 제2호의 적용 하한인 금 200,000,000원에 미달하여 단지 조세범처벌법 제9조 제1항 제3호 소정의 조세포탈죄가 각 성립할 뿐인데, 그에 대한 이 사건 공소는 같은 법 제17조(1994년 12월 22일 법률 제4812호로 개정되기 전의 조문)가 정하고 있는 3년의 공소시효기간이 도과한 후에 제기되었음이 분명하므로, 결국 위 각 영화의 수입과 관련한 원천징수 법인세의 포탈행위는 형사소송법 제326조 제3호 소정의 면소판결의 대상이라고 판단하였다. 아울러 원천징수의무자가 납세의무자와의 약정으로 원천징수세액을 원천징수의무자 자신이 부담하기로 약정한 바 있다 하더라도 적극적으로 허위의 이중계약서 등을 작성·사용한 경우라면 포탈행위가 있었다고 보아야 한다고 판단하였다.

3. 포탈죄의 구성요건

조세포탈범은 '사기 그 밖의 부정한 행위'로써 조세를 포탈하거나 조세의 환급 또는 공제를 받아야 한다. 여기서 '조세포탈'은 조세수입의 감소를 말한다. 따라서 '사기 그 밖의 부정한 행위'를 동반하지 않는 단순한 무신고, 과소신고 및 조세회피행위 등도 조세수입의 감소결과가 발생한 것이라면 조세포탈에 해당한다.

가. 사기 그 밖의 부정한 행위

조세포탈범은 '사기 그 밖의 부정한 행위'를 그 구성요건으로 함으로써 사기죄와 동일하게 '기망행위'를 구성요건으로 하고 있다고 볼 수 있다. 조세포탈범의 보호법익은 조세를 강제적으로 징수하는 국가 또는 지방자치단체의 직접적인 권력작용이며, 그것은 사기죄의 보호법익인 재산권과 동일하게 평가할 수 없다. 기망행위에 의하여 조세를 포탈하거나 조세의 환급·공제를 받은 경우 형법상 사기죄는 성립하지 않는다.[1068]

종래 '사기 그 밖의 부정한 행위'의 개념에 대해서는 판례의 해석에 따랐으나 2009년 법개정에 의해 그 구체적인 내역이 조세범처벌법에 다음과 같이 규정되었다(조세범처벌법 제3조 제6항).

1067) 제8조 (조세포탈의 가중처벌) ① 조세범처벌법 제9조 제1항에 규정된 죄를 범한 자는 다음의 구분에 따라 가중처벌한다. 〈개정 1980.12.18, 1990.12.31, 2005.12.29.〉
　　1. 포탈하거나 환급받은 세액 또는 징수하지 아니하거나 납부하지 아니한 세액(이하 '포탈세액 등'이라 한다)이 연간 10억 원 이상인 때에는 무기 또는 5년 이상의 징역에 처한다.
　　2. 포탈세액 등이 연간 5억 원 이상 10억 원 미만인 때에는 3년 이상의 유기징역에 처한다.
　　② 제1항의 경우에는 그 포탈세액 등의 2배 이상 5배 이하에 상당하는 벌금을 병과한다. 〈개정 1990.12.31.〉
1068) 대법원 2008.11.27. 선고 2008도7303 판결.

⑥ 제1항에서 '사기 그 밖의 부정한 행위'란 다음 각 호의 어느 하나에 해당하는 행위로서 조세의 부과와 징수를 불가능하게 하거나 현저히 곤란하게 하는 적극적 행위를 말한다.

  1. 이중장부의 작성 등 장부의 거짓 기장

  2. 거짓 증빙 또는 거짓 문서의 작성 및 수취

  3. 장부와 기록의 파기

  4. 재산의 은닉, 소득·수익·행위·거래의 조작 또는 은폐[1069]

  5. 고의적으로 장부를 작성하지 아니하거나 비치하지 아니하는 행위 또는 계산서, 세금계산서 또는 계산서합계표, 세금계산서의 조작

  6. 「조세특례제한법」 제24조 제1항 제4호에 따른 전사적 기업자원관리설비의 조작 또는 전자세금계산서의 조작

  7. 그 밖의 위계에 의한 행위 또는 부정한 행위[1070]

단순 무신고가 아니라 납세의무자가 조세를 포탈할 목적으로 세법에 따른 과세표준을 신고하지 아니함으로써 해당 세목의 과세표준을 정부가 결정하거나 조사결정할 수 없게 된 경우에는 해당 세목의 과세표준의 신고기한이 경과한 때 범칙행위가 있었던 것으로 보게 된다(조세범처벌법 제3조 제5항).

(1) 부과와 징수를 불가능하게 하거나 현저히 곤란하게 하는 적극적 행위

그간 판례에 의하면 '부정한 행위'란 조세의 부과 또는 징수를 불능 또는 현저히 곤란하게 하는 위계 기타 부정한 적극적인 행위[1071])가 있음을 의미한다고 한다.[1072] 부정한 행위의 개념을 인정하는데 법원은 점차 그 개념의 의미를 확대하여 왔다. 과세표준의 신고가 조세를 납부할 의사 없이 오로지 조세의 징수불능을 의도하여 형식적으로 이루어진 것이어서 실질에 있어서는 과세표준을 신고하지 아니한 것과 다름없는 경우는 조세포탈로 보게 된다.[1073]

2009년 개정 조세범처벌법은 최근의 판례의 태도를 감안하여 '사기 그 밖의 부정한 행위'를 조세의 부과를 불가능하게 하거나 현저히 곤란하게 하는 적극적 행위뿐 아니라 조세의 징수를 불가능하게 하거나 현저히 곤란하게 하는 적극적 행위도 포괄하는 것으로 명시하고 있다(조세범처벌법 제3조 제6항).

1069) 피고인이 갑 주식회사로부터 토지거래허가구역 내 토지를 매수하면서 '토지를 취득할 수 있는 권리'를 을, 병에게 양도하고 대금을 지급받은 다음 을, 병이 토지를 갑 회사로부터 직접 매수한 것처럼 토지거래허가를 받아 소유권이전등기를 마침으로써 양도소득세를 포탈하였다(대법원 2012.2.23. 선고 2007도9143 판결).

1070) 단순히 공급자 명의만을 달리한 명의위장거래에 불과하다고 볼 수는 없을 경우… 속칭 자료상 등으로부터 허위의 세금계산서를 구입하여 이를 기초로 매입세액을 공제받은 행위가 조세포탈죄를 구성한다(대법원 2005.9.30. 선고 2005도4736 판결).

1071) 독일법상으로는 과세요건과 관련한 중요한 사실에 관한 부정확하거나 불완전한 언명(unrichtige oder unvollständige Angabe)을 하는 행위 또는 그러한 사실을 세무관서에 알려야 할 의무가 있을 때 알리지 않는 행위를 의미한다(독일 조세기본법 제370조 제1항 제1호 및 제2호). 그러한 행위의 예로는 가장행위(은닉행위가 있는 경우), 그것의 객관적 내용에 대해 세무관서에 신고하지 않은 조세회피행위, 수익계상누락, 허위경비계상 및 가공세금계산서에 의한 매입세액공제 등이다. 다만, 모든 사실을 진실대로 알렸지만 그의 세법적 의미를 착오로 알지 못하여 한 행위는 이에 해당하지 않는다. 과세요건과 관련한 중요한 사실을 알리지 않는 행위에는 무신고가 포함된다. 이때 무신고는 세금부담의 감소를 그 결과로서 도출하여야 한다. 세금부담의 감소는 결과적으로 조세채무의 확정이 되지 않거나 적게 되는 것뿐 아니라 제때에 조세채무가 확정되지 않게 된 것도 포함한다(독일 조세기본법 제370조 제4항).

1072) 조세포탈을 가능하게 하는 행위로서 사회통념상 부정이라고 인정되는 행위.

1073) 대법원 2007.2.15. 2005도9546.

적극적 의도가 객관적으로 드러난 것으로 볼 수 있는지 여부는, 당해 조세의 확정방식이 신고납세방식인지 부과과세방식인지, 미신고나 허위신고 등에 이른 경위 및 사실과 상위한 정도, 허위신고의 경우 허위 사항의 구체적 내용 및 사실과 다르게 가장한 방식, 허위 내용의 첨부서류를 제출한 경우에는 그 서류가 과세표준 산정과 관련하여 가지는 기능 등 제반 사정을 종합하여 사회통념상 부정이라고 인정될 수 있는지에 따라 판단하게 된다.[1074]

납세신고를 한 자가 조세포탈범이 될 수 있다는 최초의 판결은 금지금사건에서 소위 폭탄업자가 부가가치세 신고를 하였음에도 불구하고 전혀 납부하고자 하는 의사 없이 신고후 종적을 감춘 행위에 대해 사실상 조세의 부과를 불가능하게 한 것과 다를 바 없는 행위를 한 것으로 보는 논리로 '조세의 부과를 불가능하게 한' 조세포탈범이라고 본 대법원 2007.2.15., 2005도9546판결이다. 이 사건에서, 피고인들은 …피고인들은 허위의 수출계약서를 작성하여 외화획득용 원료구매승인서를 발급받아 영세율로 금괴를 구입하고서도 이를 가공 수출하지 않은 채 구입 즉시 구입단가보다 낮은 가격에 국내 업체에 전량 판매하였으며, 피고인들은 최초 영세율로 금괴를 구입하기 시작한 후 단 3개월간만 금괴의 구입 및 판매 영업을 계속한 다음 곧 폐업신고를 하였고, 금괴의 판매대금이 공소 외 1 주식회사 법인 계좌로 입금될 때마다 곧바로 이를 전액 인출하여 법인 명의의 재산을 거의 남겨 두지 않았으며, 결국 공소 외 1 주식회사와 피고인 1은 그동안 징수한 부가가치세 6,858,293,154원을 전액 납부하지 않았다. 피고인들은 처음부터 금괴의 가공수출 등의 영업활동을 통하여 이득을 얻을 목적이 없이 이 사건 금괴 거래 영업을 통하여 사위적인 방법으로 영세율의 적용을 받아 금괴를 구입한 다음 이를 시가보다 다소 낮은 가격에 판매함으로써… 결국 부가가치세액을 전액 납부하지 않았다.

이에 대해 이 사건 대법원판결상 다수의견은 과세표준을 제대로 신고하는 등으로 조세의 확정에는 아무런 지장을 초래하지 아니하지만 조세범처벌법 제9조의 3(현행은 제3조)이 규정하는 조세포탈죄의 기수시기에 그 조세의 징수를 불가능하게 하거나 현저히 곤란하게 하고 그것이 조세의 징수를 면하는 것을 목적으로 하는 사기 기타 부정한 행위로 인하여 생긴 결과인 경우에도 조세포탈죄가 성립할 수 있다고 하면서, …피고인들의 행위는 … 조세포탈죄에 해당하는 것으로 보아야 한다는 판단을 하였다. 이에 반대한 별개의견은 다음과 같은 반대의 의견을 제시하였다.

첫째, 다수의견에 따르게 되면 종래 신고·납세방식의 조세에 있어서 조세포탈범의 구성요건은 '사전 소득 은닉행위+무신고 또는 과소신고행위'로 이루어지고 '무납부 또는 과소납부행위'는 '무신고 또는 과소신고행위'에 당연히 수반된 결과에 지나지 않는 것으로 보았으나, 앞으로는 그 구성요건에 '책임재산 은닉행위+무납부 또는 과소납부행위'를 포함시켜 파악할 것이고, 따라서 납세의무자로부터 조세채무의 정당한 신고가 있었는지는 법률상 별다른 의미를 가지지 못하고 오로지 징수권의 침해가 있었는지에 따라 구성요건 해당성이 판가름 나게 되어 신고·납세방식의 조세의 본질에 반하는 결과가 초래될 것이다.

둘째, 대법원이 그동안 조세포탈범의 중요한 구성요건 요소인 '사기 기타 부정한 행위'가 되는 '사전 소득 은닉행위'를 과세대상이 되는 당해 소득(과세표준) 자체를 은닉하는 행위라고 보아 왔음에 반하여, 다수의견은 '사기 기타 부정한 행위'가 있었는지를 종전의 과세표준은닉

<hr>

1074) 대법원 2014.02.21. 선고 2013도13829 판결

행위라는 관점에서가 아니라 납세의무자의 책임재산 일반을 감소시키는 부정한 행위로 보고 있는데, 이렇게 되면 조세포탈범의 구성요건 요소인 '사기 기타 부정한 행위'의 범위가 지나치게 넓어져 그 행위의 정형성이 무너지게 될 것이고 종국에는 죄형법정주의의 원칙이 흔들리게 될 것이 아닌지 우려된다. (중간 생략)

다섯째, 다수의견에 따른다면 상속세나 증여세와 같은 부과과세방식의 조세에 있어서도, 조세채무의 정상적인 확정 여부와는 상관없이 조세의 징수를 불가능하게 하는 적극적인 부정행위와 징수불능이라는 결과가 발생하면 조세포탈범이 성립할 수 있는 것으로 해석할 여지를 남기게 되는데, 이렇게 된다면 종전에는 납세의무자가 상속재산의 은닉·처분 등으로 적극적인 기망행위를 하였으나 과세관청이 이에 속지 않고 은닉된 상속재산을 모두 파악하여 정당한 상속세액을 부과한 경우에는 조세포탈범이 성립하지 않는 것으로 해석하였던 데에 반하여, 앞으로는 과세관청이 납세의무자의 기망행위에 속지 않고 정당한 상속세액을 부과한 경우라고 하더라도 납세의무자가 부과된 상속세액을 납부하지 아니한 경우에는 조세포탈범이 성립하는 것으로 해석될 여지도 있어 조세포탈범의 구성요건적 행위를 종전보다 확장하게 되는 결과가 될 수 있다.

2009년 조세범처벌법이 개정되어 재산을 은닉함으로써 조세의 징수를 불가능하게 하거나 현저하게 곤란하게 하는 적극적 행위도 조세포탈행위로 처벌할 수 있는 근거규정이 마련되었다. 여기서 '재산의 은닉'이 은닉재산에 관한 조세의 포탈로 이어질 경우에만 조세포탈행위로 볼 것인지에 대해서는 견해의 대립이 있을 수 있다.

(2) 각호의 행위

(가) 과세대상의 은닉 등

판례상 인정된 부정한 행위의 한 예로서 사전에 소득을 은닉하는 행위를 들 수 있다.[1075]

차명계좌의 사용 그 자체[1076]는 각호의 행위가 되지만, 그것에 적극적 소득은닉 의도가 나타나지 않는 한 부정행위라고 보지는 않는다.[1077] 차명계좌로 돈을 받은 것만으로는 증여세를 포탈한 것으로 보지 않는다.[1078] 적극적 은닉의도는 조세포탈과 연관되어 있어야 한다.[1079] 그것

1075) 대법원 2000.4.21, 99도5355.

1076) 차명계좌 신고포상금제도(1건당 1백만원)가 운영되고 있다(국세기본법시행령 제65조의 4).

1077) 대법원 1999.4.9, 98도667. 대법원 2009.5.29. 2008도9436. 일반적으로 다른 사람 명의의 예금계좌를 빌려 예금하였다고 하여 차명계좌를 이용하는 점만으로 구체적 행위의 동기, 경위 등 정황을 떠나 어느 경우에나 적극적 소득은닉 행위가 된다고 단정할 것은 아니지만, 장부에의 허위 기장행위, 수표 등 지급수단의 교환반복행위 기타의 은닉행위가 곁들여져 있는 경우, 차명계좌를 이용하면서 여러 곳의 차명계좌에 분산 입금하거나 순차 다른 차명계좌에의 입금을 반복하는 행위 또는 단 1회의 예입이라도 명의자와의 특수한 관계 때문에 은닉의 효과가 현저해지는 등으로 적극적 은닉의도가 있다고 인정되는 경우에는 조세의 부과징수를 불능 또는 현저히 곤란하게 만든 것으로서 '사기 기타 부정한 행위'에 해당할 수 있다(대법원 2016. 2. 18. 선고 2014도3411 판결).

1078) 대법원 2005.6.10, 2003도5631. 사업자등록 명의를 차용하여 유흥주점을 경영한 것이 사기 기타 부정한 방법으로 조세를 포탈한 경우에 해당한다(대법원 2004.11.12. 선고 2004도5818 판결).

1079) 공소 외 1 해외법인은 법인의 부담세액이 실제발생소득의 15% 이하인 지역에 본점을 둔 외국법인에 해당하고(국조법 제17조 제1항), 피고인은 공소 외 1 해외법인의 발행주식 총수의 20% 이상을 보유하고 있는 자에 해당하며(국조법 제17조 제2항), …피고인이 공소 외 1 해외법인을 설립하여 거래단계를 조작하고 차명 주주가 배당받는 것처럼 가장하여 종합소득세를 포탈한…(서울고등법원 2011.6.24. 선고 2011노338 판결).

이 누진세율의 회피 또는 과세특례의 적용 등을 통해 조세포탈과 관련되는 경우 부정행위로 인정된다.[1080) 이 경우 명의대여자는 공범이 된다.[1081) 상속받은 재산을 차명계좌로 은폐한 데에 상속세 포탈의 적극적 은닉의도가 있다고 보아 부정행위로 판단한 사례가 있다.[1082)

포탈되는 조세가 조세회피방지규정이 적용되어 부과되었을 세금이라 하더라도 그 규정적용 대상 사실을 은닉한 경우에는 조세포탈범이 된다. 예를 들어, 국조법상 특정외국법인세제가 적용되어 부과될 세금을 피하기 위해 특정외국법인을 타인의 명의로 보유한 경우를 들 수 있다. 아울러 명의신탁증여의제에 따른 증여세를 회피하기 위해 명의수탁자로부터 매매의 방식으로 재산을 환원하는 경우도 그에 해당될 수 있다.[1083)

'재산의 은닉'은 과세대상을 은닉하여 조세의 부과가 불가능하게 하는 것에 한정하는 개념으로 보아야 하는가, 아니면 이미 부과된 조세의 징수를 불가능하게 하기 위한 것도 포섭하는 개념으로 볼 수 있는가? 조세범처벌법 제3조 제6항 본문 중 "조세의 … 징수를 불가능하게"의 문구와 관련된 문구로 본다면, 체납처분을 면하기 위해 타인의 이름으로 재산을 빼돌리는 행위도 포섭하는 것으로 보아야 한다. 그러나 특정한 재산의 은닉을 특정한 조세의 징수를 불가능하게 하기 위한 것으로 연계하는 것은 타당하지 않다. 은닉한 재산의 규모가 1억원에 불과한데, 징수하지 못한 세금이 10억원일 경우 10억원의 조세포탈로 볼 것인가? 고의적인 재산의 은닉에 의한 체납의 경우에는 세법상 채권자취소권 등의 방법도 있다. 재산이 없어 체납하는 경우, 재산이 있는데도 체납하는 경우 및 재산이 있으면서 그것을 은닉하여 체납하는 경우가 있을 수 있다. 체납의 정도가 심하면 국고에 손해를 끼친 정도가 심하다고 하여 별도의 형벌을 부과하는 것이 타당하다.

(나) 서류 등 증거의 조작 등

판례는 법인세와 사업소득에 대한 소득세에 있어서 장부조작은 대부분 포탈의 방법인 매출누락 등 수입누락이나 비용의 과대계상과 관련된 것으로 포탈의사로써 적극적인 행위를 한 것으로 인정되는 경우 그것을 부정행위로 보고 있다.[1084) 법인의 대표자가 법인의 자금을 횡령하는 과정에서 법인의 장부를 조작하는 등의 행위를 한 것은 그 횡령금을 빼돌린 사실을 은폐하기 위한 것일 뿐, 그 횡령금에 대하여 향후 과세관청의 소득처분이 이루어질 것까지 예상하여 그로 인해 자신에게 귀속될 상여에 대한 소득세를 포탈하기 위한 것으로 보기 어렵다.[1085)

1080) 대법원 1983.11.8, 83도510, 대법원 1984.1.31, 83도3085.

1081) 최근 조세심판원의 결정례 중에는 명의신탁약정이 명의신탁자와 명의수탁자의 대리인에 의하여 체결되고, 그 이행도 명의신탁자와 명의수탁자의 대리인에 의하여 이루어진 사안에 대해 '허위'의 약정이라는 이유로 장기부과제척기간을 적용한다는 사례를 발견할 수 있다(조심 2010서3580(2011.4.18)).

1082) 대법원 1997.5.9, 95도2653.

1083) 대법원 2011.06.30. 선고 2010도10968 판결

1084) 대법원 1998.6.23, 98도869 외 다수.

1085) 국세기본법 제26조의2 제1항 제1호에서 정한 '납세자가 사기 기타 부정한 행위로써 국세를 포탈한 경우'에 해당하지 않는다(대법원 2010.1.28. 선고 2007두20959 판결). 부과제척기간의 적용요건 중 한 요소인 '사기 기타 부정한 행위'의 의미는 조세범처벌법상의 그것과 동일한 의미로 보아야 할지에 대해서는 여러 논의가 가능하다.

장부의 허위기재 및 그에 맞춘 신고서의 제출, 폐업신고를 하고 사업을 계속 영위하는 등 업태의 위장, 증여받은 것을 매매로 하는 등[1086) 거래형태의 위장[1087)도 이에 해당된다. 회계장부 이외의 과세의 중요한 근거가 되거나 세무조사 시 그 대조로 용이하게 포탈사실이 적발될 계약서, 영수증, 송장, 출고증 등 거래관계 서류를 허위로 작성, 비치, 제출하는 행위도 포함한다.[1088) 세금계산서를 발급하지 아니한 매출액을 고의로 신고 누락하고 부가가치세를 확정신고한 경우 부정행위가 된다. 위장가공거래에 의한 허위세금계산서로 부가가치세 환급 또는 공제를 받는 경우도 마찬가지다.[1089) 이로써 결과적으로 법인세 또는 소득세의 포탈에 이르는 경우 그 자체가 부정행위가 된다.[1090)

(다) 고의적 장부 미작성

2009년 개정된 조세범처벌법은 '고의적으로 장부를 작성하지 아니하거나 비치하지 아니하는 행위'를 부정한 행위의 한 유형으로 규정하고 있다(조세범처벌법 제3조 제6항 제5호). 여기서 '고의'는 장부를 작성하지 않는다는 고의이면 되고 그간 판례상 요건으로 하던 '조세포탈의 의사'의 존재를 필요로 하지 않는다. 그간 판례는 통상 장부의 조작과 달리 단순한 장부의 불비치 혹은 미작성은 부정행위가 아니라는 태도를 취하고 있었다.[1091) 즉 '적극적 행위'의 요건을 필요로 하는 것이다. 장부를 처음부터 작성하지 아니하는 경우 전반적인 사정을 종합하여 조세 포탈의 의사가 뚜렷이 나타난다면 부정행위를 한 것으로 인정한다.[1092) 실제거래상황을 기재한 비밀장부가 나타나게 되면 더욱 분명한 것이 된다.[1093)

1086) 미등기전매를 하고서 원매도인으로부터 최후 매수인에게 직접 중간 생략등기를 하는 경우를 포함한다(대법원 1984.1.31., 83도3085). 대법원 2013.10.11. 선고 2013두10519 판결.

1087) 다수의 분산된 차명계좌로 주식을 취득하고 매도하는 거래를 하고도 그 양도소득을 신고하지 아니한 행위는, 세무공무원이 위 차명계좌의 주식이 모두 대주주인 피고인 ○○○의 소유로서 양도소득 과세대상에 해당함을 발견하는 것을 불능 또는 현저히 곤란하게 하였다고 인정된다. …피고인 ○○○ 등이 상장주식 양도소득세 납세의무가 있으면서도 차명계좌를 사용함으로써 재산을 은닉한다는 인식과 의도가 있었던 이상, 차명계좌를 보유하기 시작한 동기가 소유지분규제를 회피하면서 경영권을 유지하려는 목적에 있었다는 사정만으로는 조세포탈의 고의가 부정되지 아니한다(서울고법 2008.10.10. 선고 2008노1841 판결). 이 사건에서 대법원은 고등법원의 판단을 존중하면서도 "이러한 행위가 '사기 기타 부정한 행위'에 해당하는지는 조세납부의무의 존재를 당연히 전제로 하는 것이다"라는 판단을 덧붙이고 있다(대법원 2009.5.29. 선고 2008도9436 판결).

1088) 이중계약서를 작성하여 양도소득세 등을 신고한 행위는 조세의 부과·징수를 불가능하게 하거나 현저히 곤란하게 하는 위계 기타 부정한 적극적인 행위에 해당한다(같은 취지 조심 2010서2485(2011.2.11)). 종래 허위약정서의 작성과 소득 금액의 과소신고만으로는 범칙으로 보지 않았으며, 허위약정서를 제출하기까지 하여야 하였다(서울행법 2007.10.24. 선고 2006구합11750 판결).

1089) 대법원 2000.2.8, 99도5191, 대법원 1985.5.14, 83도2050.

1090) 대법원 1998.6.23, 98도869.

1091) 대법원 1983.5.10, 83도693.

1092) 피고인이 부동산을 개발하여 전매하는 사업을 영위하면서 상당한 양도차익을 얻었음에도 매입·매출에 관한 장부를 기장·비치하지 아니하였고 그 사업과정에 관한 세금계산서를 전혀 발급하거나 발급받지 아니하였으며 법인세 확정신고도 전혀 하지 아니한 사실을 인정한 다음, 이러한 피고인의 행위는 조세의 부과와 징수를 불가능하게 하거나 현저히 곤란하게 하는 적극적 행위로서 사기 기타 부정한 행위에 해당한다고 판단하였다(대법원 2013.09.12. 선고 2013도865 판결).

1093) 대법원 1986.12.23, 86도156.

(라) 배제되는 경우

단순허위신고는 각호의 행위에 해당하지 않는다. 다른 회계장부의 조작이 없는 세무신고서의 부속서류인 재무상태표, 손익계산서 등의 허위작성은 사전 소득 은닉행위가 아니라 단순허위신고에 불과하다고 한다.[1094]

법인세법상 부당행위계산 부인으로 인한 세무조정금액 등 세무회계와 기업회계의 차이로 생긴 금액은 특별한 사정이 없는 한 사기 기타 부정한 행위로 인하여 생긴 소득금액에 해당하지 않는다.[1095]

나. 조세포탈의 결과

조세포탈범은 조세포탈 즉, 조세수입의 감소를 가져오는 것이 필요한 결과범(Erfolgsdelikt)이다.[1096] 미수를 처벌하지 않는다.

포탈세액의 산정은 형사처벌에서 양형, 특히 벌금형을 정하는 기준이 되기 때문에 구체적으로 특정되어야 한다. 이는 당해 포탈범에 대하여 부과되어야 할 세법상의 납세의무 액수와 그 범위를 같이한다. 개별 세법이 정하는 바에 따라 산정되는 세액이라고 보아야 한다.[1097] 가산세를 제외한 본세액을 기준으로 판단하여야 한다.[1098] 가산세는 원래 벌과금적 성질을 가지는 것이므로, 포탈세액에 포함시킬 수 없다. 소득세포탈행위가 여러 해에 걸쳐 있는 경우 소득세 포탈세액은 해당 과세기간에 귀속하는 과세대상소득에 대해 신고하여야 할 세액에 비교하여 부족한 세액을 말한다. 포탈세액의 산정은 개별 행위자별로 하여야 한다.[1099]

기수시기에 대해서는 다음과 같은 규정을 두고 있다(조세범처벌법 제3조 제5항).

1094) 대법원 1998.6.23, 98도869. 단순무신고에 대해 그것을 가산세로써만 제재할 것인가에 대해서는 조세행정발전상 재고가 필요한 부분이다. 일본은 그간 존재하던 단순무신고죄가 제대로 실효를 거두지 못하자 무신고탈세범 창설을 준비 중이다. 이는 탈세의 고의를 가지고 신고를 하지 않아 탈세의 결과를 발생시킨 죄이다(국세범칙취체법)[2009.12.22, 각의 결정 2010년 세제개정 대강].

1095) 대법원 2006.6.29. 선고 2004도817 판결, 대법원 2013.12.12. 선고 2013두7667 판결.

1096) 법인이 이전부터 보유하고 있던 차명주식 등 부외자산을 당해 사업연도에 이르러 비로소 법인의 회계장부에 계상하면서 마치 이를 그해에 새로 매수하는 것처럼 회계처리하는 방법으로 금원을 인출하여 법인의 비자금 관리계좌에 입금함으로써 동액 상당의 현금자산을 법인의 회계장부 밖으로 유출하였더라도, 그 현금자산 유출은 법인의 당해 사업연도 법인세의 과세표준이 되는 소득에 아무런 영향을 미치지 않았으므로, 당해 사업연도 법인세를 포탈한 것에 해당하지 않는다(대법원 2005.1.14. 선고 2002도5411 판결).

1097) 피고인 갑 주식회사의 법인세 포탈세액은 특별한 사정이 없는 한 구 법인세법 시행령 제104조 제2항 등의 규정에 따라 단순경비율 방식으로 추계하여야 할 것이다(대법원 2011.4.28. 선고 2011도527 판결).

1098) 사업자가 가공의 매출세금계산서와 함께 가공의 매입세금계산서를 기초로 부가가치세세액을 신고한 경우에는 그 가공의 매출세금계산서상 공급가액에 대하여는 부가가치세의 과세대상인 재화나 용역의 공급이 없는 부분으로서 이에 대한 추상적인 납세의무가 성립하였다고 볼 수 없으므로, 비록 공제되는 매입세액이 가공이라고 하더라도 이러한 경우에는 가공의 매출세액을 초과하는 부분에 한하여 그 가공거래와 관련된 부가가치세의 포탈이나 부정 환급·공제가 있었다고 보아야 한다(대법원 2009.12.24. 선고 2007두16974 판결). 대법원 2002.7.26. 선고 2001도5459 판결.

1099) 피고인이 자신의 자녀들에게 차명주식을 증여하였는데도 자녀들의 대리인으로서 그들에게 부과될 증여세의 과세표준이나 세액을 신고하지 아니하는 방법으로 증여세를 포탈하였다고 하여 특가법 위반으로 기소된 사안에서, 피고인의 자녀별 포탈세액 전부를 합산하는 방법으로 '피고인이 조세범 처벌법 제3조에 정한 행위자로서 포탈한 세액'을 산정하여 특가법 제8조 제1항 위반 여부를 판단하고, 나아가 증여세 신고기한 경과로 조세포탈죄가 기수에 이른 후 피고인의 자녀들이 증여세 일부를 납부하였더라도 피고인의 증여세 포탈세액에서 이를 공제할 수 없다(대법원 2011.6.30. 선고 2010도10968 판결).

제1항에서 규정하는 범칙행위의 기수 시기는 다음의 각 호의 구분에 의한다.

1. 납세의무자의 신고에 의하여 정부가 부과·징수하는 조세: 해당 세목의 과세표준을 정부가 결정하거나 조사결정한 후 그 납부기한이 지난 때.[1100] 다만, 납세의무자가 조세를 포탈할 목적으로 세법에 따른 과세표준을 신고하지 아니함으로써 해당 세목의 과세표준을 정부가 결정하거나 조사결정할 수 없는 경우에는 해당 세목의 과세표준의 신고기한이 지난 때로 한다.

2. 제1호에 해당하지 아니하는 조세: 그 신고·납부기한이 지난 때[1101]

조세포탈죄의 죄수는 위반사실의 구성요건 충족 횟수를 기준으로 하여 정한다. 소득세포탈범은 각 과세연도의 소득세마다, 부가가치세의 포탈범은 각 과세기간인 6월의 부가가치세마다 1죄가 성립한다. 조세포탈죄의 죄수는 위반사실의 구성요건 충족 횟수를 기준으로 정하기 때문이다. 소득세포탈행위가 여러 해에 걸쳐 있는 경우에는 과세기간의 다음 해 5월 31일마다 별개의 조세포탈범칙행위가 성립하게 된다. 각 과세기간에 대한 소득세 포탈범죄의 공소시효의 진행은 각 죄에 대해 개별적으로 결정하여야 한다.[1102]

다. 고의

조세포탈범은 고의범이다. 따라서 그 구성요건적 고의(Vorsatz)는 소득의 존재에 대한 인식, 사기 그 밖의 부정행위에 해당하는 사실의 인식 및 포탈결과의 발생에 대한 인식이 필요하다.[1103] 조세포탈범은 고의범이지 목적범[1104]은 아니므로 피고인에게 조세를 회피하거나 포탈할 목적까지 가질 것을 요하는 것이 아니다.[1105] 소득의 존재에 대한 인식이 일부에 한정되어 있을 경우에는 포탈범이 그 인식된 부분에 대해서만 성립하는지(인식부분설) 또는 소득총액에 대하여 성립하는지(총세액설) 논의가 있으나 고의범의 본질에 비추어 볼 때 인식부분설이 타당하다(법원의 입장).

[1100] 상속세의 경우에는 원칙적으로 상속세부과처분에서 정한 납부기한이 경과한 때 기수가 된다. 연부연납허가는 원래의 상속세부과처분에 의하여 정하여진 납부기한 자체를 변경하는 것은 아니고 다만 연부연납기간 내에는 상속세체납의 책임을 묻지 않는 것에 지나지 않는다고 보아야 하므로 상속세부과처분의 납부기한이 경과함으로써 조세포탈행위는 기수에 이르게 된다(대법원 1994.8.9. 선고 93도3041 판결).

[1101] 각 세법에서 정한 법정 신고기한을 의미한다(대법원 2002.7.23, 2000도746). 이에 따라 허위신고 후 신고납부기한 전 정정하면 조세포탈죄가 성립하지 않는다.

[1102] 미국의 예를 보면 조세포탈범의 공소시효는 사기 기타 부정한 행위를 마지막으로 한 날 또는 신고납부기한 중 나중에 오는 날로 되어 있다(Leandra Lederman et al., *Tax Controversies: Practice and Procedure*, Lexis Publishing, 2000 p.596; http://www.justice.gov/tax/readingroom/2001ctm/07ctax.htm 참조).

[1103] 납세자에게 허위의 세금계산서에 의하여 매입세액의 공제 또는 환급을 받는다는 인식 외에, 허위의 세금계산서를 발급한 자가 세금계산서상의 매출세액을 제외하고 부가가치세의 과세표준 및 납부세액을 신고·납부하거나 또는 세금계산서상의 매출세액 전부를 신고·납부한 후 경정청구를 하여 이를 환급받는 등의 방법으로 세금계산서상의 부가가치세 납부의무를 면탈함으로써 납세자가 매입세액의 공제를 받는 것이 결과적으로 국가의 조세수입 감소를 가져오게 될 것이라는 점에 대한 인식이 있어야 한다(대법원 2014.02.27. 선고 2013두19516 판결, 대법원 2001.2.9. 선고 99도2358 판결).

[1104] 김천수, '조세포탈의 목적'의 인정에 관한 고찰 -사기 기타 부정한 행위의 적극적 은닉의도를 중심으로(3)-, 租稅法研究, 第25輯 第3號2019.11, 한국세법학회 참조

[1105] 대법원 2006.6.29. 선고 2004도817 판결, 대법원 1999.4.9. 선고 98도667 판결 등. 예를 들어, 반드시 조세포탈을 일차적 목표로 해 돈세탁을 한 경우가 아니더라도 적어도 돈세탁을 하면 조세가 포탈된다는 사정을 알고만 있었다면 죄가 성립한다는 논리이다.

제2항 특정범죄가중처벌 등에 관한 법률상 처벌

특가법 제8조는 조세포탈범에 관한 조세범처벌법 규정에 대한 특별규정이라고 볼 수 있다. 이에 의하면 포탈세액(모든 세목의 세액을 합산)이 연간 10억 원 이상인 경우에는 무기 또는 5년 이상 징역에 처하고 연간 5억 원 이상 10억 원 미만인 경우에는 3년 이상의 유기징역에 처한다. 납세자별로 세목을 불문하고 연간 포탈세액 합산액이 5억 원 이상일 때 포괄하여 1죄가 성립한다. 연간은 조세포탈의 확정시기를 기준으로 1월 1일~12월 31일을 의미한다.

위 두 가지의 경우 모두에 포탈세액의 2배 내지 5배의 벌금을 반드시 병과하도록 하고 있다.1106) 이는 조세범처벌법이 벌금은 선택적으로 병과할 수 있도록 하는 것과 대비된다.

특가법의 규정이 적용될 때에는 고발전치주의가 적용되지 않는다. 국세청의 고발 없이 검찰이 직접 동법을 적용할 수 있다. 공소시효도 7년 또는 10년으로 되어 있어 7년인 조세범처벌법보다 장기이다.

제2절 기타 조세형벌

조세범처벌법은 면세유의 부정유통(제4조), 유사석유제품의 제조(제5조), 무면허 주류의 제조 및 판매(제6조), 체납처분의 면탈(제7조), 장부의 소각·파기 등(제8조), 성실신고방해(제9조), 세금계산서발급의무위반(제10조1107)), 명의대여행위(제11조), 납세증명표지의 불법사용(제12조), 원

1106) 조세포탈범에 대한 벌금형의 필요적 병과 여부는 원칙적으로 입법정책의 문제로서 이 사건 법률조항의 벌금형의 필요적 병과는 조세포탈행위의 반사회성, 반윤리성에 터 잡아 거액의 조세포탈자에게 경제적인 불이익을 가하고, 아울러 그가 부정하게 취한 이득을 박탈함으로써 국민의 납세윤리를 확립하여 건전한 사회질서의 유지와 국민경제의 발전에 기여하고자 하는 입법목적에서 비롯된 것인바, 법관은 정상에 따라 벌금형을 감액할 수도 있고, 벌금형만을 선고유예할 수도 있으므로 이 사건 법률조항이 벌금형을 반드시 병과하도록 하였다 하더라도 형벌체계상의 균형을 잃은 것이라거나 범행자를 귀책 이상으로 과잉처벌하는 것으로 보기는 어렵다(2009.3.26, 2008헌바52·104(병합) 전원재판부).

1107) "부가가치세법의 규정에 의한 재화 또는 용역을 공급함이 없이 세금계산서를 교부한 자"라 함은 실물거래 없이 가공의 세금계산서를 발행하는 행위를 하는 자(이른바 자료상)를 의미하는 것으로 보아야 할 것이고, 재화나 용역을 공급하기로 하는 계약을 체결하는 등 실물거래가 있음에도 세금계산서 교부시기에 관한 부가가치세법 등 관계 법령의 규정에 위반하여 세금계산서를 교부함으로써 그 세금계산서를 교부받은 자로 하여금 현실적인 재화나 용역의 공급 없이 부가가치세를 환급받게 한 경우까지 처벌하려는 규정이라고는 볼 수 없다(대법원 2004.6.25. 선고 2004도655 판결).
자료상이 아니더라도 컴퓨터 도소매업체를 경영하는 자가, 갑 회사가 을 회사에게 컴퓨터 및 그 부품을 공급함에 있어, 갑 회사로부터 이를 공급받아 다시 을 회사에게 공급하는 것처럼 명의를 대여하고 일정한 이익을 얻으면서 매출세금계산서를 수수한 경우도 이에 해당한다(대법원 2003.1.10. 선고 2002도4520 판결).
반면, 유류 거래에 있어 갑이 을의 요청에 따라 자신의 이름으로 병에게 주문을 하고 병이 정한 가격에 의하여 대금을 지급받았을 뿐 이윤을 덧붙이지 아니하였고, 을은 갑을 거치지 아니하고 병으로부터 직접 유류를 인도받고 그에 따른 세금계산서도 직접 교부받았으며 병도 그런 경우로 유류 거래의 실질적인 구매자가 을임을 알았던 경우, 갑은 자기 명의로 을의 계산하에 병에게 유류 주문 및 대금결제를 해준 것이므로 부가가치세법 제6조 제5항에 따라 을이 직접 병으로부터 유류를 공급받은 것으로 본 사례도 있다(대법원 2001.2.9. 선고 99두7500 판결).
재화나 용역을 아예 공급하거나 공급받음이 없이 세금계산서만을 교부하거나 교부받는 행위뿐만 아니라, 재화나 용역을 공급받은 자가 그 재화나 용역을 실제로 공급한 자가 아닌 다른 사람이 작성한 세금계산서를 교부받은 경우도 포함된다(대법원 2010.1.28. 선고 2007도10502 판결).

천징수불이행(제13조), 거짓근로소득원천징수영수증발급(제14조)에 대해 징역 또는 벌금을 부과하도록 규정하고 있다.

세금계산서를 발급받아야 할 자가 통정하여 세금계산서를 발급받지 아니하거나 거짓으로 기재한 세금계산서를 발급받은 경우에는 1년 이하의 징역 또는 매입액에 부가가치세의 세율을 적용하여 계산한 세액의 2배 이하에 상당하는 벌금에 처한다(조세범처벌법 제10조 제2항).

재화 또는 용역을 공급하지 아니하거나 공급받지 아니하고 세금계산서를 발급하거나 발급받은 행위를 한 자는 3년 이하의 징역 또는 그 세금계산서 및 계산서에 기재된 공급가액에 부가가치세의 세율을 적용하여 계산한 세액의 3배 이하에 상당하는 벌금에 처한다(조세범처벌법 제10조 제3항). 가공세금계산서의 교부·수령뿐 아니라 위장세금계산서의 교부·수령도 그 대상에 포섭하는 법원의 판례가 늘고 있다.[1108]

세금계산서나 계산서를 수수한 때 또는 매출·매입처별세금계산서합계표나 매출·매입처별 계산서합계표를 제출한 때 각 문서마다 1개의 죄가 성립한다.[1109]

부가가치세법 제10조 제2항의 범죄와 동 조 제3항의 범죄는 별개의 범죄로서 경합범에 대해서는 그 벌금을 합산하여 부과한다.[1110]

2009년 법개정에 의해 체납죄[1111]와 결손금과대계상죄가 폐지되고, 체납처분 면탈범에 관한 벌칙이 강화되었다. 성실신고방해죄가 신설되었다. 신고대리인뿐 아니라 일반인의 경우에도 타인

1108) 유류 거래에 있어 갑이 을의 요청에 따라 자신의 이름으로 병에게 주문을 하고 병이 정한 가격에 의하여 대금을 지급받았을 뿐 이윤을 덧붙이지 아니하였고, 을은 갑을 거치지 아니하고 병으로부터 직접 유류를 인도받고 그에 따른 세금계산서도 직접 교부받았으며 병도 그런 경위로 유류 거래의 실질적인 구매자가 을임을 알았던 경우, 갑은 자기 명의로 을의 계산하에 병에게 유류 주문 및 대금결제를 해준 것이므로 부가가치세법 제6조 제5항에 따라 을이 직접 병으로부터 유류를 공급받은 것으로 본 판례가 있다(대법원 2001.2.9. 선고 99두7500 판결).
그리고 법원은 "부가가치세법의 규정에 의한 재화 또는 용역을 공급함이 없이 세금계산서를 교부한 자"라 함은 실물거래 없이 가공의 세금계산서를 발행하는 행위를 하는 자(이른바 자료상)를 의미하는 것으로 보아야 할 것이고, 재화나 용역을 공급하기로 하는 계약을 체결하는 등 실물거래가 있음에도 세금계산서 교부시기에 관한 부가가치세법 등 관계 법령의 규정에 위반하여 세금계산서를 교부함으로써 그 세금계산서를 교부받은 자로 하여금 현실적인 재화나 용역의 공급 없이 부가가치세를 환급받게 한 경우까지 처벌하려는 규정이라고는 볼 수 없다고 하였다(대법원 2004.6.25. 선고 2004도655 판결).
그런데 최근에는 다음과 같이 위장의 경우까지 포섭하는 판례가 늘고 있다.
자료상이 아니더라도 컴퓨터 도소매업체를 경영하는 자가, 갑 회사가 을 회사에게 컴퓨터 및 그 부품을 공급함에 있어, 갑 회사로부터 이를 공급받아 다시 을 회사에게 공급하는 것처럼 명의를 대여하고 일정한 이익을 얻으면서 매출세금계산서를 수수한 경우도 이에 해당한다(대법원 2003.1.10. 선고 2002도4520 판결).
재화나 용역을 아예 공급하거나 공급받음이 없이 세금계산서만을 교부하거나 교부받는 행위뿐만 아니라, 재화나 용역을 공급받은 자가 그 재화나 용역을 실제로 공급한 자가 아닌 다른 사람이 작성한 세금계산서를 교부받은 경우도 포함된다(대법원 2010.1.28. 선고 2007도10502 판결).

1109) 대법원 2009도3355, 2011.9.29.

1110) 공급받는 자(甲)가 2010.1기에 A로부터 실물 재화(10억 원)를 공급받고 B로부터 (세금)계산서(10억 원)를 수취한 경우 세금계산서 미수취 및 가공수취를 각각 적용하여 벌과금 상당액을 계산하게 된다(국세청 조사기획과-2486, 2011.12.23). 조세범처벌법에 근거하여 세금계산서를 발행하지 않거나 가공발행한 경우에는 각각 별개의 범죄행위가 성립하는 점에 비추어 보면 세금계산서교부의무 위반 금액 계산 시 무자료금액과 가공거래금액을 합산하여야 하는 것이다(대법원 2009두2139, 2009.4.23).

1111) 납세의무자가 정당한 사유 없이 1회계연도에 3회 이상 체납하는 경우에는 1년 이하의 징역 또는 체납액에 상당하는 벌금에 처하도록 규정한 구 조세범처벌법(1974.12.24. 법률 제2714호로 개정되고, 2010.1.1. 법률 제9919호로 개정되기 전의 것) 제10조(이하 '이 사건 법률조항'이라 한다)가 죄형법정주의의 명확성원칙이나 과잉금지원칙에 위배되지는 않는다(조세범처벌법 제10조 위헌제청 2010.9.30. 2009헌가17).

의 세금신고를 거짓으로 하거나 그것을 선동 교사한 경우를 처벌하기 위한 것이다. 세무사·공인회계사 및 변호사에 대해서는 가중처벌 조항이 적용된다.

제3절 조세질서범

조세범처벌법은 금품수수 공여(제16조) 및 명령위반(제17조)에 대해 과태료를 부과하도록 규정하고 있다. 이는 구조세범처벌법상 벌금 또는 과료에 처하던 것을 과태료 부과로 전환한 것이다. 2019년부터는 현금영수증 발급의무 위반에 대해 조세범처벌법에 의한 과태료를 부과하는 대신 가산세를 부과하게 되었다.

제4절 조세범처벌절차

세무조사과정에서 조세포탈범의 문제가 대두되면[1112] 국세청 내의 조세범칙조사심의위원회[1113]에서 심의하고 조세범칙조사로 전환하게 된다(조세범처벌법 제3조 제1항, 조세범처벌절차법 제7조 제2항).

조세범칙조사란 지방검찰청 검사장으로부터 지명을 받은 세무공무원이 조세범처벌법 제3조부터 제14조까지의 죄에 해당하는 위반행위 등을 확정하기 위하여 조세범칙행위의 혐의가 있는 사건에 대하여 조세범처벌절차법에 근거하여 행하는 조사활동을 말한다.

통상 세무조사착수 후 조세범칙조사심의위원회의 심의를 거쳐 범칙조사로 전환한다. 검찰조사 의뢰를 통하여 범칙조사에 착수하는 경우도 있다. 현행범 등의 경우에는 심의를 생략할 수 있다.

조세범칙조사는 사전통지 없이 착수 가능하였지만 2018년 국세기본법 개정으로 그 예외가 폐지되었다(국세기본법 제81조의 7). 범칙조사에는 영장을 제시하고 압수·수색할 수 있다. 현행범의 경우에는 예외이다(조세범처벌절차법 제8조 및 제9조). 형사소송법 제244조의 3에 의해 불리한 진술을 강요당하지 않을 수 있다.

범칙조사과정은 녹화 및 녹음이 되며, 세무대리인의 입회가 허용된다. 범칙조사에서 적법하지 않은 방법으로 획득한 과세정보를 활용할 수 있는가? 미국의 제4수정헌법은 불법적 수색과 압수를 금지하고 있다. 형사소송절차에서는 제4수정헌법을 위배한 증거는 채택되지 않도록 되어 있다. 그러나 제3자로부터 위법한 방법으로 수집한 증거는 채택된다. 제4수정헌법에 의한 불법적인 수색의 금지가 문제되는 행정조치에는 과세조치가 포함된다. 이 경우에도 납세자가 아닌 자로부터 수집한 흠결 있는 자료를 증거에서 배제되지는 않는다.[1114] 임의제출의 형식으

1112) 조세범칙조사 대상자는 탈루세액의 규모, 탈루수법 등을 감안하여 선정한다. 조세포탈 혐의금액 등이 일정 금액 이상인 경우에는 반드시 선정한다(조세범처벌절차법 제7조).

1113) 조세범칙조사심의위원회의 외부위원에 대해 형법 등 법률에 따른 벌칙 적용시 공무원으로 의제한다.

1114) United States v. Payner, 447 U.S. 727(1980).

로 확보한 과세정보가 불법적 압수 수색을 금지하는 소송상의 정신에 위배되지 않는가가 문제될 수 있다.

조세포탈범에 대한 범칙처분 결정 등에 관해서는 조세범칙조사심의위원회의 심의를 거쳐야 한다(조세범처벌절차법 제14조). 도주 증거인멸 우려가 있는 경우에는 심의를 생략할 수 있다.

조세범칙사건의 조사 결과에 따른 국세청장 등의 후속조치로는 통고처분, 고발, 무혐의 통지만이 규정되어 있다. 고발 또는 통고처분하는 경우에는 과세전적부심사청구가 허용되지 않는다.

지방국세청장 또는 세무서장이 어떤 납세자가 사기 그 밖의 부정한 방법으로 국세를 포탈한 것으로 인정할 경우 그 자를 항상 검찰에 고발하는 것은 아니다(조세범처벌절차법 제9조). 통고처분에 의한 벌과금의 부과에 그칠 수 있다. 이 경우 국세청장 훈령인 벌과금상당액양형규정에 의해 포탈범에 대해서는 포탈세액의 1배의 벌과금을 부과할 수 있다.

지방국세청장 또는 세무서장은 범칙사건을 조사하여 범칙의 확증을 얻게 되었을 때에는 그 이유를 명시하여 벌금 등을 납부할 것을 통고하여야 한다(조세범처벌절차법 제15조). 통고처분은 조세범칙자에게 벌금 또는 과료에 해당하는 금액 등을 납부할 것을 통고하는 처분일 뿐 벌금 또는 과료의 면제를 통고하는 처분이 아니며, 통고서는 범칙자별로 작성된다.

국세청장은 벌과금상당액 양형규정(국세청 훈령)을 두고 조세범처벌법에 규정하는 범칙행위자에 대한 통고처분을 하는 경우에 그 벌금상당액을 양정하고 있다. 예를 들면, 포탈범 및 부정환급·공제범은 포탈세액 및 환급·공제받은 세액의 0.5배의 금액을 벌금상당액으로 한다. 다만, 범칙행위일전 3년 이내에 같은 조의 범칙행위로서 1회 처벌받은 사실이 있는 경우에는 1배, 2회 이상 처벌받은 사실이 있는 경우에는 2배의 금액을 벌금상당액으로 한다.

통고처분을 이행할 경우 그것에 대해 확정판결에 준하는 효력이 부여되어 있다. 확정력이 부여되어 납세자는 그것의 위법성을 다투지 못하고 과세관청은 직권 취소할 수 없는 것으로 본다.[1115] 조세범처벌절차법상 통고처분은 국세심판의 대상에서 제외된다. 범칙자가 통고대로 이행하였을 때에는 동일한 사건에 대하여 소추받지 아니한다(조세범처벌절차법 제17조).

조세범처벌법에 따른 범칙행위에 대해서는 국세청장, 지방국세청장 또는 세무서장의 고발이 없으면 검사는 공소를 제기할 수 없다(조세범처벌법 제21조). 이를 '고발전치주의'라고 한다.[1116] 조세범은 친고죄이다. 다만, 특정범죄가중처벌등에관한법률의 적용을 받는 조세포탈행위에 대해서는 고소·고발 없이도 공소를 제기할 수 있다.

조세범에 대한 공소시효는 원칙적으로 7년으로 하되, 특정범죄가중처벌등에관한법률 적용을 받는 조세포탈죄 중 양벌규정에 따라 법인에도 벌금을 부과하는 경우에는 공소시효를 10년으로 하고 있다(조세범처벌법 제22조).

1115) 동일한 취지의 일본 판결 최고재 1972.4.20. 제1소법정 판결 참조.

1116) 조세포탈범칙행위를 국세청장 등의 고발을 요하지 않는 특정범죄가중처벌 등에 관한 법률 위반(조세)죄로 기소하였는데, 법원이 포탈 세액을 감축하여 인정하면서 국세청장 등의 고발이 없음에도 조세범처벌법 제9조 제1항 제3호 위반죄로 인정한 것은 위법하다(대법원 2008.3.27. 선고 2008도680 판결).

지방국세청장 또는 세무서장은 범칙자가 통고를 받은 날부터 15일 이내에 통고대로 이행하지 아니한 경우에는 고발하여야 한다. 또는 거소가 분명하지 아니하거나 서류의 수령을 거부하여 통고처분을 할 수 없는 경우 또는 통고대로 이행할 자력이 없다고 인정되는 경우에도 고발하여야 한다.

　지방국세청장 또는 세무서장은 통고처분에 관한 결정과 무관하게 범칙조사 과정에서 도주 또는 증거인멸의 우려가 있는 경우 또는 정상에 따라 징역형에 처해질 것으로 판단되는 경우에는 즉시 고발하여야 한다(조세범처벌절차법 제17조). 즉시고발권을 세무공무원에게 부여한 것은 세무공무원으로 하여금 때에 따라 적절한 처분을 하도록 할 목적으로 특별사유의 유무에 대한 인정권까지 세무공무원에게 일임한 취지이다. 조세범칙사건에 대하여 관계 세무공무원의 즉시고발이 있으면 그로써 소추의 요건은 충족되는 것이고, 법원은 본안에 대하여 심판하면 되는 것이지 즉시고발 사유에 대하여 심사할 수 없다.[1117] 조세범처벌절차법에 즉시고발을 할 때 고발사유를 고발서에 명기하도록 하는 규정이 없기도 하다. 한편, 고발은 범죄사실에 대한 소추를 요구하는 의사표시로서 그 효력은 고발장에 기재된 범죄사실과 동일성이 인정되는 사실 모두에 미치므로, 고발의 효력은 범칙사건에 관련된 범칙사실의 전부에 미치고 한 개의 범칙사실의 일부에 대한 고발은 전부에 대하여 효력이 생긴다. 수 개의 범칙사실 중 일부만을 범칙사건으로 하는 고발이 있는 경우 고발장에 기재된 범칙사실과 동일성이 인정되지 않는 다른 범칙사실에 대해서까지 고발의 효력이 미칠 수는 없다.[1118]

[1117] 대법원 1996.5.31. 선고 94도952판결
[1118] 대법원 2014.10.15. 선고 2013도5650 판결[조세범처벌법위반]

제2편 소득세법

제1장 소득세

소득세법은 여러 개별세법을 대표하는 세법이라고 할 수 있다. 소득세법은 소득세의 4대요소를 규정하는 실체적 조항들과 소득세채무확정절차에 관한 조항들로 구성되어 있다. 실체적인 내용은 소득세의 납세의무자, 과세대상 및 과세표준에 관한 것이 중심이 된다. 과세대상은 열거된 것만 과세하는 체계를 유지하면서도 열거된 소득을 다단계적으로 그룹핑하고 있다.

세계 주요국가들은 부가가치세와 더불어 개인소득세 또는 법인세를 주요 세목으로 하고 있다. 주요국가의 주된 재원조달수단이 되어 있는 개인소득세는 개개의 국민들에게 직접적인 납세의무와 경제적 부담을 지우는 것이기 때문에 최대한 다수의 지지를 받는 과세체계를 갖추어야 한다.

개인소득세의 납세의무자와 관련하여 거주자만 과세할 것인가 아니면 국적인도 과세할 것인가, 우리나라와 어느 정도의 생활의 연계를 가질 경우 거주자로 인정할 것인가 및 거주자의 과세대상을 전세계소득으로 할 것인가 아니면 국내원천소득으로 한정할 것인가 등의 쟁점들이 있다.

개인소득세의 과세대상의 설정에 대해서도 많은 논의가 필요하다. 평등의 원칙에 충실하자면, 소득세 과세대상은 완전포괄적인 것이 되어야 할 것이다. "응능부담원칙"의 개념상 능력은 "경제적 실질"에 의한 능력이며, 여기서 "경제적 실질"은 특정 경제력을 지배, 관리 및 처분할 수 있는 "경제적 지위"를 의미하기 때문이다. 그간 조세행정적인 집행가능성과 법적 안정성을 이유로 개인소득과세상으로는 열거된 소득만 과세하는 체계가 유지되어 왔다. 특정 경제적 이득이 그 이득을 취하는 개인의 경제적 지위를 향상하는 것이라면 일본 소득세법상의 규정방식을 원용해서라도 모두 과세할 수 있는 길을 열어 놓아야 할 것이다.

개인소득세의 과세표준은 경제적 실질에 따라 파악하도로 할 필요가 있다. 결손금을 다른 소득금액과 상계하고 그것도 모자랄 경우에는 이월공제하는 것이 필요할 것이다. 개인의 진정한 담세능력은 행정적 편의를 위해 구분한 소득이나 과세기간의 경계와는 무관하게 실질적인 경제력에 의해 좌우되기 때문이다.

개인소득세의 세율은 어느 정도로 설정되어야 하는가? 최고세율은 50% 이상 설정할 수 있는가, 세율은 과세대상에 따라 차등 설정하는 것이 타당한가 등의 쟁점이 있다. 재분배를 위해 소득의 과반을 국가가 조세로 가져갈 경우 헌법상 보장되는 자유 또는 재산권보장의 가치와 충돌하는 것은 아닌지에 대해서는 독일 헌법재판소에서 독일 실정 기본 조문의 해석과 연관되어 논의된 사례가 있다. 전쟁과 같은 특별한 사정이 없는 한 내국세, 지방세 그리고 각종 사회부담금의 합계가 50%를 넘어서는 정도에 이른다면 우리 헌법상으로도 위헌 여부가 문제될 수 있다. 2차대전 중 미국에서 소득세 최고세율이 94%까지 올라간 때도 있었다. 한편, 현행 소득세법은 과세대상에 따라 여러 개의 차등세율을 규정하고 있다. 주요 국가들에서도 과세대상별로 일정한 요건 하에 차등적인 세율을 적용하는 것은 합리적 차별로 인정받고 있다. 우리 소득세법상 연간 2천만원 미만의 이자소득과 배당소득은 14%의 세율로 원천징수되며, 각종 공제

혜택이 주어지지 않는다. 다른 소득과의 관계에서 이자소득과 배당소득을 경과세하고 있다는 주장과 이자소득과 배당소득을 중과세하고 있다는 주장이 모두 가능한 구조로 되어 있다. 유럽 대부분의 국가에서는 금융소득은 자본손익과 합산하여 소득금액을 계산하도록 하여 낮은 단일세율(또는 복수세율)로 과세하되, 노동소득에 대해서는 누진세율을 적용하고 있다. 눈앞의 담세능력으로 보아서는 평등의 정신에 부합하지 않는 것 같지만 생애전체적으로 보아서는 오히려 더 평등하다는 관점이 내재되어 있다.

제1절 소득세의 개념

소득과세제도는 인(人)의 소득에 대한 조세제도이다. 소득, 납세의무자, 과세기간 및 세액계산 4요소로 구성되어 있다.[1]

우리나라에서 개인의 소득에 대한 조세를 소득세라고 하고, 법인의 소득에 대한 조세를 법인세라고 한다. 소득세는 국가가 채권자가 되며 조세수입이 국고로 귀속되는 국세이다. 소득세 수입을 일반적인 국가재정에 사용하므로 소득세는 목적세가 아닌 보통세이다. 소득세는 납세의무자가 법상 조세부담을 다른 이에게 전가하지 않고 직접 부담하게 되어 있기 때문에 직접세이다.

제2절 소득세제의 역사

제1항 우리나라

1934년 조선총독부 내 세제조사위원회의 세제개혁안을 바탕으로 일반소득세가 도입되었다. 이때 1종은 법인소득, 2종은 원천과세대상인 이자·배당 등, 3종은 종합과세대상인 2종에 속하지 않는 소득으로 구분되었다. 해방 후 미군정에서는 종래의 소득세제가 그대로 실시되었다. 1948년에 부동산 등의 양도차익에 대한 과세제도가 도입되었다. 1949년 소득세법이 제정되면서 법인세가 소득세로부터 분리되었다. 소득세법상 양도소득은 1949년 과세대상에서 제외되었다. 1954년 개정 소득세법은 양도소득을 다시 과세대상소득으로 열거하였다(구 소득세법 제12조 제1항 제7호, 법률 제319호, 1954.3.31). 양도소득과세조항이 별 실익을 거두지 못하자 1960년 다시 과세대상에서 삭제되었다. 1975년 소득세법 개정으로 이자소득·배당소득 및 부동산소득의 자산소득이 세대단위 합산과세로 전환되었다. 그리고 1974년 말 1968년 신설되었던 부동산투기억제세가 소득세에 흡수되어 양도소득세가 신설되었다.[2]

---

1) Lee Burns and Richard Krever, *Individual Income Tax, Tax Law Design and Drafting*, International Monetary Fund, 1998, pp.6~7; 이태로, 「과세소득의 개념에 관한 연구」, 서울대학교 법과대학 박사학위논문, 1976, 서론; 일반적으로 조세의 4요소는 납세의무자, 과세물건, 과세표준 및 세율이라 할 수 있다.

제2항 주요 외국

1. 유럽국가

유럽에서 도입된 초기 단계의 소득세는 정부의 전쟁재정조달 목적에 의한 것이었다. 영국에서 William Pitt 총리에 의하여 창안되어 1799년부터 전체 소득에 대해 부과된 세금은 나폴레옹의 프랑스와의 전쟁에서 필요한 재원을 조달하기 위한 목적으로 도입된 전쟁세였다.

독일 지역에서의 소득세도 전쟁으로 인한 재정적 어려움을 해소하기 위하여 도입된 것이 그 시원이다. 프로이센의 Karl Freiherr vom Stein 총리는 1806년 전체 소득에 대한 누진세율을 적용하는 세금을 자진 신고하도록 하는 제도의 도입을 주창하면서 이를 평등에 부합하고 재정에도 도움이 되는 것이라고 설득하였다. 이에 따라 1808년에 프로이센, 리타우엔 및 퀘니히스버그에 소득세가 도입되었다. 이는 1789년의 프랑스의 '인간과 시민의 권리선언'에 영향을 받은 것이었다.

1820년에 프로이센에 분류소득과세제도가 도입되었다. 근대적인 형태의 소득세는 1878년의 작센 소득세법과 1891년의 프로이센 소득세법에 의해 모습을 나타내기 시작하였다. 1891년의 프로이센 소득세법은 소득원천설(Quellentheorie)에 입각한 것이었다. 이전 영국의 소득세는 분류과세방식에 의한 것이었지만 이 때 프로이센의 소득세는 종합과세방식에 의한 것이었다.

제1차 세계대전 패전 후 바이마르공화국에서는 1920년 Georg Schanz의 순자산증가설(Reinvermögenszugangstheorie)에 따른 소득개념에 입각한 소득세가 도입되었다. 이것은 1925년 오늘날과 같이 소득원천설과 순자산증가설이 병합된 형태로 진화하였다.[3]

2. 미국[4]

미국 연방의 과세권은 주의 권한 양허에 의해 확대되어 왔다.[5] 연방정부의 권한은 헌법이 명시적으로 부여하거나 제한한다. 일부 전쟁선포권 등 권한은 헌법에 규정되지 않아도 연방정부에 귀속하는 것으로 본다. 제10수정헌법은 헌법에 의해 연방정부에 위임되지 않은 권한은 모두 주정부에 남게 된다고 규정하고 있다. 헌법에 의해 연방에 위임되지 않거나 헌법에 의해 주로부터 박탈되지 않은 권한 각각은 주에 유보되거나 국민(people)에 유보된다는 것이다. 헌법은 연방의회가 내국세, 관세, 부과금 및 개별세를 부과징수하는 법을 제정할 권한을 부여하는 규정을 두고 있다.[6] 미국 헌법 제1조 제2항 제3호는 연방정부가 재정조달을 위해 직접세를 부과

---

2) 김완석, 『소득세법론』, 광교이택스, 2007, pp.26~30 참조.

3) Klaus Tipke/Joachim Lang, *Steuerrecht*, Verlag Dr. Otto Schmidt Köln, 2005, pp.217~218.

4) 오윤, 「미국헌법상 조세법원칙의 우리 조세법에 대한 시사점에 관한 연구」, 『공법학연구』 제9권 제3호, 한국비교공법학회, 2008.8. 참조.

5) 연방정부는 주정부 및 지방정부가 고유행정목적에 사용하기 위해 조달한 자금에 대해 지급한 이자를 수령한 자에 대해 비과세한다. 다만, 주정부, 지방정부가 발행한 공채라 하더라도 사적행정활동공채(private activity bond)에 대해 지급한 이자는 일반적으로 과세한다. 이 경우에도, 학교, 병원, 자선단체, 공항, 부두의 건설 및 재개발을 위한 채권, 소정 주택저당 채권에 대한 이자는 비과세한다. 한편, 연방정부의 채무에 대한 이자는 과세한다.

징수할 때 주별로 세원을 할당한다는 개념을 설정하고, 할당은 각 주에 거주하는 주민의 수에 따른다는 규정을 두고 있다.[7]

　미국은 독립 이래 19세기까지는 주로 개별소비세와 관세에 재정을 의존하여 왔다. 당시의 산업 및 행정여건으로는 간접세 방식의 과세가 가장 합리적이었기 때문이다. 직접세라 할 수 있는 소득세는 1862년[8] 남북전쟁 당시 링컨 행정부에 의해 최초로 부과되었다. 당시 소득세는 인별로 600달러를 초과하고 1만 달러에 미달하는 금액에 대해서는 3%, 1만 달러 초과분에 대해서는 5%의 세율로 세금을 부과하는 것이었다. 남북전쟁 수행을 위한 재정조달이 목적이었으므로 전후인 1872년에 폐지되었다. 1894년 관세율 인하에 따른 세수감소를 보충하기 위하여 소득세를 다시 도입하였다.

　1898년 연방의회는 미국·스페인전쟁 재원조달을 위해 상속세와 증여세를 혼합한 조세를 도입하였다. 이는 상속재산의 규모에 따라 누진적인 세율이 적용되는 것이었는데 전쟁 종료로 1902년 폐지되었다.[9] 1909년에는 Tariff Act에 의해 법인개별세(corporate excise tax)가 도입되었다.

　1913년 제16수정헌법은 직접세라 하더라도 '소득'에 대한 것이면 연방정부가 주간 할당이나 인구비례에 대한 고려 없이 조세를 부과할 수 있도록 하였다. 연방의회는 1913년 주간 할당 없이 개인과 법인의 순소득에 대해 조세를 부과하는 법안을 제정하였다.[10] 연방의회는 1916년 상속세를 도입하고, 1924년 증여세를 도입하였다. 그런데 증여세는 1926년 폐지되었다가 1932년 재도입되었다.

　미국 조세제도 역사에 있어 헌법상 주로 문제 된 것은 주간 할당조항이었다. 그런데 제16수정헌법이 제정되어 '소득'에 대한 과세에 대해서는 주간 할당조항이 적용받지 않게 되었다. 이때 '소득'의 범주에 상속 및 증여가 들어가는지 문제 될 수 있었다. 1916년의 상속세 및 1924년의 증여세는 이전하는 자에게 과세하는 방식을 취하였다. 이는 직접세의 범주에 속하지 않는 것이었다.

3. 일본

　일본 최초의 소득세법인 1887년 메이지 소득세법은 프로이센 소득세법을 모범으로 하여 작성된 것이다. 당시 대장성은 영국형 소득세제도와 프로이센형 소득세제도를 비교하다가 후자를 선택하였다. 원래 대장성 관리들은 프랑스 재정학자인 Leroy-Beaulieu,Paul(1843-1916)의 「조세론」을 토대로 영국형의 분류과세방식을 선호하였다. 납세의무의 이행상 전제통치에 익숙해진

---

6) 이로써 주정부가 조세입법을 할 수 없게 되는 것은 아니다. 헌법은 조세입법과 관련 주의 권한에 대해 다음과 같은 제한을 두고 있다. 주는 연방의회의 동의 없이는 수출입에 대해 조세를 부과할 수 없다. 다만, 통관조사를 위해 꼭 필요한 경우에는 예외로 한다. 수출입에 대한 조세를 부과하여 징수한 세액은 연방의 재무부에 귀속한다. 위에 관한 모든 규범은 연방의회가 통제하고 수정할 수 있다(헌법 제1조 제10항 제2호). 어떤 주도 연방의회의 동의 없이는 톤에 따른 관세를 부과할 수 없다(헌법 제1조 제10항 제3호).

7) 미국헌법 제1조 제2항 제3호
　대표자와 직접세는 연방에 포함되는 주들 간에 각 주 자유인의 수에 따라 할당된다.
　이후 법원은 '직접세'는 사람이나 재산 자체에 대해 부과되는 것을 의미하는 한편, '간접세'는 사건이나 행위에 대해 부과되는 것으로 해석하여 왔다.

8) 당시 상속세도 부과되었다가 1870년 종전으로 폐지되었다.

9) John K. McNulty and Garyson M. P. McCouch, *Federal Estate and Gift Taxation*, Thomson West, 2003, p.3.

10) Brushaber v. Union Pacific Railroad, 240 U.S. 1(1916).

나라에서는 종합과세가 가능하지만 그렇지 않은 나라에서는 원천징수에 주로 의존하는 영국식의 분류과세제도가 현실적이라는 것이다. 실은 영국식도 소득의 분류가 곤란하여 대장성 관리들은 소득세 도입을 망설이고 비교적 징수가 용이한 가옥세 도입을 희망하고 있었다.

이토오히로부미의 지시로 1891년 프로이센 소득세법 제정 이전 프로이센 소득세(Klassen-und Klassifizierte Einkommensteuer)를 본떠 Carl Rudolph가 마련한 수입세법안이 결정적 역할을 하였다. 일본의 1886년 예산안은 갑안으로 가옥세를 을안으로 소득세와 영업세를 놓고 논의되었지만 철회되었다. 결국 1887년 도입된 소득세는 소득구간은 5개로 구분하며, 소득최고구간에 해당하는 3만엔 이상의 경우에 3%의 세율로 과세하는 것이었다.

열거한 소득에 해당하는 소득을 종합과세하는 것이었으며, 소득금액은 군구장(현재의 세무서장에 상당)이 조사위원회의 결의에 따라 결정하는 부과과세제도이며, 그 기초가 되는 금액은 본인이 그 해의 소득예산금액을 4월 30일까지 신고하는 것이었다. 여기서 '예산'이라는 것은 '과거로부터 미래를 추산하는 것'이며, 전 3년치의 실적을 기초로 1년치의 것을 추산하는 방식에 의하는 것이었다.[11]

당시 소득세법 제1조는 '모든 인민의 자산 또는 영업 기타에 의하여 발생하는 소득금액은 1개년 3백엔 이상 되는 자인 경우 세법에 의한 소득세를 납부한다.'고 규정하고 자연인의 모든 소득에 대해 종합과세한다는 것이었다. 소득의 원천지, 과세관할권의 범위에 대해 특별한 규정은 없었다.

1920년 개정 소득세법은 무제한 납세의무자에 대해 소득발생지의 내외를 불문하고 종합과세되는 것이었다.

제2장 과세체계

제1절 소득

제1항 일반적 의미

소득은 미시적으로 보면 누군가에게 귀속하는 경제적 이익이다. 국민경제 안에서 소득은 생산과 판매와 같은 경제활동으로 창출된 부가가치를 생산요소의 제공자에게 분배하는 과정에서 각 개별경제 주체에게 귀속되는 것이다.[12]

세법이 규정하는 과세소득의 개념은 시대에 따라, 나라에 따라 그 개념이 기능하는 여건의 변화와 더불어 변형하는 살아 있는 무상의 개념이다.[13] 그런 무상성에 불구하고 소득은 인에

---

11) 牛米努,明治20年所得税法導入の歴史的考察, 税大論叢 56号, 2007; 金子宏,「租税法における所得概念の構ケ成 (二)」法学協会雑誌85巻9号36頁.

12) 오윤, 「소득 포괄주의 과세도입에 관한 연구」, 『세무와 회계저널』 제9권 제2호, 한국세무학회, 2008.6. 참조.

13) 이태로, 전게논문, p.119.

귀속한 이상 그가 지배, 관리 또는 처분할 수 있는 것이며 그에 따라 그중 일부를 정부에 세금을 낼 수 있는 담세력을 나타내게 된다. 세법이 이러한 담세력에 착안하여 개인에 귀속하는 경제적 이익이라면 모두 소득으로 보아 과세한다면,[14] 그것이 어떤 계기에 의해 귀속하게 되었는지를 불문하게 된다. 물건을 팔거나 근로를 제공하는 것 이외에도 길 가다가 보물 상자(treasure trove)를 발견하였다거나 누군가에게 잘 보여 증여를 받았을 수도 있다. 아주 예외적인 경우를 빼놓고는 통상 경제적 이익을 얻기 위해서는 상응하는 비용을 지출하거나 수고를 하여야만 한다. 다만, 그 다과에 차이가 있을 뿐이다.

세법이 소득을 단순하게 경제적 이익으로 규정한다면 개인에게 귀속하는 모든 경제적 이익은 '소득'으로 하여 과세할 수 있을 것이다. 각 소득의 특성에 따라 비용이나 공제를 인정하는 데 있어서 또는 납세의무를 확정하는 데 있어서 방법론상 차이가 있을 뿐이다. 예를 들어, 누가 증여를 받아 재산이 증가한 경우 그에게는 공제할 비용이 없거나 거의 없이 소득이 발생한 경우라고 볼 수 있는 것이다.

제2항 소득세법상 개념

1. 포괄주의와 열거주의

소득세 과세대상을 항목별로 열거한 것에 한정하지 않고 추상적인 소득 개념에 부합하는 것이면 모두 과세하는 규정방식을 '포괄주의 과세방식'이라고 한다.

개인의 소득에 대해서는 나라마다 소득을 포괄적으로 보아 과세하기도 하고 열거된 소득만 과세하기도 한다. 반면, 많은 국가의 세법상 내국법인의 과세소득의 개념을 해당 법인에 귀속하는 모든 경제적 이익으로 설정하고 있다.[15] 즉 소득개념을 포괄적으로 설정하고 있다. 어떤 나라가 개인과 법인 간의 과세대상 소득범주의 설정에 차이를 두는 데 본질적인 이유가 있는 것은 아니다. 개인에 대해서도 포괄적인 소득개념을 도입할 수 있는 것이다. 우리나라와 같이 개인에 대해서는 열거적인 소득개념을 적용하는데 법인에 대해서는 포괄적 소득개념을 적용하는 것은 법인은 개인과 달리 소득금액을 복식부기에 의하여 계산할 수 있는 제도가 비교적 잘 마련되어 있기 때문이다. 개인에 대해서도 제도적 여건이 성숙한 곳에서는 포괄적 소득개념에 입각하여 과세할 수 있을 것이다. 개인에게 실제 법인처럼 발생주의회계에 의해 소득금액을 계산하도록 하는 것은 어려운 일이다. 미국에서 개인의 소득과세상 포괄주의가 도입되었다는 것

---

14) 미국에서 1894년 관세율 인하에 따른 세수감소를 보충하기 위하여 도입된 소득세제에서는 상속이나 증여에 의하여 취득한 경제적 이익을 소득의 하나로 보고 있었다. 동 세제는 다른 이유로 위헌으로 판정되어 폐지되었다. 이후 세제에서는 상속이나 증여에 의한 경제적 이익을 명시적으로 소득으로 포함하는 입법은 없다. 현행 세법은 상속이나 증여에 의한 경제적 이익을 소득의 개념에서 배제하지는 않고 과세소득 계산상 배제하는 규정을 두고 있다(IRC Section 102). 이는 주공채나 지방공채로부터의 이자에 대해 과세하지 않는 것과 동일한 방식으로 규정되어 있다(IRC Section 103). 채무면제이익은 소득으로 보며 일정한 경우를 제외하고는 과세된다(IRC Section 108). IRC는 Internal Revenue Code(내국세입법)의 약자이다.

15) Price Water House, *Corporate Taxes 2004-2005*(Worldwide Summaries), Wiley 참조.

은 법규상 수익금액 중 과세대상에서 배제하는 것은 없다는 정도의 의미를 지니고 있다. 실제 법규대로 집행되는지는 미지수이다. 한편 우리 법인세법상 법인 중 영리법인에 대해서는 포괄적 소득개념이 적용되지만 비영리법인에 대해서는 열거된 소득만 과세하고 있다. 비영리법인에 대해서는 개인의 사업소득에 해당하는 항목, 개인의 이자소득 또는 배당소득에 해당하는 항목, 주식 등의 양도차익 및 비고유목적사업용 유형자산의 처분차익만 과세한다(법인세법 제3조 제2항). 개인의 과세대상소득보다도 그 과세소득의 범주가 좁게 형성되어 있다. 이는 비영리법인의 존재목적을 감안하여 정책적으로 과세소득의 범주를 축소한 것이다. 소득의 개념을 포괄적으로 설정할지는 정책적인 고려에 의해 판단할 입법재량에 속하는 사항이다.

OECD 회원국들은 대체로 포괄적 소득개념에 입각한 과세제도를 정립하고 있다. 이들 국가에서도 실정법상 '소득'의 개념을 정의하고 있지 않다. 포괄주의를 받아들인 미국과 일본의 경우도 모두 법원의 해석에 의해 불완전하나마 소득의 경계 구분이 이루어지고 있다. 학자들 사이에서는 Haig-Simons의 포괄적 소득개념이 일반적으로 받아들여지고 있다. Haig, Robert M.(1921)과 Simons, Henry(1938)에 의하면 세법상 소득은 포괄적으로 정의할 수 있다고 하며, 그것은 과세기간에 해당 납세자의 순자산 증감액과 소비지출액의 합계액으로 산정할 수 있다고 한다. 포괄적 소득의 개념을 실정법상 정의하고 실제 그것대로 과세하는 것은 용이하지 않다.

포괄주의 과세방식과 달리 소득세를 과세대상으로 열거한 항목에 대해서만 과세하는 방식을 '열거주의 과세방식'이라고 한다. 현행 소득세법은 열거주의 과세방식에 입각해 있다.

소득세법은 어디에서도 '소득'의 개념을 정의하지는 않고 있다. 그리고 각 종류의 소득을 규정하면서도 해당 소득의 개념을 정의하는 대신 그 소득에 포함될 경제적 이익을 열거하고 있을 뿐이다.[16] 이자소득을 예로 들면 '국가 또는… 발행한 채권 또는 증권의 이자와 할인액'을 첫 번째 이자소득항목으로 열거하고 있다. 여기서 '이자'는 소득세법 제16조 제1항 본문에서의 '이자소득'과는 다른 개념이며 국채의 발행에 관한 실정법상 '이자'를 의미한다. '이자소득'은 소득세법 제14조의 규정에 의한 종합소득금액에 합산될 '이자소득금액'을 산정하기 위한 수단적 개념에 불과하며 독자적인 의미가 없다. 소득세법은 '소득' → '종합소득' → '이자소득'의 규정 단계상 어느 하나에 있어서도 세법 독자적인 '소득'의 개념을 정의하지 않고 있는 것이다.

2. 과세대상의 확대

열거주의 방식에 의한 규정은 사후약방문격이 되기 쉽다. 입법당국으로서는 포괄적 개념을 도입하고자 할 수 있다. 포괄적 개념은 개별적인 사정을 고려하면서 실질적 평등을 제고할 수 있지만 법적 불안정성이 뒤따름을 부인할 수 없다. 이를 절충하는 방법으로 부분적인 범위에서 개념을 포괄적으로 설정하는 것을 생각해볼 수 있다.

현행 소득세법상 이자소득, 배당소득, 근로소득 및 사업소득에 관한 규정은 그 대상을 규정

---

16) 퇴직소득은 퇴직으로 인하여 발생하는 소득 그리고 양도소득은 자산의 양도로 인하여 발생하는 소득으로 개념을 정의하고 있지만, 그곳에서 '소득'의 개념이 정의되어 있지 않으며 각각의 소득에 대한 규정에서 포함될 경제적 이익을 열거하고 있기 때문에 그와 같은 개념 정의에 의미를 부여하기 곤란하다(소득세법 제22조, 제94조).

하면서 '자금사용의 대가', '수익분배의 성격', '근로의 제공으로 인하여 받은 급여', 및 '영리를 목적으로 자기의 계산과 책임 하에 계속적·반복적으로 행하는 활동을 통하여 얻는 소득'의 개념들을 통해 포괄화를 도모하고 있다. 이들 규정들은 '완전 포괄화'에는 이르지 못하고, 앞에 열거된 소득들과 '유사한 것'의 요건을 부가하고 있어, '유형화'를 지향하고 있다. 이를 유형별 포괄주의라고 부를 수 있을 것이다.

한편 상증세법은 그 주요 개념들을 유형화를 수반하지 않으면서 바로 포괄적인 내용으로 정의하는 완전포괄주의적 규정방식을 취하고 있다. 과세대상 '상속재산'을 정의하면서, "피상속인에게 귀속되는 모든 재산"으로 하고 있다. 과세대상 '증여재산'을 정의하면서, "증여로 인하여 수증자에게 귀속되는 모든 재산 또는 이익"으로 하고 있다. 더 나아가 '증여'의 개념까지, "그 행위 또는 거래의 명칭·형식·목적 등과 관계없이 직접 또는 간접적인 방법으로 타인에게 무상으로 유형·무형의 재산 또는 이익을 이전[현저히 저렴한 대가를 받고 이전하는 경우를 포함한다]하거나 타인의 재산가치를 증가시키는 것"으로 정의하고 있다.

3. 과세노출률

소득세법이 이와 같이 세상에 존재하는 경제적 이익 중 과세대상으로 삼을 만한 것을 일정한 원칙에 따라 분류하고 각 그룹에 대해 이름을 붙이는 방식으로 과세소득의 범주를 설정하고 있다면 과연 그것은 실제 경제적 이익 중 얼마만큼을 포섭하고 있을까? 이를 위해 '과세노출률'의 개념을 설정할 수 있다.

과세노출률은 국민소득통계로 잡히는 소득에서 세법에 의하여 과세소득으로 분류되고 실제 신고된 지급액(근로수입금액)의 비중을 의미한다. 국민소득으로 집계된 것 중 법상 과세소득으로 분류되고 실제 신고된 소득금액을 말한다.

<국민소득 추이(조 원)>

	1997(A)	2004(B)	(B－A)/A	97~04
피용자보수	226.6	342.1	51%	2,146.4
영업잉여(민간부문)	131.6	228.4	74%	1,383.9
기타	64.9	102.1	57%	659.2
순가처분소득	423.1	672.6	59%	4,189.5

위의 표는 한국은행이 집계한 2000년을 전후한 국민소득 추이를 나타낸다. 여기에서 영업잉여의 과세노출률은 1997년의 64%에서 2004년에는 72%로 향상되었다. 같은 8년의 기간 동안 평균 74%로 피용자보수의 75%와 거의 같다. 이 수치만을 보면 근로소득자나 사업자나 자신에게 귀속하는 소득을 결과적으로 거의 같은 수준으로 과세에 노출시키게 된다고 이해할 수도 있을 것이다. 그러나 경제의 실상을 이해하기 위해서는 지하경제의 존재를 고려해야 할 것이다. 한국은행의 국민소득 집계에 잡히지 않는 지하경제가 대체로 국민소득의 10% 내지 30% 수준[17]

으로 추산된다. 이를 감안한다면 실제 영업잉여의 과세노출률은 **50%** 전후[18]로 낮아질 것이다.[19]

제2절 조세채무의 성립

제1항 과세소득

1. '거주자' 개념

가. 우리나라

소득세법은 '국내에 주소를 두거나 183일 이상 거소를 둔 개인'을 거주자라고 하면서 거주자에 대해서는 소득세법에 규정하는 모든 소득에 대해 과세한다고 규정하고 있다(소득세법 제1조 제1항 및 제3조). 소득세법시행령은 소득세법 제1조의 규정에 의한 '주소'는 "국내에서 생계를 같이하는 가족 및 국내에 소재하는 자산의 유무 등 생활관계의 객관적 사실에 따라 판정한다"고 규정하고 있다(소득세법시행령 제2조 제1항). '거소'는 주소지 외의 장소 중 상당 기간에 걸쳐 거주하는 장소로서 주소와 같이 밀접한 일반적 생활관계가 형성되지 아니하는 장소이다(소득세법시행령 제2조 제2항). 주소나 거소는 '생활관계의 객관적 사실'에 따라 구분하여야 하는데 관계의 '밀접성'에 따라 주소가 되든가 거소가 된다. 따라서 어느 정도 밀접하여야 하는가 그리고 어떤 경우가 객관적 생활관계가 되는가 하는 것이 주소 및 거소에 관한 소득세법상 규정의 해석과 적용에 핵심적인 요소가 될 것이다.

국내에 주소를 둔 경우에는 주소를 둔 기간 전체에 걸쳐 거주자가 되며, 거소를 둔 경우에는 거소를 둔 지 183일이 되는 날 거주자가 된다(소득세법기본통칙 1-7).

나. 외국의 사례

(1) 역사적 조감

독일에서는 1891년 프로이센 소득세법상 프로이센 등 독일제국의 구성국들은 과세관할을 설정하면서 구성국간 이중과세 및 독일제국외 국가와의 이중과세를 해소하기 위한 방안을 강구

---

17) 현금수요함수접근법에 의한 추산이다(배민근, "우리나라 지하경제 줄고 있다", LG주간경제, 2005.12.28). 전태영과 변용환(2005)의 연구에 따르면 약 28.5%로 추산된다. 최근 유일호 교수의 "탈세와 세무행정(2006, 조세연구원)"에 의하면 1996년에 약 12%로 추산된 바 있다. 2009년 국회예산정책처의 보고에 의하면 우리나라의 지하경제 규모는 국내총생산의 28%에 이른다고 한다(예산정책처(대한민국국회), 지하경제 개념·현황 및 축소방안, 2009.9).

18) 이러한 수치는 역시 조세연구원의 김현숙 연구위원이 발표한 바와 근사한 것이다. 김 연구위원은 자영업자가 국세청에 신고하는 소득은 추정소득의 54.2%에 불과한 것으로 보고하고 있다. 또한 최근 국세청이 자영업자에 대한 표본조사의 결과 소득탈루율이 57% 수준으로 나타난 것으로 발표한 것과도 비교할 수 있다.

19) 오윤·박훈·최원석, 「금융·자본소득세제의 중장기 개편방안」, 『세무와 회계저널』, 2006.9, 한국세무학회 참조.

하였다. 독일 제국 구성국간 과세권 배분에 '주소(Wohnsitz)'의 개념이 사용되었다. 이는 현행 독일연방의 세법 그리고 각 주(Land)의 세법에 그대로 이어지고 있다. 거주자의 국외원천소득에 대해 모두 과세하도록 하면서도 제국의 다른 구성국원천소득 중 일부에 대해서는 면제하는 방법이 사용되었다.

1899년 개정 일본 소득세법은 무제한납세의무자와 제한납세의무자를 구분하였다. 무제한 납세의무자에 대해서는 '전세계소득과세원칙'의 입장을 명확히 하고, 국제적 이중과세의 배제방법으로서 유럽형의 '국외소득면제방식'을 채용하였다. 소득세법 제1조는 '제국내의 법률시행지에 주소를 갖고 있거나 1개년 이상 거소를 갖는 자에 대해서는 법률에 의해 소득세를 납부할 의무가 있는' 무제한납세의무가 있음을 규정하고, 제2조에서는 '전조에 해당되는 자 외에 법률시행지에 자산·영업 또는 직업을 갖고 있을 때 그 소득에 대한 소득세를 납부할 의무가 있다'고 하여 제한납세의무를 규정하고 있었다. 동시에 제5조에서는 개인에 대해 국제적 이중과세를 피하기 위해 자산영업 또는 직업으로부터 발생하는 국외소득을 비과세하고 있다. 이에 따라 '주소' 또는 '거소'가 납세의무자와 납세의무의 범위의 기준이 되었는데, 그 주소등의 의미에 대해서는 당시 논의상 '주소가 무엇인가에 대해서는 본법 중 그 의의에 대해 별단의 규정이 없는 이상 보통법의 관념에 의한다고 할 수 밖에 없으며, … 자연인에 대한 민법 제21조에 의한다면 각인 생활의 본거인 장소이므로 주소라는 것은 본법에서도 주소를 생활의 본거지로 보는 것이 타당하다'고 하였다.[20] 프로이센 소득세법상 '주소'의 개념은 그 핵심적인 내용으로 볼 때 '항구적 주거'에 해당한다는 점을 파악하지 못한 것이었다.

미국에서는 1913년 세법부터 '거주자' 및 '시민'의 개념을 사용하여 무제한 납세의무를 규정하여 왔다. 외국납부세액은 비용공제(손금산입)를 인정하였다. 1918년 의회입법 중 내국세입에 관한 Chapter 18의 제210조는 미국의 거주자와 시민에 대해 동등한 납세의무를 부과하고 있다. 당시 거주자의 개념에 대한 세법상 정의규정은 존재하지 않았다. 국외원천소득에 대한 외국납부세액에 대한 세액공제방법을 도입하였다.

(2) 현행 제도

대부분의 국가가 OECD 모델조세조약에서처럼 항구적 주거, 이해관계의 중심지 및 통상적 거소 등과 같이 추상적 기준을 적용하고 있다.[21] OECD 모델조세조약 주석서는 각각의 개념에 대해 설명하고 있다. 이해관계의 중심지는 우리나라 소득세법상 주소의 개념에 가까운 것이며, 통상적 거소는 거소에 가까운 것이다.[22] 통상적 거소를 정의함에 있어 구체적 일수를 규정하기도 한다.

독일에서는 우리나라의 주소의 개념과 유사한 Wohnsitz의 개념이 활용된다. 이는 항구적 주거 (permanent home)를 의미한다. Wohnsitz을 다수 가지고 있는 자는 가족이 거주하는 주거가 과세상 Wohnsitz가 된다.[23] 아울러 우리나라의 거소와 유사한 Gewöhnlicher Aufenhalt의 개념이 사용

---

20) 掘口和哉(広島国税不服審判所長), 明治三二年の所得税法改正の立法的沿革, p.38

21) Angel Schindel, *Source and Residence*(Cahiers), IFA, 2005, pp.58~60.

22) 이것이 1년을 중심지표로 하고 생활관계를 보조지표로 설정하고 있음을 의미하지는 않는다.

되고 있다. 6개월 이상 체류하면 Gewöhnlicher Aufenhalt가 있는 것으로 보며, 동시에 두 곳 이상에서 과세상 Gewöhnlicher Aufenhalt를 두고 있는 것으로 보는 경우는 없다.[24] Gewöhnlicher Aufenhalt를 6개월 이상 둔 것이 확인되면 처음 Gewöhnlicher Aufenhalt를 둔 시점부터 거주자가 된다.

1954년 일본소득세법에 그 때까지 사용되던 '무제한납세의무' 및 '제한납세의무' 개념 대신에 '거주자' 및 '비거주자'의 개념이 도입되었다. '거주자'란 국내에 주소를 갖거나 현재까지 계속하여 1년 이상 거소를 갖는 개인을 말한다. 소득세법상 주소에 관한 규정은 민법상 주소에 관한 규정과 다른 목적에서 도입되었다. 민법과 세법은 모두 객관주의에 의한다. 민법은 복수주의에 근거하지만 세법은 '단수주의'에 근거한다. 이러한 원칙을 기본통달에서 밝히고 있다.[25] 프로이센 소득세법상 '주소'의 개념을 원용하면서 프로이센 민법상 '주소'의 개념을 원용하는 것으로 이해하였던 것으로 보인다.[26]

오스트리아, 캐나다, 프랑스, 영국 및 미국 등은 거소 등의 개념을 활용하지 않고 단순하게 1년의 반을 체류할 경우 거주자로 간주한다. 예를 들어, 영국은 일 역년 중 183일 이상 영국에 체류하면 거주자로 본다. 지난 4년간 평균 90일 이상 체류하여도 거주자로 본다. 2년 이상 영국 체류를 목적으로 입국하는 자는 입국일부터 거주자로 본다.

미국은 '실질적인 체류기준(substantial presence test)'이라고 불리는 183일 기준을 적용한다. 이 기준에 따르면 당해 연도 31일 이상 체류하고, (당년도 체류일수)+(직전년 체류일수의 3분의 1)+(직전전년 체류일수의 6분의 1)의 값이 183일을 초과하면 거주자가 된다. 미국에 실질적으로 체류한 경우라 하더라도 다른 나라에 조세주거(tax home)를 가지고 있으며 그 나라와 보다 밀접한 관련성을 가진 것을 입증한 경우에는 거주자 신분을 벗어날 수 있다. 영주권을 가진 체류자는 모두 거주자로 본다(green card holders).

2. 거주자의 과세소득

소득세법상 개인은 각자의 소득에 대한 소득세를 납부할 의무를 진다. 거주자에 대해서는 소득세법이 규정하는 모든 소득에 대해 과세한다(소득세법 제3조). 거주자의 소득은 종합소득, 퇴직소득 및 양도소득으로 구분한다(소득세법 제4조). 종합소득은 당해 연도에 발생하는 이자소득, …, 기타소득을 합산한 것이다(동 조 제1호). 퇴직소득은 퇴직으로 인하여 발생하는 소득과 국민연금법 또는 공무원연금법 등에 의하여 지급받는 일시금이다(동 조 제2호). 양도소득은 자산의 양도로 인하여 발생하는 소득이다(동 조 제3호). 예로서, 종합소득에 대한 과세표준은 제16조 내지 제47조의 2의 규정에 따라 계산한 이자소득금액, …, 기타소득금액의 합계액에서 종합소득공제를 한 금액이다(소득세법 제14조 제1항). 여기에는 소득세법 제12조의 규정 또는 조

---

23) 독일 조세기본법 제8조, 제19조 제1항 제2문.

24) 독일 조세기본법 제9조, 제19조 제1항, 독일조세기본법집행명령 제9조 제3항.

25) 일본 법원은 '생활의 본거'라는 것은 그 자의 생활에 최고로 관계가 깊은 일반적인 생활, 전생활의 중심을 지칭하는 것이라고 한다(최고재판소 61년 판결).

26) 일본 민법상 주소는 객관주의에 의하지만 독일 민법상 주소는 의사주의에 의하기는 한다.

세특례제한법(「조특법」)에 의한 비과세소득의 소득금액이 합산되지 않는다(동 조 제3항).

소득세법은 그 제2장에서 거주자의 종합소득 및 퇴직소득에 대한 납세의무에 관해 규정하고 있다. 그리고 제3장에서는 거주자의 양도소득에 대한 납세의무에 관해 규정하고 있다. 각 장은 각 납세의무의 성립, 확정 및 이행에 관해 규정하고 있다. 소득세법은 종합소득과 퇴직소득은 서로 소득금액과 세액을 구분하여 계산한다고 규정하고 있다(소득세법 제14조 및 제15조). 각각에 대해 확정신고에 관한 규정을 두고 있다(소득세법 제70조 및 제71조). 따라서 비록 퇴직소득은 종합소득과 동일한 장에서 규정되고 있지만 양도소득과 비교하여 다를 바 없이 구분되는 소득이다. 제3장이 규정하는 양도소득도 납세자의 확정신고에 의하여 납세의무가 확정되는 점에서는 종합소득 및 퇴직소득과 동일하다. 소득을 이와 같이 구분하여 과세하는 것을 분류과세방식이라고 한다.

3. 비거주자의 과세소득

소득세법상 비거주자는 자기의 소득 중 우리나라에서 발생한 소득, 즉 국내원천소득에 대해 소득세를 납부하여야 한다(소득세법 제1조 제1항 제2호). 비거주자의 과세대상 국내원천소득은 소득세법 제119조에 열거된 것으로 한정된다(소득세법 제3조). 제119조가 규정하는 소득은 대체로 거주자의 과세대상 국내원천소득과 그 내용이 동일하다.[27] 소득세법 제4장은 비거주자의 국내원천소득에 대한 납세의무에 관해 규정하고 있다.

한 국가의 입장에서 볼 때 비거주자나 외국법인과 같은 자는 그에 귀속하는 모든 소득에 대해 과세할 만한 고리(nexus)를 가지고 있지 못하다. 타국에 관련된 소득에 대해 과세하기는 명분도 실효적 수단도 없다. 이에 따라 국가들은 자국에 거주하지 않는 자에 대해서는 자국에서 발생한 소득에 대해서만 과세하고 있다. 소득의 발생은 외부적으로 지급이라는 징표를 통해 나타나게 되는데 가장 쉽고 용이한 기준으로 '지급' 내지 '송금'을 꼽고 그 경우 지급 또는 송금하는 자에게 원천징수의무를 부과함으로써 조세채권을 확보하는 방식에 주로 의존한다.

제2항 과세소득(납세의무)의 귀속

공동사업에 관한 소득금액을 계산하는 경우에는 해당 공동사업자별로 납세의무를 진다. 다만, 주된 공동사업자에게 합산과세되는 경우 그 합산과세되는 소득금액에 대해서는 주된 공동사업자의 특수관계인은 손익분배비율에 해당하는 그의 소득금액을 한도로 주된 공동사업자와 연대하여 납세의무를 진다(소득세법 제2조의 2).

공동으로 소유한 자산에 대한 양도소득금액을 계산하는 경우에는 해당 자산을 공동으로 소유하는 각 거주자가 납세의무를 지며 연대납세의무를 지지 않는다.

피상속인의 소득금액에 대해서 과세하는 경우에는 그 상속인이 납세의무를 진다.

---

27) 소득세법상 비거주자에 대해서만 과세하는 소득이 있다.

부당행위계산부인규정에 따라 증여자가 자산을 직접 양도한 것으로 보는 경우 그 양도소득에 대해서는 증여자가 양도소득에 대한 납세의무를 부담하며, 증여받은 자는 그와 연대하여 납세의무를 진다.

소득세법에 따라 원천징수되는 소득으로서 소득세 종합소득과세표준에 합산되지 아니하는 소득이 있는 자는 그 원천징수되는 소득세에 대해서 납세의무를 진다.

신탁재산에 귀속되는 소득은 그 신탁의 수익자(수익자가 특별히 정해지지 아니하거나 존재하지 아니하는 경우에는 신탁의 위탁자 또는 그 상속인)에게 귀속되는 것으로 본다.

제3항 소득금액

1. 과세기간

소득세는 매년 1월 1일부터 12월 31일까지의 1년분의 소득금액에 대해 과세한다(소득세법 제5조 제1항). 소득세법상 과세기간은 1역년이 된다(국세기본법 제2조 제13호).

2. 소득금액의 계산

소득세법상 소득은 총수입금액을 바로 소득금액으로 하는 소득과 총수입금액에서 그에 대응하는 필요경비를 공제한 금액을 소득금액으로 하는 소득으로 구분된다.[28] 각 소득의 소득금액은 다음과 같이 계산한다. 예로서 종합소득 중 소득세법상 가장 앞에 규정된 이자소득과 마지막에 규정된 기타소득의 소득금액 계산에 대해 살펴보면 아래와 같다. 이자소득은 당해 연도에 발생한… 채권 또는 증권의 이자와 할인액… 및 …과 유사한 소득으로서 금전의 사용에 따른 대가의 성격이 있는 것으로 한다(소득세법 제16조 제1항). 이자소득금액은 당해 연도의 총수입금액으로 한다(동 조 제2항). 기타소득은 이자소득… 연금소득, 퇴직소득 및 양도소득 외의 소득으로 상금 …에 준하는 금품… 알선수재 …에 의하여 받는 금품으로 한다(소득세법 제21조 제1항). 기타소득금액은 당해 연도의 총수입금액에서 이에 소요된 필요경비를 공제한 금액으로 한다(동 조 제2항).

각 소득에 대한 총수입금액의 계산은 당해 연도에 수입하였거나 수입할 금액의 합계액에 의한다(소득세법 제24조). 사업소득금액 또는 기타소득금액의 계산에 있어 필요경비에 산입할 금액은 당해 연도의 총수입금액에 대응하는 비용으로서(necessary) 일반적으로 용인되는 통상적인(ordinary) 것의 합계액으로 한다(소득세법 제27조).

---

28) 특정한 종류의 소득으로부터의 소득금액은 그 소득을 가득하기 위한 비용을 공제하여 계산하여야 한다는 점에서 객관적 순소득원칙(objekiv Nettoprinzip)에 따르며, 전체 소득금액은 어떤 납세자의 주관적인 생활관계상 필요한 비용을 공제하여 계산하여야 한다는 점에서 주관적 순소득원칙(subjektiv Nettoprinzip)에 따른다고 한다. 거주자에 대해서는 주관적 순소득원칙이 적용되지만 비거주자에 대해서는 객관적 순소득원칙만 적용된다(Oliver Fahrenbacher, *Steuerrecht*, Nomos, 2005, pp.39~45). 주관적 순소득원칙을 관철하기 위해서는 납세자의 신고가 필요할 것이다.

제3절 조세채무의 확정

제1항 거주자

거주자의 소득과세상 조세채무는 신고, 지급 또는 부과결정에 의하여 확정된다.

1. 신고

종합소득, 퇴직소득 및 양도소득 각각은 납세자의 신고에 의하여 조세채무, 즉 납세의무가 확정된다. 과세표준과 세액을 신고하는 납세자는 위 세 가지 유형의 소득별로 관련되는 소득을 합산하여 신고한다. 해당 과세기간의 다음 해 5월 31일까지 해당 소득금액을 합산하여 신고한다(소득세법 제70조, 제71조 및 제110조).

2. 지급

종합소득 중 일부 소득과 퇴직소득에 대해서는 신고를 하지 않아도 확정되는 다음과 같은 예외가 인정된다(소득세법 제73조). 근로소득만 있을 경우 연말정산(소득세법 제137조)으로 납세의무가 확정되고 소멸될 수 있다. 퇴직소득은 원천징수(소득세법 제146조)로 납세의무가 확정되고 소멸될 수 있다. 연말정산도 원천징수과정의 하나이다. 근로소득과 퇴직소득은 원래는 신고하여야 할 소득이지만 징세상의 편의를 위해 원천징수만 하면 될 수 있도록 하는 것이다.

이러한 조건을 충족하는 이자소득 및 배당소득과 같은 분리과세 대상소득도 신고를 하지 않아도 된다.

소득세법상 원천징수는 원천징수의무자가 소득이 되는 금원을 지급할 때 그 지급을 받는 자로부터 하도록 되어 있다. 원천징수의무자가 원천징수를 하여 납부하면 납세의무를 진 자의 납세의무가 소멸하는 경우가 있다. 원천징수로써 납세의무가 소멸하는 경우를 '완납적 원천징수'라고 하고 한다. 이와 대조적으로 원천징수의무자가 원천징수하여 납부하였지만 대상소득에 대한 납세의무가 소멸하지 않는 경우도 있다. 이 경우 그 소득에 대해 납세의무자는 확정신고를 하여야 한다. 확정신고를 하면서 원천징수당한 세액을 세액공제받게 된다. 이러한 방식의 원천징수를 '예납적 원천징수'라고 한다. 두 가지 모두 원천징수를 수인할 간접적 의무의 대상이 되는 과세표준과 세액 등 구체적 납세의무는 소득을 지급할 때 자동확정된다. 신고납세방식의 경우 납세의무가 '신고'와 같은 납세자의 조세법상 행위에 의해 확정되는 것과는 대조적으로 '지급'과 같은 사법상의 행위에 의해 자동적으로 확정되는 것이다. 원천징수의무자가 원천징수를 제대로 하지 않을 경우 가산세를 부과받는다.

3. 부과결정

신고한 과세표준과 세액에 대해 관할세무서장이 조사하여 과소신고액을 찾아 결정하는 부과결정도 납세의무를 확정하는 효력이 있다(소득세법 제80조).

원천징수납부한 세액에 대해 관할세무서장이 조사하여 부족액을 발견한 경우 그것을 고지하는 것은 납세의무를 확정하는 효력이 있는 부과처분은 아니며, 징수처분에 해당한다. 부과처분처럼 행정소송의 대상이 될 수 있다.

제2항 비거주자

1. 납세의무

소득세법은 비거주자에 대한 과세방법을 '종합과세', '분류과세' 및 '분리과세' 3 유형으로 구분하고 있다(소득세법 제121조). 종합과세에 해당하는 소득에 대해서 비거주자는 자신의 소득에 대한 조세채무를 신고납부하는 방법으로 확정하고 이행하여야 한다. 분리과세에 해당하는 소득에 대해서는 원천징수의무자가 원천징수하는 것을 수인하게 된다. 이때 조세채무는 지급받는 시점에 확정되고 원천징수되어 납부되는 것으로 이행된다.

국내사업장이 있거나 부동산소득이 있는 비거주자에 대해서는 거주자와 동일한 방법으로 신고납부하도록 하고 있다. 퇴직소득과 양도소득은 거주자의 경우와 같이 종합소득과 별도로 과세된다(소득세법 제121조 제2항 및 제5항). 국내사업장 또는 부동산소득이 있는 비거주자의 종합소득이라 하더라도 그것과 실질적으로 관련되어 있지 않거나 그것에 귀속하지 않은 소득인 경우에는 분리과세된다(소득세법 제121조 제4항 및 제156조 제1항). 국내사업장 또는 부동산소득이 없는 비거주자의 종합소득은 분리과세된다. 퇴직소득과 양도소득은 거주자의 경우와 같이 종합소득과 별도로 과세된다(소득세법 제121조 제1항). 비거주자에 대한 분리과세의 경우 과세표준과 세액은 그 지급받는 당해 국내원천소득별 수입금액에 의하여 계산한다(소득세법 제126조 제1항).

연대납세의무에 관한 규정은 비거주자에 대해서도 거주자에 대해서와 같이 적용된다(국세기본법 제25조). 국세기본법상 제2차 납세의무 및 물적 납세의무에 관한 규정은 비거주자에 대해서도 동일하게 적용된다.

2. 원천징수의무 등

비거주자가 일정한 소득을 지급하는 때에는 자신이 직접 원천징수의무자가 된다(소득세법 제127조 제1항).[29)]

---

29) 국내사업장이 없는 외국법인을 소득세 원천징수의무자에서 배제하는 명문의 규정이 없는 점에 비추어 보면 현행 소득세법상 우리나라에 지점이나 영업소를 두지 아니한 외국법인도 소득세 원천징수납부의무자에 포함된다고 보아야 한다(서울고법

질문조사에 대한 협력, 장부의 비치·기장, 계산서의 작성·교부 및 지급조서의 제출 등과 같은 납세협력의무에 관한 규정은 비거주자에 대해서도 동일하게 적용된다. 다만, 세법은 비거주자에 대해서는 국외로부터 자료 수집에 더 많은 시일이 소요되는 점을 감안하여 제출기한에 다소 여유를 두는 규정을 여러 곳에 두고 있다.

제3장 납세의무자

제1절 과세단위

'과세단위(taxable unit)'라 함은 과세대상의 귀속 주체가 될 수 있는 단위를 말한다.[30] 소득세 과세목적으로는 소득세과세대상인 소득의 귀속 주체가 될 수 있는 단위를 말한다. 과세단위는 이론상 개별적인 인뿐 아니라 부부나 가족으로 확대할 수도 있다. 과세단위가 문제 되는 것은 누진세율체계를 갖는 조세에서이다. 비례세율이 적용될 때에는 과세단위가 변한다고 하여 실질적인 세부담에 차이가 발생하는 것은 아니기 때문이다. 따라서 과세단위는 소득세, 법인세 및 종합부동산세와 같은 직접세에서 문제가 된다. 법인세법은 '경제적 동일체이론(single enterprise theory)'에 따라 연결납세신고를 허용하는 경우도 있지만 그것은 납세자의 선택에 의하도록 하고 있기 때문에 과세단위는 개인과세상 주로 문제 된다. 비례세율이 적용되는 부가가치세의 경우에도 법인세상 연결납세제도와 같이 부가가치세그룹제도[31]가 도입되어 있는 국가가 있다. 그룹 내 기업 간 거래를 조세법상 과세대상거래로 보지 않기 위함이 주된 목적이므로 과세단위에 관한 주제 하에 논의하기에는 부적절하다.

제2절 개인단위 과세의 원칙

1975년 소득세법에 자산소득 세대합산과세제도가 도입되었다. 1995년에는 자산소득 부부합산과세제도로 변화하였다. 2002년 동 제도가 폐지되면서 개인단위과세원칙이 확고해지게 되었다. 다만, 현재에도 소득세법상 '1세대 1주택' 양도소득세 비과세의 규정에 세대(household)의 개념이 활용되고 있으며, 소득세과세표준 계산상 세대원에 대한 고려가 적지 않게 발견된다.

소득세과세단위의 설정에 관해 '개인단위주의'와 '소비단위주의'의 이론적 대립이 있다. 소비단위는 부부 또는 가족이 된다. 소득세는 소득을 담세력으로 하는 것이다. 소득은 소비를 위하

1991.4.17. 선고 90구12092 제3특별부판결).

30) 과세단위(taxable unit)의 개념은 과세실체(taxable entity)의 개념과는 다른 것이다. 전자가 복수의 과세실체를 하나의 과세단위로 볼 것인가에 관한 것이라면, 후자는 비세법상 하나의 실체로 인정받는 것을 과세상으로도 실체로 볼 것인가에 관한 것이다.

31) 제5편 제2장 제1절 참조.

여 존재하는 것이므로 잠재소비능력이라고 볼 수 있다. 소비단위 내 각 구성원들은 가족 구성원 전체의 소득을 각 구성원의 수만큼 나눈 정도의 소비잠재력을 가지고 있다고 볼 수 있기 때문에 소비단위로 과세하는 것도 이론적으로 정당성을 갖는다. 단순히 가족단위로 하는 경우에는 소가족에 유리한 결과가 나오게 될 것이므로 각국의 입법례를 보면 인분인승(人分人乘)의 방식으로 그 문제를 치유하기도 한다. 주요국의 동향을 보면 예전 가족 간 유대가 많았던 시절에는 소비단위과세제도가 채택되기도 하였지만 이제는 개인단위주의로 가고 있으며 경우에 따라 인분인승에 의한 소비단위과세를 선택할 수 있게 하는 국가(예: 독일)도 있다.

2002년 자산소득 부부합산과세는 그것이 혼인한 부부를 차별 취급하는 것이기 때문에 헌법 제36조 제1항에 위반된다는 헌법재판소의 결정[32]에 따라 폐지되었다. 그럼에도 불구하고 소득세법은 다음과 같이 가족단위로 소득세를 부과할 수 있는 경우에 관해 규정하고 있다(소득세법 제43조 제3항). 그러나 이것은 가족조합을 통한 조세회피 또는 조세포탈을 방지하기 위한 규정에 불과하다.

> ③ 거주자 1인과 그와 대통령령이 정하는 특수관계에 있는 자가 공동사업자에 포함되어 있는 경우로서 손익분배비율을 허위로 정하는 등 대통령령이 정하는 사유가 있는 때에는 제2항의 규정에 불구하고 당해 특수관계인의 소득금액은 그 손익분배비율이 큰 공동사업자(손익분배비율이 동일한 경우에는 대통령령이 정하는 자로 한다. 이하 '주된 공동사업자'라 한다)의 소득금액으로 본다.[33]

2008년 종합부동산세법 중 세대합산과세규정이 혼인에 대한 비합리적 차별 조항이라는 이유로 위헌으로 결정되면서 우리 세법상 개인단위과세의 원칙은 더욱 확고해지고 있다.

과세단위를 어떻게 설정할 것인가는 입법정책의 문제이다. 과세단위의 설정에 관한 논거를 부부의 재산법적 지위에서 찾을 일은 아니다. 우리 민법상 부부별산제가 혼인을 보호하기 위해 존재하는 것은 아니다.

원론적으로 보면 갑과 을이 혼인하여 자산과 소득을 공동으로 사용하는 하나의 생활공동체를 이루고 있다면 그러한 경제적 실질을 인정하여 과세단위를 그에 맞추어 설정할 수도 있다. 그에 따라 세부담이 늘 수도 있고 줄 수도 있다. 어떤 해 갑이 큰 손실을 입었는데 을은 소득이 있었다고 상정할 때 둘을 하나의 과세단위로 하는 것을 인정하면 둘의 세금은 을만의 세금보다는 적을 것이다. 물론 갑과 을이 모두 많은 소득을 거두었다면 공동체로 하여 매긴 세금이 둘 각자의 세금의 합보다 많을 것이다. 생활공동체의 인정은 경제적 실질에 따라 과세하고자 하는 조세법의 일반원칙에 부합한다. 세금이 늘어나서 그것이 혼인을 보호하지 못하는 결과가

---

32) 헌법재판소 2002.8.29. 2001헌바82

33) 특수관계인 간 공동사업에 대한 특례규정은 헌법상 평등원칙에 위배되지 않는다. 혼인이나 가족관계를 특별히 차별 취급하려는 것이 아니라 위장 분산의 개연성이 높고 그 입증이 쉽지 않을 것으로 예상되는 여러 집단 중의 하나로 규정한 것이다. 공동사업을 가장한 소득의 위장 분산에 대한 개별 구체적 사정 등을 과세관청에서 실질적으로 조사하여 파악하기 어렵다 하여도 추정의 형식을 통해 그 입증 책임을 납세자에게 돌릴 수 있으며 이러한 것이 조세행정상 과세관청의 부담을 특별히 가중시킨다고 볼 수 없는 반면, 반증의 기회를 제공하지 않음으로써 납세자에게 회복할 수 없는 피해를 초래할 가능성이 높아 이를 통해 달성하려는 입법 목적과 사용된 수단 사이의 비례 관계가 적정하지 아니하다(헌재 2006.4.27. 2004헌가19). 이 헌재결정에 따라 2005년 손익분배비율을 거짓으로 정하는 등 대통령령으로 정하는 사유(소득세법시행령 제100조 제4항)가 있는 경우에만 연대납세의무를 지우도록 소득세법령이 개정되었다.

될 수 있는 가능성은 경제적 실질에 따라 과세함으로써 얻을 수 있는 가치와 비교되어야 한다.

소득세법상 '1세대 1주택' 양도차익의 비과세제도는 세대를 과세단위로 설정한 대표적인 예라고 할 것이다. 원래 한 세대는 생활공동체로서 거주이전을 같이 할 텐데 거주를 이전할 때 세금이 나오도록 하면 거주이전의 자유가 제약될 것이기 때문에 세대단위로 그러한 이전의 자유가 제약되지 않도록 세법이 배려한 것이다. 부동산 소유가 남편의 명의로 되어 있든 부인의 명의로 되어 있든 두 사람이 하나의 세대를 구성하는 세대원으로 되어 있다면 동일하게 보는 것이다. 두 개의 주택을 남편이 한 채, 부인이 한 채 가지고 있는 경우 남편의 주택을 먼저 처분하여 양도소득세를 납부할 때 비록 납세의무자는 남편으로 되어 있지만 세금은 실질적으로 세대원 전체가 공동으로 부담할 것을 전제로 하는 제도이다.

세대단위 과세는 우리 현행법에 살아 있다. 사안마다 정책적인 고려를 통해 세대단위 과세가 적절하지 않다는 판단을 내릴 수는 있을 것이다. 이는 국가의 입법재량에 속하는 사항이다. 가족단위 과세가 우리 헌법상 원죄를 가지고 있는 것은 아니다. 따라서 예를 들면, 종합부동산세가 우리 헌법에 위배된다는 판단을 하기 위해서는 단순히 혼인의 보호원칙에 위배된다는 이유 이외에 종합부동산세에 고유한 다른 문제를 제시하였어야 할 일이다.[34]

입법정책상 개인단위과세를 선택할 경우 배우자나 세대원의 명의를 이용한 조세회피를 규제하기 곤란하게 되는 문제가 발생한다. 인적 자본은 일신전속이지만 물적 자본은 그렇지 않아 명의이전이 가능하다. 부부나 세대원 간에는 경제적 공동체를 이루기 때문에 신뢰하고 명의를 이전하는 방법으로 누진세율을 회피하기도 한다. 이에 대해서는 사안마다 비세법 또는 세법상 규제장치를 둘 수 있다. 부부나 세대원 간의 자산거래로서 조세회피의 가능성이 높은 경우에는 특정인의 자산이라고 추정하는 방법을 사용할 수도 있다.[35]

제3절 외국의 과세단위 제도

● 미국

내국세입법상 개인별 과세제도를 채택하고 있다. 부부합산과세 또는 가족합산과세는 의무화되고 있지 않다. 다만, 기혼자는 부부합산과세를 선택할 수 있다. 14세 미만 자녀의 노무소득(earned income)[36] 이외의 소득은 부모의 소득과 합산과세된다. 신고자 지위는 부부합산신고(married joint filing 또는 배우자 사망 후 2년간), 부부별산신고(married separate filing), 독신가장(head of household) 및 독신(single) 등 네 가지로 구분된다. 부부합산신고의 경우, 단일

---

34) 헌법재판소 2008.11.13, 2006헌바112 참조.

35) 참고로 일본에서도 구 소득세법 제96조부터 제101조의 규정에 의한 가족 구성원의 자산소득합산과세가 모든 국민은 법 앞에 평등하며, 인종, 신고, 성별, 사회적 신분 또는 지역에 의하여 정치적·경제적 또는 사회적 관계에 있어 차별되지 않는다고 규정하고 있는 헌법 제14조의 규정에 위반하지 않는다는 법원의 결정이 있었다(동경고재 1978.1.31. 판결). 1988년 자산소득합산과세제도가 세액계산이 복잡하다는 이유로 폐지되었다.

36) 노무소득(earned income): 근로소득, 개인사업소득, 전문용역소득 등 자본보다는 노동력을 이용하여 벌어들인 소득.

신고서에 부부 2인의 인적 공제를 하며, 항목별 공제(itemized deduction) 등 필요경비공제금액을 계산할 때 부부별산신고와 상이한 산식을 사용하는 경우가 있으며, 항목별 공제 대신 표준공제를 선택할 경우 부부별산신고의 경우보다 2배를 공제하도록 되어 있다.

● 독일

바이마르공화국 당시 1920년에 제정된 연방소득세법에서는 부부의 소득에 미성년 자녀의 소득을 합산하여 과세하는 가족단위의 합산비분할주의가 채택되었다. 1921년 법 개정에 의해 처의 소득 중 독립노동으로부터 생기는 소득 및 남편과 관계없는 사업에서 비독립적 노동으로부터 생기는 근로소득은 남편의 소득과 구별해서 독립적으로 과세하게 되었다. 나치 시대에 들어선 1934년 소득세법 개정으로 이러한 예외를 인정하지 않는 완전한 합산비분할주의가 부활되었다. 이것은 기혼여성을 노동시장으로부터 배제하기 위한 정책에서 비롯된 것이었다. 1941년 12월에는 전쟁의 격화로 인한 기혼여성 노동의 필요성 증가에 따라 처의 소득 중 남편과 관계없는 사업에 있어서 비독립적 노동으로부터 생기는 근로소득은 합산과세대상에서 제외되었다. 이로써 1921년 소득세법의 규정이 부분적으로 부활되었다.

1951년 소득세법은 과세단위에 관해 종래의 제도를 그대로 유지하는 부부소득 합산비분할주의를 채택했다(독일 소득세법 제26조). 남편과 관계없는 사업에 있어서 처의 비독립적 노동으로부터 생기는 근로소득은 합산과세로부터 제외하였다(독일 소득세법시행령 제43조). 이로 말미암아 '혼인징벌세(marriage penalty tax)'라는 말이 생겨나게 되었다.

독일 연방헌법재판소는 1957년 1월 17일 기본법(Grundgesetz) 제6조 제1항은 단순히 혼인 및 가족의 보호만을 규율한 것이 아니고, 혼인 및 가족에 불이익을 주지 않도록 국가에게 명령하고 있는 것이기 때문에, 혼인으로 인하여 결혼 전의 세액보다 과중하게 되는 합산과세규정은 혼인과 결혼을 보호하는 기본법 제6조 제1항에 위배된다고 선고하였다. 이에 따라 1958년 합산분할과세 방법인 2분(分)2승(乘)제와 개인단위과세 중에서 납세의무자 부부가 임의로 선택한 방법에 따르도록 소득세법이 개정되었다. 합산분할과세의 방법인 2분2승제 방식에 따르면 부부의 쌍방 소득은 합산된 후 다시 둘로 나누어진다. 그러나 종래와는 달리 그 합산액의 반액에 대하여 누진세율이 적용되고, 그 산출액에 2를 곱하여 얻어진 세액이 부부의 세액으로 된다. 결국 부부가 소득 및 소비를 공동으로 하고 있는 2인의 독신자처럼 취급된다.[37]

● 일본

1887년(명치 20년)에 제정된 소득세법은 호주 및 그 동거가족의 소득을 합산하여 과세하는 가족단위주의를 채용하고 있었다. 민법상의 가족제도와 소득세법상의 가족단위주의와는 호흡이 잘 맞는 것으로 생각되었다. 1947년(소화 22년)에 민법의 친족편이 전부 개정되어 종래의 가족제도가 폐지되었고, 이로 인하여 소득세법상의 가족단위주의는 존립의 근거를 잃게 되었다. 1950년의 소득세법 개정에서는 가족단위주의를 폐지하고 각 납세의무자가 독립의 신고서를 제출하여 각자의 소득액에 대한 세액을 제각기 납부하는 개인단위주의가 채택되었다. 그리고 자산소득합산과세

---

37) 헌재 2002.8.29, 2001헌바82, 판례집 제14권 2집, 170.

제도는 다음 해인 1951에 이자소득의 종합과세 폐지와 사무간소화의 견지에서 폐지되었다.

1957년의 '임시세제조사회'는 자산소득은 세대를 과세단위로 하여 합산하는 것이 자산명의의 분할 등 표면상의 위장에 의하여 부당하게 소득세가 경감되는 것을 방지할 수 있고, 동거친족의 자산소득은 합산해서 누진세율을 적용하는 것이 담세력에 따른 공평한 부담이 된다는 근거로 자산소득합산과세를 채택할 것을 주장하였다. 이에 근거하여 1957년부터 개인단위주의를 원칙으로 하되, 자산소득에 한하여 세대단위로 합산과세하는 자산소득합산과세제도가 특례로서 다시 부활되었다.

일본은 1988년 소득세법 개정에서 세액계산이 복잡하다는 이유로 자산소득합산과세제도를 폐지하고, 순수한 개인단위주의를 채택하여 현재에 이르고 있다.

제4장 종합소득

제1절 과세대상

소득세법상 종합소득은 이자소득, 배당소득, 사업소득, 근로소득, 연금소득 및 기타소득을 말한다. 이 절에서는 소득세법상 종합소득을 과세방식이 유사한 것별로 묶어 논한다. 이에 따라 이자소득·배당소득, 사업소득, 근로소득·연금소득 및 기타소득으로 구분한다. 소득세법은 각 소득유형에 대해 규정하면서 그 유형의 소득에 포함되는 항목을 열거하고 있다. 그것들 중 특별히 언급할 필요가 있는 항목만 논한다.

제1항 소득구분

소득구분은 과세상 매우 중요하다. 첫째, 소득유형에 따라 필요경비나 소득공제 등 소득금액의 산출내역이 달라질 수 있다. 둘째, 소득유형에 따라 납세의무의 이행방식이 달라질 수도 있다. 셋째, 비거주자의 국내원천소득과세상 소득종류를 구분할 필요가 있다. 넷째, 쟁송상 소송물이 달라지는 경우가 있다.

소득세법은 소득구분을 위해 비세법용어를 많이 사용하고 있다. 세법에서 차용개념을 해석할 때에는 원칙적으로 해당 비세법에서의 정의나 해석관행을 존중하여야 한다. 다만, 해당 세법 조항의 목적을 고려하여 세법 독자적으로 해석할 여지는 있다. 개별적인 차용개념의 해석에는 자주 이와 같이 대립되는 관점이 존재하므로 세법은, 특별히 법적 안정성을 부여해야 할 필요가 있는 용어는 독자적으로 정의하고 있다.

소득세법은 열거한 소득을 과세하는 체제로 되어 있으므로 열거하는 세부 소득유형의 개념을 직접 정의하거나 간접적으로 그 의미를 알 수 있도록 하고 있다. 예를 들면, 소득세법 제16조 제1항은 "이자소득은 당해 연도에 발생한 다음 각 호의 소득으로 한다"고 규정하면서 제1호에서 '국가 또는 지방자치단체가 발행한 채권 또는 증권의 이자와 할인액'이라고 규정하고 있다. 여기서 '이자소득'은 소득세법 고유개념이지만 '이자'와 '할인액'은 차용개념이다. 그것의 원천이 되는 '채권' 및 '증권'도 역시 차용개념이다. 어느 규범에서 차용하고 있는 것인지에 대해서는 법의 체계에 따라 민법과 그에 대한 특별법인 상법 그리고 민법·상법에 대한 특별법인 다른 법들의 순서로 알아보아야 할 것이다. 이자와 할인액의 의미를 비법학 영역에서 규명할 수도 있을 것이다. 예를 들면, 경제학이나 재무학에서의 이자와 할인액의 개념을 조사하여 그것이 위 조항상 이자와 할인액을 의미한다고 볼 수도 있을 것이다. 경제적 실질에 대해 세법을 적용하라는 국세기본법 제14조 그리고 세법을 목적론적으로 해석할 수 있다는 국세기본법 제18조의 정신이 이러한 해석을 뒷받침한다. 경제학적으로 보면 할인액도 이자에 해당할 것인데 굳이 양자를 병립시키고 있음은 경제학적으로만 보아서는 부족하다는 것을 시사한다.

제2항 이자소득·배당소득

1. 이자소득

가. 개념 및 과세대상

소득세법은 제16조 제1항에서 제1호부터 제13호까지 '이자소득'으로 이자,[38] 할인액,[39] 환매조건부증권매매차익[40] 및 10년 미만 저축성 보험차익(종신형 연금보험 포함)등을 열거하고 있다. 여기서 '이자'란 일반적으로 금전 또는 기타의 금전 대체물(cash equivalent)을 사용한 대가로서 원본과 사용기간에 비례하여 지급하거나 지급하기로 약정된 금전 또는 기타의 금전 대체물을 말한다. 소득세법은 법상 열거된 소득만 개인의 소득으로 과세토록 하고 있으나, 열거된 이자소득의 하나로서 이자소득의 성격을 포괄적으로 규정하는 항목을 해당 조문에 삽입함으로써 해석상 과세소득의 범주를 넓게 볼 수 있는 여지를 두고 있다.

이자소득으로 보기 위해서는 자금의 사용을 허여한 자에게 원본의 회수가 보장되어야 하며, 대상 소득이 원본의 "사용기간에 비례"한 사용대가라는 민법상 이자 및 소득세법상 이자소득의 개념적 본질에 부합하여야 한다. 자산유동화회사가 채권의 양도로 얻는 수익이 진정한 양도(true sale)에 의한 것인지 아니면 양도담보에 의한 자금의 대여에 의한 것인지는 원본의 "사용기간에 비례"한 사용대가인지에 따라 판단한다는 사례가 있다.[41]

---

38) 어떤 소득이 소득세법 제16조 제1항 제3호에서 규정한 '예금의 이자'에 해당하기 위해서는 그 소득이 '이자'의 성격을 가지고 있는 것 외에 '예금'에 대한 이자여야 한다(서울고등법원 2007.8.10. 선고 2006누31640 판결).

39) 할인액이란 채권·증권의 만기에 지급될 금액에서 당해 채권 또는 증권의 미래현금흐름을 현재의 시장이자율로 할인한 금액을 차감한 금액.

40) 환매조건부 증권매매차익은 자본시장법에 의하여 증권업허가를 받은 법인이 환매기간에 따른 사전약정이율을 적용하여 환매수 또는 환매도하는 것을 조건으로 매매하는 채권 또는 증권의 매매차익으로 외관상은 유가증권 매매형식을 취하고 있으나 실질에 있어서는 약정이율에 따라 이자를 받는 것이므로 이를 이자소득으로 과세한다.

41) 대법원2011두33037, 2013.09.26

(1) 환매조건부증권매매차익

소득세법 제16조 제1항 제8호에서 '…채권 또는 증권의 환매조건부매매차익', 즉 레포(repo) 차익을 이자소득의 하나로 열거하고 있다. 이는 아래 일본 소득세법과 달리 우리 소득세법상 이자소득에 관한 규정들이 '이자소득'의 개념 중 '이자'의 부분을 차용개념으로서 좁게 보는 입장에서 형성된 것은 아니라는 것을 알게 한다.

이와 별도로 제12호에서 '…소득과 유사한 소득으로서 금전사용에 따른 대가로서의 성격이 있는 것'을 규정함으로써 동 호의 규정 취지에 따라 해석할 경우 레포차익도 이자소득으로 볼 수 있을 것이다.

한편 비거주자의 국내원천소득에 관한 규정 중 이자소득에 관한 부분은 소득세법 제16조 제1항의 규정을 그대로 원용하고 있다(소득세법 제119조 제1호). 그리고 비거주자의 국내원천 소득에 대한 원천징수에 관한 규정은 '이자소득금액'을 지급하는 자가 소득세를 원천징수하여야 한다고 포괄적으로 규정하고 있다(소득세법 제127조 제1항 제1호). 소득세법은, '이자소득금액'은 당해 연도의 총수입금액으로 한다는 규정을 두고 있다(소득세법 제16조 제2항).

환매조건부 증권매매거래는 환매조건부로 증권을 매수하는 자의 입장에서 보면 일종의 매수차익거래에 해당한다. 매수차익거래란 거래자가 현물을 매수함과 동시에 선물을 매도함으로써 현물가격과 선물가격 간의 차익(확정된 차익)을 취득하는 거래를 말하는데 환매조건부로 증권을 매수하는 자는 이와 같은 매수차익을 거두고 있기 때문이다. 따라서 이는 본질적으로 자본이득의 하나로 인식할 수 있는데 소득세법이 그것을 이자소득으로 특정하고 있기 때문에 과세되고 있는 것이다.

한편 매수차익거래를 자본이득, 즉 양도소득과세의 관점에서 보면 증권을 매수한 자가 그것을 미래의 시점에 매도하게 된다면 그 양도차익에 대해 과세 여부를 따지게 된다. 그런데 매수차익거래상 증권의 매수자는 바로 그 증권을 매도하도록 되어 있는 것은 아니고 시장에서 선물매도포지션을 취하고 있을 뿐이다. 이와 같이 과세대상으로 동일성이 인정되지 않으므로 매수한 증권은 선물매도포지션과는 유리되어 실제 그 증권이 매도되는 시점에 실현된 가액대로 과세된다. 선물매도일이 도래하면 당사자는 자신의 매도포지션을 청산하게 되는데 그때 청산의 과정에서 과세소득이 발생하는지는 매수한 실물과는 무관하게 판단되어야 한다. 소득세법은 개인의 선물거래에 따른 소득을 과세대상소득으로 열거하고 있지 않으므로 지위의 청산에 의해 경제적 이득이 발생한다 하더라도 과세되지 않는다.[42]

환매조건부증권의 매도자는 환매기간에 해당 증권의 과실에 대해 납세의무를 진다. 증권발행기관은 그를 납세의무자로 하여 원천징수한다. 이때에는 채권의 보유기간 이자에 대해 원천

---

42) 주식의 매수차익거래와 달리 공매도는 일반적으로 주식을 소유하지 않고 매도하거나, 소유한 경우라도 매도에 따른 결제를 자기소유의 주식으로 하지 않고 주식을 차입하여 결제하는 것을 말한다. 주식의 공매도는 미국 내국세입법상 short sale에 해당한다. 일반적으로 short sale이라 함은 소유하지 않은 자산을 매각하는 것을 말한다. 대체로 빌린 자산을 매각하고, 후일 실질적으로 같은 자산을 취득하여 대여자에게 반환한다. 미국 내국세입법상 short sale의 경우 손익은 자본손익이 되며, 그것의 인식은 대주한 것을 갚을 때에 하도록 되어 있다. 이는 대주계약의 만기일의 기대 주가 수준에 대한 예측을 바탕으로 미리 손익을 실현함으로써 소득을 인위적으로 조정하는 것을 방지하기 위함이다.

징수하지 않고 이자지급 시 일괄 원천징수한다(소득세법 제46조 및 제156조의 3, 법인세법 제73조 제8항, 동법시행령 제114조의 2). 환매조건부증권의 매수자는 환매차익에 대해 납세의무를 진다.

다음의 사례는 일본의 사례이지만 우리 소득세법상 환매조건부증권 매매차익에 대한 과세를 입체적으로 이해하는 데 도움을 줄 것이다.[43] 일본에 본점이 있는 A은행(사업연도는 매년 1월 1일부터 12월 31일까지이다)은 그 100% 자회사인 미국 현지법인 Ausa 은행을 대리인으로 하여 미국 내에 있는 다른 B금융기관(이하 '레포카운터파티') 사이에 자행 보유의 미국 국채를 대상으로 하는 레포거래를 행하였다. 본건 레포거래의 내용은 다음과 같다.

- A은행은 레포카운터파티와의 사이에서 일정한 거래개시일(이하 '스타트일')에 합의하여 지정된 미국채(이하 '본건 매도유가증권')를 일정한 가액으로 매도하는 계약을 체결하고(이하 '스타트거래'), 대금을 수령한다(이하 수령대금을 '본건 수입금').
- A은행은 레포카운터파티와의 사이에서 미리 합의된 거래종료일(이하 '엔드일')에 있어 본건 매도유가증권을 미리 합의된 일정한 가액으로 환매하여(이하 '엔드거래'), 대금을 지불한다(그 지불금을 이하 '본건 지불금').

그 일련의 거래에 대해 스타트거래의 지불금으로부터 레포거래의 수입금을 공제한 차액을 '레포차액'이라고 하여 소관세무서장은 2002년 8월 30일 2001사업연도 중에 행한 레포거래에 관계된 레포차액이 본건 수입금을 원본으로 하는 대부금의 이자에 해당한다고 인정하고 그 때문에 A은행에는 소득세법 제161조 제6호의 규정에 따라 원천소득세를 징수납부할 의무가 있는 것을 내용으로 하는 징수고지처분 및 미납부가산세의 부과결정처분을 하였다. 조세법을 체계적 관점에서 해석할 때에 소득세법 제161조 제6호 소정의 '대부금(그것에 준하는 것을 포함한다)'의 '이자'에 '레포차액'이 포함되는가? 소위 차용개념, 고유개념이라고 하는 관점에서 해석할 때에 소득세법 제161조 제6호 소정 '대부금(그것에 준하는 것을 포함한다)'의 '이자'에 '레포차액'이 포함되는가? 소득세법 제23조는 이자소득을 아래와 같이 정의하고 있다.

① 이자소득은 공사채 및 예적금의 이자(사채 등의 이체에 관한 법률 제90조 제3항(정의)에 규정하는 분리이자이체국채(재무부령에 정하는 바에 따라 동 조 제1항에 규정하는 원리분리가 행해지는 것에 한한다)에 관계되는 것을 제외한다)와 더불어 합동운용신탁, 공사채투자신탁 및 공모공사채 등 운용투자신탁 수익의 분배(이하 이 조에 있어 '이자 등'이라고 한다)에 관계되는 소득을 말한다.
② 이자소득의 금액은 그 연중 이자 등의 수입금액으로 한다.

소득세법 제23조가 이자소득을 매우 제한적으로 열거하고 있으며, 그와 경제적인 성질이 동일한 것에 대해서는 '이자에 의한 소득'으로 부르고 있다. 비거주자의 국내원천소득에 관한 소득세법 제161조 제6호의 소득이 그 예이다.

---

43) 岩崎政明, 『ハイポセテイカル・スタデイ租税法』(제2판), 弘文堂, 2007. pp.151～167. 참조.

6. 국내에서 업무를 행하는 자에 대한 대부금(그것에 준하는 것을 포함한다)으로서 당해 업무에 관계 되는 것의 이자(총리령으로 정하는 이자를 제외한다)

일본 세법상 '대부금', '이자'는 차용개념으로 인식되고 있으며 그에 따라 '준하는'의 의미도 제한적으로 해석된다.

따라서 소득세법상으로는 할인채의 할인액, 금저축구좌의 이익, 통화스왑예금 및 레포차익은 소득세법 제23조의 규정상 '이자소득'의 범주에는 들지 못하고 원천징수에 관한 별도의 규정이 있을 경우에만 실제 과세되고 있다. 예를 들면, 할인채의 할인액은 조세특별조치법 제41조의 12의 규정에 의해 원천징수된다. 금저축구좌의 이익은 소득세법 제209조의 2의 규정에 의해 원천징수된다.

> 제209조의 2 거주자에 대해 국내에서 제174조 제3호부터 제8호까지 (내국법인에 관계되는 소득세과세 표준)의 급부보조금, 이자, 이익 또는 차익의 지불을 하는 자는 그 지불을 하는 때에 그 급부보조금, 이자, 이익 또는 차익으로부터 소득세를 징수하고, 그 징수일이 속하는 달의 다음 달 10일까지 그것을 국가에 납부하여야 한다.

그런데 레포차익에 대해서는 조세특별조치법 제42조의 2(외국금융기관 등의 채권현선물거래에 관계되는 이자의 과세특례)의 규정상 일정 요건을 충족하는 레포차익은 비과세한다고 명기하고 있다. 그렇다면 그런 요건을 충족하지 않는 레포차익은 과세된다는 것일까에 대해 의견이 분분하다(반대해석). 비거주자가 레포카운터파티가 되는 레포거래상 비거주자가 제공하는 자금을 소득세법 제161조 제6호의 '대부금'으로 볼 수 있다면 레포차익은 '이자에 의한 소득'으로 볼 수 있는 길이 열릴 것이다. 그러나 이 경우에도 본 사건에서는 해당 레포거래가 국내업무에 해당하는지가 문제 될 것이다.[44]

(2) 비영업대금의 이익

소득세법은 비영업대금의 이익을 이자소득의 한 종류로 열거하고 있다(소득세법 제16조 제1항 제11호). 비영업대금의 이익이라 함은 금전의 대여를 영업으로 하지 않는 자가 일시적, 우발적으로 금전을 대여[45]함에 따라 지급받는 이자 또는 수수료를 말한다.[46] 대금업을 대외에 표방

---

44) 최근 제6호의 소득에 해당하지 않아 동 소득의 지급자는 원천징수의무를 부담하지 않는다는 법원의 판례(東京高裁 2008년 3월 12일 판결)가 나온 바 있다.

45) 수탁보증인이 그 출재로 주 채무를 소멸하게 하는 경우 주 채무자에 대하여 행사할 수 있는 구상권에 포함되는 법정이자는 금전을 대여함에 따라 발생하는 것이 아니어서 '비영업대금의 이익'에 해당하지 아니한다고 보아야 한다 (대법원 2004.2.13. 선고 2002두5931 판결, 대법원 1997.9.5. 선고 96누16315 판결 참조). 대법원 2004.2.13. 선고 2002두5931판결에서는 보증채무의 이행으로 인한 구상권에 포함되는 법정이자가 이러한 이유로 이자소득이 아니라고 하면서도, 동일한 법정이자를 법인이 가득한 것에 대해서는 그것이 해당 법인의 순자산을 증가 시키므로 익금에 해당한다고 한다. 소득세법은 열거주의 법인세법은 포괄주의에 의해 과세대상을 규정하고 있음을 보여주는 사례이다.

46) 대금업을 하는 거주자임을 대외적으로 표방하고 불특정다수인을 상대로 금전을 대여하는 사업을 하는 경우에는 사업의 일종인 금융업으로 본다(소득세법기본통칙 16-3). 금융업자 이외의 자가 상업어음을 할인하여 줄 때 얻는 소득은 비영업대금의 이익으로 본다(소득 46011-510, 2000.4.28).

하지 아니한 자가 금전을 대여하고 받는 이자는 비영업대금의 이익[47]이다. 일시적으로 사용하는 전화번호만을 신문지상에 공개하는 것은 대금업의 대외적인 표방으로 보지 않는다.[48]

비영업대금 이익 지급자는 원천징수의 의무가 있다(소득세법 제127조). 이에 대해서는 25%의 세율로 원천징수를 하여야 한다(소득세법 제129조 제1항 제1호 나목).

원천징수되지 않은 비영업대금의 이익은 종합과세한다(소득세법 제62조 및 제73조). 비영업대금의 이익은 개별 비영업대금거래별로 이자소득의 발생여부를 인식하여야 한다. 여러 개의 대여원리금 채권이 동일한 채무자에 대한 경우에도 동일하다.[49]

(3) 유형별 포괄주의

소득세법 제16조 제1항 제12호에서 이자소득의 하나로서 '제1호 내지 제11호의 소득과 유사한 소득으로서 금전사용에 따른 대가로서의 성격이 있는 것'(2001.12.31. 신설)을 규정함으로써 '금전의 사용에 대한 대가로서의 성격'이 있는 것은 하위 법령상의 규정, 유권기관의 해석, 그리고 법원 등의 해석에 따라서 폭넓게 이자소득으로 보아 과세할 수 있는 여지가 생겼다.

소득세법이 '소득'의 개념을 포괄적으로 규정하지는 않고 있다. 그러나 이자소득과 배당소득은 해당 유형의 소득 성격을 포괄적으로 규정하여 과세대상을 제한적으로나마 포괄적으로 설정하는 방식을 취하고 있는데 이를 유형별 포괄주의 규정방식이라 한다.

위 제12호의 규정에 대한 법원의 해석사례는 드물게 발견된다.[50] 이자제한법상 간주이자[51]의 경우에는 제11호 또는 제12호의 규정에 포함되어야 할 것이다(이자제한법 제4조).

(가) 엔화스왑예금

원화대여와 결합된 외화예입 및 외화선매도거래 사례이다. 이른바 엔화스왑예금거래라고 한다. 이 거래에서 예금주가 추구하는 이익은 확정차익인데 그것이 제12호의 규정에 포섭되는지 등이 문제 될 수 있다. 엔화스왑예금거래는 복수의 거래로 구성되어 있는데 이에 대해 유형별 포괄주의적인 규정을 적용하기 위해서는 전체 거래를 하나의 거래로 간주하는 것이 전제되어야 하는데 이에 대한 법규적 근거가 논란이 될 수 있다. 2007년 신설된 국세기본법 제14조 제3항상 단계거래원칙은 이를 위해 활용될 수 있을 것이다.

소위 엔화스왑예금으로부터의 이득을 이자소득으로 볼 것인가의 문제는 그것이 소득세법 제16조 제1항 제12호에서 '…소득과 유사한 소득으로서 금전사용에 따른 대가로서의 성격이 있는 것'에 해

---

47) 금전의 대여행위가 영업행위인가는 거래행위의 규모나 횟수, 양태 등 제반 사정에 비추어 사업활동으로 볼 수 있을 정도의 계속성과 반복성이 있다고 볼 것인지 등 사정을 고려하여 사회통념에 비추어 판단하여야 한다는 입장에서 여러 회사에 각 수십 회에 걸쳐 금전을 대여하고 이자를 수익한 자는 대금업의 인가나 사업자등록에 관계없이 대금업을 영위하는 자로 본다고 판단하고 있다(대법원 1987.5.26. 86누96).

48) 소득세법기본통칙 16 - 3.

49) 대법원 2014.05.29. 선고 2014두35010 판결

50) 대법원 2010.2.25. 2007두18284. 직장공제회초과반환금 중 회원의 퇴직·탈퇴 전에 지급되는 목돈급여와 종합복지급여의 부가금을 유형별 포괄주의 규정에 의해 과세한 처분을 인정한 사건이다.

51) 제4조 (간주이자) 예금(禮金), 할인금, 수수료, 공제금, 체당금(替當金), 그 밖의 명칭에도 불구하고 금전의 대차와 관련하여 채권자가 받은 것은 이를 이자로 본다.

당하는 것으로 볼 것인지에 달렸다. 2002년 이래 시중은행이 Private Banking('PB') 창구를 통해 판매해 온 엔화스왑예금으로부터의 이득을 모두 이자소득으로 볼 수 있는가가 쟁점이 된다.[52]

2002년 이후 다수의 시중은행이 고객에게 판매한 소위 엔화스왑예금의 거래구조를 간략히 축약하면 다음과 같다.

- 개인 甲은 1억 원을 A은행에서 당시 현물환율 10원/엔에 따라 1천만 엔으로 환전하고 동 금액을 1년 만기(이자율: 연 0.1%) 엔화예금에 가입하였다.
- 甲과 A는 1년 후 선물환율 10.3원/엔에 따른 선도계약체결(우리나라 금리가 일본의 금리에 비해 높으므로 선물환율은 현물환율에 비해 높은 수준에서 결정)하였다.
- 만기 시 甲은 엔화예금의 원리금 1,001만 엔(원금 1천만 엔+이자 1만 엔)을 수령함과 동시에 선도계약에 약정된 환율 10.3원/엔에 따라 동 금액을 원화 1억 310만 원(1,001만 엔×10.3)으로 교환하였다.

위 거래는 PB 창구에서 고객은 은행에 원화를 건네면서 그것을 바로 엔화로 환전하여 예입하는 1년 만기 저축예금계약을 체결하고 만기가 되는 1년 후 그것을 현재의 엔화선물환시세(1년 만기)에 따라 매도하는 계약을 동시에 체결한 거래이다. 당시 일본의 은행예금금리는 거의 0%에 가까웠으며 한국의 은행금리는 약 3%에 이르렀다. 재무이론[53]에 의하면 3%의 이자 차이는 한국에서 일본엔화의 선물환시세(1년 만기)에 그대로 반영되어 현재 현물환율로 일본 1엔이 10원의 가치를 가진다면 현재 1년 만기 선물환시세로는 1엔이 10.3원이 된다.[54] 따라서 예금주는 한국에 원화로 예입할 것을 일본엔화로 예입하면 동일한 이율의 소득을 올리지만 전자는 원화예금 이자의 형태를 가지게 되고 후자는 선물환차익이 된다. 선물환차익은 외형상 자본이득[55]이지만 본건 거래에서의 실질상 그것이 여전히 자본이득인지가 문제 된 것이다. 그리고 우리나라 소득세법상 자본이득은 양도소득으로 과세될 수 있는데 선물환차익은 과세대상 양도소득으로 열거되어 있지 않다.

---

52) 2009년 당시 지방법원의 판결 중에는 원고의 주장을 인용하는 것과 기각하는 것들이 혼재되어 있었다. 국세심판원은 과세관청의 부과고지가 적법한 것으로 판단하였지만, 이자소득 지급자가 원천징수영수증을 교부하지 않아 청구인에게 종합소득세 확정신고·납부를 기대하기 어려우므로 신고·납부불성실가산세를 부과함은 잘못이라고 결정하였다(국심 2007서4187, 2007.12.26).

53) 파생상품거래상 현재의 선물가격이 만기일의 기대현물가격보다 높은 현상을 contango라고 하고 그 반대의 경우를 backwardation이라고 한다. 이론상 전자의 경우 선물환시장에서 선물매도물량이 많이 나와 선물가격이 하락하고 그것은 기대현물가격에 일치하게 된다. 이론적인 수준의 선물환시세에 해당한다. 이 선물환율(10.3)은 (현물환율, 10)+{(현물환율, 10)×[(표시통화의 이자율, 원화예금이율)-(기준통화의 이자율, 0.1%)]×(선물계약만기일까지의 일수) / 365}로 계산된다. 이 산식에서 우리 법원에서 다투어지고 있는 사건상 표시통화는 원화이고 기준통화는 엔화이다.

54) 2002년 당시 엔화의 선물환시세는 현물환시세보다 높았지만 그 이후 시장 상황이 요동치면서 낮을 때도 있었고 다시 높아지기도 했다. 2008년 현재 다시 일본 엔화의 가치가 급상승하고 있다. 이러한 변화 가운데에도 일본 엔화예금의 금리는 원화 예금금리보다 낮았다. 원화로 표시한 엔화의 가치는 거의 대부분 시점에서 선물환시세가 현물환시세보다 높았다. 엔화 스왑포인트[=(선물환율)-(현물환율)]는 시장에서 거의 대부분 정(+)의 수치를 보이고 있다. 이는 비록 시장에서 현물환율이 요동친다 하더라도 그 현물환율이 나온 시점에서 미래 엔화가치는 시장 간 이자율 차이를 반영해 왔다는 점을 반증한다.

55) 자본자산(capital asset)의 처분에 따르는 이득을 말한다. 이때 시장에서 거래될 수 있는 자산은 자본자산이라고 보아야 한다.

이 사건에서의 쟁점은 (1) ① 엔화매입계약, ② 엔화예금계약 및 ③ 선물환매도계약을 통합하여 보는 것이 적법한 것인지와 (2) 통합하여 볼 경우 고객 甲이 얻는 소득을 현행 소득세법상 이자소득에 관한 규정에 부합하는 것으로 볼 수 있는 것인지 두 가지이다. (1)의 쟁점에 대해 통합하여 볼 수 있다는 결론을 내린다 하더라도 (2)의 쟁점상 이자소득으로 볼 수 없다면 이론상 (1)의 통합의 결과 거둔 소득의 성격은 주로 자본이득이 될 것이다. 위 거래의 주된 부분인 ①과 ③을 통합할 경우 그것은 매수차익거래가 된다. 이는 위 환매조건부증권매매거래에서 논한 바와 같이 양도소득으로 과세할 수 있는 세법상 근거가 있지는 않다. 이에 따라 우리 소득세법상 과세되지 않을 것이다.

소득세법에서 이자소득으로 열거한 환매조건부증권매매거래 이외의 매수차익거래에 대해서는 대여거래로 보아 과세하는 데에는 다음과 같은 문제가 있다. 차익거래는 다양한 방식으로 나타나는데 새롭게 나타나는 거래들이 상호 시기적으로 근접하여 있고 기초자산이 같다는 이유로 모두 통합하려 한다면 이를 어느 선까지 확대하여야 하는가에 대한 의문이 제기될 수 있다. 예를 들어, 매각대상이 되는 call option의 가격이 매우 비싸고 매입대상이 되는 put option의 가격이 매우 저렴한 option pair를 구축한 경우 투자자는 양 option의 가격 차이를 이용하여 무위험차익을 창출할 수 있으며, 반대의 경우에도 역시 무위험차익을 창출할 수 있다. 또한 서로 반대되는 방향의 option pair를 복수로 구성하는 box spread를 구축할 경우에도 마찬가지로 무위험차익을 챙길 수 있다. 이러한 거래의 경우 비록 자금의 대여관계를 설정하기 곤란하지만 무위험차익을 거둘 수 있는데 이러한 차익에 대해서는 과세하지 않는 반면 매수차익거래에 대해서는 과세한다면 과세상 일관성을 결여한 것이 될 것이다. 이러한 관점에서 보아도 매수차익거래에 따른 소득을 소득세법 제16조 제12호의 소득으로 보는 데에는 무리가 따른다. 이후 법원은 엔화스왑거래에서 고객들의 이익에 대해 선물환거래로 인한 차익은 예금의 이자 또는 이에 유사한 것으로 보기 어려울 뿐 아니라 채권 또는 증권의 환매조건부 매매차익 또는 이에 유사한 것으로 볼 수도 없다고 결정하였다(대법원 2011.4.28. 선고 2010두3961 판결).

(나) impact loan

외화차입과 결합된 엔화예치 및 외화선매수거래 사례이다. 다음의 일본의 유사사례는 포괄주의로 과세하는 일본 소득세법으로는 열거주의에 입각한 우리 소득세법과 다른 결과가 도출된다는 점을 일깨운다.[56] 동일한 시기에 일본 은행의 PB 고객이 할 수 있는 투자거래를 상상해 보자. 일본엔화예금을 할 경우 이율이 0%에 근접한다. 따라서 원화예금을 든다. 1년 후 원화가치는 3%가량 하락해 있으므로 원화의 선물환매도계약을 동시에 체결하면 자기에게 남는 소득은 0이다. 합리적인 자라면 그는 선물환매도계약을 체결하지 않을 것이다. 지금 매도하기보다는 1년 후 어떻게 될지 기다려 보면서 환율변동에 따른 위험을 감수할 것이다. 한국에서의 재투자를 하거나 현물시세가 자기에게 유리하게 되는 시점까지 기다릴 것이다.

오랜 기간 이자율이 낮았던 일본에서는 부(−)의 투자거래, 즉 외화차입거래가 문제 되었다. 외화차입을 하면서 그것의 선물환매입계약을 체결한다면 그만큼 확정차익을 올릴 수 있을 것이기 때문이다. 다음과 같은 사례를 보자. X는 1996년 4월 1일 A은행과의 사이에서 은행거래

---

56) 岩崎政明, 전게서, pp.130~150 참조.

계약을 체결하였다. 그때에 A은행은 그 은행거래계약에 따라 발생하는 일체의 은행채권을 피담보채권으로 하여 일정한 한도액을 정한 근저당권을 X 소유의 부동산에 대해 설정하고 그 등기를 하였다. X는 2006년경부터 대규모의 주식투자를 시작하였는데 당시 엔고(高)가 진행되고 있었으므로 차입금이자부담의 실질적인 경감을 목적으로 하여 외국환이체예약부 impact loan에 따라 그 자금을 조달하는 것으로 하였다. 그때에 X는 A은행과 사이에서 우선 2007년 6월 30일에 선물외국환이체거래계약을 체결하고 2008년 6월 25일에 있어서 미국달러 환산율을 1미국달러당 115엔으로 하는 취지의 이체계약을 하였으며, 익일인 2007년 7월 1일에 차입이율을 연리(단, 360일로 하는 일할계산) 9%, 반환기일 2008년 6월 25일 차입금액 20만 미국달러의 외환대부를 받았다(그것을 'impact loan 1'이라고 한다). X는 그 미국달러를 차입할 때의 환산율(1미국달러당 125엔)에 의해 2,500만 엔으로 환가하여 그것을 주식구입자금으로 충당하였다. 그 후 반환기인 2008년 6월 25일이 되었을 때 X에게는 자금이 없었다. 그때 X는 당시 계속하여 엔고기조가 계속되어 있었으므로 동일 반환기일 2008년 12월 22일로 하고 차입이율 연리 8%, 차입금액 22만 7천 미국 달러로 하는 외화대부를 받아(그것을 'impact loan 2'라고 한다), 그것을 자금으로 하여 impact loan 1의 원리합계액을 상환하였다. impact loan 2 계약을 체결할 때에 더불어 반환기일인 2008년 12월 22일에 있어서 미국달러 환율을 1미국달러당 105엔으로 하는 이체예약을 하였다. 그 후 X는 주식투자에 실패하여 다액의 부채뿐 아니라 impact loan 2에 대해 변제불능에 빠지게 되었다.

impact loan 1에 있어서 이체차익은 X의 어떤 소득으로 분류되는가? 우리의 엔화스왑예금의 경우 우리나라에서 예입했더라면 얻었을 이자소득을 환차익의 형태로 실현한 것 아닌가 하는 것이 쟁점이 된 사례이다. 일본의 impact loan은 미국에서 예입했더라면 얻었을 이자소득을 환차익의 형태로 얻은 것 아닌가 하는 것이 쟁점이 된 사례이다. 일본 소득세법상 앞의 레포차익에 대한 분석에서처럼 이자소득의 범주가 제한적으로 열거되어 있기 때문에 이자소득으로 볼 수 없다. 특히 이자소득이 원천징수 분리과세되는 제도를 취하고 있는 현행 제도하에서는 차익에 대해 원천징수하도록 하는 것은 곤란하다.

양도소득이나 일시소득으로도 볼 수 없는 결과 잡소득이 된다. 잡소득은 일본 소득세법상 다음과 같이 포괄규정(catch all clause)적인 성격을 지닌다. 아래에서 '소득'의 의미는 미국에서처럼 포괄적인 개념으로 해석한다.[57]

> 제35조 (잡소득) 잡소득은 이자소득, 배당소득, 부동산소득, 사업소득, 급여소득, 퇴직소득, 산림소득, 양도소득 및 일시소득의 어느 것에도 해당하지 않는 소득을 말한다.

(4) 신종금융상품

소득세법 제16조 제1항 제13호에서 이자소득의 하나로서 제1호 내지 제12호까지의 소득을 발생시키는 거래 또는 행위와 자본시장법 제5조에 따른 파생상품[58]이 결합[59]된 경우 해당 파

---

57) 金子宏, 전게서, pp.242~244 참조.
58) 장내 또는 장외에서의 선물, 선도, 옵션 및 스왑거래를 말한다.

생상품의 거래 또는 행위로부터의 이익을 규정하고 있다.[60] '결합' 여부의 판단에 단계거래원칙에 관한 국세기본법 제14조 제3항의 규정을 활용할 수 있다. 그 대표적인 예가 엔화스왑예금이 될 것이지만 이 조항이 발효한 2012년 이후에야 과세된다.

나. 소득금액

이자소득금액은 당해 연도의 총수입금액으로 한다(소득세법 제16조 제2항). 이자소득의 총수입금액은 당해 연도에 수입하였거나 수입할 금액의 합계액에 의한다(소득세법 제24조 제1항). 이자소득의 총수입금액에 대한 필요경비는 인정되지 않는다(소득세법 제27조 제1항). 대금업과 같이 사업으로 영위하는 금융업으로부터의 이자수입금액에 대해서는 이자비용 등 필요경비가 인정되나 기타의 이자소득에 대해서는 필요경비가 인정되지 않는다.[61]

비영업대금의 이익도 이자소득이기 때문에 총수입금액에 대해 과세한다. 비영업대금은 사업적으로 이루어지는 것은 아니기 때문에 소득금액 계산상 필요경비를 인정하지 않는다. 그러나 대손채권은 수입금액에서 차감하는 방법으로 과세에서 제외하도록 하고 있다(소득세법시행령 제51조 제7항). 해당 과세기간에 발생한 비영업대금 이익에 대하여 과세표준확정신고 전에 회수불능 사유가 발생한 경우 원금을 먼저 차감한다. 일반적인 이자소득에 대해서는 인정되지 않는 특례를 인정하고 있는 것이다.[62]

다. 인식시기

이자소득의 인식시기, 즉 과세시기는 소득세법시행령 제45조에서 이자소득의 각 유형별로 그 특징을 감안하여 규정하고 있다. 이자소득은 실제로 지급을 받는 날과 약정에 의해 지급을 받기로 한 날 중 어느 하나가 소득의 인식시기가 된다. 소득의 인식시기는 주로 실제 지급하는 때로

---

59) 소득세법시행령 제26조 제5항(실질상 하나의 상품으로 운용되는 경우 [엔화예금+선도환→엔화스왑예금]또는 계약시점에 현금흐름의 예측이 가능한 경우[해외저금리채권+선도환])

60) 대법원 2011.4.28. 선고 2010두3961 판결의 대상이 되었던 엔화스왑예금에 의한 소득은 앞으로는 이 조항에 의해 과세될 수 있을 것이다.

61) 이자소득금액의 계산에 있어서 필요경비의 공제를 인정하지 아니하는 구 소득세법 제17조 제2항이 평등원칙이나 재산권을 침해하는 것은 아니다. 자기자금으로써 얻는 저축의 과실이라는 이자소득의 본질상 그에 소요되는 필요경비는 거의 상정하기 어렵고 이자소득에 관하여 필요경비가 발생하는 경우는 대단히 예외적이라는 점, 이자소득과 관련하여 비용을 지출하는 경우에도 소득이 개별적·분리적으로 발생함에 따라 개별 건별로 자금의 원천이나 흐름을 명확히 밝혀서 소득과의 연관성을 입증하는 것이 매우 어렵다는 점 등 이자소득의 특성을 감안한 바탕 위에, 이자소득에 있어서 그 소요되는 비용의 성질, 그 비용을 공제할 필요성의 정도, 조세관계의 간명성과 징세의 효율성이라는 조세정책적·기술적 필요성 등을 종합적으로 고려하여 입법된 것이다. 따라서 이는 입법형성권의 한계를 벗어났다고 볼 수 없어 조세평등주의에 위반되지 아니하며, 또한 합리성이 인정되고 그 규정 내용이 명확한 이상, 그것이 재산적 가치 있는 구체적 권리의 보장을 내용으로 하는 재산권을 과도하게 침해한다거나 조세법률주의에 위반된다고 볼 수도 없다. (재판관 김영일의 반대의견) 이 사건 법률조항은 원본의 잠식을 가져오는 과세라는 점에서 재산권을 침해한다고 하지 않을 수 없고, 조세행정의 편의만을 위하여 이자소득자를 다른 소득자들과 합리적 이유 없이 차별하는 것이므로 위헌이라 아니할 수 없다(구 소득세법 제17조 제2항 등 위헌소원(2001.12.20. 2000헌바54 전원재판부)).

62) 대법원 2014. 5. 29.선고 2014두35010판결

되어 있다. 원천징수는 실제 지급하는 때에 하는 것을 원칙으로 하므로 소득 인식시기는 대부분 원천징수시기와 일치한다. 그러나 소득세법상 지급시기를 의제하여 그때 원천징수하도록 하는 특례를 두고 있는 경우가 있다. 그것이 약정에 의해 지급받기로 한 날과 일치하는 것은 아니다.[63]

이자는 수령자의 입장에서는 소득이지만 지급자의 입장에서는 비용이다. 이러한 관점에서 수령자와 지급자의 전체 조세부담을 고려한다면, 입법론상 소득과 비용의 인식시기를 일치시키는 것이 바람직하다.[64] 현행법상 각각의 인식시기가 항상 일치하는 것은 아니다.

민법 제479조 제1항은 채무자가 한 개 또는 수 개의 채무의 비용 및 이자를 지급할 경우에 변제자가 그 전부를 소멸하게 하지 못한 급여를 한 때에는 비용, 이자, 원본의 순서로 변제에 충당하여야 한다고 규정하고 있다. 2009년 국세징수법 개정에 따라 징수한 체납액은, 원본→이자의 순으로 충당한다(국세징수법 제4조). 그렇다면, 소득세법상 이자소득의 인식은 원본의 회수이후에나 가능한 것이 아닌가 하는 의문이 생긴다. 이자소득은 원칙적으로 이자지급의 약정일 또는 수령일에 발생한 것으로 보는 원칙에 의할 때, 원본의 수령 여부와는 무관하게 인식하여야 한다.[65]

2. 배당소득

가. 개념 및 과세대상

소득세법은 배당소득으로 다음을 열거하고 있다(소득세법 제17조 제1항).

1. 내국법인으로부터 받는 이익이나 잉여금의 배당 또는 분배금
2. 법인으로 보는 단체로부터의 배당 또는 분배금
3. 의제배당
4. 배당으로 처분된 금액
5. 국내 또는 국외에서 받는 집합투자기구로부터의 이익
5의2. 국내 또는 국외에서 받는 파생결합증권 또는 파생결합사채로부터의 이익
6. 외국법인으로부터 받는 이익이나 잉여금의 배당 또는 분배금
7. 국제조세조정에 관한 법률에 따라 배당받은 것으로 간주된 금액
8. 출자공동사업자에 대한 분배금
9. 앞의 배당소득과 유사한 소득으로서 수익분배의 성격이 있는 것
10. 제1호부터 제9호까지의 규정 중 어느 하나에 해당하는 소득을 발생시키는 거래 또는 행위와 파생상품이 대통령령으로 정하는 바에 따라 결합된 경우 해당 파생상품의 거래 또는 행위로부터의 이익

---

63) 금전을 대여하면서 일정 기간의 선이자를 공제하고 나머지 원금을 교부한 경우에 현실로 수수한 금전에 공제된 선이자 상당액 중 법률에 의하여 허용되는 범위 내의 이자를 가산한 금액이 대여원금에 해당한다. 채무자는 선이자가 포함된 원금을 만기에 상환하기로 하였으나 원금 중 일부만을 변제하고 나머지 원금과 선이자는 변제하지 않은 경우 이자소득의 수입시기는 '선이자를 공제한 시점'이다(서울고법 2010.4.13. 선고 2009누25691 판결).

64) 배당소득과 양도소득은 비용의 인식시기에 관한 별도의 고려가 필요 없으며 이에 따라 소득 인식시기와 비용 인식시기의 일치 여부 문제도 없다.

65) 채권자가 채무자의 부도로 인하여 대여금채권을 회수할 수 없게 된 경우, 그 회수 불능사유가 발생하기 이전의 사업연도에 이미 수령한 이자소득은 비록 그 이후의 사업연도에 채권원리금 전부를 회수할 가능성이 없게 되었다고 하더라도 여전히 이자소득세의 과세대상이 된다(대법원 2005.10.28. 선고 2005두5437 판결).

소득세법상 배당소득에는 비세법상 배당으로 보는 것과 세법에 의해 배당으로 간주하는 것이 있다. 비세법 중 배당의 의미를 가장 포괄적으로 정의하고 있는 것은 상법이다. 상법상 배당은 상법에서 규정하는 회사법인이 정해진 절차에 따라 주주에게 분배하는 법인의 이익을 의미한다(1, 6). 세법에 의해 배당으로 간주하는 것은 다양하다. 이에는 법인이 아니지만 국세기본법상 법인으로 보는 단체로부터의 분배금(2), 이익분배의 절차에 의하여 주주에게 분배되는 것은 아니지만 경제적 실질로 보아 이익의 분배와 다를 바 없는 결과를 초래하는 경우의 의제배당·간주배당(3, 8), 다른 세법규정의 적용 결과 배당으로 처분되거나 간주되는 것(4, 7), 투자회사 분배금과의 형평을 감안하여 배당소득으로 보는 것(5), 그리고 앞의 것들과 유사한 무엇(5호의 2, 9, 10)이 포함된다.

상법 제461조의2에 따라 자본준비금을 감액하여 배당하는 경우에는 과세대상에서 제외된다(소득세법시행령 제26조의3제6항). 상법 제461조의 2의 규정은 자본금의 150%를 초과하는 자본·이익준비금에 대해 주주총회의 결의에 따라 준비금을 감액하여 배당 또는 무상증자의 재원으로 활용 가능하도록 하고 있다.

(1) 의제배당

소득세법은 의제배당을 6가지로 열거하고 있다(소득세법 제17조 제2항).

1. 감자 시 의제배당
2. 잉여금자본전입에 의한 의제배당
3. 해산 시 의제배당
4. 합병 시 의제배당
5. 잉여금자본전입 시 자기주식 해당분
6. 분할(분할합병) 시 의제배당

우리나라의 의제배당에 관한 규정은 주주가 가지고 있던 주식 수가 늘거나 주는 현상에 착안하여 과세소득의 발생 여부를 판단한다. 이를 ① 주식 처분에 대한 과세와 ② 주식 취득에 대한 과세로 분류할 수 있다.

(가) 주식처분에 대한 과세

주식의 처분에 대한 과세는 해산·감자, 합병 및 분할 등(1, 3, 4, 6)을 통해 주식을 처분할 때 발생하는 경제적 이익에 대한 과세를 말한다. 합병 및 분할에서는 새로운 주식을 취득하는 경우가 있지만 이는 예전의 주식을 처분하는 대가이다.

일반적으로 자산을 처분하면 자본손익이 발생한다. 주식처분에 의한 이익은 자본이득적인 성격을 가지고 있다. 당해 주식의 발행법인에 돌려주는 것도 일종의 처분이라고 할 수 있을 것이다. 소득세법상 양도소득세의 과세대상이 되는 주식의 양도는 제3자에 대한 양도이다. 우리 세법상 주식의 양도차익은 상당 부분 비과세되고 있다. 주식을 발행법인에게 상환하는 때의 소득은 의제배당으로 보고 있으며 비과세제도를 두고 있지 않다. 동일한 경제적 실질을 갖는 거래가 거래의 상대방에 따라 달리 과세되므로 조세재정행위(tax arbitrage)가 나타날 수 있다. 실질적으로 발행법인에게 돌려주는 것인데 제3자를 중간에 끼워 제3자에게 양도하고 그 제3자가 즉시 발행법인에 상환하는 외관을 갖출 경우 비과세의 혜택을 볼 수 있을 것이기 때문이다. 주식처분에 의한 의제배당 소득금액은 처분의 대가로 수령한 실물 또는 현금의 가액에서 해당 주식의 취득원가를 차감하여 계산한다.

① 해산 · 감자

● 해산(complete liquidation)

해산은 개별 주주 입장에서는 자기주식을 완전히 상환하는 것과 다를 바 없다. 주식의 상환이 어떤 주주에게나 동일한 비율로 강제되는데 모두 상환하라는 것이 될 때에는 자본의 완전한 감소를 위한 것이다. 즉 완전해산을 위한 것이다.

● 자본감소(partial liquidation) · 주식소각

소득세법 제17조 제2항은 "주식의 소각이나 자본의 감소로 인하여 주주가 취득하는 금전의 가액이 그것을 취득하기 위하여 사용한 금액을 초과한 금액"을 배당소득의 하나로 규정하고 있다.

상법상 회사는 자본감소를 함으로써 '주식소각'을 할 수 있는 것이 원칙이다. 다만, 이사회의 결의에 의하여 회사가 보유하는 자기주식을 소각하는 경우에는 이익으로 소각할 수 있으며 이 경우 자본감소를 없게 된다.[66]

한편 주식소각을 위해서는 자기주식을 취득하여야 하는데 종래 상법상 자기주식의 취득은 원칙적으로 주식소각을 전제로만 허용되었다.[67] 그런데 2011년 개정된 상법은 자기주식의 취득을 원칙적으로 허용하고 있다. 매각을 목적으로 한 자기주식의 취득도 허용되는 것이다.

> 제341조(자기주식의 취득) ① 회사는 다음의 방법에 따라 자기의 명의와 계산으로 자기의 주식을 취득할 수 있다. 다만, 그 취득가액의 총액은 직전 결산기의 대차대조표상의 순자산액에서 제462조제1항 각 호[68]의 금액을 뺀 금액을 초과하지 못한다.
> 1. 거래소에서 시세(時勢)가 있는 주식의 경우에는 거래소에서 취득하는 방법
> 2. 제345조제1항의 주식의 상환에 관한 종류주식의 경우 외에 각 주주가 가진 주식 수에 따라 균등한 조건으로 취득하는 것으로서 대통령령으로 정하는 방법

자기주식의 취득은 주식소각(자본감소 또는 이익소각) 또는 재매각을 위해 허용되는 것이다.

---

66) 상법 제343조 제1항. 주식은 자본감소에 관한 규정에 의하여서만 소각할 수 있다(*모든 주주). 그러나 이사회의 결의에 의하여 회사가 보유하는 자기주식을 소각하는 경우에는 그러하지 아니하다(*희망하는 주주).

67) 구 상법 제341조 (자기주식의 취득) 회사는 다음의 경우 외에는 자기의 계산으로 자기의 주식을 취득하지 못한다.
    1. 주식을 소각하기 위한 때
    2. 회사의 합병 또는 다른 회사의 영업전부의 양수로 인한 때
    3. 회사의 권리를 실행함에 있어 그 목적을 달성하기 위하여 필요한 때
    4. 단주의 처리를 위하여 필요한 때
    5. 주주가 주식매수청구권을 행사한 때
    제342조 (자기주식의 처분) 회사는 제341조 제1호의 경우에는 지체 없이 주식실효의 절차를 밟아야 하며, 동 조 제2호 내지 제5호와 제341조의 3 단서의 경우에는 상당한 시기에 주식 또는 질권의 처분을 하여야 한다.

68) 자본금, 누적자본준비금 · 이익준비금(당기순이익 포함), 미실현이익

아래에서는 자본감소를 위한 자기주식취득의 경우를 중심으로 설명한다.

▶ 이론·실무

먼저 '자본감소'가 회사의 세무에 미치는 영향에 대해서 본다. '자본감소'는 부분해산(partial liquidation)이라고 볼 수 있다. 회사법상 균등감자를 원칙으로 하지만 불균등감자도 가능하다. 주주총회 결의를 통해 전체 주주가 유상감자를 결의하여 신청을 받는 절차를 거칠 수 있다. 개별 주주의 입장에서 볼 때, 균등감자는 강제적인 것이 되지만, 불균등감자는 임의적인 것이다. 균등감자의 경우 주주가 얻는 이득은 배당소득이다. 임의의 주주로부터 주식을 매입하여 감자하는 경우 그 주주에게는 양도소득이 될 수 있다. 자본감소를 위해 주식을 소각할 때에는 위의 자본의 감소에 관한 논의가 그대로 적용된다.

한편, '이익소각'의 경우에 대해 설명한다. 이익으로 주식을 소각할 때에는, 회계상으로 본다면 자본이 줄어드는 것이 되지만, 회사법상으로는 배당가능재원을 사용한 것이므로, 세법상 주식을 소각당한 주주의 입장에서 배당소득이 발생한 것으로 볼 수 있는 여지가 있다. 그러나 회사가 임의의 주주로부터 주식을 매입하여 이익으로써 소각하는 경우에는 양도소득으로 볼 수 있다.

회사는 정관으로 정하는 바에 따라 회사의 이익으로써 소각할 수 있는 종류주식을 발행할 수 있다(상환주식).69) 상환기일에 정관에 정해진 배당률에 따라 계산한 배당액을 가산한 금액으로 상환할 때 그 주주에게 발행한 주식가액을 초과하는 경우 그 초과금은 의제배당으로 본다. 이익배당의 수단으로 상환주식이 활용되는 점을 감안한 것이다.

다음 '자본감소'가 주주에 대한 과세에 대해 갖는 의미에 대해 본다. 자본감소를 위한 주식소각이 어떤 주주에게나 동일한 비율로 강제되는 경우 개별 주주가 얻는 이득을 배당으로 보는 이유는 그간 법인이 법인세를 부담하면서 축적한 유보이윤을 분배받는 것과 같은 실질을 가지고 있기 때문이다. 주식의 소각과 해산에 따른 이득은 개별 주주의 입장에서는 달리 볼 이유가 없는 것이다.

한편, '이익소각'의 경우, 주식의 소각이 개별 주주의 선택에 따라 자유롭게 이루어지도록 하게 되므로 개별 주주 입장에서는 사실상 발행법인이 제3자와 다를 바 없는 지위에 있게 된다.70) 불특정 다수의 주주로부터 임의로 취득한 자기주식을 이사회의 결의에 의해 상법 제343조 제1항 단서의 규정에 따라 이익을 재원으로 자본감소 없이 소각하는 경우에는 이를 양도소득으로 본다. 주식의 임의소각에 응한 주주가 얻는 이득을 양도소득으로 과세하는 것은 그것이 주식을 시장에서 매각한 것과 동일한 실질을 지니고 있기 때문이다.71) 불특정다수로부터 주식을 취득할 경우 양도소득으로 본다.72)

---

69) 상법 제345조 참조.

70) 주식의 임의소각은 유상으로 이루어지게 되며 시장가격에 접근하지 않는 한 주주가 응하려 하지 않을 것이다. 지분 비율에 따른 강제소각의 경우 무상으로도 소각이 이루어질 수 있는 것과 대비된다. 임의소각의 경우 주주가 주식을 양도하는 것으로 보아 과세하여야 한다.

71) 주식의 시장가치는 당해 주식의 미래현금흐름 현가를 대표한다. 그것은 발행법인이 법인세를 부담하면서 축적한 유보이윤의 규모에 의해 간접적으로 영향을 받을 것이지만 그것보다는 미래 그 법인이 실현할 이득에 대한 시장의 기대에 의해 더 큰 영향을 받을 것이다. 임의소각에 의한 이득을 강제소각에 의한 이득과 달리 취급할 이유가 여기에 있는 것이다.

▶ 사례

법원의 판례상, 주주의 입장에서 주식 매도가 자산거래인 주식 양도에 해당하는지 또는 자본거래인 주식 소각 내지 자본 환급에 해당하는지는 그 거래의 내용과 당사자의 의사를 기초로 하여 판단하여야 한다. 단순히 당해 계약서의 내용이나 형식에만 의존하지 않고, 당사자의 의사와 계약체결의 경위, 대금의 결정방법, 거래의 경과 등 거래의 전체 과정을 실질적으로 파악하여 판단하여야 한다고 한다.[73] 대체로 주식거래가 자본감소절차의 일환으로 이루어진 것이면 배당소득으로 판단하고 있다.[74]

대법원 2010.10.28. 2008두19628판결 사건에서 법원은 임의로 취득한 자기주식을 자본감소하면서 소각한 경우 해당 주식을 회사에 상환한 주주가 실현한 이득을 양도소득이 아니라 배당소득으로 보아야 한다고 하면서, 그 이유로 '주식의 소각이나 자본의 감소'의 요소가 있었다는 점을 들고 있을 뿐이다.

이 사건에서, 망 소외 1(2007.5.13. 사망, 이하 '망인'이라고만 한다)은 1983년 12월경 보일러 등 제조업체인 원고 회사에 생산부장으로 입사하여 근무하다가 2001년 7월 31일 지병으로 인해 전무이사로 원고 회사를 퇴직한 후, 2002년 10월 8일 원고에게 당시 보유하고 있던 원고회사 발행의 비상장주식 44천주(지분율 6.32%, 이하 '이 사건 주식'이라 한다)를 136억원에 양도하였고, 2003년 2월 14일 사회복지법인인 소외 2 복지재단(이하 '소외 재단'이라 한다)에 위 주식매매대금 중 양도소득세 등을 제외한 나머지 122억 원을 출연하였다. 한편, 원고는 2002년 11월 15일 위와 같이 취득한 이 사건 주식을 임의 소각하는 방법으로 자본금 감소절차를 이행하였다. 피고는 2005년 6월 15일 원고에 대하여, 망인의 이 사건 주식의 양도는 원고의 자본금 유상감소절차의 일환으로 이루어졌으므로 그 양도차익은 소득세법 제17조 제2항에 정한 의제 배당소득에 해당한다는 이유로 2002년 귀속 망인에 대한 배당소득세 원천징수액 25억 원을 결정·고지(이하 '이 사건 처분'이라 한다)하였다. 이에 원고는 2005년 7월 29일 이 사건 처분에 불복하여 국세심판원에 배당소득이 아닌 양도소득이라는 취지로 심판청구를 하였으나, 2006년 10월 26일 기각되었다. 본건의 사실관계는 다음과 같이 요약할 수 있다.

- 원고는 원천징수의무자인 주식발행법인이다.
- 원고는 망인으로부터 임의양수하고 이후 임의소각방법으로 감자를 실시하였다.

---

72) 소득 46011 – 21368, 2000.11.27.

73) 대법원 2002.12.26. 선고 2001두6227 판결(매수 전 주총에서 감자결의한 사안으로 법원은 의제배당으로 봄), 대법원 1992.11.24. 선고 92누3786 판결(주식발행법인이 4월 30일 매수하여, 같은 해 5월 1일 소각한 건으로 법원은 의제배당으로 봄); 주식의 매도가 자산거래인 주식 양도에 해당하는지 또는 자본거래인 주식소각이나 자본환급에 해당하는지는 법률행위 해석의 문제로서 거래의 내용과 당사자의 의사를 기초로 판단해야 하지만, 실질과세의 원칙상 단순히 계약서의 내용이나 형식에만 의존할 것이 아니라, 당사자의 의사와 계약체결의 경위, 대금의 결정방법, 거래의 경과 등 거래의 전체과정을 실질적으로 파악하여 판단해야 한다(대법원 2013. 5. 9. 선고 2012두27091 판결, 대법원 2019. 6. 27 선고 2016두49525 판결(甲 주식회사가 주주인 乙 등으로부터 甲 회사의 주식을 매수한 다음 1년 3개월 후 임시주주총회를 개최하여 위 주식을 소각하기로 결의하고 자본감소의 변경등기를 하였는데, 乙 등에게 주식 매매대금을 지급한 것은 감자대가를 선지급한 것이라고 보고 한 과세관청의 처분의 적법성을 인정) 등 참조).

74) 대법원 2002.12.26. 선고 2001두6227 판결【배당소득세 등 부과처분취소】.

- 망인은 원고에 대한 임의양도에 따른 소득에 대한 양도소득세를 신고납부하였다. 피고는 망인의 원고에 대한 임의양도에 따른 소득은 배당소득이라고 보고 원고가 그 소득에 대한 원천징수를 하지 않은 것으로 보고 이 사건 징수처분을 한 것이다.

법원은 원고가 망인으로부터 총 평가액 130억 원이 넘는 주식을 취득한 것은 자본감소절차의 일환으로서 상법 제341조 제1호[75])에 따라 주식을 소각하여 위 법인에 대한 출자금을 환급해 주기 위한 목적에서 이루어진 것이므로, 주식의 양도차익을 망인에 대한 배당소득으로 의제하여 위 법인에게 원천징수분 배당소득세를 고지한 처분은 적법하다는 판단을 하였다.

본 사건에서 원고가 주식을 취득한 것은 망인의 주식처분에 응하기 위한 것 이외에 다른 이유를 발견하기 곤란하다. 망인이 주식을 처분하여 현금화한 것은 소외재단의 설립을 하기 위한 것으로 보인다. 원고의 주식취득은 주식소각을 통한 자본감소는 사전에 의도한 것이다. 주식상환을 받으면서 주식소각 또는 자본감소를 하지 않을 수 없다는 점을 알고 있었다고 보아야 한다.

주식소각에 의한 이득이 의제배당으로 과세하기 위해서는 주식소각은 각 주주들에게 균등하게 강제적인 방법으로 받아야 한다. 주식상환이 배당지급의 수단으로 활용되는 방법으로 배당소득과세를 회피하는 것을 방지하고자 감자에 의한 의제배당과세를 하는 당초 입법취지를 고려하여야 한다.

주주가 주식발행법인에 시가에 맞추어 주식을 반환한 경우 주주가 받은 대가에는 그간 법인이 축적한 내부유보이윤이 포함되어 있다. 그 점에서 주주가 거둔 경제적 이익에는 배당으로 과세할 부분이 존재하기 마련이다.

다음과 같은 사례에서는 감자하는 법인이 보유하는 미처분이익잉여금이 주주에게 분배된 것이므로 의제배당으로 보는 것이 타당할 것이다. 납입자본금이 15억 원(1주당 액면가: 1만 원, 발행주식수: 15만 주), 잉여금이 7억 원인 법인이 자본금 5억 원을 기존주주의 지분비율에 따라 감자하면서 1주당 15,000원씩 지급하는 경우를 상정해 보자. 당해 법인의 발행주식의 40%를 소유하고 있던 甲 법인(1주당 취득가액 10,000원)의 의제배당액을 계산하면 다음과 같다.

① 甲 법인이 취득하는 금전 = 15,000원×50,000주(= 1/3×150,000주)×40% = 300백만 원
② 당해 주식의 취득가액 = 10,000원×50,000주×40% = 200백만 원
③ 의제배당액: ① - ② = 100백만 원

이에 따른 甲 법인의 회계처리는 다음과 같다.

(차변)현금 300백만 원/ (대변)관계회사주식 200백만 원
의제배당 100백만 원 → 익금산입

감자법인의 회계처리(감자차손은 잉여금과 상계처리)는 다음과 같다.

(차변)자본금 500백만 원 /(대변)현금 750백만 원

---

75) 구 상법 제341조 (자기주식의 취득) 회사는 다음의 경우외에는 자기의 계산으로 자기의 주식을 취득하지 못한다. ⟨개정 1984·4·10, 1995·12·29⟩1. 주식을 소각하기 위한 때(이하 생략)

감자차손 250백만 원

잉여금 250백만 원/감자차손 250백만 원

그러나 주주가 받는 경제적 이익에는 해당 법인의 미래 초과수익창출능력에 대한 시장의 평가도 동시에 반영되어 있다. 이 점에 대해 이 사건 대법원은 "위 법률조항이 이를 별도로 구분하지 않고 모두 배당소득으로 과세하고 있는 것은 입법정책의 문제이고 그밖에 의제배당소득의 입법 취지, 조세징수의 효율성이라는 공익적인 측면 등에 비추어 보면 위 법률조항이 입법자의 합리적 재량의 범위를 일탈하였다고 볼 수 없어 그로써 조세평등주의를 규정한 헌법 제11조에 위배된다거나 재산권보장을 규정한 헌법 제23조에 위배된다고 볼 수 없다"는 의견을 내놓고 있다.

② 합병 또는 분할

합병 또는 분할에 있어 분배금과 합병 또는 분할로 존속하거나 신설된 법인의 주식을 취득한 경우에는 분배금과 해당 주식의 가액에서 소멸된 주식의 취득원가를 차감하여 의제배당소득금액을 계산한다. 새로 받은 주식은 시가대로 평가한다. 그러나 사업목적 및 지분 계속성(배정 시에 한함)의 요건을 갖춘 합병 또는 분할의 경우 대가로 취득한 주식은 주주의 장부가액에 의하여 계산한다(소득세법시행령 제27조 제1항 제1호 나목).[76]

합병의 경우 주주는 자신의 실질적 경제력에는 변화가 없이 전과 동일한 상태로 있지만 보유하고 있던 주식의 내역에 변동이 생기게 된다.[77] 무릇 모든 자본이득에 대한 과세는 자본자산의 처분을 계기로 이루어지게 되는데 해당 자본자산의 보유자 입장에서는 처분의 전과 후에 걸쳐 실질적 경제력에는 변화가 없음에도 불구하고 과세된다. 그간 자본자산에 누적되었던 이득이 실현된 점이 중시되는 것이다. 합병이나 분할과 같은 조직변경과정에서 주주가 가지고 있는 주식의 내역이 달라진 경우 그간 가지고 있던 주식에 축적된 자본이득이 실현된 것으로 볼 것인가는 간단하게 답을 할 수 있는 사안은 아니다. 우선 예전의 주식 대신 받아 쥔 것 중에 현금이 포함되어 있다면 그 부분은 실현된 것으로 보아야 할 것이다. 그러한 현금 부분이 없이 순수하게 보유주식 내역의 변경만 있었던 경우에는 어떻게 보아야 할까? 이것은 일종의 자산의 교환에 해당한다고 볼 수도 있다. 우리 세법은 자산의 교환을 자산의 처분으로 본다.[78] 자산의 교환은 자신과 남과의 거래인 속성이 있는 반면 합병의 경우에는 남과 결합하여 하나가 되고 분할의 경우에는 자신을 분할하여 남을 만든 격이다. 즉 자기 수중에 있는 자산의 외형 변화에 불과한 것이다. 경제적 실질에는 변화가 없이 사업의 추진형태만 달라진 것으로 볼 수도 있는 것이다. 우리 세법은 이와 같은 관점에서 일정한 요건(사업목적 및 지분계속성의 요건)을 충족하는 합병이나 분할의 경우 과세를 이연하는 특례를 두고 있다.

합병법인이 피합병법인의 주식을 보유하고 있다가 합병하는 경우 합병법인은 주주로서 의제

---

76) 장부가액이 시가에 미달할 경우 시가에 의하므로 일종의 저가법이라고 할 수 있다.

77) 합병결정 소식으로 주가가 일시적으로 상승하는 데 그치고 합병거래를 전후하여 실질적인 경제력의 변화가 없을 수 있다. 물론 합병에 의한 실질적인 시너지 효과에 의하여 주가가 상승할 수도 있을 것이다.

78) 기업회계기준 및 모든 외국의 세법이 같은 입장인 것은 아니다. 그리고 우리 세법상으로도 일정한 요건을 충족하는 사업용 유형자산의 교환에 의한 차익의 인식은 배제한다(법인세법 제50조).

배당소득을 인식함과 동시에 합병당사자로서 합병차익을 인식하여야 하는가? 이러한 경우의 주식을 포합주식이라 한다. 법인세법은 합병에 의한 의제배당을 피합병법인의 주주가 합병법인으로부터 받는 재산으로 보고 있다. 합병법인은 스스로에게 합병교부금을 분배하지 않는다. 즉 합병에 의한 의제배당소득이 발생되지 않는 것으로 본다. 이에 따라 합병법인 이외의 기타 피합병법인 주주의 지분율이 증가하게 됨에 따라 이익을 분여받은 개인 주주에 대해서는 의제배당과세가 이루어지게 된다.[79]

③ 조직변경
법인의 조직변경의 경우 의제배당규정을 적용하지 않는다(소득세법 제17조 제2항 제3호).[80]

(나) 주식취득에 대한 과세

① 과세대상

● 잉여금의 자본전입에 의한 무상주 또는 주식배당
잉여금의 자본전입에 따라 주주가 받는 무상주에 대해서는 의제배당으로 과세한다(2). 잉여금 자본전입 시점에서 법인이 가지고 있던 자기주식에 대해 주식이 배정되지 못함에 따라 다른 주주가 얻게 되는 경제적 이득도 의제배당으로 과세한다(5).
잉여금의 자본전입 시점에서 주주는 처분하는 주식은 없이 새로운 주식을 취득하게 된다. 여기서 잉여금은 이익잉여금과 자본잉여금을 말한다. 그것의 자본전입으로 의제배당으로 과세되는 잉여금은 주로 이익잉여금으로 한정된다. 이익잉여금은 기업회계상 당기의 미처분이익잉여금과 전기로부터 이월된 이익준비금 등을 모두 포괄한다.
소득세법상 상법에 의한 주식배당은 배당소득으로 의제된다. 그런데 미국에서는 지분비율에 비례하는 방식으로 받은 부분을 과세에서 제외한다. 이는 1920년 연방대법원은 Eisner v. Macomber 사건(252 U.S. 189, 1920)에서 단순한 주식의 배당은 실현된 소득으로 볼 수 없다고 판시한 이래 미국 내국세입법에 도입된 원칙이다. 이 사건에서의 주식배당은 주주의 지분율에 비례한 것이었다. 이에는 주주의 지분율을 변화시키는 주식배당의 경우에는 과세할 수 있다는 전제가 깔려 있었다. 연방대법원의 판결문을 인용하면 다음과 같다.

> 소득은 자본이나 노동 또는 그 두 가지에 연원하는 것이지만 그것으로부터는 분리된 이득을 의미한다. 주식배당으로 주주의 법인에 대한 지분이 분리된다고 볼 수 없다. 배당된 주식은 해당 주주의 법인에 대한 지분 증거수단의 변화에 불과하다. 모든 주주의 지분이 비례적으로 증가하였으며 개별 주주의 지분에 변화가 없었다. 따라서 주식배당으로 실현된 이득이 없었으므로 소득도 없었다.

---

79) 법인의 합병 후 존속하는 법인이 합병과정에서 소각을 목적으로 취득한 자기주식을 정상적으로 소각하는 경우에 당해 주식의 소각으로 특정주주에게만 이익을 주는 경우 외에는 상속세 및 증여세법 제39조의 2(감자에 따른 이익의 증여)의 규정이 적용되지 아니하는 것임(국세청 서면인터넷방문상담4팀-3631, 2006.11.02.). 국세청 법인 46012-4229, 1995.11.18참조

80) 소득세법기본통칙 17-3.

현행 내국세입법상으로도 주식배당은 원칙적으로 주주의 총소득에 포함되지 않는다.[81] 주식배당은 주주의 자격으로 법인으로부터 받는 당해 법인의 주식이다. 현금 또는 현물배당은 과세된다.[82] 주식배당이 과세되지 않는 것은 주주의 실질적 지분에 변화를 주지 않기 때문이다. 주식 수는 늘어나므로 기존 주식의 장부가액의 일부를 신주식에 떼어 주어야 한다.[83] 전체 주주에게 비례적으로 분배되지 않은 주식배당[84]의 경우에는 배당으로 과세된다.[85] 1) 우선주를 배당하는 경우, 2) 주주가 현금을 받든가 주식을 받든가 하는 선택권을 가진 경우, 3) 일부 주주는 현금을 받고 일부 주주는 주식을 받는 경우, 4) 일부 보통주주에 우선주를 주고 기타 보통주주에 보통주를 배당하는 경우 등에는 과세된다. 우선주로 전환할 수 있는 전환주식을 받은 경우에는 과세되지만 전환에 소요되는 기간이 길면 소득에서 제외된다.

일본에서는 1990년 상법 개정으로 주식배당제도가 폐지되었다. 그 이전에는 주식배당을 배당소득으로 볼 것인가에 대해 학설상 다툼이 있었지만 법원은 배당소득으로 보았다. 1990년 이후에는 이익잉여금의 자본전입이 있더라도 무상주는 교부되지 않았다. 2001년 소득세법이 개정되기까지는 이익잉여금의 자본전입을 배당소득으로 간주하여 왔다. 즉 무상주가 배정되지 않더라도 배당소득으로 과세되어 왔다. 2001년 "자산의 교부가 없는 경우의 간주배당과세제도는 폐지한다."는 방침에 따라 이익잉여금의 자본전입액은 원칙적으로 배당소득으로 과세되지 않는다. 이에는 배정되는 무상주가 이익적립금의 전입에 의한 것이 아니라 자본적립금의 전입에 의한 것이라는 논리가 활용되고 있다.[86]

② 과세배제

● 자본준비금 등의 전입의 경우

자본잉여금에서 자본준비금 중 대통령령이 정하는 것(주식발행초과금, 감자차익, 합병차익 및 분할차익)과 재평가적립금은 제외한다.[87] 이들을 제외하는 것은 법인세가 과세되지 않는 자본거래에 따라 법인의 순자산이 증가한 금액을 모아 놓은 것이기 때문이다.

감자차익을 2년 이내에 자본전입하는 경우에는 의제배당으로 과세한다. 이는 감자할 때 주주에게 덜 주어 의제배당과세를 당하지 않도록 하고 난 다음 얼마 안 있다가 덜 준 것에 따라 법인이 본 이득을 재원으로 무상주를 발행할 경우 주식 수는 예전 수준으로 돌아왔는데 주주는 현금을 쥐게 되어 사실상 현금배당과 동일한 효과를 거두는데 앞의 감자 시점에도 배당과세를

---

81) 내국세입법 제305조.

82) 내국세입법 제301조.

83) 기존주식과 신주식의 시장가치를 기준으로 안분계산한다. 이 경우 신주의 보유기간은 구주의 보유기간과 같은 것으로 본다.

84) 내국세입법 제301조(c)는 아울러 재무부가 여러 형태의 새로운 금융상품에 대응할 수 있도록 언제 지분비율이 변동하였는지의 판단기준을 규정할 수 있게 하고 있다.

85) 내국세입법 제305조. 이 경우 신주의 보유기간은 주식을 수령한 날에 개시하는 것으로 본다.

86) 金子宏, 전게서, p.204.

87) 소득세법 제17조 제2항 제2호 가목 및 법인세법 제16조 제1항 제2호 가목 참조.

받지 않고 후의 자본전입 시점에도 배당과세를 받지 않는 조세회피현상을 방지하기 위함이다.

자산재평가법상 법인이 3%의 세율을 적용받은 부분을 재원으로 자본전입하여 받은 무상주는 의제배당으로 과세되지 않는 반면, 1%의 세율을 적용받은 부분에 대해서는 의제배당으로 과세된다. 1%로 과세하는 것은 법인을 살리기 위함인데 그 효과가 바로 주주에게까지 가는 것을 억제하기 위함이다.

③ 과세배제에서의 제외

● 주식발행초과금의 자본전입(자기주식 부분)

대법원 2007.10.25. 2005두8924판결 사건에서, 피고 영등포세무서장은 원고 동원증권주식회사가 2000년 5월 26일 주식발행초과금의 50%를 자본에 전입하면서 자기주식에 대해서는 무상주를 배정하지 않고 나머지 주주에게만 배정함으로써 나머지 주주들의 지분율이 상승한 것이 법인세법(주주가 법인인 경우) 또는 소득세법(주주가 자연인인 경우) 소정의 의제배당에 해당되므로, 원천징수의무자인 원고로서는 이에 대한 배당소득세를 원천징수하고, 지급조서를 제출하여야 함에도 이를 이행하지 않았다고 보고, 2002년 2월 1일 원고에게 2000년도분 원천징수 배당소득세 408,685,830원을 부과·고지하였다. 나머지 주주들의 지분상승분은 누군가의 자의에 의한 이익의 무상이전은 아니므로 증여는 아니었을 것이다. 원래 지분비율대로의 분배라면 의제배당으로 과세되지 않을 것이었으므로 배당소득으로 과세될 수 없는 것인지에 대해, 법원은, 구 법인세법(2001.12.31. 법률 제6558호로 개정되기 전의 것) 제16조 제1항 제3호[88]와 구 소득세법(2001.12.31. 법률 제6557호로 개정되기 전의 것) 제17조 제2항 제5호의 각 규정 취지는 법인이 자기주식을 보유한 상태에서 주식발행초과금 등을 자본전입하여 신주를 발행하는 경우에 상법상 자기주식의 취득이 제한되어 그 법인이 보유한 자기주식에 대한 신주를 무상교부하지 못하여 다른 주주들이 자기주식 지분에 대하여 무상으로 교부될 신주에 해당하는 만큼의 주식을 초과 배정받는 때에는 결국 그 법인이 다른 주주에게 무상으로 교부한 주식 상당액을 신규로 배당한 것과 마찬가지의 결과가 되므로 그 초과로 무상교부된 주식의 가액을 의제배당으로 보고 과세하기 위한 것이라고 보아 과세당국의 처분이 적법하다는 판단을 하였다.

자기주식에 대해 주식을 교부할 수 없는 상법상의 제약 때문에 잉여금을 자본전입할 때 일반 주주가 더 받게 되는 주식의 가액은 세법상 의제배당소득이 된다. 한편 세법상 주식발행초과금에 연원하는 것은 자본거래에 따른 것으로 보아 법인에 대해서는 법인세를 과세하지 않고 개인주주에 대해서는 소득세를 부과하지 않는다. 이는 단기소각무상주 과세에 관한 법인세법의 입장에서도 알 수 있다. 주식발행초과금(100)을 자본전입할 때 자기주식에 대해 배정하지 못한 부분을 배정받은 주주는 그로 인해 추가적인 경제적 이득이 있다고 할 수 없다. 법인이 자기주

---

88) 구 법인세법(2001.12.31. 법률 제6558호로 개정되기 이전의 것)
　　제16조 (배당금 또는 분배금의 의제) ① 다음 각 호의 1에 해당하는 금액은 법인으로부터 이익을 배당받았거나 잉여금을 분배받은 금액으로 보고 이 법을 적용한다. (중간 생략)
　　3. 제2호 각 목의 규정에 의한 자본전입을 함에 있어서 법인이 보유한 자기주식 또는 자기출자지분에 대한 주식 등의 가액을 그 법인이 배정받지 아니함에 따라 다른 주주 등이 이를 배정받는 경우 그 주식 등의 가액.

식을 취득하는 시점에서 법인의 실질적인 자기자본은 이미 축소되었으며 주식발행초과금(100)도 전체 자본(1,000) 중 자기주식(50)에 해당하는 부분(5)만큼 줄어 있었을 것이다. 주주 갑의 지분율이 20%라고 상정한다면 자신이 고유하게 받아야 할 주식은 20이지만 1만큼 더 받았다. 그러나 그것은 외형에 불과하다. 자신의 고유 몫으로 받은 20의 가치는 이미 19로 줄어들어 있었을 것이기 때문이다. 추가로 받은 1과 합산하면 20이다.

④ 의제배당소득금액

● 기본원칙

받은 무상주의 액면가액을 소득세법상 의제배당소득금액으로 본다(소득세법시행령 제27조 제1항 제1호 가목). 상법 제462조의 2[89]의 규정에 의한 주식배당은 세법상 잉여금의 자본전입에 의한 의제배당으로 본다.[90]

상법은 주식배당으로 인해 발행하는 신주의 발행가액은 주식의 권면액(액면가)으로 한다고 규정하고 있다(상법 제462조의 2 제2항). 잉여금의 자본전입 당시 발행가액은 액면가액보다 많은 금액으로 할 수 있다. 이때 발행법인은 액면가액을 상회하는 금액을 장부상 주식발행초과금으로 계상한다. 주주는 받은 주식을 액면가액대로 받은 것으로 보아 의제배당소득으로 과세받는다(소득세법시행령 제27조 제1항 제1호 다목).[91]

새로 받은 주식이 무액면주식인 경우 그것의 가치는 (자본금전입액)/(자본전입시 신규발행된 주식수)로 계산한다.

● 주식발행초과금의 자본전입에 의한 무상주의 취득가액

주식발행초과금을 자본전입할 때 받은 무상주에 대해서 의제배당소득으로 과세하지 않는다. 그렇게 받은 무상주를 처분할 때 취득가액을 얼마로 볼 것인가? 발행법인이 주주로부터 주식을 환수하여 소각하는 것은 주주의 입장에서는 보유주식의 처분이 된다. 주식소각일부터 역산하여 2년 이내에 잉여금의 자본전입으로 취득한 주식이지만 당시 의제배당소득으로 과세되지 않았던 것[92]에 대해서는 취득원가를 0으로 본다. 그리고 개별 주주가 가진 주식이 많을 경우 이를 먼저

---

89) 상법은 주식배당이 이익배당 총액의 2분의 1에 상당하는 금액을 초과하지 못하는 것으로 규정하고 있다[상법 제462조의 2 (주식배당) ① 회사는 주주총회의 결의에 의하여 이익의 배당을 새로 발행하는 주식으로써 할 수 있다. 그러나 주식에 의한 배당은 이익배당총액의 2분의 1에 상당하는 금액을 초과하지 못한다]. 증권거래법은 상장법인 또는 협회등록법인은 상법의 규정에 불구하고 이익의 배당을 이익배당총액에 상당하는 금액까지 새로 발행하는 주식으로 할 수 있다고 규정하고 있다.

90) 주식배당을 의제배당으로 보지 않고 통상의 현금배당과 같은 것으로 보는 견해가 있다(김완석, 『소득세법론』, 광교이택스, 2007, p.185). 잉여금의 자본전입에 의한 신주와 주식배당에 의한 신주(주식배당을 위해서는 신주를 발행하여야 한다)는 과세상 차이가 없으므로 논의의 실익은 없다. 전자의 경우 잉여금을 재원으로 하는 것이며 후자의 경우 배당가능이익을 재원으로 하는 것이다. 배당가능이익은 당기분을 포함한 누적된 잉여금이다. 주식배당은 이익배당총액의 2분의 1 이내로 하도록 되어 있다. 전기이월잉여금이 100, 당기 이윤이 100이라고 상정할 때 전체 200을 이익배당하면서 그중 반을 주식배당 방식으로 하기로 한 경우와 전기이월잉여금을 자본전입하면서 신주발행하고 당기 이윤은 현금배당하기로 한 경우와 과세상 달리 볼 부분은 없다.

91) 1998.12.31. 대통령령 제15969호로 도입된 조항이다.

소각하는 것으로 본다(소득세법시행령 제27조 제3항 전단). 그런데 동 항은 비록 잉여금의 자본전입으로 취득한 주식이지만 당시 의제배당소득으로 과세되지 않았던 주식 중 주식발행초과금의 자본전입에 따른 무상주의 단기소각의 경우에는 '취득원가를 0으로 보면서 먼저 소각하는 것'으로 보지 않는다고 한다(동 항 괄호 안).

- ● 재평가적립금의 자본전입에 의한 무상주의 취득가액

재평가세를 3%로 물고 재평가 후 적립한 재평가적립금을 자본전입함으로써 취득한 무상주는 의제배당소득으로 과세되지 않는다. 재평가적립금을 자본전입할 때 주식을 교부받은 주주가 그것을 처분함에 따라 얻는 소득금액을 산정할 때 취득원가를 얼마로 할 것인가? 무상주이므로 경제적 실질상 발생한 원가는 없었을 것이다. 그리고 그에 대해 의제배당소득으로 과세되지 않았다. 의제배당소득으로 과세되지 않은 것을 세무상 가액을 0으로 본 것으로 이해할 것인가, 아니면 세율을 0으로 본 것으로 이해할 것인가? 전자로 이해한다면 해당 무상주를 처분하는 주주는 처분 당시 대가를 모두 소득으로 인식하여야 한다. 후자로 이해한다면 무상주를 받을 당시 그 무상주의 가액을 취득원가로 공제받을 수 있을 것이다. 그 무상주의 취득원가를 액면가액으로 산정할 것인가 아니면 당시의 시가로 산정할 것인가? 잉여금의 자본전입으로 받은 무상주를 과세할 때에는 액면가액으로 과세한다. 재평가세를 1%로 물고 재평가한 경우에는 받은 무상주에 대해서는 액면가액을 주주의 소득으로 보아 의제배당소득으로 과세한다. 3%를 물고 재평가한 경우 의제배당과세를 하지 않는 것은 입법취지상 이후에도 세금을 부담시키지 않겠다는 취지이다. 즉 세율이 0인 것으로 보아야 한다. 그러나 1% 재평가의 경우와 비교해 볼 때 그렇게 받은 무상주의 처분 당시 취득원가는 액면가액으로 하여야 할 것이다. 우리 대법원은 3%를 물고 재평가한 경우 의제배당과세를 하지 않는 것은 과세의 배제가 아니라 과세의 유보를 염두에 둔 것으로 이해하고 있다.[93] 소득세법시행령 제27조 제3항의 규정 방식상 재평가적립금의 자본전입에 의한 무상주의 단기소각이 아닌 경우에는 취득원가가 0으로 되지 않는다는 반대해석이 가능하다. 즉 과세되든 과세되지 않든 액면가액으로 하는 것을 원칙으로 하되 특별히 조세회피적인 사유가 있는 경우 취득가액을 0으로 한다는 것이다. 앞의 대법원의 판례는 단기소각에 관한 것이 아니었음을 감안한다면 대법원은 이러한 해석결과에 배치되는 입장을 취하고 있었음을 알 수 있다.

(2) 출자공동사업자에 대한 분배금

본 절 제3항 참조

(3) 법인세법상 배당으로 처분된 금액

법인세법상 법인세과세표준과 세액을 경정할 때 익금산입 또는 손금불산입된 금액 중 주주에게 귀속되었다고 인정되는 금액은 주주에 대한 배당으로 처리한다. 이를 인정배당이라 부른

---

92) 자본잉여금에서 자본준비금 중 일부와 재평가적립금은 제외한다. 제외되는 자본준비금은 주식발행초과금, 감자차익, 합병차익, 분할차익 및 기타 자본잉여금(자산수증익)이다.

93) 대법원 1992.2.28. 90누2154.

다(법인세법 제67조). 소득이 귀속된 주주가 임원 또는 사용인인 경우에는 귀속된 소득을 배당으로 보지 않고 상여로 본다(법인세법시행령 제106조 제1항 제1호 나목). 이를 인정상여라고 한다. 사외에 유출된 것이 분명하지만 그 귀속이 불분명한 경우에는 대표자에 대한 상여로 처분하는데 그것도 인정상여라고 한다.

(4) 국조법 제17조의 규정에 따라 배당받은 것으로 간주된 금액

국제조세조정에 관한 법률(「국조법」)은 국외 특수관계인과의 이전가격거래에 대해 정상가격에 의해 내국법인의 소득금액을 경정하도록 함과 동시에 증액된 소득에 해당하는 금원이 국외의 주주에게 귀속된 것으로 인정되는 경우에는 배당소득으로 과세하도록 하고 있다(국조법 제9조). 그리고 국외의 지배주주가 내국법인에 과다하게 자금을 대여해 준 경우에는 그에 대한 지급이자 중 일부를 손금산입대상으로 보지 않고 배당으로 인식하도록 하고 있다(국조법 제14조). 또한 내국인이 해외 조세피난처에 자회사를 설립하여 그곳에 소득을 유보하는 경우 동 유보소득을 내국인에 배당한 것으로 간주하여 과세하도록 하고 있다(국조법 제17조). 소득세법상 국조법 제9조 및 제14조의 규정에 의한 소득은 국내에서 원천징수의 대상이 되는 반면, 제17조의 규정에 의한 소득은 국내에서 원천징수의 대상이 되지 않는다. 국조법에서 배당으로 보는 것에 대해서도 소득세법상 신고 등 납세의무이행에 관한 규정이 적용되는가에 대해서는 국조법 제17조의 간주배당을 둘러싸고 다툼이 있었는데 2005년 12월 소득세법에 배당소득에 해당하는 것임을 분명히 하는 규정을 두게 되었다.[94]

(5) 집합투자기구로부터의 이익

자본시장과 금융투자업에 관한 법률(「자본시장법」)상 집합투자기구(투자펀드) 투자로부터 정기적으로 수익금의 분배를 받고 만기가 되면 정산하여 분배를 받을 경우(소득세법상 적격투자펀드[95]) 이것을 배당소득으로 본다.[96] 투자펀드는 신탁형, 회사형 및 조합형으로 구성된다.

2006년까지는 소득세법상 투자신탁의 이익은 원래 해당 펀드 자산의 50% 이상을 공사채에 투자한 것을 이자부 투자신탁으로, 50% 이상을 주식에 투자한 것을 배당부 투자신탁으로 구분하고, 전자로부터의 소득을 이자소득으로 후자로부터의 소득을 배당소득으로 분류하였다. 투자회사형 펀드로부터 분배금은 모두 배당으로 과세되었다. 회사로부터의 배당으로 보아야 하기 때문이다. 투자신탁의 자산운용에 대해 획일적인 기준을 적용하기도 곤란할 뿐 아니라 투자회사와 투자신탁의 경제적 기능상 차이도 없는데 투자회사형 펀드로부터의 분배금은 모두 배당소득으로 보도록 되어 있는 점을 감안하여 2007년부터는 투자신탁의 분배금도 모두 배당소득

---

94) 대법원 2008.10.9. 2008두13415는 소득세법에 간주배당금액을 과세소득으로 하는 명문규정이 없고, 배당소득을 신설한 것이어서 그 효력을 창설적인 것으로 봄이 상당하므로, 위 개정 법률이 시행되기 이전에는 국조법상의 배당간주규정만으로는 소득세를 부과할 수 없다고 하였다.

95) 펀드의 이익을 연 1회 이상 결산분배하여야 적격펀드로 본다. 집합투자재산 중 주식, 채권, 파생상품, 실물자산 등의 평가이익 및 매매이익은 결산분배하지 않고 유보할 수 있다. 다만, 이자와 배당은 매년 분배하여 과세하게 된다(소득세법시행령 제26조의 2).

96) 투자펀드수익증권을 제3자에게 매각할 수도 있는데 이때에는 양도자가 실제 실현하는 이득이 양도소득으로 과세되지는 않는다. 배당소득 또는 이자소득으로 과세되거나 아예 과세되지 않기도 한다.

으로 과세하고 있다. 투자신탁분배금에 대한 소득과세상 당해 신탁재산에 대해 과세가 이루어지지 않기 때문에 경제적 이중과세[97]가 발생하지 않는다. 투자회사에 대해서는 지급배당공제방식의 경제적 이중과세배제장치가 있다.

2006년 국외로부터 받는 신탁의 이익을 모두 배당소득으로 보도록 소득세법이 개정되었다. 그 이전에는 일반신탁[98]의 이익은 수탁자에게 이전되거나 그밖에 처분이 된 재산권에서 발생하는 소득의 내용별로 소득을 구분하도록 되어 있는 소득세법규정(소득세법 제4조 제2항[99])이 국외신탁으로부터의 이익에도 적용되었는데 그것을 실제 운영하기 곤란했던 점을 고려한 것이다.

2013년 모든 국외 설정 집합투자기구로부터의 이익을 배당소득으로 보도록 소득세법시행령이 개정되었다(소득세법시행령 제26조의 2 제2항).

상장지수집합투자기구(Exchange Traded Fund, ETF)를 포함한다(소득세법시행령 제26조의 2 제1항 제2호 가목).

2016년부터 2년간 가입한 해외주식형 펀드(해외상장주식에 직접 또는 간접적으로 60% 이상 투자하는 신규펀드)에 대해서는 해외주식의 매매 또는 평가차익과 이에 따른 환차익에 해당하는 배당소득을 비과세한다(조특법 제91조의 17).

(6) 파생결합증권이익

소득세법 제17조 제1항 제5호의 2의 소득이다. 국내 또는 국외에서 받는 파생결합증권 등으로부터의 이익은 배당소득으로 과세한다. 신종금융상품으로부터의 이익을 규정하고 있는 소득세법 제16조 제1항 제13호의 소득 및 소득세법 제17조 제1항 제10호의 소득과의 구별이 필요하다.

자본시장법은 파생결합증권(원금비보장 ELS·DLS 및 사모 워런트증권 등; 자본시장법 제4조 제7항 본문)을 파생결합사채(원금보장 ELS·DLS[100] 등; 상법 제469조제2항제3호에 따른 사채로서 자본시장법 제4조제7항 본문단서에 해당)와 구별하고 있다. 파생결합증권에서의 '결합'은 지수변동과의 연계를 의미하고, 파생결합사채에서의 '결합'은 파생상품과 사채와의 결합을 말한다. 이 증권 또는 사채로부터의 수익금은 제5호의 2의 소득이다. 주가연계증권 및 각종 파생증권의 수익 분배금도 이에 포함된다(소득세법시행령 제26조의 3 제1항 제2호).

제5호의 2의 소득은 상장지수증권(Exchange Traded Note, ETN)으로부터의 분배금도 포함한다(소득세법시행령 제26조의 3, 소득세법시행규칙 제14조). 이는 발행자가 만기에 기초자산의 가격 또는 지수의 수익률에 연동하여 약속된 수익을 지급하는 증권으로서 거래소에 상장·매매되는 상품을 말한다.

금 파생결합증권인 골드뱅킹은 자본시장법시행령 제7조 제2항 제1호의 규정에 따른 금적립계좌인 특별한 DLS로서 과세대상이다(소득세법시행령 제26조의 3). 금거래소를 통한 금거래이익은 비과세이다.

---

97) 제3편 제3장 제2절 제1항 2. 나.

98) 소득세법상 투자신탁으로 보는 신탁 이외의 신탁.

99) 소득세법 제4조 제2항은 2003년 12월 신설되었다.

100) ELB, ELD라고도 한다(2031년 개정된 자본시장법 참조).

(7) 유형별 포괄주의 규정

소득세법은 제17조 제1항 제9호에서 '제1호부터 제7호까지의 규정에 따른 소득과 유사한 소득으로서 수익분배의 성격이 있는 것'을 배당소득의 하나로 열거하고 있다. 이자소득에서와 같이 유형별 포괄주의를 채택하고 있는 것이다.

소득세법 제17조 제1항 제9호에서 '수익분배'라 함은 출자에 대해 이익을 분배하는 것을 말한다. 과세당국이 제1호 내지 제7호의 규정의 적용을 받지 않고 단순히 '수익분배'의 성격이 있는 것을 배당으로 본 사례로서 다음과 같은 것이 있다.

(가) 문화펀드

2002년 국세청 예규에 의하면, 법인이 그 법인의 자금과 외부투자자들의 자금으로 외국의 영화를 수입하여 국내에 배급, 상영하는 사업을 영위하고 외부투자자들은 당해 사업에서 발생한 손실에 대해서는 그 투자비율에 따라 책임(투자금액한도)을 지고 수익의 발생시기에는 투자원금과 투자금액에 대한 일정률의 이자와 일정비율의 추가이익을 받기로 약정한 경우 당해 사업에서 수익이 발생하여 약정에 따라 외부투자자들이 지급받는 금액이 이에 해당한다.[101] 이는 일반적으로 '문화펀드'라 불리는 투자형태의 하나이다. 펀드를 운용하기 위해 문화사업을 영위하는 법인은 당해 사업으로부터의 소득을 각 사업연도의 소득으로 하여 법인세를 납부하고 세후순이익을 당해 법인과 투자자에게 분배하는 것이다. 따라서 투자자의 입장에서는 법인단계에서 과세된 것을 재차 배당소득으로 과세받는 결과가 된다.[102] 투자약정상 투자자가 손실에 대해 책임지도록 되어 있으므로 '일정률의 이자'에 해당하는 부분도 확정된 것으로 보기 어려우며 결과적으로 펀드의 운영성과에 의하여 지급 여부가 결정되는 불확실한 것이기 때문에 이자소득으로 보기보다는 배당소득으로 본다. 그런데 국세청은 유사한 기능을 수행하지만 네티즌 등으로부터 투자자금을 공모한 펀드가 익명조합의 형태로 설립된 경우에는 이자소득에 해당된다고 하여 개별적인 사실관계에 따라 그 취급이 달라지는 문제가 있었다.[103] 문화펀드로부터의 소득은 2007년부터는 소득세법상 배당소득의 하나로 명시적으로 열거된 출자공동사업자에 대한 분배금으로 분류된다.

(나) 골드뱅킹

엔화스왑예금거래의 사례에서 차익거래대상을 외환이 아닌 금으로 한 경우를 상정해 보자. 고객 갑이 금에 투자하였지만 가격위험을 회피하기 위해 1년 후 선물매도계약을 체결한다면 갑은 금으로부터 자본이득을 추구하되 단지 안전한 길을 선택한 것으로 볼 수 있다. 금을 사면서 그것을 은행에 예치하고 해당은행과 금선물매도계약을 체결한 경우라면 그 거래에 따른 차익으로 볼 것인가? 우리 소득세법상 금 자체의 양도차익은 과세되지 않는다. 선물거래에 의한 이득도 과세되지 않는다. 그런데 금차익거래를 과세할 수 있을까? 만약 과세한다면 이자소득으로 과세할 수 있을까? 금은 환가가 용이한 물품이기 때문에 만국공통화폐와 같을 것이므로 엔화스왑예

---

101) 서이 46013-11292, 2002.7.3.

102) 사실상 법인은 노무와 자본을 투자자는 자본만을 출연하여 영위하는 법인과 투자자들 간 공동사업의 형태이나 이를 공동사업으로 보는 경우 투자자 개인은 법인단계의 과세를 받지 않은 소득을 분배받을 것이다.

103) 서면인터넷방문상담1팀-47, 2004.1.16.

금처럼 과세하는 것이 타당한가? 부가가치세법은 원칙적으로 금을 화폐가 아닌 상품으로 본다.

　정부의 결정에 의하면 골드뱅킹에 의한 고객의 이익은 배당소득으로 과세된다고 한다. 소득세법 시행령상 규정된 배당소득의 하나로 보고 있는 것이다. 유형별 포괄주의 규정에 관한 소득세법시행령 제26조의 3 제1항 제2호상의 복합파생상품거래에 의한 이익이라고 하는 것이다. 배당소득은 수익분배의 성격이 있어야 할 것인데 골드뱅킹에 의한 고객의 이익이 그런 성격을 지니고 있다고 보기 어렵다. 골드에 의한 자본이득이므로 양도소득으로 규정하는 것이 타당할 것이다. 통상적인 선물거래는 만기가 정해진 것이며 그 만기에 대한 가격전망에 따라 가격이 좌우되는데 골드뱅킹에 의한 고객의 지위는 현물시세에 좌우되므로 파생거래라고 보기 어렵다. 고객의 입장에서는 골드뱅킹을 하는 은행에 자금을 사용하게 하고 그것에 대한 대가를 받는 방법으로 금의 현물시세를 이용한 것이라면 해당 거래약정을 불확정이자부 자금대여약정으로 볼 수도 있겠다. 다만, 약정상 언제든지 금 현물인출이 가능하도록 되어 있다면 자금대여약정으로 보기도 어렵다. 그리고 고객으로서는 금보유지위와 동일한 지위를 가지는 것이므로 원본상실의 위험이 있으므로 원본반환을 핵심으로 하는 자금대여약정에 의한 이익과 동일한 이익을 얻는다고 보기도 곤란하다.

　골드뱅킹에 의한 이익은 자본이득이다. 고객이 바로 금 현물을 보유하게 되면 부가가치세를 부담하게 되는 사정 때문에 은행이 대신 보관하여 주는 것이다. 금의 처분에 따른 자본이득은 양도소득이므로 그 소득의 하나로 열거하여 과세하는 것이 정도이다. 고객에게 금은 화폐대용물이라기 보다는 투자수단이기 때문이다. 이론적으로 금이 비록 화폐의 기능을 하는 것에 불과한 상황이라 하더라도 과세대상으로 삼지 못할 이유는 없다. 외환차익이 소득과세의 대상이 될 수 없는 것은 아니다. 법인의 외환차익은 과세된다. 거주자의 국외자산양도소득 과세상 취득시점과 처분시점 간 외환차손익 부분은 자산양도손익 계산 시 반영된다. 개인의 소득금액 계산을 위한 표시통화는 원화이다. 우리나라에서 사는 사람을 전제하고 그 이익을 계산하여 이득이 있으면 과세하는 것으로 세법을 구성하여야 하므로 외환차손익도 과세대상에 포함하여야 할 것이다. 시장변동성이 심한 금, 외환 및 파생상품의 거래로 인한 자본손익을 과세하지 않는 것은 정부재정상으로는 문제 될 것이 없을지 몰라도 실질적 형평에 부합하는 과세에는 부족함이 있는 것이다. 단기외환거래에 대한 토빈세 및 파생거래에 대한 거래세 등 간접세를 도입하는 것은 실질적 형평의 제고에는 도움이 되지 않는다. 시장에 개입하여 시장의 실패부분을 보완할 수 있는 가능성이 있지만, 그의 반대편으로 시장기능을 저해할 가능성도 그만큼 존재한다.

　대법원 2016.10.27. 선고 2015두1212판결은 골드뱅킹 거래의 실질은 금 매매거래이고 그 소득의 경제적 실질은 금 매매차익으로 소득세법 시행령의 과세요건을 충족하지 못해 파생결합증권 소득이 아니며, 집합투자기구이익과 유사성이 없고 소득분배의 성격이 없어 배당소득으로 과세할 수 없다는 판단을 하고 있다.

(다) 외국법인으로부터 받은 간주배당소득

　국조법은 국외 특수관계인과의 이전가격거래에 대해 정상가격에 의해 내국법인의 소득금액을 경정하도록 함과 동시에 증액된 소득에 해당하는 금원이 국외의 주주에게 귀속된 것으로 인정되는 경우에는 배당소득으로 과세하도록 하고 있다(국조법 제9조). 그리고 국외의 지배주주가 내국법인에 과다하게 자금을 대여해 준 경우에는 그에 대한 지급이자 중 일부를 손금산입대상으로 보지 않고 배당으로 인식하도록 하고 있다(국조법 제14조). 이 소득들은 개념상 비거주자나 외국법인에게 귀속하는 것이다. 소득세법과 법인세법은 비거주자나 외국법인의 국내원천소득을 별도로 규정하고 있다. 소득세법을 예로 들면 제119조에서 비거주자의 국내원천과세대상소득을 규정하고 있다. 소득세법 제119조 제2호의 배당소득에는 국조법 제9조와 국조법 제14조의 소득을 열거하고 있다. 소득세법 제119조 제2호의 소득을 거주자의 소득에 비교한다면 소득세법 제17조 제1항 제9호의 유형별 포괄주의 규정에 의한 배당소득에 해당하는 것으로 볼 수 있을 것이다. 거주자가 외국법인으로부터 우리 소득세법 제119조 제2호와 같은 종류의 경제적 이익을 받았을 때에는 소득세법 제17조 제1항 제9호의 소득으로 볼 수도 있을 것이다. 배당소득의 수입시기와 관련된 규정을 볼 때, 소득세법 제17조 제1항 제9호의 소득은, 그 지급을 받은 날 수익을 인식하도록 하고 있다. 국조법 제9조와 제14조의 규정에 의해 거주자에게 과세될 배당소득은 실제 지급의 사실이 있을 것이므로 그 때에 과세하면 될 것이다.

(8) 신종금융상품

소득세법 제17조 제1항 제10호에서 배당소득의 하나로서 제1호 내지 제9호까지의 소득을 발생시키는 거래 또는 행위와 자본시장법 제5조에 따른 파생상품이 결합된 경우 해당 파생상품의 거래 또는 행위로부터의 이익을 규정하고 있다. 2012년부터는 배당소득이 발생하는 상품과 결합된 파생상품에서 발생하는 소득이 배당소득으로 과세된다(소득세법시행령 제26조의 3 제5항).

나. 소득금액

배당은 소득금액의 계산상 필요경비의 공제가 인정되지 않는다. 배당소득으로 수입된 금액이 그대로 배당소득금액이 됨이 원칙이다(소득세법 제17조 제3항). 다만, 배당세액공제의 목적으로 그로스업(gross-up)된 금액은 배당수입금액에 합산하여 이를 소득금액으로 한다. 법인이 주주에게 배당을 한 경우 그 배당의 재원이 되는 법인의 소득은 이미 법인세가 과세되었으므로 법인으로부터 배당을 받은 주주에게 다시 배당소득으로 소득세가 과세되면 동일한 소득에 대해 이중과세를 하는 결과가 된다. 우리 소득세법은 개인이 수령하는 배당소득에 대한 이와 같은 경제적 이중과세의 조정을 위해 그로스업방식[104]을 사용하고 있다. 그로스업을 위한 가산율은 법인세율보다 낮게 하여[105] 이중과세를 부분 조정하는 방법을 채택하고 있다.

---

104) 이러한 가산방식을 imputation방식이라고도 한다. 그로스업 적용대상 배당소득은 내국법인의 법인세가 과세된 소득을 재원으로 하는 배당소득으로서 이자소득금액과 합산하여 종합과세기준금액(1인당 연간 2천만 원)을 초과하는 것이어야 한다. 1인 주주 갑의 주식회사 A가 2010년 중 소득금액이 100이고, 법인세율은 20%, 소득세율은 30%라고 가정해 보자. A가 세후 배당가능소득 80을 모두 배당으로 지급한다면 갑은 24만큼의 소득세를 부담하게 된다. 만약 갑이 A를 설립하지 않고 개인 형태로 사업을 영위한 경우라면 30만큼의 세금을 부담하는 데 그쳤을 것이지만 A를 통해 사업을 한 까닭에 14만큼의 세금을 더 부담하게 되었다. 갑이 A가 없었더라면 가득했을 소득 100(80＋20)을 상정하고 그에 30%의 세율을 적용한 후 A가 납부한 세금 20을 세액공제하여 갑이 납부할 세액을 계산한다면 갑은 10만 추가적으로 더 내면 된다. 이렇게 되면 A는 20, 갑은 10을 부담하게 된다. 이와 같이 경제적 이중과세를 배제하기 위해 갑의 소득금액 80에 20을 덧붙이는 것을 imputation 또는 gross-up이라고 한다. 그런데 이와 같이 할 경우 법인세를 부과하는 제도적 취지는 단지 법인이 배당하기까지 세금을 부과하지 못하는 것을 막는 데에 그치게 될 것이다. 따라서 각국의 배당세액공제제도는 법인세액 20 전부를 gross-up하고 세액공제하는 대신 그중 일부만을 gross-up해 주는 방식을 취하고 있다.

다. 인식시기

배당소득을 과세소득으로 인식하는 데 있어 이자소득에 있어서처럼 받기로 '약정'한 날과 같은 개념은 존재하지 않는다.

법인이 배당을 지급하기로 '결정'한 날에는 배당수령권이 발생하는 것이기 때문에 바로 그날을 배당수익의 인식시기로 보게 된다.[106] 무기명주식의 경우에는 실제 배당을 지급받은 날로 한다. 배당소득에 대해서도 원천징수는 소득을 지급할 때에 하도록 하여야 하는데 배당소득의 인식시기가 실제 지급하는 때로 되어 있지 않음에 따라 이를 그대로 둘 경우 수령자의 소득인식시기와 지급자의 원천징수시기가 달라진다. 이를 방지하기 위해 소득세법은 배당소득의 지급시기를 대체로 권리의무가 확정된 날들로 구체화하는 특칙을 두고 있다(소득세법시행령 제191조).

주식발행법인으로부터 주권을 상환하지 않은 채로 받은 것은 모두 배당소득이 되는가? 주권을 상환하면서 받은 금원은 그 주식의 취득가액을 상회하는 것에 한하여 배당소득으로 보도록 되어 있다. 주권을 상환하지 않으면서 받은 금원은 비록 해당 주식의 시가가 취득가액을 하회하는 상태에 있다고 하더라도 배당소득으로 인식한다. 배당소득은 해당 주식발행법인의 소득으로 과세되고 남은 잔여분 중 주주에게 분배된 것이다. 주식의 가액이 시장에서 많이 떨어진 경우라 하더라도 법인세는 특정 기간에 귀속된 소득에 대해 부과되는 것이며, 배당은 기본적으로 회사의 기업회계상 미처분이익잉여금에서 지급되도록 되어 있으므로[107], 배당으로 지급된 것은 각 지급시에 배당소득으로 과세된다.

3. 과세방식

가. 원천징수

(1) 대상의 분류

이자 또는 배당을 지급하는 자는 원천징수를 하여야 한다. 이자소득이나 배당소득을 다른 종합소득에 합산하여 신고하여야 하는 경우에는 원천징수세액을 공제받을 수 있다. 이 경우 원천징수는 예납적 원천징수라고 한다. 원천징수로써 납세의무가 소멸하는 경우에는 완납적 원천징수라고 한다. 일반적으로 이자소득 및 배당소득은 일인당 연간 합계금액이 2천만 원을 초과하는 경우에는 합산과세되지만 일부 이자소득과 배당소득은 항상 완납적으로 원천징수된다. 이를 분리과세대상이라고도 한다(소득세법 제14조 제5항).

(2) 원천징수세율

원천징수세율은 지급액의 **14%**이다.

---

105) 가산율은 2009년과 2010년에는 12%, 2011년 이후에는 11%로 규정되어 있다.
106) 여기서 '배당을 지급하기로 결정한 날'은 결의를 한 날을 의미한다.
107) 상법 제462조 참조

(3) 원천징수시기

국내에서 거주자나 비거주자에게 이자 또는 배당을 지급하는 자는 소득세를 원천징수하여야 한다(소득세법 제127조). 원천징수는 실제로 현금을 지급하는 때에 한다. 외견상 현금 및 현금 등가물의 지급시점이 확연한 경우만 있는 것은 아니다. 그리고 지급시점이 분명하더라도 미리 원천징수할 필요가 있는 경우도 있다. 이때 지급시기를 의제한다.

① 이자소득

외국법인의 국내사업장이 자신의 사업과 관련하여 지급하는 이자의 경우 당해 고정사업장의 신고기한 종료일을 지급시기로 의제하여 원천징수하도록 하고 있다. 비영업대금 이익의 경우 약정에 의한 상환일을 지급시기로 의제한다(소득세법시행령 제190조 제2호). 실제 원본의 상환 및 이자의 지급이 이루어지지 않은 경우라 하더라도 차입자는 이자소득에 대해 원천징수를 하여야 한다.

② 배당소득

배당을 아직 지급하지 않았으나 소득으로 보아 과세할 필요가 있는 경우 지급한 것으로 의제한다(소득세법시행령 제191조). 당해 법인이 잉여금처분 결의일로부터 3월이 되는 날까지 지급하지 아니한 때에는 그 3월이 되는 날에 배당을 지급하는 것으로 본다. 무상주 의제배당의 경우 당해 무상주의 환가성을 인정하여 무상주 배당결의일을 지급시기로 의제하고 있다. 정기주총에서 확정된 이익배당에 대해 임시주총에서 만장일치로 취소했더라도 배당소득 지급시기 의제규정에 의하여 원천징수한다.[108] 이는 동 금액에 대하여 소득세법 제132조 제1항의 규정에 따라 당해 법인이 잉여금처분 결의일로부터 3월이 되는 날까지 지급하지 아니한 때에는 그 3월이 되는 날에 배당을 지급하는 것으로 보기 때문이다. 배당결의 후에 주주들이 임의로 배당금청구권을 포기하여 법인의 지급채무를 면제시켜 준 경우에도 배당금의 지급은 있었던 것으로 본다.[109] 법인세법에 의하여 처분된 인정배당의 경우 총수입금액의 수입시기는 당해 법인의 당해 사업연도 결산확정일이다. 그러나 원천징수에 있어서는 당해 법인이 신고 당시 처분한 금액은 법인세과세표준 신고기일에 지급하는 것으로 보고, 세무서장의 경정에 의하여 처분한 금액은 소득금액변동통지서를 받은 날에 지급한 것으로 본다(소득세법시행령 제192조).

나. 분리과세대상

(1) 이자소득

소득세법은 민사집행법상 법원에 납부한 보증금 및 경락대금에서 발생한 이자소득(소득세법 제129조 제2항 제1호), 금융실명법상 실지명의가 확인되지 않는 소득(소득세법 제129조 제2항 제2호) 등을 분리과세대상 이자소득으로 규정하고 있다(소득세법 제14조 제3항 제3호 내지 제3호의 3). 금융실명법상 실지명의가 확인되지 않는 소득에 대해서는 동법 제5조[110]의 규정이 적용

---

108) 제도 46011 - 11391, 2001.6.8.
109) 대법원 1985.11.12, 85누489.
110) 제5조 (비실명자산소득에 대한 차등과세) 실명에 의하지 아니하고 거래한 금융자산에서 발생하는 이자 및 배당소

되는 경우는 90%, 그 이외의 경우는 38%의 세율로 원천징수한다(소득세법 제129조 제2항 제2호, 소득세법시행령 제188조). 실명거래를 촉진하기 위해서 높은 세율로 과세하는 만큼 종합과세하지 않는 것이다. 비실명이므로 종합과세할 방법도 없을 것이다.

근로소득 또는 사업소득이 있는 자(당해연도 또는 직전 3개연도 중 신고된 소득이 있는 자)로서 금융소득종합과세 대상이 아닌 자에 대해서는 2021년 12월 31일까지 개인종합자산관리계좌(individual savings account, ISA)에 가입하여 연간 납입한도를 2천만원으로 하여 예금, 적금 및 집합투자증권 등의 금융상품을 운용할 경우 개인종합자산관리계좌에서 발생하는 손익을 통산하고 만기 인출시 소득 200만원(서민형 가입자[111]) 400만원)까지 비과세하고, 한도액 초과분에 대해서는 9% 분리과세한다. 연간 납입한도는 2천만원이며, 5년간 의무가입하여야 한다. 서민형 가입자의 의무가입기간은 3년이다(조특법 제91조의 18).

(2) 배당소득

비실명 배당소득은 비실명 이자소득과 같은 원칙에 따라 분리과세된다. 주권상장법인 또는 코스닥상장법인의 주식상장 이후 3년 이상 보유한 자의 배당소득에 대해서는 보유주식가액규모에 따라 다음과 같은 특례가 주어진다(조특법 제91조 제1항). 액면가액 3천만 원 이하 보유한 자의 2010년 말까지의 배당소득에 대해 소득세를 부과하지 않는다. 1억 원 이하 보유한 자의 배당소득으로서 2010년 말까지의 배당소득은 5%의 세율로 분리과세된다.

다. 금융소득 종합과세(합산과세)

이자소득 및 배당소득은 1인당 연간 합계금액이 2천만 원을 초과하는 경우에는 합산과세된다.[112] 2천만 원을 넘는 조건으로 종합과세되므로 일종의 조건부 종합과세방식이라고 할 수 있다.[113]

득에 대해서는 소득세의 원천징수세율을 100분의 90(특정채권에서 발생하는 이자소득의 경우에는 100분의 20(2001년 1월 1일 이후부터는 100분의 15))으로 하며, 소득세법 제14조 제2항의 규정에 의한 종합소득과세표준의 계산에 있어서 이를 합산하지 아니한다(개정 1998.9.16, 1999.12.28). 금융실명제를 도입하면서 사채시장의 자금을 양성화하기 위해 도입한 특정채권제도에 의해 취득한 특정채권은 만기에 누가 그 원리금을 상환받든 그 자금출처를 묻지 않는다(국심 2007서0575(2007.5.10)). [참조조문1] 금융실명거래 및 비밀보장에 관한 법률 제3조 【금융실명거래】 ② 금융기관은 제1항의 규정에 불구하고 다음 각 호의 1에 해당하는 경우에는 실명의 확인을 하지 아니할 수 있다. 3. 다음 각 목의 1에 해당하는 채권(이하 특정채권이라 한다)으로서 이 법 시행일 이후 1998년 12월 31일 사이에 재정경제부장관이 정하는 발행기간 이자율 및 만기 등의 발행조건으로 발행된 채권의 거래 [참조조문2] 금융실명거래 및 비밀보장에 관한 법률 부칙 제9조 【특정채권의 거래에 대한 세무조사의 특례 등】 특정채권의 소지인에 대해서는 조세에 관한 법률에 불구하고 자금의 출처 등을 조사하지 아니하며, 이를 과세자료로 하여 그 채권의 매입 전에 납세의무가 성립된 조세를 부과하지 아니한다. 다만, 그 채권을 매입한 자금 외의 과세자료에 의하여 조세를 부과하는 경우에는 그러하지 아니하다.

111) 일정소득 이하(총급여 5천만원이하 근로자 또는 종합소득금액 3천5백이하 사업자)

112) 우리나라에서 금융소득종합과세대상자의 규모는 다음과 같이 변화하여 왔다. 47,071명(2003), 23,986명(2004), 24,561명(2005), 35,924명(2006), 61,475명(2007).

113) 1949년 소득세법 이래 이자소득과 배당소득은 단일세율로 세율로 원천징수 후 분리과세되어 왔다. 1949년 소득세법에는 일반소득과 이자소득의 연간 합계가 50만 원을 초과할 경우 이자소득을 합산하는 규정이 있었다. 1975년 분리과세대상을 제외한 이자소득과 배당소득 및 부동산소득의 자산소득은 세대단위로 합산과세하게 되었다(대법원 1982.5.11. 선고 80누128 판결 참조). 1993년에 금융실명제가 실시되어 실지명으로 금융거래를 하게 됨에 따라 금융소득종합과세를 실시할 수 있는 기반이 조성되었다. 1996년 조세부담의 형평성 문제를 이유로 소득세법

금융소득이 2천만 원 이하일 경우에는 분리과세하게 된다(소득세법 제62조). 2003년 12월 30일 소득세법 개정에 의해 그간 실효성이 적었던 당연종합과세제도는 폐지되었다.

종합과세 결과 분리과세 경우보다 적은 세액을 부담하는 현상이 나타나지 않도록 비교과세한다. 이를 위해 다음과 같은 방식으로 세액을 계산한다. 금융소득이 2천만 원을 초과할 경우 다음의 ①, ② 중 큰 것을 세액으로 한다. 이는 종합소득 산출세액과 종합과세 미적용(분리과세 적용)할 경우 산출세액 중 큰 금액을 세액으로 하는 것이다.

    ① (2천만 원×14%)+(2천만 원 초과 금융소득+여타 종합소득금액)×기본세율[114]
    ② (금융소득×14%[115])+(여타 종합소득금액×기본세율)[116]

위의 ①과 ②의 산식에서 금융소득은 배당세액공제액 가산 전 금액으로 한다. 이에 따라 금융소득이 합산될 경우에는 배당세액공제의 혜택이 주어져 분리과세에 의한 세액보다도 적은 세금을 부담할 수도 있다.

출자공동사업자의 분배금[117](소득세법 제62조 각 호 외의 본문 중 제2문)[118]은 지급할 때 원천징수하여야 한다. 그리고 지급받은 자의 종합소득금액을 산정할 때 항상 합산되어야 한다(소득세법 제14조 제3항 제6호 괄호 안). 이는 배당소득임에도 불구하고 금융소득 2천만 원 초과 여부를 판정할 때 금융소득으로 보지 않는다. 비교과세방법을 통한 세액계산을 할 때에도 금융소득으로 보지 않는다. 2003년 소득세법 개정 이전의 당연종합과세대상 금융소득과 유사하게 항상 합산되는 소득이지만 비교과세할 때에는 금융소득으로 보지 않는 특성을 지니고 있는 것이다. 사업소득과 금융소득의 성격을 동시에 갖고 있기 때문이다.

금융소득 종합과세 대상자는 고배당주식 배당소득에 대해 분리과세(25%)를 선택할 수 있다.

제3항 사업소득

1. 의의

가. 개념

사업소득이란 사업활동에 의해 발생한 소득이라고 할 수 있다. 일반적으로 사업활동은 자본과

    을 개정하여 금융소득종합과세를 부분적으로 도입하였다(1994.12.22. 법률 제4803호). 이때에는 세대가 아닌 부부(거주자와 그 배우자)단위로 이자소득과 배당소득이 4천만 원을 넘으면 다른 소득과 합산하여 소득규모에 따라 10~40%의 누진세율을 적용하도록 하였다.

114) 소득세법 제62조 제1호.
115) 다른 세율이 적용되는 경우 그 세율(예: 비영업대금 이자는 25%)로 원천징수한다.
116) 소득세법 제62조 제2호.
117) 출자공동사업자 및 영업자의 소득 모두 지분비율만큼만 과세된다.
118) 25%의 세율로 원천징수한다(소득세법 제129조 제1항 제2호).

노동을 결합하여 이윤을 창출하는 활동으로서 계속적·반복적으로 이루어지는 것을 의미한다.

소득세법은 사업소득 과세에 대해 규정하고 있지만 '사업'의 개념에 대해 별도로 정의하고 있지 않다. 다만, 소득세법상 '사업'은 상법상 상행위보다는 넓은 개념으로 볼 수 있다. 상법상 누가 하여도 상행위로 인정된다는 의미에서 절대적 상행위의 개념은 존재하지 않는 데 반하여 소득세법은 사업의 범주에 드는 것은 누가 하든 사업으로 보기 때문이다.[119]

소득세법 제19조 제1항은 "사업소득은 당해 연도에 발생한 다음 각 호의 소득으로 한다."고 규정하고 있다. 소득세법시행령은 다음과 같은 규정을 두고 있다(소득세법시행령 제29조).

> 법 제19조 각 호의 규정에 의한 사업의 범위에 관해서는 이 영에 특별한 규정이 있는 것을 제외하고는 한국표준산업분류를 기준으로 한다. 다만, 기획재정부령이 정하는 경우에는 그러하지 아니하다.

이는 소득세법 제19조 각 호의 규정에 의한 각 사업의 명칭의 의미는 일반적으로 한국표준 산업분류체계상 개념정의에 따른다는 내용이다.

2009년에는 소득세법 제19조 제1항 제21호가 다음과 같이 신설되었다.

> 21. 제1호부터 제20호까지의 규정에 따른 소득과 유사한 소득으로서 영리를 목적으로 자기의 계산과 책임하에 계속적·반복적으로 행하는 활동을 통하여 얻는 소득

어떤 경제활동에 따른 소득이 사업활동에 이를 정도로 계속성과 반복성이 있는 활동으로부터의 소득인지는 사회통념에 따라 판단하여야 한다. 아래 사례들은 이 판단에 참고할 수 있다.

● 부동산의 양도로 인한 소득

소득세법상 사업소득인지 혹은 양도소득인지는 양도인의 부동산 취득 및 보유현황, 조성의 유무, 양도의 규모, 횟수, 태양, 상대방 등에 비추어 그 양도가 수익을 목적으로 하고 있는지와 사업활동으로 볼 수 있을 정도의 계속성과 반복성이 있는지 등을 고려하여 사회통념에 따라 판단하여야 하고, 그 판단을 할 때에는 단지 당해 양도 부동산에 대한 것뿐만 아니라, 양도인이 보유하는 부동산 전반에 걸쳐 당해 양도가 행하여진 시기의 전후를 통한 모든 사정을 참작하여야 한다(대법원 2010.7.22. 선고 2008두21768 판결).

● 임목의 양도로 발생하는 소득

사업소득에 해당하는지는 임목을 생산하기 위한 육림활동이 수익을 목적으로 하고 있는지 여부와 그 내용, 규모, 기간, 태양 등에 비추어 사업활동으로 볼 수 있는 정도의 계속성과 반복성이 있는지 여부 등을 고려하여 사회통념에 따라 판단하여야 한다. 그리고 임목이 임지와 함께 양도되었더라도 임목을 생산하기 위한 육림활동이 없었거나 육림활동이 있었더라도 거기에 사업성이 인정되지 아니하는 경우에는 임목이 임지와는 별도의 거래 대상이 되었다고 볼 만한 특별한 사정이 없는 한 그 양도로 발생하는 소득 전부가 양도소득세의 과세 대상이 되고, 여기서 임목이 임지와는 별도의 거래 대상이 되었는지는 당사자의 거래 목적, 계약서의 기재 내

---

119) 상법은 상인 간의 상행위에 대해서 민법에 대한 특칙을 두는 것을 목적으로 한다. 이러한 목적으로 상법은 상인과 상행위의 개념을 규정하고 있다. 상인은 자기 명의로 기본적 상행위를 하는 자를 말한다. 기본적 상행위는 영업으로 하는 상법상 열거된 행위(모두 22개호)를 하는 것을 말한다. '영업으로'란 영리를 목적으로 동종행위를 계속적 반복적으로 하는 것을 말한다. 기본적 상행위를 위해 직간접 필요에 의해서 하는 행위를 보조적 상행위라고 한다 (상법 제46조 참조).

용. 임목의 가치에 대한 평가 여부, 인근의 임지 등에 대한 거래의 실정 등을 종합적으로 고려하여 객관적으로 판단하여야 한다(대법원 2013.09.13. 선고 2011두6493 판결).

● 탤런트 등 연예인이 독립된 자격에서 용역을 제공하고 받는 소득
사업소득에 해당하는지 또는 일시소득인 기타소득에 해당하는지는 당사자 사이에 맺은 거래의 형식·명칭 및 외관에 구애될 것이 아니라 그 실질에 따라 평가한 다음, 그 거래의 한쪽 당사자인 당해 납세자의 직업 활동의 내용, 그 활동 기간, 횟수, 태양, 상대방 등에 비추어 그 활동이 수익을 목적으로 하고 있는지와 사업활동으로 볼 수 있을 정도의 계속성과 반복성이 있는지 등을 고려하여 사회통념에 따라 판단하여야 하며, 그 판단을 하면서도 소득을 올린 당해 활동에 대한 것뿐만 아니라 그 전후를 통한 모든 사정을 참작하여 결정하여야 한다(서울행법 2010.6.3. 선고 2010구합6472 판결).

제20호의 규정은 전술한 이자소득과 배당소득에 관한 유형별 포괄주의 규정과 동일한 성격을 가진 것이다. 소득세법상 '사업소득'의 개념은 제20호의 규정에 불구하고 완전포괄적인 것은 아니다. 동 개념이 완전포괄적이지 않은 점은 비거주자의 국내원천사업소득에 관한 소득세법 제119조에서도 나타나고 있다.

5. 비거주자가 영위하는 사업에서 발생하는 소득(조세조약에 따라 국내원천사업소득으로 과세할 수 있는 소득[120]을 포함한다)으로서 대통령령이 정하는 것[121]. 다만, 제6호에 해당하는 소득을 제외한다.

'조세조약에 따라 국내원천사업소득으로 과세할 수 있는 소득'에 대해서도 그 의미를 놓고 국제적으로 논의가 많다. 위 규정은 우리 국내세법상의 규정이 완전포괄적이지 않음을 분명히 알려 주고 있다.

나. 부동산임대업으로부터 소득

소득세법 제19조 제1항 제12호는 '부동산업 및 임대업에서 발생하는 소득'을 사업소득의 하나로 열거하고 있다. 소득세법은 2009년까지는 부동산임대업으로부터의 소득(이하 '부동산임대사업소득')은 사업소득과 구분되는 별개의 소득유형으로 열거하고 있었지만 2010년부터는 사업소득의 하나로 열거하고 있다.

지역권·지상권의 설정·대여소득은 사업소득으로 과세한다. 다만, 공익사업과 관련된 지역권·지상권의 설정·대여소득은 기타소득으로 과세한다.

부동산임대사업소득은 부동산의 운용수익이다. 이것은 이자소득이 부채증서로부터의 과실이고 배당소득이 지분증서부터의 과실인 것처럼 부동산으로부터의 과실이다. 금융시장과 부동산시장이 안정적이라면 부동산임대료율은 이자율수준에 근접하게 된다. 개인이 보유하는 채무증서의 경우 보유기간 중 기간소득인 이자소득으로 과세되다가 처분차익은 과세되지 않는다. 개인이 보유하는 부동산의 경우 보유기간 중 임대료수익은 부동산임대사업소득으로 과세되고 그 처분차익

---

120) 조세조약상 '사업소득'은 대체로 포괄적인 개념으로 해석하게 된다.
121) 소득세법 제19조의 사업(거주자의 사업소득을 구성하는 사업) 중 비거주자가 국내에서 경영하는 사업

은 양도소득으로 과세된다. 임대료가 집값을 기준으로 한 시장이자율 수준에서 결정된다면, 부동산임대사업소득에 대한 과세와 채권이자에 대한 과세가 중립적 결과를 나타낼 것이다.[122]

- 부동산
  - ▶보유: 부동산임대사업소득
  - ▶처분: 양도소득과세(일부 비과세)
- 채무증서
  - ▶보유: 이자소득
  - ▶처분: 채권양도차익 → 양도소득비과세
- 지분증서
  - ▶보유: 배당소득
  - ▶처분: 주식양도차익 → 양도소득과세(일부 비과세)

소득세법은 다음의 소득에 대해서는 비과세하는 특례를 두고 있다. 부동산임대사업소득 중 전·답을 작물생산에 이용하게 함으로써 발생하는 소득은 비과세한다. 2천만원 이하 소규모 주택임대소득에 대해서는 2018년까지 비과세하고 2019년부터 14%의 세율로 분리과세한다(소득세법 제14조 제3항 제7호, 제12조 제2호 나목, 제64조의 2). 주택임대소득을 제외한 종합소득금액이 2천만원 이하인 경우에 적용한다. 1개의 주택을 소유하는 자의 주택임대소득은 비과세한다(기준시가가 9억원을 초과하는 주택은 과세한다)(소득세법 제12조 제2호 나목). 국외에 소재하는 주택의 임대소득은 주택 수에 관계없이 과세한다.[123]

이론상 자가주택으로부터는 기간소득으로서 간주소득(imputed income)이 발생한다. 자기거래이기 때문에 시장화되지 않은 것이지만 자기가 보유하는 주택으로부터는 만약 타인에게 임대하였다면 얻었을 임대료를 자기로부터 얻고 있다고 의제할 수 있는 것이다. 진정한 담세력을 측정하기 위해서는 그러한 간주소득을 고려해 주어야 한다는 주장이 가능하다. 일부 국가의 세법상 자가주택의 간주소득이 과세되고 있다. 그러나 그들 나라에서는 간주소득에 대응하는 차입비용을 인정해 주고 있다. 자기 돈으로 자가주택을 산 사람과 타인 돈으로 산 사람의 경제력에 차이가 있는 점을 고려하기 때문이다. 우리의 현행 소득세법은 간주소득을 과세하지 않고 있으며 자가주택의 자본이득에 대해서는 일정한 요건하에 비과세하고 있다.

---

122) 초기 투자금액 1,000,000원을 가지고 있는 투자자를 예로 들어, 시장이자율 10%인 상황에서 이표채와 부동산에 투자하는 선택을 하여야 할 경우 세제가 미치는 영향을 검토하자. 이표채는 액면 1,000,000원으로 매년 10%의 이표를 나누어 주는 10년 만기채로 가정한다. 그리고 현재 부동산의 시장가격 1,000,000원으로 매년 시장이자율 수준의 임대료를 받을 수 있으며 당해 투자자는 10년 후 매각하여 현금을 사용하여야 한다. 각각의 경우에 대해서 매년 이자소득 또는 임대료소득에 대한 소득세가 과세된다. 10년이 되는 시점에 가서 갑자기 이자율이 5%로 하락하였다면 얻을 자본이득을 생각하자. 채권의 경우 이미 만기이기 때문에 채권의 처분가액은 1,000,000원 그대로다. 부동산의 경우 미래기대현금흐름, 즉 임대료가 시장이자율 수준에서 결정된다면 매년 50,000원의 임대료를 기대할 수 있을 것이다. 이 경우 부동산의 가치는 1,000,000원으로 유지될 것이다. 따라서 자본이득은 기대할 수 없을 것이다. 이러한 논리는 부동산임대사업소득금액의 계산에 있어 간주임대료 규정에 대한 시사점을 제공한다. 간주임대료 방식으로 계산한 부동산임대사업소득금액(임대보증금×국세청장지정이자율)이 (부동산가격×시장이자율) 수준이 되도록 국세청장지정이자율을 조정하는 것이 바람직하다. 만약 임대료를, 집값을 기준으로 시장이자율 이상의 수준에서 결정할 수 있다면 그만큼 자본이득이 발생할 것이다. 보유기간 10년 중 경제사회적 여건의 변화에서 오는 부동산가치의 변화는 시장이자율을 곱해야 할 미래현금흐름, 즉 임대료금액을 변화시킬 것이다. 사실 이러한 임대료 조정작업은 매기 이루어질 것이다.

123) 국외소재 부동산 양도차익의 경우 양도 전 5년 이상 국내에 거주하는 자만이 국내에서 납세의무가 있다. 그런데 부동산임대사업소득에는 그러한 특례규정이 없다. 주택임대소득에 있어서도 수에 대한 예외가 없다.

2. 소득금액 계산

소득세법은 총수입금액과 필요경비의 산정에 대해 규정하면서 사업소득 및 기타소득에 관해 동일한 원칙을 설정하고 있다.

가. 총수입금액

총수입금액은 당해 연도에 수입하였거나 수입할 금액의 합계액이다(소득세법 제24조 제1항). '수입할 금액'은 수입할 권리가 확정된 금액을 말한다. 사업과 관련된 수입금액으로서 당해 사업자에게 귀속되었거나 귀속될 금액은 총수입금액에 산입한다(소득세법시행령 제51조 제3항 제5호).

부동산임대용 자산 및 사업용 자산의 매각에 따른 손익은 사업소득금액을 산정할 때 반영되지 않는다. 양도소득세과세대상이 아닌 한 소득세법상 과세대상이 되지 않는다. 그런데 사업용 자산의 손실로 인하여 얻게 되는 보험차익 상당액은 총수입금액에 산입한다(소득세법시행령 제51조 제4항).

무상(無償)으로 받은 자산 가액은 이월결손금 보전 시 총수입금액에 산입하지 않는다. 다만, 복식부기의무자가 받은 국고보조금 등은 총수입금액에 산입한다(소득세법 제26조 제2항).

차량 및 운반구 등 모든 사업용 유형자산(양도소득으로 과세되는 부동산은 제외)의 처분손익은 사업소득으로 과세한다(소득세법 제19조 제1항 제20호). 사업용 유형자산인 토지·건물 및 부동산에 관한 권리와 함께 양도하는 영업권의 처분손익은 양도소득으로 과세한다(소득세법 제94조 제1항 제4호 가목).

소득세법시행령은 사업소득의 수입시기에 대해 규정하고 있다(소득세법시행령 제48조). 본 장 제2절에 상설하는 권리의무확정주의, 수익비용대응의 원칙 및 기업회계 존중의 원칙이 그 내용이다.

부동산임대사업소득의 수입시기는 법률상 받기로 확정된 날이 된다. 이에 따라 계약 또는 관습에 의하여 받기로 확정된 날을 수입시기로 하게 된다. 그와 같이 확정된 바가 없는 경우에는 실제 지급받은 날로 한다.

나. 필요경비

(1) 일반원칙

사업소득의 필요경비는 당해 연도의 총수입금액에 대응하는 비용의 합계액으로 한다. 필요경비는 확정되어야 인정받을 수 있다. 과거연도 수입금액에 대응하는 비용인데 당년 확정된 것은 당년 필요경비로 인정받을 수 있다. 필요경비에 산입할 금액은 일반적으로 용인되는 통상적인 것의 합계액으로 한다.

필요경비는 일반적으로 용인되는 통상적인 것이어야 한다(소득세법 제27조 제1항). '통상적'의 의미에 대해 소득세법은 대통령령에 위임하는 방법으로 구체적인 사안마다 필요경비의 인정 여부 및 범위를 규정하고 있다. 이를 이어받아 소득세법시행령 제55조 제1항은 "…각 연도의 총수입금액에 대응하는 필요경비는 다음 각 호의 것으로 한다"고 한정하고 있다. 제1호부터 제27호까지 필요경비항목을 규정하면서도 제28호에서는 다음과 같이 규정하고 있다.

> 28. 제1호 내지 제27호의 경비와 유사한 성질의 것으로서 당해 총수입금액에 대응하는 경비

제28호의 규정상 필요경비로 인정되는 항목이 되려면 총수입금액에 대응하는 것이면서 '제1호 내지 제27호의 경비와 유사한 성질의 것'이 되어야 한다. 위와 같은 방식의 규정은 소득세법 제27조 제1항에서 규정하는 '통상적'의 의미가 '제1호 내지 제27호의 경비와 유사한 성질의 것'으로 한정되는 결과를 가져온다. 미국에서는 통상적이고 필요한(ordinary and necessary) 비용은 일반적으로 손금으로 인정하고 특별한 경우 그것의 손금인정을 부인하는 방식으로 되어 있는 것과 대조를 이룬다. 우리 법인세법상 손금항목은 법인의 순자산을 감소시키는 것으로 하고 그중 일부 열거한 것의 손금성을 부인하는 방식으로 규정하는 것과도 차이를 나타낸다.

(2) 정책적 고려

(가) 필요경비 산입 – 기부금

사업소득금액 계산상 기부금이란 사업소득의 창출활동과 직접 관계없이 타인에게 무상으로 지출하는 금품을 말한다. 소득세법은 기부금을 사업자가 사업과 직접적인 관계없이 무상으로 지출하는 금액을 말한다고 정의하면서 대통령령으로 정하는 거래를 통하여 실질적으로 증여한 것으로 인정되는 금액을 포함하는 것으로 규정하고 있다(소득세법 제34조 제1항).

기부금은 사업과 직접 관련이 없기 때문에 필요경비에 산입할 수 없는 것이 원칙이다. 그러나 세법에서 일정 한도까지는 산입을 허용하고 있다. 이는 사회적으로 외부경제효과가 있는 재화나 용역의 공급을 확대하기 위한 것이다. 기부금의 공제는 다른 종류의 종합소득금액이 있는 자에게는 다소 다른 방식으로 인정된다. 그러나 종합과세되지 않는 이자소득이나 배당소득에 대해서는 인정되지 않는다(소득세법 제52조 제6항).

기부금은 크게 보아 지정기부금과 법정기부금으로 구분할 수 있다.

① 지정기부금

지정기부금에 대해서는 소득세법 제34조 제1항과 동법시행령 제79조 내지 제80조가 규정하고 있다. 지정기부금은 사회복지·문화·예술·교육·종교·자선 등 공익성이 있는 기부금이다. 지정기부금은 일정 공식으로 그 필요경비 산입한도가 설정되어 있다(개인은 소득금액의 30%, 법인은 10%). 우리 사회에서 종교단체에 대한 기부금이 전체 기부금의 80% 정도를 차지한다는 현실을 감안하여 그것에 대한 기부금의 한도를 소득금액의 10%로 한정하고 있다.

기부금은 민법상 비영리법인[124]에게 전달되는 경우가 대부분이다. 그런데 민법상 비영리법인은 그 회계 공정성을 규율하는 장치가 미약하다.

소득세법시행령은 「법인세법 시행령」 제36조제1항 각호의 것 등을 지정기부금으로 보는 한편(소득세법시행령 제80조 제1항 제1호~제4호), 영리법인에 전달하는 기부금 중 비영리민간단

---

124) 민법 제32조 (비영리법인의 설립과 허가) 학술, 종교, 자선, 기예, 사교 기타 영리 아닌 사업을 목적으로 하는 사단 또는 재단은 주무관청의 허가를 얻어 이를 법인으로 할 수 있다.

체지원법에 따라 등록된 단체 중 일정 요건을 충족하는 것으로서 행정안전부장관의 추천을 받아 기획재정부장관이 지정한 단체에 지출하는 기부금을 지정기부금으로 보도록 하고 있다(소득세법시행령 제80조 제1항 제5호).

소득세법시행령 및 법인세법시행령은 일정 요건을 갖춘 비영리 외국법인·단체에 대해 지정기부금단체로 지정할 수 있도록 하고 있다. 이를 위해 일반적 기부금단체 지정요건을 충족하여야 하며, 내국인 기부금의 모집·활용실적 제출에 관하여 국세청과 협약(MOU)을 체결하여야 한다. 대상으로서는 해외교민 협력·지원, 한국홍보, 국제협력 분야 단체 및 국제적으로 공인된 국제기구가 된다(소득세법시행령 제80조 제1항 제5호, 법인세법시행령 제36조 제1항 제1호 및 제5호).

공제한도를 초과하는 기부금에 대해서는 5년의 이월공제를 허용한다(소득세법 제34조 제3항).

관할세무서장은 기부금을 필요경비에 산입하거나 기부금 소득공제를 받은 거주자의 필요경비 산입 또는 소득공제의 적정성을 하기 위해 해당 과세기간 종료일부터 2년 이내에 표본조사를 실시하여야 한다(소득세법 제175조).

사업자가 특수관계가 없는 자에게 정당한 사유 없이 자산을 정상가액보다 낮은 가액으로 매도하거나 높은 가액으로 매입함으로써 그 차액을 실질적으로 증여한 것으로 인정되는 경우에는 비지정기부금으로 본다(소득세법시행령 제79조 제1항 제2호). 그 차액만큼 소득금액을 증액한다. 이 때 현물을 증여한 경우 시가(시가가 장부가액보다 낮은 경우에는 장부가액)만큼 인식한다(소득세법시행령 제81조 제3항). 증여를 받은 자에 대해서는 증여세가 부과된다(상속세 및 증여세법 제35조 제1항).

특수관계가 있는 자에게 위와 같은 방법으로 증여한 경우에는 부당행위계산부인규정이 적용되어 그 차액만큼 소득금액을 증액한다. 증여를 받은 자에 대해서는 증여세가 부과된다(상속세 및 증여세법 제35조 제2항).

② 법정기부금

법정기부금에 대해서는 특히 그 '공익성'이 강한 점을 인정하여 비용인정의 범위를 확대하고 있다(개인은 소득금액의 100%, 법인은 50%). 법정기부금은 위문금품, 구호금품을 포함한다. 재난 및 안전관리기본법에 따른 특별재난지역을 복구하기 위하여 자원봉사를 한 경우 그 용역의 가액을 포함한다. 공공교육의료기관(시설비 등에 한정) 및 전문모금기관에 대한 기부금과 공공기관운영법상 공공기관(공기업 제외) 및 개별법에 설립근거가 있는 기관으로서 수입 상당 부분이 기부금·정부지원금인 법인·단체에 대한 기부금을 포함한다(소득세법 제34조 제2항, 법인세법 제24조 제2항).

공제한도를 초과하는 기부금에 대해서는 5년의 이월공제를 허용한다.

(나) 필요경비 산입배제 – 접대비

접대비란 접대비·교제비·사례금·알선수수료 기타 명목 여하에 불구하고 이에 유사한 성질의 비용으로서 사업자가 업무를 원활히 수행하기 위하여 거래처 기타 사업자가 접촉하는 상대방에게 접대·향응·위안 등을 위하여 지출하는 비용을 말한다(소득세법 제35조, 조특법 제136조). 접대비는 수입금액을 창출하기 위하여 사용되는 것이기 때문에 수익비용대응의 원칙에 입각한다면 당연히 필요경비로 인정받아야 하는 것이다. 그러나 과다하게 지출할 경우 기업이 부실해지고 지출하는 대로 필요경비로 인정해 줄 경우 조세부담의 불공평을 가져올 수 있으므로 법으로 정한 한도 안에서만 필요경비로 인정하는 방법으로 그 규모를 제한하고 있다.

다. 자산·부채에 관련된 수익·비용

사업활동에 소요되는 자산에서 재고자산은 제외된다. 이는 주로 유형자산을 의미한다.

(1) 개별 자산과 부채

(가) 자산
① 경상적 활동

사업활동에 소요되는 자산의 유지비는 필요경비에 산입할 수 있다. 예를 들어, 산지(山地)의 보유에 따라 각종 부담금을 납부하게 된 경우에는 그것을 필요경비로 산입할 수 있다. 그러나 산지의 가치를 증가시키기 위해 길을 내는 데 소요된 자본적 지출액은 산입할 수 없다. 해당 산지의 장부가액에 가산된다. 구체적으로 토지의 가액을 증가시키는 자본적 지출액에 해당하는지에 대해서는 사실판단할 사항이다.

소득세법은 사업자가 소유하는 사업용 유형자산의 사용에 따르는 가치감소를 감안하여 사업용 유형자산의 가액을 일정 방식에 의해 장기간에 걸쳐 원가로 반영하도록 하고 있다. 이는 소득세법상 필요경비로 인정된다는 것을 의미한다. 소득세법은 사업자가 스스로 감가상각하는 경우에 한해 감가상각비를 필요경비로 인정하되 소득세법에서 정한 몇 가지 방법 중 임의로 선택할 수 있도록 하고 있다. 한번 선택하면 원칙적으로 변경할 수 없다(소득세법시행령 제64조 제3항).

② 자산의 처분

사업활동에 소요되는 자산의 자본손익은 사업소득금액 계산상 포함되지 않는다. 예를 들어, 산림업을 하기 위해 산지를 필요로 하게 되는데 산림업으로부터의 사업소득을 계산하는 데 산지의 처분손익은 반영하지 않는다.[125]

외상매출금과 같은 사업활동에 부수하는 자산의 처분에 따르는 손실은 사업소득금액 계산에 반영한다. 소득금액을 계산할 때 반영되는 대손금은 수입의 발생에 관련된 것으로서 그 필요경비로 산입되는 연도에 회수 불능의 사실이 객관적으로 확정된 채권을 말한다.

사업활동의 과정에서 현금관리상 여유가 있는 운전자금을 대여하였다가 대손을 당한 경우에는 손비로 인정되지 않는다. 그로부터의 이자소득은 사업소득과 별도로 과세된다.

복식부기의무자가 업무용승용차를 매각하는 경우 그 매각가액을 총수입금액에 산입한다(소득세법 제25조 제3항). 업무용승용차의 취득·유지·관리를 위한 업무용 사용금액과 연간 800만원 범위에서의 감가상각비를 필요경비에 산입한다(소득세법 제33조의 2).

---

125) 산지의 가치를 증가시키는 데 기여한 자본적 지출액이 매기 감가상각되어 온 경우에는 산지의 처분손익 계산은 (양도가액) − [취득원가 + (자본적 지출액 − 감가상각누적액)]로 하게 된다(소득세법 제97조 제2항).

(나) 부채

사업활동에 소요할 자금을 조달하는 과정에서 발생한 부채에 따른 지급이자는 손비인정하고 업무와 관련 없는 자산을 취득하기 위해 차입한 금액에 대한 지급이자는 손비인정하지 않는다. 구체적으로 사업활동에 소요된 자금인지에 대한 입증책임은 납세자가 부담하게 된다. 소득세법시행규칙은 납세자가 조달한 자금이 업무와 관련 없는 자산에 사용되지 않았음(즉 업무에 필요한 경비로 사용하든가 업무와 관련된 자산의 취득에 사용하였음)을 입증하지 못하는 경우에 대비하여 차입금(적수) 중 업무와 관련 없는 자산(적수)의 비율에 해당하는 금액을 손비부인하도록 규정하고 있다(소득세법시행규칙 제41조).

사업활동에 소요할 자금을 조달하는 과정에서 발생한 부채라 하더라도 그에 대한 지급이자의 손비를 부인하는 경우가 있다. 이에는 채권자가 불분명하여 채권자에 대한 이자소득과세를 곤란하게 하는 데에 대해서와 같이 정책적으로 손비를 부인하는 경우와 건설자금에 충당한 자금의 이자와 같이 회계적으로 당기에 손비로 인정하는 것보다는 사용기간에 걸쳐 장기적으로 손비로 인정하는 것이 타당한 경우가 있다(소득세법시행령 제75조 및 제76조).

(2) 전체 자산과 부채 총액

사업용 자산의 합계액이 부채의 합계액에 미달하는 금액(초과인출금)에 상당하는 부채의 지급이자는 필요경비에 산입할 수 없다. 초과인출 현상이 영리법인에 나타난다면 그 법인은 자본잠식의 상태인 법인이 된다. 이는 결손이 누적된 결과일 터인데 법인세법은 그러한 결손의 원인이 과다한 부채에 의한 지급이자 때문이라 하더라도 그 부채가 사업과 관련된 것일 경우에는 인정한다. 그런데 소득세법상으로는 초과인출금에 상당하는 부채의 지급이자는 필요경비에 불산입한다. 소득세법은 '대통령령이 정하는 가사의 경비와 이에 관련되는 경비'를 필요경비에 불산입한다고 규정하고 있는데 이를 이어받은 소득세법시행령 및 동 시행규칙은 가사 관련성에 대해 전혀 언급함이 없이 바로 초과인출금에 상당하는 부채로 규정하고 있다(소득세법 제33조 제1항 제5호, 동법시행령 제61조 제1항 제2호 및 동법시행규칙 제27조).

현행 소득세법시행령은 다음과 같이 규정하고 있다.

> 제61조 (가사관련비 등) ① 법 제33조 제1항 제5호에서 '대통령령이 정하는 가사의 경비와 이에 관련되는 경비'라 함은 다음 각 호의 1에 해당하는 것을 말한다. 〈개정 1998.4.1, 1999.12.31.〉(중략)
> 2. 사업용 자산의 합계액이 부채의 합계액에 미달하는 경우에 그 미달하는 금액에 상당하는 부채의 지급이자로서 재정경제부령이 정하는 바에 따라 계산한 금액

그리고 그것을 이어받아 소득세법시행규칙은 구체적인 초과인출금 관련 부인대상 지급이자의 산식을 규정하고 있다. 그런데 1990년 12월 30일 개정 전 소득세법시행령은 다음과 같은 규정을 두고 있었다.

> 제97조 (가사관련비 등) ① 법 제48조 제5호에서 '대통령령이 정하는 가사의 경비'라 함은 거주자의 가사와 관련하여 지출한 모든 경비를 말한다.

위 규정을 집행하기 위해 국세청은 소득세법기본통칙 3－10－11(48)에서 오늘날 소득세법시행규칙 제27조[126]와 같은 내용을 규정하고 있었다. 이에 대해 대법원은 다음과 같이 판시한 바 있다.

사업용 자산의 합계액이 부채의 합계액에 미달하여 그 차액상당인 초과인출금이 생기는 것은 사업으로 인한 결손 등 사업과 관련하여 부채가 증가한 경우도 있고 소득세법 제48조 제12호, 같은 법 시행령 제101조 소정의 사업과 관련 없는 경비로 인하여 부채가 증가한 경우도 있으며 가사와 관련하여 인출하여 초과인출금이 생기는 수도 있는데 초과인출금이 발생한 근거를 따져 보지도 않고 소득세법기본통칙 3 – 10 – 11(48) 소정의 산식에 의하여 산출된 금액을 모두 가사관련경비로 의제하는 것은 실질과세의 원칙에 위반될 뿐만 아니라 합리성이나 타당성도 없으며 법령의 근거 없이 가사관련경비의 존재와 범위에 관한 과세요건을 규정한 결과가 되므로 그 기본통칙은 효력이 없다.[127]

정부는 이에 대해 구체적인 위임의 근거를 둠으로써 위법의 소지를 제거하고 내용상으로는 예전과 동일하게 필요경비 산입을 부인하는 입장을 유지하고 있는 것이다.

라. 부당행위계산부인

(1) 개념 및 성격

소득금액 계산에 필요한 거주자의 행위 또는 계산이 그와 특수관계에 있는 자[128]와의 거래로 인하여[129] 당해 소득에 대한 조세의 부담을 부당하게 감소시킨 것으로 인정되는 때에는 세무서장은 그 행위나 계산에 관계없이 당해 연도의 소득금액을 계산할 수 있다(소득세법 제41조). 부당행위계산부인에 관한 규정은 사업소득[130]뿐 아니라 기타소득 및 양도소득이 있는 거주자에 대해서도 적용되는 사항이다.

부당행위계산부인규정은 부당행위계산을 한 것으로 인정되는 납세자의 소득금액을 증액하는 것에 관한 규정이다. 납세자가 설정한 법적 거래형식을 부인하고 세법에 의해 재구축하는 것이다. 주로 거래가격을 시장가격에 근사하게 하는 방법을 사용한다. 부당행위계산부인규정은 특수관계인과의 거래에서 일정한 요건을 충족하는 경우 세법상 소득금액의 계산을 달리한다는 것이므로 일종의 의제조항이다.[131] 따라서 납세자가 달리 반증을 하는 방법으로 법상 규정된

---

126) 필요경비에 산입하지 않는 금액의 산식: (지급이자)×(초과인출금적수)/(차입금적수)

127) 대법원 1989.4.11, 88누6054, 대법원 1990.11.27, 88누9749.

128) 2012년부터는 세법상 특수관계인의 범위를 국세기본법에서 통일적으로 규율한다(국세기본법 제2조 제20호). 각 세법은 별도의 정의규정을 둘 수 있기는 하다(예: 법인세법 제52조, 법인세법시행령 제87조). 당해 거주자가 단독으로 또는 구소득세법시행령 제98조 제1항 제1호 내지 제3호에 규정하는 자와 함께 소유한 주식 등의 합계가 총 발행주식수 등의 100분의 50 이상인 법인이어야 하고, 당해 거주자는 그 주식 등을 소유하지 아니한 채 그와 제1호 내지 제3호에 규정하는 자만이 그 주식 등을 소유한 법인은 구 소득세법 시행령 제98조 제1항 제4호 조항의 특수관계인에 해당하지 않는다(대법원 2010.11.25. 선고 2009두4746 판결).

129) 각 규제법과 세법에 흩어져 있는 특수관계인 개념의 문제점에 대해서는 허원, 특수관계인 관련 법령의 문제점 및 개선방안, KERI Insight 19-15, 2019.11.6., 한국경제연구원 참조

130) 출자공동사업자의 배당소득도 사업소득처럼 부당행위계산부인 대상이 된다.

131) 이에 대해서는 부당행위계산부인규정이 그 적용요건 중 하나로 '조세의 부당한 감소'를 들고 있어 실질과세원칙과는 구별되지만 그 적용효과로서 당사자가 실제 영위한 사실관계의 법적인 실질이 아닌 경제적 실질을 찾아 과세하고자 하는 점에서 볼 때에는 실질과세원칙(경제적 실질설)과 공통점을 가지고 있다고 볼 수 있다는 반론이 가능하다. 이 경우 부당행위부인효과를 결정하기 위해 시가를 적용하도록 하는 규정은 실질을 찾도록 하는 기술적 규정이며 그것은 의제 또는 추정에 관한 입증조항은 아닌 것이 된다.
참고로 독일세법에서는 "은닉된 수익배분(verdeckte Gewinnausschüttung, 독일 법인세법 제8조 제3항 제2문)"의

소득금액 계산의 내용을 자기가 원래 설정한 거래의 내용에 따라 유지하는 기회는 허용되지 않는다. 이 점에서 부당행위계산부인규정은 거래의 법적 형식에 불구하고 실질에 대해 세법을 적용하는 실질과세원칙과는 구별되는 것이다. 실질과세원칙과는 달리 거래의 실질을 규명하고 자 하는 것이 아니라 제3자와의 관계에서의 거래였다면 이루어졌을 거래의 내용을 법으로 미리 규정해 놓고 그에 따라 과세하는 것이기 때문에 거래의 실질을 규명하는 과정을 거치지 않는 것이다. 조세회피의 소지가 많은 일정한 행위 유형에 해당하는 경우에는 바로 조세회피가 있는 것으로 간주하고 행위의 형식을 부인하는 것이다. 해당 유형의 행위가 발생하는 것을 방지하는 효과도 추구하는 조세회피방지규정이라고 보아야 한다.

(2) 요건

부당행위계산부인규정은 규율 대상이 되는 행위 유형의 구체적인 모습을 대통령령에서 규정하도록 위임하고 있다. 법률에서는 아래와 같이 개괄적인 내용을 규정하고 있다.

> 소득세법 제41조 (부당행위계산)
> ① 납세지관할세무서장 또는 지방국세청장은 배당소득(제17조 제1항 제8호의 규정에 따른 배당소득[132]만 해당한다), 사업소득 또는 기타소득이 있는 거주자의 행위 또는 계산이 그 거주자와 특수관계 있는 자와의 거래로 인하여 당해 소득에 대한 조세의 부담을 부당하게 감소시킨 것으로 인정되는 때에는 그 거주자의 행위 또는 계산에 관계없이 당해 연도의 소득금액을 계산할 수 있다.
> ② 제1항의 규정에 의한 특수관계 있는 자의 범위 기타 부당행위계산에 관하여 필요한 사항은 대통령령으로 정한다.

소득세법은 '당해 소득에 대한 조세의 부담을 부당하게 감소시킨 것으로 인정되는 때에는'의 의미가 무엇인지에 대해 하위 규정에 구체적인 위임을 하지 않고 있다. 그럼에도 불구하고 소득세법시행령 제98조는 소득세법 제41조의 집행을 위해 제98조에서 그것의 의미를 정의하고 있다. 소득세법시행령은 다음과 같이 규정하고 있다.

> 소득세법시행령 제98조 (부당행위계산의 부인) (중간 생략) ② 법 제41조에서 '조세의 부담을 부당하게 감소시킨 것으로 인정되는 때'라 함은 다음 각 호의 어느 하나에 해당하는 때를 말한다. 다만, 제1호 내지 제3호 및 제5호(제1호 내지 제3호에 준하는 행위에 한한다)는 시가와 거래가액의 차액이 3억 원 이상이거나 시가의 100분의 5에 상당하는 금액 이상인 경우에 한한다.

개념이 우리의 부당행위계산부인규정과 유사한 역할을 한다. 은닉된 것을 밝혀내어 과세하는 것이기 때문에 전통적 경제적 관찰방법에 부합하는 것이다. 경제적 관찰방법은 우리나라의 실질과세원칙의 모태가 된 원칙이다. 은닉된 수익배분은 수령자의 배당으로 취급됨과 동시에 해당 법인의 비용으로 인정되지 않는다. 예를 들면, 법인이 자산을 현저한 저가로 양도하여 주주에게 이익을 이전한 경우 그 주주에게는 배당소득이 발생한 것으로 본다. 법인이 그 주주로부터 환급받을 청구권이 있다 하더라도 그 주주의 배당소득으로 보지 않는 것은 아니다. 법인은 그 청구권만큼 이익을 인식하여야 한다. 추후 청구권에 의해 주주가 법인에게 지급을 할 경우 해당 주주의 배당소득은 경감된다. 주주의 자산의 취득가액은 지급을 한 이후에야 실제 지급한 대로의 조정이 인정된다. 최근에는 은닉된 수익배분은 개인주주와의 관계에서만 주로 문제 된다. 지분비율이 높은 법인주주와의 관계에서는 Organschaft의 개념에 의한 연결납세가 인정되기 때문이다. 비슷한 개념으로 "은닉된 지분(verdeckte Einlage)"의 개념이 판례상 인정된다(Lüdtke-Handjery, Steuerrecht, Erich Schmidt Verlag, 2005, pp.136~141 참조).

132) 출자공동사업자의 배당소득을 말한다.

1. 특수관계 있는 자로부터 시가보다 높은 가격으로 자산을 매입하거나 특수관계 있는 자에게 시가보다 낮은 가격으로 자산을 양도한 때
2. 특수관계 있는 자에게 금전 기타 자산 또는 용역을 무상 또는 낮은 이율 등으로 대부하거나 제공한 때. 다만, 직계존비속에게 주택을 무상으로 사용하게 하고 직계존비속이 당해 주택에 실제 거주하는 경우를 제외한다.
   (중간 생략)
5. 기타 특수관계 있는 자와의 거래로 인하여 당해 연도의 총수입금액 또는 필요경비의 계산에 있어서 조세의 부담을 부당하게 감소시킨 것으로 인정되는 때

소득세법시행령 제98조 제2항의 본문은 동 항의 각 호가 열거적인 것으로 규정하는 체제를 취하고 있다. '…를 포함한다'라는 방식으로 규정하지 않고 '…를 말한다'는 방식을 취하고 있기 때문이다. 그러나 마지막 호인 제5호는 매우 포괄적으로 법률의 규정을 그대로 반복하여 규정하고 있다. 소득세법시행령 제98조 제2항의 규정을 열거적인 것으로 이해한다면 동 항 제5호의 규정에 의해 부당행위계산으로 보아 부인되는 경우는 발생하지 않을 것이다. 비록 제5호의 규정이 포괄적인 내용을 담는 방식으로 만들어져 있지만 그것은 실제 적용되기 곤란하다고 보게 된다. 그러나 제98조 제2항의 규정을 예시적인 것으로 이해한다면 제5호의 규정은 법 제41조의 규정을 다시 한 번 확인한 것이라고 보아야 할 것이다.

법문의 규정방식으로 볼 때 제2항의 규정은 소득세법의 집행을 위한 필요에 따라 예측 가능한 범위에서 예시한 것으로 보아야 한다(catch all clause). 그러한 이유 때문에 제5호의 규정을 두고 있는 것이다. 다만, 실제 제5호를 적용한 판례는 매우 적다. 매매해제의 위약금을 받지 않은 부작위로 부당행위계산이 있었다고 인정한 사례가 있다(대법원 2007.11.29. 선고 2005두9552 판결, 서울고등법원 2005.7.20. 선고 2004누16425 판결).

(3) 효과

소득세법시행령 제98조 제3항 및 제4항은 구체적인 부인의 효과에 대해 법인세법시행령의 규정을 준용하도록 하고 있다. 이에 대해서는 법인세법상 부당행위계산부인규정을 논할 때 언급하고자 한다.

마. 공동사업의 경우

(1) 일반원칙

사업소득이 발생하는 사업을 공동으로 경영하고 그 손익을 분배하는 경우에는 공동사업장을 1거주자로 보아 공동사업장별로 그 소득금액을 계산한다(소득세법 제43조 제1항).

공동사업에서 발생한 소득금액은 해당 공동사업을 경영하는 공동사업자 간에 약정된 손익분배비율에 의해 분배되었거나 분배될 소득금액에 따라 각 공동사업자별로 분배한다(소득세법 제43조 제2항).[133]

---

133) 여기서 '분배(distribution)'는 '배분(allocation)'을 의미한다.

민법상 조합은 계약의 하나로서 법적인 실체가 아니다. 민법상 조합에 대해서는 이를 공동사업으로 보아 조합에 귀속하는 소득을 각 조합원의 지분에 따라 배분하여 각 조합원의 소득으로 보아 과세하도록 하고 있다.

국세기본법상 공동사업을 영위하는 자 간에는 연대납세의무가 있는 것으로 규정되어 있지만 소득과세상 공동사업자 간에는 그 규정이 적용되지 않는다.

(2) 가족조합을 통한 조세회피의 방지

거주자 1인과 가족관계(국세기본법시행령 제20조)에 있는 자로서 생계를 같이 하는 자가 공동사업자에 포함되어 있는 경우로서 손익분배비율을 허위로 정하거나 조세를 회피하기 위하여 공동으로 사업을 경영하는 것이 확인되는 경우[134]에는 당해 특수관계인의 소득금액은 그 손익분배비율이 큰 공동사업자의 소득금액으로 본다(소득세법 제43조 제3항).[135]

그리고 주된 공동사업자에게 합산과세될 경우 당해 합산과세되는 소득금액에 대해서는 주된 공동사업자 외의 특수관계인은 손익분배비율에 해당하는 소득금액을 한도로 주된 공동사업자와 연대하여 납세의무를 부담한다(소득세법 제2조 제1항).

(3) 출자공동사업자

2007년 소득세법에 상법상 익명조합원을 출자공동사업자로 보아 그가 받는 분배금을 배당소득으로 보는 제도가 도입되었다(소득세법 제17조 제1항 제6호의 3 및 제43조). 2011년 개정된 상법상 합자조합의 유한책임조합원도 출자공동사업자이다.

소득세법은 사업을 공동으로 경영하고 그 손익을 분배하는 공동사업(소득세법 제43조 제1항)을 영위함에 있어서 공동사업의 경영에 참여하지 아니하고 출자만 하는 자로서 공동사업에 성명 또는 상호를 사용하게 하거나 공동사업에서 발생한 채무에 대하여 무한책임을 부담하기로 약정하지 않은 자를 출자공동사업자로 정의하고 있다(소득세법 제43조 제1항).

출자공동사업자가 수령하는 분배금 또는 분배될 금액은 배당소득이 된다. 출자공동사업자의 배당소득은 25% 세율로 원천징수한다. 일반배당소득은 14%로 과세하는데 출자공동사업자에 대해서는 25% 세율로 원천징수한다(소득세법 제14조 제3항 제6호, 소득세법 제62조 제2호 나목 단서(소득세법 제129조 제1항 제1호 라목의 세율)).[136] 두 경우 모두 종합과세될 때에는 14%의 세율과 비교과세한다(출자

---

134) 손익분배비율을 허위로 정한 것이 확인되면서 실제 분배비율이 무엇인지 발견되면 그에 따라 과세하여야 할 것이다. 이 조항은 공동으로 사업하는 외양을 갖추는 기망행위를 한 것에 대한 벌칙으로서 손익분배비율이 큰 자의 소득으로 보는 것에 관한 것이다. 실질적인 손익분배비율이 가장 큰 자의 소득으로 보아야 할 것이다. 손익분배비율을 과소하게 신고한 자는 그 신고로써 조세포탈행위를 한 것이 된다. 세무서장이 이 조항에 따라 그 자의 소득으로 모두 과세한다고 하여 조세포탈행위의 범칙 사실이 지워지지는 않을 것이다. 이와 같이 본다면 '조세를 회피하기 위하여' 공동으로 사업을 경영하는 경우는 발생하지 않을 것이다. 실질적인 손익분배비율을 정직하게 신고하는 경우와 그렇게 하지 않은 경우 이외의 경우는 존재하지 않을 것이기 때문이다.

135) 특수관계인의 부동산 임대사업소득을 지분이나 손익분배의 비율이 높은 공동사업자의 소득금액으로 의제하는 구 소득세법(1996.12.30. 법률 제5191호로 개정되고, 2004.12.31. 법률 제7319호로 개정되기 전의 것) 제43조 제3항 중 "거주자 1인과 그와 대통령령이 정하는 특수관계에 있는 자가 부동산임대소득이 발생하는 사업을 공동으로 경영하는 사업자 중에 포함되어 있는 경우에는 당해 특수관계인의 소득금액은 그 지분 또는 손익분배의 비율이 높은 공동사업자의 소득금액으로 본다"고 규정한 부분(이하 '이 사건 법률조항'이라 한다)이 헌법상 비례의 원칙에 위반된다(구 소득세법 제43조 제3항 위헌제청 2008.5.29. 2006헌가16, 2007헌가14(병합) 전원재판부).

공동사업자의 배당소득에 대해서는 종합과세하지만 비교과세기준을 적용할 때 그의 배당소득을 금융소득으로 보지는 않는다). 출자공동사업자의 배당소득은 그의 다른 사업소득 결손금과 상계될 수 있다.

바. 결손금

(1) 개념

결손금이라 함은 사업소득이 있는 자의 소득별 소득금액을 계산함에 있어서 당해 연도에 속하거나 속하게 될 필요경비가 당해 연도에 속하거나 속하게 될 총수입금액을 초과하는 경우의 그 초과금액을 말한다(소득세법시행령 제101조 제1항). 이월결손금이라 함은 당해 연도의 종합소득과세표준의 계산상 공제하고 남은 결손금을 말한다(소득세법 제45조 제2항).

(2) 결손금의 통산(횡시적 사용)

거주자의 종합소득 중 사업소득에 결손금이 발생할 경우 그 결손금을 당해 연도의 다른 종류의 소득금액과 통산한다. 소득금액통산에는 내부적 통산(interner(horizontaler) Verlustausgleich)과 외부적 통산(externer(vertikaler) Verlustausgleich)이 있다. 전자는 같은 종류의 소득이 발생하는 사업장이 여럿일 경우 각 사업장 간 결손금과 소득금액을 통산하는 것을 말하고 후자는 다른 종류의 소득 간 통산하는 것을 말한다.

소득세법상 전자에는 제한이 없으며 후자에 대해서는 다음과 같은 제한을 두고 있다. 사업소득상 결손금과 통산할 때에는 근로소득금액, 연금소득금액, 기타소득금액, 이자소득금액 및 배당소득금액의 순으로 한다(소득세법 제45조 제1항). 부동산임대사업소득[137]상 결손금은 종합소득과세표준을 계산할 때 공제하지 아니한다. 다만, 주택임대사업의 결손금 및 이월결손금은 다른 종합소득금액과의 통산을 허용한다(소득세법 제45조 제2항).

(3) 결손금의 이월 및 소급공제(역사적 사용)

결손금의 통산은 동일한 과세연도에서의 개념인 반면 결손금의 이월은 다른 과세연도 간의 개념이다. 당해 연도 사업소득상 결손금이 다른 종류의 소득금액과 통산하여도 남는 금액이 있을 때에는 차후 연도로 이월되어 그 해의 사업소득금액, 근로소득금액, 연금소득금액, 기타소득금액, 이자소득금액 및 배당소득금액의 순으로 통산한다. 부동산임대사업소득상 결손금은 차후연도의 부동산임대사업소득금액과 통산이 허용된다. 이월결손금은 발생한 해로부터 10년 내에 종료하는 과세연도까지 이월이 허용된다. 이월결손금이 누적되어 있는 경우에는 먼저 발생한 연

---

136) 비영업대금으로부터의 이자소득에 대해서도 25%의 세율로 원천징수한다. 출자공동사업자제도 도입 당시 일부 비영업대금으로부터의 이자소득으로 보아 과세된 네티즌펀드 가입자의 소득의 경우도 고려하여 출자공동사업자의 소득은 우선 25%의 세율로 원천징수하도록 한 것이다. 원천징수의 시기는 과세기간 종료 후 3개월이며, 이때를 지급시기로 의제하는 규정이 있다(소득세법시행령 제191조 제2호).

137) 부동산임대사업은 다음을 말한다.
    1. 부동산 또는 부동산상의 권리를 대여하는 사업. 다만 지역권 등을 대여하는 사업은 제외한다.
    2. 공장재단 또는 광업재단을 대여하는 사업
    3. 채굴에 관한 권리를 대여하는 사업으로서 대통령령으로 정하는 사업

도의 이월결손금부터 순차적으로 공제하도록 하고 있다. 선입선출방식이 적용되는 것이다. 당해 연도 다른 종류의 소득금액은 당해 연도의 결손금과 먼저 상계하고 이전 해로부터 이월된 결손금과 상계한다. 다만, 국세부과의 제척기간이 지난 후에 그 제척기간 이전 과세기간의 이월결손금이 확인된 경우 그 이월결손금은 공제하지 아니한다(국세기본법 45조 제3항 단서).[138]

중소기업에 대해서는 당해 연도의 결손금을 직전년의 소득금액과 소급하여 통산하는 것을 허용한다. 이 경우 신청을 하면 환급해 준다(소득세법 제85조의 2).

(4) 외국의 결손금제도

미국에서는 결손금(경상순손실, net operating loss)은 일반적으로 사업상 발생한 영업손실을 의미한다. 그러나 개인 사업과 무관한 활동에서도 발생할 수 있다. 예를 들어, 개인적 사고손실(personal casualty loss) 등으로 결손금이 발생할 수도 있다. 발생한 결손금은 2년의 소급공제 후 20년의 이월공제가 허용된다. 공제의 순서는 2년 전으로 먼저 소급되며 이후 이월공제의 순으로 이어진다. 만약 소급공제를 포기하면 이월공제만 할 수 있다. 경우에 따라서는 3년까지 소급공제하는 특례가 인정되기도 한다. 결손금 계산에 있어서 다음의 항목들이 제외된다.

- 다른 해에서 이월된 결손금
- 자본이득금액을 초과하는 자본손실금액. 자본자산은 일응 사업활동의 영위와 무관한 것으로서 이의 거래에 따라 누적된 자본순손실금액을 사업소득과 상계하지 못하도록 하기 위함이다.
- 사업무관 공제액(주로 항목별 공제액)이 사업무관소득을 초과하는 부분
- 인적 공제

결손금(경상순손실)은 급여소득, 임대소득(적극적 활동소득으로 보는 부분에 한함)과의 상계만 허용되며, 배당·이자·자본이득 등 투자자산소득과의 상계는 허용되지 않는다.

일본에서는 부동산소득금액, 사업소득금액, 산림소득금액 및 양도소득금액 계산상 손실이 있는 경우에는 다른 종류의 소득금액과 상계할 수 있다. 다만, 생활에 통상적으로 필요하지 않은 자산에 관련된 소득의 계산상 발생하는 손실은 손익통산의 대상에서 제외된다. 그리고 부동산소득금액 계산상 발생하는 손실금액 중 부동산을 취득하기 위하여 필요한 부채의 이자에 상당하는 금액도 그 대상으로부터 제외된다. 이는 불요불급한 부동산투자를 억제하기 위함이다.[139]

독일에서는 결손금의 다른 종류 소득금액과의 상계가 허용된다. 금융손실은 금융소득과의 상계가 허용되며, 주식양도손실은 주식양도이득과의 상계만 허용된다. 국외원천손실은 해당 국가 국외원천 동일 종류 소득과의 상계만 허용된다. 다만, 해당국에 소재하는 국외사업장 귀속 결손금에 대해서는 이런 제한이 없다. 결손금의 공제에는 먼저 소급공제가 인정된다. 이의 금액한도는 511,500유로인데, 이를 상계할 과거소득이 없는 경우에는 이월공제한다. 이의 금액한도는 1백만 유로이다. 이를 초과하는 결손금은 60%만 인정한다(독일 소득세법 제10d조 제1항).

---

138) 대법원 2004.6.11. 선고 2003두4522 참조.
139) 金子宏, 전게서, p.193.

사. 부동산임대사업 소득금액 계산에 고유한 사항

(1) 선세금

선세금이란 임대료의 선지급금액을 말한다. 이는 대여기간 종료 시점에 임차인에게 반환청구권이 없는 점에서 보증금 내지 전세금과 구별된다. 선세금은 다음 산식에 의한 금액을 당해 연도의 총수입금액으로 한다.

총수입금액＝(선세금) / (계약기간의 월수) × (당해 연도의 대여기간의 월수)

(2) 보증금·전세금

보증금이나 전세금을 받은 경우에는 다음의 산식에 의하여 계산한 간주임대료금액을 당해 연도의 총수입금액으로 산입한다.[140]

총수입금액＝ [(당해 과세기간의 보증금 등 적수) − (임대용부동산의 건설비 상당액의 적수)]×1 / 365×(정기예금 이자율)[141] − (당해 과세기간의 임대사업에서 발생한 수입이자, 할인료, 배당금의 합계액)

위 산식에서 수입이자 등을 차감하는 것은 임대보증금을 받아 은행에 예치하여[142] 이자를 받을 경우 그것이 이자소득으로 과세될 것이기 때문이다.[143] 이는 소득과세상 분류된 소득마다 별도의 과세방식이 채택되고 있음을 반영한다.

임대부동산을 취득하기 위한 금융비용은 필요경비로 산입할 수 있는가? 법원은 대응하는 경비임을 입증한 경우에는 필요경비로 인정받을 수 있다는 입장이다.[144]

---

140) (1) 이 사건 법률조항은 위와 같은 여러 목적과 아울러 부동산을 월세로 임대하는 경우와의 과세의 형평 및 임대인이 그가 수령한 전세금 또는 보증금 등을 운용하여 얻을 수 있는 최소한의 소득의 포착 등 실질과세의 실현도 고려한 규정으로서 조세평등주의나 실질과세의 원칙에 반한다고 할 수 없다.
   (2) 부동산투기를 억제하고 자금을 생산적인 방향으로 흐르도록 유도하려 한 것이 지금까지의 일관된 조세정책으로서 그러한 조세정책이 합리적 이유 없는 차별이라고 볼 수 없는 이상 이러한 조세정책과 과세의 형평 및 실질과세의 원칙 등을 고려하여 임대보증금을 받아서 금융기관에 예금을 하거나 회사채·주식 등에 투자하여 수익을 얻었을 때에는 그 수익만큼을 간주임대료의 과세대상에서 공제하여 주고, 부동산취득 등 실물자산에 투자한 경우에는 그 공제를 하지 아니한 것이 곧 과잉금지의 원칙에 위배된다고는 보기 어렵다(구 소득세법 제29조 제1항 위헌제청 1996.12.26. 94헌가10 전원재판부).

141) 2014년 현재 2.9% 수준이다. 보증금은 건설비로 충당된다는 전제에 입각하고 있다.

142) 소득세법시행령 제53조 제6항 참조.

143) 소득세법기본통칙 25−1 참조. 부동산시장과 금융시장 간 장벽이나 마찰이 없다면 부동산임대료율은 이자율에 근접하게 된다. 시장이자율이 10%인 상황을 가정해 보자. 은행에 5억 원을 예치하고 있는 자가 그 돈으로 토지를 취득하고 그 위에 8억 원의 지금을 은행으로부터 빌려 건물을 건설하고 보증금 10억 원을 받아 은행차입금을 상환하고 남는 돈 2억 원을 은행에 예치하였다고 하자. 소득세법상 간주임대료 수입금액은 0이 된다. 건물의 취득가액에 가산될 차입금이자(건설지금이자)는 건설기간 동안에만 발생할 것인데 이는 추후 감가상각비로 필요경비에 산입된다. 경상소득을 창출할 수 있는 자금 측면에서 보면 13억 원을 동원하여 10억 원에서만 소득을 기대하는 경우로 전환시킨 것이 된다. 소득세법상으로는 원본 5억 원으로부터의 이자소득이 2억 원으로부터의 이자소득으로 축소된 형국이다.

144) 대법원 2002.1.11. 2000두1799. 당초 자기 자본으로 임대용 부동산을 취득하였다가 그 후 투하자본의 회수를 위하여 새로 차입한 금원을 자본인출금으로 사용한 경우, 그 차입금채무는 부동산임대업을 영위하는 데 필요한 자산에 대응한 부채로서 사업에 직접 사용된 부채에 해당한다고 보아야 하고, 따라서 그 차입금의 지급이자는 총수입

상가 임차인은 자기가 제공한 보증금에 따른 간주임대료를 필요경비로 공제할 수 있는가? 임차인이 개인이든 법인이든 그러한 방식의 경비 공제는 인정되지 않는다. 법인의 경우에는 자금을 차입하여 보증금을 제공한 경우에는 손비인정을 받을 수 있을 것이다. 그러나 개인사업자는 차입자금의 손비인정에 까다로운 규정이 마련되어 있다. 이론상으로는 업무와의 관련성이 입증되는 경우에는 필요경비로 인정받을 수 있도록 하여야 할 것이지만 우리 소득세법은 초과인출금의 개념을 활용하여 지급이자의 필요경비 한도를 설정하고 있다.

(3) 주택임대

주택임대과세소득금액이 연간 2천만원 이하인 경우에는 분리과세한다. 분리과세 대상자는 종합과세와 분리과세를 선택할 수 있다. 따라서 종합소득산출세액이 더 작은 경우에는 종합소득과세방식을 선택할 수 있다. 분리과세시 세액은 [(분리과세 주택임대수입) × (1-필요경비율[145])) - 공제금액[146]]×단일세율 14%로 계산한다. 공제는 주택임대외 종합소득금액이 2천만원 이하인 경우 적용된다(소득세법 제64조의 2 제2항).

1개의 주택을 소유하는 자의 주택임대소득(기준시가가 9억원을 초과하는 주택 및 국외에 소재하는 주택의 임대소득은 제외) 또는 해당 과세기간에 총수입금액의 합계액이 2천만원 이하인 자의 주택임대소득(2018년 12월 31일 이전에 끝나는 과세기간까지 발생하는 소득으로 한정)은 비과세한다(소득세법 제12조 제2호 나목).

임대주택 등록자에게는 세액감면[147]의 특례가 있다(소득세법 제64조의 2). 소형주택임대사업자[148]에게도 세액감면의 특례가 있다(조특법 제96조). 임대주택 양도시에는 높은 장기보유특별공제율(50%, 70%)을 적용한다(조특법 제97조의3).

<국내소재주택임대소득과세>

소유주택수	월세임대	보증금임대
1채	비과세(고가주택제외)	· 과세 배제
2채	과세	
3채 이상	과세	· 2011.1.1. 이후 발생분 : 보증금 등의 합계액 3억원 초과시 과세

2011년부터는 3주택 이상을 소유한 자[149]의 주택과 그 부수토지에 대해서는 간주임대료 과

금액을 얻기 위하여 직접 사용된 부채에 대한 지급이자로서 필요경비에 해당한다고 보아야 한다(대법원 2010.1.14. 선고 2009두11874 판결).

145) 임대주택등록자 60%, 미등록자 50%

146) 임대주택등록자 4백만원, 미등록자 2백만원

147) 4년 임대시 세액의 30%, 8년 임대시 세액의 75%

148) 소형주택을 3호 이상 임대하는 사업자를 말한다.

149) 소형주택(주거전용면적이 40제곱미터 이하이고 기준시가 2억원 이하인 주택)은 호수 계산에서 제외한다(소득세법 제25조). 소득세법시행령 제53조 제8항 및 소득세법시행령 제8조의 2 제3항 제4호

세를 한다(소득세법 제25조 제1항 단서). 이 경우 이자소득에 대한 과세와의 이중과세 방지를 위해 상가의 경우처럼 전세보증금을 은행에 예치하여 받은 이자액은 과세소득에서 차감하고 보증금의 60%에 대응하는 간주임대료에 대해서만 과세하고 있다. 그리고 총주택전세보증금 중 3억 원을 초과하는 부분에 대해서만 과세하는 과세최저한을 설정하여 지방·중소도시·농어촌 주택은 대부분 과세에서 제외하고 있다(소득세법시행령 제53조 제3항 제1호).

상가임대의 경우에는 간주임대료를 계산하도록 하고 주택임대의 경우 간주임대료 계산을 제한하는 이유는 무엇일까? 직관적으로는 주택임대에 대한 정책적 배려 또는 간주임대료 계산을 위한 행정적 비용발생 우려 등으로 그 이유를 짐작할 수 있을 것이다. 그러나 주택소유자가 받은 임대보증금은 그의 금융자산을 늘리거나 부(−)의 금융자산을 줄이는 효과가 있을 것이다. 그것은 간접적으로 그가 보유하는 금융소득을 늘리게 된다. 그것은 이자소득 또는 배당소득으로 과세될 것이다. 이를 굳이 사업소득으로 과세할 필요는 없는 것이다. 그렇다면 보증금을 받아 다시 주택을 매입하는 주택임대업자에 대해서는 금융자산소득으로 과세할 여지가 없게 되는데 그에 대해서는 어떻게 과세되고 있을까? 역시 간주임대료를 계산하지는 않지만 해당 임대사업에 소요된 필요경비는 공제할 수 있다. 그 필요경비에는 이자비용이 포함된다.

상가의 경우도 임대인이 받은 보증금은 결국 금융소득으로 과세될 것이라면 동일한 이유로 간주임대료로 과세하지 말아야 한다는 주장이 가능하다. 굳이 차이점을 설명하자면 상가임대인은 임대부동산 매입자금을 조달하기 위한 비용을 필요경비로 공제할 수 있도록 되어 있다는 점을 들 수 있다. 그러나 이도 설득력이 많은 것은 아니다. 주택임대업자가 그것을 사업으로 하여 소득금액을 신고할 때에는 관련 차입비용을 공제할 수 있기 때문이다. 우리 세제는 상인의 거래일 가능성이 높은 거래에 대해서는 다소 복잡하더라도 정확한 소득금액을 산정하도록 하고 있는 반면 그렇지 않을 가능성이 높은 거래에 대해서는 간편한 세제를 두고 있다고 보아야 할 부분이다.

아. 기타의 고려 사항

사업소득금액은 사업자인 개인에 귀속하는 사업활동의 수입금액에서 그에 대응하는 필요경비를 공제한 금액으로 한다. 여기서 사업활동은 소득세법 제29조의 규정에 의한 사업활동 중의 하나이어야 한다. 사업활동에 부수하여 발생하는 자산이나 부채에 관련된 소득이나 비용에 대해서는 그러한 관련성만 가지고 바로 사업소득금액 계산에 반영할 수는 없다. 개별적으로 소득세법규정에 따라 산입 여부 및 방법이 결정된다. 이 점에서 법인의 소득금액 계산과 근본적인 차이가 발생한다. 영리법인의 경우에는 법인에 귀속하는 모든 경제적 손익이 동일하게 취급되어 소득금액을 산정하게 된다.

사업을 영위하는 자라 하더라도 자산을 무상으로 받거나 채무의 면제나 감소를 받은 경우에는 증여세로 과세되어야 한다. 그러나 사업과 관련한 것일 경우에는 총수입금액에 산입한다(소득세법시행령 제51조 제3항 제4호). 사업과 관련하여 받은 자산수증익이나 채무면제익을 이월결손금의 보전에 충당한 경우에는 총수입금액에 산입하지 않는다(소득세법 제26조 제2항).

사업자가 자신이 생산한 재화를 자신이 소비한 경우에는 자가소비로서 총수입금액에 산입한다.[150)

그런데 그것을 다른 제품의 생산에 원재료로 사용한 경우에는 총수입금액에 산입하지 않는다(소득세법 제26조 제4항).[151] 건설업, 전기·가스 수도사업의 경우에도 동일한 원칙이 적용된다(소득세법 제26조 제5항 및 제6항). 이러한 원칙은 가정부업[152]에도 적용할 수 있을까?[153] 다른 집에 가정부로 일해 주고 급여를 받는 자가 자신의 가사 일을 본 경우 그것은 자가소비가 아닐까? 자가소비는 간주소득(imputed income)을 창출한다. 소득세법 및 법인세법상 사업자인 자를 제외하고는 자가소비가 간주소득으로 과세되지 않는다. 급여를 받는 가정부의 경우에는 자가소비로 소득세가 과세되지 않는다. 이는 우리 세제가 상인의 거래일 가능성이 높은 거래에 대해서는 다소 복잡하더라도 정확한 소득금액을 산정하는 제도를 두고 있는 반면 그렇지 않을 가능성이 높은 거래에 대해서는 간편한 세제를 두고 있다고 보아야 할 또 다른 부분이다.

부가가치세의 매출세액은 총수입금액에 산입하지 않는다. 국가에 납입할 돈으로서 대리징수한 것에 불과한 것이기 때문이다(소득세법 제26조 제9항).

3. 과세방식

사업소득은 종합소득으로서 과세표준을 계산하고 신고납부하는 것을 원칙으로 한다. 이에 대해서는 본 장 제2절 및 제3절에서 상설한다.

사업소득 중 의료보건용역 및 독립적 인적용역에 대한 대가의 그 지급자는 지급 시 원천징수하여야 한다(소득세법시행령 제184조. 부가가치세법 제12조 및 동법시행령 제35조).

일부 사업소득에 대해서는 원천징수로써 납세의무가 소멸한다. 보험모집인의 보험수당과 방문판매 등에 관한 법률상 판매수당 및 음료품배달원의 수입이 그 예이다. 후자는 지급자가 연말정산을 한 경우에 한하여 원천징수로써 납세의무가 소멸한다(소득세법 제144조의 2, 동법시행령 제137조). 이때 해당 사업자가 종합소득공제를 적용받으려는 경우에는 해당 과세기간의 다음 연도 2월분의 사업소득을 받기 전에 원천징수의무자에게 소득공제신고서를 제출하여야 한다(소득세법 제144조의 3).

제4항 근로소득·연금소득

1. 근로소득

가. 개념 및 과세대상

근로소득은 종속적 인적 용역소득이다. 근로계약에 의해 근로자가 제공한 노동에 대한 대가

---

150) 부가가치세법상 개인적 공급의 공급 간주.

151) 부가가치세의 목적으로도 과세사업에서 생산한 재화를 면세사업에서의 원재료로 사용하는 것과 같이 특별한 경우 이외에는 과세대상거래로 인식하지 않는다(부가가치세법 제6조 제2항).

152) 가구내 고용활동소득은 사업소득의 하나이다(소득세법 제19조 제1항 제19호).

153) 독일 세법상 가정관리용역소득에 대해서는 10%p의 세액경감혜택을 주고 있다(독일 소득세법 제35a조).

로서 받는 급여를 말한다. 근로관계는 일반 민사법 이외에도 사회법의 한 분야라고 할 수 있는 각종 노동관계법들이 규율한다. 그러한 규율과 당사자들의 자율적인 약정의 결과 근로자는 근로를 제공하고 각종 대가를 지급받는다. 세법상으로 이러한 대가는 경제적으로 환가가 가능하다면 모두 근로소득이 된다.

통상 프리랜서(freelancer)로 일하는 자는 독립적 인적 용역의 제공자인 사업자로 보며 근로자로 보지 않는다. 그러나 우리가 늘 얘기하는 프리랜서행위에 대해 어떤 세법 조항을 적용할 것인가의 질문에 대해서는 그 답을 찾는 일이 용이하지 않다. 종속적 인적 용역의 제공에 따른 소득은 근로소득으로 보고, 독립적 인적 용역의 제공에 따른 소득은 사업소득으로 분류한다. 인적 용역을 독립적으로 제공하는지 종속적으로 제공하는지는 사실관계를 보아 판단하여야 한다. 이를 위해서는 당사자 간 권리의무, 용역의 제공방식 및 제공기간 등을 종합적으로 고려하여야 할 것이다. 종속적 인적 용역은 근로계약의 체결을 요소로 한다. 근로계약이 체결되어 있는지에 대해서는 일반 사법상의 개념을 원용하게 된다.

독립적 인적 용역이 위탁에 의해 요청된 활동을 영위하는 것이라면 종속적 인적 용역은 명령에 의해 요청된 활동을 영위하는 것이라는 본질적인 차이가 있다. 독립적으로 제공하는 인적 용역은 통상 단기간이지만 6개월 또는 1년으로 기간이 늘어날 수도 있다. 특히, 학교와의 근로계약에 의하여 정기적으로 일정한 과목을 담당하고 강의를 한 시간 또는 날에 따라 강사료를 지급받는 때에는 동일한 학교에서 3개월 이상 계속하여 강사료를 지급받는 경우 근로소득으로 본다.[154]

소득세법은 근로소득을 다음과 같이 네 가지로 구분하고 있다(소득세법 제20조 제1항 제1호). 이하 각각에 대해 상설한다.

> 가. 근로의 제공으로 인하여 받는 봉급·급료·보수·세비·임금·상여·수당과 이와 유사한 성질의 급여
> 나. 법인의 주주총회·사원총회 또는 이에 준하는 의결기관의 결의에 의하여 상여로 받는 소득
> 다. 법인세법에 의하여 상여로 처분된 금액
> 라. 퇴직으로 인하여 받는 소득으로서 퇴직소득에 속하지 아니하는 소득

(1) 근로의 제공으로 받는 급여

가목의 근로소득은 '근로의 제공으로 인하여 받는'과 '봉급…과 이와 유사한 성질의 급여' 두 부분을 요건으로 한다. 전자의 부분에 대해서는 위에서 논하였다. 후자의 부분은 그 명칭에 불구하고 실질을 보아 근로의 제공에 대한 대가로서의 성질을 지닌 것은 모두 근로소득으로 과세한다는 것이다. 사실상 포괄주의적인 성격의 것이기 때문에 준포괄적 규정[155]이라고 할 수 있다.[156] 이에 따라 여러 가지 형태의 '변형급여(fringe benefit)'도 근로의 제공에 대한 대가로

---

154) 소득세법기본통칙 20-2 참조.

155) 준포괄적 조항은 해당 조항의 내용상 유형별 포괄주의 조항과 다를 바 없다. 다만, 유형별 포괄주의 규정은 해당 소득종류의 전체를 포괄하는 내용을 가지고 있는 반면, 준포괄적 규정은 해당 호의 규정이 제시하는 성격에 부합하는 대가를 포괄하는 내용을 가지고 있다.

156) 근로소득은 지급형태나 명칭을 불문하고 성질상 근로의 제공과 대가관계에 있는 일체의 경제적 이익을 포함할 뿐만 아니라, 직접적인 근로의 대가 외에도 근로를 전제로 그와 밀접히 관련되어 근로조건의 내용을 이루고 있는 급여도 포함한다(대법원 2007. 10. 25. 선고 2007두1941 판결 참조)(대법원 2016. 10. 27. 선고 2016두39726 판결).

서의 성질을 갖는 경우에는 근로소득이 된다.[157] 다만, '근로를 제공하는 업무'와 관련하여 발생한 경비를 변제받는 것(실비 변상적 급여)은 급여에 해당하지 않는다. 사용자의 비용이 되어 공제되고 거래상대방의 소득이 되어 과세되는 경로를 밟게 된다. 그런데 '근로를 제공하는 업무'와의 관련성을 넓게 볼 경우에는 실비변상적인 급여의 범주도 그만큼 넓어지게 될 것이다.

세법상 근로의 개념이 사용되고 있다.[158] 우리나라에서 통상적인 골프장 경기보조원(캐디)은 노동법상 근로자이지만 세법상 근로자는 아니다. 노동법상 골프장 경기보조원은 출퇴근, 근무 장소, 지휘·감독의 요소로 보아 근로자로 본다. 그런데 세법상으로는 근로자로 보지 않는다. 장부기장을 따로 하지 않는 경우 단순경비율(64%)[159]을 적용하여 소득금액을 계산한다(소득세법시행령 제145조). 다만, 사업장의 제공자인 골프장 법인은 과세자료를 제출하여야 한다(소득세법 제173조 및 동법시행령 제224조). 소득세법시행규칙 별지 제33호의 2(사업장제공자 등의 과세자료제출명세서) 서식을 이용한다. 이는 근로장려세제의 운영상 필요에 의하여 도입된 제도이다. 보험모집인은 노동법 및 세법상 근로자가 아니다. 노동부는 보험모집인은 출퇴근에 대한 엄격한 통제가 없고 근무장소에 대한 통제가 없으며 업무수행과정에서 회사의 직접적이고 구체적인 지휘·감독 없이 각자 재량에 따라 업무를 수행하기 때문에 근로자가 아니며 노조를 결성할 수 없다고 한다(노동조합및노동관계조정법 제4조).

근로의 제공으로 받는 '상여'는 일반적으로 정규 급여와 별도로 지급받는 것을 말한다.[160]

사안마다 판단하기 곤란한 점을 감안하여 소득세법시행령이 소득세법의 포괄적 위임을 받아 근로소득 범주에 포함되는 것을 예시적으로 규정하고 있다(소득세법시행령 제38조 제1항).[161] 예를 들어, '통근수당'은 근로를 제공하기 위한 관련성이 어느 정도 인정되지 않을 수 없는 출퇴근에 소요되는 경비를 충당하도록 하기 위한 것임에도 불구하고 소득세법시행령은 급여에 포함하도록 하고 있다.[162]

근로의 제공에 대한 대가라면 그것의 형태가 무엇이든 근로소득으로 본다. 종업원에게 주식매수선택권을 부여하는 방법으로 근로의 제공에 대가를 지불한 경우 종업원이 주식매수선택권의 행사에 따라 얻게 되는 이득도 근로소득으로 본다.[163] 다만, 적격주식매수선택권 행사시 과세하지 않고, 양도시 양도소득으로 과세하는 것을 선택할 수 있다(조특법 제16조의 3). 여기서

---

157) 기밀비, 교제비, 근로수당, 가족수당, 공무원직급보조비 등(소득세법시행령 제38조 제1항 제19호)

158) 자세한 논의는 李東植(Dong Sik Lee), 소득세법상 근로자 개념에 대한 고찰, 한국세법학회, 조세법연구, 제13집 제3호 2007.12. page(s): 72-99 참조

159) 국세청고시 2008년 귀속 경비율 및 배율 고시(안), 2009.3. 참조.

160) 법인세법 제67조 위헌소원 2010.11.25. 2009헌바107 참조

161) 구 소득세법 시행령 제38조 제1항이 "법 제20조의 규정에 의한 근로소득의 범위에는 다음 각 호의 소득이 포함되는 것으로 한다"라고 규정하고 있는 것은 근로소득에 포함되어야 할 것을 주의적으로 열거하고 있는 것으로 해석된다 할 것이어서, 이러한 규정이 근로소득의 종류를 한정적으로 열거하는 규정이라고 볼 수 없다(서울행법 2005.12.27. 선고 2005구합23640 판결).

162) 자가운전보조금은 그것이 출장을 위해 소요되는 비용을 변상하는 성격의 것인지 아니면 단순 출퇴근을 지원하는 것인지에 따라 전자는 근로소득으로 보지 않고 후자는 통근수당으로서 근로소득으로 보게 된다(소득세법시행령 제38조 제1항 제9호). 두 경우 모두 회사는 비용으로 처리할 것이다(소득세법기본통칙 12-3).

163) 외국모회사가 한국자회사의 직원에게 부여한 주식매수선택권의 행사이익도 근로소득에 해당한다(대법원 2007.10.25. 선고 2007두1934판결).

주식매수선택권을 행사하여 얻은 이득은 그것을 행사하여 취득하게 된 주식의 취득 당시 시가와 행사가격 간의 차액을 의미한다.

조특법은 2006년까지 연간 3천만 원 한도 내의 금액은 이를 근로소득으로 보지 않는 규정을 두고 있었다(구 조특법 제15조 제1항). 현재는 벤처기업으로부터 부여받은 주식매수선택권의 행사이익은 연간 3천만원 한도 내에서 일몰방식의 비과세 특례가 인정되고 있다(조특법 제16조의 2).

대법원 2007.10.25. 2007두1415판결사건에서는 국내자회사에 근무하는 자가 외국소재 모회사로부터 받은 주식매수선택권[164]을 재직 중 행사하여 얻은 이익이 근로소득에 해당하는지가 다투어졌다. 이 사건에서, 원고는 소외 1주식회사의 대표이사로 1993년 3월 1일부터 2000년 5월 31일까지 근무하면서, 소외 1주식회사가 발행한 주식의 100%를 소유하고 있는 미국 소재 법인인 갑 회사의 모회사인 미국 갑 USA 회사로부터 호주 갑 Australia 회사에 관한 주식매수선택권(stock option)을 원고가 소외 1주식회사에 계속 근무할 것과 주식매수선택권은 양도가 금지되며, 10년 이내에 행사하여야 한다는 조건으로 1996년 7월 5일 등 3회에 걸쳐 부여받은 후, 2000년 4월 5일 그중 일부를 행사하여 행사 당시의 주식의 시가와 실제 매수가격의 차액에 상당하는 이익(이하 '이 사건 주식매수선택권 행사이익'이라 한다)을 얻었다. 이 사건 주식매수선택권 행사이익에 대해 법원은 갑 회사의 모회사로서 갑 회사와 소외 1주식회사의 경영과 업무수행에 직접 또는 간접적으로 영향을 미치는 미국 갑 USA 회사가 원고에게 지급한 것으로서, 원고가 소외 1주식회사에 제공한 근로와 일정한 상관관계 내지 경제적 합리성에 기한 대가관계가 있다고 봄이 상당하므로 이 사건 주식매수선택권 행사이익은 소득세법상 을종근로소득에 해당되고, 원고와 미국 갑 USA 회사 사이에 직접적인 고용관계가 없다거나 고용계약의 사용자와 주식매수선택권 부여자가 다르다는 점은 이 판단에 영향을 주지 않는다고 보았다.

(2) 법인으로부터 상여로 받는 소득

근로자가 법인으로부터 받는 상여는 법인의 이익처분에 의한 것이다. 법인의 이익처분에 의하여 받은 것이라고 하여도 근로의 제공에 대한 대가인 성격을 가지고 있으므로 근로소득으로 보아 과세한다.

(3) 법인세법에 의해 상여로 처분된 금액

법인세법 제67조는 법인세과세표준을 납세자가 신고하거나 세무서장이 결정 또는 경정함에 있어서 익금에 산입한 금액은 그 귀속자 등에게 상여·배당·기타 사외유출·사내유보 등으로 처분한다고 규정하고 있다. 사외유출된 것 중 그 귀속자가 임원 또는 사용인인 경우에는 그 귀속자에 대한 상여로 보게 된다(법인세법시행령 제106조 제1항 제1호 나목). 이를 인정상여라고 한다. 이는 세무회계와 기업회계 간의 차이조정 또는 세무조사의 결과에 따라 임원 또는 사용인에게 귀속하는 것으로 보게 되는 것이지만 그 본질은 근로의 제공에 대한 대가이다.

---

164) 허여(grant), 행사가격(strike price), 시장가격(market price), 확정(vest), 행사(exercise) 및 포기(lapse)의 개념을 이해하여야 한다.

(4) 퇴직으로 인하여 받는 소득 중 퇴직소득 이외의 것

근로의 제공에 대해 지불하는 대가라는 점에서 다를 바 없지만 근로소득은 퇴직소득과는 구분된다. 퇴직소득은 제공한 근로에 대한 이연급여로서 퇴직을 원인으로 지급되는 것이다. 이에는 근로의 제공에 대한 대가와 자금의 제공에 대한 대가가 혼재되어 있다.

근로자의 입장에서는 퇴직할 때 받는 급여라면 가급적 퇴직소득으로 과세받기를 원할 것이다. 세금부담이 적기 때문이다.

근로소득과 퇴직소득의 구분을 위해서는 경제적 실질을 존중해야 할 것인데 그 구분이 그리 용이한 것은 아니다. 퇴직할 때 퇴직으로 인하여 지급받는 금원이라도 퇴직급여지급규정에 의하여 지급되는 것이 아니라면 퇴직소득에 속하지 않는다.

소득세법시행령으로 정하는 임원의 퇴직소득금액[165]이 다음 계산식에 따라 계산한 금액을 초과하는 경우에는 그 초과하는 금액은 근로소득으로 본다(소득세법 제22조 제3항).

$$\text{평균급여}^{[166]} \quad \times \quad \frac{1}{10} \quad \times \quad 2012\text{년 이후 근속연수} \quad \times \quad 2$$

퇴직금 중간정산자에 대한 퇴직소득 세액계산은 전체 퇴직금(중간정산퇴직금 포함) 산출세액에서 중간정산 산출세액을 차감한 세액으로 한다.

근로소득에 포함하지 아니하는 퇴직급여 적립금의 적립 요건이 신설되었다(소득시법시행령 제38조). 사용자가 직접 적립하며, 퇴직연금규약이 작성되어 있으며, 불특정 다수의 퇴직자에게 일괄적으로 적용되는 지급기준이 있어야 하며, 근로자퇴직급여보장법에 따른 확정기여형퇴직연금제도에 따라 계좌가 설정되어 있어야 한다.

나. 소득금액

총급여액에서 근로소득공제를 한 후의 금액이 근로소득금액이다. 근로소득공제액은 당해 연도 총급여액이 많아지면 그 총급여액 대비 공제율이 줄어드는 방식으로 설정된 표[168]에 따라 계산된다(소득세법 제47조). 근로소득에 대한 필요경비는 실액공제를 허용하지 않고 해당 근로소득을 얻기 위해 통상 소요되리라고 예상되는 표준적인 금액을 필요경비로 인정하는 것이다.

다. 인식시기

급여의 소득인식시기는 근로를 제공한 날이 된다. 근로를 제공함으로써 급여를 받을 권리가 확정되기 때문이다. 소득금액변동통지에 의하여 원천징수하는 근로소득의 귀속연도는 소득금액변동통지일이 속하는 연도가 아니라 당초 소득의 귀속연도이다.[169]

---

165) 2011년 12월 31일에 퇴직하였다고 가정할 때 지급받을 퇴직소득금액이 있는 경우에는 그 금액을 뺀 금액

166) 퇴직전 3년간 총급여의 연평균(소득세법 제22조)

168) 500만원 이하 70%, 1500만원 이하 40%, 4,500만원 이하 15%

라. 원천징수·연말정산

근로소득을 원천징수하는 자는 원천징수한 달의 다음 달 10일까지 관할세무서에 원천징수한 세액을 납부하여야 한다. 근로소득에 대한 원천징수세액은 대신 연 2회(7월 10일 및 1월 10일)에 걸쳐 신고납부할 수 있다. 이러한 특례가 적용되기 위해서는 해당 원천징수의무자의 전년도 평균 직원 수가 10명 이하이어야 하고, 정해진 기한 내에 신청하여야 한다.

근로소득을 지급하는 자는 당해 연도의 다음 연도 2월분의 근로소득을 지급하는 때에 당해 연도의 근로소득금액에서 종합소득공제를 한 금액을 종합소득과세표준으로 하여 종합소득산출세액을 계산하고 각종 세액공제를 한 후 당해 연도에 이미 원천징수하여 납부한 소득세를 공제하고 그 차액을 원천징수하여야 한다. 이미 원천징수한 세액이 더 많은 경우에는 환급한다(소득세법 제137조). 이러한 전체적 과정을 연말정산이라고 한다. 근로소득과 다른 종합합산과세대상소득이 있는 경우에도 원천징수의무자는 연말정산을 하여야 한다.

근로소득만 있는 자의 사용자가 연말정산을 한 경우에는 해당 근로소득자는 종합소득과세표준 확정신고를 하지 아니할 수 있다. 연말정산을 할 때 원천납세의무자가 제대로 공제하지 않은 항목은 과세표준확정신고를 할 때 공제할 수 있다. 원천징수의무자가 연말정산에 의하여 소득세를 납부하지 않은 때에는 근로소득자는 확정신고를 하여야 한다(소득세법 제73조 제4항).

마. 일용근로소득자에 대한 과세

일용직 근로자가 받는 급여도 근로소득에 해당한다. 일용직 근로자에 대해서는 종합소득신고의무가 부여되지 않는다. 특정인이 어떤 사업장에 출근하여 급여라는 이름으로 소득을 얻고 있는데 그가 세법적용상 일반근로자인지 일용직 근로자인지 판단하기 어려운 경우가 적지 않다. 소득세법시행령은 '일용직 근로자'를 근로를 제공한 날 또는 시간에 따라 근로대가를 계산하거나 근로를 제공한 날 또는 시간의 근로성과에 따라 급여를 계산하여 받는 자로서 일정한 특성을 가지는 자를 말한다고 규정하고 있다. 그중 가장 핵심적인 요건은 '근로계약에 따라 동일한 고용주에게 3월 이상 계속하여 고용되어 있지 않은 자'이다(소득세법시행령 제20조 제3호). 이 경우 계속 근무한 지 3월이 되는 날의 속하는 과세기간의 초일부터 일반급여자로 본다는 입장과[170] 3월이 되는 월부터 일반급여자로 본다는 입장[171]이 갈린다.

일용근로소득자에 대해서는 종합소득세 신고의무가 부여되어 있지 않다. 급여를 지급하는 자가 원천징수하는 것으로 납세의무가 소멸된다(소득세법 제73조 제1항 및 제4항). 원천징수의무자인 지급자가 일용근로자에게 급여를 지급할 때에는 그 근로소득에서 1일 10만 원의 근로소득공제를 한 금액에 원천징수세율(6%)을 적용하여 계산한 산출세액에서 그것의 55%에 해당하는 근로소득세액공제를 한 소득세를 원천징수한다(소득세법 제47조 제2항, 제59조 제3항 및 제134조 제3항). 소득세법상 일용근로소득자에게도 기본공제(소득세법 제50조), 추가공제(소득세

---

169) 대법원 2006.7.27. 선고 2004두9944 판결, 대법원 2010.1.28. 선고 2007두20959 참조.
170) 소득세법기본통칙 20-3 참조.
171) 서면1팀-1590, 2006.11.24. 참조.

법 제51조), 연금보험료공제(소득세법 제51조의 3), 기부금공제(소득세법 제52조 제6항) 및 선택적 표준공제(소득세법 제52조 제10항)가 허용되는 것으로 규정되어 있다.

일용근로소득자는 연말정산을 하지 않는다. 그러나 본인의 선택에 따라서는 위의 소득공제를 감안하여 확정신고를 할 수는 있다. 근로소득이 있는 자는 소득의 지급자인 원천징수의무자가 자기 몫의 세금에 대해 연말정산해 주고 세무서에 정산 납부하여야 종합소득확정신고의무가 배제된다(소득세법 제73조 제1항). 그런데 일용근로소득자에 대해서는 그러한 연말정산을 하지 않아도 종합소득확정신고의무가 없다(소득세법 제73조 제4항). 그러나 스스로 확정신고를 할 수는 있다.

2. 연금소득

가. 개념 및 과세대상

연금소득이라 함은 누군가에게 장기간 저축한 것의 원리금을 미래의 어느 시점부터 장기간 정기적으로 받을 때 원금을 초과하는 부분을 말한다. 장기간 저축하는 것이 법률의 규정에 의해 의무화되어 있는 경우는 공적 연금이라고 하고 그렇지 않고 스스로의 결정에 의해 하는 경우를 사적 연금이라고 한다.

연금소득은 장기간 저축의 결과 발생하는 것이기 때문에 연금취급기관에 대한 자금의 사용대가로서 받는다는 의미에서 이자소득으로서의 성격도 지니고 있다. 연금소득은 퇴직소득과 구별되는 것이지만 공통점도 가지고 있다. 공무원연금이나 퇴직연금의 경우 사용자가 연금불입액의 일정 부분을 부담하게 된다. 사용자의 불입액은 퇴직급여를 미리 지급하는 성격을 가지고 있는 것으로서 지급할 때 사용자의 소득금액 계산상 손금으로 공제받는다. 그러나 그때 근로자의 소득으로 보지는 않는다. 이는 추후 연금으로 지급받을 때 근로자의 연금소득금액에 포함되어 과세된다.

소득세법에 의하면 실제 어느 해에 지급을 받는 연금이라면 그것이 공적 연금에 의한 것이든 사적 연금에 의한 것이든 동일하게 연금소득으로 과세된다.[172] 소득세법은 연금소득을 공적연금소득[173], 연금계좌수령연금소득[174] 및 기타의 연금소득으로 구분하고 있다.

소득이연퇴직소득[175]이 2014년 12월 31일에 퇴직연금계좌에 있는 경우 2014년 12월 31일에 해당 소득이연퇴직소득 전액을 퇴직소득으로 지급받아 즉시 해당 퇴직연금계좌에 다시 납입한 것으로 본다(소득세법 제146조의 2).

---

172) 공적 연금에는 국민연금법에 의한 연금, 공무원연금법·군인연금법·사립학교교직원연금법 또는 별정우체국법에 의한 연금이 포함된다. 사적 연금에는 개인연금저축 및 퇴직연금 등이 포함된다. 연금저축계좌와 퇴직연금계좌를 묶어 '연금계좌'라고 부른다(소득세법 제20조의 3 제1항 제2호).

173) 공적연금 관련법*에 따라 받는 연금 * 국민연금법·공무원연금법·군인연금법·사립학교교직원연금법·별정우체국법·국민연금과 직역연금의 연계에 관한 법률

174) 연금저축계좌와 퇴직연금계좌에서 연금형태로 지급받는 소득

175) 소득이연퇴직소득은 2012년 12월 31일 이전에 퇴직하여 지급받은 퇴직소득을 퇴직연금계좌에 이체 또는 입금함에 따라 그 퇴직연금계좌에서 가입자가 실제로 지급받을 때까지 소득이 발생하지 아니한 것으로 보는 금액을 말하며, 운용실적에 따라 추가로 지급받는 금액이 있는 경우 그 금액을 포함한다.

나. 소득금액

연금소득금액은 과세대상연금소득액에서 연금소득공제를 한 금액으로 한다(소득세법 제47조의 2). 과세대상연금소득액은 소득세법시행령에서 규정하고 있다. 이는 연금수령액 중 자신이 실제 납입했던 연금운용실적에 따라 증가된 금액(연금기여금을 차감하고 남는 금액)과 연금기여금 중 불입시 세액공제를 받은 기여금액이 된다(소득세법 제20조의 3 제2항 제2호). 즉, 자신이 실제 납입했던 연금기여금 중에서도 기여금 불입 당시 연금보험료로서 세액공제받은 부분은 차감하지 못한다.

연금계좌에서 인출할 때에는 해당 연금계좌에 납입한 연금보험료 중 연금계좌세액공제를 받지 아니한 금액을 먼저 인출한 것으로 본다(소득세법시행령 제40조의 3 제2항).

연금계좌에서 원금손실이 발생한 경우 납입 원천별로 ① 세액공제 받은 금액, ② 이연퇴직소득, ③ 세액공제 받지 않은 금액의 순서로 손실이 반영된다.

다. 인식시기

연금소득에 대해 총수입금액으로 수입할 시기는 연금을 지급받거나 받기로 한 날로 한다(소득세법시행령 제50조 제5항).

라. 과세방식

사적 연금액이 연 1,200만 원 이하인 경우로서 납세자가 합산을 선택하지 않는 경우에는 분리과세한다. 이 경우 연말정산을 하게 된다(소득세법 제143조의 4). 나머지 경우에는 다른 소득과 합산하여 과세한다(소득세법 제14조 제3항 제9호).

제5항 기타소득

1. 개념 및 과세대상

기타소득은 이자소득·배당소득·사업소득·근로소득·연금소득·퇴직소득 및 양도소득 외의 소득으로 소득세법 제21조 제1항에서 열거한 것을 말한다.

기타소득은 여집합적인 성격의 것이다. 그에 포함되는 소득들은 잡다하고 상호 공통점을 찾기 어려운 것들이다. 기타소득에 열거된 항목 중 포괄규정(catch all clause)적인 성격을 지닌 것은 없다. 따라서 열거되지 않은 항목에 대해서는 과세가 이루어지지 않게 된다.

참고로 일본의 소득세법은 소득의 개념을 포괄적으로 설정하고 있다. 소득의 종류를 규정하면서 이자소득을 포함한 각 소득을 제한적으로 정의하고 여집합을 모두 잡소득으로 과세하는 방식[176]

---

176) 소득세법 제35조 잡소득은 이자소득, 배당소득, 부동산소득, 사업소득, 급여소득, 퇴직소득, 산림소득, 양도소득 및 일시소득의 어느 것에도 해당하지 않는 소득을 말한다.

을 채택하고 있으면서도 소득의 개념을 법에서 정의하지는 않고 있다. 미국도 내국세입법에서 소득의 개념을 정의하고 있지 않지만 법원은 Haig-Simons의 포괄적 소득개념[177])에 따라 소득의 존재 여부를 판단한다.[178])

유실물의 습득 또는 매장물의 발견으로 인하여 새로 소유권을 취득하는 자산은 기타소득이라고 규정한 소득세법 제21조 제1항 제11호에 의해 과세된다. 그리고 동 항 제12호에 따라 무주물의 장기간 점유로 취득시효에 의해 소유권을 취득하여 얻는 경제적 이득은 기타소득으로 과세된다. 그런데 누군가 카드사의 마일리지에 의해 무료로 얻게 되는 항공권은 소득이라고 보아야 하는가? 답하기 어려운 문제이다.[179])

유가증권을 대여하고 받는 소득은 기타소득이 된다(소득세법 제21조 제1항 제8호). 유가증권을 양도하고 받는 소득은 양도소득이다.

종교관련종사자가 종교의식을 집행하는 등 종교관련종사자로서의 활동과 관련하여 종교단체로부터 받은 소득("종교인소득")은 기타소득으로서 2018년부터 과세된다(소득세법 제21조 제1항 제26호). 종교인소득을 근로소득으로 원천징수하거나 과세표준확정신고를 한 경우에는 해당 소득을 근로소득으로 본다(소득세법 제21조 제3항).

가. 영업권 양도

(1) 영업권(점포 임차권 포함) 및 그와 유사한 자산이나 권리

영업권(점포 임차권 포함) 및 그와 유사한 자산이나 권리를 양도하고 받는 금품은 기타소득이 된다(소득세법 제21조 제1항 제7호). 소득세법시행령은 '영업권'은 행정관청으로부터 인가·허가·면허 등을 받음으로써 얻는 경제적 이익을 포함하되, 사업용 유형자산과 함께 양도되는 영업권은 포함하지 않는다고 규정하고 있다(소득세법시행령 제41조 제3항). 학교설립인가를 받은 학교법인의 이사장이 갖는 학교의 실질적 운영권은 '영업권'으로 볼 수 없다. 운영권을 넘겨주고 받은 대가는 '사례금'에 해당한다(소득세법 제21조 제1항 제17호).[180])

'점포 임차권'은 거주자가 사업소득이 발생하는 점포를 임차하여 점포 임차인으로서의 지위를 양도함으로써 얻는 경제적 이익(점포임차권과 함께 양도하는 다른 영업권을 포함한다)을 말한다고 규정하고 있다(소득세법시행령 제41조 제4항).

---

177) 경제적 이득이라면 그 원천을 불문하고 소득으로 보는 관점이다. 계산상으로는 어느 해의 과세소득금액은 그해의 소비액과 그해의 저축액의 합계액으로 보게 된다.

178) Michael J. Graetz and Deborah H. Schenk, *Federal Income Taxation*(3rd edition), Foundation Press, 1995, pp.106~108.

179) 실무상 다음과 같은 구분을 하고 있다. 우선 온라인상 쇼핑몰을 운영하는 사업자가 그 쇼핑몰 가맹점(물품판매업자)에서 물품 등을 구매한 회원에게 사전에 공시된 일정 마일리지로 적립하여 주고, 동 적립금액이 일정금액이 되는 때에 그에 상당하는 현금 또는 물품으로 지급하는 경우 당해 현금 또는 물품지급액은 그 구매자의 과세대상소득에 해당하지 아니한다(서이 46013-12131, 2002.11.28.). 그러나 백화점을 운영하는 업체가 영수증을 수집하여 제출하는 단체에 영수증수집 합계금액의 일정금액을 마일리지 지원금으로 지급하는 경우 동 금액은 소득세법 제21조 제17호의 사례금으로 기타소득에 해당한다(서면인터넷방문상담1팀-977, 2007.7.10). 카드사의 마일리지에 의해 무료로 얻게 되는 항공권은 개인 소득으로 과세되지 않고 있는 것으로 판단된다.

180) 대법원 2013.09.13. 선고 2010두27288 판결

소득세법상 과세의 계기가 되는 양도는 '자산'에 대한 개념이다. 영업권은 '자산'인가? 기업회계 상으로는 기업인수합병의 경우 '영업권'을 자산으로 인식하게 된다.[181] 소득세법은 행정관청으로부터 인가·허가·면허 등을 받음으로써 얻는 경제적 이익도 영업권에 포함하므로 그 범위가 넓다.

영업권을 양도하고 받는 금품은 기타소득이 된다. 영업권 양도로 받는 금품에는 점포임차권이 포함된다. 이는 사업소득이 발생하는 점포를 임차하여 점포 임차인으로서의 지위를 양도함으로써 얻는 경제적 이익을 말한다. 그에는 점포임차권과 함께 양도하는 다른 영업권이 포함된다. 어떻게 과세되든지 실지거래가액에서 필요경비를 공제하여 소득금액을 계산하고 소득세법상 기본세율이 적용된다(소득세법 제55조).

소득세법상 영업권은 양도가액이든 취득가액이든 실지거래가액으로 과세된다. 그러나 장부 기타 증빙서류에 의하여 그것을 확인할 수 없을 때에는 감정가액 또는 기준시가에 의해 추계조사하여 결정할 수 있다(소득세법 제114조 제7항). 영업권의 기준시가는 해당 기업의 순손익액과 자기자본을 일정 산식에 의하여 계산한 결과치로 한다(소득세법시행령 제165조 제8항 제2호, 상증세법시행령 제59조 제2항). 이때 자본의 기회비용(할인율)은 10%로 하고 있다(상증세법시행규칙 제19조).[182]

사업용 유형자산(토지·건물 및 부동산에 관한 권리)과 함께 양도하는 영업권의 경우에는 양도소득으로 과세한다(소득세법 제94조 제1항 제4호 가목). 이에는 영업권을 별도로 평가하지 않았으나 사회통념상 영업권이 포함되어 양도된 것으로 인정되는 것과 행정관청으로부터 인가·허가·면허 등을 받음으로써 얻는 경제적 이익이 포함된다. 그리고 영업권을 양도함으로 발생하는 소득에는 당해 인·허가가 법규상 이전의 금지 여부와는 관계없이 사실상 이전되므로 발생하는 소득을 포함한다.[183]

(2) 일반소득(ordinary income)을 받을 권리

소득세법상 광업권 그 밖에 이와 유사한 자산이나 권리를 양도하고 받는 금품은 기타소득이 된다(소득세법 제21조 제1항 제7호). 다음의 사례라면 기타소득으로 과세될 수 있을까?

미국의 Commissioner v. P. G. Lake Inc.(356 U.S. 260, 1958)판결 사건에서, 원고회사인 Lake와 그 회사의 사장은 Lake가 사장에게 광물인 석유를 받을 수 있는 권리의 일부를 넘기고 원고회사가 사장에게 지고 있는 채무를 면제하는 약정을 체결하였다. 면제되는 채무액은 60만 달러이었다. Lake는 60만 달러를 모두 자본이득으로 신고했지만 국세청장은 일반소득으로 보아 과세하였다. 이에 대해 연방대법원(Douglas, J.)은 국세청장의 주장을 수용하였다. 이유는 다음과 같다. 비록 광물을 받을 권리가 재산권이기는 하지만 의회가 이러한 재산권에 대해서까지 일반소득에 비해 과세상 특례가 주어지는 자본이득과세제도를 적용하고자 하지는 않은 것으로 판단된다. 사장이 일시불로 지급한 것으로 볼 수 있지만 그것은 미래지급금의 대체물이다. 자

---

181) 기업회계상 경제적 실질이 있으면 원칙적으로 그것을 인식하여야 한다. 기업회계기준은 무형자산의 인식요건을 식별가능성, 자원에 대한 통제 및 미래 경제적 효익으로 설정하고 있다. 영업권은 형태가 없는 무형자산으로서 내부적으로 창출된 것일 경우에는 취득원가를 신뢰성 있게 측정할 수 없을 뿐 아니라 기업이 통제하는 식별 가능한 자원도 아니기 때문에 '자산'으로 인식하지 않는다. 기업을 매수하면서 대가를 지불한 경우에도 기업회계기준으로는 무형자산의 인식요건 중 '식별가능성'을 충족하지 않기 때문에 무형자산의 범주에서는 제외된다. 그러나 기업인수합병 등에 관한 회계처리준칙에 의한다면 매수기업결합의 경우 영업권을 인식할 수 있게 된다(기준서 제3호).

182) 상증세법기본통칙 64-59…1 참조.

183) 소득세법기본통칙 94-2. 대법원 1991.12.10. 선고 91누3154 판결.

본자산(capital assets)의 가치증분에 대해 주어진 부분은 없다.

우리 세법상 법인의 소득은 그 종류를 불문하고 동일한 취급을 받는다. 따라서 위 사건에서의 Lake에 대한 과세상 문제가 발생하지 않는다. 만일 Lake가 개인이었다면 어떤 문제가 있었을까? 소득세법은 양도소득과세대상을 열거하고 있다. 열거된 과세대상에는 광물을 받을 수 있는 권리가 포함되어 있지 않다. 종합소득 중 하나인 기타소득에 포함될 수 있을 것이다. 소득세법 제21조 (기타소득) 제1항 제7호는 "광업권… 그밖에 이와 유사한 자산이나 권리를 양도하거나 대여하고 그 대가로 받는 금품"을 규정하고 있기 때문이다.

우리나라 세법상 양도소득은 종합소득에 비해 중과되는 부분이 있으며 Douglas 판사가 지적하듯이 미국의 세법에서처럼 특례가 주어지는 것은 아니다.

다음과 같은 논리도 가능할 것이다. 자본자산의 가치는 미래기대현금흐름의 현가이다. 현가를 산정하는 시점이 변함에 따라 자본자산의 가치가 변화하고 이것 때문에 자본손익이 발생한다. 위 사건에서 60만 달러는 Lake가 받기로 되어 있었던 석유의 현재가치가 그 사장에게 이전하는 시점에서 Lake가 인식해 오던 가치보다 증가한 부분에 대응하는 것인가?

그렇지는 않다. Lake가 동 권리를 유지하고 있었다면 받았을 석유의 판매가액에 해당하는 것이다. Lake가 권리를 이전하지 않았다면 일반소득으로 과세되었을 것인데 그 명의만 바꾼다고 자본이득으로 할 수는 없다고 볼 수 있다.

과연 이 논리는 타당한가? 사장이 인수받은 권리를 활용하여 석유를 받게 될 경우 그것은 일반소득으로 과세된다. 금액은 당사자들의 기대대로라면 약 60만 달러에 이를 것이다. 법원의 입장에 의하면 동일한 대상에 대해 국세청은 Lake와 사장에 대해 동일한 과세를 하게 되는 것이 된다. Lake가 얻은 이득은 자본이득으로 보는 것이 타당하였을 것이다.[184] 우리 세법상 광업권의 양도차익을 종합소득으로 보도록 하는 규정은 이러한 관점에서 볼 때 논리적인 근거가 약한 것이다.

나. 손해배상금

(1) 거주자의 기타소득으로 분류되는 경우

기타소득의 한 종류로서 소득세법상 열거된 것으로 '계약의 위약 또는 해약으로 인하여 받는 위약금 및 배상금'이 있다(소득세법 제21조 제1항 제10호). 계약의 위약 또는 해약으로 인하여 받는 소득으로서 부당이득 반환 시 지급받는 이자도 기타소득이다.

소득세법시행령은 '위약금 및 배상금'을 "재산권에 관한 계약의 위약 또는 해약으로 인하여 받는 손해배상으로서 그 명목 여하에 불구하고 본래 계약의 내용이 되는 지급 자체에 대한 손해를 넘는 손해에 대하여 배상하는 금전 또는 기타 물품의 가액"이라고 한다(소득세법시행령 제41조 제7항).

과세대상에 포함되는 것은 계약과 관련된 배상금에 한정된다. 계약의 위약 또는 해약으로 한정하고 있기 때문에 지적 재산권을 침해한 것에 대한 배상금은 포함하지 않는다. 당초 재산권에 관한 계약과 관계가 없던 것으로서 소송상 화해로 비로소 발생하는 의무의 위반을 원인으로

---

184) 만약 Lake가 동 권리를 30만 달러에 취득하였다가 사장에게 60만 달러에 이전한 것이었다면 30만 달러가 자본이득금액일 것이다. 일반소득으로 보아 과세하더라도 소득금액은 동일하였을 것이다.

한 배상금은 포함하지 않는다.[185)]

(2) 거주자의 기타소득에 포함되지 않는 경우

(가) 계약과 관련되지 않은 경우
'계약'은 판례상 "엄격한 의미의 계약"만을 의미한다고 한다.[189)] 불법행위에 따른 손해배상금은 과세하지 않는다.

재산상의 피해에 해당하는 것이라 하더라도 계약과 관련되지 않은 침해에 따라 받는 보상금은 과세하지 않는다.

일조권 침해에 따른 보상금[190)]을 예로 든다면 경제 논리로 볼 때 해당 건축물의 시장가치가 하락한 만큼 배상금을 받았을 것이다. 추후 그 건축물을 매도할 때 실현가액은 그 배상금 수준으로 감소될 것이라는 예측이 가능하며 그 감소되는 부분만큼을 배상금으로 실현하는 것이라고 본다면 과세하지 않을 이유가 없는 것이다.

지적 재산권의 침해에 대한 배상금은 과세하지 않는다. 이 역시 제10호의 문언상 계약의 위반에 관한 사항이 아니기 때문이다. 소득세법 제21조 제1항 제5호 및 제7호는 저작권, 산업재산권 및 상표권을 양도, 사용 또는 대여한 것의 대가를 기타소득으로 보도록 하고 있다. 지적 재산권의 사용의 개념을 침해와 분명하게 구별할 수 있는가? 일응 침해하였지만 추후 추인하든가 화해한 경우에는 사용한 것으로 볼 수 있지 않을까?

우리 과세당국이 한때 미국 법인이 가지고 있는 특허실시권의 침해에 따라 한국 법인이 국외에서 지급한 실시료 및 화해금 상당액을 국내원천소득으로 과세한 사건들이 있었다. 외국법인의 경우 지적 재산권의 침해가 비록 계약의 위반에 의한 위약금은 아니지만 사실상 그 사용에 따른 국내원천소득이 될 수 있다는 판단에 의한 것이었다. 법원은 당해 지급금이 비거주자·외국법인의 국내원천소득에 관한 세법상의 규정 중 '특허권을 국내에서 사용하는 경우에 당해 대가로 인한 소득'이어야 하는데 그 문구의 의미는 당해 미국 법인이 "대한민국에 특허권을 등록하여 대한민국 내에서 특허권실시권을 가지는 경우에 그 특허실시권의 사용대가로 지급받는 소득"이라고 해석하고 해당 건 지급금은 그에 포섭되지 않는다고 함으로써 과세처분이 위법하다는 판단을 하였다.[191)] 이 판단은 침해에 대해 지급한 대가를 사용에 대해 지급한 대가로 볼 수 있다는 점을 전제로 한 것이었다. 허여를 받지 않고 사용한 것도 '사용'의 개념에 포섭하는 입장이다. 이후 정부는 이러한 법원의 입장에 대응하여 아래와 같이 소득세법을 개정함으로써 국내 등록이 되지 않은 경우라 하더라도 국내원천소득으로 과세할 수 있는 법적 근거를 마련하였다(예: 소득세법 제119조 제10호).

> …(특허권 등을) 국내에서 사용하거나 그 대가를 국내에서 지급하는 경우의 당해 대가… 다만, 사용지를 기준으

---

185) 위약 또는 해약의 대상이 되는 '계약' 내지 '재산권에 관한 계약'이란 엄격한 의미의 계약만을 가리킨다고 봄이 타당하다 (대법원 1993. 6. 22. 선고 91누8180 판결 참조). 대법원 2014.01.23. 선고 2012두3446 판결

189) 대법원 2007.5.11. 선고 2005다37543판결

190) 소득세가 과세되지 않는다.

191) 대법원 2007.9.7. 2005두8641, 대법원 1992.5.12. 91누6887.

로 하여 당해 소득의 국내원천소득 여부를 규정하고 있는 경우에는 국외에서 사용된 권리 등에 대한 대가는 국내에서의 지급 여부에 불구하고 이를 국내원천소득으로 보지 않는다. 이 경우 특허권… 등 권리를 행사하려면 등록이 필요한 권리 …는 해당 특허권 등이 국외에서 등록되었고 국내에서 제조·판매 등에 사용된 경우에는 국내 등록 여부에 관계없이 국내에서 사용된 것으로 본다(2008.12.26. 개정).

소득세법 제119조는 비거주자의 국내원천소득에 대해 규정하면서 그 제12호 나목에서 거주자에 대한 것과 동일하게 계약과 관련된 배상금을 과세대상으로 규정하고 있는 한편, 동 호 가목에서는 '국내에 있는 부동산 및 기타의 자산 또는 국내에서 영위하는 사업과 관련하여 받은… 손해배상금'을 과세소득에 포함시키고 있다.[192] 이는 비거주자의 과세소득으로 열거하면서 거주자의 과세소득으로는 열거하지 않은 사례에 해당한다.

(나) 지급 자체에 대한 손해를 넘는 손해가 아닌 경우

소득세법시행령은 "위약금과 배상금"이란 재산권에 관한 계약의 위약 또는 해약으로 받는 손해배상으로서 그 명목여하에 불구하고 본래의 계약의 내용이 되는 지급 자체에 대한 손해를 넘는 손해에 대하여 배상하는 금전 또는 그 밖의 물품의 가액을 말한다고 하면서, 이 경우 계약의 위약 또는 해약으로 반환받은 금전 등의 가액이 계약에 따라 당초 지급한 총금액을 넘지 아니하는 경우에는 지급 자체에 대한 손해를 넘는 금전 등의 가액으로 보지 아니한다고 규정하고 있다(소득세법시행령 제41조 제7항).[193]

통상 부동산거래계약을 체결하였다가 해제할 경우 위약금은 여기서 기타소득으로 분류된다. 여기서 위약금 및 배상금은 매수자의 입장에서 받는 것이라면 지급한 금원보다 더 돌려받는 부분이 될 것이고 매도자의 입장에서 받는 것이라면 위약금 명목으로 받은 것이 된다(소득세법시행령 제41조 제7항 단서 참조). 부동산매매계약 후 계약불이행으로 인한 법정해제시 일방 당사자가 받은 위약금 또는 해약금은 이를 기타소득으로 보게 된다. 지연이자 상당액도 법원판결에 의해 받은 것일 경우 기타소득이 된다.

대법원 2004.4.9. 2002두3942판결사건은 부동산거래계약의 합의해제와 병행하여 지급받은 손해배상금을 기타소득으로 과세할 수 있는지 여부에 대한 것이다.

이 사건에서, 원고들은 1995년 5월 4일 이 사건 부동산을 대금 29억 원에 대주건설 주식회사(이하 '대주건설'이라 한다)에게 매도하는 매매계약을 체결한 다음 1995년 7월 19일까지 계약금과 중도금으로 합계 18억 원을 수령하였다. 대주건설의 자금사정이 악화되어 약정 잔대금 지급기일에 잔대금의 지급이 여의치 않게 되자 원고들은 1995년 9월 28일 대주건설의 요청에 따라 이 사건 부동산의 소유권이전등기에 필요한 서류를 먼저 교부하면서 대주건설은 1995년 10월 20일까지 잔대금 11억 원 중 5억 원을 지급하고 나머지 6억 원은 명도 완료 즉시 지급하기로

---

192) 제119조 제13호 가목의 소득은 동 조 제5호의 사업소득금액 계산에 포함되지 않는 것으로 보아야 한다. 거주자의 사업소득금액을 산정하는 데에도 손해배상금은 포함되지 않는 것으로 보게 된다. 다만, 영업상의 손실보상금 또는 사업용 유형자산의 이전료 등 보상금은 모두 당해 사업과 관련된 수입금액에 해당하는 것으로 보아 사업과 관련된 수입금액으로서 당해 사업자에게 귀속되었거나 귀속될 금액에 해당하는 것으로 본다(대법원 2000.6.9, 98두4313).

193) 자세한 논의는 윤지현, 소득세법에 따른 손해배상의 과세 방안에 관한 연구: 소득세제의 기본 원리에 따른 해석론 = When Does Indemnification Give Rise to Income Tax Liability?: A Study on Taxation of Indemnification Payment under Korean Personal Income Tax Law, 조세법연구, Vol.17 No.3, [2011] 참조

약정하였다. 그런데 대주건설이 원고들로부터 소유권이전등기서류를 교부받고서도 등기비용 등이 부족하여 이전등기를 하지 못할 뿐만 아니라 약정 기일에 잔대금도 지급하지 못하자, 원고들은 1996년 11월 25일 대주건설에게 이 사건 매매계약을 해제한다는 의사표시를 하였다. 그 후 대주건설을 인수한 주식회사 송산과 사이에 계약불이행과 관련한 귀책사유, 계약의 해제 여부 등을 둘러싸고 의견대립이 있던 중에 1997년 7월 14일 원고들과 송산은 이 사건 매매계약을 해제하기로 합의하면서, 원고들이 이미 수령한 계약금 및 중도금 합계 18억 원 중에서 3억 원은 매매계약의 해제로 인한 손해금으로 원고들이 몰취하고 나머지 15억 원만을 송산에게 반환하였다.

원고들이 받은 3억원이 기타소득에 해당하는지에 대해 원심은, 이 사건 매매계약은 매수인인 대주건설의 채무불이행으로 인한 원고들의 해약통보에 의하여 1996년 11월 25일경 해제되었고, 1997년 7월 14일자 약정은 해제로 인한 손해배상의 범위를 매매계약을 할 때 약정한 위약금 상당액으로 정한 것으로 보이므로, 결국 원고들이 손해금으로 수령한 위 3억 원은 구 소득세법(2000.12.29. 법률 제6298호로 개정되기 전의 것) 제21조 제1항 제10호 소정의 계약의 위약 또는 해약으로 인하여 받는 위약금 또는 배상금으로 기타소득에 해당한다고 판단하였다. 그런데, 대법원은 …송산 역시 매매계약을 해제하게 된 과정에 매수인 측에 상당한 귀책사유가 있었지만 그 손해배상의 범위를 둘러싸고 분쟁이 장기화되면 이미 지급한 매매대금 18억 원을 신속하게 반환받을 수 없게 되리라는 사정 등을 고려하여 소송을 통한 분쟁해결보다는 당사자 쌍방이 용인할 수 있는 금액 범위 내에서 합의 정산하는 방법으로 분쟁을 종결하는 것이 당사자들 모두에게 유리할 것이라고 판단하고, 원고들에 대한 손해배상금 액수를 계약금 상당액인 3억 원으로 합의한 것으로 보인다. 원고들이 지급받은 위 3억 원은 '본래 계약의 내용이 되는 지급 자체에 대한 손해를 넘는 손해에 대하여 배상하는 금전'으로 기타소득에 해당한다기보다는 원고들이 입은 현실적인 손해를 전보하기 위하여 지급된 손해배상금으로 보는 것이 상당하다고 보았다.

이 사건에서 원고들은 매도자로서 매수자로부터 손해배상금 액수를 계약금 상당액인 3억 원으로 합의하여 받았다. 원심은 이를 위약금으로서 기타소득이라고 본 반면 대법원은 원고들의 현실적인 손해를 전보하기 위한 손해배상금으로 보아 기타소득으로 과세할 수 없다는 판단을 한 것이다. 여기서 대법원은 현실적인 손해를 전보하기 위한 것인 경우에는 기타소득으로 과세할 수 없다는 전제를 두고 있다. 현실적인 손해에는 비용이 뒤따를 터인데 그것을 보상하기 위한 것일 경우에는 굳이 소득으로 과세할 필요가 없다는 논리이다. 본 사건상으로는 부동산의 명도비용, 철거비용이 실제로 발생하고 어느 정도의 정신적 피해도 있었던 것으로 확인된다. 대법원은 이 점을 감안하여 소득으로 과세하지 않는 것이 타당하다고 본 것이다. 이는 지급 자체에 대한 손해의 범위를 과도하게 넓게 본 측면이 있다. 기타소득으로 과세하되 현실적으로 발생한 비용은 확인하여 공제하여 주는 것이 타당했을 것이다.[194]

---

194) 같은 취지. 소득, 서면인터넷방문상담1팀-1009, 2005.8.26. 매수자의 귀책사유로 인하여 계약이 해지되어 이에 대한 피해보상금으로 지급받은 금액은 재산권에 관한 계약의 위약 또는 해약으로 인하여 받는 위약금과 배상금으로서 소득세법 제21조 제1항 제10호의 규정에 의한 기타소득에 해당하며, 기타소득금액은 당해 연도의 총수입금액에서 이에 소요된 필요경비를 공제한 금액으로 하므로, 동 계약 파기로 인하여 입은 건물의 철거로 인한 손실 등 동 배상금에 대응하는 비용에 대해서는 필요경비로 공제할 수 있는 것임.

(다) 재산상 피해가 아닌 경우

우리 세법상 손해배상금의 과세범위는 아래 미국 세법과 비교하면 매우 제한적이다. 우선 우리 세법의 해석상 비록 위약 또는 해약에 의한 위약금 또는 배상금이라 하더라도 재산상의 피해가 아닌 정신적인 피해에 대한 배상금은 과세하지 않는다.

근로자가 부당해고에 따른 정신상 피해를 보상받기 위해 지급받은 손해배상금은(비록 넓게 보아 근로계약의 위반에 해당하는 것이기는 하지만195)) 재산상의 피해에 대한 배상금이 아니라는 이유로 소득세가 과세되지 않는다.196) 아파트 신축공사와 관련하여 일조권·조망권 침해 등으로 인해 발생한 재산상 피해의 보전 또는 원상회복을 초과하지 않는 범위 내에서 지급하는 보상금과 소음·분진·진동·사생활침해로 인한 정신적 고통에 따른 위자료 명목으로 지급받은 손해배상금에 대해서도 소득세가 과세되지 않는다.197)

(3) 외국의 제도

미국 내국세입법상 징벌적 손해배상금(punitive damage),198) 정신적 피해(emotional distress)보상금, 연령·인종 차별(discrimination)을 이유로 한 피해보상금은 총소득에 산입한다. 단, 사망자 유족이 제기한 소송(wrongful death action)199)에 의해 지급받은 신체상의 상해 또는 질병에 따른 피해보상금(damages for physical injuries or physical sickness)은 비과세한다.

Commissioner v. Glenshaw(348 U.S. 426, 1955) 사건을 살펴보자. 원고 Glenshaw Glass는 Hartford-Empire 회사와 장기간 독점금지법 위반에 따른 손해배상청구소송을 진행 중이었다. 화해가 이루어져 원고는 약 80만 달러의 손해배상금을 받게 되었다. 그중 약 32만 달러는 징벌적 손해배상금(punitive damages)이었다. 원고는 그 금액을 소득으로 산입하지 않았다. 피고 국세청장은 이를 소득에 산입하는 과세처분을 했는데 원고는 이에 대해 조세법원에 소를 제기하고 승소하였다. 항소법원도 원심의 판단을 수용하자 국세청장은 연방대법원에 상고하였다. 연방대법원(Warren, C. J.)은 소득에 산입하여야 한다고 하면서 파기환송하였다. 내국세입법상 총소득(gross income)의 개념은 모든 것을 포괄한다는(all inclusive) 관점에 입각해 있다. 모든 수입은 법에 의해 특별하게 배제되지 않는 한 총소득에 포함되어야 한다. 본 사건에서 원

---

195) 근로계약의 위반이 아니라 단순히 급여지급채무의 불이행으로 인한 지연손해금인 경우에는 '재산권에 관한 계약의 위약'으로 인한 손해배상으로 볼 수 있는 것이기 때문에 기타소득으로 과세할 수 있다. 같은 뜻 대법원 2006.1.12. 2004두3984. 채무의 이행지체로 인한 지연배상금은 본래의 계약의 내용이 되는 지급 자체에 대한 손해가 아니고, 또 그 채무가 금전채무라고 하여 달리 볼 것도 아니므로, 금전채무의 이행지체로 인한 약정지연손해금은 소득세법 제21조 제1항 제10호에서 말하는 '계약의 위약 또는 해약으로 인하여 받는 위약금과 배상금'으로서 기타소득에 해당하고, 따라서 이자부 소비대차의 변제기가 지난 다음에는 묵시적으로라도 변제기를 연장하였다는 등의 특별한 사정이 인정되지 않는 한, 그 이후 지급받는 약정이율에 의한 돈은 이자가 아니라 지연손해금이므로 이는 기타소득에 해당한다(대법원 1997. 3. 28. 선고 95누7406 판결 참조)(대법원 2014. 7. 24. 선고 2013다26562 판결). 대법원 2016. 6. 10. 선고 2014두39784 판결

196) 대법원 2007.3.15. 2006두20785, 소득세법기본통칙 20-8, 서면인터넷방문상담1팀-1306, 2007.9.19. 참조. 증여세 역시 과세되지 않는다(상속세 및 증여세법기본통칙 31-24…6).

197) 서면인터넷방문상담1팀-140, 2006.2.3. 참조.

198) 원고에 발생한 실제 피해에 대한 배상보다는 가해자인 피고에 징벌을 가하기 위한 목적의 배상.

199) 사망자의 죽음을 초래한 불법행위(wrongful act)나 과실(negligence)에 대해 사망자의 유족(survivor) 또는 상속재산관재인(executor)이 제기하는 소송. 모든 주가 성문법(statute)을 통해 이러한 종류의 소송을 허용하고 있다.

고의 재산이 증가하였다는 사실을 부인할 수 없다. 위법한 행위에 대한 징벌로서 위법행위자로부터 지급받은 것이라는 사실만으로 해당 지급금이 소득의 범주에서 배제되지는 않는다.

일본 세법상으로는 손해배상의 명목으로 금전을 수수하였음에도 객관적으로 보아 손해가 발생하지 않은 경우에는 그것은 손해의 회복이라기보다는 소득이다. 수수된 금액이 손해액을 초과하는 경우에는 초과금액이 소득이 된다. 맨션건설에 반대하는 인근 거주자가 건축업자로부터 지급받는 금원의 일부는 승낙료이므로 소득세법 제9조 제1항 제16호[200]의 비과세소득에 해당하지 않는다는 사례가 있다.[201]

다. 사례금

소득세법 제21조 제1항 제17호는 "사례금"을 기타소득의 하나로 규정하고 있다. 사례금은 사무처리 또는 역무의 제공 등과 관련하여 사례의 뜻으로 지급되는 금품을 의미하고, 여기에 해당하는지는 당해 금품 수수의 동기·목적, 상대방과의 관계, 금액 등을 종합적으로 고려하여 판단하여야 한다.[202]

2. 소득금액

기타소득의 소득금액 계산상 수익비용대응의 원칙이 적용된다. 이에 따라 기타소득금액은 총수입금액에서 이에 대응하는 필요경비를 공제하여 계산한다. 그리고 해당 과세기간의 총수입금액에 대응하는 비용으로서 일반적으로 용인되는 통상적인 것의 합계액을 필요경비에 산입한다(소득세법 제37조 제2항).

강연료 등에 대해서는 필요경비가 확인되지 않거나 확인된 필요경비가 총수입금액의 60% 미만인 경우에는 총수입금액의 60%에 상당하는 금액을 필요경비로 한다(소득세법시행령 제87조). 기타소득이 있는 거주자에 대해서도 부당행위계산부인규정이 적용된다.

3. 인식시기

기타소득의 인식시기는 그 지급을 받는 날을 원칙으로 한다(소득세법시행령 제50조 제1항).

---

200) 손해보험계약에 의하여 지불받은 보험금 및 손해배상금(그와 유사한 것을 포함한다)으로서 심신에 가한 손해 또는 돌발적 사고에 따라 자산에 가해진 손해에 기하여 취득한 것 및 그 외 시행령으로 정한 것

201) 金子宏, 『租稅法』(제10판), 弘文堂, 2005, p.187. 참조.

202) 동업관계를 청산하면서 서로 이해관계가 대립하는 당사자의 지위에서 각자의 지분에 상응하는 몫을 정하기 위하여 이 사건 합의에 이르렀으므로, 소외인이 원고에게만 일방적으로 회사를 동업으로 운영하면서 제공한 사무 또는 역무 처리와 동업관계에서 탈퇴하는 것 등에 대한 위로와 감사에 따른 사례의 뜻으로 선뜻 거액을 지급한다는 것은 경험칙상 매우 이례적이라고 할 수 있다(대법원 2015.01.15. 선고 2013두3818 판결). 일시적 인적용역을 제공하고 지급받은 금품이 용역제공에 대한 보수 등 대가의 성격뿐 아니라 사례금의 성격까지 함께 가지고 있어 전체적으로 용역에 대한 대가의 범주를 벗어난 것으로 인정될 경우 '사례금'에 해당한다(대법원 2017. 4. 26. 선고 2017두30214 판결).

4. 과세방식

소득금액 300만 원 이상의 기타소득은 종합소득으로 합산하여 신고하여야 한다. 소득금액 300만 원 이하의 기타소득의 경우 납세자가 원하면 분리과세를 하지 않고 종합합산과세할 수 있다(소득세법 제14조 제3항 제5호).[203]

제2절 과세표준 및 세액의 계산

제1항 계산의 과정

1. 과세표준·소득금액

소득세의 과세표준은 당해 연도에 귀속하는 각종 소득의 소득금액 및 결손금(사업소득에 한함)의 합계금액에서 소득공제액과 이월결손금을 차감하여 계산한다(소득세법 제45조).

종합합산되는 소득들은 각 소득별로 총수입금액에서 그에 대응하는 필요경비를 차감하여 소득금액을 산정하고 그 소득금액들을 합하여 종합소득금액을 계산한다. 종합소득금액에서 각종 소득공제액을 차감하여 종합소득과세표준을 계산한다(소득세법 제14조 제2항).

종합소득과세표준을 계산할 때에는 종합소득의 각 소득별 소득금액의 합계액에서 일정 요건 하에 결손금 및 이월결손금을 공제한다(소득세법 제45조).

합산하여 과세표준을 계산하지 않고 분리과세되는 경우 과세표준 계산에는 각 소득유형별로 별도의 규정이 있는데 필요경비를 인정하는 경우도 있고 그렇지 않은 경우[204]도 있다(소득세법 제14조 제3항). 필요경비로서는 실액을 인정하는 경우[205]도 있고 개산적인 공제액[206]을 인정하는 경우도 있다.

당해 연도의 소득금액에 대하여 추계신고를 하거나 추계조사결정하는 경우에는 당해 연도의 과세표준을 계산할 때 전기로부터의 이월결손금을 공제할 수 없다. 이는 이월결손금은 이전 과세기간의 비용을 실지조사하여 산정된 것인데, 하나의 과세기간의 과세표준을 결정함에 있어 일부 비용은 추계조사하고 다른 비용은 실지조사하는 것이 허용되지 않는 기본 원칙에 반하기 때문이다.

이와 같이 소득세과세표준을 추계결정 또는 경정함으로 인하여 공제되지 아니한 이월결손금은 그 후의 과세기간에 공제할 수 있다.[207] 그러나 부과제척기간이 만료된 과세기간의 경우 해

---

203) 총 연금액 600만 원 이하의 연금소득자에 대해서와 같은 방식이 적용된다.

204) 이자소득 및 배당소득 등.

205) 기타소득의 경우 실액 또는 총수입금액의 80%를 필요경비로 인정받는 것을 선택할 수 있다.

206) 연금소득.

당 과세기간의 결손금이 증가한 것이 사후확인되더라도 그 후 과세기간의 소득금액에서 공제할 수 없다(소득세법 제45조 제3항 단서).

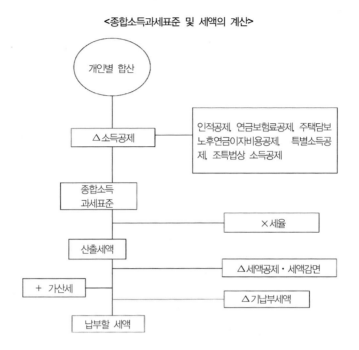

<종합소득과세표준 및 세액의 계산>

2. 소득공제

소득공제에는 소득세법상의 종합소득공제와 조특법상의 소득공제가 있다. 종합소득공제에는 인적공제·연금보험료공제·주택담보노후연금이자비용공제 및 특별소득공제가 있다.

일부 소득공제에는 종합한도(연간 2천5백만원)가 있다(조특법 제132조의 2). 한도 내에서만 공제가 허용되는 것은 소득세법상 특별소득공제(보험료 공제, 지정기부금 제외) 및 조특법상 소득공제이다.

가. 모든 종류의 종합소득자에 허용되는 소득공제(소득세법)

(1) 인적 공제

인적 공제에는 기본공제와 추가공제가 있다. 인적 공제를 허용하는 것은 가족부양의 상황에 따라 세부담에 차별을 두는 방법으로 부분적으로나마 최저생활을 지원하는 데에 그 취지가 있다. 기본공제액은 납세자 본인 및 가족 1인당 연 150만 원으로 한다. 이때 가족에 대한 기본공제에는 배우자공제와 생계를 같이하는 부양가족에 대한 부양가족공제가 있다.

---

207) 소득세법기본통칙 45 - 3.

소득세법상 부양가족공제의 대상이 되기 위해서는 연간소득금액이 100만 원(근로소득만 있는 경우에는 총급여 500만원) 이하이어야 한다. 20세 이상인 자녀는 부양가족공제의 대상에서 배제하였다. 이는 나이가 듦에 따라 독립적으로 생계를 영위할 수 있는 능력이 증가하는 점을 반영한 것이다. 만 20세 이상의 자로서 군입대자인 경우에는 부모의 소득금액 계산상 부양가족공제를 받을 수 없다.[208]

추가공제는 기본공제대상자가 특별한 사정을 지니고 있을 경우 그것을 반영해 주기 위해 허용된다. 경로우대자,[209] 부녀자공제(부녀자세대주, 취업주부)[210], 장애인 및 한부모[211]에 대해 허용되는데 각각 공제금액이 다르다(소득세법 제51조 제1항 제3호).

소득세법은 20세미만의 자녀가 있을 경우 부양가족공제를 허용하고 있었다. 2014년부터는 자녀세액공제로 전환되었다.

(2) 연금보험료공제

거주자가 공적연금을 위해 납부하는 보험료는 종합소득금액에서 공제한다(소득세법 제51조의 3).

(3) 주택담보노후연금이자공제

연금소득이 있는 거주자가 주택담보노후연금을 지급받은 경우에는 그 지급받은 연금에 대하여 해당 연도에 발생한 이자상당액을 비용으로 보아 연금소득금액에서 공제한다(소득세법 제51조의 4). 노령자가 기존 주택을 담보로 하여 생활비를 조달하는 금융행위를 역모기지대출이라고 한다. 주택담보노후연금이라 함은 주택을 담보로 하여 연금방식으로 대출을 받아 가는 것으로서 한국주택금융공사가 제공하는 금융상품이다. 2013년부터는 민간은행의 주택연금대출도 적용된다. 한국주택금융공사 상품과 달리 부부기준 1주택의 요건을 충족시키지 않아도 된다.

주택담보노후연금 가입 당시 담보권의 설정대상이 되는 주택의 기준시가가 9억 원 이하이어야 한다(소득세법시행령 제108조의 3 제1항). 공제할 이자상당액이 200만 원을 초과하는 경우에는 200만 원을 공제하고, 연금소득금액을 초과하는 경우 그 초과금액은 없는 것으로 한다.

(4) 특별소득공제

특별소득공제액에는 아래와 같은 것들이 있다. 여러 특별공제 합계액이 종합소득금액을 초과할 때에는 그 금액은 없는 것으로 본다(소득세법 제52조 제8항).

---

208) 독일 세법상으로는 만 18세 이하의 자, 만 21세 이하의 자로서 직업을 구하고 있다는 신고를 한 자, 27세 이하의 자로서 아직 직업을 위한 교육을 받고 있는 자(직업 교육을 받고자 하나 아직 시작하지 못한 자 포함), 병역을 이행하고 있는 자는 부양가족공제를 해 준다(독일 소득세법 제32조). 1인당 공제액은 1,824유로(2005년)이며, 추가로 탁아비용으로 1,080유로를 인정한다. 부부가 신고할 경우에는 자녀 1명당 그 2배를 인정한다. 자녀의 생존을 위한 최저생활비(Existenzminimum)의 기준이 활용된 결과이다.

209) 소득세법상 기본공제대상자가 70세 이상의 자인 경우 100만 원을 추가적으로 공제한다. 독일 세법상으로는 소득자가 65세 이상의 자인 경우에는 최고 1,900유로를 공제해 준다(독일 소득세법 제24a조, 2005년).

210) 소득금액 3,000만원 이하 자에 한해 적용(총급여 4,000만원 수준)

211) 배우자가 없는 자로서 부양자녀(20세 이하)가 있는 자에 대해 연 100만 원 공제한다. 부녀자공제와의 중복적용은 배제된다.

(가) 기부금 이외의 것

근로소득이 있는 거주자가 당해 연도에 지출한 주택임차차입금원리금상환액 및 장기주택저당차입금이자상당액은 일정한 요건에 따라 당해 연도의 근로소득금액에서 공제한다. 표준공제제도는 폐지되었다(소득세법 제52조).[212) 주택임차인에 대한 세제지원은 주택세입자에 그치지 않고, 2013.8.13. 이후부터는 오피스텔세입자에도 적용되고 있다.

(나) 기부금

사업소득이 있는 거주자가 해당 연도에 지급한 기부금은 종합소득금액의 100분의 30(종교단체에 대한 기부금은 100분의 10)의 범위 안에서 공제한다(소득세법 제34조). 거주자의 배우자와 부양가족의 기부금도 포함한다. 기부금의 공제한도 초과금액은 10년 동안 이월공제가 가능하다. 추계신고하는 연말정산대상 사업소득자[213] 등은 기부금 세액공제가 가능하다(소득세법 제59조의4 제4항).

나. 조특법상 소득공제

신용카드, 체크카드, 현금영수증, 전통시장 및 대중교통비 사용금액에 대한 공제가 있다(조특법 제126조의 2).

3. 세액의 계산

종합소득과세표준에 기본세율을 적용하여 종합소득산출세액을 계산한다.

<기본세율의 변화>

2010~2011		2012~2013		2014~2016		2017		2018~	
1.2천만 원 이하	6%	1.2천만 원 이하	6%	1.2천만 원 이하	6%	1.2천만 원 이하	6%	1.2천만 원 이하	6%
1.2~4.6천만 원	15%	1.2~4.6천만 원	15%	1.2~4.6천만 원	15%	1.2~4.6천만 원	15%	1.2~4.6천만 원	15%
4.6~8.8천만 원	24%	4.6~8.8천만 원	24%	4.6~8.8천만 원	24%	4.6~8.8천만 원	24%	4.6~8.8천만 원	24%
8.8천만 원~	35%	8.8천만 원~3억 원	35%	8.8천만 원~1.5억 원	35%	8.8천만 원~1.5억 원	35%	8.8천만 원~1.5억 원	35%
		3억 원~	38%	1.5억 원~	38%	1.5억 원~5억원	38%	1.5억 원~3억원	38%
								3억원~5억원	40%
						5억원~	40%	5억원~	42%

---

212) 독일 소득세법상 근로자에 대해서는 출퇴근교통비, 업무상 출장비(고용주의 비용으로 공제되지 않은 부분), 근무를 위해 유지하는 보조적인 주거유지비용 및 직업능력개발비의 공제가 인정된다(독일 소득세법, 제9a조 제1호 등).

213) 보험모집인, 방문판매원, 음료품 배달원으로서 간편장부대상자

종합소득산출세액에서 세액공제를 하여 결정세액을 계산해 낸다. 가산세가 있는 경우에는 결정세액에 가산세를 합산한 것을 총결정세액으로 한다.[214] 금융소득종합과세상 금융소득이 종합과세기준금액을 초과하여 종합과세하는 경우에는 종합소득세율에 의해 산정한 세액과 금융소득금액에 대해 분리과세방법에 의해 산정한 세액과의 비교과세방식을 채택하고 있다. 과세표준에 세율을 곱하면 세액이 산출되지만 거기에 추가하여 배당세액공제, 기장세액공제, 외국납부세액공제, 재해손실세액공제, 근로소득세액공제, 자녀세액공제, 연금계좌세액공제 및 특별세액공제와 같은 소득세법상의 세액공제와 다양한 조특법상의 세액공제가 허용되고 있다.[215]

2014년 자녀 관련 소득공제 및 연금저축(퇴직연금 포함)공제는 세액공제로 전환하였다.[216]

■ 자녀세액공제

자녀세액공제는 20세 이하의 자녀 1인당 15만원이며, 2019년부터는 7세 이상의 자녀에게만 인정된다(소득세법 제59조의 2). 초등학교입학 전 아동(최대 생후 84개월)에 대해서는 월 10만원의 아동수당이 지급되기 때문이다. 6세 이하 자녀 둘째부터 1인당 연 15만원 추가공제하는 제도는 2018년 폐지되었다. 출산 또는 입양시점에 첫째 30만원, 둘째 50만원, 셋째부터 70만원을 자녀세액공제시 추가공제한다. 한편, 자녀근로세제상 자녀장려금은 연소득 4천만원 미만 가구에 대해 1인당 최대 70만원까지 지급한다.

거주자와 생계를 같이하는 거주자의 직계비속 및 거주자의 배우자가 재혼한 경우로서 당해 배우자가 종전의 배우자와의 혼인(사실혼[217]을 제외한다) 중에 출산한 자, 민법 또는 입양촉진 및 절차에 관한 특례법에 의하여 입양한 양자 및 사실상 입양상태에 있는 자로서 거주자와 생계를 같이하는 자에 대해서는 거주자가 일정 요건하에 세액공제를 받을 수 있다(소득세법 시행령 제106조 제6항 및 제7항).

'직계비속' 중에 사실상의 자, 즉 법정혼 외의 자를 포함할 것인가가 문제 된다. 소득세법은 사실상 입양상태에 있는 자의 경우와 같이 몇 군데 사실상의 관계에 있는 자에 대해서도 혜택을 주는 특칙을 두고 있다. 그러한 특칙을 두지 않은 경우에는 사실상의 관계를 배제하는 것으로 이해할 수 있을 것이다. '배우자가 재혼한 경우로서 당해 배우자가 종전의 배우자와의 혼인(사실혼을 제외한다) 중에 출산한 자' 중 '재혼'에서 사실혼은 제외되는 것으로 보아야 할 것이다. 괄호 안에서 사실혼은 제외한 것의 취지를 감안하여야 할 것이기 때문이다. 그리고 기본공제대상자의 하나인 '배우자'에는 내연관계에 있는 자는 제외되는 것으로 해석된다.[218] 그렇다

---

214) 정부 세입예산상 가산세는 소득세 세목의 세액이 된다.

215) 일정한 사유가 발생할 때 조세를 감면해 주는 방식을 설정함에 있어 소득공제는 세액공제에 비해 산출세액이 많은 납세자에게 보다 유리한 결과를 가져오기 쉽다.

216) 우리나라의 특별세액공제제도가 납세자의 인적 사정을 충분히 반영하고 있는지 의문이다. 독일세법을 예로 들면, 각종 보험료(건강, 부양, 사고, 보증, 임차료 등 채무불이행책임)를 필요경비로 인정해 준다. 동일한 소득 수준의 다른 일반적인 납세자가 겪지 않는 사실관계로 부담해야 하는 비용(장애인 가족 부양 등), 자녀부양 및 교육상 특별한 비용, 가정부비용, 탁아비용 등은 일부 또는 전부 공제해 준다(독일소득세법 제3조, 제10조, 제33조, 제33a조, 제33b조 및 제33c조).

217) 李相信(Sang Shin Lee)·朴薰(Hun Park), 사실혼 배우자에 대한 일관된 과세방식 도입방안, 한국세법학회, 조세법연구, 제12집 제2호 2006.11, page(s): 216-244 참조

면 사실상의 자는 기본공제의 대상에서 배제하는 것이 타당하다. 실무상으로는 혼인 외의 자에 대해서도 기본공제를 허용하고 있다.[219]

참고로 일본 소득세법상 '부양친족'은 부양공제의 대상이 된다.[220] 소득세법 제2조 제1항 제34호[221]는 부양친족의 개념을 친족으로서 부양하고 있는 자로 규정하고 있을 뿐이다. 납세의무자와 혼인신고를 한 법률상의 혼인은 아니지만 사실상 그것과 동일한 사정이 있는 배우자(사실상의 배우자)와의 사이에서 태어났지만 아직 인지되지 않은 자 또는 그의 자로서 납세의무자가 실제로 부양하는 자(사실상의 자)가 부양친족에 해당하는가는 '친족'의 의미를 어떻게 보는가에 달려 있다. 친족은 민법상의 개념이다. 민법으로부터 차용한 개념을 세법 고유의 논리에 따라 해석할 수 없다면 사실상의 자는 공제의 대상이 될 수 없을 것이다. 일본최고재판소는 이와 동일하게 부정적 입장을 취하고 있다(1997.9.9. 판결).[222]

■특별세액공제(소득세법 제59조의 4)

근로소득이 있는 거주자가 당해 연도에 각 의료비(일정 금액(threshold)을 초과하는 금액)·교육비(일정 금액(limit)을 한도로 한다)[223] 및 기부금 항목에 지출한 금액의 15%(기부금 2천만원 초과분에 대해서는 30%)를 세액공제한다(소득세법 제59조의 4 제1항).

성실사업자[224]와 성실신고확인서 제출 사업자에 대해서는 근로소득이 있는 거주자에 대해서와 같이 의료비와 교육비의 세액공제가 허용된다(조특법 제122조의 3 제1항).[225] 근로소득 이외의 종합소득이 있는 자에 대한 기부금은 종전대로 공제방식이 적용된다.

소득세법상 세액공제대상 의료비에 의료법에서 규정한 의료기관에 지급하는 비용, 약사법에서 규정한 의약품을 구입하고 지급하는 비용은 포함되고 외국의 의료기관에 지급하는 비용이나 국외에서 구입하는 의약품은 제외된다(소득세법 제59조의 4 제2항, 소득세법시행령 제118조의 5).[226]

---

218) 이에 따라 내연관계의 배우자가 있는 부녀자는 소득세법상 배우자가 없는 것으로 보아 부녀자공제를 받을 수 있다(소득세법 제51조 제1항 제3호). 동일한 취지의 일본 판례 최고재 1997.9.9. 제3소법정판결. '배우자'는 민법상 개념을 차용한 것이라는 이유에서이다.

219) 서이 46013-12014, 2003.11.24.

220) 제84조 (부양공제) 거주자가 부양친족을 가지고 있는 경우에는 그 거주자의 그해 분의 총소득금액, 퇴직소득금액 또는 산림소득금액으로부터 그 부양친족 1인에 대해 38만 엔(그 자가 특정부양친족인 경우에는 63만 엔으로 하고 그 자가 노인부양친족인 경우에는 48만 엔으로 한다)을 공제한다.

221) 제34호 부양친족: 거주자의 친족(그 거주자의 배우자를 제외한다)과 및 …로서 거주자와 생계를 같이하는 자 중 합계소득금액이 38만 엔 이하인 자로 한다.

222) 岩崎政明, 전게서, pp.220~229.

223) 소득세법 제59조의 4 제3항, 소득세법시행령 제118조의 6이 규정하고 있다. 기본공제 대상자 이외의 자를 위한 교육비도 세액공제된다.
- 국내교육비: 공제대상이 되는 교육비는 근로자 본인과 배우자·직계비속·형제자매를 위해 교육기관에 낸 입학금 및 수업료와 기타 공납금, 교재비(학교), 보육비용 및 수강료 . 체험학습비
- 국외교육비: 근로소득이 있는 거주자(일용근로자 제외)가 국외교육기관에 낸 입학금·수업료, 기타 공납금 등이 공제됨
- 학자금 대출의 원리금 상환액

224) 사업용 계좌의 신고 등을 요건으로 한다(소득세법 제52조 제9항).

225) 근로소득자에게 인정되는 교육비와 의료비의 공제는 사업자 일반에게 고루 인정하는 것이 타당할 것이다. 성실신고확보를 목적으로 성실사업자에게만 인정하는 것은 공제제도의 본질을 훼손하는 측면이 있다.

한편 국외교육기관에서의 교육비용은 매우 제한적으로 세액공제가 허용된다(소득세법 제59조의 4 제3항 제1호 다목).227)

참고로 미국은 외국의료기관에 대해 지급한 의료비도 공제대상에 포함시킨다.228) 아래의 독일 사례는 우리 입법에 시사점을 준다. 2008년 7월 17일 공간된 연방재정법원의 판결은 외국사립학교에 지급한 수업료의 공제가능성에 대해 판단하고 있다. 동 판결은 EC법이 국내법에 우선하여 적용된다는 원칙을 다시 확인해 주고 있다. 사실관계는 다음과 같다. 1998년 원고들은 독일거주 부부로서 아들이 다니는 영국 소재 사립학교에 수업료를 지급했다. 독일 국세청은 원고들이 납부한 수업료의 특별비용공제를 부인하였다. 이에 원고들은 퀼른 재정법원(Finanzgericht Köln)에 제소하였지만 기각되자 원고들은 연방재정법원에 항소하였다. 소 진행 중에 2007년 9월 11일 이 사안에 관련된 쟁점에 대해 유럽사법재판소가 잠정 결정229)을 내린 바 있다. 이에 대해 연방재정법원은 다음과 같이 판시하고 있다. 소득세법 제10조 제1항 제9호230)에는 납세자가 아동세액공제를 받을 수 있는 자녀를 위해 일정한 독일 사립학교와 보조학교에 지급하는 수업료의 30%를 특별비용으로 공제할 수 있도록 하고 있다. 사립학교가 부모의 경제력에 따라 학생을 선발하지 않는다면 사립학교라도 독일기본법상 원칙에 부합한다(독일기본법 제7조 제4항). 외국사립학교나 보조학교는 그러한 독일기본법상 원칙을 충족하지 못할 수 있다. 연방재정법원은 퀼른재정법원의 결정을 파기 환송하였다. 연방재정법원은 유럽사법재판소의 Gootjes – Schwarz 결정을 언급하였다. 그 결정에서 유럽사법재판소는 다른 회원국에 설립된 학교에 지급하는 수업료의 공제는 부인하면서 자국의 영역 안에 있는 일정한 사립학교에 지급하는 수업료를 공제할 수 있도록 하는 입법은 EC조약 제18조 및 제49조의 규정231)에 위배된다고 보았다. 따라서 다른 회원국에 소재하는 사립학교에 지급하는 수업료는 소득세법 제10조 제1항 제9호의 요건을 충족하는 경우에는 일반적으로 공제 가능한 것이다. 연방재정법원은 EC법이 국내법보다 우선한다는 일반원칙에 따라 소득세법 제10조 제1항 제9호는 EC법에 부합하는 방향으로 해석·적용되어야 한다고 본 것이다. 연방재정법원은 스스로 이 사건상 수업료가 공제 가능한 것인지를 판단하지는 않고 퀼른재정법원에 이 사건을 환송하였다. 퀼른재정법원이 해당 영국학교가 소득세법 제10조 제1항 제9호의 요건을 충족하는지를 판단하여야 하기 때문이었다.

근로소득이 있는 거주자의 기부금은 2014년 세액공제방식으로 전환하였다(소득세법 제59조

---

226) 법인 46013-2952, 1996.10.24.

227) 교육비세액공제와 관련하여 국외교육비의 인정대상을 '국외유학에 관한 규정' 제5조와 제15조에서 규정하는 자로 한정하고 있다. 이에 의하면 유치원, 초등학생, 중학생의 자비유학자는 제외하도록 되어 있다.

228) IRS Publication 502, *Medical and Dental Expenses*, 2006 참조.

229) Case C-76/05 Herbert Schwarz, Marga Gootjes-Schwarz v Finanzamt Bergisch Gladbach; Case C-318/05 Commission v Germany.

230) 독일기본법 제7조 제4항에 부합하여야 한다.

231) EU 시민은 역내 국가에서 자유로이 이동할 수 있는 권리가 있다는 것(제18조), 그리고 EU 역내국가에서 사업활동을 하는 역내국가의 국민은 역내에서 용역의 공급상 제약을 받지 않는다는 것(제49조)을 규정하고 있다.

의 4 제4항). 종합소득금액의 100분의 30 범위 안에 있는 기부금에 대해 세액공제가 허용되는 데, 그 인정 범위와 관련된 사항은 근로소득이외의 종합소득이 있는 거주자(사업소득만 있는 자 제외)와 동일하다.

기부자는 본인이 기부금 세액공제를 받는 대신 그 기부금에 대한 세액공제 상당액(기부장려금)을 당초 기부금을 받은 자가 지급받을 수 있도록 기부장려금을 신청할 수 있다(조특법 제75조). 기부장려금단체는 국세청장의 추천을 받아 기획재정부장관이 지정한다. 환급액은 기부액의 15%, 2천만원 초과시 초과분의 30%로 한다. 기부자의 결정세액을 한도로 한다. 원래의 지정기부금의 세액공제한도(소득금액의 30%)를 적용하지 않는다. 기부자로서는 이월공제하느니 기부장려금을 선택할 수 있다. 납세지 관할 세무서장은 기부장려금을 신청한 기부자의 해당 과세연도의 종합소득 결정세액과 기부금 세액공제액 중 적은 금액을 기부장려금으로 결정한다.

총급여액 7천만 원 이하의 근로소득이 있는 거주자가 지급하는 월세액(연 750만 원까지)의 100분의 10(총급여액이 5천500만원 이하인 근로소득이 있는 근로자 100분의 12)에 해당하는 금액을 해당 과세기간의 종합소득산출세액에서 공제할 수 있다(조특법 제95조의2 및 제122조의3). 종합소득금액이 6천만 원 이하인 성실사업자와 성실신고확인서 제출 사업자에게도 허용된다(조특법 제122조의 3 제3항).

표준세액공제는 특별소득공제, 특별세액공제 또는 월세세액공제신청을 하지 않은 자로서 근로자인 자에 대해서는 13만원, 사업자인 자에 대해서는 12만원 인정한다(소득세법 제59조의 4 제9항).

제2항 인식시기에 관한 원칙

소득의 과세상 인식시기에 대해서는 본 장의 제1절에서 각 소득의 종류별로 특기할 사항을 언급한 바 있다. 여기서는 각 소득에 공통적으로 적용되는 인식시기에 관한 주요 원칙을 상술한다.

1. 과세상 인식시기의 중요성

소득의 인식은 권리의무확정주의에 의하여 판단하며, 이 때 소득이 확정되었는지는 소득이 발생할 권리가 그 현실의 가능성에 있어 상당히 높은 정도로 성숙 확정되었는지에 따라 판단한다. 그러나 성숙 확정의 여부에 대한 판단이 매우 어려운 경우가 자주 발생한다. 아래와 같은 사안에서는 납세자에게 실질적인 담세력을 초월한 과중한 부담을 주는 결과가 될 수 있다.

현행 일본 소득세법에 의하면 후발적 대손의 경우 대손으로 회수 불능이 된 금액이 존재하게 됨에 따라 과세소득금액이나 세액을 재산정하고 그에 따라 과세처분을 취소하고 이미 징세된 경우라면 취소된 세액을 납세자에게 반환하는 시정조치를 하게 된다. 이 제도가 없던 시절 일본 최고재판소 1974년 판결 중에는 일본의 구 소득세법(1947년 법률 제27호)하에 있어서 잡소득으로서 과세대상이 된 소득에 대한 금전채권이 후일 과세처분에 대한 불복제기 기간 경과 후에 대손에 의해 회수 불능이 된 경우에 납세자는 과세처분에 기초하여 이미 징수한 세액을 부당이득(일본 민법 제703조)으로 하여 반환청구가 가능하다고 본 것이 있다.[232] 일본의 소득세법상으로도 소득의 인식 시기는 권리의무확정주의에 의하도록 하고 있으며(일본 소득세법 제36조 제1항),[233] 소득세법시행령은 우리 소득세법시행령과 같이 개별 소득종류별로 소득의 인식 시기에 관한 규정을 두지 않고 있다. 당시 일본 소득세법상으로는 대손의 발생과 그 세액이 객관적으로 명백하고 과세청에 의한 인정판단권을 유보할 합리적 필요성이 인정되지 않는 경우에도 과세청 자신에 의한 시정조치가 강구되지 않는 한 납세자가 먼저 과세처분에 기한 조세의 수납을 감수하지 않으면 안 되는 매우 부당한 결과가 되어 조세정의원칙에 어긋나는 현상이 있었다. 이러한 경우에는 과세청에 의한 시정조치가 없어도 과세청 혹은 국가는 납세자에 대해 그 대손에 관련된 금액의 한도 내에서 당해 과세처분의 효력을 주장하는 것이 불가능하므로 이미 징수한 것에 대해서도 법률상의 원인을 결여한 이득으로 하여 납세자에 반환하여야 하는 것으로 해석하는 것이 타당하다고 한 것이다. 이론적으로는 행정행위인 과세처분의 공정력과 부당이득이라고 하는 관점에서 볼 때 후발적 무효설 등이 이 판결과 관련하여 제시되고 있지만 실무적으로는 일본 소득세법 제64조 제1항, 제152조 및 국세통칙법 제23조의 후발적 경정청구에 따라 해결될 문제이다.

우리의 현행 국세기본법은 대손발생을 후발적 경정청구사유로 열거하고 있지 않다. 이를 헌법재판소가 인정하는 조리상 경정청구사유로 보기 어려울 것이다. 소득세법상 대손은 필요경비로 보도록 되어 있다. 사업소득의 소득금액을 계산할 때에는 일정한 요건을 충족하는 대손금은 대손사유가 발생한 시점에 필요경비로 인정한다. 그것을 대손채권에 상응하는 수입금액이 발생한 시점의 과세표준의 경정사유로 보지는 않는다. 달리 필요경비를 인정하지 않은 소득에 대해서는 대손을 인정받을 수 없다.

이 사건에서 조세채무가 확정될 당시 소득금액 산정은 적법한 것이었기 때문에 당해 조세채무는 유효하게 확정된 것으로 보아야 한다. 이후 발생한 대손을 필요경비로 인정해 주어야 할 것인지는 각각의 소득종류별로 규정된 바에 따라 판단하여야 한다.

기타소득의 경우 필요경비를 공제하도록 하고 있는데 그것의 소득금액 계산상 대손금을 공제할 수 있는가? 기타소득은 원칙적으로 실제 지급을 받는 날을 수입 시기로 하고 있다(소득세법시행령 제50조 제1항 제3호). 따라서 논리적으로 대손이 발생할 수 없다고 보아야 한다.[234]

---

232) 最高裁判所第二小法廷 昭和43(オ)314 昭和49年3月8日

233) 일본 소득세법시행령 제7절은 '수입 및 비용의 귀속 시기의 특례'에 대해 규정하고 있다.

234) 일부 예외적으로 실제 지급받는 시기와 다른 시기에 수입금액을 인식하도록 하는 경우가 있기는 하다. 그 경우에는 대손이 발생할 수도 있으며 소득세법상으로는 필요경비로 인정받을 수 있을 것이다. 필요경비의 계산에 관해 상세히 규정하고 있는 소득세법시행령 제55조는 사업소득에 대해서만 규정하고 있다.

2. 권리의무확정주의

소득세법상 거주자의 각 연도 총수입금액과 필요경비의 귀속연도는 그것이 '확정'된 날이 속하는 연도로 한다(소득세법 제39조 제1항). 이를 권리의무확정주의라고 한다.

권리확정주의란 소득의 원인이 되는 권리의 확정시기와 소득의 실현시기와의 사이에 시간적 간격이 있는 경우에는 과세상 소득이 실현된 때가 아닌 권리가 발생한 때를 기준으로 하여 그 때 소득이 있는 것으로 보고 당해연도의 소득을 산정하는 방식으로, 실질적으로는 불확실한 소득에 대하여 장래 그것이 실현될 것을 전제로 하여 미리 과세하는 것을 허용하는 것으로 납세자의 자의에 의하여 과세연도의 소득이 좌우되는 것을 방지하고자 하는 데 그 의의가 있다.235)

실제 소득세법은 권리의무확정주의와 현금주의를 병용하고 있다. 이러한 원칙은 총수입금액의 계산에 관한 제24조의 규정과 필요경비의 계산에 관한 제27조의 규정에서 알 수 있다. 즉 거주자의 각 소득에 대한 총수입금액의 계산은 당해 연도에 수입하였거나 수입할 금액의 합계액으로 한다(소득세법 제24조 제1항). 수익의 인식은 받을 권리가 확정된 날과 실제 수입한 날 중 먼저 오는 날이 된다. 비용의 인식은 인식한 수익에 대응하는 것으로서 지급할 의무가 확정되었거나 실제 지급된 때에 하게 된다(소득세법 제27조 제1항).

판례는 위 제39조 제1항상 '확정'의 의미에 대해 다음과 같이 설시하고 있다.236)

> 원래 소득세라는 것은 종국적으로는 현실적으로 수입될 소득에 관하여 부과될 것이라는 점을 감안하여 볼 때 소득이 발생하였다고 하기 위해서는 소득이 현실적으로 실현되었을 것까지는 필요 없다고 하더라도 적어도 소득이 발생할 권리가 그 현실의 가능성에 있어 상당히 높은 정도로 성숙·확정되어야 한다고 할 것이고, 따라서 그 권리가 이러한 정도에 이르지 않고 단지 성립된 것에 불과한 단계로서는 아직 소득세의 과세대상으로서의 소득의 발생이 있었다고 볼 수 없다고 함이 타당하다 할 것이다.

이는 여러 판례들을 통해 구체화되어 오고 있다. 대체로 소득 실현의 개연성만으로는 부족하고 그 가능성이 매우 높은 정도에 이를 것을 필요로 한다.237) 양도소득을 예로 들자면 해당 양도소득에 대한 관리, 지배와 양도소득의 객관화 정도, 납세자금의 확보시기 등까지 함께 고려하여 양도소득이 현실적으로 실현될 것까지는 없다고 하더라도 그 실현 가능성이 상당히 높은 정도로 성숙·확정되었는지를 기준238)으로 하여 귀속시기를 합리적으로 판단함이 타당하다.239)

---

235) 대법원2003두14802, 2004.11.25

236) 대법원 1977.12.27. 76누25.

237) 김완석, 전게서, 2007, pp.370~372.

238) 임대료를 받기로 한 날 임대료 수입을 소득으로 인식하여야 하지만, 그 시점에 이미 임차인의 무자력에 관한 사정이 발생한 것이라면 소득을 인식하지 않을 수도 있다(대법원 2004.2.1. 선고 2001두7176판결). 대법원 2005.5.13. 선고 2004두3328 판결은 채권의 행사에 법률상 제한이 없다면 일단 권리가 확정된 것으로서 당해 사업연도의 익금으로 산입되는 것이고 그 후 채무자의 무자력 등으로 채권의 회수가능성이 없게 되더라도 이는 대손의 사유가 될 뿐이라고 한다.

239) 대법원 2012.5.9. 선고 2010두22597 판결(갑 종중 명의의 토지가 수용되었으나, 을 종중이 수용보상금에 대한 채권 추심·처분 및 지급금지 가처분결정을 받아 한국토지공사가 수용보상금을 공탁하였는데, 이후 을 종중이 갑 종중을 상대로 제기한 공탁금출급청구권 확인청구 등을 각하하는 판결이 확정되었으나 과세관청이 제때 양도소득세 확정신고 및 납부를 하지 않았다는 이유로 갑 종중에 신고 및 납부불성실가산세 등을 부과하는 처분을 한 사안에서, 갑 종중에 양도소득이 귀

공사가 완공되고 대금 지급시기가 도래하였으며 일부 대금을 어음으로 지급받기까지 한 경우라면 채권이 확정적으로 발생하였다고 할 것이다.[240]

대법원 1977.12.27. 76누25판결 사건에서, 학교법인 경남학원이 소외 산업은행 외 15명을 상대로 하였던 소유권확인청구 등 소송사건을 원고에게 위임함에 있어서의 1967년 2월 27일자 보수금약정내용은 그 사건에 관하여 '결심종결까지 승소 시에는 사례금조로 총액의 4할을 지불하기로 약정함'이라고만 되어 있어 그 구체적인 액수와 변제시기에 관해서는 명시가 되어 있지도 않았다.

한편 위 사건은 제1소송[241]이 계속되고 있는 동안에 그 계쟁토지에 관하여 소외인 등 550명 명의로 새로이 소유권이전등기가 경료되었기 때문에 위 학교법인은 위 550인을 상대로 다시 그 소유권이전등기말소청구소송(제2소송)을 원고에게 위임하여 진행하던 중 그 사건의 당사자들 사이에 화해가 성립될 전망이 보이던 1971년 7월경 위 법인은 원고에게 5년이 넘는 소송으로 인하여 소송비용 등이 과다하게 소요되어 운영난에 빠졌다고 호소하여 승소금액의 4할을 지급하기로 했던 당초의 보수금약정을 변경하여 위 소외인 550명과의 사이에 화해가 성립되면 그 화해금액의 2할을 원고에게 지급하기로 약정을 하고 1972년 6월경 이 사건은 위 소외인들이 학교법인에게 금 70,000,000원을 지급하기로 하는 내용으로 화해가 성립되었다.

원고는 위 약정에 따라 학교법인으로부터 화해금액의 2할 상당액인 금 14,000,000원을 지급받았으며, 한편 원고는 당초에 약정했던 4할의 보수금약정을 내세워 위 학교법인을 상대로 나머지 사례금 14,000,000원의 지급청구소송을 제기하였지만 제1, 2심에서 각각 패소하였다.

관할 세무서장은 1968년도 2기분 사업소득금액으로 위 화해금의 4할에 해당한 금 28,000,000원 모두를 원고의 소득으로 보고 이 전액에 관하여 원고에게 소득세를 부과하였다. 원고는 피고 세무서장의 처분의 위법성에 대해 다투었다.

대법원은 원래 소득세라는 것은 종국적으로는 현실적으로 수입될 소득에 관하여 부과될 것이라는 점을 감안하여 볼 때 소득이 발생하였다고 하기 위해서는 소득이 현실적으로 실현되었을 것까지는 필요 없다고 하더라도 적어도 소득이 발생할 권리가 그 현실의 가능성에 있어 상당히 높은 정도로 성숙 확정되어야 한다고 할 것이고, 따라서 그 권리가 이러한 정도에 이르지 않고 단지 성립된 것에 불과한 단계로서는 아직 소득세과세대상으로서의 소득 발생이 있었다고 볼 수 없다고 함이 타당하다 할 것이라고 하면서(대법원 1967.6.20. 67누25 참조), 원심이 원고의 위 학교법인과의 당초의 보수금약정만을 근거로 하여 그 수임사건[242]이 승소로 확정되었을 때에 원고소득의 권리확정이 있었다고 판단하여 그 이후에 있어서의 사정에 관한 원고의 주장을 배척하고, 원고에 대하여 1968년도 2기분 사업소득금액으로 위 화해금의 4할에 해당한 금 28,000,000원

속된 날은 수용보상금의 공탁일이 아니라 위 판결 확정일로 보아야 하는데도, 이와 달리 보아 처분이 적법하다고 한 원심판결에 법리오해의 위법이 있다고 한 사례).

대법원 2011.9.8. 선고 2009두13160 판결(갑이 을 주식회사에 10억 원을 대여하고 2개월 후 이자 10억 원을 포함한 20억 원을 지급받기로 약정하였으나 을 회사가 부도나자 이자소득세를 신고하지 아니하였는데, 이에 관하여 과세관청이 약정 변제기일에 약정이자를 지급받은 것으로 보아 갑에게 2004년 종합소득세 부과처분을 한 사안에서, 제반 사정에 비추어 처분 당시 대여원리금 채권은 이미 회수할 수 없음이 객관적으로 명백하다고 볼 여지가 많다고 본 사례).

240) 대법원 1995.11.28. 선고 94누11446 판결.

241) 제1소송.

242) 제1소송을 말한다.

모두를 원고의 소득으로 보고 이 전액에 관하여 원고에게 추가로 소득세를 부과한 피고의 본건 처분을 적법하다고 판단하였음은 소득세법상의 소득의 확정시기와 그 소득액에 관한 법리를 오해하여 판결에 영향을 미쳤다 할 것이므로 원심은 이 점에서 유지될 수 없다고 판단하였다.

소득세 납세의무는 해당 과세연도가 종료할 때 성립한다. 해당 과세연도에 귀속할 수입금액은 그해에 받을 권리가 확정된 채권의 금액으로 한다. 물론 그해에 채권이 확정되고 이행을 받은 것도 포함할 것이다. 이 원칙을 권리의무확정주의라고 한다. 이와 같이 성립한 소득세 납세의무는 신고 혹은 결정에 의해 확정된다. 여기서 확정은 앞에서 권리의무확정에서의 확정과는 다른 개념이다.

수입금액으로 인식되기 위해서는 받을 권리가 확정되어야 하는데 통상 거래계약상 자신의 급부 제공으로 상대방으로부터 그 대가를 받을 권리가 확정되므로 급부의 제공시점이 수입금액으로 인식할 시기가 된다. 본건 당사자 간 약정은 두 번 있었다. 첫 번째 약정상 승소의 사실이 급부의 제공이 되고, 두 번째 약정상 화해의 성립이 급부의 제공이 될 것이다. 실제 경남학원은 산업은행 등에 대해 1968년 제1소송에서 승소하였다. 제2소송에서 소송은 취하되고 화해가 성립하였다. 외관상 첫 번째 약정과 두 번째 약정에 따른 급부의 제공이 있었다. 원고는 실제 두 번째 약정에 의한 사례금만 지급받았으며, 이에 불만을 품고 첫 번째 약정을 화해금액에 적용하여 나머지 2할에 해당하는 금액도 사례금으로 지급하라는 소송을 제기한 것이다.

관할세무서장은 이를 토대로 화해금액의 4할에 해당하는 금액에 대해 첫 번째 약정에 의한 승소일이 속하는 1968년 2기분의 소득세로 부과하였다.

첫 번째 약정의 체결 또는 그것에 기한 소송의 승소로 지급청구권이 확정되었다고 볼 수 있는가?[243] 만약 첫 번째 약정에 변경이 없었으며 실제 소송에서 승소하였는데 사례금을 그에 따라 지급하지 않아 원고가 의뢰인에게 소송을 제기한 경우라면 원래의 약정에 따른 소득에 대한 지급청구권이 확정된 것으로 보아 과세하여야 할 것이다.[244] 이 경우 원고가 경남학원에 대한 소송에서 패소하면 그에 따라 경정청구를 하면 될 일이다.

이 때 만약 2할에 상당하는 부분만 과세하였는데 원고가 의뢰인을 상대로 승소하여 추가적으로 얻게 된 금원이 있다면 어떻게 과세할 수 있을까? 1968년의 소유권확인청구소송 승소일부터 5년간의 통상적 부과제척기간이 종료한 후에 종국판결이 있은 경우라면 과세할 수 없을 것이다.

우선 이와 같은 경우는 부과제척기간의 연장사유가 되지 않는다. 만약 첫 번째 약정에 변경이 있었고 실제 사건 경위와 달리 수임료 청구소송에서 변호인이 승소한 경우를 상정한다면 수임료 소송 승소일을 권리의 확정일로 볼 수 있을까?[245] 2할에 상당하는 소득은 화해성립일에 확정되고 나머지 2할은 수임료 청구소송 승소일에 확정된 것으로 구성할 수 있을까? 하나의 급부에 대한 대가가 두 번 나누어 확정되는 것으로 볼 수 있을지의 문제가 된다. 이에 대해

---

243) 제1소송의 승소만으로는 수임료 지급청구권이 확정되었다고 볼 수 없다는 것이다. 이는 수임약정이 사실상 변경되었다는 인식을 전제로 한다.

244) 법원은 일반적으로 수임한 소송의 승소만으로 소득이 발생한 것으로 볼 수 있다고(승소판결확정시)한다(대법원 1993.4.27. 선고 92누8934 판결, 대법원 2007.6.28. 선고 2002도3600 판결). 관행상으로는 성공보수를 지급받을 때 신고하고 있다.

245) 변호사가 소송사무를 수행한 결과 승소판결이 확정된 후 보수금 채권의 존부에 관하여 의뢰인과의 사이에 다툼이 생겨 소송으로까지 나아간 끝에 그에 관한 판결이 확정되었다면, 보수금 채권에 관한 분쟁이 그 경위 등에 비추어 변호사에게 책임을 돌려야 할 명백히 부당한 것이라고 보이지 않는 이상 보수금 채권에 관한 판결이 확정된 때에 변호사의 권리가 확정된다고 보아야 한다(대법원 1997.6.13. 선고 96누19154 판결).

서는 입장이 엇갈릴 수 있겠다.[246)

한편, 현행 소득세법상 이와 같이 얻은 금원(승소에 의해 얻은 추가적인 2할)을 사업소득 이외의 다른 종류의 소득(예: 기타소득)으로 과세하기는 곤란하다.

3. 기업회계의 존중

소득세법은 거주자가 각 과세기간의 소득금액을 계산함에 있어서 총수입금액과 필요경비의 귀속연도와 자산·부채의 취득 및 평가에 관하여 일반적으로 공정·타당하다고 인정되는 기업회계의 기준을 적용하거나 관행을 계속적으로 적용하여 온 경우에는 동법 및 조특법에서 달리 규정하고 있는 경우를 제외하고는 당해 기업회계의 기준 또는 관행에 따른다고 규정하고 있다(소득세법 제39조 제5항). 이 규정의 보다 상세한 의미는 같은 내용을 규정하고 있는 법인세법 제43조의 의미를 상술하고 있는 제3편 법인세법을 참고할 수 있다.

거주자가 보유하는 자산 및 부채의 장부가액을 평가한 경우 그 평가일이 속하는 과세기간 및 그 후 과세기간의 소득금액을 계산할 때 해당 자산 및 부채의 장부가액은 평가하기 전의 가액으로 한다. 다만, 재고자산은 각 자산별로 소득세법시행령이 정하는 방법에 따라 평가한 가액을 장부가액으로 한다(소득세법 제39조 제3항).

제3절 조세채무의 확정

소득세는 신고납세방식의 조세로서 납세의무자가 과세표준과 세액을 신고하는 때에 납세의무가 구체적으로 확정된다. 다만, 납세의무자가 과세표준과 세액을 신고하지 아니하거나 과소 신고한 경우에 한하여 관할세무서장이 그 과세표준과 세액을 결정하거나 경정한다(소득세법 제80조 제1항).

제1항 확정신고

사업소득 등 종합소득이 있는 거주자에 대해서는 관할세무서장이 매년 11월 1일부터 15일 사이에 중간예납세액을 고지한다(소득세법 제65조). 관할세무서장은 중간예납세액을 결정하고 이를 고지하는 절차를 밟는데 이 경우 중간예납세액은 부과결정방식으로 확정된다고 볼 수 있다.

당해 연도의 종합소득금액이 있는 거주자는 종합소득과세표준을 다음 연도의 5월 1일부터 5월 31일까지 정해진 방법에 따라 납세지관할세무서장에게 신고하여야 한다(소득세법 제70조 제1항). 다만, 근로소득만 있어서 연말정산을 하였거나 분리과세되는 이자소득, 배당소득 및 기타소득

---

246) 참고. 법인세법기본통칙 40-71…20은 법원의 판결에 의하여 지급하거나 지급받은 손해배상금 등은 법원의 판결이 확정된 날이 속하는 사업연도의 익금 또는 손금에 산입한다고 규정하고 있다.

등의 소득만 있는 자는 확정신고를 하지 않아도 된다.

제2항 결정

소득세 납세의무는 납세자의 신고에 의하여 확정되지만 납세자가 신고하지 않은 경우에는 납세지관할세무서장이나 지방국세청장이 결정하고, 납세자가 불성실하게 신고하여 신고내용에 오류 또는 탈루가 있는 경우에는 과세표준과 세액을 납세지관할세무서장이나 지방국세청장이 경정하게 된다. 결정이나 경정에 오류 또는 탈루가 있는 것이 발견된 때에는 즉시 이를 다시 결정한다(재결정). 관할세무서장이나 지방국세청장이 과세표준과 세액을 결정하는 때에는 장부 기타 증빙서류를 근거로 하여야 한다(소득세법 제80조 제3항).

1. 방법

가. 실지조사결정

관할세무서장은 기장 및 증거에 근거하여 객관성 있게 결정하여야 한다. 납세의무자는 장부를 비치·기장하여야 하며, 세무공무원은 납세자가 비치·기장한 장부를 인식함에 있어서 납세자가 성실한 것으로 추정하여야 한다. 소득금액은 원칙적으로 실액을 조사하여 결정하여야 한다(실액과세방법). 그런데 납세의무자가 직접 증거를 가지고 있지 않거나 허위의 증거를 제시하는 경우에는 간접적인 증거에 바탕을 둔 추계방법에 의할 수밖에 없다. 전자의 방법에 의한 결정을 실지조사결정, 후자의 방법에 의한 결정을 추계조사결정이라고 한다. 추계과세의 필요성이 인정되는 경우를 판단함에 있어서는 근거과세의 원칙에서 볼 때 그 허용의 범위를 엄격히 제한하고 절차상 납세자 권리가 보호되도록 하여야 한다.

(1) 질문조사

소득세에 관한 사무에 종사하는 공무원은 그 직무 수행상 필요한 때에는 납세의무자, 그와 거래가 있다고 인정되는 자 및 원천징수의무자 등에 대해 질문하거나 당해 장부·서류 기타 물건을 조사하거나 그 제출을 명할 수 있다(소득세법 제170조).

(2) 과표양성화 수단

소득세 경정의 요건에 관해 규정하고 있는 소득세법 제80조 제2항은 제5호에서 아래의 어느 하나에 해당하는 것으로서 시설규모나 업황으로 보아 신고내용이 불성실하다고 판단되는 경우를 들고 있다. 법인세에 관해서도 아래와 동일한 논의가 가능하다.

- 사업용 계좌를 이용하여야 할 사업자가 이를 이행하지 아니한 경우
- 사업용 계좌를 신고하여야 할 사업자가 이를 이행하지 아니한 경우

- 신용카드가맹점 가입요건에 해당하는 사업자가 정당한 사유 없이 「여신전문금융업법」에 따른 신용카드가맹점으로 가입하지 아니한 경우
- 신용카드가맹점 가입요건에 해당하여 가맹한 신용카드가맹점이 정당한 사유 없이 신용카드매출전표의 발급을 거부하거나 사실과 다르게 발급한 경우
- 현금영수증가맹점으로 가입하여야 하는 사업자 및 현금영수증가맹점가입대상자로 지정받은 사업자가 정당한 사유 없이 현금영수증가맹점으로 가입하지 아니한 경우
- 현금영수증가맹점이 정당한 사유 없이 현금영수증의 발급을 거부하거나 사실과 다르게 발급한 경우

이는 1998년 12월 31일 법률 제6051호로 제80조 제2항에 다음과 같은 내용의 제3호가 도입됨으로써 매출액의 양성화를 위한 절차적인 의무를 위반하거나 권고사항을 따르지 않는 것에 대한 제재수단으로서 경정권이 활용되기 시작한 이후 점차 그 적용범주를 확대한 결과이다.

- 신용카드가맹점가입대상자로 지정받은 사업자가 정당한 사유 없이 신용카드가맹점으로 가입하지 아니한 경우로서 시설규모나 업황으로 보아 신고내용이 불성실하다고 판단되는 때

세무조사대상자로 정부가 과표양성화를 목적으로 도입한 제도(사업용 계좌, 신용카드 및 현금영수증)에 호응하지 않는 자를 포함시키도록 규정하는 입법은 정책적 판단의 결과물이다. 그러나 이 규정은 사인의 영업 자유를 제약하는 성격이 짙으므로 그 적용은 신중하여야 할 것이다. 영업의 자유 보장과 조세징수권의 확보라는 법익 간 충돌을 완화하기 위해 '정당한 사유'의 문구가 삽입되어 있지만 그것이 실제 사례에 적용될 때 어느 정도 유효한 의미를 갖는지 의문이다.

세법이 신용카드 가맹을 의무화하고 있지는 않다. 국세청장은 단지 일정 요건에 해당하는 사업자에게 가맹을 지도만 할 뿐이다(소득세법 제162조의 2). 그러나 일정 요건을 충족하는 사업자에 대해서는 현금영수증발급을 의무화하고 있다(소득세법 제162조의 3). 이에 따라 가산세에 관한 규정도 신용카드 가맹요건에 해당하여 가입한 신용카드가맹점과 현금영수증가맹점으로 가입하여야 할 사업자에 대해 부과된 의무위반에 대해서만 부과한다(소득세법 제81조 제10항 및 제11항). 세무조사와 병행하는 정책수단으로 활용되는 것은 가산세이다.

2011년 8월부터 성실신고확인대상사업자[247]는 종합소득과세표준 확정신고를 할 때에 사업소득금액의 적정성에 대해 세무사 등이 조사하고 작성한 성실신고확인서를 납세지 관할 세무서장에게 제출하여야 한다(소득세법 제70조의 2).

나. 추계조사결정

소득세법은 대통령령이 정하는 사유로 장부 기타 증빙서류에 의하여 소득금액을 계산할 수 없는 경우에는 대통령령이 정하는 바에 의하여 소득금액을 추계결정할 수 있다고 규정하고 있다(소득세법 제80조 제3항 단서).

---

247) 수입금액기준: 광업·도소매업 등 30억 원, 제조업·음식숙박업 등 15억 원, 서비스업·부동산업 등 7.5억 원 이상.

(1) 요건

소득세법시행령은 다음과 같이 추계결정의 요건을 설정하고 있다(소득세법시행령 제143조 제1항).

- 과세표준을 계산함에 있어서 필요한 장부와 증빙서류가 없거나 중요한 부분이 미비 또는 허위인 경우
- 기장의 내용이 시설규모·종업원 수·원자재·상품 또는 제품의 시가·각종 요금 등에 비추어 허위임이 명백한 경우
- 기장의 내용이 원자재사용량·전력사용량 기타 조업상황에 비추어 허위임이 명백한 경우[248]

추계과세의 요건 해당 여부는 객관적으로 판단하여야 한다. 과세관청은 납세자가 원한다고 하여 그 요건에 해당하지 않음에도 불구하고 이를 수용할 수는 없다.[249] 요건의 해당 여부에 대한 입증책임은 과세관청[250]이 부담한다.

과세관청은 납세자가 과세표준과 세액을 신고하면서 제출한 자료가 불성실한 것으로 보일 경우 그 부당성을 지적하고 새로운 자료를 제출받아 실지조사를 하고, 그 자료에 의하더라도 과세표준과 세액을 결정할 수 없을 때 비로소 추계조사결정을 하여야 한다.[251]

소송상 법원의 요건사실의 판단시기는 사실심 변론종결 시이다. 따라서 추계과세의 부당성을 주장하는 소송에서도 사실심 단계라면 납세자는 위의 요건에 부합하지 않음을 입증하는 증거를 제출할 수 있다.

(2) 방법

소득세법시행령은 소득금액의 추계결정의 방법을 열거하고 있다(소득세법시행령 제143조 제3항). 이에는 기준소득금액방법,[252] 단순경비율방법,[253] 동업종권형방법, 기타 국세청장이 합리적이라

---

248) 독일에서는 경험칙을 활용하여 내적인 비교와 외적인 비교를 수행하도록 하고 있다. 추계과세의 요건이 충족되면 추계과세를 하여야 한다(Rolf Ax, et.al., 전게서, pp.235~246).

249) 납세자가 소득세법이 정하는 장부를 비치·기장한 바 없다고 하더라도 계약서 등 다른 증빙서류를 근거로 과세표준을 계산할 수 있다면 과세표준과 세액은 실지조사 방법에 의하여 결정하여야 하고 추계조사 방법에 의해서는 아니 되고, 납세자 스스로 추계의 방법에 의한 조사결정을 원하고 있다는 사유만으로는 추계조사의 요건이 갖추어진 것으로 볼 수 없다(대법원 1999.1.15. 선고 97누20304 판결).

250) 부과결정통지를 한 관할세무서장 또는 지방국세청장을 말한다. 소득세법 제11조 【과세 관할】 소득세는 제6조부터 제10조까지의 규정에 따른 납세지를 관할하는 세무서장 또는 지방국세청장이 과세한다.

251) 사안이 비교적 단순하여 납세의무자가 제출한 부동산매매계약서의 내용을 매수인에게 확인하는 등의 방법으로 용이하게 관련수입을 파악할 수 있는 사정이 보인다면 우선 그와 같은 방법에 의한 조사를 하여 본 연후에 그럼에도 끝내 실액이 드러나지 않는 경우에 한하여 추계에 나아갈 수 있고, 그런 절차를 거침이 없이 증빙서류 미비 등의 사유만으로 곧바로 과세표준과 세액을 추계결정할 수는 없다(대법원 1996.9.24. 선고 96누3579 판결).

252) 다음 금액 중 작은 것을 소득금액으로 신고
  1) 수입금액 – 주요경비 – (수입금액*기준경비율) = 소득금액
  - 매입경비, 인건비, 임차료 등 기본적인 경비는 증빙서류가 있어야만 필요경비로 인정
  - 나머지 경비는 정부에서 정한 기준경비율에 의해 필요경비 인정(복식부기의무자의 기준경비율은 일반의 경우 기준경비율의 1/2만 적용한다)
  2) [수입금액 – (수입금액*단순경비율)]*소득상한배율(간편장부대상자 2.0) = 소득금액

253) 수입금액 – (수입금액*단순경비율) = 소득금액.

고 인정하는 방법 네 가지가 있다.[254] 소득세법시행령은 수입금액의 추계결정 방법으로 일곱 가지를 열거하고 있다(소득세법시행령 제144조 제1항).[255] 수입금액도 소득금액도 모두 추계하여야 하는 경우가 적지 않게 발생한다. 이 경우 열거된 일곱 가지 방법 중 하나로 수입금액을 추계하고 필요경비에 관해서도 추계하여 소득금액을 산정하게 된다. 소득금액에 관해서도 네 가지 방법이 열거되어 있지만 그중 마지막 호는 '기타 국세청장이 합리적이라고 인정하는 방법'을 인정하고 있다. 이에 따라 사실상 필요경비의 인정에 있어서는 포괄적인 위임이 이루어진 것으로 볼 수 있다. 현재 이 내용을 규정하고 있는 공표된 국세청 내부의 사무처리규정은 존재하지 않는다. 만약 있다면 그것은 재산제세사무처리규정처럼 법규보완적인 훈령으로서 법규성이 인정될 수 있을 것이다.

수입금액은 실지조사하는데 소득금액을 추계조사로 결정할 수 있다. 수입금액은 추계조사하더라도 소득금액은 실지조사로 결정할 수 있다(소득세법 제144조 제4항).

동일한 과세기간 중 동일한 사업장에 대해 수입금액을 실지조사와 추계조사를 병합하여 결정하는 것은 허용되지 않는다.[256] 일부 비용에 대해서는 실지조사하고 나머지 비용에 대해서는 추계조사하는 것도 허용되지 않는다.[257] 다만, 기간과세 세목인 소득세의 경우 어디까지를 하나로 보아 이종의 방법을 허용하지 않을 것인지에 대해서는 논란의 여지가 있다.[258]

과세관청은 소송상 추계과세의 결과가 실액과세에 가장 근접하다는 것을 보임으로써 추계방법 적용의 적절성을 입증하여야 한다. 이는 일반적으로 합리적인 방법을 선정했을 뿐 아니라 개별적으로 사건의 상황에 비추어 가장 타당한 방법이었음을 입증하는 것이 되어야 한다.

과세관청이 법령에서 정한 방법으로 추계과세를 하였다 하더라도 그 추계방법에 의한다면 불합리하게 된다고 볼 만한 특수한 사정이 있는 경우에는, 그러한 특수한 사정을 참작하여야 한다.[259]

2. 통지

납세지관할세무서장 또는 지방국세청장이 소득세법 제80조의 규정에 의해 과세표준과

---

254) 대법원 1995.12.22. 선고 95누5929 판결.

255) 부가가치세법시행령 제69조 제1항도 유사한 내용의 수입금액추계방법을 설정하고 있다. 과세관청이 납세자의 총비용을 조사하여 거기에 소득세법상의 관계규정에 따라 국세청장이 조사결정한 소득표준율(1992.12.31. 대통령령 제13802호에 의한 개정 후에는 표준소득률)을 기준으로 매출을 추산한 경우, 그와 같이 과세관청 임의로 산출, 적용한 비율이 부가가치세법시행령 제69조 제3항 제4호의 추계방법으로서 "국세청장 또는 소관 지방국세청장이 업종별로 정한 다음의 기준 중의 하나에 의하여 계산하는 방법" 중 (나)목의 업종별 '비용의 관계비율'이 아니다(대법원 1994.9.27. 선고 94누3025 판결).

256) 단일한 과세목적물에 대하여 실지조사와 추계조사를 혼합하여 과세표준액을 결정하는 것은 위법하다(대법원 2001.12.24. 선고 99두9193 판결).

257) 누락수입에 대응하는 비용에 관한 신고를 누락하였다고 하여 그 공제를 받고자 한다면 그 비용의 손금 산입을 구하는 납세의무자가 스스로 그 누락사실을 주장·입증하여야 하며, 이 경우 총 손금의 결정방법과는 달리 그 수입누락 부분에 대응하는 손금만을 실지조사가 아닌 추계조사방법에 의하여 산출·공제할 수는 없다(대법원 2003.11.27. 선고 2002두2673 판결).

258) 기준경비율 방법은 그 자체가 일부 비용은 실지조사하고 다른 비용은 추계조사하는 방법이다. 그 자체가 하나의 추계조사 방법이라는 논리로 이해할 수 있다.

259) 대법원 1996.7.30. 선고 94누15202 판결.

세액을 결정 또는 경정한 때에는 과세표준과 세율·세액 기타 필요한 사항을 당해 거주자에게 서면으로 통지하여야 한다. 소득세는 신고납세세목이므로 결정할 사항이 추가적으로 없는 때에는 세무서장의 과세표준과 세액의 통지가 없게 되며 신고로써 납세의무가 확정된다.

제5장 퇴직소득

제1절 과세대상

퇴직소득이라 함은 근로관계가 종료함에 따라 사용자로부터 받는 일시적 급여이다. 퇴직소득은 근로관계에 따라 받는 급여이기 때문에 근로소득과 공통점을 가지고 있다. 퇴직급여는 근로관계의 종료로 인해 그간 노고를 보상하고 향후 생계를 지원한다는 측면에서 일시에 지급하는 급여이다. 퇴직소득을 굳이 별도의 소득으로 구분하는 것은 과세표준의 계산상 누적된 소득을 일시 과세하는 것이기 때문에 종합소득에 대한 세율을 조정 없이 적용하면 세부담이 너무 크게 되는 결집효과(bunching effect)를 완화해 줄 필요가 있으며(실체적 측면), 일시적인 소득이기 때문에 실기하지 않고 지급할 때에 조세채무를 확정할 필요가 있기(절차적 측면) 때문이다.

소득세법은 그 제2장에서 종합소득과 퇴직소득을 통합하여 규정하고 있다. 이는 소득세법이 비록 과세대상소득을 종합소득, 퇴직소득 및 양도소득 세 가지로 분류하고 각각의 소득에 대한 과세표준과 세액의 계산과 조세채무의 확정과 이행방식을 달리 설정하고 있지만 여러 가지 점에서 종합소득과 퇴직소득은 공통점이 있는 점을 고려한 때문이다.

소득세법상 퇴직소득은 현실적인 퇴직으로 인하여 받는 일시금을 의미한다(소득세법 제22조 제1항). 퇴직소득은 '현실적인 퇴직'의 결과 받는 금원이어야 한다. 근로대가의 명칭 여하에 관계없이 퇴직을 원인으로 지급받은 대가는 원칙적으로 퇴직소득으로 인정한다. 현실적인 퇴직의 범위에 관해서는 소득세법기본통칙(22-1)에 자세한 규정이 있다.

퇴직소득은 급여의 형태로 받는 것에 국한되지 않는다. 이에 따라 국민연금법 등에 따라 퇴직으로 인하여 받는 금원도 포함한다. 다만, 일시금이어야 하며, 연금 형식으로 받는 것은 배제된다. 이러한 논리에 따라 거주자가 퇴직으로 인하여 지급받는 퇴직급여액 100분의 80에 해당하는 금액 이상을 퇴직한 날부터 60일 이내에 확정기여형 퇴직연금 또는 개인퇴직계좌(개인형 퇴직연금, individual retirement pension)로 이체 또는 입금하는 경우 당해 퇴직급여액은 실제 연금으로 지급될 때 연금소득으로 과세되며 퇴직할 때 퇴직소득으로 보지 않는다.

제2절 과세표준 및 세액의 계산

퇴직소득금액에서 퇴직소득공제를 한 금액이 퇴직소득과세표준이다(소득세법 제14조 및 제48조). 퇴직소득공제는 급여비례공제와 근속연수공제[260]로 구성된다. 급여비례공제로서 퇴직급여의 40%를 공제하던 것이 2016년부터 5년간 단계적으로 급여수준별 차등공제(100%~35%)로 전환되도록 개정되었다.

퇴직소득에 대한 총수입금액을 인식할 시기는 퇴직을 한 날로 한다(소득세법시행령 제50조 제2항). 세액의 계산은 연분연승법[261]을 사용하고 있다. 당해 연도의 과세표준을 근속연수로 나눈 금액에 종합소득의 기본세율을 적용하고 다시 근속연수를 곱한 금액을 세액으로 한다(소득세법 제55조 제2항).

퇴직금을 연금방식으로 수령[262]하면 일시금수령에 비해 세부담을 30% 경감한다.

제3절 조세채무의 확정

퇴직소득금액이 있는 납세자는 퇴직소득과세표준을 다음 연도 5월 1일부터 5월 31일까지 납세지관할세무서장에게 신고하여야 한다(소득세법 제71조 제1항). 납세지관할세무서장의 결정 혹은 경정은 종합소득에 대해서와 동일한 절차를 따른다(소득세법 제80조). 퇴직소득만 있는 경우 등에는 확정신고를 하지 않을 수 있다(소득세법 제73조 제1항). 이 경우에는 원천징수납부로써 납세의무가 소멸한다.

---

260) 1) 5년 이하: 30만 원×근속연수
　　 2) 5년~10년 이하: 150만 원+50만 원×(근속연수−5년)
　　 3) 10년~20년 이하: 400만 원+80만 원×(근속연수−10년)
　　 4) 20년 초과: 1,200만 원+120만 원×(근속연수−20년)

261) 결집효과를 완화하기 위한 방법으로 마치 근로제공기간 중 균등하게 나누어 지급받은 것으로 의제하여 소득금액을 계산하는 방법이다. 전체 퇴직소득금액을 근로제공기간으로 나눈 각각의 금액에 세율을 곱하여 산출한 각각의 세액을 합산하여 전체 퇴직소득에 대한 세액으로 산정한다.

262) 55세 이후 10년 이상 분할 수령 시

제6장 양도소득

제1절 과세대상

제1항 자본이득

1. 소득

양도소득은 자산의 양도에 따른 경제적 이익이다. 이는 국제적으로 통상 "자본이득(capital gain)"이라고 한다. Haig – Simons의 "포괄적 소득" 개념에 의하면 자본이득은 소득에 포섭된다. 그러나 소득을 국민경제 안, 생산의 흐름 속에서 찾고자 한다면 자본이득은 요소공급 대가로서의 의미를 가지고 있지 않기 때문에 소득의 범주에 들기는 곤란할 것이다. 화폐가 없어서 자산을 처분하면서 다른 자산을 취득해야 하는 교환경제를 상정한다면 모든 자산은 교환 자체로부터는 이득을 기대할 수 없고 사용을 통해서만 가치가 실현될 수 있을 뿐이다.[263] 자본이득은 본질적으로 생산과정과 직접적인 관련을 갖지 않은 자산[264]의 처분을 통해 얻게 되는 것으로서 화폐경제체제하에서만 인식할 수 있는 경제력에 불과한 것이다. 우리 경제가 화폐경제체제를 토대로 하고 있으므로 이러한 논리가 자본이득과세의 정당성을 배제할 수는 없을 것이다.

2. 미래기대현금흐름의 현가

재무학자들은 자본이득을 해당 자산이 창출할 것으로 기대하는 미래현금흐름을 시장이자율로 할인한 가치[265]가 시점 간 달라짐에 따라 나타나는 것으로 본다.[266] 미래기대현금흐름(expected future cash flow)은 미래의 현금이 될 것인데 그 현금에 대해서도 과세할 것이기 때문에 자본이득에 대해 과세하는 것은 경제적 이중과세가 된다고도 볼 수 있겠다. 예를 들면, 부동산가격

---

263) 1974년 우리의 소득세법은, 부동산의 임대에 대한 소득은 과세대상으로 하고 있던 반면 양도에 따른 소득은 과세하지 않았으므로 이러한 입장에 기초하고 있었던 것으로 추론할 수 있을 것이다.

264) 생산과정과 직접 관련이 있는 자산의 취득가액은 시간을 두고 감가상각을 통해 비용화하도록 하고 있다. 이 자산이 사업과 관련을 갖지 않게 된 때 양도함으로써 발생한 소득은 자본이득이 되는데 자본이득금액을 계산할 때 감가상각을 통해 이미 비용화되어 사업소득금액을 감액한 부분은 자본이득금액을 그만큼 증액하는 역할을 하게 된다. 사업소득세율이 상대적으로 높을 경우, 사업소득금액을 낮춘 금액 중 일부 또는 전부를 소급하여 부인하고 자본이득금액을 감액하는 제도(depreciation recapture)를 둘 수도 있다.

265) 자산가치 = $\Sigma(C1/(1+r), \cdots, C\infty /(1+r)\infty)$ ≒ C/r
미래현금흐름(C): 이자, 배당, 임대료 및 사용료 등
자산: 채권, 주식, 부동산 및 지적 재산권 등
자본이득: 자산가치의 시간적 변화분

266) Richard A. Brealey and Stewart C. Myers, *Principles of Corporate Finance*, McGraw – Hill, 1996, pp.59~60.

은 미래임대료의 현재가치인데 미래의 소유자가 임대료를 벌 때 임대소득으로 과세될 소득의 일부분을 이제 처분하는 현 소유자에게 자본이득으로 과세하는 것이다. 경제적 이중과세는 여러 조세[267] 분야에서도 용인이 되고 있는 것이므로 이를 이유로 자본이득에 대한 과세를 배제할 수는 없다.

무릇 생산요소의 제공에 따른 소득에 대해 과세하는 데에는 해당 소득 가득자의 담세력에 대해 과세한다는 응능과세적인 요소 이외에 국가가 해당 소득 가득자의 생산활동이 가능하게 기여하였다는 데에 과세하는 이른바 응익과세적인 요소가 내재되어 있다. 자본이득에 대해 과세하는 것에 대해서도 국가는 그것을 응익과세적인 측면에서 정당화할 수 있을 것이다. 해당 자산의 가치가 증가할 수 있도록 환경을 조성하는 데에 국가가 기여하는 점은 부인할 수 없을 것이기 때문이다.

3. 과세의 전제조건

소득은 인식할 수 있어야 한다. 그리고 화폐시장경제에서 다른 자산과 교환할 수 있는 형태로 존재하는 것이어야 한다. 객관적인 교환가치가 없는 주관적인 사용가치의 증가분에 대해서는 과세하지 않는 것이 타당하다. 길 가다가 주운 물건인데 갑자기 좋아지기 시작하여 자기로서는 매우 값어치 있는 것이 되었지만 타인들이 관심이 없는 물건을 예로 들어 보자. 그 물건의 주관적인 사용가치가 증가하였다고 하여 과세할 수는 없는 일이다. 자본이득으로 과세하기 위해서는 객관적인 교환가치의 증분이 있어야 한다.

자산의 교환가치 증가분으로서 아직 거래를 통해 실현되지 않은 것은 미실현된 자본이득이다. 미실현이득을 과세하는 것이 타당한가? 미실현이득과세는 우리 세법상 권리가 확정된 때에 소득을 인식한다는 대원칙과 양립할 수 없는 것은 아니지만 중요한 예외가 될 것이다. 보유하고 있는 주식의 값이 연말에 연초보다 2배의 가격으로 오른 경우 교환가치가 2배로 오른 셈이니 소득으로 언제든지 실현될 가능성을 갖추고 있다. 반면 보유하고 있는 토지의 값이 주변 시세를 잘 아는 중개인의 말에 의하면 연초보다 2배 올랐다고 한다. 이렇게 확인된 토지의 자본이득 실현가능성은 주식의 경우보다 훨씬 낮다. 미실현이득을 과세하는 데에는 그 이득 금액의 평가에 어려움이 있다. 한편 실현의 의사가 전혀 없는 자는 세금을 부담하기 위해 경제적으로 궁박해질 위험이 있다. 미래의 어느 시점에 가서 실제 처분할 때에는 가격이 하락하여 낸 세금을 돌려받아야 할 상황이 발생하기도 한다. 이와 같이 평가의 문제나 자금조달의 어려움이 해소되고, 가치하락 경우의 반영방법 등이 강구될 수 있다면 미실현이득이라고 하여 과세되지 못할 것은 없다. 그럼에도 불구하고 미실현이득에 대한 과세는 특별한 다른 법익의 추구를 위한 경우가 아니라면 삼가야 할 것이다. 예를 들면, 조세피난처세제상 간주배당과세는 조세피난처 자회사를 이용한 조세회피를 규제하기 위하여 고안된 것이다. 부동산투기를 억제하기 위해 토지초과이득세를 부과하는 것

---

267) 법인세와 소득세, 증여세와 소득세(법인세).

도 정당화될 수 있을 것이다.

제2항 역사적 전개

자본이득이 소득의 범주에 들어가는지에 대해 이론적으로 서로 다른 견해를 가질 수 있다. 실정법상으로도 소득 개념에의 편입은 국가별·시대별로 상이한 모습을 나타내고 있다.

국가별로 보면 우리나라를 포함한 대부분의 OECD 국가에서 자본이득은 소득의 범주에 들어가지만, 영국에서는 일반적인 소득과 자본이득이 별도의 세법에 의해 과세되고 있다.

1. 영국

영국에서는 1962년까지 자본이득에 대해 조세가 부과되지 않았다. 1962년 제도 도입 초기 6개월 미만 단기보유주식만 과세하다가 점차 그 과세대상 범위를 넓혀왔다. 소득세율과 동일한 세율 체계를 유지하다가 2009년 이원적 소득세제가 도입되면서 이자소득 및 배당소득과 동일한 18% 단일세율로 과세되고 있다.

자본이득에 대해 소득세가 아닌 별도의 자본이득세를 부과한다. 자산의 양도(disposal)는 유상·무상의 모든 소유권의 이전을 포섭한다(TCGA 1992, Section 62(1)(a)). 상속은 자본이득 과세계기로 보지 않는다(TCGA 1992, Section 62(1)(b)). 상속인은 시가로 상속세를 과세받으며 그 시가가 자신의 취득가격이 된다. 일반적인 증여는 자본이득과세의 계기가 된다. 수증자는 증여 당시 시가가 자신의 취득가격이 된다. 부부간의 자산의 이전 또는 자선 목적의 자산의 이전은 자본이득세 과세대상에서 제외된다. 자산을 이전받은 배우자는 이전한 배우자의 장부가액을 승계한다.

2. 미국

미국에서 자본이득은 1921년 법원이 이를 과세소득으로 인정하면서 본격적으로 과세되기 시작하였다. 이후 낮은 세율이 적용되는 등 일반적인 소득과는 다른 대우를 받아 왔다. 주식양도차익에 대해서는 2010년까지는 배당에서 설명한 것과 같이 5%, 15%의 세율이 적용되었다. 1년 이하 단기보유의 경우에는 일반소득세율이 적용된다.

2011년부터는 장기보유자산에 대한 세율이 10%, 20%로 인상된다.

파생상품거래에서 발생한 손익은 자본이득으로 간주하여 과세한다. 선물, 옵션 등의 손익은 60%를 장기자본손익으로 40%를 단기자본손익으로 처리한다. 단기손익은 통상소득과 합산하여 일반적인 소득세율을 적용하지만 장기손익은 낮은 비례세율 적용한다.

증여에 의한 부의 무상이전은 자본이득의 과세계기로 보지 않는다. 수증자는 증여자의 취득원가 및 보유기간을 그대로 이어받는다. 증여세는 증여시점의 시가로 과세된다. 상속을 받는 경우에는 시가에 따라 상속세를 과세받는다. 상속인은 피상속인의 장부가액을 물려받지 않고 시가에 취득한 것으로 본다.

3. 독일

독일에서는 1925년 소득세법 이래 단기보유자산의 자본이득에 대해 과세하여 왔다. 그 이외의 자산으로부터의 자본이득 예를 들면, 1년 이상 보유 주식양도차익을 비과세하고 있었다. 파생상품에 대하여는 주식에 대해서처럼 원칙적으로 비과세하였다.

2009년 이원적 소득세제가 도입되면서 비과세대상을 대폭 축소하였다. 2008년 12월 이전에 취득한 당시 법에 의한 비과세대상 주식양도차익은 이후 처분할 경우에도 과세에서 면제되는 경과조치가 있다. 자본이득은 여타 금융소득과 동일하게 25%의 세율로 과세된다.

부동산은 10년 이상 보유한 경우에는 앞으로도 소득세 과세대상에서 제외된다. 증여 및 상속을 자본이득 과세계기로 보지는 않는다. 증여 및 상속의 경우 증여자나 피상속인의 장부가액을 이전받는다. 그러나 추후 양도시 [(양도소득세)×(증여세(상속세))/(양도가액)]은 양도소득세액에서 세액공제해준다.

4. 일본

일본에서는 전후 미국의 영향으로 1946년 소득세법이 개정되어 자본이득이 비로소 과세되기 시작하였다. 현행 세법상 세율은 20%(주식), 15%, 30%(부동산) 등이다. 법인에 대한 증여와 한정승인에 의한 상속의 경우 그 증여와 상속은 양도소득 과세계기로 본다(소득세법 제59조). 그 증여 또는 상속 시점의 시가대로 양도한 것으로 간주하는 것이다.

증여와 상속(한정승인에 의한 것을 제외한다)에 의하여 취득한 자산의 소득세 양도소득금액을 계산할 때에는 증여자와 피상속인의 장부가액을 승계한다(소득세법 제60조).

5. 우리나라

우리나라에서는 미군정 당시 1948년에 부동산 등의 양도차익에 대한 과세제도가 도입되었지만 이듬해 과세소득에서 제외되었다. 1954년 개정 소득세법은 양도소득을 다시 과세대상소득으로 열거하였다(구 소득세법 제12조 제1항 제7호, 법률 제319호, 1954.3.31). 양도소득과세조항이 별 실익을 거두지 못하자 1960년 다시 과세대상에서 삭제되었다. 1975년에는 1968년 신설되었던 부동산투기억제세(당시에는 토지만 과세)를 소득세제로 흡수하여 양도소득세를 신설하였다.

우리나라 소득세법은 소득으로 열거한 것만을 소득으로 보는 열거주의 과세방식을 채택하고 있다. 세 가지로 대분류한 소득 중 하나에 양도소득이 있으므로 양도소득이 과세대상 소득이

됨은 자명하다. 당초 양도소득세는 소득종류 간 형평의 가치보다는 부동산투기억제의 목적에 의하여 도입되었다. 제도 도입 당시 자본이득이 갖는 담세능력에 따른 과세보다는 부동산의 양도를 통한 부동산가격의 상승을 방지하기 위한 목적을 추구하였기 때문에 대상물건을 부동산으로 한정하고 대상거래도 양도거래로 한정하는 데서 출발하였다. 이후 과세대상의 범주를 점차 넓혀 오고 있는 것이다.

제3항 과세대상

1. 대상물건

가. 소득세법상 열거된 것

(1) '토지 등', '주식 등' 및 '파생상품 등'

소득세법은 양도소득세의 과세대상을 국제적으로 사용되는 개념인 자본이득(capital gain) 대신 양도소득으로 표기하고 있다. 자산을 무상이전하는 방식으로 처분하면 양도소득세를 과세하지 않는다.

1974년 12월 24일 개정된 소득세법은 양도소득을 소득의 하나로 규정하면서 과세대상을 다음과 같이 열거하였다(구 소득세법 제23조). 당시부터 '양도소득'은 종합소득과 구분되어 있었다.

- 토지의 양도로 인하여 발생하는 소득
- 건물의 양도로 인하여 발생하는 소득
- 이 외에 대통령령이 정하는 자산(기타 자산)의 양도로 인하여 발생하는 소득[268]

위 '기타 자산'은 1978년 12월 30일 개정된 소득세법시행령에서 다음과 같이 부동산주식과 최대주주의 주식을 일정 요건 하에 과세하기 시작하면서 내용이 채워지게 되었다(구 소득세법 시행령 제44조 제5항).

> ⑤ 법 제23조 제1항 제3호에서 '기타 자산'이라 함은 제1호 및 제2호에 해당하는 법인의 주주 또는 출자자 1인(이하 '주주 1인'이라 한다) 및 그와 국세기본법시행령 제20조에 규정하는 친족 기타 특수관계에 있는 자(이하 '기타 주주'라 한다)가 그 법인의 주식 또는 출자지분(이하 '주식 등'이라 한다)의 합계액의 100분의 50 이상을 양도하는 경우의 당해 주식 등을 말한다. 〈신설 1978.12.30.〉
> 1. 당해 법인의 자산총액 중 법 제23조 제1항 제1호 및 제2호의 자산가액의 합계액이 차지하는 비율이 100분의 50 이상인 법인

---

268) 양도소득세의 과세대상을 "제1호 내지 제4호 외에 대통령령이 정하는 자산의 양도로 인하여 발생하는 소득"이라고 규정하고 있는 구 소득세법(1998.12.28. 법률 제5580호로 개정되기 전의 것) 제94조 제5호(이하 '이 사건 법률조항'이라 한다)가 조세법률주의 및 포괄위임입법금지원칙에 위반된다(소득세법 제94조 제5호 위헌제청 2006.2.23. 2004헌가26 전원재판부, 2003.4.24. 2002헌가6).

2. 당해 법인의 주식 등 합계액 중 주주 1인과 기타 주주가 소유하고 있는 주식 등의 합계액이 차지
하는 비율이 100분의 50 이상인 법인

현행 소득세법상 양도소득은 다음으로 열거되어 있다(소득세법 제94조). 소득세법은 여러 군
데에서 아래 중 제1호, 제2호 및 제4호를 합하여 '토지 등'이라고 하고 제3호를 '주식 등'이라
고 한다(소득세법 제102조). 아래 제5호의 소득은 '파생상품 등'으로서 '토지 등' 및 '주식 등'
과 구별된다. 2010년 소득세법 개정을 통해 일반 주권과 경제적 실질이 동일한 주식예탁증권
(DR: Depositary Receipts)을 과세대상에 추가하였다. 국내에서 장외거래되는 DR도 포함된
다.269)

1. 토지 또는 건물의 양도로 인하여 발생하는 소득
2. 부동산을 취득할 수 있는 권리 등 부동산에 관한 권리의 양도로 인하여 발생하는 소득
3. 주식 또는 출자지분(신주인수권, 증권예탁증권, 외국법인주식 포함)의 양도로 인하여 발생하는 소득
4. 다음의 기타 자산의 양도로 인하여 발생하는 소득
   가. 사업용 유형자산270)과 함께 양도하는 영업권
   나. 이용권·회원권 및 시설물이용권
   다. 부동산주식
   라. 이축권
5. 대통령령으로 정하는 파생상품등의 거래 또는 행위로 발생하는 소득(소득세법 제16조제1항제13호 및 제
   17조제1항제10호에 따른 파생상품의 거래 또는 행위로부터의 이익은 제외)271)

(2) 토지 등

(가) 부동산·부동산에 관한 권리

부동산은 토지와 건물을 말한다. 부동산에 관한 권리는 부동산을 취득할 수 있는 권리를 포
함한다.

'부동산을 취득할 수 있는 권리'의 개념은 부동산 자체가 완성되어 가고 있는 경우 즉 공사
의 완료 전에 한정되어 적용되는 것이 타당하다. 부동산을 취득할 수 있는 권리의 양도를 부동
산의 미등기전매와 구분하기 어려운 상황이 있을 수 있다. '부동산을 취득할 수 있는 권리'로
있는 상태는 아직 등기가 가능하지 않는 시점이다. 후자의 양도차익에 대한 세율은 전자의 경
우보다 매우 높게 설정되어 있어 구별의 필요성이 있다.272)

---

269) DR은 국내 원주를 기반으로 해외에서 발행하는 주식대체증서로서 주로 해외의 증권거래소에서 거래된다. 그 경우 DR의
거래에 따른 소득은 국외원천소득이 된다(소득세법 제18조의 2 및 동법 제119조 제11호 참조). 비거주자의 국외에서의
DR의 양도차익은 국외원천소득으로 과세대상에서 제외된다. 증권거래세법상 증권거래세의 납세의무자는 해당 증권의 매도
자로 되어 있다. 국외의 비거주자가 외국의 거래소에서 DR을 매도한 경우에 대해서는 증권거래세 과세가 배제된다(증권거
래세법 제1조).

270) 토지, 건물 및 부동산에 관한 권리를 말한다.

271) KOSPI 200선물·옵션상품을 포함한다. KODEX 200 등 상장지수펀드(Exchange Trade Fund)상품은 제외된다.

272) 부지조성공사가 완료되고 분양금액의 99.7%를 지급한 상태에서 일부 잔금을 남겨 두고 제3자에게 해당 부지를 양도한 경
우, 처분청은 부동산을 취득할 수 있는 권리를 미등기전매한 것으로 보아 높은 세율로 과세했다. 그런데 부동산을 취득할 수

소득세법시행령 해석상 미등기전매하는 부동산이라 하더라도 등기가 불가능한 상태에 있었음이 입증되는 경우에는 기본세율을 적용하도록 하고 있다.[273] 등기가 불가능한 상태에 있어 완전한 소유권에 이르지 않은 부동산을 이전하는 데 대해서는 기본세율을 적용하는 것이다. [274]

토지의 정착물로서 사실상 토지와 일체화되어 토지에서 분리복구가 불가능하거나 토지에서 분리하게 되면 경제적 가치가 거의 없어서 거래상 독립한 권리의 객체성을 상실하였다고 평가되는 경우에, 거래 당사자가 구축물을 토지와 함께 양도하면서 구축물의 양도 대가를 별도로 정하였다고 하더라도, 특별한 사정이 없는 한 구축물의 양도 대가는 토지의 양도소득에 포함된다.[275]

(나) 부동산주식[276]

소위 '부동산주식' 또는 '특정주식'이란 아래 (1)과 (2)를 말한다. 아래에서 부동산비율 계산 시 당해 법인이 보유한 타 부동산과다보유법인주식 가액(부동산보유비율상당액)을 합산한다.

① 아래의 요건을 모두 충족하는 법인의 주주 1인 및 기타 주주[277]가 그 법인의 주식 등의 합계액의 100분의 50 이상을 주주 1인 및 기타 주주 외의 자에게 양도하는 경우의 당해 주식 등

- 당해 법인의 자산총액 중 부동산가액의 합계액이 차지하는 비율이 100분의 50 이상인 법인
- 당해 법인의 주식 등의 합계액 중 주주 1인과 기타 주주가 소유하고 있는 주식 등의 합계액이 차지하는 비율이 100분의 50 이상인 법인

② 아래의 요건을 모두 충족하는 법인의 주식 등을 양도하는 경우의 당해 주식 등

- 당해 법인의 자산총액 중 법인 부동산가액의 합계액이 차지하는 비율이 100분의 80 이상인 법인
- 골프장업·스키장업 등 체육시설업 및 휴양시설관련업(관광사업)과 부동산업·부동산개발업을 영위하는 법인

있는 권리는 등기가 원천적으로 허용되는 것이 아니므로 미등기전매에 관한 세율규정이 적용될 수 없다. 조세심판원은 이를 부동산 자체를 취득하여 양도한 것으로 보고 있다. 미등기전매이기 때문에 높은 세율이 적용된다. 미등기전매를 포함한 부동산 양도의 경우 부동산 양도소득의 납세의무는 잔금청산일과 등기일에 성립할 수 있는데 본건과 같은 경우 사실상 잔금이 청산된 것으로 볼 수 있다는 취지이다(국심 2006부546(2006.7.11)).

273) 부동산을 취득할 수 있는 권리로 보는 것을 전제로 하는 것이다.

274) 입법론적으로 볼 때 분양권과 같은 부동산을 취득할 수 있는 권리를 양도하는 경우와 부동산을 미등기전매하는 경우를 구별하여 전자의 경우에는 소득세 기본세율을 적용하고 후자에 대해서는 70%의 세율을 적용할 차등에 관한 합리적 이유를 찾기 곤란하다. 두 경우 모두 투기적 불로소득이 될 수 있다는 점에서는 다를 바 없기 때문이다. 발생한 소득에 대해 일반적인 경우와 달리 중과하는 것은 그것이 사회에 미치는 악영향 때문이라고 할 수 있다. 부동산시장에서는 단기적인 투기행위가 문제된다. 해당 자산을 실질적으로 지배관리하는 기간이 일정 기간 미만에 그치는 경우에 대해서는 그것이 부동산을 취득할 수 있는 권리에 불과하든, 부동산의 미등기전매이든, 부동산의 등기전매이든 동일하게 중과하는 것이 필요하다. 한편, 해석론상 자산의 취득상 부득이한 사정이 있는 경우에는 양도소득세가 중과되는 미등기자산에서 제외될 수 있다(대법원 2005.10.28. 선고 2004두9494 판결).

275) 대법원 2015. 10. 29.선고 2011두23016 판결

276) 소득세법시행령 제158조 제1항 참조.

277) 3년 이내 주식을 양도하는 주주(소득세법시행령 제158조 제2항)

(3) 주식 등

(가) 주식

주식 또는 출자지분(신주인수권[278], 증권예탁증권 포함)의 양도로 인하여 발생하는 소득은 양도소득이 된다. 소액주주가 보유하는 주권상장법인의 주식을 장내에서 거래하여 거둔 양도차익은 과세대상에서 제외된다. 소액주주가 「상법」에 따라 주식을 포괄적 교환·이전하거나 포괄적 교환·이전에 대한 주식매수청구권 행사로 양도하는 주식 등은 양도소득의 범위에서 제외된다.

소액주주란 대주주 이외의 자를 말한다. 대주주는 전체 지분비율이 1%(유가증권시장상장법인의 경우이며, 코스닥시장상장법인 2%, 코넥스시장상장법인의 경우 4%) 이상이거나 보유 시가총액이 25억원(유가증권시장상장법인의 경우이며, 코스닥시장상장법인의 경우 20억원, 코넥스시장상장법인의 경우 10억원) 이상인 자를 말한다. 주식 양도일이 속하는 사업연도의 직전사업연도 종료일을 기준으로 판단한다.

대주주 여부는 양도자 본인 소유분뿐 아니라 그와 특수관계가 있는 자가 보유하는 주식을 포함하여 계산한다(소득세법시행령 제157조 제4항). 법원에 의하면 주식을 대여하여 다른 자의 이름으로 보유하고 있는 것은 제외된다. 2013년 소득세법시행령이 개정되어 대차주식은 대여자의 주식으로 보아 대주주 여부를 판정하게 되었다(소득세법시행령 제157조 제9항).[279]

소득세법시행령 제157조 제9항이 도입되기 전 사안에 대해 소득세법시행령 제157조 제4항을 적용한 대법원 2010.4.29. 2007두11092판결에서, 법원은 주식을 대여하여 다른 자의 이름으로 보유하고 있는 것은 보유주식에서 제외된다고 판단하였다. 이 판결 사건에서, 이 사건 과세처분의 대상이 되는 양도소득은 주식 A의 양도소득이었다. 그 양도소득의 귀속자의 주식으로는 주식 A 이외에 대차거래에 의해 소유권이 일시적으로 타인에게 넘어가 있는 주식 B도 있었다. 본건 주식 A의 소유자가 주식 B를 소득세법시행령 제157조 제4항의 적용상 보유한 것으로 볼 때에는 그 소유자가 대주주가 되어 주식 A의 양도소득 과세상 세금부담이 늘어나는 구조이었다.

법원은 소득세법상 '소유'의 개념은 소득세법에 별도의 정의 규정을 두고 있지 않은 이상 특별한 사정이 없는 한 민사법과 동일하게 해석하는 것이 법적 안정성이나 조세법률주의가 요구하는 엄격해석의 원칙에 부합한다고 보고 있다. 그 결과 대주는 대차기간 동안 주식의 소유권을 차주에게 이전하여 차주로 하여금 이를 이용하게 하고 차주는 대차기간 종료 시 동종·동량의 주식을 대주에게 반환할 것을 약정함으로써 성립하는 이른바 '주식대차계약'에 따라 차주에게 이전된 대차주식은 이 사건 조항에서 규정하는 '주주 등이 기준일 현재 소유하고 있는 당

---

278) 신주인수권증서와 신주인수권증권을 말한다.

279) 대주주 여부의 판정에 자산의 실질소유 개념이 적용된 사례가 된다. 조세조약상 대주주에 대해 낮은 제한세율이 적용되는 조항을 적용할 때에는 해당 주식의 명의보다는 해당 주식으로부터의 소득의 실질귀속 여부를 보아 그 대주주 여부를 판단하여야 한다(대법원 2016.7.14. 선고 2015두2451 판결). 지방세법상 취득세 과세상으로도 국세기본법 제14조의 규정에 따라 부동산 취득의 과세요건사실의 귀속대상의 판단은 명의가 아니라 실질에 따라 하게 된다(대법원 2012.01.19. 선고 2008두8499 전원합의체 판결사건).

해 법인의 주식'에 포함되지 않는다고 봄이 상당하고, 차주로부터 대차주식을 조기에 반환받을 권리 또는 대차기간 중 대차주식에서 발생한 배당금 등을 차주로부터 반환받을 권리가 대주에게 유보되어 있다 하더라도 이는 대주의 차주에 대한 채권적 권리에 불과하여 위와 같은 해석에 아무런 영향을 미치지 아니한다고 판단하였다.

소득세법에 명문의 규정이 없다 하더라도 국세기본법상 실질과세원칙이 있는데 이에 대해서는 고려하지 않은 점은 명백한 오류이다. 법원은 주식대차계약은 소비대차계약이며, 대주의 권리는 물건에 대해 물권적 권리는 없으며, 차주에 대한 채권적 권리만 가지고 있다는 점을 들고 있다. 주권은 특정물이 아닌 채로 소비대차의 대상이 될 수 있다. 그러나 해당 거래의 경제적 실질을 고려한다면 본건 원고는 주식 B를 보유한 것으로 보아야 할 것이다. 대차거래를 통해 주식의 명의를 이전하는 것은 양도소득과세대상이 아니다. 증권거래세 과세대상도 아니다. 채권의 명의이전을 핵심으로 하는 환매조건부채권매매차익은 이자소득으로 보고 있다.

법원이 이와 같이 판단한 데에는 국세기본법 제14조 제1항이 과세대상이 되는 소득의 귀속에 대해서만 실질귀속을 규정하고 있을 뿐, 그것의 모태가 되는 자산의 귀속에 대해서는 명문의 규정을 두고 있지 않기 때문인 것으로 이해할 수는 있다. 참고로 독일조세기본법 제39조 제2항 제1호는 소유자 이외의 자가 해당 경제재에 대해 해당 경제재의 통상적 사용가능기간 중 경제적으로 보아 계속하여 그 소유자가 해당 경제재에 영향을 미치지 못하게 하는 방법으로 해당 경제재를 실효적으로 지배하고 있는 경우에는 그 경제재는 그 자에게 귀속하는 것으로 보는 규정을 두고 있다.

(나) 주식연계자산

현행 소득세법상 신주인수권은 주식에 포함되는 개념으로 양도소득세 과세대상으로 규정되어 있다. 신주인수권은 신주인수권증권과 신주인수권증서 모두를 의미하는지에 대해 세법상 명확한 규정이 없다. 대법원 2008.5.8. 선고 2007두4490 판결 사건에서 법원은 다음과 같이 판단하였다.[280]

> 통상의 신주발행절차에서 주주의 신주인수권은 주주가 종래 가지고 있던 주식의 수에 비례하여 우선적으로 신주의 배정을 받을 권리를 말하는 것으로서 주식과 독립하여 양도할 수 있는 것이고, 신주인수권부사채에 따른 신주인수권은 회사가 사채를 발행하면서 그에 부수하여 주식을 인수할 수 있는 권리를 부여한 것으로서 주주권에 근거하여 부여된 권리가 아니므로, 신주인수권은 법률적·경제적으로 주주로서의 권리를 표창하는 주식과 동일한 것으로 보기는 어렵다. 따라서 구 소득세법(2000.12.29. 법률 제6292호로 개정되기 전의 것) 제94조 제3호, 구 소득세법시행령(1999.12.31. 대통령령 제16664호로 개정되기 전의 것) 제157조 제4항[281]에서 규정한 '주식 등'에 '신주인수권'이 포함된 것으로 볼 수 없다.

---

280) 동일한 취지의 판례 대법원 2008.5.29. 선고 2007두6403 참조.

281) 소득세법 제94조 (양도소득의 범위) 양도소득은 당해 연도에 발생한 다음 각 호의 소득으로 한다. 〈개정 1998.12.28.〉(중간 생략)
3. 한국증권거래소에 상장된 주식 또는 출자지분으로서 대통령령이 정하는 것의 양도로 인하여 발생하는 소득(이하 생략) 소득세법시행령 제157조 (토지 등의 범위) (중간 생략) ④ 법 제94조 제3호에서 '대통령령이 정하는 것'이라 함은 증권거래법 제2조 제12항의 규정에 의한 유가증권시장(이하 이 장에서 '유가증권시장'이라 한다)에 상장된 주권을 발행한 법인(이하 이 장에서 '주권상장법인'이라 한다)의 주식 또는 출자지분(신주인수권을 포함한다. 이하 이 장에서 '주식 등'이라 한다)으로

개별적 사실관계로 보아 경제적으로 주식과 유사한 기능을 하고 있는 신주인수권증권에 대해 소득세법상 명문의 규정에 불구하고 양자를 동일시하는 것이 타당한 세법의 해석인지가 문제 된 사안이었다. 입법론적으로 보면 정부는 시장의 거래기법을 뒤따라가면서 법을 보완하여 왔다.

소득세법이 신주인수권[282]을 과세대상에 포함시킨 것은 1995년 말 소득세법시행령 개정에 의해서이다. 당시 소득세법 제94조 제4호는 양도소득의 과세대상으로서 '한국증권거래소에 상장되지 아니한 주식 또는 출자지분으로서 대통령령이 정하는 것'을 포함하고 있었다. 1995년 개정된 소득세법시행령(대통령령 제14860호)은 제157조 제5항에 다음과 같은 규정을 두고 있었다.

> ⑤ 법 제94조 제4호에서 "한국증권거래소에 상장되지 아니한 주식 또는 출자지분(신주인수권을 포함한다)으로서 대통령령이 정하는 것"이라 함은 제158조 제1항 제1호·제4호 또는 제5호에 해당[283]하지 아니하는 주식 또는 출자지분(신주인수권을 포함한다)으로서 양도일 현재 한국증권거래소에 상장되지 아니한 것을 말한다. (이하 생략)

위 제5항은 소득세법상 문구 중 '주식 또는 출자지분으로서'를 '주식 또는 출자지분(신주인수권을 포함한다)으로서'로 변형한 것이었다. 법률상 위임문구를 변형하고 있다. 비록 위 제5항이 법률의 위임 근거를 잘못 인용하고 있음에도 불구하고 법원은 신주인수권을 과세대상에 포함하는 제5항의 효력을 인정하고 있었다.

한편 위 제157조 제5항은 비상장법인에 대한 것이었으며 제157조는 달리 상장법인 신주인수권을 과세대상으로 열거하지 않았다. 그에 불구하고 상장법인의 신주인수권도 과세될 수 있는가에 대해서 국세심판원은 신주인수권은 경제적 실질로 보아 주식 또는 출자지분과 같기 때문에 상장법인에 대해 비록 성문법상 규정이 없다 하더라도 과세할 수 있다고 한 바 있다.[284] 그러나 법원은 신주인수권이 법률적·경제적으로 출자지분과 같다고 볼 수는 없다는 판단을 하였다.[285]

1998년 개정된 소득세법시행령 제157조 제3항(상장주식 등)과 제4항(비상장주식 등)은 소득세법 제94조 제3호와 제4호상 '주식 또는 출자지분' 중 '대통령령으로 정하는 것'의 의미를 "주식 또는 출자지분(신주인수권을 포함한다)으로서…"라고 규정하면서 신주인수권을 포함시키고 있다. 이전 조문의 법률 문구 인용상 오류를 시정하는 방안으로서 법률은 그대로 두고 시행령상 법률의 인용문구를 맞게 수정한 것이다.

이는 논리적으로 신주인수권을 주식 또는 출자지분의 하나로 본다는 전제에 입각해 있다. 그리고 상장기업의 신주인수권도 과세대상으로 열거하였다. 그러나 이러한 방식의 규정은 2006년

서 다음 각 호의 1에 해당하는 자(이하 이 장에서 '대주주 등'이라 한다)가 양도하는 주식 등을 말한다. (이하 생략)

282) 신주인수권증권은 신주인수권부사채(Bond with Warrant, BW)에 붙여진 것이고, 신주인수권증서는 증자를 할 때 주주가 신주를 인수할 권리인 신주인수권(preemptive right)을 증권화한 것을 말한다.

283) 자산이 주로 부동산을 구성된 주식과 시설물이용권으로서 '기타 자산'으로서 부동산과 같은 방식으로 양도소득에 대해 과세되던 것들이다.

284) 예: 국심 2004서3303, 2005.11.9.

285) 서울행정법원 2006구단36, 2006.14. 참조.

서울행정법원이 지적한 바와 같이 신주인수권이 주식 또는 출자지분과 다름에도 불구하고 주식 또는 출자지분에 포함되는 것으로 전제함으로써 법률의 위임을 벗어나서 과세대상범위를 확대한 것이라는 지적을 받을 수밖에 없었다.

2000년 소득세법 개정(법률 제6292호)으로 그간 소득세법시행령 제157조 제3항 및 제4항을 통해 상장기업 및 비상장기업의 '신주인수권'을 '주식 또는 출자지분'에 포함시키던 것을 다음과 같이 소득세법상 조문으로 격상하였다.

> 제94조 (양도소득의 범위)
> ① 양도소득은 당해 연도에 발생한 다음 각 호의 소득으로 한다.
> 3. 다음 각 목의 1에 해당하는 주식 또는 출자지분(신주인수권을 포함한다. 이하 이 장에서 '주식 등'이라 한다)의 양도로 인하여 발생하는 소득이다. 주권상장법인 또는 협회등록법인이 아닌 법인의 주식 등

실질적으로 주식 또는 출자지분의 양도소득과 동질적인 신주인수권의 양도소득을 과세하고자 하는 본래의 규정내용에는 변함이 없다고 보아야 할 것이다. 그러한 내용상의 변화를 추구하고자 하였다면 법문의 표현방식을 '주식, 출자지분 및 신주인수권'으로 하였어야 할 일이다. 그리고 신주인수권이 신주인수권증권과 신주인수권증서 모두를 의미하는지에 대해 명확히 할 필요가 있다. 만약 2000년 소득세법을 개정하면서 신주인수권을 주식 및 출자지분과 병렬식으로 규정하였다면 그간 소득세법시행령이 위임의 범주를 넘어서는 위헌적인 규정이었음을 자인하는 결과가 될 가능성이 있는 것이었다. 현행 소득세법령이 양도소득세의 과세대상으로 '신주인수권'을 들고 있지만 그것은 '신주인수권의 양도소득'으로서 '주식 또는 출자지분의 양도소득'과 같은 범주에 놓을 수 있는 것에 대해서만 과세하고자 한다는 뜻을 짐작할 수 있게 한다. 즉 소득과세제도의 취지를 감안하고 문맥에 따른다면 '신주인수권의 양도소득'으로서 '주식 또는 출자지분의 양도소득'과 같은 범주에 놓을 수 있는 것이 무엇인지를 밝혀야 한다는 관점을 제시하고 있다. 이는 신주인수권의 경제적 성격 그리고 신주인수권 가치에 대한 결정원칙에 대한 분석을 필요로 한다.

종래 거래소에서 유통되는 주식워런트증권(Equity Linked Warrant, ELW)으로부터의 이득은 배당소득세 과세대상이 아니다(소득세법시행령 제26조의 3 제1항 제2호 괄호안).

주가연계예금(Equity Linked Deposit, ELD)은 은행에서 모집하는 주가연계예금이어서 100%원금보장형 상품만 가능하며 예금자 보호대상이 된다. 또한 수익은 이자소득세의 형태로 과세가 된다.

주가연계증권(Equity Linked Securities, ELS)으로부터의 수익은 유형별 포괄주의 규정에 의해 배당소득으로 과세되고 있다(소득세법시행령 제26조의 3 제1항). 어느 ELS로부터의 손실은 다른 ELS로부터의 이득과 상계하여 배당소득금액을 산정하는 기획재정부 예규[286]가 있다.

상장지수펀드(ETF)·상장지수증권(ETN)으로부터의 자본이득은 과세대상이 아니다(소득세법시행령 제26조의 3 제2항 및 제3항).

---

286) 기획재정부 법인세제과-344, 2011.04.21

2014년말 파생상품자본이득에 대해 양도소득세가 부과되는 소득세법 개정이 있었다. 펀드·상장지수펀드(ETF)·상장지수증권(ETN)·주식워런트증권(ELW) 등 간접투자상품은 과세대상 파생상품인가?

2012년부터는 소득세법 제17조 제1항 제10호에 의해 파생결합상품으로부터의 소득이 배당소득으로 과세되고 있지만 이는 엔화스왑예금과 같은 상품에 해당된다.

(4) 파생상품 등

파생상품등의 거래 또는 행위의 이익에 대해서는 2016년 거래분부터 양도소득세가 과세된다. 소득세법상 세율은 20%로 하되(소득세법 제104조 제1항 제12호), 실제는 탄력세율 10%가 적용된다(소득세법시행령 제167조의 9).

'파생상품등'은 '토지등' 및 '주식등'과 구분하여 소득금액을 계산한다. 파생상품양도소득금액은 국내외 파생상품등의 양도소득금액을 합산하여 계산한다. 파생상품양도소득에는 연 250만원의 기본공제가 허용된다. 금융투자업자는 분기 종료일의 다음달 말일까지 관할세무서에 거래내역을 제출하여야 한다. 2020년부터는 국내주식과 해외주식 양도차익은 통산하도록 제도가 변경되었다.

'파생상품등'은 KOSPI200 선물·옵션(미니 포함), KOSPI200 ELW[287] 등 모든 주가지수 관련 파생상품, 해외 장내파생상품시장에서 거래되는 파생상품 및 주가지수 관련 장외파생상품을 말한다(소득세법시행령 제159조의 2).

나. 열거되지 않은 것들

현행 소득세법에는 내용상 자본이득이지만 과세대상 양도소득으로 구분되지 않는 것들도 있다. 주식회사가 주식을 이익소각 이외의 방법으로 소각하는 경우 또는 합병에 의하여 소멸법인의 주식을 소각하고 신주를 발행하는 경우에 얻게 되는 경제적 이득은 해당 주식에 귀속하는 미래기대현금흐름의 현재가치 변화에 기인하는 것이기 때문에 자본이득이라고 보아야 할 것인데 우리 소득세법상으로는 배당소득으로 의제한다. 그리고 자본이득적인 항목들이지만 기타소득으로 분류되는 것들도 있다. 예를 들면, 2013년부터 개인의 서화·골동품의 양도차익을 기타소득으로 과세하도록 되어 있다.[288] 기타소득에는 이외에 자본이득적인 성격의 소득이 적지 않게 포함되어 있다. 저작권의 양도대가로 받는 금품(소득세법 제21조 제5호), 영화필름 등의 양도대가로 받는 금품(소득세법 제21조 제6호), 광업권 등의 양도대가로 받는 금품(소득세법 제21조 제7호), 고용관계 없이 주식매수선택권을 부여받아 이를 행사함으로써 얻는 이익(소득세

---

287) Equity Linked Warrant: 주식 또는 주가지수 등의 기초자산을 사전에 정한 미래의 시점에 미리 정하여진 가격에 사거나 팔 수 있는 권리를 표시하는 파생결합증권

288) 양도가액에서 필요경비를 차감한 것에 20%의 세율을 적용하는 방법으로 과세하게 되어 있다. 이때 취득가액이 불분명하거나 양도가액의 80%(보유기간 10년 이상일 경우 90%)에 미달할 경우 그 금액을 필요경비로 의제한다. 양수자가 원천징수 의무자이지만, 일정한 사유로 원천징수를 하지 못하는 경우에는 양도자가 원천징수하는 규정이 있다(소득세법 제155조의 5). 미국과 일본은 종합소득세로 과세하고 영국은 자본이득세로 과세하며 프랑스에서는 거래세만 부과한다.

법 제21조 제22호)이 그러한 것들이다.

영업권의 양도대가는 어떻게 보아야 할까? 소득세법상 과세대상이 되는 사업용 유형자산과 함께 양도하는 영업권의 대가는 양도소득에 포함된다. 부동산임차권을 양도할 때 받는 영업권의 대가는 기타소득으로 과세된다.[289]

2. 양도

가. 일반적 범주

(1) 기본 개념

(가) 유상의 사실상 이전

양도소득은 자산을 양도함에 따라 얻는 경제적 이익을 말한다. 여기서 '양도'라 함은 소득세법상 매도·교환 및 현물출자 등으로 인하여 그 자산이 유상으로 사실상 이전되는 것을 말한다(소득세법 제88조 제1호 본문[290]).[291] 소득세법은 해당 자산에 대한 등기나 등록에 관계가 없다는 명문의 규정을 두고 있다. 이는 우리 민법상 등기에는 공신력이 주어지지 않는다는 점을 감안한 것이라기보다는 경제적 실질에 따라 사실상의 지배력이 넘어가고 그 대가를 받은 경우라면 양도로 본다는 취지이다. 부동산의 경우 대금청산일, 사용수익일(장기할부양도의 경우) 또는 등기일 중 먼저 오는 날을 양도일로 보고 양도소득세를 부과하도록 되어 있다. 혹시 소유권에 관한 분쟁으로 양도의 사실이 무효가 되는 경우에는 후발적 사유가 인정되어 납세의무자는 경정청구할 수 있다(국세기본법 제45조의 2 제2항 제1호).

증여계약에 의해 자산이 양도될 수 있도록 하는 민법규정에 불구하고 소득세법상 자산의 무상이전은 양도로 보지 않는다. 여기서 '무상이전'은 양도할 당시 유상으로 하였지만 실제 대금을 받지 못하는 경우를 포섭하지는 않는다. 당사자 간 약정을 중시하게 된다. 그 점은 대가의 설정에 있어서도 동일하다. 따라서 시장가격에 비해 아주 낮은 가격으로 양도하더라도 당사자들의 뜻을 존중하며, 그에 따라 실지거래가액으로 과세한다.

법인에 대한 현물출자는 양도로 본다. 비록 사인 간의 약정상 '양도'의 표현은 사용하지 않았지만 유상으로 소유권을 이전하는 것이기 때문이다. 조합에의 출자도 자산을 유상으로 이전하는 것으로 본다.[292] 2008년 새로이 도입된 동업기업과세제도상으로도 민법상의 조합에 대한 현물출자는 양도로 과세될 것이다.

---

289) 등기된 부동산임차권의 경우 양도소득으로 과세된다.

290) 소득세법 제98조 등 위헌소원(2008.7.31. 2006헌바95 전원재판부).

291) 수용의 경우 양도 여부를 스스로 결정할 수 없다는 이유만으로 자의에 의한 일반 양도의 경우와 달리 양도소득세를 부과할 수 없다고 보아야 하는 것은 아니다. 양도 및 양도소득의 개념, 양도소득세의 본질과 특성 등에 비추어 보면, 당사자의 의사에 의한 양도인지가 양도소득세의 과세에 있어 다르게 취급하여야 할 본질적 요소의 차이라고 할 수 없다. 일반 양도로 인한 양도소득뿐만 아니라 수용으로 인한 양도소득에 대해서도 동일하게 양도소득세를 부과하는 것은 본질적으로 같은 것을 같게 취급하는 것으로서, 평등원칙에 반하지 않는다(소득세법 제88조 제1항 위헌소원 2011.10.25. 2010헌바134).

292) 대법원 2002.4.23. 2000두5852.

(나) 부담부 증여의 경우

부담부 증여의 경우에는 증여 당시의 재산가액 중 수증자가 부담하는 채무293)에 해당하는 부분에 대해서는 증여자가 양도한 것으로 보게 된다(소득세법 제88조 제1항 후단). 부담부 증여란 타인에게 일정한 재산을 증여하면서 그와 동시에 일정한 부채294)도 인수시키는 것을 말한다(상증세법 제47조 제1항).295) 해당 재산의 명의는 수증자의 것이 되고 해당 채무의 채무자는 수증자가 된다. 이때 재산가액에서 부채액을 차감한 액수만큼 증여를 한 것이 된다.296) 명의가 이전되는 재산의 가액 중 부채액에 상응하는 부분은 증여자가 수증자에게 대가를 받고 이전하는 것과 다를 바 없는 실질을 가지고 있다. 이에 따라 우리 세법은 그 부채에 해당하는 부분에 대해서는 양도한 것으로 보는 것이다. 원래 증여하는 자산의 자본이득에 해당하는 부분에 대해서는 과세하지 않는 대신 증여세를 부담하도록 설계하고 있는데 증여세도 부담하지 않는 부분이 발생한다면 자본이득에 대한 과세가 회피되는 결과를 초래할 것을 우려하여 도입된 규정이다.297)

세무서장은 납세의무자가 부담부 증여한 것으로 신고한 경우 부담은 제대로 지워진 것인지에 대해 조사한다. 이 경우 상증세법상 배우자 간 및 직계존비속 간의 채무 이전은 없었던 것으로 추정한다(상증세법 제47조 제3항 본문). 다만, 이전 대상 채무가 금융기관에 대한 채무이거나 달리 채무의 이전에 대해 법적으로 신뢰할 만한 문서가 있는 경우에는 이전한 것으로 볼 수 있는 여지가 있다. 예를 들어, 누가 임차보증금반환채무에 대해 확정일자를 받아 놓은 주택의 명의를, 증여를 원인으로 하여 자신의 배우자에게 이전할 경우 이전하는 배우자(갑)와 세입자(병) 간의 전세계약서를 해지하고 새로이 이전받는 배우자(을)와 세입자(병) 간 전세계약서를 작성할 경우에는 채무를 이전한 것으로 보아 부담부 증여로 과세한다. 이에 따라 이전하는 배우자(갑)는 부담 부분에 해당하는 만큼은 양도로 보아 양도차익을 계산하고 양도소득세를 신고 납부하고 이전받는 배우자(을)는 주택의 가액에서 부담 부분을 차감한 액수만큼 증여받은 것으

---

293) 부담부증여에 있어서 증여가액 중 수증자의 인수채무액에 상당하는 부분은 양도소득세의 과세대상이 되고, 이는 이른바 면책적 채무인수로서 증여자의 채무를 소멸시키고 수증자가 채무자의 지위를 승계하는 경우는 물론, 증여자의 종전 채무가 그대로 존속하는 중첩적 채무인수의 경우에도 수증자가 증여자와 함께 채무를 부담하거나 증여자를 대신하여 채무를 변제할 의무를 확정적으로 부담하므로 양도소득세 과세대상이 된다(대법원 2016. 11. 10. 선고 2016두45400 판결).

294) 증여재산에 의해 담보된 채무 및 증여재산에 관련된 채무에 한정된다.

295) 공익사업 등에 자산과 채무를 동시에 출연하여 구 상속세법 제8조의 2 제1항 본문 제1호에 해당하는 경우에도 그 출연의 기회에 출연자의 채무를 출연받은 자에게 인수시켰다면 그 출연으로 인한 인수채무액은 유상양도로서 양도소득세 과세대상이 된다(대법원 2000.1.21. 선고 98두20018 판결).

296) 등기원인행위가 증여라면, 재산의 증여시 증여가액은 시가로 산정하기 때문에 시가와 부담채무간의 간극이 발견되고 이를 양도로 보아야 하는 것인지 판단하여야 한다. 등기원인행위가 양도라면 채무인수액이 실제거래가액인 양도로 볼 수 없는가? 특수관계인간의 거래라면 시가에 따라 양도소득과세하는 것이 원칙이므로 실제거래가액으로 인정받기는 곤란할 것이다. 비특수관계인간의 거래라면 정당한 사유가 있을 경우 실제거래가액으로 인정받을 수 있을 것이다.

297) 부담부 증여거래는 증여한 부분과 양도한 부분으로 구분된다. 처분가액 중 양도로 보는 부분은 (채무액)이며, 증여로 보는 부분은 [(처분가액) – (채무액)]이다. 양도로 보는 부분에 의한 양도소득은 (채무액)*[(처분 시 가액) – (취득 시 가액)]/(처분 시 가액)으로 계산한다. 이때 (채무액)은 어렵지 않게 발견할 수 있지만, 외형상 증여의 형식을 취했으므로 처분 시 당사자 간 거래가액은 존재하지 않는다. (처분가액)을 처분 당시의 시가로 할 것인가 기준시가로 할 것인가의 문제가 발생한다. 시가는 매매사례가액, 감정가액 등의 순으로 찾게 된다. 시가를 우선으로 하여야 할 것이다. 처분 시 시가를 찾았다면 취득시의 가액도 시가로 하여야 할 것이다. 취득 시 시가를 찾기 어렵다면 환산취득가액으로 하게 된다(소득세법시행령 제159조 참조). 취득 시 가액은 분명하고 처분 시 가액은 찾을 수 없다고 하여 양 시점의 가액을 다른 방법에 의해 계산하는 것은 타당하지 않다(같은 취지 조심 2008구3631(2009.9.1)).

로 보아 증여세를 신고납부하여야 한다. 세입자와의 관계에서 위와 같이 전세계약서를 다시 작성하였음에도 불구하고 부담부 증여가 아닌 것으로 하여 주택가액 전액만큼 증여세를 신고납부한 경우에는 명의를 이전한 배우자(갑)는 이전받은 배우자(을)의 임차보증금반환채무를 인수한 것으로 주장하고 입증할 수 있다.[298]

(다) 등기부상 명의변경과 세법상 양도

소득세법상 '양도'는 자산에 대한 등기·등록 등에 관계없이 그 자산이 유상으로 사실상 이전되는 것을 말한다. 자산을 이전하는 자는 이전하기 전 해당 자산의 실질적인 소유자가 되어 있어야 할 것이다.

부동산에 대한 실질적인 소유권을 가진 자가 자신의 명의를 등기부에 드러내지 않고 처분하는 경우가 적지 않다. 부동산 명의신탁과 같이 제3자의 명의를 빌린 경우와 투기적 목적으로 자신의 이름을 노출시키지 않고 거래하는 경우로 나누어 볼 수 있다(미등기전매).

부동산 명의신탁의 예를 들어 보자. 현행법상 부동산 명의신탁의 법적인 효력이 부인되고 있다. 다만, 예외적으로 종중재산의 명의신탁 및 위임형(계약형) 명의신탁 등의 경우에는 그 효력이 인정된다(부동산 실권리자 명의등기에 관한 법률 제8조).[299]

갑이 병으로부터 아파트를 매입하면서 자신의 이름을 드러내지 않기 위해 을의 명의로 취득한 경우 해당 아파트는 병의 소유로 남아 있게 되어 있다.

병이 갑과 을 간의 명의신탁약정을 알고 있는 경우 을이 정에게 해당 아파트를 매도하는 계약은 무효이다(중간 생략형 명의신탁). 다만, 병이 갑과 을 간의 명의신탁약정이 있는지 모른 경우에는 명의수탁자인 을이 소유권을 취득한다(위임형(계약형) 명의신탁). 을이 정에게 해당 아파트를 매도한 경우 그 계약은 유효이다. 과세는 실질적으로 매도대금을 지급받은 자 갑에게 이루어진다.

갑이 자신이 소유하는 아파트를 을에게 명의신탁 목적으로 이전한 경우 그것의 효력이 없기 때문에 여전히 갑이 소유하고 있는 것이 된다(이전형 명의신탁). 을이 제3자에게 해당 아파트를 매도하는 계약은 무효이다.

미등기전매의 경우 중간에 전매하는 자가 해당 부동산을 양도하는 것으로 본다(소득세법 제104조

---

298) 직계존비속 사이의 부담부증여의 경우에 채무액을 증여재산가액에서 공제하려면 수증자가 인수거나 부담한 채무가 진정한 것이거나 또는 수증자가 피담보채무를 인수하지 않은 경우에도 주 채무자인 증여자의 채무불이행으로 담보권실행이 확실시되고 증여자의 무자력으로 수증자의 증여자에 대한 구상권행사가 실효를 거둘 수 없을 것이 명백한 경우에만 그러한 사정을 참작하여 증여세 과세가액을 정할 수 있다(대법원 2003.10.10. 선고 2002두5184 판결, 대법원 1997.7.22. 선고 96누17493 판결). 직계존비속 간의 부담부 증여에 관한 사안에서 처분청은 청구인이 24세로 쟁점채무액을 상환할 능력이 없어 쟁점채무를 실제로 인수하지 않은 것으로 보아 채무공제를 부인하여 과세하였다. 조세심판원은 수증인의 자력변제 능력유무는 채무인수 여부에 대한 판단의 기준이 아니고 처분청이 '수증자가 향후 인수한 채무를 자력으로 변제할 가능성이 없는 것으로 객관적으로 명백한 경우'를 제외하고는 부채사후관리를 통하여 실질적으로 채무를 대신 상환한 것이 확인되면 채무가 상환된 시점에서 새로운 증여가 발생한 것으로 보아 증여세를 과세하여야 한다고 보았다(조심 2007중5260(2008.6.23)). 일반적으로 제3자 앞으로 근저당권이 설정된 부동산을 직계존속으로부터 증여받은 경우 바로 근저당권부 채무를 면책적 인수한 것으로 증여재산의 가액에서 공제되는 '수증자가 인수거나 부담한 채무가 진정한 것'이라고 볼 수는 없고, 이러한 경우 수증자가 근저당권부 채무를 면책적으로 인수하였다거나, 그 후 수증자 자신의 출재에 의하여 변제하였다는 점에 대한 입증책임을 부담한다(대법원 2000.3.24. 선고 99두12168 판결, 대법원 2003.10.23. 선고 2002두950 판결).

299) 이은영, 『물권법』, 박영사, 2006.8. pp.267~297. 참조.

제3항). 전매하는 자가 법적으로 해당 부동산의 소유권을 획득하지는 못하였지만 자신에게 매도한 자의 등기권리증을 보유하는 등 실질적인 소유권을 행사하고 있는 점을 감안한 것이다.[300]

(2) 사업과의 구별

소득세법상 부동산으로부터의 소득에 대해서는 보유 시에는 사업소득으로 과세하고 처분 시에는 양도소득으로 과세한다. 개인 사업자가 폐업할 때 사업용 유형자산을 포괄적으로 양도한 대가에서 사업 시작할 당시 seed money를 차감하여 이득을 본 것이 얼마인지를 계산하여 그것을 과세하는 제도는 두고 있지 않다. 개인 사업자가 보유하던 사업용 유형자산은 개별 자산별로 그것이 양도소득의 과세대상인지를 판단하여 과세하게 되는 것이다. 사업용 유형자산을 매도할 때 그것의 대가를 산정하면서 일종의 영업권의 존재를 고려하여 시장가격보다 높은 가격을 받으면 그것은 과세대상에 포함한다.

판매목적으로 주택을 신축하여 실제 판매하는 경우에는 주택신축판매업이라는 사업을 영위한 소득으로 과세된다. 주택신축판매업은 건설업의 일종이다. 이미 완공된 주택을 취득하여 판매하는 데 6개월의 기간(부가가치세법상 1과세기간) 중 1회 이상 취득하고 2회 이상 판매하는 경우에는 부동산매매업이라는 사업을 영위한 소득으로 과세된다. 이때에는 양도소득으로 과세하였다면 부담했을 세액과 비교하여 그중 많은 세액을 부담하게 한다(소득세법 제64조). 양도소득 과세 시 1세대 3주택 등의 경우에 높은 세율[301]이 적용되는데 사업소득과세를 통해 그 부담을 줄일 수 있게 되면 조세회피가 우려되기 때문이다(소득세법 제104조).

자신이 거주하거나 타인에게 임대할 목적으로 주택을 신축하였다가 일정 기간 후에 양도하는 경우에는 양도소득으로 과세된다.

판매목적으로 상가를 신축하여 판매하는 데 6개월의 기간(부가가치세법상 1과세기간) 중 1회 이상 취득하고 2회 이상 판매하는 경우에는 부동산매매업이라는 사업을 영위한 소득으로 과세된다. 양도소득과세를 할 때에는 장기보유특별공제를 할 수 있으며, 예정신고의 부담이 있는데, 이는 부동산매매업소득과세의 경우에도 동일하다(소득세법 제69조 및 동법시행령 제122조 제2항 및 제128조).

나. 거래의 법률적 효과에 따르는 경우

(1) 양도담보

비록 양도의 형식을 취하였지만 당사자 간 담보를 목적으로 한 것(양도담보)일 경우에는 양도로 보지 않는다(소득세법시행령 제151조).[302] 환매조건부증권매매차익의 경우 이를 양도소득으로 보지 않고 이자소득으로 보는 것과 같이 당사자의 진정한 효과의사를 존중하여야 한다는 논리에 입각한 것이다(소득세법시행령 제24조). 양도담보의 경우 해당 자산의 사용수익은 원래소유자인 채무자가 한다. 이에 따라 임대하던 부동산일 경우 임대료수입은 채무자에게 귀속하게 된다.

---

300) 미등기매수인을 법적인 소유자와 대비되는 '사실상의 소유자'라는 이름으로 부르기도 한다(이은영, 전게서, pp.97~104).

301) 구 소득세법 제89조 제3호 등 위헌소원 2011.11.24. 2009헌바146 참조.

302) 추후 채무불이행으로 당해 자산을 변제에 충당한 때에는 양도로 본다(소득세법시행령 제152조 제2항).

(2) 유동적 무효

국토의 계획 및 이용에 관한 법률상 토지거래허가구역 안의 토지 양도를 함에 있어 허가를 받지 못한 매매계약의 효력은 허가를 받기 전까지는 유동적 무효의 지위에 있다. 허가를 받을 때까지는 소득세법상 양도로 볼 수 없다.[303]

(3) 합의해제

양도계약을 당사자 간 해제계약에 의하여 합의해제한 경우에 대해 그 효력을 존중할 것인지에 대해 소득세법은 명문의 규정을 두지 않고 있다.

상증세법상으로는 등기나 인도에 의해 소유권이 이전된 때를 증여의 시점으로 보고 그로부터 3월 이내에 신고하도록 하고 있는데 법정신고기한 내의 합의해제만을 허용하는 규정이 있다(상증세법 제4조 제4항). 증여를 원인으로 한 소유권이전이 있는 경우에도 그것의 합의해제를 일정 기한 내라면 수용하고 있는 것이다.

민법상 해제계약이 가능하기 위해서는 당초의 계약이 유효하게 존속하고 있어야 한다. 해제의 합의에 의해 바로 계약관계가 소멸할 수 있다. 매매계약이 합의해제된 경우 매수인에게 이전되었던 소유권은 당연히 매도인에게 복귀하는 것이다.[304]

소득세법상 매수인이 잔대금을 지급하지 않자(등기의 경료도 없었음) 매도인이 해제하였는데 그 해제의 효력에 대해 소가 제기되자 매수인이 제3자와 체결한 동 물건의 매매계약을 합의해제한 사안의 경우 매매계약의 효력이 상실되어 양도가 이루어지 않은 것이 되므로 양도소득세의 과세요건인 자산의 양도가 있다고 볼 수 없게 된다.[305] 설사 부동산등기가 경료된 경우라 하더라도 양도자가 양도대금을 실질적으로 지배, 관리 처분할 수 있는 지위에 있지 않다면 그것을 양도로 보아 조세를 부과하는 것은 타당하지 않다.

실무상으로도 부동산등기의 경료 여부에 불문하고 잔금의 청산이 없었던 경우에는 양도소득세를 부과하지 않는다. 그런데 해제합의를 하기 전에 매도자가 양도소득세 신고를 하거나 관할세무서장이 결정을 하여 조세채무를 확정한 경우에는 어떻게 할 것인가?[306] 이에 대해서는 세법상 명문의 규정이 없다. 판례상으로는 잔금의 청산은 있어서 양도소득세가 부과된 이후 토지거래신고 지역으로서 등기가 곤란한 상황에서 한 합의해제를 인정하고 있다.[307] 동일한 상황에서 경정청구는 가능

---

303) 대법원 95누7758, 1995.11.10. 참조. 한편, 대법원 1993.1.15. 선고 92누8361 판결에 의하면 "토지에 대한 거래허가를 받지 아니하여 무효의 상태에 있다면 단지 그 매매대금이 먼저 지급되어 양도인인 원고가 이를 보관하고 있다 하여 이를 두고 양도소득의 과세대상인 자산의 양도에 해당한다거나 자산의 양도로 인한 소득이 있었다고 단정할 수는 없는 것이다. 소득세법 제4조 제3항에 의하면, 양도소득에 있어 자산의 양도라 함은 그 자산이 유상으로 사실상 이전되는 것을 말한다고 규정하고 있는바, 경제적인 측면에서만 양도소득을 파악하여 이득의 지배관리나 향수를 하고 있는 지위에 있는 것만으로 양도소득이 있다고 판단하여서는 안 될 것이다"고 하면서 "국토이용관리법상의 토지거래허가지역 내에서의 매매계약 등 거래계약은 관할관청의 허가를 받아야만 그 효력이 발생하며, 허가를 받기 전에는 물권적 효력은 물론 채권적 효력도 발생하지 아니하여 무효"이므로 양도소득세를 부과할 수 없다고 하고 있다.

304) 합의해제에 따른 매도인의 원상회복청구권은 소유권에 기한 물권적 청구권이다(대법원 1982.7.27. 80다2968).

305) 대법원 1990.7.13. 90누1991.

306) 여세는 부과과세세목으로서 관할세무서장의 부과결정 전에는 조세채무가 확정되지 않는다.

307) 대법원 1992.12.22. 92누9944.

한가? 국세기본법시행령상 '당해 계약의 성립 후 발생한 부득이한 사유' 또는 '그것에 준하는 사유'에 해당하여 후발적 사유로 인정받지 않는 한 경정청구가 허용되지 않을 것이다. 실무적으로는 합의해제를 하지 말고 일방이 해제를 하고 타방이 그것의 효력에 대한 소송을 제기한 후 화해를 하는 방법을 사용할 경우 후발적 사유에 해당할 수도 있겠다(국세기본법 제45조의 2 제2항 제1호).

다. 거래의 법률적 효과 또는 외관에 따르지 않는 경우 등

세법은 특수관계인과의 거래에 대해서는 관할세무서장이 일정한 요건하에 당사자 간 약정을 재구성할 수 있도록 하고 있다. 특수관계인에 대한 양도라 하더라도 양도인 점은 부인하지 않는다. 다만, 그 거래가액이 시가와 다를 때에는 조정하는 규정을 두고 있다.

조세회피 또는 탈세의 개연성이 있는 경우 외관에만 의존하지 않고 개연성 있는 사실관계로 추정하는 조항이 있다. 배우자나 직계존비속에게 양도한 경우는 증여로 추정한다(상증세법 제44조 제1항). 특수관계인[308])에게 재산을 양도하였는데 양수한 특수관계인이 3년 이내에 다시 그것을 당초 양도한 자의 배우자나 직계존비속에게 양도한 경우에는 다시 양도할 당시의 시가대로 배우자나 직계존비속이 증여받은 것으로 추정한다(상증세법 제44조 제2항). 배우자나 직계존비속에게 대가를 지급받고 양도한 사실을 명백히 하는 등의 방법으로 반증할 수 있는 길이 열려 있다(상증세법 제44조 제3항).

라. 동종 자산의 교환 시 특례

부동산임대업 등을 제외한 사업을 영위하는 내국법인이 2년 이상 당해 사업에 직접 사용하던 토지, 건축물 및 사업용 유형자산 등을 특수관계인 외의 다른 내국법인이 2년 이상 당해 사업에 직접 사용하던 동일한 종류의 사업용 유형자산과 교환하는 경우 당해 교환취득자산의 가액 중 교환으로 발생한 사업용 유형자산의 양도차익에 상당하는 금액은 당해 사업연도의 소득금액 계산에 있어서 이를 손금에 산입할 수 있다(법인세법 제50조 제1항).

농지의 교환 또는 분합으로 인하여 발생하는 소득은 비과세한다(소득세법 제89조 제1항 제2호). 이때 교환 또는 분합하는 쌍방 토지가액의 차액이 가액이 큰 편의 4분의 1 이하인 경우이어야 한다. 일반적으로 교환은 경작상 필요에 의한 것이어야 한다. 그리고 교환에 의하여 새로이 취득하는 농지를 3년 이상 농지소재지에 거주하면서 경작하는 경우에 한한다(소득세법시행령 제153조 제1항).

3. 국외전출

2018년 이후 거주자가 이민 등으로 국외전출하는 경우 국외전출일에 국내주식을 양도한 것으로 보아 양도소득세를 과세한다(소득세법 제118조의 9). 이민 등으로 국외전출하는 거주자로서 다음 요건을 모두 충족하는 자가 납세의무를 진다. 납세의무의 성립일은 국외전출일이다.

---

308) 당초 양도한 자와 그 자의 배우자 및 직계비속과 특수관계가 있는 자를 말한다.

ⅰ) 국외전출일 전 10년 중 5년 이상 국내에 주소·거소가 있을 것

ⅱ) 양도소득세 과세대상자인 대주주[309]에 해당할 것

국외전출일에 국내주식을 양도한 것으로 보아 간주양도가액[310]을 산정하여 계산한 양도차익을 과세표준으로 하고, 20%(국내주식 대주주 양도소득세율)의 세율이 적용된다. 외국납부세액 공제가 허용되며, 추후 주식양도시 가격이 국외전출시보다 하락한 경우 세액공제를 허용한다.

국외전출일이 속하는 달의 말일로부터 3개월 내에 신고·납부하여야 한다. 무신고시 납부할 세액의 20% 무신고 가산세 등이 부과된다. 납세담보 설정, 납세관리인 지정 등의 요건을 충족할 경우 5년간 납부유예가 허용된다. 국외전출일로부터 5년 내 국내 재전입 등으로 거주자가 되는 경우에는 기납부세액을 환급한다.

제4항 비과세·감면

양도소득세의 비과세·감면에 대해서는 소득세법과 조특법상 다수의 규정이 있다. 아래 이들 중 중요한 것으로 1세대 1주택 비과세와 8년 자경농지에 대한 세액감면에 대해 설명한다.

1. '1세대 1주택' 비과세

소득세법상 일정한 요건하에 1세대 1주택은 비과세하고 있다. 원래 자본이득은 미래 현금흐름의 현가의 변화에 대해 과세하는 것이다. 여기서 현금흐름은 미래순현금흐름을 의미한다. 그런데 자기가 거주하는 주택(자가주택)에서는 그러한 미래순현금흐름이 발생하지는 않는다. 이런 관점에 입각한다면 자가주택의 자본이득에 대해서는 과세하지 말아야 한다.

자본이득과세제도는 객관적인 교환가치의 증가에 대해 과세하는 것이다. 그러나 자본이득과세상 사용가치의 변화가 있었는지를 전혀 고려하지 않을 수는 없다. 자가주택의 자본이득에 대해 비과세하는 데에는 대체 취득한다면 사용가치 측면에서 이득을 본 것은 없다는 시각도 작용한다. 예를 들어, 5억 원에 산 집을 10억 원에 매도하였지만 10억 원의 집을 다시 살 경우 여전한 사용가치를 가진 집을 가지고 있다고 볼 수 있기 때문이다. 그와 같은 시각이라면 5억 원에 산 집을 10억 원에 매도하였지만 7억 원의 집을 다시 산 경우에는 3억 원에 상응하는 부분의 자본이득을 실현한 것으로 볼 수도 있겠다.

현행 소득세법은 1세대 1주택 비과세의 요건을 아래와 같이 간단하게 규정하고 있다(소득세법 제89조 제1항 제3호).

3. 대통령령이 정하는 1세대 1주택(가액이 대통령령이 정하는 기준을 초과하는 고가주택[311]을 제외한다)과

---

309) 주식양도차익 과세대상자인 대주주 요건(소득세법시행령 제157조 제4항 준용)

310) 예를 들어, 상장주식의 경우 국외전출일 이전 1개월 최종 시세가액의 평균액으로 산정한다.

311) 1976년 소득세법이 개정되어 그간 시설만을 기준으로 고급주택 여부를 판단하던 것을 가액도 고려하여 판단하게 되었다. 2002년부터는 가액만을 기준으로 하여 고가주택 여부를 판단하고 있다. 현재는 양도가액 9억 원 초과 주택을 의미한다.

이에 부수되는 토지로서 건물이 정착된 면적에 지역별로 대통령령이 정하는 배율을 곱하여 산정한 면적 이내의 토지(이하 이 조에서 '주택부수토지'라 한다)의 양도로 인하여 발생하는 소득

소득세법시행령은 제154조부터 다음의 5개 조에 걸쳐 매우 자세한 규정을 두고 있다.

제154조 1세대 1주택의 범위
제155조 1세대 1주택의 특례
제155조의 2 장기저당담보주택에 대한 1세대 1주택의 특례
제156조 고가주택의 범위
제156조의 2 주택과 조합원입주권을 소유한 경우

소득세법시행령 제154조 제1항은 '대통령령이 정하는 1세대 1주택'의 의미를 "거주자 및 그 배우자가 그들과 동일한 주소 또는 거소에서 생계를 같이하는 가족과 함께 구성하는 1세대(이하 '1세대'라 한다)가 양도일 현재 국내에 1주택을 보유하고 있는 경우로서 당해 주택의 보유기간이 2년 이상인 것"으로 정의하고 있다.

가. 1세대

자산의 소유권은 인에게 귀속한다. 소득세법은 비과세요건을 규정하기 위한 목적으로 '1세대'의 개념을 창설하고 있다. 이는 비과세를 받기 위해서는 1세대를 구성하여야 한다는 점에서는 비과세요건이 되지만 1세대 내 2주택 이상이 있게 되면 비과세혜택을 받을 수 없다는 점에서는 과세요건이 된다.

소득세법상 '1세대'는 "거주자 및 그 배우자가 그들과 동일한 주소 또는 거소에서 생계를 같이하는 가족과 함께 구성"하는 하나의 생활단위이다.

비거주자에게는 1세대 1주택 비과세의 혜택이 적용되지 않는다(소득세법 제121조 제2항 단서).

'가족'은 거주자와 그 배우자의 직계존비속(그 배우자를 포함한다) 및 형제자매를 말한다(소득세법시행령 제154조 제6항). 가족은 본인과 배우자와 동일한 주소 또는 거소에서 생계를 같이하여야 한다. 그러나 취학·질병의 요양, 근무상 또는 사업상의 형편으로 본래의 주소 또는 거소를 일시퇴거한 자를 포함한다(소득세법시행령 제154조 제6항).

거주자의 배우자는 그 배우자라는 사실만으로 거주자와 1세대를 구성한다.312) 배우자는 '사실혼' 관계의 배우자를 포함하지만(소득세법 제88조), 내연관계의 경우는 제외한다. 법률상 부부의 일방이 제3자와 내연관계를 맺어 부부가 별거하고 있는 경우, 법률상 부부는 '1세대'에 해당한다. 법률상 부부라 하더라도 '사실상 이혼'상태(별거함, 생계를 같이하지 아니함, 각자 벌어서 생활함)에 있으면 각 부부 단독세대를 인정하고 있다. 이에 따라 자기 명의의 1주택을 보유하고 있다가 남편과 장기간 별거 상태에서 자녀들만 데리고 국외이주한 뒤, 동 주택을 양도하였을 경우 해외이주에 따른 1세대 1주택 양도의 비과세 적용을 받을 수 있는 것으로 보고 있다.313)

---

312) 대법원 1998.5.29. 선고 97누19465 판결.
313) 심사양도 2008-0022, 2008.5.28.

소득세법시행령 제154조 제1항의 문구에 의하면 배우자가 없는 경우에는 세대를 구성할 수 없다. 그러나 동 조 제2항은 당해 거주자의 연령이 30세 이상인 경우,[314] 배우자가 사망하거나 이혼한 경우 및 미성년자라도 소득이 최저생계비 수준 이상으로서 소유하고 있는 주택 또는 토지를 관리·유지하면서 독립된 생계를 유지할 수 있는 경우에는 그것을 1세대로 인정한다. 다만, 본인과 배우자가 일시퇴거가 아닌 방식으로 다른 주소에 거주하고 있지만 생계는 같이하고 있는 경우에는 각각에게 1세대의 지위를 부여하지는 않고 하나의 세대만 인정한다.[315]

나. 1주택

(1) 주택

주택의 의미에 대해 소득세법령에서 규정하는 바는 없다. 실무상으로는 건축법상의 허가 또는 등기 여부와 관계없이 상시 주거의 목적으로 사용되는 건축물을 의미한다.[316] 이에는 주거용으로 사용되는 건물과 이에 부수되는 건물정착면적의 5배(도시계획구역 밖의 토지에 대해서는 10배) 이내의 토지가 포함된다. 건축법상 업무용 시설로 분류되는 경우라 하더라도 실질적으로 주거용으로 사용되는 경우라면 주택으로 본다. 오피스텔은 대개 이러한 경우가 되기 쉽다. 하나의 건물이 주택과 주택 외의 부분으로 구성되어 있는 경우와 주택에 부수되는 토지에 주택 외의 건물이 있는 경우에는 그 전부를 주택으로 본다. 다만, 주택의 면적이 주택 외의 면적보다 적거나 같을 때에는 주택 외의 부분은 주택으로 보지 않는다(소득세법시행령 제154조 제3항).

재건축조합의 조합원이 기존주택과 토지를 재건축조합에 제공하고 당해 조합을 통하여 취득한 분양권을 양도하는 경우—통상의 분양권은 '부동산을 취득할 수 있는 권리'로 봄에 불구하고—그 분양권은 '주택'으로 의제된다(소득세법시행령 제155조 제17항). 이 경우 1세대1주택장기보유특별공제를 받을 수 있다.[317]

1세대 1주택이라도 실지거래가액이 9억원을 초과하는 주택(고가주택)은 비과세대상에서 제외된다. 그 주택을 양도시 9억원 초과부분에 상당하는 양도차익은 장기보유특별공제(24~80%) 적용 후 기본세율로 과세한다. 9억원을 초과하는 조합원입주권의 경우 고가주택과 동일한 방법으로 양도차익을 산정하고, 장기보유특별공제가 적용된다.

---

314) 하나의 주소 또는 거소를 두고 있어도 독립한 세대로 본다. 독립된 생계능력이 있는 자매가 같이 살 경우에는 1세대이고 따로 살 경우에는 2세대가 된다고 보는 것은 가족공동체의 해체를 초래할 뿐만 아니라 오히려 탈세를 조장할 우려가 있다는… 주소 또는 거소가 동일한가와 관계없이 거주자의 연령이 30세 이상인 경우 각각 독립된 세대로 보아야 한다고 해석함이 상당하다(서울행법 2009.6.25. 선고 2008구단17182 판결).

315) 가정불화로 별거한 경우에는 부득이한 사유로 인한 일시적 퇴거사유에 해당하지 않는 것임(서면5팀—1311, 2007.4.23).

316) 건물공부상의 용도구분에 관계없이 실제 용도가 사실상 주거에 공하는 건물인가에 의하여 판단하여야 하고, 일시적으로 주거가 아닌 다른 용도로 사용되고 있다고 하더라도 그 구조·기능이나 시설 등이 본래 주거용으로서 주거용에 적합한 상태에 있고 주거기능이 그대로 유지·관리되고 있어 언제든지 본인이나 제3자가 주택으로 사용할 수 있는 건물의 경우에는 이를 주택으로 보아야 한다. 가정보육시설인 놀이방으로 사용되고 있는 아파트는 주택에 해당한다(대법원 2005.4.28. 선고 2004두14960 판결).

317) 대법원 2007.6.14. 선고 2006두16854 판결, 대법원 2005.3.11. 선고 2004두9456 판결. 1세대 1주택으로 의제되고 9억원을 초과하는 고가주택에 해당하는 경우, 장기보유특별공제의 대상은 이 사건 괄호 규정에 따라 조합원입주권의 양도차익 중 '관리처분계획인가 전 토지분 또는 건물분의 양도차익'으로 한정된다(대법원 2017. 10. 26. 선고 2017두52504 판결).

(2) 1개의 보유

비과세요건을 충족하기 위해서는 세대원이 1개의 주택을 보유하고 있어야 한다. 따라서 세대원의 주택보유 수의 합이 복수이면 어느 한 주택도 비과세의 혜택을 받을 수 없다. 하나의 주택을 동일 세대원이 공유하는 경우에는 1세대 1주택이 될 수 있다. 하나의 주택을 여러 세대가 공유하는 경우에는 각각의 공유지분을 1주택으로 본다.[318] 1주택을 공동으로 상속받은 경우에는 상속지분이 가장 큰 상속인의 주택으로 본다(소득세법시행령 제155조 제3항).

국외에 소유하는 주택은 고려대상이 아니다. 1주택 보유의 요건에도 일시적으로 상속, 대체취득, 부모봉양·혼인 등으로 2주택이 되는 경우에는 1주택으로 보는 특례가 인정된다(소득세법시행령 제155조 제1항 내지 제5항).[319]

상속 전에 1주택을 보유한 자가 주택을 상속받은 후 상속 전부터 보유하던 주택을 양도할 경우 비과세한다. 동일 세대 구성원으로부터 주택을 상속받은 경우에도 상속 전부터 보유하던 주택에 대해 1세대 1주택의 비과세를 적용한다. 상속받는 시점에서 상속인의 1세대 1주택에 대해서만 비과세 특례를 적용한다.

지정문화재 등에 해당하는 주택 1개와 농어촌주택 1개는 마치 외국소재주택의 경우처럼 주택 수 계산에 산입하지 않는다(소득세법시행령 제155조 제6항 내지 제14항, 조특법 제99조의 4). 다가구주택을 가구별로 분양하지 아니하고 당해 다가구주택을 하나의 매매단위로 하여 양도하는 경우에는 이를 단독주택으로 본다(소득세법시행령 제155조 제15항). 1개의 주택과 1개의 조합원 입주권을 동시에 보유하고 있을 경우 그 주택은 1주택으로 보지 않는다(소득세법 제89조 제2항).

(3) 2년간의 보유

1세대 1주택으로서 비과세의 혜택을 보기 위해서는 주택을 2년 이상 보유하여야 한다. 보유기간은 자산의 취득일부터 양도일까지로 한다. 보유기간을 계산함에 있어서 보유하는 중에 소실·도괴·노후 등으로 인하여 멸실되어 재건축한 주택인 경우에는 그 멸실된 주택과 재건축한 주택에 대한 보유기간 및 비거주자가 해당 주택을 2년 이상 계속 보유하고 그 주택에서 거주한 상태로 거주자로 전환된 경우에는 해당 주택에 대한 보유기간은 통산한다(소득세법시행령 제154조 제8항).

2년 이상 1주택으로 보유하여야 할 필요는 없다. 2년 이상 2주택을 보유하다가 제1주택을 매도하여 제2주택은 1주택이 되어 있는 경우 바로 1세대 1주택의 혜택을 볼 수 있다.

취학, 근무상 형편, 1년 이상 질병의 치료·요양 및 학교폭력의 피해로 인한 전학으로 부득이한 양도의 경우에는 1년 이상 거주시 1세대 1주택 양도로 보아 양도소득세를 비과세한다.

2. 8년 자경농지·자경산지 및 대토농지에 대한 세액감면

조특법은 자경농지, 자경산지 및 대토농지에 대한 세액감면(비거주자 제외)에 대해 규정하고

---

318) 소득세법기본통칙 89－4.

319) 다른 주택을 취득하고 종전주택을 3년 이내 양도하거나, 수용 등으로 종전주택의 일부가 양도된 후 5년 이내 잔존주택을 양도하는 경우 등을 포함한다.

있다. 자경농지와 대토농지의 경우 2005년 말까지의 양도분은 소득세법 제89조 제4호의 규정에 의하여 양도소득세를 비과세하였지만 2006년 이후 양도분부터는 조특법 제69조 및 제70조의 규정에 의해 자경농지 및 농지대토와 관련된 양도소득세를 감면한다.

2006.6.9. 신설된 "농작업의 2분의 1 이상을 자기 노동력으로 경작 또는 재배"의 요건(구조특법시행령 제66조 제12항)이 있다.[320]

8년 자경을 판단함에 있어 상속받은 농지는 피상속인이 경작한 기간도 농지를 매도하는 상속인의 경작기간에 포함한다. 이때 피상속인의 배우자가 경작한 기간도 피상속인이 경작한 것으로 본다(조특법시행령 제66조 제11항).농지 소재지와 동일·연접 시·군·구에 거주 또는 농지소재지로부터 직선거리 30㎞ 이내에 거주의 재촌 요건이 충족되어야 한다(조특법시행령 제63조 제4항). 근로소득(총급여)·사업소득(농업·축산업·임업 및 비과세 농가부업소득, 부동산임대소득 제외)이 3,700만 원 이상인 경우 해당 연도는 자경하지 않은 것으로 간주한다(조특법시행령 제66조제14항).

2018년부터는 산림경영계획인가를 받아 10년 이상 자경한 산지를 양도함에 따라 발생하는 양도소득세액에 대해, 자경기간별 감면세율을 달리하여 감면하고 있다(조특법 제69조의 4).

자경농지, 자경산지와 대토농지 감면에는 세액감면 종합한도에 관한 최저한세규정[321]이 적용된다(조특법 제133조).

3. 재무구조개선계획에 따른 증여를 위한 자산양도소득 과세의 계산특례

현행 조특법 제40조는 보증채무이행을 위한 자산양도에 대한 양도차익과세상 특례에 대해 규정하고 있다. 재무구조개선계획에 따라 주주 등이 법인에 자산을 증여할 때 소유하던 자산을 양도하고 2021년 12월 31일 이전에 그 양도대금을 해당 법인에 증여하는 경우에는 해당 자산을 양도함으로써 발생하는 양도차익 중 대통령령으로 정하는 증여금액에 상당하는 금액(이하 이 조에서 '양도차익상당액'이라 한다)은 다음 각 호에 해당하는 방법으로 양도소득세를 감면하거나 같은 금액을 익금에 산입하지 아니할 수 있다.

  1. 거주자: 양도차익상당액에 대한 양도소득세의 100분의 100에 상당하는 세액을 감면하는 방법
  2. 내국법인: 양도차익상당액을 해당 사업연도의 소득금액을 계산할 때 익금에 산입하지 아니하는 방법

참고로 일본에서는 중소법인이 금융기관으로부터 사업자금의 차입을 하는 경우에는 당해 법인의 대표이사 등 관계자가 연대보증인이 되어 그가 소유하는 부동산 등을 담보로 제공하는 경우가 많다. 그러한 경우에는 당해 법인이 경영부진에 빠져 변제하기 곤란하며 연대보증인이 별수 없이 부동산을 매각하여 법인의 채무를 변제하지 않을 수 없게 된다. 일본 소득세법 제64조 제1항은 보증채무를 이행하기 위해 자산의 양도가 있었던 경우에 대해서 그 이행에 수반하

---

320) 위임입법의 한계 내라는 대법원 2010.9.30. 선고 2010두8423판결이 있다.
321) 제3편 제3장 제2절 제6항 참조.

는 구상권의 전부 혹은 일부를 행사하는 것이 가능하지 않게 되는 때에는 그 행사불능금액에 대응하는 부분은 양도소득금액의 계산상 없는 것으로 보는 취지를 규정하고 있다.

제2절 과세표준 및 세액의 계산

제1항 과세표준

1. 계산과정

거주자의 양도소득금액은 '토지 등', '주식 등'과 '파생상품'으로 구분하여 각각 계산한다(소득세법 제102조). 해당 과세대상의 발생원천지가 국외일 경우도 있을 것이므로 소득금액 구분 계산의 바스켓(basket)은 6개가 된다. 다만, 2020년부터는 국내주식과 해외주식 양도차익은 통산하도록 제도가 변경되었다. 결과적으로 바스켓은 5개로 줄어든 셈이다.

각각의 그룹 안에서도 자산의 특성에 따라 적용세율이 다를 경우 특성을 달리하는 각 자산별로 양도소득금액을 계산한다. 각 그룹 안에서 결손금은 일정한 원칙에 따라 통산한다(소득세법시행령 제167조의 2). 양도소득과세표준은 양도소득금액에서 양도소득기본공제를 차감하여 산출한다. 일정한 토지 및 건물에 대해서는 양도차익에서 장기보유특별공제를 하여 양도소득금액을 계산한다.

- 양도소득과세표준 = 양도소득금액 – 양도소득공제
- 양도소득금액 = 양도가액 – 필요경비 – 장기보유특별공제
- 필요경비 = 취득가액 + 자본적 지출액 + 양도비

2. 소득금액

가. 양도차익

양도차익은 양도가액에서 취득가액 등의 필요경비를 공제하여 계산한다. 양도차익을 계산하는 데에는 양도가액과 취득가액을 어떻게 산정하는가가 관건이 된다.

보유하는 주식을 처분한 경우 주식별로 취득시 가액이 다를 것이므로 보유하고 있던 주식 중 어떤 것을 양도한 것인지를 판단하여야 한다. 양도한 주식의 취득시기가 분명한 경우 그에 따르고 분명하지 않은 경우에는 선입선출법에 의한다(소득세법 시행령 제162조 제5항).[322]

---

322) 이 사건 주식거래를 담당한 증권회사들은 '후입선출법'을 적용하여 거래하였음을 알 수 있고, 이러한 경우에는 양도한 이 사건 주식 등의 취득시기가 분명하지 아니한 경우에 해당한다고 볼 수도 없을 것이다(대법원 2011.1.27. 선고 2010도 1191 판결).

양도 및 취득가액의 산정과 관련해서는 실지거래가액에 의하는 방법과 기준시가 등 추계가액에 의하는 방법 두 가지가 있다. 양도가액과 취득가액은 동일한 방법에 의하여 결정하는 것을 원칙으로 한다(소득세법 제100조 제1항 본문).323) 부동산의 경우 종래 기준시가에 의한 과세가 주를 이루다가 2006년 「공인중개사의 업무 및 부동산거래신고에 관한 법률」에 의해 부동산 실거래가 신고가 의무화됨에 따라 2007년 1월 1일 이후 양도분부터는 모든 부동산에 대해 실지거래가액에 의해 과세하도록 하고 있다.324) 부동산 이외의 자산을 양도한 경우에도 실지거래가액에 의하는 것을 원칙으로 하되 알 수 없는 경우에는 매매사례가액, 감정가액, 환산취득가액, 기준시가에 의해 양도차익을 추계한다.

납세자가 토지·건물 등을 함께 취득하거나 양도하는 경우 양도소득의 계산을 위하여 자산별로 구분하여 기장한 가액이 각 자산별 기준시가에 따른 안분가액과 100분의 30이상 차이나는 경우 기준시가를 기준으로 취득가액 또는 양도가액을 안분한다(소득세법 제100조 제3항).

(1) 양도가액

양도가액은 실지거래가액으로 한다. 실지거래가액의 확인과 관련하여 판례상 양도자가 실지거래가액에 관한 증빙서류로서 제출한 매매계약서 등은 특별한 사정이 없는 한 당사자 사이의 계약 내용대로 작성된 것으로 추정한다.325) 장부 기타 증빙서류에 의하여 당해 자산의 양도 당시 실지거래가액을 인정 또는 확인할 수 없는 경우에는 양도가액 또는 취득가액을 매매사례가액, 감정가액 또는 기준시가 등에 의하여 추계조사하여 결정 또는 경정할 수 있다(소득세법 제114조 제7항).

상증세법상 고저가 양도로 증여세가 과세되는 경우에는 시가를 실지거래가액으로 본다(소득세법 제96조 제3항).

부담부 증여에서 양도로 보는 부담의 비율은 양도소득금액 산정을 위한 양도가액과 취득가액 산정시 모두 동일한 것으로 전제한다. 무상이전(즉 양도)시 이전가액은 시가로 하여야 한다. 양도가액은 (양도시 시가)*(부담액)/(양도시 시가)으로 하고, 취득가액은 (취득시 시가)*(부담액)/(양도시 시가)으로 하여야 한다.326)

자신의 양도차익에 대한 과세가 비과세될 경우라면 그것을 실제보다 높은 가격으로 매각한 것으로 하더라도 자신에게는 세부담이 없게 된다. 오히려 자신으로부터 양수받은 자는 추후 자기가 매각할 때 세금을 절약할 수 있게 된다. 이 점을 이용한 탈세의 현상을 방지하기 위해 소득세법은 자산을 매매하는 거래당사자가 매매계약서의 거래가액을 실지거래가액과 다르게 적은 경우에는 해

---

323) 예외적으로 양도가액은 시가(매매사례가액)로 하고, 취득가액은 실지거래가액으로 하는 경우도 있다.

324) 2006년 1월 부동산실거래가신고제가 도입되었다. 이에 따라 부동산을 양도한 사람이 시군구에 거래가액을 신고하면 국토해양부에서 부동산시세조사전문기관 등의 자료를 바탕으로 작성한 기준가액과 신고한 가액을 비교하여 그 신고가액이 허위인지를 확인한다. 허위가액으로 이중계약서를 작성하면 거래당사자 및 중개인이 처벌받게 된다. 이때 매도자와 매수자는 취득세 3배 이하의 과태료를 물게 되며, 중개업자는 중개업등록취소, 6개월 이내의 자격정지의 제재를 받는다. 2006년 6월 실거래가 등기부 기재제도가 도입되었다. 소유권이전등기를 신청하는 경우 등기부에 실거래가를 기재하여야 한다. 그리고 누구도 부동산등기부를 자유 열람할 수 있다.

325) 대법원 1996.6.25. 95누3183.

326) 대법원 2007.4.26. 선고 2006두7171판결

당 자산에 대하여 양도소득세의 비과세 또는 감면에 관한 규정을 적용할 때 비과세 또는 감면받았거나 받을 세액에서 다음 각 호의 구분에 따른 금액을 뺀다고 규정하고 있다(소득세법 제91조 제2항).

    (1) 양도소득세의 비과세에 관한 규정을 적용받을 경우: 비과세에 관한 규정을 적용하지 아니하였을 경우의 양도소득산출세액과 매매계약서의 거래가액과 실지거래가액과의 차액 중 적은 금액
    (2) 양도소득세의 감면에 관한 규정을 적용받았거나 받을 경우: 감면에 관한 규정을 적용받았거나 받을 경우의 해당 감면세액과 매매계약서의 거래가액과 실지거래가액과의 차액 중 적은 금액

양도가액은 실제 대가로 지급받은 경제적 이익을 모두 포함한다. 양수자가 인수한 양도자의 채무도 양도대가에 포함된다. 부담부 증여에서 부담의 부분은 양도로 보는 것도 그 예가 된다. 다음의 미국 사례 Crane v. Commissioner(331 U.S. 1947) 사건을 우리 소득세법상 태도와 동일한 입장에서 부동산 양도시 양도가액에 인계되는 저당채무액을 포함시키고 있다. 원고 Crane은 아파트를 상속받았다. 상속받은 아파트에는 저당권이 설정되어 있었는데 저당권이 설정된 채무액을 차감할 경우 상속재산가액은 정확히 0이었다. Crane은 피상속인의 채무를 그대로 인수하지 않았다. 대신 장래 임차료수입에서 그것에 대한 세금을 차감한 후 남는 금액을 저당권설정자에게 송금하기로 합의했다. 6년 후 채권자가 압류할 것이라고 예고하자 아파트를 매각하고 2,500달러를 손에 쥐었다. Crane은 1,250달러를 소득금액으로 신고했다. 매도가액은 2,500달러인데 원래 취득가액은 0이므로 소득금액이 2,500달러이지만 자본이득이므로 당시 세법에 따라 그것의 반만 소득금액으로 보아야 한다는 것이었다. 국세청장은 그녀의 장부가액은 [(상속개시 당시의 시장가격) − (감가상각누적액)]인데 그것을 2,500달러에 처분하였으므로 그녀가 실현한 이득은 [(2,500달러) + (6년간의 감가상각누적액)]인 23,767.03달러라고 하면서 부과처분을 하였다. 반면 Crane은 그녀의 상속재산에 대한 실제 지분이 그 아파트의 장부가액이 되어야 하는데 그것은 0이었으며 장부가액이 0에서 시작하였으므로 감가상각액도 없었다고 주장하였다. 그리고 자신은 2,500달러를 실현하였으므로 그것이 과세될 전부라고 주장하였다. 조세법원은 그녀의 주장을 수용하였지만 항소법원은 국세청장의 주장을 수용하였다. 결국 논의는 Crane이 매각하여 받은 금원 중 저당권을 설정한 채권자에게 준 것과 다름없는 금액, 즉 저당채무액을 매도대가에 가산하여야 하는가로 귀결되는데 연방대법원은 그것을 포함하여야 한다고 보았다. 국세청장의 주장을 수용한 것이다. 상속받을 당시의 아파트 시장가격은 262,042달러이었다(내국세입법 제113조(a)(5)).[327] 당시 내국세입법에 의하면 사업에 활용되는 부동산에 대해서는 감가상각을 하도록 하고 있었다(내국세입법 제113조(b)(1)(B)). 그런데 그 자산을 매도할 때에는 매도자는 [(받은 현금액) + (해당 자산에 저당권을 설정한 채무액)]을 실현한 것이다. 한편 장부가액은 [(상속개시 당시의 시장가격) − (감가상각누적액)]이다. 그 가액의 차이는 23,767.03달러이다. Crane는 처분을 통해 257,500달러를 실현한 것이다.

참고로 본 사건과 관련하여 내국세입법상 다음의 규정도 검토할 가치가 있다. 어떤 자본자산의 감가상각액이 증가하면 그것의 장부가액이 감소하고 그만큼 추후 처분 시 자본이득액이 증가하도록 되어 있다. 이때 감가상각비용은 일반소득(ordinary income)의 액을 감소시키고 자본

---

327) 이는 당시 채무액도 동일한 금액인 262,042달러라는 것을 의미한다.

이득(capital gain)의 액은 증가시키게 된다. 일반소득보다 자본이득에 대한 세율이 낮을 경우 납세자는 감가상각을 늘리고자 하는 유인을 갖게 된다. 이에 대해 내국세입법은 일정 요건을 갖추지 못한 사업용 자산의 양도 시에는 그것의 자본이득 중 그간 감가상각을 하여 일반소득을 줄인 부분에 대해서는 그것을 자본이득으로 보지 않고 일반소득으로 재포착(recapture)하는 규정을 두고 있다.

다음, Commissioner v. Tufts(461 U.S. 300 1983) 사건을 보자. 원고인 Tufts와 몇몇 사람들은 건축업자 Pelt와 partnership을 구성하였다. Pelt는 이전에 Farm and Home Savings 은행과 1,851,500달러의 자금차입약정을 체결하였다. 이 자금은 아파트 단지의 건설자금으로 활용할 것이었는데 Pelt는 은행에 어음과 신탁증서를 교부하였다.[328] 채권자인 은행의 상환청구권은 소구 불가능이어서 partnership 및 partner 누구도 인적 상환채무를 부담하지는 않게 되어 있었다. 아파트가 완공된 지 1년이 지났음에도 불구하고 partnership은 채무를 상환할 수 없었다. 그런데 각 partner들은 자신들의 지분을 Bayles에게 처분하였다. 그 지분을 이전할 당시 아파트의 시장가격은 1,400,000달러에 미치지 못하였다. Bayles은 아파트 인수에 대한 대가로서 각 partner의 매도비용을 변제하고 저당채무를 인수하였다. 국세청장은 Bayles가 저당채무를 인수한 결과 각 partner에게 과세소득이 발생하였다고 하면서 소득세 부과처분을 하였다. Tufts와 다른 partner들은 채무액이 시장가치보다 많으므로 아무런 소득이 없다고 하면서 경정을 요구하였다. 조세법원은 그들의 주장을 배척하였다. 반면 항소법원은 그들의 주장을 수용하였다. 다시 연방대법원은 소구 불가능한 저당채무를 인계함에 따라 과세소득이 발생한 것으로 보았다(Blackman 판사). 그 이유 중의 하나로 Bayles가 당시 아파트의 시장가격 대신 저당채무액을 아파트의 취득원가로 계상할 텐데 Tufts와 partner들의 처분가액을 시장가격으로 하게 되면 그 차액에 해당하는 부분에 대해서는 영원히 과세되지 않을 것이라는 점을 들고 있다(내국세입법 제1012조).

(2) 필요경비

필요경비에는 취득가액, 자본적 지출액[329] 및 양도비가 포함된다(소득세법 제97조 제1항).

(가) 실지거래가액 원칙

'취득가액(acquisition basis)'은 '실지거래가액'으로 한다. 자산의 취득 당시 실지거래가액을 인정 또는 확인할 수 없는 경우에는 취득가액을 매매사례가액, 감정가액, 환산취득가액 또는 기준시가 등에 의하여 결정할 수 있다.

환산취득가액은 양도 당시의 실지거래가액, 매매사례가액 또는 감정가액을 환산한 취득가액을 말한다(소득세법 제114조 제7항). 실지양도가액이 밝혀졌으나 실지취득가액이 밝혀지지 않은 경우 환산취득가액을 적용하는 것이다. 환산취득가액은 (양도 당시 실지거래가액, 매매사례가액 또는 감정가액) × (취득 당시 기준시가) / (양도 당시 기준시가)로 계산한다. 필요경비는 (환산취득가

---

328) 은행으로 하여금 저당권을 취득하도록 한 것이다.

329) 타인 소유의 토지에 대한 사용승낙을 받아 그 토지를 건물부지로 조성한 다음 그 지상에 건물을 신축한 경우, 건물부지조성공사가 당해 건물을 신축하는 데 필요불가결한 준비행위라면 거기에 소요된 비용은 건물을 취득하는 데 필요한 부대비용으로서 당해 건물의 양도차익을 계산함에 있어 필요경비로 공제할 수 있다(대법원 2010.2.11. 선고 2007두15384 판결).

액)+(개산공제금액)330)이 된다. 납세자가 선택하는 경우에는 이 대신 (필요경비)＝(자본적 지출액)+(양도비)로 계산할 수 있다. 실지취득가액의 의도적 은폐를 통한 탈세를 방지하기 위해 신축건물을 5년 이내 양도하는 경우로서 감정가액 또는 환산취득가액을 취득가액으로 사용하는 경우에는 해당 건물에 대한 감정가액 또는 환산취득가액의 100분의 5에 해당하는 금액을 양도소득 결정세액에 더하는 특례를 두고 있다(소득세법 제114조의 2).

해당 자산 자체에 대한 대가 뿐 아니라 그것의 '취득부대비용'도 필요경비로 인정받는다. 예를 들어, 토지만을 이용하기 위하여 토지와 건물을 함께 취득한 후 해당 건물을 철거하고 토지만을 양도하는 경우 철거된 건물의 취득가액과 철거비용의 합계액에서 철거 후 남아있는 시설물의 처분가액을 차감한 잔액을 양도자산의 필요경비로 산입한다.331) 경영개선명령을 받은 법인이 무상감자하고 유상증자함에 따라 구주식을 잃고 신주식을 취득한 주주가 신주식을 양도할 때 발생한 양도소득의 소득금액을 계산할 때 필요경비에 구주식의 취득가액을 가산할 수 있는지에 대해 법원은 신주식과 구주식은 별개의 자산이라는 이유로 부정적인 판단을 하였다.332)

사업용 유형자산 중 건물의 경우 사업에 사용하고 있던 기간 중 감가상각을 하게 된다. 감가상각비는 장부에 반영되는 것인데 해당 사업용 유형자산을 처분하면서 실지거래가액에 의해 양도소득금액을 계산하는 경우에는 '감가상각비'로서 필요경비로 인정받은 금액은 장부가액(adjusted basis)을 낮추는 방향으로 작용하게 된다. 그런데 취득가액을 매매사례가액, 감정가액 또는 환산취득가액으로 하는 경우에는 감가상각비를 고려하기 곤란하다. 2010년 개정된 소득세법은 이 경우에도 사업소득금액 계산 시 필요경비로 고려된 감가상각비는 공제하도록 하고 있다(소득세법 제97조). 양도소득금액 계산상 실지거래가액은 인정받지 못한다 하더라도, 사업소득금액 계산상 해당 자산의 가치가 감소되었다고 비용공제받은 부분은 양도소득금액 계산시 다시 공제받도록 하면 안 된다는 것이다.

(나) 상속 또는 증여받은 재산

상속 또는 증여받는 재산을 양도한 경우의 취득가액은 취득 당시의 실지거래가액에 의하는 것을 원칙으로 한다(소득세법 제97조 제1항 제1호 가목, 소득세법시행령 제163조 제9항).333) 해당 자산을 양도하고 양도소득금액을 계산할 때 양도자가 이전에 부담했던 상속세나 증여세

---

330) 부동산의 경우 3%, 지상권 등 7% 그 밖의 경우 1%.

331) 소득세법기본통칙 97-0…8 【 건물 철거 비용의 필요경비 산입 】

332) 대법원 2013.11.28. 선고 2011두16407 판결

333) 상속 개시 또는 증여일 현재의 상증세법 제60조 내지 제66조의 규정에 의하여 평가한 가액을 '실지거래가액'으로 의제하고 있다. 상증세법 제33조부터 제42조까지의 규정에 따라 증여세를 과세받은 경우에는 해당 증여재산가액을 가산한 금액을 '실지거래가액'으로 의제한다(소득세법시행령 제163조 제9항 및 제10항). 이에 따라 청구인들이 유증을 원인으로 취득한 쟁점부동산의 취득가액을 산정함에 있어서 처분청이 취득가액을 기준시가로 평가한 경우 그 기준시가는 '실지거래가액'이 된다(국심 2006서3412(2006.12.4)).
소득세법시행령 제163조 제9항은 1999년 12월 31일 신설되었다. 그 이전에는 상속재산의 취득에 소요된 '실지거래가액'은 취득 당시의 정상가액(시가, 거래실례가액, 감정가액 등)을 의미하고, 상속재산의 시가를 산정하기 어려울 때 보충적으로 적용하는 평가방법에 의하여 산정되는 가액은 이에 포함되지 않는다고 보았다. 법원은 과세관청이 보충적으로 평가한 가액을 적용한 바 있다 하더라도, 그 상속재산을 양도함에 따른 양도차익을 산정함에 있어서도 그 가액을 취득 당시의 실지거래가액으로 적용하겠다는 공적 견해를 표명한 것으로 볼 수는 없다고 한 바 있다(대법원 2003.8.22. 선고 2002두691 판결).

는 필요경비로 공제하지 않는다.[334)

그런데 거주자가 양도일부터 소급하여 5년 이내에 그 배우자 또는 직계존비속으로부터 증여받은 부동산 및 시설물이용권의 양도차익을 계산함에 있어서 양도가액에서 공제할 취득가액은 당해 배우자 또는 직계존비속의 취득 당시 가액으로 한다(소득세법 제97조의 2 제1항).

이 때 증여자의 취득가액을 승계하여 계산한 양도소득세와 수증자의 취득가액으로 계산한 양도소득세를 비교하여 큰 세액으로 하도록 하고 있다(소득세법 제97조의 2 제2항 제3호).

거주자가 증여받은 자산에 대하여 납부하였거나 납부할 증여세 상당액이 있는 경우에는 필요경비에 산입한다. 증여 당시의 시가[335)와 증여한 자가 취득한 가액과의 차이에 해당하는 부분에 대해서는 증여세와 동시에 양도소득세가 부과되는 것인데 이러한 이중과세를 해소하기 위해 증여세를 필요경비로 공제해 주는 것이다. 이때 필요경비로 공제해 주는 증여세는 바로 이중과세되는 부분에 한정된 것은 아니며 증여세 전액이 된다. 이는 사실상 증여를 받은 자가 양도하는 형식을 취하였지만 증여한 자가 양도한 것과 같이 보고자 하는 입법태도에 기인한다. 그 과정에서 증여세를 부담한 것인데 이를 필요경비로 보아야 한다는 것이다. 이는 소득세법 제101조 제2항의 규정에 의한 부당행위계산부인과 다를 바 없는 논리에 입각한 것이다.

증여받은 재산에 대해 증여세 신고를 하지 않았는데 추후 그 재산을 양도할 때 증여 당시의 시가를 취득원가로 하여 필요경비를 인정받을 수 있는가? 상속 또는 증여받은 자산에 대해서는 상속개시일 또는 증여일 현재 시가를 취득 당시의 실지거래가액으로 본다(소득세법시행령 제163조 제9항).[336) 다만, 상증세법 제33조 내지 제42조[337) 규정에 의한 증여의 경우에는 실제 증여과세를 받은 가액만 가산하여 필요경비를 인정한다(소득세법시행령 제163조 제10항).

가업상속공제받은 자산을 양도할 때에는 피상속인의 취득가액을 이월받아 필요경비로 인정한다(소득세법 제97조의2). 취득가액은 (① + ②)이 된다.

① 피상속인의 취득가액 × 가업상속공제적용율[338)
② 상속개시일 현재 해당자산가액 × (1 − 가업상속공제적용율)

(다) 교환으로 취득한 자산

우리 세법상 자산의 교환 시 취득한 자산의 가액과 처분한 자산의 가액 중 무엇을 기준으로 할 것인지에 대한 명시적 규정이 없다. 통상 제3자 간의 거래에서는 시장가격대로 거래될 것이

---

334) 소득 46011−346, 1999.11.12. 참조.

335) 상속 또는 증여받은 자산의 시가는 불특정 다수인 사이에 자유로이 거래가 이루어지는 경우에 통상 성립된다고 인정되는 가액으로 한다. 이 시가가 양도소득과세상으로는 취득 당시 실지거래가액과 같이 보는 것이다. 이에 따라 상속 또는 증여받은 자산에 대하여 상속개시일 또는 증여일 현재 상증세법규정에 의하여 평가한 가액을 취득 당시의 실지거래가액으로 본다.

336) 상속재산의 양도에 따른 양도소득세를 부과하면서 과세관청이 자산의 상속 당시 시가를 평가하기 어렵다는 이유로 자산의 취득가액을 개별공시지가로 평가하여 과세처분을 했는데, 양도소득세 과세처분 취소소송의 사실심 변론종결 시까지 자산의 상속 당시 시가가 입증된 경우 그 시가를 기준으로 정당한 양도차익과 세액을 산출한 다음 과세처분의 세액이 정당한 세액을 초과하는지를 판단하여야 한다(대법원 2010.9.30. 선고 2010두8751 판결).

337) 신탁이익의 증여, 보험금의 증여, 저가·고가양도에 따른 이익의 증여 등.

338) (가업상속공제금액)/(가업상속재산가액)

기 때문에 거래가격은 하나일 것이라는 전제 아래 어느 자산의 가격이든 확인할 수 있는 것이라면 그것의 가액대로 인정하는 정도이다. 그 가격으로는 시가[339]가 우선적으로 고려되지만 그것을 발견하기 곤란한 경우에는 감정가격으로 한다.[340]

자산의 현물출자는 자산의 양도로 본다. 주주가 지배주주인지를 불문하고 양도로 보아 과세한다. 다만, 현물출자를 법인이 하고 그 법인이 일정한 계속성의 요건을 갖춘 경우에는 양도차익을 손금으로 산입할 수 있다(법인세법 제47조의 2 제1항 본문 및 본문단서). 양도한 자산이 양도소득세과세대상이 될 경우 그 자산은 원칙적으로 시가대로 평가될 것이다. 따라서 취득가액과의 차액에 해당하는 부분에 대해서는 과세될 것이다. 현물출자를 받은 법인은 현물출자 당시의 가액을 장부가액으로 할 것이다(그에 따라 감가상각 등 후속적인 회계처리가 이루어질 것이다). 양도소득세과세대상이 아닐 경우 해당 주주가 취득한 주식의 가액은 해당 주식의 시가대로 평가될 것이다. 현물출자를 받은 법인은 현물출자 당시의 가액을 장부가액으로 할 것이다.

한편 주식을 취득하는 대가로 저당권부 자산을 양도할 경우에는 당해 주식의 취득원가를 산정함에 있어 양도하는 자산의 시가에서 저당부 채무의 가액을 차감할 것이다. 자산과 부채를 묶어 출자한 경우에도(예를 들어, 물적 분할 또는 사업의 포괄 현물출자) 당해 주식의 취득원가를 산정함에 있어 부채의 가액을 차감할 것이다. 우발채무라 하더라도 회계상 인식한 경우에는 세무상으로도 그것을 인정하는 것이다.

기업회계상 분할회사는 분할로 인하여 감소된 자산과 부채는 공정가액으로 평가하여 처분손익을 인식한다. 분할신설회사의 주식을 교부받은 경우에는 동 공정가액을 그 장부가액으로 한다. 분할대가로 분할신설회사의 주식만 교부받은 경우에는 분할로 인하여 감소된 자산과 부채는 장부가액으로 이전한 것으로 처리한다. 법인세법은 물적 분할로 인한 자산양도차익 상당액에 대해 적격분할요건을 충족할 경우에는 과세를 이연한다. 그 요건으로는 사업목적, 지분의 계속성 및 사업의 계속성이 있다. 즉 회계상 장부가액으로 이전하는 것과 같은 방식을 수용하는 것이다. 적격분할요건을 충족하지 못한 때에는 양도차익을 과세하게 될 것인데 그 양도차익은 시가를 기준으로 산정한 처분가액으로 계산할 것이다.

비록 법인세에 관한 것이지만, Black and Decker Corp. v. US(2004WL 2051215, D. Md. 2004)를 참고 할 수 있다. 원고인 Black & Decker Corp.('B&D')는 당해 연도에 3개의 사업부문을 매각하였으며 그 결과 많은 자본이득을 거둘 수 있었다. 같은 해에 B&D는 BDHMI를 설립하였다. B&D는 BDHMI로부터 우선주를 교부받으면서 561백만 달러의 자산을 출자함과 동시에 종업원의료비지급채무도 이전하였다. 그 채무는 불확정채무(contingent liability)였다. B&D는 자신의 BDHMI 주식을 제3자에게 1백만 달러에 매도하였다. B&D는 가지고 있던 BDHMI 주식의 장부가액이 561백만 달러라고 믿고 그것의 매도로 약 560백만 달러의 손실이 발생하였다고 하여 법인세신고를 하였다. B&D는 그 매도손실을 3개 사업부문 처분으로 인한 자본이득과 상계하였다. 상계 후 남는 자본손실은 전기이월 또는 차기이월의 방법으로 상계하여 소진하였다. B&D는 이러한 세무처리가 국세청의 예규 95-74에 의할 때 정당하다고 주장하였다. 동

---

339) 시가는 상증세법상 시가를 의미한다.
340) 소득세법기본통칙 97-1, 97-2 및 재산01254-680(1986.2.27.) 참조.

예규에 의하면 내국세입법 제357조(c)(1)와 제358조(d)를 적용할 때 불확정채무는 '채무'로 인정할 수 없다고 하기 때문이라는 것이다. 국세청은 B&D가 가진 주식의 장부가액은 1백만 달러에 불과하다고 하면서 손실은 없었다고 보았다. B&D가 제소하자 국세청은 약식결정을 청구하였다. 법원은 국세청의 청구를 기각하였다.[341]

B&D는 당년도 발생한 대규모의 자본이득에 대한 세금을 절약하기 위해 장래 발생할 것이 통계적으로 예측 가능한 종업원의료비용을 당기의 비용으로 모두 인식하는 방법을 고안한 것이다. 이러한 목적으로 설립한 BDHMI의 주식을 561백만 달러에 취득한 외양을 취하였지만 사실은 종업원의료비 지급과 관련하여 장래 발생할 불확정채무를 넘기는 방식으로 실제 경제적인 부담은 거의 하지 않고 취득한 것이었다. 문제는 내국세입법 제357조 (c)(3)(A)가 제351조의 규정에 의한 교환(exchange)거래[342]에서 자산을 이전받는 자가 채무를 인수하지만 이전하는 자가 그 채무를 이행하기 위해 지급할 경우 그 지급액을 소득금액 계산상 공제 가능한 것이라면[343] 인계하는 자가 채무를 인계하지 않은 것으로 볼 수 있도록 규정하고 있다는 데 있었다. 이후 내국세입법 제358조(h)가 신설되었다. 동 조에 의하면 자산을 이전하는 자가 인계한 채무라면 어떤 것이라도 그것의 가액을 이전의 대가로 받는 주식의 가액에서 차감하여야 한다. 이 규정은 이전하는 자가 취득한 주식에 대해 그 자가 인식한 장부가액이 그 주식의 시장가치를 상회하는 경우에 한하여 적용된다.

나. 부당행위계산부인

소득세법은 사업소득 및 기타소득에 대한 부당행위계산부인규정과 별도로 양도소득에 대한 부당행위계산부인규정을 두고 있다(소득세법 제101조).

(1) 저가양도

현행 소득세법 제101조 제1항은 양도행위 하나만을 보고 부당행위여부를 판단하는 규정을 두고 있다. 양도자가 특수관계자에 대한 저가양도에 의해 양도소득세를 절감하였다는 것을 문제삼는 것이다. 자산의 저가양도를 부당행위계산으로 보는 경우 저가양도한 자는 시가와의 차액만큼을 소득으로 인식하여야 하고 저가양수한 자는 그 차액만큼을 증여로 과세받으며[344] 그 자는 추후 양도할 때 공제할 취득가액은 증여가액을 가산한 것이 된다. 저가양수한 특수관계자는 증여를 받은 것이 분명하므로, 그 증여가액만큼 양수한 자산의 취득원가가 상향조정된다.[345]

소득세법상 개인이 특수관계 있는 개인에게 저가로 양도한 경우로서 유가증권 양도차익이 원

---

341) Howard E. Abrams and Richard L. Doernberg, *Federal Corporate Taxation*, Foundation Press, 2002, pp.27~31. 참조.

342) 어떤 법인을 지배하고 있는 주주가 그 법인에 자산을 양도하는 대가로 주식을 취득하는 경우 그 주주는 자산의 양도로 인한 자본이득 또는 자본손실을 인식할 수 없다. 따라서 취득하는 주식의 가액은 넘기는 자산의 장부가액이 될 것이다. 불확정채무는 기업회계상 합리적으로 예측가능하면 인식하도록 되어 있다.

343) 채무를 인계한 자가 보충적 채무를 부담하는 지위에 있는 경우를 예로 들 수 있다.

344) 증여과세가액과 부당행위계산부인액이 상이할 수 있다.

345) 증여자가 소득으로 과세되는 부분을 수증자가 증여로 과세받는다 하더라도 이중과세로 인식되지 않는다. 수증자는 증여자의 양도소득세에 대해 연대납세의무를 부담한다(소득세법 제2조의 2 제4항).

래 과세되지 않는 경우에는[346] 양도한 자에 대해 부당행위계산부인규정이 적용되지 않는다. 현저히 저렴한 대가로 취득한 경우에는 그 저가 매입에 상당하는 금액에 대해 증여세를 과세한다(상증세법 제35조). 이 경우 증여세는 사실상 미실현이득에 대한 과세로서의 성격을 지니고 있다.

현행 소득세법 제101조 제1항에 의해 저가양도한 자가 추가적으로 인식하는 양도차익은 저가양수한 자가 인식할 양도차익에서 증여과세로 인해 차감할 금액과 동일하다. 그렇다면 부당행위는 존재하였다고 볼 수 있는가? 현행 소득세법 제101조 제1항은 조세회피가 아닌 것을 조세회피로 보는 근본적인 한계가 있는 것이다. 참고로 미국 내국세입법상 특수관계인 간 양도의 경우에는 자본손실을 인식할 수 없다(내국세입법 제267조(b)).[347] 특수관계인으로부터 양수한 자가 추후 양도할 때 자본이득을 실현한다면 그때 자기에게 양도한 자가 실현한 손실을 자기가 실현한 자본이득의 범주 안에서 상계할 수 있다(재무부규칙 제1.267조(d)−1). 배우자 간 자산의 양도 경우에는 양도한 자의 장부가액이 그대로 이전된다. 즉 자본손익이 인식될 수 없다. 양도를 한 배우자는 증여를 한 것으로 의제된다.

헌법재판소는 소득세법 제101조 제1항을 합헌으로 보고 있다. 헌법재판소는 소득세법 제101조 제1항 위헌소원 등 2006.6.29. 2004헌바76, 2004헌가16(병합) 전원재판부결정에서 합헌의 다수의견을 공표하였지만, 그 결정 중 다음의 반대의견이 주목할 만하다. 재판관 권성에 의한 반대의견은 다음과 같다.

> 이상한 거래를 통하여 발생된 양도소득에 대한 조세부담을 부당하게 회피하는 것에 대응하여 부당행위계산을 부인하는 것은 일응 그 합리성을 인정할 수 있으나 양도인이 양도차익의 발생을 포기하는 경우에까지 이를 부인하는 것은 명백히 도를 넘은 것이고, 양도인이 진정한 의사로 양도차익의 발생을 원하지 않는데 국가가 이를 부인하는 것은 이익을 보라고 국가가 강요하는 셈이 되고 이는 법률상으로는 자유로운 의사에 의한 재산의 포기와 재산의 멸각을 인정하지 않는 것이어서 이는 헌법상의 재산권 보장의 원칙에 어긋난다 할 것이다.

재판관 조대현의 반대의견은 다음과 같다.

> 증여의제제도 및 부당행위계산제도는 조세회피를 방지하기 위하여 필요·적절한 수단이라고 할 수 있으나 동일한 자산 양도에 관하여, 양수인에 대하여 실제 양수가액과 시가의 차액을 양수인이 증여받은 것으로 의제하여 증여세를 부과한 다음, 양도인에 대하여 시가대로 양도한 것으로 보아 양도소득을 계산하고 양도소득세를 부과하는 것은, 서로 모순되는 담세능력을 아울러 의제하는 것이어서 헌법상 용인되기 어렵다.

특수관계에 있는 자에게 시가보다 낮은 가액으로 양도한 경우에, 양수인이 증여받은 것으로 의제하여 증여세를 과세한 것은 양도인에게는 양도소득이 없다고 의제한 셈인데 양도인에게 양도소득이 있는 것처럼 다시 의제하여 양도소득세를 부과하는 것은 재산권 보호의무와 실질

---

346) 상장주식의 소액주주인 경우.

347) 이전가격과세에 관한 내국세입법 제482조는 국내외 특수관계기업 간 과세에 관한 규정이다.

과세의 원칙에 위반될 뿐만 아니라 조세법률주의가 도모하는 법적안정성을 근본적으로 훼손하는 것이다.

(가) 양도한 자의 양도가액

소득세법 제101조를 적용할 때, 양도가액은 상증세법 제60조 내지 제64조의 규정을 준용하여 평가한 가액으로 한다(소득세법시행령 제167조 제5항). '시가'는 원칙적으로 정상적인 거래에 의하여 형성된 객관적인 교환가격을 의미하지만, 이는 객관적이고 합리적인 방법으로 평가한 가액도 포함하는 개념으로서 공신력 있는 감정기관의 감정가격도 시가로 볼 수 있고, 그 가액이 소급감정에 의한 것이라 하여도 달라지지 않는다.[348]

현행 상증세법 제66조는 저당권이 설정된 재산은 상증세법 제60조에도 불구하고 그 재산이 담보하는 채권액 등을 기준으로 평가한 가액과 상증세법 제60조에 따른 시가 중 큰 금액을 그 재산의 가액으로 한다고 규정하고 있으며, 상증세법 제66조의 위임을 받은 상증세법시행령 제63조 제1항 제1호는 저당권이 설정된 재산의 가액은 당해 재산이 담보하는 채권액으로 한다고 규정하고 있다. 저당부 자산을 특수관계자에게 양도한 경우라면 시가와 담보채권액 중 큰 금액대로 평가한 가액을 토대로 부당행위계산여부를 검토하게 된다.

(나) 양수한 자의 취득가액

현행 소득세법시행령 제163조 제10항은 상증세법 제33조부터 제42조까지에 따라 증여세를 과세받은 경우에는 해당 증여재산가액 또는 그 증·감액을 더하거나 뺀다고 규정하고 있다. 이 규정은 2003년 말 도입된 것이다.

대법원 2006.11.9. 2005두2124 판결에서 법원은 소득세법시행령 제163조 제10항이 도입되기 전 당시 상증세법 제40조 제1항, 제41조의 3 및 제41조의 5의 규정에 의하여 증여세를 과세받은 경우 저가양수에 의한 증여이익은 당시 상증세법상 취득가액 가산의 대상으로는 열거되어 있지 않았지만 취득가액 가산의 대상이 될 수 있는지에 대해 판단하였다.

이 사건에서, 원고와 소외 윤대석은 2000년 2월 10일 서울 서초구 양재동 377-3 대 459.4㎡ 및 위 지상 건물 239.2㎡(이하 '이 사건 부동산'이라 한다)를 자신들의 형인 소외 윤범석으로부터 900,000,000원에 공동으로 매수하여 같은 해 3월 13일 그 각 2분의 1 지분에 관하여 소유권이전등기를 각 경료한 다음, 같은 해 6월 15일 소외 이영숙에게 이를 1,158,500,000원에 양도한 후 그 취득가액을 900,000,000원, 양도가액을 928,000,000원으로 하여 양도소득세를 신고·납부하였다.

피고는 원고가 특수관계에 있는 위 윤범석으로부터 이 사건 부동산 중 2분의 1 지분(이하 '이 사건 부동산 부분'이라 한다)을 시가보다 낮은 가액으로 양수한 후 위 이영숙에게 양도한 것으로 보고, 2002년 4월 1일 원고에게 구상증세법(2000.12.29. 법률 제6301호로 개정되기 전의 것) 제35조, 제60조, 구상증세법시행령(2000.12.29. 대통령령 제17039호로 개정되기 전의 것) 제26조,

---

348) 대법원 2012.6.14. 선고 2010두28328 판결(갑 주식회사 대표이사 을이 갑 회사에 토지를 양도한 후 토지 상에 건축하려던 건축물의 층수 및 면적이 변경되었는데, 과세관청이 토지 양도일을 평가기준일로 하여 한국감정원 등이 소급산정한 감정가액의 평균액을 시가로 보아 을에게 양도소득세 부과처분을 한 사안에서, 토지 양도 후의 사정 변경이 토지 양도 시 가를 기준으로 지가 형성에 객관적으로 영향을 미쳤는지 심리하지 아니한 채 위 감정가액 평균액을 시가로 볼 수 없다고 판단한 원심판결에 법리오해의 위법이 있다고 한 사례).

제49조의 각 규정을 적용하여 이 사건 부동산 부분의 시가 579,250,000원(위 1,158,500,000원×1/2)과 양수가액 450,000,000원(위 900,000,000원×1/2)과의 차액 129,250,000원을 위 윤범석으로부터 증여받은 것으로 간주하여 그 증여의제이익에 대하여 증여세 19,305,000원을 결정·고지함과 동시에 구 소득세법(2000.12.29. 법률 제6292호로 개정되기 전의 것) 제96조, 제97조의 각 규정을 적용하여, 이 사건 부동산 부분을 위 이영숙에게 양도함에 있어 129,250,000원(양도가액 579,250,000원 – 취득가액 450,000,000원, 위 증여의제된 금액과 동일한 액수이다)의 양도차익이 생긴 것으로 보아 그 양도차익에 대하여 양도소득세 50,006,920원을 결정·고지하는 이 사건 처분을 하였다. 이에 대해 법원은 다음과 같이 판단하였다.

> 양도자산을 증여에 의하여 취득한 경우 실지거래가액으로 그 취득가액을 산정하는 방법에 관해서는 시행령 제163조 제9항과 제10항에서 규정하고 있는바, 위 각 규정의 취지와 그 입법 연혁 등에 비추어 보면, 시행령 제163조 제9항은 자산 자체를 사법상으로 증여하는 경우에 증여일 현재의 상증세법 제60조 내지 제66조의 규정에 의하여 평가한 가액을 취득 당시의 실지거래가액으로 의제하는 규정이고, 상증세법이 정하는 증여의제의 경우에 그 증여의제이익(증여재산가액)을 취득가액에 가산할 것인지에 관해서는 시행령 제163조 제10항에서 별도로 규정하고 있는데, 시행령 제163조 제10항은 2003년 12월 30일 개정되기 전까지는 일정한 증여의제의 유형에 한정하여 제한적으로 그 증여의제이익(증여재산가액)을 취득가액에 가산하도록 하다가 2003년 12월 30일자 개정을 통하여 비로소 이 사건과 같은 저가양수에 의한 증여의제이익 등을 포함하여 상증세법 제33조 내지 제42조 소정의 증여의제규정에 의하여 증여세를 과세받은 경우 일반적으로 당해 증여재산가액을 취득가액에 가산하도록 그 규정을 개정하면서, 그 부칙 제1조 및 제3조에서 위 개정된 규정은 2004년 1월 1일 이후 양도하는 분부터 적용되도록 명시적으로 규정되어 있다.[349]
> 이와 같이 소득세법시행령 제163조 제10항이 증여재산가액(증여의제이익)을 취득가액에 가산할 수 있는 증여의제의 유형을 개별적·구체적으로 규정하면서 그 적용대상을 점차적으로 확대하여 온 입법 연혁이나 2003년 12월 30일 개정된 소득세법시행령의 부칙 규정이 저가양수에 의한 증여의제의 경우에는 2004년 1월 1일 이후 양도하는 분부터 그 증여재산가액(증여의제이익)을 취득가액에 가산하도록 명시적으로 규정하고 있는 점 등에 비추어 보면, 위 개정된 규정이 시행되기 이전에 양도된 이 사건 부동산 거래에 관해서는 그 저가양수에 의한 증여의제이익을 취득가액에 가산하여 그 양도차익을 산정할 수는 없을 것이다.

---

349) 소득세법시행령 제163조 제10항.
- 2003.12.30. 개정 전
⑩ 법 제97조 제1항 제1호 나목의 규정을 적용함에 있어서 다음 각 호의 1에 해당하는 경우에는 당해 증여세과세가액 또는 그 증·감액을 취득가액에 가산하거나 차감한다. 〈개정 2001.12.31., 2002.12.30.〉
  1. 상속세 및 증여세법 제40조 제1항의 규정에 의한 전환사채 등(이하 이 항에서 '전환사채 등'이라 한다)에 대하여 동 항 제2호 가목 내지 다목의 규정에 의하여 증여세를 과세받거나 전환사채 등에 대하여 그 인수·취득 당시 주식가액과 인수·취득가액과의 차액에 대하여 증여세를 과세받은 경우
  2. 상속세 및 증여세법 제41조의 3 및 동법 제41조의 5의 규정에 의하여 증여세를 과세받거나 환급받은 경우
- 2003.12.30. 개정 후
⑩ 법 제97조 제1항 제1호 가목 본문은 다음 각 호에 따라 적용한다. 〈개정 2008.2.22.〉
  1. 「상속세 및 증여세법」 제33조부터 제42조까지의 규정에 따라 증여세를 과세받은 경우에는 해당 증여재산가액 또는 그 증·감액을 취득가액에 더하거나 뺀다.
  2. 법 제94조 제1항 각 호의 자산을 「법인세법」 제52조에 따른 특수관계에 있는 법인(외국법인을 포함한다)으로부터 취득한 경우로서 같은 법 제67조에 따라 거주자의 상여·배당 등으로 처분된 금액이 있으면 그 상여·배당 등으로 처분된 금액을 취득가액에 더한다.

증여로 자산을 취득하는 자가 증여세를 과세받으면서 취득한 부분은 회계적으로만 본다면 그것이 바로 취득원가가 되는 것은 아니다. 엄밀히 보면 증여세가 해당 자산의 취득원가에 가산되어야 할 것이다. 그러나 우리 세법상으로는 증여세의 과세가액을 마치 취득원가와 같이 취급하고 증여세는 필요경비로 인정하지 않는다. 아무런 대가도 지급하지 않고 자산을 증여받은 경우 증여 당시 그 자산의 시가에 따라 증여세를 납부하게 되는데 수증자가 추후에 그 자산을 양도할 때 필요경비로 인정받을 수 있는 것은 당해 자산의 실지거래가액이다(소득세법 제97조 제1항 제1호 가목 및 동법시행령 제163조 제9항). 이는 증여세를 일종의 소득세와 같이 보는 관념에 입각한 것이다. 과표구간은 증여세가 훨씬 더 넓으므로 수증자 입장에서는 동일한 이득이라면 가급적 증여세로 과세받고자 할 것이다.

(2) 증여 후 양도

(가) 배우자·직계존비속 이외의 특수관계인(이연과세)

개인이 특수관계인에게 자산[350]을 증여한 후 그 자산을 증여받은 자가 그 증여일부터 5년 이내에 다시 이를 타인에게 양도한 경우로서 수증자가 납부한 증여세 및 양도소득세의 합계액이 증여자가 직접 양도한 경우로 보아 계산한 양도소득세보다 적은 경우에는 증여자가 그 자산을 직접 양도한 것으로 본다(소득세법 제101조 제2항 본문).[351]

소득세법 제101조 제2항은 비록 부당행위계산부인규정의 하나이지만, 거래를 완전히 재구성하는 성격을 가진 것이다. 수증자에게 증여세를 부과하고 증여자에게 양도소득세를 추가적으로 부과한다면 동일한 방향의 거래에 대해 정부가 납세자가 신고한 방식대로 낸 세금은 받아 두면서 신고내용을 세법상 무효로 취급함으로써 다시 세금을 거두는 셈이 된다. 이는 일종의 부당이득이라고 할 것이다. 헌재는 이러한 상태에 있던 구 소득세법 제101조 제2항[352]이 헌법불합치하다는 결정을 내렸다.[353] 현행 소득세법은 상증세법의 규정에도 불구하고 당초 증여받은

---

350) 양도소득과세대상이 되는 모든 자산을 말한다.

351) 윤지현(Ji Hyun Yoon), 소득세법 제101조 제2항의 해석에 관하여 On Interpretation of Article 101, Paragraph 2 of the Income Tax Act, 租稅法硏究 第14輯 第3號, 2008.12은 현행법상으로는 소득세법 제101조 제2항 본문이 2004.2.27 선고, 2001두8452 판결 등을 근거로 대개 가장증여(假裝贈與)의 경우에 한하여 적용된다는 해석이 부득이하다고 보았다. 2009.12.30. 소득세법 제101조 제2항 단서가 신설되었다.

352) 소득세법(1995.12.29. 법률 제5031호로 개정되어 1996.12.30. 법률 제5191호로 개정되기 전의 것) 제101조 (양도소득의 부당행위계산) ② 양도소득에 대한 소득세를 부당하게 감소시키기 위하여 제1항에 규정하는 특수관계인에게 자산을 증여한 후 그 자산을 증여받은 자가 그 증여일부터 2년 이내에 다시 이를 타인에게 양도한 경우에는 증여자가 그 자산을 직접 양도한 것으로 본다.

353) 그 이유를 다음과 같이 설시하고 있다(헌재 2003.7.24. 2000헌바28). 이 사건 법률조항의 적용 요건이 갖추지면, 과세관청은 증여자가 선택한 증여행위를 부인함으로써 이를 과세의 기준으로 삼지 아니하고, 증여자의 양수자에 대한 양도행위의 존재를 의제하여 이를 기초로 증여자에게 양도소득세를 부과할 수 있게 된다. 이를 수증자의 입장에서 보게 되면, 자신에 대한 과세근거가 된 증여자의 증여행위가 부당한 법적 형성이라는 이유로 과세관청에 의하여 부인되어 조세법적으로는 소급적으로 무효화됨으로써 재산권의 무상 취득이란 애초부터 존재하지 않게 된 것이 다름 아니어서, 이에 대하여 증여세를 부과하거나 기왕의 증여세 부과를 유지한다는 것은 결국 증여받지 않는 재산에 대하여 증여세를 부과한 것이 되어 수증자의 재산권을 침해하는 것이다. (중간 생략) 결국 이 사건 법률조항은, 그 적용요건이 충족되는 경우 증여자의 증여행위나 수증자의 양도행위를 과세요건사실로 삼지 아니하고 오로지 '의제된 양도행위'에 따른 과세만을 함으로써도 그 입법목적을 달성할 수 있음에도 불구하고, 세수증대와 과세편의만을 도모한 나머지 '부인된 증여행위에 기초한 과세'와 '의제된 양도행위에 기초한 과세'를 서로 양립하게 함으로써 입법목적의 달성에 필요한 정도를 과도하게 넘은 이중과세를 하는 것으로서

자산에 대해서는 증여세를 부과하지 않는 것으로 개정되었다. 이미 부과된 증여세는 환급을 받게 된다(소득세법 제101조 제3항).

소득세법 제101조 제2항 단서는 "다만, 양도소득이 해당 수증자에게 실질적으로 귀속된 경우에는 그러하지 아니하다."고 규정하고 있다(2009.12.30. 신설).

제2항 본문과 단서의 규정에 걸쳐 볼 때 제2항 단서는 양도소득이 실질적으로 수증자에게 귀속할 경우에는 비록 ①(증여세)+(수증자의 양도세)가 ②(증여자의 양도세)에 비해 적은 경우라 하더라도 당사자가 구축한 거래구조를 존중하여 ①로 과세하겠다는 것이다.

제2항 본문은 Ⅰ.당사자들 간 소득의 귀속을 은폐하는 방법을 사용하고, Ⅱ.(①<②)인 경우에만 ②로 과세하겠다는 것이다. 증여계약은 통모허위표시로 무효에 불과하지만 수증자로부터 재산을 양수한 선의의 제3자와의 관계에서는 그 무효를 주장할 수는 없다. 이에 따라 제3자는 해당 재산의 소유권을 취득하게 된다. 재산이 양도된 결과가 나타났으며, 그 이익은 당초 증여자에게 귀속되어 있는 것이다. 제2항 본문의 Ⅰ. 부분이 있는 경우라면, 증여자와 수증자는 부정한 방법을 사용한 것이다. 증여자는 (①>②) 이든 (①<②)이든 자신의 양도세는 포탈한 것이 된다. 자력이 없는 수증자에게 과세관청이 조세채권을 확보하지 못할 수도 있는 것이다. 그런데 현행 소득세법은 (①>②)인 경우에는 당초의 증여와 수증자의 양도 모두 인정하겠다는 것이다. 허위의 증여에 대해 증여세를 매기는 것은 상증세법의 취지에 부합하지 않는다. 그렇다면, ① 중에서 (증여세)=0이 될 것이며, 거의 대부분 (①<②)의 상황이 될 것이므로, 제2항 본문이 적용될 것이다. 이 때 증여세를 환급하도록 하는 것은 당초 증여가 가장행위에 불과했던 것이므로 당연한 것이다. 이를 환급하지 않는 것이 헌재 2003.7.24. 2000헌바28결정에 의해 헌법불합치결정되었으며, 현행 소득세법 제101조 제3항은 이를 반영하여 개정된 것이다.

현행 소득세법 제101조 제2항이 적용된다 하더라도, 그것만으로 조세범처벌법의 적용이 배제되지는 않는다. 부당행위가 부정행위도 될 수 있는 것이다. 세법상 규정된 부당행위임을 버젓이 밝히고 있다 하더라도 그 자체가 원래 부정행위이었던 점을 가릴 수는 없는 것이다. 부당행위로 규정되면 부정행위가 아닌 것이 된다는 원칙은 조세범처벌법에서 발견할 수 없다. 또한 부당행위로 단정되는 것을 피하고자 부당행위계산부인규정의 적용요건이 발생하였음에도 그 사실을 은폐한 것은 부정행위이다.

제2항 단서는 양도소득이 실질적으로 수증자에게 귀속할 경우에는 (①<②)이더라도 ①대로 과세하겠다는 것이다. 증여자와 수증자가 (②-①)/2만큼씩 나누어 가진 경우에는 어떻게 할 것인가? 실제 거래계에는 이런 경우가 충분히 발생할 수 있다. 조세회피방지규정은 당사자들이 영위한 거래들 전체에 걸쳐 조세의 부당한 감소가 없었는지를 보아 조세회피여부를 판단하여야 한다. 미국, 독일 및 일본의 조세회피방지규정은 이와 같이 전체 거래흐름을 보아 조세절약이 있었으며, 그에 합리적인 사업목적이 존재하지 않은 경우에는, 그 거래를 부인하는 내용으로 되어 있다. 현행 소득세법 제101조 제2항은 단계거래에 의한 조세회피를 방지하고자 한다는 점에서는 진일보한 규정이라고 볼 수 있지만, 부당행위와 부정행위를 혼동하고 있는 한계가 있다.

대법원은 2004.2.27., 2001두8452 판결[354]을 통해, 구 소득세법 제101조 제2항[355]를 적용하면

그 내용이 재산권을 과도하게 침해하는 것이므로 헌법에 위반된다고 보지 않을 수 없다.

354) 원고가 1968년 8월 13일 취득한 이 사건 토지를 여동생인 이영인에게 증여(1996.2.23.)한 다음 불과 1달여 만에 부산광역시가

서 양도소득세를 산정함에 있어 기납부한 증여세액을 공제할 수 있는지에 대하여 양도소득세와 증여세는 납세의무자, 과세요건 등을 서로 달리하는 것이므로 양도소득세를 산정함에 있어 기납부한 증여세액을 공제할 수는 없다고 판단한 것은 정당하고 거기에 이중과세에 관한 법리오해의 위법이 있다고 할 수 없으며, 나아가 위 사건 2001두8452 사건의 원고와 동일인이 헌법소원심판청구한 헌법재판소 2000헌바28사건 결정(2003.7.24. 전원재판부)에서, 구법 제101조 제2항은… 입법목적의 달성에 필요한 정도를 과도하게 넘은 이중과세를 허용함으로써 수증자의 재산권을 침해하는 것이므로 헌법에 위반된다는 내용의 헌법불합치결정(적용중지)을 하고[356] 그 취지에 따라 2003년 12월 30일 법률 제7006호로 개정된 소득세법 제101조에서 제2항 후단[357]을 신설하여 위 규정에 따른 부당행위계산 부인의 경우 당초 증여받은 자산에 대하여 증여세를 부과하지 아니한다고 규정하였더라도 이에 따라 수증자에게 기납부 증여세액을 환급함은 별론으로 하고 그로 인하여 원고에 대한 이 사건 양도소득세 부과처분의 적법 여부가 달라지는 것은 아니라고 판단하였다.

헌재의 구법 제101조 제2항의 적용중지명령에 불구하고 이 사건 양도소득세 부과처분이 적법하다고 판단한 대법원 2004.2.27., 2001두8452판결에 대해서, 당해 재판의 원고가 해당 재판이 기본권을 침해한 것이라는 주장을 할 수 있었던 상황이라면, 헌법소원심판청구를 통해 그것을 시정할 수 있었을 것이다.

(나) 배우자·직계존비속(이월과세)

소득세법 제101조 제2항의 규정은 제97조의 2 제1항의 규정을 적용받는 배우자 및 직계존비속에 대해서는 적용되지 않는다. 소득세법 제97조의 2 제1항은 1996년 소득세법 전부개정시 도입된 것이다. 동항은 배우자 및 직계존비속으로부터 자산[358]을 증여받아 5년 이내 양도하는 자의 양도소득금액을 계산할 때 취득가액은 증여한 배우자의 취득가액으로 한다고 규정하고 있다.[359] 이 때 증여자의 취득가액을 승계하여 계산한 양도소득세와 수증자의 취득가액으로 계산한 양도소득세를 비교하여 큰 세액으로 하도록 하고 있다(소득세법 제97조의 2 제2항 제3호). 이 규정은 부당행위계산부인과 다를 바 없는 논리에 입각한 것이다. 배우자인 을이 갑에

이를 협의취득(1996.4.8.)하고 보상금을 지급하였다. 이영인은 위 증여 이전에도 나름의 상당한 재산을 보유하고 있었다. 원고 자신이 이 사건 토지를 양도하게 되면 증여세액을 훨씬 웃도는 양도소득세(28백만 원)를 납부하여야 하는데 이영인이 양도하는 경우 양도차익이 없게 되어 이득을 얻을 수 있었다. 원고는 증여 당시 부산광역시가 이 사건 토지를 수용절차에 따라 곧 취득하리라는 사실을 잘 알고 있었으며, 원고가 제출한 증거만으로는 이영인에게 이 사건 토지 양도대금이 모두 귀속되었다고 보기 어려웠다.

355) 구 소득세법 제101조 (양도소득의 부당행위계산)
① 납세지 관할 세무서장 또는 지방국세청장은 양도소득이 있는 거주자의 행위 또는 계산이 그 거주자와 특수관계있는 자와의 거래로 인하여 당해 소득에 대한 조세의 부담을 부당하게 감소시킨 것으로 인정되는 때에는 그 거주자의 행위 또는 계산에 관계없이 당해 연도의 소득금액을 계산할 수 있다. 〈개정 1995.12.29.〉
② 양도소득에 대한 소득세를 부당하게 감소시키기 위하여 제1항에 규정하는 특수관계자에게 자산을 증여한 후 그 자산을 증여받은 자가 그 증여일부터 2년 이내에 다시 이를 타인에게 양도한 경우에는 증여자가 그 자산을 직접 양도한 것으로 본다. (이하 생략)

356) 이와 함께 법원 등에 그 적용을 중지할 것을 명령하였다.

357) 이 경우 당초 증여받은 자산에 대하여는 상속세및증여세법의 규정에 불구하고 증여세를 부과하지 아니한다.

358) 부동산과 회원권 등 한정된 자산을 대상으로 한다.

359) 소득세법 제97조 제4항 위헌소원(2007.7.26. 2005헌바98 전원재판부) 참조.

게 증여하는 경우를 상정해 보자. 증여를 받은 배우자 갑의 증여재산가액은 증여 당시의 시가 (100)로 하는 한편 그가 양도할 때의 공제할 가액은 증여한 자의 취득가액(30)으로 하게 된다. 갑은 100에 대해 증여세를 내고 다시 그중 70 부분에 대해 양도소득세를 부담하게 된다. 이때 100에 대한 증여세(20)[360]를 필요경비로 인정받을 수 있다. 결국 50에 대해서는 이중과세를 받는 셈이다. 이러한 거래구조에 대해 정부는 양도소득과세상으로는 배우자가 아닌 특수관계인으로부터 증여를 받아 양도한 것처럼 하여 자본이득과세에 틈이 생기지 않도록 하는 한편으로 증여과세도 하고자 하는 것이다. 하나의 거래를 을의 양도거래로 봄과 동시에 증여거래로 보고자 하는 것이다. 이는 헌재의 결정취지에 부합하지 않는 것이다.[361]

한편, 배우자 직계존비속으로부터 증여받은 후 5년 이내 양도하여 수증자가 이월과세를 받게 되지만 자신의 1세대1주택 비과세 요건 활용으로 결과적으로 과세를 받지 않게 되는 경우에는 소득세법 제101조 제2항의 규정에 따라 증여자의 양도소득으로 과세된다(이연과세로 전환)(소득세법 제97조의2제2항).

다. 특수관계인 간 거래를 통한 조세회피

(1) 부당행위계산부인의 증여과세와의 관계

특수관계인과 거래를 하는 자는 상대방과 협의하여 제3자와의 거래와는 다른 내용의 거래를 함으로써 결과적으로 세금을 절감할 수 있는 기회가 있다. 물건을 특수관계인에게 파는 자가 제3자에게 요청했을 가격보다 낮은 가격으로 특수관계인에게 양도하면 양도소득세를 절감하는 결과가 나타난다. 상대방은 제3자가격보다 낮은 가격으로 양수하였으므로 경제적 이득을 증여를 받은 셈이 된다.

경제적으로 보면 증여는 증여하는 자에게는 지출이 되지만 증여를 받는 자에게는 소득이 된다. 증여세는 상속세를 회피하는 수단으로 증여가 활용되는 것을 방지하는 기능과 함께 개인소득과세를 보완하는 기능을 가지고 있다. 무상으로 이전받은 재산의 가액은 받은 자의 경제적 능력을 그만큼 증가시키는 것이라는 점에서는 소득과 공통점을 가지고 있다. 마치 증여자가 보유하고 있을 당시의 자본이득을 수증자가 재산을 이전받는 시점에서 자신에게 실현된 것과 유사하게 과세하는 체계를 가지고 있다. 증여에 대한 과세는 소득과세와의 관계에서 이전을 한 자와 받은 자 각각 다음과 같은 주장을 할 수 있겠다.

우선, 무상이전을 한 자의 입장에서 증여세는 이미 과세된 소득이 축적된 것을 다시 한 번 과세하는 것이기 때문에 중복적인 과세라는 주장이 가능하다. 이에 대해서는 무상이전도 지출(expenditure)의 하나이기 때문에 일반적인 소비(consumption)와 다를 바 없으므로 소비세가 과세되어야 하는데 그렇게 하는 대신 증여세를 부과한다는 반론을 할 수 있을 것이다.[362]

---

360) 실효세율을 20%로 가정

361) 미국의 세제상으로는 증여세는 증여자에게 과세하는 이전세이므로 이중과세의 문제는 없게 된다. 그에 따라 증여세과세목적상 증여시점의 시가로 과세하고 증여받은 자는 증여자의 장부가액을 그대로 승계하되 증여세액을 가산하도록 하고 있다. 이는 증여자와 수증자 간 특수관계 여부를 불문한다.

362) 이런 관점에서 무상이전세를 이해한다면 현금흐름에 대해 과세하는 cash flow tax도 재화의 무상이전에 대해 부과될 수

다음, 무상이전을 받는 자의 입장에서는 자신에게는 바로 환가하기 곤란한 재산에 대해 바로 과세하는 것이어서 재산권의 과도한 침해라고 주장할 수 있을 것이다. 이러한 주장에 대해서는 분납의 방법이 있다는 반론을 제기할 수 있다. 증여세가 원가 0으로 취득한 재산을 시가로 매도한 것처럼 보아 과세하는 것과 다를 바 없는 것 아닌가 하는 논리를 펼 수도 있을 것이다. 증여에 의한 재산가치의 증가액은 공제할 비용이 없거나 거의 없는 소득금액이라고 볼 수 있는 것이다.363) 현물을 증여받은 것은 소득이 발생한 것으로 볼 수도 있고 증여를 받은 것으로 볼 수도 있다. 대가를 지급하지 않고 해당 물건을 양수한 것을 강조한다면 증여가 될 것이지만 이것은 원가는 0인데 시가는 양(+)인 것이므로 바로 자본이득이 있는 것으로 볼 수도 있다. 수증자의 입장에서는 자신에 귀속하는 경제적 이득은 (증여자의 자본이득) + (증여자의 취득원가) = (자신의 자본이득)인 것이다. 다만, 미실현 이득이므로 실현될 때 소득으로 과세할 성질의 것인데 인위적으로 구분하여 미리 과세하는 것으로 볼 수 있다. 즉 무상이전을 받는 자는 미실현이득에 대해 과세하는 것이라는 주장이 가능한 것이다.364) 이러한 주장에 대해서는 미실현이득에 대한 과세가 우리 법제상 허용되지 않는 것은 아니라는 반론을 펼 수 있다.

무상이전과세가 소득과세를 보완하는 관점에서 설계된 것이라면 세법상 소득과 증여 간의 개념 구분을 분명히 하여야 한다. 그리고 증여자가 증여를 계기로 과세에서 배제받는 자본이득은 없는지를 살펴보아야 할 것이다. 수증자는 미실현 자본이득에 대해 과세받는 성격이 있으므로 과세를 완화할 필요는 없는지도 고려하여야 한다. 우리 세법상 소득과 증여 간 과세 우선순위에 관한 규정을 두고 있는 것 이외에는 위와 같은 문제에 대한 해결책을 제시하고 있는 부분을 발견할 수 없다. 그 위에 2004년에는 완전포괄의 증여개념이 도입되었다.

상증세법은 증여재산에 대해 수증자에게 소득세, 법인세 또는 농업소득세가 부과되는 경우에는 증여세를 부과하지 않는다고 규정하고 있다. 그 세금들이 감면되는 경우에도 부과된 것으로 간주하게 된다(상증세법 제2조 제2항). 이때 열거주의를 취하고 있는 소득세법상 과세대상 소득의 범주에 관한 조항이 과세대상으로 규정하지 않고 있는 것을 '비과세'의 개념에 포섭할 수는 없을 것이다.

한편, 부당행위계산부인규정에 의해 소득세나 법인세가 증여자에게 부과되는 때에는 증여세가 여전히 부과된다.

있을 것이다.

363) 상증세법상 수증자는 재산을 이전받거나 기여를 받음으로써 자신의 재산이 증가하는 과정을 거치게 되는 것으로 보고 그 재산가치의 증가분에 대해 과세하는 것이다. 일응 개인에게 법인세법에 비추어 볼 때에도 익금으로 보는 사항이 발생하고 그것이 타인의 무상 또는 저가의 재산이전 또는 기여에 의한 것인 경우에는 증여가 있었던 것으로 보고 그 증여가액에 대해 과세하는 것이다.

364) 우리 헌법상 미실현이득에 대한 과세 자체가 위헌적이지 않다는 것은 결론이 난 사안이지만 세계 각국의 과세제도를 보면 미실현이득에 대해서는 과세를 하지 않는 것이 일반적이라 할 것이다.

(가) 두 개의 개념

① 증여

특수관계인에게 경제적 이익을 증여한 자는 증여세를 부담하지는 않는다. 그런데 그러한 증여의 과정에서 자신의 소득에 대한 세금을 줄이는 자에 대해서는 소득과세상 실제 거래한 가액을 인정하지 않고 시가를 조사하여 그에 따라 거래했다면 신고했을 소득금액을 찾아 소득세나 법인세를 부과하게 된다. 부당행위계산부인규정은 개인의 경우 사업소득,[365] 기타소득 및 양도소득에 한정하여 적용된다. 부당행위계산부인규정이 적용될 경우 증여자는 스스로 소득과세를 당하므로 연대납세의무가 배제된다. 법인에 대해서는 부당행위계산부인되는 소득의 종류가 따로 설정되어 있지 않다.

② 부당행위계산부인
- 적용요건

소득세법상 부당행위계산에는 저가양도행위 외에도 여러 유형이 포함된다. 그러나 어떤 특수관계인에게 경제적 이득을 이전하였다고 하여 바로 부당행위계산부인규정이 적용되지는 않는다. 만약 누가 고가로 양수하는 방법으로 특수관계인에게 경제적 가치를 이전한 경우에는 그에게 부당행위계산부인규정이 적용되는가? 양도소득이 있는 자에게는 양도소득에 대한 부당행위계산부인규정이 적용된다. 고가양수한 자산을 아직 양도하지 않아 양도소득이 없는 자에게는 적용되지 않는다. 이론상 그 자가 양도하기 전이라도 달리 과세하여야 하지 않을까? 그것이 여의치 않다면 미래 양도할 시점에 해당 자산의 취득가액을 당초 양수할 시점의 시가로 낮추어 양도차익을 계산하도록 하여야 하지 않을까?

현행 소득세법상으로는 사업소득 등이 있는 자[366]가 그 사업용 자산을 고가로 매입한 경우 시가와의 차액을 장부가액에서 차감하도록 하고 있을 뿐(소득세법 제41조) 비사업자에 대해서는 그와 같은 부당행위계산부인규정이 적용되는지가 소득세법문구만으로 명확하지 않다(소득세법 제101조). 이에 대해 소득세법시행령은 추후 양도 시 차액만큼 취득원가를 감액시킨다고 규정하고 있다(소득세법시행령 제163조 제1항 제1호).

자산을 고가로 양도한 개인은 증여세를 부담하는가? 그렇지 않다. 그 부분에 대해 양도소득세를 낼 것이므로 증여세는 부과되지 않는다(상증세법 제35조 제1항 제2호, 제2조 제2항).[367]

부당행위계산부인규정은 시가와 거래가액의 차액이 3억 원 이상이거나 시가의 100분의 5에 상당하는 금액 이상인 경우에 적용된다(소득세법시행령 제98조 제2항 단서). 차액의 계산을 위해 거래단위별로 보며, 과세기간 단위로 끊어 보지는 않는다. 그리고 위의 요건에 해

---

365) 사업소득에 근사한 출자공동사업자의 배당소득에도 해당된다.

366) 법인에도 동일한 규정이 적용된다. 당해 자산을 양도한 때에는 매입 당시의 시가에 의하여 자산의 취득가액을 계산한다(법인세법기본통칙 67 - 106…9).

367) 재재산 - 10, 2005.1.4.는 이러한 경우에도 증여세를 부과하여야 한다는 입장을 취하고 있다. 특수관계인에 대한 양도의 경우 양도가액은 시가로 하고 시가와 실지거래가액과의 차이에 대해서는 증여세를 부과하여야 한다는 것이다. 동일한 경제적 이익에 대해 두 번 과세한다는 것은 아니다.

당되면 차액 전액을 소득금액에 가산한다. '시가와 거래가액의 차액이 3억 원 이상이거나 시가의 100분의 5에 상당하는 금액 이상인 경우'는 '조세의 회피를 부당하게 감소'의 의미를 구체화한 것이다. 개별적인 조세회피방지규정인 부당행위계산부인규정의 적용요건에 그치는 것이다.

그런데 양도에 의한 증여의 경우는 시가와의 차액이 3억 원 이상이거나 시가의 100분의 30 이상인 경우 증여세를 부과하게 된다. 그리고 증여재산의 가액은 거래가액과 시가와의 차액에서 3억 원과 시가의 100분의 30에 해당하는 금액 중 적은 것을 차감한 액으로 한다(상증세법시행령 제26조). '시가와의 차액이 3억 원 이상이거나 시가의 100분의 30 이상인 경우'는 사실상 증여과세 요건으로서의 역할을 하고 있다.[368] 이는 완전포괄의 증여개념에 배치되는 것이다. 더욱이 그것은 내용상 부당행위계산부인규정에서처럼 '조세의 회피를 부당하게 감소'의 의미를 구체화하는 것도 아니다. 상증세법상 증여개념을 설정할 때 '조세의 부당한 감소'를 마치 증여개념의 구성요소와 같이 혼동하고 있는 것이다.

- 시가산정

개인의 부당행위계산부인규정은 상증세법상 증여과세규정과 거의 일치한다. 그러나 개인과 법인의 부당행위계산부인규정은 시가산정방법이 상이하다. 이에 따라 개인의 입장에서 증여세 부과를 피하기 위해 그 시가에 관한 규정에 따라 거래가액을 설정한 경우 법인에게는 부당행위계산부인규정이 적용되고, 법인세법상 부당행위계산부인규정을 피하기 위해 그 시가에 관한 규정에 따라 거래가액을 설정한 경우 개인은 증여세를 부과받게 되는 경우가 발생한다. 이러한 현상을 방지하기 위해 개인과 법인 간의 거래로서 법인세법상 부당행위계산부인대상이 아닌 거래는 상증세법상 증여세 적용대상에서 배제하는 조항이 도입되었다(상증세법시행령 제26조 제9항). 다만, 거짓 그 밖의 부정한 방법으로 상속세 또는 증여세를 감소시킨 것으로 인정되는 경우에는 위 규정의 적용이 배제된다.

(나) 소득세와 증여세의 이중과세인지

① 경제적 이중과세

소득세와 증여세를 이중과세로 보아야 하는가? 동일한 경제적 이득이 별개의 납세자에게 각각 과세되는 것을 경제적 이중과세라고 한다. 예를 들어, 저가양도를 통해 증여를 하게 되면 동일한 이득이 증여자와 수증자에게 각각 과세되므로 경제적 이중과세가 된다.

특수관계인과의 거래에 따라 부당행위계산부인규정이 적용되는 경우에는 아래의 표에서와 같은 경제적 이중과세가 발생한다.

---

368) 이는 동시에 요건충족효과를 규정하고 있다. 즉 증여재산가액산정에도 활용되는 규정인 것이다.

구분		개인양도소득과세상	법인소득과세상
(1) 저가 양도	본인 (양도자)	① 양도소득과세상 차액만큼 증액	① 법인소득금액 계산상 차액 증액
	상대방 (양수자)	② 증여세·소득세로 과세받은 부분만 추후 양도할 때 원가 인정됨369)	② 차액익금 산입하는 경우가 있음. 이 경우 추후 양도할 때 위 차액 원가 인정됨370)
	효과	경제적 이중과세 ①, ②	경제적 이중과세 ①, ②
(2) 고가 양수	본인 (양수자)	① 추후 양도 시 차액만큼 취득원가 감액 (소득세법시행령 제163조 제1항 제1호)	① 추후 양도 시 차액만큼 취득원가 감액 (법인세법시행령 제72조 제3항 제3호)371)
	상대방 (양도자)	② 양도소득은 시가과세하고 실지거래가액 중 시가초과분은 증여세과세372)	② 소득처분된 금액이 있을 경우에는 시가로 과세373)
	효과	경제적 이중과세 ①, ②	경제적 이중과세 ①, ②

참고로 특수관계가 없는 자와의 거래로서 자산을 고가로 양도한 경우 고가양도한 부분은 증여과세하되, 양도자의 양도소득금액을 계산할 때 그 양도가액에서 증여재산가액을 차감한다(소득세법 제96조 제3항 제2호, 2008년 1월 1일 개정).374)

특수관계인과의 거래에 따라 부당행위계산부인규정이 적용되는 경우를 특수관계인과의 국제거래에 대해 이전가격과세제도가 적용되는 경우와를 비교하면 아래와 같다.

자산의 저가양도나 고가양수를 통해 경제적 이득이 누군가에게 무상으로 이전된 경우에는 이전받은 자가 그 이득에 따라 증여세(또는 법인세)를 부담하도록 하되 시가(또는 거래가액에 증여과세를 받은 부분을 가감한 가액)대로 양도소득과세를 한다.375) 따라서 해당 거래상 양도한 자는

---

369) 증여세로 과세되는 부분(상증세법 제35조 제1항, 법령 제106조 제1항 제1호 라목 및 제3호 자목)은 추후 양도 시 취득원가에 가산함(소득세법시행령 제163조 제10항 제1호). 증여세로 과세되지 않고 상여·배당 등으로 처분되어 과세된 부분이 있다면 그것도 취득원가에 가산함(동 항 제2호) ②. 이와 같은 취득가액에의 가산은 점차 그 범위를 확대하여 온 것이다. 2003. 12. 30. 개정된 소득세법 시행령 제163조 제10항의 규정이 시행되기 이전에 양도된 부동산 거래에 관하여 그 저가양수에 의한 증여의제이익을 취득가액에 가산하여 그 양도차익을 산정하여야 할 수 없다는 법원 판례가 있다(대법원 2006.11.9. 선고 2005두2124 판결).

370) 특수관계인인 개인으로부터 유가증권 저가양수한 경우 차액 익금산입함(법인세법 제15조 제2항 제1호). 이는 장부가액에 반영되고 그 결과 양도차익 과세 배제됨(법인세법시행령 제72조 제3항) ②.

371) 차액만큼 손금불산입하고 그 금액을 소득처분. ②에 따라 과세되면 기타 사외유출 처분함(법인세법시행령 제106조 제1항 제3호 자목, 법인세법기본통칙 67 - 106…9).

372) 재재산 - 10, 2005.1.4.는 양도소득에 대한 세금은 시가대로 하여 계산하고 실지거래가액 중 시가를 초과하는 부분에 대해서는 증여세를 과세하여야 한다는 입장을 취하고 있다.

373) 상증세법기본통칙 35 - 26…1. 법인세법 시행령 제106조 제1항 제3호 자목에서 "법인세법 시행령 제88조 제1항 제1호·제3호·제8호·제8호의 2 및 제9호(제1항 제1호·제3호·제8호·제8호의 2에 준하는 행위 또는 계산에 한한다)의 규정에 의하여 익금에 산입한 금액으로서 귀속자에게 상속세 및 증여세법에 의하여 증여세가 과세되는 금액"에 대하여는 법인세법 시행령 제106조 제1항 제1호의 규정에 불구하고 기타사외유출로 처분하도록 규정하고 있다. 법인이 자산의 고가매입 등을 통하여 이익을 분여함으로써 부당행위계산 부인규정에 의하여 익금에 산입한 금액이 그 귀속자에 대한 소득세법상의 과세소득(비과세 또는 감면소득을 포함한다)을 구성하지 않기 때문에 증여세가 과세되는 경우에만 기타사외유출로 소득처분한다고 새겨야 하므로 위 규정은 삭제되어야 한다(金完石(Wan Souk Kim), 자산의 고가양도에 대한 과세상의 논점, 한국세법학회, 조세법연구, 제13집 제3호 2007.12, pp.122~123 참조).

374) 대법원 2012..6.14. 선고 2012두3200 판결

375) 金完石(Wan Souk Kim), 자산의 고가양도에 대한 과세상의 논점, 한국세법학회, 조세법연구, 제13집 제3호 2007.12은 소득과세 대신 증여과세가 되어야 한다고 하면서 구 상증세법 제2조 제2항의 소득세 우선과세조항을 폐지할 것을 주장하고 있다. 증여세는 특별소득세적인 성격을 지니고 있기 때문이다.

시가대로 양도소득과세를 당하고 양수한 자는 자신의 취득가액을 시가(또는 거래가액에 증여과세를 받은 부분을 가감한 가액)로 하여 추후 양도소득과세를 받게 된다. 이는 양도소득과세상으로는 이전가격세제에서와 유사한 대응조정은 하여 주지만 그와는 별개로 무상이전된 이득을 증여세(또는 법인세)로 과세한다는 것이 된다. 이전가격과세상으로는 무상이전된 이득은 그것을 환수하지 않을 경우에는 소득처분의 방법으로 과세한다. 해당 소득이 귀속된 자에 대해서는 일정한 경우 배당소득으로 과세한다. 환수할 경우에는 소득처분은 하지 않게 되지만 그렇다고 하여 이전가격과세를 하지 않는 것은 아니다(국조법 제9조). 결과적으로 국내거래에 대한 부당행위계산부인과 국제거래에 대한 이전가격과세제도는 유사한 내용을 갖고 있는 것으로 볼 수 있다.[376]

② 법률적 이중과세 여부

상증세법은 증여재산에 대해 소득세법에 의한 소득세, 법인세법에 의한 법인세가 수증자에게 부과되는 때에는 증여세를 부과하지 않는다고 규정하고 있다(상증세법 제4조의 2 제2항). 현행 세율체계하에서는 실제 집행상 대개의 경우 특정인에게 귀속하는 경제적 이익에 대한 과세상 실질적인 조세부담의 액이 소득세로 과세되는 경우가 증여세로 과세되는 경우보다 더 많아질 것이다. 이와 같은 징세상 고려가 입법론적으로 소득과세와 증여과세와의 관계를 설정하는 가장 우선되는 이유가 될 수는 없다. 원래 소득과세는 한 역년상 개인의 경제적 지위가 제고되는 부분을 담세력으로 파악하고 조세를 징수하고자 하는 취지에 입각한 것이다. 해당 역년 중 증여에 의해 경제적 지위가 증가하더라도 그것은 일종의 소득이라고 볼 일이다. 다른 말로 하면 증여는 일종의 증여소득이다. 따라서 증여세는 특정한 종류의 소득에 대한 과세라고 할 것이다. 양도차익에 대한 세금을 흔히 양도소득세라고 하는 것처럼 증여세를 증여소득세라고 부를 수도 있었을 것이다.[377] 양도소득세에 관한 규정은 종합소득세에 관한 규정의 특례규정이다. 같은 논리에 입각한다면 증여세에 관한 규정은 소득세에 관한 규정에 대한 특례규정으로서의 지위를 가져야 할 것이다.[378]

동일한 경제적 이득을 증여자에게는 부당행위계산부인규정으로 과세하고 수증자에게는 증여세로 과세할 수 있도록 되어 있지만 수증자에게 동일한 이득을 두 번 과세하지는 않는다. 저가양도에 의한 증여를 예로 들면 수증자가 증여세로 과세된 가액 부분만큼은 수증자(양수자)의 장부가액을 증액시켜 추후 자신이 처분할 때 자본이득으로 다시 과세되지 않도록 하고 있다(소득세법시행령 제163조 제10항 제1호). 실제 증여재산가액으로 과세된 부분에 한해 장부가액을 증액하도록 하고 있다. 한편, 증여자가 법인인 경우에는 법인에게 부당행위계산부인을 하고 증가한 법인소득을 소득처분하는 규정이 있다. 그 규정에 의하면 수증자의 소득으로 보도록 하고

---

376) 자산의 저가양도를 예를 들어 보자면, 이전가격과세상으로는 일방의 양도가액의 증액은 바로 타방의 취득원가 증액으로 이어진다. 그 타방이 저가양수한 부분은 일방과 타방의 관계에 따라 과세여부가 결정된다. 부당행위계산부인상으로는 일방의 양도가액 증액으로 바로 타방의 취득원가 증액이 인정되는 것은 아니다. 타방이 증여세 또는 법인세를 부담한 부분에 한해 취득원가에의 가산이 인정된다.

377) 비교하기 부적절한 점이 있기는 하지만 북한의 조세제도상 증여소득이라는 말이 존재한다.

378) 소득세는 매년 신고에 의해 과세되고, 증여세는 증여시점으로부터 3월 이내에 신고하고 세무서장은 신고기한으로부터 3월 이내에 결정하여야 한다. 그런데 소득세는 많은 부분 원천징수에 의해 징수된다. 소득세가 먼저 징수될 가능성이 높다. 이 점은 소득세를 우선하게 하는 동인이 될 수 있었을 것이다.

있다. 즉 상증세법상 '증여'가 될 것이지만 소득과세가 이와 중첩되므로 증여과세는 하지 않게 된다(상증세법 제2조 제2항). 그 경우에도 수증자는 '증여'받은 부분으로서 실제 소득처분된 금액은 이미 과세되었으므로 그만큼 장부가액을 증액하게 된다(소득세법시행령 제163조 제10항 제2호). 결론적으로 부당행위계산부인의 상대방이 되어 있는 수증자는 자신으로서는 미실현이득에 해당하는 증여재산가액에 해당하는 경제적 이득을 증여로 하여 미리 과세되는 차이가 있을 뿐 동일한 이득을 두 번 과세받는 것은 아니다.[379]

한편, 고가양도의 경우 양도자가 증여세를 과세받을 수 있다(상증세법 제35조). 그러나 양도자는 양도소득세도 과세받게 될 것인데, 소득세와 증여세가 중첩적으로 과세되어야 할 경우 증여세는 과세되지 않는 것으로 되어 있으므로 법률적 이중과세는 발생하지 않는다(상증세법 제4조의 2 제2항).

법원은 부당행위계산부인규정의 상대방이 증여이익 부분에 대해(증여과세를 받지 않고) 소득과세를 받을 때에 이중과세가 아니라는 입장을 취하고 있다.[380] 부당행위계산부인규정은 시가와 거래가액의 차액이 3억 원 이상이거나 시가의 100분의 5에 상당하는 금액 이상인 경우에 적용되지만 양도에 의한 증여의 경우는 차액이 3억 원 이상이거나 시가의 100분의 30 이상인 부분에 증여세를 부과하게 된다. 그리고 금전의 무상사용에 의한 증여과세규정은 무상사용금액이 1억 원을 초과하는 경우에 적용된다(상증세법 제41조의 4). 부동산무상사용의 경우에는 5년간 사용이익이 1억 원을 초과하는 경우로 한정하고 있다.[381] 이와 같은 과세요건과 그 효과상 상위성은 소득과세와 증여과세는 이중과세가 아니라는 점에 어느 정도의 논거를 제공하고 있다.

현재는 소득과세와 증여과세가 이중과세가 아니라는 것이 일반적인 원칙으로 정립되어 있다. 2002년까지는 상증세법상 다음과 같은 규정이 있었다(상증세법 제37조 제2항).[382]

> ② 제1항의 규정을 적용함에 있어서 사업자인 토지소유자에게 당해 토지를 무상으로 사용하게 하는 데에 대하여 소득세가 부과되는 경우에는 증여세를 부과하지 아니한다.

1999년에는 다음과 같은 대법원 판결[383]이 있었다.

> 증여세와 양도소득세는 납세의무의 성립요건과 시기 및 납세의무자를 서로 달리하는 것이어서 과세관청이 각 부과처분을 함에 있어서는 각각의 과세요건에 따라 실질에 맞추어 독립적으로 판단하여야 할 것으로 위 규정들의 요건에 모두 해당할 경우 양자의 중복적용을 배제하는 특별한 규정이 없는 한 어느 한쪽의 과세만 가능한 것은 아니라 할 것이다. 구 상속세법 제29조의 3[384] 제3항은 제1항 및 제2항의 경우(증여받은

---

379) 상증세법은 이외에도 경제적으로 보아 미실현이득에 해당하는 것을 증여시점에 미리 과세하는 규정을 다수 두고 있다.

380) 대법원 2003.5.13, 2002두12458, 대법원 1999.9.21, 98두11830.

381) 5년에 미달하는 경우에는 5년으로 연장하여 본다면 1억 원이 되는지로 판단하게 된다.

382) 1996년 신설된 조항이다.

383) 대법원 1999.9.21, 98두11830 참조.

384) 구 상속세법 제29조의 3은 2004년 상증세법 제2조 제2항으로 개정되었다. 그 중간의 기간에는 상증세법 제32조 제2항이 적용되었다.
제29조의 3 (증여재산의 범위(신설 1981.12.31.)) ① 제29조의 2 제1항 제1호의 규정에 해당하는 자에 대해서는 증여받은 재산 전부에 대하여 증여세를 부과한다. 〈개정 1978.12.5.〉
② 제29조의 2 제1항 제2호의 규정에 해당하는 자에 대해서는 증여받은 재산 중 국내에 있는 재산에 대하여 증여세를 부

재산에 대하여 증여세를 부과할 경우)에 소득세법에 의하여 소득세가 부과되는 때에는 증여세를 부과하지 아니한다고 규정하고 있는바, 그 문언 내용이나 증여세가 소득세 보완세로서의 성격도 가지는 점에 비추어 보면 위 규정은 수증자에 대하여 증여세를 부과하는 경우 그에 대하여 소득세가 부과되는 때에는 증여세를 부과하지 아니한다는 뜻으로 읽히고, 따라서 위 규정은 앞서 본 양도소득세 규정과 증여세 규정의 중복적용을 배제하는 특별한 규정에 해당하지 않는다 할 것이다.

당시 "…소득세법에 의하여 소득세가 부과되는 때에는 증여세를 부과하지 아니한다"라고 한 규정은 이제는 "…소득세…가 수증자에게 부과되는 때에는 증여세를 부과하지 아니한다. …"로 개정되어 현행 세법상 경제적 이중과세는 허용되는 것이지만, 법률적 이중과세는 허용되지 않는 것이라는 법원의 입장과 일치하는 내용으로 규정하고 있다(상증세법 제2조 제2항).

(다) 본질에 대한 고찰

① 규정 목적의 재고찰

특수관계인에 대해서만 적용하는 부당행위계산부인규정의 도입은 특수관계를 이용하여 세무공무원을 기망하려는 행위를 방지하기 위한 것인가, 아니면 불공평을 우려한 때문인가? 특수관계인인 상대방으로부터 저가양도에 해당하는 부분을 돌려받는 행위를 하는 기망행위를 방지하기 위함이라고도 볼 수 있다. 이를 방지하고자 하는 것이라면 그 기능은 이제 조세범처벌법에 의해 충분히 수행할 수 있게 되었으므로 부당행위계산부인규정이 별도로 존속할 필요가 없다는 것이 된다.

과세상 불공평 방지 차원에서는 다음의 두 가지 목적을 도모하는 볼 수 있다. 우선, 우리 법인세법상 부당행위계산부인 도입 초기의 입법 취지 및 일본의 동족회사행위계산부인제도와 독일의 숨은 이익처분제도에서 보듯이 법인과세의 형해화를 방지하는 것을 고려할 수 있다. 만약 이를 목적으로 하는 것이라면 법인과 주주(그의 특수관계인 포함)간의 거래에서 법인의 소득을 부당하게 감소하는 경우에 대해서만 적용하는 것이 타당하다.

다음, 세율차이를 이용한 조세부담의 감소를 방지하기 위한 목적이다. 예를 들어, 저가양도하는 자라면, 그는 세율이 낮은 자에게 경제적 이익의 이전을 의도하는 것이 병행되어야 할 것이다. 경제적 이익의 무상 이전에 대한 증여과세가 이루어지는 것이라면, 세율차이를 이용한 부당행위에 대해서는 이를 제재하는 차원에서 부당행위계산부인규정을 적용할 타당성이 있을 것이다.

② 규율이 필요한 대상의 규명

타인에 대한 이익의 이전이 조세형평 차원에서 비난받아야 할 것인지에 대해 고려하기 위해서는 이익의 이전자 뿐 아니라 그것을 이전받는 자에 대해서도 종합적으로 살펴보아야 할 것이다.

부당행위계산부인규정이 적용되는 경우 대응조정을 해주기 때문에 크게 보아 조세형평에 문제가 되지 않는다고 볼 수 있다. 결과적으로 보면, 증여과세만 하게 되는 셈이 된다. 증여과세

과한다. 〈개정 1978.12.5.〉

③ 제1항 및 제2항의 경우에 소득세법에 의하여 소득세가 부과되는 때에는 증여세를 부과하지 아니한다. 〈개정 1978.12.5.〉

[본조신설 1971.12.28.]

상으로는 경제적 실질에 부합하게 증여사실을 판단하여 부당행위계산부인규정과 독립적으로 과세여부를 결정하게 된다.[385]

대응조정을 해주는 것이라면 부당행위계산부인규정은 굳이 존치할 필요가 없는 것이라고 볼 수 있다. 예로서, 부당행위규정 적용상 저가양도의 경우 대응조정의 규정은 다음과 같이 구성되어 있다. 소득세법시행령상 대응조정규정은 2004년 발효한 것이다. 이는 상대방 쪽에서 소득세든 증여세든 과세된 금액의 경우에만 원가를 인정한다는 의미에서 순수한 대응조정방식이라고 볼 수 없다. 예를 들어, 순순한 대응조정방식이라면, 쌍방이 개인인 경우 상대방인 개인에게 증여세가 과세되든 되지 않든 저가양도하는 쪽에서 차액만큼 양도소득과세가 된 이상 상대방에게 그 차액만큼이 그의 취득가액으로 인정할 필요가 있는 것이다. 증여세는 독립된 법에 의해 독자적인 과세요건에 의해 판단될 사항이다. 본인에 대한 부당행위계산부인규정의 적용을 1차조정에 의한 과세라고 한다면, 상대방에 대한 과세상 소득과세를 할 경우 이를 2차조정에 의한 과세라고 볼 수 있을 것이다. 본인이 법인인 경우에는 상대방에 대한 2차조정을 하게 되는데, 이는 소득처분의 한 가지라고 할 수 있다(법인세법시행령 제86조 제6항).

과세관청의 경정처분이 있기 전까지 회수한 경우에는 사내에 유보되어 세무상 자본이 증가된 실질을 인정하고 소득처분하지 않도록 하고 있다(법인세법시행령 제106조 제4항). 이 규정의 반대해석에 의하면 과세관청이 법인세과세표준을 경정하고 이에 따라 소득처분을 한 경우라면 그 이후에 회수한다 하더라도 당초의 소득처분은 유지된다는 것을 의미한다.[386] 이때 회수한 것은 법인에게 추가적인 이득으로 보아야 하는가? 이미 과세된 소득이므로 이월익금[387]에 대해서처럼 법인세를 부과하지 말아야 할 것이다.

특수관계 없는 자에게 저가양도한 경우 사업소득 개인 또는 법인의 경우 "정당한 사유" 없이 저가 양도할 때에는 비지정기부금으로 보아 손금산입되지 않는다(예, 법인세법시행령 제35조). 이에 따라 차액만큼 소득이 증액되는 효과가 부당행위계산부인규정이 적용되는 것과 동일하게 나타난다. 저가양수한 자는 "거래의 관행상 정당한 사유 없이 시가보다 현저히 낮은 가액 또는 현저히 높은 가액으로 재산을 양수 또는 양도한 경우에 한하여" 증여받은 것으로 '추정'한다고 규정하고 있다(상증세법 제35조 제2항). 비특수관계인과의 거래에서는 특수관계인과의 거래에 대한 과세와 비교할 때에 "정당한 사유[388]"의 항변이 가능하다는 차이가 있다.[389] 비특수관계

---

385) 정지선 등은 동일한 경제적 이익에 대한 양도소득세와 증여세의 과세를 이중과세로 보고 이에 개선이 필요하다는 입장을 밝히고 있다(정지선, 권오현, 개별 세법상 부당행위계산 부인규정의 상충관계 해소를 위한 연구,세무학연구, 제29권 제2호, 한국세무학회, 2012년 6월, pp.165~199 참조)

386) 사외유출로 인해 법인의 대표자 등에게 귀속된 금액이 소득세 납세의무 성립 이후 법인에 환원된 경우 소득처분하여야 하며, 법인이 사외유출된 금액을 회수하였으나 자발적인 노력에 의한 것이 아닌 경우 이에 대하여 소득처분하는 것이 헌법상 보장된 재산권의 본질적인 내용을 침해하거나 소득세법에 위배되는 것은 아니다(대법원 2011.11.10. 선고 2009두9307 판결). 법인이 사외유출된 금액을 회수하더라도 법인의 자발적인 노력에 의한 것이 아닌 경우, 소득처분을 하여야 한다(대법원 2016.9.23. 선고 2016두40573판결).

387) 기업회계와 세무회계 수익인식시기의 차이에 의해 세무회계상 이미 익금에 산입된 금액이 당기에 와서야 기업회계상 이익으로 계상된 경우 그 금액을 소득금액 산정상 배제하여야 하므로 이를 이월익금이라고 하여 과세에서 배제한다. 횡령액의 경우 당초 재무제표에 보고되지 않았을 것인데 세무조사과정에서 적출된 때에 전기오류수정이익으로 반영하게 될 것이며 이에 대해 이미 과세되었다면 다시 과세하는 것은 타당하지 않다고 보아야 할 것이다.

388) 대법원 2001. 5. 29. 선고 2000두8127 판결 참조

인으로부터 저가양수에 의한 경제적 이익에 대한 증여과세는 2004년부터 이루어지고 있다. 이와 같이 증여과세를 받은 부분은 특수관계인으로부터 저가양수한 경우와 동일하게 대응조정이 허용된다.

대응조정규정은 부당행위계산부인규정의 "단편성"을 보완하기 위해 도입된 것이다. 대응조정규정이 도입되어 국가로서는 저가양도와 같은 부당행위계산에 의해 소득세법상으로는 거래당사자들에게 부당행위계산부인규정 자체에 의해서는 추가적인 세수를 거의 기대할 수 없게 되었음에도 이를 여전히 "부당한" 것으로 보아 과세를 하여야 할 것인지 의문이다. 다만, 이러한 논의에 대해서는 거래당사자 상호간 적용실효세율이 다른 경우 소득을 이전함으로써 조세상 이득을 볼 수 있으며, 이는 조세회피의 일종이므로 규제하여야 한다는 반론이 가능하다. 물론, 전술한 바와 같이, 부당행위계산부인규정 중 법인과 주주에 대한 경제적 이중과세를 회피하는 행위에 대한 것에 대해서는 여전히 제도 존치의 실익이 있다고 할 수 있다.

③ 적정한 수단의 모색

부당행위계산부인규정은 시장성의 가치를 우선하면서, 정당한 사업목적 및 경제적 합리성에 의해 납세자의 고유한 사정을 반영할 수 있는 구조를 지니고 있다. 대응조정제도가 도입되는 등 경제적 실질과의 조화를 도모하는 제도가 도입된 여건 하에서 이 제도를 재조명한다면, 불필요한 영역에 대해서 여전히 시가에 의한 소득과세를 강요하는 성격이 존재한다.

그간 헌법재판소는 부당행위계산부인규정에 의한 과세와 증여과세가 동일한 경제적 이익에 대한 이중적 과세로서 과잉금지원칙에 위배되는 것은 아닌지에 대해 각각은 상이한 목적으로 과세대상을 설정하고 있으므로 설사 외견상 동일한 이익이 양 세목의 과세대상이 된다 하더라도 문제되지 않는다는 판단을 해오고 있을 뿐이다.[390]

부당행위계산부인규정은 개인 간 거래 또는 법인 간 거래에 대해서는 적용할 실익이 매우 적은 것이다. 양도자에 대해서는 양수자에 적용되는 세율과의 차이가 나는 경우에 대해서만 과세하는 것이 타당하다. 일본의 사례를 참조할 필요가 있다.

개인과 법인 간의 거래의 경우에도 시가와 작은 규모로 차이가 날 경우 과세를 배제하는 영역을 좀더 넓힐 필요가 있다. 시가와 거래가액의 차액이 3억 원 이상이거나 시가의 100분의 5에 상당하는 금액 이상인 경우에 한한다(소득세법시행령 제167조 제3항). 최소한 증여과세 수준으로 확대할 필요가 있다.

증여과세 여부를 규정하는 데에는 거래당사자의 실효세율 차이가 있는지 여부에 대한 고려

---

389) 과세관청 실무상 정당한 사유가 있음을 부인하는 데에 주저하는 경향이 있는 것으로 보인다. 비특수관계인 간 거래는 시장의 원리가 지배하므로 어느 일방도 상대방에게 손해 보는 거래는 하지 않으려 할 것이라는 생각이 지배하고 있기 때문이다. 비특수관계인 간 거래에서 증여가 문제 되는 단계에 이른 경우는 대부분 상증세법상 시가 산정이 개별적인 거래사정을 일일이 감안하기 곤란하여 이른바 '현저히' 차이가 나는 것처럼 보이기 때문이다. 달리 실제 '현저히' 차이가 난다면 그것은 양도자의 양도차익을 줄여 주더라도 양수자는 그만큼 미래의 양도차익이 늘어나지 않는 경우라든지 '조세를 부당하게 감소' 시키고자 하는 의도가 있는 경우일 것이다. 조세를 부당하게 감소하고자 하는 의도는 '시가 양도 후 차액을 증여할 수 있는 상황'이 있었는지에 따라 간접적으로 판단할 수 있을 것이다. 이 규정을 제대로 적용하기 위해서는 과세관청이 납세자가 '조세를 부당하게 감소'시키기 위함이었음을 입증하도록 하는 것이 타당할 것이다.

390) 소득세법 제101조 제1항 위헌소원 등 2006. 6. 29. 2004헌바76, 2004헌가16(병합) 전원재판부의 합헌 결정 참조

를 할 필요가 없음은 물론이다. 아울러, 증여과세상으로는 차액 3억 원이거나 시가의 100분의 30이 되어 증여과세될 경우 3억 원 또는 시가 100분의 30 중 적은 금액을 차감하는 것은 타당하지 않다.

(라) 외국의 사례

① 일본

법인세법 제132조는 법인에 대한 동족회사계산부인에 관해 규정하고 있다.[391] 동족회사행위계산부인규정의 적용대상이 되는 행위 계산의 상대방이 누구인지를 불문한다.[392] 이 규정은 지금도 구체적인 행위유형을 규정하고 있지 않다. 법인세법기본통달에 그간 재판례 동향이 감안되어 행위유형이 규정되어 있었으나 1970년대 폐지되었다. 폐지전 통달에 의하면, 과대출자, 고가매입, 저가양도, 사원 개인적 지위에 기한 기부금, 무수익자산의 양수, 과대급여, 업무에 종사하지 않는 사원에 대한 급여, 용역증여, 과대요율에 의한 임대차, 불량채권의 차환, 채무의 무상인수의 11개의 항이 예시되었다. 이 통달은 소득계산의 통칙으로서 법인세법 제22조[393]가

---

391) 제132조(동족회사 등의 행위 또는 계산의 부인)
    제1항 세무서장은 다음에 게기하는 법인에 관계되는 법인세에 대해 경정 또는 결정을 하는 경우에 있어서 그 법인의 행위 또는 계산에서 그것을 용인하는 경우에는 법인세의 부담을 부당하게 감소시키는 결과가 되는 것을 인정하는 것이 되는 때에는 그 행위 또는 계산에도 불구하고 세무서장이 인정하는 바에 따라 그 법인에 관계되는 법인세의 과세표준 또는 결손금액 및 법인세액을 계산할 수 있다.
    1. 내국법인인 동족회사
    2. 다음 모두에 해당하는 내국법인
    ㄱ. 3개 이상의 지점, 공장 기타의 사업소를 가지고 있는 것
    ㄴ. 그 사업소의 2분의 1 이상에 해당하는 사업소에 대해, 그 사업소의 소장, 주임 기타의 사업소에 관계되는 사업의 주재자 또는 당해 주재자의 친족 그 밖의 당해 주재자와 정령에서 정하는 특수관계에 있는 개인(이하 이후에서 「소장등」이라고 한다)이 앞의 당해사업소에서 개인으로서 사업을 영위한 사실이 있는 것
    ㄷ. ㄴ.에서 규정하는 사실이 있는 사업소의 소장 등이 갖고 있는 내국법인의 주식 또는 출자의 수 또는 금액의 합계액이 그 내국법인의 발행주식 또는 출자(그 내국법인이 갖고 있는 자기주식 또는 출자를 제외한다.)의 총수 또는 총액의 3분의 2 이상에 상당할 것
    제2항 (중략)
    제3항 제1항의 규정은 동 항에서 규정하는 경정 또는 결정을 하는 경우에는, 동항 각호에 규정하는 법인의 행위 또는 계산에 대해, 소득세법 제157조 제1항(동족회사의 행위 또는 개산의 부인 등), 상속세법 제64조 제1항(동족회사등의 행위 또는 계산의 부인 등), 지가세법(1991년 법률 제69호) 제32조 제1항(동족회사 등의 행위 또는 계산의 부인 등)의 규정을 적용할 때에 준용한다.
392) 村上泰治, 同族会社の行為計算否認規定の沿革からの考察, 税大論叢 11号, 昭和52(1977)年11月30日, 税務大学校, p.268
393) 법인세법 제22조(각사업연도의 소득금액의 계산)
    제1항 내국법인의 각사업연도의 소득금액은, 당해 사업연도의 익금의 금액으로부터 당해사업연도의 손금의 금액을 공제한 금액으로 한다.
    제2항 내국법인의 각사업연도의 소득금액의 계산상 당해사업연도의 익금액에 산입할 금액은, 별도의 규정이 있는 경우를 제외하고는, 자산의 판매, 유상 또는 무상의 자산의 양도 또는 용역의 제공, 무상의 자산의 양수 기타의 거래로서 자본등 거래 이외의 것에 관계되는 당해사업연도의 수익의 액으로 한다.
    제3항 내국법인의 각사업연도의 소득금액의 계산상 당해사업연도의 손금액에 산입할 금액은, 별도의 규정이 있는 경우를 제외하고는, 다음에 규정하는 금액으로 한다.
    1. 당해 사업연도의 수익에 관계되는 매출원가, 완성공사원가 기타 이에 준하는 원가의 금액
    2. 전호에 규정하는 것 이외의 것으로서, 당해사업연도의 판매비, 일반관리비 기타의 비용(상각비 이외의 비용으로서 당해사업연도 종료일까지 채무가 확정되지 않은 것을 제외한다)의 금액
    3. 당해사업연도의 손실의 액으로서 자본등 거래 이외의 거래에 관계되는 것

도입되었으며, 과대급여의 손금불산입(법인세법 제34조 및 제36조) 등의 규정이 신설되고, 이사 또는 사용인에게 대해 부여되는 경제적 이익은 급여로서 취급되기 때문에 특별히 통달로 정할 필요가 없다고 인정되어 폐지되었다.

법원의 판례상 부인대상이 되는 부당한 행위유형에는 비동족회사 간에서는 나타나기 어려운 행위 및 순 경제인의 행위로서는 불합리하고 부자연한 행위의 두 가지 유형이 존재한다. "부당성"의 판단기준으로는, 종래부터, 대표적인 견해로서, 주로 법인세의 동족회사의 행위계산부인규정의 적용 시에 논의되어 왔던, ① 비동족회사인 경우에는 통상적으로 하기 어려운 동족회사의 행위계산, 즉, 동족회사이기 때문에 용이하게 행한 행위계산일 것을 기준으로 보아야 한다는 견해와 ② 오로지 경제적, 실질적 견지에서 볼 때, 당해 행위계산이 순경제인의 행위로서 불합리·부자연한 것으로 인정되는가를 기준으로 하여 판정하여야 한다는 견해의 2 개의 상이한 견해가 있어 왔다. 두 가지 경우 모두 동족회사행위계산부인규정 적용요건의 충족 여부를 판단함에 있어 큰 차이는 없지만 후자의 관념에 입각한다면 정상적인 사업목적이 있다는 이유로 납세자가 항변하기 용이해진다는 특징이 있다.394)

최근의 소득세 과세상 동족회사 행위계산부인규정을 적용한 과세처분에 대한 재판례에서는, 이 점에 관해 "주주등과 동족회사간의 거래행위를 전체로서 파악하고, 그 양자간의 거래가 객관적으로 보아, 개인의 세부담을 부당하게 감소하는 결과를 초래한다고 인정되는가 여부의 관점으로부터 판단하는 것이 타당하고, 동족회사만의 행위계산에 착안하여 판단하는 것은 타당하지 않다(東京高裁平成10年6月23日判決)"고 판시하고 있다.

구체적인 양태의 판단에는 독일 조세기본법 제42조의 규정이 참조될 수 있다. 이 때 사안별 개별적 사정이 고려된다.395) 해석상 불합리·부자연이라고 불리지 않을 "상당한 이유"(정당한 이유 또는 경제적 합리성 등이라고 불리기도 한다.)가 있는 경우에는 해당 규정의 적용이 배제되고 있다. 무이자자금대여의 경우에 관련 사례가 다수 있다.396)

법인세법 제132조 제3항은 2006년 도입된 것으로서 당시로서는 불명확한 부분을 명확히 하는 의미를 지닌 대응적 조정규정이다. 이전까지 과세관행이라고 할 수 있는 것은 개인으로부터 법인에게 자산이 저가양도된 경우 그 차액이 반환된 날이 속하는 사업연도의 손금산입을 인정하고, 법인이 해당 자산을 양도하여 이미 소득으로 과세된 경우에는 손금산입을 인정할 필요가 없다는 것 정도였다. 즉 양도자인 개인의 양도가액이 증액된 사실 자체에 의해 양수자인 법인의 취득가액을 증액시키는 것은 아니었다.397)

2006년 세법개정에 의해 도입된 대응적 조정규정은, 예를 들면, 법인세법상, 행위계산부인규정이 적용되어 증액경정처분이 행해진 경우에는, 그 "결과"를 이어받아 당해행위계산과 직접관계가 있는 소득세에 대해 반사적인 계산으로서 감액경정하는 취지의 규정이다. 제3항에 대해서

(이하 생략)

394) 金子 宏, 『租税法』(제10판), 弘文堂, 2005, pp.389~396.
395) 村上泰治, 전게논문, pp.269~274
396) 小田信秀, 所得税における同族会社の行為計算否認を巡る諸問題, 税大論叢 33号 平成11年6月30日, p.80
397) 井出裕子, 同族会社等の課税に係る一考察 ―同族会社等の行為計算否認に係る対応の調整を中心に―, 税大論叢 62号, 平成21年6月25日

는 상대방에 대해 세무서장이 의무적으로 감액경정을 하여야 한다는 설, 재량을 가지고 있다는 설 등 다양한 견해가 제기되고 있다. 이는 행위계산부인규정의 적용요건인 "부당성"의 판단기준에까지는 영향을 미치지 않는 것이다. 다만, 대응적 조정에 의한 거래의 상대방에 대한 세금효과까지 종합하여 볼 때, 행위계산부인규정을 적용한 경우와 그렇지 않은 경우 세금차이가 거의 없는 경우에는 이 규정이 적용되지 않을 수 있다고 한다.398)

② 독일

독일세법상 은닉된 사실을 발견하여 과세하는 데에 관한 것으로서 "숨은 이익처분(verdeckte Gewinnausschüttung, 독일 법인세법 제8조 제3항 제2문)"의 개념이 있다.

§ 8 소득금액의 결정
(3) 1. 소득금액은 당해 소득이 분배되는지 여부와 무관하게 결정된다.
2. 또한 숨은 이익처분과 물적회사의 소득 및 청산금에 대한 참여의 권리와 연결된 모든 종류의 향유권의 분배는 소득금액을 감액하지 않는다.
3. 숨은 자본금은 소득금액을 증액하지 않는다.
4. 숨은 자본금이 사원의 소득금액을 감액하는 한 물적 회사의 소득금액을 증액한다.

법인세법(Körperschaftsteuergesetz)은 제8조 제3항 제2문에서 "숨은 이익처분"의 개념을 사용하고 있다. 숨은 이익처분 규정은 1934년 법인세법 제6조 제2문에 연원한다. "여기에서…물론 숨은 이익처분도 고려하여야 한다." "여기에서"란 소득금액의 결정을 말했다.

숨은 이익처분의 개념이 세법상 정의되고 있지는 않으며, 법원의 판결에 의해 생성 발전된 개념이다. 법원은 물적 회사(Kapitalgesellschaft)가 주주와의 특수관계로 인하여 그 자산이 감소되는 것 또는 자산의 증가가 이루어지지 못한 것399)으로서 법인의 소득에 영향을 미치고 공개적인 배당과 아무런 연관관계가 없는 것을 숨은 이익 처분이라고 정의하고 있다. 사원 또는 주주가 아닌 제3자라면 누릴 수 없는 재산적 이익을 누리는 경우를 말한다. 숨은 이익처분규정은 회사와 주주 간의 관계뿐 아니라 회사와 주주의 특수관계인 간의 관계에 대해서도 적용된다.

제국재정법원은 숨은 이익처분규정의 목적을 "직원이 사원이라는 이유로 임의로 많은 보수 등을 받아가는 것을 방지하는 것"에 있다고 하였다. 제국재정법원은 자주 1919년 조세기본법 제5조를 숨은 이익처분에 결부시켰지만 그것과 숨은 이익처분조항은 별개의 것이라는 입장을 취해왔다. 숨은 이익처분조항은 법인이 가득한 과세기반에 대한 과세를 온전히 하는데 기본적인 목적이 있는 것이다. 조세기본법 제5조400)는 법형성가능성 남용방지에 대한 규율이다.401)

---

398) 村井泰人, 同族会社の行為計算否認規定に関する研究 －所得税の負担を不当に減少させる結果となる行為又は計算について－, 税大論叢 55号, 平成19年7月4日, p.707

399) 자산을 시가보다 낮은 장부가액으로 처분하는 경우(unterpreisverkauf)가 대표적인 예이다. 또 다른 예로서는 청구권의 포기, 사업기회의 포기가 있다.

400) 제1항 민사법의 형식과 형성가능성의 남용을 통해 납세의무를 회피하거나 축소할 수 없다.
제2항 제1항에서 규정하는 남용은 다음의 경우에 있는 것으로 한다.
1. 경제적인 행위, 사실 및 관계에 대해 법률이 그것에 부합하는 법형성에 따라 조세를 부과하고자 하는데, 그 조세를 피하기 위해 그것에 부합하지 않으면서 통상적이지 않은 법형식이 선택되거나 법률행위가 이루어지고,

숨은 이익처분규정은 물적회사와 주주간의 특수관계에 기한 이익의 처분에 대해 적용된다. 이때 그 특수관계에 기해 처분이 이루어졌는지 여부는 제3자와의 관계에서라면 어떻게 하였을 것인가 하는 비교에 의한다(Fremdvergleich).[402]

이 판단에 대해 법원이 개발한 기준은 다음과 같다. 성실하고 양심적인 사업자라면 다른 점에서는 동일한 조건의 사원이 아닌 다른 자에게 재산의 감소나 재산증가의 방해를 허용하지 않았을 경우이다. 제3자비교는 당해 기업이 제3자와 거래를 한 경우 내부적으로도 이루어질 수 있다. 외부적 비교도 가능하다. 비교가능 실제 거래가 존재하지 않을 경우에는 가상적인 거래를 상정할 수도 있다. 제3자 비교의 결과는 범위대(range)로도 주어질 수 있다. 이 비교는 관계법인간 이전가격에 대해서도 적용된다.

연방재정법원은 1955년 이래 지배주주에 대한 숨은 이익처분에 관해서는 지배주주가 법인과의 관계를 자의적으로 활용할 가능성이 더 높은 것으로 보고 숨은 이익처분 적용요건을 보다 완화된 관점에서 적용해오고 있다. 연방헌법재판소는 이런 해석이 헌법상 평등원칙에 부합한다는 입장을 밝히고 있다.[403]

과세상 발견된 숨은 이익처분은 수령자의 배당으로 취급됨과 동시에 해당 법인의 비용으로 인정되지 않는다. 예를 들면, 법인이 자산을 현저한 저가로 양도하여 주주에게 이익을 이전한 경우 그 주주에게는 배당소득이 발생한 것으로 본다.

법인세법적용지침(Körperschaftsteuer-Richtlinien) 제31조 3항 1호는 임원 또는 대표이사인 주주가 부적절하게 높은 급료를 받는 경우 숨은 이익처분으로 보아 배당으로 처분하고 있다. 나아가 주주의 특수관계인(nahestehende Personen)에게 귀속된 것도 주주에 대한 배당으로 처분한다.[404]

법인이 그 주주로부터 환급받을 청구권이 있다 하더라도 그 주주의 배당소득으로 보지 않는 것은 아니다. 법인은 그 청구권만큼 이익을 인식하여야 한다. 추후 청구권에 의해 주주가 법인에게 지급을 할 경우 해당 주주의 배당소득은 경감된다. 자산의 취득가액은 지급을 한 이후에야 실제 지급한 대로의 조정이 인정된다.

최근에는 숨은 이익처분은 개인주주와의 관계에서만 주로 문제 된다. 지분비율이 높은 법인주주와의 관계에서는 Organschaft의 개념에 의한 연결납세가 인정되기 때문이다. 비슷한 개념으로 '숨은 지분(verdeckte Einlage)'의 개념이 판례상 인정된다.[405]

---

2. 이루어지거나 이루어질 관계나 방식에 따르자면 관여자에게 경제적인 행위, 사실 및 관계에 부합하는 법형성을 선택되었을 경우와 경제적인 측면에서 본질적으로 동일한 결과가 나타나고, 더 나아가

3. 선택된 경로가 가져오는 약간의 법적장애는 실제 아주 적은 의미만 갖는다.

(이하 생략)

401) Julian Böhmer, Verdeckte Gewinnausschüttungen bei beherrschenden Gesellschaftern, LIT Verlag Dr. W.Hopf Berlin 2011, p.13

402) Klaus Tipke/Joachim Lang, Steuerrecht, Verlag Dr. Otto Schmidt Köln, 2010, p.455

403) Julian Böhmer, op. cit., , pp.63-79

404) 주해진, 現行 所得處分 關聯規定의 違憲性에 관한 硏究, 한양대학교 법학박사학위논문, 2012.2 참조

405) Lüdtke-Handjery, Steuerrecht, Erich Schmidt Verlag, 2005, pp.136~141 참조

(2) 무상이전과 유상이전이 연이을 경우

무상이전받은 재산을 유상이전할 경우에는 유상이전 시 양도소득금액 계산상 차감하는 취득가액은 무상이전받을 당시의 가액으로 한다. 취득 당시의 실지거래가액에 의하는 것을 원칙으로 한다(소득세법 제97조 제1항 제1호 가목).

거주자가 양도일부터 소급하여 5년 이내에 그 배우자 또는 직계존비속으로부터 증여받은 자산의 양도차익을 계산할 때에는 취득가액은 당해 배우자 또는 직계존비속 취득 당시의 취득가액으로 한다(소득세법 제97조 제4항).[406) 이는 양도 당시 혼인관계가 소멸한 경우에도 적용된다. 다만, 사망으로 인하여 혼인관계가 소멸한 경우에는 예외가 인정된다. 아울러 증여받은 후 수용되어 5년 이내 양도하는 결과가 되는 경우에도 예외가 인정된다. 이 규정이 적용되면 무상이전받은 배우자는 증여세를 부담하게 되는데 증여세의 과세가액은 증여 당시의 가액으로 한다. 양도차익을 계산함에 있어서 해당 증여세액은 필요경비로 인정해 준다. 이월과세와 유사하지만 이월과세는 유상이전이 이어진 경우에 해당하는 개념인 점에서 차이가 있다.

개인이 특수관계인(배우자 및 직계존비속 제외)에게 자산을 증여한 후 그 자산을 증여받은 자가 그 증여일부터 5년 이내에 다시 이를 타인에게 양도한 경우로서 수증자가 납부한 증여세 및 양도소득세의 합계액이 증여자가 직접 양도한 경우로 보아 계산한 양도소득세보다 적은 경우에는 증여자가 그 자산을 직접 양도한 것으로 본다. 다만, 이 경우에도 양도소득이 해당 수증자에게 실질적으로 귀속된 경우에는 증여자가 직접 양도한 것으로 보지 않는다(소득세법 제101조 제2항). 이 경우 당초 증여받은 자산에 대하여 증여세를 부과하지 않는다. 이연과세와 유사하지만 이연과세는 유상이전이 이어진 경우에 해당하는 개념인 점에서 차이가 있다.

유상이전받은 재산을 무상이전할 때에는 무상이전 시점의 시가로 무상이전하는 것으로 본다.

(3) 무상이전으로 추정하는 유상이전

증여세나 상속세의 회피 소지가 높은 거래에 대해서는 증여나 상속으로 추정하여 세법상 입증책임을 납세자에게 전환하는 방법을 사용한다.

배우자나 직계존비속에게 양도한 경우는 증여로 추정한다(상증세법 제44조 제1항). 특수관계인에게 재산을 양도하였는데 양수한 특수관계인[407)이 3년 이내에 다시 그것을 당초 양도한 자의 배우자나 직계존비속에게 양도한 경우에는 다시 양도할 당시의 시가대로 배우자나 직계존비속이 증여받은 것으로 추정한다(상증세법 제44조 제2항).[408) 배우자나 직계존비속에게 대가를 지급받고 양도한 사실을 명백히 하는 등의 방법으로 반증할 수 있는 길이 열려 있다(상증세법 제44조

---

406) 배우자 증여공제액이 상향조정됨에 따라 토지를 배우자에게 증여한 후 양도하는 방법으로 양도소득세 부담을 회피하는 사례를 방지하기 위해 증여배우자의 취득가액을 수증배우자의 취득가액으로 의제한 것으로 입법목적의 정당성과 방법의 적절성이 인정된다. 또한 배우자 사이의 거래의 경우 상호 밀접한 관계로 말미암아 사전 또는 사후 담합의 개연성이 높고 과세관청이 이러한 일련의 거래에 대하여 개별 구체적 사정 등을 일일이 심사하여 과세하는 것은 조세행정상 불가능에 가까우므로 양도소득세의 회피를 방지하기 위하여 일률적으로 배우자의 취득가액을 승계토록 한 것은 일응 불가피한 조치라고 수긍할 수 있다…(소득세법 제97조 제4항 위헌소원 2007.7.26. 2005헌바98 전원재판부).

407) 당초 양도한 자와 그 자의 배우자 및 직계비속과 특수관계가 있는 자를 말한다.

408) 1996년 의제규정에서 추정규정으로 바뀐 것이다. 의제규정 당시 구 상증세법 제34조 제1항의 규정에 의한 증여의제 재산을 무신고한 경우 그 부과제척기간은 10년이라는 판례가 있다(대법원 2003.10.10. 선고 2002두2826 판결).

제3항). 해당 배우자 등에게 증여세가 부과된 경우에는 소득세법의 규정에도 불구하고 당초 양도자 및 양수자에게 그 재산 양도에 따른 소득세를 부과하지 아니한다(상증세법 제44조 제4항).[409]

상속개시일 전 처분재산 중 일정 요건을 충족하는 것은 이를 상속재산으로 추정한다(상증세법 제15조).

(4) 유상이전으로 간주하는 무상이전

부담부 증여의 경우에는 증여 시의 재산가액 중 수증자가 부담하는 채무에 해당하는 부분에 상응하는 자본이득분에 대해서는 증여자가 양도한 것으로 보게 된다(소득세법 제88조 제1항 단서). 배우자 간 또는 직계존비속 간 부담부 증여의 경우에는 아예 채무를 부담하지 않은 것으로 추정하기 때문에 반증이 없는 한 유상이전으로 볼 여지도 없다(상증세법 제47조 제3항).

다. 소득금액의 구분계산

양도소득금액은 '토지 등(부동산, 부동산에 관한 권리 및 기타 자산)', '주식 등' 및 '파생상품 등'의 그룹으로 구분하여 계산한다.[410] 각 그룹 안에서도 적용세율이 다른 경우 소득금액을 각각 계산한다. 소득금액을 계산함에 있어서 발생하는 결손금은 토지 등과 주식 등 각각의 그룹 내 소득금액과만 통산할 수 있다(소득세법 제102조 제2항).[411] 각 그룹 내에서 양도차손은 양도차손이 발생한 자산과 같은 세율을 적용받는 자산의 양도소득금액에서 먼저 공제하고 난 후 남는 것을 양도차손이 발생한 자산과 다른 세율을 적용받는 자산의 양도소득금액에서 공제한다. 이때 다른 세율을 적용받는 두 개 이상의 자산의 양도소득금액이 있는 경우에는 각 세율별 양도소득금액의 합계액에서 당해 양도소득금액이 차지하는 비율로 안분하여 공제한다(소득세법시행령 제167조의 2 제1항). 양도차손은 이월되어 공제되지 않는다. 국외자산의 양도차손익은 국내자산의 양도차손익과 통산하지 않는다.

라. 장기보유특별공제

양도소득은 여러 과세기간에 걸쳐 축적된 자본이득이 한 시점에 모두 실현되는 것이므로 누진세율체계가 여과 없이 적용될 경우 세부담이 매우 많아지게 된다(bunching effect). 소득세법은 이러한 점을 완화하기 위해 장기보유특별공제제도를 두고 있다.[412]

현행 소득세법은 그 대상을 토지 및 건물(조합원입주권 포함)로서 보유기간이 3년 이상인 것으로 한정하고 있다(소득세법 제95조 제2항). 장기보유특별공제율은 3년 이상 4년 미만의 경우

---

409) 이는 확인적 규정에 불과하다.

410) 대법원 2001.8.24. 선고 99두7913 판결.

411) 거주자의 종합소득금액 중 사업소득에 결손금이 발생할 경우 해당 결손금을 해당 연도의 다른 종류 소득과 통산한다. 그러나 양도소득에서 발생한 결손금은 다른 종류의 소득과 통산이 허용되지 않는다.

412) 물가상승으로 인한 부동산가격 상승분에 대하여 양도소득세를 부과하는 것이 가공소득에 대한 과세로서 재산권을 침해하는 것은 아니다(구 소득세법 제70조 제8항 중 괄호부분 위헌소원 1998.2.27. 95헌바5 전원재판부).

6%(24%)이고 그로부터 늘어나는 1년마다 2%p(8%p)씩 증가하여 15년(10년) 이상의 경우에는 30%(80%)가 인정된다(괄호 안은 1세대 1주택의 경우이며 2년 이상 거주하여야 한다)(소득세법시행령 제159조의 3).

괄호 안 특례공제율은 양도자가 국내 거주하면서 보유한 기간만 고려하여 산정되며 1세대1주택 양도가액 중 9억원을 초과하는 부분에 대한 양도소득금액에 대해 적용된다. 비거주자가 된 이후 2년이 지난 시점부터는 1세대 1주택의 혜택을 볼 수 없어 양도소득과세를 받아야 하는데, 이 때 일반적인 장기보유특별공제율을 적용받게 된다.

다주택자에 대해서도 그 양도소득에 대해 2011년부터 장기보유특별공제가 인정된다.[413] 비사업용 토지에 대해서도 2016년부터 장기보유특별공제가 적용되나, 미등기양도자산에 대해서는 배제된다(소득세법 제95조 제2항).

장기보유특별공제는 거주자의 양도소득과세에서만 인정된다. 재개발이나 재건축의 경우에는 기존 건물의 보유기간도 합산하여 준다. 그런데 상속이나 증여에 의해 자산의 소유권이 이전할 경우에는 보유기간이 새로이 개시한다. 상속세나 증여세를 부과할 때에는 상속이나 증여시점의 시가로 과세되고 이후 양도차익 계산 시 그 가액을 취득원가로 하기 때문에 상속이나 증여시점까지 누적된 물가상승분이 이미 해소되는 이유에서이다.

3. 양도소득기본공제

양도소득과세표준은 양도소득금액에서 양도소득기본공제를 차감하여 산정한다(소득세법 제92조 제2항). 양도소득기본공제는 토지 등, '주식 등' 및 '파생상품 등'의 그룹으로 연 250만 원씩 주어진다. 국내주식과 해외주식은 합산하여 연 250만원의 기본공제가 허용된다.

4. 인식시기

자산의 양도시기에 관한 원칙과 취득시기에 관한 원칙은 동일하다. 자산의 양도 또는 취득시기는 당해 자산의 대금을 청산[414]한 날로 한다(소득세법시행령 제162조 제1항). 토지거래허가지역 내에서 매매계약은 체결하였지만 아직 허가를 받지 못한 상황(유동적 무효)에서도 잔금을 청산한 다음 토지거래허가를 받아 소유권이전등기를 한 경우 양도소득 산정기준이 되는 토지의 양도시기는 그 대금청산일이 된다.[415] 실제 신고는 등기한 날을 양도일로 보아 하게 된다.

대금청산일이 분명하지 않은 경우에는 등기부·등록부 또는 명부에 기재된 등기·등록접수

---

413) 구 소득세법 제27조 위헌소원, 구 소득세법 제23조 제2항 제2호 등 위헌소원 1999.7.22. 96헌바80, 98헌바88(병합) 전원재판부 등 참조.

414) 원고가 2000. 4. 11.까지 소외 회사로부터 지급받은 계약금 및 중도금 합계액이 1,548,250,000원으로서 총 매매대금의 98.72%에 이르지만, 잔금을 남겨 둔 경우나 미지급된 잔금의 액수 등에 비추어 볼 때 잔금 2,000만 원은 거래관행상 대금이 모두 지급된 것으로 볼 수 있을 정도로 적은 금액이라고 보기도 어렵다. 따라서 이 사건 토지의 양도시기는 그 잔금이 모두 지급된 날인 2006. 12. 22.로 보아야 할 것이다(대법원 2014. 6. 12. 선고 2013두2037 판결).

415) 대법원 1998.2.27. 97누12754.

일 또는 명의개서일로 한다(소득세법시행령 제162조 제1항 제1호). 대금을 청산하기 전에 소유권 이전등기 등을 한 경우에는 등기부, 등록부 또는 명부에 기재된 등기접수일로 한다(동 항 제2호). 장기할부조건부 양도의 경우에는 소유권이전등기 접수일·인도일 또는 사용수익일 중 빠른 날로 한다(동 항 제3호).[416]

자산의 취득시기는 당해 자산의 대금을 청산한 날로 한다. 자기가 건설한 건축물은 사용검사 필증의 교부일로 한다(동 항 제4호). 상속의 경우에는 상속이 개시된 날, 증여의 경우에는 그 증여를 받은 날로 한다(동 항 제5호). 조건부로 자산을 매매하는 경우에는 그 조건 성취일이 거래시기가 된다.

제2항 세액

양도소득에 대한 소득세는 종합소득에 대한 소득세와 퇴직소득에 대한 소득세와 구별하여 세액을 계산한다.

양도소득에 대한 세율체계는 자산의 종류, 등기 여부 및 보유기간에 따라 다른 세율 구조로 이루어져 있다. 양도소득에 대한 세율은 기본세율에 15%의 범위 내에서 탄력세율제도를 운영하고 있다(소득세법 제104조 제4항).

주식양도소득에 대한 세율은 다음과 같다.

중소기업		중소기업 외의 기업		
소액주주	대주주	소액주주	대주주	
			단기	장기
10%	~3억원: 20% 3억원 초과부분 : 25%[417]	20%	30%	~3억원: 20% 3억원 초과부분 : 25%

파생상품 등에 대해서는 20%의 세율이 규정되어 있다. 자본시장의 육성 등을 위하여 필요한 경우 그 세율의 100분의 75의 범위에서 대통령령으로 정하는 바에 따라 인하할 수 있다(소득세법 제104조 제1항). 현재는 10%의 세율로 되어 있다.

토지를 사업용과 비사업용으로 구분하는 세법상 규정은 존치하고 있다. 비사업용 토지 및 비사업용토지 과다보유법인의 주식 등의 양도소득에 대해서는 기본세율에 10%p 추가하여 과세한다.

폐지되었던 다주택소유자의 주택양도소득에 대한 중과세제도가 2018년 부활되었다. 2주택 보유자가 「주택법」에 따른 조정대상지역 내의 주택을 양도하는 경우에는 기본세율에 10퍼센트

---

416) …세무계산상 자산의 취득시기 및 양도시기를 의제한 규정인 점 등에 비추어 보면, 매매계약의 경우 계약 당시에 최종 할부금의 지급기일이 자산의 소유권이전등기 접수일·인도일 또는 사용수익일 중 빠른 날의 다음 날부터 최종 할부금의 지급기일까지의 기간이 1년 이상임이 확정되어 있어야만 구 소득세법 시행규칙(2008. 4. 29. 기획재정부령 제15호로 개정되기 전의 것) 제78조 제3항 제2호가 정하는 장기할부조건부 매매의 요건을 갖춘 것으로 볼 수 있고, 단지 최종 할부금의 지급일까지 상당한 기간이 소요될 것으로 예상되었거나 구체적인 계약 이행 과정에서 최종 할부금의 지급이 지연되어 결과적으로 소유권이전등기등기 접수일·인도일 또는 사용수익일 중 빠른 날의 다음 날부터 1년 이상이 경과한 후에 지급되었다고 하여 장기할부조건부 매매라고 할 수는 없다(대법원 2014.06.12. 선고 2013두2037 판결).

417) 2020년부터 시행한다.

포인트(3주택 이상 보유자는 20퍼센트 포인트)를 가산하고, 2주택 이상 보유자가 조정대상지역 내 주택을 양도할 때에는 장기보유특별공제의 적용을 배제한다.

　주택의 1년 내 단기 양도에 의한 소득에 대해서는 40%의 세율이 적용된다.[418] 토지의 1년 미만 단기양도에 대해서는 50%의 세율이 적용된다. 토지의 1년~2년 미만 보유의 경우에는 40%의 세율로 과세된다. 주택의 1년~2년 미만 보유에 대해서는 기본세율이 적용된다.

　미등기양도자산에 대해서는 70%의 세율이 적용된다. 중과하는 것은 세금포탈을 방지하고 투기를 억제하기 위함이므로 미등기양도에 부득이한 사정이 있는 경우에는 적용하지 않는 것이 타당하다.[419] 미등기양도자산이지만 장기할부조건으로 취득한 자산으로서 그 계약조건에 의하여 양도 당시 그 자산의 취득에 관한 등기가 불가능한 자산이거나 법률의 규정 또는 법원의 결정에 의하여 양도 당시 그 자산의 취득에 관한 등기가 불가능한 자산에 대해서는 70%의 세율이 적용되지 않는다(소득세법시행령 제168조 제1항).

제3절 조세채무의 확정

제1항 신고

　양도소득에 대한 소득세는 신고납세방식으로 조세채무를 확정한다. 종합소득세와 양도소득세는 1995년과 2000년에 각각 신고납세방식으로 전환하였다.

　토지 등을 양도한 경우에는 그 양도일이 속하는 달의 말일부터 2월, 주식 등을 양도한 경우에는 그 양도일이 속하는 분기의 말일부터 2월 이내에 납세지관할세무서장에게 예정신고를 하여야 한다. 국내 주식 거래시 반기별로 주식양도일이 속하는 반기의 말일부터 2개월 이내 양도소득세 예정신고를 하여야 한다(소득세법 제105조).

　양도소득금액이 있는 거주자는 그 양도소득과세표준을 양도소득이 발생한 연도의 다음 연도 5월 1일부터 5월 31일까지 납세지관할세무서장에게 신고하여야 한다. 다만, 국토의 계획 및 이용에 관한 법률 제117조 제1항의 규정에 의한 거래계약허가구역 안에 있는 토지를 양도함에 있어서 토지거래계약허가를 받기 전에 대금을 청산한 경우에는 그 허가일이 속하는 연도의 다음 연도 5월 1일부터 5월 31일까지 확정신고를 하여야 한다. 예정신고를 한 자 중 당해 연도에 누진세율 적용대상 자산에 대한 예정신고를 2회 이상 하면서 합산하여 신고하지 않은 자를 제외한 자는 확정신고의무가 없다(소득세법 제110조 제4항).

　종합소득에 대한 소득세 납세의무는 매년 12월 31일 성립하는데 세법상 종합소득에 대한 소득세는 기간과세방식의 조세라고 한다. 양도소득세도 기간과세방식의 조세인가?

　소득세법상 양도소득기본공제는 토지 등, '주식 등' 및 '파생상품 등'의 그룹으로 연 250

---

418) 1세대 3주택 이상에 해당하는 주택에 대하여 양도소득세 중과세를 규정하고 있는 구 소득세법(2003.12.30. 법률 제7006호로 개정되고, 2009.12.31. 법률 제9897호로 개정되기 전의 것) 제104조 제1항 제2호의 3이 과잉금지원칙에 반하여 재산권을 침해하는 것은 아니다(구 소득세법 제89조 제3호 등 위헌소원(2011.11.24. 2009헌바146)).

419) 대법원 2005. 10. 28. 선고 2004두9494 판결

만 원씩 주어진다. 양도소득금액이 있는 거주자는 그 양도소득과세표준을 양도소득이 발생한 연도의 다음 연도 5월 1일부터 5월 31일까지 납세지관할세무서장에게 신고하여야 한다. 양도소득만 있는 자로서 예정신고를 한 자는 확정신고의무가 없다. 그러나 당해 연도에 누진세율의 적용대상 자산에 대한 예정신고를 2회 이상 하는 경우에는 확정신고를 하여야 한다. 이 점들은 특정 연도의 양도소득금액은 하나의 과세물건으로서 취급되고 있음을 보여준다.[420]

그러나 세무서장은 예정신고를 하여야 할 자가 그 신고를 하지 않은 때에는 양도소득세의 과세표준과 세액을 결정하고 서면으로 통지한다(소득세법 제114조 제1항 및 제8항). 이 통지는 납세의무를 확정시키는 행정처분이다.[421] 2009년 세법 개정으로 양도소득 예정신고를 한 자에 대한 세액공제는 폐지되고 양도소득 예정신고를 하지 않은 자에 대한 가산세가 신설되었다.[422] 납세자가 통지한 세액은 통지한 날부터 30일 내에 징수한다(소득세법 제116조 제2항). 이는 양도소득세가 기간과세방식의 조세라고 보기 어렵게 하는 부분이다.

양도소득세가 기간과세세목인지는 중요한 문제가 아니다. 예정신고의무 및 확정신고의무 어느 것이든 납세자가 성실하게 이행하지 않은 경우 관할세무서장은 부과처분을 할 수 있으며 각각 납세의무를 확정하는 효력을 지니는 것이기 때문이다. 두 개의 양도소득(100, 200)이 있는데 아무런 신고도 하지 않은 경우 첫 번째 무신고에 대해 세금 20(세율 20%)을 고지하고, 두 번째 양도에 의한 양도소득금액(200)을 첫 번째 양도소득금액과 합산하여(300) 세금 70(세율30%)을 부과한 경우 두 개의 처분은 별개의 것이다. 그중 예정신고의 대상이 된 첫 번째 양도에 대한 세액이 20에서 30으로 증가하여 추가고지된 10의 부분은 국세기본법 제22조의 2 제1항의 규정상 '증가시키는 경정'에 해당할 것이다. 양도소득세는 기간과세적인 성격도 갖고 있는 조세라고 볼 일이다.

제2항 결정

납세자의 신고서에 대해 심사하면서 탈루나 오류를 발견하는 경우 세무서장은 실지거래가액에 의해 양도차익을 결정하여야 한다. 그러나 다음의 경우에는 추계조사결정할 수 있다(소득세법시행령 제176조의 2 제1항). 이는 종합소득의 추계결정에 관한 소득세법시행령 제143조 제1항의 규정과 유사한 것이다.

- 양도 또는 취득 당시의 실지거래가액의 확인을 위하여 필요한 장부·매매계약서·영수증 기타 증빙서류가 없거나 그 중요한 부분이 미비된 경우

---

420) 예정신고를 한 후 그와 다른 내용으로 확정신고를 한 경우에도 그 예정신고에 의하여 잠정적으로 확정된 과세표준과 세액은 확정신고에 의하여 확정된 과세표준과 세액에 흡수되어 소멸한다(2006두1609판결, 2008.5.29. 참조).

421) 자산양도차익과 세액을 예정결정하여 자산양도자에게 한 통지가 항고소송의 대상인 과세처분이다(대법원 1989.10.13. 선고 88누2519 판결).

422) 과세표준 4,600만 원 이하인 경우와 공익수용부동산에 대해서는 2010년 12월 31일까지 양도하여 발생한 소득에 대해서 납부할 세액의 5%를 세액공제한다.

- 장부·매매계약서·영수증 기타 증빙서류의 내용이 매매사례가액, 감정평가법인이 평가한 감정가액 등에 비추어 허위임이 명백한 경우

추계를 할 경우에는 아래의 방법을 적용한다.

- 매매사례가액: 양도일 또는 취득일 전 각 3월 이내에 당해 자산(주권상장법인 또는 코스닥상장법인의 주식 등을 제외한다)과 동일성 또는 유사성이 있는 자산의 매매사례가 있는 경우 그 가액
- 감정가액: 양도일 또는 취득일 전후 각 3월 이내에 당해 자산(주식 등을 제외한다)에 대하여 2 이상의 감정평가법인이 평가한 것[423]으로서 신빙성이 있는 것으로 인정되는 감정가액(감정평가기준일이 양도일 또는 취득일 전후 각 3월 이내인 것에 한한다)이 있는 경우에는 그 감정가액의 평균액
- 환산취득가액: 실지양도가액이 밝혀졌으나 취득가액이 밝혀지지 않은 경우 기준시가에 의해 환산한 취득가액
- 기준시가

세무서장이 거주자의 양도소득과세표준과 세액을 결정 또는 경정한 때에는 이를 당해 거주자에게 서면으로 통지하여야 한다(소득세법 제114조). 과세표준과 세율·세액 기타 필요한 사항을 납세고지서에 기재하여 서면으로 통지하여야 한다. 납부할 세액이 없는 경우에도 적용한다(소득세법시행령 제177조).

부담부증여에 의한 양도소득과세를 위한 결정에는 증여세의 부과제척기간이 적용된다(국세기본법 제26조의 2 제4항).

제7장 납부와 징수

제1절 자진납부

세무서장은 종합소득(주로 사업소득이 있는 자에 해당한다)이 있는 거주자에 대하여 1월 1일부터 6월 30일까지의 기간을 중간예납기간으로 하여 전년도에 종합소득에 대한 소득세로서 납부하였거나 납부할 세액의 2분의 1에 상당하는 금액을 납부하여야 할 세액으로 결정하여 11월 30일까지 징수한다. 납세자는 중간예납기간의 종료일까지의 종합소득금액에 대한 소득세액이 중간예납기준액의 30%에 미달하는 경우에는 그 추계액을 11월 1일부터 11월 30일까지의 기간에 신고할 수 있다(소득세법 제65조).

당해 연도의 종합소득, 퇴직소득이 있는 자는 확정신고기한 내에 세액도 함께 자진납부하여

---

423) 매매사례가액, 감정가액, 환산취득가액에 의하여 취득 당시의 실지거래가액을 대체하도록 한 소득세법 제97조 제1항 제1호 (나)목, 구 소득세법 시행령 제163조 제12항 등은 그 적용 순서뿐만 아니라 실지거래가액을 대체할 수 있는 가액의 유형도 그 요건을 정하여 제한적으로 규정한 것으로 해석된다. 따라서 1개의 감정평가법인이 평가한 감정가액은 소득세법 제97조 제1항 제1호 (나)목에서 '취득 당시의 실지거래가액'을 대체할 수 있도록 정한 감정가액에 해당하지 아니한다고 봄이 타당하다(대법원 2015. 10. 15. 선고 2015두43148 판결).

야 한다(소득세법 제76조). 분리과세되는 소득이나 연말정산을 한 소득에 대해서는 확정신고 자진납부가 없게 된다. 납부할 세액이 1천만 원을 초과하는 경우에는 45일의 범위 안에서 분납할 수 있다(소득세법 제77조).

거주자가 양도소득과세표준과 세액의 예정신고를 하는 때에는 산출세액에서 감면세액공제를 한 세액을 납세지 관할세무서·한국은행 또는 체신관서에 납부하여야 한다(소득세법 제106조). 거주자는 당해 연도의 과세표준에 대한 양도소득산출세액에서 감면세액과 세액공제액을 공제한 금액을 확정신고기한까지 납세지관할세무서·한국은행 또는 체신관서에 납부하여야 한다(소득세법 제111조).

제2절 징수 및 원천징수

제1항 징수

납세자가 당해 연도의 소득세로 납부하여야 할 세액을 납부하지 아니한 때에는 납세지관할세무서장은 그 납부기한이 경과한 때로부터 3월 이내에 징수한다.

제2항 원천징수

원천징수라 함은 소득금액 또는 수입금액을 지급하는 자가 세법이 정하는 바에 의하여 지급받는 자가 부담할 세액을 과세관청을 대신하여 징수하는 것을 말한다. 이때 징수하는 의무를 부담하는 자를 원천징수의무자라고 하고 원천징수에 응해서 세금을 부담해야 할 자는 원천납세의무자라고 한다. 원천납세의무자가 개인인 경우에는 소득세법에서 규율하고 법인인 경우에는 법인세법에서 규율한다. 두 경우에 대한 원천징수의 절차는 거의 동일하다.

원천징수는 완납적 원천징수와 예납적 원천징수로 분류된다. 전자는 원천징수납부로써 납세의무가 소멸한다. 후자의 경우에는 원천징수 후 자진 신고·납부하는 절차를 밟아야 한다. 이때 이미 원천징수 당한 세액을 세액공제 받게 된다.

이자소득금액, 배당소득금액, 부가가치세가 면제되는 인적 용역과 의료·보건용역을 제공하는 자의 사업소득 수입금액, 근로소득, 연금소득금액, 기타소득금액, 퇴직소득금액, 과세유흥장소 등에서의 봉사료 수입금액을 거주자 또는 비거주자에게 지급하는 사업자는 그 거주자 또는 비거주자에 대한 소득세를 원천징수하여야 한다(소득세법 제127조 제1항). 세율에 대해서는 소득세법 제129조 제1항에서 각 소득마다 달리 정하고 있다.

원천징수하는 소득세에 있어서는 그 소득금액 또는 수입금액을 지급하는 때에 원천징수하는 소득세의 납세의무가 성립되며 동시에 특별한 절차를 거침이 없이 당해 납세의무가 확정된다(국세기본법 제22조 제2항 제3호). 원천징수의무자는 원칙적으로 소득금액 또는 수입금액을 지급하는 때에 원천징수할 의무가 있다(소득세법 제134조 제1항). 다만, 예외적으로 지급을 하지는 않았지만 지급한 것으로 의제하여 원천징수하는 경우도 있다. 징수한 세액은 징수일이 속하는 달의 다음 달 10일까지 원천징수의무자의 관할세무서, 한국은행 또는 체신관서에 납부하여야 한다(소득세법 제128조).

근로소득을 지급하는 원천징수의무자는 당해 연도의 다음 연도 2월분 근로소득을 지급하는 때에 당해 연도의 근로소득금액에서 종합소득공제를 한 금액을 종합소득과세표준으로 하여 종합소득산출세액을 계산하고 각종 세액공제를 한 후 당해 연도에 이미 원천징수하여 납부한 소득세를 공제하고 그 차액을 원천징수한다(연말정산). 이미 원천징수한 세액이 더 많은 경우에는 환급한다(소득세법 제137조). 근로소득과 다른 종합합산과세대상소득이 있는 경우에도 원천징수의무자는 연말정산을 하여야 한다. 연말정산을 할 때 원천납세의무자가 제대로 공제하지 않은 항목은 과세표준확정신고를 할 때 공제할 수 있다. 원천징수의무자가 연말정산에 의하여 소득세를 납부하지 않은 때에는 확정신고를 하여야 한다(소득세법 제73조). 퇴직자에게 퇴직하는 달의 근로소득을 지급하는 때에도 연말정산의 절차를 거쳐야 한다(소득세법 제137조 제1항).

원천징수의무자가 소득을 지급할 때에 원천징수하고 원천징수영수증을 원천납세의무자에게 교부하고 세무서장에게는 지급조서를 제출하도록 되어 있다. 원천납세의무자는 원천징수영수증으로 자신이 납부할 세액을 계산할 때 공제를 받는다. 원천납세의무자가 신고납부하기 전까지 원천징수당한 세액은 당연히 공제된다. 신고납부하였는데 원천징수의무자가 원천징수를 하려 한다면 원천징수를 거부하게 될 것이다. 그러나 원천징수의무자가 신고납부한 사정을 알지 못하고 원천징수를 하고 납부한 경우라면 원천납세의무자가 국가에 반환을 청구하여야 할 것이다. 원천징수납부와 지급명세서제출이 제때 이루어지지 못한 데 대해서는 원천징수의무자가 가산세를 부담한다(소득세법 제81조 및 제158조).

납세조합은 원천징수의무를 부담한다(소득세법 제150조). 구 소득세법 제20조 제1항은 근로소득을 갑종근로소득과 을종근로소득으로 양분하고 있었다. 여기서 갑종근로소득은 을종근로소득을 제외한 것을 말하였다. 을종근로소득에 대해 소득세법이 별도로 정의하고 있지는 않았지만 우리나라에 소재하는 외국기관이나 국제연합군으로부터 받는 급여와 우리나라에 소재하지 않는 외국인이나 외국법인으로부터 받는 급여를 말하였다. 우리나라에서 정부가 원천징수의무를 부과하기 곤란한 자로부터 지급받는 근로소득을 의미하는 것이다. 갑종근로소득은 우리나라에서 정부가 원천징수의무를 부과할 수 있는 자로부터 지급받는 것이 된다.

을종근로소득자들이 스스로 모여 납세조합을 구성하고 원천징수를 할 경우 세법상 약간의 지원을 해 주었는데, 을종근로소득의 개념이 사라졌지만 납세조합에 대한 제도는 아직도 남아 있다. 납세조합의 원천징수는 자기의 소득에 대해 스스로 원천징수를 하는 것이기 때문에 부가가치세법상 대리납부와 유사한 성격을 가진다. 이는 직접세든 간접세든 납세자가 징수하여 납부하는 방법을 사용할 수 있음을 깨닫게 하는 부분이다. 소득세의 납세조합 원천징수는 조합구성운영비가 필요할 것이므로 일정한 세액공제를 해 주는 반면 부가가치세의 대리납부에는 그러한 지원이 없다. 이미 사업자로서 대리납부에 추가적인 납세협력비용이 의미 있는 정도로 발생하지는 않을 것이기 때문이다.

제3편 법인세법

제1장 법인세

제1절 개념

　법인세는 법인에 귀속하는 소득에 대한 조세이다. 국세, 보통세 및 직접세인 점에서 소득세와 다를 바 없다. 이론상 법인에 귀속하는 소득은 최종적으로 개인에게 분배될 것이기 때문에 법인에 대해 과세하지 않고 개인에 분배될 때까지 기다려서 과세할 수도 있겠다. 그러나 현실 세계에서는 법인에 귀속하는 소득은 과세되고 있다. 동시에 법인의 주주인 다른 법인이나 개인에게 과세할 때에는 원래 법인에게 부과하였던 세금을 일부 또는 경우에 따라서는 전부 차감하여 준다. 일부 법인에 대해서는 마치 그것이 존재하지 않는 것처럼 의제하여 과세하지 않기도 한다.

　각국의 세제상 법인을 과세단위로 보아 그에 귀속하는 소득을 과세하는 이유는 무엇인가? 법인이 법적인 권리의무의 귀속 주체라는 점, 하나의 경제적 실체로서 살아 움직이고 있는 유기체이기 때문에 그것에 대해 과세하는 것이 개인에 대한 과세와 비교하여 형평을 맞추는 것이 된다는 점, 법인도 경제활동 주체로서 정부가 제공하는 각종 서비스의 혜택을 보면서 소득을 가득하고 있기 때문에 그에 상응하는 대가를 지불하여야 한다는 점 등을 들 수 있겠다. 그러나 역사적으로 보면 개인소득세만 부과했던 시절도 있고 현재도 아랍에미리트연합국처럼 일반적 법인세가 없는 나라도 있다. 현실적으로 오늘날 법인세는 각국 세수의 중요한 부분을 차지하고 있으며 경제정책의 주요한 수단이기도 하다. 이를 폐지하는 것은 백지상태에서 제도를 설계할 수 있는 기회가 주어지지 않는 한 상정하기 어려운 것이다.

　법인에 대해 과세하는 것이 이론적으로 정당성을 가지고 있고 현실적으로 그것을 유지하여야 할 필요성이 있음에도 불구하고 그것은 본질적으로 동일한 소득을 법인을 통해 가득하는 경우와 개인이 직접 가득하는 경우에 대해 세제가 중립성을 상실하게 하는 조세라는 점을 부인할 수는 없다. 각국은 사업의 기구(vehicle)에 따라 조세가 중립성을 상실하지 않도록 여러 가지 방식의 제도를 강구해 왔다. 소위 경제적 이중과세의 완화를 위해 세액공제 혹은 소득공제의 방식 중 하나를 사용하고 있다. 동업기업(partnership) 과세제도도 크게 보아 경제적 이중과세 완화의 한 방법에 속한다고 볼 수도 있다. 우리 세법상 세액공제방식에는 내국법인으로부터 개인주주가 지급받는 배당에 대해서는 배당세액공제, 외국법인으로부터 거주자나 내국법인이 지급받는 배당에 대해서는 간접외국납부세액공제 방식이 있다. 소득공제는 법인 간 배당에 대해 적용된다. 이에는 배당을 지급하는 법인에게 허용하는 지급배당공제와 배당을 수령하는 법인에게 허용하는 수령배당공제 두 가지가 있다. 내국법인이 외국법인으로부터 받는 배당에 대해서는 배당소득공제의 방식 대신 간접외국납부세액공제제도가 적용된다. 각국의 세제를 보면 세액공제의 방식이든 소득공제의 방식이든 지분비율에 따라 공제의 수준을 달리하는 것이 통례이다. 지분비율이 낮은 경우에는 경제적 이중과세의 배제를 부분적으로만 하고 지분비율이 일정률 이상이거나 100%인 경우에는 경제적 이중과세를 완전히 배제하는 방법을 사용한다.

제2절 역사

1. 영국

1965년까지 법인은 소득세법에 따라 개인과 동일한 세율로 소득세를 부과 받았다. 배당을 수령하는 자는 배당수령액에 배당을 지급한 법인의 법인세액을 합산한 금액을 소득으로 가득한 것으로 보아 자기의 소득세율을 곱하여 세액을 계산한 후 배당을 지급한 법인의 법인세액을 모두 세액공제하는 완전배당세액공제제도를 적용하였다. 배당을 수령한 자는 배당을 지급한 법인과의 세율차이에 해당하는 만큼 추가적인 세액을 납부하였다. 2차대전 후에는 법인은 지급하는 배당에 대해 부가세를 납부하였다. 기업으로 하여금 이윤을 유보하여 투자를 하도록 유도하기 위한 것이었다.

1965년 재정법(Finance Act 1965)은 법인세(corporation tax) 세목을 신설하였다. 1965년 재정법에 의해 개인의 주식양도차익도 과세되기 시작하였다. 동법에 따라 법인의 소득은 단일세율로 과세하되 개인은 배당된 이윤에 대해서는 소득세를 부과 받았다. 배당세액공제와 같은 개인주주에 대한 경제적 이중과세를 배제하는 장치가 없었다(미국, 네덜란드). 이를 전통적 시스템(classical system)이라고 한다.

1973년 영국에서는 배당세액공제제도가 도입되었다(credit system).

2018년 현재 법인세법은 Corporation Tax Act 2010을 개정하는 방식으로 유지하고 있다. 법인세법은 Corporation Tax Act 2009로 1988년 소득세및법인세법(Income and Corporation Taxes Act 1988)으로부터 분리되었다.

영국의 법인세는 소득원천설에 따라 열거된 소득에 대해서만 단일의 세율(19%)로 과세하는 체계로 되어 있다. 열거된 소득 단위별로 과세하는 것은 결손금 등을 단위간 통산하지 않기 위함이다. 개인의 배당소득에 대한 과세는 별도의 누진세율 체계로 구성되어 있다.

2. 미국

법인에 대한 소득세는 1894년 관세율 인하에 따른 세수감소를 보충하기 위해 개인 및 법인에 대한 소득세가 도입된 데 연원한다. 1895년 연방대법원은 법인세는 개인소득세와 독립하여 존속하기에는 부적절한 것이고 개인소득세는 주간할당조항에 위배된 것이므로 두 가지 모두 위헌이라고 하였다. 1909년에는 Tariff Act에 의해 법인개별세(corporate excise tax)가 부과되었다. 소득금액 5천 달러 초과액의 1%를 조세로 부과하는 것이었는데 재산에 대한 직접세(direct tax)가 아니기 때문에 주간 할당이 필요 없다는 이유로 연방대법원에 의해 합헌으로 결정되었다.

연방의회는 1913년 개인과 법인의 순소득에 대해 조세를 부과하는 법을 제정하였다. 개인에 대한 배당에 대해서는 경제적 이중과세를 조정하는 장치가 마련되어 있지 않다(classical system).

현행 미국 내국세입법 제1편(Subtitle Ⅰ)에서 Income Tax에서 법인세를 소득세와 함께 규율하고 있다. 미국의 법인세율은 단일의 21%이다.

3. 독일

법인세는 1891년 프로이센 소득세법으로 도입되었다. 이때에는 단일세법으로 개인에 대한 소득세와 법인에 대한 소득세가 규율되었다.

이후 1920년 바이마르공화국에서 법인세법이 분리되었다. 법인세법은 소득세법과 비교하여 다른 사항만 규율하는 특징을 지니고 있다. 법인세법상 법인의 소득은 소득세법상 개인의 사업소득과 동일하게 취급된다. 역년을 과세기간으로 한다.

법인과세상 1977년까지는 경제적 이중과세가 용인되다가, 1977년 세액공제제도가 도입되었다. 당시 배당세액공제제도가 EU의 지침에 어긋난다는 지적에 따라 법인간 배당에 대해 배당소득 50%의 수령배당공제제도가 도입되었다.

현재 법인 간 배당소득은 면세된다. 2016년까지 세액공제제도가 존치된다.

현재 법인세를 규율하는 세법으로는 소득세법(Einkommensteuergesetz, EStG), 법인세법(Körperschaftsteuergesetz, KStG) 및 영업세법(Gewerbesteuergesetz, GewStG)이 있다. 독일의 법인세율은 15.825%(solidarity surcharge 5.5% 포함)이다.

4. 일본

1884년 개인의 소득에 대한 소득세가 도입되었다. 1899년 3분류 소득세제가 도입되면서 법인소득도 과세되기 시작하였다. 1종 법인소득(세율 2.5%), 2종 이자 등(세율 2%), 3종 개인소득(세율 1~5.5%)이었다. 개인에 대한 배당은 과세되지 않았다.

현행 법인세는 法人稅法이 규율하고 있다. 일본의 법인세율은 24%이다.

5. 우리나라

일제강점기 1916년 7월에 법인소득세가 도입되었는데 이는 조선의 법인으로부터 받는 배당은 일본 본토에서 면세의 대상이었기에 일본 자본의 조선 내 투자를 유치하기 위한 것이었다. 당시의 법인소득세는 「조선소득세령」에 근거한 것이었지만 그것은 법인소득세만을 규정하고 있었다. 당시에는 개인소득세를 징수하기 어려웠기 때문이다.

1934년 조선총독부 내 세제조사위원회의 세제개혁안에 따라 일반소득세가 도입될 때 소득을 3개로 구분하였는데 그 1종이 법인소득이다.

미군정 당시에는 처음 종래의 소득세제를 그대로 실시하였다가, 1949년 법인세가 소득세로부터 분리되어 별도의 법으로 규정되었다. 당시에도 법인세는 각 사업연도의 소득에 대한 법인세와 청산소득에 대한 법인세로 구분되어 있었다. 세율은 35%의 단일세율이었으며 신고납세방식을 채택하고 있었다. 과세대상 소득은 총괄주의 방식으로 규정되었다. 부당행위계산부인규정도 존재하였다.

제2장 납세의무자

제1절 법인 및 법인으로 보는 단체

제1항 법인세법상 법인

법인세의 납세의무자는 '법인'이다(법인세법 제2조 제1항). 법인세법 제2조 제1항 본문 중 '법인'은 민법상의 법인을 의미한다. 민법상 법인격 없는 사단·재단[1] 중 세법상 법인으로 보는 단체가 있다. 이것은 법인세법상 비영리법인으로 취급된다.

세법은 다음의 것들 중 수익을 구성원에게 분배하지 않는 것은 법인으로 본다.

- 주무관청의 허가 또는 인가를 받아 설립되거나 법령에 의하여 주무관청에 등록한 사단·재단 기타 단체로서 등기되지 아니한 것
- 공익을 목적으로 출연된 기본재산이 있는 재단으로서 등기되지 아니한 것

다음의 요건을 갖춘 것으로서 대표자 또는 관리인이 관할세무서장에게 신청하여 승인을 얻은 것에 대해서도 이를 법인으로 본다.

- 사단·재단 기타 단체의 조직과 운영에 관한 규정을 가지고 대표자 또는 관리인을 선임하고 있을 것
- 사단·재단 기타 단체 자신의 계산과 명의로 수익과 재산을 독립적으로 소유·관리할 것
- 사단·재단 기타 단체의 수익을 구성원에게 분배하지 아니할 것

제2항 법인격 부인의 가능성

다양한 유형의 단체들이 경제행위를 영위하고 있다. 어떤 단체가 영위하는 행위가 무엇이든지 그것에 대해서는 과세대상이 귀속하지 않는다는 일반적인 판단을 하기 위해 법인격부인이론을 적용할 수 있을까? 민사법상 법인격부인이론은 그 법인격이 남용된 개별적인 경우에 한정하여 제한적으로 적용된다. 국세의 부과와 관련해서는, 국세기본법 제14조 제1항은 과세대상

---

1) 실질적으로 사단 내지 재단이지만 법인으로서 설립등기를 하지 않았기 때문에 법인격이 부여되지 않은 것을 말한다. 이들에 대해서도 실체법 및 절차법상 권리능력이 인정된다.

의 실질귀속이 없는 자에게는 납세의무가 귀속하지 않는다고 규정하고 있다. 국세의 징수와 관련해서는, 국세기본법에 제2차납세의무 및 사해행위취소조항들이 규정되어 있다. 세법 적용상 법인격부인이론이 적용될 여지는 적은 것이다.

대법원 2003.9.5 선고, 2001두7855판결에서는 변리사들이 그들 명의로 변리사업무를 수행하면서 별개의 법인을 설립하여 그에 따른 소득을 그 법인에 귀속시키는 행위는 허용될 수 없고, 그와 같은 소득은 변리사업무의 수행에 따른 소득으로써 변리사 개인에게 귀속된다고 보아야 한다고 하여 변리사법인의 법인격이 부인되는 것과 같은 효과를 인정하였다. 대법원 2009.4.9 선고, 2007두26629 판결에서는 설립등기를 마친 후 폐업을 하여 사업실적이 없는 상태에 있는 법인의 주식 전부를 매수한 다음 법인의 임원, 자본, 상호, 목적사업 등을 변경하였다 하여 법인의 설립에 해당한다는 이유로 취득세를 부과할 수 없다고 보았다. 실질과세의 원칙 적용으로 실질귀속자에 대한 과세 시, 법인격이 부인되는 것과 같은 결과가 나타날 수는 있겠지만, 이를 놓고 세법상 법인격부인의 법리라 말하기 어려울 것이다.[2]

조세피난처에 설립된 물리적인 실체를 가지지 않은 법인이라도 법적 권리의무의 주체로 활동한 법인이면 과세상 법인격이 부인되지 않으며, 원칙적으로 명의상 보유하는 자산 및 그 자산으로부터의 소득의 실질적 귀속자로 인정하여야 한다. 서울고등법원2013누8983, 2013.11.06. 판결[3]에서 법원은, ① 비록 해당 법인의 의사결정과 자산관리가 개인 갑에게 의존하고 있는 사정은 인정되나, 그 법인은 정관, 이사진, 주주명부, 은행계좌 등을 갖추고 있고, 쟁점 거래가 이루어지기 오래전부터 여러 투자거래 기타 재무적 투자자들과의 협상 등 다양한 거래를 진행하는 과정에서 해당 거래를 자신의 명의로 하면서 10여 년 동안 독립된 법적·경제적 주체로서 활동하였고, 외국 법인으로서 국내 세법에 따라 각종 의무를 이행한 점, ② 해당 법인은 싱가포르 법인의 지배권을 취득할 목적으로 설립되었고, 해당법인의 주식 83%를 보유하고 있는 개인 갑은 2000년경부터 2007년경까지는 국내 거주자에 해당하지 아니하여 국내원천소득 이외에는 소득세를 납부할 의무가 없으므로, 해당법인의 설립과 국외에서의 활동은 쟁점 거래와 무관할 뿐만 아니라, 국내 조세 회피를 의도한 것으로 볼 수도 없어서 쟁점 거래가 주로 조세회피를 목적으로 한 것으로 보기 어려운 점, ③ 해당법인이 투자자금의 상당 부분을 국내법인으로부터 빌려 충당한 사실은 인정되나, 주식양수도 계약을 포함하여 각 쟁점 거래에서 해당 자금의 계산과 집행을 갑 등이 자신들의 지분 비율에 따라 개인적으로 처리하고 해당 법인은 단지 도관으로만 기능하였다고 하기 어렵고, 해당 법인이 갑 등에게 배당 등을 통하여 소득을 유출하였다고 보기도 어려운 점 등을 종합하면, 해당 법인이 단순한 도관으로서 그 주주인 원고들이 실질적인 행위 주체인 것으로 볼 수 없다고 보아야 한다고 판단하였다. 이 사건 대법원 2015.11.26. 선고 2013두25399판결에서 대법원은 해당 법인이 조세피난처에 설립된 회사로서 그 명의의 재산을 지배·관리할 능력이 없을 뿐만 아니라...원고들이 그 지배권을 통하여 ...해당 법인의 명의로 실질적인 사업활동을 수행하였으며,...조세회피의 목적에서 비롯된 것으로 볼 수

---

2) 박훈, 이상신, 세법상 법인격부인의 법리와 실질과세의 원칙의 관계, 한국세법학회, 조세법연구, 제16권 제1호 2010.4, page(s): 396-426

3) 매지링크(Magilink)사건

있으므로, 해당 법인이 실질과세의 원칙상 그 실체를 인정할 수 없는 이른 바 '기지회사'에 해당한다고 하면서 원심법원에 파기환송하는 결정을 하였다.

이런 사정은 불문법적 전통이 있는 미국 법원이 세법을 적용할 때에도 크게 다르지 않다. Commissioner v. Bollinger(485 U.S. 340, 1988)판결 사건에서, Bollinger('B')는 여러 지인과 조합을 구성하여 부동산을 취득할 것을 계획하고 있었다. B는 켄터키 주의 이자제한법을 우회하기 위해 법인을 설립하고 그 법인 명의로 차입하였다. 그 법인의 주주들은 그 조합원들뿐이었다. 부동산은 법인 명의로 취득되었다. 조합원들은 법인이 조합의 대리인으로서 단지 명의상의 소유자에 불과한 것이라고 합의하였다.[4] 해당 재산으로부터는 손실이 발생하였는데 각 조합원은 그 손실을 자신의 소득금액을 산정할 때 반영하였다. 국세청은 그 손실은 조합원이 아닌 법인에 귀속하는 것이라고 하면서 각 조합원의 소득금액 산정을 부인하는 처분을 하였다. B는 조세법원에 취소소송을 제기하였다. 조세법원은 B의 주장을 수용하였다. 항소법원은 항소를 기각하였다. 국세청은 대법원에 상고하였다.

이 사건에서 쟁점은, 과세목적상 B 또는 조합이 지배하고 있는 법인은 B 또는 조합의 대리인이 될 수 있는가이었다. Scalia 대법관은 다음과 같이 가능하다는 판단을 하였다.

> 과세목적상 법인은 주주의 대리인이 될 수 있다. 재산의 사용에 따른 손익은 일반적으로 그 재산의 명의인에게 귀속한다. 그러나 법인이 조합의 대리인으로서 재산을 소유하고 있는 경우에는 과세목적상 그 조합이 소유자이다. 다만, 이와 같이 보기 위해서는 법인은 진정으로 독립한 실체이어야 한다. 그렇지 않으면 조세회피에 악용될 소지가 매우 크기 때문이다. 국세청은 조세회피의 소지가 크기 때문에 조합이나 조합원을 위해 법인이 소유권의 명의인이 될 수 없다고 주장한다.[5] 그러나 이에 동의할 수 없다. 법인이 조세회피의 결과와 무관한 정당한 사업목적(legitimate business purpose)을 위해 존재한다면 독립성의 요건은 충족하는 것이다. 법인이 어떤 자산에 관련된 모든 사항에 대해 대리인으로서 역할을 하고 그러한 사실이 문서에 의해 명확히 입증된다면 조세회피의 위험은 존재하지 않는다. 본건 사실이 그와 같으므로 대리관계는 (과세상) 유효한 것이다.[6]

미국 세법상 조세회피를 방지하기 위한 원칙에는 실질우위이론(substance over form approach), 단계거래이론(step transaction doctrine), 사업목적이론(business purpose test), 가장행위이론(sham transaction doctrine) 및 경제적 실질이론(economic substance doctrine)[7]과 같은 것들이 있다. 이 중 사업목적이론에 의하면 하나의 거래 또는 일련의 거래를 영위하는 납세자는 조세의 회피보다 사업목적을 추구하여야 한다는 전제에 입각해 있다. 그리고 정당한 사업목적에 의한 것이라면 그 결과로 절세의 효과가 발생하더라도 그것은 용인되어야 한다는 것이다.

본 사건에서 B와 그의 지인들은 부동산을 취득하기 위해 자금이 필요했는데 그것을 제공할 수 있는 은행은 고리를 요구했다. 은행의 요구대로 자금을 빌리려 할 경우 주의 이자제한법(개

---

4) 우리 법상 명의신탁을 한 것이다.

5) 즉 법인 명의의 소득금액은 법인에 귀속할 뿐이라는 것이다.

6) 즉 법인 명의의 손실은 법인이 대리인으로서 부담한 것에 불과하므로 B나 조합이 자신들의 소득금액 계산을 위해 활용할 수 있다는 것이다.

7) 미국 내국세입법 § 7701(o) 참조.

인에 대한 이자율의 상한을 규제) 때문에 빌릴 수 없어 그 규제를 회피하기 위해 법인의 명의를 사용할 필요가 있었다. 이 목적을 위해 B와 그의 지인들만으로 법인을 설립하고 그 법인 명의로 자금을 대출받아 부동산을 취득하였다. B와 그의 지인들 간에 해당 법인은 단순한 명의인에 불과하다는 약정이 있었다. 즉 법인을 명의수탁자로 한다는 약정이 있었다. 당사자들이 구성한 이와 같은 법률관계를 인정할 것인가? 거래의 구성에 정당한 사업목적이 있을 경우 그것을 인정하여야 한다는 사업목적이론에 의하면 과연 이와 같은 구성이 정당한 것인지가 문제 된다. 이에 대해 법원은 조세회피 이외의 목적이라면 비록 다른 공공규제를 회피할 목적이 있다는 것만으로 정당성을 잃는 것은 아니라는 입장을 피력하였다.

법원은 이러한 판단의 과정에서 해당 법인이 진정으로 독립한 실체인지를 살펴보았다. 어떤 법인이 단순한 종이(paper)에 불과하고 아무런 실질을 가지고 있지 않다면 그것이 조세회피에 활용될 가능성이 많다고 전제하고 있다.[8] 그런데 본 사건 해당 법인은 실질을 가지고 있는 독립한 실체이기 때문에 정당한 사업목적을 가진 거래라고 한 것이다. 이러한 논리는 법원이 명의신탁 내지 명의대여관계를 구성한 납세자의 의사를 존중하여야 한다고 하는 형식논리를 맞추기 위한 것일 뿐이다. 거래관계의 경제적 실질을 볼 때 종이가 아니면서 명의신탁약정이 유효하다고 보든, 종이에 불과하여 명의신탁약정이 의미가 없다고 보든 내용상 차이가 전혀 있을 수 없는 것이다.[9]

만약 본 사건 사실관계에 대해 우리의 세법을 적용한다면 어떤 결론을 내릴 수 있을까? 부동산에 대해서는 명의신탁이 금지되어 있으며 이에 대해서는 형사적인 제재가 가해진다.[10] 따라서 당사자들은 본건 부동산소유가 명의신탁에 의한 것이라고 주장하려 하지 않을 것이다. 그럼에도 불구하고 만약 납세자들이 본건 거래상 명의신탁이었음을 주장한다면 어떻게 볼 것인가? 당사자들의 진정한 효과의사(즉 법적 실질)와 경제적 실질 모두의 관점에서 보아 B와 그의 지인들에게 소득과세가 이루어져야 할 것이다. 즉 결과적으로 명의신탁의 주장을 인용하여야 할 것이다. 이때 과세관청은 당사자들이 구성한 본 거래가 이자제한법을 우회하기 위한 것이기 때문에 납세자의 주장을 인정하지 말아야 한다고(즉 명의대로 과세하여야 한다고) 주장한다면 어떻게 할 것인가? 이자비용에 관해서는 이자제한법상의 규정에 따라 해당 이자 부분이

---

[8] 단순한 종이에 불과하다면 조세회피에 이용될 소지가 있기 때문에 납세자의 주장을 수용하기 곤란하며 법인 명의의 소득으로 보고 과세하여야 한다는 것이다.

[9] 만약 본건에서 B와 그의 지인들이 미국 세제상 partnership 과세제도의 적용을 선택하였다면 세법 적용을 위해 명의신탁관계를 구성할 필요가 없었을 것이다. 아마도 B와 그의 지인들은 주의 이자제한법을 확실하게 회피하기 위해 partnership 과세를 선택하지 않은 것으로 보인다.

[10] 부동산 실권리자 명의등기에 관한 법률 제3조 (실권리자 명의등기의무 등) ① 누구든지 부동산에 관한 물권을 명의신탁약정에 의하여 명의수탁자의 명의로 등기하여서는 아니 된다.
제7조 (벌칙) ① 다음 각 호의 1에 해당하는 자 및 그를 교사하여 당해 규정을 위반하도록 한 자는 5년 이하의 징역 또는 2억 원 이하의 벌금에 처한다.
1. 제3조 제1항의 규정을 위반한 명의신탁자
(중간 생략)
② 제3조 제1항의 규정을 위반한 명의수탁자 및 그를 교사하여 당해 규정을 위반하도록 한 자는 3년 이하의 징역 또는 1억 원 이하의 벌금에 처한다.
③ 제3조의 규정을 위반하도록 방조한 자는 1년 이하의 징역 또는 3천만 원 이하의 벌금에 처한다.

무효가 되더라도 관련성이 입증되면 손금으로 인정될 것이다. 부동산양도차익에 대해서는 이자 제한법의 위반 여부에 관계없이 부동산 소유권의 실질적인 귀속에 따라 판단할 것이다. 국세기 본법상 실질과세원칙은 행위의 부당성을 요건으로 하는 규정이 아니다. 한편, 우리 법원의 판 례상 조세회피의 사실이 인정될 경우라면 실질과세원칙을 적용하여야 한다는 입장을 보이는 사례를 많이 발견할 수 있다. 그러나 실질대로 과세하면 조세회피가 있을 것이기 때문에 명의 대로 과세하여야 한다는 사례가 없는 것은 아니다.[11]

본 사건상 B와 지인들은 조합계약을 체결하여 법인을 설립한 것이기 때문에 해당 법인은 일 종의 조합계약에 불과한 것으로도 볼 수 있다. 이러한 관점과 관련하여 일본 국세불복심판소의 최근 결정 사례는 해당 법인이 설립근거법상 법인으로 인정될 수 있으면 세법상으로도 법인으 로 본다는 전제하에 해당 법인의 손실의 주주 소득에의 합산을 부인하는 논리를 펼치고 있 다.[12] 일본 거주자가 미국 뉴욕 소재 LLC인 JLLC를 설립하여 미국 부동산에 투자하여 얻은 손실을 개인소득세를 신고할 때 근로소득과 통산한 것에 대해 국세불복심판소는 JLLC는 미국 의 법인이기 때문에 손실을 통산할 수 없다고 하였다. 한편 일본 세법에 의하면 JLLC는 일본 상법상 익명조합계약에 해당하여 도관체로 보아야 할 것이었다.[13] JLLC는 일본 국내세법[14] 및 미국 내국세입법상 도관체였지만 미국 회사법상 법인이기 때문에 일본 법인세법상 외국법 인의 개념에 해당한다고 본 것이다.[15]

제3항 법인설립과 관련된 조세

현물출자는 소득세법 및 부가가치세법상 양도거래가 된다. 소득과세상으로는 거주자가 사업용 유형자산을 현물출자하거나 포괄적인 사업양수도방법에 따라 신설하는 법인에게 이전하면서 법인으로 전환하는 경우에는 당해 사업용 유형자산에 대해 이월과세를 적용받을 수 있다. 즉 거주자는 양도소득과세를 받지 않으며 신설된 법인이 거주자의 취득원가를 승계하여 추후 그 법인이 매도할 때 필요경비로 산입하게 된다(조특법 제32조).[16]

거주자가 취득하는 현물출자로 신설되는 법인 주식의 가액은 사업용 유형자산의 시가에 상 응하는 것이 된다(법인세법시행령 제72조 제2항).

부가가치세과세상으로는 사업의 포괄적 현물출자는 포괄적 사업양도로서 현물출자대상이 된

---

11) 대법원 2005.1.27. 선고 2004두2332 판결 참조.

12) 국세불복심판소 2001.2.26. 재결.

13) さくら綜合研究所, 「SPC&匿名組合의 法律・會計稅務와 評價」, 淸文社, 2005.3. p.660.

14) 일본 소득세법 제210조 (원천징수의무) 거주자에 대해 국내에서 익명조합계약(그것에 준하는 계약으로서 총리령이 정하는 것을 포함한다)에 기한 이익의 분배에 따라 지불하는 자는 그 지불을 하는 때에 그 이익의 분배에 대해 소득 세를 징수하여 그 징수일이 속하는 달의 다음 달 10일까지 그것을 국가에 납부하여야 한다. 제211조 (징수세액) 전 조의 규정에 따라 징수해야 할 소득세액은 동 조에 규정하는 계약에 기한 지급되는 이익의 분배액에 백분의 20 세율 을 곱하여 계산한 금액으로 한다.

15) 이에 대해 일본 법인세법상 실질소득자과세원칙을 적용하여야 한다는 주장은 제기되지 않았다.

16) 2012년 말 영구적인 지원제도로 전환되었다.

재화의 공급에 대해 부가가치세가 과세되지 않는다(부가가치세법 제6조 제6항 제2호).

출자자가 무한책임사원인 경우에는 법인의 채무 일반에 대해 무한책임을 지게 되므로 법인의 조세채무에 대해 책임을 지는 것은 당연하다. 국세기본법은 무한책임사원이 법인의 조세채무에 대해 제2차 납세의무를 진다고 규정하고 있다. 그리고 과점주주 등에 해당하는 경우에도 법인의 조세채무에 대해 제2차 납세의무를 진다고 규정하고 있다(국세기본법 제39조 제1항).

법인은 그것의 구성원 채무와는 무관한 별개의 실체이다. 그것의 구성원이 무슨 경제활동을 하든 그것이 자신과 관련이 없다면 책임을 지게 할 수 없다. 그런데 우리 국세기본법은 법인이 자신의 구성원이 조세채무의 이행을 하지 않을 경우 사실상 그 구성원의 지분을 매수하는 것과 같은 정도의 부담을 지도록 하고 있다. 즉 해당 법인의 순자산가액 중 해당 구성원의 지분에 해당하는 가액을 한도로 해당 구성원의 조세채무에 대해 제2차 납세의무를 지도록 하고 있다. 이러한 의무규정이 적용되기 위해서는 해당 구성원이 무한책임사원이든가 과점주주이어야 한다. 그리고 정부가 해당 구성원의 지분을 처분하려 하여도 그것이 불가능한 경우이어야 한다(국세기본법 제40조 제1항).

제2절 법인별 과세소득의 범위

법인세법은 과세소득을 '각사업연도의 소득'. '청산소득', '토지등 양도소득' 및 '미환류소득'으로 규정하고 있다(법인세법 제3조 제1항). 비영리내국법인 및 외국법인에 대해서는 '각 사업연도의 소득'과 '토지등 양도소득'만 과세한다.

각 사업연도소득 및 청산소득의 소득금액을 산정할 때 포괄주의적인 방식에 따른다. 포괄주의는 법인에 귀속하는 경제적 손익은 그 원천을 불문하고 과세대상으로 한다는 것이다. 물론 일정 자본거래에 의한 것은 과세대상에서 제외하지만 이는 예외라고 볼 수 있는 것이다.

내국법인·외국법인 및 영리법인·비영리법인별로 과세 여부 및 그 대상이 아래와 같이 달리 설정되어 있다. 아래에서의 논의는 별도 언급이 없는 한 영리내국법인에 관한 것이다.

<과세소득의 범위>

구 분		각 사업연도소득	청산소득
내국법인	영리법인	국내외원천의 모든 소득(법인세법 제3조 제1항)	과세
	비영리법인	국내외원천소득 중 일정한 수익사업에서 발생한 소득(법인세법 제3조 제3항), 고유목적사업준비금 인정(법인세법 제29조), 기부금의 의제(법인세법 제36조 제2항)	비과세
외국법인	영리법인	국내원천소득(법인세법 제3조 제4항 본문)	비과세
	비영리법인	국내원천소득 중 일정한 수익사업에서 발생한 소득(법인세법 제3조 제4항 단서)	비과세

● 외국법인은 국내원천소득만 과세

법인세법은 법인을 내국법인과 외국법인으로 구분한다. 내국법인은 전 세계 소득을 과세하고 외국법인은 국내원천소득만 과세한다. 내국법인은 본점, 주사무소 또는 사업의 실질적인 관리 장소가 우리나라에 있는 법인을 말한다. 외국법인은 내국법인 외의 법인을 말한다. 내국법인과 외국법인의 구분에 관한 자세한 논의는 본서 제6편을 참조할 수 있다.[17)]

● 비영리법인은 열거된 소득만 과세

법인세법은 법인을 영리법인과 비영리법인으로 구분한다. 법인세법이 명시적으로 규정하고 있지 않지만 영리법인은 법인의 구성원에게 법인 활동의 결과를 분배하는 것을 목적으로 하는 법인이며 비영리법인은 그렇지 않은 법인을 말한다. 자연인은 영리·비영리로 구분하지 않는데 법인은 구분하는 이유는 정책적인 필요에 의해서이다. 법인세법은 비영리법인에 대해서는 자연인에 대해서처럼 열거된 항목의 수익만 '수익사업'이라는 이름으로 과세하는 방식을 취하고 있다(법인세법 제3조 제3항).

비영리법인도 자연인처럼 존재하는 법적 실체로서 그에 귀속하는 경제적 이득에 대해서는 과세를 당할 합리적인 이유가 있다. 그러나 비영리법인의 주된 설립목적은 비영리적인 사회활동을 위한 것이다. 이는 대부분 외부 경제효과가 있는 활동으로서 국가가 정책적으로 그 양을 늘릴 필요가 있는 것들이다. 비영리법인이 영리활동을 통해 얻는 경제적 이득을 그러한 활동에 사용한다면 그것을 필요경비로 인정해 줄 정책적 필요가 있는 것이다. 이를 위해 비영리법인에 대해서는 '고유목적사업'이라는 개념을 두고 영리활동소득 중 그에 전출한 것은 비용(고유목적사업준비금 전출 또는 지정기부금 지출)으로 인정해 주는 조세특례를 두고 있다(법인세법 제3조 제1항 본문 단서, 제29조, 법인세법시행령 제36조 제2항). 자연인의 경우 소득을 얻어 소비할 때 비용으로 인정해 주지 않지만 비영리법인은 그와 달리 비용으로 인정해 주는 것이다.

비영리법인의 자산양도차익에 대한 과세에 있어서는 납세상 편의를 위해 개인방식의 과세와 법인방식의 과세 중 선택할 수 있도록 하고 있다(법인세법 제62조의 2). 이러한 납세상 편의는 이자소득에 대해서도 동일하게 적용된다(법인세법 62조). 이 경우 원천징수로써 납세의무가 소멸되는 것을 선택할 수 있다.

비영리법인의 수익사업은 법인세법에서 열거하고 있다. 비영리법인이 영위하는 고유목적사업이라 하여 법인세법상 반드시 수익사업의 범주에서 제외되는 것은 아니다.[18)] 법인세법상 의료법인은 의료업을 고유목적사업으로 하는 비영리법인임에도 의료업은 수익사업으로 되어 있다.[19)] 따라서 의료업을 위한 지출은 통상적인 고유목적사업준비금 적립을 통해 손금으로 인정받을 수 없다. 그러나 의료법인이 병원 건물 및 부속토지와 일정 요건을 갖춘 의료기기를 취득하거나 해외진출사업을 위하여 지출하고 고유목적사업준비금상당액을 의료발전회계(고유목적사업준비금의 적립 및 지출에 관하여 다른 회계와 구분하여 독립적으로 경리하는 회계)로 구분하여

---

17) 실질적인 관리장소가 국내에 있어서 내국법인으로 보던 법인의 그 장소가 국외로 이전하게 되면 외국법인이 된다. 독일 세법상으로는 이 경우 해당법인이 해산한 것으로 본다(독일 법인세법 제12조 제1항).

18) 대법원 2003두12455, 2005.9.9. 참조.

19) 법인세법시행령 제2조 제1항 본문.

경리한 경우에는 손금으로 인정한다(법인세법시행령 제56조 제10항). 연구개발사업을 위하여 지출하는 금액도 손금인정 받는다.

- 당기순이익과세법인(조특법 제72조)

신용협동조합, 새마을금고, 농업협동조합, 수산업협동조합, 중소기업협동조합, 산림조합, 엽연초생산협동조합 및 소비자생활협동조합은 일반법인과 달리 결산재무제표상의 법인세 등을 공제하지 당기순이익에 다음과 같이 「법인세법」 제24조 등을 적용하여 계산한 금액을 과세표준으로 한다.

  - 기부금(당해 법인의 수익사업과 관련된 것에 한함)의 손금불산입액과
  - 접대비(당해 법인의 수익사업과 관련된 것에 한함)의 손금불산입액 및
  - 잉여금 처분 사항을 손비로 계상한 금액을 가산하고
  - 부당행위계산부인규정을 적용하고
  - 인건비 등 과다경비와 업무무관비용을 합한 후
  - 차입금 지급이자, 퇴직급여충당금, 대손금·대손충당금의 세무조정을 거친금액에

9%(과세표준 20억원 이하분) 또는 12%(과세표준 20억원 초과분) 세율을 적용하여 법인세를 신고·납부한다. 이로써 약식의 세무조정절차를 거치고 세금을 신고하면서 낮은 세율을 적용받게 된다. 직전 사업연도 수입금액(기업회계기준에 따라 계산한 매출액)이 100억원 이하의 범위에서 대통령령으로 정한 금액을 초과하는 법인은 일반법인과 동일하게 세무조정을 하여야 한다(조특법 제72조 제2항).

제3장 각 사업연도소득에 대한 법인세

제1절 조세채무의 성립

제1항 과세소득

내국법인의 각 사업연도소득은 그 사업연도에 속하는 익금의 총액에서 그 사업연도에 속하는 손금의 총액을 공제한 금액으로 한다(법인세법 제14조 제1항). 법인세법이 법인의 소득에 대한 과세상 '소득'의 개념을 정의하지 않고 있는 것은 개인의 소득에 대한 과세상 그 개념을 정의하지 않고 있는 점과 동일하다. 다만, 법인세법은 익금과 손금의 개념을 다음과 같이 포괄적으로 규정하고 있다. 익금은 "…을 제외하고 당해 법인의 순자산을 증가시키는 거래로 인하

여 발생하는 수익의 금액"이다(동법 제15조 제1항). 손금은 "…을 제외하고 당해 법인의 순자산을 감소시키는 거래로 인하여 발생하는 손비[20]"이다(동법 제19조 제1항). 소득의 개념을 바로 정의하지 않고 순자산을 증가시키거나 감소시키는 거래로 인하여 발생하는 순수익 정도로 규정하고 있는 것이다.

제2항 소득금액

1. 익금과 손금

법인세법상 각 사업연도소득금액은 해당 사업연도에 귀속하는 익금에서 손금을 차감한 것을 의미한다. 각 사업연도소득금액을 산정함에 있어 익금과 손금은 각각 총액에 의하여 계산한다.[21] 익금과 손금은 각각 법인의 순자산을 증가시키는 것과 감소시키는 것을 의미하기 때문에 법인세법에 특별히 익금에 불산입하거나 손금에 불산입할 것 이외에는 별도로 익금에 산입할 사항 또는 손금에 산입할 사항을 규정할 필요는 없다. 그럼에도 불구하고 법인세법은 익금산입사항과 손금산입사항을 예시적으로 규정하고 있다. 법인세법은 익금불산입사항과 손금불산입사항은 열거적으로 규정하고 있다. 법인세법의 규정은 다음과 같은 구조를 가지고 있다.

제2장 내국법인의 각 사업연도소득에 대한 법인세
제1절 과세표준과 그 계산
제2절 세액의 계산
제3절 신고 및 납부
제4절 경정 및 징수

제1절은 다시 다음 6개의 관으로 구성되어 있다.

제1관 총칙
제2관 익금의 계산
제3관 손금의 계산
제4관 준비금 및 충당금의 손금산입
제5관 손익의 귀속시기 등
제6관 합병·분할 등에 관한 특칙

2. 사업연도

법인세에 대해서는 소득세에 대해서와 같이 기간과세방식이 적용된다. 단일세율에 따라 원천

---

20) 기업회계기준상 '손비'의 개념은 '비용'과 '손실'을 의미한다.

21) 법인세법기본통칙 14-0…1.

징수 분리과세로 종료되는 경우에는 기간과세방식을 사용하지 않는 예외가 있다. 그러나 두 세금은 종합하여 신고하도록 하는 것을 원칙으로 하고 있다. 종합된 소득에 누진세율을 적용하는 방식을 채택하는 한 인위적으로 기간을 설정하여 과세대상에 시간적 한계를 설정하여야 하는 것이다. 시간적 한계는 개인에 대한 소득과세상으로는 역년으로 하고 법인에 대한 소득과세상으로는 법인의 정관에 의한 회계연도에 따른다. 소득금액은 법인의 회계장부를 토대로 계산을 하게 되는데 법인이 상법의 규정에 따라 스스로 설정한 회계연도를 무시할 경우 세법이 복잡해지고 절차가 불편해지기 때문이다(법인세법 제6조 내지 제8조 참조).

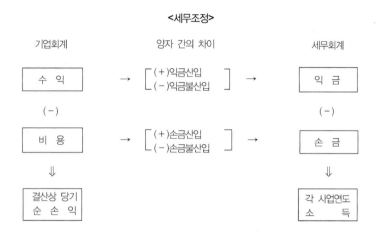

<세무조정>

3. 세무조정

가. 과정의 개요

각 사업연도의 소득에 대한 법인세액은 법인이 기업회계기준에 의해 작성한 재무제표상 당기순이익을 법인세법상 익금산입, 익금불산입, 손금산입 및 손금불산입에 관한 규정에 따라 수정한 각 사업연도소득금액에 일정 공제를 반영하여 과세표준을 계산하고 그에 세율을 적용하여 세액을 산출하는 과정을 거쳐 산정된다.

당기순이익금액은 해당 사업연도에 이루어진 거래나 사실을 기업회계기준에 따라 결산함으로써 얻게 된다. 법인세법은 각 거래나 사실에 대해 부분적으로 기업회계기준과 다른 기준을 적용하게 된다. 기업회계기준에 따라 손익계산을 하는 과정에서 보면 거래나 사실은 순이익을 늘리는 것과 줄이는 것으로 구분할 수 있다. 순이익을 늘리는 것은 이익이 증가하거나 비용이 감소하는 거래에 의한 것이며, 순이익이 감소하는 것은 이익이 감소하거나 비용이 증가하는 거래에 의한 것이다. 법인세법은 그 각각의 경우 중 일부에 대해 개별적으로 익금산입, 손금불산입, 익금불산입 및 손금산입과 같은 규정을 두고 당기순손익으로부터 각 사업연도소득금액을 산정해 내도록 하고 있는 것이다. 이와 같은 과정을 세무조정이라고 한다.

나. 결산조정과 신고조정

법인세법상 세무조정은 법인세과세목적을 위해 존재하는 과정이며 기업의 재무제표에는 반영될 필요는 없다. 다만, 재무제표의 법인세비용란에 세무조정의 결과치인 세액이 기재될 뿐이다. 논리적으로만 보면 기업이 연말에 결산을 한 후 세금을 계산하기 위해 세무조정하는 과정은 재무제표에 반영될 필요는 없는 것이다.

그런데 법인세법은 일부 항목에 대해서는 굳이 재무제표에 반영하여야만 손금으로 인정할 수 있다고 규정하고 있다. 그 이유는 내부적 의사결정에 의해서 정해지고 외부와의 거래는 없는 것에 대해 신고할 때 조정만 하도록 한다면 실제 그러한 의사결정을 하고 그것이 장래에 구속력을 갖도록 규율할 수 있는 방법을 찾기 곤란하기 때문이다. 이러한 세무조정사항을 결산조정사항이라고 하고 그렇지 않은 조정사항을 신고조정사항이라고 한다. 결산조정사항은 손금으로 인정받기 위해 재무제표에 반영되어 있기 때문에 재무제표의 이용자라면 모두 그 결과치를 보게 된다. 신고조정사항은 재무제표의 이용자는 볼 수 없으며 해당 법인과 과세관청만 알게 된다.

법인세법은 결산조정사항[22]의 경우 해당 항목에 "내국법인이 각 사업연도에 …으로 계상한 경우에 한하여" 손금에 산입한다는 표현을 두고 있다.

일시상각충당금 또는 압축기장충당금에의 전입은 잉여금처분에 의하지 않고도 손금에 계상한 것으로 본다(법인세법시행령 제98조 제2항).

법인세법에서 그 조정금액산정방법을 납세자가 선택하도록 하는 경우의 결산조정사항은 결산 시 적용한 산정방법에 관계없이 법인세 산정 시에는 가장 유리한 방법을 선택할 수 있다(예: 대손충당금)[23]. 채권이 법적으로 소멸한 경우가 아니라면 실제 발생한 대손은 결산에 반영하지 않은 채로 그 세무상 효과를 주장할 수 없다. 특수관계자에게 저리로 자금을 대여한 것에 대해 부당행위계산부인규정을 적용할 때, 추후 원금도 회수할 수 없는 상태에 이른 이후에도, 동 규정에 의한 인정이자계산을 할 것인가에 관해, 결산 당시 대손으로 회계처리를 하지 않은 이상 인정이자를 인식하여야 한다는 법원의 판단이 있다.[24]

손금 중 기업 내부의 의사결정사항에 해당하지만 예외적으로 결산조정하지 않고 신고조정하도록 허용하는 경우가 있다. 결산서에 반영할 경우 기업의 재무구조를 좋지 않게 보이는 항목 중 일부에 대해 이를 결산에 반영하지 않고 이익잉여금의 처분사항으로 하도록 하는 것이다.

---

22) 결산조정사항은 아래와 같다.
- 감가상각비
- 퇴직급여충당금, 대손충당금
- 대손상각비
- 감가상각자산의 즉시상각
- 재고자산, 유형자산 등의 감액손실
- 보험회사의 책임준비금, 비상위험준비금, 계약자배당금

퇴직급여충당금 전입액은 결산조정사항이지만 퇴직보험료납입액은 신고조정사항이다. 퇴직보험금을 수령하면 퇴직급여충당금과 상계한다. 2010년 개정 법인세법은 K-IFRS가 기존의 기업회계기준에 비해 결산 시 반영할 감가상각비를 큰 폭으로 축소시키고 있는 점을 감안하여 결산조정에 대한 예외를 설정하고 있다.

23) 대법원 2012.8.17. 선고 2009두14965 판결.

24) 대법원 2003.12.11. 선고 2002두7227

이와 같은 방식의 신고조정사항을 잉여금처분에 의한 신고조정사항이라고 한다. 조특법상 준비금 전입은 잉여금처분에 의한 신고조정사항이다.[25]

신고조정사항은 늦어도 법인세 신고서를 작성할 때에는 손금산입조정을 하여야만 손금산입이 인정된다. 한편 납세자가 법인세 신고 후 신고조정사항을 손금산입조정하면서 경정청구할 수도 있다.[26]

아무런 세무조정을 하지 않아도 당연히 손금산입이 인정되는 사항을 당연신고조정사항[27]이라고 한다. 당연신고조정사항이 신고조정사항의 대부분을 이룬다.[28] 당연신고조정사항은 납세자가 신고에 반영하지 않아도 손금산입이 인정되는 것이기 때문에 추후 관할세무서장이 세무조사를 하는 시점에서 스스로 직권경정할 수 있다.[29] 납세자가 그 사항을 발견하고 이를 소득금액의 경정에 반영하여 줄 것을 청구할 수도 있다.

제2절 과세표준 및 세액의 계산

내국법인의 각 사업연도소득에 대한 법인세의 과세표준은 각 사업연도소득 범위 안에서 이월결손금, 비과세소득 및 소득공제액을 순차로 공제한 금액으로 한다(법인세법 제13조). 내국법인의 각 사업연도소득은 그 사업연도에 속하는 익금의 총액에서 그 사업연도에 속하는 손금의 총액을 공제한 금액으로 한다. 내국법인의 각 사업연도 결손금은 그 사업연도에 속하는 손금의 총액이 그 사업연도에 속하는 익금의 총액을 초과하는 경우에 그 초과하는 금액으로 한다(법인세법 제14조).

제1항 익금

법인세법 제2장 제1절 제2관에서는 익금의 산입과 불산입에 대해 규정하고 있다. 제2관은 제15조부터 제18조의 3까지 6개의 조문으로 구성되어 있다.

---

25) 이를 위해 법인세법 제61조는 "내국법인이 조특법에 의한 준비금을 세무조정계산서에 계상하거나… 그 금액은 손금으로 계상한 것으로 본다"는 규정을 두고 있다.

26) 2009.7.9. 선고 2007두1781 판결. [법인세경정거부처분취소] 법인세법 제61조 제1항이 자사주처분손실준비금을 비롯한 조세특례제한법상 준비금을 세무조정계산서에 계상하는 방법으로 손금에 산입하는 것을 허용한 취지는 이와 같은 준비금은 실제로 발생한 비용이 아니어서 기업회계상 이를 법인의 장부에 비용으로 계상할 수 없다는 점을 고려하여 특별히 신고조정의 방법에 의하여 그 준비금의 설정에 따른 손금산입이 허용되는 것임을 밝힌 데에 있다. 그러므로 내국법인이 당초 조세특례제한법상 준비금을 손금으로 계상하지 아니한 채 과세표준을 계산하여 그 과세표준신고서를 제출하였다고 하더라도 국세기본법 제45조의 2 제1항에서 정한 경정청구기간 내에는 경정청구를 통하여 신고조정의 방법에 따라 당해 준비금을 손금에 산입할 수 있다.

27) 신고 시 조정하지 않아도 경정할 경우 당연히 조정하여 준다는 의미이다.

28) 김완석, 『법인세법』, 광교이택스, 2007, p.128.

29) 국심 2001서700(2001.6.21.) 참조.

1. 익금산입

법인세법 제15조 제1항은 "익금은 자본 또는 출자의 납입 및 이 법에서 규정하는 것을 제외하고 당해 법인의 순자산을 증가시키는 거래로 인하여 발생하는 수익의 금액으로 한다"는 일반적인 규정을 두고 있다. 이에 부합하는 내용으로서 예시가 필요한 사항에 대해서는 법인세법시행령 제11조에서 방대한 규정을 두고 있다. 한편, 일반적인 원칙에 대한 특례가 될 수 있는 것에 대해서는 법인세법 제15조 제2항과 제16조에서 규정하고 있다.

가. 예시된 익금(법인세법시행령 제11조)

법인세법은 법인의 소득을 종류별로 구분하여 개념을 규정하지 않고 있다. 소득세법은 개인의 소득을 그 발생원인이나 담세력의 상위에 따라 구분하여 이들 소득의 내용을 규정함과 아울러, 각 소득금액의 계산도 각 소득에 따라 다른 방법으로 계산하도록 규정하고 있다. 법인세법이 필요에 따라 소득세법의 규정을 인용하여 소득을 구분할 경우에는 그 소득의 개념은 소득세법의 규정내용에 따라 해석되어야 한다.[30]

(1) 한국표준산업분류에 의한 각 사업에서 생기는 수입금액

한국표준산업분류에 의한 각 사업에서 생기는 수입금액은 익금으로 본다. 이는 거주자의 종합소득 중 사업소득에 관한 규정과 동일한 것이다. 소득세법 제19조 제1항은 "사업소득은 당해 연도에 발생한 다음 각 호의 소득으로 한다"고 규정하고 있는데, 소득세법 제19조 제3항은 소득세법 제19조 각 호의 규정에 의한 사업의 범위에 관해서는 이 영에 특별한 규정이 있는 것을 제외하고는 한국표준산업분류를 기준으로 한다고 규정하고 있다. 차이가 있는 점은 소득세법상 사업소득은 이에 국한되지만 법인세법상으로는 아래 예시하는 바와 같은 다양한 소득이 법인의 각 사업연도소득금액을 구성하게 된다는 점이다.

구체적으로 한국표준산업분류에 의한 각 사업에서 생기는 수입금액의 계산을 위해서는 몇 가지 기술적인 고려가 필요하다. 각 사업에서 생기는 수입금액에는 도급금액·판매금액과 보험료액이 포함되지만, 기업회계기준[31]에 따른 매출에누리금액 및 매출할인금액이 제외된다. 그리고 장부 기타 증빙서류에 의하여 소득금액을 계산할 수 없어 추계하는 경우 부동산임대에 의한 전세금 또는 임대보증금에 대한 수입금액은 금융기관의 정기예금이자율을 적용하여 계산한 금액으로 한다.

---

30) 대법원 1991.12.24. 선고 91누384 전원합의체 판결.

31) 법인세법시행령 제79조 각 호의 어느 하나에 해당하는 회계기준을 말한다(1. 국제회계기준, 1의2. 「주식회사의 외부감사에 관한 법률」 제13조제1항제2호 및 같은 조 제4항에 따라 한국회계기준원이 정한 회계처리기준, 2. 증권선물위원회가 정한 업종별회계처리준칙, 3. 「공공기관의 운영에 관한 법률」에 따라 제정된 공기업·준정부기관 회계규칙, 4. 기타 법령에 의하여 제정된 회계처리기준으로서 기획재정부장관의 승인을 얻은 것).

(2) 자산의 양도금액

유형자산이나 투자자산과 같은 자산의 양도금액은 각 사업연도소득금액에 포함된다. 재고자산의 양도금액은 한국표준산업분류에 의한 각 사업에서 생기는 수입금액에 포함된다. 자기주식의 양도차익도 각 사업연도소득이 되어 과세된다.[32] 기업회계상으로는 자기주식거래를 일반적으로 자본거래로 보는 것과 대조를 이룬다. 다만, 과세상 자본감소절차의 일환으로 자기주식을 취득하여 소각하거나 합병으로 인하여 자기주식을 취득하여 처분함으로써 생긴 손익은 익금 또는 손금으로 산입하지 않는다.[33]

2009년 법인세법 개정으로 그간 청산소득으로 과세하던 피합병법인의 자본이득을 합병시점에서 합병법인에 이전하는 자산의 시가를 양도가액으로 하여 피합병법인의 각 사업연도소득으로 보아 과세한다(법인세법 제44조). 양도가액의 구체적인 산정방법의 규정은 대통령령에 위임되어 있지만 부당행위계산부인규정의 적용상 '시가'로 하도록 되어 있다(법인세법 제44조의 2).

법인이 주주에게 현물로 배당할 때 법인의 현물의 처분이익에 대해 법인세를 부과하는가? 법인세법상 법인이 현물로 배당할 경우 주주에게 이전하는 자산은 처분한 것으로 보게 된다(상법 제462조의 4). 법인이 감자함에 있어 보유 중인 부동산을 감자대가로 지급하는 경우에는 동 부동산이 시가에 의하여 유상으로 양도된 것으로 보아 그 양도금액과 장부가액을 당해 법인의 각 사업연도소득금액을 계산할 때 각각 익금과 손금에 산입한다. 감자대가로 동 부동산을 지급받는 주주(법인)의 경우에는 당해 부동산의 시가가 감자된 주식의 취득가액을 초과하는 금액에 대하여 주주 등의 배당금 또는 분배금 의제에 관한 법인세법 제16조의 규정을 적용한다.[34] 법인이 주주인 지방자치단체에게 주주총회 결의에 따라 감자대가를 토지로 지급하는 경우에는 동 부동산이 시가에 의하여 양도된 것으로 보아, 그 양도금액과 장부가액을 당해 법인의 각 사업연도소득금액을 계산할 때 각각 익금과 손금에 산입한다.[35]

이에 대한 미국의 사례 Esmark v. Commissioner(90 T. C. 171, 1988) 사건을 비교해보자. 사실관계는 다음과 같다. Esmark는 Vickers의 지분을 100% 가지고 있었다. Esmark는 Vickers 지

---

[32] 자기주식의 취득을 자본거래로 볼 것인가의 여부는 자기주식의 "취득"시 어떤 상황이었는가가 결정한다. 취득을 감자로 보았던 자기주식이라면 처분한 것을 증자로 보아야 할 것이다. 그러나 취득을 자산의 취득으로 보았다면, 처분을 자산거래(손익거래)로 보아야 할 것이다. 처분한 자기주식이라면 감자를 위해 취득한 것이 아니었을 것이다. 그렇다면, 자산거래로 보아야 할 것이다. 법인의 주식을 취득한 경우 감자 이외의 목적으로 취득할 수 있는가? 현행 상법은 이익배당가능액의 범위 안에서 자기주식을 취득할 수 있도록 하고 있다(상법 제341조 제3항). 자기주식은 자본금감소의 규정에 따라서만 소각할 수 있는데, 이사회 결의에 의해 소각하는 경우에는 자본금감소의 규정에 따르지 않아도 된다(상법 제343조). 취득한 자기주식을 소각할 때에 가서 감자로 보아야 할 것이다. 자기주식의 처분은 자산거래로 보아야 한다. 이에 대해 이재호(Jae Ho Lee), 자기주식처분이익의 과세문제, 한국세법학회, 조세법연구, 제15권 제1호 2009.4, page(s): 341-387는 자기주식처분이익은 원칙적으로 자본손익이라고 보고 있다. 법인의 자기주식처분에 의해 법인의 실질적인 자본이 증가한 것인데, 증자가 자본거래이듯, 자기주식처분도 자본거래로 보아야 한다는 것이다. 이와 같이 보기 위해서는 자기주식의 취득도 감자로 보아야 한다. 감자를 목적으로 하지 않는 자기주식의 취득도 있다. 자기주식의 취득을 실질적인 감자로도 보기 곤란한 경우가 많다. 특히 2011년 개정된 현행 상법은 원칙적으로 자기주식을 거래소를 통해 취득할 수 있도록 하고 있다. 주요기업들은 주가관리를 목적으로 관행적으로 자기주식을 매매하고 있다.

[33] 대법원 2000.5.12. 2000두1720.

[34] 서이 46012-10666, 2003.3.31.

[35] 서면인터넷방문상담2팀-80 2007.1.11.

분을 처분하고자 하였다. 처분결과 남는 재원으로는 다른 사업을 하는 대신 감자하기 위함이었다. Esmark는 원매자로 Mobil을 만나게 되었는데 Mobil에 자신의 지분을 직접 파는 대신 다음과 같은 제안을 하였다. "Mobil이 Esmark의 주주들에게 주식매도청유(tender offer)를 하여 Vickers의 가액에 상당하는 Esmark의 주식을 매집하면 Esmark가 그 주식의 상환을 받아 주면서 그 대가로 Vickers 주식 전부를 지급하겠다." 물론 Esmark는 주식을 상환받는 대로 소각하고자 하는 것이었다. Mobil은 Esmark와 사전에 약정한 대로 public tender offer를 통해 Esmark의 지분 54%를 취득하였다. 그때 주주들에게 지불한 대가는 총계 715백만 달러이었다. Esmark는 결과적으로 투자자산인 Vickers의 지분을 Mobil을 통해 주주에게 자기주식을 받으면서 지급한 것과 다를 바 없었던 것이었다.[36]

이 사건에서 법원은 General Utilities v. Helvering 사건에서의 과세불가의 입장을 유지하였다. General Utilities 사건에서의 법원은 주식회사가 주주에게 자신이 보유하던 현물을 분배하는 경우 해당 현물을 자기가 보유하고 있던 기간 중 자본이득에 대해서는 회사의 소득으로 과세하지 않는다고 한 바 있다.

그 원칙이 이 사건에도 적용되어 Esmark는 법인세를 부담하지 않게 되었다. 당시 Esmark의 Vickers 주식 장부가액은 262백만 달러이었으므로 Esmark는 453백만 달러의 자본이득을 실현한 것이었다. 그것을 바로 매도했더라면 부담했을 세금은 100백만 달러를 초과하는 수준이었다.

(3) 자산의 임대료

(4) 자산의 평가차익

기업회계상 재고자산은 일반적으로 원가법에 의해 계상되며 평가차익의 인식문제도 발생하지 않는다. 유형자산은 역사적 원가에 의하여 평가하지만 유가증권이나 투자자산의 경우 시가법, 공정가액법, 지분법 및 원가법에 의한 평가방법 중 하나에 의해 평가된다.

법인세법은 원칙적으로 각 사업연도소득금액 계산상 평가손익을 인정하지 않는다. 내국법인이 보유하는 자산 및 부채의 장부가액을 증액 또는 감액한 경우에는 그 평가일이 속하는 사업연도 및 그 후의 각 사업연도소득금액 계산에 있어서 당해 자산 및 부채의 장부가액은 그 평가하기 전의 가액으로 한다고 함으로써 평가손익의 인정을 원칙적으로 배제하고 있다(법인세법 제42조). 다만, 보험업법 기타 법률에 의한 유형자산의 평가(증액에 한한다)와 재고자산,[37] 유가증권,[38] 금융기관이 보유하는 외화자산·부채 및 금융기관이 보유하는 통화 관련 파생상품 중 통화선도와 통화스왑의 평가손익은 인정한다.

평가손익을 계상하기 위해서는 자산을 평가하여야 한다. 법인세법은 자산·부채의 취득 및 평가에 관하여 일반적으로 공정·타당하다고 인정되는 기업회계의 기준을 적용하거나 관행을 계속적으로 적용하여 온 경우에는 법인세법에서 달리 규정하고 있는 경우 이외에는 당해 기업

---

36) Vickers의 주식을 개별 소액주주에게 직접 나누어 주는 일은 용이하지 않았을 것이다.

37) 제품 및 상품, 반제품 및 재공품, 원재료 및 저장품.

38) 주식 등, 채권, 외화증권 등.

회계의 기준 또는 관행을 따른다고 규정하고 있다(법인세법 제43조).

(5) 무상으로 받은 자산의 가액

자산을 무상으로 이전받은 법인은 그 순자산가액이 증가할 것이다. 무상으로 이전받은 자산의 가액은 익금에 산입하여야 한다. 무상으로 받은 자산이 실물자산일 경우 그것을 시가로 평가한 금액이 익금에 산입된다(법인세법시행령 제72조 제1항 제5호). 법인세법이 시가의 개념이나 그 산정방법을 규정하고 있지는 않지만, 시가라 함은 정상적인 거래에 의하여 형성된 객관적인 교환가격을 의미하는 것으로 해석된다. 법인이 무상으로 받은 자산으로 이월결손금을 보전하는 경우에는 이를 익금에 산입하지 않는다(법인세법 제18조 제6호). 다만, 국고보조금 등은 총수입금액에 산입한다(법인세법 제18조 제6호).

개인의 경우 무상으로 받은 자산은 증여를 받은 것으로 보아 과세된다. 개인이 사업을 영위하는 경우도 동일하다. 즉 사업상 이월결손금과 상계할 수 없다. 사업소득상 결손금을 다른 종합소득금액과 통산하는 것이 허용되는 경우가 있지만 그것의 증여가액과의 통산은 허용되지 않는다. 다만, 사업과 관련하여 자산을 무상으로 받았거나 채무를 면제받은 경우에는 소득세를 과세하되 결손금이 있으면 그것과의 상계를 허용한다(소득세법시행령 제51조 제3항 제4호).

(6) 채무의 면제 또는 소멸로 인하여 생기는 부채의 감소액

채무를 면제받게 되면 당해 법인의 회계상 순자산이 증가하게 된다. 채권자의 적극적인 면제의 의사표시가 없고 채무가 소멸시효로 소멸될 경우도 마찬가지다. 채무면제익은 그것으로 이월결손금을 보전하는 경우 이를 익금에 산입하지 않는다(법인세법 제18조 제6호). 채무의 출자전환으로 주식 등이 발행될 때 당해 주식 등의 시가를 초과하여 발행된 금액(법인세법 제17조 제1항 제1호 단서)은 채무면제익이다.

채무의 면제는 부도나 파산의 위험에 처해 있는 기업에 대해 법령 또는 당사자 간 합의에 의해 받게 되는 경우가 대부분이다. 채무의 면제는 회생가능성이 있는 기업으로 하여금 기회를 주기 위한 채권자의 고육지책이라고 할 수 있다. 이러한 채무의 면제는 경제 전체적으로도 순기능이 많은 것이므로 법인세법상 익금불산입하는 규정을 두고 있는 것이다. 조특법은 「채무자회생 및 파산에 관한 법률」에 의한 회생계획인가결정을 받는 경우나 기업구조조정촉진법 및 기업구조조정투자회사법에 의하는 경우에는 이월결손금을 충당하고도 남는 금액이 있더라도 바로 익금으로 보지 않도록 하는 특례를 두고 있다(조특법 제44조 제1항 및 제3항).

(7) 손금에 산입한 금액 중 환입된 금액

(8) 이익처분에 의하지 아니하고 손금으로 계상된 적립금액

법인세법상의 각종 준비금이나 충당금 전입액이 손금에 산입되기 위해서는 이익처분에 의해 이를 적립하여야 한다.[39] 이와 같이 적립하지 않은 경우에는 손금으로 인정받을 수 없다. 그런데 법인세법은 이를 손금부인사항으로 하지 않고 익금산입사항으로 규정하고 있다.

---

39) 결산조정을 의미한다.

(9) 불공정 합병·증자 및 감자 등 불공정 자본거래로 인하여 특수관계인으로부터 분여받은 이익

주주가 합병, 증자 및 감자 등의 자본거래로 인해 얻게 되는 이익은 배당으로 의제하여 과세한다. 자본거래 과정에서 불공정(불균등) 합병·증자 및 감자 등 불공정 자본거래로 인하여 다른 주주로부터 이익을 분여받은 경우40) 그 이익도 익금에 산입한다. 합병 당시 주가가 과대평가된 주주나 증자 당시 실권주가 발생하여 그것을 배정받은 주주 및 감자 당시 감자되지 아니한 주주가 그에 해당한다. 이 경우 개인이라면 증여로 과세되었을 것이다. 그리고 그 상대방 주주가 법인이라면 부당행위계산부인규정이 적용되었을 것이다(법인세법시행령 제88조 제1항 8호 및 제8호의 2). 다른 주주로부터 분여받은 이익이 이미 법인세법 제16조의 규정에 의해 의제배당액으로 인식되는 것이라면 다시 익금에 산입하여서는 안 될 것이다.

주식을 불균등하게 소각하는 경우 지분비율이 늘어난 법인주주는 그로 인한 증여재산가액에 해당하는 금액을 익금으로 산입하여야 한다. 다만, 개인의 증여재산금액을 계산할 때와 같이 주식평가액 증가비율(개인의 경우 30%)이나 이익금액(개인의 경우 3억 원) 기준이 법정되어 있지 않다. 지분비율이 줄어든 법인주주에게는 부당행위계산부인규정이 적용된다. 참고로 주식의 소각을 위해 주주로부터 자기주식을 저가나 고가에 매입할 때 주주와 발행법인 간에는 부당행위계산부인규정이 적용되지 않는다.41)

(10) 그 밖의 수익으로서 그 법인에 귀속되었거나 귀속될 금액

법인세법 제15조 제1항은 "익금은… 수익의 금액으로 한다"고 규정하고 있으며 법인세법시행령 제11조 제10호는 '그 밖의 수익으로서 그 법인에 귀속되었거나 귀속될 금액'을 익금에 포함하고 있다. 법인세법 제43조는 기업회계기준과 관행을 적용한다고 규정하고 있다. 기업회계기준상 '수익'은 경영활동의 전 과정에서 나타나는 자원의 흐름으로서 제품의 생산·판매, 용역의 제공 및 경제실체의 주요한 또는 중심적 영업활동을 구성하는 활동으로부터 일정 기간 내에 발생하는 자산의 증가 또는 부채의 감소를 말한다.

나. 간주 익금

(1) 특수관계인인 개인으로부터 유가증권을 시가에 미달하는 가액으로 매입하는 경우 시가와 당해 매입가액의 차액에 상당하는 금액(법인세법 제15조 제2항 제1호)

특수관계 있는 법인으로부터 저가로 양수한 법인은 추후 매도할 때 법인세를 그만큼 더 내게 된다. 이때 저가로 양도하는 법인은 부당행위계산부인규정의 적용을 받을 경우 법인세 절약효과는 없어지게 된다. 동일한 경제적 이익에 대해 양도법인과 양수법인이 중복적으로 과세되

---

40) 상장법인에 흡수합병되는 법인이 실은 상장법인을 통해 우회상장하는 것을 목적으로 흡수합병하는 것이었으며, 그 과정에서 존속하는 외양을 갖는 법인이 흡수합병전 증자를 하면서 제3자배정의 방법으로 어느 제3자에게 과도한 가액의 주식을 이전할 수도 있다. 이 과정에서도 그 제3자가 기존 주주로부터 이익을 받은 실질을 갖는 것이라면 증여로 과세할 수 있다.

41) 법인 46012 - 115, 2002.6.20.

지만 시차는 있게 된다. 만약 저가양수에 따른 차액만큼을 양수시점에 이익으로 인식하게 한다면 저가양도한 법인과 저가양수한 법인이 동일한 경제적 이익에 대해 동시에 과세받게 될 것이다. 법인세법은 저가양수법인이 이러한 이득을 익금으로 산입하도록 하지는 않고 있다. 미실현이득에 대해 과세하지 않는 것이다.

법인이 특수관계 있는 개인으로부터 저가로 양수하는 경우 저가 양도한 개인에 대해 부당행위계산부인규정이 적용된다면 소득세를 절약하는 효과가 사라지게 된다. 개인의 유가증권 양도차익 중 비과세되는 경우에는[42] 부당행위계산부인규정도 적용되지 않는다. 이 경우 저가양수한 법인에 대해 저가양수 이득만큼 과세하지 않는다면 양도하는 개인과 양수하는 법인에 걸쳐 과세이연의 효과가 나타나게 될 것이다. 타인이 실질적으로 지배하는 법인에게 그와 같이 저가로 양도한다면 그 타인에 대한 증여세를 회피하는 효과도 거두게 된다. 법인세법은 이를 규제하기 위해 특수관계인인 개인으로부터 유가증권을 시가에 미달하는 가액으로 매입하는 경우 시가와 당해 매입가액의 차액에 상당하는 금액은 법인세법상 익금으로 보도록 하고 있다. 이 경우 법인에 대한 과세는 미실현이득에 대한 과세로서의 성격을 가진다.

특수관계인인 개인으로부터 유가증권을 시가에 미달하는 가액으로 매입하는 경우 시가와 당해 매입가액의 차액에 상당하는 금액을 익금으로 보는 규정은 익금으로 볼 수 없는 것을 익금으로 간주하는 것이라기보다는 익금항목의 평가에 관한 규정으로서의 성격을 갖는다.

(2) 의제배당

제2편 소득세법 중 의제배당에 관한 부분 참조. 이하에서는 법인에 특기할 만한 사항 위주로 논한다(법인세법 제16조).

의제배당을 익금으로 보는 규정은 익금으로 볼 수 없는 것을 익금으로 간주하는 것이라기보다는 익금항목의 평가에 관한 규정으로서의 성격을 갖는다.

(가) 자본감소

감자에 의한 의제배당의 경우 의제배당소득금액은 주식의 소각이나 자본의 감소로 인하여 주주인 법인이 취득하는 금전 기타 재산의 가액이 당해 주식 또는 지분을 취득하기 위하여 소요된 금액을 초과하는 금액으로 한다. 감자로 인하여 취득하는 금전 기타 재산가액의 합계액이 당해 주식을 취득하기 위하여 실제로 지출한 금액 중 감자액에 상당하는 금액에 미달하는 경우 그 차액(감자에 의한 법인주주의 손실)은 잔존주식의 취득가액에 가산한다.[43] 참고로 감자에 의한 개인주주의 손실은 잔존주식의 취득가액에 가산하지 않는다.

(나) 해산

해산에 의한 의제배당은 청산의 과정을 거치는 법인이 주주에게 지급하는 것으로 의제되는 경제적 이익을 말한다. 일반적으로 청산소득으로 과세되는 금액은 해산하는 법인의 주주에게

---

42) 상장주식의 소액주주인 경우.

43) 서이46012-10275, 2002.2.20.

모두 분배되는 것으로 보아 해산에 의한 의제배당 소득금액을 계산할 때 반영된다.

자회사 자산의 인수 및 뒤이은 자회사의 해산이 있을 경우 형식상 자회사의 해산이 있었지만 내용상으로는 흡수합병과 다를 것이 없는데 어떻게 과세하는 것이 타당한가? 모회사가 자회사를 흡수합병할 경우 자회사의 사업은 모회사가 승계하게 된다.[44] 모회사가 자기가 보유하던 자회사의 주식에 대해 자기 스스로 주식을 교부할 경우 자기주식이 된다.[45] 주식소각을 위해 취득한 때에는 즉시 주식실효의 절차를 밟아야 한다. 회사합병으로 취득한 때에는 상당한 시기에 주식의 처분을 하여야 한다. 모회사가 합병할 때 자기가 보유하던 자회사의 주식 때문에 자기 스스로에게 교부한 주식은 소각하거나 처분하여야 한다. 이 경우 전량 소각하더라도 법인세법상 적격합병 요건 중 하나인 지분의 계속성 요건은 유지되는 것으로 본다.[46]

모회사가 자회사를 흡수합병한 것과 경제적으로 동일한 효과를 갖는 거래로서 모회사가 자신이 갖고 있는 자회사의 주식 모두를 자회사에 상환하고 자회사의 모든 자산과 부채를 그 대가로 받은 다음 자회사가 해산하는 것을 생각해 볼 수 있다. 우리 세법상 주식을 상환하거나 회사해산에 의해 주주가 얻는 이득은 의제배당으로 과세된다. 이때 분배받은 자산은 시가대로 평가된다. 그런데 모회사가 자회사를 흡수합병할 경우 적격합병의 요건을 충족한다면 의제배당 과세 시점에서 분배받은 자산으로서 교부받은 주식의 가액을 평가할 때 액면가액으로 하는 방법으로 과세를 이연해 주고 있다. 실질적으로 보아 적격합병과 다를 바 없는 [(모회사의 자회사에의 주식상환)+(자회사의 해산)]에 대해서는 과세이연의 특례를 부여하고 있지 않다.

참고로 미국 내국세입법상으로는 이러한 형태의 회사 해산에 대해서는 자회사의 자산을 모회사가 장부가액으로 이전받는 방법으로 과세이연을 허용하고 있다(내국세입법 제332조). 80% 이상 지분을 소유하고 있던 자회사라면 과세이연을 허용한다. 이 규정은 다음과 같은 방식으로 꿩 먹고 알 먹고 식으로 세법을 이용하려는 납세자가 나타나게 하였다.[47] Kimbell–Diamond Co.('KD')는 보유하던 공장이 화재로 소실되자 보험금을 수령하게 되었다. 보험차익 상당액이 발생하게 되었는데 소실된 공장과 동일한 자산을 취득하지 않으면 보험차익 상당액에 대해 과세되도록 되어 있었다(내국세입법 제1033조). KD는 그런 자산을 취득하기 위해 물색하던 중 Whaley Co.가 이를 가지고 있는 기업임을 알게 되었다. 이때 KD가 바로 그 기업의 공장을 인수하면 보험차익 상당액을 인식하지 않을 수 있었다. 그런데 KD는 그렇게 하지 않고 현금을 주고 Whaley의 주식을 전량 매입하였다. Whaley가 완전자회사가 된 셈인데, 이후 KD는 Whaley의 주식을 전량 상환하는 대가로 Whaley로부터 해당 공장을 인수하였다. 그리고 그 직후 Whaley는 바로 해

---

44) 상법상 합병법인이 피합병법인의 주식을 이미 90% 이상 소유하고 있는 흡수합병의 경우에는 피합병법인의 합병결의는 간이한 방식으로 합병이 이루어진다(상법 제527조의 2 제1항).

45) 갑 법인(합병법인)이 을 법인(피합병법인)을 흡수합병할 때 갑 법인이 가지고 있던 을 법인의 주식은 소위 포합주식이 된다. 합병시 포합주식에 대해서 합병법인의 신주(합병신주)를 교부할 수 있는지에 대해 상법은 아무런 규정을 두고 있지 않아 해석상 문제가 있다. 긍정설과 부정설이 대립하나, 전자의 견해에 따라 합병신주를 교부하더라도 어차피 이를 상당한 시기에 처분하여야 하므로(상법 제342조) 실질적인 차이가 없다. 하지만 판례는 합병신주를 교부한 경우 그 합병신주의 처분이익에 대해 과세처분이 되는 자산의 손익거래에 해당한다고 보고 있다(대판 1992.9.8, 91누13670). 판례는 포합주식에 대한 합병신주의 교부를 원칙적으로 금지하지 않는 것으로 판단된다.

46) 재법인 46012–207, 2000.12.14.

47) Kimbell–Diamond Milling Co. v. Commissioner(14, T. C. 74, 1950, 187 F.2d 718, 5th Cir, 1951) 참조.

산하였다. 어쨌든 KD는 소실된 공장을 대체하는 공장으로 취득하였으므로 보험차익 상당액을 인식하지 않게 되었다(내국세입법 제1033조). 그 경우 새로 취득한 공장의 장부가액은 이전 보유하던 공장의 장부가액으로 하게 되어 있었다. 그런데 내국세입법의 다른 규정상으로는 모회사가 자회사의 자산을 일정 요건에 따라 이전받는 경우에는 그 자회사의 장부가액으로 이전받을 수 있게 되었다(내국세입법 제332조). 이에 따라 이후 사업연도 중 감가상각액이 늘어나게 되어 있었던 것이다. 이에 대해 법원은 KD가 인수대상기업인 Whaley의 자산을 바로 취득한 것으로 보아야 하며 그 경우 실제거래가액을 장부가액으로 인식하여야 한다고 판단하였다. 현행 내국세입법 제338조에 의하면 12개월 이내 인수대상기업 지분의 80% 이상을 취득한 회사는 세무상 해당 인수대상기업의 자산을 취득한 것으로 간주하는 것을 선택할 수 있도록 되어 있다.

(다) 합병

피합병법인의 잔여재산은 주주에게 모두 분배되는 것으로 본다. 이는 피합병법인의 주주가 인식하는 합병에 의한 의제배당 소득금액을 계산할 때 그대로 반영된다. 의제배당 소득금액은 합병신주의 시가로부터 합병구주의 취득가액을 차감하여 계산한다. 사업목적 및 지분계속성(배정 시에 한함)의 요건을 갖춘 합병의 경우 합병대가로 취득한 주식의 가액은 장부가액48)에 의하여 계산한다. 그 요건을 충족하지 못하는 경우에는 시가에 의해 계산한다(법인세법시행령 제14조 제1항 제1호 나목).49)

피합병회사의 주주인 법인이 회사 합병으로 피합병회사의 주식에 갈음하여 존속회사 또는 신설회사의 주식(합병신주)을 취득하는 경우에, 대체하여 취득한 주식의 시가가 기존에 보유하던 주식(합병구주)의 취득가액에 미치지 못한다면 그 차액은 자산의 평가차손에 불과하여 당해 사업연도의 소득금액을 산정함에 있어서 이를 손금에 산입할 수 없다.50)

2009년 개정된 상법은 삼각합병을 허용하고 있다. 삼각합병의 경우에도 과세이연을 위해서는 '지분의 계속성' 요건이 충족되도록 세법을 개정하는 것이 실질과세의 정신에 부합할 것이다. 2011년 법인세법이 개정되어 합병 시 양도차익 등 과세이연요건으로서 합병법인이 피합병법인 주주에게 지급하는 합병대가 중 80% 이상 배정하도록 하는 것에 합병법인 주식뿐 아니

---

48) 합병구주의 취득가액을 말한다.

49) 일종의 시가법이 적용된다.

50) 구 법인세법(1998.12.28. 법률 제5581호로 전부 개정되기 전의 것) 제19조 제5호, 구 법인세법 시행령(1998.12.31. 대통령령 제15970호로 전부 개정되기 전의 것) 제45조의 3 제2항 제1호에서 존속회사 또는 신설회사의 주식의 액면금액이 피합병회사의 주식의 취득가액을 초과하는 부분을 배당으로 간주하도록 규정하고 있을 뿐이고, 그 반대로 위와 같이 회사의 합병으로 인한 주식의 교체 자체를 과세의 계기로 삼아 피합병회사의 주주이었던 법인의 손실을 손금에 산입하는 명문의 규정이 없다(대법원 2011.2.10. 선고 2008두2330 판결). 이 판결은 "평가차손"에 불과하다고 한다. 그러나 "차익"이 발생할 때에는 의제배당이 발생하는 계기, 즉 실현이 있었던 것으로 보아 과세하는 것과는 일관되지 못한 판단이라고 할 수 있다. 다만, 이 평가차손은 추후 신주양도시 인정받을 수 있다. 합병으로 인하여 소멸한 법인의 주주가 합병 후 존속 또는 신설되는 법인으로부터 교부받은 주식을 양도하는 경우로서 당해 주식의 양도차익을 실지거래가액에 의하여 산정하는 경우 당해 주식의 1주당 양도가액에서 차감하는 1주당 취득가액은 합병당시 주주가 보유하던 피합병법인의 주식을 취득하는데 소요된 총금액(합병시 의제배당으로 과세된 의제배당금액이 있는 경우에는 이를 가산하고, 합병교부금을 교부받는 경우에는 이를 차감한 금액을 말함)을 합병으로 교부받은 주식수로 나누어 계산한다(서면인터넷방문상담4팀-283, 2005.02.23.). 합병구주의 취득가액이 합병신주의 취득가액으로 이전되는 것을 기본으로 하는 것이다.

라 합병법인의 완전모법인의 주식도 포함되었다(법인세법 제44조).

이제는 내국세입법 규정에 의해 삼각합병의 경우도 과세가 이연되는 길이 열렸지만 Groman v. Commissioner(302 U.S. 82, 1937) 사건 당시인 1937년에는 그렇지 않았다. 본 사건의 사실 관계는 다음과 같다. 인수대상기업의 주주가 모회사와 이룬 합의에 의하면 인수대상기업은 모회사가 신설한 100% 자회사에 흡수합병되도록 되어 있었다(역삼각합병). 인수대상기업의 주주들은 자기들의 주식을 자회사에 넘기면서 모회사와 자회사의 주식 및 현금(boot)을 받도록 되어 있었다. 인수대상기업은 모든 자산을 자회사에 넘기고 스스로 해산하는 방법으로 합병과 동일한 효과를 거두기로 되어 있었다. 당시 내국세입법 규정[51]에 의하면 모회사는 이 교환거래상 아무것도 받는 것이 없기 때문에 거래의 당사자로 볼 수 없었다. 법원은 인수대상기업의 주주가 받은 모회사의 주식은 자회사에 이전된 자산에 대한 지속적인 실질적 이해를 표창하는 것으로 볼 수 없다고 판단하였다. 따라서 인수대상기업의 주주가 그 주식을 받음에 따라 얻게 되는 자본이득에 대해서는 과세되어야 한다고 본 것이다.

현행 미국 내국세입법 제368조는 과세이연을 위한 적격조직변경의 요건과 효과에 대해 규정하고 있다. 동 조 (a)(1)에 A 내지 G까지의 6가지 조직변경을 열거하고 있다. A는 일정 요건을 충족하는 법정합병(statutory merger)의 경우 피합병법인의 주주에 대한 자본이득과세를 하지 않으며, 피합병법인이 자본손익을 인식하지 않고 합병법인이 피합병법인 자산과 부채를 장부가액으로 인수하도록 규정하고 있다. 그런데 1937년 당시 내국세입법은 합병법인[52] 또는 피합병법인[53]의 지배법인 주식을 인수대상기업의 주주에게 교부하는 삼각합병의 경우를 포섭하고 있지 않았다. 1968년 내국세입법이 개정되어 제368조 (a)(2)(D)[54]와 제368조 (a)(2)(E)[55]가 도입됨으로써 과세이연의 혜택을 볼 수 있게 되었다.[56]

미국 회사법은 주에서 제정하도록 되어 있다. 각 주 회사법의 모델이 되는 모델회사법(Model Business Corporation Act)이 있다. 1960년대 동법 제11.01조(b)에 삼각합병에 관한 조문이 들어오게 되었다.[57] 본 사건은 1937년 다루어졌던 것이다.

(라) 분할

합병에 의한 의제배당에 관한 과세의 논리는 분할의 경우에도 적용된다. 사업목적 및 지분계속성의 요건을 갖춘 분할의 경우 분할대가로 취득한 주식은 장부가액에 의하여 계산한다. 그 요건을 충족하지 못하는 경우에는 시가로 계산한다(법인세법시행령 제14조 제1항 제1호 나목).

---

51) 내국세입법 제368조(b).
52) 역삼각합병의 경우.
53) 정삼각합병의 경우.
54) 정삼각합병의 경우.
55) 역삼각합병의 경우.
56) Boris I. Bittker and James S. Eustice, *Federal Income Taxation of Corporations and Shareholders*, Warren, Gorham and Lamont, 2000. 12, pp.92~108.
57) William J. Carney, *Mergers and Acquisitions*, Foundation Press, 2000, p.19.

(마) 잉여금의 차본전입

잉여금의 자본전입에 의한 의제배당은 법인의 경우에도 이를 인식한다. 법인의 증자에 있어서 주주인 법인이 특수관계가 있는 다른 주주에게 신주를 배당받을 수 있는 권리를 포기하거나 신주를 시가보다 높은 가액으로 인수함으로써 이익을 분여한 경우에는 부당행위계산부인규정이 적용된다.

(3) 간접외국납부세액공제를 위한 외국법인세액(세액공제된 경우에 한한다)에 상당하는 금액

내국법인을 예로 들면, 간접외국납부세액공제는 외국 자회사로부터 국내 모회사[58]가 배당을 받을 때 그 배당에 대해 자신이 낸 세금(직접외국납부세액)뿐 아니라 외국 자회사 법인이 납부한 법인세(간접외국납부세액)까지 공제해 주기 위해 배당받은 금액(배당에 대한 세금 포함)과 자회사의 세금을 합한 금액을 마치 모회사가 번 것처럼 의제하고 그것만큼을 우리나라에서 벌었다면 냈을 세금에서 외국 자회사법인이 낸 세금과 국내 모회사가 배당에 대해 낸 세금을 차감하는 과정을 거치게 된다. 이 과정에서 외국 자회사의 법인세액은 국내 모회사의 익금에 가산하게 되는데 그것을 imputation이라고 한다. 마치 외국에 지점형태로 가서 번 것과 같이 의제하는 것이다. 간접외국납부세액은 일정한 요건을 충족하여야 세액공제하며 그것도 부분적으로만 해 준다(법인세법 제57조 제4항, 법인세법시행령 제94조 제8항).

여기서 외국법인세액은 국내 주주가 출자한 외국법인이 자기의 이름으로 소재지국에서 납부한 법인세액을 말한다. 그것을 국내 주주 법인의 익금으로 본다는 것이다. 이는 실제 익금이 아니지만 익금으로 의제하는 것이다(법인세법 제15조 제2항 제2호). 그리고 간접외국납부세액으로 공제를 받는 경우에만 그에 대응하여 익금으로 계상하는 것이다. 법인세법은 이를 반영하여 '세액공제된 경우에 한한다'는 문구를 두고 있다(법인세법 제15조 제2항 제2호 괄호 안). 국내주주 법인이 무지로 신고서에 간접외국납부세액공제를 반영하지 못하다가 추후 경정청구를 통해 반영할 때 경정해 주는 관할세무서장이 간접외국납부세액이 당초 신고서상 익금으로 계상되지 않았다고 과소신고가산세를 부과한다면 그것은 불가능한 것을 하지 않았다는 책임을 묻는 것이라고 보아야 한다. 해석론상 정당한 사유가 인정되어야 할 사안이다.[59]

2. 익금불산입

법인세법 제17조부터 제18조의 3까지는 법인세법 제15조 제1항의 '자본 또는 출자의 납입 및 이 법에서 규정하는 것'으로서 다음과 같은 익금불산입사항을 규정하고 있다.

- 자본거래로 인한 수익의 익금불산입(법인세법 제17조)

---

58) 정확히 표현하자면 국내주주법인을 말한다.

59) 그런데 대법원 2004.2.26. 2002두10643은 위의 사안과 동일한 사건에서 "세법상 가산세는 과세권의 행사 및 조세채권의 실현을 용이하게 하기 위하여 납세자가 정당한 이유 없이 법에 규정된 신고, 납세 등 각종 의무를 위반한 경우에 법이 정하는 바에 따라 부과하는 행정상 제재로서 납세자의 고의·과실은 고려되지 아니하고 법령의 부지 등은 그 의무위반을 탓할 수 없는 정당한 사유에 해당하지 아니한다"고 한 바 있다.

- 평가차익 등의 익금불산입(법인세법 제18조)
- 지주회사의 수입배당금액의 익금불산입(법인세법 제18조의 2)
- 일반법인의 수입배당금액의 익금불산입(법인세법 제18조의 3)

법인세법 제17조와 제18조는 법인과세의 본질상 익금으로 보기 곤란한 사항을 규정한 것이다. 제18조의 2와 제18조의 3은 경제적 이중과세를 완화하기 위한 규정이다.

가. 영업활동의 결과물이 아닌 것

(1) 자본거래로 인한 수익

법인세법 제17조는 주식발행액면초과액, 주식의 포괄적 교환차익, 주식의 포괄적 이전차익, 감자차익, 합병차익 및 분할차익 6개 항목을 자본거래로 인한 수익의 익금불산입사항으로 규정하고 있다.

(가) 주식발행액면초과액

주식발행액면초과액은 주주가 액면자본금을 초과하여 납입한 주금으로서 법인의 소득금액 계산상 익금에 산입하지 않는다. 이는 기업활동을 통해 가득한 것이 아니라 기업활동자금의 원본(seed money)에 해당하기 때문이다. 주식을 발행할 때 그것을 취득하는 자는 그 취득의 대가로 자산을 제공하게 되어 있다.

무액면주식을 발행할 때 주식발행액면초과액은 정관으로 정한 주식의 발행가액 중 자본금을 초과하여 계상하는 금액으로 한다(법인세법 제17조). 즉 주식발행법인의 자본금을 발행주식 총수로 나누어 계산한 금액을 액면금액으로 본다. 이때 자본금은 발행가액의 2분의 1 이상이어야 한다.

(나) 주식의 포괄적 교환차익과 포괄적 이전차익

상법 제459조에 의하면 회사는 상법 제360조의 2의 규정에 의한 주식의 포괄적 교환[60]을 한 경우에는 상법 제360조의 7에 규정하는 자본증가의 한도액[61]이 완전모회사의 증가한 자본액을 초과하는 금액을 자본준비금으로 적립하여야 한다. 그리고 상법 제360조의 15의 규정에 의한 주식의

---

[60] 제360조의 2 (주식의 포괄적 교환에 의한 완전모회사의 설립) ① 회사는 이 관의 규정에 의한 주식의 포괄적 교환에 의하여 다른 회사의 발행주식의 총수를 소유하는 회사(이하 '완전모회사'라 한다)가 될 수 있다. 이 경우 그 다른 회사를 '완전자회사'라 한다.
② 주식의 포괄적 교환(이하 이 관에서 '주식교환'이라 한다)에 의하여 완전자회사가 되는 회사의 주주가 가지는 그 회사의 주식은 주식을 교환하는 날에 주식교환에 의하여 완전모회사가 되는 회사에 이전하고, 그 완전자회사가 되는 회사의 주주는 그 완전모회사가 되는 회사가 주식교환을 위하여 발행하는 신주의 배정을 받음으로써 그 회사의 주주가 된다.

[61] 제360조의 7 (완전모회사의 자본증가의 한도액) ① 완전모회사가 되는 회사의 자본은 주식교환의 날에 완전자회사가 되는 회사에 현존하는 순자산액에서 다음 각 호의 금액을 공제한 금액을 초과하여 증가시킬 수 없다.
1. 완전자회사가 되는 회사의 주주에게 지급할 금액
2. 제360조의 6의 규정에 의하여 완전자회사가 되는 회사의 주주에게 이전하는 주식의 회계장부가액의 합계액
② 완전모회사가 되는 회사가 주식교환 이전에 완전자회사가 되는 회사의 주식을 이미 소유하고 있는 경우에는 완전모회사가 되는 회사의 자본은 주식교환의 날에 완전자회사가 되는 회사에 현존하는 순자산액에 그 회사의 발행주식 총수에 대한 주식교환으로 인하여 완전모회사가 되는 회사에 이전하는 주식의 수의 비율을 곱한 금액에서 제1항 각 호의 금액을 공제한 금액의 한도를 초과하여 이를 증가시킬 수 없다.

포괄적 이전[62])을 한 경우에는 상법 제360조의 18에 규정하는 자본의 한도액[63])이 설립하는 완전모회사의 자본액을 초과하는 금액을 자본준비금으로 적립하여야 한다. 전자의 초과금을 주식의 포괄적 교환차익, 후자의 초과금을 주식의 포괄적 이전차익이라고 한다. 법인세법은 이 둘을 모두 자본적 거래로 인한 수익으로 보아 익금불산입한다. 논리적으로 당연한 것이지만, 포괄적 이전으로 신설되는 완전모회사의 경우 1년 이상 계속사업 요건의 적용이 배제된다(조특법 제38조 제1항).

① 주식의 포괄적 교환차익

상법상 주식의 포괄적 교환규정에 의하면 자회사가 될 법인의 주주는 자신이 보유하는 주식을 모회사가 될 법인에게 이전하고 그 대가로 모회사가 새로 발행하는 주식을 받는다. 결국 그는 모회사의 주주가 되며 그 모회사는 자신이 지배하던 회사의 주주가 된다. 흡수합병의 경우와 경제적으로 보아 다를 바 없다. 그러나 흡수합병의 경우 흡수되는 법인은 소멸하지만 포괄적 교환의 경우에는 자회사로 남아 있게 되는 차이점이 있다. 이때 자회사를 두게 된 모회사는 이러한 자본거래로 인해 차익이 발생할 수 있는데 이를 주식의 포괄적 교환차익이라고 하며 익금에 불산입한다. 아래에서 합병차익을 익금에 산입하지 않는 것과 다를 바 없는 이유에서이다. 주식의 포괄적 교환에 의한 차익은 그 시점에 자회사가 될 회사의 순자산의 가액이 완전모회사의 증가한 자본액을 초과하는 금액인데 그 안에는 자회사 자산의 평가차익이 존재할 것이다. 이에 대해서는 과세하는 규정이 없다.[64])

법인세법 제17조의 규정은 주식의 포괄적 교환차익은 익금에 산입하지 않는다고 규정하고 있다. 그런데 동법 제15조에 대한 예시적 규정인 동법시행령 제11조는 그 제9호에서 "제88조 제1항 제8호 각 목의 어느 하나 및 같은 항 제8호의 2에 따른 자본거래로 인하여 특수관계인으로부터 분여받은 이익"을 익금의 한 예로 들고 있다. 동법시행령 제88조 제1항 제8호의 2는 "…증자… 등 법인의 자본을 증가시키거나 감소시키는 거래"라고 규정하고 있다.

법인이 주식의 포괄적 교환 방법으로 특수관계인인 개인으로부터 다른 법인의 주식을 시가보다 낮은 가액으로 인수하는 것이 법인세법시행령 제11조 제9호에서 규정하는 '자본거래'에 해당하는가? 포괄적 주식교환에 의하여 완전모회사가 되는 기존법인은 자본을 증가시킬 수 있다(상법 제360조의 7).[65]) 따라서 포괄적 주식교환은 '…증자… 등 법인의 자본을 증가시키거나

---

62) 제360조의 15 (주식의 포괄적 이전에 의한 완전모회사의 설립) ① 회사는 이 관의 규정에 의한 주식의 포괄적 이전(이하 이 관에서 '주식이전'이라 한다)에 의하여 완전모회사를 설립하고 완전자회사가 될 수 있다. ② 주식이전에 의하여 완전자회사가 되는 회사의 주주가 소유하는 그 회사의 주식은 주식이전에 의하여 설립하는 완전모회사에 이전하고, 그 완전자회사가 되는 회사의 주주는 그 완전모회사가 주식이전을 위하여 발행하는 주식의 배정을 받음으로써 그 완전모회사의 주주가 된다.

63) 제360조의 18 (완전모회사의 자본의 한도액) 설립하는 완전모회사의 자본은 주식이전의 날에 완전자회사가 되는 회사에 현존하는 순자산액에서 그 회사의 주주에게 지급할 금액을 공제한 액을 초과하지 못한다.

64) 2009년 개정 법인세법은 합병차익(분할차익) 중 합병평가차익(분할평가차익)을 별도로 구분하여 과세하는 규정을 삭제하였다. 한편, 조특법은 주식의 포괄적 교환 또는 이전 시 완전자회사가 되는 법인의 경우에도 합병(분할)의 경우와 같이 계속성 등 일정한 요건을 충족하면 이전 자산인 주식을 장부가액으로 이전한 것으로 보도록 하는 규정을 신설하였다(조특법 제37조 및 제38조).

65) 법인세법 제17조의 제목은 '자본거래로 인한 수익의 익금불산입'으로 하고 있으며 동 조는 자본거래의 하나로 '주식의 포괄적 교환차익'을 들고 있기도 하다.

감소시키는 거래'의 '등'에 해당한다고 보아야 할 것이다.

저가 인수에 의한 차익은 법인세법 제15조의 규정에 의해 익금에 산입하여야 하고, 그것은 동법 제17조의 규정과 충돌하는데 어느 규정을 우선할 것인가? 법인세법 제17조는 제15조에 대한 특칙의 성격을 가지고 있으므로 제17조의 규정에 따라 익금에 산입하지 말아야 할 것이다.[66]

② 주식의 포괄적 이전차익

주식의 포괄적 이전은 완전자회사가 될 기업의 주주가 완전모회사를 신설하면서 자신의 자회사에 대한 주식을 현물출자하는 것이다. 주식의 포괄적 교환에 있어서는 완전모회사가 될 기업이 완전자회사가 될 기업의 주주에게 자신의 신주를 발행해 주는 것과 대조를 이룬다. 주식의 포괄적 이전의 경우 완전모회사가 되는 법인도 포괄적 교환에서와 다를 바 없는 차익이 발생할 수 있으며 그에 대한 법인세법상의 규정은 동일한 내용을 담고 있다.

(다) 감자차익

감자차익은 감자에 따라 감소한 자본의 액(액면가액)과 잃게 되는 자산가액과의 차액이다.[67] 이는 주주에게 액면가액보다 덜 주는 방식으로 회사에 사업자금원본(seed money)을 남긴 것이다. 주주와의 거래에 불과하기 때문에 기업활동에 의한 소득으로 과세할 수 없다. 주식발행액면초과액은 증자에 따라 얻게 되는 자산가액과 그를 위해 증자한 자본금(액면가액)과의 차액이라고 할 수 있다. 주주에게 액면가액보다 더 받는 방식으로 회사에 사업자금원본을 늘린 것이기 때문에 과세하지 않는다.

(라) 합병차익

합병법인의 입장에서는 주식을 발행하면서 피합병법인의 자산을 취득하게 된다. 합병차익은 주식을 추가로 발행하면서 그 대가로 취득하는 자산을 취득하는 거래에서 발생하는 차익을 말한다. 합병을 주도한 합병법인은 합병에 의하여 증가한 자산의 가액이 증액한 자본금보다 많을 경우 이를 합병차익이라 한다.

합병차익은 자본거래에 의한 것으로 보아 익금불산입한다. 구 법인세법상으로는 합병차익 중 합병평가차익은 자본손익이 아니라는 이유로 과세하되, 계속성의 요건을 충족하는 경우에는 압축기장충당금의

---

66) 서면인터넷방문상담2팀 - 98, 2007.1.12.

67) 액면가 5,000원의 경우를 상정한다면 주주에게 그 이하의 금액을 돌려줄 때에 감자차익이 발생하게 된다. 법인세법 시행령 제15조 제1항은 감자차익을 상법 제459조 제1항 제2호의 경우로 한정하고 있다. 상법상 "자본감소의 경우에 그 감소액이 주식의 소각, 주금의 반환에 요한 금액과 결손의 보전에 충당한 금액을 초과한 때에는 그 초과금액"이 자본준비금의 하나로 규정되어 있다. 법인세법은 감자차익을 이것으로 한정하고 있다. '자본감소'는 발행주식액면총액의 감소를 의미한다.

만약 주식의 액면가 5,000원, 시가 2만 원인데 주주에게 1만 5,000원을 돌려주어 회사에 실질적인 이익이 5,000원이 발생하는 경우라면, 회사에는 과세상 어떤 효과가 있을까? 회사장부에는 자본금의 감소는 5,000원, 자산의 감소는 1만 5,000원으로 하여 장부상 1만 원의 손실이 발생하는 것처럼 보인다. 그러나 법인세법 제19조 제1항의 규정에서 '자본 또는 출자의 환급'은 손금에서 제외한다고 규정하고 있으므로 순자산의 감소에 불구하고 손금으로 보지 않게 된다. 경제적으로는 회사는 감자를 통해 5,000원의 이득이 있었다. 이익잉여금 1만 5,000원에 대해서는 이미 법인세가 부과된 바 있으므로 이것 중 일부만 주주에게 주었다고 하여 나머지 5,000원에 대해 법인에게 과세할 수는 없다. 이 이익은 결국 남은 주주들에게 귀속될 것이며, 법인이 소멸할 때 그 주주에게 귀속하는 해산에 의한 의제배당액으로 과세될 것이다.

방법으로 손금산입을 인정하였다. 그런데 개정 법인세법은 합병차익 전체를 자본손익으로 보아 익금불산입하도록 하고 있다. 이는 분할차익에 대해서도 동일하다(법인세법 제17조 제1항 제3호 및 제4호).[68]

합병법인이 합병으로 인하여 피합병법인이 보유하던 합병법인의 발행주식(자기주식)을 승계취득하여 처분하는 것은 자본의 증감에 관련된 거래로서 자본의 환급 또는 납입의 성질을 가지므로 자본거래이며, 그 처분이익은 법인세법 제17조 제3호에서 말하는 합병차익에 포함되어 익금산입 대상에서 제외된다.[69]

(마) 분할차익

상법상 분할에는 물적 분할과 인적 분할이 있다. 분할은 기존 법인의 일부분을 별도의 법인으로 분할하는 것을 말하는데 그것에 대한 지분을 기존 법인이 갖는 것으로 하는 경우를 물적 분할, 기존 법인의 주주가 갖는 것으로 하는 것을 인적 분할이라고 한다.

분할의 경우에는 분할로 신설되는 법인은 자신이 인수한 자산의 가액과 자신이 제공한 주식 가액의 차액이 분할차익이 된다.

(2) 평가차익 등

법인세법 제18조는 자본거래 이외의 거래 중 법인과세의 본질에 따라 또는 정책적인 필요에 의해 익금에 가산하지 않을 수익에 대해 규정하고 있다.

① 자산의 평가차익

자산의 평가차익은 익금에 가산하지 않는다.[70] 이는 소득과세상 권리의무확정주의와 궤를 같이하는 것으로 볼 수 있다.

소득세법상 자전거래(wash sale)[71]의 경우에는 형식상으로는 매매의 형식을 취하였으나, 자산이 유상으로 사실상 이전된 것이라고 할 수 없어 양도나 자산의 새로운 취득에 해당하지 않는 것으로 본다.[72] 참고로 자기 소유 부동산이 경매개시되어 자기가 경락받은 경우에는 소득세법상 '양도'로 보지 않는다.[73]

법인세법상 보유 중인 주식에 대해 매각과 매입의 주문을 동시에 내서 매매거래를 성립시킴으로써 처분가액과 동일한 가격으로 재취득하는 경우 거래의 실질내용이 사실상 시가 평가를 하기 위한 것으로 인정되는 때에는 장부가액과 매각가액의 차액은 소득금액 계산상 이를 익금 또는 손금에 산입하지 아니한다.[74]

---

68) 본 절 제4항 참조.

69) 대법원 1992.9.8. 91누13670, 동 1995.4.11. 94누21583, 동 2000.5.12. 2000두1720, 동 2005.6.10. 2004두3755 등 참조

70) 자산의 평가차익은 그 자산의 미래기대현금흐름의 증가에 의해 나타난다. 평가차익에 대해 과세하고, 미래에 자신이 여전히 보유하고 있는 시점에서 해당 자산으로부터 현금 즉 소득이 발생할 때 또 과세하게 되면, 경제적으로 동일한 성격의 소득에 대해 동일인에게 두 번 과세하는 셈이 된다.

71) 자기가 보유하는 상장주식에 대해 매도와 동시에 매수주문을 내서 처분가격과 동일한 가격으로 재취득하는 거래를 말한다.

72) 대법원 2006두7997 2006.9.8.

73) 재산 46017-857, 1996.4.2.

② 이월익금

이월익금이라 함은 이전 사업연도 귀속분으로 이미 과세된 것이 다시 당사업연도 회계상 수익으로 계상되어 있는 것을 의미한다. 일반적으로 기업회계와 세무회계의 손익인식시기의 차이에 기인하는 것이 많다. 이전 사업연도에 세무상 인식되었지만 비과세된 소득도 이월익금이다.

③ 환급받거나 다른 세액에 충당한 법인세 또는 법인지방소득세

법인세나 법인지방소득세는 손금에 산입하지 않는다. 환급받은 법인세나 법인지방소득세는 원래 손금에 산입했던 것이 아니기 때문에 익금에 산입하지 않는다.

④ 국세 또는 지방세의 과오납 환급금에 대한 이자

이자는 그것을 정부로부터 받든 민간으로부터 받든 과세대상이 되어야 할 것이다. 예를 들면, 국채이자의 경우에도 과세대상이 되는 것이다. 과오납한 국세나 지방세의 환급금에 대한 이자를 비과세하는 것은 정책적인 이유에서이다. 참고로 미국 세법상 일부 지방채로부터의 이자에 대해서는 국세가 부과되지 않는다. 이는 연방과 주 간의 과세관할권을 조정한 결과이다.

⑤ 부가가치세 매출세액

부가가치세 매출세액은 매출자가 매입자로부터 거래징수하여 보관하고 있다가 신고기한이 되면 국가에 납부하여야 하는 것이다. 국가의 돈을 매출자가 대신 관리하여 주는 것이기 때문에 자신에 귀속하는 익금으로 볼 수 없다.

⑥ 채무의 출자전환이익 중 이월결손금의 보전에 충당된 금액

법인에게 자산을 증여하거나 채무를 면제해 주는 것은 부도나 파산의 위험에 처해 있는 기업의 채권자가 법령 또는 협의에 의하여 하게 된다. 이는 달리 회생의 가능성이 있는 기업에게 그 기회를 주기 위한 채권자의 조치이다. 경제 전체적으로도 순기능이 많은 것이므로 법인세법은 이를 채무자의 소득금액을 계산할 때 익금불산입하는 규정을 두고 있다.

재무구조개선계획(기업구조조정촉진법에 따른 경영정상화 계획, 파산법에 따른 회생계획 등)에 따라 모회사가 자회사의 채무를 인수하거나 변제하고 자회사의 지분을 양도 또는 청산하는 경우 모회사는 인수 또는 변제금액을 손금산입하고, 자회사는 채무면제이익을 4년 거치 3년 분할 익금산입한다(조특법 제39조). 부당행위계산부인규정이 적용되지 않는다.

한편, 주식을 취득하는 자는 자신의 발행법인에 대한 채권을 제공하기도 하는데 그러한 경우를 '채권(채무)의 출자전환'이라고 한다.[75] 출자전환은 정상적인 경우라면 채권가액과 주식가액이 동등하게 계산하게 되어 있지만 채권자의 입장에서 경영난을 겪고 있는 채무기업의 회생을 돕기 위해 주식을 시가를 초과하여 발행받을 수도 있겠다. 이때 상정할 수 있는 상황은 아래의 세 가지가 있을 수 있다.

---

74) 법인 46012-4112, 1998.12.29, 적부 2001-62, 2001.10.9.

75) 내국법인이 재무구조개선계획 등에 의하여 채무를 출자로 전환받음에 따라 채권자로부터 채무의 일부를 면제받는 경우, 채무를 면제한 금융기관 등은 사업연도의 소득금액을 계산할 때 면제한 채무에 상당하는 금액을 손금에 산입하도록 하고 있다(조특법 제44조 제4항)

① 발행가 〉 시가 〉 액면가

② 발행가 〉 액면가 〉 시가

③ 액면가 〉 발행가 〉 시가

채무의 출자전환을 하는 기업은 많은 경우 극심한 경영압박을 받고 있기 때문에 시가가 발행가액에 미달한다.

①의 경우 주식발행액면초과금은 (발행가액 – 시가)와 (시가 – 액면가액) 두 가지 부분으로 구성된다. 이 중 앞의 부분은 사실상 채무면제액에 해당한다. 법인세법은 이 부분은 일반적인 채무면제이익과 같이 취급하도록 하고 있다. 채무의 출자전환으로 주식 등을 발행하는 경우에는 당해 주식 등의 시가를 초과하여 발행된 금액은 '주식발행초과액으로서 익금불산입하는 대상'에서는 제외한다(법인세법 제17조 제2항). 다만, 출자전환 당시 시가를 초과하여 발행한 것이 채무의 면제 또는 소멸로 인한 부채의 감소액 즉 채무면제익에 해당할 경우 법인세법 제18조 제8호의 규정에 의해 이월결손금의 보전에 충당되는 때에는 익금에 산입되지 않는다. 동시에 그렇게 하지 않은 경우라도 이를 당해 사업연도의 익금에 산입하지 아니하고 그 이후의 각 사업연도에 발생한 결손금의 보전에 충당할 수 있는 길을 열어 놓고 있다(법인세법시행령 제15조 제4항).

발행하는 주식의 시가는 6,000원, 액면가액은 5,000원 그리고 출자전환하는 채권의 가액은 7,500원인 경우를 상정해 보자.76) 법인세법은 채무의 출자전환으로 주식을 발행할 때 당해 주식 등의 시가를 초과하여 발행된 금액(7,500 – 6,000 = 1,500원)은 주식발행액면초과금에서 제외한다(법인세법 제17조 제1항 제1호 단서).77) 원래 주식발행초과금은 자본거래에 의한 익금으로

---

76) 발행가(7,500)〉시가(6,000)〉액면가(5,000)
- 채무면제익 = 1,500(7,500 – 6,000) → 익금불산입(조건부)
- 주발초 = 1,000(6,000 – 5,000) → 익금불산입

77) 종전에는 채무를 출자전환하는 경우 주식의 액면가액을 초과하는 금액은 모두 주식발행액면초과액으로 보았으나(재경부 법인 46012 – 191, 1999.12.6), 2003년 3월 5일 이후 최초로 개시하는 사업연도에 출자전환하는 분부터는 주식의 발행가액 중 시가를 초과하는 금액은 채무면제익에 해당하고 주식의 액면가액과 시가와의 차액은 주식발행액면초과액(또는 주식할인발행차금)에 해당하는 것으로 예규를 변경하였다(재경부 법인 46012 – 37, 2003.3.5). 이러한 해석변경내용을 반영하여 2003.12.30. 시행령 § 15 ①을 개정하였으며, 2005.12.31. 다시 법§ 17①로 이관하였다. 또한 채무면제익을 익금불산입한 후 결손금과 상계하도록 하던 조특법§ 44② 규정을 2005.12.31. 법§ 17②로 이관하였다.

그런데 위 시행령 규정이 법으로 이관된 시점으로부터 한참이 지나 제기한 소송에서 법원은 위 시행령 규정이 모법의 위임범위를 벗어나 규정한 것이기 때문에 무효라는 판단을 하였다. 즉, 구 법인세법 제17조 제1호는 자본거래로 인한 수익으로서 익금에 산입하지 아니하는 것의 하나로 제1호에서 '주식발행액면초과액'을 들고 있는데, 여기에서 말하는 주식발행액면초과액이란 문언상 액면 이상의 주식을 발행한 경우 그 액면을 초과한 금액, 즉 주주가 납입한 주식의 인수가액(보통은 주식의 발행가액과 일치한다)에서 액면가액을 차감한 금액을 의미함이 분명한데 위 시행령 규정은 발행 주식 시가 초과 부분을 제외하여 결과적으로 법인세의 과세 대상이 되는 수익의 범위를 확장하고 있다. 이처럼 이 사건 시행령 조항이 납세자에게 불리한 방향으로 법인세의 과세 대상을 확장하는 것은 구 법인세법 제17조 제1호의 규정과 부합하지 아니할 뿐만 아니라 그와 같이 확장하도록 위임한 모법의 규정도 찾아볼 수 없으므로 조세법률주의의 원칙에 반하여 무효라고 본 것이다(대법원 2012. 11. 22. 선고 2010두17564 전원합의체 판결).

사례를 들어 설명하자면, 법정관리 중인 법인이 회사정리계획에 따라 다음과 같이 채무를 출자전환하여 주식을 발행하는 경우 주식발행액면초과액 및 채무면제익을 계산하면 다음과 같다(1주당 액면가액: 5,000원, 1주당 발행가액: 15,000원(채무액 15,000원당 1주 교부), 출자전환일 현재 주식의 1주당 시가: 7,000원).
- 액면가액(5,000)과 시가(7,000)와의 차액: 주식발행액면초과액(2,000)
- 시가(7,000)와 발행가액(15,000)의 차액: 채무면제익(8,000)
- * 종전에는 액면가액과 발행가액과의 차액(10,000) 전액을 주식발행액면초과액으로 보았다.

서 익금불산입되는데 그 대상에서 제외하는 것이다. 그러나 여기서 1,500원은 채무면제이익으로서 특별한 취급을 받는다. 우선 이월결손금을 보전하게 된다(법인세법 제18조 제6호).

그래도 남는 출자전환 채무면제이익으로서 일정 요건을 충족하는 금액[78]은 익금불산입하고 이후 사업연도의 결손금 보전에 충당할 수 있다(법인세법 제17조 제2항, 동법시행령 제15조 제4항).

이 경우 출자전환하는 자의 입장에서는 채무의 출자전환으로 취득한 주식가액은 출자전환된 채권의 장부가액으로 한다. 출자전환된 채권의 장부가액과 주식의 시가와의 차액에 해당하는 부분은 출자전환한 채권자의 입장에서는 사실상 대손에 상당하는 금액인데 이를 출자전환 당시 대손으로 인정하는 대신 추후 해당 주식을 처분할 때 비용으로 인정하여 주게 되는 것이다(법인세법시행령 제72조 제2항 제4호의 2 단서). 이와 같은 특례가 적용되지 않는다면 채권을 출자전환한 채권자의 입장에서는 취득한 주식의 가액은 시가에 의하게 되며(법인세법시행령 제72조 제2항 제4호의 2 본문), 이에 따라 채권의 일부를 포기한 것이 되고, 특수관계인 간이라면 부당행위계산부인규정이 적용되었을 것이다.[79] 설사 그렇게 보는 경우라도 정당한 채권포기액이라면 손금산입이 가능했을 것이다.[80]

②의 경우가 실제 가장 빈번하게 발생한다. 발행가를 초과하는 시가의 부분은 채무면제이익으로 보아야 한다(법인세법 제17조 제1항 제1호 단서). 출자전환을 받는 자의 입장에서는 채무를 면제받는 효과가 발생한다.

③의 경우 주식발행액면초과금은 없다.[81] 다만, 채무면제이익이 있는데 이 역시 법인세법 제18조 제6호의 규정에 따라 이월결손금의 보전에 충당할 수 있다.

⑦ 자본준비금을 감액하여 받는 배당

자본준비금을 감액하여 받는 배당은 익금에 산입되지 않는다. 이익분배의 성격이 있는 자본준비금의 배당은 익금에 산입한다.

나. 경제적 이중과세의 방지를 위한 항목

법인세법상 법인주주의 경제적 이중과세를 배제하기 위한 제도에는 배당을 지급하는 법인에게 허용하는 지급배당공제와 배당을 수령하는 법인에게 허용하는 수령배당공제 두 가지가 있다.

---

78) 1. 「채무자회생 및 파산에 관한 법률」에 따라 채무를 출자로 전환하는 내용이 포함된 회생계획인가의 결정을 받은 법인이 채무를 출자전환하는 경우로서 당해 주식 등의 시가(시가가 액면가액에 미달하는 경우에는 액면가액)를 초과하여 발행된 금액.
  2. 「기업구조조정촉진법」에 따라 채무를 출자로 전환하는 내용이 포함된 경영정상화계획의 이행을 위한 약정을 체결한 부실징후기업이 채무를 출자전환하거나 「기업활력 제고를 위한 특별법」에 따라 사업재편계획 승인을 받은 법인이 출자전환하는 경우로서 당해 주식 등의 시가(시가가 액면가액에 미달하는 경우에는 액면가액)를 초과하는 금액.
  3. 당해 법인에 대하여 채권을 보유하고 있는 「금융실명거래 및 비밀보장에 관한 법률」 제2조 제1호의 규정에 의한 금융기관과 채무를 출자로 전환하는 내용이 포함된 경영정상화계획의 이행을 위한 협약을 체결한 법인이 채무를 출자로 전환하는 경우로서 당해 주식 등의 시가(시가가 액면가액에 미달하는 경우에는 액면가액)를 초과하는 금액.
79) 서면인터넷방문상담2팀-194, 2007.1.26.
80) 서면인터넷방문상담2팀-811, 2005.6.13.
81) 액면가(5,000)〉발행가(4,000)〉시가(1,500)
  ● 채무면제익 = 2,500(4,000 - 1,500) → 익금불산입(조건부)
  ● 주식할인발행차금 = 1,000(5,000 - 4,000) → 자본조정계정

배당을 지급하는 법인에 대한 지급배당공제는 손금산입 대신 소득공제에 관한 조항으로 규정되어 있다(법인세법 제51조의 2). 지분비율이 낮은 경우에는 경제적 이중과세의 배제를 부분적으로만 하고 지분비율이 일정률 이상이거나 100%인 경우에는 경제적 이중과세를 완전히 배제하는 방법을 사용한다.

배당을 수령하는 법인에 대한 수령배당공제는 익금불산입에 관한 조항으로 규정되어 있다. 법인세법 제18조의 2는 지주회사의 수입배당금액의 익금불산입에 대해 규정하고 있고 법인세법 제18조의 3은 일반회사의 수입배당금액의 익금불산입에 대해 규정하고 있는데 그 대강은 다음과 같다.

일반회사의 경우 배당소득을 지급하는 법인에 대한 지분비율이 100%인 경우에는 수입배담금액의 100%를 익금불산입하고, 50%(상장·등록법인은 30%)를 초과하는 경우에는 수입배당금액의 50%를 익금불산입하고, 지분비율이 50%(상장·등록법인은 30%) 이하인 경우에는 수입배당금액의 30%를 익금불산입하도록 하였다.

지주회사의 경우 자회사의 발행주식 총수 또는 출자 총액의 80%(주권상장법인 또는 코스닥상장법인 경우에는 40%)를 초과하여 출자한 경우에는 해당 자회사로부터 받은 수입배당금액 100%를 익금불산입한다. 자회사에 출자한 비율이 80%(주권상장법인 또는 코스닥상장법인 경우에는 40%) 이하인 경우에는 지분율에 따라 90%, 80%의 비율을 곱하여 산출한 금액을 익금불산입한다.[82]

수입배당금액 익금불산입규정을 적용할 때 차입을 통한 타 회사의 지분취득을 억제하기 위해 다른 법인에 출자한 내국법인이 차입금을 사용하는 경우에는 일정 금액을 익금불산입되는 수입배당금액에서 차감하게 되어 있다.[83] 이는 자금을 차입하여 주식에 투자할 때 당해 차입금[84]이자를 손비인정함과 동시에 배당소득을 익금에 산입하지 않을 경우 과세기반이 잠식되기 때문이다. 여기서 차입금지급이자는 비록 당해 주식이 업무와 직접 관련이 없다 하더라도 법인세법상 업무무관자산으로 보지 않고 지급이자 손비인정된다(법인세법 제28조).

제2항 손금

법인세법 제2장 제1절 제3관은 손금의 산입과 불산입에 대해 규정하고 있다. 제3관은 제19조부터 제28조까지 10개의 조문으로 구성되어 있다. 법인세법 제2장 제1절 제4관은 손금산입에 관한 특칙으

---

82) 내국법인이 익명조합계약을 체결하여 다른 내국법인의 영업을 위하여 출자하고 다른 내국법인은 영업으로 인한 이익을 분배하기로 약정한 다음 이에 따라 익명조합원의 지위에 있는 내국법인이 영업자의 지위에 있는 다른 내국법인에 출자를 하는 경우에, 내국법인이 출자를 통하여 다른 내국법인의 주식 등을 취득하거나 주주 등의 지위에 있게 되는 것이 아니므로, 출자를 한 내국법인이 영업자의 지위에 있는 다른 내국법인으로부터 지급받는 돈은 익명조합원의 지위에서 출자 당시 정한 손익분배약정에 따라 지급받는 것에 불과할 뿐 주주 등이 받는 배당액이나 구 법인세법 제16조의 의제배당금 등에 해당할 여지가 없다. 따라서 익명조합원의 지위에 있는 내국법인이 익명조합계약에 따라 영업자의 지위에 있는 다른 내국법인으로부터 지급받는 돈은 구 법인세법 제18조의3 제1항에 따라 익금불산입 대상이 되는 '수입배당금액'이 아니다(대법원 2017. 1. 12. 선고 2015두48693 판결).

83) 이는 미국 법인 간 배당에 인정되는 dividend received deduction 비율이 debt-financed portfolio stock이 있을 경우 줄어드는 제도와 같은 성격을 가지고 있다.

84) 차입금의 이자는 민법상 금전소비대차계약에 따른 채무의 이자나 출자주식과 개별적인 관련성을 갖는 차용금에 한정된다고 할 수 없고, 원칙적으로 구 법인세법 시행령 제19조 제7호에서 손비의 한 항목으로 규정한 '차입금 이자'를 의미한다(대법원 2017. 7. 11. 선고 2015두49115 판결).

로서 준비금 및 충당금의 손금산입 등에 대해 제29조부터 제39조까지 9개 조에 걸쳐 규정하고 있다.

1. 손금산입

가. 손금산입에 관한 일반적 규정

법인세법 제19조 제1항은 "손금은 자본 또는 출자의 환급, 잉여금의 처분 및 이 법에서 규정하는 것을 제외하고 당해 법인의 순자산을 감소시키는 거래로 인하여 발생하는 손비의 금액으로 한다"고 규정하고 있다. 동 조 제2항은 손금으로 인정될 수 있는 것의 범위에 대해 다음과 같은 일반적인 가이드라인을 제시하고 있다. 익금에 대한 법인세법 제15조는 이러한 규정을 두고 있지 않다.

> 제1항의 규정에 의한 손비는 이 법 및 다른 법률에 달리 정하고 있는 것을 제외하고는 그 법인의 사업과 관련하여 발생하거나 지출된 손실 또는 비용으로서 일반적으로 용인되는 통상적인 것이거나 수익과 직접 관련된 것으로 한다.

법인세법상 과세대상 소득은 포괄적으로 규정되어 있다. 영리법인을 예로 들면 법인은 그에 귀속하는 경제적 사건 중 순자산의 증감에 영향을 미치는 거래는 모두 인식하여 소득금액의 산정에 반영한다. 그런데 익금항목은 그것이 어떠한 성격의 것인지를 불문하고 모두 소득금액에 반영하는 반면[85] 손금에 관해서는 일정한 제한을 두고 있는 것이다.

법인세법상 손금으로 인정받기 위해서는 손비가 되어야 하며, 손비는 수익금액의 창출에 관련성이 있으며, 그러한 관련성은 일반적으로 용인되는 통상적인 수준이 되어야 한다(법인세법 제19조 제2항). '일반적으로 용인되는 통상적'인 비용이라 함은 납세의무자와 같은 종류의 사업을 영위하는 다른 법인도 동일한 상황 아래에서는 지출하였을 것으로 인정되는 비용을 의미하고,[86] 그러한 비용에 해당하는지는 지출의 경위와 목적, 형태, 액수, 효과 등을 종합적으로 고려하여 객관적으로 판단하여야 하는데, 특별한 사정이 없는 한 사회질서를 위반하여 지출된 비용은 여기에서 제외된다.[87]

손비는 익금에 산입한 소득을 창출한 사업 또는 익금에 산입한 수익과의 관련성이 있어야 한다. 익금의 경우 당해 법인의 정관상 영위하기로 되어 있는 사업과의 관련성이 떨어지더라도 모두 산입하는 것과 대조를 이룬다. 가령 법인의 이름으로 산 복권으로부터의 당첨금은 법인의 소득으로 계상하도록 하는 반면 법인이 업무와 무관한 일로 지급보증을 하여 발생한 손실은

---

85) 법인과세의 본질상 익금으로 과세하기 곤란한 것을 제외한다.

86) '일반적으로 용인되는 통상적인 비용'이란 납세의무자와 같은 종류의 사업을 영위하는 다른 법인도 동일한 상황 아래에서는 지출하였을 것으로 인정되는 비용을 의미하고, 그러한 비용에 해당하는지 여부는 지출의 경위와 목적, 형태, 액수, 효과 등을 종합적으로 고려하여 객관적으로 판단하여야 할 것인데, 특별한 사정이 없는 한 사회질서에 위반하여 지출된 비용은 여기에서 제외된다(대법원 2017. 10. 26. 선고 2017두51310 판결).

87) 대법원 2009. 11. 12. 선고 2007두12422 판결.

법인세법상으로는 손금으로 인정하지 않는다. 기업회계상으로는 법인이 활동한 결과 사법상 법률효과를 모두 고려한 경제적 성과에 대해 주주 등 이해관계인이 정확하게 그 내역을 알아야 할 필요가 있다. 따라서 위의 예에서와 같이 수익의 창출과 무관한 일로 인한 손실도 당기순이익의 산정에 반영하여야 할 것이다. 그러나 조세를 부과하기 위한 목적으로 소득금액을 계산하는 데에는 그렇지 않다. 수익 등 익금의 창출에 연관이 없는 것까지 손금산입을 인정하면 과세기반이 취약해지기 때문이다.[88]

수익과 직접 관련된 것이라면 일반적으로 용인되는 통상적인 것이 아니라 하더라도 손금으로 인정받을 수 있다(위법수익을 얻기 위한 위법비용[89]).

'관련성'과 '통상성'은 불확정 개념이다. 법인세법시행령은 제19조에서 방대한 예시규정을 두고 있다. 법인세법시행령이 "법 제19조 제1항의 규정에 의한 손비는… 다음 각 호에 규정하는 것으로 한다"고 하여 그것이 일견 열거적 방식의 규정처럼 보이지만 그 마지막 호에서 '그 밖의 손비로서 그 법인에 귀속되었거나 귀속될 금액'이라고 규정하여 법인세법시행령 제19조가 예시적인 성격의 규정임을 알 수 있게 한다. 아래 각 호에 예시한 것 중 중요한 것에 대해 설명한다.

(1) 판매한 상품 또는 제품에 대한 원료의 매입가액과 그 부대비용

판매하여 수익을 올린 상품 또는 제품에 대응하는 원가를 손금으로 산입한다는 것이다. 일반적으로 전기로부터 이월된 재고자산 수량에 당기의 매입수량을 가산하고 재고수량을 차감하면 당기 판매에 대응하는 수량이 나오게 된다. 그 수량에 해당하는 가격을 산정하기 위해서는 기업회계상 선입선출법, 후입선출법, 개별법, 이동평균법 등 방법이 사용되는데 법인세법은 기업회계상 인정된 방법을 수용한다.[90]

판매한 상품 또는 제품에 대한 부대비용은 건전한 사회통념과 상관행에 비추어 정상적인 거래라고 인정될 수 있는 범위 안의 금액으로서 기업회계기준에 따라 계상한 금액으로 한다(법인세법시행규칙 제10조).

법인이 그 거래처에 판매장려금 등을 지급함에 있어서 사전약정에 의한 금액을 초과하여 지급한 경우에도 모든 거래처에 동일한 조건에 의하여 차별 없이 관행적으로 계속하여 지급한 것으로서 건전한 사회통념과 상관행에 비추어 정상적인 거래라고 인정될 수 있는 범위 안의 금액은 법인세법상 손금에 해당한다.[91]

(2) 양도한 자산의 양도 당시의 장부가액

재고자산 이외에 유형자산이나 투자자산을 양도할 때에 양도가액은 익금으로 하고 그것에 대응하는 원가인 장부가액은 손금으로 한다. 장부가액은 취득가액에 자본적 지출액을 가산하고

---

88) 실제 경제적 담세능력은 줄어든 것이 분명하므로 소득금액 계산에 반영하여야 한다는 논리도 생각해 볼 수도 있을 것이다.

89) 위법소득을 얻기 위하여 지출한 비용이나 지출 자체에 위법성이 있는 비용도 원칙적으로 법인세법상 손금으로 산입할 수 있다(대법원 2009. 6. 23. 선고 2008두7779 판결).

90) 이는 원가배분의 문제이다. 이와 달리 시장가격으로 할지 등은 평가에 관한 사항이다.

91) 법인 46012-1522, 2000.7.7.

감가상각누적액을 차감하여 계산한다.

합병신주의 취득가액은 합병구주의 장부가액에 의제배당소득금액을 가산한 금액으로 한다. 해당 의제배당이 비과세된 경우라도 동일하다.[92]

자본감소절차의 일환으로서 자기주식을 취득하여 소각하는 것은 자본의 증감에 관련된 자본거래이다. 법인이 자기주식을 취득한 후 그것을 소각할 때 자산을 취득하고 그것을 처분하는 외관을 갖추게 된다. 이 경우 자기주식소각손익이 발생하게 되며, 이는 자본계정의 일부로 계상한다. 그리고 주식소각의 목적[93]에서 자기주식 취득의 대가로 지급한 금액은 자본의 환급에 해당할 뿐 손익거래로 인하여 발생하는 손금에 해당하지 않는다.[94]

자기주식 취득에 해당되어 상법상 무효인 경우[95] 매매계약당시 특수관계자인 양도자에게 매매대금으로 지급된 금원은 법률상 원인없이 지급된 것이므로 이는 업무무관가지급금에 해당된다.[96] 2011. 4. 14. 법률 제10600호로 개정된 상법은 자기주식의 취득을 원칙적으로 허용하고 (상법 제341조), 자기주식의 처분기한을 규정한 구 상법 제342조의 내용을 삭제하였다.

(3) 인건비

인건비는 손금으로 인정한다. 보수, 상여금, 퇴직급여, 복리후생비 등 노동력의 확보를 위하여 지출한 비용은 인건비가 된다. 법인세법 제26조는 인건비가 과다경비 등에 해당하는 경우 손금불산입한다고 규정하고 있다. 이에 대해서는 손금불산입에 관한 부분에서 논한다.

법인이 임원 또는 사용인에게 지급하는 퇴직급여는 임원 또는 사용인이 현실적으로 퇴직할 때 지급하는 것에 한하여 이를 손금에 산입한다. 퇴직급여를 중간정산하여 지급한 때도 현실적인 퇴직으로 본다(법인세법시행령 제44조).[97] 이는 중간정산시점부터 새로 근무연수를 기산하여 퇴직급여를 계산하는 경우에 한정한다. 새로 근무연수를 기산할 때 연월차수당·근속수당·호봉 및 상여 등은 이전 근무연수를 고려하여 산정하여도 된다.[98]

---

92) 대법원 2005.11.10. 선고 2005두1022판결

93) 주식소각의 목적이었는지는 사실관계를 종합적으로 보아 판단하여야 한다. 법원이 소외 1은 자신의 출자금을 환급받기 위해 이 사건 주식을 매도하고 원고 역시 감자의 방법으로 소외 1의 출자금을 반환하기 위해 소외 1과 원고가 주식매매계약에 이른 것으로 볼 여지가 있고, 원고가 매입하는 주식의 대금은 매입할 때마다 분할하여 지급하기로 하고 주식소각은 소외 1로부터 주식 매입이 완료된 시점에 하기로 예정되어 있었으므로 원고가 분할 매입시마다 그 대금을 지급하고 뒤늦게 이 사건 주식에 대한 소각절차를 완료하였다고 하더라도 그러한 사정만으로 원고가 주식소각의 목적 없이 이 사건 주식을 취득하였다고 볼 수는 없다는 판단을 한 사례가 있다(대법원 2013.05.09. 선고 2012두27091 판결).

94) 대법원 2013.05.23. 선고 2013두673 판결

95) 회사가 제3자의 명의로 회사의 주식을 취득하더라도 그 주식 취득을 위한 자금이 회사의 출연에 의한 것이고 그 주식 취득에 따른 손익이 회사에 귀속되는 경우라면, 상법 기타의 법률에서 규정하는 예외사유에 해당하지 않는 한 그러한 주식의 취득은 회사의 계산으로 이루어져 회사의 자본적 기초를 위태롭게 할 우려가 있는 것으로서 구 상법 제341조 등이 금지하는 자기주식취득에 해당한다(대법원 2007. 7. 26. 선고 2006다33609 판결 등 참조).

96) 서울고등법원2008누13462, 2008.10.21

97) 임원 퇴직급여 규정이 근로 등의 대가로서 퇴직급여를 지급하려는 것이 아니라 퇴직급여의 형식을 빌려 특정 임원에게 법인의 자금을 분여하기 위한 일시적인 방편으로 마련된 것이라면, 이는 구 법인세법 시행령 제44조 제4항 제1호 또는 제5항에서 정한 임원 퇴직급여 규정에 해당하지 아니한다(대법원 2016. 2. 18. 선고 2015두50153 판결).

98) 법인세법기본통칙 26-44…4.

법인세법시행령은 직장체육비, 직장연예비 및 직원회식비는 손금으로 인정한다고 규정하고 있다. 그리고 기타 임원 또는 사용인에게 사회통념상 타당하다고 인정되는 범위 안에서 지급하는 경조사비 등 위와 유사한 비용은 손금으로 인정한다고 규정하고 있다(법인세법시행령 제45조 제1항). '사회통념'의 개념 그 자체에 대한 해석에 어려움은 없을 것이지만, 개별적인 사안마다 그 개념의 범주에 포섭시킬 것인지에 대한 판단을 위해 일률적인 가이드라인을 제시하는 것은 용이한 일이 아니다. 그 구체적인 모습을 보여 주는 개별 질의회신 중 하나로서 다음을 들 수 있다. 직원의 사기진작을 위하여 부서별로 일정 한도의 금액을 정한 회식비 지출액은 그 금액이 사회통념상 적정하다고 인정되는 경우 손금으로 인정된다.[99]

주식매수선택권 행사시 발생하는 비용은 손금산입이 허용된다(법인세법시행령 제20조 및 제88조). 모회사가 자회사 임직원에게 주식매수선택권을 부여하고 그것을 행사한 경우 발생하는 모회사의 비용을 자회사가 모회사에게 보전하는 경우 그간 자회사의 소득금액 계산 시 해당 보전금의 손금산입이 부인되어 왔다.[100] 2009년 법인세법시행령 개정으로 상법에 따라 관계회사 임직원에게 주식매수선택권을 부여한 경우 또는 외국모회사(상장)가 국내자회사(비상장) 임직원에게 주식매수선택권을 부여한 경우에는 자회사의 손금으로 산입할 수 있게 되었다(법인세법시행령 제19조).

(4) 유형자산의 수선비

기업회계상 유형자산에 대한 자본적 지출액은 유형자산의 장부가액에 가산될 뿐 당기 비용으로 처리되지 않는다. 유형자산에 대한 수익적 지출액은 유형자산의 장부가액에 가산되지 않고 당기 비용으로 처리된다. 유형자산의 수선비는 수익적 지출액으로서 법인세법상 손비로 인정하고 있다. 수선비는 자산이 조업 가능한 상태를 유지하도록 하기 위한 비용을 의미한다(법인세법시행규칙 제17조).

(5) 유형자산에 대한 감가상각비

(가) 상각내용

유형자산의 감가상각비는 물적 자산의 사용에 따른 비용으로서 손금으로 인정되는 것이다(법인세법 제23조).

감가상각비는 법인세법 제23조가 손금불산입의 관점에서 규정하고 있다. 해당 내국법인이 법인세를 면제·감면받은 경우에는 해당 사업연도의 소득금액을 계산할 때 감가상각비를 손금에 산입하여야 한다(법인세법 제23조 제1항 단서).

법인세법시행령 제26조는 상각범위액 설정방법으로 각 대상 자산별로 정액법, 정률법, 생산량비례법 또는 내용연수법 중 하나를 지정하고 있다.[101] 한번 선택하면 원칙적으로 계속 적용하여야 한다. 내용연수에 대해서는 법인세법시행령 제28조, 제29조 및 제29조의 2에서 그 대강

---

99) 서면2팀-2744, 2004.12.27.

100) 재법인 46012-82, 2002.4.23.

101) 이는 원가배분의 문제이다.

을 규정하고 있다.

법인세법시행령 제24조는 감가상각대상 유형자산과 무형유형자산의 범주를 규정하고 있다. 감가상각대상 유형자산은 토지를 제외한 건물, 기계 및 장치, 특허권 등이다. 특별히 사업에 사용하지 아니하는 것(유휴설비[102]를 제외한다), 건설 중인 것 및 시간의 경과에 따라 그 가치가 감소되지 아니하는 것에 대해서는 감가상각이 허용되지 않는다. 장기할부조건 등으로 매입한 유형자산의 경우 법인이 당해 유형자산의 가액 전액을 자산으로 계상하고 사업에 사용하는 경우에는 그 대금의 청산 또는 소유권의 이전 여부에 관계없이 이를 감가상각자산에 포함한다.

법인세법시행령은 영업권을 무형유형자산의 하나로서 감가상각대상자산이라고 규정하고 있다(법인세법시행령 제24조 제1항 제2호 가목). 동 규정에 의한 '영업권'에는 사업의 양수도과정에서 양수도 자산과는 별도로 양도사업에서 소유하고 있는 허가·인가 등 법률상의 특권, 사업상 편리한 지리적 여건, 영업상의 비법, 신용·명성·거래선 등 영업상의 이점 등을 감안하여 적절한 평가방법에 따라 유상으로 취득한 가액이 포함된다.[103] 영업권 중 합병 또는 분할의 경우 합병법인 또는 분할신설법인이 계상한 영업권은 합병법인 또는 분할신설법인이 피합병법인 또는 분할법인의 자산을 평가하여 승계한 경우로서 피합병법인 또는 분할법인의 상호, 거래관계 기타 영업상의 비밀 등으로 사업상 가치가 있어 대가를 지급한 것에 한하여 이를 감가상각자산으로 한다.

리스회사가 대여하는 금융리스의 자산은 리스이용자의 감가상각자산으로, 금융리스 외의 리스자산은 리스회사의 감가상각자산으로 한다. 유동화전문회사가 자산유동화계획에 따라 금융리스의 자산을 양수한 경우 당해 자산에 대해서는 리스이용자의 감가상각자산으로 한다.

직전 사업연도의 법인세가 추계결정 또는 추계경정된 경우에도 그 법인의 유형자산에 대한 감가상각비의 계산은 신규 취득자산을 제외하고는 직전사업연도 종료일 현재의 유형자산의 장부가액을 기초로 한다.[104]

유형자산에 대한 감가상각비는 내국법인이 각 사업연도에 결산을 확정함에 있어서 손비로 계상한 경우에 한하여 법상 일정한 산식에 의하여 계산한 상각범위액 안에서 당해 사업연도의 소득금액 계산상 이를 손금에 산입한다(임의상각제도).

법인이 각 사업연도에 손금으로 계상한 감가상각비 중 상각범위액을 초과하는 금액을 상각부인액이라고 한다. 그리고 법인이 손금으로 계상한 감가상각비가 상각범위액에 미달하는 경우에 그 미달하는 금액을 시인부족액이라고 한다. 상각부인액은 그 후의 사업연도에 있어서 시인부족액을 한도로 하여 이를 손금으로 추인한다. 이 경우 당년도 법인이 감가상각비를 손금으로 계상하지 아니한 경우에도 상각범위액을 한도로 하여 그 전년도 상각부인액을 손금으로 추인한다(법인세법시행령 제32조). 시인부족액은 그 후 사업연도의 상각부인액에 이를 충당하지 못한다.

2010년 개정 법인세법은 K-IFRS가 기존의 기업회계기준에 비해 결산 시 반영할 감가상각

---

102) 일시 가동 중단 중이지만 상시 재가동이 가능한 것을 말한다(서면2팀-350, 2004.3.3). 법인세법시행규칙 제12조 제2항 참조.

103) 소득세법기본통칙 33-4.

104) 법인세법기본통칙 23-26…2.

비를 큰 폭으로 축소시키고 있는 점을 감안하여 결산조정에 대한 예외를 설정하고 있다. 아울러 지배종속회사 간의 사업양수·양도의 경우에는 결산서에 반영하지 않더라도 손금으로 인정받을 수 있는 부분이 있다. 지배종속회사 간의 사업양수·양도의 경우 해당 거래와 관련하여 손익을 인식하지 않기 위하여 사업양수 당시 인수가액을 장부가액으로 하고 실제거래가액과 장부가액과의 차이는 자본잉여금·이익잉여금을 차례로 감액하고 남은 금액을 자본조정으로 회계처리하도록 되어 있다(기업인수합병 등에 관한 회계처리준칙 문단 17). 따라서 양수한 자산의 시가상당액을 지급하고도 자산가액을 양도한 법인의 장부가액으로 계상함에 따라 그 차액을 장차 통상적인 감가상각의 방법으로 손금산입할 수 없게 된다. 이에 법인세법시행령은 그 차액에 대해 실제 취득가액이 시가를 초과하는 경우에는 시가와 장부에 계상한 가액과의 차이만큼에 대해 그리고 실제 취득가액이 시가에 미달하는 경우에는 실제 취득가액과 장부에 계상한 가액과의 차이만큼에 대해 신고조정의 방법으로 처리할 수 있도록 하고 있다. 기업인수합병 등에 관한 회계처리준칙에서 이 부분을 손익의 결산에 반영하지 못하도록 하고 있기 때문이다(법인세법시행령 제19조 제5호의 2).

(나) 결산조정

감가상각은 결산조정사항이다. 그런데 K-IFRS는 기존의 기업회계기준에 비해 결산 시 반영할 감가상각비를 큰 폭으로 축소시키고 있다. 이에 따라 2010년 개정 법인세법은 감가상각에 대해 결산조정 원칙을 유지하되, 유형자산, 비한정 내용연수 무형자산(추가비용 없이 갱신 가능한 상표권 등)에 대해서는 다음과 같이 신고조정을 허용하고 있다. 2013년 이전 취득한 자산의 경우 K-IFRS 도입 이전 결산상 감가상각방법 및 내용연수를 한도로 신고조정할 수 있다. 2014년 이후 취득한 자산은 세법상 기준내용연수를 한도로 신고조정할 수 있다(법인세법 제23조).[105]

법인세법시행령은 손금으로 인정하는 감가상각의 여러 방법에 대해 규정하고 있다(법인세법시행령 제26조). 그 방법 중 납세자가 선택하여 신고한 방법은 존중된다. 신고하지 않은 경우에는 시행령상 지정된 방법이 적용된다. 개별 자산에 대해 한 번 적용된 방법은 변경할 수 없다.

각 사업연도의 소득에 대하여 법인세가 면제되거나 감면되는 사업을 영위하는 법인으로서 법인세를 면제받거나 감면받은 경우에도 그 감가상각자산에 대한 감가상각비를 계산하여 이를 손금으로 계상하여야 한다. 감가상각비 계상은 결산조정사항이어서 법인으로서는 법인세가 면제 또는 감면되는 사업을 위해 사용하는 자산에 대해서는 재무제표상 소득은 감소시키면서 세금부담을 줄이는 효과는 없으므로 감가상각비를 계상할 유인이 없게 되지만 법인세법은 감가상각을 의제하고 있는 것이다. 이를 감가상각의 의제라고 한다(법인세법시행령 제30조).

법인이 감가상각자산을 취득하기 위하여 지출한 금액과 감가상각자산에 대한 자본적 지출에 해당하는 금액을 손금으로 계상한 경우에는 이를 감가상각한 것으로 본다(법인세법시행령 제31조 제1항).

---

105) 기존보유자산 및 신규취득자산 중 기존보유자산과 동종자산(기존 보유자산과 동일한 종류의 자산으로 동일 업종에 사용되는 것)에 한정된다. 구체적인 손금산입한도는 다음 ①과 ② 금액 중 큰 금액이다.
　① 세법상 기준 내용연수를 적용한 감가상각비[*]
　② IFRS에 따른 감가상각비 + IFRS 도입으로 감소된 감가상각비의 25%
　　[*] IFRS 도입 전 감가상각비가 ①보다 더 적은 경우에는 적용 제외

법인이 전기에 과소 계상한 유형자산의 감가상각비를 기업회계기준에 따라 이월이익잉여금을 감소시키는 전기오류수정손으로 계상한 경우 동 상각비는 법인이 손금에 계상한 것으로 보아 감가상각비 시부인 계산한다.[106]

법인이 진부화되거나 시장가치가 급격히 하락한 유형·무형자산에 대하여 기업회계기준에 따라 자산감액손실을 계상한 경우 그 금액은 법인세법상 감가상각비로서 손금에 산입한 것으로 본다.[107]

(6) 자산의 임차료

자산의 임차료는 물적 자산의 사용에 따른 비용으로서 손금으로 인정되는 것이다. 마치 인적자산의 사용에 따른 인건비를 손금으로 인정하는 것과 같다.

(7) 차입금이자

수익창출을 위한 사업활동에 필요한 자금의 조달비용은 그에 대응하는 비용으로서 손금으로 인정한다. 법인세법은 제28조에서 지급이자 중 손금에 산입할 수 없는 것에 대해 자세한 규정을 두고 있다.

(8) 대손금

(가) 대상채권

사업활동과 관련하여 발생한 채권을 회수하지 못함에 따른 손실은 손금으로 인정한다. 법인세법은 권리의무확정주의에 따라 소득을 인식하도록 하고 있으므로 비록 현금을 받지 않은 경우라 하더라도 권리가 확정되면 익금으로 인식하여야 한다. 익금으로 이미 인식하였는데 실제 채권을 회수하지 못하는 경우에는 이전에 인식한 익금을 수정하지 않고 손금으로 인식한다. 사업활동과 관련하여 발생한 채권의 경우에만 그러한 손금인식이 가능한 것이다.

보증을 서고 보증채무를 이행한 후 주 채무자에 대한 구상권을 상각하여야 하는 경우의 처리는 다음과 같다. 구상채권의 대손금은 원칙적으로 손금으로 인정하지 않는다(법인세법 제34조 제3항 제1호). 보증을 선 것은 사업활동과의 관련성이 높다고 할 수 없기 때문이다. 그러나 금융기관이나 신용보증을 업으로 하는 법인의 채무보증의 경우에는 대손이 된 구상채권액을 손금으로 산입할 수 있다(법인세법시행령 제19조의 2 제6항).[108]

보증채무 이외의 경우에도 특수관계인에게 당해 법인이 업무와 관련 없이 지급한 가지급금 등 대여금채권은 대손이 인정되지 않는다(법인세법 제34조 제3항). 그리고 부가가치세매출세액 미수금으로서 회수할 수 없는 것 중 부가가치세법 제17조의 2의 규정에 의한 대손세액공제를 받은 것은 다시 법인세법상 대손금으로 인정하지 않는다(법인세법시행령 제19조 제8호).

---

106) 법인세법기본통칙 23 - 0…4.

107) 서면인터넷방문상담2팀 - 2184, 2005. 12. 28.

108) 법인이 사업과 관련된 거래대금을 지급받기 위하여 한 채무보증이 구 법인세법 시행령 제61조 제4항에서 열거한 유형에 해당하지 아니하는 경우, 그로 인하여 발생한 구상채권의 대손금을 손금에 산입할 수 없다(대법원 2016. 1. 14. 선고 2013두17534 판결).

(나) 회수불능

법인세법시행령 제19조의 2 제1항은 '회수할 수 없는 채권'을 열거적으로 규정하고 있다.

법인이 이자율 완화 및 만기의 연장 등의 방법으로 채권을 재조정함에 따른 채권의 장부가액과 현재가치의 차액을 기업회계기준에 따라 대손금으로 계상한 경우에는 이를 손금에 산입한다.[109] 손금에 산입한 금액은 기업회계기준의 환입방법에 따라 익금에 산입한다(법인세법시행령 제19조의 2 제5항).[110]

채권자인 법인이 원금의 일부를 감면한 경우에는 약정에 의하여 채권의 전부 또는 일부를 포기하는 것으로 보아[111] 대손금이 아닌 기부금 또는 접대비로 본다.[112] 법인이 정당한 사유 없이 채권회수를 위한 제반 법적 조치를 취하지 아니함에 따라 채권의 소멸시효가 완성된 경우에는 동 채권의 금액은 접대비 또는 기부금으로 본다.[113] 다만, 특수관계인 외의 자와의 거래에서 발생한 채권으로서 채무자의 부도발생 등으로 장래에 회수가 불확실한 어음·수표상의 채권 등을 조기에 회수하기 위하여 당해 채권의 일부를 불가피하게 포기한 경우 동 채권의 일부를 포기하거나 면제한 행위에 객관적으로 정당한 사유가 있는 때에는 동 채권포기액을 손금에 산입한다.[114]

현실적으로 회수 불능인 부실채권을 특수관계인이 아닌 자(예: 부실채권회수전문업체)에게 양도하는 매각거래를 하는 경우, 해당 거래로 인한 장부가액과 시가처분가액과의 차액은 법인의 당기손익으로 계상한다.[115]

(다) 손금인식방법

손금인식에는 직접 대손금으로 계상하는 방법과 우선 대손충당금을 설정하고 실제 대손이 발생하면 이와 상계하도록 하는 방법이 사용된다. 법인세법상 대손금으로서 손금을 인정받을 수 있는 채권의 범위는 대손충당금을 설정할 수 있는 채권의 범위보다는 넓다(법인세법시행령 제19조의2). 후자는 영업거래에 따른 채권에만 인정되지만 전자는 영업외거래에 따른 채권에도 인정된다.

채권이 법적으로 소멸한 경우에는 회계상 인식을 하지 않더라도 그 소멸된 날이 속하는 사업연도의 손금이 되지만, 그렇지 않은 경우에는 '회수불능'이라는 회계상 인식을 하여야 당해 과세연도의 손금으로 인정한다.[116]

(9) 자산의 평가차손

법인세법상 재고자산과 유가증권 및 화폐성 외화자산 이외의 자산의 평가손익은 원칙적으로 인정하지 않는다. 법인세법상 보험업법 기타 법률에 의한 유형자산의 평가 경우에는 증액만 인

---

109) 이때 채무자는 익금에 산입하지 않는다(법인세법기본통칙 34-62…9).

110) 기업회계기준서 제13호(채권·채무조정) 참조.

111) 법인세법기본통칙 34-62…8.

112) 이때 채무자는 익금에 산입한다(법인세법기본통칙 34-62…9).

113) 재법인 46012-93, 2003.5.31. 참조.

114) 법인세법기본통칙 34-62…5.

115) 서면2팀-1805, 2006.9.15.

116) 대법원 2007.6.1. 선고 2005두6737

정한다. 유형자산의 경우 원칙적으로 평가차손을 인정하지 않는다. 예외적으로 천재지변·화재 등의 경우에는 손금산입을 인정한다(법인세법 제42조 제3항).

(10) 제세공과금

손금불산입되는 것에 대해서는 법인세법 제21조에서 규정하고 있다.

(11) 영업자가 조직한 단체로서 법인이거나 주무관청에 등록된 조합 또는 협회에 지급한 회비

(12) 광산업의 탐광비

탐광비나 개발비는 기업회계상으로는 자본적 지출에 해당하는 것[117]이지만 법인세법상으로는 당기 손금으로 인정한다.

(13) 보건복지가족부장관이 정하는 무료진료권 또는 새마을진료권에 의하여 행한 무료진료의 가액

(14) 음·식료품의 제조업·도매업 또는 소매업을 영위하는 내국법인이 당해 사업에서 발생한 잉여식품을 국가 또는 지방자치단체에 잉여식품활용사업자로 등록한 자 또는 잉여식품활용사업자가 지정하는 자에게 무상으로 기증하는 경우 그 기증한 잉여식품의 장부가액

기부금에 포함할 경우 한도 제한에 걸리게 되므로 전액 손금으로 인정해 주기 위해 정책적으로 설정한 것이다.

(15) 그 밖의 손비로서 그 법인에 귀속되었거나 귀속될 금액

법인세법 제19조 제1항은 "손금은… 손비의 금액으로 한다"고 규정하고 있으며 법인세법시행령 제19조 제18호는 '그 밖의 손비로서 그 법인에 귀속되었거나 귀속될 금액'을 손금에 포함하고 있다. 법인세법 제43조는 기업회계기준과 관행을 적용한다고 규정하고 있는데 기업회계기준상 '손비'의 개념은 '비용'과 '손실'을 의미한다. '비용(expense)'은 일정 기간 실체의 계속적인 주요(중심) 영업활동을 구성하는 재화의 생산·인도 또는 용역의 제공 기타 활동의 수행으로 발생하는 실체로부터 자산의 유출 또는 부채의 발생으로 나타난 것이다. '손실(loss)'은 경제 실체의 임시·우발적인 거래로부터 발생하는 지분(순자산)의 감소, 즉 비용이나 소유주에 대한 분배를 제외하고 일정 기간 내 경제실체에 영향을 미치는 기타의 모든 거래·사건·환경에 의해 발생하는 지분(순자산)의 감소이다.

법인세법시행령 제19조 제18호의 규정에 의해 손금으로 인정받기 위해서도 법인세법 제19조 제2항의 규정에 의한 관련성과 통상성의 요건을 충족하여야 할 것이다.

---

117) 탐사비의 회계처리방법에는 성공적 원가접근법과 전부원가접근법이 있다. 전자는 성공적 프로젝트에 직접 관련된 비용만을 자본화하고 성공하지 못한 프로젝트에 관련된 비용은 당기비용화하는 방법이다. 후자는 성공 여부에 관계없이 자본화하는 방법이다.

나. 준비금 및 충당금의 손금산입

법인세법 제2장 제1절 제4관의 준비금과 충당금 등에 관한 규정은 투자재원조달 또는 위험 분산과 같은 미래 경영의 건전성 확보를 위해 손금산입의 요건과 시기를 조정하고자 하는 취지에서 도입된 것들이다. 준비금 및 충당금 전입액의 손금산입에는 실제로 현금까지 별도로 관리하는 것을 요건으로 하지는 않는다. 다만, 결산에 반영하는 것을 요건으로 하고 있다. 이들은 본질상 손금으로 인정되어야 하는 것들인데 손금의 인식시기와 그 방법에 특칙을 둔 것이다.

(1) 고유목적사업준비금(법인세법 제29조)

법인세법상 비영리법인에 대해서는 법상 열거된 수익사업에 한해 과세한다(법인세법 제3조 제3항). 그리고 해당 수익사업에서 발생한 소득금액을 산정할 때에도 고유목적사업에 사용하기 위해 전출한 비용은 공제한다. 구체적으로는 고유목적사업준비금이라는 개념을 두고 영리활동 소득 중 그에 전출한 것은 비용으로 인정해 주고 있다(법인세법 제3조 제1항, 법인세법시행령 제36조 제2항). 고유목적사업준비금은 비영리법인의 일정 수익사업에서 발생한 소득에 100분의 50을 곱하여 산출한 금액과 이자소득금액 및 배당소득금액의 합계액(기타 수익사업에서 결손 금이 발생한 경우에는 이자소득금액과 배당소득금액에서 결손금을 차감)을 한도로 설정할 수 있다. 이때 비영업대금의 이익을 제외한 이자소득과 배당소득은 100%를 고유목적사업준비금으로 설정할 수 있다(법인세법 제29조 제1항). 2016년까지는 학교법인, 사회복지법인, 공공의료법인 등과 같이 공익성이 큰 비영리법인에 대해 수익사업에서 발생하는 소득의 100%를 고유목적사업준비금으로 손금에 산입할 수 있는 특례가 인정된다(조특법 제74조).

고유목적사업준비금은 선입선출법에 의해 사용하는 것으로 본다. 고유목적사업준비금을 손금으로 계상한 사업연도의 종료일 이후 5년이 되는 날까지 고유목적사업에 사용하지 아니한 때에는 익금으로 환입한다.[118] 익금에 환입하는 경우에는 이자상당액을 당해 사업연도의 법인세에 가산하여 납부하여야 한다.

법인으로 보는 단체 중 지정기부금단체[119]가 아닌 것[120]에 대해서는 고유목적사업준비금을 설정하도록 하는 대신 그 단체의 수익사업에서 발생한 소득을 고유목적사업비로 지출하는 금액을 지정기부금으로 보아 손금으로 인정한다(법인세법시행령 제36조 제2항). 즉 실제 고유목적 사업에 지출하는 것을 보아 가면서 손금으로 인정하는 것이다.

(2) 책임준비금 등(법인세법 제30조)

보험사업을 영위하는 내국법인이 각 사업연도에 보험업법 기타 법률의 규정에 의하여 책임준비금과 비상위험준비금을 손금으로 계상한 경우[121]에는 일정한 산식에 의해 계산한 금액의

---

118) 비영리내국법인이 5년의 유예기간 중 고유목적사업준비금을 고유목적사업 등이 아닌 다른 용도에 사용하여 고유 목적사업에 지출할 수 없다는 점이 분명하게 드러난 경우, 5년의 유예기간에도 불구하고 사용금액을 사유가 발생 한 사업연도의 익금에 곧바로 산입할 수 있다(대법원 2017. 3. 9. 선고 2016두59249 판결).

119) 법인세법시행령 제36조 제1항 제1호.

120) 비영리법인이 될 것이다.

범위 안에서 당해 사업연도의 소득금액 계산에 있어서 이를 손금에 산입한다.[122] 이와 같이 손금에 산입한 책임준비금은 다음 사업연도의 소득금액 계산에 있어서 이를 익금에 산입한다.

(3) 계약자배당준비금(법인세법 제31조)

보험사업을 영위하는 내국법인이 각 사업연도에 보험계약자에게 배당하기 위하여 계약자배당준비금을 손금으로 계상한 경우에는 일정한 산식에 의하여 계산한 금액의 범위 안에서 당해 사업연도의 소득금액 계산에 있어서 이를 손금에 산입한다. 계약자배당준비금을 손금에 산입한 내국법인이 보험계약자에게 배당하는 경우에는 먼저 계상한 사업연도의 계약자배당준비금으로부터 순차로 상계하여야 한다. 손금에 산입한 계약자배당준비금으로서 그 사업연도의 종료일 이후 3년이 되는 날까지 실제 배당액과 상계하고 남은 잔액은 그 3년이 되는 날이 속하는 사업연도의 소득금액 계산에 있어서 이를 익금에 산입한다. 계약자배당준비금의 잔액을 익금에 산입하는 경우에는 이자상당액을 당해 사업연도의 법인세에 가산하여 납부하여야 한다.

(4) 퇴직급여충당금(법인세법 제33조)

내국법인이 각 사업연도에 임원 또는 사용인의 퇴직급여에 충당하기 위하여 퇴직급여충당금을 손금으로 계상한 경우에는 일정한 산식[123]에 의하여 계산한 금액의 범위 안에서 당해 사업연도의 소득금액 계산에 있어서 이를 손금에 산입한다. 퇴직급여충당금을 손금에 산입한 내국법인이 임원 또는 사용인에게 퇴직금을 지급하는 경우에는 당해 퇴직급여충당금에서 먼저 지급하여야 한다.

(5) 대손충당금(법인세법 제34조)

내국법인이 각 사업연도에 외상매출금·대여금 기타 이에 준하는 채권의 대손에 충당하기 위하여 대손충당금을 손금으로 계상[124]한 경우에는 일정한 산식에 따라 계산한 금액의 범위 안에서 당해 사업연도의 소득금액 계산에 있어서 이를 손금에 산입한다. 내국법인이 보유하고 있는 채권 중 채무자의 파산 등 사유로 회수할 수 없는 채권의 금액, 즉 대손금은 당해 사업연도의 소득금액 계산에 있어서 이를 손금에 산입한다.

채무보증으로 인하여 발생한 구상채권[125]과 특수관계인에게 당해 법인의 업무와 관련 없이 지

---

121) 결산조정에 의한다.

122) 세무상 인정한다는 것이다.

123) MAX[일시퇴직기준, 근로자퇴직급여보장법상 보험수리적 기준]×25%로 한다. 보험수리적 기준은 전체 근로자의 예상퇴직시기, 임금상승률, 이자율 등을 고려하여 산정한 예상 퇴직금을 현재가치로 환산하는 방법으로서 통상 일시퇴직기준에 비해 높은 것이다. 한도율은 매년 5%씩 인하하여 2016년에는 폐지된다(법인세법시행령 제60조).

124) 결산조정하여야 한다는 것을 의미한다(법인세법시행령 제19조의 2 제3항 제2호). 다만, 소멸시효가 완성된 채권 등은 신고조정으로만으로도 손금산입을 인정한다(법인세법시행령 제19조의 2 제3항 제1호).

125) 채무보증에 의한 과다한 차입으로 기업의 재무구조가 악화되는 것과 연쇄도산으로 인한 사회적 비용이 증가하는 것을 억제하여 재무구조의 건실화를 유도하고 기업의 구조조정을 촉진하여 기업의 경쟁력을 강화하고자, 보증채무를 대위변제함으로써 발생하는 구상채권의 대손금을 전부 손금불산입하도록 함으로써 법인 스스로 보증채무의 변제능력과 구상채권의 회수가능성을 심사숙고하여 자력 범위 내에서만 채무보증을 하도록 유도하고 있고, 이러한 입법목적에 반하지 않는 채무보증이나 기업의 경쟁력 강화에 기여하는 채무보증 등은 그때그때의 사회경제적 상황을 반영하여 대통령령에서 허용할 수 있는 길을 열어 두고 있으므로 재산권을 침해하였다고 볼 수 없다(법인세법 제34조 제3항 제1호 위헌소

급한 가지급금에 대해서는 대손충당금을 설정할 수 없다. 그러나 금융기관이나 신용보증기관이 한 보증 등 일부 보증의 경우에는 대손충당금을 설정할 수 있다(법인세법시행령 제61조 제4항).

대손충당금을 손금으로 계상한 내국법인이 대손금이 발생한 경우에는 그 대손금을 대손충당금과 먼저 상계하여야 하고, 대손금과 상계하고 남은 대손충당금의 금액은 다음 사업연도의 소득금액 계산에 있어서 이를 익금에 산입한다. 손금에 산입한 대손금 중 회수한 금액은 그 회수한 날이 속하는 사업연도의 소득금액 계산에 있어서 이를 익금에 산입한다.

(6) 구상채권상각충당금(법인세법 제35조)

법률에 의하여 신용보증사업을 영위하는 내국법인이 각 사업연도에 구상채권상각충당금을 손금으로 계상한 경우에는 일정한 산식에 따라 계산한 금액의 범위 안에서 당해 사업연도의 소득금액 계산에 있어서 이를 손금에 산입한다. 이와 같이 손금에 산입한 구상채권상각충당금은 다음 사업연도의 소득금액 계산에 있어서 이를 익금에 산입한다.

다. 교환자산 양도차익의 손금산입

소비성 서비스업 등 이외의 사업을 영위하는 내국법인이 2년 이상 당해 사업에 직접 사용하던 사업용 유형자산을 특수관계인 외의 다른 내국법인이 2년 이상 당해 사업에 직접 사용하던 동일한 종류의 사업용 유형자산과 교환하는 경우 당해 교환취득자산의 가액 중 교환으로 발생한 사업용 유형자산의 양도차익에 상당하는 금액은 당해 사업연도의 소득금액 계산에 있어서 이를 손금에 산입할 수 있다(법인세법 제50조 제1항).

라. 기타의 손금산입

법인세법 제2장 제1절 제4관의 '준비금과 충당금 등'에 관한 규정 중 '등'에 해당하는 것은 아래와 같다. 이들 역시 비용의 본질상 손금으로 인정되어야 하는 것임에는 차이가 없지만 손금의 인식시기와 방법에 특칙을 둔 것이다.

(1) 국고보조금으로 취득한 사업용 자산가액(법인세법 제36조)

내국법인이 국고보조금 등을 지급받아 그 지급받은 날이 속하는 사업연도의 종료일까지 사업용 자산의 취득 또는 개량에 사용한 경우 또는 사업용 자산을 취득·개량하고 이에 대한 국고보조금 등을 사후에 지급받은 경우에는 당해 사업용 자산의 가액 중 그 사업용 자산의 취득 또는 개량에 사용된 국고보조금 등에 상당하는 금액은 일정한 산식에 따라 당해 사업연도의 소득금액 계산에 있어서 이를 손금에 산입할 수 있다.

국고보조금 등을 지급받은 날이 속하는 사업연도의 종료일까지 사업용 자산을 취득 또는 개량하지 아니한 내국법인이 그 사업연도의 다음 사업연도의 개시일부터 1년 이내에 이를 취득 또는 개량하고자 하는 경우에는 취득 또는 개량에 사용하려는 국고보조금 등의 금액을 손금에

원 2009.7.30. 2007헌바15 전원재판부).

산입할 수 있다.

이때 허가 또는 인가의 지연 등의 사유로 국고보조금 등을 기한 내에 사용하지 못한 경우에는 해당 사유가 종료된 날이 속하는 사업연도의 종료일을 그 기한으로 본다.

국고보조금 등 상당액을 손금에 산입한 내국법인이 손금에 산입한 금액을 기한 내에 사업용자산의 취득 또는 개량에 사용하지 아니하거나 사용하기 전에 폐업 또는 해산하는 경우 그 사용하지 아니한 금액은 당해 사유가 발생한 날이 속하는 사업연도의 소득금액 계산에 있어서 이를 익금에 산입한다.

(2) 공사부담금으로 취득한 유형자산가액(법인세법 제37조)

전기사업, 도시가스사업, 액화석유가스충전사업·액화석유가스집단공급사업 및 액화석유가스판매사업 및 집단에너지공급사업을 영위하는 내국법인이 그 사업에 필요한 시설을 하기 위하여 전기·가스·열 등의 수요자 또는 그 시설에 의하여 편익을 받는 자로부터 공사부담금을 제공받아 그 제공받은 날이 속하는 사업연도의 종료일까지 당해 시설을 구성하는 유형자산의 취득에 사용하는 경우 그 유형자산의 가액은 일정한 산식에 따라 당해 사업연도의 소득금액 계산에 있어서 이를 손금에 산입할 수 있다. 손금산입과 익금 환입에 관해서는 국고보조금에 관한 것을 준용한다.

(3) 보험차익 상당액으로 취득한 유형자산가액(법인세법 제38조)

내국법인이 유형자산의 멸실 또는 손괴로 인하여 보험금을 지급받아 그 지급받은 날이 속하는 사업연도의 종료일까지 그 멸실한 유형자산에 대체하여 동일한 종류의 유형자산을 취득하거나 손괴된 유형자산을 개량하는 경우 당해 유형자산의 가액 중 그 유형자산의 취득 또는 개량에 사용된 보험차익 상당액에 상당하는 금액은 일정한 산식에 따라 당해 사업연도의 소득금액 계산에 있어서 이를 손금에 산입할 수 있다. 손금의 산입과 익금 환입에 관해서는 국고보조금에 관한 것을 준용하되 상계기간은 2년으로 한다.

2. 손금불산입

법인세법 제20조부터 제28조까지는 법인세법 제19조 제1항상 '자본 또는 출자의 환급, 잉여금의 처분 및 이 법에서 규정하는 것'에 대해 다음과 같이 손금불산입사항으로 규정하고 있다.

가. 영업활동과 관련이 적은 것

(1) 자본거래로 인한 손비(법인세법 제20조)

(가) 잉여금의 처분을 손비로 계상한 금액

기업회계에 의할 때 수익에 대응하는 비용으로 인식할 수 있는 것은 원칙적으로 법인세법상으로도 손금으로 인정된다. 그러나 주주에게 돌아갈 잉여금의 성격을 지니고 있는 것은 수익에 대응하는 비용으로 볼 수는 없으며 법인세법상으로도 그러한 잉여금의 처분적인 성격이 있는 것은 손금으로 인정하지 않는다.

주로 문제되는 것은 임원에 대한 상여이다. 임원에 대한 상여가 이익처분에 의한 것이라면 법인이 처분하는 이익은 세후순이익을 의미하므로 비록 상여를 받는 임원의 입장에서는 근로소득이 되지만 지급하는 법인은 손금으로 공제할 수 없다(법인세법시행령 제43조 제1항). 급여지급기준에 따른 성과급의 경우 비록 이익잉여금 처분에 따른 것이라고 하더라도 손금산입대상으로 하여 오고 있었지만 2018년부터는 손금산입이 부인된다.

법인세법시행령은 법인이 임원에게 지급하는 상여금 중 정관·주주총회·사원총회 또는 이사회의 결의에 의하여 결정된 급여지급기준에 의하여 지급하는 금액을 초과하여 지급한 경우 그 초과금액은 이를 손금에 산입하지 않도록 규정하고 있다(법인세법시행령 제43조 제2항).

법원은 '이익처분'은 법인의 통상적인 의사결정과정에서 '이익처분'의 이름으로 이루어진 것 뿐 아니라 그 실질을 볼 때 이익처분으로 볼 수 있는 것까지 포함한다고 보고 있다.[126] 법원의 이러한 입장은 상법으로부터 차용한 이익처분의 개념을 확대해석한 것이다. 독일 법인세법은 숨은 이익처분(verdeckte Gewinnausschüttung) 규정을 별도로 두고 있다.

한편, 자기주식으로 우리사주조합을 통하여 지급하는 성과급, 주식매수선택권으로 종업원 등에게 지급하는 성과급 및 노사합의에 의하여 경영성과에 따라 초과달성이윤의 일정 부분을 근로자에게 추가 배분하는 성과배분 상여금은 손금으로 인정한다(법인세법시행령 제20조).

(나) 주식할인발행차금

주식을 액면가액에 미달하게 발행할 경우 그 미달액을 주식할인발행차금이라고 한다. 기업회계상 주식할인발행차금은 자본조정계정이다. 주식발행연도부터 3년 이내에 매기 균등액을 이익잉여금과 상계한다. 법인세법상 소득의 발생과는 무관한 사항이므로 손금불산입한다.

(2) 제세공과금(법인세법 제21조)[127]

법인세는 법인의 입장에서는 비용이 된다. 손익계산서상으로는 법인세비용으로 하여 당기순이익을 계산하고 공시한다. 그러나 법인세비용은 법인세 산출을 위해 소득금액을 계산할 때 손

---

126) 법인이 지배주주인 임원(그와 특수관계에 있는 임원을 포함한다)에게 보수를 지급하였더라도, 그 보수가 법인의 영업이익에서 차지하는 비중과 규모, 해당 법인 내 다른 임원들 또는 동종업계 임원들의 보수와의 현저한 격차 유무, 정기적·계속적으로 지급될 가능성, 보수의 증감 추이 및 법인의 영업이익 변동과의 연관성, 다른 주주들에 대한 배당금 지급 여부, 법인의 소득을 부당하게 감소시키려는 주관적 의도 등 제반 사정을 종합적으로 고려할 때, 해당 보수가 임원의 직무집행에 대한 정상적인 대가라기보다는 주로 법인에 유보된 이익을 분여하기 위하여 대외적으로 보수의 형식을 취한 것에 불과하다면, 이는 이익처분으로서 손금불산입 대상이 되는 상여금과 그 실질이 동일하므로 법인세법 시행령 제43조에 따라 손금에 산입할 수 없다고 보아야 한다. 또한 증명의 어려움이나 공평의 관념 등에 비추어, 위와 같은 사정이 상당한 정도로 증명된 경우에는 보수금 전체를 손금불산입의 대상으로 보아야 하고, 위 보수금에 직무집행의 대가가 일부 포함되어 있어 그 부분이 손금산입의 대상이 된다는 점은 보수금 산정 경위나 그 구성내역 등에 관한 구체적인 자료를 제출하기 용이한 납세의무자가 이를 증명할 필요가 있다(대법원 2017. 9. 21. 선고 2015두60884 판결).

127) 법인세법상 공과금은 "국가 또는 공공단체에 의하여 국민 또는 공공단체의 구성원에게 강제적으로 부과되는 모든 공적부담"으로 법인의 일정한 사업이나 자산의 존재, 거래 등의 행위에 수반하여 강제적으로 부과되는 것이기 때문에 사업경비의 성격을 띠는 것이어서 손금에 산입됨이 원칙이다(대법원 2004.3.18. 선고 2001두1949 전원합의체 판결).

금으로 산입하지 않는다.

법인이 원자재를 구입하면서 부가가치세를 거래징수당한 경우에 부가가치세는 자신이 그 원자재를 활용하여 제조한 재화를 판매하면서 거래징수한 부가가치세에서 차감하여 세무서에 납부할 것이기 때문에 소득금액을 계산할 때 손금으로 산입하지 않는다. 그러나 구입한 원자재를 활용하여 제조한 재화가 면세재화일 때에는 부가가치세과세상으로는 매입세액을 공제받을 기회가 없게 되어 비용적인 성격[128]을 가지게 되므로 소득금액 계산상 손금으로 공제한다. 면세원자재를 구입하여 과세재화를 제조할 때에는 일정한 요건을 충족하는 면세원자재에 내재하고 있던(전 단계 거래에서 부담된) 부가가치세의 일부를 일정 산식으로 계산하여 부가가치세 신고상 매입세액으로 의제하고 공제해 준다.

간이과세자가 구입한 물품 및 용역에 내재하는 부가가치세 상당액은 손금으로 산입한다.

(3) 징벌적 손해배상금(법인세법 제21조의 2)

내국법인이 지급한 손해배상금 중 실제 발생한 손해를 초과하여 지급하는 금액으로서 대통령령으로 정하는 금액은 손금에 산입하지 않는다. 징벌적 손해배상금 및 화해결정에 따른 지급금액 중 실손해를 초과하여 지급한 금액은 손금 불산입한다. 여기서 징벌적 손해배상금은 「하도급거래 공정화에 관한 법률」, 「가맹사업거래의 공정화에 관한 법률」, 「제조물 책임법」 등에 따른 손해배상 등을 말한다. 국외에서 지급한 징벌적 손해배상금을 포함한다.

(4) 자산의 평가차손(법인세법 제22조)

(5) 업무무관비용(법인세법 제27조)

내국법인이 당해 법인의 업무와 직접 관련이 없다고 인정되는 자산을 취득·관리함으로써 생기는 비용 등과 그 법인의 업무와 직접 관련이 없다고 인정되는 지출금액은 손금으로 산입하지 않는다. 당해 법인의 업무와 직접 관련이 없다고 인정되는 자산은 법인의 업무에 직접 사용하지 아니하는 부동산, 서화·골동품, 업무에 직접 사용하지 아니하는 자동차·선박·항공기 및 기타 이에 유사한 자산으로서 당해 법인의 업무에 직접 사용하지 아니하는 자산을 말한다(법인세법시행령 제49조).

(가) 업무무관지출

업무와 관련이 없는 지출은 다음의 것들을 말한다(법인세법시행령 제50조).

- 해당 법인이 직접 사용하지 아니하고 다른 사람이 주로 사용하고 있는 장소·건축물·물건 등의 유지비·관리비·사용료와 이와 관련되는 지출금
- 해당 법인의 주주 등 또는 출연자인 임원 또는 그 친족이 사용하고 있는 사택의 유지비·관리비·사용료와 이와 관련되는 지출금
- 업무와 직접 관련이 없는 자산을 취득하기 위하여 지출한 자금의 차입과 관련되는 비용
- 해당 법인이 공여한 뇌물에 해당하는 금전 및 금전 외의 자산과 경제적 이익의 합계액

---

128) 이를 '내재된 부가가치세(hidden VAT)'라고 한다.

외견상 법인이 스스로를 위해 지출한 것으로 보이지만 실질을 보면 그 법인의 주주를 위하여 지출한 성격을 지닌 비용의 경우 해당 법인으로서는 업무무관비용이기 때문에 손금에 산입할 수 없다. 어떤 법인(인수법인)이 타 법인을 인수하기 위한 조사와 협상의 과정에서 지출한 비용은 인수법인의 투자자산을 확장하기 위해 지출하는 성격이 있으므로 인수법인의 주주를 위한 비용으로 볼 수는 없다. 타 법인에 지분을 처분하는 방안으로 인수법인과 자기가 주주로 있는 법인의 가치를 평가하기 위한 과정에서 소요되는 자문 또는 법무비용은 피인수법인의 업무와 관련된 비용으로 보아야 하는 것인지 아니면 그 법인의 주주를 위한 비용으로 보아야 하는 것인지의 문제가 있다. 물건의 주인이 그 값을 올리기 위한 여러 노력을 하는 과정에서 지출한 비용은 당연히 그 물건의 주인이 거둔 양도차익을 계산할 때 비용으로 산입되어야 한다. 이러한 논리를 기업인수과정에 대입한다면 거래의 대상이 되는 법인의 비용으로 산입하는 것은 타당하지 않다는 것이 된다.[129] 다만, 법인의 해산등기일 이후 청산업무와 관련하여 발생한 변호사수임료와 같이 청산소득의 산정에 필요한 용역에 대해 지급한 대가는 법인의 비용으로 산입하는 것이 타당할 것이다.

업무무관가지급금과 관련된 금융이자비용을 손금불산입한다. 차입금이 있는 법인이 일시적인 여유자금을 특수관계인인 법인에게 대여할 경우 업무무관 가지급금에 해당한다. 다시 대여받은 법인이 금융회사일 경우에도 그렇게 보는가에 대해 대법원 2003.3.11. 선고 2002두4068판결은 업무관련성 여부는 당해 법인의 목적사업이나 영업내용을 기준으로 객관적으로 판단하여야 한다고 하면서, 가지급금을 받은 특수관계인이 금융회사인 경우에도 업무무관 가지급금으로 보는 선례를 남기고 있다.

(나) 업무무관자산비용

법인세법은 소득금액을 산정할 때 익금은 순자산이 증가하면 모두 포괄하도록 하면서(법인세법 제15조 제1항), 손금은 그 법인의 사업과 관련하여 발생하거나 지출된 손실 또는 비용으로서 일반적으로 용인되는 통상적인 것이거나 수익과 직접 관련된 것으로 한정하고 있다(법인세법 제19조 제2항). 법인세법 제27조는 앞의 '사업'이라는 말을 '업무'라는 표현으로 보다 완화하고 그것의 의미를 다음과 같이 설정하고 있다(법인세법시행규칙 제26조 제2항).

- 법령에서 업무를 정한 경우에는 그 법령에서 규정된 업무
- 각 사업연도 종료일 현재의 법인등기부상의 목적사업으로 정하여진 업무. 행정관청으로부터 인가·허가 등을 요하는 사업의 경우에는 그 인가·허가 등을 받은 경우에 한한다.

법인소득과세상 법인의 업무와 직접 관련이 없는 자산을 취득하기 위하여 지출한 자금의 차입과 관련되는 비용은 손금불산입된다. 그러나 업무와 직접 관련 없는 자산이라도 그 처분이익은 과세된다. 순자산증가설적인 입장에서 소득금액을 산정하기 때문이다. 이를 연장하면 그 자산의 취득원가와 자본적 지출액은 처분이익 산정 시 필요경비로 인정되어야 한다는 것이 된다.

---

129) 미국 판례 INDOPCO v. Commissioner(503 U.S. 79, 1992) 참조.

일반적으로 자본적 지출액은 해당 자산의 기능을 개선하는 효과가 있어야 한다. 자산의 취득을 위해 조달한 자금의 조달비용도 자본적 지출액으로 인정한다. 자본적 지출에 관한 규정은 업무무관자산의 취득자금을 차입한 경우 그것에 대한 이자에 대해서는 동일하게 적용되지는 않는다. 일반적인 회계이론상 그것은 건설자금이자로서 자본적 지출로 보아야 할 것이지만[130] 법인세법상으로는 취득원가에 가산하는 것을 허용하지 않는 것이다. 이는 법인소득과세의 논리, 즉 순자산증가설적인 입장에서는 설명이 곤란한 것이다. 비업무용 부동산 등의 취득을 규제하기 위한 정책적 목적에 의한 제도로 이해하여야 할 것이다.

법인이 업무용승용차의 취득·유지·관리를 위하여 각 사업연도에 지출한 비용 중 업무용 사용금액을 초과하지 아니한 사용금액에 한정하여 해당 사업연도의 손금에 산입한다(법인세법 제27조의 2).

법인이 업무와 직접 관련이 있는 자산의 취득을 위해 조달한 자금의 조달비용은 자본적 지출액으로서 해당 자산의 양도시점에 필요경비로 공제한다.[131] 이에 따라 법인세법상 지급이자의 손금불산입에 관한 조항에서 규정하고 있는 것이다(법인세법 제28조 제1항 제3호).

개인의 양도소득과세상으로는 과세대상 자산을 취득하기 위하여 자금을 조달한 경우 그에 소요되는 비용은 취득원가로 인정하지 않는다. 이때 업무와의 관련성은 고려대상이 아니다. 이는 개인소득과세상 투자자산으로부터의 소득금액 계산 시 금융비용을 공제하여 주지 않는 원칙에 입각한 것이다. 다만, 대금의 지급방법과 관련하여 발생한 화폐의 시간가치(time value of money)는 취득원가에 가산하도록 하고 있다.[132]

나. 정책적인 고려를 반영하는 규정

(1) 기부금(법인세법 제24조)

세법은 기부금의 의미를 정의하지 않고 있다. 사업과 직접 관계있는 자에게 금전 또는 물품을 기증한 때에는 그 금품의 가액은 접대비로 구분하며, 사업과 직접 관계가 없는 자에게 금전 또는 물품 등을 기증한 때에는 그 물품의 가액은 거래 실태를 보아 업무와 관련하여 지출한 경우라면 접대비로, 그렇지 않은 경우라면 기부금으로 본다.[133]

법정기부금은 국가 또는 지방자치단체에 무상으로 기증하는 금품, 국방헌금과 국군장병 위문금품, 천재·지변으로 생기는 이재민을 위한 구호금품 및 사립학교 등에 대한 시설비·교육비·장학금 또는 연구비 명목의 기부금을 말한다. 국가 또는 지방자치단체에 무상으로 기증하는 금품 중 기부금품의 모집 및 사용에 관한 법률의 적용을 받는 기부금품은 동법의 규정에 따라 접수하는 것에 한하여 인정한다. 법정기부금은 그것들을 합한 금액이 당해 사업연도의 소득금액에서 결손금을 차감한 후의 금액에 100분의 50을 곱하여 산출한 금액을 한도로 하여 손금에 산입한다.

---

130) 기업회계기준서, 제5호 12.

131) 법인세법시행령 제52조의 건설자금이자. 어떤 자산이 현실적으로 법인의 업무와 직접 관련이 있는지를 판단하는 일은 용이하지 않다. 이러한 사정 때문에 법인세법은 당해 자산가액에 상당하는 차입이자를 계산하는 방식을 규정하고 있다(법인세법시행령 제53조 제2항).

132) 소득세법시행령 제163조 제1항 제1호 괄호 안 및 동 항 제3호.

133) 법인세법기본통칙 24 - 0…1.

법정기부금과 별도로 지정기부금이 있다. 내국법인이 각 사업연도에 지출한 기부금 중 사회복지·문화·예술·교육·종교·자선·학술 등 공익성을 갖는 목적을 위한 기부금을 지정기부금이라고 한다(법인세법시행령 제36조 제1항 제1호 사목 참조).

지정기부금단체는 사회복지법인, 유치원, 초·중·고·대학교, 종교단체, 의료법인, 비영리법인 중 주무관청의 추천을 받아 기재부장관이 지정한 법인 및 공공기관 또는 법률에 따라 직접 설립된 기관(기획재정부 고시로 지정)을 포함한다. 정부로부터 인·허가를 받은 학술연구장학기술진흥단체 및 정부로부터 인·허가를 받은 문화예술환경보호운동단체는 지정심사를 거쳐 기획재정부 고시로 지정한다.

지정기부금은 당해 사업연도의 소득금액에서 법정기부금과 결손금을 차감한 금액에 100분의 10을 곱하여 산출한 금액을 한도로 하여 손금에 산입한다. 다만, 비영리법인이 스스로의 고유목적사업에 사용하는 것을 기부금으로 볼 때에는 이러한 한도의 적용을 받지 않는다.

지정기부금과 법정기부금의 손금산입한도액 초과금액은 당해 사업연도의 다음 사업연도의 개시일부터 10년 이내에 종료하는 각 사업연도에 이월하여 이를 손금에 산입한다.

지정기부금과 법정기부금 외의 다음의 기부금(비지정기부금)은 손금에 산입하지 않는다(법인세법시행령 제35조).

- 법인이 특수관계인 외의 자에게 당해 법인의 사업과 직접 관계없이 무상으로 지출하는 재산적 증여의 가액
- 법인이 특수관계인 외의 자에게 정당한 사유 없이[134] 자산을 정상가액보다 낮은 가액으로 양도하거나 정상가액보다 높은 가액으로 매입함으로써 그 차액 중 실질적으로 증여한 것으로 인정되는 금액. 이 경우 정상가액은 시가에 시가의 100분의 30을 가산하거나 100분의 30을 차감한 범위 안의 가액으로 한다.

특수관계 있는 자에 대한 것인지 그렇지 않은 것인지에 따라 적용해야 할 세법규정이 달라진다. 특수관계가 있는 자에게 일반적인 상관행상으로도 기대할 수 있는 매출에누리를 해 준 경우에는 그 사실만으로 부당행위계산부인규정이 적용되지는 않는다.[135] 매출할인의 경우 역시 마찬가지다. 거래상대방의 경영압박 해소를 지원하기 위한 목적이라면 부당행위계산부인규정이 적용된다. 다만, 할인을 해 준 법인의 조세부담을 부당하게 감소한 것으로 인정되는 것이어야 한다.

법인세법상 특수관계가 없는 자에게 정당한 사유 없이 자산을 정상가액보다 낮은 가액으로 양도함으로써 그 차액 중 실질적으로 증여한 것으로 인정되는 금액은 비지정기부금으로 볼 수 있다(법인세법시행령 제35조). 그 경우 정상가액은 시가의 100분의 30을 가산하거나 100분의 30을 차감한 범위 안의 가액으로 한다. 법인세법상 기부금은 사업목적과 직접적인 관련이 없이 지출한 것이며 접대비는 사업목적을 위해 지출한 것이다. 고정적인 거래상대방에 대한 매출채권을 감액해 준 것은 사업목적과 관련이 있는 경우가 될 것이므로 접대비로 보아 한도계산을

---

134) 대법원 2001.5.29. 선고 2000두8127 판결 참조.

135) 서이 46012-11733, 2003.10.6.

하는 것이 타당할 것이다.

위에서 '정당한 사유'란 '사업상 필요'로 이해하여야 한다. 사업상 필요에 의해 자산을 정상가액보자 낮은 가액으로 양도하는 경우, 그 정상가액은 해당 납세자의 개별적 사정을 고려하지 않은 일반적 상황을 전제로 조사한 가격에 불과하다. 납세자의 사정을 구체적으로 고려할 때의 가격은 실제 해당 납세자가 거래한 가격이 가장 경제적 합리성에 부합하는 것이 될 것이다. '사업상 필요'에 의하지 않고 낮은 가액으로 자산을 이전할 경우 그것은 비사업적 이유에 의한 것이며, 이는 사업과 무관한 비용 즉 업무무관비용으로서 손금산입을 허용하지 않는 것이 타당하다. 과세관청은 정당한 사유가 없음에 대해 입증책임을 진다고 보아야 할 일이다.136)

일본의 사례137)이지만 동경고등법원 1992년 9월 24일 판결을 참고할 수 있다. 경영압박을 겪고 있는 관계회사에 대한 매출채권을 깎아 주는 방법으로 가격할인을 한 경우 그것이 법인세법 제37조의 규정에 의한 기부금에 해당하는 것인지에 대해 법원은 다음과 같이 판단하였다. 법인세법 제37조는 그 명의를 불문하고 법인이 금전 기타 자산 또는 경제적 이익의 증여하거나 무상으로 공여한 경우로서 광고선전 및 견본품의 비용 기타 유사한 비용 등 소위 영업경비인 지출을 제외하고는 법인이 하는 제3자를 위한 채권의 포기, 면제 또는 경제적 이익의 무상공여에 대해서는 그 가액을 기부금으로서 취급하고 일정 한도액을 초과하는 부분을 손금으로 산입하지 않는 것이다(법인세법 제37조 제1항 및 제6항).

(2) 접대비(법인세법 제25조)

법인세법은 접대비를 "접대비 및 교제비·사례금 기타 명목 여하에 불구하고 이에 유사한 성질의 비용으로서 법인이 업무와 관련하여 지출한 금액을 말한다"고 규정하고 있다(법인세법 제25조 제5항). 위 규정은 명목에 불구한다고 하면서도 그렇다면 그 실질이 무엇이어야 하는가에 대해 규정하지 않고 있다. 다만, 법인의 업무와 관련하여 접대, 교제 및 사례의 목적으로 지출한 금액 정도로 이해할 수 있을 뿐이다. 이와 같이 접대비의 개념이 매우 추상적으로 규정되어 있기 때문에 그것의 해석을 둘러싼 다툼이 적지 않다. 이를 방지하기 위하여 법인세법시행령은 접대비의 범위에 관해 몇 개의 가이드라인을 설정하고 있다(법인세법시행령 제42조).

- 주주 또는 출자자나 임원 또는 사용인이 부담하여야 할 성질의 접대비를 법인이 지출한 것은 이를 접대비로 보지 아니한다. 이 경우 배당 또는 급여가 될 것이다.
- 법인이 그 사용인이 조직한 조합 또는 단체에 복리시설비를 지출한 경우 당해 조합이나 단체가 법인인 때에는 이를 접대비로 보며, 당해 조합이나 단체가 법인이 아닌 때에는 그 법인의 경리의 일부로 본다.
- 특수관계인 외의 자에게 지급되는 판매장려금·판매수당 또는 할인액 등으로서 건전한 사회통념과 상관행에 비추어 정상적인 거래라고 인정될 수 있는 범위의 금액은 접대비로 보지 아니한다.138) 정상

---

136) 대법원 2010.2.25. 2007두9839.

137) 日本稅務研究Center, 「最新租稅基本判例80」, 『JTRI稅研』, 2002.11. pp.109~111.

적인 거래인지에 대한 해석상 논란을 방지하기 위해 2009년 ① 사전약정이 있고 정상적인 거래라고 인정되는 지출 및 ② 사전약정이 없는 경우에도 일정요건[139]을 갖춘 지출은 판매관리비로 보도록 세법이 개정되었다.[140]

- 일정 요건[141]을 갖춘 10,000원 이하 소액물품 구입비의 경우 조건 없이 전액 광고선전비로 인정하여 해당 비용은 접대비로 보지 아니한다.

내국법인이 각 사업연도에 지출한 접대비는 다음 두 금액을 합한 금액을 한도로 하여 손금에 산입한다.

- 1,200만 원(중소기업의 경우에는 3,600만 원)에 당해 사업연도의 월수를 곱하고 이를 12로 나누어 산출한 금액
- 당해 사업연도의 수입금액에 아래에 규정된 적용률을 곱하여 산출한 금액. 수입금액은 기업회계기준에 의하여 계산한 매출액을 말한다. 그리고 특수관계인과의 거래에서 발생한 수입금액에 대해서는 그 수입금액에 아래에 규정된 적용률을 곱하여 산출한 금액의 100분의 10에 상당하는 금액으로 한다.

문화분야에 지출하는 접대비("문화접대비")는 일반접대비와 별도로 내국인 접대비 20%에 상당하는 금액 범위 내에서 추가로 손금에 산입한다(조특법 제130조).

수입금액	적용률
100억 원 이하	1만분의 30
100억 원 초과 500억 원 이하	2천만 원 + 100억 원을 초과하는 금액의 1만분의 10
500억 원 초과	6천만 원 + 500억 원을 초과하는 금액의 1만분의 3

(3) 과다경비 등(법인세법 제26조)

인건비, 복리후생비, 여비·교육훈련비 및 기타 법인의 업무와 직접 관련이 적다고 인정되는

---

138) 법인이 사업을 위하여 지출한 비용 가운데 상대방이 사업에 관련 있는 자들이고 지출의 목적이 접대 등의 행위에 의하여 사업관계자들과 사이의 친목을 두텁게 하여 거래관계의 원활한 진행을 도모하는 데 있는 것이라면, 그 비용은 구 법인세법(2000.12.29. 법률 제6293호로 개정되기 전의 것) 제25조에서 말하는 접대비라고 할 것이나, 그 지출경위나 성질, 액수 등을 건전한 사회통념이나 상관행에 비추어 볼 때 상품 또는 제품의 판매에 직접 관련하여 정상적으로 소요되는 비용으로 인정되는 것이라면, 이는 같은 법 제19조 제2항, 구 법인세법 시행령 (2009.2.4. 대통령령 제21302호로 개정되기 전의 것) 제19조 제1호에서 손비로 인정하는 판매부대비용에 해당한다(대법원 2009.7.9. 선고 2007두10389 판결).

139) 정부정책(권고)을 이행하는 경우 등 농촌 가스보일러 교체, 신권 화폐 발행으로 인한 현금인출기 교체 등.

140) 2009.7.9. 선고 2007두10389 판결. [법인세 등 부과처분 취소] 법인이 사업을 위하여 지출한 비용 가운데 상대방이 사업에 관련 있는 자들이고 지출의 목적이 접대 등 행위에 의하여 사업관계자들과 사이의 친목을 두텁게 하여 거래관계의 원활한 진행을 도모하는 데 있는 것이라면, 그 비용은 구 법인세법(2000.12.29. 법률 제6293호로 개정되기 전의 것) 제25조에서 말하는 접대비라고 할 것이나, 그 지출경위나 성질, 액수 등을 건전한 사회통념이나 상관행에 비추어 볼 때 상품 또는 제품의 판매에 직접 관련하여 정상적으로 소요되는 비용으로 인정되는 것이라면, 이는 같은 법 제19조 제2항, 구 법인세법 시행령(2009.2.4. 대통령령 제21302호로 개정되기 전의 것) 제19조 제1호에서 손비로 인정하는 판매부대비용에 해당한다.

141) 성명이 뚜렷하고 영구히 새겨진 증정품, 펜·사무용품 등 일반인에게 보편적으로 나누어 줄 수 있는 식별가능 품목 등.

경비로서 대통령령이 정하는 것142) 중 대통령령이 정하는 바에 따라 과다하거나 부당하다고 인정되는 금액은 내국법인의 각 사업연도의 소득금액 계산에 있어서 이를 손금에 산입하지 아니한다. 법인세법시행령은 각각에 대해 구체적인 손금불산입의 요건에 대해 규정하고 있다.

법인세법시행령 제43조는 상여금 등, 제44조는 퇴직급여, 제44조의 2는 퇴직보험료 등, 제45조는 복리후생비 및 제46조는 여비 등의 손금불산입에 대해 규정하고 있다. 법인이 지배주주 등(특수관계에 있는 자를 포함한다)인 임원 또는 사용인에게 정당한 사유 없이 동일 직위에 있는 지배주주 등 외의 임원 또는 사용인에게 지급하는 금액을 초과하여 보수를 지급한 경우 그 초과금액은 이를 손금에 산입하지 아니한다(법인세법시행령 제43조 제3항). 제43조 제3항의 '정당한 사유 없이'의 의미가 해당 규정의 적용상 중요한 역할을 하게 된다. 그리고 제44조 제1항 '현실적인 퇴직' 및 제45조 제1항의 "사회통념상 타당하다고 인정되는 범위 안에서 지급하는 경조사비 등 제1호 내지 제7호의 비용과 유사한 비용"의 의미도 그렇다.

다. 기타

(1) 공동사업을 영위함에 따라 발생되거나 지출된 손비(법인세법 제26조)

법인이 당해 법인 외의 자와 어떤 조직 또는 사업 등을 공동으로 운영하거나 영위함에 따라 발생되거나 지출된 비용은 다음의 기준에 따라 손금에 산입한다(법인세법시행령 제48조). 출자공동사업자143)는 출자 총액 중 당해 법인이 출자한 금액의 비율에 의한다. 비출자공동사업자는 비출자공동사업자 사이에 특수관계가 있는 경우에는 직전 사업연도의 매출액 총액에서 해당 법인의 매출액이 차지하는 비율에 의하고 그 이외의 경우에는 비출자공동사업자 사이의 약정에 따른 분담비율에 의한다.

(2) 지급이자(법인세법 제28조)

채권자가 불분명한 사채의 이자, 지급사실이 객관적으로 인정되지 아니하는 이자, 건설자금에 충당한 차입금의 이자, 업무무관자산·업무무관가지급금 관련 차입이자는 내국법인의 각 사업연도의 소득금액 계산에 있어서 이를 손금에 산입하지 아니한다.144)

- 채권자가 불분명한 사채의 이자. 채권자의 주소 및 성명을 확인할 수 없는 차입금. 채권자의 능력 및 자산상태로 보아 금전을 대여한 것으로 인정할 수 없는 차입금 및 채권자와의 금전거래사실 및 거래내용이 불분명한 차입금을 말한다.

---

142) 실제 대통령령이 정하고 있는 것은 없다.

143) 통상 출자공동사업자는 출자는 하되 사업운영에 참여하지 않는 수동적인 동업자를 의미한다(소득세법시행령 제100조 제1항). 그런데 여기서 '출자공동사업자'는 공동사업 운영에 참여하면서 출자하는 사업자를 말한다. 그는 국세기본법상 공동사업자에 해당할 것이다.

144) 지급이자 손금불산입규정 적용순서(법인세법시행령 제55조).
① 채권자가 불분명한 사채이자
② 지급받은 자가 불분명한 채권·증권의 이자·할인액 또는 차익
③ 건설자금에 충당한 차입금의 이자
④ 업무무관자산 및 가지급금 등의 취득·보유와 관련한 지급이자

- 채권 또는 증권의 이자·할인액 또는 차익을 당해 채권 또는 증권의 발행법인이 직접 지급하는 경우 그 지급사실이 객관적으로 인정되지 아니하는 이자·할인액 또는 차익
- 건설자금에 충당한 차입금의 이자.[145] 그 명목 여하에 불구하고 사업용 유형자산의 매입·제작 또는 건설에 소요되는 차입금에 대한 지급이자 또는 이와 유사한 성질의 지출금을 말한다.
- 다음의 자산을 취득하거나 보유하고 있는 내국법인이 각 사업연도에 지급한 차입금의 이자 중 당해 자산가액에 상당하는 금액의 이자
  - ▸당해 법인의 업무와 직접 관련이 없다고 인정되는 것으로서 법인의 업무에 직접 사용하지 아니하는 부동산. 서화 및 골동품. 업무에 직접 사용하지 아니하는 자동차·선박 및 항공기 및 기타 이에 유사한 자산으로서 당해 법인의 업무에 직접 사용하지 아니하는 자산[146]
  - ▸특수관계인에게 당해 법인의 업무와 관련 없이 지급한 가지급금 등으로서 명칭여하에 불구하고 당해 법인의 업무와 관련이 없는 자금의 대여액

제3항 손익의 인식

1. 익금의 인식시기

가. 권리의무확정주의

(1) 기업회계

일반적인 회계원칙상 수익은 실현되는 때에 인식한다. 실현은 매출이나 교환의 성립, 매출채권의 발생과 같이 소득을 발생시키는 거래가 존재하고 거래대가로 화폐나 자산을 취득하기로 하는 등의 사실이 있음을 의미한다. '실현'이라 함은 수익금액이 확정적이거나 합리적으로 추정가능하며, 의무이행이 예상되는 경우를 말한다. 실현의 의미를 보다 구체화하는 데에는 그러한 거래가 발생하는 때를 실현시점으로 보는 발생주의와 그에 따른 현금 또는 현금등가물의 수취가 있는 때를 실현시점으로 보는 현금주의가 있다.

우리의 기업회계기준상 원칙적으로 상품 및 제품의 매출수익은 판매하여 인도하는 시점에 실현되는 것으로 하고 회수기준은 인정되지 않는다. 수익이 판매시점에 실현되는 것으로 보는 것은 발생주의라고 할 수 있다. 이에 대해 회수기준은 현금주의라고 할 수 있다. '발생'이라 함은 기업이 제공해야 할 재화나 용역의 전부 또는 상당 부분을 제공함으로써 수익획득과정이 완료되거나 실질적으로 완료되는 것을 의미한다. '제공'은 계약의 관점에서 이해하면 계약의 성립단계를 넘어 이행단계에 접어든 것이다.

기업회계상 비용은 발생한 것으로서 인식된 수익에 대응하는 것을 인식하도록 하고 있다. 여기서 대응이 핵심적인 개념이 되는데 이는 비용이 수익획득과 인과관계를 갖는 것을 의미한다.

---

145) 건설자금이자로서 특정 차입금에 따른 이자는 자본화가 강제되지만 일반 차입금에 따른 이자는 자본화를 납세자가 선택할 수 있다(법인세법 제28조).

146) 부당행위계산부인의 대상인 '무수익자산'이라 함은 법인의 수익파생에 공헌하지 못하거나 법인의 수익과 관련이 없는 자산으로서 장래에도 그 자산의 운용으로 수익을 얻을 가망성이 희박한 자산을 말한다. 무수익자산의 매입으로 인정되면, 세법상으로는 무수익자산의 매입이 부인되고 대신 매입대금상당을 법인이 출자자 등에게 대여한 것으로 의제하여 법인세법시행령 제47조 소정의 인정이자를 익금산입함이 타당하다(대법원 2000.11.10. 선고 98두12055 판결).

기업회계기준은 원칙적으로 발생주의에 의해 익금에 관련된 거래 및 손금에 관련된 거래를 인식하도록 하고 있는 것이다.

(2) 법인세법

법인세는 기간과세세목이므로 과세대상인 각 사업연도소득금액을 결정하는 익금과 손금에 관련된 거래가 귀속되는 시기가 특정 사업연도의 법인세액의 규모를 좌우하게 된다. 그런데 법인의 각 사업연도소득금액은 기업회계상 당기순이익에서 출발하여 법인세법상 익금과 손금의 산입 및 불산입에 관한 규정에 따라 조정된 금액으로 하게 되므로 거래의 귀속시기에 대해서는 먼저 기업회계상의 원칙이 기본적인 내용을 결정한다고 볼 수 있다. 후술하지만 법인세법이 동법상 특별한 규정이 있는 경우를 제외하고는 기업회계의 기준과 관행을 존중한다는 규정을 두고 있는 것도 이러한 이유에서이다(법인세법 제43조). 여기서 '관행'은 위 기준에 배치되지 아니한 것으로서 일반적으로 공정·타당하다고 인정되는 관행을 포함한다(법인세법시행령 제79조).

법인세법은 권리의무확정주의에 의해 손익을 인식하도록 하고 있다. 법인세법 제40조 제1항은 내국법인의 각 사업연도의 익금과 손금의 귀속사업연도는 그 익금과 손금이 확정된 날이 속하는 사업연도로 한다고 하면서 익금과 손금의 귀속사업연도의 범위 등에 관하여 필요한 사항은 대통령령으로 정한다고 규정하고 있다. 수익을 획득할 권리는 거래 계약의 성립으로 바로 확정되기도 하지만 재화나 용역의 제공자로서 계약을 이행하여야만 확정되기도 한다.

과세관청으로서는 과세소득이 있다는 사실 및 그 소득이 당해 사업연도에 귀속되었다는 사실을 입증하여야 한다.[147]

나. 개별 항목별 규정

권리의무의 확정시기는 일률적으로 특정하기 곤란한 성질이 있다. 이에 따라 법인세법시행령은 자산의 판매손익 등(제68조), 용역제공 등(제69조), 이자소득 등(제70조) 및 임대료 등 기타손익(제71조)의 귀속사업연도에 대해 규정하고 있다.

개별적으로 규정한 것 이외의 사항을 포섭하기 위한 규정은 제71조 제7항이다. 제71조 제7항에 의하면 "법 제40조[148] 제1항 및 제2항의 규정을 적용함에 있어서 법(제43조를 제외한다)·조세특례제한법 및 이 영에서 규정한 것 외의 익금과 손금의 귀속사업연도에 관해서는 기획재정부령으로 정한다"고 하고 있는데 기획재정부령인 법인세법시행규칙은 제36조(기타 손익의 귀속사업연도)에서 "영 제71조 제7항의 규정을 적용함에 있어서 이 규칙에서 별도로 규정한 것 외의 익금과 손금의 귀속사업연도는 그 익금과 손금이 확정된 날이 속하는 사업연도로 한다"고 규정하고 있다. 결과적으로 법률의 구체적 위임을 받아 규정한 사항 이외에는 다시 법률상의 표현을 빌려 '익금과 손금이 확정된 날'이라고 동어반복하고 있으므로 '확정'의 의미를 규명하는 일은 법인세

---

147) 납세자가 과세대상이 되는 소득을 숨겨온 결과 그와 같은 소득이 어느 사업연도에 속한 것인지 확정하기 곤란한 경우에는 과세관청이 그 과세소득을 조사·확인한 대상 사업연도에 귀속된 것으로 볼 수는 없다(대법원 2000.2.25. 선고 98두1826 판결).

148) 손익의 귀속사업연도.

법상 손익의 인식시기를 판단하는 데 있어 가장 핵심적인 역할을 한다는 것을 재확인할 수 있다.

'확정'의 의미에 관해서는 법인세법이 규정하고 있지 않다. 이에 관한 다수의 판결들이 있으며 그 의미 파악에 지침을 주고 있다. 한편, 법인세법시행령 제68조 내지 제71조는 실제 손익의 인식과정에서 가장 많이 나타나는 문제들에 대해 규정하고 있으며 그것들이 '확정'의 의미를 구체화하고 있다. 해당 조문들의 취지상 '확정'은 공급자가 '인도'와 같은 행위를 함으로써 상대방에 대한 대금지급의 이행청구권을 행사하는 데 있어 법률적인 장애가 없는 것을 의미한다. 이는 기업회계상 '발생'과 매우 흡사한 것이다. 우리 세법상 '확정'의 개념이 독자적인 의미를 갖는다고 보기 어렵다.[149]

< 자산(부동산)양도·판매의 인식시기 >

	소득세법	법인세법	부가가치세법
인식시기	대금청산일, 등기접수일 및 사용수익일[150] 중 빠른 날	(좌동)	1. 현금판매·외상판매 또는 할부판매의 경우에는 재화가 인도되거나 이용 가능하게 되는 때[151] 2. 장기할부판매의 경우에는 대가의 각 부분을 받기로 한 때 (중략) 9. 기타의 경우에는 재화가 인도되거나 인도가능한 때
근거규정	소득세법시행령 제162조 제1항 제2호	법인세법시행령 제68조 제1항 제3호	부가가치세법 제21조, 동법시행령 제21조

2. 손금의 인식시기

받을 권리가 확정된 수익에 대응하는 비용으로서 지급할 의무가 확정된 것을 세법상 손금으로 인식한다. 기업회계기준상으로는 발생한 비용으로서 인식한 수익에 대응하는 것을 인식하도록 하고 있는 데에 반하여 법인세법상으로는 지급할 의무가 확정된 비용으로서 인식한 익금에 대응하는 것을 손금에 산입하도록 하고 있다. 그러나 손금의 인식상으로도 '확정'이 '발생'과 특별히 구분되는 성격을 지니고 있다고 보기는 어렵다.

파생상품거래를 하는 경우 손익인식시기를 어떻게 할 것인가? 다음의 일본 사례를 놓고 우리 세법의 적용을 고려해본다.[152] 심사청구인인 X는 악기의 제조 및 판매업을 하는 동족회사 법인[153]이다. 본건에서 X는 1987년 2월 1일부터 1988년 1월 31일까지의 사업연도 법인세가 문제 되었다. 구체적으로는 채권선물 등 거래에 관계되는 손익의 귀속시기가 쟁점이었다. X는 채권선물 등 거래에 관계되는 수익에 대해 반대거래에 따라 청산되는 차금을 결제하는 날이 속하는 사업연도에 귀속하는 것으로 하였다. 1988년 1월기 기말의 직전인 1987년 1월 13일부터 27일까지에 G 증권본점, H 증권본점 및 J 증권본점에서 채권선물거래 또는 주식선물거래의 매

---

149) '확정'의 의미에 대해서는 제2편 제4장 제2절 제2항 참조.

150) 장기할부조건

151) 임대용 건물을 매매함에 있어 공급시기는 당해 건물이 이용 가능하게 되는 때이며, 이는 원칙적으로 소유권이전 등기일을 말하는 것이나, 그전에 사용·수익하게 하는 경우에는, 실제로 사용·수익이 가능한 날을 공급시기로 본다(제도 46015-11929, 2001.7.6).

152) 金子宏, 『Case Book 租稅法』, 弘文堂, 2004.5, p.517. 이하 참조.

153) 우리 법인세법상 특수관계법인과 유사한 개념이다.

수거래와 매도거래의 약정을 하고 그것을 동월 14일부터 28일까지 반대거래에 따라 청산하고 각각의 차금결제일이 속하는 사업연도에 관계되는 손익으로 계상했다. 이에 따라 1월 28일에 반대거래를 한 것[154]에 대해서는 1988년 1월기가 아닌 다음 사업연도에 관계되는 손익으로 계상하였다. 그리고 그간의 채권선물 등의 거래는 매도와 매수 모두 만기월, 수량, 단가 및 약정금액이 동일한 소위 채권교차거래였다. 그 채권선물은 잔존기간 10년, 이율 6%의 국채로 소위 표준물을 기초자산으로 한 것이었으며 규격화한 추상적인 채권이었다. X는 그러한 채권교차거래를 행하는 이유에 대해 구체적인 주장을 하지 않고 거래를 청산하면서도 내재하는 손실이 있는 쪽을 방치하면 손실이 증가할 것이기 때문에 그것을 방지해야 한다고 할 뿐 그 청산을 한 거래와과 동일한 거래를 다시 설정한 이유에 대해서는 명확한 이유를 밝히지 않고 있다.

Y 세무서장은 경정 및 과소신고가산세의 부과결정을 하였다. Y는 채권선물 등 거래에 관계되는 수익은 반대매매의 일자가 속한 사업연도에 계상하여야 한다고 보았다. 유가증권매매에 따른 수익의 계상시기는 현물거래에 대해서는 그 인도한 날 그리고 신용거래에 대해서는 현물의 이전을 수반하지 않는 거래이므로 반대매매에 따라 결제를 행한 날이 속하는 사업연도에 각각 계상하여야 한다고 본 것이다. 그러나 채권선물 등 거래에 따라 이익을 추구하는 자는 통상 만기월까지의 기간 동안에 가치가 오를 것으로 전망되는 경우에는 매수거래를 하고 가치가 내릴 것으로 전망되는 경우에는 매도거래를 한다. X의 경우 1988년 1월기의 기말의 직전 만기, 약정단가, 액면, 매매대금이 동일한 매도 및 매수거래의 상반되는 대량거래 즉 양건(straddle)거래를 행한 것이다. 그것은 처음부터 자본이득의 기대 가능성을 포기한 채 수수료 등의 손실이 발생한 것이므로 일반적인 경제인의 거래로서는 부자연스럽고 불합리한 것이다. 즉 차금결제일 기준을 악용하는 방법으로 과세이익의 압축을 위한 것이므로 당해 채권선물 등 거래에 관계되는 수익의 계상시기는 당해 차금결제일이 속하는 사업연도로 하여야 하는 것은 아니고 반대매매의 날이 속하는 사업연도로 해야 한다. 그렇다면 X가 다음 사업연도인 1988년 2월 1일에 계상한 채권선물 등 거래에 관계된 손익에 대해서는 반대매매를 행한 날이 속하는 사업연도인 1988년 1월기에 귀속하는 것이 된다. 국세불복심판소는 Y의 주장을 수용하였다.

양건(straddle)[155]이라 함은 일반적으로 동산(personal property)에 대한 상계(offsetting)되는 복수의 지위(positions)[156]를 보유하는 것을 말한다. 여기서 지위는 동산에 대한 이익(interest)을 말한다. 동 규정의 대상이 되는 지위의 예로서, 선도계약, 선물계약 또는 옵션계약상의 지위를 들수 있다. 주식은 양건에 대한 과세에 있어 동산으로서 간주되며, 주식에 관한 옵션계약 또는 선물계약이 주식을 상계하는 지위가 될 수 있다. 상계되는 지위(offsetting positions)는 다른 지위를 가지고 있음에 따라 가지게 되는 손실의 위험을 실질적으로 감소시키게 된다. 예로서, 옵션

---

154) 차금결제일은 2월 1일이다.

155) 양건(straddle)과 유사한 투자기법으로서 스트랭글(strangle)이 있다. 스트랭글은 매수대상이 되는 매수옵션과 매도옵션의 행사가격이 서로 다르다. 즉 양건은 예를 들어, 행사가격이 100인 매수옵션과 매도옵션을 동시에 매수하는 전략인 데 비해 스트랭글은 행사가격이 110인 매수옵션을 매수하고 90인 매도옵션을 매수하는 전략인 것이다. 행사가격이 110인 매수옵션은 100인 매수옵션에 비해 프리미엄이 싸고 행사가격이 90인 매도옵션은 100인 매도옵션에 비해 프리미엄이 싸다. 결국 스트랭글 매수전략은 프리미엄이 싼 매도옵션과 매수옵션을 같은 비율로 동시에 매수함으로써 기초자산가격의 큰 변동에 대해서 투자를 하게 되는 전략이라 할 수 있다.

156) 각 position을 leg라고도 한다.

양건은 동일 기초자산에 대한 동일 가격(strike price)과 동일 행사일(expiration date)을 가지는 매수옵션과 매도옵션을 동시에 사는 것을 말한다. 가격의 변화가 클 것으로 예상되는 시점에서는 이와 같은 조합을 구성하는 것이 유리하다.[157] 옵션의 매수자가 행사일까지의 기간 중 어느 때고 행사가 가능한 아메리칸옵션의 경우를 상정하자. 예를 들어, 합병의 소문이 돌고 있는 법인의 경우 대개 피합병법인의 주가는 합병 후 크게 오른다고 전제할 때, 합병이 성사되면 주가가 크게 오르고 합병되지 않으면 실망매물로 주가가 크게 내려갈 가능성이 있다. 이와 같이 주가에 큰 변화가 예상되는 경우 옵션양건은 좋은 투자 전략이 될 수 있다. 만기에 가서 주가가 행사가격(strike price)을 중심으로 프리미엄(option price)의 2배 범위 바깥에서 형성될 경우 양건옵션으로 투자자는 이익을 볼 수 있다. 이는 어느 정도 안정적인 성격도 동시에 갖추고 있다. 왜냐하면 주가가 떨어져도 수익이 발생하고 올라가도 수익이 발생하기 때문이다. 옵션양건은 이와 같은 성격 이외에도 과세이연(tax deferral)의 수단으로 활용될 수도 있다. 다른 예로서 선물양건을 들 수 있다. 어떤 주식을 정해진 가격에 정해진 날까지 매수(long)하는 선물과 매도(short)하는 선물을 아메리칸선물 방식으로 동시에 살 경우를 상정하자. 아메리칸 선물의 경우 행사일까지의 기간 중 어느 때고 행사가 가능하다. 기말에 양 leg를 평가하여 손실을 보이는 leg만을 팔 경우 당기에 손실을 인식하고 이득의 인식을 차기로 이연시키는 효과가 발생한다.[158]

이 사건 일본 과세관청 Y는 손익의 발생을 인위적으로 하는 방법으로 조세를 회피하는 것 자체에 대해 착안하지 않고, 단순히 선물거래의 경우 그에 따른 손익은 반대거래에 따라 지위가 청산되는 때로 하여야 한다는 원칙을 강조하였다. 그 때는 이미 손익발생이 확정된 것이라는 이유에서이다. 이에 대해 X는 차액의 실제 지급일인 차금결제일로 하여야 한다고 본 것이다.

우리 현행 세법 적용상으로는 본 사안과 유사한 환위험회피를 위한 차액결제통화스왑(Non-Deliverable Swap, NDS)거래에서 발생하는 차액수수 금액의 세법상 손익인식 시기가 (갑설) 차액결제계약에 따른 정산금액을 법적으로 서로 주고 받기로 하는 청산일 또는 정산일이 아니라, (을설) 교환금액이 결정되는 가치평가일에 해당하는 날로 보고 있다(법인세법시행령 제73조 제5호, 및 제76조 제4항 참조).[159] 내국법인이 주가지수 파생상품에 투자하여 발생되는 거래손실은 그 손실이 확정되는 날이 속하는 사업연도에 손금에 산입하는 것이라는 입장을 확인할 수 있다.[160]

3. 기업회계기준의 존중

가. 사업자가 적용한 기업회계기준의 존중

우리 기업회계기준은 다양한 내용에 대해 규율하고 있다. 기업회계기준상 수익의 인식은 실

---

157) 한편 투자자가 기초자산인 주식의 가격에 큰 변화가 없을 것으로 예상하는 때에는 매수옵션과 매도옵션을 동시에 매도함으로써 이득을 얻을 가능성을 높일 수 있다.

158) 오윤, 『금융거래와 조세』, 한국재정경제연구소, 2003, pp.801~808. 참조.

159) 국세청 법인세과-1157, 2010.12.15

160) 국세청 법인세과-132, 2011.02.22

현주의원칙[161]에 의하고 비용의 인식은 수익비용대응의 원칙[162]에 입각한다고 규정하고 있다.[163] 이러한 원칙은 세법에도 대체로 반영되어 있다. 그러나 기업회계와 세무회계는 본질적으로 차이가 있다. 기업회계는 보수주의에 입각하여 수익인식은 꼼꼼히 따지고 비용인식은 조기에 하고자 하는 정신이 여러 군데 반영되어 있다. 세무회계는 소득금액을 권리의무가 확정된 것인지에 입각하여 본다고 하지만 정부재정을 확충하고 조세부담을 공평하게 하여야 한다는 목표를 달성하기 위해 상대적으로 수인인식은 더 적극적인 반면 비용인식에는 인색한 것이다. 기업회계와 세무회계 간 관점의 차이가 있음에도 불구하고 소득세법은 기업회계를 존중한다는 규정을 두고 있다. 법인세법도 다음과 같이 기업회계기준의 존중에 관한 규정을 두고 있다(법인세법 제43조). 세무회계란 과세표준금액과 세액을 계산하기 위한 회계원칙 및 기법을 의미한다.[164] 세법에 따라 세액을 계산하는 과정을 말한다.

> 내국법인의 각 사업연도소득금액 계산에 있어서 당해 법인이 익금과 손금의 귀속사업연도와 자산·부채의 취득 및 평가에 관하여 일반적으로 공정·타당하다고 인정되는 기업회계의 기준을 적용하거나 관행을 계속적으로 적용하여 온 경우에는 이 법 및 조세특례제한법에서 달리 규정하고 있는 경우를 제외하고는 당해 기업회계의 기준 또는 관행에 따른다.

이는 납세자가 해당 사안에 대해 손익의 인식시기를 설정함에 있어 기업회계의 기준을 적용하였는데 세법에서 달리 규정하고 있지 않은 경우라면 해당 기업회계기준에 의한 처리를 세법에서 수용한다는 의미이다. 세법이 독자적인 관점에 입각해 규정해야 할 사항은 스스로 규정하고 나머지는 기업회계기준에 따라 인식하여야 한다는 입장을 표명한 것이다. 세법상 규정을 해석함에 있어 기업회계기준상 해석관행이 중요한 참고가 될 수 있음을 의미하기도 한다. 법인세법 제43조에서 '관행'은 K-IFRS 및 일반기업회계기준에 배치되지 아니한 것으로서 일반적으로 공정·타당하다고 인정되는 관행을 포함한다(법인세법시행령 제79조).

한편, 법인세법 제43조의 규정은 법인세법시행규칙 제36조가 "영 제71조 제4항의 규정을 적용함에 있어서 이 규칙에서 별도로 규정한 것 외의 익금과 손금의 귀속사업연도는 그 익금과 손금이 확정된 날이 속하는 사업연도로 한다"고 규정하고 있는 것과는 모순된다.

---

161) 기업회계기준상 매출수익의 인식은 엄격한 실현주의에 의한다. 여기서 '실현'은 상품의 경우 판매하여 인도하는 것을 의미한다. 이에 따라 장기할부매출의 경우에도 인도시점에 수익을 인식한다. 다만, 장기할부매출의 경우 이자상당액은 유효이자율법으로 기간 경과에 따라 인식한다.

162) 기업회계상 수익비용대응원칙은 비용의 인식시기는 수익의 인식시기에 따른다는 것을 의미할 뿐, 수익을 창출하는 데 기여하지 않은 비용을 이에 인식하지 않는다는 것을 의미하지는 않는다. 반면, 세무회계상 업무와 관련된 비용만 손금에 산입한다는 원칙을 수익비용대응원칙이라고 부른다면 그것은 기업회계상 수익비용대응원칙과는 상이한 것이라고 보아야 할 것이다.

163) 자세히 보면 실현주의가 많이 완화되어 있는 것을 알 수 있다. 구체적으로 대응, 배분 및 즉시인식의 한 가지 방법에 의하여 인식한다. 수익획득과 직접적인 인과관계가 있는 것은 대응시키고(예: 매출원가) 간접적인 인과관계가 있으면 배분하며(예: 감가상각비) 이미 발생하였지만 간접적인 관계도 찾기 곤란한 경우는 즉시 인식한다(예: 급료).

164) 법인의 과세소득금액(각 사업연도소득금액)은 기업회계상 당기순이익에서 세무조정사항을 반영하여 계산한다. 따라서 세무회계는 세무조정사항의 발견과 그 반영의 과정이라고 할 수 있다.

나. '정당한 사유' 해당 여부

실제 세무조사의 과정에서는 세무회계와 기업회계 간 손익의 귀속시기상 차이에 따라 과세표준을 과소하게 신고하는 경우가 적지 않게 발견된다. 예를 들어, 조사대상기간이 3년인 세무조사에 있어서 3개년 전체에 걸쳐 신고한 소득금액의 합계치가 법인세법에 의하든 기업회계에 의하든 동일하지만 납세자가 착오로 기업회계에 의해 신고한 경우 납세자는 각 사업연도에 대한 과세표준을 경정받고 가산세를 부담하여야 한다. 납세자로서는 억울하다고 생각할 수 있는 부분이다. 이전에는 판례로만 인정되던 것이 2007년부터는 국세기본법상 납세자의 의무불이행에 정당한 사유가 있는 경우에는 가산세를 부과하지 않을 수 있도록 법제화되었다. 그러나 세법상 소득귀속시기에 관한 규정을 숙지하지 못한 것과 같은 법률의 부지는 정당한 사유에 해당하지 않는다고 보아야 할 것이다.

4. 기능통화

기업회계기준에 따라 원화 외의 통화를 기능통화로 채택하여 재무제표를 작성하는 내국법인의 과세표준 계산은 아래의 과세표준계산방법 중 납세지 관할 세무서장에게 신고한 방법에 따른다. 한 가지 방법을 선택한 경우에는 원칙적으로 변경이 허용되지 않는다. 여기서 '기능통화(functional currency)'란 해당 기업이 활동하는 주된 경제환경에서 사용하는 통화를 말한다.

1. 원화 외의 기능통화를 채택하지 아니하였을 경우에 작성하여야 할 재무제표를 기준으로 과세표준을 계산하는 방법
2. 기능통화로 표시된 재무제표를 기준으로 과세표준을 계산한 후 이를 원화로 환산하는 방법
3. 재무상태표 항목은 사업연도종료일 현재의 환율, (포괄)손익계산서 항목은 해당 거래일 현재의 환율(일부 항목은 해당 사업연도 평균환율)을 적용하여 원화로 환산한 재무제표를 기준으로 과세표준을 계산하는 방법

위 제2호 또는 제3호의 과세표준계산방법을 적용하는 법인이 기능통화를 변경하는 경우에는 기능통화를 변경하는 사업연도의 소득금액을 계산할 때 개별 자산·부채별로 아래 제1호의 금액에서 제2호의 금액을 뺀 금액을 익금에 산입하고 그 상당액을 일시상각충당금 또는 압축기장충당금으로 계상하여 손금에 산입한다.

1. 변경 후 기능통화로 표시된 해당 사업연도의 개시일 현재 해당 자산·부채의 장부가액
2. 변경 전 기능통화로 표시된 직전 사업연도의 종료일 현재 자산·부채의 장부가액에 해당 자산·부채의 취득일 또는 발생일의 환율을 적용하여 변경 후 기능통화로 표시한 금액

제4항 합병·분할

합병은 상법의 규정에 의해 두 개의 법인이 한 개의 법인으로 바뀌게 되는 일련의 과정을

의미한다. 분할은 상법의 규정에 의해 한 개의 법인이 두 개의 법인으로 바뀌게 되는 일련의 과정을 의미한다. 원래 존재하던 법인의 사업조직 또는 지배구조를 재편하는 과정이다. 원래 존재하던 법인의 사업목적을 추구하는 통상의 활동이 아니기 때문에 그것만으로 발생하는 소득이 있는가에 대해서는 서로 다른 시각이 있을 수 있다. 크게 보면 주주는 이 과정에서 자신의 주식을 처분하거나 교환하게 되며, 소멸하는 법인은 청산의 과정을 거친 것과 같으며, 존속하거나 새로 설립되는 법인은 신규의 자산 및 부채를 취득한 것이 된다. 각 주체들은 자산의 처분 또는 취득을 하게 된다. 이에 따라 과세상 그것을 인식할 것인가 인식한다면 얼마의 가액으로 인식할 것인가의 과제가 주어지게 된다. 합병·분할에 관한 세제는 바로 그것에 대한 것이다.

합병·분할과 관련하여 과세할 대상은 해당 법인과 주주의 자본손익이다. 합병이나 분할로 남거나 새로 생기는 법인에는 회계상 합병차손익이나 분할차손익이 발생할 수 있다. 합병으로 소멸하는 법인이 얻는 소득은 통상적인 자본이득으로 보아 각 사업연도의 소득으로 과세한다. 소멸법인 주주의 경우에 얻게 되는 것도 그 본질을 보면 자본이득이다. 자산의 처분에 의한 소득이기 때문이다. 우리 세법이 이를 배당으로 의제하여 의제배당이라는 이름으로 과세하고 있을 뿐이다. 주주가 얻게 되는 의제배당에 대해서는 소득세법과 법인세법의 익금산입사항 부분에서 논하였다. 합병으로 소멸하는 법인이 얻는 소득에 대해서는 익금산입사항 부분에서 논하였고, 합병차익 및 분할차익의 익금불산입에 대해서는 법인세법의 익금불산입사항 부분에서 논하였다. 여기서는 법인세법 제2장 제1절 제6관에서 합병 및 분할 등에 관한 특칙의 제하에 규정하고 있는 것 중 이 책의 다른 부분에서 위 주제들에 대해 논하면서 분석하지 않은 것들에 대해 살펴보기로 한다. 제6관은 '합병 및 분할 등에 관한 특례'의 이름으로 다음과 같이 구성되어 있다.

> 제44조 합병 시 피합병법인에 대한 과세
> 제44조의 2 합병 시 합병법인에 대한 과세
> 제44조의 3 적격합병 시 합병법인에 대한 과세특례
> 제45조 합병 시 이월결손금 등 공제제한
> 제46조 분할 시 분할법인 등에 대한 과세
> 제46조의 2 분할 시 분할신설법인 등에 대한 과세
> 제46조의 3 적격분할 시 분할신설법인 등에 대한 과세특례
> 제46조의 4 분할 시 이월결손금 등 공제 제한
> 제46조의 5 분할 후 분할법인이 존속하는 경우 과세특례
> 제47조 물적 분할 시 분할법인에 대한 과세특례
> 제47조의 2 현물출자 시 과세특례
> 제48조, 제48조의 2 및 제49조 〈삭제〉
> 제50조 교환으로 인한 자산양도차익상당액의 손금산입

위의 12개 조문은 제47조의 2 및 제50조의 규정을 제외한다면 합병에 대한 과세(제44조부터 제45조까지)와 분할에 대한 과세(제46조부터 제47조)에 관한 규정으로 구성되어 있다.

위 12개 조문 중 제50조의 규정165)을 제외한다면 관점을 달리하여 다음 두 가지로 구분할수도 있다.

- 처분차익166)에 대한 과세
  - ▶기본제도의 구성: 제44조, 제46조, 제46조의 5 및 제47조
  - ▶적격요건충족 시 과세특례: 제44조, 제44조의 3, 제46조, 제46조의 3, 제46조의 5, 제47조 및제47조의 2
- 조세특성(tax attribute)167)의 취급
  - ▶승계한 자산의 가액: 제44조의 2, 제46조의 2 및 제46조의 5
  - ▶이월결손금: 제45조 및 제46조의 4
  - ▶감면세액: 제44조의 3 제2항(제3항 본문 후단), 제45조 제4항

피합병법인 및 분할법인 주주의 의제배당소득에 관해서는 법인세법의 익금산입에 관한 부분에서 규율하고(법인세법 제16조 제1항 제5호 및 제6호), 합병법인과 합병신설법인의 차익에 대해서는 법인세법의 익금불산입에 관한 부분에서 규율한다(법인세법 제17조 제1항 제3호 및제4호).

1. 처분차익에 대한 과세

법인세법 제44조는 합병 시 피합병법인 과세에 관한 규정이고, 제46조는 분할법인 또는 소멸한 분할합병의 상대방법인('분할법인 등')의 과세에 관한 규정이다. 합병의 경우 합병 당한 법인은 분할의 경우 분할시킨 법인과 같은 지위에 있게 된다. 그간 피합병법인에 대해서는 청산소득에 대한 법인세가 과세되고, 인적분할의 경우 인적분할 후 소멸하는 법인에 대해서는 피합병법인의 경우와 같이 청산소득이 과세되고 인적분할 후 존속하는 법인에 대해서는 의제청산소득의 개념을 설정하고 청산소득의 경우와 같이 과세하여 왔다. 그런데 2010년 7월부터는 피합병법인에 대한 청산소득의 개념은 폐지되고 해당 소득은 각 사업연도소득으로 과세된다. 이에 따라 인적분할의 경우 분할법인에 대해서도 각 사업연도소득으로 과세한다. 물적 분할 시 분할법인의 양도차익과세에 관해서는 종전과 같이 제47조에서 규정한다.

가. 적격요건과 사후관리

기업구조조정 시 일정한 계속성의 요건을 충족하여 그것을 양도차익과세의 계기로 보지 않

---

165) 제50조는 일정한 요건을 충족하는 사업용 유형자산의 교환에 의한 차익의 인식은 배제하는 것에 관한 규정이다. 본 장 제2절 제2항 참조.

166) 소멸하거나 나뉘는 법인(피합병법인·분할법인)의 이익.

167) 남게 되는 법인(합병법인·분할신설법인)이 소멸하거나 나뉘는 법인으로부터 인수하는 조세특성.

아야 될 필요성은 구조조정의 형태가 합병이든 분할이든 크게 다르지 않을 것이다. 이런 관점에서 아래 양도차익과세를 배제하는 적격합병 및 적격분할의 요건을 대비한다.

(1) 적격요건

(가) 적격합병요건(법인세법 제44조 제2항)[170]

- 사업목적: 합병등기일 현재 1년 이상 계속하여 사업을 영위하던 내국법인 간의 합병일 것. 다만, 다른 법인과 합병하는 것을 유일한 목적으로 하는 법인으로서 대통령령으로 정하는 법인의 경우는 제외한다.[171]
- 지분계속성: 피합병법인의 주주 등이 합병으로 인하여 받은 합병대가의 총 합계액 중 주식[172] 등의 가액이 80% 이상으로서 그 주식 등이 대통령령이 정하는 바에 따라 배정되고, 대통령령으로 정하는 피합병법인의 주주 등이 합병등기일이 속하는 사업연도의 종료일까지 그 주식 등을 보유할 것[173]
- 사업계속성: 합병법인이 합병등기일이 속하는 사업연도의 종료일까지 피합병법인으로부터 승계받은 사업을 계속할 것
- 고용승계: 합병등기일 1개월 전 당시 피합병법인에 종사하는 근로자 중 80퍼센트 이상을 합병법인이 승계하여 합병등기일이 속하는 사업연도의 종료일까지 그 비율을 유지

법인세법은 적격합병요건 중 하나로 '지분 계속성'을 규정하고 있다. 그 내용은 피합병법인의 주주가 합병법인으로부터 합병대가를 받은 경우 동 합병대가의 총 합계액 중 주식의 가액이 100분의 80 이상일 것이다(법인세법 제44조 제2항 제2호). '지분계속성'은 '사업계속성'과 함께 대통령령으로 정하는 부득이한 사유가 있는 경우에는 그것을 충족하지 못하는 경우에도 양도차익이 없는 것으로 할 수 있다(법인세법 제44조 제2항 본문 단서 및 제46조 제2항 본문 단서, 제47조 단서).

한편 법인세법은 적격합병요건 중 다른 하나로 '사업 계속성' 요건을 규정하면서는 합병일이 속하는 사업연도 다음 사업연도 개시일부터 대통령령이 정하는 기간 이내에 승계받은 사업을 폐지하는 경우에는 특례를 배제한다는 규정을 두고 있다(법인세법 제44조의 3 제3항). '지분계속성'은 합병시점에만 충족하면 되는 것이며, 이후 지분을 처분하더라도 특례를 배제당하지는 않는다는 해석이 가능하다(반대해석). 그런데 2007년 국세기본법 제14조 제3항에 도입된 단계거래원칙을 아래 미국의 사례상 거래구조에 적용한다면 미국 법원이 내린 결론과 동일한 결

---

170) 완전모법인을 합병하는 경우, 즉 reverse merger의 경우에도 적용된다(법인세법 제44조 제3항).

171) SPAC(Special Purpose Acquisition Company, 기업인수목적회사)에 대해 사업영위요건의 적용을 배제하는 내용이다. SPAC는 합병을 하고자 설립되는 것이며, 이때 합병의 실질은 상장을 통한 유상증자에 해당하기 때문이다. SPAC와 합병하는 피합병법인은 1년 이상 사업을 영위할 필요가 있다.

172) 상법개정으로 피합병법인의 주주에게 지급하는 합병대가에 모법인 주식이 포함되는 삼각합병이 허용됨에 따라 2011년 법인세법이 개정되어 합병 시 양도차익 등 과세이연요건으로서 합병법인이 피합병법인 주주에게 지급하는 합병대가 중 80% 이상 배정하도록 하는 것에 합병법인 주식뿐 아니라 합병법인의 완전모법인의 주식도 포함되었다(법인세법 제44조).

173) 이는 합병 직후 피합병법인의 주주가 합병대가로 주식을 처분하여 현금화함으로써 지분의 계속성 요건을 우회하는 것을 방지하기 위하여 2009년 법개정에 의해 도입된 것이다.

론을 내릴 수도 있을 것이다. 즉 법인세법 제44조의 3 제3항의 반대해석에 의한 것과 상반된 결론을 내릴 수 있을 것이다.

미국의 McDonald's Restaurant v. Commissioner(688 F. 2d 520, 7th Cir. 1982) 사건을 참고할 수 있다. 이 사건에서 피합병법인의 주주들은 합병법인의 주식을 교부받고(1973.4.) 난 다음 바로 그 주식을 공개시장에서 매도하였다(1973.10). 그 사이 McDonald's Restaurant는 상장을 하였다. 합병법인은 McDonald's Restaurant이고 피합병법인은 27개의 McDonald 프랜차이즈를 갖고 있는 법인이었으며 그 주주는 Garb-Stern Group이었다. 경제적 실질을 보면 Garb-Stern Group은 이 거래를 통해 자신의 프랜차이즈에 대한 지분을 모두 처분한 것이었다. 그러나 이 거래는 외형상 내국세입법 제368조(a)(1)(A)의 법정합병(statutory merger)으로서 과세특례의 요건을 충족하였다. 그에 따라 피합병법인의 주주에 대한 자본이득과세를 하지 않으며, 피합병법인이 자본손익을 인식하지 않고 합병법인이 피합병법인 자산과 부채를 장부가액으로 인수하도록 되어 있었다. 피합병법인의 주주인 Garb-Stern Group은 거래 마지막 단계에서 Mcdonald's Restaurant의 주식을 처분하였기 때문에 자본이득과세를 받았지만 피합병법인이 자본손익을 인식하지 않고 합병법인이 피합병법인의 자산과 부채를 장부가액으로 인수하는 부분은 여전히 특례로 향유할 수 있는 구조였다. 문제는 McDonald's Restaurant과 Garb-Stern Group이 이러한 거래구조를 모두 사전에 합의하였고 그것은 쌍방 간 구속력을 갖고 있었다는 데에 있었다. 법원은 이에 대해 합병과 그 뒤를 이은 주식의 처분이 단계거래원칙(step transaction doctrine)에 의해 하나의 거래로 인식되어야 하며 그에 따라 과세특례가 전혀 부여될 수 없는 것으로 보아야 한다는 판단을 하였다.

(나) 적격분할요건(법인세법 제46조 제2항)

- 사업목적: 분할등기일 현재 5년 이상 사업을 계속하던 내국법인이 분리독립가능한 사업부문을 이전하면서 그 부분의 자산과 부채를 포괄적으로 이전하고 분할법인만 출자하는 방식으로 분할하는 것일 것 (분할합병의 경우에는 소멸한 분할합병의 상대방법인이 분할등기일 현재 1년 이상 사업을 계속하던 내국법인일 것)
- 지분계속성: 분할법인 등의 주주가 분할신설법인 등으로부터 받은 분할대가의 전액(분할합병의 경우에는 80% 이상)이 주식으로서 그 주식이 분할법인 등의 주주가 소유하던 주식의 비율에 따라 배정(분할합병의 경우에는 대통령령으로 정하는 바에 따라 배정한 것을 말한다)되고 대통령령으로 정하는 분할법인 등의 주주가 분할등기일이 속하는 사업연도의 종료일까지 그 주식을 보유할 것
- 사업계속성: 분할신설법인 등이 분할등기일이 속하는 사업연도의 종료일까지 분할법인 등으로부터 승계받은 사업을 계속할 것
- 고용승계: 분할등기일 1개월 전 당시 분할법인에 종사하는 근로자 중 80퍼센트 이상을 분할신설법인이 승계하여 분할등기일이 속하는 사업연도의 종료일까지 그 비율을 유지

(2) 사후관리

적격요건의 핵심은 계속성인데 그것은 과거로부터 미래로 이어지는 것을 의미한다. 합병이나 분할 이전의 상황을 볼 뿐 아니라 미래의 상황도 사후관리하여야 한다. 합병의 경우 피합병법

인의 자산을 장부가액으로 양도받은 합병법인은 대통령령으로 정하는 기간에 다음 각 호의 어느 하나에 해당하는 사유가 발생하는 경우에는 그 사유가 발생한 날이 속하는 사업연도의 소득금액을 계산할 때 양도받은 자산의 장부가액과 시가와의 차액, 승계받은 결손금 중 공제한 금액 등을 대통령령이 정하는 바에 따라 익금에 산입한다. 다만, 대통령령으로 정하는 부득이한 사유가 있는 경우에는 그러하지 아니하다.

1. 합병법인이 피합병법인으로부터 승계받은 사업을 폐지하는 경우
2. 대통령령으로 정하는 피합병법인의 주주 등이 합병법인으로부터 받은 주식 등을 처분하는 경우

(3) 예외

완전모법인이 자법인을 합병하는 경우에는 적격합병요건의 충족 여부와 상관없이 양도차익을 과세이연하며, 사후관리규정도 적용하지 않는다. 2012년부터는 자법인이 완전모법인을 합병하는 경우에도 그렇다. 2017년부터는 완전자회사간 합병의 경우에도 과세이연을 허용한다(법인세법 제44조 제3항).

나. 합병

피합병법인은 소멸한다. 피합병법인이 합병으로 소멸하는 경우 그 법인의 자산을 합병법인에 양도한 것으로 본다. 이 경우 양도에 따라 발생하는 양도차익은 피합병법인이 합병등기일이 속하는 사업연도의 소득금액을 계산할 때 익금에 산입한다. 양도차익은 아래 제1호의 금액에서 제2호의 금액을 차감한 액수로 한다(법인세법 제44조 제1항).

1. 피합병법인이 합병법인으로부터 받은 양도가액
2. 피합병법인의 합병등기일 현재의 자산 장부가액 총액에서 부채의 장부가액 총액을 뺀 순자산 장부가액

법인세법상 '시가'를 위 제1호의 '양도가액'으로 한다(법인세법 제44조의 2 제1항). 일반적인 양도차익과세상 특수관계인이 아니라면 실제거래가액으로 양도가액을 계산한다. 그런데 합병의 경우에는 당사자 간 거래되는 것은 자산과 부채를 포괄하여 다수의 물건이 이전하게 되므로 개별 물건의 실제거래가액이라고 하는 것을 구분해 내기 곤란하다. 더욱이 영업권 및 부의 영업권의 개념이 존재한다. 설사 실제 분류가 가능한 경우라 하더라도 합병의 당사자들 간에는 특수관계가 형성되어 있어 그 이유만으로도 시가를 적용하여야 할 경우도 적지 않을 것이다.

적격합병요건을 충족할 경우 피합병법인에 대한 양도차익과세를 하지 않는다. 즉 피합병법인의 합병시점 세무상 장부가액으로 처분하는 것으로 본다(법인세법 제44조 제2항). 주주에 대한 배당소득과세도 주주의 장부가액에 의한다. 피합병법인이 자기주식을 완전소유하고 있던 모법인에 합병되는 경우에는 적격합병요건 충족 여부에 불구하고 양도차익과세를 하지 않는다(법인세법 제44

조 제3항).

한편, 합병에 따라 발생한 중복자산을 양도한 경우에는 자산양도차익을 3년거치 3년분할 익금산입하는 특례가 있다(조특법 제47조의4).

다. 포괄적 주식교환·이전

상법에 따라 주식을 포괄적 교환·이전하고 다른 기업의 100% 자회사가 되는 경우에도 사업목적, 사업계속성 및 주식인수비중(80% 이상)의 요건을 충족할 때 그 주식의 포괄적 교환 등으로 발생한 완전자회사 주주의 주식양도차익에 상당하는 금액에 대한 양도소득세[174] 또는 법인세에 대해서는 완전자회사의 주주가 완전모회사의 주식을 처분할 때까지 과세를 이연하고 있다. 완전자회사의 주주가 과세를 이연받은 경우 완전모회사는 완전자회사 주식을 완전자회사 주주의 시가로 취득한다(조특법 제38조).

주식의 포괄적 교환 시에 모회사 주식을 지급할 수 있도록 하는 삼각주식교환을 도입하는 등의 내용으로 상법이 개정됨에 따라, 2016년에는 조특법이 개정되어, 완전자회사의 주주가 교환대가 중 완전모회사의 모회사 주식을 80% 이상 받는 경우에도 주식양도차익에 대한 과세를 이연받을 수 있도록 하고 있다.

지주회사 설립을 위한 주식현물출자에 따른 양도차익은 지주회사의 주식처분시까지 과세를 이연하던 것을 2020년부터는 양도차익 과세를 바로 하되 4년 거치 3년 분할 납부방식으로 전환하였다(조특법 제38조의 2). 내국법인의 외국자회사 주식을 외국법인에 현물출자시 주식 양도차익을 4년거치 3년분할 익금산입한다(조특법 제38조의 3).

2017년 조특법 개정 이전까지 주식의 포괄적 교환·이전시 완전모회사는 완전자회사의 주식을 장부가액으로 취득하고 완전자회사의 주주가 완전모회사의 주식을 처분할 때에 장부가액과 교환·이전시의 시가와의 차액을 익금으로 산입하도록 규정하고 있었다. 이는 동일한 경제적 이득을 완전자회사의 주주이었던 자와 이제 완전모회사가 된 회사에게 이중으로 과세한다는 문제가 지적되어 교환·이전시에 완전모회사는 주식을 시가로 취득하는 것으로 보도록 하였다.

<포괄적 주식교환>

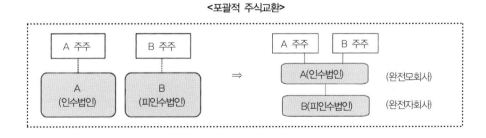

---

174) 배당소득으로 보지 않는다.

전략적 제휴를 위해 주식을 교환한 벤처기업 또는 매출액 대비 연구개발투자 비중 5% 이상 중소기업의 주주에 대해서는 교환으로 취득한 주식을 처분할 때까지 양도소득세 과세를 이연한다(조특법 제46조의 7). 기업활력제고를위한특별법에 따라 승인받은 사업재편계획에 의한 주식교환시 주식양도차익에 대한 법인세를 교환주식 처분시까지 이연한다(조특법 제121조의 26). 이 때 주주 등이 해당법인에 자산을 증여할 때 발생하는 자산수증이익은 4년거치 3년분할 익금산입하며, 증여하는 주주 등 법인에 대해서는 증여자산가액을 손금에 산입한다(조특법 제40조).

라. 인적 분할

인적 분할하고 분할법인이 소멸하는 경우에 대해서는 법인세법 제46조가 규정하고, 인적 분할하지만 분할법인이 존속하는 경우에 대해서는 법인세법 제46조의 5의 규정이 규율한다.

인적 분할하고 분할법인이 소멸하는 경우에는 피합병법인의 경우와 같이 분할등기의 시기에 양도차익과세를 한다. 분할합병으로 해산하는 경우에도 동일하다. 이러한 점은 인적 분할 법인이 존속하는 경우에도 동일하다. 다만, 분할법인이 존속하는 경우에는 결손금을 승계하지 않는다.

이 경우 양도차익은 분할법인 등(분할법인 또는 소멸한 분할합병의 상대방법인)이 분할등기일이 속하는 사업연도의 소득금액을 계산할 때 익금에 산입한다. 양도차익은 아래 제1호의 금액에서 제2호의 금액을 차감한 액수로 한다(법인세법 제46조 제1항).

> 1. 분할법인 등이 분할신설법인 등으로부터 받은 양도가액[175]
> 2. 분할법인 등의 분할등기일 현재 순자산 장부가액

적격분할요건을 충족할 경우 분할법인 등이 존속하는지에 불구하고 분할법인 등에 대한 양도차익과세를 하지 않는다. 즉 분할법인 등의 분할시점의 장부가액으로 처분하는 것으로 본다(법인세법 제46조 제2항, 제46조의 5 제2항).

상법 개정으로 분할합병시 분할법인의 주주에게 분할합병의 상대방 법인의 모회사 주식을 교부하는 삼각분할합병이 허용됨에 따라, 2016년 법인세법 개정으로 분할법인 등의 주주가 받은 분할대가의 100분의 80 이상이 분할합병의 상대방 법인의 발행주식총수 또는 출자총액을 소유하고 있는 내국법인의 주식인 경우에도 분할에 따른 양도손익에 대한 과세이연을 허용하게 되었다(법인세법 제46조 제2항 제2호).

---

175) 분할신설법인 주주에 지급한 대가(법인세법시행령 제82조 제1항 제2호).

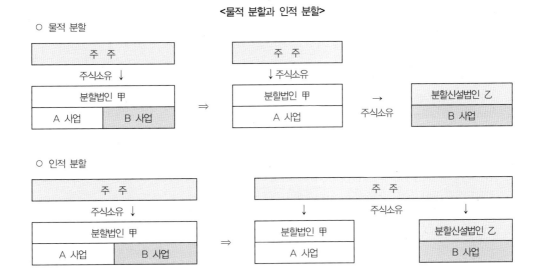

<물적 분할과 인적 분할>

마. 물적 분할

물적 분할의 경우 양도차익의 과세에 관한 것은 제47조의 규정이 규율한다. 분할법인이 분할시키면서 넘긴 자산을 시가로 처분한 것으로 보게 된다. 적격분할요건을 충족하는 경우에는(인적 분할의 경우와 달리 처분가액을 장부가액으로 계상하는 방법을 사용하도록 하지 않고) 처분가액을 여전히 시가로 하고 압축기장충당금방식으로 손금을 인정받도록 하고 있다(법인세법시행령 제72조 제2항). 다만, 대통령령으로 정하는 부득이한 사유가 있는 경우에는 사업의 계속성 및 지분의 계속성의 요건을 갖추지 못한 경우에도 자산의 양도차익에 상당하는 금액을 대통령령으로 정하는 바에 따라 손금에 산입할 수 있다.

계속성의 요건을 추후 충족하지 못하게 될 경우에는 충당금[176]을 설정한 분할법인의 익금으로 환입한다. 분할신설법인이 인수한 자산을 처분하는 경우 또는 분할법인이 분할신설법인으로부터 받은 주식을 처분하는 경우에는 분할신설법인이 양도받은 자산의 장부가액과 분할 당시 시가와의 차액 중 처분비율에 상당하는 금액을 분할법인이 익금에 산입한다. 다만, 분할법인, 분할신설법인 등의 적격구조조정의 경우에는 계속 과세이연을 인정한다. 적격구조조정은 적격합병·분할·현물출자, 주식의 포괄적 양도·포괄적 교환 등을 말한다. 각각 최초 1회에 한하여 인정된다(법인세법시행령 제84조). 분할법인이 받은 주식을 50% 이상 처분하는 경우에는 전액 익금산입하던 규정을 2016년 개정하여 물적분할 또는 취득한 주식의 50퍼센트 이상을 3년의 범위에서 정하는 기간 동안 보유하는 경우에도 과세이연을 인정하게 되었다.

분할법인이 3년 내의 범위 안에서 법인세법시행령으로 정한 기간 내에 분할신설법인이 승계받은 사업을 폐지한 경우에는 전액 익금으로 산입한다. 다만, 분할신설법인이 ⅰ) 적격합병하거나, ⅱ)

---

176) 압축기장충당금은 주식처분비율대로 환입하기 위한 정류장과 같은 역할을 한다.

적격분할함에 따라 주식 또는 자산을 처분하는 경우에는 분할법인의 적격물적분할에 따른 양도차익을 분할법인에게 즉시과세하지 않고 주식 또는 자산처분 시까지 과세이연한다(법인세법 제47조 제2항).

적격분할은 "5년 이상 계속하던 사업"의 요건을 충족하여야 한다. 이는 분리하여 사업이 가능한 독립된 사업부문 요건으로서 다음의 경우에는 실질적으로 영위하는 사업부문으로 보지 않는다(법인세법시행령 제82조의2).

- 부동산 임대업을 주업으로 하는 분할
- 승계하는 자산(사업에 직접 사용되는 부동산 등 기획재정부령으로 정하는 유형자산은 제외) 중 80% 이상이 토지·건물·부동산에 관한 권리인 분할
- 승계하는 자산이 주식인 분할. 다만 공정거래법·금융지주법상 지주회사 설립·전환을 위해 주식 등을 분할하는 경우 등 제외

개정된 법인세법시행령 제82조의2의 규정은 2014.2.21. 이후 분할하는 분부터 적용한다. 경과규정으로 2014.2.21. 이후 분할한 경우에도 분할과 관련한 주주총회 등을 거친 경우로서 주총 후 2개월 이내에 분할을 완료하는 경우에는 종전 규정을 적용한다(부칙 제22조). 2014.2.21. 이전 분할한 경우에는 적용되지 않는 것이다.

바. 현물출자

2008년 말 법인이 현물출자하여 새로운 법인을 신설하는 데 대한 과세의 특례규정이 신설되었다(법인세법 제47조의 2). 2009년 말 세법 개정으로 이제는 현물출자로 증자하는 경우까지 특례규정이 적용된다. 이 특례규정은 현물출자가 물적 분할과 그 경제적 실질에 있어 큰 차이가 없다는 점을 감안하여 그에 준하는 과세특례를 인정하기 위함이다. 내국법인이 적격분할요건과 함께 공동출자 시 비특수관계인일 것의 요건을 갖추어 현물출자를 하는 경우 그 현물출자로 취득한 현물출자를 받은 법인이 발행한 주식의 가액 중 현물출자로 발생한 자산의 양도차익에 상당하는 금액은 압축기장충당금 설정의 방식으로 현물출자일이 속하는 사업연도의 소득금액을 계산할 때 손금에 산입할 수 있다. 다만, 대통령령으로 정하는 부득이한 사유가 있는 경우에는 사업의 계속성 및 지분의 계속성의 요건을 갖추지 못한 경우에도 자산의 양도차익에 상당하는 금액을 대통령령으로 정하는 바에 따라 손금에 산입할 수 있다.

물적 분할의 경우와 동일하게 사후관리한다(법인세법 제47조의 2 제3항).

<현물출자와 물적 분할에 대한 과세특례>

구　분		현　물　출　자	물　적　분　할
·요건	·계속성	·출자법인 5년 이상 사업 ·출자 후 지분이 80% 이상으로 출자일이 속하는 사업연도의 종료일까지 주식을 보유할 것 ·피출자법인이 그 현물출자일이 속하는 사업연도의 종료일까지 현물출자한 자산으로 영위하던 사업을 계속 영위할 것	(좌동) ·분할법인 등의 주주가 분할신설법인 등으로부터 받은 분할대가의 전액이 주식으로서 그 주식이 분할법인 등의 주주가 소유하던 주식의 비율에 따라 배정되고 분할등기일이 속하는 사업연도의 종료일까지 그 주식을 보유할 것 ·분할신설법인 등이 분할등기일이 속하는 사업연도의 종료일까지 분할법인 등으로부터 승계받은 사업을 계속할 것 ·분할등기일 1개월 전 당시 분할법인에 종사하는 근로자 중 80퍼센트 이상을 분할신설법인이 승계하여 분할등기일이 속하는 사업연도의 종료일까지 그 비율을 유지
	·포괄승계		·자산·부채의 포괄승계
	·기타	·공동출자자가 특수관계인이 아닐 것	
·효과	·과세특례	·자산양도차익 전체 대상으로 양도차익상당액 손금산입(과세이연)	·자산양도차익 전체 대상으로 양도차익상당액 손금산입(과세이연)
	·기타	·공동출자 가능	·공동출자 불가능
·근거규정		법인세법 제47조의 2	법인세법 제47조

사. 법인전환 시 이월과세

조특법상 거주자가 사업용 유형자산을 현물출자하거나 포괄적인 사업양수도방법에 따라 신설하는 법인에게 이전하면서 법인으로 전환하는 경우에는 당해 사업용 유형자산에 대해 이월과세를 적용받을 수 있다. 즉 거주자는 양도소득과세를 받지 않으며 신설된 법인이 거주자의 취득원가를 승계하여 추후 그 법인이 매도할 때 필요경비로 산입하게 된다(조특법 제32조). 거주자가 취득하는 현물출자로 신설되는 법인의 주식의 가액은 사업용 유형자산의 시가에 상응하는 것이 된다. 주주가 된 자가 주식을 처분(5년 내 50% 이상 처분)하거나 신설된 법인의 사업을 폐지하는 경우 이월된 양도소득세를 추징한다.

2. 조세특성(tax attribute)의 취급

조세특성(tax attribute)으로는 승계한 자산의 가액, 이월결손금 및 조세감면 등이 있다.

가. 승계한 자산의 가액

합병법인이 피합병법인으로부터 승계한 자산의 가액에 관해서는 법인세법 제44조의 2에서 규정하고 있으며, 분할신설법인 등이 분할법인 등으로부터 승계한 자산의 가액에 대해서는 법인세법 제46조의 2 및 제46조의 5 제3항에서 규정하고 있다. 세무조정사항에 대해서는 적격요건을 갖춘 경우 승계하는 것을 원칙으로 하고 있는데 이에 대해서는 본서에서 상술하지 않는다(법인세법 제44조 제4항 등).

(1) 합병

현행 법인세법도 기업회계에서 피합병법인의 장부가액으로 승계하는 경우와 공정가액으로 평가하여 승계하는 경우가 나뉘는 점을 인정하고 있다. 다만, 현행 법인세법은 법인세과세상 합병 시 재산은 '시가'로 승계되는 것을 원칙으로 규정하고 있다. 그리고 피합병법인으로부터 자산의 승계를 '양도'로 간주하고 있다. 이와 함께 피합병법인에게 양도의 대가를 직접 지급한 것으로 보고 있다. 이는 구 법인세법이 합병의 과정에서 피합병법인은 합병의 대가를 직접 지급받는 당사자가 아닌 법적인 구조를 고려함에 따라 복잡해진 조문구조를 단순화하기 위한 방편이다.

피합병법인이 보유하고 있던 기간 중의 자본이득은 모두 소멸하는 법인의 소득으로 과세되도록 하고 합병법인은 그 자본이득을 이유로 과세하지 않도록 하고 있다. 따라서 합병차익의 개념은 존속하지만 그중 합병평가차익은 구분해 낼 수 없다(법인세법 제44조 제1항, 제44조의 2 제1항).

법인세과세상 시가로 승계되는 것으로 보는 데에 대한 예외로서 사업목적, 지분계속성 및 사업계속성의 요건을 충족하면 장부가액으로 이전하는 것으로 본다(법인세법 제44조 제2항, 법인세법 제44조의 3 제1항). 피합병법인은 그 자본이득 부분에 대해 과세받지 않고 합병법인이 추후에 승계받은 재산을 양도할 때 과세받도록 하는 것이다.

(2) 분할

합병 시 승계자산의 가액에 관한 원칙은 분할 시에도 그대로 적용된다(법인세법 제46조 제1항, 제2항, 제46조의 2 제1항, 제46조의 3 제1항, 제46조의 5). 인적 분할에서 계속성의 요건을 충족할 때에는 합병의 경우에서와 같이 처분가액을 장부가액으로 계상하는 방법을 사용하도록 하고 있다. 그러나 물적 분할에서는 적격분할 요건을 충족하여 분할법인이 양도차익에 상당하는 금액을 손금에 산입한 경우 분할신설법인은 분할법인의 자산을 시가로 양수받은 것으로 한다. 추후 계속성의 요건을 충족하지 못하거나 분할신설법인이 양수한 자산을 양도하는 경우 등에는 양도차익에 상당하는 금액은 분할법인의 익금으로 과세된다.

나. 합병차익·합병차손

합병의 경우에는 당사자 간 자산과 부채가 포괄적으로 이전되므로 전체 대가를 개별 물건 가액별로 구분해 내기 곤란한 특성이 있다. 합병법인은 피합병법인으로부터 양수한 것으로 보는 승계재산을 시가로 계상하는 것을 원칙으로 한다. 이때 시가는 당해 재산의 공정가액으로서 법인세법상 재산의 종류별로 가액산정방법이 규정되어 있다. 그렇게 개별 자산별로 산정한 가액의 합계액과 피합병법인에 실제 지급한 전체 금액과는 차이가 있을 수 있다.

상법에 의하면 "회사합병의 경우에 소멸된 회사로부터 승계한 재산의 가액이 그 회사로부터 승계한 채무액, 그 회사의 주주에게 지급한 금액과 합병 후 존속하는 회사의 자본증가액 또는 합병으로 인하여 설립된 회사의 자본액을 초과한 때에는 그 초과금액"을 자본준비금으로 한다고 규정하고 있다(상법 제459조 제1항 제3호).

법인세법은 이러한 과정에서 합병차익과 합병차손의 개념을 사용한다.

합병차익 = 피합병법인으로부터 승계한 순재산가액(승계한 재산의 가액 – 승계한 채무액) – 피합병법인의 주주에게 지급한 금액(합병교부금) – 합병법인의 자본증가액(피합병법인의 주주에 교부한 주식의 액면가액)

구 법인세법은 이 규정을 세법으로 이식할 때 '승계한 재산의 가액'을 산정함에 있어 합병법인의 입장에서는 기업회계상 공정가액으로 승계하여야 할 경우(그 경우가 대부분이다) 그것은 세법상 '시가'에 해당하는 것으로 하였다. 피합병법인의 입장에서는 '승계한 재산의 가액'을 산정할 필요가 없었다. 청산소득은 '승계한 재산'의 가액과 대가관계에 있는 합병교부금과 합병교부주식의 가액으로 대체하여 산정하였기 때문이다. 그런데 현행 법인세법은 합병으로 소멸하는 법인의 소득금액을 산정함에 있어 '승계한 재산'의 '시가'를 직접 산정하고 대용적인 수치를 활용하지 않는다. '승계한 재산'의 '시가'는 승계한 법인과 승계받은 법인의 소득금액 계산상 직접 활용한다.

구 법인세법상 합병법인의 합병차익 중 합병평가차익은 과세되는 것을 원칙으로 하고 있기 때문에 합병차익을 제 요소로 구분할 필요가 있었다. 합병법인에 합병평가차익이 과세되도록 한 것은 원래 평가차익은 모두 합병으로 소멸하는 법인의 소득으로 과세되었어야 할 것이지만 합병에 의한 청산소득금액 산정 시 승계하는 재산의 가액을 직접적으로 활용하여 계산하지 않고 합병교부금과 합병교부주식의 가액을 이용하여 계산하는 과정에서 발생하는 평가차익과세의 구멍을 메우기 위함이었다. 그리고 합병평가차익에 해당하는 부분을 원천으로 합병법인이 합병 이후 무상증자를 할 때에는 그 부분에 해당하는 주주의 경제적 이득은 의제배당으로 과세되었다.

2010년 개정된 법인세법은, 합병차익은 모두 익금불산입사항으로 규정하게 되었다(법인세법 제17조 제1항 제5호). 합병으로 승계하는 자산의 가액은 원칙적으로 모두 시가로 평가하여 이전하는 것으로 함에 따라 그 자산에 귀속하는 평가증분은 합병으로 소멸하는 법인의 소득으로 과세되는 점을 고려할 때 합병차익 중 합병평가차익의 부분을 분리해 낼 필요가 없게 된 것이었다. 합병법인이 합병 이후 무상증자를 할 때에는 합병평가차익에 해당하는 주주의 경제적 이득을 의제배당으로 과세할 수 없게 되었다. 2011년 개정된 법인세법 및 그 시행령은 적격합병(적격분할)으로 피합병법인으로부터 승계한 잉여금 중 의제배당 과세대상인 잉여금을 의제배당 과세대상에 포함시키고 있다.

이제 합병차익은 합병법인이 마치 합병 이외의 사유로 자본을 증가시킬 때 주식발행초과금과 같이 피합병법인의 주주가 납입하는 자본적인 것이므로 법인소득과세의 대상에서 제외되게 된 것이다.

2016 개정된 법인세법은 익금불산입사항인 합병차익에 관한 법인세법 제17조 제1항 제5호에

"다만, 소멸된 회사로부터 승계한 재산가액이 그 회사로부터 승계한 채무액, 그 회사의 주주에게 지급한 금액과 주식가액을 초과하는 경우로서 이 법에서 익금으로 규정한 금액은 제외한다."는 단서를 신설하여 과세대상 익금으로 구분해내는 규정을 두고 있다. 이는 합병매수차익과세에 관한 규정이다. 합병매수차익이란 합병법인이 피합병법인에게 지급한 양도가액이 피합병법인의 순자산시가보다 작은 금액을 말한다.

법인세법상 합병차익 중 합병매수차익이라고 하여 합병등기일부터 5년간 균등분할하여 익금에 산입한다(법인세법 제44조의 2 제2항, 법인세법시행령 제80조의 3 제1항). 이는 기업회계상 부의 영업권에 해당하는 부분이다. 한편, 합병매수차손 중 기업회계상 영업권[179]에 해당하는 부분은 합병등기일부터 5년간 균등분할하여 손금에 산입한다(법인세법 제44조의 2 제3항, 법인세법시행령 제80조의 3 제2항). 합병매수차손 중 발생원인이 영업권이 아닌 것은 손금으로 인정하지 않는다.

'기업인수·합병 등에 관한 회계처리준칙'에 의하면 순자산의 공정가액보다 매수회사 지분이 더 많은 부분은 '영업권'으로 계상하고 미래에 경제적 효익이 유입될 것으로 기대되는 기간(20년) 이내에 정액법으로 상각하도록 되어 있다. 법인세법상 합병차익은 기업회계상 추후 주식발행초과금 또는 부의 영업권으로 대체 기장된다. 합병차손은 그 발생원인에 따라 추후 영업권으로 대체 기장될 수 있다.

영업권 및 부의 영업권의 개념은 인적 분할의 경우에도 동일하게 적용된다(법인세법 제46조의 2 제2항 및 제3항, 제46조의 5).

다. 이월결손금과 내재손실

피합병법인이나 인적 분할을 통해 소멸한 분할법인(또는 소멸한 분할합병의 상대방법인)이 가지고 있던 이월결손금을 합병법인이나 분할신설법인(또는 분할합병법인)이 사용할 수 있는가? 입법정책적으로 보면 이를 인정해 주는데 다음과 같은 장단점이 거론될 수 있다. 결손의 원천이 되는 사업이 지속적으로 진행되고 있다면 그 사업 추진 주체의 구성에 변화가 있다 하더라도 결손금을 인정하여야 할 것이다. 결손을 시현하고 있는 기업이 채무를 출자로 전환하거나 제3자로부터 증자를 받아 기업을 회생시키려 할 때 이월결손금의 사용에 제약이 없다. 결손을 시현하고 있는 기업이 이를 타개하기 위해 합병이나 분할을 고려한다면 채무의 출자전환이나 증자에서와 달리 이월결손금의 사용을 제한할 이유가 없다. 그러나 결손법인이 보유하고 있는 이월결손금을 제한 없이 사용하도록 할 경우에는 공연히 사업을 잘 영위하고 소득도 많은 기업이 자신의 세금을 줄이기 위한 목적으로 결손법인을 자기에게 붙이는 행위를 유도할 수 있다.

법인세법은 이와 같이 상반되는 효과를 절충할 수 있는 방법을 고안하고 있다. 우선 이월결손금은 해당 이월결손금이 발생하던 사업부문으로부터의 미래소득과만 상계할 수 있도록

---

179) 법인 합병의 경우 영업권 가액을 합병평가차익으로 과세하기 위해서는 합병법인이 피합병법인의 상호 등을 장차 초과수익을 얻을 수 있는 무형의 재산적 가치로 인정하여 그 사업상 가치를 평가하여 대가를 지급한 것으로 볼 수 있어야 한다(대법원 2018. 5. 11. 선고 2015두41463 판결).

하도록 하고 있다. 법인세법은 합병과 분할을 통해 승계받은 이월결손금은 승계받은 사업으로부터의 소득과의 상계만 허용하고 있으며, 그것도 해당 소득의 60%(중소기업과 회생계획을 이행 중인 기업 등은 100%)의 범위 안에서만 허용하고 있다(법인세법 제45조 제1항 및 제2항, 법인세법 제46조의 4 제1항 및 제2항). 그런데 승계받은 사업부문으로부터의 이월결손금을 사용하기 위해서는 자산 장부가액승계요건,[181] 사업목적, 지분계속성 및 사업계속성의 요건을 충족하여야 한다. 합병의 경우에는 구분경리의 요건도 추가하고 있다(법인세법시행령 제156조 제2항).[182]

2010년 개정된 법인세법은 합병법인은 합병등기일 이후 5년 이내에 끝나는 사업연도에 발생한 피합병법인으로부터 양도받은 자산의 처분손실을 피합병법인으로부터 승계받은 사업에서 발생한 소득금액 범위에서 해당 소득금액을 계산할 때 손금에 산입하도록 규정하였다(법인세법 제45조 제3항). 합병등기일 현재 해당 자산의 시가가 장부가액보다 낮은 경우로서 합병등기일 또는 분할등기일 이후 5년 이내에 끝나는 사업연도에 발생한 내재손실로 한정된다. 이러한 성격의 손실을 내재손실(built – in loss[183])이라고 한다. 이는 피합병법인의 부실이 자산의 가액에 내재되어 있는데 자산에 내재된 손실을 결손금으로 현실화하지 않고 합병법인에게 자산을 이전하고 합병 이후 합병법인이 그 자산을 처분함으로써 손실을 실현하는 방법으로 결손금승계제한 규정을 회피하는 것을 방지하기 위함이다.

내재손실의 손금산입 제한규정은 2012년부터 합병 전 합병법인이 소유하던 자산의 처분손실(합병 후 5년 이내 발생)도 피합병법인의 승계받은 사업에서 공제할 수 없도록 적용되고 있다.[184] 그리고 적격합병 이외의 경우에는 합병 이후에 발생한 내재손실을 아예 합병 전에 발생한 결손금으로 보아 이월결손금으로 간주하도록 하고 있다.

이 규정들은 분할 및 자산의 포괄적 양도의 경우에도 적용된다(법인세법 제46조의 4 제3항, 제5항).

한편, 법인이 다른 법인과 합병하거나 분할하는 경우로서 대손금을 합병등기일 또는 분할등기일이 속하는 사업연도까지 손금으로 계상하지 아니한 경우 그 대손금은 해당 법인의 합병등기일 또는 분할등기일이 속하는 사업연도의 손금으로 한다(법인세법시행령 제19조의 2 제4항). 이는 합병 시까지 피합병법인이 대손금으로 계상하지 않은 회수불능채권의 손금 귀속시기를 세무회계상 인식 여부와 관계없이 일률적으로 정함으로써 합병에 따른 피합병법인

---

181) 기업회계상 시가법과 장부가액법의 구분이 있다. 기업회계상 장부가액법의 적용을 받기 위해서는 까다로운 요건을 충족하여야 하는데 법인세법은 그러한 요건을 충족할 것을 전제로 하고 있는 것이다. 장부가액법의 적용을 전제로 하는 이유는 시가법을 적용할 경우 피합병법인이나 분할법인이 유지하던 장부상 구체적인 항목을 인수할 이유가 없기 때문이다.

182) 설령 피합병법인이 대손충당금을 설정하여 결산에 반영하였더라면 손금으로 인식되어 이월결손금이 발생하고, 구 법인세법 제45조 제1항 제2호에 따라 그 이월결손금을 승계하지 못하는 합병법인이 이를 회피하고자 피합병법인으로 하여금 결산 이전에 대손충당금을 설정하지 아니하게 함으로써 여신전문금융회사의 금전채권을 장부가액으로 승계한 후에 비로소 자신이 대손충당금을 설정하여 합병법인의 손금으로 인식하더라도, 이를 위법행위로서 소득신고에 오류·탈루가 있는 경우에 해당한다거나 신의칙에 반하는 행위에 해당한다고 할 수 없다(대법원 2015.01.15. 선고 2012두4111 판결). 법인세법시행령 제19조의 2 제4항은 법인이 다른 법인과 합병하거나 분할하는 경우로서 대손금을 합병등기일 또는 분할등기일이 속하는 사업연도까지 손금으로 계상하지 아니한 경우 그 대손금은 해당 법인의 합병등기일 또는 분할등기일이 속하는 사업연도의 손금으로 한다는 규정을 두고 있다.

183) 미국 내국세입법 제382조 (h) 참조.

184) 오윤, 「연결납세제도와 법인세법」, 『조세법연구』 16 – 3, 한국세법학회, pp.277~278.

의 합병등기일이 속하는 사업연도의 소득금액 계산 방식과 일치시키기 위한 것이다. 합병 당시 채무자의 사업폐지 등으로 피합병법인의 채권 전부를 회수할 수 없다는 사실이 이미 객관적으로 확정되었다면 회수불능채권을 합병등기일이 속하는 사업연도의 손금으로 계상하지 않았더라도 대손금은 피합병법인의 합병등기일이 속하는 사업연도의 손금으로 하여야 한다.[185]

그러나 합병법인이 피합병법인이 결산 이전에 대손충당금을 설정하지 않게 하면서 그 금전채권을 장부가액으로 승계한 후에 자신이 설정하여 손금으로 인식하는 것은 허용된다.[186] 대손충당금의 설정은 결산조정사항으로서 납세자에게 선택권이 부여된 것이다.

라. 감면세액

적격합병의 요건을 충족하는 합병에 의한 합병법인은 피합병법인의 감면·세액공제 등을 승계한다(법인세법 제44조의 3 제2항). 합병법인이 피합병법인으로부터 승계받은 사업을 폐지하거나 피합병법인의 주주 등이 합병법인으로부터 받은 주식 등을 처분하는 경우에는 승계받아 공제한 감면·세액공제액 등을 그 사유가 발생한 날이 속하는 사업연도의 법인세에 더하여 납부한 후 해당 사업연도부터 감면 또는 세액공제를 적용하지 않는다(법인세법 제44조의 3 제3항 본문 후단). 합병법인이 승계한 피합병법인의 감면 또는 세액공제는 피합병법인으로부터 승계받은 사업에서 발생한 소득금액 또는 이에 해당하는 법인세액의 범위에서 적용한다(법인세법 제45조 제4항). 위의 승계는 적격 인적분할과 적격 물적분할의 경우에도 동일하게 인정된다(법인세법 제46조의 3 제2항, 동법 제47조 제4항).

3. 사례

갑 회사가 다음과 같이 을 회사를 흡수합병하기로 한 경우 합병 비율별 법인세 등 과세체계(을 회사의 주주는 그 주식 전부를 액면가액으로 취득)를 살펴보기로 하자.

피합병법인(乙회사)

자 산 1,000 (시가 1,500)	부 채 200 자본금 500 이익잉여금 300
1,000	1,000

- 합병법인(갑회사)의 승계현황

① 1:1 합병		② 2:1 합병		③ 1:2 합병	
자 산 1,500	부 채 200 자본금 500 합병차익 800	자 산 1,500	부 채 200 자본금 250 합병차익 1,050	자 산 1,500	부 채 200 자본금 1,000 합병차익 300
1,500	1,500	1,500	1,500	1,500	1,500

---

185) 대법원 2017. 9. 7. 선고 2017두36588 판결
186) 대법원 2015. 1. 15. 선고 2012두4111 판결

- 1:1 합병의 경우:
  - ▶을 회사의 소득: 각 사업연도소득＝1,500－1,000＝500. 을 회사는 500에 대해 과세되지만 실제 을 회사의 주인인 주주들이 받은 것은 액면가액 500의 주식뿐이다. 법인이 합병하는 때에 합병 후 존속하는 법인은 소멸된 법인에 부과되는 세금을 납부할 책임을 진다.
  - ▶의제배당:[187] 합병대가－구주 취득가액＝500－500＝0. 소멸법인의 주주들이 존속법인으로부터 교부받은 주식의 세법상 취득가액을 1,300으로 인정하지는 않는다. 이는 추후 주주들이 주식을 양도할 때 800만큼을 주식양도차익으로 과세한 효과가 있다.[188]
  - ▶합병차익: 합병차익 800은 합병법인의 각 사업연도소득금액 계산 시 익금불산입한다.
- 2:1 합병의 경우:
  - ▶을 회사의 소득: 각 사업연도소득＝1,500－1,000＝500
  - ▶의제배당: 합병대가－구주 취득가액＝250－500＝△250
  - ▶합병차익: 합병차익은 1,050이다. 이는 합병감자차익(250)을 포함한다.

제5항 부당행위계산부인

1. 부인의 요건

법인세법 제52조 제1항은 부당행위계산부인규정에 대해 다음과 같은 규정을 두고 있다.

> 납세지관할세무서장 또는 관할지방국세청장은 내국법인의 행위 또는 소득금액의 계산이 특수관계인과의 거래로 인하여 그 법인의 소득에 대한 조세의 부담을 부당히 감소시킨 것으로 인정되는 경우에는 그 법인의 행위 또는 소득금액의 계산에 관계없이 그 법인의 각 사업연도의 소득금액을 계산할 수 있다.

가. 조세의 부당한 감소

법인세법시행령은 법인세법 제52조 제1항을 적용하기 위해 '조세의 부담을 부당히 감소시킨 것으로 인정되는 경우'의 의미에 대한 정의규정을 두고 있다(법인세법시행령 제88조 제1항 본문). 해당 정의규정은 부당행위의 유형을 규정하는 방식으로 형성되어 있다. 법인세법상 부당행위계산부인규정은 그 본질상 소득세법상 규정과 동일한 것이다. 법인세법시행령이 규정한 부당행위계산의 유형은 소득세법시행령이 규정한 유형에 비해 그 종류가 많다.

---

187) 피합병법인 양도차익 계산 시 이전자산의 시가로 과세하도록 변경되었는데 합병의제배당금액 계산 시 교부받은 주식가액은 그 시가로 평가하되, 사업목적 및 지분계속성(배정 시에 한함) 요건 충족 시 종전 주식의 장부가액으로 한다(법인세법시행령 제14조 제1항).

188) 합리적인 시장인이라면 소멸법인의 주주가 비록 1:1의 비율로 존속법인의 주식과 교환하였지만 존속법인의 주식 1주의 가액이 소멸법인주식 1주의 가액보다 2.6(＝1,300/500배) 값이 나간다는 사실을 협상의 전제로 하였을 것이다.

(1) 입법연혁

1961년 11월 8일 법인세법이 법률 제823호로 폐지제정되고 동년 12월 30일 법인세법시행령도 각령 제322호로 폐지제정된 때 법인세법시행령상 부당행위계산부인의 구체적 유형이 규정되었다. 당시 법인세법시행령 제19조의 규정은 다음과 같았다.

> 다음 각 호에 해당하는 경우에 있어서 조세포탈의 목적이 있다고 인정될 때에는 법 제18조의 규정에 의하여 법인의 행위 또는 계산에 불구하고 세무서장은 그 법인의 소득금액을 계산할 수 있다.
> 1. 시가 이상의 가액으로 현물출자하거나 그 자산을 과대상각한 때
> 2. 무수익자산을 출자하거나 그 자산에 대한 경비를 법인이 부담한 때
> 3. 출자자로부터 무수익자산을 매입하거나 그 자산에 대한 경비를 법인이 부담한 때
> 4. 출자자로부터 자산을 시가 이상으로 매입하거나 출자자에게 자산을 시가 이하로 양도한 때
> 5. 출자자로부터 불량자산을 차환하거나 불량채권을 양수한 때
> 6. 출자자의 출연금을 법인이 부담한 때
> 7. 출자자에게 금전 기타의 자산을 무료 또는 저렴한 이율이나 임대료로써 대부 또는 사용하게 한 때
> 8. 출자자로부터 금전 기타의 자산을 과대요율로 차용한 때
> 9. 기타 출자자에게 법인의 이익을 분여하였다고 인정되는 것이 있을 때

당시 법문은 1925년 일본 소득세법상 동족회사의 행위 혹은 계산에 있어서 법인세 '포탈의 목적이 있다고 인정'되는 경우에 있어서라고 하는 요건과 유사하다. 이후 일본에서는 1947년 위 조문이 "법인세를 면할 목적으로…"로 바뀌었다가 1950년에는 현재의 문구대로 "그 법인의 행위 또는 계산에서 그것을 용인할 경우에는 법인세의 부담을 부당하게 감소시키는 결과가 되는 것으로 인정되는 경우에는"으로 개정되었다. 당시나 지금이나 일본의 법인세법상 동족회사계산부인에 관한 규정은 시행령상 구체적인 행위유형을 규정하고 있지 않다. 우리 법인세법에서는 1961년 부당행위계산부인규정이 도입될 때부터 법인세법시행령으로 그 구체적인 유형을 예시해 오고 있다. 당시에는 출자자에게 재산을 빼돌리는 방법으로 법인세를 포탈하는 것을 규제하는 것을 주된 목적으로 하였다. 이제는 거래상대방이 특수관계인으로 확대되고 거래유형도 다양화되었다. 그런데 이미 다른 보다 포괄적인 조항에 의해 포섭되는 사항에 관한 조항이 다수 남아 있어 정리가 필요하다(예: 현행 법인세법시행령 제88조 제1항 제2호, 제3호, 제4호 및 제5호).

<소득세법시행령 및 법인세법시행령상 부당행위계산 유형의 비교>

소득세법시행령 제98조 제2항	법인세법시행령 제88조 제1항
1. 특수관계 있는 자로부터 시가보다 높은 가격으로 자산을 매입하거나 특수관계 있는 자에게 시가보다 낮은 가격으로 자산을 양도한 때[189]	1~2, 6~7(생략)[192]
2. 특수관계 있는 자에게 금전 기타 자산 또는 용역을 무상 또는 낮은 이율 등으로 대부하거나 제공한 때. 다만, 직계존비속에게 주택을 무상으로 사용하게 하고 직계존비속이 당해 주택에 실제 거주하는	3. 자산을 무상 또는 시가보다 낮은 가액으로 양도 또는 현물출자한 경우. 다만, 제20조 제1항 제3호 각 목의 어느 하나에 해당하는 주식매수선택권의 행사에 따라 주식을 양도하는 경우는 제외한다.
	4. 불량자산을 차환하거나 불량채권을 양수한 경우
	5. 출연금을 대신 부담한 경우
	7의 2. 기획재정부령으로 정하는 파생상품에 근거한 권리를 행사하지 아니하거

경우를 제외한다. 3. 특수관계 있는 자로부터 금전 기타 자산 또는 용역을 높은 이율 등으로 차용하거나 제공받는 때 4. 특수관계 있는 자로부터 무수익자산[190]을 매입하여 그 자산에 대한 비용을 부담하는 때 5. 기타 특수관계 있는 자와의 거래로 인하여 당해 연도의 총수입금액 또는 필요경비의 계산에 있어서 조세의 부담을 부당하게 감소시킨 것으로 인정되는 때[191]	나 그 행사기간을 조정하는 등의 방법으로 이익을 분여하는 경우 8. 다음 각 목의 1에 해당하는 자본거래로 인하여 주주 등인 법인이 특수관계인인 다른 주주 등에게 이익을 분여한 경우(중간 생략) 8의 2. 제8호 외의 경우로서 증자·감자, 합병(분할합병을 포함한다)·분할,「상속세 및 증여세법」제40조 제1항에 따른 전환사채 등에 의한 주식의 전환·인수·교환 등 법인의 자본(출자액을 포함한다)을 증가시키거나 감소시키는 거래를 통하여 법인의 이익을 분여하였다고 인정되는 경우 9. 그밖에 제1호 내지 제7호, 제7호의 2, 제8호 및 제8호의 2에 준하는 행위 또는 계산 및 그 외에 법인의 이익을 분여하였다고 인정되는 경우

(2) 부당행위계산으로 보는 자본거래

제8호는 자본거래로 인하여 주주 등인 법인이 특수관계인인 다른 주주 등에게 이익을 분여한 경우에 대해 규정하고 있다. 증자시 주식을 인수하는 자가 주식을 고가로 인수함으로써 실권주주에게 경제적 이익을 분여한 것으로 보아 과세한 사례가 있다. 대법원 2010.11.11. 선고 2008두8994 판결에서, 법원은 실권주주에게 이익을 분여한 경우라 함은 신주의 고가인수로 인하여 실권주주가 보유하고 있던 주식의 1주당 가액이 상승하는 것을 의미하는데, 신주의 고가인수가 있더라도 이를 전후하여 실권주주가 보유하고 있던 주식의 1주당 가액이 모두 음수로 평가되고 단지 그 음수의 절대치가 감소한 것에 불과하다면 그 주식의 가액은 없다고 보아야 하므로 그 주식의 가액이 상승하였다고 할 수 없다고 판단하였다.[193]

2007년 법인세법시행령이 개정되면서는 제8호의 2로 다음과 같은 규정이 도입되었다.

> 8의 2. 제8호 외의 경우로서 증자·감자, 합병(분할합병을 포함한다)·분할,「상속세 및 증여세법」제40조 제1항에 따른 전환사채 등에 의한 주식의 전환·인수·교환 등 법인의 자본(출자액을 포함한다)을 증가시키거나 감소시키는 거래를 통하여 법인의 이익을 분여하였다고 인정되는 경우

위 제8호의 2도 '…하였다고 인정되는 경우'로 하여 포괄적인 방식으로 규정하고 있다. 이는 기존의 제9호의 규정에 의해서도 포섭될 수 있는 사항이지만 법인의 자본거래를 통해 스스로의 이익을 분여하는 것을 규제하겠다는 것을 보다 명확히 한 것으로서 향후 법인세법시행령상

---

189) 개인의 양도소득에 대한 부당행위계산부인의 유형에도 해당한다(소득세법시행령 제167조 제3항 제1호). 자산을 고가양수하는 것은 하나의 '행위'로 저가양도는 '소득금액 계산'으로 이해할 수 있을 것이다.

190) 법인의 수익파생에 공헌하지 못하거나 법인의 수익과 관련이 없는 자산으로서 장래에도 그 자산의 운용으로 수익을 얻을 가망성이 희박한 자산을 말한다(대법원 2000.11.10. 선고 98두12055 판결).

191) 개인의 양도소득에 대한 부당행위계산부인의 유형에도 해당한다(소득세법시행령 제167조 제3항 제2호).

192) 소득세법시행령 제98조 제2항 제1호 내지 제4호의 내용과 거의 동일한 것이다. 대법원 2010.5.13. 선고 2007두14978 판결 사건 참조

193) 이 판결은 "보충적 평가방법에 따라 1주당 가액을 산정한 결과 그 가액이 증여 등 거래를 전후하여 모두 부수인 경우에는 증가된 주식 등의 1주당 가액은 없는 것으로 보는 것이 합리적이라 할 것이며, 거래를 전후하여 1주당 가액이 부수로 산정되는데도 증여재산가액이나 채무면제액 등 거래로 인한 가액만을 주식수로 나누거나 단순히 부수의 절대치가 감소하였다는 이유로 주식 등의 1주당 가액이 증가된 것으로 보는 것은 증여세가 부과되는 재산의 가액평가에 관한 관계 규정을 전혀 감안하지 아니하는 결과가 되어 관계 규정의 해석상 허용될 수 없다(대법원 2003.11.28. 선고 2003두4249 판결)"를 원용하고 있으나 이전되는 경제적 이익을 평가하는 관점에서 보면 부당한 측면이 있다.

명시적으로 예시하지 않은 방법으로 자본거래를 통해 이익을 분여하는 경우를 포섭하고자 하는 취지로 이해할 수 있다.

그런데 제8호의 규정은 주주 등인 법인이 다른 주주에게 이익을 분여하는 경우를 규제하기 위함인 것이다. 이는 주주 등인 법인의 입장에서는 자본거래라기보다는 자산거래에 해당한다고 보아야 할 것이다. 즉 손익거래에 해당한다고 보아야 할 것이다.

제8호 및 제8호의 2의 규정은 주주간의 경제적 이익의 이전을 규율하기 위한 것이다. 주주가 주식발행법인으로부터 시가보다 높은 가액으로 신주를 인수하는 경우라면 그 간접적인 결과 제8호 및 제8호의 2의 규정이 적용되는 것과는 별론으로, 그 자체만으로 법인에게 경제적 이익이 이전되었다고 할 수 없다. 주식의 액면가 초과 할증발행에 의하여 불입된 자본은 주식발행법인의 seed money[주식발행초과금(자본잉여금)]로서 역할을 하는 것이다. 이 때 그 발행가액이 시가를 초과하였는지는 문제되지 않는다. 주주가 주식발행법인과 특수관계에 있다고 하여 해당 주주가 특수관계인으로부터의 고가양수한 것이라는 이유로 제1호의 규정을 적용하는 것은 타당하지 않다.[194]

법인의 주식 '시가'에 따르지 않은 증자 및 감자 시 과세문제는 다음과 같이 요약할 수 있다.

가격설정	당사자	감자를 위한 주식 매입	유상증자를 위한 주식발행
저가	법인	저가 매입 상대방 주주와의 관계에서 부당행위계산으로 보지 않음. 법인은 감자차익이 발생할 경우 이를 익금불산입함(법법 제17조 제1항 제2호).	부당행위계산부인규정 적용됨 (법령 제88조 제1항 제8호의 2).
	주주	감자에 의한 의제배당액 계산 시 반영함(법법 제16조 제1항). 법인에 주식을 저가로 양도한 주주가 다른 주주에게 이익을 분여한 것으로 인정되는 때에는 부당행위계산부인으로 보게 됨(법령 제88조 제8호 다목).	무상증자의 경우에는 의제배당과세되지만 유상저가증자의 경우 과세규정 없음.
고가	법인	부당행위계산부인규정 적용됨(법령 제88조 제1항 제8호의 2).	주식발행액면초과과액은 익금불산입됨 (법법 제17조 제1항 제1호).[195]
	주주	감자에 의한 의제배당액 계산 시 반영됨(법법 제16조 제1항).	특수관계인인 다른 주주에게 이익을 분여한 것인지는 사회통념 등에 비추어 판단함(법령 제88조 제1항 제8호 나목).

(3) catch all clause

법인세법시행령 제88조 제1항 제9호의 규정은(소득세법시행령 제2항 제5호와 유사하게) 동항이 법인세법의 구체적인 위임이 없이 법인세법상 '그 법인의 소득에 대한 조세의 부담을 부당히 감소시킨 것으로 인정되는 경우'의 의미를 단정적으로 획정하고자 하는 것은 아님을 알 수 있게 한다.

제9호는 두 개의 의미 단위로 구성되어 있다. '제1호 내지 제7호, 제7호의 2, 제8호 및 제8호의 2에 준하는 행위 또는 계산'과 '그 외에 법인의 이익을 분여하였다고 인정되는 경우'로 구분할 수 있다. 전반은 1998년 법인세법 및 법인세법시행령이 전면 개정되면서 삽입된 문구

---

194) 대법원 2014.06.26. 선고 2012두23488 판결, 대법원 2015. 9. 10. 선고 2013두6206 판결
195) 동 호 단서상의 예외가 있다.

이다. 후반은 1961년부터 유지되어 오던 '기타… 법인의 이익을 분여하였다고 인정되는 것이 있을 때'가 잔존한 것이다. 법인세법시행령은 소득세법시행령과 동일하게 법률상의 개념을 정의하는 문구를 두고 있지만 그 마지막 호에서 법률상의 문구를 다시 반복하는 방법으로 그 앞 호들의 규정이 예시적인 것임을 확인시켜 주고 있다. 이는 소득세법시행령과 법인세법시행령 해당 마지막 호에서 '…하였다고 인정되는 경우'라고 하는 표현을 사용함으로써 법률상의 문구와 동일한 방식으로 마무리하고 있는 반면 그 앞 호들에서는 그러한 표현이 발견될 수 없음을 통해서도 알 수 있다.

그럼에도 불구하고 1998년 법인세법시행령을 개정할 때 '제1호 내지 제7호, 제7호의 2, 제8호 및 제8호의 2에 준하는 행위 또는 계산'[196]의 문구가 삽입된 것은 우리 법원이 법인세법시행령상 부당행위계산유형에 관한 규정을 매우 제한적으로 해석하는 입장을 유지하고 있는 데에 대한 행정부의 대응으로 보인다. 즉 '그 외에 법인의 이익을 분여하였다고 인정되는 경우'의 문구가 바로 '제1호 내지 제7호, 제7호의 2, 제8호 및 제8호의 2에 준하는 행위 또는 계산' 이외의 양태를 규정하고자 함을 분명히 하는 것으로 보인다.

제9호가 적용된 사례로는 대법원 2006.11.10. 2006두125를 들 수 있다. 이는 계열사에 대한 채무보증과 이에 따른 대위변제가 경제적 합리성을 결여하였다고 한 사례이다. 하급심의 판단으로는 특수관계인간 채권의 회수지연으로 소멸시효가 완성되었다는 이유로는 대손금으로 볼 수 없고 부작위에 의한 부당행위계산부인 대상에 해당된다고 본 서울고등법원2006누6989, 2007.08.28.판결사건이 있다.[197]

경영권까지 포함된 비상장 주식을 이전할 경우의 주식시가는 통상의 상증세법상 주식평가가액 규정만으로는 파악할 수 없어서 해당 주식의 저가양도인지 단언할 수 없다고 하더라도, 그러한 주식의 이전을 현저하게 저가로 양도한 경우에는 **catch all clause**에 해당할 수 있을 것이다.[198] 이 쟁점에 관한 대법원의 판단사례로는 대법원 2019. 5. 30 선고 2017두49560 판결이 있다.[199]

---

196) 법인세법시행령 제88조 제1항 제9호의 의미는 같은 조항 제1호 내지 제8호에서 정한 거래행위 이외에 이에 준하는 행위로서 출자자에게 이익분여가 인정되는 경우를 의미한다고 보아야 하므로 납세자의 주식 등 자산의 거래행위가 법인세법 제20조에서 정한 부당행위계산부인과 관련하여 법인세법시행령 제88조 제1항 각 호 소정의 부당행위 유형 중 제1호・제3호와 제9호의 해당성이 문제된 경우에는, 그 거래행위가 만일 그 제1호・제3호에서 정하는 "출자자 등으로부터 자산을 시가를 초과하여 매입하거나 출자자 등에게 자산을 시가에 미달하게 양도한 때"에 해당하지 아니하는 경우에는 특별한 사정이 없는 한 위 제9호가 정하는 행위 유형에도 해당하지 아니한다(대법원 1996.5.10. 선고 95누5301 판결).

197) 외상매출금 회수를 적게 하고 경영상태가 호전됨에 따라 그 회수를 강화하는 것은 거래처의 효율적인 관리를 통한 매출물량의 확대를 기하고자 하는 경제적 합리성에 따른 것으로 보아야 할 것이므로 부당행위계산에 해당한다고 할 수 없다고 한 판례가 있다(대법원 1990.05.11. 선고 89누8095판결).

198) 대법원 2003.6.13. 선고 2001두0394판결. 이 사건 이후 비상장주식의 가액을 시가(매매사례가액)에 의하여 평가하는 경우에도 할증이 가능하도록 상증세법 제63조 제3항이 개정되었다(2008.12.26).

199) 乙 등은 위 돈 중 경영권 프리미엄에 해당하는 부분을 분배받을 만한 경제적이고 합리적인 이유가 없으므로, 乙 등이 받은 돈 중 그들이 양도한 주식의 한국거래소 종가를 넘는 부분은 甲 회사가 특수관계인 乙 등에게 甲 회사가 받아야 할 경영권 프리미엄 중 일부를 분여한 것이고, 위와 같은 행위는 구 법인세법(2010. 12. 30. 법률 제10423호로 개정되기 전의 것) 제52조, 구 법인세법 시행령(2010. 6. 8. 대통령령 제22184호로 개정되기 전의 것) 제88조 제1항 제9호가 정한 부당행위계산 부인의 대상이 된다.

(4) 부당성의 의미

법인세법상 부당행위계산으로 인정하기 위해서는 우선 해당 법인의 행위로 법인세가 감소되어야 한다. 그리고 그러한 법인세의 감소는 부당하게 이루어져야 한다. 부당성의 의미에 대해 법인세법시행령은 여러 유형을 들면서 그 마지막 호에 "…에 준하는 행위 또는 계산 및 그 외에 법인의 이익을 분여하였다고 인정되는 경우"를 들고 있다. 이를 소득세법시행령상의 규정과 비교하면 그 마지막 호에 단순하게 '이익을 분여'하는 것으로 하고 있을 뿐 '조세의 부담을 부당하게 감소'시킨 것을 요건으로 하고 있지 않다.

그럼에도 불구하고 법원은 법인세법 제52조 제1항의 규정상 '부당하게 감소'의 독자적인 의미를 인정하고 있다.[200] 이는 다른 말로 하면, 사업목적(business purpose)의 항변으로 부당행위계산부인규정의 적용을 배제할 수 있다는 것이다.

여기서 '부당'의 의미를 어떻게 보아야 할까? 우리 법원의 확립된 해석 관행상으로는 부당행위계산부인에 있어 반드시 조세부담을 회피하거나 경감시킬 의도가 있어야 하는 것은 아니다. 그럴 개연성이 있음을 인지하면서 한 행위가 경제적 합리성을 결여한 때에는 세법적용상 부당한 것으로 보아야 한다는 입장이다.

세법을 적용함에 있어 경제적으로 합리성을 결여한 거래는 제재하여야 하는가? 경제적 합리성이 있는지는 기업가에게 맡기어야 할 사항이다. 설사 누구나 경제적으로 비합리적이라고 보아야 할 사안이라 하더라도 경제적 비합리성만을 이유로 세법적용상 불이익을 줄 수는 없는 일이다. 위법소득이나 위법비용도 기본적으로 소득금액 계산상 반영한다. 납세자가 형성한 거래를 세법 적용목적으로 부인하기 위해서는 그 거래의 구성에 조세절감 이외의 다른 어떤 목적도 존재하지 않았다든가 다른 목적이 조세요인에 비해 경미한 것이었다는 정도에 불과한 경우이었음이 입증되어야 할 것이다.

이 점에서 대법원 2006.11.10., 2006두125판결은 '부당성'이 '경제적 합리성'을 의미한다는 해석을 제시하고 있다. 이 사건에서, 원고는 1994년 7월 2일경부터 1998년 6월 16일경까지 사이에 원고와 함께 아남그룹 소속의 계열회사로서 원고와 특수관계에 있던 아남건설 주식회사(이하 '아남건설'이라 한다)를 위하여 11회에 걸쳐 원고 회사의 자본총액을 초과하는 채무액에 관하여 연대보증을 섰다. 원고는 아무런 대가나 경제적 이익을 받지 아니한 채 단지 같은 그룹의 계열회사라는 이유만으로 이 사건 채무보증을 하게 되었다. 원고는 1998년 10월 30일 기업개선작업(Work-Out) 대상기업으로 승인되었는데, 채권금융기관협의회와 체결한 기업개선작업 약정에서 이 사건 보증채무액의 50%를 변제할 경우 나머지 50%의 보증채무를 면제해 주기로 함에 따라 2000년 5월 3일부터 같은 해 8월 1일까지 사이에 이 사건 보증채무의 이행으로 합

---

200) 법인인 두 출자자가 신설 법인의 총발행 주식의 50%씩을 균등하게 인수하는 것을 조건으로 합작회사를 설립하면서 그중 1인은 출자의 일부를 공장부지인 현물로써 하고 다른 1인은 50% 할증된 가액으로 주식을 인수하기로 한 경우 현물출자된 토지의 감정가액 금 841,500,000원을 시가로 볼 수 있으므로 이를 금 700,000,000원으로 계산하여 현물출자한 것은 단순히 계산상으로 보면 저가양도에 해당한다고 할 수 있을지 모르나, 현물출자자가 당초의 합작계약을 변경하여 영업권을 인정받아 다른 투자자만이 주식을 50% 할증 인수하게 된 사정에 비추어 보면, 그 현물출자가 건전한 사회통념이나 상관행에 어긋나는 비정상적인 거래로 경제적 합리성이 결여된 것이라고 보기 어렵고, 더구나 그 현물출자자는 다른 투자자와 투자비율 50:50으로 합작하여 법인을 설립하는 것이므로 신설 법인에게 이익을 분여하여야 할 특별한 이유도 찾아 볼 수 없다(대법원 1996.7.26. 선고 95누8751 판결).

계 531억여 원을 대위변제하였다. 그러나 아남건설에 대하여 진행된 회사정리절차에서 아남건설의 계열법인 등이 아남건설의 정리절차 개시신청 후 대위변제 등으로 인하여 아남건설에 대하여 취득하였거나 취득할 구상채권은 전액 면제하기로 하는 내용의 정리계획이 확정됨에 따라 원고는 더 이상 아남건설에 대하여 구상권을 행사할 수 없게 됨으로써 위 대위변제금은 모두 원고의 손실로 남게 되었다.

이에 대해 법원은 다음과 같이 판시하고 있다.

> 부당행위계산부인에 있어 반드시 조세부담을 회피하거나 경감시킬 의도가 있어야만 하는 것은 아니다(대법원 1996.7.12, 95누7260, 동 2000.2.11, 97누13184 등 참조). 이 사건 채무보증의 경위 및 내용, 이 사건 대위변제로 인하여 원고가 얻게 된 이익과 구상채권의 소멸로 인하여 원고가 입게 된 손실의 정도, 특히 원고가 자신의 사업목적과는 무관하게 단지 계열회사라는 이유만으로 아무런 대가나 경제적 이익도 받지 아니한 채 자신의 자본총액을 초과하여 이 사건 채무보증을 했던 점 등에 비추어 보면, 비록 원고가 이 사건 대위변제를 한 것은 채권단과 사이에 체결한 기업개선작업약정에 따른 것으로서 원고 회사의 존속과 소생을 위한 것이었고, 이로 인해 50% 상당의 보증채무를 면하게 되는 이익을 얻었다는 사정을 감안하더라도, 이 사건 채무보증 및 이에 따른 대위변제 등 일련의 행위는 경제적 합리성이 결여된 비정상적인 행위로서 법 제52조, 법 시행령 제88조 제9호 소정의 부당행위계산부인의 대상에 해당한다고 봄이 상당하다.

본 사건상 거래는 지급보증→대위변제→구상권소멸의 순을 밟아 가고 있다. 대위변제와 구상권소멸은 납세자의 자율적인 판단에 의한 것이 아니었다. 설사 지급보증 당시 대위변제의 위험이 매우 높았다 하더라도 그러한 위험을 무릅쓴 것이 자신의 조세부담을 줄이기 위한 것인지 아니면 다른 더 중요한 목적(계열기업의 회생 등)을 위한 것이었는지, 둘 다 추구하였다면 어느 것을 더 중요하게 보았는지를 판단하여 보았어야 할 일이다.[201]

이러한 원칙에 따라 실제 시행령상 열거된 행위라 하더라도 그렇게 하는 것에 나름대로의 경제적 합리성이 있었던 경우라면 부당행위로 보지 않는 대법원 판례도 상당수 발견된다[대법원 84누337(1985.5.28), 대법원 1996.7.26. 선고 95누8751, 대법원 2008두3197(2008.7.24.) 등].

대법원 2008두3197(2008.7.24.)판결사건에서는 원고가 특수관계인으로부터 주식을 매입할 때 지역 케이블방송과 경쟁관계에 있었던 점, 케이블방송의 경우 미래가치에 의한 평가가 중요하다고 볼 수 있는 점, 경영권이 포함된 주식인 점, 계약금액 보다 더 많은 금전으로 전환된 점 등에 비추어 세법상 시가보다 높은 가격으로 매입한 것이 경제적 합리성을 결여하였다고 보기 어렵다는 판단을 하고 있다.

또한, 대법원 2014.04.10. 선고 2013두20127 판결사건에서는 법인이 매입한 자산이 수익과생에 공헌하거나 장래에 자산의 운용으로 수익을 얻을 가능성이 있는 등 수익과 관련이 있는 자산에 해당하고 매입행위가 행위 당시를 기준으로 할 때 건전한 사회통념이나 상관행에 비추

---

201) 재법인-106, 2004.2.13. 및 심사법인 2004-7049, 2005.6.13. 참조.

어 '경제적 합리성'을 결여한 비정상적인 행위라고 할 수 없는 경우 부당성을 인정할 수 없다고 하였다.

'경제적 합리성'은 '이익의 분여'가 없었다는 점을 의미한다. 설사 해당 납세자의 조세를 절감하는 결과가 되더라도 거래상대방인 특수관계인에게 '이익의 분여'가 없었다면, 해당 납세자로서는 경제적으로 합리적인 것이 되고, 부당행위계산부인규정이 적용될 수 없다.[202]

일본에는 우리 세법과는 다른 동족회사간 행위계산부인규정이 있다. 적용대상 거래의 당사자의 범주 및 예시된 행위태양에 우리 부당행위계산부인규정과 다른 점이 있지만, '소득세의 부담을 부당하게 감소'의 요건은 동일하게 규정되어 있다. 이의 해석에 관한 다음의 일본의 사례[203]를 우리의 해석관행과 비교해보자.

X는 甲 빌딩의 소유자로서 그것을 임대하고 다액의 부동산소득을 얻고 있다. 부동산 소득의 수입은 甲 빌딩 임차인으로부터의 임대료뿐이었는데 그것에 대응하여 임대용 부동산에 관련된 유형자산세, 금융기관으로부터 차입하여 건설된 甲 빌딩 건설비에 대한 이자의 지불, 甲 빌딩 창 외측 청소를 위탁하고 있는 청소업자에의 지불, 현관 전구와 화장실 종이 등의 소모품 비용, 甲 빌딩 본체 등의 업무용 자산 감가상각비 등이 필요경비가 되고 있다. X는 매일 甲 빌딩의 현관, 계단, 화장실 등의 청소부터 그 빌딩의 관리업무까지 스스로 하고 이후에는 배우자 A 혹은 대학생인 아들 B가 그것을 하기도 한다. 그때에 X는 주식회사 乙을 설립하고 그 발행주식 100%를 스스로가 보유하고 있었다. X는 乙사의 대표이사의 지위를 갖고 A와 B는 乙사의 종업원이 되어 그 3명은 각각 乙사로부터 급여를 수령하였다. 乙사에는 달리 종업원 등이 없었다. 甲 빌딩의 소유자로서 X는 乙사와 빌딩 관리계약을 체결하였다. 그 계약에 의하면 (1) 乙사는 甲 빌딩의 관리를 X로부터 청부를 받아 A 빌딩 전속의 관리회사로 해서 세심하게 대응한다. (2) X는 甲 빌딩을 관리하는 대가로 해서 빌딩관리료를 乙사에 지불한다. (3) 甲 빌딩의 유지·관리에 필요한 비용은 乙사가 부담하도록 되어 있었다. X가 乙사에 지불한 관리료는 X가 甲 빌딩의 임차인으로부터 수취한 임대료의 총액으로부터 차입금이자, 감가상각비 등 필요경비에 더하여 당해 관리료를 차감하고 남은 잔액이 0원보다도 많은 때에 乙사가 X로부터 지불하는 이사 급여 등의 금액은 乙사가 X로부터 지급받은 관리비로부터 창 청소대금 및 소모품비 등 甲 빌딩 관리에 실제로 관련된 비용에 더하여 이사 급여 등을 지출하고 乙사의 소득이 0원이 되는 것으로 구성하였다. 그런데 乙사의 설립 후에도 X 등의 거래상황은 실질적으로 변화하지 않았다.

일본 소득세법 제157조의 규정상 동족회사 등의 행위 또는 계산의 부인 등의 규정이 적용될 수 있다. 乙사는 X의 동족회사이기 때문이다. 그런데 동 규정은 "세무서장이… 소득세의 부담을 부당하게 감소하는 결과가 된다고 인정하는 때에는 그 거주자의 소득세에 관계되는 경정 또는 결정을 함에 있어 그 행위 또는 계산에도 불구하고 세무서장이 인정하는 바에 따라 그 거주자의 각 연도분의… 소득금액을 계산할 수 있다"고 규정하고 있다. 소득세법 및 그 시행령은 '소득세의 부담을 부당하게 감소하는 결과'가 되는 행위의 의미를 구체화하는

---

202) 대법원 2005.4.29. 선고 2003두15249판결

203) 佐藤英明, 『租稅法演習 Note』, 弘文堂, 2008.3, pp.153~171.

어떠한 규정도 두고 있지 않다. 판례에 의해 그 의미에 대한 해석론이 발달하여 왔다. 그 해석론에 의하면 '비동족회사와의 거래에서 통상 기대할 수 없는 행위'로 보는 관점과 '경제적 합리성을 결여한 행위'로 보는 관점으로 구분할 수 있다. 다수설은 후자의 관점에 입각하고 있다.[204]

한편 일본 법인세법 제22조는 다음과 같이 규정하고 있다.

> 제1항 내국법인의 각 사업연도소득금액은 당해 사업연도의 익금액으로부터 당해 사업연도의 손금의 액을 공제한 금액으로 한다.
> 제2항 내국법인의 각 사업연도소득금액의 계산상 당해 사업연도의 익금액에 산입해야 할 금액은 별도로 정하는 것을 제외하고는 자산의 판매, 유상 또는 무상에 의한 자산의 양도 및 역무의 제공, 무상에 의한 자산의 양수 그 외의 거래로서 자본 등 거래 이외의 것에 관계되는 당해 사업연도의 수익금액으로 한다.

위 제2항 중 무상으로 자산을 양도한 경우 또는 무상으로 자산을 양수한 경우 그 거래로 인한 수익은 법인소득금액에 가산한다. 이는 비동족회사와의 거래에 대해서도 시가와의 차액을 법인소득금액으로 과세하겠다는 것으로 이해된다. 위 조문의 해석상 저가양도가 유상양도 또는 무상양도 중 무엇에 해당하는지에 대해 최고재판소의 입장은 유상양도에 해당하는 것으로 보고 있다. 차액 부분은 수익으로 인식되면서 역시 기부금으로 보게 된다(일본 법인세법 제37조).[205]

나. 법인세법상 '특수관계인'의 판정

법인세법상 내국법인의 특수관계인은 다음과 같이 규정되어 있다(법인세법시행령 제87조 제1항).

1. 임원의 임면권의 행사, 사업방침의 결정 등 당해 법인의 경영에 대하여 사실상 영향력을 행사하고 있다고 인정되는 자(「상법」 제401조의2제1항의 규정에 의하여 이사로 보는 자를 포함한다)와 그 친족
2. 주주등(소액주주등을 제외한다. 이하 이 관에서 같다)과 그 친족
3. 법인의 임원·사용인 또는 주주등의 사용인(주주등이 영리법인인 경우에는 그 임원을, 비영리법인인 경우에는 그 이사 및 설립자를 말한다)이나 사용인외의 자로서 법인 또는 주주등의 금전 기타 자산에 의하여 생계를 유지하는 자와 이들과 생계를 함께 하는 친족
4. 해당 법인이 직접 또는 그와 제1호부터 제3호까지의 관계에 있는 자를 통하여 어느 법인의 경영에 대하여 지배적인 영향력을 행사하고 있는 경우 그 법인
5. 해당 법인이 직접 또는 그와 제1호부터 제4호까지의 관계에 있는 자를 통하여 어느 법인의 경영에 대하여 지배적인 영향력을 행사하고 있는 경우 그 법인
6. 당해 법인에 100분의 30 이상을 출자하고 있는 법인에 100분의 30 이상을 출자하고 있는 법인이나 개인

---

204) 金子宏, 『租税法』(제10판), 弘文堂, 2005, pp.389~396.
205) 일본 최고재판소 1995.12.19. 제3소법정 판결.

7. 당해 법인이 「독점규제 및 공정거래에 관한 법률」에 의한 기업집단에 속하는 법인인 경우 그 기업집단에 소속된 다른 계열회사 및 그 계열회사의 임원

법인의 종업원, 즉 사용인도 그 법인의 특수관계인에 해당한다. 사용인의 주식매수선택권 행사 결과 법인이 법인의 주식을 그에게 저가에 양도한 경우에도 부당행위계산부인의 적용대상이 될 것이다. 그러나 법인세법은 일정 요건을 갖춘 경우에는 부당행위계산부인규정의 적용을 배제하고 있다(법인세법시행령 제88조 제1항 제3호, 제6호 및 제8호의 2).[206] 사용인에게 저리로 자금을 대출하여 준 경우에는 가지급금인정이자로 하여 법인의 소득금액을 증액한다(법인세법시행령 제88조 제1항 제6호 및 제3항).

위 제4호의 규정에 의한 '제1호부터 제3호까지의 관계에 있는 자' 중 당해 법인의 주주가 있을 수 있다. 당해법인(갑)의 주주 A가 30% 미만 출자하고 있는 법인(을)은 당해 법인의 특수관계인이 아니다. A가 30% 미만 출자하고 있는 법인 을의 입장에서 볼 때 법인 갑은 자기의 주주가 30% 이상 출자하고 있는 법인이 된다. 갑은 을의 특수관계인인데, 을은 갑의 특수관계인이 되지 않는 문리해석이 나오게 되는 것이다. 이에 대해 법원은 문리해석에 충실하면, 일방이 타방의 특수관계인이라는 사실이 그 타방이 해당 일방의 특수관계인을 의미하는 것은 아니라는 입장을 취하고 있다. 소위 "쌍방관계설[207]"을 부인하고 있다.[208] 특수관계인이 되면 부당행위계산부인을 하게 되는 것인데, 동일한 행위라 하더라도 어느 일방이 하면 부당행위계산으로 보아야 한다는 것이 다른 일방이 했을 때에도 동일하게 부당행위계산으로 보아야 할 이유가 반드시 있는 것은 아니다. 부당행위계산은 결국 조세의 부담을 감소하는 것에 관한 규정인데 개별 기업별로 사정이 다를 수 있기 때문이다.

2012년부터는 국세기본법은 '특수관계인'의 개념을 정의하고 있으며(국세기본법 제2조 제20호), 이 규정은 법인세법 등 다른 세법의 규정에 우선하여 적용된다(국세기본법 제3조). 어느 일방이 타방(본인)의 특수관계인에 해당되는 경우 국세기본법 또는 세법을 적용할 때 타방(본인)도 그 일방(특수관계인)의 특수관계인으로 간주하게 된다(국세기본법 제2조 제20호, 법인세법시행령 제87조 제1항).

20. '특수관계인'이란 본인과 다음 각 목의 어느 하나에 해당하는 관계에 있는 자를 말한다. 이 경우 이 법 및 세법을 적용할 때 본인도 그 특수관계인의 특수관계인으로 본다.
가. 혈족·인척 등 대통령령으로 정하는 친족관계
나. 임원·사용인 등 대통령령으로 정하는 경제적 연관관계
다. 주주·출자자 등 대통령령으로 정하는 경영지배관계

---

206) 법인세법시행령 제20조 제1항 제3호 참조.

207) 법인세법기본통칙52-87…1

208) 대법원 2008두150 전원합의체판결, 2011.7.21., 대법원 2013.12.26. 선고 2011두18120 판결, 대법원 2013.12.26. 선고 2011두1832 판결

2. '시가'의 개념·적용

부당행위계산부인규정이 적용되기 위해서는 특수관계인과의 거래가 있어야 하며 그것에서 주고받은 대가가 '시가'와 차이가 있는 것이 되어야 한다. 부당행위계산부인규정의 운영을 위해서는 시가의 개념 정립이 필요하다. 시가는 동 규정 적용을 위한 수단적 개념이다.

부당행위계산부인규정의 적용 여부를 판단할 때의 시가의 산정시점과 그 규정 적용결과 소득금액을 조정할 때의 시가의 산정시점이 다를 수 있다. 전자는 거래행위 시를 기준으로 판단하는 반면, 후자는 실제 자산처분 또는 취득시점을 기준으로 판단한다.[209] 이는 국조법상 이전가격세제상 정상가격은 원칙적으로 하나의 과세기간 중 찾도록 되어 있는 것과 대조를 이룬다.

'시가'의 개념에 대해 법인세법 제52조 제2항은 다음과 같은 원칙을 설정하고 있다.

> 제1항의 규정을 적용함에 있어서는 건전한 사회통념 및 상관행과 특수관계인이 아닌 자 간의 정상적인 거래에서 적용되거나 적용될 것으로 판단되는 가격(요율·이자율·임대료 및 교환비율 기타 이에 준하는 것을 포함하며, 이하 이 조에서 '시가'라 한다)을 기준으로 한다.

'시가'의 정의는 법인세법상 부당행위계산부인규정의 성격을 짐작하게 한다. 조세의 감소 여부에 대한 판단에 앞서 정상적인 상업인으로서 제3자 간의 관계에서라면 어떤 법률관계를 구성하였을까 하는 관점에서 해당 거래의 정상성을 판단하여야 한다는 것이다. 조세의 부담을 부당하게 감소시킨 것으로 인정되는 경우가 되는 데에는 논리적으로 해당 거래가 건전한 사회통념 및 상관행과 특수관계인이 아닌 자 간의 정상적인 거래에서 적용되거나 적용될 가격을 적용하지 않을 것을 전제로 하고 있는 것이다.

'시가'의 개념은 '건전한 사회통념 및 상관행에서 적용되거나 적용될 것'과 '특수관계인이 아닌 자 간의 정상적인 거래에서 적용되거나 적용될 것'의 두 가지의 요소로 구분하여 볼 수 있다.[210] 전자는 이른바 정상적인 사업목적(legitimate business reason)이 있으면 조세회피행위로 규제될 수 없다는 미국 내국세입법상 사업목적이론(business purpose doctrine)의 정신이

---

209) 저가양도로 인한 부당행위계산 부인에 있어 매매계약체결시기와 양도시기가 다른 경우 토지 등의 양도가 부당행위계산에 해당하는지는 그 대금을 확정 짓는 거래 당시를 기준으로 판단하는 반면, 그 토지의 양도차익을 계산함에 있어서는 양도가액을 양도시기를 기준으로 산정하고 이는 그 선택의 이유와 기준을 달리하므로 양자가 기준시기를 달리 본다고 하여 불합리한 것은 아닌 점(대법원 1989.6.13. 선고 88누5273 판결, 대법원 1999.1.29. 선고 97누15821 판결 참조), 이러한 기준시기의 구별은 고가매입의 경우의 세무회계 처리방법, 소득처분의 시기와 방법에 비추어 동일하게 적용될 수 있는 점 등을 종합하면, 고가매입으로 인한 부당행위계산 부인의 경우에도 토지 등의 취득이 부당행위계산에 해당하는지 결정의 기준시기는 거래 당시인 반면, 그 익금에 산입하여 소득처분할 금액 산정의 기준시기는 특별한 사정이 없는 한 그 취득시기로 봄이 상당하다(대법원 2010.5.13. 선고 2007두14978 판결).

210) 참고로 일본의 법인세법상 동족회사의 행위계산부인에 관한 규정은 구체적인 부당행위의 유형을 설정하고 있지 않은데 법원의 판례상 부인대상이 되는 행위유형을 비동족회사 간에서는 나타나기 어려운 행위로 보거나 순 경제인의 행위로서는 불합리하고 부자연한 행위로 보는 두 가지 유형이 존재한다. 두 가지 경우 모두 동족회사행위계산부인규정 적용요건의 충족 여부를 판단함에 있어 큰 차이는 없지만 후자의 관념에 입각한다면 정상적인 사업목적이 있다는 이유로 납세자가 항변하기 용이해진다는 특징이 있다(金子宏, 전게서, pp.392~393).

반영된 것이며, 후자는 조세회피와는 직접적인 관련이 없이 순수하게 비특수관계인 간의 거래라면 이루어졌을 가격, 즉 정상가격을 의미한다. 전자는 조세회피방지규정적인 성격을 함유하고 있으며 후자는 기술적인 중립성을 유지하고자 하는 이전가격과세제도와 유사한 것이다. 부당행위계산부인규정은 이전가격과세제도를 탄생시킨 모체가 되는 것이지만 양자는 이 점에서 차이가 있는 것이다. 부당행위계산부인규정은 개별적인 조세회피방지규정(specific anti-avoidance rule)로서의 성격이 있는 것이기 때문에 전자의 관점에서 해당 조문을 해석하는 것이 타당하다.

이러한 논의와는 별개로 실제 시가의 개념을 적용하기 위해서는 구체적인 산정방법이 마련되어 있어야 하는데 그것의 구체적인 방법론에 있어서는 내용상 이전가격과세상 정상가격의 산정방법과 많은 부분 공통점을 가지고 있다.211) 이는 법인세법시행령 제89조가 시가의 구체적인 산정방법에 관해 방대한 규정을 두고 있으면서 그 제1항이 아래와 같이 시가의 산정방법으로 '특수관계인이 아닌 자 간의 정상적인 거래'의 가격을 보다 구체화하는 취지의 규정을 두고 있는 데서도 알 수 있다.

> 법 제52조 제2항의 규정을 적용함에 있어서 당해 거래와 유사한 상황에서 당해 법인이 특수관계인 외의 불특정다수인과 계속적으로 거래한 가격 또는 특수관계인이 아닌 제3자 간에 일반적으로 거래된 가격이 있는 경우에는 그 가격212)에 의한다.

법인세법시행령 제89조 제2항은 제1항에 의한 시가가 불분명한 경우 보완적인 시가 산정방법으로서 감정가격 및 상중세법상 평가가액으로 순서를 정하고 있다. 그리고 동 조 제3항과 제4항은 자금거래나 부동산임대거래에 적용할 시가에 대해 특칙을 두고 있다.

법원은 여러 자산을 포괄적으로 양수한 것으로 인정되는 경우에는 원칙적으로 개개의 자산별로 그 거래가격과 시가를 비교하여 고가양수 등에 해당하는지 여부를 판단할 것이 아니라, 그 자산들의 전체 거래가격과 시가를 비교하여 포괄적 거래 전체로서 고가양수 등에 해당하는지 여부를 판단하여야 한다고 한다(대법원 2013.09.27. 선고 2013두10335 판결, 대법원 1997. 2. 14. 선고 95누13296 판결 등).

법원은 시가의 입증책임은 일관되게 과세관청에게 있다고 보고 있다. 시가를 산정하기 어려워 상중세법상 보충적 평가방법을 택할 수밖에 없었다는 점에 관한 입증책임을 과세관청에 부담시키고 있다(대법원 2004두2271, 2004.5.13, 대법원 2005두3066, 2005.6.23., 대법원 2013.09.27. 선고 2013두10335 판결 외 다수 같은 뜻). 과세관청은 법인세법상 부당행위계산부인 시 적용되는 '시가'를 산정할 때에는 '매매사례가액', '감정가액' 및 상중세법상 '보충적으로 평가한 가액'을 적용함

---

211) 부당행위계산부인 시… 토지, 건물의 위치 등의 입지조건, 지목 기타 사용용도, 면적, 이용상황, 인접 및 유사 지역 내의 유사 토지의 적정거래가격 등을 종합적으로 참작하여 산정한 가격을 기준으로 하여야 할 것이며, 한편 부동산의 경우 그 객관적인 교환가치는 시간의 경과와 주위환경의 변화 등 여러 가지 사정에 따라 수시로 변동할 수 있는 것이므로 평가기준일 이후에 있은 매매가액을 공급 당시의 시가로 볼 수 있으려면 당해 부동산에 관하여 그 사이 아무런 가격변동이 없었다는 점을 과세관청이 아울러 주장·입증하여야 한다(대법원 1996.1.23. 선고 95누12408 판결).

212) 주권상장법인 및 코스닥상장법인이 발행한 주식을 「한국증권선물거래소법」에 따른 한국증권선물거래소에서 거래한 경우 해당 주식의 시가는 그 거래일의 한국증권선물거래소 최종시세가액(대법원 2015.8.27. 선고 2012두16084 판결 참조).

에 있어서 어느 한 가액을 시가로 적용할 수밖에 없다는 점을 명확히 입증하여 과세할 필요가 있다.

3. 부인의 효과

가. 저가양도·고가양수의 경우

자산의 저가양도의 경우를 예로 들면, 갑이 특정 자산을 시가의 70%의 가액으로 을에게 양도할 경우 시가와 거래가액의 차액에 해당하는 30% 해당분(A)은 양도자는 양도소득으로 과세되고 수증자는 증여세로 과세된다. 수증자는 A에 거래가액을 가산한 가격을 장부가액으로 인정받게 된다(소득세법시행령 제163조 제10항). 자본이득과세에도 틈이 없게 된다. 만약 갑이 그 자산을 무상이전하였다면 갑은 위의 경우와 동일하게 양도소득세를 부과받았을까? 이는 양도로 인식하지 않는다. 따라서 갑은 과세되지 않는다.213) 수증자인 을은 시가에 해당하는 가액을 증여재산으로 과세받는다. 수증자는 무상양도 당시의 시가를 자신의 장부가액으로 인정받게 된다. 자본이득과세에 (A)/(0.3)에 대응하는 자본이득만큼의 틈이 있다. 일본 소득세법은 증여를 양도로도 보는 규정을 두고 있다.214)

자산의 고가양수의 경우 부당행위계산 부인 대상인 시가초과액은 자산을 양도하고 대금을 청산한 날이 속하는 사업연도의 익금으로 보게 된다.215) 취득가액 중 부인 대상인 시가초과액은 그 자산을 인수한 날이 속하는 사업연도의 법인의 과세표준에는 아무런 영향을 미치지 못한다.

주주인 법인이 주식발행법인의 유상증자에 대해 액면가 이상으로 주식을 인수한 것은 주식의 고가양수로 볼 수 없다.216)

나. 업무무관가지급금의 경우

차입금을 보유하고 있는 법인이 법인세법상 특수관계에 있는 자에게 업무와 관련 없이 대통령령이 정한 가지급금 등을 지급한 경우에 부당행위계산부인에 따라 대여금의 인정이자를 익금에 산입한다.

'업무와 관련 없이 지급한 가지급금'에는 순수한 의미의 대여금은 물론 채권의 성질상 대여금에 준하는 것도 포함되고,217) 적정한 이자율에 의하여 이자를 받으면서 가지급금을 제공한

---

213) 양도소득에 관한 부당행위계산부인규정은 '양도소득이 있는 거주자'에 대해 적용된다(소득세법 제101조 제1항).
214) 법인에 대한 증여 및 유증, 한정승인에 따른 상속 및 포괄유증은 '간주양도'로 규정하고 있다(일본 소득세법 제59조).
215) 대법원 2008.9.25. 선고 2006두3711 판결.
216) 대법원 2010.12.23. 선고 2009두11270 판결
217) 특수관계자에 대한 채권의 회수를 지연할 경우에는, 지연되면서부터 업무무관가지급금에 해당하게 된다(대법원 2010.10.28. 선고 2008두15541판결)..

경우도 포함되며, 가지급금의 업무 관련성은 당해 법인의 목적이나 영업내용을 기준으로 객관적으로 판단하여야 한다.[218]

부당행위계산부인과 함께 손금불산입 적용을 받는 것은 실질과세원칙과 과잉금지원칙에 위배되지 않는다고 할 것으로 재산권을 침해하지 않는다.[219]

다. 부당행위계산부인 시 소득처분

실제거래가액이 시가와 차이가 있어 분여한 것으로 구분된 이익은 이익을 분여한 법인에게는 익금으로 추가하고 그 이익의 실질적인 귀속자에게는 이득이 될 것이므로 별도로 과세 여부를 판단한다(법인세법시행령 제89조 제6항). 관할세무서장의 입장에서 그 이득이 그냥 두어도 누군가의 소득 내지 증여재산으로 과세가 되는 경우라면 세법상 추가적인 조치가 필요하지 않으므로 기타 사외유출된 것으로 처분한다(법인세법시행령 제106조 제1항 제3호 자목). 그렇지만 무언가 조치를 취해야 과세될 수 있는 경우라면 관할세무서장은 조치를 취해야 한다. 해당 법인이 이익을 분여하였으므로 그에게 원천징수의 의무를 부담시키기도 한다. 그 이익의 실질적인 귀속자에게 당장 이득이 되지만 아직 그 이득이 실현되지 않은 경우 이를 바로 과세할지 아니면 실현할 때 과세할지는 부당행위계산의 거래 상대방에 대한 소득세, 법인세 내지 증여세의 과세원칙에 따라 결정된다.[220]

저가양도인데 증여세로도 과세되지 않는 경우, 즉 저가로 한 부분이 5% 이상[221] 30%[222] 미만인 경우(예를 들어, 20%인 경우)에는 기타소득으로 소득처분하여야 한다(법인세법시행령 제106조 제1항 제1호 라목, 소득세법 제21조 제1항 제13호, 소득세법시행령 제41조 제9항). 갑이 제3자로부터 3년 전에 1억 원에 양수한 부동산을 이제 특수관계인인 을에게 10억 원에 양도하는데 현재 해당 부동산의 시가는 12억 원인 경우 신고한 양도소득금액은 9억 원이지만 부당행위계산부인규정에 의해 갑이 추가적으로 과세받아야 할 소득금액은 2억 원이 된다. 이때 양수자인 을은 2억

---

218) 대법원 2007.9.20. 선고 2005두9415 판결, 조심 2012서0007, 2012.3.21. 참조.

219) 차입금을 보유하고 있는 법인이 특수관계인에게 업무와 관련 없이 가지급금 등을 지급한 경우에는 이에 상당하는 차입금의 지급이자를 손금불산입하도록 하는 조세상의 불이익을 주어, 차입금을 생산적인 부분에 사용하지 아니하고 계열사 등 특수관계인에게 대여하는 비정상적인 행위를 제한함으로써 타인자본에 의존한 무리한 기업확장으로 기업의 재무구조가 악화되는 것을 방지하고, 기업자금의 생산적 운용을 통한 기업의 건전한 경제활동을 유도하는 데 있다. 부당행위계산부인에 따른 인정이자 익금산입제도는 법인과 특수관계에 있는 자와의 거래가 경제적 합리성을 무시하여 조세법적 측면에서 부당한 것이라고 보일 때 과세권자가 객관적으로 타당하다고 인정되는 소득이 있었던 것으로 의제하여 과세함으로써, 과세의 공평을 기하고 조세회피행위를 방지하고자 하는 입법목적을 가지고 있다. 이와 같이 양 제도는 상이한 입법목적을 위해 서로 다른 적용요건을 가지고 있으므로 어느 경우에 우연히 양자의 요건을 동시에 갖춤으로써 두 제도가 함께 적용된다 하더라도 그것이 하나의 행위에 대한 이중의 제재라든가 동일한 담세물에 대한 중복과세라고는 보기 어렵고, 따라서 피해 최소성의 원칙에 반한다고 할 수 없다. 나아가 이 사건 심판대상조항들의 입법목적인 차입금 유입 억제를 통한 기업의 건전한 재무구조유도와 기업자금의 생산적 운용이라는 조세정책적 공익은 차입금에 대한 지급이자 손금불산입에 따른 법인세 증가라는 사익에 비해 결코 작다고 할 수 없으므로 법익의 균형성을 상실하였다고 볼 수도 없다(법인세법 제28조 제1항 제4호 나목 위헌소원 등 2007.1.17. 2005헌바75, 2006헌바7·8(병합) 전원재판부).

220) 법인세법기본통칙 67-106…8, 67-106…9, 67-106…10.

221) 부당행위계산부인의 요건 중 하나이다.

222) 증여세부과요건 중 하나이다.

원에 대해 증여세를 부담하지는 않는다. 시가 대비 차액이 20%에 불과하고 3억 원에도 미치지 않기 때문이다(상증세법시행령 제26조 제3항). 즉 현재 증여세가 과세되지 않고 추후 양수자가 다시 양도할 때 소득세가 과세될 것이므로 법인세법시행령 제106조 제1항 제3호 자목(기타 사외유출)에는 해당하지 않을 것이다. 증여세가 과세되어야 할 사안은 아니기 때문에 소득세가 과세되는 경우에는 증여세를 부과하지 않도록 하는 상증세법상 규정은 해당 없다(상증세법 제2조 제2항).

특수관계인에 대한 업무무관가지급금에 대해 부당행위계산부인규정이 적용될 때, 해당 법인에 대해서는 인정이자를 익금가산하고 이를 해당 특수관계인의 소득으로 소득처분한다. 업무무관가지급금과 관련된 차입금에 대해서는 그 지급이자를 손금불산입하고 이를 기타 사외유출된 것으로 소득처분한다. 경제적 실질로 보면 해당 법인이 자금을 빌려 이를 특수관계인에게 전대하고 이자를 받지 않은 것인데, 해당 법인은 차입이자는 손금산입하고 받아야 할 이자는 익금산입하지 않은 것이라면, 과세관청은 받아야 할 이자를 익금에 산입하고 그 익금상당액은 특수관계인에게 이익을 이전한 것이라고 볼 수 있으므로 그 자에게 상응하는 과세를 하여야 할 것이다. 그런데 관련한 차입금을 위해 지출한 이자를 손금인정을 해 주지 않는 것은 거래의 실질에 부합하지 않는다. 법인과세상 수익의 창출에 직접 관련된 비용은 손금으로 인정해 주도록 되어 있는 원칙에 충실하기 위해서라도 인정할 필요가 있다.[223]

제6항 과세표준 및 세액의 산정

1. 개요

가. 과세표준

법인세액은 과세표준에 세율을 곱하여 산정한다. 내국법인의 각 사업연도소득에 대한 법인세의 과세표준은 각 사업연도소득 범위 안에서 이월결손금, 비과세소득 및 소득공제액을 순차로 공제한 금액으로 한다(법인세법 제13조).

이월결손금은 해당 사업연도의 개시일 전 10년 이내에 개시한 사업연도에서 발생한 결손금으로서 그 후의 각 사업연도의 과세표준계산에 있어서 공제되지 아니한 금액을 말한다. 중소기업 등을 제외한 내국법인의 이월결손금은 2018년 중에 개시하는 사업연도 소득에 대해서는 70퍼센트, 2019년 1월 1일 이후 개시하는 사업연도부터는 각 사업연도 소득의 60퍼센트로 그 공제한도가 적용된다(법인세법 제13조).

이 경우 결손금은 통상적인 법인세 신고가 되거나 세무서장에 의해 결정·경정되거나, 수정신고된 과세표준에 포함된 결손금에 한정한다(법인세법 제13조 제1호 2문).[224] 이 조항이 도

---

223) 같은 취지, 김완석, 『법인세법론』, 광교이택스, 2007, pp.524~525.
224) 부과제척기간 이내에 확정된 과세표준에 포함된 것만을 포함한다는 의미이다.

입되기 전, 법원은 확정된 과세처분과는 독립한 별개의 처분인 그 뒤 사업연도의 법인세 부과처분의 효력을 다툼에 있어 종전의 과세표준 결정이 잘못되었다거나 법인세법의 관계 규정에 따라 소득에서 공제될 수 있는 이월결손금이 있다는 등의 주장을 다시 할 수 있다(대법원 2002.11.26. 선고 2001두2652 판결)는 입장을 취하였다. 이 판결 이후에는, 비록 과세연도의 과세표준 및 세액이 확정되었더라도 그 후 사업연도의 과세표준 등을 산출함에 있어서는 전의 사업연도에 공제가능하였던 정당한 이월결손금이 순차로 공제되었음을 전제로 당해 연도에 공제할 결손금을 계산하여야 한다는 다소 보수적인 입장으로 구체화되었다(대법원 2004.6.11. 선고 2003두4522 판결). 이들 판결은 모두 법인세법상 결손금은 반드시 과세표준 확정시 결손금으로 조사된 금액 뿐 아니라 어느 사업연도의 손금총액이 익금총액을 초과하는 경우 그 금액은 당연히 결손금에 해당한다는 것을 전제로 하는 것이었다. 경제적으로 보아 세법적용상 담세능력이 없는 상태가 있었다면 어느 때라도 그것을 인정하는 것이 형평에 부합하는 것 아닐까?

나. 산출세액

법인세율체계는 소득세처럼 초과누진방식으로 구성되어 있다.

과세표준	~2억원	2억원~2백억원	2백억원~2천억원	2천억원~
세율	10%	20%	22%	25%

과세표준에 세율을 곱한 것을 산출세액이라고 하고 산출세액에서 공제감면세액을 차감하고 가산세액을 가산한 후 기납부세액을 공제하면 차감납부할 세액이 된다. 공제감면세액에는 외국납부세액이 포함되며, 기납부세액에는 원천납부세액이 포함된다. 차감납부할 세액에서 '사실과 다른 회계처리경정세액공제'를 하면 차감납부세액이 된다(법인세법 제58조의 3).

법인세 산출세액은 위의 세율표에 의한 세액에 법인세법 제55조의 2, 동법 제56조 및 조특법 제100조의 32의 규정에 의한 세액을 합한 세액으로 한다.

결손금의 소급에 의한 환급의 경우, 당해 연도에 결손금이 있는 중소기업이 그것을 우선 소급하여 상계하고자 할 때에는 관할세무서장에게 법인세신고기한 내에 세액의 환급을 신청하여야 한다. 이와 동시에 해당 법인은 당해 연도 및 소급하고자 하는 사업연도의 법인세신고를 하여야 한다(법인세법 제72조). 당초 신고 시에는 당해 사업연도의 결손금에 대해 소급공제를 신청하지 않고 있다가 추후 소급공제에 대한 환급을 신청하는 방법으로 경정청구를 하는 것은 허용되지 않는다. 법인이 당해 사업연도의 법인세를 신고납부하였는데 관할세무서장이 경정을 하면서 직전 사업연도의 법인세액을 증액하고 당해 연도는 결손이 발생한 것으로 결정한 경우에도 해당 법인은 환급을 신청할 수 없다. 여기서 신청은 법인세신고기한 이내에 하여야 하기 때문이다. 여기서 환급 신청에 따른 세무서장의 결정에는 직전년도 법인세의 환급세액을 결정하는 효력이 부여된다.

2. 최저한세

일정한 경제·사회적 목적의 달성을 위해 도입한 개별적 조세특례는 그 도입취지에 맞게 독립적으로 적용되어야 할 것이다. 여러 특례가 동시에 적용되다 보면 내야 할 세금이 전혀 없는 기업도 발생한다. 이때 중첩적인 조세특례를 통해 과다하게 지원을 받는 기업이 발생하지 않도록 하기 위한 목적으로 도입된 제도가 최저한세이다. 최저한세는 '각종 조세지원을 감안하지 않았을 경우라면 산출됐을 과세표준'에 대해 최소한 얼마 정도의 세금은 내야 할 것이라고 한다면 바로 그 세금을 의미한다. 따라서 최저한세는 별도로 세금을 내야 할 세목은 아니다. 최저한세규정 때문에 증가한 법인세액이다. 최저한세율은 다음과 같다(조특법 제132조 제1항).

구 분		최저한세율
중소기업		7%
대법인	과표 100억 원 이하	10%
	100억 원 초과~1,000억 원 이하	12%
	1,000억 원 초과	17%

조특법상 조세지원은 최저한세의 규정의 적용을 받는 조세지원과 그렇지 않은 조세지원으로 양분된다. 최저한세 적용대상 조세지원에는 각종 특별비용, 비과세소득, 익금불산입, 소득공제, 세액공제 및 세액감면이 있다. 최저한세규정의 적용대상이 아닌 조세지원을 받은 법인의 실제 부담세율은 최저한세율보다 낮은 수준이 될 수 있다.

3. 부가적인 세액

법인세법은 법인의 지가급등지역의 주택, 비사업용 토지에 대해서는 통상의 법인세율에 의한 세액 이외에 10%p의 세율로 계산한 세액을 부과한다(법인세법 제3조 제1항 제3호, 법인세법 제55조의 2 제1항 제1호). 개인의 경우 지정지역 안의 토지에 대해 높은 세율이 적용되는 것과 균형을 맞추기 위함이다(소득세법 제104조 제4항 및 동법 제104조의 2).[225] 다만, 중소기업은

---

225) 개인과 법인 사이의 과세의 불균형을 바로잡고 토지 등에 대한 투기를 방지하기 위하여 부동산 등의 처분이익에 대하여 법인세를 과세하는 외에 추가로 특별부가세를 과세하고, 그리하여 소득세법상 양도소득에 대한 최고세율과 법인세법상 양도소득에 대한 최고세율이 비슷하게 되도록 함으로써 토지 등에 대한 투기 유인을 제거하는 한편 법인과 개인 간의 조세형평도 달성하게 하는 것이므로, 이 사건 법률조항은 목적의 정당성이 인정되고, 그 목적을 위한 적절한 수단이라고 할 것이다. 또한 법인세 이외에 별도의 조세부과가 없다면 토지 등의 양도에 있어서 법인과 개인의 세부담이 불공평하게 되고, 이 사건 부동산을 기준으로 하여, 법인의 부동산 양도차익에 대한 특별부가세의 세부담과 개인의 부동산 양도차익에 대한 양도소득세의 세부담을 비교하여 보면 일률적으로 개인이 법인에 비하여 양도차익에 대한 세부담률이 낮다고는 할 수 없으며, 개인에게 부과되는 양도소득세와 비교하여 중복과세로 인한 법인의 세부담 차이는 거의 없거나 있다고 하더라도 과세체계상 허용되는 범위 내에 있는 것으로 봄이 상당하므로 이 사건 법률조항은 그 입법목적의 달성에 비례하는 제한 수단을 취한 것이고, 이 사건 법률조항을 통하여 추구하는 공익을 침해되는 사익과 비교할 때 법익의 균형성 요건도 충족한다고 할 것이므로, 이 사건 법률조항은 헌법에 위반되지 않는다(법인세법 제99조 제1항 제1호 등 위헌소원 2009.3.26. 2006헌바102

2015년까지 10%p 추가과세 없이 일반세율(10 ~ 22%)로 과세하고 2016년부터 10%p 추가과세 한다(부칙 제8조).

　내국법인은 미환류소득에 대해 10%의 세율로 계산한 세액을 부가적으로 납부하여야 한다(법인세법 제56조, 법인세법시행령 제93조). 미환류소득금액은 투자, 임금증가, 배당 등이 당기소득의 일정액에 미달하는 금액이다. 자기자본이 500억원을 초과(중소기업 제외)하거나 상호출자제한기업집단 소속기업인 내국법인에 대해 적용한다. 납부할 부가세액의 산정방법은 다음 중에서 하나를 선택할 수 있으며 ⑧형에서 ⑭형으로의 전환을 허용한다.

> ⑭ [당기소득 × 80% − (투자+임금증가+배당액등)] × 10%
> ⑧ [당기소득 × 30% − (임금증가+배당액등)] × 10%

　2017년으로 기업소득환류세제는 일몰이 종료되어 소멸하게 되었으며, 그와 동일한 구조이지만 구체적 내용을 달리하는 투자·상생협력촉진세제가 2020년까지의 일몰세제로 신설되었다(조특법 제100조의 35). 차감공제항목 중 투자에서 토지에 대한 투자를 삭제하고 차감항목 중 배당액을 삭제하는 반면, 고용·임금증가분 및 상생협력 출연금 가중치를 확대하였다.

4. 세액공제

　법인세액 산출과정상 세액공제에는 법인세법상 기납부세액공제 및 외국납부세액공제 그리고 조특법상 세액공제 등이 있다.

　법인세법 제58조의 3은 '사실과 다른 회계처리 경정 세액공제'에 대해 규정하고 있다. 법인세법 제66조 제2항은 경정의 사유에 대해 규정하면서 제4호에서 내국법인이 사실과 다른 회계처리로 증권거래법 및 외감법상 경고·주의 등의 조치를 받은 경우로서 과세표준과 세액을 과다하게 계상하여 국세기본법 제45조의 2의 규정에 의하여 경정을 청구한 경우에는 관할세무서장이 경정을 하도록 하고 있다. 여기서 사실과 다른 회계처리는 수익 또는 자산을 과다계상하거나 손비 또는 부채를 과소계상하는 등의 회계처리를 말한다. 법원은 납세자에 대해서는 자산을 과대계상하는 분식회계에 의해 과다납부한 법인세에 대해 취소소송을 제기하는 것이 신의성실의 원칙에 위배되었다고 할 정도로 배신행위를 한 것은 아니라고 보고 있다.226) 그런데 법인세법 제58조의 3은 경정을 용인227)하면서도 경정에 의하여 과다납부한 것으로 확인된 세액을 바로 환급해 주지 않고 경정일이 속하는 사업연도부터 5년 이내에 종료하는 사업연도의 법인세액에서 순차적으로 공제하도록 하고 있는 것이다. 이는 일반경정에 따른 환급금은 타 세목에 충당하거나, 잔액을 경정일 이후 30일 이내에 즉시 환급하도록 하는 것과 대조를 이룬다(국세기본법 제51조). 그 5년간 세액공제하

　전원재판부). 법인세법 제55조의 2 제6항 위헌소원(2011.10.25. 2010헌바21) 참조.

226) 대법원 2006.1.26. 2005두6300.

227) 국세기본법 제45조의 2 제1항의 요건에 해당하는 것으로 본다는 것이다.

여도 남는다면 나머지 금액을 즉시 지급하여야 한다(법인세법 제72조의 2). 환급가산금은 어떤 경우에 해당하더라도 5년이 지난 시점에 지급하게 되는데 그 금액은 국세기본법 제52조의 규정에 의하여 실제 지급할 때까지의 이자상당액으로 한다. 이때 이율은 (경과일수) × (12 / 100,000)[228]이다(법인세법시행령 제95조의 3, 제110조의 2). 국세기본법상 국세환급금은 이미 확정된 국세에 충당할 수 있다(국세기본법 제51조 제2항). 그러나 아직 발생하지 않은 미래의 국세채무에 충당하도록 하는 것은 헌법상 보장된 재산권을 침해하는 성격을 지니고 있다.[229]

조특법상 세액공제로는 근로소득을 증대시킨 기업에 대한 세액공제(조특법 제29조의 4, 조특법시행령 제26조의 4) 등이 있다. 임금증가 기업에 대해 증가분의 5%(중소·중견기업 10%)를 세액공제해준다. 여기서 증가분은 직전 3년 평균 임금증가율을 초과한 임금증가분(임원, 고액 연봉자 등을 제외하고 계산)으로 한다.

제3절 조세채무의 확정

제1항 신고

법인세는 신고납세방식의 조세이다. 신고를 함으로써 납세의무가 확정된다. 입법론적으로는 법인의 소득이라 하여 당연히 신고납세로 과세하여야 하는 것은 아니다. 법인세를 신고납세방식의 조세로 한 것은 법인의 경우 법인 스스로의 복식부기에 의해 유지되는 회계장부를 기초로 소득금액을 계산하도록 하고 있기 때문에 정부보다는 개별 법인이 자신의 소득금액을 확정하기 용이한 입장에 있는 사정이 반영된 결과이다.

법인세 과세상 중간예납제도가 있다. 납세자인 법인은 해당 사업연도 개시일부터 6월을 중간예납기간으로 하여 중간예납세액을 직접 계산하여 납부한다(법인세법 제63조). 중간예납세액은 직전 사업연도 납부세액의 2분의 1에 해당하는 금액이 된다. 법인은 당해 중간예납기간을 1사업연도로 보아 계산한 과세표준에 세율을 적용하여 계산한 세액을 납부할 수도 있다(법인세법 제63조 제5항). 이때 중간예납세액은 자동확정방식으로 확정된다. 대학 등 고등교육법에 따른 학교를 운영하는 학교법인에 대해서는 중간예납의무가 면제된다(법인세법 제63조 제1항).

---

228) 연리 4.38% 수준이다.

229) 일본 법인세법에 유사한 규정이 있다(법인세법 제70조 제1항). 일본 법인세법은 아울러 다음과 같이 규정하고 있다(동법 제134조의 2). "내국법인에 대해 제70조의 규정을 적용하는 경우에는 그 내국법인의 동 조 제1항에 규정하는 경정일이 속하는 사업연도 개시일 전 1년 이내에 개시하는 각 사업연도의 소득에 대한 법인세액으로서 당해 경정일 전에 확정된 것이 있는 때에는 세무서장은 그 내국법인에 대해 동 항의 규정에 의해 공제할 수 있는 금액 중 당해 법인세액에 달하는 금액을 환급한다. 그 경우에는 당해 환급금액에 대해서는 동 조 제1항에 의한 공제는 하지 않는다."

내국법인은 각 사업연도의 종료일이 속하는 달의 말일부터 3개월 이내에 당해 사업연도의 법인세과세표준과 세액을 납세지관할세무서장에게 신고하여야 한다. 우리나라 내국법인은 통상 역년을 사업연도로 하고 있으므로 그 시한은 3월 말이 된다. 개인의 경우 5월 말이 종합소득세 신고기한으로서 법인세의 신고기한과 2개월의 터울이 있다. 이는 법인으로부터의 배당이나 상여를 합산하여 신고할 시간적 여유를 갖게 만든다.

신고하여야 할 서류는 법인의 재무제표와 이를 세무조정한 내역이다.

비영리내국법인에게는 일정한 경우 신고상 특례가 인정된다. 비영리내국법인의 사업은 고유목적사업과 수익사업으로 구분할 수 있는데 수익사업의 범주에 포함되어야 할 것이 단순한 투자자산소득에 불과할 경우에는 사실상 계속적인 사업을 영위한 것으로 보기 어렵기 때문에 그 소득에 대한 세금이 원천징수되거나 개인과 같은 요령으로 해당 소득에 대한 세금을 신고납부하면 법인세의 신고를 하지 않을 수 있도록 하고 있다. 이 경우에는 기부금공제가 불가능하다.

제2항 부과결정

법인세법 제66조는 법인의 각 사업연도소득과세표준의 결정 및 경정에 대해 규정하고 있다. 납세지관할세무서장은 법인이 신고하지 않은 경우 법인세과세표준과 세액을 결정하고 신고내용에 오류 또는 탈루가 있는 경우 등에는 경정하여야 한다.

법인세법기본통칙은 법인이 신고한 소득금액의 내용이 허위 또는 착오인 것이 객관적으로 명백한 경우를 제외하고는 그 신고내용을 정당한 것으로 보도록 하고 있다.[230] 이에 따라 자진 신고·납부한 사항이 허위인 것이 명백한 경우가 아니면 실무상 경정하지 않는다. 과세표준신고서에 기재된 과세표준 및 세액이 세법에 의하여 신고하여야 할 과세표준 및 세액을 초과하는 때에는 경정청구를 할 수 있다. 관할세무서장은 신고한 것이 허위인 것이 명백한데 납세자가 스스로 경정청구한다면 경정을 하여야 할 것이다(국세기본법 제45조의 2 제1호). 이때 경정청구는 법정신고기한으로부터 3년 이내에 하여야 한다. 여기서 '허위인 것이 명백한 경우' 또는 '신고하여야 할 과세표준 및 세액을 초과하는 때'의 판단은 관할세무서장이 한다.

법인세법 제66조 제2항 제4호는 특별히 증권당국이나 회계당국의 경고·주의 등을 받아 경정청구를 한 경우에는 경정을 하여야 한다고 규정하고 있다. 그의 요건에 관해서는 동 호와 법인세법시행령 제103조의 2에서 자세히 규정하고 있는데 경정의 일반적인 법리에 의하면 반드시 그러한 경고·주의 등을 받아야 하는 것은 아니기 때문에 동 호는 제1호의 '신고내용에 오류'가 있는 경우의 예시라고 보아야 할 것이다.

법인세법시행령은 소득세법시행령처럼 소득금액의 추계결정방법을 열거하고 있다(법인세법시행령 제104조). 수입금액은 실지조사하는 데 소득금액을 추계조사로 결정할 수 있다. 수입금액은 추계조사하더라도 소득금액은 실지조사로 결정할 수 있다(법인세법시행령 제105조 제2항).

당초 결정할 때 실지조사에 의하여 과세표준을 확정하였는데 추후 수입금액 누락사실이

---

230) 법인세법기본통칙 66 - 0···1.

적출된 경우 그에 대응하는 비용을 실사를 통해 확인할 수 없는 때에는 해당 수입금액에 대응하는 소득금액만 추계할 수는 있다.[231] 실무상으로는 비용의 확인이 곤란한 경우 소득금액을 추계하지 않고 비용을 전혀 인정하지 않는 경우도 있다. 납세자가 이러한 결과를 막기 위해서는 원래 실지조사를 할 당시 산입되지 않은 비용이 존재함을 입증하여야 할 것이다. 입증이 곤란하다고 하여 전체를 추계조사로 전환할 수는 없는 것이다. 원래 결정이 추계조사방식에 의해 하였는데 추가적인 수입금액이 적출될 경우에는 추가적인 부분에 대해 추계 결정하면 된다.

제4절 소득처분

'소득처분'이라 함은 기업회계상 당기순이익에서 출발하여 법인세법상 각종 조정과정을 거친 결과 법인의 각 사업연도소득금액이 구해진 다음 그것이 어떠한 상태에 있는가를 과세관점에서 바라보고 필요한 조치를 취하도록 하는 것을 말한다.

소득처분에서 '소득'은 법인의 소득을 말하는 것이다. 기업회계상으로는 법인의 당기순이익은 법인세, 배당 그리고 사내유보의 방법으로 갈 길을 가게 된다. 기업회계상 당기순이익에 아무런 조정을 할 필요가 없었던 경우라면 소득처분도 필요하지 않게 된다. 이미 처분될 길이 정해져 있기 때문이다. 그런데 위와 같이 세무조정사항이 발생한 경우에는 그것을 어떻게 처분하여야 하는가 하는 문제가 나타나게 된다.

여기서 소득처분은 '＋소득'과 '－소득' 모두에 해당하는 말이다. '＋소득'으로서 각 사업연도소득금액을 증가시킬 부분이라면 우선 법인세를 부담하고 남는 것이 사내에 남아 있을 수도 있고 누군가가 가져가서 사내에 없을 수도 있다.

간단한 예를 들자면 법인의 대표이사가 법인의 매출 1억 원을 누락하고 횡령한 것을 세무조사과정에서 적출한 경우라면 관할세무서장은 법인세(세율을 20%로 전제) 2천만 원을 국가에 내게 하고 나머지 8천만 원은 대표이사에 대한 상여로 처분하여야 할 것이다. '－소득'으로서 각 사업연도소득금액을 감소시킬 부분이 발견된다면 법인세를 환급받아 그것을 사내 적립되어 있는 이윤에 가산하여야 할 것이다.

위와 같이 소득처분은 '＋소득'이 발견되든 '－소득'이 발견되든 모두 이루어져야 할 과정이다. 그런데 법인세법은 다음과 같이 익금에 산입한 금액의 처분에 대해서만 규정하고 있다(법인세법 제67조).

> 제60조의 규정에 의하여 각 사업연도의 소득에 대한 법인세의 과세표준을 신고하거나 제66조 또는 제69조의 규정에 의하여 법인세의 과세표준을 결정 또는 경정함에 있어서 익금에 산입한 금액은 그 귀속자 등에게 상여·배당·기타 사외유출·사내유보 등 대통령령이 정하는 바에 따라 처분한다.

---

231) 법인세법기본통칙 66－104…5.

이를 이어받은 법인세법시행령도 익금에 대해서만 규정하고 있다. 실무상으로는[232] 손금산입 사항도 소득처분의 대상이 되는 것으로 운영되고 있다. '＋소득'이든 '－소득'이든 사내에 적립된 이윤으로서 법인세와 배당지급액을 차감한 것을 법인세법상으로는 '자본금과 적립금'이라고 한다.[233] 자본금과 적립금은 다음과 같은 순서로 산정된다.

① 기업회계상 자본금 및 잉여금을 산정한다.
② 세무조정유보소득을 산정하여 ①의 금액에 가산한다.
③ ②의 금액에서 당기 법인세[234]를 차감하여 당기 말 '자본금과 적립금'을 산정한다.

③에서 산정한 자본금과 적립금이 소위 '세무상 자본'에 해당한다. 기업회계상 손익계산서와 대차대조표(재무상태표)가 있고 대차대조표(재무상태표)에 자본의 부가 있다. 세무회계상 손익계산서는 기업회계상 손익계산서에 '소득금액조정합계표'를 반영하여 얻을 수 있을 것이다.

이는 법인세신고서[235]상 '결산서상 당기순이익'에 '소득조정금액'을 가감하여 '차가감소득금액'을 산정하고 그에 따라 각 사업연도소득금액을 산정하는 과정에서도 알 수 있다.[236]

세무회계상 대차대조표(재무상태표)는 상정하기 곤란하다. 기업회계상 대차대조표(재무상태표)의 자본의 부에 대응하는 세무상의 내역은 ①부터 ③까지의 과정을 기록한 '자본금과 적립금조정명세서(갑)'이다. 이는 법인세신고서와 함께 제출되어야 한다. ②의 과정에서 세무조정유보소득이 전기로부터 유보된 것, 당기에 새로이 발생한 것 그리고 차기에 이월될 것이 세무조정 항목별로 정리되어 '자본금과 적립금조정명세서(을)'에 기록된다. 소득금액조정합계표는 다음과 같이 구성되어 있다.

<소득금액조정합계표>

익금산입 및 손금불산입				손금산입 및 익금불산입			
과목	금액	소득처분		과목	금액	소득처분	
		처분	코드			처분	코드

처분란에는 익금산입 및 손금불산입의 경우 배당, 상여, 유보, 기타소득, 기타 사외유출, 기타로 구분하도록 하고 손금산입 및 익금불산입의 경우 유보(△유보), 기타로 구분기입한다.[237]

---

232) 법인세법시행규칙 제82조 제15호상 제50호 서식도 손금산입의 경우 소득처분에 대해 언급하고 있다.

233) 미국 세법상 earnings and profits에 대칭하는 개념이다.

234) 지방소득세(주민세)를 포함한다.

235) 법인세과세표준 및 세액조정계산서.

236) 기부금 관련 조정이 추가되어야 한다.

237) 회사를 설립하거나 증자할 때 당초부터 진정한 주금의 납입으로 회사자금을 확보할 의도 없이 일시적인 차입금으로 단지 주금납입의 외형을 갖추고 회사설립이나 증자 후 곧바로 납입금을 인출하여 차입금을 변제하는 주금의 가장납입의 경우에도 금원의 이동에 따른 현실의 납입이 있고, 설령 그것이 실제로는 주금납입의 가장수단으로 이용된 것이더라도 이는 납입을 하는 발기인 또는 이사들의 주관적 의도의 문제에 불과하므로 이러한 내심적 사정에 의하여 회사의 설립이나 증자와 같

다양한 세무조정사항과 세무조정의 결과 어떤 처분을 하여야 하는지에 관한 매우 세부적인 규정이 법인세법 제67조 및 법인세법시행령 제106조에 마련되어 있다. 본서의 목적상 이들 각각에 대해 논하는 것은 적절치 않다. 다만, 법인세법상 소득처분 규정은 단순히 기술적으로 실질적인 귀속을 보아 세법상 허점이 없도록 하기 위한 성격에 그치지 않고 세무조사의 과정에서 발견된 위법행위를 규제하기 위한 목적을 동시에 추구하고 있다는 점을 알 필요가 있다.

▶ 법인의 익금 또는 손금과 관련하여 횡령한 경우

세무조사과정에서 법인의 매출누락이 발견되고 사용인이 횡령한 사실이 밝혀질 경우 소득금액변동통지를 통해 지급을 의제하고 상여(근로소득)로서 원천징수할 의무가 부여된다.[238] 앞에서 든 예의 경우 법인이 매출 1억 원을 누락하여 대표이사가 모두 횡령[239]한 것이 세무조사과정에서 적출된 경우를 상정해 보자.

거래의 실질을 보면 대표이사는 1억 원을 챙겼고 법인은 이를 회수하지 못하였다.[240] 이를 논리적으로만 본다면 납세자가 적법하게 신고하였더라면 국가가 징수했을 세금을 부과하는 것이 타당할 것이다. 즉 1억 원 중 법인세 2천만 원을 국가에 내도록 하고 나머지 8천만 원은 대표이사에 대한 상여로 처분하는 것이 타당할 것이다.

그러나 거래의 실질상 법인은 아무런 경제적 이득이 없다. 그러한 경제적 실질에 부합하게 과세하고자 한다면 대표이사 개인에게 소득세를 부과하는 것으로 끝내는 것이 타당하지 않을까?

즉 법인에는 1억 원의 익금이 발생하였지만 1억 원의 비용이 발생한 것으로 보는 것이 타당하지 않을까? 그와 같이 본다면 1억 원의 익금산입과 더불어 1억 원의 손금산입이 된다.

실제 법인세법령은 이러한 경우 익금산입만 허용하고 1억 원 모두를 대표이사에 대한 상여로 처분하도록 하고 있다. 따라서 법인은 2천만 원의 세금을 내고 대표이사는 자신의 소득세율에 따라 세금을 내야 한다(법인세법시행령 제106조 제1항 제1호 나목).

은 집단적 절차의 일환을 이루는 주금납입의 효력이 좌우될 수 없다. 따라서 주금을 가장납입한 후 납입금을 인출하여 차입금을 변제한 경우에는 특별한 사정이 없는 한 납입금 상당액이 사외로 유출된 것으로 보아야 한다(대법원 2016. 9. 23. 선고 2016두40573 판결)

238) 구 소득세법(1994.12.22. 법률 제4803호로 전부 개정되고, 2006.12.30. 법률 제8144호로 개정되기 전의 것) 제127조 제1항 제4호 중 '법인세법에 의하여 상여로 처분된 금액'에 관한 부분은 헌법에 위반되지 아니한다. 횡령금액에 대해 법인세법에 의하여 상여로 처분된 금액에 대한 소득세를 원천징수의 대상으로 삼더라도 최소침해의 원칙에 반하지 않는다(2008헌바1, 2009.7.30).

239) 횡령금액에 대해 법인세법에 의하여 상여로 처분된 금액에 대한 소득세를 원천징수의 대상으로 삼더라도 최소침해의 원칙에 반하지 않는다(2008헌바1, 2009.7.30.). 대표이사가 법인의 자금을 유용하는 행위는 특별한 사정이 없는 한 애당초 회수를 전제로 하여 이루어진 것이 아니어서 그 금액에 대한 지출 자체로서 횡령, 즉 사외유출로 본다. 여기서 그 유용 당시부터 회수를 전제하지 않은 것으로 볼 수 없는 특별한 사정은 이를 주장하는 법인이 입증하여야 한다(2008.11.13. 선고 2007두23323 판결). 대개의 경우 임직원의 횡령은 법인과세소득금액의 축소신고와 연결되어 있지만, 만약 법인의 과세소득금액의 변경과 무관하게 법인의 임직원이 법인의 재산을 횡령한 경우라면 그것은 법인세법 제67조의 규정에 의한 소득처분의 대상이 되지 않는다. 소득세법상 소득의 하나로 열거되어 있지도 않다. 이에 대해 법인의 원천징수의무를 부과할 수는 없다고 할 것이다.

240) 법인이 매출사실이 있음에도 불구하고 그 매출액을 장부에 기재하지 아니한 경우에는 특별한 사정이 없는 한 매출누락액 전액이 사외로 유출된 것으로 보아야 하고, 이 경우 그 매출누락액이 사외로 유출된 것이 아니라고 볼 특별사정은 이를 주장하는 법인이 입증하여야 한다(대법원 2002.1.11. 선고 2000두3726 판결).

만약 법인이 매출누락에 의한 횡령의 사실을 발견하고 스스로 매출액을 신고한 경우 횡령한 임직원의 상여로 소득처분하여야 하는가? 법인이 업무와 관련하여 임직원이 사외유출한 금액을 회수하지 못하였지만 스스로 손해배상채권 등 자산으로 계상한 경우에는[241] 유출된 날이 속하는 사업연도에 익금으로 산입하고 동 자산계상액은 손금산입(△유보)으로 한다.[242]

법인의 공금을 특정인이 유용하고 있으며 회수할 것임이 객관적으로 입증되는 경우에는 가지급금으로 본다.[243] 종업원을 해고할 때에 가지급금을 회수하지 않으면 채권을 포기한 것으로 보아 익금에 산입한다(법인세법시행령 제11조 제9호의 2).

법인이 동 사용인과 그 보증인에 대하여 횡령액의 회수를 위하여 법에 의한 제반 절차를 취하였음에도 무재산 등으로 회수할 수 없는 경우에는 동 횡령액을 대손처리한다. 추후 회수하면 익금산입하게 된다.

법인이 횡령액을 회수한 경우에 대해서는 2005년 2월 19일 신설된 다음과 같은 법인세법시행령 제106조 제4항이 가이드라인을 제공하고 있다.

> 내국법인이 국세기본법 제45조의 수정신고기한 내에 매출누락, 가공경비 등 부당하게 사외유출된 금액을 회수하고 세무조정으로 익금에 산입하여 신고하는 경우의 소득처분은 사내유보로 한다. 다만, 세무조사의 통지를 받거나 세무조사에 착수된 것을 알게 된 경우 등 경정이 있을 것을 미리 알고 사외유출된 금액을 익금산입하는 경우에는 그러하지 아니하다.

여기서 수정신고기한은 '각 세법의 규정에 의하여 당해 국세의 과세표준과 세액을 결정 또는 경정하여 통지를 하기 전까지'로 되어 있다. 따라서 과세관청의 경정처분이 있기 전까지 회수한 경우에는 사내에 유보되어 세무상 자본이 증가된 실질을 인정하고 상여로 처분하지 않도록 하고 있다. 이 규정의 반대해석에 의하면 과세관청이 법인세과세표준을 경정하고 이에 따라 상여로 소득처분을 한 경우라면 그 이후에 회수한다 하더라도 당초의 소득처분은 유지된다는 것을 의미한다.[244] 이 때 회수한 것은 법인에게 추가적인 이득으로 보아야 하는가? 이미 과세된 소득이므로 이월익금[245]에 대해서처럼 법인세를 부과하지 말아야 할 것이다.

---

241) 대법원은 대법원2009두6223사건에서 대표이사가 횡령하는 기간동안 소액주주의 지분이 56%이상 보유하고 있어 대표이사의 의사를 법인의 의사와 동일시하거나 경제적 이해관계가 사실상 일치하는 것으로 보기 어려운 점, 횡령사실을 알게 된 직후부터 손해배상 등 권리행사에 착수한 점 등으로 보아 회수를 전제하지 않은 것으로 사외유출되었다고 볼 수 없다는 판단을 하였다(대법원2009두6223, 2009.07.23.).

242) 서면2팀 - 1490, 2006.8.7.

243) 법인세법기본통칙 67 - 106…12.

244) 사외유출로 인해 법인의 대표자 등에게 귀속된 금액이 소득세 납세의무 성립 이후 법인에 환원된 경우 소득처분하여야 하며, 법인이 사외유출된 금액을 회수하였으나 자발적인 노력에 의한 것이 아닌 경우 이에 대하여 소득처분하는 것이 헌법상 보장된 재산권의 본질적인 내용을 침해하거나 소득세법에 위배되는 것은 아니다(대법원 2011.11.10. 선고 2009두9307 판결). 법인세법시행령 제106조 제4항 참조.

245) 기업회계와 세무회계 수익인식시기의 차이에 의해 세무회계상 이미 익금에 산입된 금액이 당기에 와서야 기업회계상 이익으로 계상된 경우 그 금액을 소득금액 산정상 배제하여야 하므로 이를 이월익금이라고 하여 과세에서 배제한다. 횡령액의 경우 당초 재무제표에 보고되지 않았을 것인데 세무조사과정에서 적출된 때에 전기오류수정이익으로 반영하게 될 것이며 이에 대해 이미 과세되었다면 다시 과세하는 것은 타당하지 않다고 보아야 할 것이다.

▶ 법인의 익금 또는 손금과 무관하게 횡령한 금액

종업원이 회사의 수입금액 누락과 무관하게 회사의 공금을 횡령한 경우 동 종업원과 그 보증인에 대하여 횡령금의 회수를 위하여 법에 의한 제반 절차를 취하였음에도 무재산 등으로 회수할 수 없는 경우에는 동 횡령액을 대손처리할 수 있다. 이 경우 대손처리한 금액에 대해서는 종업원에 대한 근로소득으로 보지 아니한다.[246]

▶ 회생절차 개시 전 발생한 사유

법인이 「채무자 회생 및 파산에 관한 법률」에 따른 회생절차에 따라 특수관계인이 아닌 다른 법인에 합병되는 등 지배주주가 변경(인수)된 이후 회생절차 개시 전에 발생한 사유로 인수된 법인의 대표자 등에 대하여 법인세법 제67조에 따라 상여로 처분되는 일정 소득에 대해서는 소득세를 원천징수하지 않는다(소득세법 제155조의 4). 임직원 본인이 소득세 납부의무를 부담한다.

제4장 청산소득에 대한 법인세

제1절 과세대상 및 과세표준

청산소득에 대한 법인세는 청산소득금액을 과세대상으로 한다. 법인세법상 청산소득의 발생사유는 해산이다(법인세법 제77조).

일반적으로 법인의 소멸시점에 나타나는 조세문제는 다음과 같다.

- 해산
  - ▶법인: 청산소득에 대한 법인세
  - ▶주주: 의제배당 소득세(법인세), 법인세 제2차 납세의무 및 연대납세의무
  - ▶청산인: 법인세 제2차 납세의무 및 연대납세의무
- 합병·분할
  - ▶법인: 각 사업연도소득에 대한 법인세
  - ▶주주: 의제배당에 대한 소득세(법인세)
  - ▶합병의 경우 소멸법인의 조세채무를 존속법인이 승계하며, 분할소멸법인의 경우 새로 설립되는 법인 또는/그리고 분할합병의 상대방법인이 연대납세의무를 부담
- 사업양도
  - ▶양도인: 각 사업연도소득에 대한 법인세
  - ▶양수인: 제2차 납세의무(국세기본법 제41조 제1항)

---

246) 소득세법기본통칙 27 - 8.

2009년 법인세법 개정에 의해 청산소득에 대한 법인세의 과세대상에서 피합병법인의 청산소득 및 분할법인의 청산소득이 삭제되었다(구 법인세법 제80조 및 제81조).[247] 우리나라 법인세법은 법인세의 과세대상으로 법인의 각 사업연도소득과 청산소득을 들고 있다. 적용세율이 동일함에도 불구하고 양자를 굳이 분류한 것은 조세채무의 성립에 있어서는 다를 바 없지만 그 확정 및 확보상 독립적으로 다룰 필요가 있기 때문이다. 청산소득은 주로 법인이 존속하고 있던 기간 중 보유한 자산의 자본이득으로 구성되는데 법인의 소멸로 그 자산의 명의이전이 있게 된다. 이는 법인이 존속하면서 개별 자산을 처분하는 것과 본질적으로 다를 바 없다. 후자의 경우에는 그 처분시점의 각 사업연도소득으로 과세한다. 전자의 경우 이를 법인이 소멸한다 하여 소멸하는 시점에 종료하는 사업연도의 소득으로 과세하지 않을 이유는 없다. 성립하는 조세채무 과세대상의 본질에 있어 다를 바가 없는 것이다.

그런데 굳이 전자의 경우에는 청산소득으로 과세하는 것은 조세채무의 확정과 그 확보상 특칙을 둘 필요가 있기 때문이다. 해산하는 과정을 예로 들면, 법인은 해산하면서 해산등기를 하고 이후 청산사무가 종결되면 청산등기를 함으로써 소멸한다. 청산기간 중 그간 지속하던 사업을 하기도 하는데 이는 각 사업연도소득으로 과세하는 한편, 해산등기시점에 존재하는 순자산을 계산해 내어 그것을 청산소득으로 과세할 필요가 있다. 개념상 해산시점의 순자산 가액은 그 시점의 장부가액만 본다면 바로 계산되어 나올 것이지만 실제 그것을 구성하는 자산과 부채를 시장에서 얼마의 가격으로 볼 것인지는 청산사무를 진행하면서 확인되게 된다. 그것의 핵심은 자본이득일 것인데 그간 각 사업연도의 소득금액 계산상으로는 미실현손익이기 때문에 과세되지 않던 것들을 해산시점에 그것이 일시에 실현된 것으로 의제하고 소득금액을 계산하는 것이다. 물론 그 실현가액은 청산기간 중 구체화된다. 이렇게 계산된 과세표준과 세액은 순자산, 즉 잔여재산가액의 확정일부터 3월 이내에 신고하도록 하고 있다.

다음 확정된 조세채무의 이행을 확보하는 데에도 별도의 규정이 존재한다. 청산인과 잔여재산의 분배를 받은 자는 각 사업연도소득에 대한 법인세와 청산소득에 대한 법인세의 제2차납세의무를 부담한다. 청산소득에 대한 법인세에 대해서는 국세기본법상 납부지연가산세를 징수하지 않는다.

그런데 해산이 아닌 합병이나 분할로 소멸하는 법인의 경우에는 해산등기에서 청산등기로 이어지는 청산기간이 존재하지 않는다. 즉 바로 합병등기 또는 분할등기에 의하여 소멸하게 되며, 잔여재산은 합병이나 분할에 의해 새로 생기는 법인에게 모두 이전하며, 그 재산의 환가는 새로 생기는 법인의 지배세력과의 협상과정에서 일괄로 이루어지게 되어 있다. 그 한 시점에 일괄로 잔여재산이 확정되므로 그것을 통상적인 각 사업연도소득금액 계산상 자본이득과 달리 취급할 이유가 없다. 그리고 합병의 경우 소멸법인의 조세채무를 존속법인이 승계하며, 분할소멸법인의 경우 새로 설립되는 법인 또는/그리고 분할합병의 상대방법인이 연대납세의무를 부담한다(국세기본법 제23조 제3항). 따라서 합병과 분할에 대해서는 청산소득의 개념을 적용할 실질적인 이유가 없다.

---

247) 일본에서는 2010년 해산에 의한 청산소득도 각 사업연도소득으로 보아 과세하도록 법인세법이 개정되었다.

이에 따라 피합병법인에 대해서는 합병시점에서 합병법인에 이전하는 자산의 시가를 양도가액으로 보아 소득금액을 산정한다(법인세법 제44조). 양도가액의 구체적인 산정방법의 규정은 대통령령에 위임되어 있지만 부당행위계산부인규정의 적용상 '시가'로 하도록 되어 있다(법인세법 제44조의 2). 이에 따라 청산소득에 대한 법인세를 회피하기 위해 합병법인이 포합주식[248]을 취득하는 것을 규제하기 위한 규정도 필요가 없게 되었다. 포합주식은 피합병법인의 청산소득금액을 합병법인에게 이전하는 자산의 가액으로 계산하지 않고 피합병법인의 교부받은 주식의 가액으로 하는 간접적인 방식을 취하던 구 법인세법상의 규정 때문에 문제 된 것이었다.[249] 이와 같이 합병에 대한 청산소득과세제도를 폐지하는 것은 조세이론적인 측면에서 해산에 대한 청산소득에서와 같이 취급하여야 할 이유가 없는 점과 동시에 정책적으로 합병의 과정에서 발생하는 소득에 대한 조세부담을 줄임으로써 기업구조조정이 원활하게 이루어지도록 하기 위한 의도도 반영한 것이다. 청산소득을 계산함에 있어 계속성의 요건을 갖춘 합병의 경우에는 피합병법인이 교부받은 주식을 액면가액으로 평가하도록 함으로써 세금부담이 최소화되도록 하고 있는 구제도는 경우에 따라서는 청산소득에 대한 세금이 부과되는 점이 지적된 것이다. 그러나 이러한 정책목적을 추진하기 위한 방안으로서 합병에 대한 청산소득개념을 폐지하는 것만 있었던 것은 아니다. 피합병법인은 자산의 장부가액을 합병대가로 하여 청산소득이 발생하지 않도록 하고 합병법인은 승계받은 자산의 가액을 피합병법인의 장부가액으로 하며, 피합병법인의 주주가 받는 합병법인의 주식가액은 피합병법인 주식의 취득가액으로 하는 방법으로 이러한 문제를 해소할 수도 있었을 것이다.[250]

---

[248] 존속회사가 보유하는 소멸회사 주식(포합주식)에 대한 신주배정은 보통의 신주발행을 통해 회사가 자기주식을 인수하는 것과 다르고, 존속회사가 이미 가지고 있던 주식이 합병에 의해 다른 재산인 신주로 바뀔 따름이므로 이론적으로 가능하다는 견해가 많다(정동윤, 이철송; 권기범은 이를 허용하면 존속회사가 신주발행절차를 밟지 않고 신주발행을 하는 것과 동일한 결과가 되고 무용한 절차가 반복된다는 이유로 부정적인 입장을 취하고 있다.).다만, 이러한 견해에 의하더라도 신주를 꼭 배정해야만 하는 것은 아니고, 실제로 배정하지 않는 사례도 많다(노혁준, 포합주식에 대한 합병신주의 배정가능성, 『자기주식과 기업의 합병, 분할』, 한국증권법학회, 2008).

[249] 구 법인세법상 청산소득에 대한 법인세를 회피하기 위하여 사전에 피합병법인의 주식을 취득하는 것을 방지하기 위하여 포합주식의 취득가액을 합병대가에 가산하도록 하기 위함이다. 아래 구체적인 숫자를 들어 설명한다.
- 피합병법인의 합병등기일 전 재산상태
  - 자산 300억 원(시가 500억 원), 부채 50억 원, 자본금 100억 원, 잉여금 150억 원
  - 주당액면가액 5,000원(1주당 시가 22,500원)
- 합병법인이 피합병법인의 주식 전부를 시가대로 취득 후 소각한 경우
  - 주식취득 시
    (차변) 투자주식 450억 원 (대변) 현금 450억 원
  - 장부가액에 의하여 합병하면서 포합주식에 대하여 신주를 교부하지 않고 소각한 경우 합병분개(전체가 포합주식인 것으로 전제한다)
    (차변) 자산 300억 원 (대변) 부채 50억 원
    주식소각손실 200억 원   투자주식 450억 원
- 이와 같이 사전에 피합병법인의 주식을 취득하여 소각하지 않고 정상적인 합병을 한 경우 위 주식소각손실에 상당하는 금액이 피합병법인의 청산소득이 될 수 있음
  - 청산소득금액: 합병대가 450억 원－자기자본총액 250억 원＝200억 원

[250] 김진수·이준규, 『기업인수·합병과세제도에 관한 연구』, 한국조세연구원, 2006.12. p.133.

제1항 해산

상법상 회사는 총사원 또는 총주주가 해산하기로 동의하거나 다른 법인과 합병하는 등의 이유로 해산하게 된다(상법 제227조). 회사가 해산된 때에는 등기를 하여야 한다(상법 제228조). 회사는 해산251)된 후에도 청산의 목적 범위 내에서 존속하는 것으로 본다(상법 제245조). 청산이 종결된 때에는 청산인은 청산종결의 등기를 한다(상법 제264조). 청산인은 현존사무의 종결, 채권의 추심과 채무의 변제, 재산의 환가처분 및 잔여재산의 분배임무를 수행한다(상법 제254조). 청산인은 잔여재산가액을 확정하고 그것을 주주에게 분배하는 것을 주 임무로 하는 것이다. 채권의 추심과 채무의 변제 및 재산의 환가처분은 잔여재산가액의 확정작업이 된다. 잔여재산의 분배는 잔여재산가액의 확정 이후에 이루어져야 하지만 그 반대의 경우도 발생한다.

해산에 의한 청산소득금액은 해산에 의한 잔여재산의 가액에서 해산등기일 현재의 자본금 또는 출자금과 잉여금의 합계액을 차감하여 계산하며(재산법적 계산에 의한 소득계산), 해산에 의한 잔여재산의 가액은 청산 중 각 사업연도의 소득으로 과세되는 금액을 포함하지 않는다.252) 청산소득으로 과세되는 부분에는 자산의 가치증분 등이 포함되게 된다. 법인이 해산등기를 하고 청산하는 과정에서 발생하는 소득은 청산 중 각 사업연도의 소득으로 법인세가 과세된다. 청산과정이 종결되어 청산등기로 법인이 소멸하기 전까지 법인에 귀속하는 모든 재산적 이익은 과세되어야 하지만 그중 각 사업연도소득에 대한 법인세과세대상에 포함되지 않는 부분이 있다. 청산 중인 법인의 각 사업연도소득은 해산 전의 사업을 계속하여 영위하는 경우 그 사업에 귀속하는 소득에 국한된다.253)

법인세법 제79조는 해산에 의한 청산소득금액의 계산에 대해 내국법인이 해산한 경우 그 청산소득의 금액은 그 법인의 해산에 의한 잔여재산의 가액에서 해산등기일 현재의 자기자본의 총액(자본금 또는 출자금액과 잉여금의 합계액)254)을 공제한 금액으로 한다고 규정하고 있다.255) 잔여재산의 가액은 자산총액에서 부채총액을 공제한 금액이다(법인세법시행령 제121조). 자산총액은 해산등기일 현재 자산의 합계액이다. 이 중 추심할 채권은 추심한 날 현재의 금액으로 하되 추심 전 분배256)한 경우에는 분배한 날 현재의 시가에 의해 평가한 가액으로 한다. 그리고 환가처분할 자산은 환가처분한 날 현재의 금액으로 하되 환가처분 전에 분배한 경우에는 그 분배한 날 현재의 시가에 의한다. 법인이 해산등기일 현재의 자산을 청산기간 중에 처분한

---

251) 국세기본법기본통칙 38-0…2 참조.

252) 청산소득 금액을 계산할 때 해산등기일 전 2년 이내에 자본금 또는 출자금에 전입한 잉여금이 있는 경우에는 해당 금액을 자본금 또는 출자금에 전입하지 아니한 것으로 본다(법인세법 제79조 제4항).

253) 법인세법기본통칙 79-0…2 '청산소득금액의 범위' ① 법인이 청산기간 중에 해산 전의 사업을 계속하여 영위하는 경우 당해 사업에서 발생하는 사업수입이나 임대수입, 공·사채 및 예금의 이자수입 등과 이에 관련된 손비는 이를 각 사업연도의 소득금액 계산상 익금 또는 손금에 산입한다(2001.11.1. 개정). (이하 생략)

254) 해산된 회사의 재산처분방법은 정관 또는 총사원의 동의로 이를 정할 수 있다. 이 경우에는 해산사유가 있는 날로부터 2주간 내에 재산목록과 대차대조표를 작성하여야 한다(상법 제247조 제1항).

255) 해산등기일 전 2년 이내에 자본전입한 잉여금이 있는 경우에는 전입하지 않은 것으로 본다(법인세법 제79조 제5항).

256) 해산법인의 주주에 대한 분배를 말한다. 청산인은 회사의 채무를 완제한 후가 아니면 회사재산을 분배할 수 없다. 그러나 다툼이 있는 채무에 대해서는 그 변제에 필요한 재산을 보류하고 잔여재산을 분배할 수 있다(상법 제260조).

금액은 이를 청산소득에 포함한다. 환가를 위한 재고자산의 처분액도 포함한다. 다만, 청산기간 중에 해산 전의 사업을 계속하여 영위하는 경우에 당해 사업에서 발생한 사업수입이나 임대수입 및 공사채 및 예금의 이자수입 등은 청산소득에 포함시키지 않는다. 이들은 청산기간 중 각 사업연도의 소득금액으로 하여 과세한다. 청산기간 중에 해산 전의 사업을 계속하여 영위하는 경우에는 해산등기일부터 잔여재산가액이 확정될 때까지가 한 개의 각 사업연도가 된다(법인세법 제8조 제1항). 여기서 '해산 전의 사업을 계속하여 영위하는' 것인지에 대한 판단이 애매한 경우가 적지 않을 것이다.

제2항 조직변경

상법상 합자회사는 사원 전원의 동의로 그 조직을 합명회사로 변경하여 계속할 수 있다. 이때 합자회사는 해산등기를 하고 합명회사는 설립등기를 하게 된다(상법 제286조).[257] 조직변경에도 해산의 개념이 적용되는데 이 경우 청산소득이 과세되는가? 합병의 경우 해산하는 법인에 별도의 청산절차가 없듯이 조직변경의 경우에도 별도의 청산절차가 없다. 만약 합병의 경우 청산소득이 과세된다면 조직변경의 경우에도 과세되지 않을까? 청산소득은 소멸하게 된 법인에게 과세하는 것인데 합병의 경우 소멸되는 법인이 존재할 수 있다. 그러나 조직변경의 경우 그렇게 볼 수는 없을 것이다. 이에 따라 법인세법은 상법의 규정에 의해 조직변경하는 경우 등에는 청산소득에 대한 법인세를 과세하지 않는다는 규정을 두고 있다(법인세법 제78조, 법인세법시행령 제120조의 26). 해산에 의한 의제배당소득의 과세대상도 아니다(소득세법 제17조 제2항 제3호 가목).

미국 세법은 자기 나라의 법뿐 아니라 세계 각국의 법에 의해 설립한 조직에 대해 그것을 과세실체로 인정할 것인가에 대해 독특한 제도를 두고 있다. 자기 나라의 조직에 대해서는 일반적인 partnership은 과세실체로 인정하지 않고 상법상의 회사는 과세실체로 인정하되 그 사이에 LP(limited partnership), LLP(limited liability partnership) 및 LLC(limited liability company)와 같은 조직에 대해서는 납세자가 스스로 과세실체로 취급될 것인지를 선택하도록 하고 있다. 외국의 조직에 대해서는 반드시 법인으로 보아야 할 것을 조사하여 공표하고 있으며 그 이외의 조직에 대해서는 미국 세법상 취급을 납세자가 선택하도록 하고 있다. 이것을 check the box regulation이라고 한다. 미국 국세청의 규정에 의하면 한국의 주식회사는 미국에서 법인으로 보도록 되어 있지만 다른 형태의 회사는 과세실체로 볼 것인가를 납세자가 선택하도록 하고 있다.

우리나라 세법상 유한회사는 법인으로 보아 과세한다. 그것의 사원이 미국 법인이고 해당 사원이 미국에서 한국의 자회사인 유한회사를 미국 내에서 과세실체로 취급받지 않는 것을 선택한 경우를 상정해 보자. 그 경우에는 미국 세법상 한국 유한회사의 손익이 그대로 미국의 모법인의 소득에 합산되게 된다. 만약 한국 유한회사가 결손을 시현하고 있다면 미국 모법인의 세부담을 줄이게 될 것이지만 이익을 시현하고 있다면 배당을 하지 않았는데도 미국 모법인의 세부담을

---

257) 반대의 경우도 가능하다(상법 제242조).

늘리게 될 것이다.

일반적으로 어느 지역에 진출한 법인은 초기에 결손을 시현하다가 차츰 사업이 자리를 잡으면서 적자를 면하게 된다. 진출 초기 결손을 시현할 때 유한회사로 있다가 이익을 시현할 때 즈음 가서 주식회사로 전환한다면 미국에서 조세를 절약하는 데 도움이 될 것이다.

이때 유한회사를 주식회사로 전환하는 것은 상법상 조직변경으로서 그러한 조직변경에 의해 받은 주식과 당초 유한회사 출자지분의 취득가액과의 차이를 의제배당소득으로 과세하여야 하는가? 소득세법은 법인 해산의 경우 의제배당과세를 할 수 있도록 하고 있다. 만약 조직변경을 법인의 해산과 신설로 본다면 의제배당과세를 하는 것이 타당할 것이다. 그런데 소득세법기본통칙 17-3에 의하면 상법상 조직변경의 경우 의제배당과세를 하지 않는다고 하고 있다. 이는 출자자의 지위의 변화 없이 법인의 형태만 바뀐 것을 과세사건으로 보기는 곤란하다는 것이다. 그런데 다른 한편 법인의 이익잉여금을 자본에 전입할 때 받는 주식의 가액을 의제배당으로 과세하도록 하고 있다. 만약 조직변경을 하면서 이익잉여금을 자본으로 전환한 경우라면 어떻게 보아야 하는가? 법인이 그대로 있는 경우에도 의제배당과세를 하는데 조직변경을 하면서 자본전입을 하는 실질을 가지고 있다면 과세하여야 하지 않을까?

제2절 신고

청산소득에 대한 법인세의 신고기한은 잔여재산가액의 확정일이 속하는 달의 말일부터 3월 이내로 하고 있다. 각 사업연도소득금액에 대한 법인세신고는 각 사업연도의 종료일부터 3월 이내에 하도록 되어 있는 것을 감안한다면 청산소득에 대한 법인세신고는 청산종료의 등기일부터 3월 이내에 하도록 하는 것이 논리적으로 합당할 것이다. 그러나 청산종료의 등기를 한 후 법인세를 납부할 일이 남게 되면 청산인이 그 임무를 제대로 수행하는 것을 보장할 방법이 마땅치 않게 된다. 이에 따라 청산소득에 대한 법인세의 신고는 잔여재산가액의 확정일이 속하는 달의 말일부터 3월 이내로 하고 있다(법인세법 제84조). 여기서 잔여재산가액확정일은 해산등기일 현재 잔여재산의 추심 또는 환가처분을 완료한 날을 말한다. 해산등기일 현재의 잔여재산을 그대로 분배하는 경우에는 그 분배를 완료한 날을 말한다(법인세법시행령 제124조 제3항).

잔여재산가액이 확정되어야 분배할 수 있는데 그전에 분배한 법인은 청산소득에 대한 법인세의 중간신고를 하여야 한다(법인세법 제85조 제1항 제1호). 이때 납부할 세액은 그 분배하는 잔여재산이 그 해산등기일 현재의 자기자본의 총액을 초과하는 때에는 그 초과하는 금액에 세율을 곱하여 계산한다(법인세법 제86조 제3항).

해산등기일부터 1년이 되는 날까지 잔여재산가액이 확정되지 아니한 경우에는 그 1년이 되는 날이 속하는 달의 말일부터 1년 이내에 중간신고를 하여야 한다(법인세법 제85조 제1항 제2호). 이때에는 잔여재산가액예정액이 그 해산등기일 현재의 자기자본총액을 초과하는 금액에 대해 세금을 계산한다(법인세법 제86조 제4항). 예정액은 1년이 되는 날 현재의 자산을 시가에 의해 평가한 가액에서 부채총액을 차감한 액이다(법인세법시행령 제126조 제2항).

제3절 부과 및 징수

청산소득에 대한 법인세를 신고하지 않고 법인이 청산종결등기를 하는 등으로 소멸한 경우[258] 과세관청은 청산소득에 대한 법인세를 결정하는 부과처분을 할 수 있다. 이때 그 부과처분의 대상은 소멸한 법인이지만 청산인에게 부과통지를 하게 된다(법인세법 제88조).

우선 해산하는 법인이 청산으로 소멸하기 전에 세금을 체납한 때에는 그 법인에 체납처분절차를 진행하고 부족액이 발생한 경우 청산인 또는 잔여재산의 분배를 받은 자가 제2차 납세의무를 진다(국세기본법 제38조 제1항).

법인이 각 사업연도소득에 대한 법인세 및 청산소득에 대한 법인세를 납부하지 아니하고 잔여재산을 분배한 때에는 청산인과 잔여재산의 분배를 받은 자가 법인세의 연대납세의무를 부담한다. 청산인은 분배한 재산의 가액을 한도로 하고 분배받은 자는 분배받은 재산의 가액을 한도로 한다.

합병의 경우 소멸법인의 조세채무를 존속법인이 승계한다(국세기본법 제23조). 분할로 법인이 해산되는 경우에는 새로 설립되는 법인 또는 / 그리고 분할합병의 상대방법인이 제2차 납세의무를 부담한다(국세기본법 제25조 제3항).

청산소득에 대한 법인세의 징수상으로는 국세징수법상 납부지연가산세를 징수하지 않는다(법인세법 제90조 제2항).

제5장 동업기업과세제도

제1절 개요

2008년 도입된 동업기업과세제도의 주요 내용은 다음과 같다(조특법 제10절의 3).[259]

- 동업기업의 동업자가 동업기업에 출자하는 것에 대해서는 자본이득을 인식하여 양도소득에 대한 소득세 또는 법인세를 과세한다.[260]
- 동업기업의 소득에 대해 비과세하고, 손익배분비율에 따라 소득세(개인 동업자) 또는 법인세(법인 동업자)를 과세한다. 수동적 동업자는 손실을 인식할 수 없다(조특법 제100조의 18 제1항 단서).

---

258) 우리나라의 통설 판례상으로는 청산종결등기와 무관하게 실제 청산사무를 종료한 때 법인이 소멸하는 것으로 본다(권기범, 『현대회사법론』, 삼지원, 2005, p.181).

259) 동업기업과세제도는 미국 내국세입법상 partnership taxation을 많이 참고한 것이다. 동 제도는 납세자의 선택을 허용하고 있다. 독일 소득세법 및 법인세법상 인적회사(Personengesellschaft)는 투시원칙(Transparenzprinzip)에 따라 소득과세의 납세의무의 주체가 되지 않으며 그에 귀속하는 소득은 바로 그 구성원(Mitunternehmer)의 소득으로 과세한다. 인적회사란 합명회사(offene Handelsgesellschaft), 합자회사(Kommanditgesellschaft), 민법상 조합(Gesellschaft bürgerlichen Recht) 및 익명조합(stille Gesellschaft) 등을 말한다.

260) 소득세법상 공동사업에 대한 자산의 현물출자는 양도로 보아 과세한다. 미국세법상으로는 과세사건으로 인식하지 않는다.

- 동업자가 동업자의 자격이 아닌 제3자의 자격으로 동업기업과 거래[261]하는 경우 발생된 익금과 손금의 인식을 허용한다.
- 동업자가 동업기업으로부터 자산을 실제로 분배(distribution)받는 경우 지분가액[262]을 초과하여 분배받은 자산가액(시가)에 한하여 과세한다.
- 동업자가 제3자에게 동업기업 지분을 양도하는 경우 법인의 주식·출자지분을 양도한 것으로 보아 양도소득(＝양도가액－지분가액) 과세한다.[263] 지분은 소득세법상 주식으로 취급하여 다른 주식의 손익과 통산을 허용한다(소득세법 제94조 제1항 제3호).
- 동업기업 탈퇴 시 양도소득으로 과세한다. 양도손실이 있으면 인정한다.
- 해산 등의 사유[264]로 동업자가 동업기업으로부터 자산을 분배받은 경우 지분가액에 미달하여 분배받은 자산가액(시가)에 대해 손실을 인정한다.

제2절 지분의 양도

동업기업과세에서 지분의 양도 그 자체를 양도소득의 과세대상으로 하면서 비상장기업의 주식과 같이 과세하도록 하고 있다.[265] 이는 조특법상 개별적인 지원 또는 규제법에 의한 조합에 대한 과세에서와 동일한 내용이다. 개별법상 조합은 지분이 증권화되어 거래되는 점을 감안하여 양도소득으로 과세하게 된 것인데, 동업기업과세제도의 적용대상이 되는 것들 중 민법상 조합이나 상법상 익명조합은 그러한 성격이 없음에도 지분의 양도를 양도소득의 과세계기로 보도록 하고 있는 것이다(조특법 제100조의 21 제1항).

이는 기존 소득세법이나 법인세법상 조합이나 익명조합에 대한 과세와 그 내용이 다른 것이다. 우리 민법은 조합원의 탈퇴가 있는 경우 조합이 해산되는 것으로 보지 않고 탈퇴한 사람이 자기 몫을 찾아가는 것으로 구성하고 있다. 경제적으로는 탈퇴한 조합원이 자기지분을 나머지 조합원에게 양도하는 것이 된다. 그러나 세법상으로 그것을 양도소득으로 보지는 않는다. 조합재산이나 미분배소득에서 해당 탈퇴조합원이 차지하는 비율에 따라 원천이 되는 소득의 유형에 따라 과세한다.

---

261) 동업기업의 경영성과와 관계없이 그 거래의 대가가 지급되는 거래.

262) 지분가액(adjusted basis) 조정사유(조특법 제100조의 20). 배분은 지분가액을 증액시키고 분배는 지분가액을 감소시키는 역할을 한다.

263) 미국세법상으로는 자본이득으로 보아 과세한다(다만, partnership이 변제받지 못한 매출채권 및 보유재고자산의 가치증분에 대한 지분에 해당하는 금액은 일반소득으로 보아 과세한다). partnership 전체 지분의 50% 이상이 매도되면 해산되는 것으로 본다.

264) 동업기업의 소멸, 동업자가 동업기업 지분을 모두 처분하는 경우 등 동업자가 동업자로서의 지위를 더 이상 유지하지 못하게 되는 사유.

265) 이를 위해서는 지분의 평가가 공정하여야 한다. 조특법은 지분가액의 산정에 대해 규정하고 있지만 그 구체적인 내용은 대통령령에 위임하고 있다.

제3절 동업기업 소득귀속

동업기업과세제도에 의하면 동업자군별 배분대상 소득금액 또는 결손금은 각 과세연도의 종료일에 해당 동업자군에 속하는 동업자들에게 동업자 간의 손익배분비율에 따라 배분한다.

능동적 동업자에 대해서는 동업기업에 귀속하는 소득이 소득세법상 ① 이자소득, ② 배당소득 및 ③ 양도소득으로 구분되는 경우에는 그 투자자에게 동일한 유형으로 귀속시킨다. ④ 그 외의 소득(소득세법상 비과세소득을 포함한다)은 모두 사업소득으로 구분하여 투자자에 귀속시킨다. 위 ③의 양도소득은 동일 유형의 매매차익 간 통산이 가능하다(변형된 소득원천별 과세).

수동적 동업자[266]의 경우 배당소득으로 통일하여 과세된다. 다만, 배분되는 소득의 원천이 채권매매차익 및 파생상품매매차익 등일 경우에는 과세되지 않는다. 이 점에서 과세대상은 직접투자와 동일하다. 통상적인 집합투자에 대한 과세제도에 의하면 채권매매차익 및 상장주식 이외의 자산을 기초자산으로 하는 파생상품 매매차익이 과세되는 것과 비교하여 유리한 점이 된다.

사모투자전문회사의 수동적 동업자 중 외국 연·기금 등이 배분받는 소득은 그 원천에 따라 소득을 구분하여 과세한다(조특법시행령 제100조의 18 제9항).

동업기업과세제도를 적용할 경우 미실현손익은 과세에서 제외된다. 통상적인 집합투자에 대한 과세제도에 의하면 채권의 평가손익 및 상장주식을 제외한 자산을 기초자산으로 하는 파생상품의 평가손익이 과세되는 것과 비교하여 유리한 것이 된다.[267] 이는 능동적 동업자와 수동적 동업자에 공통되는 사항이다.

수동적 동업자에게는 결손금을 배분하지 아니하되, 해당 과세연도의 종료일부터 10년 이내에 끝나는 각 과세연도에 그 수동적 동업자에게 소득금액을 배분할 때 배분되지 않은 결손금을 그 배분대상 소득금액에서 공제하고 배분한다(조특법 제100조의 18 제1항).

제4절 동업기업과세제도의 적용 범위

동업기업과세제도의 적용대상이 되는 사업 또는 투자의 법적 형태는 다음과 같이 규정되어 있다(조특법 제100조의 15 제1항).

> 이 절에서 규정하는 과세특례(이 절에서 '동업기업과세특례'라 한다)는 동업기업으로서 다음 각 호의 어느 하나에 해당하는 단체가 제100조의 17에 따라 적용신청을 한 경우 해당 동업기업 및 그 동업자에 대하여 적용한다. 다만, 동업기업과세특례를 적용받는 동업기업의 동업자는 동업기업의 자격으로 동업기업과세특례를 적용받을 수 없다.

---

266) 동업기업의 경영에 참여하지 아니하고 출자만 하는 자로서 공동사업에 성명 또는 상호를 사용하게 하거나 공동사업에서 발생한 채무에 대하여 무한책임을 부담하기로 약정하지 않은 자를 말한다(조특법 제100조의 18 제1항).

267) 펀드투자자산의 평가차익은 매년 결산 시 과세 또는 환매 시 과세 중 선택할 수 있도록 소득세법시행령이 개정되었다(2009년 4월 1일 이후 시행).

1. 「민법」에 따른 조합
2. 「상법」에 따른 합자조합 및 익명조합
3. 「상법」에 따른 합명회사 및 합자회사
4. 제1호부터 제3호까지의 규정에 따른 단체와 유사하거나 인적 용역을 주로 제공하는 단체로서 대통령령으로 정하는 것

자본시장법268)상 회사의 형태를 지니는 것에는 투자회사, 사모투자전문회사, 투자목적회사, 투자유한회사 및 투자합자회사가 있다. 이 중 사모투자전문회사만 동업기업과세제도의 적용을 받는다. 자통법상 투자조합, 투자익명조합에 대해서는 동업기업과세제도의 적용이 배제된다(조특법 제100조의 15 제1항 괄호 안).

자본시장법상 투자회사, 투자목적회사, 투자유한회사, 투자합자회사 및 투자유한책임회사에 대해서는 지급배당공제가 적용된다(법인세법 제51조의 2 제1항 제2호). 경영참여형 사모집합투자기구에 대해서는 지급배당공제가 적용되지 않는다.

사모투자전문회사269)는 동업기업과세제도를 적용받으면서 다음과 같이 그 적용요건이 완화되었다. 원래 동업기업과세제도상 동업자 간에는 지분비율과 다른 손익분배비율을 약정하는 것이 허용되는데 그 비율은 단일비율이어야 한다. 따라서 이익분배비율과 손실분배비율을 서로 다르게 할 수 없다. 그리고 개별 수익·비용 항목별로 비율을 달리 정할 수도 없다. 그런데 사모투자전문회사의 경우 정관·약관·투자계약서에서 정한 손익분배비율·순서에 따른다면 이러한 단일비율 제한의 적용을 받지 않을 수 있다(조특법시행령 제100조의 17 제4항).

사모집합투자기구(private equity fund)270)는 일정 요건을 충족할 경우 신탁으로 보는 방법으로 도관으로 취급한다(소득세법시행령 제23조 제8항).

실제 사모집합투자기구 이외에 동업기업과세를 선택한 것은 거의 없다. 동업자에 대한 퇴직금을 인정하지 않기 때문으로 보인다(조특법 제100조의 19).

제6장 연결납세제도

제1절 개요

연결납세제도(consolidated tax return filing)는 기업의 조직형태(사업부제와 분사화)에 대한 조세중립성을 도모하여 기업경영의 효율성을 제고할 수 있는 제도이다. 우리나라에서는 2008년 법인세법 개정으로 연결납세제도가 도입되었다(법인세법 제76조의 8 내지 22). 2010년 1월 1일 이후 개

---

268) 자본시장 및 금융투자업에 관한 법률.
269) 경영권 참여, 사업구조 또는 지배구조의 개선 등을 위하여 지분증권 등에 투자·운용하는 투자합자회사로서 지분증권을 사모로만 발행하는 집합투자기구.
270) 집합투자증권을 사모로만 발행하는 집합투자기구로서 투자자의 총수가 49인 이하인 것.

시되는 사업연도부터 적용되는 것으로서 적용요건을 충족하는 기업은 연결납세제도의 적용을 선택할 수 있다. 연결납세제도는 20세기 초 몇 개 서구국가에서 법인세가 시행되고 얼마 안 되어 법원의 판례 또는 입법에 의해 인정되기 시작한 것이 이제 다수의 OECD국가에서 시행되고 있다.

각국의 제도는 연결납세형과 손익대체형으로 구분할 수 있다. 연결납세형은 각 연결법인의 과세표준을 계산할 때 단일의 실체를 생각하고 하나의 과세표준을 만드는 관념에 입각한 것이다. 각 연결법인의 거래는 그 실체에 귀속하는 것으로 보기 때문에 연결법인 간 내부거래는 과세표준 계산상 거래로 인식하지 않게 된다. 반면 손익대체형은 각 연결법인을 개별실체로 생각하고 각각의 과세표준을 계산하도록 하지만 그에 따라 산출된 손익을 세액계산시 서로 대체할 수 있도록 하는 방법이다. 이때 손실만 이전할 수 있도록 하는 경우도 있고 손실이든 이익이든 이전할 수 있도록 하는 경우가 있다. 연결납세형의 대표적인 입법례는 미국에서 발견할 수 있고 손익대체형의 대표적인 입법례는 영국[271]에서 발견할 수 있다. 전자는 내부거래인식배제 및 손익통산이 그 제도의 핵심이며 후자는 내부거래인식 및 손익대체가 그 핵심이다. 내부거래가 아예 존재하지 않는 경우를 상정한다면 손익통산을 할 경우에는 하나의 실체로 보아 누진세율체계상 높은 세율을 적용받을 것이지만 후자는 손익대체를 하므로 다수의 실체가 되어 낮은 세율을 적용받는 부분이 상대적으로 많을 수 있다.

우리나라의 연결납세제도는 연결납세형을 채택하고 그 적용범위를 완전지배법인 간으로 한정하는 초기적인 모습을 지니고 있다.

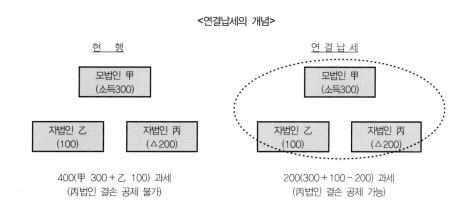

<연결납세의 개념>

100% 자회사와 모회사 간에 연결납세가 허용된다. 따라서 100% 자회사들 간에도 연결납세하게 된다.[272] 연결납세제도를 도입한 각국의 예를 보면 우리처럼 100%의 지분관계를 가지고 있는 경우에만 허용하는 경우는 드물며,[273] 허용기준이 되는 지분비율은 50%~100%의 범위에 산포되어 있다. 우리나라의 경우 초기단계이기 때문에 우선 100%의 완전지배의 경우에 한정하

---

271) 손실만 이전을 허용하는 경우이다.

272) 우리 사주조합, 스톡옵션의 경우 지분비율을 판정할 때에 5% 이내 예외가 인정된다. 청산 중인 법인, 투자회사 등 paper company에 대해서는 연결납세제도가 적용되지 않는다. 이는 기업경영의 계속성, 연결집단 소득과의 일체성이 없는 점을 감안한 것이다. paper company의 경우 지급배당소득공제제도를 통해 사실상 법인세를 납부하고 있지 않다.

273) 일본과 호주를 예로 들 수 있다.

여 실시하기로 한 것이다.274)

　연결모법인이 연결납세제도의 적용을 신청하는 경우 100% 자회사는 모두 연결납세하여야 한다. 한번 신청하면 5년간 계속 적용된다. 완전모법인의 납세지 관할지방국세청장의 승인을 받아 연결납세방식을 적용할 수 있다. 연결납세방식 승인 후 5년 이내에 그 연결납세방식에 대한 승인이 취소되거나 연결자법인이 연결집단에서 배제된 경우 해당 연결집단에 대하여 연결납세방식 적용 당시 연결법인 간 상호 공제한 다른 연결법인의 소득금액과 결손금을 개별법인의 익금 또는 손금으로 환원한다.

　신고납부의무는 연결모법인이 부담한다. 연결모법인은 연결산출세액을 납부하고, 연결자법인은 연결모법인에게 자기 법인소관 법인세액을 지급하여야 한다(법인세법 제76조의 19 제2항).

제2절 연결과세표준 계산

　각 연결법인의 각 사업연도소득금액에 연결수정을 하여 수정소득금액(결손금 포함)을 산출하고, 이를 통산하여 연결소득금액을 계산한다. 여기서 연결수정이라 함은 연결법인 간 내부거래손익 제거 및 기부금, 접대비 재계산 등 연결에 따른 추가적인 세무조정을 하는 것을 말한다.

　법인세법 제76조의 14는 각 연결사업연도의 소득은 각 연결법인별로 계산한 소득 또는 결손금을 합한 금액으로 한다고 규정하고 있다. 순서상으로는 각 연결법인별로 각사업연도소득 또는 결손금을 계산하고, 연결법인별 연결조정항목을 제거하며, 연결법인 간 거래손익을 조정하고 마지막으로 앞에서 제거한 연결조정항목을 연결집단을 한 개의 내국법인으로 보아 일정 기준에 따라 각 연결법인에 대한 귀속액을 배분하게 된다.

　손익통산에 관해서는 다음과 같은 규정을 두고 있다. 연결 개시 전 실현된 손실로서 이월결손금은 각 회사 소득(연결소득개별귀속액)과의 상계275)만 허용된다.276) 연결 개시 후 실현된 손실은 각 법인에의 연결소득개별귀속액 구분 없이 상계가 가능하다.277) 법인세법 제76조의 14 제2항은 아래와 같은 '내재손실 손금산입 제한 규정'을 두고 있다. 이는 이월결손금 통산 제한 규정278)

---

274) 일본은 2010년 세제개정에 의해 연결납세제도와는 별개의 그룹법인단체과세제도를 도입하였다. 100%의 지배를 전제로 하는 점에서는 기존의 연결납세제도와 동일하지만 연결납세제도는 국내모자회사 간의 경우만을 상정하고 있는 데에 반하여 외국법인에 의해 100% 지배되고 있는 국내자회사 간의 관계 그리고 국내거주자에 의해 100% 지배되고 있는 국내회사 간의 관계도 포섭한다. 적용의 주된 효과는 다음과 같다. 유형자산 등 일정한 자산의 그룹사 간 이전에 따른 손익의 인식을 이연한다. 그룹사 간 기부금에 대해서는 지출하는 쪽은 전액 손금불산입하고 수령하는 쪽은 전액 익금불산입한다.

275) ① 일본 IBM과 ② IBM Holdings 및 ③ 미국 IBM 간의 거래를 참조. ①과 ②는 2008년 귀속분부터 일본 법인세법상 연결납세제도의 적용을 받기 시작하였다. ②는 ③으로부터 2002년 자금을 차입함과 동시에 ③이 소유하고 있던 ①의 주식 전량을 취득하였다(약 2조 엔 상당). ②는 2008년 말까지 5년간에 걸쳐 ①에게 ①의 주식의 일부를 저가에 매도하여 손실을 시현하였다. 2009년 ①의 이익은 연결납세에 따라 ②가 그간 시현한 손실과 상계되었다. 이와 같은 경우 이월결손금의 손금산입에 제한 규정이 없는 일본 법인세법에 불구하고 동경국세국은 위 거래행위가 연결납세에 관한 법인세법 조항을 남용한 것으로 보고(②는 실체를 결한 것이라는 논리로) 조세부과조치를 한 바 있다(2010.3.18. 아사히신문 인터넷판 참조).

276) 법인세법 제76조의 13 제3항 제1호.

277) 법인세법 제76조의 14 제1항 본문.

278) 법인세법 제76조의 14 제1항 본문.

을 회피하는 것을 방지하기 위한 조세회피방지규정이다.

내부거래의 인식에 대해서는 다음과 같은 규정을 두고 있다. 법인세법상 연결법인이 다른 연결법인으로부터 받은 수입배당금액 상당액은 익금에 산입하지 않는다. 다른 연결법인에 지급한 접대비상당액과 다른 연결법인에 대한 채권에 대해 설정한 대손충당금상당액을 손금에 산입하지 않는다. 유형자산 등 '양도손익이연자산'을 다른 연결법인에 양도함에 따른 손익은 인식하지 않는다.279)

법인세법은 재화를 공급하거나 용역을 제공하는 내부거래 중 인식배제의 대상을 '양도손익이연자산'의 양도로 한정하고 있다.

법인세법 제76조의 13은 각 연결사업연도의 소득에서 과세표준을 계산하는 과정에 대해 규정하고 있는데 각 연결사업연도과세표준은 각 연결사업연도소득에서 각 연결법인의 이월결손금, 비과세소득 및 소득공제액을 차감하여 계산한다.

연결납세제도 적용 전 결손금은 연결 후 해당 법인의 소득금액 내에서만 공제할 수 있다. 타인의 지분을 취득하여 100% 출자관계가 성립한 연결자법인의 결손금은 취득 후 5년간 해당 법인의 소득에서만 공제할 수 있다.

연결전 법인의 자산에 내재한 내재손실(built-in loss)을 통한 조세회피를 방지하기 위해 연결모법인 또는 연결자법인이 연결납세방식 적용 전에 취득한 자산의 처분손실(5년 이내 발생분)은 해당 모법인 또는 자법인의 소득에서만 공제가 가능하도록 하고 있다.280) 그리고 연결모법인이 다른 내국법인을 합병하는 경우 합병등기일 이후 5년 이내에 끝나는 연결사업연도에 발생한 피합병법인으로부터 양도받은 자산의 처분손실은 피합병법인으로부터 승계받은 사업에서 발생한 소득금액과의 상계만 허용된다(법인세법 제76조의 14 제2항). 아울러 합병 전 기존 연결집단[합병법인(연결모법인) 및 연결자법인]이 보유하던 자산의 처분손실(5년 이내 발생분)은 모법인의 합병 전 사업에서 발생한 소득 및 자법인의 소득에서만 공제가 가능하다. 이 때 자산의 처분손실은 (합병시 시가 - 장부가액)으로 계산한다. 합병후 시가하락에 의한 손실(처분시 시가 - 합병시 시가)에 대해서는 기존 연결법인과 피합병법인 소득을 통산하여 공제하게 된다.

우리나라의 내국법인이면서 다른 나라의 내국법인이 되는 법인, 즉 이중거주법인이 연결납세대상에 포함될 때 당해 법인의 소득금액을 우리 법인세법에 의해 계산하여야 하는가 아니면 해당 국가의 세법에 의해 계산하여야 하는가? 우리나라 세법에 의해 계산하여야 할 것이다. 이는 우리 국내세법 적용원칙상 당연한 것이다.

제3절 연결세액의 계산

연결과세표준에 법인세율을 적용하여 세액을 산출한다. 토지 등 양도소득에 대한 법인세는 연결법인별로 계산하여 연결법인세액에 가산한다. 조세특례는 연결법인별로 적용하여 계산한 후 합산한 금액을 연결법인세액에서 차감한다. 중소기업에 대한 특례는 연결집단을 하나의 법인으로 보아 중

---

279) 법인세법 제76조의 14 제1항 제3호.
280) 현행 우리의 법인세법상으로는 연결모법인이 보유하던 자산의 내재손익을 완전자법인의 소득과의 상계를 제한하는 조항이 없다.

소기업 여부를 판정한다. 연결 전 중소기업에 대해서는 4년간 중소기업 졸업유예기간을 적용한다.

연결납세제도는 우리나라 조세제도의 중심 세원인 법인세의 세수를 감소시키는 방향으로 작용을 하게 된다. 그런데 이 제도는 100% 모자회사 간에만 적용되기 때문에 세수감소효과는 크지 않을 것이다. 연결납세제도로 인해 법인의 세부담이 완화되는 것은 주로 (1) 연결법인 간 소득과 결손금을 통산할 수 있다는 점, (2) 연결법인 간 배당에 대해 과세하지 않는다는 점 그리고 (3) 연결법인 간 거래에 대해 손익을 인식하지 않는다는 점 등을 들 수 있다. 그런데 현재도 100% 모자회사 간에는 경제적 이중과세를 배제하기 위해 자회사가 모회사에 지급하는 배당에 대해서는 모회사의 수입금액으로 과세하지 않는다. 특히 모회사가 지주회사인 경우(지분비율이 80% 이상, 자회사가 상장법인인 경우에는 40% 이상)에는 수입배당금액의 100%를 익금에 산입하지 않는다. 따라서 연결납세제도의 도입으로 인해 기업들에게 새로이 주어진 세제상 혜택은 위 (1)과 (3) 정도라고 볼 수 있다. (3)의 과세상 이연이므로 조세부담의 감소에는 한계가 있으며 조세부담을 확실하게 감소시킬 수 있는 요소로는 (1)이 남는다. 그러나 (1)의 경우도 결손금을 시현한 기업이 10년간 그것을 활용할 수 있도록 하는 것이기 때문에 장기적으로는 결손금을 시현한 법인이 장래에 활용할 결손금을 연결법인이 현재 활용하는 정도의 과세상 이연의 효과가 있을 뿐이다. 현행제도는 경제적 동일체 이론을 적용하여 기업의 지배구조 선택의 자유를 제고하는 데에는 미진한 점이 많다고 보아야 한다.

제7장 납부와 징수

법인세법 제71조는 징수와 환급에 대해 그리고 제72조는 결손금소급공제에 의한 환급에 대해 규정하고 있다. 법인세법 제72조의 규정에 의한 결손금소급공제에 의한 환급은 납세자의 신청에 대해 관할세무서장이 환급세액을 결정하는 절차를 거치도록 하고 있다. 이 경우 환급세액의 결정은 국세기본법 제51조의 규정에서와는 달리 존재하는 반환채무의 확인이 아닌 새로운 행정처분이다. 그에 대해서는 항고소송이 가능하다.[281]

한편, 국세기본법 제51조 이하의 국세의 환급에 관한 규정은 국가가 납세의무자에게 지고 있는 현금지급채무의 이행절차에 관한 규정이다. 따라서 국세기본법 제51조의 규정에 의한 국세환급금의 결정은 국가가 납세의무자에게 이미 지고 있는 채무를 이행하기 위한 행정 내부의 절차 중 하나에 불과하므로 행정처분으로 보지 않는다.[282] 국세기본법 제51조는 납세자의 국가에 대한 이행청구 중 착오납부 또는 이중납부에 의한 환급청구에 대해서는 국세기본법시행령으로 규정하도록 하고 있다. 국세징수법은 조세채무 이행의 청구 및 그 집행에 관한 규정이다.

2008년 6월 1일 이후부터는 금융기관이 받는 이자소득은 본연의 사업소득이므로 일반 법인

---

281) 대법원 2000.10.27., 2000다25590. 구 법인세법 제72조 의 결손금 소급공제에 의하여 법인세를 환급받은 법인이 후에 결손금 소급공제 대상 법인이 아닌 것으로 밝혀진 경우, 납세지 관할 세무서장이 착오환급한 환급세액에 대하여 민사소송의 방법으로 부당이득반환을 구할 수 없다(대법원 2016. 2. 18. 선고 2013다206610 판결).

282) 대법원 1994.12.2, 92누14250.

의 이자소득과는 다른 특수성을 감안하여 원천징수를 하지 않게 되었다. 그런데 정부는 최근 급격한 경기침체 및 재정확대로 재정여건이 크게 악화됨에 따라 세수확보 차원에서 금융기관의 채권이자에 대한 원천징수제도를 2009년 말로 재도입하게 되었다(법인세법 제73조 제1항 및 동법시행령 제111조 제2항).

제8장 조세와 회계

제1절 세법구성

세법조문은 실체적 내용과 절차적 내용으로 구성되어 있다. 실체적 내용을 담고 있는 조문은 '과세요건사실'이 존재하면 '납세의무'가 성립한다는 형식으로 구성된다. 실체적 조문은 조세의 4대 요소인 납세의무자, 과세대상, 과세표준 및 세율(세액)을 반영하고 있다. 앞의 두 개는 과세요건사실에 관한 것이며, 뒤의 두 개는 성립된 납세의무에 관한 것이다.

절차적 내용을 담고 있는 세법 조문은 세액 확정을 위한 인식 및 통지의 과정에 관한 규정283)과 확정된 세액의 징수과정에 관한 규정으로 구성된다. 세액 확정을 위한 인식 및 통지는 납세자가 하는 경우에는 '신고납세', 과세관청이 하는 경우에는 '부과결정'이라고 한다. 거래당사자간 원천징수(자동확정) 및 거래징수는 이들과 다소 다른 성격의 것이기는 하지만 그에는 실질적으로 세액을 확정하는 과정이 개입하게 된다.

제2절 재무회계

제1항 작성목적

회계는 시장에서 생산요소의 성과를 측정하기 위한 목적에서 발달하였다. 주로 자본주가 자본의 운영 성과를 측정하기 위한 목적에서 발달한 것이다.

- 자기자본: 주주 간의 분쟁에 의한 사회적 비용의 발생을 감소시키고, 경제적 약자인 소액주주의 권익을 지켜 주기 위해 회계의 규범이 발달함.
- 타인자본: 자금의 차입자에 관한 신뢰할 만한 정보를 제공함으로써 자금의 대차거래, 즉 금융거래를 원활하게 함.

---

283) 이와 같은 인식 및 통지의 과정을 거쳐 확정된 조세채권채무관계가 실체적인 내용으로 구성되어 있다는 점에서 신고납세 및 부과결정 등의 조세채무확정과정에 관한 조문은 실체적인 측면이 있다고도 볼 수 있다.

회사는 상법 그리고/또는 주식회사의 외부감사에 관한 법률에 의해 장부 및 기록의 작성이 의무화되어 있다.

제2항 flow v. stock

회계는 기업 경영에 따른 경영성과와 재무상태에 관한 정보의 'flow'와 'stock'을 나타낸다. 'flow'란 일정한 기간(time period) 동안의 성과(performance)로서 경영성적을 말한다. 기업의 지위, 즉 재무상태의 변화를 나타내는 것이다. 이를 위해 거래와 사실을 기록한다. 거래와 사실은 법률적 거래와 객관적 사실을 말한다.

- 법률적 거래(매매 등 → 기중 분개)
- 객관적 사실(시간의 경과 등 → 결산 시 수정분개)

거래와 사실은 대차등식(accounting equation)의 원칙에 따른 분개를 통해 기록된다.

- 분개(journalizing) → 분개장(journal)[284]
    - 계정과목(item) ∈ 자산과목, 부채과목, 자본과목, 수익과목, 비용과목
    - 차변(debit) v. 대변(credit)

차변과목(왼쪽)	대변과목(오른쪽)
자산의 증가	자산의 감소
부채의 감소	부채의 증가
자본의 감소	자본의 증가
수익의 감소	수익의 증가
비용의 증가	비용의 감소

분개된 내용은 총계정원장에 전기된다.

- 전기(posting) → 총계정원장(general ledger)

(예) 1/1/ 현금 1백만 원으로 복사기를 구입하였다.

[분개장]

	(차변)			(대변)	
1/1	사무용기기	1백만 원			
				현금	1백만 원

---

284) 일기장(book of original entry).

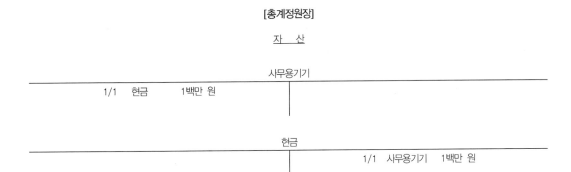

[총계정원장]

자 산

사무용기기

| 1/1 현금 1백만 원 | |

현금

| | 1/1 사무용기기 1백만 원 |

- 일정 기간 중 성과 계산 = 결산 → 손익계산서
- 거래대가로 활용되는 현금의 흐름 → 현금흐름표

'stock'이란 어느 일정 시점(time point)의 기업의 지위(position), 즉 재무상태를 나타내는 것이다. 어느 시점에서의 재산상태는 해당 기간 중 거래성과의 축적물과 시장상황의 변화가 반영된 것이다. 시장상황에 따른 자산가치의 변화분도 반영할 수 있다. 이때에는 평가(valuation)가 중요하다.

- 일정 기간의 성과 계산: 결산 → 손익계산서 → 재무상태표

성과는 자본에 영향을 주게 된다. 해당 기간 중 성과에 관한 항목은 일시적인 항목이며 그것이 영구적 항목인 자본에 1년마다 한 번씩 영향을 주는 것으로 인식된다.

제3항 회계의 순환

1. 기중절차

거래가 발생하면 식별하며, 장부인 분개장에 기입한다. 중요한 것은 보조장에 기입한다. 이를 '분개'라고 한다. 분개된 사실은 총계정원장(계정과목별, 각 항목별로 기록하는 원장)에 '전기' 된다. 필요한 사항은 보조원장에 기록한다.

2. 기말절차

기말에는 다음과 같은 결산을 한다.
- 예비절차: 시산표작성, 결산수정 및 정산표작성으로 구성된다.
- 결산본절차(장부마감): 총계정원장의 마감은 다음의 순서로 진행된다. 기타 분개장 마감, 기타 보조원장 마감 및 이월시산표 작성의 순으로 진행된다.
  - ▶ 수익비용계정(일시적 계정) 마감

▸ 자산·부채·자본계정(영구적 계정) 마감
● 재무제표의 작성: 작성할 재무제표는 손익계산서, 재무상태표(대차대조표), 기타 이익잉여금 처분계산서 또는 결손금처리계산서, 현금흐름표, 자본변동표, 주석 등이다.

제4항 기본사례

1. 연중 거래내역

① 2010.1.1. 갑과 을은 각각 2.5천만 원씩 출자하여 건자재도매업을 목적으로 하는 A주식회사를 설립하였다[자본거래].

② 2010.1.31. A주식회사는 종업원 병에게 급여 1백만 원을 지급하였다. 이후 2010년 중 12개월 동안 동일한 금액의 급여를 지급하였다[손익거래].

③ 2010.1.31. A주식회사는 건물주 정에게 월세 50만 원을 지급하였다. 이후 2010년 중 12개월 동안 동일한 금액의 월세를 지급하였다[손익거래].

④ 2010.1.31. A주식회사는 트럭 한 대를 현금 2천만 원에 구입하였다[자산거래].

⑤ 2010.2.1. A주식회사는 은행으로부터 5천만 원을 차입하였다(이자율 연리 12%, 3년 만기, 이자 1년마다 지급조건)[자산거래].

⑥ 2010.3.1. A주식회사는 B주식회사로부터 공급가액 4천만 원의 건자재를 현금으로 매입하였다[자산거래].

⑦ 2010.11.1. A주식회사는 위 건자재 중 원가 3천만 원에 해당하는 것을 C주식회사에 9천만 원에 외상으로 매출하였다(90일 지급조건)[손익거래].

⑧ 2010.11.1. A주식회사의 종업원 병은 C주식회사의 임원들과 회식을 하면서 유흥주점에서 5백만 원을 신용카드로 지출하였다[손익거래].

2. 기중회계처리

다음과 같은 분개와 전기이다.

① 2010.1.1. 갑과 을은 각각 2.5천만 원씩 출자하여 건자재도매업을 목적으로 하는 A주식회사를 설립하였다[자본거래].

[분개] 분개장

1/1	현금	5천만 원	
	자본금		5천만 원

[전기] 총계정원장

자 산		자 본	
현금		자본금	
1/1 자본 5천만 원			1/1 현금 5천만 원

② 2010.1.31. A주식회사는 종업원 병에게 급여 1백만 원을 지급하였다. 이후 2010년 중 12개월 동안 동일한 금액의 급여를 지급하였다[손익거래].

[분개] 분개장

1/31	급료	1백만 원	
	현금		1백만 원

[전기] 총계정원장

자 산		비 용	
현금		급료	
1/1 자본 5천만 원	1/31 급료 1백만 원	1/31 현금 1백만 원	

③ 2010.1.31. A주식회사는 건물주 정에게 월세 50만 원을 지급하였다. 이후 2010년 중 12개월 동안 동일한 금액의 월세를 지급하였다[손익거래].

[분개] 분개장

1/31	월세	50만 원	
	현금		50만 원

[전기] 총계정원장

자　산	비　용

현금

1/1 자본 5천만 원	1/31 급료 1백만 원
	월세 50만 원

월세

1/31 현금 50만 원	

④ 2010.1.31. A주식회사는 트럭 한 대를 현금 2천만 원에 구입하였다[자산거래].

[분개] 분개장

1/31	차량	2천만 원	
	현금		2천만 원

[전기] 총계정원장

자　산

현금

1/1 자본 5천만 원	1/31 급료 1백만 원
	월세 50만 원
	차량 2천만 원

차량

1/31 현금 2천만 원	

⑤ 2010.2.1. A주식회사는 은행으로부터 5천만 원을 차입하였다(이자율 연리 12%, 3년 만기, 이자 1년마다 지급조건)[자산거래][원천징수].

[분개] 분개장

2/1	현금	5천만 원	
	차입금		5천만 원

[전기] 총계정원장

자　산	부　채

현금

1/1 자본 5천만 원	1/31 급료 1백만 원
2/1 차입금 5천만 원	월세 5십만 원
	차량 2천만 원

차입금

	2/1 현금 5천만 원

⑥ 2010.3.1. A주식회사는 B주식회사로부터 공급가액 4천만 원의 건자재를 현금으로 매입하였다[자산거래](계속기록법).

[분개] 분개장

3/1	상품	4천만 원	
	현금		4천만 원

[전기] 총계정원장

자 산

현금285)			상품		
1/1 자본 5천만 원	1/31 급료 1백만 원		3/1 현금 4천만 원		
2/1 차입금 5천만 원	1/31 월세 5십만 원				
	1/31 차량 2천만 원				
	3/1 상품 4천만 원				

⑦ 2010.11.1. A주식회사는 위 건자재 중 원가 3천만 원에 해당하는 것을 C주식회사에 9천만 원에 외상으로 매출하였다(90일지급조건)[손익거래](계속기록법).

[분개] 분개장

11/1	외상매출금	9천만 원	
	매출		9천만 원
	매출원가	3천만 원	
	상품		3천만 원

[전기] 총계정원장

자 산

외상매출금		상품	
11/1 매출 9천만 원		3/1 현금 4천만 원	11/1 매출원가 3천만 원

수 익		비 용	
매출		매출원가	
	11/1 외상매출금 9천만 원	11/1 상품 3천만 원	

⑧ 2010.11.1. A주식회사의 종업원 병은 C주식회사의 임원들과 회식을 하면서 유흥주점에서 5백만 원을 신용카드로 지출하였다[손익거래].

---

285) 2월 이후 지출된 급료와 월세에 대한 기입은 생략.

[분개] 분개장

11/1	접대비	5백만 원	
	현금		5백만 원

[전기] 총계정원장

자 산   비 용

현금286)   접대비

1/1 자본 5천만 원	1/31 급료 1백만 원	11/1 현금 5백만 원
2/1 차입금 5천만 원	1/31 월세 5십만 원	
	1/31 차량 2천만 원	
	3/1 상품 4천만 원	
	11/1접대비 5백만 원	

⑨ 임금과 월세는 모두 매월 말 현금지급하였다.

● 본 교재에서 분개와 전기의 표기는 생략하였다.

3. 기말회계처리

● 예비절차: 시산표 작성, 결산수정, 정산표 작성
  시산표 작성은 생략한다[정산표 참조].
  결산수정은 시간의 경과(객관적 사실)를 반영하는 것이다.

  ▶미지급이자: 5.5백만 원＝5천만 원×0.12×(11/12)

[분개] 분개장

12/31	이자비용	5.5백만 원	
	미지급이자		5.5백만 원

[전기] 총계정원장

부 채   비 용

미지급이자   이자비용

	12/31 이자비용	12/31 미지급이자
	5.5백만 원	5.5백만 원

---

286) 2월 이후 지출된 급료와 월세에 대한 기입은 생략. 이를 감안할 때 12/31 현금시재액은 17백만 원임.

▶감가상각비: 9.17백만 원＝2천만 원×(1/2)×(11/12)−[정액법, 추정내용연수 2년, 잔존가액 0, 간접법 사용][법인세법상 감가상각비 시부인 대상]

[분개] 분개장

12/31	차량감가상각비		9.17백만 원	
		차량감가상각비누계액		9.17백만 원

[전기] 총계정원장

자 산 비 용

차량감가상각비누계액		차량감가상각비	
	12/31 차량감가상각비 9.17백만 원	12/31 차량감가상각비누계액 9.17백만 원	

▶정산표

(단위: 백만 원)

	수정 전 시산표		수정사항		수정 후 시산표		손익계산서		재무상태표	
	차변	대변	차변	대변	차변	대변	차변	대변	차변	대변
현금[287]	17				17				17	
외상매출금	90				90				90	
상품[288]	10				10				10	
차량	20				20				20	
차입금		50				50				50
자본금		50				50				50
매출		90				90		90		
매출원가	30				30		30			
급료	12				12		12			
월세	6				6		6			
접대비	5				5		5			
합계	190	190								

	수정 전 시산표		수정사항		수정 후 시산표		손익계산서		재무상태표	
	차변	대변	차변	대변	차변	대변	차변	대변	차변	대변
감가상각누계액				9.17		9.17				9.17
이자비용			5.5		5.5		5.5			
미지급이자				5.5		5.5				5.5
감가상각비			9.17		9.17		9.17			
합계			14.67	14.67	204.67	204.67	67.67	90		
순이익[289]							22.33			22.33
합계							90	90	137	137

---

287) 급료와 월세 12개월분 반영함.

288) 기말재고자산임.

● 결산본절차

일시적 계정인 수익비용계정의 잔액은 새로운 일시적 계정인 손익계정으로 이전된다.

[예] 매출의 잔액을 손익계정으로 이체

[분개] 분개장

12/31	매출		9천만 원	
		손익		9천만 원

[전기] 총계정원장

매출		손익	
12/31 손익 9천만 원	11/1 외상매출금 9천만 원	12/31 매출 9천만 원	

손익계정의 순손익[290]이 이익잉여금 또는 자본계정(영구적 계정에 속함)으로 대체된다. 위 정산표 상 손익계산서상의 '순이익' 22.33백만 원이 재무상태표에는 이익잉여금으로 표기된다.

영구적 계정인 자산·부채·자본계정의 잔액을 재무상태표란에 옮긴다. 각 계정의 잔액이 나온 변의 반대 변에 '차기이월'로 잔액과 동일한 금액을 표기한다.

● 재무제표의 작성

▶손익계산서

손익계산서
(2010년 1월 1일 ~ 2010년 12월 31일)

(주)A (단위: 백만 원)

	차변	대변
수익과 이득		
매출		90
비용과 손실		
매출원가	30	
급료	12	
월세	6	
접대비	5	
이자비용	5.5	
감가상각비	9.17	
법인세차감전순이익	22.33	
법인세	??	
법인세차감후순이익	??	

---

289) 손익계정에 모인 손익항목의 순액임.

290) 손익계정에 모인 손익항목의 순액임.

▶재무상태표

재무상태표
(2010년 12월 31일 현재)

(주)A   (단위: 백만 원)

〈자산〉		〈부채·자본〉	
Ⅰ. 유동자산		Ⅰ. 유동부채	
현금	17	미지급이자	5.5
외상매출금	90	Ⅱ. 비유동부채	
상품	10	장기차입금	50
Ⅱ. 비유동자산		Ⅲ. 자본금	
차량	20	자본금	50
(감가상각누계액)	9.17	Ⅳ. 이익잉여금	
		이월이익잉여금	22.33
자산총계	127.83	부채·자본총계	127.83

제3절 세무회계

제1항 작성목적

세무회계는 조세부과권자인 국가 등이 조세부과 대상금액을 확정하기 위한 목적에서 발달하였다. 부과되는 조세에 따라 작성하여야 할 장부 및 기록이 달라진다. 납세자는 세법에 의해 장부 및 기록의 작성이 의무화된다.

제2항 기본원칙

1. 과세요건 사실의 확정

납세의무자가 준비한 장부와 기록을 토대로 한다. 납세의무자가 세법에 따라 장부를 갖추어 기록하고 있는 경우에는 해당 국세 과세표준의 조사와 결정은 그 장부와 이에 관계되는 증거자료에 의하여야 한다[국세기본법 제16조(근거과세) 제1항].

납세자가 준비한 장부와 기록을 원칙적으로 신뢰하여야 한다. 세무공무원은… 납세자가 성실하며 납세자가 제출한 신고서 등이 진실한 것으로 추정하여야 한다[국세기본법 제81조의 3(납세자의 성실성 추정)].

재무회계의 기준 또는 관행을 존중한다. 세무공무원이 국세의 과세표준을 조사·결정할 때에는 해당 납세의무자가 계속하여 적용하고 있는 기업회계의 기준 또는 관행으로서 일반적으로 공정·타당하다고 인정되는 것은 존중하여야 한다[국세기본법 제20조(기업회계의 존중)].

2. 확정된 사실의 세법적 활용

세법의 목적에 따라 과세표준을 계산하기 위한 독자적인 규칙을 설정하고 있다.

- 독자적인 규칙   → 세무회계
  (납세자가 준비한 재무회계적 사실을 근거로 세법에 따라 과세표준을 계산)

- 세무회계 규정의 해석   → 세법해석

- 확정된 사실을 해석된 세법에 대입하는 것   → 세법적용

- 진실한 사실관계가 무엇인지 세무서장이 조사   → 세무조사
  (납세자가 준비한 장부 등을 믿기 곤란할 때)

제3항 법인세법

1. 세무회계

가. 법인세액의 계산

법인세액 계산의 순서를 역으로 구성하면 다음과 같다.

- 과세표준 × 세율 = 법인세액
- 각 사업연도소득금액 − 소득공제 = 과세표준
- 법인세차감전당기순이익 ± 세무조정 = 각 사업연도소득금액

여기서 세무조정과정은 익금산입, 익금불산입, 손금산입, 손금불산입으로 구성된다. 산입에 관한 사항은 예시적인 것으로서 당기순이익에 반영된 것이다. 불산입에 관한 사항은 열거적인 것으로서 당기순이익에 반영되어 있기도 하고 그렇지 않기도 하다. 각 사업연도소득금액은 다음과 같이 계산된다.

- 각 사업연도소득금액 = [익금산입액 − 손금산입액] − [익금불산입액 − 손금불산입액]

법인 소득금액을 순자산증가설에 의해 계산하므로 [익금산입액 − 손금산입액]은 통상 당기순이익과 동일하다. 다만, 익금과 손금의 인식시기상 차이로 해당 연도의 당기순이익과 차이가 발생할 수 있다.[291] 이러한 차이는 '일시적 차이'에 해당한다.

---

291) 재무회계는 발생주의, 법인세법은 권리의무확정주의를 기본으로 하고 있다.

나. 세무조정

재무회계와 세무회계의 차이의 조정이다.

(1) 조정내용
법인세법상 소득금액 계산규정이 재무회계, 즉 기업회계의 내용과 다를 바 없다면 조정이 필요하지 않다.

(가) 차이의 원인
[보수주의 및 경제적 합리성(재무회계)] v. [법적 안정성 및 실질적 평등(세무회계)]

(나) 주요 차이
- 영구적 차이
  - ▶업무와 관련되지 않은 것
    - 익금: 과오납세금의 환급금에 대한 이자수익
    - 손금: 기부금 손금 한도 초과액, 비업무용 자산 관련 비용
  - ▶업무와 관련된 것
    - 익금: …
    - 손금: 접대비 손금 한도 초과액, 벌금 등 손금불산입액
- 일시적 차이
  - ▶손익의 인식시기의 차이에 기인
    - 익금산입 또는 손금불산입
    - 감가상각비 등 각종 상각비 한도 초과액
    - 자산으로 처리해야 할 항목을 비용으로 처리한 경우
    - 익금불산입 또는 손금산입
    - 조특법상 각종 준비금
    - 비용으로 처리해야 할 항목을 자산으로 처리한 경우
  - ▶당기순이익에 반영되지 않은 각 사업연도소득
    - 익금산입 또는 손금불산입에 기인 → '＋유보'처분
    - 차기 이후 세무조정에 반영되어 소멸
    - 해당 금액이 당기순이익을 증가시키는 방향으로 반영되는 연도에 익금불산입 또는 손금산입이 될 것이며 당초 '＋유보'되었던 금액과 상계되어 소멸
  - ▶당기순이익에 반영되었는데 각 사업연도소득에 산입되지 않은 것
    - 익금불산입 또는 손금산입에 기인 → '－유보'처분
    - 차기 이후 세무조정에 반영되어 소멸
    - 해당 금액은 이미 당기순이익을 증가시키는 방향으로 반영된 바 있으며, 이후 연도들 중 당기순이익에 영향을 주지 않더라도 세법의 규정에 의해 익금산입 또는 손금불산입이 될 것이며 당초 '－유보'되었던 금액과 상계되어 소멸

(2) 조정방법

(가) 결산조정
감가상각비, 충당금(퇴직보험충당금 제외), 자산평가손실 등

(나) 신고조정
퇴직보험충당금, 조특법상 각종 준비금

(3) 소득처분

(가) 사외유출

(나) 유보
유보에는 '+유보'와 '−유보'가 있다. 이와 관련하여 세무상 자본의 개념을 이해할 필요가 있다.

$$세무상\ 자본^{292)} = [재무상\ 자본(자본금^{293)} + 누적당기순손익^{294)})]$$
$$+ (누적\ 순유보액)^{295)}$$
$$- (누적\ 배당금\ 지급액)$$
$$\pm (누적\ 영구적\ 차이액)^{296)}$$

2. 재무회계

법인세비용의 계산에 관한 사항이다. 재무회계상 '법인세 차감 전 당기순이익'에 대응하는 법인세비용을 말한다.

가. 영구적 차이

영구적 차이가 발생하면 그때의 법인세세액은 말할 것도 없고, 재무회계상 비용 중 법인세비용을 계산할 때에도 반영하고 종결한다.

---

292) 자본금과적립금명세서(갑)에 상세를 기록한다.

293) 자본잉여금 포함.

294) 법인세 차감 후.

295) 자본금과 적립금명세서(을)에 상세를 기록한다.

296) 영구적 차이는 주로 사외유출된 것이 그에 해당하므로 이 부분의 금액은 무시할 수 있다.

나. 일시적 차이: 유보(+유보, -유보)

(1) 이연법인세차(자산)

'+유보'에 기인한다. 당기순이익에 반영되지 않은 각 사업연도소득 때문에 미리 낸 세금으로서 자산적인 성격을 지니고 있다.

[예] 법인세비용 2천만 원, 이연법인세차 1천만 원, 법인세액 3천만 원

[분개] 분개장←결산 수정분개

12/31	법인세비용		2천만 원	
	이연법인세차		1천만 원	
		미지급법인세		3천만 원

(2) 이연법인세대(부채)

'-유보'에 기인한다. 당기순이익에 반영되었는데 각 사업연도소득에 산입되지 않아 아직 내지 않은 세금으로서 부채적인 성격을 지니고 있다.

제4항 기타 세법

- 소득세법
  법인세법을 참조할 수 있다.

- 원천징수
- ▶ 세무회계: 원천징수납부할 세액
- ▶ 재무회계: 일시적인 재무상태표 사항
  - 원천납세의무자에 대한 채권채무
  - 국가에 대한 채권채무

- 부가가치세법
- ▶ 세무회계
  - 납부할 세액 = 거래징수할 세액 - 거래징수당할 세액
  - 거래징수세액 = 공급가액×0.1
- ▶ 재무회계: 일시적인 재무상태표 사항
  - 공급받는 자와 공급하는 자 간 채권채무
  - 국가에 대한 채권채무

제5항 기본사례

1. 수정된 거래

세금효과를 반영한 것이다.

① 2010.1.1. 갑과 을은 각각 2.5천만 원씩 출자하여 건자재도매업을 목적으로 하는 A주식회사를 설립하였다[자본거래].

[등록세] 영리법인의 설립 시에는 해당 자본금액의 0.4%를 등록세로 납부하여야 한다. 본건의 경우 (주)A는 20만 원의 등록세비용은 법인설립비용, 즉 창업비(organizations cost)로서 설립 후 20년의 범위 안에서 균등상각한다.

② 2010.1.31. A주식회사는 종업원 병에게 급여 1백만 원을 지급하였다. 이후 2010년 중 12개월 동안 동일한 금액의 급여를 지급하였다[손익거래].

[소득세법상 원천징수] (주)A는 종업원 병에게 급여를 지급할 때마다 근로소득간이세액표에 규정된 세액을 원천징수하고 원천징수한 날이 속한 달의 다음 달 10일까지 (주)A 관할 세무서장에게 납부하여야 한다(소득세법 제128조, 제134조). 종업원 병이 공제대상 가족이 없는 경우라면 근로소득 간이소득세액은 2,410원이다. 이에 지방소득세 240원이 추가되어 징수된다.[297] (주)A는 2011년 2월 말까지 병(원천납세의무자)에게 해당 원천징수한 세액에 대한 원천징수영수증을 발급한다(소득세법 제143조). (주)A는 관할세무서장에게 2010년 중 원천징수한 세액에 대한 지급명세서를 2011년 2월 말까지 제출하여야 한다(소득세법 제164조).

③ 2010.1.31. A주식회사는 건물주 정에게 월세 50만 원을 지급하였다. 이후 2010년 중 12개월 동안 동일한 금액의 월세를 지급하였다[손익거래].

[부가가치세 거래징수] 부동산의 임대용역은 부가가치세 과세대상거래이다. 정은 (주)A로부터 월세 50만 원을 수령하면서 부가가치세 5만 원도 거래징수하고 55만 원에 관한 세금계산서를 교부하여야 한다.

(주)A는 4월 25일까지 부가가치세신고를 하면서 거래징수당한 세액을 매입세액으로 공제할 수 있다. 일반과세사업자는 매분기 다음 달 25일까지 거래징수한 세금을 자신의 사업장 소재지(건물의 소재지가 될 것임)의 관할세무서장에게 신고납부하면서 자신이 거래징수당한 세금을 매입세액으로 공제한다. 7월분부터 9월분까지는 10월 25일에 공제하고 10월분부터 12월분까지는 2011년 1월 25일 신고하면서 공제한다. 7월분부터 9월분까지의 공제로 환급이 발생하지만 다음 해 1월 25일 확정신고하면서 환급받을 수 있다. 그런데 11월 중 고액의 매출세액이 발생하였으므로 7월분부터 9월분까지의 매입세액도 그 매출세액과 상계될 것이다.

---

297) http://www.nts.go.kr/cal/cal_06.asp 참조.

한편, 정은 (주)A가 사용하는 건물에 대한 일반관리업무까지 하면서 비용을 지출한 경우라면 비용을 지출할 때 거래징수당한 부가가치세액을 매입세액으로 공제한 세액을 납부세액으로 하여 신고납부하면 된다.

④ 2010.1.31. A주식회사는 트럭 한 대를 현금 2천만 원에 구입하였다[자산거래].

[부가가치세 거래징수, 조기환급] (주)A는 트럭을 구입하면서 공급가액의 10%인 2백만 원의 부가가치세를 거래징수당한다. 이때 거래징수당한 세액은 4월 25일까지 부가가치세신고를 하면서 거래징수당한 세액을 매입세액으로 공제할 수 있다. 아래 ⑤ 및 ⑥의 거래로 보아 2010년 3월까지 매출거래가 없어 매출세액이 발생하지 않을 것이다. 이 경우 4월 25일 부가가치세 신고납부 시에는 3개월간의 월세에 대한 부가가치세 15만 원 및 1월 31일 구입한 트럭에 대한 부가가치세액 2백만 원 그리고 아래 ⑥의 건자재 매입에 대한 부가가치세액 4백만 원을 매입세액으로 공제하여 납부세액이 '－' 되도록 신고하게 된다. 환급세액이 발생한다. 환급에는 과세기간(6개월) 단위로 환급하는 일반환급과 '예정신고기간(3개월)' 또는 '영세율 등 조기환급기간' 단위로 환급하는 조기환급이 있다. 조기환급 중에서도 후자로 하기 위한 별도의 신고를 하지 않으면 전자로 간주되며, 이 경우 예정신고기간인 4월 25일 경과 후 15일 내에 환급이 된다.

[등록세] 영업용자동차의 등록세는 취득가액의 2%이다. 40만 원이 차량의 취득부대비용으로서 재무상태표상 차량의 가액에 가산되며 이에 따라 감가상각대상금액에 포함된다.

⑤ 2010.2.1. A주식회사는 은행으로부터 5천만 원을 차입하였다(이자율 연리 12%, 3년 만기, 이자 1년마다 지급조건)[자산거래].

[법인세법상 원천징수] (주)A가 은행에 차입금 이자를 지급할 때에는 원천징수를 하지 않는다. 일반적으로 법인이 이자를 지급할 때에는 원천징수를 하여야 하지만 은행과 같은 금융기관에 대한 이자의 지급 시에는 원천징수를 하지 않도록 되어 있다[다만, 채권(bond)에 대한 이자의 지급 시에는 원천징수를 한다](법인세법 제73조).

⑥ 2010.3.1. A주식회사는 B주식회사로부터 공급가액 4천만 원 건자재를 현금으로 매입하였다 [자산거래].

[부가가치세 거래징수] (주)A는 (주)B로부터 공급가액 4천만 원인 건자재를 매입하면서 4백만 원의 부가가치세를 거래징수당한다. 건자재가 임산물로서 원생산물이거나 그 성상이 변하지 아니하는 정도의 원시가공을 거친 것에 그칠 경우에는 면세된다(부가가치세법시행령 제28조 제3항). 매입한 건자재 중 원가 3천만 원에 해당하는 부분만 2010년 중 매출하였으므로 (주)A의 과세소득금액을 계산할 때에는 그 부분만 손금으로 산입한다. 그러나 부가가치세를 신고하면서 부가가치세 납부세액을 계산할 때에는 대응하는 매출세액이 있는 시점에 매입세액을 공제하는 것은 아니며, 매입세액이 발생한 과세기간(또는 예정신고기간)에 공제한다.

⑦ 2010.11.1. A주식회사는 위 건자재 중 원가 3천만 원에 해당하는 것을 C주식회사에 9천만 원에 외상으로 매출하였다(90일지급조건)[손익거래].

[부가가치세 거래징수] (주)A는 (주)C에 공급가액 9천만 원의 건자재를 공급하면서 9백만 원의 부가가치세액을 거래징수하고 세금계산서를 교부하여야 한다. 90일 후 지급조건으로 매출하였기 때문에 2010.11.1. 거래대금을 받지 못하지만 세금계산서의 교부는 건자재를 인도하는 날인 2010.11.1. 교부하여야 한다(부가가치세법시행령 제21조 제1항 제1호). 그리고 2010.11.1.이 속하는 과세기간에 신고하여야 한다. 2011.1.25. 신고하면서는 납부세액 9백만 원이 될 것이다. 우선 자기 돈으로 납부하고 (주)C로부터 2011.1.30. 전체 공급대가 9천9백만 원을 받아 충당하면 된다. 분개는 다음과 같이 한다.

[분개] 분개장

11/1	외상매출금		9천9백만 원	
		매출		9천만 원
		부가가치세예수금		9백만 원
	매출원가		3천만 원	
		상품		3천만 원
1/25	부가가치세예수금		9백만 원	
		현금		9백만 원
1/30	현금		9천9백만 원	
		외상매출금		9천9백만 원

⑧ 2010.11.1. A주식회사의 종업원 병은 C주식회사의 임원들과 회식을 하면서 유흥주점에서 5백만 원(공급가액 기준)을 신용카드로 지출하였다[손익거래].

[개별소비세] 유흥주점요금에는 요금의 10%에 해당하는 개별소비세가 포함되어 있다(개별소비세법 제1조 제4항). 실제 공급가액은 4,545,454원인 셈이다. 454,545원의 개별소비세는 유흥주점에서 신고납부하면 되며, (주)A는 이를 회계상 또는 세무상 별도로 구분할 필요는 없다.

[부가가치세 거래징수] 유흥주점은 공급가액에 개별소비세를 가산한 금액의 10%의 부가가치세를 거래징수한다. 따라서 병이 (주)A의 법인카드로 지출한 금액은 550만 원에 이른다. 거래징수당한 부가가치세 50만 원은 (주)A가 업무와 관련하여 지출한 것이지만 신고납부를 위한 산출세액을 계산할 때 매입세액공제는 할 수 없다(부가가치세법 제17조 제2항 제5호).

[법인세법상 접대비 시부인] 접대비로 지출한 금액은 총 550만 원이다. 이 중 50만 원은 부가가치세 매입세액공제를 받지 못하였으므로 법인세 과세소득금액 계산 시 손금으로 공제하는 것이 마땅하다. 그런데 법인세법은 접대비의 손금산입에 한도를 설정하고 있다. (주)A와 같은 중소기업에 대해서는 연간 1천8백만 원+매출액(9천만 원)의 0.2%(180만 원)가 된다. 한도는 1,980만 원인데 5.5백만 원에 그치므로 모두 법인세법상 손금산입이 인정될 것이다.298)

---

298) 만약 신용카드를 사용하지 않았다면 5.5백만 원 모두 손금산입받지 못하였을 것이다.

2. 당기순이익

각종 세금효과를 반영하여 당기순이익을 계산하면 다음과 같다.

가. 기중처리

① 등록세(등록면허세) 20만 원은 현금을 그만큼 감소시키는 한편, 자산으로서 창업비 20만 원을 계상하게 한다. 창업비는 20년 동안 균등상각하는 것으로 한다.
② 원천징수의 경우 매월 징수하여 다음 달 납부하는 것이므로 법인의 소득에 미치는 영향은 없다. 다만, 12월분 징수액을 1월에 납부하도록 되어 있는데 이는 일시적인 것이므로 이곳 장부에의 반영은 생략한다.
③ 월세를 지급할 때 부가가치세를 거래징수당하여 현금이 감소하는 한편, 이는 추후 부가가치세 납부세액을 줄이게 되므로 그만큼 현금을 증가시키는 효과가 있다. 부가가치세는 당기순이익을 계산할 때 고려하지 않는다. 다만, 매입세액공제를 받지 못하는 세액은 손금으로 인정한다. 2기분(7월부터 12월까지) 월세가 현금을 감소시키는 효과는 일시적인 것이므로 이곳 장부에의 반영은 생략한다.
④ 트럭에 대한 부가가치세는 원가에 산입하지 않으며 월세에 대한 것처럼 처리하면 된다. 다만, 등록세(등록면허세)는 현금을 감소시키고 트럭의 취득원가를 증가시킨다. 감가상각 대상금액을 증가시킨다.
⑤ ②와 동일
⑥ ③과 동일
⑦ 부가가치세액만큼 외상매출금(자산)을 증가시키고 부가가치세예수금(부채)을 증가시킨다.
⑧ 거래징수당한 부가가치세액만큼 현금을 감소시키고 접대비를 증가시킨다. 매입세액공제를 받지 못하는 부가가치세액은 손금으로 인정한다.

나. 기말결산

① 관련하여 창업비 1만 원을 상각한다.
② 관련하여 새로 계산한 감가상각비는 9.35백만 원＝2천4십만 원×(1/2)×(11/12)이므로 감가상각비를 18만 원 증액한다.

다. 정산표

구분	수정전시산표		수정사항		수정후시산표		손익계산서		재무상태표	
	차변	대변	차변	대변	차변	대변	차변	대변	차변	대변
현금	15.9				15.9				15.9	
외상매출금	99				99				99	
상품	10				10				10	
차량	20.4				20.4				20.4	
창업비	0.2				0.2				0.2	
VAT예수금		9				9				9
차입금		50				50				50
자본금		50				50				50
매출		90				90		90		
매출원가	30				30		30			
급료	12				12		12			
월세	6				6		6			
접대비	5.5				5.5		5.5			
합계	199	199								
감가상각누계액				9.35		9.35				9.35
이자비용			5.5		5.5		5.5			
미지급이자				5.5		5.5				5.5
창업비상각			0.01				0.01			
창업비				0.01						0.01
감가상각비			9.35		9.35		9.35			
합계			14.86	14.86	213.85	213.85	68.36	90		
순이익							21.64			21.64
합계							90	90	145.5	145.5

3. 법인세액

가. 세무조정

(1) 영구적 차이
(주)A가 지출한 접대비가 한도액 범위 내에 있어 부인되는 금액은 없다.

(2) 일시적 차이

(가) 감가상각
- 법인세법상 상각범위액의 계산
  - 차량은 정률법에 의한다.
    - 상각범위액 = 미상각잔액(취득가액 − 기상각액)×(상각률)
    - 정률법에 의한 상각률 0.451,[299] 잔존가액은 취득가액의 5%,[300] 기준내용연수 5년

---

299) 법인세법시행규칙 제15조 제2항 관련[별표4].
300) 법인세법시행령 제26조 제6항 단서.

（도매업)[301]
- 상각범위액 = 20,400,000원×0.451×(11/12) = 8,433,700원
  - (주)A의 감가상각비 계상액: 9,350,000원
  - 상각부인액: 916,300원

(나) 창업비상각
(주)A는 법인세법상 범위 내의 금액을 계상하였다.

나. 소득금액

세무조정사항 중 유일하게 차량감가상각비가 문제 된다. 당기순이익에 차량감가상각비부인액을 가산하면 소득금액이 된다. → 22,556,300원

다. 법인세액

본 사안에서는 소득금액이 바로 과세표준이 된다는 전제를 둔다면 납부할 세액은 2,255,630원이 된다. 이에 대한 지방소득세까지 고려하면 2,481,193원이 된다.

4. 법인세비용

앞에서 (주)A의 납부할 법인세 및 지방소득세액은 2,482,293원이었다. 그런데 이 금액이 (주)A의 손익계산서상 바로 법인세비용이 되는 것은 아니다. 일시적 차이에 의한 세무조정사항에 의해 법인과세소득금액이 당기순이익보다 많게 계산되었으므로 당기순이익을 초과하는 법인과세소득금액 부분에 해당하는 법인세액은 이연법인세차로 하여 자산으로 계상하고 나머지 부분만 법인세비용으로 계상한다.

법인세비용은 (법인세액[302])×(당기순이익[303])/(과세소득금액)으로 계산하는데 본 사안에서는 2,380,010원[=2,481,193×(21.64)/(22.56)]이 된다.

이연법인세차는 (법인세액)-(법인세비용)으로 계산되는데 본 사안에서는 112,182원 (=2,481,193- 2,380,010)이다.

---

301) 법인세법시행규칙 제15조 제3항 관련[별표6].

302) 지방소득세 포함.

303) 법인세차감전당기순이익.

5. 재무제표의 재작성

● 손익계산서

손익계산서
(2010년 1월 1일 ~ 2010년 12월 31일)

(주)A (단위: 백만 원)

	차변	대변
수익과 이득		
매출		90
비용과 손실		
매출원가	30	
급료	12	
월세	6	
접대비	5.5	
이자비용	5.5	
창업비	0.01	
감가상각비	9.35	
법인세차감전순이익	21.64	
법인세비용[304]	2.38	
법인세차감후순이익	19.26	

● 재무상태표

재무상태표
(2010년 12월 31일 현재)

(주)A (단위: 백만 원)

〈자산〉		〈부채·자본〉	
Ⅰ. 유동자산		Ⅰ. 유동부채	
현금	15.9	미지급이자	5.5
외상매출금	99	VAT 예수금	9
		미지급법인세	2.48
상품	10	Ⅱ. 비유동부채	
		장기차입금	50
Ⅱ. 비유동자산		Ⅲ. 자본금	
차량	20.4	자본금	50
(감가상각누계액)	9.35	Ⅳ. 이익잉여금	
창업비	0.19	이월이익잉여금	19.26
이연법인세차	0.10		
자산총계	136.24	부채·자본총계	136.24

---

304) 지방소득세 포함.

제4편 상속세 및 증여세법

우리나라 상속세제는 1934년에 도입되었다.[1] 상속세는 상속을 받는 자가 부담하고 증여세는 수증자가 부담한다. 두 조세는 모두 누진세율체계를 갖고 있으며, 기간과세 세목은 아니다. 세금은 상속을 받는 자와 수증자가 부담하지만 세금의 계산은 상속을 하는 자와 증여를 하는 자마다 하게 된다. 따라서 받는 자 입장에서는 동일한 재산을 받는 경우라면 가급적 여러 사람으로부터 여러 번에 걸쳐 나누어 받는 것이 유리하다. 그리고 상속받을 것이라면 미리 증여를 받는 것이 유리하다. 응능부담의 원칙에 따라 증가하는 경제력에 맞추어 조세부담을 누진적으로 증가시키는 관념에 충실하지 못할 계기가 내재하는 것이다.

제1장 부의 무상이전과세

제1절 본질

제1항 과세이론

부의 무상이전에 대한 조세는 무상이전을 하나의 과세사건으로 하는 것이다. 흔히 사람들은 상속이나 증여를 통해 부를 무상이전받는 자가 조세를 부담할 능력이 증가한 것을 감안하여 세금을 매겨야 한다는 생각을 하게 된다.

우리 사회의 정서대로라면 아마도 상속재산을 분배받은 각 상속인이 생애 동안 무상이전으로 재산이 얼마나 증가하였는지를 계측하여 그에 대해 누진세율로 과세하는 것이 호응도가 높을지 모를 일이다. 이는 무상이전재산을 무상이전받은 자의 소득으로 본다는 관점에 근접한다.

이 논리는 무상이전가액을 무상이전을 한 자의 비용으로 인정하지 않는 것은 무엇 때문인가에 대한 답변을 궁색하게 하는 것처럼 보인다. 현행 세제상으로도 누군가에게 지출하였는데 손비로 인정하지 않는 경우가 없는 것은 아니지만 그러한 경우는 한정된 사안에 국한된다. 그렇다면 무상이전받은 것을 소득으로 일반화하는 것이라면 반대쪽에 비용으로 인정해 주는 것이 타당할 것이다. 상속세의 경우 망자의 비용으로 인정하라는 것이 되는데 망자의 결손금을 상속인에게 이전할 수는 없는 것이며, 결국 무상이전받는 자에게 과세하는 결과만 남게 될 것이다. 생전 증여하는 자에게 입법론적으로는 자신의 소득금액 계산 시 비용으로 인정해 줄 수 없는 것은 아니다.

크게 볼 때 비용인정으로 생전 증여받는 자의 사망 시까지 조세부담을 이연시켜 주는 것에 불과하기 때문에 국가로서 용인 못 할 일은 아니다.[2]

---

[1] 독일은 1906년에 미국은 1916년에 도입하였다.

[2] 반대로 사망할 때에 조세부담을 할 것이므로 증여할 때 비용인정 받지 못한다 하더라도 무방하지 않는가 하는 논리

어떤 입장에 서든 취득과세방식도 나름대로 타당한 논리적 구조를 가지고 있다고 보아야 할 것이다. 이 경우 상속세와 증여세는 모두 소득세의 보완세로서 의미를 지니게 된다.

간접세에 있어서는 그것이 유상이든 무상이든 거래사실에 착안하여 거래가액의 일정률(우리 부가가치세의 경우 10%)을 세금으로 징수한다. 직접세의 대표 격인 소득세에 있어서는 개별 거래들의 축적물로서 한 기간의 소득에 대해 과세하는 것과 대비된다.

무상이전에 대한 조세는 과연 어느 쪽에 더 가까울까? 거래사실에 대한 조세로 본다면 간접 세적인 성격을 지니고 있다. 한편, 무상이전받은 자가 영위한 개별 거래들의 결과 무상이전을 받게 된 것을 과세하는 것이라면 직접세적인 성격을 가질 수도 있다. 무상이전은 필시 일회적인 측면이 강하기 때문에(우리 소득세법상의 분류에 따른다면) 기타소득에 가까운 것이 될 것이다.

무상이전에 대한 조세의 실질적인 부담자는 무상이전을 받은 자가 될 것이다. 간접세 방식으로 조세를 징수할 경우에도 무상이전하는 자가 무상이전받는 자에게 세금을 공제하고 넘겨 줄 것이지만 그 세금은 원천징수하지 않았더라도 어차피 무상이전받는 자가 부담했을 것이기 때문이다.

이때 무상이전을 받은 자는 어떠한 조세를 부담하는 것이 헌법상 실질적 평등의 관념에 부합하는가? 조세법이 추구하는 평등의 구체적 기준으로 응익부담의 원칙이나 응능부담의 원칙이 거론된다. 응익부담은 수평적 평등을 그리고 응능부담은 수직적 평등성을 좀 더 뒷받침한다. 부의 무상이전에 대해 정부가 무언가 징수하겠다고 할 경우 둘 중 무엇에 더 중점을 두어야 바람직한가에 대해 단언하기는 힘들다.

우리나라의 과세제도는 부의 무상이전에 대한 응능부담적인 성격을 강조하여 많이 이전받을 수록 실효세율이 높아지도록 구성하고 있다. 그러나 부를 무상으로 이전받은 자는 재화나 용역을 공급받은 자의 지위와 다를 바 없는 것 아닌가(비록 모두 현금으로 무상이전받는다 하더라도 실물등가물로 인식할 수 있지 않을까)? 일반적으로 부가가치세는 국민총생산의 일정률을 국고로 활용하겠다는 생각에 입각한 것이지만 부의 무상이전에 대한 세금으로서 무언가 새로운 간접세를 도입한다면 그것은 전체 부의 이전가액의 일정률을 국고로 활용하도록 하는 것이라고 이해할 수 있을 것이다. 국가가 부의 무상이전을 무상이전받는 자의 소득 또는 경제적 지위의 향상으로 보고 응능부담의 원칙에 입각하여 과세한다면 소득에 대한 과세처럼 누진세율로 과세할 수도 있겠다. 그런데 누군가의 경제적 지위의 상승에 대해 과세하려 한다면 누군가의 경제적 지위의 하락에 대해 정부가 보조해 주어야 한다는 원칙이 지켜지는 것이 합당할 것이다. 사망하여 상속하는 경우는 보조해 줄 방법이 없겠지만 증여를 통해 무상이전하는 경우 증여받은 자의 경제적 이득을 소득과 같이 과세한다면 증여한 자의 비용으로 공제해 주는 것이 타당하지 않을까? 무상이전에 대해 소득세와 같은 관점에서 조세제도를 설계한다면 국가는 무상이전하는 자의 소득으로 이미 과세한 것을 무상이전받은 자에게 다시 과세한다는 비판을 면하기 어려운 것이다. 이때 무상이전 하는 자에게 비용으로 공제하여 주지 않는 것을 합리적으로 설명하려면 그가 자기가 가진 재산을 지출하는, 즉 소비하는 것으로 인식하는 것이 타당하다. 평생 모은 것을 누군가에게 지출하면서 그가 얻는 것은 무엇인가? 부의 무상이전에 따라

가 제기될 수도 있다.

스스로 얻는 '기쁨'을 사회로부터 제공받은 것으로 보아야 하지 않을까? 국가는 그러한 행위에 대해 무상이전하는 자가 그 '기쁨'에 대한 대가로 지불하는 금원(무상이전가액에 해당할 것이다)의 일정률을 세금으로 부과하는 것이다. 이러한 관점은 무상이전한 자가 지출행위를 했으므로 간접세적인 무상이전세가 부과되는 것으로 설명한다.

부의 무상이전에 대한 과세가 소득에 대한 경제적 이중과세라는 비판에 대응하는 방법 중의 하나가 이전하는 해당 재산의 장부가액의 상향조정을 인정하는 것(이른바 '장부가액상향조정(stepped-up basis)'이다.3) 무상이전하는 자가 보유기간 중 발생한 자산가치증가분에 대해 무상이전할 때에 양도소득으로 과세하지 않고 무상으로 이전받는 자의 상속세나 증여세로 과세되게 하면서 이전받는 자의 장부가액은 무상이전 시의 시가로 하는 방법이다. 이 경우 무상이전하는 자가 벌어들인 소득에 대해 소득세로 과세하지 않았으므로 무상이전받는 자가 상속세나 증여세로 과세받는 것이 동일한 소득에 대해 정부가 서로 다른 사람에게 서로 다른 사람에게 이중적으로 과세하는 것은 피하게 될 것이다. 현재 우리 상증세법이 이와 같은 방식을 채택하고 있다. 몇 가지 논리적인 모순4)에 불구하고 현행 제도는 무상이전세가 이중과세를 하고 있다는 비판을 어느 정도 피할 수 있게 해 준다.

현행의 '장부가액상향조정'에 의한 과세는 무상이전받는 자가 미래에 양도할 때 과세하여야 할 자본이득을 미리 과세한다고 볼 수도 있지만 무상이전하는 자가 무상이전으로 실현한 자본이득을 소득세가 아닌 상속세나 증여세로 과세하는 것이라고 볼 수도 있다.5) 이러한 관점에 입각한다면 현행 세법이 부의 무상이전 자체를 상속세나 증여세과세사건으로 생각하지 않는다고도 볼 수 있겠다. 그러나 이러한 생각은 제한된 경우에나 적합한 것이다. 실물을 이전하지 않고 현금을 이전할 경우에는 그러한 논리가 적용되지 않을 것이기 때문이다.6)

부의 무상이전을 간접세과세사건으로 보고, 양수자에게 장부가액이 그대로 이전하는 것으로 보는 것7)이 논리적이다.

---

3) 국내사업장이 없는 비거주자 또는 외국법인이 국내에서 증여받은 자산을 시가로 하여 증여소득으로 과세(법인세법 제93조 제10호 다목)하면서도 증여받은 자산을 양도할 때에는 증여자의 장부가액을 사용하도록 하고 있다(법인세법 시행령 제129조 제3항 제2호). 장부가액상향조정을 인정하지 않는 것이다. 이는 조세조약상 무차별 원칙에 위배될 소지가 있다. 법원은 법인세법 시행령 제129조 제3항 제2호 본문(이하 '본문 조항'이라 한다)은 수증법인이 그 주식을 양도할 때에 그와 같은 자본이득이 수증법인에게 실현된 것으로 보아 양도소득금액을 계산하도록 규정하여 조세조약에 따라 원천지국의 과세권이 인정되는 양도소득의 범위를 정하고 있을 따름이라고 판단하고 있다(대법원 2016. 9. 8. 선고 2016두39290 판결).

4) 형제 갑과 을이 각각 2억 원에 매입한 주택의 가격이 모두 6억 원으로 상승한 경우 갑이 을에게 자기소유주택을 증여하고 을이 갑에게 역시 자기소유주택을 증여한 경우 갑과 을이 가지게 되는 주택의 장부가액은 모두 6억 원으로 증액된다. 이후 양도한다면 양도소득금액이 줄어들 것이다. 형제간 증여 후 5년 이내 제3자에게 양도하는 경우 수증자가 납부한 증여세 및 양도소득세의 합계액이 증여자가 직접 양도한 경우로 보아 계산한 양도소득세보다 적은 경우에는 증여자가 그 자산을 직접 양도한 것으로 본다. 다만, 이 경우에도 양도소득이 해당 수증자에게 실질적으로 귀속된 경우에는 증여자가 직접 양도한 것으로 보지 않는다(소득세법 제101조 제2항). 위의 사례라면 양도소득이 해당 배우자에게 실질 귀속하는 것이 될 것이므로 '5년 이내' 양도에 대한 제한 규정도 적용되지 않을 것이다.

5) 부부간 재산증여공제액이 6억 원으로 인상되자 2주택을 가진 세대 내 부부간 증여가 증가하고 있는 현상이 이를 설명하고 있다.

6) 상증세법상 금융재산상속공제제도가 현금자산의 이전에 따른 이중과세를 어느 정도 방지할 수 있게 하지만 동 제도가 원래 과표양성화를 위한 것인 만큼 이중과세방지효과는 그리 크다고 볼 수 없겠다.

7) 부의 무상이전을 간접세과세사건으로 하여 단일세율로 과세하면서 장부가액이 이전하는 것으로 보는 것이다.

제2항 상속과세와 증여과세

상속과 증여는 무상으로 부를 이전받는 자의 입장에서 보면 대가 없이 자신의 부를 증가시키는 계기라는 점에서 동일하다. 과세상으로도 상속세의 부담을 줄이기 위해 사전 증여하는 경우가 많아 증여이지만 상속세과세가액에 가산하는 제도가 운영되고 있는 점은 실제 경제생활에서도 상속과 증여가 구분하기 곤란하게 이루어지고 있음을 알 수 있다. 사인증여나 유증방식에 의한 부의 이전은 상속세의 과세대상이 된다.

증여는 사람이 살아가면서 여러 번 해 줄 수도 있고 받을 수도 있다. 그러나 상속은 상속하는 자에게는 일생에 한 번뿐이고 상속받는 자에게도 드물게 있는 일이다. 소득과세상 종합소득과 퇴직소득을 동일한 방법으로 과세하지 않는 것처럼 이전받는 자의 입장에서만 본다 하더라도 증여와 상속을 같은 방법으로 과세하는 데에는 무리가 있다. 물론 입법론상 상속세를 증여세와 완전히 동일한 방식으로 과세할 수도 있다. 증여를 받는 자의 입장에서 상속이라는 이름의 무상이전이 마치 증여에서처럼 여러 번 있을 수 있기 때문이기도 하다. 정반대로 이전하는 자의 입장에서 본다면 이전하는 자가 예전에 증여하였던 것도 사전상속에 해당한다고 하여 모두 상속재산에 가산할 수도 있겠다.

우리 세법상 상속세는 재산의 이전이라는 행위에 대한 과세로서의 성격을 지니고 있는 반면 증여세는 수증자의 순자산 증가에 대한 과세라는 성격을 지니고 있다. 현행 상속세의 과세방식은 유산과세형이지만 증여세의 과세방식은 취득과세형이다. 증여자가 누구인지 모르는 경우에도 증여라고 보아 과세하기도 한다.[8] 우리 세법상으로는 두 조세가 본질적으로 다른 성격을 지니고 있는 것이다. 그럼에도 불구하고 상증세법은 상속세 부담의 회피를 막기 위한 목적으로 일정한 생전 증여 재산가액을 상속세과세가액에 가산하고 예전 납부한 증여세액을 공제하여 주도록 하고 있다. 현행 증여세는 상속세 보완세로서의 성격도 있지만 본질적으로는 특별한 소득세라 할 수 있다.

1. 증여 후 상속

상속세과세가액을 계산하기 위해서는 상속재산의 가액에 상속개시일 전 10년 이내에 피상속인이 상속인에게 증여한 재산가액을 가산하여야 한다. 상속개시일 전 5년 이내에 피상속인이 상속인이 아닌 자에게 증여한 재산가액도 가산한다(상증세법 제13조 제1항).

손자가 조부모로부터 세대를 건너뛴 상속을 받았는데 그로부터 10년 이내에 증여를 받은 것이 있으면 이는 상속세과세가액에 산입된다. 그런데 손자가 조부모로부터 세대를 건너뛴 상속은 받지 않았으며 사망시점으로부터 5년을 넘었지만 10년 이내에 증여를 받은 재산이 있는 경우 상속세과세가액에 가산하지 않는다. 손자가 조부모로부터 세대를 건너뛴 상속은 받지 않았으며 사망시점으로부터 5년 이내에 증여를 받은 재산이 있는 경우 상속세과세가액에 가산한다(상증세법 제13조

---

8) 재산취득자금의 증여추정이 대표적인 예이다(상증세법 제45조).

제1항 제2호). 상속세과세가액이 5억원 이하인 경우에는 상속공제를 허용하되, 기납부 증여세액의 세액공제는 배제한다(상증세법 제24조). 이 경우 손자는 상속인이 아니기 때문에 상속세를 부담하지 않으며 연대납세의무자도 아니다. 상속인들은 그 부분에 대해서는 연대납세의무를 진다.

수증자가 증여자의 자녀가 아닌 직계비속(예: 손자)일 경우에는 증여세 산출세액의 30%에 상당하는 금액을 할증하여 과세한다(상증세법 제57조). 상속세과세가액 가산요건을 충족하는지, 즉 사망으로부터 5년 내지 10년 이내의 것인지를 묻지 않는다. 즉 해당 증여가 상속에 근사한 것인지를 고려하지 않는 것이다. 이는 상속세를 회피하기 위한 것인지 분명하지 않은 것에 대해 할증과세를 하는 것이므로 할증과세 본래의 취지에 부합하지 않는다. 증여로서 상속가액에 대한 가산요건을 충족하는 것에 한해 세대를 건너뛴 상속과 같은 성격이 있는 것으로 보아 할증과세하는 것으로 법을 개정할 필요가 있다. 2015년 개정된 상증세법은 증여자의 최근친(最近親)인 직계비속이 사망하여 그 사망자의 최근친인 직계비속이 증여받은 경우에는 할증과세하지 않도록 하고 있다(상증세법 제57조 제1항 단서).

2. 상속 후 상속

상속개시 후 10년 이내에 상속인 또는 수유자의 사망으로 다시 상속이 개시된 경우 이미 상속세가 부과된 상속재산 중 재상속분에 대해 이미 부담한 상속세상당액을 상속세산출세액에서 공제한다. 이를 단기재상속에 대한 세액공제라고 한다(상증세법 제30조).

상속인 또는 수유자가 피상속인의 자녀를 제외한 직계비속(예: 손자)인 경우에는 그 자에 귀속하는 상속재산에 대한 상속세는 통상의 상속세액의 30%를 추가로 부과하는데 이를 세대를 건너뛴 상속에 대한 할증과세라고 한다(상증세법 제27조).

3. 상속 후 증여

상속을 받아 바로 증여할 경우 여전히 상속으로 보면서 증여세를 부과하게 된다. 이와 같이 세금이 중첩적으로 부과될 경우라면 통상적 납세자는 처음부터 상속을 받으려 하지 않을 것이다.

상속인의 입장에서는 세법상 상속인의 의사에 따라 무상이전을 곧이어 하게 되는 것으로 인식되는 것을 피하기 위해 아예 상속단계에서 상속지분을 상속인의 의사에 따라 결정하는 것이 바람직할 것이다. 이를 위해 활용되는 방법이 상속재산의 협의분할이다. 상속인들은 언제든지 협의에 의하여 상속재산을 분할할 수 있다(민법 제1013조). 그리고 상속재산의 분할은 상속개시된 때에 소급하여 그 효력이 있다(민법 제1015조). 세법상 상속세의 신고는 상속개시 후 6개월 이내에 하여야 한다. 신고기한 이전에 재분할에 의하여 당초 상속분을 초과하여 취득한 경우에는 증여로 보지 않는다(상증세법 제4조 제3항 단서). 신고기한 이내에 협의분할이 이루어지지 않을 수도 있을 것이지만 상증세법은 협의분할과 그에 따른 등기[9] 등이 6개월 이내에 이

---

9) 현물분할의 협의가 성립하여 그 합의사항을 조서에 기재함으로써 조정이 성립하였다고 하더라도, … 등기를 마침으로써 비로소 그 부분에 대한 대세적 권리로서의 소유권을 취득하게 된다고 보아야 할 것이다(대법원 2013.11.21. 선고 2011두1917

루어져야 한다고 전제하고 있다.

당초 상속분을 신고하였는데 그 이후 재분할한 경우라도 당초 분할에 무효 또는 취소 등 정당한 사유가 있다면 증여로 보지 않는다. '정당한 사유'는 대통령령에서 제한적으로 열거하고 있다(상증세법시행령 제3조의 2). 당초 상속분에 따라 상속세의 신고를 하고 납부하였는데 정당한 사유로 재분할한 경우 당초 상속분보다 적은 상속재산을 얻게 된 자를 위해 상속세 경정청구에 특례를 두고 있다(상증세법 제79조).

상속개시 후 상속재산에 대하여 각 상속인의 상속지분이 확정되어 등기가 된 후 그 상속재산에 대하여 공동상속인 사이의 협의분할에 의하여 특정상속인이 당초 상속분을 초과하여 취득하는 재산가액은 당해 분할에 의하여 상속분이 감소된 상속인으로부터 증여받은 것으로 보아 증여세가 과세된다(상증세법 제4조 제3항).

유산재분배가 유산분할협의 후의 합의해제·재유산분할인가 아니면 상속인 간 증여인가의 문제에 관해 동경고등법원 2000년 1월 26일 판결을 참조할 수 있다. 상속인에 관한 사례로서 피상속인의 배우자가 포함되어 있던 상속사건에서 상속인들은 일부 상속재산을 은폐하고 신고서를 제출했다. 세무서장이 이후 은폐된 상속재산을 발견하자 상속인들이 유산분할협의서를 다시 작성하였다. 다시 작성한 분할협의서는 피상속인의 배우자에게 많은 재산이 배정되는 것으로 하였는데 그것은 다른 상속인들 중 일부에 대한 배정액이 당초 분할받은 것보다 감액되는 결과를 초래하였다. 이는 다시 한 분할협의 당시 배우자가 배우자상속공제를 최대한 받도록 하기 위함이었다. 일본 민법상 분할협의의 합의해제가 인정되고 있으므로 법원도 세법을 적용할 때 합의해제의 효력을 인정하고 있다. 상속세법상 유산 재협의분할은 원칙적으로 증여이지만 당초의 유산분할에 취소원인이 있어 취소된 경우 그것은 증여로 보지 않는다. 상속세법은 상속인 전원의 합의로 해제하는 경우에도 여전히 유산분할로 인정하고 있다. 그러나 유산분할의 합의해제를 무한정 허용할 경우에는 조세법률관계가 현저하게 불안정해질 것이기 때문에 당초의 유산분할협의의 합의해제와 새로운 유산분할협의가 요건이 합치하는 본래의 유산분할협의의 재시도인가 아닌가의 판단에 있어서는 그 시기 및 그것에 이르게 된 이유 및 원인에 따라 각 사안별로 사실을 정확히 판단할 필요가 있다고 하고 본건과 같은 경우 재분할협의한 결과에 의한 분할재산의 변동에 따른 증여로 과세한 것이다. 이러한 결과가 유산과세제도의 정신에 부합하는 것인지는 연구해 볼 필요가 있다. 동일한 상속재산이라면 누가 얼마나 상속받는지에 불구하고 동일한 세액을 부담하도록 하는 것이 타당할 것이기 때문이다. 그리고 배우자상속공제를 허용하는 이유는 여럿 있지만 그중 배우자가 상속한 재산은 다시 직계비속 등에게 상속될 것인데 그 경우 상속세가 부과될 것이라는 점 때문이라면 법원이 본건에서와 같이 판단할 이유는 많다고 할 수 없을 것이다.

전원합의체 판결.

제2절 외국의 제도와 역사

　이집트왕국과 로마제국에서 상속에 대해 인지세가 부과되었다. 중세에는 여러 봉건국가에서 상속세가 과세되었다.

　도덕적 자유시장경제의 주창자인 **Adam Smith**는 상속세가 원본을 잠식하고 상속의 회수에 따라 세금이 증가하는 점이 있음을 인정하고 있다. 초기 사회주의자인 **Henri de Saint-Simon**은 상속제도의 폐지를 주장하였다. 공산주의선언(**Communist Manifesto**)은 **Henri de Saint-Simon**의 주장을 반영하고 있지만, **Karl Marx**는 그 주장에 반대하면서 토지와 같은 주요 생산수단을 사회화하면 자연스럽게 상속제도가 사라지게 될 뿐이라고 하였다.

제1항 OECD 국가의 동향

　근래 OECD 국가에서는 부의 무상이전에 대한 조세가 완화되는 경향을 보이고 있다. 소득세율과 상속세율을 비교할 때 대체로 소득세율이 더 높은 수준으로 되어 있다.

　우리나라는 OECD국가들 중에서 세 번째로 높은 상속세율을 갖고 있다. 일본(55%), 프랑스(45%), 우리나라(50%), 미국·영국(40%), 스페인(34%)의 순이다. 35개 OECD 국가들 중 15개 국가가 직계비속에 대한 상속재산에 대해 상속세를 부과하지 않고 있다. 35개 OECD 국가들의 단순평균세율은 15%이다.

<OECD 국가의 상속세 최고세율(2008년)>

상속세율＝소득세율(2개국)	상속세율<소득세율(15개국)				상속세율>소득세율(5개국)		
영국(40%), 프랑스(40%)	독일(30%), 드(5%), 네덜란드(27%) 등	터키(30%),	벨기에(30%),	아일랜	한국(50%), 덴마크(36.25%), 스페인(34%)	일본(50%),	미국(45%, '08년),

　상속세를 폐지하고 자본이득과세로 전환한 국가는 캐나다·호주·포르투갈 등 6개국에 이른다. 캐나다와 호주는 1970년대에 상속세를 폐지하였고, 뉴질랜드는 1992년에 폐지하였다. 21세기 들어서서는 2005년에 스웨덴, 2008년에 이태리 및 스페인이 상속세를 폐지하였다. 비OECD 국가이지만 싱가포르도 2008년 상속세를 폐지하였다.

　미국과 영국은 유산과세방식(**Objektsteuer**)을 채택하고 있다. 두 나라 모두 증여에 대해서도 증여자에게 과세하는 체제를 갖고 있다. 상속재산이 동일할 경우에는 재산이 어떻게 분배되든 전체 상속재산에 귀속하는 상속세액은 동일하다.

　한편, 독일과 프랑스는 취득과세방식(**Subjektsteuer**)을 채택하고 있다. 상속인 개개인이 분배받은 상속재산의 규모에 따라 세액이 달라진다. 따라서 분배하기에 따라서는 전체 상속재산이 동일하더라도 그 재산에 귀속하는 세액이 달라질 수 있다. 일본에서는 유산취득과세를 기본으로 하면서도 상속세의 총액을 법정상속인의 수와 법정상속분에 의하여 산출하고 그것을 각인의 취득재산액에 따라 안분하는 과세방식을 채택하고 있다. 법정분에 의해 인분인승하여 계산하고 그 세액을 각인의 실제 분배비율에 따라 부담하게 하는 방식이다. 우리나라는 상속세의 총액을 전체 상속재산에 대해 직접 세율을 곱하여 계산하고 각인의 실제 분배비율에 따라 부담하게 하는 방식이다. 분배안에 따라 전체 세액이 달라지지 않는다는 점에서는 미국, 영국, 일본 및 우리나라가 동일하다. 일본에서는 독일, 프랑스와 같이 동일한 규모의 상속재산이라 하더라도 상속인별 분배내역에 따라 총상속세액에 차이가 나게 되어 있다. 우리나라와 일본은 상속인 간(일정한 한도는 있지만) 연대납세의무를 부담하도록 하고 있다.

제2항 영미법계

영국과 미국의 세제에는 부의 무상이전세가 간접세라는 인식이 남아 있다. 이에 따라 상속세는 유산과세형 방식을 채택하고 있다. 미국과 영국에서 채택하고 있는 유산과세방식에 의하면 유산 전체를 과세물건으로 하고 유언집행자를 납세의무자로 해서 과세한다. 증여세는 증여자에 대해 과세한다. 피상속인의 일생을 통한 세부담을 청산하고 피상속인이 생존 중 축적한 부의 일부를 사망시점에 사회에 환원하는 것으로 보는 방식이다. 유산분할의 방법에 따라 유산 전체에 대한 세부담에 차이가 생기지는 않는다. 개개의 상속인에 대해 그 취득한 재산의 액에 따라서 누진세율이 적용되지 않으므로 각각의 담세력에 따른 과세를 하여야 한다는 관점에서 보면 한계가 있다. 어느 방식이 더 적합한 것인가 간단하게 얘기할 수 있는 것은 아니다.

미국에서 무상이전에 대한 조세인 상속세와 증여세는 상속이나 증여라는 사건에 대한 간접세적인 성격이 있다. 그에 따라 상속을 하거나 증여를 하는 주체에 대해 납세의무를 부과한다. 실제 그 부담은 상속인이나 수증자에게 넘어갈 것이기 때문에 부가가치세처럼 간접세라고 볼 수 있는 것이다. 영국은 상속세는 피상속인의 재산에 대해 과세하는 유산과세형을 취하면서 증여세에 대해서는 자본이득과세형태를 취하고 있다.[10]

1. 영국

영국에서는 1694년 유언장에 대한 인지세(probate duty)가 부과되었다. 1796년에는 legacy, estate and succession duties라는 이름의 상속세가 도입되었다.

1894년 오늘날과 유사한 형태의 유산세(estate duty)가 도입되었다. 증여는 과세하지 않았지만 상속 7년 이내의 증여는 상속재산의 일부로 보아 상속세를 과세하였다.

1974년에는 자산이전세(capital transfer tax)가 유산세를 대체하였다. 생전 증여도 과세대상이 되었다.

현행 상속세는 Inheritance Tax Act 1984가 규율하고 있다. 동법에 의해 상속세(inheritance tax)가 자산이전세를 대체하게 되었다. 상속세는 상속재산(estate)에 대해 부과되며 망인의 상속재산관리인이 납세의무를 부담한다. 증여는 과세하지 않지만 상속 7년 이내의 증여는 상속재산

---

10) 박정수, 『주요국의 조세제도(영국편)』, 한국조세연구원, 2004.6, pp.140~158.

의 일부로 보아 상속세를 과세한다. 부부간의 자산의 생전 무상이전은 상속세 과세대상에서 제외된다.

상속세는 피상속인의 총 상속재산에 대해 과세하며 시가를 기준으로 한다. 기본공제를 초과하는 가액에 대해 40%의 세율을 적용한다. 2009년부터 2017년까지의 상속에 대한 기본공제액은 32만5천파운드이다.

자본이득세법(Taxation of Capital Gains Act 1992, TCGA 1992)상 자산의 양도(disposal)는 유상·무상의 모든 소유권의 이전을 포섭한다(TCGA 1992, Section 62(1)(a)). 상속은 자본이득 과세계기로 보지 않는다(TCGA 1992, Section 62(1)(b)). 상속인의 자본이득 계산시 취득가격은 상속시 시가가 된다(장부가격상향조정).

2. 미국

미국에서 1797년부터 1802년까지 상속재산의 취득에 대한 인지세가 부과되었다. 상속세(inheritance tax)는 남북전쟁 중인 1862년에 부과되다가 1870년 폐지되었다. 1894년에는 소득에 증여와 상속에 의하여 취득한 자산을 포함하는 내용의 소득세법이 제정되었지만 헌법상 직접세 주간할당조항에 위배된다는 이유로 폐지되었다. 1898년 상속세와 유산세의 두 가지 성격이 혼합된 세금을 부과하는 세법이 입법되었는데 1902년 폐지되었다.

1916년에 유산세(estate tax)가 도입되었다. 이는 헌법상 주간할당조항의 적용을 받지 않는 간접세라는 이유로 연방대법원으로부터 합헌결정을 받았다. 유산세의 회피가 증가하자 이에 대응하여 1924년 증여세가 도입되었다.

부부공제제도는 부부재산공유제의 주와 별산제의 주간 과세형평을 위해 도입되었다. 증여세와 유산세가 별도의 과표구간과 세율체계로 과세되던 것이 1976년 법에 의해 통합이전세 방식으로 통합되었다. 당시까지 증여세율은 상속세율의 4분의 3 수준이었지만 증여의 경우 장부가액 이전규정이 적용되었다. 1976년 법은 상속재산에 대한 장부가액 이전규정을 도입하였다. 동 규정은 미처 적용되지 못하고 1980년 폐지되었다.

미국에서 무상이전에 대한 조세인 상속세와 증여세는 상속이나 증여라는 사건에 대한 간접세적인 성격이 있다. 그에 따라 상속을 하거나 증여를 하는 주체에 대해 납세의무를 부과한다. 실제 그 부담은 상속인이나 수증자에게 넘어갈 것이기 때문에 부가가치세처럼 간접세라고 볼 수 있는 것이다.

영리법인이 과세대상 증여를 한 경우에는 해당 법인의 주주가 자기 몫의 증여세의 신고납무 의무가 있다.

미국은 상속세와 증여세를 통합이전세방식(unified transfer tax system)으로 구성하고 있다. 생전 증여할 때 그때마다 증여자가 세금을 내고 추후 사망할 때 예전 세금 낸 증여재산가액을 사망할 때의 이전재산가액에 가산하여 이전하는 자를 기준으로 하여 전체 이전세과세가액(total taxable life and death transfers)을 계산하고 세율을 적용하여 산출세액을 계산한 다음 예전 납부했던 증여세액을 세액공제해 주는 방식을 채택하고 있는 것이다. 납세의무자는 증여세의 경우 증여자가 되며, 상속세의 경우 상속재단이 된다. 증여세이건 상속세이건 누진세율체계를 채택하고 있다. 상속과 증여에 걸친 재산의 이전행위에 대한 조세라는 동일한 과세논리가 적용된다. 이러한 논리는 이전하는 자에게든 이전받는 자에게든 하나의 경제적 재산에 대해 이중으로 과세한다는 우려를 불식하게 한다.

미국 내국세입법 제2편(Subtitle Ⅱ)에서 Estate Tax와 Gift Tax를 규정하고 있다. 미국에서 증여세와 상속세의 과세는 시가를 기준으로 한다.

증여 또는 상속 등에 의해 무상으로 이전을 받은 개인이 받은 경제적 이익은 과세소득의 범위에서 제외하고 있다(내국세입법 제102조). 이때 과세소득에서 제외되기 위해서는 그 증여 등이 자선 등의 목적에 의한 것("must proceed from a 'detached and disinterested generosity,' …'out of affection, respect, admiration, charity or like impulses.'")이어야 한다(Commissioner v. Duberstein, 363 U.S. 278, 285 (1960), 1960-2 C.B. 428, 431). 영리법인에 대한 증여는 과세대상이 된다.

자본이득 과세목적상 1921년 이후 이후 증여분에 대해서는 증여에 의하여 취득한 자산의 가액은 증여자의 장부가액(carry-over basis)으로 한다(내국세입법 제1015조). 이후 양도시 자본손실은 증여시 장부가액이 시장가격보다 높았을 때에는 시장가격으로 하여 계산한다. 상속으로 인하여 취득한 자산의 가액은 상속시점의 시가(stepped-up basis, fresh start basis, 장부가격상향조정)로 한다(내국세입법 제1014조(a)).

1976년법 입법 당시 장부가액상향조정규정을 폐지하고 증여에서와 같은 장부가액승계규정을 도입하였다. 이 규정은 과세관청 및 납세의무자 모두에게 행정적으로 어려움을 초래하였다. 망인의 장부가격을 어떻게 산정할 것인가, 시장가격과 다른 장부가격을 가진 재산들을 상속인들에게 어떻게 분배할 것인가 등의 문제가 있었다. 1976년에 도입된 장부가액승계규정은 의회에서 그 적용시기가 늦추어지다가 1980년에는 폐지되었다.

2001년법은 상속세(증여세는 제외)를 폐지하고 '수정된 장부가액승계' 규정을 도입하였는데 그 시행시기를 2010년으로 하였다. 상속세를 자본이득과세로 전환하는 내용이었다. 미국에서는 오랜 세월 동안 장부가액상향조정규정에 대해 수평적 평등과 수직적 평등원칙에 위배되고 경제적 효율성도 저해한다는 비판이 있어왔다. 생전에 자산을 처분한 자와의 수평적 평등에 맞지 않고, 자산을 처분하지 않고 오래 보유할 수 있는 부유층에 유리하여 수직적 평등에 부합하지 않는다는 것이었다. 장부가액상향조정규정의 장점은 오래전에 취득한 자산의 가격을 알 수 없어 과세하기 곤란한 상황을 만들지 않는다는 행정적인 것에 불과한 것이었다. 사망시까지 재산을 보유하도록 하는 유인을 주는 것은 봉쇄효과(lock-in effect)를 가져와 투자패턴에 바람직하지 않은 영향을 준다는 것이었다.

2010년 미국의회는 2001년법을 개정하여 장부가액상향조정에 의한 상속세제도를 소생시켰다. 2010년 개정법은 유일하게 2010년 사망한 자에 대해서는 2001년법의 적용을 받아 상속세를 부과받지 않는 것을 선택할 수 있도록 하였다. 201년 개정법에 따라 2011년에는 상속세가 다시 도입되었는데 상속세율은 낮아지고 공제액은 늘어났다. 2015년 4월 미 하원은 상속세 폐지법안을 표결에 붙였지만 민주당의 반대로 통과시키지 못하였다.

제3항 대륙법계

독일과 프랑스에서는 상속이나 증여를 소득처럼 재산을 이전받는 자의 입장에서 과세한다. 상속세와 증여세 모두 취득과세형을 취하고 있다.[11] 상속 등에 의한 유산을 취득한 자를 납세의무자로 하여 그 자가 취득한 유산을 과세물건으로 해서 과세한다. 이는 우연한 기회에 의한 부의 증가에 따라 담세력이 증가하는 것에 대한 과세를 통해 부의 집중을 억제하는 효과가 있다. 개개의 상속인에 대해 그 취득한 재산액에 따라 누진세율을 적용한다. 개별 사안마다 유산분할을 어떻게 하는가에 따라 유산 전체에 대한 세부담이 달라진다. 한편, 이들 나라에서는 최근 상속 및 증여과세를 전반적으로 완화하는 움직임은 보이지 않는다.[12]

1. 독일

프로이센은 1873년 근대적인 상속세법을 제정하였다. 통일독일제국에서 상속세는 1906년에 도입되었다. 배우자와 직계비속에 대한 상속은 과세하지 않는 것이었다. 1919년 조세개혁입법에 의하여 배우자 직계비속 면세규정이 폐지되었다. 1922년에는 배우자가 다시 면세되다가 1925년에는 자녀 있는 배우자만 면세되는 것으로 바뀌었다. 1945년 이래 주세(Landsteuer)로 운영되고 있다. 1955년에는 다시 배우자가 일정 공제 하에 과세되기 시작하였다.

상속세및증여세법(Erbschaftsteuer- und Schenkungsteuergesetz, ErbStG)이 상속세와 증여세를 모두 규정하고 있다. 상속세 및 증여세의 과세는 시가를 기준으로 한다. 증여 및 상속을 자본이득 과세계기로 보지는 않는다. 상속 및 증여의 경우 증여자나 피상속인의 장부가액을 승계받는다. 그러나 [(양도소득세)×(증여세(상속세))/(양도가액)]은 양도소득세액에서 세액공제해준다.

독일에서 부동산은 10년 이상 보유시 양도세 면세, 동산은 1년 이상 보유시 양도세 면세이다. 2009년부터는 1년 이상 보유 주식양도차익은 과세한다.

2. 일본

상속에 대해서는 취득과세형과 유산과세형의 중간방식인 법정상속분과세방식이 채택되어 있다. 증여에 대해서는 취득과세형태로 과세하고 있다.[13] 1950년까지는 유산과세방식을 채택하고 있었다. 이후 미군정의 샤우프가 유산취득과세형을 권고함에 따라 1950년부터 1957년까지는(독일 및 프랑스의 예와 같은) 유산취득과세방식이 채택되었다.[14]

개인으로부터 받은 증여재산에 대해 증여세가 부과된다. 법인으로부터 받은 증여재산에

---

11) 김유찬, 『주요국의 조세제도(독일편)』, 한국조세연구원, 2004.6, pp.260~269; 안창남, 『주요국의 조세제도(프랑스편)』, 한국조세연구원, 2004.6, pp.238~261.

12) 최근 독일에서 중소기업의 가업상속에 대한 과세를 완화하는 입법이 있었다.

13) 국중호, 『주요국의 조세제도(일본편)』, 한국조세연구원, 2004.6, pp.260~297.

14) 2009년 현재 집권 민주당은 유산과세제도로의 회귀를 계획하고 있다.

대해서는 소득세가 부과된다. 증여세는 역년방식으로 과세된다. 매 역년 증여받은 재산가액을 과세증여재산가액으로 하고 110만엔을 차감한 금액을 과세표준으로 하여 세율이 적용된다. 상속시정산과세를 선택한 경우에는 수증자 1명당 2,500만엔의 공제가 허용되며, 남은 공제액은 이월된다.

가. 상속 시 정산과세제도

자산가가 재산을 조기에 젊은 층에 이전할 경우 해당 재산이 생산에 필요한 자본을 제공하는 역할을 하여 경제를 활성화하는 데 기여할 수 있다.

장래 가격이 오를 것으로 예상되는 재산의 경우 및 수익물건의 증여에 의해 소득의 이전을 도모하는 경우 등에는 미리 증여하고 증여세를 납부해 놓는 것이 납세자에게 유리하다. 일본 상속세법상 상속전 3년 이내의 증여재산가액은 상속재산가액에 합산하여 상속세액을 계산한다(상속세법 제19조). 이 때 상속재산가액에 합산하는 증여재산의 가액은 증여시점의 현황에 의한다. 장래 가격이 오를 경우 미리 증여를 해둔 것이 결과적으로 세금을 절약하게 되는 구조인 것이다.

장래 가격이 내리는 경우에는 미리 증여를 한 경우에는 많은 세금을 부담한 상태가 그대로 가게 된다. 2003년 1월 1일 이후에 재산의 증여를 받은 사람은 아래와 같은 일정한 요건에 해당하는 경우에는 '상속 시 정산과세'를 선택할 수 있다(상속세법 제21조의 9). 이 제도는 증여자(65세 이상의 부모)가 수증자(20세 이상의 자녀)에게 증여 시에 증여재산에 대한 증여세를 납부한 후 그 증여자가 사망하였을 때에 그 증여재산의 증여 시 가액과 상속재산의 가액을 합계한 금액을 기본으로 계산한 상속세액으로부터 이미 납입한 그 증여세 상당액을 기간 제한 없이 공제하는 것이다. 상속 시 정산과세를 선택한 사람과 관련되는 상속세액은 상속 시 정산과세와 관련되는 증여자의 상속 시에 그때까지 증여를 받은 상속 시 정산과세의 적용을 받는 증여재산의 가액과 상속이나 유증에 의해 취득한 재산의 가액을 합계한 금액을 기본으로 계산한 상속세액으로부터 이미 납입한 상속 시 정산과세와 관련되는 증여세 상당액을 공제해 산출한다. 이때 상속세액으로부터 공제를 다 할 수 없는 상속 시 정산과세와 관련되는 증여세 상당액에 대해서는 상속세의 신고를 하는 것으로써 환급을 받을 수 있다.

나. 증여간주와 행위계산부인

개인의 저가[15]양도를 소위 '간주양도'라고 하여 시가와의 차액[16]에 대해 과세하고 있다(소득세법 제59조).[17] 개인의 저가양수에 의한 이익을 증여로 간주하는 제도가 있다(상속세법 제7조).[18]

---

15) 시가의 2분의 1 미만.

16) 이를 저가 양도자의 미실현이득으로 보고 있다. 일본에서도 미실현이득을 소득으로 본다(최고재판소 소화 43년 10월 31일).

17) 제59조 (증여 등 경우의 양도소득 등 특례) 다음에 게기하는 사유에 따라 거주자가 보유하는 산림(사업소득을 창출하는 것을 제외한다) 또는 양도소득의 원천이 되는 자산의 이전이 있는 경우에는 그 자의 산림소득금액, 양도소득금액 또는 잡소득금액의 계산상 그 사유가 발생한 때에 그때의 가액에 상당하는 금액에 의해 그 자산의 양도가 있었던 것으로 간주한다.

이 규정은 조세회피 의도를 적용요건으로 하지 않는다. 양도소득과세상 저가양수한 자의 취득가액을 상향조정하는 대응조정을 해 주지 않는다.

상속세법은 법인세법상 동족회사 규정과 동일한 요건하에 상속세 및 증여세의 부당한 감소를 한 것으로 인정되는 경우 행위계산부인을 하도록 하고 있다(상속세법 제64조 제1항). 법인세법상 동족회사 행위계산부인규정은 행위의 부당성을 요건으로 하고 있다(법인세법 제132조).[19]

제2장 상속세

제1절 과세체계

우리나라에서 부의 무상이전에 대한 과세상 상속세는 유산과세형으로, 증여세는 취득과세형으로 형성되어 있다. 상속세는 피상속인의 입장에서는 평생 한 번 과세되는 사건이다. 상속세는 외형상 지출세, 즉 간접세로서의 성격을 지니고 있다. 세대를 건너뛴 상속에 대한 할증과세를 하는 것은 이러한 간접세적인 성격을 고려한 것이다(상증세법 제27조). 상속세는 증여세와 같이 직접세적인 성격도 지니고 있다. 단기재상속에 대해서 세액공제를 해 주는 것은 그러한 성격에 연유하는 것으로 볼 수 있다(상증세법 제30조). 상속인 간 납세의무의 분배방식도 그러한 성격에 연유한다. 각 상속인은 상속재산을 기준으로 계산한 상속세액 중 자신의 상속지분에 상당하는 세액에 대해 납부의무를 부담한다. 그리고 다른 상속인의 세액 부분에 대해서는 자신이 상속한 재산의 범위 안에서 연대납세의무를 부담한다.

---

1. 증여(법인에 대한 것에 한한다) 또는 상속(한정승인에 관계되는 것에 한한다) 혹은 유증(법인에 대한 것 및 개인에 대한 포괄유증 중 한정승인에 관계되는 것에 한한다)
2. 현저히 낮은 대가로서 총리령이 정하는 액에 의한 양도(법인에 대한 것에 한한다)

18) 제7조 (증여 또는 유증에 의하여 취득한 것으로 간주하는 경우) 현저히 낮은 가액의 대가로 재산의 양도를 받은 경우에 있어서는 당해 재산의 양도가 있었던 때에 있어서 당해 재산의 양도를 받은 자가 당해 대가와 당해 양도가 있었던 때에 있어서 당해 재산의 시가(당해 재산의 평가에 대해 제3장에 특별히 정하고 있는 경우에는 그 규정에 따라 평가한 가액)와의 차액에 상당하는 금액을 당해 재산을 양도한 자로부터 증여(당해 재산의 양도가 유언에 따라 행해진 경우에는, 유증)에 의하여 취득한 것으로 간주한다. 다만, 그 양도를 받은 자가 자력을 상실하고 채무를 변제하는 것이 곤란한 경우 당해 재산의 양도가 그 자의 부양의무자로부터 당해 채무의 변제에 충당하기 위한 것이었던 때에는 그 증여 또는 유증에 의해 취득한 것으로 간주되는 금액 중 그 채무를 변제하는 것이 곤란한 부분의 금액에 대해서는 그러하지 아니하다.

19) 제132조 세무서장은 다음에 게기하는 법인에 관계되는 법인세에 대해 경정 또는 결정을 하는 경우에 있어서 그 법인의 행위 또는 계산에서 그것을 용인하는 경우에는 법인세의 부담을 부당하게 감소시키는 결과가 되는 것을 인정하는 것이 되는 때에는 그 행위 또는 계산에도 불구하고 세무서장이 인정하는 바에 따라 그 법인에 관계되는 법인세의 과세표준 또는 결손금액 및 법인세액을 계산할 수 있다.

제2절 납세의무자

제1항 상속인 고유의 납세의무

1. 자연인

가. 상속인의 개념

상증세법은 '상속인'의 개념에 민법상 상속인 외에 상속재산을 분여받은 특별연고자를 포함시킬 뿐이다. 상속을 포기한 자도 상속인의 개념에 포함된다(상증세법 제2조).[20]

'상속인'과 별도로 '수유자'의 개념이 설정되어 있다. 이에는 유증을 받거나 사인증여를 받은 자가 포함된다. 상속세의 납세의무자는 상속인과 수유자이다.

상증세법은 사전상속을 통해 상속세를 회피하는 것을 방지하기 위한 방안으로 상속을 포기한 자도 일정한 범위 내에서 상속세의 납세의무를 부담하도록 하고 있다.[21] 상증세법 제13조의 규정에 의해 상속개시일 전 10년 이내에 피상속인이 상속인에게 증여한 재산가액은 상속세 과세가액에 가산하도록 하고 있다(상증세법 제13조 제1항 제1호). 그리고 상속을 포기한 자도 제13조의 규정에 의하여 상속세과세가액에 가산한 자기가 증여받은 재산가액의 비율에 상당하는 상속세액은 부담하도록 하고 있다.

---

20) 구 상속세법상으로는 상속인(제18조 제1항)의 범주에 포함되지 않았다(대법원 1998.6.23. 선고 97누5022 판결). 헌재는 구 상속세법 제18조 제1항 본문 중 '상속인'의 범위에 "상속개시 전에 피상속인으로부터 상속재산가액에 가산되는 재산을 증여받고 상속을 포기한 자"를 포함하지 않는 것이 상속을 승인한 자의 헌법상 재산권을 침해하는 것으로 보았다. 상속포기자를 제외하는 것은 응능부담 원칙의 실현이라는 입법목적 달성에 적절한 수단이 될 수 없어서 방법의 적절성 원칙에 위배되며, "상속개시 전에 피상속인으로부터 상속재산가액에 가산되는 재산을 증여받고 상속을 포기한 자"를 '상속인'의 범위에 포함시키는 별도의 수단이 존재하는데도 이를 외면하는 것이므로 침해의 최소성 원칙에 위배되고, 상속을 승인한 자가 상속을 포기한 자가 본래 부담하여야 할 상속세액을 부담하게 되는 재산상의 불이익을 받게 되는 반면에 달성되는 공익은 상대적으로 작다고 할 것이어서 법익 균형성 원칙에도 위배되기 때문에, 구 상속세법 제18조 제1항 본문 중 '상속인'의 범위에 "상속개시 전에 피상속인으로부터 상속재산가액에 가산되는 재산을 증여받고 상속을 포기한 자"를 포함하지 않는 것은 상속을 승인한 자의 헌법상 보장되는 재산권을 침해한다고 보았다(구 상속세법 제18조 제1항 등 위헌소원 2008.10.30. 2003헌바10 전원재판부).

21) 김상기, 이재열, 상속포기자의 상속세 납세의무에 대한 연구, 조세연구, 한국조세연구포럼 (Vol.12 No.1) [2012], p.231-256는 상속세 산출세액을 상속세 납세의무자별로 안분하는 과정에서 상속공제를 상속승인자에게만 적용하고 상속포기자에게는 적용하지 않고 상속세 산출세액을 배분하기 때문에 상속포기자에 대한 상속세 산출세 배분비율이 재산비율에 비해 높아지게 된다. 특히 제3자의 생전증여재산의 가산에 따라 증가되는 상속세를 상속승인자에 비해 상속포기자가 상대적으로 더 많이 부담하게 된다. 둘째, 피상속인으로부터 생전증여재산을 증여받은 제3자에게는 상속세 납세의무를 부과하지 않는 반면 상속포기자에게는 상속세 납세의무를 부과함으로써 제3자에 비하여 상속포기자가 부담하는 상속세 부담이 과중할 수 있다는 문제를 지적하고 있다. 근본적인 방안으로 상속세 과세방식을 유산과세방식에서 취득과세방식으로 전환할 것을 제안하고 있다. 상속재산의 무상취득자를 기준으로 그 승계취득재산에 대해 과세하는 취득과세방식에서는 상속포기자와 상속승인자 간의 과세형평의 문제뿐만 아니라 상속승인자들 간의 형평, 법상의 상속포기자와 사실상의 상속포기자 간의 형평의 문제도 해결될 수 있다는 것이다.

나. 비거주자

상속세는 상속인이 거주자이든 비거주자이든 동일하게 과세된다. 상속세는 상속재산에 과세되는 것이다. 피상속인이 거주자인 경우에는 전 세계 소재 상속재산에 상속세가 부과되며, 비거주자인 경우에는 국내 소재 상속재산에 상속세가 부과된다. 피상속인이 사망 시점에 국내에 주소를 두거나 183일 이상 거소를 둔 경우에는 거주자로 본다(상증세법 제2조).

과세대상 상속재산을 상속하는 자는 거주지가 어디이든 납세의무를 부담한다. 상속인이 비거주자인 경우에는 국내에 납세관리인을 지정하여 신고하여야 한다(국세기본법 제82조).

국내거주자가 아닌 피상속인의 상속재산 중 국내에 있는 재산은 국내상속인들이, 국외에 있는 재산은 국외상속인들이 각자 가지기로 협의하였다면, 국내에 있는 상속재산에 대하여서만 상속세를 부과할 수 있으므로 총세액은 국내에 있는 상속재산을 기준으로 산출하여야 하고 이는 국내에 있는 상속재산을 가지기로 한 국내상속인들이 납부하여야 할 것이다.22)

2. 법인

상속인은 동일한 지위에서 상속을 받게 된다. 법인도 상속세를 부담한다. 법인은 유증 및 사인증여의 방법으로 상속받을 수 있다. 영리법인이 상증세법상 상속인의 범주에 포함되는 특별연고자이거나 상증세법상 수유자가 된 경우에는 당해 법인이 납부할 상속세를 면제한다. 법인세의 과세대상이 되기 때문이다. 이에 따라 상속세액이 그만큼 줄어들게 된다. 따라서 연대책임의 대상이 되는 상속세액은 그만큼 줄어들게 된다. 당해 법인이 다른 상속인의 상속세에 대한 연대납세의무에서 벗어나게 되는 것은 아니다.23) 상증세법 제3조의 2 제3항은 수유자도 연대납세의무를 부담한다고 하고 있다. '상속'으로 인하여 얻은 순자산의 범위 안에서 연대납세의무를 부담한다. 여기서 '상속'의 개념에는 '유증', '사인증여' 등도 포함된다.

수유자가 영리법인인 경우에는 그 영리법인이 납부할 상속세를 면제하되, 그 영리법인의 주주 또는 출자자 중 상속인과 그 직계비속이 있는 경우에는 그 지분상당액을 그 상속인 및 직계비속이 납부할 의무가 있다(상증세법 제3조의 2 제2항).

비영리법인이 상속인이 되는 경우는 어떠한가? 비영리법인은 통상 상증세법상 공익법인이 된다. 피상속인 또는 상속인이 종교·자선·학술 기타 공익을 목적으로 하는 사업을 영위하는 법인, 즉 공익법인에게 출연24)한 재산의 가액은 상속세신고기한 이내에 출연한 경우에 한하여 상

---

22) 상속재산 중 국내에 있는 재산은 국내상속인들이, 일본에 있는 재산은 재일상속인들이 각 가지기로 협의한 사실을 인정한 다음. 위와 같이 위 망 A를 국내거주자로 볼 수 없어 상속세법 제2조 제2항에 의하여 국내에 있는 상속재산에 대하여서만 상속세를 부과할 수 있다. 국내에 있는 상속재산을 기준으로 총세액을 산출하고, 이는 국내에 있는 상속재산을 가지기로 한 국내상속인들이 납부하여야 할 것이다. 이 사건 과세처분 중 원고 갑·을에 대한 원고 갑·을이 그들의 법정상속분 비율에 따라 납부하여야 할 세액을 초과하는 부분은 위법하며, 재일상속인들인 원고 병·정·무·기는 국내에 있는 상속재산을 가지지 않기로 하였으므로 이 사건 과세처분 중 위 원고들에 대한 부분은 전부 위법하다(대법원 1994.11.11. 선고 94누5359 판결).

23) 제도상 한 가지 의문을 제기할 수 있는 부분은 영리법인이 부담하는 법인세액은 연대납세의무의 대상에서 배제되어 있다는 점이다.

속세과세가액에 산입하지 않는다(상증세법 제16조). 출연방법에 대해서는 상증세법시행령이 자세한 규정을 두고 있다. 그 요건을 충족하지 못하는 경우 상속세를 부담하게 된다.[25] 법인이지만 법인세를 내지 않고 상속세를 내는 것이다. 법인세법상 비영리법인이 받은 수증재산은 각 사업연도소득을 구성하지 않는다(법인세법 제3조 제2항).[26] 비영리법인이 상속세의 부담을 하게 될 경우 그것에 대해 다른 상속인들은 연대납세의무를 부담한다.

법인격이 없는 사단·재단 또는 그 밖의 단체는 비영리법인 또는 (비)거주자로 보아 상속세 납세의무를 부과한다(상증세법 제4조의 2 제7항).

3. 공동상속인의 연대납세의무

상속인들은 상속세를 연대하여 납부할 의무를 진다(상증세법 제3조의 2 제3항). 각 상속인들은 우선 자기 몫의 상속세를 납부하여야 하며, 자기가 상속받은 재산에서 자기 몫의 상속세를 내고 남은 범위 안에서 다른 상속인의 상속세 몫에 대해 연대납세의무를 진다. 상속재산에 포함되는 사전증여재산은 상속인의 연대납부의무를 정하는 기준인 상증세법 제3조 제4항에서 정한 '상속인 각자가 받았거나 받을 재산'에 해당한다.[27]

공동상속인의 연대납세의무도 자신에 대한 부과처분통지로서의 납세고지에 의하여 구체적으로 확정된다.[28] 상속세부과통지는 상속인·수유자 또는 수증자에게 하여야 한다. 이 경우 상속인이나 수유자가 2명 이상이면 그 상속인이나 수유자 모두에게 통지하여야 한다(상증세법 제77조).[29]

제2항 피상속인 납세의무의 승계

거주자가 사망하여도 자신의 행위에 근거한 세금의 납세의무는 남게 된다. 상속인은 피상속인에게 부과되거나 그 피상속인이 납부할 세금을 상속으로 인하여 얻은 재산을 한도로 납부할 의무를 진다(국세기본법 제24조 제1항). 상속세과세가액을 계산할 때 조세채무는 차감하도록 되어 있다. 실제 상속재산에서 세금이 지급될 경우에는 상속인이 납세의무를 승계할 이유도 없

---

24) 출연을 이행하여야 한다.

25) 증여세에 대해서도 동일하게 적용되는 원칙이다.

26) 법인세법기본통칙 3-2…3 제2호 마목 참조.

27) 대법원 2018. 11. 29 선고 2016두1110 판결

28) 공동상속인이 부담하거나 유증 또는 사인증여를 받은 자가 상속인과 함께 부담하는 상속세는 상속으로 인하여 얻은 재산을 한도로 연대하여 납부할 의무를 진다(상증세법 제3조 제4항, 국세기본법 제24조 제2항).

29) 대법원 2003두4973, 2004.10.28. 참조. 공동상속인들에 대한 상속세 부과처분을 하면서 납세고지서에 납세의무자를 '갑 외 7인'으로 기재하고 그들의 성명과 각 상속지분 등이 기재된 상속지분명세서를 첨부하여 호주상속인인 갑에게만 송달한 경우, 납세고지서의 효력이 다른 공동상속인들에게도 미치며, 납세고지서에 각 상속인별 부담 세액을 기재하거나 그러한 계산명세서를 첨부하지 않은 경우라도 상속세 부과처분이 당연무효가 되지는 않는다(대법원 2010.6.24. 선고 2007두16493 판결, 대법원 2002.7.12. 선고 2001두3570 판결, 대법원 1993.12.21. 선고 93누10316 판결(이는 그간의 대법원 1990.2.27. 선고 89누6280 판결을 변경하는 것이었다)). 실무상 상속인 모두에게 각자의 명의로 '상속세 과세표준과 세액의 계산명세서'와 '상속인별 납부세액 및 연대납세의무자 명단'을 첨부하여 각각 고지한다(산출근거 및 고지세액은 동일하다).

겠지만 납세의 이행을 확보하기 위한 목적으로 둔 규정이다.

거주자가 사망한 경우 상속인의 소득세 납세의무는 사망으로 성립한다(소득세법 제2조의 2 제2항). 그 상속인은 그 상속개시일부터 6월이 되는 날까지 사망일이 속하는 과세기간에 대한 당해 거주자의 과세표준을 신고하여야 하며 이로써 상속인의 납세의무는 확정된다(소득세법 제74조 제1항).[30] 상속인이 2인 이상인 때에는 상속지분에 따라 안분한 세액도 신고하여야 한다(소득세법시행규칙 제66조의 2 제3호). 피상속인의 소득금액에 대한 소득세 중 상속인에게 과세할 것은 이를 상속인의 소득금액에 대한 소득세와 구분하여 계산하여야 한다(소득세법 제44조).

상증세법 제13조의 규정에 의하여 상속세과세가액에 가산하는 증여재산을 상속개시 10년 이내 증여를 받은 상속인으로서 상속을 포기한 자는 피상속인의 납세의무를 승계하는가? 국세기본법이 상증세법상의 용어를 원용한 것으로 본다면 포함한다고 보아야 할 것이다. 국세기본법의 목적상 국세기본법이 특정 세법과 관련하여 규정하고 있다면 국세기본법은 해당 세법의 용어를 원용하고 있는 것으로 전제하는 것이 합리적일 것이다(국세기본법 제1조).[31]

비수유자가 5년 이내 증여받은 재산이 상속세과세가액에 가산되는 경우 그는 국세기본법 제24조 제1항의 규정에 의해 납세의무를 승계하는가(상증세법 제13조 제1항 제2호)? 그는 상속인이나 수유자가 아니어서 상속세납세의무가 없으며 피상속인의 납세의무를 승계하지도 않는다.[32] 그렇다면 상속인이나 수유자가 비수유자로서 생전증여를 받은 자 몫의 상속세를 부담하는가? 각 상속인과 수유자는 상속세의 연대납세의무를 부담한다.

거주자가 사망하여도 자신의 행위에 근거한 세금의 납세의무는 남게 되지만 이에는 다음과 같은 예외가 있다. 소득금액변동통지서를 받기 전에 소득의 귀속자가 사망한 경우에는 이에 대한 소득세를 과세하지 않는다.[33]

제3절 과세대상

제1항 상증세법상 상속의 개념

상속은 원래 민법상의 개념인데 상증세법은 이 개념을 차용하면서도 그 범주를 확대하는 방법으로 세법상 '상속'의 개념을 만들었다. 상증세법 제1조 제1항은 '상속'의 개념에 유증, 사인증여 및 특별연고자에 대한 상속재산의 분여를 포함시키고 있다.

---

30) 소득세법기본통칙 2-2 참조.
31) 국세기본법기본통칙 1-0···1. 상증세법 제3조 제1항의 규정에 의하면 상속인의 개념에 상속을 포기한 자를 포함한다고 규정하고 있다.
32) 서면4팀-3050, 2006.9.5.
33) 소득세법기본통칙 2-1.

1. 민법상 상속

'상속'은 원래 민법상의 개념이다. 사망으로 인하여 그의 재산에 관한 권리의무를 다른 사람에게 포괄적으로 이전하는 것을 말한다. 민법상 유언으로 상속인을 지정한 경우에는 유언상속이 우선하며, 유언이 없는 경우에는 민법에서 정한 순위에 따른다. 피상속인은 유언에 의하여 공동상속인의 상속분을 지정할 수 있으며(지정상속), 유언으로 지정하지 아니한 경우에는 민법에 규정된 법정상속분에 따라 상속재산을 분할한다. 유언에 의해 재산을 상속하는 경우 피상속인의 의사가 지나치게 감정에 치우치게 되면 여러 사람의 상속인 중 한 사람에게만 재산을 상속하거나 타인에게 전 재산을 유증함으로써 사회적으로 바람직하지 못한 상황이 발생할 수 있다. 민법은 각 상속인이 최소한 받을 수 있는 상속분을 유류분으로 정하고 있다.

▶배우자 및 직계비속: 법정상속분의 1/2
▶직계존속 및 형제자매: 법정상속분의 1/3

< 민법상 순위 >

1순위	직계비속과 배우자	항상 상속인이 된다.
2순위	직계존속과 배우자	직계비속이 없는 경우 상속인이 된다.
3순위	형제자매	1, 2순위가 없는 경우 상속인이 된다.
4순위	4촌 이내의 방계 혈족	1, 2, 3순위가 없는 경우 상속인이 된다.

2. 상증세법상 상속

상증세법은 민법상 '상속' 개념을 차용하면서도 그 범주를 확대하는 방법으로 세법상 상속의 개념을 만들었다. 상증세법은 '상속'의 개념에 유증, 사인증여,[34] 특별연고자에 대한 상속재산의 분여를 포함시키고 있다(상증세법 제2조 제1호). 민법상의 상속 이외 외형을 가진 거래를 통해 사실상 민법상의 상속과 같은 경제적 효과를 누리는 방법으로 상속세를 회피하는 현상이 나타날 수 있기 때문이다.

제2항 과세대상 상속재산

1. 과세대상

'상속재산'은 상증세법 고유의 개념이다. 상속재산에는 피상속인에게 귀속되는 모든 재산으

---

34) 유증이란 유언에 의한 재산의 무상증여의 일방적 행위이다. 유증은 유증자의 사망에 의하여 효력이 발생한다. 반면 사인증여도 증여자의 사망에 의하여 효력을 발생하지만 계약이라는 점에 차이가 있다. 유증 및 사인증여는 유류분제도에 의해 제한을 받는다.

로서 금전으로 환가할 수 있는 경제적 가치가 있는 모든 물건과 재산적 가치가 있는 법률상 또는 사실상의 모든 권리가 포함된다(상증세법 제2조 제3호).

상증세법은 증여세과세를 위해서는 '증여'를 완전포괄의 개념으로 설정하고 상속세과세를 위해서는 '상속재산'에는 사실상의 권리까지 포괄하도록 규정하고 있다. 여기서 사실상의 권리가 법률적으로 존재하는데 다른 자의 이름으로 존재하는 것만을 포괄하는 것인지 법률적으로 보호받지 못하는 것까지 포괄하는지에 대해서는 후자로 해석하는 것이 타당할 것이다. 왜냐하면 상증세법 제2조 제3호의 취지가 재산적 가치가 있는 것은 모두 과세하고자 하는 것이라면 그것이 법상 권리로 성숙되기 전이라 하더라도 실질적으로 누군가에게 재산적 이익이 되는 것이라면 포섭하도록 해석하여야 할 것이기 때문이다.

민법상 상속인은 상속개시 시점부터 피상속인의 모든 재산에 관한 포괄적 권리의무를 승계한다. 그러나 피상속인의 일신에 전속한 것은 승계하지 않는다(민법 제1005조). 민법상 상속이 피상속인의 권리의무를 포괄적으로 이전하는 것을 의미하도록 되어 있는데 세법은 민법의 개념을 차용함으로써 바로 그러한 포괄적 이전을 과세하게 되며, 더 나아가 상속재산의 범위를 넓게 잡음으로써 포괄주의를 취하고 있는 것으로 이해된다.[35] 민법상 구체적으로 보면 생명보험금청구권은 상속재산이 아니다. 퇴직금에 대해서는 학설이 대립한다. 일반적인 신탁관계도 승계된다. 상증세법은 이러한 민법의 기본적인 태도를 수용하면서도 고유의 개념을 설정하고 있는데 그것이 민법의 개념을 확장한 것인지 축소한 것인지는 불분명하다. 민법상 상속재산에 포함되지 않는 생명보험금은 상증세법상으로도 상속재산의 개념에는 포섭되지 않지만 그것으로 '간주'하도록 하고 있다. 민법상 상속재산에 포섭되는 신탁재산은 상증세법상 상속재산으로 '간주'하도록 하고 있다. 퇴직금도 '간주'한다.

상증세법은 상속세과세대상으로서 '상속재산'의 범주에 피상속인이 유증한 재산 및 피상속인의 사망으로 인하여 발생하는 증여재산을 포함하고 있다. 과세대상 상속재산은 피상속인이 거주자인 경우에는 거주자의 모든 상속재산으로 하고, 피상속인이 비거주자인 경우에는 국내에 있는 거주자의 모든 상속재산으로 한다.

가. 경제적 실질 귀속 재산

과세대상 상속재산에는 재산의 명의에도 불구하고 피상속인이 상속개시 시점에 실질적으로 지배, 관리 및 처분할 수 있는 권한을 가지고 있던 모든 재산이 포함된다.

상속개시 전 타인 명의로 있던 재산이 상속개시 후 제3자의 명의로 이전된 것이라 하더라도 상속개시 시점에 피상속인이 실질적으로 소유하고 있던 경우에는 상속재산이 된다. 피상속인의 명의신탁 재산에 대하여 그 수탁자에게 증여의제 규정이 적용되어 증여세가 부과되는 경우에도 위 재산이 피상속인의 상속재산에 포함된다.[36]

---

35) 재정경제부, 상속세 및 증여세법 개정해설, 2004.2. 참조.

36) 대법원 2004.9.24. 선고 2002두12137 판결. 부동산의 상속인이 그 재산상속으로 인한 상속세의 부과를 회피하기 위하여 명의신탁해지를 원인으로 제3자 앞으로 소유권이전등기를 넘긴 경우에 구 상속세법(1993.12.31. 법률 제 4662호로 개정되기 전의 것) 제32조의 2 제1항에 의하여 그 소유권이전등기를 넘겨받은 명의자에게 증여한 것으

영업권도 상속재산에 포함된다. 상속재산가액 산정 시 구 상속세법시행령 소정의 산식에 따라 부수(부수, '－')로 산정되는 영업권가액을 정수(정수, '＋')로 산정되는 영업권가액과 통산할 수 없다.[37]

상속개시 당시에는 상속재산인 '소송 중의 권리'가 그 권리의 존부나 범위를 둘러싸고 다툼이 있어 분쟁관계에 있었다고 하더라도 그 후 당해 과세처분취소소송의 변론종결 이전에 법원의 판결 등을 통하여 '소송 중의 권리'의 내용과 범위가 구체적으로 확정되었다면, 다른 특별한 사정이 없는 한, 판결에 따라 확정된 권리의 가액을 기초로 상속개시 당시의 현황에 의하여 '소송 중의 권리'의 가액을 평가하여야 한다.[38]

상속개시 시점에 피상속인의 채권적 권리에 따라 상속 후 재산을 지급받게 된 경우 그 재산은 상속재산에 포함된다.

피상속인이 매매계약 당시에 매매의 목적이 된 부동산 중 일부분의 소유권이 매도인에게 속하지 아니함을 알지 못하였다면 피상속인은 선의의 매수인에 해당하고, 따라서 피상속인은 매도인에 대하여 감액대금반환을 청구할 수 있을 뿐만 아니라 이로 인한 손해배상도 청구할 수 있다. 상속개시 당시에 이미 상속대상 부동산 중 일부의 소유권이 타인에게 속함으로 인하여 그 부분을 양도받지 못하게 됨으로써 피상속인이 갖게 되는 대금감액청구권 및 손해배상청구권은 상속재산에 포함된다.[39]

상속개시 전 피상속인이 부동산양도계약을 체결하고 잔금을 수령하기 전에 사망한 경우에는 양도대금 전액(양도대금이 불분명한 경우에는 당해 부동산을 상증세법의 규정에 의하여 평가한 가액)에서 상속개시 전에 수령한 계약금과 중도금을 차감한 잔액을 당해 상속재산의 가액으로 한다.[40] 계약금과 중도금은 상속세과세가액에 산입하지 않는가? 피상속인이 재산을 처분하여 받거나 피상속인의 재산에서 인출한 금액이 상속개시일 전 1년 이내에 재산종류별로 계산하여 2억 원 이상인 경우와 상속개시일 전 2년 이내에 재산종류별로 계산하여 5억 원 이상인 경우로서 용도가 객관적으로 명백하지 아니한 경우에는 상속받은 것으로 추정하여 상속세과세가액에 산입한다(상증세법 제15조 제1항). 계약금과 중도금은 문구상 '피상속인의 재산에서 인출한 금액'에 해당할 것인데, 상증세법시행령은 그것에 대해 '금전 등'의 재산 항목을 설정하고 해당 기간 중 실제 인출한 금액이 위에서 규정한 금액을 초과한 경우에야 상속재산가액에 가산하도록 하고 있다(상증세법시행령 제11조 제1항). 이미 받은 계약금과 중도금에 대해서는 아래 일본의 사례와 다른 방식으로 과세 여부를 판단하고 있는 것이다.

이와 관련하여 일본 최고재판소 1986년 12월 5일 판결을 비교할 수 있다. 본건은 매매계약 이행 도중에 있는 상속재산에 대해 그 종류 혹은 시가의 인정방법이 다루어진 사례이다. X 등의 피상속인 갑은 1972년 7월 7일 소외인과의 사이에 동인 소유의 시가화 구역 내의 농지(이하

로 의제되어 부과되는 증여세와 그 등기 명의 이전에 의하여 회피하고자 하였던 상속세는 서로 과세물건을 달리하여 중복과세에 해당하지 아니하고, 상속인에게 부과된 상속세는 재산상속을 과세요건으로 하여 부과되는 것으로서 실질과세의 원칙에 반하지 아니한다(대법원 2000.11.28. 선고 98두17937 판결).

37) 대법원 2002.4.12. 선고 2000두7766 판결.

38) 대법원 2004.4.9. 선고 2002두110 판결. 대법원2013두26989 , 2014.08.28

39) 대법원 2002.12.6. 선고 2000두2976 판결.

40) 상증세법기본통칙 7－0…3.

'본건 토지'라고 한다)에 대해 대금 총액을 4,539만 엔으로 하고 계약금은 당일 600만 엔을 지급하고, 동년 9월 30일 중도금 1,000만 엔, 동년 11월 30일(소유권이전등기일)에 잔금을 지불하는 취지의 매매계약을 체결하였다. 그런데 그는 동년 11월 25일에 사망하였다. 그의 사망에 의해 본건 토지의 소유권이전등기가 동년 12월 16일로 미루어졌으며 잔금 2,939만 엔은 그 전일에 지불되었다. 그리고 본건 토지에 관계되는 농지전용의 신고는 동년 10월 7일에 행해지고 동월 20일에 수리되었다. X 등은 본건 토지가 상속재산이므로 그 시가를 당시의 '상속세 재산평가에 관한 기본통달'에 의해 2,018만 엔으로 평가하고 상속세신고를 하였다. 이에 대해 Y 세무서장은 본건 토지는 매매거래단계에 있었으므로 본건 매매대금 중 이미 지급한 금액 1,600만 엔과 미수금 2,939만 엔(총액 4,539만 엔)을 상속재산가액에 가산한다는 경정처분을 했다. 본건에서의 쟁점은 부동산이 매매 중에 있는데 상속이 개시된 경우 상속세의 과세가격에 산입되는 것은 당해 부동산인가 혹은 당해 매매에 관계된 채권(상속재산의 종류)인가이다. 그리고 만약 부동산이라면 이와 같은 상황에서 그것의 가액을 어떻게 산정할 것인가이다. 이에 대해 법원은 이 시점에서 매도자인 피상속인이 상속개시 시점에 가지고 있던 소유권은 매매대금채권을 확보하기 위한 기능을 갖는 데 불과하므로 본건 상속재산은 매매잔대금채권과 수령한 금원의 합계액으로 하는 것이 타당하다고 하였다. 만약 계약금만 지불된 경우라면 위와 같은 논리를 적용하기에는 한계가 있을 것이다. 그 경우에는 부동산의 가액을 어떻게 평가할 것인가의 문제가 남는데 본건과 같이 피상속인이 계약한 가격이 있을 경우 통상적인 부동산가액평가방법을 적용하지 않을 특별한 사정이 있는 것으로 볼 수 있으며 그에 따라 계약상의 가액으로 평가할 수 있을 것이라고 하였다.

나. 피상속인에 귀속하는 소득

상속개시 시점에 피상속인이 보유하던 재산으로부터 상속개시 시점까지 발생한 소득이 되는 금원은 상속재산으로 보게 된다. 그 소득에 대해서는 피상속인이 납세의무자가 되지만 상속인이 납세의무를 승계한다. 상속개시 시점에 피상속인이 보유하던 재산으로부터 상속개시 시점까지 발생한 소득이 되는 금원은 상속재산으로 보게 되지만 그것은 경제적으로 실질이 있는 것이어야 한다. 세법상 의제된 소득은 상속재산에 포함되지 않는다. 다만, 그 소득에 대한 소득세는 승계된다.

상속개시일 현재 피상속인에게 납부할 의무가 성립된 것으로서 상속인에게 승계된 조세·공과금은 이를 상속재산 가액에서 공제한다. 상속인은 상속으로 인하여 얻은 재산을 한도로 하여 납세의무를 승계하게 되는데 그 재산이라 함은 상속으로 인하여 얻은 자산총액에서 부채총액과 그 상속으로 인하여 부과되거나 납부할 상속세를 공제한 가액을 의미한다(국세기본법시행령 제11조 제1항). 부채총액과 상속세의 합계액이 자산총액보다 클 경우 비록 해당 소득세와 관련된 사업이 승계되었다 하더라도 상속인은 승계할 납세의무가 없는 것이 된다.[41]

상속개시 시점에 피상속인이 보유하던 재산으로부터 상속개시 이후 발생한 소득에 대해서는 상속인이 납세의무를 지게 된다. 배당락 후 배당결의 전 상속인이 사망한 경우 비록 배당결의

---

41) 국심 87부723, 1987.7.7.

액에 상당하는 주가가 하락하였겠지만 배당금은 상속재산에 포함되지 않으며 상속인의 소득으로 과세된다. 다만, 배당락 후 주식이 처분되고 상속이 개시된 다음 배당결의가 이루어진 경우에는 당해 배당금은 상속재산에 포함된다.[42]

다. 간주상속재산

(1) 보험금

피상속인의 사망을 원인으로 지급받는 보험금으로서 피상속인이 보험계약자가 된 경우 당해 보험금은 상속재산으로 간주한다. 피상속인이 보험계약자로 되어 있지 않더라도 실질적으로 보험료를 부담한 경우에는 보험계약자로 보아 상속재산에 포함한다. 상속세회피를 방지하기 위함이다(상증세법 제8조).[43] 피상속인에게 귀속되는 보험계약상 지위는 여러 권리를 발생시키고 그 자체의 시가를 곧바로 산정할 수 있는 적절한 방법이 없다. 상속개시 시점에 보험계약을 해지하거나 청약을 철회하여 지급받을 수 있는 각종 환급금 등 보험계약상 여러 권리의 금전적 가치를 산정할 수 있다면, 특별한 사정이 없는 한 그러한 권리들의 가액 중 가장 높은 것이 상속재산의 재산적 가치에 가장 부합하므로, 이를 기준으로 상속세를 부과할 수 있다.[44]

다른 자의 사망으로 보험금이 지급되도록 되어 있는데 그 자가 보험료를 납부하여 왔고 보험계약자로 되어 있는 자가 사망한 경우 그 자의 상속재산이 되지는 않는다.

보험료 불입자와 보험금수취인이 다른 경우 지급받은 보험금에 대해서는 증여세가 부과된다(상증세법 제34조 제1항). 피상속인이 보험계약을 체결하고 피상속인의 사망을 원인으로 보험금이 지급되었는데 보험료의 지급을 피상속인이 한 경우에는 증여세가 과세되는 대신 상속세가 과세된다(상증세법 제34조 제2항).

피상속인의 사망을 원인으로 지급받는 보험금인데 다른 자가 보험계약자가 되고 실질적으로 보험료를 지급한 경우 보험금을 지급받은 자는 증여세를 납부한다. 이때 증여자는 보험료를 실질적으로 불입한 자가 된다. 피상속인의 사망을 원인으로 지급받는 보험금인데 피상속인이 보험계약자가 되고 실질적으로 다른 자가 보험료를 지급한 경우 당해 보험금은 상속재산이 된다.

(2) 신탁재산

사망한 피상속인이 신탁계약의 당사자이었든 그렇지 않든 신탁의 이익을 받을 권리를 가지고 있었을 경우에는 신탁의 이익에 상당하는 가액은 상속재산이 된다(상증세법 제9조 제2항). 피상

---

42) 상증세법기본통칙 63-55…8.

43) 실제로 상속과 동일한 경제적 효과가 있는 생명보험금에 대하여 이를 상속재산으로 의제하여 상속세를 과세함으로써 과세형평 …을 실현하기 위한 불가피한 조치일 뿐 아니라, 상속세 부과로 인한 납세의무자의 부담이 다른 과세수단에 비하여 과도하다고 보기도 어렵고, 이를 완화하는 제도적 장치까지 마련하고 있는 점 등까지 아울러 고려하면, 이 사건 법률조항이… 상속세 회피행위를 방지함으로써 얻을 수 있는 공익이 보험금수취인이 상속세의 납세의무자로서 부담하는 경제적 불이익에 비하여 적지 아니하므로, 피해의 최소성 및 법익균형성의 원칙에도 어긋난다고 보기는 어렵다(상속세 및 증여세법 제8조 제1항 등 위헌소원 2009.11.26. 2007헌바137 전원재판부, 대법원 2007.11.30. 선고 2005두5529 판결).

44) 대법원 2016. 9. 23. 선고 2015두49986 판결

속인이 제3의 위탁자에 의한 신탁계약에 의해 신탁의 이익을 받을 권리를 가지게 되었는데 사망한 경우에는 상속세가 부과된다. 실제 지급받지는 않았지만 장래 지급받을 권리를 재산으로 평가하여 상속세를 부과하는 것이다. 한편, 타인의 신탁계약에 의해 신탁의 이익을 받을 권리를 가지게 된 경우에는 신탁의 이익을 받는 시점에 증여세를 부담하게 된다(상증세법 제33조).

타인의 신탁계약에 의해 신탁의 이익을 받을 권리를 가지게 된 자가 사망한 경우에는 사망한 자가 그 타인으로부터 증여받은 사실에 대해서는 증여세가 과세되지 않고 사망한 자의 상속인들이 상속세를 부담하게 되는 것이다. 증여세가 과세되지 않는 것은 증여세는 지급받는 시점에 과세하도록 하고 있기 때문이다. 이에 따라 증여세를 부담하는 단계가 생략되는 것이다. 따라서 예를 들면, 특정인에게 증여를 하고 싶은데 그 자의 부친이 사망에 임박한 경우 그 자의 부친을 수익자로 하는 신탁계약을 체결하여 두면 추후 그 자의 부친이 사망할 시점에 상속세만 과세되는 것이다.

신탁의 이익 평가를 위해서는 미래 정기금을 현재가치로 환가하는 과정을 밟게 된다. 이때 미래정기금은 그에 대한 원천징수세액을 차감한 것으로 한다.[45] 상속과세상으로는 미래 납부할 소득세에 해당하는 부분은 비록 자기가 부담하는 경우라 하더라도 차감하여 부를 이전받은 것으로 보게 되어 있는 것이다. 이는 자본이득이 미래초과수익력을 원천으로 하는 것으로서 장래 소득세를 부담할 것을 미리 과세한다는 성격이 있음을 감안한다면 입법론상 자본이득세율은 이자나 배당에 대한 세율보다 낮은 세율이 되어야 한다는 것이 된다.

라. 비과세

피상속인에 귀속하는 재산이지만 과세대상 상속재산에서 배제되는 것이 있다. 이는 피상속인에 관련되는 사실(예: 전사)에 의한 경우, 상속재산에 관련되는 사실(예: 문화재)에 의한 경우, 피상속인의 법률행위(예: 피상속인의 국가에 대한 유증)에 의한 경우 및 상속인의 법률행위(예: 상속인의 국가에 대한 증여)에 의한 경우로 구분할 수 있다(상증세법 제11조 및 제12조). 앞의 네 번째는 상속인이 상속을 받아 증여한 경우이지만 아예 상속재산에서 배제하는 것이다. 이 경우 국가는 증여세를 부담하지 않는다.

피상속인이나 상속인이 공익법인에 출연한 상속재산은 상속세과세가액에 산입하지 않는다. 피상속인이 공익법인에 유증한 경우라도 상속재산에는 포함되지만 상속세과세가액에서는 배제한다. 이는 생전증여의 경우 과세가액에 산입하지 않는 것과 동일한 이유에서이다(상증세법 제48조). 내국법인의 의결권있는 주식의 5%(성실공익법인 10%)를 초과 출연하는 경우 그 초과분은 상속세과세가액에 산입한다. 상증세법에서 규정하는 요건을 모두 충족하여 높은 투명성과 공익성이 담보되는 성실공익법인 등에 대하여 일반 공익법인에 비해 주식 보유한도를 완화하고 있다.

- 의결권 있는 주식 : (공익법인) 5% → (성실공익법인) 10%
- 계열사 주식 : (공익법인) 총자산가액의 30% → (성실공익법인) 100%

---

45) 상증세법시행령 제61조 참조.

공익법인에 출연된 내국법인의 주식이 내국법인 발행주식 총수의 100분의 5를 초과하는 경우라 하더라도 공익법인의 출연자와 특수관계에 있지 아니한 내국법인의 주식등을 출연하는 경우로서 주무관청이 공익법인의 목적사업을 효율적으로 수행하기 위하여 필요하다고 인정하는 경우에는 상속세 과세가액에 산입하지 않는다(상증세법 제16조 제3항 제1호). 여기서 '특수관계'의 요소인 '최대주주'인지의 여부의 판단에는 주식이 출연되기 전의 시점이 아닌 출연된 후의 시점을 기준으로 판단한다. 비록 주식이 출연되기 전에 최대주주였다고 하더라도 출연에 따라 최대주주로서의 지위를 상실하게 되었다면 출연자는 더 이상 내국법인에 대한 지배력을 바탕으로 공익법인에 영향을 미칠 수 없고 공익법인을 내국법인에 대한 지배수단으로 이용할 수 없기 때문이다.46)

공익법인에 출연한 상속재산이 상속세과세가액에 산입되지 않기 위해서는 상속세신고기한(상속개시 후 6개월) 이내에 출연이 이행되어야 한다. 법인세법상으로는 공익법인이 받은 수증재산은 각 사업연도소득을 구성하지 않는다(법인세법 제3조 제2항).

출연재산을 공익법인등이 직접 공익목적사업 등의 용도 이외에 사용하거나 출연받은 발부터 3년 이내에 직접 공익목적사업 등에 사용하지 않는 경우에는 공익법인등이 증여받은 것으로 보아 즉시 증여세를 부과한다(상증세법 제48조 제2항).47) '당해 공익사업과 특수관계가 있는 자'가 이사로 되어 있는 법인이 운영하는 공익사업은 '공익사업'에 해당하지 아니한다.48)

2. 재산의 소재지

상증세법은 재산의 종류별로 소재지를 지정하고 있다(상증세법 제5조). 거주자의 경우에는 재산의 소재지가 어디인지가 과세상 의미가 없다. 이 규정은 비거주자의 재산이 상속을 계기로 이전할 때 이전되는 재산의 소재지가 국내일 경우 국내에서 과세권을 행사하고자 하는 규정이다. 상속과세상으로는 비거주자가 국내에 소재하는 자산을 상속받을 경우와 국외에 소재하는 자산이지만 거주자로부터 상속받을 경우 국내에서 과세된다.

증여를 계기로 재산이 이전할 때에도 이러한 취지의 규정이 있다. 다만, 증여에서는 증여자가 거주자인지 비거주자인지를 불문하고 수증자가 비거주자인 경우에는 국내에 있는 수증재산에 대해 증여세를 납부할 의무를 부과하고 있다. 증여과세상 비거주자가 국외에서 소재하는 자산이지만 거주자로부터 증여받을 경우에 대해서도 과세된다(국조법 제21조 제1항). 이와 같이 부의 무상이전과세는 이득을 얻는 자가 비거주자라 하더라도 거주자로부터 이전받은 것이라면 국외에 소재하는 자산에 대해서도 과세하게 된다. 결국 부의 무상이전과세상으로는 비거주자가 비거주자로부터 이전받는 국내에 소재하는 자산에 대한 과세목적상 자산의 소재지가 의미를 갖게 된다. 다만, 수증자가 비거주자이고 국외재산이라 하더라도 증여자가 거주자인 경우에는

---

46) 대법원 2017. 4. 20. 선고 2011두21447 전원합의체 판결

47) 대법원 2010.5.27. 선고 2007두26711 판결.

48) 공익사업을 앞세우고 변칙적인 재산출연행위를 하여 탈세나 부의 증식수단으로 악용하는 것을 방지하기 위한 제도적 장치의 하나로서 공익사업을 목적으로 하는 법인일지라도 그 법인의 조직상 공익성 보장의 장애가 될 수 있는 요소를 지니고 있는 경우에는 공익법인성을 부인한다는 취지이다(대법원 2003.1.10. 선고 2001두7886 판결).

과세된다(국조법 제21조).

<재산의 소재지별 상속세 및 증여세과세대상의 범위>

	피상속인		수증인	
	거주자	비거주자	거주자	비거주자
국내소재재산	포함	포함	포함	포함
국외소재재산	포함	제외	포함	제외

한편 소득과세상으로는 비거주자가 소유하는 국내에 소재하는 자산에 대한 과세목적상 자산의 소재지가 의미를 갖게 된다. 비거주자가 국내에 소재하는 자산을 양도할 경우 국내에서 과세하게 된다. 그리고 국내에 보유하는 자산으로부터 발생하는 소득도 국내에서 과세된다.

소득세법은 자산의 소재지에 대해서 규정하고 있지 않은 반면, 상증세법은 자산의 소재지에 대해 규정하고 있다. 소득세법은 국내원천소득의 범주를 설정하면서 일부 자산의 소재지에 대해 간접적으로 규정하고 있을 뿐이다. 그런데 유가증권의 경우 소득세법상 국내에 상장된 것의 양도차익은 국내원천소득이 되는 반면 무상이전과세상 국내소재자산에서 제외된다. 그리고 법인소득과세상 국내에 실질적 관리장소를 둔 법인은 내국법인으로 보는 반면 무상이전과세상 국내에 실질적인 관리장소만 두고 본점이 외국에 있는 법인의 주식은 국외에 소재하는 것으로 보게 된다.

제4절 조세채무의 성립·확정

상속세는 상속으로 인하여 상속개시일 현재 상속재산이 있는 경우 그 상속재산에 대해 부과한다(상증세법 제3조). 상속세 납세의무는 상속이 개시되는 때 성립한다(국세기본법 제21조 제1항 제2호). 그리고 상속세는 상증세법에 의한 절차에 따라 상속세의 과세표준과 세액을 정부가 결정하는 때 확정된다(국세기본법시행령 제10조의 2 제3호).

제1항 신고

상속세납세의무가 있는 상속인 또는 수유자는 상속개시일이 속하는 달의 말일부터 6월 이내에 납세지관할세무서장에게 상속세신고를 하여야 한다. 상속세의 신고로 상속세납세의무가 확정되는 것은 아니다. 상속세신고는 상속세납세의무가 있는 상속인 및 수유자 모두의 명의로 할 필요는 없다. 상속인이 확정되지 않더라도 유언집행자[49]가 지정되거나 상속재산관리인[50]이 선임된 경우에는 지정일 또는 선임일부터 6개월 이내에 신고하여야 한다. 상속인이 신고기한 이

---

49) 유언자는 생전에 유언으로 유언집행자를 지정할 수 있다.

50) 상속이 개시되었는데도 상속인이 없는 경우에는 망인의 친족, 이해관계인 및 검사의 청구에 의해 법원이 상속재산관리인을 선임한다. 진정한 상속인이 나타나서 상속을 승인하면 상속재산관리인의 임무는 종료한다.

내에 확정되지 않고 유언집행자나 상속재산관리인도 없는 경우에는 신고를 하지 못하게 될 것이다. 상속인이 확정된 후 30일 이내에 그 사실을 관할세무서장에게 통보하여야 한다. 최종적으로 상속인이나 수유자가 없고 재산을 분여받을 특별연고자도 없는 경우에는 상속재산은 국고에 귀속되며 비과세된다.

제2항 부과결정

1. 결정 및 경정

가. 통지

상속세부과통지는 상속인·수유자 또는 수증자에게 하여야 한다. 이 경우 상속인이나 수유자가 2명 이상이면 그 상속인이나 수유자 모두에게 통지하여야 한다(상증세법 제77조).

부과결정의 통지는 부과처분적인 성격과 징수처분적인 성격을 모두 가지고 있다. 상속세납세의 고지는 연대납세의무자 전원을 고지서에 기재하여야 한다. 총상속세액에는 변동이 없더라도 각 상속인의 부담세액을 변경하는 경우, 경정처분에 의하여야 한다.[51] 공동상속인이 있는 경우 상속세경정처분이 증액경정처분인지 감액경정처분인지는 각 공동상속인에 대하여 납부하도록 고지된 개별적인 세액을 기준으로 할 것이지 공동상속인 전체에 대한 총 상속세액을 기준으로 판단할 것은 아니다.[52]

나. 과세미달과 재산가액 확정

부과과세세목인 상속세의 경우(납세자의 신고가 있었는지에 불문하고) 세무서장이 과세미달이라고 판단하여 과세표준과 세액의 통지를 하지 않은 경우 납세의무가 없는 것으로 확정되었는지 논의할 필요가 있다.[53] 특히 과세미달이라고 하여 과세표준과 세액을 통지하지 않았으며 세무서장이 그러한 판단을 하는 과정에서 상속재산이나 증여재산을 평가한 가액이 기준시가로서 시가에 미치지 못했으므로 추후 상속인이나 수증자가 해당 재산을 양도할 당시 취득가액을 기준시가로밖에 인정받지 못하게 되는 경우가 문제 된다.

다. 재조사

상속세는 부과과세세목이므로 관할세무서장은 납세자의 신고내용과 스스로 조사한 바를 토

---

51) 대법원 2001.2.9. 선고 2000두291 판결.
52) 대법원 2006.2.9. 선고 2005두1688 판결.
53) 소득세는 신고납세세목이므로 결정할 사항이 추가적으로 없는 때에는 세무서장의 과세표준과 세액의 통지가 없게 되며 신고로써 납세의무가 확정된다.

대로 결정하여 부과통지한다. 이때 세무조사를 하게 되므로[54] 추후 재조사를 하기 위해서는 국세기본법상 재조사의 요건을 충족하여야 한다. 국세기본법상 조세탈루혐의를 인정할 만한 명백한 자료가 있는 경우에는 재조사를 할 수 있다(국세기본법 제81조의 4 제2항 제1호). 그리고 부과처분을 위한 실지조사[55]에 의하지 아니하고 재경정하는 경우에는 (서면에 의한) 재조사를 할 수 있다(국세기본법시행령 제63조의 2 제2호). 국세기본법 규정만으로는 개별 사건에 있어서 상속세로 결정한 과세표준과 세액에 탈루 또는 오류가 있음을 추후 발견한 때 재조사를 할 수 있는 경우에 해당하는지 판단하기 용이하지 않다.

상증세법은 관할세무서장이 상속세로 결정한 과세표준과 세액에 탈루 또는 오류가 있는 것을 발견한 경우에는 즉시 그 과세표준과 세액을 조사하여 경정할 수 있도록 하고 있다(상증세법 제76조). 그리고 상속개시일부터 5년의 기간 내라면 일정한 요건하에 '탈루'가 있는 것으로 추정하고 조사할 수 있도록 재조사의 요건을 구체화하고 있다. '자금출처'의 입증을 통해 이러한 '탈루'의 추정을 뒤집을 수 있다. 자금출처의 소명에는 상증세법 제45조의 규정상 재산취득자금의 증여추정을 뒤집기 위한 입증방법이 인정된다. 추정의 경우 반증하지 못하면 바로 증여받은 재산으로 보도록 하는 효과가 있다. 그런데 상속의 경우에는 재조사의 요건을 충족하는 효과가 있을 뿐이다. 실제 상속재산에 해당하는지는 별도로 조사하여 과세관청이 입증하여야 할 것이다. 증여추정에 관한 규정에 의해 증여세를 부과할 수도 있음은 물론이다.

2. 경정 등의 청구특례

국세기본법상 상속세의 결정을 받은 자가 상속회복청구소송[56]·유류분반환청구소송의 당사자가 되어 확정판결을 받을 경우 후발적 사유가 인정되어 그것이 있음을 안 날부터 3월 이내에 경정을 청구할 수 있을 것이다(국세기본법 제45조의 2 제2항 제1호). 상증세법은 상속회복청구소송의 경우 경정청구기간을 통상의 3월에서 6월로 연장하고 있다(상증세법 제79조 제1항 제1호). 상증세법 제79조는 1996년 상증세법이 전면개정될 때 신설된 조항이다.[57]

상증세법 제79조에는 다음과 같이 상속개시 후 재산가격변화가 있는 것도 경정청구사유로

---

54) 국세기본법 제81조의 5의 규정에 의하면 세무조사의 개념에 '국세의 과세표준과 세액을 결정하기 위한 조사'가 포함되는 것으로 판단된다. '대통령령이 정하는 부과처분을 위한 실지조사'의 하나이다.

55) 이는 '국세의 과세표준과 세액을 결정하거나 경정하기 위한 조사'를 포함하므로 외부출장이 없는 서면조사의 경우도 포함한다. 상속세부과결정을 위한 조사를 포함하는 것은 물론이다.

56) 상속회복청구권은 진정한 상속인이 참칭상속인을 상대로 상속재산의 반환을 청구할 수 있는 권리이다. 상속권이 참칭상속인자로 인하여 침해된 때에는 상속권자 또는 그 법정대리인은 상속회복의 소를 제기할 수 있다(민법 제999조 제1항). 상속회복청구권은 그 침해를 안 날부터 3년, 침해행위가 있은 날부터 10년을 경과하면 소멸된다. 상속회복의 소는 상속권이 참칭상속인으로 인하여 침해된 때에 진정한 상속권자가 그 회복을 청구하는 소를 가리키는 것이나, 재산상속에 관하여 진정한 상속인임을 전제로 그 상속으로 인한 소유권 또는 지분권 등 재산권의 귀속을 주장하고, 참칭상속인 또는 자기들만이 재산상속을 하였다는 일부 공동상속인들을 상대로 상속재산인 부동산에 관한 등기의 말소 등을 청구하는 경우에도 그 소유권 또는 지분권이 귀속되었다는 주장이 상속을 원인으로 하는 것이면 그 청구원인 여하에 불구하고 이는 상속회복청구의 소라고 해석함이 상당하다(2007.11.29. 선고 2005두10743 판결[상속세경정거부처분취소]).

57) 1994.12.22. 법률 제4810호로 국세기본법이 개정될 때 신설된 경정청구조항(제45조의 2)에 포함되어 있지 않았다.

인정하는 특례조항들이 있다.

우선 상속개시 후 1년 이내 수용, 경매 또는 공매되었는데 그 가액이 상속세과세가액보다 하락한 경우에는 경정청구를 인정한다. 경정청구를 인정하는 것은 실제 가액이 하락한 경우 그 자본손실을 고려해 주는 것에 불과하다. 경정청구 본래의 취지에는 부합하지 않는 것이다.

상증세법은 상속개시 당시 재산가액을 평가할 때 시가를 원칙으로 하면서 상속개시일 전후 6월 이내의 기간 중 매매·감정·수용·경매 또는 공매가 있는 경우 확인되는 가액을 시가로 인정하고 있다. 그리고 주식가액의 경우에는 상속개시일 전후 6월이 넘는 기간의 매매·감정·수용·경매 또는 공매가 있더라도 그 가액이 경영상태 등의 변화 등 특별한 사정이 없는 상황에서 얻어진 것이라면 평가심의위원회의 자문을 거쳐 인정하여 줌으로써 상속개시일 당시의 가액의 평가상 융통성을 부여하고 있다(상증세법시행령 제49조 제1항 단서).

이와 같이 자본손실에 해당하는 부분을 상속세과세가액에 반영해 주는 장치는 상속개시 당시 최대주주의 주식이기 때문에 할증평가되어 과세가액이 산정되었지만 이후 1년 이내에 일괄매각을 통해 최대주주가 되지 않게 된 자의 주식이 된 경우에도 적용되도록 규정이 마련되어 있다. 이 역시 경정청구 본래의 취지에는 부합하지 않는 것이다.

제5절 과세표준 및 세액의 계산

제1항 상속세과세가액

상속세과세가액은 상속재산의 가액에서 채무등을 차감하고 일정한 증여재산가액을 가산하여 산정한다. 그리고 상속개시일 전 처분재산 등으로서 상속으로 추정되는 것의 가액을 가산한다. 차감하는 채무등은 공과금, 장례비용 및 채무를 말한다.

1. 채무 등의 차감

가. 일반적 채무

상속세과세가액은 상속재산의 가액에서 공과금, 장례비용 및 채무를 차감하여 계산한다(상증세법 제14조). 여기서 채무에는 증여계약에 의한 이행채무를 포함한다. 다만, 상속개시일 전 10년 이내에 피상속인이 상속인에게 진 증여채무와 상속개시일 전 5년 이내에 피상속인이 상속인이 아닌 자에게 진 증여채무는 제외된다.

법인과의 자금대차거래의 잔액은 상속세과세가액 계산시 고려할 수 있다. 다음의 사례를 살펴보자. 중소기업인 A 법인의 최대주주이자 대표이사인 갑이 사망하였다. A 법인은 대표이사 갑의 사망으로 갑의 아들인 을이 주식을 상속받고 대표이사가 되었다. 을은 상속세과세상 가업상속공제규정과 주식가액평가 시 최대주주할증평가배제규정의 적용을 배제받아 상속세 부담이 적어질 것으로 기대했다. 갑의 사망 당시 A 법인은 갑에 대해 가지급금 15억 원, 가수금 20억 원의 자금대차관계를 설정하고 있었다. 관할세무서장은 갑이 사망 당시 A 법인에 대한 채권 20억 원은 상속재산가액에 산입하고 채무 15억 원을 차감하여 주지 않은 채로 상속세부과처분을 하였다. 여기서 법인의 장부상 계상되어 있는 피상속인에 대한 가수금은 당해 법인의 순자산가액 계산 시 부채에 해당되며 동 가수금은 피상속인의 가지급금 채권으로서 상속재산에 포함되며,[58] 피상속인에 대한 가지급금이 확인되는 경우, 당해 가지급금은 피상속인의 채무로 공제하여야 한다.[59] 관할세무서장의 상속세 부과처분은 A 법인의 피상속인에 대한 순채무를 상속재산에 가산하여야 함에도 불구하고 그렇게 하지 않았으므로 적법한 과세처분이 될 수 없다. 을은 관할세무서장에게 경정청구를 하거나 쟁송을 제기할 수 있을 것이다.[60]

나. 증여채무

상속개시일 전 10년 이내에 상속인이 증여받은 것은 상속세과세가액에 산입한다. 그런데 상속인이 상속개시 전 증여계약을 체결한 것으로서 상속개시 시점에 아직 증여를 받지 못한 것은 상증세법상 피상속인의 채무로서 인정을 받지 못함과 동시에 상속세과세가액에 가산되지도 않는다. 상속세과세상 존재하지 않는 것과 같이 보게 되는 것이다. 이후 실제 증여를 받지도 못할 것이므로 증여세과세의 문제도 나오지 않을 것이다. 왜냐하면 민법상 상속인이 피상속인의 채무를 승계하는 데 상반되는 지위로서 혼동된 것이기 때문이다(민법 제507조). 만약 채무로서 인정을 한다면 상속으로써 실제 지급을 받는 것으로 의제하고 증여세를 부과하여야 할 것이지만 이미 망자가 된 자로부터 증여를 받는 것으로 구성하기는 적절하지 않다. 다만, 민법상으로는 상속인에 대한 증여계약은 유효하다. 다수의 상속인 중 한 명에게 증여채무가 있을 때 그 증여채무를 다수의 상속인이 공동으로 승계한 경우라면 혼동되는 지위의 범위가 달라진다. 이 경우 증여채권자인 상속인 몫의 상속세법상 상속세과세표준 상당액[61]은 자신이 실제로 받은 경제적 이득에 비해 적어지게 될 것이다.

만약 상속개시일 전 5년 이내에 상속인도 아니고 수유자도 아닌 자에 대해 증여계약을

---

58) 상증, 재삼 46014 - 1931, 1997.8.13. 그리고 그 피상속인의 가지급금을 상속인들이 당해 법인으로부터 회수하지 못하는 사유 등으로 인하여 실질적으로는 존재하지 아니하는 것으로 인정될 경우에는 회수하지 못하는 사유 등을 조사하여 사실판단하여야 할 것이다.

59) 상증, 재삼 46014 - 1007, 1996.4.19.

60) 상속개시 당시에 회수 불가능한 것으로 인정되는 채권은 그 재산적 가치를 인정할 수 없어 이를 상속세의 과세대상으로 삼을 수는 없을 것이므로 구 상속세 및 증여세법시행령(2000.12.29. 대통령령 제17039호로 개정되기 전의 것) 제58조 제2항 단서가 상속개시 당시에 채권의 전부 또는 일부가 회수 불가능한 것으로 인정되는 경우에 이를 상속재산가액에 산입하지 아니한다고 규정한 것은 이와 같은 당연한 이치를 명문화한 것에 불과하여 상속세의 과세대상이 되는 상속재산의 범위에 관하여 규정한 모법인 상속세 및 증여세법 제7조 제1항의 규정 취지에 반하거나 이를 확장하는 내용이 아니라 오히려 부합하는 내용이므로 위 시행령 제58조 제2항 단서 규정을 조세법률주의 또는 실질과세의 원칙에 반한다거나 재산권을 침해하는 규정이라고 볼 수 없다(대법원 2005.5.27. 선고 2003두13298 판결).

61) 상속이나 유증에 의하여 얻은 것에 한정된다.

체결하여 증여채무가 있는 경우에는 상속인들은 그 자에 대해 증여채무를 이행하여야 한다. 실제 상속인들이 상속받을 순재산이 줄어듦에도 불구하고 상속세과세가액은 줄어들지 않는데 증여를 받은 자는 상속세의 납세의무를 부담하지는 않는다. 증여세를 부담하는가? 증여세는 증여에 의하여 재산을 취득하는 때에 납세의무가 성립한다. 재산을 취득하는 때에는 증여자는 망자가 되어 있다. 이 경우 증여세는 부과할 수 없을 것이다.[62] 소득으로 보아 과세하여야 하는데 소득세의 과세대상으로 열거되어 있지 않다. 따라서 비과세하게 된다. 상속세과세가액에서 공제하지는 않으므로 국가로서는 그 부분에 해당하는 것에 대해 세수상 손실이 있다고 볼 수는 없겠지만 상속인이 실제 상속받은 부분에 비해 과다한 세금을 부담하게 된다. 만약 5년을 넘는 시점에 증여계약을 체결하였던 것이었다면 국가도 세수상 손실을 입었을 것이다.

다. 보증채무

상속개시 당시 피상속인이 제3자를 위하여 연대보증채무를 부담하고 있거나 물상보증인으로서의 책임을 지고 있는 경우에, 주 채무자가 변제불능의 무자력 상태에 있기 때문에 피상속인이 그 채무를 이행하지 않으면 안 될 뿐만 아니라 주 채무자에게 구상권을 행사하더라도 변제를 받을 가능성이 없다고 인정되는 때에는[63], 그 채무금액을 상속재산 가액에서 공제할 수 있다.[64] 상속개시 당시에 주된 채무자가 변제불능의 상태에 있는가 아닌가의 입증책임은 납세의무자인 상속인에게 있다.[65]

상속세과세가액을 산정할 때에는 당해 상속재산을 목적으로 하는 저당권 등으로 담보된 채무는 차감한다(상증세법 제14조 제2항).[66]

증여세과세상으로는 당해 증여재산에 담보된 증여자의 채무로서 수증자가 인수한 금액만 차

---

62) 다만, 완전포괄의 증여개념을 적용한다면 전체적인 거래과정을 하나의 '증여'로 보아 증여세를 부과할 수도 있을 것이다. 상증세법은 증여자가 분명하지 않은 경우에도 증여세를 부과하는 입장을 취하고 있는 점도 증여로 보아 과세될 가능성을 보여 준다(상증세법 제45조).

63) 상증세법기본통칙 14−0⋯3.

64) 피상속인이 제3자를 위하여 연대보증채무를 부담하고 있었지만 상속개시 당시에는 아직 변제기가 도래하지 아니하고 주 채무자가 변제불능의 무자력 상태에 있지도 아니하여 과세관청이 그 채무액을 상속재산의 가액에서 공제하지 아니한 채 상속세 부과처분을 하였으나, 그 후 주 채무자가 변제기 도래 전에 변제불능의 무자력 상태가 됨에 따라 상속인들이 사전구상권을 행사할 수도 없는 상황에서 채권자가 상속인들을 상대로 피상속인의 연대보증채무의 이행을 구하는 민사소송을 제기하여 승소판결을 받아 그 판결이 확정되었을 뿐만 아니라 상속인들이 주 채무자나 다른 연대보증인에게 실제로 구상권을 행사하더라도 변제받을 가능성이 없다고 인정되는 경우, 이러한 판결에 따른 피상속인의 연대보증채무의 확정은 구 국세기본법 제45조의 2 제2항 제1호의 후발적 경정청구사유에 해당한다(대법원 2010.12.9. 선고 2008두10133 판결).

65) 대법원 2004.9.24. 선고 2003두9886 판결, 대법원 2000.7.28. 선고 2000두1287 판결, 대법원 1996.4.12. 선고 95누10976 판결.

66) '당해 상속재산을 목적으로 하는 유치권·질권 또는 저당권으로 담보된 채무'의 판결에 의하여 존재 및 범위가 확정된 '국내 상속재산에 대한 가압류에 의하여 보전된 피상속인의 채무'가 포함되지 않는다(대법원 2011.7.14. 선고 2008두4275 판결. 일본거주자의 국내 재산에 대한 가압류에서 관계되는 채무가 일본에서 발생한 것일 경우 국내 상속재산에 대해 가압류하였다고 하여 그 채무액까지 공제할 경우 비거주자에 대한 상속과세대상재산이 국내에 한정된 것과 배치된다는 점이 고려된 것이다(부산고등법원 2008.2.1. 선고 2006누5618 판결 참조).

감한다(상증세법시행령 제36조 제1항). 이 경우 인수한 금액에 상당하는 부분은 양도로 보게 된다. 만약 해당 재산을 조건 없이 증여받은 경우에는 증여가액은 증여 당시의 그 재산가액 전액으로 한다. 이 경우 당해 재산을 증여받은 수증자가 담보된 채무를 변제한 때에는 그 채무상당액을 채무자에게 증여한 것으로 본다. 다만, 담보된 채무를 수증자가 채무자를 대위하여 변제하고 채무자에게 구상권을 행사하는 경우에는 그러하지 아니하다.[67] 즉 채무의 대위변제를 증여로 보지 않는다. 그러나 구상권을 행사하더라도 원래 자신의 명의로 이전받은 재산에 대해서는 그 재산가액 전액을 증여로 과세한다는 것이 된다. 이는 당초 증여를 받을 때에 제3자에 대한 증여자의 채무를 수증자가 인수한다는 조건을 달지 않았기 때문이다.

2. 증여재산가액 등의 가산

가. 상속개시일 전 처분재산가액 또는 부담채무가액

상속개시일 전에 피상속인이 처분한 재산 또는 부담한 채무로서 일정금액을 초과하는 경우 그 용도가 객관적으로 명백하지 아니하면 이를 상속인이 상속받은 것으로 추정하여 상속세과세가액에 산입한다.[68] 상속개시일 전 재산을 처분하여 받거나 인출[69]한 재산가액 또는 부담한

---

67) 상증세법기본통칙 47 – 36…6.

68) "용도가 객관적으로 명백하지 아니한 것 중 대통령령으로 정하는 경우"를 간주규정으로 해석한다면, 이는 대통령령이 정하는 경우 상속인이 상속을 받지 아니하였다고 하는 반증이 있는데도 이를 허용하지 아니하게 되어 억울한 조세부과에 대하여 쟁송의 길마저 막아 버리게 되는 것일 뿐만 아니라 편리한 세금징수의 방법만을 강구한 나머지 행정편의주의 및 획일주의의 정도가 지나치게 되는 것으로, 헌법상 재산권 등을 침해하게 된다. 그러나 이를 추정규정으로 해석한다면 상속인은 상속세 부과처분에 대하여 불복하여 다툴 수 있고, 비록 용도가 명백하지 아니하더라도 구체적인 소송과정에서 법원의 판단으로 상속인이 상속하지 아니하였다고 인정되는 경우에는 그 적용을 배제할 수 있으므로, 상속인이 억울하게 상속세를 납부하여야 하는 경우를 제도적으로 방지할 수 있어서 헌법에 위반된다고 볼 수 없다(구 상속세법 제7조의 2 위헌소원 2003.12.18. 2002헌바99 전원재판부, 헌재 1995.9.28. 94헌바23, 1994.6.30. 93헌바9 헌법재판소 전원재판부).
   이 사건 법률조항은 과잉금지원칙에 위반하여 상속인의 재산권 등을 침해하지 아니한다. [재판관… 목영준의 반대의견] ① 이 사건 법률조항과 같이 입증책임을 전환하는 대신 구체적인 소송 과정에서 사실상 추정 또는 과세관청의 입증책임을 완화하는 방법으로 충분히 그 입법목적을 달성할 수 있다. 이 사건 법률조항은 과거 금융실명제가 실시되지 않았거나 그 실효성이 보장되지 않았던 시기에 불가피하게 인정되었던 조항으로서, 오늘날과 같이 금융실명제가 정착되고 과세관청이 방대한 소득자료 등을 보유하고 있는 상황에서는 더 이상 그 필요성이 인정된다고 보기 어렵다. 따라서 이 사건 법률조항은 침해의 최소성 원칙에 위배된다. ② 처분재산의 용도가 명백하지 아니한 것과 상속받은 사실이 경험칙상 반드시 연관된다고 할 수도 없고, 피상속인의 사망 전 1년 또는 2년 이내에 처분한 재산의 가액이 2억 원 또는 5억 원 이상인 경우라 하여 반드시 상속인의 입증이 용이하다고 할 수도 없다. 그런데 이 사건 법률조항이 포괄적인 입증책임의 전환을 인정한 결과 과세관청과 납세자 모두 입증을 하지 못한 경우에는 상속인이 상속받은 사실이 없는데도 불구하고 상속세를 부담하는 경우가 생기게 되는데, 이러한 경우 상속인의 재산권 침해의 정도가 심히 가혹하다. 우리 세법상 다른 규정이나 외국의 입법례에서도 이 사건 법률조항과 같이 자신의 행위와는 무관한 사항에 대하여 포괄적으로 납세자에게 입증책임을 지우는 규정은 그 유례를 찾아보기 어렵다. 결국 이 사건 법률조항이 달성하려고 하는 공익에 비해 상속인의 재산권 제한의 정도가 아주 심하므로 법익의 균형성 원칙에 반한다(구 상속세 및 증여세법 제15조 제1항 위헌소원 2012.3.29. 2010헌바342).

69) 상속개시일 전 1년 이내에 인출된 예금을 상속세 과세가액에 산입함에 있어서는, 피상속인의 각 예금계좌에서 인출한 금액의 합산액에서 인출 후 입금된 금액의 합산액을 제외한 나머지 금액을 처분가액으로 보되, 다만 입금액이 인출금과 관계없이 별도로 조성된 금액임이 확인되는 경우에는 그 금액을 인출금에서 제외하지 아니하나, 별도로 조성된 금액이라는 점에 대한 입증책임은 과세관청에게 있다고 해석함이 상당하다(대법원 2002.2.8. 선고 2001두

채무가 아래에 해당되는 경우로서 용도가 객관적으로 명백하지 아니한 금액은 상속받은 것으로 추정하여 과세가액에 산입한다(상증세법 제15조).[70]

- 1년 이내: 재산종류별로[71] 2억 원 이상인 경우
- 2년 이내: 재산종류별로 5억 원 이상인 경우

피상속인이 부담한 채무의 합계액이 상속개시일 전 1년 이내에 2억 원 이상인 경우와 상속개시일 전 2년 이내에 5억 원 이상인 경우로서 용도가 객관적으로 명백하지 아니한 경우에는 상속재산으로 추정한다. '용도가 객관적으로 명백하지 아니한 경우'는 피상속인이 채무를 부담하고 받은 금액을 지출한 거래상대방이 거래증빙의 불비 등으로 확인되지 아니하는 경우 등을 말한다(상증세법시행령 제11조 제2항).[72]

피상속인이 국가·지방자치단체 및 대통령령이 정하는 금융기관이 아닌 자에 대하여 부담한 채무로서 상속인이 변제할 의무가 없는 것으로 추정되는 경우에는 이를 상속세과세가액에 산입한다. '상속인이 변제할 의무가 없는 것으로 추정되는 경우'는 채무부담계약서, 채권자확인서 등의 서류에 의하여 상속인이 실제로 부담하는 사실이 확인되지 아니하는 경우를 말한다(상증세법시행령 제11조 제3항).

나. 상속개시일 전 증여재산가액

상속개시일 전 10년 이내에 피상속인이 상속인에게 증여한 재산가액이 상속세과세가액에 가산된다. 상속개시일 전 5년 이내에[73] 피상속인이 상속인이 아닌 자[74]에게 증여한 재산가액도 가산한다(상증세법 제13조 제1항).[75] 다만, 전환사채 주식전환, 상장, 합병 후 상장에 따라 이익을 증여한 경우와 기타 이익의 증여를 한 경우(상증세법 제40조 제1항 제2호, 제41조의 3,

---

5255 판결).

70) 상속재산 처분대금이 현실적으로 상속되어 국세기본법 제24조 제1항의 '상속으로 인하여 얻은 재산'에 포함된다는 사실의 입증책임은 과세관청에 있다(대법원 1997.9.9. 선고 97누2764 판결).

71) 다음의 재산 종류별로 구분하여 본다.
① 현금·예금·유가증권, ② 부동산 및 부동산에 관한 권리, ③ ①·② 외의 기타재산

72) 구체적으로 상속세과세가액에 산입하는 금액은 사용처가 미소명된 용도불명 금액에서 처분재산가액 또는 부담 채무액의 20% 상당하는 금액과 2억 원 중 적은 금액을 차감한 금액이다.
추정금액 = 미소명금액 − (처분재산가액 등 × 20%, 2억 원 중 적은 금액)
예를 들어, 상속개시일 1년 이내 부동산 처분금액이 5억 원이나 그 용도가 확인된 금액이 2억 원일 때 상속세과세가액에 가산하는 금액은 2억 원이다.
미소명금액(3억 원) − (5억 원 × 20% = 1억 원, 2억 원 중 적은 금액) = 2억 원

73) 대법원 2002.1.25. 선고 2000두956 판결.

74) 그 자는 상속세 납세의무는 없다.

75) 상속세 신고 시 가산신고하였다고 하여 당초 증여세 신고를 하지 않은 것에 대한 책임을 묻지 않는 것은 아니다(대법 96누15404, 97.8.22). 이 사건 법률조항이 피상속인이 상속 개시일 전 5년 이내에 상속인이 아닌 자에게 증여한 경우와 그 전에 상속인이 아닌 자에게 증여한 경우를 차별하여 평등권을 침해하는 것은 아니다(상속세 및 증여세법 제13조 제1항 제2호 등 위헌제청 2006.7.27. 2005헌가4 전원재판부).

제41조의 5 및 제42조 제4항)에는 합산을 배제한다. 이는 증여세과세가액산정상 동일 증여인으로부터 지난 10년 이래 증여받은 것이라고 하여 합산하는 대상에서 배제하는 증여재산[76]에 대해서는 상속세에 있어서도 동일하게 합산을 배제하는 것이 타당하기 때문이다.[77]

위에서 증여인지는 그 거래관계의 실질을 보아 판단한다. 예를 들어, 혼인 중 쌍방의 협력으로 이룩한 공동재산을 청산하여 분배한 재산분할에 대해 등기부등본상에 등기원인이 증여로 되어 있다 하더라도 장차 협의상 이혼을 전제로 한 재산분할로서 그 이전 형식을 증여로 한 것으로 인정될 경우에는 해당 재산은 상속세과세가액에 가산하는 상속개시 전 증여재산으로 보지 않는다.[78]

상속세과세가액에 가산하는 증여재산에 대하여 증여세가 부과되지 아니한 경우에는 당해 증여재산에 대하여 증여세를 먼저 과세하고, 그 증여재산가액을 상속세과세가액에 가산하여 상속세를 부과한다.[79]

증여자가 증여세를 부담할 경우 그 증여세도 증여재산이 된다. 10년 이내 동일인으로부터의 증여재산은 합산하여 증여세를 계산하며 앞에 낸 세금은 공제해 준다. 노모가 자식에게 재산을 증여하고 증여세를 납부해 주기로 약속했지만 아직 납부하지 않고 있는 사이 사망하여 잔여재산을 자식이 상속받은 경우 상속재산에서 자식을 위해 대신 내주기로 한 증여세부담채무액을 공제할 것인가? 만약 공제를 해 준다면 그 부분은 노모의 상속가액에서 빠지는 대신 자식의 수증재산에 포함될 것이다. 상속세와 증여세의 실효세율이 동일할 경우 세부담은 동일하다. 일본의 경우 공제를 인정한 판결이 있다.[80]

우리 상증세법상으로는 상속 전 10년 이내 자식에게 증여한 증여재산은 상속재산에 가산하도록 되어 있으므로 동 증여세를 상속재산가액에서 차감하는 것의 실익이 없다. 상속세는 연대납세의무를 지도록 되어 있지만 상속재산에 가산하는 증여재산가액은 각자 고유의 납세의무가 되므로 증여를 받지 않은 다른 공동상속인의 입장에서는 차감 여부가 장래 세부담의 크기를 가늠하는 데 의미가 있다.

3. 차감요소와 가산요소의 관계

상속재산가액에 대한 차감요소와 가산요소는 상속재산가액과 그대로 합산하여 상속세과세가액을 계산한다. 상속재산가액에서 차감요소를 차감한 후의 수치가 (-)가 된다고 하여 그것을 0으로 치환한 후 가산요소를 가산할 수 없다. 대법원 2006.9.22., 2006두9207판결은 '(상속재산의 가액)−(채무 등)+(생전 증여재산가액)=(상속세과세가액)'의 의미에 대해 다음과 같이 판시하고 있다.

---

76) 본편 제3장 제1절 참조.
77) 2003년 법개정으로 신설된 것이다.
78) 국심 2006서1204, 2006.7.11.
79) 상증세법기본통칙 13−0…3.
80) 동경고등법원 1992.2.6. 판결.

상속세 및 증여세법 제13조 제1항은, 상속세과세가액은 상속재산의 가액에서 법 제14조의 규정에 의한 공과금, 장례비용, 채무(이하 '채무 등'이라 한다)를 차감한 후 피상속인이 상속개시일 전 10년 이내에 상속인에게 증여한 재산가액과 상속개시일 전 5년 이내에 상속인이 아닌 자에게 증여한 재산가액(이하 '생전 증여재산가액'이라 한다)을 가산한 금액으로 한다고 규정함으로써 상속세의 부과대상이 될 재산을 미리 증여의 형태로 이전하여 상속재산을 분산·은닉시키는 방법으로 고율의 누진세율에 의한 상속세 부담을 회피하거나 감소시키는 행위를 방지하고 이를 통해 조세부담의 공평을 도모하고 있다.

이와 같이 생전 증여재산가액을 상속세과세가액에 산입하는 입법취지와 위 규정에서 상속재산의 가액에서 채무 등을 차감한 후 생전 증여재산가액을 가산하도록 규정하고 있을 뿐, 상속재산가액에서 채무 등을 차감한 결과 그 가액이 부수(−)인 경우에는 '0'으로 본다는 등의 별도의 규정을 두고 있지 않은 점, 상속재산가액에서 채무 등을 차감한 가액이 부수(−)인 경우 이를 '0'으로 보고 상속세과세가액을 산정하게 되면, 생전 증여재산을 포함한 상속세과세대상이 되는 전체 재산이 같은 액수임에도 상속채무 등이 상속재산보다 많은 경우를 그렇지 않은 경우에 비하여, 또한 상속채무 등이 상속재산을 초과하는 경우에도 초과되는 상속채무의 액수가 큰 경우를 그렇지 않은 경우에 비하여 상대적으로 합리적 근거 없이 불리하게 차별하는 것이 되는 점 등을 종합하면, 상속세과세가액을 산정함에 있어 상속재산의 가액에서 채무 등을 차감한 가액이 부수(−)인 경우 그 부(−)의 차감잔액을 기초로 생전 증여재산가액을 가산함이 상당하다.

제2항 과세표준

상속세과세가액에서 각종 공제액을 차감하여 과세표준을 계산한다. 이와 같은 상속공제에는 다음과 같은 것들이 있다(상증세법 제18조~제23조 및 제23조의 2). 상속공제는 상속세과세가액에서 ① 상속인의 상속포기로 그 다음 상속인이 상속받은 재산가액, ② 선순위 상속인이 아닌 자에게 유증·사인증여한 재산가액 및 ③ 상속세 과세가액 5억원 초과시 사전증여재산에 대한 증여세과세표준을 합산한 금액을 한도(공제한도)로 한다(상증세법 제24조). 공제한도조항을 두는 것은 상속인들이 실제 상속받은 재산가액을 초과하여 상속재산에 합산된 사전증여재산가액까지 공제될 수 있게 되어 합산규정의 취지가 상실될 우려 때문이다.[81]

---

81) 구 상속세 및 증여세법 제24조 위헌소원 2003.1.30. 2001헌바61, 2002헌바79(병합) 전원재판부. [재판관 윤영철, 재판관 권성, 재판관 김효종의 반대의견] 1. 사전증여가 발견된 경우에 이를 상속세과세가액에 합산하기만 하면 여기에서 공제한도규정을 적용하지 않고 모든 공제를 다 해 주더라도, 동일한 재산이 모두 상속으로 이전된 경우에 비하여 과세표준이 축소되는 일은 없으므로 공제한도규정을 두지 않더라도 사전증여를 발견하여 이를 과세가액에 합산하기만 하면 탈세 및 누진회피가 방지된다. 그에 반하여 공제한도규정을 적용하게 되면 탈세 및 누진회피의 방지라는 입법목적을 초과하여 그 입법목적 달성과 관계없는 ① 중과(重課)를 통한 징벌, ② 배우자공제 등의 부정(否定), ③ 사전증여의 억제라는 세 가지 효과를 일으키게 되는바, 과세표준확장에 의한 징벌은 비례의 원칙에 어긋나는 과잉의 것이고, 사전증여가 있었다 하여 배우자공제를 부정하는 것은 불합리하며, 사전증여행위 자체를 억제하는 효과를 생기게 하는 것은 입법목적을 초과하는 과도한 제한에 해당하는 불합리한 것이다. …합리적 이유 없이 그리고 과도한 방법으로, 불리하게 차별하는 것이어서 조세평등주의에 위반된다.

<상속공제>

종류	상속공제금액
① 기초공제	2억 원
② 가업상속공제	상증세법 제18조 제2항 제1호
③ 영농상속공제	상증세법 제18조 제2항 제2호
④ 동거주택상속공제[82]	[상속주택가액 – 해당 자산에 담보된 채무]의 100%를 상속세 과세가액에서 공제(6억 원 한도)
⑤ 배우자 공제	법정상속지분 내에서 배우자가 실제 상속받은 가액을 공제(최소 5억 원 최대 30억 원 한도)
⑥ 기타 인적 공제 – 자녀공제 – 미성년자공제 – 연로자공제 – 장애인공제	 1인당 3,000만 원 1인당 500만 원×20세까지의 잔여 연수 1인당 3,000만 원(65세 이상인 자) 1인당 500만 원×기대여명 연수(상증세법 제20조)
⑦ 일괄공제[83]	5억 원
⑧ 금융재산상속공제	순금융재산가액의 20% 상당액(2억 원 한도)
⑨ 재해손실공제	신고기한 내 화재·자연재해 등으로 인하여 손실된 상속재산가액 공제

1. 공제방식의 선택

납세자는 각종 공제액을 차감하는 데 다음 두 가지 중 하나의 방법을 선택할 수 있다. 먼저 일괄공제를 제외한 각종 공제를 다 받는 방법이 있고, 다음 일괄공제를 받되 각종 공제 중 기초 공제 및 기타 인적 공제를 받지 않는 방법이 있다. 기초공제액은 2억 원이고 기타 인적 공제액 은 자녀 1인당 5천만 원, 미성년자인 자녀에게는 추가적으로 20세에 미달한 연수에 5백만 원을 곱한 금액, 65세 이상 연로자에 대해 추가적으로 1인당 3천만 원 및 장애인이 75세에 달할 때 까지 남은 해의 연수에 5백만 원을 곱한 금액의 합계액으로 한다. 일괄공제액은 기초 공제 및 기타 인적 공제액의 합계액과 5억 원 중 큰 금액으로 한다. 다만, 신고기한이 지난 후 신고를 하는 경우에는 일괄공제를 선택할 경우 5억원을 공제할 수 있다(상증세법 제21조).

2. 배우자상속공제

배우자상속공제에서 '배우자'란 법률상의 배우자를 뜻하는 것으로 사실혼 관계에 있는 배우 자는 이에 해당하지 아니한다.[84]

배우자상속공제는 실제 상속가액에 대해서만 인정된다. 실제 상속가액은 배우자 법정순상속 금액 범위 내 금액만 인정한다. 그러므로 그 범위 내의 금액이라 하더라도 상속세신고기한까지

---

82) 피상속인과 직계비속인 상속인이 상속개시일부터 소급하여 10년 이상 1세대 1주택일 것(상속개시일 현재 1세대 1 주택인 경우로서 10년 기간 중 피상속인이 무주택인 경우에도 공제 허용), 소유 주택에서 동거할 것(무주택 기간 중 에도 동거의무 필요), 상속개시일 현재 피상속인과 동거 중인 무주택자가 상속 등의 요건. 2020년부터는 피상속인과 공동으로 1주택을 보유한 경우도 적용받을 수 있다. 대법원 2014. 6. 26. 선고 2012두2474 판결 참조

83) (① 기초공제+⑥ 기타 인적 공제)를 대신하여 일괄로 5억 원 공제 가능
   (다만, 상속인이 배우자 단독일 경우에는 일괄공제 배제)

84) 대법원 1999.9.3. 선고 98두8360 판결.

실제 배우자 명의로 이전하지 않은 것의 금액은 인정받을 수 없다.[85] 실제상속가액은 상속받은 적극 재산과 소극 재산을 통틀어 배우자가 그 몫으로 분할받은 순재산을 의미하는 것이다.[86] 피상속인이 상속개시일 전으로부터 일정 기간 내에 배우자에게 증여한 재산가액이 구 상증세법 제19조 제1항에 따라 배우자공제대상이 되지 않는다.[87] 상속개시일 전 처분재산 등의 상속추정에 관한 구 상속세 및 증여세법 제15조 제1항에 의하여 상속받은 재산으로 추정되는 재산이 곧바로 배우자 상속공제의 대상이 되는 것으로 볼 수는 없다.[88]

배우자상속공제액은 상속재산가액에 배우자의 법정상속분을 곱하여 계산한 금액에서 상속재산에 가산한 증여재산 중 배우자에게 증여한 재산에 대한 과세표준을 뺀 금액을 한도[89]로 한다(상증세법 제19조 제1항 단서).[90] 배우자상속공제액은 5억 원 이상 30억 원을 한도로 한다.

배우자상속재산 분할신고는 배우자상속공제를 받기 위한 필수적인 절차요건이다. 이는 상속세신고기한으로부터 6개월 이내에 하여야 한다. 납세의무자 측에 상속재산 신고기한 내에 상속재산 중 배우자의 상속재산가액을 분할하여 신고할 수 없었던 부득이한 사유가 있다면 원래의 분할신고기한으로부터 6개월의 신고기한 연장이 인정된다(상증세법 제19조 제2항 및 제3항).[91] 구 상증세법 제19조 제2항은 헌재에 의해 2013년 말까지 헌법불합치 잠정적용 결정을 받은 바 있다.[92] 2014년 개정된 상증세법 제19조 제3항은 부득이한 사유가 소 제기나 심판청구인 경우 소송 또는 심판청구 종료일부터 6개월 이내까지 신고기한을 연장하도록 규정하고 있다.

3. 금융재산상속공제

상속재산 중 순금융재산 가액의 20% 금액과 2천만 원 중 큰 금액[93]을 공제한다. 금융재산상속공제의 한도는 2억 원으로 한다. 금융재산상속공제는 실물재산의 경우 상속인이 상속재산을 추후 처분할 때 양도차익을 산정함에 있어 장부가액의 상향조정을 인정하는 점을 고려하는 것이다. 그러나 금융재산 중 비상장주식과 같이 그 처분에 따른 양도차익을 과세하는 재산도 금융재산으로 보아 공제를 인정하는 점에 비추어 보면 금융재산상속공제는 주로 과세표준이 양성화되는 점을 고려해 주기 위한 목적으로 인정되는 성격이 강하다고 보아야 할 것이다. 다만, 최대주주의 주식에 대해서는 금융재산상속공제가 인정되지 않는 점은 어차피 양도소득과세상

---

85) 단순히 상속인 간의 다툼으로 인해 상속재산의 등기 등이 지연됨은 배우자상속분할기한이 연장되는 부득이한 사유에 해당하지 않는다(서면4팀 - 198, 2008.1.23).

86) 대법원 2000.3.10. 선고 99두3027 판결.

87) 서울행법 2002.9.4. 선고 2002구합4914 판결: 항소기각 · 확정.

88) 대법원 2005.11.10. 선고 2005두3592 판결.

89) 한도금액=(A - B + C) × D - E[A: 상속재산가액; B: 상속인이 아닌 수유자가 받은 재산가액; C: 사전증여재산가액; D: 배우자의 법정상속분; E: 배우자가 받은 사전증여재산에 대한 증여세 과세표준]

90) 구 상속세 및 증여세법 제19조 제1항 단서 등 위헌소원(2002.9.19. 2001헌바101, 2002헌비37(병합) 전원재판부)에서 헌재의 합헌결정 참조.

91) 대법원 2004.7.22. 선고 2002두9322, 9339 판결.

92) 상속세 및 증여세법 제19조 제2항 위헌소원 2012.5.31. 2009헌바190.

93) 순 금융재산의 가액이 2천만 원 미만인 경우에는 그 금액으로 한다.

상향조정을 인정하기도 하려니와 달리 과세표준이 노출되지 않는 부분도 아니므로 굳이 공제할 실익이 없다고 하는 데서 그 이유를 찾아야 할 것이다.

4. 가업상속공제

가업상속공제란 중소·중견기업의 장기간 축적된 기술경영 노하우의 안정적 승계를 지원하기 위하여 일정 요건에 해당되는 가업을 상속한 경우 가업상속재산가액에 상당하는 금액(최대 500억원)을 상속세과세가액에서 공제하는 제도이다. 중견기업에 해당하는 가업에 대해서는 가업상속인의 가업상속재산 외의 상속재산이 해당 가업상속인이 납부하는 상속세액의 일정비율을 초과하는 경우에는 가업상속공제를 적용하지 않는다.

가업상속재산의 100%를 공제하되, 공제한도는 피상속인이 10년 이상 경영한 가업은 200억원, 20년 이상 경영한 가업은 300억원, 30년 이상 경영한 가업은 500억원으로 설정되어 있다.

피상속인이 10년 이상 계속하여 경영해야 하며, 가업의 영위기간 중 50% 이상 또는 10년 이상 또는 상속개시일부터 소급하여 10년 중 5년 이상을 대표이사로 재직해야 한다. 피상속인과 그의 특수관계인의 주식 등을 합하여 비상장기업은 50%, 상장 기업은 30% 이상을 10년 이상 계속하여 보유하여야 한다.

상속인 또는 그 배우자 중 1인이 해당 가업을 모두 상속하여야 한다(유류분 반환청구에 따라 다른 상속인이 상속받는 부분은 제외한다). 상속개시 전 가업에 종사한 기간이 2년 이상이어야 하며, 상속세 신고기한까지 임원 취임하고, 2년 내 대표이사에 취임하여야 한다. 상속 후 7년간 가업을 영위하지 않을 경우 추징하는 것 등을 내용으로 하는 사후관리규정이 있다.

제3항 세액

과세표준에 세율을 적용하여 세액을 계산한다. 상속세의 세율은 10%(과세표준 1억원 이하), 20%(5억원 이하), 30%(10억원 이하), 40%(30억원 이하) 및 50%(30억원 초과)로 되어 있다.

여기에 전술한 세대를 건너뛴 상속에 대한 할증과세(상증세법 제27조)를 하고 세액공제를 하여 세액을 결정한다. 민법 제1001조의 규정에 의한 대습상속의 경우, 즉 원래의 상속인이 되어야 할 자가 사망하거나 결격사유를 갖게 되어 그 자의 직계비속이 상속을 받게 된 경우에는 할증과세를 하지 않는다.

- 결정세액 = 과세표준 × 세율 + 세대를 건너뛴 할증과세액 − 세액공제
- 세액공제: 증여세액공제,[94] 외국납부세액공제, 단기재상속세액공제
- 단기재상속세액공제: 공제율은 재상속기간이 상속개시 후 1년 경과시마다 10%씩 체감하는 구조로 되어 있음[95]

---

94) 증여세액공제는 상속재산에 가산한 증여재산에 대한 증여세 산출세액을 한도로 공제하는 것이며, 피상속인이 타인 명의로 명의신탁한 재산은 피상속인 본래의 상속재산으로서 상속세가 과세되므로 명의수탁자에게 과세된 증여세는 상속세 산출세액에서 공제하는 증여세액에 해당하지 아니함(국세청 재산상속 46014−1750, 1999.9.29).

$$\text{단기재상속에 대한 세액공제} = \text{전의 상속세 산출세액} \times \frac{\text{재상속분의 재산가액} \times \dfrac{\text{전의 상속세 과세가액}}{\text{전의 상속재산가액}}}{\text{전의 상속세 과세가액}} \times \text{공제율}$$

위의 산식에서 '전의 상속세 산출세액'에는 사전증여재산에 대해 납부한 세액도 포함된다(상증세법 제30조).

한편, 상속세과세가액에 가산하는 증여재산가액에 대해 납부한[96] 증여세액은 세액공제한다. 가산하는 증여재산가액에는 상속세를 납부할 자가 수증한 것과 상속세를 납부하지 않을 자가 수증한 것이 있다.

상속세를 납부할 자가 수증한 것인 경우에는 (상속인[97] 각자가 납부할 상속세산출세액)에 (상속인 각자의 증여재산에 대한 증여세과세표준) / (상속인 각자가 받을 상속재산[98]에 대한 상속세과세표준 상당액)의 비율을 곱한 금액을 한도로 한다. 그런데 (상속인 각자가 납부할 상속세 산출세액)은 상속세를 납부하지 않을 자가 증여받은 재산의 가액에 대한 상속세도 포함되는 것이다. 그 결과 증여세액공제한도는 실제 증여받은 것에 대응하는 비율보다 높은 비율에 상응하는 한도가 설정된다.

상속세를 납부하지 않을 자가 수증한 것인 경우에는 비록 제3자가 수증한 것에 대해 납부한 것이라 하더라도 상속세과세가액에 가산하는 만큼 세액공제를 해 주게 된다. 그러나 (상속세산출세액)에 (증여재산에 대한 증여세과세표준) / (상속세과세표준)을 곱한 금액을 한도로 인정한다. 증여세가 더 많이 나온 경우 다른 상속재산에 대한 세액을 감소시키는 결과가 초래되지 않도록 하기 위함이다.

이와 같이 계산된 상속세결정세액에 대해서 상속인들은 각각의 상속세과세표준 상당액의 비중만큼 세액을 납부할 의무를 지게 된다. 여기서 비중을 계산할 때에는 사전 증여를 받은 자로서 상속세를 납부하지 않을 자, 즉 상속인이나 수유자가 아닌 자가 증여받은 부분에 상응하는 상속세과세표준은 모수에서 배제된다.[99]

이 외에 외국납부세액공제와 단기재상속에 대한 세액공제가 있다. 후자에 대해서는 앞에서 논하였다. 외국납부세액공제는 소득과세와 동일한 논리와 방법이 적용된다.

---

95) 단기상속면제세액 계산의 기초가 되는 '재상속분의 재산가액' 산정의 기준시기는 전 상속 당시이며, '전의 상속재산가액'에는 피상속인의 생전 증여재산이나 간주상속재산 등이 포함된다(대법원 2004.7.9. 선고 2002두11196 판결).

96) 이 규정은 상속개시일로부터 일정한 기간 내에 증여한 재산가액을 상속재산 가액에 가산하도록 한 것에 대한 조정 조항으로, 증여한 재산가액이 상속재산 가액에 가산되어 상속세의 산출기준인 상속세 과세가액으로 되기 때문에 증여세를 고려하지 않는다면 동일한 재산에 대하여 상속세와 증여세를 이중으로 과세하거나 비과세 증여재산에 대한 상속세를 부과하는 결과를 초래하기 때문에 이런 불합리한 점을 제거하기 위하여 두게 된 것이므로, 위 조항에서 말하는 증여세액이란 증여재산에 대하여 부과된 또는 부과될 증여세액 혹은 비과세 증여재산의 경우는 과세대상인 것으로 가정하여 산출한 증여세액 상당액을 말한다(대법원 2012.5.9. 선고 2012두720 판결).

97) 수유자를 포함한다.

98) 수증재산을 포함한다.

99) 같은 취지의 재경부 예규로서 재경부재산 46014-247, 2000.8.26. 참조.

제6절 조세채무의 이행

제1항 상속세 납부

상속세는 부과과세세목이지만 신고와 납부의 구체적 의무는 신고납세세목과 다를 바 없다. 신고한 경우에는 신고세액공제(상증세법 제69조)를 해 주고 미신고와 미납부에 대해서는 각각 가산세를 부과한다. 미납부에 대해서는 1991년부터 가산세를 부과하기 시작하였다. 소득세는 1995년분부터 신고납세제도가 적용되기 시작하였는데 1980년대에도 미납부가산세를 부과해 오고 있었다.

제2항 상속세 및 증여세 납부제도상 특징

상속세납부세액 또는 증여세납부세액이 2천만 원을 초과하는 경우에는 세무서장은 납세의무자의 신청을 받아 연부연납을 허가할 수 있다. 납세의무자는 담보를 제공하여야 하는데 요건을 갖춘 납세담보를 제공하여 연부연납 허가를 신청하는 경우에는 그 신청일에 허가받은 것으로 보게 된다(상증세법 제71조). 아울러 가업을 상속하는 경우에는 가업상속재산에 대한 상속세 연부연납이 가능하도록 하고 있다. 2020년부터는 중소기업과 중견기업에게도 연부연납의 기회가 주어진다.

세무서장은 상속받은 재산[100] 중 부동산과 유가증권의 가액이 당해 재산가액의 2분의 1을 초과하고 상속세납부세액이 1천만 원을 초과하는 경우에는 납세의무자의 신청을 받아 당해 부동산과 유가증권에 한하여 물납을 허가할 수 있다.[101] 다만, 물납신청한 재산의 관리·처분이 부적당하다고 인정되는 경우에는 물납허가를 하지 아니할 수 있다(상증세법 제73조).

제3장 증여세

제1절 과세체계

증여세는 타인의 증여로 인하여 증여일 현재 증여재산을 가지고 있는 자, 즉 수증자가 내는 세금으로서 직접세이다.

증여자는 원칙적으로 연대납세의무를 부담한다(상증세법 제4조의 2 제5항). 이는 증여세가 간접세적인 측면도 있음을 말해 준다.

---

100) 사전증여재산은 상속인 및 수유자가 받은 사전증여재산만 포함한다.

101) 물납허가의 요건인 납세액의 크기를 1천만 원으로 정한 것이 자의적이거나 임의적인 것이라 할 수 없으므로 헌법 제11조 제1항 평등원칙에 위반되지 아니한다(헌재 2007.5.31, 2006헌바49).

증여세는 증여를 받는 자가 증여를 받을 때마다 세금을 계산하여 납부한다. 여러 명의 증여자로부터 증여를 받을 때에는 각각 증여세를 계산하여 납부한다. 누진세율이 적용되므로 동일한 경제적 이익을 동일인으로부터 받는 것보다는 여러 사람으로부터 나누어 받는 것이 유리하다.

동일인으로부터 증여를 수차례에 걸쳐 받은 때에는 지난 10년간 증여받은 것을 합산하여 세금을 계산하되 이미 납부한 세액은 공제하는 방식으로 누진세율을 적용한다.102) 다만, 전환사채 주식전환, 상장 및 합병 후 상장에 따라 이익을 증여한 경우와 기타 이익의 증여를 한 경우(상증세법 제40조 제1항 제2호, 제41조의 3, 제41조의 5 및 제42조 제4항)에는 합산을 배제한다(상증세법 제47조 제2항 단서). 미래에 확정되는 이익은 증여자 또는 그 원천을 확정하기 어렵기 때문에 동일인으로부터 받은 것이라고 하여 합산하는 것이 부적합하기 때문이다.103)

소득세는 그 원천을 불문하고 일정 기간 소득을 합산하여 과세하게 되는데 증여세는 원천에 따라 분리하여 과세하게 된다. 소득과세에 비교한다면(퇴직소득이나 양도소득처럼) 종합소득과는 구분하여 분류된 증여소득 정도로 이해할 수 있을 것이다. 증여세가 원천에 따라 분리되어 과세된다 하더라도 합산기간(10년) 동안 동일인으로부터 받은 증여재산가액은 합산되어 과세된다. 합산기간 이내의 증여재산이 하나의 과세물건이 되어 과세된다.104) 그러나 합산배제증여재산은 각각의 증여가 별개의 과세물건이 된다.

제2절 납세의무자

제1항 수증자

1. 자연인

가. 일반적인 경우

수증자는 증여세 납세의무를 부담한다. 수증자가 증여일 현재 비거주자인 경우에는 국내에 있는 수증재산에 대해서만 증여세를 납부할 의무를 진다.105) 증여 시점에 국내에 주소를 두거

---

102) 재차 증여의 증여세 과세가액을 산정하는 경우에는 부과제척기간이 만료한 종전 증여의 증여재산가액을 과세가액에 가산할 수 없다(대법원 2015. 6. 24. 선고 2013두23195 판결).

103) 2003년 법 개정으로 신설된 것이다.

104) 이는 10년 이내의 증여가 현재의 증여와 합산되어 세액이 고지된 경우 그 부과처분에 대해 다투면서 10년 전 증여의 과세가액의 적법성에 대해서도 다툴 수 있다는 것을 의미한다.

105) 재일교포로서 국내에 주소를 두지 아니한 갑이 공사대금(부가가치세 포함)을 들여 국내 건물을 신축·취득하면서 신축자금 중 일부는 이 건물의 임대차보증금으로 충당되었고, 한편 갑의 아버지로서 재일교포인 을은 자신의 자금을 국내에 거주하는 친구 명의의 통장으로 송금하거나 자신이 직접 휴대하여 입국한 다음 이를 국내에서 환전하여 이 건물의 신축자금으로 사용토록 함으로써 신축자금 중 임대차보증금으로 충당된 부분을 제외한 나머지 금원을 갑에게 교부하였다면, 갑은 을로부터 국내에 있는 재산인 부가가치세를 포함한 신축공사대금에서 임대차보증금으로 충당된 금액을 제외한 나머지 부분을 증여받은 것이라고 보아야 한다(대법원 1997.12.12. 선고 96누13828

나 183일 이상 거소를 둔 경우에는 거주자로 본다(상증세법 제4조의 2 제1항).

장애인이 그 직계존비속과 친족으로부터 신탁(장애인의 사망시까지 신탁)을 통해 신탁재산의 수익자가 되는 경우에는 증여세를 부과하지 않는다(상증세법 제52조의 2). 장애인이 증여받은 신탁재산에서 장애인 본인의 의료비 등 용도로 인출하는 경우에는 신탁재산이 감소하더라도 증여세를 부과하지 않는다.

증여를 받았음에도 세금을 납부할 자력이 없는 경우에는 체납처분과정에서 결손처분을 하게 된다. 증여받은 재산을 결손금을 보전하는 데 사용한 것과 같이 증여로 담세력이 증가하였다고 보기 어려운 경우도 있을 수 있다. 그 경우에는 마치 법인세법상 채무면제이익이 결손금의 보전에 사용되는 것을 허용하는 것과 같이 증여세의 부담을 면제하는 것이 타당할 수도 있겠다. 이에 따라 상증세법은 채권자로부터 채무의 면제를 받거나 제3자로부터 채무의 인수 또는 변제를 받았지만(상증세법 제36조) 수증자가 증여세를 납부할 능력이 없다고 인정되는 경우에는 그에 상당하는 증여세의 전부 또는 일부를 면제한다. 상증세법은 이 이외에도 타인으로부터 재산을 낮은 가액으로 인수하거나 타인에게 시가보다 높은 가액으로 양도하는 경우(상증세법 제35조),106) 특수관계인의 부동산을 무상으로 사용함에 따라 이익을 얻은 경우(상증세법 제37조) 및 특수관계인으로부터 1억 원 이상의 금전을 무상 또는 낮은 이자율로 대부받은 경우(상증세법 제41조의 4)에도 동일한 규정을 적용한다. 이는 1996년 상증세법을 전면개정할 때 폐지했던 것을 2003년에 완전포괄의 증여개념을 도입하면서 복원한 것이다. 2003년 개정 전까지는 이러한 면제를 인정하지 않고 증여자의 연대납세의무만을 면제하였다. 당시에는 수증자가 무자력인 경우 결손처분의 방법으로 조세채무가 소멸되는 것을 기대한 것이다. 그런데 1996년 국세기본법 개정으로 결손처분이 조세채무의 소멸사유에서 배제되게 되면서 결손처분에 의한 조세부담 완화의 효과는 감소하게 되었다. 이러한 점을 감안하여 증여세면제조항을 재도입한 것이다. 이 점을 고려할 때 '증여세를 납부할 능력이 없다고 인정되는 경우'란 무자력이 결손처분의 정도에 이른 경우를 말하는 것으로 이해된다. 2019년말 개정된 상증세법은 체납처분을 하여도 조세채권을 확보하기 곤란한 경우에만 증여세를 면제한다고 규정하고 있다(상증세법 제4조의2제5항).

나. 국외증여의 경우

상증세법상 수증자가 증여일 현재 비거주자인 경우에는 국내에 있는 수증재산에 대해서만 증여세 납부의무가 발생한다(상증세법 제4조의 2 제1항).

국조법은 거주자가 비거주자에게 국외에 있는 재산을 증여하는 경우에는 상증세법규정에 불구하고 증여자는 이 법에 의하여 증여세를 납부할 의무가 있다고 규정하고 있다. 당해 재산에 대하여 외국의 법령에 의하여 증여세107)가 부과되는 경우에는 그러하지 아니하다(국조법 제21조). 세액을 면제받는 경우에도 부과된 것으로 보아 국내에서 증여세를 과세하지 않는다. 수증자가

판결).

106) 일본상속세법 제7조 단서와 유사한 규정이다.

107) 실질적으로 이와 동일한 성질을 가지는 조세를 포함한다.

증여자의 특수관계인인 경우에는 국내에서 과세하되, 외국에서 납부한 세액을 공제한다.

한편, 상증세법은 일정한 국외소재 재산(거주자의 해외금융계좌, 국내소재재산을 50% 이상 보유한 해외현지법인의 주식 등)을 비거주자가 거주자로부터 증여받은 경우에는 증여세를 과세 하도록 하고 있다.

위의 '증여'는 증여자의 사망으로 인하여 효력이 발생하는 증여, 즉 사인증여를 포함하지 않는 다. 사인증여에 의한 것은 상속세과세대상이어야 하는데 상속세과세대상으로는 이와 같은 국외상속 재산에 대해서는 상증세법에 의해 과세된다. 예를 들어, 한국의 증여자가 타방국에 있는 자에게 제3국에 소재하는 재산을 증여할 경우 한국의 상증세법상 타방국에 소재하는 수증자에 대해서는 우리나라에 소재하는 자산의 증여에 대해서만 과세할 수 있도록 되어 있기 때문에 한국에서는 과세할 수 없다. 그런데 타방국의 세법상 그 나라 거주자가 증여하는 자산에 대해서만 과세하거 나 그 나라에 소재하는 자산에 대해서만 과세할 경우 국제적인 이중비과세가 된다. 그러나 상속 세의 경우 위와 같은 상황에서 피상속인이 한국 거주자일 경우 비록 자산이 제3국에 소재하더라 도 상속세과세대상재산이 되고 그것은 상속인이 타방국의 거주자인 경우에도 동일하다. 국조법은 증여세과세상 이와 같은 이중비과세의 소지를 봉쇄하고자 하는 것이다. 두 경우 모두 타방국에 소재하는 자(증여 또는 상속을 받은 자)는 우리나라에 납세관리인을 지정하여야 한다.

2. 법인

가. 영리법인

영리법인은 증여세 납세의무를 지지 않는다(상증세법 제4조의 2 제3항). 법인세로 과세되기 때문이다. 법인의 소득금액은 실질과세원칙에 비추어 실질적으로 순자산을 늘리는 거래에 따른 익금으로 계산하게 된다. 그런데 상증세법상 각종 증여과세항목이 법인의 익금이 되도록 법인 세법이 규정되어 있는지 살펴볼 필요가 있다. 예를 들어, 명의신탁 증여의제의 경우 법인세법 에 명의수탁자인 법인에게 익금으로 과세하는 규정이 없다.[108] 이 경우에는 명의신탁자인 실제 소유자가 증여세를 부담하게 된다. 어차피 명의수탁자가 개인인 경우에도 명의신탁자는 연대납 세의무를 지도록 되어 있는 점도 감안한 것이다.

나. 비영리법인

수증자가 비영리법인인 경우에는 증여세납세의무가 있다. 법인세법상 비영리법인이 받은 수 증재산은 각 사업연도소득을 구성하지 않는 것이다(법인세법 제3조 제2항).[109]

---

108) 구 법인세법(1998.12.28. 법률 제5581호로 전문 개정되기 전의 것)에는 법인이 명의수탁자가 되는 경우 익금 으로 의제하는 규정이 없으므로, 같은 법상 익금으로 산입될 '무상으로 받은 자산의 가액'에 포함되는 자산의 해 당 여부에 관하여는 같은 법 제3조가 규정하고 있는 실질과세의 원칙에 따라 실질에 따라 판단하여야 할 것이어 서, 당해 법인이 명의수탁받아 등기, 등록, 명의개서 등을 하여 둔 자산은 포함된다고 할 수 없고 그 명의신탁이 조세회피를 위한 것이어서 수탁자가 영리법인이 아니라면 증여의제되어 증여세가 과세될 자산이라 하여도 조세법 률주의와 실질과세의 원칙상 달리 볼 수는 없다(대법원 2002.6.11. 선고 2001두4269 판결).

공익법인이 출연받은 재산의 가액은 증여세과세가액에 산입하지 않는다. 다만, 공익법인이 내국법인의 주식을 출연받았는데 그 주식과 연관된 다른 주식의 합계가 해당 내국법인의 발행 주식 총수의 5%를 초과하는 경우에는 그 초과한 부분에 상응하는 증여재산가액은 증여세과세 가액에 산입한다. 이는 공익법인에 증여할 경우 증여세를 부담하지 않게 되는 점을 이용하여 공익법인에 출연하되 그 공익법인이 출연한 주식을 발행한 법인을 지배하도록 하고 다시 그 공익법인을 당초 출연자의 친족으로 하여금 지배하도록 하는 방법으로 사실상 주식발행법인의 지배권을 친족에게 넘겨주는 편법을 방지하기 위함이다. 조세회피를 방지하기 위한 복잡한 세부규정들이 있다.[110]

법인격이 없는 사단·재단 또는 그 밖의 단체는 비영리법인 또는 (비)거주자로 보아 증여세 납세의무를 부과한다.

제2항 증여자

1. 연대납세의무

증여자는 수증자가 증여세를 납부할 능력이 없다고 인정되는 경우[111]로서 체납처분을 하여도 증여세에 대한 조세채권을 확보하기 곤란한 경우 등에는 연대납세의무를 부담한다(상증세법 제4조의 2). 상증세법 제45조의 2의 규정에 의한 명의신탁증여의제[112]의 경우도 증여자가 수증자와 연대납세의무를 진다. 증여자에게 연대납세의무에 의해 증여세를 납부하게 할 경우에는 세무서장은 그 사유를 증여자에게 통지하여야 한다. 이는 납부통지에 불과할 뿐이다. 국세징수법 제9조의 규정에 의한 납세고지를 하지 않는 한 연대납세의무가 발생하지 않는다. 이는 연대납세의무를 확정하게 하는 일종의 부과처분이다.[113]

---

109) 법인세법기본통칙 3-2…3 제2호 마목 참조.

110) 상증세법 제48조 내지 제52조의 2 및 상증세법시행령 제37조 내지 제45조의 2.

111) '수증자가 증여세를 납부할 능력이 없다고 인정될 때'에 해당하는지는 문제되는 증여세 납세의무의 성립 시점, 즉 그와 같은 증여가 이루어지기 직전을 기준으로 판단하여야 하고, 그 시점에 이미 수증자가 채무초과 상태에 있었다면 채무초과액의 한도에서 증여세를 납부할 능력이 없는 때에 해당한다(대법원 2016. 7. 14. 선고 2014두43516 판결).

112) 2002.12.28. 도입.

113) 대법원 1991.6.28. 선고 89다카28133 판결. 증여자의 연대납세의무는 부종적 연대납세의무이므로 징수권소멸시효 기간 내에만 납부통지하면 된다(국가, 징세 46101-1857, 1999.7.30). 국세징수법 제9조의 규정에 따라 증여자 명의로 납부고지를 하여야 한다. 증여자에게 상속세법시행령 제39조에 의한 납부통지만 하였을 뿐 달리 국세징수법 제9조에 따른 납세고지가 없었다면 아직 적법한 과세처분이 없어(대법원 1989.5.23. 선고 88누3741 판결), 증여세의 연대납세의무가 발생할 수 없는 것이므로 이와 같은 경우에는 세무서장이 징수권을 행사하여 증여자의 재산에 대하여 한 압류처분은 그 하자가 중대하고도 명백하여 당연무효라 할 것이다(대법원 1991.6.28. 선고 89다카28133 판결). 증여자의 연대납세의무에는 보충성의 원칙은 적용되지 않는다. 참고로 독일 법원은 이익획득원칙(Bereicherungsprinzip)에 따라 수증자에게 먼저 청구하여야 한다는 해석을 하고 있다(Tipke/Lang, *Steuerrecht*, Verlag Dr. Otto Schmidt KG, 2010, p.522).

2. 면제

부당행위계산부인규정에 의해 증여자가 소득과세를 받았거나,[114] 법인의 자본거래이기 때문에 법인이 중간에 개입하였거나[115] 증여자를 특정하기 곤란한 사정[116]이 있는 경우에는 증여자의 연대납세의무를 면제한다. 공익법인에 대한 출연의 경우에는 원칙적으로 증여세과세가액에 불산입하여 연대납세의무도 발생할 일이 없을 것이지만 공익법인을 이용해 우회적으로 영리법인을 지배하는 것을 방지하기 위한 목적으로 과세가액불산입규정에 예외를 두어 과세하도록 하고 있다. 그 경우에도 출연자가 당해 공익법인의 운영에 책임이 없는 경우에는 연대납세의무를 배제하고 있다.

제3절 과세대상

제1항 세법상 증여의 개념

1. 완전포괄증여

증여세는 타인의 증여로 인하여 증여일 현재 증여재산을 가지고 있는 자, 즉 수증자가 내는 세금이다. '증여'의 개념은 다음과 같다(상증세법 제2조 제6호).

> "증여"란 그 행위 또는 거래의 명칭·형식·목적 등과 관계없이 직접 또는 간접적인 방법으로 유형·무형의 재산 또는 이익을 타인에게 무상으로 이전(현저히 저렴한 대가를 받고 이전(移轉)하는 경우를 포함한다)하거나 타인의 재산가치를 증가시키는 것[117]을 말한다. 다만, 유증과 사인증여는 제외한다.

위에서 '증여'는 그간 상증세법이 민법상 '증여' 개념을 차용해 오던 것[118]을 독자적으로 규정한 고유개념이다. 포괄주의의 성격상 법률적인 개념에 더 이상 의존하지 않고 있다. 동 규정은 누구에게 증여가 발생한 것에 관한 규정이라기보다는 어떤 내용이 증여가 되는가 하는 것에 관한 규정이다.

---

114) 타인에게 재산을 낮은 가액으로 양도하거나 타인으로부터 시가보다 높은 가액으로 인수하는 경우(상증세법 제35조) 및 특수관계인에게 부동산을 무상으로 사용하게 함으로써 이익을 분여한 경우(상증세법 제37조).

115) 합병, 증자, 감자, 현물출자, 특정법인과 거래.

116) 전환사채 주식전환, 상장, 합병 후 상장에 따라 이익을 증여한 경우와 기타 이익의 증여를 한 경우.

117) 2015년말 상증세법개정을 통해 "기여에 의하여"라는 수식어가 삭제되는 대신 "직접 또는 간접적인 방법으로"라는 수식어가 사용되고 있다.

118) 완전포괄증여개념이 도입되기 전에는 '증여'는 증여의 의사를 전제로 하는 개념이었다. "신주인수권을 포기한 주주와 특수관계에 있는 자가 그의 지분비율을 초과하여 신주를 배정받아 이익을 받은 경우에는 신주인수권을 포기한 주주에게 증여의사가 있었는지에 관계없이 증여로 본다는 규정이므로 이는 추정규정이 아니라 본래 의미의 의제규정이라고 할 것이다(대법원 2000.2.11. 선고 99두2505 판결)."

세법상 특정 거래가 '증여'의 개념에 포섭되는지는 조세의 부당한 감소 여부와는 전혀 다른 것이다. 조세를 부당하게 감소시키는 것으로 인정될 수 있는 경우이든 그렇지 않든 타인에게 경제적 가치를 이전할 경우에는 증여로 보게 된다.

가. 재산 또는 이익의 직접 또는 간접적 이전

간접적으로 이전된 재산을 증여세 과세대상으로 하여 증여재산가액을 계산하는 것에 관한 상증세법조항은 제38조(합병에 따른 이익의 증여), 제39조(증자에 따른 이익의 증여), 제39조의2(감자에 따른 이익의 증여), 제39조의3(현물출자에 따른 이익의 증여), 제40조(전환사채 등의 주식전환 등에 따른 이익의 증여) 및 제45조의5(특정법인과의 거래를 통한 이익의 증여)가 있다. 제38조부터 제40조의 규정은 법인의 자본거래와 관련하여 주주간 이전되는 이익을 증여로 과세하는 규정이고, 제45조의5의 규정은 특정법인의 주주가 법인과 경상거래를 하여 다른 주주에게 이전하는 이익을 증여로 의제하여 과세하는 규정이다. 이 규정들은 주주가 법인을 통해 다른 주주에게 이익을 간접적으로 이전하는 것을 과세하는 것이라는 공통점을 가지고 있다. 이들 규정은 상증세법 제2조 제6호의 '재산의 간접적 이전'의 경우에 해당할 것이다.

주주간 법인의 자본거래를 통한 재산의 간접적 이전이 반드시 상증세법 제38조부터 제40조의 규정에 의한 방법으로만 있는 것은 아니다. 주주가 자신의 주식우선매수청구권을 포기할 경우 다른 주주가 그 청구권을 대신 행사할 수 있는 구조에서 해당 주식우선매수청구권을 행사할 때 행사가격과 해당 주식의 시가의 차액에 해당하는 부분은 비록 포기하는 주주와 대신 행사하는 주주간에 직접적인 거래가 없었지만 포기하는 주주가 간접적으로 그 차액에 해당하는 부분을 주식발행법인과의 관계를 통하여 간접적으로 이전한 것으로 볼 수 있을 것이다.[119]

마찬가지로 주주간 법인과의 경상거래를 통한 재산의 간접적 이전이 반드시 결손법인의 경우에만 가능한 것은 아니다. 흑자법인에게 어떤 주주가 재산을 증여하여 다른 주주에게 그 증여된 재산 가치가 일부 이전하는 경제적 효과가 발생한다면 그것도 포섭할 수 있을 것이다.

참고로 독일에서는 법인을 통한 간접증여[120]에 의해 수증자가 본래 보유하던 주식의 평가액이 증가된 경우에는 '증여'의 개념에 포섭되지 않아 과세되지 않다가(BFH vom 09.12.2009 BStBl Ⅱ 2010,258), 2011년 물적회사(Kapitalgesellschaft)가 중간에 개입된 경우 해당 법인의 주주가 얻는 지분가치의 증가를 증여로 과세할 수 있는 조항을 신설하였다(상속세법 제7조 제8항). 물적회사에 직접 또는 간접적으로 지분을 가지고 있는 자연인 또는 재단(수혜자)이 다른 자(증여자)의 그 회사에 대한 급부를 통해 자신의 회사에 대한 지분가치를 증가시킨 경우 그것을 증여로 본다. 물적회사간 기부(Zuwendung)는, 그것이 주주에게 이익을 이전하고자 하는 목적에서 행해졌고 그 물적회사들에 그 주주가 동일한 지분(직접지분 + 간접지분)을 갖고 있지

---

119) 2011년 대법원은 주식보유비율에 상응하는 우선매수청구권을 포기하는 등 방법으로 혼자서 우선매수청구권을 행사하게 한 것은 자신의 주식보유비율을 초과한 범위에서는 주식의 시가와 우선매수청구권 행사가격과의 차액 상당의 이익을 무상으로 이전받은 것으로 볼 수 있어 증여세의 과세대상에 해당한다고 하여 완전포괄증여 규정에 의한 증여세 과세를 인정하였다(대법원 2008두17882, 2011.4.28.).

120) 독일, 미국 및 일본의 제도 설명부분에서 '간접증여'는 각국의 세법에서 명시적으로 사용되고 있는 용어는 아님

않는 한, 무상으로 이루어진 것으로 본다. 수혜법인의 주식가치를 평가하여 증가한 부분에 대해 증여과세를 하는 것이다. 이에는 증여자의 경제적 손실, 수혜법인의 주식가치증가가 전제되어야 한다. 수혜법인은 법인세를 과세받는다. 수혜법인의 주주는 증여세 과세받는다. 그러나 법인세 증가분만큼은 증여재산가액에서 공제되는 효과가 발생한다. 증여세 과세받은 부분이 수증자의 해당 주식 추후 양도시 양도소득금액 계산상 주식장부가액을 증가시키지는 않는다.

미국에서는 법인을 통한 간접증여의 경우 법인의 주주에게 지분비율만큼 직접 증여한 것으로 볼 수 있다.[121] 가족회사에 부친이 금원을 출자하면서도 그에 상응하는 주식을 교부받지 않는다면 가족인 주주에 대한 증여가 된다. 다만, 이 경우에는 법인세는 과세되지 않는다.

일본에서는 상속세법 제9조의 기타이익의 향수에 대한 증여의제규정은 包括規定의 성격을 띠고 있다. 合資會社가 증자하면서 각 사원이 기존의 지분비율과 다른 비율로 증자에 참가하고 또 증자하는 사원권의 인수가격을 경제적 가치보다 낮은 가격으로 정함으로써 사원 상호간에 부가 이전된 사안에서 日本 最高裁判所는 「상속세법 제9조의 포괄규정에 의한 증여로 보아야 한다」고 판시하고 있다(最高裁 判決 昭37(オ) 第107號). [122]

나. 직접 또는 간접적인 방법에 의한 타인의 재산가치의 증가

2015년말 개정전 구 상증세법 제2조 제3항은 "기여에 의하여 타인의 재산가치를 증가시키는 것"을 '증여'에 포함하고 있었다. 이 규정은 사후의 '재산가치의 증가'와 인과관계가 인정된 '기여'만 '증여'에 포함시키고 있었다. '인과관계'의 입증이 용이하지 않을 것이므로 상증세법 제42조 제4항은 계산해야 할 증여재산의 하나로 "기여에 의하여 가치가 증가된 재산가치"를 규정함으로써 인과관계가 인정되는 경우를 예시하고 있었다.

증여자가 보유한 재산의 직접 또는 간접적 이전을 매개로 하지 않은 단순한 기여를 증여세의 과세대상으로 하는 국가는 존재하지 않는다. 아무리 훌륭히 기여를 하였다고 하더라도 그것은 기여자가 소유하는 재산에 효과가 나타나는 것은 아니므로 '기여' 자체만을 평가하여 그것을 증여한 것으로 보아야 할 것인데도, 상증세법은 그것에 의하여 증가한 재산가치까지 과세대상으로 보고 있는 것이다. 이는 입법 연혁으로 보아, 상증세법 제42조 제4항이 규정하는 거래에 의해 타인이 보게 되는 경제적 이익을 '증여' 과세의 대상으로 하고자 하는 의도에 의해 증여 개념을 무리하게 확장한 때문으로 보인다.

제42조 제4항이 규율하는 거래는 국세기본법 제14조 제3항(2003년 완전포괄증여 입법당시에는 상증세법 제2조 제4항)의 규정에 의해서도 증여과세의 대상으로 삼을 수 없는 것이었다.

2015년 개정된 상증세법 제2조 제6호는 단순히 "직접 또는 간접적인 방법으로...타인의 재산가치를 증가시키는 것"을 증여에 포함하고 있다. '기여'를 매개 개념으로 규정하지 않고 있다.

---

121) A transfer of property by B to a corporation generally represents gifts by B to the other individual shareholders of the corporation to the extent of their proportionate interests in the corporation. Sec. 25.2511-1(h)(1), Gift Tax Regs.; Heringer v. Commissioner, 235 F.2d 149, 151 (9th Cir. 1956)

122) 朴堯燦, 贈與稅의 包括贈與規定 및 個別例示規定의 違憲性 研究, 서울시립대학교 박사학위논문(세무대학원), 2006.12.30, p.67

동법 제42조의 3은 재산취득 후 재산가치 증가에 따른 이익의 증여의 제목 하에 자신이 보유한 재산가치의 증가만으로도 증여세를 과세할 수 있는 요건을 설정하고 있다.

2. 단계거래원칙

우리나라 상증세법상 상속세 및 증여세의 부담을 부당하게 감소시키는 것을 방지하기 위한 규정은 매우 구체적인 요건과 효과를 규정하는 조항을 두는 방식에 의존하고 있다.[123]

일본 상속세법상으로는 동족회사 간 부당행위계산부인규정이 있다. 상속세법은 동족회사의 행위 계산을 용인한다면 주주 등의 상속세 부담을 부당하게 감소시키는 결과가 된다고 인정되는 경우에는 그것을 부인하여 과세가격을 계산하는 권한을 세무서장에게 부여하고 있다(일본 상속세법 제64조 제1항).[124]

구 상증세법 제4조의2는 다음과 같이 규정하고 있었다.

> 제3자를 통한 간접적인 방법이나 2 이상의 행위 또는 거래를 거치는 방법에 의하여 상속세 또는 증여세를 부당하게 감소시킨 것으로 인정되는 경우에는 그 경제적인 실질에 따라 당사자가 직접 거래한 것으로 보거나 연속된 하나의 행위 또는 거래로 보아 제3항의 규정을 적용한다.

제4항은 국세기본법 제14조 제3항의 규정을 보다 구체화한 것이었다.[125] 완전포괄의 증여개념과는 별개의 것이다.[126] 완전포괄의 개념은 조세를 '부당하게 감소시킨 것'을 요건으로 하지 않는다. 부당하게 감소시킨 대상 조세는 상속세 또는 증여세이다. 이 조항은 2015년말 상증세법 개정

---

123) 물상보증인인 피상속인 갑이 채무자 을 주식회사의 병 은행에 대한 대출금채무를 담보하기 위하여 자신의 토지 및 건물에 근저당권을 설정하였다가 그 후 위 채무를 면책적으로 인수하였는데, 과세관청이 이를 사전증여로 보아 위 채무액 등을 상속세과세가액에 가산하여 상속인들에게 상속세 부과처분을 한 사안에서, 갑이 인수한 대출금채무액을 을 회사에 증여하였다거나 위 채무인수가 상속세를 부당하게 감소시키는 행위에 해당하는 것으로 볼 수 없다고 한 사례가 있다(대구고법 2011.7.22. 선고 2011누502 판결).

124) 제64조 제1항 동족회사 등의 행위 및 계산에서 그것을 용인하는 경우에 있어서 그 주주 또는 사원 및 그 친족 그 외의 자로서 총리령으로 정하는 특별관계가 있는 자의 상속세 및 증여세의 부담을 부당하게 감소하는 결과가 되는 것으로 인정되는 것이 있는 때에는 세무서장은 상속세 및 증여세에 대한 경정 또는 결정을 할 때에 그 행위 및 계산에도 불구하고 그 인정하는 바에 따라 과세가격을 계산할 수 있다. 제2항 전항의 규정은 동족회사 등의 행위 및 계산에 대해 법인세법 제132조 제1항(동족회사 등의 행위 및 계산의 부인) 또는 소득세법 제157조 제1항(동족회사 등의 행위 및 계산의 부인 등) 및 지가세법(1991년 법률 제69호) 제32조 제1항(동족회사 등의 행위 및 계산의 부인 등)의 규정 적용이 있는 경우에 있어서 당해 동족회사 등의 주주 또는 사원은 그 친족 기타의 자로서 전항에 규정하는 특별관계가 있는 자의 상속세 및 증여세에 관계되는 경정 및 결정에 대해 준용한다.

125) 역사적으로는 순서가 도치되었다.

126) 특정법인과의 거래를 통한 이익 제공에 대한 증여의제 규정은 특정법인의 주주 등과 특수관계에 있는 자가 당해 법인에게 재산을 증여하거나 채무를 면제하는 등의 방법으로 당해 법인의 주주 등에게 나누어준 이익에 대해서는 그 특수관계에 있는 자에게 증여의사가 있었는지에 관계없이 그 이익에 상당하는 금액을 당해 특정법인의 주주 등이 그 특수관계에 있는 자로부터 증여받은 것으로 본다는 의제규정이므로, 당해 법인의 주주 등이 그와 같이 얻은 이익은 증여세 회피목적에 관계없이 위 규정에 의한 증여세 과세대상이 된다(대법원 2006.9.22. 선고 2004두4727 판결). "특정법인과의 거래를 통한 이익 제공에 대한 증여의제"는 이제는 완전포괄증여개념에 포섭되었다(상증세법 제41조 제1항). 반대 견해에 대해서는 박요찬, 「증여세의 포괄증여규정 및 개별예시규정의 위헌성 연구」, 서울시립대학교 세무대학원 박사학위논문, 2007.2, pp.43~53. 참조.

시 상속세와 증여세 과세상으로는 국세기본법 제14조 제3항과 동일한 것이라고 하여 삭제되었다.

3. 반환 또는 재증여의 경우

증여 후 신고기한(3월) 이내 반환 또는 재증여하는 경우에는 모두 과세하지 않는다(상증세법 제4조 제4항).[127] 증여를 받은 후 그 증여받은 재산(금전은 제외한다[128])을 당사자 간의 합의에 따라 재반환하는 경우에는 처음부터 증여가 없었던 것으로 본다.[129] 다만, 반환 전에 정부의 세액결정을 받은 경우 및 금전은 과세한다.

신고기한 경과 후 3월 이내에 반환 또는 재증여하는 경우 당초 증여는 과세하고, 반환 또는 재증여는 과세하지 않는다(상증세법 제4조 제4항).

신고기한 경과 후 3월을 경과하여 반환 또는 재증여하는 경우 당초 증여, 반환, 재증여 모두 과세한다.[130]

반환 또는 재증여는 증여의 부존재 또는 무효와는 구별하여야 한다. 증여를 원인으로 한 소유권이전등기가 경료되었더라도 그 등기원인이 된 증여행위가 부존재하거나 무효인 경우라면 그로 인한 소유권이전의 효력이 처음부터 발생하지 아니하므로 소유권이전등기의 말소를 명하는 판결의 유무와 관계없이 증여세의 과세대상이 될 수 없다.[131]

참고로 상속 개시 후 상속재산에 대하여 각 상속인의 상속지분이 확정되어 등기가 된 후 그 상속재산에 대하여 공동상속인 사이의 협의분할에 의하여 특정상속인이 당초 상속분을 초과하여 취득하는 재산가액은 당해 분할에 의하여 상속분이 감소된 상속인으로부터 증여받은 것으

---

127) 갑이 을과 병에게 정 주식회사 발행주식을 명의신탁하였다가 명의신탁일부터 3월 이내에 각각 제3자 명의로 명의수탁자를 변경하였는데, 이에 대하여 과세관청이 을과 병에게 구 상속세 및 증여세법 제45조의 2에 따라 을과 병에게 증여세를 부과할 수 없다(대법원 2011.9.29. 선고 2011두8765 판결). 명의신탁해지를 원인으로 하여 경료된 소유권이전등기가 그 실질에 있어서도 명의신탁의 해지를 원인으로 소유권이 환원된 것이지, 증여계약의 합의해제나 재차증여를 명의신탁의 해지로 가장한 것이라고 볼 수 없다는 이유로 이에 대한 증여세 부과처분이 위법하다(대법원 2004.5.14. 선고 2003두3468 판결).

128) 증여받은 금전은 증여와 동시에 본래 수증자가 보유하고 있던 현금자산에 혼입되어 수증자의 재산에서 이를 분리하여 특정할 수 없게 되는 특수성이 있어 현실적으로 '당초 증여받은 금전'과 '반환하는 금전'의 동일성 여부를 확인할 방법이 없고, 또한 금전은 그 증여와 반환이 용이하여 증여세의 신고기한 이내에 증여와 반환을 반복하는 방법으로 증여세를 회피하는 데 악용될 우려가 크기 때문이다. 일단 수증자가 증여자로부터 금전을 증여받은 이상 그 후 합의해제에 의하여 동액 상당의 금전을 반환하더라도 증여가 없었던 것으로 보지 않고 증여세의 부과대상으로 삼고 있다. 구 조세특례제한법 제76조 제3항에 의하여 불법정치자금의 기부를 증여로 보아 증여세를 부과하는 경우에, 기부받은 불법정치자금을 반환하는 것을 증여받은 금전을 반환하는 것과 달리 취급할 이유가 없다(대법원 2016. 2. 18. 선고 2013두7384 판결).

129) "증여를 받은 후"의 표현 중 "증여"에 "명의신탁증여의제에 의한 증여"도 포함된다. 따라서 증여세신고기한 이내에 명의를 환원하면, "그 증여받은 재산"을 돌려준 것이 된다. 명의신탁증여의제 과세가 되지 않는다(대법원 2011.9.29. 선고 2011두8765판결). 만약 수탁받은 재산을 양도하여 금전으로 돌려준 경우에는, "그 증여받은 재산"을 돌려준 것으로 볼 것인가에 대해, 대법원은 반대의견을 표명하고 있다(대법원 2007.2.8. 선고 2005두10200판결).

130) 증여세과세처분이 있은 후에 증여계약을 해제하였음을 원인으로 한 소유권이전등기말소청구소송이 제기되어 그 승소판결이 확정되었다거나 그로 인하여 등기가 말소되었다는 사유만으로는 증여세과세처분의 적법성을 다툴 수 없다(대법원 2005.7.29. 선고 2003두13465 판결). 증여세가 부과될지를 법률의 무지로 알 수 없었다는 것이다.

131) 대법원 2013.01.24. 선고 2010두27189 판결, 대법원 1999. 8. 24. 선고 99두5962 판결 등

로 보아 증여세가 과세된다(상증세법 제31조 제3항). 상속 개시 후 최초로 협의분할에 의한 상속등기 등을 함에 있어서는 특정 상속인이 법정상속분을 초과하여 재산을 취득하는 경우에도 증여세가 과세되지 않는다. 상속세과세표준신고 기한 내에 재분할에 의하여 당초 상속분을 초과하여 취득한 경우와 당초 상속재산의 재분할에 대하여 무효 또는 취소 등의 정당한 사유가 있는 경우에는 증여세가 과세되지 않는다(상증세법시행령 제24조 제2항).

4. 이혼에 의한 재산의 명의이전

가. 위자료지급

이혼 등에 의하여 정신적 또는 재산상 손해배상의 대가로 받는 위자료는 조세포탈의 목적이 있다고 인정되는 경우를 제외하고는 이를 받는 배우자의 증여로 보지 않으며 소득세로도 과세되지 않는다.[132]

등기원인을 '이혼위자료 지급'으로 하는 경우 당사자 간의 합의에 의하거나 법원의 확정판결에 의하여 일정액의 위자료[133]를 지급하기로 하고 동 위자료지급에 갈음하여 당사자 일방이 소유하고 있던 부동산의 소유권을 이전하여 주는 것은 그 자산을 양도한 것으로 본다.[134] 따라서 이전하여 주는 부동산이 양도소득세과세대상인 경우에는 양도소득세를 내야 한다. 다만, 이전하여 주는 부동산이 1세대 1주택으로서 비과세요건을 갖춘 때에는 등기원인을 위와 같이 하더라도 양도소득세가 과세되지 않는다.[135]

참고로 미국세법상으로도 이혼위자료(alimony) 또는 별거수당(separate maintenance payment)은 수령자의 총소득에 산입되며 지급자는 총소득금액조정항목(above-the-line deduction)으로 공제할 수 있다. 이혼위자료 또는 별거수당을 지급할 때에 이에 자녀양육비를 포함시킬 경우 해당 금액을 명시해야 비과세된다.

등기원인을 '증여'로 하는 경우 배우자로부터 증여를 받은 경우에는 6억 원(2007.12.31. 이전 증여분은 3억 원. 이하 같음)을 공제하고 나머지에 대하여 증여세를 과세하므로 부동산가액이 6억 원 이하인 경우에는 등기원인을 증여로 하더라도 증여세가 과세되지 않는다. 등기부상의 원인에 불구하고 실질적인 위자료에 해당한다는 주장을 하여야 할 것이다.

나. 재산분할청구

이혼시 이전하는 재산의 등기원인을 '재산분할청구에 의한 소유권이전'으로 하는 경우를 상

---

132) 상증세법기본통칙 31-24…6.

133) 정신적·재산적 손해에 대한 배상.

134) 조○○ 자신의 소유인 주택의 소유권을 이전한 것은 처에 대한 위자료채무의 이행에 갈음한 것으로써 채무가 소멸하는 경제적 이익을 얻은 것과 다름없으므로 그 주택의 양도는 양도소득세의 부과대상이 되는 유상양도에 해당함(대법원 92누18191, 1993.9.14).

135) 소득세법기본통칙 88-3.

정할 수 있다. 우리나라는 부부별산제도를 유지하고 있지만 이혼 시 재산분할청구권을 인정하고 있다. 이는 사실혼관계에도 적용된다.[136] 민법 제839조의 2에서 규정하는 재산분할청구로 인하여 부동산의 소유권이 이전되는 경우에는 부부 공동의 노력으로 이룩한 공동재산을 이혼으로 인하여 이혼자 일방이 당초 취득 시부터 자기지분인 재산을 환원 받는 것으로 보기 때문에 양도 및 증여로 보지 아니한다.[137] 따라서 등기원인을 위와 같이하면 양도세와 증여세를 부담하지 않고 소유권을 이전할 수 있다.[138] 명의를 이전한 배우자에게 양도소득세가 과세되지 않는다. 이전받은 배우자는 이전시점의 시장가격을 장부가액으로 가지지 않고 이전하는 배우자의 장부가액을 넘겨받게 된다. 즉 이월과세를 받는다.[139] 재산분할에 따른 명의이전은 소득세법상 '교환'에 해당하는 것이 아닐까?

미국법원의 판례상 이혼시 재산분할은 양도소득과세의 사유가 된다. 예로서, US v. Davis (370, U.S. 65, 1962)판결사건을 들 수 있다. 원고인 Davis는 부인과 이혼하였다. 재산을 협의 분할하면서 자신의 주식 1,000주를 넘겨주었다. 당시 델라웨어(Delaware) 주법상 부인은 Davis의 재산에 대한 소유, 관리 또는 지배할 어떠한 권리도 없었다. 그녀의 유일한 권리는 증여나 상속을 받을 권리였는데 증여도 상속도 없었으므로 무의미한 것이었다. 국세청장은 양도로 과세하였다. Davis는 항소법원에 제소하면서 공동소유자 간의 재산의 분할에 불과하다고 주장하였다. 그리고 이 경우 Davis의 자본이득에 대해 과세한다면 동일한 성격의 거래에 대해 부부재산공유제에 입각하고 있는 주[140]와 그렇지 않은 주 간 내국세과세상 차등이 발생한다는 문제를 지적하였다.

항소법원은 국세청장의 주장 중 양도로 보아야 한다는 부분은 수용하였다. 그러나 Davis가 실현한 소득은 계산할 수 없다고 하였다. 이유는 부인이 재산을 받을 권리를 환가할 수 없기 때문이라는 것이었다.

이에 대해 연방대법원(Clark. J)은 다음과 같이 판시하고 있다. 주식에 내재하는 자본이득을 과세하여야 한다는 데에는 이론이 없지만 문제는 부인에게 양도하는 시점에 과세할 것인지 아니면 부인이 양도할 시점에 과세할 것인지 과세시점의 판정이다. 부인에게의 명의이전은 과세사건이다. 과세소득금액은 이전받은 재산의 가액에서 이전한 재산의 장부가액을 차감한 금액이다. Davis는 자신의 재산에 대해 부인이 당시 가지고 있던 권리를 포기받았다. 통상 비특수관

---

136) 사실혼이란 당사자 사이에 혼인의 의사가 있고 객관적으로 사회관념상으로 가족질서적인 면에서 부부공동생활을 인정할 만한 혼인생활의 실체가 있는 경우이고, 부부재산에 관한 청산의 의미를 갖는 재산분할에 관한 법률 규정은 부부의 생활공동체라는 실질에 비추어 인정되는 것으로서 사실혼관계에도 이를 준용 또는 유추적용할 수 있기 때문에, 사실혼관계에 있었던 당사자들이 생전에 사실혼관계를 해소한 경우 재산분할청구권을 인정할 수 있다 (2006.3.24. 선고 2005두15595 판결[증여세부과처분취소]).

137) 협의이혼 또는 재판상 화해나 조정에 의한 이혼을 하면서 위자료와 재산분할, 자녀양육비 등의 각각의 액수를 구체적으로 정하지 아니한 채 자산을 이전한 경우 그 자산 중 양도소득세의 과세대상이 되는 유상양도에 해당하는 위자료 및 자녀양육비의 입증책임도 원칙적으로는 처분청에 있다(대법원 2002.6.14. 선고 2001두4573 판결).

138) 서면4팀 - 1927, 2005.10.20.

139) 대법원 2003.11.14. 선고 2002두6422판결

140) Texas주 거주 한국계 미국인 부부의 한국재산취득에 관한 서울행정법원 2017.03.17. 선고 2016구합73269판결 참조

계인 간 거래라면 교환하는 두 재화의 가액은 동일하다. 본 사건도 그에 해당할 것이기 때문에[141] Davis가 받은 재산의 가액은 자신이 넘긴 주식의 시장가액과 동일할 것이다. Davis는 이에 대해 자본이득과세를 받아야 한다. 따라서 국세청장의 과세처분은 적법하다.

미국에서는 이혼에 따른 재산분할(property settlement)로 취득한 자산은 소득으로 보지 않는다. 부부간의 재산이전에 대해서는 우리나라의 증여세 및 상속세에 해당하는 통합이전세(unified transfer tax)[142]도 과세하지 않는다. 그런데 본 사건은 재산을 이전한 배우자의 자본이득에 대한 과세에 관한 것이다. 위 판결상 Clark 판사는 부부재산공유제를 채택하고 있지 않은 델라웨어 주법을 따라야 한다고 전제한 것이다. 그러나 부인이 무언가 Davis의 재산에 대해 권리를 가지고 있음을 역시 인정한 것이다. 이에 따라 Davis는 재산을 처분하였지만 역시 받은 것도 있었다는 논리를 구성한 것이다. Davis가 실제 받은 것이 없지만 무언가 부인이 가지고 있는 권리를 포기 받는 것을 대가로 거래한 것이라고 본 것이다.

우리나라에서는 재산분할청구권의 행사에 따른 명의이전을 할 경우 원래 청구권자 소유분에 대한 명의의 환원으로 인식하여 과세하지 않는다. 미국 델라웨어 주에는 부부재산공유개념이 없기 때문에 우리나라에서와 달리 넘겨주는 자의 자본이득이 발생한 것으로 보아 과세하게 되는 것이다.

제2항 과세대상 증여재산

상증세법이 규정하는 '완전포괄증여' 개념에 포섭되는 사실관계이기만 하면, 그것이 상증세법상 과세대상 '증여재산'으로 규정되어 있지 않거나(상증세법 제31조), 증여재산가액계산규정(상증세법 제32조~제43조)에서 규정하지 않는 경우라 하더라도, 그것에 대해 증여세를 과세할 수 있는 것인가? 양도의 개념을 충족하지만 양도소득 과세대상으로 규정되지 않은 것에 대해서는 양도소득세를 과세할 수 없다. 설사 증여의 개념을 충족하는 행위를 한다 하더라도 증여재산에 관한 증여행위가 아니라면 증여세를 부과할 수 없을 것이다.

2013년 개정된 상증세법은 과세대상 증여재산을 수증자에게 귀속되는 재산으로서 "금전으로 환가할 수 있는 경제적 가치가 있는 모든 물건과 재산적 가치가 있는 법률상 또는 사실상의 모든 권리와 금전으로 환산할 수 있는 모든 경제적 이익"을 포함한다고 규정하였다(구 상증세법 제31조 제1항). '경제적 이익'을 과세대상 증여재산의 하나로 추가한 것이다. 증여세는 '증여재산'에 대해 과세한다는 전제 하에, '경제적 이익'을 '기여'한 것을 '증여'로 보고(구 상증세법 제2조 제3항), 그에 대한 과세상 법적 근거를 보완하기 위해, '경제적 이익'을 '재산'으로 보는 규정을 신설한 것이었다.

2015년초 개정된 상증세법은 "증여재산"을 조문의 위치를 바꾸어 정의하게 되었다(상증세법 제2조 제10호).

---

141) 갈라서는 두 부부는 비특수관계인라고 보아야 한다는 것을 전제로 한다.

142) 통합이전세(unified transfer tax) 이는 증여세와 상속세를 병합하여 단일의 세율체계로 과세하는 조세이다. 생전의 증여에 대해서는 과세하다가 사망으로 인한 상속을 할 때 평생 증여한 것을 상속재산과 합산하여 단일의 세율체계(최고 55%의 세율)로 과세하는 것이다.

10. "증여재산"이란 증여로 인하여 수증자에게 귀속되는 재산 또는 이익을 말하며 다음 각 목의 것을 포함한다.
　가. 금전으로 환산할 수 있는 경제적 가치가 있는 모든 물건
　나. 재산적 가치가 있는 법률상 또는 사실상의 모든 권리
　다. 금전으로 환산할 수 있는 모든 경제적 이익

　2015년말 개정된 상증세법은 위 제2조 제10호의 정의가 있음에도 다시 증여세 과세대상인 "증여재산"을 다음과 같이 열거하고 있다(상증세법 제4조 제1항).

1. 무상으로 이전받은 재산 또는 이익
2. 현저히 낮은 대가를 주고 재산 또는 이익을 이전받음으로써 발생하는 이익이나 현저히 높은 대가를 받고 재산 또는 이익을 이전함으로써 발생하는 이익. 다만, 특수관계인이 아닌 자 간의 거래인 경우에는 거래의 관행상 정당한 사유가 없는 경우로 한정한다.
3. 재산 취득 후 해당 재산의 가치가 증가한 경우의 그 이익. 다만, 특수관계인이 아닌 자 간의 거래인 경우에는 거래의 관행상 정당한 사유가 없는 경우로 한정한다.
4. 상증세법 제33조부터 제39조까지, 제39조의2, 제39조의3, 제40조, 제41조의2부터 제41조의5까지, 제42조, 제42조의2 또는 제42조의3에 해당하는 경우의 그 재산 또는 이익[143]
5. 상증세법 제44조 또는 제45조에 해당하는 경우의 그 재산 또는 이익[144]
6. 제4호 각 규정의 경우와 경제적 실질이 유사한 경우 등 제4호의 각 규정을 준용하여 증여재산의 가액을 계산할 수 있는 경우의 그 재산 또는 이익

　과세대상 '증여재산'으로는 위 제1호부터 제3호까지로도 충분히 규정한 것이지만, 증여세과세가액 산정에 관한 조항에서 규정하는 대상이 '증여재산'에 포섭되지 않을 가능성을 봉쇄하기 위해 제4호부터 제5호까지 규정하고, 더 나아가 그것도 부족할 가능성에 대비해서 제6호의 유형별 포괄주의적 규정을 둔 것이다.
　법원은 어떤 거래나 행위가 상증세법 제2조 제3항에서 정한 증여의 개념에 해당하는 경우에는 원칙적으로 증여세를 부과할 수 있지만, 납세자의 예측가능성을 보장하기 위하여 상증세법 제33조부터 제42조까지 정해진 개별 증여재산가액산정 규정이 특정한 유형의 거래나 행위를 규율하면서 그중 일정한 거래나 행위만을 증여세 부과대상으로 한정하고 과세범위도 제한적으로 규정하였으므로 그 규정에서 증여세 부과대상이나 과세범위에서 제외된 거래나 행위가 상증세법 제2조 제3항의 증여의 개념에 해당할 수 있더라도 증여세를 부과할 수 없다는 입장이다.[145] 이와 같은 법원의 입장에 불구하고 상증세법 제4조 제1항 제6호의 규정에 의해 과세할 수 있는 길이 열린 것으로 보는 시각이 있을 수 있다.[146]
　각 상속인의 상속분이 확정되어 등기 등으로 명의가 이전된 후 그 상속재산에 대하여 공동상속인 사이의 협의에 의한 분할에 의하여 특정상속인이 당초 상속분을 초과하여 취득하는 재

---

143) 증여예시규정
144) 증여의제규정
145) 대법원 2019. 12. 13 선고 2015두40941 판결
146) 정재희, 사후적 재산가치 증가에 대한 포괄적 증여 과세의 한계, 조세법연구租稅法研究 第25輯 第3號, 2019.11, 한국세법학회 참조

산가액은 당해 분할에 의하여 상속분이 감소된 상속인으로부터 증여받은 재산에 포함된다(상증세법 제4조 제3항 본문). 상속세의 신고기한(상속개시일부터 6개월) 이전에 재분할에 의하여 당초 상속분을 초과하여 취득[147]한 경우에는 증여로 보지 않는다(상증세법 제4조 제3항 단서). 그리고 당초 상속분의 재분할에 대하여 무효 또는 취소 등 정당한 사유가 있는 경우에는 증여로 보지 않는다. 상증세법시행령은 '정당한 사유'를 제한적으로 열거하고 있다(상증세법시행령 제24조 제2항).[148]

제3항 증여의제와 증여추정

1. 증여의제

가. 명의신탁재산의 증여의제

상증세법상 증여는 법률적인 외형이나 명의에 불구하고 경제적 실질로 보아 타인에게 재산적 가치가 이전하는 결과가 나타난 것을 지칭한다. 따라서 경제적 실질로 보아 증여로 볼 수 없는 것은 증여의 개념에 포섭하지 않는 것이 원칙에 부합한다. 그러나 명의신탁재산에 대해서는 그러한 원칙에 예외를 인정하여 명의신탁자가 명의수탁자에게 명의신탁재산을 증여한 것으로 의제한다. 국세기본법상 실질과세원칙에 대한 예외이기도 하다.[149] 이는 증여세의 형식을 빌려 명의신탁에 의한 일반 조세의 회피를 막아 보고자 하는 취지에서 유지되는 조항이다. 여기서 조세는 국세, 지방세 및 관세를 말한다.

명의신탁증여의제조항은 1981년 조세회피목적이 없음을 입증하면 그 적용이 배제되는 증여의제조항으로 도입되었다(구상속세법 제32조의 2)[150]가 1996년 증여추정조항으로 변경되었다(구 상증세법 제43조).[151] 다시 1998년 증여의제조항으로 회귀하였다(구 상증세법 제41조의 2).[152] 96년부터 짧은 2년간은 법문상으로는 일반적인 조세회피방지를 목적으로 한 것이었지만 실제는 증여세회피방지조항으로 기능하였다. 일반적인 조세회피방지규정으로 작용할 때에는 실질귀속원칙을 지키기 위한 하위규정적인 성격을 지니고 있었던 반면, 그 2년간은 재산취득자금 출처입증에 관해 입증책임을 명의수탁자에게 지우는 성격을 가지고 있었다.

---

147) 최초 등기 등을 하였다가 협의분할에 의한 경정등기 등을 상속세신고기한 내에 하고 상속세 신고한 경우 등을 말한다(재재산 46014-308, 2001.12.28).

148) 상속회복청구의 소에 의한 법원의 확정판결에 의해 변동이 있는 경우 등(상증세법시행령 제24조 제2항).

149) 헌재는 실질과세원칙의 예외로서 납세자에게 큰 부담이 될 수 있는 명의신탁증여의제규정은 조세회피목적이 없음이 명백한 경우에는 증여로 보지 않는다고 해석하는 한 합헌으로 본다는 한정합헌의 결정을 하였다. 대법원 2017. 4. 7. 선고 2012두13207 판결 참조

150) 상속세법 제32조의 2 제1항 단서 위헌소원 1998.4.30. 96헌바87, 97헌바5·29(병합) 전원재판부, 상속세법 제32조의 2의 위헌 여부에 관한 헌법소원(1989.7.21. 89헌마38 전원재판부).

151) 상증세법 제43조의 위헌소원 2004.11.25. 2002헌바66 전원재판부.

152) 2004헌바40, 2005헌바24(병합) 구 상속세 및 증여세법 제41조의 2 제1항 위헌소원, 2012.5.31. 2009헌바170·172, 2010헌바22·68·118·218·340·410, 2012헌바36·96(병합), 2012.8.23. 2012헌바173.

명의자가 영리법인인 경우에는 실제소유자(영리법인은 제외한다)가 증여세를 납부하여야 한다.

2019년 명의신탁으로 소유권을 취득하는 분부터 명의신탁증여의제에 의한 증여세의 납세의무자는 명의자가 아닌 실제소유자가 된다(상증세법 제4조의 2). 이에 따라 그간 실제소유자의 연대납세의무는 폐지되었다. 명의자는 명의신탁재산에 대한 물적 납세의무를 지게 된다. 이는 실제소유자의 다른 재산에 대해 체납처분을 하여도 징수금액에 미치지 못하는 경우에 성립한다.

증여의제의 요건은 다음과 같다(상증세법 제45조의 2).

첫째, 토지와 건물을 제외한 재산으로서 권리의 이전이나 그 행사에 등기 등을 요하는 것[153]의 실제 소유자와 명의자가 달라야 한다.[154] 민사법상 부동산의 명의신탁은 원칙적으로 무효이다.[155] 실제 소유자와 명의자가 다른 경우를 상증세법상으로는 명의신탁이라고 규정하고 있다. 법문상 명의신탁의 의사를 요하지 않는다. 국세기본법상 실질과세원칙을 적용하여 명의자가 실질적인 소유주가 아님이 과세관청에 의하여 입증된 경우에는 자동적으로 명의신탁 증여의제규정의 적용요건 중 이 부분을 충족하게 되는 것이다.

매매 등으로 주식소유권을 취득한 실제소유자가 명의개서 하지 아니하였지만 종전 소유자인 양도자가 양도소득세 또는 증권거래세 신고를 한 경우에는 예외를 인정한다. 그리고 명의신탁 주식을 상속받은 실제소유자(상속인)가 상속에 따른 명의개서를 하지 않았으나, 상속세 신고하는 경우에도 예외를 인정한다. 다만, 경정 등이 있을 것을 알고 신고하는 경우는 제외된다.

법원은 주식이 명의신탁되어 명의수탁자 앞으로 명의개서가 된 후 명의신탁자가 사망하여 주식이 상속된 경우, 명의개서해태 증여의제 규정의 적용 대상이 아니라고 보고 있다.[157]

주주명부 등이 작성되지 않은 경우에는 납세지 관할세무서장에게 제출한 주주등에 관한 서류 및 주식등변동상황명세서에 의하여 명의개서 여부를 판정한다. 주식 등의 증여세 또는 양도소득세 등의 과세표준신고서 상 소유권이전일 등을 증여일로 한다(상증세법 제45조의 2 제4항).[158]

---

153) 기명식 전환사채도 이에 해당한다(대법원 2019. 9. 10 선고 2016두1165 판결). 기명식 전환사채는 그 이전에 관하여 사채원부의 명의개서가 대항요건으로 되어 있다(상법 제479조 참조).

154) 부부의 일방이 혼인 중 단독 명의로 취득한 부동산은 그 명의자의 특유재산으로 추정된다. 혼인 중 부부의 일방 명의로 취득되어 그의 특유재산으로 추정되는 부동산을 다른 일방이 형식적인 재판절차를 통하여 명의신탁해지를 원인으로 한 소유권이전등기를 경료받았다고 한다면, 그 특유재산의 추정을 번복할 만한 주장·입증이 없는 이상, 그 등기 시에 명의신탁해지의 형식을 빌려 부부 사이에 당해 부동산의 증여가 이루어진 것으로 보아야 한다(대법원 1998.12.22. 선고 98두15177 판결).

155) 부동산 실권리자 명의등기에 관한 법률 제3조 (실권리자명의등기의무 등) ① 누구든지 부동산에 관한 물권을 명의신탁약정에 의하여 명의수탁자의 명의로 등기하여서는 아니 된다.
제4조 (명의신탁약정의 효력) ① 명의신탁약정은 무효로 한다.

157) 기존의 명의수탁자는 당초 명의개서일에 이미 명의신탁 증여의제 규정의 적용 대상이 될 뿐만 아니라, 명의신탁된 주식에 관하여 상속으로 인하여 상속인과 사이에 법적으로 명의신탁관계가 자동 승계되는 것을 넘어 그와 같은 법률관계를 형성하기 위하여 어떠한 새로운 행위를 한 것이 아니며, 명의수탁자 스스로 상속인의 명의개서를 강제할 수 있는 마땅한 수단이 없고, 주식 양도인의 경우와 같은 증여의제 배제 규정도 마련되어 있지 않다. 명의수탁자가 다시 증여세 과세 대상이 된다고 보는 것은 지나치게 가혹할 뿐만 아니라 자기책임의 원칙에 반하여 부당하다(대법원 2017. 1. 12. 선고 2014두43653 판결).

158) 명의신탁재산의 증여의제규정을 적용하기 위해서는 수탁자가 주주명부에 주주로 기재되는 것이 요구된다. 주주명부 또는 사원명부가 작성되지 아니한 경우에는 납세지 관할세무서장에게 제출한 주주 등에 관한 서류 및 주식등변동상황명세서에 의하여 명의개서 여부를 판정한다(상증세법 제45조의 2 제3항). 주식등변동상황명세서 등을 제출하였고, 이에 따라 명의개서

둘째, 조세회피의 목적 없는 경우가 아니어야 한다.[159] 국세기본법상 실질과세원칙은 그 적용요건으로 조세회피를 요소로 하지 않는다. 동 원칙에 의하여 명의자가 실질소유자가 아닌 것으로 밝혀진 경우라도 실질소유자가 조세회피의 목적이 없었음을 입증한 경우에는 명의신탁증여의제규정이 적용되지 않는다. 이는 타인의 명의로 재산의 등기 등을 한 경우 조세회피의 목적이 있는 것으로 추정한다는 조항에 의해 뒷받침된다(상증세법 제45조의 2 제3항).[160]

많은 경우 조세 이외의 목적(규제회피 또는 재산은폐의 목적[161])이 주된 동기가 되어 타인의 명의를 빌리게 되는데 그것이 비록 적법한 것은 아니더라도 사업상의 이유로서 인정된다. 그러나 과세관청의 실무상으로는 조세절약의 결과가 있으면 조세회피의 목적이 있었던 것으로 인정되고 있으며 법원도 대체로 동의하고 있다.[162] 그리고 법원은 명의신탁증여의제규정을 적용할 때 다른 주된 목적과 아울러 조세회피의 의도도 있었다고 인정되면 조세회피목적이 없다고 할 수 없다고 한다.[163]

실무상 조사시점까지 조세절약의 결과[164]가 없었지만 향후 조세절약의 가능성이 있으면 납세자가 조세회피의 목적이 없었음을 입증하는 것이 용이하지 않다.[165]

증여의제과세요건인 '조세회피목적' 중 '조세'는 증여세에 한정되는 것이 아니다.[166]

타인의 명의를 도용한 경우도 적지 않은데 이 경우 법문언상으로만 보면 도용한 자가 조세회피의 목적이 없었음을 입증하지 못하는 때에는 도용당한 자가 증여세를 부담하게 된다.[167]

여부가 판정되었다면, 그 제출일에 명의신탁 증여의제 요건이 완성되었다고 보게 된다(대법원 2018. 6. 28. 선고 2018두 36172 판결).

159) 주식발행법인이 10년간 배당을 하지 않았고, 명의신탁자가 어차피 과점주주가 될 수 없다면, 조세회피목적이 없다고 보는 것이 타당하다고 한 서울행정법원 2003.11.14. 선고 구합200319401판결 참조.

160) 조세회피 목적으로 그 규제의 대상을 설정하면서 1998년 추정조항을 의제조항으로 변경하였다. 조세회피목적이 있으면 증여의제한다는 조항에서 조세회피목적을 추정하도록 하는 것은 논리적으로 납득하기 어려운 부분이다.

161) 주식의 명의신탁이 상법상 요구되는 발기인 수의 충족 등을 위한 것으로서, 단지 장래 조세경감의 결과가 발생할 수 있는 가능성이 존재할 수 있다는 막연한 사정만이 있는 경우, 위 명의신탁에… '조세회피목적'이 있었다고 볼 수 없다(2006.5.12. 선고 2004두7733 판결[증여세부과처분취소]).

162) 법원은 명의신탁된 주식에 대한 무상증자로 추가로 명의신탁된 주식에 대해서는 명의신탁증여의제규정을 적용하지 않고 있다(대법원 2011.7.14. 선고 2009두21352 판결).

163) 2009.4.9. 선고 2007두19331 판결. 1인당 주식담보 대출한도를 피하여 타인 명의로 추가 대출을 받기 위한 목적으로 주식을 명의신탁한 사안에서 명의신탁으로 회피된 종합소득세액이 상당한 액수에 달한 경우 조세회피목적도 있었다고 본 사례이다.

164) 조세차질의 규모가 25만원에 불과함에도 8억6천만원의 증여의제세를 부과한 처분이 적법하다고 판단한 대법원 2004.12.23. 선고 2003두13469판결 참조

165) 조세회피의 목적이 없었다는 점에 대하여는 조세회피의 목적이 아닌 다른 목적이 있었음을 증명하는 등의 방법으로 입증할 수 있다 할 것이다. 증명책임을 부담하는 명의자로서는 명의신탁에 조세회피와 상관없는 뚜렷한 목적이 있었고, 명의신탁 당시에나 장래에 있어 회피될 조세가 없었다는 점을 객관적이고 납득할 만한 증거자료에 의하여 통상인이라면 의심을 가지지 않을 정도의 입증을 하여야 한다(대법원 2014.01.16. 선고 2013두16982 판결, 대법원 2013. 3. 28. 선고 2010두24968 판결 등 참조).

166) 2006.5.12. 2004두7733판결

167) 법원은 명의도용이 입증된 경우에는 명의신탁의제규정을 적용하지 않는 판결을 내놓고 있다(대법원 1987.2.10. 선고 85누 955, 956, 957, 958 판결 등). 실질소유자와 명의자가 합의 또는 의사소통을 하여 명의자 앞으로 등기 등을 한 경우에 적용되는 것이므로 명의자의 의사와 관계없이 일방적으로 명의자의 명의를 사용하여 등기 등을 한 경우에는 적용될 수 없으며, 이 경우 과세관청이 실질소유자가 명의자와 다르다는 점만을 입증하면 되고 그 명의자의 등기 등이 명의자의 의사와

2018년 개정 이전의 상증세법상 명의신탁증여의제의 경우 증여자가 연대납세의무를 부담하게 되므로 명의도용자도 증여세 납세의무에서 벗어날 수는 없다.[168]

명의신탁행위는 조세포탈죄를 구성할 수 있다. 명의신탁자의 조세를 회피하는 것 자체에 대해서는 조세회피로 보아 증여의제 과세하는 규제를 하고 있다. 명의수탁자가 명의신탁자가 증여하고자 하는 자와 매매계약을 체결하는 방법으로 그에게 명의신탁된 주식의 명의를 이전하는 것은 증여세의 포탈에 해당할 것이다.[169]

셋째, 그 명의자로 등기등을 한 날(그 재산이 명의개서를 하여야 하는 재산인 경우에는 소유권취득일이 속하는 해의 다음 해 말일의 다음 날을 말한다[170])에 증여의제에 의한 증여재산이 발생한 것으로 본다. 그런데 명의개서 등의 행위는 새로이 있었지만 그 새로이 명의신탁자의 명의로 개서된 주식이 과거 명의신탁자의 명의로 되어 있던 재산과 경제적 특성상 동일한 재산에 해당할 경우 새로운 명의신탁 증여의제 재산이 발생한 것으로 볼 것인가? 이는 명의신탁된 주식의 발행법인이 회사법적인 조직변경에 의해 다른 법인이 되어 있을 때(합병[171], 포괄적 주식교환 등)와 주식의 자본전입에 의한 무상주 배정의 경우 문제될 수 있다. 법원은 전자의 경우 포괄적 주식교환도 유상양도에 해당하므로 종전주식의 대체물이나 변형물이라고 할 수 없고 명의수탁자가 새로이 배정받은 신주에 관하여도 명의신탁관계를 유지하려는 의사를 가졌다고 봄이 합리적이라 하여 다시 증여세 과세를 하여야 한다고 보고 있다.[172] 후자에 대해서는 기존의 명의신탁 주식 외에 이익잉여금의 자본전입에 따라 기존의 명의수탁자에게 그 보유주식에 비례하여 배정된 무상주는 증여의제 규정의 적용대상이 아니라는 판단을 하고 있다.[173] 그 발행법인의 순자산이나 이익 및 실제주주의 그에 대한 지분비율에는 변화가 없으므로 실제

는 관계없이 실질소유자의 일방적인 행위로 이루어졌다는 입증은 이를 주장하는 명의자가 하여야 한다(대법원 2008.2.14. 선고 2007두15780 판결). 조세심판원도 명의도용의 경우 명의신탁증여의제규정을 적용하지 않고 있으나 그 적용배제를 위해서는 명의도용의 입증책임을 청구인에게 부여하고 있다(조심 2009중3627(2010.3.12) 등). 이는 명의를 도용당한 자에 대한 과세의 관점에서는 타당한 점이 있지만, 명의도용자에 대한 제재의 관점에서 보면 명의도용자에 대해서는 벌칙을 부과하지 않고 타인으로부터 허락을 받아 명의를 차용한 자에 대해서는 벌칙을 부과하는 격이므로 형평에 맞지 않는다. 명의를 차용하든 도용하든 조세회피목적이 있는 자에 대해서만 벌칙을 부과하는 방향으로 입법이 개선되어야 할 부분이다.

168) 증여자가 타인의 명의를 도용하여 실권주를 인수한 것이 피도용자에 대한 증여에 해당한다는 이유로 피도용자에게 증여세가 부과되자 증여자가 그 증여세를 대신 납부한 경우, 증여의 의사로 그 증여세 상당액을 증여한 것으로 보기 어렵다(대법원 2004.7.8. 선고 2002두11288 판결).

169) 대법원 2011.6.30. 선고 2010도10968 판결.

170) 2002.12.18. 개정으로 삽입(구 상증세법 제41조의 2). 당사자간 소유권 변경이 있었음에도, 장기간 명의개서가 되지 않는 경우, 과세관청이 그 사실을 알기 어렵게 되는 상황이 되는데, 그런 상황이 지속되는 것을 방지하기 위해, 장기간 명의개서를 하지 아니하는 것의 실질이 명의를 신탁한 경우와 같으므로 이를 명의신탁으로 의제하여 과세강화하기 위함이다. 따라서 "그 재산이 명의개서를 하여야 하는 재산인 경우"라 함은, 당사자간 소유권 변경이 있었음에도 명의개서를 하지 않은 주식을 말한다. 법인세 과세상으로, 신고시 제출하도록 한 '주식이동상황명세서'를 반드시 명의개서를 하지 않아도 명세서에 기입만 하면 되도록 그 작성요건을 2001년 완화하였다. 과세목적상 당사자간 소유권 변경이 명의개서를 하지 않고서도 있었던 것으로 인정하는 것이 되었다. 이에 따른 부작용으로 명의개서가 오랫동안 실제 이루어지지 않는 현상이 나타날 수 있었다. 명의신탁이 과세실무상 문제되는 것은, 명의개서 또는 주식이동상황명세서상 명의변경시이다. 이 경우 괄호 안의 규정이 적용될 여지는 없다.

171) 대법원 2011.2.10. 선고 2008두2330판결은 피합병회사의 주주가 얻는 소득에 관한 사안이었지만 합병신주는 합병구주의 대체물에 불과하다는 판단을 하고 있다.

172) 대법원2013두5791, 2013.08.23

173) 대법원2009두21352, 2011.07.14

주주가 그 무상주에 대하여 자신의 명의로 명의개서를 하지 아니하였다고 해서 기존 주식의 명의신탁에 의한 조세회피의 목적 외에 추가적인 조세회피의 목적이 있다고 할 수 없는 점 때문이라고 한다.

더 나아가 대법원은 명의신탁한 상장주식을 매도하여 취득한 대금으로 다시 명의수탁자의 명의로 다른 상장주식을 매입한 경우 다시 매입한 상장주식도 명의신탁 증여의제과세대상인지에 대해서 과세를 배제하는 판단을 하고 있다.[174]

최초로 증여의제 대상이 되어 과세되었거나 과세될 수 있는 합병구주의 명의수탁자에게 흡수합병에 따라 배정된 합병신주에 대하여 다시 증여의제로 증여세를 과세할 수 없다.[175]

나. 일감몰아주기와 일감떼어주기로 받은 이익의 증여의제

2012년 개시하는 사업연도 거래분부터 특수관계 법인 간 일감 몰아주기에 따른 이익에 대해 증여로 의제하여 증여세를 과세한다(상증세법 제45조의 3). 여기서 특수관계법인은 일감을 받은 법인의 지배주주와 그 특수관계인이 30% 이상 출자하여 지배하고 있는 법인 등을 말한다. 일감을 받은 법인(수혜법인)의 지배주주와 그 친족으로서 수혜법인의 지분(간접소유지분 포함)을 3% 이상 보유한 대주주(개인)가 과세대상자가 된다. 수혜법인의 사업연도별 매출거래 중 특수관계법인과의 거래비율이 정상거래비율[176]의 3분의 2(중소기업·중견기업은 3분의 3)를 초과하면 과세한다.

증여의제이익은 다음과 같이 계산한다. 대기업은 (세후 영업이익) × (특수관계법인거래비율 - 5%)× (주식보유비율)로 계산한다. 중견기업은 (세후 영업이익)× (특수관계법인거래비율-20%) × (주식보유비율-5%)로 계산한다. 중소기업은 (세후 영업이익) × (특수관계법인거래비율 - 50%) × (주식보유비율 - 10%)로 계산한다.

수혜법인의 각 사업연도 말을 증여의 시기로 본다. 증여세 과세 후, 주식을 양도 시 증여세로 과세된 부분은 과세에서 제외한다.

2016년부터 지배주주와 특수관계에 있는 법인으로부터 사업기회를 제공받은 경우에 그 제공받은 사업기회로 인하여 발생한 수혜법인의 이익에 지배주주 등의 주식보유비율을 고려하여 계산한 금액 상당액을 지배주주 등이 증여받은 것으로 보아 과세한다. 과세대상 사업기회제공 방법은 대통령령으로 규정한다(상증세법 제45조의 4). 수혜법인의 지배주주와 그 친족에 대해 과세한다. 수혜법인이란 지배주주와 그 친족의 주식보유 비율(간접보유비율 포함)이 30% 이상인 법인을 말한다. 시혜법인이란 수혜법인의 지배주주와 특수관계있는 법인을 말한다. 수혜법인의 주식보유비율이 50% 이상인 특수관계법인은 시혜법인에서 제외된다.

증여의제이익은 수혜법인의 3년간 영업이익에 지배주주 등의 지분율을 곱하여 계산한 금액으로 하되, 법인세의 이중과세는 조정한다. 증여의제이익을 일시 과세하되, 3년 후 실제 손익을

---

174) 대법원 2017. 4. 13. 선고 2012두5848 판결
175) 대법원 2019. 1. 31 선고 2016두30644 판결
176) 대기업, 중견기업 및 중소기업별로 차등설정되어 있다.

반영하여 증여세를 재계산한다.

일감몰아주기 또는 일감떼어주기는 문리적으로만 보면, '기여'에 의한 '재산가치증가'에 해당할 수 있다. 문제는 인과관계이다. 이러한 문제를 감안하여 상증세법은 이를 '의제'로 규정하고 있는 것이다. 그렇다면, 일감몰아주기 또는 일감떼어주기에 대한 증여세 과세규정의 시행 전의 동일 사안에 대해서는 기여에 의한 재산가치증가라고 하면서 증여세를 과세하여서는 곤란할 것이다. 이제는 "기여에 의한 증여"라는 말도 사라지고 없다.

다. 특정법인과의 거래에 의한 이익의 증여의제

결손금이 있는 법인, 휴업·폐업 상태인 법인 또는 지배주주와 그 지배주주의 친족의 주식보유비율이 100분의 30 이상인 법인("특정법인")의 주주등의 특수관계인이 그 특정법인과 다음의 거래를 하는 경우 그 거래일에 그 특정법인의 주주등이 이익을 각각 증여받은 것으로 본다(상증세법 제45조의 5). 이 규정에 의하여 산출한 증여세액이 지배주주등이 직접 증여받은 경우의 증여세 상당액에서 특정법인이 부담한 법인세 상당액을 차감한 금액을 초과하는 경우 그 초과액은 없는 것으로 본다.

> 1. 재산이나 용역을 무상으로 제공받는 것
> 2. 재산이나 용역을 통상적인 거래 관행에 비추어 볼 때 현저히 낮은 대가로 양도·제공하는 것
> 3. 재산이나 용역을 통상적인 거래 관행에 비추어 볼 때 현저히 높은 대가로 양도·제공받는 것
> 4. 그 밖에 제1호 및 제2호의 거래와 유사한 거래로서 대통령령으로 정하는 거래

2. 증여추정

완전포괄의 증여개념을 적용하기 위해서는 이론상 사인 간 무상이전의 거래상황을 과세관청이 전반적으로 파악하고 있어야 한다. 우리나라에서 증여세는 부과과세방식으로 운영되고 있기 때문에 사인 간 무상이전의 거래상황을 과세관청이 전반적으로 파악하고 있어야 한다. 참고로 미국의 경우 소득세과세상 소득의 개념과 증여세과세상 증여의 개념은 다소 방식이 다르지만 모두 포괄적으로 설정되어 있다. 그리고 소득세 및 증여세는 신고납세방식으로 운영되고 있다. 우리의 경우 부과과세방식의 증여세는 완전포괄증여의 개념을 사용하고 있고 신고납세방식의 소득세는 열거주의 과세방식을 사용하고 있다. 과세관청으로서는 소송상 사실상의 추정 내지 일응의 입증과 동일한 효과를 주는 규정을 많이 두는 것이 절실한 처지에 있다. 실제 상증세법에는 2개의 증여추정 조항이 있을 뿐이다.

가. 배우자 등에 대한 양도의 증여추정

배우자 또는 직계존비속에게 재산을 양도할 경우 그것을 증여로 추정한다(상증세법 제44조 제1항). 양수받은 배우자가 취득자금을 소명하면 증여가 없었던 것으로 인정된다. 이 추정조항

을 우회하기 위해 중간에 특수관계인을 개입시켜 종국적으로 배우자 또는 직계존비속에게 양도한 경우에는 그 우회기간이 3년 이내라면 배우자 또는 직계존비속이 증여받은 것으로 추정한다. 납세자는 반증할 수 있다(상증세법 제44조 제2항). 후자의 경우 두 개의 우회거래에 의한 양도소득세가 추정된 증여로 인한 증여세보다 클 경우에는 당초의 거래구조를 인정한다. 이 때 비교대상이 되는 증여세는 양수자가 그 재산을 양도한 당시의 재산가액을 당초 그 배우자 등이 증여한 것으로 보아 계산한다. 두 경우 모두 배우자 등에게 증여세가 부과된 경우에는 소득세를 과세하지 않는다.[177] 이 규정은 전형적인 조세회피방지규정 중의 하나인 국세기본법상 단계거래원칙을 보다 강화한 것이다.

상증세법 제44조 제2항이 적용되지 않는다면 단계거래원칙상 배우자와 직계존비속에 대한 양도만으로는 바로 증여받은 것으로 추정되지는 않으므로 관할세무서장이 '증여세를 부당하게 감소시킨 것'임을 입증하여야 한다. 그러한 입증이 이루어지면 직접 거래한 것으로 간주하게 된다.

한편 증여추정의 효력을 주고 있는 상증세법 제44조 제2항이 적용된다면 배우자 및 직계존비속이 자신의 자력으로 양수하였음을 입증하여야 한다. 상증세법은 이를 위한 입증의 방법을 예시하고 있다(상증세법 제44조 제3항 제5호). 상증세법 제44조 제3항은 그 규정상 요건을 충족하는 경우 아예 제2항의 규정에 의한 추정을 하지 않는 것처럼 규정하고 있지만 입증방법의 예시로 이해하여야 한다. 이에 따라 제5호의 위임을 받아 상증세법시행령이 규정하고 있는 방법 이외의 방법으로도 입증이 가능하다. 예를 들면, 금융기관으로부터의 차입금도 입증의 수단이 될 수 있을 것이다.

참고로 소득세법은 증여를 양도로 간주하는 규정을 두고 있다(소득세법 제101조 제2항). 개인이 특수관계인에게 자산을 증여한 후 그 자산을 증여받은 자가 그 증여일부터 5년 이내에 다시 이를 타인에게 양도한 경우로서 수증자가 납부한 증여세 및 양도소득세의 합계액이 증여자가 직접 양도한 경우로 보아 계산한 양도소득세보다 적은 경우에는 증여자가 그 자산을 직접 양도한 것으로 본다. 다만, 이 경우에도 양도소득이 해당 수증자에게 실질적으로 귀속된 경우에는 증여자가 직접 양도한 것으로 보지 않는다(소득세법 제101조 제2항). 이 조항도 단계거래원칙을 발전시키고 있는 것이다.

상증세법 제44조 제2항의 추정규정은 단계거래원칙 적용상 '부당하게 감소'의 혐의가 있는 특정 유형의 거래에 대해 납세자에게 그것의 반대사실에 대한 입증책임을 부여하는 특칙을 둠으로써 조세회피방지 효과를 제고하는 기능을 수행한다.

나. 재산취득자금 등의 증여추정

과세관청에 매우 효과적인 수단이 되는 규정으로서 재산취득자금 등의 증여추정조항이 있다(상증세법 제45조).[178] 일반적으로 증여는 개념상 증여자의 존재를 전제로 한다. 그런데 일반인

---

177) 헌법재판소 2003.7.24. 2000헌바28을 반영한 것이다.

178) 증여를 추정하기 위해서는 수증자에게 일정한 직업이나 소득이 없다는 점 외에도 증여자에게 재산을 증여할 만한 재력이 있다는 점을 과세관청이 입증하여야 할 것이다(대법원 2004.4.16. 선고 2003두10732 판결). 특별한 직업이나 재산도 없는 사람이 당해 재산의 취득자금 출처에 관하여 납득할 만한 입증을 하지 못하고 그 직계존속에게 증여할 만한 재력이 있는 경우, 재산을 그 재력 있는 자로부터 증여받았다고 추정한다(대법원 1992.7.10. 선고 92누3199 판결, 대법원

의 상식으로 그 자금출처를 짐작할 수 없을 만큼 특정인이 고액의 자산을 취득한 사실이 있을 경우 우리 상증세법은 그것을 증여받은 것으로 추정하는 규정을 두고 있는 것이다. 추정의 대상은 취득한 자산의 증여 또는 그 자산 취득자금의 증여이다(상증세법 제45조 제1항).

상증세법 제45조 제1항은 "…로서 대통령령으로 정하는 경우에는 그 재산을 취득한 때에 그 재산의 취득자금을 그 재산의 취득자가 증여받은 것으로 추정하여 이를 그 재산취득자의 증여재산가액으로 한다."고 규정하고 있다. 한편, 상증세법 제45조 제3항은 취득자금 또는 상환자금이 직업, 연령, 소득, 재산 상태 등을 고려하여 대통령령으로 정하는 금액 이하인 경우인 경우에는 제1항의 규정을 적용하지 않는다고 규정하고 있다.

상증세법 및 상증세법시행령의 위임에 따라(상증세법 제45조 제3항, 동법시행령 제34조 제2항) 국세청장은 그 훈령(상속세및증여세사무처리규정)으로 재산취득일 전 또는 채무상환일 전 10년 이내에 당해 재산취득자금 및 상환가액이 5천만원 미만인 경우에는 증여추정 규정을 적용하지 않도록 하고 있다(상속세및증여세사무처리규정 제38조).

판례상 상속세및증여세사무처리규정의 종전 규정에 해당하는 재산제세사무처리규정의 일부 조항은 상위법규의 위임에 따른 것으로서 그 상위 규정의 내용을 보충하는 것은 법규성이 인정된다. 상속세및증여세사무처리규정 제38조의 규정도 상위 법규정의 위임에 따른 보충적인 것이기 때문에 법규성이 인정될 수 있다.[179] 그렇다면, 위 배제기준에 미치지 못하는 금액은 증여추정규정을 적용받지 않으므로 증여세과세에서 완전히 배제되는가? 세무서장이 타인으로부터 취득·상환 자금을 증여받은 사실을 객관적으로 입증한 경우에는 증여세를 과세할 수 있다. 이는 상증세법 제45조의 규정은 "직업·연령·소득 및 재산상태 등으로 보아 재산을 자력으로 취득하였다고 인정하기 어려운 경우 또는 채무를 자력으로 상환하였다고 보기 어려운 경우"에 한정하여 적용되는 것이므로 세무서장이 증여사실을 달리 입증하는 경우에는 관련 규정에 의해 증여세를 부과할 수 있을 것이기 때문이다.

상증세법 제45조 제1항의 문언에 의한다면 국세청장으로부터 재산취득자금에 대해 확인요청을 받은 자는 어느 누구로부터도 증여받지 않았음을 입증하여야 한다. 현실적으로 납세자는 증여 이외의 경로를 통해[180] 조달한 자금으로 취득하였다는 간접적인 방법으로 입증하게 된다. 이에 대해 대법원은 증여의 개념이 본질적으로 증여자의 존재를 전제하고 있다고 하면서 재산취득자의 직계존속이나 배우자 등에게 재산을 증여할 만한 재력이 있다는 점에 관한 과세관청의 입증책임이 있다고 판단하고 있다.[181]

1996.5.10. 선고 96누1900 판결). 취득자금의 증여를 추정하고 이어 재산의 증여를 추정하는 것이다. 이에 따라 재산취득자금증여추정을 번복하기 위해서는 증여받은 것으로 추정되는 자금과는 별도로 재산취득자금의 출처를 밝히고 이와 아울러 그 자금이 당해 재산의 재산취득자금으로 사용되었다는 점에 대한 입증까지 필요하다(서울행법 1999.12.24. 선고 99구12860 판결: 항소). 가정주부가 특별한 재산이 없거나 가사 일정한 수입이 있었다고 하더라도 그 소득의 정도가 자신의 명의로 취득된 각 부동산의 가치에 상당한 정도에 미달하여 그 소득이나 재력만으로는 위 각 부동산을 자신의 힘으로 마련하였다고 보기 어려운 반면, 자신의 남편은 위와 같은 자금을 대주기에 충분한 소득과 자력을 갖추었다고 인정된다고 하여 그 출처가 밝혀지지 아니한 자금 부분은 남편으로부터 증여받은 것으로 추정함이 상당하다고 한 사례가 있다(대법원 1998.6.12. 선고 97누7707 판결).

179) 대법원 1987.9.29, 86누484.

180) 자금을 차입하였다든지 임금을 받았다든지.

일반인은 타인의 직업, 연령, 소득 및 재산상태에 대한 정보를 가지고 있다면 그가 취득한 재산이 증여받은 것인지를 판단할 수 있을 것이다. 과세관청은 개개인의 정보를 가지고 있으므로 이러한 판단을 할 수 있다. 관할세무서장이 증여의 소지가 있는 자에게 취득자금의 출처를 밝히라고 요청할 수 있게 하고 있다. 그러나 이도 모든 재산의 취득에 대해 할 경우 불필요한 사회적 비용만 초래할 것이므로 일정한 규모 이하의 재산의 취득에 대해서는 아예 소명조차도 하지 않도록 규정하고 있다.

소명하지 못한 금액이 있을 때에는 취득재산 가액 전액의 증여를 추정한다. 다만, 실제 납세자가 소명하지 못한 액수가 취득재산가액의 100분의 20에 상당하는 금액과 2억 원 중 적은 금액에 미달하는 경우에는 그와 같이 추정하지 않는다.

증여추정 대상이 재산 취득자금 자체라고 볼 경우에는 위 금액 한도는 의미가 없게 된다.[182) 이 경우 소명한 금액에 대해서는 증여추정을 하지 않게 된다.

<자금출처로 인정되는 경우의 예시>

구분	자금출처로 인정되는 금액	증빙서류
근로소득	총급여액 - 원천징수세액	원천징수영수증
퇴직소득	총지급액 - 원천징수세액	원천징수영수증
사업소득	소득금액 - 소득세상당액	소득세신고서 사본
이자, 배당, 기타소득	총급여액 - 원천징수세액	원천징수영수증
차입금	차입금액	부채증명서
임대보증금	보증금 또는 전세금	임대차계약서
보유재산 처분액	처분가액 - 양도소득세 등	매매계약서

제4절 조세채무의 성립·확정

증여세의 납세의무는 증여에 의하여 재산을 취득하는 때에 성립한다(국세기본법 제21조 제1항 제3호). 증여세 납세의무는 관할세무서장의 결정고지에 의하여 확정된다(상증세법 제76조 제1항).

증여세납세의무가 있는 자는 증여일이 속하는 달의 말일부터 3월 이내에 증여세의 과세가액 및 과세표준을 관할세무서장에게 신고하여야 한다. 제때 신고하면 10%의 세액공제가 주어진다. 증여세의 신고로 증여세납세의무가 확정되는 것은 아니다.

세무서장은 수증자의 신고를 받아 그것을 검토한 후 과세표준과 세액을 결정한다. 다만, 신고를 하지 않았거나 신고에 탈루 등이 있는 경우에는 조사하여 결정한다. 신고기한부터 3월 이내 결정하여야 한다. 이 기간 이내 결정 못 하는 경우에는 별도로 납세자에게 그 이유를 통보

---

181) 대법원 2010.7.22. 2008두20598. 이 판결에서 대법원은 설사 완전포괄주의 증여개념이 도입되어 재산취득자금의 증여 추정에 관한 조항에서 '다른 자로부터'라는 문구가 삭제되었다 하더라도 증여자의 존재에 관한 입증책임을 과세관청이 부담한다고 밝히고 있다.

182) 상증세법기본통칙 45 - 34…1

하여야 한다. 세무서장은 결정한 과세표준과 세액을 수증자에게 통지하여야 한다.

수증자의 증여세 신고의 대상은 증여세 과세표준과 세액이다. 이 때 신고한 증여의 사실 중 비록 증여자와 증여의 원인을 사실과 다르게 신고하였다 하더라도 이로써 증여세의 신고가 없었던 것으로 볼 수는 없다.[183]

부동산을 무상으로 사용하거나 무상으로 담보로 이용하여 이익을 얻은 경우에 대하여 그 무상 사용을 개시한 날 또는 담보 이용을 개시한 날을 각각 증여일로 한다(상증세법 제37조). 부동산 무상사용에 따른 증여과세를 받았는데 그 후 사정변경이 있어 사용하지 않게 된 경우 사유발생일부터 3월 이내 경정을 청구할 수 있다(상증세법 제79조 제2항). 경정청구사유로서는 부동산소유자가 토지를 양도한 경우, 부동산소유자가 사망한 경우 및 그와 유사한 사유로서 부동산무상사용자가 당해 부동산을 무상으로 사용하지 아니하게 되는 경우이다(상증세법시행령 제81조 제6항).

증자에 따른 이익의 증여일은 주식대금 납입일 등을 증여일로 하며(상증세법 제39조), 감자에 따른 이익의 증여일은 감자를 위한 주주총회결의일로 한다(상증세법 제39조의 2).

제5절 과세표준 및 세액의 계산

증여세의 과세표준은 증여세과세가액에서 증여재산공제, 재해손실공제 및 감정평가수수료를 차감한 금액으로 한다.

제1항 증여세과세가액

1. 개요

2013년 신설된 상증세법 제31조는 증여재산가액 산정의 일반원칙으로서 다음을 규정하고 있다. 우선 재산의 무상이전의 경우에는 무상이전되는 재산의 가액으로 하고, 재산의 유상이전의 경우에는 시가와 대가와의 차액으로 하며, 재산가치 증가의 경우에는 재산의 평가차액으로 한다. 새로운 유형의 증여행위로서 정상적인 거래로 볼 수 없는 행위 등으로 인해 이전된 이익은 3억 원 이상일 경우 과세한다. 다만, 특수관계인이 아닌 자 간의 거래로서 거래관행상 정당한 사유가 있으면 과세에서 제외한다.

2015년 개정된 상증세법 제31조에 의할 때 증여재산가액의 계산은 다음과 같은 일반원칙에 따른다.[184]

---

183) 대법원 2019. 7. 11 선고 2017두68417 판결(甲이 乙앞으로 명의신탁하였다가 乙이 丙에게 증여하는 형식으로 주식의 명의를 변경하였고, 이에 丙이 과세관청에 乙로부터 주식을 증여받은 것을 원인으로 증여세를 신고·납부한 경우)

184) 이 규정은 구 상증세법상 개별가액산정규정이 포괄적이지 않아 증여 개념에는 포섭되지만 증여세가 과세되지 않았던 점을 보완하기 위한 목적으로 도입된 것이다(어떤 거래·행위가 구 상속세 및 증여세법 제2조 제3항 에서 정한 증여의 개념에 해당하는 경우, 같은 조 제1항 에 따라 증여세 과세가 가능하다. 그러나 개별 가액산정규정이 특정한 유형의 거래·행위

1. 재산 또는 이익을 무상으로 이전받은 경우: 증여재산의 시가 상당액
2. 재산 또는 이익을 현저히 낮은 대가를 주고 이전받거나 현저히 높은 대가를 받고 이전한 경우: 시가와 대가의 차액. 다만, 시가와 대가의 차액이 3억원 이상이거나 시가의 100분의 30 이상인 경우로 한정한다.
3. 재산 취득 후 해당 재산의 가치가 증가하는 경우: 증가사유가 발생하기 전과 후의 재산의 시가의 차액으로서 대통령령으로 정하는 방법에 따라 계산한 재산가치상승금액. 다만, 그 재산가치상승 금액이 3억원 이상이거나 해당 재산의 취득가액 등을 고려하여 대통령령으로 정하는 금액의 100분의 30 이상인 경우로 한정한다.

상증세법 제4조제1항제4호부터 제6호에 해당하는 경우와 상증세법 제45조의2부터 제45조의5에 해당하는 경우에는 해당 규정에 따라 계산한다(상증세법 제31조 제2항).

해당 증여일 전 10년 이내에 동일인(증여자가 직계존속인 경우에는 그 직계존속의 배우자를 포함한다)으로부터 받은 증여재산가액을 합친 금액이 1천만원 이상인 경우에는 그 가액을 증여세 과세가액에 가산한다(상증세법 제47조 제2항).

2. 비특수관계인으로부터 얻은 이익도 과세가액에 산입하는 규정들

가. 신탁이익의 증여

신탁의 이익은 원칙적으로 그 이익을 지급받을 때 증여세를 과세한다(상증세법 제33조 제1항). 타인에게 경제적 가치를 이전하기 위해 신탁계약을 활용할 수 있다. 타인을 신탁재산의 원본이나 그로부터의 수익을 지급받을 수 있는 수익자로 지정할 경우 실제 그 자가 원본의 이익이나 수익의 이익을 향유할 수 있을 것이기 때문이다. 신탁계약은 해지될 수 있다. 당해 신탁계약에 의해 미래 향유할 이익의 규모가 추산될 수 있는 경우라도 그 추산액 전부를 증여로 한 번에 과세하기 곤란하다. 여러 차례로 나누어 원본(元本)과 수익(收益)을 받는 경우 등의 증여재산가액 계산방법 및 그 밖에 필요한 사항은 대통령령으로 정한다. 상속재산의 경우 피상속인이 신탁의 이익을 받을 권리를 소유하고 있는 경우 당해 이익에 상당하는 가액을 상속재산에 포함한다(상증세법 제9조 제2항). 세금은 채무로서 공제된다.

나. 보험금의 증여

보험계약을 통해 타인에게 경제적 가치를 이전한 것은 증여가 된다.[185] 경제적 가치의 이전은 구

를 규율하면서 그중 일정한 거래·행위만을 증여세 과세대상으로 한정하고 과세범위도 제한적으로 규정함으로써 증여세 과세의 범위와 한계를 설정한 경우, 개별 가액산정규정에서 규율하는 거래·행위 중 증여세 과세대상이나 과세범위에서 제외된 거래·행위가 구 상속세 및 증여세법 제2조 제3항 의 증여 개념에 들어맞는다 하더라도 증여세를 과세할 수 없다(대법원 2015. 12. 23. 선고 2014두40722 판결 참조).

185) 보험계약상 지위의 이전도 증여가 된다(대법원 2016. 9. 28. 2015두53046 판결). 증여자가 수증자에게 이전한 보험계약상의 지위가 증여재산에 해당하는 경우에, 그 보험계약상 지위 자체의 시가를 곧바로 산정할 수 있는 적절한 방법이 없는 반면, 증여시점에 보험계약을 해지하거나 청약을 철회하여 지급받을 수 있는 환급금 또는 보험계약을 그대로 유지하였

체적으로는 보험료지급의 방법으로 하게 된다. 증여자가 보험료를 불입할 때 증여세를 부과하여야 하는가 아니면 수증자가 보험금을 수령할 때 증여세를 부과하여야 하는가? 상증세법은 보험사고가 발생한 때 증여세를 과세한다고 규정하고 있어 후자의 입장을 취하고 있다(상증세 법 제34조).

문제는 보험금은 불입된 보험료가 경과시간만큼의 시간가치와 보험위험의 발생 두 요소가 혼합되어 증식한 결과물인데 당해 보험금 전체를 증여재산으로 보는 것이 타당한가이다. 이에 대해서 상증세법은 "보험계약기간 안에 보험금수취인이 타인으로부터 재산을 증여받아 보험료를 불입한 경우에는 그 보험료불입액에 대한 보험금상당액에서 당해 보험료불입액을 차감한 가액을 보험금수취인의 증여재산가액으로 한다"고 규정하여 보험료를 부담한 자에 의한 증여 가액에는 보험료 이외에 그의 시간가치와 보험위험 모두 포함되어야 한다는 입장을 취하고 있 다(상증세법 제34조 제1항).186) 또한 이 규정은 단계거래원칙을 보다 구체화하는 내용을 담고 있다. 단계거래원칙은 증여세를 부당하게 감소한 것으로 인정되는 경우에 적용하도록 하고 있 는데 보험료불입액에 대해 증여세를 부담한다면 과연 그러한 요건이 충족된 것으로 볼 수 있 겠는가가 문제 될 수 있겠지만, 이에 따른 논란의 소지는 위 제1항의 규정에 의해 사라진다.

생명보험금에 대해 상속세가 부과될 경우에는 증여세를 부담하지 않는다(상증세법 제34조 제2항). 보험금은 민법상 상속재산에 포함되지 않지만 상증세법은 상속재산으로 간주하고 있다. 보험금수령자가 상속인 또는 수유자가 아닌 경우 그 자가 수령한 보험금에 대해서는 상속인 또는 수유자가 자기가 받은 재산을 한도로 상속세를 부담한다. 상속재산에 보험금만 있는데 보 험금수령자는 상속인 또는 수유자가 아닌 경우 어느 누구도 상속세를 부담하지 않는 문제가 발생한다. 보험금은 증여세로 과세되고 상속인이나 수유자가 보험금수령자인 경우에는 상속세 과세가액에 가산하도록 하는 것이 바람직할 것이다.

다. 저가양수·고가양도

특수관계자간 거래에서는 시가와 실제거래가격과의 차이가 100분의 30 이상 또는 3억원 이 상 나는 경우 저가양수·고가양도에 관한 규정이 적용되며, 증여재산가액은 시가와 실제거래가 격과의 차액에서 3억 원과 시가의 100분의 30에 상당하는 금액 중 작은 금액을 차감하여 계산 하도록 하고 있다(상증세법 제35조).

비특수관계자간 거래에서는 거래의 관행상 정당한 사유 없이 재산을 시가보다 현저히 낮은 가액으로 양수하거나 시가보다 현저히 높은 가액으로 양도한 경우로서 시가와 실제

을 때 받을 수 있는 각종 보험금 등 그 보험계약상의 지위에서 인정되는 여러 권리의 금전적 가치를 산정할 수 있고, 그 와 같은 권리들이 서로 양립할 수 없는 관계에 있다면, 특별한 사정이 없는 한 그러한 권리들의 가액 중 가장 높은 것이 증여재산의 재산적 가치에 가장 부합한다고 할 것이므로 이를 기준으로 증여세를 과세할 수 있다(대법원 2016. 10. 13. 선고 2015두51613 판결).

186) 납세의무자가 배우자로부터 돈을 교부받아 공제료를 납부한 것을 가리켜 곧바로 배우자가 공제의 공제료를 불입한 것이라고 단정하기는 어렵고, 오히려 배우자가 납세의무자에게 증여재산 공제한도 내의 금액을 증여한 것이라고 봄이 상당하다. 다만, 납세의무자가 성질상 보험에 해당하는 공제의 공제기간 안에 배우자로부터 증여받아 이를 공제의 공제료로 불입한 이상, 과 세관청은 구 상속세 및 증여세법(2007.12.31. 법률 제8828호로 개정되기 전의 것) 제34조 제1항 후문에 따라 '공제금 상 당액에서 공제료불입액을 차감한 가액'을 납세의무자에 대한 배우자의 증여재산가액으로 보고 이에 대하여 증여세를 부과 할 수 있다(서울행법 2009.1.16. 선고 2008구합37473 판결).

거래가격과의 차이가 100분의 30 이상 나는 경우 저가양수·고가양도에 관한 규정이 적용되며, 증여재산가액은 시가와 실제거래가격과의 차액에서 3억 원을 차감하여 계산하도록 하고 있다.[187)]

첫째, 시가보다 현저히 차이가 나는 가격으로 거래가 이루어져야 한다. 비특수관계인과의 거래에서는 '현저한 차이'가 있음을 요건으로 하고 있는 데 반해 특수관계인과의 거래에서는 '낮은 가액' 또는 '높은 가액'을 요건으로 하고 있다.

둘째, 거래의 관행상 정당한 사유[188)]가 없어야 한다.[189)] 납세자로서는 '정당한 사유[190)]'의 항변이 가능하다.[191)] 완전포괄의 증여개념이 '정당한 사유'의 존부와는 무관한 개념이라는 점에서

---

187) 구 상증세법에 의하면 이와 같은 차감을 인정하지 않았다.

188) 거래당사자가 객관적 교환가치를 적절히 반영하여 거래를 한다고 믿을 만한 합리적인 사유가 있거나 합리적인 경제인의 관점에서 그러한 거래조건으로 거래를 하는 것이 정상적이라고 볼 수 있는 경우(대법원 2015. 2. 12. 선고 2013두24495 판결)

189) 법원에 의하면, 재산을 고가로 양도·양수한 거래 당사자들이 그 거래가격을 객관적 교환가치가 적절하게 반영된 정상적인 가격으로 믿을 만한 합리적인 사유가 있었던 경우는 물론, 그와 같은 사유는 없더라도 양수인이 그 거래가격으로 재산을 양수하는 것이 합리적인 경제인의 관점에서 비정상적이었다고 볼 수 없는 객관적인 사유가 있었던 경우에도 법 제35조 제2항에서 말하는 '거래의 관행상 정당한 사유'가 있다고 봄이 타당하다고 한다(대법원 2013.08.23. 선고 2013두5081 판결, 대법원 2018. 3. 15. 선고 2017두61089 판결). 주식교환에 관한 사안으로서 정당한 사유가 없지 않음을 과세관청이 입증하여야 한다는 판단을 한 사건이다(대법원 2011.12.22. 선고 2011두22075 판결). 갑 주식회사와 을 주식회사 사이에 체결된 주식의 포괄적 교환계약에 따라, 갑 회사 주주 병이 갑 회사 발행주식을 을 회사에 이전하고 그 대가로 을 회사 발행주식을 교부받는데, 이에 대하여 과세관청이 교환계약에서 정한 갑 회사 발행주식과 을 회사 발행주식의 평가액이 객관적인 교환가치를 반영하였다고 볼 수 없다는 이유로 보충적 평가방법에 따라 갑 회사 발행주식 가액을 새로 산정한 다음 구 상속세 및 증여세법 제35조 제2항에 따라 병에게 증여세를 부과한 사안에서, 위 처분이 위법하다고 본 원심판단을 수긍한 사례이다. 이유는 갑 회사와 을 회사가 증권거래법령에 따라 주식 가격을 평가하였고, 외부평가기관의 적정의견을 받아 교환비율을 산정한 점, 주식교환이 법령에 따라 공정하고 투명하게 이루어진 점, 을 회사 등이 병을 비롯한 갑 회사 주주들에게 이익을 분여하여 줄 만한 사정이 없는 점, 교환계약을 전후하여 을 회사 주가가 급등하였던 점 등을 들고 있다. 서울행정법원 2011.1.27. 선고 2010구합31287판결도 참고.

190) 특수관계가 없는 자 사이의 거래에 있어서 ... '거래의 관행상 정당한 사유'가 없다는 점에 대한 증명책임도 과세관청이 부담함이 원칙이다. 과세관청으로서는 합리적인 경제인이라면 거래 당시의 상황에서 그와 같은 거래조건으로는 거래하지 않았을 것이라는 객관적인 정황 등에 관한 자료를 제출함으로써 '거래의 관행상 정당한 사유'가 없다는 점을 증명할 수 있으며, 만약 그러한 사정이 상당한 정도로 증명된 경우에는 이를 번복하기 위한 증명의 곤란성이나 공평의 관념 등에 비추어 볼 때 거래경위, 거래조건의 결정이유 등에 관한 구체적인 자료를 제출하기 용이한 납세의무자가 정상적인 거래로 보아야 할 만한 특별한 사정이 있음을 증명할 필요가 있다(대법원 2015.02.12. 선고 2013두24495 판결).

191) 과세관청 실무상 정당한 사유가 있음을 부인하기 용이하지 않다. 왜냐하면 비특수관계인 간 거래는 시장의 원리가 지배하므로 어느 일방도 상대방에게 손해 보는 거래는 하지 않으려 할 것이라는 생각이 지배하고 있기 때문이다. 비특수관계인 간 거래에서 증여가 문제 되는 단계에 이른 경우는 대부분 상증세법상 시가 산정이 개별적인 거래사정을 일일이 감안하기 곤란하여 이른바 '현저히' 차이가 나는 것처럼 보이기 때문이다. 달리 실제 '현저히' 차이가 난다면 그것은 양도자의 양도차익을 줄여 주더라도 양수자는 그만큼 미래의 양도차익이 늘어나지 않는 경우라든지 '조세를 부당하게 감소'시키고자 하는 의도가 있는 경우일 것이다. 조세를 부당하게 감소하고자 하는 의도는 '시가 양도 후 차액을 증여할 수 있는 상황'이 있었는지에 따라 간접적으로 판단할 수 있을 것이다. 이 규정을 제대로 적용하기 위해서는 과세관청이 납세자가 '조세를 부당하게 감소'시키기 위함이었음을 입증하도록 하는 것이 타당할 것이다. 거래의 상대방에 대해 부당행위계산부인규정을 적용할 수 없는 상황이어서, 거래의 '부당성'을 인정할 수 없는데, 경제적 이익을 보는 것처럼 보이는 외관을 가지고 있는 쪽이라고 해서 이쪽에서만 '부당한 거래'를 하였다고 할 수 있을까?
특수관계인에게 저가로 양도하는 것이 제3자에게 시가로 양도하고 그 양도대금을 특수관계인에게 증여하는 것과 비교하여 조세를 절감하는 결과가 될 경우 그와 같이 거래할 것이라는 추정이 용이하다. 이에 따라 '제3자에게 시가 양도가 가능한 상황'이 아니었다는 주장으로 '부당성'을 배제할 수 있을 것이다. 여기서 '시가'는 상증세법에 따라 판단한 것을 말한다. 부당성이 배제될 경우 부당행위계산부인규정의 적용을 배제할 수 있을 것이며, 이의 논리적 연장으로 증여과세도 배제할 수 있을 것이다.
만약 특수관계인에게 저가 양도 후 저가 양도한 부분을 돌려받는다면 조세포탈에 해당할 것이다.

'완전포괄 증여' 과세의 원칙에 부합하지 않는다.

3억 원 또는 시가의 100분의 30에 상당하는 금액의 부분은 증여세과세가액산정에 관한 부분에 규정할 것이 아니라 증여세과세표준 계산상 공제액에 관한 부분에서 규정하는 것이 타당하다. 정책적이거나 행정적인 이유를 고려한 것으로서의 성격을 분명히 하여야 할 것이다.[192] 그 액수도 분명 증여의 개념에 포섭되는 부분이기 때문이다. 이렇게 할 경우 증여가액을 계산할 때 시가를 일정 한도 초과하는 부분에 한해 증여재산가액으로 보는 규정이 없는 증여 유형과의 형평을 이룰 수 있을 것이기도 하다.[193]

개인과 법인 간에 재산을 양수하거나 양도하는 경우로서 그 대가가 법인세법 제52조상 부당행위계산부인규정 적용을 위한 시가에 해당하여 그 법인의 거래에 대하여 부당행위계산부인규정이 적용되지 아니하는 경우에는 증여과세 규정을 적용하지 아니한다.

다만, 거짓이나 그 밖의 부정한 방법으로 상속세 또는 증여세를 감소시킨 것으로 인정되는 경우에는 그러하지 아니하다.

라. 채무면제이익

채권자로부터 채무의 면제를 받거나 제3자로부터 채무의 인수 또는 변제를 받은 경우에는 그 면제·인수 또는 변제로 인한 이익에 상당하는 금액을 그 이익을 얻은 자의 증여재산가액으로 한다(상증세법 제36조). 개인사업자가 사업과 관련된 채무를 면제받은 경우에는 사업소득의 총수익금액에 가산하며 증여세를 과세하지 않는다(소득세법 제26조 제2항).

채무자가 부동산을 가지고 있는 이외에 다른 자력이 없는데 채권자가 해당 부동산을 고가에 양수하면서 대금지급채무와 채무자의 원래 채무를 상계한 경우 채무자는 고가·저가 양도에 관한 규정의 적용을 받아야 하는가 아니면 채무면제이익에 관한 규정의 적용을 받아야 하는가? 전자의 규정을 적용하면 면제받은 이익의 일부만 증여로 과세된다.

마. 무상 또는 저율 사용

(1) 부동산 무상사용

타인의 부동산을 무상으로 사용함에 따른 이익을 얻는 경우에는 그 이익을 증여재산가액으

---

192) 2004년 2월 당시 재정경제부의 설명자료에 의하면 이렇게 공제를 하도록 하는 것은 "거래의 관행상 정당한 사유에 대한 입증이 어려운 점을 감안하여 비교적 소액에 대해서는 과세 제외하고 특수관계인 간의 거래에서 3억 원을 공제하는 것과 형평을 감안한 것"이라고 한다(상속세 및 증여세법 개정 해설, 재정경제부 세제실 재산세제과, 2004.2, p.41). 특수관계인과의 거래에 대해 3억 원의 기준이 나오게 된 것은 부당행위계산부인규정의 영향을 받은 것이다. 그런데 부당행위계산부인규정은 부당성의 판단을 위해 인위적으로 수치적 기준을 설정한 것이다. 일단 부당성의 판정을 받게 되면 전액 소득금액에 가산된다. 증여가액을 산정할 때 부당성을 고려할 이유가 없는데 3억 원의 기준을 활용하는 것은 시간 산정의 완전성에 대한 믿음이 없기 때문이다. 이 문제는 시가를 범주로 설정하는 방법을 활용하여 해결하는 것이 정도일 것이다.

193) 예로서 기타 이익의 증여 중 일부에 대해서는 그러한 공제의 개념이 적용되지 않는다. 그런데 특수관계인과의 거래에서 시가와 비교하여 증여 여부를 결정하는 규정들은 공통적으로 '3억 원 또는 시가의 100분의 30'의 방식을 활용하고 있다. 이 모두 세법상 시가산정의 불완전성 때문에 주어진 것인데 기타 이익의 증여라고 하여 그 이유가 없는 것은 아니다. 일관성을 결여한 부분이다.

로 한다. 타인의 부동산을 무상으로 담보로 이용하여 금전 등을 차입함에 따라 이익을 얻은 경우에는 그 이익에 상당하는 금액을 증여재산가액으로 한다(상증세법 제37조).

특수관계인이 아닌 자 간의 거래인 경우에는 거래의 관행상 정당한 사유가 없는 경우에 한정한다.

부동산을 무상으로 사용함에 따라 5년간 사용이익이 1억 원을 초과하는 경우 그 이익으로 한정하고 있다.[194] 무상사용기간이 5년 미만인 경우에는 5년으로 환산한 가액을 기준으로 1억 원 초과 여부를 판단한다. 5년의 기간제한은 1999년부터 적용되기 시작하였다.[195]

담보제공은 금전대출에 관한 신용을 무상으로 공여한 것으로서 일종의 용역 제공으로 인한 이익의 증여에 해당하므로, 증여재산가액은 원칙적으로 당해 거래와 유사한 상황에서 불특정 다수인 사이에 통상적으로 지급되는 대가인 시가에 의하여 산정하여야 한다.[196]

(가) 사정변경의 경우

부동산무상사용은 종래의 토지무상사용에 대한 규정을 이어받은 것이다. 1998년 상증세법시행령 개정 전까지는 토지무상사용이익은 다음의 산식에 의하여 계산한 가액으로 하였다.

> 건물이 정착된 토지 및 당해 건물에 부수되는 토지의 가액×1년간 토지사용료를 감안하여 총리령
> 이 정하는 율×지상권의 잔존 연수

당시 문제는 잔존 연수의 기간 동안 토지의 상속 등 사유로 실제 사용하지 못하게 된 사유가 발생한 경우 위의 산식에 따라 미래의 사용을 예측하여 증여세를 납부한 자가 세금을 돌려받을 수 없다는 데 있었다. 1994년 도입된 경정청구제도상 후발적 사유의 하나로서 이러한 사정을 허용하고 있지 않았다. 환급규정을 두지 않은 채 위와 같이 과세하는 증여세 규정은 무효라는 대법원 판결[197]이 나오게 될 즈음인 2002년 12월 위와 같은 사정변경이 있으면 그 사유발생일부터 3월 이내 경정을 청구할 수 있는 제도가 신설되었다(상증세법 제79조 제2항).

이에 대한 대응책으로서 이미 1998년 12월 상증세법시행령이 개정되어 위의 산식 중 '지상권의 잔존 연수'를 활용하는 계산방식을 대신하여 미래 각 연도의 무상사용이익을 현재가치로 환원하되 향후 5년간 것을 하나의 증여재산가액으로 하여 과세하고 그 기간이 지나도 여전히 무상사용하고 있으면 다시 5년분을 과세하는 방식으로 전환하였다. 당시 쟁송 중이던 사건들에 대한 소급적용례에 대해서는 2003년 상증세법시행령 개정안 부칙 제14조를 참조할 수 있다.[198]

---

194) 5년에 미달하는 경우에는 5년으로 연장하여 본다면 1억 원이 되는지에 따라 판단하게 된다.

195) 토지무상사용권리증여의제과세에 대한 구 상속세 및 증여세법시행령 제27조 제5항의 규정은 헌법상 실질적 조세법률주의와 재산권보장, 과잉입법금지의 원칙 등에 어긋나 모법인 위 구 상속세 및 증여세법 제37조 제3항의 내재적 위임 범위와 한계를 벗어남으로써 무효라고 봄이 상당하다는 판례가 있다(대법원 2003.10.16. 선고 2001두5682 전원합의체 판결).

196) 금전의 저리 대부에 따른 증여이익의 계산에 관한 상증세법 제41조의4 제1항 제2호를 유추적용하여 '이 사건 대출금액에 적정이자율을 곱하여 계산한 금액에서 원고가 실제 지급한 이자 상당액을 뺀 금액'을 증여재산가액으로 산정한 것은 위법하다는 법원 판례가 있다(대법원 2013.11.14. 선고 2011두18458 판결).

197) 대법원 2003.10.16. 2001두5682.

(나) 기타 문제

미래 받을 것으로 확정된 효익을 과세하는 것은 권리의무확정주의에 부합한다. 신탁이익의 과세상으로도 확정되었지만 분할하여 지급받는 경우에는 최초 지급일에 몰아서 과세한다. 그러나 수증자로서는 세금을 납부할 현금이 부족하게 될 것이다. 이러한 점을 감안하여 납기를 이연하는 특례를 인정할 필요가 있다. 부동산의 경우만 5년으로 하는 이유는 무엇일까? 부동산의 경우 상대적으로 장기 사용이 예상되므로 5년으로 한 것이다. 경정청구의 특례가 부동산에만 인정되는 이유는 다음과 같이 이해할 수 있다. 부동산의 경우 5년마다 나누어서 과세하고 있는데 통상의 경정청구기간은 3년으로 되어 있으므로 별도로 특례를 인정할 필요가 있다. 그러나 다른 재산의 사용 시에는 1년마다 나누고 있으므로 별도의 특례를 둘 필요가 없기 때문이다.

(2) 금전 무상대부

타인으로부터 금전을 무상 또는 저율로 대부받은 경우에는 금전을 대부받은 날에 그 이득을 증여재산가액으로 하여 증여세를 부과한다(상증세법 제41조의 4).

특수관계인이 아닌 자 간의 거래인 경우에는 거래의 관행상 정당한 사유가 없는 경우에 한정한다.

대출기간이 정해지지 아니한 경우에는 그 대출기간을 1년으로 보고, 대출기간이 1년 이상인 경우에는 1년이 되는 날의 다음 날에 매년 새로 대출받은 것으로 보아 해당 증여재산가액을 계산한다.[199] 금전무상대부가 중도상환 등으로 종료된 경우 경정청구를 허용한다(상증세법 제79조 제2항).

배우자 간 금전소비대차계약이 있을 경우 제3자와의 관계에서와 다를 바 없는 조건으로 소비대차계약이 체결되고 그대로 집행된 것이 입증된 경우에는 증여세가 과세되지 않는다. 금전의 대차를 증여로 보지 않고 금전대부의 대가를 받지 않았다는 이유로 증여세가 과세되지 않을 수 있는 것이다. 예를 들어, 소비대차계약에 의해 배우자 간에 자금을 일시 차입하여 사용하고 이를 변제하는 경우 그 사실이 채무부담계약서, 이자지급사실, 담보제공 및 금융거래내용 등에 의해 확인되는 경우에는 당해 차입금에 대하여 증여세가 과세되지 않는다.[200]

그런데 부담부 증여에 대한 과세상으로는 배우자 및 직계존비속 간의 채무인수계약이 있다 하더라도 그 채무가 수증자로 이전하지 않은 것으로 추정한다. 그 이전이 객관적으로 인정되는

---

198) 2003.9.29. 대통령령 제18018호 부칙 제14조.

199) 미국의 유사한 사례 Dickman v. Commissioner, 465 U.S. 330(1984) 참조. 최근 조세심판원의 결정례 중에는 "2003.12.30. 상증세법시행령 제13조 제6항 제1호의 개정으로 친족의 범위에 사돈이 추가됨에 따라 특수관계인의 범위가 확대되었으며, 해당 조항은 위 시행령의 부칙 제2조에 따라 시행일인 2004.1.1. 이후 증여하는 분부터 적용하는 것인 바, 청구인이 쟁점금액을 대부받은 날은 2002.8.28.이므로 위 규정에 따라 1년마다 새로운 증여시기를 산정한다면 2004.8.28. 등의 매년 8.28.이 되는 것임에도, 처분청이 그 이전인 2004.1.1.~2004.8.27. 기간의 금전무상대부이익에 대하여 2004.1.1.을 증여시기로 보아 증여세를 과세한 처분은 위법한 것으로 판단된다"는 사례가 있다(조심 2010서 3775(2011.3.3)). 대법원 2012.7.26. 선고 2011두10959 판결.

200) 서면4팀-2649, 2005.12.28.

경우에는 그러한 추정을 뒤집을 수 있다(상증세법 제47조 제3항).201)

(3) 재산사용 및 용역제공 등에 따른 이익의 증여

타인으로부터 부동산, 금전 이외의 재산을 무상 또는 낮은 대가를 지급하고 사용하는 경우, 타인으로부터 시가보다 높은 대가를 받고 재산을 사용하게 하는 경우, 타인에게 시가보다 낮은 대가를 지급하거나 무상으로 용역을 제공받는 경우 또는 타인으로부터 시가보다 높은 대가를 받고 용역을 제공하는 경우에는 당해 이익을 증여재산가액으로 증여세를 과세하도록 하고 있다(상증세법 제42조 제1항). 1억 원을 초과하는 재산의 사용에 의한 것으로 한정되어 과세된다.

특수관계인이 아닌 자 간의 거래인 경우에는 거래의 관행상 정당한 사유가 없는 경우에 한정한다. 사용기간이 1년 이상인 경우에는 1년이 되는 날의 다음 날에 매년 새로이 사용하는 것으로 보아 계산한다(상증세법 제42조 제2항).

바. 법인의 조직변경 등에 따른 이익의 증여

주식의 포괄적 교환 및 이전, 사업의 양수·양도, 사업 교환 및 법인의 조직 변경 등에 의하여 소유지분이나 그 가액이 변동됨에 따라 이익을 얻은 경우에는 그 이익에 상당하는 금액(소유지분이나 그 가액의 변동 전·후 재산의 평가차액을 말한다)을 그 이익을 얻은 자의 증여재산가액으로 한다. 다만, 그 이익에 상당하는 금액이 대통령령으로 정하는 기준금액 미만인 경우는 제외한다. 특수관계인이 아닌 자 간의 거래인 경우에는 거래의 관행상 정당한 사유가 없는 경우에 한정한다(상증세법 제42조의 2).

상법상 주식의 포괄적 교환에 의하여 완전자회사가 되는 회사의 주주가 얻은 이익에 대하여는 '법인의 자본을 증가시키는 거래에 따른 이익의 증여'에 관한 구 상증세법 제42조 제1항 제3호를 적용하여 증여세를 과세한 사례가 있다.202)

3. 특수관계인203)으로부터의 증여재산을 과세가액에 산입하는 규정들

가. 법인의 자본거래를 통하는 경우

상증세법은 증여가 발생할 수 있는 여러 자본거래의 경우를 예시하고 있다. 기본적으로 증여는 누군가가 다른 누구에게 대가 없이 이익을 이전하는 행위이다. 상증세법에서 설정하고 있는

---

201) 대법원 1997.7.22. 96누17493 및 국심 1999.2.18. 98서2239 참조.

202) 대법원 2014.04.24. 선고 2011두23047 판결, 대법원 2018. 3. 29. 선고 2012두27787 판결

203) 갑 주식회사의 사실상 임원 을이 지배주주들에게서 갑 회사 주식을 양수하였는데, 과세관청이 이에 대하여 구 상속세법 및 증여세법 제35조 제1항 제1호…에 따라 증여세 부과처분을 한 사안에서, 구 상속세 및 증여세법 시행령 제19조 제2항 제2호의 특수관계인에 해당하는 임원은 법인등기부상 등재된 법률상 임원만을 의미한다고 해석하여야 하므로, 사실상 임원에 불과한 을은 지배주주들과 특수관계에 있지 않아 위 증여세 부과처분이 위법하다고 한 사례가 있다(서울고법 2011.5.9. 선고 2009누6263 판결).

예시들은 법인의 자본거래과정에서 주주 간 이익이 이전하는 것을 포착하고 있다.

한편, 소득세법은 법인의 자본거래과정에서 법인의 유보이윤이 실질적으로 분배되면 배당으로 의제하고 있다. 의제배당소득은 주식을 처분하거나 새로운 주식을 받는 경우에 인식한다. 주식의 처분에 의한 경제적 이득은 원래 자본이득의 속성을 지닌 것인데 우리 소득세법은 배당으로 구분한다. 새로이 받는 주식은 기존 주식이 분할한 것에 불과하다는 입론도 가능하지만 새로운 물건을 얻게 되었으므로 소득이 있다고 보는 것이다.

자본거래를 통해 이익을 분여받는 주주는 자본거래의 과정에서 주식을 처분하거나 새로운 주식을 교부받는다. 그 과정에서 법인으로부터 사실상 분배받는 유보이윤 이외에 다른 주주로부터 이익을 분여받는 것은 증여로 보아 과세한다.

(1) 합병

특수관계에 있는 법인의 합병으로 인하여 소멸·흡수되는 법인 또는 신설·존속하는 법인의 대주주가 합병으로 인하여 이익을 받은 경우에는 합병일에 당해 이익에 상당하는 금액을 그 이익을 얻은 자의 증여재산가액으로 한다(상증세법 제38조 제1항). 이는 합병당사법인의 주주가 소유하는 주식 또는 지분에 대하여 합병 직후와 합병 직전을 기준으로 평가한 가액의 차액으로 한다. 합병을 계기로 주가가 상대적으로 과대평가되는 방법으로 보상을 받은 주주가 얻는 이익을 과세하기 위한 규정이다.

합병으로 인한 이익을 증여한 자가 대주주가 아닌 주주로서 2명 이상인 경우에는 주주 1명으로부터 이익을 얻은 것으로 본다(상증세법 제38조 제2항).

시가와의 차액이 합병 후 존속하는 법인의 주식평가액의 100분의 30을 초과하거나 3억 원을 초과하는 경우에는 그 차액 전부를 증여재산가액으로 한다.[204] 과세대상가액을 설정함에 있어 고가·저가 양도에 의한 이익의 증여나 기타 이익의 증여와는 다른 방식을 채택하고 있다. 존속하는 법인의 주주가 추가적인 주식을 교부받지 않고 이익을 얻은 경우에 대한 과세는 미실현이득에 대한 과세로서의 성격을 지니게 된다.

의제배당과세와 비교하면 다음과 같다. 피합병법인의 주주가 합병법인으로부터 그 합병으로 인하여 취득하는 주식의 가액 또는 금전의 합계액이 피합병법인의 주식을 취득하기 위하여 소요된 금액을 초과하는 금액을 의제배당으로 본다. 만약 당해 피합병법인의 주주가 대주주로서 자신이 보유하던 주식이 과대평가되어 새로운 주식을 교부받은 경우 증여재산가액은 다음과 같다.

[(합병법인 1주당 평가액) − (피합병법인 1주당 평가액)[205]] × (합병 후 대주주 주식 수)

당해 대주주의 의제배당소득은 다음과 같다.

(합병법인 1주당 평가액) × (합병 후 대주주의 주식 수) − (피합병법인 주식을 취득하기 위하여 소요된 금액)

---

204) 다자간 합병의 경우 1명의 주주가 복수의 상대방법인으로부터 받은 이익을 모두 합하여 3억원 초과여부를 판단하지 않고 개별적으로 판단한다(대법원 2013.10.31. 선고 2011두18427 판결).

205) 합병비율을 곱하여 산정한 것을 말한다.

피합병법인의 주주가 합병으로 인하여 의제배당과세를 당하고 또한 합병에 의한 증여과세대상이 되는 경우 중복과세를 조정하기 위하여 증여가액에서 소득세법에 의한 의제배당금액을 차감한다.[206]

(2) 증자

신주를 시가보다 낮은 가액으로 발행하는 다음의 경우가 해당된다(상증세법 제39조). 이에는 특수관계가 없는 자로부터의 증여에 대해서도 과세하는 경우가 있다.

- 신주인수의 포기에 따른 실권주를 배정받는 경우
- 신주인수의 포기에 따른 실권주를 배정하지 않아 신주인수를 포기한 특수관계인이 신주를 인수함으로써 이익을 얻는 경우
- 주주 아닌 자가 주식을 배정받는 경우
- 주주가 지분비율보다 초과하여 신주인수하여 이익을 얻는 경우

신주를 시가보다 높은 가액으로 발행하는 다음의 경우가 해당된다.

- 신주인수의 포기에 따라 실권주를 배정받은 자가 실권주를 인수함으로써 신주인수자의 특수관계인이 신주인수포기에 따라 이익을 얻는 경우
- 신주인수의 포기에 따른 실권주를 배정하지 않아 신주인수를 포기한 신주인수자의 특수관계인이 신주를 포기함으로써 이익을 얻는 경우
- 주주 아닌 자가 주식을 배정받음으로써 그의 특수관계인인 주주가 이익을 얻는 경우
- 주주가 지분비율보다 초과하여 신주를 인수하여 그의 특수관계인이 이익을 얻는 경우

법인이 자본금 등을 증가시키기 위하여 전환권 등이 부여된 주식을 발행한 이후 실제 전환권 등 행사 시점에서 전환비율 변경 등에 따라 추가 이익이 발생한 경우 해당 이익도 이에 해당한다.

(3) 감자

법인이 자본을 감소시키기 위하여 주식 또는 지분을 소각함에 있어서 일부 주주의 주식 또는 지분을 소각함으로 인하여 그와 특수관계에 있는 대주주가 이익을 얻은 경우에 그 이익에 상당하는 금액을 당해 대주주의 증여재산가액으로 한다(상증세법 제39조의 2). 차액이 감자 전 주식평가액의 100분의 30을 초과하거나 3억 원을 초과하는 경우 그 차액 전부를 증여재산가액으로 한다. 주식등을 시가보다 낮은 대가로 소각한 경우에는 주식등을 소각한 주주등의 특수관계인에 해당하는 대주주등이 얻은 이익으로 하고, 주식등을 시가보다 높은 대가로 소각한 경우에는 대주주등의 특수관계인에 해당하는 주식등을 소각한 주주등이 얻은 이익으로 한다.

---

206) 대법원 2017. 9. 26. 선고 2015두3096 판결, 상증세법 기본통칙 38-28…2.

(4) 현물출자[207]

현물출자에 의하여 법인이 발행한 주식 또는 지분을 인수함에 따라 다음 중 하나에 해당하는 이익을 얻은 경우에는 당해 이익에 상당하는 금액을 그 이익을 얻은 자의 증여재산가액으로 한다(상증세법 제39조의 3). 이에는 특수관계가 없는 자로부터의 증여에 대해서도 과세하는 경우가 있다.

- 주식 등을 시가보다 낮은 가액으로 인수함에 따라 현물출자자가 얻은 이익
- 주식 등을 시가보다 높은 가액으로 인수함에 따라 현물출자자와 특수관계에 있는 현물출지지 외의 주주 또는 출자자가 얻은 이익

차액이 감자 전 주식평가액의 100분의 30을 초과하거나 3억 원을 초과하는 경우 그 차액 전부를 증여재산가액으로 한다.

(5) 전환사채[208]

전환사채, 신주인수권부사채 기타 주식으로 전환·교환하거나 주식을 인수할 수 있는 권리가 부여된 사채를 인수[209]·취득·양도하거나 전환사채 등에 의하여 주식으로의 전환·교환 또는 주식의 인수를 함으로써 특수관계인으로부터 이익을 얻은 경우에는 당해 이익에 상당하는 금액을 그 이익을 얻은 자의 증여재산가액으로 한다(상증세법 제40조).[210]

전환사채의 인수·취득에 의한 이득은 그 이득이 전환사채 등의 시가 100분의 30을 초과하거나 1억 원을 초과하는 경우 그 이득 전부를 증여재산가액으로 한다. 전환사채 등에 의하여 주식으로의 전환·교환 또는 주식의 인수를 함으로써 얻는 이득도 동일한 제한이 적용된다.

(6) 초과배당

법인이 배당하는 경우로서 그 법인의 최대주주등이 본인이 지급받을 배당등의 금액의 전부 또는 일부를 포기하거나 본인이 보유한 주식 등에 비례하여 균등하지 아니한 조건으로 배당등을 받음에 따라 그 최대주주등의 특수관계인이 본인이 보유한 주식등에 비하여 높은 금액의 배당등을 받은 경우에는 법인이 배당등을 한 날을 증여일로 보아 초과배당금액을 그 최대주주등의 특수관계인의 증여재산가액으로 한다(상증세법 제41조의 2). 중간배당 등으로 거래의 분할하여 초과배당에 대한 증여과세를 회피하는 것을 막기 위해 1년 이내 동일 거래에 따른 증여이익을 합산하여 과세하도록 하도록 하고 있다(상증세법 제43조 제2항).

---

207) 특수관계가 없는 자가 얻는 이익에 대해서도 규정을 두고 있다.

208) 특수관계가 없는 자가 얻는 이익에 대해서도 규정을 두고 있다.

209) 단순한 투자 목적으로 전환사채 등을 취득하는 자가 이에 해당하지는 않는다(대법원 2019. 5. 30 선고 2017두49560 판결).

210) 신주인수권부사채를 인수하고 신주인수권을 분리하여 특수관계인에게 그 시가를 초과하는 가격으로 양도하여 얻은 이익은 증여재산가액으로 한다(상증세법 제40조 제1항 제3호). 신주인수권부사채를 인수하여 신주인수권을 양도하지 않고 보유하고 있다가 주식을 교부받아 얻은 이익은 자신의 지분비율을 초과하여 인수한 부분을 증여재산가액으로 한다(상증세법 제40조 제1항 제2호 나목). 전자는 양도일에 후자는 주식교부일에 증여받은 것으로 본다.

나. 상장 및 합병에 따른 상장

(1) 상장

최대주주 등과 특수관계에 있는 자가 주식을 취득한 날부터 5년 이내에 당해 법인의 주식이 상장된 경우 현재의 가액과 당초 취득 시 가액에 상장요인을 배제한 추산가액과의 차액이 3억 원 이상이거나 당초 취득 시 가액의 100분의 30 이상인 경우에는 당해 이익에 상당하는 금액을 증여재산가액으로 한다(상증세법 제41조의 3). 당초 주식의 취득은 다음의 경우에 한한다.

- 최대주주 등으로부터 주식을 유상으로 취득하거나 증여받은 경우
- 최대주주 등으로부터 재산을 증여받은 날부터 3년 이내 최대주주 등 외의 자로부터 주식을 유상으로 취득하는 경우

이는 주식등을 증여받거나 취득한 후 그 법인이 자본금을 증가시키기 위하여 신주를 발행함에 따라 신주를 인수하거나 배정받은 경우를 포함한다(상증세법 제41조의 3 제7항). 여기에서 '신주'에는 최대주주 등으로부터 증여받거나 유상으로 취득한 주식에 기초하지 아니하고 또한 증여받은 재산과도 관계없이 인수하거나 배정받은 신주가 포함되지 않는다.[211]

위에서 '당초 취득한 주식'이 예전 취득한 전환사채 등이 주식으로 전환된 것일 경우에는 당해 전환사채의 취득일부터 5년 이내 상장된 경우로 한다. 상장요인을 배제한 추산가액은 당초 취득 시의 가액에 보유기간 중 기업가치의 실질적인 증가로 인한 이익을 가산하여 산정한다.

(2) 합병에 따른 상장

특수관계인이 주식을 증여받거나 취득한 날부터 5년 이내에 그 주식을 발행한 법인이 특수관계에 있는 주권상장법인과 합병되어 그 주식등의 가액이 증가하는 경우를 말한다(상증세법 제41조의 5). 이익이 기준금액 미만인 경우에는 과세하지 않는다.

우회상장에 의한 증여과세가 가능할 것이다. 여러 회사를 지배하고 있는 자가 그중 경영실적 악화로 주가가 하락한 상장회사(A)의 주식을 자녀에게 증여한 후 그 회사를 경영실적이 양호한 다른 회사(B)와 합병할 경우 자녀가 보유하고 있는 A 회사의 주식 주가는 올라가게 되어 있다. 앞에서 B 회사는 우회상장하는 경우가 된다. 앞의 사례에 있어서 상증세법에 의해 증여 과세를 하기 위해서는 주식을 증여한 날부터 5년 이내의 합병일 것 및 재산가치증가액이 3억 원을 초과하거나 통상적인 가치상승분을 감안한 재산가치액의 30%를 초과할 것의 요건을 충족하여야 한다. 이때 통상적인 가치상승분은 합병일 전까지 기업의 영업실적을 반영하여 계산한다. 만약 이러한 증여과세를 회피하기 위해 자녀가 합병일 직전에 주식을 양도한다면 그 양도한 날을 증여세납세의무의 성립일로 본다. 이 경우 이 주식양도차익으로 과세된 경우라면 증여세가 과세되지 않을 것이다. 자녀가 상장법인인 A사의 소액주주에 불과하였다면 주식양도차익에 대해 과세되지 않았을 것인데 그 경우 증여세를 과세할 수 있는가? 상증세법은 증여재산에 대해 수증

---

211) 대법원 2017. 3. 30. 선고 2016두55926 판결

자에게 소득세가 과세되면 증여세를 부과할 수 없다고 하면서, 그것은 소득세법 등에 의하여 소득세가 비과세 또는 감면되는 경우에도 마찬가지라고 규정하고 있다. 그렇다면 상장법인 소액주주의 주식 양도차익은 소득세법상 '비과세'되는 양도소득인가가 문제해결의 관건이 된다. 이 소득은 소득세법상 비과세되는 양도소득으로 열거되어 있지 않다(소득세법 제89조 제1항). 다만, 열거주의를 취하고 있는 소득세법상 양도소득의 범주를 규정하고 있는 조항(소득세법 제94조)이 과세대상 주식양도차익을 규정하면서 소액주주분은 과세대상이 아니라고 하고 있는 데 불과하다. 상장법인 소액주주의 주식양도소득은 사실상 비과세되고 있지만 이는 상증세법에서 규정하는 '비과세'의 개념에는 포섭될 수 없다. 이 점을 감안한다면 증여세를 과세하여야 할 것이다.

(3) 상장 및 합병에 따른 상장을 통해 비특수관계인으로부터 재산을 직간접적으로 이전받으면서 부정한 방법으로 상속세나 증여세를 감소시킨 것으로 인정되는 경우

상증세법 제41조의 3 제9항 및 제41조의 5 제2항에 근거한 것이다. 합병에 따른 상장 등을 예로 들자면, 거짓이나 그 밖의 부정한 방법으로 상속세나 증여세를 감소시킨 것으로 인정되는 경우에는 특수관계인이 아닌 자 간의 증여에 대하여도 상증세법 제41조의 5 제1항의 규정에 따라 과세한다(상증세법 제41조의 5 제2항). 제2항이 적용되기 위해서는 실제 사용된 부정한 방법이 상증세법 제41조의 5 제1항의 과세를 포탈하기 위한 것이 아니라, 증여세를 예로 들자면, 비특수관계자간이라도 증여세를 과세할 수 있는 경우를 은폐하기 위한 것으로서 해당 합병에 따른 상장 등의 거래과정에 포함되어 있어야 할 것이다.212)

다. 재산취득 후 재산가치 증가에 따른 이익의 증여

상증세법 제42조의 3은 권리와 현금을 포함하는 넓은 의미의 재산과 이익의 직간접적인 이전이 개입되지 않은 "재산가치의 증가"에 대해 규율한다.

미성년자 등이 재산을 취득하고 그 재산을 취득한 날부터 5년 이내에 일정한 사유로 인해 얻는 재산가치의 증가로 인한 이익을 증여세과세가액에 산입한다. 증여세는 당해 재산가치 증가사유가 발생한 날에 납세의무가 성립한다. 재산가치증가액이 3억 원을 초과하거나 통상적인 가치상승분을 감안한 재산가치액의 30%를 초과하는 경우에 한해 당해 이익을 과세가액에 산입한다.

"재산의 취득"은 특수관계인으로부터 재산을 증여받은 경우, 특수관계인으로부터 내부정보를 제공받아 관련된 재산을 유상취득하는 경우 및 특수관계인으로부터 차입한 자금으로 재산을 취득한 경우를 말한다.

거짓이나 그 밖의 부정한 방법으로 증여세를 감소시킨 것으로 인정되는 경우에는 특수관계인이 아닌 자 간의 증여에 대해서도 적용한다. 이 경우에는 5년 이내라는 기간 제한을 두지 않는다고 규정하고 있다.

증여세과세요건이 되는 재산가치증가사유는 개발사업의 시행, 형질변경, 공유물분할, 사업의 인·허가, 합병, 보험사고의 발생 및 지하수이용·개발의 인·허가 등이다. 예를 들면, 직업·연

---

212) 웹젠과 NHN게임스의 합병 거래 참조

령·소득·재산상태 등으로 보아 자신의 계산으로 개발사업의 시행 등의 행위를 할 수 없다고 인정되는 자가 부모의 재산을 담보로 차입한 자금으로 재산을 취득하고 5년 이내 개발사업의 시행 등으로 인한 재산가치 상승금액이 있을 때 그것이 3억 원 이상이거나 30% 이상인 경우에는 증여재산가액이 된다.[213] 재산가치증가사유 중 주식·출자지분의 상장은 상증세법 제41조의 3 및 제41조의 5에서 규정하게 되어서 2015년 상증세법 개정시 제42조의 3의 규정에서 삭제되었다.

재산가치증가를 증여로 보는 규정은 내용상 단계거래를 하나의 증여행위로 보는 것을 전제로 한다. 타인이 재산을 건네주고 그다음 그 재산의 가치를 증식시키는 행위를 하는 경우 재산의 이전 후 가치증분 중 그 행위에 의한 부분을 상증세법상 증여로 보는 것이다. 통상적인 경우 그 가치증분은 미실현이득으로서 실현될 때에야 과세될 소득의 하나로 보게 될 것이다. 상증세법 제2조 제6호의 규정에 따르자면 이러한 행위가 증여의 개념에 포섭될 것이지만 상증세법은 이와 별도로 구체적인 과세가액산입규모를 설정하고 있는 것이다.

이러한 가치증분은 국세기본법 제14조 제3항상 단계거래원칙의 적용대상이 될 수도 있을 것이다. 다만, 가치를 증식시키는 행위는 수증자에 대해 이루어진 것이 아닐 가능성이 있는데 그 경우에는 단계거래원칙을 적용할 수는 없을 것이다. 또한 그 행위가 당초 재산을 건네준 자에 의하여 이루어지거나 최소한 조장된 것이 아닐 수도 있다. 그런 경우 역시 단계거래원칙을 적용할 수는 없을 것이다. 이 경우 증여자가 불분명함에도 불구하고 단계거래원칙 및 제42조의 3의 규정에 의해 증여로 과세하는 것이 된다.

재산가치증가를 증여로 보는 규정은 증여자 재산의 간접적 이전을 요건으로 하지 않는다. 증여자가 취할 수 있는 기회를 수증자에게 이전한 것을 증여로 보는 것이다. 이 점에서 '일감떼어주기' 등 사업기회를 제공하는 것과 공통점이 있다. 그러나 이는 단지 '기회'를 준 것에 불과하고 그에 따른 이익은 그 일감을 처리한 당사자가 창출한 것이라는 점에서 차이가 있다. 비록 그 이익을 일감을 처리한 당사자가 창출한 것임에도 '일감몰아주기'는 증여의제하여 과세되고 있다.

라. 특정법인을 통한 증여

결손금[214]이 있거나 휴폐업 중인 법인[215]의 주주와 특수관계가 있는 자가 당해 법인[216]에게 이익을 분여함으로써 그 법인의 주주가 얻은 이익은 증여재산가액에 산입한다(상증세법 제45조의 5). 이 경우 법인이 받은 이익 중 해당 특수관계가 있는 주주의 지분비율에 해당하는 이익을 증여재산가액으로 보는 것이다. 간접적인 경제적 가치의 이전에 해당하거나 단계거래에 해당할 수 있음[217]에도 불구하고 별도로 규정을 둔 것이다. 증여세과세가액에 산입하기 위해서는 당해 이득이 1억 원 이상 되어야 한다.[218]

---

213) 서면1팀-1444, 2005.11.28.

214) 세무상 공제되지 않은 결손금을 말한다. 법인세법상 결손금은 5년 이월되므로 5년 이내의 결손금이 될 것이다.

215) 상장법인은 제외한다.

216) 이월결손금 없이 증여일이 속하는 사업연도의 결손금만이 있는 법인도 포함된다(대법원 2011.4.14. 선고 2008두6813 판결).

217) 국세기본법 제14조 제3항이 적용되기 위해서는 상속세나 증여세를 부당하게 감소한 것임이 입증되어야 할 것이다.

218) 서울행법 2012.7.26. 선고 2012구합4722 판결(국가패소), 대법원 2015.10.15., 2013두13266(국가패소) 대법원은 구 상

2014년 개정전 구 상증세법 제41조(현행 상증세법 제45조의 5)는 결손법인을 통한 증여에 대해서만 과세하도록 하고 있었으나 2014년 개정으로 일정 요건을 충족하는 흑자법인에 대해서도 그것을 통한 간접적인 재산의 이전을 증여로 보도록 하고 있다. 특정법인을 결손, 휴·폐업법인에서 지배주주 등의 주식보유비율이 50% 이상인 영리법인을 포함하도록 확대하고, 납세의무자도 결손, 휴·폐업법인의 경우 결손, 휴·폐업법인의 최대주주 등으로 되어 있었지만, 지배주주 등의 주식보유비율이 50% 이상인 영리법인의 경우는 지배주주 등으로 하도록 하고 있다.[219]

2009년 구 상증세법시행령 제31조 제6항이 주주가 얻은 이익만 증여세 과세가액을 계산하도록 하는 구상증세법 제41조로부터의 위임 범위를 초월하였다는 대법원의 판단이 있었다.[220]

2010년에는 구 상증세법 제41조 제1항이 종전에 특정법인의 주주 등이 '이익을 얻은 경우'라고만 하던 것을 '대통령령으로 정하는 이익을 얻은 경우'로 그 문언이 일부 변경되었다. 2014년 2월 구 상증세법시행령 제31조 제6항은 해당 법인이 납부한 법인세액을 차감하여 증여세를 계산하도록 개정되었다.

2010년 개정된 구 상증세법 제41조 제1항으로 위임의 근거를 얻은 구 상증세법시행령 제31조 제6항이 위임의 범위를 여전히 초월한 것인지에 대해 2017년 대법원은 비록 상위 법률에 위임의 근거를 보완하였다 하더라도 하위 시행령 규정은 여전히 개정 전 법률 조항과 마찬가지로 재산의 무상제공 등 특정법인과의 거래를 통하여 특정법인의 주주 등이 이익을 얻었음을 전제로 하여 그 이익, 즉 '주주 등이 보유한 특정법인 주식 등의 가액 증가분'의 정당한 계산방법에 관한 사항만을 대통령령에 위임한 규정이라고 보아야 한다는 입장을 취하면서 하위 시행령 규정이 위임입법의 한계를 넘어선 것으로 판단하고 있다.[221]

증세법 제2조3항에 규정한 증여세 완전포괄주의 과세가 가능하다고 보아야 한다면서도, 구 상증세법 제41조 제1항(특정법인과의 거래를 통한 이익의 증여)의 규정은 자산수증이익에 대해 법인세를 부담하는 법인과의 거래로 인해 주주가 얻은 이익을 증여세 과세대상에서 제외하고자 하는 입법의도가 분명하다고 하였다. 흑자법인의 경우 자산수증이익에 대한 법인세를 이미 부담했기 때문에 법인의 주주들이 얻는 이익에 대해 상증법 제2조 3항 등을 적용해 증여세를 부과한 것은 이중과세에 해당한다는 것이다. 아울러 결손법인의 경우에도 과세대상에 해당하지 않는 범위 내(증여이익 1억원 미만)에서 재산을 증여한 경우 증여세를 부과할 수 없으며 결손범위를 넘는 부분 또한 휴폐업법인을 제외하고는 증여세를 부과할 수 없다고 판시했다.

219) 구 상증세법 제41조의 규정에 의하면, 결손법인에 증여하는 경우에는 결손금을 해당 주주와 특수관계가 있는 자가 법인에게 증여한 이익 중 결손금에 해당하는 금액만 해당 주주에게 증여하였는지 검토하게 된다. 만약 결손금을 초과하는 경우에는 법인단계에서 법인세가 과세될 것임을 감안한 것이다. 그러나 결손법인이라 하더라도 증여를 받음으로써 결손금의 활용 기회가 사라진 만큼 전혀 조세상 불이익이 없이 증여를 받은 것은 아니기 때문에 입법론상 결손금을 한도로 할 이유가 큰 것은 아니었다. 현행 상증세법은 흑자법인을 통한 증여에 대해서도 과세하도록 하고 있으므로, 위와 같은 논리는 타당성을 잃게 되었다. 이에 따라 주주가 법인에게 준 이익 중 결손금에 상응하는 금액을 한도로 하여 증여세를 계산한다는 규정은 삭제되었다(2014.2.21. 개정).

220) 개정 법 상증세법 제41조는 특정법인과의 재산의 무상제공 등 거래를 통하여 최대주주 등이 '이익을 얻은 경우'에 이를 전제로 그 '이익의 계산'만을 시행령에 위임하고 있음에도, 개정 상증세법시행령 제31조 제6항은 특정법인이 얻은 이익이 바로 '주주 등이 얻은 이익'이 된다고 보아 증여재산가액을 계산하도록 하고 있고, 또한 개정 법 제41조 제1항에 의하면 특정법인에 대한 재산의 무상제공 등이 있더라도 주주 등은 실제로 이익을 얻은 바 없다면 증여세 부과대상에서 제외될 수 있으나 개정 시행령 제31조 제6항은 특정법인에 재산의 무상제공 등이 있다면 그 자체로 주주 등이 이익을 얻은 것으로 간주하여 증여세 납세의무를 부담하게 되므로, 결국 개정 시행령 제31조 제6항의 규정은 모법인 개정 법 제41조 제1항, 제2항의 규정취지에 반할 뿐 아니라 그 위임범위를 벗어난 것으로서 무효라고 봄이 상당하다(대법원 2009.3.19. 선고 2006두19693 전원합의체 판결).

221) 개정 시행령 제31조 제6항은 특정법인이 얻은 이익이 바로 '주주 등이 얻은 이익'이 된다고 보아 증여재산가액을 계산하

2017년 대법원의 판단이 있기 전인 2014년말 상증세법 제45조의 5(구상증세법 제41조)는 특정법인의 범위를 넓히는 방향으로 개정되었으며 그것을 통한 이익의 계산 중 위임 범위를 초월한 것이라는 부분을 포함하고 있다. 증여를 받았다고 과세되는 개별 주주의 특정법인 주식 등의 가액 증가분을 초과하는 부분에 대한 과세는 헌법상 보장되는 재산권의 침해의 소지가 있다.

제2항 과세표준

증여세는 개별적인 증여를 과세사건으로 하여 과세되는 세목이므로 과세표준도 개별적인 증여가 있을 때마다 계산하게 된다. 증여재산가액에서 증여재산공제액과 재해손실공제액 및 감정평가수수료를 차감하여 과세표준을 계산한다. 배우자 6억 원[222], 직계비속(미성년자) 5천만 원(2천만 원), 직계존속 3천만원, 기타 친족 5백만 원이다. 계부·계모와 자녀 간의 증여에 대해서도 직계존비속의 관계로 보아 증여재산공제를 인정한다(상증세법 제53조 제1항 제2호). 위의 공제한도는 10년 동안의 한도이다(상증세법 제53조 본문 제2문).[223] 증여재산가액에 지난 10년간분도 합산한다.[224] 그러나 명의신탁재산에 대해서는 증여재산공제액[225]과 재해손실공제액의 차감이 인정되지 않는다. 합산배제증여재산에 대해서는 증여재산공제액과 재해손실공제액의 차감 대신 일률적으로 3천만 원의 공제가 허용된다.[226]

부모(60세 이상)가 자녀(18세 이상)에게 중소기업 창업자금을 증여하는 경우 증여세 과세가액 30억원(5명 이상 신규 고용하는 경우 50억원)을 한도로 5억원 공제 후 10% 저율과세한다. 상속시 상속세 과세가액에 합산하여 정산한다(조특법 제30조의 5).

도록 하였다. 또한 개정 전 법률 조항에 의하면 특정법인에 대한 재산의 무상제공 등이 있더라도 주주 등이 '실제로 얻은 이익이 없다면' 증여세 부과대상에서 제외될 수 있으나, 시행령 조항에 의하면 특정법인에 재산의 무상제공 등이 있는 경우 그 자체로 주주 등이 이익을 얻은 것으로 간주되어 증여세 납세의무를 부담하게 된다. 결국, 시행령 조항은 모법인 개정 전 법률 조항의 규정 취지에 반할 뿐만 아니라 위임범위를 벗어난 것이다....재산의 무상제공 등의 상대방이 특정법인인 이상 그로 인하여 주주 등이 얻을 수 있는 '이익'은 그가 보유하고 있는 특정법인 주식 등의 가액 증가분 외에 다른 것을 상정하기 어렵다(대법원 2017. 4. 20. 선고 2015두45700 전원합의체 판결).

222) 명의신탁증여의제의 경우에도 배우자공제는 허용되지 않는다(헌법재판소 2012.11.29. 선고 2010헌바215 결정).

223) 50년을 같이 사는 부부라면 30억 원을 공제받을 수 있다는 것이 된다. 부부간 상속의 경우 최대 30억 원까지 공제할 수 있는 것과 동일한 수치이다. 상속개시일 전 10년 이내의 부부간 증여재산은 상속세과세가액에 가산한다. 나이 30에 결혼하여 80에 사망하는 배우자와의 관계에서 결혼 시점부터 10년마다 6억 원씩 증여하였다면 생전 5번의 증여재산공제 중 4번의 증여재산공제(나이 30, 40, 50 및 60에) 20억 원과 상속재산공제 30억 원을 합한 50억 원을 공제받는 셈이 된다. 헌재는 직계존비속 사이의 증여에 대한 증여재산공제액을 3천만 원으로 하고, 직계존속인 부모의 증여액을 합산하여 공제액의 한도를 정하도록 한 구 상속세 및 증여세법(1998.12.28. 법률 제5582호로 개정되고, 2003.12.30. 법률 제7010호로 개정되기 전의 것) 제53조 제1항 본문이 조세법률주의에 위배되거나 청구인들의 재산권을 침해하는 것은 아니라는 판단을 한 바 있다(구 상속세 및 증여세법 제53조 제1항 제2호 등 위헌 소원 2008.7.31. 2007헌바13 전원재판부).

224) 구 상속세법상 재차증여 시 합산과세 규정에 따라 종전 증여의 가액을 합산하여 누진세율을 적용한 다음 기납부세액을 공제하여 이루어지는 형식의 증여세부과처분이 당초 처분의 증액경정이 아니라 별개의 처분이다(대법원 2004.12.10. 선고 2003두9800 판결).

225) 2003년 12월 상증세법개정으로 차감을 배제하기 시작했다. 명의신탁을 이용한 조세회피 방지를 위한 것이었다.

226) 명의신탁 증여의제(상증세법 제45조의2) 및 일감몰아주기 등에 의한 이익의 증여의제(상증세법 제45조의 3)의 합산배제 과세에 대해서는 공제가 허용되지 않는다.

가업승계에 대해서는 100억 원 한도로 5억 원 공제 후 10%의 세율로 과세한다. 다만, 과세표준 30억 원 초과분에 대해서는 20%의 세율을 적용한다(조특법 제30조의 6, 조특법시행령 제27조의 6).

합산배제증여재산은 전환사채 등에 의하여 주식으로의 전환 등을 함에 따른 이익의 증여(상증세법 제40조 제1항 제2호), 주식 또는 출자지분의 상장 등에 따른 이익의 증여(상증세법 제41조의 3), 합병에 따른 상장 등 이익의 증여(상증세법 제41조의 5), 기타 재산가치의 증가에 따른 이익의 증여(상증세법 제42조의 3), 명의신탁 증여의제(상증세법 제45조의2) 및 일감몰아주기 등에 의한 이익의 증여의제(상증세법 제45조의 3)에 의한 증여재산이다(상증세법 제47조 제1항). 이들은 미래에 확정되는 이익으로서 증여자를 확정하기 어려우므로 물리적으로 합산하기 곤란한 사정을 감안하여 합산배제증여재산으로 특정한 것이다. 이들 증여재산은 상속세과세 시에도 합산되지 않는다. 합산배제증여재산제도는 현행 증여세과세제도가 증여를 받은 것이라기보다는 재산가액의 증가에 따른 미실현이득을 과세하는 내용을 담고 있음을 암시하는 것이다.

제3항 세액

증여세의 과세표준에 세율을 곱하여 산출세액을 계산한다. 상속세와 증여세의 세율은 동일하다.

수증자가 증여자의 자녀가 아닌 직계비속, 즉 손자일 경우에는 증여세 산출세액의 30%에 상당하는 금액을 할증하여 과세한다(상증세법 제57조). 다만, 증여자의 최근 친 직계비속이 사망하여 그 사망자의 최근친인 직계비속에게 증여한 경우에는 할증과세하지 않는다. 증여세가 상속세 보완세로서의 역할을 하는 부분이다. 그런데 증여세가 상속세로서 보완세의 역할을 하는 것은 사전 증여의 합산기간인 10년 이내의 증여에 한정되는 것이다. 증여세의 할증과세는 그와 같이 합산기간 안에 드는 것에 대해서만 하는 것이 타당할 것이다.

증여합산기간 내의 증여재산의 가액을 가산한 경우에는 그 증여재산에 대해 납부했던 세액을 공제한다(상증세법 제58조). 현재 증여일부터 10년 이내에 이루어진 증여는 합산대상이다. 증여세의 부과제척기간은 부과할 수 있는 날로부터 10년간이다. 여기서 부과할 수 있는 날은 과세표준 신고기한인데 증여세의 경우 과세표준 신고기한은 증여일로부터 3월이 되는 날이다. 증여일부터 10년 3개월이 되는 시점까지 부과할 수 있는데 합산은 현재의 증여일부터 10년이다. 따라서 합산대상이 되는 과거의 증여재산에 대해서는 부과제척기간이 남아 있다고 볼 수 있다. 통상의 경우 과세관청은 증여세를 부과할 때는 이미 증여일부터 1년 이상 도과한 시점이다. 그 경우 비록 증여일부터 10년 이내의 증여라 하더라도 부과제척기간이 도과한 것이 있을 수 있게 된다. 따라서 상증세법은 증여세과세가액에 가산하는 증여재산에 대하여 부과제척기간이 도과하여 증여세가 부과되지 않은 경우에는 기납부세액공제를 해 주지 않는다고 규정하고 있다(상증세법 제58조 제1항 단서). 그러나 입법론상 이 조문은 논리적으로 타당하지 않다. 가산할 증여재산 자체에 대해 세금이 부과될 수 없는 것이라면 아예 가산하지 않도록 조문227)을 구성하면 될 일이다.

---

227) 상증세법 제47조 제2항이다.

제6절 조세채무의 이행

특기할 만한 사항은 없다. 상속세에 관한 부분을 참조할 수 있다.

제4장 상속증여재산의 평가

제1절 개요

제1항 평가의 기본원칙

상증세법은 상속세 또는 증여세가 부과되는 재산의 가액은 상속개시일 또는 증여일 현재의 시가에 의한다고 규정하고 있다(상증세법 제60조 제1항). 상증세법 제61조부터 제66조까지의 규정은 재산의 종류별 평가규정을 두고 있다. 재산의 범주에 들지 않는 이익의 경우 상증세법 제35조부터 제42조의 규정에 의하여 평가된다.

'시가'는 "불특정 다수인 사이에 자유로이 거래가 이루어지는 경우에 통상 성립된다고 인정되는 가액"으로 한다.[228] 이와 같이 추상적 개념만으로는 시가를 산정하기 어렵다. 이에 따라 평가기준일 전후 6월(증여의 경우 3월) 이내의 기간 중 매매·감정·수용·경매 또는 공매가 있는 경우에 그에 의해 확인되는 가액을 시가로 본다(상증세법 제60조 제2항 및 동법시행령 제49조 제1항). 그래도 시가를 산정하기 어려운 경우에는 당해 재산의 종류·규모·거래상황 등을 감안하여 제61조 내지 제65조의 규정에 의해 평가한 가액을 재산가액으로 산정한다. 이 방법들을 보충적 평가방법이라고 한다.

최근 법원의 판례에 의하면 상증세법 제60조 제3항에 따라 제61조 내지 제65조에 규정된 방법으로 평가한 가액(보충적 평가방법)은 증여세가 부과되는 재산의 가액을 산정하는 기준이 되는 시가에 해당함은 물론이고, 상증세법 제35조 제2항 등에 의하여 증여세 부과대상이 되는지를 판단하는 기준이 되는 시가에도 해당한다고 봄이 타당하다고 한다.[229]

제2항 세법상 자산가액의 평가

세법상 자산가액을 평가해야 하는 경우를 이전거래가 있는 경우와 이전거래가 없는 경우로

---

228) '시가'란 불특정 다수인 사이에 자유로이 거래가 이루어지는 경우에 통상 성립된다고 인정되는 가액, 즉 정상적인 거래에 의하여 형성된 객관적 교환가격을 말하는 것이므로, 비록 거래 실례가 있다고 하여도 그 거래가액을 상속재산의 객관적 교환가치를 적정하게 반영하는 정상적인 거래로 인하여 형성된 가격이라고 할 수 없는 경우에는 시가를 산정하기 어려운 것으로 보아 구 상증세법 제60조 제3항 등이 정한 보충적 평가방법에 따라 그 가액을 산정할 수 있다(대법원 2015. 2. 12. 선고 2012두7905 판결 등 참조)(대법원 2017. 7. 18. 선고 2014두7565 판결).
229) 대법원 2012.6.14. 선고 2012두3200 판결.

구분할 수 있다. 전자에는 자산의 이전거래가 대가의 수수를 수반하지 않는 무상이전인 경우와 대가의 수수를 수반하였지만 특수관계인 간 거래이기 때문에 실제거래가액을 인정하기 곤란한 경우가 포함된다. 후자는 이전거래가 없었지만 사업연도가 종료하는 시점에서 해당 기업의 순자산가치에 변화를 주는 자산가액의 변동이 있는 때 그것을 평가하는 경우이다.

1. 이전(거래)이 있는 경우

가. 무상이전

무상이전의 경우 자산가액의 평가는 자산을 이전받은 자의 입장에서 하게 된다. 대표적으로 상증세법에서 '시가'230)로 평가한다고 규정하고 있다. 법인세법에서도 취득 당시의 시가로 하도록 하고 있다(법인세법 제41조 제1항 제3호 및 동법시행령 제79조 제1항 제5호). 이의 상세한 내용에 대해서는 제4편 제4장을 참조할 수 있다.

나. 유상이전거래

(1) 이전가격거래

유상거래의 경우 자산을 이전하는 자 또는 이전받은 자의 입장에서 특수관계인 간의 거래라면 국내거래의 경우 법인세법상 부당행위계산부인규정에서 '시가'231)로 평가하도록 규정하고 있다. 국제거래의 경우 국제조세조정에 관한 법률(「국조법」)에서 '정상가격'232)으로 규정하고 있다. 두 가지 모두 동일한 여건하에서 제3자 간의 관계에서 자유로이 이루어진 거래라면 통상적으로 형성되었을 가격을 추산하는 방법을 활용한다.

(2) 교환거래

(가) 자산의 현물출자

유상거래 중 특수한 것으로서 자산의 현물출자에 의한 주식의 취득이 있다. 현물출자를 하는 자의 입장에서는 자신이 그간 보유하던 자산을 처분한 결과 자본이득이 발생하게 되는데 그것의 처분가액은 실지거래가액으로 한다. 여기서 실지거래가액은 다음과 같이 주식의 시가가 될 것이다.233) 출자를 받는 법인의 입장에서는 출자받는 자산의 가액을 평가하여야 주식발행초과

---

230) 불특정 다수인 사이에 자유로이 거래가 이루어지는 경우에 통상 성립된다고 인정되는 가액.

231) 당해 거래와 유사한 상황에서 당해 법인이 특수관계인 이외의 불특정 다수인과 계속적으로 거래한 가격 또는 특수관계인이 아닌 제3자 간에 일반적으로 거래된 가격이 있는 경우에는 그 가격.

232) 거주자·내국법인 또는 국내사업장이 국외 특수관계인이 아닌 자와의 통상적인 거래에서 적용되거나 적용될 것으로 판단되는 가격.

233) 자산의 교환으로 발생하는 수익으로서 익금에 산입하여야 할 '자산의 양도금액'은 특별한 사정이 없는 한 교환으로 취득하는 자산의 취득 당시 시가에 의하고, 대가의 일부로 현금을 수령한 경우에는 이를 합산하여야 한다(대법원 2011.7.28. 선고 2008두5650 판결). 갑 주식회사가 을 주식회사 발행주식을 병 주식회사에 양도하는 대가로 병 회사에게서 현금 및 정 주식회사 발행주식을 받기로 약정하였는데, 이후 2000.7.25. 병 회사와 을 회사에 대한 자산실사결과를 반영하여 위 양도대

금과 같은 항목의 액을 산정할 수 있을 것이다. 법인세법시행령은 현물출자받은 자산의 가액은 주식의 시가를 기준으로 하도록 하고 있다. 그러나 현물출자를 받은 법인이 취득한 자산의 시가가 주식의 시가를 하회하는 경우에는 법인이 취득한 자산의 시가로 계상한다(법인세법시행령 제72조 제2항 제3호 및 제4호).[234]

(나) 채권의 출자전환[235]

채권의 출자전환으로 취득한 주식의 가액을 출자전환을 한 채권자의 입장에서 얼마로 인식하여야 하는가의 문제가 있다. 일반적인 경우 취득 당시의 주식시가에 의한다. 법정관리계획에 따라 출자전환하는 경우에도 출자전환 당시의 당해 주식 시가로 한다.[236] 채무자회생 및 파산에 관한 법률에 따른 회생계획인가의 결정을 받은 법인, 기업구조조정촉진법에 따른 부실징후기업 및 채권금융기관과 경영정상화이행협약을 체결한 법인에 대한 채권을 출자전환한 법인이 취득한 주식의 가액은 출자전환채권의 장부가액으로 한다(법인세법시행령 제72조 제2항 제4호).

2. 이전(거래)이 없는 경우

세법상 이전거래가 없는 경우에는 기말이라 하여 자산가액을 평가하지는 않는다. 즉 매기 말 자산의 가액은 원가로 계상하는 것을 원칙[237]으로 한다. 시가법은 예외적으로 적용된다. 시가법이 적용되면 자산은 기말 '시가'에 따라 평가된다(법인세법시행령 제78조 제3항). 유형자산은 보험업법 등 다른 법률에 의해 유형자산을 평가할 때 증액만 허용된다. 유형자산이 천재지변·화재 등으로 파손·멸실된 경우 평가차손이 인정된다. 재고자산 및 주식 등도 특수한 상황에서는 시가로 평가할 수 있다(법인세법 제42조 제3항). 재고자산은 시가가 원가 이하로 떨어진 경우에만 시가로 평가된다. 이는 매출총이익의 인식을 이연시키는 효과만 있는 것이다. 투자회사가 보유하는 유가증권 등은 언제나 시장가격에 의해 평가한다. 외화자산·부채 및 통화선도·통화스왑도 언제나 외환시세에 의해 평가한다.

가를 일부 감액하기로 합의한 뒤 다음 날인 2000.7.26. 병 회사에게서 감액된 현금 및 정 회사 발행주식 주권을 교부받은 사안에서, 법인세 과세표준과 관련하여 갑 회사의 을 회사 발행주식 양도로 인해 익금에 산입해야 할 양도금액은 을 회사 발행주식 양도대가로 받은 현금과 정 회사 발행주식을 취득한 때인 2000.7.26. 당시 시가를 합산하여 산정하여야 한다.

234) 상법은 현물출자의 가액이 주식의 시가에 미달하지 않도록 하는 규정(제290조 제2호 현물출자는 변태설립사항, 제422조 현물출자의 검사)을 두고 있기는 하다.

235) 통상 채무의 출자전환이라고 하는데 그것은 발행법인의 입장에서의 얘기이다.

236) 법인세법기본통칙 41 - 72…3.

237) 재고자산의 경우 원가법에 의하는 경우에도 무엇의 원가를 남은 재고자산의 전체의 원가로 할 것인가에 대해 개별법, 선입선출법, 후입선출법, 총평균법, 이동평균법, 매출가격환원법 중 하나를 선택할 수 있다. 재고자산을 기업회계기준에 따라 시가로 평가한 경우 그 시가와 원가를 비교하여 저가로 하는 저가법을 원가법 대신 사용할 수도 있다(법인세법시행령 제74조 제1항). 유가증권도 원가법에 의하는 경우 개별법, 총평균법 및 이동평균법 중 하나를 선택할 수 있다(법인세법시행령 제75조 제1항).

제2절 시가

제1항 성격

상속세 및 증여세과세목적상 과세가액은 실제 거래된 가격이 있지만 그것을 인정하지 않고 정부가 산정한 가격에 의하여 과세되는 이른바 부당행위계산부인규정이니 이전가격과세제도에서의 시가 내지 정상가격과는 개념상 구분된다.

상증세법은 상속개시일 또는 증여일 현재의 '시가'를 과세가액으로 하는 원칙을 설정하고 있다(상증세법 제60조 제1항). 그리고 '시가'는 '불특정 다수인 사이에 자유롭게 거래가 이루어지는 경우에 통상 성립된다고 인정되는 가액'으로 한다고 규정하고 있다(상증세법 제60조 제2항). 그 원칙을 구체화하기 위한 세부적인 사항을 법령에서 규정하고 있다.[238]

한편 부당행위계산부인규정 중 양도소득에 관한 소득세법상의 규정을 예로 들면, 거래일 현재의 '시가'와 비교하여 조세의 부담감소 여부를 판단하도록 하고 있다. 그리고 여기서 '시가'는 상증세법의 규정을 준용하여 평가한 가액으로 하도록 하고 있다(소득세법시행령 제167조 제5항). 이전가격과세에 대해 규정하고 있는 국조법은 '시가'의 개념을 활용하는 대신 국제적으로 인정된 정상가격 산정방법을 국내세법에 옮겨 놓고 있다. 그러나 이전가격과세제도는 부당행위계산부인규정에 연원하는 것으로서 근본적인 제도의 취지는 많은 부분 공통점을 지니고 있다. 특히 상증세법상 시가의 산정방법으로서는 비록 법령상 그 우선순위가 명기되어 있지는 않지만 매매실례가액으로 하고 있는 점은 이전가격과세상 비교가능제3자가격방법을 사용하고 있는 것과 공통점을 가지고 있다.

1996년 12월 31일 독일연방헌법재판소는 상속세법상 상속재산 가액평가를 위해 시가평가제도를 도입하라는 입법권고를 한 바 있다. 이에 대해 독일 의회가 적극적으로 대응하지 않자, 2007년 1월 31일 독일연방헌법재판소는 사업용 자산, 부동산 및 주식의 가치를 시장가치보다 현저하게 낮게 평가하고 있는 독일 상속세법이 기본법상 평등조항(제3조 제1항)에 위배되어 기본법에 불합치하다고 결정하였다. 예로써 예금을 상속하는 경우와 토지를 상속하는 경우를 비교하고 있는데, 토지의 가치가 현저히 저평가되어 낮게 과세되는 문제점이 지적된 것이다.

제2항 범위

1. 법률에서 규정한 것

'시가'는 '불특정 다수인 사이에 자유로이 거래가 이루어지는 경우에 통상 성립된다고 인정

---

238) 구 상속세법(1993.12.31. 법률 제4662호로 개정되기 전의 것) 제9조 제1항은 "상속재산의 가액 …는 상속개시 당시의 현황에 의한다"라는 막연한 규정만 둔 채 그 평가방법에 관한 내용은 위 구 상속세법의 어느 법률조항에도 규정되어 있지 않고, …위 제9조 제1항은 과세요건 법정주의에 반할 뿐만 아니라 과세요건 명확주의에도 반하여 조세법률주의에 위반된다 할 것이고, 이로 인한 과세처분권의 자의적 행사에 의하여 납세의무자의 사유재산에 관한 이용·수익·처분권이 중대한 제한을 받게 될 수 있다는 점에서 헌법상 재산권보장의 원칙에도 반한다(99헌바54, 2001.6.28).

되는 가액'으로서 시장에서 실제 거래되는 매매사례가액을 말한다.

상증세법 제60조는 제1항에서 상속 또는 증여재산의 평가에 있어서 시가주의 원칙을 선언하고 있고, 제2항에서 그 시가가 일반적이고 정상적인 거래에 의하여 형성된 것으로서 객관적인 교환가치를 적정하게 반영한 것이어야 함을 전제로 시가로 인정될 수 있는 대략적인 기준을 제시하면서 그 구체적인 범위를 대통령령으로 정하도록 위임하고 있다.

헌법재판소는 제60조 제1항과 제2항이 조세법률주의와 재산권보장의 원칙에 위배되는지에 관해 합헌의 결정을 하였다.[239] 대법원도 관련 시행령 규정이 합헌이라는 판단을 해오고 있다.[240]

상장주식의 경우 어떤 날의 종가가 매일매일 이루어지는 거래 가격 중에서 '통상 성립된다고 인정되는 가액'인지 판정하기 곤란할 수도 있다. 이 경우에는 해당 거래일(평가기준일)을 전후하여 얼마간의 가액을 평균하여 시가로 하는 것이 타당할 것이다. 상증세법은 주식의 평가에 관해 일정 기간 평균가액(제63조 제1항 제1호의 방법)[241]을 본래의 의미의 시가라고 규정하면서도(상증세법 제60조 제1항 후문, 제63조 제1항 제1호), '보충적 평가방법'에 의한 시가로 보고 있다(상증세법 제60조 제2항 및 제3항).[242] 여기서 '보충적 평가방법'은 상증세법 제61조부터 제65조까지의 규정에 의한 방법을 말한다.

종래 대법원은 상증세법 제60조 제2항에 따라 상장주식의 종가를 시가로 보고, 제60조 제1항 후문에 의한 가액을 시가로 보는 입장을 취하지 않았다.[243] 최근 대법원은 특별한 사정이 없는 한 제60조 제1항 후문에 의한 가액을 시가로 보아야 한다는 판결을 내놓고 있다.[244] 제60조 제1항 후문에 의한 가액을 사용할 경우 명의가 이전되는 주식이 최대주주가 보유하는 것이었다면 할증률이 적용된다(상증세법 제63조 제3항).[245] 2010년 1월 1일 상증세법 제60조 제3항이 개정되어 동 조 제1항을 적용할 때 시가를 산정하기 어려운 경우에는 해당 재산의 종류, 규모, 거래 상황 등을 고려하여 제61조부터 제65조까지에 규정된 방법('보충적 평가방법')으로 평가한 가액을 시가로 보게 되었다.

시장성이 적은 비상장주식의 경우에도 그에 대한 매매사실이 있는 경우에는 거래가액을 시가로 보아 주식의 가액을 평가하여야 하고 보충적 평가방법에 의하여 평가해서는 아니 된다.[246]

---

239) 헌법재판소 2010.10.28. 2008헌바140.

240) 대법원 2010.1.14. 2007두23200 등.

241) 평가기준일 전후 2개월의 평균가액. 매일의 최종시세가액의 평균치이다.

242) 대법원 2012.6.14. 선고 2012두3200 판결.

243) 대법원 2006.12.7. 2005도7228.

244) 대법원 2011.1.13. 2008두9140.

245) 최대주 등이 보유하는 주식 혹은 출자지분은 일반 주식 등이 갖는 가치에 더하여 회사의 경영권을 행사할 수 있는 특수한 가치, 이른바 '경영권 프리미엄'을 지니고 있으며, 대통령령이 정하는 최대주주 또는 최대출자자 및 그와 특수관계에 있는 주주 또는 출자자의 주식 및 출자지분에 대하여는 통상의 방법으로 평가한 주식 등의 가액에 그 100분의 10을 가산하여 평가하도록 한 구 상속세 및 증여세법 제63조 제3항이 조세평등주의원칙에 위반하는 것은 아니다(구 상속세 및 증여세법 제63조 제3항 위헌소원 2003.1.30. 2002헌바65 전원재판부).

246) 대법원 2012.4.26. 선고 2010두26988 판결.

2. 시행령에서 규정한 것

가. 개요

어떤 재산의 가액을 평가하여야 할 때 상장주식과 같이 거래소가 있는 경우는 예외적인 상황이다. 대개의 경우 시가의 개념을 구체화하는 하위규정이 있어야 실제 평가가 가능할 것이다. 상증세법시행령은 시가의 산정방법에 대해 규정하고 있다.[247]

<시가의 산정원칙>

평가기준일	시가산정	보충적 평가방법	최대주주할증
· 대금청산일원칙 · 환율의 급격한 변동 등의 경우에는 매매계약일	· 평가기준일 전후 6월(증여의 경우 3월) 내의 매매·감정[248]·수용·경매·공매가액 등. 평가기준일 전 6월(증여의 경우 3월) 내의 매매사례가액, 당해 재산의 공시가격의 순으로 적용 · 평가기준일 전 2년 이내의 매매사례가액 등도 평가위원회의 자문을 거치는 경우[249] 시가 인정	· 상장주식 등은 평가기준일 전후 2월의 종가평균액 · 합병시 합병법인 등이 보유한 상장주식 평가액을 평가기준일 현재 최종 시세가액으로 함(상증세법 제63조)	· 최대주주의 주식 할증 평가(20%) (상증세법 제63조 제3항)

상증세법시행령 제49조는 제1항에서 상증세법 제60조 제2항의 위임규정에 따라 동 항 각 호에서 과세대상인 '당해 재산'에 대한 거래가액 등을 시가로 규정하고 있다. 이는 상속 또는 증여재산의 시가로 볼 수 있는 대표적인 경우를 예시한 것이다.[251] 상증세법시행령 제49조 제5항에서 과세대상인 당해 재산과 동일하거나 유사한 다른 재산에 대한 거래가액 등을 시가로 보도록 규정하고 있다(유사매매사례가액). 이는 상증세법 제60조 제2항이 과세대상인 '당해 재산'에 대한 거래가액 등만을 시가에 포함하도록 한정하고 있지 않은 이상, 모법인 상증세법 제60조 제2항이 예정하고 있는 시가의 범위를 구체화·명확화한 것이라고 보아야 한다. 그 비교대상이 되는 다른 재산의 범위도 면적·위치·용도 등 구체적 기준을 정하여 한정하고 있으므로, 상증세법시행령 제49조 제5항이 헌법상의 재산권보장 원칙 등에 위배되거나 위임입법의 한계를 벗어난 것으로서 무효의 규정이라고 할 수 없다.[252]

---

247) 평가관련 다수의 판례가 있다. 2008두8994, 2008두4275, 2006두14049, 2004두1834, 2005도7911, 2011두9140, 2010두26988, 2008두1849, 2003구합15591 등.

248) 그간 2이상 감정가액의 평균액으로 하던 것을 2018년부터는 대통령령으로 정하는 금액 이하의 부동산의 경우에는 하나 이상의 감정기관에 감정을 의뢰할 수 있도록 하고 있다(상증세법 제60조 제5항).

249) 2016년부터는 납세자로 재산평가심의위원회에 자문을 신청할 수 있도록 하고 있다.

251) 법원은 "법 제60조 제2항의 문언상 시가가 수용·공매가격 및 감정가격 등 대통령령이 정하는 바에 의하여 시가로 인정되는 것에 한정되는 것은 아니라고 할 것이므로 위 규정의 위임에 의한 시행령 제49조 제1항 각 호는 상속재산의 시가로 볼 수 있는 대표적인 경우를 예시한 것에 불과하며, 한편 시가란 원칙적으로 정상적인 거래에 의하여 형성된 객관적 교환가치를 의미하지만 이는 객관적이고 합리적인 방법으로 평가된 가액도 포함되는 개념이므로 공신력 있는 감정기관의 감정가액도 시가로 볼 수 있다 할 것이다"라고 판시하고 있다. 아울러 법원은 사실심 변론종결 시까지는 납세자의가 소급감정가액을 인정하고 있다(대법원 2000두5098, 2001.8.21.). 고등법원이 시가감정을 촉탁한 감정평가법인이 상속개시일 당시의 해당 자산의 가액을 소급하여 평가한 내역을 인정한 사례도 있다(대법원 2010.9.30. 2010두8751). 대법원 2010. 1. 14. 선고 2008두6448 판결, 대법원 1997.7.22. 선고 96누18038 판결, 대법원 2013. 12. 12. 선고 2013두13723 판결 참조.

시행령에서 규정하지 않은 방법을 사용해서 계산한 것도 법률의 개념에 부합한다고 하여 시가로 인정받을 수 있는가? 논리적으로 보면 가능할 것이다. 시가에 관한 시행령상의 규정은 예시적인 것이기 때문이다. 시행령에서 규정한 방법이지만 그것의 세부적인 요건을 벗어난 것도 법률상 '시가'의 개념에 부합한다고 볼 수 있는가? 역시 이론상 가능하다고 보아야 할 것이다. 이 경우는 전혀 시행령에서 그 방법을 규정하고 있지 않은 경우보다는 법원을 설득하기 훨씬 용이할 것으로 보인다. 예를 들면, 매매실례가액인데 평가기준일 전후 6개월 이내의 가액(상증세법시행령 제49조 제2항)은 없지만 7개월 이내의 가액이 있는 경우 그것을 시가로 수용할 가능성이 높은 것이다. 상증세법시행령은 이와 같이 기간을 특정하는 것이 갖는 한계를 감안하여 특정한 기간을 벗어난 것이라 하더라도 평가기준일 전 이내의 것이라면 가격에 미치는 특별한 사유가 없는 경우에는 평가심의위원회의 자문을 거쳐 시가로 인정할 수 있도록 규정하고 있다(상증세법시행령 제49조 제1항 본문단서).

증여세를 예로 들면 당해 증여일을 전후하여 3월의 기간 내에 매매계약일이 있는 매매실례가액은 시가로 인정받는다. 그것이 없을 경우에는 그 기간 내에 감정평가서작성일 및 가격산정기준일이 있는 감정평가가액은 시가로 보게 된다(상증세법시행령 제49조 제2항). 그 기간 바깥의 감정평가서상 가액은 시가로 볼 수 있는가? 역시 평가심의위원회의 자문을 거쳐 인정할 수도 있다.[253]

나. 주식

(1) 일반원칙

주식의 시가산정방법은 대체로 상증세법상의 평가규정이 준용되고 있지만 아래 표에서 보는 것처럼 세법간 차이가 있는 부분이 있다.

<주식의 시가산정방법>

	상속세 및 증여세 과세	개인양도소득과세	법인소득과세
평가기준일	대금청산일원칙 환율의 급격한 변동 등의 경우에는 매매계약일	양도시기	매매계약일(법인세법시행령 제88조 제2항)
시가산정	평가기준일 전후 6월(증여의 경우 3월) 내의 매매·수용·경매·공매가액 등, 평가기준일 전 6월(증여의 경우 3월) 내의 매매사례가액(상증세법시행령 제49조), 당해 재산의 공시가격의 순으로 적용. 평가기간 밖의 매매사례가액 등도 평가위원회의 자문을 거치는 경우 시가 인정	상증세법 준용	상증세법준용(법인세법시행령 제89조 제1항 제2항)
상장주식 등 보충적 평가방법	평가기준일 전후 2월의 종가평균액(상증세법 제63조)	상증세법 준용	해당 평가기준일의 종가(법인세법시행령 제89조 제1항)
최대주주 할증	최대주주의 주식 할증평가(20%)(상증세법 제63조 제3항)	상증세법 준용	장외거래로서 경영권 변동이 있는 거래는 거래 제반 상황을 감안하여 평가

---

252) 대법원 2010.1.14. 선고 2007두23200 판결.

253) 대법원 2005.9.30. 선고 2004두2356판결

(2) 상장주식

상장주식은 평가기준일 전 후 2월간의 최종시세가액의 평균액을 보충적 평가가액으로 한다. 법인의 최대주주는 경영권을 행사하는 프리미엄을 갖게 된다. 이는 통상 소액주주가 갖는 주주권의 실질적인 내용을 초월하는 것이 된다. 거래소에서 형성되는 상장주식의 가격은 소액주주의 기대치를 반영하는 것이 되기 때문에 최대주주의 주식 전체에 대해서는 어느 정도 그것을 초월하는 가액을 인정하는 것이 경제적 실질에 부합하는 것이 된다.

(3) 비상장주식

상증세법에는 비상장주식의 가액을 평가하는 규정이 있는데 그에는 개별 주식의 가액을 순손익가치와 순자산가치를 기초로 평가하는 방법이 설정되어 있다.

- 1주당 가액 = [(1주당 순손익가치 × 3) + (1주당 순자산가치 × 2)]/5
  - 1주당 순손익가치 =(1주당 최근 3년간 순손익액 가중평균액)/10%
  - 1주당 순자산가치 =[해당법인의 순자산가액(자산 − 부채)]/(발행주식총수)
- 순자산가치의 80%를 하한으로 설정

비상장주식의 순손익가치는 그 주식이 갖는 미래의 기대수익을 추정한 다음 그 현재가치를 평가하는 방법으로 산정하는 것이 바람직하지만 미래의 기대수익을 정확히 예측하는 것이 용이하지 않다. 평가기준일부터 최근 3년간 이내에 합병이 있었다면 합병 전 회사의 과거 실적을 토대로 하여 합병 후 회사의 미래의 기대수익을 예측하는 것이 불합리하므로 순손익가치를 배제하여 산정한다(상증세법시행규칙 제17조의3 제1항 제3호). 1주당 순손익가치의 배제사유에는 특별한 사정이 없는 한 완전모회사인 비상장회사가 그 자회사를 청산하여 모든 자산·부채를 그대로 승계하는 경우도 포함된다.[254]

부동산과다보유법인의 경우에는 1주당 순손익가치와 순자산가치를 각각 2:3의 비율로 가중평균한다. 다음의 경우에는 순자산가치로만 평가한다.

①청산절차가 진행중이거나 사업자의 사망 등으로 사업의 계속이 곤란한 경우
②사업개시전의 법인, 사업개시 후 3년 미만의 법인, ·폐업 법인
③평가기준일이 속하는 사업연도 전 3년 내의 사업연도부터 계속하여 결손금이 있는 법인

비상장주식의 경우 소액주주의 개별 주식가치와 최대주주의 그것에 대해 다를 바 없이 규정되어 있었다. 대법원 2006.12.7., 2005두7228판결 사건은 비상장주식의 가액을 시가에 의해 평가하는 경우 구 상증세법 제63조 제3항에 정한 최대주주 보유주식에 대한 할증률을 적용할 수 있는지가 쟁점이 되었다. 법원은 다음과 같이 설시하였다.

---

254) 완전모회사인 비상장회사가 그 자회사를 청산하여 모든 자산·부채를 그대로 승계한 경우에는 실질적으로 자회사를 합병한 경우와 유사한 결과가 발생하므로, 평가기준일부터 최근 3년간 이내에 이와 같은 청산이 있었다면 해당 비상장회사의 과거 실적을 토대로 미래의 기대수익을 예측하는 것이 불합리하다는 점에서 자회사를 합병한 경우와 다름이 없다(대법원 2017. 2. 3. 선고 2014두14228 판결).

구 상속세 및 증여세법(2000.12.29. 법률 제6301호로 개정되기 전의 것) 제63조 제3항은 제1항 제1호 및 제2항의 규정을 적용함에 있어서 대통령령이 정하는 최대주주 등의 주식에 대해서는 제1항 제1호 및 제2항의 규정에 의하여 평가한 가액에 그 가액의 100분의 20을 가산하되, 최대주주 등이 당해 법인의 발행주식총수 등의 100분의 50을 초과하여 보유하는 경우에는 100분의 30을 가산한다고 규정하고 있는바, 위 규정에 의하면, 최대주주 등이 보유하는 주식에 대하여 법 소정의 할증률이 적용되는 주식은 법 제63조 제1항 제1호에 따라 보충적 평가방법에 의하여 주식의 가액을 평가하는 경우와 법 제63조 제2항에 따라 기업공개 준비 중인 주식의 가액을 평가하는 경우에 한정되고, 그 할증률 또한 법 제63조 제1항 제1호 및 제2항의 규정에 의하여 평가한 가액에 최대주주 등의 주식보유비율에 따라 20% 또는 30%의 할증률을 획일적으로 적용하도록 규정하고 있으므로, 비상장주식의 가액을 시가에 의하여 평가하는 경우에는 당해 주식이 최대주주 등이 보유하는 주식이라 하더라도 법 제63조 제3항을 적용하여 그 시가액에 다시 소정의 할증률을 획일적으로 적용할 수는 없는 것이고, 이는 법 제60조 제1항이 상장주식과 협회등록법인의 주식의 경우에 법 제63조 제1항 제1호 가목 및 나목에 규정된 평가방법에 의하여 평가한 가액을 시가로 본다고 규정하고 있다고 하더라도 달리 볼 것이 아니다.

위 사건은 비상장주식의 경우에도 최대주주 몫의 할증을 한 과세처분에 대해 다툼이 있었던 것이다. 이후 비상장주식의 가액을 시가(매매사례가액)에 의하여 평가하는 경우에도 할증이 가능하도록 상증세법 제63조 제3항이 개정되었다(2008.12.26). 할증규정 적용을 위해서는 우선 시가를 산정하여야 하는데, 비상장주식의 경우에도 평가기준일 전후 6월(증여재산은 3월) 이내에 불특정 다수인 사이의 객관적인 교환가치를 반영한 거래가액 또는 경매·공매가액 등의 시가가 확인되는 경우에는 이를 시가로 인정한다.[255]

(4) 주식평가액이 '0'일 경우

합병에 의해 기존의 주식 대신 새로운 주식을 받는 주주의 입장에서는 기존 주식의 가치와 새로 받는 주식의 가치를 정확하게 계산하여야 합병이익과세 여부가 올바로 판가름 나게 된다. 비상장주식의 시가를 산정하기 어려운 경우에는 보충적 평가방법을 적용하는데 그것은 순손익가치와 순자산가치를 조합하여 산정한다. 순자산가액이 '0' 이하인 경우에는 '0'으로 한다(상증세법시행령 제55조 제1항). 순손익가치도 그 가액이 '0' 이하인 경우에는 '0'으로 한다(상증세법시행령 제56조 제1항).[256]

불균등증자의 경우 증자 전후 주식 가액이 위와 같은 사정으로 '0'이 된 경우 신주를 인수한 자가 특수관계인인 다른 주주에게 분여한 이익은 없는 것으로 보게 된다.[257] 그러나 그 인수행위가 건전한 사회통념이나 상관행에 비추어 경제적 합리성을 무시한 비정상적인 거래행위에 해당하는 경우에는 부당행위계산부인규정이 적용된다.[258]

순손익가치와 관련해서는 사회통념이나 상관행에 의한 판단이 개입할 여지가 크다. 예로써, 건설 중인 골프장을 소유하고 있던 법인의 주식을 대표와 관련 법인에게 주당 1원의 가격으로

---

255) 비상장중소기업최대주주 주식 할증 평가 관련 헌재결정 2006헌바22, 2006헌바115, 2007헌바82

256) 서면2팀 – 467, 2006.3.7.

257) 대법원 2010.11.11. 선고 2008두8994 판결 참조.

258) 서면4팀 – 1079, 2005.6.28.

매도한 것에 대해 법원은 비록 그 법인의 순자산가치가 '−'인 것이 인정되고 그것의 장래 순손익가치에 대해서는 객관적인 증빙을 찾을 수 없다 하더라도 상당한 수익이 발생할 것으로 예측한다는 사업보고서 및 관련 회의자료 등이 존재하고 해당 법인의 주식을 그 법인의 대표에게 그간 공로를 인정하여 가장 많이 인수시킨 점 등을 근거로 위 법인이 그 수익가능성에 상당하는 위 주식의 내재적 가치를 포기하고 주식의 적정한 객관적 교환가치보다 현저하게 낮은 가격으로 매도한 것으로 법원이 판단한 사건을 찾아볼 수 있다.[259]

다. 영업권

영업권은 사업의 양수도, 법인의 합병·분할의 과정에서 대가를 주고 취득할 수 있다. 양수한 자산과는 별도로 양수사업에 귀속하는 허가·인가 등 법률상의 특권, 사업상 편리한 지리적 여건, 영업상의 비법, 신용·명성·거래선 등 영업상의 이점 등을 감안하여 적절한 평가방법에 따라 유상으로 취득한 가액이 영업권이 되고 이는 감가상각자산으로 한다. 이때에는 세법상 영업권의 가액을 평가할 필요가 없다.[260]

상속세과세를 위해서는 영업권을 평가하여야 한다. 이때에는 최근 3년간의 순손익액의 가중평균액을 토대로 영업권을 평가한다. 영업권 지속연수를 원칙적으로 5년으로 하여 영업권 가액을 산출하게 된다(상증세법시행령 제59조 제2항).

3. 비세법 적용상 평가

비세법 적용상으로는 세법상 평가규정을 참고만 할 뿐 그것에 구속되지는 않는다. 대법원 2009.5.29, 선고 2007도4949판결 사건에서는 형법상 배임죄 적용을 위해 시가를 산정할 때 세법상 평가규정에 따라야만 하는가에 대해 다투어졌다. 이에 대해 법원은 다음과 같이 설시하였다.

> 회사가 제3자 배정의 방법으로 신주 등을 발행하는 경우에는 회사의 재무구조, 영업전망과 그에 대한 시장의 평가, 주식의 실질가액, 금융시장의 상황, 신주의 인수가능성 등 여러 사정을 종합적으로 고려하여, 이사가 그 임무에 위배하여 신주의 발행가액 등을 공정한 가액보다 현저히 낮추어 발행한 경우에 해당하는지를 살펴 이사의 업무상 배임죄의 성립 여부를 판단하여야 할 것이다. …검사의 상고이유는 이 사건 전환사채의 적정 전환가액을 주당 85,000원으로 보아야 함에도 원심이 그 판시와 같은 이유를 들어 주당 14,825원으로 인정하고 그 범위 내에서만 죄책을 인정한 것이 부당하다는 취지이나, 이 사건 전환사채는 주주배정의 방법으로 발행되었고, 주주배정의 방법에 의하여 전환사채를 발행할 경우에는 반드시 시가 또는 주식의 실질가액을 반영한 전환가액으로 발행하여야 하는 것이 아니라는 것은 앞서 살펴본 바와 같으므로, 이 사건 전환사채의 전환가액이 적정한지에 관해서는 더 나아가 판단할 필요도 없이 검사의 상고이유 주장은 이유 없다.

---

259) 서울고등법원 2005.9.28. 선고 2005노473 판결.
260) 대법원 2002.4.12. 선고 2000두7766 판결.

제5편 부가가치세법

제1장 부가가치세

제1절 개념 및 역사

제1항 개념

부가가치세는 국민 경제에서 창출된 부가가치에 대해 과세하는 세금이다. 국민소득계정상 부가가치는 생산국민소득으로 나타난다. 생산국민소득금액은 지출국민소득금액과 일치하도록 되어 있다. 지출국민소득은 (소비)+(투자)+(순수출)로 구성된다. 우리나라의 부가가치세제도는 지출국민소득을 구성하는 3요소 중 (소비)에 대해서만 과세하는 소비형 부가가치세제도이다.

부가가치세는 각 경제 주체들이 생산활동을 통해 스스로 창출한 부가가치에 대해 과세되는 것이다. 부가가치세의 과세를 위해서는 부가가치를 측정하여야 한다. 부가가치는 산술적으로 생산품가액에서 투입재화나 용역의 가액을 차감한 것이 된다. 부가가치는 최종적인 소비자에게 물어서는 알 수 없고 생산자에게 알아보아야 한다. 생산자가 부가가치의 창출자이기 때문이다. 생산자는 사업자인데 사업자에게 바로 부가가치가 얼마이었는지를 물어서 그것에 대해 세율을 적용하는 방식을 전단계거래금액공제방식이라고 한다. 이때 사업자는 장부를 비치하고 자신의 거래내역을 전부 기록하여야 한다. 국가는 사업자로부터 세금을 걷는다. 사업자는 소비자로부터 세금을 걷는다. 세금 몫으로 걷어도 좋고 명시적으로 표시하지 않고 가격에 반영하여도 좋다. 어느 경우에나 실질적인 조세의 부담자는 소비자라고 볼 수 있다. 사업자로서는 총이윤세(gross profit tax)이기 때문에 일종의 소득세라고 인식할 수도 있겠다. 강학상 소득세는 직접세이지만 거래상대방에 대한 전가의 정도가 매우 낮은 간접세[1]라고도 볼 수 있다. 부가가치세가 간접세이지만 거래상대방에 대한 전가의 정도가 매우 높은 직접세라고도 볼 수 있을 것이다. 특히 전단계거래금액공제방식의 부가가치세는 더욱 그러하다.

전단계거래세액공제방식은 부가가치세의 간접세적인 성격을 보다 분명히 해 준다. 사업자가 재화나 용역을 공급할 때 공급받는 자로부터 공급가액에 세율을 곱하여 계산한 세액을 거래징수한다. 세금 몫을 징수하도록 함으로써 전가를 분명히 하는 것이다. 세금을 걷기 때문에 위축될 수요를 감안하여 공급하는 자가 원래 상품이나 용역의 가격을 낮추게 된다. 따라서 전가되는 금액은 세액에 미치지 못하게 된다.

---

1) 강학상 모든 소비세가 간접세인 것은 아니다. 소비세는 소비를 과세대상으로 하는 것으로서 소비를 하는 자를 납세의무자로 하여 세금을 물릴 수 있는 것이다. 이 경우 소비세는 직접소비세가 된다. 공급하는 자를 납세의무자로 하는 소비세를 간접소비세라고 할 수 있을 것이다(金子宏, 『租税法』(제10판), 弘文堂, 2005. p.520).

제2항 역사

우리나라의 부가가치세는 1977년 유럽국가 특히 프랑스의 제도를 본받아 도입되었다. 1950년대 도입된 프랑스의 제도는 EU 각국에 전파(독일 1968년 1월 1일 도입)되었으며 통일적인 부가가치세의 도입을 권고하는 1967년 EC의 Directive[2])에 의해 정리되었다. 1977년 우리나라는 1967년 EC Directive를 많이 참조하였을 것이다. 이후 EC Directive는 1977년 개정[3])되고, 2006년 다시 개정되었다. 2006년 EC Directive[4])는 그간 논의가 집적된 것으로서 우리 제도의 성격을 이해하는 데 매우 도움이 된다.

1977년 당시 전단계세액공제방식의 소비[5])형 부가가치세로 도입된 우리 부가가치세제의 기본 틀은 지금도 유지되고 있다. 도입 당시 일시적으로 소비자물가가 상승하는 부작용은 있었지만 지금은 잘 정착되어 상호대사(cross check) 기능을 통해 소득과세상으로도 많은 도움이 되고 있다. 다만, 모든 거래에 대해 세금계산서를 교부하도록 하지 않은 점은 거래질서의 확립에 흠이 되는 부분이다. 직전연도 공급대가가 4천8백만 원 미만인 개인사업자에게 적용되는 간이과세제도는 전단계매입금액을 업종별 부가가치율에 의해 추계하고 세액을 계산하는 변형된 전단계매입금액공제방식을 취하고 있다.[6]) 영세사업자들의 납세협력비용 절감이라는 법익과의 균형을 고려한 것이다.

부가가치세가 굳이 국세이어야만 하는 것은 아니다. 지방 단위에서도 거둘 수 있다. 그런데 지방 간 공급지와 소비지가 다를 경우 현재 국세인 부가가치세가 국외공급, 즉 수출에 대해 영세율을 적용하고 국외로부터의 수입에 대해 세관에서 세금을 걷는 방식을 그대로 모방하여 운영하는 것은 비용이 너무 많이 든다.

우리나라에서는 2010년 1월 부가가치세의 5퍼센트를 지방소비세로 전환함으로써 지역의 경제활동과 지방세수와의 연계성을 높이기 위하여 부가가치세를 그 납부세액에서 감면세액, 공제세액 및 가산세를 차가감한 세액의 95퍼센트로 하는 특례조항을 규정하게 되었다(구 부가가치세법 제32조의 6). 현행 법규상으로는 85퍼센트(79퍼센트, 2020년 이후)를 부가가치세로 하고 15퍼센트(21퍼센트, 2020년 이후)를 지방소비세로 한다(부가가치세법 제72조).

부가가치세와 지방소비세의 신고, 납부, 경정 및 환급은 부가가치세와 지방소비세를 합한 총

---

2) 같은 날 First Directive와 Second Directive가 공표되었다(1967.4.11).

3) 제6지침이라고 불린다.

4) EC Council Directive 2006/112/EC of 28 November 2006 on the common system of value added tax. 이하 EC Directive는 EC VAT Directive를 의미한다.

5) (국내생산소비) + (국외생산수입소비).

6) 일본의 제도와 비교한다면, 1989년 시행된 일본 '소비세' 역시 전단계매입세액공제제도를 채택하고 있지만 세금계산서방식 대신 장부방법을 사용하고 있다. 중소기업에는 간이과세제도가 적용되는데 전단계매입세액을 전단계매입금액을 개산(추계)한 다음 거기에 세율을 곱하여 계산한다는 의미에서 그것 역시 전단계매입세액공제제도를 적용받고 있다고 한다. 그러나 장부방법에 의한 전단계매입세액공제방법은 실제 거래상대방으로부터 세금을 얼마나 징수하는 것인지에 대한 증빙을 요구하지 않고 당해 단계의 부가가치세액에 대한 납세의무를 사업자에게 부과한다는 점에서 과연 전가가 제대로 이루어지고 있는지에 대해 논란이 많다. 이에 따라 1997년 4월부터는 EC형 세금계산서방식으로의 이행을 위한 준비단계로서 전단계매입세액공제를 위해 매입 관련 내역을 기록한 장부 혹은 청구서를 비치하도록 의무화하고 있다.

액으로 한다. 세수 배분 시 지역별로 가중치를 부여함으로써 지방자치단체 간에 재정불균형을 완화하는 보완장치를 마련하였다. 지방소비세를 민간최종소비지출 비중에 따라 배분하되, 지역별로 민간최종소비지출의 반영비율에 차등(권역별 가중치)[7]을 두고 있다.[8]

지방소비세는 지방세법에서도 규율하고 있다(지방세법 제65조부터 제73조). 지방소비세의 과세표준은 부가가치세법에 따른 부가가치세의 납부세액에서 부가가치세법 및 다른 법률에 따라 부가가치세의 감면세액 및 공제세액을 빼고 가산세를 더하여 계산한 세액으로 한다. 종전의 법제상의 수치를 이용하여 설명하자면, 지방소비세의 세액은 제1항의 과세표준에 100분의 11을 적용하여 계산한 금액으로 하며 이를 세무서장이 관할 지방자치단체에 납입하도록 하고 있다(지방세법 제69조). 납세의무자로부터 추가적으로 부과징수하는 것이 아니라 각 세무서에서 납세의무자로부터 납입받은 11%의 세액을 나누어주는 방식이다(지방세법 제71조).

참고로 일본에서는 지방소비세를 국가소비세의 부가세(surtax)의 형식으로 징수하도록 1994년 지방세법을 개정하고 국가에서 위탁징수하고 있다. 국가가 징수한 소비세는 국민소비통계를 이용하여 지방 간 안분하는 방식을 채택하고 있다.[9]

제2절 부가가치

제1항 일반적 의미

자본주의 시장경제에서 정부가 설정한 과세대상은 국민소득의 생성과 그 분배에 따라 이해해 볼 수 있다. 단순한 폐쇄경제를 상정하여 설명하자면 각 생산단계에서 부가가치가 창출되며 그것은 시장에서 소비와 투자로 지출되는 것의 합과 동일한 금액이 된다.[10] 소비와 투자는 지출로서 인적 자산 내지 물적 자산의 가치를 유지 또는 발전시킨다는 점에서 동일하다. 지출의 효용이 지속되는 기간에 차이가 있을 뿐이다. 소비는 인적 자산의 능력을 유지 내지 발전시킨다. 투자는 기업의 생산능력을 제고시킨다.

각 경제 주체들은 창출한 부가가치를 이자, 배당, 급여 및 이윤 등으로 분배하게 된다.[11] 그것들은 특정인에게 분배된 소득으로서, 즉 귀속된 소득으로서 소득세의 과세대상이 된다. 다시

---

7) 권역별 가중치: 수도권(100%), 비수도권 광역시(200%), 비수도권 道(300%).

8) 민간최종소비지출이란 민간 및 비영리단체의 연간 총소비지출수준을 나타내는 지표로서 통계청에서 매년 발표하고 있다. 지방소비세 2.4조 원 이양 규모 중 약 1.48조 원이 국가에서 지방으로 순증 이양되며, 수도권 지방자치단체에는 0.34조 원(23%), 비수도권 지방자치단체에는 1.14조 원(77%)의 순증 효과가 발생한다고 한다(부가가치세법 일부개정법률안(정부제출: 1806195) 국회 기획재정위원회 검토보고서, 2009.11).

9) 일본 헌법상 지방세조례주의에 의해 지방자치단체가 세목을 신설할 수 있도록 되어 있어서 국가가 특수한 목적 때문에 지방세의 신설을 제한하기 위해서는 법으로 규정하여야 한다. 이에 따라 상속세법, 법인세법 및 소득세법에도 부가세 신설 금지조항이 있다. 그러나 금지조항이 없는 소비세의 경우 바로 지방자치단체가 지방세의 개정 없이 소비세부가세를 신설할 수 있었겠지만 각 지방 간 세수안분을 위한 방법의 규정 등을 위해서 지방세법을 개정하였다.

10) 생산국민소득 = 지출국민소득.

11) 생산국민소득 = 분배국민소득.

분배된 국민소득은 소비나 저축으로 처분된다.12) 경제이론에 의하면 소비와 저축의 합은 소비와 투자의 합과 균형을 이루게 된다. 저축은 자본을 형성하게 된다. 저축된 자본은 화폐의 형태로 있거나 자본가가 인적 자산 또는 물적 자산을 구입하는 데 사용된다. 어떤 자산의 형태로 존재하는가에 따라 국민총생산에서 분배받을 것이 정해진다.

한 번 생산단계에서 부가가치로 부가가치세가 과세된 것을 분배할 때는 다시 부가가치세가 과세되지 않는다. 채무증서나 지분증서를 취득하면서 자금을 제공한 대가로 수령하는 이자나 배당은 부가가치로 보지 않는다. 종속적 인적 용역을 제공하면서 그 대가로 수령하는 급여는 부가가치로 보지 않는다. 채무증서나 지분증서와 같은 투자자산의 양도차익 부분은 국민소득과는 직접적인 관련이 없으며 부가가치로 보지 않는다.

생산국민소득은 각 생산단계의 부가가치 합인데 그에 대해서 부가가치세를 부과하게 된다. 우리나라 및 EU 국가들은 소비형 부가가치세제도를 도입하였는데 투자지출에 대해서는 과세하지 않고 소비지출에 대해서만 과세한다. 일반소비세로서 부가가치세와 다른 제도를 도입한 국가도 있기는 하지만 본서의 목적상 언급은 생략한다.

제2항 세법상 의미

부가가치세법상 '부가가치'의 개념을 정의하고 있는 규정은 없다.13) 1967년 EC Directive도 같은 입장이다. 다만, 다음과 같이 '부가가치세'의 의미를 표현하고 있을 뿐이다(1967년 EC First VAT Directive 제2조).

> 공동부가가치세의 원칙은 재화와 용역에 그것들의 가격에 정확히 비례하는 일반적인 소비세를 부과하고자 하는 것이다. 세금이 매겨지는 단계의 전까지 생산과 분배의 과정에서 일어난 거래의 횟수를 불문하는 것이다. 각 거래단계에서 부가가치세액은 재화나 용역의 가액에 적용할 세율에 따라 계산된다. 조세채무액은 그 부가가치세액에서 납세의무자가 직접 부담한 여러 원가요소에 대한 부가가치세액을 공제한 금액으로 한다. 공동부가가치세는 소매단계까지 적용된다.

EC가 상정한 부가가치세상 '부가가치'라고 하는 것은 국민생산 중 소비만을 고려한 것이다. 조세채무액은 그것에서 납세의무자가 직접 부담한 여러 원가요소에 대한 부가가치세를 공제한 금액으로 한다고 하여 생산설비의 부가가치세는 공제되도록 하고 있기 때문이다. 그리고 세액공제방식을 전제로 하는 것이다.

---

12) 처분국민소득.

13) 일본의 경우 부가가치세를 소비세라고 하고 중국은 증치세라고 한다. 중국의 증치세조례도 증치의 개념을 정의하고 있지는 않다.

제2장 납세의무자

사업자 또는 재화를 수입하는 자로서 개인, 법인(국가·지방자치단체와 지방자치단체조합), 법인격이 없는 사단·재단 또는 그 밖의 단체는 부가가치세를 납부할 의무가 있다(부가가치세법 제3조).

제1절 사업자

사업자는 부가가치세 납세의무를 부담한다.[14] 사업자는 사업 목적이 영리이든 비영리이든 관계없이 사업상[15] 독립적으로 재화 또는 용역을 공급하는 자를 말한다(부가가치세법 제2조 제3호). 사업자인지는 그 자가 영위하는 행위의 실질을 보아 판단한다.

공급은 사업상 하는 것이어야 한다. 이는 부가가치를 창출할 정도의 사업형태를 갖추고 계속적이고 반복적인 의사로 재화 또는 용역을 공급하는 것을 말한다.[16]

사업상 독립적으로 공급하면 되며 영리를 목적으로 하여야 하는 것은 아니기 때문에 비영리법인이 고유목적사업을 위해 공급하는 경우에도 과세대상이 된다. 다만, 종교, 자선, 학술, 구호, 그 밖의 공익을 목적으로 하는 단체 또는 국가, 지방자치단체 또는 지방자치단체조합이 공급하는 재화 또는 용역으로서 대통령령으로 정하는 것은 면세이다(부가가치세법 제26조 제1항 제18호, 제19호).

인 대신 인의 모임이 부가가치세 신고납부의무를 부담하도록 제도를 설계할 수 있다.[17]

부가가치세법상 사업자는 일반과세자와 간이과세자로 구분한다. 간이과세자 이외의 사업자는 일반과세자이다. 간이과세자는 직전 연도의 공급대가의 합계액이 4천8백만원에 미달하는 사업자로서, 간편한 절차로 부가가치세를 신고·납부하는 개인사업자이다.

---

14) 입법론상 납세의무자가 되기 위해서는 반드시 사업자이어야 한다는 요건을 설정할 필요는 없다. 외국에서 수입하는 용역의 경우 용역을 수입하는 자가 비사업자라 하더라도 납세의무자로 할 수 있을 것이다. 그리고 대리납부의무를 지는 면세사업자의 의무가 납세의무가 아니라고 할 것도 아니다. EU 국가 간에는 소비지국과세원칙에 따라 재화나 용역을 제공받는 국가에서 과세권을 행사한다. 이를 위해 제공받는 자가 납세의무를 지도록 하고 있다. 제공받는 자에는 사업자뿐 아니라 비사업자도 있다. EU 회원국들은 EU 회원국으로부터 수입하는 경우 소비지국으로서 많은 면세규정을 두고 있다.

15) 소득세법상 사업소득의 납세의무자가 되어야 하는 것은 아니다. '사업상 독립적으로 재화 또는 용역을 공급하는 자'란 부가가치를 창출하여 낼 수 있는 정도의 사업형태를 갖추고 계속적이고 반복적인 의사로 재화 또는 용역을 공급하는 자를 뜻한다(대법원 2010.9.9. 선고 2010두8430 판결, 대법원 1989.2.14. 선고 88누5754 판결). 참고로 일본 소비세법상 소비세 납세의무자가 되기 위해서는 반복적, 계속적 및 독립적으로 공급하여야 한다.

16) 대법원 1990.4.24. 89누6952.

17) EC Directive [VAT Group] 제11조
EC Directive는 VAT group과 fiscal unity를 구분하여 규정하고 있다.
[VAT group] EU 국가들에서는 독립적으로 해당 용역이나 재화를 제공하는 자와의 경쟁을 저해하는 것으로 판단되지 않는 한 VAT group에 관한 규정은 폭넓게 인정된다. 각국의 VAT Group에 관한 규정은 부가가치세 면세사업자들이 형성하는 독립된 단위가 그들에게 제공하는 용역으로 한정되고 있다.
[재무적 단일체(fiscal unity)] EU 8개국은 fiscal unity의 개념을 도입하고 있다. 오스트리아, 덴마크, 독일, 아일랜드, 네덜란드, 스웨덴, 핀란드 및 영국 등이 그 예이다. 이러한 개념은 앞의 VAT group의 개념과 다를 바 없다.

과세의 대상이 되는 행위 또는 거래의 귀속이 명의일 뿐이고 사실상 귀속되는 자가 따로 있는 경우에는 사실상 귀속되는 자에 대하여 부가가치세법을 적용한다. 사업자등록을 하였는지 또는 실제 거래상대방으로부터 부가가치세를 거래징수하였는지를 불문한다.

재화 또는 용역의 공급에 따른 납세의무자는, 용역을 예로 들면 계약상 또는 법률상의 모든 원인에 따라 사업상 독립적으로 역무를 제공하는 자 또는 시설물, 권리 등 재화를 사용하게 하는 자이다. 이 요건만 갖추면 납세의무를 부담하게 되고, 실제로 대가를 받는지 등의 사정은 납세의무자의 특정에는 영향을 미치지 않는 것이 원칙이다.[18]

수탁자가 위탁자로부터 이전받은 신탁재산을 관리·처분하면서 재화를 공급하는 경우 수탁자 자신이 신탁재산에 대한 권리와 의무의 귀속주체로서 계약당사자가 되어 신탁업무를 처리한 것이므로, 이때의 부가가치세 납세의무자는 재화의 공급이라는 거래행위를 통하여 재화를 사용·소비할 수 있는 권한을 거래상대방에게 이전한 수탁자로 보아야 한다.[19]

제2절 사업자등록

사업자등록은 사업장 단위마다 하여야 한다.[20] 부가가치세는 사업장마다 신고납부하여야 한다. 즉 어떤 부가가치세 납세의무자가 여러 개의 사업장을 가지고 있는 경우에는 자신이 모두 납세의무를 부담하는 것이지만 신고납부는 각 사업장별로 하여야 한다. 이것은 사업장마다 거래징수하여야 한다는 것을 의미한다. 2개 이상의 사업장을 가지고 있는 사업자가 일정 요건을 충족하여 신청한 경우에는 주된 사업장에서 총괄하여 납부할 수 있다(부가가치세법 제51조). 한편 사업자단위과세사업자인 경우에는 본점 또는 주 사무소에 하나의 사업자등록을 하면 되며, 신고·납부도 일괄로 하면 된다(부가가치세법 제8조 제3항).[21]

사업자등록은 신규로 사업을 개시하는 날부터 20일 이내에 하여야 한다. 사업자가 휴업 또는 폐업을 하는 경우에는 지체 없이 신고하여야 한다. 폐업을 한 때에는 사업자등록을 말소한다. 사업자등록 여부와 부가가치세납세의무의 성립 여부는 무관하다. 사업자등록은 납세의무를 이행하기 위한 절차에 불과하다. 납세의무의 확정과 직접적인 관련이 없지만 사업자등록에 관해 세무서장이 행한 처분에 하자가 있는 경우에는 국세기본법에 의해 불복할 수 있다.[22]

---

18) 대법원 2016. 2. 18. 선고 2014두13812 판결

19) 대법원 2017. 5. 18. 선고 2012두22485 전원합의체 판결

20) 사업자가 '면세사업자용'이라고 기재된 사업자등록증을 교부받은 것이 구 부가가치세법 제5조 제1항에서 정한 사업자등록에 해당하지는 않는다(대법원 2004.3.12. 선고 2002두5146 판결).

21) 갑이 을과 함께 병 명의로 사업자등록을 하고 피시방을 운영하다가 을 지분을 인수한 뒤 병을 상대로 사업자등록 명의를 갑으로 변경하는 절차를 이행할 것을 청구한 사안에서, '사업자등록 명의변경절차의 이행'을 소로써 구할 수는 없다고 한 사례가 있다(대구고법 2012.1.18. 선고 2011나6572 판결).

22) 과세관청이 사업자등록을 관리하는 과정에서 위장사업자의 사업명의를 직권으로 실사업자의 명의로 정정하는 행위가 항고소송의 대상이 되는 행정처분이 되는 것은 아니다(대법원 2011.1.27. 선고 2008두2200 판결). 정정하는 행위가 사업자의 법적인 지위에는 영향을 주지 않기 때문이다. 한편, 사업자등록에 관한 세무서장의 행위는 행정심판의 대상으로 인정되고 있다(심사 2017-0014, 2017.6.2. 참조).

한 사업자가 여러 사업장을 가지고 있는 경우에는 개별 사업장마다 사업자등록을 하여야 한다(부가가치세법 제8조 제1항). 2008년 12월 26일 부가가치세법 개정 시 전산시스템 설비를 갖추지 않았거나 본점·주 사무소 관할세무서장의 승인이 없이도 사업자단위과세사업자제도를 선택할 수 있도록 개정되었다. 둘 이상의 사업장이 있는 사업자는 사업자단위로 해당 사업자의 본점 또는 주 사무소 관할세무서장에게 사업자등록을 할 수 있게 된 것이다. 2010년부터는 사업자는 개별사업장마다 등록하는 대신 주된 사업장에만 등록하고 총괄신고납부하는 것을 선택할 수 있다(부가가치세법 제8조 제3항).

제3장 과세대상

부가가치세는 과세거래에 대하여 부과한다. 부가가치세는 세상의 거래 중 부가가치세법이 과세거래라고 규정한 것에 대해 부과되는 것이다. 부가가치세는 행위에 대해 부과하는 것이기 때문에 대물세라고 하는 것은 적절하지 않다.

과세거래는 '사업자가 행하는 재화의 공급', '사업자가 행하는 용역의 공급' 및 '재화의 수입'이다(부가가치세법 제4조). '재화'란 재산 가치가 있는 물건 및 권리를 말하며, '용역'이란 재화 외에 재산 가치가 있는 모든 역무(役務)와 그 밖의 행위를 말한다(부가가치세법 제2조 제1호 및 제2호).

부가가치세법은 '재화의 공급' 개념을 정의하고(부가가치세법 제9조 제1항), 그 정의에 부합하지 않는 것이라도 간주하는 의제규정을 두고 있다(부가가치세법 제10조). 그리고 '용역의 공급'에 대해서도 의미를 정의하고(부가가치세법 제11조), 의제조항을 두고 있다(부가가치세법 제12조).

우리나라의 부가가치세제는 소비지과세원칙을 채택하고 있으며 이는 재화의 공급과 용역의 제공거래에 대해 동일하게 유지된다. 위에서 '재화의 공급' 및 '용역의 공급'은 공급자가 국내에 소재하는 경우에 한정된다. 부가가치세는 공급자에게 납세의무를 지우는 것인데 납세의무자가 국내에 있는 경우에만 우리나라의 과세관할권이 미치기 때문이다. 위에서 '재화의 공급'은 '재화의 수출'을 포함한다. 즉 재화의 수출도 과세대상거래이다. 다만, 재화의 수출에 대해서는 영세율이 적용되어 수출자가 수출재화를 공급하기 위해 자재를 매입하면서 부담한 세액을 공제받게 된다. '용역의 공급'은 용역의 국외제공도 포함한다. 즉 용역의 국외제공도 과세대상거래이다. 다만, 용역의 국외제공에 대해서는 영세율이 적용되어 국외제공자가 용역을 국외공급하기 위해 필요로 하는 원자재를 매입하면서 부담한 세액을 공제받게 된다.

우리나라 부가가치세법은 소비지과세원칙(Bestimmungslandprinzip, destination principle)을 채택하고 있기 때문에 외국에서 공급하는 재화나 공급받는 용역을 국내에서 소비할 경우 그것에 대해 과세한다. 재화의 수입에 대해서는 국외의 수출자에게 과세관할권이 미치지 않기 때문에 그에게 우리나라 수입자로부터 거래징수하고 신고납부하도록 할 수 없다. 그 의무를 국내의 세관장이 대신 수행한다. 세관장은 수입신고를 받으면서 수입자로부터 세금을 징수하고 이를 관할세무서장에게 납부한다.

용역의 수입에 대해서도 국외에서 용역을 제공하는 자에게 납세의무를 지울 수는 없다. 용역은 국외로부터 제공받으면서 수입신고를 하지 않아 세관장이 개입할 여지가 없다. 따라서 과세 대상거래로 규정하고 있지 않다. 그러나 이에 대해서는 용역을 제공받는 자가 자기에게 귀착할 세금을 직접 납부하도록 하는 방법으로 과세한다. 용역을 제공받는 자가 국내의 비사업자일 경우 일일이 그것을 신고납부하도록 하는 방법은 현실성이 떨어지기 때문에 대리납부의 대상에서 배제하고 있다. 과세사업자가 제공받을 경우에는 어차피 추후 그 세액을 공제받을 것이기 때문에 대리납부의 대상에서 배제하고 있다.

제1절 과세거래

부가가치세법상 과세대상거래는 사업자가 행하는 재화의 공급, 사업자가 행하는 용역의 공급 및 재화의 수입이다. 일정한 거래는 영세율 또는 면세로 취급된다. 개별 거래가 위 과세대상 중 어디에 속하는가에 따라 부가가치세법상 효과가 달라진다. 어떤 거래들은 내용물이 다른 여러 가지가 하나로 묶여 동시에 이루어지게 되기도 한다. 이때 주된 재화 또는 용역의 공급에 부수되어 공급되는 것으로서 공급시 통상적으로 부수23)되어 공급되거나 대가를 받을 때 통상적으로 포함되는 것은 주된 재화 또는 용역의 공급에 포함되는 것으로 본다(부가가치세법 제14조 제1항). 여기서 '부수'는 대상 재화나 용역에 부수하는 것이라기보다는 대상 재화의 공급이나 용역의 제공에 부수하는 것을 의미한다.24)

제1항 사업자가 행하는 재화의 공급

1. 재화

부가가치세법상 '재화'는 세법상 고유하게 설정된 포괄적 개념이다. '재화'란 재산 가치가 있는 물건 및 권리를 말한다. 물건과 권리의 범위에 관하여 필요한 사항은 대통령령으로 정한다(부가가치세법 제2조 제1호). '물건'과 '권리'도 고유개념이다.

---

23) 법원이 병원 장례식장을 임차·운영하면서 상주 등에게 음식물 제공용역을 공급받는 것은 제반 사정에 비추어 거래의 관행상 장례식장에서 음식물 제공용역의 공급이 부가가치세 면세 대상인 장의용역의 공급에 통상적으로 부수되고 있는 것이라고 본 사례가 있다(대법원 2013. 6. 28. 선고 판결).

24) 법원은 조세법규의 해석은 특별한 사정이 없는 한 법문대로 엄격하게 해석할 것이고 합리적 이유 없이 확장해석하거나 유추해석하는 것은 허용되지 아니한다고 하면서, 곡물가공업체인 사업자가 외국산 밀 등을 제분하는 과정에서 밀기울 등을 부수하여 생산·공급하는 경우, 주된 재화인 밀가루가 면세대상 재화이므로 그 사업자의 그 밀가루 공급과 관련한 부수생산물인 밀기울의 공급도 그 사업자의 공급 단계에서만 면세대상으로 되는 것일 뿐, 그 사업자인 곡물가공업체로부터 밀기울을 면세로 공급받아 이를 다시 제3자에게 전매하는 중간수집판매상의 공급 단계에서까지 그 밀기울의 공급에 관한 부가가치세가 면세된다고 볼 수는 없다고 한 바 있다(대법원 2001.3.15. 선고 2000두7131 전원합의체 판결). 현행법상으로는면세로 규정되어 있다(부가가치세법 제26조 제1항 제1호, 동법시행령 제34조 제1항 제1호, 동조 제3항 제3호). 대법원 2013.6.28. 선고 2013두932판결 참조

재산 가치라 함은 시장에서 가치를 인정받을 수 있는 가치로서 사용가치라기보다는 교환가치를 의미하는 것으로 이해하여야 한다. 이는 부가가치세법상 '시가'의 개념이 활용되고 있는 데서도 알 수 있다.[25]

'물건'은 상품, 제품, 원료, 기계, 건물 등 모든 '유체물(有體物)'과 전기, 가스, 열 등 관리할 수 있는 '자연력'[26]을 말한다. '권리'는 광업권, 특허권, 저작권 등 제1항에 따른 물건 외에 재산적 가치가 있는 모든 것을 말한다(부가가치세법시행령 제2조).[27] 결과적으로 모든 물건과 권리의 거래에 대해 부가가치세가 부과된다고 볼 수 있다. '재산가치가 있는'의 수식어는 불필요한 것이다. 시가가 0인 것은 과세대상으로 한다 하여도 과세표준이 0이므로 의미가 없기 때문이다.[28]

이와 같이 부가가치세법이 재화의 범주를 매우 포괄적으로 규정하고 있음에도 불구하고 부가가치세법에서 개별적으로 비과세나 면세라고 열거하지 않은 것을 과세대상에서 배제하는 사례가 있다. 예를 들면, '수표'·'어음'은 유체물이지만 그것의 공급은 과세대상이 아니다.[29] 화폐대용증권이기 때문이다. 재화나 용역의 대가로서 지급하는 것까지 과세한다면 하나의 거래에 대해 두 번 과세하는 격이 된다. 갑이 을에게 재화를 공급하는 대가로 을이 갑에게 용역을 공급하면 어떻게 하여야 하는가? 각각 부가가치세를 거래징수해야 한다. 이는 각각 부가가치를 창출하는 활동을 하였기 때문이다. 유체물의 거래이지만 부가가치세과세대상이 되지 않는 것이 있을까? 원래 부가가치를 창출하는 수단이 아니라 단순히 축적된 자본의 상징물을 거래한다면 부가가치세를 과세할 수 없을 것이다. 예를 들어, '출자지분'의 거래는 과세대상이 아니다.[30] 주권의 양도는 증권거래세의 과세대상이 된다(증권거래세법 제2조). 그런데 부가가치세법은 재화의 공급을 과세대상으로 규정하면서 부가가치의 창출에 기여하는 것의 요건을 명시하고 있지는 않다. 부가가치세법 도입의 취지에 따라 해석할 수도 있겠지만 입법으로 보완될 사항이다.

'금'이 부가가치를 창출하는 재화인가? 자본은 화폐 등가물의 형태로 있을 수도 있겠다. 예를 들면, 금이 그것이다. 금은 생산된 재화인가? 동전이나 지폐도 생산의 과정을 거치지만 화폐로서 재화나 용역의 거래수단이다. 금은 그와 같은 수단이 될 수도 있지만 그 자체가 거래의 대상이 되기도 한다. 그렇다면 신권 화폐가 교환의 대상이 되는 것과 다를 바 없는 것인가? 그렇다고만 볼 수는 없다. 금은 투자자산의 역할을 하고 있다. 이는 마치 화폐가 투기적 수요에 의해 취득되는 것과 다를 바 없는 것이다. 오늘날 금은 주로 투자자산의 역할을 한다고 보아야 한다. 투자자

---

25) 부가가치세법 제29조 제4항 제1호는 특수관계인에게 부당하게 낮은 대가를 받거나 아무런 대가를 받지 아니한 경우 시가를 부가가치세과세표준으로 하도록 하고 있다. '시가'는 사업자가 특수관계인이 아닌 자와 해당 거래와 유사한 상황에서 계속적으로 거래한 가격 또는 제3자 간에 일반적으로 거래된 가격을 의미한다(부가가치세법시행령 제62조 제1호).

26) 2006 EC Directive는 전기, 가스, 열, 냉방 등은 유형자산으로 간주된다고 하고 있다(제15조 제1항).

27) 민법상 물건은 '유체물 및 전기 기타 관리할 수 있는 자연력'을 의미한다(민법 제98조). 권리에는 조광권과 같은 것이 포함된다. 게임머니는 부가가치세법상의 과세대상인 재화에 해당한다(서울행법 2009.8.28. 선고 2009구합 4418 판결, 항소).

28) 부가가치세의 과세거래인 '권리의 공급'에 해당하기 위해서는 권리가 현실적으로 이용될 수 있고 경제적 교환가치를 가지는 등 객관적인 재산적 가치가 인정되어야 한다(대법원 2015. 6. 11. 선고 2015도1504 판결).

29) 부가가치세법기본통칙 1-0…4. 2014년말 현재 국세청이 공시하는 부가가치세법기본통칙은 2013.6.7 전부개정되기 전 구부가가치세법의 편제에 따라 구성되어 있다.

30) 부가가치세법기본통칙 6-14…2.

산의 거래에 대해서는 부가가치세가 부과되지 않는다. 왜냐하면 그 자체가 국민경제체제 내에서 부가가치를 창출하는 것은 아니기 때문이다. 약간의 예외는 있을 수 있다. 금이 가공되는 제품의 원부재료가 될 때 그것은 투자자산으로서의 역할을 하지는 못할 것이다. 부가가치세 세수 목적상으로는 그렇다고 하여 원부재료로 활용될 금에 대해 바로 과세할 필요는 없다. 최종 제품에 대해 부가가치세를 부과하면 될 것이기 때문이다. 중간 단계에서 면세로 유통되더라도 최종 제품단계에 가서 과세된다면 국민경제 전체적으로는 부족한 점이 없을 것이다. 가공되지 않고 금고에 들어갈 용도의 금이었다면 투자자산으로서 부가가치세의 과세대상이 아니라고 보아야 한다. 결론적으로 금 자체에 대해서는 부가가치세를 과세하지 않으면 안 될 당위성은 없다.[31]

'영업권'은 물건인가 권리인가? 대법원 2014.01.16. 선고 2013두18827 판결에서 법원은 갑 주식회사가 사업에 사용하던 토지와 건물을 제외하고 을 주식회사에 파이프형강 및 철강재 제조사업에 관한 인적·물적 설비와 사업과 직접 관련되는 일체의 권리·의무를 양도하면서 부가가치세 비과세대상인 사업의 포괄적 양도로 보아 부가가치세 신고를 하지 않았다. 사업에 사용하던 토지 및 건물은 임차하여 사용하고 사업의 영업권을 평가하여 사업을 양도 양수한 것이었다. 과세관청이 이를 재화의 공급으로 보아 갑 회사에 부가가치세 부과처분을 한 사안에서, 법원은 갑 회사와 을 회사는 영업권을 양도대상으로 삼아 양도대금을 정하였고 이는 재산적 가치가 있는 무체물에 해당하므로, 위 영업권은 구 부가가치세법에서 정한 '재화'에 해당한다고 보았다. 사업의 포괄적 양도가 아닌 단순한 재화의 공급으로 본 것이다.[32]

2. 재화의 공급

가. 소유권이전 목적의 재화의 인도 또는 양도[33]

재화와 관련하여 부가가치세가 과세되는 거래는 소유권의 이전을 수반하는 재화의 인도이다.

'재화의 공급'은 계약상 또는 법률상의 모든 원인에 따라 재화를 인도(引渡)하거나 양도(讓渡)하는 것을 말한다(부가가치세법 제9조 제1항).[34] '계약상 또는 법률상의 모든 원인'이라 함은 사적 자치에 의해서건 법적인 강제에 의해서건 재화를 공급하는 이유에 대해서는 묻지 않는다는 의미이다. '양도'는 대가를 받고 소유권을 이전하는 것에 한정하는 반면 '인도'는 그

---

31) 같은 취지, EC Council Directive 2006 / 112 / EC of 28 November 2006 on the common system of value added tax, 서문 paragraphs 52~55, Title Chapter5 참조.

32) 해당 사업과 직접 관련이 없는 토지·건물 등으로서 법인의 업무에 직접 사용되지 않는 것을 포함하지 않은 경우에도 사업의 포괄적 양도로 보는 규정이 적용되지 않을 수 있다(부가가치세법시행령 제23조 제3호).

33) 부동산의 명도를 포함한다.

34) 2006 EC Directive는 다음과 같이 규정하고 있다(제14조 제1항). '재화의 공급'은 유형자산의 소유권을 이전하는 것이다. 부가가치세법 제6조 제1항이 부가가치 과세대상으로서의 재화의 공급을 '계약상 또는 법률상의 모든 원인에 의한 재화의 인도 또는 양도'라고 규정한 것이 헌법상의 조세법률주의에서 파생되는 과세요건 명확주의에 위배되지 않는다(부가가치세법 제6조 제1항 등 위헌소원 2006.2.23. 2004헌바100 전원재판부). 외관상 재화가 공급된 것처럼 보이나 실제로는 상품의 거래 없이 투자금만 수수된 경우, 부가가치세 과세원인이 되는 재화의 공급에 해당하지는 않는다(대법원 2008.12.24. 선고 2006두13497 판결).

경위에 불구하고 점유권을 이전하는 것을 의미한다. 그런데 종국적으로 소유권의 이전이 전제되지 않은 단순한 점유권의 이전을 '재화의 공급'으로 볼 수는 없는 일이다. 그 점에서 이 조문은 정확성을 결여한다. 양도를 하기 전이지만 이전한 경우 부가가치세를 과세하도록 하기 위함이었다면 부가가치세의 거래징수시기를 그렇게 규정하면 될 일이었다.

부가가치세법시행령은 '재화의 공급'은 다음의 다섯 가지라고 규정하고 있다(부가가치세법시행령 제18조 제1항). 제4호에서 "…그 밖의 계약상 또는 법률상의 원인에 따라 재화를 인도하거나 양도하는 것"이라고 하여 제1호부터 제4호의 규정이 예시적인 내용을 담고 있음을 나타내고 있다. 부가가치세법시행령은 재화의 공급범위를 예시규정을 통해 범주를 설정하고 있는 반면 용역의 공급범위는 간주규정을 통해 설정하고 있다(부가가치세법시행령 제25조). 그러나 각각의 내용을 구체적으로 더 살펴보면 예시하는 것과 간주하는 것이 혼재되어 있다.

1. 현금판매, 외상판매, 할부판매, 장기할부판매, 조건부 및 기한부 판매, 위탁판매와 그 밖의 매매계약에 따라 재화를 인도하거나 양도하는 것
2. 자기가 주요자재의 전부 또는 일부를 부담하고 상대방으로부터 인도받은 재화를 가공하여 새로운 재화를 만드는 가공계약에 따라 재화를 인도하는 것
3. 재화의 인도 대가로서 다른 재화를 인도받거나 용역을 제공받는 교환계약에 따라 재화를 인도하거나 양도하는 것
4. 경매, 수용, 현물출자와 그 밖의 계약상 또는 법률상의 원인에 따라 재화를 인도하거나 양도하는 것
5. 국내로부터 보세구역에 있는 창고에 임치된 임치물을 국내로 다시 반입하는 것

나. 재화의 공급으로 보지 않는 것

(1) 소유권이전 목적 이외의 명의의 변경

담보 목적의 소유권 명의이전은 재화의 공급으로 볼 수 없을 것이다. 질권, 저당권 또는 양도담보의 목적으로 동산, 부동산 및 부동산상의 권리를 제공하는 것은 재화의 공급으로 보지 않는다(부가가치세법 제10조 제8항 제1호 및 동법시행령 제22조).[35]

수탁자는 위탁자로부터 재산권을 이전받고 이를 전제로 신탁재산을 관리·처분하면서 재화를 공급하는 것이므로, 채무자인 위탁자가 기존 채무의 이행에 갈음하여 수탁자에게 재산을 신탁하면서 채권자를 수익자로 지정하였더라도, 그러한 수익권은 신탁계약에 의하여 원시적으로 채권자에게 귀속되는 것이어서 위 지정으로 인하여 당초 신탁재산의 이전과 구별되는 위탁자의 수익자에 대한 별도의 재화의 공급이 존재한다고 볼 수 없다.[36]

(2) 사업양도를 위한 재화의 이전

사업을 포괄적으로 양도[37]하는 방법으로 재화의 소유권을 이전하는 경우에는 재화의 공급으

---

35) 양도담보권자가 환가를 위하여 담보 부동산을 제3자에게 양도하는 경우에도, 부가가치세법상의 재화의 공급에 해당한다(대법원 1996.12.10. 선고 96누12627 판결).

36) 대법원 2017. 6. 15. 선고 2014두6111 판결

37) '사업의 양도'라 함은 사업용 재산을 비롯한 물적·인적 시설 및 권리의무를 포괄적으로 양도하여 사업의 동일성

로 보지 않는다.38) 사업의 동일성을 유지하면서 경영의 주체만 교체되는 경우 그 사업에 귀속하는 재화의 부가가치세법 관련 속성을 그 사업의 인수자가 그대로 인수할 수 있도록 하기 위함이다(부가가치세법 제10조 제8항 제2호, 동법시행령 제23조).39) 여기서 사업양도의 개념에는 적격분할, 사업의 포괄적 현물출자가 포함된다.

부가가치세법 제10조 제8항 제2호의 규정은 임의적 조항으로서 사업의 양도자가 부가가치세를 거래징수하고 신고납부한 경우에는 사업의 양수인은 그 세액을 공제받을 수 있다(동호 단서 참조). 포괄양수도를 하면서 양수자가 양도자를 대리하여 신고·납부를 선택한 경우 양수자에게 매입세액 공제를 허용한다(부가가치세법 제38조제1항제1호).40)

이 규정은 시간적으로 보아 명의가 변경되었지만 동일성이 유지되는 경우에는 부가가치세법상 거래로 보지 않는 규정이다. 명의가 변경되었지만 그 명의 주체가 보다 큰 기업그룹의 구성원이기 때문에 해당 재화가 기업그룹 내에 있다는 점에서 동일하다면 굳이 거래로 인식할 필요가 있는가? 더욱이 양도인이 재화를 보유하고 있던 기간 동안 부가가치를 덧붙이지 않은 경우라면 양도인이 보유하고 있던 부가가치세법상의 특성을 그대로 유지하도록 하는 것이 타당하지 않을까?

(3) 조세를 물납하는 경우

사업용 자산을 상증세법, 지방세법 및 종합부동산세법에 따라 물납할 경우에는 재화의 공급으로 보지 않는다(부가가치세법 제10조 제8항 제3호). 양도소득세도 물납이 가능하지만 공공용지 보상채권으로 납부할 수 있는 것에 불과하므로 재화의 공급으로 볼 대상이 없다. 다른 세목의 조세에 대해서는 물납이 불가능하다.

다. 공급 간주

(1) 사업장 간 이동

한 사업자의 2 이상의 사업장 간 재화 이동은 인도로서 재화의 공급으로 본다. 이는 말 그대로 간주하는 규정에 불과하다(부가가치세법 제10조 제3항). 이 경우 세금계산서의 교부의무는 면제된다.

(2) 자기의 사업을 위한 직접적 사용·소비

사업자가 자기 사업과 관련하여 생산하거나 취득한 재화를 자기 사업을 위하여 직접 사용·소비

을 유지하면서 경영 주체만을 교체시키는 것을 뜻한다고 할 것이므로, 그 사업은 인적·물적 시설의 유기적 결합체로서 경영 주체와 분리되어 사회적으로 독립성을 인정받을 수 있어야 하고, 양도대상이 단순한 물적 시설이 아니라 이러한 유기적 결합체라는 사실은 부가가치세에 있어서 과세장해 사유로서 그에 대한 입증책임은 납세의무자가 진다(대법원 1998.7.10. 선고 97누12778 판결).

38) 구 부가가치세법 제6조 제6항 제2호 본문에서 부가가치세 비과세대상으로서의 사업의 양도를 규정하면서 그 구체적인 내용 및 범위를 대통령령에 위임하고 있는 것이 포괄위임입법금지원칙에 위배되지 않는다(구 부가가치세법 제6조 제6항 제2호 위헌소원 2006.4.27. 2005헌바69 전원재판부).

39) 부가 46015-751, 1999.3.19. 및 부가 22601-1253, 1991.9.25. 참조.

40) 양도자로부터 사업을 양수받은 자가 양도자의 부가가치세를 대리하여 납부하는 경우 대가를 지급하는 날이 속하는 달의 다음 달 10일까지 대리납부하여야 한다(부가가치세법 제52조 제4항).

하는 것도 일정한 경우에는 재화의 공급으로 간주한다(부가가치세법 제10조 제1항 및 제2항). 이 경우 세금계산서의 교부의무는 면제된다.

재화의 공급은 양도를 그 요건으로 하는 것이며 양도는 권리 주체 간의 거래를 통해 이루어지는 것이다. 따라서 재화의 공급이 되기 위해서는 서로 다른 권리 주체 간 거래일 것을 필요로 한다. 그런데 자기의 사업을 위하여 직접 사용·소비하는 경우 공급한 것으로 보는 것은 부가가치세가 최종적으로 사용·소비되는 단계에서 과세되는 것인데 타인에게 공급하기 위하여 준비한 상품을 자기가 사용한다면 마치 자기가 타인으로부터 구입한 것과 같이 부가가치세를 부담하도록 하는 것이 부가가치세의 중립성을 지키도록 할 수 있기 때문이다.

자기가 생산하거나 취득한 재화를 다른 과세사업을 위하여 사용한 경우에는 그것을 굳이 공급으로 볼 필요가 있을까? 예를 들면, 중간재(work in product)의 경우 판매할 수도 있고 그것을 재료로 하여 완제품을 생산할 수도 있다. 완제품생산단계로 넘어가는 과정을 재화의 공급으로 볼 필요는 없는 것이다. 중간단계를 생략한다 하더라도 그 사업자가 최종적으로 내야 할 세금에는 영향이 없을 것이기도 하다. 따라서 재화의 공급으로 보지 않는다.[41]

자기의 과세사업에서 생산한 중간재를 다른 생산라인의 면세사업[42]에 사용하는 경우에는 재화의 공급으로 볼 필요가 있다. 면세사업을 위해 다른 자로부터 과세재화를 공급받을 때 매입세액공제를 받지 못할 것을 감안한다면 과세의 중립성을 고려할 때 공급하는 것으로 볼 필요가 있다고 할 수 있다. 부가가치세법은 이런 경우에만 과세하는 입장을 취하고 있다(부가가치세법 제10조 제1항). 매입세액이 공제되거나 영세율로 매입한 재화 등을 자기의 면세사업을 위하여 소비한 경우에만 재화의 공급으로 보는 것이다.

'동업자와의 과세형평' 부분에서 그 동업자는 동일한 재화나 용역을 공급하는 자일 것이다. 그런데 어떤 사업자가 과세사업을 통해 생산한 재화나 용역을 자신의 면세사업을 위해 사용한 경우 해당 과세재화나 용역이 과세할 수 있을 정도로 식별가능한 단계는 언제인가? 면세사업이 과세사업을 포괄하고 있다고 볼 수는 없는가? 굳이 과세사업에서 면세사업으로 '공급'하였다고 간주하는 것의 실익은 과세사업을 위해 취득하거나 생산할 당시 원부재료에 대해 부담한 세액을 과세사업에서의 매입세액으로 공제하는 것을 방지하는 것에 불과하다. 만약 자가공급간주제도가 없다면 면세사업에 사용할 것을 목적으로 하면서도 마치 과세사업에서 사용할 것처럼 하여 매입세액공제를 받고 면세사업으로 전용하는 탈세행위가 나타날 수 있을 것이다. 이는 구분경리를 철저히 감독하는 방법으로 막는 것이 타당할 것이다.

EC Directive상 자가공급 조항을 비교할 수 있다. 그 제18조와 제27조는 다음과 같이 규정하고 있다.

> [제18조] 회원국은 사업자가 자신의 사업과정에서 생산, 건설, 추출, 가공, 구매 또는 수입된 재화를 그 사업을 위하여 활용하고자 하는데 만약 그 재화를 다른 자로부터 취득하였다면 부가가치세를 전부 공제받지는 못하였을 경우라면 재화의 공급으로 취급할 수 있다. 회원국은 사업자가 재화를 취득하거

---

41) 부가가치세법 제10조 제1항
42) 본 장 제3절 참조

나 활용할 당시에 부가가치세의 전부 혹은 일부를 공제받을 수 있었던 재화를 자기의 면세사업을 위하여 사용하는 경우에는 재화의 공급으로 취급할 수 있다.

[제27조] 회원국은 사업자가 자기 자신의 사업을 위하여 용역을 공급하는데 만약 그 용역을 다른 사업자로부터 공급받고 그 용역에 대한 부가가치세액을 전부는 공제받지 못했을 경우라면 VAT 위원회와의 협의를 거쳐 경쟁의 왜곡을 막기 위한 목적으로 그것을 용역의 공급으로 취급할 수 있다.

부가가치세법시행령은 공급간주하는 자가공급의 범위를 사업자가 자기의 과세사업과 관련하여 생산하거나 취득한 자기생산·취득재화를 자기의 면세사업을 위하여 직접 사용하거나 소비하는 경우와(부가가치세법 제10조 제1항), 매입세액이 매출세액에서 공제되지 않는 자동차로 사용 또는 소비하거나 그 자동차의 유지를 위하여 사용 또는 소비하는 경우 등으로 한정하고 있다(부가가치세법 제10조 제2항)[43].

경제적 동일체라고 볼 수 있는 기업그룹 안의 회사에서 과세사업을 하는 사업자가 생산한 재화나 용역을 면세사업을 하는 사업자에게 공급하는 경우 그것은 재화나 용역의 공급이 된다. 그러한 경우에도 상당수의 유럽국가는 그룹 내 공급을 공급범주에서 배제하는 제도를 두고 있는 것이다. 실제 두 개의 사업자가 하나의 사업체 부서로 통합되어 있는 경우라면 부가가치세법상 '공급'으로 인식할 수 있을까?

(3) 자기의 사업과 직접 관계 없는 사용·소비

(가) 자기가 실제 사용·소비[44]

사업자가 자기의 사업과 관련하여 생산하거나 취득한 재화를 사업과 직접 관계없이 자기나 그 사용인의 개인적인 목적 또는 기타의 목적으로 사용·소비하는 경우에는 재화의 공급으로 본다(부가가치세법 제10조 제4항). 이 경우 세금계산서의 교부의무는 면제된다.

대가를 받지 않거나 시가보다 낮은 대가를 받는 것에 한정한다. 다만, 사업자가 생산하거나 취득할 당시 매입세액이 공제되지 않은 것은 그것을 개인적으로 사용하였다고 하더라도 재화의 공급으로 보지 않는다. 개인적인 사용을 공급으로 보는 규정은 사업에 활용할 것이라고 하여 매입세액공제를 받았지만 실제는 개인적으로 최종적인 소비를 한 경우에 대해 원래의 경제적 실질대로 최종적인 소비를 한 것으로 보아 과세하기 위함이다. 그렇다면 취득할 당시 매입세액을 최종적으로 부담한 것을 내부적으로 다른 용도에 활용하였다고 하여 과세할 일은 아니기 때문이다.

자가공급의 경우와 마찬가지로 개인적 공급의 경우 보유하고 있는 동안 스스로 부가가치를 증가시킨 부분에 대해 부가가치세를 과세하는 것이 타당한지에 대해 의문을 제기해 볼 수 있다. 과세를 배제하는 것이 타당할 것이다. 자기가 스스로 창출한 부가가치를 향유하는 것에 대해서까지 타인으로부터 구입하였다면 부가가치세가 과세되었을 것이라는 이유로 과세한다는 것은 타당하지 않다. 소득과세상으로도 이른바 간주소득(imputed income)의 과세가 논의되고

---

43) 구 부가가치세법시행령상 '자가공급'으로 부른 것이다.
44) 구 부가가치세법시행령상 '개인적 공급의 공급 간주'로 부른 것이다.

일부 국가에서 시행되고 있지만 우리나라에서는 시행되지 않고 있는 점을 참고할 필요가 있다. 이런 점에서 자가공급 및 개인적 공급에 대해 공급 당시의 시가로 하도록 한 점은 타당하지 않다(부가가치세법 제29조 제3항 제4호).45) 공급으로 간주하더라도 취득원가에 공급한 것으로 보아야 할 것이다.

(나) 타인에 대한 사업상 증여

사업자가 사업과 관련하여 생산하거나 취득한 재화를 자기의 고객이나 불특정 다수인에게 증여하는 경우에는 공급으로 간주한다. 이에 따라 증여하는 재화의 가액은 주된 거래의 대상이 되는 재화의 공급가액에 포함된 것이 아니라 별개의 가액으로 존재하는 것으로 보아 과세하게 되는 것이다(부가가치세법 제10조 제5항). 그때 가액은 증여하는 시점의 시가이다(부가가치세법시행령 제50조 제2항). 이 경우 세금계산서의 교부의무는 면제된다.

구 부가가치세법시행령상으로는 사업상 증여를 하는 사업자가 취득할 당시 매입세액을 공제받지 않은 것은 재화의 공급으로 보지 않도록 하는 규정을 두고 있었다(구 부가가치세법시행령 제16조 제2항). 2013년 개정된 현행 부가가치세법령은 사업상 증여를 위해 취득한 재화에 대해서는 매입세액공제를 하지 않고, 그것을 증여한 것에 대해서는 매출세액을 거래징수하도록 하고 있다(부가가치세법 제39조 제1항 제4호 및 제6호, 부가가치세법시행령 제20조, 제77조 및 제79조).

(4) 폐업할 때의 잔존재화

사업자가 사업을 폐지하는 때에 잔존하는 재화는 자기에게 공급하는 것으로 간주한다(부가가치세법 제10조 제6항).46) 이 경우 세금계산서의 교부의무는 면제된다.

(5) 과세표준의 산정

사업장간 이동의 경우 부가가치세 과세표준은 해당 재화의 취득가액 등을 기준으로 대통령령으로 정하는 가액으로 한다(부가가치세법시행령 제60조 제1항). 폐업하는 경우에는 폐업 시 남아 있는 재화의 시가로 과세표준을 계산하고, 자기의 사업을 위하여 직접 사용·소비하는 경우와 자기의 사업과 직접 관계 없이 사용·소비하는 경우에는 자기가 공급한 재화 또는 용역의 시가로 과세표준을 계산한다(부가가치세법 제29조 제3항).

3. 재화의 공급시기

가. 기본원칙

부가가치세법은 재화의 공급시기에 대해 재화의 이동이 필요한 경우에는 재화가 인도되는

---

45) 자가공급의 경우 자기의 또 다른 과세사업을 위하여 공급하는 경우에는 과세표준을 어떻게 하든 매입세액공제를 받을 것이기 때문에 최종적인 조세부담규모에 영향을 미치지 않는다. 다른 면세사업을 위하여 공급할 때에 문제 된다.

46) 폐업 시 잔존하는 재화를 과세대상으로 하기 위해서는 재산적 가치가 있어 환가성이 전제되어야 한다(국심 2006서271(2007.4.9)).

때를 공급하는 시기로 보고, 이동이 필요하지 않은 경우에는 재화가 이용 가능하게 된 때를 공급하는 시기로 보며, 이 두 경우에 해당하지 않으면 재화의 공급이 확정되는 때로 한다고 규정하고 있다(부가가치세법 제15조 제1항).

(1) 인도 등

부가가치세법이 재화의 공급시기를 규정하는 것은 그때에 공급자가 부가가치세를 거래징수하도록 하고 있기 때문이다(부가가치세법 제31조 및 제32조).[47] 거래는 통상 양방향으로 이루어지는데 하나는 거래의 목적물이고 다른 하나는 그 대가이다. 그것이 동시에 물물교환식으로 주고받게 되는 경우도 있지만 그렇지 않은 경우도 많다. 이는 특히 대가의 지급이 바로 이루어지지 않기 때문이다. 그 경우에는 대가의 지급은 공급시기에 원칙적으로 영향을 주지 않으며 거래 목적물의 인도시기가 기준이 된다. 그런데 목적물의 인도방법에는 여러 가지가 있다. 민법상으로도 간이인도,[48] 점유개정[49] 및 반환청구권의 양도[50]와 같은 현실적으로 인도한 것과 같은 효과가 있는 대체적인 방법들이 존재한다. 이러한 경우에는 물리적으로 인도를 할 필요는 없지만 당사자 간 인도가 있었던 것으로 보자는 합의가 있는 것이다.

부가가치세법은 이와 같은 방식의 인도의 경우 재화 공급시기를 언제로 볼 것인지에 대해 직접적인 규정이 없다. 간이인도의 경우 의사표시만으로 동산양도의 효력이 발생한다(민법 제188조 제2항). 부가가치세법은 재화의 공급시기에 대해 재화의 이동이 필요한 경우에는 재화가 인도되는 때를 공급하는 시기로 보고 필요하지 않은 때에는 재화가 이용 가능하게 된 때를 공급하는 시기로 보며, 이 두 경우에 해당하지 않을 때에는 재화의 공급이 확정되는 때로 한다고 규정하고 있다. 간이인도방식에 의한 동산의 양도라 하더라도 매매계약에 의해 매수자에게 목적물인도청구권이 발생하는 것, 즉 공급이 확정되는 것은 의사의 합치가 이루어진 때이다. 간이인도의 의사표시가 있었던 시점에 공급이 있었던 것으로 보아야 할 것이다.

부가가치세법시행령은 여러 가능한 상황에 대해 공급시기를 규정하고 있다. 목적물을 인도하거나 인도하지 않았다 하더라도 이용가능하게 된 때의 원칙을 다시 확인하고 있다(부가가치세법시행령 제28조). 그리고 조건이나 기한을 설정한 경우에는 조건이나 기한이 충족되어 공급이 확정된 때로 하여 인도, 이용 가능 이외에 공급확정의 기준을 예시하고 있다.[51]

그런데 장기할부판매의 경우에는 대가의 각 부분을 받기로 한 때로 하여 대가의 지급시기를

---

47) 부가가치세법상 예정신고 또는 확정신고의 대상을 확정하거나 납부세액을 계산할 대상으로 어떤 시점의 공급을 포함시킬 것인가에 대한 규정을 찾아볼 수 없다. 실무상 재화나 용역을 공급하거나 공급받은 시기가 해당 과세기간에 포함된 경우 모두 포함하는 것으로 하고 있다.

48) 임차인이 물건을 매수함으로써 임차인으로서의 점유가 소유자로서의 점유로 바뀌는 것.

49) 매도인과 매수인 사이에 임대차계약 같은 것을 체결하여 매도인이 점유를 지속하는 것.

50) 예를 들면, 임대인이 물건을 반환받지 않은 채 소유권만 다른 사람에게 넘기는 것.

51) 사업자가 건물을 매도하기로 하는 매매계약을 체결한 다음, 매매대금이 청산되거나 거래상대방 명의로의 이전등기를 경료하기 전에 거래상대방으로 하여금 사실상 소유자로서 당해 건물에 대한 배타적인 이용 및 처분을 할 수 있도록 그 점유를 이전한 경우, 부가가치세법상 재화의 공급에 해당한다(대법원 2006.10.13. 선고 2005두2926 판결). 양도소득과세상 매도자와 매수자 각각 자신들의 거래상 목적을 달성할 때에야 양도가 있었던 것으로 보는 것과는 다른 것이다.

활용하는 예외를 규정하고 있다. 이는 부가가치세법에서 사업자가 재화의 공급 이전에 대가의 전부 또는 일부를 지급받고 그 받은 부분에 대하여 세금계산서를 교부한 경우에는 그 교부한 때를 각각 공급한 때로 본다는 의제규정(부가가치세법 제17조 제1항, 선발행 세금계산서)과 동일하게 부가가치세 거래징수의 편의를 고려한 것이다.

(2) 위탁판매·대리

위탁판매의 경우 위탁자가 공급하는 것으로 부가가치세 납세의무를 가리지만 공급시기는 사실행위인 공급의 성격상 수탁자가 실제 공급하는 시기로 한다. 대리의 경우에도 동일하다(부가가치세법시행령 제28조 제10항).

나. 공급시기(선발행세금계산서)의 특례

사업자가 위의 기본원칙 공급시기가 되기 전에 재화 또는 용역에 대한 대가의 전부 또는 일부를 받고, 이와 동시에 그 받은 대가에 대하여 세금계산서 또는 영수증을 발급하면 그 세금계산서 등을 발급하는 때를 각각 그 공급시기로 본다.

사업자가 위의 기본원칙 공급시기가 되기 전에 세금계산서를 발급하고 그 세금계산서 발급일부터 7일 이내에 대가를 받으면 해당 세금계산서를 발급한 때를 공급시기로 본다. 다만, 대가를 지급하는 사업자가 아래 요건을 모두 충족하는 경우에는 공급하는 사업자가 그 기본원칙 공급시기가 되기 전에 세금계산서를 발급하고 그 세금계산서 발급일부터 7일이 지난 후 대가를 받더라도 해당 세금계산서를 발급한 때를 재화 또는 용역의 공급시기로 본다.

1. 거래 당사자 간의 계약서·약정서 등에 대금 청구시기와 지급시기를 따로 적을 것
2. 대금 청구시기와 지급시기 사이의 기간이 30일 이내이거나 세금계산서 발급일이 속하는 과세기간에 세금계산서에 적힌 대금을 지급받은 것이 확인되는 경우일 것

사업자가 할부로 공급하는 경우 등으로서 장기할부 등 대통령령으로 정하는 경우의 공급시기가 되기 전에 세금계산서 또는 영수증을 발급하는 경우에는 그 발급한 때를 각각 그 공급시기로 본다.

4. 재화의 공급장소

부가가치세법은 재화의 이동이 시작되는 장소 또는 재화가 공급되는 시기에 재화가 소재하는 장소를 공급장소로 규정하고 있다(부가가치세법 제20조 제1항). 전자는 재화의 이동이 필요한 경우에 해당하며 후자는 그렇지 않은 경우에 해당되는 규정이다.

재화의 공급장소는 과세관할권의 설정상 매우 중요한 개념이다. 그런데 부가가치세법은 어디에서도 우리나라의 과세관할권에 대해 규정하고 있지 않다. 단지 과세대상으로서 재화의 공급, 용역의 공급 및 재화의 수입을 규정하고 있다.

납세의무가 있는 사업자52)가 재화를 공급하는 것은 모두 과세대상인가? 공급받는 자가 국외에 소재할 때 수출로 보고 영세율을 적용하는 것을 감안한다면 공급받는 자가 어디에 있는가를 과세대상 판정 여부에 고려하지 않고 있다고 볼 수도 있다.

그렇다면 거주자가 국외에서 비거주자에게 공급하는 것은 과세대상인가? 내국물품을 국외에 반출하는 '수출'의 범주에 속하는 방식 이외의 경우에 대한 과세규정을 발견하기 곤란하다(부가가치세법시행령 제31조 제1항). 부가가치세의 납세의무는 대한민국의 주권이 미치는 범위 내에서 적용하므로 사업자가 대한민국의 주권이 미치지 아니하는 국외에서 재화를 공급하는 경우에는 납세의무가 없다. 다만, 부가가치세법시행령 제31조 제1항에서 규정한 수출의 방법53)으로 재화를 공급하는 경우에는 영세율로 과세한다.

2012년 이전 행정해석에 의하면 위 단서의 규정에 의해 국내사업자(乙)가 계약에 의하여 국내의 수출업자(甲)에게 재화를 공급함에 있어 당해 재화를 국외의 공급업체(B)로부터 국외에서 구입하여 국내에 반입하지 아니하고 국외의 공급업체(B)로 하여금 국내 수출업자(甲)의 거래처인 국외 수입업체(A)에게 직접 인도하도록 하는 경우로서 국내사업자(乙)의 사업장에서 계약과 대금결제 등 거래가 이루어지는 경우에는 당해 재화의 공급에 대하여 乙에게 영세율이 적용되었다. 이에 따라 국외공급업체로부터 국내에서 구입하여 부가가치세 매입세액이 있거나 해당 재화를 공급하는 데 부수하여 발생한 원가에 관련된 매입세액이 있을 경우 환급을 받게 되었다. 이와 같은 형태의 수출은 외국인도수출로 보지 않아 2012년 이후에는 실무상 과세대상 거래로 보지 않고 있다.54)

제2항 사업자가 행하는 용역의 공급

1. 용역

'용역'이라 함은 재화 외에 재산 가치가 있는 모든 역무(役務)와 그 밖의 행위를 말한다(부가가치세법 제2조 제2호).55) '용역의 공급'이라 함은 계약상 또는 법률상의 모든 원인에 따른 것으로서 역무를 제공하는 것이거나 시설물, 권리 등 재화를 사용하게 하는 것을 의미한다. 여기서 '용역'과 '역무'는 동일한 의미를 지니고 있다. 따라서 '시설물, 권리 등 재화를 사용하게 하는 것'을 용역을 공급하는 것으로 간주한다는 규정을 두면 될 일이었다.

---

52) 국내에서 거주자의 지위를 가지고 있어야 한다.

53) 국내사업장에서 계약과 대가수령이 이루어지는 것으로서 대외무역법에 의한 중계무역방식의 수출, 위탁판매수출, 외국인도수출 및 위탁가공무역방식의 수출. 본 사안은 외국인도수출에 관한 것이다(부가가치세법시행령 제31조 제1항 제3호).

54) 2013.12.26. 부가1173 참조

55) 2006 EC Directive는 '용역의 공급'은 재화의 공급을 구성하지 않은 모든 거래를 의미한다고 규정하고 있다(제24조 제1항).

2. 용역의 공급

가. 기본개념

(1) 역무의 제공

계약상 또는 법률상의 원인에 의하여 역무를 제공하는 것이라면 모두 용역의 공급에 해당한다.[56] 사적 자치에 의해서건 법적인 강제에 의해서건 역무를 제공하는 이유에 대해서는 묻지 않는다는 의미이다. 사실상 기여하는 것은 역무의 제공으로 볼 수 있는가? 상증세법상 타인이 개발사업의 시행, 형질변경, 공유물분할, 사업의 인허가, 주식·출자지분의 상장 및 합병 등의 방법으로 자신의 재산가치가 증대하는 데 기여한 경우에는 증여로 보게 되어 있다. 부가가치세법상 재화의 사업상 증여는 재화의 공급으로 보는 간주규정이 있다. 그렇다면 사실상 기여의 경우 역무의 제공으로 볼 수 있지 않을까? 역무의 제공범위에 대한 규정을 정비할 필요가 있다.

(2) 시설물, 권리 등 재화를 사용하게 하는 것

자신이 보유하는 물건을 사용하게 하는 것도 용역의 범주에 포함된다(부가가치세법 제11조 제1항). 물건 임대계약의 구체적인 내용에 따라 재화의 공급인지 용역의 공급인지를 구별하여야 할 경우가 있다.

(가) 리스

기업회계상 리스를 운용리스와 금융리스로 구분한다. 이러한 구분을 법인세법에서 수용하고 있지만 그 구체적인 구분기준은 상이하다.

외양상 소유권이 여전히 리스제공자에게 있는 것으로 보이지만 금융리스는 운용리스와 달리 실질적으로 리스재산의 소유권에 따르는 이익과 위험이 모두 리스이용자에게 이전되어 있는 점을 감안하여 기업회계상 리스이용자의 소유로 보아 처리하는 것이다.

부가가치세과세상으로는 운용리스를 위해 재화를 인도받은 경우 그것은 재화를 공급받은 것으로 보지 않게 된다. 리스료는 임대료가 되어 납부할 때마다 용역을 공급받는 것으로 보게 된다. 금융리스를 위해 재화를 인도받은 경우에는 재화를 공급받은 것으로 보게 된다. 리스료는 원본과 이자로 구성되므로 리스료의 납입 시에는 용역의 공급을 받은 것으로 보지는 않는다. 이와 같이 중요한 차이가 있는 각 리스의 구분기준으로서 부가가치세법은 아무것도 설정하고 있지 않다. 이에는 다음과 같은 이유가 있다.

부가가치세법시행령은 사업자가 시설대여업자로부터 시설을 임차하고 당해 시설을 공급자 또는 세관장으로부터 직접 인도받은 경우에는 당해 사업자가 공급자로부터 재화를 직접 공급받거나 외국으로부터 재화를 직접 수입한 것으로 간주한다고 규정하고 있다(부가가치세법시행

---

56) 부가가치세 과세대상인 '용역의 공급'을 규정하고 있는 구 부가가치세법 제7조 제1항이 과세요건명확주의에 위배되지 않는다. '게임장에서 이루어진 경품용 상품권의 제공 부분'을 게임 이용 용역에서 제외하지 않은 법 제7조 제3항이 조세평등주의나 재산권보장원칙 또는 실질적 조세법률주의에 위배되지 않는다(구 부가가치세법 제6조 제1항 등 위헌소원 2011.2.24. 2009헌바41).

령 제28조 제11항).

시설대여업자, 즉 리스회사는 금융업자로서 그가 제공하는 역무는 면세이다.

따라서 금융리스의 경우 리스회사가 제공하는 시설은 과세이면서 지급받는 리스료는 면세이다. 리스회사가 시설을 구입할 때 납부한 세액은 리스이용자에게 시설을 제공하면서 공제받을 수 있다.

그런데 운용리스의 경우 리스회사가 시설을 인도하는 것은 부가가치세법상 거래로 보지 않는다. 뒤에 받는 리스료는 면세이다. 이 경우 리스회사는 시설을 매입할 때 거래징수당한 부가가치세를 공제받지 못하는 결과가 된다. 리스이용자가 실질적으로 보아 최종적인 사용자로서 세금을 부담하여야 하는 것을 리스회사가 마치 최종적인 소비자가 된 것과 같이 부담하게 된 것이다. 그런데 리스이용자가 사업자인 경우에는 그가 세금을 부담하더라도 결국 매입세액공제를 받을 수 있을 것이다. 만약 운용리스를 금융리스와 같이 본다면 리스회사의 세금부담은 줄어들게 되어 있다. 이러한 경영애로를 해소하여 주기 위해 부가가치세법시행령은 운용리스·금융리스의 구분 없이 리스이용자가 직접 시설을 인도받은 경우에는 그가 거래징수당하고 매입세액공제도 받을 수 있도록 한 것이다. 사실상 부가가치세법상으로는 금융리스와 운용리스의 구분이 없어진 셈이다.

한편, sale and leaseback[57])에 있어서 기계장치 및 설비 등의 매각 부분은 재화의 공급에 해당하며, 기계장치 및 설비 등의 임대 부분은 용역의 공급에 해당하게 된다.[58]

(나) 권리의 사용

조광권은 권리로서 무체물에 해당한다. 무체물의 양도는 재화의 공급으로 본다. 그러나 무체물을 사용하게 하는 것은 용역의 공급으로 본다.

사용권을 취득하면 용역을 공급받는 것이 된다. 구 부가가치세법상 사용권을 취득하고 시설물을 기부채납하는 거래에 대한 다수 판례는 기부채납하는 자는 건설용역을 제공하되 그 대가로서 무상임대용역을 제공받은 것으로 보았다. 즉 단일의 거래로서 용역의 제공으로 보았다.[59]

현행 부가가치세법상으로는 사용권을 취득하고 시설물을 기부채납하는 것은 재화의 공급으로 본다. 재화무상사용을 조건으로 기부채납하는 경우 경제적으로 보면 이른바 sale and leaseback과 같은 구조가 된다. 이렇게 본다면 기부채납을 하는 자는 재화를 공급한 것이 되고 기부채납을 받는 자는 용역을 공급하는 것이 된다. 재화의 공급은 인도하는 때에 부가가치세가 과세되고 용역의 공급은 역무의 제공이 완료되는 때에 과세된다. 기부채납하는 자는 국가 또는 지방자치단체에 재화를 공급하는 것이 되어 부가가치세를 거래징수하여야 한다.[60] 기부채납하는 자는 또한 제공받는 부동산임대용역에 대해 부가가치세를 거래징수당한다.[61]

---

57) 갑 법인이 과세사업에 사용하던 기계장치·설비 등을 을 법인에 매각하고 당해 을 법인으로부터 동 기계장치 및 설비 등을 임차하는 경우와 같은 것이다.

58) 서면인터넷방문상담3팀 – 1558, 2005.9.6.

59) 대법원 1990.4.13. 89누3496 등.

60) 국가 또는 지방자치단체에 공급하는 재화에 대해서도 부가가치세가 과세된다.

61) 국가 또는 지방자치단체가 공급하는 용역 중 부동산임대업은 면세대상에서 제외된다.

(3) 기부채납

공영개발사업에서 건설업자에 의한 기부채납이 자주 행해지고 있다. 개별 거래의 경제적 실질로 볼 때, 재화의 공급 또는 용역의 공급으로 볼지, 공급시기는 언제로 할지, 공급가액은 얼마로 할지에 대한 과세상 쟁점이 나타난다.

(가) 대법원 1990.4.27., 89누596판결

대법원 1990.4.27., 89누596판결 사건은 이 점에서 중요한 판단기준을 제공하고 있다. 이 사건에서, 원고는 1981년 10월 20일 관할 인천직할시장으로부터 준공 후 시설물 일체를 인천직할시에 기부채납하는 부관을 붙여 인천 중구 답동 24의 3 외 27필지의 토지면적 합계 5,157.1평방미터에 점포 1,964.95평방미터 통로 및 계단 2,521.88평방미터를 시설하는 도시계획사업시행허가를 받고 이를 시행하여 1983년 12월 29일 준공검사를 마치고 같은 날 인천직할시에 위지하도 및 상가시설을 기부채납하면서 같은 달 30일부터 1998년 1월 29일까지 15년간 위 지하상가의 무상사용허가를 받았다. 피고는 원고가 인천직할시에 재화를 공급하고 그 대가로 지하상가의 무상사용권을 취득한 것으로 보고 이 건 부가가치세부과처분을 하였다.

이에 대해 대법원은 다음과 같이 판시하고 있다.

> 원고가 인천직할시장으로부터 준공 후 시설물 일체를 인천직할시에 기부채납하는 부관을 붙여 지하도 및 상가를 시설하는 도시계획사업시행허가를 받고 이를 시행하여 위 지하도 및 상가시설을 기부채납하면서 15년간 위 지하상가의 무상사용허가를 받았다면 위 시설물 기부채납과 그 시설의 무상사용권과는 실질적·경제적 대상관계에 있다고 할 것으로서, 비록 위 시설의 무상사용이 별개의 법령을 근거로 하여 별개의 처분으로 허가되었고, 또 일정한 경우에는 그 처분이 취소될 수도 있으며 취소되는 경우에도 그 시설의 귀속에는 아무 영향이 없더라도 그와 같은 대상관계를 부정할 수 없는 것이므로 위 지하도 및 상가시설의 기부채납은 부가가치세과세 대상거래에 해당한다. 그리고 지하도 및 상가의 시설을 위한 건설용역의 제공은 부가가치세법 제7조 제1항의 용역의 공급범위에 속하고, 원고가 위 용역의 대가로 그 시설의 사용권을 취득한 것이므로 부가가치세과세표준은 부가가치세법 제13조 제1항 제2호에 의하여 위 용역의 시가, 즉 공사비의 총액이 되어야 할 것이다.

① 기부채납과 무상사용권의 대가관계

법원이 그 대가관계가 성립하는지에 대해 중점적으로 본 것은 국가 및 지방자치단체에 무상으로 공급하는 재화나 용역은 면세대상으로 규정하고 있기 때문이다. 본건에서 무상사용권의 부여와 용역의 공급은 상호 대가관계에 있으므로 원고의 용역 제공은 과세대상이 된다.

부가가치세법은 대가를 받지 아니하고 타인에게 용역을 공급하는 것은 용역의 공급으로 보지 아니하고(부가가치세법 제12조 제2항),[62] 국가 등에 무상으로 공급하는 재화 또는 용역에 대해서는 부가가치세를 면제하고 있다(부가가치세법 제26조 제1항 제20호). 따라서 시설물의

---

[62] 용역의 무상공급을 부가가치세법상 용역의 공급으로 보지 아니하는 이유는 용역의 무상공급은 재화의 공급과는 달리 시장성이 없어 과세표준을 산정하는 것이 용이하지 않다는 사정에 따른 것이므로 용역의 가액이 확정되어 있거나 당사자 사이에 용역의 공급에 대한 대가로 볼 수 있는 것이 수수되고 있다면 과세대상이 되는 용역의 공급에 해당한다(대법원 1995.7.14. 95누4018).

기부채납을 용역의 공급으로 보든, 재화의 공급으로 보든 대가성이 있는 경우에 한해서 부가가치세의 과세대상이 될 수 있다.

이 사건 판결에서 대법원은 인천직할시가 지하상가의 무상사용권을 원고에게 허가하여 준 것은 지하상가의 무상사용권을 대가로 제공하고 민자를 유인하여 예산을 절약하면서 공공시설을 설치하기 위한 취지에서 나온 것이므로 법률형식상 대가관계가 결여되어 있다 할지라도 실질적·경제적 관점에서 대가관계가 있다고 볼 수 있는 한 그 행위형식 여하에 불구하고 경제적 대가관계에 있다고 판시하였다. 또한, 무상사용 허가가 기부채납과는 별개의 법령에 근거한 별개의 처분에 의한 것이고, 일정한 경우에는 그 처분이 취소될 수 있고 취소되는 경우에도 그 시설물의 귀속에는 아무 영향이 없다고 하더라도 둘 간의 대가성이 부정되지 않는다고 설명하였다.

이러한 판단은 비단 이 사건에만 국한된 것은 아니며 기부채납과 관련한 유사 사건에서 우리 대법원이 일관되게 취하고 있는 입장이다. 생각건대, 우리 대법원은 기부채납과 관련하여 국세기본법 제14조에 규정된 실질과세의 원칙을 따라 합리적으로 판단을 하고 있다고 할 수 있을 것 같다.

② 재화의 공급인지 용역의 공급인지[63]

지하도 및 상가의 시설을 건설하여 원고의 명의로 등기를 한 후 인천시에 명의를 이전한 경우라면 재화의 공급이 되었을 것이다. 그러나 본건에서 원고의 명의로 하지 않고 바로 인천시의 명의로 등기가 되었다. 이에 따라 법원은 이를 용역의 공급으로 본 것이다. 그런데 법원은 구체적 사실관계에 따라 달리 판단하여야 할 것이지만 이 점에 있어서 관할세무서장의 법적용의 오류는 취소의 사유가 되는 하자에 이르지는 않은 것으로 보고 있다.

이미 설치되어 있는 개인 소유의 시설물을 국가에 기부채납한 경우에는 재화의 공급에 해당한다. 그러나 일단 건축이나 축조를 거친 뒤 인도되는 과정을 거칠 경우에는 공급되는 것이 용역(건축이나 축조행위)인지 아니면 그 결과로서의 재화(시설물)인지가 문제 될 수 있다. 생각건대, 기부채납자가 시설에 대한 소유권을 일단 취득한 뒤 이를 기부채납한다면 재화의 공급으로, 국가 등이 소유권을 원시취득 하는 조건하에 시설을 건설하였다면 용역의 공급으로 보는 것이 타당하다.[64] 그러나 이를 일률적으로 말할 수는 없고 구체적 사안에 따라 달라질 수 있으므로 당사자 사이의 계약 또는 법률관계의 실질에 따라 파악하여야 할 것이다.

우리 대법원도 기부자가 시설물을 설치하여 국가에 그 소유권을 귀속시킨 경우에는 '용역'의 공급[65]으로 보고, 시설물의 소유권이 일단 기부자의 소유로 귀속되었다가 기부채납에 의해 비

---

63) 시설물(양회저장시설)의 기부채납이 재화의 공급이며, 그 공급시기는 기부채납절차가 완료된 때이거나 국가 명의로 보존등기가 된 때이다(대법원 1996.4.26. 선고 94누15752 판결). 사업자가 자기의 비용을 투입하여 공공시설인 지하도 및 상가시설 등을 완성하여 기부채납하고 그에 대한 반대급부로 일정기간 무상사용권 등을 취득하는 것을 부가가치세 과세대상이 되는 용역의 공급에 해당한다고 보는 것은 그 기부채납과 무상사용권 등 사이에 실질적·경제적 대가관계가 있다는 데 있다(대법원 2003.3.28. 선고 2001두9950 판결).

64) 이호원, "시설물의 기부채납과 부가가치세", 『특별법연구』 제4호, 특별소송실무연구회, 박영사, 1994, p.105 참조; 이창희, 『세법강의』, 박영사, 2009, p.1010 참조; 이에 대하여, 재화의 무상사용을 조건으로 기부채납하는 경우는 경제적으로 이른바 sale and leaseback과 같은 구조를 띠고 있으므로 사용권을 취득하고 시설물을 기부채납하는 것은 '재화'의 공급으로 보아야 한다는 견해가 있다. 이 견해는 기부채납을 하는 자는 재화를 공급한 것이고 무상사용권을 부여한 자는 용역을 공급한 것이므로 2건의 과세거래가 발생한 것이라고 설명하고 있다.

로소 국가에 이전되는 경우에는 '재화'의 공급66)으로 보고 있다. 그러나 용역의 공급을 재화의 공급으로 잘못 판단하고 한 부가가치세 부과처분이라고 할지라도 이는 부과처분을 취소할 사유에 해당하지 아니하고, 원심판결이 용역의 공급을 재화의 공급으로 잘못 판단한 경우에도 이는 상고이유가 되지 않는다고 판시하고 있다.67)

③ 과세표준 등

용역의 공급은 공급이 완료되는 시점에 이루어진 것으로 보아야 하므로 본건 기부채납시점이 과세시기가 될 것이다. 그리고 과세표준을 공사비총액으로 판단한 것은 적절한 것으로 보인다.68) 다만, 무상사용권은 장기에 걸쳐 주어진 것인데 장기간 사용료 시가의 현재가치가 공사비총액과 동액이 되는지에 대해서는 시장경제의 원리상 대가관계가 있을 것이라는 점을 근거로 하고 있는 점을 기억하여야 할 것이다.

본건에서 인천시는 유상으로 부동산의 사용권을 제공하였다. 현행 부가가치세법규정에 의하면 국가나 지방자치단체가 제공하는 부동산임대의 용역은 부가가치세과세대상이다(부가가치세법시행령 제46조 제3호). 따라서 인천시는 사용료에 해당하는 금액을 과세표준으로 하여 매기 세금을 징수하여야 한다. 장기 부동산임대의 대가를 일시에 받은 경우라 하더라도 매기가 지날 때마다 세금을 징수하여 신고하도록 되어 있기 때문이다.

그런데 사건 당시 부가가치세법규정에 따르자면 국가나 지방자치단체가 제공하는 부동산임대용역은 면세였다. 따라서 과세당국의 입장에서는 인천시의 거래징수 여부는 문제 삼지 않고 원고의 거래징수 여부만 문제 삼은 것이다.

오늘날이라면 원고는 공사비총액을 과세표준으로 하여 거래징수하고 그 총액을 매기 안분한 금액(그것에 화폐의 시간가치가 더해질 것임)으로 거래징수를 당할 것이다. 그리고 스스로가 사업용으로 그 부동산을 이용하든 다시 임대하든 임대료 상당액에 대한 부가가치세를 매입세액공제를 받을 수 있을 것이다. 당시로서는 자신이 지급한 임대료상당액 부분은 면세였으므로 매입세액공제받을 것이 없게 된다. 원고의 입장에서는 국가나 지방자치단체로부터의 임대가 과세대상이든 면세대상이든 경제적 부담에는 차이가 없게 된다.

오늘날의 규정에 의하면 국가나 지방자치단체의 임대용역은 과세이다. 만약 원고가 자신의 명의로 등기를 한 후 명의를 이전하였다면 그것은 재화의 공급이 되었을 것이다. 이는 재화의 공급 그 직후 다시 임대라는 모습이 될 것이므로 sale and leaseback과 동일한 방식의 거래가 되었을 것이다.

---

65) 대법원 1990.4.13. 선고 89누3496; 대법원 1991.3.12. 선고 90누6972; 대법원 1991.3.12. 선고 90누7227; 대법원 1991.3.22. 선고 90누7357; 대법원 1991.4.26. 선고 90누7272; 대법원 1991.8.27. 선고 90누9247; 대법원 2003.9.5. 선고 2002두4051 참조.

66) 대법원 1990.2.27. 선고 89누1797 참조.

67) 대법원 1990.2.27. 선고 89누1797; 대법원 1990.4.13. 선고 89누3496; 대법원 1991.3.12. 선고 90누6972; 대법원 1991.3.22. 선고 90누7357 참조.

68) 현행 법규로서는 부가가치세법시행령 제48조 제5항 참조. 당해 기부채납의 근거가 된 법률상 기부채납된 가액을 과세표준으로 하게 되어 있다.

(나) 대법원 1992.12.8., 92누1155판결

대법원 1990.4.27., 89누596판결 사건보다 2년 뒤의 대법원 1992.12.8., 92누1155판결 사건에서는 법원은 실질과세원칙에 불구하고 납세자가 구성한 거래에 '사업목적'이 있으면 그것을 인정하여야 한다고 하였다. 이는 조세회피방지와 납세자권익보호간의 균형점을 찾는 노력의 일환이었다.

이 사건에서, OO시가 OO시 OO구 OO4거리 부근 지하에 지하도 및 부대시설(이하 이 사건 지하도라고 한다)을 건설하기로 하고, 그 공사시공과 관리감독은 OO시가 맡고 이에 소요되는 사업비는 원고와 소외 주식회사 호텔OO 등의 법인(이하 원고 등 회사라고 한다)에게 부담시키기로 함에 있어, 위 시설물의 준공과 동시에 이를 OO시에 기부채납하여 그 소유권을 귀속시키는 것으로 하되 준공 후부터 일정기간 위 시설물 중 상가 부분을 원고 등 회사가 무상사용수익하기로 하여, OO시장과 원고 등 회사 사이에 'OO4거리 지하도 건설수탁공사협약'을 체결하기에 이르렀고, 이에 따라 원고는 위 공사에 소요된 사업비의 일부인 금 1,368,300,000원을 OO시에 지급하였고, OO시장은 이 사건 지하도공사를 OO건설주식회사(이하 소외 회사라고 한다)에 도급 주어 공사를 완공하고 그 공사대금 4,561,000,000원을 모두 지급하였으며, OO시 산하 OO 구청장은 위 협약에 따라 원고 등 회사에 대하여 이 사건 지하도 시설물 중 지하상가 266㎡에 관하여 20년간 무상점용허가를 내 준 바 있고, 이에 대하여 피고는 원고가 위 시설물공사의 사업비 중 금 1,368,300,000원을 부담하고 그 대가로 완공된 위 지하상가의 사용권을 무상으로 취득함으로써 OO시에 위 금액 상당의 재화를 공급한 것으로 보고 이 사건 부가가치세의 부과처분을 하였다.

이에 대해 법원은 다음과 같이 판시하였다.

> 원고 등 회사가 OO시에 지하도를 기부채납함에 있어서 법률적으로는 원고 등 회사가 OO시에 공사금 상당의 현금을 납부하고 OO시는 그 금원을 재원으로 하여 소외 회사와 공사도급계약을 체결하기로 3자 간 합의한 것이 되며, 실제로 그 합의대로 법률관계가 형성되었다고 보아야 한다.
> 그리고 사실이나 법률관계가 그와 같다면 원고 등 회사는 현금 아닌 재화인 이 사건 지하도시설물을 공급하였다고 볼 수 없음은 물론이고, 이 지하도시설물을 건설하는 용역을 제공한 것이라고 볼 수도 없다.
> 원심은 이 사건 지하도 공사계약의 실질적 계약당사자는 원고 등 회사(도급인)와 소외 회사(수급인)이고, OO시는 공사계약의 수탁자에 불과하며, 원고 등 회사는 OO시에 현금을 납부한 것이 아니라 이 사건 지하도시설물을 건설하는 용역을 제공하고 그 대가로 무상사용권을 취득한 것인데 형식상으로만 위에서 본 법률관계인 것처럼 만들었으니 실질과세의 원칙상 원고 등 회사의 OO시에 대한 용역의 공급에 대하여 부가가치세를 과세할 수 있다고 본 것 같으나, 위와 같은 법률관계의 형성이 탈세를 위한 것이거나 그밖에 위법 부당한 목적을 위한 것이 아닌 이상 당사자들이 선택한 법률관계를 무시하고 이와 다른 법률관계로 의제하는 것은 옳다고 할 수 없다.
> 원래 납세의무자가 경제활동을 함에 있어서는 동일한 경제적 목적을 달성하기 위하여서도 여러 가지의 법률관계 중 하나를 선택할 수 있는 것이고, 과세관청으로서는 특별한 사정이 없는 한 당사자들이 선택한 법률관계를 존중하여야 할 것이다.

원고가 서울시에 건설비에 상당하는 금원을 제공하고 서울시는 그 돈으로 원고의 계열사에 건설용역을 발주하여 시설물을 준공하고 서울시의 명의로 등기하였다. 원고는 사업비를 제공한 대가로 동 시설물의 무상사용권을 취득한 것이다. 원고가 직접 공사용역의 당사자가 되었다면 스스로가 용역을 제공한 것으로 되어 부가가치세를 거래징수하였어야 한다. 그러나 공사용역계약의 당사자는 원고의 계열사였으므로 그 법인이 거래징수하였다. 이에 대해 과세당국은 실질과세원칙상 원고가 경제적 부담을 하고 그 대가를 수령한 것이므로 원고가 용역을 제공한 것과 다를 바 없다고 하여 납세의무를 원고에게 귀속시키고 있다(국세기본법 제14조 제1항). 공사비총액이 용역의 과세표준이 되어야 할 것인데 이는 원고가 직접 용역을 제공한 것으로 보든 원고의 계열사가 제공한 것으로 보든 동일할 것이므로 세금부담 측면에서는 다를 바 없다.

법원은 납세자인 국민은 법률관계 형성의 자유가 있는데 그 자유가 세법의 규정을 남용한 것에 이르지 않는 한 존중되어야 한다는 입장을 표명하였다. 그런데 만약 원고가 설정한 거래관계가 부가가치세뿐 아니라 법인세 등 각종 세목을 종합하여 볼 때 세금을 절약하는 결과를 초래한다면 그것은 위 법원이 상정하는 조세법의 남용에 해당할 것인가? 이에 대해 우리 법원은 정당한 사업목적이 있었다면 그에 부수하여 세금을 줄이는 결과가 있다 하여 부인할 것은 아니라는 입장을 가지고 있다. 그리고 판례에 따라서는 조세를 회피하기 위한 행위라 해도 가장행위에 해당하는 등 특별한 사정이 없는 한 유효하다고 보아야 한다고 하면서 이를 부인하기 위해서는 법률상 구체적인 근거가 필요하다고 하기도 한다.[69] 외국의 경우에는 법원이 세금을 줄이는 것이 하나의 목표가 되어 있다 하더라도 그것이 단일의 목표(sole purpose)인 것이 아니라면 납세자의 법률관계 선택을 부인하지 않아야 한다는 입장을 표명하기도 한다.

우리나라 법원은 위와 같은 입장을 표명하면서 자주 그 성문법적인 근거로 실질과세원칙을 원용한다. 원래 실질과세원칙은 조세회피 혹은 세법의 남용 여부와는 무관하게 조세부담은 해당 거래의 실질에 따라야 한다는 실질적 형평성의 관점에서 도입된 것이다. 따라서 해당 거래관계의 실질을 고려하여 과세하면 되는 것이지 납세자의 선택을 존중한다면 세금이 줄고 그것을 부인한다면 세금이 늘 것인데 납세자가 세금 줄이는 것을 부당하게 의도했는가 하는 점은 고려할 필요가 없는 것이다. 세법을 적용하는 과정에서 현실적인 필요에 의해 조세회피 혹은 세법의 남용을 방지하는 조치를 취해야 하게 되었으며 그것에 가장 근접한 논리를 제공하는 조항이 실질과세원칙에 관한 국세기본법 제14조이기 때문에 법원은 그것을 근거로 논리를 전개한 것으로 보아야 할 것이다.

나. 공급간주

(1) 자가공급

과세용역을 자기의 면세사업에 사용하면 용역의 공급으로 보는가? 부가가치세법은 "사업자가 자신의 용역을 자기의 사업을 위하여 대가를 받지 아니하고 공급함으로써 다른 사업자와의

---

69) 대법원 1991.5.14. 90누3027.

과세형평이 침해되는 경우에는 자기에게 용역을 공급하는 것으로 본다. 이 경우 그 용역의 범위는 대통령령으로 정한다."고 규정하고(부가가치세법 제12조 제1항), 정작 대통령령은 침묵을 지키고 있다. 부가가치세법은 재화의 자가공급에 대한 과세논리와 달리 '대가를 받지 아니하고' 제공된다는 것을 간접적인 이유로 명기하고 있다.[70]

사업자가 대가를 받지 아니하고 타인에게 용역을 공급하는 것은 용역의 공급으로 보지 아니한다. 다만, 사업자가 특수관계인에게 사업용 부동산의 임대용역 등을 공급하는 것은 용역의 공급으로 본다(부가가치세법 제12조 제2항).

(2) 개인적 공급

부가가치세법이 용역의 자가공급을 사실상 용역의 공급으로 보지 않고 있는 것처럼 용역의 개인적 공급도 용역의 공급으로 보지 않고 있다.

(3) 기타 용역의 공급으로 간주하는 것

(가) 건설업자가 건설자재의 전부 또는 일부를 부담하는 것

건설업자는 건설용역을 제공하기도 하고 건설의 결과물인 건축물을 매도하기도 한다. 건설업자가 건설용역을 제공하는 과정에서 자신이 보유하는 건설자재를 부담하고 그 부담한 자재의 가액을 포함하여 용역의 대가를 포괄적으로 받는 경우에 그 부분을 용역의 제공으로 간주한다는 것이다(부가가치세법시행령 제25조 제1호).

(나) 상대방으로부터 인도받은 재화에 주요 자재를 전혀 부담하지 아니하고 단순히 가공만 하여 주는 것

임가공업자는 상대방으로부터 자재를 인도받아 그 자재에 가공을 하여 부가가치를 높인 후 그 상대방에게 자재를 돌려준다. 이 경우 두 번의 인도과정이 포함되는데 그것을 재화의 공급으로 보지 않는다는 것이다(부가가치세법시행령 제25조 제2호). 부가가치세의 과세대상이 되는 거래는 소유권의 이전이 이루어지는 거래에 한정한다는 기본원칙에 입각하여 보면 법령으로 굳이 재화의 공급이 아닌 점을 확인할 필요는 없는 부분이다.

(다) 산업상·상업상 또는 과학상의 지식·경험 또는 숙련에 관한 정보를 제공하는 것

노하우의 제공을 용역의 공급으로 보는 규정이다(부가가치세법시행령 제25조 제3호). 노하우의 제공과 인적 용역의 제공은 구분하기 매우 어렵다. 외양은 인적 용역을 제공하는 것처럼 보이지만 제공하는 용역의 내용 중에는 다른 자가 갖지 못한 노하우가 녹아 있는 경우가 많은데 그 부분을 분리하는 것이 용이하지 않기 때문이다. 그렇다고 어느 정도 이상의 가치를 가질 때 전체를 노하우의 제공으로 볼 것이라고 미리 규정하는 것도 어려운 일이다.

소득과세상으로는 노하우의 제공대가는 사용료로 하여 과세되며 인적 용역의 제공대가는 사

---

70) 부가가치세법기본통칙 7-19…1은 용역의 자가공급은 과세대상이 아닌 것을 전제로 규정하고 있다. 자가공급은 원래 공급으로 볼 수 없는 것이지만 그것으로 간주하여 과세하기 위해 만든 개념인데 다시 과세대상이 아닌 것으로 전제하는 것은 논리적 모순이다.

업소득 또는 근로소득[71])으로 분류되어 각각의 소득의 종류에 따라 과세되는 방식이 달라진다. 부가가치세과세의 목적으로는 그것이 재화의 공급인지 용역의 공급인지를 구분하면 되는데 노하우 제공의 외양상 지식·경험 또는 숙련에 관한 정보의 전달매체상 물건이 개입한다 하더라도 그것을 재화의 양도로 보지 않고 포괄적으로 인적 용역을 통해 전달되는 것으로 본다는 것이다.

3. 용역의 공급시기

부가가치세법은 용역의 공급시기를 역무의 제공이 완료되는 때[72]) 또는 시설물, 권리 등 재화가 사용되는 때로 규정하고 있다(부가가치세법 제16조 제1항).[73]) 장기할부의 경우 등에 대해서는 대가의 각 부분을 지급받기로 한 때 공급한 것으로 본다(부가가치세법시행령 제29조 제1항).

4. 용역의 공급장소

부가가치세법은 용역이 공급되는 장소를 '역무가 제공되거나 재화·시설물 또는 권리가 사용되는 장소'라고 규정하고 있다(부가가치세법 제20조 제1항).

용역이 국외에서 제공되는 경우에는 영세율을 적용한다(부가가치세법 제22조). 국외에서 제공된 용역은 과세대상이기는 하지만 영세율을 적용하는 것으로 이해되어야 한다.[74]) 한편, 부가가치세법상 용역의 공급장소가 국외에 소재할 경우 부가가치세를 거래징수하지 않는다는 규정은 존재하지 않지만 영세율의 적용대상으로 하고 있으므로 그렇게 해석하는 것이 타당할 것이다.[75]) 제공한 용역의 중요하고도 본질적인 부분이 국내에서 이루어졌다면 그 일부가 국외에서 이루어졌더라도 용역이 공급되는 장소는 국내라고 보아야 한다.[76])

국내에 이동통신단말장치 또는 컴퓨터 등을 통하여 구동되는 게임·음성·동영상 파일 또는 소프트웨어 등 저작물 및 클라우드 컴퓨팅의 전자적 용역과 광고를 게재하는 용역 및 중개용

---

71) 조세조약상으로는 사업소득 및 종속적 인적 용역과 구분되는 독립적 인적 용역이라는 항목이 있기는 하다.

72) '역무제공의 완료 시'는 거래사업자 사이의 계약에 따른 역무제공의 범위와 계약조건 등을 고려하여 역무제공 사실을 가장 확실하게 확인할 수 있는 시점, 즉 역무가 현실적으로 제공됨으로써 역무를 제공받는 자가 역무제공의 산출물을 사용할 수 있는 상태에 놓이게 된 시점을 말한다. 건물 보수공사의 제공 범위와 계약조건에 비추어 보수공사의 역무제공이 완료되는 용역의 공급시기는 사용검사승인일이다(대법원 2008.8.21. 선고 2008두5117 판결).

73) 용역이 공급되는 시기는 역무가 제공되거나 재화, 시설물 또는 권리가 사용되는 때라고 할 것이고, 대가를 받기로 하고 타인에게 용역을 공급한 이상 실제로 그 대가를 받았는지는 부가가치세 납부의무의 성립 여부를 결정하는 데 아무런 영향도 미칠 수 없다(대법원 1995.11.28. 선고 94누11446 판결).

74) 원양어선에서 포획한 수산물에 대한 매매 중개용역 등이 국내에서 제공된 용역에 해당하는 것으로 본 원심판결을 수긍한 사례가 있다(대법원 1996.11.22. 선고 95누1071 판결).

75) 외국법인이 제공한 용역의 중요하고 본질적인 부분이 국내에서 이루어진 경우, 용역의 일부가 국외에서 이루어졌더라도 용역이 공급되는 장소는 국내이다. 국내사업장을 가진 외국법인이 사업활동으로 내국법인에 공급한 용역의 중요하고 본질적인 부분이 국내사업장에서 이루어진 경우, 용역의 일부가 국외에서 이루어졌더라도 용역으로 얻은 소득은 전부 국내사업장에 귀속되는 것으로 보아야 한다(대법원 2016. 2. 18. 선고 2014두13829 판결).

76) 대법원 2006. 6. 16. 선고 2004두7528, 7535 판결, 대법원 2016. 2. 18. 선고 2014두13829 판결

역을 공급하는 경우에는 국내에서 해당 용역이 공급되는 것으로 본다. 제3자를 통하여 국내에 해당 용역을 공급하는 경우에는 그 제3자가 해당 용역을 국내에서 공급한 것으로 본다. 다만, 국내사업자의 사업과 관련하여 공급하는 경우는 제외한다. 국내에 해당 용역을 공급하는 자는 간편사업자등록을 하여야 한다(부가가치세법 제53조의 2, 동법시행령 제96조의 2).

'외국항행용역'에 대해서는 영세율이 적용된다. 외국항행용역은 국외에서 국내로, 국내에서 국외로 그리고 국외에서 국외로 여객이나 화물을 수송하는 것을 말한다(부가가치세법 제23조, 동법시행령 제32조). 부가가치세법은 사업자가 외국항공사인 때에는 여객이 탑승하거나 화물이 적재되는 장소를 공급장소로 하고 있다(부가가치세법 제20조 제1항 제2호). 국내에 사업장이 있는 외국항공사의 경우, 국내에서 여객이 탑승하거나 화물이 적재되는 경우 국내에서 용역이 제공된 것으로 보게 된다. 다만, 이 중에서도 외국항행용역에 해당하는 것에 대해서는 영세율이 적용되어야 할 것이지만, 상호주의의 제한이 따르게 된다(부가가치세법 제25조).

제3항 재화의 수입

관세를 신고·납부하는 납세의무자는 세관장에게 부가가치세를 함께 신고·납부하여야 한다(부가가치세법 제50조).

재화의 수입은 물품을 국내에 반입하는 것을 의미한다.[77] 관세법상 '수입'은 외국물품을 반입하거나 우리나라에서 소비 또는 사용하게 하는 것을 말한다(관세법 제2조 제1호). 재화의 수입에 대해 부가가치세를 징수하는 기관은 세관장이다(부가가치세법 제58조 제2항).

수입으로 부가가치세가 과세되는 물건에 무체물은 포함되지 않는다. 수입부가가치세는 관세법상 관세의 과세대상인 '외국물품'에 대해 붙게 되는데 그것에 무체물은 포함하지 않기 때문이다. 수입물품에 내재된 무체물의 가액을 관세과세가격으로 하는가가 문제 되지만 무체물 자체에 관세가 부과되는 것은 아니다(관세법시행령 제19조). 한편, 대외무역법상 '수입'은 기본적으로 "매매, 교환, 임대차, 사용대차, 증여 등을 원인으로 외국으로부터 국내로 물품이 이동하는 것"을 의미한다(대외무역법시행령 제2조 제4호 가목).

제4항 용역의 수입

1. 대리납부에 의한 과세

우리나라의 부가가치세제는 소비지과세원칙을 채택하고 있으며 이는 용역의 제공거래에 대해서도 동일하게 유지된다. 우리나라의 소비자가 외국의 공급자가 제공하는 용역을 국내에서 소비하는 경우에는 부가가치세를 부담하게 하고 우리나라의 공급자가 국외의 소비자에게 제공

---

77) 2006 EC Directive는 다음과 같이 규정하고 있다(제30조): '재화의 수입'은 재화의 EC 역내로의 진입(entry into)을 의미한다.

하는 용역에 대해서는 그 소비자가 부가가치세를 부담하지 않도록 한다. 부가가치세법상 간접세로서 재화나 용역을 공급하는 자에게 납세의무를 지우도록 되어 있는데 외국의 공급자가 국내의 소비자에게 용역을 제공하는 경우에 우리나라가 그 공급자에게 납세의무를 지울 방법이 없다. 관할권을 벗어나 사업을 하는 자이기 때문이다. 따라서 그 경우에는 소비지과세원칙을 적용할 수 없다. 그런데 수입거래에서 공급을 받는 자, 즉 국내에서 소비를 하는 자는 스스로가 세금의 최종적인 귀착자가 될 것이므로 국외의 공급자와 무관하게 자기가 세금을 직접 납부하도록 할 수 있을 것이다. 납세의무자를 설정함에 있어 직접세와 같은 개념을 적용하는 것이다. 부가가치세는 개별거래에 대해서 일일이 거래징수하는 방식을 전제로 하는 것인데 수많은 소비자로 하여금 스스로 자기가 수입한 용역을 계산하여 납부하도록 하는 것은 매우 번거로운 일이 된다. 부가가치세법은 이러한 점을 감안하여 사업자인 경우에만 위의 개념을 적용하여 대리납부하도록 하고 있다. 그리고 과세사업자가 제공받는 자로 되어 있을 때에는 어차피 매입세액공제를 받아 대리납부하도록 할 실질적인 이유가 없어지게 될 것이기 때문에 면세사업자가 제공받는 경우에만 대리납부하도록 하고 있다.

2. 대리납부의 대상

부가가치세법은 용역의 수입을 과세대상으로 규정하고 있지는 않다. 다만, 대리납부에 관해 규정하면서 사실상 용역의 수입이 부가가치세의 과세대상인 것을 전제로 하고 있다(부가가치세법 제52조). 공급하는 자가 국외에 소재하므로 '수입', 즉 '공급'에 대해서는 납세의무를 지울 수는 없지만 '수입'의 대상인 '용역'은 우리나라에서 소비되고 부가가치세의 실질적인 담세자인 소비자가 국내에 소재하므로 그에게 납세의무를 지우기 위해 대리납부의 방법을 사용하고 있는 것이다. 재화의 수입에 대해 세관장에게 징수 및 납부의 권한을 부여하고 있듯이 용역의 수입에 대해 수입자에게 납부의 의무를 부과하고 있는 것이다.[78]

'용역의 수입'이라 함은 용역의 공급자는 국외에 있고 용역의 소비자는 국내에 있어 용역이 국경을 넘어서 제공되는 것을 의미한다. 그런데 용역의 공급은 역무를 '제공'하는 것을 의미한다. 그렇다면 용역공급자의 역무제공방식은 다양하다. 유무선통신, 인터넷, 직접방문·체류, 용역보고서의 전달 등 다양한 방식으로 이루어질 수 있다. 그리고 역무의 제공시점에 제공자와 소비자가 동일한 장소에 있지 않을 수 있다. 제공시점과 소비시점이 다를 수도 있다. 용역에 대한 부가가치세의 과세관할권을 어디로 하여야 하는가에 대해 제공지와 소비지 중 어디로 하여야 하는가에 대한 논의가 있어 왔다.

재화의 경우보다 용역에 있어 그 공급장소의 판단이 어려운 경우가 많이 발생한다. 대법원 2006.6.16., 2004두7528판결에서 법원은 구 부가가치세법 제10조 제2항 제1호는 용역이 공급되는 장소를 '역무가 제공되거나 재화·시설물 또는 권리가 사용되는 장소'라고 규정하고 있으므로, 과세권이 미치는 거래인지는 용역이 제공되는 장소를 기준으로 판단하여야 할 것이라고

---

78) 결국 용역의 수입은 과세대상으로 보아야 한다.

하면서, S.W.I.F.T(Society for Worldwide Interbank Financial Telecommunication, 국제은행 간 금융통신조직, 이하 'SWIFT'라 한다)가 원고들에게 공급하는 이 사건 용역의 주된 내용은 국내에 SWIFT 통신망을 연결하여 SWIFT가 표준화한 메시지양식에 따라 원고들이 입력한 금융기관 간 송금의뢰 통지, 자금이체 지시, 외화자금 매매나 대출·예금계약 성립 등의 확인통지, 신용장 개설통지 등의 외환거래에 대한 메시지를 위 통신망을 이용하여 전송하고 이를 일정기간 저장하는 것이며, 이러한 거래메시지의 전송은 SWIFT 통신망을 이용하는 데 필요한 소프트웨어가 설치된 원고들의 국내 점포 단말기에서 SWIFT 통신망에 접속(Log in)하여 표준화된 메시지양식에 따라 거래메시지를 입력함으로써 이루어짐을 알 수 있는바, SWIFT 통신망을 이용하는 원고들로서는 이 사건 용역 중 가장 중요하고 본질적인 부분은 SWIFT가 표준화한 메시지양식에 따라 입력한 외환거래에 대한 메시지가 전송되는 것인데, 이러한 SWIFT 통신망접속 및 메시지의 전송이 이루어지는 곳은 원고들의 국내 점포이므로, 이 사건 용역의 제공장소는 국내라 할 것이고, SWIFT 통신망을 이용한 메시지 전송 및 저장의 기계적 또는 기술적작업이 해외에서 이루어졌다고 하더라도 달리 볼 것은 아니라고 판단하였다. 이에 따라 원고들에게 이 사건 부가가치세 대리납부의무가 있다고 본 것이다.

3. 대리납부의무자

법규상 실제 대리납부의 의무를 부담하는 자는 면세사업자이다. 여기서의 용역도 재화 이외의 재산적 가치가 있는 모든 역무 및 기타 행위를 의미한다.[79]

대리납부는 '용역의 공급을 받는 자'가 국내에 소재하는 경우에 한하여 적용된다. 이는 용역의 제공지가 우리나라 하더라도 용역의 소비자가 국외에 소재할 경우에는 용역의 수출로 보아 용역을 수출하는 자에게 영세율을 적용하는 점에서도 알 수 있다.[80] 그리고 대리납부의 대상이 되는 용역의 수입은 용역을 공급하는 자가 국내사업장이 없거나 국내사업장이 있더라도 그 사업장과 관련 없이 용역을 제공하는 경우에 한하여 용역의 수입으로 보는 규정에 의해서도 알 수 있다.

대리납부하는 자에게 국외에서 용역을 제공하는 자의 부가가치세납세의무는 용역을 국내에서 제공받은 자, 즉 대리납부하는 자가 대금을 지급하는 때에 자동확정되는 것과 다를 바 없다. 대리납부신고는 과세표준신고가 아니기 때문에 그것에 오류가 있을 경우 수정신고가 허용되지 않는다.[81] 대리납부에 부족액이 있을 경우 관할세무서장은 징수처분을 하게 된다.[82] 한편 대리납부의 신고는 과세표준의 신고에 해당하는 것인지에 대해서는 논란이 있을 수 있지만 국세심판례에 의하면 그것에 해당하므로 경정청구의 대상이 될 수 있다고 한다.[83]

---

79) 2006 EC Directive는 회원국은 소비자에 의한 세금계산서의 발행에 관해 재화나 용역을 공급하는 사업자에게 조건을 부과할 수 있다고 규정하고 있다(제224조 제3항). 그리고 회원국이 투자 금(investment gold)의 소비자를 부가가치세의 납세의무자로 지정할 수 있다고 한다(제198조 및 제254조).

80) 사업자가 국외에서 제공하는 용역은 당연히 영세율 적용대상이다.

81) 조세 22601-377, 1985.3.27.

82) 서면3팀-787, 2006.4.28.

83) 국심 2004서146, 2004.5.31.

제2절 영세율

우리나라 부가가치세는 소비지과세원칙(Bestimmungslandprinzip)[84]에 입각하고 있다. 따라서 외국에 수출하는 재화에 대해서는 수입하는 국가에서 그 재화에 대한 세금을 모두 걷을 수 있도록 재화의 생산단계에서 부과되어 온 세금을 모두 돌려준다. 한편, 수입되어 오는 재화에 대해서는 부가가치세를 과세하되 수출지국에서 부담했던 세금을 공제해 주지는 않는다. 통상 그 나라에서 이미 세금을 돌려받았을 것이기 때문이다. 이러한 방식을 수출재화에 대한 영세율제도라고 한다.

부가가치세법은 수출하는 재화, 국외에서 제공하는 용역, 선박·항공기의 외국항행용역 및 기타 외화를 획득하는 재화 또는 용역으로서 대통령령이 정하는 것에 대해 영세율을 적용하도록 하고 있다. 조특법상 영세율을 적용하는 재화나 용역이 있지만 본서의 논의에서는 제외한다.

제1항 수출하는 재화

수출하는 재화에 대해서는 영의 세율을 적용한다. 세금계산서를 교부할 상대방이 국내에 없으므로 세금계산서의 교부의무도 없다. 수출은 부가가치세법 고유의 개념으로서 '내국물품이 외국으로 반출되는 것'을 의미하지만 실무상으로는 대외무역법상 수출개념이 적용되고 있다.[85]

수출하는 방식은 여러 가지이고 수출을 위한 국내 거래도 다단계에 걸쳐 이루어질 수 있다. 이에 따라 영세율제도도 다양한 모습을 지니고 있다. 그러나 어떤 경우이든지 최종적으로 국내 물품이 국외에 나가 있는 상태에 도달할 때 국내에서 물린 부가가치세가 가격에 반영되지 않도록 한다는 점에서는 다를 바 없다. 수출에 대해 영세율을 적용할 경우 상대방이 되는 수입자는 물품가액의 10%만큼 낮아진 가액을 지급하게 된다. 이는 수출자의 입장에서는 유리한 가격 경쟁력을 확보하는 것이 되며 특히 부가가치세제도를 가지고 있지 않은 국가에 수출할 경우 더욱 유리하게 된다. 부가가치세가 있는 나라의 국민이 부가가치세가 없는 나라에 나가 자기 나라의 물건을 쇼핑하여 돌아오는 것도 이러한 이유에서이다. 물론 돌아올 때 부가가치세가 과세되지 않는 범위 안에서의 얘기이다. 그런데 시장의 원리상 영세율이 적용되는 단계에 있는 사업자는 바로 10%의 혜택을 보게 되지만 그전 단계에 있는 사업자는 그것의 일부만을 향유할 수 있으며 그것마저도 보장되는 것이 아니다. 이에 수출품의 재료를 공급하는 사업자가 제 몫대로 영세율의 혜택을 볼 수 있도록 내국신용장과 구매확인서[86]를 통해 장래 수출될 것을 전제로 공급하는 자에 대해서도 영세율을 적용하고 있다. 양자는 기능상 다를 바 없다. 은행이 발급한 한 개의 내국신용장은 여러 단계에 걸쳐 붙어서 이동하다가 최종적으로 수출할 때에 수출신용장으로 대체되는데 그 과정에서 거래되는 재화의 가격은 이미 10%만큼 낮은 가격이

---

84) 공급지국과세원칙(Ursprungslandprinzip)은 수출경쟁력이 있는 국가에 유리하다. 이는 경쟁중립적이라고 볼 수 없다.

85) 사업자가 임가공을 목적으로 원자재를 수출하여 외국의 임가공업자에게 제공한 경우, 영세율 적용대상 과세거래로 볼 수 있는 재화의 공급에 해당하지 않는다(대법원 2001.3.13. 선고 99두9247 판결).

86) 대외무역법 제18조 참조.

되어 있다. 내국신용장이 붙은 물건을 양수하는 자는 수출을 하여야 할 것이다. 이를 위반한 경우에는 대외무역법상 처벌받는다.[87] 그럼에도 불구하고 이를 이행하지 않든가 아예 처음부터 위조된 증빙으로 내국신용장을 받은 경우 그것에 기초하여 영세율을 적용한 사업자가 과실이나 고의가 없을 때 영세율 적용 여부가 문제 된다. 특히 금지금은 아예 내국신용장이나 구매확인서에 의한 공급을 수출의 범주에서 제외하도록 규정하고 있다(부가가치세법 제21조 제2항 제3호).[88]

외국인관광객등이 국외로 반출하기 위하여 구입하는 재화에 대해서는 부가가치세 영세율을 적용하거나 부가가치세를 환급할 수 있다. 외국인관광객은 외국환거래법에 의한 비거주자로서 법인, 국내에 주재하는 외교관, 국내에 주재하는 국제연합군 및 미국군의 장병 및 군무원을 제외한다. 면세판매자가 외국인관광객에게 면세물품을 판매하는 때에는 물품구입 자의 신분확인을 한 후 물품판매확인서 등을 교부한다. 면세물품의 구입시 부담한 부가가치세등을 환급받기 위해서는 출국시 관할세관장에게 판매확인서와 함께 구입물품을 제시하고 확인을 받아야 한다. 물품가액에 관계없이 선별된 여행객만 물품확인을 한다. 판매확인서를 교부받은 외국인관광객은 공항내 환급창구운영사업자 또는 시내환급창구를 통하여 세액상당액을 환급받거나 동 확인서를 면세판매자에게 우송하여 송금받을 수 있다(조특법 제107조). 일정금액 이하 물품에 대해 사후환급 대신 면세판매장에서 사전면세를 허용한다.[89]

제2항 국외제공용역

부가가치세는 용역의 공급에 대해서도 부과되며 용역의 공급지가 국내이든 국외이든 불문한다.[90] 다만, 국외에서 제공되는 용역[91]에 대해서는 영세율제도가 적용된다. 내국법인 갑이 국내에서 각종 원재료 및 비용을 부담하면서 용역제공의 준비를 마치고 외국의 고객에게 그 결과물을 제공한다면 마치 재화를 제공한 것과 같이 영세율을 적용하지 않을 이유가 없다. 실무상으로는 준비를 위해 지출한 것들에 대한 매입세액과 그 결과물과의 연관성을 따지기는 곤란하다. 다만, 외국의 고객으로부터 받은 대가에 대해 영세율을 적용하는 것으로 하면 될 것이다.

부가가치세법상 사업자가 국외에서 제공하는 용역에 대해서는 영세율을 적용한다. 국외에서 제공하는 용역이라면 그것을 제공받는 자가 거주자이더라도 영세율이 적용된다.[92] 예를 들면, 사업자가 거주자로부터 재도급받아 국외건설공사를 국외에서 건설용역을 제공하는 경우에도 영세율이 적용된다. 대가를 국내에서 지급받는지는 문제 되지 않는다. 외국건설사가 국내에서

---

87) 구매확인서의 경우 대외무역법 제54조에 따라 3년 이하의 징역이나 3천만 원 이하의 벌금에 처한다.

88) 사업자가 법령이 정하는 영세율 첨부서류를 제출하지 아니한 경우, 당해 과세표준이 영세율 적용대상임이 확인되는 때에는 영세율을 적용할 수 있다(대법원 2005.2.18. 선고 2004두8224 판결).

89) 외국인관광객 등에 대한 부가가치세 및 개별소비세 특례규정(대통령령) 참조

90) 대법원 2016. 1. 14. 선고 2014두8766 판결

91) 내국법인이 제공한 단일한 용역의 중요하고 본질적인 부분이 국외에서 이루어지고 제공한 용역의 일부가 국내에서 이루어진 경우, 용역의 제공 장소는 국외이다(대법원 2016. 1. 14. 선고 2014두8766 판결).

92) 대법원 2016. 1. 14. 선고 2014두8766 판결

제공하는 용역을 재도급받아 국내에서 건설용역을 제공하는 경우에는 영세율이 적용되지 않는다. 대가를 외국건설사로부터 외화로 수령하더라도 영세율을 적용하지 않는다.

어떤 사업자 갑이 외국에서 각종 원재료 및 비용을 부담하면서 용역제공을 한 경우라면 영세율을 적용하는가? 역시 영세율을 적용하여야 한다. 국내에서 비용을 부담한 경우에는 국내에서 납부한 세액이 있으므로 환급을 받겠지만 외국에서 비용을 부담한 경우에는 국내에서 납부한 세액이 없으므로 환급을 받을 것이 없다.

갑이 외국에서 그 나라의 부가가치세를 거래징수당한 경우에는 어떻게 보아야 할까? 우선 그 외국에서 고정사업장[93]이 있다면 그 고정사업장은 그 나라의 사업자로 보아 과세되므로 논의의 대상이 되지 않는다. 고정사업장이 없는 경우가 문제인데 갑은 그 외국에서 최종적인 소비자가 된 것처럼 과세될 뿐이다. 우리나라에서 갑이 그 나라에 납부한 부가가치세액을 공제하여 줄 이유가 없다. 그 외국은 갑으로부터 세금을 징수한 부분에 대해 갑의 고객으로부터 다시 징수하는 효과를 누릴 것이다. 갑은 부가가치세 절약을 위해서는 국내에서 용역 제공을 준비하는 것이 유익하다.

제3항 기타 외화획득 재화 및 용역

부가가치세법상 재화를 수출하거나 국외에서 용역을 제공하지 않더라도 그것과 동일한 경제적 효과를 거두는 것에 대해 영세율을 적용하기 위한 목적으로 '기타 외화를 획득하는 재화 또는 용역'을 영세율 대상으로 하고 있다. 이는 외화를 획득하는 것[94]이므로 재화나 용역의 최종적인 소비자가 외국에 소재하고 있는 점에서는 차이가 있을 수 없겠지만 수출이나 국외용역제공의 형태를 지니지 않은 것을 포섭하기 위한 규정이다.

외국인관광객 관광호텔 숙박요금에 대해서는 부가가치세를 환급한다(조특법 제107조의 2). 외국인관광객 미용성형 의료용역에 대해서도 부가가치세를 환급한다(조특법 제107조의 3).

1. 국내 고정사업장이 없는 비거주자에게 일정한 재화 또는 용역을 제공하고 그 대가를 외국환은행을 통해 원화로 받는 경우[95]

국내에서 고정사업장이 없는 비거주자에게 사업서비스업 등의 용역을 제공하고 그 대금을 외국환은행에서 원화로 받는 경우에 대해서는 영세율을 적용한다(부가가치세법시행령 제33조 제2항 제1호). 소비지과세원칙에 충실하기 위한 규정이라기보다는 외화획득이라는 결과를 보고 영세율을 적용하는 것이다. 그렇다면 모든 외화획득용역에 대해 적용하여야 할 것이지만 부가가치세법시행령은 적용대상을 몇 가지로 한정하고 있다. 주로 우리나라가 소비지가 될 개연성

---

93) 우리 세법상으로는 '국내사업장'이라고도 한다(제6편 제2장 제2절 참조).

94) 부가가치세법기본통칙 11 – 26…4 참조.

95) 그 비거주자는 외국환은행에 외화로 송금하였을 것이다.

이 낮은 것만을 열거하기 위한 것이다.

이는 해당 외국에서 비거주자 등에 대한 세제혜택을 우리나라 거주자 등에게 동일하게 부여하는 경우 적용한다(상호주의).

2. 국내 고정사업장 없는 비거주 사업자 또는 외국법인이 국내에서 재화 또는 용역을 구매한 경우

국내에 사업장이 없는 외국법인 또는 비거주자로서 외국에서 사업을 영위하는 자가 국내에서 사업상 다음의 재화 또는 용역을 구입하거나 제공 받은 때에는 자신이 부담한 부가가치세를 환급받을 수 있다(조특법 제107조 제6항). 다만, 환급금액이 30만원 이하인 경우는 제외한다. 그 해당 국가에서 대한민국의 거주자 또는 내국법인에 대하여 동일하게 면세하는 경우에만 영세율을 적용한다(부가가치세법 제25조, 상호주의). 이는 해당 외국의 조세로서 우리나라의 부가가치세 또는 이와 유사한 성질의 조세를 면세하는 경우와 그 외국에 우리나라의 부가가치세 또는 이와 유사한 성질의 조세가 없는 경우를 말한다.[96]

- 음식숙박용역, 광고용역
- 전력통신용역, 부동산임대용역
- 국내사무소용 건물·구축물 및 당해 건물등의 수리용역
- 사무용 기구·비품 및 당해 기구·비품의 임대용역

매년 1월부터 12월까지 공급받은 재화 또는 용역에 대해 다음해 6월 30일까지 사업자증명원, 거래내역서, 세금계산서 원본(신용카드매출전표 포함)을 첨부하여 국세청장이 지정하는 지방국세청장에게 환급을 신청한다. 환급신청을 받은 지방국세청장은 신청일이 속하는 연도의 12월 31일까지 거래내역을 확인 후 부가가치세를 환급한다.

제4항 외국항행용역

외국항행용역은 국외에서 국내로, 국내에서 국외로 그리고 국외에서 국외로 여객이나 화물을 수송하는 것을 말한다(부가가치세법 제25조 제1항). 외국항행용역은 그 용역의 제공지를 구분하기 매우 어렵다. 소득과세상으로도 소득의 원천지를 가리기 어려워서 원천지에 불구하고 실질적인 관리장소에서 과세하도록 하든가 그렇지 않으면 일정한 공식에 의해 원천을 나누는 방식으로 국가 간 합의하게 된다. 그런데 부가가치세법상으로는 모두 영세율로 본다. 따라서 우리나라 국적항공사가 우리 승객을 미국으로 수송하는 것에 대해서는 영세율이 적용된다. 그런데 미국항공사의 국내지점이 우리 승객을 미국으로 수송하는 것에 대해서도 영세율이 적용되는가? 답은 긍정적이지만 어느 외국의 항공사에나 모두 해당되는 것은 아니다.

---

96) 부가가치세법기본통칙 25-0...1

부가가치세법은 사업자가 비거주자나 외국법인인 경우에는 그 외국에서 대한민국의 거주자 또는 내국법인에게 동일한 면세를 하는 경우에 한하여 영의 세율을 적용한다고 규정하고 있다. 여기서 면세라는 것은 당해 외국의 조세로서 우리나라의 부가가치세 또는 이와 유사한 성질의 조세를 면세하는 때와 그 외국에 우리나라의 부가가치세 또는 이와 유사한 성질의 조세가 없는 때이다. 이 규정의 취지에 따라 국세청이 각국의 조세제도를 연구한 결과가 부가가치세법기본통칙에 예시되어 있는데 미국이 그에 포함되어 있기 때문에 영세율이 적용되고 있다.[97]

그런데 부가가치세법시행령은 상호면세조항의 정신을 제대로 구체화하고 있는 것일까? 상호면세라고 하는 것은 소비지과세원칙에 충실하기 위한 것이다. 우리나라 기업이 해외에 사업장을 개설하여 그곳에서 해외 공급할 때 그 나라에서 부가가치세를 부과하지 않고 영업세와 같은 것을 부과하는데 우리나라에 진출한 그 나라 기업의 사업장에 대해서는 영세율을 적용한다면 우리 기업의 그 나라 진출보다는 그 나라 기업의 우리나라 진출이 늘어나게 될 것이다. 비록 그 나라의 다른 기업에 대한 과세와 차등은 없지만 우리나라가 가지고 있는 고유한 영세율제도를 그 나라 기업이 제3국, 즉 해외공급을 위하여 우리나라를 활용하는 형국이 되지만 우리에게는 정작 재정상 보탬이 되지 않는 결과가 될 수 있는 것이다. 이를 방지하기 위하여 도입된 상호면세규정이라면 상대방 국가의 '면세'에 '그 외국에 우리나라의 부가가치세 또는 이와 유사한 성질의 조세가 없는 때'를 포함하는 것은 타당하지 않다. 미국과 같이 부가가치세제도가 없는 국가는 제외되어야 한다.

제3절 면세거래(비과세거래)

제1항 면세재화와 면세용역의 국내공급

공급하는 재화나 용역의 성격상 소비하는 자에게 세금을 부담시키지 않는 것이 경제정책상 더 바람직한 경우 부여하는 조세특례 방법의 하나로서 면세(Befreiung)제도가 있다. 영세율은 기본적으로 과세관할권의 설정에 관한 사항이지만 면세는 사회적으로 외부경제효과가 있는 재화나 용역에 대해 부가가치세를 물리지 않는 것이다. 면세는 면세재화나 용역의 제공을 위해 소요된 비용에 대해 어떤 부가가치세를 부담하였는지는 고려하지 않고 단순히 그 재화나 용역에 대해 세금을 물리지 않는 것이다. 공급하는 자는 그 공급에 소요된 비용을 지출하면서 부담한 세액을 공제받지 못한다.

가공하지 않은 농축수산물은 면세이다(부가가치세법 제26조 제1항).[98] 일부 개인적 인적용역

---

97) 부가가치세법기본통칙 11 – 27…1.

98) 법원은 고객들이 1층 정육매장에서 쇠고기를 구입하고 계산함으로써 1층 정육매장에서의 재화 공급행위는 종료되었을 뿐만 아니라 원고가 2층 식당에서 고객들에게 쇠고기 자체를 조리하여 제공하지도 않았으므로, 비록 고객들이 그의 선택으로 1층 정육매장에서 쇠고기를 구입한 즉시 2층 식당으로 가서 별도로 구입한 음식부재료와 함께 이를 조리하여 먹었다거나 원고가 단일한 사업자로서 1층 정육매장과 2층 식당을 함께 운영하였다는 등의 사정만으로는, 원고가 고객들에게 음식점 용역을 제공한 것으로 볼 수 없다고 보았다(대법원 2015. 1. 29. 선고 2012

의 공급에 대하여 부가가치세를 면제하고 있다.[99]

1. 금융보험용역

가. 면세범위

면세혜택은 주로 외부경제효과가 있는 재화나 용역에 대해 부여된다.[100] 부가가치세면세제도는 재화의 공급이나 용역의 제공 중 특별히 외부경제효과가 있다고 보기 어려운 사안에도 적용되는 경우가 있다.

금융보험용역과 토지가 그것들이다. 이들은 부가가치세법상 재화의 공급이나 용역의 제공의 개념에 포섭되는 것이기는 하지만 과세가 곤란하여 부가가치세과세대상에서 배제하는 것이다.[101] 그중 가장 대표적인 것이 금융·보험용역이다. 거래를 통해 주고받는 대가 중에 금융·보험용역 해당분을 구분해 내는 것이 매우 어렵기 때문이다.[102]

금융거래에서 대여자가 차입자로부터 받은 이자수입금액은 생산요소의 하나인 자본을 사용하게 한 대가로서 부가가치라기보다는 창출된 부가가치를 분배받은 것에 해당한다. 따라서 부가가치세의 과세대상으로 하기에는 적합하지 않다. 그런데 대여자와 차입자 사이에 금융기관이 개입하여 양자 간 금융거래를 원활하게 하는 용역을 제공(대여자와 차입자 각각에 부분적으로 제공하는 것이 될 것이다)한다. 이 경우 제공한 용역은 창출된 부가가치로서 과세대상이 되어야 할 것이지만 생산요소의 제공에 대한 대가인 이자와 혼재되어 있기 때문에 그것만 분리하기 어려운 것이다. 이 점을 감안해 EC 국가와 우리나라의 세법은 이자에 섞여 있는 금융·보험용역을 그대로 이자와 함께 면세로 하고 있는 것이다.

이 과정에서 금융기관은 용역의 제공자로서 최종적인 용역의 소비자에게 부가가치세부담을 전가하여야 하는데 자신이 용역을 제공하기 위하여 부담한 부가가치세를 전혀(또는 일부를) 전가하지 못하고 떠안게 된다. 부가가치세과세상 사업자는 납세의무자가 되지만 납부하는 세액의 경제적인 부담은 최종적인 소비자가 하도록 되어 있다. 따라서 부가가치세는 사업자의 비용으로 계상하지 않는 것이 원칙이다. 그러나 자신이 판매하기 위하여 구입한 원자재에 부과된 부

두28636 판결).

99) 저작권자 개인이 순수하게 개인의 자격으로 자기노동력을 제공한다는 데에 그 이유가 있는 것이므로 저작권에 대한 사용료라 하더라도 저작권자가 법인에 소속되거나 그 용역이 법인을 통하여 제공됨으로써 그 대가가 법인에게 귀속되는 등의 경우에는 이를 개인에 의한 자기노동력의 제공이라 할 수 없어 특별한 사정이 없는 한 위 제1호 소정의 부가가치세 면세대상에 해당하지 아니한다. 번역출판계약의 당사자 및 저작권 사용료의 귀속주체로 보아 그 저작권의 사용이 순수하게 저작권자 개인으로부터 제공된 인적용역이라 할 수는 없다(대법원 2003.3.11. 선고 2001두9745 판결).

100) 외부경제효과에 대한 조세지원을 하는 경우라면 그것은 간접세와 직접세에 걸쳐 일관된 논리에 입각하여 부여될 필요가 있다. 의료제공용역에 대한 부가가치세를 부과하지 않는 것이 외부경제효과 때문이라면 의료를 제공받는 데에 대한 비용을 소득금액 산정 시 공제하는 데에 제한을 두지 않는 것이 타당하다.

101) 이에 따라 '비과세'된다고 보아야 할 대상이다.

102) 물론 금융·보험용역을 제공하는 자의 원가분석상으로는 가능하지만 거래당사자들 간에 그 부분을 특정하여 그에 해당하는 부가가치세액을 거래징수하는 것은 사실상 실현 불가능한 것이다.

가가치세를 매입세액공제를 받지 못하는 경우(이를 '내재된 부가가치세(hidden VAT)'라고 한다) 직접적인 비용(direct cost)이 될 수 있다.[103]

그리고 다른 세금이 부과되기 때문에 과세에서 제외되는 것들이 있다. 담배를 예로 들 수 있다. 금융보험용역의 경우 교육세가 부과되기 때문에 담배처럼 다른 조세가 부과되기 때문에 면세로 하고 있다는 주장을 할 수도 있겠지만 교육세의 부담이 훨씬 적기 때문에 설득력이 떨어진다. 금융보험용역은 두 가지 특징을 지니고 있다. 우선 금융보험업자가 소비자에게 제공하는 용역을 특정하기 힘들다. 은행을 예로 들면 갑으로부터 자금을 예치받아 을에게 대출하는 행위 중 무엇을 부가가치창출행위라고 할 수 있을까? 경제학적으로는 갑과 을이 직접 금전소비대차를 하는 경우에 비해 갑과 을이 경제적으로 이득을 본 부분일 텐데 그것은 은행의 예대마진이라고 할 수 있을 것이다. 그러나 이 예대마진은 을과 갑 중 어느 한 명에게 제공한 용역에 대한 대가로 볼 수는 없다. 설사 을에게 제공한 용역의 대가라 하더라도 대출이자로 수령한 금액 중 예대마진에 해당하는 부분에 대해 10%의 세금을 거래징수할 것인가? 현실적으로 곤란하다. 다른 한편 은행은 갑과 을의 직접금융과 경쟁하고 있다. 이때 갑은 자금의 대여에 따라 이자를 받게 되는데 그 이자는 국민총생산과는 직접 관계가 없다. 생산하여 번 소득을 분배받는 단계에서 얻게 되는 것이다. 총생산은 부가가치의 집적치이므로 갑이 번 이자는 부가가치라고 할 수 없으며 부가가치세가 과세되지 않는다. 은행이 직접금융과 경쟁하면서 거둔 대출이자 중 자기의 부가가치에 해당하는 부분에 대해 부가가치세를 부담하도록 한다면 세제의 중립성을 유지할 수 있을까? 은행의 예대마진에 해당하는 부분은 분명 GDP에 포함되는 것이기는 하지만 부가가치세가 과세되기 어려운 속성을 지니고 있는 것이다.

부가가치세법시행령은 실제 면세대상 금융보험용역으로서 개별 업종을 열거하고 있다(부가가치세법시행령 제40조 제1항). 예를 들면, 환전업의 경우, 은행이 환전하면서 고객으로부터 수수료를 받는 것에 대해 면세를 하고 있다. 그런데 그것은 분명 이자처럼 분배국민소득에 관한 사항도 아니며 명백히 부가가치를 창출한 것으로서 과세대상이 되어야 할 것이다. 그럼에도 불구하고 현행 부가가치세법은 왜 면세로 규정하고 있는가? 이는 다분히 역사적인 산물이다. 금융회사의 기능은 다기화되면서 순수하게 용역을 제공하고 수수료를 받는 분야가 늘게 되었는데 그것이 금융회사의 한 부서에서 담당하다가 별개의 업종으로 분화되면서 독립된 회사가 제공하는 경우에도 여전히 면세의 범주에 포함되어야 한다는 논리가 지배하게 된 것이다.

금융보험용역은 상호 연관성이 깊어 여러 부문의 서비스가 한데 묶여야만 완전한 용역이 제공되는 속성이 있다. 이에 따라 주된 용역에 필수적으로 부수하는 종된 용역을 별개의 용역으로 분리해 내는 것이 불합리할 수도 있겠다(부가가치세법 제40조 제1항 제1호). 주된 거래에 통상적으로 부수하는 재화나 용역의 공급은 그 거래에 포함되는 것으로 보게 되는 원리에 따른다면 다기화된 서비스의 분야(통상 back office 기능이라고 하는 것이다)의 용역이 주된 면세용역이 공급될 때 부수하여 공급된다면 면세로 볼 수도 있을 것이다.

면세 금융보험용역을 제공하는 사업 이외의 사업을 주된 사업으로 하는 자가 주된 사업에

---

103) 농협중앙회가 자회사 등에 공급하는 전산용역과 농협은행이 농협중앙회 등에 공급하는 전산용역에 대해서는 2020년까지 부가가치세가 면제되고 있다(조특법 제121조의 23).

부수하여 금융보험용역 또는 이와 유사한 용역을 제공하는 경우에는 금융보험용역을 제공하는 것으로 본다. 이는 위와는 다른 논리에 입각한 것이다(부가가치세법 제40조 제2항).

나. 금융보험업에 대한 교육세

우리나라의 제도상 특징적인 것은 부가가치세면세사업자인 금융보험업자에게 교육세를 부과한다는 것이다. 우리 세법상 은행업 등 상낭 부문의 금융회사가 제공하는 금융·보험용역에 대해서는 부가가치세를 면세하는 한편, 금융회사가 가득하는 용역제공에 따른 수익금액에 대해서는 전단계세액공제 없이 0.5%의 세율로 교육세를 일률적으로 부과하고 있다.

금융보험용역에 대한 부가가치세면세는 그 용역이 발생하는 거래의 과정에서 수수되는 금원 중 해당 용역의 대가를 가려내기 어려운 기술적인 특징 때문에 과세하지 않도록 하기 위함이다. 따라서 이는 일반적인 조세특례, 즉 조세특혜로 볼 수 없는 성격을 지니고 있다. 그럼에도 불구하고 금융보험용역에 대한 면세가 조세특례인 것으로 보고 그에 대해 부가가치세의 부담에 준하는 교육세를 부과한다면 이는 제도의 취지와는 배치되는 것이다.

교육세법(1981년 제정)은 위와 같이 부가가치세가 면세되는 은행, 종합금융회사, 상호신용금고(상호저축은행), 보험사업자, 금전대부업자 등을 납세의무자로 규정하고(교육세법 제3조 제1호), 금융·보험업자의 '수익금액'을 과세표준으로 하고 세율은 0.5%로 하고 있다(교육세법 제5조 제1항 제1호). 이는 금융회사의 (소득금액)/(수익금액)의 비율이 5%라고 한다면 금융회사의 부가가치에 대해 10%의 부가가치세를 부과하는 것과 다를 바 없다.

이런 논리에 따라 실제 은행경영과 세수실적을 토대로 검증해 보면 아래와 같다. 2006년 교육세 세수 3조 4천2백억 원[104]을 0.5%의 세율로 역산하면 과세표준은 684조 원이다(이때 교육세 세수는 우선 논의의 단순화를 위해 모두 은행업으로 전제해 보자).[105] 금융감독원의 은행경영통계에 의하면 동년 은행의 법인세차감전순이익은 17조 730억 원이다. 이런 방식으로 계산한 부가가치율은 2.4%에 그친다. 위에서 논의의 단순화를 위해 교육세 세수가 모든 은행에서 나오는 것으로 전제하였지만 은행으로부터 50% 정도 나오는 것으로 수정한다면[106](그 경우 부가가치율은 약 5%에 근사할 것이다) 은행에 대한 교육세는 부가가치세를 도입한 경우와 다를 바 없이 부과되고 있는 것이다. 그런데 은행업에 대해 부가가치세를 부과할 경우 그것은 거래징수의 방법으로 납세의무자에게 전가될 것이지만 교육세는 그렇지 못하다. 그리고 현재 은행은 매입세액을 기본적으로 자신의 원가부담으로 하고 능력껏 시장기능을 통해 소비자에게 전가하고 있는 것이다.

2. 토지양도, 주택임대

토지는 부가가치를 구성하지 않으므로 그 양도에 대해 부가가치세를 부과하지 않는다. 다만,

---

104) 논의의 단순화를 위해 모두 은행업으로 전제한다.

105) 이와 같이 하는 것은 국세청의 교육세 세수 자료상 업종별 내역이 공개되지 않기 때문이다.

106) 교육세법상 과세대상들을 조감할 때 이런 추정은 합리적인 것으로 판단된다.

토지도 토목공사를 통해 그 재산적 가치가 증가할 수 있다. 이때 토목공사용역은 부가가치세가 과세된다. 토지의 소유주는 이 경우 해당 토목공사용역에 대한 부가가치세의 최종적인 부담자가 된다. 이후 토지를 양도할 때, 토지의 양도가액을 협상할 때 반영하려 할 것이다. 토지 양도차익의 계산상 자본적 지출로서 공제된다.

토지의 양도는 부가가치세 과세대상거래가 되지 않지만 토지의 임대용역은 부가가치세 과세대상거래이다.

상시 주거용으로 사용하는 주택과 그에 부수되는 토지의 임대용역은 부가가치세가 면세된다. 부가가치세 면세대상인 주택의 임대에 해당하는지 여부는 임차인이 실제로 당해 건물을 사용한 객관적인 용도를 기준으로 하여 상시주거용으로 사용하는 것인지 여부에 따라 판단하여야 하고, 공부상의 용도구분이나 임대차계약서에 기재된 목적물의 용도와 임차인이 실제로 사용한 용도가 다를 경우에는 후자를 기준으로 하여 그 해당 여부를 가려야 한다.[107]

3. 금지금

다음의 금지금[108]과 수입금지금에 대하여는 2014. 3. 31까지 부가가치세를 면제한다(조특법 제106조의 3).

① 금융기관 등에 의한 금선물 또는 금소비대차에 의하여 거래되는 금지금
② 귀금속 원재료용으로 공급하는 금지금

부가가치세가 과세되는 금지금 거래사업자는 금거래계좌를 개설하여 세무서장에게 신고하도록 하고, 금사업자가 금지금을 매입한 때에는 금거래계좌를 사용하여 금지금 가액은 매출한 금사업자에게, 부가가치세액은 부가가치세관리기관(신한은행)에 입금한다(매입자납부특례). 매출자가 매입자로부터 부가세를 거래징수하지 않는다. 이는 금지금 거래시 매출자가 매입자로부터 거래징수한 부가세를 납부하지 않고 도주(매입자는 매입세액을 공제)하는 부가가치세 탈세(소위 폭탄)를 방지하기 위해 2007년말 조특법을 개정하여 2008. 7. 1부터 시행하고 있다(조특법 제106조의 4). 2014년부터는 금현물시장(한국금거래소)에서 거래되는 금지금은 면세되고 있다(조특법 제126조의 7)

제2항 수입재화

재화를 수입할 때에도 일부 재화는 국내에서 공급되는 재화가 면세되는 경우와 동일한 이유에서 부가가치세가 면세된다. 이 외에 관세법상 관세가 면제되는 재화를 중심으로 아래의 경우에 대해서는 부가가치세가 면제된다.

---

107) 대법원 2013.06.13. 선고 2013두1225 판결
108) 금괴(덩어리)·골드바 등 원재료 상태로서 순도가 99.5% 이상인 지금

- 거주자가 수취하는 소액물품으로서 관세가 면제되는 재화
- 이사·이민 또는 상속으로 인하여 수입하는 재화로서 관세가 면제되거나 관세법상 간이세율이 적용되는 재화
- 여행자휴대품·별송품과 운송품으로서 관세가 면제되거나 간이세율이 적용되는 재화
- 수입하는 상품견본과 광고용 물품으로서 관세가 면제되는 재화
- 우리나라에서 개최되는 박람회 등에 출품하기 위하여 무상으로 수입하는 물품으로서 과세가 면제되는 재화
- 조약 등에 의해 관세가 면제되는 재화
- 수출된 후 다시 수입하는 재화로서 관세가 감면되는 재화. 수출자와 수입자가 동일하거나 당해 재화의 제조자가 직접 수입하는 것에 한정된다. 이는 관세법 제99조의 규정에 의한 재수입면세의 경우 부가가치세도 면제한다는 규정이다. 수출할 때 영세율을 적용받지만 수입할 때에는 면제되므로 사업자로서는 해외 수출하여 가공한 후 재수입하는 것에 대한 부가가치세의 부담이 줄어드는 효과가 있는 것이다.
- 다시 수출하는 조건으로 일시 수입하는 재화로서 관세가 감면되는 것.
- 기타 관세가 무세이거나 감면되는 재화

제3항 면세(비과세) 포기

자기가 공급하는 재화나 용역이 면세대상이 되는 경우에는 자신이 공급을 위하여 지출한 비용에 대해 부담했던 부가가치세액을 공제받지 못하게 된다. 최종적인 소비자의 입장에서는 사업자가 창출한 부가가치에 해당하는 부분에 대한 부가가치세를 절약할 수 있을 것이다. 그런데 면세재화를 외국에 수출하는 사업자의 경우 자기가 부담했던 세금을 환급받지 못하게 됨에 따라 외국에 판매할 때 그만큼 가격을 절감할 수 있는 요인이 사라지게 된다. 이를 고려하여 부가가치세법은 부가가치세가 면세되는 재화를 국외에 수출하는 사업자는 면세를 포기할 수 있도록 배려하고 있다(부가가치세법 제28조 제1항). 이는 면세용역의 국외공급에 대해서도 해당된다. 아울러 부가가치세법은 주택과 이에 부수되는 토지의 임대용역을 제공하는 사업자, 저술가·작곡가 등의 인적 용역을 제공하는 자 및 종교·자선 등 공익단체에 대해서는 면세를 포기할 수 있는 기회를 부여하고 있다.

제4장 거래징수의무

제1절 법률관계

제1항 공급하는 자

납세의무자로 등록한 사업자가 재화 또는 용역을 공급하는 때에는 공급시기에 세금계산서를 공급받는 자에게 교부하여야 한다. 그리고 공급하는 때에 재화 또는 용역의 과세표준에 부가가

치세율을 곱하여 산정한 부가가치세를 그 공급받는 자로부터 징수하여야 한다(부가가치세법 제31조 및 제32조).[109]

부가가치세법상 재화나 용역을 공급하는 자는 공급받는 자로부터 세금을 징수하면서 세금계산서를 교부하고 징수한 세액을 신고납부할 의무를 부담한다. 소득세법 및 법인세법상 일정 소득을 지급하는 자는 지급받는 자로부터 소득세나 법인세를 원천징수하고 이를 납부할 의무를 부담한다. 부가가치세법상 부가가치세액의 신고납부의무는 공급하는 자에게 있다. 공급하는 자가 거래징수하지 않은 경우 국가는 공급받는 자로부터 세금을 부과징수할 수는 없다. 공급받는 자는 공급하는 자로 하여금 세금계산서를 교부하지 않도록 협박 또는 교사 등을 하지 않은 경우에는 조세범으로 처벌되지도 않는다(조세범처벌법 제10조 제2항). 당사자 간의 약정에 의하여 결정할 민사법적인 사항이다. 다만, 공급받는 자는 거래징수를 수인할 간접적인 의무를 부담한다고 볼 수 있을 뿐이다.

공급하는 자가 착오에 의해 세금을 거래징수하지 않은 거래에 대해 세무서장이 세금을 부과한 경우 공급하는 자는 공급받는 자로부터 구상받을 수 있는가? 공급받는 자가 선량하여 세금에 해당하는 금액을 지급할 경우 세금계산서를 교부받을 것인데 그 세금계산서는 작성일자가 사실과 다른 세금계산서가 될 것이다. 공급받는 자가 사업자일 경우 매입세액공제를 받을 수 없게 된다. 따라서 추후에 그 금액을 지급하기 곤란한 입장에 처해진다. 구상권을 갖는지는 당사자 간 계약에서 정한 바에 따를 일이다. 그렇다면 부가가치세법상 공급받는 자는 공급하는 자가 거래징수하고자 할 때 그에 응해야 할 의무는 없는가? 부가가치세법은 이에 대해 별도의 규정을 두고 있지 않다. 당사자 간의 약정에 의할 일이다. 실제 공급받는 자의 입장에서는 공급하는 자가 별말은 없었지만 전체 대가에 부가가치세를 포함시켜 대금을 청구한 것으로 알고 있을 수도 있는 일이다. 부가가치세를 별도로 구분하여 거래할 것인지는 당사자 간 약정할 사항이다.[110]

<부가가치세 거래징수의 법률관계>

	공법상 법률관계	사법상 법률관계[111]
・공급하는 자	・국가에 대해 거래징수의무를 부담함 ・공급받는 자에 대해 거래징수권리가 없음	・당사자 간 계약으로 거래징수
・공급받는 자	・공법상 조세채무의 부담자가 아님[112]	・당사자 간 계약으로 거래징수

---

109) 대법원 2016. 9. 28. 선고 2016다20671 판결 참조

110) 부가 46015-1797, 2000.7.26. 참조. 이에 대해서는 99도1969, 99다33984, 96노512, 2012나915, 2004다7408, 2002다38828 등 다수의 판례가 있다.

111) 부가가치세 신고행위가 무효임을 전제로 하여 국가를 상대로 부당이득반환청구를 할 수 있는 자는 부가가치세를 신고・납부한 납세의무자라 할 것이고, 청구인과 같이 납세의무자로부터 용역을 공급받은 자로서는 국가를 피고로 하여 직접 과오납된 부가가치세 상당액의 부당이득반환청구를 할 수 없다 할 것이다. 이처럼 당해 사건에서 거래상대방인 청구인이 국가를 상대로 부가가치세 상당액의 부당이득반환을 구하는 것은 받아들여질 수 없으므로, 이 사건 법률조항의 위헌 여부에 따라 당해 사건 재판의 주문이 달라지거나 재판의 내용과 효력에 관한 법률적 의미가 달라질 수 없게 되었다. 결국 이 사건 헌법소원심판청구는 재판의 전제성 요건을 갖추지 못하였다(부가가치세법 제12조 제1항 위헌소원 2010.6.24. 2009헌바147).

112) 부가가치세법상 부가가치세 납부의무자는 사업상 독립적으로 재화 또는 용역을 공급하는 자이므로, 청구인과 같이 재화 또는 용역을 공급받는 소비자는 재정학상 사실상의 담세자로서의 지위를 가지고 있을 뿐 조세법상의 납

재화 또는 용역을 공급하는 자가 부가가치세를 거래징수하는 권리는 사법상의 권리에 불과하다. 대법원 2002.11.22., 2002다38828판결에서, 소송당사자들로는 원고가 주식회사 아진테크라인이었으며, 피고는 주식회사 오성미디컴이었다. 이 사건에서, 피고가 1998년 4월 16일 이 사건 건물에 관하여 그 당시 소유자이던 소외 웅진미디어 주식회사(이하 '소외 회사'라 한다)와 사이에 임차보증금 50,000,000원, 월차임 금 2,310,000원(부가가치세 포함), 임차기간 1998년 6월 1일부터 1년으로 정하여 임대차계약을 체결하였다. 위 임대차계약이 임차기간 1년으로 하여 종전과 같은 조건으로 갱신된 이후인 2000년 3월 13일 원고는 위 임대차계약을 승계하는 조건으로 소외 회사로부터 이 사건 건물을 매수하여 같은 해 4월 14일 이 사건 건물에 관하여 원고 앞으로 소유권이전등기를 경료하였다. 원고는 위 갱신된 임차기간의 만료를 앞둔 2000년 4월 18일경부터 피고에게 임대보증금 등을 증액하여 재계약을 체결할 것을 요구하였으나 피고와 사이에 그 액수에 관한 합의가 이루어지지 아니하자 2000년 7월 28일 이 사건 건물의 명도를 요구하고 같은 해 9월 29일 이 사건 소를 제기하였다. 피고는 이 사건 건물의 명도를 명한 이 사건 제1심판결이 선고된 이후인 2001년 4월 19일 원고에게 이 사건 건물을 명도하였다. 이 사건 임대차계약이 만료된 다음 날인 2000년 6월 1일부터 위 임차 부분을 명도한 2001년 4월 29일까지 기간 동안 임차보증금이 금 50,000,000원인 경우 월차임은 금 4,650,000원 상당이다.

이에 대해 법원은 다음과 같이 판단하고 있다.

> 사업자가 재화 또는 용역을 공급하는 때에는, 부가가치세 상당액을 그 공급을 받는 자로부터 징수하여야 한다고 규정하고 있는 부가가치세법 제15조는 사업자로부터 징수하는 부가가치세 상당액을 공급을 받는 자에게 차례로 전가시킴으로써 궁극적으로 최종소비자에게 이를 부담시키겠다는 취지를 선언한 것에 불과한 것이어서 사업자가 위 규정을 근거로 공급을 받는 자로부터 부가가치세 상당액을 징수할 사법상의 권리는 없다. 거래당사자 사이에 부가가치세를 부담하기로 하는 약정이 따로 있는 경우에는 사업자는 그 약정에 기하여 공급을 받는 자에게 부가가치세 상당액의 지급을 청구할 수 있는 것이고, 부가가치세 부담에 관한 위와 같은 약정은 반드시 재화 또는 용역의 공급 당시에 있어야 하는 것은 아니고 공급 후에 한 경우에도 유효하며, 또한 반드시 명시적이어야 하는 것은 아니고 묵시적인 형태로 이루어질 수도 있다.

제2항 공급받는 자

공급하는 자는 거래징수한 세금을 납부하여야 할 납세의무를 부담한다. 거래징수는 원론상으로는 자유이다.[113) 거래한 공급가액에 세율을 곱한 금액에 대한 납부의 책임은 공급하는 자에게 있다. 납세의무가 공급자에게 있다는 의미에서 간접세인 것이다. 공급받는 자는 공급하는 자의 거래징수에 협력하게 된다. 세법상 공급받는 자가 협력하여야 한다는 식의 강제규정은 없다.[114)

세의무자로서의 지위에 있지 않다(부가가치세법 위헌확인 2012.5.31. 2010헌마631).

113) 부가가치세법상 공급하는 자에게 거래징수를 의무화하고 있다(부가가치세법 제15조). 공급받는 자에게 거래징수를 수인할 의무를 명시적으로 부과하고 있지는 않다.

114) 부가가치세법상 가산세에 관한 규정 어디에도 공급받는 자에 대해 거래징수에 협력하지 않았다는 이유로 가산세를 부과하는 규정은 없다. 조세범처벌법에는 부가가치세법의 규정에 의하여 세금계산서를 교부받아야 할 자가 폭행·협박·선동·교사 또는 통정에 의하여 세금계산서를 교부받지 않은 때에는 3년 이하의 징역 또는 100만 원

공급하는 자에게 의무를 부과하고 시장의 원리에 의해 굴러 가도록 하고 있는 것이다. 만약 공급받는 자가 거부한다면 공급하는 자는 세법을 어겨 가며 공급할 수 없는 일이고 거래는 이루어지지 않는다. 다른 경쟁자도 세법을 어기지 않는다는 보장이 있다면 공급받고자 하는 자는 공급하는 자의 요구에 응할 수밖에 없다. '다른 경쟁자도 세법을 어기지 않는다는 보장'이 있는가? 즉 거래질서가 문제이다. 부가가치세제도의 성패는 세금계산서 수수질서의 확립에 달려 있다.

공급받는 자는 원천납세의무자와는 달리 세법상 부가가치세를 거래징수당할 명시적인 의무를 부담하지 않는다. 공급하는 자가 현금으로 지급할 경우 100만 내라고 하면서 신용카드로 지급할 경우에는 110을 내라고 하는데 공급받는 자가 지갑에 현금이 100 있다면 현금으로 지급하지 않을 이유가 있을까? 공급받는 자가 최종적인 소비자라면 현금으로 지급하지 않을 이유는 두 가지이다. 첫째는 현금으로 지급할 경우 자기가 국민의 납세의무를 부담하지 않게 되는 것을 참지 못하는 것이며, 둘째는 거래상대방이 소득세나 법인세 부담을 하지 않는 것을 참지 못하는 것이다. 세금에 대한 인식이 없거나 납세정신이 투철하지 않을 경우에는 대개는 현금으로 내게 된다. 만약 부가가치세세율을 현행의 10%에서 11%로 인상하고 이와 동시에 세금계산서를 수집하여 제출하는 자에게는 수집한 세금계산서상 공급가액의 1%를 장려금으로 준다면 어떤 현상이 벌어질까?[115]

제3항 위탁매매·신탁 및 대리

위탁매매 또는 대리인에 의한 매매에 있어서는 위탁자 또는 본인이 직접 재화를 공급하거나 공급받은 것으로 본다.[116] 다만, 위탁자 또는 본인을 알 수 없는 경우에는 위탁매매인이나 대리인이 공급하거나 공급받은 것으로 본다.[117]

1. 위탁매매

상법상 위탁매매는 위탁매매인(commissionaire)이 자신의 명의로써 위탁자의 계산으로 하게

이하의 징역에 처하도록 하고 있다(조세범처벌법 제12조의 2 제2항). 여기서 세금계산서를 교부받아야 할 자란 공급받은 자를 말한다. 부가가치세를 달라고 하면 거래하지 않겠다고 함으로써 상대방이 세금계산서를 교부하지 않도록, 즉 세금을 징수하지 못하도록 하고 공급받은 것을 '협박·선동·교사 또는 통정'에 의한 것으로 볼 수는 없을 것이다. 공급받은 자가 자기가 교부받지 않을 경우 공급하는 자가 세금을 내지 않을 것이라는 것을 충분히 짐작할 수 있겠지만 그것만으로 선동·교사 또는 통정하였다고 볼 수는 없다.

115) 정부는 매월 수취한 현금영수증과 사용한 직불카드 영수증을 다음 달에 추첨, 매월 5억 8천9백만 원(1등 1천만 원~5등 5만 원)의 상금을 지급하는 '생활영수증보상금제도'를 시행하고 있다.

116) '위탁매매'라 함은 자기의 명의로 타인의 계산에 의하여 물품을 구입 또는 판매하고 보수를 받는 것을 말하고, '대리인에 의한 매매'라 함은 사용인이 아닌 자가 일정한 상인을 위하여 상시 그 사업부류에 속하는 매매의 대리 또는 중개를 하고 보수를 받는 것을 말하며, 이것들은 모두 재화의 공급이 아니고 위탁자 또는 본인에 대한 용역의 공급에 해당할 뿐이므로, 이러한 경우 위탁자 또는 본인이 직접 재화를 공급하거나 공급받는 것으로 보게 되는 것이다(대법원 1999.4.27. 선고 97누20359 판결).

117) 위탁자인 광고매체사가 준위탁매매인인 광고대행사를 통하여 외국법인 광고주에게 광고용역을 공급한 것은 영세율 적용대상 거래에 해당한다(대법원 2008.7.10. 선고 2006두9337 판결).

된다(상법 제101조). 그것의 법률효과는 위탁매매인과 위탁자와의 관계에서는 위탁자에게 귀속하지만 위탁매매인과 거래상대방과의 관계에서는 위탁매매인에 귀속한다.[118] 거래상대방이 위탁매매의 사실을 알고 있었는지와는 무관하다. 위탁매매인이 공급하는 거래상 세금의 거래징수와 납부의 의무는 누가 지도록 할 것인가? 실질적인 세금부담은 거래상대방이 지게 되어 있다. 그러나 국가와의 관계에서 그 세금을 징수하지 못한 책임은 공급하는 자가 부담하도록 되어 있으므로 위탁매매인이나 위탁자 중 그 의무를 부담할 자를 특정하여야 할 것이다. 부가가치세법은 당해 거래의 실질적인 귀속이 위탁자에게 이루어질 것을 고려하여 위탁자를 납세의무자로 규정하고 있는 것이다(부가가치세법 제10조 제7항 본문).

위탁매매인이 공급하는 자인 때 거래상대방은 위탁매매의 사실을 알 수도 있고 모를 수도 있다. 위탁매매의 사실을 알리는 경우 통상적으로 위탁매매인이 공급할 것이지만 위탁자가 직접 공급할 수도 있는 것이다. 두 경우 모두 세금계산서상 공급하는 자는 위탁자로 하고 수탁자의 명의를 부기하여야 한다(부가가치세법시행령 제69조 제1항).

위탁매매인이 공급받는 거래상 세금의 거래징수를 당할 자를 규정함에 있어서도 위탁자를 거래징수의 상대방으로 하고 있다. 실제 거래상대방인 공급하는 자는 위탁매매인으로부터 거래징수할 것이다. 통상의 경우 외부적인 법률행위는 위탁매매인의 명의로 하기 때문이다. 세금계산서의 교부에 관한 부가가치세법시행령은 단순히 위탁매입의 경우에는 공급자가 위탁자를 공급받는 자로 하여 세금계산서를 발급하며, 수탁자의 등록번호를 덧붙여 적어야 한다고 규정하고 있다(부가가치세법시행령 제69조 제2항).

위탁매매에 의한 매매를 하는 해당 거래 또는 재화의 특성상 또는 보관·관리상 위탁자를 알 수 없는 경우에는 수탁자에게 재화를 공급하거나 수탁자로부터 재화를 공급받은 것으로 본다(부가가치세법 제10조 제7항 단서 및 동법시행령 제21조). 이와 같이 위탁자를 알 수 없는 경우에는 위탁자와 수탁자사이에도 별개의 공급이 이루어진 것으로 본다(부가가치세법시행령 제28조 제10항 단서).

2. 신탁

신탁재산을 수탁자의 명의로 매매할 때에는 위탁자가 직접 재화를 공급하는 것으로 보되, 위탁자에 대한 채무이행을 담보하기 위한 신탁계약을 체결한 경우로서 채무이행을 위하여 신탁재산을 처분하는 경우에는 수탁자가 재화를 공급하는 것으로 본다. 아울러 수탁자가 「도시 및 주거환경정비법」 또는 「빈집 및 소규모주택 정비에 관한 특례법」에 따라 지정개발자로서 재개발사업·재건축사업 또는 가로주택정비사업·소규모재건축사업을 시행하는 과정에서 신탁재산을 처분하는 경우에도 수탁자가 공급하는 자가 된다(부가가치세법 제10조 제8항). 정비사업을 직접 수행하는 신탁회사가 납세의무를 이행하도록 하는 것이 과세비용을 낮출 수 있기 때문이다.

---

118) 이런 의미에서 위임은 일종의 간접대리이다(이은영, 『민법총칙』, 박영사, 2005, p.590).

다만, 위탁자로부터 수탁자에게 신탁재산을 이전하는 경우나 신탁계약의 종료로 신탁재산을 수탁자로부터 위탁자에게 이전하는 경우 등에는 실질적인 재화의 공급에 해당하지 아니하는 것으로 보아 과세대상에서 제외한다(부가가치세법 제10조 제9항 제4호).

3. 대리

부가가치세법과 동법시행령은 위탁자와 수탁자의 관계에 관한 규율을 본인과 대리인에게도 동일하게 적용하고 있다.

민법상 대리는 대리인이 본인을 위한 법률행위를 하고 그것의 효과를 본인에게 귀속시키는 제도이다. 대리의 대상이 되는 행위를 함에 있어서는 대리인은 '본인을 위한 것임을 표시'하여야 한다. 대리인이 본인을 위한 것임을 표시하지 않은 경우에는 자신이 한 행위는 자기를 위한 것으로 본다(민법 제115조). 따라서 정상적인 대리의 경우 거래상대방은 본인이 누구임을 알 수 있다. 대리를 통한 매수의 경우 매도인은 본인을 거래상대방으로 하여 세금계산서를 수수할 것이다. 대리를 통한 매도의 경우 본인의 거래상대방은 대리의 존재를 알 수 있을 것이며 본인을 납세의무자로 하여 대리인이 거래징수하게 된다. 그런데 부가가치세법이 세금계산서에 굳이 대리인의 등록번호를 부기하도록 하고 있는 것은 대리인의 통상 세금계산서와 구별하기 용이하도록 하기 위함이다.

거래상대방이 대리를 통한 거래임을 알 수 없는 경우가 있는가? 민법은 현명의 원칙을 따르고 있으며 현명[119]하지 않은 대리행위는 대리인에게 그 효과가 귀속된다고 하고 있다. 한편, 상법상으로는 상행위에 관하여 현명의 원칙이 적용되지 않는다. 대리의 사실을 표현하지 않은 경우에도 그 행위는 본인에 대해 효력이 있다. 상대방이 본인을 위한 것임을 알지 못한 경우에는 대리인에 대해서도 이행의 청구를 할 수 있다(상법 제48조). 부가가치세법은 거래상대방이 해당 거래 또는 재화의 특성상 또는 보관·관리상 본인을 알 수 없는 경우에는 대리인이 거래한 것으로 보도록 하고 있다(부가가치세법 제10조 제7항 단서).

제2절 거래징수세액

제1항 과세표준

1. 개요

부가가치세법상 '과세표준'이라고 하는 것은 공급한 재화와 용역에 대해 세금을 거래징수할 때와 과세기간이 종료하여 신고납부하기 위해 납부세액을 계산하는 과정에서 매출세액을 산정

---

119) 묵시적 현명을 포함한다. 여하튼 거래상대방이 알았거나 알 수 있었던 경우에 한하여 대리의 효과를 인정한다.

할 때에 적용되는 개념이다. 소득세나 법인세와 달리 납세의무자가 납부하여야 할 산출세액을 산정하기 위해 세율이 적용되는 대상금액은 아닌 것이다.[120]

부가가치세의 과세표준을 공급가액이라고 한다.[121] 일반적인 경우 공급가액은 실제거래가액으로 한다. 그런데 대가로 실물을 공급한 경우에는 실제거래가액이 무엇인지 바로 알 수는 없다. 해당 실물의 시가를 산정하여야 한다. 대가를 현금으로 지급하는 경우라 하더라도 그 실제 지급한 금액을 공급가액으로 인정하여야 하는지에 대해 의문이 제기될 수 있는 경우가 있다.[122]

공급자가 공급과 관련하여 재화나 용역을 공급받는 자가 아닌 제3사에서 금전 또는 금전적 가치가 있는 것을 받는 경우 해당 공급과 대가관계에 있는 금전 등이 부가가치세 과세표준에 포함된다.

특수관계인에게 공급하는 재화 또는 용역에 대한 조세의 부담을 부당하게 감소시킬 것으로 인정되는 경우로서 재화의 공급에 대하여 부당하게 낮은 대가를 받거나 아무런 대가를 받지 아니한 경우 또는 용역의 공급에 대하여 부당하게 낮은 대가를 받는 경우 등에는 공급한 재화 또는 용역의 시가를 공급가액으로 본다(부가가치세법 제29조 제4항). 시가는 사업자가 특수관계인이 아닌 자와 해당 거래와 유사한 상황에서 계속적으로 거래한 가격 또는 제3자 간에 일반적으로 거래된 가격을 원칙으로 하고 그것이 없거나 불분명한 경우에는 소득세법 및 법인세법상 부당행위계산부인에 관한 규정상 시가에 관한 규정에 따라 산정한다(부가가치세법시행령 제62조).

부가가치세과세상 특수관계인에게 저가에 공급하는 경우 저가공급으로 특수관계인에게 경제적 이득이 이전됨에 따라 증여세를 부과할 수 있게 되는 것과는 별개로 공급하는 자가 부가가치세를 과소하게 부담하는 문제가 있게 된다. 공급받는 자가 사업자일 경우에는 바로 매입세액 공제가 되는 것이므로 국고에 지장이 없겠지만 최종적인 소비자일 경우에는 바로잡을 필요가 있다. 이에 따라 부가가치세법은 재화나 용역의 공급가액을 부당하게 낮춘 경우에 대해서는 시가를 공급가액으로 하도록 하고 있다. 실제거래가액을 부인해야 할 요건으로서 부가가치세법시행령은 특수관계인의 요건을 규정하고 있다.[123]

실제 특수관계인과의 거래가 아니라고 하더라도 공급하는 자는 공급가액을 낮추고자 하는 탈세의 동기를 가질 만하다. 물론 공급받는 자가 이의를 달지 않을 상황이어야 가능할 공급가액을 인위적으로 낮추는 것이 가능할 것이다. 공급받는 자가 재화나 용역의 대가를 우회하여 지급하는 것을 거절할 이유는 없을 것이다. 이는 일종의 조세회피라고 볼 수 있는데, 부가가치세법 적용상 대가의 일부로 받는 운송보험료·산재보험료, 운송비·포장비·하역비 등은 공급가액에 포함하

---

120) 부가가치세확정신고서(부가가치세법시행규칙 별지 제12호 서식)상 '과세표준'을 기록하는 난이 있지만 이는 매출세액에 대응하는 공급가액을 보고하도록 하기 위함이다.

121) 간이과세자의 경우 세금을 포함하여 받은 전체 대가를 공급대가라고 하는 데 대해 이는 세금을 포함하지 않은 개념이다.

122) 부가가치세 과세표준인 건물의 공급가액을 소급 감정평가한 가액에 의한 실지거래가액으로 산정할 수 있다(대법원 1998.5.26. 선고 98두2102 판결).

123) 헌법재판소에 의하면 위 규정은 부당하게 낮은 대가란 예측가능성이 존재하기 때문에 과세요건 명확주의에 위배되지 않는다고 한다(2000헌바81, 202.5.30). 그리고 이에 따라 경정이 이루어질 경우 부과하는 가산세는 납세의무자의 성실한 신고·납부를 유도하여 신고납세제도의 실효성을 확보하기 위한 것이므로 헌법에 위반하지 않는다고 한다(2005헌바54, 2006.4.27).

는 것으로 되어 있다.[124] 이에 대한 법령상 명시적 근거는 찾아보기 어렵다. 관세법상으로는 관세과세가격을 산정하는 데에 부수하여 가산하는 요소에 대해 명문의 규정을 두고 있는 것과 대비된다(관세법 제30조 제1항).

공급하는 자가 부당하게 낮은 대가를 받은 것으로 하여 시가를 과세표준으로 하여 신고납부하도록 한 경우 공급받는 자가 세액공제받을 수 있는 세액은 어떻게 되는가? 실제 거래징수한 세액을 세액공제받을 수 있다. 실제 거래징수한 세액이 실제거래가액을 기준으로 한 것이라 하더라도 당시 교부되었던 세금계산서가 사실과 다른 세금계산서가 되지는 않는다. 즉 가산세를 부담하지는 않는다.[125] 실제 거래한 금액보다 높은 가액을 기준으로 세액을 거래징수한 경우에는 그 거래징수한 세액을 공제받을 수 있다.

추후 과세관청의 경정에 의해 추가적인 세액을 납부하게 된 경우에는 그에 따라 공급하는 자가 공급받는 자에게 교부하는 세금계산서가 적법한 것인 때에만 매입세액공제를 받을 수 있을 것이다(kein Schutz des guten Glauben). 일반적으로 공급하는 자에 대한 세무조사결과 경정에 따라 추가적으로 납부하게 되는 세액에 대응하는 매입세액은(그것을 공급하는 자가 공급받는 자로부터 회수하는지에 불구하고) 공제할 수 없다. 공급시기 후에 교부받은 세금계산서의 매입세액은 매출세액에서 공제하지 않는다. 다만, 재화 또는 용역의 공급시기가 속하는 과세기간 내에 교부받은 경우에는 공제할 수 있기는 하다.[126] 이것을 이중과세로 보아 위법한 것으로 보지는 않는다. 부가가치세는 유통질서를 중시하는 거래세이기 때문이다.

부가가치세법상 부당행위계산부인은 소득세법이나 법인세법상 부당행위계산부인과 비교하여 공급하는 자가 낮은 가격에 공급하는 경우에 적용된다는 점에서 공통점을 지니고 있다. 그리고 공급받는 자가 저가에 공급받은 만큼 추가적으로 공급하는 자에게 과세하는 경우라 하더라도 그 사실만으로 공급받는 자에게 그에 대응하는 보상을 하지 않는 원칙을 가지고 있는 점에서도 동일하다.

소득세법 및 법인세법상 고가공급의 경우에는 공급하는 자에게 소득세 또는 법인세[127]가 고가에 해당하는 가액에 따라 부과될 것이기 때문에 추가적인 과세문제가 발생하지 않는다. 고가로 공급받은 자에게는 고가에 해당하는 부분에 대해 필요경비 또는 손금산입이 부인된다. 부가가치세법상으로는 고가로 공급하는 자의 부가가치세과세상 별도의 문제가 발생하지 않는다. 공급받는 자의 매입세액공제액이 감소될 것인가? 그렇지 않다. 실제 교부받은 세금계산서상 세액대로 공제받을 수 있다.

재화 또는 용역을 공급한 후의 그 공급가액에 대한 대손금·장려금 등은 과세표준에서 공제하지 않는다.

재화의 수입에 대한 부가가치세의 과세표준은 그 재화에 대한 관세의 과세가격과 관세, 개별소비세, 주세, 교육세, 농어촌특별세 및 교통·에너지·환경세를 합한 금액으로 한다(부가가치세법

---

124) 부가가치세법기본통칙 29-61···2.

125) 대법원 2004.9.23. 2002두1588 참조.

126) 부가가치세법기본통칙 17-0···4.

127) 고가공급하는 자에게 소득세 대신 증여세가 부과될 수도 있다.

제29조 제2항). 관세가 감면되는 경우라도 관세과세가격은 존재하므로 반드시 부가가치세가 과세되지 않는 것은 아니다. 예를 들어, 관세법상 무세[128]제도가 있는데 관세가 무세인 경우라 하더라도 관세과세가격은 있는 것이기 때문에 그것으로 바로 부가가치세가 과세되지 않는 것은 아니다. 관세법상 관세과세가격을 산정할 때에 가산요소로 규정되어 있는 권리사용료는 수입물품과 관련성이 있고 권리사용료의 지급이 수입거래의 조건으로 되어 있을 경우 수입물품의 관세과세가격에 가산하도록 되어 있지만(관세법 제30조 제1항 제3호, 동법시행령 제19조), 관세율표 중 세번 8523호에 속하는 물품으로서 마그네틱테이프, 마그네틱 디스크, 시디롬 및 이와 유사한 물품에 컴퓨터소프트웨어가 수록되어 있을 경우에는 권리사용료는 관세과세가격에 가산하지 않는다. 인터넷 등을 통해 다운로드받는 방식으로 국내에 도입되는 소프트웨어에 대한 과세와의 형평을 위해 정책상 관세과세가격에서 배제하고 있는 것이다. 부가가치세과세표준의 산정은 관세과세가격에 따르도록 하고 있으므로 관세법상의 세번 8523호에 해당하는 물품에 구현된 컴퓨터소프트웨어의 사용료에 대해서는 부가가치세가 과세되지 않는 것이다. 이는 세번 8523호에 포함되지 않는 물품에 구현된 것 또는 소프트웨어이지만 컴퓨터소프트웨어에 해당하지 않은 것에 대한 권리사용료는 관세과세가격에 포함된다. 그 경우에도 관세율표상 무세가 될 수 있다. 무세의 경우 관세는 0이 되지만 관세과세가격은 있다. 부가가치세법상 달리 면세하는 규정이 존재하지 않는 한 관세과세가격이 있으므로 부가가치세는 과세된다. 통상 부가가치세가 과세되는 물품의 가액에 포함되는 요소는 소득과세상 사용료로 보지 않지만 우리 세법에 의하면 관세가 과세되더라도 사용료에 대해 원천징수가 가능하다. 따라서 권리사용료에 대해 부가가치세가 부과되면서 소득세나 법인세가 원천징수될 수도 있다.

관세법은 관세의 과세가격산정에 관해 해당 재화를 국외의 특수관계인으로부터 수입하는 데 대해 실제 거래한 가격을 부인하고 세관장이 인정하는 가격으로 하는 규정을 두고 있다. 수입부가가치세는 세관장이 수입자로부터 관세를 징수할 때 징수하게 되는데 그것의 과세표준은 거래가액에 관세를 가산한 것이다. 부가가치세법상으로도 특수관계인으로부터 공급받을 때 그 거래가액을 부인하는 규정이 있으므로 수입부가가치세를 매입세액공제하여 신고납부하는 사업자의 소관세무서장은 그 부가가치세과세표준이 되는 거래가액과 관세의 적정성에 대해 조사하고 결정할 수 있다. 그것에 관한 부가가치세법규정은 관세법상의 규정과 다르다. 한편 수입물품에 대해서는 국조법상 이전가격과세를 하도록 되어 있는데 그 조항 역시 구체적인 내용상 관세법 및 부가가치세법과 다른 내용을 담고 있다. 실무상으로는 부가가치세과세목적으로는 관세법 및 국조법의 적용결과를 수용하고 있다. 국조법은 국제거래에 대해서는 소득세법 및 법인세법의 부당행위계산부인규정 대신 이전가격세제에 관한 규정을 적용한다고 명시하고 있지만 부가가치세법규정의 적용을 배제하고 있지 않다. 관세법 및 국조법상 어느 규정도 적용되고 있지 않은 경우라 하여 부가가치세과세목적상 부가가치세법의 규정을 적용하지 못하는 것은 아니다. 납세자는 이와 같이 여러 세법규정 간 충돌에 따른 법적 불안정성의 위험을 안고 있다. 이에 대해 관세청과 국세청 간 협력의 방안이 모색되기도 한다.

---

128) 단순히 세율이 0이라는 것이며 부가가치세법상 환급을 해 주는 영세율제도와는 구별된다.

2. 과세표준에 포함하지 않는 부분

거래대상인 재화나 용역의 특성 자체에 기인하는 부분으로서 다음의 것은 과세표준에 포함되지 않는다(부가가치세법 제29조 제5항).

- 환입된 재화의 가액
- 공급받는 자에게 도달하기 전에 파손·훼손 또는 멸실된 재화의 가액
- 재화 또는 용역의 공급에 있어서 그 품질·수량 및 인도·공급대가의 결제 기타 공급조건에 따라 그 재화 또는 용역의 공급 당시의 통상의 공급가액에서 일정을 직접 공제하는 에누리액[129]

공급대가의 지급방식에 관한 것으로서 목적물 자체의 가치와는 직접적인 관련성이 없는 부분은 과세표준에 포함되지 않는다.

- 외상판매에 대한 공급대가의 미수금을 결제하거나 공급대가의 미수금을 그 약정기일 전에 영수하는 경우에 일정을 할인하는 금액
- 공급대가의 지급지연으로 받는 연체이자[130]

2017년 개정된 부가가치세법은 대통령령으로 정하는 마일리지 등으로 결제하는 경우 해당 금액이 공급가액의 범위에 포함된다는 규정을 두고 있다(부가가치세법 제29조).

---

[129] 에누리액은 그 품질·수량 및 인도·공급대가의 결제 기타 공급조건에 따라 정하여지면 충분하고 그 발생시기가 재화 또는 용역의 공급시기 전에 한정되는 것은 아니다(대법원 2003.4.25. 선고 2001두6586, 6593, 6609, 6616, 6623, 6630, 6647, 6654, 6661 판결).
　사업자가 점수(포인트) 적립에 의한 대금 공제 제도를 다른 사업자들과 함께 운영하면서 각자의 1차 거래에서 고객에게 점수를 적립해주고 그 후 고객이 사업자들과 2차 거래를 할 때에 적립된 점수 상당의 가액을 대금에서 공제하고 나머지 금액만 현금 등으로 결제할 수 있도록 한 경우, 2차 거래에서 적립된 점수 상당만큼 감액된 가액이 에누리액에 해당한다(대법원 2016. 8. 26. 2015두58959 전원합의체 판결).
　갑 주식회사가 홈쇼핑업체와 위탁판매계약을 체결하고 컴퓨터 등을 판매하였고, 홈쇼핑업체가 갑 회사와의 약정에 따라 할인쿠폰 등을 발행하여 할인된 가격으로 상품구매자에게 상품을 판매하고 갑 회사에게서도 상품할인액만큼 차감된 판매수수료만 지급받았는데, 갑 회사가 할인액을 부가가치세 과세표준에 포함되지 아니하는 에누리액으로 보아 이를 제외한 나머지 매출액만을 부가가치세 과세표준으로 신고한 것은 적법하다(대법원 2016. 6. 23. 선고 2014두144 판결).
　동일한 취지의 판결 대법원 2016. 6. 23. 선고 2014두298 판결. 이동통신사업자인 갑 주식회사가 대리점 사업자에게 단말기를 판매하면서 출고가격 전액을 공급가액으로 하여 부가가치세를 신고·납부하였다가, 단말기 구입 보조금이 구 부가가치세법 제13조 제2항 제1호의 에누리액에 해당한다고 주장하면서 부가가치세 감액 및 환급을 구하는 경정청구를 하였으나 과세관청이 거부하였지만 보조금 상당액은 단말기의 공급과 관련된 에누리액에 해당한다(대법원 2015. 12. 23. 선고 2013두19615 판결).
　정보통신사업 등을 영위하는 甲 주식회사가 이동전화 및 인터넷통신 서비스 이용자와 사이에 이용자가 선택하는 요금제에 따라 이용 요금을 정하되, 이용자가 일정 기간 甲 회사의 서비스를 이용하는 것을 조건으로 이동전화 요금, 인터넷통신 요금 및 모뎀 임대료 등을 할인해주는 대신, 이용자가 약정기간 내 계약을 중도 해지할 경우 할인금액 범위 내에서 일정 금액의 위약금 또는 할인반환금을 받기로 하는 내용의 약정을 체결하였는데, 이동전화 요금 등을 할인 제공받았다가 중도 해지한 이용자들로부터 수령한 위약금 등을 …전체적으로 볼 때 甲 회사의 재화 또는 용역의 공급에 대한 대가로 보아야 한다(대법원 2019. 9. 10 선고 2017두61119 판결).

[130] 연체료는 공사용역과 대가관계에 있는 금전이라고 볼 수 없어 부가가치세의 과세표준에 포함되지 않는다(대법원 2001.6.29. 선고 99두12229 판결).

재화 또는 용역을 공급한 후 그 대가회수가 지연됨에 따라 지급받는 할증액은 재화 또는 용역의 공급에 수반하여 받는 대가이므로 과세표준에 포함된다.[131]

대금지급이 늦어져 받는 금액은 과세가액에 포함되고 일찍 당겨져 할인하는 금액은 제외된다는 것은 부가가치세법상 거래시기로 설정되어 세금계산서가 교부되는 일자 이후의 사정으로 세금계산서상 내용 중의 하나인 과세표준이 달라질 수 있다는 것을 의미한다. 이때에는 수정세금계산서를 교부하여야 한다.[132]

재화 또는 용역의 공급과 직접 관련되지 않은 국고보조금 및 공공보조금도 과세표준에 포함되지 않는다.

재화 또는 용역을 공급한 후의 그 공급가액에 대한 대손금·장려금[133]과 이와 유사한 금액은 과세표준에서 공제하지 아니한다(부가가치세법 제29조 제6항).

제2항 거래징수세액의 계산

거래징수세액은 과세표준에 세율 10%를 곱한 금액이다(부가가치세법 제30조).

제3절 세금계산서의 교부

사업자가 재화 또는 용역을 공급하는 때에는 공급가액과 부가가치세액을 표시한 세금계산서를 거래상대방에게 작성·교부하여야 하며, 매입할 때는 매출자로부터 교부받아야 한다.

재화 또는 용역의 공급시 또는 거래처별로 1역월의 공급가액을 합계하여 당해 월의 말일자로 익월 10일까지 교부하거나, 1역월 이내에서 사업자가 임의로 정한 기간의 공급가액을 합계하여 그 기간의 종료일자로 익월 10일까지 교부할 수 있다.

2011년부터 사업자는 의무적으로 세금계산서를 전자적 방법[기존 민간시스템(ERP)을 활용하는 방법, 교부대행사업자(ASP)를 이용하여 발행하는 방법, 국세청 전자세금계산서 시스템을 이용하여 발행하는 방법 등]으로 발급하고, 발급일 다음 날까지 국세청에 해당 전자세금계산서를 전송하여야 한다. 개인사업자는 2012년부터 적용된다.

전자세금계산서를 발행하고 국세청에 전송한 분에 대하여는 세금계산서합계표 제출 및 세금계산서 보관 의무를 면제하고 발행 건당 200원의 세액공제(연간 100만원 한도)를 해 준다.

---

131) 부가가치세법기본통칙 13 – 48…8.

132) 소급해 가격인하 조정 시 수정세금계산서의 교부에 관해서는 국세청 부가 46015 – 2031, 1998.9.9. 참조.

133) 사업자가 거래상대방에게 지급한 물품이나 금원이 장려금의 성격을 가진다면, 부가가치세의 성격상 과세표준에서 공제하지 않음이 상당하다 할 것이므로, 일반적·추상적으로 '장려금 및 이와 유사한 금액'은 과세표준에서 공제하지 않도록 규정하고 있는 법 제13조 제3항 중 '장려금'에 관한 부분 자체가 조세평등주의 또는 재산권보장원칙이나 실질적 조세법률주의에 위배된다고 할 수는 없다(부가가치세법 제13조 제1항 제1호 등 위헌소원 2011.2.24. 2009헌바33·54·66·104·127·184·221·257·310·353(병합)). 이와 유사한 헌재 결정례로서는 2009헌바203, 2009헌바11, 2008헌바125 등이 있다.

영세사업자 및 세금계산서를 현실적으로 교부할 수 없는 자에게는 세금계산서 대신 영수증을 교부하도록 허용하고 있다. 공급받는 자와 부가가치세액을 별도로 기재하지 않은 계산서이다. 소매업·음식점업·숙박업·변호사업,·변리사업·세무사업 등 주로 사업자가 아닌 소비자에게 공급하는 사업이나, 목욕·이발·미용업·여객운송업·입장권을 발행하는 사업에게 허용된다.

제1항 수수질서 확립

우리나라에서는 수수되는 세금계산서의 양식을 법정하고 그것에 조금이라도 부족한 것이 있으면 사실과 다른 세금계산서라는 이름으로 가산세를 부과함과 동시에, 세금계산서를 제출-이제는 세금계산서합계표의 제출-을 의무화하여 과세당국이 거래당사자간 거래징수와 신고납부를 상시 감시하는 제체를 구축하였다. 이는 세금계산서의 제출 및 그의 전통을 이어받은 세금계산서합계표의 제출은 부가가치세를 도입한 국가에서는 그 유례를 찾을 수 없는 것이다.

EU국가에서는 특히 탈세의 소지가 많은 영역에 한정하여 신중한 고려 끝에 해당 분야 거래의 명세를 받고 있다. 프랑스, 독일 및 영국 등 EU 국가에서 최초로 도입된 부가가치세 제도는 우리나라에 주요 EU국가들이 채택한 대로 전단계매입세액공제방식으로 운영되고 있다. 거래 징수와 신고납부를 기본적 의무로 하는 부가가치세제도를 운영함에 있어 세금계산서의 수수는 그 기본적 의무들을 제대로 준수하게 하는 수단이 되고 있다. EU 국가들에서는 수수되는 세금계산서는 그 양식은 민간의 자율로 하되 주요 법정항목들이 공급시점에 당사자간 공유되도록 하고 그것에 따라 납부세액(매출세액-매입세액)을 신고하고 매입세액을 공제받도록 하여 왔다.

대법원 2004.11.18., 2002두5771판결은 소급하여 작성한 세금계산서와 사실과 다른 세금계산서인지 여부에 대해 판단하면서, 엄격한 세금계산서 수수질서 확립의 필요성에 대해 다음과 같이 설시하고 있다.

> 세금계산서가 부가가치세액을 정하기 위한 증빙서류로서 그것을 거래시기에 발행·교부하게 하는 것은 그 증빙서류의 진실을 담보하기 위한 것이기도 하지만, 나아가 전단계세액공제법을 채택하고 있는 현행 부가가치세법 체계에서 세금계산서제도는 당사자 간의 거래를 노출시킴으로써 부가가치세뿐 아니라 소득세와 법인세의 세원포착을 용이하게 하는 납세자 간 상호 검증의 기능을 갖고 있으며, 세액의 산정 및 상호 검증이 과세기간별로 행하여지는 부가가치세의 특성상 위와 같은 상호 검증 기능이 제대로 작동하기 위해서는 세금계산서의 작성 및 교부가 그 거래시기가 속하는 과세기간 내에 정상적으로 이루어지는 것이 필수적이기 때문이다.[134]

이 판결은 과세기간이 경과한 후에[135] 작성한 세금계산서는 작성일자를 공급시기로 소급하여 작성하였다 하더라도 부가가치세법 소정의 '필요적 기재사항의 일부가 사실과 다르게 기재된' 세금계산서에 해당하므로 이 경우의 매입세액은 매출세액에서 공제되어서는 아니 된다고

---

134) 대법원 1990.2.27, 89누7528, 동 1991.4.26, 90누9933, 동 1991.10.8, 91누6610, 동 1993.2.9, 92누4574, 동 1995.8.11, 95누634 등 참조
135) 신고기한이 경과한 후가 아니다.

보았다. 세금계산서의 작성일이 사실상의 거래시기와 다르게 기재되어 있는 경우에도 세금계산서의 작성일이 속하는 과세기간과 사실상의 거래시기가 속하는 과세기간이 동일한 이상 그 매입세액은 공제된다(대법원 1997.3.14. 선고 96다42550 판결).

제2항 공급하는 자

현행 부가가치세법상 납세의무자로 등록한 사업자가 재화 또는 용역을 공급하는 때에는 공급시기에 법정의 세금계산서를 공급받는 자에게 교부하여야 한다.

세금계산서의 교부는 부가가치세법상 규정된 공급시기에 하여야 한다. 다만, 고정거래처와의 관계에서 월합계세금계산서를 제출할 수 있도록 하고 있다. 그리고 일반적인 경우에도 당해 공급이 속한 달의 다음 달 10일까지 당해 거래일로 소급하여 세금계산서를 교부할 수 있다. 이때에는 관계증빙서류 등에 의하여 실제거래일을 입증할 수 있어야 한다.

등록하지 않은 사업자가 재화나 용역을 공급하는 경우에도 부가가치세를 거래징수하여야 한다. 그런데 등록하지 않은 사업자는 세금계산서를 교부할 수 없다. 세금을 거래징수당한 납세자가 사업자일 경우 매입세액공제를 받기 위해서는 제때에 교부받은 세금계산서가 있어야 하는데 세금을 거래징수당하고 세액공제를 받지 못하는 상황이 될 수 있다. 대개의 경우 미등록사업자는 거래징수도 하지 않아 공급받는 자에게 이러한 문제가 생기지 않는다. 그러나 실제 세금을 거래징수하였지만 사업자등록 후에야 세금계산서를 교부하게 된 경우에는 그 세금계산서는 공급시기와 작성연월일이 동일하지 않은 이른바 사실과 다른 세금계산서가 된다. 과세기간 경과 후 소급작성된 세금계산서는 효력이 없으며 매입세액공제를 받을 수 없다.[136] 그러나 공급시기 이후에 교부받았지만 당해 공급시기가 속한 과세기간 내에 교부받은 세금계산서는 효력이 있다.[137] 이에 대해서는 공급자 및 공급받는 자 모두에 대해 가산세가 부과된다. 한편, 공급받는 자가 미등록사업자일 경우에는 사업자등록신청일부터 역산하여 20일 이내의 것은 매입세액공제를 받을 수 있다.[138]

수입하는 재화의 경우 세관장이 세금을 징수하고 계산서를 교부한다. 세관장이 교부하는 세금계산서를 수입세금계산서라고 한다.

위탁판매의 경우 수탁자인 위탁매도인이 세금계산서를 교부한다. 위탁매매의 사실을 알리는 경우 세금계산서상 공급하는 자는 위탁자로 하고 수탁자의 명의를 부기하여야 한다. 위탁매매의 사실을 알리지 않는 경우에는 세금계산서상 공급하는 자를 위탁매도인으로 할 수 있다.

금사업자가 금 관련 제품을 다른 금사업자에게 공급한 때에는 부가가치세를 거래징수하지 않는다. 사업자 간 금을 거래할 때 매출자 대신 매입자가 국고에 납부[139]하는 매입자 납부(reverse

---

136) 대법원 2004.11.18. 2002두5771.

137) 부가가치세법기본통칙 17-0…4.

138) 어떤 재화나 용역의 공급에 대하여 세금계산서가 발행·교부된 후에 당해 거래에 대하여 다시 세금계산서가 발행·교부되었다면 그것이 수정세금계산서로서의 요건을 갖추지 아니하는 한 이는 단지 이중으로 발행된 부적법한 세금계산서에 불과하여 효력이 없으므로 그 기재 내용에 따른 매입세액 공제 여부 등을 별도로 따질 것은 아니다 (대법원 2004.5.27. 선고 2002두1717 판결).

139) 금사업자가 금 관련 제품을 다른 금사업자로부터 공급받은 때에는 금거래계좌를 사용하여 대리납부하여야 한다.

charge) 특례제도가 적용되기 때문이다. 대상 물품은 금지금[140]이다. 2009년 고금[141]이 추가되었다(조특법 제106조의 4). 2014년에는 구리스크랩이 추가되고 2015년에는 금스크랩[142]이 추가되고, 2016년에는 철스크랩이 추가되었다(조특법 제106조의 9). 참고로 2006년 EC Directive상 회원국이 투자금(investment gold)의 소비자를 부가가치세의 납세의무자로 지정할 수 있다고 한다(제198조 및 제254조).

제3항 공급받는 자

세금계산서 교부의무가 있는 사업자(일반과세자)가 재화 또는 용역을 공급하고 그에 대한 세금계산서를 발행하지 않는 경우, 재화 또는 용역을 공급받은 사업자(매입자)가 관할세무서장의 확인을 받아 세금계산서를 발행할 수 있는 제도로서, 2007년 7월 1일 이후 공급하는 분부터 적용되고 있다. 신청인이 '매입자발행세금계산서'를 발행하고 부가가치세 신고 또는 경정청구시 매입자발행세금계산서합계표를 제출한 경우, 매입세액으로 공제받을 수 있다(부가가치세법 제34조의 2). 공급자의 부도·폐업 등으로 공급받은 자에게 수정세금계산서 등을 발급할 수 없는 경우에도 공급받은 자가 직접 매입자발행세금계산서를 발행할 수 있도록 되어 있다.

매입자발행세금계산서의 발행을 위한 매입자 관할세무서장의 확인은 매출자가 부가가치세를 거래징수한 사실을 전제로 하여야 한다.

실제 매출자가 거래징수하였는지에 대한 판단상 자주 문제되는 것은 '사업의 포괄적 양도'이다. 사업을 포괄적으로 양도한 매출자는 자신 명의의 사업은 폐업하게 된다. 이 때 부가가치세를 납부하지 않을 수 있다. 매입자와 매출자가 상호 부가가치세를 거래징수하였는지에 대해 다른 주장을 할 수도 있다. 매출자가 부가가치세를 납부하지 않을 가능성이 높거나 매출자와 매입자가 견해가 갈릴 수 있는 영역에는 '매입자납부(reverse charge)' 제도를 도입하는 것이 바람직하다. 2014년 개정된 부가가치세법은 대리납부제도를 선택할 수 있도록 하고 있다(부가가치세법 제38조 제1항 제1호, 제52조 제4항).

제4항 영수증발급 및 현금주의 과세

간이과세자와 일반과세자 중 주로 사업자가 아닌 자에게 재화 또는 용역을 공급하는 사업자는 세금계산서를 발급하는 대신 영수증을 발급하여야 한다(부가가치세법 제36조 제1항). 영수증을 발급하는 사업자는 금전등록기를 설치하여 영수증을 대신하여 공급대가를 적은 계산서를 발급할 수 있다(부가가치세법 제36조 제4항). 일반과세사업자로서 주로 사업자가 아닌 소비자에게 재화 또는 용역을 공급하는 사업을 영위하는 자가 신용카드기 또는 직불카드기 등 기계

---

140) 금괴, 골드바 등 원재료 상태로서 순도가 99.5% 이상인 것.

141) 반지 등 제품상태인 것으로서 순도가 58.5% 이상인 중고금.

142) 금을 입힌 금속, 금 화합물을 포함하고 있는 것으로서, 금 함유량이 1천분의 0.01 이상인 것

적 장치(금전등록기는 제외한다)를 사용하여 영수증을 발급할 때에는 영수증에 공급가액과 세액을 별도로 구분하여 적어야 한다(부가가치세법시행령 제73조 제8항). 재화 또는 용역을 공급받는 자가 사업자등록증을 제시하고 세금계산서의 발급을 요구하는 경우로서 세금계산서를 발급하여야 한다(부가가치세법 제36조 제3항).

이때에는 비록 재화나 용역의 공급시기가 그 대가를 수령한 시기와 다르다 하더라도 그 대가를 수령한 시점이 속하는 과세기간의 납부세액으로 산입된다(부가가치세법 제17조).

제5장 신고납부의무

제1절 납세의무의 성립 · 확정

제1항 성립

부가가치세는 기간과세세목이다. 법으로 규정한 과세기간이 종료하면 사업자가 그 기간 중 공급한 재화와 용역에 대한 부가가치세 납세의무가 성립한다(국세기본법 제21조 제1항 제7호). 과세기간은 역년상 상반기와 하반기 각각이다.

사업자는 각 과세기간 중 앞쪽 3개월의 예정신고기간이 끝난 후 25일 이내에 각 예정신고기간에 대한 과세표준과 납부세액 또는 환급세액을 납세지 관할 세무서장에게 신고하여야 한다(부가가치세법 제48조). 예정신고하는 부가가치세는 예정신고기간이 종료하는 때에 납세의무가 성립한다(국세기본법 제21조 제2항 제3호). 주사업장 총괄납부 사업자와 사업자단위 과세사업자는 예정고지가 예정신고를 대체한다.

수입재화의 경우에는 세관장에게 수입신고를 하는 때에 납세의무가 성립한다. 용역을 수입하는 면세사업자의 경우 그 대가를 지급하는 때에 대리납부의무가 성립한다.

간이과세자의 과세기간은 1역년이다. 간이과세자에 대해서는 직전 과세기간에 대한 차감 납부세액 1/2을 7월 25일까지 납부하도록 하는 예정고지가 이루어진다.

제2항 확정

부가가치세는 신고납세세목이다. 예정신고와 확정신고로 납세의무가 확정된다. 예정신고하지 않았다 하더라도 확정신고를 할 경우 당해 과세기간에 대한 납세의무가 확정된다.[143]

---

143) 포탈범칙행위의 기수시기는 납세의무자의 신고에 의하여 부과징수하는 조세에 있어서는 당해 세목의 과세표준에 대한 정부의 결정 또는 심사결정을 한 후 그 납부기한이 경과한 때, 이에 해당하지 아니하는 조세에 있어서는 그 신고·납부기한이 경과한 때로 규정하고 있으므로, 부가가치세 포탈의 범칙행위는… 제1기분인 1.1.부터 6.30.까지와 제2기분인 7.1.부터 12.31.까지의 각 과세기간별로 그 각 과세기간 종료 후 25일의 신고·납부기한이 경과

과세기간의 경과로 성립한 납세의무는 공급한 재화와 용역에 대한 부가가치세의 납세의무이다. 그런데 신고에 의해 확정되는 납세의무는 해당 과세기간 중 공급한 재화 및 용역에 대한 부가가치세액에서 공급받은 재화와 용역에 대한 부가가치세액을 차감한 세액에 대한 것이다.

신고로 확정되는 납세의무의 범위는 매우 중요한 사항인데 부가가치세법상 그것의 시간적 범위를 명시적으로 규정하는 조항을 발견할 수는 없다. 재화나 용역의 공급시기에 관한 조항은 거래징수의 시기를 규정하고 있는 것이지 납부세액을 계산할 때 고려하여야 할 '공급'의 범위를 규정하고 있는 것은 아니다. 해석론상 특정 과세기간 중 공급한 것과 공급받은 것에 대한 세액으로 납부세액을 계산한다. 착오에 의해 공급시기를 잘못 알아 신고한 경우에는 해당 거래를 이미 신고한 기간분에 대해서는 경정청구하고 신고했어야 할 기간분에 대해서는 수정신고하여야 한다.

제2절 납부세액의 계산

특정 과세기간에 대한 부가가치세 납세의무의 액을 '납부세액'이라고 한다. 납부세액은 사업자가 공급한 재화 또는 용역에 대한 매출세액에서 자기가 공급받은 매입세액을 공제한 금액으로 한다. 매입세액은 자기의 사업을 위하여 사용되었거나 사용될 재화를 공급받거나 수입하면서 부담한 세액 또는 용역을 공급받으면서 부담한 세액의 합계액이다.

간이과세자와 소매, 음식, 숙박, 미용·욕탕, 여객운송업, 입장권발행업 등을 영위하는 개인사업자에게는 2020년말까지 신용카드매출세액공제가 인정된다(부가가치세법 제46조).

사업자가 아닌 자가 재화 또는 용역을 공급하지 아니하거나 공급받지 아니하고 세금계산서를 사고파는 경우에는 사업자가 아니라는 이유로 가산세 부과대상에서 제외되고 있었는데 2010년 부가가치세법 개정을 통해 가공의 세금계산서를 사고파는 사업자가 아닌 자료상에 대하여 그 세금계산서에 적힌 금액의 100분의 2에 해당하는 금액을 가산세로 부과하게 되었다.

제1항 의제매입세액공제

1. 면세재화·용역

면세재화나 용역을 공급받은 경우 공급받은 자는 자기의 명의로 거래징수당한 부가가치세가 없기 때문에 공제받을 매입세액이 없다. 그러나 면세재화나 용역의 창출을 위해서는 그 창출자가 과세재화나 용역을 공급받는 것이 필요하다. 최종적인 재화나 용역의 창출단계까지 ① 과세(가액 50) → ② 면세(가액 100) → ③ 과세(가액 200)의 과정을 거치게 될 경우를 상정해 보자. ③단계에서 최종적인 소비자는 200에 대한 세금 20을 부담하게 된다. 각 단계에서 국가의 수입을 보면 ①단계에서 5, ②단계에서 0 그리고 ③단계에서 20이 된다. 국가는 국민경제 전체에서 창출된 부가가치가 200에 불과함에도 세금을 25만큼 거두는 효과를 얻게 된다. 경제적으

함으로써 기수에 이르게 된다(대법원 2008.3.27. 선고 2008도680 판결).

로 볼 때 5의 세액은 면세재화나 용역을 구입하여 과세재화나 용역을 공급하는 사업자와 그 사업자로부터 공급받는 소비자가 나누어 부담하게 되어 있다.

부가가치세법은 ③단계에 있는 자가 사업자라면 그 사업자가 구입한 면세재화에 함유되어 있는 ①단계의 세액을 추려 내어 ③단계의 납부세액을 계산할 때 공제할 수 있는 예외를 일정한 면세제품에 대해 허용하고 있다(부가가치세법 제17조 제3항). 이에 해당하는 면세재화는 농산물, 축산물, 수산물 또는 임산물이다. 이와 같은 공제방식을 의제매입세액공제라고 한다[144]. 공제율은 ③단계에서 사업자가 구입한 면세재화의 공급가액의 102분의 2(중소제조업 4/104)로 한다. ③단계의 사업자가 음식점업[145]을 하는 경우는 달리 설정되어 있다.

2. 중고재화

현행 부가가치세제는 사업자가 재화나 용역을 공급받으면서 상대방으로부터 징수당한 세액을 공제하여 세무서에 납부하는 방식으로 되어 있으며, 그 징수당한 세액은 세금계산서로 금액이 입증되어야만 하도록 하고 있다(전단계매입세액공제방식). 따라서 사업자가 중고재화를 사업자가 아닌 일반 개인으로부터 매입하여 다시 매출하는 경우에는 동일한 대상에 대해 부가가치세가 두 번 과세되는 결과가 될 수 있다.

금은방 등이 비사업자인 개인 등으로부터 고금을 취득한 경우에는 취득가액의 3/103의 의제매입세액공제를 허용하던 제도는 한시적으로 도입되어 2013년 폐지되었다(조특법 제106조의 5). 현행 조특법상 사업자가 세금계산서를 발급할 수 없는 자, 즉 일반 개인으로부터 매입한 재활용폐자원 및 중고자동차에 대해 그것을 가공하여 새로운 물품을 공급하는 때에, 바로 그 구입 폐자원이나 중고자동차의 매입가액의 일정 부분을 매입세액에서 공제해주는 한시적인 제도가 운영되고 있다(조특법 제108조). 특정한 산업의 형편을 고려하여 정책적으로 지원하는 의미를 갖고 있는 것으로 볼 수 있다.

일본에서는 중고재화를 매입하여 다시 매도하는 사업자에게 '의제매입세액공제'를 허용하고 있다(일본 소비세법 제2조 제1항 제12호). 동일한 대상에 대해 부가가치세가 두 번 과세되는 현상은 과세사업자가 부가가치세 면세 재화나 용역을 매입하여 매출하는 경우에도 발생하게 되어 있다. 과세사업자는 부가가치세과세대상 재화나 용역을 공급하는 사업자이다.

이중공제의 가능성을 완전히 배제하기는 어려우므로 중고재화에 대해 일반적으로 확대하는 데에는 신중하여야 한다.[147]

---

144) 개인사업자는 음식점업 45, 55, 60% 기타 40, 50%, 법인사업자는 30%에 해당하는 농수산물 매입액까지만 매입세액공제를 해준다(부가가치세법 시행령 제84조제1항).

145) 유흥주점 등에 대해서는 2/102, 기타 음식점업에 대해서는 106분의 6(개인사업자의 경우에는 108분의 8, 과세표준 2억원 이하인 경우 2021년까지 109분의 9), 과자점업, 도정업, 제분업 및 떡 제조업 중 떡방앗간(최종소비자 대상 개인 제조업(6/106))을 적용한다(부가가치세법 제42조).

147) 직전 단계의 거래에서 매입세액을 공제받은 중고자동차 매입 시 매입세액공제특례 적용을 배제한다. 이중공제를 방지하기 위한 것이다. 중고자동차 매도자 또는 제3자가 해당 중고자동차에 대한 부가가치세 매입세액을 이미 공제받은 중고자동차는 대상에서 제외하고 있다(조특법시행령 제110조). 직전단계의 거래에서 매입자가 소비자인 경우에 한정하기 위함이다. 해당 단계에서의 매출자가 사업자이고 그가 매출하면서 부가가치세를 거래징수하지 않았는데, 해당 단계의 매입자가

현행 부가가치세법은 면세농산물을 원재료로 하여 과세되는 재화나 용역을 공급하는 과세사업자에 대해 면세농산물을 공급받을 때에, 부분적인 의제매입세액공제를 해주고 있다. 이 때 해당 재화나 용역의 공급자가 사업자가 아닌 일반 개인인 경우에는 의제매입세액공제를 해주지 않는 것을 원칙으로 하고 있다(부가가치세법 제42조). 공제율은 부가가치세율 10%의 일부에 그친다. 면세재화를 공급하는 면세사업자가 창출한 부가가치에 해당하는 부분에 대해서는 부가가치세가 과세되지 않을 것이라는 점을 전제로 면세사업자의 공급가액 중 과세매입가액의 비중을 고려한 것이다. 이 공제율은 해당 면세사업자의 특성을 고려하여 설정하지 않고 있다. 동일한 면세사업자가 공급한 동일한 면세재화라 하더라도 그것을 공급받은 자의 특성에 따라 공제율을 달리하고 있다(부가가치세법시행령 제84조). 한국 부가가치세법상 의제매입세액공제제도는 중립적인 과세를 도모하는 것과는 거리가 있다.

제2항 매입세액불공제

다음의 경우 매입세액은 매출세액에서 공제되지 않는다.

1. 부가가치세 이론상 매입세액불공제

가. 사업과 직접 관련이 없는 지출에 대한 매입세액

사업자가 지출한 것이라 하더라도 자기의 사업과 직접 관련이 없이 지출한 것은 개인적인 사용을 위한 것으로서 부가가치의 창출에 기여하는 것으로 볼 수 없다.[148] 그가 최종적인 소비자로서 부가가치세를 부담하여야 할 것이므로 공제를 배제하는 것은 당연하다. '사업과 직접 관련'의 의미를 어떻게 볼 것인가는 해석론에 맡겨진다. 부가가치세법시행령은, 사업과 직접 관련이 없는 지출의 범위는 소득세법시행령 제78조 및 법인세법시행령 제48조가 규정하는 바에 의한다고 규정하고 있다.

사업과 직접 관련 없는 자산의 취득시의 매입세액도 공제되지 않는다. 접대비 및 이와 유사한 비용의 지출을 위하여 부담한 세액도 공제되지 않는다.[149]

의제매입세액공제를 받을 경우, 이중공제의 효과가 나타난다. 이를 방지하기 위해 직전단계의 매입자이면서 해당 단계의 매출자가 누구인지에 대해 해당 단계의 매입자로서 의제매입세액공제를 받고자 하는 자가 의제매입세액공제를 하는 부가가치세 신고시 제출하도록 하고 있다(조특법시행령 제110조 제5항). 여기서 해당 단계의 매출자가 비사업자로서 매입세액공제를 받지 않았음만 확인하면 될 것이다. 그 내역을 세금계산서 내역처럼 정확성을 요구하여 사실과 다른 내역인지의 여부를 엄밀히 보는 것은 의제매입세액공제제도의 취지에 부합하지 않는다.

148) 현행 부가가치세 과세방법은 원칙적으로 사업의 자기생산 부가가치에 대해서만 과세가 이루어지도록 하기 위하여 납부세액 산출방식에 있어 자기생산 부가가치와 매입 부가가치를 합한 금액을 공급가액으로 하고, 이에 대하여 징수할 매출세액에서 매입 부가가치에 대하여 지출된 매입세액을 공제하도록 하는 기본적 구조를 채택하고 있다. …여기에서 사업 관련성의 유무는 지출의 목적과 경위, 사업의 내용 등에 비추어 그 지출이 사업의 수행에 필요한 것이었는지를 살펴 개별적으로 판단하여야 한다(대법원 2012.7.26. 선고 2010두12552 판결).

149) 대법원 2013.11.28. 선고 2013두14887 판결(거래처 접대에 사용할 목적으로 을 주식회사로부터 골프회원권을 매입한 후 매입세액을 매출세액에서 공제하는 것은 위법함)

사업자가 자기의 사업과 관련하여 비영업용 소형승용차나 그 유지를 위한 재화를 생산·취득한 경우에는 그에 대한 매입세액이 공제되지 않는다.[150]

나. 부가가치세가 면제되는 재화·용역의 공급에 관련되는 사업에 사용된 것에 대한 매입세액

(1) 구분경리

사업자가 부가가치세과세사업과 면세사업을 겸영하는 경우 면세사업에 관련되어 소요된 재화나 용역은 그 사업에 귀속하는 것으로 구분경리하여야 한다. 면세사업에 사용한 재화나 용역에 대한 매입세액은 공제하지 않는 것이다.

부가가치세법시행령상 토지관련 매입세액은 공제하지 않는 것으로 되어 있다(부가가치세법시행령 제80조). 그러나 토지의 임대는 과세하고 있으므로 임대하는 토지 관련 매입세액이 발생하였다면 공제하여 주어야 할 것이다.

대법원 2006.10.27., 2004두13288판결은 과세사업과 면세사업에 관한 매입세액의 안분에 관한 규정이 과세사업과 비과세사업 간에도 적용되는지에 대해 다음과 같이 판단하고 있다.

> 부가가치세법시행령 제61조 제1항 및 제4항은 동일한 사업자가 부가가치세과세사업과 면세사업을 겸영하는 경우에 과세사업과 면세사업에 공통으로 사용되어 실지 귀속을 구분할 수 없는 매입세액 중 과세사업에 관련된 매입세액으로서 과세사업의 매출세액에서 공제받을 수 있는 세액과 면세사업에 관련된 매입세액으로서 그 매출세액에서 공제받을 수 없는 세액을 안분계산하는 방법 등을 규정하고 있는바, 그 규정 내용 및 취지와 부가가치세 비과세사업에 관련된 매입세액 역시 과세사업의 매출세액에서 공제받을 수 없는 것으로서 면세사업에 관련된 매입세액과 다를 바 없다는 점 등에 비추어, 위 규정은 동일한 사업자가 부가가치세과세사업과 비과세사업을 겸영하는 경우에도 적용된다.
> 카지노사업의 수입은 고객으로부터 카지노시설물 입장의 대가로 받는 입장료수입과 카지노시설물에 입장한 고객이 도박을 하기 위해 건 돈에서 고객이 받아 간 돈을 제외한 도박수입으로 대별될 수 있는데, 입장료수입은 부가가치세과세대상에 해당하나 도박수입은 부가가치를 창출하는 것이 아니어서 부가가치세과세대상에 해당하지 아니하므로 카지노사업은 부가가치세과세사업과 부가가치세 비과세사업을 함께하는 사업인바, 매입세액은 그 전체가 과세사업과 비과세사업에 공통으로 사용되어 실지 귀속을 구분할 수 없는 공통매입세액이므로 부가가치세법시행령 제61조 제4항 제2호를 적용하여 그 매입세액을 안분계산하여 그중 과세사업에 관련된 부분은 매출세액에서 공제하여야 하나, 비과세사업에 관련된 부분은 매출세액에서 공제할 수 없다.

도박장에 입장한 이용객으로부터 받는 대가는 도박장시설이용에 대한 대가의 부분과 이용객의 도박손실 부분으로 나눌 수 있다. 전자는 부가가치의 창출 부분이므로 부가가치세를 과세한다. 후자는 이전지출에 불과하기 때문에 부가가치세가 과세되지 않는다. 마치 증여에 대해 부가가

---

150) 사업자가 자기의 사업과 관련하여 비영업용 소형승용차나 그 유지를 위한 재화를 생산·취득한 경우에는 그에 대한 매입세액이 공제되지 아니할 뿐 재화의 공급으로 간주가 되지는 않지만, 영업용 소형승용차나 그 유지를 위한 재화 또는 그 용도가 특정되지 않은 재화를 생산·취득한 경우에는 그에 대한 매입세액은 공제되고 그 이후에 이를 비영업용으로 사용하는 때에 비로소 재화의 공급으로 간주가 된다(대법원 2016. 7. 7. 선고 2014두1956 판결).

치세를 과세하지 않는 것과 같다. 도박장을 운영하기 위해 공급받은 재화나 용역의 대가를 지급하면서 거래징수당한 부가가치세는 이들 두 부분에 모두 기여하기 때문에 적절한 기준에 의해 안분하여야 한다. 그리고 비과세사업을 위해 기여한 부분에 대해서는 마땅히 매입세액공제를 할 대상이 없다고 보아야 한다.

이러한 원칙은 대법원 2008두23061(2009.2.12.)의 판결에서는 유지되지 못하였다. 이 사건에서 대법원은 게임장의 영업을 카지노 등과 동일시하여 부가가치세과세대상이 아니라고 한다면, 실정법 위반행위를 긍정하여 부가가치세법의 해석·적용을 잘못하는 결과에 이르게 되므로 부가가치세과세대상이 아니라고 할 수 없다고 하였다. 그리고 부가가치세의 과세표준을 산정할 때 상품권 상당액을 공제하지 않은 것이 타당하다고 보았다. 이 사건 게임장의 사업자인 원고들로서는 게임이용자들로 하여금 상품권이 교부될 수 있도록 상품권이 내장되어 있는 게임기를 설치하여 이를 사용할 수 있게 하는 역무를 제공함으로써 고객에 대한 용역의 제공을 모두 마치게 되는 점을 중시한 것이다.[151]

해당 사업자가 비과세사업에 해당하는 용역의 공급에 대하여 거래상대방으로부터 별도로 공급대가를 받는 것이 아니라 국가나 지방자치단체로부터 국고보조금 등을 받는다면 이는 비과세사업에 해당하는 용역의 공급에 대한 대가로 볼 수 없다.[152]

(2) 토지에 대한 자본적 지출

부가가치세법에서 토지 관련 매입세액을 불공제하도록 규정한 것은 1993년 12월 31일 법률 4663호로 부가가치세법이 개정되면서 규정된 동법 제17조 제2항 제4호(현행 부가가치세법 제39조 제1항 제7호)부터이다. 그러나 그 이전인 1991년 12월 31일에 개정된 구 부가가치세법시행령 제60조 제6항(현행 부가가치세법시행령 제80조 제3호)에서는 공제되지 아니하는 매입세액의 범위에 토지의 조성 등을 위한 자본적 지출에 관련된 매입세액을 포함하도록 규정하고 있었다.[153]

---

151) 사실관계는 다음과 같다.
- 이용객들은 게임장에 설치된 '스크린경마게임기'에 현금을 투입하여 게임조건을 적중시키면 투입금액의 몇 배에 해당하는 상품권을 지급받고, 적중시키지 못하면 투입금액이 업주인 원고들에게 귀속됨.
- 게임조건을 적중시킨 이용객은 시상금으로 받은 상품권을 인출하거나 게임을 계속할 수 있고, 게임이 종료하면 잔여 상품권을 인출하여 인근에 있는 상품권 교환소에서 현금으로 교환하게 되는데, 상품권 교환 시에는 액면금액의 약 8~10%에 해당하는 금액을 공제하고 지급하는 것으로 조사되고 있음.
- 한 번 사용한 상품권은 다시 사용하지 못하고, 오락실 업주는 새로운 상품권을 구입하여 게임기에 투입하는데, 새로운 구입 시에는 통상 액면가보다 약 5~10% 정도 할인된 가격에 매입하며, 여기서 오락실 업주의 상품권 매매 차익이 발생함.
- 원고들은 게임기 투입금액에서 이용객들에게 경품으로 지급된 상품권 가액을 차감한 금액을 과세표준으로 2006년 1기분 부가가치세를 각 신고·납부하였다.
- 이에 피고는 위 게임기에 투입되는 총금액을 게임기 이용 용역제공의 대가로서 원고들에 대한 부가가치세의 과세표준으로 보고 2007년 1월 8일 원고에게 2006년 1기분 부가가치세과세표준을 2,918,660,287원으로 산출한 다음 부가가치세 331,220,710원을, 2007년 2월 1일 원고에게 2006년 1기분 부가가치세과세표준을 2,985,447,000원으로 산출한 다음 부가가치세 338,650,780원을 각 부과하였다.

152) 대법원 2016. 3. 24. 선고 2013두19875 판결

153) 시행령에 규정하였던 내용을 본법으로 올리고 위임의 근거를 명확히 한 것은 헌법재판소가 위임입법의 한계를 세법에 엄격하게 적용하였던 것이 그 원인일 것으로 생각한다.

구 부가가치세법시행령 제60조 제6항은 2001년 12월 31일에 대통령령 제17460호로 일부 개정되고 2002년 12월 30일에 다시 대통령령 제17827호로 개정되었다. 2001년 12월 31일에 개정된 구 부가가치세법시행령 제60조 제6항의 개정 취지는 자본적 지출의 범위를 구체적으로 규정하여 과세 관청과 납세자 사이의 마찰 소지를 제거하려는 것으로, 토지와 관련된 매입세액이라 할지라도 그 지출에 의하여 조성된 것이 감가상각의 대상이 되는 건물이나 구축물 등일 경우에는 매입세액공제대상으로 본다는 것을 명확히 한 것이다.

구 부가가치세법시행령 제60조 제6항 제3호[154]가 소유를 선제로 한 개념인지는 궁극적으로는 세법해석의 문제로 귀결된다. 조세나 부담금에 관해서는 그 부과요건이거나 감면요건을 막론하고 특별한 사정이 없는 한 법문대로 해석할 것이고, 합리적 이유 없이 확장해석하거나 유추해석하는 것은 허용되지 아니한다. 특히, 감면요건 가운데 명백히 특혜규정이라고 볼 수 있는 것은 엄격하게 해석하는 것이 공평원칙에도 부합한다.[155]

골프장 조성공사에 지출된 비용이 구 부가가치세법시행령 제60조 제6항 제3호에 해당하는지는 그 부과요건 또는 감면요건과 관련되므로 합리적 이유가 없는 한 엄격히 해석해야 할 것이다. 1993.12.31. 개정전 구 부가가치세법 법 제17조 제2항 제4호의 적용에 관한 대법원 1995.12.21. 94누1449 전원합의체판결은 골프장업과 관련된 토지조성 자본적 지출과 매입세액 공제여부에 대해 판단하고 있다. 대법원은 다음과 같이 판시하고 있다.

> 부가가치세의 과세 여부는 재화나 용역의 '공급'이나 '수입'이 있었을 때에 비로소 문제가 되는 것으로 골프장 사업자가 골프장 부지인 토지를 조성할 때에는 골프장으로 이용하기 적당하도록 조성하는 것뿐이지 토지 그 자체를 '공급'하기 위하여 조성하는 것이 아니므로, 골프장 조성의 단계에서 장래 있을지도 모르는 그 부지의 '공급'을 전제로 하여 부가가치과세에 관한 법률관계를 논하는 것은 법인소득계산을 위한 회계처리에 집착한 나머지 매입세액의 사업 관련성을 따지는 데 있어 물물대응의 원칙을 적용하자는 것에 불과하고, 또한 골프장 부지인 토지의 조성공사 용역이 토지조성 이후에는 골프장 부지와 일체가 되는 것이지만, 그 용역의 공급에 대한 부가가치세는 그 토지 자체의 공급에 대한 것이 아니라 토지를 골프장으로 사용하기에 적당한 토지로 조성하기 위한 용역의 공급에 대한 매입세액임이 분명하므로, 그것이 수익적 지출에 대한 매입세액이든지 자본적 지출에 대한 매입세액이든지 간에 사업을 위하여 사용될 용역에 대한 매입세액으로서 골프장업의 매출세액에서 당연히 공제되어야 하는 것으로, 부가가치세법 제12조 제1항 제12호가 토지를 면세재화로 규정하고 있어 토지 자체의 공급에 대해서는 그것이 과세사업을 위한 것이거나 면세사업을 위한 것이거나 간에 매입세액 또는 매출세액이 발생할 수 없다는 것과는 아무런 관련이 없는 것이다.

대법원은 원고가 이 사건 골프장에 조성한 그린·티·벙커(이하 '이 사건 자산'이라 한다)는

---

154) ⑥ 법 제17조 제2항 제4호에서 '대통령령이 정하는 토지관련 매입세액'이라 함은 토지의 조성 등을 위한 자본적 지출에 관련된 매입세액으로서 다음 각 호의 1에 해당하는 매입세액을 말한다. 〈개정 2002.12.30.〉
 1. 토지의 취득 및 형질변경, 공장부지 및 택지의 조성 등에 관련된 매입세액
 2. 건축물이 있는 토지를 취득하여 그 건축물을 철거하고 토지만을 사용하는 경우에는 철거한 건축물의 취득 및 철거비용에 관련된 매입세액
 3. 토지의 가치를 현실적으로 증가시켜 토지의 취득원가를 구성하는 비용에 관련된 매입세액

155) 대법원 2007.10.26. 선고, 2007두9884 판결.

토지와 물리적 구조와 형태가 명확히 분리된다고 할 수 없을 뿐 아니라 골프장 부지의 이용편의를 위한 필수적인 시설로서 경제적으로도 독립적인 가치를 가진다고 할 수 없는 점, 또한 이 사건 자산의 조성은 이 사건 골프장 부지의 가치를 현실적으로 증가시키는 것으로서 그 조성비용은 골프장의 가치에 흡수될 것으로 보이는 점 등을 종합하면, 이 사건 자산의 조성비용은 이 사건 골프장 부지에 대한 자본적 지출에 해당한다고 판단하였다.

골프장이용객은 골프장이용료를 지불하면서 부가가치세를 거래징수당한다. 골프장운영업은 일종의 장치산업이다. 골프장을 건설하여 용역을 공급하는 것이다. 골프장의 건설을 위해 건설회사로부터 건설용역을 제공받는다. 건설용역을 공급받으면서 거래징수당한 부가가치세는 추후 골프장을 운영하면서 거래징수한 세액에서 세액공제한다. 일시에 고액의 건설용역을 제공받으면서 거래징수당한 세액은 사업을 개시하면서 바로 공제하고 그에 따라 환급세액이 발생하게 된다. 이때 환급세액은 조기환급된다.[156] 건설회사로부터 제공받는 용역은 건축물 또는 구축물을 건설하는 용역과 토지를 조성하는 용역으로 구분할 수 있다. 이 중 토지 자체는 부가가치세 면세재화이지만 토지의 가치를 증액시키는 용역은 건설용역으로서 부가가치세과세용역이다. 이를 제공받으면서 거래징수당한 세액은 골프장운영업이 과세사업인 한 세액공제받을 수 있다.

토지에 대한 '자본적 지출'의 범주에 대해서는 이 사건 이후의 대법원 판단이기는 하지만 대법원 2006두5502, 2006두11224판결과 대법원 2006.7.28. 선고 2004두13844 판결을 참조할 수 있다. 그에 의하면, 법인세법 시행령 제24조 제1항 제1호 (가)목 및 (바)목이 정한 '구축물' 또는 '이와 유사한 유형자산'에 해당하기 위해서는 토지에 정착한 건물 이외의 공작물로서 그 구조와 형태가 물리적으로 토지와 구분되어 독립적인 경제적 가치를 가진 것이어야 할 것이고, 그렇지 않은 경우에는 시간의 경과에 따라 가치가 감소하지 아니하는 자산(법인세법 제23조 제2항)인 토지와 일체로서 평가되므로 감가상각의 대상이 될 수 없으며, 토지에 대한 자본적 지출이라 함은 토지의 가치를 현실적으로 증가시키는 데에 소요된 비용을 말한다고 하였다.

2. 세금계산서 수수질서 유지를 위한 매입세액불공제[157]

다음의 경우에는 매입세액을 공제하지 않는다.

- 매입처별세금계산서합계표를 제출하지 않은 경우의 매입세액 또는 매입처별세금계산서합계표상 사실과 달리 기재된 부분에 대한 매입세액
- 세금계산서를 교부받지 않은 경우 또는 사실과 다른 세금계산서를 교부받은 경우의 매입세액[158]
- 자신이 사업자등록을 하기 전에 공급받은 재화나 용역에 대한 매입세액. 다만, 공급시기가

---

156) 부가가치세법시행령 제73조 참조.

157) 관련 헌재결정에는 2009헌바319, 2000헌바50, 2002헌바56 등이 있다.

158) 공급시기 전에 발급된 세금계산서를 포함하지만 대법원은 공급시기 이전에 세금계산서가 발급되었더라도 같은 과세기간 내이고 실제로 거래가 있었다면 매입세액 공제의 불이익을 주어서는 안 된다고 판시하였다(대법원 2016. 2. 18. 선고 2014두35706 판결 참조).

속하는 과세기간이 끝난 후 20일 이내에 등록 신청한 경우 그 공급시기 내 매입세액은 공제받을 수 있다.

해당 과세기간의 확정신고기한 전에 수취한 세금계산서상 매입세액(가산세 부과)은 공제한다. 대법원 2004.9.23., 2002두1588판결은 시가보다 낮은 실제 거래금액을 공급가액으로 하여 교부된 세금계산서가 사실과 다른 세금계산서인지에 대해 다음과 같이 판단하고 있다.

> 사업자가 그와 특수관계에 있는 자와 영세율 적용을 받는 과세거래를 함에 있어서 부당하게 낮은 대가로 물품을 공급한 것이 구 부가가치세법(1999.12.28. 법률 제6049호로 개정되기 전의 것) 제13조 제1항 제3호 소정의 부당행위계산부인대상에 해당하는 경우,[159] 정상적인 거래 시가와 낮은 대가와의 매출차액에 대해서는 영세율이 적용되는 과세표준을 신고하여야 할 과세표준에 미달하게 신고한 셈이 되므로 같은 법 제22조 제6항 소정의 영세율과세표준신고불성실가산세 부과대상이 된다고 할 것이지만, 같은 법 제13조 제1항 제3호의 규정은 부당하게 낮은 대가로 물품을 공급하는 자의 과세표준을 재계산하는 효력을 가지고 있을 뿐이고, 특수관계인과 사이에 적법·유효하게 성립된 법률행위의 사법상 효력을 부인하거나 실지거래를 재구성하는 효력을 가지는 것은 아니라고 할 것이므로, 정상적인 거래 시가와 낮은 대가와의 매출차액에 대하여 세금계산서를 교부할 의무가 있다고 보기 어렵고, 당사자 합의에 따라 실제거래금액을 공급가액으로 하여 교부된 세금계산서가 정상적인 거래 시가를 공급가액으로 하지 않았다는 이유로 사실과 다른 세금계산서라고 할 수도 없다.

세금계산서의 필요적 기재사항 중 공급가액을 사실과 다르게 적은 경우 공제하지 아니하는 매입세액은 실제 공급가액과 사실과 다르게 적힌 금액의 차액에 해당하는 세액이다(부가가치세법 제39조제1항제2호).

대법원 2013.07.25. 선고 2013두6527 판결에서는, 문제된 세금계산서는 실제 공급자와 세금계산서상의 공급자가 다른 세금계산서[160]에 해당하지만,[161] 폐동 거래의 경위와 세금계산서의 기재내용, 폐동 대금의 지급방법, 거래처 사업자등록과 대표자의 일치 여부 확인, 폐동이 공급된 구체적인 경로와 과정 등 그 판시와 같은 사정에 비추어 볼 때, 원고가 폐동의 실제 공급자가 사업자 명의를 위장하였다는 사실을 알지 못하였을 뿐만 아니라 이를 알지 못한 데에 과실이 있다고 보기도 어려워 이 사건 세금계산서의 매입세액은 매출세액에서 공제 내지 환급되어야 한다는 이유로, 이와 달리 본 이 사건 처분은 위법하다고 판단하였다. 사실과 다른 세금계산서라고 하더라도 그 사실을 알지 못하였으며 그에 과실이 없었음을 입증한 경우에는 매입세액공제를 허용한다(선의·무과실). 알지 못하는데 과실이 없었음을 입증하기 위해서는 세금계산서를 교부하는 자가 실제 공급하는 자인지 확인하는 주의의무를 성실하게 기울였음을 객관

---

159) 부가가치세법시행령 제50조 참조.

160) 대법원 2016. 5. 12. 선고 2016두30187 판결; 대법원 2016. 10. 13. 선고 2016두43077 판결; 세금계산서에 기재된 '공급받는 자의 등록번호'를 실제 공급받는 자의 등록번호로 볼 수 있는 경우, '공급받는 자의 성명 또는 명칭'이 실제 사업자의 것과 다르다는 사정만으로 이를 매입세액공제가 인정되지 않는 사실과 다른 세금계산서라고 단정할 수는 없다(대법원 2019. 8. 30 선고 2016두62726 판결).

161) 세금계산서의 공급하는 자의 '상호'란에는 이 사건 인테리어 업체들의 상호가, '성명'란에는 원고 1 대신 명의대여자들의 성명이 각각 기재된 사실 등을 인정한 다음, 이 사건 세금계산서는 필요적 기재사항인 '공급하는 사업자의 성명'이 사실과 다르게 적힌 세금계산서에 해당하므로 매입세액공제를 부인한 처분이 적법하다는 대법원2016. 10. 13.선고 2016두43077 판결참조

적인 증거로써 설명할 수 있어야 한다. 과세실무상 경과실도 허용하지 않고 있다.

3. 정책적 목적을 위한 공제 배제

접대비 및 이와 유사한 비용의 지출에 관련된 매입세액은 공제되지 않는다. 소득과세상 '접대비 및 이와 유사한 비용'의 개념을 원용한다. 이론적으로 보면 이 경우 매입세액공제 배제는 사업과 직접 관련이 없고 자기가 직접 사용한 것으로 본다는 논리를 세워야 할 것이다. 소득과세상으로는 자기가 번 것에 대해 세금을 내고 사용하는 것으로 본다는 논리가 설득력을 가질 수 있다. 부가가치에 대해 세금을 내도록 해야 하는 부가가치세 논리상 이와 같은 정책적 고려가 타당한 것인지에 대해 의문을 제기해 볼 수 있다.

제3항 대손세액공제

사업자가 공급한 재화 또는 용역의 공급에 대한 외상매출금 기타 매출채권의 전부 또는 일부를 대손으로 회수할 수 없는 때에는 대손금액의 110분의 10에 해당하는 금액을 대손이 확정된 날이 속하는 과세기간의 매출세액에서 차감할 수 있다(부가가치세법 제45조 제1항).[162] 대손의 사유는 받을 채권이 공급받은 자의 파산·강제집행 등 소득과세상 회수할 수 없다고 인정된 경우이다. 일부 대손의 경우에도 위 산식에 의하여 계산한다.

국가가 가지는 국세채권은 일반 민사채권에 대해 우선하는 지위를 가진다. 공급하는 자가 공급받은 자로부터 받을 채권가액, 즉 공급대가에는 자기가 공급한 재화나 용역에 대한 가액과 국가에 납부하여야 할 부가가치세액으로 구성된다. 공급받은 자가 자력이 부족하여 그 대가 중 일부만을 변제할 경우 위의 국세우선 원칙에 의하면 국세에 우선 충당하는 것으로 하여야 하지 않을까? 국가는 공급받은 자에 대해 직접적인 조세채권을 가지지 않는다. 국가는 공급하는 자에 대해 부가가치세를 과세하며 공급받는 자가 경제적으로 부담하는 부가가치세에 해당하는 금액은 공급하는 자에 대한 채무이다. 따라서 국가가 공급한 자가 지급받은 부분 중 국세채권이 우선한다는 주장을 할 수 없는 것이다. 이와 별개로 공급한 사실은 확정되어 있기 때문에 세액 전체에 대해 공급한 자가 세금을 납부하도록 할 수 있을 것이지만 공급한 자의 사정을 감안하여 대손세액공제에 관한 규정을 둠으로써 국가가 정책적인 배려를 하고 있는 것이다.

대손의 확정은 공급 이후 상당 시간이 지난 시점에야 될 가능성이 높다. 그 이전에 공급받은 자는 자신의 부가가치세 납부세액을 계산할 때 공급받은 재화나 용역에 대한 매입세액으로 이제 대손이 된 세액을 이미 공제받았을 수 있다. 공급한 자에게 대손세액공제를 인정한 반면 공급받은 자에게는 이미 매입세액공제를 인정한 것이라면 국가가 손실을 보게 된다. 대손이 될 정도라면 공급받은 자는 이미 도산한 경우가 많을 것이다. 국가가 다시 그 자로 하여금 공제세액을 반환하라고 명한다 하더라도 회수하기 곤란할 것이다. 부가가치세법은 공급받은 자의 폐

---

162) 이는 부가가치세액의 지급은 민사관계로 보는 부가가치세법 기본원리에 대한 예외로 이해할 수 있다.

업 전에 대손이 확정된 경우에는 대손이 확정된 과세기간에 공급받은 자의 매입세액에서 차감하도록 하고 있지만, 그것만으로 국가가 손실을 면하기는 어려울 것이다.

2020년부터는 사업자가 부가가치세 확정신고 대손금액이 발생한 사실을 증명하는 서류를 제출한 경우에도 대손세액의 공제를 적용받을 수 있도록 길을 더 열어놓고 있다(부가가치세법 제45조제2항).

제4항 가산세

세금계산서 미교부, 타인명의세금계산서 발행 및 수취에 대해서는 공급가액의 2%를 가산세로 부과한다. 가공세금계산서 발행 및 수취에 대해서는 세금계산서에 적힌 금액(공급가액)의 3%를 가산세로 부과한다(부가가치세법 제60조 제3항). 이 경우 납부세액은 0이다.

재화 또는 용역을 공급하고 세금계산서등의 공급가액을 과다하게 기재한 경우에는 실제보다 과다하게 기재한 부분에 대한 공급가액의 2%를 부과한다. 그런 세금계산서를 공급받은 자는 별도로 2%의 가산세를 부과받는다(부가가치세법 제60조 제3항).

신고불성실가산세는 일반무신고의 경우 납부세액의 20%, 일반과소신고의 경우 납부세액의 10%를 부과한다. 부당한 무신고 등에 대해서는 납부세액의 40%를 부과한다.

대리납부를 이행하지 않은 데에 대해서는 그 납부하지 않은 세액의 10%를 한도로 하여 미납세액의 3%를 기본으로 하고 납부일까지의 기간을 일할 0.03%의 비율로 가산세를 부과한다.

제6장 간이과세

제1절 간이과세의 개념·범위

부가가치세법상 사업자는 재화나 용역을 공급하면서 부가가치세를 징수하고 세금계산서를 교부하여야 한다. 면세재화나 용역을 공급할 때에는 계산서를 교부하여야 한다. 소득세법은 부가가치세과세사업자와 면세사업자에 두루 적용되는 조항으로서 계산서의 교부에 대해 규정하고 있다(소득세법 제163조). 부가가치세법상 세금계산서의 교부의무를 이행하면 소득세법상 계산서의 교부의무를 이행한 것으로 본다(소득세법 제163조 제6항 참조).

부가가치세과세사업자 및 면세사업자 모두에 적용되는 조항으로서 일정 규모 이하의 영세사업자나 사업의 성격상 소액 다수의 거래를 하여야 하는 사업자에 대해서는 세금계산서 내지 계산서 대신 영수증을 발급할 수 있도록 허용하고 있다(소득세법시행령 제211조 제2항 및 동법시행규칙 제96조의 2). 백화점 등 일정한 사업자의 경우에는 부가가치세액을 별도로 기입한 영수증을 발급하여야 한다. 노점상인 등은 아예 계산서나 영수증의 교부를 하지 않아도 된다(소득세법시행령 제211조 제4항). 용역을 공급받는 자, 즉 대가를 지급하는 자로부터 원천징수영수증을 교부받은 경우에는 계산서를 교부한 것으로 본다(소득세법시행령 제211조 제5항).

영수증을 교부하는 사업자 중에는 부가가치세법상 간이과세자가 있다(소득세법시행령 제211조 제3항). 직전 1역년의 재화와 용역의 공급대가가 4천8백만 원에 미달하는 개인사업자에 대해서는 거래징수와 신고납부상 일반적인 사업자와 다른 특례가 인정된다(부가가치세법 제61조부터 제70조).[163] 이 특례제도는 위 요건에 해당하는 사업자가 적용받기를 포기할 수도 있다. 간이과세자의 과세기간에 대한 공급대가가 2,400만원 미만인 경우에는 부가가치세 납부의무를 면제한다.

<일반과세자와 간이과세자의 비교>

구분	일반과세자	간이과세자
1. 대상사업자	간이과세자가 아닌 모든 사업자	직전연도 1역년 공급대가가 4,800만 원 미만인 개인사업자
2. 과세표준	공급가액	공급대가
3. 세율	10%, 0%	업종별 부가가치율×10%, 0%
4. 거래징수	의무 있음	별도규정 없음
5. 세금계산서	세금계산서 또는 영수증 교부	세금계산서 교부 불가능하고 영수증 교부만 가능
6. 납부세액	매출세액 – 매입세액	과세표준(공급대가)×당해 업종별 부가가치율×10%
7. 예정신고납부	당해 예정신고기간의 과세표준과 세액 자진 신고·납부. 단, 개인사업자 예정고지	직전과세기간의 납부세액 50% 예정고지. 단, 납부의무 면제자 예정고지 생략
8. 매입세금계산서 등	매입세액으로 공제	매입세액에 해당 업종별 부가가치율(5%, 10%, 20%, 30%)을 곱하여 계산한 금액을 납부세액에서 공제

부가가치세법시행령은 간이과세자 적용배제 요건에 대해 다음과 같이 규정하고 있다.

- 적용요소
  ▶연간수입금액, 업종, 임대면적, 일정 지역 소재

- 적용기준
  ▶연간 매출예상액이 4,800만원 미만인 개인사업자
  ▶간이과세 배제사업
    · 광업, 제조업(과자점, 떡 방앗간, 도정제분업, 양복·양장·양화점은 가능)
    · 도매업(소매업 겸업 시 도·소매업 전체), 부동산매매업
    · 시 이상 지역의 과세유흥장소
    · 전문직 사업자(변호사, 심판변론인, 변리사, 법무사, 공인회계사, 세무사, 경영지도사, 기술지도자, 감정평가사, 손해사정인, 관세사, 기술사, 건축사, 도선사, 측량사 등)
    · 보건업(병의원)
    · 기타 사업장 소재지, 사업의 종류·규모 등을 감안하여 국세청장이 정한 간이과세 배제기준에 해당되는 사업자

---

163) 복수의 사업장을 두고 있는 사업자에 대해서는 각 사업장 매출액의 합계금액을 기준으로 판단한다. 소득세법상 복식부기의무자는 제외된다.

제2절 거래징수·신고납부

제1항 거래징수여부

우선 간이과세자의 거래징수에 관해 일반사업자에 대한 특례규정을 명시적으로 두고 있지는 않다. 다만, 간이과세자는 세금계산서 대신에 영수증을 교부하도록 하고 있는데 동 영수증에는 세액은 기재하지 않고 공급대가만 기재하도록 하고 있어서 공급대가 중에 얼마인지는 특정할 수 없지만 세금을 징수하라는 것으로 이해될 뿐이다. 만약 간이과세자가 스스로 납부의무를 지는 납부세액의 계산상 인정되는 과세표준의 산식에 따른 매출세액을 그대로 징수한다면 공급가액의 11분의 1(9.1% 해당)을 세금으로 징수하여야 한다는 것이 된다. 그러나 실제 공급가액의 9.1%의 세율로 거래징수하라는 규정은 어디에도 없다. 당사자들 간의 협상에 의해 공급대가가 결정되며 그 안에는 세금이 있었던 것으로 용인하는 것에 불과하다. 따라서 공급받는 자는 경제적으로 공급하는 자로부터 전가된 세액을 부담하면서도 세액이 특정되지 않아 자기가 매입세액으로 공제받고자 하여도 공제받을 수 없는 입장에 처하게 된다. 이에 따라 공급받는 자가 세금계산서의 교부를 요청할 경우에는 그것을 수용하여야 하도록 할 필요가 있지만 부가가치세법상 그러한 제도는 없다. 다만, 소득세법상으로는 면세재화나 용역을 공급하는 자에 대해서는 사업자가 자신의 사업자등록증을 제시하면서 계산서의 교부를 요청할 수 있도록 되어 있다(소득세법시행령 제211조 제2항 본문 단서 및 동 조 제3항). 부가가치세 매입세액공제에는 도움이 되지 않는 규정이다. 이 경우 과세재화나 용역을 공급받은 사업자는 자신이 경제적으로 부담한 부가가치세액 해당분이 특정되지 않으므로 소득금액 계산상 지급한 대가 전액을 비용으로 공제받을 수 있을 것이다. 그에 대한 세액을 약 20% 정도로 가정해 본다면 9.1%의 20% 수준, 즉 약 1.8%의 공제를 받는 격이 된다.

제2항 신고납부

간이과세자 최종납부세액의 계산은 다음과 같이 한다.

최종납부세액 = 납부세액 − 세액공제[164] + 재고납부세액[165] + 가산세

간이과세자의 신고납부상 납부세액은 (공급대가)[166] × (부가가치율)[167] × 10%로 한다. 해당

---

164) 의제매입세액공제, 세금계산서매입세액공제, 신용카드매출세액공제(부가가치세법 제46조).

165) 일반과세자에서 간이과세자로 전환되는 경우. 간이과세자에서 일반과세자로 변경되는 사업자가 구 부가가치세법 시행령 제63조의3 제1항에서 정하는 기한 내에 일반과세 전환 시의 재고품 및 감가상각자산을 신고하지 아니한 경우, 재고매입세액 공제가 배제되지 않는다(대법원 2012.7.26. 선고 2010두2845 판결).

166) 당해 과세기간의 공급대가.

167) 직전 3년간 신고된 업종별 평균 부가가치율 등을 고려하여 100분의 10에서 100분의 50 범위 안에서 대통령령으로 정

간이과세자가 다른 사업자로부터 교부받은 세금계산서[168])를 세무서장에게 제출하는 때에는 동 세금계산서상 기재된 세액에 부가가치율을 곱하여 계산한 금액을 납부세액에서 공제한다. 논리적으로 보면 납부세액계산상 공급대가 중 부가가치율에 상당하는 금액에 대해서만 세율을 곱하기 때문에 매입과 관련하여 공제하여 줄 세액이 없다고 볼 것이다. 그러나 간이과세자가 재화나 용역을 공급받으면서 세금계산서를 수취할 유인이 없게 될 경우 공급하는 자 측에서도 교부하려 하지 않을 것이며 결과적으로 세금계산서 수수질서가 와해될 수 있다. 이러한 현상을 방지하도록 세금계산서의 수수를 유인하기 위한 수단인 것이다.

간이과세자로부터 공급받는 사업자는 매입세액공제를 받을 수 없다. 이는 공급받는 사업자에게 경제적 부담이 될 것이다. 따라서 그 사업자는 거래상대방으로 하여금 간이과세를 포기하고 자신에게 세금계산서를 교부하도록 요청할 유인을 갖게 된다. 거래조건은 양자 간 협상에 의해 결정되지만 일방이 타방에 대해 세금계산서를 교부하는 사업자가 되도록 압박할 유인을 갖게 하는 것은 전체적인 세금계산서 수수질서 확립에 도움이 되는 요인이 된다. 계산서 대신 영수증을 교부할 수 있는 면세사업자에 대해서는 사업자가 요청할 경우 계산서를 교부할 수 있도록 하고 있다. 반면 과세사업자에 대해서는 사업자가 요청하는 경우 세금계산서를 교부할 수 있도록 하지 않으면서 이와 같은 경제적 논리에 의해 아예 면세를 포기하도록 하는 효과를 기대하는 것이다.

간이과세자가 금전등록기를 설치하고 그에 의하여 계산서를 교부하고 감사테이프를 보관한 때에는 현금수입을 기준으로 부가가치세를 부과할 수 있다.

간이과세자가 일반과세자로 전환할 때에는 변경 당시의 재고품 및 감가상각자산과 관련된 매입세액을 계산하여 공제할 수 있다. 간이과세를 포기한 경우에도 동일하다. 일반과세자가 간이과세자로 전환[169])할 경우에는 당해 변경 당시의 재고품 및 감가상각자산에 대하여 일정한 계산방법에 따라 계산한 금액을 납부세액에 가산하여야 한다.

하는 당해 업종의 부가가치율.

168) 일정 신용카드 등 매출전표를 포함한다.

169) 일반과세자에서 과세특례자로 변경된 사업자가 미리 공제받은 매입세액의 신고 납부의무를 해태한 경우, 과세관청으로부터 과세유형전환사실에 대한 통지를 받지 아니하였다는 것이 그 의무 해태에 대하여 가산세를 부과하지 못할 만한 정당한 사유에 해당하지 않는다(대법원 2001.11.13. 선고 2000두5081 판결).

제6편 국제조세법

제1장 국제조세

국제조세란 국제거래에 대한 조세를 말한다. 국제거래는 국가 간 이루어진다. 국제거래의 결과 그 대상이 되는 재화, 용역 또는 자본이 국가 간 이동하게 된다. 거래대상의 국가 간 이동이 없는 거래임에도 거래당사자의 일방이 다른 일방과 다른 나라에 거주하고 있을 때 국제거래라고 볼 수 있다. 우리나라 국제조세조정에 관한 법률(「국조법」)은 국제거래를 다음과 같이 정의하고 있다(국조법 제2조 제1항 제1호).

> '국제거래'라 함은 거래당사자의 일방 또는 쌍방이 비거주자 또는 외국법인인 거래로서 유형자산 또는 무형자산의 매매·임대차, 용역의 제공, 금전의 대부·차용 기타 거래자의 손익 및 자산에 관련된 모든 거래를 말한다.

국제거래에 대한 조세에 관한 연구에는 다음과 같은 화두를 던질 수 있다.

- 한 나라의 입장에서 이동하는 거래의 목적물에 대해 어디까지 과세할 것인가, 그리고 그 나라에 거주하지 않은 자에 대해 어디까지 과세할 것인가? (과세관할권)
- 만약 두 개 이상의 나라가 하나의 과세대상에 대해 서로 과세권을 행사함으로써 국제거래를 영위하는 자가 국내거래를 영위하는 자에 비해 더 많은 세금을 부담하는 것을 막기 위해 어떠한 장치를 강구하여야 하는가? (이중과세의 방지)
- 최근 국제거래를 통한 조세회피가 문제 되는데 그것을 막기 위한 방안은 무엇인가? (조세회피의 방지)

국제거래에 대한 조세는 각국의 국내세법 및 조세조약이 규율한다. 따라서 이 분야에 관한 연구에는 그것들의 해석론이 기본이 될 것이다. 국내세법과 조세조약 모두 위 세 개의 주제에 관해 규정하고 있다. 굳이 각 규범의 주된 기능을 따진다면 국내세법은 과세관할권 설정을 목적으로 한다. 조세조약은 이중과세의 방지가 주된 목적이다. 조세조약이 과세관할권을 명확히 하든가 그것을 제한하는 내용을 담고 있어 과세관할권을 설정하는 외양을 갖추고 있다 하더라도 그것은 국가 간 이중과세의 방지를 위함이다. 국내세법과 조세조약에는 국제거래를 이용한 조세회피를 방지하기 위한 규정들을 찾아볼 수 있다. 그 규정들에는 국내거래와 국제거래를 구분하지 않고 조세회피를 방지하기 위한 것과 국제거래에 특수한 조세회피를 방지하기 위한 것이 있다.

국제거래에 대한 조세에는 소득세·법인세, 상속세·증여세, 기타 간접세 등 여러 세목이 있다. 본서에서의 논의는 이 중 소득세 및 법인세에 관한 것으로 한정한다.

제1절 과세관할권

국가는 자국이 설정한 과세관할권 내에 들어오는 어떠한 대상에 대해서도 과세할 수 있다. 스스로 관할권을 설정할 때에는 물론 헌법상의 원칙과 국제적인 약속을 따라야 한다는 제약이 붙는다. 이 이외에도 국가가 과세관할권을 설정할 때 고려하지 않을 수 없는 것은 집행가능성이다. 과세권의 실효적 행사를 위한 수단은 자산의 유치(질물의 확보)라고 할 수 있다. 자산에는 인적 자산과 물적 자산이 있다. 인이 장기간 체류하는 곳은 거주지국이다. 물적 자산이 소재하는 곳은 원천지국이다. 특정인의 거주지국은 그 자의 전 세계 소득에 대해 세금의 납부를 강요할 수 있는 수단으로서 그 자의 자유를 통제할 수 있다. 특정 소득의 원천지국은 해당 소득의 지급이 이루어질 때 간섭할 수 있는 수단을 가지고 있다. 이와 같은 수단을 국제조세에서는 '고리(nexus)'라고 한다. 고리는 비단 강제력의 행사를 위한 고리로서의 의미만 있는 것은 아니다. 정부가 세금을 부과할 수 있는 합리적 근거, 즉 명분을 가지고 있을 경우 역시 고리를 가지고 있다고 하기도 한다. 정부가 어떤 급부를 하였으므로 그에 상응하는 과세를 할 고리를 가지고 있다고 하기도 한다.

특정 국가의 입장에서 볼 때 비거주자나 외국법인과 같은 주체는 그것에 귀속하는 모든 소득에 대해 과세할 만한 고리를 가지고 있지 못하다. 타국에 관련된 소득에 대해 과세하기는 실효적 수단도 명분도 없는 것이다. 국가는 자국에 거주하지 않는 자에 대해서는 자국에서 발생한 소득에 대해서만 과세한다. 비거주자에 대한 과세를 위해서는 특정 소득이 자국에서 발생하였는지에 대한 판단이 중요해진다. 통상의 경우 소득의 발생은 외부적으로 지급이라는 징표를 통해 나타나게 되는데 가장 쉽고 용이한 기준으로 '지급' 내지 '송금'을 꼽고 그 경우 지급하는 자에게 원천징수의무를 부과하는 방식을 택하게 된다.

실제 각 나라의 과세관할권 설정은 자본수출중립성 또는/그리고 자본수입중립성의 원칙에 입각하여 설계되어 있다. 상대적으로 보아 전자에 충실한 입법을 거주지주의, 후자에 충실한 것을 원천지주의라고 한다. 자본수출중립성은 자국의 자본이 어느 나라에 투자하든 그 과실에 대한 실질적인 세부담이 달라지지 않도록 하여야 한다는 원칙이다. 자본수입중립성은 자국에 투자한 자본이 어느 나라에서 온 것이든 자국에서의 투자과실에 대한 실질적인 세부담이 달라지지 않아야 한다는 원칙이다. 전자를 위해서는 원천지국에서는 과세하지 않는 것이 가장 단순한 방법이며, 후자를 위해서는 거주지국에서는 과세하지 않는 것이 가장 단순한 방법이다. 각 나라의 실제 제도는 이 두 가지 원칙 내지 주의가 모두 반영된 채로 유지되고 있다.

<과세관할권 설정의 원칙>

	거주지주의	원천지주의
이론적 근거	자본수출중립성	자본수입중립성
이중과세방지방법	외국납부세액공제	국외소득면제

제1항 거주지주의

거주지주의과세제도라 함은 국가가 자국 거주자에 대해서 소득의 발생원천을 불문하고 당해 거주자에 귀속하는 모든 소득에 대해 과세하는 제도이다. 소득의 원천지가 어딘가에 관계없이 거주자에 귀속하는 소득은 모두 과세하기 때문에 거주자의 개념 정의가 매우 중요하다. 물론 비거주자에 대해서는 국내원천소득만 과세하기 때문에 그것이 국내원천인지를 판별하기 위한 목적으로 원천지 개념이 의미를 가질 것이다. 그러나 비거주자의 국내원천소득에 대해서는 조세조약을 통해 낮은 세율로 과세하는 등 비교적 관대한 태도를 갖게 된다.

각 나라가 거주지주의과세제도를 도입하고 있을 때 국가 간 거래를 영위하는 자에 대해서는 국제적 이중과세의 문제가 발생하게 된다. 거주지주의과세제도하에서 이러한 국제적 이중과세는 외국납부세액공제의 방법으로 해소된다. 이때 외국납부세액의 공제는 동일한 소득을 국내에서 얻을 경우 부담했을 세액을 한도로 허용된다.

제2항 원천지주의

원천지주의과세제도라 함은 소득의 귀속자가 그 나라의 거주자인지에 불문하고 당해 국가는 영토 내에서 발생한 소득에 대해서만 동일하게 과세하는 제도이다. 소득의 원천지를 기준으로 국내원천소득은 과세하고 국외원천소득은 과세하지 않게 된다. 따라서 원천지주의과세제도를 도입하고 있는 국가 간에는 원천지 구분에 관해 이견이 없다면 국제적 이중과세의 문제가 발생하지 않게 된다. 원천지주의과세제도를 도입하고 있는 국가의 거주자가 거주지주의 지역에서 경제활동을 영위하는 경우에도 국제적 이중과세의 문제는 발생하지 않는다. 거주지주의과세제도를 도입하고 있는 국가의 거주자가 원천지주의 지역에서 소득을 얻을 경우에는 국제적 이중과세의 문제가 발생한다. 원천지주의과세제도를 도입하고 있는 나라의 경우 특히 국내원천소득을 국외원천소득으로 변환하는 것과 같은 자국세법의 남용행위를 규제하는 제도를 두고 있기도 하다.[1]

제2절 기본 원칙

국제거래와 관련하여 조세제도를 설계하는 자들은 조세제도가 자국의 이익에 부합하는 방향으로 작용하기를 바랄 것이다. 단기적으로 재정에 기여하고 수지를 개선할 뿐 아니라 장기적으로 성장에 도움이 되도록 하고자 할 것이다. 값싸고 질 좋은 재화, 용역 및 자본이 국내로 들어와 국내경제를 일으키기를 바랄 것이다. 그리고 자국민들이 국외로 나가 부를 축적하고 길게

---

[1] 원천지주의과세제도를 가지고 있는 국가는 원천지의 구분을 둘러싸고 분쟁이 발생할 가능성이 높다. 최근 홍콩에서는 소득을 얻기 위한 결정적인 활동이 어디에서 이루어졌는지에 따라 소득의 원천지를 판단하여야 한다는 기준(operation test)이 법원에 의해 확인된 사례(ING Baring Securities H. K. Ltd. 사건)가 있다(세법연구센터, 『2007년 주요국의 조세동향』, 한국조세연구원, 2008.3. p.105. 참조).

는 다시 국내경제의 발전에 도움이 되기를 바랄 것이다.

제1항 국제적 이중과세의 방지

자국 자본의 국외진출이 경제에 보탬이 된다고 생각하는 국가는 외국에서 벌어들인 소득에 대해 면세하는 제도를 도입할 수 있겠다. 외국에서 벌어들인 소득은 그 외국에서 과세될 것이다. 자국에서 과세대상으로 하지 않는다면 그 외국이 세율을 낮은 세율을 적용할 경우 그 나라에 진출한 자국 자본은 세금을 절약할 수 있게 된다. 자국 자본의 국내투자가 경제에 보탬이 된다고 생각하는 국가에서는 국외에 진출한 자본이 벌어들인 소득에 대해 그 외국에서 부과한 세금을 공제해 주는 데에 제한을 두고자 할 것이다. 국가가 둘 중 하나의 입장을 취할 나름대로의 이유가 있을 수 있다. 그러나 자국의 자본[2]이 국내에서 활동하든 국외에서 활동하든 각국 조세제도 차이 때문에 장소의 선택에 영향을 받지 않도록 하는 것이 가장 바람직하다. 자본은 가장 높은 수익을 좇게 되어 있다. 냉철하게 본다면 자국 자본이라는 것은 없다. 이러한 인식에 입각한다면 결국 조세제도가 갖추어야 할 덕목은 자본이 국내에 소재하든 국외에 소재하든 최소한 자국의 입장에서는 동일한 조세부담을 하도록 하는 것이 될 것이다. 이는 국제적인 이중과세를 방지하여야 한다는 당위론의 근거가 된다.

이러한 인식을 구체화하는 국제적 이중과세방지제도로서는 자국에서 조직화된 자본이 국내에 투자하든 국외에 투자하든 동일한 세금부담을 하도록 하자는 거주지주의과세제도와 자국에 투자한 자본에 대해서는 그것이 국내에서 조직화된 것이든 국외에서 조직화된 것이든 국내에서의 세금부담을 동일하게 하자는 원천지주의과세제도가 있다.

제2항 국제적 조세회피의 방지

현실의 세계에서 각국이 설정한 과세제도는 각양각색이다. 경제활동의 장소를 선택할 자유가 주어지는 한 각 경제인들은 자기에게 가장 유리한 장소를 골라 경제활동을 영위할 것이다. 경제인들이 보는 관점에서는 다른 조건이 동일하다면 경제활동에 대해 조세비용이 가장 적은 장소를 선택하고자 할 것이다. 과세관할권마다 실질적인 조세부담이 다르다는 것은 과세관할권을 설정하는 각 국가가 이미 알고 있는 것이다. 그리고 경제인들이 그러한 실질적인 조세부담의 차이를 이용할 것이라는 점도 알고 있다. 경제인들이 이러한 조세절약을 위해 장소를 선택할 것이라는 점을 알고 있음에도 다른 나라보다 더 높은 세율수준을 유지하고 있는 나라들의 속생각은 무엇일까? 다른 조건이 동일하지 않다고 믿기 때문이다. 조세는 경제활동에 따르는 비용이지만 자국에는 낮은 세율을 유지하고 있는 국가보다 높은 수익을 보장하는 요소가 있거나 비용을 낮추는 요소들이 존재한다고 믿는 것이다. 저세율을 유지하고 있는 국가도 자기 나라의 실효세율이 낮다고 그것만 의존할 수는 없다. 자국이 제공할 수 있는 다른 여건이 열악하다면

---

2) 인적 자본과 물적 자본 모두를 지칭한다.

저세율의 유인은 그 효과성이 떨어질 수밖에 없기 때문이다.

실제 사회에서는 각국의 명시적 세율 차이를 이용하지만 암묵적 세금(implicit tax)은 부담하지 않는 자본이 무수하게 존재한다. 실질적인 경제활동은 다른 경제적 여건이 좋은 국가에서 영위하면서(암묵적 세금은 부담하지 않으면서), 명시적 세금(explicit tax)은 세율이 낮은 나라에서 부담하는 자본이 많은 것이다. 이는 실제 경제활동이 영위되는 세율이 높은 국가에서는 자국에서 본 혜택에 상응하는 조세를 부담하지 않는 점에서 형평성에 문제를 야기한다. 그리고 세율이 낮은 나라에서는 자국에서 실제 경제활동이 영위되지 않으므로 저세율제도를 통해 자본을 유치한 소기의 성과3)를 거두지 못하게 된다.4)

대부분의 조세회피는 다른 나라에 경제적 실질은 있지만 그 나라에서는 법적 명의만 있는 거래를 통해 이루어진다. 그런데 세상 어느 나라에서도 전혀 경제적 실질이 존재하지 않는 거래도 있을 수 있다. 이른바 가장행위(sham transaction)를 통해 특정국의 조세를 회피하는 방법이 사용될 수도 있다. 이와 같은 방식의 조세회피는 어느 국가에도 도움이 되지 않는다. 다만, 국적이 모호한 자본주에 이익을 줄 뿐이다. 국가로 분할된 세계에서 각 국가를 이끌어 가는 정부에 돈을 대 주어야 하는 구성원들의 입장에서는 제 부담을 하지 않는 구성원에 대해 제재를 가하는 것이 당연한 일이 될 것이다.

입지에 따른 암묵적 세금(implicit tax)은 다음과 같이 설명할 수 있다. 갑이 어떤 프로젝트를 고려하고 있다고 하자. 그것의 세전수익률은 A국에서는 10%이지만 B국에서는 12%이다. B국에서의 수익률이 12%가 되는 것은 낮은 인건비 좋은 교통입지 때문이다. A국은 10%p 중 1%p를 세금으로 징수하고 B국은 12%p 중 3%p를 징수한다고 하자. A국과 B국의 세금은 세 배 차이 나지만 투자자는 양국의 투자입지조건은 동일하다고 보게 되는 것이다(시나리오 Ⅰ).

A국과 B국의 인건비 및 교통입지 등 조세 이외의 다른 여건이 동일한 경우에는 어떻게 될까? A국과 B국에서의 세전수익률은 동일하게 12%라고 해 보자. A국은 1%p를 세금으로 징수하고 B국은 3%p를 세금으로 징수한다면 A국의 세후수익률은 11% B국의 그것은 9%가 되어 자본이 A국으로 몰릴 것이다. 자본의 쏠림 현상이 지속되면 A국의 세전수익률은 10%까지 내려가게 된다. A국에 좀 더 많은 자본이 몰려와 있게 될 것이지만 이후 그곳에 새로 진출하고자 하는 자본에는 A국과 B국의 세율 차이는 무의미하게 된다. 이 경우 A국에서의 세전수익률 하락분은 사실상 B국에서의 조세와 다를 바 없어서 암묵적 세금이라고 한다(시나리오 Ⅱ).

세율 차가 있는 A국과 B국을 바로 오늘 비교한다면 시나리오 Ⅰ의 상황일까 시나리오 Ⅱ의 상황일까? 제도의 변화 후 일정 기간이 경과하면 시나리오 Ⅱ의 상황이 될 것이다. 자본은 세후수익률을 비교하여 움직이기 때문이다. 결국 각국은 자국이 비록 높은 세율을 유지하고 있음에도 불구하고 경제활동의 장소로서 종합적으로 보아 손색이 없다는 믿음을 가지게 된다. 즉 세율이 적은 다른 나라를 선택한다면 그 나라에서 명시적 세금은 절약하겠지만 암묵적 세금은 더 부담한다는 것이다.

---

3) 그곳의 인력이나 인프라에 대해 비용을 지불하는 것을 의미한다.

4) 자국에서 한 거래의 경제적 실질의 일부만이라도 영위되는 경우라면 경제적 실질의 거의 전부가 이루어진 국가의 세원을 잠식하더라도 용인하는 나라들이 있다. 자기 나라에 조그만 도움이라도 되는 경우라면 이웃 국가가 큰 손해를 입게 되는 상황을 받아들이는 것이다. 이는 국제적인 자본의 입장에서는 국가 간 이른바 죄수의 딜레마 현상을 연출하는 것으로 비칠 것이다.

제3항 무차별원칙의 준수

무차별원칙이란 국적을 이유로 과세상 차별해서는 안 된다는 원칙이다. 조세조약상 상대방국가에 약속하는 내용 중의 하나이다. 우리 헌법상 국민은 연령, 성별 및 학력 등 이외에도 국적에 의해 비합리적인 차별을 받지 않도록 하고 있으므로 조세조약상 무차별원칙은 우리 헌법상 평등의 원칙에도 부합하는 것이다. 특정 국가의 국민과 거래하는 자국민에 대해 차별하거나 특정 국가의 국민이 우리나라에 와서 경제활동을 하는 데에 대해 차별하는 것을 금지하는 것이다. 여기서 금지되는 것은 정부와 같은 공공기관의 조치에 의한 차별이다. 논리적으로 보면 차별을 금지해야 할 대상에 과세조치만 포함되는 것은 아니다. 예를 들면, 사업의 허가 등이 포함되어야 한다고도 볼 수 있다. 기본권과는 직접 관련되지 않은 정부행정의 분야에서 국적을 이유로 한 차별은 해당 분야의 국가 간 합의에 의하여 금지된다. 예를 들면, 통상협정에서는 내국민대우 또는 최혜국대우를 의무화함으로써 수입하는 재화나 용역에 대해 차별적이지 않도록 하고 있다. 투자보장협정에서도 같은 방법으로 수입하는 자본에 대해 차별적이지 않도록 하고 있다. 물론 공공적 기업의 지분취득을 제한하거나 외국인의 국내취업을 제한하는 방법으로 차별을 둘 수는 있다. 이도 국제적으로 한 약속에 어긋나지 않는 방법으로 하여야 한다. 조세조약상 무차별원칙은 하나의 조치로서 과세조치가 국적을 이유로 내국민과 외국인을 차별하여서는 안 된다는 것이므로 일종의 내국민대우에 관한 것이다.

특정한 조세특례를 국적인에게만 허용하는 것은 인정된다. 조특법상 내국인이라는 표현을 사용하고 있지만 이는 소득세법상의 거주자 및 법인세법상의 내국법인을 의미한다(조특법 제2조 제1항 제1호). 국내사업장에 대해서는 내국법인에 적용되는 조세특례를 배제할 수 있는가? 외국법인의 국내사업장이 단순히 하나의 지점으로서 갖는 특성 이외의 것을 이유로 하여 내국법인에게 인정되는 조세특례를 인정하지 않는 것이 허용되는가 하는 것이다. 내국법인 지점이 지점이기 때문에 조세특례가 허용되지 않는다는 것은 논리적으로 있을 수 없다. 본점에서 지점 몫으로 지원을 받을 것이기 때문이다.

조특법상 외국법인의 국내사업장은 내국법인이 받는 조세특례를 받지 못한다. 국내사업장이 조세특례를 받지 못하도록 되어 있는 것이 차별적인 과세제도인지에 대해서는 일반적인 조세조약상으로는 다음과 같이 규정되어 있다(OECD 모델조세협약 제24조 제4항).

> 일방 체약국의 기업이 타방 체약국 내에 가지고 있는 고정사업장에 대한 조세는 동일한 활동을 수행하는 동 타방국의 기업에 부과되는 조세보다 불리하게 부과되지 아니한다. 본 규정은 일방 체약국이 시민으로서의 지위 또는 가족부양책임으로 인하여 자국의 거주자에게 부여하는 조세목적상의 인적 공제, 감면 및 경감을 타방 체약국의 거주자에게 부여해야 하는 의무를 동 일방 체약국에 대하여 부과하는 것으로 해석되지 아니한다.

EU 국가 간에는 EU Treaty가 적용된다. 동 조약상 사업장소 선택의 자유(freedom of establishment) 조항에 의하면 타국법인의 국내사업장에 대해 비록 그것이 지점에 불과하더라도 국내기업에 대한 조세제도가 적용되도록 하여야 한다는 것이 된다. 예를 들면, A국의 법인의 자회사 S와 고정사업장 P가 B국에 소재할 때 S와 P를 연결납세의 대상으로 인정하지 않은 것은 동 조약을 위반한 것이 된다.

제4항 유해조세경쟁의 회피

조세제도는 세계를 분할하고 있는 각 국가가 독자적으로 수립하는 것이다. 자연적으로 자기 나라를 유리하게 하고 다른 나라의 입장은 고려하지 않는 경향이 나타나게 되어 있다. 예를 들면, 자국에 진출한 자본이 자국에서 거주성을 획득하게 될 때 자국원천소득은 과세하지만 국외원천소득은 과세하지 않는 혜택을 준다면 외국자본들이 거주지를 자국으로 옮기려 할 것이다. 이 경우 자국은 동 제도가 없었다면 국내로 오지 않았을 외국자본이 국내에서 활동하게 하는 효과를 거둔다. 자국이 설정한 독특한 조세제도 때문에 외국자본이 원래 소재하던 국가를 이탈하게 하는 결과를 초래하게 된다. 이러한 결과가 장기적으로 자국의 이익에 부합하는 것인가? 각 국가가 조세제도라는 수단을 통해 다른 노력을 들이지 않고 타국이 활용할 세원은 가로채는 격이 된다. 물론 그 규모는 줄어들게 되어 있다. 동 제도를 이용한 민간자본에 어느 정도는 혜택을 주어야 하기 때문이다. 각 나라가 제도를 통해 이러한 이득을 보려 하는 현상은 국가에 의한 재정활동(arbitrage by the state)이라고 볼 수도 있다. 마치 자국의 화폐가치를 인위적으로 낮추어 자국상품의 수출은 늘리고 외국상품의 수입을 줄여 자국기업의 발전을 도모하는 이른바 근린궁핍화정책과 다를 바 없는 것이다. 이는 조세제도를 통해 자본을 유치하려는 국가 간 경쟁을 유발하게 된다. 그러한 그것은 끊임없는 유혈경쟁(race to the bottom) 현상을 초래할 수 있다. 국제적으로 이러한 흐름을 중단하기 위해 OECD를 중심으로 각국이 협력하고 있다.

제3절 현실의 제도

제1항 거주지주의 원칙

각국의 동향을 보면 거주지주의로 가고자 하는 움직임과 원천지주의로 가고자 하는 움직임이 긴장관계를 형성하고 있다. 전통적으로 OECD 국가 대부분이 거주지주의를 주된 원칙으로 하고 있다. OECD 국가 간 조세조약에서는 자본이득에 대해 거주지주의가 보편화되어 있다. EU 국가 간에는 이자소득은 거주지주의로 과세한다.

1. 단기거주외국인에 대한 송금주의과세(remittance based taxation)

해당 과세기간 종료일 10년 전부터 국내에 주소나 거소를 둔 기간의 합계가 5년 이하인 외국인 거주자에게는 과세대상 소득 중 국외에서 발생한 소득, 즉 국외원천소득의 경우 국내에서 지급되거나 국내로 송금된 소득에 대해서만 과세한다(소득세법 제3조 제1항 단서). 여기서 국외원천소득은 우리나라 세법에 의하여 계산한 과세소득으로서 국외에서 발생된 소득을 말한다. 국내에서 발생한 소득에 대해 국외에서 과세된 것을 포함하지는 않는다.[5]

2. 국외근로소득에 대한 비과세

국외 또는 「남북교류협력에 관한 법률」에 의한 북한지역에서 근로를 제공(원양어업 선박 또는 국외 등을 항행하는 선박이나 항공기에서 근로를 제공하는 것을 포함한다)하고 받는 보수 중 월 100만 원(원양어업 선박, 국외 등을 항행하는 선박 또는 국외 등의 건설현장에서 근로를 제공하고 받는 보수의 경우에는 월 150만 원) 이내의 금액은 비과세한다(소득세법 제12조 제4호 파목).

제2항 원천지주의 확대

프랑스(법인의 소득에 대해서 원천지주의원칙을 적용하고 개인의 소득에 대해서는 거주지주의의 원칙을 적용), 홍콩 및 싱가포르가 원천지주의과세제도를 사용하고 있다. 그리고 과반을 넘는 OECD 국가들이 국외원천소득 중 사업소득에 대해서는 원천지주의로 과세한다.

국외사업소득에 대해 원천지주의를 도입한 국가는 일정 국외원천 배당소득에 대해서도 동일한 과세방식을 취하고 있다. 배당소득은 사업의 결과 얻어지는 측면이 있기 때문이다. 특히 EU 국가 간에는 원천지주의의 대표적인 사례라 할 수 있는 경영참여소득면제(participation exemption)제도가 배당소득과 유가증권양도소득과세상 도입되어 있다.[6] EU 국가 간 이자소득이 원천지주의로 가지 못한 데에는 역사적인 이유가 있다. 자본이득의 경우 조약무효화의 방법으로 원천지주의가 강화되는 움직임이 보인다. 아래 배당소득에 대해 원천지주의를 도입한 국가들이 취하고 있는 제도의 모습을 개관한다.

<국외원천 사업소득에 대한 과세제도>

구 분	원천지주의	거주지주의
거주자	국내 발생한 소득에 대해서만 과세	전 세계에서 발생한 소득에 대하여 과세
비거주자	국내 발생한 소득에 대해서만 과세	국내 발생한 소득에 대해서만 과세
적용국가	EU 국가: 오스트리아, 벨기에, 덴마크, 핀란드, 프랑스, 독일[7] 그리스, 헝가리, 아이슬란드, 이태리, 룩셈부르크, 네덜란드, 노르웨이, 포르투갈, 슬로바키아, 스페인, 스웨덴, 스위스, 터키 영연방 국가: 호주, 캐나다[8](이상 21개국)	한국, 미국, 영국, 일본[9] 체코, 아일랜드, 멕시코, 뉴질랜드, 폴란드(이상 9개국)

---

5) 서면2팀-991, 2007.5.23.

6) 위의 표에서 국외원천사업소득에 대해 원천지주의를 도입한 국가들은 경영참여소득면제제도를 도입하고 있다.

7) 배당소득의 95%를 면제한다.

8) 적극적 소득으로부터의 배당에 대해 면제한다.

9) 2009년 내국법인이 그 지분의 25% 이상을 보유하고 있는 외국자회사로부터의 배당에 대해 95%를 익금불산입하는 제도가 도입되었다.

1. 국외배당소득면제 정도

외국자회사로부터의 배당에 대해 완전면제하는 국가와 부분면제하는 국가로 나누어 볼 수 있다. 국외원천배당소득에 대해 완전면제하는 국가들은 대체로 해당 소득의 창출에 이용된 자금에 대한 이자비용의 공제를 인정하지 않는다. 국외원천배당소득이 부분적으로만 면제되는 국가에서는 배당소득과세비율이 이자비용배분비율로 활용된다.

2. 소유지분요건

배당소득 과세면제는 모회사의 지분이 일정 비율을 초과할 경우에만 주어지는 것이 보통이다. 해당 지분비율은 5% 또는 10%로 설정된다. 비율방식과 일정 규모 이상의 자본금액 투자 중 하나만 만족하면 인정하는 국가도 있다. 일부 EU 국가는 EU parent-subsidiary directive[10]에서 규정하는 10% 기준[11]을 적용한다.

3. 국외과세요건

경영참여소득면제제도가 도입될 경우 이중무과세 혹은 원천지국에서만의 경미한 과세의 현상이 나타날 수 있다. 이러한 현상은 자국의 과세기반을 잠식하는 부작용을 초래할 수 있는데 이를 방지하기 위해 일부 국가는 원천지국과세요건(subject-to-tax)을 설정하고 있다. 구체적인 면제배제방법으로는 다음과 같은 것이 있다.

- black list에 열거된 경과세국 소재 법인으로부터의 배당을 배제
- 조세특례제도의 적용을 받은 배당을 배제
- 거주지국과 포괄적인 조세조약을 체결하지 않은 국가에 소재하는 법인으로부터의 배당을 배제
  ▶원천지국에서 해당 배당의 원천이 되는 소득에 대해 거주지국 과세에 비견할 수준의 과세가 이루어지지 않은 경우의 배당
  ▶원천지국에서 해당 배당의 원천이 되는 소득에 대해 어떠한 과세도 이루어지지 않은 경우의 배당

4. 비용의 배분

이자비용에서처럼 다른 일반 비용도 면제되는 배당소득에 관련된 것일 경우 그것의 공제를 인정하지 않는다. 공제의 부인 정도와 방법은 나라마다 상이하지만 대체로 면제되는 배당에 비례하도록 하는 방법을 사용한다.

---

10) 이 지침은 EU 내의 기업그룹 내 이윤의 배분에 대한 조세상의 장애를 없애고자 하는 취지에서 도입된 지침이다. 이 지침에 의해 서로 다른 나라에 소재하는 관계회사 간 지급하는 배당에 대해 원천징수가 면제되며, 자회사로부터 분배받은 배당에 대한 경제적 이중과세가 배제된다.

11) 2008년 12월까지 이 비율은 15%였다. 이 비율은 최고한도를 의미하므로 회원국은 그 이하로 설정하여야 한다.

제2장 국내세법

제1절 거주자 및 내국법인의 국외원천소득

제1항 기본체계

거주자 및 내국법인은 국내원천소득 및 국외원천소득에 대해 소득세 또는 법인세를 납부할 의무를 부담한다. 국제거래에 따른 소득에 대해 과세하는 데에는 일반적으로 신고납부를 통해 조세채무를 확정하는 소득과 원천징수에 의해 확정하는 소득으로 구분한다. 전자는 사업소득이 그 중심이며, 후자는 배당, 이자 및 사용료소득과 같은 투자자산소득이 중심이 된다.

1. 외국납부세액공제

국내세법상 국제적 이중과세의 방지를 위한 방법으로서 외국납부세액공제제도가 설정되어 있다. 외국납부세액을 세액공제받는 대신 비용으로서 공제(소득공제)받는 방법을 선택할 수 있다. 국제적 이중과세 중 경제적 이중과세를 조정하기 위해서는 간접외국납부세액공제제도가 설정되어 있다. 국내에서는 경제적 이중과세 조정을 위해 개인의 배당소득에 대해서는 배당소득공제, 법인의 배당소득에 대해서는 익금불산입의 방법이 사용되는 것과 대비된다.

가. 일반세액공제

우리나라에서는 외국소득면제방식 대신 외국납부세액공제방식을 채택하고 있다. 외국에서 납부한 세액을 세액공제받는 것과 소득공제받는 것 중 하나를 납세자가 선택할 수 있다. 이하 세액공제받는 것을 전제로 논의를 전개한다. 외국납부세액공제는 해당 외국소득(국내세법상의 원칙에 의하여 계산함)을 국내에서 벌어들였다면 국내에서 납부했을 세금만을 한도로 세액공제받는다. 외국납부세액공제에는 국가별로 그 한도를 두고 있다. 한도초과분의 소급은 허용되지 않으며 장래 5년간 사용할 수 있다. 한도미달분은 소멸한다.

(1) 세액의 귀속

외국납부세액을 공제받을 수 있는 자는 원칙적으로 자신의 명의로 해당 세금을 납부한 자로 한정된다. 더불어 자신의 명의로 납부한 세금에 대응하는 자신의 명의의 소득이 있어야 한다. 그런데 외국법인에 투자한 자가 자신의 이름으로 세금을 납부하였지만 소득은 자신의 명의로 되어 있지 않은 경우가 있을 수 있다. 이는 해당 외국법인이 소재지국에서 과세실체로 취급받지 않은 경우이다. 세법은 이러한 경우에도 국내의 납세자가 외국납부세액공제를 받을 수 있도록 허용하고 있다(소득세법 제57조 제4항 및 법인세법 제57조 제6항).

(2) 한도액의 설정

그간 납세자가 매번 신고할 때마다 국별 한도액 방식과 일괄 한도액 방식 중 하나를 택일할 수 있도록 하고 있던 제도는 폐지되고 2015년부터는 국별 한도액방식만 인정되고 있다(소득세법시행령 제117조 제7항, 법인세법시행령 제94조 제7항).

(가) 국별 한도액방식(per country limitation)

국별 한도액방식은 거주지국에서 공제되는 외국납부세액의 한도액을 국외원천소득이 발생한 국가별로 계산하는 방법이다. 외국세액공제가 국별 한도액방식으로 적용되는 경우 세액공제 최대한은 각 국외원천소득에 거주지국의 실효세율을 적용하여 계산된 세액과 같게 된다. 이 방식은 국외원천소득을 발생국가별로 구분하여 한도액을 계산하는 것이므로 실무상 복잡하다는 단점이 있다.

(나) 일괄 한도액방식(overall limitation)

일괄 한도액방식은 소득원천지국이 2개국 이상인 경우 거주지국에서 세액공제가 허용되는 외국납부세액의 한도액을 국외원천소득이 발생한 국가별로 구분하여 계산하지 않고 거주지국 이외의 소득을 일괄하여 공제한도액을 계산하는 방법을 말한다. 각 원천지국별로 각각 국외원천소득금액을 계산하여 공제한도액을 계산하는 국별 한도액방식은 국제거래가 복잡해짐에 따라 실무상 소득의 원천지를 파악하기 어려운 경우가 있는데, 이 방식은 소득의 원천지를 국내와 국외로만 구분하므로 세무당국이나 납세자 측면에서 볼 때 국별 한도액방식에 비하여 계산절차가 간단하다는 장점이 있다.

(3) 외국세액의 범주

소득발생지국에서 이윤 또는 소득을 대상으로 실제로 납부하였거나 납부할 것으로 확정된 세액이어야 한다. 실제 각국은 다양한 조세를 설정하고 있을 뿐 아니라 조세조약도 체결되어 있지 않은 나라들도 많아 개별적으로 공제대상이 되는 조세인지 검토할 필요가 있다. 만약 세액공제의 대상이 되지 않는 경우라면 이를 당해 국외원천소득에 대한 필요경비로 인정받을 수 있을 것이다.

(4) 세액공제의 시기

당해 국외원천소득이 우리나라 세법에 의하여 당해 법인의 법인세과세표준에 산입되어 있는 사업연도의 법인세액에서 공제한다.[12]

---

12) 법인세법기본통칙 57-0…2.

(5) 이월공제

외국법인세액이 공제한도액을 초과하는 경우 그 초과하는 금액은 당해 사업연도의 다음 사업연도의 개시일부터 5년 이내에 종료하는 각 사업연도에 이월하여 그 이월된 사업연도의 공제한도 범위 안에서 이를 공제받을 수 있다(법인세법 제57조 제2항).

나. 간접외국납부세액공제

내국법인에게는 간접외국납부세액공제가 허용된다. 내국법인이 국외원천배당소득이 발생한 경우 배당소득을 신고하는 과세연도에 배당소득에 대한 직접외국납부세액 이외에 배당의 원천이 된 법인소득에 대한 세액을 세액공제 받을 수 있다. 조세조약에서 간접외국납부세액공제를 허용한 나라에 원천을 둔 배당소득인 경우에는 법인세법의 규정에 따라 25% 이상 출자한 외국자회사로부터의 배당에 한하여 수입배당금액에 대응하는 외국자회사의 법인세액만큼 세액공제한다(법인세법 제57조 제4항). 거주자에 대해서는 이와 같은 규정이 없다. 조세조약에 그러한 규정이 없는 경우에도 출자지분이 25% 이상 되는 외국자회사로부터의 배당에 대해서는 위와 같은 간접외국납부세액공제가 허용된다. 이는 2003년 이후 최초로 수령하는 배당에 대해 적용되기 시작하였다. 이러한 혜택 역시 거주자에게는 적용되지 않는다.

배당소득의 원천이 되는 법인소득에 대해 과세하고 다시 배당소득에 대해 과세하면 경제적 이중과세[13]가 발생한다. 경제적 이중과세는 사업형태에 따라 조세의 부담을 달리하게 하는 비중립적인 성격이 있으므로 나라마다 방법과 정도는 다르지만 이를 완화·배제하는 제도를 두고 있다. 우리나라는 다음과 같은 방법으로 경제적 이중과세를 완화하고 있다.

<경제적 이중과세의 배제 방법>

	개 인		법 인	
	거주자	비거주자[14]	내국법인	외국법인[15]
국내원천배당소득	배당세액공제	(N/A)	수령배당공제	(N/A)
국외원천배당소득	(N/A)	과세권이 없음	간접외국납부세액공제	과세권이 없음

다. 간주외국납부세액공제

간주외국납부세액공제라 함은 소득의 원천지국에서 조세특례[16]를 받아 세금을 납부하지 않는 경우에도 마치 세금을 납부한 것처럼 간주하여 거주지국에서 세액공제받을 수 있도록 하는 제도이다. 법인세법은 조세조약에 간주외국납부세액공제제도가 규정되어 있는 경우 이를 인정

---

13) 동일한 성격의 소득이 귀속자가 달라지면서 두 번 이상 과세되는 경우를 경제적 이중과세라고 한다. 반면 동일한 성격의 소득이 동일한 자에게 두 번 이상 귀속되면서 과세되는 경우를 법률적 이중과세라 한다.

14) 고정사업장이 없는 경우이다.

15) 고정사업장이 없는 경우이다.

16) 이 개념에는 비과세를 포함하지는 않는다(법인세법기본통칙 57 - 0…3).

하고 있다(법인세법 제57조 제3항). 현행 규정상 직접세액만 간주외국납부세액공제를 인정하여 주고 있다. 현행 규정상 당해 거주자에 귀속하는 소득에 대한 세액에 대해서만 공제가 인정되도록 되어 있는데 간접외국납부세액은 당해 거주자가 아니라 당해 거주자의 자회사에 귀속하는 소득에 대한 세액이기 때문이다.

간주외국납부세액공제의 대상이 되는 원천지국에서의 감면세액은 당해 조약에서 규정하는 바에 따르므로 이론적으로 모든 소득에 대한 감면이 대상이 될 수 있을 것이지만, 일반적으로는 배당, 이자 및 사용료와 같은 투자소득의 감면세액에 대해 인정되고 있다. 일반적으로 조세조약에서는 투자소득에 대해 원천지국의 과세권을 인정하면서도 이 경우 원천지국의 내국세법에 의한 세율을 적용하는 데 대해 일정 한도를 두는 제한세율을 적용하도록 하고 있는데 이러한 경우의 제한세율은 간주외국납부세액공제제도상의 조세감면에서는 제외된다. 제한세율은 단순히 국가 간 세원의 분할에 관한 양해사항으로 인정되고 있음을 알 수 있다.

참고로 미국은 우리나라뿐 아니라 모든 국가와의 조세조약에서 간주외국납부세액공제제도를 채택하지 않고 있다. 이는 조세감면을 부여하는 나라에서의 투자 세후수익률이 미국 국내에서의 투자나 조세감면을 부여하지 않는 나라에서의 투자 세후이익률보다 높게 됨으로써 미국 조세원칙상 존중되는 자본수출중립성(capital export neutrality)을 저해하게 된다는 것 때문이다. 자본수출중립성은 오랜 기간 동안 미국의 국제조세원칙의 근간을 이루어 오고 있지만 몇 가지 점에서 문제가 내포되어 있다. 우선 조세이론상 암묵적인 조세이론과는 상충되는 측면이 있다. 조세감면을 부여하는 나라에 투자하는 외국인투자자는 당해 정부에 비록 명시적인 조세(explicit tax)는 부담하지 않는다 하더라도 그 나라에 대해 암묵적인 조세(implicit tax)는 부담하게 된다. 즉 기업은 세후수익률이 같아지도록 투자하게 되므로 감면국가에는 상대적으로 낮은 세전수익률을 감수하고도 투자를 하게 되며 이 과정에서 외국인투자자는 조세 이외의 방법으로 해당 국가에 경제적 이득을 제공하게 된다는 것이다. 다음, 일반적으로 기업들은 실질적인 세부담을 완화할 수 있는 자본수입중립성(capital import neutrality)의 접근방법을 선호하고 있으므로 자국계 기업의 경쟁력을 제고하기 위해서는 이러한 접근방법을 채택하여야 한다는 현실적인 고려를 무시할 수 없다는 점도 지적되고 있다.

라. 외국납부세액공제 여유분의 이용과 조세회피가능성

국내세법상 외국납부세액공제조항이 남용될 수 있다는 점을 상기시키는 것으로 스미토모미츠이은행사건[17]이 있다.

오사카 고등 2002.6.14. 판결. 원고인 X사는 은행업을 경영하는 법인이다. X사는 1991년 6월 자기의 뉴욕지점에 있어서 미국 법인 A사가 그것의 자회사인 멕시코 법인 B사에게 수표부로 대여하고 B사로부터 발행받은 수표를 인수하였다. B사는 1991년 3월 7일에 X사에게 수표부 차입금에 대한 이자 1,746만 달러에 대해 멕시코 정부에 납부한 원천세(세율 15%)를 공제한 1,484만 달러를 지불하였다. 그리고 X사는 바로 그 수령한 이자상당액에 X사의 외국세액공제적

---

17) 日本税務研究Center, 전게서, pp.118~120.

용액(이자의 10%) 등을 가산하여 거래실행수수료(20만 5,804달러) 등을 공제한 금액을 A사에 지불하였다.

X사의 멕시코지점이 네덜란드 법인 C사로부터 그 자회사로 있는 호주 법인 D사에 대한 대부채권을 양도받음과 동시에 동액의 예금을 D사로부터 받았다. D사는 1992년 2월과 8월에 X사에 이자 394만 호주달러와 382만 호주달러(두 가지 다 LIBO에 의한 것이다)로부터 호주에 납부한 원천세(이자의 10%)를 공제한 금액을 지불했다. 그리고 X사는 같은 날 받은 예금의 이자 상당액(LIBOR − 0.35%)을 C사에 지불하였다.

X사는 1992년 3월기분 및 1993년 3월기분의 각 사업연도 법인세에 대해 전술한 멕시코 및 호주에서 징수당한 이자소득에 대한 원천세에 대해 법인세법 제69조의 규정에 의한 외국세액공제의 적용을 하여 신고하였다.

Y 세무서장은 본건 원천세는 X사가 외국법인과의 가장거래에 의해 발생한 것으로서 본래는 A사 및 C사가 부담할 것이므로 외국세액공제의 적용을 인정할 수 없다는 경정처분을 하였다. X사는 그 과세처분에 불복하여 심사청구 등을 경유하여 본소를 제기하였다. 제1심은 원고 X사의 청구를 인용하고 피고의 경정처분 및 가산세의 부과처분을 취소했다. 이에 대해 Y 세무서장이 항소한 것이 본 사건이다.

일본법원은 통모허위표시의 경우에는 계약당사자의 표시에 따라 과세하지 않고 계약당사자의 진의에 따라 과세가 행해져야 하고, 거래가 통모허위표시에 이르지는 않았어도 사실인정의 결과 과세요건에 해당하는 사실을 인정한다면 그 인정사실에 따라 과세가 행해져야 하는데, 본건 거래가 외국세액공제여유분을 이용하기 위한 대가를 얻는 것을 주목적으로 한 거래라고 할 만한 근거는 있지만 가장행위라거나 진실한 법률관계가 별도로 존재하는 거래라고 볼 수는 없다고 판단하였다.

<관련 거래 개요>

- 지배관계: Xus와 Xm은 일본법인 X의 국외지점, B는 A의 국외자회사, D는 C의 국외자회사
- 이자지급경로 ⟶
- 자금이동경로 ⟶
- 조세조약적용 (1): 일본멕시코 (2): 호주일본
- 두 개의 삼각거래를 통해 X의 전 세계소득의 증가는 없으면서 공제할 외국납부세액은 발생

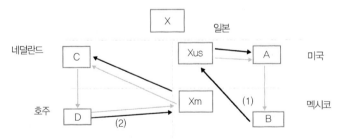

동일한 사안이 우리나라 세법의 적용을 받는 경우를 상정해본다. X사의 미국 지점과 멕시코

지점은 실제 거간의 역할을 한 것에 불과하기 때문에 실질적인 예대마진은 거의 없다. 그리고 실질적으로 부담한 세액도 거의 없다. 다만, X사의 멕시코원천 및 호주원천 이자소득이 발생하고 그에 대해 외국세액을 공제받은 외양이 남게 된 거래구조이다. 만약 자금의 대여와 차입의 거래가 해당 지점에 모두 귀속하는 것으로 보아 X사의 멕시코원천소득금액과 호주원천소득금액은 순소득으로 계산한다면 X사가 일본정부에 신고할 각 해당국 원천소득은 거의 없는 것이 되므로 외국세액공제 한도액이 증가효과는 미미할 것이다. 그런데 X사는 이자수익에 해당하는 부분을 소득으로 신고하면서 외국세액공제한도액을 계산하는 한편 이자비용에 해당하는 것은 그것과는 동떨어진 별도의 비용으로 인식한 것이다. 우리나라 세법에 의하면 외국납부세액공제 한도를 계산하기 위해 국외사업장에 귀속하는 소득을 산정할 때 국외사업장 소재지국가의 과세내역이 어떤가에 불구하고 순소득금액으로 인식할 것이다. 그와 같은 back-to-back 구조와 상호 연관되어 일국의 원천소득금액을 계산할 때 동시에 고려되어야 한다는 주장을 하기 곤란한 경우라 하더라도 국세기본법 제14조 제3항의 규정에 의한 단계거래원칙에 의해 전체 거래를 하나의 거래로 보아 실제 개별 국가 내 원천소득이 없었던 것으로 볼 수 있을 것이다.

2. 국외자산양도

거주자의 외국에 소재하는 자산에 대한 투자는 국외원천소득을 창출하게 되며[18] 국외원천소득은 전 세계 소득의 한 부분으로서 우리나라 과세권이 미치게 된다.

국외원천 주식양도차익에 대해서는 우리 소득세법은 다음과 같은 특례규정을 두고 있다. 국내에 당해 자산의 양도일까지 5년 이상 주소 또는 거소를 둔 자만을 거주자로 보아 국외에 있는 자산의 양도에 대한 양도소득에 대해 소득세를 납부할 의무를 지운다(소득세법 제118조의 2). 외국법인이 발행한 주식 양도소득에 대해서는 거주자요건이 완화되어 있는 것이다.

소득세법시행령에 의하면, '외국법인이 발행한 주식 등'을 국외에 소재하는 주식 등으로 보고 있다(소득세법시행령 제178조의 2 제2항).[19] 내국법인이 발행한 주식이나 채권은 국내에 소재하는 자산이다. 비록 소득과세 목적상 금융자산의 소재지에 대해 명쾌한 규정을 찾기 힘들지만 대체로 발행법인의 소재지를 기준으로 하는 것이 타당하다. 소득세법 제119조 제13호 차목의 규정상 '국내에 있는 자산'과 관련하여 제공받는 경제적 이익으로 인한 소득은 국내원천소득이 되도록 되어 있다. 따라서 내국법인이 발행한 주식 등으로부터의 소득은 국내원천소득이 될 것이다. 다만, 외국법인이 발행한 주식 등이라 하더라도 국내거래소에 상장된 것은 국내주식 등으로, 내국법인이 발행한 주식 등이라 하더라도 외국거래소에 상장된 것은 외국주식 등으로 본다.

외국법인이 발행한 주식 등의 양도차익에 대한 세율은 20%로 일반적인 국내주식의 양도소

---

18) 소득세법 제119조 제13호 차목의 규정상 '국내에 있는 자산'과 관련하여 제공받는 경제적 이익으로 인한 소득은 국내원천소득이 된다. 이러한 점에서 자산의 소재지에 관한 판단이 중요하다.

19) 미국과 일본의 상속세제도 주식에 대해서 동일한 규정을 두고 있다. 채권에 있어서는 미국과 일본은 증권의 소재지가 아닌 채무자의 소재지를 당해 자산의 소재지로 본다(한만수, "Rules for Determining the Situs of Property under the I.R.C. Compared to Those under the Japanese Inheritance Tax Law and the Estate Tax Treaty between the U.S. and Japan", 『조세법연구』 제1집, 1995).

득에 대한 것과 같으며 외국납부세액공제가 허용된다(소득세법 제118조의 6).[20]

제2항 조세회피방지규정

1. 이전가격세제

가. 개요

이전가격(transfer price)이란 같은 그룹 내 기업 간 공급하는 재화 또는 용역의 가격으로 시장에서 결정된 가격으로 거래하기보다는 특수관계기업 간 원가배분 등의 차원에서 형성된 가격을 말한다. 물론 원가배분 등의 방침에 따라서는 거래 당시 시장가격을 기준으로 거래할 수도 있을 것이기는 하지만 이는 항상 담보되는 것은 아니다.

이전가격세제(transfer pricing taxation)란 위와 같이 서로 다른 나라에 있는 특수관계기업 간 이전가격이 적정한 가격, 즉 정상가격(arm's length price)에 의하여 이루어졌는지 과세당국이 검증하고 그에 맞추도록 조정하는 제도이다. 이는 기본적으로 다국적기업의 가격정책에 대한 각 국가의 규제제도이며, 특수관계기업 간의 거래가격을 조작하여 세부담률이 높은 국가에서 세부담률이 낮은 국가로 소득을 이전하는 것을 규제하는 역할을 한다. 이전가격세제는 조세회피방지규정의 기능과 함께 국가 간 세원배분에 관한 규정으로서의 기능을 한다.

이전가격행위를 통한 조세회피는 다음과 같은 경로를 통해 이루어진다. 고세율 국가에 있는 모회사가 자신과 특수관계가 없는 독립된 기업이었다면 1,000달러에 판매하였을 반제품을 자회사에 800달러에 판매한 경우 모회사의 과세소득은 실제보다 200달러만큼 감소한 반면, 자회사의 과세소득은 200달러만큼 증가됨으로써 기업 전체로서의 세부담 감소액은 40달러[(200 × 40%) − (200 × 20%)]이며, 고세율 국가의 조세수입은 80달러(200 × 40%)만큼 감소하게 된다.

이전가격과세상으로는 무상이전된 이득은 그것을 환수하지 않을 경우에는 소득처분의 방법으로 과세한다. 해당 소득이 귀속된 자에 대해서는 일정한 경우 배당소득으로 과세한다. 내국법인이 출자한 국외특수관계법인에게 소득을 이전한 경우에는 그 국외법인에 대한 출자의 증가로 처분하도록 하고 있다(국조법시행령 제16조 제1항 제2호). 그 경우 이전된 이득에 대해서는 이전 시점이나 그 이후에 과세되지 않는 결과가 된다. 내국법인이 그 출자를 처분할 경우 오히려 양도소득이 줄어드는 것으로 보게 된다. 내국법인이 출자한 국외특수관계법인에게 소득이 이전된 경우에는 그 법인의 기타소득으로 소득처분하는 것이 타당할 것이다. 환수할 경우에는 소득처분은 하지 않게 되지만 그렇다고 하여 이전가격과세를 하지 않는 것은 아니다(국조법 제9조).

다국적기업의 이전가격조작은 여러 단계의 과정(예를 들면, 여러 국가에 있는 관계회사를 통하여 완제품생산)을 거치거나 조세피난처 등을 통하여 복잡하게 이루어지는 것이 일반적이다.

---

20) 해외주식예탁증서에 대해 서면4팀 - 2576, 2006.7.28. 참조.

나. 정상가격산정방법

그간 국조법상 정상가격은 전통적 방법 중 가장 합리적인 방법을 먼저 조사하고 그것 중 적절한 것이 없을 때에는 새로운 방법에 의하여 산정하였다. 전통적 방법 및 새로운 방법 간 적용의 우선순위는 없었다. 전통적 방법에는 비교가능제3자가격방법, 재판매가격법 및 원가가산법이 있다. 새로운 방법에는 이익분할법, 거래순이익률법 및 기타 합리적인 방법이 있다.

2010년 국조법 개정을 통해 정상가격 산출방법 적용 시에 우선순위 없이 전통적인 정상가격 산출방법과 이익분할방법 또는 거래순이익률방법 중에 가장 합리적인 방법을 선택하여 적용하도록 개정하였다. 구체적인 상황에 따라 이익분할방법 또는 거래순이익률방법이 더 합리적인 경우가 있음을 고려한 것이다.

- 비교가능제3자가격방법: 과세대상거래와 거래의 대상 및 조건 등에서 동일하거나 유사한 거래('비교대상거래')를 찾아 그 거래에서의 가격을 정상가격으로 하는 방법이다. 비교의 방법으로 과세대상거래를 영위한 납세자가 영위한 다른 거래에서 찾는 방법(내부비교)과 제3자가 영위한 거래에서 찾는 방법(외부비교)이 있다.

- 재판매가격법: 과세대상거래를 통해 구입한 재화나 용역을 국내에서 재판매할 때 얻는 매출총이익률이 비교대상기업이 동일하거나 유사한 재화나 용역을 동일하거나 유사한 조건으로 국내에서 재판매할 때 얻는 매출총이익률과 같아야 한다는 전제하에 비교대상기업의 재판매에 따른 매출총이익률을 구하여 그것을 정상적인 매출총이익률로 하고 과세대상기업도 그러한 매출총이익률에 따라 거래하였다면 과세대상거래에서 구입한 재화나 용역의 가액이 얼마일까를 추출해 내는 방법이다.

- 원가가산법: 과세대상기업에게 과세대상거래를 통해 수출한 재화나 용역을 제공하기 위해 국외의 수출기업은 동일하거나 유사한 재화나 용역을 동일하거나 유사한 조건으로 수출한 다른 기업들이 거두었을 매출총이익률만큼 얻었을 것이라는 전제하에 그러한 비교대상수출기업의 매출총이익률을 조사하고 과세대상기업에 대한 수출기업이 그만큼의 매출총이익률을 거두었을 경우라면 설정했을 과세대상거래에서의 가격, 즉 수출가격을 찾는 방법이다.

- 이익분할법: 과세대상기업과 과세대상거래를 한 국외의 특수관계인 간 과세대상거래와 관련한 결합이익을 두 기업의 해당 관련거래들에 있어서 기여도에 따라 분할하여야 한다는 관점에 따라 적절하게 이익을 분할하는 방법이다.

2. 특정외국법인 유보소득 합산과세제도(구 조세피난처세제)

오늘날 기업들은 그룹관계사를 이용하여 조세피난처(Tax Haven)를 소득을 거류(parking)시키는 곳으로 이용하는 경향이 있다. 각국의 세법이나 조세조약상 소득에 대한 과세권의 배분에 관한 규정, 원천지에 관한 규정 및 거주지에 관한 규정 또는 이전가격에 관한 규정들을 활용하여 세율이 낮은 지역에 소득을 모으고 투자자들에 대한 분배를 미루는 방법으로 조세를 회피하고 있는 것이다. 실제 조세부담을 미루면 미룰수록 그곳에서 소득은 늘어날 것이지만 조세부담이 거의 없으며, 투자자들의 거주지국에 세금을 늦게 낸다 하여 이자를 부담하는 것도 아니니 조세피난처는 절세에 매우 유익한 은신처를 제공하는 셈이다. 조세피난처에 소득을 모으기 위해서는 소득을 모아 놓을 법적인 실체 또는 장치가 필요하다. 소득의 귀속 주체로서의 역할을 담당할 인이 필요한 것이다. 이는 개인이 될 수도 있고, 법인 또는 기타 단체가 될 수도 있지만 대체로 현지의 법인형태를 빌린다. 이러한 법인은 외양에 불구하고 실제에 있어서는 소득을 거류하기 위한 회사라고 보아야 한다. 이러한 소득의 거류가 늘어날수록 원투자자의 거주지국가는 세원이 일실되게 되므로 그에 대응하는 마땅한 대응책을 마련하게 된다. 이러한 제도 중의 하나가 우리나라의 특정외국법인 유보소득 합산과세제도(구 조세피난처제도, Tax Haven Taxation)이다. 우리나라 국조법상 일정한 요건을 충족(내국인과 외국법인이 특수관계에 있거나 친족관계 등이 있을 것 등)하는 경과세국 또는 조세피난처에 일정 업종을 영위하는 자회사(특정외국법인)를 설립한 내국인은 당해 자회사가 얻은 소득을 배당으로 지급하지 않은 경우에도 이를 마치 배당한 것처럼 소득으로 인식하여야 한다. 조세피난처에의 소득 거류에 대응하는 수단이 조세피난처제도만 있는 것은 아니다. 조세피난처에 소재하는 법인의 세법상 법인격을 부인하는 방법, 그 법인과의 거래를 부인하는 방법 등도 적용 가능하다.

여기서 조세피난처는 당해 외국법인의 당해 과세연도를 포함한 최근 3년간의 법인세차감전당기순이익의 합계액(법인세차감전당기순이익이 결손인 과세연도의 경우 그 결손은 없는 것으로 봄)에 대한 조세의 합계액이 동 법인의 당해 과세연도를 포함한 최근 3년간의 법인세차감전당기순이익 합계액의 15% 이하인 국가 또는 지역을 말한다(국조법 제17조). 15% 세율 적용에는 일정한 예외가 인정된다(국조법시행령 제34조의 2).

제2절 비거주자 및 외국법인의 국내원천소득

제1항 기본체계

1. 비거주자·외국법인의 개념

가. 비거주자

소득세법상 비거주자는 거주자가 아닌 자를 말한다. 따라서 비거주자의 개념을 파악하기 위해서는 거주자의 개념을 알아야 한다. 소득세법은 '국내에 주소를 두거나 183일 이상 거소를 둔 개인'을 거주자라고 하면서 거주자에 대해서는 소득세법에 규정하는 모든 소득에 대해 과세한다고 규정하고 있다(소득세법 제1조 제1항 및 제3조).

소득세법시행령은 소득세법 제1조의 규정에 의한 '주소'는 "국내에서 생계를 같이하는 가족 및 국내에 소재하는 자산의 유무 등 생활관계의 객관적 사실에 따라 판정한다"고 규정하고 있다(소득세법시행령 제2조 제1항). '거소'는 주소지 외의 장소 중 상당 기간에 걸쳐 거주하는 장소로서 주소와 같이 밀접한 일반적 생활관계가 형성되지 아니하는 장소이다(소득세법시행령 제2조 제2항). 주소나 거소는 '생활관계의 객관적 사실'에 따라 구분하여야 하는데 그와 장소와의 '밀접성'에 따라 주소가 되든가 거소가 된다. 어느 정도 밀접하여야 하는가와 어떤 경우가 객관적 생활관계가 되는가 하는 것이 주소 및 거소에 관한 소득세법상 규정의 해석과 적용에 핵심적인 요소가 될 것이다. 소득세법은 국내에 주소를 가지고 있는지를 판단하는 요건으로 가족, 자산 및 직업을 고려한다.

소득세법시행령 제2조 제1항은 주소가 되기 위한 요건으로 (1) 국내에서 생계를 같이하는 가족이 있을 것, 그리고 (2) 국내에 소재하는 자산이 있을 것을 예시하고 있다. 위 두 가지 요건 중 (1)에 관해서는 국내에 단순히 가족이 있으면 되는 것은 아니고 '생계를 같이하는 가족'이 있어야 한다. 생계를 같이하는 가족이 있는 경우에도 반드시 거주자가 되는 것은 아니다. 국내에 소재하는 자산도 있어야 한다. 그리고 이들은 생활관계의 객관적 사실관계를 판단하는데 하나의 고려사항이 될 뿐이다. 한편, 소득세법시행령 제2조 제3항은 가족 및 자산뿐 아니라 직업도 고려할 수 있으며, 구체적으로는 ⓐ 국내에 거주하는 개인이 계속하여 183일 이상 국내에 거주할 것을 통상 필요로 하는 직업을 가진 때이거나 ⓑ국내에 거주하는 개인이 국내에 생계를 같이 하는 가족이 있고, 그 직업 및 자산상태에 비추어 계속하여 183일 이상 국내에 거주할 것으로 인정되는 때 국내에 주소를 가진 것으로 본다고 규정하고 있다. 국내 주민등록이 있는지에 대해서 규정을 두지 않고 있는데 실무에서도 거주성 판단과 직접적인 관련성은 없는 것으로 보고 있다.[21]

나. 외국법인

내국법인은 전 세계 소득에 대해 과세하고 외국법인은 국내원천소득에 대해서만 과세한다. 내국법인은 국내법에 의해 설립된 법인을 의미하지만 외국법인은 어떤 것을 의미하는 것으로 보아야 하는가? 우리 민사법상으로 법인이 아닌 것을 세법상 법인으로 과세하는 것도 있다면 외국의 민사법과 세법상 차이도 있지 않을까? 외국의 민사법과 세법상 규율이 우리나라의 그것과 다를 경우 외국의 실체를 외국의 법에 의해 판단하여야 하는가? 우리의 법에 의해 판단하여야 하는가? 우리의 세법상 기준이 적용되어야 한다. '외국법인'은 우리 세법을 구성하기 위해 설정된 개념이기 때문이다. 우리 세법이 외국의 법이나 우리의 비세법을 존중하는 입장을 취하면 그것을 따라가는 것은 두 번째의 일이다.

외국 회사법상 회사법인이기는 하지만 그곳에서 무제한 납세의무를 지지 않아 그곳과 우리나라와의 조세조약상 그곳의 거주자로 취급되지 않은 외국법인을 여전히 우리나라 국내세법상 외국법인으로 보아야 할 것인가? 가령 미국 뉴욕 주의 LLC가 check-the-box regulation에

21) 캐나다의 영주권을 가지고 있는 개인이 생계를 같이하는 가족과 함께 국내에 귀국하여 2년 정도 거주하면서 고정된 소득이 발생되는 직업을 가지고 있으나 주민등록이 해외이주를 사유로 말소된 경우, 소득세법 제1조에 의거 국내에 1년 이상 거소를 두었으므로 주민등록의 유무에 불문하고 국내거주자에 해당된다(국일 46017-527, 1996.9.17).

따라 LLC에 귀속되는 소득을 그곳의 사원이 직접 과세되는 것을 선택한 경우 미국 내국세입법상 그것은 미국의 거주자가 아니다. 따라서 한미조세조약이 적용되지 않는다. 그런데 우리 법인세법상으로는 여전히 외국법인이다. 여기서 외국이 미국임은 논리적으로 당연하다. 즉 미국 법인이다. 우리 법인세법은 적용되지만 한미조세조약은 적용되지 않기 때문에 마치 홍콩 법인처럼 우리 법인세법에 의해 과세된다. 따라서 국내원천자본이득에 대해 과세된다. 미국에서는 위 LLC의 사원에게 직접 과세될 것이므로 한국에서 LLC의 이름으로 원천납세한 세액을 자기지분별로 외국납부세액공제를 받고자 할 것이다. 만약 한국 국내세법을 적용할 때 미국 내국세입법상의 check-the-box regulation을 인정한다면 한국에서 세금을 납부하지 않아도 된다. 한국에서 국내세법을 적용할 때 외국세법과 국내세법의 규정이 상충할 때 국내세법규정이 적용된다. 따라서 위 경우 check-the-box regulation을 인정하지 않게 된다. 그런데 우리 국세기본법 제14조 제1항의 규정은 실질귀속원칙에 따라 소득의 귀속을 결정하도록 하고 있다. 동 규정의 실질귀속원칙에 충실하자면 LLC의 사원에 소득이 귀속한다고도 볼 수 있겠다. 미국 LLC가 check-the-box를 한 경우 세금부담도 사원이 직접 하므로 자본이득이 그에게 실질적으로 귀속된다고 볼 수도 있겠다. 만약 check-the-box를 하지 않은 경우라면 어떻게 보아야 할까? 그 경우에도 소득의 경제적 귀속은 여전히 사원에게 이루어지는 것이라고 하는 사실에는 변함이 없다. 따라서 미국 LLC에 과세하지 말아야 한다. 우리 과세당국의 실무상 check-the-box를 하지 않은 경우에는 LLC에 소득이 귀속하는 것으로 보고 있다.[22] 우리 과세당국의 입장은 국세기본법상 실질귀속원칙을 적용한 것이라기보다는 국내세법 적용상 외국세법을 존중하는 입장을 갖는 것이라고 보아야 할 부분이다.

이 주제에 대한 최근의 법원 판례는 그간 과세당국의 해석관행에 제동을 걸고 있다. 론스타 주식양도차익 과세(2009.2.16, 서울행정법원 행정3부) 사건에서 재판부는 론스타 펀드가 국내에 없는 회사형태인 LP(유한파트너십)이므로 소득세는 부과할 수 없다고 결론 내렸다. 재판부는 "LP는 우리 상법상의 합자회사와 유사하다고 볼 수 있으므로 법인세법상 외국법인에 해당된다"며 "소득세를 부과할 수는 없다"고 판결했다. 즉 법인세를 과세하여야 한다고 본 것이다. 동 사건에서 론스타펀드는 check-the-box를 하였으며 그 결과 미국 내국세입법상 법인으로 과세되지 않을 것임에도 국내세법상의 원칙을 강조하여 법인세를 과세하도록 한 것이다. 이 사건에 대한 대법원의 판단에 의하면, 어떤 단체를 외국법인으로 볼 수 있는지 여부에 관하여는 법인세법상 외국법인의 구체적 요건에 관하여 본점 또는 주사무소의 소재지 외에 별다른 규정이 없는 이상 단체가 설립된 국가의 법령 내용과 단체의 실질에 비추어 우리나라의 사법상 단

---

22) 미국의 LLC에 대한 과세방법(재국조 46017-177, 2002.12.16): 국내사업장이 없는 미국의 LLC(limited liability company)가 미국연방소득세 목적상 과세단위로 취급되지 아니하고 동 LLC의 조합원이 한미조세조약 제3조 제1항 (b)의 규정에 의하여 미국의 거주자로 취급되지 아니하는 경우, 동 LLC가 지급받는 국내원천소득은 LLC 구성원 (member) 각각의 거주지국과 우리나라가 체결한 조세조약을 적용하는 것임. 미국의 partnership에 대한 과세방법 (재국조 46017-178, 2002.12.16): 미국에서 설립된 법률자문조합이 미국 세법상 법인으로 과세받는 것을 선택한 경우에는 한미조세조약 제18조를 적용할 수 없으며, 미국에서 설립된 법률자문조합이 미국 세법상 법인으로 과세받는 것을 선택하지 아니하고 파트너십과세를 선택한 경우에는 동 법률자문조합이 우리나라 거주자에게 인적 용역을 제공하고 지급받는 국내원천소득은 동 법률자문조합 파트너의 거주지국인 국가와의 조세조약을 적용하는 것이므로 동 법률자문조합의 파트너가 미국 거주자인 개인에 해당하는 경우에는 한미조세조약 제18조가 적용되는 것임.

체의 구성원으로부터 독립된 별개의 권리·의무의 귀속주체로 볼 수 있는 지 여부에 따라 판단하여야 할 것이라고 한다.[23]

법인세법 제1조는 '내국법인'과 '외국법인'을 다음과 같이 규정하고 있다.

- 내국법인: 국내에 본점이나 주 사무소 또는 사업의 실질적 관리장소를 둔 법인
- 외국법인: 외국에 본점 또는 주사무소를 둔 사단, 재단, 그 밖의 단체(이하 '단체'라 한다)로서 그 성격이 국내에서 성립된 법인에 해당하거나 준하는 등 대통령령으로 정하는 기준에 해당하는 단체 (국내에 사업의 실질적 관리장소를 두지 아니하는 경우만 해당한다)

법인세법시행령은 외국단체를 분류하는 세부기준을 규정하고 있다(법인세법시행령 제1조의 2).

(1) 영리외국법인

위 법인세법규정상 '사업의 실질적 관리장소'[24]를 우리나라에 둔 법인을 '내국법인'으로 보는 부분은 2005년 법 개정에 의해 삽입되었다. 내국법인은 법인세법에 의하여 그 소득에 대한 법인세를 납부할 의무가 있다. 외국법인은 법인세법에 의하여 국내원천소득에 대한 법인세를 납부할 의무가 있다(법인세법 제2조). 수입이 법률상 귀속되는 법인과 실질상 귀속되는 법인이 서로 다른 경우에는 그 수입이 실질상 귀속되는 법인에 대하여 법인세법을 적용한다(법인세법 제4조 제1항).

- 본점·주 사무소

법인세법은 본점 및 주 사무소의 의미를 정의하지 않고 있다. 상법상의 개념을 차용한 것으로 보아야 할 것인데 본점은 회사 등의 본점을 그리고 주 사무소란 비영리법인의 주된 사무소로 보는 것이 타당하다. 상법상으로 본점의 의미를 새기는 데 있어 실질적 개념과 형식적 개념을 구분할 수 있을 것이지만 법인세법상 본점은 형식적 개념으로서의 본점, 즉 등기부상의 본점으로 해석하는 것이 타당할 것이다. 이는 '사업의 실질적인 관리장소'의 개념이 별도로 규정되어 있기 때문이다.[25]

---

23) 대법원 2012.1.27. 선고 2010두5950 판결, 대법원 2012.10.25. 선고 2010두25466 판결

24) '실질적 관리장소'란 법인의 사업 수행에 필요한 중요한 관리 및 상업적 결정이 실제로 이루어지는 장소를 뜻하고, 법인의 사업수행에 필요한 중요한 관리 및 상업적 결정이란 법인의 장기적인 경영전략, 기본 정책, 기업재무와 투자, 주요 재산의 관리·처분, 핵심적인 소득창출 활동 등을 결정하고 관리하는 것을 말한다. 법인의 실질적 관리장소가 어디인지는 이사회 또는 그에 상당하는 의사결정기관의 회의가 통상 개최되는 장소, 최고경영자 및 다른 중요 임원들이 통상 업무를 수행하는 장소, 고위 관리자의 일상적 관리가 수행되는 장소, 회계서류가 일상적으로 기록·보관되는 장소 등의 제반 사정을 종합적으로 고려하여 구체적 사안에 따라 개별적으로 판단하여야 한다. 다만 법인의 실질적 관리장소는 결정·관리행위의 특성에 비추어 어느 정도의 시간적·장소적 지속성을 갖출 것이 요구되므로, 실질적 관리장소를 외국에 두고 있던 법인이 이미 국외에서 전체적인 사업활동의 기본적인 계획을 수립·결정하고 국내에서 단기간 사업활동의 세부적인 집행행위만을 수행하였다면 종전 실질적 관리장소와 법인 사이의 관련성이 단절된 것으로 보이는 등의 특별한 사정이 없는 한 법인이 실질적 관리장소를 국내로 이전하였다고 쉽사리 단정할 것은 아니다(대법원 2016. 1. 14. 선고 2014두8896 판결, 매지링크(Magilink)사건).

25) 김완석, 『법인세법론』, 광교이택스, 2007, pp.74~75.

● 사업의 실질적 관리장소

사업의 실질적 관리장소(place of effective management)는 "법인의 업무수행에 필요한 중요한 관리와 상업적 결정이 실질적으로 이루어지는 장소"를 의미한다.[26] 국세청이 회신한 바에 의하면 '사업의 실질적 관리장소'는 법인이 사업을 수행함에 있어 중요한 관리 또는 상업적 의사결정이 실질적으로 이루어지는 장소를 의미한다고 한다. 국내에 사업의 실질적 관리장소를 두고 있는지 및 조세회피행위에 해당하는지는 이사회가 있는 장소, 법인의 최고의사결정이 이루어지는 장소, 투자구조의 목적 등 관련 사실과 제반 여건을 종합적으로 고려하여 그 실질에 따라 사실판단할 사항이라고 한다.[27]

(2) 비영리외국법인

법인세법상 비영리법인을 비영리내국법인과 비영리외국법인으로 나누어 아래와 같이 정의하고 있다(법인세법 제1조). 비영리내국법인이라 함은 내국법인 중 민법 제32조의 규정에 의하여 설립된 법인, 사립학교법 기타 특별법에 의하여 설립된 법인으로서 민법 제32조에 규정된 목적과 유사한 목적을 가진 법인 및 국세기본법 제13조 제4항의 규정에 의한 법인으로 보는 법인격이 없는 단체를 말한다. 비영리외국법인이라 함은 외국법인 중 외국의 정부·지방자치단체 및 영리를 목적으로 하지 아니하는 법인(법인으로 보는 단체를 포함한다)을 말한다.

(3) 외국 중 어느 나라의 법인인지?

우리나라에 본점·주 사무소 또는 사업의 실질적인 관리장소를 두지 않아 법인세법상 외국법인으로 취급되는 단체가 어느 나라의 법인인지를 판단하여야 할 필요가 있는 경우가 있는가? 이는 조세조약의 적용에 필요하다.

법인세법 제1조는 외국법인을 외국에 본점 또는 주 사무소를 둔 법인(국내에 사업의 실질적 관리장소가 소재하지 아니하는 경우에 한한다)으로 규정하고 있다.

다. 조세조약상 개념

해당 거래상 소득의 원천지국가가 되는 국가의 국내세법상 비거주자 및 외국법인의 요건에 관한 규정의 적용과는 별도로, 해당 소득의 귀속자가 되는 비거주자 또는 외국법인의 거주지국가의 국내세법상 거주자 또는 내국법인에 관한 규정과 이런 구조에서 원천지국가와 거주지국가 간의 조세조약상 상대방국가의 거주자(내국법인 포함)에 관한 규정간 상위한 점이 있을 수 있다.

원천지국가의 법원은 이 모든 규정들의 해석상 자주권을 가지고 있다. 그런 해석의 결과가 거주지국가의 법원의 판단과 충돌할 때에는, 양국 법원의 조세조약의 합리적 해석에 의해 그 충돌에 따른 모순을 해결하여야 한다. 법원 전의 단계에서 권한있는 과세당국간 상호합의에 의해 그 충돌이 해소될 수도 있다.

한미 조세조약 제3조 제1항 (1)호는 "'미국의 거주자'라 함은 다음의 것을 의미한다."고 규

---

26) 국세청, 『개정세법해설』, 2006, pp.336~337.

27) 서면인터넷방문상담2팀 - 2316, 2007.12.20.

정하면서, (i)목에서 '미국법인'을, (ii)목에서 미국의 조세 목적상 미국에 거주하는 기타의 인(법인 또는 미국의 법에 따라 법인으로 취급되는 단체를 제외함), 다만 조합원 또는 수탁자로서 행동하는 인의 경우에, 그러한 인에 의하여 발생되는 소득은 거주자의 소득으로서 미국의 조세에 따라야 하는 범위에 한한다를 들고 있는데, 한·미 조세조약 제2조 제1항 (e)호 (ii)목은 "'미국법인' 또는 '미국의 법인'이라 함은 미국 또는 미국의 제 주 또는 콜럼비아 특별구의 법에 따라 설립되거나 또는 조직되는 법인, 또는 미국의 조세목적상 미국법인으로 취급되는 법인격 없는 단체를 의미한다."고 규정하고 있다.

대법원 2014.06.26. 선고 2012두11836 판결에서 법원은, 위 단서가 규정한 '미국의 조세 목적상 미국에 거주하는 기타의 인' 중 '조합원으로서 행동하는 인'이란 미국 세법상 조합원 등의 구성원으로 이루어진 단체의 활동으로 얻은 소득에 대하여 구성원이 미국에서 납세의무를 부담하는 단체를 뜻한다고 보아야 하고, '그러한 인에 의하여 발생되는 소득은 거주자의 소득으로서 미국의 조세에 따라야 하는 범위에 한한다.'는 의미는 그러한 단체의 소득에 대하여 구성원이 미국에서 납세의무를 부담하는 범위에서 단체를 한·미 조세조약상 미국의 거주자로 취급한다는 뜻으로 해석함이 옳다고 하면서, 우리나라의 사법상 외국법인에 해당하는 미국의 어떠한 단체가 우리나라에서 소득을 얻었음에도 미국에서 납세의무를 부담하지 않는 경우 구성원이 미국에서 납세의무를 부담하는 범위에서만 한미 조세조약상 미국의 거주자에 해당하여 조세조약을 적용받을 수 있고, 단체가 원천지국인 우리나라에서 얻은 소득 중 구성원이 미국의 거주자로 취급되지 아니하는 범위에 대하여는 한미 조세조약을 적용할 수 없다고 판단하였다.

한미조세조약 기술적 설명서는 '조합원으로서 행동하는 인'을 미국 단체법상 조합으로 한정하고 있는데, 우리 법원은 '미국 세법상 조합원 등의 구성원으로 이루어진 단체의 활동으로 얻은 소득에 대하여 구성원이 미국에서 납세의무를 부담하는 단체'를 뜻한다고 달리 보고 있다.

2. 고유의 납세의무

가. 일반적인 비거주자 및 외국법인

세법상 비거주자 및 외국법인은 국내원천소득에 대해 납세의무를 진다. 소득세법을 예로 들면 소득세법 제121조는 비거주자에 대한 과세방법에 대해 규정하면서 종합과세와 분리과세 두 가지 유형을 설정하고 있다. 종합과세의 경우 해당 비거주자는 자신의 소득에 대한 조세채무를 신고납부하는 방법으로 확정하고 이행하여야 한다. 분리과세의 경우 해당 비거주자는 원천징수의무자가 원천징수하는 것을 수인하여야 한다. 이때 조세채무는 지급받는 시점에 확정되고 원천징수되어 납부되는 것으로 이행된다.

국내사업장이 있거나 부동산소득이 있는 비거주자에 대해서는 거주자와 동일한 방법으로 과세한다. 이에 따라 소득 중 종합소득에 대해서는 신고납부하도록 하고 퇴직소득과 양도소득은 거주자의 경우와 같이 종합소득과 별도로 과세된다(소득세법 제121조 제2항 및 제5항). 종합소득이라 하더라도 해당 국내사업장과 실질적으로 관련되어 있지 않거나 그 사업장에 귀속하지 않은 소득인 경우에는 분리과세된다(소득세법 제121조 제4항 및 제156조 제1항).

국내사업장이 없는 비거주자는 종합소득에 대해서는 분리과세된다. 즉 원천징수되는 것으로 납세의무가 이행된다. 퇴직소득과 양도소득은 거주자의 경우와 같이 종합소득과 별도로 과세된다(소득세법 제121조 제1항). 비거주자에 대한 분리과세의 경우 과세표준과 세액은 그 지급받는 당해 국내원천소득별 수입금액에 의하여 계산한다(소득세법 제126조 제1항).

비거주자에 대해서 연대납세의무에 관한 규정은 거주자에 대해서와 같이 적용된다(국세기본법 제25조).

나. 단기거주외국인 및 외국인 근로자

2008년 세법이 개정되어 단기거주외국인에 대해서 과세범위를 축소하는 규정이 도입되었다(소득세법 제3조 제1항 및 제3항). 과거 10년 이내 국내 거주기간이 5년 이하인 외국인 거주자의 국외원천소득은 국내에서 지급되거나 국내로 송금된 부분에 한해서만 과세하도록 하는 내용이다. 이는 우수 외국인력의 국내 근무를 지원하기 위함이다.

외국인 근로자의 근로소득에 대하여 소득세를 원천징수하는 경우에는 근로소득간이세액표에 의한 원천징수 방법과 19퍼센트 단일세율에 의한 원천징수 방법 중 선택할 수 있도록 되어 있다(조특법 제18조의 2 제4항).

3. 원천징수의무

비거주자가 일정한 소득을 지급하는 때에는 자신이 직접 원천징수의무자가 되기도 한다(소득세법 제127조 제1항).

4. 보충적 납세의무 및 납세협력의무

국세기본법상 제2차 납세의무 및 물적 납세의무에 관한 규정은 비거주자 및 외국법인에 대해서도 동일하게 적용된다.

제2항 과소자본세제 – 조세회피방지규정

기업은 사업자금을 조달하는 과정에서 비용을 고려하게 된다. 자본으로 조달한 경우에는 배당, 부채로 조달한 경우에는 이자가 될 것이다. 자본 중 보통주로 조달한 경우에는 의결권을 나누어 가져야 한다는 부담이 있기는 할 것이다. 무의결권우선주로 조달한 경우를 상정해 보자. 무의결권우선주에 보장된 배당률이 이자율과 같은 경우 해당 기업의 자본조달비용은 같은가? 다른 조건이 같다면 부채로 조달하는 것이 조달비용을 적게 할 것이다. 이자는 기업이 비용으로 처리할 수 있어 세금을 줄이는 효과가 있는 반면, 배당은 세금을 낸 나머지 소득에서 지급하여야 하므로 세금을 줄이는 효과가 없기 때문이다. 물론 경제적 이중과세를 완전히 배제하는 세제하에서는 주주가 회사로부터 좀 더 적은 금액의 배당을 받고 배당세액공제를 받는다면 기업 입장에서는 부채로 조달하는 것과 같은 비용을 부담할 수도 있을 것이다. 결론적으로 기업은 일반적으로 부채에 의한 자금조달을 선호한다고 볼 수 있다. 물론 기업의 재무구조가 매우 불안정한 상황에 이르도록 부채규모를 늘릴 경우 대외신용도가 악화되어 자금조달비용이 증가하는 등 부작용이 적지 않아 자본증가 없이 무작정 부채규모를 늘릴 수는 없을 것이다. 한편 정부 입장에서는 이와 같은 기업의 부채 위주 자금조달은 세원을 잠식하는 효과를 감수하게 만든다. 따라서 정부로서는 이러한 목적 이외에도 기업의 건전재무구조 확보, 차입자본에 의한 기업확장 방지 등 다른 정책목표를 가질 수 있을 것이다. 기업의 부채규모를 제한할 필요가 있게 된다.

세법에서 기업의 부채규모 제한은 두 가지 경로를 통하여 이루어져 왔다. 첫째는 차입금규모 과다법인에 대한 차입이자 손금불산입이다. 둘째는 업무무관비용에 대한 손금불산입이다. 전자는 비록 업무와 관련된 데에 자금이 사용된다 하더라도 과다한 차입금에 대해서는 제한하고자 하는 취지이다. 이는 기준초과차입금 지급이자손금불산입제도로 불렸던 것으로서 2004년 말 대부분 폐지되었다. 기준초과차입금을 보유한 법인이 다른 법인에 출자한 경우 그에 해당하는 금액에 대한 이자를 손금부인하는 규정은 2005년 말 폐지되었다(조특법 제135조). 후자는 업무와 관련이 없는 자산을 취득하거나 보유하는 데 소요되는 것으로 간주되는 차입금에 대응하는 이자비용을 손금으로 인정하지 않는다. 여기서 업무와 관련 없는 자산에는 특수관계인에게 당해 법인의 업무와 관련 없이 대여한 금액을 포함한다.

국조법은 내국법인을 실질적으로 지배하는 국외의 주주 및 친족관계 등이 있는 자가 당해 내국법인에게 일정 규모 이상 대여하고 시장이자율을 상회하는 이자를 받아 갈 경우에는 그 일정규모를 초과하는 차입금에 대한 이자상당액 중 시장이자율을 상회하는 부분에 대해서는 손금부인하고 소득처분하는 제도를 가지고 있다(국조법 제2조 제1항 제11호, 제14조 내지 제16조).

내국법인 간 대차거래에 대해서는 대응하는 제도를 찾기 어렵다. 국외의 출자자 및 친족관계 등이 있는 자와의 거래에 대해서만 규제하는 것이므로 일응 조세조약상 무차별의 원칙 저촉 여부가 문제 될 수도 있을 것이다. 다만, 이 제도는 본질적으로 이전가격과세제도와 유사한 측면이 있다. 비록 국외지배주주로부터 법정배수(자기자본의 3배)[28]를 초과하여 차입한 경우라도 납세자가 특수관계 없는 자 간의 통상적인 차입규모 및 조건과 동일 또는 유사한 것임을 입증하는 경우에는 그 차입금에 대한 이자에 대해서는 손금부인하지 않기 때문이다. 그러한 것을 입증하지 못하는 경우에는 전액 손금부인되기 때문에 시장가격을 벗어나는 부분에 대해서만 손금부인하는 이전가격세제와는 다른 점이 있다. 또한 국내의 특수관계인 간의 거래에 있어서는 부당행위계산부인제도가 적용될 수 있으므로 완전히 차별한다고도 볼 수 없을 것이다.

---

28) 금융업에 대해서는 6배로 환원하였다.

제3장 조세조약

제1절 조세조약의 의의

조세조약은 국제거래에 따른 소득에 대한 과세에 있어 국제적인 이중과세를 방지함과 아울러 국제적인 조세회피를 방지하는 것을 주된 목적으로 하는 양자 간 조약이다. 우리나라에서는 2010년 4월 현재 76개국과의 조세조약이 시행 중이다. 이외에 3개의 서명국과 8개의 가서명국이 있다. 조세조약이 개정되기도 하는데 그간 13개 국가와의 조세조약이 개정되었다.

조세조약은 국제적인 이중과세의 방지를 위해 국가 간 과세권을 배분하는 규정을 둔다. 이를 위해 거주지, 원천지를 획정하고 거주지국과 원천지국 중 하나 또는 둘 모두에 과세권을 배분한다. 양국 모두에 과세권을 부여하는 경우에는 외국납부세액공제방법 또는 국외소득면제방법과 같은 이중과세방지장치를 둔다. 국제적인 조세회피방지를 위해서는 행정적으로는 국가 간 정보교환, 동시세무조사 및 징수협조 등 상호 협조의 제도를 두고 있으며 실체법적으로는 수익적 소유자, 연예인·체육인회사 및 이전가격세제[29] 등의 특별한 규정을 두고 있다.

조세조약은 위와 같은 두 가지 주된 목적을 위해 체결한 양자 간 조약이다. 조세조약은 국제법으로서 1969년 5월 '조약법에 관한 비엔나 협약(Vienna Convention on the Law of Treaties, '비엔나협약')'이 규정하는 조약의 하나이다. 비엔나협약은 국가 간 조약의 해석과 집행에 관한 다자간조약이다. 세계에는 비엔나협약에 서명하고 비준한 국가도 있고 그렇지 않은 나라도 있지만 후자의 경우에도 조약의 해석과 집행에 관한 비엔나협약의 정신을 준수하기 위해 노력하고 있음을 부인할 수 없다. 이러한 점에서 조세조약의 해석과 적용에 있어 비엔나협약상의 규정은 일반적으로 적용되는 원칙이라고 볼 수 있다. 우리나라는 1980년 1월 27일 비엔나협약의 당사자가 되었다.

제2절 OECD 모델조세조약

OECD 모델조세조약의 역사와 그 성격에 대해서는 OECD 재정위원회가 발간하는 '소득과 자본에 대한 모델조세조약(축약본, 2003-1-28, OECD 재정위원회)'의 서문에 자세히 기록되어 있다. 이하 그 부분을 소개한다.

---

29) 이전가격세제가 조세회피방지규정인지에 대해서는 이론의 여지가 있다. 본서의 주된 논의대상이 아니므로 상설하지 않는다.

제1항 작성 목적과 역사적 배경

일반적으로 국제적인 이중과세를 정의하자면 동일한 기간 동일한 납세자에 속하는 동일한 대상에 대해 두 개 이상의 국가가 유사한 조세를 부과하는 것으로 볼 수 있다. 국제적 이중과세가 재화와 용역의 교환 또는 자본, 기술 또는 인력의 이동에 미치는 부정적인 효과는 이미 잘 알려져 있어 국가 간 경제관계의 발전에 미치는 장애요인을 제거하는 것이 중요하다는 점을 다시 강조할 필요는 없겠다. OECD 가입국 간에는 이중과세에 대해 모든 국가가 참여하는 공통의 해결방안을 모색함으로써 외국에서 상업, 산업, 재무 또는 기타활동을 영위하는 납세자가 가지게 되는 조세부담을 명확히 하고 표준화하며 확정하는 것이 바람직하다는 데에 오랜 기간 인식을 같이하여 왔다. OECD 모델조세조약의 주된 목적은 국제적인 이중과세의 장에서 가장 자주 떠오르는 문제를 통일적으로 해결하는 수단을 제공하는 데에 있다. OECD 모델조세조약에 관한 위원회가 권고하였듯이, 회원국은 양자 간 조약을 체결하거나 개정하는 데 있어 모델조약과 해당 주석에 부합하도록 하여야 하며, 각 주석에 기재된 국가별 유보사항을 존중하여야 하며, 모델조약에 기초한 양자 간 협약을 해석하고 적용함에 있어 비록 주석서가 수시로 개정되고 유보사항도 변화하지만 주석서를 따라야 한다.

1955년 2월 25일 OEEC의 이사회가 이중과세에 관한 첫 번째 권고문을 채택하기 이전에도 이미 양자 간의 협약 또는 일방만의 조치를 통해 이중과세를 방지하기 위한 작업이 진행되어 오고 있었다. 2003년 현재 OECD 국가가 되어 있는 나라를 기준으로 하여 볼 때 당시만 해도 벌써 70개의 양자협약이 체결되어 있었다. 이것은 상당 부분이 1921년 국제연맹에 의하여 시작된 작업의 결과이었다. 그때 시작한 작업은 1928년 처음으로 양자 간 모델조약을 작성하는 결과를 가져왔으며 이후 1943년의 멕시코모델조약과 1946년의 런던모델조약으로 발전하였다. 거기에서 개발된 원칙들은 그 이후 10년간 체결되거나 개정된 많은 양자협약에서 다소 변형된 형태로 수용되었다. 그러나 이러한 모델조약들이 완전한 만장일치하에 수용된 것은 아니었다. 더 문제인 것은 몇 개의 본질적인 사항 간 상당한 정도의 괴리와 비일관성이 노정되었다는 점이다.

2차 대전 후 OEEC 국가 간 경제적 상호 의존과 협력이 증가하자 국제적 이중과세를 방지하기 위한 장치가 갖는 중요성은 갈수록 명백해졌다. 당시까지만 해도 거의 조세조약을 체결하지 않거나 아예 체결하지 않은 OEEC 그리고 나중에는 OECD의 회원국가 간에 양자 간 조세협약 망을 확대할 필요성이 더욱 절실해지게 되었다. 동시에 이러한 협약들이 통일된 원칙, 정의, 규칙 그리고 방법에 따라 조화를 이루는 것이 점차 필요해지고 해석에 있어 일치된 입장을 갖는 것이 바람직하다는 인식이 증대하였다.

1956년 OECD 국가 간 노출된 이중과세의 문제를 효과적으로 해결하면서도 모든 회원국에게 받아들여질 수 있는 조약초안을 작성하기 위한 작업이 개시된 것도 이러한 새로운 상황을 배경으로 한 것이다. 1958년부터 1961년 사이 재정위원회는 4개의 중간 보고서를 작성하였으며 1963년 '소득과 자본에 관한 이중과세조약초안'이라는 최종보고서를 제출하게 되었다. OECD 이사회는 1963년 7월 30일 이중과세방지를 위한 권고안을 채택하면서 회원국 간 정부가 양자 협약을 체결하거나 개정할 때 초안협약에 부합하도록 하였다.

OECD 재정위원회가 1963년 보고서를 제출할 때 조약초안이 다음 단계에 추가연구를 통하여 개정될 것이라고 전망하였다. 다음 개정할 때에는 회원국 간 협상하거나 실제 조약을 적용할 때의 경험, 각국의 조세제도 변화, 국가 간 재정활동의 증가, 새로운 사업활동 분야의 발달 그리고 국제적 새로운 유형의 복잡한 사업조직 출현 등이 반영될 필요가 있었다. 이런 이유들 때문에 재정위원회는 1963년 초안조약과 그 주석의 개정작업을 추진해 왔다. 그 작업의 결과 1977년 새로운 모델조약과 주석이 발간되었다.

1963 초안조약의 개정을 가져온 위와 같은 요인들은 이후에도 여러 모양으로 변화하는 경제여건에 맞추어 모델조약을 보완하고 개정하도록 하는 역할을 해 왔다. 새로운 기술이 개발되었으며 동시에 국가 간 거래에 있어 근본적인 변화가 있어 왔다. 조세회피와 탈세의 방법들은 보다 정교해졌다. 1980년대에는 OECD 국가들에 있어 세계화와 경제자유화는 더욱 가속되었다. 결과적으로 재정위원회와 그의 제1작업팀은 일상적인 업무과정에서 1977년 모델조약과 직간접적으로 관련된 다양한 이슈들에 대한 조사를 이후 지속하게 되었다. 그러한 작업의 결과 많은 보고서가 나오게 되었는데 그중 일부가 모델조약과 그 주석서의 개정을 권고하였다.

1991년에는 모델조약과 그 주석서의 개정이 상시 작업이 되어야 한다는 인식하에 재정위원회는 전면개정을 기다리기보다는 정기적이고 시의적절한 보완과 개정을 가능케 하는 상시개정(ambulatory Model Convention)의 개념을 도입하였다. 그래서 1977년 이후 발간된 많은 보고서들에서 권고된 사항들을 종합한 개정판이 나오게 되었다.

모델조약의 영향력은 회원국뿐 아니라 비회원국에도 미쳐 왔기 때문에 개정작업과정에서 비회원국이나 다른 국제기구 그리고 다른 이해관계인들의 의견도 반영하도록 결정되었다. 이와 같이 외부 당사자가 기여하도록 하는 것은 모델조약이 국제적인 조세규칙과 원칙의 진화에 보조를 맞추도록 도와줄 것이라고 여겨졌기 때문이다.

이와 같은 인식하에 1992년에는 모델조약을 가제식(loose – leaf 형식)으로 발간하게 되었다. 1963년 초안조약이나 1977년 모델조약과는 달리 개정된 모델은 전면개정판이 아니었지만, 정기적으로 개정하고 보완함으로써 모델조약이 지속적으로 언제든지 적시에 회원국의 의견을 정확히 반영하기 위한 상시 개정체제의 첫 작품이었다. 이러한 개정과정에서 1997년에는 모델조약이 비회원국에 대해 미치는 영향력이 늘어나고 있는 점을 감안하여 제2편에 비회원국의 입장을 추가하였다. 동시에 위원회가 발간한 다수의 보고서 중 모델조약의 개정에 기여한 것들을 덧붙였다.

제2항 모델조약의 구조

1963년 초안조약과 1977년 모델조약의 명칭은 이중과세의 방지라는 표현을 포함하고 있었다. 모델조약이 이중과세의 방지뿐 아니라 조세회피의 방지와 무차별의 원칙과 같은 다른 이슈들도 다루고 있다는 인식에 따라 이후 그러한 표현을 삭제한 짧은 명칭을 사용하기로 하였다. 그러나 실제 각국의 조세조약에는 '이중과세의 방지' 또는 '이중과세와 조세회피의 방지'라는 표현이 살아 있는 경우가 많다.

1. 모델조약의 대강

모델조약은 우선 그의 범위(제1장)를 언급하고 몇 개의 개념에 대한 정의를 하고 있다(제2장). 본론에 해당하는 부분은 제3장부터 제5장까지인데, 거기서는 어느 정도까지 각 체약국이 소득과 자본에 대해 과세할 수 있는가 하는 문제와 국제적인 이중과세를 배제할 수 있는지에 대해 규정하고 있다. 그다음에 특별조항(제6장)과 마지막 조항(발효와 폐지, 제7장)이 뒤따른다.

가. 범위와 정의

조약은 일방 체약국이나 쌍방 체약국의 거주자인 인에 대해 적용한다. 조약은 소득과 자본에 대한 조세를 다루고 있는데 그러한 조세에 대해서는 제2장에서 그 개요가 설명되고 있다. 제2장에서는 모델조약상 두 개의 조 이상에서 사용되는 개념들 중 일부를 정의하고 있다. '배당', '이자', '사용료' 및 '부동산'과 같은 개념들은 그 문제들을 다루고 있는 다른 조항에서 정의된다.

나. 소득과 자본에 대한 과세

이중과세의 방지를 위해 조약은 두 가지 범주를 설정하고 있다. 우선, 제6조부터 제21조까지는, 각 종류의 소득에 대해, 원천지국가와 거주지국가가 갖는 권리에 대해 규정하고 있으며, 제22조는 자본에 대해 그러한 규정을 두고 있다. 많은 경우에 있어 일방에 배타적 과세권을 준다. 그러한 경우에는 타방 체약국은 과세권이 배제되기 때문에 이중과세는 회피된다. 일반적으로는 이러한 배타적 과세권은 거주지국에 주어진다. 과세권이 배타적으로 주어지지 않는 경우도 있다. 배당과 이자에 있어서는 양 체약국에 과세권이 주어지지만 원천지국이 과세할 수 있는 세액이 제한된다. 다음으로는, 원천지국에 완전과세권이든 부분과세권이든 과세권이 주어지는 경우에는 거주지국은 이중과세를 방지하기 위한 장치를 제공하여야 하는데 그것에 대해서는 제23조 A와 제23조 B에서 규정하고 있다. 조약은 소득면제방식과 세액공제방식 두 가지를 규정하고 있는데 그것 중 하나의 선택에 대해서는 체약국에 맡기고 있다.

소득과 자본은 원천지국에서 과세의 방식에 따라 원천지국에서 완전과세권을 행사하는 경우, 원천지국에서 제한적인 과세권을 행사하는 경우 및 원천지국 과세권을 배제하는 경우 세 가지 그룹으로 나눌 수 있다. 아래의 소득이나 자본은 원천지국에서 완전과세권을 행사하는 것들이다.

- 당해국에 소재하는 부동산으로부터의 소득(농업소득 및 임업소득을 포함), 그러한 자산의 처분에 따른 이득, 그리고 그러한 자산을 표창하는 자본자산이 주로 부동산으로 구성된 회사의 주식 같은 것을 상정한다(제6조, 제13조의 제1항 및 제22조).
- 고정사업장의 이윤, 고정사업장의 처분에 따른 이득, 고정사업장의 사업용 자산인 동산을 표창하는 자본(제7조, 제13조 제2항 및 제22조), 그러나 고정사업장이 국제해상운송, 내수면운송 및 국제항공운송을 위하여 설치된 경우에는 예외로 한다.
- 연예인과 체육인의 활동에 따른 소득. 이는 당해 소득이 연예인이나 체육인 자신에게 발생하든 다른 인에게 발생하든 원천지국에서 과세한다(제17조).

- 이사의 보수에 대해서는 회사의 거주지국에서 과세한다(제16조).
- 사적 기업의 근로자에 대한 급여에 대해서는 용역제공지국가에서 과세한다. 그 나라의 과세권은 해당국에 해당 회계연도 중 183일 미만 체류하면서 일정 요건을 충족하지 않는 한 유지된다. 국제해상운송회사나 국제항공운송회사의 직원에 있어서는 그 회사의 실질적인 관리장소 소재지국가에서 과세한다(제15조).
- 공무원에 있어서는 자기를 채용한 정부. 과세를 위해서는 일정한 조건이 있는 경우도 있다.
- 원천지국에 제한적 과세권을 부여하는 것들은 아래와 같다.
  - 배당: 지급되는 배당금액의 원천이 되는 지분이 원천지국에 소재하는 고장사업장과 실질적으로 관련이 없는 한, 원천지국의 과세는 직접 소유하는 지분이 25% 이상인 경우에는 5%를 초과할 수 없으며, 기타의 경우에는 15%를 초과할 수 없다.
  - 이자: 배당에 있어서와 같은 조건하에, 원천지국의 과세권은 총지급금액의 10%를 초과할 수 없다. 특수관계 있는 자 간의 정상가격 이상의 지급금에 대한 과세에 있어는 제한이 없다.

다른 종류의 소득에 대해서는 원천지국에 과세권을 부여하지 않는다. 그 경우에는 거주지국가만 과세권을 행사할 수 있다. 이러한 원칙은 사용료(제12조), 유가증권 양도차익(제13조 제5항), 사적 기업으로부터의 퇴직연금(제18조), 교육이나 훈련 목적으로 수령받는 지급금(제20조), 주식이나 유가증권으로 표창되는 자본(제22조 제4항)에 대해 적용된다. 국제 운송에 종사하는 선박이나 항공기 또는 내수면 운송에 종사하는 선박의 운용으로 얻는 이윤, 그러한 자산의 처분에 따른 이득, 그들이 표창하는 자본에 대해서는 당해 기업의 실질적인 관리장소 소재지국가만 과세할 수 있다(제8조 제13조 제3항 및 제22조). 원천지국의 고정사업장에 귀속하지 않는 사업소득은 거주지 국가에서만 과세할 수 있다(제7조 제1항).

각 종류의 소득에 관한 조세조약조항을 적용한 사례의 하나가 되는 대법원 2000.1.21., 97누 11065판결은 사용료소득의 범주에 대해 판단하고 있다. 이 사건에서, 원고가 1989년 10월 24일 미국의 에이비비파워시스템사(ABB Power Systems Inc.)로부터 캐드패드(CADPAD) 소프트웨어를 도입하고 그 도입대가로 미화 383,700달러(한화 금 259,871,500원)를 지급한 것을 비롯하여, 그때부터 1991년 2월 25일까지 사이에 5회에 걸쳐 미국 및 싱가포르 법인으로부터 소프트웨어를 도입하면서 대가를 위 각 법인에게 지급하였다.

피고는 법 제55조 제1항 제9호 나목 및 대한민국과 미합중국 간의 소득에 관한 조세의 이중과세회피와 탈세방지 및 국제무역과 투자의 증진을 위한 협약 제14조, 대한민국정부와 싱가폴공화국 간의 소득에 대한 조세의 이중과세회피와 탈세방지를 위한 협약 제12조에서 정한 사용료소득에 해당한다는 이유로 법 제59조 소정의 원천징수의무자인 원고에 대하여 이 사건 징수처분을 하였다.

이에 대해 법원은 이 사건 각 소프트웨어의 도입가격이 모두 거액이고, 각 도입계약에 각 소프트웨어에 들어 있는 비밀 내용을 제3자에게 공개할 수 없다는 내용이 포함되어 있는 사실, 각 소프트웨어에 포함된 기술이 당시 국내에서는 개발·공급이 불가능한 고도 수준의 것이었을 뿐만 아니라, 미국 등지에서 다년간 전기회사의 경영 및 관리, 핵발전소 등의 건설사업관리, 원자로의 설계 및 운용 등에 관한 기술·경험·정보가 축적되어 개발된 것들인 사실, 불특정 다수인에게 판매된다거나 간단한 사용설명서에 의하여 쉽게 사용방법을 알 수 있는 것이 아니라 제공자가 소프트웨어를 직접 설치하고 사용자에 대한 교육·훈련을 실시하며 일정한 기간 동안 소프트웨어의 유지·관리·오류시정·수준향상 등을 책임지고 관련 기술을 지원하여야 하는 사실, 일부 소프트웨어는 원자력 제어계통의 고도기술로서 주무부장관의 확인·추천을 받아 그 수입에 대한 관세가 감면된 사실을 인정하였다. 그리고 이 사건 각 소프트웨어의 도입은 단순히 상품을 수입한 것이 아니라 노하우 또는 그 기술을 도입한 것으로 봄이 상당하므로 그 도입대가를 외국법인의 국내원천소득인 사용료소득으로 본 피고의 이 사건 처분은 적법하다고 보았다.

조세조약은 이중과세의 배제에 대해 규정하고 있다. 일방 체약국의 거주자가 타방 체약국에 원천을 두는 소득이 있거나 그 타방 체약국에 자본을 보유하고 있지만 조약에 따라 거주지국가에서만 과세될 때에는 이중과세의 문제는 발생하지 않는다. 그러나 원천지국에서 전부 또는 부분적인 과세권을 가지고 있는 때에는 거주지국가는 이중과세를 배제시킬 의무가 있다. 이는 다음의 두 가지 방법에 의하여 배제될 수 있다.

- 소득면제방식: 원천지국에서 과세되는 소득이나 자본에 대해서는 거주지국가의 과세에서 면제한다. 그러나 이러한 소득이나 자본이 있다는 점은 다른 소득이나 자본에 적용되는 세율을 결정하는 데 영향을 줄 수 있다.
- 세액공제방식: 원천지국에서 과세되는 소득이나 자본이 거주지국에서도 과세될 수 있는데, 그 경우 원천지국에서 부과된 세액이 그 소득이나 자본에 대해 거주지국에서 부과되는 세액에서 공제된다.

다. 특별 조항

조약에는 다음과 같은 몇 개의 특별조항이 있다.

- 다양한 상황에 있어 차별적 대우를 배제하여야 한다(제24조).
- 이중과세를 배제하고 조약의 해석상 이견 해소를 위해 상호합의절차를 둔다(제25조).
- 체약국 간 정보를 교환한다(제26조).
- 타방 체약국 내에서 일방 체약국의 조세를 징수하는 데 협조한다(제27조).
- 국제법에 따른 외교관이나 영사관에 대해 조세상 우대한다(제28조).
- 조약의 적용 지역을 확장할 수 있다(제29조).

2. 모델조약에서 고려할 일반적 사항

모델조약은 가능한 한 개별적인 상황에 대해 단일의 해답을 주고자 한다. 그러나 일부 사항에 대해서는 모델조약의 원활한 운용을 위해서 모델조약 내에 일정한 정도의 융통성을 부여하고 있다. 따라서 회원국은 그런 사항에 있어서는 일정 재량을 갖게 되는데, 예를 들면, 배당이나 이자에 대한 제한세율의 설정, 이중과세를 배제하기 위한 방법의 선택, 일정 조건하에, 기업의 전체 이윤 중 고정사업장에 소득을 배정하는 방법들이 그것이다. 더 나아가, 어떤 경우에는, 대안적인 조항이나 추가적인 조항들이 주석서에서 언급되기도 한다.

제3항 주석서

1. 개요

각 조항에 대해서는 설명하고 해석하기 위한 목적으로 자세한 주석이 달려 있다. 주석서는 각 회원국 정부가 지명한 전문가로 구성된 재정위원회에서 합의에 의하여 작성되기 때문에 국제조세법의 발전에 매우 중요한 의미를 갖는다. 비록 주석서는, 모델조약과 달리 구속력을 갖는 개별 국가 간 조세조약의 부록으로 첨부되지는 않지만, 당해 조약의 적용과 해석에 있어 매우 큰 역할을 하며, 특히 분쟁해결에는 더 그러하다.

회원국 정부는 양자 간 조약의 해석을 위해 주석서를 참조한다. 주석서는 일상적인 자세한 질문에 대한 답을 위해서도 중요하지만 여러 조항들의 배경이 되는 정책이나 목적에 관한 보다 더 큰 이유들에 대한 답을 주기도 한다. 각국의 정부는 주석서에 많은 비중을 두고 있는 것이다. 납세자도 이와 유사하게 자기들의 사업을 영위하거나 교역이나 투자를 계획하는 데 있어 주석서를 많이 활용하고 있다. 주석서는 특히 자국 내에 사전질의회신(advance ruling) 절차가 개발되어 있지 않은 국가에서 더 유용한데, 이는 주석서가 가용한 유일한 해석의 기준이 되기 때문이다. 양자 간 조세조약은 점점 더 사법기관의 관심대상이 되고 있다. 법원은 결정에 있어 점점 더 주석서를 많이 인용하고 있다. 재정위원회의 정보에 의하면 대다수의 회원국 법원이 주석서를 판결문에 인용하고 있다. 공표된 판결문에 있어 주석서가 아주 큰 비중으로 인용되면서 분석되고 해당 판사의 판단에 있어 결정적 역할을 하는 경우가 자주 나타난다. 위원회는 국제적인 조세조약망이 확대되고 주석서가 점점 더 중요한 해석의 준거로서 받아들여지면서 이러한 현상이 계속될 것으로 예상한다.

관련된 조항의 해석에 있어 주석서의 입장에 동의하지 않는 국가의 요청에 의해 주석서에 대한 의견(observations)이 삽입되기도 한다. 이러한 의견은 조약 문구에 대한 이견을 나타내는 것은 아니며 해당 국가가 문제 되는 조항을 어찌 적용할 것인가 하는 것을 알려 주는 유용한 방법이라고 보아야 할 것이다. 여기서 의견은 주석서의 해석과 연관되는 것이며, 주석서가 해당국의 조약에 어떤 문구를 포함시키게 허용해 달라는 식의 문구가 들어가는 것은 아니다.

2. 조약의 일부 조항에 대한 회원국의 유보사항

비록 모든 회원국이 모델조약의 목표와 주요 조항에 대해 뜻을 같이하고 있지만, 거의 모든 국가가 관계되는 조항의 주석에 유보사항(reservations)을 삽입하고 있다. 회원국들이 대안적인 조항이나 추가적인 조항을 사용하고자 하는 의도가 있을 수밖에 없는데 주석서는 그러한 의사를 삽입하는 것을 허용하고 있는 것이다. 회원국이 유보조항을 적어 넣는 한 다른 체약국은 그 회원국과 협상을 하는 데 있어 상호주의의 원칙에 따라 이를 존중하여야 한다. 재정위원회는 유보조항을 이해하는 데 있어서는 모델조약을 기안하는 데 있어서 합의된 사항들을 참작하여야 한다고 생각한다.

3. 구판과의 관계

1977년 모델조약을 기안함에 있어, OECD 재정위원회는 1963년 초안조약의 조문과 그 주석서와 달라진 것에 따라 나타날 해석상의 충돌문제에 대해 검토했다. 그 당시 위원회는 구 조항들은 비록 신조항과 같이 보다 정확히 표현하고 있지는 않지만 가능한 한 개정된 주석서의 정신에 따라 해석되어야 한다고 보았다. 이와 관련하여 입장을 명확히 하고자 하는 회원국은 상호합의절차에 따라 당사국 간 서신을 교환함으로써 그리 할 수 있으며, 그러한 서신교환이 없다고 하더라도 개별 사안마다 당국들은 상호합의절차를 활용할 수 있다. 위원회는 1977년 이후에 모델조약상의 조항과 그 주석서가 개정되는 경우에도 유사한 방법으로 해석되어야 한다고 보고 있다. 수정작업의 산물인 개정모델조약과 수정된 주석서는 구 개별조약의 조항들이 수정된 조항들과 내용상 차이가 있을 때, 그것들을 해석하는 데 있어 적용될 수 없다. 그러나 그와 같이 내용상 차이가 없는 구 조항들에 대해서는 적용될 수 있다. 이는 개정모델조약과 수정된 주석서가 기존의 조세조약의 해석과 개별사안에 대한 적용에 관한 회원국들의 합의사항을 반영한 것이기 때문이다.

위원회는 주석서 수정이 수정 전 체결된 조약들의 해석과 적용에 있어 활용될 수 있다고 보지만 구 조약상의 문구가 수정된 주석서상의 문구와 달라 자동적으로 반대 해석하는 것에 대해서는 반대하고 있다. 많은 수정사항들이 구 조항들과 주석서를 개정한다기보다는 그의 의미를 명확히 하고자 하고 있는데 반대해석을 해 버린다면 이는 분명히 잘못된 것이다. 따라서 재정위원회는 납세자가 이전에 체결된 조약을 해석함에 있어 이후 수정된 주석서를 참조하는 것이 유용하다고 보고 있다.

제4항 다자간조약

1963년의 초안조약과 1977년의 모델조약을 준비할 때, OECD 재정위원회는 다자간조약을 체결하는 것이 가능한지에 대해 연구한 결과 그것이 매우 어려울 것이라는 결론을 내렸다. 그러나 일단의 회원국들이 모델조약 문구를 참조하여 필요하면 문구를 수정해 가면서 그들만의 조약을 만드는 방안을 연구할 수는 있다고 보았다. 덴마크, 핀란드, 아이슬란드, 노르웨이, 스웨덴 간의 소득과 자본에 관한 노르딕 협약은 1983년 체결되고 1987년, 1989년 및 1996년에 개정되었는데, 일단의 회원국 간 다자간협약의 실제적인 예를 제공하고 있으며 모델조약의 조항들과 매우 유사하다. 또 참고할 만한 것은 조세문제에 관한 행정적 상호협조조약이다. 그것은 재정위원회에 의하여 처음으로 기안된 문안을 토대로 EC에서 작성된 것이다. 이 조약은 1995년 4월 1일 발효하였다. 이 두 조약에 불구하고, 다자간조약보다는 양자 간 조약이 국제적 이중과세를 방지하기 위한 더 적절한 방안으로 여겨지고 있다.

제3절 조세회피방지

조세조약은 국제적 이중과세를 주된 목적으로 할 뿐 아니라 국제적 조세회피를 방지하는 것도 추구한다. 국제적 조세회피에는 조세조약 자체의 남용을 통한 것도 있는데, Aiken Industries v. Commissioner 사건[30]은 Back-to-Back Loan을 통한 조세조약의 남용을 제재하기 위한 목적론적 해석의 접근방법의 효시적인 사례로 평가된다.

이 사건에서는 1964년 미국과 조세조약이 체결되어 있지 않은 바하마에 소재하는 법인(ECL)이 미국 법인(MPI)으로부터 받을 채권과 그에 대한 이자를 미국과 조세조약[31]에서 이자소득에 대한 원천지국과세를 면제하고 있는 온두라스에 자회사(Industrias)를 설립하여 이전하였다. 1963년에 MPI가 ECL에 약속어음(MPI 약속어음)을 발행하고, 1964년에 CCN이 Industrias를 설립하였으며 같은 해 Industrias가 ECL에 MPI 약속어음을 받는 대신 자신의 약속어음을 발행하였다. 만약 미국 법인으로부터 직접 이자를 지급받으면 미국의 내국세입법에 따라 이자소득에 대해 30%의 세율로 원천징수되어야 했다.

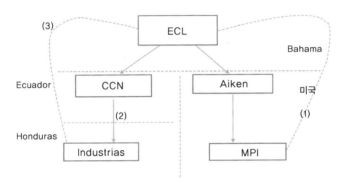

(1) MPI가 ECL에 약속어음(MPI 약속어음) 발행 - 1963
(2) CCN이 Industries 설립 - 1964
(3) Industries가 ECL에 MPI 약속어음을 받는 대신 자신의 약속어음 발행 - 1964
· 지배구조: →
· 약속어음 수수: ―

미국국세청은 이 사안에 대해 조세조약이 아닌 미국 내국세입법에 따라 원천징수되었어야 한다고 보고 과세하였다. 이에 대해 미국의 조세법원은 온두라스법인은 미국 법인으로부터 이자소득을 받아 바하마법인에게 전달해 주는 역할을 하는 도관(conduit)에 불과하므로 미국 법인이 지급하는 소득에 대해서는 미국과 온두라스와의 조세조약을 적용할 수 없다고 판단하였다.[32] 사건이

---

30) Aiken Industries, Inc. v. Commissioner, 56 TC 925(1971).

31) 당시 미국의 재무부규칙에 의하면 미국에서의 원천징수를 면하기 위해서는 미국의 비거주자인 온두라스공화국 거주자는 조세조약 제9조에 따라 이자소득이 면제됨을 원천징수의무자에게 문서로 알려야 하였다. 해당 문서에는 이 자소득의 수취인이 온두라스 거주자이며 미국의 거주자가 아니라는 사실과 함께 미국 내 고정사업장이 없음을 기록하고 서명하여야 한다. 본 사건에서 관련인은 이러한 절차를 모두 밟았다.

32) Anthony C. Infanti, "United States", *Tax Treaties and Domestic Law*, IBFD, 2006, pp.380~384.

발생한 1964년 당시 미국·온두라스 조세조약은 다음과 같은 표현을 두고 있었다.

> 거주자에 의하여 수령된… 이자는… 과세에서 면제된다(Interest, …received by a resident… shall be exempt from tax…).

미국국세청은 온두라스에 소재하는 법인은 조세목적상 무시(disregarded)되어야 한다고 하면서, 미국과 조세조약을 체결하고 있지 않은 바하마에 있는 다른 실체가 '이자의 진정한 소유자이면서 수령자(true owner and recipient of the interest)'라고 주장하였다. 조세법원은 현행 OECD 모델조세조약 제3조 제2항이 규정하는 바와 거의 같은 논리[33]를 근거로 '수령'의 의미에 대해 조세조약이 정의를 내리지 않고 있기 때문에 국내세법상 의미로 해석하여야 한다고 하면서 수령한 돈을 완전히 지배하고 통제(complete dominion and control)하지 않는 한 수령한 것으로 볼 수 없다는 판단을 하였다. 여기에서 온두라스 소재법인은 수령한 돈을 전액 다시 제3자에게 지급하여야만 했다는 정황을 강조하였다. 즉 '자기 것으로 수령하고 다른 제3자에게 전달할 의무가 없는 경우(received as its own and not with the obligation to transmit it to another)'[34]에만 진정으로 수령한 것으로 볼 수 있다는 것이었다.

본 사건에서 법원의 논리를 분석하는 데 있어서는 조세조약상 문구를 국내세법상 의미에 따라 해석한 것으로 보거나, 조세조약 적용에 국내세법상 실질우위원칙이 적용되었던 것으로 보기도 하고, 다른 한편으로는 조세조약상 문구의 목적론적 해석으로 보기도 한다. 이 중 첫 번째의 논리에 의하면 '수령'은 국내세법상의 의미대로 해석할 수 있다고 하면서 '자기 것으로 수령하고 다른 제3자에게 전달할 의무가 없는 경우의 수령'으로 한정하여 보아야 한다는 것이었다. 이 논리에는 OECD 모델조세조약 제3조 제2항[35]의 규정이 논거로 제시될 수 있을 것이다. 두 번째의 논리는 국내세법상 소득의 귀속에 관한 실질우위원칙을 적용한다면 당해 지급금, 즉 소득의 귀속자는 바하마법인(ECL)이라는 것이다. 이는 현행 OECD 모델조세조약 주석서상 인정되는 방식이지만 1971년 당시에는 거론되지 못하였다. 세 번째의 논리는 조세조약의 목적론적 해석으로서 허용될 수 있는 것으로 볼 수도 있겠지만 '수령'의 개념을 과도하게 축소해석한 것이 아닌가 하는 의문이 들게 하는 것이다.

---

33) "…those terms 'not otherwise defined' by the convention the meaning which would normally attach to such terms under our laws 'unless the context otherwise requires.'"

34) 거의 같은 사안에 있어 영국 법원의 판단과 비교하면 서로 다른 원리에 입각한 논리지만 동일하게 조세조약의 적용을 배제하는 결론을 내리고 있음을 알 수 있다.

35) 일방 체약국이 조세조약을 적용하는 데 있어 해당 조세조약에서 정의되어 있지 않은 용어는 문맥상 다른 의미를 갖는 경우를 제외하고는 조약을 적용할 당시 조약의 적용대상이 되는 조세의 과세목적상 그 나라에서 갖는 의미에 따른다. 이때 그 나라에서 갖는 의미는 그 나라의 국내세법에서 부여하는 의미를 먼저 적용하며 그것이 없을 때에는 비세법에서 부여하는 의미를 적용한다.

제4절 조세조약과 국내세법 간 관계

대법원 2012.4.26., 2010두11948, 15179 판결은 실질과세원칙에 관한 국세기본법 제14조의 규정이 조세조약을 적용할 때에도 적용된다는 원칙을 확인하고 있다.

'라살레사건'으로도 표기할 수 있는 대법원 2012. 4. 26. 선고 2010두11948 판결사건에서 영국의 유한 파트너쉽(limited partnership)인 원고들(라살레 아시아 리커버리 인터내셔널 Ⅰ 엘피 및 라살레 아시아 리커버리 인터내셔널 Ⅱ 엘피)은 한국 내 부동산에 대한 투자를 위하여 설립되었고, 설립 당시부터 부동산 투자수익에 관한 세부담을 회피할 수 있는 투자구조를 설계하기 위하여 조세회피가 가능한 국가인 벨기에 등 각국의 조세제도를 연구하고 벨기에에 자회사들을 설립하고 한국에 투자하였다. 이 사건에서 법원은 '로담코·칠봉사건(대법원 2012.01.19. 선고 2008두8499 전원합의체 판결사건)'에서 설시하였던 것처럼, 재산의 귀속 명의자는 이를 지배·관리할 능력이 없고, 그 명의자에 대한 지배권 등을 통하여 실질적으로 이를 지배·관리하는 자가 따로 있으며, 그와 같은 명의와 실질의 괴리가 조세를 회피할 목적에서 비롯된 경우에는, 그 재산에 관한 소득은 그 재산을 실질적으로 지배·관리하는 자에게 귀속된 것으로 보아 그를 납세의무자로 삼아야 한다는 국세기본법 제14조 제1항에서 규정하는 실질과세의 원칙은 법률과 같은 효력을 가지는 조세조약의 해석과 적용에 있어서도 이를 배제하는 특별한 규정이 없는 한 그대로 적용된다고 판단하였다. 이러한 입장은 '뉴브릿지 캐피탈사건(대법원 2013.07.11. 선고 2010두20966 판결사건)'에서도 확인되고 있다.

대법원 2007.9.7., 2005두8641판결은 특허권 사용료의 원천지에 대해 판단하고 있는데, 이는 국내세법과 조세조약간의 관계에 대해서도 중요한 해석사례로 꼽힐 수 있다.

이 사건에서, 원고의 자회사로서 미국 현지법인인 Daewoo Electronics Corporation of America(이하 'DECA'라 한다)가 원고로부터 원고가 생산한 TV, VTR 및 컴퓨터 모니터를 수입하여 미국에서 판매하던 중, 원고가 위 제품의 제조과정에서 사용한 일부 기술이 미국 법인인 I. P. Global Ltd(이하 'I. P. Global'이라 한다)가 미국 내에서 보유하고 있는 특허실시권을 침해하였다는 이유로 I. P. Global과 사이에 특허분쟁이 발생하자, 그 해결을 위하여 DECA는 I. P. Global과 사이에 위 특허실시권의 침해 및 사용에 따른 대가로 I. P. Global에게 특허실시료 및 화해금을 지급하기로 하는 약정을 체결하는 한편, 원고는 DECA와 사이에 DECA가 I. P. Global에게 지급하는 위 실시료 및 화해금 상당액을 모두 부담하기로 약정한 후, DECA를 통하여 I. P. Global에게 위 각 약정에 따른 실시료 등으로 미화 총 524만 달러(원화 67억 8,512,000원 상당)를 지급하였다. I. P. Global이 특허실시권을 보유하고 있는 이 사건 특허기술이 대한민국에 특허권으로 등록되지 아니하였다. 이에 대해 대법원은 다음과 같이 판단하고 있다.

> 특허권의 속지주의 원칙상 특허권자가 특허물건을 독점적으로 생산, 사용, 양도, 대여, 수입 또는 전시하는 등의 특허실시에 관한 권리는 특허권이 등록된 국가의 영역 내에서만 그 효력이 미치는 것이므로, 구 법인세법 제93조 제9호 가목에서 외국법인의 국내원천소득의 하나로 규정하고 있는 '특허

권을 국내에서 사용하는 경우에 당해 대가로 인한 소득'이나 한미조세협약 제6조 제3항, 제14조 제4항에서의 "특허권에 대한 사용료는 어느 체약국 내의 동 재산의 사용 또는 사용할 권리에 대하여 지급되는 경우에만 동 체약국 내에 원천을 둔 소득으로 취급된다"는 규정의 의미는 외국법인 혹은 미국 법인이 대한민국에 특허권을 등록하여 대한민국 내에서 특허실시권을 가지는 경우에 그 특허실시권의 사용대가로 지급받는 소득을 의미한다고 할 것이고(대법원 1992.5.12. 91누6887 참조), 구 법인세법 제93조 제9호 나목에서의 '산업상·상업상 또는 과학상의 지식·경험에 관한 정보 및 노하우'를 사용하는 대가란 지적 재산권의 대상이 될 수 있는지에 관계없이 발명, 기술, 제조방법, 경영방법 등에 관한 비공개 정보를 사용하는 대가를 말한다고 할 것이다(대법원 2000.1.21. 97누11065 참조). 원고가 DECA를 통하여 I. P. Global에게 지급한 위 실시료 및 화해금 상당액은 DECA가 원고로부터 수입하여 미국 내에서 판매하는 전자제품이 I. P. Global의 미국 내에서의 위 특허실시권을 침해 또는 사용한 데에 기인한 것이지 원고가 위 특허실시권 내지 특허기술을 대한민국에서 사용한 대가로 지급된 것은 아니고, 또한 미국 내에서 특허등록되면서 공개된 이 사건 특허기술이 구 법인세법 제93조 제9호 나목 소정의 '정보 및 노하우'에 해당하지 않는다.

정부는 이 사건 대법원 판결 이후인 2008년 말 법인세법 제93조 제9호를 다음과 같이 개정했다. "…권리·자산 또는 정보('권리 등')를 국내에서 사용하거나 그 대가를 국내에서 지급하는 경우의 당해 대가 및 그 권리 등의 양도로 인해 발생하는 소득. 다만, 소득에 관한 이중과세방지협약에서 사용지를 기준으로 하여 당해 소득의 국내원천소득 해당 여부를 규정하고 있는 경우에는 국외에서 사용된 권리 등에 대한 대가는 국내지급 여부에 불구하고 이를 국내원천소득으로 보지 아니한다. 이 경우 특허권, 실용신안권, 상표권, 디자인권 등 권리의 행사에 등록이 필요한 권리('특허권 등')는 해당 특허권 등이 국외에서 등록되었고 국내에서 제조·판매 등에 사용된 경우에는 국내 등록 여부에 관계없이 국내에서 사용된 것으로 본다." 위 단서의 제2문은 국내 '등록' 여부에 관계없이 국내에서 '제조·판매 등에 사용'된 경우에는 '사용'한 것으로 보겠다는 의지를 입법적으로 천명한 것이다.

2014두9554, 2014.10.30.판결 사건에서 대법원은 심리불속행 원심 확정의 판결을 내렸다. 구체적인 판단은 원심인 서울고등법원2014누894, 2014.06.11.에서 찾아볼 수 있다. 이 재판에서 피고 과세관청은 다음과 같이 주장하였다.

한미조세협약 제6조 제3항, 제14조 제4항은 미등록 특허의 사실상 사용대가를 국내원천소득에서 배제하고 있지 않고, 한미조세협약에서 '사용'의 의미에 관하여 특별히 규정하고 있지 않으므로, 한미조세협약 제2조 제2항에 따라 '사용'의 의미는 국내법의 정의에 따라 판단하여야 할 것인데, 구 법인세법(2010. 12. 30. 법률 제10423호로 개정되기 전의 것, 이하 같다) 제93조 제9호 단서에 의하면 국외에서 등록되었고 국내에서 제조·판매에 사용된 특허권을 과세대상이 되는 특허권의 사용으로 의제하고 있으므로, 이에 따라 그 사용에 대한 대가를 국내원천소득으로 보아 과세할 수 있다고 할 것이다.

설령 그렇지 않다 하더라도 한미조세협약 체결 후 구 법인세법 제93조 제9호 단서에서 미등록 특허권의 사실상 사용에 따른 대가를 국내원천소득으로 본다는 내용의 법 개정이 이루어진 이상, 위 구 법인세법의 조항이 한미조세협약의 특별법에 해당한다고 할 것이므로, 이에 따라 과세할 수 있다고 보아야 하며, 이 사건 계약에서 정해진 사용대가에는 미등록 특허권의 사실상 사용대가, 즉 원고가 우리나라에 등록하지 않고 미국에서만 등록한 특허권을 BB전자가 우리나라에서 사실상 사용하는 대가가 포함되어 있으므로, 이 사건 계약에 따라 원고에게 지급된 이 사건 소득은 국내원천소득에 해당하여 과세할 수 있다.

이에 대해 원심은 다음과 같이 판단하였다.

구 법인세법 제93조 제9호 단서의 규정은 단지 한미조세협약에서 규정하고 있지 않은 '사용'의 의미에 관하여 규정하고 있는 조항이 아니라, 국내원천소득으로 보는 사용료의 범위에 관하여 한미조세협약 제6조 제3항, 제14조 제4항의 내용과 다른 내용을 규정하고 있는 조항이라고 할 것이고, 이러한 경우 국제조세조정에 관한 법률 제28조에 의하여 한미조세협약 제6조 제3항, 제14조 제4항이 우선하여 적용된다고 할 것인데, 한미조세협약 제6조 제3항, 제14조 제4항의 해석상 미국법인이 우리나라에 등록하지 않고 미국에서만 등록한 특허발명의 사용대가로 지급받는 소득은 국내원천소득으로 볼 수 없고, 이 사건 계약에서 BB전자가 원고에게 지급하기로 한 대가가 미등록 특허권의 사실상 사용에 따른 대가라고 보기도 어려우므로, 결국 이 사건 계약에 따라 원고가 지급받은 이 사건 소득은 국내원천소득이라고 할 수 없다. 따라서 이를 국내원천소득으로 보아 원고의 경정청구를 거부한 이 사건 처분은 위법하므로, 피고의 주장은 받아들일 수 없다.

피고측의 주장 중 법인세법 조항이 한미조세조약의 특별법에 해당한다고 주장한 부분은 타당하지 않으며, 원심의 판단 중 '사용'의 의미에 관한 법인세법 조항이 원천지의 결정에 관한 조항인가의 문제는 국내원천소득으로 보는 사용료의 범위에 관한 조항인가의 문제와 다르다는 전제는 타당하지 않다고 보아야 한다.[36]

---

[36] 박종수, "국내 미등록 특허에 대한 사용료의 과세상 취급에 관한 소고—독일 및 유럽연합의 입법례를 중심으로—" 조세학술논집, 제30집 제2호(2014.6); 강성태, "국외특허권 사용료 소득의 과세기준", 조세학술논집, 제31집 제1호(2015.3) 참조

참고문헌

(1) 국내문헌

강석훈, 「소득처분과 소득금액변동통지에 관하여」, 조세법연구 Vol.12 No.2, 한국세법학회, 2006

구욱서, 「구 소득세법시행령 제170조 제4항 제1호 소정의 '법인과의 거래'인지 여부의 판단기준」, 『대법원판례해설』 제16호, 1992.10

_____, 「조세소송의 심리대상」, 『조세판례백선』, 한국세법학회, 박영사, 2005

국세청, 『세금에 대한 오해 그리고 진실』, 정화인쇄창, 2007.

권기범, 『현대회사법론』, 삼지원, 2005.

기획재정부, 조세개요, 2014.7.

김상기・이재열, 「상속포기자의 상속세 납세의무에 대한 연구」, 조세연구, 한국조세연구포럼(Vol.12 No.1) [2012]

김성수, 『세법』, 법문사, 2003.9.

김완석, 「부진정소급과세의 위헌성」, 『조세판례백선』, 한국세법학회, 박영사, 2005.7.

_____, 「자산의 고가양도에 대한 과세상의 논점」, 한국세법학회, 조세법연구, 제13집 제3호 2007.12

_____, 『법인세법론』, 광교이택스, 2007.

_____, 『소득세법론』, 광교이택스, 2007.

김용대, 「조세포탈범에 있어서의 사기 기타 부정한 행위」, 『조세법의 논점』, 1992.

김진수・이준규, 『기업인수・합병과세제도에 관한 연구』, 한국조세연구원, 2006.12.

김천수, '조세포탈의 목적'의 인정에 관한 고찰 -사기 기타 부정한 행위의 적극적 은닉의도를 중심으로(3)-, 租稅法研究, 第25輯 第3號2019.11, 한국세법학회

노혁준, 「포합주식에 대한 합병신주의 배정가능성」, 『자기주식과 기업의 합병, 분할』, 한국증권법학회, 2008

박명호, 「납세협력비용」, 『재정포럼』, 한국조세연구원, 2009.9

박요찬, 「증여세의 포괄증여규정 및 개별예시규정의 위헌성 연구」, 서울시립대학교 박사학위논문(세무대학원), 2006.12.30.

박훈, 판례에 나타난 세법상 차용개념의 해석론, 법조, 2019, vol.68, no.3, 통권 735호 pp. 511-552, 법조협회

방승주, 「헌법과 조세정의」, 『헌법학연구』 제15권 제4호

법무법인 율촌 조세판례연구회, 『조세판례연구 I』, 세경사, 2009

부담금운용평가단, 『부담금평가』, 2003.6.

사법연수원, 『조세소송연구』, 2008.

_____, 『조세법총론』, 2008.

소순무, 『조세소송』, 영화조세통람, 2008.

손원익 외 3인, 『기업의 준조세부담과 정책방향』, 한국조세연구원, 2004.12.

신만중, 「과세처분 무효확인소송과 무효확인을 구할 법률상 이익」, 한국세법학회, 조세법연구, 제14권 제3호 2008.12

안경봉, 「소세회피에 관한 연구」, 서울대학교 법학박사 학위논문, 1993.

양 건, 『헌법강의 Ⅰ』, 법문사, 2007.

예산정책처(대한민국국회), 지하경제 개념·현황 및 축소방안, 2009.9.

오 윤, 『외국펀드와 조세회피』, 한국학술정보(주), 2008.4.

_____, 「미국헌법상 조세법원칙의 우리 조세법에 대한 시사점에 관한 연구」, 『공법학연구』 제9권 제3호, 한국비교공법학회, 2008.8.

_____, 「소득 포괄주의 과세도입에 관한 연구」, 『세무와 회계저널』 제9권 제2호, 한국세무학회, 2008.6.

_____, 『자본과세론』, 한국학술정보(주), 2008.12.

_____, 「연결납세제도와 법인세법」, 『조세법연구』 16-3, 한국세법학회.

_____, 「경기부양을 위한 양도소득 세액감면제도에 관한 연구」, 한국세법학회 제98차 정기학술회의, 2009.6.11.

_____, 『금융거래와 조세』, 한국재정경제연구소, 2003.

오윤·박명호, 『세무조사제도개혁방안』, 한국조세연구원, 2007.9.

오윤·박훈·최원석, 「금융·자본소득세제의 중장기 개편방안」, 『세무와 회계저널』, 2006.9, 한국세무학회

윤지현, 「소득세법 제101조 제2항의 해석에 관하여」, 조세법연구 제14집 제3호, 2008.12

_____, 「과세처분을 취소하는 확정판결이 있은 후 과세관청의 '재처분'이 가능한 범위」, 한국세법학회, 조세법연구, 제15권 제2호 2009.8,

_____, 「이른 바 '특례제척기간'을 통한 과세관청의 '재처분'은 어느 범위에서 허용되는가?」, 조세법연구 [ⅩⅤ-3], 2009.12

_____, 「소득세법에 따른 손해배상의 과세 방안에 관한 연구 : 소득세제의 기본 원리에 따른 해석론」, 조세법연구, Vol.17 No.3, 2011

_____, 「증액경정처분과 감액경정처분을 차례로 받은 납세자가 증액경정처분의 취소소송에서 취소를 구할 수 있는 범위에 관한 고찰」, 조세법연구 제18집 제2호, 2012.8,

윤철홍, 신의성실원칙의 적용 영역 확장에 따른 위험성에 관한 소고, 법학연구 30(1), 2019.2, 충남대학교 법학연구소

이동식, 「재산제세사무처리규정(국세청훈령)의 법규성」, 『조세판례백선』, 한국세법학회, 박영사, 2005.7.

_____, 「소득세법상 근로자 개념에 대한 고찰」, 한국세법학회, 조세법연구, 제13집 제3호 2007.12

_____, 「독일 세법상 소위 "반액과세원칙"에 대한 검토」, 조세법연구 제15집 제1호, 2009.4

이상신·박훈, 「사실혼 배우자에 대한 일관된 과세방식 도입방안」, 한국세법학회, 조세법연구, 제12집 제2호 2006.11

이시윤, 『신민사소송법』, 박영사, 2002.

이은영, 『민법총칙』, 박영사, 2005

_____, 『물권법』, 박영사, 2006.8

_____, 『채권총론』, 박영사, 2006.7

이재호, 「자기주식처분이익의 과세문제」, 한국세법학회, 조세법연구, 제15권 제1호 2009.4.

이준구, 『재정학』, 다산출판사, 2002.

이창희, 『법인세와 회계』, 박영사, 2000.

_____, 『세법강의』, 박영사, 2007.

_____, 「조세법연구방법론」, 『서울대학교 법학』 제46권 제2호, 2005.6.

이철송, 「위임입법의 한계」, 『조세판례백선』, 한국세법학회, 박영사, 2005.7.

이태로, 「과세소득의 개념에 관한 연구」, 서울대학교 법과대학 박사학위논문, 1976.

이태로·안경봉 편, 『판례체계 조세법』, 서울: 조세통람사, 1991.

이태로·이철송, 『세법상 실질과세에 관한 연구-조세회피의 규율방안을 중심으로-』, 한국경제연구원, 1985.

이호원, 「시설물의 기부채납과 부가가치세」, 『특별법연구』 제4호, 특별소송실무연구회, 박영사, 1994

임승순, 『조세법』, 박영사, 2008.

재정경제부, 상속세 및 증여세법 개정해설, 2004.2.

전택승, 『기금제도 분석 및 개선방향 연구』, 조세연구원, 2003.12.

정재희, 사후적 재산가치 증가에 대한 포괄적 증여 과세의 한계, 조세법연구租稅法研究 第25輯 第3號, 2019.11, 한국세법학회

정지선·권오현, 「개별 세법상 부당행위계산 부인규정의 상충관계 해소를 위한 연구」, 세무학연구, 제29권 제2호, 한국세무학회, 2012년 6월

주해진, 「현행소득처분 관련규정의 위헌성에 관한 연구」, 한양대학교 법학박사학위논문, 2012.2

최명근, 『세법학총론』, 세경사, 2005.3.

한만수, "Rules for Determining the Situs of Property under the I. R. C. Compared to Those under the Japanese Inheritance Tax Law and the Estate Tax Treaty between the U.S. and Japan", 『조세법연구』 제1집, 1995.

한원식, 「신탁세제에 관한 연구」, 서울시립대학교 세무학박사학위논문, 2013.2,

허원, 특수관계인 관련 법령의 문제점 및 개선방안, KERI Insight 19-15, 2019.11.6., 한국경제연구원

(2) 국외문헌

Angel Schindel, *Source and Residence*(Cahiers), IFA, 2005

Anthony C. Infanti, "United States", *Tax Treaties and Domestic Law*, IBFD, 2006.

Ax/Große/Melchoir, *Abgabenordnung und Finanzgerichtsordnung*, Schäffer－Poeschel Vertrag Stuttgart, 2007

Barbara Dehne, Ober－und Untergrenzen der Steuerbelastung in europaeischer Sicht, Erich Schmidt Verlag, 2003.

Boris I. Bittker and James S. Eustice, *Federal Income Taxation of Corporations and Shareholders*, Warren, Gorham and Lamont, 2000.

Eike Alexander Senger, *Die Reform der Finanzverwaltung in der Bundesrepublik Deutschland*, VS Verlag für Sozialwissenschaft, 2009,

Frederik Zimmer, General Report, Form and Substance, Cahiers Volume 87a, International Fiscal Association, 2002.

Howard E. Abrams and Richard L. Doernberg, *Federal Corporate Taxation*, Foundation Press, 2002.

Hugh J. Ault, Comparative Income Taxation, Kluwer Law International, 1997.

John K. McNulty and Garyson M. P. McCouch, *Federal Estate and Gift Taxation*, Thomson West, 2003.

Julian Böhmer, Verdeckte Gewinnausschüttungen bei beherrschenden Gesellschaftern, LIT Verlag Dr. W.Hopf Berlin 2011

Klaus Tipke/Joachim Lang, Steuerrecht, Verlag Dr. Otto Schmidt Köln, 2005.

Klaus Tipke/Joachim Lang, Steuerrecht, Verlag Dr. Otto Schmidt Köln, 2010.

Joachim Wieland, LL.M. Institut für Steuerrecht Johann Wolfgang Goethe-Universität Frankfurt am Main November, Rechtliche Rahmenbedingungen für eine Wiedereinführung der Vermögensteuer, November 2003

Frederik Zimmer, General Report, *Form and Substance*, Cahiers Volume 87a, International Fiscal Association, 2002

Leandra Lederman, et. al., Tax Controversies: Practice and Procedure, Lexis Publishing, 2000.

Lee Burns and Richard Krever, *Individual Income Tax, Tax Law Design and Drafting*, International Monetary Fund, 1998.

Lüdtke－Handjery, Steuerrecht, Erich Schmidt Verlag, 2005.

Michael J. Graetz and Deborah H. Schenk, *Federal Income Taxation*(3rd edition), Foundation Press, 1995.

Oliver Fahrenbacher, Steuerrecht, Nomos, 2005.

Paul Kirchhof, Das Maß der Gerechtigkeit, Droemer Verlag, 2009.

Paul Kirchhof, Der Weg zu einem neuen Steuerrecht, Deutschen Taschenbuch Verlag, Oktober, 2005.

Paul Kirchhof, Staatliche Einnahmen, in HStR Ⅳ, 2. Aufl. 1999.

Regis W. Campfield, et. al., *Taxation of Estates, Gifts and Trusts*, Thomson West, 2006.

Robert Thornton Smith, *Tax Treaty Interpretation by the Judiciary*, Tax Lawyer, Vol.49, No.4.

Rolf Ax, Thomas Groshe & Juergen Melchior, *Abgabenordnung und Finanzgerichtsordnung*, Schaeffer-Poeschel Verlag Stuttgart, 2007.

Stef van Weeghel, *The Improper Use of Tax Treaties with Particular Reference to the Netherlands and the United States*, Kluwer Law International, 1998.

V. Uckmar, General Report, Cahier V. LXVIIIa(Tax avoidance/Tax evasion), International Fiscal Association, 1983.

William J. Carney, *Mergers and Acquisitions*, Foundation Press, 2000.

William P. Streng and Lowell D. Yoder, *Substance over Form(US)*, Cahiers, 2002.

Zimmer, *General report on form and substance in tax law*, cahiers vol.LXXXVIIa, 2002.

掘口和哉(廣島國稅不服審判所長), 明治三二年の所得稅法改正の立法的沿革,

岩崎政明, 『ハイポセテイカル・スタデイ租稅法』(제2판), 弘文堂, 2007.

金子宏, 『租稅法』(제10판), 弘文堂, 2005.

_____, 『Case Book 租稅法』, 弘文堂, 2004.5.

北野弘久, 『稅法問題事例研究』, 勁草書房, 2005.7,

さくら綜合研究所, 『SPC&匿名組合의 法律・會計稅務와 評價』, 淸文社, 2005.3.

山田二郎, 『實務 租稅法講義−憲法과 租稅法−』, 民事法研究會, 太平印刷社, 2005.

小田信秀, 所得稅における同族會社の行爲計算否認を巡る諸問題, 稅大論叢 33号 平成11年6月30日

牛米努, 明治20 年所得稅法導入の歷史的考察 , 稅大論叢 56号, 2007; 金子宏,「租稅法における所得概念の構ケ成(二)」法學協會雜誌 85卷9号36頁

日本稅務研究Center,「最新租稅基本判例80」, 『JTRI稅研』, 2002.11.

_____, 『JTRI稅研』, 2009.11

佐藤英明, 『租稅法演習 Note』, 弘文堂, 2008.3.

井出裕子, 同族會社等の課稅に係る一考察 −同族會社等の行爲計算否認に係る對應的調整を中心に−, 稅大論叢 62号, 平成21年6月25日

村上泰治, 同族會社の行爲計算否認規定の沿革からの考察, 稅大論叢 11号, 稅務大學校, 昭和52(1977)年11月30日

村井泰人, 同族會社の行爲計算否認規定に關する研究−所得稅の負担を不当に減少させる結果となる行爲又は計算について−, 稅大論叢 55号, 平成19年7月4日

八ッ尾順一, 租稅回避の事例研究, 淸文社, 2005.5

찾아보기

오 윤

서울대학교 법학사·행정학 석사
미국 미시간주립대학교 MBA
미국 코넬대학교 LLM
미국 뉴욕대학교 Tax LLM과정 수학
국민대학교 법학박사
제29회 행정고등고시(재경직)
국세청·재정경제부 근무
법무법인 율촌(미국변호사·미국회계사)
서울시립대학교 세무학과 교수
현) 한국세법학회(회장)
　　한국국제조세협회(부이사장)
　　금융조세포럼(부회장)
　　기획재정부 예규심사위원회 위원
　　한양대학교 법학전문대학원 교수

『세법의 이해』
『국제조세법론』
『금융거래와 조세』
『외국인직접투자제도해설』(공저)
『외국펀드와 조세회피』
『자본과세론』
『조세전략과 대응』 외 다수
「조세조약 적용에 관한 소고」
「복합파생상품거래에 대한 과세」
「이전가격과 관세과세가격의 조화방안」
「New Korean Tax Rules for Cross-Border Investments」
「New Anti-Treaty Shopping Measures」
외 다수

2020年度版

稅法原論

초판인쇄 2020년 2월 12일
초판발행 2020년 2월 12일

지은이 오 윤
펴낸이 채종준
펴낸곳 한국학술정보㈜
주소 경기도 파주시 회동길 230(문발동)
전화 031) 908-3181(대표)
팩스 031) 908-3189
홈페이지 http://ebook.kstudy.com
전자우편 출판사업부 publish@kstudy.com
등록 제일산-115호(2000. 6. 19)

ISBN 978-89-268-9839-0 93360